C·H·Beck

PAPERBACK

THOMAS PIKETTY

KAPITAL UND IDEOLOGIE

Aus dem Französischen von André Hansen, Enrico Heinemann, Stefan Lorenzer, Ursel Schäfer und Nastasja S. Dresler

C.H.Beck

Titel der französischen Originalausgabe:
«Capital et Idéologie»,

Mit 158 Grafiken und 11 Tabellen

Dieses Buch erschien zuerst 2020 in gebundener Form im Verlag C.H.Beck.

Übersetzung:
Vorwort, Einleitung, Kapitel 15–17 und Schluss: Stefan Lorenzer
Kapitel 1–4 und 14: André Hansen
Kapitel 5–9: Enrico Heinemann
Kapitel 10–13: Ursel Schäfer
Anmerkungen und Grafiken (Teilübersetzung): Nastasja S. Dresler

1. Auflage in der Reihe C.H.Beck Paperback. 2022

Für die deutsche Ausgabe:

www.chbeck.de
Umschlaggestaltung: Kunst oder Reklame, München
Satz: Janß GmbH, Pfungstadt
Druck und Bindung: Druckerei C. H. Beck, Nördlingen
Gedruckt auf säurefreiem und alterungsbeständigem Papier
(hergestellt aus chlorfrei gebleichtem Zellstoff)
Printed in Germany
ISBN 978 3 406 78909 0

klimaneutral produziert
https://rsw.beck.de/nachhaltig

INHALT

ZWEITER TEIL
DIE SKLAVENHALTER- UND KOLONIALGESELLSCHAFTEN
261

DRITTER TEIL
DIE GROSSE TRANSFORMATION IM 20. JAHRHUNDERT
525

VIERTER TEIL
NEUES NACHDENKEN ÜBER DIE DIMENSIONEN DES POLITISCHEN KONFLIKTS

VORWORT UND DANK

Dieses Buch setzt *Das Kapital im 21. Jahrhundert* fort, aber es kann auch unabhängig von ihm gelesen werden. Ganz wie sein Vorgänger bringt es eine kollektive Arbeit zum Abschluss, die ohne die Mitarbeit und Unterstützung sehr vieler Freunde und Kollegen nie hätte entstehen können. Für die Deutungen und Analysen, die auf den folgenden Seiten vorgelegt werden, bin selbstverständlich ich allein verantwortlich; aber nie hätte ich aus eigener Kraft die historischen Quellen zusammentragen können, auf die sich diese Untersuchung gründet.

Ich stütze mich namentlich auf die in der *World Inequality Database* gesammelten Daten (http://WID.world). Das unter diesem Namen laufende Projekt beruht auf den vereinten Anstrengungen von mehr als 100 Forschern und deckt inzwischen mehr als 80 Länder auf sämtlichen Kontinenten ab. Es bietet die umfassendste Datenbank zur historischen Entwicklung von Einkommens- und Vermögensungleichheiten innerhalb der einzelnen Länder wie zwischen ihnen, die derzeit verfügbar ist.

Darüber hinaus habe ich in diesem Buch zahlreiche andere Quellen und Materialien zu Zeiträumen, Ländern oder Aspekten konsultiert, die von WID.world nur unzureichend erfasst werden, zum Beispiel zu vorindustriellen Gesellschaften oder Kolonialgesellschaften, aber auch zu Status-, Berufs-, Bildungs-, Geschlechter-, Rassen- oder Religionsungleichheiten, zu politischen Einstellungen und zum Wahlverhalten.

Leser, die sich genauer über die Gesamtheit der historischen Quellen, bibliographischen Angaben oder über die Methoden informieren möchten, derer ich mich bediene, sind eingeladen, den online verfügbaren Technischen Anhang zu Rate zu ziehen (im Haupttext des Buches oder den Fußnoten konnten nur die wichtigsten Quellen und Belege zitiert werden): http://piketty.pse.ens.fr/files/AnnexeKIdeologie.pdf.

Alle statistischen Reihen, Grafiken und Tabellen, die im Buch vorgelegt werden, sind ebenfalls online verfügbar: http://piketty.pse.ens.fr/ideologie. Wer sich dafür interessiert, wird dort auch eine große Zahl zusätzlicher Grafiken und Datenreihen finden, die nicht ins Buch aufgenommen wurden, um es nicht zu überfrachten, auf die ich mich aber in den Fußnoten manchmal beziehe.

Besonders dankbar bin ich Facundo Alvaredo, Lucas Chancel, Emmanuel Saez und Gabriel Zucman. Gemeinsam haben wir das Projekt WID.world und den Laboratoire sur les inégalités mondiales an der École d'économie de Paris und der University of California, Berkeley ins Leben gerufen. Aus diesem Projekt ist jüngst der *Rapport sur les inégalités mondiales 2018* hervorgegangen (http://wir2018.wid.world), auf den ich in diesem Buch häufig zurückgreife. Mein Dank gilt auch den Institutionen, die dieses Projekt möglich gemacht haben, zuallererst der École des Hautes Études en Sciences Sociales, an der ich seit 2000 lehre und die eine der wenigen Einrichtungen auf der Welt ist, in der alle Sozialwissenschaften einander Gehör schenken und sich austauschen können, aber auch der École Normale supérieure und all den anderen Einrichtungen, die 2007 mit vereinten Kräften die École d'économie de Paris ins Leben gerufen haben, eine Schule, die, wie ich hoffe, in diesem beginnenden 21. Jahrhundert zur Entfaltung einer multipolar und interdisziplinär angelegten historischen und politischen Ökonomie beitragen wird.

Für ihre wertvolle Hilfe danke ich auch Lydia Assouad, Abhijit Banerjee, Adam Barbé, Charlotte Bartels, Nitin Barthi, Asma Benhenda, Erik Bengtsson, Yonatan Berman, Thomas Blanchet, Cécile Bonneau, Jérôme Bourdieu, Antoine Bozio, Cameron Campbell, Guillaume Carré, Guilhem Cassan, Amélie Chelly, Bijia Chen, Denis Cogneau, Léo Czajka, Mark Dincecco, Mauricio de Rosa, Esther Duflo, Luis Estevez-Bauluz, Ignacio Flores, Juliette Fournier, Bertrand Garbinti, Amory Gethin, Yajna Govind, Jonathan Goupille-Lebret, Julien Grenet, Jean-Yves Grenier, Malka Guillot, Pierre-Cyrille Hautcoeur, Simon Henochsberg, Mark Jemmama, Francesca Jensenius, Fabian Kosse, Attila Lindner, Noam Maggor, Clara Martinez Toledano, Ewan McGaughey, Cyril Milhaud, Marc Morgan, Eric Monnet, Mathilde Munoz, Alix Myczkowki, Delphine Nougayrede, Filip Novokmet, Katharina Pistor, Gilles Postel-Vinay, Jean-Laurent Rosenthal, Aurélie Sotura, Alessandro Stanziani, Blaise Truong-Lo, Sebastien Veg, Richard

Von Glahn, Marlous van Waijenburg, Daniel Waldenström, Li Yang, Tom Zawisza, Roxane Zighed; ganz wie all meinen Freunden und Kollegen vom Centre François-Simiand d'histoire économique et sociale und vom Centre de recherches historiques der École des Hautes Études en Sciences Sociales und der École d'économie de Paris.

Dieses Buch hat auch davon profitiert, dass ich seit 2013, als *Das Kapital im 21. Jahrhundert* in Frankreich erschien, das große Glück hatte, an sehr vielen Debatten und Diskussionen teilnehmen zu dürfen. Einen großen Teil der Jahre 2014–2016 habe ich damit verbracht, um die Welt zu reisen und äußerst debattierfreudige Leser, Forscher, Gegner kennenzulernen. Ich habe an Hunderten von Diskussionen über mein Buch und die von ihm aufgeworfenen Fragen teilgenommen. All diese Begegnungen haben mich unendlich viel gelehrt und es mir erlaubt, meine Überlegungen zur historischen Dynamik von Ungleichheiten zu vertiefen.

Unter den vielen Unzulänglichkeiten meines Buchs von 2013 sollten zwei ausdrücklich erwähnt werden. Zum einen konzentriert es sich viel zu sehr auf den Westen. Es räumt den Erfahrungen der sogenannten «westlichen» Länder (Westeuropa, Nordamerika, Japan) einen unverhältnismäßig großen Raum ein. Das liegt unter anderem daran, dass Quellen für andere Länder und Weltregionen schwer zugänglich waren, aber es führt doch zu einer erheblichen Verengung des Blicks und der Reflexion. Zum anderen neigt *Das Kapital im 21. Jahrhundert* dazu, politisch-ideologische Entwicklungen, die von den beschriebenen Ungleichheiten und Umverteilungen nicht zu trennen sind, als eine Art *black box* zu behandeln. Natürlich stellt es die eine oder andere Hypothese auf und geht etwa darauf ein, wie sehr die Weltkriege, die Wirtschaftskrisen und die kommunistische Herausforderung im 20. Jahrhundert das Ihre dazu beigetragen haben, die Vorstellung von Ungleichheit und Privateigentum wie die Einstellungen zu ihnen zu verändern. Aber es tut dies, ohne die Frage nach der Entwicklung von Ungleichheitsideologien wirklich als solche zu stellen. Es ist diese Frage, der ich in dieser neuen Arbeit sehr viel ausdrücklicher nachzugehen versuche, indem ich sie in einem zeitlich wie räumlich ungleich weiter gefassten Vergleichshorizont erörtere.

Dank des Erfolgs meines Buchs von 2013 und der Unterstützung Hunderter von Bürgern, Forschern und Journalisten konnten wir in den letzten Jahren Quellen erschließen, zu denen uns die Regierungen der betreffenden Länder keinen Zugang gewährt hatten, etwa in Brasilien und Indien, Südafrika und Tunesien, im Libanon und in der Elfenbeinküste, in Korea und Taiwan, Polen und Ungarn und, leider weniger umfänglich, in China und Russland. Das ermöglicht es mir, in diesem neuen Buch die Beschränkung auf den westlichen Rahmen hinter mir zu lassen und eine dichtere Analyse von Ungleichheitsregimen in ihrer ganzen Vielfalt, aber auch möglicher anderer Wege und Abzweigungen vorzulegen. Vor allem haben diese Jahre der Begegnung, des Austauschs und der Lektüre mir die Gelegenheit geboten, zu lernen und gründlicher über die politisch-ideologische Dynamik von Ungleichheiten nachzudenken, aber auch neue Quellen zu politischen Diskursen und Haltungen auszuwerten, die Stellung zur Frage der Ungleichheit beziehen, um ein Buch zu schreiben, das mir reicher als sein Vorgänger scheint, den es zugleich weiterführt. Das Resultat liegt vor, und jeder mag sich selbst ein Urteil bilden.

Schließlich wäre nichts möglich ohne meine Familie. Sechs glückliche Jahre sind seit der Redaktion und Veröffentlichung von *Das Kapital im 21. Jahrhundert* vergangen. Meine drei geliebten Töchter sind zu jungen Erwachsenen geworden (oder beinahe: zwei Jahre noch, Hélène, bis Deborah und Juliette dich im Club willkommen heißen!). Ohne ihre Liebe und ihre Energie wäre das Leben nicht, was es ist. Und Julia und ich, wir haben nicht aufgehört zu reisen, uns auszutauschen, Bekanntschaften zu schließen, uns wiederzulesen und wiederzuschreiben, uns in endlosen Gesprächen über die Welt auszutauschen. Sie allein weiß, was dieses Buch ihr alles schuldet, was ich ihr alles schulde. So soll es weitergehen!

EINLEITUNG

Jede menschliche Gesellschaft muss ihre Ungleichheiten rechtfertigen. Sie muss gute Gründe für sie finden, da andernfalls das gesamte politische und soziale Gebäude einzustürzen droht. So bringt jedes Zeitalter eine Reihe kontroverser Diskurse und Ideologien hervor, um Ungleichheit in der Gestalt, in der es sie gibt oder geben sollte, zu legitimieren und wirtschaftliche, soziale und politische Regeln aufzustellen, die geeignet sind, das gesellschaftliche Ganze zu organisieren. Dieser zugleich intellektuellen, institutionellen und politischen Auseinandersetzung entspringen im Allgemeinen eine oder mehrere herrschende Erzählungen, auf die sich die bestehenden Ungleichheitsregime stützen.

In den heutigen Gesellschaften übernimmt diese Rolle vor allem die proprietaristische[1] und meritokratische, den Unternehmergeist beschwörende Erzählung: Die moderne Ungleichheit ist gerecht und angemessen, da sie sich aus einem frei gewählten Verfahren ergibt, in dem jeder nicht nur die gleichen Chancen des Marktzugangs und Eigentumserwerbs hat, sondern überdies ohne sein Zutun von dem Wohlstand profitiert, den die Reichsten akkumulieren, die folglich unternehmerischer, verdienstvoller, nützlicher als alle anderen sind. Und dadurch sind wir auch himmelweit entfernt von der Ungleichheit älterer Gesellschaften, die auf starren, willkürlichen und oft repressiven Statusunterschieden beruhte.

Das Problem ist, dass diese große proprietaristische und meritokratische Erzählung, die im 19. Jahrhundert, nach dem Niedergang der

1 Proprietarismus ist für den Autor die Ideologie des Eigentums, dessen Sakralisierung zum obersten Wert in Wirtschaft und Gesellschaft. Der für Piketty zentrale Begriff, *propriétarisme*, klingt im Französischen, wo der *propriétaire* als Eigentümer ganz geläufig ist, sehr viel weniger akademisch. Da es dafür im Deutschen keine ebenso eingängige Entsprechung gibt, haben wir uns für das (sperrigere) Fremdwort Proprietarimus entschieden, um damit auch der Neuartigkeit von Thomas Pikettys Thesen Rechnung zu tragen. (Anmerkung der Übersetzer)

Ständegesellschaften des Ancien Régime, ihre erste Sternstunde erlebte und Ende des 20. Jahrhunderts, nach dem Zusammenbruch des Sowjetkommunismus und dem Triumph des Hyper-Kapitalismus, eine radikale Reformulierung globalen Zuschnitts erfahren hat, immer weniger tragfähig scheint. Sie führt zu Widersprüchen, die in Europa und den Vereinigten Staaten, in Indien und Brasilien, China und Südafrika, Venezuela und dem Nahen Osten gewiss ganz unterschiedliche Formen annehmen. Gleichwohl sind diese verschiedenen, teilweise auch gekoppelten Wegverläufe, die einer je eigenen Geschichte entspringen, zu Beginn dieses 21. Jahrhunderts immer enger miteinander verbunden. Nur aus einer transnationalen Perspektive werden wir daher die Schwachstellen dieses Narrativs besser verstehen und die Rekonstruktion einer alternativen Erzählung ins Auge fassen können.

Tatsächlich sind wachsende sozio-ökonomische Ungleichheiten seit den 1980er und 1990er Jahren in fast allen Teilen der Welt zu verzeichnen. In manchen Fällen haben sie so dramatische Ausmaße angenommen, dass es zusehends schwieriger wird, sie im Namen des Allgemeininteresses zu rechtfertigen. Zudem gähnt allenthalben ein Abgrund zwischen den offiziellen meritokratischen Verlautbarungen und den Realitäten, mit denen sich die beim Bildungs- und Reichtumserwerb benachteiligten Klassen konfrontiert sehen. Allzu oft dient der meritokratische, das Unternehmertum preisende Diskurs den Gewinnern des heutigen Wirtschaftssystems offenbar dazu, auf bequeme Weise jedes erdenkliche Ungleichheitsniveau zu rechtfertigen, ohne es überhaupt in Augenschein nehmen zu müssen, und die Verlierer ob ihres Mangels an Verdienst, Fleiß und sonstigen Tugenden zu brandmarken. Diese Schuldigsprechung der Ärmsten hat es in früheren Ungleichheitsregimen, die eher die funktionale Entsprechung zwischen verschiedenen gesellschaftlichen Gruppen im Auge hatten, nicht oder zumindest nicht in diesem Ausmaß gegeben.

Die moderne Ungleichheit zeichnet sich denn auch durch eine Reihe von Diskriminierungspraktiken und ethnisch-religiösen oder den Rechtsstatus betreffenden Ungleichheiten aus, deren gewaltsamer Charakter zu den meritokratischen Ammenmärchen so recht nicht passen will und uns vielmehr in die Nähe der brutalsten Formen vergangener Ungleichheiten rückt, mit denen wir doch nichts gemein haben wollen. Man denke an die Diskriminierung, der Obdachlose oder Menschen einer bestimmten Herkunft und aus bestimmten Vierteln ausgesetzt sind. Oder an die Migranten, die im Mittelmeer ertrinken. Angesichts dieser Widersprüche und mangels eines neuen glaubhaften universalistischen Gleichheitshorizontes, den wir bräuchten, um uns den wachsenden Herausforderungen zu stellen, mit denen Ungleichheit, Migration und Klimawandel uns konfrontieren, steht zu befürchten, dass mehr und mehr die identitäre und nationalistische Abschottung als große Ersatzerzählung einspringt, wie es im Europa der ersten Hälfte des 20. Jahrhunderts zu beobachten war und in diesem beginnenden 21. Jahrhundert in den verschiedensten Teilen der Welt abermals zu beobachten ist.

Es war der Erste Weltkrieg, der einen Prozess zunächst des Abbruchs, dann der Neubestimmung jener Globalisierung der Geschäfts- und Finanzwelt in Gang setzte, die zu stark wachsender Ungleichheit in der «Belle Époque» (1880–1914) geführt hatte – in einer Epoche, die *belle* allenfalls im Vergleich mit der Entfesselung von Gewalt heißen kann, die auf sie folgen sollte. Schön war sie in Wahrheit bloß für die Besitzenden, und namentlich für den weißen besitzenden Mann. Wenn das heutige Wirtschaftssystem nicht zutiefst verwandelt wird, um es in den einzelnen Ländern, aber auch zwischen ihnen egalitärer, gerechter und nachhaltiger zu machen, dann könnte es sein, dass der fremdenfeindliche «Populismus» und seine möglichen Wahlerfolge es sind, die sehr bald die hyper-kapitalistische und digitale Globalisierung der Jahre 1990–2020 in einen Zerfallsprozess eintreten lassen.

Um diese Gefahr zu bannen, bleiben unsere größten Trümpfe das Wissen und die Geschichte. Jede menschliche Gesellschaft muss ihre Ungleichheiten rechtfertigen, und in solchen Rechtfertigungen steckt immer beides: Wahrheit und Übertreibung, Einbildungskraft und Niedertracht, Idealismus und Egoismus. Ungleichheitsregime, wie sie in dieser Untersuchung definiert werden, zeichnen sich durch ein Zusammenspiel von Diskursen und institutionellen Einrichtungen aus, die der Rechtfertigung und Organisation wirtschaftlicher, sozialer und politischer Ungleichheit in den jeweiligen Gesellschaften dienen. Jedes Regime hat seine Schwächen, und keines kann überleben, ohne sich ständig neu zu definieren, oft in gewaltsamen Auseinandersetzungen, oft aber auch im Rückgriff auf geteilte Erfahrungen und Erkenntnisse. Dieses Buch befasst sich mit der Geschichte und Zukunft von Ungleichheitsregimen. Indem ich historisches Material aus weit auseinanderliegenden Gesellschaften zusammentrage, die meist nichts voneinander wissen oder es ablehnen, miteinander verglichen zu werden, hoffe ich aus einer globalen und transnationalen Perspektive zu einem besseren Verständnis der derzeitigen Veränderungen beizutragen.

Eine wichtige Schlussfolgerung aus dieser historischen Analyse wird lauten, dass es der Kampf für Gleichheit und Bildung war, der die Wirtschaftsentwicklung und den menschlichen Fortschritt möglich gemacht hat, nicht die Heiligsprechung von Eigentum, Stabilität und Ungleichheit. An der neuen ultra-inegalitären Erzählung, die sich seit den 1980er Jahren durchgesetzt hat, sind die Geschichte und das Desaster des Kommunismus nicht unschuldig. Aber sie ist auch die Frucht der Unkenntnis wie der Zerstückelung des Wissens und hat erheblich dazu beigetragen, den Fatalismus und die identitären Auswüchse zu nähren, mit denen wir es heute zu tun haben. Nimmt man aus einer interdisziplinären Perspektive den Faden der Geschichte wieder auf, so wird es möglich, zu einer ausgewogeneren Erzählung zu kommen, um die Umrisse eines neuen partizipativen Sozialismus für das 21. Jahrhundert zu zeichnen und den universalistischen Horizont einer neuen Ideologie der Gleichheit, des gesellschaftlichen Eigentums, der Bildung, der Wissens- und Machtverteilung zu erschließen. Diese Erzählung ist optimistischer, sie setzt größeres Vertrauen in die menschliche Natur. Aber sie ist auch genauer und plausibler als die überkommenen Erzählungen, weil sie die Lehren beherzigt, die wir aus einer globalen Geschichte ziehen können. Natürlich bleibt es jedem selbst überlassen, sich ein Urteil zu bilden und sich diese ebenso anfechtbaren wie vorläufigen Schlüsse anzuverwandeln, sie zu verändern und weiterzuführen.

Bevor ich die Anlage dieses Buches und die verschiedenen Etappen meiner historischen Darstellung vorstelle, von den dreigliedrigen Gesellschaften und Sklavenhaltergesellschaften bis zu den modernen postkolonialen und hyper-kapitalistischen Gesellschaften, will ich erläutern, auf welche Hauptquellen ich mich stütze und in welchem Sinne mein vorheriges Buch, *Das Kapital im 21. Jahrhundert*, durch diese Arbeit fortgesetzt wird. Zunächst möchte ich aber kurz den Ideologiebegriff vorstellen, den diese Untersuchung verwendet.

Was ist eine Ideologie?

Ich werde im Rahmen dieses Buchs versuchen, einen positiven und konstruktiven Ideologiebegriff zu verwenden, der Ideologie als Gefüge von Ideen und Diskursen versteht, die auf grundsätzlich plausible Weise beschreiben wollen, wie die Gesellschaft zu organisieren sei. Dabei soll die jeweilige Ideologie in ihren zugleich sozialen, ökonomischen und politischen Dimensionen betrachtet werden. Ideologien sind mehr oder weniger schlüssige Versuche, Antworten auf eine Reihe extrem weit gefasster Fragen zu geben, die um die erstrebenswerte oder ideale Organisation der Gesellschaft kreisen. Bedenkt man die Komplexität dieser Fragen, so versteht es sich von selbst, dass keine Ideologie je eine angemessene und erschöpfende Antwort auf sie alle bereithalten wird und Konflikte und Meinungsverschiedenheiten daher etwas sind, das der Ideologie selber innewohnt. Dennoch muss jede Gesellschaft um Antworten auf solche Fragen ringen, oft auf der Grundlage eigener historischer Erfahrungen, aber manchmal auch im Rückgriff auf Erfahrungen anderer Gesellschaften. Und grundsätzlich fühlt sich auch jeder Einzelne aufgefordert, sich eine Meinung zu diesen fundamentalen und existenziellen Fragen zu bilden, wie unbestimmt und unzulänglich sie auch sein mag.

Dabei steht insbesondere das politische Regime infrage, also die Gesamtheit der Regeln, die eine Gemeinschaft definieren und ihr Hoheitsgebiet abstecken, die Mechanismen kollektiver Beschlussfassung und die politischen Rechte ihrer Mitglieder. Darunter fallen die unterschiedlichen Formen politischer Teilhabe und Mitbestimmung ebenso wie die Rolle von Einwohnern und Ausländern, Präsidenten und Versammlungen, Ministern und Königen, Parteien und Wahlen, Kolonialreichen und Kolonien.

Es geht aber auch um die Frage des Eigentumsregimes, das heißt der Gesamtheit der Regeln, die über mögliche Eigentumsformen entscheiden, sowie der Rechtsmittel und Praktiken, die die Eigentumsverhältnisse zwischen den jeweiligen Gesellschaftsgruppen regeln und über die Einhaltung dieser Regeln wachen. Die Rolle des privaten und öffentlichen Eigentums, des Eigentums an Immobilien und Finanzwerten, Sklaven, Agrarland und Bodenschätzen, an geistigen und immateriellen Gegenständen steht hier ebenso auf dem Spiel wie die Beziehung zwischen Eigentümern und Mietern, Adligen und Bauern, Herren und Sklaven, Aktionären und Lohnempfängern.

Jede Gesellschaft, also jedes Ungleichheitsregime gibt mehr oder weniger schlüssige Antworten auf die Frage des politischen Regimes und des Eigentumsregimes. Diese zwei Reihen von Antworten und Diskursen sind häufig eng miteinander verknüpft, entspringen sie doch beide nicht zuletzt einer Theorie der sozialen Ungleichheit und der (realen oder angenommenen, legitimen oder verwerflichen) Ungleichgewichte zwischen den jeweiligen sozialen Gruppen. Sie schließen im Allgemeinen zahlreiche andere intellektuelle und institutionelle Einrichtungen ein, namentlich ein Bildungssystem (das heißt Regeln und Institutionen, die geistige und kognitive Übertragung erlauben: Familien und Kirchen, Väter und Mütter, Schulen und Universitäten) und ein Steuersystem (das heißt Einrichtungen, die es erlauben, Staaten und Regionen, Kommunen und Kolonialreiche ebenso mit Mitteln zu versorgen wie soziale, religiöse und kollektive Organisationen ganz unterschiedlicher Art). Die Antworten im Hinblick auf diese verschiedenen Problemdimensionen können indessen erheblich voneinander abweichen. Man mag sich über die Frage der politischen Ordnung, aber nicht über die der Eigentumsordnung einig sein, oder über diesen, aber nicht jenen Aspekt der Fragen zum Steuer- oder Bildungssystem. Der ideologische Konflikt ist fast immer mehrdimensional, auch wenn eine Achse in den Vordergrund treten mag, zumindest eine Zeit lang, was die Illusion eines umfassenden Konsensus erzeugen und mitunter zur Mobilisierung weiter Teile der Bevölkerung und zu großen historischen Umwälzungen führen kann.

Die Grenze und das Eigentum

Jedes Ungleichheitsregime, jede Ungleichheitsideologie beruht, vereinfacht gesprochen, auf einer Theorie der Grenze und einer Theorie des Eigentums.

Auf der einen Seite muss die Frage der Grenze beantwortet werden. Man muss klären, wer Teil der menschlichen und politischen Gemeinschaft ist, der man angehört oder sich anschließt, und wer nicht, auf welchem Gebiet und nach welchen Regeln sie regiert werden will, und wie sich ihre Beziehungen zu anderen Gemeinschaften innerhalb einer umfassenden menschlichen Gemeinschaft (die je nach Ideologie mehr oder weniger als solche anerkannt wird) organisieren lassen. Es geht dabei um die Frage des politischen Regimes, aber ihre Beantwortung schließt auch eine unmittelbare Antwort auf die Frage der sozialen Ungleichheit ein, zuallererst jener, die Staatsangehörige von Ausländern trennt.

Auf der anderen Seite muss die Frage nach dem Eigentum beantwortet werden. Kann man andere Individuen besitzen? Oder Anbauflächen, Immobilien, Unternehmen, natürliche Ressourcen, Erkenntnisse, finanzielle Vermögenswerte, die Staatsschulden? Nach welchen praktischen Modalitäten und auf der Grundlage welches Rechtssystems, welcher Rechtsprechung kann man die Beziehungen zwischen Eigentümern und Nichteigentümern regeln und dafür sorgen, dass sie aufrechterhalten werden? Diese Frage des Eigentumsregimes hat, wie die des Bildungs- und Steuerregimes, einen gestaltenden Einfluss auf soziale Ungleichheiten und ihre Entwicklung.

In den meisten frühen Gesellschaften sind die Fragen des politischen Regimes und des Eigentumsregimes, anders gesagt: die Frage der Macht über Personen und die Frage der Macht über Sachen (das heißt über Eigentumsgegenstände, die mitunter, im Fall der Sklaverei, Personen sein können, in jedem Fall aber einen bestimmenden Einfluss auf Machtverhältnisse zwischen Personen haben), unmittelbar miteinander verknüpft. Ganz offensichtlich ist dies der Fall in den Sklavenhaltergesellschaften, in denen beide Fragen weitgehend zusammenfallen: Bestimmte Individuen besitzen andere Individuen und sind deren Herren und Besitzer zugleich.

Dasselbe gilt, aber in subtilerer Weise, von den Dreiständeordnungen oder «trifunktionalen» Gesellschaften, also solchen, die in drei Klassen mit je eigener Funktion aufgeteilt sind: eine klerikale und geistliche Klasse, eine adlige und kriegerische Klasse, eine nichtadelige und arbeitende Klasse. In dieser historischen Form, wie sie in allen vormodernen Zivilisationen zu beobachten ist, sind die beiden herrschenden Klassen unauflöslich zugleich regierende, also mit Hoheitsbefugnissen (Sicherheit, Rechtsprechung) ausgestattete und besitzende Klassen. Über Jahrhunderte war derart der «landlord» der Herr lebender, auf seinem Land arbeitender Personen so gut wie des Landes selbst.

Die Eigentümergesellschaften, die insbesondere im Europa des 19. Jahrhunderts ihre Blüte erlebten, waren im Gegenteil bemüht, die Frage des Eigentumsrechts (das als universell galt und allen offenstehen sollte) und die der Hoheitsbefugnis (unterdessen Monopol des Zentralstaats) streng voneinander zu trennen. Gleichwohl bleiben politische Ordnung und Eigentumsordnung auch in diesen Gesellschaften eng miteinander verknüpft. Zum einen, weil die Wahrnehmung politischer Rechte lange den Eigentümern vorbehalten war (in politischen Regimen, in denen das sogenannte Zensuswahlrecht galt), und zum anderen, allgemeiner gesprochen, weil zahllose verfassungsrechtliche Vorschriften dafür sorgten (und weiterhin sorgen), einer politischen Mehrheit jede Möglichkeit der legalen und friedlichen Umgestaltung des Eigentumsregimes drastisch zu beschneiden.

So haben die Fragen der politischen Ordnung und die der Eigentumsordnung, wie wir sehen werden, tatsächlich nie aufgehört, unauflöslich miteinander verknüpft zu sein, von den Dreiständeordnungen und Sklavenhaltergesellschaften über die Eigentümergesellschaften und kommunistischen und sozialdemokratischen Gesellschaften, die sich als Reaktion auf die von den Eigentümergesellschaften gezeitigten Ungleichheits- und Identitätskrisen herausgebildet haben, bis zu den modernen postkolonialen und hyperkapitalistischen Gesellschaften.

Daher schlage ich vor, diese historischen Veränderungen unter Verwendung des Begriffs des «Ungleichheitsregimes» zu analysieren, der beide Begriffe, den des politischen Regimes und den des Eigentumsregimes (und weiterhin des Bildungs- und Steuersystems) umfasst und ihre Zusammengehörigkeit deutlicher hervortreten lässt. Um zu veranschaulichen, dass die strukturbildenden Verflechtungen zwischen politischer Ordnung und Eigentumsordnung auch in der heutigen Welt noch allgegenwärtig sind, reicht der Hinweis auf das Fehlen jedes demokratischen Mechanismus, der es einer Mehrheit der Bürger der Europäischen Union (oder gar der Weltbürger) erlauben würde, die geringste Steuer oder das geringste Umverteilungs- und Entwicklungsprojekt auf Gemeinschaftsebene ins Leben zu rufen, kann doch jedes noch so bevölkerungsarme Land sein Veto gegen eine gemeinsame Steuer einlegen, wie groß die Vorteile, die es aus seiner Integration in den europäischen Finanz- und Handelsraum zieht, auch immer sein mögen.

Das entscheidende Faktum ist, dass die zeitgenössische Ungleichheit zutiefst durch das System von Grenzen und Nationalitäten und die mit ihm verknüpften politischen wie sozialen Rechte strukturiert wird. Das trägt in diesem beginnenden 21. Jahrhundert zum Aufkommen multidimensionaler Konflikte bei, die sich an Fragen der Ungleichheit, der

Migration und der Identität entzünden und es erheblich erschweren, Koalitionen zu schmieden und Mehrheiten zu finden, mit denen man den wachsenden Ungleichheiten Einhalt gebieten könnte. Die ethno-religiösen und nationalen Bruchlinien hindern, konkret gesprochen, die unteren Volksschichten unterschiedlicher Herkunft und aus verschiedenen Ländern daran, sich in einer politischen Koalition zusammenzuschließen, was zwangsläufig den Reichsten in die Hände spielt und die ausufernde Ungleichheit befördert. Was fehlt, ist eine Ideologie und programmatische Plattform, die überzeugend genug wäre, um die benachteiligten Gesellschaftsgruppen davon zu überzeugen, dass das, was sie miteinander verbindet, wichtiger ist als das, was sie voneinander trennt. Ich möchte hier nur die Tatsache hervorheben, dass die engen Bande zwischen politischer Ordnung und Eigentumsordnung einer uralten, strukturellen und fortdauernden Realität entsprechen, die zu analysieren eine umfassende historische und transnationale Perspektivierung voraussetzt.

Ideologien ernst nehmen

Die Ungleichheit ist keine wirtschaftliche oder technologische, sie ist eine ideologische und politische Ungleichheit. So lautet zweifellos die offensichtlichste Schlussfolgerung aus der in diesem Buch vorgelegten historischen Untersuchung. Den Markt und den Wettbewerb als solchen gibt es so wenig, wie es Gewinn und Lohn, Kapital und Schulden, hochqualifizierte und geringqualifizierte Arbeiter, Einheimische und Fremde, Steuerparadiese und Wettbewerbsfähigkeit als solche gibt. All das sind soziale und historische Konstruktionen, die durch und durch nicht nur davon abhängen, welches Rechts-, Steuer-, Bildungs- und Politiksystem man in Kraft zu setzen beschließt, sondern auch von den Begriffen, die man sich davon macht. Diese Entscheidungen gehen zunächst und vor allem darauf zurück, was eine Gesellschaft unter sozialer Gerechtigkeit und gerechter Wirtschaft versteht, aber auch auf die politisch-ideologischen Kräfteverhältnissen zwischen den verschiedenen Gruppen und Diskursen in dieser Gesellschaft. Diese Kräfteverhältnisse sind ihrerseits, und das ist der entscheidende Punkt, keine bloß materiellen, sie sind auch und vor allem intellektuelle und ideologische Kräfteverhältnisse. Es kommt, anders gesagt, in der Geschichte ganz entscheidend auf Ideen und Ideologien an. Sie sind es, die es uns stets erlauben, uns neue Welten und andere Gesellschaften vorzustellen. Wir haben es immer mit einer Vielzahl möglicher Wege zu tun.

Dieser Ansatz unterscheidet sich von zahlreichen konservativen Diskursen, die uns erzählen wollen, Ungleichheit sei «naturgegeben». Es verwundert kaum, dass in ganz unterschiedlichen Gesellschaften, zu allen Zeiten und unter allen Breitengraden die Eliten es darauf anlegen, Ungleichheiten zu naturalisieren, also so zu tun, als hätten diese natürliche und objektive Gründe, um uns darüber zu belehren, die sozialen Ungleichgewichte seien nur zum Besten der Ärmsten und der Gesellschaft überhaupt, und im Übrigen sei ihre derzeitige Struktur ohnehin die einzig denkbare und lasse sich nicht substanziell verändern, ohne den größten Schaden anzurichten. Die historische Erfahrung beweist das Gegenteil. Ungleichheiten schwanken ganz erheblich, in Zeit und Raum, und nicht nur dem Umfang, sondern auch der Struktur nach. Sie verändern sich mitunter so rasch, dass die Zeitgenossen sich einige Jahrzehnte zuvor davon nichts hätten träumen lassen. Das hat manchmal Unheil gebracht, aber in ihrer Gesamtheit waren all die Brüche, all die revolutionären Umschwünge und politischen Prozesse, die es erlaubt haben, überkommene Ungleichheiten abzubauen und zu verwandeln, ein ungeheurer Fortschritt. Sie stehen am Ursprung unser wertvollsten Institutionen, derselben, die dafür gesorgt haben, dass die Idee des menschlichen Fortschritts Realität wird (das allgemeine Wahlrecht, die kostenlose Schulbildung und die Schulpflicht, die allgemeine Krankenversicherung und die progressive Steuer). Es ist sehr wahrscheinlich, dass es dabei auch in Zukunft bleibt. Was immer Konservative darüber denken mögen, die derzeitigen Ungleichheiten und Institutionen sind nicht die allein möglichen, und auch sie werden nicht umhin können, sich zu verändern und stets wieder neu zu erfinden.

Aber dieser Ansatz, der um die Ideologien, die Institutionen und die Vielfalt möglicher Wege kreist, unterscheidet sich auch von bestimmten Lehrmeinungen, die man zuweilen als «marxistisch» bezeichnet und die davon ausgehen, der ideologische «Überbau» werde nachgerade mechanisch vom Stand der Produktivkräfte und Produktionsverhältnisse determiniert. Dagegen beharre ich auf einer genuinen Autonomie der Ideen, das heißt der ideologisch-politischen Sphäre. Für ein und denselben Entwicklungsstand der Ökonomie und der Produktivkräfte (vorausgesetzt, dieses Wort ist sinnvoll, was nicht feststeht) gibt es stets eine Mehrzahl möglicher ideologischer und politischer Ordnungen, also auch möglicher Ungleichheitsregime. So erlaubt es zum Beispiel die Theorie des unausweichlichen Übergangs vom «Feudalismus» zum «Kapitalismus» im Zuge der Industriellen Revolution nicht, der Fülle historischer und politisch-ideologischer Entwicklungslinien Rechnung zu tragen, die sich in den verschiedenen Ländern und Regionen der Welt beobachten lassen, namentlich zwischen kolonialisierenden und kolonialisierten Regionen, aber auch innerhalb der einzelnen Regionen. Und sie hindert uns vor allem daran, daraus die richtigen Lehren für die nächsten Schritte zu ziehen. Nimmt man den Faden dieser Geschichte wieder auf, so stellt man fest, dass es die Alternativen stets gegeben hat und auch stets geben wird. Auf allen Entwicklungsstufen gibt es ganz unterschiedliche Wege, ein wirtschaftliches, soziales und politisches System zu gestalten, die Eigentumsverhältnisse zu definieren, ein Steuer- oder Bildungssystem einzurichten, mit öffentlichen oder privaten Schulden umzugehen, die Beziehungen zwischen verschiedenen menschlichen Gemeinschaften zu regeln etc. Und die Unterschiedlichkeit der Wegverläufe beschränkt sich nicht auf Details. Das Gegenteil trifft zu, und das gilt insbesondere für die möglichen Wege, die Eigentumsverhältnisse im 21. Jahrhundert zu organisieren. Manche unter ihnen könnten eine Überwindung des Kapitalismus darstellen, die sehr viel realer ist als der Weg, den die wählen, die seinen Untergang voraussagen, ohne sich darum zu kümmern, was danach kommt.

Die Erforschung der verschiedenen historischen Wegverläufe und der vielen Abzweigungen zu unbeschrittenen Wegen ist das beste Mittel gegen den elitistischen Konservatismus, aber auch gegen den revolutionären Attentismus derer, die auf den *Grand Soir*, den Vorabend des großen Umsturzes warten. Ein solcher Attentismus dispensiert seine Vertreter häufig davon, sich darüber den Kopf zu zerbrechen, welche wirklich befreiende institutionelle und politische Ordnung eigentlich am Tage nach dem Großen Abend in Kraft treten soll. Und er verleitet gemeinhin dazu, auf eine ebenso aufgeblähte wie unbestimmte Staatsmacht zu vertrauen, was sich als ebenso gefährlich erweisen kann wie die proprietaristische Heiligsprechung des Eigentums, der man entgegenzutreten behauptet. Diese Haltung hat im 20. Jahrhundert erheblichen menschlichen und politischen Schaden angerichtet, und den Preis dafür werden wir lange noch zahlen.

Dass der Postkommunismus (in der russischen wie chinesischen und in einem gewissen Maße auch der osteuropäischen Version, ungeachtet all dessen, was diese drei Entwicklungslinien trennt) am Beginn des 21. Jahrhunderts zum treuesten Verbündeten des Hyper-Kapitalismus werden konnte, ist eine unmittelbare Folge des kommunistischen Desasters in seiner stalinistischen wie maoistischen Spielart und des Schwindens aller egalitaristischen und internationalistischen Ambitionen, das sich aus ihm ergab. Dass es diesem Desaster sogar gelungen ist, das Unheil, das von sklavenhalterischen, kolonialistischen und rassistischen Ideologien angerichtet wurde, ebenso in den Hintergrund treten zu lassen wie deren tiefe Übereinstimmungen mit der proprietaristischen und hyper-kapitalistischen Ideologie, ist wahrlich keine geringe Leistung.

So weit es möglich ist, werde ich in diesem Buch versuchen, die Ideologien ernst zu nehmen. Tatsächlich möchte ich jeder Ideologie der Vergangenheit eine Chance geben, namentlich den proprietaristischen, sozial-demokratischen und kommunistischen, aber auch den trifunktionalen, sklavenhalterischen oder kolonialistischen, indem ich ihrer je eigenen Logik folge. So extrem und maßlos sie in der Verteidigung eines bestimmten Typs von Ungleichheit oder Gleichheit auch sein mag – ich gehe von dem Prinzip aus, dass jede Ideologie auf ihre Weise einer Vorstellung von einer gerechten Gesellschaft und sozialer Gerechtigkeit Ausdruck verleiht. In jeder dieser Vorstellungen steckt eine gewisse Wahrheit und Wahrhaftigkeit, jede hat eine ihr eigene Schlüssigkeit, aus der sich nützliche Lehren für die Zukunft ziehen lassen, zumindest unter der Bedingung, dass man diese politisch-ideologischen Entwicklungen nicht auf abstrakte, unhistorische, von den jeweiligen Institutionen abgelöste Weise in Augenschein nimmt, sondern im Gegenteil so, wie sie sich in ganz bestimmten Gesellschaften, Zeiträumen und Institutionen verkörpert haben, die sich durch spezifische Eigentumsformen, Steuerordnungen und Bildungssysteme auszeichnen. Um diese Formen konsequent zu durchdenken, darf man sich auch eine eingehende Untersuchung jener Regeln und Funktionsbedingungen (Rechtssysteme, Steuertarife, Lehrmittel etc.) nicht ersparen, ohne die Institutionen wie Ideologien bloß leere Gehäuse sind, unfähig, die Gesellschaft wirklich zu verändern und sich anhaltender Zustimmung zu versichern.

Dabei ist mir nicht unbekannt, dass es auch einen pejorativen Gebrauch des Ideologiebegriffs gibt, der mitunter durchaus gerechtfertigt ist. Ideologisch wird häufig eine dogmatisch verhärtete Sichtweise genannt, die den Tatsachen nicht ausreichend Rechnung trägt. Das Problem ist, dass allzu oft diejenigen, die sich ihren unbedingten Pragmatismus zugutehalten, im pejorativen Sinne des Worts «ideologischer» als alle anderen sind: Ihre vermeintlich post-ideologische Haltung verhehlt mehr schlecht als recht, wie wenig sie sich um die Fakten scheren, wie groß ihre historische Unkenntnis ist, wie hartnäckig sie ihren Vorurteilen und ihrem Klassenegoismus verhaftet bleiben. Das vorliegende Buch dagegen wird ausgesprochen «faktenbezogen» sein. Ich werde eine Fülle historischer Entwicklungen nachzeichnen, die die Struktur der Ungleichheiten und ihre Verwandlung in unterschiedlichen Gesellschaften betreffen. Zum einen, weil es sich um das Spezialgebiet handelt, von dem ich als Forscher herkomme, und zum anderen, weil ich davon überzeugt bin, dass eine sachliche Prüfung der verfügbaren Quellen zu diesen Fragen unser kollektives Nachdenken voranbringt. Sie ermöglicht insbesondere einen Vergleich von Gesellschaften, die sich sehr stark voneinander unterscheiden und es häufig ablehnen, sich miteinander zu vergleichen, weil sie (meist zu Unrecht) von ihrem «Ausnahmecharakter», von der Einzigartigkeit und Unvergleichlichkeit ihres Weges überzeugt sind.

Zugleich weiß ich nur zu gut, dass die verfügbaren Quellen niemals in der Lage sein werden, alle Streitigkeiten auszuräumen. Keine Untersuchung der «Tatsachen» wird je eine erschöpfende Antwort auf die Frage nach der idealen politischen Ordnung, der idealen Eigentumsordnung, dem idealen Bildungs- und Steuersystem geben können. Zunächst, weil «Tatsachen» oder «Fakten» hochgradig von institutionellen Dispositiven (Erhebungen, Umfragen, Untersuchungen, Steuern etc.) und von den sozialen, fiskalischen oder juristischen Begriffen abhängen, die Gesellschaften bilden, um sich selbst zu beschreiben, zu vermessen, zu verwandeln. «Tatsachen» sind, anders gesagt, selber Konstruktionen. Korrekt erfassen lassen sie sich daher nur unter Berücksichtigung der komplexen, verschlungenen und interessegeleiteten Interaktionen zwischen dem Beobachtungsapparat und der erforschten Gesellschaft. Das heißt wohlgemerkt nicht, aus diesen kognitiven Konstruktionen ließe sich nichts Nützliches lernen. Aber es heißt, dass jeder Versuch, etwas von ihnen zu lernen, dieser Komplexität und dieser Reflexivität Rechnung tragen muss.

Zudem sind die erörterten Fragen – die Verfassung der idealen sozialen, ökonomischen und politischen Ordnung – viel zu komplex, als dass sich eines schönen Tages eine einzige Schlussfolgerung aus einer «objektiven» Prüfung der «Fakten» ergeben könnte. Letztere werden nie mehr sein als der Widerschein begrenzter Erfahrungen, die wir in der Vergangenheit gemacht haben, und unabgeschlossener Überlegungen und Beratungen, an denen wir teilnehmen durften. Und schließlich kann es durchaus sein, dass es die eine und einzige «ideale» Ordnung (wie immer man diesen Begriff auch verstehen möchte) gar nicht gibt und jede unauflöslich mit einer Reihe von Merkmalen der jeweils untersuchten Gesellschaft zusammenhängt.

Kollektives Lernen und die Sozialwissenschaften

Es liegt indessen nicht in meiner Absicht, einen generalisierten ideologischen Relativismus zu praktizieren. Für den Sozialwissenschaftler ist es nur allzu leicht, auf Äquidistanz gegenüber den auseinandergehenden Meinungen zu gehen und sich für nichts auszusprechen. Dieses Buch dagegen wird Stellung beziehen, insbesondere in seinem letzten Teil. Ich werde dies allerdings nicht tun, ohne den zurückgelegten Weg und die Gründe, die mich zu diesen Positionen geführt haben, so deutlich wie möglich offenzulegen.

Zumeist entwickelt sich die Ideologie einer Gesellschaft vor allem im Ausgang von ihrer eigenen historischen Erfahrung. So erwächst etwa die Französische Revolution auch dem Gefühl der Ungerechtigkeit und den Enttäuschungen während des Ancien Régime. Durch die von ihr gezeitigten Brüche und Umwälzungen und die Erfolge oder Niederlagen, die den revolutionären Experimenten von den verschiedenen gesellschaftlichen Gruppen zugeschrieben werden, trägt die Revolution dann ihrerseits zu einer nachhaltigen Verwandlung dessen bei, was als ideale Ungleichheitsordnung gilt, auf dem Feld der politischen Organisation ebenso wie auf dem der Eigentumsordnung oder des Sozial-, Steuer- und Bildungssystems. Diese Lernprozesse sind wiederum Voraussetzung künftiger politischer Verwerfungen. Und so weiter. Jeder nationale politisch-ideologische Wegverlauf kann als großangelegter kollektiver Lernprozess und als gewaltige historische Versuchsanordnung begriffen werden. Und dieser Prozess ist zwangsläufig konfliktgeladen. Nicht bloß haben die verschiedenen sozialen und politischen Gruppen nicht immer die gleichen Interessen und Absichten. Sie teilen auch nicht die gleichen Erinnerungen und die gleiche Deutung der Ereignisse oder des Sinns, den man ihnen für die Zukunft zusprechen muss. Und doch bergen diese Lernprozesse oft, zumindest eine Zeit lang, Elemente eines nationalen Konsensus.

Diesen kollektiven Lernprozessen wohnt eine gewisse Rationalität inne, aber sie haben auch Grenzen. So reicht insbesondere ihr Gedächtnis nicht weit zurück (nach ein paar Jahrzehnten geraten die Erfahrungen des eigenen Landes häufig in Vergessenheit oder es bleiben nur Bruchstücke im Gedächtnis, deren Auswahl selten zufällig ist) und ist vor allem meist auf den nationalen Horizont beschränkt. Aber wir sollten die Dinge nicht zu schwarz sehen: Jede Gesellschaft zieht mitunter Lehren aus Erfahrungen anderer Länder, sei es durch die Kenntnis, die sie von ihnen hat, sei es im Zuge mehr oder weniger gewaltsamer Begegnungen zwischen verschiedenen Gesellschaften (Kriege, Kolonialisierungen, Besatzungen und Verträge, die für mehr oder weniger Ungleichheit sorgen), was nicht immer der entspannteste und auch nicht der erfolgversprechendste Lernmodus ist. Aber im Wesentlichen bilden sich die unterschiedlichen Visionen der idealen politischen Ordnung, der erstrebenswerten Eigentumsregimes, des geeigneten Rechts-, Steuer- und Bildungssystems im Ausgang von einschlägigen nationalen Erfahrungen, während Erfahrungen anderer Länder ausgeblendet werden – vor allem dann, wenn sie als weit entfernt oder in zivilisatorischer, religiöser, moralischer Hinsicht als fremd empfunden werden oder die Begegnungen mit ihnen gewaltsamer Natur waren (was das Gefühl radikaler Fremdheit verstärken kann). Auch beruhen, allgemeiner gesprochen, solche Lernprozesse häufig auf recht grobschlächtigen und diffusen Vorstellungen von den innerhalb unterschiedlicher Gesellschaften erprobten institutionellen Einrichtungen (das gilt im Übrigen auch auf nationaler Ebene oder bei Ländern, die gute Nachbarn sind), auf politischem Gebiet ebenso wie in Rechts-, Steuer- und Bildungsfragen, was die Lehren, die sich daraus für die Zukunft ziehen lassen, erheblich einschränkt.

Ganz offenbar haben diese Einschränkungen aber nicht für alle Ewigkeit Bestand. Sie entwickeln sich weiter im Zuge mannigfaltiger Prozesse der Verbreitung und Mobilisierung von Kenntnissen und Erfahrungen: Schulen und Bücher, Migration und interkulturelle Ehen, Parteien und Gewerkschaften, Auslandsaufenthalte und Begegnungen, Zeitungen, Medien etc. An dieser Stelle kann sozialwissenschaftliche Forschung ihren Beitrag leisten. Durch sorgfältige Gegenüberstellung historischer Erfahrungen aus kulturell und zivilisatorisch ganz unterschiedlichen Ländern und Regionen, durch möglichst systematische Auswertung der verfügbaren Quellen und schließlich durch Erforschung des Strukturwandels von Ungleichheiten und politisch-ideologischen Ordnungen in unterschiedlichen Gesellschaften kann sie, davon bin ich überzeugt, zu einem besseren Verständnis der laufenden Veränderungen beitragen. Vor allem aber wird sich durch einen vergleichenden, historischen und transnationalen Ansatz eine genauere Vorstellung davon gewinnen lassen, wie eine bessere politische, ökonomische und soziale Organisation für die verschiedenen Gesellschaften der Welt und insbesondere für jene Weltgesellschaft aussehen könnte, die zumal im 21. Jahrhundert die politische und menschliche Gemeinschaft ist, der wir alle angehören. Ich behaupte selbstverständlich nicht, die am Ende dieses Buchs gezogenen Schlüsse seien die einzig möglichen. Sie scheinen mir indes die logischsten zu sein, die sich aus den verfügbaren historischen Erfahrungen und den Materialien ziehen lassen, die ich zusammentragen werde. Und ich werde die Motive und Vergleiche, die mir zur Rechtfertigung dieser oder jener Schlussfolgerung am unerlässlichsten scheinen, besonders deutlich herauszuarbeiten versuchen (ohne zu verhehlen, wie groß die verbleibenden Ungewissheiten sind). Aber es liegt auf der Hand, dass die Kenntnisse und Überlegungen, auf denen diese Schlüsse beruhen, äußerst begrenzt sind. Dieses Buch ist nur ein sehr kleiner Schritt in einem kollektiven Lernprozess, und ich bin unendlich gespannt auf die nächsten Etappen dieses Menschheitsabenteuers.

Ich möchte denn auch gegenüber denen, die über wachsende Ungleichheit und identitäre Irrwege klagen, aber auch denen, die fürchten, ich könnte meinerseits klagen, ausdrücklich betonen, dass dies keineswegs ein Klagebuch ist. Ich bin im Gegenteil von Haus aus optimistisch, und meine Hauptabsicht ist es, zu einer Lösung der Probleme beizutragen, vor denen wir stehen. Es ist nicht verboten, statt dauernd auf das halbleere Glas vor sich zu starren, über die Fähigkeit menschlicher Gesellschaften zu staunen, neue Institutionen zu erfinden, neue Bündnisse zu schließen und Millionen (mitunter auch Hunderte Millionen, ja Milliarden) von Menschen dazu zu bewegen, sich zusammenzutun, Menschen, die sich nie begegnet sind und nie begegnen werden und einander auch ignorieren oder zerstören könnten, statt sich Regeln friedlichen Zusammenlebens aufzuerlegen, obwohl man doch über die ideale Ordnung und also über die Regeln, denen zu folgen recht und billig ist, so wenig weiß. Diese Fähigkeit, auf neue Institutionen zu sinnen, hat freilich auch Grenzen und muss einer sorgfältigen Analyse unterzogen werden. Zu behaupten, Ungleichheit sei ideologischer und politischer, nicht ökonomischer oder technologischer Natur, heißt nicht schon, sie ließe sich wie durch Zauberhand aus der Welt schaffen. Es heißt bloß, sehr viel bescheidener, dass man die ideologisch-institutionelle Vielfalt menschlicher Gesellschaften ernst nehmen und sich vor allen Diskursen hüten muss, die Ungleichheiten naturalisieren und die Existenz von Alternativen leugnen wollen. Und es heißt auch, dass es die institutionellen Einrichtungen und die geltenden Rechts-, Steuer- und Bildungsnormen in den verschiedenen Länder en détail zu untersuchen gilt. Denn mit dem guten Willen allein, den man gewiss jedem unterstellen sollte, ist es nicht getan. Er muss in tragfähigen kognitiven und institutionellen Dispositiven konkrete Gestalt annehmen, und darum bleiben es die Details, die ausschlaggebend sind und von denen es abhängt, ob Zusammenarbeit funktioniert und die Gleichheit Fortschritte macht (oder nicht). Falls es mir gelingt, etwas von diesem vernünftigen Staunen dem Leser mitzuteilen und ihn zu überzeugen, dass historische und ökonomische Kenntnisse zu wichtig sind, um sie anderen zu überlassen, ist mein Ziel auch schon erreicht.

Die in diesem Buch benutzten Quellen. Ungleichheiten und Ideologien

Dieses Buch stützt sich auf zwei große Typen historischer Quellen: zum einen Quellen, anhand derer sich die Entwicklung von Ungleichheiten aus einer historischen, vergleichenden und mehrdimensionalen Perspektive einschätzen lässt (Ungleichheit des Einkommens, Lohns, Vermögens, Geschlechts, Alters, Berufs, Status, der Herkunft, Religion, Rasse etc.); und zum anderen Quellen, die es erlauben, die Wandlungen von Ideologien, politischen Überzeugungen und Ungleichheitsvorstellungen wie der ökonomischen, sozialen und politischen Institutionen, die sie strukturieren, nachzuverfolgen.

Was die Ungleichheiten anbelangt, so werde ich mich namentlich auf die im Rahmen der *World Inequality Database* (WID.world) gesammelten Daten stützen. Dieses Projekt beruht auf den vereinten Anstrengungen von mehr als 100 Forschern, die inzwischen mehr als 80 Länder auf sämtlichen Kontinenten abdecken. Es stellt die umfassendste derzeit verfügbare Datenbank zur historischen Entwicklung der Einkommens- und Vermögensungleichheit dar, zwischen Ländern so gut wie innerhalb dieser Länder. Das Projekt WID.world ist aus historischen Arbeiten hervorgegangen, die Anfang der 2000er Jahre von Anthony Atkinson und Emmanuel Saez in Angriff genommen wurden, um die in den 1950er und 1970er Jahren von Kuznets, Atkinson und Harrison angestrengten Untersuchungen zu verallgemeinern und zu erweitern.[1] Diese Arbeiten beruhen auf einer systematischen Gegenüberstellung der verfügbaren Quellen, insbesondere der Volkswirtschaftlichen Gesamtrechnungen, der Ergebnisse von Umfragen sowie der Steuer- und Erbschaftsstatistiken, die es erlauben, auf das ausgehende 19. und beginnende 20. Jahrhundert zurückzugehen, einen Zeitraum, in dem in zahlreichen Ländern progressive Einkommen- und Erbschaftsteuersysteme ins Leben gerufen wurden. Dadurch wurde es auch möglich, mehr über den Reichtum in Erfahrung bringen (Steuern dienen nicht nur dazu, für Steuereinnahmen und Unmut zu sorgen, sondern sind stets auch ein Mittel der Begriffsbildung und des Erkenntnisgewinns). Manche Länder erlauben sogar schon Untersuchungen zum ausgehenden 18. und beginnenden 19. Jahrhundert. Das gilt namentlich für Frankreich, wo im Gefolge der Revolution früh schon ein einheitliches System von Eigentumsverzeichnissen eingeführt wurde, das auch Eigentumsübertragungen registrierte. Diese Forschungen haben es ermöglicht, das Phänomen des Anstiegs von Ungleichheiten, das seit den 1980er Jahren zu beobachten ist, in einer langfristigen Perspektive zu verfolgen, und damit zu einer weltweiten öffentlichen Diskussion dieser Fragen beigetragen, wie es das Interesse belegt, auf das mein 2013 veröffentlichtes *Kapital im 21. Jahrhundert*

1 Siehe die wegweisenden Arbeiten von S. Kuznets, *Shares of Upper Income Groups in Income and Savings*, NBER 1953 (eine Studie, die Zahlen aus Einkommensteuererklärungen und Volkswirtschaftlichen Gesamtrechnungen (zu deren Entstehung Kuznets selbst beigetragen hatte) von 1913–1948 in den Vereinigten Staaten auswertet), sowie A. Atkinson, A. Harrison, *Distribution of Personal Wealth in Britain*, Cambridge University Press 1978 (ein Buch, das sich vor allem auf britische Nachlassstatistiken der Jahre 1923–1972 stützt). Siehe auch T. Piketty, *Les Hauts Revenus en France au XXe siécle*, Paris: Grasset 2001; A. Atkinson, T. Piketty, *Top Incomes over the 20th Century. A Contrast between Continental-European and English-Speaking Countries*, Oxford: Oxford University Press 2007; *Top Incomes: a Global Perspective*, Oxford: Oxford University Press 2010; T. Piketty, *Das Kapital im 21. Jahrhundert*, München: C.H.Beck 2014, S. 33–39.

ebenso stieß wie der 2018 publizierte *World Inequality Report*.[1] Dieses Interesse belegt auch, wie sehr es der Demokratisierung ökonomischer Kenntnisse und der politischen Teilhabe bedarf. In immer besser gebildeten und informierten Gesellschaften wird es immer inakzeptabler, Wirtschafts- und Finanzfragen der fragwürdigen Kompetenz einer kleinen Gruppe von Experten zu überlassen. Es ist nur zu verständlich, dass eine wachsende Zahl von Bürgern den Wunsch hat, sich nicht nur ihre eigene Meinung zu bilden, sondern sich einzumischen. Die Wirtschaft steht im Zentrum der Politik; und sie lässt sich nicht delegieren, so wenig wie die Demokratie.

Leider sorgen insbesondere der Mangel an wirtschaftlicher und finanzieller Transparenz und der erschwerte Zugang zu Steuer-, Verwaltungs- und Bankdaten in zu vielen Ländern dafür, dass die verfügbaren Daten zu Ungleichheiten unvollständig bleiben. Dank der Unterstützung von Hunderten von Bürgern, Forschern und Journalisten haben wir in den letzten Jahren Quellen erschließen können, zu denen uns die Regierungen der fraglichen Länder den Zugang verwehrt hatten, so zum Beispiel in Brasilien und Indien, Südafrika und Tunesien, im Libanon und in Elfenbeinküste, in Korea und Taiwan, Polen und Ungarn und, in leider geringerem Umfang, in China und Russland. Zu den vielfältigen Unzulänglichkeiten meines Buchs von 2013 zählt auch sein Okzidental-Zentrismus: Es räumt den Erfahrungen der sogenannten «westlichen» Länder (Westeuropa, Nordamerika, Japan) unverhältnismäßig großen Raum ein. Das liegt zum Teil daran, dass die Quellen für andere Länder schwer zugänglich waren. Die jetzt in WID.world verfügbaren und erschlossenen Daten erlauben es mir in diesem neuen Buch, über den westlichen Rahmen hinauszugehen und eine reichere Analyse der Vielfalt der Ungleichheitsregime, aber auch möglicher anderer Wegverläufe und Abzweigungen vorzulegen. Trotz dieses Fortschritts muss ich aber betonen, dass die verfügbaren Daten höchst unzulänglich bleiben, in den reichen Ländern übrigens ebenso wie in den armen.

Auch musste ich auf zahlreiche andere Quellen und Materialien zurückgreifen, die sich auf Zeiträume, Länder oder Aspekte beziehen, die von WID.world nur unzureichend erfasst werden, zum Beispiel auf die vorindustriellen Gesellschaften oder die Kolonialgesellschaften, aber

---

1 Siehe F. Alvaredo, L. Chancel, T. Piketty, E. Saez, G. Zucman, *Die weltweite Ungleichheit 2018 (World Inequality Report)*, München: C.H.Beck 2018. Der Bericht ist auch im Internet verfügbar: http://wir2018.wid.world.

auch auf Status-, Berufs-, Bildungs-, Geschlechter-, Rassen- oder Religionsungleichheiten.

Was die Ideologien anbelangt, sind die verwendeten Quellen naturgemäß sehr unterschiedlicher Art. Selbstverständlich werde ich die klassischen Quellen konsultieren: Parlamentsdebatten, politische Reden, Programme und Wahlplattformen der Parteien. Ich werde Texte von Theoretikern ebenso zu Wort kommen lassen wie Texte von politischen Akteuren, da beide eine wichtige geschichtliche Rolle spielen. Sie werfen ein zusätzliches Licht auf Muster der Rechtfertigung von Ungleichheit, die in verschiedenen Epochen an der Tagesordnung waren. Das gilt für die Texte der Bischöfe des beginnenden 11. Jahrhunderts, denen es darum zu tun ist, die trifunktionale Differenzierung der Gesellschaft in klerikale, kriegerische und arbeitende Klasse zu legitimieren, über die Schriften, mit denen der demokratische Senator von South Carolina und Vizepräsident der Vereinigten Staaten John Calhoun in den 1830er Jahren die «Sklaverei als positives Gut» (*slavery as a positive good)* gerechtfertigt hat, bis zu den einflussreichen neo-proprietaristischen und mit der Diktatur liebäugelnden Texten, die zu Beginn der 1980er Jahre von Friedrich von Hayek veröffentlicht wurden (*Law, legislation and liberty*). Und es gilt auch für die Texte Xi Jinpings und der *Global Times* über den neokommunistischen chinesischen Traum, die ebenso aufschlussreich sind wie die Tweets von Donald Trump oder die Artikel des *Wall Street Journals* und der *Financial Times* über die hyper-kapitalistische Vision nordamerikanischen und angelsächsischen Zuschnitts. All diese Ideologien müssen ernst genommen werden, nicht bloß, weil sie den Lauf der Dinge maßgeblich beeinflussen, sondern auch, weil sie auf die eine oder andere Weise von (mehr oder weniger überzeugenden) Versuchen Zeugnis ablegen, komplexen sozialen Realitäten einen Sinn zu verleihen. Menschliche Wesen können nicht umhin, den Gesellschaften, in denen sie leben, einen Sinn zu verleihen, wie groß die Ungerechtigkeit und Ungleichheit in ihnen auch sein mögen. Ich lasse mich von dem Prinzip leiten, dass sich aus den Verlautbarungen, in denen diese unterschiedlichen Schemata zum Ausdruck kommen, stets etwas lernen lässt, und dass einzig ein Studium der Gesamtheit dieser Diskurse und historischen Wegverläufe uns in Stand setzt, nützliche Lehren für die Zukunft aus ihnen zu ziehen.

Ich werde auch auf die Literatur zurückgreifen, die häufig eine der besten Quellen ist, um zu veranschaulichen, wie die Vorstellungen von Ungleichheit sich gewandelt haben. In *Das Kapital im 21. Jahrhundert* habe ich mich vor allem auf den klassischen europäischen Roman des 19. Jahrhunderts und namentlich auf die Texte von Balzac oder Jane Austen bezogen, die uns einen unersetzlichen Blick auf die Eigentümergesellschaften eröffnen, die ihre Blüte in Frankreich und in Großbritannien zwischen 1790 und 1830 erlebten. Beide Romanciers verfügten über eine intime Kenntnis der Eigentumshierarchie ihrer Zeit. Niemand kannte deren geheime Triebfedern und verborgene Schranken besser, niemand deren unausbleibliche Folgen für das Leben der Männer und Frauen, von denen ihre Romane handeln, für das Ränkespiel der Rendezvous und Heiraten, für die Hoffnungen und Nöte. Austen und Balzac analysieren die Tiefenstruktur der Ungleichheiten, ihre Rechtfertigungen, ihre Auswirkungen auf das Leben jedes Einzelnen, sie führen sie uns mit einer Ungeschminktheit und Kraft vor Augen, mit der keine politische Rede, kein sozialwissenschaftlicher Text sich je wird messen können.

Wir werden sehen, dass diese einzigartige Fähigkeit der Literatur, Macht- und Herrschaftsverhältnisse zwischen sozialen Gruppen zum Vorschein zu bringen und zu ergründen, wie Ungleichheiten von den Einzelnen erfahren werden, in allen Gesellschaften zu finden ist und ein unschätzbaren Zeugnis von ganz unterschiedlichen Ungleichheitsregimen ablegt. In *La voluntad y la fortuna*, seinem großartigen Fresko von 2008, zeichnet Carlos Fuentes wenige Jahre vor seinem Tod ein eindringliches Gemälde des mexikanischen Kapitalismus und der sozialen Gewalt, die sein Land durchzieht. Pramoedya Ananta Toer führt uns in seinem 1980 veröffentlichten *Garten der Menschheit* mit einer Schonungslosigkeit und Wahrhaftigkeit, an die keine andere Quelle heranreicht, das Räderwerk des niederländischen Kolonial- und Ungleichheitsregimes im Indonesien des ausgehenden 19. und beginnenden 20. Jahrhunderts vor Augen. Und Chimanda Ngozie Adichies *Americanah* wirft einen stolzen und ironischen Blick auf die Migrationsschicksale der nigerianischen Exilanten Ifemelu und Obinze, die es in die Vereinigten Staaten und nach Europa verschlägt, und bietet uns damit einen einzigartigen Einblick in eine der bedrückendsten Dimensionen des heutigen Ungleichheitsregimes.

Um die Ideologien und ihren Wandel zu untersuchen, wird sich dieses Buch auch auf eine systematische und neuartige Auswertung von Nachwahlerhebungen stützen, die in den meisten Ländern durchgeführt wurden, in denen seit dem Zweiten Weltkrieg Wahlen stattgefunden haben. Bei allen ihrer Unzulänglichkeiten sind diese Erhebungen ein wahres Observatorium, das einen unschätzbaren Ausblick auf die verschiedenen Dimensionen der politischen und ideologischen, die Wählerschaft spaltenden Auseinandersetzungen von den 1940er bis zum Ende der 2010er Jahre eröffnet, und das nicht allein in praktisch allen westlichen Ländern (namentlich in Frankreich, den Vereinigten Staaten und Großbritannien, mit denen ich mich besonders eingehend befasse), sondern auch in zahlreichen anderen, die ich untersuche, insbesondere Indien, Brasilien oder Südafrika. Es ist, neben seiner Konzentration auf den Westen, eine der gravierendsten Unzulänglichkeiten meines Buchs von 2013, dass es die politisch-ideologischen Entwicklungen, von denen die Entwicklung der Ungleichheit und Umverteilung sich nicht ablösen lässt, als eine Art *black box* behandelt. Gewiss stelle ich dort ein paar Hypothesen zu diesen Entwicklungen auf, zum Beispiel darüber, wie sich die Vorstellungen von Ungleichheit und Privateigentum und die Einstellungen zu ihnen im Gefolge der Weltkriege im 20. Jahrhundert, der Wirtschaftskrisen und der kommunistischen Herausforderung verändert haben, aber ohne die Frage nach der Entwicklung von Ungleichheitsideologien wirklich als solche anzugehen. Das ist es, was ich in dieser neuen Arbeit sehr viel ausdrücklicher zu tun versuche, indem ich diese Frage in eine zeitlich und räumlich ungleich weitere Perspektive einrücke und mich namentlich auf jene Nachwahlerhebungen, aber auch auf andere Quellen stütze, anhand derer sich die Entwicklung von Ideologien analysieren lässt.

Der menschliche Fortschritt, die Wiederkehr der Ungleichheiten und die Vielfalt der Welt

Kommen wir zur Sache. Es gibt menschlichen Fortschritt, aber er ist anfällig und kann jederzeit auf den inegalitären und identitären Irrwegen dieser Welt versanden. Es gibt menschlichen Fortschritt – um sich davon zu überzeugen, muss man sich nur die globale Entwicklung von Gesundheit und Bildung in den letzten beiden Jahrhunderten vor Augen führen (siehe Grafik 0.1) Die Lebenserwartung ist weltweit von ungefähr 26 Jahren um 1820 auf 72 im Jahr 2020 gestiegen. Zu Beginn des 19. Jahrhunderts lag die Säuglingssterblichkeit bei etwa 20 %, heute liegt sie bei weniger als 1 %. Konzentriert man sich auf Personen, die das erste Lebensjahr überstanden haben, ist die Lebenserwartung bei der Geburt von 32 Jahren um 1820 auf 73 im Jahr 2020 gestiegen. Man könnte andere Indikatoren zugrunde legen: die Wahrscheinlichkeit, dass ein Neugeborenes 10 Jahre alt wird oder ein Erwachsener 60 Jahre alt wird oder eine ältere Person 5 oder 10 Jahre ihres Ruhestands bei guter Gesundheit verlebt. Aber welchen Indikator man auch nimmt, die langfristige Verbesserung ist beeindruckend. Gewiss lassen sich, was im Allgemeinen kein gutes Licht auf die fraglichen Regime wirft, Länder oder Zeiten finden, in denen die Lebenserwartung sinkt, und zwar selbst in Friedenszeiten, so in der Sowjetunion der 1970er oder den Vereinigten Staaten der 2010er Jahre. Aber langfristig ist der Verbesserungstrend unbestreitbar, und zwar in allen Teilen der Welt, wie unzulänglich die demografischen Quellen auch sein mögen.[1]

Gesundheit und Bildung weltweit, 1820–2020

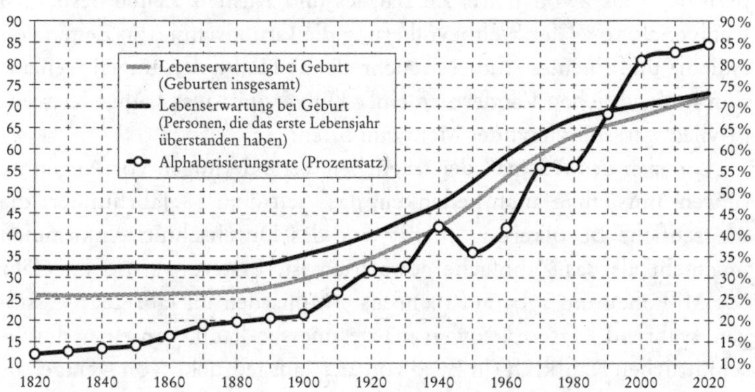

Grafik 0.1.: Die Lebenserwartung zum Zeitpunkt der Geburt (Geburten insgesamt) ist von ungefähr 26 Jahre im weltweiten Durchschnitt im Jahr 1820 auf 72 Jahre im Jahr 2020 angestiegen. Die Lebenserwartung zum Zeitpunkt der Geburt aller Personen, die das Alter von einem Jahr erreichen, ist von 32 Jahre auf 73 Jahre angestiegen (die Säuglingssterblichkeit vor Vollendung des ersten Lebensjahres ist von 20 % im Jahr 1820 auf weniger als 1 % im Jahr 2020 gesunken). Die Alphabetisierungsrate innerhalb der Weltbevölkerung im Alter von 15 Jahren oder älter ist von 12 % auf 85 % gestiegen.
Quellen und Reihen: Siehe piketty.pse.ens.fr/ideologie.

1 Um 1820 betrug die Lebenserwartung von Menschen, die das erste Lebensjahr vollendet hatten, in Afrika und Asien etwa 30 Jahre und in Westeuropa etwa 41 Jahre (bei einem weltweiten Durchschnitt von etwa 32 Jahren); um 2020 wird sie in Schwarzafrika bei 56 Jahren und in den wohlhabendsten Ländern Europas und Asiens bei über 80 Jahren liegen (bei einem weltweiten Durchschnitt von etwa 73 Jahren). So unzulänglich diese Schätzungen sind, so eindeutig sind die Größenordnungen. Die jeweilige Lebenserwartung geht aus der im fraglichen Jahr beobachteten Sterblichkeit nach Alter hervor (die Lebenserwartung der in diesem Jahr geborenen Menschen ist daher etwas höher). Siehe Technischer Anhang.

Die Menschheit erfreut sich heute besserer Gesundheit als je zuvor, und sie hatte nie besseren Zugang zu Bildung und Kultur. Anfang des 19. Jahrhunderts gab es noch keine Unesco, die, wie sie es seit 1958 tut, die Rate der Alphabetisierung gemessen hätte, das heißt die Fähigkeit einer Person «eine einfache und kurze, auf ihren Alltag bezogene Mitteilung zu lesen, zu schreiben und zu verstehen.» Anhand der in zahlreichen Erhebungen zusammengetragenen Informationen lässt sich aber schätzen, dass zu Beginn des 19. Jahrhunderts kaum 10 % der weltweiten Bevölkerung über 15 Jahre alphabetisiert waren, gegenüber den 85 %, die es heute sind. Erneut würden trennschärfere Indikatoren, wie die Durchschnittszahl der absolvierten Schuljahre, die Diagnose bestätigen: Vor zwei Jahrhunderten ging man kaum ein Jahr zur Schule, heute sind es weltweit acht und in den am weitesten entwickelten Ländern mehr als zwölf Jahre. Zu Balzacs und Austens Zeiten besuchten weniger als 10 % der Weltbevölkerung die Grundschule, zu Zeiten von Adichie und Fuentes studieren mehr als die Hälfte der jungen Generation in den reichen Ländern an einer Universität: Was früher Klassenprivileg war, steht jetzt der Mehrzahl offen.

Um sich das Ausmaß der fraglichen Veränderungen vor Augen zu führen, muss man auch bedenken, dass seit dem 18. Jahrhundert die menschliche Bevölkerung ebenso wie das Durchschnittseinkommen um mehr als das Zehnfache gewachsen ist. Erstere ist von ungefähr 600 Millionen um 1700 auf mehr als 7 Milliarden im Jahr 2020 gestiegen, während letzteres, soweit man es messen kann, von einer durchschnittlichen Kaufkraft (in Euro von 2020 ausgedrückt) von weniger als 100 Euro pro Monat und Erdbewohner um 1700 auf etwa 1000 Euro im Jahr 2020 gestiegen ist (siehe Grafik 0.2). Es ist indessen nicht ausgemacht, ob diese beträchtlichen quantitativen Zuwächse – und man sollte nicht vergessen, dass beide einer Wachstumsrate von jährlich 0,8 % entsprechen, akkumuliert freilich über mehr als drei Jahrhunderte (nicht der schlechteste Beweis, dass es am Ende gar kein Wachstum von 5 % braucht, um das Glück auf Erden zu finden) –, ob diese Zuwächse also ebenso unbestreitbar einen «Fortschritt» darstellen, wie bessere Gesundheit und Bildung es tun.

Die Einschätzung dieser Entwicklungen fällt in der Tat zweischneidig aus, und in beiden Fällen stehen uns noch komplexe Diskussionen bevor. Gewiss ist es zum Teil die sinkende Kindersterblichkeit, die sich im Bevölkerungswachstum ausspricht, und mit ihr die Tatsache, dass

Bevölkerung und Durchschnittseinkommen weltweit, 1700–2020

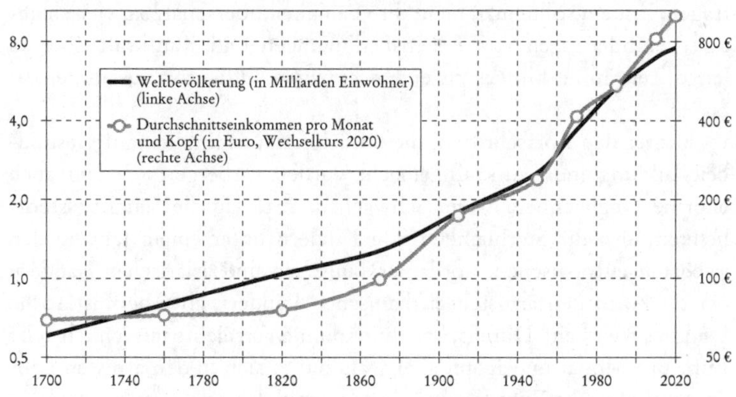

Grafik 0.2.: Die Weltbevölkerung sowie das durchschnittliche Nationaleinkommen haben sich zwischen 1700 und 2020 mehr als verzehnfacht: Erstere ist von ungefähr 600 Millionen Menschen im Jahr 1700 auf mehr als 7 Milliarden im Jahr 2020 gestiegen; letzteres, wiedergegeben als Kaufkraft (in Euro von 2020), ist von kaum 80 € pro Monat und Kopf im Jahr 1700 auf ungefähr 1000 € pro Monat und Kopf im Jahr 2020 gestiegen.
Quellen und Reihen: Siehe piketty.pse.ens.fr/ideologie.

eine wachsende Zahl von Eltern ihre Kinder aufwachsen sehen darf, was keine geringe Errungenschaft ist. Aber das ändert nichts daran, dass wir bei einem Bevölkerungszuwachs, der sich im selben Rhythmus fortsetzt, in drei Jahrhunderten 70 Milliarden Menschen wären. Erstrebenswert ist das kaum, und der Planet würde es auch nicht verkraften. Im Anstieg des Durchschnittseinkommens spricht sich unter anderem auch eine ganz reale Verbesserung der Lebensverhältnisse aus (drei Viertel der Erdbewohner lebten im 18. Jahrhundert unterhalb des Existenzminimums, gegenüber weniger als einem Fünftel heute). Aber das ändert wiederum nichts an einer ganzen Reihe von Problemen, die gerade von den Volkswirtschaftlichen Gesamtrechnungen unterschlagen werden, auf die wir uns hier stützen, um die langfristige Entwicklung des Durchschnittseinkommens zu beschreiben. Seit ihrer Erfindung im ausgehenden 17. und beginnenden 18. Jahrhunderts in Großbritannien und Frankreich versuchen sie das Nationaleinkommen, das Bruttoinlandseinkommen und manchmal auch das Nationalkapital der Länder zu messen. Von ihrer Konzentration auf Durchschnitts- und Gesamtwerte und dem vollständigen Fehlen jeder Berücksichtigung von Ungleichheiten einmal abgesehen, beginnen sie nur viel zu langsam, der

Frage der Nachhaltigkeit des Human- und Naturkapitals Rechnung zu tragen. Zudem sollte man nicht ihre Fähigkeit überschätzen, vielschichtige Veränderungen von Lebensbedingungen und Kaufkraft über so lange Zeiträume hinweg in einem einzigen Indikator zusammenzufassen.[1]

Hinter den Fortschritten, die tatsächlich im Hinblick auf Gesundheit, Bildung und Kaufkraft gemacht wurden, verbergen sich denn auch enorme Ungleichheiten und Schwächen. 2018 lag die Säuglingssterblichkeit, also die Sterblichkeit von Kindern unter einem Jahr, in den reichsten europäischen, nordamerikanischen und asiatischen Ländern bei 0,1 %, in den ärmsten afrikanischen Ländern aber bei fast 10 %. Und das weltweite Durchschnittseinkommen erreichte tatsächlich 1000 Euro pro Monat und Kopf, aber während es sich in den ärmsten Ländern auf 100–200 Euro beschränkte, lag es in den reichsten Ländern bei 3000–4000 Euro und noch höher in einigen kleinen Steuerparadiesen, die manche (nicht ohne Grund) verdächtigen, den Rest des Planeten zu plündern, ausgenommen natürlich Länder, deren Wohlstand auf CO_2-Emissionen und der künftigen Erderwärmung beruht. Es hat also durchaus Fortschritte gegeben, aber das ändert nichts daran, dass man es besser machen kann und vor diesem Hintergrund ernsthaft in sich gehen sollte, statt sich am Gefühl der Glückseligkeit ob globaler Erfolge zu berauschen.

Vor allem sollten wir über dem unbestreitbaren Fortschritt nicht vergessen, dass diese sehr langfristige Entwicklung von finsteren Zeiten der Ungleichheit und zivilisatorischen Rückschritten begleitet wurde. Die euro-amerikanische «Aufklärung» und die Industrielle Revolution gründeten sich auf extrem gewaltsame Systeme proprietaristischer, sklavenhaltender und kolonialistischer Herrschaft und Unterdrückung, die im Laufe des 18., 19. und 20. Jahrhundert ein historisch beispielloses

---

1 Zur Erinnerung: Das genannte Nationaleinkommen (auf das ich mich in diesem Buch häufig beziehen werde) ist der hier zugrundegelegten Definition nach das Bruttoinlandsprodukt, abzüglich der Kapitalentwertung (die sich praktisch auf etwa 10–15 % des Bruttoinlandsprodukts beläuft) und abzüglich oder zuzüglich der Nettoeinkommen aus dem Ausland (ein Betrag, der je nach Land positiv oder negativ ausfallen kann, der sich aber im Weltmaßstab ausgleicht). Siehe T. Piketty, *Das Kapital im 21. Jahrhundert*, a. a. O., Kapitel 1–2. Ich werde wiederholt auf die gesellschaftspolitischen Fragen zu sprechen kommen, die die Volkswirtschaftlichen Gesamtrechnungen und ihre vielfältigen Unzulänglichkeiten aufwerfen, insbesondere im Hinblick auf eine nachhaltige und gerechte Entwicklung. Siehe vor allem a. a. O., Kapitel 13.

Ausmaß annahmen, bevor die europäischen Mächte zwischen 1914 und 1950 schließlich in genozidaler Selbstzerstörung versanken. Dieselben Mächte haben dann die Dekolonialisierungen der 1950er Jahre vorangetrieben, im selben Augenblick, da die Regierungen der Vereinigten Staaten schließlich begannen, die Bürgerrechte auf die Nachkommen von Sklaven auszudehnen. Die mit dem kommunistisch-kapitalistischen Konflikt einhergehende Angst vor dem atomaren Weltuntergang war nach dem Zusammenbruch der Sowjetunion zwischen 1989–1991 gerade erst verflogen, die südafrikanische Apartheid gerade erst abgeschafft, als seit den 2000er Jahren mit der Klimaerwärmung und einer allgemeinen Tendenz zur identitären und xenophoben Abschottung neues Unheil über die Welt kam – und all das im Kontext eines beispiellosen, von einer besonders radikalen neo-proprietaristischen Ideologie angekurbelten Anstiegs sozio-ökonomischer Ungleichheiten seit den 1980er Jahren. Zu behaupten, all diese Episoden, die vom 18. bis zum 21. Jahrhundert zu beobachten waren, seien notwendig und unverzichtbar gewesen, um dem menschlichen Fortschritt zum Sieg zu verhelfen, hätte kaum Sinn. Es waren andere Wegverläufe und Ungleichheitsregime denkbar, und andere Wegverläufe und egalitärere Regime sind auch weiterhin möglich.

Wenn die Weltgeschichte der letzten drei Jahrhunderte uns eines gelehrt hat, dann dies: Der menschliche Fortschritt verläuft nicht linear und nichts entspricht der Wahrheit weniger als die Hypothese, es werde alles immer besser und der freie Wettbewerb unter Staatsmächten und Wirtschaftsakteuren sorge schon dafür, uns wie durch ein Wunder zu universaler sozialer Eintracht zu führen. Es gibt menschlichen Fortschritt, aber er ist ein Kampf, und er setzt vor allem eine sorgfältige Analyse vergangener historischer Entwicklungen voraus, mit allem, was sie an Gutem und Schlechtem bereithalten.

Die Wiederkehr der Ungleichheiten. Erste Anmerkungen

Der Wiederanstieg sozio-ökonomischer Ungleichheiten, der seit den 1980er Jahren in den meisten Ländern und Regionen der Erde zu verzeichnen ist, zählt zu den beunruhigendsten strukturellen Umwälzungen, mit denen die Welt im beginnenden 21. Jahrhundert konfrontiert ist. Auch werden wir sehen, dass es sehr schwierig ist, Lösungen für die anderen großen Herausforderungen unserer Zeit ins Auge zu fassen, solange es nicht zugleich gelingt, diese Ungleichheiten abzubauen und Gerechtigkeitsnormen durchzusetzen, die für die Mehrzahl annehmbar sind.

Werfen wir zunächst einen Blick auf die Entwicklung eines einfachen Indikators, nämlich den Anteil des obersten Dezils (das heißt der 10 % der Bevölkerung mit den höchsten Einkommen) am Gesamteinkommen in verschiedenen Teilen der Welt seit 1980. Dieser Anteil müsste sich im Falle absoluter sozialer Gleichheit auf 10 %, im Falle absoluter sozialer Ungleichheit auf 100 % belaufen. In der Praxis bewegt er sich natürlich stets zwischen diesen beiden Extremen, das aber mit erheblichen zeitlichen und räumlichen Schwankungen. So ist im Laufe der letzten Jahrzehnte in praktischen allen Ländern eine Tendenz nach oben zu verzeichnen. Vergleicht man die Fälle Indiens, der Vereinigten Staaten, Russlands, Chinas und Europas, so stellt man fest, dass der Anteil des obersten Dezils in jeder dieser fünf Regionen um 1980 zwischen 25 und 35 % lag, während er 2018 zwischen 35 und 55 % liegt (siehe Grafik 0.3). Angesichts des Ausmaßes dieser Entwicklung wird man sich fragen dürfen, wie weit sie noch gehen mag: Wird der Anteil des obersten Dezils sich in ein paar Jahrzehnten auf 55–75 % des Gesamteinkommens belaufen? Und wird es immer so weiter gehen? Erkennbar ist auch, dass dieser Anstieg der Einkommensungleichheit je nach Region erheblich schwankt, und zwar auch bei gleichem Entwicklungsstand. So haben die Ungleichheiten in den Vereinigten Staaten sehr viel rascher zugenommen als in Europa und in Indien sehr viel stärker als in China. Ein detaillierte Analyse der Daten zeigt auch, dass diese wachsende Ungleichheit vor allem zu Lasten der ärmsten 50 % ging, deren Anteil am Gesamteinkommen sich 1980 auf 20–25 % belief, 2018 dagegen auf 15–20 % und in den Vereinigten Staaten, besonders beunruhigend, auf nur noch 10 % gesunken ist.[1]

In einer längerfristigen Perspektive fällt auf, dass die in Grafik 0.3

---

1 Europa entspricht in dem Sinne, in dem es in Grafik 0.3 und, falls nicht ausdrücklich anders vermerkt, im Fortgang des Buchs verstanden wird, der Europäischen Union einschließlich der angeschlossenen Länder und zählt damit insgesamt mehr als 540 Millionen Einwohner (von denen etwa 420 Millionen in Westeuropa, 120 Millionen in Osteuropa und 520 in der EU im strengen Sinne unter Einschluss Großbritanniens leben). Russland, die Ukraine und Weißrussland sind nicht eingerechnet. Beschränkt man sich auf Westeuropa, fällt der Abstand zu den Vereinigten Staaten noch größer aus. Siehe Kapitel 12, Grafik 12.9.

Weltweiter Anstieg der Ungleichheiten, 1980–2018

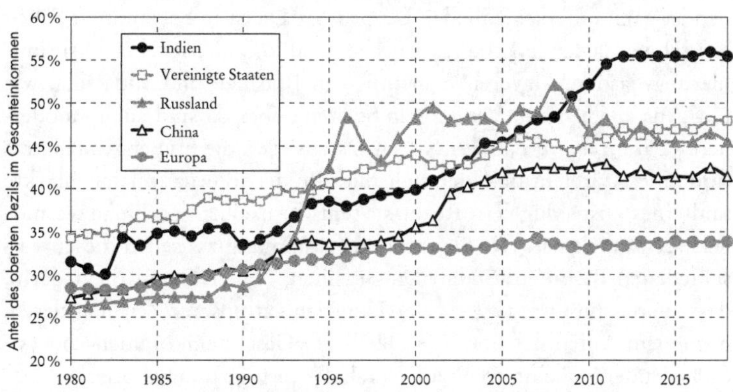

Grafik 0.3.: Der Anteil des obersten Dezils (die einkommensstärksten 10 %) am Nationaleinkommen betrug 1980 in den verschiedenen Regionen der Welt zwischen 26 % und 34 %; im Jahr 2018 zwischen 37 % und 56 %. Der Anstieg der Ungleichheiten ist ein allgemeines Phänomen, aber sein Ausmaß hängt stark von den jeweiligen Ländern ab, auf allen Entwicklungsebenen. Er fällt beispielsweise in den Vereinigten Staaten stärker aus als in Europa (EU) und stärker in Indien als in China. Quellen und Reihen: Siehe piketty.pse.ens.fr/ideologie.

dargestellten fünf großen Teile der Welt zwischen 1950 und 1980 eine historische Phase durchlaufen haben, die von relativer Gleichheit geprägt war, bevor sie seit 1980 in eine Phase wachsender Ungleichheiten eingetreten sind. Der egalitären Phase von 1950 bis 1980 entsprechen Regierungen ganz unterschiedlicher politischer Couleur, je nach Region. In China und Russland waren kommunistische Regierungen am Ruder, während man in Europa und in gewisser Weise auch in den Vereinigten Staaten und Indien von sozialdemokratischen Regierungen sprechen kann: So sehr sie sich, wie wir noch näher untersuchen werden, unterscheiden mochten, so sehr hatten sie miteinander gemein, dass sie eine relative sozio-ökonomische Gleichheit befördert haben (was nicht schon heißt, dass nicht andere Ungleichheiten eine wesentliche Rolle gespielt hätten).

Erweitert man die Perspektive auf andere Teile der Welt, so stellt man fest, dass es Regionen gibt, die noch inegalitärer sind (siehe Grafik 0.4). Der Anteil des obersten Dezils am Gesamteinkommen erreicht zum Beispiel 54 % im Subsaharischen Afrika (ja 65 %, konzentriert man sich auf Südafrika), 56 % in Brasilien und 64 % im Nahen Osten, der gemeinsam mit Südafrika 2018 die inegalitärste Region der Welt zu sein scheint, mit einem Anteil von unter 10 % des Gesamteinkommens für die ärmsten 50 %.[1] Die Ungleichheit in diesen verschiedenen Regionen ist ganz unterschiedlichen Ursprungs. Da ist in bestimmten Fällen das schwer lastende Erbe rassistischer und kolonialistischer Diskriminierung, ja der Sklaverei (namentlich in Brasilien und Südafrika, wie übrigens auch in den Vereinigten Staaten), aber da sind auch «modernere» Faktoren, im Fall des Nahen Ostens etwa die Hyper-Konzentration eines Ölreichtums, der sich mithilfe der internationalen Märkte und eines ausgeklügelten Rechtssystems in nachhaltige Finanzvermögen verwandelt hat. Die Hauptübereinstimmung zwischen diesen verschiedenen Regimen (Südafrika, Brasilien, Naher Osten) liegt darin, dass sie die äußerste Grenze der Ungleichheit unserer Zeit markieren, mit einem Anteil des obersten Dezils am Gesamteinkommen von 55–65 %. Zudem scheint, so unzulänglich die verfügbaren historischen Daten auch sind, in diesen Regionen das Ungleichheitsniveau immer schon hoch gewesen zu sein: Sie haben nie eine «sozial-demokratische» (und vollends keine kommunistische) egalitäre Phase erlebt.

Die Ungleichheit in den verschiedenen Regionen der Welt, 2018

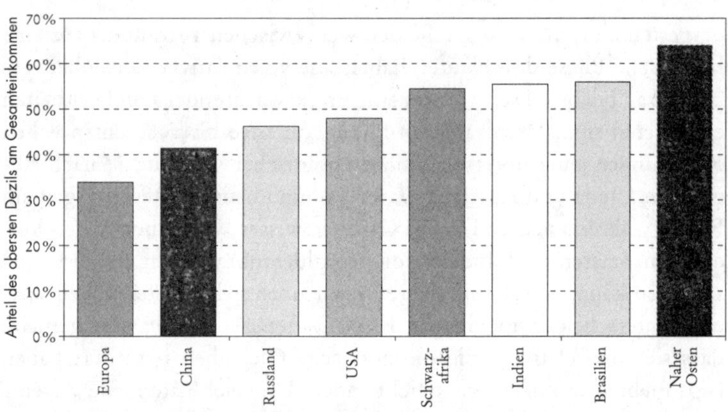

Grafik 0.4.: Der Anteil des obersten Dezils (die einkommensstärksten 10 %) am gesamten Sozialprodukt betrug 2018 34 % in Europa, 41 % in China, 46 % in Russland, 48 % in den Vereinigten Staaten, 54 % in Schwarzafrika, 55 % in Indien, 56 % in Brasilien und 64 % im Nahen Osten. Quellen und Reihen: Siehe piketty.pse.ens.fr/ideologie.

1 Die hier für den Nahen Osten vorgelegten Einschätzungen müssen zudem (und das gilt auch für andere Regionen) als Untergrenzen betrachtet werden, da sich die in Steueroasen versteuerten Einkommen nur sehr unzureichend berücksichtigen ließen. Für alternative Einschätzungen siehe Kapitel 13, S. 819–822. Der Nahe Osten wird hier als das Gebiet verstanden, das sich von Ägypten bis zum Iran und von der Türkei bis zur arabischen Halbinsel erstreckt, also ungefähr 420 Millionen Einwohner umfasst.

Wir erleben also, um das zusammenzufassen, einen Wiederanstieg von Ungleichheit seit den 1980er Jahren in praktisch allen Teilen der Welt, ausgenommen diejenigen, die nie etwas anderes als starke Ungleichheit gekannt haben. In gewisser Weise sind die Regionen, die zwischen 1950 und 1980 eine relative Gleichheit erlebt haben, offenbar im Begriff, zur äußersten Grenze der weltweiten Ungleichheit aufzuschließen, freilich mit großen Abweichungen zwischen den Ländern.

Die Elefantenkurve. Für eine unaufgeregte Debatte über Globalisierung

Der Wiederanstieg der Ungleichheit innerhalb der einzelnen Länder seit 1980 ist ein Phänomen, das inzwischen als solches reich belegt und weithin anerkannt ist. Sich über das Problem einig zu sein, heißt aber offenbar nicht, dass auch Einigkeit über die Lösungen herrscht. Strittig ist weniger das Niveau der Ungleichheit als vielmehr deren Ursprung und das Muster ihrer Rechtfertigung. Man kann zum Beispiel durchaus erwägen, ob nicht unter den russischen und chinesischen kommunistischen Regierungen 1980 die Ungleichheit übermäßig gering war und künstlich gering gehalten wurde, und ob darum der seit den 1980er Jahren zu verzeichnende Wiederanstieg der Einkommensunterschiede am Ende so negativ gar nicht war, sondern im Gegenteil zum Wohle aller, unter Einschluss der niedrigsten Einkommen, dazu beigetragen hat, Innovation und Wachstum anzukurbeln, insbesondere in China, wo die Armut stark abgenommen hat. Ein solches Argument ist potenziell vertretbar, aber nur, wenn es nach aufmerksamer Prüfung aller Kenntnisse, über die wir verfügen, mit Bedacht und Umsicht vorgebracht wird. So lässt sich zum Beispiel nicht jede private Aneignung von Bodenschätzen oder ehemaligen Staatsbetrieben durch russische oder chinesische Oligarchen von 2000–2020 (die den Beweis großer persönlicher Innovationskraft oft schuldig geblieben sind, sieht man von phantasievollen Rechts- und Steuerkonstrukten ab, mit deren Hilfe sie die Beute in Sicherheit brachten) mit dem Hinweis darauf rechtfertigen, in beiden Ländern seien 1980 die Ungleichheiten allzu gering gewesen.

Ein entsprechendes Argument ließe sich auch für den Fall Indiens, Europas und der Vereinigten Staaten vorbringen: Zwischen 1950 und

1980 habe dort übertriebene Gleichheit geherrscht und darum sei es im Interesse auch der Ärmsten notwendig gewesen, dem ein Ende zu setzen. Dieses Argument gilt aber in diesen Fällen nur mit noch größeren Einschränkungen als im Falle Russlands oder Chinas. Es kann jedenfalls nicht dazu herhalten, jeden erdenklichen Ungleichheitsschub, so groß er auch sein mag, zu rechtfertigen – und sich gar nicht erst die Mühe zu machen, ihn in Augenschein zu nehmen. So war zum Beispiel in den Vereinigten Staaten wie in Europa das Wachstum während der egalitären Phase von 1950 bis 1980 stärker als in der folgenden, die sich durch wachsende Ungleichheiten auszeichnete – was berechtigte Zweifel am gesellschaftlichen Nutzen letzterer weckt. Der gegenüber Europa stärkere Anstieg von Ungleichheiten in den Vereinigten Staaten hat seinerseits keinen nennenswerten Wachstumszuwachs gezeitigt, und er kam ganz sicher nicht den ärmsten 50 % zugute, die eine völlige Stagnation ihres absoluten Lebensstandards und ein Sinken ihres relativen Lebensstandards feststellen durften. Und der stärkere Anstieg von Ungleichheiten, der seit 1980 verglichen mit China in Indien zu beobachten war, ging ebenfalls mit einem deutlich niedrigeren Wachstum einher. Die ärmsten 50 % waren dadurch doppelt gestraft: Von einem Wachstum, das insgesamt schwächer war, bekamen sie auch noch weniger ab. Aber so wenig tragfähig sie auch sein mögen, die Argumente, die eine übermäßige Kompression von Einkommensunterschieden zwischen 1950 und 1980 behaupten, müssen gleichwohl ernst genommen werden, zumindest bis zu einem bestimmten Punkt. Wir werden sie im Rahmen dieses Buchs einer genauen Prüfung unterziehen.

Eine besonders transparente und aussagekräftige Weise, die Verteilung globalen Wachstums seit 1980 und die Komplexität der fraglichen Entwicklungen darzustellen, besteht darin, die Position in der globalen Einkommenshierarchie in Relation zur Größe des Wachstums auf dieser Ebene der Hierarchie zu setzen. Man erhält dann, was man «Elefantenkurve» nennen kann (siehe Grafik 0.5).[1] Zusammengefasst: Die Einkommensniveaus, die zwischen dem sechzigsten und dem neun-

1 Die «Elefantenkurve» wurde erstmals von C. Lakner und B. Milanovic vorgestellt. Siehe «Global Income Distribution: From the Fall of the Berlin Wall to the Great Recession», *World Bank Economic Review*, Bd. 30, Nr. 2, 2015, S. 203–232. Die hier vorgelegten Schätzungen entstammen dem *World Inequality Report 2018* und der Datenbank WID.world, die eine genauere Berücksichtigung der Spitze der Verteilung erlaubt.

Die «Elefantenkurve» der weltweiten Ungleichheiten, 1980–2018

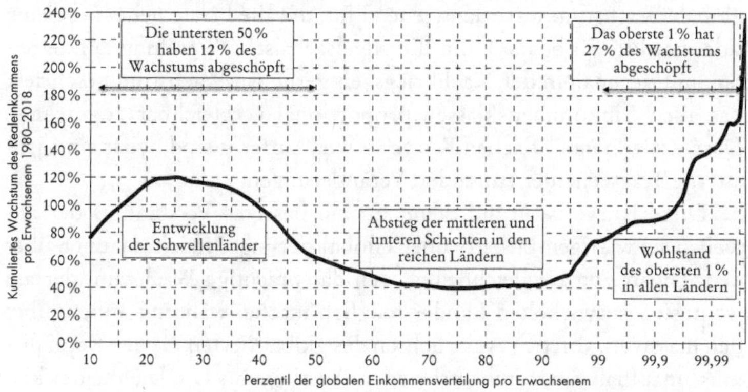

Grafik 0.5.: Die weltweit einkommensschwächsten 50 % verzeichneten zwischen 1980 und 2018 einen deutlichen Anstieg ihrer Kaufkraft (zwischen +60 % und +120 %); das weltweit einkommensstärkste 1% verzeichneten einen noch stärkeren Anstieg (zwischen +80 % und +240 %); mittlere Einkommen hingegen einen begrenzteren Anstieg. Zusammengefasst: Die Ungleichheiten haben zwischen dem Sockel und der Mitte der globalen Einkommensverteilung abgenommen und zwischen der Mitte und der Spitze zugenommen.
Quellen und Reihen: Siehe piketty.pse.ens.fr/ideologie.

zigsten Perzentil der globalen Verteilung liegen (das heißt alle, die weder zu den niedrigsten 60 % noch zu den höchsten 10 % der Einkommen zählen), ein Intervall also, das grosso modo der Mittelschicht und den Unterschichten der reichsten Länder entspricht, sind zwischen 1980 und 2018 weitgehend vom globalen Wachstum vergessen worden, das dagegen verstärkt anderen Gruppen, die in der Einkommenshierarchie unter ihnen stehen, also den Haushalten der armen Länder und Schwellenländer (der Elefantenrücken, insbesondere zwischen zwanzigstem und vierzigstem Perzentil), und mehr noch den reichsten Haushalten der reichen Länder und der ganzen Erde zugutekam (der oberste Teil des Rüssels, jenseits des neunundneunzigsten Perzentils, das heißt die obersten 1 % der weltweiten Einkommen, und vor allem die obersten 0,1 % und 0,01 %, die ein Wachstum von mehreren Hundert Prozent verbuchen konnten). Wäre die globale Einkommensverteilung im Gleichgewicht, so müsste diese Kurve flach sein: Alle Perzentile müssten im Durchschnitt mit der gleichen Steigerungsrate zulegen. Es gäbe noch immer Reiche und Arme, und es gäbe noch immer starke individuelle Mobilität, sei es nach oben oder nach unten, aber die Niveaus der Durchschnittseinkommen verschiedener

Perzentile würden sich sämtlich im gleichen Rhythmus steigern.[1] Das globale Wachstum wäre dann jene «Flut, die alle Boote hebt» («a rising tide that lifts all boats»), um die angelsächsische Wendung aufzugreifen, mit der man in der Nachkriegszeit gerne ein Wachstum beschrieb, das allen Einkommensklassen proportional vergleichbar zugutekam. Dass wir von einer flachen Kurve so weit entfernt sind, wirft ein Licht auf die Tragweite der laufenden Veränderungen.

Diese Kurve ist grundlegend für ein besseres Verständnis der zuweilen schwierigen Debatte über Globalisierung: Manche staunen über den Abbau von Ungleichheiten, den das prächtige Wachstum der am wenigsten entwickelten Länder möglich mache, während andere über den massiven, von den Auswüchsen des globalisierten Hyper-Kapitalismus unaufhaltsam vorangetriebenen Anstieg von Ungleichheiten klagen. Tatsächlich steckt in der einen wie der anderen Rede ein Teil der Wahrheit: Zwischen dem Sockel und der Mitte der globalen Einkommenspyramide sind die Einkommensunterschiede kleiner, zwischen der Mitte und der Spitze sind sie größer geworden. Der eine Aspekt der Globalisierung ist so real wie der andere, und es geht nicht darum, den einen oder den anderen zu verleugnen, sondern um die Frage, wie man es anstellen soll, die guten Seiten der Globalisierung zu retten und sich von ihren schlechten Seiten zu befreien. Das verdeutlicht auch, wie wichtig die Sprache, die Kategorien und Denkmodelle sind, die wir verwenden. Beschriebe man Ungleichheiten mit einem einzigen Indikator wie dem Gini-Koeffizienten, so könnte man der Illusion verfallen, es ändere sich nichts, weil die Komplexität und Vielschichtigkeit der Entwicklungen aus dem Blick gerät, wenn verschiedene Wirkungen in einem einzigen Indikator sich vermischen und einander ausgleichen. Darum werde ich in diesem Buch solche «synthetischen» Indikatoren meiden und stets Sorge tragen, bei der Beschreibung von Ungleichheiten und ihren Entwicklungen die verschiedenen Dezile und Perzentile der Einkommens- und Vermögensverteilung, also auch die fraglichen sozialen Gruppen klar auseinanderzuhalten.[2]

---

1 Die «Elefantenkurve» zeigt das Wachstum des Durchschnittseinkommens eines bestimmten Perzentils zwischen zwei Zeitpunkten an, wobei das gleiche Perzentil, wohlgemerkt, in Anbetracht der individuellen Aufwärts- oder Abwärtsmobilität, aber auch aufgrund von Todesfällen und Geburten zu beiden Zeitpunkten nicht die gleichen Personen umfasst.

2 Vergessen wir nicht, dass der Gini-Koeffizient zu Beginn des 20. Jahrhunderts von Corrado Gini, einem italienischen Wirtschaftsstatistiker erfunden wurde, der wie sein Landsmann Vilfredo Pareto eine recht konservative Auffassung von Ungleichheiten und ihrem

Manche könnten an dieser Stelle versucht sein der «Elefantenkurve» vorzuhalten, sie lenke das Augenmerk über Gebühr auf die 1 % oder 0,1 %, die sich an der Spitze der Verteilungspyramide bereichert haben. Sollte man sich nicht, statt plump den Neid auf verschwindend kleine Gruppen zu schüren und Begehrlichkeiten anzustacheln, über das Wachstum freuen, das am unteren Ende der Verteilung zu verzeichnen ist? Tatsächlich haben die neuesten Forschungen nicht bloß die Triftigkeit dieses Ansatzes erwiesen, sondern gezeigt, dass die Elefantenkurve zum Gipfel hin noch steiler ist als angenommen. So zeigt sich, dass zwischen 1980 und 2018 der Anteil am globalen Einkommenszuwachs, den sich die reichsten 1 % der Welt gesichert haben, bei 27 % liegt, gegenüber 13 % für die ärmsten 50 % (siehe Grafik 0.5). Die Spitze des Rüssels steht, anders gesagt, gewiss für einen Bruchteil der Bevölkerung, aber der hat wahrlich einen Elefantenanteil des Wachstums ergattert, der zweimal größer ist als der Anteil, der an jene 3,5 Milliarden geht, aus denen die ärmste Hälfte der Weltbevölkerung besteht.[1] Das heißt zum Beispiel, dass ein die Spitze der Pyramide nicht ganz so begünstigendes Wachstumsmodell eine sehr viel raschere Eindämmung der weltweiten Armut ermöglicht hätte (und künftig ermöglichen könnte).

Auch hier kann die Debatte sich von solchen Daten leiten lassen, aber sie sind nicht in der Lage, sie zum Abschluss zu bringen. Alles hängt einmal mehr davon ab, woraus die Ungleichheiten entspringen und wie sie sich rechtfertigen lassen. Die Schlüsselfrage lautet, bis zu

---

Fortbestand vertrat. Siehe *Das Kapital im 21. Jahrhundert*, a. a. O., S. 349–356. Wir werden später darauf zurückkommen, wie wichtig die Auswahl der Indikatoren ist und welche zweideutige Rolle die Statistischen Ämter und internationalen Organisationen in den Diskussionen darüber spielen. Siehe insbesondere Kapitel 13, S. 822–829. Sämtliche Gini-Koeffizienten, die den in diesem Buch erwähnten Einkommens- und Vermögensverteilungen entsprechen, sind auch im Technischen Anhang verfügbar. Zur Vereinfachung: Die Gini-Koeffizienten, die per definitionem immer zwischen 0 (absolute Gleichheit) und 1 (absolute Ungleichheit) liegen, steigen im Allgemeinen auf 0,8 bis 0,9, wenn der Anteil des oberen Dezils 80 % bis 90 % der Gesamtsumme erreicht, und fallen auf 0,1 bis 0,2, wenn der Anteil des oberen Dezils auf etwa 10 % bis 20 % der Gesamtsumme sinkt. Sehr viel aussagekräftiger ist es, sich die Anteile der verschiedenen Gruppen vor Augen zu führen (die ärmsten 50 %, die wohlhabendsten 10 % usw.). Ich empfehle dem Leser dringend, sich bei seinen Überlegungen eher auf diese Größenordnungen zu stützen als auf die Gini-Koeffizienten.

1 Die in Grafik 0.5 vorgenommene Skalierung liegt zwischen einer Skalierung nach Bevölkerungsanteilen (bei der die höchsten 1 % und 0,1 % der Einkommen sehr wenig Raum einnähmen) und nach Anteilen am Gesamtwachstum (bei der ihnen ein größerer Anteil als der hier angegebene zukäme, was so unsinnig nicht wäre, geht es doch hier um die Verteilung des Wachstums). Siehe den *World Inequality Report 2018* (wir2018.wid.world).

welchem Punkt es möglich ist, das Wachstum an der Spitze im Namen der zahlreichen Wohltaten zu rechtfertigen, die dem Rest der Gesellschaft von den Reichsten angeblich erwiesen werden. Solange man wirklich annimmt, der Höhenflug der Ungleichheit sei nach wie vor dazu angetan, Einkommen und Lebensbedingungen der ärmsten 50 % zu verbessern, solange lässt es sich auch rechtfertigen, wenn die reichsten 1 % ganze 27 %, ja noch mehr, zum Beispiel 40 %, 60 % oder gar 80 % des globalen Wachstums auf sich vereinen. Die Analyse der unterschiedlichen Wege und insbesondere die oben angestellten Vergleiche zwischen den Vereinigten Staaten und Europa oder Indien und China sprechen kaum für diese Art der Deutung, sind doch die Länder, in denen die Spitze sich am stärksten bereichert hat, keineswegs auch die, in denen es den Ärmsten ihrerseits besser ergangen ist. Jene Vergleiche legen vielmehr nahe, dass der von den reichsten 1 % abgeschöpfte Anteil des globalen Wachstums um 10–20 % oder mehr hätte verringert werden können (und in Zukunft verringert werden könnte), um den Anteil der ärmsten 50 % stark zu vergrößern. Aber diese Fragen sind wichtig und haben eine eingehendere Prüfung verdient.

Man wird jedenfalls angesichts dieser Daten nicht gut behaupten können, es gebe nur eine Organisationsform der Globalisierung und der Anteil der 1 % müsse notwendigerweise bei nicht mehr und nicht weniger als 27 % liegen (gegenüber den 13 % für die ärmsten 50 %). Die Globalisierung hat zu erheblichen Verzerrungen der Verteilung geführt, die nicht mit der Begründung ignoriert werden können, ausschlaggebend sei allein das Gesamtwachstum. Es muss, auf die eine oder andere Weise, zu einer Debatte über Alternativen wie über institutionelle und politische Weichenstellungen kommen, die diese Verteilung des globalen Wachstum beeinflussen.

Die Rechtfertigung extremer Ungleichheit

Wir werden auch sehen, dass die größten globalen Vermögen seit den 1980er Jahren noch größere Zuwächse verzeichnen konnten als die in Grafik 0.5 dargestellten höchsten globalen Einkommen. In allen Teilen der Welt ist ein extrem rasches Wachstum der größten Vermögen festzustellen, ob bei russischen Oligarchen oder mexikanischen Magnaten, bei chinesischen Milliardären oder indonesischen Finanziers, bei saudischen Eigentümern oder nordamerikanischen Vermögen, bei indischen Industriellen oder europäischen Portfolios. Wir beobachten Zuwachsraten, die weit über denen des Wachstums der Weltwirtschaft liegen, von 1980–2018 etwa beim Drei- bis Vierfachen der globalen Wachstumsrate. Ein solches Phänomen ist etwas, das per definitionem nicht unbegrenzt so weitergehen kann, es sei denn, man wollte sich mit dem Gedanken abfinden, dass der Anteil der Milliardäre am Gesamtvermögen sich Schritt für Schritt auf die 100 % zubewegt, eine kaum haltbare Vorstellung. Und dennoch hat diese Divergenz sich im Laufe des Jahrzehnts, das auf die Finanzkrise von 2008 folgte, weiterhin vergrößert, und zwar mehr oder weniger in derselben Gangart wie von 1990–2008. Das lässt vermuten, dass wir es mit einer strukturellen Entwicklung großer Tragweite zu tun haben, deren Endpunkt noch nicht erreicht ist.[1]

Angesichts so spektakulärer Entwicklungen schwanken die Diskurse zur Rechtfertigung extremer Vermögensungleichheit häufig zwischen verschiedenen Haltungen und nehmen mitunter erstaunliche Formen an. In den westlichen Ländern begegnet man oft einer bündigen Unterscheidung: Da sind auf der einen Seite russische «Oligarchen», Ölmilliardäre aus dem Nahen Osten und andere, chinesische, mexikanische, guineische, indische, indonesische Milliardäre, von denen es häufig heißt, sie hätten ihr Vermögen nicht wirklich «verdient», verdanke es sich doch zwielichtigen Beziehungen zu den Staatsorganen (mit deren Hilfe sie zum Beispiel Bodenschätze in ihren Besitz gebracht oder Lizenzen erschlichen haben) und fördere schwerlich das Wachstum. Und da sind auf der anderen Seite die «Unternehmer» Europas und der Vereinigten Staaten, vorzugsweise Kalifornier, deren Loblied zu singen zum guten Ton gehört, haben sie doch so unendlich viel zum Wohl aller beigetragen, dass sie noch reicher sein müssten, wüsste die Welt sie für das zu belohnen, was sie an ihnen hat. Vielleicht stehen wir sogar moralisch so sehr in ihrer Schuld, dass wir dies auch in klingender Münze zum Ausdruck bringen oder ihnen unser Stimmrecht übertragen sollten, was im Übrigen von den Realitäten in manchen Ländern so weit nicht mehr entfernt ist. Ein solches Regime der Rechtfertigung von Ungleichheiten, das hyper-meritokratisch und westzentriert zugleich auftritt, wirft ein Licht darauf, wie unüberwindbar das Bedürfnis

1 Siehe insbesondere Kapitel 13, Tabelle 13.1.

menschlicher Gesellschaften ist, ihren Ungleichheiten einen Sinn zu geben, mitunter auch jenseits aller Vernunft. Fast schon eine Heiligsprechung des Vermögens, ist dieser Diskurs nicht frei von Widersprüchen, die manche zu Recht unüberbrückbar nennen würden. Sollen wir wirklich annehmen, Bill Gates und die anderen Tech-Milliardäre hätten ihre Geschäfte ohne die Hunderte von Millionen öffentlicher Gelder machen können, die seit Jahrzehnten in Ausbildung und Grundlagenforschung investiert wurden? Und glaubt man allen Ernstes, ohne tätige Hilfe des geltenden Rechts- und Steuersystems hätten sie ihr kommerzielles Quasi-Monopol aufbauen und ein Wissen, das allen gehört, zum privaten Patent anmelden können?

Darum bedient sich die Rechtfertigung dieser extremen Ungleichheiten oft eines weniger hochtrabenden Diskurses, der vor allem das Erfordernis der Vermögenserhaltung und des Schutzes von Eigentumsrechten betont. Anders gesagt: Vermögensungleichheit mag nicht durchweg gerecht und auch nicht immer hilfreich sein, insbesondere in solchen Proportionen, wie sie sich auch in Kalifornien beobachten lassen, aber ihre Infragestellung würde eine unaufhaltsame Eskalation in Gang setzen, für die am Ende die Ärmsten und die Gesellschaft als ganze bezahlen müssten. Dieses proprietaristische Argument, das sich auf das Erfordernis sozio-politischer Stabilität und absoluter (zuweilen quasi-religiöser) Wahrung einmal erworbener Eigentumsrechte beruft, spielte eine zentrale Rolle schon für die Rechtfertigung der starken Ungleichheiten in den Eigentümergesellschaften, die ihre Blüte in Europa und den Vereinigten Staaten im 19. und zu Beginn des 20. Jahrhunderts erlebten. Auch in der Rechtfertigung von trifunktionalen Gesellschaften und Sklavenhaltergesellschaften begegnet man diesem unsterblichen Stabilitätsargument. Dem ist heute noch ein Diskurs über die vermeintliche Ineffizienz eines Staates hinzuzufügen, dem die Agilität privater Philanthropie weit überlegen sei. Auch dieses Argument hat in früheren Epochen eine Rolle gespielt, aber es hat in der Gegenwart eine neue Tragweite gewonnen. Diese unterschiedlichen Diskurse sind legitim und müssen, bis zu einem bestimmten Punkt, zu Wort kommen, aber ich werde den Nachweis zu führen versuchen, dass wir sie hinter uns lassen können, wenn wir nur beherzigen, was die Geschichte uns lehrt.

Aus der Geschichte lernen, aus dem 20. Jahrhundert lernen

Um die Entwicklungen des ausgehenden 20. und beginnenden 21. Jahrhunderts analysieren zu können, ist es, wie sich in diesem Buch immer wieder zeigen wird, unabdingbar, sie in den Horizont einer langfristigen historischen und vergleichenden Perspektive zu stellen. Das gegenwärtige Ungleichheitsregime, das man als neoproprietaristisch bezeichnen kann, trägt die Spuren sämtlicher vorhergehender Regime in sich. Es lässt sich nicht angemessen untersuchen, solange man sich nicht zunächst vor Augen führt, wie die alten trifunktionalen Gesellschaften (die sich auf die dreigliedrige Struktur Klerus-Adel-Dritter Stand gründeten) im 18. und 19. Jahrhundert zu Eigentümergesellschaften wurden, und wie letztere wiederum im Laufe des 20. Jahrhunderts unter den Erschütterungen sowohl der kommunistischen und sozialdemokratischen Herausforderungen als auch der Weltkriege und jener Unabhängigkeitserklärungen zusammenbrachen, die mehreren Jahrhunderten der Kolonialherrschaft ein Ende bereiteten. Alle menschlichen Gesellschaften sind darauf angewiesen, ihren Ungleichheiten einen Sinn zu verleihen, und die Rechtfertigungen der Vergangenheit sind zuweilen, aus der Nähe betrachtet, auch nicht verrückter als die der Gegenwart. Nur wenn man sie alle studiert, in ihrem konkreten historischen Ablauf, aber unter besonderer Berücksichtigung der Vielfalt der Wegverläufe und möglichen Abzweigungen, lässt sich das gegenwärtige Ungleichheitsregime in Perspektive setzen und lassen sich die Bedingungen seiner Verwandlung ins Auge fassen.

Besondere Bedeutung werden wir dem Niedergang der proprietaristischen und kolonialistischen Gesellschaften des 20. Jahrhundert beimessen, einem Niedergang, der mit einem radikalen Wandel der Struktur der Ungleichheiten wie ihres Rechtfertigungssystems einherging und aus dem unsere heutige Welt hervorgegangen ist. Die westeuropäischen Länder, angefangen mit Frankreich, Großbritannien und Deutschland, in denen am Vorabend des Ersten Weltkriegs größere Ungleichheit herrschte als in den Vereinigten Staaten, sind im Laufe des 20. Jahrhunderts weniger inegalitär geworden, zunächst, weil der von den Erschütterungen der Jahre 1914–1945 hervorgerufene Abbau von Ungleichheiten dort massiver ausfiel, und dann, weil der Anstieg der Ungleichheiten seit den 1980er Jahren weniger deutlich war als in den

Die Ungleichheiten von 1900–2020: Europa, Vereinigte Staaten, Japan

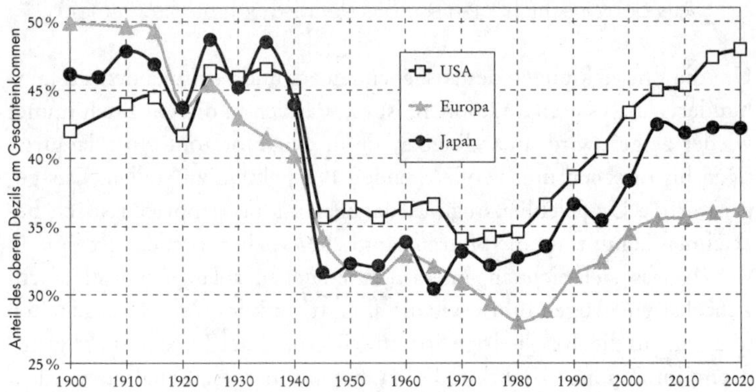

Grafik 0.6.: Der Anteil des oberen Dezils (die einkommensstärksten 10%) am Nationaleinkommen betrug zwischen 1900 und 1910 ungefähr 50% in Westeuropa, bevor er zwischen 1950 und 1980 auf etwa 30% sank und zwischen 2010 und 2020 wieder auf 35% anstieg. Der Anstieg der Ungleichheiten fiel besonders stark in den Vereinigten Staaten aus, wo der Anteil des oberen Dezils sich 2010 bis 2020 den 50% näherte und das von 1900 bis 1910 erreichte Niveau übertraf. Japan nimmt eine Mittelstellung zwischen Europa und den Vereinigten Staaten ein.
Quellen und Reihen: Siehe piketty.pse.ens.fr/ideologie.

Vereinigten Staaten (siehe Grafik 0.6).[1] Wir werden sehen, dass der starke Abbau von Ungleichheiten zwischen 1914 und den 1950er Jahren in Europa wie den Vereinigten Staaten auf eine Reihe von Veränderungen des Rechts-, Sozial- und Steuersystems zurückgeht, deren Ablauf tatsächlich durch die beiden Weltkriege, die bolschewikische Revolution von 1917 und die Wirtschaftskrise von 1929 stark beschleunigt wurde, die sich aber intellektuell und politisch seit dem Ende des 19. Jahrhunderts angebahnt hatten. Es ist durchaus denkbar, dass es zu diesen Veränderungen unter allen Umständen gekommen wäre, in einer anderen Form, dank anderer Krisen. Es ist das Zusammentreffen von geistigen Entwicklungen und Ereignislogiken, aus dem der historische Wandel hervorgeht. Die einen vermögen nichts ohne die anderen. Diesem Schluss werden wir wiederholt begegnen, etwa dort, wo wir die Ereignisse der Französischen Revolution oder die Wandlungen der Ungleichheitsstruktur in Indien seit der Kolonialzeit analysieren.

---

1 Westeuropa entspricht nach Grafik 0.6 dem Durchschnitt Großbritanniens, Frankreichs, Deutschlands und Schwedens. Siehe Kapitel 10, Grafiken 10.1 und 10.3 für eine separate Analyse der langfristigen Entwicklungen in den verschiedenen europäischen Ländern. Siehe auch Technischer Anhang, Zusatzgrafik S0.6 für die entsprechenden Jahresreihen.

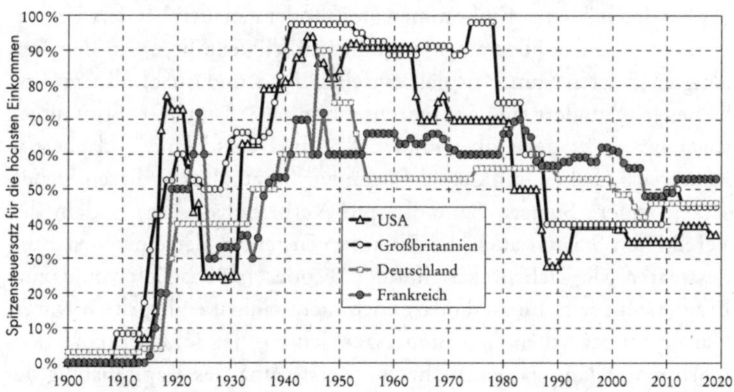

Grafik 0.7.: Der Spitzensteuersatz für die Einkommensteuer (dem die höchsten Einkommen unterliegen) betrug in den Vereinigten Staaten von 1900 bis 1932 im Durchschnitt 23 %, 81 % von 1932 bis 1980 und 39 % von 1980 bis 2018. Für diese Zeitspannen betrug der Satz in Großbritannien 30 %, 89 % und 46 %, in Deutschland 18 %, 58 % und 50 %, in Frankreich 23 %, 60 % und 57 %. Die Steuerprogression erreichte Mitte des Jahrhunderts ihren Höhepunkt, insbesondere in den Vereinigten Staaten und Großbritannien.
Quellen und Reihen: Siehe piketty.pse.ens.fr/ideologie.

Unter den rechtlichen, fiskalischen und sozialen Veränderungen, die im 20. Jahrhundert zum Abbau von Ungleichheiten aufgeboten wurden, ist insbesondere das im großen Stil eingeführte progressive Einkommen- und Erbschaftsteuersystem zu nennen, das heißt ein Steuersystem, das die höchsten Einkommen und größten Vermögen aufgrund sehr viel höherer Steuersätze stärker belastet als die geringeren. Die Erfindung einer umfangreichen modernen Steuerprogression war vor allem eine Errungenschaft der Vereinigten Staaten, die zu Zeiten des *Gilded Age* (1865–1900) und der großen Umwälzungen des Industrie- und Finanzsektors im beginnenden 20. Jahrhundert sehr von der Sorge umgetrieben wurden, sie könnten eines Tages gerade so inegalitär werden wie das alte Europa, das damals als oligarchisch und dem demokratischen Geist der Vereinigten Staaten entgegengesetzt betrachtet wurde. Die Erfindung war aber auch eine Errungenschaft Großbritanniens, das zwischen 1914 und 1945 nicht die gleichen Vermögensverluste wie Frankreich und Deutschland hinnehmen musste und sich in einem entspannteren politischen Rahmen anschickte, der Ungleichheit seiner aristokratischen und proprietaristischen Vergangenheit insbesondere mittels der progressiven Einkommen- und Erbschaftsteuer den Rücken zu kehren.

Bei der Einkommensteuer lag der Spitzensatz, das heißt der Satz, der bei den höchsten Einkommen greift (oder genauer: bei dem Teil der Einkommen, der über einer bestimmten Schwelle liegt), in den Vereinigten Staaten zum Beispiel zwischen 1932 und 1980, also fast ein halbes Jahrhundert lang, im Durchschnitt bei 81 %, in Großbritannien sogar bei 89 %, gegenüber «nur» 58 % in Deutschland und 60 % in Frankreich (siehe Grafik 0.7).[1] Fügen wir hinzu, dass in diesen Steuersätzen andere Steuern (zum Beispiel Verbrauchsteuern) und in den Vereinigten Staaten auch die Einkommensteuern der einzelnen Bundesstaaten (die sich praktisch auf 5 % oder 10 % beliefen und zum Bundessteuersatz hinzukamen) noch nicht einmal einbegriffen waren. Ganz offenbar haben diese Steuersätze jenseits der 80 %, die ein halbes Jahrhundert lang galten, nicht zur Zerstörung des Kapitalismus der Vereinigten Staaten geführt.

Das Gegenteil ist der Fall. Wir werden sehen, dass die starke Steuerprogression einen großen Beitrag zum Abbau von Ungleichheiten im 20. Jahrhundert geleistet hat, und wir werden eingehend untersuchen, wie sie in den 1980er Jahren namentlich in den Vereinigten Staaten und Großbritannien wieder infrage gestellt wurde und welche Lehren sich aus diesen unterschiedlichen historischen Erfahrungen und nationalen Entwicklungslinien ziehen lassen. Für die Republikaner unter Ronald Reagan wie für die britischen Konservativen unter Margaret Thatcher – beide waren nach den Wahlen von 1979–1980 an die Macht gelangt – stellte der spektakuläre Abbau der Steuerprogression die emblematischste Maßnahme im Zuge dessen dar, was damals «konservative Revolution» genannt wurde. Diese politisch-ideologische Wende der 1980er Jahre hatte erheblichen Einfluss auf die Entwicklung der Steuerprogression und der Ungleichheiten. Und das nicht allein in diesen beiden Ländern, sondern weltweit, zumal diese Wendung von den Regierungen und politischen Bewegungen, die es seither in diesen beiden Ländern gab, nie wieder wirklich infrage gestellt wurde. In den Vereinigten Staaten schwankte seit dem Ende der 1980er Jahre der Spitzensatz der Bundeseinkommensteuer zwischen 30 und 40 %, in Groß-

1 Die hier dargestellten Spitzensteuersätze entsprechen dem sogenannten höchsten Grenzsteuersatz, d. h. dem Satz für denjenigen Teil des Einkommens, der über einer bestimmten Schwelle liegt (in der Regel betrifft dieser Satz weniger als 1 % der Steuerpflichtigen). Wir werden feststellen, dass die effektiven Steuersätze, die von den Einkommensstärksten wirklich gezahlt werden, in vergleichbarem Umfang schwanken. Siehe insbesondere Kapitel 10, Grafik 10.13.

britannien bewegte sich der Spitzensteuersatz zwischen 40 und 45 %, mit vielleicht einer leichten Aufwärtstendenz nach der Krise von 2008. In beiden Fällen lagen zwischen 1980 und 2018 die Sätze im Großen und Ganzen um die Hälfte niedriger als zwischen 1932 und 1980, das heißt nicht mehr bei etwa 80 %, sondern bei etwa 40 % (siehe Grafik 0.7).

Förderer und Verteidiger dieser Wende hielten den spektakulären Abbau der Steuerprogression für geboten, weil sie der Überzeugung waren, die Spitzensteuersätze hätten zwischen 1950 und 1980 in beiden Ländern unverhältnismäßige Höchststände erreicht. Verbreitet war auch das Argument, sie hätten gar die angelsächsischen Unternehmer geschwächt und dazu beigetragen, dass Kontinentaleuropa und Japan aufholten (das Thema spielte tatsächlich in den 1970er Jahren in den Wahlkampagnen in Großbritannien wie in den Vereinigten Staaten eine große Rolle). Aus dem Abstand, den wir drei Jahrzehnte später gewonnen haben, scheint mir, dass diese These einer Prüfung der Fakten kaum standhält und die ganze Frage neu gestellt zu werden verdient. Der Aufholprozess zwischen 1950 und 1980 lässt sich durch ganz andere Faktoren erklären, angefangen damit, dass Deutschland, Frankreich, Schweden und Japan einen starken Wachstumsrückstand gegenüber den angelsächsischen Ländern (und namentlich den Vereinigten Staaten) hatten. Es war also praktisch unvermeidbar, dass sie im Laufe der folgenden Jahrzehnte rascher wuchsen. Das starke Wachstum dieser Länder mag auch durch eine Reihe institutioneller Besonderheiten begünstigt worden sein, insbesondere durch eine recht ambitionierte und egalitäre Bildungspolitik, die es ihnen nach dem Zweiten Weltkrieg erlaubte, ihren Bildungsrückstand gegenüber den Vereinigten Staaten rasch aufzuholen und einen deutlichen Vorsprung gegenüber Großbritannien zu gewinnen, das in Sachen Ausbildung schon seit dem Ende des 19. Jahrhunderts einen historischen Rückstand erkennen ließ, der sich zusehends vergrößerte und dem das Land nie so entgegengetreten ist, wie es das vermocht hätte. Im Übrigen sei noch einmal die Tatsache hervorgehoben, dass in Wahrheit der Produktivitätszuwachs in den Vereinigten Staaten und in Großbritannien von 1950–1990 merklich größer war als von 1990–2020, was ernste Zweifel an der leistungssteigernden Wirkung der Senkung von Spitzensteuersätzen weckt.

Schließlich wird man davon ausgehen müssen, dass der entschlossene Abbau der Steuerprogression in den 1980er Jahren vor allem zu dem beispiellosen Anstieg von Ungleichheiten zwischen 1980 und 2018 in den Vereinigten Staaten wie in Großbritannien, also zu einem Schrumpfen des Anteils der niedrigsten Einkommen am Nationaleinkommen beigetragen hat. Und damit wohl auch zum wachsenden Gefühl des Abgehängtseins der Mittel- und Unterschichten wie zu den identitären und xenophoben Abschottungstendenzen, die sich in beiden Ländern mit dem Referendum über den Austritt aus der Europäischen Union (dem *Brexit*) und der Wahl von Donald Trump so vehement Ausdruck verschafft haben. Diese historischen Erfahrungen können auch ins Feld geführt werden, um über anspruchsvollere Formen der Steuerprogression im 21. Jahrhundert nachzudenken – für Einkommen wie Vermögen und in den reichen Ländern wie in den armen, die zu den ersten Opfern des Steuerwettbewerbs und mangelnder finanzieller Transparenz zählen. Der freie Kapitalverkehr ohne Kontrolle und Informationsaustausch unter Steuerbehörden war einer der Haupttreiber der Fortschreibung und internationalen Ausweitung der konservativen Fiskalrevolution der 1980er Jahre. Er hatte extrem negative Auswirkungen auf den Aufbau des Staates und eines legitimen Steuersystems auf der ganzen Welt. Tatsächlich ist es auch und vor allem die Frage, weshalb die sozialdemokratischen Koalitionen nach dem Krieg nicht in der Lage waren, diese Probleme zu meistern, mit der wir uns beschäftigen müssen. Dabei geht es namentlich um die Unfähigkeit, die Steuerprogression auf transnationaler Ebene zu bewältigen und sie im Begriff des Privateigentums auf Zeit weiterzudenken (zu dem eine ausreichend progressive Besteuerung der größten Eigentümer führen würde, die dann der Gemeinschaft jedes Jahr einen bedeutenden Teil ihres Besitzes zurückerstatten müssten). Dieses programmatische, intellektuelle und ideologische Defizit zählt zu den Hauptgründen für das Erlahmen der historischen Tendenz zur Gleichheit und das Wiedererstarken der Ungleichheit.

Ideologische Erstarrung und neue Bildungsungleichheiten

Um die Gesamtheit der Entwicklungen zu begreifen, die hier am Werk sind, werden wir auch die politisch-ideologischen Umwälzungen analysieren müssen, die andere politische und gesellschaftliche Institutionen betreffen und es möglich machen, Ungleichheiten abzubauen und zu regulieren. Das betrifft insbesondere die Frage der Verteilung wirtschaftlicher Macht und der Einbeziehung der Beschäftigten in die Entscheidungsinstanzen und Geschäftsstrategien der Unternehmen, eine Frage, auf die eine Reihe von Ländern (wie Deutschland und Schweden) seit den 1950er Jahren innovative Antworten gegeben haben, die bis heute nicht wirklich verallgemeinert und gründlich genug ausgearbeitet worden sind. Das rührt zweifellos von der Vielfalt der politisch-ideologischen Wege her, die von den einzelnen Ländern eingeschlagen wurden. So haben etwa die britische Labour Party und die französischen Sozialisten bis in die 1980er Jahre ein Programm vertreten, das auf Verstaatlichungen ausgerichtet war, bevor sie sich nach dem Mauerfall und dem Ende des Kommunismus mit einem Mal von jedem Anspruch auf Umverteilung verabschiedet haben. Aber es rührt auch daher, dass es allenthalben an zureichenden Überlegungen zur Überwindung des bloß privaten Eigentums fehlt.

Tatsächlich hat der «Kalte Krieg» nicht nur die bekannten Auswirkungen auf das System internationaler Beziehungen gezeitigt. Er hat in mancher Hinsicht auch zu einer Lähmung jedes Nachdenkens über eine Überwindung des Kapitalismus geführt, und die antikommunistische Euphorie, die auf den Mauerfall folgte, hat dies nur verstärkt, letztlich bis zur «Weltwirtschaftskrise» von 2008. Erst in jüngster Vergangenheit haben Überlegungen, wie eine bessere gesellschaftliche Einhegung wirtschaftlicher Kräfte aussehen könnte, wieder Fahrt aufgenommen.

Dasselbe gilt für die Schlüsselfrage der Ausbildungschancen und der Investitionen in Bildung. Der auffälligste Aspekt des Anstiegs von Ungleichheiten in den Vereinigten Staaten ist der Rückgang des Anteils der ärmsten 50 % am Gesamteinkommen, der von etwa 20 % um 1980 auf kaum mehr als 12 % im Jahr 2018 gesunken ist. Ein so tiefer Fall, ausgehend von einem Stand, der selber schon nicht besonders hoch war, lässt sich nur durch eine Vielfalt von Faktoren erklären, angefangen mit der Veränderung von Sozialvorschriften und Lohnregelungen (wie der starken Senkung des realen Mindestlohns der Vereinigten Staaten seit 1980) und den sehr starken Ungleichheiten des Bildungszugangs. Unter diesem Gesichtspunkt ist es bestürzend, wie sehr die Chancen des Hochschulzugangs vom Elterneinkommen abhängen. Durch einen Abgleich der Informationen über Studierende mit den Einkommenserklärungen ihrer Eltern haben Forscher zeigen können, dass die Wahrscheinlichkeit des Hochschulzugangs (zweijährige Studiengänge eingeschlossen) in den 2010er Jahren bei kaum mehr als 20 % unter den 10 % der jungen

Elterneinkommen und Hochschulzugang, Vereinigte Staaten 2014

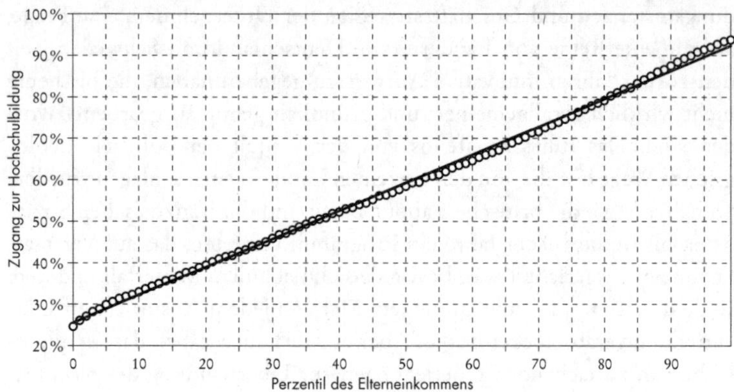

Grafik 0.8.: Im Jahr 2014 betrug die Hochschulzugangsrate (Prozentsatz der Personen im Alter von 19 bis 21 Jahren, die an einer Universität, Fachhochschule oder anderen Hochschule eingeschrieben waren) unter den Kindern aus den sozial schwächsten 10 % der Elternhäuser in den Vereinigten Staaten kaum 30 % und 90 % unter den Kindern aus den wohlhabendsten 10 % der Elternhäuser. Quellen und Reihen: Siehe piketty.pse.ens.fr/ideologie.

Erwachsenen mit dem schwächsten Elterneinkommen lag, um fast linear auf fast 90 % unter den jungen Erwachsenen mit dem höchsten Elterneinkommen zu steigen (siehe Grafik 0.8).[1] Dazu kommt, dass auch für den Fall des Zugangs die einen und die anderen nicht etwa in den Genuss gleicher Hochschulbildung kommen. Die Konzentration der Bildungsausgaben und Finanzinvestitionen auf Elitehochschulen ist in den Vereinigten Staaten besonders extrem. Zudem sind die Aufnahmeverfahren denkbar undurchsichtig und es gibt praktisch keine staatliche Regulierung.

Bestürzend sind diese Befunde, weil sie verdeutlichen, welcher Abgrund mitunter zwischen den offiziellen meritokratischen Verlautbarungen (die, zumindest auf theoretischer und rhetorischer Ebene, unermüdlich predigen, wie wichtig Chancengleichheit ist) und den Realitäten klafft, mit denen die Klassen mit geringeren Ausbildungschancen konfrontiert sind. Wir werden noch sehen, dass die Ungleichheiten des Bildungszugangs wie der Bildungsfinanzierung in Europa und Japan weniger stark ausfallen, und auch das mag dazu beitragen, die stärkere Divergenz zwischen hohen und niedrigen Einkommen in den

1 Diese Arbeiten wurden insbesondere von R. Chetty und E. Saez vorgelegt. Siehe Technischer Anhang.

Vereinigten Staaten zu erklären. Gleichwohl ist die Ungleichheit von Bildungsinvestitionen, wie der Mangel an demokratischer Transparenz, der in dieser Hinsicht herrscht, ein Problem, das alle Länder betrifft – und diese Herausforderung nicht gemeistert zu haben, gehört, mit dem Scheitern einer Neubestimmung von Eigentum, zu den gravierendsten sozialdemokratischen Misserfolgen.

Die Rückkehr der Multi-Eliten und die Schwierigkeit, eine Koalition für Gleichheit zu bilden

Wir werden, allgemeiner gesprochen, in diesem Buch genauer zu verstehen suchen, unter welchen Bedingungen sich Mitte des 20. Jahrhunderts egalitaristische politische Koalitionen zum Abbau überkommener Ungleichheiten bilden konnten, warum sie schließlich erlahmten und unter welchen Bedingungen sie sich im beginnenden 21. Jahrhundert neu formieren könnten.

Man muss zunächst vorausschicken, dass die (im weiteren Sinne) sozialdemokratischen Koalitionen für Umverteilung, die Mitte des 20. Jahrhunderts auf den Plan traten, sich nicht allein auf der Ebene der Wählerschaft, der Institutionen und der Parteien gebildet hatten. Sie zeichneten sich vor allem durch eine intellektuelle und ideologische Dimension aus. Es war, anders gesagt, zunächst und vor allem das Feld der Ideen, auf dem die Schlachten geschlagen und Siege davongetragen werden wollten. Gewiss ist es entscheidend, dass diese Koalitionen sich auch in konkreten Wahlergebnissen niederschlugen und von bestimmten Parteien verkörpert wurden, ob es sich nun um echte, ausdrücklich «sozialdemokratisch» genannte Parteien wie die SAP in Schweden und die SPD in Deutschland handelte, die beide seit den 1920er Jahren über lange Strecken Regierungsverantwortung trugen,[1] oder um eine «Arbeitspartei» wie die Labour Party in Großbritannien (die während der historischen Wahlen von 1945 die Mehrheit der Sitze errang) oder um die Demokratische Partei in den Vereinigten Staaten (von 1932 bis 1951

1 Die SAP (*Sveriges Socialdemokratiska Arbetareparti*) war seit Anfang der 1920er Jahre an der Macht, ab 1932 fast ununterbrochen. Die SPD (*Sozialdemokratische Partei Deutschlands*) stellte 1919 den ersten Präsidenten der Weimarer Republik (Friedrich Ebert), obwohl sie in der Folge meist Regierungskoalitionen eingehen oder aus der Opposition ihren Einfluss geltend machen musste (vor allem während der langen CDU-Regierung von 1949–1966).

zunächst unter Roosevelt, dann unter Truman an der Regierung) oder um diverse sozialistisch-kommunistische Bündnisse in Frankreich (1936 und 1945 siegreich) und zahlreichen anderen Ländern. Die entscheidende Tatsache aber ist diesseits dieser spezifischen Erscheinungsformen, dass die Machtübernahme zunächst eine ideologische und intellektuelle war. Es handelte sich um Ideenkoalitionen, sie gründeten sich auf Programme, die auf den Abbau von Ungleichheiten und eine tiefgreifende Veränderung des Rechts-, Steuer- und Sozialsystems zielten und sich schließlich bei der Gesamtheit der politischen Kräfte durchsetzten – auch bei den Parteien, die auf dem politischen Schachbrett der Zeit weiter rechts standen. Diese Veränderung beruhte natürlich auf den Mobilisierungsstrategien der (im weiten Sinne) sozialdemokratischen Parteien, aber sie beruhte darüber hinaus auf der Einbeziehung einer ganzen Reihe gesellschaftlicher Kräfte (Gewerkschaften, Aktivisten, Medien, Intellektuelle) und auf einem grundlegenden Wandel der herrschenden Ideologie, deren Fundament im gesamten 19. und beginnenden 20. Jahrhundert das quasi-religiöse Dogma des Marktes, der Ungleichheit und des Eigentums gewesen war.

Der wichtigste Faktor für das Entstehen solcher Ideenkoalitionen und dieser neuen Auffassung der Rolle des Staates war der Legitimitätsverlust eines auf Privateigentum und freiem Wettbewerb beruhenden Systems angesichts der vom Industriewachstum gezeitigten enormen Vermögenskonzentrationen und des Gefühls der Ungerechtigkeit, das von diesen Entwicklungen hervorgerufen wurde. Dieser Legitimitätsverlust, der sich im 19. und 20. Jahrhundert zunächst schrittweise vollzog, beschleunigte sich im Gefolge der Weltkriege und der Krise der 1930er Jahre. Auch die Existenz des sowjetischen Gegenmodells spielte eine wesentliche Rolle, sie half eine ambitionierte Umverteilungsagenda bei konservativen Akteuren und Parteien durchzusetzen, die sich häufig dagegen sperrten, und trieb den Prozess der Entkolonialisierung in den europäischen Kolonialreichen und der Ausweitung der Bürgerrechte in den Vereinigten Staaten voran.

Sieht man sich den Strukturwandel der sozialdemokratischen Wählerschaft (im weiten Sinne) an, so fällt ins Auge, wie massiv er in Europa, aber unter recht ähnlichen Bedingungen ebenso in den Vereinigten Staaten ausgefallen ist. In Anbetracht der ganz unterschiedlichen geschichtlichen Herkünfte der Parteiensysteme diesseits und jenseits des Atlantiks ist dies nicht selbstverständlich. In den 1950er und 1960er Jahren war die Zustimmung für die Demokraten in den Vereinigten Staaten besonders hoch unter Wählern mit niedrigen Bildungsabschlüssen und geringem Einkommen und Vermögen, während unter Wählern mit höheren Bildungsabschlüssen und in besserer wirtschaftlicher Lage die Zustimmung für die Republikaner stärker war. Dieselbe Struktur findet sich in Frankreich wieder, mit quasi-identischen Anteilen. Die sozialistischen, kommunistischen und radikalen Parteien fanden in den 1950er und 1960er Jahren mehr Zuspruch bei Wählern mit niedrigem Bildungsabschluss und geringerem Vermögen und Einkommen. Bei den Mitte-Rechts-Parteien, Rechtsparteien und Parteien verschiedener Richtungen war es genau umgekehrt.

Gegen Ende der 1960er und im Laufe der 1970er Jahre begann diese Wählerstruktur sich zu wandeln, und seit den 1980er und 1990er Jahren haben wir es mit einer Struktur zu tun, die sich von jener der 1950er und 1960er Jahre deutlich unterscheidet. Erneut sind die Verhältnisse in den Vereinigten Staaten und in Frankreich fast identisch: Die Zustimmung für die Demokraten dort wie für die Sozialisten und Kommunisten hier ist nun am größten unter Wählern mit den höchsten Bildungsabschlüssen, aber sie bleibt weiterhin schwächer bei denen mit dem höchsten Einkommen. Das mag sich bald ändern: Seit der amerikanischen Präsidentschaftswahl von 2016 sind es erstmals nicht allein die Hochgebildeten, sondern auch die Besserverdienenden, die eher demokratisch als republikanisch gewählt haben. Damit hat sich die Sozialstruktur der Wählerschaft gegenüber den 1950er und 1960er Jahren völlig umgekehrt (siehe Grafik 0.9).

Der Zerfall der Links-Rechts-Struktur der Nachkriegszeit, auf die sich der Abbau von Ungleichheiten Mitte des 20. Jahrhunderts stützte (wie weit dieser Zerfall fortgeschritten ist, zeigen die Wahlen von 2016 und 2017 in den Vereinigten Staaten und Frankreich), ist ein Phänomen, das von weither kommt und sich nur aus einer sehr langfristigen Perspektive angemessen begreifen lässt.

Ähnliche Verwerfungen werden uns (zumindest hinsichtlich des Wahlverhaltens nach Bildungsgrad) in der Wählerschaft der Labour Party in Großbritannien und der Sozialdemokraten unterschiedlicher Ausrichtung in Kontinentaleuropa begegnen.[1] Zwischen 1950 und 1980

1 Siehe Teil 4, Kapitel 14 bis 16. Ähnliche Veränderungen lassen sich beobachten, wenn man nicht nur die oberen 10 % und unteren 90 % (wie in Grafik 0.9, die darum besonders ausgeprägte Ergebnisse bietet), sondern auch die oberen 50 % und unteren 50 % vergleicht oder

Wandel der politischen Auseinandersetzung und der Wählerstruktur, 1945–2020: Entstehung eines Multi-Eliten-Systems oder große Umkehrung?

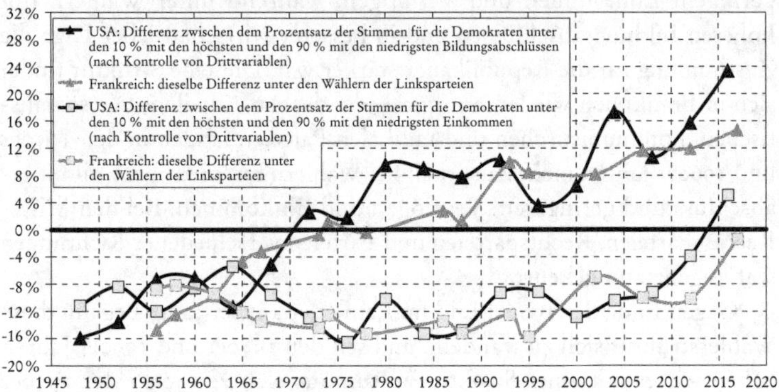

Grafik 0.9.: Von 1950 bis 1980 korrelierte die Wählerzustimmung für die Demokraten in den Vereinigten Staaten und die Linksparteien in Frankreich (Sozialisten, Kommunisten, radikale Linke, Grüne) besonders hoch unter denjenigen mit niedrigen Bildungsabschlüssen und Einkommen; von 1980 bis 2010 korrelierte sie mit hohen Bildungsabschlüssen; seit 2010 korreliert sie auch mit den höchsten Einkommen (insbesondere in den Vereinigten Staaten).
Quellen und Reihen: Siehe piketty.pse.ens.fr/ideologie.

entsprach die (im weiteren Sinne) sozialdemokratische Wählerschaft der der Labour-Partei. In den Jahren 1990–2010 ist sie zur Wählerschaft einer Partei der Hochschulabsolventen geworden. Wir werden indessen sehen, dass die Vermögendsten den sozialdemokratischen Parteien weiterhin misstrauen, den Fall der demokratischen Wählerschaft in den Vereinigten Staaten nicht ausgenommen (wenn auch in beiden Fällen immer weniger ausgeprägt). Entscheidend ist, dass diese verschiedenen Dimensionen sozialer Ungleichheit (Bildungsabschluss, Einkommen, Vermögen) stets miteinander verknüpft waren, aber nur zum Teil. Von 1950–1980 kann man ebenso wie von 2000–2020 zahlreiche Personen finden, deren Stellung in der Hierarchie der Bildungsabschlüsse höher ist als ihre Stellung in der Eigentumshierarchie, und umgekehrt.[1] Der entscheidende Wandel betrifft die Fähigkeit von gegenwärtigen Organisationen und Koalitionen, diese verschiedenen Dimensionen sozialer

eine andere Aufschlüsselung der Verteilung von Bildungsabschlüssen, Einkommen oder Vermögen wählt.

1 Der Zusammenhang zwischen den verschiedenen Dimensionen (Bildungsabschluss, Einkommen, Vermögen) scheint sich im Untersuchungszeitraum nicht wesentlich verändert zu haben. Siehe Teil 4, Kapitel 14, S. 912.

Ungleichheit zu vereinen oder im Gegenteil auseinandertreten zu lassen.

In den Jahren 1950–1980 lagen die verschiedenen Dimensionen, konkret gesprochen, politisch auf einer Linie. Die in der sozialen Hierarchie weiter unten standen, pflegten die gleiche Partei oder Koalition zu wählen, ganz gleich, ob diese Stellung durch Bildungsgrad, Einkommen oder Vermögen bestimmt wurde. In mehreren dieser Hinsichten schlecht dazustehen, hatte einen kumulativen Einfluss auf das Wahlverhalten. Die Struktur des politischen Konflikts war die eines «Klassenkonflikts», in dem untere und obere Klassen einander gegenüberstanden, wie immer die zur Definition der Klassenidentität herangezogene Dimension auch aussehen mochte (eine Identität, die in der Praxis, und das erschwert denn auch die Bildung mehrheitsfähiger Koalitionen, stets hochkomplex und mehrdimensional ist).

Seit den 1980er und 1990er Jahren scheinen dagegen diese verschiedenen Dimensionen nicht länger auf einer Linie zu liegen. Die Struktur des politischen Konflikts entspricht jetzt dem, was man als «Multi-Eliten-System» bezeichnen könnte. Die eine Partei oder Koalition gewinnt die Stimmen derer mit den höchsten Bildungsabschlüssen (intellektuelle und kulturelle Elite), eine andere Partei oder Koalition kann die Stimmen der Vermögendsten und zum Teil auch der Bestverdienenden (Geschäfts- und Finanzelite) auf sich vereinen. Zu den vielen Problemen, die eine solche Struktur des politischen Konflikts aufwirft, zählt vor allem die Gefahr, dass alle sich abgehängt fühlen, die weder über höhere Bildungsabschlüsse noch über hohe Einkommen oder Vermögen verfügen. Das mag erklären, weshalb in den nach Bildungsgrad, Einkommen und Vermögen schwächsten sozialen Gruppen die Wahlbeteiligung in den letzten Jahren so massiv eingebrochen ist. Wer den Aufstieg des «Populismus» verstehen will (ein Schubladenbegriff, mit dem Eliten gern politische Bewegungen diskreditieren, denen sie sich nicht recht gewachsen fühlen), tut gut daran, zunächst dieses Erstarken des «Elitismus» innerhalb des Parteiensystems zu analysieren. Im Übrigen gemahnt dieses Multi-Eliten-System durchaus an das alte, auf einem gewissen Gleichgewicht zwischen klerikalen und kriegerischen Eliten beruhende trifunktionale System, so sehr die Legitimationsformen sich auch verändert haben.

Eine Neubestimmung gerechten Eigentums, gerechter Bildung und gerechter Grenzen

Wir werden möglichst genau zu verstehen suchen, wie es zu diesem Strukturwandel politischer Lager und Wählerblöcke seit den 1950er und 1960er Jahren kommt und wie er sich auswirkt. Um es gleich vorwegzunehmen: Es handelt sich um eine komplexe Entwicklung, die sich als Ursache wie Folge wachsender Ungleichheiten begreifen lässt. Wollte man sie erschöpfend darstellen, brauchte es eine Vielzahl anderer Arbeiten und andere Materialien, als ich sie in diesem Buch zusammentragen konnte. Zunächst lässt sich diese Entwicklung als Konsequenz der «konservativen Revolution» der 1980er Jahre und einer von ihr gezeitigten sozialen und finanziellen Deregulierung begreifen, zu der die Sozialdemokraten ganz erheblich beigetragen haben, weil es ihnen nicht gelungen ist, ein wirklich durchdachtes Modell einer anderen Organisation der Weltwirtschaft und Überwindung des Nationalstaates vorzulegen. Die alten sozialdemokratischen Parteien und Koalitionen haben denn auch jedes anspruchsvolle Projekt der Umverteilung und des Abbaus von Ungleichheiten mehr und mehr aus den Augen verloren. Das lag zum Teil auch am wachsenden Steuerwettbewerb zwischen den Ländern und an einem freien Güter- und Kapitalverkehr, den sie selbst mitentfesselt haben, ohne ein Gegengewicht in Gestalt neuer gemeinsamer Steuer- und Sozialvorschriften zu schaffen. So haben sie schließlich den Rückhalt bei den am wenigsten begünstigten Wählern verloren, um sich mehr und mehr den Hochgebildeten und damit den Hauptgewinnern der Globalisierung zuzuwenden.

Man kann auch die Auffassung vertreten, dass wachsende Rassenkonflikte und ethnisch-religiöse Spannungen – zunächst im Gefolge der Bürgerrechtsbewegung der 1960er Jahre in den Vereinigten Staaten, dann in Europa, wo sich seit den 1980er Jahren die Auseinandersetzung über die von Migration und Postkolonialismus aufgeworfenen Probleme verschärft hat – starke Spaltungen in den unteren Volksschichten hervorgerufen und dazu geführt haben, dass die egalitäre Koalition der Zeit von 1950–1980 immer mehr zerfiel und ein Teil der weißen oder einheimischen Unterschichten sich allmählich in Richtung eines xenophoben und nativistischen Wahlverhaltens verabschiedete. Der ersten Erklärung zufolge haben die Sozialdemokraten sich von den Unterschichten abgewandt, der zweiten zufolge war es umgekehrt.

Die eine wie die andere Erklärung enthält zweifellos einen Teil der Wahrheit. Die Analyse der vielfältigen Wege und Chronologien wird jedoch zeigen, dass beide sich in einem entscheidenden Faktor zusammenfassen lassen, nämlich in der Unfähigkeit der egalitären sozialdemokratischen Koalitionen der Nachkriegszeit, ihr Programm und ihre Ideologie zu vertiefen und zu erneuern. Statt sie der liberalistischen Globalisierung (die nicht vom Himmel gefallen ist) anzulasten oder dem vermeintlichen Rassismus der unteren Volksschichten (der sowenig aus dem Nichts entsteht wie der der Eliten), ist es fruchtbarer, diese Entwicklungen auf die Ideologie und in diesem Fall auf die ideologische Schwäche der egalitären Koalition zurückzuführen.

Diese Schwäche spricht sich zumal in der Unfähigkeit aus, eine angemessene Verteilung und Steuerprogression im transnationalen Maßstab zu denken und zu organisieren, zunächst im Rahmen der Europäischen Union und vollends auf globaler Ebene. Bis zum heutigen Tag haben die Sozialdemokraten sich dieser Frage, die sie zu Zeiten des umverteilenden Nationalstaats der Nachkriegszeit ausklammern konnten, nie wirklich angenommen. Diese Schwäche äußert sich aber auch darin, dass es ihnen nicht gelang, im Nachdenken über soziale Ungleichheit die Frage der vielfältigen Herkunft zu berücksichtigen. Vor den 1960er Jahren stellte sich diese Frage kaum, da Menschen verschiedener Rasse oder Herkunft, aus verschiedenen Kontinenten oder ethnisch-religiösen Gruppierungen einander innerhalb ein und derselben Gesellschaft kaum begegneten, es sei denn im Zuge zwischenstaatlicher Beziehungen oder kolonialer Herrschaft. Im Grunde werfen beide Schwächen ein und dieselbe Frage der Grenze und der menschlichen Gemeinschaft auf, innerhalb derer man das Zusammenleben mit anderen organisieren und insbesondere Ungleichheiten abbauen muss, um ein für die Mehrzahl annehmbares Gleichheitsmaß zu schaffen. Da vor allem der Fortschritt der Verkehrs- und Kommunikationstechnologien eine allgemeine Entwicklung in Gang gesetzt hat, die den Kontakt zwischen verschiedenen Teilen der Welt immer enger werden lässt, kommen wir nicht umhin, den Handlungsspielraum ständig neu auszuloten und die Frage der sozialen Gerechtigkeit ausdrücklich in einem transnationalen und globalen Rahmen zu erörtern.

Das sozialdemokratische Programm hat, auch das werden wir deutlicher sehen, nach dem Scheitern des Kommunismus nie ernsthaft versucht, die Bedingungen gerechten Eigentums neu zu denken. Die sozialdemokratischen Kompromisse der Nachkriegszeit wurden übereilt geschlossen und die Fragen der progressiven Steuer, des Eigentums auf Zeit und der Eigentumsstreuung (zum Beispiel mittels einer allgemeinen Kapitalzuwendung, die durch eine progressive Eigentum- und Erbschaftsteuer finanziert werden könnte), der Machtverteilung und des Gesellschaftseigentums an Unternehmen (Selbstverwaltung, Mitbestimmung), der Haushaltsdemokratie und des öffentlichen Eigentums – all diese Fragen sind nie in so umfassender und schlüssiger Weise erörtert und auf den Prüfstand gestellt worden, wie man es hätte tun können. Die Tatsache, dass Hochschulbildung nicht länger einer kleinen Elite vorbehalten ist, an sich eine großartige Entwicklung, hat ihrerseits die Bedingungen gerechter Bildung verwandelt. Zu Zeiten der Revolution der primären, dann der sekundären Schulbildung gab es ein relativ einfaches egalitäres Bildungsprogramm: Es genügte, die erforderlichen Mittel bereitzustellen, auf dass alle Schüler einer Generation in den Genuss zunächst der primären, später auch der sekundären Schulbildung kamen. Mit der Revolution der Hochschulbildung wurde es schwieriger, ein egalitäres Ziel zu formulieren. Ideologien, die sich auf Chancengleichheit beriefen, denen es in Wahrheit aber nur darum zu tun war, die Verdienste der Gewinner des Bildungssystems zu rühmen, schossen aus dem Boden, mit dem Erfolg einer besonders inegalitären und heuchlerischen Vergabe von Studienplätzen und Mitteln (siehe oben, Grafik 0.8). Die Unfähigkeit der Sozialdemokraten, die benachteiligten Schichten davon zu überzeugen, dass sie sich um ihre Kinder und deren Bildung ebenso sorgten wie um die eigenen Kinder und die Elitestudiengänge (was kaum verwundert, haben sie doch nie eine gerechte und transparente Bildungspolitik auf den Weg gebracht), ist zweifellos der Hauptgrund dafür, dass sie zur Partei der Hochgebildeten geworden sind.

Im letzten Teil dieses Buchs werde ich zu analysieren versuchen, welche Lehren sich aus den verfügbaren historischen Erfahrungen ziehen lassen, um eine Antwort auf diese unterschiedlichen Fragen zu geben, und welche institutionellen Einrichtungen es braucht, um die Voraussetzungen für gerechtes Eigentum, gerechte Bildung und gerechte Grenzen zu schaffen. Diese Überlegungen müssen als das genommen werden, was sie sind: Ein paar vorläufige, angreifbare und unvollkommene Schlüsse, die es erlauben, einen die Lehren aus der Geschichte beherzigenden partizipativen Sozialismus und Sozialföderalismus zu skizzieren. Besonderen Nachdruck möchte ich auf das legen, was zu den wichtigsten Befunden der folgenden historischen Erzählung gehört und den roten Faden dieses Buchs ausmacht: Ideen und Ideologien sind wichtig in der Geschichte, aber sie sind nichts ohne Vermittlung konkreter Ereignislogiken, historischer und institutioneller Erfahrungen und Prüfungen und häufig auch mehr oder weniger gewaltsamer Krisen. Eines scheint sicher: In Anbetracht des tiefen Strukturwandels der politischen Lager und Wählerblöcke nach den Jahren 1950–1980 ist es kaum wahrscheinlich, dass eine neue egalitäre Koalition eines Tages auf den Plan treten könnte ohne eine radikale Neubestimmung ihrer programmatischen, intellektuellen und ideologischen Grundlagen.

Die Vielfalt der Welt. Der unverzichtbare Umweg über die langfristigen Entwicklungen

Bevor es den Faden dieser Untersuchung der jüngsten Entwicklungen und der Gegenwart wiederaufnimmt, wird dieses Buch zunächst einen langen Umweg über die Geschichte der Ungleichheitsregime einschlagen. Wir werden uns insbesondere die Verwandlung der alten trifunktionalen Gesellschaften in Eigentümergesellschaften ansehen müssen und die Weise, in der die in außereuropäischen Gesellschaften eingeschlagenen Wege von der Begegnung mit den proprietaristischen und kolonialistischen europäischen Mächten beeinflusst wurden. Warum dieser Umweg über die langfristige Entwicklung unumgänglich ist, habe ich bereits erläutert. Er wird uns zunächst und vor allem die politisch-ideologische Vielfalt der Ungleichheitsregime ebenso ermessen lassen wie die Vielfalt der Wege und möglichen Abzweigungen. Die verschiedenen menschlichen Gesellschaften haben in der Geschichte großen Erfindungsreichtum in der ideologischen und institutionellen Organisation sozialer Ungleichheiten bewiesen, und man wäre schlecht beraten, diese intellektuellen und politischen Konstruktionen bloß für einen nichtigen und trügerischen Deckmantel zu halten, der den Eliten dazu dient, ihre immergleiche Herrschaft zu rechtfertigen. Es sind Kämpfe und widersprüchliche Visionen, die sich in diesen Konstruktionen widerspiegeln, die stets eine gewisse Wahrhaftigkeit und Plausibilität enthalten und aus denen sich nützliche Schlüsse ziehen lassen. Wie eine Gesellschaft zu organisieren sei, ist jenseits einer bestimmten Größe eine alles andere als einfache Frage, und ein gegebenes Regime anzuprangern, bietet noch keine Gewähr dafür, dass es sich durch ein besseres wird ersetzen lassen. Die ideologischen Konstruktionen der Vergangenheit wollen ernst genommen werden. Zum einen sind sie nicht immer verrückter als die der Gegenwart, und zum anderen können wir bei ihrer Analyse einen Schritt zurücktreten, um den Abstand zu gewinnen, der uns der eigenen Zeit gegenüber oft fehlt. Und es wird sich auch zeigen, dass viele höchst aktuelle Debatten Wurzeln haben, die weit in die Vergangenheit zurückreichen, zum Beispiel bis zu den Diskussionen über die progressive Steuer und Eigentumsumverteilung während der Französischen Revolution. Das Studium dieser Genealogie ist unabdingbar, um die Konflikte, die uns noch bevorstehen, besser verstehen und geeignete Lösungen ins Auge fassen zu können.

Unverzichtbar ist dieser lange Umweg über die Geschichte schließlich und endlich, weil die verschiedenen Teile der Welt erst in einer sehr allmählichen Entwicklung miteinander in Kontakt getreten sind. Über Jahrhunderte hatten die vielen Gesellschaften dieser Erde kaum Kontakt untereinander. Dann kam es vermehrt zu Begegnungen, vermittelt durch intellektuellen und geschäftlichen Austausch, aber auch im Rahmen zwischenstaatlicher Machtbeziehungen und kolonialistischer Herrschaftsverhältnisse. Erst seit der Dekolonialisierung aber, und in gewisser Weise seit dem Ende des Kalten Krieges, sind die unterschiedlichen Teile der Welt wirklich miteinander verbunden, nicht allein durch Wirtschafts- und Geldströme, sondern auch und vor allem durch menschlichen und kulturellen Austausch. Innerhalb zahlreicher Länder, so auch im Herzen Europas, gab es vor den 1960er Jahren keinerlei unmittelbaren Kontakt zwischen Bevölkerungsgruppen aus verschiedenen Kontinenten und Religionen. Andere Teile der Welt, zum Beispiel Indien oder die Vereinigten Staaten, Brasilien oder Südafrika, haben weiter zurückreichende Erfahrungen damit, dass sich auf ein und demselben Boden Bevölkerungsgruppen begegnen, die einander aus rassischen, sozialen oder religiösen Gründen als radikal verschieden empfinden. Das hat zu Vermischungen und Kompromissen, aber mitunter auch zu anhaltenden Antagonismen geführt. Diese Begegnungen und die Ungleichheitsregime, die aus ihnen hervorgingen, müssen in eine umfassende historische Perspektive eingerückt werden, um die nächsten Etappen dieser langen und verschlungenen gemeinsamen Geschichte zu bewältigen.

Über die Entsprechung von natürlicher und mathematischer Sprache

Bevor ich mit dieser Untersuchung fortfahre, möchte ich auf eine Methodenfrage eingehen. Dieses Buch wird sich grundsätzlich der natürlichen Sprache (die übrigens so natürlich nicht ist, die französische, in der ich dieses Buch schreibe, sowenig wie irgendeine andere) und ergänzend der mathematischen und statistischen Sprache bedienen. So werde ich etwa gelegentlich auf die Begriffe des Dezils und des Perzentils zurückgreifen, um Einkommens- oder Eigentumsungleichheit oder auch die Hierarchie der Bildungsabschlüsse einzuschätzen. Dabei ist es nicht meine Absicht, den Klassenkampf durch den Kampf der Dezile zu ersetzen. Soziale Identitäten sind und bleiben stets in Bewegung, und es ist der Gebrauch der natürlichen Sprache, der den sozialen Gruppen verschiedener Gesellschaften die sprachlichen Mittel an die Hand gibt, die Berufe und Tätigkeitsfelder, Vermögenswerte und Qualifikationen, Hoffnungen und Erfahrungen zu beschreiben, mit denen sie sich identifizieren. Nichts wird je die natürliche Sprache ersetzen können, weder um sozialen Identitäten und politischen Ideologien Ausdruck zu verleihen, noch um sozialwissenschaftliche Forschung zu betreiben und über eine gerechte Gesellschaft nachzudenken. Wer glaubt, man könne eines Tages an eine mathematische Formel, einen Algorithmus, ein ökonometrisches Modell die Entscheidung darüber delegieren, wie das «gesellschaftlich optimale» Ungleichheitsniveau und die Institutionen, die es verbürgen, aussehen sollten, kann nur enttäuscht werden. Dazu wird es nie kommen, und das ist gut so. Nur die offene, in einer natürlichen Sprache (oder vielmehr in verschiedenen Sprachen, was einen erheblichen Unterschied macht) geführte Diskussion lässt die Nuancen und Feinheiten zu Wort kommen, die es braucht, um solche Entscheidungen abzuwägen.

Gleichwohl nimmt die Verwendung der mathematischen Sprache, der statistischen Reihen, Grafiken, Tabellen, nicht nur großen Raum in diesem Buch ein, sondern spielt auch eine wesentliche Rolle bei politischen Beratungen und historischen Veränderungen. Aber die in diesem Buch vorgelegten historischen Datenreihen und anderen quantitativen Einschätzungen sind, um das ausdrücklich zu wiederholen, wie alle Statistiken, nichts anderes als unzulängliche, vorläufige, angreifbare soziale Konstruktionen. Sie maßen sich nicht an, über «die» Wahrheit der Zahlen oder unwiderleglichen «Fakten» zu verfügen. Aus meiner Sicht ist es den Statistiken vor allem darum zu tun, eine Sprache zu entwickeln, mit der sich Größenordnungen angeben und vor allem zwischen Epochen, Gesellschaften, Kulturen, die sich himmelweit voneinander entfernt wähnen, sinnvolle Vergleiche anstellen lassen. Natürlich werden sie aufgrund ihrer unterschiedlichen Struktur nie völlig vergleichbar sein, aber ungeachtet der Einzigartigkeit und radikalen Besonderheit jeder Gesellschaft kann es zum Beispiel legitim sein, die Eigentumskonzentration in den Vereinigten Staaten von 2018 mit der in Frankreich um 1914 oder in Großbritannien um 1800 zu vergleichen.

Gewiss sind die Bedingungen der Wahrnehmung des Eigentumsrechts in diesen drei Fällen nicht die gleichen. Die Rechts-, Steuer- und Sozialsysteme unterscheiden sich in vielerlei Hinsicht, ebenso die Kategorien der jeweiligen Vermögenswerte (Agrarbesitz, städtische Immobilien, Finanzanlagen, immaterielle Güter etc.) Ist man sich aber all dieser Besonderheiten in ihrer ganzen Bedeutung bewusst, und bedenkt man weiterhin stets die sozialen und politischen Bedingungen der Konstruktion der verfügbaren Quellen, so kann es durchaus sinnvoll sein, derartige Vergleiche anzustellen, also zum Beispiel zu messen, über welchen Anteil am Gesamtbesitz die reichsten 10 % und die ärmsten 50 % in diesen verschiedenen Gesellschaften verfügen. In der historischen Forschung auf statistische Daten zurückzugreifen, ist zudem die beste Weise, uns das Ausmaß unserer Unwissenheit vor Augen zu führen. Die Zahlen, die sich angeben lassen, rufen unmittelbar nach weiteren Zahlen, die meist nicht zur Hand sind. Es ist wichtig, dies ausdrücklich zu berücksichtigen. Im Allgemeinen gibt es tatsächlich ein paar Vergleiche, die sinnvoll sind, auch zwischen Gesellschaften, die sich für Ausnahmeerscheinungen halten und glauben, sich radikal voneinander zu unterscheiden, weshalb sie sich häufig weigern, etwas voneinander zu lernen. Eine der Hauptaufgaben sozialwissenschaftlicher Forschung besteht darin, zu erkennen und deutlich auszusprechen, welche Vergleiche sich anstellen lassen und welche nicht.

Nützlich sind solche Vergleiche, weil sie helfen können, Lehren aus unterschiedlichen politischen Erfahrungen und historischen Entwicklungslinien zu ziehen, die Auswirkungen des Rechts- oder Steuersystems zu analysieren, gemeinsame Normen sozialer und wirtschaftlicher Gerechtigkeit ins Leben zu rufen und schließlich institutionelle Einrichtungen zu schaffen, die für die Mehrzahl akzeptabel sind. Allzu häufig belassen es die Sozialwissenschaften bei der Feststellung, jede Statistik sei eine soziale Konstruktion. Das trifft fraglos zu, aber es bleibt eine unzulängliche Auskunft, da es darauf hinausläuft, die entscheidenden Debatten, und namentlich die ökonomischen, anderen zu überlassen. Mitunter sprechen sich in dieser Haltung ein bestimmter Konservativismus oder zumindest große Zweifel an der Möglichkeit aus, Schlüsse aus unvollständig überlieferten Quellen zu ziehen.

Und doch konnten viele soziale und politische Emanzipationsprozesse nur stattfinden, indem sie sich auf statistische Dispositive und mathematische Konstruktionen ganz unterschiedlicher Art gestützt haben. So lassen sich zum Beispiel allgemeine Wahlen kaum organisieren, wenn es keine Volkszählungen gibt, auf deren Grundlage man Wahlbezirke festlegen und sicherstellen kann, dass jede Wählerstimme das gleiche Gewicht hat, oder es an Wahlvorschriften fehlt, um abgegebene Stimmen in Wahlergebnisse umzusetzen. Auch für Steuergerechtigkeit zu sorgen ist schwierig, solange nicht ein Tarif in Gestalt eines Steuersatzes an die Stelle des Ermessens eines Steuereintreibers tritt. Und diese Sätze müssen auf Größen wie Einkommen oder Kapital angewendet werden, bei denen es sich um abstrakte und theoretische Begriffe handelt, deren praktische Bestimmung zahlreiche Probleme aufwirft. Diese Sätze aber sorgen dafür, dass ganz unterschiedliche soziale Gruppen einwilligen, sich miteinander zu vergleichen, und sei es auch um den Preis komplexer sozio-politischer Kompromisse, wie sie bei der Anwendung solcher Kategorien auf das soziale Netz und seine subtilen Grenzziehungen unvermeidlich sind. Vielleicht wird man sich auch in ein paar Jahren eingestehen müssen, dass es nicht sonderlich glaubwürdig war, Bildungsgerechtigkeit schaffen zu wollen, ohne mit geeigneten Instrumenten zu überprüfen, ob den benachteiligten sozialen Klassen öffentliche Mittel zumindest in gleicher Höhe zugutekommen wie den besonders begünstigten (also nicht deutlich weniger, wie es heute allenthalben der Fall ist), und ohne ausdrücklich und in nachprüfbarer Weise die sozialen Herkünfte in den Einrichtungen zu berücksichtigen, die mit der Zuteilung der Mittel betraut sind. Um den Kampf gegen den intellektuellen Nationalismus aufzunehmen, aber auch der Willkür der

Eliten Einhalt zu gebieten und einen neuen Horizont der Gleichheit zu erschließen, ist die mathematische und statistische Sprache, mit Bedacht und Augenmerk verwendet, eine unverzichtbare Ergänzung der natürlichen Sprache.

Plan des Buches

Dieses Buch ist in vier Teile und siebzehn Kapitel gegliedert. Der Erste Teil trägt den Titel «Ungleichheitsregime in der Geschichte» und besteht aus fünf Kapiteln. Das erste Kapitel bietet eine allgemeine Einführung in das Studium dreigliedriger (oder trifunktionaler) Gesellschaften, deren Ordnungsprinzip eine Aufteilung in drei funktionale Gruppen ist (Klerus, Adel, Dritter Stand). Kapitel 2 analysiert den Fall der europäischen Ständegesellschaften, die auf einer Art Gleichgewicht zwischen der jeweiligen Legitimation der geistigen und kriegerischen Eliten sowie auf besonderen Eigentumsformen und Machtverhältnissen beruhen. Kapitel 3 untersucht, von der emblematischen Zäsur der Französischen Revolution ausgehend, die Erfindung von Eigentümergesellschaften, die eine radikale Trennung zwischen dem Recht auf Eigentum (das angeblich allen offensteht) und Hoheitsbefugnissen (die fortan Monopol des Staates sein sollen) einführen wollen und es mit dem Problem der Ungleichheit des Eigentums und seines Fortbestands zu tun bekommen. Kapitel 4 analysiert die im 19. Jahrhundert einsetzende und bis zum Ersten Weltkrieg andauernde Entwicklung einer extrem inegalitären Eigentümergesellschaft in Frankreich. Kapitel 5 befasst sich mit den verschiedenen europäischen Spielarten des Übergangs von trifunktionalen zu proprietaristischen Gesellschaften. Es konzentriert sich namentlich auf die Fälle Großbritanniens und Schwedens, um ein Licht auf die Vielfalt möglicher Wege, aber auch darauf zu werfen, wie wichtig kollektive Mobilisierungen und politisch-ideologische Weichenstellungen bei der Umgestaltung von Ungleichheitsregimen sind.

Der Zweite Teil behandelt «Die Sklavenhalter- und Kolonialgesellschaften». Kapitel 6 ist den Sklavenhaltergesellschaften und damit der historischen Gestalt eines extremen Ungleichheitsregimes gewidmet. Ich werde mich insbesondere auf die verschiedenen Formen der Abschaffung der Sklaverei im 19. Jahrhundert konzentrieren und auf die Entschädigungen, die Sklavenhaltern zugesprochen wurden. Diese Epi-

tigkeit, also ihre Kontrollierbarkeit durch die Bürger sicherzustellen. Und schließlich gehe ich auf die Bedingungen einer gerechten Demokratie und einer gerechten Grenze ein. Die zentrale Frage betrifft hier eine alternative Organisation der Weltwirtschaft, die unter sozial-föderalistischen Voraussetzungen in der Lage wäre, neue Formen der fiskalischen, gesellschaftlichen und ökologischen Solidarität ins Leben zu rufen, um sie an die Stelle jener Freihandelsverträge zu setzen, die heute die Güter- und Kapitalströme regeln und den Platz einer globalen Steuerung einnehmen.

Manch ungeduldige Leser mögen versucht sein, sich gleich an das letzte Kapitel und das Schlusswort zu halten. Ich kann sie nicht daran hindern, aber ich gebe doch zu bedenken, dass es ihnen schwer fallen wird zu verstehen, woher ich die dort vorgestellten Elemente nehme, wenn sie die ersten vier Teile nicht gelesen haben, und sei es auch nur in Bruchstücken. Andere mögen der Ansicht sein, das in den ersten beiden Teilen aufgebotene Material stamme doch aus längst vergangenen Zeiten und trage daher nichts zur Sache bei, um sich lieber auf den Dritten und Vierten Teil zu konzentrieren. Ich habe mich bemüht, ausreichend Rekapitulationen und Rückblicke an den Beginn jedes Teils und Kapitels zu stellen, auf dass man sich dem Buch auf ganz unterschiedliche Weisen nähern kann. Jedem steht es also offen, seinen Zugang zu finden, auch wenn der gerade Weg naturgemäß das sinnvollste Vorgehen bleibt.

Um die Lektüre nicht zu erschweren, wurden nur die wichtigsten Quellen und Belege im Text und den Fußnoten zitiert. Wer sich detailliert über die Gesamtheit der historischen Quellen, der bibliographischen Angaben und die im Buch verwendeten Methoden informieren möchte, ist eingeladen, den online verfügbaren Technischen Anhang zu Rate zu ziehen: http://piketty.pse.ens.fr/files/AnnexeKIdeologie.pdf.[1]

---

1 Alle statistischen Reihen, Grafiken und Tabellen, die im Buch auftauchen, sind ihrerseits online verfügbar: http://piketty.pse.ens.fr/ideologie.

ERSTER TEIL

UNGLEICHHEITSREGIME IN DER GESCHICHTE

1.
DREIGLIEDRIGE GESELLSCHAFTEN: TRIFUNKTIONALE UNGLEICHHEIT

In den ersten beiden Teilen dieses Buches verfolgen wir das Ziel, die Geschichte der Ungleichheitsregime aus einer langfristigen Perspektive zu betrachten. Dabei möchten wir die Komplexität der Prozesse besser verstehen, die zum Triumph der Eigentümergesellschaften sowie der nicht mehr auf Sklavenarbeit beruhenden Kolonialsysteme des 19. Jahrhunderts über die alten dreigliedrigen und sklavenhalterischen Gesellschaften geführt haben. Im ersten Teil behandeln wir die europäischen Ständeordnungen und ihren Wandel zu Eigentümergesellschaften. Im zweiten Teil untersuchen wir sklavenhalterische und koloniale Gesellschaften anhand der Frage, inwiefern die Entwicklung der außereuropäischen trifunktionalen Gesellschaften durch ihr Aufeinandertreffen mit den europäischen Mächten beeinflusst wurde. Im dritten Teil analysieren wir die Krise der Kolonial- sowie der Eigentümergesellschaften im 20. Jahrhundert vor dem Hintergrund der Weltkriege und des sie infrage stellenden Kommunismus. Im abschließenden vierten Teil geht es um die Voraussetzungen für ihre Erneuerung und ihren möglichen Wandel in der postkolonialen und neoproprietaristischen Welt des ausgehenden 20. und des beginnenden 21. Jahrhunderts.

Die Logik der drei Funktionen: Klerus, Adel, Dritter Stand

Wir beginnen also mit der Untersuchung der von mir so bezeichneten «dreigliedrigen Gesellschaften». Diese bilden die älteste und historisch am weitesten verbreitete Gruppe von Ungleichheitsregimen. Sie haben darüber hinaus auch die Gegenwart so nachhaltig geprägt, dass man die weitergehenden politisch-ideologischen Entwicklungen nicht vollständig untersuchen kann, wenn man nicht mit einer Analyse jener ursprünglichen Matrix der sozialen Ungleichheit und ihrer Begründung anfängt.

In ihrer einfachsten Form setzen sich die dreigliedrigen Gesellschaften aus drei unterschiedlichen sozialen Gruppen zusammen, wobei jede eine wesentliche Funktion für den Fortbestand der gesamten Gemeinschaft erfüllt: Klerus, Adel und Dritter Stand. Der Klerus ist die religiöse, intellektuelle Klasse: Sein Auftrag liegt in der geistlichen Führung der Gemeinschaft, er wacht über ihre Werte, kümmert sich um ihre Bildung und verleiht ihrer Geschichte sowie ihrer zukünftigen Entwicklung einen Sinn, indem er die dafür notwendigen Normen, die intellektuellen und moralischen Orientierungspunkte bereitstellt. Der Adel ist die Klasse der Krieger oder Soldaten: Er führt die Waffen und sorgt für Sicherheit, Schutz und Stabilität; er verhindert, dass die Gesellschaft in dauerhaftem Chaos und allgegenwärtiger Wegelagerei versinkt. Der Dritte Stand ist die arbeitende und bürgerliche Klasse: Sie umfasst den Rest der Gesellschaft, angefangen bei den Bauern, Handwerkern und Händlern; durch ihre Arbeit kann sich die ganze Gesellschaft ernähren, kleiden und fortpflanzen. Man könnte diesen historischen Gesellschaftstypus auch als «trifunktional» bezeichnen; er nimmt oft komplexere Formen an und weist mehrere Unterklassen innerhalb jeder Gruppe auf, aber das allgemeine Begründungsmuster, das mitunter der formalen politischen Ordnung entspricht, beruht stets auf den genannten drei Funktionen.

Auf diesen allgemeinen Typus einer Gesellschaftsordnung trifft man nicht nur im christlichen Europa vor der Französischen Revolution, sondern auch in sehr vielen außereuropäischen Gesellschaften und in den meisten Religionen, insbesondere im Hinduismus sowie im schiitischen und sunnitischen Islam mit je unterschiedlichen Modalitäten. Anthropologen haben einst die (umstrittene) Hypothese aufgestellt, dass die «dreigeteilten» Gesellschaftssysteme, die man in Europa und Indien beobachten konnte, einen gemeinsamen indoeuropäischen Ursprung hätten, der in den Mythologien und linguistischen Strukturen zu erkennen sei.[1] Der gegenwärtige Erkenntnisstand ist zwar alles andere als vollständig, lässt aber darauf schließen, dass der dreiklassige Organisationstypus tatsächlich viel weiter verbreitet und die These von einem gemeinsamen Ursprung wohl nicht zu halten ist. Das dreigliedrige Muster findet sich in beinahe allen alten Gesellschaften und in allen Teilen der Welt, sogar im Fernen Osten, in China und Japan, wobei hier freilich substanziell verschiedene Ausprägungen vorliegen, die erforscht werden müssen, denn im Grunde sind Unterschiede interessanter als oberflächliche Ähnlichkeiten. Das Entzücken am Unverrückbaren oder am als für unverrückbar Erachteten lässt oft auf einen gewissen politischen und sozialen Konservatismus schließen, während die historische Wirklichkeit immer wechselhaft und vielfältig war, voller unvorhergesehener Möglichkeiten, überraschender und labiler institutioneller Zwischenlösungen, instabiler Kompromisse und unfertiger Weichenstellungen. Um diese Realität zu verstehen und um sich auf die noch kommenden Weichenstellungen vorzubereiten, sollten die Bedingungen für den soziohistorischen Wandel mindestens ebenso genau analysiert werden wie die Bedingungen für die Bewahrung des Status quo. Dies gilt für die dreigliedrigen Gesellschaften wie für andere. Für die weitere Analyse ist es hilfreich, die langfristigen Dynamiken zu vergleichen, die in ganz unterschiedlichen Kontexten zu beobachten sind, insbesondere in Europa und in Indien. In diesem und den folgenden Kapiteln nehmen wir uns dieser Aufgabe an.

Dreigliedrige Gesellschaften und die Bildung des modernen Staates

Dreigliedrige Gesellschaften unterscheiden sich von historisch späteren Gesellschaftsformen durch zwei eng miteinander verbundene Merkmale: erstens durch die Begründung von Ungleichheit durch ein trifunktionales Muster, zweitens durch den Umstand, dass es sich um

1 Siehe insbesondere G. Dumézil, *Jupiter. Mars. Quirinus. Essai sur la conception indo-européenne de la société et les origines de Rome*, Gallimard 1941; ders., «Métiers et classes fonctionelles chez divers peuples indo-européens», *Annales. Histoire, Sciences sociales*, Bd. 13 (4), 1958, S. 716–724; ders., *Mythe et épopée. L'idéologie des trois fonctions dans les épopées des peuples indo-européens*, Gallimard 1968.

alte Gesellschaften handelt, die der Bildung des modernen Zentralstaats vorausgehen. In diesen alten Gesellschaften ist die politische Macht von der wirtschaftlichen auf lokaler Ebene nicht zu trennen, weil auf einem meist kleinen Territorium bisweilen recht lockere Bindungen an eine mehr oder weniger weit entfernte monarchische oder imperiale Zentralmacht bestehen. Das Gesellschaftssystem ordnete sich dezentral um einige Schlüsselinstitutionen herum (das Dorf, die ländliche Gemeinde, das Schloss, die Festung, die Kirche, den Tempel, das Kloster), wobei die Koordination zwischen den einzelnen Territorien und den Orten der Macht eingeschränkt war. Die unzulänglichen Verkehrsmittel verbanden diese oft schlecht. Die Dezentralisierung der Macht bedeutete selbstverständlich nicht, dass es in den sozialen Beziehungen ohne brutal ausgeübte Herrschaft abging, wenn auch in anderer Art und in anderen Konstellationen als in den zentralstaatlichen Strukturen der Moderne.

Konkret sind in traditionellen dreigliedrigen Gesellschaften Eigentums- und Hoheitsrechte untrennbar in die Machtverhältnisse auf lokaler Ebene verflochten. Die beiden führenden Klassen – Klerus und Adel – sind dabei freilich die besitzenden Klassen. Ihnen gehört üblicherweise die Mehrheit (manchmal fast die Gesamtheit) des Ackerbodens, dessen Besitz in landwirtschaftlich ausgerichteten Gesellschaften stets das Fundament der wirtschaftlichen und politischen Macht bildet. Was den Klerus angeht, wird Besitz oft durch unterschiedliche kirchliche Institutionen (Kirchen, Bistümer, kirchliche Stiftungen, Klöster usw.) vermittelt; so etwas lässt sich in verschiedenen Religionen beobachten, insbesondere im Christentum, Hinduismus und Islam. Beim Adel wird Besitz eher dem Individuum oder vielmehr der Abstammungslinie und dem Adelstitel zugewiesen, bisweilen im Rahmen von familiären Erbengemeinschaften oder Quasi-Stiftungen, um die Verschwendung von Erbe und Rang zu verhindern.

Im Kern gehen die Eigentumsrechte von Klerus und Adel mit einer enormen hoheitlichen Macht zur Wahrung der Ordnung mittels polizeilicher und militärischer Gewalt einher (im Prinzip das Vorrecht des kriegerischen Adels, welches aber auch im Namen eines kirchlichen Feudalherrn ausgeübt werden kann) sowie mit der rechtsprechenden Gewalt (Recht wird üblicherweise im Namen des örtlichen Herrn gesprochen, der wiederum adlig oder geistlich sein kann). Im mittelalterlichen Europa wie im vorkolonialen Indien sind der französische *Seig-*

neur und der englische *landlord*, der spanische Bischof wie der Brahman und der *rajput* aus Indien gleichermaßen Herren des Landes und der Personen, die auf dem Land arbeiten und leben. Ihnen werden nach unterschiedlichen, sich wandelnden Modalitäten Eigentums- und Hoheitsrechte eingeräumt.

Ob der Feudalherr aus der Krieger- oder Klerikerklasse stammt, ob wir Europa, Indien oder andere Regionen untersuchen, in allen alten dreigliedrigen Gesellschaften stellen wir die äußerste Wichtigkeit und Verflechtung dieser Machtverhältnisse auf lokaler Ebene fest. Dies nimmt gelegentlich die extreme Form der Zwangsarbeit und der Leibeigenschaft an, also eine starke Einschränkung der Freizügigkeit der arbeitenden Klasse oder eines Teils von ihr, deren Angehörige ihr Territorium nicht mehr verlassen und woanders arbeiten können. Insofern gehören sie den adligen oder religiösen Herren, auch wenn es sich um ein anderes Besitzverhältnis handelt als in Sklavenhaltergesellschaften, die wir im entsprechenden Kapitel untersuchen werden.

Im Allgemeinen kann es zu weniger extremen und potenziell wohlwollenderen, darum aber nicht weniger realen Führungsmodellen kommen, die Bildung von Quasi-Staaten auf lokaler Ebene begünstigen mögen, angeführt von Klerus und Adel mit jeweils wechselnden Rollenverteilungen. Über die polizeiliche und rechtsprechende Gewalt hinaus umfassen die wichtigsten Führungsmodelle in den traditionellen dreigliedrigen Gesellschaften die Kontrolle und die Registrierung von Ehen, Geburten und Todesfällen. Für den Fortbestand und die Regulierung der Gemeinschaft handelt es sich dabei um eine wesentliche Funktion, die eng mit den religiösen Zeremonien, den Regeln für eheliche Bünde und den empfohlenen Formen des Familienlebens zusammenhängen (insbesondere in Bezug auf die Sexualität, die väterliche Autorität, die Rolle der Frau und die Kindererziehung). Diese Funktion ist üblicherweise das Vorrecht der geistlichen Klasse, denn die entsprechenden Register werden in den Kirchen und Tempeln der jeweiligen Religionen geführt.

An dieser Stelle müssen wir auch die Registrierung von Handelsgeschäften und Verträgen erwähnen. Diese Funktion des adligen oder geistlichen Herrn ist für die Regulierung der Wirtschaftstätigkeit und der Eigentumsverhältnisse zentral und wird üblicherweise in Verbindung mit der lokalen rechtsprechenden Gewalt und der Regelung von Zivil-, Handels- und Erbschaftsstreitigkeiten ausgeübt. Auch andere kollektive Funktionen und Dienste können in der traditionellen dreigliedrigen Gesellschaft eine wichtige Rolle spielen, etwa die Bildung und die (oft rudimentäre, manchmal auch fortgeschrittenere) medizinische Versorgung und gewisse Infrastrukturen (Mühlen, Brücken, Straßen, Brunnen). Es ist anzumerken, dass diese Hoheitsrechte in den Händen der beiden ersten Gruppen der dreigliedrigen Gesellschaft (Klerus und Adel) als das natürliche Gegenstück zu den Diensten begriffen werden, die sie der dritten Gruppe in Hinblick auf Sicherheit und Spiritualität und allgemeiner in Hinblick auf die Strukturierung der Gemeinschaft erbringen. In der trifunktionalen Gesellschaft hängt alles zusammen: Jede Gruppe erhält einen Platz in einer Gesamtheit von Rechten, Pflichten und Gewalten, die auf lokaler Ebene eng miteinander verflochten sind.

Inwieweit folgt das Verschwinden der dreigliedrigen Gesellschaften aus der Entwicklung des modernen Zentralstaats? Wir werden sehen, dass die Interaktionen zwischen diesen beiden grundlegenden politisch-ökonomischen Prozessen in der Tat komplexer sind und nicht mechanisch, einsinnig oder deterministisch beschrieben werden können. In manchen Fällen kann sich das trifunktionale Ideologieschema dauerhaft mit Erfolg auf zentralstaatliche Strukturen stützen, sich neu definieren und in diesem veränderten Rahmen zumindest für eine gewisse Zeit verstetigen. Man denke etwa an das britische House of Lords, eine Institution von Adel und Klerus, die direkt aus der trifunktionalen Welt des Mittelalters stammt, aber im langen 19. Jahrhundert meist eine zentrale Rolle bei der Regierung des ersten weltumspannenden Kolonialreichs spielte. Hier ist auch der schiitische Klerus des Iran anzuführen, der durch den Wächterrat und den Expertenrat (ein gewähltes, aber Klerikern vorbehaltenes Organ, das den Obersten Religionsführer ernennt) vertreten wird und auf diese Weise seine dominante politische Rolle in der Verfassung der 1979 ausgerufenen Islamischen Republik verankern konnte, eines historisch weitgehend beispiellosen Regimes, das zu Beginn des 21. Jahrhunderts noch immer besteht.

Der Legitimationsverlust der dreigliedrigen Gesellschaften zwischen Revolutionen und Kolonisationen

Naturgemäß untergräbt die Errichtung des modernen Staates aber die Fundamente der trifunktionalen Ordnung und wird üblicherweise von konkurrierenden Ideologiemodellen begleitet, zum Beispiel von proprietaristischen, kolonialistischen oder kommunistischen Ideologien, die meist die Herrschaft der alten Ideologie beenden und an ihre Stelle treten. Sobald es einer zentralstaatlichen Struktur gelingt, die Sicherheit von Personen und Gütern auf einem großen Gebiet zu gewährleisten, indem sie eine Verwaltung und ein qualifiziertes Personal (Polizisten, Soldaten) aufbietet, das immer weniger dem alten Kriegeradel angehört, wird die Legitimität des Adels als Garant für Ordnung und Sicherheit auf eine harte Probe gestellt. Sobald sich zivile, schulische und universitäre Prozesse und Institutionen entwickeln, die auf Bildung sowie den Gewinn von Erkenntnissen und neuen Einsichten ausgerichtet sind, angeführt von neuen Netzwerken von Lehrkräften, Intellektuellen, Medizinern, Wissenschaftlern und Philosophen, die immer weniger mit der alten Geistlichkeit zu tun haben, wird auch die Legitimität des Klerus als Garant für die geistige Führung der Gemeinschaft infrage gestellt.

Der Legitimationsverlust der alten kriegerischen und geistlichen Klassen kann einen äußerst langwierigen Prozess bedeuten, der sich in bestimmten Fällen über mehrere Jahrhunderte erstreckt. In zahlreichen europäischen Ländern (z. B. in Großbritannien und Schweden, auf die wir noch zurückkommen werden) vollzieht sich der Übergang von europäischen Ständegesellschaften zu Eigentümergesellschaften in einer sehr langsamen Geschichte, die etwa im 16. Jahrhundert (oder sogar früher) einsetzt und erst zwischen 1900 und 1920 aufhört; und auch dann nicht vollständig, weil noch bis heute Spuren der drei Funktionen übrig sind, die Institution der Monarchie z. B., die noch in einer Vielzahl westeuropäischer Staaten vorhanden ist, mitunter ausgestattet mit reichlich symbolischen Relikten adliger oder geistlicher Macht.[1]

---

1 Im Jahr 2004, unmittelbar vor ihrer Erweiterung um die ehemaligen kommunistischen Länder Osteuropas (ausschließlich Republiken, obwohl nach dem Ende des Kommunismus versucht wurde, einige Monarchien wiedereinzuführen), zählte die Europäische Union fünfzehn Mitgliedstaaten, darunter sieben parlamentarische Monarchien (Belgien, Dänemark, Spanien, Luxemburg, Niederlande, Großbritannien, Schweden) und acht parlamentarische

Ab und an beschleunigen sich die Prozesse auch heftig, wenn etwa neue Ideologien und staatliche Strukturen zusammenspielen, um die alte dreigliedrige Gesellschaftsordnung bewusst radikal zu verändern. In diesem Zusammenhang werden wir die Französische Revolution analysieren, die besonders für einen solchen Wandel steht und auch sehr gut dokumentiert ist. Infolge der Aufhebung der «Privilegien» von Adel und Klerus in der Nacht des 4. August 1789 mussten die revolutionären Versammlungen, Verwaltungen und Gerichte diesem Begriff eine genaue Bedeutung verleihen. Sie mussten in kurzer Zeit eine strenge Trennlinie ziehen zwischen der nach revolutionärer Ansicht rechtmäßigen Ausübung des Eigentumsrechts (auch wenn dieses Recht von einem ehemals «Privilegierten» ausgeübt und bisweilen unter zweifelhaften Umständen erworben und fixiert wurde) und der unrechtmäßigen Aneignung von lokalen Hoheitsrechten (nunmehr ausschließlicher Zuständigkeitsbereich des Zentralstaats), wie sie für die alte Welt üblich gewesen war. Dies war mühsam, denn diese Rechte waren in der Praxis untrennbar miteinander verbunden. Anhand der revolutionären Ereignisse können wir die Besonderheiten der Verflechtung von Gewalten und Rechten besser begreifen, welche die traditionelle dreigliedrige Gesellschaft und die europäische Ständegesellschaft im Besonderen ausmachen.

Darüber hinaus widmen wir uns einem ganz anderen, aber ebenso aufschlussreichen historischen Abschnitt, nämlich dem britischen Kolonialstaat in Indien und seinem Versuch, das vorgefundene trifunktionale Kastenwesen zwischen 1871 und 1941 mittels Volkszählungen zu erfassen und zu verändern. Gewissermaßen handelt es sich um ein der Französischen Revolution entgegengesetztes Beispiel: In Indien gestaltet eine ausländische Macht eine alte dreigliedrige Gesellschaft um und hemmt dabei den Prozess der Staatenbildung und des sozialen Wandels bei den Einheimischen. Die Gegenüberstellung dieser beiden Vorgänge (sowie die Untersuchung anderer Umgestaltungen, in denen ehemals dreigliedrige mit postkolonialen Logiken verknüpft werden, z. B. in China, Japan oder Iran) ermöglicht es uns, die Vielfalt der möglichen Entwicklungen und der zugrundeliegenden Mechanismen zu verstehen.

Republiken (Deutschland, Österreich, Italien, Irland, Finnland, Frankreich, Griechenland, Portugal).

Die Aktualität der dreigliedrigen Gesellschaften

Bevor wir fortfahren, muss ich auf eine Frage eingehen, die sich aufdrängt: Warum muss man die dreigliedrigen Gesellschaften, abgesehen von ihrem historischen Interesse, überhaupt erforschen? Man könnte versucht sein, sie nicht weiter zu beachten und einer lange vergangenen, wenig bekannten, kaum dokumentierten Epoche zuzuschreiben, die zum Verständnis der modernen Welt nicht viel beizutragen hat. Widersprechen die für sie charakteristischen rigiden Statusunterschiede nicht diametral unseren heutigen, demokratischen, meritokratischen Gesellschaften, die sich angeblich auf den gleichberechtigten Zugang zu Berufen, auf soziale und generationenübergreifende Mobilität gründen? Aus mindestens zwei Gründen wäre eine solche Annahme fehlerhaft. Einerseits ist die Struktur der Ungleichheit in den alten dreigliedrigen Gesellschaften derjenigen moderner Gesellschaften weniger fern, als man es sich manchmal vorstellen mag. Vor allem aber haben andererseits die Umstände des Verschwindens trifunktionaler Gesellschaften, die sich je nach Land, Region sowie religiösem, kolonialem und postkolonialem Kontext stark unterscheiden, tiefe Spuren in der heutigen Welt hinterlassen.

Zunächst muss man betonen, dass die statusbedingte Undurchlässigkeit im trifunktionalen Schema zwar die Norm ist, der Wechsel von der einen in eine andere Klasse aber durchaus vorkommt, wodurch sich diese Gesellschaften den modernen annähern. Wir werden beispielsweise sehen, dass das Größenverhältnis der geistlichen, der adligen und der restlichen Bevölkerung sowie das Ausmaß ihrer Ressourcen je nach Zeit und Land stark voneinander abweichen, was sich insbesondere aus den Unterschieden in den mehr oder weniger offenen Zugangsmodalitäten und Bündnisstrategien der herrschenden Gruppen sowie aus den Institutionen und Machtverhältnissen ergibt, die die Verhältnisse zwischen den Gruppen regeln. Die beiden herrschenden Klassen (Klerus und Adel) umfassten gegen Ende des Ancien Régime in Frankreich insgesamt kaum mehr als 2 % der erwachsenen männlichen Bevölkerung, zwei Jahrhunderte zuvor waren es noch 5 % gewesen. Sie stellten 11 % im Spanien des 18. Jahrhunderts, und mehr als 10 % der indischen Bevölkerung des 19. Jahrhunderts waren Varnas, gehörten also den Entsprechungen der klerikalen und kriegerischen Klassen an – den

Die Struktur trifunktionaler Gesellschaften: Europa – Indien, 1660–1880

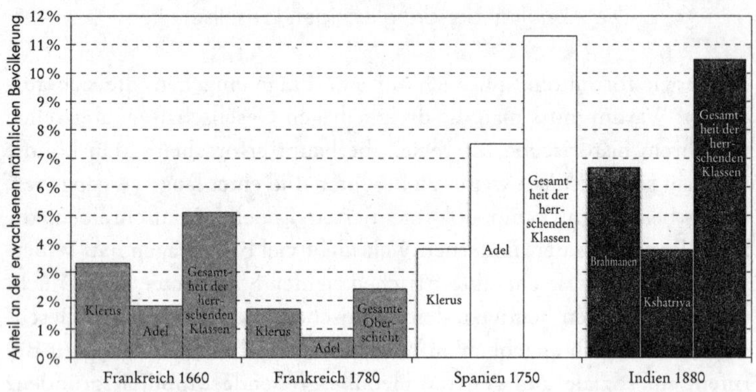

Grafik 1.1.: Im Jahr 1660 machte der Klerus ungefähr 3,3 % der erwachsenen männlichen Bevölkerung in Frankreich aus, der Adel 1,8 %. Das ergibt einen Gesamtanteil der beiden herrschenden Stände in der trifunktionalen Gesellschaft von 5,1 %. 1880 machten in Indien die Brahmanen (alte Priesterkaste, erfasst durch Zählungen der britischen Kolonialherren) ungefähr 6,7 % der erwachsenen männlichen Bevölkerung aus und die Kshatriya (alte Kriegerkaste) ungefähr 3,8 %, das ergibt einen Gesamtanteil der beiden herrschenden Kasten von 10,5 %.
Quellen und Reihen: Siehe piketty.pse.ens.fr/ideologie.

Brahmanen und Kshatriya – (sogar fast 20 %, wenn man alle anderen höheren Kasten mitzählt), was auf ganz andere menschliche, wirtschaftliche und politische Realitäten schließen lässt (siehe Grafik 1.1). Anders gesagt sind die Grenzen zwischen den drei Gruppen der dreigliedrigen Gesellschaften bei weitem nicht fest, sondern Gegenstand von andauernden Verhandlungen und Auseinandersetzungen, die ihre Definition und Gestalt radikal verändern können. Angesichts der Größe der beiden oberen Klassen scheinen sich Indien und Spanien näher zu sein als Frankreich und Spanien. Mitunter werden zwischen den verschiedenen Zivilisationen, Kulturen und Religionen radikale Wesensunterschiede angenommenen: Die indischen Kasten dienen im Westen oft als Beispiel für absolute Fremdheit, wenn sie nicht gleich als Symbol für die maßlose Vorliebe des Orients für Ungleichheit und Tyrannei sowie für orientalischen Despotismus herhalten müssen. In Wirklichkeit sind sie nicht so ausschlaggebend wie die soziopolitischen und institutionellen Prozesse, die die gesellschaftlichen Strukturen zu wandeln vermögen.

Wir werden noch ausführlicher darauf eingehen können, dass die Schätzungen der o. g. Angehörigenzahl einzelner Gruppen ihrerseits komplexen politischen und sozialen Konstruktionen entstammen. Oft sind sie das Ergebnis verschiedener Versuche von sich herausbildenden staatlichen Mächten (absoluten Monarchien oder Kolonialreichen), Erhebungen zu Klerus und Adel oder Volkszählungen bei den einzelnen Gruppen der kolonialisierten Bevölkerung durchzuführen. Diese gleichermaßen politischen und kognitiven Maßnahmen sind Teil eines Vorhabens sozialer Herrschaft wie auch der Gewinnung von Erkenntnissen und Vorstellungen. Die dabei angewandten Kategorien und die so ermittelten Informationen geben dabei mindestens ebenso sehr Aufschluss über die Intentionen und das politische Ansinnen der Verantwortlichen wie über die Struktur der jeweiligen Gesellschaft. Dies bedeutet aber nicht, dass man aus diesem Material nichts Nützliches erfahren kann, ganz im Gegenteil. Wenn man sich die Zeit zum Kontextualisieren und Analysieren nimmt, erhält man wertvolle Quellen, die ein besseres Verständnis für die Konflikte, Entwicklungen und Brüche in den Gesellschaften ermöglichen, die man sich sonst fälschlicherweise statisch und sedimentiert vorstellen und die man einander unverhältnismäßig scharf gegenüberstellen würde.

Während die dreigliedrigen Gesellschaften häufig von verschiedenen Theorien zur ethnischen Herkunft der herrschenden und beherrschten Gruppen flankiert werden (der Adel soll in Frankreich, England oder Indien z. B. fränkisch, normannisch oder arisch sein, das Volk hingegen galloromanisch, angelsächsisch oder dravidisch), von Theorien, die bald zur Legitimation, bald zur Delegitimierung des bestehenden Herrschaftssystems herangezogen werden (auch von den Kolonialmächten natürlich, die nichts so sehr liebten wie eine radikale Ausdifferenzierung der kolonisierten Gesellschaften, die Zuweisung einer Identität, die angeblich nichts mit der als dynamisch und beweglich geltenden europäischen Moderne zu tun hatte), weisen heute übrigens alle verfügbaren historischen Fakten darauf hin, dass die Vermischung der Klassen in Wirklichkeit weit genug verbreitet war, um angebliche ethnische Unterschiede nach ein paar Generationen fast vollständig verschwinden zu lassen. Die soziale Mobilität war in dreigliedrigen Gesellschaften im Allgemeinen sicherlich eingeschränkter als in den gegenwärtigen Gesellschaften, wenngleich es schwierig ist, genaue Vergleiche anzustellen, denn in Indien wie in Europa gibt es zahlreiche Gegenbeispiele vom Aufstieg neuer Eliten und eines neuen Adels, was durch die Ideologie der Trifunktionalität jeweils erst im Nachhinein legitimiert wurde und somit auch von ihrer Flexibilität zeugt. Auf alle Fälle aber handelt es sich um keinen prinzipiellen, sondern einen graduellen Unterschied, der auch als ein solcher untersucht werden muss. In allen trifunktionalen Gesellschaften, darunter auch in jenen mit einer prinzipiell erblichen religiösen Klasse, kann man Geistliche beobachten, die aus den beiden anderen Klassen stammen, Bürger, die aufgrund ihrer Leistungen im Kampf oder wegen anderer Verdienste und Qualitäten geadelt werden, Fromme, die nach den Waffen greifen etc. Auch wenn sie nicht die Norm ist, so ist soziale Durchlässigkeit doch nie ganz ausgeschlossen. Die sozialen Identitäten und die Grenzlinien zwischen den Klassen sind in dreigliedrigen wie in anderen Gesellschaften verhandelbar und umkämpft.

Rechtfertigung von Ungleichheit in dreigliedrigen Gesellschaften

Die dreigliedrigen Gesellschaften verkörpern also nicht einfach eine an sich ungerechte, despotische und willkürliche Ordnung, die sich grundlegend von der angeblich gerechten und harmonischen modernen Meritokratie unterscheidet. Das Bedürfnis nach Sicherheit und Sinn ist für alle Gesellschaften elementar. Dies gilt insbesondere, aber nicht nur, für weniger entwickelte Gesellschaften, die durch territoriale Zerstückelung und schwache Kommunikationswege gekennzeichnet sind, durch chronische existenzielle Instabilität und Unsicherheit, deren Fundamente von Plünderei, mörderischen Überfällen oder Epidemien bedroht sein können. Sobald religiöse und militärische Gruppen mit jeweils an Zeit und Ort angepassten Institutionen und Ideologien glaubhaft auf diese Sinn- und Stabilitätsbedürfnisse eingehen können, wobei die Ersteren eine große Erzählung von den Ursprüngen und der Entwicklung der Gemeinschaft anbieten, konkrete Zeichen, mit denen man seine Zugehörigkeit ausdrücken und die Fortdauer garantieren kann, und die Zweiteren eine Ordnung bieten, die die Grenzen der rechtmäßigen Gewalt abstecken und die Sicherheit von Personen und Gütern gewährleisten, ist es wenig erstaunlich, dass die trifunktionale Ordnung der betroffenen Bevölkerung legitim erscheinen kann. Warum sollte man riskieren, alles zu verlieren, indem man sich mit einer Macht anlegt, die für materielle und geistliche Sicherheit sorgt, wenn man nicht weiß, was danach kommen wird? Die Rätsel der Politik und der idealen gesellschaftlichen Ordnung sind so unergründlich, die Ungewissheiten bezüglich der praktischen Umsetzung so extrem, dass eine Macht, die ein bewährtes Stabilitätsmodell bietet, gegründet auf eine einfache und begreifliche Aufteilung der großen gesellschaftlichen Funktionen, ganz natürlich einen gewissen Erfolg hat.

Das heißt natürlich nicht, dass es einen Konsens über die genaue Aufteilung der Macht und der Ressourcen zwischen diesen drei Gruppen gäbe. Das trifunktionale Schema ist kein idealistischer, durchdachter Diskurs; es gibt keine genau definierte und zur Debatte stehende Norm von Gerechtigkeit vor. Es ist vielmehr ein autoritärer, hierarchischer, gewaltsamer Diskurs von Ungleichheit, der es religiösen und militärischen Eliten erlaubt, ihre Herrschaft zu festigen, oft auf schändliche, brutale und exzessive Weise. Es kommt in dreigliedrigen Gesellschaften übrigens häufig vor, dass Klerus und Adel ihre Stellung zu sehr auszudehnen versuchen oder ihre Macht überschätzen, was zu Aufständen und zum Wandel oder Verschwinden dieser Gruppen führen kann. Ich betone lediglich, dass das trifunktionale System der Rechtfertigung von Ungleichheit, die Vorstellung nämlich, dass jede der drei Gruppen eine spezifische Funktion (Religion, Militär, Arbeit) innehabe und diese Dreiteilung potenziell der gesamten Gemeinschaft zugutekomme, zum Kern der dreigliedrigen Gesellschaften gehört und ihr Fortbestehen immer ein Minimum an Plausibilität benötigt. In dreigliedrigen wie in allen anderen Gesellschaften kann ein Ungleichheitsregime nur von Dauer sein, wenn es auf einer komplexen Mischung von Zwang und Zustimmung beruht. Beinharter Zwang genügt nicht: Das von den herrschenden Gruppen verteidigte Modell sozialer Ordnung muss auch ein Minimum an Zustimmung in der Bevölkerung oder zumindest in einem ausschlaggebenden Teil hervorrufen. Die politische Führungsrolle muss sich immer auf ein basales Modell von moralischer und intellektueller Führung stützen, das heißt auf eine glaubhafte Theorie von allgemeiner Wohlfahrt und Gemeinnutz.[1] Dies

1 Die gleiche Überlegung wurde oft in Bezug auf Systeme weltweiter Vorherrschaft angestellt: Die jeweils dominierende Macht, im 19. Jahrhundert Europa und im 20. Jahrhundert die Vereinigten Staaten, muss sich immer auf eine glaubwürdige Erzählung berufen, warum die Pax Britannica oder die Pax Americana dem öffentlichen Interesse dient. Diese Perspektive bedeutet nicht, dass die fragliche Erklärung immer ganz und gar überzeugend ist, aber sie bietet ein besseres Verständnis der Bedingungen ihrer Überwindung und Substitution. Siehe I. Wallerstein, *Das moderne Weltsystem*, Syndikat 1986–2012; G. Arrighi, *The Long Twentieth Century: Money, power and the origins of our time*, Verso 1994.

ist gewiss die wichtigste Gemeinsamkeit der trifunktionalen Gesellschaften mit den nachfolgenden.

Die dreigliedrigen Gesellschaften zeichnen sich durch eine spezielle Begründung für Ungleichheit aus: Jede gesellschaftliche Gruppe erfüllt danach eine Funktion, die für die anderen Gruppen unabdingbar ist; wie die verschiedenen Körperteile des Menschen erweist sie den jeweils anderen lebenswichtige Dienste. Die Leibmetapher taucht in den verschiedenen theoretischen Texten zur trifunktionalen Organisation dieser Gesellschaften häufig auf, in Indien bereits seit der Antike (insbesondere im *Manusmriti*, einem juristisch-politischen Text aus dem Nordindien des 2. Jahrhunderts vor unserer Zeit, über ein Jahrtausend vor den ersten christlichen Texten, die das dreigliedrige Schema vertreten, worauf wir noch zurückkommen werden) und auch im mittelalterlichen Europa. So kann man den beherrschten Gruppen einen Platz im Gesamtzusammenhang zuweisen, meist in der Rolle der Füße oder der Beine (während die herrschenden Gruppen sich normalerweise im Kopf und in den Armen verorten), was gewiss nicht sehr befriedigend ist, aber wenigstens einer unbestreitbar nützlichen Funktion für die ganze Gemeinschaft entspricht.

Dieses Begründungsmuster muss untersucht werden, insbesondere die Umstände seines Wandels und Verschwindens, und es muss mit modernen Systemen der Rechtfertigung von Ungleichheit verglichen werden, die ihm nicht gänzlich unähnlich sind, wenngleich die Funktionen sich freilich deutlich weiterentwickelt haben und der gleichberechtigte Zugang zu verschiedenen Berufen nunmehr als wesentliches Prinzip proklamiert wird (ohne sich groß darum zu kümmern, ob dieser gleichberechtigte Zugang tatsächlich oder nur theoretisch besteht). Die politischen Systeme, die dreigliedrige Gesellschaften ablösten, redeten diese schlecht – das liegt in der Natur der Sache. Man denke zum Beispiel an den Diskurs des französischen Bürgertums im 19. Jahrhundert über den Adel des Ancien Régime oder an den der britischen Kolonisatoren über die indischen Brahmanen. Diese Diskurse zielten ihrerseits darauf ab, neue Systeme von Ungleichheit und Herrschaft zu rechtfertigen, die nicht immer zimperlicher mit den beherrschten Gruppen umgingen, und es ist wichtig, sie als solche zu untersuchen.

Vielfalt der Eliten, Einheit des Volkes?

Wir müssen zunächst mit der Untersuchung von dreigliedrigen Gesellschaften und der Analyse einiger ihrer vielfältigen Ausprägungen und Wandlungen beginnen, denn so sehr sie auch im Gegensatz zu modernen Gesellschaften stehen mögen, so hat ihr Verschwinden aufgrund von verschiedenen Entwicklungen und historischen Veränderungen die Gegenwart doch nachhaltig geprägt. Die hauptsächlichen Unterschiede der jeweiligen dreigliedrigen Gesellschaften lassen sich, wie wir sehen werden, mittels der herrschenden politisch-religiösen Ideologie erklären, insbesondere durch ihre Haltung zu zwei Schlüsselfragen: Sehen die Eliten sich als mehr oder weniger vielfältig; besteht eine wirkliche oder angebliche Einheit des Volkes?

Erstens geht es also um die Frage der Hierarchie und der Komplementarität zwischen den beiden herrschenden Gruppen (Klerus und Adel). In den meisten europäischen Ständegesellschaften, insbesondere im französischen Ancien Régime, ist der Klerus offiziell der erste Stand, und der Adel muss sich gemäß Protokoll in Prozessionen mit dem zweiten Rang begnügen. Doch wer hat in dreigliedrigen Gesellschaften tatsächlich die höchste Macht inne, und wie gestaltet sich das Zusammenspiel der spirituellen Macht der Geistlichen mit der weltlichen Macht der Adligen? Diese alles andere als harmlose Frage wurde je nach Zeit und Ort unterschiedlich beantwortet.

Diese erste Frage ist ihrerseits eng mit der des Priesterzölibats und der Reproduktion als sozialer Gruppe verbunden, die sich wesentlich von den beiden anderen unterscheidet. Die Gruppe der Kleriker kann sich mitunter fortpflanzen und eine richtige vererbbare Klasse bilden, so im Hinduismus (die eigentliche geistliche und intellektuelle Klasse der Brahmanen nimmt oft eine beherrschende politische und wirtschaftliche Stellung gegenüber dem Kriegeradel der Kshatriya ein, was wir behandeln werden), im schiitischen und sunnitischen Islam (der Schiismus verfügt ebenfalls über einen richtigen, also einen organisierten und machtvollen Erbklerus, der oft an der Spitze lokaler Quasi-Staaten oder gar des Zentralstaats selbst steht) sowie im Judentum und in den meisten anderen Religionen – mit Ausnahme des Christentums (zumindest in seiner römisch-katholischen Ausprägung), wo sich der Klerus stets aus den anderen beiden Gruppen speisen muss (aus dem

Adel für den hohen und aus dem Dritten Stand für den niederen Klerus). Damit ist Europa ein Sonderfall in der langen Geschichte der dreigliedrigen Gesellschaften und der Ungleichheitsregime insgesamt, was übrigens dazu beitragen kann, gewisse Aspekte der späteren Entwicklungen in Europa zu erklären, insbesondere im Hinblick auf die Ideologie der Finanzwirtschaft und die Rechtsordnung. Wie wir im vierten Teil dieses Buches sehen werden, steht diese Konkurrenz zwischen verschiedenen Typen von (geistlichen oder kriegerischen) Eliten und Legitimierungen in Zusammenhang mit den Gegensätzen zwischen intellektuellen und kaufmännischen Eliten, die mitunter den modernen politischen Wettbewerb um Wahlstimmen charakterisieren, wenngleich sich die Wettbewerbsbedingungen seit dem trifunktionalen Zeitalter ganz offensichtlich geändert haben.

Zweitens geht es darum, wie vollständig die Zusammenfassung von Gruppierungen innerhalb der Arbeiterklasse vollzogen wird, oder umgekehrt, zu welchem Zeitpunkt unterschiedliche Formen von Leibeigenschaft oder Sklaverei abgeschafft werden und welche Bedeutung beruflichen Identitäten und Zünften im Zusammenhang mit der Bildung des modernen Zentralstaats und der traditionellen religiösen Ideologie beigemessen wird. Theoretisch beruht die dreigliedrige Gesellschaft auf der Idee der Einheit aller Arbeiter als einer einzigen Klasse, einem einzigen Status, einer einzigen Würde. In der Praxis können sich die Dinge komplexer gestalten, wie es z. B. die fortdauernden Ungleichheiten zwischen den Gruppen aus den untersten Kasten (den Dalits, den sogenannten Unberührbaren, ehemals diskriminierten Arbeitskräften) und denen aus den niederen und mittleren Kasten (den ehemaligen Shudras, früher entweder proletarische oder leibeigene Arbeitskräfte, aber insgesamt weniger diskriminiert als die Dalits) illustrieren, ein Gegensatz, der noch zu Beginn des 21. Jahrhunderts die soziopolitischen Konflikte Indiens prägt. In Europa hat die Vereinigung der arbeitenden Gruppen und das allmähliche Verschwinden der Leibeigenschaft beinahe ein Jahrtausend gedauert, von der Zeit um das Jahr 1000 herum bis zum Ende des 19. Jahrhunderts im Osten des Kontinents, was bis heute sichtbare Spuren und Diskriminierungen hinterlassen hat (wie man am Beispiel der Roma erkennt). Vor allem wurde die Entwicklung der europäisch-amerikanischen proprietaristischen Moderne von beispiellosen Kolonial- und Sklavenhaltersystemen begleitet, die zu nachhaltigen Ungleichheiten zwischen weißen und schwarzen Bevölkerungsgruppen in den

Vereinigten Staaten geführt haben sowie in Europa – nach unterschiedlichen, aber vergleichbaren Modalitäten – zwischen autochthonen Bevölkerungsgruppen und jenen, die aus den ehemaligen Kolonien stammen.

Um es zusammenzufassen: Die Ungleichheit der verschiedenen gruppenbezogenen und ethno-religiösen (oder der als solche wahrgenommenen) Herkünfte ist weiterhin zentral für die Moderne und lässt sich nicht auf ein meritokratisches Märchen reduzieren, wie es bisweilen in bestimmten Diskursen vorkommt – weit gefehlt. Um diese zentrale Dimension moderner Ungleichheiten richtig zu verstehen, muss man mit der Untersuchung der traditionellen dreigliedrigen Gesellschaften in ihren verschiedenen Ausprägungen anfangen, mit der Untersuchung, wie sie sich allmählich ab dem 18. Jahrhundert zu einer komplexen Mischung von Eigentümergesellschaften (Unterschiede in Status und ethnoreligiöser Identität werden im Grunde ausradiert, aber monetäre und erbschaftsbedingte Ungleichheiten können ungeahnte Ausmaße annehmen) und kolonialen sowie postkolonialen Sklavenhaltergesellschaften entwickelt (die Unterschiede in Status und ethnoreligiöser Identität sind hier wiederum zentral, mitunter in Verbindung mit beträchtlichen monetären und erbschaftsbedingten Ungleichheiten). Allgemeiner gesprochen bietet die Untersuchung der vielfältigen Entwicklungen ehemals dreigliedriger Gesellschaften einen wesentlichen Schlüssel für die Analyse der Rolle von religiösen Institutionen und Ideologien bei der Strukturierung von modernen Gesellschaften, insbesondere durch ihre Einbeziehung ins Bildungssystem, und insgesamt in die Regulierung und die Vorstellung von sozialen Ungleichheiten.

Die dreigliedrigen Gesellschaften und die Bildung des Staates: Europa, Indien, China, Iran

Wir müssen an dieser Stelle noch klarstellen, dass es uns nicht um eine Weltgeschichte der dreigliedrigen Gesellschaften geht, einerseits, weil diese mehrere Bände füllen und den Rahmen dieses Buches überschreiten würde, und andererseits, weil die notwendigen Primärquellen für eine solche Geschichte zum heutigen Tage nicht zugänglich sind und gewissermaßen nie vollständig vorliegen werden, gerade aufgrund des ausgeprägt dezentralen Charakters der dreigliedrigen Gesellschaften und der wenigen Spuren, die sie uns hinterlassen haben. Dieses und die folgenden Kapitel verfolgen ein etwas bescheideneres Ziel, hier möchten wir ein paar Pflöcke für eine solche vergleichende und globale Geschichte einschlagen, indem wir uns darauf konzentrieren, was für die Analyse der späteren modernen Ungleichheitsregime wesentlich ist.

Auf diesen ersten Teil folgend werde ich Frankreich und andere europäische Länder eingehender untersuchen. Das französische Beispiel ist so instruktiv, weil die Revolution von 1789 einen besonders klaren Bruch zwischen dem Ancien Régime, möglicherweise dem Paradigma einer dreigliedrigen Gesellschaft, und der aufblühenden bürgerlichen Gesellschaft des 19. Jahrhunderts darstellt, die als der Archetyp der Eigentümergesellschaft erscheint, der historischen Hauptform, die in vielen Ländern auf dreigliedrige Gesellschaften folgt. Der Ausdruck «Dritter Stand» kommt aus dem Französischen und könnte die Vorstellung einer Drei-Klassen-Gesellschaft kaum klarer zum Ausdruck bringen. Die Untersuchung Frankreichs und der Vergleich mit den anderen europäischen und außereuropäischen Weiterentwicklungen führt uns zudem zu der Frage nach der Rolle revolutionärer Prozesse und langfristiger Tendenzen (die insbesondere mit der Bildung des Staates und den Entwicklungen der sozioökonomischen Struktur zusammenhängen) beim Wandel dreigliedriger Gesellschaften. Die Beispiele Großbritannien und Schweden bieten ein besonders nützliches Gegenbild: Beide Länder sind noch heute Monarchien, und der Transformationsprozess der dreigliedrigen Gesellschaften ist hier viel langsamer verlaufen als in Frankreich. Wir werden aber sehen, dass Momente des Bruchs auch hier eine wesentliche Rolle spielen, und diese Entwicklungen illustrieren ihrerseits die Vielfalt und Diversität der möglichen Weichenstellungen im Rahmen dieser allgemeinen Tendenz.

Anschließend werde ich im zweiten Teil mehrere Varianten von dreigliedrigen (und manchmal viergliedrigen) Gesellschaften analysieren, die sich außerhalb Europas beobachten lassen. Mich interessiert dabei besonders, wie ihre Entwicklung durch von europäischen Mächten eingeführte Systeme von Sklavenhalter- und später Kolonialherrschaften beeinflusst wurde. Ich werde mich speziell auf Indien konzentrieren, wo die Zeichen der alten dreigliedrigen Trennungen außergewöhnlich präsent bleiben, obwohl die indischen Regierungen sie seit der Unabhängigkeit 1947 aufheben wollen. Indien bietet zudem einen einzigartigen Beobachtungsgegenstand: Er verknüpft die gewaltsame Begegnung einer alten dreigliedrigen Zivilisation (der ältesten der Welt) mit der britischen Kolonialmacht, eine Begegnung, die die Bedingungen für die Bildung des Staates und den sozialen Wandel verändert hat. Der Vergleich mit den in China oder Japan beobachteten Entwicklungen wird es anschließend erlauben, einige Hypothesen zu verschiedenen Entwicklungen ehemals dreigliedriger Gesellschaften aufzustellen. Abschließend werde ich das Beispiel des Iran anführen, der mit der Gründung der Islamischen Republik im Jahr 1979 für eine verblüffend späte und immer noch bestehende verfassungsmäßige Verankerung der geistlichen Macht steht. Nach diesen verschiedenen Lektionen werden wir im dritten Teil des Buches dazu übergehen, den Zusammenbruch der Eigentümergesellschaften in den Krisen des 20. Jahrhunderts sowie ihre mögliche Erneuerung und Neudefinition in der neoproprietaristischen und postkolonialen Welt des ausgehenden 20. und beginnenden 21. Jahrhunderts zu analysieren.

2.
DIE EUROPÄISCHEN STÄNDEGESELLSCHAFTEN: MACHT UND EIGENTUM

In diesem Kapitel werden wir die dreigliedrigen Gesellschaften und ihren Wandel zunächst am Beispiel der europäischen, insbesondere der französischen Ständegesellschaften untersuchen. Dabei versuchen wir, die speziellen Formen der Macht- und Eigentumsverhältnisse zwischen den drei Klassen besser zu verstehen. Zunächst werden wir die grundsätzliche Rechtfertigung der trifunktionalen Ordnung im Mittelalter analysieren. Der Diskurs der dreigliedrigen Ungleichheit drückt, wie wir dabei sehen werden, die Idee von einem gewissen politischen und sozialen Gleichgewicht zwischen zwei Formen grundsätzlich legitimer Herrschaft aus, der Regierung intellektueller und religiöser beziehungsweise kriegerischer oder soldatischer Eliten, die jeweils als unabdingbar für das Fortbestehen der sozialen Ordnung angesehen werden.

Anschließend werden wir untersuchen, wie sich die Größe und die Ressourcen der adligen und geistlichen Klassen im Ancien Régime entwickeln und wie sich die trifunktionale Ideologie hintergründig in den Eigentumsverhältnissen und der Wirtschaftsregulierung niederschlägt. Wir werden insbesondere auf die Rolle der christlichen Kirche als Eigentümer und Setzer von Normen in Wirtschaft, Finanzen, Familie und Bildung eingehen. Diese Erkenntnisse werden wesentlich zum Verständnis der Bedingungen für den Wandel von dreigliedrigen Gesellschaften zu Eigentümergesellschaften beitragen.

Ständegesellschaften: ein Mächtegleichgewicht?

Zahlreiche Texte des europäischen Mittelalters, die ältesten reichen zurück bis ins Jahr 1000, beschreiben die Gliederung der mittelalterlichen Gesellschaft in drei Stände und stellen Theorien dazu auf. Gegen Ende des 10. und Beginn des 11. Jahrhunderts befinden Erzbischof Wulfstan von York und Bischof Adalbero von Laon, dass sich die christliche Gesellschaft in drei Gruppen aufteilen müsse: die *oratores* (die Betenden, den Klerus), die *bellatores* (die Kriegführenden, den Adel) und die *laboratores* (die meist auf dem Acker Arbeitenden, den Dritten Stand).

Um die alternativen Diskurse zu verstehen, denen sich die Autoren entgegenstellen, muss man das Stabilitätsbedürfnis der damaligen christlichen Gesellschaft in Betracht ziehen, vor allem ihre Furcht vor Revolten. Die sozialen Hierarchien sollen begründet und die *laboratores* überzeugt werden, sich ihrem Schicksal zu fügen. Ein Leben als gute Christen erfordere den Respekt vor der irdischen dreigliedrigen Ordnung, also vor der Autorität von Klerus und Adel. Mehrere Texte erwähnen die Härte des Bauernlebens, die zum Überleben der beiden anderen Stände und der Gesellschaft insgesamt für notwendig befunden wird, sie erwähnen auch abschreckende Prügelstrafen für Aufständische. Der Mönch Wilhelm von Jumièges berichtet Mitte des 11. Jahrhunderts von einer Revolte in der Normandie: «Ohne Befehle abzuwarten bemächtigte sich Herzog Raoul aller Bauern und ließ ihnen Hände und Füße abhacken, bevor er die Verstümmelten ihren Angehörigen überließ [...]. Die durch diese Maßnahme belehrten Bauern vergaßen ihre Versammlungen und kehrten hastig an ihre Pflüge zurück».[1]

Der dreigliedrige Diskurs richtete sich aber an die Eliten. Für Adalbero von Laon geht es darum, die Könige und Adligen davon zu überzeugen, mit Weisheit und Zurückhaltung zu regieren, hierin den Ratschlägen der Kleriker folgend, das heißt der Mitglieder des Welt- und Ordensklerus, die für die Fürsten über ihre eigentlich religiösen Funktionen hinaus oft viele andere unverzichtbare Aufgaben als Schriftgelehrte, Schreiber, Gesandte, Schatzmeister, Ärzte etc. verrichteten.[2] In

1 M. Arnoux, *Le temps des laboureurs. Travail, ordre social et croissance en Europe (XI*[e]*–XIV*[e] *siècle)*, Paris: Albin Michel 2012, S. 116.

2 Zum Weltklerus gehören Kleriker in der Funktion von Priestern, Pfarrern, Domherrn,

einem seiner Texte beschreibt Adalbero die merkwürdige Prozession einer verkehrten Welt, wo die Bauern die Krone tragen und König, Krieger, Mönche und Bischöfe entblößt ihrem Pflug folgen. Damit will er darstellen, was geschähe, wenn der König den Exzessen der Krieger freie Hand ließe und das Gleichgewicht der drei Stände beendete, welches einzig und allein für die nötige Stabilität der Gesellschaft sorgen könne.[1]

Adalbero richtet sich interessanterweise auch ausdrücklich an die Mitglieder seines eigenen Standes, des Klerus, insbesondere an die Mönche von Cluny, die zu Beginn des 11. Jahrhunderts in Erwägung ziehen, die Waffen zu ergreifen, um ihre militärische Macht gegen die weltlichen Krieger zu behaupten. Im Übrigen ist es mittelalterlichen Texten immer wieder ein Anliegen, den Klerus am Führen von Waffen zu hindern, wobei die Mitglieder der Mönchsorden oft die Aufsässigsten waren. Die Frage des dreigliedrigen Diskurses ist also komplexer und subtiler, als sie erscheint. Es geht ebenso sehr um die Besänftigung der Eliten wie um die Vereinigung des Volkes. Das Ziel besteht nicht bloß darin, dass sich die beherrschten Klassen in ihr Schicksal fügen, auch die Eliten müssen akzeptieren, dass sie aus zwei getrennten Gruppen bestehen, der klerikalen, intellektuellen Klasse einerseits und der kriegerischen, adligen Klasse andererseits, und dass jede Klasse sich streng an ihre Rolle halten muss. Die Krieger müssen sich wie gute Christen verhalten und die weisen Ratschläge der Kleriker anhören, die sich ihrerseits nicht für Krieger halten dürfen. Es geht um eine Art Mächtegleichgewicht, um die Selbstbeschränkung der Vorrechte einer jeden Gruppe, was für die Epoche in der Praxis offenbar nicht selbstverständlich war.

Auch die jüngere Geschichtsschreibung betont die Bedeutung der trifunktionalen Ideologie im langsamen Vereinigungsprozess der verschiedenen Gruppierungen innerhalb der arbeitenden Klasse. Die The-

---

Vikaren etc., das heißt Kleriker, die inmitten von Laien leben, denen sie Sakramente spenden (oder sie helfen denen, die sie erteilen). Zum Ordensklerus gehören Kleriker, die «nach Ordensregeln» innerhalb einer geistlichen Gemeinschaft oder eines Ordens (in Mönchs- oder Nonnenkloster, Abtei, Priorat etc.) leben. Mitglieder des Ordensklerus können ordinierte Priester sein (Bedingung für das Spenden der Sakramente). Sofern nicht anders angegeben, verwende ich in diesem Buch die Begriffe «Klerus» und «Kleriker» bzw. «Geistlicher» im weitesten Sinne, Welt- und Ordensklerus umfassend.

1 Siehe G. Duby, *Die drei Ordnungen. Das Weltbild des Feudalismus*, Frankfurt a. M.: Suhrkamp 1981; J. Le Goff, «Les trois fonctions indo-européennes, l'historien et l'Europe féodale», *Annales. Histoire, Sciences sociales, Bd. 34 (6)*, 1979, S. 1199.

orie einer Gesellschaft in drei Ständen besteht nämlich nicht nur darin, die Macht der beiden ersten über die dritte zu begründen. Es geht auch darum, allen Arbeitern des dritten Standes die gleiche Würde zuzusprechen, sich also gegen die Sklaverei und die Leibeigenschaft zu stellen. Laut Mathieu Arnoux trägt gerade die Festigung des trifunktionalen Schemas zum Ende der erzwungenen Arbeit und zur Vereinigung aller Arbeitenden zu einem einzigen Stand bei; sie ermöglicht dank einer Steigerung der Intensität und Produktivität der Feldarbeit und des Rodens auch den beeindruckenden demografischen Aufschwung des Mittelalters zwischen 1000 und 1350. Freie Arbeiter seien gerühmt und geschätzt, nicht mehr als nach ihrem Status separierte, teils leibeigene Arbeitskräfte behandelt worden.[1] Um das Jahr 1000 zeigen alle literarischen und kirchlichen Texte, dass die Sklaverei in Westeuropa sehr präsent ist. Ende des 11. Jahrhunderts stellen Sklaven und Leibeigene in England und Frankreich noch einen großen Bevölkerungsanteil.[2] Um 1350 scheint die Sklaverei dort hingegen nur noch ein Überbleibsel zu sein, und selbst die Leibeigenschaft ist wohl nahezu verschwunden, zumindest in ihren härtesten Ausprägungen.[3] Eine breitere Anerkennung der Rechtsfähigkeit der Ackerbauern, ihrer bürgerlichen und persönlichen Rechte sowie ihrer Eigentums- und Mobilitätsrechte entsteht zwischen 1000 und 1350 allmählich mit den immer präsenter werdenden Diskursen zu den Vorzügen der drei Stände.

Laut Arnoux scheint der Aufstieg der freien Arbeit also bereits vor der Pest in den Jahren 1347–1352 und der demografischen Stagnation 1350–1450 begonnen zu haben. Dieser Zeitpunkt hat insofern seine Wichtigkeit, als die relative Knappheit von Arbeitskräften nach der Pest oft als Erklärung für das Ende der Leibeigenschaft in Westeuropa herhält (und manchmal auch für ihre scheinbare Verschärfung im Osten,

---

1 Siehe M. Arnoux, *Le temps des laboureurs*, a. a. O.

2 Beispielsweise beträgt laut dem «Domesday Book», einem Verzeichnis des Grundbesitzes in England, das am Ende der Herrschaft von Wilhelm dem Eroberer eingerichtet wurde und die englischen Grafschaften im Jahr 1086 umfasst, der Anteil der Leibeigenen zwischen 10 und 25 % der Gesamtbevölkerung. Siehe M. Arnoux, a. a. O., S. 67–68 und auch S. Victor, *Les Fils de Canaan. L'esclavage au Moyen Âge*, Vendémiaire 2019.

3 In der Praxis sind die Übergänge zwischen den verschiedenen Formen von Sklaverei, Leibeigenschaft und freier Arbeit fließend, sodass es unmöglich ist, in diesem Punkt ganz genau zu sein. Ich werde später auf diese Definitionsfragen zurückkommen, insbesondere in Kapitel 6 über Sklavenhaltergesellschaften.

was nicht sehr kohärent ist).[1] Dagegen konzentriert sich Arnoux auf die politisch-ideologischen Faktoren, insbesondere auf die Bedeutung des trifunktionalen Schemas. Er hebt die konkreten Institutionen hervor, die zur Bildung von ertragreichen Kooperationen in der Produktion beigetragen haben (Brachen, Kirchenzehnt, Märkte, Mühlen), welche wiederum durch neue Bündnisse zwischen den Klassen der dreigliedrigen Gesellschaft ermöglicht wurden. Die Bündnisse umfassen die Ackerbauern (die eigentlichen, stillen Baumeister dieser arbeitsamen Revolution), die kirchlichen Organisationen (der Zehnte erlaubte die Finanzierung von Kornspeichern für die Gemeinden, ersten Schulen und einer Bedürftigenfürsorge) wie auch die Klasse der Lehnsherren (vor allem für die Entwicklung und Regulierung der Wassermühlen und die Ausweitung des Ackerbaus). Dieser verdienstvolle Prozess ermöglichte demnach zwischen 1000 und 1500 in Westeuropa trotz aller Krisen einen beträchtlichen Anstieg der landwirtschaftlichen Produktion und ein Bevölkerungswachstum; er hinterließ zeitgleich mit dem schrittweisen Ende der Leibeigenschaft eine tiefe Spur in den Landschaften, Wäldern und Rodungen.[2]

---

1 Siehe beispielsweise R. Brenner, «Agrarian Class Structure and Economic Development in Pre-Industrial Europe», *Past and Present*, Nr. 70, 1976; C. Philpin, *The Brenner Debate*, Cambridge: Cambridge University Press 1985. Der polnische Historiker Malowist schlägt 1959 vor, die offenkundige Zunahme der Leibeigenschaft im Osten (insbesondere in den baltischen Ländern) nach der Großen Pest mit den gestiegenen Getreideexporten in den Westen zu erklären. Zur Einsicht in eine Zusammenfassung der Diskussionen siehe M. Cerman, *Villagers and Lords in Eastern Europe 1300–1800*, Basingstoke: Palgrave 2012. Jüngere Arbeiten haben auch Fälle von zunehmender Leibeigenschaft in Westeuropa im 14. Jahrhundert nachgewiesen, zum Beispiel auf den Ländereien der Abtei Saint-Claude (einer großen kirchlichen Lehnsherrschaft im Jura). Siehe V. Carriol, *Les serfs de Saint-Claude. Etude sur la condition servile au Moyen Âge*, Rennes: Presses universitaires de Rennes 2009. Siehe auch G. Noiriel, *Une histoire populaire de la France. De la guerre de Cent Ans à nos jours*, Marseille: Agone 2018, S. 36–37.

2 Nach vorliegenden Schätzungen wächst die westeuropäische Bevölkerung zwischen 1000 und 1500 um mehr als das Doppelte an: Sie steigt von rund 20 Millionen um das Jahr 1000 herum auf fast 50 Millionen um 1500 (die auf dem Gebiet des heutigen Frankreichs lebende Bevölkerung steigt von 6 auf 15 Millionen, in Großbritannien von 2 auf 4,5 Millionen, in Deutschland von 4 auf 12 Millionen und in Italien von 5 auf 11 Millionen). Der Bruch mit den vergangenen Jahrhunderten ist tief, da die westeuropäische Bevölkerung zwischen dem Jahr 1 und 1000 mit rund 20 Millionen Einwohnern eine fast vollständige Stagnation zu erleben scheint. Der größte Teil des Anstiegs im Zeitraum 1000 bis 1500 scheint zwischen 1000 und 1350 stattzufinden: Die Große Pest von 1347 bis 1352 führt zu einem Bevölkerungsrückgang von etwa einem Drittel, und es dauert fast ein Jahrhundert (1350 bis 1450), um diesen Verlust zu bereinigen und von 1450 bis 1500 an wieder eine deutlich ansteigende Kurve aufzunehmen. Siehe Technischer Anhang.

Die trifunktionale Ordnung, der Aufstieg der freien Arbeit und das Schicksal Europas

Bereits andere Mediävisten haben die historische Rolle der trifunktionalen Ideologie bei der Vereinigung der arbeitenden Gruppen unterstrichen. Jacques Le Goff vermutet etwa, dass das trifunktionale Schema Ende des 18. Jahrhunderts Opfer seines eigenen Erfolgs geworden sei und deshalb langsam sein Ende gefunden habe. Die Theorie der drei Stände zwischen dem Jahr 1000 und der Revolution von 1789 habe die Arbeit als Wert gefördert. Sei diese historische Aufgabe erst einmal erfüllt gewesen, habe die dreigliedrige Ideologie verschwinden und ambitionierteren egalitären Ideologien weichen können.[1] Arnoux' Analyse geht darüber hinaus. In der trifunktionalen Ideologie und im europäischen Prozess der Vereinigung der Arbeitenden zu einer Klasse erkennt er einen der wichtigsten Anhaltspunkte dafür, dass die lateinische Christenheit, die um das Jahr 1000 sich aus allen Richtungen (Wikingern, Sarazenen, Ungarn) durch andere politisch-religiöse Gebilde (vor allem das Byzantinische Reich und die muslimisch-arabische Welt) angegriffen sah, in der zweiten Hälfte des 15. Jahrhunderts sich nunmehr angeschickt habe, die Welt zu erobern. Sie habe über eine zahlreiche, junge und dynamische Bevölkerung und eine ziemlich produktive Landwirtschaft verfügt, die den Boden für eine erste Urbanisierung sowie für künftige kriegerische und maritime Expeditionen bereitet habe.[2]

Die dürftige Datenlage verbietet es leider, einen endgültigen Beweis in der Sache zu liefern, und man mag wohl auch auf den Gedanken kommen, dass gewisse Hypothesen auf einer etwas zu idyllischen Sicht der dreigliedrigen Gesellschaften des europäischen Mittelalters und der gegenseitig nutzbringenden Kooperationen beruhen. An anderer Stelle werden wir sehen, dass noch ganz andere Faktoren zur Erklärung der europäischen Besonderheiten beitragen. Die genannten Arbeiten haben jedoch das besondere Verdienst, dass sie die Komplexität der politisch-ideologischen Probleme im Umfeld des trifunktionalen Schemas betonen und die jeweiligen politischen und intellektuellen Positionen im Verlauf dieser langen Geschichte besser abbilden.

1 J. Le Goff, «Les trois fonctions indo-européennes, l'historien et l'Europe féodale», a. a. O., 1979.

2 Siehe M. Arnoux, *Le temps des laboureurs*, a. a. O., S. 9–13.

Man denke zum Beispiel an den Abbé Sieyès, der als Mitglied des Klerus zum Vertreter des Dritten Standes in die Generalstände gewählt wurde und für seine Flugschrift vom Januar 1789 berühmt wurde, die folgendermaßen beginnt: «Was ist der Dritte Stand? Alles. Was ist er bisher in der politischen Ordnung gewesen? Nichts. Was fordert er? Etwas zu sein.» Nachdem er schon auf den ersten Seiten den französischen Adel als «mit den Kasten Indiens und des alten Ägyptens» vergleichbar gebrandmarkt hat (Sieyès hält sich bei diesem Vergleich nicht lange auf, aber er ist ganz offensichtlich nicht als Kompliment gemeint), stellt er seine Hauptforderung: Die drei von Ludwig XVI. einberufenen Stände, welche sich im April 1789 erneut in Versailles versammeln würden, sollten gemeinsam tagen, wobei der Dritte Stand ebenso viele Stimmen erhalten solle wie die beiden anderen Stände zusammen. Die Forderung ist revolutionär, weil vorgesehen war, dass sich die drei Stände getrennt versammelten und abstimmten, wodurch den privilegierten Ständen zwei von drei Stimmen sicher waren. Diese automatische Mehrheit für die Privilegierten hielt Sieyès für inakzeptabel, zumal der Dritte Stand nach seinen eigenen Schätzungen 98–99 % der gesamten Bevölkerung des Königreichs ausmachte. Er würde sich sogar mit 50 % der Stimmen begnügen, zumindest für eine Weile. Letztlich boten die Abgeordneten des Dritten Standes im Juni 1789 in der Hitze der Ereignisse den beiden anderen Ständen an, sich ihnen anzuschließen und eine «Nationalversammlung» zu bilden. Einige Abgeordnete von Klerus und Adel gingen auf das Angebot ein, und diese hauptsächlich aus Abgeordneten des Dritten Standes zusammengesetzte Versammlung war es dann auch, die die Kontrolle über die Revolution ergriff und in der Nacht vom 4. August 1789 die Aufhebung der «Privilegien» der beiden ersten Stände beschloss.

Einige Monate später brachte Sieyès seine tiefe Missbilligung für die konkrete Umsetzung dieser historischen Abstimmung zum Ausdruck, insbesondere in Bezug auf die Verstaatlichung der Güter des Klerus und die Abschaffung des Kirchenzehnten. Der Kirchenzehnt war im französischen Ancien Régime eine Steuer auf landwirtschaftliche Erträge, wobei die Höhe je nach lokalen Gebräuchen variierte, üblicherweise aber zwischen 8 und 10 % des Ernteertrags lag und meist in Naturalien bezahlt wurde. Der Zehnt lastete auf allen Böden, prinzipiell auch auf jenen des Adels (im Gegensatz zur *taille*, einer königlichen Steuer, von der die Adligen befreit waren), und die Erlöse gingen direkt an kirchliche Organisationen, wobei die Regeln zur Aufteilung unter Pfarrgemeinden, Bistümern und Klöstern komplex waren. Der Zehnt stammte aus sehr alten Zeiten, er ersetzte seit dem Frühmittelalter nach und nach die freiwilligen Zuwendungen der Gläubigen an die Kirche und stützte sich auf die königliche und adlige Macht der Karolinger, die ihm im 8. Jahrhundert Gesetzesrang verliehen und ihn zu einer Pflichtzahlung gemacht hatten. Diese Stütze wird alle folgenden Dynastien hindurch beibehalten, wodurch das Bündnis von Kirche und Krone sowie das von Klerus und Adel zementiert werden.[1] Er war neben den Erträgen aus den Kirchengütern die Haupteinnahmequelle der kirchlichen Einrichtungen, um den Klerus zu entlohnen und ihre Aktivitäten zu finanzieren. Diese zentrale politisch-steuerliche Institution verwandelte die Kirche zu einem Quasi-Staat mit beträchtlichen Mitteln zur Regulierung der Gesellschaft und zur Wahrnehmung von Führungsfunktionen in den Bereichen des Geistlichen, Sozialen, der Bildung und der Moral.

Laut Sieyès (und Arnoux neigt dazu, ihm zuzustimmen) hinderte die Abschaffung des Kirchenzehnten die Kirche nicht nur daran, diese Rolle zu spielen, sondern überführte auch Dutzende Milliarden Livres Tournois an reiche (bürgerliche oder adlige) Privatgrundbesitzer, zum Nachteil der ärmsten Bauern, die oft die Ersten waren, die von gemeinsamen Kornspeichern, medizinischen Einrichtungen, Schulen und anderen sozialen Hilfsleistungen und kirchenfinanziertem, öffentlichem Eigentum profitierten.[2] Die Ergebnisse der katholischen Einrichtungen im Frankreich des 18. Jahrhunderts im Bereich Bildung und Soziales nahmen sich verglichen mit späteren staatlichen und kommunalen Strukturen bescheiden aus. Der Ertrag des Zehnten finanzierte auch den Lebensstil von Bischöfen, Pfarrern und Mönchen, deren erste Sorge vielleicht nicht immer das Wohl der Ärmsten war, und der Zehnte belastete oft die Ärmsten, nicht nur die begüterten Eigentümer. Er funktionierte im Übrigen so, dass die Reicheren nicht überproportional beitragen sollten; er war eine Proportional-, keine Progressivsteuer, und

1 Das Konzil von Mâcon erklärte 585 diejenigen als «Diebe und Schächer des Guten Gottes», die sich weigerten, freiwillig einen Teil der Früchte der Erde an die Kirche zu übereignen. Diese freiwillige Zahlung war seit den Anfängen der kirchlichen Institution angeraten, wurde aber nicht immer geleistet. Erst in den Jahren 765 und 779 sanktionierte der Monarch die Entscheidungen der Räte und verlieh dem Kirchenzehnt Rechtsgültigkeit. Für eine einschlägige Geschichte des Zehnten siehe H. Marion, *La dîme ecclésiastique en France au 18e siècle et sa suppression*, Bordeaux: Imprimerie de l'Université et des Facultés 1912.

2 Siehe M. Arnoux, *Le temps des laboureurs*, a. a. O., S. 227–247.

Klerusangehörige wollten daran auch nie etwas ändern.[1] An dieser Stelle soll aber diese Auseinandersetzung nicht entschieden oder die Kontroverse zwischen dem Abbé Sieyès, der mit dem Klerus lieber schonend umgegangen wäre und dafür den Adel stärker in die Pflicht genommen hätte, und dem kirchenfeindlichen Marquis de Mirabeau nachgespielt werden, der sich mit seinen Reden gegen den Zehnten und für die Verstaatlichung von Kirchengütern einen Namen machte und sich deutlich weniger angriffslustig zeigte, wenn es um die Enteignung des Adels ging.

Es soll hier nur die Komplexität der Austauschbeziehungen und der Herrschaftsverhältnisse illustriert werden, die in dreigliedrigen Gesellschaften zwischen den sozialen Gruppen entstehen, was widersprüchlichen und doch plausiblen Diskursen Ansatzpunkte bietet. Laut Sieyès wäre es offensichtlich möglich und wünschenswert gewesen, den am wenigsten zu rechtfertigenden Privilegien der beiden herrschenden Stände ein Ende zu bereiten, gleichzeitig aber die bedeutsame soziale Rolle der katholischen Kirche (inklusive der Steuerquellen und angemessenen Besitzes) zu bewahren, vor allem im Bereich der Bildung. Die Auseinandersetzungen über die Rolle der Religionen, die Vielfalt der Bildungsmodelle und ihre Finanzierung spielt noch in vielen modernen Gesellschaften eine Rolle. Dies ist sowohl in Gesellschaften der Fall, die wie Frankreich eine anscheinend republikanische, laizistische Ordnung haben, als auch in jenen, die das monarchische Prinzip beziehungsweise eine Art staatliche Anerkennung von Religionen aufrechterhalten, etwa in Großbritannien oder Deutschland. Darauf werden wir zu gegebener Zeit zurückkommen. An dieser Stelle halten wir lediglich fest, dass diese Auseinandersetzungen einen frühen Anfang haben und auf die trifunktionale Struktur sozialer Ungleichheit zurückgehen.

1 Die «Religionskriege» im 16. und 17. Jahrhundert hatten eine bedeutsame sozial- und finanzpolitische Dimension, die mit der Weigerung verbunden war, den Zehnten an die katholischen Einrichtungen zu entrichten. Der Monarch nutzte die Gelegenheit, angesichts der allgemeinen Kriegsmüdigkeit seine Macht zu festigen. Siehe G. Noiriel, *Une histoire populaire de la France*, a. a. O., S. 62–99.

Die Größe von Klerus und Adel in Frankreich und deren Einnahmequellen

Allgemein weiß man leider wenig über die langfristige Entwicklung der Größe und Einnahmequellen von Klerus, Adel und anderen sozialen Gruppen in dreigliedrigen Gesellschaften. Dafür gibt es gewichtige Gründe. Dreigliedrige Gesellschaften beruhen von Anfang an auf einer Logik der Verflechtung von politischen und wirtschaftlichen Mächten und Legitimationen auf lokaler Ebene, was dem modernen Zentralstaat, der Informationen sammelt und nach Vereinheitlichung strebt, ganz und gar widerspricht. Dreigliedrige Gesellschaften definieren die sozialen, politischen und wirtschaftlichen Kategorien nicht klar und homogen über große Gebiete hinweg. Sie führen keine behördlichen Erhebungen oder systematischen Volkszählungen durch. Wenn sie solche Maßnahmen ergreifen und sich die Kategorien der einzelnen Gruppen immer schärfer voneinander trennen lassen, bedeutet das üblicherweise, dass die Bildung des Zentralstaats schon weit fortgeschritten ist und die dreigliedrigen Gesellschaften ihrem Ende entgegengehen oder ihnen ein grundlegender Wandel zumindest kurz bevorsteht. Die traditionellen dreigliedrigen Gesellschaften führen ein Schattendasein; sobald sie vom Licht getroffen werden, sind sie schon nicht mehr ganz sie selbst.

Das Beispiel der französischen Monarchie ist in dieser Hinsicht besonders interessant, weil die drei Stände relativ lange schon offiziell auf zentraler Ebene politisch bestanden. Die «Generalstände» des Königreichs, in denen sich Abgeordnete von Klerus, Adel und Drittem Stand versammelten, wurden seit 1302 mehr oder weniger regelmäßig einberufen, um über besonders einschneidende, das ganze Land betreffende Fragen zu Steuer, Recht oder Religion zu befinden. Die Institution verkörpert die trifunktionale Ideologie symbolisch oder steht vielmehr für den provisorischen und letztlich unfruchtbaren Versuch, dem entstehenden monarchischen Zentralstaat eine formelle trifunktionale Grundlage zu verleihen; die dreigliedrige Gesellschaft hatte bereits vorher jahrhundertelang auf lokaler Ebene existiert, ohne dass die Generalstände die geringste Rolle gespielt hätten. Es handelte sich praktisch um eine schwache, nur wenig formalisierte Institution, die sich sehr unregelmäßig versammelte. Die Einberufung der Generalstände erschien im Jahr 1789 tatsächlich als das letzte Mittel, um das Steuersystem neu aufzurollen und die moralische sowie finanzielle Krise anzugehen, welche dem Ancien Régime schließlich zum Verhängnis wurde. Zuvor waren die Generalstände das letzte Mal im Jahr 1614 einberufen worden.

Vor allem aber gab es für die Generalstände keine zentralen Wählerlisten und keine einheitliche Prozedur zur Bestimmung der Abgeordneten der verschiedenen Stände. Dies alles wurde den lokalen Sitten und Rechtsprechungen überlassen. In der Praxis nahmen vor allem die städtischen Bourgeois und begütertere Bürgerliche an der Wahl der Abgeordneten für den Dritten Stand teil. Dabei gab es immer wieder Konflikte, die mit den Grenzen zum Adel zu tun hatten, insbesondere zwischen dem alten Schwertadel (den sogenannten *gentilshommes d'épée* der alten Kriegerklasse) und dem neuen Amtsadel (den *robins* – Robenträgern –, den Richtern der *parlements*, «Edelmännern mit Feder und Tinte»), wobei die Ersteren die Letzteren stets in den Dritten Stand verdrängen wollten, oft mit Erfolg, denn nur eine kleine Minderheit höherer *robins* wurde üblicherweise als vollwertig adlig anerkannt.[1]

Bei den Generalständen von 1614 wurden im Dritten Stand außerdem zwei getrennte Wahlen abgehalten, um die Vertreter der Robenträger und die Vertreter des übrigen Dritten Standes (Bürger, Kaufleute etc.) zu bestimmen, sodass man womöglich nicht mehr von drei, sondern von vier Ständen sprechen könnte. Der Jurist Loyseau, der 1610 einen einflussreichen Traktat (*Traité sur les ordres et les seigneuries*) verfasste, stand kurz davor, den Adel mit Feder und Tinte, das wahre

---

1 Die provinziellen *parlements* des Ancien Régime hatten insbesondere die Aufgabe, königliche Verordnungen zu bestätigen und zu verzeichnen und ihre Vereinbarkeit mit der örtlichen Rechtsprechung und den Gepflogenheiten zu gewährleisten. Dies ermöglichte es über rein technische und rechtliche Aspekte hinaus, Bedingungen festzulegen, Änderungen vorzunehmen und so die Befugnisse des *Conseil du roi* (und der großen Feudalherren, die dort zusammenkamen) politisch auszugleichen; wobei der König die Möglichkeit hatte, sich Judikative und Legislative wieder einzuverleiben und dem *parlement* seinen Willen aufzuzwingen, indem er eine außerordentliche Sitzung einberief, ein sogenanntes *lit de justice*, «Bett der Justiz», um diese oder jene Verordnung durchzusetzen. Von dieser theoretischen Möglichkeit konnte jedoch nicht allzu oft Gebrauch gemacht werden, ohne Gefahr zu laufen, das gesamte politische und rechtliche Gleichgewicht zu schwächen. In vielen Provinzen fungierten die *parlements* für die örtlichen, feudalherrschaftlichen Gerichtshöfe auch als Berufungsgerichte, obwohl es sowohl in Gerichts- als auch in Steuerfragen große regionale Unterschiede gab. Als einschlägige Studie siehe R. Mousnier, *Les Institutions de la France sous la monarchie absolue*, Paris: PUF 1974. Zum Rechtssystem des Ancien Régime siehe außerdem J. P. Royer, *Histoire de la justice en France*, Paris: PUF 1995.

administrative und juristische Rückgrat des entstehenden monarchischen Staates, als eigentlichen ersten Stand des Königreichs vorzuschlagen, an der Stelle des Klerus (waren die gallischen Druiden nicht auch die ersten Richter?); er ging aber doch nicht so weit, weil dies eine radikale Neubestimmung der politischen und religiösen Ordnung erforderlich gemacht hätte. Loyseaus Kritik am Schwertadel war nicht weniger heftig, beschuldigte er ihn doch, die Schwäche der Monarchen früherer Jahrhunderte ausgenutzt und die Rechte aus früheren militärischen Diensten, die eigentlich zeitlich und in ihrem Ausmaß begrenzt sein müssten, in dauerhafte, übermäßige und übertragbare Rechte verwandelt zu haben. So erweist sich Loyseau als ein unnachgiebiger Fürsprecher des Zentralstaats, untergräbt die Fundamente der trifunktionalen Ordnung und bereitet gedanklich auf das Jahr 1789 vor. Der Konflikt zwischen Schwertadligen und Amtsadligen wurde ebenso heftig ausgetragen, wobei Letztere beschuldigt wurden, vom Geldmangel der Krone zu profitieren, um sich Land mit hoheitlichen Rechten, öffentlichen Einkünften und manchmal sogar Adelstiteln anzueignen, wobei sie sich auf finanzielle Mittel aus den für unwürdig befundenen Handelstätigkeiten stützten.[1]

Es ist ganz und gar unmöglich, aus Wählerlisten der Generalstände auf die Kopfzahl der verschiedenen Klassen zu schließen; Listen auf zentraler Ebene gab es nicht. Die Ernennung von Abgeordneten der drei Stände fand auf lokaler Ebene statt, wobei es je nach Gebiet endlos viele Unterschiede in der Vorgehensweise gab und überhaupt nur wenig zusammenhängende Spuren und schwammige Kategorien blieben, die je nach Ort und Zeit verschieden sein konnten. Man muss daran erinnern, dass es vor dem 19. Jahrhundert in Frankreich keine richtige Volkszählung gegeben hat. Heute kommen uns Volkszählungen als ein unverzichtbares Instrument zur Erfassung elementarer sozialer und demografischer Gegebenheiten selbstverständlich vor, auch für staat-

1 Die Ämter betrafen oft administrative und hoheitliche Funktionen (Steuereintreiber, Finanzbeamte, Eintragung von Urkunden und Dokumenten, verschiedene Bescheinigungen über die Entwicklung von Märkten und den Warenverkehr etc.), die neu geschaffen oder ehemals vom Adel besetzt worden waren und die von der Monarchie vom 16. und 17. Jahrhundert an schrittweise veräußert wurden, um die niedrigen Steuereinnahmen weitgehend auszugleichen. Zu diesen Konflikten siehe R. Blaufarb, *The Great Demarcation. The French Revolution and the Invention of Modern Property*, Oxford: Oxford University Press 2016, S. 22–23 (auf dieses Buch werde ich im nächsten Kapitel zurückkommen). Siehe auch J. Le Goff, «Les trois fonctions indo-européennes, l'historien et l'Europe féodale», a. a. O.

liche Aufgaben, z. B. zur Bestimmung der Zuwendungen an Kommunen oder zum Zuschnitt von Wahlkreisen. Doch um solche Werkzeuge zu erschaffen, benötigt man Organisationsfähigkeit, geeignete Transportmittel und auch den Wunsch nach Erkenntnis, Messung und Verwaltung, Bedingungen, die nicht selbstverständlich sind und aus spezifischen politisch-ideologischen Prozessen erwachsen.

Im Ancien Régime zählte man manchmal die *feux* (unter einem Dach lebende Familienhaushalte), nie die einzelnen Personen, und auch die *feux* nur in bestimmten Provinzen, jedenfalls ohne einheitliche Angabe zu Ständen, Berufen, Gruppenzugehörigkeiten oder Klassen der jeweiligen Haushalte. Die ersten richtigen Volkszählungen wurden landesweit in Frankreich erst ab 1801 abgehalten, und auch dabei handelte es sich nur um die bloße Zählung der Gesamtbevölkerung. Erst mit der Volkszählung von 1851 kamen individuelle Zettel und erste namentliche Listen auf, die Tabellen nach Alter, Geschlecht und Beruf ergaben. Diese Statistiken und Klassifikationen nach sozialer Herkunft und Beruf wurden anschließend bei modernen Volkszählungen immer weiter modifiziert.[1]

Im Ancien Régime diskutierte alle Welt über die Bevölkerung der verschiedenen Stände, vor allem im 18. Jahrhundert, aber es gab keine offizielle Schätzung, sodass man jeweils seinen Einfallsreichtum unter Beweis stellen musste, um auf der Grundlage von mitunter in einem bestimmten Gebiet verfügbaren Hinweisen zur Zahl der Pfarrämter, der Adligen und der Haushalte zu Schlussfolgerungen für den gesamten Staat zu gelangen. Sieyès beobachtete selbst in seiner berühmten Flugschrift: «Es ist bekannt, in welchem Maße der Dritte Stand hinsichtlich der Bevölkerung den ersten beiden Ständen überlegen ist. Das genaue Verhältnis kenne ich genauso wenig wie alle anderen, aber wie jedermann erlaube ich mir, meine eigene Berechnung anzustellen». Es folgt die Berechnung eines relativ niedrigen Wertes für den Adel, ausgehend von einer sehr groben Schätzung der bretonischen Adelsfamilien, multipliziert mit einer viel zu geringen mittleren Familienstärke, was darauf

1 Seit den 1850er Jahren haben die Volkszählungen die Zahl der Geistlichen erfasst (mit ihrer Berufsbezeichnung, nicht als Mitglieder eines Ordens), wie wir später sehen werden. Zur Geschichte der Volkszählungen in Frankreich siehe A. Desrosières, «Éléments pour l'histoire des nomenclatures socioprofessionnelles», in *Pour une histoire de la statistique*, Paris: INSEE Economica 1987.

schließen lässt, dass er den Adel verglichen mit seinem skandalösen politischen Gewicht als eine relativ kleine Gruppe darstellen wollte.

Im Allgemeinen stimmen die Schätzungen der Adelsfamilien (im Sinne von Geschlechtern) in den Quellen relativ klar überein; komplexer und ungewisser wird es, wenn man zur entsprechenden Gesamtpersonenzahl übergeht. Zunächst einmal ist fraglich, wie groß die Haushalte durchschnittlich sind (was Hypothesen zur Zahl der Kinder, zu überlebenden Ehegatten und zum Zusammenleben mehrerer Generationen impliziert), daran schließt sich die zweite, noch größere Schwierigkeit an, die Zahl der verschiedenen Haushalte und Kernfamilien je Adelsgeschlecht zu bestimmen, die umso ungewisser ist, als man im Voraus nicht immer klar entscheiden kann, ob diese oder jene jüngere Linie im Adel verbleiben wird.

Ab Mitte des 17. Jahrhunderts kann man sich auf die großen Erhebungen zum Adel und Klerus der 1660er Jahre unter Ludwig XIV. und seinem Minister Colbert stützen, vor allem auf Daten zur *capitation*, einer Kopfsteuer, die 1695 eingeführt wurde und im Gegensatz zur *taille* auch den Adel betraf. Marschall Vauban, bekannt für seine Befestigungsanlagen an allen Ecken und Enden des Königreichs, für seine Versuche, den Wert von Grund und Boden zu schätzen, sowie für seine Steuerreformpläne, hatte im Jahr 1710 einen Aktionsplan für zukünftige Volkszählungen erstellt, der aber nie umgesetzt wurde. Für das 14., 15. und 16. Jahrhundert haben mehrere Forscher auch auf Listen für Bann und Heerbann zurückgegriffen, die auf lokaler Ebene erstellt wurden, um herauszufinden, wie viele Adlige nötigenfalls zu den Waffen gerufen werden konnten. Diese Daten sind allesamt in zentralen Punkten nur eingeschränkt nutzbar, erlauben aber Schätzungen zu Entwicklungen und Größenordnungen, insbesondere für die Zeit von Mitte des 17. bis Ende des 18. Jahrhunderts.

Je weiter man in der Zeit zurückgeht, umso eher beruht der Adelsstand hauptsächlich auf Anerkennung unter seinesgleichen auf lokaler Ebene und umso weniger Sinn hat allein die Vorstellung von einer landesweiten Schätzung. Im Mittelalter wird als adlig betrachtet, «wer edel lebt», das heißt mit dem Schwert in der Hand, ohne sich würdelosen (nämlich kaufmännischen) Tätigkeiten hingeben zu müssen, um seinen Status zu erhalten. Aus Prinzip konnte ein Händler, der ein Lehensgut aufkaufte, erst nach mehreren Generationen als adlig angesehen und aus den *taille*-Registern der Steuerpflichtigen gestrichen werden, wenn sein Sohn und eher noch sein Enkel beweisen konnte, dass er edel lebte, das Schwert gürtete und «keinen Händlerberufen nachging». In der Praxis war es vor allem eine Frage der Anerkennung durch die anderen Adelsfamilien der Nachbarschaft, insbesondere was die Einwilligung alter Adelsgeschlechter vor Ort anging, ihre Kinder mit Aufsteigern zu verheiraten, eine zentrale Frage, auf die wir auch noch im Zusammenhang mit den höheren indischen Kasten zurückkommen werden.

Die rückläufige Zahl von Adel und Klerus gegen Ende des Ancien Régime

Trotz zahlreicher Ungewissheiten ist es hilfreich, die uns zugänglichen Informationen zur Entwicklung der Größe von Adel und Klerus im Frankreich des Ancien Régime genauer anzusehen. Die zu analysierenden Schätzungen wurden nach der Auswertung von Daten zu Kopfsteuer, Bann- und Heerbannlisten sowie zu Ergebnissen der großen Erhebungen von Adel und Klerus in den 1660er Jahren aus verschiedenen Arbeiten zusammengestellt. Diese Schätzungen geben einen Eindruck von den Größenordnungen, erlauben aber auch Vergleiche hinsichtlich Ort und Zeit.

Zwei Tatsachen scheinen solide erwiesen zu sein. Zum einen waren Klerus und Adel zahlenmäßig in Frankreich in den letzten Jahrhunderten der Monarchie relativ schwach. Nach den besten vorliegenden Schätzungen stellten die beiden privilegierten Stände vom ausgehenden 14. Jahrhundert bis zum ausgehenden 17. Jahrhundert zwischen 3 und 4 % der Gesamtbevölkerung. Davon entfielen etwa 1,5 % auf den Klerus und 2 % auf den Adel.[1]

Zum anderen kann man ab dem letzten Drittel des 17. Jahrhunderts, unter der Herrschaft Ludwigs XIV., und das ganze 18. Jahrhundert unter Ludwig XV. und Ludwig XVI. einen starken Rückgang konstatieren. Insgesamt scheint sich der Anteil der beiden ersten Stände an der

1 Möglicherweise fielen diese Werte in früheren Zeiträumen, insbesondere in der Karolingerzeit (8. bis 10. Jahrhundert) und in der Zeit der Kreuzzüge (11. bis 13. Jahrhundert) bezogen auf den Adel höher aus, der vielleicht bis zu 5 oder 10 % der Bevölkerung ausmachte (ein Anhaltspunkt, der sich aus der Warte anderer europäischer Länder ergibt; siehe Kapitel 5, S. 211 f.). Mit Quellen kann dies jedoch nicht genau qualifiziert werden.

Anteil der Klassen in der trifunktionalen Gesellschaft Frankreichs (1380–1780) (in % der Gesamtbevölkerung)

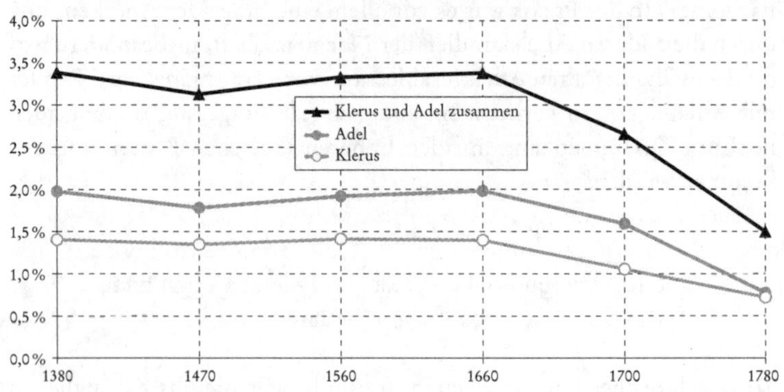

Grafik 2.1.: Im Jahr 1780 machten Adel und Klerus jeweils ungefähr 0,8 % und 0,7 % der Gesamtbevölkerung Frankreichs aus, das sind 1,5 %, die auf die ersten beiden Stände entfallen (und 98,5 % auf den dritten Stand); 1660 machten Adel und Klerus ungefähr 2,0 % und 1,4 % der Gesamtbevölkerung aus, das sind 3,4 % für die ersten beiden Stände zusammen (und 96,6 % für den Dritten Stand). Innerhalb des Zeitraums 1380 bis 1660 bleiben diese Verhältnisse relativ stabil, von 1660 bis 1780 lässt sich ein Rückgang feststellen.
Quellen und Reihen: Siehe piketty.pse.ens.fr/ideologie.

Gesamtbevölkerung von 1660 bis 1780 halbiert zu haben. Kurz vor der Französischen Revolution lag er bei 1,5 %: ungefähr 0,7 % Klerus und 0,8 % Adel (siehe Grafik 2.1).

Das müssen wir präzisieren. Zunächst gibt es ziemliche Größenunterschiede, wobei die Tendenzen relativ klar zu sein scheinen. Es ist völlig unmöglich, mit Gewissheit zu sagen, dass die Adligen kurz vor der Revolution genau 0,8 % der französischen Bevölkerung ausmachten. Wenn man die Quellen und die angewandten Methoden im Detail prüft, kann man zu deutlich niedrigeren oder höheren Schätzungen gelangen.[1] Allerdings stellt man für ein und dieselbe Quelle und Schätzungsmethode für das letzte Jahrhundert des Ancien Régime durchgängig einen sehr deutlichen Rückgang der beiden ersten Stände fest, insbeson-

1 In diesem Fall habe ich eine eher mittlere Schätzung für die Adelsgröße in den 1780er Jahren festgehalten: etwa 0,8 % der Gesamtbevölkerung, während sich die niedrigsten Schätzungen um die 0,4 % bewegen und die höchsten um die 1,2 %.

dere des Adels.[1] Umgekehrt scheint sich im Verlauf der früheren Jahrhunderte keine deutliche Tendenz abzuzeichnen.[2]

Wie soll man diese relativ geringe Größe der beiden ersten Stände in der französischen Monarchie deuten, und worauf lässt sich der Rückgang im letzten vorrevolutionären Jahrhundert zurückführen? Um den größeren Zusammenhang dieser Entwicklungen zu verdeutlichen, sollte man sich vergegenwärtigen, dass die Bevölkerung des Königreichs Frankreich in dieser Zeit beträchtlich zugenommen hat und nach vorliegenden Schätzungen von kaum mehr als 11 Millionen Einwohnern um 1380 auf fast 22 Millionen um 1700 und rund 28 Millionen in den 1780er Jahren gestiegen ist. Um einen Vergleich zu ermöglichen: England zählte um 1780 weniger als 8 Millionen Einwohner, das Vereinigte Königreich von Großbritannien und Irland ungefähr 13 Millionen und die soeben unabhängig gewordenen Vereinigten Staaten von Amerika 3 Millionen (inklusive Sklaven). Auch hier dürfen die genau scheinenden Angaben nicht täuschen, aber die Größenordnungen sind relativ eindeutig. Im 17. und 18. Jahrhundert ist das Königreich Frankreich das bei weitem bevölkerungsreichste Land des Westens, was gewiss zur internationalen Rolle der französischen Sprache in der Aufklärung und zu den Auswirkungen der Französischen Revolution auf die Nachbarländer und die europäische Geschichte beiträgt. Wenn die mächtigste Monarchie zusammenbricht, deutet sich dann nicht bereits der Untergang der Alten Welt und der trifunktionalen Ordnung insgesamt an? Außerdem steht die demografische Dynamik in Frankreich sicherlich auch mit dem Ausbruch der Revolution selbst in Zusammenhang. Alles deutet darauf hin, dass der starke Bevölkerungsanstieg zum Stillstand der landwirtschaftlichen Löhne und zum Hochschnellen der Grundrente in den Jahrzehnten vor 1789 beigetragen hat. Auch wenn die

---

1 Die hier dargestellten Tendenzen wurden insbesondere anhand der Arbeiten von M. Nassiet und P. Contamine abgeschätzt, die sich ihrerseits auf Daten aus der Erhebung der *capitation* (Ende des 17. und im 18. Jahrhundert) und Bann- sowie Heerbannlisten (aus dem 14., 15. und 16. Jahrhundert) stützen. Detaillierte Angaben zu Bibliographie und Methode sind im Technischen Anhang aufgeführt.

2 Die in Grafik 2.1 dargestellte, fast völlige Stabilität der Anteile von Adligen und Klerikern an der französischen Bevölkerung zwischen dem 14. und 17. Jahrhundert sollte nicht irreführen: Sie zeugt davon, dass den verfügbaren Quellen für diese lange Zeitspanne keine nachhaltige Entwicklung (nach oben oder unten) entnommen werden kann; es ist jedoch durchaus möglich, dass genauere Quellen es ermöglichen würden, in diesen drei Jahrhunderten signifikante Variationen festzustellen.

wachsenden Ungleichheiten nicht die einzige Ursache für die Französische Revolution sein mögen, so kann man doch davon ausgehen, dass sie die Unbeliebtheit des Adels und der bestehenden politischen Ordnung nur vergrößern konnten.[1]

Der starke Bevölkerungsanstieg impliziert auch, dass der gleichbleibende Anteil von Klerus und Adel vom 14. bis zum 17. Jahrhundert einen starken Anstieg der absoluten Zahlen von Geistlichen und Adligen verbirgt, die in den 1660er Jahren ihren Höhepunkt erreichten. Danach gehen die absoluten Zahlen der beiden ersten Stände leicht zurück, deutlicher dann zwischen 1700 und 1780, insbesondere was den Adel betrifft, dessen Zahl sich im 18. Jahrhundert um mehr als 30 % zu vermindern scheint. Im Kontext eines starken demografischen Wachstums sinkt der Anteil des Adels in weniger als einem Jahrhundert um mehr als die Hälfte (siehe Tabelle 2.1).

Tabelle 2.1

Klerus und Adel in Frankreich, 1380–1780 (in % der Gesamtbevölkerung)

	1380	1470	1560	1660	1700	1780
Klerus	1,4%	1,3%	1,4%	1,4%	1,1%	0,7%
Adel	2,0%	1,8%	1,9%	2,0%	1,6%	0,8%
Klerus + Adel zusammen	3,4%	3,1%	3,3%	3,4%	2,7%	1,5%
Dritter Stand	96,6%	96,9%	96,7%	96,6%	97,3%	98,5%
Gesamtbevölkerung (in Millionen)	11	14	17	19	22	28
davon Klerus (in Tausend)	160	190	240	260	230	200
davon Adel (in Tausend)	220	250	320	360	340	210

Tabelle 2.1.: Im Jahr 1780 machten Klerus und Adel jeweils ungefähr 0,7% und 0,8% der Gesamtbevölkerung aus, das sind um die 1,5%, die auf die beiden ersten Stände entfallen (ungefähr 410 000 Personen von 28 Millionen).

Quellen und Reihen: Siehe piketty.pse.ens.fr/ideologie.

Es kann hilfreich sein, den prozentualen Anteil des Adels an der erwachsenen männlichen Bevölkerung wiederzugeben. In der katholischen Kirche können Priester keine Familie haben, was die Größe des Klerus automatisch verringert, insbesondere im Vergleich zu Ländern und Religionen, wo Priester Familien haben, die genauso groß sind wie die in anderen Klassen (manchmal sogar etwas größer), z. B. im Protes-

1 Was diesen Rückgang der landwirtschaftlichen Löhne (im Verhältnis zu Preisen und Grundrente) anbelangt, siehe die einschlägige Studie von E. Labrousse, *Skizze der Entwicklung von Preisen und Einkommen in Frankreich im 18. Jahrhundert*, Paris: Dalloz 1933.

tantismus, in der orthodoxen Kirche, beim schiitischen Klerus im Iran oder den Brahmanen in Indien, die wir in späteren Kapiteln untersuchen werden. Um Vergleiche zwischen diesen verschiedenen Zivilisationen anzustellen, ist es also vielleicht gerechtfertigt, die Anteile der unterschiedlichen Gruppen in der erwachsenen männlichen Bevölkerung zu messen, wenngleich sich freilich beide Blickwinkel begründen lassen und einander ergänzende Perspektiven auf die verschiedenen sozialen Strukturen erlauben.

Bezogen auf das vorliegende Beispiel wurde infolge der Erhebungen der 1660er Jahre in Frankreich geschlussfolgert, dass der Klerus ungefähr 260 000 Angehörige zählte, von denen 100 000 auf den Weltklerus entfielen (Bischöfe, Pfarrer, Kanoniker, Diakone und Vikare: also nur Männer) und 160 000 auf den Ordensklerus (Mitglieder religiöser Orden nach mönchischen Regeln). Nach dieser Erhebung teilten sich die Letzteren in zwei etwa gleich große Hälften auf, ungefähr 80 000 Mönche und 80 000 Nonnen. Männer stellten also etwa 70 % des gesamten Klerus (180 000 von 260 000). Wenn man dieser Schätzung folgt, umfasste der männliche Klerus im 17. Jahrhundert ungefähr 3,3 % der erwachsenen männlichen Bevölkerung, also jeden dreißigsten erwachsenen Mann, was beträchtlich ist. Im 18. Jahrhundert hat sich dieser Anteil auf etwas unter 2 % verringert, was immer noch fast jedem fünfzigsten erwachsenen Mann entspricht (siehe Tabelle 2.2). Im Vergleich dazu gehörte Ende des 20. und Anfang des 21. Jahrhunderts in Frankreich nicht einmal jeder tausendste Mann dem Klerus an (für alle Religionen zusammen). In drei Jahrhunderten ist die religiöse Klasse nahezu verschwunden.[1] Die intellektuelle Klasse gibt es freilich in Frankreich und in allen anderen westlichen Gesellschaften noch (der Anteil der Wähler mit Promotion erreicht bisweilen fast 2 %, also ein Fünfzigstel, verglichen mit weniger als einem Tausendstel vor hundert Jahren), sie spielt sogar eine wichtige Rolle bei der Strukturierung des politischen Kon-

1 Einschließlich aller Mitglieder des katholischen Klerus (Ordens- und Weltklerus) sowie aller Personen, die als religiöse Funktionsträger (für alle Religionen zusammen) aufzuführen sind, kam man in den französischen Volkszählungen 1990, 1999 und 2014 jeweils auf weniger als 20 000 Menschen (das sind bei einer Gesamtbevölkerung von 65 Millionen im Jahr 2014 knapp 0,03 %), gegenüber dem Jahr 1660, als man 260 000 Personen allein für den katholischen Klerus zählte (das sind bei einer Gesamtbevölkerung von 19 Millionen fast 1,5 %). Die geistliche Klasse umfasst daher zu Beginn des 21. Jahrhunderts weniger als ein Fünfzigstel des Anteils, den sie noch Ende des 17. Jahrhunderts besaß.

flikts und des Stimmenwettbewerbs, des Ungleichheitsregimes insgesamt, aber mit ganz anderen Mitteln als in trifunktionalen Epochen.[1]

Tabelle 2.2
Klerus und Adel in Frankreich, 1380–1780
(Anteil an der erwachsenen männlichen Bevölkerung in %)

	1380	1470	1560	1660	1700	1780
Klerus	3,3%	3,2%	3,3%	3,3%	2,5%	1,7%
Adel	1,8%	1,6%	1,8%	1,8%	1,5%	0,7%
Klerus + Adel zusammen	5,1%	4,8%	5,1%	5,1%	4,0%	2,4%
Dritter Stand	94,9%	95,2%	94,9%	94,9%	96,0%	97,6%
Erwachsene männliche Bevölkerung (in Millionen)	3,4	4,2	5,1	5,6	6,5	8,3
davon Klerus (in Tausend)	110	130	160	180	160	140
davon Adel (in Tausend)	60	60	90	100	90	60

Tabelle 2.2.: Im Jahr 1780 machten Klerus und Adel jeweils ungefähr 1,7% und 0,7% der erwachsenen männlichen Bevölkerung aus, das sind um die 2,4% der erwachsenen männlichen Bevölkerung (ungefähr 200 000 Personen von 8,3 Millionen).

Quellen und Reihen: Siehe piketty.pse.ens.fr/ideologie.

Klerus und Adel machten vom 14. bis zum 17. Jahrhundert zusammengenommen um die 5 % der erwachsenen männlichen Bevölkerung aus (gegenüber 3,5 % im Verhältnis zur Gesamtbevölkerung), und dieser Anteil ist kurz vor der Revolution auf etwas mehr als 2 % gefallen (gegenüber 1,5 % im Verhältnis zur Gesamtbevölkerung). (siehe Tabellen 2.1–2.2)[2]

Wie lässt sich die rückläufige Entwicklung des Adels erklären?

Kehren wir zur Frage des zahlenmäßigen Rückgangs zurück. Wie lässt sich erklären, dass es im letzten Jahrhundert des Ancien Régime immer weniger Angehörige des Klerus und insbesondere des Adels gab? Wir

1 Zur Entwicklung des Bildungsniveaus in den verschiedenen Ländern und zur Rolle des Bildungsgefälles bei der Strukturierung moderner politischer Wahlkonflikte siehe Teil 3 und 4 dieses Buches.

2 Beide Methoden liefern für den Adel fast das gleiche Ergebnis, da die durchschnittliche Größe der Adelsfamilien nahe an der bürgerlicher Familien liegt (in grober Annäherung). Für Geistliche fällt der Anteil etwas mehr als doppelt so hoch aus, wenn man ihn als Prozentsatz der erwachsenen männlichen Bevölkerung (nicht der Gesamtbevölkerung) ausweist. Siehe Tabellen 2.1–2.2 und Technischer Anhang, Grafik S2.1.

sagen gleich vorweg, dass die verfügbaren Quellen auf keine genaue und überzeugende Antwort schließen lassen. An Erklärungsansätzen fehlt es hingegen nicht. Man kann zunächst allgemein die Folge eines langfristigen Prozesses im Zusammenhang mit der Bildung des Zentralstaats und dem schrittweisen Legitimationsverlust der geistlichen und adligen Funktionen sehen. Die jeder Epoche eigenen politisch-ideologischen Faktoren trugen zu dieser Entwicklung bei, die wir in groben Zügen ebenso in anderen europäischen Ländern wiederfinden werden, vor allem in Großbritannien und Schweden, wobei es dort interessante Abweichungen in Chronologie und Modalität gibt. In Frankreich ist der starke Rückgang ab Mitte des 17. Jahrhunderts zumindest teilweise die Folge der entschiedenen Politik einer sich festigenden absoluten Monarchie. Das Ziel der großen quantitativen Untersuchungen zu Adel und Klerus in den 1660er Jahren unter Ludwig XIV. und Colbert bestand gerade darin, dass der sich herausbildende Zentralstaat das Ausmaß der privilegierten Stände einschätzen und gewissermaßen Kontrolle über sie erlangen konnte. Sobald man beziffern und bestimmen kann, wer wer ist, oder man wenigstens Fortschritte in diese Richtung macht, ist man auch in der Lage, die Gestalt dieser Gruppen zu beeinflussen, Zugehörigkeiten und Rechte zu verhandeln. Tatsächlich verschärft die Krone gleichzeitig die Zugehörigkeitsregeln des Adels, indem sie z. B. in der königlichen Kundgebung von 1664 «authentische Beweise» einfordert, wenn sich ein Adelstitel auf die Zeit vor 1560 beruft, Beweise, deren zulässige Gestalt und Form sie nicht ganz mühelos festlegt.[1]

Ende des 17., Anfang des 18. Jahrhunderts steigerte die französische Monarchie ihre Anstrengungen, die Größe des Adels zu beschränken. Die Beweggründe dafür waren sowohl politisch (der sich herausbildende Zentralstaat wollte beweisen, dass er keinen überdimensionierten, müßiggängerischen Adel benötigte) als auch fiskalisch, weil eine Reduzierung der Adelsangehörigen auch weniger Steuerbefreiungen nach sich zog. Mit der 1695 eingeführten Kopfsteuer, der *capitation*, konnte nun zwar auch der Adel zur Kasse gebeten werden, zumindest zum Teil, er blieb aber bis 1789 von vielen königlichen Steuern ausgenommen, insbesondere von der *taille*. Nur eine Beschränkung der Anerkennung des Adels konnte also entsprechende Einnahmen erhöhen. Die Bemühungen sollten jedoch nie zum Abschluss gelangen,

1 Siehe v. a. R. Mousnier, *Les institutions de la France sous la monarchie absolue*, a. a. O.; sowie ders., *Les hiérarchies sociales de 1450 à nos jours*, Paris: PUF 1969, S. 61–69.

weil die Monarchie die lokalen juristischen und administrativen Institutionen und Prozesse zur Durchsetzung der Steuerbefreiungen längst nicht vollumfänglich kontrollierte, und sie auch nicht das Risiko eingehen konnte oder wollte, sich ganz vom Kern des Adels zu trennen, sodass die Angelegenheit erst nach der Revolution richtig zu Ende geführt wurde. Es steht aber fest, dass der Prozess schon lange vorher eingeleitet wurde, und zwar nicht ohne Reibungen.

Gleichzeitig trug die Monarchie in kleinen Schritten auch zur Annäherung der Eliten des alten Kriegeradels und der neuen Händler- und Finanzeliten bei, einerseits indem sie jenen, die über die finanziellen Mittel verfügten, Ämter verkaufte (manchmal in Verbindung mit Adelstiteln), andererseits indem sie es den Adligen erlaubte, weiteren Aktivitäten nachzugehen, ohne ihren Titel zu verlieren, z. B. mit dem Dekret von 1627, das den Seehandel für Edelleute als nicht mehr entehrend einstufte, was 1767 auf Banken und Manufakturen erweitert wurde.[1] Diese schrittweise Vereinigung der Eliten und ihre Ökonomisierung, die gewissermaßen in das Zensuswahlrecht des 19. Jahrhunderts mündete (die Größe des Eigentums und die Höhe der entrichteten Steuern wurden zur neuen Grundlage der politischen Macht), scheinen bereits im 17. und 18. Jahrhundert begonnen zu haben, als der traditionelle Adel langsam Angehörige verlor.

Doch scheint sich der Rückgang des Adels nicht ausschließlich auf das entschiedene Handeln des Zentralstaats und seiner Machthaber zurückführen zu lassen. Angesichts des starken Absinkens der Kopfzahlen zwischen 1660 und 1780 haben wahrscheinlich noch andere Faktoren eine bedeutende, wenn nicht überragende Rolle gespielt, angefangen bei den Strategien der Adligen selbst. Zahlreiche Arbeiten haben gezeigt, dass sich der Adel im 18. Jahrhundert immer «malthusianischer» verhielt, also weniger Kinder pro Paar zur Welt brachte und die jüngeren Söhne und Töchter seltener verheiratete. Gleichzeitig beobachtet man in Frankreich und in anderen europäischen Ländern eine Tendenz zur Bevorzugung der Erstgeburt, was heißt: Immer mehr Eigentum wurde ausschließlich dem erstgeborenen Sohn vermacht, wie es beim englischen Adel seit je üblich war, wohingegen die französische (und sonstige europäische) Praxis des Erbrechts immer landschaftlich unterschied-

1 Siehe J. Lukowski, *The European Nobility in the 18th century*, Basingstoke: Palgrave 2003, S. 84–90.

lich und anpassungsfähig gewesen war.[1] Die steigende Ehelosigkeit jüngerer Kinder und die Konzentration auf die Weitergabe des Besitzes an die Erstgeborenen scheint von einer immer stärkeren Inanspruchnahme von Funktionen in der höheren Geistlichkeit begleitet zu werden. Mehr als 95 % der Bischöfe entstammten im 18. Jahrhundert dem Adel, während der Anteil zu Beginn des 17. Jahrhunderts bei 63 % und zur Jahrhundertwende bei 78 % lag.[2]

Man könnte geneigt sein, diese Entwicklungen als eine (bewusste oder unbewusste) offensive Entscheidung zu analysieren, als eine Machtbehauptung der Adelsfamilien und ihrer Oberhäupter auf englische Art. Seit der Zentralstaat im großen Maßstab den Respekt der Eigentumsrechte gewährleistet, sodass man nicht viele Söhne haben muss, die zu den Waffen greifen können, um Lehen und Positionen zu verteidigen, kann man die Macht einer immer kleineren Elite vorbehalten und wiederholte Aufteilungen und Zerstückelungen vermeiden, denn eine überdimensionierte Elite ist keine Elite. Doch diese malthusianischen Familienstrategien können auch als die defensive Konsequenz aus einer Abstiegsangst gelesen werden. Im Kontext eines starken demografischen Wachstums, einer ökonomischen Expansion und der Diversifizierung der Eliten (zu den Adligen und Geistlichen sind die Robenträger, Händler, Finanziere und alle möglichen Bourgeois hinzugekommen) kann die größenmäßige Beschränkung des Nachwuchses und die Konzentration der Erbschaften als die einzige Möglichkeit des Adels erscheinen, gegenüber den neuen Gruppen seinen Rang zu wahren.

Die verfügbaren Quellen sind nicht aussagekräftig genug, um die Rolle der verschiedenen Faktoren, Wahrnehmungen und Motivationen genau in Erfahrung zu bringen. Es ist aber auffällig, dass protokollarische Streitigkeiten und Konflikte um Stellung und Rang gegen Ende des Ancien Régime noch lange nicht verschwinden, sondern sich eher zu verschärfen scheinen.[3] In einem sich wandelnden hierarchischen Ungleichheitsregime, das durch zunehmende Zentralisierung und die Bildung des modernen Staates sowie vielfach infrage gestellte individuelle Positionen geprägt ist, sollte man sich keine Übereinkunft der diversen Eliten ausmalen, die durch die milde Führung des universellen mone-

1 Ebenda, S. 118–120.

2 Siehe Technischer Anhang.

3 Siehe in Hinblick auf diese Fragen das erhellende Buch von F. Cosandey, *Le rang. Préséances et hiérarchies dans la France d'Ancien Régime*, Paris: Gallimard 2016.

tären Äquivalents, die ökonomische Rationalität und die Maximierung der Eigentumskonzentration bestimmt wäre. Als der König 1660 in Paris einzog, gingen die klassischen Streitigkeiten zwischen Schwertadel und Robenadel bereits mit zahlreichen Konflikten innerhalb der Großkanzlei einher, die gleichzeitig die Rolle des Justizministeriums und der Zentralverwaltung der Monarchie spielte. Die *gardes de rôle*, Hüter der Schriftrollen, die für mehrere Verwaltungsregister und Steuerlisten zuständig waren, verlangten Kleider und Rang, durch welche sie zu den *maîtres des comptes*, den Finanzbeamten, und den *grands audienciers*, den Offizieren der Großkanzlei, aufschließen und sich von den weniger würdigen Amtsdienern absetzen würden.

Man machte sich also nicht nur daran, die Reihenfolge in den Prozessionen zu kodifizieren, sondern auch die Größe von Mänteln und Hüten, die Sitzplätze bei Zeremonien, die Farbe der Schuhe etc. Konflikte über Kleidung, Protokolle, Prozessionen und Ränge gab es auch in den Verhältnissen zwischen verschiedenen Berufen und Zünften. Im 18. Jahrhundert musste man die heikle Frage des Platzes der Prinzessinnen und Prinzen mit königlichem Blut sowie der unehelichen Kinder regeln (welche kürzlich nicht ganz reibungslos auf Druck der Monarchen anerkannt wurden) sowie die Frage ihrer protokollarischen Stellung gegenüber dem Hochadel, vor allem den *pairs*. Wie üblich beklagten sich die Memoirenschreiber regelmäßig über das Verschwinden der alten protokollarischen Ordnung, der des Schlachtfelds, der feudalen Kriegerordnung, die durch das begründende Festmahl im Rolandslied symbolisiert wird, wo zwölf *pairs*, zwölf Gleiche, um den König versammelt waren, niemand die Hierarchie missachtete oder infrage stellte und die Reihenfolge des Zugreifens bei den Speisen feststand. Die Rangstreitigkeiten im höfischen Stand (dem des Hofes und der absoluten Monarchie) erinnern dennoch daran, dass die Ständegesellschaft am Ende des Ancien Régime durchaus noch lebendig war und die für sie charakteristische Komplexität symbolischer Hierarchien sich noch längst nicht im eindimensionalen Maßstab des Geldes und des Eigentums aufgelöst hatte. Erst nach der Revolution wandelten sich die sozialen Hierarchien radikal.

Der Adel: eine besitzende Klasse zwischen Revolution und Restauration

Um die Herrschaft von Klerus und Adel über den Rest der Gesellschaft im Ancien Régime richtig zu verstehen, darf man sich freilich nicht nur mit der Frage der Größenverhältnisse beschäftigen. Man muss auch und vor allem die zugleich symbolischen, wirtschaftlichen und politischen Ressourcen der beiden privilegierten Stände analysieren. Zwar stellten Klerus und Adel nur ein paar Prozente der Gesellschaft des Ancien Régime, und selbst dieser Anteil sank im Jahrhundert vor der Revolution noch. Dadurch darf aber nicht die wesentliche Tatsache vergessen werden, dass die beiden herrschenden Klassen unabhängig vom Umfang der im Gang befindlichen Veränderungen kurz vor der Revolution weiterhin einen beträchtlichen Teil des Reichtums und der ökonomischen und politischen Macht auf sich vereinten.

Die verfügbaren Quellen sind in dieser Hinsicht unvollkommen, die Größenordnungen aber relativ eindeutig, zumindest was den Grundbesitz angeht. Um 1780 stellen Adel und Klerus ungefähr 1,5 % der Gesamtbevölkerung, besitzen aber fast die Hälfte der Ländereien in Frankreich. Laut vorliegenden Schätzungen gehören beiden Ständen zusammen etwa 40–45 %, wobei ungefähr 25–30 % auf den Adel und 15 % auf den Klerus entfallen und sich je nach Provinz starke Abweichungen ergeben (nicht einmal 5 % für den Klerus in bestimmten Regionen und mehr als 20 % in anderen). Der Anteil der beiden privilegierten Stände am Grundeigentum erreicht sogar fast 55–60 %, wenn man den Kirchenzehnt hinzuzählt, der zwar kein Eigentum im engeren Sinne ist, aber ebenso bedeutsame Vorteile einbringt, weil die Kirche durch ihn dauerhaft von einem großen Teil der landwirtschaftlichen Produktion des gesamten Landbesitzes im Königreich profitiert. Der Anteil der privilegierten Stände wäre noch größer, wenn man die Vorteile durch die rechtsprechende und andere herrschaftliche Gewalten sowie durch Hoheitsrechte im Zusammenhang mit der Ausübung der Eigentumsrechte einbezöge, was wir an dieser Stelle nicht getan haben.

Die Revolution stößt dieses Gleichgewicht radikal um, vor allem zu Lasten des Klerus. Das Eigentum der Kirche wurde infolge der Konfiszierung ihrer Güter fast vollständig zunichtegemacht, der Zehnt schlicht abgeschafft. Der Grundbesitz des Adels wurde hingegen etwa halbiert und stieg später teilweise wieder an. Der Einschnitt war also weniger hart. Im Departement Nord ging z. B. der Anteil der Ländereien, die sich im Besitz der beiden Stände befanden, von 42 % im Jahr 1788 (22 % für den Adel, 20 % für den Klerus) auf wenig mehr als 12 % im Jahr 1802 zurück (11 % für den Adel, weniger als 1 % für den Klerus). Die vorliegenden Schätzungen für andere Departements bestätigen diese Größenordnungen.[1]

Insgesamt kann man feststellen, dass der Anteil des Adels am Gesamtbesitz vor der Revolution zwischen einem Viertel und einem Drittel lag und zu Beginn des 19. Jahrhunderts noch zwischen einem Zehntel und einem Fünftel, also immer noch äußerst hoch war. Diese Schätzungen verkennen jedoch das wahre Gewicht des Adels unter den größten Vermögen, das größer war als im Verhältnis zum Gesamtvermögen und am Ende des Ancien Régime eine beachtliche Höhe erreichte, bevor es infolge der Restauration wieder stark anstieg.

Aus Archivdaten zu den Erbschaften gelangt man zu der Einschätzung, dass von den 0,1 % der größten Pariser Erbschaften vor der Revolution ungefähr 50 % aus dem Adel stammten. Der Anteil fiel in den 1800er Jahren auf etwa 25–30 % und stieg bis zu den Jahren 1830–1850, also bis zum Ende der Zensusmonarchien, wieder auf 40–45 % an, um in der zweiten Hälfte des 19. Jahrhunderts allmählich abzusinken. Gegen 1910 betrug er noch etwa 10 % (siehe Grafik 2.2).

Angesichts dieser Entwicklung verdienen einige Punkte nähere Betrachtung. Zunächst zeigen die Ergebnisse, dass eine kleine Gruppe (Adelstitel tragen kaum 1 oder 2 % der Pariser Bevölkerung in der Zeit von 1780 bis 1910) einen beträchtlichen Anteil der höchsten Vermögen und damit der wirtschaftlichen und finanziellen Macht auf sich vereinigen kann. Die Schätzungen beruhen außerdem auf den mehreren hunderttausend digitalisierten Erbschaftsurkunden der Pariser Archive, einer Erfassung, die wir gemeinsam mit Gilles Postel-Vinay und Jean-Laurent Rosenthal durchgeführt haben. Die Quelle ist eingeschränkt aussagekräftig; insbesondere haben wir die Verstorbenen aufgrund ihres Familiennamens auf den Urkunden als Adlige kategorisiert, eine in vielfacher Hinsicht problematische Methode, die naturgemäß nur näherungsweise Resultate liefern kann.[2] Dennoch sind die beobachteten Tendenzen

1 Siehe Technischer Anhang.

2 Es ist schwierig, anders vorzugehen, da sich der Adel nach der Abschaffung der Privilegien von 1789 (ausgenommen die kleinen Gruppen der Pairs von Frankreich zwischen 1815 und

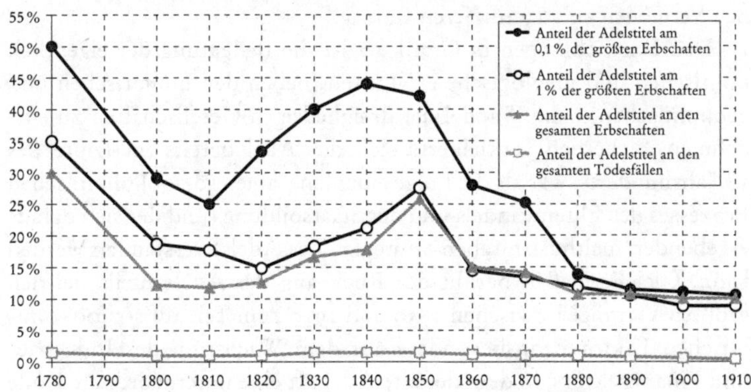

Grafik 2.2.: Der Anteil der Adelstitel am 0,1 % der größten Erbschaften in Paris sinkt zwischen 1780 und 1810 von 50 % auf 25 %, zur Zeit der Zensusmonarchien (1815 bis 1848) steigt er auf rund 40 % bis 45 %, und gegen Ende des 19. und Anfang des 20. Jahrhunderts fällt er dann wieder auf ca. 10 %. Zum Vergleich: Adelstitel entfielen zwischen 1780 und 1910 auf weniger als 2 % aller Sterbefälle.
Quellen und Reihen: Siehe piketty.pse.ens.fr/ideologie.

äußerst deutlich, sowohl was den Wiederaufstieg von 1810 bis 1850 als auch den Abstieg von 1850 bis 1910 angeht. Zu betonen ist auch, dass die Daten aus dem Erfassungssystem der Revolutionszeit stammen, das für die Zeit erstaunlich breit angelegt war und in anderen Ländern seinesgleichen sucht, denn es berücksichtigt alle Besitzungen, unabhängig von ihrer Natur (Ländereien, private und gewerbliche Immobilien, Finanzvermögen etc.), ihren Wert und natürlich den Status ihres Besitzers (adlig oder nicht). Dieses System wird über das ganze lange 19. Jahrhundert hinweg bis heute verwendet, wobei der Steuersatz von der Revolution bis zum Ersten Weltkrieg äußerst niedrig war (kaum 1 bis 2 % bei Vererbungen in direkter Linie, also von Eltern an Kinder). Diese Quelle liefert einen weltweit einzigartigen Beobachtungspunkt zur Analyse der langen Geschichte des Eigentums, und wir kommen darauf zurück, wenn wir die Entwicklung der Vermögenskonzentration in der Eigentümergesellschaft beschreiben, die sich in Frankreich im Laufe des 19. und zu Beginn des 20. Jahrhunderts herausbildet. An dieser Stelle merken wir lediglich

1848 und den Empireadel) in Frankreich auf keine offizielle rechtliche Bestimmung mehr berufen kann und sein rechtlicher Status vor 1789 ohnehin nur sehr unzureichend definiert ist.

an, dass sie auch die Bedeutung und Entwicklung des Adels bei den großen Vermögen zu quantifizieren vermag.[1]

Den Entwicklungen in Grafik 2.2 ist die Bedeutung der eigentlich politischen und ideologischen Faktoren (neben den militärischen und geopolitischen) beim Wandel der dreigliedrigen Gesellschaften zu entnehmen. Sicherlich verkleinerte sich der Adel bereits im Laufe des 18. Jahrhunderts, was als die Folge eines langsamen sozioökonomischen Prozesses des Elitenwandels und der Staatsbildung (und der sich daraus ergebenden malthusianischen Strategien des Adels) verstanden werden kann. Gleichermaßen beruht der Rückgang des Adelsanteils bei den größten Vermögen zwischen 1850 und 1910 zum Teil auf sozioökonomischen Faktoren, insbesondere auf dem Wachstum des Industrie- und Finanzsektors, in dem der alte Adel oft eine untergeordnete Rolle im Vergleich zu den neuen bürgerlichen und kaufmännischen Eliten spielte. Ein rein sozioökonomischer Ansatz könnte den plötzlichen Rückgang des Adelsanteils zwischen 1780 und den 1800er Jahren sowie den starken Zuwachs bis in die 1840er Jahre jedoch nur schwer abbilden. Der Rückgang spiegelt die Auswirkungen der Umverteilungen während der Revolution (die wiederum nicht überschätzt werden dürfen, wie wir im nächsten Kapitel mit der Analyse der neuen, in der Revolution eingeführten Eigentumsordnung sehen werden) und vor allem das zeitweilige Exil eines Teils des Adels. Umgekehrt lässt sich der Wiederanstieg vor allem durch die Rückkehr des Adels in das Staatsgebiet während der Restauration 1814/15 erklären (die sich ihrerseits größtenteils aus den Niederlagen der napoleonischen Armeen gegen die Koalition der europäischen Monarchien ergibt) sowie durch die Bevorzugungen, die der Adel in Frankreich zur Zeit der Zensusmonarchien (1815–1848) genossen hat.

Wir denken vor allem an die berühmte «Milliarde für die Emigrierten», eine symbolträchtige Maßnahme, die von Beginn der Restauration an diskutiert und 1825 in ein Gesetz überführt wurde, das den ehemals adligen Emigranten beträchtliche Summen zukommen lassen sollte

1 Diese Erbschaftsdaten, die in den Registrierungsarchiven erhoben wurden, sind seit 1800 gut erhalten. Die Schätzung für die 1780er Jahre basiert auf verfügbaren Informationen über den allgemeinen Rückgang des anteiligen Adelsbesitzes von 1789 bis 1800. Bis in die 1950er und 1960er Jahre hatten wir auch Zugang zu Pariser Erbschaftsdaten, woraus sich ableiten lässt, dass der Rückgang der Adelstitel nach 1900 bis 1910 anhält (weniger als 5 % Adelstitel bei den 0,1 % der größten Erbschaften in den 1950er und 1960er Jahren). Alle technischen Details zu diesen Erbschaftsdaten sind online verfügbar.

(beinahe 15 % des Nationaleinkommens der Zeit, finanziert ausschließlich durch Steuergelder und Staatsverschuldung), um sie für die Ländereien und Pachtzinsen zu entschädigen, die sie während der Revolution verloren hatten. Gleichzeitig erlegten die Regierungen Ludwigs XVIII. und Karls X. (Brüder des 1793 guillotinierten Ludwigs XVI.), gesteuert vom Comte de Villèle, Haiti eine beträchtliche Entschädigungsverpflichtung in Höhe von 150 Millionen Francs-or auf (mehr als drei Jahre haitianisches Nationaleinkommen zu der Zeit), um die ehemaligen Sklavenhalter (unter ihnen viele Aristokraten) für den Verlust ihres Sklavenbesitzes nach der Unabhängigkeit der Insel zu entschädigen.[1] Alles deutet darauf hin, dass das Rechtssystem als Staatsinstrument insgesamt zwischen 1815 und 1848 eine eindeutige proadlige Wendung nahm, vor allem im Zusammenhang mit den zahlreichen Rechtsstreitigkeiten aus der Umverteilung zu Revolutionszeiten. Diese politische Abfolge zeigt, dass der Wandel der alten trifunktionalen Gesellschaften zu Eigentümergesellschaften mit zahlreichen Wendungen in Frankreich und übrigens auch in allen anderen europäischen Gesellschaften vonstattenging. Die Zäsur von 1789, so wichtig sie auch war, ließ noch viele Wege offen.

Die christliche Kirche als Eigentümerorganisation

Kommen wir auf die Frage nach dem Anteil der geistlichen Klasse und ihrer Organisationen am Eigentum in den dreigliedrigen Gesellschaften zurück. Nach den vorliegenden Quellen besaß die katholische Kirche in den 1780er Jahren ungefähr 15 % des französischen Grundbesitzes. Fügt man den geschätzten Wert des Zehnten hinzu, lag der Anteil der Kirche bei ungefähr 25 %.

Die vorliegenden Schätzungen zu anderen europäischen Ländern legen ähnliche Größenordnungen nahe. Die Ungewissheiten solcher Angaben sind dabei vielfältig, erstens weil das Eigentum in den trifunktionalen Gesellschaften eine spezifische Bedeutung hatte und rechtsprechende Gewalten und Hoheitsrechte einschließen konnte, die an dieser Stelle nicht berücksichtigt werden, zweitens aufgrund der begrenzten

---

1 Ich werde später auf den Umfang dieser Eigentumsübertragungen und insbesondere auf die haitianische Entschädigung an ehemalige Sklavenhalter zurückkommen (siehe Teil 2, Kapitel 6, S. 281–283).

Quellenlage. Wir verfügen aber z. B. über das berühmte Kataster von Ensenada in Spanien, das in den 1750er Jahren erstellt wurde und uns darüber Aufschluss gibt, dass die Kirche damals 24 % der landwirtschaftlichen Flächen besaß.[1]

Man könnte versucht sein, zu dieser Zahl auch das spanische Äquivalent des Kirchenzehnten hinzuzurechnen, was aber heikel wäre, weil die Beziehungen zwischen der spanischen Krone und der katholischen Kirche seit der Reconquista durch vielfältige, immer wieder neu verhandelte Transfers von kirchlichen Einnahmen aus Grundbesitz an die Krone gekennzeichnet war. Diese Transfers wurden ursprünglich dadurch gerechtfertigt, dass der heilige Krieg gegen die ungläubigen Muslime zur «Rückeroberung» des Landes zwischen 718 bis 1492 finanziert werden musste. Sie wurden anschließend mit komplexen, sich mit der Zeit ändernden Modalitäten verlängert.[2] Diese Verhandlungen zwischen monarchischen und kirchlichen Mächten zeigen im Übrigen, wie wenig Eigentumsfragen in trifunktionalen Gesellschaften vom größeren politischen Kontext zu trennen waren, angefangen bei der zentralen Frage der Legitimität der einzelnen Eliten und ihres kriegerischen oder geistlichen Beitrags zur Gemeinschaft.

Über nicht-landwirtschaftliches Eigentum wissen wir ebenfalls wenig. Gewiss machen die landwirtschaftlichen Flächen in Frankreich, Spanien und Großbritannien im 18. Jahrhundert den Großteil des Gesamteigentums aus (das heißt des Gesamtverkaufswertes allen Eigentums an Land, Gebäuden, Gewerbe und Finanzen abzüglich der Verbindlichkeiten) – zwischen der Hälfte und zwei Dritteln. Die anderen Güter darf man aber deshalb nicht vernachlässigen, vor allem andere Immobilien, Lager, Fabriken und Finanzvermögen. Über den kirchlichen Anteil an diesem anderen Eigentum ist wenig bekannt, was ganz andere Situationen verbergen kann. Jüngere Arbeiten haben z. B. gezeigt, dass der Anteil der spanischen Kirche am Hypothekarkredit, der Immobilienbesitz als Sicherheit verwendet, sehr hoch war und vom 17.

1 Genauer gesagt besaß die Kirche 15 % der landwirtschaftlichen Nutzfläche, aber aufgrund ihrer höheren Fruchtbarkeit erwirtschafteten diese Flächen 24 % des landwirtschaftlichen Ertrages (was daher den Anschein eines höheren Anteils der Kirche an den Bodenwerten erweckt). Siehe Technischer Anhang.

2 Dieser an die Krone zu entrichtende Anteil lag im Allgemeinen zwischen einem Zehntel und einem Viertel, erreichte aber manchmal die Hälfte des kirchlichen Bodeneinkommens. Siehe S. Perrone, *Charles V and the Castillian Assembly of the Clergy. Negociations für the Ecclesiastical Subsidy*, Brill 2008.

bis zur Mitte des 18. Jahrhunderts sogar von 45 auf 70 % anstieg. Im Vergleich verschiedener Quellen kann man annehmen, dass die Kirche 1750 nahezu 30 % (oder sogar mehr) des Gesamteigentums in Spanien besaß.[1]

Trotz dieser Ungewissheiten möchte ich an dieser Stelle die wesentliche Aussage hervorheben, dass die Kirchen in den dreigliedrigen europäischen Gesellschaften einen äußerst hohen Anteil am Eigentum besaßen, in der Regel zwischen 25 und 35 %. Diese Größenordnung lässt sich bei den kirchlichen Organisationen in sehr unterschiedlichen Zusammenhängen wiederfinden: Um 1700 besaß etwa die äthiopische Kirche ungefähr 30 % der Ländereien in Äthiopien.[2] Dabei handelt es sich um einen sehr hohen Anteil. Wenn eine Organisation zwischen einem Viertel und einem Drittel all dessen besitzt, was es in einem Land zu besitzen gibt, verleiht ihr dieser Umstand ein so beträchtliches finanzielles und menschliches Gewicht, dass sie diese Gesellschaft strukturieren und regulieren kann, insbesondere indem sie viele Kleriker in ihren Dienst stellt und zahlreiche Leistungen und Aktivitäten entwickelt, vor allem im Bereich von Bildung und Gesundheit.

Dieses Gewicht verleiht ihr dabei gewiss keine Hegemonie, im Gegensatz etwa zu den kommunistischen Staaten der Sowjetzeit (ein extremer, aber hilfreicher Vergleich), die beinahe alles besitzen, was es zu besitzen gibt, wie wir sehen werden, üblicherweise zwischen 70 und 90 %. Die christliche Kirche ist ein wichtiger Akteur in einem pluralistischen politischen System, wie es auch in der trifunktionalen Ideologie zum Ausdruck kommt, jedoch kein Hegemon. Dennoch machte dieses Gewicht die Kirche zum größten Eigentümer in den christlichen Königreichen (kein einzelner adliger Eigentümer besaß so viele Güter wie die Kirche, nicht einmal der König) und verlieh ihr eine Handlungsfähigkeit, die der staatlichen oft überlegen war.

Um sich eine Vorstellung von den Größenordnungen zu verschaffen, ergänzen wir, dass gemeinnützige Einrichtungen zu Beginn des 21. Jahrhunderts über einen unverhältnismäßig geringeren Anteil am

---

1 Was den spanischen Hypothekarkredit anbelangt, siehe C. Milhaud, *Sacré Crédit! The Rise and Fall of Ecclesiastical Credit in Early Modern Spain*, Dissertation EHESS, 2018, S. 17–19. Es handelt sich jedoch um einen sehr spezifischen Vermögenswert, sodass es schwierig ist, daraus allgemeiner auf umfassendere Kategorien von Finanzvermögen zu schließen.

2 Siehe N. Guebreyesus, *Les transferts fonciers dans un domaine ecclésiastique à Gondär (Ethiope) au 18e siècle*, Dissertation EHESS 2017, S. 264–265.

Gesamteigentum verfügen: 1 % in Frankreich, 3 % in Japan und fast 6 % in den Vereinigten Staaten, wo der Stiftungssektor besonders ausgeprägt ist (siehe Grafik 2.3). Diese Schätzungen beruhen auf offiziellen volkswirtschaftlichen Gesamtrechnungen und umfassen daher den Besitz aller gemeinnützigen Einrichtungen, nicht nur die Güter von religiösen Organisationen aller Konfessionen, sondern auch vor allem die Aktiva aller Stiftungen und nichtreligiösen gemeinnützigen Einrichtungen aus allen möglichen Sektoren (Universitäten, Museen, Krankenhäuser und andere gemeinnützige Wohlfahrtseinrichtungen). Dazu können in bestimmten Fällen auch Stiftungen zählen, die theoretisch im Dienst des Allgemeinwohls stehen, in der Praxis aber hauptsächlich einer bestimmten Familie dienen, um einen Teil ihres Vermögens aus unterschiedlichen Gründen dorthin auszulagern, etwa aus steuerlichen oder erbschaftsbezogenen Erwägungen, was die modernen volkswirtschaftlichen Gesamtrechnungen nicht immer einzuordnen wissen. Im Prinzip müssten die Vermögenswerte der *family trusts* und anderer Stiftungen, die privaten Individuen dienen, dem Sektor der Haushalte, nicht der gemeinnützigen Einrichtungen zugeordnet werden; das ist aber nicht so einfach, und genauso schwer kann man herausfinden, ob das kirchliche Eigentum des Ancien Régime hauptsächlich den Geistlichen oder der Masse der Gläubigen diente. Die volkswirtschaftlichen Gesamtrechnungen, vor allem die Schätzungsversuche des Nationalkapitals und des Nationaleinkommens ab Ende des 17. und Anfang des 18. Jahrhunderts, spielen im zeitgenössischen Diskurs vor allem in Großbritannien und in Frankreich eine wichtige Rolle und sind historische, soziale Konstruktionen, die die Prioritäten ihrer selten auf Ungleichheiten oder natürliche Ressourcen bedachten Gestalter in einer bestimmten Epoche widerspiegeln. Wir kommen darauf zurück.

Wie dem auch sei, an dieser Stelle möchte ich darauf hinaus, dass man selbst durch das Zusammenlegen so unterschiedlicher Gruppen zu Beginn des 21. Jahrhunderts auf einen insgesamt relativ geringen Gesamtbesitz gemeinnütziger Einrichtungen kommt (1–6 % des Eigentums). Das ermöglicht es im Umkehrschluss, die Macht der Kirchen mit ihren 20–35 % des Eigentums im Europa des Ancien Régime zu begreifen. Wie groß die Ungewissheiten in Bezug auf die Messungen und das Umfeld ihrer Entwicklung auch sei, die Größenordnungen und die Vergleichsmaßstäbe sind völlig klar.

Diese spezielle Eigentumsstruktur, die sich fundamental von ande-

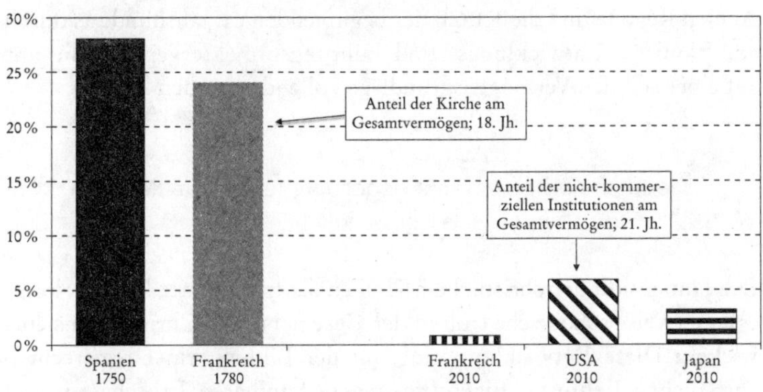

Grafik 2.3.: Zwischen 1750 und 1780 besaß die Kirche zwischen 25 % und 30 % des Gesamtvermögens in Spanien und beinahe 25 % in Frankreich (landwirtschaftliche Flächen, andere Immobilien, Finanzanlagen etc., inklusive den Ertrag des Kirchenzehnten). Zum Vergleich: 2010 besaßen alle ranghöchsten gemeinnützigen Institutionen in Frankreich zusammen (eingeschlossen religiöse Organisationen sämtlicher Glaubensrichtungen, Universitäten, Museen, Stiftungen etc.) weniger als 1 % des Gesamtvermögens, in den Vereinigten Staaten 6 %, in Japan 3 %.
Quellen und Reihen: Siehe piketty.pse.ens.fr/ideologie.

ren zu untersuchenden Gesellschaftsformen unterscheidet, erlaubt es uns, eines der zentralen Charakteristika trifunktionaler Gesellschaften besser zu verstehen. Es handelt sich um Gesellschaften, in denen zwei mit getrennten Legitimitäten, Funktionen und Organisationen ausgestattete Klassen, die Geistlichkeit und der Adel, jeweils einen beträchtlichen Anteil der Ressourcen und Güter kontrollieren (jeweils ungefähr ein Viertel und ein Drittel des Eigentums, also insgesamt zwischen der Hälfte und zwei Dritteln, manchmal sogar mehr, wie wir in Großbritannien sehen werden), was es ihnen ermöglicht, ihre dominante soziale und politische Rolle voll auszuspielen. Wie alle Ideologien der Ungleichheit nimmt auch die dreigliedrige Ideologie Gestalt an in einer politischen als in einer Eigentumsordnung und somit in einer spezifischen menschlichen, sozialen und materiellen Realität.

Man kann auch feststellen, dass der Kirchenanteil von etwa 30 % des Eigentums im Ancien Régime etwa dem Anteil des chinesischen Staates am Nationalkapital Ende der 2010er Jahre entspricht, also praktisch durch die KPCh (Kommunistische Partei Chinas) kontrolliert wird.[1] Es handelt sich natürlich um zwei ganz unterschiedliche Organisations-

1 Siehe Teil 3, Kapitel 12, S. 761–763.

und Legitimationsformen. Nichtsdestoweniger sind die Kirchen des Ancien Régime und die KPCh des beginnenden 21. Jahrhunderts durch ambitionierte Entwicklungs- und Führungsprojekte geprägt, die nur auf einer stabilen Vermögensgrundlage vollendet werden können.

Die Kirche als Eigentümer gegenüber familiärem Reichtum und Erbschaften

Die Dimension der christlichen Kirchen als Eigentümer hat sich interessanterweise schon sehr früh in der Geschichte des Christentums entwickelt. Diese Entwicklung ging mit der Bildung einer regelrechten christlichen Lehre zu Eigentumsfragen, familiären Erbschaften und Wirtschaftsrecht einher, welche die Entwicklung der trifunktionalen Ideologie und die Vereinheitlichung der arbeitenden Klassen wesentlich begleitet hat.

Ganz zu Beginn des christlichen Zeitalters lehrte Jesus seine Jünger zwar, dass es leichter sei, «dass ein Kamel durch ein Nadelöhr gehe, denn dass ein Reicher ins Reich Gottes komme». Aber sobald die reichen römischen Familien den neuen Glauben annahmen und beherrschende Positionen als Bischöfe und christliche Autoren innerhalb der Kirche einnahmen, also seit dem ausgehenden 4. und dem beginnenden 5. Jahrhundert, mussten die christlichen Lehren die Frage von Eigentum und Reichtum direkt angehen und dabei Pragmatismus beweisen. In einer beinahe vollständig christlichen Gesellschaft, die kurz zuvor noch undenkbar gewesen war, in der die Kirche nunmehr erhebliche Reichtümer anhäufte, wurde es schnell unvermeidlich, über die Bedingungen für gerechtes Eigentum und eine Wirtschaft nachzudenken, die mit dem neuen Glauben übereinstimmte.

Vereinfacht ausgedrückt wurde der Reichtum also zu einem positiven Bestandteil der christlichen Gesellschaft, solange ein Teil der von den Gläubigen angehäuften Güter an die Kirche abgegeben wurde, die aufgrund ihres Eigentums bei der Strukturierung von Politik, Religion und Bildung ihre Rolle in der Gesellschaft spielen konnte, und solange einige wirtschaftliche und finanzielle Regeln befolgt wurden. So verteilten sich die Rollen und Legitimierungen zwischen kirchlichem und eigentlich privatem Reichtum langsam neu. Spezialisten für die Spätantike wie Peter Brown haben diesen Wandel der christlichen

Reichtumslehren im 4. und 5. Jahrhundert sowie die spektakulären Begleiterscheinungen – reiche Spender, die einen Teil ihres Vermögens abgaben – ausführlich untersucht.[1]

Einige Anthropologen vertraten sogar die These, dass die einzige richtige europäische Besonderheit bei den familiären Strukturen innerhalb des riesigen eurasischen Raumes auf genau diese Einstellung der christlichen Kirche zum Eigentum zurückgehe, insbesondere auf ihren entschiedenen Willen, Güter anzuhäufen und zu besitzen. Laut Jack Goody führten die kirchlichen Autoritäten deshalb eine ganze Reihe von Familiennormen ein, um die Abgaben an die Kirche zu maximieren, etwa die Verurteilung der Witwenheirat und der Adoptionen, was Roms alte Regeln umkehrte, nach denen Wiederverheiratungen und Adoptionen den Güterverkehr begünstigten. Allgemein versuchten sie, die Möglichkeiten der Familien, die Kontrolle über ihr Eigentum zu konzentrieren, einzuschränken, z. B. durch das Verbot der Vetternehe, das sich nur begrenzt durchsetzen ließ, weil diese Heiratsstrategie zur Vermögenswahrung reicher Familien nun mal in allen Kulturen eine der einfachsten darstellt, was wiederum ein Zeichen für die radikale Politik der christlichen Kirche ist. Dabei zielte diese immer darauf ab, die Position der Kirche als eine politische und Eigentum besitzende Organisation in Konkurrenz zu den Familien zu stärken.

Unabhängig von der tatsächlichen Bedeutung dieser neuen Familienregeln war die Strategie der Vermögensanhäufung von einem riesigen Erfolg gekennzeichnet, denn die Kirche besaß dank der Spenden ihrer Gläubigen (nicht nur der als großzügig geltenden Witwen) und ihrer soliden juristischen und ökonomischen Organisation über mehr als ein Jahrtausend hinweg, vom 5.-6. bis zum 18.–19. Jahrhundert, im christlichen Westen einen beträchtlichen Anteil der Güter, vor allem Grundeigentum, üblicherweise zwischen einem Viertel und einem Drittel.[2] Diese Vermögensgrundlage ermöglichte es ihr, in diesem langen Zeitraum eine bedeutsame Klasse von Geistlichen zu unterhalten und (im Prinzip, wenngleich nicht in der Praxis) eine gewisse Zahl von sozialen Diensten zu finanzieren, vor allem im Bildungs- und Gesundheitsbereich.

---

1 Siehe v. a. P. Brown, *A travers d'un trou d'aiguille – La richesse, la chute de Rome et la formation du christianisme*, Paris: Les Belles Lettres 2016.

2 Einigen Quellen zufolge verlief der Prozess relativ schnell. So soll die Kirche in Gallien zwischen dem 5. und 8. Jahrhundert etwa ein Drittel des kultivierbaren Landes erworben haben. Siehe J. Goody, *Geschichte der Familie*, C.H.Beck 2002, S. 46.

Neuere Untersuchungen betonen auch, dass die Entwicklung der Kirche zu einer Eigentümerorganisation ohne die Herausbildung eines leistungsfähigen Wirtschafts- und Finanzrechts im Mittelalter nicht möglich gewesen wäre. Dort wurden vor allem die sehr konkreten juristisch-ökonomischen Fragen von Eigentum, mehr oder weniger verschleierten Wucherpraktiken oder innovativen Kreditinstrumenten und auch die der Rückerstattung von Kirchengütern geregelt, die mittels allzu trickreicher Verträge veräußert worden waren (worin die Geistlichen oft das Wirken von Juden und Ungläubigen vermuteten, die christliche Rechte missachteten). Giacomo Todeschini hat die Entwicklung dieser Lehren für den Zeitraum vom 11. bis zum 15. Jahrhundert sehr genau untersucht, als der Verkehr von Wirtschaftsgütern komplexer und intensiver wurde, insoweit die Grenzen der christlichen Königreiche durch Rodungen verschoben wurden, die Bevölkerung wuchs und die Städte sich entwickelten. Er analysiert in diesem neuen Kontext, wie wichtig christliche Autoren bei der Entwicklung juristischer, ökonomischer und finanzieller Kategorien waren, die seiner Ansicht nach am Anfang der modernen kapitalistischen Begriffe stehen.[1] Dies betrifft vor allem den juristischen Schutz der Kirchengüter vor weltlichen souveränen Mächten und vor privaten Vertragspartnern sowie die Bildung rechtsprechender Institutionen, die solche Sicherheiten bringen. Davon betroffen ist auch die Entwicklung von Buchhaltungs- und Finanztechniken, mit denen man, soweit nötig, das angebliche Wucherverbot umgehen konnte.

Das Kircheneigentum am Beginn von Wirtschaftsrecht und Kapitalismus?

Die christliche Lehre des Mittelalters hat nämlich entgegen bisweilen bestehenden Vorstellungen offensichtlich kein Problem damit, dass Kapital ohne Arbeit Einkünfte abwirft. Diese unausweichliche Tatsache ist die Grundlage für das Kircheneigentum selbst. Sie erlaubt es Priestern, zu beten und über die Gesellschaft zu wachen, ohne den Acker pflügen zu müssen. Sie bildet auch die Basis für das Eigentum überhaupt. Das immer pragmatischer angegangene Problem besteht vielmehr darin, die

1 Siehe G. Todeschini, *Les Marchands et le Temple. La société chrétienne et le cercle vertueux de la richesse du Moyen-Âge à l'Epoque moderne*, Paris: Albin Michel 2017.

Investitions- und Besitzformen zu regulieren, sich abzusichern, dass das Kapital seiner besten Verwendung zugeführt wird und dass vor allem eine angemessene soziale und politische Kontrolle des Reichtums und seiner Verteilung besteht, im Einklang mit den sozialen und politischen Zielen der christlichen Lehre. Dass die Ländereien ihren Eigentümern einen Pachtzins einbringen (oder der Kirche den Zehnten, wenn sie nicht selbst Eigentümer ist), war nie wirklich moralisch oder konzeptuell problematisch. Vielmehr stellte sich die Frage, bis wohin man Investitionen über den Grundbesitz hinaus ausweiten durfte, insbesondere in Handel und Finanzwesen, und welche Vergütungsformen erlaubt waren.

Die Anpassungsfähigkeit dieser Lehre findet z. B. in einem Text des Kanonisten und Papstes Innozenz IV. Ausdruck, der im 13. Jahrhundert erklärt, dass das Problem nicht im Wucher als solchem liege, sondern darin, dass ein zu hoher und zu sicherer Wucherertrag die Reichen dazu bringe, «durch die Verlockung des Gewinns oder zur Sicherung ihres Geldes» selbiges «in den Wucher statt in weniger sichere Betätigungen» zu stecken. Der Pontifex nennt anschließend Beispiele «weniger sicherer» Betätigungen, etwa die Investition «in Tiere und Ackergeräte», welche «die Armen nicht besitzen», aber für das Wachstum wahrer Reichtümer unabdingbar seien. Er zieht daraus den Schluss, dass der Wucherzins eine gewisse Grenze nicht überschreiten dürfe.[1] Eine Zentralbank, die die Investitionen in die Realwirtschaft erhöhen möchte, würde zu Beginn des 21. Jahrhunderts nicht anders agieren und den Leitzins auf ein Niveau nahe Null absenken (wobei der Erfolg manchmal begrenzt ist, aber das ist eine andere Frage).

Zur gleichen Zeit entwickeln sich andere neue Finanztechniken, die ebenso sehr Ausnahmen von früheren Regeln darstellen, z. B. der verbreitete Verkauf von Renten und zahlreiche Formen von Kreditverkäufen, die nicht mehr als Wucher gelten, vorausgesetzt, die christliche Lehre erkennt sie als nützlich für den Verkehr der Güter zu ihren besten Verwendungen an. Laut Todeschini wächst auch der Einfluss von Diskursen zur Begründung der Enteignung von Juden und anderen Ungläubigen, deren Unfähigkeit, «die Bedeutung des Reichtums und dessen guten Gebrauchs zu begreifen», und deren Bedrohlichkeit für das Kircheneigentum hervorgehoben werden soll, während sich für

1 Siehe ebenda 2017, S. 96.

Christen nach und nach neue Kredittechniken als legitim ergeben, vor allem durch die Entwicklung neuer Formen von Staatsschulden Ende des 15. und im Verlauf des 16. Jahrhunderts. Andere Autoren haben festgestellt, dass der angelsächsische *trust*, eine Eigentumsstruktur, bei der die Identität des Begünstigten und des Verwalters (des *trustees*) getrennt und die Vermögenswerte besser geschützt werden können, bereits auf Besitzformen zurückgehen, die Franziskanermönche im 13. Jahrhundert entwickelt haben, die auch nicht direkt als individuelle Eigentümer ersten Grades auftreten konnten oder wollten.[1]

Die zugrundeliegende These besagt zuletzt, dass das moderne Eigentumsrecht (in seinen emanzipatorischen sowie in seinen inegalitären und ausschließenden Dimensionen) nicht im Jahr 1688 entstanden sei, als der englische (adlige oder bürgerliche) Eigentümer sich gegen seinen Souverän habe schützen wollen, und auch nicht 1789, als der französische Revolutionär die «große Abgrenzung» der legitimen Aneignung von Rechten auf Güter von der illegitimen Aneignung von Rechten auf Personen habe durchführen wollen. Die christlichen Lehren hätten es vielmehr im Laufe der Jahrhunderte entwickelt, um die Dauerhaftigkeit der Kirche als sowohl religiöse als auch besitzende Organisation zu garantieren.

Man kann ebenso feststellen, dass diese Abstraktion, Konzeptualisierung und juristische Formalisierung von ökonomischen und finanziellen Begriffen in dreigliedrigen christlichen Gesellschaften umso notwendiger wurde, als die Geistlichkeit nicht vererbbar war, sondern nur eine abstrakte, dauerhafte Organisation darstellte, vergleichbar mit großen modernen Stiftungen, kapitalistischen Unternehmen und Gesellschaften sowie Staatsverwaltungen. Im Hinduismus oder Islam gab es zwar auch Tempel und religiöse Stiftungen, aber sie gingen mit einem machtvollen Erbklerus einher, sodass sich die Macht über die Güter mehr auf persönliche und familiäre Netzwerke stützte, was zu einem geringeren Bedarf an Kodifikation und Formalisierung der ökonomischen und finanziellen Beziehungen führte. Einige Autoren weisen darauf hin, dass die Verschärfung der Zölibatsregeln infolge der gregorianischen Reformen des 11. Jahrhunderts (das Konkubinat wurde bis dahin im westlichen katholischen Klerus noch toleriert und kam oft vor) als ein Versuch analysiert werden könnte, mögliche Verschiebungen in Richtung Familien- und

1 Siehe K. Pistor, *The Code of Capital. How the Law Creates Wealth and Inequality*, Princeton University Press 2019, S. 49–50.

Erbschaftszentrierung zu vermeiden und das Gewicht der Kirche als besitzender Institution zu stärken.[1]

Hier soll nicht der Schluss gezogen werden, dass das Schicksal Europas ganz und gar am Priesterzölibat, an der christlichen Sexualmoral und an der Kirche als Eigentümerorganisation hängt. Vielfache weitere, nachfolgende Prozesse und Weichenstellungen ermöglichen sicherlich ein deutlich besseres Bild der verschiedenen Besonderheiten der europäischen Entwicklungen. Vor allem die Konkurrenz zwischen den europäischen Staaten hat zu militärischen und finanziellen Innovationen beigetragen, die sich direkt auf die Kolonialherrschaften, die kapitalistische und industrielle Entwicklung ausgewirkt haben sowie auf die Struktur moderner Ungleichheiten innerhalb der Länder und von Land zu Land. Darauf kommen wir im Folgenden ausführlich zurück.

An dieser Stelle möchte ich im Wesentlichen betonen, dass die trifunktionalen Gesellschaften in ihren vielfältigen Ausprägungen der modernen Welt auch ihre wesentliche Gestalt verliehen haben und unsere volle Aufmerksamkeit verdienen. Sie beruhen auf ausgeklügelten politisch-ideologischen Konstruktionen, die darauf abzielen, die Bedingungen einer gerechten Ungleichheit zu beschreiben, die einer bestimmten Vorstellung vom allgemeinen Interesse und von den hierfür benötigten institutionellen Mitteln entsprechen. In allen Gesellschaften impliziert dies, dass einige praktische Fragen zur Ordnung der Eigentumsverhältnisse, den Familienbeziehungen und dem Zugang zu Bildung geklärt werden müssen. Die dreigliedrigen Gesellschaften sind keine Ausnahme und haben unterschiedliche einfallsreiche Antworten auf diese Fragen gefunden, die sich vor allem auf das allgemeine trifunktionale Schema beziehen. Diese Antworten hatten ihre Schwächen, meist hatten sie keinen dauerhaften Bestand. Nichtsdestoweniger ist ihre Geschichte reich an Lehren für die Zukunft.

1 Siehe J. Goody, Geschichte der Familie, a. a. O., S. 56.

3. DIE ERFINDUNG DER EIGENTÜMERGESELLSCHAFTEN

Wir haben soeben anhand europäischer Ständegesellschaften einige der allgemeinen Charakteristika dreigliedriger (oder trifunktionaler) Gesellschaften erörtert. Im Folgenden analysieren wir den allmählichen Wandel dieser trifunktionalen Gesellschaften zu Eigentümergesellschaften, wie er im 18. und 19. Jahrhundert in den einzelnen Ländern mit jeweils anderen Geschwindigkeiten und Modalitäten verlief. Im zweiten Teil werden wir untersuchen, wie sich in den außereuropäischen dreigliedrigen Gesellschaften (vor allem in Indien und China) das Aufeinandertreffen mit proprietaristischen Kolonialmächten aus Europa auf die Staatsbildung und den Wandel der alten trifunktionalen Strukturen ausgewirkt und welche spezifischen Entwicklungen es gezeitigt hat. Vorher müssen wir aber den europäischen Weg weiter analysieren.

In diesem Kapitel werde ich eingehender auf den symbolträchtigen Bruch zwischen der Ständegesellschaft des Ancien Régime und der sich ausbreitenden bürgerlichen, proprietaristischen Gesellschaft im Frankreich des 19. Jahrhunderts zurückkommen, den die Französische Revolution darstellt. In wenigen Jahren versuchten die revolutionären Gesetzgeber die Macht- und Eigentumsverhältnisse völlig neu zu definieren; eine Analyse dieser Ereignisse kann die Aufgabe und die Widersprüche besser begreiflich machen, mit denen sie sich konfrontiert sahen. Wir werden merken, dass sich diese komplexen und unsicheren politisch-juristischen Prozesse zur Frage der Ungleichheit und der Konzentration von Eigentum verfestigten und die Revolution letztendlich zwischen 1800 und 1914 zur Ausbildung einer extrem inegalitären Gesellschaft geführt hat, wie wir im nächsten Kapitel analysieren werden. Im Vergleich mit anderen europäischen Entwicklungen, vor allem in Großbritannien und Schweden, können wir anschließend über die Rolle der revolutionären Prozesse und langfristigen Tendenzen im Zusammenhang mit der Staatsbildung und der Entwicklung sozioökonomischer Strukturen beim Wandel der dreigliedrigen Gesellschaften zu Eigentümergesellschaften nachdenken und dabei die Vielfältigkeit der möglichen Entwicklungen und Weichenstellungen betonen.

Die «große Abgrenzung» von 1789 und die Erfindung des modernen Eigentums

Beginnen wir mit der Untersuchung des womöglich entscheidenden Moments für das Verständnis der «großen Abgrenzung» der trifunktionalen Gesellschaften von den sie ablösenden Eigentümergesellschaften. In der Nacht vom 4. August 1789 stimmte die französische Nationalversammlung für die Abschaffung der «Privilegien» von Klerus und Adel. Die Schwierigkeit der kommenden Wochen, Monate und Jahre bestand darin, eine genaue Liste dieser «Privilegien» zu erstellen und also eine Grenze zu ziehen zwischen den schlicht entschädigungslos aufzuhebenden und den als legitim erachteten Rechten, welche beibehalten oder aufgekauft werden konnten oder doch eine Entschädigung begründeten, um dann in der neuen politisch-juristischen Sprache neu formuliert zu werden.

Im Prinzip war die Macht- und Eigentumstheorie der Revolution relativ eindeutig. Die Hoheitsrechte (Sicherheit, Justiz, rechtmäßige Gewalt), über die der Zentralstaat das Monopol ausüben solle, wurden klar vom Eigentumsrecht getrennt, das als ein umfassend und unverletzlich zu definierendes Vorrecht beim privaten Individuum verbleiben und vom Staat geschützt werden solle, der sich hauptsächlich, wenn nicht gar ausschließlich diesem Schutz zu widmen habe. In der Praxis war die Angelegenheit viel komplexer, denn die unterschiedlichen Arten von Rechten und Ansprüchen waren in den Machtverhältnissen auf lokaler Ebene so sehr miteinander verflochten, dass es sich als äußerst schwierig herausstellte, eine Rechtsnorm festzulegen, die für alle Beteiligten zutraf und akzeptabel war, vor allem bei der anfänglichen Zuordnung der Eigentumsrechte. Man wusste (oder glaubte zu wissen), wie es weitergehen würde, wenn diese Zuordnung erst einmal eindeutig feststünde, aber man konnte nur schwer entscheiden, welche alten

Rechte sich zu neuen Eigentumsrechten verfestigen und welche einfach abgeschafft werden sollten.

In jüngeren Arbeiten, insbesondere jenen von Rafe Blaufarb, werden mehrere Zeitabschnitte unterschieden, um diese Diskussionen nachzuvollziehen.[1] Zunächst verfolgte der mit diesen Fragen beauftragte Ausschuss der Nationalversammlung in den Jahren 1789–1790 einen sogenannten «historischen» Ansatz. Man wollte dabei zu den Anfängen der jeweiligen Rechte zurückgehen, um ihre Rechtmäßigkeit zu bestimmen, ihre «vertragliche» oder «nicht-vertragliche» Natur. Erstere Rechte wurden beibehalten, letztere mussten abgeschafft werden. Handelte es sich etwa um ein Recht zur Ausübung einer unbegründeten herrschaftlichen Gewalt «feudalen» Typs oder um die unrechtmäßige Aneignung eines Flurstücks der öffentlichen Macht, war dieses Recht als «nicht-vertraglich» zu betrachten und musste entschädigungslos aufgehoben werden. Am eindeutigsten waren dabei die steuerlichen Privilegien (das Recht von Adel und Klerus, bestimmte Steuern nicht zu zahlen) sowie die rechtsprechende Gewalt. Das Recht, auf einem bestimmten Gebiet Recht zu sprechen (*seigneurie publique*), wurde den Lehnsherren somit entschädigungslos entzogen und auf den Zentralstaat übertragen. Dies führte rasch zu einer Desorganisation des erstinstanzlichen Justizapparats, der größtenteils auf den Gerichtshöfen der Lehnsherren beruht hatte. Doch die Idee eines staatlichen Justizmonopols setzte sich zuletzt durch.

Auch der Kirchenzehnt wurde abgeschafft und die Kirchengüter wurden verstaatlicht, ebenfalls ohne Entschädigung. So kam es zu lebhaften Debatten angesichts der befürchteten Zerschlagung von Dienstleistungen in den Bereichen Religion, Bildung und Gesundheit. Der Abbé Sieyès wehrte sich etwa, wie wir im vorangegangenen Kapitel erwähnt haben, gegen diese Entscheidungen. Die Anhänger der Abschaffung des Zehnten und der Verstaatlichung der Kirchengüter beharrten dagegen darauf, dass die staatliche Souveränität unteilbar sei, dass man also nicht tolerieren könne, dass die Kirche dauerhaft von Steuereinnahmen profitiere, die die Staatsmacht gewährleiste, und somit als

1 Siehe das erhellende Buch von R. Blaufarb, *The Great Demarcation. The French Revolution and the Invention of Modern Property*, Oxford University Press 2016, das auf einer bahnbrechenden Auswertung der Parlaments-, Verwaltungs- und Justizarchive der Revolutionszeit (sowie mehrerer rechtspolitischer Verträge des 17. und 18. Jahrhunderts) basiert. Den Begriff der «großen Abgrenzung» entnehme ich diesem Buch.

Quasi-Staat auftrete. Um das Maß voll zu machen, schlug man mit den Gütern der Kirche auch die der Krone dem Staatsbesitz zu, und alles wurde versteigert. Die allgemeine Philosophie lautete, dass sich der einige und unteilbare Staat durch jährliche, frei durch die Bürgervertreter bestimmte Abgaben finanzieren solle, dass dauerhaftes Eigentum und die Wertschöpfung daraus nunmehr Sache privater Individuen seien.[1]

Über diese relativ eindeutigen Fälle hinaus (Steuerprivilegien, *seigneuries publiques*, Kirchenzehnt, Kirchengüter) war es recht schwer, sich auf «Privilegien» zu einigen, die ohne Entschädigung abzuschaffen wären. Die meisten herrschaftlichen Rechte, so Naturalien- oder Geldzahlungen von Bauern an den Adel, wurden tatsächlich beibehalten, zumindest vorerst. Im paradigmatischen Fall eines Bauern, der Land im Austausch gegen eine Zahlung an den örtlichen Herrn bewirtschaftete, wurde dieses Recht üblicherweise zunächst als rechtmäßig angesehen. Ein solches Verhältnis sah tatsächlich wie ein «vertragliches» aus, zumindest wie ein rechtmäßiges zwischen einem Eigentümer und einem Pächter im Sinne der revolutionären Gesetzgeber, und so war die Zahlung als Pacht weiterhin gültig. Anders gesagt konnte der Lehnsherr auf seinen Ländereien weiterhin Pacht einnehmen (*seigneurie privée*), durfte dort aber nicht mehr Recht sprechen (*seigneurie publique*). Jeder legislative Vorgang zerlegte die herrschaftlichen Beziehungen in diese beiden Bestandteile und trennte so die Spreu vom Weizen, den alten Feudalismus vom neuen Proprietarismus.

Frondienste, Bannrecht, Pachten: vom Feudalismus zum Proprietarismus

Ab 1789–1790 war allerdings eine Ausnahme für Frondienste vorgesehen, für eine gewisse Anzahl unbezahlter Arbeitstage also, die man für einen Ortsherren jedes Jahr zu erbringen hatte, üblicherweise einen oder zwei Tage pro Woche auf den Ländereien des Lehnsherren, manchmal auch mehr. Außerdem war das Bannrecht ausgenommen, also das herrschaftliche Monopol auf verschiedene örtliche Leistungen wie die Mühle, die Brücke, die Presse, den Ofen etc., oft in Verbindung mit den

1 Der konzeptionelle Bruch mit der alten Ordnung wird umso deutlicher, als der Staatshaushalt der Monarchie die Erträge aus königlichen Ländereien lange als ordentliche Einnahmen und die Steuereinnahmen als außerordentliche Einnahmen verzeichnet hatte.

rechtsprechenden Hoheitsrechten des Herren. Beides hätte ohne Entschädigung abgeschafft werden müssen. Vor allem die Frondienste verrieten allzu deutlich ihre Herkunft aus der alten Herrschaftsordnung und der Leibeigenschaft, die angeblich bereits mehrere Jahrhunderte zuvor verschwunden sein sollte, deren Begrifflichkeiten (wenn nicht sogar Realitäten) auf dem Land aber noch sehr präsent waren. Wenn man sie offen und uneingeschränkt in ihrem vollen Ausmaß beibehalten hätte, wäre dies als ein offensichtlicher Verrat am Geist der Revolution und an der Abschaffung der «Privilegien» vom 4. August 1789 erschienen.

In der Praxis aber befanden die mit der Umsetzung der Richtlinien betrauten Ausschüsse und Gerichte in vielen Fällen, dass Frondienste vertragliche Grundlagen hätten und somit einer Pacht ähnelten, von der sie sich oft nur sprachlich, nicht so sehr durch die verlangte Leistung, unterschieden. Sie mussten also beibehalten oder ausdrücklich in Pachten umgewandelt werden, die in Geld oder Naturalien zu leisten waren (ein Frondienst von einem Tag pro Woche konnte etwa einem Fünftel oder einem Sechstel der landwirtschaftlichen Erträge entsprechen), oder aber freigekauft werden, was vielen Gesetzgebern wie ein Mittelweg vorkam. Vor einer schlichten Abschaffung der Frondienste ohne Freikauf und ohne jegliche Form von Entschädigung schreckte ein Großteil der revolutionären Gesetzgeber zurück, weil er fürchtete, dies könne Pacht und Eigentum insgesamt infrage stellen.

Die theoretische Möglichkeit, sich aus den Frondiensten und anderen herrschaftlichen Rechten freizukaufen, war aber für die meisten armen Bauern völlig unerreichbar, zumal dieser Freikauf nach den Dekreten der Nationalversammlung und ihrem Ausschuss zum Höchstpreis erfolgen sollte. Der Wert der Ländereien war pauschal auf den Gegenwert von zwanzig Jahren Pacht für Geldzahlungen und fünfundzwanzig Jahren für Naturalien festgelegt worden, was den Bodenpreisen und Pachterträgen der Zeit (4–5 % pro Jahr) entsprach, aber darum für die meisten nicht weniger unerreichbar war. Im Fall eines besonders schweren Frondienstes (mehrere unbezahlte Arbeitstage pro Woche) konnte der Freikauf den Bauer in eine dauernde Schuldensituation stürzen, die der Leibeigenschaft und Sklaverei sehr nahe kam. In der Praxis konnte die kleine bürgerliche oder adlige Minderheit sich von den herrschaftlichen Rechten frei- oder staatliche Güter aufkaufen, wenn sie über die notwendigen Mittel verfügte, während die Masse der Bauern ausgeschlossen war.

Auch das Bannrecht meinte man in gewissen Fällen beibehalten zu müssen, vor allem in Situationen, in denen sich Monopole durch das Bestehen einer lokalen öffentlichen Dienstleistung begründen ließen, die schwer anders als eben durch ein Monopol zu organisieren wäre. Dies konnte etwa bei den besonders kostspielig zu erbauenden Mühlen der Fall sein, weil mehrere Mühlen an einem Ort insgesamt schädlich gewesen wären, was das Monopol desjenigen rechtfertigte, der den Bau durchgeführt hatte oder die Mühle kontrollierte, in der Praxis meist ein ehemaliger Lehnsherr, wenn er dieses Recht nicht einem Aufgestiegenen übertragen hatte. Diese Fragen ließen sich in der Praxis freilich schwer entscheiden und illustrierten ein weiteres Mal die unentwirrbare Verflechtung von proprietaristischen Rechten mit quasi-staatlichen öffentlichen Dienstleistungen, die für die trifunktionale Gesellschaft charakteristisch waren, z. B. in Form des Kirchenzehnts, der gemäß seinen Befürwortern Schulen, Krankenversorgung und Kornspeicher für die Armen finanzierte. In der Praxis wurde das Bannrecht weniger systematisch beibehalten als die Frondienste, aber auch dagegen regte sich vonseiten der betroffenen Bauern gewaltsamer Widerstand.

Der «historische» Ansatz von 1789–1790 traf auf eine allgemeine Hauptschwierigkeit. Wie sollte man den «vertraglichen» Ursprung der betreffenden Rechte feststellen? Wenn man weit genug, etwa mehrere Jahrhunderte, zurückging, spielte ganz eindeutig Gewalt, vor allem Eroberung und Knechtschaft, bei den meisten Erstaneignungen der Herren eine Schlüsselrolle. Wenn man diese Überlegung bis zu Ende dachte, war die Idee eines gänzlich «vertraglichen» Ursprungs von Eigentum reine Fiktion. Das Ziel der revolutionären Gesetzgeber (die meist bourgeoise Eigentümer waren oder zumindest deutlich weniger mittellos als die Masse der damaligen Bevölkerung) war bescheidener; sie wollten Kompromisse finden, die sie für vernünftig hielten, die die Gesellschaft auf einer stabilen Grundlage neu gründen sollten. Dabei durften sie nicht alle Eigentumsverhältnisse infrage stellen, denn ansonsten wäre allgemeines Chaos zu befürchten (und die Hinterfragung ihrer eigenen Eigentumsrechte).

Die Abgeordneten verfolgten also 1789–1790 zunächst einen «historischen» Ansatz, der in Wahrheit sehr konservativ war und die meisten herrschaftlichen Rechte unberührt lassen konnte, wenn ihnen das Gewicht der Jahrhunderte den Anschein von friedlichen Eigentumsrechten verliehen hatte. Die Logik war eine «historische», nicht so sehr, weil sie die wirklichen geschichtlichen Ursprünge der fraglichen Rechte erforscht hätte, sondern insoweit man implizit annahm, dass ein lange genug bestehendes Eigentumsverhältnis (oder ein ganz danach aussehendes) nicht mehr infrage gestellt werden dürfe.

Dieser Ansatz wurde oft mit dem geflügelten Wort *nulle terre sans seigneur* (kein Land ohne Herr) zusammengefasst. Anders gesagt ging man, wenn kein unbestreitbarer Beweis des Gegenteils vorlag, abgesehen von einigen Einzelfällen, davon aus, dass Naturalien- oder Geldzahlungen an den Lehnsherren im Prinzip einen rechtmäßigen vertraglichen Ursprung hätten und also, angepasst an eine neue Sprache, weitergelten müssten.

In manchen Provinzen, vor allem im Süden Frankreichs, gab es jedoch eine andere Rechtstradition, die eher mit dem Prinzip *nul seigneur sans titre* (kein Herr ohne Titel) zusammengefasst wurde: Ohne schriftlichen Beweis konnte Eigentum nicht bestehen und waren Zahlungen nicht begründet. Die Verordnungen der Nationalversammlung wurden in den Regionen mit einer Tradition des geschriebenen Rechts sehr schlecht aufgenommen. In jedem Fall waren Eigentumstitel, wenn sie denn vorlagen, mit Vorsicht zu genießen, weil die Herren selbst oder von ihnen kontrollierte rechtsprechende Strukturen sie hätten erstellen können. In der Ungewissheit griffen die Bauern in mehreren Revolten die Lehnsherren und Schlösser an, verbrannten ab Sommer 1789 die dort befindlichen Urkunden und trugen so weiter zur Verwirrung bei.

Die Situation wurde noch unkontrollierbarer, als die außenpolitischen Spannungen zunahmen und zur Verhärtung des revolutionären Kurses beitrugen. Zwischen 1789 und 1791 hatte die Nationalversammlung, die nun die konstituierende Nationalversammlung war, eine neue Verfassung für das Königreich angenommen und eine konstitutionelle Zensusmonarchie eingeführt (wahlberechtigt war, wer ausreichend hohe Steuern zahlte), die für kurze Zeit Bestand hatte. Das politische Klima spannte sich immer weiter an, insbesondere nach der Flucht des Königs nach Varennes im Juni 1791. Nicht ganz ohne Grund wurde Ludwig XVI. vorgeworfen, sich den Adligen im Exil anschließen und mit den europäischen Monarchien ein Komplott schmieden zu wollen, um die Revolution militärisch zu unterdrücken. Als Krieg drohte, wurde der König beim Tuileriensturm im August 1792 verhaftet (und fünf Monate später guillotiniert) und eine neue Versammlung gebildet, der Nationalkonvent, der zwischen 1792 und 1795 eine republikanische

Verfassung auf der Grundlage des allgemeinen Wahlrechts schrieb, die angenommen, aber nicht mehr umgesetzt werden sollte. Der entscheidende Sieg im ostfranzösischen Valmy im September 1792 markierte nun den Triumph der republikanischen Idee und die symbolische Niederlage der trifunktionalen Ordnung. Obwohl die Adligen, qua Geburt ihre Offiziere, ins Ausland verschwunden waren, triumphierten die französischen Armeen gegen die vom gesamten europäischen Adel angeführte Koalition der monarchischen Heere. Dies war der leibhaftige Beweis, dass das bewaffnete Volk ohne die alte Krieger- und Adelsklasse auskam. Goethe, der von den Hügeln aus die Schlacht beobachtete, täuschte sich nicht: «Von hier und heute geht eine neue Epoche der Weltgeschichte aus».

Zur gleichen Zeit nahm die Umsetzung des Gesetzes vom 4. August 1789 zur Abschaffung der «Privilegien» eine radikale Wendung. Ab 1792 begann man, die Beweislast umzukehren und immer häufiger die Herren nach Beweisen für den vertraglichen Ursprung ihrer Rechte zu fragen. Das Dekret des Konvents von Juli 1793 beschleunigte die Dinge noch mit einem sogenannten «linguistischen» Ansatz. Alle herrschaftlichen Rechte und Grundrenten waren sofort ohne Entschädigung abzuschaffen, wenn sie mit Begriffen der alten Feudalordnung bezeichnet wurden.

Dies betraf nicht nur die Frondienste und das Bannrecht, für die keine Ausnahme mehr geduldet wurde, sondern auch Grundzins, Laudemium und viele andere Verpflichtungen dieser Art. Der Grundzins (*cens*) war eine Art Grundrente, die an den Herren zu entrichten und früher an die Anerkennung eines Vasallenverhältnisses gebunden war, das heißt an politische und militärische Abhängigkeit. Das Laudemium (*lods*) ist sicherlich besonders interessant, weil es zum einen sehr weit verbreitet und in vielen Provinzen zur hauptsächlichen Vergütung des Grundeigentümers geworden war, weil es zum anderen die engste Verflechtung der alten (im revolutionären Sinne illegitimen) Hoheitsrechte mit den (für legitim erachteten) modernen Eigentumsrechten sehr gut illustriert.

Das Laudemium und die Überlagerung dauerhafter Rechte und Ansprüche im Ancien Régime

Das Laudemium war eine Art Steuer des Ancien Régime auf den Besitzwechsel eines Lehens. Der Bauer, der in der Vergangenheit ein dauerhaftes Nutzungsrecht für Land erworben hatte (auch «Nutzlehen» genannt) und dieses Recht einem anderen Landwirt veräußern wollte, musste auf dieses Land eine Gebühr (Laudemium) an den Lehnsherren mit der *seigneurie directe* entrichten, deren Eigentum wiederum in *seigneurie privée* und *seigneurie publique* untergliedert werden konnte, wobei Erstere die Besitzrechte am Land und Letztere Rechtsprechungsbefugnisse umfasste. Das Laudemium konnte eine hohe Summe ausmachen, die je nach Fall unterschiedlich war, üblicherweise zwischen einem Zwölftel und der Hälfte des Verkaufswerts, also zwischen zwei und zehn Jahren Pacht.[1] Der Ursprung dieser Zahlung war üblicherweise an die rechtsprechende Gewalt gebunden, die der Herr über das fragliche Gebiet ausübte. Er sprach Recht, registrierte Transaktionen, gewährleistete die Sicherheit von Gütern und Personen, schlichtete Streitfälle, und diesen Diensten stand die Zahlung des Laudemiums bei Übertragungen des Nutzungsrechts für den Boden gegenüber.

Das Laudemium konnte mit anderen jährlichen oder zu festgelegten Zeitpunkten zu entrichtenden Zahlungen einhergehen, es bezeichnete oft eine Gesamtheit von Zahlungsverpflichtungen, nicht nur eine einzige. Da die Gebühr der Rechtsprechung entstammte, hätte man erwarten können, dass sie wie der Kirchenzehnt oder die *seigneuries publiques* ohne Entschädigung abgeschafft würde. Damit wäre aber nicht berücksichtigt, dass die Praxis des Laudemiums sich weit über den anfänglichen Gebrauch hinaus im Lehnswesen ausgedehnt hatte, sodass ihre entschädigungslose Abschaffung in den Augen der revolutionären Gesetzgeber (oder zumindest der konservativsten, der am wenigsten wagemutigen) die Gefahr barg, die proprietaristische Gesellschaftsordnung insgesamt infrage zu stellen und das Land ins Chaos zu stürzen.

Ein Charakteristikum der Eigentumsverhältnisse im Ancien Régime sowie in vielen alten dreigliedrigen Gesellschaften bestand also in der

1 Es sei daran erinnert, dass der Wert des Grundstücks in der Regel auf das Zwanzigfache der Jahrespacht festgesetzt wurde (mit anderen Worten, der jährliche Pachtwert wurde auf rund 5 % des Gesamtwertes geschätzt).

Überlagerung verschiedener Ebenen von dauerhaften Rechten für dasselbe Land (oder allgemein für dieselbe Sache). Eine Person konnte ein dauerhaftes Nutzungsrecht für ein Land besitzen, was den Verkauf des Rechts an andere Bauern einschloss, während ein anderer das Recht besaß, regelmäßig und dauerhaft Zahlungen zu erhalten, z. B. in Form einer jährlichen Rente in Geld oder Naturalien, die bisweilen vom Ernteertrag des Landes abhing, während ein Dritter von einer Gebühr für Transaktionen (eben dem Laudemium) profitierte, ein Vierter das Monopol für den Ofen oder die Mühle hatte, das für die Nutzung der Produkte notwendig war (ein Bannrecht), und ein Fünfter von der Zahlung eines Teils der Ernte zu religiösen Festen oder bestimmten Gedenkfeiern profitierte etc.

Jede dieser Personen konnte ebenso gut Lehnsherr, Bauer, Bischof, ein religiöser oder militärischer Orden sein, ein Kloster, eine Zunft, ein Bourgeois. Die Französische Revolution bereitete dieser Überlagerung von Rechten ein Ende und beschloss, dass nur der Eigentümer Inhaber eines dauerhaften Rechts an der Sache sein könne. Alle anderen Rechte konnten nur zeitlich beschränkt sein (z. B. in Form von Pacht- oder Mietverträgen mit fester Dauer), abgesehen natürlich vom dauerhaften Recht des Staates, Steuern einzutreiben und neue Regeln zu erlassen.[1] An die Stelle der Überlagerung von dauerhaften Rechten im Ancien Régime im Rahmen der Rechte und Pflichten der beiden privilegierten Stände unternahm die Revolution eine Restrukturierung der Gesellschaft ausgehend von zwei wesentlichen Akteuren: dem Privateigentümer und dem Zentralstaat.

Für das Problem des Laudemiums richtete die Revolution ein

1 Die Frage nach der Laufzeit der Pachtverträge gab Anlass zu umfangreichen Diskussionen: Die revolutionären Gesetzgeber lehnten die Idee von unbefristeten Pachtverträgen ab (weil dies erneut eine Überlagerung mehrerer dauerhafter Rechte nach feudalem Muster bedeutet hätte), aber einige Abgeordnete (wie Sieyès, immer gleich zur Stelle, wenn es darum ging, den kleinen Landwirt gegenüber den Landherren zu verteidigen, die er beschuldigte, den Klerus übervorteilt zu haben) wiesen darauf hin, dass die Verlängerung von Pachtverträgen die beste Form der sozialen Förderung für Bauern sein könne, die nicht über die nötigen Mittel verfügten, um das Land aufzukaufen (ein unbefristetes Pachtverhältnis ähnele dabei einem unbefristeten Darlehen). Die Agrarreformen mehrerer Länder im 19. und 20. Jahrhundert basieren de facto auf einer Mischung aus der Verlängerung der Pachtverträge und der Minderung des Pachtbetrages, was in bestimmten Fällen zu einer einfachen Übertragung des Grundeigentums auf seinen Nutzer führt, und zwar zu einem bescheidenen oder einem Preis von Null. Erfolgt die Ausgleichszahlung jedoch zu einem hohen Preis, so kann sie eine dauerhafte Falle sein.

öffentliches Kataster ein, eine zentrale, symbolträchtige Institution der damit begründeten Eigentümergesellschaft. Der Zentralstaat und seine Organe konnten auf Ebene der Departements und Kommunen ein riesiges Register über die rechtmäßigen Eigentümer der Grundstücke und Wälder, der Häuser und anderer Immobilien, der Lager und Fabriken, der Güter und Besitztümer jeglicher Art anlegen, vollständig und aktuell halten. Die Karte der Departements und Kommunen, der Präfekturen und Unterpräfekturen wurde ihrerseits sorgfältig ausgestaltet und trat an die Stelle der komplexen territorialen und juristischen Verflechtungen des Ancien Régime.

So beschlossen die revolutionären Versammlungen natürlich, dass das Laudemium an den Staat zu überführen sei, in das neue Steuersystem, das 1790–1791 eingeführt wurde. Die so geschaffenen Erbschaft- und Übertragungssteuern (*droits de mutation*) nahmen die Form einer Proportionalsteuer an, die für Grundstücks- und Immobilientransaktionen relativ hoch war und den neuen Eigentümer dazu berechtigte, sein Eigentum registrieren zu lassen und gegebenenfalls sein Recht durchzusetzen, wobei der Ertrag nunmehr eben an die öffentliche Gewalt ging, ausgenommen einen kleinen zusätzlichen Anteil, der als notarielle Gebühr für die Ausstellung der Urkunden zu leisten war. Diese Übertragungssteuern existieren in Frankreich Anfang des 21. Jahrhunderts noch immer in beinahe derselben Form wie zu ihrer Einführung, und sie entsprechen ungefähr zwei Jahren Pacht, was durchaus erheblich ist.[1] Bei den Diskussionen von 1789–1790 bestand kein Zweifel, dass das Laudemium eine Steuer für den Staat (und kein Anspruch des Lehnsherren mehr) sein solle und dass die Aufgabe, ein Kataster zu führen und das Eigentum zu beschützen, in die staatliche Verantwortung falle. Dies war die Grundlage der neuen proprietaristischen Ordnung. Die zu entscheidende Frage war nun, was aus dem ehemaligen Laudemium werden sollte. Sollte man es abschaffen, ohne die ehemals Begünstigten zu entschädigen? Musste man es als ein legitimes Eigentumsrecht behandeln, das einfach in anderer Form im juristischen Vokabular des neuen Rechts zu fassen war? Oder sollte die Umwandlung Gegenstand einer Entschädigung sein?

1 Im Jahr 2019 betragen diese Erbschafts- und Übertragungssteuern rund 5 bis 6 % des Verkaufswertes (je nach Departement, einschließlich des Gemeindeanteils und des Staatsanteils). Einschließlich der notariellen Gebühren erreichen wir 7 bis 8 % (rund zwei Jahrespachten oder sogar mehr).

In den Jahren 1789–1790 beschloss die Nationalversammlung eine vollständige Entschädigung für den Verlust des Laudemiums. Dabei wurde sogar eigens eine Tarifliste aufgestellt. Das Laudemium konnte durch den Bauern (allgemeiner durch den Inhaber des Nutzungsrechts am Boden oder an der Immobilie, also nicht zwangsläufig durch den tatsächlichen Landwirt) zu einer Summe von einem Drittel bis zu fünf Sechsteln des letzten Verkaufsbetrags dauerhaft aufgekauft werden, je nach Höhe des Laudemiums, also zu einem hohen Betrag.[1] Wenn die Summe nicht aufgebracht werden konnte, konnte das Laudemium durch eine Pacht von entsprechender Höhe ersetzt werden, z. B. eine Halbpacht, wenn der Aufkauf des Laudemiums auf die Hälfte des Sachwertes festgelegt war. All dies kam zur neuen staatlichen Übertragungssteuer hinzu. Die Nationalversammlung sah auf diese Weise die Umwandlung eines authentischen alten Feudalrechts in ein modernes Eigentumsrecht vor, ganz wie bei der Umgestaltung der alten Frondienste der Leibeigenschaft zu Pachten.

Im Jahr 1793 beschloss der Nationalkonvent, mit dieser Logik radikal zu brechen. Das Laudemium war entschädigungslos abzuschaffen; die Nutzer des Landes wurden somit zu vollumfänglichen Eigentümern, ohne Kapital oder Pacht zahlen zu müssen. Die Maßnahme verriet mehr als jede andere den Wunsch des Konvents nach gesellschaftlicher Umverteilung. Der Ansatz wurde allerdings nur relativ kurz verfolgt (1793–1794). Unter dem Direktorium (1795–1799) und dem anschließenden Konsulat und Kaiserreich (1799–1814) kehrten die neuen Machthaber des Landes zu den Zensusverfassungen und den deutlich konservativeren anfänglichen Beschlüssen der Revolution zurück.[2] Es fiel ihnen allerdings sehr schwer, die 1793–1794 beschlossenen Eigentumsübertragungen (die schlichte Abschaffung des Laudemiums) rückgängig zu machen, weil die

1 Der Wert des Laudemiums lag üblicherweise zwischen einem Zwölftel und der Hälfte des Grundstückswerts. In dem für den Aufkauf des Laudemiums festgelegten Tarif wurde also ausdrücklich berücksichtigt, dass höhere Übertragungssteuern zu selteneren Übertragungen führten. Siehe R. Blaufarb, *The Great Demarcation*, a. a. O., S. 73.

2 Besonders interessante Diskussionen ereigneten sich nach der Umwandlung der italienischen, niederländischen und deutschen Gebiete in den Jahren 1810 bis 1814 zu Departements und führten in diesen Gebieten zu einer äußerst konservativen Anwendung des revolutionären Eigentumsrechts, wo die napoleonische Führung keinerlei Interesse daran hatte, eine neue Klasse von Kleingrundbesitzern zu fördern. Sie zog es vor, die alten feudalen Rechte im Namen des Kaiserreichs zu übernehmen und sie zur Einsetzung neuer Eliten ihrer Wahl zu gebrauchen. Siehe R. Blaufarb, *The Great Demarcation*, a. a. O., S. 111–117.

Bauern und andere Begünstigte ihre neuen Rechte nicht einfach wieder abgeben wollten. Die vielfältigen Rechtsänderungen der Revolutionszeit führten zu einem schweren juristischen Streit, der die Gerichte für einen Großteil des 19. Jahrhunderts beschäftigen sollte, vor allem bei Erbschaften und anderen Übertragungen.

Kann man das Eigentum neu fassen, ohne sein Ausmaß zu berücksichtigen?

Eine der größten Schwierigkeiten des Nationalkonvents in den Jahren 1793–1794 bestand darin, dass der Ausdruck Laudemium (*lods*) sehr oft in den Grundstücksverträgen des Ancien Régime auftauchte; das Wort wurde auch bei vielen Verträgen und Verkäufen mit Beteiligten ohne jeglichen adligen oder feudalen Hintergrund für Zahlungen verwendet, die im Tausch gegen die Übergabe des Landes zu leisten waren, einschließlich regelmäßiger Zahlungen, die nicht mit einem Besitzerwechsel zusammenhingen, sondern einer Pacht ähnelten, welche auf Trimester- oder Jahresbasis zu zahlen war. Laudemium war in vielen Fällen gleichbedeutend mit Grundrente oder Pacht geworden, unabhängig von der genauen Ausgestaltung.

Mit dem «linguistischen» Ansatz konnte es also vorkommen, einen nicht zwangsläufig reichen bürgerlichen Eigentümer schlicht und einfach zu enteignen, nur weil er sein erworbenes Gut ein paar Jahre vor der Revolution vermietet oder verpachtet hatte, wobei aber im Vertrag ungeschickterweise die Worte Laudemium oder Grundzins verwendet wurden, während ein wirklicher Aristokrat weiterhin in Ruhe und Frieden seine in Feudalzeiten gewaltsam erworbenen Ansprüche geltend machen konnte, wenn nur von Renten oder Pacht, nicht von Laudemium oder Grundzins die Rede war. Angesichts so offenkundiger Ungerechtigkeiten mussten die Ausschüsse und Gerichte oft Entscheidungen rückgängig machen, ohne darüber Klarheit zu schaffen, welches neue Prinzip nun anzuwenden wäre.

Im Nachhinein hätten natürlich andere Lösungen gefunden werden können, um die Klippen der «historischen» und «linguistischen» Ansätze zu umschiffen. Konnte man die Umstände eines Eigentums tatsächlich bestimmen, ohne seine Ungleichverteilung in Betracht zu ziehen, das heißt den Wert der Güter und das Ausmaß des betreffenden

Vermögens? Zur Neufassung der Eigentumsordnung auf mehrheitlich akzeptablen Grundlagen wäre es sicherlich besser gewesen, die Frage der kleinen Besitztümer (z. B. des von einer Familie zu bewirtschaftenden Stückes Land) von denen des Großgrundbesitzes (z. B. der Ländereien zur Ernährung von Hunderten oder Tausenden Familien) zu unterscheiden, unabhängig vom verwendeten Vokabular für die jeweilige Zahlung (Laudemium, Rente, Pacht etc.), zumindest bis zu einem gewissen Grad. Die Suche nach den Anfängen führt im Vermögensrecht nicht immer zu den besten Entscheidungen, und obgleich sie oft unvermeidlich ist, kann sie sich nur schwer von Überlegungen zu den betroffenen Vermögensausmaßen und ihrer Bedeutung im gesellschaftlichen Zusammenleben lösen. Keine leichte Aufgabe, aber kann man anders vorgehen?

Die revolutionären Versammlungen waren Schauplatz zahlreicher Debatten zu unterschiedlichen Formen progressiver Abgaben auf Einkünfte und Vermögen, vor allem zu zahlreichen Vorhaben einer «nationalen Erbschaftsteuer», deren Höhe abhängig vom Verhältnis zwischen Erbe und Erblasser variierte. Lacoste, Verwalter der Registratur und der Staatsgüter, schlug im Herbst 1792 vor, den niedrigsten Steuersatz auf unter 5 % und den höchsten auf über 65 % festzulegen, und zwar auch bei direkter Abstammung des Erben, also bei Vererbung von Eltern an Kinder.[1] In den Jahrzehnten vor der Revolution hatte man ebenfalls ambitionierte Vorhaben zur Einführung einer Progressivsteuer in Erwägung gezogen. Louis Graslin, Steuerbeamter und Städtebauer aus Nantes, hatte z. B. 1767 vorgeschlagen, eine progressiv steigende Abgabe von 5 % für die geringsten Einkommen bis zu 75 %

1 Siehe die Flugschrift mit dem Titel *Du droit national d'hérédité ou Moyen de supprimer la contribution foncière*, 1792, Collection Portiez de l'Oise, Stück Nr. 22, Bibliothèque de l'Assemblée Nationale. Nach diesem Vorschlag sollte die Steuer für Erbschaften in direkter Linie (von Eltern zu Kindern) das Doppelte des Erbteils der Kinder betragen (67 % bei einem einzigen Erben, 50 % bei zwei Erben, 40 % bei drei Erben etc.), wenn die Erbschaft 3 Millionen Livres Tournois überstieg, das heißt etwa das Tausendfünfhundertfache des damaligen Durchschnittsvermögens eines Erwachsenen (etwa 2000 Livres). Sie sollte ein halbes Erbteil (das heißt 33 % bei nur einem Erben, 20 % bei zwei Erben, 14 % bei drei Erben etc.) bei Vererbung in direkter Linie von 50 000 Livres (etwa das Fünfundzwanzigfache des damaligen Durchschnittserbes) und zwei Zehntel eines Erbteils (das heißt 17 % bei einem Erben, 9 % bei zwei, 6 % bei drei) für eine Vererbung unter 2000 Livres (dem durchschnittlichen Erbe) betragen. Die Sätze für Erbschaften nicht in direkter Linie sollten noch höher liegen. Viele Flugschriften dieser Art sind erhalten geblieben und zeugen von den damaligen hitzigen Diskurs.

für die höchsten einzuführen (siehe Tabelle 3.1).[1] Die Spitzensteuersätze in diesen Vorhaben bezogen sich auf extrem hohe Vermögen und Einkünfte, die mehr als das Tausendfache des damaligen Durchschnitts umfassten. Nichtsdestoweniger gab es ebendiese großen Unterschiede in der französischen Gesellschaft des ausgehenden 18. Jahrhunderts, und die langfristige Einführung entsprechender Steuersätze hätte im Rahmen des Rechtsstaats sowie der gesetzlichen und parlamentarischen Verfahren zu einer tiefgreifenden Veränderung der Gegebenheiten geführt. Die vorgeschlagenen Sätze erreichten darüber hinaus bereits substanzielle Höhen, in der Größenordnung von 20–30 %, was bereits viel war, zumal es sich um die Besteuerung von Erbschaften handelte, für Vermögen und Einkünfte, die das Zehn- oder Zwanzigfache des Durchschnitts betrugen, wie es dem Vermögen des Hochadels oder des Großbürgertums der Zeit entsprach. Dies beweist, dass die Autoren solcher Vorhaben eine relativ ambitionierte Vorstellung von Steuerreform und Umverteilung hatten, die sich nicht auf eine winzige Minderheit Überprivilegierter beschränken konnte, wenn sie wirklich etwas bewirken sollte.

Tabelle 3.1

Vorschläge für progressive Steuern im Frankreich des 18. Jahrhunderts

Graslin: Progressive Einkommensteuer *(Essai analytique sur la richesse e l'impôt, 1767)*		**Lacoste: Progressive Erbschaftsteuer** *(Du droit national d'hérédité, 1792)*	
Vielfaches des Durchschnittseinkommens	Effektiver Steuersatz	Vielfaches des Durchschnittsvermögens	Effektiver Steuersatz
0,5	5%	0,3	6%
20	15%	8	14%
200	50%	500	40%
1300	75%	1500	67%

Tabelle 3.1.: In den von Graslin 1767 vorgelegten Überlegungen zu einer progressiven Einkommensteuer reicht der effektive Steuersatz schrittweise von 5% auf ein jährliches Einkommen von 150 Livres Tournois (ungefähr die Hälfte des Durchschnittseinkommens eines Erwachsenen zu dieser Zeit) bis hin zu 75% auf ein Einkommen von 400 000 Livres (ungefähr das 1300-Fache des durchschnittlichen Einkommens). Eine vergleichbare Progressivität lässt sich in den Überlegungen von Lacoste aus dem Jahr 1792 beobachten.

Quellen und Reihen: siehe piketty.pse.ens.fr/ideologie.

1 Siehe L. Graslin, *Essai analytique sur la richesse et l'impôt*, 1767, S. 292–293. Der von Graslin vorgeschlagene Steuersatz sollte 5 % für ein Jahreseinkommen von 150 Livres Tournois betragen (ungefähr die Hälfte des damaligen Durchschnittseinkommens eines Erwachsenen), 15 % für 6000 Livres (das Zwanzigfache des Durchschnittseinkommens), 50 % für 60 000 Livres (das Zweihundertfache) und 75 % für ein Einkommen von 400 000 Livres (mehr als das Tausenddreihundertfache des Durchschnittseinkommens).

In der Revolutionszeit wurde jedoch in Sachen Progressivsteuer nichts Handfestes erreicht. In einzelnen Departements wurde 1793–1794 im Auftrag des Nationalkonvents mit einer progressiven Besteuerung experimentiert. Es gab auch progressiv ausgestaltete Notmaßnahmen zur Kriegsfinanzierung, insbesondere die Zwangsanleihe im September 1793, die 25 % für Einkünfte von 3000 Livres Tournois vorsah, also für etwa das Zehnfache des damaligen Durchschnittseinkommens, und 70 % für Einkünfte über 15 000 Livres Tournois, also das Fünfzigfache des Durchschnittseinkommens.[1] Die unterschiedlichen Steuern und Abgaben des neuen Steuersystems der Französischen Revolution hatten aber ab 1790–1791 im Wesentlichen die Form von streng proportionalen Steuern; es gab also ein und denselben geringen Steuersatz für die verschiedenen Einkommens- oder Vermögenshöhen, so winzig oder riesig diese auch sein mochten. Zudem wurde keine Landreform formuliert, die mit den Steuervorschlägen von Lacoste oder Graslin vergleichbar gewesen wäre und auch die allgemeine Neuverteilung des Eigentums, insbesondere des Ackerlandes, betroffen hätte.

Wir werden sehen, dass dieses für die Akkumulation von großen Vermögen sehr günstige Rechts- und Steuersystem der Revolution weitgehend die wachsende Eigentumskonzentration im Frankreich des 19. Jahrhunderts erklärt. Erst mit der Krise Anfang des 20. Jahrhunderts konnte man eine dauerhafte und bleibende progressive Besteuerung von Einkommen und Vermögen erkennen, in Frankreich und übrigens auch in anderen Ländern. Ebenso verhält es sich mit den Landreformen, die eine Umverteilung zum Ziel haben, wobei Eigentum ausdrücklich in Abhängigkeit von der Größe der Parzellen übertragen wurde; wir werden sehen, dass diese Mechanismen ab Ende des 19. und Anfang des 20. Jahrhunderts in sehr unterschiedlichen Kontexten auftauchen. Zur Zeit der Revolution wurden sie in Frankreich nie angewandt.

---

1 Zu den verschiedenen regionalen Versuchen und Notmaßnahmen, die in den Jahren 1793 bis 1794 durchgeführt wurden, siehe J. P. Gross, «Progressive taxation and social justice in 18th century France», *Past and Present*, Bd. 140 (1), 1993, S. 79–126. Für eine detaillierte Analyse der Ereignisse und Diskussionen siehe J. P. Gross, *Egalitarisme jacobin et droits de l'homme (1793–1794)*, Paris: Arcantères, 2000. Auch verschiedene Systeme eines «Höchsterbes» und eines «Staatserbes» (das allen zugänglich wäre) wurden 1793 bis 1794 ohne konkrete Anwendung diskutiert. Zu diesem Thema siehe F. Brunel, «La politique sociale de l'an II: un ‹collectivisme individualiste›?», in S. Roza, P. Crétois, *Le Républicanisme social: une exception française?*, Paris: Éditions de la Sorbonne 2014, S. 107–128.

Während der Französischen Revolution, auch in der Periode der ambitioniertesten Umverteilungsbestrebungen 1793–1794, konzentrierten sich die Eigentumsdebatten auf Fragen von Frondiensten und Bannrecht, von Laudemium und Freikauf von Rechten. Die Abschaffung der «Privilegien» wurde erst mit einem «historischen», dann mit einem «linguistischen» Ansatz verfolgt und hatte komplexe, leidenschaftliche Debatten zur Folge, ohne die Frage der ungleichen Verteilung von Eigentum und des Umfangs individueller Vermögen wirklich ausdrücklich und kohärent anzugehen. Es hätte sicherlich auch anders laufen können. Tatsächlich ist es aber nicht anders gekommen, und zwar aus Gründen, die wir verstehen wollen.

Wissen, Macht und Emanzipation: der Wandel der dreigliedrigen Gesellschaften

Rekapitulieren wir. Die Französische Revolution kann als eine Erfahrung im beschleunigten Wandel einer alten dreigliedrigen Gesellschaft betrachtet werden. An ihrem Anfang steht ein Projekt der «großen Abgrenzung» der alten von den neuen Formen der Macht und des Eigentums. Es ging darum, eine strenge Trennung zwischen hoheitlichen Funktionen (Monopol des Zentralstaats) und Eigentumsrecht (Privileg des privaten Individuums) vorzunehmen, während die trifunktionale Gesellschaft auf der Verflechtung dieser Verhältnisse beruht hatte. Diese «große Abgrenzung» war gewissermaßen ein Erfolg, insofern sie in der Tat zum dauerhaften Wandel der französischen Gesellschaft und auch der europäischen Nachbargesellschaften beitrug. Es handelte sich dabei um den historisch ersten Versuch, eine politische und gesellschaftliche Ordnung einzuführen, die auf Rechtegleichheit beruhte, unabhängig von der sozialen Herkunft, und zwar in einer für die damalige Zeit großen Gesellschaft, die über Jahrhunderte hinweg nach starken statusbezogenen und geografischen Ungleichheiten geordnet war. Das ambitionierte Projekt der «großen Abgrenzung» stieß also auf zahlreiche Schwierigkeiten. Trotz aller ihrer Beschränkungen und Ungerechtigkeiten hatte die alte trifunktionale Gesellschaft ihre eigene Kohärenz; die Lösungen des neuen proprietaristischen Regimes zur Neuordnung der Gesellschaft waren durch vielfältige Widersprüche gekennzeichnet. Man schaffte die soziale Rolle der Kirche ab, ohne einen Sozialstaat einzuführen; man schärfte die Konturen des Privateigentums, ohne Zugang dazu zu ermöglichen etc.

Insbesondere in der Schlüsselfrage des ungleich verteilten Eigentums ist das Scheitern der Französischen Revolution offenkundig. Man beobachtet zwar im 19. Jahrhundert einen Austausch der Eliten, wie er bereits in vorangegangenen Jahrhunderten vorkam, wenngleich es an Instrumenten mangelt, das genaue Ausmaß in den einzelnen Zeiträumen zu vergleichen, aber die Vermögenskonzentration blieb zwischen 1789 und 1914 auf einem extrem hohen Niveau. Wie wir im nächsten Kapitel sehen werden, stieg sie im langen 19. Jahrhundert sogar an. Die revolutionären Ereignisse beeinträchtigten sie kaum. Dieses relative Scheitern lässt sich durch die Komplexität und Neuheit der Probleme erklären, aber auch durch die Beschleunigung der politischen Zeit. Gewisse Ideen standen bereit, konnten aber in der verfügbaren Zeit nicht ausprobiert werden. Die Ereignisse diktierten den revolutionären Gesetzgebern und den neuen Machthabern ihr Gesetz dringlicher als die in der Vergangenheit in aller Ruhe zusammengetragenen Erkenntnisse.

Die Erfahrung der Französischen Revolution illustriert übrigens eine allgemeine Lehre, auf die wir auch später wieder stoßen werden. Historischer Wandel ergibt sich aus dem Zusammenspiel von Logiken kurzfristiger politischer Ereignisse und langfristigerer politischer Ideologien. Die Entwicklung von Ideen bedeutet nichts, wenn diese nicht im Eifer der Ereignisse, der gesellschaftlichen Kämpfe, Aufstände und Krisen institutionell ausprobiert und praktisch umgesetzt werden. Umgekehrt bleibt den Ereignissen und ihren Akteuren oft keine andere Wahl, als auf das Repertoire von in der Vergangenheit ausgearbeiteten politisch-ökonomischen Ideologien zurückzugreifen. Sie können bisweilen neue Werkzeuge *live* erfinden, aber dies erfordert Zeit und Versuchskapazitäten, die üblicherweise nicht vorhanden sind.

In diesem Fall ist es interessant, dass die Diskussionen um die mehr oder weniger legitime Herkunft von Adelseigentum und herrschaftlichen Rechten gewissermaßen bereits in den vorangegangenen Jahrhunderten stattgefunden hatten. Das Problem ist, dass diese Diskussionen oft bei allgemeinen historischen Betrachtungen verblieben waren und keine wirklich anwendbaren Lösungen für die konkreten Fragen boten, die sich im Eifer des Gefechts ergeben sollten. Juristen wie Charles Dumoulin, Jean Bodin und Charles Loyseau hatten seit Ende des 16. Jahrhunderts angeprangert, dass die Lehnsherren, die mitunter aus uralten Invasionswellen (der Franken, Hunnen und Normannen, also aus einem Zeitraum zwischen dem 5. und 11. Jahrhundert) stammten, über die Jahrhunderte die Schwäche der Krone ausgenutzt hätten, um übermäßige Rechte zu erwerben. Im Gegenzug betonten die Verteidiger der Lehnsherren wie Boulainvilliers und Montesquieu im 18. Jahrhundert, dass die Franken zwar von ihrer anfänglichen Stärke profitiert, seitdem aber eine neue Legitimität erlangt hätten, indem sie die Bevölkerung in den vielen Jahrhunderten vor allem gegen die Normannen und die Ungarn beschützt hätten. Die historisch-militärischen Betrachtungen, so aufschlussreich sie zur Frage der kriegerischen Legitimität des Adels und so interessant sie Mitte des 18. Jahrhunderts auch sein mögen, definierten die Bedingungen für ein gerechtes und neu zu fassendes Eigentum nicht genau.

Im Fokus der Diskussionen stand in den vorangegangenen Jahrhunderten die jeweilige Rolle von Zentralstaat und lokalen Eliten. Boulainvilliers und Montesquieu verteidigten die *seigneurie publique* und die Käuflichkeit der Ämter (letztere wurde während der Revolution ebenfalls abgeschafft, meist mit finanzieller Entschädigung) im Namen der Gewaltenteilung und der Begrenzung der königlichen Macht. Montesquieus Werk *Vom Geist der Gesetze* von 1748 wurde anschließend zu einer Referenz in der Frage der Gewaltenteilung. Dabei vergisst man gern, dass es Montesquieu, der selbst das sehr lukrative Amt des Gerichtspräsidenten am *parlement* von Bordeaux geerbt hatte, nicht genügte, Exekutive, Legislative und Judikative zu trennen. Man müsse auch die lokalen Lehnsherrengerichte und die Käuflichkeit der Ämter in den *parlements* der Provinzen beibehalten, um zu verhindern, dass der Zentralstaat zu viel Macht erhalte und sich der Monarch – wie der türkische Sultan – zu einem Despoten entwickle. Der negative Verweis auf den Orient ist, nebenbei bemerkt, für Sieyès, den Verächter der Adelsprivilegien, ebenso natürlich wie für deren Verteidiger Montesquieu. Die Revolution entschied anders. Die Gewalt der Rechtsprechung wurde von der alten herrschaftlichen Klasse auf den Zentralstaat übertragen, und auch der Käuflichkeit von Ämtern wurde ein Ende bereitet, in beiden Fällen gegen die Meinung von Autoren wie Boulainvilliers oder Montesquieu.[1]

1 Siehe R. Blaufarb, *The Great Demarcation*, a. a. O., S. 36–40. In seinen *Réflexions sur l'intérêt général de l'Europe, suivies de quelques considérations* (1815) versuchte Louis de Bonald auch, den Adel aufs Neue als Richterklasse und Militärklasse zu legitimieren. Siehe

Im Nachhinein ist es leicht, die konservativen Positionen der Verteidiger herrschaftlicher Rechtsprechungsprivilegien und der Käuflichkeit jurisdiktioneller und administrativer Ämter anzuprangern. Zwei Jahrhunderte später und vielleicht auch für die Klarsichtigsten des 18. Jahrhunderts erscheint es ganz eindeutig, dass die Rechtsprechung nur im Rahmen eines universellen öffentlichen Dienstes durch den Zentralstaat befriedigend und unparteiisch erfolgen kann, nicht in lehnsherrlichen Gerichten oder in einem System, das auf dem Verkauf von Ämtern beruht. Allgemeiner gesagt ist es heute relativ klar, dass ein richtig organisierter Staat die Grundrechte und individuellen Freiheiten überzeugender gewährleisten kann als ein trifunktionales System, das sich auf die Macht lokaler Eliten und die Statusprivilegien von Adel und Klerus stützt. Der französische Bauer war im 19. und 20. Jahrhundert gewiss freier als im 18. Jahrhundert, schon allein, weil er nicht mehr der willkürlichen Rechtsprechung des Lehnsherren unterlag.

Dennoch muss betont werden, dass die zugrundeliegende Frage, ob man dem Zentralstaat vertrauen kann, sehr komplex und nicht so leicht zu beantworten ist, solange sich die neuen Staatsgewalten nicht konkret bewähren können. Das Vertrauen in die Fähigkeit des Staates, unparteiisch und gerecht über ein großes Territorium zu urteilen, Sicherheit zu gewährleisten, Steuern zu erheben, hoheitliche Aufgaben wahrzunehmen und Leistungen in den Bereichen Bildung und Gesundheit zu erbringen, und zwar gerechter und effizienter als die alten privilegierten Stände, lässt sich nicht vom Rednerpult aus verfügen. Es muss historisch und praktisch erworben werden. Im Grunde unterscheiden sich die Ängste Montesquieus vor einem despotischen Staat und seine Verteidigung der lokalen lehnsherrlichen Gerichte nicht sehr von anderen argwöhnischen Haltungen zu Beginn des 21. Jahrhunderts zu verschiedenen Formen überstaatlicher Gewalt.

Zahlreiche Verteidiger der Konkurrenz nationaler Rechtsprechungen etwa, auch wenn einige von diesen Rechtsordnungen sich als Steuerparadiese mit besonders undurchsichtigen (für Begüterte vorteilhaften) Regulierungen aufführen, begründen ihre Haltung mit den Gefahren für individuelle Freiheiten, die eine zu große Zentralisierung von Informationen und Jurisdiktion in einer und derselben Staatsmacht mit sich brächte. Sicherlich werden solche Haltungen oft geäußert, um die Verteidigung

---

B. Karsenti, *D'une philosophie à l'autre. Les sciences sociales et la politique des modernes*, Paris: Gallimard, 2013, S. 82–87.

von wohlverstandenen Eigeninteressen zu verbergen, wie es ja auch bei Montesquieu der Fall war. Nichtsdestoweniger verstärkt die (zumindest teilweise) Plausibilität des Arguments seine politische Wirksamkeit und nur ein erfolgreicher historischer Versuch kann die politisch-ideologischen Machtverhältnisse in dieser Frage radikal verändern.

Die Revolution, der Zentralstaat und das Erlernen der Justiz

Fassen wir zusammen. Die zentrale Frage der Französischen Revolution war die der Hoheitsrechte und des Zentralstaats, nicht die gerechten Eigentums. Ziel war es, die Hoheitsrechte der lokalen adligen und geistlichen Eliten an den Staat zu übertragen, nicht, eine große Umverteilung von Eigentum vorzunehmen. Man bemerkte allerdings rasch, dass es nicht so leicht war, diese beiden Ziele voneinander zu trennen. Insbesondere die Losung der Nacht vom 4. August, die Abschaffung der «Privilegien», öffnete den Spielraum für Interpretationen und Weichenstellungen.

Eigentlich ist es nicht so schwer, sich Ereignisse vorzustellen, die zu einer deutlich egalitäreren Variante der Abschaffung von «Privilegien» geführt hätten. Man macht es sich jedenfalls zu leicht mit der Behauptung, Ende des 18., Anfang des 19. Jahrhunderts sei man für eine Progressivsteuer oder umverteilende Landreformen noch nicht bereit gewesen, solche institutionellen Innovationen hätten notwendigerweise noch ein Jahrhundert bis zu den Krisen des beginnenden 20. Jahrhunderts auf sich warten lassen müssen. Es ist verführerisch, historische Ereignisse im Nachhinein deterministisch zu lesen und zu dem Schluss zu kommen, die durch und durch bürgerliche Französische Revolution habe überhaupt nur ein proprietaristisches Regime und eine Eigentümergesellschaft hervorbringen können, ein richtiger Versuch, die Ungleichheiten zu mindern, sei gar nicht möglich gewesen. Während es durchaus stimmt, dass die Erfindung eines neuen, durch den Zentralstaat gewährleisteten Eigentumsrechts eine komplexe Angelegenheit darstellte und viele revolutionäre Gesetzgeber darin das zentrale und nahezu einzige Ziel der Revolution sahen, machte man es sich zumindest sehr einfach, die Komplexität der revolutionären Debatten auf diesen einzigen Ansatz zurückzuführen. Wenn man den Verlauf der Ereignisse und die von verschiedenen Seiten vorgebrachten Vorschläge untersucht, wird deutlich, dass die Idee der Abschaffung der «Privilegien» zu verschiedenen Interpretationen und Gesetzen führen konnte, dass andere Wege hätten eingeschlagen werden können als die letztlich begangenen, die stark von bereits getroffenen Richtungsentscheidungen gekennzeichnet waren, etwa von «historischen» und «linguistischen» Ansätzen, die sich aus mehr oder weniger zufälligen Umständen ergaben.

Jenseits von nicht zu vernachlässigenden Interessengegensätzen spielten nämlich auch und vor allem intellektuelle und kognitive Konflikte eine Rolle. Niemand verfügte damals (und niemand verfügt heute) über gänzlich überzeugende Fertiglösungen, die «Privilegien», die Modalitäten ihrer Abschaffung und die Regulierung von Eigentum in der neuen Gesellschaft festzulegen. Jeder brachte Erfahrungen und Ideen ein; die gesamte Gemeinschaft beteiligte sich an einem großen, widersprüchlichen, gesellschaftlichen Lernprozess. Man war sich etwa einig, dass Frondienste, Bannrecht und Laudemium der Vergangenheit angehörten, aber viele fürchteten zugleich, dass mit deren entschädigungsloser Abschaffung die Pachten und die Ungleichverteilung von Eigentum allgemein infrage gestellt werden könnten, weil man nicht wusste, wo ein solcher Prozess enden sollte. Man war also versucht, die alten Rechte auf gewisse Weise beizubehalten. Diese sehr konservative Position war verständlich, und es kam zu heftigen Konflikten mit jenen, die sie nicht teilten. Die unvermeidlich konfliktbehaftete und ungewisse Dimension der Ereignisse muss man in Rechnung stellen.

Jüngeren Arbeiten zufolge tobten im Europa der Aufklärung auch sehr lebendige Debatten zur Frage der Ungleichverteilung von Eigentum, anders als eine nachträglich konstruierte Sicht auf den Konsens der Epoche vermeinen ließe. Jonathan Israel unterscheidet mehrere Gruppen von Autoren und Positionen und macht einen sehr klaren Gegensatz aus zwischen der «radikalen» Aufklärung (Diderot, Condorcet, Holbach, Paine) und der «gemäßigten» (Voltaire, Montesquieu, Turgot, Smith). Die «Radikalen» unterstützten für gewöhnlich die Idee einer gemeinsamen Versammlung der verschiedenen Ständevertreter an einem Ort, das Ende der «Privilegien» für Adel und Klerus, eine gewisse Umverteilung von Eigentum und ganz allgemein eine größere Gleichheit von Klassen, Geschlechtern und Rassen. Die «Gemäßigten», die man auch die Konservativen nennen könnte, misstrauten solchen gemeinsamen Versammlungen und der radikalen Abschaffung von Eigentumsrechten tendenziell, auch in Bezug auf Lehnsherrschaft oder

Sklavenhandel, und vertrauten eher auf einen natürlichen, allmählichen Fortschritt. Einer der berühmtesten Vertreter der «gemäßigten» Strömung außerhalb Frankreichs war Adam Smith, der an den Markt mit seiner «unsichtbaren Hand» glaubte, dessen Hauptverdienst darin bestehe, menschlichen Fortschritt ohne gewaltsame Umbrüche, ohne den Sturz der alten politischen Institutionen herbeizuführen.[1]

Wenn man die Positionen der beiden Gruppen zu Fragen der Ungleichheit und des Eigentums genauer betrachtet, sind die Unterschiede nicht immer so eindeutig. Ein guter Teil der «Radikalen» verließ sich auch eher auf «natürliche Kräfte». Davon zeugt etwa eine äußerst optimistische und für den «radikalen» Condorcet repräsentative Passage aus dem *Entwurf einer historischen Darstellung der Fortschritte des menschlichen Geistes* von 1794: «Es läßt sich leicht beweisen, daß die Glücksgüter von Natur zur Gleichheit hinneigen und daß ein übermäßiges Mißverhältnis in ihrer Verteilung entweder gar nicht bestehen kann oder schnell aufhören muß, wenn nicht die bürgerlichen Gesetze durch künstliche Mittel nachhelfen, ihnen Dauer zu verleihen und ihre Anhäufung zu erleichtern; es verschwindet, wenn die Freiheit des Handels und der Industrie den Vorteil beseitigt, den das Prohibitivsystem und die fiskalische Gesetzgebung dem erworbenen Reichtum einbringt.»[2] Anders gesagt genüge es, die Privilegien und Belastungen abzuschaffen, gleichen Zugang zu verschiedenen Berufen und zum Recht auf Eigentum einzurichten, und die alten Ungleichheiten verschwänden sogleich. Dass die Vermögenskonzentration in Frankreich kurz vor dem Ersten Weltkrieg, also über ein Jahrhundert nach der Abschaffung der «Privilegien», noch höher war als zur Zeit der Revolution, besiegelt leider das Scheitern dieser optimistischen Sicht. Zwar hatte Condorcet 1792 eine Art Progressivsteuer vorgeschlagen, aber dabei handelte es sich um eine relativ bescheidene Maßnahme; der Maximalsatz betrug weniger als 5 % für die höchsten Einkommen. Vor allem ging Condorcet deutlich weniger weit als unbekanntere Autoren wie Lacoste und Graslin, die interessanterweise Steuerpraktiker und Angehörige der öffentlichen Verwaltung waren, keine Philosophen oder

1 Zu diesen Unterscheidungen siehe J. Israel, *A Revolution of the Mind. Radical Enlightenment and the Intellectual Origins of Modern Democracy*, Princeton University Press 2010.

2 J. A. N. de Condorcet, *Entwurf einer historischen Darstellung der Fortschritte des menschlichen Geistes*. Deutsche Übertragung von W. Alff in Zusammenarbeit mit H. Schweppenhäuser, Frankfurt a. M.: Europäische Verlagsanstalt 1963, S. 357.

Wissenschaftler, was sie jedoch nicht daran hinderte, bei der Formulierung ihrer Vorschläge mutig und fantasievoll zu sein – ganz im Gegenteil.[1] Die subversivsten Akteure sind nicht immer die, von denen man es erwartet.

Es gab also bereits genaue, explizit formulierte Vorschläge, auch bei den bedeutendsten Vertretern der Aufklärung; die Revolutionsereignisse hätten also einen ganz anderen Gang nehmen können, vor allem wenn die militärischen und politischen Spannungen der Jahre 1792–1795 weniger heftig gewesen wären und den revolutionären Gesetzgebern etwas mehr Zeit zum Ausprobieren konkreter Umverteilungsmaßnahmen zur Minderung der Ungleichverteilung von Eigentum in großem Maßstab gegeben hätten. Man denke auch an die berühmten Vorschläge des amerikanischen Revolutionärs Thomas Paine, die er 1795 in der Schrift *Agrarian Justice* an die französischen Parlamentarier adressierte und die darin bestanden, Erbschaften mit 10 % zu besteuern, um ein ambitioniertes bedingungsloses Grundeinkommen zu finanzieren, das seiner Zeit um einiges voraus war.[2] Der Steuersatz von 10 % war zwar relativ gering im Vergleich zu den stark progressiven Sätzen, die zur Debatte standen und dann im Verlauf des 20. Jahrhunderts angewandt wurden. Paine orientierte sich zudem an einer nahezu ausschließlichen Proportionalbesteuerung, während in den Jahren zuvor zahlreiche Vorschläge für Progressivsteuern debattiert worden waren. Er lag mit seinem Vorschlag aber deutlich höher als der bescheidene Satz von 1 %, der letztendlich für Vererbungen bei direkter Abstammung im

---

1 In *Sur la fixation de l'impôt* (1789) schlug Condorcet vor, die neu eingeführte Wohnraumsteuer progressiv zu gestalten mit einem Höchstsatz von 50 %, bezogen auf den Mietwert des Hauptwohnsitzes. Da diese Mietwerte bei geringerem Einkommen niedriger waren (nach damaligen Schätzungen überstiegen sie 20 % der Einkommen der Ärmsten, gegenüber weniger als 10 % für die Wohlhabendsten, was zu einem Steuersatz von etwa 5 % auf die höchsten Einkommen führt), zielte der Vorschlag hauptsächlich darauf ab, die strukturelle Regression dieses Beitrags zu korrigieren (leider wurde der Vorschlag nicht umgesetzt). Zu Condorcets Steuervorschlägen siehe auch J.-P. Gross, «Progressive Taxation and Social Justice in Eighteenth-Century France», a. a. O., S. 109–110.

2 Paine wurde in Großbritannien geboren und war ein leidenschaftlicher Verteidiger der Unabhängigkeit der Vereinigten Staaten und später der Revolution in Frankreich, wo er in den 1790er Jahren lebte. Zu den Gegensätzen von Paine und Condorcet sowie zum innovativeren Charakter von Paines Vorschlägen siehe Y. Bosc, «Républicanisme et protection sociale: l'opposition Paine-Condorcet», in S. Roza, P. Crétois, *Le républicanisme social: une exception française?*, a. a. O., S. 129–146.

Steuersystem der Französischen Revolution und das ganze 19. Jahrhundert hinweg angewandt wurde.[1]

Die politischen und legislativen Prozesse, mit denen zu Beginn des 20. Jahrhunderts, vor allem nach dem Ersten Weltkrieg, Progressivsteuern auf Einkommen und Erbschaften in Europa und den Vereinigten Staaten eingeführt wurden, verliefen erstaunlich schnell, und auch die Mehrheitsmeinung zu dieser Frage änderte sich rasch. Ein Steuermodell, das kurz zuvor noch völlig undenkbar erschien, wurde wenige Jahre später fast für alle durchaus akzeptabel. Das legt die Vermutung nahe, es hätte schon während der Französischen Revolution ganz leicht anders kommen können, wenn konkrete Maßnahmen wie die von Condorcet oder Paine in den 1790er Jahren wirklich in Ruhe, wenn auch nur für ein paar Jahre, im Rahmen des Rechtsstaats und parlamentarischer Prozesse hätten ausprobiert werden können. Die konservative und später napoleonische Reaktion hätte sich nicht zwangsläufig so schnell durchsetzen müssen, schon ab 1795–1799 mit der Wiedereinführung des Zensuswahlrechts und bald darauf der Sklaverei, und mit der Rückkehr der Adligen aus der Emigration, wobei zwischenzeitlich noch ein neuer Adel für das Kaiserreich geschaffen wurde. Es geht uns hier nicht darum, die Geschichte umzuschreiben, vielmehr wollen wir betonen, wie bedeutsam die Logik der Ereignisse und der konkreten historischen Versuche bei politisch-ideologischen Umbrüchen in der Frage von Eigentum und Ungleichheiten sind. Interessanter als die Betonung der deterministischen Lesarten ist es heute, in den Ereignissen Kreuzungspunkte und mögliche Weggabelungen von Ideen zu erkennen.[2]

---

1 Es sei auch darauf hingewiesen, dass Paine 1792 in *The Rights of Man* einen Steuertarif auf die höchsten Einkommen vorgeschlagen hatte, der bei 80 bis 90 % auf etwa 20 000 Pfund Sterling pro Jahr lag (etwa das Tausendfache des damaligen britischen Durchschnittseinkommens), ein Steuersatz, der mit Graslins Modell von 1767 vergleichbar ist. Zu Paines Vorschlägen siehe auch H. Phelps Brown, *Egalitarism and the Generation of Inequality*, Oxford University Press 1988, S. 139–142.

2 Die Geschichtsschreibung zur Französischen Revolution spaltete sich während des Kalten Krieges leider in einen marxistischen Ansatz (mit der Annahme, dass die Revolution von 1917 die natürliche Fortsetzung der Geschehnisse der Jahre 1793/94 sei, was höchst fragwürdig ist) und einen antimarxistischen (mit der Annahme, dass jedes ehrgeizige soziale Umverteilungsprojekt notwendigerweise zu Terror und Sowjetismus führe, was ebenso fragwürdig ist). Im Technischen Anhang befinden sich die wichtigsten Referenzen (A. Soboul vs. F. Furet). Diese oft geradezu karikaturhafte Instrumentalisierung der Französischen Revolution in den Konflikten des 20. Jahrhunderts trägt vermutlich dazu bei, warum sich scharfsinnigere

Die proprietaristische Ideologie zwischen Emanzipation und Sakralisierung

Allgemeiner gesagt illustriert die Französische Revolution eine Spannung, der wir in der Folge noch oft begegnen werden. Die proprietaristische Ideologie hat eine reale, nicht zu vernachlässigende emanzipatorische Dimension, und zugleich trägt sie eine Tendenz zur Quasi-Sakralisierung von in der Vergangenheit etablierten Eigentumsrechten in sich, unabhängig von Umfang und Herkunft, eine ebenso reale Dimension, deren inegalitäre und autoritäre Konsequenzen enorm sein können.

Von Anfang an beruht die proprietaristische Ideologie auf einem Versprechen von sozialer und politischer Stabilität, aber auch von individueller Emanzipation durch das Eigentumsrecht, das angeblich allen offenstehe, oder wenigstens allen Erwachsenen männlichen Geschlechts, denn die proprietaristischen Gesellschaften des 19. und beginnenden 20. Jahrhunderts sind mit der ganzen Macht und Gründlichkeit eines modernen zentralisierten Rechtssystems patriarchalisch.[1] Für das Eigentumsrecht spricht im Prinzip zumindest, dass es sich unabhängig von den jeweiligen sozialen und familiären Hintergründen unter dem gerechten Schutz des Staates anwenden lässt. Verglichen mit trifunktionalen Gesellschaften, die auf relativ strengen Statusunterschieden zwischen Klerus, Adel und Drittem Stand beruhten und auf dem Versprechen von funktionaler Komplementarität, von Gleichgewicht und Bündnis zwischen den Klassen, begreifen sich Eigentümergesellschaften als auf Rechtegleichheit gründend. In ihnen wurden die «Privilegien» von Klerus und Adel abgeschafft oder zumindest in ihrer Reichweite stark eingeschränkt. Jeder hat das Recht auf geschütztes Eigentum, beschützt vor der Willkür des Königs, des Lehnsherrn oder des Bischofs, jeder kann von einem Rechts- und Steuersystem profitieren, welches im Rahmen des Rechtsstaates nach stabilen und absehbaren Regeln alle gleich behandelt. Jeder wird somit dazu angeregt, das Eigentum mithilfe der eigenen Kenntnisse und Talente größtmögliche Gewinne tra-

politisch-ideologische Ansätze wie die von R. Blaufarb zur Neudefinition der Eigentumsordnung nur langsam entwickelt haben.

1 Das Eigentumsrecht steht Frauen in den proprietaristischen Rechtssystemen des 19. Jahrhunderts grundsätzlich offen, meist aber unter der strengen Kontrolle ihrer Ehemänner.

gen zu lassen. Der geschickte Gebrauch der jeweiligen Fähigkeiten soll auf natürlichem Wege zum Wohlstand aller und zu sozialer Harmonie führen.

Dieses Versprechen von Gleichheit und Harmonie drückt sich unumwunden in den feierlichen Erklärungen aus, die die «atlantischen» Revolutionen des ausgehenden 18. Jahrhunderts kennzeichnen. Die Unabhängigkeitserklärung, die am 4. Juli 1776 in Philadelphia unterzeichnet wurde, beginnt mit einer ganz deutlichen Aussage: «Folgende Wahrheiten erachten wir als selbstverständlich: dass alle Menschen gleich geschaffen sind; dass sie von ihrem Schöpfer mit gewissen unveräußerlichen Rechten ausgestattet sind; dass dazu Leben, Freiheit und das Streben nach Glück gehören». Die Wirklichkeit stellt sich jedoch komplexer dar, zumal der Verfasser Thomas Jefferson selbst rund zweihundert Sklaven in Virginia besaß und nicht nur ihre Existenz zu erwähnen vergaß, sondern auch, dass sie offensichtlich etwas weniger gleich als ihre Eigentümer waren. Dennoch stellt die Unabhängigkeitserklärung von 1776 für den weißen Siedler in den Vereinigten Staaten eine Bekräftigung von Gleichheit und Freiheit gegenüber der willkürlichen Macht des Königs von England und den Statusprivilegien des House of Lords und des House of Commons dar. Diese Privilegiertenparlamente wurden aufgefordert, die Siedler in Ruhe zu lassen, ihre unberechtigte Besteuerung einzustellen und künftig nicht mehr grundlos ihrem Streben nach Glück, dem Nachgehen ihrer Geschäfte, ihrem Eigentum und ihren Ungleichheiten im Weg zu stehen.

Dieselbe Radikalität und vergleichbare Zwiespältigkeiten tauchen in einem anderen inegalitären Zusammenhang auf, nämlich bei der Erklärung der Menschen- und Bürgerrechte durch die französische Nationalversammlung im August 1789 kurz nach dem Votum zur Abschaffung der Privilegien. Artikel 1 beginnt mit einem Versprechen von absoluter Gleichheit und bricht ganz klar mit der alten Ständegesellschaft: «Die Menschen sind und bleiben von Geburt frei und gleich an Rechten.» Anschließend führt der Artikel die Möglichkeit einer gerechten Ungleichheit ein, aber nur unter bestimmten Bedingungen: «Soziale Unterschiede dürfen nur im gemeinen Nutzen begründet sein.» Artikel 2 wird genauer, indem er das Eigentumsrecht in den Stand eines natürlichen, unveräußerlichen Rechts erhebt: «Das Ziel jeder politischen Vereinigung ist die Erhaltung der natürlichen und unveräußerlichen Menschenrechte. Diese Rechte sind Freiheit, Eigentum, Sicherheit und Widerstand gegen Unterdrückung.» Letztlich können diese Artikel widersprüchlich gedeutet und angewendet werden, und das wurden sie auch. Artikel 1 kann man als relative Begründung für Umverteilung verstehen. Die «sozialen Unterschiede», das heißt die Ungleichheiten im weiteren Sinne, sind nur dann akzeptabel, wenn sie im Dienst des gemeinen Nutzens und des allgemeinen Interesses stehen, was bedeuten kann, dass sie im Interesse der Ärmsten bestehen sollen. Dieser Artikel könnte also bemüht werden, um eine gewisse Umverteilung von Eigentum durchzuführen und den Ärmsten Zugang zu Reichtum zu verschaffen. Artikel 2 kann aber auch viel strenger gelesen werden, weil er durchblicken lässt, dass die Eigentumsrechte aus der Vergangenheit «natürliche und unveräußerliche» Rechte darstellen, dementsprechend also nicht so leicht infrage gestellt werden können. Der Artikel wurde in der Tat in den revolutionären Debatten verwendet, um in Sachen Umverteilung von Eigentum Vorsicht walten zu lassen. Ganz allgemein werden die Hinweise der verschiedenen Erklärungen und Verfassungen im Verlauf des 19. und 20. Jahrhunderts und noch bis heute oft verwendet, um jegliche Möglichkeit einer legalen und ruhigen Neudefinition der Eigentumsordnung drastisch einzuschränken.

Sobald die Abschaffung der «Privilegien» proklamiert ist, lässt das proprietaristische Muster viele verschiedene Wege zu, wie wir es an den Unschlüssigkeiten und Widersprüchen der Französischen Revolution gesehen haben. Gleichheit beim Zugang zu Eigentum könnte etwa am besten durch eine stark progressive Besteuerung des Erbes und der Einkommen erreicht werden; Vorschläge dafür reichen bis ins 18. Jahrhundert zurück. Allgemeiner kann man die Institutionen des Privateigentums für ihre möglichen emanzipatorischen Dimensionen nutzen, damit sich insbesondere die vielfältigen individuellen Sehnsüchte äußern können, was die kommunistischen Gesellschaften des 20. Jahrhunderts tragischerweise versäumten. Man könnte das Privateigentum mit dem Sozialstaat, mit Umverteilungsmaßnahmen wie der Steuerprogression und überhaupt mit Regeln zur Demokratisierung und zur Verbreitung des Zugangs zu Wissen, Macht und Reichtum lenken und instrumentalisieren, wie es die sozialdemokratischen Gesellschaften im 20. Jahrhundert probiert haben, wenn man diese Versuche auch für unzureichend und erfolglos halten kann; wir kommen darauf zurück. Oder man kann beim absoluten Schutz des Privateigentums stehenbleiben und damit fast alle Probleme lösen wollen, wobei man gegebenenfalls Eigentum sakralisiert und dessen Hinterfragung immer misstrauisch begegnet.

Der kritische Proprietarismus (so nennen wir zur Vereinfachung den sozialdemokratischen Typus, der in Wirklichkeit auf Formen von Mischeigentum in privater, öffentlicher und gesellschaftlicher Hand beruht) tendiert dazu, das Privateigentum für höhere Zwecke zu instrumentalisieren; der übersteigerte Proprietarismus sakralisiert es und macht es zur Lösung für alles. Abgesehen von diesen beiden größten Ausprägungen gibt es eine Unzahl verschiedener denkbarer Lösungen und Entwicklungen, neue Ausprägungen, die größtenteils noch zu erfinden sind. Vom 19. Jahrhundert bis zum Ersten Weltkrieg setzten sich vor allem der übersteigerte Proprietarismus und die Quasi-Sakralisierung des Privateigentums durch, in Frankreich ebenso wie in anderen europäischen Ländern. Auf die historische Erfahrung gestützt, über die wir heute verfügen, scheint mir, dass diese Form des Proprietarismus zurückzuweisen ist. Wir müssen aber die Gründe für den Erfolg dieses ideologischen Musters verstehen, insbesondere in den europäischen Eigentümergesellschaften des 19. Jahrhunderts.

Die Rechtfertigung von Ungleichheit in Eigentümergesellschaften

Das Argument der proprietaristischen Ideologie, das den Menschenrechtserklärungen und Verfassungen implizit zugrunde liegt und in den politischen Debatten um das Eigentum während der Französischen Revolution und im ganzen 19. Jahrhundert explizit geäußert wurde, kann folgendermaßen zusammengefasst werden: Wenn man die in der Vergangenheit erworbenen Eigentumsrechte und ihre Ungleichheit zu hinterfragen beginnt, und dies im Sinne eines zwar respektablen Begriffs von sozialer Gerechtigkeit, der aber unausweichlich immer unvollkommen definiert und akzeptiert wird, nie einen völligen Konsens hervorbringen wird, riskiert man dann nicht, dass unklar bleibt, wann dieser gefährliche Prozess zu stoppen wäre? Riskiert man nicht, geradewegs auf politische Instabilität und dauerhaftes Chaos zuzusteuern, was letztendlich den Ärmsten schadet? Die Antwort des Proprietarismus lautet unerbittlich, dass man ein solches Risiko nicht eingehen solle, dass die Büchse der Pandora der Eigentumsumverteilung niemals geöffnet werden dürfe. Diese Argumentation zieht sich durch die ganze Französische Revolution und erklärt einige ihrer Widersprüche und Unschlüssigkeiten, vor allem wenn es um den «historischen» und den «linguistischen» Ansatz bezüglich der alten Rechte und ihrer Neufassung in Eigentumsrechte geht. Wenn man Frondienste und Laudemium hinterfragt, riskiert man dann nicht, die Pachten und alle Eigentumsrechte insgesamt zu hinterfragen? Diese Argumente finden wir in den Eigentümergesellschaften des 19. und frühen 20. Jahrhunderts wieder, und wir werden sehen, dass sie noch heute eine grundlegende Rolle in der politischen Debatte spielen, insbesondere seit dem Erstarken des neoproprietaristischen Diskurses ab Ende des 20. Jahrhunderts.

Die Sakralisierung des Privateigentums ist im Grunde eine natürliche Reaktion auf die Angst vor der Leere. Sobald man das trifunktionale Schema verlässt, das ein Gleichgewicht der Mächte von Kriegern und Klerikern gewährleistet und weitgehend auf religiöser Transzendenz beruht (unerlässlich für die Legitimität der Geistlichen und ihrer weisen Ratschläge), muss man neue Antworten zur Gewährleistung der gesellschaftlichen Stabilität finden. Der absolute Respekt von in der Vergangenheit erworbenen Eigentumsrechten bietet eine neue Transzendenz, mit der man allgemeines Chaos vermeiden und die Leere nach dem Ende der trifunktionalen Ideologie füllen kann. Die Sakralisierung des Eigentums ist gewissermaßen eine Reaktion auf das Ende der Religion als ausdrücklich politischer Ideologie.

Auf der Grundlage der historischen Erfahrung und eines darauf aufbauenden rationalen Wissens kann man diese zwar natürliche und verständliche, zugleich aber auch ein wenig nihilistische und träge Reaktion und ihren nicht sehr optimistischen Blick auf die menschliche Natur womöglich überwinden. Ich werde die Leser dieses Buches davon zu überzeugen versuchen, dass man mithilfe der Lehren aus der Geschichte eine Norm für Gerechtigkeit und Gleichheit definieren kann, die hinsichtlich der Regulierung und Umverteilung von Eigentum höhere Ansprüche als die bloße Sakralisierung der Rechte aus der Vergangenheit hat, eine Norm, die sich sicherlich immer weiterentwickeln und die permanent diskutiert werden muss, aber darum nicht weniger zufriedenstellend ist als die bequeme Option, die bestehenden Positionen als gegeben hinzunehmen und die später durch den «Markt» hervorgebrachten Ungleichheiten zu naturalisieren. Auf dieser pragmatischen, empirischen und historischen Grundlage haben sich übrigens die sozialdemokratischen Gesellschaften des 20. Jahrhunderts entwickelt, die trotz ihrer Unzulänglichkeiten bewiesen haben, dass die extreme Ungleichverteilung von Vermögen im 19. Jahrhundert nicht unvermeidlich war, um für Stabilität und Wohlstand zu sorgen, ganz im Gegenteil. Auf dieser Grundlage können auch Ideologien und politische Bewegungen neuer Art im beginnenden 21. Jahrhundert entstehen.

Die große Schwäche der proprietaristischen Ideologie besteht darin, dass Eigentumsrechte aus der Vergangenheit oft vor ernsthaften Legitimationsproblemen stehen. In der Französischen Revolution wurden Frondienste widerstandslos in Pachten verwandelt, und solche Probleme tauchen immer wieder auf, insbesondere bei der Frage der Sklaverei und ihrer Abschaffung in den französischen und britischen Kolonien (die Eigentümer waren unbedingt zu entschädigen, nicht aber die Sklaven) oder bei den Privatisierungen nach dem Ende des Kommunismus und dem privaten Raub an natürlichen Ressourcen. Allgemeiner gesagt liegt das Problem darin, dass große, dauerhafte und weitgehend willkürliche Ungleichverteilungen von Vermögen unabhängig von der Frage nach deren gewaltsamer oder unrechtmäßiger Herkunft sich immer wieder zu erholen neigen, sowohl in den modernen hyperkapitalistischen Gesellschaften als auch in den alten Gesellschaften.

So stellt die Einführung einer Gerechtigkeitsnorm, die für die Mehrheit akzeptabel ist, beträchtliche Probleme dar, und wir können diese komplexe Frage erst nach einer Untersuchung der verschiedenen historischen Erfahrungen wirklich behandeln, d. h. nach Betrachtung der einschneidenden Erfahrungen des 20. Jahrhunderts mit Steuerprogression und Umverteilung von Eigentum, die den historisch-materiellen Beweis erbrachten, dass extreme Ungleichheit vermeidbar ist. Hier liegen konkrete, anwendungsbezogene Erkenntnisse zu Gleichheits- und Ungleichheitsniveaus vor, die als Mindestwerte angesehen werden können. Jedenfalls sollte man das proprietaristische Argument institutioneller Stabilität ernst nehmen und genau prüfen, mindestens so sehr wie das meritokratische Argument der Hervorhebung des individuellen Verdienstes, das in der proprietaristischen Ideologie des 19. Jahrhunderts eine weniger zentrale Rolle spielt als bei der neoproprietaristischen Neuformulierung seit Ende des 20. Jahrhunderts. Wir werden noch ausreichend Gelegenheit haben, auf diese verschiedenen politisch-ideologischen Entwicklungen zurückzukommen.

Allgemein muss die harte proprietaristische Ideologie als das analysiert werden, was sie ist, ein ausgeklügelter und in einzelnen Punkten potenziell überzeugender Diskurs. Das Privateigentum gehört, wenn seine Grenzen und Rechte richtig bestimmt werden, tatsächlich zu den

Institutionen, die es den unterschiedlichen Bestrebungen und Subjektivitäten der Individuen erlauben, sich auszudrücken und konstruktiv zu interagieren. Zugleich ist der Proprietarismus eine inegalitäre Ideologie, die in ihrer härtesten Ausprägung einfach nur eine bestimmte Form von sozialer Herrschaft begründen will, oft auf übermäßige und geradezu groteske Weise. Er ist tatsächlich eine recht praktische Ideologie für diejenigen, die sich am oberen Ende der Ungleichheitsskala befinden, seien es Individuen oder Nationen. Die Reichsten finden darin Argumente, um ihre Position gegenüber den Ärmsten zu begründen, indem sie auf ihre Mühen, ihr Verdienst verweisen sowie auf das Stabilitätsbedürfnis, von dem die gesamte Gesellschaft profitiere. Die reichsten Länder können auch Gründe für ihre dominante Stellung gegenüber den ärmsten finden, indem sie die angebliche Überlegenheit ihrer Regeln und Institutionen anführen. Doch diese Argumente und Tatsachenbehauptungen, die zur Untermauerung der Vorherrschaft allenthalben hervorgebracht werden, sind nicht immer sehr überzeugend. Bevor wir aber diese Entwicklungen und Krisen analysieren, müssen wir zunächst die Entwicklung der Eigentümergesellschaften im Frankreich des 19. Jahrhunderts und in den anderen europäischen Ländern nach dem so widersprüchlichen Gründungsmoment der Französischen Revolution untersuchen.

4.
DIE EIGENTÜMERGESELLSCHAFTEN: DER FALL FRANKREICH

Wir haben soeben den symbolträchtigen Bruch der Französischen Revolution in der Geschichte der Ungleichheitsregime untersucht. In wenigen Jahren versuchten die revolutionären Gesetzgeber, die Macht- und Eigentumsverhältnisse aus dem trifunktionalen Schema neu zu definieren und eine strikte Trennung zwischen hoheitlichen Gewalten (nunmehr Staatsmonopol) und dem Eigentumsrecht (angeblich allen offen) herzustellen. So konnten wir das Ausmaß der Aufgabe und der Widersprüche begreifen, auf die sie stießen, vor allem inwieweit diese komplexen politisch-juristischen und ereignisabhängigen Prozesse über die Frage der Ungleichheit und der Umverteilung von Eigentum stolperten, was oft zur Fortführung der Rechte aus der alten trifunktionalen Herrschaft in der neuen proprietaristischen Sprache führte, z. B. bei Frondiensten und Laudemium.

Wir werden nun die Entwicklung der Eigentumsverteilung im Frankreich des 19. Jahrhunderts analysieren. Die Französische Revolution ließ viele mögliche Wege erahnen, letztlich wurde aber zwischen 1800 und 1914 der einer extrem inegalitären Eigentümergesellschaft gewählt. Diese Entwicklung wurde durch das Steuersystem aus der Revolutionszeit, das sich bis zum Ersten Weltkrieg nur wenig veränderte, stark begünstigt, und zwar aus Gründen, die wir verstehen müssen. Der Vergleich mit anderen europäischen Ländern, insbesondere Großbritannien und Schweden, wird es uns im folgenden Kapitel ermöglichen, die Vielfältigkeit der europäischen proprietaristischen Regime im 19. und frühen 20. Jahrhundert besser nachzuvollziehen und damit auch ihre Gemeinsamkeiten.

Die Französische Revolution und die Entwicklung einer Eigentümergesellschaft

Zunächst überlegen wir, was zur Entwicklung des Eigentums und seiner Konzentration im Jahrhundert nach den revolutionären Ereignissen zu sagen ist, wobei uns eine Überfülle an Quellen zu Hilfe kommt. Wenn die Französische Revolution auch keine soziale Gerechtigkeit hervorbringen konnte, so hat sie uns doch ein unvergleichliches Instrument zur Beobachtung der Eigentumsverhältnisse vermacht, und zwar in Gestalt der Erbschaftsarchive, eines Apparats an Aufzeichnungen über Besitztümer aller Art, dessen bloße Existenz eng mit der proprietaristischen Ideologie in Verbindung steht. Anhand dieser besonders reichhaltigen und vollständigen Archive sowie der Hunderttausende digitalisierter Erbschaftsurkunden konnten wir die Entwicklung der Verteilung aller möglichen Vermögensgegenstände detailliert studieren (landwirtschaftliche Flächen, andere Immobilien, Betriebsvermögen, Aktien, Obligationen, Unternehmensbeteiligungen und Finanzanlagen jeglicher Art), und zwar von der Revolutionszeit bis heute. Die hier vorgestellten Ergebnisse entstammen einer großen gemeinsamen Auswertung der ausführlichen Erhebungen, die insbesondere in den Pariser Archiven verzeichnet sind. Sie stützen sich weiter auf die nationalen Erkundungen der Steuerverwaltung zu verschiedenen Zeiten sowie auf Erhebungen in den Departements seit Anfang des 19. Jahrhunderts.[1]

Die überraschendste Schlussfolgerung ist die folgende. Die Konzentration des Privateigentums, die bereits 1800–1810 extrem stark war, nur unwesentlich geringer als vor der Revolution, wuchs anschließend bis zum Ersten Weltkrieg unaufhörlich an. Konkret bedeutete das bezogen auf Frankreich insgesamt, dass der Anteil des obersten Perzentils der Verteilung (des reichsten 1 % der Bevölkerung) am gesamten Privateigentum jeglicher Art in den 1800er Jahren ungefähr 45 % betrug und sich bis in die 1900er Jahren auf beinahe 55 % steigerte. Die Lage in

1 Die Pariser Erhebungen wurden durch G. Postel-Vinay und J.-L. Rosenthal durchgeführt. In den Departements wurden die Erhebungen (die sogenannte TRA-Studie über Personen, deren Familiennamen mit «TRA» beginnen) von J. Bourdieu, L. Kesztenbaum und A. Suwa-Eisenmann organisiert. Siehe v. a. T. Piketty, G. Postel-Vinay, J. L. Rosenthal, «Wealth Concentration in a Developing Economy: Paris and France, 1807–1994», *American Economic Review*, 96, Nashville 2006, S. 236–256. Zur Einsicht der vollständigen bibliografischen Angaben siehe Technischer Anhang.

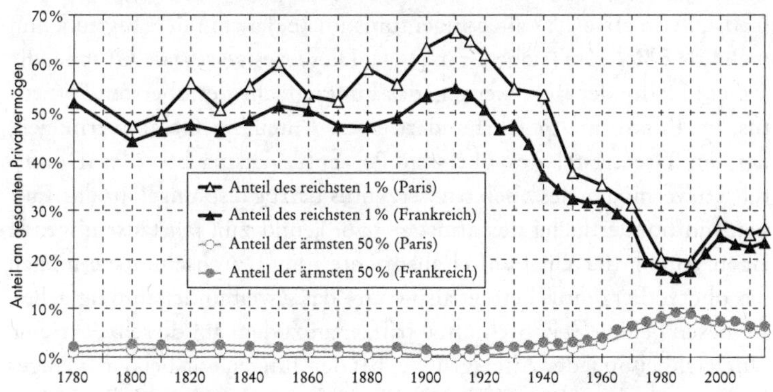

Grafik 4.1.: In Paris besaß im Jahr 1910 das reichste 1 % ungefähr 67 % des gesamten Privatvermögens, gegenüber 49 % im Jahre 1810 und 55 % im Jahre 1780. Nach einem geringfügigen Rückgang während der Französischen Revolution nahm die Vermögenskonzentration in Frankreich (insbesondere in Paris) im Laufe des 19. Jahrhunderts bis zum Ersten Weltkrieg wieder zu. Langfristig betrachtet ist der starke Abbau von Ungleichheiten also auf die beiden Weltkriege (Zeitraum von 1914 bis 1945) und nicht auf die Revolution von 1789 zurückzuführen.
Quellen und Reihen: Siehe piketty.pse.ens.fr/ideologie.

Paris ist hierbei besonders spektakulär. Das reichste 1 % der Bevölkerung lag hier in den 1800ern bei fast 50 % und bei über 65 % kurz vor dem Ersten Weltkrieg (siehe Grafik 4.1).

Man stellt sogar eine Beschleunigung des Wachstums der Vermögensungleichheiten im ausgehenden 19. und beginnenden 20. Jahrhundert fest, in der sogenannten «Belle Époque» (1880–1914). Tatsächlich scheint die Vermögenskonzentration in den Jahrzehnten vor dem Ersten Weltkrieg unbegrenzt anzusteigen. Angesichts dieser Kurven fragt man sich, wie weit die Konzentration von Privateigentum ohne die Kriege und die gewaltsamen politischen Erschütterungen der Jahre 1914–1945 hätte steigen können. Man darf sich auch fragen, inwieweit diese Erschütterungen und Kriege selbst zumindest teilweise die Folge gewaltsamer sozialer Spannungen waren, die aus dieser Verschiebung zu mehr Ungleichheit entstanden. Wir kommen darauf noch ausführlich im dritten Teil zurück.

Mehrere Aspekte sind hervorzuheben. Zunächst sollte uns bewusst sein, dass die Vermögenskonzentration in einem Land wie Frankreich immer extrem hoch war, ob im 19., im 20. oder zu Beginn des 21. Jahrhunderts. Wenngleich sich der Besitzanteil des obersten Perzentils im Verlauf des 20. Jahrhunderts beträchtlich reduziert hat (von 55–65 %

der Vermögen in Frankreich und Paris vor 1914 auf 20–30 % seit den 1980er Jahren), so bleibt doch der Besitzanteil der ärmsten 50 % extrem niedrig: von etwa 2 % allen Eigentums im 10. Jahrhundert bis zu kaum mehr als 5 % heute (siehe Grafik 4.1). Diese riesige soziale Gruppe, die ärmere Hälfte der Bevölkerung, das Fünfzigfache des obersten Perzentils, besaß also im 19. Jahrhundert einen Anteil am Gesamtvermögen, der ein Dreißigstel des obersten Perzentils ausmachte (das Durchschnittsvermögen des obersten Perzentils betrug also ungefähr das Tausendfünfhundertfache der ärmsten 50 %), und zur Jahrtausendwende einen Anteil, der ein Fünftel ausmachte (das Durchschnittsvermögen des oberen Perzentils beträgt also «nur» das Zweihundertfünfzigfache). In diesen beiden Zeitabschnitten trifft man zudem auf dieselbe extreme Ungleichheit in jeder Altersgruppe, bei den Jungen wie bei den weniger Jungen oder den Alten.[1] Diese Größenordnungen sind wichtig, weil sie davon zeugen, dass man das Ausmaß der Eigentumsstreuung, die in zwei Jahrhunderten stattfand, nicht überschätzen darf. Die vermögensegalitäre Gesellschaft, oder, bescheidener ausgedrückt, eine Gesellschaft, in der die ärmere Hälfte mehr als nur symbolisches Eigentum besitzt, bleibt noch zu erfinden.

Die Verringerung von Ungleichheiten: die Erfindung einer «vermögenden Mittelschicht»

Wenn man sich anschaut, wie sich die Eigentumsverteilung in Frankreich insgesamt entwickelte, stellt man überrascht fest, dass die «Oberschicht» (die reichsten 10 %) im 19. Jahrhundert zwischen 80 und 90 % und auch heute noch zwischen 50 und 60 % des gesamten Vermögens innehat, was weiterhin beträchtlich ist (siehe Grafik 4.2). Im Vergleich dazu war die Einkommenskonzentration, die sich aus Kapitalerträgen (oft ebenso konzentriert wie das Kapital selbst, vielleicht sogar etwas konzentrierter) und aus Arbeitseinkünften (deutlich weniger ungleich verteilt) zusammensetzt, immer schon weniger extrem. Die oberen

1 Siehe B. Garbinti, J. Goupille-Lebret, T. Piketty, «Accounting for Wealth Inequality Dynamics: Methods and Estimates for France (1800–2014)», WID.world, Working Paper Series, 2017 (5). Ich werde in Teil 3 auf die gegenwärtige ungleiche Vermögensverteilung zurückkommen. Siehe insbesondere Kapitel 11, Grafik 11.17.

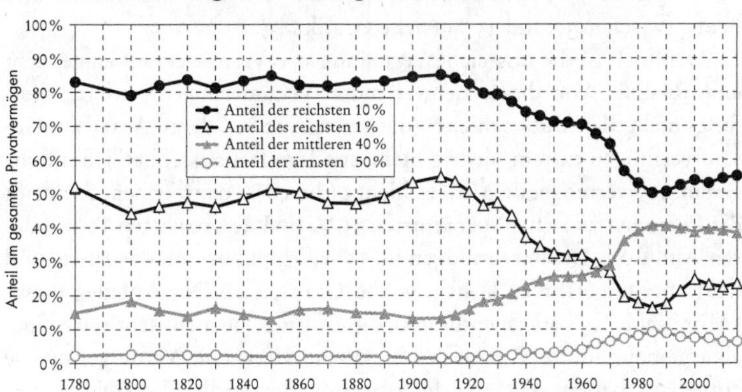

Grafik 4.2.: Der Anteil der reichsten 10% am gesamten Privatvermögen (Immobilien, Betriebs- und Finanzvermögen, nach Schuldenabzug) lag in Frankreich in den Jahren 1780 bis 1910 zwischen 80% und 90%. Die Reduktion der Vermögenskonzentration setzt in Folge des Ersten Weltkriegs ein und wird zu Beginn der 1980er Jahre unterbrochen. Sie kommt vor allem der Mittelschicht (den mittleren 40%) zugute, hier definiert als diejenigen Gruppen zwischen der Unterschicht (den ärmsten 50%) und der Oberschicht (den reichsten 10%).
Quellen und Reihen: Siehe piketty.pse.ens.fr/ideologie.

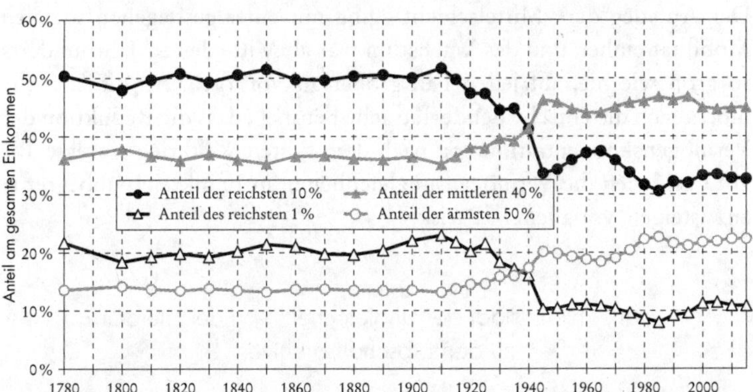

Grafik 4.3.: Der Anteil der obersten 10% am gesamten Einkommen (Kapitalrendite in Form von Pacht, Dividenden, Zinsen, Gewinnen und Arbeitsertrag in Form von Löhnen, Einkommen aus selbstständiger Tätigkeit, Pensionen, Sozialleistungen) betrug in Frankreich zwischen 1780 und 1910 ungefähr 50%. Die Reduktion der Einkommenskonzentration setzt in Folge des Ersten Weltkriegs ein und kommt vor allem der Unterschicht (50% der niedrigsten Einkommen) und der Mittelschicht (mittlere 40%) zugute und geht zu Lasten der Oberschicht (die höchsten 10%).
Quellen und Reihen: Siehe piketty.pse.ens.fr/ideologie.

10 % lagen im 19. Jahrhundert bei ungefähr 50 % aller Einkommen und heute zwischen 30 und 35 % (siehe Grafik 4.3).

Dennoch ist die ungleiche Verteilung von Vermögen auf lange Sicht eine Realität. Von dieser tiefgreifenden Veränderung profitierte allerdings nicht die «Unterschicht» (die ärmsten 50 %), deren Anteil am Gesamtvermögen extrem niedrig blieb, sondern fast ausschließlich die sogenannte «vermögende Mittelschicht» (die 40 % dazwischen, das heißt die Personen zwischen den ärmsten 50 % und den reichsten 10 %), deren Anteil am Gesamtvermögen im 19. Jahrhundert unter 15 % lag und heute bei ungefähr 40 % liegt (siehe Grafik 4.2). Der Aufstieg dieser «Mittelschicht» von Eigentümern, die als Einzelne nicht sehr reich sind, aber gemeinsam im Verlauf des 20. Jahrhunderts eine Vermögensmasse aufgebaut haben, die jene des obersten Perzentils übersteigt (beim gleichzeitigen Rückgang von dessen Anteil am Gesamtvermögen), stellt einen sozialen, wirtschaftlichen und politischen Wandel dar, der in Frankreich und in den meisten europäischen Ländern, wie wir sehen werden, im Wesentlichen die langfristige Verringerung der Ungleichverteilung von Einkommen erklärt. Wir kommen auch noch darauf zurück, dass diese Reduktion der Eigentumskonzentration weder Innovation noch Wirtschaftswachstum beschädigt hat, ganz im Gegenteil. Der Aufstieg der «Mittelschicht» ging mit einer gestiegenen sozialen Mobilität einher, und das Wachstum war ab Mitte des 20. Jahrhunderts so groß wie nie, auf jeden Fall größer als vor 1914. An dieser Stelle möchte ich die entscheidende Tatsache betonen, dass die Reduktion der Vermögenskonzentration erst nach dem Ersten Weltkrieg einsetzt. Bis 1914 schienen die Vermögensungleichheiten in Frankreich unbegrenzt anzusteigen, vor allem in Paris.

Paris, Hauptstadt der Ungleichheit: von der Literatur zu den Erbschaftsarchiven

Die Entwicklungen in Paris zwischen 1800 und 1914 sind besonders symbolträchtig, schließlich versammeln sich in der Hauptstadt die größten Reichtümer und die äußersten Ungleichheiten, eine Wirklichkeit, die in der Literatur aufscheint, vor allem im klassischen Roman des 19. Jahrhunderts, aber ebenso klar in den Erbschaftsarchiven nachzuweisen ist (siehe Grafik 4.1).

Ende des 19. Jahrhunderts leben in Paris etwa 5 % der französischen Bevölkerung (etwas mehr als 2 Millionen Einwohner bei einer Gesamtbevölkerung von 40 Millionen), aber sie besitzen mehr als 25 % des gesamten Privatvermögens im Land. Anders gesagt war das Durchschnittsvermögen in Paris fünfmal so hoch wie das des ganzen Landes. Zur gleichen Zeit waren die Unterschiede zwischen den Ärmsten und den Reichsten in Paris auch am größten. Im 19. Jahrhundert stirbt etwa die Hälfte der französischen Bevölkerung, ohne etwas vererben zu können. In Paris schwankt der Anteil an unvermögend Verstorbenen im gleichen Zeitraum zwischen 69 und 74 %, mit leichter Tendenz nach oben. Praktisch kann es sich um Personen handeln, deren persönliche Gegenstände (Möbel, Wäsche, Geschirr) einen so geringen Verkaufswert hatten, dass die Behörden sie nicht registrierten. Dass eine Erklärung fehlt, kommt auch bei Todesfällen vor, bei denen die kargen Güter ganz und gar von den Bestattungskosten oder von Schulden aufgezehrt wurden, wobei es hier die Möglichkeit gibt, dass die Erben das Erbe ausschlugen. Überraschend sind jedoch die ganz winzigen Erbschaften, die verzeichnet wurden. Deren Registrierung ist per Gesetz für Behörden und Erben vorgeschrieben, wenn man vermeiden möchte, dass die Behörden das Eigentumsrecht nicht anerkennen, was Konsequenzen nach sich zieht (z. B. kann man dann die Polizei im Falle eines Diebstahls nicht bemühen). Immobilien, Betriebs- und Finanzvermögen kann man ohne Erbschaftserklärung überhaupt nicht erben.

Die riesige Gruppe der unvermögend Verstorbenen – im 19. Jahrhundert etwa 70 % der Pariser Bevölkerung – umfasst z. B. den Vater Goriot, der Balzac zufolge im Jahr 1821, verlassen von Delphine und Anastasie, in größter Armut stirbt. Seine Wirtin Madame Vauquer verlangt die restliche Miete von Rastignac, der auch für die Beerdigung aufkommen muss, was schon für sich genommen den Wert der persönlichen Gegenstände des alten Mannes übersteigt. Dabei hatte Goriot zur Zeit der revolutionären und napoleonischen Kriege mit der Herstellung von und dem Handel mit Nudeln und Korn ein Vermögen gemacht, dann aber alles weggegeben, um seine beiden Töchter in die gute Pariser Gesellschaft zu verheiraten. Zur Gruppe der unvermögend Verstorbenen zählen auch und vor allem Personen, die nie etwas Greifbares besessen haben, die ebenso ärmlich sterben, wie sie gelebt haben. Das überraschendste Ergebnis der Untersuchung besteht darin, dass der Anteil der Pariser Todesfälle ohne zu vererbendes Vermögen auch ein

Jahrhundert später, im Jahr 1914, trotz des beträchtlichen Wohlstandszuwachses und der industriellen Entwicklung immer noch genauso hoch ist wie zur Zeit von Balzac und Vater Goriot.[1]

Am anderen Ende der Skala befinden sich im Paris des 19. Jahrhunderts und der Belle Époque auch die größten Vermögen. Allein das obere 1 % der Todesfälle macht schon die Hälfte des Gesamtwerts der Erbschaften in den 1810er Jahren aus, und dieser Anteil geht um 1910 auf zwei Drittel zu.[2] Bei den reichsten 10 % betrug der Anteil von 1800 bis 1914 zwischen 80 und 90 % des Gesamtvermögens und überstieg in Paris sogar 90 %, mit weiter steigender Tendenz.

Zusammenfassend ist zu sagen, dass sich beinahe das gesamte Eigentum auf das oberste Dezil konzentrierte, und davon das meiste auf das oberste Perzentil, während die deutliche Mehrheit der Bevölkerung beinahe nichts besaß. Um sich eine etwas konkretere Vorstellung von der Ungleichheit der jeweiligen Situationen und der Vermögen in der Pariser Gesellschaft jener Zeit zu verschaffen, sei daran erinnert, dass das Kataster vor dem Ersten Weltkrieg für die meisten Pariser Immobilien nicht die Möglichkeit vorsah, einzelne Wohnungen zu besitzen. Anders gesagt, besaß man üblicherweise entweder ein ganzes (oder mehrere) Gebäude oder überhaupt nichts und musste dann seinem Hauseigentümer Miete zahlen.

Diese Hyperkonzentration von Eigentum bringt den unheimlichen Vautrin dazu, dem jungen Rastignac zu erklären, dass er nicht darauf

1 Zwischen 1800 und 1914 versechsfachte sich das durchschnittliche Vermögen zum Todeszeitpunkt in Paris (von 20 000 Francs auf rund 130 000 Francs, einschließlich der Verstorbenen ohne Vermögen), und in Frankreich insgesamt verfünffachte es sich (von 5000 auf 25 000 Francs). Dies ist sowohl ein nominaler als auch ein realer Anstieg, da sich die Kaufkraft des Franc-or in diesem Zeitraum kaum verändert hat. Siehe T. Piketty, G. Postel-Vinay, J. L. Rosenthal, «Wealth Concentration in a Developing Economy: Paris and France, 1807–1994», a. a. O. Siehe auch J. Bourdieu, G. Postel-Vinay, A. Suwa-Eisenmann, «Pourquoi la richesse ne s'est-elle pas diffusée avec la croissance? Le degré zéro de l'inegalité et son évolution en France 1800–1940», Paris: *Histoire et Mesure*, Bd. 23 (1–2), S. 147–198.

2 Die in den Grafiken 4.1 und 4.2 wiedergegebenen Daten beziehen sich auf die Ungleichverteilung von Erbschaften in der gesamten lebenden erwachsenen Bevölkerung zum jeweils angegebenen Zeitpunkt: Wir sind von Erbschaften zum Todeszeitpunkt ausgegangen und haben anschließend jede Beobachtung nach der Anzahl der lebenden Personen innerhalb jeder Altersgruppe neu gewichtet, wobei die Sterblichkeitsunterschiede gemäß dem Vermögensniveau berücksichtigt wurden. In der Praxis macht das keinen großen Unterschied: Die Konzentration der Erbmasse unter den Lebenden ist nur wenige Prozentpunkte höher als die Ungleichheit der Vermögen beim Todeszeitpunkt, und alle zeitlichen Entwicklungen sind im Wesentlichen dieselben. Siehe Technischer Anhang.

zählen solle, mit seinem Jurastudium ein erfolgreiches Leben zu führen. Die einzige Möglichkeit, richtigen Wohlstand zu erlangen, bestehe darin, mit allen Mitteln an Vermögen zu gelangen. Diese Rede, die sich auf vielfache Bezugnahmen auf das Lebensniveau von Anwälten, Richtern und Eigentümern der Zeit stützt, verrät nicht bloß Balzacs eigene Besessenheit von Geld und Vermögen; er war selbst infolge unglücklicher Investitionen stark verschuldet und schrieb pausenlos, um sich zu sanieren. Alle Daten aus den Archiven weisen darauf hin, dass das Bild von einer solchen Verteilung von Einkommen und Eigentum für das Jahr 1820 und allgemeiner für die Zeit von 1800 bis 1914 ziemlich zutreffend ist. Vautrins Rede ist der perfekte Ausdruck der Eigentümergesellschaften, das heißt von Gesellschaften, in denen der Zugang zu Wohlstand, das soziale Verhalten, die sozialen Repräsentationen und die politische Ordnung beinahe vollständig durch das Ausmaß des Eigentums bestimmt werden.[1]

Die Diversifizierung von Portfolios und Eigentumsformen

Wir müssen betonen, dass diese extreme Konzentration von Eigentum, die im 19. und frühen 20. Jahrhundert noch weiter zunimmt, im Zusammenhang grundlegender Modernisierung und Umwandlung der Vermögensformen sowie einer bedeutsamen Erneuerung der wirtschaftlichen und finanziellen Strukturen stattfindet, die mit einer beispiellosen Internationalisierung der Vermögensstruktur einhergeht. Die äußerst detaillierten Erbschaftsdaten zeigen auf, dass sich die Zusammensetzung der Pariser Vermögen gegen Ende des Beobachtungszeitraums immer weiter diversifiziert. 1912 besitzen die Hauptstadtbewohner zu 35 % Immobilien (24 % davon in Paris und 11 % in der Provinz, inklusive landwirtschaftliche Flächen), zu 62 % Finanzwerte und zu knapp 3 % Möbel, Wertsachen und andere persönliche Gegenstände (siehe Tabelle 4.1). Der Vorrang der Finanzwerte zeugt vom industriellen Aufschwung sowie von der Bedeutung des Besitzes von Unternehmen und der Börsenmärkte, sowohl im herstellenden Sektor (Textilien wurden hier Ende des 19. Jahrhunderts von der Hüttenindustrie und der Kohle überholt, im 20. Jahrhundert herrschten Chemie und Automobilbau

1 Zu Vautrins Rede siehe *Das Kapital im 21. Jahrhundert*, a. a. O., S. 314–317.

Tabelle 4.1

Die Zusammensetzung der Vermögen in Paris, 1872–1912

	Immobilienvermögen (Grundstücke, Häuser, landwirtschaftliche Nutzflächen etc.)	davon: Immobilien in Paris	davon: Immobilien auf dem Land	Finanzvermögen (Aktien Anleihen etc.)	davon: französische Aktien	davon: ausländische Aktien	davon: französische private Anleihen	davon: ausländische private Anleihen	davon: französische öffentliche Anleihen	davon: ausländische öffentliche Anleihen	davon: andere Finanzanlagen (Warenlager, Barvermögen)	Gesamtanteil ausländischer Finanzvermögen	Mobiliar, Wertgegenstände etc.
Zusammensetzung des Gesamtvermögens													
1872	41%	28%	13%	56%	14%	1%	17%	2%	10%	3%	9%	6%	3%
1912	35%	24%	11%	62%	13%	7%	14%	5%	5%	9%	9%	21%	83%
Zusammensetzung des obersten 1% der Vermögen													
1872	43%	30%	13%	55%	15%	1%	14%	2%	9%	4%	10%	7%	2%
1912	32%	22%	10%	66%	15%	10%	14%	5%	4%	10%	8%	25%	2%
Zusammensetzung der folgenden 9%													
1872	42%	27%	15%	56%	13%	1%	21%	2%	10%	2%	7%	5%	2%
1912	42%	30%	12%	55%	11%	2%	14%	4%	7%	8%	9%	14%	3%
Zusammensetzung der folgenden 40%													
1872	27%	1%	26%	62%	12%	1%	23%	1%	14%	2%	9%	4%	11%
1912	31%	7%	24%	59%	12%	1%	20%	2%	10%	4%	10%	7%	10%

Tabelle 4.1.: Im Jahr 1912 machten die Immobilienanlagen in Paris 35% des Gesamtvermögens aus, die Finanzanlagen 62% (wobei 21% auf ausländische Anlagen entfielen) und Mobiliar und Wertgegenstände 3%. Unter dem höchsten 1% der Vermögen stieg der Anteil der Finanzanlagen auf 66% (wobei 25% auf ausländische Finanzanlagen entfielen).

Quellen und Reihen: siehe piketty.pse.ens.fr/ideologie.

vor) als auch im Lebensmittelsektor, beim Schienenbau oder im florierenden Bankensektor.

Diese 62 % an Finanzwerten sind ihrerseits sehr vielfältig, man zählt etwa 20 % Aktien und andere Unternehmensanteile, mehr oder weniger hoch bewertet und ihrerseits untergliedert in französische (13 %) und ausländische Aktien (7 %); 19 % Privatobligationen (Schuldtitel von Unternehmen), darunter französische (14 %) und ausländische (5 %); 14 % Schuldverschreibungen der öffentlichen Hand, darunter französische (5 %) und ausländische (9 %); und 9 % sonstige finanzielle Vermögenswerte (Einlagen, Bargeld, diverse Anteile etc.). Es sieht aus wie ein perfekt diversifiziertes Portfolio nach den modernen Handbüchern für Wirtschaft und Finanzen, nur dass es hier die Realität war, wie sie in den Pariser Erbschaftsregistern um die Jahrhundertwende vom 19. zum 20. Jahrhundert aufgezeichnet wurde. Dort stehen für jeden Verstorbenen auch Details zu den Titeln, Unternehmen und Sektoren.

Wir sollten zwei weitere Ergebnisse hervorheben. Zum einen sind die größten Vermögen noch stärker durch Finanzanlagen bestimmt als die anderen. 1912 erreicht der Anteil der Finanzvermögen 66 % der Vermögen des reichsten 1 %, verglichen mit 55 % bei den folgenden 9 %. Für das reichste 1 % in Paris, das 1912 allein mehr als zwei Drittel des Gesamtvermögens besitzt, beträgt der Immobilienbesitz in der Hauptstadt kaum 22 % der Vermögenswerte und in der Provinz gerade eben 10 %, während Aktien allein 25 % ausmachen, Privatobligationen 19 % und öffentliche Anleihen sowie andere Finanzvermögenswerte 22 %.[1] Diese beherrschende Stellung der Aktien, Obligationen, Einlagen und anderer monetärer Vermögenswerte gegenüber Immobilieninvestitionen steht für eine zugrundeliegende Realität. Die Eigentümer-

1 Es sei darauf hingewiesen, dass der Anteil der Pariser Immobilien bei den folgenden 9 % am höchsten ist, bevor er für die darauf folgenden 40 % zurückgeht (also für Personen zwischen den ärmsten 50 %, die nichts haben, und den wohlhabendsten 10 %, die damals fast das gesamte Pariser Erbe erhalten, nämlich über 90 %). Denn die Gruppe der folgenden 40 % besteht aus Personen, die viel zu arm sind, um sich eine Immobilie in der Hauptstadt zu leisten, sodass ihr Immobilienvermögen hauptsächlich in (insbesondere landwirtschaftlich genutzten) Immobilien in der Provinz besteht. Es sei darauf hingewiesen, dass ich in Tabelle 4.1 keine Schulden aufgeführt habe (im Durchschnitt knapp 2 % des Bruttovermögens im Jahr 1872 und 5 % im Jahr 1912). Die vollständigen Ergebnisse befinden sich im Technischen Anhang.

elite der Belle Époque ist zunächst eine finanzielle, kapitalistische und industrielle Elite.

Andererseits stellt man fest, dass die Finanzanlagen im Ausland von 1872 bis 1912 enorm zugelegt haben. Ihr Anteil am Pariser Gesamtvermögen ist von 6 auf 21 % gestiegen. Die Entwicklung ist vor allem durch das reichste 1 % geprägt, das den Großteil der internationalen Vermögenswerte besitzt. Der Anteil der Auslandsanlagen ist hier von 7 % im Jahr 1872 auf 25 % im Jahr 1912 angestiegen, gegenüber gerade einmal 14 % der folgenden 9 % und kaum 5 % für die 40 % danach (siehe Tabelle 4.1). Anders gesagt investieren nur die großen Portfolios massiv im Ausland, während die geringeren Vermögen sich auf nationale Geldanlagen beschränken.

Diese spektakuläre Entwicklung der internationalen Vermögenswerte, deren Anteil sich in vierzig Jahren mehr als verdreifacht hat, betrifft alle Arten von Auslandsanlagen, z. B. ausländische öffentliche Anleihen, deren Anteil an den Vermögen des reichsten 1 % zwischen 1872 und 1912 von 4 auf 10 % steigt. Man denke an die berühmten russischen Anleihen, die sich nach der militärischen und wirtschaftlichen Allianz der Französischen Republik mit dem Zarenreich 1892 stark entwickeln. Dazu gehören aber auch die Obligationen zahlreicher anderer Staaten (vor allem aus Europa, aber auch aus Argentinien, dem Osmanischen Reich, dem Kaiserreich China, Marokko etc., mitunter im Rahmen von kolonialen Aneignungsstrategien). Die französischen Eigentümer erhalten solide Erträge, oft unter dem Schutz ihrer Regierung, die vor den Erschütterungen des Ersten Weltkriegs und der Oktoberrevolution in Russland als unerschütterlich galt. Der Anteil der ausländischen Aktien und Privatobligationen steigt immer schneller, von 3 auf 15 % der Gesamtvermögen in den Portfolios des reichsten 1 % im Zeitraum von 1872 bis 1912. Dazu zählen Investitionen in den Suez- oder Panamakanal, in russische, argentinische oder amerikanische Eisenbahnen, in das indochinesische Kautschukgeschäft und viele andere private Unternehmen auf der Welt.

Die Belle Époque (1880–1914): eine proprietaristische und inegalitäre Moderne

Diese Ergebnisse sind wichtig, weil sie zeigen, wie «modern» das Phänomen der steigenden Eigentumskonzentration in Frankreich und Paris im 19. und frühen 20. Jahrhundert ist, vor allem in der Belle Époque.

Betrachtet man diesen Zeitabschnitt aus der Ferne mit der verzerrenden Linse des beginnenden 21. Jahrhunderts, dem Zeitalter der Digitalwirtschaft, der Start-ups und der unbeschränkten Innovationen, könnte man versucht sein, in der übermäßig inegalitären Gesellschaft vor 1914 das Resultat einer alten, vergangenen, statischen Welt zu sehen, einer Welt, die von friedlichen Landgütern und anderem Immobilienbesitz beherrscht war, einer Welt ohne Bezug zur heutigen, welche als viel dynamischer und meritokratischer gilt. Nichts könnte falscher sein. In Wirklichkeit haben die Vermögen der Belle Époque nichts mit denen des Ancien Régime zu tun, nicht einmal mit denen Vater Goriots, César Birotteaus oder der Pariser Bankiers der 1820er Jahre, die in Balzacs Romanen auftauchen und übrigens alles andere als statisch waren.

In Wirklichkeit ist das Kapital nie friedlich, nicht einmal im 18. Jahrhundert, als die Gesellschaft eine starke demografische, landwirtschaftliche und kaufmännische Entwicklung durchlebt, einen großen Austausch der Eliten. Balzacs Welt ist nicht ruhig, ganz im Gegenteil. Wenn Goriot mit Nudeln und Körnern ein Vermögen anhäuft, dann weil er besser als andere die passenden Mehle aufspürt, die Herstellungstechniken perfektioniert, die Distributions- und Lagersysteme organisiert, damit die guten Produkte zur richtigen Zeit an den richtigen Ort geliefert werden. 1821 stellt er sich noch auf dem Sterbebett einträgliche Investitionsstrategien in Odessa am Schwarzen Meer vor. Ob das Eigentum die Form der Fabriken und Lager um 1800 annimmt oder die der Hochfinanz um 1900, ständig erneuert es sich, während es sich gleichzeitig unaufhörlich konzentriert.

César Birotteau, eine weitere von Balzacs Figuren, die für die proprietaristische Epoche stehen, ist der geniale Erfinder von Parfums und Schönheitsprodukten, die 1818 in Paris groß in Mode sind. Der Autor konnte nicht ahnen, dass etwa ein Jahrhundert später, im Jahr 1907, der Chemiker Eugène Schueller ebenfalls in Paris sehr nützliche Haarfärbemittel erfinden wird (zunächst mit der Bezeichnung «L'Auréale», ausgehend vom Namen einer damals modischen Damenfrisur in Form eines Heiligenscheins), welche an Birotteaus Kreationen erinnern und im Jahr 1936 zur Gründung der Gesellschaft L'Oréal führen, die 2019 weltweiter Marktführer für Kosmetika ist. Birotteau wählt einen anderen Weg. Seine Frau will ihn davon überzeugen, die Profite der Parfümerie in friedliches Ackerland und solide Staatsanleihen zu investieren, wie Goriot es tat, als er seine Geschäfte aufgab, um seine Töchter zu verheiraten. Aber es kommt anders. César will seinen Einsatz verdreifachen, indem er ein waghalsiges Bauprojekt im Quartier de la Madeleine startet, das sich um 1820 im Aufbruch befindet. Er wird ruiniert enden und uns im Übrigen daran erinnern, dass Bauinvestitionen nie sonderlich ruhig verlaufen. Andere waghalsige Bauinvestoren sollten mehr Erfolg haben, etwa Donald Trump, der seinen Namen auf Glastürmen in New York und Chicago anbringt und 2016 ins Weiße Haus einzieht.

In den Jahren 1880–1914 herrscht in der Tat ein Klima dauerhaften Wandels: In nur wenigen Jahrzehnten werden das Automobil, die Nutzung der Elektrizität, der Überseedampfer, das Telefon und das Radio erfunden oder durchgesetzt. Dies sind Innovationen, deren wirtschaftliche und soziale Bedeutung viel größer ist als die Erfindung von Facebook, Amazon oder Uber. Dieser Punkt ist von größter Wichtigkeit, weil er zeigt, dass man nicht auf die übermäßig inegalitäre Gesellschaft vor 1914 als die einer grauen Vorzeit ohne Bezug zur Gegenwart verweisen kann. In Wirklichkeit ähnelt die Belle Époque in vielerlei Hinsicht unserer Gegenwart, auch wenn wir einige wesentliche Unterschiede feststellen müssen. Auch heute leben wir in einer Welt der «Moderne» hinsichtlich ihrer finanziellen Infrastruktur und ihrer Formen des Besitzes. Erst ganz am Ende des 20. und zu Beginn des 21. Jahrhunderts hat die Börsenkapitalisierung in Paris und London wieder Größenordnungen erreicht wie kurz vor 1914 (bezogen auf die Produktion oder das Nationaleinkommen), und wir werden sehen, dass die internationalen Finanzanlagen französischer und britischer Eigentümer bis heute noch nicht jene Höhen von 1914 erreicht haben (wieder relativ zu einem Jahr Produktion oder Einkommen, was die am wenigsten absurde Art darstellt, diesen historischen Vergleich anzustellen). Die Belle Époque verkörpert vor allem in Paris die Moderne der ersten großen Finanz- und Handelsglobalisierung, noch vor derjenigen, die in den letzten Jahrzehnten des 20. Jahrhunderts ihren Anfang nahm.

Dabei lebte man in einer äußerst ungleichen Welt, in der 70 % der Bevölkerung ohne Eigentum sterben und 1 % der Verstorbenen beinahe 70 % des gesamten Eigentums innehaben. Die Eigentumskonzentration ist in Paris zwischen 1900 und 1914 spürbar größer als zur Zeit von Vater Goriot und Birotteau in den 1810er Jahren und scheint noch schärfer ausgeprägt zu sein als in den 1780er Jahren kurz vor der Revolution. Wir müssen an dieser Stelle daran erinnern, wie schwierig es ist, die genaue Vermögensverteilung vor 1789 abzuschätzen, einerseits, weil wir keine vergleichbaren Quellen zu den Erbschaften haben, andererseits, weil sich der Eigentumsbegriff gewandelt hat. Die rechtsprechenden Privilegien sind verschwunden und die Unterscheidung zwischen Eigentumsrecht und Hoheitsrecht wurde verschärft. Die vorliegenden Schätzungen zu den Umverteilungen der Revolutionsjahre deuten darauf hin, dass der Anteil am Privateigentum jeglicher Art im Besitz des obersten Perzentils vor der Revolution kaum höher war als in den 1800er Jahren, und deutlich niedriger als in der Belle Époque (siehe Grafik 4.1). Jedenfalls fällt es angesichts der extremen Konzentrationen zwischen 1900 und 1914 schwer, sich im Ancien Régime ein höheres Niveau überhaupt vorzustellen, egal wie beschränkt die Quellenlage ist.

Dass die Eigentumskonzentration ein Jahrhundert nach der Abschaffung der «Privilegien» ein so hohes Niveau erreichen und zwischen 1880 und 1914 weiter so stark ansteigen konnte, wirft Fragen auf, insbesondere in Bezug auf die Zukunft und die Analyse der gegenwärtigen Entwicklungen seit Ende des 20. Jahrhunderts. Diese Entdeckung hat mich sehr geprägt, als Forscher und als Bürger, wir hatten sie nicht erwartet (jedenfalls nicht in solchen Größenordnungen), als wir mit der Recherche in den Erbschaftsarchiven anfingen. Nicht viele Zeitgenossen haben die französische Gesellschaft der Belle Époque so beschrieben. Vor allem die politischen und wirtschaftlichen Eliten der Dritten Republik bezeichneten Frankreich mit Vorliebe als ein Land der «kleinen Eigentümer», das nunmehr auf ewig durch die Französische Revolution egalitär geworden sei. Tatsächlich wurden die steuerlichen und rechtsprechenden Privilegien von Adel und Klerus durch die Revolution abgeschafft und auch später nicht mehr eingeführt, nicht einmal unter der Restauration von 1815, die weiterhin die Steuerordnung der Revolution mit gleichen Regeln für alle gelten ließ. Das ändert jedoch nichts daran, dass sich die Konzentration von Eigentum sowie wirtschaftlicher und finanzieller Macht zu Beginn des 20. Jahrhunderts auf einem höheren Niveau befand als im Ancien Régime, worauf der zukunftsgewisse Optimismus der Aufklärung die Menschen nicht vorbereitet hatte. Man erinnere sich an Condorcets Satz von 1794, dass «die Glücksgüter von Natur zur Gleichheit hinneigen», sobald man die «künstlichen Mittel» zu ihrer Aufrechterhaltung abschaffe und «die Freiheit des Handels und der Industrie» einführe. Selbst wenn zwischen 1880 und 1914 die Realität an vielen Stellen zeigt, dass diese Entwicklung zur Gleichheit schon lange nicht mehr aktuell ist, reden große Teile der republikanischen Eliten noch ganz anders.

Das französische Steuersystem zwischen 1800 und 1914: ungestörte Akkumulation

Wie kann man die Verschärfung der Ungleichheit in der Zeit zwischen 1800 und 1914 und die anschließende Milderung im 20. Jahrhundert erklären? Öffnet sich die Schere der Ungleichheit seit den 1980er Jahren erneut, und wie könnte man dieser Entwicklung, auf die Lehren der Geschichte gestützt, vorbeugen? Wir werden noch ausreichend Gelegenheit haben, auf diese Fragen zurückzukommen, wenn wir die Krise der Eigentümergesellschaften infolge der Erschütterungen zwischen 1914 und 1945 sowie der kommunistischen und sozialdemokratischen Gegenentwürfe untersuchen.

An dieser Stelle möchte ich lediglich betonen, dass das Steuersystem der Französischen Revolution, das im Wesentlichen ohne große Unterbrechung bis 1901 und auch weitestgehend bis zum Ersten Weltkrieg galt, für die Verschärfung der Ungleichheit zwischen 1800 und 1914 mitverantwortlich war. Das System aus den 1790er Jahren umfasst dabei zwei wesentliche Bestandteile: einerseits Steuern auf Eigentumsübertragungen, andererseits vier direkte Abgaben, die aufgrund ihrer außerordentlichen Langlebigkeit die *quatre vieilles* (die «vier Alten») genannt wurden.

Die Übertragungssteuern, die zur Oberkategorie der Registrierungsgebühren gehörten, waren Gebühren für die Registrierung der Eigentümerwechsel. Sie wurden im Revolutionsjahr VII (1799) eingeführt. Die revolutionären Gesetzgeber unterschieden zwischen «entgeltlichen Übertragungen», also Tausch von Eigentum gegen Geld oder andere Eigentumstitel (sprich Verkäufe), und «unentgeltlichen Übertragungen», also Übertragungen von Eigentum ohne Gegenleistung, was Erbschaften (sogenannte «todesfallbedingte Übertragungen») und Schenkungen zwischen Lebenden umfasste. Die Steuern auf entgeltliche Übertragungen führten das herrschaftliche Laudemium des Ancien Régime fort, wie wir bereits erwähnten, und belasten auch heute noch Immobilientransaktionen.

Bei Erbschaften in direkter Linie, also zwischen Eltern und Kindern, betrug der Steuersatz seit 1799 sehr moderate 1 %. Darüber hinaus handelte es sich um eine streng proportionale Steuer. Jede Erbschaft wurde mit demselben Satz von 1 % besteuert, ab dem ersten Franc, unabhängig von der Höhe des Betrags. Der proportionale Steuersatz variierte nur nach Verwandtschaftsgrad (in Nebenlinien – bei Geschwistern, Cousins etc. – und zwischen nicht Verwandten lag er etwas höher als in direkter Linie), aber nie nach der Höhe der Erbschaft. Insbesondere nach der Revolution von 1848 und erneut in den 1870er Jahren mit der Dritten Republik kamen zahlreiche Debatten zur möglichen Einführung einer Steuerprogression oder zur Anhebung der Steuer in direkter Linie auf, ohne Ergebnis.[1]

1872 gab es den Versuch, den Steuersatz für die größten Vermögensübertragungen zwischen Eltern und Kindern auf 1,5 % zu heben. Die Reform war bescheiden, aber die parlamentarische Kommission und die Nationalversammlung lehnten die Initiative unmissverständlich ab und beriefen sich dabei auf das natürliche Recht der direkten Nachkommen: «Wenn ein Sohn seinen Vater ablöst, so handelt es sich eigentlich nicht um eine Übertragung von Gütern; dies sei nur ein fortgesetzter Anspruch, sagten die Autoren des Code Civil. Diese Lehre schließt, in einem absoluten Sinne verstanden, jegliche Steuer auf Erbschaften in direkter Linie aus; sie verpflichtet zumindest zu äußerster Zurückhaltung beim Beschluss von Gesetzen».[2] Die Mehrheit der Abgeordneten von 1872 fand, dass ein Steuersatz von 1 % die Forderung nach «äußerster Zurückhaltung» erfülle, ein Satz von 1,5 % dieses Prinzip jedoch verletze. Zahlreiche Abgeordnete befürchteten, damit eine ge-

1 Zur Entwicklung der Erbschaftsteuergesetzgebung im 19. und frühen 20. Jahrhundert siehe T. Piketty, *Les Hauts Revenus en France au XXe siècle*, a. a. O., S. 243–246 und 766–771.

2 Siehe *Impressions parlementaires*, t. IV, N° 482. Zu diesen Diskussionen siehe auch A. Daumard, *Les fortunes françaises au 19e siècle. Enquête sur la répartition et la composition des capitaux privés d'après l'enregistrement des déclarations de successions*, Den Haag: Mouton 1973, S. 15–23.

fährlich eskalierende Entwicklung in Richtung Umverteilung anzustoßen, wodurch das Privateigentum und seine natürliche Weitergabe hinterfragt werden könnten, wenn man nicht aufpasse.

Im Nachhinein fällt es nicht schwer, diesen Konservatismus zu verspotten: In den meisten westlichen Ländern erreichten die Steuersätze für die größten Erbschaften im 20. Jahrhundert deutlich größere Ausmaße (mindestens 30–40 % oder gar 70–80 % über Jahrzehnte hinweg), ohne dass Gesellschaft oder Eigentumsrecht auseinandergefallen wären oder auch nur die wirtschaftliche Dynamik und das Wachstum ein Tief erlitten hätten, ganz im Gegenteil. Nichtsdestoweniger drücken diese politischen Haltungen nicht nur Interessen aus, sondern auch eine plausible, oder zumindest plausibel erscheinende, Ideologie des Proprietarismus. Aus diesen Debatten tritt sehr deutlich die Idee des Eskalierungsrisikos hervor. Das Ziel der Erbschaftsabgaben lag der Mehrheit der damaligen Abgeordneten zufolge im Registrieren der Vermögensgegenstände und im Schutz des Eigentumsrechts, keineswegs im Umverteilen der Vermögen oder in der Minderung von Ungleichheiten. Sobald man diesen Rahmen verlasse und die größten Erbschaften in direkter Linie mit beträchtlichen Sätzen besteuere, bestehe das Risiko, dass die Büchse der Pandora namens Progressivsteuer nie wieder geschlossen werden könne. Eine exzessive Progression und das mit ihr einhergehende politische Chaos aber werde die Ärmsten und die Gesellschaft insgesamt letztendlich schädigen. Dies besagte jedenfalls eine der Thesen zur Rechtfertigung des Steuerkonservatismus.

Zu betonen ist außerdem, dass die Einführung von Übertragungssteuern ab den 1790er Jahren mit der Entstehung eines beeindruckenden Systems von Katastern, Registern und Verwaltungsstrukturen einherging, die alle Güter und Eigentümerwechsel nachvollziehen konnten. Diese Aufgabe war enorm, umso mehr als das neue Eigentumsrecht für alle gelten sollte, unabhängig von der sozialen Herkunft, und dies in einem Land mit beinahe 30 Millionen Einwohnern (dem bei weitem bevölkerungsreichsten Staat Europas) und auf einem riesigen Territorium, wenn man die eingeschränkten Verkehrsmittel der Zeit in Betracht zieht. Dieses ambitionierte politische Projekt beruhte auf einer Theorie von Macht und Eigentum, die ebenso ambitioniert war: Der Schutz des Eigentumsrechts durch den Zentralstaat musste wirtschaftlichen Wohlstand, soziale Harmonie und die Gleichheit aller gewährleisten; man durfte nicht riskieren, mit egalitären Spielereien alles zu verderben, während das Land florierte wie noch nie und seine Macht in die ganze Welt hineinwirkte.

Andere politische Akteure, die immer zahlreicher wurden, vertraten hingegen andere Positionen, namentlich eine zielgerichtete Politik der Begrenzung von Vermögensungleichheiten und des Zugangs zu Eigentum für die Mehrheit. Bereits Ende des 18. Jahrhunderts hatten Graslin, Lacoste oder Paine präzise und ambitionierte Steuervorschläge unterbreitet. Die neuen Ungleichheiten des Industriezeitalters, die ab den 1830er Jahren immer sichtbarer wurden, trugen im 19. Jahrhundert zum Bedürfnis nach Umverteilung bei. Eine Mehrheit für Umverteilung und Steuerprogression fand sich jedoch nicht so leicht zusammen, zum einen, weil es in den ersten Jahrzehnten der Dritten Republik und des allgemeinen Wahlrechts in Frankreich hauptsächlich um die Frage nach der republikanischen Herrschaft und den Platz der Kirche ging; zum anderen, weil die ländlichen und bäuerlichen Klassen (auch die nicht sehr reichen) möglichen Bestrebungen der Sozialisten und des städtischen Proletariats misstrauten, das gesamte Privateigentum anzutasten (durchaus begründete Befürchtungen, mit denen die Reichsten wiederum die Ärmsten ängstigten). Die Frage der Steuerprogression war nie und wird nie so offenkundig wichtig sein, wie man bisweilen denkt. Allein durch ein allgemeines Wahlrecht entsteht noch nicht wie durch Zauberhand ein Konsens. Angesichts der Multidimensionalität des politischen Konflikts und der Komplexität der vorliegenden Argumente, müssen Koalitionen errichtet und nicht bloß vermutet werden, und sie hängen hauptsächlich von gemeinsamen historischen Erfahrungen und gedanklichen Vorprägungen ab.

Erst 1901 wurde das sakrosankte Prinzip der Steuerproportionalität endlich aufgehoben. Die Progressivsteuer auf Erbschaften, die mit Gesetz vom 25. Februar 1901 eingeführt wurde, stellte somit die erste große Progressivsteuer Frankreichs dar, noch vor der auf Einkommen durch Gesetz vom 15. Juli 1914. Ebenso wie bei der Einkommensteuer wurde die Progressivsteuer auf Erbschaften lange parlamentarisch debattiert, und der konservativere Senat – in ihm waren das ländliche Frankreich und die Notabeln überrepräsentiert – verzögerte die Zustimmung (die Steuerprogression auf Erbschaften war bereits 1895 von der Abgeordnetenkammer beschlossen worden). Nebenbei ist festzustellen, dass der Senat erst mit der Vierten Republik 1946 sein Vetorecht verlor und das letzte Wort seither den in allgemeinen, direkten Wahlen gewählten Abgeordneten zukommt, was zahlreiche soziale und steuerliche Gesetze ermöglicht.

Dabei waren die Steuersätze von 1901 noch äußerst bescheiden. In direkter Linie wurde in den meisten Fällen weiterhin wie bei der Proportionalsteuer 1 % veranschlagt, und der Höchstsatz betrug 2,5 % für Erbschaften von mehr als einer Million Francs pro Erbe (was weniger als 0,1 % der Erbschaften betraf). Der Höchststeuersatz betrug 5 % im Jahr 1902 und 6,5 % im Jahr 1910, um zur Finanzierung des damals beschlossenen Gesetzes über die «Altersrenten von Arbeitern und Bauern» beizutragen. Obgleich erst nach dem Ersten Weltkrieg die Steuersätze für die größten Vermögen bedeutsamere Höhen, das heißt größere zweistellige Prozentbeträge, erreichten und die «moderne» Steuerprogression eingeführt wurde, kann man doch festhalten, dass 1901–1902 eine entscheidende Hürde genommen wurde, und mehr noch womöglich im Jahr 1910, denn die ausdrückliche Bezugnahme auf die Altersrenten der Arbeiter drückte einen klaren Willen zur allgemeinen Reduzierung sozialer Ungleichheiten aus.

Um es zusammenzufassen: Die Steuer auf Erbschaften hat den Akkumulations- und Übertragungsprozess von großen Vermögen zwischen 1800 und 1914 nur geringfügig beeinträchtigt. Das Gesetz von 1901 markiert jedoch mit Einführung der Progressivität einen wesentlichen Wandel im steuerpolitischen Denken in Bezug auf Erbschaften, wobei die Wirkung seit der Zwischenkriegszeit deutlich zu spüren war.

Die *quatre vieilles*, die Steuer auf Kapital und die Steuer auf Einkommen

Wenn von der Einführung einer progressiven Einkommensteuer 1914 die Rede ist, muss daran erinnert werden, dass die vier 1790–1791 geschaffenen direkten Abgaben, die *quatre vieilles*, grundsätzlich nie direkt vom Einkommen des Steuerpflichtigen abhingen.[1] Aus vorgeblicher Ablehnung der inquisitorischen Vorgänge, die man mit dem Ancien Régime in Verbindung brachte, und wohl auch aus Rücksicht auf

1 Zu den *quatre vieilles* und dem Übergang zum Einkommensteuersystem siehe auch C. Allix, M. Lecerclé, *L'impôt sur le revenu (impôts cédulaires et impôt général). Traité théorique et pratique*, Paris: Rousseau 1926.

die aufsteigende Bourgeoisie, die sonst allzu hohe Steuern hätte zahlen müssen, hatten sich die revolutionären Gesetzgeber entschlossen, eine sogenannte «Indizienbesteuerung» einzuführen, bei der jeder Beitrag aufgrund von «Indizien» für die Beitragsfähigkeit des Steuerpflichtigen berechnet wurde, und eben nicht aufgrund des Einkommens selbst, das nicht deklariert werden musste.[1]

Der Beitrag auf Türen und Fenster wurde z. B. in Abhängigkeit der Türen und Fenster der Hauptwohnung des Steuerpflichtigen berechnet. Für diesen Wohlstandsindikator sprach, dass der Fiskus die fällige Steuer festsetzen konnte, ohne das Haus betreten zu müssen, und nicht einmal Einblick in die Rechnungsbücher benötigte. Die Wohnraumsteuer (*contribution personnelle-mobilière*) schuldeten alle Steuerpflichtigen in Abhängigkeit des Mietwerts ihrer Hauptwohnung. Wie die anderen Beiträge (außer jenem auf Türen und Fenster, der 1925 endgültig abgeschafft wurde), wurde sie nach der Einführung eines nationalen Einkommensteuersystems in den Jahren 1914–1917 zu einer lokalen Steuer und finanziert noch zu Beginn des 21. Jahrhunderts weiterhin die Gebietskörperschaften.[2] Die Gewerbesteuer (damals *contribution des patentes*, heute *taxe professionnelle*) schuldeten Handwerker, Händler und Industrielle gemäß Tarifen für den jeweiligen Beruf in Abhängigkeit von der Unternehmensgröße und den eingesetzten Betriebsmitteln, nicht aber des tatsächlichen Gewinns, welcher nicht erklärt werden musste.

Die Grundsteuer (damals *contribution foncière*, heute *taxe foncière*)

---

1 Die Monarchie hatte versucht, im 18. Jahrhundert begrenzte Formen steuerlicher Progressivität einzuführen, insbesondere im Zusammenhang mit der sogenannten *taille tarifée*, die mehrere Gruppen von Steuerzahlern nach der ungefähren Größe ihrer Besitztümer unterschied, während die Ausnahmen für Adlige und Geistliche in anderen Teilen des Steuersystems beibehalten wurden. Dies war nicht sehr konsequent. In gewisser Weise vereinfachte die Revolution die Angelegenheit, indem sie das Prinzip der Proportionalsteuer für alle auf der Grundlage von Indizien einführte und jeden direkten Bezug zum Einkommen aufhob. Zur *taille tarifée* siehe M. Touzery, *L'invention de l'impôt sur le revenu. La taille tarifée (1715–1789)*, Comité pour l'histoire économique et financière de la France 1994.

2 Die Wohnraumsteuer war wohl die komplexeste Steuer der *quatre vieilles*, da sie ursprünglich neben der Steuer auf den Mietwert der Hauptwohnung, der ihr Hauptbestandteil war, eine Steuer auf Hausangestellte, eine Steuer im Wert von drei Arbeitstagen, eine Steuer auf Pferde, Lastentiere etc. enthielt. Diese Steuer wollte Condorcet 1792 reformieren, indem er einen progressiven Steuertarif auf die Mietwerte einführen wollte, um der natürlichen Regression entgegenzuwirken. Die Wohnsteuer (taxe d'habitation), die direkte Nachfolgerin dieses Modells, wurde zwischen 2017 und 2019 abgeschafft, und es ist unklar, welche kommunale Steuer an ihre Stelle treten wird.

schließlich schuldeten die Besitzer von Immobilien, ob von bebauten oder unbebauten Grundstücken in Relation zu deren Pachtwert, unabhängig von der Nutzung (als Privatperson, Vermieter oder Gewerbetreibender). Diese Pachtwerte sowie jene, die für die Berechnung der Wohnraumsteuer verwendet wurden, musste der Steuerpflichtige damals noch nicht erklären. Sie wurden bei großen Erhebungen alle zehn, fünfzehn Jahre durch die Steuerverwaltung festgelegt, bei denen alle bebauten und unbebauten Grundstücke des Landes gezählt wurden, vor allem hinsichtlich Neubauten, letzter Besitzerwechsel und diverser Ergänzungen im Kataster. Bei einer Inflation von fast Null und einer sehr langsamen Preisentwicklung zwischen 1815 und 1914 meinte man, dass dieses System periodischer Anpassungen ausreichend sei, umso mehr, als sich der Steuerpflichtige nicht um die Erklärung zu sorgen hatte.

Die Grundsteuer war bei weitem die bedeutendste der *quatre vieilles*, weil sie allein mehr als zwei Drittel der gesamten Steuereinnahmen zu Anfang des 19. Jahrhunderts erbrachte und fast die Hälfte zu Beginn des 20. Jahrhunderts. Effektiv handelte es sich um eine Steuer auf Kapital, nur dass ausschließlich Immobilienkapital und «reale» Güter betroffen waren. Aktien, Obligationen, Unternehmensanteile und andere Finanzwerte waren ausgeschlossen, genauer gesagt wurden sie nur indirekt besteuert, insoweit die entsprechenden Unternehmen solche Immobilien besaßen, z. B. Büros oder Lager, wodurch sie die entsprechende Grundabgabe entrichten mussten. Handelte es sich aber um Unternehmen der Industrie oder des Finanzsektors, deren hauptsächlich akkumulierte Vermögenswerte immateriell waren (Patente, Wissen, Netzwerke, Ruf, Organisationsfähigkeit etc.), um Vermögenswerte im Ausland oder aber um durch Grundsteuer und andere Direktbeiträge schlecht abgebildete Vermögenswerte (z. B. Maschinen oder Ausrüstung, die im Prinzip zum Gewerbebeitrag gehörten, aber in der Praxis oft weniger Gewicht hatten als ihre reale Profitabilität), dann war das Kapital de facto steuerbefreit oder nur sehr gering besteuert. Solche Vermögenswerte erscheinen gewiss Ende des 18. Jahrhunderts im Vergleich zu handfesten Vermögenswerten (Häusern, Grundstücken, Gebäuden, Fabriken und Lagern) vernachlässigenswert, aber im 19. und frühen 20. Jahrhundert wurden sie immer wichtiger.

Auf jeden Fall war die Grundsteuer ebenso wie die Erbschaftsteuer bis 1901 eine streng proportionale Steuer auf das Kapital. Das Ziel bestand nie darin, Eigentum umzuverteilen oder Ungleichheiten zu reduzieren, sondern eine möglichst leichte und schmerzlose Belastung des Eigentums anzusetzen. In der Praxis lag die jährliche Besteuerung bis 1914 um 3–4 % des Miet- oder Pachtwerts der Immobilien, das heißt weniger als 0,2 % des Eigentumswerts (angesichts der Tatsache, dass die Miet- oder Pachteinnahmen im Allgemeinen bei 4–5 % pro Jahr lagen).[1]

Dabei muss man betonen, dass eine streng proportionale und sehr niedrige Steuer auf Kapital für die Eigentümer ein hervorragendes Geschäft sein kann, und tatsächlich betrachteten die Eigentümer sie seit der Französischen Revolution bis 1914 als ideal. Indem sie jährlich eine Zahlung von kaum 0,2 % ihres Kapitalwerts zahlten und eine zusätzliche Zahlung von 1 %, wenn «der Sohn auf seinen Vater folgt», erhielt jeder Eigentümer das Recht, sich ungestört zu bereichern, sein Eigentum höchstmöglichen Gewinn bringen zu lassen und Kapital zu akkumulieren, ohne auch nur das Einkommen und den Kapitalprofit erklären zu müssen, mit der Garantie, dass die zu zahlenden Steuern nicht von den erlangten Profiten abhingen. Weil sie nicht sehr aufdringlich ist und den Eigentümern volle Befugnisse einräumt, stand die proportionale, niedrige Steuer auf Kapital oft in der Gunst der Vermögenseigner. Diese politische Haltung trifft man nicht nur während der Französischen Revolution und im 19. Jahrhundert an, sondern auch über das ganze 20. und bis ins 21. Jahrhundert hinein.[2] Wenn jedoch die Steuer auf Kapital die Form einer wirklichen progressiven Abgabe auf das Eigentum annimmt, wird sie zur am meisten gefürchteten Steuer für Eigentümer, wie wir sehen werden, wenn wir uns die Entwicklungen und Debatten des 20. Jahrhunderts anschauen.

Die geringfügige Steuer auf Kapital, die die Grundsteuer darstellte, war auch das institutionelle Instrument, um in Frankreich den Eigentümern in der Zeit der Zensusmonarchien (1815–1848) politische Macht zu verleihen. Bei der ersten Restauration war das Wahlrecht Männern ab einem Alter von 30 Jahren vorbehalten, die mindestens 300 Francs Direktabgaben leisteten (in der Praxis um die 100 000 Personen, etwa

---

1 Mit anderen Worten, eine Liegenschaft im Wert von 1000 Francs trug eine Pacht von rund 50 Francs pro Jahr ein (5 % von 1000 Francs), wovon knapp 2 Francs (4 % von 50 Francs) abgegeben werden mussten, das ist ein Abzug von rund 0,2 % von einem Kapital von 1000 Francs. Siehe T. Piketty, *Les Hauts Revenus en France*, a. a. O., S. 238–239.

2 In diesem Sinne und im Namen der wirtschaftlichen Effizienz schlug Maurice Allais beispielsweise in den 1970er Jahren die Abschaffung der Einkommensteuer und deren Substitution durch eine niedrige Steuer auf Realkapital vor, was der Grundsteuer grundsätzlich sehr nahe kommt. Siehe M. Allais, *L'impôt sur le capital et la réforme monétaire*, Hermann 1977.

1 % der erwachsenen Männer). Da die Grundsteuer den größten Anteil der *quatre vieilles* ausmachte, bedeutete dies praktisch, dass das Wahlrecht, grob gerechnet, dem 1 % der reichsten Grundbesitzer zufiel. Mit anderen Worten begünstigten die Steuerregelungen die ungestörte Akkumulation und ermöglichten zugleich politische Regeln, die für die Aufrechterhaltung dieser Situation sorgten. Nie trat das proprietaristische Ungleichheitsregime deutlicher auf. Die französische Eigentümergesellschaft in den Jahren 1815–1848 beruhte ganz ausdrücklich und erkennbar auf einem Regime des Eigentums wie auf einem der Politik, wobei das letztere die Dauerhaftigkeit des ersteren sicherte. Wie wir im nächsten Kapitel sehen werden, bestanden ähnliche Mechanismen auch in anderen europäischen Ländern, z. B. Großbritannien und Schweden.

Das allgemeine Wahlrecht, das neue Wissen, der Krieg

Nach der Revolution von 1848, der kurzzeitigen Geltung des allgemeinen Wahlrechts in der Zweiten Republik und dessen späterer Wiedereinführung mit Gründung der Dritten Republik im Jahr 1871 begannen die Debatten zur Steuerprogression und zur Einkommensbesteuerung von vorn.[1] Während Industrie und Finanzsektor expandierten und die Explosion der Gewinne dort für jedermann ebenso sichtbar wurde wie die Stagnation der Arbeiterlöhne und die Armut des neuen städtischen Proletariats, wurde immer klarer, dass die neuen Quellen des Reichtums einen stärkeren Beitrag zu leisten hatten. Selbst wenn die Frage der Progression weiterhin Angst machte, so musste man doch etwas tun. In diesem Zusammenhang wurde mit Gesetz vom 28. Juni 1872 eine Steuer auf Einkünfte aus Wertpapieren (*impôt sur le revenu des valeurs mobilières* oder IRVM) beschlossen.

Diese Steuer ergänzte gewissermaßen die *quatre vieilles*, weil sie bislang weitgehend übersehene Einkommensarten betraf, die das System der direkten Abgaben von 1790–1791 nicht erfasste. Für ihre Zeit verkörperte die IRVM eine gewisse steuerrechtliche Modernität, umso

1 Die Zweite Republik (1848–1851) endete mit der Ausrufung des Zweiten Kaiserreiches durch Louis-Napoléon Bonaparte, der im Dezember 1848 in allgemeiner Wahl zum Präsidenten gewählt worden war. Sein Onkel, Napoleon, hatte die Erste Republik (1792–1804) beendet, indem er sich ebenfalls hatte krönen lassen.

mehr als sie eine sehr große Bemessungsgrundlage hatte. Nicht nur Dividenden aus Aktienbesitz und Zinsen aus Obligationen waren erfasst, sondern «Einkünfte jeder Art», die ein Inhaber von Wertpapieren über die Rückzahlung des Kapitals hinaus erhalten konnte, unabhängig von der genauen juristischen Qualifikation dieser Zahlungen (Ausschüttungen aus Rücklagen, Rückzahlungsagios, Gewinn aus einer Unternehmensauflösung etc.). Die Daten für die IRVM wurden auch oft genutzt, um erstmals das starke Wachstum dieser Einkünfte zwischen 1872 und 1914 zu messen. Die Steuer wurde an der Quelle erhoben, das heißt direkt von der Stelle entrichtet, welche die betreffenden Wertpapiere ausstellte (Banken, Kapitalgesellschaften, Versicherungen etc.).

Was den Steuersatz anging, führte die IRVM allerdings das bestehende System fort. Die neue Steuer war streng proportional und lag bei 3 % für alle Wertpapiereinkünfte, ob es sich um die winzigen Zinsen eines kleinen Obligationeninhabers im Ruhestand handelte oder um enorme Dividenden, die mehreren hundert Durchschnittsjahreseinkommen entsprachen und einem Großaktionär mit diversifiziertem Portfolio zufielen. Der Steuersatz wurde 1890 auf 4 % erhöht, und bei dieser Höhe blieb es bis zum Ersten Weltkrieg. Es wäre technisch leicht gewesen, die Steuersätze wesentlich zu erhöhen und einen progressiven Tarif einzuführen. Doch in Wirklichkeit übernahm keine Regierung eine solche Verantwortung, sodass die Einführung und Anwendung der IRVM zwischen 1872 und 1914 letztlich vernachlässigt werden kann, was die Akkumulation und den Fortbestand bedeutsamer Vermögen anging.

Die Debatten wurden fortgeführt, und nach einigem Hin und Her beschloss die Abgeordnetenkammer 1909 erstmals eine allgemeine Einkommensteuer (*impôt général sur le revenu* oder IGR). Es handelte sich um eine Progressivsteuer auf das Gesamteinkommen der Steuerpflichtigen (das heißt die Summe der Einkünfte verschiedener Kategorien: Gehälter, Gewinne, Pacht- und Mieterträge, Dividenden, Zinsen etc.). Im Entwurf des Finanzministers Joseph Caillaux von der Radikalen Partei befanden sich 1907 auch die sogenannten *cédulaires* (also Steuern nach Einkommensart oder *cédule*, Schedulensteuern), die mit ihrem progressiven Tarif mehr Steuerpflichtige betreffen sollten als die IGR, um eine gewisse Umverteilung der Einkünfte zu gewährleisten.

Caillaux' Entwurf war dabei relativ bescheiden, da der Steuersatz auf die höchsten Einkommen gerade einmal 5 % betrug. Seine Gegner bezeichneten ihn aber als «Höllenmaschine», die einmal gestartet nie wieder angehalten werden könne, wie es auch schon bei der Erbschaftsteuer zu hören war, nur noch wuchtiger, weil die Verpflichtung zur Erklärung von Einkommen als unerträgliche Einmischung aufgefasst wurde. Der Senat stand der Progressivsteuer auf Einkommen ebenso feindselig gegenüber wie der Progressivsteuer auf Erbschaften, daher lehnte er den Text ab und blockierte die Anwendung des neuen Systems bis 1914. Für Caillaux und die Anhänger der Einkommensteuer sprachen jedoch alle Argumente. Vor allem konnten sie den Befürchtungen ihrer Gegner, die baldige Steuererhöhungen in astronomischen Ausmaßen voraussagten, erwidern, dass sich die progressiven Steuersätze auf Erbschaften seit 1901–1902 tatsächlich nur relativ wenig geändert hätten.[1]

Dass Statistiken aus Erbschaftsdeklarationen kurz nach Einführung der progressiven Erbschaftsteuer 1901 veröffentlicht wurden, trug als einer der wichtigen Faktoren zum Wandel der Vorstellungen von den Verhältnissen bei und stellte die Idee eines «egalitären» Frankreichs infrage, die von den Gegnern der Progressivität so oft vorgebracht wurde. In Parlamentsdebatten von 1907–1908 beriefen sich die Befürworter der Einkommensteuer häufig auf diese neuen Erkenntnisse, um zu zeigen, dass Frankreich nicht jenes Land «kleiner Eigentümer» war, das ihre Gegner gern evozierten. Joseph Caillaux las den Abgeordneten die Statistiken selbst vor, und nachdem er festgestellt hatte, dass die Anzahl und die Höhe der sehr großen erklärten Erbschaften jedes Jahr in Frankreich wirklich astronomische Ausmaße annahmen, zog er den folgenden Schluss: «Wir wurden zu glauben, zu sagen verleitet, Frankreich sei ein Land von kleinen Vermögen, von zerbröseltem und überallhin verstreutem Kapital. Die Statistiken aus dem neuen Erbschaftssystem zwingen uns, diese Illusion aufzugeben. [...] Meine Herren, ich kann Ihnen nicht verhehlen, dass diese Zahlen in meinem Geiste einige vorgefertigte Ideen änderten, von denen ich vorhin sagte, dass sie mich zu gewissen Überlegungen führten. Es steht fest, dass eine sehr kleine Zahl

1 In der Sitzung der Abgeordnetenkammer vom 20. Januar 1908 hat Caillaux dieses Argument sehr deutlich gemacht: «Nachdem wir in den letzten sechs Jahren in unserer Gesetzgebung eine Steuer mit progressivem Charakter hatten, deren Satz sich nicht geändert hat, machen Sie uns nicht weis, dass das System der Progressivität in naher Zukunft notwendigerweise Steuererhöhungen zur Folge haben wird». Siehe J. Caillaux, *L'impôt sur le revenu*, Paris: Berger-Levrault 1910, S. 115.

von Personen den größten Anteil des Vermögens in diesem Lande besitzt.»[1]

Hier sieht man, wie eine große institutionelle Innovation – die Einführung einer Progressivsteuer auf Erbschaften – über ihre direkten Auswirkungen auf die Ungleichheiten hinaus Kenntnisse und neue Kategorien hervorbringen kann, die die politisch-ideologischen Entwicklungen beeinflussen. In diesem Fall ging Caillaux nicht so weit, den Anteil der unterschiedlichen Dezile und Perzentile an den jährlichen Erbschaftszahlungen der Zeit auszurechnen, aber die bloßen Zahlen sprachen für sich und jeder merkte, dass Frankreich kaum dem «Land der kleinen Eigentümer» glich. Diese Argumente übten einen gewissen Einfluss auf die Abgeordnetenkammer aus und beeinflussten auch die Entscheidung, die Progressivität der Erbschaftsteuer 1910 zu stärken, aber sie genügten nicht, um den Senat von einer progressiven Einkommensteuer zu überzeugen.

Es ist schwer zu sagen, wie lange der Widerstand des Senats ohne den Ersten Weltkrieg hätte anhalten können, aber es steht fest, dass die internationalen Spannungen von 1913 und 1914 sowie die neuen finanziellen Belastungen durch das Gesetz über den dreijährigen Militärdienst und die «Verpflichtung zur Landesverteidigung» entscheidend dazu beitrugen, die alten Blockaden zu lösen, bestimmt mehr als die guten Ergebnisse der Radikalen und der Sozialisten bei den Wahlen im Mai 1914. Zahlreiche Wendungen prägten diese Debatten, deren spektakulärste sicherlich die Calmette-Affäre war.[2] Dennoch nahm der Senat schließlich zwei Wochen nach dem Attentat von Sarajewo und keine zwei Wochen vor der Kriegserklärung in das notstandsbedingte Finanzgesetz vom 15. Juli 1914 auch die Artikel zur Einkommensteuer auf, die von der Abgeordnetenkammer 1909 beschlossen worden waren, wobei er die Progressivität noch ein wenig reduzierte (der Steuersatz für die

---

1 Siehe ebenda, S. 530–532.

2 Benannt nach dem Herausgeber von *Le Figaro*, den am 16. März 1914 die Ehefrau von Joseph Caillaux ermordet hatte. Es war eine Reaktion auf die hemmungslose Pressekampagne gegen ihren Mann, die darin gipfelte, dass am 13. März 1914 ein mit «Dein Jo» von Joseph Caillaux unterzeichnetes Schreiben an seine Geliebte aus dem Jahr 1901 veröffentlicht wurde. Caillaux hatte darin nach dem Scheitern seines ersten Vorhabens geäußert, dass er «die Einkommensteuer zerschmettert» habe, während er gleichzeitig «so tat, als wollte ich sie verteidigen». Dieser Brief sollte beweisen, dass die Verfechter der Einkommensteuer nur Opportunisten waren, die dieses unheilvolle Vorhaben ausschließlich für ihren politischen Aufstieg instrumentalisierten.

höchsten Einkommen wurde von 5 auf 2 % gesenkt).[1] Dieses Modell einer Progressivsteuer auf Einkommen wurde als erste Einkommensteuer in Frankreich 1915 mitten im Krieg angewandt und gilt in mehrfach reformierter Form bis heute. Wie auch bei der Erbschaftsteuer musste man allerdings das Ende des Krieges und vor allem die Zwischenkriegszeit abwarten, bis die Spitzensätze moderne Höhen (von höheren zweistelligen Prozentwerten) erreichten.

Um ein Résumé zu ziehen: Das französische Steuersystem von der Französischen Revolution bis zum Ersten Weltkrieg bot ideale Bedingungen für die Akkumulation und die Konzentration von Vermögen, weil die Steuersätze auf die größten Einkommen und Vermögen nie ein paar Prozente überstiegen, also symbolisch blieben, ohne wirklichen Einfluss auf Akkumulation und Übertragung der Vermögen zu nehmen. Neue Bündnisse und tiefgreifende politisch-ideologische Veränderungen hatten sich vor dem Krieg herauszubilden begonnen, insbesondere nach der Einführung der Progressivsteuer auf Erbschaften im Jahr 1901, aber sie konnten erst seit der Zwischenkriegszeit ihre volle Wirkung entfalten, und zwar besonders im Rahmen des neuen sozialen, steuerlichen und politischen Pakts von 1945.

Revolution, Frankreich und Gleichheit

Seit der Revolution von 1789 stellt sich Frankreich gern als das Land von Freiheit, Gleichheit und Brüderlichkeit dar. Im Herzen der großen nationalen Erzählung steht das Gleichheitsversprechen, welches sicherlich auf handfesten Grundlagen beruht wie der Abschaffung der Steuerprivilegien für Adel und Klerus in der Nacht vom 4. August 1789 sowie auf dem Versuch, zwischen 1792 und 1794 eine republikanische Ordnung mit allgemeinem Wahlrecht einzuführen, damals ganz ungewöhnlich, und all dies in einem Land mit einer viel größeren Bevölkerung als in den anderen westlichen Monarchien. Die Bildung einer staatlichen Zentralmacht, die es erlaubte, die Lehnsherrenprivi-

1 Das Gesetz vom 15. Juli 1914 zur Einführung der Einkommensteuer IGR wurde ergänzt durch das Gesetz vom 31. Juli 1917 zur Einführung der in der Reform von Caillaux vorgesehenen Schedulensteuern (cédulaires). Für eine detaillierte Darstellung der ereignisreichen Einführung der Einkommensteuern in Frankreich siehe T. Piketty, *Les Hauts Revenus en France*, a. a. O., S. 246–262.

legien in der Rechtsprechung abzuschaffen, um eines Tages das Ziel der Gleichheit zu erreichen, war die höchst bedeutende Umsetzung einer neuen Ordnung.

Doch die große Hoffnung der Revolution auf wirkliche Gleichheit erfüllte sich nicht. Dass die Eigentumskonzentration immer weiter stieg und vor dem Ersten Weltkrieg größer war als in den 1780er Jahren, beweist das Ausmaß der Diskrepanz zwischen den revolutionären Versprechungen und der Wirklichkeit. Und als die progressive Einkommensteuer am 15. Juli 1914 endlich im Parlament angenommen wurde, sollten damit keine Schulen oder öffentlichen Einrichtungen finanziert werden, sondern der Krieg gegen Deutschland.

Besonders auffällig ist, dass Frankreich, das selbsternannte Land der Gleichheit, eines der letzten westlichen Länder war, die eine progressive Einkommensteuer einführten, wie sie schon 1870 in Dänemark, 1887 in Japan, 1891 in Preußen, 1903 in Schweden, 1909 in Großbritannien und 1913 in den Vereinigten Staaten bestand.[1] Zwar führten die letzteren beiden Länder diese symbolträchtige Steuerreform erst wenige Jahre vor dem Krieg ein und in beiden Fällen mussten stürmische politische Schlachten ausgetragen und grundlegende Verfassungsreformen durchgesetzt werden. Aber wenigstens gelangen diese Reformen zu Friedenszeiten, um zivile Ausgaben zu finanzieren und Ungleichheiten zu mindern, nicht wie in Frankreich unter dem Druck des kriegerischen, militärischen und nationalistischen Notstands. Gewiss wäre die Einkommensteuer letztlich auch ohne den Krieg beschlossen worden, nachdem andere Länder gute Erfahrungen mit ihr gemacht hätten, oder nach anderen finanziellen oder militärischen Krisen; doch in Frankreich wurde sie eben auf diese Weise eingeführt, nach allen anderen Ländern.

Dieser Rückstand in der Gleichheit und die französische Heuchelei erklärt sich weitgehend aus intellektuellem Nationalismus und historischer Selbstgenügsamkeit. Zwischen 1871 und 1914 ge- und missbrauchten die politischen und wirtschaftlichen Eliten der Dritten Republik das Argument, dass Frankreich dank der Revolution bereits egalitär sei und also keine räuberische oder inquisitorische Steuer benötige – im

1 In Großbritannien wurde bereits 1842 ein Steuersystem eingeführt, nach dem Steuern proportional und aufgeteilt auf die verschiedenen Einkommenskategorien (Zinsen, Mieten, Gewinne, Löhne etc.) erhoben wurden, aber erst 1909 wurde eine progressive Besteuerung des Gesamteinkommens eingeführt (also auf die Summe der Einkommen aller Kategorien mit steigenden Sätzen in Abhängigkeit vom Gesamteinkommen).

Gegensatz zu den aristokratischen und autoritären Nachbarländern, allen voran Großbritannien und Deutschland, die gut beraten seien, sogleich Progressivsteuern einzuführen, um auch nur eine Chance zu haben, an das egalitäre Ideal Frankreichs heranzureichen. Doch dieses Argument der egalitären Ausnahmestellung Frankreichs beruhte nicht auf soliden Fakten. Die Erbschaftsarchive haben uns gezeigt, dass Frankreich im 19. und frühen 20. Jahrhundert ungemein inegalitär war und die Eigentumskonzentration bis zum Krieg immer weiter anstieg. Caillaux berief sich sogar in den parlamentarischen Debatten 1907 und 1908 auf ebendiese Erbschaftsstatistiken, aber die Vorurteile und Interessen waren zu stark, um den Senat seinerzeit zu überzeugen.

Die Eliten der Dritten Republik stützten sich auf einige potenziell stichhaltige Vergleiche, insbesondere auf das in Frankreich im Vergleich zu Großbritannien deutlich stärker zerstückelte Grundeigentum, was an den relativ begrenzten Umverteilungen in den Revolutionsjahren lag (vor allem aber an der außergewöhnlich starken Konzentration des Grundbesitzes in Großbritannien) und auch am Prinzip der gleichmäßigen Aufteilung der Erbschaften unter den Geschwistern, wie sie der Code Civil von 1804 vorschrieb. Dieses Prinzip der Erbteilung, das in der Praxis hauptsächlich die Brüder begünstigte (die Schwestern verloren in der äußerst patriarchalischen proprietaristischen Ordnung des 19. Jahrhunderts mit der Heirat alle Rechte an ihre Ehegatten), wurde durch das ganze 19. Jahrhundert von konterrevolutionären und antiegalitären Denkern angeprangert, weil sie darin die Anfänge einer unheilvollen Zersplitterung des Grundbesitzes sahen, vor allem aber den Verlust der väterlichen Autorität über ihre Söhne, welche sie nun nicht mehr enterben konnten.[1] In Wahrheit begünstigte die rechtliche, steuerliche und monetäre Ordnung des 19. Jahrhunderts bis 1914 insgesamt eine extreme Eigentumskonzentration, und diese Faktoren spielten eine

1 Entsprechend dem 1804 eingeführten und immer noch bestehenden System des frei verfügbaren Erbteils können die Eltern über die Hälfte ihres Vermögens frei verfügen, wenn sie ein Kind haben (die andere Hälfte steht diesem automatisch zu, auch im Falle eines Bruchs der Eltern mit dem Kind), ein Drittel, wenn sie zwei Kinder haben (mit einer gleichen Verteilung der anderen zwei Drittel), ein Viertel, wenn sie drei oder mehr Kinder haben (mit einer gleichen Verteilung der anderen drei Viertel). Die Verurteilung der vermeintlich negativen Auswirkungen dieses Systems ist eines der wichtigsten konservativ-reaktionären Themen des 19. Jahrhunderts, insbesondere in den Werken von Frédéric Le Play. Diese Kritik verschwand im 20. Jahrhundert weitgehend.

viel bedeutendere Rolle als die zur Revolutionszeit eingeführte gleiche Aufteilung des Erbes unter Brüdern.

Wenn wir diese Debatten Anfang des 21. Jahrhunderts mit unserem Abstand zur Belle Époque erneut betrachten, können wir nur verblüfft sein angesichts der Heuchelei eines Großteils der französischen Eliten der Zeit sowie der vielen Ökonomen, die gegen jegliche Evidenz und bisweilen wider besseres Wissen leugneten, dass Ungleichheit in Frankreich auch nur das geringste Problem darstellte.[1] Diesen Positionen kann man eine panische Angst vor der Bedrohung durch eine unheilvolle Eskalation der Umverteilung ablesen, die den Wohlstand des Landes zunichtemachen könne, zu einem Zeitpunkt, als es im großen Maßstab noch keine direkte historische Erfahrung mit der Steuerprogression gegeben hatte. Darum müssen wir uns bei der erneuten Befassung mit diesen Debatten darauf einstellen, dass sich solche Abwegigkeiten in der Zukunft wiederholen können.

Wir werden sehen, dass kurzsichtige nationale Erzählungen in der Geschichte der Ungleichheitsregime leider sehr verbreitet sind. In Frankreich wurde der Mythos der egalitären Ausnahmestellung und der moralischen Überlegenheit des Landes oft verwendet, um Egoismen und nationale Unzulänglichkeiten abzuschirmen, ob es um koloniale oder patriarchale Herrschaftsordnungen im 19. und zum großen Teil noch im 20. Jahrhundert ging oder um die offensichtlichen Ungleichheiten des heutigen Bildungswesens. In den Vereinigten Staaten konnte ein verwandter intellektueller Nationalismus, die Ideologie der amerikanischen Ausnahmestellung, oft jene Ungleichheiten und plutokratischen Anwandlungen des Landes verbergen, die zwischen 1990

---

1 Man denke beispielsweise an Paul Leroy-Beaulieu, seinerzeit einer der einflussreichsten liberalen Ökonomen und zugleich ein begeisterter Fürsprecher der Kolonisation, und an seinen berühmten Aufsatz *Sur la répartition des richesses et sur la tendance à une moindre inégalité des conditions*, der 1881 veröffentlicht und bis Anfang der 1910er Jahre immer wieder neu aufgelegt wurde. Obwohl alle verfügbaren statistischen Quellen das Gegenteil nahelegten, beharrte er darauf, dass die Ungleichheiten tendenziell zurückgingen. Damit verbunden ersann er abwegige Argumente. So stellt er beispielsweise mit Genugtuung fest, dass die Zahl der notleidenden Menschen in Frankreich, die Unterstützung erfuhren, zwischen 1837 und 1860 nur um 40 % zugenommen hatte bei verdoppelter Zahl der Wohlfahrtsstellen. Abgesehen davon, dass es recht optimistisch ist, aus diesen Zahlen den Schluss zu ziehen, dass die tatsächliche Zahl der Armen zurückgegangen sei (was er ohne zu zögern tut), würde uns ein möglicher Rückgang der absoluten Zahl der Armen in einem Zusammenhang mit dem Wachstum natürlich nichts über Vermögensunterschiede und ihre Entwicklung sagen. Siehe T. Piketty, *Les Hauts Revenus en France*, a. a. O., S. 522–531.

und 2020 immer offensichtlicher werden. Es ist gut möglich, dass sich eine ähnliche Form historischer Selbstgenügsamkeit in nächster Zeit in China herausbildet, wenn es sie nicht schon gibt. Bevor wir an diesen Punkt gelangen, müssen wir aber den Wandel der europäischen Ständegesellschaften zu Eigentümergesellschaften weiter untersuchen, damit wir die Vielfalt der Entwicklungen und Weichenstellungen besser begreifen.

Der Kapitalismus: ein Proprietarismus des Industriezeitalters

Bevor es weitergeht, möchte ich die Bezüge zwischen den Begriffen Proprietarismus und Kapitalismus klären, wie ich sie in dieser Untersuchung verstehe. In diesem Buch soll Kapitalismus als die Sonderform des Proprietarismus im Zeitalter der Großindustrie und der internationalen Finanzinvestitionen verstanden werden, das heißt in der Zeit ab der zweiten Hälfte des 19. und Anfang des 20. Jahrhunderts. Ob es nun um den Kapitalismus der ersten industriellen und finanziellen Globalisierung geht (die Belle Époque zwischen 1880 und 1914) oder um den gegenwärtigen globalisierten und digitalen Hyperkapitalismus der Jahre 1990–2020, lässt sich der Kapitalismus als eine historische Entwicklung der ständigen Ausweitung des Privateigentums und der Akkumulation von Vermögenswerten über traditionelle Besitzformen und alte Staatsgrenzen hinaus verstehen. Dies geht mit der Entwicklung von Transport- und Kommunikationsmitteln einher, die den Austausch, die Produktion und die Akkumulation in globalem Maßstab umso grundlegender vergrößern, als die Entwicklung eines immer ausgeklügelteren globalisierten Rechtssystems die verschiedenen Formen materiellen und immateriellen Eigentums «kodifiziert» und dessen Fortbestand für die Eigentümer so gut wie möglich gewährleistet. Wer das Eigentum angreifen möchte, Besitzlose oder mitunter Staaten mit ihren nationalen Rechtssystemen, erfährt davon nicht einmal.[1]

In diesem Sinne ist der Kapitalismus mit dem Proprietarismus verbunden, den ich in dieser Untersuchung als eine politische Ideologie definiere, die den absoluten Schutz des Rechts auf Privateigentum zum Hauptinhalt hat, welches im Prinzip als ein universelles, von den alten

1 Siehe K. Pistor, *The Code of Capital. How the Law Creates Wealth and Inequality*, a. a. O.

Statusunterschieden unabhängiges Recht verstanden wird. Der klassische Kapitalismus der Belle Époque ist die Verlängerung des Proprietarismus im Zeitalter der Großindustrie und des internationalen Finanzwesens, ebenso wie der Hyperkapitalismus um die Jahrtausendwende dessen Verlängerung im Zeitalter der digitalen Revolution und der Steuerparadiese ist. In beiden Fällen entstehen neue Formen von Besitz und Schutz von Eigentum, um die Fortdauer der Vermögensakkumulation zu gewährleisten. Die Unterscheidung der Begriffe Proprietarismus und Kapitalismus ist jedoch vorteilhaft, weil der Proprietarismus sich als Ideologie im 18. Jahrhundert entwickelt hat, also deutlich früher als die Großindustrie und das internationale Finanzwesen. Er entsteht in noch größtenteils vorindustriellen Gesellschaften als eine Überwindung der trifunktionalen Logik durch die Fähigkeit des neu gebildeten Zentralstaats, die hoheitlichen Funktionen und den allgemeinen Schutz des Eigentumsrechts zu übernehmen.

Als Ideologie könnte der Proprietarismus theoretisch auf hauptsächlich ländliche Gemeinschaften und zur Bewahrung relativ enger und traditioneller Besitzformen angewandt werden. In der Praxis führt die Akkumulationslogik dazu, dass der Proprietarismus die Grenzen und Formen des Eigentums so weit wie möglich erweitert, sofern ihm andere Ideologien und Institutionen keine Grenzen setzen. In diesem Fall entspricht der Kapitalismus des ausgehenden 19. und beginnenden 20. Jahrhundert einer Verschärfung des Proprietarismus im Zeitalter der Großindustrie, wobei immer angespanntere Eigentumsverhältnisse zwischen den Aktionären und dem neuen städtischen Proletariat entstehen, das sich in riesigen Produktionseinheiten sammelt und gegen das Kapital vereint.

Diese Verschärfung findet sich übrigens auch in der Darstellung der Eigentumsverhältnisse in den Romanen des 19. Jahrhunderts wieder. Die von Balzac beschriebene Eigentümergesellschaft der Jahre 1810–1830 zeigt uns eine Welt, in der das Eigentum eine universelle Entsprechung zur Erwirtschaftung sicherer jährlicher Einkommen und zur Strukturierung der sozialen Ordnung darstellt, in der aber die direkte Konfrontation mit denen, die arbeiten, um diese Einkommen zu gewährleisten, weitgehend fehlt. Balzacs Universum ist zutiefst proprietaristisch, ebenso Jane Austens, deren Geschichten sich im Großbritannien der Jahre 1790–1810 abspielen, doch in beiden Fällen sind wir von der Welt der Großindustrie sehr weit entfernt.

Als Zola 1885 *Germinal* veröffentlicht, ist die Spannung in den Kohlebecken und Industriezonen Nordfrankreichs auf dem Höhepunkt. Als die Arbeiter ihre schmale Gemeinschaftskasse in harten Streiks gegen die Minengesellschaft erschöpft haben, gewährt ihnen der Lebensmittelhändler Maigrat keinen Kredit mehr. Die Frauen entmannen ihn schließlich, erschöpft und blutrünstig nach wochenlangem Kampf, angewidert von den sexuellen Gefälligkeiten, die jener böse Vertreter des Kapitals so lange von ihnen und ihren Töchtern verlangte. Die Überreste seines Körpers werden öffentlich ausgestellt und durch die Straße gezogen. Hier sind wir weit entfernt von Balzacs Pariser Salons und Austens Bällen. Der Proprietarismus ist zum Kapitalismus geworden; das Ende ist nah.

5. DIE EIGENTÜMERGESELLSCHAFTEN: EUROPÄISCHE ENTWICKLUNGSWEGE

Wir haben die inegalitäre Entwicklung innerhalb der Eigentümergesellschaft untersucht, die sich in Frankreich im Jahrhundert nach der Revolution von 1789 und bis zum Ersten Weltkrieg vollzogen hat. Aber so aufschlussreich und interessant der Fall Frankreichs auch ist und so bedeutend der Einfluss auf die Nachbarländer auch war, er ist in der europäischen und der Weltgeschichte doch ein ziemlicher Sonderfall. Betrachtet man die vielfältigen nationalen Entwicklungen im europäischen Raum aus einigem Abstand, so werden große Unterschiede in den Prozessen erkennbar, in denen sich die Drei-Stände-Gesellschaften in die Eigentümergesellschaften verwandelt haben, die wir jetzt untersuchen müssen.

Ich präsentiere zunächst die allgemeinen Elemente für Vergleiche zwischen den europäischen Ländern und untersuche dann zwei besonders bedeutsame Fälle eingehender: Großbritannien und Schweden. Großbritanniens Entwicklung zeichnet sich dadurch aus, dass sich der Wandel der Drei-Stände-Logik hin zur proprietaristischen in kleinsten Schritten vollzogen hat und in mancherlei Hinsicht wohl als das genaue Gegenteil des französischen Entwicklungswegs erscheinen kann. Wie wir allerdings sehen werden, spielten auch in der britischen Entwicklung Brüche eine wesentliche Rolle, was einmal mehr illustriert, welche Bedeutung Zeiten der Krise und Weichenstellungen im gesellschaftlichen Wandlungsprozess haben und wie eng Eigentumsregime und politische Ordnung in der Geschichte der Ungleichheitsregime miteinander verflochten waren. Dagegen liefert Schweden das erstaunliche

Beispiel einer Gesellschaft, die schon in früher Zeit als eine in vier Stände untergliederte verfasst war, gefolgt von einem Wandel zu einer proprietaristischen in verschärfter Form mit Stimmrechten, die im Verhältnis zum Vermögen zugewiesen wurden. Die Entwicklung Schwedens ist das perfekte Beispiel dafür, wie bedeutsam die kollektive Mobilisierung und die gesellschaftlichen und politischen Prozesse bei der Umgestaltung der Ungleichheitsregime waren: Diese Eigentümergesellschaft, die auf das schärfste Zensuswahlrecht setzte, wandelte sich mühelos in die egalitärste der sozialdemokratischen Gesellschaften. Der Vergleich dieser Entwicklungsverläufe ist umso interessanter, als die verschiedenen Länder (Frankreich, Großbritannien, Schweden) eine Schlüsselrolle in der globalen Geschichte der inegalitären Regime spielten, zunächst im Drei-Stände- und proprietaristischen und dann im kolonialen und sozialdemokratischen Zeitalter.

Die personelle Stärke von Klerus und Adel: die Vielfalt Europas

Eine erste Vorgehensweise, um die Vielfalt der europäischen Entwicklungswege zu untersuchen, besteht darin, die jeweiligen Personalbestände von Klerus und Adel, ihre Ressourcen und Entwicklungen in den verschiedenen Ländern miteinander zu vergleichen. Dieser Ansatz stößt insofern an Grenzen, als die verfügbaren Materialien nicht immer eins zu eins miteinander vergleichbar sind. Aber er macht es möglich, innerhalb der europäischen Gesellschaften größere Gemeinsamkeiten und Unterschiede auszumachen.

Zunächst sind bei der Betrachtung der personellen Stärke des Klerus auf den ersten Blick langfristige Trends festzustellen, die in den verschiedenen europäischen Ländern relativ ähnlich verliefen. Die Fälle Spaniens, Frankreichs und Großbritanniens (siehe Grafik 5.1) zeigen zum Beispiel, dass der Klerus im 16. und 17. Jahrhundert sehr hohe Anteile an der männlichen erwachsenen Bevölkerung stellte, 3–3,5 %, also einen Geistlichen auf 30 Männer (in Spanien stellte er um 1700 sogar fast 5 %, also einen Geistlicher auf 20 Männer). Diese Rate des Klerus sank in den drei Ländern daraufhin nachhaltig ab und lag im 19. und zu Beginn des 20. Jahrhunderts bei 0,5 % (kaum ein Geistlicher auf 200 Männer). Auch wenn die verfügbaren Schätzungen keineswegs absolut zuverlässig sind, machen sie die Größenordnungen sehr gut deutlich. Zu Beginn des

21. Jahrhunderts liegt der Anteil der Geistlichen an der Bevölkerung in diesen drei Ländern nur noch bei unter 0,1 % (weniger als einer auf 1000 Personen), alle Religionen eingeschlossen. Wie wir später ebenfalls noch sehen, hat der dramatische Schwund der religiösen Praxis und der Zuwachs einer Bevölkerung, die sich als «ohne Religion» lebend bezeichnet, in den verschiedenen europäischen Ländern am Ende des 20. und zu Beginn des 21. Jahrhunderts in beachtlichem Maß zugenommen (zwischen einem Drittel und der Hälfte).[1]

Das demografische Gewicht des Klerus in Europa, 1530–1930

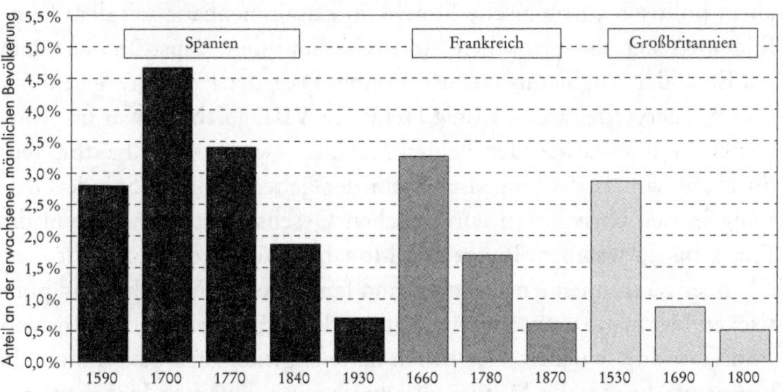

Grafik 5.1.: Der Klerus stellte in Spanien im Jahr 1700 über 4,5 %, 1770 unter 3,5 % und 1840 unter 2 % der erwachsenen männlichen Bevölkerung. Der allgemeine Abwärtstrend zeigt unterschiedliche Verläufe je nach Land: In Spanien setzt er später, in Großbritannien früher und in Frankreich in der Zeit dazwischen ein.
Quellen und Reihen: siehe piketty.pse.ens.fr/ideologie.

Während die ganz langfristigen Trends, bei denen die religiöse Schicht beinahe verschwunden und die Glaubenspraxis zusammengebrochen ist, relativ nahe beieinander verliefen, wichen die genaueren zeitlichen Abläufe in den einzelnen Ländern stark voneinander ab. So lassen sich besondere und einzigartige historische Verläufe nachzeichnen, die insbesondere widerspiegeln, wie sich in den einzelnen Gesellschaften die Machtbeziehungen und die politisch-ideologischen Auseinandersetzungen zwischen den staatlichen und religiösen, monarchischen und kirchlichen Institutionen entwickelt haben. Wie wir im vorangegangenen

1 Siehe vierter Teil, Kapitel 14, S. 958–960 und 15, S. 1043 f.

Kapitel sahen, hatte in Frankreich die personelle Stärke des Klerus schon ab dem letzten Drittel des 17. Jahrhunderts und im Verlauf des 18. Jahrhunderts deutlich abgenommen, ehe er hart von den Enteignungen der Französischen Revolution getroffen wurde und sich der Schwund im 19. Jahrhundert fortsetzte.

In Großbritannien setzte dieser Prozess deutlich früher ein. Tatsächlich ging der Anteil der Geistlichen an der Bevölkerung schon im 16. Jahrhundert massiv zurück, eine Folge insbesondere der Auflösung der Klöster, die Heinrich VIII. in den 1530er Jahren beschlossen und umgesetzt hatte. Hinter diesem Bruch mit der Tradition standen vor allem politisch-theologische Motive im Zusammenhang mit dem Konflikt zwischen der britischen Monarchie und dem Papsttum, aus dem am Ende der Anglikanismus hervorging. Dass der Papst die Scheidung und Wiederverheiratung König Heinrichs VIII. ablehnte, war im erbitterten Streit zwischen den beiden Mächten zwar nur ein Faktor, aber durchaus von Bedeutung. Innerhalb der geltenden Drei-Stände-Ordnung in den christlichen europäischen Gesellschaften ging es um die Frage, bis zu welchem Punkt sich Monarchie und Adel den nicht voneinander zu trennenden sittlichen und familiären, spirituellen und politischen Normen zu unterwerfen hatten, die von der päpstlichen Institution verordnet wurden. Der Bruch hatte zugleich auch davon nicht zu trennende finanzielle Motive, die durch die schwierige Haushaltslage der Krone bedingt waren: Die Auflösung und Enteignung der Klöster, gefolgt von der schrittweisen Versteigerung ihrer Besitzungen, verschafften der Monarchie nachhaltig bedeutende Ressourcen und unterminierten zugleich die wirtschaftliche und politische Autonomie des geistlichen Standes.[1]

Jedenfalls führte die Auflösung der Klöster, beschlossen zu einer Zeit, da allein die englischen Mönche rund 2 % der männlichen Bevölkerung stellten, schon früh zu einer massiven Schwächung des britischen geistlichen Standes, was Kopfzahl und Besitzungen betrifft, während Krone und adliger Stand gestärkt wurden. Der Adel kaufte einen Großteil des kirchlichen Besitzes auf und konnte so seinen Anteil am Grundbesitz im Königreich erheblich ausweiten. Nach den verfügbaren Schätzungen war der Anteil der Geistlichen bis Ende des 17. Jahrhunderts, als er in Frankeich noch bei über 3 % der erwachsenen männ-

1 Siehe G. W. Bernard, «The Dissolution of Monasteries», *History* 96 (2011), 324, S. 390–409.

lichen Bevölkerung gelegen hatte, auf unter 1 % gefallen (siehe Grafik 5.1). Dieser frühe Schwund des Klerus in Großbritannien ging mit der Herausbildung einer ganz eigenen und verschärften Form des Proprietarismus einher.

Dagegen erfolgte der Schwund des geistlichen Standes in Spanien deutlich später als in Großbritannien und Frankreich. Zwischen 1590 und 1700 war die Kirche als Institution, auf die sich Monarchie und Adelsstand in den Jahrhunderten der *Reconquista* gestützt hatten, sogar noch im Aufwind begriffen. Zum Zeitpunkt der Französischen Revolution machte ihr Personal noch immer über 3 % der männlichen erwachsenen Bevölkerung aus. Erst im 19. und zu Beginn des 20. Jahrhunderts büßte der Klerus mitsamt seiner Besitzungen dramatisch an Bedeutung ein. Im Verlauf des gesamten 19. Jahrhunderts verlor die Kirche durch zahlreiche Gesetze zur sogenannten Desamortisation schrittweise immer mehr Kapital und Grundbesitz, mit Zwangsverkäufen von Immobilien und Grundstücken zugunsten des spanischen Staates, der sich zu modernisieren und seine zivilen und öffentlichen Institutionen zu stärken versuchte. Dieser Prozess setzte sich zu Beginn des 20. Jahrhunderts fort und löste dabei auch heftige Widerstände und starke soziale und politische Spannungen aus. 1911 und erneut 1932 kamen die Steuerbefreiungen für Privatspenden an die religiösen Institutionen auf den Prüfstand.[1] 1931 hatte die Zweite Spanische Republik größte Mühe gehabt, auf die Vermögenswerte der Jesuiten (deren Orden in Spanien soeben aufgelöst worden war) zuzugreifen, weil sie häufig auf den Namen von Unterstützern der Kirche anstatt auf die religiösen Institutionen selbst eingetragen waren, um Enteignungen, wie es sie früher schon gegeben hatte, zu entgehen.

Erinnert sei ebenfalls daran, dass die 1932/33 in Angriff genommene ehrgeizige Landreform eine entscheidende Rolle in der Vorgeschichte des Spanischen Bürgerkriegs spielte. Dabei war die Reform in ihrem rechtlichen Rahmen mit dem Ziel konzipiert worden, mit friedlichen Mitteln eine relativ maßvolle Umverteilung vorzunehmen. Der maximal zulässige Grundbesitz betrug mehrere Hundert Hektar pro Eigentümer und Gemeinde, gestaffelt nach Art des Anbaus. Vorgesehen waren bedeu-

1 Die von M. Artola zusammengetragenen Daten zu entsprechenden Erbschaften in Spanien siehe Technischer Anhang. Siehe ebenso die Arbeiten von C. Milhaud zum kirchlichen Eigentum sowie die von M. Artola, L. Baulusz und C. Martinez-Toledano zur Entwicklung der Struktur des Eigentums in Spanien seit dem 19. Jahrhundert.

tende Entschädigungen nach einer Bemessungsgrundlage, die zugleich von der Größe der Grundstücks und den Einkommen des Eigentümers abhing, mit Ausnahme allerdings des Hochadels *(Grandes de España)*, der ab einer bestimmten Größe seiner Besitztümer entschädigungslos enteignet werden sollte, weil er in der Vergangenheit von besonderen staatlichen Privilegien profitiert hatte. Die Landreform wurde indes zum Sammlungspunkt im Kampf gegen die republikanischen Regierungen, zum einen wegen der objektiven Bedrohung, die sie für die verbliebenen kirchlichen und vor allem adligen Großgrundbesitzer darstellte, die zur Umverteilung noch nichts beigetragen hatten, und zum anderen weil die erneute Machtübernahme durch die Linksparteien 1936 unter den kleinen Landeigentümern Ängste weckten, dass sich die wilden Landbesetzungen von 1932/33 in verschärfter Form wiederholen könnten.[1] Die Maßnahmen der Republikaner, um laizistische Schulen gegenüber den religiösen zu fördern, mobilisierten ebenfalls das katholische Lager. Der Staatsstreich von 1936, der Bürgerkrieg und die vierzig Jahre franquistischer Diktatur danach zeugen von der Heftigkeit der Umbrüche, die den Wandel der Drei-Stände-Gesellschaften in proprietaristische und dann sozialdemokratische begleiteten, und auch davon, dass diese konfliktreichen Prozesse dauerhaft Spuren hinterlassen hatten.

Militäradel, Besitzadel

Untersucht man die personelle Stärke des Adelstandes in den verschiedenen europäischen Ländern, so sind ebenfalls große Unterschiede festzustellen, noch ausgeprägter sogar als beim Klerus. Wie wir in den vorangegangenen Kapiteln zum Fall Frankreichs sahen, sind die räumlichen und zeitlichen Vergleiche nur mit Vorsicht möglich, da der Adelsstand meistens auf lokaler Ebene definiert war und je nach Region und Kontext ganz unterschiedliche Formen annahm. Insbesondere ist es anhand der Quellenlage nicht möglich, die zeitlichen Abläufe und Entwicklungen bis in die Einzelheiten hinein zu vergleichen.

Immerhin sind die verfügbaren Daten ausreichend präzise, um klar zwischen zwei gegensätzlichen Konstellationen in Europa zu unter-

1 Eine klassische Studie zu diesem dramatischen historischen Zeitabschnitt siehe E. Malefakis, *Agrarian Reform and Peasant Revolution in Spain. Origins of the Civil War*, New Haven: Yale University Press, 1970.

scheiden: einerseits Länder, in denen der Adelsstand im 17. und 18. Jahrhundert eine relativ geringe personelle Stärke hatte (allgemein ein Anteil von 1–2 % an der Bevölkerung oder sogar darunter); und andererseits Länder mit Anteilen, die zu dieser Zeit deutlich höher lagen (typischerweise 5–8 % der Bevölkerung). Zwischen diesen beiden Gruppen von Ländern gab es zweifellos Staaten in Positionen dazwischen, die sich aber angesichts der Quellenlage nur schwer genau bestimmen lassen.

Zur ersten Gruppe, gekennzeichnet durch geringe Anteile an Adligen, zählten insbesondere Frankreich, Großbritannien und Schweden (siehe Grafik 5.2). In diesen Ländern verringerte sich diese schwache Präsenz im 17. und 18. Jahrhundert zudem weiter. Im Fall Großbritanniens ergab sich der uns bekannte Anteil (also 1,4 % der Bevölkerung 1690 und 1,1 % um 1800) auch noch aus einer relativ weitgefassten Definition von Adel, welche die gesamte *gentry* einschloss. Geht man von der kleinen Fraktion des Adels aus, die über politische Privilegien verfügte, stellt sich dessen Anteil an der Gesamtbevölkerung deutlich geringer dar (unter 0,1 %). Im Fall Schwedens stammen die angegebenen Zahlen (0,5 % der Bevölkerung 1750 und 0,3 % 1850) aus Volkszählungen, die vom Königreich ganz offiziell durchgeführt wurden, um die verschiedenen Stände zu erfassen und politische Versammlungen zu organisieren. Sie stehen also für Personenkreise, die auf zentraler Ebene genau definiert worden waren. Auf diese beiden Fälle komme ich an späterer Stelle zurück. Halten wir für den Augenblick lediglich fest, dass die erste Gruppe Ländern entspricht, in denen im 17. und 18. Jahrhundert der Prozess der Herausbildung eines Zentralstaates bereits weit vorangeschritten war.

Die zweite Gruppe, gekennzeichnet durch einen hohen Anteil des Adels (5–8 % an der Bevölkerung), umfasst vor allem Länder wie Spanien, Portugal, Polen, Ungarn und Kroatien (siehe Grafik 5.2). Für die beiden letztgenannten sind die Zahlen relativ genau bekannt, weil die Habsburger-Monarchie Ende des 18. Jahrhunderts nach Ständen getrennte Volkszählungen durchgeführt hat. Die angegebenen Schätzungen für die anderen Länder sind weniger genau. Dennoch können die Größenordnungen als aussagekräftig gelten. Insbesondere die Abstände zu den geschätzten Anteilen des Adels in den Ländern der ersten Gruppe ergeben ein vollkommen klares Bild.

Wie ist die Tatsache zu deuten, dass der Adelsstand in bestimmten Ländern einen fünf- bis zehnmal höheren Anteil an der Bevölkerung

Das demografische Gewicht des Adels in Europa, 1660–1880

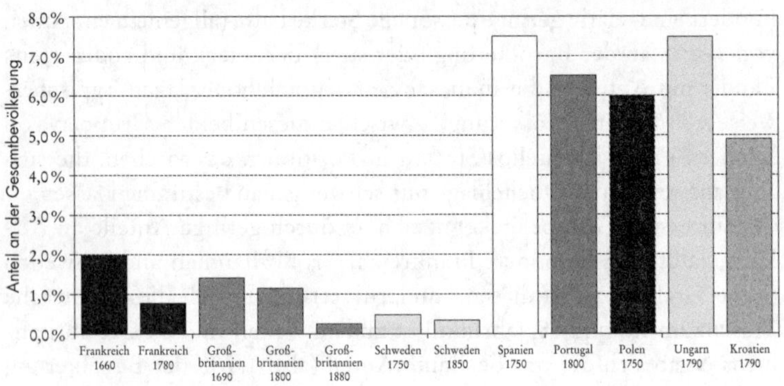

Grafik 5.2.: Der Adel stellte in Frankreich, Großbritannien und Schweden vom 17. bis 19. Jahrhundert unter 2 % der Bevölkerung (mit Abwärtstrend). In Spanien, Portugal, Polen, Ungarn und Kroatien hatte er einen Anteil zwischen 5 % und 8 %.
Quellen und Reihen: siehe piketty.pse.ens.fr/ideologie.

hatte als in anderen Ländern? Natürlich spiegeln solche Unterschiede beim Adel zunächst einmal ganz unterschiedliche menschliche, wirtschaftliche und politische Verhältnisse wider. Eine sehr große Adelsschicht beinhaltet zwangsläufig, dass ein bedeutender Teil ihrer Angehörigen keinen großen Herrschaftsbereich besaß und häufig kaum mehr hatte als einen Titel, Ansehen aufgrund zurückliegender kriegerischer Leistungen, die je nach Epoche oder Gesellschaft mehr oder weniger stark gewürdigt wurden, und vielleicht einige Adelsprivilegien. Umgekehrt dürfte eine kleine Adelsschicht wie in Großbritannien, in Schweden oder in Frankreich einer kleinen Elite von Grundherren entsprechen, die durch Vermögen, Wirtschaftskraft und politischen Einfluss über bedeutende Macht verfügte.

Die Erklärung für diese erheblichen Unterschiede zwischen den Ländern ist in der territorialen, politischen, ideologischen, militärischen und fiskalischen Geschichte der jeweiligen staatlichen Konstruktion in Europa zu suchen – und in den Kompromissen, die die verschiedenen gesellschaftlichen Gruppen zu verschiedenen Epochen miteinander geschlossen haben. In Spanien und Portugal waren zum Beispiel die Verfahren zur Erhebung in den Adelsstand in den Jahrhunderten der Reconquista eng mit der Ausweitung der von den christlichen Königen kontrollierten Territorien und der Verschiebung dieser Grenze zu den muslimischen Königreichen verknüpft. In der Praxis geschah die Eingliederung neuer Gebiete häufig dadurch, dass ganze Dörfer durch einen königlichen Erlass und mitunter sogar durch die Dorfbewohner selbst in den Adelsstand erhoben wurden – als Gegenleistung für ihre Loyalität und mit künftigen Steuerprivilegien. Auf die Art schwoll der spanische Adel rasch zu einer großen Masse an, im Inneren mit gewaltigen Ungleichheiten zwischen der Elite der Granden, die riesigen Ländereien vorstanden, und der Masse zumeist ärmlicher Hidalgos. Die spanische Monarchie sollte im Verlauf der nachfolgenden Jahrhunderte auf größte Schwierigkeiten stoßen, bei ihnen Steuern einzuziehen, und musste ihnen sogar bescheidene Renten auszahlen, die in der Masse den Staatshaushalt belasten und die Modernisierung erschweren sollten.

Vergleichbare Abläufe und ähnliche Ungleichheiten finden sich auch beim polnischen, ungarischen und kroatischen Adel, insbesondere während territorialer Expansionen und der Wiedereingliederung der Lehen in die polnisch-litauische Monarchie im 15. und 16. Jahrhundert.[1] In Portugal tauchten schon im 13. und 14. Jahrhundert, also noch während der Reconquista, immer mehr Adelsbücher *(Livros de linhagens)* auf, die es dem niederen Adel ermöglichten, sich auf zahlreiche Abstammungslinien zu berufen und ihre militärischen Heldentaten und Bravourakte zu erzählen, um sich bei künftigen Generationen und Monarchen in Erinnerung zu bringen.[2] Solche Dokumente sind besonders interessant, weil sie daran erinnern, dass die Geschicke der verschiedenen Adelsschichten nicht nur von den Strategien von Staat und Monarchie, sondern in hohem Maß auch von den kognitiven und politischen Methoden abhingen, nach denen die – niederen und hohen – Adligen ihre Angehörigen zählten und ihre Rechte und ihren Status verteidigten.

Eine befriedigende Untersuchung dazu, welche vielfältigen Entwicklungsverläufe die unterschiedlichen Formen des Adels – von der Entstehung bis zum Untergang – genommen haben, würde mehrere Bände erfordern und den Rahmen dieses Buches sowie meine Möglichkeiten bei weitem übersteigen. Ich bescheide mich hier damit, einige ergänzende Hinweise zu Großbritannien und Schweden zu geben, deren

1 Siehe zum Beispiel M. Lukowski, *European Nobility in the Eighteenth Century*, Basingstoke: Palgrave, 2003, S. 12–19.

2 Siehe A. Duggan, *Nobles and Nobility in Medieval Europe*, Woodbridge: Boydell Press, 2000, S. 223 ff.

Fälle gut dokumentiert und für unsere nachfolgende Untersuchung besonders sachdienlich sind.

Großbritannien und die schrittweise Entwicklung von der Drei-Stände- zur Eigentümergesellschaft

Der Fall Großbritanniens ist von offenkundigem Interesse, zum einen deshalb, weil die britische Monarchie im 19. und bis zur Mitte des 20. Jahrhunderts an der Spitze des bedeutendsten Kolonialreichs und Industrieimperiums der Welt stand, und zum anderen, weil er gewissermaßen das Gegenbeispiel zu Frankreich darstellt. Während Frankreich die Zäsur der Revolution von 1789 sowie zahlreiche politische Umbrüche und monarchistische, imperiale, autoritäre und republikanische Restaurationen im 19. und 20. Jahrhundert durchlaufen hat, war die britische Geschichte offenbar durch eine schrittweise, absolut geradlinig verlaufende Entwicklung gekennzeichnet.

Allerdings wäre die Vorstellung irrig, dass die soziale und politische Organisation Großbritanniens nur durch kleine Schritte vom Drei-Stände-Schema zu einer proprietaristischen Logik gelangte. Hervorzuheben ist die Bedeutung von Umbruchphasen, weil diese einmal mehr illustrieren, wie vielfältig die Weichenstellungen und die möglichen Verläufe von Ereignissen sein können und welche wichtige Rolle Krisen und die Logik des Augenblicks in der Geschichte der Ungleichheitsregime spielen. Auf zwei Punkte ist besonders hinzuweisen: einerseits auf die zentrale Rolle, die der Kampf für ein progressives Steuersystem beim dramatischen Machtverlust des britischen Oberhauses spielte, insbesondere bei dessen schicksalhafter Krise 1909–1911, andererseits auf die Bedeutung des Irland-Problems, als die herrschende Ordnung und das britische Ungleichheitsregime zwischen 1880 und 1920 infrage gestellt wurden – in ihrer trifunktionalen, proprietaristischen und quasikolonialen Dimension.

Zunächst sei an den historischen Hintergrund erinnert: Das britische Parlament blickt auf eine uralte Tradition zurück, deren Ursprünge gewöhnlich im 11. bis 13. Jahrhundert verortet werden. Der Königliche Rat, gebildet von Vertretern des Hochadels und der hohen Geistlichkeit, gewann schrittweise an Einfluss und schloss mitunter auch Vertreter der Städte und Grafschaften ein. Die Trennung des Parlaments in zwei Kammern, das House of Lords und das House of Commons (Ober- und Unterhaus), wurde ab dem 14. Jahrhundert vollzogen. Diese Institutionen spiegeln die Strukturierung der damaligen Gesellschaft in drei Stände wider. Insbesondere das Oberhaus setzte sich aus Angehörigen der beiden herrschenden Schichten zusammen, die in der Kammer anfangs gleich großes Gewicht besaßen: einerseits die geistlichen Lords, also Bischöfe, Erzbischöfe, Äbte und andere Vertreter des geistlichen Standes, andererseits die weltlichen Lords, also Herzöge, Markgrafen, Grafen und weitere Repräsentanten von Adel und Kriegswesen. In mittelalterlichen englischen Texten mit Theorien zur Gliederung der Gesellschaft in drei Stände, so die des Erzbischofs Wulfstan von York, kommt das gleiche Bemühen um eine Machtbalance zum Ausdruck, das wir in den französischen Texten festgestellt haben.[1] Die Adligen müssen auf die weisen und mäßigenden Ratschläge der Geistlichen hören, die sich im Gegenzug nicht in militärische Fragen einmischen und ihre Macht nicht missbrauchen dürfen. Andernfalls gerät die Legitimation des trifunktionalen Systems insgesamt in Gefahr.

Dieses Gleichgewicht geriet schon im 16. Jahrhundert auf entscheidende Weise aus der Balance. Nach Konflikten mit dem Papsttum und der Auflösung der Klöster in den 1530er Jahren verloren die geistlichen Lords durch Sanktionen drastisch an politischer Bedeutung. Im Oberhaus, das fortan fast ausschließlich von den weltlichen Lords kontrolliert wurde, gerieten sie klar in die Minderheit. So wurde die Anzahl der Geistlichen in der Kammer im 18. und 19. Jahrhundert auf 26 Bischöfe begrenzt, während die weltlichen Lords über 460 Sitze verfügten. Zudem hatte der Hochadel ab dem 15. Jahrhundert das Prinzip durchsetzen können, fast sämtliche Sitze der Lords mit Peers des Erbadels zu besetzen, also mit Herzögen, Markgrafen, Grafen *(earls)*, Viscounts und Baronen, die ihren Titel nach der Regel der Primogenitur vom Vater auf den erstgeborenen Sohn weitervererbten.

Dieses System verlieh dieser kleinen Gruppe eine beachtliche Beständigkeit und herausragende Position, die vor der königlichen Macht, den veränderlichen Verhältnissen bei Wahlen sowie den Machtverhältnissen und Rivalitäten innerhalb des Adelsstands geschützt war (bei Ernennungen von Peers spielten der untere und der mittlere Adel so gut wie keine Rolle). Zwar behielt der König theoretisch die Möglichkeit, unbe-

1 Siehe Kapitel 2, S. 100–103.

grenzt viele neue Lords zu ernennen und in schweren Krisen so die Angelegenheiten des Königreichs wieder in die eigenen Hände zu nehmen, übte dieses Recht in der Praxis aber mit größter Vorsicht und zumeist nur unter ganz besonderen Umständen aus, und dies unter Kontrolle des Parlaments, zum Beispiel nach den Zusammenschlüssen mit Schottland (1707) und Irland (1800). Diese führten zur Ernennung neuer Lords (im Fall Irlands zum Beispiel von 28 Peers und 4 Bischöfen sowie zur Schaffung einer Hundertschaft von Unterhaussitzen), ohne dass dies die Kräfteverhältnisse grundlegend veränderte.

Zahlreiche Forschungsarbeiten haben die extreme Konzentration an Macht und Grundbesitz aufgezeigt, die für den englischen Hochadel innerhalb des europäischen Adels kennzeichnend ist. Schätzungen zufolge befanden sich zu Ende des 19. Jahrhunderts, um 1880, fast 80 % des britischen Bodens nach wie vor im Besitz von 7000 Adelsfamilien (unter 0,1 % der Bevölkerung). Über die Hälfte davon gehörte 250 Familien (unter 0,01 % der Bevölkerung), einer winzigen Gruppe, weitgehend bestehend aus den erblichen Peers, aus denen sich das House of Lords zusammensetzte.[1] Zum Vergleich: Dem französischen Adel gehörte am Vorabend der Revolution von 1789 rund 25–30 % des Grundbesitzes im Königreich, wenn auch zu einer Zeit, in der der kirchliche Klerus noch nicht enteignet worden war.

Auch sei daran erinnert, dass das House of Lords bis ins letzte Drittel des 19. Jahrhunderts hinein im britischen Zweikammersystem die klar dominante Rolle spielte. Das ganze 18. und 19. Jahrhundert hindurch stammten die meisten Premierminister und Regierungsmitglieder, ob von der (konservativen) Tory-Partei oder von den Whigs (1859 offiziell in Liberal Party umgetauft) aus dem Oberhaus. Erst am Ende der langen Regierungszeit von Lord Salisbury, dem dritten Marquess dieses Namens und dem ersten Premierministers der Tories, der 1885–1892 und 1895–1902 amtiert hatte, ging diese Tradition zu Ende. Fortan stammten die Regierungschefs aus dem Unterhaus.[2]

1 Siehe D. Cannadine, *The Decline and Fall of the British Aristocracy*, New Haven: Yale University Press, 1990, S. 9, Tabelle 1.1.

2 Alec Douglas-Home, Premierminister der Tories 1963–1964, war wie Salisbury Mitglied des House of Lords, gab seinen Sitz aber bei seiner Ernennung zum Regierungschef auf: So sehr hatten sich die Zeiten geändert, dass es unpassend erschien, als Lord das Land zu regieren. Churchill, Premierminister der Tories 1940–1945 und 1951–1955, stammte aus einer Adelsfamilie, die mehrere Mitglieder ins Oberhaus entsandt hatte, war selbst aber ins Unterhaus gewählt worden. 1905 war er sogar zu den Liberalen übergewechselt, kehrte aber 1925

Hervorzuheben ist vor allem, dass sich das Unterhaus bis in die 1860er Jahre in überwiegender Mehrheit ebenfalls aus Adligen zusammensetzte. Zwar hatte die *Bill of Rights* nach der *Glorious Revolution* von 1688 und der Absetzung König Jakobs II. die Rechte des Parlaments, insbesondere die Steuerhoheit und das Haushaltsrecht, bestätigt und unangreifbar gemacht, aber ohne an der Struktur des Parlaments und der Art seiner Wahl etwas zu verändern: Im Gegenteil hatte dieser Gründungstext eine parlamentarische Ordnung gefestigt, die grundlegend aristokratisch und oligarchisch ausgerichtet war. So mussten sämtliche Gesetze noch immer von beiden Kammern im gleichen Wortlaut verabschiedet werden, was dem Oberhaus (und damit mehreren hundert erblichen Peers) bei der gesamten Gesetzgebung im Königreich ein Vetorecht verschaffte, insbesondere bei Steuern, Haushalt und allem, was das Eigentumsrecht betraf. Und dabei wurden die Abgeordneten des Unterhauses noch immer von einer Minderheit aus Vermögenden gewählt. Die Regeln des Zensuswahlrechts, die bestimmten, ab welcher Steuerlast oder welcher Höhe des Vermögens das Wahlrecht zugebilligt wurde, waren kompliziert, variierten nach Wahlbezirken und wurden von den örtlichen machthabenden Eliten kontrolliert. In der Praxis begünstigten sie die Grundherren, deren Einfluss zudem durch einen Zuschnitt der Wahlbezirke verstärkt wurde, der den ländlichen Gebieten mehr Sitze verschaffte.

Zu Beginn der 1860er Jahre setzte sich das Unterhaus immer noch zu 75 % aus Mitgliedern des Adels zusammen, der damals unter 0,5 % der britischen Bevölkerung stellte.[1] Auf den Bänken dieser Kammer saßen Vertreter der drei wichtigsten Gruppen des britischen Adels, zwischen denen traditionell unterschieden wurde: der Peerage, des Adel mit Titel (außerhalb der Peerage) und der Gentry (ohne Titel). Die Peerage war gut vertreten, insbesondere durch jüngere Söhne erblicher Peers, denen der Zugang zum Oberhaus durchweg versperrt blieb und die deswegen eine politische Karriere im Unterhaus anstrebten, insbesondere indem sie in Wahlbezirken kandidierten, in denen ihr Adelsgeschlecht ausgedehnte Ländereien besaß. Im Unterhaus saßen auch die ältesten Söhne erblicher Peers während ihrer Wartezeit auf den Sitz im Oberhaus. So war Salisbury ab 1853 Mitglied des House of Commons,

zu den Tories zurück – für seine Gegner ein Beweis für seinen Opportunismus und seine mangelnde Treue zu den traditionellen aristokratischen Werten.

1 Siehe D. Cannadine, *The Decline and Fall of the British Aristocracy*, a. a. O., S. 11–16.

bevor er nach dem Tod seines Vaters 1868 seinen Sitz im House of Lords einnahm und 1885 Premierminister wurde.

Zu den gewählten Abgeordneten des Unterhauses zählten auch viele Mitglieder des Adels mit Titel, insbesondere Barone *(baronets)* und Ritter *(knights)*. Dieser Bestandteil des Adels spielte in Großbritannien keine formal herausgehobene politische Rolle und profitierte auch nicht von besonderen rechtlichen oder steuerlichen Privilegien, aber die Titel der Inhaber unterstanden dem Schutz des britischen Staates, und die Mitglieder nahmen in den offiziellen Prozessionen und Zeremonien direkt hinter den erblichen Peers einen herausragenden protokollarischen Platz ein. Diese höchst angesehene Gruppe hatte kaum mehr Angehörige als die Peerage, zu der ihr der Monarch mit Patentbriefen Zugang verschaffen konnte, in einem Verfahren ähnlich dem für die Ernennungen in die Reihen der Lords. Grundsätzlich konnte der König solche Ernennungen in unbegrenzter Anzahl vornehmen, ging aber in beiden Fällen stets maßvoll vor. So gab es zu Beginn der 1880er Jahre in Großbritannien 856 Baronets, die der Stellung nach direkt unter den 460 erblichen Peers des House of Lords standen, gefolgt von einigen hundert Knights. Der Titel des Baronet ermöglichte auch den Aufstieg in die Peerage, zum Beispiel wenn eine Peerslinie ausstarb. Er wird noch heute in einer offiziellen Liste, der *Official Roll of the Baronetage*, geführt, die dem britischen Justizminister untersteht.[1]

Schließlich saßen im Unterhaus auch zahlreiche Mitglieder der Gentry, also des titellosen Adels, der im britischen Adel des 18. und 19. Jahrhunderts die größte Gruppe stellte, aber keinerlei offizielle Stellung besaß, nicht einmal einen staatlich anerkannten Titel oder einen Platz in den offiziellen Prozessionen und Zeremonien.

Der britische Adel, eine proprietaristische Aristokratie

Dieser Aufbau des britischen Adels in drei Gruppen (Peers, die im Oberhaus sitzen, Adel mit Titel außerhalb der Peerage und Gentry ohne offiziellen Status) erklärt im Übrigen, warum es so schwierig ist, genau einzuschätzen, wie sich die personelle Größe des Adels in Großbritannien verändert hat. Diese Schwierigkeiten unterscheiden sich ge-

1 2019 umfasst diese Liste ungefähr 962 Baronets, darunter den an Denis Thatcher (Margarets Ehemann) 1990 verliehenen Titel, der 2003 an seinen Sohn Mark überging.

ringfügig von denen im Fall Frankreichs. Der französische Adel führte im 18. Jahrhundert insgesamt insofern eine rechtlich festgelegte Existenz, als sämtliche Angehörige von politischen Privilegien profitierten (so durften sie die Vertreter des Adels in die Generalstände wählen). Zudem genossen sie auch steuerliche (so die Befreiung von manchen Steuern wie der Taille, die nur Leibeigene und Nichtadlige zahlten) und juristische Vorrechte (dank der grundherrlichen Gerichtsbarkeit). Allerdings war der Adelsstand zunächst auf lokaler Ebene definiert, zu Bedingungen und unter Umständen, zu denen es je nach Provinz unterschiedliche und schwer vergleichbare Aufzeichnungen gibt, sodass über die Gesamtgröße der Gruppe einige Unsicherheiten bestehen.[1] Zur gleichen Zeit umfasste der britische Adel einerseits eine winzige Gruppe von Adligen mit Titeln (0,1 % der Bevölkerung), zu der insbesondere die erbliche Peerage gehörte, die mit gewaltigen Ländereien und erheblichen politischen Privilegien ausgestattet war, angefangen beim Vetorecht des Oberhauses bei der gesamten Gesetzgebung des Königreichs bis 1911, und andererseits den niederen Adel ohne Titel, die Gentry, die bei weitem die zahlreichste Gruppe war, aber keine offizielle rechtliche Existenz hatte.[2] Laut Schätzungen lag der Anteil des Adelsstands insgesamt im 18. Jahrhundert bei 1 % und am Ende des 19. Jahrhunderts bei unter 0,5 % an der Bevölkerung (siehe Grafik 5.2).

Die Gentry bildete eine Klasse wohlhabender Besitzender, größer zwar als der winzige Kreis des britischen Adels mit Titel, aber deutlich kleiner als die Überfülle der spanischen, portugiesischen oder polnischen niederen Adligen. Auch wenn die Angehörigen der Gentry keine verbrieften politischen oder steuerlichen Privilegien besaßen, profitierten sie klar erkennbar von der politischen Ordnung in Großbritannien. Die Gentry setzte sich insbesondere aus den Nachkommen

---

1 Siehe Kapitel 3, S. 108–112.

2 Die verfügbaren Schätzungen zum 18. und 19. Jahrhundert gehen von rund 15 000–25 000 männlichen Erwachsenen als Angehörige der Gentry aus. Ihre absolute Anzahl hat sich anscheinend kaum verändert (allerdings mit einer leichten Zunahme im 18. und einem leichten Schwund im 19. Jahrhundert), während ihr Anteil an der Bevölkerung rasch zurückging, weil diese stark anwuchs (knapp 2 Millionen Familienoberhäupter am Ende des 18. Jahrhunderts in England und Wales gegenüber 6 Millionen in den 1880er Jahren, sodass der Anteil der Gentry zwischen 1800 und 1880 von 1,1 % auf unter 0,3 % der Bevölkerung schrumpfte). Jedenfalls lag die Anzahl der Angehörigen deutlich über der des Adels mit Titel (um 1000–1500 Titel, die Lords, Baronets und Knights umfassten). Die Gentry wurde zuweilen in Esquires (zwischen 3000 und 5000) und Gentlemen untergliedert, die bei weitem am zahlreichsten waren (zwischen 15 000 und 20 000). Siehe Technischer Anhang.

der jüngeren Zweige der Linien mit Titel (Peers, Baronets und Knights) und allgemeiner aus Gruppen zusammen, die den alten angelsächsischen Schichten der Militärs und Feudalherren entstammten, die je nach den Bündnis- und Anerkennungsstrategien um neue Gruppen von Besitzenden erweitert worden waren. Die Regeln für das Wahlrecht zum Unterhaus, die auf lokaler Ebene festgelegt wurden, begünstigten generell Landbesitz und somit indirekt die Angehörigen der Gentry, die sich bedeutende Ländereien bewahrt hatten, während die neuen bürgerlichen und Handel treibenden Schichten wohl eher nur über Vermögen betrieblicher oder finanzieller Art oder in Form städtischer Immobilien verfügten.

Aber die Grenze zwischen den verschiedenen Gruppen von Besitzenden war relativ durchlässig, und das war ein entscheidender Punkt: Niemand wusste genau, wo die Gentry anfing oder aufhörte, da sie nur durch die Anerkennung durch ihre anderen Angehörigen auf lokaler Ebene definiert war. In der Praxis wurden zahlreiche Vermögen aus Land- und Adelsbesitz während des 18. und 19. Jahrhunderts in Handels-, Kolonial- oder Industriegeschäfte reinvestiert, sodass zahlreiche Angehörige der Gentry über diversifizierte Geldanlagen verfügten. Umgekehrt waren zahlreiche echte Bürgerliche und ehemalige Kaufleute ohne feudale oder militärische Abstammung, die mit Geschick Landgüter erworben, einen angemessenen Lebensstil angenommen und standesgemäß geheiratet hatten, unstrittig in die Gentry aufgestiegen.[1] Eine Eheschließung mit Nachkommen aus den alten Geschlechtern des Militär- und Feudaladels oder mit Kindern aus dem neueren Adel mit Titel erleichterte die Anerkennung als Angehörige der Gentry, war aber keine unerlässliche Vorbedingung. Die gesellschaftliche und politische Ordnung in Großbritannien im 18. und während eines Großteils des 19. Jahrhunderts spiegelt weitgehend eine schrittweise Fusion der aristokratischen und der proprietaristischen Logik wider.

Die Bedingungen für die Ausübung des Wahlrechts wurden von den Eliten ebenfalls auf lokaler Ebene festgelegt. Erst 1832 erfolgte ein ech-

---

1 Siehe D. Cannadine, *The Decline and Fall of the British Aristocracy*, a. a. O. Der politische Aufstieg der neuen bürgerlichen und kaufmännischen Eliten – bestenfalls mit dem Eintritt in die Gentry – hatte bereits seit dem Mittelalter in den städtischen Wahlbezirken und auf den königlichen Territorien begonnen, wo ihnen das Wahlrecht eher offenstand als auf adligen oder kirchlichen Gütern. Siehe zum Beispiel C. Angelucci, S. Meraglia, N. Voigtlaender, «How Merchant Towns Shaped Parliaments: from the Norman Conquest of England to the Great Reform Act», NBER, Working Paper, Nr. 23606, 2018.

ter Versuch zu einer Wahlrechtsreform und einer nationalen Gesetzgebung. Der gesellschaftliche Protest und die Mobilisierung zugunsten einer Ausweitung des Wahlrechts führten dazu, dass das Parlament erstmals – und nicht ohne Widerstand – ein Gesetz dazu verabschiedete. Ein Teil der Abgeordneten des Unterhauses sah hier die Gelegenheit, ihre Legitimität gegenüber den Lords zu erhöhen. Der Anteil der Wähler, die 1820 rund 5 % der männlichen Erwachsenen ausmachten – also klar eine in der Minderheit befindliche, aber deutlich größere Gruppe als die Gentry –, wuchs nach dem Gesetz von 1832 erheblich an, auch wenn er immer noch eine relativ kleine Minderheit blieb. 1840 lag er bei 14 % der Männer, mit erheblichen regionalen Unterschieden, da die Wahlbezirke das Privileg behielten, die genauen Regeln des Wahlrechts festzulegen, insbesondere in Abhängigkeit von den Strategien der lokalen Eliten und insbesondere der Gentry. Bis zu den wirklich entscheidenden Wahlrechtsreformen von 1867 und 1884 blieben diese Regeln unverändert. Hervorzuheben ist, dass das Wahlgeheimnis erst 1872 eingeführt wurde. Zuvor wurde jede Stimmabgabe öffentlich bekanntgemacht und in Registern festgehalten (die bis heute einsehbar sind und für Forscher übrigens eine wertvolle Quelle darstellen). Vor dieser Zeit stellte es sich für Wähler eher schwierig dar, politische Vorlieben kundzutun, die denen der mächtigen Grundherren oder Arbeitgeber in der Grafschaft zuwiderliefen. In der Praxis stand ein Großteil der Sitze unumstritten fest: Der lokale Abgeordnete wurde von Abstimmung zu Abstimmung und häufig von Generation zu Generation wiedergewählt. Zu Beginn der 1860er Jahre war das Unterhaus noch zutiefst adlig und oligarchisch geprägt.

Die Eigentümergesellschaften im klassischen Roman

Die Durchlässigkeit der Grenzen zwischen Adligen und Besitzenden spiegelt sich besonders deutlich in der damaligen Literatur wider, angefangen bei den Romanen Jane Austens, deren Figuren vollendet die Vielfalt der britischen Gentry in den Jahren 1790–1810 sowie deren Einbindung in eine gemeinsame proprietaristische Logik abbilden. Beide Gruppen besitzen standesgemäß Land und schöne Wohnstätten. Entsprechend entfaltet sich die Handlung häufig vor dem Hintergrund von Bällen und Besuchen, die sich die verschiedenen besitzenden Familien der Grafschaft wechselseitig abstatten. Aber näher betrachtet, bestehen die Vermögen aus diversifizierten Portfolios mit ausländischen Kapitalanlagen. Es beginnt mit zahlreichen Schuldverschreibungen, die der britische Staat massenhaft ausgibt, um seine kolonialen und europäischen Militärexpeditionen zu finanzieren. Vertreten sind auch überseeische Direktinvestitionen, insbesondere in den Sklaven- und Zuckerhandel. So muss in *Mansfield Park* Fannys Onkel, Sir Thomas, mit seinem ältesten Sohn für über ein Jahr auf die Antillen reisen, um seine Geschäfte und Plantagen in Ordnung zu bringen. Die Autorin geht nicht näher auf die Schwierigkeiten der beiden Figuren mit ihren von Sklaven bewirtschafteten Besitzungen in einer Zeit ein, in der die Sklaverei auf den britischen und französischen Inseln ihren Höhepunkt erreicht hatte. Aber zwischen den Zeilen wird für den Leser deutlich, dass es keineswegs einfach war, solche Kapitalanlagen aus Tausenden von Meilen Entfernung zu verwalten. Das hindert Sir Thomas freilich nicht daran, auch Baronet und Mitglied des Unterhauses zu sein.

Ländlicher und anscheinend bodenständiger als Balzacs Protagonisten, die von Nudel- und Parfümfabriken oder kühnen Finanzkonstrukten und Immobilien im Paris der 1820er Jahre träumen (falls sie nicht auch an einträgliche Renditen aus der Sklaverei im Süden der Vereinigten Staaten denken wie Vautrin in seiner berühmten Rede gegenüber Eugène de Rastignac),[1] zeugen Jane Austens Figuren durchaus von einer Welt, in der unterschiedliche Formen von Besitz in einer Verbindung auftreten. In der Praxis zählt der Wert der Besitztümer anscheinend deutlich mehr als deren Zusammensetzung oder Herkunft. Die Möglichkeiten für Begegnungen und Allianzen, die sich den verschiedenen Figuren bieten, wird vor allem durch die Höhe der Erträge aus ihrem Kapitalvermögen bestimmt. Beträgt die verfügbare Rente in Form von Erträgen 100 Pfund Sterling pro Jahr (kaum mehr als das Dreifache des damaligen Durchschnittseinkommens), 1000 Pfund (das Dreißigfache) oder 4000 Pfund (mehr als das Hundertfache)? Dies ist für die Betreffenden die zentrale Frage. Im ersten Fall befinden sie sich in der misslichen Lage der drei Schwestern Elinor, Marianne und Margaret in *Verstand und Gefühl (Sense and Sensibility)*, für die eine Heirat nahezu unmöglich erscheint. Im letztgenannten sind sie einem Wohlstand nahe, über den ihr Halbbruder John Dashwood verfügt, der ab

1 Siehe S. Piketty, *Das Kapital im 21. Jahrhundert*, a. a. O., S. 314–319.

den ersten Seiten des Romans ihr Schicksal und ihre Zukunft besiegelt, indem er es in einem fürchterlichen Zwiegespräch mit seiner Frau Fanny ablehnt, ihnen von seinen Gütern etwas Nennenswertes abzugeben. Zwischen diesen beiden Extremen betrachtet der Leser eine ganze Stufenleiter an erdenklichen Lebensstilen und Umgangsformen, möglichen Begegnungen und Schicksalen, leicht unterschiedlichen gesellschaftlichen Gruppen, von denen Austen wie Balzac in Feinzeichnung die geheimen Grenzlinien nachziehen und mit beispielloser Kraft deren Auswirkungen schildern. Beide beschreiben Gesellschaften von Besitzenden, gekennzeichnet durch besonders starke Hierarchien, in denen ein Leben mit minimaler Würde und Eleganz für den besonders schwierig erscheint, der nicht mindestens über das Zwanzig- oder Dreißigfache des damaligen Durchschnittseinkommens verfügt.[1]

Die Frage der Art der Besitztümer, die diese Einkommen generieren – ob Landgüter, andere Immobilien, Wertpapiere, Betriebsvermögen, koloniale Besitzungen oder Sklaven –, ist am Ende eher nebensächlich, da all diese gesellschaftlichen Gruppen und Vermögenskategorien inzwischen dank des universellen Wertäquivalents und vor allem dank der Tatsache verbunden sind, dass es vielfältige institutionelle, wirtschaftliche und politische Entwicklungen immer stärker ermöglichen, diese praktische Gleichsetzung vorzunehmen, angefangen bei der monetären, rechtlichen und fiskalischen Ordnung, den Transportinfrastrukturen und allgemeiner dem Zusammenschluss der nationalen und internationalen Märkte durch den Aufbau von Zentralstaaten). Der klassische europäische Roman vom Anfang des 19. Jahrhunderts ist eines der aufschlussreichsten Zeitzeugnisse zu diesem Goldenen Zeitalter der Eigentümergesellschaften, insbesondere für ihre britische und französische Variante.

Austen und Balzac sind mit den damaligen Abstufungen der Vermögen und Lebensstile bestens vertraut und kennen sich meisterhaft in den unterschiedlichen Besitz-, Macht- und Herrschaftsverhältnissen aus, die die Gesellschaft ihrer Zeit kennzeichnen. Aber am auffälligsten ist wohl ihre Fähigkeit, ihre Figuren nicht zu Helden zu erheben: Weder

---

1 Die Angaben zu den Einkommen der einzelnen Romanfiguren beziehen sich auf das damalige durchschnittliche Nationaleinkommen pro Erwachsenen. Interessant ist der Hinweis, dass sich die von Balzac genannten Summen mit denen von Austen ersonnenen fast vollständig decken (auf den Wechselkurs genau: Es sei daran erinnert, dass von 1800 bis 1914 das britische Pfund rund 25 Goldfrancs wert war). Siehe ebenda S. 546–551.

verurteilt noch verherrlicht, werden sie in ihrem ganzen Facettenreichtum und ihrer Menschlichkeit lebendig.

Allgemein folgen Eigentümergesellschaften einer komplexeren und subtileren Logik als trifunktionale Gesellschaften. In deren Ordnung ist die Aufteilung der Rollen und Temperamente vollkommen klar. Die große Erzählung ist die von der Allianz der drei Schichten: Die religiöse, die kriegerische und die arbeitende Schicht spielen unterschiedliche, sich aber ergänzende Rollen, um der Gesellschaft Struktur zu geben und ihren Fortbestand und ihre Stabilität zu ermöglichen – zum größten Wohl der Gemeinschaft insgesamt. Die entsprechenden literarischen Schöpfungen, vom *Rolandslied* bis zu *Robin Hood* schäumen vor Heldentum über: Die erhabenen Haltungen, die Opferbereitschaft und die christliche Nächstenliebe kommen voll zum Zug. Das trifunktionale Schema bietet Rollen und Funktionen auf, die so klar gegeneinander abgegrenzt sind, dass es im Kino wie in Science-Fiction-Romanen immer wieder aufgegriffen wurde.[1] Von dieser Art Heldentum findet sich in den Eigentümergesellschaften keine Spur mehr: In Austens und Balzacs Romanen fehlt jede klare Beziehung zwischen dem Umfang des Vermögens und den funktionalen Fähigkeiten und Fertigkeiten der jeweiligen Personen. Manche verfügen über einen beachtlichen Besitz, andere über durchschnittliche Renten und wieder andere schließlich sind Domestiken. Diese treten zugegebenermaßen eher selten auf, so glanzlos ist ihre Existenz. Aber zu keinem Zeitpunkt lässt der Romancier durchblicken, dass sie für die Gesellschaft in irgendeiner Weise weniger verdienstvoll oder nützlich seien als ihre Arbeitgeber. Jeder spielt die Rolle, die ihm sein Kapital zuweist, auf gesellschaftlichen Stufenleitern, die ewig und unangreifbar erscheinen. Jeder besetzt einen Platz in der Eigentümergesellschaft, die dank des universellen Wertäquivalents große Gemeinschaften und weit verstreute Investitionen in Kontakt zueinander bringt, wobei all dies die gesellschaftliche Stabilität garantiert. Austen wie Balzac müssen ihren Lesern nicht erklären, dass die jährliche Rendite eines Kapitalstocks bei ungefähr 5 % liegt oder dass

1 In Planet der Affen übernehmen die Gorillas die Rolle der Krieger und die Orang-Utans die der Priester, während die Schimpansen die Ränge des Dritten Standes bilden (die wohlbekannt dreigliedrige Struktur, allerdings dadurch verkompliziert, dass die Menschen als einstige Sklavenhalter und jetzt selbst Versklavte einbezogen werden). In *Star Wars* sind die Jedi-Ritter zugleich die Weisesten und die bedeutendsten Krieger. Die «Kraft», die sie kennzeichnet, verkörpert die Verschmelzung dieser beiden Eliten der trifunktionalen Gesellschaften.

ein Kapital dem Gegenwert von ungefähr zwanzig Jahren jährlicher Rendite entspricht. Jeder weiß genau, dass es ein Kapital in einer Größenordnung von 200 000 Pfund braucht, um eine Jahresrente von 10 000 Pfund zu erzielen, völlig oder fast unabhängig von der Art der fraglichen Vermögenswerte. Für die Romanschriftsteller des 19. Jahrhunderts wie für ihre Leser ist das Verhältnis von Vermögen und Jahreseinkommen selbstverständlich, wobei ständig zwischen den Skalen hin und her gesprungen wird, mit einer Leichtigkeit wie zwischen zwei vollkommen gleichrangigen Registern oder zwei verschiedenen Sprachen, die jedermann beherrscht. Das Kapital gehorcht nicht mehr wie in den Drei-Stände-Gesellschaften einer funktional nützlichen Logik, sondern der einzigen Logik der Gleichsetzung verschiedener Formen von Vermögen und den sich damit eröffnenden Tausch- und Akkumulationsmöglichkeiten.

Im klassischen Roman vom Anfang des 19. Jahrhunderts wird die Ungleichheit der Besitzverhältnisse unausgesprochen mit ihrer Fähigkeit gerechtfertigt, ferne Welten in Kontakt zueinander zu bringen, oder vielleicht eher mit dem Bedürfnis nach gesellschaftlicher Stabilität (der Romanschriftsteller, so scheinen uns Austen und Balzac zu sagen, ist nicht dazu da, eine andere wirtschaftliche und politische Organisation zu ersinnen, sondern die Gefühle und Räume der Freiheit, Distanz und Ironie aufzuzeigen, die sich die Individuen gegenüber den bestimmenden kapitalistischen Verhältnissen und dem pekuniären Zynismus bewahren), aber auf keinen Fall mit der Logik und dem Diskurs der Meritokratie (die erst im Industrie- und Finanzkapitalismus der Belle Époque und vor allem im Hyperkapitalismus der Jahre 1980–2020 voll zum Einsatz kommen wird. Dieser beruht noch ausgeprägter als alle vormaligen Regime darauf, Gewinner zu feiern und Verlierer zu schmähen. Darauf kommen wir noch zurück).

Zuweilen deutet sich im Roman des 19. Jahrhunderts für die Vermögensungleichheit eine andere mögliche Rechtfertigung an, wonach allein sie die Existenz einer kleinen gesellschaftlichen Gruppe ermöglicht, die über die Mittel verfügt, um sich um mehr als nur ums eigene Überleben zu kümmern. Mit anderen Worten: Ungleichheit erscheint zuweilen als Vorbedingung für Zivilisation in einer armen Gesellschaft. Insbesondere Austen schildert mit Gründlichkeit das Funktionieren des Lebens in dieser Epoche, welche Mittel für Ernährung, Hausstand, Kleidung und Ortswechsel aufgewendet werden müssen. Dem Leser wird vor Augen geführt: Wer sich Bücher oder Musikinstrumente leisten will, sollte besser über das Zwanzig- oder Dreißigfache des damaligen Durchschnittseinkommens verfügen, was nur dann möglich ist, wenn die Vermögen und die mit ihnen erwirtschafteten Erträge in der Gesellschaft extrem konzentriert sind. Aber auch hier ist Ironie niemals fern: Austen wie Balzac bedenken die Ansprüche ihrer Figuren und deren angebliche, nicht zu unterdrückenden Bedürfnisse mit so manchem Spott.

Burkes Almanach, von den Baronets zu den Öl- und Gas-Milliardären

Zu erwähnen ist auch ein weiteres höchst interessantes Zeugnis (wenngleich weniger subtil als Austens und Balzacs Romane), das es ermöglicht, die wechselseitige Durchdringung der aristokratischen und der proprietaristischen Logik in der damaligen britischen Gentry zu illustrieren: der sogenannte Burke'sche Adelsalmanach, der unter dem Titel *Burke's Peerage, Baronetage and Landed Gentry of the United Kingdom* erschien.

Von Haus aus Genealoge, wurde John Burke zu Beginn des 19. Jahrhunderts berühmt durch seine Jahrbüchern des britischen Adels, die mit ihren Namens- und Geschlechterlisten rasch zu einem Nachschlagewerk avancierten, mit dessen Hilfe man den Adel in dieser Epoche Großbritanniens studierte. Solche Jahrbücher waren maßgebend und bedienten ein Informationsbedürfnis, das umso größer war, als keine offizielle Definition oder Liste für die Gentry und ihre Angehörigen vorlag. Immerhin stellte diese Gruppe doch den größten Teil des Adels. Burkes erster Almanach, veröffentlicht 1826, wurde als Bucherfolg während des gesamten Jahrhunderts unablässig neu aufgelegt und überarbeitet. Alles, was in der Gentry des Königreichs Rang und Namen hatte, wollte in ihn unbedingt Eingang finden und weidete sich an Burkes gelehrten Analysen zu den genealogischen Linien, den Vermögen, Bündnissen und Besitzungen sowie an den ruhmreichen fernen Vorfahren und den Großtaten in der Gegenwart. Manche Ausgaben konzentrierten sich auf die Peers und den Adel mit Titel, insbesondere auf Baronets, die so erlaucht waren, dass Burke offenes Bedauern bekundete, dass sie im Königreich keine offizielle politische Rolle spielten. Andere von Burke kompilierte Bände rückten die Adligen ohne offiziellen Titel in den Fokus. Die Ausgabe von

1883 zählte nicht weniger als 4250 Familien aus dem Adel mit Titel und aus der Gentry auf. Während des gesamten 19. Jahrhunderts standen Burkes Jahrbücher bei den Angehörigen des Adels und deren Verbündeten in Ansehen, während sie Spott bei all jenen ernteten, denen vor allem der grenzenlos ehrerbietige Ton aufstieß, in dem der berührte Genealoge und seine Nachfolger all diese herausragenden Familien hervorhoben, die dem Land so viel gegeben hätten.[1]

Die gleiche Art Adelsalmanache, royale Almanache und Verzeichnisse namhafter Persönlichkeiten tauchten in zahlreichen Ländern auf, von den *Livros de linhagens*, die in Portugal ab dem 13. und 14. Jahrhundert zusammengestellt wurden, bis zu den Jahrbüchern des 19. und 20. Jahrhunderts. Diese Veröffentlichungen ermöglichten es den Adligen, ihre Angehörigen zu zählen, ihre Verdienste hervorzuheben und ihre Forderungen zu formulieren. Manche dieser Publikationen existierten noch lange nach dem offiziellen Untergang des Adels. Glaubt man zum Beispiel der 28. Ausgabe des *Annuaire de la Noblesse de France* von 1872, so saßen nicht weniger als 225 Abgeordnete aus echtem Adel (ein Drittel der Sitze) in der Nationalversammlung, die aus den Wahlen von 1871 hervorgegangen war. Auch wenn diese Wahlen sich in der Rückschau als die ersten der Dritten Republik (1870–1940) erwiesen, fanden sie zu einem Zeitpunkt statt, zu dem noch nicht klar war, ob das aus der militärischen Niederlage gegen Deutschland hervorgegangene neue Regime einer republikanischen Staatsform oder einer erneuten monarchistischen Restauration zuneigen würde. Der Mitverfasser des *Annuaire* preist begeistert den «Aufschrei des Herzens der Nation, deren spontanen Schwung»: «In welche Arme konnte sie sich mit größerer Zuversicht und Sympathie werfen als in die des Adels, dessen Abkömmlinge, würdige Erben der Tapferkeit und Tugenden ihrer Ahnen, in Reichshoffen und Sedan ihr Blut so großzügig vergossen haben? Und hätten sich auch sämtliche hochstehenden Persönlichkeiten des Kaiserreichs aus dem Kampf zurückgezogen, so hat man es doch seit über vierzig Jahren nicht mehr erlebt, dass die gewählte Kammer eine so glänzende Zusammenstellung an illustren Namen des Adels aufgeboten hat.»[2] Doch sollte der Anteil adliger Abgeordneter bis 1914 auf

1 Siehe D. Cannadine, *The Decline and Fall of the British Aristocracy*, a. a. O., S. 15 f.

2 Das *Annuaire* zählt unter den adligen Deputierten sogar 9 Fürsten oder Herzöge, 31 Marquis, 49 Grafen, 19 Vizegrafen, 19 Barone und 80 Abgeordnete auf, die nur «mit dem einfachen Adelsprädikat versehen» waren: «Wir können für die Richtigkeit dieser Klassifizierung

unter 10 % und in der Zeit zwischen den Weltkriegen auf unter 5 % sinken.[1] Das *Annuaire* erschien zum letzten Mal 1938.

Am auffälligsten an Burkes Almanach ist, dass es ihn heute immer noch gibt: Nachdem er die Peers und Baronets seit Anfang des 19. Jahrhunderts aufgezählt hatte, beschäftigten sich die neuen Ausgaben das gesamte 20. Jahrhundert hindurch bis zu Beginn des 21. Jahrhunderts damit, die «großen Familien Europas, Amerikas, Afrikas und des Nahen Ostens» aufzulisten. So tauchen in den letzten Ausgaben neue Kategorien von Milliardären aus dem Ölgeschäft und der Wirtschaft auf, eine seltsame Mischung aus gekrönten Häuptern und großen Eigentümern natürlicher Ressourcen und Finanzportfolios, die nach wie vor im bekannt ehrerbietigen und administrativen Ton aufgezählt werden. Tatsächlich entspricht der Geist ziemlich dem der zahlreichen Ranglisten von Vermögen, die seit den 1980er Jahren in den Magazinen der Welt veröffentlicht werden, insbesondere seit 1987 in *Forbes* auf weltweiter Ebene oder seit 1998 in Frankreich in der Monatszeitschrift *Challenges*. Oft in Besitz der prominenten Multimillionäre selbst, sind diese Publikationen erfüllt von einem stereotypen Diskurs der Verherrlichung des verdienten Reichtums und der nützlichen Ungleichheit.[2]

Burkes Almanach und seine Wandlungen veranschaulichen zwei wesentliche Punkte. Einerseits verknüpfte der britische Adel des 19. Jahrhunderts aristokratisches Standesbewusstsein untrennbar mit Besitzorientierung. Andererseits besteht auch jenseits Großbritanniens und über die Veränderungen der Ungleichheitsregime hinaus eine tiefgreifende Kontinuität zwischen der trifunktionalen, der proprietaristischen und der neoproprietaristischen Logik, wenn es um die Rechtfertigung der Ungleichheit geht. Die Frage der Ungleichheit birgt stets eine starke ideologische und konfliktgeladene Dimension. Mehrere Diskurse stehen

---

nicht vollständig garantieren, auch wenn sie soweit möglich nach authentischen Unterlagen erstellt wurde. Manche Abgeordnete verzichten aus Nachlässigkeit darauf oder lehnen es ab, ihren Titel zu führen, während andere einen annehmen, der nicht einmal ein Höflichkeitstitel ist und auf den sie keinerlei Anrecht haben». (*Annuaire de la noblesse de France*, 1872, S. 419–424.)

1 Siehe J. Bécarud, «Noblesse et représentation parlementaire: les députés nobles de 1871 à 1968», *Revue française de science politique* 23 (1973), 5, S. 972–993.

2 Diese Ranglisten dienen bis zu einem gewissen Maß auch einem legitimen Bedürfnis nach Informationen über die Spitze der gesellschaftlichen Hierarchie, die von der öffentlichen Statistik weitgehend ignoriert wird. Siehe T. Piketty, *Das Kapital im 21. Jahrhundert*, a. a. O., S. 576–591. Auf die Ranglisten der Milliardäre komme ich in Kapitel 13, S. 858–860 zurück.

einander mehr oder weniger scharfsinnig und widerspruchsvoll gegenüber und kleiden sich in verschiedene Arten der Wahrnehmungsweisen, um die Mitglieder der beteiligten sozialen Gruppen sowie ihre jeweiligen Ressourcen und Verdienste zu definieren und aufzuzählen – von den Romanen und Almanachen über die politischen Programme und Zeitungen bis zu den Traktaten und Magazinen.

Die Lords: Garanten der proprietaristischen Ordnung

Wenden wir uns nun dem schicksalshaften Augenblick zu, in dem die Macht des Oberhauses und die des britischen Proprietarismus zusammenbrachen. Beide Ereignisse hingen untrennbar miteinander zusammen. Im Verlauf des gesamten 18. und während eines Großteils des 19. Jahrhunderts herrschten die Lords über das Land und spielten eine entscheidende Rolle dabei, das Eigentumsrecht immer erbitterter zu verschärfen, zu schützen und zu verabsolutieren. Klassischerweise fallen einem dazu die «Enclosure Acts» ein, Gesetze, die unter Federführung der Lords vom Parlament verabschiedet und mehrfach, insbesondere 1773 und 1801, verschärft wurden. Sie zielten darauf ab, Grundstücke mit Hecken einzufrieden und das Nutzungsrecht der armen Bauern auf Weiden abzuschaffen.

Zu erwähnen ist auch der berüchtigte «Black Act» von 1723, der Holzdieben und kleinen Wilderern die Todesstrafe androhte, einfachen Leuten aus den Volksmassen, die gewohnheitsmäßig nachts mit geschwärzten Gesichtern fremde Ländereien durchstreiften, deren Besitzer im House of Lords und ihre Verbündeten im House of Commons dafür sorgen wollten, dass die Nutzung ausschließlich bei ihnen blieb. Im Fadenkreuz standen Individuen, die Hirschen nachstellten, Bäume fällen, in Fischteichen wilderten, sich im Unterholz bedienten oder sich an entsprechenden Akten beteiligten oder böswillig zu ihnen aufstachelten. Ein mutmaßlicher Täter konnte im Schnellgang zum Tod durch den Strang verurteilt werden. Anfangs für eine Laufzeit von drei Jahren vorgesehen, blieb dieses Gesetz über ein Jahrhundert lang in Kraft und wurde so lange weiter verschärft, bis diese Rebellen verstummt waren und sich wieder der proprietaristischen Ordnung unterwarfen.[1]

---

1 Siehe den Klassiker E. Thomson, *Whigs and Hunters. The Origin of the Black Act*, Pantheon Books, 1975. Ähnliche Gesetzesverschärfungen beim Eigentumsrecht traten auch an-

Das House of Lords ist nicht so sehr als ein Überbleibsel der trifunktionalen Ordnung in der proprietaristischen Welt zu sehen, die sich im 18. und 19. Jahrhundert herausbildete. Zutreffender erscheint, diese politische Institution als die Garantin der neuen proprietaristischen Ordnung und der Hyperkonzentration der Vermögen zu begreifen. Als die britischen Eliten während der Französischen Revolution gegen die Pariser Ereignisse Sturm liefen, taten sie dies im Namen einer proprietaristischen Logik (und nicht in dem einer trifunktionalen Logik, beruhend auf dem Gleichgewicht zwischen Adel und Klerus, was schon deshalb unpassend gewesen wäre, weil die Geistlichkeit längst deklassiert worden war).

Arthur Young, der nach Ausbruch der Revolution die fesselnden Schilderungen seiner Reisen durch Frankreich vollendete, sah entsprechend das Land seinem Untergang entgegengehen, als es 1789/90 akzeptierte, dass Adlige und Gemeine (der dritte Stand) gemeinsam in einem Parlament saßen. Für diesen reisenden Agrarwissenschaftler bestand kein Zweifel, dass nur ein politisches System nach englischer Art mit einem Vetorecht des Hochadels eine harmonische und friedliche Entwicklung ermöglichte, geführt von verantwortungsbewussten, um die Zukunft besorgten Personen, also den Großgrundbesitzern. In den Augen der damaligen britischen Eliten bot die Tatsache, dass die Vertreter des dritten Standes nach einem Zensuswahlrecht bestimmt wurden, keinen ausreichenden Schutz vor Fehlentwicklungen, zweifellos weil sie ahnten, dass dieses Wahlrecht eines Tages auf breitere und weniger verantwortungsbewusste Schichten ausgedehnt werden könnte. Nur das nach Ständen getrennte Wahlrecht und das Vetorecht des Hochadels mittels des Oberhauses stellten sicher, dass keine unbedachte Umverteilungspolitik eingeführt und das Land ins Chaos stürzen würde – mit einer generellen Infragestellung der Eigentumsrechte und damit seines Wohlstandes und seiner Macht.

derswo in Europa in Kraft, so 1821 in Preußen, was den jungen Karl Marx mit prägte. Eine Szene mit Holzdieben, die die Gewalt einer proprietaristischen Miliz zu spüren bekommen, taucht übrigens am Anfang des Films *Der junge Karl Marx* auf, den Raoul Peck 2017 diesem Thema gewidmet hat. Mit der Französischen Revolution wurden die privaten Ländereien und Wälder per Dekret für jedermann zur Jagd freigegeben, eine noch heute geltende Maßnahme, die insbesondere von den französischen Kommunisten verfochten wird.

Der Kampf um die Steuerprogression und der Machtverlust des Oberhauses

Tatsächlich führte die Ausweitung des Wahlrechts zum Unterhaus, zusammen mit der Frage der Steuerprogression am Ende den Machtverlust des Oberhauses und dann den Zusammenbruch der Eigentümergesellschaft insgesamt herbei. Die Bewegung zugunsten der Ausweitung des Wahlrechts verstärkte sich ab Mitte des 19. Jahrhunderts, während in Frankreich 1848–1852 und erneut ab 1871 das allgemeine Wahlrecht für Männer erprobt wurde. In Großbritannien dauerte es bis zu den Wahlrechtsreformen von 1867 und 1884, bis die Regeln auf dem gesamten Staatsgebiet vereinheitlicht wurden und der Anteil der Wähler auf 30 % bzw. 60 % der erwachsenen männlichen Bevölkerung anstieg. 1918 wurde das allgemeine Wahlrecht für Männer eingeführt und 1928 schließlich auf die Frauen ausgeweitet. Und diese letzte Phase der Reformen ging mit ersten entscheidenden Erfolgen der Labour Party einher.[1] Aber zuvor hatten bereits die Reformen von 1867 und 1884, zusammen mit der Einführung des Wahlgeheimnisses 1872, die Kräfteverhältnisse zwischen Unter- und Oberhaus vollständig verändert. Ab Mitte der 1880er Jahre konnten über 60 % der Männer in geheimer Wahl ihre Abgeordneten bestimmen, während es zu Beginn der 1860er Jahre kaum mehr als 10 % gewesen waren, und dies unter der Kontrolle der lokalen Abgeordneten und Eliten. In Großbritannien erfolgte die Ausweitung des Männerwahlrechts anders als in Frankreich, das von einem überaus restriktiven Zensuswahlrecht direkt zum universellen Wahlrecht der Männer übergegangen war (siehe Grafik 5.3), zwar in mehreren Schritten, und doch stellte sie die Bedingungen des politischen Wettbewerbs in wenigen Jahrzehnten auf den Kopf.[2]

---

1 Siehe N. Johnston, «The History of the Parliamentary Franchise», House of Commons Research Paper, 2013. Interessant ist anzumerken, dass vor dem Gesetz von 1832 (die erste nationale Gesetzgebung zum Wahlrecht) dieses Recht für Männer durch keine formelle Regelung gedeckt war: Es beruhte auf Gewohnheitsrecht, bei dem mitunter sogar vermögende Frauen ein Wahlrecht ausübten. Im Übrigen war es schon 1918 teilweise auf Frauen über dreißig Jahre ausgedehnt worden.

2 Diese Reformen gingen zudem mit ehrgeizigen (damals sehr innovativen) Maßnahmen mit dem Ziel einher, die Ausgaben der Kandidaten zu begrenzen: Der Corrupt Practices Prevention Act von 1854 zwang die Kandidaten zur Offenlegung ihrer Aufwendungen, worauf der Corrupt and Illegal Practice Act von 1883 die Gesamtausgaben drastisch beschränkte. Siehe

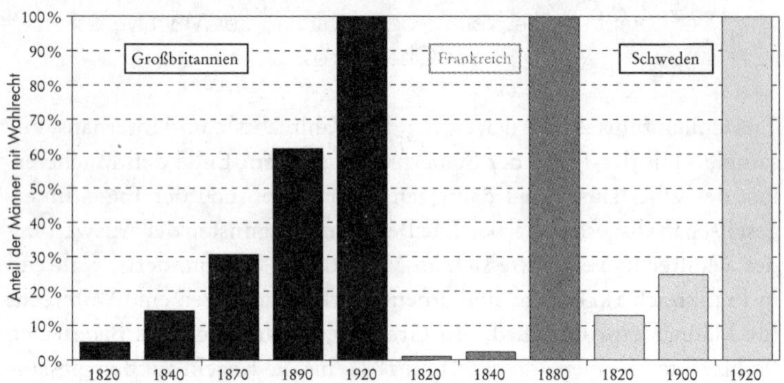

Grafik 5.3.: Der Prozentsatz der Männer mit Wahlrecht (nach Zensuswahlrecht, abhängig von der Steuerlast und/oder dem Vermögen) stieg in Großbritannien von 5 % im Jahr 1820 auf 30 % im Jahr 1870 und auf 100 % im Jahr 1920. In Frankreich erhöhte er sich von 1 % im Jahr 1820 auf 100 % im Jahr 1880.
Quellen und Reihen: siehe piketty.pse.ens.fr/ideologie.

Der erste Effekt dieser Reformen bestand vor allem darin, dass sich die ehemalige Partei der Whigs, die sich 1859 in Liberal Party umbenannt hatte, der Sache der neuen Wähler annahm und sogar ein Programm und eine Ideologie erstellte, die den mittleren und unteren Schichten deutlich stärker entgegenkamen. Die Wahlrechtsreform von 1867 trug stark zum Sieg der Liberalen bei den Wahlen von 1880 bei und ermöglichte so die Reform von 1884. Diese führte zum sofortigen Verlust von zig ländlichen Wahlkreisen, die – mitunter seit Jahrhunderten ununterbrochen – von Adelsfamilien gehalten worden waren.[1] Ab den 1880er Jahren trieben die Liberalen die konservative Partei und das House of Lords (das komplett von den Tories beherrscht wurde) unablässig weiter in die Enge und machten ihre neue Legitimität geltend, um das Land zu regieren. Sie hatten sich bereits im Kampf für die Abschaffung der *Corn Laws* 1846 und die Verringerung der Zölle und anderer indirekter Steuern ausgezeichnet, die auf die Kaufkraft der Arbeiter und Erwerbstätigen im Königreich drückten, und damit den Tories gegenüber gepunktet (die nicht ohne Grund verdächtigt wurden, die Preise landwirtschaftlicher Erzeugnisse hoch halten zu wollen, um die

J. Cagé, E. Dewitte, «It Takes Money to Make MPs: New Evidence from 150 Years of British Campaign Spending», Paris: Sciences Po, 2019.

1 Siehe D. Cannadine, *The Decline and Fall of the British Aristocracy*, a. a. O., S. 142 f.

Profitabilität ihrer Landgüter zu sichern). In den 1880er Jahren begannen die Liberalen schließlich immer kühnere Vorschläge zur Sozialpolitik und progressiven Besteuerung der Einkommen und Erbschaften zu formulieren.[1]

In dieser Situation brachte Tory-Chef Salisbury unvorsichtigerweise die Theorie vom «Referendum» vor: Auf moralischer und politischer Ebene hätten die Lords das Recht und die Pflicht, sich einer vom Unterhaus verabschiedeten Gesetzgebung zu widersetzen, wann immer dessen Mehrheit bei den Wahlen nicht ausdrücklich wegen dieses Gesetzesvorhabens zustande gekommen sei: Dieses müsse dem Land vor den Wahlen klar dargelegt worden sein. Anfangs glauben die Tories, ein guten Stich zu machen: Die Lords legten 1894 ihr Veto gegen die Gesetzesvorhaben Gladstones (des Führers der Liberalen) zu Irland ein, weil diese in England eher unpopuläre Reform den Wählern nicht ausdrücklich angekündigt worden war. Damit gewannen die Konservativen die Wahlen von 1895 und kehrten an die Macht zurück.

Die Risiken der Strategie Salisburys, der allzu sehr auf die überlegene Fähigkeit der Lords und Tories vertraute, den tieferen Willen des Landes zu deuten, traten bald deutlich zutage. Nach ihrer Rückkehr an die Macht unter Führung von Lloyd George ließen die Liberalen 1909 vom Unterhaus ihr berühmtes *People's Budget* verabschieden, das in seinem Kern einen explosiven Cocktail enthielt: die Einführung einer progressiven Steuer auf die Gesamteinkünfte (die «supertax», die zu den quasi-proportionalen Steuern hinzukam, die seit 1842 die verschiedenen Einkommenskategorien getrennt belasteten): ein Steueraufschlag auf besonders große Erbschaften (die «death duties») sowie zur Krönung des Ganzen ein Grundsteueraufschlag (die «land tax»), der vor allem den Großgrundbesitz traf. All dies ermöglichte es, eine Reihe neuer Sozialmaßnahmen

1 Die *Corn Laws*, die Einfuhren von Getreide und landwirtschaftlichen Produkten begrenzten und die heimische Produktion schützten, wurden 1846 unter der von Peel geführten Tory-Regierung abgeschafft, aber mit einer so starken Spaltung der Partei, dass Peels Unterstützer (darunter Gladstone) am Ende aus ihr austraten und sich den Whigs anschlossen. Dies führte 1859 schließlich zur Gründung der Liberal Party. Diese Mobilisierung der Liberalen zugunsten der Kaufkraft der Arbeiter und gegen den protektionistischen Grundadel hatte in Großbritannien dauerhafte Auswirkungen auf die politischen Wahrnehmungen des Freihandels und der Konkurrenz, vor allem im Vergleich zu Frankreich, wo der grundbesitzende Adel weitgehend verschwunden war und wo die Frage des Schutzes des kleinen ländlichen Erzeugers gegenüber der internationalen Konkurrenz bis heute eine strukturierende Rolle spielt. Siehe hierzu D. Spector, *La gauche, la droite et le marché. Histoire d'une idée controversée (19ᵉ–21ᵉ siècles)*, Paris: Odile Jacob, 2017, S. 43–52.

zu finanzieren, insbesondere bei den Arbeiterrenten: Die Liberalen befürchteten, schrittweise von der Labour Party verdrängt zu werden (was auch geschehen sollte), und mussten den breiten Volksmassen Zugeständnisse machen. Alles war perfekt darauf angelegt, die mehrheitliche Zustimmung des Unterhauses und vor allem die öffentliche Meinung im Land sowie die der neuen Wähler zu gewinnen – mit einer inakzeptablen Provokation für die Lords umso mehr, als Lloyd George keine Gelegenheit ausließ, öffentlich über den Müßiggang und die Nichtsnutzigkeit der Adelsschicht zu spotten. Die Lords tappten in die Falle und legten gegen das «Volksbudget» ihr Veto ein. Dabei hatten sie 1906/07 der Verabschiedung neuer Arbeitsgesetze zugestimmt, die Arbeitern und Gewerkschaften mehr Rechte zubilligten. Aber mit ihrem Veto gegen die steuerlichen Maßnahmen, die sie direkt betrafen, gingen sie ein verheerendes Risiko ein: Sie stellten den Egoismus ihrer Schicht öffentlich zur Schau.

Lloyd George verdoppelte daraufhin den Einsatz, indem er ein neues Gesetz, diesmal mit Verfassungsrang, durchs Unterhaus brachte: Die Lords sollten fortan keine Finanzgesetze (für die nur noch das Unterhaus zuständig sein würde) mehr abändern und andere Gesetze nicht mehr länger als zwei Jahre lang blockieren können. Nicht überraschend, legten sie gegen diesen Machtentzug ihr Veto ein. Es kam zu Neuwahlen, die mit einem erneuten Sieg der Liberalen ausgingen. Nach der Salisbury-Doktrin hätten sich die Lords zurückhalten und die umstrittenen Gesetze verabschieden müssen, die diesmal sowohl die Steuern als auch die verfassungsmäßige Ordnung betrafen. Aber angesichts der historischen Dimension zeigten sich zahlreiche Lords bereit, dieses – im Grunde nur informelle – Versprechen ihres Chefs zurückzunehmen. Nach den zuverlässigsten Zeugnissen soll der König mit der Drohung, bis zu 500 neue Sitze für Lords einzurichten (ein geheimes Versprechen an Lloyd George vor den Wahlen), das Oberhaus entscheidend zum Nachgeben bewogen haben. Allerdings lässt sich nur sehr schwer sagen, was tatsächlich geschehen wäre, wenn sich die Lords im Mai 1911 nicht dazu durchgerungen hätten, das neue konstitutionelle Gesetz zu verabschieden.[1] Jedenfalls verlor das Oberhaus mit ihm jede

1 Anzumerken ist, dass die Drohung des Königs, mit der Ernennung weiterer Lords die Mehrheitsverhältnisse zu verändern, schon bei der Verabschiedung der Wahlrechtsreform von 1832 eine bedeutende Rolle gespielt hatte. Aber auch in dem Fall lässt sich sehr schwer sagen, ob der König seine Drohung wahrgemacht hätte, wenn mit den Lords kein Kompromiss (weniger ambitioniert als die ursprünglich anvisierte Reform) gefunden worden wäre.

echte legislative Macht. Seit 1911 haben der an den Urnen ausgedrückte Mehrheitswille und das Unterhaus die Befugnis zur Gesetzgebung, während die Lords nur noch eine rein konsultative und weitgehend protokollarische Rolle spielen. Die politische Institution, die Großbritannien jahrhundertelang regiert und während des gesamten 18. und 19. Jahrhunderts seine Geschicke bestimmt hatte, als es zum bedeutendsten Kolonialreich und industriellen Imperium der Welt aufstieg, hörte als Entscheidungsinstanz faktisch zu existieren auf.

Andere konstitutionelle Reformen von geringerer Tragweite folgten: 1959 wurde die Möglichkeit eingeführt, Lords auf Lebenszeit (und nicht mehr auf erblicher Basis) zu ernennen, und 1999 vor allem deren Anzahl so deutlich erhöht, dass sich das Oberhaus zu Beginn des 21. Jahrhunderts mehrheitlich aus Mitgliedern zusammensetzt, die wegen ihrer Fähigkeiten oder Verdienste für das Königreich ernannt wurden, ihren Sitz aber nicht weitervererben können.[1] Jedenfalls war der schicksalshafte Moment, an dem die Lords ihre Macht verloren, während der Krise 1909–1911 durch die Frage der Steuerprogression und der Verringerung der sozialen Ungleichheiten herbeigeführt worden. Kaum mehr als dreißig Jahre später, 1945, wurde Großbritannien erstmals von einer absoluten Mehrheit von Labour-Abgeordneten regiert, hervorgegangen aus einer politischen Bewegung, die ihre Existenzberechtigung daraus zog, dass sie die unteren und proletarischen Schichten des Landes vertrat. Diese Mehrheit führte den *National Health Service* sowie ein Gesamtpaket an sozialen und steuerpolitischen Maßnahmen ein, die zu einer radikalen Umgestaltung der Struktur der britischen Ungleichheiten beitragen sollten, wie wir weiter hinten noch sehen.

Siehe D. Cannadine, *Victorious century. The United Kingdom 1800–1906*, New York: Viking, 2017, S. 159.

1 Im Jahr 2019 zählt das House of Lords 792 Mitglieder, darunter 26 geistliche Lords (ausschließlich anglikanische Bischöfe), 92 weltliche erbliche Lords und 674 auf Lebenszeit ernannte weltliche Lords (*life peers*). 2010–2012 wurde eine Reform mit dem Ziel debattiert, 80 % der Mitglieder durch Wahlen bestimmen zu lassen, aber wieder aufgegeben (weil nicht so recht klar war, wie eine Legitimierung durch Wahlen erreicht werden sollte, die sich von der des Unterhauses unterscheiden und trotzdem ihre Berechtigung haben würde). Der *Parliament Act* von 1949 hat die Frist, in der die Lords die Verabschiedung eines Gesetzes hinauszögern können, auf ein Jahr herabgesetzt (1911 war die Frist auf zwei Jahre festgesetzt worden). Dies hinderte die Lords nicht daran, sich dem Unterhaus zuweilen wieder in Erinnerung zu bringen, zum Beispiel während der Debatten um den Brexit 2018/19, aber ohne dauerhafte Folgen für die politischen Entscheidungen.

Irland zwischen trifunktionaler, proprietaristischer und kolonialistischer Ideologie

Auch wenn die Frage der Steuerprogression und der Verringerung der sozialen Ungleichheiten 1909–1911 die zentrale Rolle bei der Entmachtung des Oberhauses gespielt hatte, ist auch die Bedeutung der irischen Frage dabei hervorzuheben, dass das Ungleichheitsregime Großbritanniens zwischen 1880 und 1909 allgemein infrage gestellt wurde, und dies mit Blick auf die trifunktionale, die proprietaristische und die quasikoloniale Dimension.

Der Fall Irland illustriert Verhältnisse extremer Ungleichheit, in die Elemente verschiedener politischer und ideologischer Ursprünge zusammenflossen. Im 18. und 19. Jahrhundert war Irland weitaus ärmer als England, die landwirtschaftliche und verarbeitende Produktivität pro Einwohner war nur halb so hoch. Vertieft wurde die Kluft der Lebensstandards dadurch, dass der Großteil der landwirtschaftlichen Flächen Irlands Großgrundbesitzern gehörte, die in England ansässig und teilweise Mitglieder des Oberhauses waren. Im Grunde lagen die gleichen Verhältnisse einer extremen Konzentration des Bodenbesitzes wie in Großbritannien vor, nur dass das Thema der *«absentee landlords»*, der abwesenden Grundherren, die in englischen Herrenhäusern die Erträge aus ihrem irischen Grundbesitz einzogen, der Lage einen besonderen Beigeschmack verlieh. Außerdem verfügten die Katholiken, die 80 % der irischen Bevölkerung stellten, über nur stark eingeschränkte bürgerliche und politische Rechte. Ohne der irischen anglikanischen Kirche anzugehören, mussten sie an diese den Zehnten abführen und konnten keine Vertreter ins irische Parlament wählen, das seit 1494 dem Parlament von Westminister unterstand und bei jeder Entscheidung dessen Zustimmung benötigte. Es handelte sich somit durchaus um koloniale Verhältnisse.

Beunruhigt über das abschreckende Beispiel der amerikanischen Unabhängigkeit (1775–1783) und mehr noch über eine immer wieder drohende französische Invasion 1796–1798, verabschiedeten die britische Monarchie und ihr Parlament 1800 den Act of Union, der eine Vereinigung mit Irland vollzog, die faktisch nur auf eine neuerliche Übernahme der Insel oder eher auf ein Täuschungsmanöver hinauslief. Zwar erhielten die wohlhabendsten Iren eine Mitbestimmung auf der

Basis eines Zensuswahlrechts, mit dem Irland fortan 100 Vertreter ins Unterhaus wählen konnte, aber diese Vertretung war demografisch sehr unausgewogen: Hatte die Volkszählung von 1801 über 5 Millionen Iren und knapp 9 Millionen Engländer ermittelt, so erhielten Letztere über 500 Sitze. Und diese Vertretung im Londoner Unterhaus ging auch mit der Abschaffung des irischen Parlaments einher, klar mit dem Ziel, ein mehrheitlich katholisches Machtzentrum zu vermeiden. Im Übrigen mussten die Katholiken weiterhin den Zehnt an die anglikanische Kirche abführen, woran sich ein Konflikt entzündete, der zunehmend heftiger ausgetragen wurde.

Verschärft wurden die Spannungen durch die Große Hungersnot in Irland von 1845–1848, die in Europa im 19. Jahrhundert einzigartige Ausmaße erreichte: In einer Bevölkerung von ursprünglich 8 Millionen Menschen zählte man 1 Million Tote und 1,5 Millionen Auswanderer in den nachfolgenden Jahren.[1] Eine Fülle von Belegen zeigt, dass die britischen Eliten über die Ereignisse auf dem Laufenden waren und sich weigerten, die notwendigen Maßnahmen zu ergreifen, um die Tragödie zu verhindern, in manchen Fällen mit dem fast erklärten Ziel, eine arme und zudem rebellische Bevölkerung mithilfe einer Malthusianischen Katastrophe zu dezimieren. Häufig hat man den Vergleich zur Hungersnot in Bengalen von 1943/44 gezogen (bei der von 50 Millionen Einwohnern 4 Millionen umkamen), nicht ganz unbegründet insofern, als in beiden Fällen ausreichend Lebensmittelvorräte vorhanden waren, die Behörden aber gar nicht daran dachten, Pläne zu ihrem sofortigen Abtransport in die betroffenen Gebiete zu erstellen. Ein Motiv: Preissteigerungen sollten ihre Signalfunktion erfüllen und so über den Umweg der Marktkräfte die Besitzer der Getreidevorräte dazu bewegen, die Nachfrage zu decken.[2]

Diese Ereignisse steigerten um ein Vielfaches den Groll der Iren auf die abwesenden Grundherren, die nicht nur in der Ferne ihre Erträge einkassierten, sondern der Tragödie auf der anderen Seite des Meers auch noch freien Lauf ließen. Seit den 1860er Jahren entwickelte sich in Irland, aber auch in Schottland und Wales eine vielfältige Protestbewegung gegen die Landbesitzer – mit ausgesetzten Pachtzahlungen und immer häufiger mit Landbesetzungen, die zu gewalttätigen Ausein-

1 Siehe D. Cannadine, *Victorious century*, a. a. O., S. 211 f.

2 Siehe A. Sen, *Poverty and Famines. An essay on entitlement and deprivation*, Oxford: Oxford University Press, 1981.

andersetzungen mit den Ordnungskräften und den Milizen der Grundherren entarteten. Als wichtigste Forderung verlangte die Landbevölkerung, insbesondere in Irland, zunächst, auf eigenem Boden wirtschaften zu können, also Zugang zu Grundbesitz zu bekommen.

Gladstones Regierung ließ daraufhin 1870 ein erstes Gesetz (den *Irish Land Act)* verabschieden, das die Möglichkeit beschränkte, Pachtverträge nicht zu verlängern, Bauern staatliche Kredite anbot, um ihren Boden kaufen zu können, und Entschädigungen für den Fall vorsah, dass sie von Boden vertrieben würden, zu dessen Verbesserung sie beigetragen hatten (zum Beispiel durch Maßnahmen zur Trockenlegung oder Bewässerung, eine beispielhafte Forderung, die landlose Bauern in sämtlichen Agrarsystemen weltweit entschieden vertraten). Aber im damaligen Rechtssystem, das die Grundherren extrem begünstigte, blieben die Maßnahmen fast folgenlos. Tatsächlich mussten die Landlords nur die Pacht ausreichend weit in die Höhe treiben, um sich Bauern vom Hals zu schaffen, die Probleme bereiteten. Kein Gericht und keine Regierung hätten zur damaligen Zeit daran gedacht, in diese Vertragsfreiheit einzugreifen. Hätten weitergehende Schritte die Beziehungen zwischen Grundherren und landlosen Bauern nicht generell infrage stellen können, nicht nur in Irland, sondern auch in England? Würden sie nicht unvermeidlich dazu führen, das ähnliche Forderungen auch in Bereichen außerhalb der ländlichen Welt erhoben und Eigentumsrechte generell zerschlagen würden, durch eine Ausweitung auf städtische Immobilien und auf die Industrie? Wenn jeder Nutzer von fremdem Eigentum oder Kapital fortan würde verlangen können, es sich selbst anzueignen mit der Begründung, dass er es sich bei der Nutzung mit ausreichend langer Arbeit verdient habe, riskiere doch die gesamte Gesellschaft den Zusammenbruch. In diesen Debatten über den irischen Boden tauchten dieselben Argumente wieder auf, die während der Französischen Revolution zum Thema Frondienste *(corvées)* und Gebühren bei Besitzwechsel *(lods,* laudemium*)* vorgebracht worden waren: Die Rechtmäßigkeit von Eigentumsrechten infrage zu stellen, die in der Vergangenheit erworben worden waren, hieße die Büchse der Pandora zu öffnen – zum Schaden der ganzen Gesellschaft, weil niemand wisse, wo diese Entwicklung enden werde.

In Irland eskalierte die Lage allerdings mit zunehmender Gewalt, mit immer weiter um sich greifenden Landbesetzungen und Verweigerungen der Pachtzahlungen. Zu dieser Zeit in den 1880er Jahren, als das

Wahlrecht fürs Unterhaus soeben erheblich ausgeweitet worden war, wechselte die Angst gewissermaßen die Seiten: Allmählich erkannten die Besitzenden, dass die herrschende Wohlstandsverteilung nicht mehr zu halten war. Als die Tories in London an der Macht waren, trugen sie zwar immer noch eine gnadenlose Nulltoleranzpolitik gegenüber den Agitatoren zur Schau, zum Beispiel mit dem «Crime act» von 1891, der die 1881 bereits verschärften Befugnisse der Polizei weiter ausdehnte, um «Terroristen» festnehmen und ins Gefängnis stecken zu können, wenn es für notwendig erachtet wurde. Aber gleichzeitig dämmerte allen Seiten, Tories wie Liberalen und vor allem den Grundherren selbst, die Erkenntnis auf, dass schnell und in einem möglichst rechtskonformen und friedlichen Rahmen irischer Boden an katholische Kleinbauern umverteilt werden musste, damit die Lage nicht außer Kontrolle geriet und die *absentee landlords* nicht dadurch komplett enteignet würden, dass sich das Land unabhängig machte.

Und am Ende geschah genau dies, als 1921 ein freier irischer Staat und dann 1937 die Republik Irland gegründet wurde – nach erbitterten Kämpfen, die bis heute deutliche Spuren hinterlassen haben. Dabei ist allerdings interessant, dass diese ganz reale Bedrohung durch Unabhängigkeitsbestrebungen das britische politische System dazu bewog, zwischen 1880 und 1920 in Irland immer entschiedenere Agrarreformen und Umverteilungen von Boden vorzunehmen, die jedes Mal einen Dolchstoß gegen die vorherrschende proprietaristische Ideologie bedeuteten. Konkret beschloss die Regierung schrittweise, immer größere Summen aufzuwenden, um die Iren darin zu unterstützen, Land aufzukaufen. Am Ende handelte es sich tatsächlich um eine staatlich organisierte Umverteilung von Land, aber mit großzügigen Entschädigungen für die Grundherren, finanziert mit öffentlichen Mitteln. Dazu passierte 1891 ein Gesetz das Parlament, das noch entschlossener und besser finanziert war als das von 1870. 1903 folgte ein neuer *Land Act*, der es den ehemaligen Pächtern ermöglichte, ihren Boden zu kaufen und die Kredite über einen Zeitraum von siebzig Jahren hinweg zu einem Nominalzins von 3 % zu erstatten. (Damals musste mit steigenden Inflationsraten gerechnet werden, die die Rückzahlung in der Praxis drastisch verringerte). Zudem wurde der Kauf mit 12 % des Grundstückswertes staatlich subventioniert. Zur Vervollständigung des Ganzen zwang ein Gesetz von 1923 die verbliebenen Grundbesitzer, ihren Boden an die neue irische Regierung zu verkaufen, die ihn zu günstigen

Preisen an die Pächter abtrat. Verschiedenen Schätzungen zufolge hatten drei Viertel des Bodens schon vor dem Krieg den Besitzer gewechselt, aufgrund der Gesetze von 1870, 1891 und 1903 und vor allem wegen der Mobilisierung der irischen Bauern.[1]

Die irischen Erfahrungen sind in mehrerlei Hinsicht aufschlussreich. Zunächst trugen die quasikolonialen inegalitären Verhältnisse dazu bei, dass auf breiterer Basis hinterfragt wurde, wie legitim das System des Privateigentums und die damit einhergehenden festgefügten Ungleichheiten überhaupt waren. Um den Vorwürfen einer übermäßigen Konzentration des Grundeigentums, insbesondere in Irland, entgegenzutreten, akzeptierten die Lords, im Verlauf der 1870er Jahre großangelegte Erhebungen zum gesamten britischen Grund und Boden, *Land surveys*, durchführen zu lassen, die dann zu dem Ergebnis führten, dass der Grundbesitz noch stärker konzentriert war als nach den pessimistischsten Schätzungen. Diese Erhebungen spielten eine wichtige Rolle dabei, wie sich die Darstellungen zur ungleichen Bodenverteilung und zur Umverteilung allgemein weiterentwickelten: Sie zeigten, dass das Land zwar bei der industriellen Modernisierung an der Spitze stand, aber zugleich auch den obersten Platz besetzte, was die archaischen Verhältnisse der Bodenverteilung anging. Und diese beiden Realitäten widersprachen sich keineswegs, ganz im Gegenteil (ein wenig wie im Frankreich der Belle Époque). Der Fall Irlands ist umso interessanter, als die benachbarten Problematiken von Bodenumverteilung und Agrarreformen auch in anderen postkolonialen Zusammenhängen auftauchen, zum Beispiel in Südafrika in den 1990er Jahren und bis in unsere Zeit. Allgemeiner illustrieren diese irischen Erfahrungen, wie eng die Frage der Grenzen mit der der Umverteilung – und die der politischen Herrschaft mit der des Eigentumsregimes – verknüpft sind. Dieses Ineinandergreifen zwischen Grenzsystemen und Strukturen der Ungleichheit, verknüpft mit den Dimensionen von Politik, Eigentumsverhältnissen und zuweilen Migration, spielen zu Beginn des 21. Jahrhunderts auf den britischen Inseln, in Europa und in der Welt noch immer eine zentrale Rolle.

1 Siehe D. Cannadine, *The Decline and Fall of the British Aristocracy*, a. a. O., S. 104 f. Anzumerken ist allerdings, dass die Rückzahlungen die irischen Bauern ohne die späteren Inflationsphasen und die irische Unabhängigkeit für lange Zeit stark belastet hätten.

Schweden und die verfassungsmäßige Einteilung der Gesellschaft in vier Stände

Schweden ist ein erstaunliches und ziemlich verkanntes Beispiel für einen Staat, der sich schon sehr früh als eine Vier-Stände-Gesellschaft verfasst hat, gefolgt von einem ganz eigenen Übergang zur Eigentümergesellschaft, in dessen Verlauf das Königreich Schweden die proprietaristische Logik noch weiter vorantrieb als Frankreich und Großbritannien, als es am Ende des 19. Jahrhunderts ein gewagtes Wahlrecht einführte, das das Stimmgewicht nach dem jeweiligen Vermögen und der Steuerlast verteilte.

Schwedens Fall ist umso interessanter, weil das Land im 20. Jahrhundert zum Musterbild für eine «sozialdemokratischen Gesellschaft» wurde. Tatsächlich führten die schwedischen Sozialdemokraten von der SAP die Regierung des Landes seit Anfang der 1920er Jahre, als ihr historischer Führer Hjalmar Branting Ministerpräsident wurde, und anschließend fast ununterbrochen von 1932 bis 2006. Dies ermöglichte es ihnen, ein höchst ausgefeiltes Sozial- und Steuersystem einzuführen und damit die Ungleichheit auf eines der geringsten Niveaus zu drücken, die in der Geschichte bekannt sind. Deshalb stellt man sich Schweden häufig als ein schon immer von Grund auf und ewig egalitäres Land vor.[1] Die Realität sieht anders aus: Schweden war bis zum 19. und zum Beginn des 20. Jahrhunderts ein zutiefst inegalitäres Land, in mancherlei Hinsicht von noch größeren Ungleichheiten geprägt als andere europäische Länder. Genauer gesagt, waren die ungleichen Verhältnisse in ihm ausgefeilter organisiert und in der proprietaristischen Ideologie und den Institutionen des Landes systematischer verankert. Erst die hocheffiziente Mobilisierung der Volksmassen, besondere politische Strategien und gezielte soziale und steuerpolitische Maßnahmen ermöglichten es Schweden, einen anderen Entwicklungsweg einzuschlagen.

Manche stellen sich vor, es gebe zivilisatorische oder kulturelle Wesenskerne, die von Natur aus egalitär oder inegalitär ausgerichtet seien: Schweden und die Sozialdemokraten seien von jeher egalitär, viel-

---

1 Eine aufschlussreiche Analyse zum Mythos vom egalitären Exzeptionalismus Schwedens und dessen historischer Konstruktion im Verlauf des 20. Jahrhundert siehe E. Bengtsson, «The Swedish *Sonderweg* in Question: Democratization and Inequality in Comparative Perspective, c. 1750–1920», *Past and Present*, Nr. 244, 2019.

leicht aufgrund einer uralten, auf die Wikinger zurückgehenden Passion für Gleichheit, während Indien und seine Kasten ewiglich inegalitär seien, aus Gründen, die wohl mit den von den Ariern herrührenden Mythen zu tun hätten. In Wahrheit hängt alles von den Institutionen und Regeln ab, die sich die jeweilige menschliche Gemeinschaft gibt, und kann sich sehr schnell ändern, je nachdem, welche politisch-ideologischen Kräfteverhältnissen zwischen den beteiligten gesellschaftlichen Gruppen herrschen, je nach der Logik der Ereignisse und nach den veränderlichen Entwicklungswegen, die jeweils eingeschlagen wurden. Und diese verdienen eine eingehende Untersuchung. Eine Auseinandersetzung mit dem Fall Schweden wirkt als perfektes Gegengift gegen die krampfhaften Erklärungsversuche identitärer und konservativer Kräfte, die allzu oft die Debatte über Ungleichheit und Gleichheit bestimmen. Sie erinnert auch daran, dass Gleichheit stets eine zerbrechliche soziopolitische Errungenschaft ist, die niemals als dauerhaft abgesichert gelten darf: Was Institutionen und die politisch-ideologische Mobilisierung verändert haben, können die gleichen Mittel zum Besseren wie zum Schlechteren noch einmal verändern.

Weisen wir im Rückblick auf die wichtigsten Eckpunkte hin: Von 1527 bis 1865 stützte sich die schwedische Monarchie auf ein Parlament, den *Riksdag*, der die Vertreter der damaligen vier Stände des Königreichs umfasste: Adel, Klerus, städtisches Bürgertum und grundbesitzende Bauernschaft. Wir kennen die übliche Drei-Stände-Logik, hier handelte es sich um einen deutlich erkennbaren vier- anstatt dreigliedrigen Aufbau der Gesellschaft. Jeder der vier Stände bestimmte seine Vertreter nach den jeweils geltenden Regeln, und in der Praxis verfügten von den Angehörigen des Bürgertums und der Bauernschaft nur diejenigen über das Wahlrecht, die die höchsten Steuern zahlten. Die förmlichen Abstimmungen im Riksdag wurden so wie bei den Generalständen unter dem französischen Ancien Régime nach Ständen getrennt vollzogen. Die Regeln der *Riksdagsordning* von 1617 legten fest, dass in Fällen eines 2:2-Patts zwischen den vier Ständen die Stimme des Königs den Ausschlag gab.

Laut der *Riksdagsordning* von 1810 mussten die vier Stände im Prinzip so lange abstimmen und debattieren, bis eine Mehrheit von 3:1 oder 4:0 herauskam. Tatsächlich übte der Adel in diesem theoretisch viergliedrigen System allerdings eine klar dominante Rolle aus. Er war von der Zahl her im *Riksdag* stärker vertreten als die anderen Stände und konnte so mehr Sitze in den Ausschüssen einnehmen, in denen die Beschlüsse vorbereitet wurden.[1] Vor allem wurden die Mitglieder der Regierung vom König bestimmt, der seinerseits in Sachen Staatshaushalt und Gesetzgebung wichtige Vorrechte genoss. Tatsächlich waren die wichtigsten Regierungsmitglieder in der Regel Adlige. Erst 1883 tauchte ein erster nichtadliger Regierungschef auf. Betrachtet man die Gesamtheit der schwedischen Regierungen in der Zeit von 1844–1905, stellt man fest, dass 56 % der Minister dem Adel angehörten, während diese Gruppe weniger als 0,5 % der Bevölkerung stellte.[2]

Es macht einen wichtigen Unterschied zu Großbritannien und Frankreich aus, dass die schwedische Monarchie schon in besonders früher Zeit systematische Erhebungen zu ihrer Bevölkerung durchführte. Relativ ausgefeilt, erfolgten diese regelmäßig ab 1750. Dabei wies der monarchische Staat dem Adel eine genau definierte administrative Rolle zu und grenzte ihn offiziell ab, je nach den beurkundeten Abstammungen, die bis zur einstigen kriegerischen und feudalen Schicht und den vom König verliehenen Adelsbriefen zurückreichten. Diese offizielle Definition des Adels existierte weder in Großbritannien noch in Frankreich (außer bei den Peers des Königreichs und beim erlauchten britischen Adel mit Titel). Nach diesen Erhebungen stellte der schwedische Adel schon ab Mitte des 18. Jahrhunderts einen relativ kleinen Kreis dar, dessen Mitgliederzahl in der Zeit danach langsamer wuchs als die Gesamtbevölkerung des Königreichs: 1750 umfasste die Adelsschicht rund 0,5 % der Bevölkerung, 1800 rund 0,4 % und nach den Erhebungen von 1850 und 1900 kaum noch 0,3 %. Diese Anteile unterscheiden sich kaum von den für Großbritannien oder Frankreich geschätzten (siehe Grafik 5.2), nur dass es sich bei Schweden um eine offizielle administrative und politische Kategorie handelte. So stellt man hier eine ungewöhnlich starke Symbiose zwischen dem sich herausbildenden Zentralstaat und dem sich neu definierenden Stände-Schema (in dem Fall einer viergliedrigen Variante) fest.

Die Vier-Stände-Ordnung des *Riksdags* wurde 1865/66 von einem parlamentarischen System abgelöst, das sich, auf einem Zensuswahlrecht beruhend, aus zwei Kammern zusammensetzte: einem Oberhaus, gewählt von einer kleinen Minderheit von Großgrundbesitzern (knapp

1 Der Riksdag von 1809 umfasste zum Beispiel 700 Vertreter für den Adel, 42 für die Geistlichkeit, 72 für das Bürgertum und 144 für die Bauernschaft.

2 Siehe E. Bengtsson, «The Swedish *Sonderweg* in Question», a. a. O., 2018, S. 20.

9000 Wähler, also unter 1 % der männlichen erwachsenen Bevölkerung), und einem Unterhaus, das ebenfalls nach einem Zensuswahlrecht gebildet wurde, aber insofern deutlich offener war, als rund 20 % der Männer bei den Wahlen abstimmen durften.

Verglichen mit den Wahlrechtsreformen zur gleichen Zeit in den anderen europäischen Ländern war dieses System allerdings äußerst restriktiv: In Frankreich wurde das universelle Wahlrecht für Männer 1871 endgültig wiedereingeführt, und die britischen Reformen von 1867 und 1883 brachten 30 % und dann 60 % der Männer das Wahlrecht. In Schweden wurde das Wahlrecht erst mit den Reformen von 1909–1911 ausgeweitet. 1919 wurde Eigentum als Vorbedingung für das männliche Wahlrecht vollständig abgeschafft, und 1921 erhielten schließlich auch die Frauen das allgemeine Wahlrecht. Um 1900, als kaum mehr als 20 % der Männer hatten wählen dürfen, gehörte Schweden zu den Ländern mit den geringsten Fortschritten, insbesondere im Vergleich zu Frankreich oder zu Großbritannien (siehe Grafik 5.3), aber auch zu anderen Ländern Nordeuropas.[1]

Ein Mann, hundert Stimmen: die schwedische Demokratie mit einem hyperstrengen Zensuswahlrecht (1865–1911)

Vor allem zeichnete sich das schwedische Zensuswahlrecht zwischen 1865 und 1911 dadurch aus, dass die Wähler mehrere Stimmen besaßen, deren Anzahl sich nach ihrer Steuerlast und ihren Gütern und Einkommen bemaß. Die 20 % der Männer, die ausreichend wohlhabend waren, um an den Wahlen zum Unterhaus teilzunehmen, waren in rund vierzig Gruppen unterteilt, denen je unterschiedliche Stimmgewichte zugewiesen waren. Die am wenigsten Begüterten verfügten über jeweils nur eine Stimme, während die Reichsten jeweils bis zu 54 Stimmen auf sich vereinten. Die genaue Bemessungsgrundlage, die das Stimmgewicht

1 Die Daten in Grafik 5.3 berücksichtigen nur den Ausschluss vom Wahlrecht wegen zu geringem Vermögen oder Einkommen. Dieselbe Schlussfolgerung ergibt sich allerdings auch, wenn man einbezieht, dass nicht alle Personen mit einem Wahlrecht in die Wählerlisten eingetragen waren, und wenn man Schweden mit anderen skandinavischen Ländern vergleicht. Siehe Technischer Anhang.

(fyrkar) der einzelnen Wähler festlegte, beruhte auf einer Formel, in die ihre Steuerlast sowie ihre Besitztümer und Einkommen einflossen.[1]

Ein ähnliches System war ebenfalls für die Kommunalwahlen in Schweden von 1862 bis 1909 in Kraft, mit der zusätzlichen Besonderheit, dass Aktiengesellschaften an lokalen Wahlen auch teilnehmen durften – ebenfalls mit einer Anzahl an Stimmen je nach der Steuerlast und der Höhe des Vermögens und der Gewinne. Für die Wahlen der städtischen Vertretungen war die Anzahl der Stimmen eines Wählers, ob Privatperson oder Unternehmen, allerdings auf 100 begrenzt. Für Wahlen zu ländlichen Gemeindevertretungen fehlte dagegen eine derartige Obergrenze, sodass es bei den Kommunalwahlen 1871 in Schweden 54 Gemeinden gab, in denen ein einziger Wähler mehr als 50 % der Stimmen abgeben konnte. Zu diesen Diktatoren mit tadellos demokratischer Legitimation gehörte zum Beispiel der Ministerpräsident persönlich: Graf Arvid Posse, der in den 1880er Jahren in seiner Heimatgemeinde, in der seine Familie riesige Ländereien besaß, allein die absolute Mehrheit der Stimmen hatte. Daneben gab es 414 Gemeinden, in denen ein einzelner Wähler über 25 % der Stimmen verfügte.[2]

Diese erstaunlichen Erfahrungen Schwedens mit einem hyperstrengen Zensuswahlrecht, die mit den Wahlrechtsreformen von 1911 und mehr noch mit der Einführung des allgemeinen Wahlrechts 1919–1921 endeten, sind durchaus lehrreich. Sie zeigen zunächst, wie irrig es ist, einen zivilisatorischen egalitären oder inegalitären Wesenskern anzunehmen: Schweden wechselte in wenigen Jahren von einem proprietaristischen System der schärfsten Form mit größten Ungleichheiten, das bis 1909–1911 in Kraft war, zum Inbegriff der egalitären sozialdemokratischen Gesellschaft mit der Machtübernahme der SAP. Man könnte im Übrigen annehmen, dass die zweite Phase die Reaktion auf die Exzesse der ersten gewesen sei, zumindest teilweise: Die unteren und mittleren Schichten in Schweden, die zur damaligen Zeit einen außergewöhnlichen Bildungsstand hatten, sahen sich einer Extremform des Proprietarismus ausgesetzt, was das Gefühl weckte, diese heuchlerische Ideologie nun endlich loswerden und sie durch eine radikal andere ersetzen zu müssen. Diese Art der großen Abweichung innerhalb der verschiedenen nationalen politisch-ideologischen Entwicklungswege

1 Siehe E. Bengtsson, «The Swedish *Sonderweg* in Question», a. a. O., 2018, S. 18 f.

2 Siehe insbesondere E. Bengtsson: T. Berger, «Democracy, Inequality, and Redistribution: Evidence from Swedish Municipalities, 1871–1904», Lund: Lund University, 2017.

findet sich häufig, zum Beispiel, was die ziemlich chaotische Entwicklung beim progressiven Steuerrecht und bei den Darstellungen der Ungleichheit gerade in den Vereinigten Staaten und Großbritannien im Verlauf des 20. Jahrhunderts betrifft.

Denken könnte man auch, dass die Errichtung des modernen Zentralstaats, der in Schweden besonders früh einsetzte, der weiteren Entwicklung mehrere Möglichkeiten eröffnet hat. Mit anderen Worten: Ein und derselbe stark strukturierte Staatsaufbau kann für verschiedene Arten von politischen Projekten eingesetzt werden. Erst die ab dem 18. Jahrhundert durchgeführten schwedischen Erhebungen zu Ständen, Schichten, Steuern und Gütern machte es möglich, Wählerverzeichnisse zu konzipieren, die im 19. Jahrhundert einigen Bürgern nur eine und anderen hundert Stimmen zubilligten. Nach beträchtlichen ideologischen Wandlungen und der Übernahme des Staatsapparats durch die Sozialdemokraten konnte diese staatliche Fähigkeit ebenso dazu genutzt werden, die Register des Sozialstaates im 20. und 21. Jahrhundert zu entwickeln. Jedenfalls zeigt dieser rapide Wandel in Schweden, welche Bedeutung der Mobilisierung der Bevölkerung, den politischen Parteien und Programmen in der dynamischen Veränderung der Ungleichheitsregime zukommt. Wenn die richtigen Bedingungen zusammentreffen, können diese Abläufe zu einem abrupten und radikalen Umbau eines Ungleichheitsregimes führen, der in diesem Fall unter rechtsstaatlichen Umständen und mit relativ friedlichen politischen und parlamentarischen Debatten erfolgte.

Aktiengesellschaften, Zensuswahlrecht: welche Grenze für die Macht des Geldes?

Auch zeigen die schwedischen Erfahrungen, dass die proprietaristische Ideologie nicht monolithisch ist und stets eine bestimmte Art Vakuum oder Verhältnisse politischer Unentschlossenheit braucht, die sie ausfüllen kann. Und dabei bildet sie mitunter sehr weitgehende Formen aus, bei denen bestimmte Gruppen Zwängen unterworfen und von anderen gesellschaftlich dominiert werden. Die proprietaristische Ideologie beruht auf einem simplen Gedanken: Die gesellschaftliche und politische Ordnung muss sich vor allem auf den Schutz des Privateigentums gründen, um der Emanzipation des Einzelnen und der gesellschaftlichen Stabilität willen. Aber diese Prämisse lässt die Frage der politischen Ordnung weitgehend offen: Sie beinhaltet zwar, dass es von Vorteil sein könnte, den Vermögenden mehr politische Macht zuzubilligen, was eher einer längerfristige Vision dient, insofern die Zukunft nicht durch unmittelbare Bedürfnisbefriedigung zerstört werden soll. Aber sie legt nicht fest, bis wohin und unter welchen Bedingungen in diese Richtung gegangen werden soll.

Das britische Zensuswahlrechts und das der meisten europäischen Länder war ein relativ einfaches System. Die Bürger wurden in zwei Kategorien eingeteilt: Die ausreichend Wohlhabenden galten als aktive Bürger und verfügten über eine Stimme bei der Wahl zum Unterhaus; diejenigen, die diese Bedingung nicht erfüllten, mussten sich als passive Bürger damit abfinden, dass sie keinerlei Stimme hatten und in dem Gremium nicht vertreten waren. Dass es bis 1872 das Wahlgeheimnis nicht gab, ermöglichte es den Vermögendsten und mächtigsten Wählern, Einfluss auf die anderen Stimmen zu nehmen, dies aber indirekt und nicht erklärtermaßen über Mehrfachstimmen nach schwedischer Art und dadurch, dass unter den aktiven Bürger abgestufte Stimmrechte galten.

Das Zensuswahlrecht, das in Frankreich von 1815 bis 1848 in Kraft war, ähnelte stark dem zur gleichen Zeit geltenden in Großbritannien, wo im Übrigen ein erheblicher Teil des französischen Hochadels von 1789 bis 1815 gelebt hatte. Das parlamentarische System umfasste eine Pairskammer *(Chambre de Pairs)*, wie das britische Oberhaus hauptsächlich zusammengesetzt aus erblichen Pairs, die der König aus dem Hochadel ernannte, und eine Abgeordnetenkammer *(Chambre des députés)*, gebildet nach einem Zensuswahlrecht, das noch elitärer war als das zur Bildung des britischen Unterhauses. Die Rechtsgelehrten der französischen Monarchie führten allerdings eine Neuerung ein, die die aktiven Bürger in zwei Kategorien unterteilte. Während der ersten Restauration von 1815 bis 1830 waren die Wähler Männer über dreißig Jahre, die mindestens 300 Francs an Steuern in Form der sogenannten *quatre vieilles* entrichteten, den vier Arten direkter Steuern, die während der Französischen Revolution eingeführt worden waren (rund 100 000 Personen, kaum mehr als 1 % der männlichen Erwachsenen). Die Kandidaten für einen Abgeordnetensitz mussten dagegen mindestens vierzig Jahre alt sein und mehr als 1000 Francs an direkten Steuern zahlen (rund 16 000 Personen, unter 0,2 % der Männer). Durch das

1820 erlassene «Gesetz der doppelten Stimme» (*Loi du double vote*) erhielt das obere Viertel der vermögendsten Wähler (also ungefähr der Kreis, der selbst kandidieren konnte) zudem die Möglichkeit, über ein zweites Wahlmännergremium, das über die Zusammensetzung eines Teils der Abgeordnetenkammer mitbestimmte, ein weitere Stimme abzugeben. Nach der Revolution von 1830 wurde das Wahlrecht leicht erweitert: Die Anzahl der Wähler in der Zeit der Juli-Monarchie (1830–1848) stieg auf etwas mehr als auf 2 % der Männer an, und der Kreis möglicher Kandidaten erhöhte sich auf rund 0,4 % der Männer. Dabei blieb aber das Prinzip der zwei Kategorien aktiver Bürger erhalten, ohne dass versucht wurde, diese Logik zu überwinden.[1] Dagegen galt im Königreich Preußen, das von 1871 bis 1918 den Hauptbestandteil des deutschen Kaiserreichs bildete, von 1848 bis 1918 ein ganz besonderes System mit drei Klassen von Wählern, die nach der Höhe ihrer Steuerlast bestimmt wurden. Dabei deckte jede Klasse je ein Drittel des gesamten Steueraufkommens ab.[2]

Das schwedische Wahlrecht in der Zeit 1865–1911 kann als eine Erweiterung solcher Ansätze gelten: Die Reichsten hatten für die Stadtverwaltungen bis zu 100, ja in den ländlichen Gemeinden sogar eine unbegrenzte Anzahl von Stimmen, wenn sie unbegrenzt vermögend waren. Damit waren die politischen Versammlungen ganz ähnlich organisiert wie die Hauptversammlungen von Aktiengesellschaften. Interessant ist auch, dass beide Debatten, die über das Wahlrecht der Bürger und die über das Stimmrecht der Aktionäre, in der Eigentümergesellschaft des 19. Jahrhunderts ausdrücklich und eng miteinander verbunden waren. So führten zum Beispiel im 18. und zu Beginn des 19. Jahrhunderts die Aktiengesellschaften in Großbritannien schrittweise Systeme mit mehreren Stufen von Stimmrechten ein, die den wichtigs-

1 In Großbritannien gab es im Unterhaus seit Anfang des 17. Jahrhunderts und bis 1950 zudem «university seats», dank derer Abgänger der Universitäten von Oxford und Cambridge bei den Wahlen zur gesetzgebenden Versammlung zwei Mal abstimmen konnten (einmal kraft ihrer Zugehörigkeit zum Wahlkreis am Wohnort und einmal als ehemalige Studenten ihrer Universität). Dieses System wurde 1918 auf weitere Universitäten ausgeweitet und 1950 endgültig abgeschafft.

2 Genauer wurden die preußischen Wähler in drei gestaffelte Steuerklassen eingeteilt, die so festgelegt wurden, dass jede ein Drittel des Gesamtsteueraufkommens deckte. Jede Klasse bestimmte ein Drittel der Wahlmänner, die ihrerseits die Abgeordneten wählten. Die nordischen Länder (Dänemark, Norwegen, Finnland) nutzten im 19. Jahrhundert relativ klassische Systeme eines Zensuswahlrechts mit zwei Klassen und gerieten offenbar nicht in Versuchung, das schwedische Vorbild zu kopieren. Siehe Technischer Anhang.

ten Kapitalgebern mehr Stimmen zubilligten, allerdings ohne bis zu einer echt proportionalen Vertretung zu gehen. Befürchtet wurde, dass dies zu einer allzu großen Machtkonzentration auf einen ganz kleinen Kreis von Aktionären führen und der Qualität der Beschlüsse sowie den Beziehungen zwischen den Anteilseignern schaden könne. Üblicherweise hatten Aktionäre, deren Anteil am Kapital der Gesellschaft über einer bestimmten Obergrenze lag, alle dieselben Stimmrechte, was faktisch eine Deckelung bedeutete. Diese Art System findet sich zu Beginn des 19. Jahrhunderts auch in den Vereinigten Staaten wieder: Zahlreiche Aktiengesellschaften nutzten festgelegte Höchststimmrechte, zuweilen in verschiedenen Bandbreiten, um die Macht der Großaktionäre zu begrenzen.[1] Erst im Verlauf der zweiten Hälfte des 19. Jahrhunderts fand das Prinzip «eine Aktie, eine Stimme» allgemeine Verbreitung und setzte sich auf Druck der bedeutendsten Aktionäre als wichtigster Standard durch. In Großbritannien dauerte es bis zum *Company Law* von 1906, ehe dieses Prinzip der Verhältnismäßigkeit zwischen Anzahl der Aktien und Stimmrechte gesetzlicher Standard für die Führung britischer Aktiengesellschaften wurde.[2] Interessant ist festzustellen, dass schon lange vor diesen Debatten über die Wahlsysteme in den Aktionärsversammlungen (insbesondere den Kolonialgesellschaften wie den verschiedenen Ostindischen Kompanien oder der Virginia Company) und in den territorialen und parlamentarischen politischen Versammlungen komplizierte Diskussionen darüber geführt worden waren, welche Regeln sich Kirchenversammlungen für Wahlen geben sollten.[3]

Diese historischen Erfahrungen sind bedeutsam für zahlreiche gegenwärtige Debatten darüber, wie die Macht von Geld und Eigentum begrenzt werden soll. Zwar schlägt zu Beginn des 21. Jahrhunderts offenbar niemand mehr vor, die Stimmrechte wieder ausdrücklich vom Vermögen der verschiedenen Steuerpflichtigen abhängig zu machen. Aber nichtsdestoweniger wurde im Verlauf der letzten Jahrzehnte in den Vereinigten

1 Siehe E. Hilt, «Shareholder Voting Rights in Early American Corporations», *Business History* 55 (2013), 4, S. 620–635.

2 Die entscheidende Etappe wurde in Wahrheit 1876 erreicht, als der Court of Appeal urteilte, dass die Statuten der Unternehmen vorsehen konnten, auf jede Deckelung der Stimmrechte zu verzichten und vollständige Proportionalität anzuwenden. Zu diesen spannenden Debatten siehe E. McGaughey, *Participation in corporate governance*, PhD Dissertation, Law Department, LSE, 2014, S. 105 f.

3 Siehe O. Christin, *Vox Populi. Une histoire du vote avant le suffrage universel*, Seuil 2014.

Staaten, insbesondere vom Obersten Gerichtshof, eine Reihe von Doktrinen und Ideologien entwickelt, die rechtfertigen sollen, jegliche Deckelung privater Wahlkampfspenden abzuschaffen. Dies läuft darauf hinaus, den Vermögendsten einen potenziell unbegrenzten Einfluss auf Wahlen zuzubilligen. Die Frage, ob überhaupt und wie die Macht des Geldes begrenzt werden soll, stellt sich ebenfalls mit Blick auf die Ungleichgewichte in der Rechtsprechung (dank außergerichtlicher Einigungen können die Wohlhabendsten zum Beispiel die übliche öffentliche Justiz umgehen), bei den Zulassungen für Hochschulen (zahlreiche amerikanische und internationale Universitäten nehmen Kinder von Vermögenden zum Beispiel nur deshalb auf, weil die Eltern eine ausreichende Spende geleistet haben, ohne dass die dahinter stehenden Regeln transparent gemacht werden, was an sich schon Beachtung verdient) und so weiter. Wie wir auch noch sehen werden, hat die Frage der Stimmrechts- und Machtverteilung in Aktiengesellschaften während der Mitte des 20. Jahrhunderts zu bedeutenderen Neuerungen geführt. Zahlreiche Länder, angefangen von Schweden und Deutschland, haben die Entscheidungsgewalt der Aktionäre stark begrenzt und die der Beschäftigten und ihrer Vertreter entsprechend erhöht (auf ein Drittel bis zur Hälfte der Stimmrechte im Aufsichtsrat). Diese Fragen sind derzeit Gegenstand zahlreicher Debatten in mehreren Ländern, die der Bewegung zunächst nicht gefolgt sind (insbesondere in Frankreich, Großbritannien und den Vereinigten Staaten). Sie könnten in Zukunft sehr wohl zu Neuerungen führen.[1]

Allgemeiner möchte ich erneut die Vielfalt und Komplexität der politisch-ideologischen und institutionellen Entwicklungswege hervorheben, die von den einstigen trifunktionalen Gesellschaften in Verlauf des 18. und des 19. Jahrhunderts zum Triumph der proprietaristischen und im 20. und 21. Jahrhundert dann zu den sozialdemokratischen, kommunistischen und neoproprietaristischen Gesellschaften geführt haben. Sobald sich der Primat der privaten – angeblich allen offenstehenden – Eigentumsrechte und das Monopol des Zentralstaates auf die Hoheitsrechte (Justiz, Polizei, legitime Gewalt) etabliert hatten, galt es noch zahlreiche Punkte genauer festzulegen, angefangen damit, auf welche Art und Weise die Staatsmacht zu organisieren sei.

Manche Gesellschaften waren nach Art des Ancien Régime sehr weit darin gegangen, die Machtbeziehungen und öffentlichen Funktio-

1 Siehe insbesondere den dritten Teil, Kapitel 11, S. 612–645.

nen zu Geld zu machen, zum Beispiel in Frankreich, wo die Käuflichkeit von öffentlichen Aufgaben und Ämtern im Verlauf des 17. und 18. Jahrhunderts zu einem weit verbreiteten Phänomen wurde: Eine wachsende Anzahl von diesen wurde zum Verkauf angeboten, insbesondere beim Steuereinzug und der Gerichtsbarkeit. Das hatte sowohl mit dem Finanzbedarf der absoluten Monarchie (und ihrer Unfähigkeit, für ausreichende Steueraufkommen zu sorgen) zu tun als auch mit einer proprietaristischen und Anreize setzenden Logik. Eine Person, die bereit war, eine große Geldsumme auf den Tisch zu legen, um ein öffentliches Amt auszuüben, konnte keine ganz üblen Absichten haben. Zumindest käme sie für eigene Fehler und eine schlechte Amtsführung selbst auf und hätte folglich größtes Interesse daran, zum größten Wohl der Gemeinschaft bestes Verhalten zu zeigen. Überbleibsel dieser Logik finden sich noch heute. In manchen Ländern wie Indonesien sind bestimmte öffentliche Stellen, zum Beispiel im Polizeidienst oder wichtige Ämter in der Steuerverwaltung wie die der Generalzahlmeister in Frankreich, mit einer «Kautionsleistung» verbunden, bei der vor Amtsantritt eine erhebliche Summe hinterlegt werden muss, die bei schwerwiegendem Fehlverhalten einbehalten wird.[1] Während der Französischen Revolution wurden die meisten dieser Funktionen und Ämter abgeschafft, allerdings gegen eine Entschädigung der Inhaber: Auch wenn die staatliche Hoheit nicht scheibchenverweise zum Verkauf stehen durfte, konnte sich der Staat nicht einfach an denen schadlos halten, die diese Art der Investition getätigt hatten.[2]

Die Debatten um die Ämterkäuflichkeit zeigen, dass die proprietaristische Ideologie nicht in nur einer Form auftritt, und haben einen bis in die jüngste Gegenwart reichenden Nachhall. Obwohl heute keiner mehr auf den Gedanken kommt, Funktionen und Ämter allgemein zum Verkauf anzubieten (auch wenn die Vergabe diplomatischer Posten in den USA an die wichtigsten politischen Spender eigentlich darauf hin-

1 Ein Relikt der Ämterkäuflichkeit stellen auch die Pariser Taxilizenzen dar, die aber eher einer finanziellen als einer Anreize setzenden Logik folgen: Der Verkauf der Lizenzen brachte der öffentlichen Hand bedeutende Steuereinnahmen ein, und ein Rückkauf wäre jetzt mit erheblichen Kosten verbunden, was einer Reform dieses Systems, das nicht ohne Grund in Misskredit geraten ist, zu einem großen Teil entgegensteht.

2 Dazu der Hinweis, dass in Großbritannien im 19. Jahrhundert auch die hohen militärischen Posten mit einer Art Kaution belegt waren. 1871 wurden die Zahlungen abgeschafft, um die Stellen gesellschaftlich zu öffnen – offenbar mit mäßigem Erfolg. Siehe D. Cannadine, *Victorious Century*, a. a. O., S. 350.

ausläuft), stellt in den reichen Ländern der nie dagewesene Anstieg der öffentlichen Verschuldung, die in manchen Fällen die Gesamtheit der öffentlichen Vermögenswerte übersteigt, eine Entwicklung dar, die mit dieser Thematik durchaus zu tun hat: Sie läuft darauf hinaus, dass die Bewirtschaftung der öffentlichen Haushalte und die Ausübung staatlicher Funktionen unter die Kontrolle privater Kreditgeber gerät und sich der Bereich dessen erweitert, was zu Privateigentum werden kann (nach den verschiedenen Modalitäten der Aufgaben und Ämter, aber mit denselben Auswirkungen beim Volumen der möglichen Privatvermögen, ja mit noch massiveren angesichts der Komplexität des gegenwärtigen Finanz- und Rechtssystems). Im 21. Jahrhundert sind die Eigentumsverhältnisse – so wie schon im 19. – niemals auf eine einzige Weise definiert: Sie hängen vor allem von dem Rechts-, Steuer- und Sozialsystem ab, das ein Staat sich gibt. Deswegen lässt sich der Neoproprietarismus des 21. Jahrhunderts nicht eingehend untersuchen, ohne zunächst die verschiedenen Formen des Proprietarismus des 19. Jahrhunderts zu analysieren.

Das Abdriften der Eigentümergesellschaften im 19. Jahrhundert in die Ungleichheit

Betrachten wir zunächst, was sich darüber sagen lässt, wie sich die Vermögenskonzentration in Großbritannien und in Schweden im Verlauf des 19. und zu Beginn des 20. Jahrhunderts entwickelt hat, und inwieweit diese Entwicklungen mit denen in Frankreich vergleichbar sind. Halten wir fest, dass die britischen und schwedischen Quellen zu Nachlässen zwar einen weniger reichhaltigen und systematischen Fundus darstellen als die französischen, die der Revolution zu verdanken sind, dass sie aber bei weitem ausreichen, um die wichtigsten Größenordnungen zu ermitteln.

Das auffälligste Ergebnis lautet, dass trotz aller Unterschiede zwischen den verschiedenen nationalen Entwicklungswegen bei all diesen Ländern für die Zeit des gesamten 19. und bis zu Beginn des 20. Jahrhunderts eine besonders starke Vermögenskonzentration feststellbar ist. Dabei ist besonders wichtig, dass die Ungleichheiten im Verlauf der Belle Époque (1880–1914) stark zunahmen und die Vermögenskonzentration erst ab dem Ersten Weltkrieg und nach den gewaltigen poli-

Die Vermögensverteilung in Großbritannien, 1780–2015

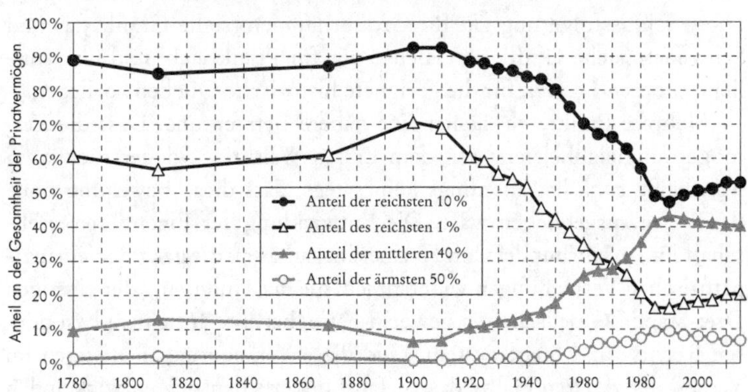

Grafik 5.4.: Der Anteil der reichsten 10% an der Gesamtheit der Privatvermögen (Immobilien, Betriebsvermögen und Finanzanlagen, nach Schuldenabzug) lag in Großbritannien im Zeitraum 1780 bis 1910 bei ungefähr 85% bis 92%. Die Dekonzentration des Eigentums setzte nach dem Ersten Weltkrieg ein und endete im Verlauf der 1980er Jahre. Sie kam insbesondere der «besitzenden Mittelschicht» zugute (die mittleren 40%), hier definiert als die Schicht zwischen der «Arbeiterklasse» (den ärmsten 50%) und der «Oberschicht» (den reichsten 10%).
Quellen und Reihen: siehe piketty.pse.ens.fr/ideologie.

Die Vermögensverteilung in Schweden, 1780–2015

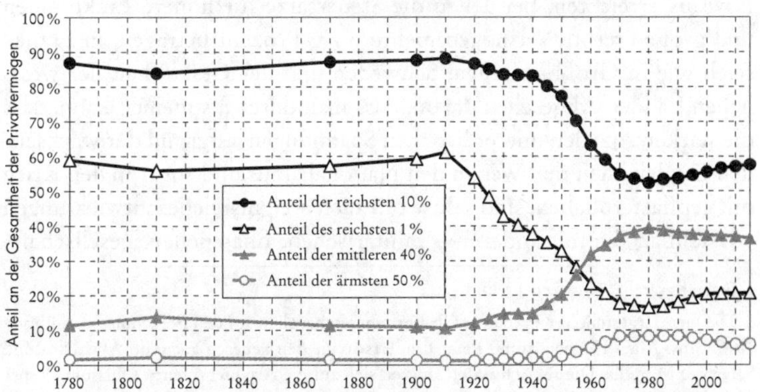

Grafik 5.5.: Der Anteil der reichsten 10% an der Gesamtheit der Privatvermögen (Immobilien, Betriebsvermögen und Finanzanlagen, nach Schuldenabzug) lag in Schweden im Zeitraum 1780 bis 1910 bei ungefähr 84% bis 88%. Die Dekonzentration des Eigentums setzte nach dem Ersten Weltkrieg ein und endete im Verlauf der 1980er Jahre. Sie kam insbesondere der «besitzenden Mittelschicht» zugute (mittlere 40%), hier definiert als die Schicht zwischen der «Arbeiterklasse» (den ärmsten 50%) und der «Oberschicht» (den reichsten 10%).
Quellen und Reihen: siehe piketty.pse.ens.fr/ideologie.

tischen Umbrüchen der Jahre 1914–1945 wieder stark zurückging. Diese Schlussfolgerung gilt für Großbritannien (siehe Grafik 5.4) und Schweden (siehe Grafik 5.5) ebenso wie für Frankreich[1] und für sämtliche anderen Länder, für die geeignete historische Quellen vorliegen.[2]

Mehrere Punkte verdienen eine nähere Betrachtung. Dass die Vermögensungleichheit erst seit dem Ersten Weltkrieg wieder rückläufig war, heißt zunächst allerdings keineswegs, dass diese Bewegung ohne den Krieg ausgeblieben wäre. Die Entwicklung der Eigentümergesellschaft im 19. Jahrhundert hin zu einer inegalitären, die ganz den emanzipatorischen Verheißungen widersprach, die der Untergang der einstigen Drei-Stände-Gesellschaften geweckt hatte, beruhte auf einem besonderen Rechts- und Steuersystem. Und diese Veränderungen leisteten im Verlauf der zweiten Hälfte des 19. Jahrhunderts den sich entwickelnden Arbeiterbewegungen verschiedener Tendenzen, v. a. den sozialistischen, kommunistischen und sozialdemokratischen, starken Vorschub. Wie wir sahen, gingen aus den Bewegungen, die dafür eintraten, das allgemeine Wahlrecht und ein progressives Steuersystem einzuführen, ab Ende des 19. und zu Beginn des 20. Jahrhunderts die ersten greifbaren Reformen hervor. Tatsächlich wirkten sich diese Entwicklungen erst nach 1914 in vollem Umfang aus, sodass die Steuerprogressionen ihre heutigen Niveaus erreichten, bei denen die Steuersätze für höhere Einkommen und große ererbte Vermögen mehrere zig Prozent betragen, in Frankreich wie in Großbritannien, Schweden und der Gesamtheit der westlichen Länder. Abgesehen davon, dass man durchaus meinen kann, dass die starken sozialen und politischen Spannungen aufgrund der wachsenden Ungleichheit den Weg in den Nationalismus und sogar in den Krieg mit gepflastert haben, sind sehr wohl auch ereignisreiche Entwicklungen vorstellbar, die mit anderen – militärischen, finanziellen, gesellschaft-

---

1 Siehe Kapitel 4, Grafiken 4.1 und 4.2.

2 Die hier dargestellten Kurven für Großbritannien beruhen auf den Forschungen Anthony Atkinsons, Allan Harrisons und Peter Linderts sowie den neueren Facundo Alvaredos und Salvatore Morellis. Die für Schweden stützen sich auf die Arbeiten Henry Ohlssons, Jesper Roines und Daniel Waldenströms sowie auf die neueren Erik Bengtssons. Zu zahlreichen anderen Ländern liegen fiskalische Quellen vor, allerdings leider nur für die ungefähre Zeit ab dem Ersten Weltkrieg, sodass sich die mit dem Krieg einhergehenden Umbrüche mitunter nur schwer in eine längere Perspektive einbetten lassen. Aber soweit es die Quellenlage zulässt, zeigt sich in allen Fällen, dass keine der klaren Tendenzen zu einer Verringerung der Ungleichheiten schon vor dem Ersetzen Weltkrieg richtig einsetzte: Dies gilt für Deutschland, Dänemark, die Niederlande, die Vereinigten Staaten und Japan. Siehe Technischer Anhang.

lichen oder politischen – Krisen ebenfalls als Auslöser hätten dienen können. Auf diesen Punkt kommen wir zurück, wenn wir den Untergang der Eigentümergesellschaften im 20. Jahrhundert untersuchen.[1]

Anzumerken ist auch, dass zwischen den drei Ländern erhebliche Unterschiede bestehen: Die Konzentration an Privateigentum war in Großbritannien ganz besonders hoch, während sie in Schweden etwas und in Frankreich deutlich geringer ausfiel. So waren in Großbritannien in den 10 % der größten Vermögen unmittelbar vor dem Ersten Weltkrieg über 92 % der Gesamtmasse der Privatvermögen vereint, während es in Schweden «nur» 88 % und in Frankreich 85 % waren. Und noch bedeutsamer: das 1 % der größten Vermögen in Großbritannien machte 70 % der gesamten privaten Vermögensmasse aus, gegenüber rund 60 % in Schweden und 55 % in Frankreich (aber über 65 % in Paris).[2] Diese stärkere britische Vermögenskonzentration erklärt sich teilweise aus der besonders starken Konzentration des Grundbesitzes. Allerdings trugen Agrarflächen zu Beginn des 20. Jahrhunderts nur zu einem kleinen Bruchteil zu den Privatvermögen insgesamt bei (kaum 5 % in Großbritannien, zwischen 10 % und 15 % in Schweden und in Frankreich).[3] Die gewaltige Mehrheit der Vermögenswerte bestand aus städtischen Immobilien, Betriebs- sowie Barvermögen und internationalen Kapitalanlagen. Dabei begünstigte das Rechts- und Steuersystem, das diese Art Akkumulation ermöglichte, laut einer ersten Einschätzung die Vermögenden im republikanischen Frankreich im gleichen Maß wie im Vereinigten Königreich und im Königreich Schweden, was auch immer die Eliten der Dritten Republik dazu sagten.

Es geht hier nicht darum, die institutionellen und politischen Unterschiede zwischen den verschiedenen Ländern auszublenden. Sie sind durchaus real. Aber wenn man eine vergleichende und langzeitliche Perspektive einnimmt, treten zwischen den verschiedenen Eigentümergesellschaften, die sich im 19. und zu Beginn des 20. Jahrhunderts in Europa herausbildeten, besonders deutliche Gemeinsamkeiten hervor. Kurz gesagt, wenn man den Durchschnitt der sogenannten Belle Époque betrachtet, stellt man fest, dass die europäischen Eigentümergesellschaften eine extreme Vermögensungleichheit kennzeichnete: Die reichsten 10 %

1 Siehe dritter Teil, Kapitel 10, S. 583–590.

2 Siehe Kapitel 4, Grafik 4.1.

3 Siehe Technischer Anhang und T. Piketty, *Das Kapital im 21. Jahrhundert*, a. a. O., Kapitel 3, Grafiken 3.1 und 3.2.

Die extreme Ungleichheit der Vermögensverteilung: europäische Eigentümergesellschaften während der Belle Époque (1880–1914)

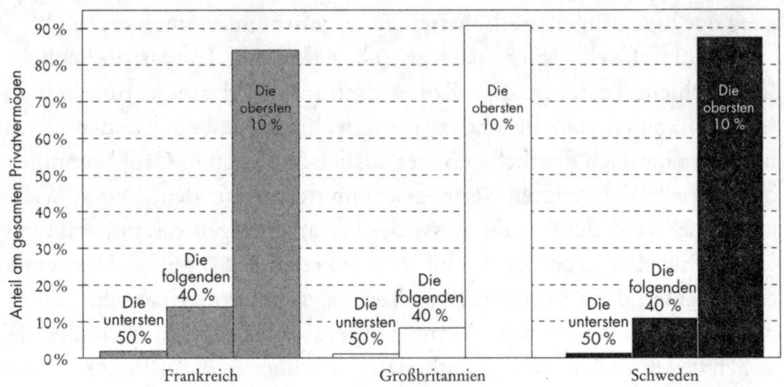

Grafik 5.6.: Der Anteil der 10% der größten Vermögen am gesamten Privatvermögen (Immobilien, Betriebsvermögen und Finanzanlagen, nach Schuldenabzug) lag in Frankreich zwischen 1880 und 1914 bei durchschnittlich 84% (gegenüber 14% bei den folgenden 40% und 2% bei den Ärmsten), in Großbritannien bei 91% (gegenüber 8% und 1%) und in Schweden bei 88% (gegenüber 11% und 1%).
Quellen und Reihen: siehe piketty.pse.ens.fr/ideologie.

Die Ungleichheit der Einkommen innerhalb der europäischen Eigentümergesellschaften während der Belle Époque (1880–1914)

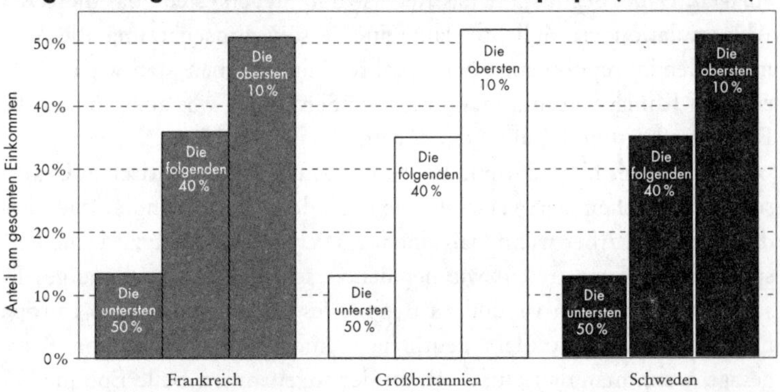

Grafik 5.7.: Der Anteil der 10% der obersten Einkommen am gesamten Einkommen (Arbeitseinkommen und Kapitalrendite in Form von Pacht, Dividenden, Zinsen, Gewinnen) lag in Frankreich zwischen 1880 und 1914 bei durchschnittlich 51% (gegenüber 36% bei den folgenden 40% und 13% bei den ärmsten 50%), in Großbritannien bei 55% (gegenüber 33% und 12%) und in Schweden bei 53% (gegenüber 34% und 13%).
Quellen und Reihen: siehe piketty.pse.ens.fr/ideologie.

besaßen 85–90 % der Vermögenswerte, die ärmsten 50 % kaum 1–2 % und die mittleren 40 % nur rund 10–15 % (siehe Grafik 5.6). Betrachtet man nun die Verteilung der Einkommen, sowohl der aus Kapital (die so ungleich waren wie die Vermögen, siehe weiter unten) als auch der aus Arbeit (die deutlich weniger ungleich verteilt waren), so stellt man fest, dass die Einkommen in den europäischen Eigentümergesellschaften in der Belle Époque zwar ebenfalls stark ungleich verteilt waren, aber deutlich weniger extrem als die Vermögen: 50–55 % der Einkommen gingen an die 10 % der Einkommensstärksten, 10–15 % an die 50 % der Einkommensschwächsten und rund 35 % an die 40 % in der Mitte der Einkommensskala (siehe Grafik 5.7). Anhand dieser nützlichen Orientierungspunkte und Größenordnungen können wir die anderen Kategorien von inegalitären Regimen miteinander vergleichen, die uns nachfolgend im Buch noch begegnen.

Die drei Herausforderungen der Eigentümergesellschaften

Rekapitulieren wir, was wir über die Eigentümergesellschaften erfahren haben, und wie weit wir mit unserer Untersuchung gekommen sind. Verglichen mit den trifunktionalen Gesellschaften, die auf relativ starren Statusunterschieden zwischen Klerus, Adel und Drittem Stand sowie auf dem Versprechen beruhten, dass sie sich in ihren Funktionen ergänzten und ein Gleichgewicht und Bündnis bildeten, stützten sich die Eigentümergesellschaften auf das Versprechen gesellschaftlicher Stabilität, aber auch individueller Befreiung über das Eigentumsrecht, das angeblich allen offenstand, unabhängig von der sozialen oder familiären Herkunft. In der Praxis aber stieß die proprietaristische Ideologie im Verlauf der ersten Phase ihrer historischen Entwicklung als vorherrschende Ideologie, also im 19. und zu Beginn des 20. Jahrhunderts, auf drei größere Schwierigkeiten.

Zunächst stellten die ungleichen Verhältnisse innerhalb der betreffenden Gesellschaften eine Herausforderung dar: In sämtlichen proprietaristischen Gesellschaften in Europa herrschte im 19. Jahrhundert eine maßlos starke Vermögenskonzentration, so stark oder noch stärker als in den Ständegesellschaften des vorangegangenen Jahrhunderts und jedenfalls in deutlich stärkeren Ausmaßen, als es sich bequem mit dem Interesse der Allgemeinheit hätte rechtfertigen lassen – und all dies zu einer Zeit, da die wirtschaftliche und industrielle Entwicklung vor allem gleiche Bildungschancen anstelle eines sakralisierten Eigentumsrechts erforderte, das am Ende die gesellschaftliche Stabilität bedrohte. (Sie ist zwar eine Vorbedingung für Entwicklung, aber auch nur dann erreichbar, wenn ein Mindestmaß an Gleichheit herrscht oder zumindest ein maßvoller Standard an Ungleichheit gesetzt wird, der für die Allermeisten akzeptabel ist). Die herausfordernde Ungleichheit führte dazu, dass Gegenpositionen und am Ende des 19. und in der ersten Hälfte des 20. Jahrhunderts dann auch kommunistische und sozialdemokratische alternative Regime entstanden.

Eine Herausforderung stellten auch die Ungleichheiten in den auswärtigen und kolonialen Beziehungen dar: Der europäische Wohlstand, der im Verlauf des 18. und 19. Jahrhunderts im Vergleich zu den anderen Kontinenten immer deutlicher hervortrat, knüpfte sich weitaus stärker an die Fähigkeit, die anderen Teile der Welt auszubeuten, einer militärischen und kolonialen Herrschaft zu unterwerfen und sie zu versklaven, als an eine angebliche moralische, proprietaristische und institutionelle Überlegenheit. Hatte die Argumentation mit der Moral und den Institutionen lange Zeit dazu gedient, die zivilisatorische Mission des Abendlands zu rechtfertigen, so zeigten sich deren Brüchigkeit für einen Teil der kolonisierenden und vor allem der kolonisierten Bevölkerungen immer deutlicher, sodass schließlich gewaltige Massen mobil machten, um diese Herrschaft abzuschütteln. Die kommunistischen und sozialdemokratischen Gegenpositionen und -regime prangerten ebenfalls diese koloniale (und in geringeren Maß patriarchale) Dimension der proprietaristischen Ordnung an.

Und eine Herausforderung bedeuteten schließlich auch die nationalistischen und identitären Bewegungen: Die europäischen Nationalstaaten, die damit beauftragt waren, die Eigentumsrechte zu verteidigen und die wirtschaftliche und industrielle Entwicklung auf riesigen Territorien zu fördern, traten im Verlauf des 19. Jahrhunderts in eine Phase ein, in der sich die Konkurrenzkämpfe verschärften, das Nationalbewusstsein drastisch hervortrat und das System der Grenzen erbittert infrage gestellt wurde – und dann in die Phase der Selbstzerstörung Europas von 1914 bis 1945. Diese Entwicklung ging insofern mit den beiden anderen Hand in Hand, als die inneren sozialen Spannungen und die äußeren Rivalitäten mit Blick auf Kolonien stark dazu beitrugen, dem Nationalismus zum Sieg zu verhelfen und den Marsch in den

Krieg einzuleiten, der die proprietaristische Ordnung des 19. Jahrhunderts wegfegen sollte.

Eines der Hauptanliegen dieses Buchs besteht darin, zu analysieren, wie diese drei destabilisierenden Entwicklungen so zusammenspielten, dass die Eigentümergesellschaften im Verlauf des 20. Jahrhunderts in die allerschwerste Krise gerieten, angeschlagen vor allem durch die beiden Weltkriege, die Kampfansagen durch den Kommunismus und die Sozialdemokratie sowie durch die Unabhängigkeitsbewegungen in den Kolonien. Unsere Welt des 21. Jahrhunderts ging unmittelbar aus diesen Krisen hervor, auch wenn deren Lehren bisweilen gerne vergessen werden, vor allem seitdem die proprietaristische Ideologie am Ende des 20. und zu Beginn des 21. Jahrhunderts, insbesondere wegen des kommunistischen Debakels, als Neoproprietarismus seine Renaissance erlebt. Aber vor diesem Thema müssen wir zunächst die europäischen Entwicklungswege hinter uns lassen und in die Analyse der Sklavenhalter- und Kolonialgesellschaften und allgemein der Art einsteigen, wie die außereuropäischen trifunktionalen Gesellschaften durch die Intervention der proprietaristischen Kolonialmächte in ihrer Umwandlung und Weiterentwicklung beeinträchtigt wurden.

ZWEITER TEIL

DIE SKLAVENHALTER- UND KOLONIALGESELLSCHAFTEN

6.
DIE SKLAVENHALTERGESELLSCHAFTEN: EXTREME UNGLEICHHEIT

Im ersten Teil dieses Buchs haben wir bereits den Wandel der Drei-Stände-Ordnung zur Eigentümergesellschaft analysiert und uns auf die Untersuchung der europäischen Entwicklungswege konzentriert. Dabei haben wir nicht nur die außereuropäischen trifunktionalen Gesellschaften außer Acht gelassen, sondern auch die Tatsache, dass die europäischen Gesellschaften von ungefähr 1500 bis 1960 in der übrigen Welt kolonialherrschaftliche Systeme errichteten und betrieben, die auf ihre Entwicklung und die des gesamten Planeten tiefgreifend eingewirkt haben. In diesem zweiten Teil untersuchen wir nun die Sklavenhalter- und Kolonialgesellschaften sowie die Art, wie der Wandel der trifunktionalen Gesellschaften außerhalb Europas durch den Kontakt mit den europäischen Kolonialmächten und ihrem Proprietarismus gestört wurde (insbesondere in Indien, wo die althergebrachten Unterschiede im Status bis heute ungewöhnlich deutlich sichtbar sind). Diese Prozesse und Entwicklungswege sind von entscheidender Bedeutung, um die gegenwärtige Struktur der weltweiten Ungleichheiten nachzuvollziehen, in den einzelnen Ländern wie auch zwischen ihnen.

In diesem Kapitel untersuchen wir zunächst, was ohne jeden Zweifel die äußerste Form des Ungleichheitsregimes darstellt: die Sklavenhaltergesellschaften. Diese existierten bereits lange vor dem europäischen Kolonialismus. Eine Untersuchung zu den Umständen ihrer Expansion, ihrem Rechtfertigungsschema und ihrem Untergang wirft für die allgemeine Geschichte der Ungleichheitsregime grundlegende Fragen auf. Wie wir insbesondere sehen werden, liefern uns die Art und Weise, wie die Sklaverei in der Neuzeit abgeschafft wurde – in Großbritannien 1833, in Frankreich 1848, in den Vereinigten Staaten 1865 und in Brasilien 1888 –, sowie die verschiedenen Formen, in denen die Eigentümer (und nicht die Sklaven) entschädigt wurden, ein wertvolles Zeugnis für das Regime der Quasi-Sakralisierung des Privateigentums, das im 19. Jahrhundert vorherrschte und aus dem die moderne Welt hervorging. In den Vereinigten Staaten übte die Frage der rassischen Ungleichheit und der Sklaverei im Übrigen nachhaltigen Einfluss auf die Struktur der Ungleichheiten und auf die Entstehung des Parteiensystems aus. In den Kapiteln danach untersuchen wir die Kolonialgesellschaften nach Abschaffung der Sklaverei während des «zweiten Kolonialzeitalters» (1850–1960), wie man es nennen könnte. Dabei betrachten wir insbesondere Afrika, Indien und weitere Gesellschaften (namentlich in China, Japan und Iran) sowie die Art, wie ihr Entwicklungsweg mit Blick auf die Ungleichheit durch den Kolonialismus verändert wurde.

Gesellschaften mit Sklaven, Sklavenhaltergesellschaften

Sklaverei gab es schon in den frühesten Gesellschaften, die uns schriftliche Zeugnisse hinterließen, insbesondere im Nahen Osten des 2. und 1. Jahrtausends vor unserer Zeitrechnung (v. u. Z.), vom Ägypten der Pharaonen bis zu Mesopotamien. Der babylonische Codex Hammurabi, verfasst um 1750 v. u. Z., führt die Rechte des Eigentümers aus. Der Diebstahl eines Sklaven wird mit dem Tod bestraft. Dem Barbier, der die Haarsträhne rasiert, die damals das Erkennungszeichen des Sklaven war, wird die Hand abgeschlagen. Im Alten Testament, abgefasst gegen Ende des 1. Jahrtausends v. u. Z, versklaven Sieger regelmäßig unterworfene Völker. Eltern, insbesondere überschuldete, verkaufen ihre Kinder in die Sklaverei. Die Sklaverei hinterließ ihre Spuren schon lange vor der Zeit, da das trifunktionale Schema mit seinem Ziel auftauchte, die Gesellschaft um drei Stände herum – Geistliche, Krieger und Arbeiter (mit einer Arbeiterklasse, die, zumindest der Theorie nach, vereint und frei war) – zu organisieren. Dieses Schema nahm in Europa um das Jahr 1000 und in Indien um das 2. Jahrhundert v. u. Z. formelle Gestalt an. In der Praxis bestanden die Logik der Sklaverei und die der trifunktionalen Gliederung lange Zeit innerhalb derselben Gesellschaften nebeneinander, weil sich der Einigungsprozess der Arbeiterklasse zu einem einheitlichen Status, der in der Theorie nicht nur mit dem Ende des Sklaverei, sondern auch dem der Leibeigenschaft und der verschiedenen Formen von Zwangsarbeit einherging, als ein komplexer Ablauf vollzog, der sich in Europa, in Indien und in den anderen Zivilisationen über viele Jahrhunderte erstreckte.[1]

Es hilft, zunächst an die Unterscheidung zu erinnern, die Moses I. Finley zwischen den «Gesellschaften mit Sklaven», in denen es Sklaven gibt, die aber eine eher untergeordnete Rolle spielen und nur einen geringen Teil der Bevölkerung (meistens kaum wenige Prozent) stellen, einerseits und «Sklavenhaltergesellschaften» andererseits getroffen hat. In Letzteren nehmen Sklaven in der Produktionsstruktur sowie in den Macht- und Besitzverhältnissen einen zentralen Platz ein und stellen einen erheblichen Anteil an der Bevölkerung (in einem größeren zweistelligen Prozentbereich). Sklaven gab es bis ins 19. Jahrhundert hinein in fast sämtlichen Gesellschaften, allerdings allgemein in sehr geringer Anzahl, sodass in Finleys Sinn von «Gesellschaften mit Sklaven» ausgegangen werden müsste. Für Finley gibt es in der Geschichte nur eine ganz kleine Anzahl echter Sklavenhaltergesellschaften: Athen und Rom in der Antike, dann Brasilien, der Süden der Vereinigten Staaten und die Antillen im 18. und 19. Jahrhundert. In diesen verschiedenen Fällen sollen die Sklaven zwischen 30 und 50 % der Gesamtbevölkerung ausgemacht haben (mehr dazu siehe im Fall der Antillen).[2]

Wie jüngere Forschungen zeigen, waren Sklavenhaltergesellschaften, obwohl immer noch relativ selten, deutlich weiter verbreiteter als von Finley erwogen. In der Antike finden sich bedeutende Konzentrationen an Sklaven im gesamten Mittelmeerraum und Nahen Osten, in Karthago und Israel ebenso wie in den griechischen und römischen Städten – mit bedeutenden Unterschieden je nach den politisch-ideologischen und wirtschaftlichen Verhältnissen.[3] Zwischen dem 15. und dem 19. Jahrhundert sind zahlreiche Beispiele von Sklavenhaltergesellschaften auch außerhalb des Abendlands zu beobachten, insbesondere

---

1 Siehe Kapitel 2 zu Europa und Kapitel 8 zu Indien.

2 Siehe M. I. Finley, *Die Sklaverei in der Antike. Geschichte und Probleme*, München: C.H.Beck, 1981.

3 Siehe D. M. Lewis, *Greek Slave Systems in their Eastern Mediterranean Context, c. 800–146 BC*, Oxford: Oxford University Press, 2018. Siehe ebenso J. Zurbach, «La formation des cités grecques. Statuts, classes et systèmes fonciers», *Annales. Histoire, sciences sociales* 68 (2013), 4, S. 957–998.

im Königreich Kongo (in Teilen der heutigen Staatsgebiete Angolas, Gabuns und des Kongo), im Kalifat von Sokoto (im Norden des gegenwärtigen Nigerias) und im Königreich Aceh (auf der Insel Sumatra im heutigen Indonesien), wo Sklaven 20–50 % der Bevölkerung stellten. Der Fall des Kalifats von Sokoto, das (mit 6 Millionen Einwohnern, darunter 2 Millionen Sklaven) als größter afrikanischer Staat am Ende des 19. Jahrhunderts gilt, ist deshalb besonders wichtig, weil sich dort die Sklaverei und verschiedene Formen von Zwangsarbeit bis zu Beginn des 20. Jahrhunderts hielten, als es ins britische Kolonialreich eingegliedert wurde.[1] Wahrscheinlich gibt es weitere Sklavenhaltergesellschaften, die ihrer Entdeckung harren, und noch mehr, die nicht genügend Spuren hinterließen, als dass sie eingehend untersucht werden könnten.[2] Man schätzt, dass vom afrikanischen Sklavenhandel zwischen 1500 und 1900 insgesamt rund 20 Millionen Opfer betroffen waren (zwei Drittel davon vom atlantischen Sklavenhandel, der zu den Antillen und zum amerikanischen Doppelkontinent verlief, und ein Drittel vom Transsahara-Sklavenhandel und dem zum Roten Meer und zum Indischen Ozean, organisiert von europäischen, arabischen und afrikanischen Staaten und Händlern). Angesichts der dünnen Besiedlung des Kontinents in diesem Zeitabschnitt stellt dies für das Afrika südlich der Sahara einen erheblichen demografischen Aderlass dar.[3]

Die von Finley eingeführte Klassifikation ist auch deswegen nur begrenzt tauglich, weil in der Praxis vielfältige Formen von Sklaverei und Zwangsarbeit vorkommen. In der historischen Wirklichkeit ist zwischen absoluter Sklaverei und völliger «Freiheit» eine kontinuierliche Statusveränderung der Arbeit festzustellen, eine unendliche Vielfalt an Verhältnissen je nach den Rechten, über welche die jeweils Betroffenen real verfügten, die stets einer bestimmten historischen Gesellschaftsform unterworfen sind. In den schlimmsten und am stärksten «indus-

1 Siehe P. Lovejoy, J. Hogendorn, *Slow Death for Slavery: The Course of Abolition in Northern Nigeria, 1897–1936*, Cambridge: Cambridge University Press, 1993; P. Lovejoy, *Jihad in West Africa During the Age of Revolutions*, Athens: Ohio University Press, 2016.

2 Zahlreiche Fälle liegen dazwischen mit Sklaven, die weder einen ganz kleinen noch einen vorherrschenden Anteil an der Bevölkerung stellten, zum Beispiel 10–15 % in Portugal oder in Marokko am Ende des 15. und im 16. Jahrhundert. Siehe Technischer Anhang.

3 Die Bevölkerung von Subsahara-Afrika wird für die Zeit um 1500 auf 40 Millionen und für 1820 auf 60 Millionen Einwohner geschätzt. Zahlreiche Forschungsarbeiten haben die extrem negativen Langzeitfolgen für die Regionen ermessen, die von diesem Aderlass am schwersten betroffen waren. Siehe Technischer Anhang.

trialisierten» Formen der Sklaverei wie denen im atlantischen Sklavenhandel waren die Betroffenen fast vollständig rechtlos. Sie bildeten eine reine Verfügungsmasse an Arbeitskraft und wurden als bewegliche Habe behandelt *(chattel slavery)*. Sklaven hatten damals keine persönliche Identität (keinen anerkannten Namen), keinen Anspruch auf ein Privatleben, ein Familienleben oder eine Ehe, kein Recht auf Eigentum und natürlich keine Freizügigkeit. Angesichts ihrer enormen Sterblichkeit (rund 20 % kamen während der Atlantiküberquerung und fast so viele im darauffolgenden Jahr um) wurden Verluste kontinuierlich durch Neuzugänge aus Afrika ersetzt. Der Code Noir von 1685, mit dem unter Ludwig XIV. die Rechtslage auf den Sklaveninseln der Französischen Antillen festgelegt wurde und teilweise auch Missbräuche begrenzt werden sollten, billigte Sklaven keinerlei Besitz zu. Selbst ihre geringe persönliche Habe gehörte ihren Eigentümern.

Dagegen genossen Leibeigene zwar ebenfalls keine Freizügigkeit, da sie an die Scholle ihres Lehnsherrn gebunden waren und nirgendwo anders arbeiten durften, hatten aber eine eigene Identität: Manche unterzeichneten in Gemeinderegistern und durften (wenn auch in manchen Fällen nur mit Zustimmung des Herren) heiraten und grundsätzlich Güter und Boden besitzen (wenn auch hier wieder mit Erlaubnis ihres Herrn). In der Praxis waren die Grenzen zwischen Sklaverei und Leibeigenschaft allerdings fließend und variierten je nach Umständen und Eigentümern erheblich.[1] So setzten insbesondere die Plantagen auf den Antillen, in den Vereinigten Staaten und in Brasilien in den letzten Jahrzehnten des 18. Jahrhunderts und immer stärker nach dem Verbot des atlantischen Sklavenhandels 1807, das aber erst nach Jahrzehnten vollständig umgesetzt wurde, auf natürliche Reproduktion durch die schwarzen Sklaven selbst. In den Vereinigten Staaten erwies sich diese zweite Phase der Sklaverei als fruchtbarer und profitabler; auf diese Art stieg die Anzahl der Sklaven von weniger als 1 Million im Jahr 1800 auf 4 Millionen bis 1860 an. Die Furcht vor Aufständen führte mancherorts dazu, dass die Bedingungen der Sklaverei verschärft wurden. So verabschiedeten Virginia, Carolina und Louisiana in den 1820er bis 1840er

1 Die Begriffe zur Bezeichnung der verschiedenen Formen von Zwangsarbeit haben mehrdeutige Ursprünge: Die Ausdrücke «Sklaven» oder *esclaves* (frz.) und *slaves* (engl.) gehen auf die im 5. bis 8. Jahrhundert praktizierten Raubzüge unter slawischen Bevölkerungen zurück, nach denen Gefangene zu ausbeuterischen Arbeiten gezwungen wurden, die später mit den Bedingungen der Leibeigenschaft beschrieben wurden.

Jahren Gesetze, die es unter schwere Strafen stellten, Sklaven das Lesen beizubringen. Dennoch veränderte allein die Tatsache, dass sich Formen des Privatlebens und des familiären Miteinanders entwickelten, die Lage der Sklaven in den USA, auf den Antillen und in Brasilien im 19. Jahrhundert klar gegenüber der Zeit während des Sklavenhandels, als die Arbeitskräfte kontinuierlich durch Neuankömmlinge ersetzt wurden. Dass die Lebensbedingungen der europäischen Leibeigenen des Mittelalters immer deutlich besser waren, ist keineswegs gesichert.

Nach gegenwärtigem Forschungsstand bildeten die 4 Millionen Sklaven, die im Süden der Vereinigten Staaten im Jahr 1860, unmittelbar vor Ausbruch des Bürgerkrieges (1861–1865), ausgebeutet wurden, die höchste Konzentration an Sklaven, die in der Geschichte ausgemacht wurde. Auch hier sind die Grenzen hervorzuheben, die unserem Wissen über die antiken Sklavenhaltergesellschaften gesetzt sind und allgemeiner für die Quellen gelten, die uns über die Sklavenhaltersysteme außerhalb der euroamerikanischen und atlantischen Welt des 18. und 19. Jahrhunderts zur Verfügung stehen. Die geläufigsten Schätzungen zur antiken Sklaverei gehen davon aus, dass in Rom und seiner Region im 1. Jahrhundert rund 1 Million Sklaven (auf rund 1 Million freier Personen) und in Athen und der Region im 5. Jahrhundert v. u. Z. zwischen 150 000 und 200 000 Sklaven (auf rund 200 000 freie Personen) lebten. Diese Schätzungen decken das gesamte römische Italien bzw. das antike Griechenland freilich nicht vollständig ab und können nur als ungefähre Größenordnung gelten.[1]

Vor allem hat der Status des Sklaven je nach historischem Zusammenhang so unterschiedliche Bedeutungen, dass die reinen Zahlen nur begrenzt vergleichbar sind. Im Kalifat von Sokoto im 19. Jahrhundert konnte ein Teil der Sklaven in höhere Ämter in der Verwaltung oder im Heer aufsteigen.[2] Die Mamlucken im Ägypten vom 13. bis zum 16. Jahrhundert waren ehemalige, befreite Sklaven, die hohe Militärämter über-

---

1 Siehe zum Beispiel D. W. Smith, *Greek Slave Systems in their Eastern Mediterranean Context*, a. a. O., sowie W. Scheidel, «Human Mobility in Roman Italy: the Slave Population», *Journal of Roman Studies* 95 (2005), S. 64–79.

2 Siehe P. Lovejoy, *Jihad in West Africa During the Age of Revolutions*, a. a. O. Auch hebt Lovejoy hervor, dass die zunehmend starke Konzentration von Sklaven in Sokoto im Verlauf des 19. Jahrhunderts (zwischen 1,5 und 2 Millionen Sklaven am Ende des Jahrhunderts und fast 4 Million einschließlich Westafrikas) mit dem starken Wachstum der Sklavenzahlen in den Vereinigten Staaten zu vergleichen ist: In beiden Fällen speiste sich diese Entwicklung aus dem Verbot des atlantischen Sklavenhandels, auf das die muslimischen Führer Sokotos am

nommen und schließlich die Kontrolle über den Staat gewonnen hatten. Männliche Sklaven spielten im Militär des Osmanischen Reichs bis zum 18. und 19. Jahrhundert eine bedeutende Rolle – ebenso wie versklavte Frauen im häuslichen und sexuellen Bereich.[1] Im antiken Griechenland erfüllten manche, wenn auch ganz wenige die Aufgaben öffentlicher Sklaven und hoher Beamter, insbesondere hochqualifizierte Aufgaben wie die Beurkundung und Archivierung juristischer Texte, die Überprüfung von Münzgewichten oder Bestandsaufnahmen der Güter von Heiligtümern, sachkundige Arbeiten, die aus dem politischen Spiel möglichst herausgehalten und Personen übertragen werden sollten, die keine Bürgerrechte besaßen und folglich keinen Anspruch erheben konnten, höchste Ämter zu bekleiden.[2] Von derlei subtilen Unterschieden findet sich im atlantischen Sklavenhandel keinerlei Spur. Die Betroffenen wurden einer Arbeit auf den Plantagen zugeführt, und die fast vollständige Trennung zwischen der versklavten schwarzen und der freien weißen Bevölkerung nahm extreme Ausmaße an, wie sie in der Geschichte der sklavenhaltenden Gesellschaften eher ungewöhnlich sind.

Vereinigtes Königreich: Die Abschaffung der Sklaverei gegen Entschädigung von 1833–1843

Lassen wir nun Revue passieren, wie im Verlauf des 19. Jahrhunderts der atlantische Sklavenhandel und die euroamerikanische Sklaverei abgeschafft wurden: Anhand dieser historischen Abfolge lässt sich nachvollziehen, welche Argumente von der einen wie der anderen Seite vorgebracht wurden, um die Sklaverei zu rechtfertigen oder zu verdammen, und welche vielfältigen Entwicklungswege sich für die Zeit nach der Sklaverei auftaten. Für unsere Untersuchung besonders interessant ist hier der Fall Großbritannien, weil er einmal mehr eine Entwicklung in

Ende des 18. und zu Beginn des 19. Jahrhunderts mit starkem Druck auf die Briten hingearbeitet hatten.

1 Siehe M. Zilfi, *Women and Slavery in the Late Ottoman Empire*, Cambridge [u. a.]: Cambridge University Press, 2010.

2 Siehe P. Isnard, *La démocratie contre les experts. L'esclavage public en Grèce ancienne*, Paris: Seuil, 2015. Von den insgesamt fast 200 000 von Sklaverei betroffenen Personen hatten allerdings nur knapp 2000 den Status der öffentlichen Sklaven.

kleinen Schritten illustriert, wie sie uns bereits im Fall des britischen Übergangs von der trifunktionalen zur proprietaristischen Logik begegnet ist. Und diese Entwicklung zeigt sich nun auch beim Übergang von der Logik der Sklaverei zu der des Proprietarismus.

Der vom britischen Parlament 1833 verabschiedete Slavery Abolition Act, der zwischen 1834 und 1843 schrittweise umgesetzt wurde, beinhaltete tatsächlich eine vollständige Entschädigung der Eigentümer der Sklaven. Eine Wiedergutmachung des Unrechts, das die Opfer oder ihre Vorfahren erlitten hatten, durch körperliche Misshandlungen oder schlicht, weil man sie über Jahrhunderte zu unentgeltlicher Arbeit gezwungen hatte, war dagegen nicht vorgesehen, weder in diesem noch in irgendeinem anderen Gesetz im Zusammenhang mit der Abschaffung der Sklaverei. Ganz im Gegenteil: Wie wir noch sehen, wurden die ehemaligen Sklaven verpflichtet, nach ihrer Befreiung langfristige, relativ starre und ziemlich unvorteilhafte Arbeitsverträge abzuschließen, sodass sie nach ihrer offiziellen Befreiung in der Realität in fast allen Fällen auf lange Zeit Regelungen unterworfen blieben, die je nach Art der Abschaffung der Sklaverei auf unterschiedliche Formen von Zwangsarbeit hinausliefen. Dagegen hatten die britischen Sklavenbesitzer Anspruch auf eine umfassende Entschädigung für die Nachteile, die sie als Enteignete erlitten.

Der britische Staat übernahm es, den Eigentümern Entschädigungen zu leisten, die annähernd dem Marktwert ihres Bestands an Sklaven entsprachen. Anhand von deren Alter, Geschlecht und Produktivität wurden ausgefeilte Bewertungstabellen erstellt, um eine möglichst gerechte und angemessene Entschädigung zu ermöglichen. Auf diese Art flossen rund 20 Millionen Pfund Sterling, also rund 5 % des damaligen britischen Nationaleinkommens, an 4000 ehemalige Sklavenhalter. Würde eine heutige Regierung denselben Anteil am britischen Nationaleinkommen von 2018 für eine solche Politik aufwenden, müsste sie ungefähr 120 Milliarden Euro, also durchschnittlich rund 30 Millionen Euro an jeden dieser 4000 Eigentümer abführen. Es handelt sich hier also um besonders vermögende Großgrundbesitzer, die mehrere hundert und in manchen Fällen mehrere tausend Sklaven besaßen. Gegenfinanziert wurde dies durch eine entsprechende Erhöhung der Staatsschulden, für welche alle britischen Steuerzahler aufzukommen hatten – hauptsächlich die kleinen und mittleren Haushalte, weil das damalige britische Steuersystems deutlich regressiv ausgelegt war. (Wie die meisten Steuersysteme bis zum 20. Jahrhundert beruhte es hauptsächlich auf indirekten Steuern, die auf den Konsum und den Handel drückten.) Die Größenordnung lässt sich auch mit dem Hinweis verdeutlichen, dass sämtliche öffentlichen Ausgaben für Schulen und allgemein für Bildung (alle Bereiche) bei maximal 0,5 % des jährlichen Nationaleinkommens im Vereinigten Königreich des 19. Jahrhunderts lagen. Folglich flossen in die Entschädigung der Sklavenbesitzer öffentliche Gelder in einer Höhe, die über zehn Jahren an Bildungsinvestitionen entsprach.[1] Der Vergleich ist umso frappierender, als der unterfinanzierte Bildungssektor des Landes allgemein als eine der Hauptursachen für den britischen Niedergang im 20. Jahrhundert gilt.[2]

Die Archivmaterialien des Parlaments zu diesen Operationen, die damals vollkommen angemessen und gerechtfertigt erschienen (zumindest in den Augen der Minderheit der besitzenden Bürger, die über die politische Macht verfügten), wurden in neuerer Zeit systematischen Auswertungen unterzogen, die in mehreren Büchern 2010 und 2014 erschienen, und die entsprechende Datenbank mitsamt der Namen vollständig ins Internet gestellt.[3] Wie sich dabei herausstellte, befand sich unter den Nachkommen der großzügig Entschädigten aus den 1830er-Jahren auch ein Cousin des damals amtierenden konservativen Premierministers (David Cameron). Forderungen wurden laut, Schritte einzuleiten, um dem Fiskus die fraglichen Summen zurückzuerstatten. Diese bildeten immerhin den Ursprung des Familienvermögens und des Portfolios aus Finanz- und Immobilienwerten zu Beginn des 21. Jahrhunderts – wie übrigens auch für die Vermögen zahlreicher anderer begüterter britischer Familien. Die Forderungen blieben ohne Folgen und die Verhältnisse bis heute unverändert.

---

1 Eine Analyse zu den eingesetzten Summen siehe Technischer Anhang. Bezogen auf das Einkommen 2018 entspricht die Entschädigung von 120 Milliarden Euro einer mittleren Entschädigungssumme von rund 150 000 Euro für jeden der 800 000 Sklaven, also rund 30 Millionen Euro für einen durchschnittlichen Sklavenhalter, der 200 Sklaven besaß. Siehe unten die Diskussion über den Preis von Sklaven (im Vergleich zum Durchschnittseinkommen im betrachteten Zeitraum) in den Vereinigten Staaten.

2 Siehe Kapitel 11, S. 651–657.

3 Siehe N. Draper, *The Price of Emancipation: Slave-Ownership, Compensation and British Society at the End of Slavery*, CUP, 2010; C. Hall, N. Draper, K. McClelland, K. Donington, R. Lang, *Legacies of British Slave-Ownership: Colonial Slavery and the Formation of Victorian Britain*, Cambridge University Press, 2014. Die Datenbank LBS (*Legacies of British Slave-Ownership*) ist abrufbar unter http://www.ucl.ac.uk/lbs/.

Im vorliegenden Fall waren durch das Gesetz von 1833 im britischen Kolonialreich rund 800 000 Sklaven befreit worden, die meisten auf den britischen Antillen (Jamaika, Trinidad und Tobago, Barbados und die Bahamas) sowie in Britisch-Guayana: insgesamt 700 000 in den *British West Indies*, wie sie auf Englisch heißen) sowie ein geringerer Anteil in der britischen Kapkolonie in Südafrika und auf Mauritius im Indischen Ozean. Diese Gebiete waren hauptsächlich mit Sklaven besiedelt, die aber nach der Befreiung im Verhältnis zu den Einwohnern des Vereinigten Königreichs in den 1830er Jahren (ungefähr 25 Millionen Menschen) nur rund 3 % der Gesamtbevölkerung stellten. Dadurch ließ sich die Politik der vollständigen Entschädigung der Sklavenbesitzer zu einem hohen, aber für das Gemeinwesen und die britischen Steuerzahler immerhin tragbaren Preis umsetzen. Wie wir noch sehen werden, stellten sich die Dinge in den Vereinigten Staaten ganz anders dar: Angesichts der Größenordnung der anstehenden Entschädigungen war an eine finanzielle Lösung nicht zu denken.

Die proprietaristische Rechtfertigung der Entschädigung der Sklavenbesitzer

Wichtig ist hervorzuheben, dass den damaligen britischen Eliten die Politik der Entschädigung der Sklavenhalter unmittelbar einleuchtete: Würde man diese kompensationslos enteignen, müsste man sich dann nicht auch an ehemaligen Besitzern schadlos halten, die ihre Sklaven verkauft und den Erlös in andere Kapitalanlagen investiert hatten? Riskierte man nicht am Ende, in der Vergangenheit erworbene Eigentumsrechte insgesamt infrage zu stellen? Hier stößt man erneut auf die proprietaristischen Argumente, die in anderen Zusammenhängen auftauchten, zum Beispiel in der Diskussion um die Frondienste während der Französischen Revolution oder um die *absentee landlords* in Irland am Ende des 19. und zu Beginn des 20. Jahrhunderts.[1]

Erinnert sei auch an Jane Austens Romane, die im vorgegangenen Kapitel erwähnt wurden. In *Mansfield Park* besitzt Sir Thomas Plantagen auf Antigua, während Henry Crawford über keine solchen Besitzungen verfügt, was aber keinen besonderen moralischen Beigeschmack

1 Siehe Kapitel 3–5.

hat, solange die verschiedenen Formen von Geldanlagen und Vermögenswerten (Agrarland, öffentliche Schuldverschreibungen, andere Immobilien, Finanzwerte, Plantagenbetriebe usw.) austauschbar erschienen. Wichtig war nur der erwartete jährliche Ertrag. In wessen Namen sollte das Parlament das Recht haben, manche in den Ruin zu treiben und andere nicht? Tatsächlich lag eine «ideale» Lösung nicht auf der Hand, wollte man die proprietaristische Logik nicht generell infrage stellen. Natürlich wäre es gerechtfertigt gewesen, stärker diejenigen zu belasten, die sich am Sklavenbesitz bereichert hatten, nicht nur durch Entzug ihres «Eigentums», sondern auch durch eine Entschädigung der Sklaven, zum Beispiel, indem ihnen das Eigentum an dem Boden übertragen wurde, auf dem sie so lange ohne Bezahlung hatten arbeiten müssen. Aber zur Finanzierung der Entschädigung wäre eine Beteiligung sämtlicher Besitzenden ebenfalls gerechtfertigt gewesen, mit einer umso stärkeren Belastung, je größer ihr Vermögen war, unabhängig von dessen Zusammensetzung. Dies hätte berücksichtigt, dass zahlreiche Personen in der Vergangenheit Sklaven besessen hatten, und allgemeiner, dass sich sämtliche Eigentümer an Transaktionen mit Sklavenhaltern und deren Baumwoll- und Zuckerproduktion bereichert hatten. Diese hatten im gesamten damaligen Wirtschaftssystem ja eine zentrale Rolle gespielt. Und ebendiese generelle Infragestellung des Eigentums, die fast unvermeidlich gewesen wäre, wenn die Frage nach einer Entschädigung der Sklaven gestellt (oder einfach auf eine Entschädigung der Eigentümer verzichtet) worden wäre, wollten die Eliten des 19. Jahrhunderts vermeiden.

Dass die Eigentümer entschädigt werden mussten, war nicht nur für die politischen und wirtschaftlichen Eliten der Epoche, sondern auch für einen erheblichen Teil der Denker und Intellektuellen ausgemacht. Wie bei der Französischen Revolution stößt man hier erneut auf die Unterscheidung zwischen der «radikalen» und der «gemäßigten» Aufklärung.[1] Während manche «Radikale» wie Condorcet den Gedanken einer entschädigungslosen Abschaffung der Sklaverei verfochten hatten,[2] betrachteten die meisten Vertreter der «liberalen» und «gemäßigten» Eliten eine entsprechende Entschädigung als einleuchtende und unstrittige Vorbedingung. Insbesondere Tocqueville tat sich in den

1 Siehe Kapitel 3, S. 160–162.

2 In seinen *Réflexions sur l'esclavage des nègres* (1781) schlug Condorcet sogar vor, dass die Herren ihre ehemaligen Sklaven in Form einer Leibrente entschädigen sollten.

französischen Debatten der 1830er Jahre um die Abschaffung der Sklaverei mit Vorschlägen zu Entschädigungen hervor, die er als einfallsreich betrachtete (und vor allem den Besitzern großzügig entgegenkamen, wie wir später sehen). Die ethischen Argumente zur Gleichheit der menschlichen Würde spielten in den abolitionistischen Debatten zwar eine Rolle. Aber solange sie nicht mit einer Gesamtsicht der wirtschaftlichen und gesellschaftlichen Organisation und einem genauen Plan einhergingen, wie die Sklavenbefreiung in der proprietaristischen Ordnung zu vollziehen sei, stießen sie auf wenig Gegenliebe.

Im 18. und im 19. Jahrhundert vertraten zahlreiche christliche Abolitionisten, dass die Glaubenslehre ihrer Religion die sofortige Abschaffung der Sklaverei verlange. Auch sei ein Ende der Sklaverei in der Antike im Übrigen erst durch das aufkommende Christentum ermöglicht worden. Leider war diese Argumentation falsch. Mindestens bis ins 6. und 7. Jahrhundert hinein besaßen zahlreiche Bischöfe des christlichen Europas Sklaven, was im Übrigen die Glaubensübertritte zum Islam und dessen Vormarsch in Spanien im 8. Jahrhundert beschleunigt hat.[1] Es dauerte bis zum Jahr 1000, ehe die europäische Sklaverei beendet wurde, und zahlreiche weitere Jahrhunderte, bis auch die Leibeigenschaft verschwand, die im orthodoxen Russland sogar erst am Ende des 19. Jahrhunderts aufgehoben wurde. Während dieser Debatten wiesen zahlreiche Historiker und fachlich Interessierte, insbesondere innerhalb der deutschen Schule, die Argumente der christlichen Abolitionisten zurück, indem sie nachdrücklich darauf hinwiesen, dass erst die Sklaverei den Glanz der Antike im Allgemeinen und der griechisch-römischen Kultur im Besonderen dadurch ermöglicht habe, dass sich die anderen Schichten höheren künstlerischen und politischen Tätigkeiten hätten widmen können. Sich gegen die Sklaverei zu wenden heiße folglich, sich gegen die Kultur zu wenden und einem minderwertigen Egalitarismus anzuhängen. Manche versuchten sogar, diese Beziehung zwischen Sklaverei und Kultur mit der Behauptung zu belegen, dass sich die menschliche Bevölkerung in nie erreichte Höhen aufgeschwungen habe – was ebenso irrig wie die Behauptungen der christlichen Abolitionisten war, aber einen gewissen Anschein von Plausibilität hatte, wenn man das

1 Diese negative Erfahrung trug mit dazu bei, dass die auf den Norden Spaniens zurückgedrängten christlichen Königreiche ab dem 8. und 9. Jahrhundert zunehmend auf den Einsatz von Sklaven verzichteten. Siehe R. Blackburn, *The Making of New World Slavery. From the Baroque to the Modern*, London [u. a.]: Verso, 1997, S. 39 f.

damalige geistige Klima betrachtet: Von der Renaissance bis zum 19. Jahrhundert galt das «Mittelalter» gerne als das «finstere» Zeitalter.[1]

Interessant ist auch die Feststellung, dass in den – in Großbritannien und Frankreich von 1750 bis 1850 besonders lebhaft geführten – Debatten um die Abschaffung der Sklaverei zahlreiche, mit Zahlen und Statistiken unterlegte Argumente auftauchten, in denen die Vorzüge der Sklaven- und der freien Arbeit miteinander verglichen wurden.[2] Wie die Abolitionisten, insbesondere unter Federführung Du Ponts 1771 und später in ausgefeilten Berechnungen Laffon de Ladébats 1788, schätzten, zeigte der freie Arbeiter eine deutlich höhere Produktivität als der Sklave, sodass Pflanzer sehr viel mehr Geld verdienen könnten, wenn sie ihre Sklaven emanzipierten und einen Teil des reichhaltigen Reservoirs an billigen Arbeitskräften aus den ländlichen Gebieten Frankreichs und Europas auf die Antillen transferierten. Die Sklavenbesitzer konnten diese gelehrten (und tatsächlich ziemlich unglaubwürdigen) Berechnungen kaum überzeugen. Nach ihren Schätzungen waren beide Arten von Arbeit gleich produktiv oder die Sklavenarbeit vielleicht sogar die produktivere, wenn man die Härte der Aufgaben und die Notwendigkeit berücksichtigte, ihre Erfüllung mit Körperstrafen zu erzwingen. Auch hoben die Verfechter der Sklaverei in den verschiedenen Ländern hervor, dass die höheren Kosten freier Arbeit durch Lohnzahlungen (bei gleicher Produktivität) unmittelbar ihre Wettbewerbsfähigkeit gegenüber den Konkurrenten anderer Kolonialmächte zerstören würden. Ihr Zucker, ihre Baumwolle und ihr Tabak fänden keine Abnehmer mehr. Folge man durch unglückliche Umstände den wirtschaftsfeindlichen und unpatriotischen Launen der Abolitionisten, bedeute dies das sofortige Aus für die nationale Produktion und die Größe des Landes.

Am Ende deutet nichts darauf hin, dass die Abschaffung des atlantischen Sklavenhandels 1807 der Profitabilität der Plantagen geschadet hätte. Zwar mussten die vom Sklavenhandel Lebenden ihre Geschäftsmodelle ändern, aber die Pflanzer erkannten rasch, dass sie Kosten einsparen konnten, wenn sie auf die Fortpflanzung der Sklaven setzten. Die Entscheidung zum Verbot des Sklavenhandels war zunächst in

1 Siehe M. Finley, *Die Sklaverei in der Antike*, a. a. O., Kapitel 1.

2 Zu diesen Debatten siehe das spannende Buch von C. Oudin-Bastide und P. Steiner, *Calcul et Morale. Coûts de l'esclavage et valeur de l'émancipation (18e–19e siècles)*, Paris: Albin Michel, 2015.

Großbritannien gefallen, worauf sie 1808–1810 von den Vereinigten Staaten und Frankreich und dann auf dem Wiener Kongress 1815 von weiteren europäischen Mächten übernommen wurde. Bis dahin war die Praxis der Reproduktion der versklavten Bevölkerung bereits weit verbreitet und hatte ihre Effizienz unter Beweis gestellt. Wahrscheinlich ist ebenso, dass sich die besitzenden und industriellen Eliten Großbritanniens 1833 teilweise auch deshalb darauf einließen, die Sklaverei abzuschaffen, weil sie zu der Zeit schon davon ausgingen, dass Lohnarbeit eine ebenso profitable Wirtschaftsentwicklung ermögliche (ganz zu schweigen von einem möglichen Rachebedürfnis gegenüber den Vereinigten Staaten wegen deren Unabhängigkeitsbestrebungen und Häme über die wirtschaftliche Rückständigkeit). Freilich unter der Bedingung, dass die Sklavenhalter umfassend für ihre Verluste entschädigt würden – wie es in Großbritannien dann auch geschah –, weil die höhere Effizienz der freien Arbeit die Verluste an Eigentum kaum hätte wettmachen können, was die Abolitionisten auch immer behaupten mochten. Die Abschaffung der Sklaverei war für die Eigentümer mit Kosten verbunden, und in Großbritannien fiel die politische Entscheidung, diese dem britischen Steuerzahler aufzubürden, was sowohl die politische Macht der Plantagenbesitzer als auch die der proprietaristischen Ideologie in der damaligen Gesellschaft aufzeigt.

Frankreich: die zweimalige Abschaffung der Sklaverei 1794–1848

Die Abschaffung der Sklaverei in den französischen Kolonien ist insofern eine Besonderheit, als sie sich in zwei Etappen vollzog. Ein erstes Verbot der Sklaverei erfolgte nach dem Aufstand in der französischen Kolonie Saint-Domingue (Haiti) 1794 durch einen Beschluss des Nationalkonvents, gefolgt von der Wiedereinführung 1802 unter Napoleon. 1848 wurde die Sklaverei dann endgültig verboten, nachdem die Monarchie gestürzt und die Zweite Französische Republik entstanden war. Der Fall Frankreichs erinnert zudem daran, welcher Faktor wohl in erster Linie zur Beendigung der Sklaverei geführt hat: nicht die Seelengröße der euroamerikanischen Abolitionisten oder die detaillierten Berechnungen der Plantagenbesitzer, sondern die von den Sklaven selbst organisierten Aufstände und die Furcht vor erneuten Revolten. Deren entscheidende Rolle ist bei der Abschaffung von 1794 offenkundig, der ersten bedeutenden in der neuzeitlichen Geschichte. Dieses Aus war die unmittelbare Folge davon, dass die haitianischen Sklaven ihre Freiheit bereits selbst mit Waffengewalt erlangt hatten und sich anschickten, die Unabhängigkeit des Landes zu erklären.

Dieser Hintergrund ist auch vollkommen klar erkennbar beim britischen Gesetz von 1833, das keine zwei Jahre nach dem großen Sklavenaufstand auf Jamaika an Weihnachten 1831 verabschiedet wurde, eine blutige Revolte, deren Nachhall in der englischen Presse auf die britische öffentliche Meinung großen Eindruck machte. Er trug mit dazu bei, dass Abolitionisten in den Debatten 1832/33 wieder Aufwind bekamen und die Plantagenbesitzer überzeugten, dass es vernünftiger sei, eine großzügige finanzielle Entschädigung zu akzeptieren, anstatt das Risiko einzugehen, dass ihre Plantagen auf Jamaika oder Barbados eines Tages ein ähnliches Schicksal erlitten wie die in Saint-Domingue. Vor dem jamaikanischen Aufstand von 1831, der mit Massenhinrichtungen endete, waren 1815 schon der in Britisch-Guayana und 1802 die große Revolte auf Guadeloupe ausgebrochen. Letztere endete mit der Exekution oder Deportation von rund 10 000 Sklaven, also 10 % der Bevölkerung. Sie veranlasste die französischen Obrigkeiten, den Sklavenhandel in den 1810er Jahre zeitweise wieder aufzunehmen, um die Insel wieder zu bevölkern und den Betrieb auf den Zuckerplantagen neu zu starten.[1]

Wichtig ist, daran zu erinnern, dass die betreffenden französischen Inseln unmittelbar vor der Revolution von 1789 die höchste Konzentration von Sklaven in der euroamerikanischen Welt hatten. Um 1780–1790 arbeiteten auf den französischen Plantagen der Antillen und im Indischen Ozean rund 700 000 Sklaven (ein Anteil entsprechend ungefähr 2,5 % der damaligen französischen Bevölkerung im Mutterland mit rund 28 Millionen Einwohnern), gegenüber rund 600 000 in den britischen Besitzungen und 500 000 auf den Plantagen im Süden der (neuerdings unabhängigen) Vereinigten Staaten. Auf den Französischen Antillen waren die bedeutendsten Konzentrationen von Sklaven auf Martinique, Guadeloupe und vor allem in Saint-Domingue zu verzeich-

1 Zu diesem seltsamen Zeitabschnitt der scheinbaren Abschaffung der Sklaverei auf Guadeloupe und deren offizieller Wiedereinführung 1802 siehe F. Régent, *Esclavage, métissage et liberté. La Révolution française en Guadeloupe 1789–1802*, Paris: Grasset, 2004. Zu den Hintergründen der Abschaffung der Sklaverei durch die Briten von 1833 siehe vor allem die oben angeführten Buchtitel von N. Draper und C. Hall (projet LBS).

nen, das allein 450 000 Sklaven zwangsbeschäftigte. Bei Ausrufung der Unabhängigkeit 1804 in Haiti umbenannt (nach einer früheren indigenen Bezeichnung), war Saint-Domingue am Ende des 18. Jahrhunderts das Juwel der französischen Kolonien und von allen die wohlhabendste und profitabelste gewesen, insbesondere dank des Anbaus von Zucker, Kaffee und Baumwolle. Seit 1626 französische Kolonie, erstreckte sich Saint-Domingue über den Westteil der großen Insel Hispaniola, auf der 1492 Kolumbus gelandet war, während der Ostteil wie die Nachbarinsel Kuba (auf der die Sklaverei bis 1886 bestehen blieb) spanische Kolonie war (und später zur Dominikanischen Republik wurde).

Im Indischen Ozean lagen zwei Inseln, auf denen die Franzosen Sklavenwirtschaft betrieben: die Ile-de France (die im 18. Jahrhundert die bedeutendste war, aber 1810 von englischen Soldaten besetzt und bei Napoleons Niederlage 1815 unter dem Namen Mauritius britisch wurde) und die Ile Bourbon, die 1815 französisch blieb und während der Februarrevolution 1848 erneut in Réunion unbenannt wurde. Insgesamt lebten auf diesen beiden Inseln in den 1780er Jahren fast 100 000 Sklaven, gegenüber 600 000 auf den Französischen Antillen.

Hervorzuheben ist auch, dass es sich um Sklaveninseln im strengen Sinn handelte, als in Saint-Domingue der Anteil der Sklaven an der Gesamtbevölkerung gegen Ende der 1780er Jahre 90 % (mit Mestizen, Mulatten und farbigen Freien sogar 95 %) erreichte. Vergleichbar hohe Anteile fanden sich auch auf den übrigen britischen und Französischen Antillen in der Zeit 1780–1830: 84 % auf Jamaika, 80 % auf Barbados, 85 % auf Martinique und 86 % auf Guadeloupe. Diese extrem hohen Anteile waren in der Geschichte des atlantischen Sklavenhandels und seiner Gesellschaften und überhaupt in der Geschichte der Sklaverei weltweit niemals sonst zu beobachten (siehe Grafik 6.1). Zum Vergleich: Zur selben Zeit stellten die Sklaven in den Vereinigten Staaten oder Brasilien 30–50 % der jeweiligen Gesamtbevölkerung, und auf vergleichbare Anteile deuten auch die Quellen hin, die für das antike Athen oder Rom verfügbar sind. Die britischen und die Französischen Antillen bildeten im 18. und zu Beginn des 19. Jahrhunderts das am besten dokumentierte historische Beispiel für Gesellschaften, in der Sklaven fast die Gesamtheit der Bevölkerung stellten.

Bei einem Anteil an Sklaven von 80 % oder 90 % herrscht – unmittelbar einleuchtend – ein besonders hohes Risiko, dass Revolten aus-

Die atlantischen Sklavenhaltergesellschaften, 18. bis 19. Jahrhundert

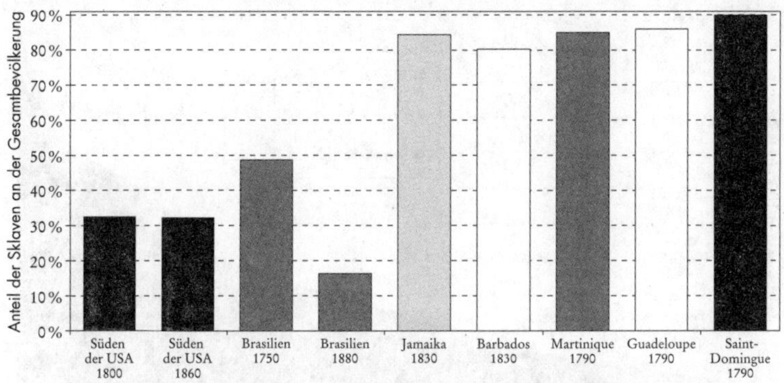

Grafik 6.1.: In den amerikanischen Südstaaten stellten die Sklaven zwischen 1800 und 1860 etwa ein Drittel der Bevölkerung. In Brasilien sank der Anteil der Sklaven zwischen 1750 und 1880 von fast 50% auf unter 20%. Auf den Sklaveninseln der britischen und französischen Antillen lag er in den Jahren 1780 bis 1830 bei über 80% und in Saint-Domingue (Haiti) 1790 sogar bei 90%.
Quellen und Reihen: siehe piketty.pse.ens.fr/ideologie.

brechen, unabhängig von der Brutalität des vor Ort herrschenden Unterdrückungsapparats. Saint-Domingue stellte dabei insofern einen Extremfall dar, als die Anzahl der Sklaven hier rasant angewachsen war und Höhen deutlich über denen auf den anderen Inseln erreicht hatte. Um 1700 hatte seine Gesamtbevölkerung bei 30 000 Einwohnern gelegen, davon kaum die Hälfte Sklaven. Zu Beginn der 1750er Jahre zählte Saint-Domingue rund 120 000 Sklaven (77 % der Gesamtbevölkerung), 25 000 Weiße (19 %) sowie 5000 Mestizen und freie Farbige (4 %). Ende der 1780er Jahre waren es bereits über 470 000 Sklaven (90 %), 28 000 Weiße (5 %) sowie 25 000 Mestizen, Mulatten und freie Farbige (5 %) (siehe Grafik 6.2).

In den Jahren unmittelbar vor 1789 trafen in Port-au-Prince und Cap-Français rund 40 000 Afrikaner ein, die verstorbene Sklaven ersetzen und den Bestand erhöhen sollten, der so in rasantem Tempo anwuchs. Bei Ausbruch der Französischen Revolution befand sich das System in einer extremen Expansionsphase. Zunächst, 1789–1790, forderten die freien Schwarzen das Wahlrecht und Teilhabe an den Parlamenten. Obwohl diese Forderungen logisch erschienen angesichts der großen Bekenntnisse, die in Paris zur rechtlichen Gleichstellung abgelegt wurden, blieben ihnen diese Rechte verwehrt. Der große Sklavenaufstand brach im August 1791 nach der Versammlung von Bois-Caman auf der Nord-

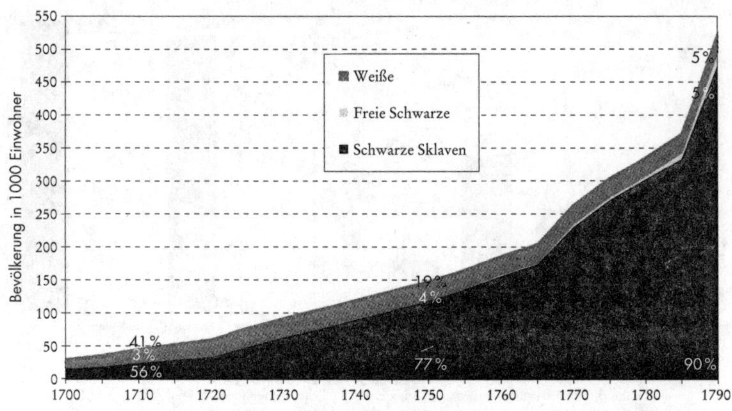

Grafik 6.2.: Die Gesamtbevölkerung von Saint-Domingue (Haiti) stieg von knapp 50 000 Personen in den Jahren 1700 bis 1710 (davon 56 % Sklaven, 3 % freie Schwarze und Mulatten sowie 41 % Weiße) auf über 500 000 Personen im Jahr 1790 (davon 90 % Sklaven, 5 % freie Schwarze und Mulatten sowie 5 % Weiße).
Quellen und Reihen: siehe piketty.pse.ens.fr/ideologie.

ebene auf, an der Tausende «*Marrons*» (entflohene Sklaven) teilnahmen, die über die letzten Jahrzehnte in die Berge der Insel entflohen waren. Trotz militärischer Verstärkung aus Frankreich gewannen die Aufständischen rasch an Boden und brachten die Plantagen unter ihre Kontrolle, während die Besitzer außer Landes flohen. Den aus Paris entsandten Kommissaren blieb nichts andres übrig, als im August 1793 die Befreiung der Sklaven zu dekretieren, eine Entscheidung, die der Nationalkonvent im Februar 1794 auf die Gesamtheit der Kolonien ausdehnte. Mit seinem generellen Verbot der Sklaverei hob er sich von den vorangegangenen Regimen ab (auch wenn ihm seine Entscheidung tatsächlich von den Aufständischen aufgezwungen wurde). Für deren Umsetzung blieb allerdings kaum Zeit. Schon 1802 erreichten die Plantagenbesitzer von Napoleon, dass die Sklaverei auf sämtlichen Sklaveninseln wiedereingeführt wurde, abgesehen von Haiti, das 1804 seine Unabhängigkeit erklärte. Anerkannt wurde diese allerdings erst 1825 durch Karl X., und erst 1848 wurde die Sklaverei auf den anderen Inseln abgeschafft, insbesondere auf Martinique, Guadeloupe und Réunion.

Haiti: wenn Sklavenbesitz zu öffentlichen Schulden wird

Haitis Fall besitzt Symbolwert, nicht nur, weil dort ein siegreicher Aufstand erstmals in der Neuzeit zu einer Abschaffung der Sklaverei geführt und eine schwarze Bevölkerung einer europäischen Macht ihre Unabhängigkeit abgetrotzt hat, sondern auch, weil diese Ereignisse in eine gigantische öffentliche Verschuldung mündeten, die in erheblichem Maß die Entwicklung Haitis in den nachfolgenden beiden Jahrhunderten behinderte. Denn wenn sich Frankreich schließlich bereit erklärte, die Unabhängigkeit des Landes anzuerkennen (1825), und seine Drohungen mit einer Invasion durch französische Truppen einstellte, so nur deshalb, weil Karl X. der haitianischen Regierung die Zusage abgerungen hatte, bei Frankeich eine Schuld von 150 Millionen Goldfrancs abzutragen, um die Sklavenbesitzer für den Verlust ihres Eigentums zu entschädigen. Wegen der offenkundigen militärischen Übermacht Frankreichs, des Embargos, das die französische Flotte bis zu einer Regelung aufrechterhielt, und der realen Gefahr einer Besetzung der Insel hatte die Regierung in Port-au-Prince keine Wahl.

Dabei muss man sich unbedingt klarmachen, welchen Gegenwert diese 1825 festgelegte Summe von 150 Millionen Goldfrancs darstellt. Berechnet worden war sie nach langen Verhandlungen anhand der Erträge der Plantagen und dem Wert der Sklaven in der Zeit vor der Revolution. Diese Summe belief sich auf rund 2 % des damaligen französischen Nationaleinkommens, also einem heutigen Gegenwert von über 40 Milliarden Euro, wenn man den entsprechenden Anteil am Nationaleinkommen von 2018 zugrunde legt.[1] Sie ist also durchaus vergleichbar mit der Höhe der Entschädigungen, die an die britischen Plantagenbesitzer nach dem Gesetz von 1833 flossen, davon ausgehend, dass die Zahl der «befreiten» Sklaven in Haiti nur halb so groß war wie die der britischen von 1833 zusammengenommen. Aber am wichtigsten ist, diese Summe zu den damals verfügbaren Ressourcen Haitis ins Ver-

1 Die entsprechenden Anteile am Bruttoinlandsprodukt oder am Nationaleinkommen der verschiedenen Epochen erscheinen mir als die beste Grundlage, um die fraglichen Summen im Verlauf der Geschichte miteinander zu vergleichen. Dies läuft darauf hinaus, den jeweiligen Betrag an das nominale Wirtschaftswachstum zu koppeln, mit Ergebnissen, die zwischen denen bei einer Indexbindung allein an das Preisniveau und bei denen an den durchschnittlichen Ertrag einer Kapitalanlage liegen (der langfristig klar über dem nominalen Wachstum liegt).

hältnis zu setzen. Wie nun neuere Forschungen zeigten, stellten diese 150 Millionen Goldfrancs über 300 Prozent des haitianischen Nationaleinkommens von 1825 dar, mit anderen Worten mehr als drei Jahre des Sozialprodukts. Unter anderem sah der Vertrag vor, die Gesamtsumme in nur fünf Jahren an die Caisse des dépôts et consignation zu überweisen. Diesem während der Revolution gegründeten und heute noch bestehenden Bankinstitut oblag es dann, die Gelder an die enteigneten Sklavenbesitzer weiterzuleiten (was denn auch geschah). Die haitianische Regierung sollte sich bei französischen Privatbanken refinanzieren, um die Erstattungen zu leisten (was ebenfalls gemacht wurde). Ganz wichtig dabei ist, sich die Höhe der fraglichen Beträge klarzumachen. Bei einer Refinanzierung zu einem Jahreszins von 5 %, typisch für die Zeit und die saftigen Provisionen nicht einmal mitgerechnet, die die Bankiers im Verlauf der vielfältigen Wechselfälle und Neuverhandlungen in den nachfolgenden Jahrzehnten unweigerlich mitkassierten, bedeutete dies, dass Haiti jedes Jahr auf unabsehbare Zeit den Gegenwert von 15 % seines Sozialproduktes hätte aufbringen müssen, um nur seine Schuldzinsen zu begleichen, ohne überhaupt in die Rückzahlung einzusteigen.

Natürlich konnten sich die französischen Plantagenbesitzer leicht darauf berufen, dass die Insel zur Zeit der Sklaverei deutlich höhere Gewinne abgeworfen hatte. Tatsächlich deuten heute mögliche Schätzungen darauf hin, dass zwischen 1750 und 1780 rund 70 % der Erträge von Saint-Domingue für die französischen Plantagen- und Sklavenbesitzer (knapp über 5 % der Inselbevölkerung) erwirtschaftet wurden, ein besonders extremes und gut dokumentiertes Beispiel für die ausgeprägte koloniale Ausbeutung.[1] Dabei konnte man von einem theoretisch souveränen Land nur schwer verlangen, dass es 15 % seines Sozialproduktes auf unabsehbare Zeit weiterhin an seine ehemaligen Besitzer abführte, weil es sich aus der Sklaverei befreien wollte. Auch vollzog sich all dies vor dem Hintergrund einer Inselwirtschaft, die unter revolutionären Kämpfen und Embargomaßnahmen stark gelitten hatte und auch darunter, dass ein erheblicher Anteil ihrer Zuckerproduktion aufs weiterhin Sklaverei betreibende Kuba verlagert worden war, auf das manche Plan-

1 Siehe Technischer Anhang und die Schätzungen von S. Henochsberg, *Public Debt and Slavery: the Case of Haiti (1760–1815)*, Paris: PSE, 2016. Der Gegenwert von rund 55 % der heimischen Produktion (oder genauer der wirtschaftlichen Wertschöpfung der Insel) ging in den Export zum Nutzen der Eigentümer. 15 % wurden von den Pflanzern vor Ort verbraucht oder akkumuliert.

tagenbesitzer während des Aufstands geflohen waren, zuweilen unter Mitnahme eines Teils ihrer Sklaven. Die wirtschaftliche Eingliederung Haitis in die Region wurde im Übrigen dadurch erschwert, dass die Vereinigten Staaten, beunruhigt über den Präzedenzfall auf der Insel und mit wenig Sympathien für Sklavenrevolten, dem Land bis 1864 die Anerkennung verweigerten und Verhandlungen mit ihm ablehnten.

Die haitianischen Schulden wurden unter chaotischen Umständen mehrfach neu verhandelt, aber zu einem großen Teil beglichen. Insbesondere erzielte Haiti während des gesamten 19. und bis zu Beginn des 20. Jahrhunderts im Durchschnitt erhebliche Außenhandelsüberschüsse. Zwar erlaubte Frankreich nach dem Erdbeben von 1842 und dem nachfolgenden Stadtbrand von Port-au-Prince für die Zeit von 1843 bis 1849, die Zinszahlungen auszusetzen. Aber gleich danach nahmen die Zahlungen wieder ihren normalen Lauf. Und wie neuere Forschungen zeigen, war es den französischen Kreditgebern gelungen, in den Jahren 1849 bis 1915 durchschnittlich – mit starken Schwankungen je nach den politischen Verhältnissen – aus dem Land jährlich einen Gegenwert von 15 % seines Nationaleinkommens herauszuziehen: Der Außenhandelsüberschuss der Insel erreichte häufig 10 % des Nationaleinkommens, sank mitunter aber auch auf fast null ab oder geriet leicht ins Minus, und belief sich im genannten Zeitraum auf durchschnittlich rund 5 %. Diese Zahlungen über einen so langen Zeitraum hinweg waren beachtlich. Gleichwohl lagen sie unter den Beträgen, die das Abkommen von 1825 beinhaltet hatte, sodass sich die französischen Banken regelmäßig über Haitis schlechte Zahlungsmoral beklagten. Mit Unterstützung der französischen Regierung beschlossen sie schließlich, den Rest ihrer Forderungen an die USA abzutreten, die Haiti von 1915 bis 1934 besetzt hielten, um die Ordnung wiederherzustellen und eigene finanzielle Interessen zu wahren. Die Schulden von 1825 wurden zu Beginn der 1950er Jahre offiziell getilgt und endgültig beglichen. Über ein Jahrhundert lang, von 1825 bis 1950, hatte der Preis, den Frankreich Haiti für dessen Freiheit abverlangte, vor allem zur Folge, dass die wirtschaftliche und politische Entwicklung der Insel übermäßig von der Frage der Entschädigungszahlungen bestimmt wurde, die je nach Konjunktur in den endlosen politisch-ideologischen Zyklen bald erbittert angeprangert, bald resigniert hingenommen wurde.[1]

1 Diese verheerenden Zyklen begannen ab 1804 mit der Machtübernahme durch Jean-Jacques Dessalines, der ein strengst autoritäres, monarchisches, weißenfeindliches und isolatio-

Diese Episode ist von grundlegender Bedeutung, denn sie illustriert die Kontinuität zwischen der sklavenhalterischen, der kolonialen und der proprietaristischen Logik sowie die tiefgreifenden Widersprüche der Französischen Revolution angesichts der Fragen der Ungleichheit und des Eigentums. Im Grunde haben die haitianischen Sklaven die revolutionäre Botschaft der Befreiung am ernstesten genommen und dafür einen hohen Preis bezahlt. Diese Episode erinnert zugleich an die enge und dauerhafte Verbindung zwischen Sklaverei und Verschuldung. Die Schuldsklaverei war in der Antike eine verbreitete Praxis. Und die Bibel wie auch mesopotamische und ägyptische Stelen zeugen von endlosen Kreisläufen aus dem Anhäufen von Schulden und der Versklavung, zuweilen unterbrochen von Phasen des Schuldenerlasses und der Sklavenbefreiung, um den sozialen Frieden wiederherzustellen.[1] Die Bedeutung der historischen Beziehung zwischen Sklaverei und Verschuldung illustriert im Englischen der Begriff *bondage*, der auf die kennzeichnende Abhängigkeit von Leibeigenschaft oder Sklaverei verweist. *Bond* bezeichnet so ab dem 13. Jahrhundert sowohl die rechtlichen und finanziellen Beziehungen zwischen Gläubiger und Schuldner als auch die der Abhängigkeit zwischen Grundherr und Bauer. Die Rechtssysteme, die im 19. Jahrhundert errichtet wurden, schafften am Ende die Sklaverei gleichzeitig mit dem Schuldgefängnis und vor allem der Übertragung von Schulden an die nachfolgenden Generationen ab. Dennoch besteht eine Form der Übertragbarkeit von Schulden fort, die es ermöglicht, künftigen Generationen einen potenziell unbegrenzten Schuldendienst aufzubürden: die einer öffentlichen Verschuldung, wie sie Haiti nach der Sklaverei von 1825 bis 1950 auferlegt wurde und wie wir sie bei zahlreichen Kolonialschulden im 19. und 20. Jahrhundert sowie bei Verschuldungen zu Beginn des 21. Jahrhunderts nachfolgend noch sehen.[2]

---

nistisches Regime errichtete, nachdem 1803 das französische Expeditionskorps (mit dem Auftrag, sämtliche Aufständischen zu vernichten) kapituliert hatte und 1802 Toussaint Louverture verhaftet worden war (der allen Widrigkeiten zum Trotz dafür eintrat, Weiße im Land zu halten, möglichst einen friedlichen Zusammenschluss mit dem Mutterland zu erreichen und Haiti in die internationale Wirtschaft zu integrieren). Die spätere Geschichte der Insel wurde durch einen ähnlich zyklischen Wechsel zwischen Anklagen und Resignation geprägt.

1 Siehe zum Beispiel D. Graeber, *Schulden. Die ersten 5000 Jahre*, Stuttgart: Klett-Cotta, 2012. S. 87–90. Siehe ebenso A. Testard, *L'esclave, la dette et le pouvoir*, Éditions Errances, 2001.

2 Man denke an die Verschuldung Griechenlands und Südeuropas gegenüber Deutschland, Frankreich und Nordeuropa sowie an die sich abzeichnende Verschuldung zahlreicher afrikanischer Länder gegenüber China oder die Argentiniens gegenüber einem Konsortium in-

Die Abschaffung der Sklaverei von 1848: Entschädigung, disziplinierende Arbeitsstätten und *Engagés*.

Frankreich schaffte die Sklaverei offiziell erneut 1848 ab. Nach dem 1833 verabschiedeten britischen Abolitionsgesetz, das bis 1843 in Kraft war, debattierte ganz Frankreich über die Emanzipation der Sklaven in Frankreich allgegenwärtig. Damals gab es in den französischen Kolonien noch 250 000 Sklaven, insbesondere auf Martinique, Guadeloupe und Réunion, während die auf Jamaika und Mauritius bereits befreit waren. Es herrschte die Befürchtung, dass die Debatte neue Aufstände entfachen konnte. Dennoch scheiterte eine Lösung immer wieder an der Frage der Entschädigung. Für die Sklavenbesitzer und ihre Unterstützer kam es nicht infrage, ihre Eigentumsansprüche ohne angemessene Entschädigung kampflos aufzugeben. Aber der Gedanke, dass Fiskus und Steuerzahler diese Kosten übernehmen sollten, die bereits 1825 für die sogenannte Emigrantenmilliarde hatten aufkommen müssen, erschien ziemlich ungerecht.[1] Mussten nicht auch die Sklaven in die Pflicht genommen werden, da schließlich sie die Hauptprofiteure des politischen Schritts sein würden? Alexandre Moreau de Jonnès war bekannt wegen des vielfältigen statistischen Materials, das er zu Sklaven und ihren Herren in den verschiedenen Kolonien anhand behördlicher Erhebungen und Untersuchungen seit Beginn des 17. Jahrhunderts zusammengetragen hatte. 1842 schlug er vor, dass die Sklaven für das Gesamtvolumen der Entschädigungen aufkommen sollten, in Form unbezahlter «besonderer Arbeiten» für die notwendige Dauer. Wie er hervorhob, sollte diese Maßnahme den Sklaven den Sinn für Arbeit beibringen.[2] Kritiker wandten ein, dass diese Art der Rückzahlung sehr

ternationaler Gläubiger. Auf die Unterschiede und Ähnlichkeiten dieser verschiedenen Fälle kommen wir zurück, wie auch auf die Schulden, die Frankreich Deutschland beim Versailler Vertrag aufgebürdet hatte. Siehe insbesondere Kapitel 10, S. 553–562 und 598–602.

1 Siehe Kapitel 2, S. 126 f. Die «Emigrantenmilliarde», mit der der Adel für die von 1789 bis 1815 entgangenen bzw. verlorenen Pachteinahmen und Besitzungen entschädigt werden sollte, betraf eine deutlich größere Anzahl adliger Eigentümer und entsprach rund 15 % des jährlichen BIP von 1825. Die 300 Millionen Francs, die für die Abschaffung der Sklaverei vorgesehen waren, stellten in den 1840er Jahren rund 2 % des damaligen jährlichen BIP dar.

2 «Die Befreiung muss schritt- und teilweise und nicht gleichzeitig und massenhaft erfolgen, weil sie andernfalls in eine subversive Revolution wie die auf Haiti münden würde. Sie muss mit einem Ausgleich gegenüber den Sklavenherren einhergehen, mit einer Entschädigung, die

lange dauern würde. Die Maßnahme laufe darauf hinaus, die Befreiung der Sklaven zu hintertreiben: Die Sklaverei werde so nur in eine dauerhafte Schuldknechtschaft verwandelt, ähnlich den einstigen Frondiensten, die während der Revolution in Pachtzahlungen umgewandelt worden seien.

Eine perfekte Lösung glaubte Tocqueville gefunden zu haben, als er eine Kombination verschiedener Beiträge vorschlug. Die Sklavenhalter sollten durch den Staat entschädigt werden, und zwar zu einer Hälfte durch staatliche Renten (und damit höhere Staatsschulden auf Kosten der Masse der Steuerzahler) und zur anderen Hälfte durch eine Leistung, für die zehn Jahre lang die Sklaven selbst aufzukommen hatten – in Form von gering bezahlten Arbeitsleistungen für den Staat, um so ihren Anteil an den Entschädigungen abzuarbeiten. So sei die Lösung «zwischen allen beteiligten Parteien ausgeglichen», da die Eigentümer ihrerseits die mit der Sklavenbefreiung einhergehende «Preiserhöhung bei der Arbeitskraft» zu tragen hätten.[1] Damit würden die Steuerpflichtigen, die Sklaven und deren ehemalige Eigentümer in gerechter Verteilung in die Pflicht genommen. Der Parlamentsausschuss unter de Broglies Vorsitz sollte zu einer ziemlich ähnlichen Lösung gelangen. In diesen Debatten, die sich hauptsächlich in geschlossenen proprietaristischen Zirkeln abspielten (zwischen 1830 und 1848 hatten kaum mehr als 2 % der Erwachsenen das aktive Wahlrecht für die Abgeordnetenkammer und mussten ihre Vertreter unter 0,3 % der Vermögendsten wählen), kam offenbar keiner ernsthaft auf den Gedanken, dass die Sklaven für die Jahrhunderte unbezahlter Arbeit hätten entschädigt werden müssen. Beispielsweise hätte ein Teil des Bodens, den sie bearbeitet hatten, zu ihrem Eigentum zur selbstständigen Bewirtschaftung werden können, wie es dank der Reformen am Ende des 19. und zu

möglichst dem Wert des entzogenen Eigentums entspricht. Diese Entschädigung kann nicht vom Mutterland getragen werden, da sie einem Kapital von 300 Millionen Francs entspricht, einer Summe, von der allein die Zinsen Frankreichs öffentliche Verschuldung deutlich überlasten würden. […] Es ist offensichtlich, dass in dieser Angelegenheit Opfer gebracht werden müssen und die Sklaven, die aus ihr immense Vorteile ziehen, natürlich und notwendigerweise aufgerufen sind, diese zu erbringen. In dem Moment, in dem sie in die Klasse der Bürger aufgenommen werden, ist es nützlich, ihnen durch heilsame Praxis beizubringen, dass ein gemeines Gesetz will, dass jeder Mensch seine Position durch eine eifrige und kluge Arbeit verbessert» (A. Moreau de Jonnès, *Recherches statistiques sur l'esclavage colonial et les moyens de le supprimer*, s. l.: 1842, S. 252f).

1 Siehe C. Oudin-Bastide, P. Steiner, *Calcul et Morale*, a. a. O., S. 122 f.

Anfang des 20. Jahrhunderts zugunsten der irischen Bauern geschehen sollte (wenn auch mit großzügigen, öffentlich finanzierten Entschädigungen für die Grundherren, zumindest bis zur Unabhängigkeit Irlands).[1]

Jedenfalls steckten die Debatten in der Mitte der 1840er Jahre deshalb fest, weil sich die Eigentümer weigerten, der Sklavenbefreiung zuzustimmen, und sich ihr notfalls mit ihren Milizen in den Weg zu stellen drohten. Erst nach dem Sturz der Monarchie und der Ausrufung der Zweiten Französischen Republik 1848 erarbeitete eine Kommission unter Victor Schœlchers Leitung ein Dekret zur Abschaffung der Sklaverei, das beiläufig eine Entschädigung der Eigentümer vorsah. Diese fiel zwar etwas wenig großzügig aus als die durch das britische Gesetz von 1833, war aber bei der Aufteilung der Kosten am Ende mit Tocquevilles Vorschlag vergleichbar. Die berechneten Entschädigungen beliefen sich auf ungefähr die Hälfte des vormals ins Auge gefassten Wertes, was immer noch sehr erheblich war.[2] Neben der Entschädigung beinhalteten die Dekrete zur Abschaffung der Sklaverei vom 27. April 1848 Artikel, um «der Landstreicherei und Bettelei entgegenzutreten und in den Kolonien disziplinierende Arbeitsstätten zu eröffnen» mit dem Ziel, den Pflanzern billige Arbeitskräfte zuzuführen. Mit anderen Worten: Für die Sklaven war nicht nur keinerlei Entschädigung oder irgendein Zugang zu Landbesitz vorgesehen; Schœlchers Emanzipation ging zudem mit Zahlungen an die Eigentümer und einem Regiment des faktischen Arbeitszwangs einher, das es ermöglichte, die ehemaligen Sklaven unter der Kontrolle der Pflanzer und der staatlichen Obrigkeit zu halten, die ersteren in der Praxis zuarbeitete. Auf Réunion legte der Präfekt umgehend die genauen Modalitäten der Umsetzung fest: Die ehemaligen Sklaven mussten langfristige Arbeitsverträge, als Plantagenarbeiter oder Hausangestellte, vorweisen oder wurden wegen Landstreicherei verhaftet und in die disziplinierenden Arbeitsstätten geschickt, die in den in Paris erlassenen Verordnungen vorgesehen waren.[3]

---

1 Siehe Kapitel 5, S. 236–240.

2 In den Debatten der 1840er Jahre wurde auf eine durchschnittliche Entschädigung von 1300 Francs pro Sklave gesetzt (daraus ergab sich die Schätzung von 300 Millionen Francs), während bei der Abschaffung der Sklaverei von 1848 ein Referenzwert von 600 Francs (dem Gegenwert von vier bis sechs Jahreseinkommen für eine entsprechende freie Arbeitskraft) zugrunde gelegt wurde.

3 Im Jahr 1843 hatte Tocqueville vorgeschlagen, den ehemaligen Sklaven das Recht auf Eigentum längerfristig, in einer Größenordnung von zehn bis zwanzig Jahren, vorzuenthal-

Um die damaligen Verhältnisse richtig zu verstehen, ist die Feststellung wichtig, dass diese Art gesetzlicher Regelung durchaus üblich war und nach Abschaffung der Sklaverei in den Kolonien nur neuerlichen Auftrieb erhielt: Der Staat stellte sich de facto in den Dienst von Arbeitgebern und Eigentümern, um für strenge Arbeitsdisziplin zu sorgen und die Löhne am strikten Existenzminimum zu halten. Vor allem als Ersatz für die befreiten Sklaven, von denen sich viele weigerten, weiterhin für ihre ehemaligen Herren zu arbeiten, entwickelten die britischen und französischen Behörden neue Systeme, um von weiter her Arbeitskräfte herbeizuschaffen, für Réunion und Mauritius insbesondere aus Indien. Diese wurden im Fall Frankreichs als *engagés* oder im Fall Englands als *indentured workers* unter Vertrag genommen. Für die indischen Arbeiter bedeutete dieses «Engagement» (Vertragsknechtschaft), dass sie über einen langen Zeitraum, zum Beispiel über zehn Jahre, an ihre Arbeitgeber die ausgelegten Kosten für ihre Überfahrt mit einem erheblichen Anteil am Lohn zurückerstatten mussten. Wegen unzureichenden Arbeitsleistungen oder, noch schlimmer, mangelnder Disziplin konnte die Rückzahlungspflicht um zusätzliche zehn oder mehr Jahre ausgedehnt werden. Aus dem Material der Gerichtsarchive, insbesondere auf Mauritius und Réunion, geht klar hervor, dass dieses Rechtssystem, das eindeutig die Arbeitgeber begünstigte, zu Formen von Ausbeutung und Willkür führte, die sich zwar von ureigener Sklaverei unterschieden, aber keineswegs meilenweit von ihr entfernt waren. Die verfügbaren Quellen zeigen auch, wie Arbeitgeber und Gerichte gewissermaßen einen Handel betrieben, um das disziplinierende Regiment bei der Arbeit umzugestalten. Die Eigentümer akzeptierten zunehmend einen verringerten Einsatz von Körperstrafen, die während der Sklaverei üblich gewesen waren, unter der Bedingung, von den Justizbehörden darin unterstützt zu werden, mit finanziellen Sanktionen dieselben Effekte zu erzielen.[1]

---

ten, um ihnen Zeit zu geben, den Wert von Arbeit und Anstrengung schätzen zu lernen, weil ihnen diese Lehrzeit durch eine zu schnelle (und wenig «natürliche») Entdeckung der Bequemlichkeit des Eigentums verdorben werden könnte. Dieser Vorschlag blieb 1848 schließlich unberücksichtigt. Siehe C. Oudin-Bastide, P. Steiner, *Calcul et Morale*, a. a. O., S. 202 f. Zur Vorbereitung und Umsetzung der Verordnungen von 1848 siehe auch N. Schmidt, *La France a-t-elle aboli l'esclavage? Guadeloupe, Martinique, Guyane 1830–1935*, Paris: Perrin, 2009.

1 Siehe insbesondere A. Stanziani, «Beyond colonialism: servants, wage earners and indentured migrants in rural France and on Reunion Island (1750–1900)», *Labor History* 54, (2013), S. 64–87; ders., *Sailors, Slaves, and Immigrants. Bondage in the Indian Ocean World*

Hervorzuheben ist auch, dass diese Art Rechtsordnung, die die Beschäftigten (und allgemein die Armen) stark benachteiligte, auch auf den europäischen Arbeitsmärkten weit verbreitet war. 1885 erlegte ein Gesetz in Schweden Arbeitslosen, die nicht über ausreichende Mittel verfügten, um ihren Unterhalt zu bestreiten, eine Arbeitspflicht auf und drohte bei Nichterfüllung Haft an.[1] Diese Art Gesetzgebung findet sich im gesamten Europa des 19. Jahrhunderts, insbesondere in Großbritannien und Frankreich, verschärft aber in Schweden, wo es ungewöhnlich lange in Kraft blieb – im Einklang mit dem herrschenden ungezügelten Proprietarismus, den wir in diesem Land für die Zeit gegen Ende des 19. Jahrhunderts ausgemacht haben.[2] Dabei war diese Rechtsordnung in zahlreichen Ländern, vor allem in Schweden, am Ende des 19. und zu Anfang des 20. Jahrhunderts bereits auf dem Weg zu einer radikalen Umgestaltung, bei der die Anerkennung der Gewerkschaften, das Streikrecht, kollektive Lohnverhandlungen und so weiter eingeführt wurden. In den Kolonien – und nicht nur auf den Inseln, die einmal die Sklaverei gekannt hatten – dauerte dieser Übergang länger: Wie wir im nächsten Kapitel sehen, wurden im französischen Kolonialreich vollkommen legale Formen von «Fron-» und Zwangsarbeit auch noch im 20. Jahrhundert praktiziert, insbesondere in der Zeit zwischen den beiden Weltkriegen und fast bis zur Entkolonialisierung.

1750–1914, New York: Palgrave, 2014; *Labor on the Fringes of Empire. Voice, Exit and the Law*, New York: Palgrave 2018. Siehe ebenso R. Allen, «Slaves, Convicts, Abolitionism and the Global Origins of the Post-Emancipation Indentured Labor System», *Slavery and Abolition* 35 (2014), 2, S. 328–348.

1 Siehe E. Bengtsson, «The Swedish *Sonderweg* in Question», a. a. O., S. 10.

2 Im Vereinigten Königreich war das *Master and Servant Law* bis 1875 in Kraft. Siehe S. Naidu, N. Yuchtman, «Coercive Contract Enforcement: Law and the Labor Market in 19th Century Industrial Britain», *American Economic Review* 103 (2013), 1, S. 107–144. In Frankreich ermöglichte es das 1854 verschärfte *livret ouvrier* (Arbeitsbuch) Arbeitgebern bis zu seiner Abschaffung 1890, ihre Nachfolger vor als aufsässig beurteilten Arbeitern zu warnen und ihnen dadurch schwer zu schaden. Siehe R. Castel, *Les métamorphoses de la question sociale, Une chronique du salariat*, Paris: Gallimard, «Folio», 1995, S. 414 f.

Zwangsarbeit, Sakralisierung des Eigentums und die Frage der Wiedergutmachungen

Aus diesen Episoden lassen sich mehrere Lehren ziehen. Zunächst gibt es zwischen erzwungener oder freier Arbeit vielerlei Zwischenformen. Dabei ist wichtig, die «Details» der Regeln und des geltenden Rechtssystems (die eben nicht nur Details sind) genauer zu betrachten. Dies gilt für zugewanderte Arbeiter und ihre oft sehr dürftigen Rechte zu Beginn des 21. Jahrhunderts, um ihre Bezahlung und Arbeitsbedingungen auszuhandeln, in den Ölmonarchien am Persischen Golf wie übrigens auch in Europa (insbesondere was Arbeiter ohne Papiere angeht) und im Rest der Welt. Und es gilt für das Arbeitsrecht allgemein. Auch zeugen diese Debatten von der Macht, die im 19. Jahrhundert eine herrschende Ordnung erlangt hatte, die das Privateigentum quasi zum Heiligtum erhob. Andere gesellschaftlichen Auseinandersetzungen und Ereignisverläufe hätten durchaus andere Entscheidungen herbeiführen können. Aber die getroffenen zeigen den gewaltigen Einfluss des proprietaristischen Gesellschaftsmodells auf.

Schœlcher, der als großer Abolitionist in die Geschichte einging, störte sich an den Entschädigungszahlungen, verwies aber darauf, dass ab dem Moment, da die Sklaverei in einen rechtlichen Rahmen eingebunden worden sei, anders nicht mehr vorzugehen sei. Der romantische Dichter Lamartine, ebenfalls ein Abolitionist, äußerte das gleiche Argument wortreich auf der Tribüne der Abgeordnetenkammer: Man müsse «den Kolonisten für den Großteil ihres legalen Eigentums, das ihnen mit ihren Sklaven entzogen wird, eine Entschädigung» unbedingt zubilligen. «Wir werden es niemals anders verstehen. Nur Revolutionen enteignen ohne Entschädigung. Die Gesetzgeber handeln nicht so: Sie verändern, sie gestalten, [aber] ruinieren niemals; unabhängig von ihrem Ursprung berücksichtigen sie erworbene Rechte».[1] Deutlicher kann man es nicht ausdrücken: Die Weigerung, zwischen vormals erworbenen Eigentumsrechten zu unterscheiden, begründet die Überzeugung, dass die Sklavenbesitzer (und nicht die Sklaven) entschädigt werden müssen. Diese Episoden sind nicht nur deshalb grundlegend interessant, weil sie es ermöglichen, bestimmte Formen der Quasi-Sakralisie-

1 Siehe die Sitzungen der Abgeordnetenkammer vom 22. April 1835 und vom 25. Mai 1836.

rung des Eigentums, die zu Beginn des 21. Jahrhunderts erneut auftauchen, in eine historische Perspektive einzuordnen (insbesondere was die vollständige Rückzahlung öffentlicher Schulden angeht, unabhängig von deren Höhe oder der Dauer der Zahlungen, oder mit Blick auf private Milliardenvermögen, deren Rechtmäßigkeit zuweilen als absolut und unantastbar gilt, egal wie groß sie sind und woher sie stammen). Sie tauchen zudem die Frage der Verstetigung der Ungleichheiten zwischen Ethnien und Hautfarben in der modernen Welt sowie die komplizierte, aber unumgängliche Frage nach Wiedergutmachungen in ein neues Licht.

Im Jahr 1904 weigerten sich die Behörden der Dritten Französischen Republik, eine offizielle Delegation nach Haiti zu entsenden, als das Land feierlich seine hundertjährige Unabhängigkeit beging. Tatsächlich war die französische Regierung sehr unzufrieden mit dem Tempo, in dem die Schulden von 1825 zurückgezahlt wurden, und dachte gar nicht daran, angesichts dieser schlechten Zahlungsmoral Milde walten zu lassen, schon gar nicht in diesem Augenblick, da das Kolonialreich in voller Expansion begriffen war und dabei häufig auf Strategien des Zwangs durch Schulden setzte. Bei den Feierlichkeiten zur zweihundertjährigen Unabhängigkeit Haitis 2004 fällten die französischen Behörden der Fünften Republik – vor einem ganz anderen politischen Hintergrund – die gleiche Entscheidung, diesmal aber aus anderen Gründen. Der französische Präsident weigerte sich, an den Festakten zum Gedenken teilzunehmen, befürchtete er doch (nicht ohne Grund), dass der haitianische Präsident Aristide die Gelegenheit nutzen werde, um von Frankreich öffentlich eine Rückerstattung der Zahlungen zu fordern, die die kleine Antillen-Republik im Verlauf des letzten Jahrhunderts wegen der schändlich aufgebürdeten Schulden geleistet hatte (und die Aristide 2003 auf einen Gegenwert von 20 Milliarden Dollar geschätzt hatte). Die französische Regierung wollte davon absolut nichts wissen. 2015 wiederholte der französische Präsident während eines Besuchs in Haiti nach dem Erdbeben von 2010 und den langen Wiederaufbauarbeiten diese Position. Frankreich stehe Haiti gegenüber zwar in einer «moralischen» Schuld, aber es komme nicht infrage, sich auf irgendeine Diskussion über eine finanzielle Verpflichtung oder Wiedergutmachung einzulassen, die der französische Staat zu leisten habe.

In dieser komplexen Frage steht mir kein Urteil und keine Festlegung darüber zu, in welcher Form genau Frankreich Haiti entschädigen müsste (schon deshalb nicht, weil auch Formen einer transnationalen Gerichtsbarkeit vorstellbar sind, die ambitionierter sind als generationsübergreifende Wiedergutmachungen. Darauf kommen wir zurück).[1] Hervorzuheben ist jedenfalls die äußerste Dürftigkeit der Argumente derer, die sich weigern, das haitianische Dossier erneut zu öffnen, auch wenn sie andere Kategorien von Wiedergutmachung vertreten. Unhaltbar ist vor allem das Argument, wonach das alles schon viel zu lange her sei. Haiti hat diese Schulden an seine französischen und amerikanischen Gläubiger von 1825 bis 1950 zurückgezahlt, also noch bis Mitte des 20. Jahrhunderts. Nun laufen noch heute zahlreiche Entschädigungsverfahren für Enteignungen und Unrecht, die in der ersten Hälfte des 20. Jahrhunderts stattgefunden haben. Man denke insbesondere an die Enteignungen von jüdischem Eigentum während des Zweiten Weltkrieges durch die nationalsozialistischen Behörden und ihre verbündeten Regime (angefangen vom Vichy-Regime in Frankreich). Für sie sind bis heute zu Recht, wenn auch ziemlich verspätet, immer noch Verfahren zur Rückgabe in Gang. Zu nennen wären auch die Entschädigungen, die bis in die Gegenwart für Enteignungen geleistet werden, die unter den verschiedenen kommunistischen Regimen in Osteuropa nach dem Zweiten Weltkrieg stattfanden, oder auch das US-Gesetz von 1988, das den japanischstämmigen Amerikanern, die während des Zweiten Weltkrieges interniert gewesen waren, jeweils 20 000 Dollar zubilligte.[2] Wer jedwede Diskussion über die Schulden verweigert, die Frankreich Haiti aufgezwungen hat, weil es aus der Sklaverei freikommen wollte, obwohl die Zahlungen von 1825 bis 1950 gut dokumentiert sind und von niemandem bestritten werden, erweckt unweigerlich den Eindruck, dass er angesichts von Verbrechen mit ungleichem Maß misst.

Seit Beginn der 2000er Jahre machen in Frankreich mehrere Verbände mobil, insbesondere um auf nationaler Ebene Transparenz bei den Entschädigungen herzustellen, die durch die Zahlungen Haitis über die Caisse de dépôts an ehemalige Sklavenhalter flossen, sowie auch bei denen, die im Zug des Gesetzes von 1848 geleistet wurden.[3] Weder die

---

1 Also Formen der grenzüberschreitenden Justiz, die auf der Gleichheit der Rechte beruhen, unabhängig vom Geburtsort wie auch der Abstammung. Siehe Kapitel 17, S. 1260–1266.

2 Die Entschädigungen waren für die noch Lebenden 1988 vorgesehen (rund 60 000 der 120 000 japanischstämmigen Amerikaner, die von 1942 bis 1946 interniert gewesen waren), in einem Volumen von 1,2 Milliarden Dollar.

3 Siehe insbesondere L. G. Tin, *Esclavage et réparations. Comment faire face aux crimes de*

einen noch die anderen waren Gegenstand einer eingehenden Untersuchung, im Gegensatz zu den Anstrengungen, die mit Blick auf die britischen Entschädigungen unternommen wurden, wenn auch erst in jüngster Zeit. Auch wenn in den französischen Archiven möglicherweise weniger Material erhalten ist als im Archiv des britischen Parlaments, ist dies kein Hinderungsgrund für Versuche, möglichst viel Licht in diese Fragen zu bringen. Und es muss den französischen Staat jedenfalls nicht daran hindern, gegenüber Haiti bedeutende finanzielle Wiedergutmachung zu leisten und außerdem endlich ins Auge zu fassen, angemessene pädagogische und museografische Initiativen zu finanzieren (bis heute gibt es in Frankreich kein Museum der Sklaverei, das diesen Namen verdiente, nicht einmal in Bordeaux oder Nantes, den Häfen, die diesem Übel ihren Wohlstand verdanken). Eine solche Finanzierung fiele verglichen mit den Haiti geschuldeten Entschädigungen lächerlich gering aus, wäre auf pädagogischer Ebene aber ebenso wichtig.

Am 10. Mai 2001 verabschiedete die französische Nationalversammlung auf Initiative von Christiane Taubira, Abgeordnete für Französisch Guayana, ein Gesetz «zur Anerkennung des Sklavenhandels und der Sklaverei als Verbrechen gegen die Menschlichkeit». Dabei sorgten allerdings die Regierung und die damalige Mehrheit dafür, dass Artikel 5 gestrichen wurde, der im Grundsatz Entschädigungen und vor allem die Einrichtung einer Kommission vorsah, um Licht in diese Angelegenheiten zu bringen (die folglich nie zustande kam).[1] Neben der Frage der finanziellen Entschädigung für Haiti gibt es eine andere Form der großangelegten Wiedergutmachung, die nur schwer zu umgehen schien und von Taubira ebenfalls vertreten wurde: die einer Landreform auf Réunion, Martinique und Guadeloupe sowie in Französisch-Guayana, um den Nachkommen der ehemaligen Sklaven schließlich Zugang zu Grundeigentum zu ermöglichen – vor dem Hintergrund, dass Land- und Kapitalbesitz nach wie vor weitgehend ein Privileg der weißen Bevölkerung ist, darunter der Nachkommen von Plantagenbesitzern, die von den

l'histoire, Paris: Stock, 2013. Der Verfasser ist zudem Vorsitzender des CRAN (Conseil représentatif des associations noires).

1 Artikel 5 lautete: «Es wird ein Ausschuss aus qualifizierten Persönlichkeiten mit dem Auftrag gebildet, das erlittene Unrecht festzustellen und die Bedingungen für eine angemessene Entschädigung für dieses Verbrechen zu untersuchen. Die Kompetenzen und Aufgaben dieses Ausschlusses werden per Verordnung im Conseil d'Etat festgelegt.»

Entschädigungen von 1848 profitierten. 2015 versuchte dieselbe Taubira, inzwischen als Justizministerin, den französischen Präsidenten an die wichtige Frage der Schuld gegenüber Haiti und die Landreform in den überseeischen Gebieten zu erinnern, ohne Erfolg.

Angesichts der Entschädigung der japanischstämmigen Amerikaner, die für US-Politiker über Jahrzehnte hinweg nicht in Betracht gekommen war, oder der Enteignungen jüdischen Vermögens in Frankreich, deretwegen erst zu Beginn der 2000er Jahre eine Kommission ins Leben gerufen wurde, ist es durchaus möglich, dass diese Debatten in Zukunft Betroffene und Unterstützer mobilisieren und zu unvorhergesehenen Formen der Wiedergutmachung führen. Der Fall der japanischstämmigen Amerikaner, die am Ende obsiegten, während die ehemaligen afroamerikanischen Sklaven stets leer ausgingen – wie übrigens auch die mexikanischstämmigen Amerikaner, die in der Krise in den 1930er Jahren während regelrechter Pogrome (insbesondere in Kalifornien) vertrieben wurden –, erinnert jedenfalls daran, dass bei denen, die über Entschädigungen entscheiden, rassistische und kulturelle Voreingenommenheiten wohl eine gewisse Rolle spielen, wie übrigens auch die juristischen, finanziellen und politischen Mittel der zu Entschädigenden und ihrer Unterstützer.[1]

Die Vereinigten Staaten: die Abschaffung der Sklaverei durch Krieg (1861–1865)

Der Fall der USA ist für unsere Untersuchung besonders wichtig wegen der herausragenden Stellung, die das Land seit 1945 im internationalen System als selbsternannte Führungsnation der «freien» Welt einnimmt. Auch handelt es sich um den einzigen Fall, in dem die Sklaverei infolge eines blutigen Bürgerkrieges abgeschafft wurde, und zwar in einem Land, in dem die rassistischen Diskriminierungen bis in die 1960er Jahre fortdauerten und die ethnisch und durch die Hautfarbe bedingten (oder so wahrgenommenen und dargestellten) Ungleichheiten zu Beginn des

1 Die Schätzungen liegen generell bei 1 bis 1,5 Millionen mexikanischstämmigen Amerikanern (von denen rund 60 % per Geburt die US-Staatsbürgerschaft hatten), die von 1929 bis 1936 deportiert worden waren, häufig organisiert mit Unterstützung lokaler und Bundesbehörden. Einige neuere Schätzungen gehen von 1,8 Millionen Deportierten (die meisten ohne Rückkehr) aus. Siehe A. Wagner, «America's Forgotten History of Illegal Deportations», *The Atlantic*, 6. März 2017.

21. Jahrhunderts immer noch eine strukturierende Rolle spielen, auf wirtschaftlicher und gesellschaftlicher wie auf politischer Ebene und bei Wahlen. Die europäischen Länder, die dieses seltsame Erbe lange Zeit mit Verblüffung und Befremden betrachteten, fragen sich immer noch, wie sich die Demokratische Partei, die während des Bürgerkriegs von 1861 bis 1865 die Sklaverei verfochten hatte, in den 1930er Jahren in die des New Deals, in den 1960ern in die der *Civil Rights* und in den 2010er Jahren schließlich in die Barack Obamas verwandeln konnte, all dies in kleinen Schritten ohne größere Brüche. Die Europäer täten indes gut daran, sich für diesen Entwicklungsweg näher zu interessieren, weil er durchaus auch mit der Struktur der Ungleichheiten und dem Streit in den Wahlkämpfen und dem Konflikt um die Zuwanderung zu tun hat, die sich in den postkolonialen europäischen Gesellschaften im Verlauf der 1990er Jahre bis in die Gegenwart herausgebildet haben. Die langfristige Weiterentwicklung dieser Struktur wirft zahlreiche Fragen auf.[1]

Zunächst sei an den gewaltigen Wohlstand des sklavenhaltenden amerikanischen Systems im Zeitalter der zweiten Sklaverei zwischen 1800 und 1860 erinnert. Im genannten Zeitraum stieg die Anzahl dieser Arbeitskräfte entscheidend an, von 1 Million auf 4 Millionen – auf das Fünffache der Größenordnung auf den französischen und britischen Sklaveninseln in deren Spitzenzeit. Auch wenn der Sklavenhandel bis in die 1810er Jahre und zuweilen noch etwas später illegal weiterlief, so wurde diese schwindelerregende Erhöhung der Anzahl an Sklaven hauptsächlich durch Selbstreproduktion, dank leicht verbesserter Hygieneverhältnisse und der Entwicklung von Formen eines Privat- und Familienlebens erreicht, die im 18. Jahrhundert unbekannt gewesen waren, und in manchen Fällen auch durch Formen einer religiösen Bildung und Alphabetisierung. Letztere vollzog sich in einem schleichenden und unter der Hand verlaufenden Prozess, der trotz der Gesetze im Süden, die solche Praktiken unterbinden wollten, mit dazu beitragen sollte, den schwarzen Abolitionisten Waffen und Mobilisierungskapazitäten an die Hand zu geben. Zunächst deutete allerdings nichts auf ein Ende des Systems hin. Die Südstaaten zählten im Jahr 1800 rund 2,6 Millionen Einwohner: 1,7 Millionen Weiße (66 %) und 0,9 Millionen Schwarze (34 %). Bis 1860 hatte sich die Gesamtbevölkerung auf über 12 Millionen Einwohner fast verfünffacht: 8 Millionen Weiße (67 %) und 4 Millionen schwarze

1 Siehe insbesondere Kapitel 16, S. 1084–1086.

Tabelle 6.1

Die Struktur der Sklavenhaltergesellschaft und der freien Gesellschaft in den Vereinigten Staaten, 1800–1860

	Gesamt (Tausende)	Schwarze Sklaven	Freie Schwarze	Weiße	Gesamt (%)	Schwarze Sklaven	Freie Schwarze	Weiße
Gesamtbevölkerung USA 1800	5210	880	110	4220	100%	17%	2%	81%
Nordstaaten	2630	40	80	2510	100%	2%	3%	95%
Südstaaten	2580	840	30	1710	100%	33%	1%	66%
Gesamtbevölkerung USA 1860	31 180	3950	490	26 740	100%	13%	2%	85%
Nordstaaten	18 940	0	340	18 600	100%	0%	2%	98%
Südstaaten	12 240	3950	150	8140	100%	32%	1%	67%

Tabelle 6.1.: In den Vereinigten Staaten hat sich die Anzahl der Sklaven zwischen 1800 und 1860 mehr als vervierfacht (von 880 000 auf beinahe 3,959 Millionen). In den Südstaaten blieb ihr Anteil an der Bevölkerung (etwa ein Drittel) relativ stabil, während er bezogen auf die US-Gesamtbevölkerung (wegen des noch schnelleren Bevölkerungswachstums der Nordstaaten) zurückging. Hinweis: Als Südstaaten galten 1860 sämtliche Sklavenstaaten: Alabama, Arkansas, North und South Carolina, Delaware, Florida, Georgia, Kentucky, Louisiana, Maryland, Mississippi, Missouri, Tennessee, Texas, Virginia.

Quellen und Reihen: siehe piketty.pse.ens.fr/ideologie.

Sklaven (33 %) (siehe Tabelle 6.1). Das System war einer rapiden Ausweitung begriffen und relativ gut ausbalanciert, sodass nichts seinen baldigen Zusammenbruch erahnen ließ.

Manche Staaten zählten zwar 50–60 % Sklaven, aber nirgendwo wurde das Niveau auf den Antillen (mit 80–90 % Sklaven) erreicht. Zwischen 1790–1800 und 1850–1860 zeichnete sich auf dem Gebiet der USA allerdings eine zunehmende Differenzierung ab. Während der Anteil der Sklaven in Virginia über diesen ganzen Zeitraum hinweg bei rund 40 % verharrte, stieg er in South Carolina schrittweise von 42 % im Jahr 1800 auf 57–58 % in den 1850er Jahren an und erhöhte sich ebenfalls stark in Georgia und North Carolina. In Mississippi und Alabama, die 1817–1819 in die Union kamen, wuchs der Anteil der Sklaven zwischen den Erhebungen von 1820 und 1860 ebenfalls deutlich an und erreichte in Mississippi 1860 sogar 55 %, fast so viel wie in South Carolina. Derweil stagnierte er in den Grenzstaaten des Nordens wie Kentucky (um 20 %) oder ging sogar klar zurück wie in Delaware, das 1790 noch fast 15 % Sklaven und 1860 nur noch 5 % auswies. In New Jersey und im Bundesstaat New York, die bei der Erhebung von 1790 über 5 % zählten, wurde die Sklaverei ab 1804 schrittweise abgeschafft, sodass 1830 offiziell kein Sklave mehr erfasst wurde (siehe Grafik 6.3).

Hervorzuheben ist, dass diese Zahlen für die USA deshalb so gut bekannt sind, weil freie Bevölkerung und Sklaven ab 1790 alle zehn Jahre bei Volkszählungen systematisch erfasst wurden. Dieses Vorgehen war von zentraler Bedeutung. Die Zahl der Sitze im Repräsentantenhaus und die der Wahlmänner für die Präsidentschaftswahl, die den Einzelstaaten zustanden, bestimmte sich auch nach der Zahl der Sklaven, genauer: nach der berühmten «Drei-Fünftel-Klausel», die die Plantagenbesitzer der Südstaaten nach langen Verhandlungen durchgesetzt hatten: Sklaven wurden zu drei Fünfteln zur freien Bevölkerung dazugezählt. Überhaupt ist an die zentrale Bedeutung zu erinnern, die der Sklavenbesitz bei Gründung der USA gespielt hatte. Virginia war bei weitem der bevölkerungsreichste Bundesstaat (mit insgesamt 750 000 Einwohnern, einschließlich der Sklaven bei der Volkszählung von 1790, mit ebenso vielen wie in den beiden bevölkerungsreichsten Nordstaaten Pennsylvania und Massachusetts zusammengenommen) und stellte vier der ersten fünf Präsidenten des Landes (Washington, Jefferson, Madison und Monroe, alle Eigentümer von Sklaven). Ausnahme war John Adams (Massachusetts). Von den 15 Präsidenten, die bis zur Wahl des

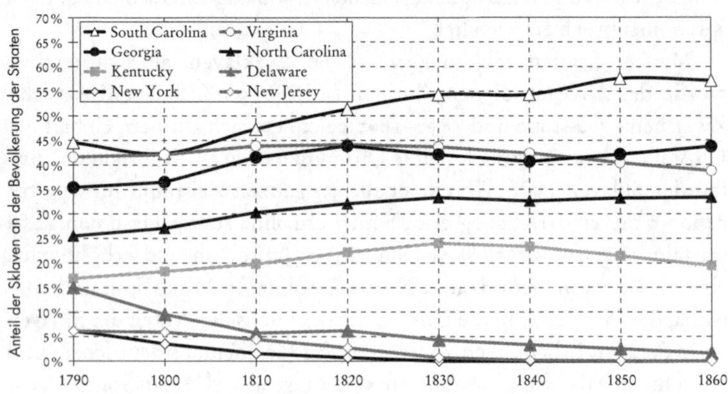

Grafik 6.3.: In den wichtigsten Sklavenstaaten des Südens stieg der Anteil der Sklaven an der Bevölkerung zwischen 1790 und 1860 an oder verharrte auf hohem Niveau (in den 1850er Jahren bei 35 % bis 55 %, in South Carolina sogar bei 57 % bis 58 %), während die Sklaverei in den Nordstaaten abnahm oder verschwand.
Quellen und Reihen: siehe piketty.pse.ens.fr/ideologie.

Republikaners Lincoln 1860 aufeinanderfolgten, waren nicht weniger als elf Sklavenhalter.

Das System der Sklaverei im Süden der Vereinigten Staaten hatte entscheidende Bedeutung für die Baumwollproduktion, unverzichtbar für die Entwicklung der Textilindustrie in den Nordstaaten wie auch für die industrielle Entwicklung Großbritanniens und Europas. Laut und deutlich ist an die nie dagewesene Größenordnung zu erinnern, die die euroamerikanische Sklaverei im Zeitraum von 1750 bis 1860 erreichte (siehe Grafik 6.4), eine wahrhaft entscheidende Periode, in der sich die industrielle Vorherrschaft Europas durchsetzte. Bis in die 1780er Jahre spielten die Antillen und insbesondere Saint-Domingue die Hauptrolle als Baumwollerzeuger. Nach dem Zusammenbruch der mit Sklaven betriebenen Plantagenwirtschaft von Saint-Domingue in den 1790er Jahren setzten sich die Südstaaten der USA an die Spitze und trieben zwischen 1800 und 1860 die Anzahl der Sklaven und die Kapazität der Baumwollproduktion in nie dagewesene Höhen, wobei sie die Masse an Sklaven vervierfachten und die Baumwollerzeugung dank verbesserter und intensiverer Methoden mehr als verzehnfachten. In den 1850er Jahren, kurz vor Ausbruch des Amerikanischen Bürgerkriegs, stammten 75 % der importierten Baumwolle, die in europäischen Textilfabriken verarbeitet wurde, aus dem Süden der Vereinigten Staaten. Wie von Sven Beckert jüngst analysiert, stand dieses «Baumwollimperium», das eng mit der Sklavenwirtschaft auf den Plantagen verbunden war, im Zentrum der industriellen Revolution und allgemeiner der wirtschaftlichen Vorherrschaft Europas und der USA in der Welt. Während Briten und Franzosen im 18. und zu Beginn des 19. Jahrhunderts Mühe hatten, der übrigen Welt etwas zu verkaufen, und sich deswegen in die Opiumkriege von 1839–1842 und 1856–1860 stürzten, um in China mit Drogen handeln zu können, ermöglichte ihnen diese transkontinentale Organisation, die Kontrolle über die weltweite Textilproduktion zu gewinnen, radikal die Maßstäbe der Produktion zu verändern und in der zweiten Hälfte des 19. Jahrhunderts die Textilmärkte des gesamten Globus mit ihren Erzeugnissen zu überschwemmen.[1]

Dabei durchlief das politisch-ideologische Kräfteverhältnis in den Vereinigten Staaten zwischen 1800 und 1860 einen ebenso radikalen Wandel. Im Jahr 1800 zählten die USA rund 5,2 Millionen Einwohner,

Aufschwung und Niedergang der euroamerikanischen Sklaverei, 1700–1890

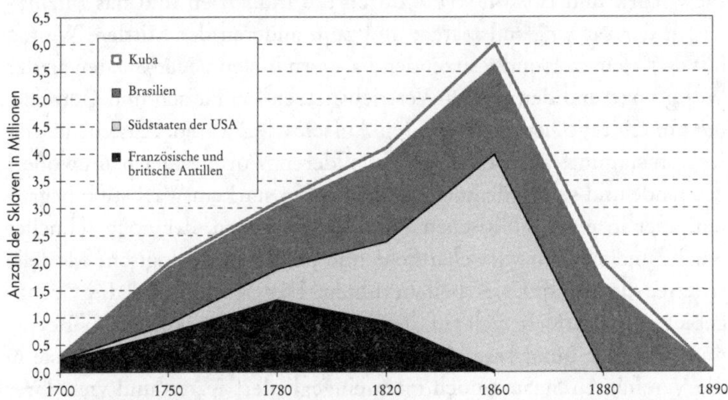

Grafik 6.4.: Die Gesamtzahl der Sklaven auf den euroamerikanischen Plantagen im atlantischen Raum stieg bis 1860 auf 6 Millionen an (davon 4 Millionen im Süden der USA, 1,6 Millionen in Brasilien und 0,4 Millionen auf Kuba). Um 1780 bis 1790 hatte die Sklaverei auf den französischen und britischen Antillen (und auf Mauritius und Réunion sowie in der Kapkolonie) mit 1,3 Millionen ihren Höhepunkt erreicht und ging nach dem Aufstand in Saint-Domingue (Haiti) und den gesetzlichen Verboten von 1833 und 1848 zurück.
Quellen und Reihen: siehe piketty.pse.ens.fr/ideologie.

1 Siehe S. Beckert, *King Cotton*. Eine Geschichte des globalen Kapitalismus, München: C.H.Beck, 2014. Auf die Rolle der sklavenhaltenden und kolonialen Besitzungen bei der industriellen Revolution komme ich in Kapitel 9 zurück, siehe insbesondere S. 478–483.

die sich auf zwei ungefähr gleiche Hälften verteilten: 2,6 Millionen in den sklavenhaltenden Südstaaten (einschließlich der Sklaven), die als ein kompakter Block in der neuen Republik eine dominante Stellung einnahmen, und 2,6 Millionen in den sklavenfreien Nordstaaten (von denen viele kurz zuvor die Sklaverei abgeschafft hatten nach dem Vorbild des Bundesstaates Massachusetts von 1783, der allerdings bis zum Bürgerkrieg eine ausgeprägte Rassendiskriminierung praktizierte, insbesondere in den Schulen, wie es in den Südstaaten bis in die 1960er Jahre der Fall war). 1860 hatten sich die Gewichte völlig verändert: Die Bevölkerung des Südens hatte sich fast verfünffacht (von 2,6 auf über 12 Millionen), während die im Norden auf das über Siebenfache angewachsen war (von 2,6 auf fast 19 Millionen). Damit stellten die Nordstaaten über 60 % der Gesamtbevölkerung und mehr als zwei Drittel der freien Bevölkerung (siehe Tabelle 6.1). Zudem hatte sich dieser Block insofern erheblich verändert, als er auf wirtschaftlicher und politisch-ideologischer Ebene jetzt zwei klar unterscheidbare Pole umfasste: Zum einen der Nordosten, verkörpert durch die Metropolen New York und Boston sowie durch die Industrien und das Finanzwesen der Neuenglandstaaten; und zum anderen der Mittlere Westen mit den kleinen grundbesitzenden Farmern in den neuen Staaten an der Westgrenze und den großen Vertriebsnetzen für Fleisch und Getreide, die um Chicago herum im großen Aufschwung waren. Aus ebendieser Region stammte auch Lincoln. Mit anderen Worten: Der baumwollerzeugende und sklavenhaltende Süden war in starkem Wachstum begriffen, aber in einen politischen Raum eingebunden, der noch schneller wuchs und sich auf wirtschaftliche und politisch-ideologische Modelle stützte, die auf freier Arbeit beruhten. Der Westen und die Grenzgebiete stützten sich auch auf die Erinnerung an die «koloniale» Bevormundung der Bundesregierung und der alten Bundesstaaten, als sie in die Vereinigten Staaten noch nicht eingegliedert waren und viele ihrer schwierig erworbenen Gebiete von der Zentralgewalt zugunsten der Mächtigeren beschlagnahmt wurden.

Dennoch ist daran zu erinnern, dass der Norden anfangs mitnichten beabsichtigte, vom Süden die sofortige Abschaffung der Sklaverei (und weniger noch der Ungleichbehandlung der Rassen) zu verlangen. Der zentrale Streitpunkt war der Status der neuen Gebiete des Westens. Lincoln und die Republikaner traten dafür ein, dass sie freie Staaten sein sollten, weil es sich um das Entwicklungsmodell handelte, das ihnen vertraut war, und weil sie deren volles Potenzial darin sahen, in einen kontinentalen und globalen Wirtschaftsraum eingebunden zu werden. «Der große innere Raum […] hat bereits über 10 Millionen Einwohner und wird binnen 50 Jahren über 50 Millionen haben, wenn keine politische Torheit, kein politischer Fehler begangen wird», verkündete Lincoln 1862 im Kongress und fügte hinzu, dass dieses Prosperieren die Einheit des Landes erfordere, weil diese große Region im Inneren «keine Küsten hat, an keinen Ozean stößt». «In die Nation eingegliedert, findet ihre Bevölkerung, vielleicht für immer, über New York den Weg nach Europa, über New Orleans nach Südamerika und nach Afrika und über San Francisco nach Asien. Aber spalten sie unser gemeinsames Land in zwei Nationen, wie es die gegenwärtige Rebellion anstrebt, dann findet sich jeder Mensch dieser großen Region im Inneren von einem oder mehreren dieser Absatzmärkte abgeschnitten – vielleicht nicht durch eine physische Barriere, aber durch obstruktive und kostspielige Handelsregularien.[1]» Umgekehrt befürchteten die Südstaatler, dass die sklavenhaltenden Staaten innerhalb der Union am Ende vielleicht so stark in die Minderheit gerieten, dass sie ihre Eigenart nicht mehr sehr lange würden verteidigen können (ein durchaus berechtigtes Kalkül), wenn sie es zuließen, dass sich die freien Staaten im Westen weiterentwickelten. Immer mehr ihrer Sklaven entflohen. Auch wenn der Kongress 1850 den *Fugitive Slave Act* verabschiedet hatte, der die vormalige Gesetzeslage erheblich verschärfte und die Obrigkeiten der freien Staaten zwang, unverzüglich die Sklavenjäger zu unterstützen, um ihr beanspruchtes Eigentum zurückzuführen, und die Unterstützung entflohener Sklaven mit schweren Haftstrafen belegte, erkannten die Südstaaten sehr klar, dass sie eine solide politische Koalition benötigten, wenn sie ihr Wirtschaftsmodell auf Dauer behaupten wollten.[2]

Lincoln wurde im November 1860 mit einem Programm gewählt, das einer Ausweitung der Sklaverei auf die neuen Staaten im Westen

1 Zitiert nach N. Barreyre, *L'or et la liberté. Une histoire spatiale des États-Unis après la guerre de sécession*, Paris: Éditions de l'EHESS, 2014, S. 27.

2 Durch dieses Gesetz stiegen in den Staaten im Grenzgebiet zu den freien Bundesstaaten die Verkaufspreise von Sklaven verglichen mit den weiter südlich gelegenen um 15 bis 30 % an. Dies deutet darauf hin, dass die Händler die Fluchtgefahr als ernst zu nehmendes Problem ansahen. Siehe C. Lennon, «Slave Escape, Prices and the Fugitive Act of 1850», *Journal of Law and Economics* 59 (2016), 3, S. 669–695. In zahlreichen Fällen wurden freie Schwarze in den Nordstaaten gekidnappt – Stoff für Steve McQueens Filmdrama *Twelve Years a Slave* (2013).

entgegentrat. Ende 1860, Anfang 1861 erinnerte er immer wieder daran, dass er nicht mehr verlange, als die neuen Staaten unmissverständlich als freie anzuerkennen und in den Südstaaten einen Prozess der Befreiung in kleinsten Schritten und mit einer Entschädigung für die Eigentümer einzuleiten. Wäre dieser akzeptiert worden, hätte die Sklaverei bis 1880, 1900 oder sogar noch länger Bestand haben können. Aber ähnlich wie die weißen Minderheiten in Südafrika oder Algerien im 20. Jahrhundert dachten die Südstaatler gar nicht daran, sich einer Mehrheit zu beugen, die sie weit außerhalb ihrer Welt sahen, und zogen lieber die Karte der Sezession. South Carolina stimmte 1860 für die Abspaltung, schon im Februar 1861 gefolgt von sechs weiteren Staaten innerhalb der sklavenhaltenden Konföderation. Lincoln wollte dem Dialog eine Chance geben, aber die Eroberung von Fort Sumter durch die Konföderierten im April 1861 im Hafen von Charleston in South Carolina und die Kapitulation der belagerten Unionstruppen im Fort kurz nach Amtsantritt des neuen Präsidenten ließen diesem keine andere Wahl, als den Krieg zu erklären oder die Teilung des Landes zu akzeptieren.

Vier Jahre später und nach über 600 000 Toten (also nach ungefähr so vielen wie in sämtlichen anderen Kriegen, an denen die USA seit ihrer Gründung teilgenommen hatten, einschließlich der beiden Weltkriege und der Konflikte in Korea, Vietnam und im Irak) endete die militärische Konfrontation im Mai 1865 mit der Kapitulation der konföderierten Armeen. Angesichts der von den Südstaaten angerichteten Schäden war es undenkbar, die ehemaligen Sklavenbesitzer zu entschädigen. Um die Schwarzen für die Armeen der Union zu mobilisieren, hatte Lincoln den Kongress im April 1864 den 13. Zusatzartikel der US-Verfassung verabschieden lassen, der die Sklaverei (ohne jede Entschädigung beider Seiten) endgültig abschaffte. Ratifiziert wurde er im Dezember 1865 von sämtlichen Staaten, einschließlich der damals noch von den Nordstaaten besetzten im Süden. Diese erinnerten bei dieser Gelegenheit daran, dass der Zusatzartikel keinerlei Auswirkungen auf die politischen, gesellschaftlichen oder wirtschaftlichen Rechte der Schwarzen beinhalte. Anfang 1865 hatten die Militärbehörden des Nordens den Schwarzen zwar in Aussicht gestellt, dass sie «ein Maultier und 40 Acre Land» (rund 16 Hektar) erhalten würden, ein Programm, dessen landesweite Umsetzung eine Bodenreform im großen Maßstab erfordert hätte, aber kaum waren die Kampfhandlungen beendet, geriet das Versprechen in Vergessenheit: Der Kongress verabschiedete kein

Gesetz zur Entschädigung der Sklaven. Die 40 Acres Land und das Maultier wurden zum Symbol für den Schwindel und die Heuchelei der Nordstaatler.[1]

Die Unmöglichkeit, in den Vereinigten Staaten die Sklaverei schrittweise gegen Entschädigung abzuschaffen

Hätte ein schrittweises Verbot der Sklaverei mit Entschädigungen für die Besitzer so, wie es Lincoln dem Süden 1860/61 vorgeschlagen hatte, in den USA funktionieren können? Zweifel sind angebracht angesichts der auf dem Spiel stehenden Summen, sofern man nicht einen gewaltigen (und ganz unwahrscheinlichen) Finanztransfer der Nordstaaten zu den Sklavenbesitzern im Süden in Betracht zieht – oder einen sehr langsamen Übergang, der sich bis ans äußerte Ende des 19., ja bis in die ersten Jahrzehnte des 20. Jahrhunderts hingezogen hätte. Am wahrscheinlichsten ist, dass ohne den Krieg oder siegreiche Sklavenaufstände, die ihrerseits kaum vorstellbar sind, da die versklavte Bevölkerung weniger vorherrschend war als auf den Antillen,[2] das System der Sklaverei fortgedauert hätte. Angesichts der beteiligten Interessen und des Wohlstands des bestehenden Sklavenhalterregimes, das sich 1860 in voller Expansion befand, wäre der Süden wohl kaum bereit gewesen, ein friedliches Ende zu akzeptieren.

Um die auf dem Spiel stehenden Summen zu verdeutlichen, erinnern wir daran, dass die britischen Entschädigungen von 1833 den Steuerzahler des Vereinigten Königreichs den Gegenwert von rund 5 % des Inlandsproduktes kosteten – ein beachtliches Volumen, obwohl die Anzahl der Sklaven deutlich geringer (rund 3 % der damaligen britischen Bevölkerung) und das britische Inlandsprodukt pro Kopf für damalige Verhältnisse äußerst hoch war. Sklaven bildeten damals eine sehr profitable Geldanlage mit einem Marktwert, der allgemein zwischen zehn und zwölf Jahreslöhnen einer freien Arbeitskraft entsprach. Dazu ein

1 So sehr, dass Regisseur Spike Lee seine Produktionsgesellschaft ironisch «40 Acres and a Mule Filmworks» taufte.

2 In manchen Countys lag der Anteil an Sklaven allerdings sogar bei 75 %, zum Beispiel in Nottoway in Virginia, unweit des Countys Southampton, wo sich 1831 eine Revolte unter Führung von Nat Turner abgespielt hatte, die in neuerer Zeit von Nate Parker in *The Birth of a Nation – Aufstand zur Freiheit* (2016) verfilmt wurde.

Beispiel mit heutigen Beträgen: Wenn ein Sklave eine Arbeit verrichtete, für die eine freie Arbeitskraft den Gegenwert von 30 000 Euro pro Jahr (2500 Euro pro Monat, ungefähr das heutige Durchschnittseinkommen in Frankreich und Westeuropa) erhalten hätte und seinem Besitzer mindestens ebenso viel einbrachte, lag sein Verkaufspreis bei 300 000 bis 360 000 Euro. Es ist gut nachvollziehbar, dass der Marktwert der Sklaven in einer Gesellschaft, in der diese praktisch sämtliche Arbeitskräfte stellten, astronomische Höhen erreichen konnte, bei potenziell dem Sieben- oder Achtfachen des jährlichen Sozialprodukts (700–800 % des Nationaleinkommens).[1] Auf dieser Grundlage zwang Frankreich Haiti 1825 eine Schuld von über drei Jahren des Nationaleinkommens auf, und dies in der Überzeugung, im Vergleich zu den Erträgen, die ihm die Sklaven von Saint-Domingue eingebracht hätten, sogar noch Opfer zu bringen.

Für den Süden der Vereinigten Staaten, in dem die Sklaven rund ein Viertel der Bevölkerung stellten, zeigen zahlreiche Quellen, wie der Preis von Sklaven je nach Alter, Geschlecht und Produktivität variierte. Neuere Forschungen zeigen, dass der Marktwert der Sklaven 1860 bei über 250 % des Nationaleinkommens der Südstaaten und bei ungefähr 100 % des gesamten US-Nationaleinkommens lag.[2] Wäre eine entsprechende Entschädigung beschlossen worden, hätten die Staatsschulden erhöht und die Steuerzahler für die Rückzahlung mitsamt Zinsen in den nachfolgenden Jahrzehnen zur Kasse gebeten werden müssen.

Zusammengefasst heißt dies: Um die Sklaven zu befreien, ohne ihre Besitzer entschädigungslos zu enteignen, hätte die finanzielle Last auf das gesamte Land verlagert werden müssen. Die ehemaligen Eigentümer wären zu Gläubigern mit beachtlichen Forderungen gegen die US-Steuerzahler (einschließlich der Sklaven) geworden. Ebendies war in Großbritannien und Frankreich (mit der Besonderheit Haiti) gesche-

---

1 Ausgehend von einem Anteil der Arbeitseinkommen in einer Größenordnung von 60–70 % am BIP, das seinerseits von vielfältigen Faktoren abhängt, insbesondere von der Rechtsordnung, die die «freie» Arbeit definiert. Bei einer durchschnittlichen Rendite von Kapital um 5 % könnte der Preis für Sklaven theoretisch nahe bei 20 Jahresarbeitseinkommen liegen. Zieht man allerdings mit ins Kalkül, dass die Risiken (Sterblichkeit, Krankheit) und die Unterhaltskosten (Nahrung, Kleidung) der Sklaven bereits einbegriffen sind, zeigt sich mehr als ausreichend, warum der sichtbare Ertrag nahe bei 8–10 % lag. Siehe Technischer Anhang.

2 Im Süden der Vereinigten Staaten übertraf der Marktwert der Sklaven den sämtlicher anderer privater Vermögenswerte (landwirtschaftliche Flächen, Immobilien und Betriebsvermögen). Siehe T. Piketty, *Das Kapital im 21. Jahrhundert*, a. a. O., Grafik 4.10.

hen, nur dass im Fall der Vereinigten Staaten deutlich höhere Summen auf dem Spiel standen, wenn man die Ausmaße des dortigen Sklavenhaltersystems berücksichtigt. Es sei daran erinnert, dass die jährlichen öffentlichen Ausgaben für Bildung auf sämtlichen staatlichen Ebenen in keinem Land im 19. Jahrhundert 1 % des Nationaleinkommens überstiegen. Eine Schuld von 100 % des Nationaleinkommens hätte folglich den Bildungsinvestitionen von über einem Jahrhundert entsprochen, ganz zu schweigen davon, dass allein die Zinszahlung (um 5 % des Nationaleinkommens) das Fünffache der Steuergelder verschlungen hätten, die für sämtliche Schulen, Gymnasien und Universitäten des Landes pro Jahr aufgewendet wurden. Anzumerken ist auch, dass die Vereinigten Staaten 1865 aus dem Bürgerkrieg, verursacht durch die Mobilisierung, Verpflegung und Ausrüstung von über 2 Millionen Unionssoldaten während fünf Jahren, mit einer Schuldenlast hervorgingen, die die erste gesamtstaatlich bedeutende in ihrer Geschichte war. Sie betrug 2,3 Milliarden Dollar, also rund 30 % des jährlichen US-Nationaleinkommens. Diese Summe erschien zur damaligen Zeit gigantisch und löste bei der Rückzahlung in den Jahrzehnten danach übrigens komplizierte politische Konflikte aus. Kurzum: Um die Sklavenbesitzer nach Marktwert zu entschädigen, hätte das Land mit finanziellen Aufwendungen in der Höhe des Drei- bis Vierfachen der Kriegskosten rechnen müssen. Man darf davon ausgehen, dass sich die Akteure darüber nicht hinwegtäuschten: Als Lincoln den Sklavenbesitzern 1860/61 eine Befreiung gegen Entschädigung vorgeschlagen hatte, wussten alle Beteiligten sehr wohl, dass eine echte Entschädigung unmöglich oder nur in einer Höhe erfolgen konnte, die für die eine oder die andere Partei inakzeptabel war. Die eigentliche Frage lautete vielmehr, ob man beschließen würde, diese Schwierigkeiten auf spätere Zeit zu verschieben und fürs Erste zu akzeptieren, keine Ausweitung der Sklaverei auf die neuen Staaten im Westen zuzulassen. Und ebendies lehnten die Sklavenbesitzer des Südens ab.

Interessant ist übrigens, dass Jefferson und Madison schon in den 1810er Jahren Schätzungen zum Umfang der Entschädigungen vorgenommen hatten. Beide waren zu gigantischen Summen gelangt (in der Größenordnung von einem Jahr des damaligen Nationaleinkommens der Vereinigten Staaten). Auch hatten sie Vorschläge formuliert, um diese Summe aufzubringen. Ihren Berechnungen zufolge hätte es genügt, zwischen einem Drittel und der Hälfte des öffentlichen Bodens zu veräußern, insbesondere in den neuen Gebieten im Westen.[1] Damit wäre dort zugunsten der ehemaligen Pflanzer Grundbesitz in gigantischer Größe entstanden anstelle der Familienparzellen für kleine Siedler, die sich in diesen Gebieten niederließen – mit erheblichen sozialen und politischen Spannungen als Folge. Diese Art Vorschlag tauchte von 1820 bis 1860 von Zeit zu Zeit erneut auf, wobei aber schwer zu ersehen ist, unter welchen Umständen es eine politische Koalition hätte riskieren können, ihn auf Bundesebene umzusetzen, ohne das politische System radikal zu verändern.

Die proprietaristische und soziale Rechtfertigung der Sklaverei

Die Abschaffung der Sklaverei warf in den Eigentümergesellschaften des 19. Jahrhunderts gefährliche ideologische Probleme auf, herrschte doch die Befürchtung, dass sie ohne eine Entschädigung der Sklavenhalter am Ende die gesamte proprietaristische Ordnung und das System des Privateigentums infrage stellen würde. Verschärft wurde diese Komplikation in den USA durch die Größenordnung der erforderlichen Entschädigungen, deren Umsetzung die Gefahr barg, andere Arten von Spannungen heraufzubeschwören, sodass eine mögliche Lösung des Problems ziemlich unklar blieb.

Hinzuzufügen ist, dass der Konflikt um die Sklaverei, von den allgemeinen Fragen ums Eigentum abgesehen, auch noch einen politisch-ideologischen Unterbau hatte, der in den USA extrem tief verankert war: Dieser hatte mit ganz bestimmten Entwicklungsmodellen und Zukunftsvisionen zu tun. Die ländliche und auf Sklavenhaltung beruhende Vision des Südens wurde namentlich von John Calhoun eifrig vertreten, dem US-Vizepräsidenten von 1825 bis 1832, der mehrfach Kriegs- und Außenminister und bis zu seinem Tod 1850 demokratischer Senator von South Carolina war. Als der führende Verfechter der Sklaverei im Senat wurde er nicht müde, diese «als positives Gut» *(slavery as a positive good)* und nicht als «notwendiges Übel» *(necessary evil)* darzustellen, als das sie allzu oft von den Systemvertretern bezeichnet wurde, die er für zaghaft hielt. Calhouns Hauptargument beruhte auf den

1 Siehe W. Shade, *Democratizing the Old Dominion. Virginia and the Second Party System 1824–1861*, Charlottesville: University Press of Virginia, 1996, S. 191 ff. Zu den betreffenden Summen siehe Technischer Anhang.

paternalistischen und solidarischen Werten, in die das Sklavenhaltersystem angeblich eingebettet sei. So wurden ihm zufolge die Kranken und Alten auf den Plantagen des Südens beispielsweise deutlich besser behandelt als in den städtischen Industriezonen des Nordens, Großbritanniens und Europas, wo erwerbsunfähige Arbeiter auf der Straße oder in inhumanen Armenhäusern landeten.

Laut Calhoun könnte es auf einer Plantage, wo die Alten und Behinderten Teil der Gemeinschaft blieben und bis in ihre letzten Tage Respekt und Würde erführen, so weit niemals kommen.[1] Für ihn verkörperten Plantagenbesitzer wie er selbst ein Ideal des agrarischen Republikanismus und der lokalen Gemeinschaft. Umgekehrt seien die Industriellen und Finanziers des Nordens nur Heuchler, die sich angeblich um das Schicksal der Sklaven sorgten, aber nur das einzige Ziel verfolgten, sie als Proletarier wie die anderen auszubeuten und wegzuwerfen, sobald sie keine Erträge mehr brächten. Calhoun tat sich schwer, die überzeugten Abolitionisten zu erreichen, die vertraut waren mit den Erlebnisberichten und Fotografien der Körperstrafen und Verstümmelungen, die Plantagensklaven erlitten, oder mit den Erzählungen entflohener Sklaven wie Frederick Douglass. Aber vielen anderen US-Bürgern der Zeit erschien die Vorstellung durchaus plausibel, dass sich manche Plantagenbesitzer des Südens mindestens ebenso sehr um das Schicksal ihrer Sklaven sorgten wie die Kapitalisten des Nordens um das ihrer Arbeiter. (Und sicher gab es Fälle, in denen diese Behauptung nicht ganz unzutreffend war).

Das Ideal des ländlichen Republikanismus nach Calhoun ähnelte dem Jeffersons einer Demokratie aus Grundbesitzern, allerdings mit einem wesentlichen Unterschied: Jefferson sah in der Sklaverei ein Übel, von dem er nicht wusste, wie man es loswerden sollte. «I tremble for my country, when I reflect that God is just, and that his justice cannot sleep forever», äußerte besorgt der Verfasser der Unabhängigkeitserklärung, allerdings ohne sich vorstellen zu können, wie sich eine friedliche Sklavenbefreiung bewerkstelligen ließe: «We have a wolf by the ears, and we can neither hold him, nor safely let him go. Justice is in

---

1 «I may say with truth, that in few countries so much is left to the share of the laborer, and so little exacted from him, or where there is more kind attention paid to him in sickness or infirmities of age. Compare his condition with the tenants of the poor houses in the more civilized portions of Europe – look at the sick, and the old and infirm slave, on one hand, in the midst of his family and friends, under the kind superintending care of his master and mistress, and compare it with the forlorn and wretched condition of the pauper in the poorhouse.» Rede J. Calhouns am 6. Februar 1837 im Senat.

one scale, and self-preservation in the other.» Für Jefferson, der sich so während der Debatten von 1820 im Kongress über die Ausweitung der Sklaverei auf Missouri äußerte (die er ebenso unterstützte wie das Recht der dortigen Siedler, freie Schwarzen in ihrem neuen Bundesstaat nicht zu dulden), war eine Sklavenbefreiung nur dann denkbar, wenn sie nicht nur mit einer gerechten Entschädigung der Eigentümer, sondern auch mit einer vollständigen und unverzüglichen Ausweisung der ehemaligen Sklaven einherging.[1]

Die Angst vor der unvermeidlichen Rache befreiter Sklaven oder schlicht vor einem unmöglichen Zusammenleben war unter den Sklavenbesitzern weit verbreitet. Dies erklärt denn auch die Gründung der *American Colonisation Society* (ACS) 1816, die von Jefferson, Madison, Monroe und einer großen Zahl von Sklavenbesitzern begeistert unterstützt wurde. Deren Ziel bestand darin, die befreiten Sklaven nach Afrika zu deportieren. In gewisser Weise handelte es sich um eine verschärfte Form der Rassentrennung zwischen Weißen und Schwarzen, wie sie im Süden zwischen 1865 und 1965 herrschen sollte. Wenn schon beide Gruppen durch eine gewisse Distanz voneinander trennen, warum dann nicht gleich durch einen Ozean? Das Projekt wurde ein eklatanter Fehlschlag. Zwischen 1816 und 1867 siedelte die ACS knapp 13 000 befreite Afroamerikaner nach Liberia um, also unter 0,5 % der Gesamtzahl an Sklaven (was allerdings genügte, um Liberias nachfolgende Entwicklung durch eine Spaltung zwischen *Americos* und der autochthonen Bevölkerung, die bis in die Gegenwart nachwirkt, schwerwiegend zu beeinträchtigen.)[2] Ob es Jefferson gefiel oder nicht, die Sklavenbefreiung konnte nur auf amerikanischem Boden erfolgen,

---

1 «The cessation of that kind of property, for so it is misnamed, is a bagatelle which would not cost me a second thought, if, in that way, a general emancipation and *expatriation* could be effected; and, gradually, and with due sacrifices, I think it might be. But as it is, we have a wolf by the ears, and we can neither hold him, nor safely let him go. Justice is in one scale, and self-preservation in the other». (Thomas Jefferson an John Holmes aus Monticello, 22. April 1820), *The Writings of Thomas Jefferson*, Bd. 15, 1903, S. 248 ff. Siehe ebenso B. Shaw, «A Wolf by the Ears: M. Finley's Ancient Slavery and Modern Ideology in Historical Context», in: M. Finley, *Ancient Slavery and Modern Ideology*, Neuauflage, Markus Wiener, 1998.

2 Auch ist darauf hinzuweisen, dass zahlreiche Sklavenbesitzer die ACS mit der Überlegung unterstützen, die freien Schwarzen zu deportieren (aus Furcht, sie könnten sich stark vermehren und Revolten anzetteln), an der Sklaverei aber weiterhin festhielten. Siehe Shade, *Democratizing the Old Dominion*, a. a. O., S. 194 f. Die Verfassung von Liberia von 1847, die unter der Vormundschaft der ACS angenommen wurde, reservierte die politische Macht und das Wahlrecht für die *Americos*, die bis 1980 alle Präsidentenstühle besetzten.

sodass vor allem dafür gesorgt werden musste, zwischen den beiden Gruppen nach der Emanzipation möglichst gute Beziehungen herzustellen, zum Beispiel, indem die ehemaligen Sklaven und ihre Kinder Zugang zu Schulen und politische Rechten erhielten. Leider war der eingeschlagene Weg ein anderer, wohl weil die ehemaligen Sklavenbesitzer zur Überzeugung gelangt waren, dass mit den einstigen Sklaven an ein friedliches Zusammenleben nicht zu denken war.

Der «Wiederaufbau» und die Geburt des Sozialnativismus in den Vereinigten Staaten

Die Debatten um die Rechtfertigungen der Sklaverei sind ernst zu nehmen, hatten sie doch grundlegenden Einfluss auf die späteren Entwicklungen, nicht nur beim Fortbestand der Ungleichheiten zwischen den Hautfarben und der Diskriminierungen in den Vereinigten Staaten, sondern auch bei der besonderen Struktur des politisch-ideologischen und bei Wahlen ausgetragenen Konflikts in den USA und seiner Veränderung seit dem 19. Jahrhundert. Ausländische – und auch manche ortsansässigen – Beobachter wundern sich häufig über die Demokratische Partei, die 1860 gegenüber Lincolns Republikanern die Sklaverei mit Argumenten verfocht, die häufig denen Calhouns und Jeffersons (beides herausragende Demokraten) ähnelten. 1932 entwickelte sie sich zur Partei Roosevelts und des *New Deal*, 1960 zu der Kennedys, Johnsons, der *Civil Rights* und des *War on Poverty* und in den Jahren 1990–2010 schließlich zu der Clintons und Obamas weiter. Wir erhalten reichlich Gelegenheit, auf diese Fragen zurückzukommen, insbesondere im vierten Teil dieses Buchs, in dem wir analysieren und miteinander vergleichen, wie sich die sozioökonomische Struktur hinter der politischen und sich in der Wählerschaft niederschlagenden Spaltung in den einzelnen Ländern entwickelt hat – in den Vereinigten Staaten und im Europa des 20. und frühen 21. Jahrhunderts sowie in anderen Wahldemokratien wie Indien oder Brasilien. Wie wir dabei sehen werden, ist diese seltsame politisch-ideologische Entwicklung tatsächlich reich an Lehren und für den Planeten insgesamt von großer Bedeutung.

Heben wir zunächst nur hervor, dass sich die Entwicklung der Demokratischen Partei von der Jeffersons und Calhouns zu der Roosevelts und später Johnsons (und schließlich Clintons und Obamas) durch kleine Anpassungen und ohne größere Brüche vollzogen hat. Die Demokraten geißelten – ähnlich wie Calhoun in den 1830er Jahren – die Heuchelei und den sozialen Egoismus der republikanischen Industrie- und Finanzeliten des Nordostens. Damit gelang es ihnen, die Macht schon in den 1870er Jahren auf Bundesebene zurückzuerobern und die Fundamente für die Koalition zu legen, die sie in der Zeit des *New Deal* zum Erfolg führen sollte. Von 1820 bis 1860 hatten die Demokraten, die vor allem in den Südstaaten gut verankert waren (wie übrigens in der gesamten Zeit 1790–1960), am häufigsten im Gegensatz zu den Whigs gestanden, die die Föderalisten in den 1830er Jahren abgelöst hatten und in den 1850er Jahren ihrerseits von den Republikanern abgelöst werden sollten. Diese erzielten ihre besten Ergebnisse traditionell im Nordosten. Bis zur Verabschiedung eines republikanischen Programms Lincoln'scher Prägung, dessen Achse darin bestand, die «freie Arbeit» im Westen auszuweiten (und die Sklaverei im Süden in kleinen Schritten abzuschaffen), vermieden es beide Lager tunlichst, sich in der Frage der Sklaverei eine Auseinandersetzung zu liefern. Der Streit war 1820 vorübergehend beigelegt worden mit dem «Kompromiss von Missouri» (ein Sklavenstaat, der gemeinsam mit dem freien Maine der Union neu beigetreten war), auch wenn er unablässig für Spannungen sorgte, insbesondere beim Thema der entflohenen Sklaven. In den Südstaaten wetteiferten die Kandidaten beider Parteien darin, die Sklaverei zu verteidigen, und warfen dem anderen Lager vor, in ihren Reihen Abolitionisten aus dem Norden zu dulden. In der Praxis zogen die Demokraten in den einzelnen Bundesstaaten, zum Beispiel in Virginia, vor allem in den ländlichen Countys weiße Wähler an, die von Plantagen lebten (und sich am schwersten eine Zukunft außerhalb des Sklavensystems vorstellen konnten). Dagegen gewannen die Whigs vor allem die städtischen und gebildeteren Countys für sich.[1]

1 Siehe W. Shade, *Democratizing the Old Dominion*, a. a. O. Siehe ebenso R. McCormick, *The Second Party System. Party Formation in the Jacksonian Era*, New York: Norton, 1966. Im «ersten Parteiensystem» standen sich die Demokratisch-Republikanische Partei (*Democratic Republicans*, 1828 in Demokratische Partei umbenannt) und die *Federalists* gegenüber. Nach der Präsidentschaftswahl von 1797, die John Adams (Federalist aus Boston) gewann, mussten die Federalists zunehmend schwere Niederlagen einstecken und wurden in den 1830er Jahren durch die Whigs (benannt nach den britischen Liberalen) abgelöst. Damit entstand das «zweite Parteiensystem», in dem sich Demokraten und Whigs gegenüberstanden. Das dritte System hat seinen Ursprung 1860 mit Lincolns Republikanern, die den Demokraten gegenüberstanden. Die wichtigste Konstante in der Zeit von 1790 bis 1960 besteht darin, dass die Demokraten (und die Democratic Republicans als Vorläufer) ihre besten Ergebnisse

Während der Zeit des «Wiederaufbaus» ungefähr von 1865 bis 1880 erwiesen sich die Demokraten als besonders erfolgreich darin, die Finanz- und Industrieeliten des Nordostens anzuprangern, weil sie ihnen zufolge die Republikanische Partei zu ihrer Marionette machten mit dem einzigen Ziel, ihre Interessen zu verteidigen und ihre Profite zu erhöhen.[1] Die Vorwürfe konzentrierten sich insbesondere auf die Fragen der Rückzahlung der Kriegsschulden, des Währungssystems und der Doppelwährung mit Silber und Gold. Kurz: die Demokraten warfen den Bankiers in Boston und New York vor, sich vor allem um die komfortablen Zinseinnahmen zu kümmern, die sie aus ihren Kriegsanleihen ziehen wollten, während das Land vor allem eine lockere Geldpolitik brauche, um seine Farmer und Kleinproduzenten mit Krediten zu versorgen und die Pensionen der einfachen Veteranen zu finanzieren, auch wenn dazu eine gewisse Inflation in Kauf genommen und eher auf Papiergeld (die *Greenbacks)* und den Silberdollar gesetzt werden müsse, anstatt sofort wieder zum Golddollar zurückzukehren, wie es die Bankiers verlangten. Die andere große Frage war die des Zolltarifs: Wie vor ihnen Föderalisten und Whigs wollten die Republikaner importierte Textilien und gewerbliche Güter aus Großbritannien und Europa überhaupt mit hohen Zöllen belegen, um die Industrieprodukte des Nordostens zu schützen und der Union Einnahmen zu bescheren (teils um die Schulden abzutragen, teils um die Infrastrukturen zu finanzieren, die ihnen für die Industrieentwicklung nützlich erschienen).[2]

---

im Süden erzielten, während die Federalists, Whigs und Republicans immer im Nordosten am besten abschnitten. Eine praktische Quelle, anhand derer man auf Karten sämtliche Präsidentschaftswahlen von 1792 bis 2016 nachvollziehen kann, bietet das *American Presidency Project*. Nach einer Analyse, die von US-Politologen weithin geteilt wird, hat sich das «dritte Parteiensystem» um 1896–1900 zu einem «vierten» weiterentwickelt – mit dem Aufkommen der «populistischen» Bewegung und der Forderung nach Umverteilung, dann 1932 zu einem «fünften» mit dem Zustandekommen der Roosevelt'schen Koalition und seit den 1960er Jahren zu einem «sechsten» mit der Bürgerrechtsbewegung (ja nach manchen sogar zu einem «siebten Parteiensystem» seit der Wahl Donald Trumps). Siehe zum Beispiel S. Maisel, M. Brewer, *Parties and Elections in America*, Lanham, Bolder, New York und London: Rowman, 2011. Zur Entwicklung des amerikanischen Parteiensystems seit 1945 siehe die Kapitel 14 und 15.

1 Zur Struktur des politischen Konflikts um den «Wiederaufbau» siehe das spannende Buch von N. Barreyre, *L'or et la liberté*, a. a. O.

2 Zu den Darstellungen und Strategien der Bostoner Finanzelite (den «Brahmins» nach dem damaligen politischen Sprachgebrauch) nach dem Bürgerkrieg siehe das aufschlussreiche Buch von N. Maggor, *Brahmin Capitalism. Frontiers of Wealth and Populism in America's First Gilded Age*, Harvard: Harvard University Press, 2017. Manche Bostoner versuchten in

Die Demokraten, traditionell kleinlich bei den Rechten des Staates und stets argwöhnisch gegenüber der Ausweitung der Zentralgewalt, hatten leichtes Spiel, den Egoismus der Eliten Neuenglands anzuprangern, die stets bereit seien, zugunsten eigener Interessen die Kaufkraft des übrigen Landes zu belasten, während der Westen und Süden der Vereinigten Staaten vor allem Freihandel bräuchten, um ihre landwirtschaftlichen Produkte zu exportieren.

Auch machten sich die Demokraten zu Verteidigern der neuankommenden Einwanderer aus Europa, insbesondere aus Irland und Italien, die den angloprotestantischen republikanischen Eliten ein Dorn im Auge waren und denen sie den Zugang zum Wahlrecht vorzuenthalten versuchten – durch den verzögerten Erwerb der amerikanischen Staatsbürgerschaft und später dadurch, dass sie für die Ausübung des Wahlrechts Bildungsvoraussetzungen bestimmten. Auch aus diesem Grund ließen es übrigens die Nordstaatler zu, dass die weißen Südstaatler wieder die Kontrolle über die Südstaaten erlangten und die ehemaligen Sklaven von der Ausübung des Wahlrechts ausschlossen. Im Grunde glaubten viele Republikaner, dass die Schwarzen für die Staatsbürgerschaft noch nicht reif seien, und dachten gar nicht daran, für dieses Anliegen zu kämpfen, schon deshalb nicht, weil sie selbst den Neuankömmlingen aus Europa im Nordosten weiterhin Bedingungen stellen wollten. (Dagegen machten sich die New Yorker und Bostoner Demokraten dafür stark, die Iren und Italiener massenhaft einzubürgern. Der 14. Zusatzartikel zur US-Verfassung, der 1868 als Ersatz für die Drei-Fünftel-Klausel verabschiedet wurde, sah zwar vor, dass die Sitze im Repräsentantenhaus auf die Bundesstaaten fortan nach der Anzahl der Männer verteilt würden, die tatsächlich in den Wählerverzeichnissen eingetragen waren – ein an sich zielsicherer und wirksamer Mechanismus, um die Südstaaten unter Druck zu setzen –, wurde aber nie umgesetzt, weil den nordöstlichen Staaten bewusst wurde, dass sie angesichts des eigenen restriktiven Wahlrechts selbst viel zu verlieren hatten.[1] Die USA befanden sich in einer Phase wichtiger Weichenstellungen.

die Plantagen des Südens zu investieren, erkannten aber rasch, dass die *darkies* gar nicht mehr daran dachten, umsonst zu arbeiten (und die «schimärische» Hoffnung hegten, an eigenes Land zu kommen). Häufig reinvestierten sie die Gewinne, die sie im Textilsektor im Nordosten anhäuften, im Westen (wo sie es mit Pionieren zu tun bekamen, die eigene Interessen schützen wollten, indem sie zum Beispiel in ihre Verfassung schrieben, dass Wasser und Schienenverkehr öffentlich zu regulieren seien).

1 Siehe N. Barreyre, *L'or et la liberté*, a. a. O., S. 175 f.

Der 15. Zusatzartikel von 1870 verfügte schließlich ein theoretisches Verbot jedweder Rassendiskriminierung beim Wahlrecht, überließ die Umsetzung aber ganz den Bundesstaaten. Die Demokraten, die die Rassentrennung verfochten, eroberten gerade die Südstaaten in einem Klima extrem gewalttätiger Ausschreitungen zurück, geprägt von zahlreichen Lynchaktionen und Strafexpeditionen gegen ehemalige Sklaven, die ihre Rechte geltend machen und sich in der Öffentlichkeit frei bewegen wollten. Mancherorts eskalierte die Lage fast bis zum Aufstand, so in Louisiana 1873, wo sich nach umstrittenen Wahlen zwei konkurrierende Gouverneure gegenüberstanden (ein Demokrat und ein mit den Stimmen von Schwarzen gewählter Republikaner). Angesichts der Entschlossenheit und des Organisationsgrads der Verfechter der Rassentrennung, die in den Südstaaten von jeher die Macht innegehabt hatten, hätten die Nordstaatler die Gleichstellung der Schwarzen nur mit extremer Willensstärke durchsetzen können, die sie aber nicht aufbrachten. Im Norden war vor allem die Meinung verbreitet, dass für den Krieg nur eine kleine Minderheit extremistischer Plantagenbesitzer verantwortlich gewesen sei. Nun sei es allerhöchste Zeit, dass die übrigen Südstaatler über die eigenen Angelegenheiten und Ungleichheiten selbst bestimmten. Nachdem die Demokraten des Südens die staatlichen Behörden, Verwaltungen, Polizeiapparate, Verfassungen und obersten Gerichtshöfe wieder unter ihre Kontrolle gebracht hatten und vor allem nach Abzug der letzten föderalen Truppen 1877 (ein symbolträchtiger Einschnitt, der das offizielle Ende der Ära des Wiederaufbaus markierte), errichteten sie ein Regime der Rassentrennung, das es für fast ein Jahrhundert ermöglichte, die Schwarzen vom Wahlrecht auszuschließen und ihnen den Zugang zu den von Weißen besuchten Schulen und öffentlichen Räumen zu verwehren.[1] Eine Rechtsordnung und ein besonderes Arbeitsrecht, das Lohndrückerei auf den Plantagen ermöglichte, wurden ebenfalls auf den Weg gebracht.[2] Und immer mehr

1 In den 1870er Jahren verfügten zahlreiche Schwarze in den Südstaaten über das Wahlrecht (und stimmten massenhaft für die Republikaner). In manchen Bundesstaaten (zum Beispiel in Louisiana und South Carolina) saßen sogar bis zu 40 % Schwarze im Parlament. Dann gewannen die Gesetze zur Rassentrennung und die unfairen Bildungstests die Oberhand, sodass die Beteiligung der Schwarzen an den Wahlen in den Südstaaten von 1885 bis 1908 von 61 % auf 2 % absank. Siehe S. Levitisky, D. Ziblatt, *Wie Demokratien sterben: Und was wir dagegen tun können*, München: Pantheon, 2019, S. 106 ff.

2 So war zum Beispiel das Abwerben von Arbeitskräften auf den Plantagen durch höhere Lohnangebote unter Androhung hoher Geldstrafen verboten. Siehe S. Naidu, «Recruitment

Schwarze, die eine Zeit lang die Hoffnung gehegt hatten, vollständige Freiheit zu erlangen und eines Tages auf eigenem Land zu arbeiten, fassten die Möglichkeit ins Auge, sich der «großen Wanderung» nach Norden anzuschließen.[1]

Mit diesem vielschichtigen Programm (fanatisch verfochtene Rassentrennung im Süden; lockere Geldpolitik und Aufschub der Schuldentilgung; Widerstand gegen Einfuhrzölle auf Industriegüter; Unterstützung für neue Zuwanderung von Weißen im Norden) und generell dank der Kampfansage an die sogenannte Finanz- und Industriearistokratie des Nordostens, die nur deshalb Krieg geführt und die Sklaven befreit habe, um ihre Profite zu steigern und eigene Interessen zu verteidigen, errangen die Demokraten schon 1874 eine Mehrheit im Kongress und siegten bei den Präsidentschaftswahl 1884, nachdem sie bei der von 1876, kaum zehn Jahre nach dem Bürgerkrieg, bereits die meisten Wählerstimmen gewonnen hatten. Machtwechsel sind in der Demokratie der Normalfall. Und diese Erfolge der Demokraten waren teilweise die Konsequenz eines natürlichen Überdrusses gegenüber den Republikanern, die zudem durch verschiedene Finanzskandale, wie sie in Kreisen der Macht häufig sind, geschwächt waren. Dennoch ist interessant nachzuvollziehen, welche Zusammenstellung von Ideen und Anliegen einen so schnellen Machtwechsel ermöglichte, weil sie die nachfolgenden Entwicklungen bedingte.

Kurz gesagt, beruhte die politische Ideologie der Demokraten, die in der Zeit des «Wiederaufbaus» Einzug hielt, auf einem «Sozialnativismus», wie man ihn allgemein nennen könnte, oder hier besser einem «Sozialrassialismus», da die Schwarzen in den Vereinigten Staaten ebenso einheimisch waren wie die Weißen (und tiefer verwurzelt als die Iren und Italiener), auch wenn die Verfechter der Sklaverei sie gerne nach Afrika deportiert hätten. Man könnte auch von «Sozialdifferenzialismus» reden, um politische Ideologien zu bezeichnen, die eine gewisse soziale Gleichheit vertreten, aber nur für ein Segment der Bevölkerung, zum Beispiel für Weiße oder Personen, die als die wahren

---

Restrictions and Labor Markets: Evidence from Post-Bellum U.S. South», *Journal of Labor Economics* 28 (2010), 2, S. 413–445.

1 Diese Abwanderung vollzog sich sehr langsam und in einzelnen Schritten. Der Anteil von Afroamerikanern im Süden ging von 92 % 1860 langsam auf 85 % 1920 zurück, worauf er bis 1950 auf 68 % und bis 1970 auf 53 % drastisch schrumpfte und sich auf diesem Niveau stabilisierte (mit einem leichten Wiederanstieg seit 2000).

«Einheimischen» des fraglichen Territoriums gelten, im Gegensatz zu Schwarzen oder Personen, die in der Gemeinschaft als Außenstehende gelten (zum Beispiel im gegenwärtigen Europa Zuwanderer aus außereuropäischen Ländern). Dabei geht es folglich eher um angeblich rechtmäßige Ansprüche, ein Gebiet zu besiedeln, als um die tatsächliche Herkunft. Im Fall der Vereinigten Staaten war die «soziale» Dimension des Sozialnativismus der Demokratischen Partei ebenso real wie deren «Nativismus»: Den Demokraten gelang es, den weißen Wählern aus den unteren oder mittleren sozialen Schichten zu vermitteln, sie seien besser als die Republikaner geeignet, ihre Interessen zu vertreten und ihnen Perspektiven zu bieten.

In den nächsten Teilen dieses Buchs werden wir sehen, dass diese sozialnativistische politische Koalition der Demokraten in der Zeit des «Wiederaufbaus» tatsachlich dazu beitrug, ein ehrgeiziges Programm zu entwickeln, um die Ungleichheiten in den Vereinigten Staaten zu verringern, insbesondere mit der Einführung von Bundessteuern auf Einkommen und Erbschaften in den 1910er Jahren und dem New Deal in den 1930er Jahren. In den 1960er Jahren legten sie ihren «Nativismus» dann endgültig ab und wandten sich entschieden den *Civil Rights* zu. Wir untersuchen die Gemeinsamkeiten, aber auch und vor allem die tiefgreifenden Unterschiede zwischen dem Entwicklungsweg der Demokratischen Partei der USA im Zeitraum 1860–1960 und der Entwicklung von Formen des Sozialnativismus zu Beginn des 21. Jahrhunderts, insbesondere in Europa und den Vereinigten Staaten – diesmal in Gestalt der Republikanischen Partei.[1]

Brasilien: die Abschaffung der Sklaverei durch den Kaiser und die Vermischung der Bevölkerungen (1888)

Brasilen nahm die Abschaffung der Sklaverei 1888 in Angriff. Auch wenn sie weniger gut erforscht ist als die britische, französische und amerikanische, ist sie nicht minder reich an Lehren. Im Gegensatz zum Süden der Vereinigten Staaten, wo die Anzahl der Sklaven zwischen 1800 und 1860 von 1 Million auf 4 Millionen sprunghaft anstieg, verzeichnete Brasilien im 19. Jahrhundert kein spektakuläres Wachstum

1 Siehe dritter Teil, Kapitel 10 und 11, sowie vierter Teil, Kapitel 15 und 16.

seiner versklavten Bevölkerung. Das Land zählte im Jahr 1800 bereits rund 1,5 Millionen Sklaven, eine Zahl, die bis zur Abschaffung der Sklaverei kaum weiter anstieg (siehe Grafik 6.4). Zwar betrieben die brasilianischen Sklavenhändler ihr Geschäft trotz wachsenden britischen Drucks während eines guten Teils des 19. Jahrhunderts, zumindest bis in die 1850er Jahre weiterhin, dies aber in stetig abnehmendem Maß. Vor allem ermöglichte der Sklavenhandel keine so rasche Erhöhung der Bestände wie die natürliche Vermehrung, auf die in den Vereinigten Staaten gesetzt wurde. Die schrittweisen Prozesse, bei denen sich die Bevölkerungen vermischten und Sklaven befreit wurden, kamen in Brasilien im Übrigen deutlich stärker zum Tragen und sorgten mit dafür, dass die Zahl der Sklaven nur begrenzt weiterwuchs. Bei der Volkszählung in Brasilien 2010 erklärten sich 48 % der Bevölkerung zu «Weißen», 43 % zu «Mischlingen», 8 % zu «Schwarzen» und 1 % zu «Asiaten» oder «Indigenen». Tatsächlich deuten entgegen diesen Selbsteinschätzungen die verfügbaren Forschungen darauf hin, dass am Ende des 20. und zu Beginn des 21. Jahrhunderts über 90 % der Brasilianer gemischte – europäische und afrikanische und/oder indianische – Wurzeln haben, einschließlich derer, die sich selbst als «Weiße» bezeichnen. Alles deutet darauf hin, dass gegen Ende des 19. Jahrhunderts die Vermischung schon weit vorangeschritten war, während sie in den Vereinigten Staaten bis heute nach wie nur ganz am Rand vorkommt.[1] Die Vermischung verhindert freilich nicht, dass die soziale Distanz, die Diskriminierung und die Ungleichheiten in Brasilien bis heute in außergewöhnlich starkem Maß erhalten blieben.

Die relativ stabile Anzahl an Sklaven zwischen 1750 und 1880 (um 1–1,5 Millionen) vor dem Hintergrund eines besonders starken Wachstums der brasilianischen Bevölkerung schlug sich in einem sinkenden Anteil der Sklaven nieder: von rund 50 % 1750 auf 15–20 % im Jahr 1880, der allerdings immer noch erheblich war (siehe Grafik 6.1). Auch ist hervorzuheben, dass der Anteil der Sklaven in manchen Regionen weiterhin bei über 30 % verharrte. Die ersten Sklaven arbeiteten vornehmlich auf den Zuckerplantagen des Nordostens *(nordeste)*, insbesondere um Salvador da Bahia. Im Verlauf des 18. Jahrhunderts wurde ein Teil von ihnen weiter nach Süden verlagert, insbesondere nach Minas Gerais in neu erschlossene – aber sich rasch erschöpfende –

1 Siehe Technischer Anhang.

Gold- und Diamantenminen, und im 19. Jahrhundert auf neu angelegte Kaffeeplantagen in den Regionen von Rio de Janeiro und São Paulo. 1850 zählte die Stadt Rio 250 000 Einwohner, darunter 110 000 Sklaven (44 %), hatte also einen höheren Anteil an Sklaven als Salvador da Bahia (33 %).

In den Jahren 1807/08, als der Lissaboner Königshof, bedroht durch die napoleonischen Truppen, aus der portugiesischen Hauptstadt nach Rio de Janeiro übersiedelte, zählte Brasilien rund 3 Millionen Einwohner (darunter rund die Hälfte Sklaven), also annähernd so viele wie Portugal. Einzigartig in der europäischen Kolonialgeschichte, wurde der portugiesische Thronerbe 1822 unter dem Namen Pedro I. zum Kaiser von Brasilien gekrönt. Damit wurde er das erste Oberhaupt des neuen unabhängigen Staates, nachdem er zur Empörung des Hofes auf seine königlichen Prärogativen in Portugal verzichtet hatte. In den Jahrzehnten danach kam es zu zahlreichen Sklavenaufständen in einem Land, in dem entflohene Sklaven bereits häufig autonome Gemeinschaften gegründet hatten, beginnend im 17. Jahrhundert mit dem *Quilombo* (Siedlung) von Palmares, einer «Siedlung», die in einer Gebirgszone über ein Jahrhundert lang eine regelrechte Republik von Schwarzen bildete – bis zu ihrer Zerstörung durch Truppen, die entsandt worden waren, um das subversive Experiment zu beenden.[1] Ein erstes Gesetz zur Befreiung der über sechzigjährigen Sklaven trat nach langen Debatten 1865 in Kraft. 1867 ging Kaiser Pedro in seiner Thronrede ausführlich auf das Problem der Sklaverei ein und löste damit Protestgeschrei in der Abgeordnetenkammer und im Senat aus, damals enge proprietaristische Zirkel, die von weniger als 1 % der Bevölkerung und insbesondere von Sklavenbesitzern gewählt worden waren.

Aber angesichts sich wiederholender Revolten und seiner drohenden Auflösung rang sich das Parlament 1871 schließlich dazu durch, das «Gesetz des freien Bauches» *(Lei do Ventre Livre)* mit dem Ziel zu verabschieden, die künftig geborenen Kinder versklavter Mütter zu befreien, um so eine schrittweise Abschaffung der Sklaverei in Angriff zu nehmen. Die Eigentümer der versklavten Mütter mussten für diese sogenannten «Unbedarften» *(ingênuos)* bis zum Alter von sechs Jahren aufkommen, um vom Staat eine Entschädigung zu erhalten, die in jährlichen Renten *(juros)* von 6 % ihres Wertes ausbezahlt wurde, oder die

1 Siehe zum Beispiel B. Bennassar, R. Marin, *Histoire du Brésil*, Paris: Pluriel, 2014, S. 102–108.

jungen Schwarzen bis zum Alter von 24 Jahren gegen Lohn bei sich beschäftigen, damit sie eine geringere Entschädigung bekamen. In dieser Zeit hielten die Debatten um eine gänzliche Abschaffung der Sklaverei an. Ab 1880 wurden die Spannungen im Land zunehmend spürbar, sodass zahlreiche Reisende, die 1883/84 die Provinzen Rio und São Paulo durchquerten, eine gesellschaftliche Revolution unmittelbar bevorstehen sahen. 1887 verkündete die Armee, dass sie sich außer Stande sehe, der Revolten Herr zu werden und die entflohenen Sklaven festzusetzen. Vor diesem Hintergrund verabschiedete das Parlament im Mai 1888 das Gesetz zur allgemeinen Abschaffung der Sklaverei, kurz vor dem Sturz der Kaiserherrschaft 1889, die von den Baronen und der grundbesitzenden Aristokratie im Stich gelassen wurde, weil sie ihre Interessen nicht hatte verteidigen können. Der Zusammenbruch des Regimes führte 1891 zur Verabschiedung der ersten republikanischen Verfassung des Landes.[1]

Die Sklaverei war abgeschafft, aber Brasilien hatte den aus ihr hervorgegangenen extremen Ungleichheiten keineswegs ein Ende gesetzt. Die Verfassung strich 1891 die Klausel, wonach Vermögen eine Voraussetzung für das Wahlrecht war, schloss Analphabeten aber gezielt aus, eine Regel, die in die Verfassungen von 1934 und 1946 erneut einfloss. Als Konsequenz blieben von den Wahlen in den 1890er Jahren rund 70 % der erwachsenen Bevölkerung ausgeschlossen. 1950 waren es noch über 50 % und 1980 rund 20 %. Betroffen waren in der Praxis nicht nur ehemalige Sklaven, sondern allgemeiner die Armen, die während eines Jahrhunderts – von den 1890er bis zu den 1980er Jahren – auf die Art aus dem politischen Spiel herausgehalten wurden. Zum Vergleich: Ein Land wie Indien führte 1947 unverzüglich ein echtes allgemeines Wahlrecht ein, trotz der aus der Vergangenheit herrührenden gewaltigen sozialen und statusbedingten Unterschiede sowie der Armut des Landes. Festzuhalten ist, dass die europäischen Länder, die das allgemeine Wahlrecht gegen Ende des 19., Anfang des 20. Jahrhunderts eingeführt hatten, einen erheblichen Anteil an der Bevölkerung (insbesondere in ländlichen Bezirken und unter den älteren Generationen) von den Wahlen ausgeschlossen hätten, wäre die Alphabetisierung eine Grundvoraussetzung gewesen. Hervorzuheben ist auch, dass die praktische Umsetzung dieser Art Vorbedingung häufig darauf hinauslief,

1 Ebenda, S. 369 f.

dass die lokalen Verwaltungen, die die Wählerlisten erstellten, den Eliten, von denen sie kontrolliert wurden, übermäßig viel Macht zuschanzten. Und diese Art Vorbedingungen diente im Süden der Vereinigten Staaten übrigens dazu, die Schwarzen bis in die 1960er Jahre vom Wahlrecht auszuschließen.

Unabhängig von der Frage der Sklaverei und des Zugangs zu Wahlen und Bildung herrschten in Brasilien das gesamte 20. Jahrhundert hindurch weiterhin besonders raue Arbeitsverhältnisse, insbesondere zwischen Grundbesitzern, Landarbeitern und landlosen Bauern. Eine Fülle von Zeugnissen belegt die extreme Gewalt, die die sozialen Beziehungen in den Zuckeranbauregionen des *Nordeste* prägten, mit Grundbesitzern, die Polizei und Staatsapparat nutzten, um Streiks niederzuschlagen, Löhne zu drücken und die bäuerlichen Tagelöhner unbeschränkt auszubeuten, insbesondere nach dem Staatsstreich von 1964.[1] Erst nach dem Ende der Militärdiktatur (1964–1985) und der Verfassung von 1988 wurde das Wahlrecht auf sämtliche Bürger ohne Bildungsvorbehalt ausgeweitet. Die erste Wahl mit einem wirklich universellen Wahlrecht fand 1989 statt. Auf die Entwicklung der Struktur des politischen Konflikts während dieser ersten Jahrzehnte des allgemeinen Wahlrechts in Brasilien kommen wir im vierten Teil zurück.[2] Heben wir fürs Erste vor allem eine Schlussfolgerung hervor, die wir bereits gezogen haben: Es ist nicht möglich, die Struktur der modernen Ungleichheiten zu verstehen, ohne zunächst das schwere inegalitäre Erbe zu betrachten, das die Sklaverei und der Kolonialismus hinterlassen haben.

---

1 Dies gilt insbesondere für die nordöstlichen Regionen wie Pernambuco, dessen demokratisch gewählter Gouverneur versuchte, Kooperativen und ehrgeizige Alphabetisierungsprogramme zu entwickeln und in den Arbeitsverhältnissen ein Minimum an Regeln durchzusetzen – und der anschließend von Putschisten durch einen gewaltsamen Staatsstreich abgesetzt wurde. Siehe die Zeitzeugnisse von F. Juliã, *Cambão, The Yoke – the Hidden Face of Brazil* Harmondsworth [u. a.]: Penguin, 1972; R. Linhart, *Der Zucker und der Hunger. Reise in das Land, wo der Zucker wächst. Oder: Die Folgen des Konsums unseres Zuckers.* Aus dem Französischen von Jürgen Hoch. Wagenbach: Berlin, 1980.

2 Siehe Kapitel 16, S. 1169–1175.

Russland: die Abschaffung der Leibeigenschaft durch einen schwachen Staat (1861)

In Russland schließlich verfügte 1861 Zar Alexander II., die Leibeigenschaft abzuschaffen. Abgesehen davon, dass sich dieser bedeutende Umbruch in der russischen und europäischen Geschichte zeitgleich mit dem amerikanischen Bürgerkrieg vollzog, brachte er interessanterweise auch Debatten auf, die durchaus Bezug zu den Fragen der Entschädigung haben, die bei der Abschaffung der Sklaverei auftauchten, allerdings mit Besonderheiten, die sich aus der Schwäche des russischen Zarenreichs ergaben. Halten wir fest, dass die Form der Leibeigenschaft, die in Russland im 18. und 19. Jahrhundert praktiziert wurde, allgemein als eine außergewöhnlich harte gilt. Insbesondere durften die Betroffenen den Boden ihres Grundherrn nicht verlassen oder Gerichte anrufen. Bis 1848 blieb ihnen der Immobilienbesitz grundsätzlich verwehrt. Allerdings ist auf die bedeutenden Unterschiede der Verhältnisse hinzuweisen, die in dem riesigen russischen Raum herrschten. Kurz vor Abschaffung der Leibeigenschaft zählte Russland laut Schätzungen 22 Millionen Leibeigene, das waren fast 40 % der russischen Bevölkerung westlich des Urals, verteilt über ein sehr weites Territorium. Manche gewaltigen Ländereien umfassten mehrere tausend Leibeigene. Es gab eine ganze Stufenleiter unterschiedlicher Rechte und Lebensbedingungen, je nach Region und Grundherr. Einzelnen Betroffenen war es sogar gelungen, auf diesen Besitztümern in Verwaltungsämter aufzusteigen und Güter anzuhäufen.[1]

Die Befreiung der Leibeigenen 1861, angestoßen auch durch die russische Niederlage im Krimkrieg (1853–1856), ging mit vielfältigen Entwicklungen einher, die sich hier unmöglich vollständig analysieren lassen. So folgte auf die Abschaffung der Leibeigenschaft insbesondere eine Landreform, durch die verschiedene Formen von Gemeineigentum entstanden, ein Prozess, der sich nach den landläufigen Bewertungen auf das landwirtschaftliche Wachstum ungünstiger ausgewirkt haben soll als die Befreiung der Leibeigenen an sich.[2] Als ein wichtiger Aspekt ging die Aufhebung der Leibeigenschaft von 1861 mit komplizierten

1 Siehe insbesondere T. Dennison, «Contract enforcement in Russian serf society, 1750–1860», *Economic History Review*, 66 (2013), 3, S. 715–732.

2 Siehe A. Markevitch, E. Zhuravskaya, «The Economic Effects of the Abolition of Serfdom:

Vorkehrungen einher, um die Grundherren für den Verlust ihres Eigentums zu entschädigen, vergleichbar mit denen, die zugunsten der Sklavenbesitzer bei der Abschaffung der Sklaverei durch die Briten (1833), Franzosen (1848) und Brasilianer (1888) getroffen wurden. Allgemein galt der Grundsatz, dass die befreiten Leibeigenen, um Zugang zu Gemeindeland zu erhalten, dem Staat und den ehemaligen Besitzern 49 Jahre lang Rückzahlungen leisten mussten. Danach hätten sich diese Erstattungen bis ins Jahr 1910 erstreckt. Die Vereinbarungen waren allerdings Gegenstand zahlreicher Neuverhandlungen, sodass die meisten Zahlungen in den 1880er Jahren ausliefen.

Hervorzuheben ist, dass dieser Prozess relativ chaotisch und ohne angemessene Kontrolle durch den Zentralstaat verlief, dessen Verwaltung und Gerichtsbarkeit schwach ausgebildet waren. Vor allem fehlte ein zaristisches Katasteramt, sodass es schwierig wurde, neue Rechte auf Zugang zu Boden zuzuweisen und zu garantieren. Der Steuereinzug, die Aushebung von Wehrpflichtigen wie die Organisation der Gerichte erster Instanz oblagen weitgehend dem Adel und den verschiedenen Eliten auf lokaler Ebene, wie häufig in trifunktionalen Gesellschaften, in denen der Aufbau des Zentralstaats kaum vorangeschritten ist. Damit verfügte die Zarenherrschaft über ziemlich geringe Fähigkeiten, die Machtverhältnisse innerhalb der ländlichen russischen Gesellschaft effizient umzugestalten. Die Freizügigkeit der Bauern blieb eingeschränkt, wenn auch offiziell unter Kontrolle der Gemeinde, aber praktisch deutet alles darauf hin, dass die ehemaligen Eigentümer weiterhin eine ausschlaggebende Rolle spielten.

Laut einigen Forschern führten die Bestimmungen zur Aufhebung der Leibeigenschaft 1861 vielfach sogar dazu, dass die ehemaligen Leibherren ihre Herrschaft über die Bauern noch verstärken konnten, weil echte Schritte ausblieben, um ein unabhängiges Rechtssystem und ein Berufsbeamtentum auf gesamtstaatlicher Ebene aufzubauen. Dies hätte vorausgesetzt, das Steuersystem mit seinen dürftigen Erträgen erheblich zu verbessern.[1] Die schwache fiskalische und finanzielle Organisation

---

Evidence from the Russian Empire», *American Economic Review* 108 (2018), 4–5, S. 1074–1117.

1 Siehe T. Dennison, «The Institutional Framework of Serfdom in Russia: the View from 1861», in: S. Cavaciocchi, *Serfdom and Slavery in the European Economy, 11th–19th centuries*, Florenz: Firenze University Press, 2014. Siehe ebenso N. Moon, *The Abolition of serfdom in Russia, 1762–1907*, London: Routledge, 2001.

der russischen Zentralregierung erklärt denn auch teilweise, warum die zaristische Macht den ehemaligen Leibeigenen auferlegte, den ehemaligen Leibherren für ihre Befreiung 49 Jahre lang Zahlungen zu leisten, anstatt finanzielle Entschädigungen ins Auge zu fassen, die durch öffentliche Anleihen und damit durch sämtliche Steuerzahler finanziert würden, wie es in Großbritannien und Frankreich bei der Abschaffung der Sklaverei geschah. 1906 erfolgte eine neue Welle der Landreformen, allerdings mit begrenzten Auswirkungen. Im April 1916, mitten im Krieg, verabschiedete der zaristische Staat schließlich eine Steuerreform, die deutlich ambitionierter angelegt war als die vormals ins Auge gefassten – mit der Schaffung eines wirklich progressiven Steuersystems auf das Gesamteinkommen, in der Funktionsweise ziemlich ähnlich dem, das in Frankreich im Juli 1914 verabschiedet worden war.[1]

Sie kam ganz offensichtlich zu spät. 1917 brach die bolschewikische Revolution aus, noch bevor diese wohl entscheidende Reform in die Phase der Umsetzung gelangte und ohne dass irgendjemand wissen konnte, ob es dem zaristischen Staat gelingen würde, sie zum Erfolg zu führen. Das gescheiterte Experiment der Abschaffung der Leibeigenschaft in Russland erinnert uns an eine wesentliche Tatsache: Die Umwandlung der trifunktionalen und sklavenhaltenden Gesellschaften in Eigentümergesellschaften setzt den Aufbau eines zentralisierten Staates voraus, der in der Lage ist, die Eigentumsrechte der Beteiligten, das legitime Gewaltmonopol und eine relative Unabhängigkeit des Rechts- und Steuersystems zu garantieren. Ohne den Zentralstaat behalten die lokalen Eliten die Kontrolle über die Macht- und Abhängigkeitsverhältnisse. Im Fall Russlands vollzog sich der Wandel direkt in einen neuen Gesellschaftstyp: in die kommunistische Gesellschaft sowjetischer Prägung.

1 Siehe N. Platonova, «L'introduction de l'impôt sur le revenu en Russie impériale: la genèse et l'élaboration d'une réforme inachevée», *Revue historique de droit français et étranger* 93 (2015), 2, S. 245–266.

7.

DIE KOLONIALGESELLSCHAFTEN: VIELFALT UND HERRSCHAFT

Wir haben die Sklavenhaltergesellschaften und die Bedingungen ihres Untergangs untersucht, insbesondere im atlantischen und euroamerikanischen Raum. Dabei traten erstaunliche Facetten des im 19. Jahrhundert herrschenden Regimes hervor, das das Privateigentum wie zur Heiligkeit erhob. So mussten bei Abschaffung der Sklaverei die Profiteure und nicht etwa die Opfer entschädigt werden, die nach ihrer Befreiung ihren ehemaligen Eigentümern für ihre Freiheit einen hohen Tribut zu entrichten hatten, so wie Haitis Zahlungen an Frankreich, die bis zur Mitte des 20. Jahrhunderts weiterliefen. Untersucht haben wir auch, wie der Bürgerkrieg und das Ende der Sklaverei in den Vereinigten Staaten dazu geführt haben, dass sich ein bestimmtes Parteiensystem herausbildete und eine ideologische Spaltung auftrat – mit beachtlichen Folgen für die späteren Entwicklungen und die gegenwärtige Struktur der Ungleichheiten und des Konfliktes bei Wahlen in den Vereinigten Staaten, in Europa und anderen Teilen der Welt.

Jetzt wenden wir uns Formen von Herrschaft und Ungleichheit zu, die, weniger extrem als die Sklaverei, sehr viel ausgedehntere Teile der Welt betrafen: die der europäischen Kolonialreiche, die bis in die 1960er Jahre Bestand hatten – mit tiefgreifenden Auswirkungen auf die gegenwärtige Welt. Neuere Forschungen liefern einige Elemente, die Vergleiche zwischen den sozioökonomischen Ungleichheiten in den Kolonial- und denen in den gegenwärtigen Gesellschaften mit Blick auf die Ausmaße ermöglichen. Sie nehmen wir hier zum Ausgangspunkt. Anschließend lassen wir die verschiedenen Faktoren Revue passieren, mit denen die besonders großen Ungleichheiten in den Kolonien zu erklären sind. Die Kolonien waren weitgehend auf den alleinigen Nutzen der Kolonialherren hin organisiert, insbesondere was Investitionen in Soziales und Bildung anging. In der rechtlichen Stellung herrschten deutliche Unterschiede, wobei verschiedene Formen von Zwangsarbeit ins Spiel kamen. Strukturiert wurden all diese Verhältnisse durch eine Ideologie, die sich auf eine Vision der geistigen und zivilisatorischen und nicht nur – wie im Fall der Sklavenhaltergesellschaften – kriegerischen und ausbeutenden Herrschaft gründete. Wie wir auch sehen werden, entfachte der Ausgang aus der Kolonialära Debatten über Formen eines regionalen und transkontinentalen demokratischen Föderalismus, die aus der heutigen distanzierten Sicht reich an Lehren für die Zukunft erscheinen, auch wenn sie damals im Sande verliefen.

Die beiden Zeitalter des europäischen Kolonialismus

Natürlich geht es hier nicht darum, eine allgemeine Geschichte der verschiedenen Formen der Kolonialgesellschaften vorzulegen; sie würde den Rahmen dieses Buches sprengen. Bescheidener besteht das Anliegen darin, den Fall der Kolonialgesellschaften in die Geschichte der Ungleichheitsregime einzuordnen und die Fakten hervorzuheben, die für die Analyse der späteren Entwicklungen am wichtigsten sind.

Allgemein unterscheidet man häufig zwei Zeitalter der europäischen Kolonisierung: ein erstes, das um 1500 mit der «Entdeckung» Amerikas und der Seewege von Europa nach Indien und China begann und um 1800–1850 endete, insbesondere mit der schrittweisen Beendigung des atlantischen Sklavenhandels und der Sklaverei; und ein zweites Zeitalter, das um 1800–1850 seinen Anfang nahm, seine größte Bedeutung zwischen 1900 und 1940 erlangte und mit den Unabhängigkeitsbewegungen in den 1960er und sogar noch in den 1990er Jahren zu Ende ging, wenn man den Sonderfall Südafrika und das Ende der Apartheid in dieses koloniale Schema einbezieht.

Vereinfacht gesagt, entspricht das erste Zeitalter der europäischen Kolonisierung zwischen 1500 und 1800–1850 einer Logik, die heute weithin als eine der Kriege und der Ausbeutung anerkannt wird, weil sie auf einer brutalen Militärherrschaft und der Verschleppung oder sogar der Auslöschung von Bevölkerungen beruhte, sei es beim Dreieckshandel und bei der Entstehung von Sklavenhaltergesellschaften auf den französischen und britischen Antillen, im Indischen Ozean, in Brasilien, in Nordamerika oder bei der Eroberung Mittel- und Südamerikas durch die Spanier.

Das zweite Kolonialzeitalter zwischen 1800–1850 und 1960 wird häufig in ein milderes und gnädigeres Licht gerückt, insbesondere in den Ländern der ehemaligen Kolonialherren, die häufig auf die geistige und die zivilisatorische Dimension der Kolonialherrschaft in dieser zweiten Phase abheben. Dass es wirkliche Unterschiede zwischen beiden Phasen gab, ändert nichts daran, dass auch in der zweiten Gewalt ausgeübt wurde und eine gewisse Kontinuität zwischen beiden Zeitaltern deutlich zu erkennen ist. Wie wir im vorigen Kapitel sahen, zog sich die Abschaffung der Sklaverei über das gesamte 19. Jahrhundert hin und mündete insbesondere in verschiedene Formen der Zwangsarbeit, die bis zur Mitte des 20. Jahrhunderts sehr deutliche Spuren hinterließen, namentlich in den französischen Kolonien. Wie wir auch noch sehen werden, zählten die Sklavenhalter- und die Kolonialgesellschaften nach Ende der Sklaverei beide zu den Gesellschaften mit den größten Ungleichheiten der Geschichte, was die Konzentration der wirtschaftlichen Ressourcen betrifft, auch wenn es faktisch einen Unterschied im Härtegrad gibt.

Üblich ist auch, zwischen den Kolonien mit einer bedeutenden Bevölkerung europäischen Ursprungs und den anderen zu unterscheiden, in denen nur ganz wenige Europäer lebten. Wie wir bei den Sklavenhaltergesellschaften des ersten Kolonialzeitalters (1500–1850) sahen, erreichte auf den französischen und britischen Antillen der Anteil der Sklaven einen Höchstwert von 80 % auf den betreffenden Inseln und einen absoluten Spitzenwert von 90 % in Saint-Domingue (Haiti) in den 1780er Jahren. Hier findet sich die stärkste Konzentration von Sklaven dieser Epoche, die 1791–1793 denn auch den ersten siegreichen Aufstand durchfocht. Im Übrigen lag der Anteil der Europäer auf den Antillen im 18. und 19. Jahrhundert nahe bei 10 %, ein beachtlicher Wert, verglichen mit den Kolonialgesellschaften insgesamt. Die Herrschaft der Sklavenhalter beruhte auf totaler und vollständiger Unterjochung und erforderte denn auch einen erheblichen Anteil an Kolonisten. In den anderen Sklavenhaltergesellschaften, die im vorigen Kapitel untersucht wurden und die sich im Übrigen als beständiger erwiesen, war der Anteil der Europäer an der Gesamtbevölkerung noch höher. Im Durchschnitt lag er in einer Größenordnung von zwei Dritteln (auf ungefähr ein Drittel Sklaven) im Süden der Vereinigten Staaten mit einem Minimum von etwas mehr als 40 % Weißen (auf fast 60 % Sklaven) in South Carolina und Mississippi in den 1850er Jahren. In Brasilien stellte die versklavte Bevölkerung im 18. Jahrhundert ungefähr 50 % der Bevölkerung, der Anteil sank in der zweiten Hälfte des 19. Jahrhunderts auf 20–30 % ab.[1]

Allerdings ist für Nordamerika wie für «Lateinamerika» hervorzuheben, dass die europäische Besiedlung mit einem drastischen Schwund der indigenen Bevölkerung und mit der Vermischung der jeweiligen Gruppen einherging.[2] Für Mexiko gehen Schätzungen davon aus, dass die autochthone Bevölkerung 1520 15 bis 20 Millionen Menschen umfasste, die sich infolge der militärischen Eroberung, des politischen Chaos und eingeschleppter Krankheiten durch die Spanier bis 1600 auf unter 2 Millionen verringerte. Daneben ist festzustellen, dass die Vermischung zwischen der indigenen und den europäisch- sowie afrikanischstämmigen Bevölkerungen rapide fortschritt. Um 1650 sollen von ihr ein Viertel, 1820 zwischen einem Drittel und der Hälfte und 1920 zwei Drittel der Bevölkerung betroffen gewesen sein. Auf den heutigen Staatsgebieten Kanadas und der Vereinigten Staaten schätzt man die indianischen Bevölkerungen bei Ankunft der Europäer auf 5 bis 10 Millionen Menschen, worauf sie bis 1900 auf unter eine halbe Million dramatisch absanken, zu einer Zeit, in der die aus Europa stammenden Bevölkerungen über 70 Millionen Angehörige hatten und ohne nennenswerte Vermischung mit der indigenen oder der aus Afrika stammenden zur absoluten Vorherrschaft gelangten.[3]

Im zweiten Kolonialzeitalter (1850–1960) waren die kolonisierten Gebiete allgemein nur sehr schwach, ja verschwindend gering mit Europäern besiedelt, aber auch hier gab es große Unterschiede. Hervor-

1 Siehe Kapitel 6, Grafiken 6.1–6.4.

2 Die Zwangsarbeit, der die Europäer die indianische Bevölkerung unterwarfen, spielt ebenfalls eine zentrale (und lange vernachlässigte) Rolle in der Geschichte des Kontinents, sowohl auf den gegenwärtigen Staatsgebieten Chiles und Perus als in den Gebieten der Maya sowie in Nordamerika. Siehe A. Reséndez, *The Other Slavery: The Uncovered Story of Indian Enslavement in America*, Boston und New York: Harcourt, 2016.

3 Die wichtigsten verfügbaren Schätzungen zu den indigenen Bevölkerungen bei Ankunft der Europäer siehe Technischer Anhang. Die Volkszählung von Mexiko von 1921 ermittelte ungefähr 60 % Mestizen *(mestizos)*, 30 % Indigene und 10 % «Weiße». Die multikulturelle Identität des Landes wurde in die Verfassung aufgenommen. Fragen nach der ethnischen Herkunft werden in gegenwärtigen Volkszählungen nicht mehr gestellt.

zuheben ist zunächst, dass die europäischen Kolonialreiche im Zeitraum 1850–1960 verglichen mit dem ersten Kolonialzeitalter deutlich größere transkontinentale Ausmaße erreicht hatten; sie sind in der Menschheitsgeschichte ohne Beispiel. Auf seinem Gipfelpunkt 1938 umfasste das britische Empire eine Gesamtbevölkerung von über 450 Millionen Einwohnern, darunter über 300 Millionen in Indien (das schon an sich einen wahrhaftigen Kontinent darstellt und auf das wir eingehend im nächsten Kapitel zurückkommen), zu einer Zeit, in der die Bevölkerung im britischen Mutterland kaum mehr als 45 Millionen Menschen zählte. In den 1930er Jahren lebten im französischen Kolonialreich, das ebenfalls gerade seinen Zenit erreicht hatte, um die 95 Millionen Einwohner (darunter rund 22 Millionen in Nordafrika, 35 Millionen in Indochina, 34 Millionen im französischen West- und Äquatorialafrika und 5 Millionen auf Madagaskar), während das Mutterland kaum 40 Millionen Einwohner hatte. Um die gleiche Zeit zählte das niederländische Kolonialreich rund 70 Millionen Einwohner, in der Hauptsache auf dem Gebiet des heutigen Indonesien, während die Bevölkerung in den Niederlanden kaum 8 Millionen Menschen umfasste. Dabei ist hervorzuheben, dass die Grenzen dieser verschiedenen Kolonialreiche politisch, juristisch und militärisch auf sehr vielfältige Weise definiert waren, ganz zu schweigen davon, dass die Volkzählungen je nach Territorium ganz unterschiedlich organisiert wurden. Die Zahlen geben so nur annähernde Werte, eher Größenordnungen an.[1]

Siedlungskolonien, Kolonien ohne Besiedlung

Die meisten dieser Riesenreiche waren nur äußerst spärlich mit Europäern besiedelt. In der Zeit zwischen den Weltkriegen zählten diese (hauptsächlich Briten) im gewaltigen Kolonialreich von Britisch-Indien kaum mehr als 200 000 Personen (davon rund 100 000 britische Soldaten), also unter 0,1 % der Gesamtbevölkerung Indiens (mit über 300 Millionen Menschen). Diese Zahlen machen die gewaltigen Unterschiede zum Herrschaftsverhältnis in Saint-Domingue ziemlich gut deutlich. Die britische Herrschaft stützte sich zwar auf ihre militärische

1 Siehe Technischer Anhang. Die demografischen Angaben zum französischen, britischen und niederländischen Kolonialreich stützen sich vornehmlich auf die Forschungsarbeiten von D. Cogneau und von B. Etemad.

Überlegenheit, die bei den entscheidenden Konfrontationen unanfechtbar demonstriert wurde, aber auch und vor allem auf eine höchst ausgeklügelte politische, administrative, polizeiliche und ideologische Organisation sowie auf zahlreiche lokale Eliten und vielfältige dezentralisierte Machtstrukturen, die es als Ganzes ermöglichten, eine gewisse Form des Einvernehmens und der Akzeptanz herzustellen. Ebendiese organisatorische und ideologische Vorherrschaft ermöglichte es, mit einer winzigen Anzahl von Kolonisten, die Fähigkeiten der kolonisierten Bevölkerung zum Widerstand und zur Organisation auszuschalten, zumindest bis zu einem gewissen Punkt. Diese Größenordnung, also ungefähr 0,1–0,5 % der Bevölkerung europäischen Ursprungs, ist für eine Vielzahl an Territorien während des zweiten Kolonialzeitalters tatsächlich ziemlich typisch (siehe Grafik 7.1). So findet man im französischen Indochina zum Beispiel einen Anteil an Europäern von knapp 0,1 % in der Zeit zwischen den Weltkriegen und bis zum Entkolonialisierungskrieg zu Beginn der 1950er Jahre. In Niederländisch-Indien (heute Indonesien) stellten die Europäer zwischen den Weltkriegen 0,3 % der Gesamtbevölkerung, einen Anteil, den man für dieselbe Zeit auch in den britischen Kolonien in Afrika wie Kenia oder Ghana findet. In Französisch-Westafrika (AOF) und Französisch-Äquatorialafrika (AÉF) waren die Europäer in den 1950er Jahren mit einem durchschnittlichen Bevölkerungsanteil von rund 0,4 % vertreten. Auf Madagaskar erreichte die europäische Bevölkerung 1945, unmittelbar vor Ausbruch der blutigen Kämpfe, die in die Unabhängigkeit führen sollten, mit einem Anteil von 1,2 % eine schon imposant erscheinende Größe.

Als eines der raren Beispiele für eine echte Siedlungskolonie ist Französisch-Nordafrika zu nennen, das mit dem burischen und britischen Südafrika einen der seltenen Fälle in der Kolonialgeschichte darstellt, in dem eine in der Minderheit befindliche, aber bedeutende europäische Bevölkerung (rund 10 % der Gesamtbevölkerung) einer großen Mehrheit der Autochthonen (rund 90 %) gegenüberstand, und dies unter Herrschaftsverhältnissen, die zwischen den beiden Gruppen mit äußerster Gewalt aufrechterhalten wurden und unter denen fast keinerlei Vermischung stattfand. Dieses Beispiel unterscheidet sich sowohl von den angelsächsischen Siedlungskolonien (Vereinigte Staaten, Kanada, Australien, Neuseeland), in denen die autochthonen Bevölkerungen nach Ankunft der Europäer zahlenmäßig zusammenbrachen (und eine Vermischung ebenfalls fast vollständig unterblieb), als auch

Das demografische Gewicht der Europäer in den Kolonialgesellschaften

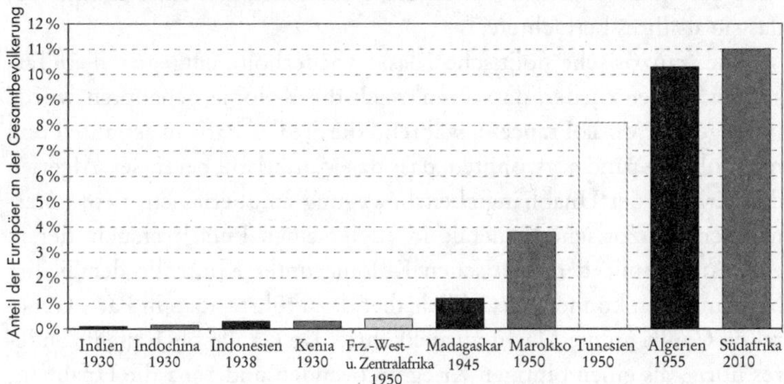

Grafik 7.1.: Der Anteil der aus Europa stammenden Gruppen an der Gesamtbevölkerung in den Kolonialgesellschaften betrug zwischen 1930 und 1955 in Indien, Indochina und Indonesien rund 0,1 % bis 0,3 %, in Kenia sowie in Französisch-West- und Französisch-Äquatorialafrika 0,3 % bis 0,4 %, in Madagaskar 1,2 %, in Marokko fast 4 %, in Tunesien 8 % und in Algerien 1955 10 % (1906 13 %, 1931 14 %). In Südafrika lag der Anteil der Weißen 2010 bei 11 % (von 1910 bis 1990 hatte er noch bei 15 % bis 20 % gelegen). Quellen und Reihen: siehe piketty.pse.ens.fr/ideologie.

von den lateinamerikanischen Kolonien, die eine besonders starke Vermischung kennzeichnet, insbesondere in Mexiko und Brasilien.

In den 1950er Jahren stellte die aus Europa, hauptsächlich aus Frankreich stammende Bevölkerung mit einer italienischen und spanischen Minderheit in Marokko rund 4 %, in Tunesien bis zu 8 % und in Algerien über 10 % an der Gesamtbevölkerung. Dort zählte man unmittelbar vor Ausbruch des Unabhängigkeitskrieges 1 Million Siedler auf eine Gesamtbevölkerung von knapp 10 Millionen Einwohnern. Auch war diese europäische Bevölkerung insofern schon länger angestammt, als die französische Kolonisierung Algeriens 1830 begonnen und die Anzahl der Siedler in den 1870er Jahren besonders rasch zugenommen hatte. Bei der Volkszählung 1906 lag der Anteil der Europäer in Algerien sogar bei über 13 % und erreichte 1936 14 %, worauf er in den 1950er Jahren spürbar auf 10–11 % absank, weil die autochthone muslimische Bevölkerung schneller wuchs. Besonders stark vertreten war die französische Bevölkerung in den Städten. Bei der Volkszählung 1954 wurden unter den 570 000 Einwohnern Algiers 280 000 Europäer und 290 000 Muslime (so bezeichnete die französische Verwaltung die autochthone Bevölkerung) ermittelt. Als zweitgrößte Stadt der Kolonie zählte Oran 310 000 Einwohner, darunter 180 000 Europäer und 130 000 Muslime. Sich im guten Recht wähnend, lehnte diese Bevölkerung aus französischen Siedlern die Unabhängigkeit eines Landes ab, das sie als ihres betrachtete.

Die französische politische Klasse wiederholte entgegen allen Tatsachen immer wieder, dass Frankreich die Kolonie behaupten würde («l'Algérie, c'est la France»), während die Siedler Paris misstrauten und nicht ohne Grund argwöhnten, dass das Mutterland bereit sei, Algerien den Kräften der Unabhängigkeitsbewegung zu überlassen. 1958 unternahmen französische Generäle in Algier einen Putschversuch, der in eine Autonomie der algerischen Kolonie unter Kontrolle der Siedler hätte münden können, tatsächlich aber dazu führte, dass in Paris General de Gaulle an die Macht zurückkehrte. De Gaulle blieb nichts anderes übrig, als einen blutigen Krieg zu beenden und 1962 die Unabhängigkeit Algeriens zu akzeptieren. Hier drängt sich der Vergleich zur Entwicklung in Südafrika auf, wo es der weißen Minderheit am Ende der britischen Kolonisierung gelang, sich von 1946 bis 1994 in einem Apartheidregime an der Macht zu halten, auf das wir an hinterer Stelle zurückkommen. Diese Weißen stellten damals zwischen 15 und 20 % der südafrikanischen Bevölkerung, ein Anteil, der bis 2010 durch Abwanderung und stärkeres Wachstum der schwarzen Bevölkerung auf 11 % absank (siehe Grafik 7.1). Die Anteile lagen also ganz nahe bei denen im französischen Algerien. Interessant ist, die Ausmaße der Ungleichheiten in beiden Fällen miteinander zu vergleichen, wenn man sich die zahlreichen Unterschiede und Gemeinsamkeiten zwischen beiden Kolonialsystemen vor Augen hält.

Die sklavenhaltenden und kolonialen Gesellschaften: extreme Ungleichheit

Was lässt sich über die Ausmaße der sozialen und wirtschaftlichen Ungleichheit sagen, die diese kolonialen und sklavenhaltenden Gesellschaften kennzeichneten, und welche Vergleiche lassen sich zur Ungleichheit in heutiger Zeit ziehen? Wie vorherzusehen, zählen diese Gesellschaften zu den inegalitärsten, die sich in der Geschichte ausmachen lassen. Dennoch sind die Größenordnungen und ihre zeitlichen und räumlichen Unterschiede schon an sich interessant und verdienen eine genauere Untersuchung.

Als den extremsten Fall von Ungleichheit können wir die französischen und britischen Sklavenhalterinseln am Ende des 18. Jahrhunderts ausmachen, beginnend mit Saint-Domingue in den 1780er Jahren, wo der Anteil der Sklaven bis auf 90 % der Bevölkerung angestiegen war. Neuere Forschungen ermöglichen eine Schätzung, wonach die reichsten 10 % auf der Insel, also die Sklavenbesitzer (einschließlich derer, die zeitweilig oder dauerhaft in Frankreich ansässig waren), die weißen Siedler und eine kleine Minderheit von Mischlingen den Wohlstand, der jährlich in Saint-Domingue erwirtschaftet wurde, in einer Größenordnung von 80 % für sich vereinnahmten, während an die ärmsten 90 %, also die Sklaven, für Nahrung und Kleidung ein finanzieller Gegenwert von knapp 20 % des jährlichen Sozialproduktes zu veranschlagen ist, also mehr oder weniger das Überlebensnotwendige. Dabei ist hervorzuheben, dass diese Schätzung nur auf das Mindestmaß an Ungleichheit ausgelegt war. Möglich ist, dass an das obere Dezil in Wahrheit mehr als 80 % des erwirtschafteten Wohlstands ging, vielleicht sogar 85–90 % insgesamt.[1] Weit darüber konnte dieser Anteil allerdings nicht liegen, wenn man die Notwendigkeiten des Unterhalts berücksichtigt. Für die anderen sklavenhaltenden Gesellschaften auf den Antillen und im Indischen Ozean, wo die Sklaven im Allgemeinen zwischen 80 und 90 % der Bevölkerung ausmachten, deuten alle verfügbaren Fakten darauf hin, dass die Verteilung des erwirtschafteten Wohlstands kaum anders gewesen ist. In den Sklavenhaltergesellschaften mit einem geringeren Anteil an Sklaven wie in Brasilien oder im Süden der Vereinigten Staaten (zwischen 30 und 50, ja 60 % in bestimmten Staaten) nahm die Ungleichheit weniger extreme Ausmaße an, mit einem Anteil des oberen Dezils am Gesamteinkommen, das man bei rund 60–70 % veranschlagen könnte, je nach Größe der Ungleichheiten innerhalb der weißen und freien Bevölkerung.

Weitere neuere Forschungen liefern Elemente für einen Vergleich mit den Kolonialgesellschaften, die nicht auf Sklaverei setzten. Hier sind die verfügbaren Daten nur begrenzt zuverlässig, insbesondere deshalb, weil die in den Kolonien geltenden Steuersysteme hauptsächlich auf indirekten Steuern beruhten. Gleichwohl gab es im britischen Em-

1 Siehe Technischer Anhang. Die verfügbaren Daten ermöglichen eine Schätzung, wonach die Siedler und Pflanzer (rund 5 % der Bevölkerung) von einem Gegenwert von rund 70 % der Produktion auf der Insel profitierten. Der an die Mischlinge (ebenfalls 5 %) oder die noch am besten behandelten Sklaven gehende Anteil lässt sich je nach Hypothese auf 10–15 % veranschlagen. In allen Fällen lag der Anteil für das obere Dezil bei oder über 80 %, auf einem Niveau, höher als überall sonst.

pire und in geringerem Umfang im französischen Kolonialreich eine gewisse Anzahl an Kolonialgebieten, in denen die zuständigen Behörden (Gouverneure und Verwalter unter Kontrolle des Kolonialministeriums und der Zentralregierung, aber praktisch mit einer gewissen Autonomie und unter sehr vielfältigen Umständen) in der ersten Hälfte des 20. Jahrhunderts Systeme direkter und progressiver Steuern auf Einkommen umsetzten, die denen im jeweiligen Mutterland ähnelten. Diese Steuern hinterließen Spuren, insbesondere für die Zeit zwischen den Weltkriegen und vor der Unabhängigkeit. Die Materialien dazu haben Facundo Alvaredo und Denis Cogneau aus den französischen und Anthony Atkinson aus den britischen und südafrikanischen Kolonialarchiven zusammengetragen und ausgewertet.[1]

Zu Algerien ermöglichen die verfügbaren Daten eine Schätzung, wonach der Anteil für das obere Dezil 1930 nahe bei 70 % des Gesamteinkommens lag, was einem geringeren Maß an Ungleichheit als in Saint-Domingue 1780 entspricht, aber einem erheblich höheren als 1910 im französischen Mutterland (siehe Grafik 7.2). Dies bedeutet freilich nicht, dass die Lage der ärmsten 90 % im kolonialen Algerien (also hauptsächlich der muslimischen Bevölkerung) der der Sklaven in Saint-Domingue ähnlich oder mit ihr vergleichbar gewesen wäre. Beide inegalitären Ordnungen unterscheiden sich in wesentlichen Dimensionen der sozialen Ungleichheit radikal voneinander, angefangen bei der Freizügigkeit, dem Recht auf ein Privat- und Familienleben sowie auf Eigentum. Dennoch besetzt das koloniale Algerien von 1930 bei der Aufteilung der materiellen Ressourcen faktisch eine Zwischenstellung zwischen dem proprietaristischen Frankreich von 1910 und der Inselkolonie Saint-Domingue von 1780 und steht dabei vielleicht etwas näher an der zweit- als an der erstgenannten (auch wenn die ungenaue Datenlage dazu keine gesicherte Aussagen zulässt).

Nimmt man nun eine breitere räumliche und zeitliche Perspektive ein und vergleicht den Anteil am jährlich erwirtschafteten Wohlstand, den sich die reichsten 10 % aneigneten, so stellt man fest, dass die skla-

---

1 Die Quellen und aus ihnen gewonnenen Hypothesen sind im Technischen Anhang dargestellt. Detailliertere Analysen siehe F. Alvaredo, D. Cogneau, T. Piketty, «Income Inequality under Colonial Rule. Evidence from French Algeria, Cameroon, Indochina and Tunisia, 1920–1960», WID.world, 2019; A. Atkinson, «The Distribution of Top Incomes in Former British Africa», WID.world, 2015; F. Alvaredo, A. Atkinson, «Colonial Rule, Apartheid and Natural Ressources: Top Incomes in South Africa, 1903–2007», CEPR Discussion Paper n DP815, 2010.

Die Ungleichheit in den Kolonial- und Sklavenhaltergesellschaften

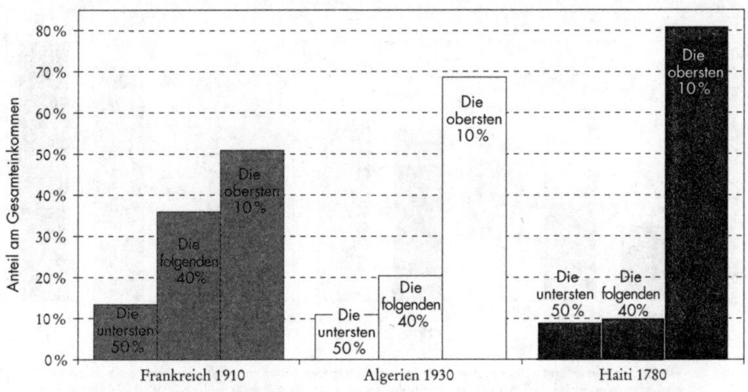

Grafik 7.2.: Der Anteil der einkommensstärksten 10 % an der Gesamtheit der Einkommen lag in Saint-Domingue (Haiti) im Jahr 1780 (rund 90 % Sklaven und knapp 10 % weiße Kolonialherren) bei über 80 %, gegenüber nahezu 70 % in Algerien 1930 (rund 90 % Einheimische und 10 % Kolonialherren) und rund 50 % im französischen Mutterland 1910.
Quellen und Reihen: siehe piketty.pse.ens.fr/ideologie.

venhaltenden Gesellschaften wie Saint-Domingue 1780, gefolgt von Kolonialgesellschaften wie Südafrika 1950 oder Algerien 1930, die Gesellschaften mit den größten Ungleichheiten in der Geschichte waren. Das sozialdemokratische Schweden um 1980 bildete bei der Einkommensverteilung eine der egalitärsten Gesellschaften, die je in Erscheinung traten, und ermöglicht es, die Größenordnung der Unterschiede zwischen den möglichen Verhältnissen zu ermessen. Der Anteil des oberen Dezils lag dort bei unter 25 % des Gesamteinkommens, gegenüber 35 % in Westeuropa 2018, rund 50 % in den Vereinigten Staaten 2018 und im proprietaristischen Europa der Belle Époque, 55 % in Brasilien 2018, 65 % im Nahen Osten 2018, 70 % im kolonialen Afrika von 1930 oder Südafrika von 1950 und 80 % in Saint-Domingue (siehe Grafik 7.3).

Betrachtet man nun den Anteil des obersten Perzentils (das reichste 1 %), was es ermöglicht, in den Vergleich eine größere Anzahl an Kolonialgesellschaften einzubeziehen (insbesondere die mit geringer europäischer Besiedlung, bei denen wegen der dürftigen Quellenlage die Einkommen des gesamten obersten Dezils sich im Allgemeinen nicht abschätzen lassen), stellt sich die Lage etwas anders dar (siehe Grafik 7.4). Wie man feststellt, kennzeichnet bestimmte Kolonialgesellschaften

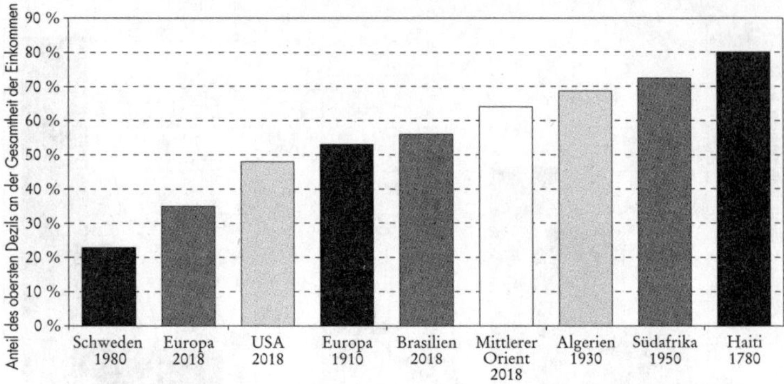

Grafik 7.3.: In allen beobachteten Gesellschaften lag der Anteil am Gesamteinkommen, den die einkommensstärksten 10 % in Anspruch nahmen, in einer Bandbreite zwischen 23 % in Schweden 1980 und 81 % in Saint-Domingue (Haiti) 1780 (wo 90 % Sklaven lebten). Kolonialgesellschaften wie Algerien und Südafrika gehörten zwischen 1930 und 1950 zu denen mit den höchsten Ungleichheitsniveaus in der Geschichte: Ungefähr 70 % des Gesamteinkommens entfielen auf das obere Dezil, das aus der europäischen Bevölkerung bestand.
Quellen und Reihen: siehe piketty.pse.ens.fr/ideologie.

ein außergewöhnlich hohes Maß an Ungleichheit an der Spitze der Einkommensverteilung. Dies betrifft insbesondere das südliche Afrika: In Südafrika und Simbabwe in den 1950er Jahren vereinnahmte das obere Perzentil 30–35 % und im damaligen Sambia sogar über 35 % des gesamten Einkommens. Dies entspricht Verhältnissen, in denen winzige Eliten aus Weißen gewaltige Ländereien ausbeuteten oder von beachtlichen Gewinnen zum Beispiel im Bergbausektor profitierten. Insbesondere zeichneten sich diese Länder durch außerordentlich hohe Einkommensanteile des obersten Tausendstels oder Zehntausendstels aus. In etwas geringerem Maß findet man solche Verhältnisse in Französisch-Indochina wieder. Der Anteil des oberen Perzentils lag nahe bei 30 %, ein Zeugnis für die besonders üppigen Vergütungen für die koloniale Verwaltungselite dieses Gebiets sowie für die besonders hohen Handelserträge und Gewinne aus Sektoren wie Kautschuk (auch wenn die verfügbaren Daten leider keine genaue Aufschlüsselung ermöglichen). Für andere Kolonialgesellschaften – Algerien, Kamerun oder Tansania von 1930 bis 1950 – ist dagegen festzustellen, dass der Anteil des obersten Perzentils am Gesamteinkommen, obwohl sehr hoch (zum Beispiel bei über 25 %), sich schließlich kaum von den Werten im Europa der Belle Époque oder in den Vereinigten Staaten der

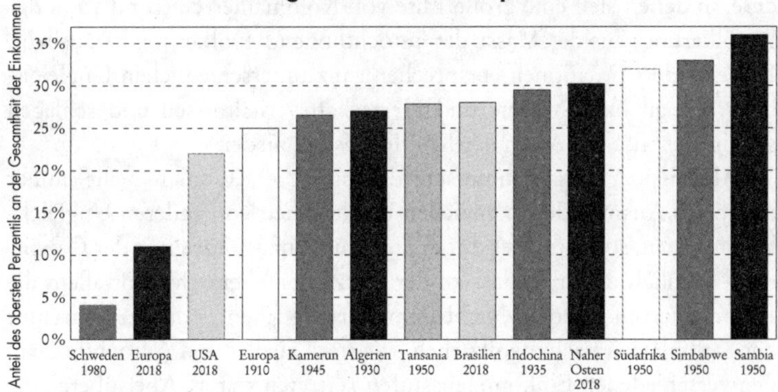

Grafik 7.4.: In sämtlichen beobachteten Gesellschaften (außer den Sklavenhaltergesellschaften) lag der Anteil des obersten Perzentils (das einkommensstärkste 1%) am Gesamteinkommen in einer Bandbreite zwischen 4% in Schweden 1980 und 36% in Sambia 1950. Die Kolonialgesellschaften gehören zu denen mit den größten Ungleichheiten in der Geschichte.
Quellen und Reihen: siehe piketty.pse.ens.fr/ideologie.

Gegenwart unterschied und sogar spürbar geringer war als die Niveaus, die derzeit in Brasilien oder im Nahen Osten (rund 30 %) zu verzeichnen sind. Diese Gesellschaften scheinen am Ende ziemlich nahe beieinander zu liegen, was die Einkommensanteile des obersten Perzentils angeht, insbesondere im Vergleich zum sozialdemokratischen Schweden von 1980 (mit einem Anteil von unter 5 %) oder zu Europa von 2018 mit (gut 10 %).

Mit anderen Worten: Die Spitze der Einkommenshierarchie (das reichste 1 % und darüber) vereinnahmte in den Kolonialgesellschaften nicht immer einen maßlos hohen Anteil am Gesamteinkommen, zumindest nicht im Vergleich zu anderen Gesellschaften mit großen Ungleichheiten in der modernen Welt. Im kolonialen Algerien lag zum Beispiel das Einkommen des obersten Perzentils nicht weiter über dem damaligen algerischen Durchschnittseinkommen als das entsprechende im französischen Mutterland während der Belle Époque. Und absolut gesehen, lag sein Lebensstandard sogar deutlich unter dem des entsprechenden Personenkreises im Mutterland. Vergleicht man dagegen die obersten Dezile miteinander, war der Abstand zur übrigen Gesellschaft im kolonialen Algerien spürbar größer als im Frankreich von 1910 (siehe Grafiken 7.2 und 7.3). Tatsächlich gibt es Gesellschaften, in denen sich eine kleine besitzende Elite (rund 1 % der Bevölkerung) durch ihren Reichtum und ihre Lebensart klar von der übrigen Gesellschaft unterscheidet, und andere, in denen sich eine große Elite von Kolonialherren (rund 10 % der Bevölkerung) aus der Masse der autochthonen Bevölkerung heraushebt. Diese beiden Situationen entsprechen ganz unterschiedlichen Ungleichheitsregimen bzw. Macht- und Herrschaftsverhältnissen und schlagen sich in spezifischen Arten der Konfliktlösung nieder.

Allgemeiner gesagt, unterschieden sich die Kolonien nicht immer durch das Ausmaß der finanziellen Ungleichheit von anderen Ungleichheitsregimen, sondern eher durch die Gruppenzugehörigkeit der Gewinner – nämlich dadurch, dass an der Spitze der Hierarchie vor allem die Kolonialherren standen. Nicht immer ermöglichen es die Steuerarchive der Kolonialzeit nachzuvollziehen, wie stark Siedler und Autochthone in den verschiedenen Einkommensstufen vertreten waren. Aber überall da, wo dies möglich ist, ob in Nordafrika, Kamerun, Indochina oder Südafrika, sind die Ergebnisse eindeutig. Obwohl die europäische Bevölkerung nur eine kleine Minderheit an der Gesamtbevölkerung ausmachte, stellte sie in den höchsten Einkommensstufen stets die erdrückende Mehrheit. In Südafrika, wo in der Zeit der Apartheid sämtliche Steuertabellen getrennt nach Rassen erstellt wurden, waren die Steuerzahler des obersten Perzentils stets zu über 98 % Weiße. Festzuhalten ist auch, dass die übrigen 2 % fast vollständig von Asiaten (hauptsächlich Indern) und nicht von Schwarzen gestellt wurden, die in der Schicht der obersten Einkommen mit nur knapp unter 0,1 % vertreten waren. Zu Algerien und Tunesien liegen keine vollkommen vergleichbaren Daten vor, aber was verfügbar ist, deutet darauf hin, dass die höchsten Einkommen zu 80–95 % an Europäer gingen.[1] Dieser Prozentsatz ist zwar geringer als in Südafrika, spiegelt aber nichtsdestoweniger eine quasi absolute wirtschaftliche Herrschaftsposition der Kolonialherren wider.

Beim Vergleich zwischen Algerien und Südafrika stellt man interes-

1 Nach den verfügbaren Daten waren die Autochthonen in Algerien mit 5 % und in Tunesien mit bis zu 20 % in der höchsten Einkommensklasse (ungefähr das oberste Perzentil) vertreten. Beide Schätzungen sind freilich insofern nicht miteinander vergleichbar, als in Algerien die jüdische Bevölkerung im Gegensatz zu den «Muslimen» als «Europäer» aufgenommen wurde (1870 war den «eingeborenen Israeliten» mit dem Décret Crémieux die französische Staatsbürgerschaft zugebilligt worden. Teile der jüdischen Bevölkerung lebten seit der Vertreibung aus Spanien und dem Ende der *Reconquista* in Nordafrika). Umgekehrt zählten in Tunesien die jüdischen Bevölkerungsteile wie die muslimischen als «Nichteuropäer» und hatten an den hohen Einkommen der Autochthonen wohl einen hohen Anteil (vielleicht über die Hälfte). Siehe Technischer Anhang.

santerweise fest, dass die erstgenannte Kolonie bei der Einkommensverteilung geringere Ungleichheiten aufwies als Südafrika, der Abstand aber relativ klein war, insbesondere was den Anteil des obersten Dezils angeht (siehe Grafiken 7.3 und 7.4). Die weiße Hyperelite (das oberste Perzentil oder Tausendstel) war in Algerien sicher weniger wohlhabend als das südafrikanische, aber mit Blick auf das obere Dezil lagen die Verhältnisse beider wohl nicht allzu weit auseinander. In beiden Ländern herrschte ein erheblicher Abstand zwischen den weißen Siedlern und der übrigen Bevölkerung. Die Einkommenskonzentration nahm in Algerien zwischen 1930 und 1950 wie auch in Südafrika zwischen 1950 und 1990 zwar anscheinend ab, verharrte in beiden Fällen aber auf äußerst hohen Niveaus (siehe Grafik 7.5).

Extreme Ungleichheit: Die Entwicklung im kolonialen und postkolonialen Zeitalter

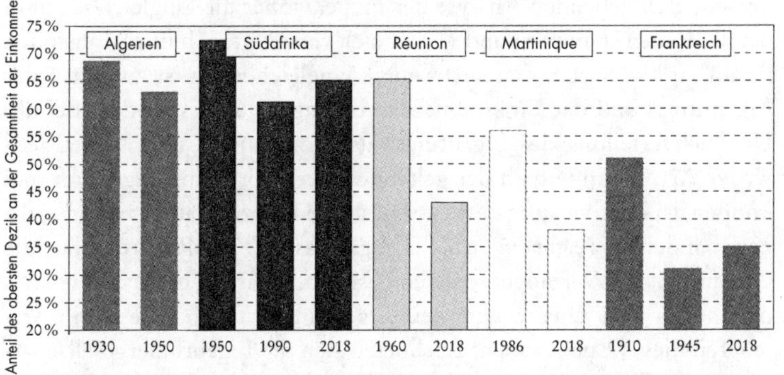

Grafik 7.5.: Der Anteil des obersten Dezils (die einkommensstärksten 10 %) am Gesamteinkommen sank im kolonialen Algerien zwischen 1930 und 1950 sowie in Südafrika zwischen 1950 und 2018, blieb aber auf einem der höchsten Niveaus in der Geschichte. In den französischen Übersee-Départements wie Réunion oder Martinique verringerte sich die Ungleichheit in der Einkommensverteilung noch stärker, ist aber immer noch größer als die auf dem französischen Festland.
Quellen und Reihen: siehe piketty.pse.ens.fr/ideologie.

Auffällig ist übrigens auch, dass der Anteil des obersten Dezils in Südafrika seit Ende der Apartheid noch zugenommen hat (auf den Punkt kommen wir später zurück). Festzustellen ist zudem, dass auf den ehemaligen französischen Sklaveninseln Réunion, Martinique und Guadeloupe, die 1946, ein Jahrhundert nach Abschaffung der Sklaverei 1848, französische Départements wurden, die extremen Unterschiede bei der Einkommensverteilung noch lange Zeit bestehen blieben. Für Réunion zum Beispiel belegen die Steuerarchive, dass der Anteil des obersten Dezils am Gesamteinkommen 1960 bei über 65 % und 1986 noch bei über 60 % lag, also ähnlich hoch wie im kolonialen Algerien und in Südafrika. Bis 2018 verringerte er sich dann auf 43 %, ist damit aber immer noch deutlich höher als auf dem französischen Festland. Diese hartnäckig sich haltende große Ungleichheit bei der Einkommensverteilung erklärt sich zum Teil daraus, dass Investitionen nur unzulänglich fließen und die öffentlichen Gehälter – zumindest im Vergleich zu den ortsüblichen Entgelten – besonders hoch sind und häufig an Beamte vom französischen Festland gehen.[1]

Maximale Ungleichheit des Eigentums, maximale Ungleichheit des Einkommens

Vor einer eingehenden Analyse der Frage, woher die Ungleichheiten in den Kolonien stammten und wie sie sich verstetigten, hilft es, folgenden Punkt zu klären: Bei den «extremen» Ungleichheiten ist zwischen der Eigentums- und der Einkommensverteilung zu unterscheiden. Bei der Ungleichverteilung des Eigentums, also von Gütern und Kapital jedweder Art, die innerhalb der geltenden Rechtsordnung Eigentum sein können, ist relativ häufig eine extrem starke Konzentration zu verzeichnen, bei der die reichsten 10 %, ja sogar das 1 % der Reichsten fast die Gesamtheit der Vermögensmassen besitzen, während die ärmsten 50 % oder sogar 90 % über fast gar kein Eigentum verfügen. Wie wir im ersten Teil dieses Buchs sahen, zeichneten sich die Eigentümergesellschaften, die in Europa im 19. und zu Beginn des 20. Jahrhunderts prosperierten, durch eine extreme Eigentumskonzentration aus. Während der Belle Époque (1880–1914) verfügten in Frankreich wie in Großbritannien oder Schweden die reichsten 10 % über 80–90 % allen möglichen Eigentums (Immobilien einschließlich Agrarflächen, betriebliche Vermögenswerte und Finanzanlagen, abzüglich Verbindlichkeiten). Und allein das erste Prozent der Pyramide besaß 60–70 % allen möglichen Eigentums.[2] Eine extreme Ungleichverteilung des Eigentums kann zwar politische und ideologische Probleme aufwerfen, stellt aber streng materiell betrachtet keine Schwierigkeit dar. Absolut gesehen, sind

1 Siehe Y. Govind, «Post-colonial inequality trends: from the «Four old colonies» to the French overseas departments», WID.world, 2019.

2 Siehe insbesondere Kapitel 4, Grafiken 4.1 und 4.2, sowie Kapitel 5, Grafiken 5.4–5.6.

durchaus Gesellschaften vorstellbar, in denen die reichsten 10 % oder das 1 % der Reichsten 100 % der Vermögenswerte ihr Eigentum nennen. Dies kann sogar noch weiter gehen, insbesondere in den Sklavenhaltergesellschaften, da Vermögensmassen für weite Teile der Bevölkerung auch negativ ausfallen können, wenn die Verbindlichkeiten die Aktivposten übersteigen (zum Beispiel im Extremfall der Sklaven, die ihrem Eigentümer die Gesamtheit ihrer Arbeitszeit schulden). In dem Fall kann es vorkommen, dass die besitzenden Schichten mehr als 100 % der Gesamtheit der Güter besitzen, weil ihnen sowohl die Güter als auch die Menschen gehören. Die Ungleichverteilung des Eigentums ist vor allem eine der Macht in der Gesellschaft, und sie kennt theoretisch keinerlei Grenze, vorausgesetzt, es gelingt den Besitzenden, mithilfe eines Unterdrückungsapparats oder mit Überredungsmethoden (je nach Fall), das Gesamtsystem im Gleichgewicht zu halten.

Anders verhält es sich mit der Ungleichverteilung der Einkommen, also der Aufteilung des Zuflusses an Wohlstand, der im Verlauf eines Jahres erwirtschaftet wird: Hier gilt es ein Existenzminimum für die Ärmsten zu respektieren, wenn nicht in Kauf genommen werden soll, dass ein bedeutender Teil der Gesellschaft kurzfristig verstirbt. Menschen können ohne Eigentum, nicht aber ohne Nahrung leben. Konkret wäre in einer besonders armen Gesellschaft, in der das Produktionsniveau pro Einwohner exakt dem Existenzminimum entspricht, eine dauerhafte Einkommensungleichheit unmöglich. Jeder müsste das gleiche Einkommen beziehen, sodass der Anteil des obersten Dezils am Gesamteinkommen bei 10 % (und des obersten Perzentils bei 1 %) liegen würde. Umgekehrt gilt: Je reicher eine Gesellschaft ist, desto eher ist es materiell möglich, eine besonders starke Ungleichverteilung bei den Einkommen aufrechtzuerhalten. Liegt die Produktion pro Einwohner beispielsweise beim 100-Fachen des Existenzminimums, wäre es theoretisch möglich, dass sich das obere Perzentil 99 % des erzeugten Wohlstands aneignet und sich die übrige Bevölkerung mit dem Subsistenzniveau begnügt. Allgemeiner lässt sich leicht zeigen, dass die maximal erreichbare materielle Ungleichheit mit dem durchschnittlichen Lebensstandard einer Gesellschaft wächst (siehe Grafik 7.6).[1]

1 Dieser Begriff der maximalen Ungleichheit ähnelt stark dem der «Ungleichheitsgrenze», den B. Milanovic, P. Lindert und J. Williamson («Preindustrial inequality», *The Economic Journal* 121 (2011), 551, S. 255–272) gebrauchten, nur dass ich die Anteile des obersten Dezils und Perzentils am Gesamteinkommen (anstelle des Gini-Koeffizienten) nutze. Im Übrigen sei

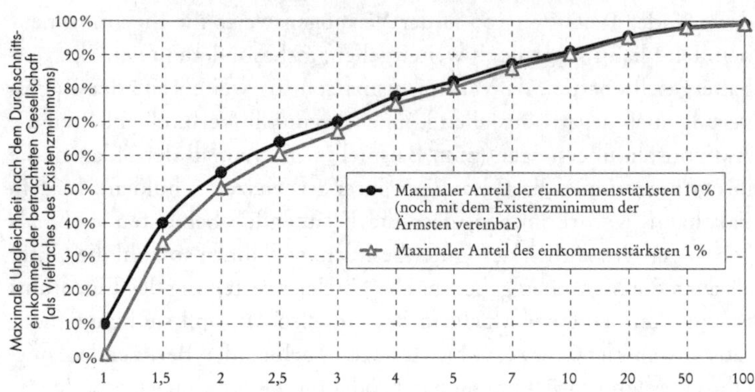

Grafik 7.6.: In einer Gesellschaft, in der das Durchschnittseinkommen das Dreifache des Existenzminimums beträgt, liegt der maximale (mit dem Existenzminimum der ärmsten 90% noch vereinbare) Anteil der einkommensstärksten 10 % bei 70 % des Gesamteinkommens und der maximale (mit dem Existenzminimum der ärmsten 99% noch vereinbare) Anteil des einkommensstärksten 1% bei 67% des Gesamteinkommens. Je wohlhabender eine Gesellschaft ist, desto größer können die Unterschiede werden.
Quellen und Reihen: siehe piketty.pse.ens.fr/ideologie.

Der Begriff der maximalen Ungleichheit ist nützlich, weil er ein Verständnis ermöglicht, warum die Ungleichverteilung der Einkommen niemals so extrem ausfallen kann wie die des Eigentums. In der Praxis liegt der Anteil am Gesamteinkommen der ärmsten 50% immer noch bei mindestens 5–10% (und allgemein in einer Größenordnung von 10–20%), während der Anteil der ärmsten 50% am Eigentum praktisch bei null liegen kann (häufig bei 1–2%, ja sogar im negativen Bereich). Ebenso verfügen die reichsten 10% in den inegalitärsten Gesellschaften über einen Anteil am Gesamteinkommen, der die Marke von 50–60% nicht überschreitet (außer in einigen sklavenhaltenden und kolonialen Gesellschaften des 18., 19. und 20. Jahrhunderts mit bis zu 70–80%), während ihr Anteil an den Vermögenswerten regelmäßig bei 80–90% liegt, insbesondere in den proprietaristischen Gesellschaften des 19. und beginnenden 20. Jahrhunderts. Und in den neoproprietaris-

darauf hingewiesen, dass das Einkommen zeitweilig negativ ausfallen kann (zum Beispiel bei Betriebsverlust eines Selbstständigen), nicht aber der Konsum. In der Praxis sind Durchschnittseinkommen und durchschnittlicher Konsum bei den ärmsten 50% fast deckungsgleich (im Durchschnitt ist weder eine bedeutende Spartätigkeit noch eine bedeutende Aufzehrung von Ersparnissen zu verzeichnen, was sich darin niederschlägt, dass das durchschnittliche Vermögen dieser Gruppe tendenziell stabil bei fast null oder im negativen Bereich liegt).

tischen, die zu Beginn des 21. Jahrhunderts stärksten Auftrieb haben, könnte er solche Höhen rasch wieder erreichen.

Allerdings darf die Bedeutung dieser «materiellen» Determinanten der Ungleichheit nicht übertrieben hoch veranschlagt werden. In der historischen Realität bestimmen nicht der Grad an Reichtum oder der Entwicklungsstand an sich, wie groß die Ungleichheit ausfällt, sondern vor allem die ideologischen, politischen und institutionellen Fähigkeiten, Ungleichheit zu rechtfertigen und zu strukturieren. Und der Begriff «Existenzminimum» stellt sich seinerseits komplexer dar als ein einfaches biologisches Faktum. Er hängt von den jeweiligen gesellschaftlichen Vorstellungen ab, ist multidimensional (Nahrung, Kleidung, Unterkunft, Hygiene etc.) und lässt sich mit einem monetären Indikator allein niemals korrekt erfassen. Am Ende der 2010er Jahre wird das Existenzminimum häufig bei einem bis zwei Euro pro Tag angesetzt und extreme Armut auf globaler Ebene zum Beispiel durch die Anzahl der Personen definiert, die mit weniger als einem Euro pro Tag auskommen müssen. Die verfügbaren Schätzungen zeigen, dass das durchschnittliche Nationaleinkommen pro Einwohner im 18. und zu Beginn des 19. Jahrhunderts weltweit bei unter 100 Euro pro Monat lag (gegenüber 1000 Euro pro Monat 2020, wobei beide Werte in Euro von 2020 ausgedrückt sind). Dies beinhaltet, dass ein bedeutender Teil der Bevölkerung damals ziemlich nahe am Existenzminimum lebte, was im Übrigen auch die besonders hohe Sterblichkeit zu allen Zeiten und die kurzen Lebenserwartungen bestätigen. Es bedeutet aber auch, dass es Spielräume für mehrere mögliche Ungleichheitsregime gab.[1] So lag zum Beispiel in Saint-Domingue, einer wohlhabenden Zucker- und Baumwollkolonie, der Marktwert der Produktion pro Einwohner in einer Größenordnung des Zwei- bis Dreifachen des damaligen weltweiten Durchschnitts, sodass es unter einem streng materiellen Blickwinkel ge-

1 Siehe die Einführung, Grafiken 0.1 und 0.2. Mit anderen Worten: Demnach hätte sich das Durchschnittseinkommen von ungefähr dem Dreifachen des Existenzminimums auf eines erhöht, das beim rund Dreißigfachen liegt. Auch wenn diese Größenordnungen einleuchtend erscheinen, warne ich vor allzu mechanischen Deutungen: Die Preisindizes, die als Vergleichswerte dienen, um über einen langen Zeitraum hinweg die jeweilige Kaufkraft zu bestimmen, lassen die Ausmaße der beteiligten Veränderungen sowie die Unterschiedlichkeit und Multidimensionalität der einzelnen Verhältnisse außen vor. Statistisch ausgedrückt, verbergen sich hinter einem mittleren Preisindex für die wichtigsten Versorgungsgüter ganz unterschiedliche Preise, die einzeln in Augenschein genommen werden müssen, wenn die Entwicklung von Armutsverhältnissen korrekt erfasst werden soll.

sehen leicht möglich war, zu einer maximalen Einkommensungleichheit zu gelangen. Festzustellen ist übrigens auch, dass der durchschnittliche Lebensstandard einer Gesellschaft nur über dem Vier- bis Fünffachen des Existenzminimums liegen muss, damit die Ungleichheit nach aller Logik ihre maximalen Ausmaße erreichen kann, bei denen das obere Dezil oder Perzentil 80–90 % des Gesamteinkommens vereinnahmt (Siehe Grafik 7.6).

Mit anderen Worten: Während es in einer extrem armen Gesellschaft faktisch schwerfällt, ein stark hierarchisiertes Ungleichheitsregime zu errichten, muss eine Gesellschaft gar nicht besonders reich sein, um zu einer hochgradigen Ungleichheit zu gelangen. Konkret hätten zahlreiche, wahrscheinlich sogar die meisten Gesellschaften seit der Antike unter einem streng materiellen Blickwinkel gesehen auf eine extreme Ungleichheit setzen können, vergleichbar mit der von Saint-Domingue. Und dabei könnten die gegenwärtigen reichen Gesellschaften die Ungleichheit noch weiter auf die Spitze treiben (und werden es mancherorts in Zukunft vielleicht auch tun).[1] Die Ungleichheit wird vor allem von ideologischen und politischen Erwägungen und nicht durch wirtschaftliche oder technologische Zwänge bestimmt. Wenn die sklavenhaltenden und kolonialen Gesellschaften ein außerordentlich hohes Maß an Ungleichheit erreichten, so deshalb, weil sie um ein besonderes politisches und ideologisches Projekt herum errichtet wurden und sich auf bestimmte Kräfteverhältnisse und ein spezielles rechtliches und institutionelles System stützten. Dies gilt auch für die Eigentümergesellschaften sowie für die trifunktionalen, sozialdemokratischen oder kommunistischen sowie für sämtliche menschliche Gesellschaften.

Festzustellen ist auch, dass es in der Geschichte zwar eine bestimmte Anzahl an Gesellschaften gibt, in denen sich der Anteil des obersten Dezils am Gesamteinkommen der maximalen Ungleichheit annäherte (mit 70–80 % in den sklavenhaltenden und kolonialen Gesellschaften mit der stärksten Ungleichverteilung und mit 60–70 % in den am stärksten auf Ungleichheit setzenden heutigen Gesellschaften, insbesondere im Nahen Osten und in Südafrika), dass sich die Dinge

1 Laut den verfügbaren Schätzungen und insofern solche Vergleiche sinnvoll sind, war das weltweite Durchschnittseinkommen in der Antike kaum geringer als im 18. Jahrhundert (also in einer Größenordnung des dreifachen Existenzminimums). In den reichsten europäischen, asiatischen, afrikanischen oder mittelamerikanischen Gesellschaften lag es spürbar über dem weltweiten Durchschnitt und reichte folglich bei weitem aus, um Höchstgrade der Ungleichheit zu ermöglichen.

beim Anteil des obersten Perzentils aber anders darstellen: Die höchsten Niveaus liegen hier um 20–35 % des Gesamteinkommens (siehe Grafik 7.4), sicher beachtliche Werte, aber immer noch deutlich unter den 70–80 % des jährlich produzierten Wohlstands, den sich das oberste Perzentil theoretisch aneignen könnte, sobald der durchschnittliche Lebensstandard über dem Drei- bis Vierfachen des Existenzminimums liegt (siehe Grafik 7.6). Die Erklärung dafür liegt wohl darin, dass es keineswegs einfach ist, Ideologien und Institutionen zu errichten, mit deren Hilfe ein so enger Personenkreis wie ein Perzentil die übrige Gesellschaft davon überzeugen kann, ihm die Kontrolle über praktisch die Gesamtheit der Ressourcen zu überlassen. Vielleicht wird dies Gruppen einfallsreicher Milliardäre aus dem High-Tech-Bereich in Zukunft noch gelingen. Aber bis auf den heutigen Tag hat es noch keine Elite vermocht. Für Saint-Domingue, das in unserer Untersuchung die absolute Ungleichheit verkörpert, lässt sich schätzen, dass der Anteil des obersten Perzentils bei mindestens 55 % der erwirtschafteten Reichtümer lag und sich damit deutlich dem theoretischen Maximum angenähert hat (siehe Grafik 7.7). Hervorzuheben ist allerdings, dass diese Berechnung insofern etwas künstlich ist, als in das 1 % der Reichsten auch Eigentümer einbezogen sind, die hauptsächlich in Frankreich lebten und sich an den Exportgütern der Insel bereicherten.[1] Eine solche Strategie der räumlichen Distanz ist als allgemeine Regel wohl eine gute Methode, die Ungleichheit leichter erträglich zu machen als beim Zusammenleben in derselben Gesellschaft. Im betreffenden Fall konnte sie Aufstände und die Enteignung aber nicht verhindern.

1 Ich gehe hier davon aus, dass es sich bei den in Frankreich ansässigen Nutznießern der Ausfuhren der Insel (die zwischen 1760 und 1790 rund 55 % der durchschnittlichen Wertschöpfung ausmachten) um eine kleine Gruppe von höchstens einigen tausend Personen handelte, also um weniger als 1 % der Bevölkerung von Saint-Domingue (über 500 000 Einwohner 1790). Da die Archive zu den Entschädigungen, die Haiti nach 1825 an die ehemaligen Sklavenbesitzer bezahlt hat, bislang noch nicht geöffnet und systematisch ausgewertet sind, sind genauere Aussagen nicht möglich. Siehe Technischer Anhang.

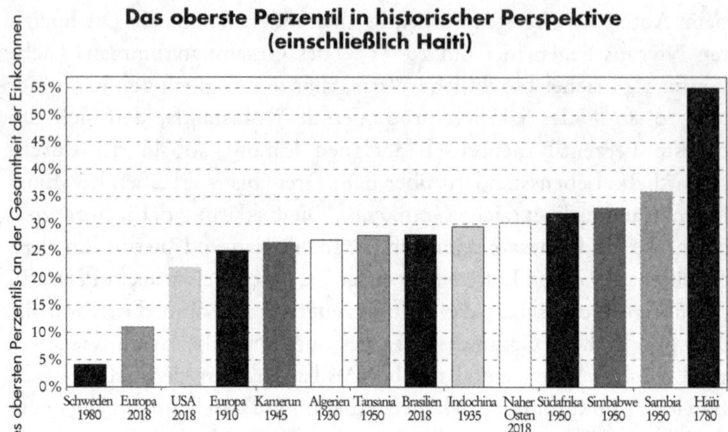

Grafik 7.7.: Bezieht man Sklavenhaltergesellschaften wie Saint-Domingue (Haiti) 1780 mit ein, liegt der Anteil am gesamten erwirtschafteten Wohlstand, den das einkommensstärkste 1 % für sich vereinnahmte, bei bis zu 50 % bis 60 %.
Quellen und Reihen: siehe piketty.pse.ens.fr/ideologie.

Eine Kolonisierung für die Kolonialherren: die Kolonialetats

Kommen wir nun zu den Fragen, woher die Ungleichheiten in der Kolonialzeit kamen und wie sie sich verstetigt haben. Wie wir im vorigen Kapitel sahen, wurde die Ungleichheit der Sklaverei insbesondere damit gerechtfertigt, dass zwischen rivalisierenden staatlichen Mächten in Wirtschaft und Handel ein Konkurrenzdruck herrsche, und Kritik an ihr angesichts der Ausbeutung in der industriellen Welt als Heuchelei angeprangert. Nach Abschaffung der Sklaverei spielten diese Argumente für die Kolonialherrschaft ebenfalls eine Rolle, aber zu deren Rechtfertigung hoben die Kolonialherren nun hauptsächlich ihre zivilisatorische Mission hervor. Aus ihrer Sicht beruhte diese Mission einerseits darauf, die Ordnung aufrechtzuerhalten und ein proprietaristisches Entwicklungsmodell mit potenziell universellem Anspruch zu verbreiten, und andererseits auf einer Herrschaft, die sich auch als eine geistige verstand, bei der es um die Verbreitung von Erkenntnissen und Wissen ging.[1] Folglich ist eine Untersuchung dazu interessant, wie die Kolonien konkret organisiert waren, insbesondere was ihre öffentlichen

1 Diese doppelte zivilisatorische Mission (eine militärische und geistige, die sowohl auf der Aufrechterhaltung der Ordnung als auch auf geistiger Betreuung beruhte) erinnert durchaus

Haushalte, ihre Steuern, ihr Rechts- und Sozialsystem und allgemeiner das Entwicklungsmodell angeht, dass die Kolonialherren eingeführt hatten. Die verfügbaren Forschungen zu diesen Fragen geben leider nur begrenzt Auskunft, ermöglichen es aber, einige Ergebnisse festzuhalten.

Die Kolonien waren regelmäßig so organisiert, dass sie vor allem den Kolonialherren und dem Mutterland nutzten und Investitionen in Soziales und Bildung zugunsten der angestammten Bevölkerung nur äußerst spärlich, ja kaum nennenswert flossen, das zeigt eine Vielzahl von Fakten. Diese Investitionsschwäche betraf lange Zeit auch die französischen Überseegebiete, insbesondere die der Antillen und im Indischen Ozean, und mag – mit der Abhängigkeit vom Mutterland – erklären, warum sich dort so große Ungleichheiten hielten. So wiesen in den 1920er und 1930er Jahren französische Parlamentsberichte zum Beispiel darauf hin, dass auf Martinique und Guadeloupe der Schulbesuch extrem schwach und das Bildungswesen generell in einem «lamentablen» Zustand sei.[1] Nachdem die Gebiete 1946 zu französischen Départements geworden waren, verbesserten sich die Zustände schrittweise und in geringerem Maß auch in sämtlichen französischen Kolonien in den 1950er Jahren, als im Mutterland noch die Hoffnung herrschte, Teile des Kolonialreichs bewahren zu können. Aber der aufgelaufene Rückstand war beträchtlich, sodass es in den Überseegebieten ein halbes Jahrhundert dauerte, bis die Ungleichheiten auf ein ähnliches Maß wie auf dem französischen Festland zurückgingen (siehe Grafik 7.5).

Neuere Untersuchungen, insbesondere unter Leitung von Denis Cogneau, Yannick Dupraz, Élise Huillery und Sandrine Mesplé-Somps, ermöglichten ein genaueres Verständnis der Struktur der französischen Kolonialetats in Nordafrika wie auch in Indochina sowie West- und Äquatorialafrika und deren Entwicklung ab Ende des 19. und im Verlauf der ersten Hälfte des 20. Jahrhunderts.[2] Als Grundprinzip galt während der französischen Kolonialzeit, zumindest in der zweiten Phase des Kolonialreichs, also ungefähr ab 1850 und bis 1960, dass die

---

an das trifunktionale Schema und seine Eliten aus Kriegern und Geistlichen: Die dreigliedrige Logik wird schlicht auf die internationalen und zwischenstaatlichen Beziehungen ausgeweitet.

1 Siehe N. Schmidt, *La France a-t-elle aboli l'esclavage?*, a. a. O., S. 340.

2 Siehe insbesondere D. Cogneau, Y. Dupraz, S. Mesplé-Somps, «Fiscal Capacity and Dualism in Colonial States: The French Empire 1830–1962», Paris: EHESS und École d'économie de Paris, 2018. Siehe ebenso É. Huillery, «The Black Man's Burden: the Costs of Colonization of French West Africa», *Journal of Economic History* 74 (2013), 1, Sp. 1–38.

Kolonien unabhängige Haushalte führen mussten. Mit anderen Worten: Die Steuern, die in den Kolonialgebieten eingenommen wurden, mussten die dortigen Ausgaben decken, nicht mehr und nicht weniger. Finanztransfers aus den Kolonien ins französische Mutterland oder in umgekehrte Richtung blieben ausgeschlossen. Tatsächlich wiesen unter einem förmlichen Gesichtspunkt die Kolonien während der gesamten Dauer der Kolonialzeit ausgeglichene Haushalte auf. Die Steuern deckten die Ausgaben, insbesondere in der Belle Époque, in der Zeit zwischen den Weltkriegen (1918–1939) und allgemein während der gesamten Periode 1850–1945. Die einzige Ausnahme betrifft die Zeit unmittelbar vor der Entkolonialisierung, die sich weitgehend mit der Vierten Republik deckt (1946–1958). In diesem Zeitraum ist ein gewisser Transfer von Steuermitteln des französischen Staathaushalts in die Kolonien festzustellen.

Allerdings muss «ausgeglichen» mit Blick auf die Haushalte in den Kolonien der Jahre 1850–1945 richtig verstanden werden. In der Praxis handelte es sich um ausgeglichene Budgets, die hauptsächlich die Kolonisierten drückten und fast ausschließlich den Kolonialherren nutzten. Bei den Einnahmen ist festzustellen, dass sie vor allem aus regressiven Steuern bestanden, die niedrigere Einkommen stärker belasteten als höhere: Verbrauchssteuern, indirekte Steuern und vor allem «Kopfsteuern», also solche mit gleicher Höhe für jeden Einwohner, ob arm oder reich und ohne jeden Versuch, die Belastbarkeit der Steuerpflichtigen einzubeziehen. Diese unausgewogenste aller möglichen Veranlagungen hatte das französische Ancien Régime bereits im 18. Jahrhundert, noch vor der Revolution, weitgehend überwunden. Festzuhalten ist übrigens auch, dass Frondienste *(corvées)*, Tage der Arbeitspflicht, die die kolonisierten Bevölkerungen der Kolonialverwaltung schuldeten – und auf die wir später zurückkommen – in der Buchführung der Haushalte unberücksichtigt blieben.

Auch ist hervorzuheben, dass das Steueraufkommen in Anbetracht der Armut der fraglichen Gesellschaften relativ hoch ausfiel. Verfügbare Quellen zu den Produktionsniveaus (einschließlich der Selbstversorgung mit Lebensmitteln) ermöglichen beispielsweise die Schätzung, wonach die erhobenen Steuern 1925 fast 10 % des Bruttoinlandsprodukts in Nordafrika und auf Madagaskar und über 12 % in Indochina ausmachten, also fast so viel wie zur gleichen Zeit im Mutterland (knapp 16 %) und mehr als im Frankreich des 19. Jahrhunderts und bis 1914 (unter 10 %) sowie in mehreren armen Ländern zu Beginn des 21. Jahrhunderts.

Schließlich und vor allem ist auf der Ausgabenseite festzustellen, dass die Kolonialetats so ausgelegt waren, dass sie fast ausschließlich der französischen und europäischen Bevölkerung zugutekamen und insbesondere dazu dienten, die besonders komfortablen Bezüge des Gouverneurs, der höheren Verwaltungsbeamten der Kolonie und der Polizeikräfte zu finanzieren. Kurz: Die kolonisierten Bevölkerungen schulterten schwere Steuerlasten, um den Lebensstil derer zu finanzieren, die gekommen waren, um sie politisch und militärisch zu beherrschen. In geringem Maß investiert wurde auch in Infrastrukturen und in dürftigem Umfang in Bildung und Gesundheit, aber auch da hauptsächlich zugunsten der Kolonialherren. Die Anzahl der Beamten und insbesondere der Lehrer und Ärzte in den Kolonien war zwar besonders gering, aber sie wurden gemessen am Lebensstandard der betroffenen Bevölkerungen außerordentlich gut bezahlt. Sämtliche kolonialen Haushalte von 1925 zusammengenommen kamen in den französischen Kolonien im Durchschnitt auf 1000 Einwohner kaum zwei Beamte, aber jeder von ihnen wurde mit ungefähr dem Zehnfachen des damaligen Durchschnittseinkommens in den Kolonien bezahlt. Umgekehrt zählte man zur gleichen Zeit im Mutterland auf 1000 Einwohner rund 10 Beamte, die im Mittel ungefähr das Doppelte des Durchschnittseinkommens verdienten.[1]

In bestimmten Fällen ermöglichten es die Kolonialetats, die Bezüge der aus dem Mutterland entsandten Beamten getrennt von denen der Beamten zu verbuchen, die unter der autochthonen Bevölkerung rekrutiert worden waren. So ist in Indochina und Madagaskar zum Beispiel festzustellen, dass die Europäer rund 10 % der Beamtenschaft stellten, aber 60 % der Gesamtsumme der Gehälter bekamen. Auch sind zuweilen die Unterschiede bei den Ausgaben sichtbar, die für die verschiedenen Bevölkerungsgruppen vorgesehen waren, insbesondere im schulischen Bereich, weil die Bildungssysteme für die Kinder der Kolonialherren und für die der angestammten Bevölkerung streng voneinander getrennt waren. So flossen in Marokko 1925 an die Schulen und Gymnasien für Europäer (die nur 4 % der Bevölkerung stellten) 79 % aller Bildungsausgaben. In der gleichen Zeit lag die Quote beim Primar-

1 Siehe D. Cogneau, Y. Dupraz, S. Mesplé-Somps, «Fiscal Capacity and Dualism in Colonial States», a. a. O., S. 35.

schulbesuch unter den autochthonen Kindern in Nordafrika und Indochina unter 5 % und in Französisch-Westafrika unter 2 %. Dabei fällt insbesondere auf, dass dieses starke Ungleichgewicht bei den Bildungsausgaben auch am Ende der Kolonialzeit offenbar nicht besser austariert wurde, obwohl das Mutterland in die Kolonien allmählich mehr investierte. Für Algerien zeigen die Etats, dass die für die Kolonialherren reservierten Bildungseinrichtungen 1925 78 % der Gesamtausgaben für Bildung erhielten und sich dieser Anteil 1955 bei 82 % einpendelte, als die Kämpfe um die Unabhängigkeit bereits begonnen hatten. Das Kolonialsystem war in seiner Funktionsweise so inegalitär, dass es als weitgehend unreformierbar erscheint.

Zwar ist zu berücksichtigen, dass sämtliche Bildungssysteme der Zeit extrem elitär ausgerichtet waren, natürlich auch im Mutterland. Wir kommen im Übrigen bei Gelegenheit noch auf die Bildungsausgaben zurück, die je nach sozialer Herkunft der Kinder und ihrem anfänglichen Bildungserfolg (zwei sich überschneidende, aber nicht vollständig deckungsgleiche Kriterien) heute immer noch sehr ungleich verteilt sind. Der Mangel an Transparenz und Reformeifer in dieser Sache gehört zu den wichtigsten Herausforderungen für die Zukunft, wenn es um Ungleichheiten geht, und bislang ist noch kein Land in der Lage, diesbezüglich Lehren zu erteilen. Dessen ungeachtet kennzeichnete die kolonialen Bildungssysteme ein außerordentliches Maß an Ungleichheit, das zu dem anderenorts in keinem Verhältnis steht. Für Algerien zu Beginn der 1950er Jahre kann man zum Beispiel schätzen, dass für die 10 % der Schüler, Gymnasiasten und Studenten, die innerhalb ihrer Altersstufe mit den höchsten Bildungsausgaben bedacht wurden (in der Praxis also die Kinder der Kolonialherren), über 80 % des gesamten Bildungsetats zur Verfügung standen (siehe Grafik 7.8). Stellt man dieselbe Rechnung für das Frankreich von 1910 an, das sich insofern durch eine äußerst starke Schichtung bei der Bildung auszeichnete, als die unteren Volksschichten selten weiter als bis zum Primärabschluss kamen, gelangt man zum Ergebnis, dass den 10 %, die am stärksten von den Bildungsinvestitionen profitierten, 38 % der Gesamtausgaben zuflossen, während für die 50 % mit dem geringsten Bildungsstand nur 26 % der Ausgaben aufgewendet wurden. Diese Ungleichbehandlung ist insofern beachtlich, als die zweite Gruppe durch die Verhältnisse bedingt fünfmal so groß wie die erste ist. Mit anderen Worten: Die 10 % der privilegiertesten Kinder profitierten von den Bildungsinvestitionen pro Kopf fast achtmal so stark wie die 50 % der am stärksten benachteiligten Kinder. Die Ungleichheit der Bildungsausgaben hat sich in Frankreich zwischen 1910 und 2018 spürbar verringert, auch wenn im heute herrschenden System noch immer dreimal so viel öffentliches Geld pro Kind in die 10 % der am stärksten Begünstigten fließt wie in die 50 % der am stärksten Benachteiligten – ziemlich erstaunlich für ein System, von dem erwartet wird, die soziale Reproduktion zu verringern (darauf kommen wir zurück, wenn wir die Bedingungen eines gerechten Bildungssystems erörtern).[1] Halten wir für den Augenblick lediglich fest, dass die Ungleichheiten bei der Bildung in Kolonialgesellschaften wie im französischen Algerien unvergleichlich höhere Ausmaße hatten: Das Verhältnis zwischen den Ausgaben für die Kinder der Kolonisierten und denen für die der Kolonialherren lag bei 1 zu 40.

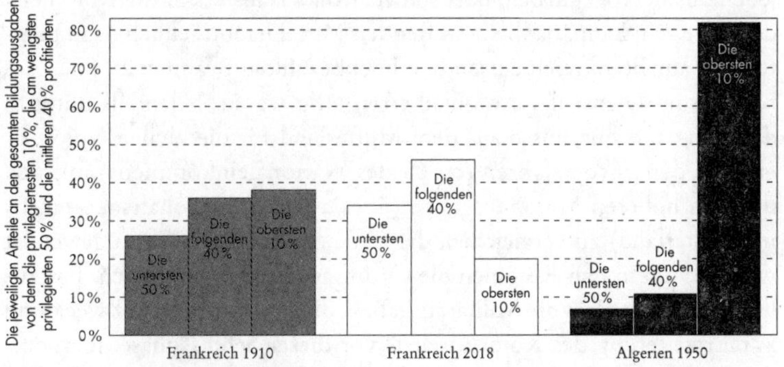

Grafik 7.8.: In Algerien profitierten 1950 die privilegiertesten 10 % (die Kolonialherren) von 82 % sämtlicher Bildungsausgaben. Zum Vergleich: Der Anteil an allen Bildungsausgaben, der den 10 % der Bevölkerung zugutekam, die von den Bildungsinvestitionen am meisten profitierten (also die mit besonders langen und teuren Studiengängen), lag in Frankreich 1910 bei 38 % und 2018 bei 20 %. Quellen und Reihen: siehe piketty.pse.ens.fr/ideologie.

In der Schlussphase der Kolonialzeit, zwischen 1945 und 1960, versuchte der französische Staat erstmals erhebliche Summen in die Kolonien zu investierten. Das dem Untergang entgegensehende Kolonialreich setzte auf Entwicklung in der Hoffnung, die betroffenen Bevölkerungen davon zu überzeugen, bei ihm zu bleiben. Inzwischen hatte es sich als eine

1 Siehe Kapitel 17, S. 1237–1247.

Union française neudefiniert, die sich sozial und demokratisch zu geben versuchte. Abgesehen davon, dass die Aufteilung dieser Aufwendungen die vormaligen Strukturen der Ungleichheit reproduzierte, darf diese plötzliche Großzügigkeit des Mutterlands nicht überschätzt werden. Im Verlauf der 1950er Jahre kamen Frankreichs Zuschüsse zu den Kolonialetats über 0,5 % des jährlichen Nationaleinkommens im Mutterland niemals hinaus. An sich sind diese Summen, die im metropolitanen Frankreich rasch vielfältige Gegner auf den Plan riefen,[1] nicht gänzlich zu vernachlässigen. Sie liegen annähernd in der Größenordnung (in Prozent des Nationaleinkommens) des Nettobeitrags, den die wohlhabendsten Länder der europäischen Union (darunter Frankreich und Deutschland) zum europäischen Haushalt in den 2010er Jahren leisteten. Auf die konkrete Bedeutung solcher Summen kommen wir später zurück, wenn wir die Schwierigkeiten und Aussichten der politischen Einigung Europas untersuchen.[2] Für das französische Kolonialreich ist jedenfalls hervorzuheben, dass schwer von «Transfers in die Kolonien» die Rede sein kann, da die betreffenden Mittel hauptsächlich dazu dienten, die aus Frankreich entsandten hochbezahlten Beamten zu finanzieren, die im Dienst der Kolonialherren tätig waren. Jedenfalls nützt es durchaus, die Zuschüsse aus dem Mutterland für die zivilen Kolonialetats in den 1950er Jahren (0,5 % des Nationaleinkommens) mit den deutlich höheren Militärausgaben (über 2 % des Nationaleinkommens im Mutterland) zu vergleichen, die Ende der 1950er Jahre aufgewendet wurden, um in den Kolonien die Ordnung aufrechtzuerhalten. Festzuhalten ist auch, dass die Militärausgaben, die Paris zu diesem Zweck und zur Erweiterung des Kolonialreichs vor dieser Schlussphase übernommen hatte, zwischen 1830 und 1910 niemals 0,5 % des metropolitanen Nationaleinkommens pro Jahr überschritten – eine eher günstige Investition für ein Kolonialreich, dessen Bevölkerung auf dem Höhepunkt fast 2,5 mal so groß war wie die des Mutterlands (95 Millionen gegenüber 40 Millionen Einwohner).[3] Hier wird deutlich, wie sehr die Unter-

1 Weisen wir jedenfalls darauf hin, dass der berühmte Slogan «la Corrèze plutôt que le Zambèze» (Lieber die Corrèze als der Sambesi) vom Abgeordneten Jean Montalat stammt, der der französischen Sektion der Arbeiter-Internationale, der Vorläuferin der französischen Sozialistischen Partei, angehörte und aus dem Département Corrèze kam. Ausgerufen hat er ihn auf der Rednertribüne der Nationalversammlung 1964, also nach der Entkolonialisierung, anlässlich von Debatten um die Entwicklungshilfe für die ehemaligen Kolonien.

2 Siehe insbesondere die Kapitel 12, S. 803–808, und 16, S. 1093–1127.

3 Zwischen den Weltkriegen lagen diese Militärausgaben für die Kolonien zwischen 0,5 und

schiede im Entwicklungsstand und den staatlichen und militärischen Fähigkeiten Ambitionen aufkommen ließen, zu geringen Kosten ein großes Kolonialreich zu schaffen.

Die Ausbeutung durch Sklaverei und Kolonialwirtschaft in historischer Perspektive

In der Frage der «Transfers» zwischen Mutterland und Kolonien ist hervorzuheben, dass es ganz irrig wäre, die Untersuchung auf die Bilanz der öffentlichen Haushalte zu beschränken. Dass die Steuereinnahmen in den Kolonien in der gesamten Zeit von 1830–1950 die Ausgaben deckten, heißt nicht, dass keinerlei «koloniale Ausbeutung» stattgefunden, dass die Kolonialmacht aus den Kolonien keinerlei Nutzen gezogen hätte. Der erste war der für die Gouverneure und Kolonialbeamten, die, wie wir sahen, dank der Steuern der kolonisierten Bevölkerungen bezahlt wurden. Ganz generell profitierten die Kolonialherren, ob als Beamte oder im Privatsektor, zum Beispiel als landwirtschaftliche Siedler in Algerien oder Kautschukfarmer in Indochina, von einem Status, der häufig deutlich über dem lag, den sie im Mutterland gehabt hatten oder hätten erreichen können. Zwar war das Leben nicht immer leicht, waren beileibe nicht alle Siedler reich und Enttäuschungen häufig. Man denke zum Beispiel an die Schwierigkeiten der Mutter der Schriftstellerin Marguerite Duras und ihr immer wieder überflutetes Feld am Pazifik und an das Ungemach der «kleinen Weißen» gegenüber dem kolonialen Großbürgertum, ob Kapitalisten oder Beamte, die mit den kleinen Farmern gängelnd oder korrupt umsprangen. Aber diese «petits blancs» hatten sich ihr Schicksal eher ausgesucht als die vormals ansässige Bevölkerung und verfügten aufgrund ihrer Hautfarbe über mehr Rechte und Chancen.

Abgesehen vom Nutzen für die Siedler sind auch die finanziellen Gewinne zu berücksichtigen, die Privatleute aus den Kolonien zogen. Im Verlauf des ersten Kolonialzeitalters (1500–1850), der Ära der Sklaverei und des atlantischen Sklavenhandels, fand die Ausbeutung in roher und unverhohlener Form sowie in klingender Münze statt. Die fraglichen Summen sind gut dokumentiert, und sie sind beachtlich. Im

1 % des BIP. Siehe D. Cogneau, Y. Dupraz, S. Mesplé-Somps, «Fiscal Capacity and Dualism in Colonial States», a. a. O., S. 46.

Fall von Saint-Domingue betrugen die aus der Insel gezogenen Gewinne durch Zucker- und Baumwollexport Ende der 1780er Jahre über 150 Millionen Livres tournois pro Jahr. Für die Gesamtheit der damaligen Kolonien gehen die verfügbaren Schätzungen von 350 Millionen Livres 1790 aus, zu einer Zeit, in der das Nationaleinkommen Frankreichs auf unter 5 Milliarden Livres veranschlagt wurde. Diese Einkünfte erhöhten Frankreichs Nationaleinkommen folglich um 7 % (davon um 3 % durch Haiti), ein beachtlicher Anteil angesichts der Tatsache, dass diese Summen einer ganz kleinen Minderheit zugutekamen. Hinzuzufügen ist, dass es sich um Reinerträge handelt. Bereits abgezogen sind sämtliche Kosten, insbesondere für die notwendigen Importe, um die Produkte zu erzeugen, für Ankauf und Unterhalt der Sklaven (die Gewinnspannen im Sklavenhandel sind übrigens unbekannt) und die Verbräuche und Investitionen der Plantagenbesitzer vor Ort. Für Großbritannien lagen die Gewinne, die dank der Inseln mit ihren Sklaven erzielt wurden, in den 1780er Jahren in einer Größenordnung von 4–5 % des Nationaleinkommens.[1]

Während des zweiten Kolonialzeitalters (1850–1960), das der großen transkontinentalen Reiche, nahmen die Privatgewinne komplexere, aber am Ende ebenso substanzielle Formen an, vorausgesetzt allerdings, dass man die Geldanlagen weltweit und nicht nur auf den früher sklavenhaltenden Inseln betrachtet. Im ersten Teil des Buchs haben wir bereits erörtert, welche Bedeutung die internationalen Kapitalanlagen in der Struktur der Pariser Vermögen während der Belle Époque hatten. So machten 1912, kurz vor Ausbruch des Ersten Weltkriegs, im Ausland platzierte Aktiva über 20 % aller Pariser Vermögenswerte aus und dies in äußerst diversifizierter Form: Aktien und Direktanlagen in ausländischen Firmen, private Schuldverschreibungen, emittiert von Unternehmen, um internationale Investitionen zu finanzieren, und Staatsanleihen, die allein die Hälfte des Gesamtvolumens ausmachten.[2]

Bei den beiden wichtigsten Kolonialmächten der Zeit, Großbritannien und Frankreich, ist das beachtliche – und bis heute beispiellose – Volumen der Vermögenswerte hervorzuheben, die die Besitzenden dieser beiden Länder in der übrigen Welt hielten (Siehe Grafik 7.9).[3] 1914,

1 Zu den Schätzungen im Einzelnen siehe Technischer Anhang.

2 Siehe Kapitel 4, Tabelle 4.1.

3 Die Auslandsvermögen in Grafik 7.9 beinhalten sämtliche Geldanlagen und Besitzungen, ob Kapitalanlagen, Direktinvestitionen oder Grundbesitz, Besitz im Bergbau oder Immobi-

vor Ausbruch des Krieges, belief sich Großbritanniens Nettoauslandsvermögen, also die Differenz zwischen den Auslandsvermögen britischer Anleger in der Welt und denen ausländischer Anleger im Vereinigten Königreich, auf über 190 % des britischen Nationaleinkommens, also auf fast zwei Jahreseinkommen. Dem standen die französischen Besitzenden kaum in etwas nach – mit einem Nettoauslandsvermögen, das 1914 über 120 % von Frankreichs Nationaleinkommen entsprach. Diese gigantischen Kapitalanlagen in der übrigen Welt waren deutlich größer als die der übrigen europäischen Mächte, und insbesondere die Deutschlands, die die Marke von 40 % des Nationaleinkommens kaum überschritten, trotz eines beachtlichen industriellen und demografischen Aufschwungs des Landes. Teilweise rührte dies daher, dass Deutschland kein großes Kolonialreich besaß, und allgemeiner daher, dass seine weltweiten Handels- und Finanzverbindungen weniger bedeutsam und von alters her gefestigt waren. Diese kolonialen Rivalitäten spielten eine entscheidende Rolle dabei, die Spannungen zwischen den Mächten weiter anzuheizen, zum Beispiel in der Zweiten Marokko-Krise 1911 («Panthersprung nach Agadir»). Kaiser Wilhelm II. akzeptierte schließlich die französisch-britische Entente cordiale von 1904 zu Marokko und Ägypten, erhielt aber eine bedeutende territoriale Entschädigung in Kamerun, was einen Aufschub des Krieges um einige Jahre möglich machte.

Die Vermögenswerte von Briten und Franzosen wuchsen im Verlauf der Belle Époque in beschleunigtem Tempo an. Die Frage liegt nahe, bis in welche Höhen diese Entwicklung ohne den Ersten Weltkrieg geführt hätte (darauf kommen wir zurück, wenn wir den Untergang der Eigentümergesellschaften untersuchen). Allerdings erlitten die französischen und britischen Auslandsvermögen infolge des Ersten und endgültig nach dem Zweiten Weltkrieges einen drastischen Wertverfall, zum einen wegen mehrerer Enteignungen (man denke nur an die berüchtigten russischen Anleihen, deren Annullierung nach der Revolution von 1917 französische Anleger besonders schmerzhaft traf) und zum anderen und vor allem, weil die französischen und britischen Anleger einen wachsenden Anteil ihrer ausländischen Investitionen veräußern mussten, um ihrem Staat Kredite zu geben und die Kriege zu finanzieren.[1]

---

lien (die in den entsprechenden modernen nationalen Berechnungen automatisch als Vermögenswerte gelten, sobald die Anlage auf internationaler Ebene getätigt wird).

1 Es sei darauf hingewiesen, dass Deutschlands Position noch deutlich tiefer im Minus dargestellt worden wäre als in Grafik 7.9 für die 1920er Jahre, wenn die im Versailler Vertrag

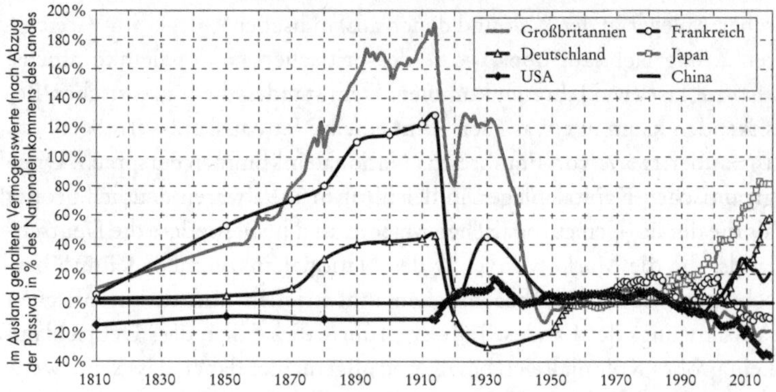

Grafik 7.9.: Das Nettoauslandsvermögen, d. h. die Differenz zwischen den Vermögenswerten, die Eigentümer mit Wohnsitz im betrachteten Land (einschließlich der öffentlichen Hand) im Ausland besitzen, und den Vermögenswerten, die in diesem Land von Eigentümern aus der übrigen Welt gehalten werden, belief sich 1914 in Großbritannien auf 191 % und in Frankreich auf 125 % des Nationaleinkommens. Im Jahr 2018 lag das Nettoauslandsvermögen in Japan bei 80 %, in Deutschland bei 58 % und in China bei 20 % des jeweiligen Nationaleinkommens.
Quellen und Reihen: siehe piketty.pse.ens.fr/ideologie.

Um den Umfang der international positionierten Vermögenswerte deutlich zu machen, die Großbritannien und Frankreich zu Beginn des 20. Jahrhunderts angehäuft hatten, kann man darauf verweisen, dass eine solche Größenordnung von keinem Land seither je wieder erreicht wurde. So entsprechen zum Beispiel die Aktivposten, die Japan dank der bedeutenden Handelsbilanzüberschüsse seit den 1980er Jahren im Ausland akkumuliert hat, oder die Deutschlands, das seit Mitte der 2000er Jahre ungewöhnlich hohe Handelsbilanzüberschüsse erzielt, im Jahr 2018 rund 60–80 % ihres Nationaleinkommens. Diese beachtlichen Werte sind beispiellos gegenüber den nahezu bei null liegenden internationalen Anlagen Frankreichs in den Jahren 1950–1980 und deutlich höher als die Chinas (kaum 20 % des Nationaleinkommens 2018), aber nichtsdestoweniger deutlich geringer als die Spitzenwerte, die die Kolonialmächte Frankreich und Großbritannien vor dem Ersten Weltkrieg erreicht hatten (siehe Grafik 7.9).[1]

festgeschriebenen Verbindlichkeiten einbezogen wären. In Kapitel 10, S. 543–550, kommen wir auf diesen Wertverfall der Auslandsvermögen zwischen 1914 und 1945 zurück.

1 Möglicherweise findet man Ölstaaten mit noch bedeutenderen Akkumulationen, zum Beispiel Norwegen, dessen Nettoauslandsvermögen bei über 200 % des Nationaleinkommens

Man kann diese französischen und britischen Auslandsvermögen von 1914 (zwischen einem und zwei Jahren des Nationaleinkommens) auch ins Verhältnis zu den Vermögen (Finanzanlagen, Immobilien und Betriebsvermögen im In- und Ausland, abzüglich Verbindlichkeiten) setzen, über die die damaligen französischen und britischen Besitzenden insgesamt verfügten. Ihr Gesamtwert belief sich jeweils auf das Sechs- bis Siebenfache des jährlichen Nationaleinkommens der beiden Länder. Mit anderen Worten: Die Eigentümer hatten ein Fünftel bis ein Viertel ihrer Vermögen im Ausland angelegt. Die proprietaristischen Gesellschaften, die in Frankreich und Großbritannien während der Belle Époque florierten, stützten sich somit zu einem großen Teil auf ausländische Vermögenswerte: Die durchschnittliche Rendite dieser Anlagen lag bei 4 % pro Jahr, sodass ausländische Kapitalerträge Frankreichs Nationaleinkommen um ungefähr 5 % und Großbritanniens um über 8 % erhöhten. Diese Zinsen, Dividenden, Gewinne, Mieten und andere Erträge wie Lizenzgebühren aus der übrigen Welt ermöglichten es, den Lebensstandard in beiden Kolonialmächten, zumindest für gewisse Bevölkerungssegmente, erheblich zu erhöhen. Um die gewaltige Größenordnung dieser Summen zu verdeutlichen, sei angemerkt, dass die 5 % an zusätzlichem Nationaleinkommen, die Frankreich dank seiner Auslandsvermögen 1900–1914 zuflossen, ungefähr dem Gegenwert der gesamten Industrieproduktion der nördlichen und östlichen (am stärksten industrialisierten) Départements des Landes entsprachen – also einen höchst bedeutsamen finanziellen Beitrag leisteten.[1]

liegt, das aber global gesehen eine kleine Volkswirtschaft darstellt. Im Übrigen rührt Chinas eher bescheidene Akkumulation von Auslandsvermögen teilweise vom sehr starken Wirtschaftswachstum des Landes her: Die angehäuften Vermögenswerte aus einem oder zwei Jahrzehnten zählen wenig im Verhältnis zum gegenwärtigen BIP, schon deshalb, weil sich China (wie zahlreiche Ölländer) bislang mit relativ ertragsschwachen Anlagen begnügte, insbesondere in Form von US-Staatsanleihen. Auf diese Fragen kommen wir in den Kapiteln 12 und 13 zurück.

1 Eine Analyse zu diesen Beträgen siehe Technischer Anhang.

Von der brutalen kolonialen Appropriation zur Illusion des *doux commerce*

Die Gewinne, die die französischen und britischen Kolonien ihrem jeweiligen Mutterland eintrugen, bewegten sich in der Periode von 1760–1790 und in der von 1880–1914 auffälligerweise in der gleichen Größenordnung: zwischen 4 und 7 % des Nationaleinkommens im ersten und zwischen 5 und 8 % im zweiten Zeitraum. Dabei bestehen zwischen beiden Perioden natürlich bedeutende Unterschiede. Im ersten Kolonialzeitalter erfolgte die Aneignung (Appropriation) auf brutale und intensive Weise und konzentrierte sich auf kleine Territorien: Sklaven wurden auf Inseln verschleppt und zur Arbeit auf Zucker- und Baumwollplantagen gezwungen. Und die Kolonialherren zogen aus dem Sozialprodukt einen gewaltigen Anteil (bis 70 % in Saint-Domingue) in Form von Profiten und Einkommen heraus. Diese Ausbeutung erfolgte mit maximaler Effizienz, aber unter der ernsthaften Gefahr von Aufständen, sodass sich das System schwerlich auf die ganze Welt ausweiten ließ. Im zweiten Kolonialzeitalter erfolgten Aneignung und Ausbeutung (Exploitation) mit subtileren, ausgeklügelteren Methoden: Der Besitz von Aktien und Schuldverschreibungen in zahlreichen Ländern machte es möglich, aus dem jeweiligen Territorium einen Teil des Sozialprodukts herauszuziehen, der zwar geringer war als der unter einem Sklavenhalterregime mögliche, aber keineswegs zu vernachlässigen (zum Beispiel um die 5 bis 10 % des Sozialprodukts eines Landes, zuweilen noch mehr). Und dieses System ließ sich auf einer weitaus größeren Anzahl von Territorien, ja auf dem gesamten Planeten praktizieren. Am Ende wurde das zweite System weltweit und in einem weitaus größeren Maßstab als das erste betrieben und hätte noch größere Ausmaße erreichen können, wäre seine Entwicklung nicht von den vernichtenden politischen Schlägen der Jahre 1914–1945 unterbrochen worden. Das System des ersten Kolonialzeitalters wurde von Aufständen, das des zweiten durch Kriege und Revolutionen zerstört, ihrerseits ausgelöst durch den zügellosen Konkurrenzkampf zwischen den Kolonialmächten und die heftigen sozialen Spannungen, die die globalisierten Eigentümergesellschaften mit ihren inneren und äußeren Ungleichheiten heraufbeschworen hatten (zumindest teilweise; darauf kommen wir zurück).

Man könnte versucht sein, zwischen beiden Systemen einen Unterschied darin auszumachen, dass der Handel mit Sklaven und deren Ausbeutung auf den Inseln im ersten Kolonialzeitalter auf «unrechtmäßige» (oder zumindest «amoralische») Weise erfolgt sei, während die französischen und britischen Auslandsvermögen des zweiten Zeitalters auf vollkommen «rechtmäßige» (und sicher «moralischere») Weise erwirtschaftet worden seien – nach der positiven und wechselseitig profitablen Logik des *doux commerce* (der zivilisierenden Wirkung des Handels). Tatsächlich setzte die zweite Kolonialzeit auf eine proprietaristische Ideologie mit potenziell universellem Anspruch (selbst wenn sie ganz asymmetrisch umgesetzt wurde) und auf ein Entwicklungs- und Austauschmodell, das unter gewissen Aspekten dem gegenwärtigen neoproprietaristischen ähnelt und in dem der wechselseitige Kapitalaustausch zwischen den Ländern in Form großer Auslandsvermögen theoretisch im Interesse aller ist. Nach diesem tugendhaften und harmonischen Szenario müssen manche Länder bedeutende Handelsbilanzüberschüsse erzielen, zum Beispiel, wenn sie der übrigen Welt gute Produkte verkaufen können oder weil sie es mitunter für notwendig erachten, Rücklagen für die Zukunft zu bilden, um angesichts einer möglichen Überalterung der Gesellschaft oder künftiger Katastrophen Vorsorge zu treffen. Und dazu häufen sie in anderen Ländern Vermögenwerte an, die anschließend auch den gerechten Ertrag einbringen sollen. Wer würde sich andernfalls noch anstrengen, um Vermögen zu bilden, und sich in Geduld und Enthaltsamkeit üben? Das Problem besteht darin, dass die Gegenüberstellung zwischen diesen beiden Zeitaltern des Kolonialismus, zwischen einer brutalen und gewalttätig ausbeuterischen Logik und einer tugendhaften und wechselseitig profitablen, auf theoretischer Ebene zwar annehmbar, angesichts der Realität aber deutlich zu starr gefasst ist.

In der Praxis stammte ein erheblicher Anteil an den französischen und britischen Vermögenswerten von 1880–1914 zum Beispiel unmittelbar aus den Zahlungen, die die Haitianer als Preis für ihre Freiheit gezahlt oder die die Steuerpflichtigen der beiden Kolonialmächte geleistet hatten, um die ehemaligen Sklavenbesitzer für den Verlust ihres Eigentums an Sklaven zu entschädigen (die, wie Schœlcher mit Vorliebe wiederholte, «in einem rechtmäßigen Rahmen» erworben worden seien und folglich nicht einfach ohne angemessene Ersatzleistung entzogen werden dürften). Allgemein bestand ein großer Teil der Auslandsvermögen aus öffentlichen und privaten Forderungen, die durch Gewalt erworben worden waren und in sehr zahlreichen Fällen einem echten Militärtribut gleichkamen. Ein Beispiel ist die öffentliche Verschuldung, die China nach den Opiumkriegen von 1839–1842 und 1856–1860 aufgezwungen wurde. Großbritannien und Frankreich gaben China die Schuld an den militärischen Auseinandersetzungen (hätte es die Einfuhr von Opium nicht schon früher akzeptieren müssen?) und bürdeten dem Land folglich eine schwere Schuldenlast auf zur Entschädigung für die vermeidbaren Kriegsausgaben und um es nachfolgend zu größerem Gehorsam zu bewegen.[1]

Diese Mechanik der «ungleichen Verträge» ermöglichte es den Kolonialmächten, die Kontrolle über zahlreiche Länder und ausländische Vermögenswerte zu gewinnen. Zunächst führten sie unter einem mehr oder weniger überzeugenden Vorwand (übertriebene Abschottung gegen Einfuhren, Übergriffe auf europäische Staatsangehörige oder die Notwendigkeit, die Ordnung aufrechtzuerhalten) Militäroperationen durch und verlangten danach Privilegien in der Gerichtsbarkeit und einen finanziellen Tribut, zu dessen Entrichtung sie die Kontrolle über die Zollverwaltung und bald über das gesamte Steuersystem übernahmen, um die Erträge zugunsten der kolonialen Gläubiger zu verbessern (all dies mit stark regressiven Steuern, was heftige soziale Spannungen und mitunter regelrechte Steuerrevolten gegen den Besatzer auslöste). Und am Ende übernahmen sie das Land in seiner Gesamtheit.

Die Geschichte Marokkos ist unter diesem Gesichtspunkt beispielhaft. Von der öffentlichen Meinung gedrängt, dem algerischen und muslimischen (von Frankreich 1830 eroberten) Nachbarn zur Hilfe zu eilen, hatte der marokkanische Sultan schließlich dem algerischen Rebellenchef Abd el-Kader Zuflucht gewährt – der ersehnte Vorwand für die Franzosen, Tanger zu beschießen und 1845 einen ersten Vertrag durchzusetzen. Anschließend nahm Spanien eine Berber-Revolte zum Vorwand, um Tétouan einzunehmen und dem Land 1860 gewaltige Kriegsentschädigungen abzupressen, die in der Folge von Londoner und Pariser Bankiers finanziert wurden. Die Rückzahlung der Kredite sollte bald über die Hälfte der Zolleinnahmen verschlingen. Schritt für Schritt gewann Frankreich 1911/12 am Ende schlicht die Schutzherrschaft über das Land, nachdem es 1907–1909 einen Großteil des Territoriums erobert

1 Auf diese Episoden komme ich in Kapitel 9, S. 478–481, zurück.

hatte, offiziell deshalb, um nach den Scharmützeln von Marrakesch und Casablanca seine finanziellen Interessen und seine Staatsangehörigen zu schützen.[1] Interessant dabei ist, dass die Eroberung Algeriens 1830 mit der Ausmerzung der Barbaresken-Korsaren gerechtfertigt worden war, die den Mittelmeerhandel bedrohten – dem Dey von Algier wurde vorgeworfen, den Piraten in seinem Hafen Unterschlupf zu gewähren. Dies habe die zivilisatorische Mission Frankreichs notwendig gemacht. Ein nicht minder schwerwiegender Grund für die Eroberung bestand aber darin, dass Frankreich zur Versorgung der Ägyptischen Expedition (1798/99) mit Getreide Kredite beim Dey aufgenommen hatte, deren Rückzahlung Napoleon und später Ludwig XVIII. verweigerten, sodass es während der Restauration unablässig zu Spannungen kam. Dies zeigt einmal mehr die Grenzen der proprietaristischen Ideologie auf, soziale und zwischenstaatliche Beziehungen zu regulieren. Jede Partei nutzt sie auf ihre Weise, um ihre Begierde nach Vermögensakkumulation und Macht zu rechtfertigen, sodass beim Versuch, eine allseits akzeptable Rechtsnorm zu erstellen, rasch widersprüchliche Positionen aufeinanderprallen und über die Lösungen dann die Kräfteverhältnisse und schlicht kriegerische Gewalt entscheiden.

Dabei ist festzuhalten, dass diese rauen Sitten zwischen den damaligen staatlichen Mächten und der immer wieder anzutreffende Zusammenhang, dass eine gegenwärtige Verschuldung aus einem einstigen Militärtribut herrührt, auch die Verhältnisse innerhalb Europas bestimmten. Während der politischen Vereinigung Preußens mit den deutschen Fürstentümern, ein langer und komplizierter Prozess, der seit der Gründung des Deutschen Bundes 1815 und des Norddeutschen Bundes 1866 im Schwange war, nutzte das neu gegründete Deutsche Kaiserreich seinen militärischen Sieg von 1870/71, um Frankreich eine Entschädigungszahlung von 7,5 Milliarden Goldfrancs aufzubürden, also den Gegenwert von über 30 % des damaligen französischen Nationaleinkommens.[2] Diese beachtliche Summe stand zu den Kosten der Militärexpedition in keinem Verhältnis, wurde von Frankeich aber an-

1 Zu China und Marokko siehe Technischer Anhang und die neueren Forschungsarbeiten von B. Truong-Lo, *La dette chinoise à la fin de la dynastie Qing (1874–1913)*, Paris: Sciences Po, 2015, und A. Barbe, *Public Debt and European Expansionism in Morocco, 1856–1956*, Paris: PSE und EHESS, 2016.

2 Diese 7,5 Milliarden Goldfrancs setzten sich aus 5 Milliarden an eigentlichen Reparationen und 2,5 Milliarden an Besatzungskosten zusammen.

standslos bezahlt, ohne nennenswerte Folgen für die im Land angehäuften Vermögen, ein Zeichen für den großen Wohlstand der Besitzenden und französischen Anleger am Ende des 19. Jahrhunderts.

Tatsächlich besteht der Unterschied darin, dass sich die europäischen Kolonialstaaten zwar gegenseitig Kriegstribute auferlegten, sich aber häufig verbündeten, wenn es darum ging, in der übrigen Welt eine höchst lukrative Herrschaft zu errichten. Zumindest hielten sie es so bis zu ihrer letztendlichen Selbstzerstörung durch die Kriege von 1914–1945. Selbst wenn sich die Rechtfertigungsmechanismen und die Formen des Drucks weiterentwickelten, wäre die Vorstellung irrig, dass diese rauen Sitten zwischen staatlichen Mächten vollständig verschwunden seien und dass Kräfteverhältnisse keinerlei Rolle mehr dabei spielten, wie sich die Finanzpositionen der Länder entwickeln. So kann man zum Beispiel in der unübertroffenen Fähigkeit der Vereinigten Staaten, gegen ausländische Unternehmen erdrückende Sanktionen zu verhängen oder Regierungen, die als unzureichend kooperativ gelten, mit abschreckenden wirtschaftlichen oder finanziellen Embargos zu belegen, durchaus einen Bezug zur weltweiten militärischen Vorherrschaft des Landes sehen.

Die Schwierigkeit, von anderen Ländern besessen zu werden

Von den britischen und französischen Auslandsvermögen in der Zeit von 1880–1914 stammte ein Teil auch aus den Handelsbilanzüberschüssen, die beide Industriemächte seit Anfang des 19. Jahrhunderts erzielt hatten. Dabei sind allerdings mehrere Punkte näher zu klären. Zunächst bereitet es einige Schwierigkeiten, festzustellen, wie die Handelsströme verlaufen wären, wenn andere Kräfteverhältnisse geherrscht hätten und sie nicht durch militärische Gewalt bestimmt worden wären. Evident ist die Frage bei den Opiumgeschäften, die China nach den Opiumkriegen gewaltsam aufgezwungen wurden und die in die Handelsbilanzüberschüsse in den ersten beiden Dritteln des 19. Jahrhunderts eingingen. Aber dies gilt ebenso für die anderen Exporte, insbesondere von Textilien, die im Rahmen eines extrem gewaltsamen Kräftemessens auf internationaler Ebene ausgeweitet wurden, wie auch für die Baumwollproduktion auf der Grundlage von Sklavenarbeit und für die Strafmaßnahmen, die gegen die indische und die chinesische Produktion verhängt wurden. Auf sie kommen wir noch zurück.

Die Handelsströme des 19. Jahrhunderts schlicht so zu betrachten, als hätten in ihnen die «unsichtbare Hand» und die «Kräfte des Marktes» gewirkt, ist ziemlich unseriös und täuscht über die Realität der eminent politischen Veränderungen hinweg, die sich im zwischenstaatlichen und weltweiten Handelssystem vollzogen. Geht man jedenfalls von den Warenströmen als Gegebenheiten aus, so können die Handelsbilanzüberschüsse, die sich anhand der verfügbaren Quellen für die Zeit von 1800–1880 ermessen lassen, nur einen kleineren Teil (zwischen einem Viertel und der Hälfte) der gewaltigen Auslandsvermögen erklären, über die beide Länder um 1880 verfügten. Diese gingen folglich mehrheitlich aus anderen Operationen hervor, so aus den erwähnten militärischen Quasitributen, verschiedenen Aneignungen ohne Gegenleistung oder besonders hohen Gewinnen aus bestimmten Kapitalanlagen.

Unabhängig davon, wie lauter oder unlauter, moralisch oder unmoralisch diese französischen und britischen Vermögenswerte in der Zeit von 1880–1914 erworben wurden – oder wie künftige noch erworben werden –, muss schließlich und wohl vor allem verstanden werden, dass derlei Vermögensanlagen ab einer bestimmten Größenordnung ihrer eigenen Akkumulationslogik folgen. Hervorzuheben ist hier eine Tatsache, die heute vielleicht nicht ausreichend bekannt, aber durch die damaligen Handelsstatistiken sehr gut belegt ist und den Zeitgenossen genauestens bekannt war. In der Zeit von 1880–1914 bezogen Großbritannien und Frankreich dank ihrer Kapitalanlagen aus der übrigen Welt so hohe Einkünfte (Frankreich rund 5 Prozent und das Vereinigte Königreich über 8 % zusätzliches Nationaleinkommen), dass sie sich ein strukturelles Handelsbilanzdefizit (durchschnittlich 1–2 % ihres jeweiligen damaligen Nationaleinkommens) leisten konnten. Und dabei akkumulierten sie in beschleunigtem Tempo weiterhin Forderungen an die übrige Welt. Mit anderen Worten: Der Rest der Welt arbeitete, um den Konsum und den Lebensstandard der Kolonialmächte zu erhöhen, und verschuldete sich bei ihnen in einem immer stärkeren Ausmaß. Dies entspräche zum Beispiel der Situation, dass ein Arbeiter den Großteil seines Lohns für seine Mietzahlung aufwenden und der Eigentümer diese Mietzahlungen dazu nutzen würde, um die übrigen Wohnungen im Haus aufzukaufen – und dies bei einem Leben auf ganz großem Fuß, verglichen mit den Arbeiterhaushalten, die allein von ihren Löhnen leben müssten. Auch wenn dies manche schockieren mag (was mir als gesunde Reaktion erscheint), ist doch wichtig zu erkennen, dass der Zweck des Eigentums gerade darin besteht, für die Zukunft eine größere Konsum- und Akkumulationskapazität zu schaffen. Ebenso besteht der Zweck von Auslandsvermögen, ob über Handelsbilanzüberschüsse oder koloniale Aneignungen angehäuft, eben darin, sich hernach Handelsbilanzdefizite leisten zu können. Dies ist das Prinzip jeder Vermögensakkumulation, auf binnenwirtschaftlicher wie auf internationaler Ebene. Will man dieser Logik der unendlichen Akkumulation entrinnen, muss man sich die geistigen und institutionellen Mittel zulegen, um den Begriff des Privateigentums wahrhaftig zu überwinden, zum Beispiel durch ein Konzept des temporären Eigentums und dessen ständiger Umverteilung.

Zu Beginn des 21. Jahrhunderts herrscht bisweilen die Vorstellung, dass Handelsbilanzüberschüsse ein Selbstzweck und endlos fortführbar seien. Dieser Gedanke verrät einen politisch-ideologischen Wandel, der an sich schon äußerst interessant ist. Er entspricht einer Welt, in der ebenso sehr das Bemühen herrscht, für die Bevölkerung Arbeitsplätze in den Exportbereichen zu schaffen, wie auch finanzielle Forderungen an die übrige Welt anzuhäufen. Nur dienen diese, heute wie gestern, nicht allein dazu, den betreffenden Ländern Beschäftigung, Ansehen und Macht zu verschaffen (auch wenn diese Ziele nicht zu vernachlässigen sind). Sie zielen ebenso darauf ab, künftige Einnahmen zu generieren, die natürlich ermöglichen, noch mehr Vermögenswerte, aber eben auch Güter und Dienstleistungen aus anderen Ländern zu erwerben, ohne in sie irgendetwas exportieren zu müssen.

Mit Blick auf die Förderländer der fossilen Energieträger – gegenwärtig das offensichtlichste Beispiel für eine besonders starke Akkumulation von Auslandsvermögen – leuchtet unmittelbar ein, dass ihre Exporte von Erdöl und Erdgas sowie ihre Handelsbilanzüberschüsse nicht ewig fortdauern werden. Ihr Ziel besteht eben darin, ausreichend finanzielle Beteiligungen in der übrigen Welt anzuhäufen, um von diesen Reserven und den Erträgen dieser Kapitalanlagen leben – und weiterhin alle möglichen Waren und Dienstleistungen aus der übrigen Welt einführen – zu können, wenn ihre Bodenschätze erschöpft sind. Japans sehr bedeutende Auslandsvermögen, die derzeit weltweit am eindrucksvollsten sind (siehe Grafik 7.9), stammen aus den Handelsbilanzüberschüssen der japanischen Industrie in den letzten Jahrzehnten. Durchaus möglich ist, dass das Land kurz vor dem Eintritt in eine Phase des strukturellen Handelsbilanzdefizits steht (oder zumindest die Akkumulationsphase hinter sich gebracht hat). Eine solche Wende wird sich vielleicht auch in Deutschland und China einstellen, wenn die Reserven eine gewisse Höhe erreicht haben und die Überalterung der Bevölkerungen der Länder weiter vorangeschritten ist. Diese Entwicklungen sind selbstverständlich keineswegs ganz «natürlich». Sie hängen von den politisch-ideologischen Wandlungen der betreffenden Länder und von der Art ab, wie die verschiedenen staatlichen und wirtschaftlichen Akteure diese Probleme wahrnehmen und darstellen.

Auf diese Fragen und die möglichen Ursachen für künftige Konflikte komme ich später zurück. Hier möchte ich schlicht auf den wichtigen Punkt abheben, dass die internationalen Eigentumsbeziehungen niemals einfach sind, vor allem wenn sie solche Ausmaße erreichen. Tatsächlich sind sie stets komplexer als die angeblich spontan harmonischen und wechselseitig vorteilhaften, die in den Märchen der wirtschaftstheoretischen Lehrbücher bisweilen erzählt werden. Für einen Lohn- oder Gehaltsempfänger ist es niemals einfach, einen bedeutenden Anteil am Produkt seiner Arbeit abtreten zu müssen, um für einen Gewinn einzustehen oder eine Miete an seinen Vermieter zu zahlen, und auch nicht für seine Kinder, bei denen sich diese Eigentumsverhältnisse zumeist fortsetzen. Deswegen sind diese stets Gegenstand von Konflikten und geben Anlass, vielfältige Institutionen mit dem Ziel aufzubauen, die Form dieser Beziehungen und die Bedingungen ihrer Fortführungen zu regulieren. Dies kann auf vielerlei Weise geschehen: durch Gewerkschaftskämpfe und Mechanismen, um Macht in Unternehmen aufzuteilen, durch Gesetze, um Löhne und Gehälter festzulegen und Mieten zu begrenzen, durch Einschränkung des Kündigungsrechts von Vermietern, durch Regelung der Laufzeit von Mietverträgen und der eventuellen Bedingungen für Vorkaufsrechte, durch Erbschaftsteuern und verschiedene andere fiskalische und gesetzgeberische Maßnahmen, die darauf abzielen, neuen gesellschaftlichen Gruppen den Zugang zu Eigentum zu erleichtern und die mit der Zeit erfolgende Reproduktion von Vermögensungleichheiten zu begrenzen.

Aber wenn ein Land auf dauerhafter Basis für die Gewinne, Mieteinnahmen oder Dividenden eines anderen Landes aufkommen muss, werden solche Beziehungen noch komplexer und explosiver. Eine für möglichst viele akzeptable Rechtsnorm zu errichten, die aus demokratischen Beschlüssen und sozialen Kämpfen hervorgeht – Prozessen, die schon innerhalb einer bestimmten politischen Gemeinschaft hochkomplex sind –, wird praktisch dann unmöglich, wenn die Besitzenden außerhalb dieser Gemeinschaft stehen. Im häufigsten und wahrscheinlichsten Fall werden solche Beziehungen durch Gewalt und militärischen Zwang geregelt. In der Belle Époque machten die Kolonialmächte ausgiebig von der Kanonenbootpolitik Gebrauch, um sicherzustellen, dass Zins- und Dividendenzahlungen pünktlich eingingen und niemand auf den Gedanken kam, die Gläubiger zu enteignen. Diese militärische und auf Zwang beruhende Dimension der internationalen Finanzbeziehungen und Investitionsstrategien der verschiedenen Länder spielt auch zu Beginn des 21. Jahrhunderts in einem zwischenstaatlichen System eine Rolle, das allerdings deutlich komplexer geworden ist. Insbesondere die beiden wichtigsten gegenwärtigen Gläubiger, Deutschland und Japan, sind Länder ohne schlagkräftige Armee, während die beiden wichtigsten Militärmächte, die Vereinigten Staaten und in geringerem Umfang China, sich eher darum kümmern, auf eigenem Territorium zu investieren als Forderungen gegen andere Länder anzuhäufen – erklärlich mit der kontinentalen Ausdehnung beider Länder sowie mit ihrem demografischen Wachstum (ein Faktor, der in China schon jetzt im Wandel begriffen ist und der sich auch in den Vereinigten Staaten eines Tages vielleicht verändern wird).

Jedenfalls sind die Erfahrungen mit den französischen und britischen Auslandsvermögen während der Belle Époque reich an Lehren für die Zukunft und unser allgemeines Verständnis der inegalitären proprietaristischen Ordnung, insbesondere in ihrer internationalen und kolonialen Dimension. Dazu ist anzumerken, dass die Mechanismen des finanziellen und militärischen Zwangs, die von den Kolonialmächten entwickelt wurden, um die Akkumulation zu verstetigen, sowohl in erklärtermaßen kolonisierten Gebieten als auch in Ländern eingesetzt wurden, in denen die Kolonisierung (noch) nicht offen stattfand, zum Beispiel in China, der Türkei bzw. dem Osmanischen Reich, in Iran oder Marokko. Wertet man die verfügbaren Quellen zu den damaligen internationalen Portfolios aus, so stellt man allgemein fest, dass sich deren Investitionen bis weit über die Kolonien im engeren Sinn hinaus erstreckten.

Die internationalen Vermögenswerte, die 1912 von den Parisern gehalten wurden, waren zu einem Viertel bis zu einem Drittel direkt ans französische Kolonialreich gebunden. Der Rest verteilte sich auf eine große Vielfalt an anderen Territorien: auf Russland und Osteuropa, die Levante und Persien, Lateinamerika und China etc.[1] Die neuen Gebiete des Kolonialreichs, insbesondere Französisch-Äquatorialafrika (AÉF) und Französisch-Westafrika (AOF), waren bei den finanziellen Erträgen nicht immer die profitabelsten: Sie dienten vor allem dem Nutzen der Verwalter und Kolonisten, die sich dort aufhielten, und ebenso dem moralischen Prestige der zivilisatorischen Macht, wie sie sich ein Teil der damaligen französischen Eliten und der Bevölkerung vorstellte.[2] Eine ähnliche Vielfalt findet man auch in Großbritannien: Das internationale Portfolio der britischen Anleger brachte in der Gesamtheit sehr komfortable Erträge ein, die es ermöglichten, das strukturelle Außenhandelsdefizit gegenüber der übrigen Welt zu finanzieren und dabei in beschleunigtem Tempo Forderungen zu akkumulieren. Aber dabei waren bestimmte Teile des Empire deutlich weniger profitabel als andere und dienten eher einer allgemeinen zivilisatorischen Mission oder einer Strategie, besondere Gruppen von Vermögenden oder Siedlern zu begünstigen, als einer rein finanziellen Operation.[3] Kurz gesagt: Das internationale Ungleichheitsregime der Belle Époque kombinierte in seinem Rechtfertigungsschema proprietaristische mit zivilisatorischen Aspekten, und jeder von denen hinterließ in den späteren Entwicklungen wesentliche Spuren.

---

1 Siehe Technischer Anhang. Diese Schätzung ist allerdings ziemlich ungenau, da viele Unternehmen, die Aktien und Obligationen ausgaben, in zahlreichen Ländern aktiv waren.

2 Dabei muss man sich allerdings vor dem Irrtum hüten (auf den Jacques Marseille verfallen ist), die defizitäre Handelsbilanz bestimmter afrikanischer Kolonien gegenüber dem Mutterland so zu deuten, als hätten die kolonisierten Bevölkerungen Frankreich auf der Tasche gelegen: Tatsächlich waren diese Defizite geringer als die militärischen und zivilen Ausgaben, die den Kolonialherren zuflossen, und dienten dazu, die Ordnung aufrechtzuerhalten und deren Lebensstil anstatt den der kolonisierten Bevölkerungen zu finanzieren. Siehe D. Cogneau, Y. Dupraz, S. Mesplé-Somps, «Fiscal capacity and Dualism in Colonial States», a. a. O.; È. Huillery, «The Black Man's Burden, a. a. O.

3 Zu diesem Thema siehe L. Davis, R. Huttenback, *Mammon and the Pursuit of Empire. The Political Economy of British Imperialism, 1860–1912*, Cambridge: Cambridge University Press, 1986.

Legalität im Mutterland, Legalität in den Kolonien

Kehren wir zur Frage nach den Ursprüngen und der Beständigkeit der Ungleichheiten innerhalb der Kolonialgesellschaft zurück. Wir haben erwähnt, welche Rolle die Kolonialetats dabei spielten, dass im Kolonialsystem Ungleichheiten entstanden und sich verstetigten. Da die hohen Steuern, die von den kolonisierten Bevölkerungen aufgebracht wurden, hauptsächlich dem Nutzen der Kolonialherren, insbesondere im Bildungsbereich, dienten, überrascht nicht, dass sich die anfänglichen Ungleichheiten dauerhaft verfestigten. Zu den Ungleichheiten, die mit dem Steuersystem und der Struktur der öffentlichen Ausgaben eingeführt wurden, kamen allerdings noch zahlreiche weitere inegalitäre Elemente in den Kolonialregimen hinzu, angefangen mit dem Rechtssystem, das die Siedler deutlich begünstigte. Insbesondere in Handelssachen wie auch in zivilrechtlichen Fragen, im Eigentums- oder im Arbeitsrecht waren für die europäische und die autochthone Bevölkerung verschiedene Gerichtshöfe zuständig. Und im wirtschaftlichen Wettbewerb wurde nicht mit gleichen Waffen gekämpft.

Einen Ausdruck findet dieser besonders brutale Aspekt der kolonialen Ungleichheit zum Beispiel im Ruin der Javanerin Sanikem, der Heldin in Pramoedya Ananta Toers wunderbarem Roman *Garten der Menschheit* von 1980. Um 1875 bei Surabaya im Osten Javas geboren, hofft Sanikems Vater auf eine Beförderung und eine kleine Sparrücklage, als er sie im Alter von 14 Jahren als *Nyai* (Konkubine) an den niederländischen Plantagenbesitzer Herman Mellema verkauft. Das junge Mädchen begreift, dass es nur noch auf sich selbst zählen kann: «Seine Arme waren rau wie die Haut einer Echse und über und über mit gelblichen Härchen bedeckt.» Aber Herman hat auch Schwächen: Er ist den Niederlanden, seinem Milieu und seiner Frau entflohen, die er des Ehebruchs beschuldigt. Ehe er in den Alkoholismus abrutscht, versucht er sich wieder aufzurichten, indem er Sanikem Niederländisch beibringt. So kann sie ihm Zeitschriften vorlesen, die kistenweise aus Holland eintreffen, lernt rasch, ganz allein das Gut Wonokromo zu entwickeln, bringt dafür zahlreiche Opfer und muss sich auch Spott gefallen lassen. Beglückt sieht Sanikem, wie ihre Tochter Annelies dem Einheimischen Minke näherkommt, der auf wundersame Weise ins Gymnasium von Surabaya aufgenommen wird, während ihr Sohn Robert, gedemütigt durch seinen Status als Mischling mit noch größeren Ressentiments als rein Weiße seine Wut mit hemmungsloser Gewalt an den autochthonen Javanern auslässt. Sanikem weiß nicht, dass sie keinerlei Rechtssicherheit hat, die Früchte ihrer Arbeit zu genießen. Rasend vor Zorn, trifft aus Holland Hermans leiblicher Sohn ein, wütend auf den nichtswürdigen Vater, der sein Blut mit dem der Eingeborenen vermischt hat und der wenig später tot in einem chinesischen Bordell in der Umgebung aufgefunden werden wird. Der holländische Sohn macht seine Rechte geltend und reißt dank des Urteils des holländischen Gerichts in Surabaya schließlich die Plantage an sich. Annelies wird mit Gewalt gezwungen, in die Niederlande mitzukommen, und versackt in Verblödung, während Sanikem und Minke zerstört in Java zurückbleiben. Jetzt, zu Beginn der 1900er Jahre, bleibt ihnen nur eines übrig: sich dem Kampf für Gerechtigkeit und die Unabhängigkeit zu widmen, der lange dauern wird.

Pramoedya Ananta Toer weiß einiges darüber: Von 1947 bis 1949 lernte er die holländischen Kerker von innen kennen und in den 1960er und 1970er Jahren dann auch die Sukarnos und Suhartos, weil er für den Kommunismus eingetreten war und die chinesischen Minderheiten in Indonesien verteidigt hatte. Sein Buch setzt sich eingehend auch mit den finanziellen Ungleichheiten in einer proprietaristischen Epoche auseinander, in der Goldstandard und Nullinflation dem Eigentum beispiellose Solidität gaben. Sanikem war von ihrem Vater für 25 Gulden verkauft worden, «mit denen eine Familie von Dörflern dreißig Monate lang komfortabel leben konnte». Aber wir haben es nicht mit einem klassischen europäischen Roman zu tun, das Wesentliche liegt anderswo: Das inegalitäre Kolonialregime gründet sich vor allem auf Ungleichheiten, die sich aus dem Status, der Identität und der ethnisch-rassischen Zugehörigkeit ergeben. Die «reinrassigen» Weißen, die Mischlinge und die Urbevölkerung haben jeweils andere Rechte und sind alle in einem Geflecht aus Verachtung und Ressentiments verstrickt, das unkontrollierbare Folgen hat.

Wie neuere Forschungen, insbesondere die Emmanuelle Saadas, zeigten, errichteten die Kolonialmächte bis zur Mitte des 20. Jahrhunderts in ihren Reichen besondere Rechtssysteme, in denen nach ethnisch-rassischen Kategorien Rechte zugewiesen und genau festgeschrieben wurden, obwohl diese Kategorien im mutterländischen Rechtssystem als abgeschafft galten, seitdem die Sklaverei aufgehoben worden war (so waren zum Beispiel Angaben zur ethnischen Herkunft aus den Volkszählungen auf Réunion oder auf den Französischen Antillen seit 1848 verschwunden). Die Verordnung von 1928 «zum Status der Mischlinge von Eltern, die rechtlich in Indochina unbekannt waren», billigte jedem Individuum mit mindestens einem Elternteil, der «mutmaßlich von französischem Geblüt» war, die französische Staatsbürgerschaft zu. Fortan beschäftigten sich Gerichte mit den körperlichen und rassischen Merkmalen der Kläger.

Daraus entstanden widerstreitende Schulen. Manche Kolonialbeamte zweifelten an der gesellschaftlichen Anpassungsfähigkeit dieser Mischlinge, die aus kurzzeitigen Beziehungen zu «gelben Frauen» hervorgegangen waren, und lehnten die Politik der automatischen Einbürgerung ab. Dagegen hoben zahlreiche Siedler, von denen viele selbst eine als gemischt geltende Verbindung eingegangen waren, die Gefahr hervor, «Menschen, die unser Blut in den Adern haben, herumvagabundieren zu lassen». Es sei doch höchst «unklug, es zuzulassen, dass eine franzosenfeindliche Partei entsteht und die Verachtung der Annamiten (Vietnamesen) heraufzubeschwören, die uns vorwerfen, dass wir diejenigen vernachlässigen, die für sie unsere Söhne sind». Dass rassische Kriterien eingeführt wurden, hing auch mit dem Bestreben der Kolonialbehörden zusammen, Betrügereien bei der Zuerkennung der Staatsbürgerschaft zu bekämpfen. Diese kamen allem Anschein nach sehr selten vor (wie es auch nur wenige Mischlinge gab), weckten aber Befürchtungen, sie könnten ein «veritables Gewerbe für einfallsreiche Europäer» entstehen lassen, «die ins Elend gestürzt sind und sich Sicherheit für ihre alten Tage wünschten» (nach den Worten eines damaligen Rechtsgelehrten). Auf Madagaskar herrschten im Übrigen Besorgnisse wegen der Schwierigkeiten, eine solche für Indochina konzipierte Gesetzgebung umzusetzen: Wie sollte der Richter zwischen dem Kind eines reunionesischen Vaters (französischer Staatsbürger, obwohl nicht «von französischem Geblüt») und dem eines madagassischen (Eingeborenen) einen Unterschied machen? Dies änderte nichts daran, dass der Erlass in Indochina umgesetzt wurde. Medizinische Bescheinigungen ermöglichten es in den 1930er Jahren, Kinder als französisch-indochinesische Mischlinge auszuweisen, und führten nach dem Zweiten Weltkrieg zur erzwungenen «Rückführung» Tausender Minderjähriger, die gemischte Eltern hatten.[1]

1 Siehe das spannende Buch von E. Saada, *Les enfants de la colonie. Les métis de l'empire français, entre sujétion et citoyenneté*, Paris: La découverte, 2007, S. 47, 147–152, 210–226.

Anzumerken ist, dass Mischehen in den Kolonien wie im Mutterland zwar grundsätzlich legal waren, die Obrigkeit in der Praxis aber abschreckende Maßnahmen durchzusetzen versuchte, vor allem bei Verbindungen zwischen einer Französin mit einem indigenen Mann. Als 1917 Arbeiter aus den Kolonien, insbesondere aus Indochina, Beziehungen zu Französinnen eingingen, die sie häufig am Arbeitsplatz in der Fabrik im Mutterland kennengelernt hatten, rief zum Beispiel der Justizminister die Bürgermeister per Rundschreiben dazu auf, alles zu unternehmen, um diese Beziehungen scheitern zu lassen. Daraufhin warnten die Bürgermeister «allzu unvorsichtige oder leichtgläubige Landsmänninnen vor den Gefahren, von denen sie nichts ahnen», wegen der Polygamie, die den Männern aus anderen Kulturen unterstellt wurde, aber auch wegen des Lebensstandards, weil «die Löhne der Eingeborenen unzureichend sind, um einer europäischen Frau eine anständige Existenz zu ermöglichen».[1]

Über die Frage der Mischlinge hinaus entwickelte sich in den Kolonien ein regelrechtes juristisches Parallelsystem, häufig in völligem Widerspruch zu den Prinzipien, die im Mutterland theoretisch galten. 1910 erklärte die Handelskammer in Haiphong dem Kolonialministerium, warum die jungen Franzosen, denen Vietnamesinnen Vergewaltigung vorwarfen, mit größtem Wohlwollen zu behandeln seien: «In Frankreich leistet der Bauer, der Arbeiter, der seine Nachbarin geschändet hat, *Wiedergutmachung*; und der Mann, der durch seine Position eine jüngere oder ärmere Frau missbrauchen konnte, hat eine unstrittige Schuld auf sich geladen. Aber ohne von minderwertiger Hautfarbe oder Rasse zu reden, sind die gesellschaftlichen Beziehungen zwischen dem frisch angekommenen jungen Franzosen und den Eingeborenenfrauen, die ihm angeboten werden, zumeist eben nicht dieselben.»[2]

---

1 Ebenda, S. 45–46.

2 «Im Fall einer Verbindung eines Europäers mit einer annamitischen Frau darf man behaupten, dass Fälle von Verführung äußerst selten sind. [...] Die Annamiten haben wie die Chinesen eine rechtmäßige Frau und können eine oder mehrere Konkubinen haben. Diese können verstoßen werden, und eine Frau, die mit einem Europäer zusammenlebt, gilt bei den Annamiten als Konkubine [...]. Der Europäer nimmt sich die Konkubine fast immer mit Zustimmung der Eltern, die im Allgemeinen eine Geldsumme erhalten und die vorübergehende Unterbringung ihrer Tochter als vollkommen ehrbar erachten. In zahlreichen anderen Fällen wird die Frau dem Europäer durch eine Kupplerin *[sic]* vermittelt, die sie ihren Eltern abgekauft hat. Vergewaltigung gibt es gewissermaßen nicht, da die Konkubinen, die sich die Europäer nehmen, sehr selten, wenn überhaupt Jungfrauen sind. Von Verführung kann keine Rede sein, da sich die annamitische Frau nur aus rein pekuniärem Interesse *[sic]* dazu entschließt,

Für Indonesien unter niederländischer Herrschaft hat Denys Lombard deutlich die verheerende Rolle des Kolonialstatuts von 1854 aufgezeigt, das eine strenge Trennung vornahm zwischen den «Indigenen» und den «orientalischen Ausländern» (eine Kategorie für die Minderheiten der Chinesen, Inder und Araber). Diese Trennung trug dazu bei, auf Dauer Identitäten und Gegensätze zu verfestigen, während sich die «javanische Wegkreuzung» und der Malaiische Archipel seit über einem Jahrtausend dadurch ausgezeichnet hatten, die hinduistische, konfuzianistische, buddhistische und muslimische Kultur zu einer einzigartigen Mischung zu verschmelzen. Sie entsprach wenig dem Bild, das sich die Europäer von der Globalisierung machten, beeinflusste am Ende die Kulturen der Region und im «orientalischen Mittelmeer» (von Jakarta bis Kanton und von Phnom Penh bis Manila) wohl aber nachhaltiger als die martialisch aufgezwungene Ordnung der Westler.[1]

Legale Zwangsarbeit in den französischen Kolonien (1912–1946)

Besonders aufschlussreich ist die Zwangsarbeit, die unter legaler (oder sich zumindest einen solchen Anschein gebender) Form in den französischen Kolonien von 1912 bis 1946 praktiziert wurde. Sie verdeutlicht die Kontinuität zwischen den sklavenhaltenden und den kolonialen Gesellschaften sowie die Bedeutung, die einer eingehenden Untersuchung der Rechts- und Steuersysteme zukommt, die in den verschiedenen Ungleichheitsregimen in Kraft waren. Mit Blick auf Afrika deutet alles darauf hin, dass die Zwangsarbeit zwischen dem Verbot des atlantischen Sklavenhandels und dem zweiten kolonialen Zeitalter niemals wirklich beendet und in Wahrheit während des gesamten 19. Jahrhunderts fortgeführt wurde. Als die Europäer gegen Ende des Jahrhunderts tiefer ins Innere der Territorien vordrangen, um die natürlichen Ressourcen und Bodenschätze auszubeuten, griffen sie dabei weitgehend auf Zwangs-

mit einem Europäer zusammenzuleben. Im Übrigen bildeten die geringe Treue der annamitischen Frauen und ihre häufige Unsittlichkeit die größte Gefahr, wenn ihnen erlaubt würde, gegen ihre Liebhaber vorzugehen. Denn die Verbindung mit einem Europäer ist für sie nur eine rein gewinnbringende Operation, die sie übrigens als ehrbar ansehen, in der Fragen der Gefühle aber nur wenig Anteil haben». Siehe ebenda, S. 45 f.

1 Siehe das meisterhafte Werk von D. Lombard, *Le carrefour javanais. Essai d'histoire globale* (Bd. 1: *Les limites de l'occidentalisation*; Bd. 2: *Les réseaux asiatiques*; Bd. 3: *L'héritage des royaumes concentriques*), Paris: EHESS, 1990.

arbeit zurück, die oft unter sehr brutalen Umständen erfolgte. In Europa entzündeten sich 1890/91 und erneut 1903/04 Kontroversen um die sich häufenden Zeugnisse für Gräueltaten in Belgisch-Kongo, das seit 1885 das Privateigentum König Leopolds II. war. Der dortige Kautschukanbau wurde mit besonders gewalttätigen Methoden betrieben, um Arbeitskräfte vor Ort zu mobilisieren und Disziplin bei der Arbeit zu erzwingen: Niedergebrannte Dörfer und abgehackte Hände, um Patronen zu sparen.[1] Schließlich verlangten die Europäer, das Territorium 1908 an Belgien abzutreten, in der Hoffnung, dass dieses Regiment unter der Vormundschaft des Parlaments abgemildert würde.[2] Aus den französischen Kolonien kamen regelmäßig Klagen über Machtmissbräuche, sodass sich das Kolonialministerium veranlasst sah, mehrere Texte zu veröffentlichen, die einen Rechtsrahmen absteckten, innerhalb dessen den Einwohnern des französischen Afrikas «Dienstleistungen» (gemeinhin eher «Frondienst» genannt) abverlangt werden durften.

Die Logik schien unwiderlegbar: Da die Kolonialverwaltung auf die Steuerzahlungen aller angewiesen war, aber bestimmten Bevölkerungsgruppen vor Ort die Mittel fehlten, um sich angemessen am Aufkommen zu beteiligen, wurde ihnen zusätzlich eine Naturalsteuer in Form unbezahlter Arbeitstage auferlegt. In der Praxis traten diese Frondienste nicht nur neben die schwere Steuerlast in Geld und Naturalien (Anteilen an der Ernte), die die kolonisierte Bevölkerung leisten musste. Die Möglichkeit, sie zu unbezahlter Arbeit zu verpflichten, öffnete zudem allen möglichen Missbräuchen Tür und Tor und lief von vornherein auf deren Legalisierung hinaus. Zwar legte die Verordnung von 1912 «zur Reglementierung der Arbeitspflicht der Eingeborenen in den Kolonien

1 Das Abhacken von Händen gehörte von den Drei-Stände-Gesellschaften des 11. (siehe Kapitel 2, S. 100) bis zu den Kolonialgesellschaften des 20. Jahrhunderts regelmäßig zu den vielfältigen Methoden, Arbeitskräfte zu disziplinieren und eine Herrschaft zu festigen. In Chimamanda Ngozi Adichies *L'autre moitié du soleil* von 2006 schreibt der militante Kolonialgegner Richard ein Buch über die britische Kolonialherrschaft in Nigeria mit dem Titel «Der Korb der Hände». Seine Geliebte Kainene vernichtet sein Manuskript, um sich für seine Untreue zu rächen, aber auch um ihm deutlich zu machen, dass er diese Geschichte besser den Nigerianern überlassen und sich erneut dem Kampf für Biafra zuwenden solle.

2 Siehe V. Joly, «1908: Fondation du Congo Belge», in: P. Singaravélou, S. Venayre, *Histoire du monde au 19e siècle*, Paris: Fayard, 2017, S. 381–384. In ihrem Roman *Il est à toi ce beau pays* von 2018 schildert Jennifer Richard den Machtmissbrauch im Kongo und die Schwierigkeiten des Afroamerikaners Washington Williams, die Zustände in den Vereinigten Staaten bekannt zu machen, wo damals keinerlei Interesse daran bestand, zwischen den Rassen Gleichheit herzustellen.

und auf den Territorien der Regierung von Französisch-Westafrika» einige Schutzmaßnahmen fest, doch fielen diese ziemlich dürftig und ohne ausreichende Kontrollen aus. Festgelegt wurde, dass «die Eingeborenen Pflichtdiensten unterworfen werden können, um die Verkehrsverbindungen zu unterhalten: Straßen, Brücken, Brunnen etc.», sowie für andere Infrastrukturen wie «das Verlegen von Telegrafenleitungen» und «öffentliche Arbeiten jedweder Art herangezogen werden können», alles unter der ausschließlichen Kontrolle des Vizegouverneurs oder des Kommissars der einzelnen Kolonien. Betroffen waren laut dem Text «sämtliche Einzelpersonen männlichen Geschlechts, arbeitsfähig und erwachsen, mit Ausnahme von Greisen» (ohne Altersangabe).[1] Die «Arbeitsdienste» waren grundsätzlich auf «12 Tage [nichtbezahlter] Arbeit» pro Person und Jahr begrenzt. In den Kolonialarchiven sind nur diese legalen Arbeitsdienste registriert, die offiziellen Spuren reichen aber schon aus, um den geschätzten Steuerdruck in den Kolonien erheblich höher zu veranschlagen als bislang geschätzt. Sie lassen den Schluss zu, dass Zwangsarbeit im Getriebe des gesamten Kolonialsystems ein entscheidendes Antriebsrad war.[2]

Zahlreiche Zeugnisse aus der Zeit zwischen den Weltkriegen deuten darauf hin, dass die Anzahl der abverlangten Arbeitstage in Wirklichkeit weitaus höher lag: In den französischen Kolonien waren zumeist 30 bis 60 Tage die Regel, wie auch in den belgischen, britischen, spanischen und portugiesischen. Im französischen Kolonialreich löste die Zwangsarbeit beim tragischen Bau der Kongo-Ozean-Bahn zwischen 1921 und 1934 besondere Empörung aus. Die Verwaltung Französisch-Äquatorialafrikas hatte sich ursprünglich verpflichtet, 8000 örtliche Arbeiter bereitzustellen, die sie auf einem Gebietsstreifen von 100 Kilometern Breite entlang der Trasse «rekrutieren» zu können glaubte. Die überaus hohe Sterblichkeit auf der Baustelle, die auch allseits bekannt war, trie-

1 Siehe *Journal officiel de l'Afrique occidentale française* (1913), S. 70. Die Verordnung legt fest, dass «die Arbeitsdienste grundsätzlich nur außerhalb der Erntezeiten eingefordert werden dürfen» und «nicht weiter als 5 km vom Dorf des Betreffenden entfernt stattfinden sollen, es sei denn, die Dienstverpflichteten erhalten Verpflegung, in Barmitteln oder Naturalien». Konkret konnten die Obrigkeiten jeden jederzeit ans andere Ende des Landes abkommandieren, solange die «Dienstverpflichteten» nur «Verpflegung» erhielten.

2 Eine neuere Untersuchung zu diesen Archiven und Debatten siehe M. van Waijenburg, «Financing the African colonial state: the revenue imperative and forced labor», *Journal of Economic History* 78 (2018), 1, S. 40–80. Siehe ebenso I. Merle, A. Muckle, *L'indigénat. Genèses dans l'empire français, pratiques en Nouvelle-Calédonie*, Paris: CNRS éditions, 2019.

ben allerdings die Rekrutierten in die Flucht, sodass die Behörden dazu übergingen, «männliche Erwachsene» am anderen Ende des Mittelkongos aufzubringen. Ab 1925 organisierten sie notgedrungen Razzien, die sich auf Kamerun und den Tschad erstreckten. Es wimmelte von Zeugnissen über diesen «entsetzlichen Verbrauch an Menschenleben», insbesondere mit der Veröffentlichung von André Gides berühmtem Reisebericht *Voyage au Congo* («Kongoreise») von 1927 und Albert Londres' Reportage *Terre d'ébène* («Schwarz und Weiß: die Wahrheit über Afrika») von 1929.

Damals wuchs der Druck auf Frankreich, insbesondere durch die Internationale Arbeitsorganisation (IAO), die 1919 gleichzeitig mit dem Völkerbund gegründet worden war und deren Statut mit folgender Präambel begann: «Der Weltfriede kann auf die Dauer nur auf sozialer Gerechtigkeit aufgebaut werden. Nun bestehen aber Arbeitsbedingungen, die für eine große Anzahl von Menschen mit so viel Ungerechtigkeit, Elend und Entbehrungen verbunden sind, dass eine Unzufriedenheit entsteht, die den Weltfrieden und die Welteintracht gefährdet. Eine Verbesserung dieser Bedingungen ist dringend erforderlich [...]. Auch würde die Nichteinführung wirklich menschenwürdiger Arbeitsbedingungen durch eine Nation die Bemühungen anderer Nationen um Verbesserung des Loses der Arbeitnehmer in ihren Ländern hemmen.» Es folgte eine Reihe von Empfehlungen und Berichten über die Dauer der Arbeit und ihre Gefährlichkeit, die Festsetzung des Lohns, die Rechte der Arbeitnehmer und ihre Vertreter. Allerdings fehlten der IAO die Mittel, um ihren Empfehlungen mithilfe von Sanktionen Geltung zu verschaffen.

Im Verlauf der 1920er Jahre forderte die IAO Frankreich regelmäßig dazu auf, seine Praktiken unbezahlter Arbeit und der Verschleppung von Arbeitskräften einzustellen, bei der es sich ihr zufolge um eine Form der Sklaverei handelte. Die französischen Behörden wiesen die Anschuldigungen zurück und hoben hervor, sie hätten die Möglichkeiten des Freikaufs vom Arbeitsdienst auf alle «Eingeborenen» (und nicht nur auf die «Entwickelten» ausgedehnt, ein Terminus, mit dem die Kolonialverwaltung die kleine Minderheit der indigenen Bevölkerung bezeichnete, die den «europäischen» Lebensstil angenommen und bis dahin allein Anspruch auf Freikauf gehabt hatte). Das beliebteste Argument der französischen Verwaltung bestand darin, dass zahlreiche angeprangerte Fälle, insbesondere beim Bau der Kongo-Ozean-Bahn, nicht im Zusammenhang mit der Dienst-, sondern mit der Militärpflicht stünden, einem der wenigen Fälle, in denen die IAO unentgeltliche Arbeit für zulässig erklärte, solange das System nicht zur Erfüllung ziviler Aufgaben ausgenutzt wurde. (Und in diesem Fall verdächtigte die IAO Frankreich, das System zu umgehen.) Empört über eine derartige Einmischung in einen Bereich, der für sie der «nationalen Souveränität» unterstand, lehnten die französischen Obrigkeiten eine Ratifizierung der IAO-Konvention 1930 ab. So setzte sich die Zwangsarbeit in Form von Arbeits- und Militärdiensten in den französischen Kolonien bis zum Ende des Zweiten Weltkriegs fort, zum Beispiel auf den Kakaoplantagen der Elfenbeinküste. Die Verordnung von 1912 wurde erst 1946 abgeschafft, vor einem völlig veränderten politischen Hintergrund, vor dem Frankreich plötzlich zu allen Zugeständnissen bereit war, um die Zerschlagung seines Kolonialreichs zu vermeiden.

Ein später Kolonialismus: die Apartheid in Südafrika (1948–1994)

Das von 1948 bis 1994 praktizierte Apartheidsystem in Südafrika stellt fraglos einen der extremsten Fälle einer Rechtsordnung mit dem Ziel dar, die Kolonialherren von den Kolonisierten zu trennen und die dauerhafte Ungleichheit zwischen beiden Gruppen in eine Struktur zu bringen. Hier geht es nicht darum, die Geschichte der Apartheid darzustellen, sondern nur darum, mehrere Punkte hervorzuheben, die aus Sicht der allgemeinen Geschichte der Ungleichheitsregime besonders wichtig sind. Nach dem Zweiten Burenkrieg (1899–1902), den die Briten unter schwierigen Bedingungen gegen die Nachkommen von Siedlern gewannen, die aus den Niederlanden stammten, versuchte die neu entstandene Südafrikanische Union die verschiedenen Gebiete zu einen. In einigen Fällen, besonders in der britischen Kapkolonie, beruhte das Regime auf dem Zensuswahlrecht und war nicht nach Rassen getrennt: Ausreichend vermögende Schwarze, *Coloureds* (Mischlinge) und *Asians* (in der Praxis die indischstämmige Bevölkerung) besaßen das Wahlrecht und bildeten eine kleine Minderheit in der Wählerschaft von 1910.[1] Aber die Buren wandten sich entschieden gegen eine Ausweitung dieses Systems auf die übrige Union, insbesondere auf Transvaal, Natal

---

1 Siehe F. X. Fauvelle-Aymar, *Histoire de l'Afrique du Sud*, Paris: Seuil, 2006, S. 382–395.

und die Oranjefluss-Kolonie. Sehr rasch machten sich die Eliten der Afrikaaner (Buren) daran, das diskriminierende System zu verschärfen – schon 1911 mit der Verabschiedung des *Native Labour Regulation Act*, der es ermöglichte, die Freizügigkeit der Arbeitskräfte einzuschränken: Alle Schwarzen benötigten fortan einen Passierschein, wenn sie die Zone ihrer Arbeitsstätte verlassen wollten. Der *Natives Land Act* von 1913 führte eine Karte der «Eingeborenenreservate» ein, deren Gebiete zusammengenommen 7 % der Gesamtfläche des Landes entsprachen, während die Schwarzen 80 % der Bevölkerung stellten. Weißen wurde mit verboten, in den genannten Reservaten Boden zu bewirtschaften, während die Afrikaner in der «weißen Zone» natürlich weder Land besitzen noch pachten durften.[1] Radikal verschärft wurden diese Maßnahmen mit der offiziellen Einführung der Apartheid 1948 und vervollständigt 1950–1953 durch den *Population Registration Act*, den *Group Area Act* und den *Separation of Amenities Act*, ehe die britische Vormundschaft 1961 offiziell endete.

Das Wahlsystem war ebenfalls auf der Basis strenger Rassentrennung organisiert: Sämtliche Weißen und nur sie hatten unabhängig vom Vermögen das Wahlrecht. Angesichts internationaler Kritik, die in den 1960er und 1970er Jahren auf der Welle der Unabhängigkeitserklärungen und inmitten des Kalten Kriegs zunehmend lauter wurde, fanden in Südafrika Debatten über die Zweckmäßigkeit statt, für einen Teil der Schwarzen ein Zensuswahlrecht wiedereinzuführen. Das Problem bestand darin, dass man bei einer Regelung, bei für Schwarze und Weiße die gleiche Untergrenze bei der Steuerlast oder beim Vermögen gegolten hätte, diese extrem hoch hätte angesetzt werden müssen, und dies um den Preis, weiten Teilen der weißen Unter- und Mittelschichten das Wahlrecht zu entziehen. Und diese dachten gar nicht daran, ihre neu erworbenen Rechte zugunsten reicher Schwarzer aufzugeben. Bei einer übermäßigen Absenkung dieser Untergrenze aber drohte die Gefahr, dass die Schwarzen die Mehrheit gewinnen und die Macht übernehmen könnten. Und so kam es schließlich auch, als 1990–1994 die Apartheid abgeschafft und 1994 Nelson Mandela zu Südafrikas Präsident gewählt wurde – die längste Zeit undenkbar für die Bevölkerung der Afrikaaner,

---

1 Systeme von Reservaten für Urbevölkerungen waren auch unter anderen Kolonialherrschaften zu verzeichnen, zum Beispiel im französischen Neukaledonien am Ende des 19. und in der ersten Hälfte des 20. Jahrhunderts. Siehe G. Noiriel, *Une histoire populaire de la France. De la guerre de Cent Ans à nos jours*, Marseille: Agone, 2018, S. 431–435.

bis sie von entschlossenen Demonstranten und Township-Bewohnern, durch internationale Sanktionen am Ende unterstützt, gezwungen wurden, die Veränderung der Regeln zu akzeptieren.

Das Ende der Apartheid und der Diskriminierungen machte es möglich, eine Minderheit von Schwarzen zu fördern und sie in die politische und wirtschaftliche Elite des Landes zu integrieren. So stieg zum Beispiel der Anteil an Schwarzen im obersten Perzentil der Einkommensaufteilung, der 1985 bei unter 1 % gelegen hatte, bis 1995–2000 auf 15 % an, insbesondere dadurch, dass Schwarze Zugang zu höher besoldeten Stellen im öffentlichen Dienst erhielten, während ein Teil der weißen Bevölkerung ausschied. Dieser Anteil war seither allerdings wieder leicht rückläufig und lag im Verlauf der 2010er Jahre bei rund 13–14 %. Mit anderen Worten: Die Weißen stellen noch immer über 85 % des obersten Perzentils (und fast 70 % des obersten Dezils), während sie kaum 10 % der Gesamtbevölkerung ausmachen.[1] Südafrika hat sich von Verhältnissen, in denen die Schwarzen aus dem höheren Staatsdienst komplett ausgeschlossen gewesen waren, so weiterentwickelt, dass ihre Teilhabe theoretisch möglich ist, die Weißen aber nach wie vor eine mehr als herausragende Stellung besetzen. Auffällig ist auch, dass der Abstand zwischen den 10 % mit den höchsten Einkommen und der übrigen Bevölkerung in Südafrika seit Ende der Apartheid gestiegen ist (siehe Grafik 7.5).

Zu erklären ist dies teilweise mit der Besonderheit der südafrikanischen politischen Konstellation, in welcher der African National Congress (ANC), die Partei, die aus dem Kampf gegen die Apartheid hervorgegangen ist, immer noch eine fast hegemoniale Position besitzt und niemals eine Politik der Umverteilung von Wohlstand in Angriff genommen hat. So wurde insbesondere seit Ende der Apartheid weder eine Landreform noch eine ausreichend ambitionierte Steuerreform durchgeführt. Dadurch blieben im Wesentlichen die abgrundtiefen Unterschiede bestehen, die sich daraus ergeben haben, dass die Schwarzen während fast eines Jahrhunderts (durch den *Natives Land Act* von 1913 bis 1990–1994) auf weniger als 10 % des Bodens zusammengepfercht worden waren. Tatsächlich dominierten im ANC generell relativ konservative Strömungen, wenn es um eine Umverteilung von Eigentum und ein progressives Steuersystem ging, auch wenn der gesellschaftliche

1 Siehe Technischer Anhang und die Arbeiten von F. Alvaredo, A. Atkinson und E. Morival.

und politische Druck in diese Richtung seit Anfang der 2010er Jahre gewachsen ist.[1] Hervorzuheben ist auch, dass das weltweite ideologische Umfeld der 1990er und 2000er Jahre entsprechenden Reformen kaum Aufwind gab. Hätte eine südafrikanische Regierung eine Politik der Umverteilung von Boden in Angriff genommen, hätte dies unter der weißen Minderheit wahrscheinlich heftigsten Protest entfacht, und es ist keineswegs sicher, dass die Unterstützung, die der ANC in den westlichen Ländern genoss, sehr lange angehalten hätte.

Dabei ist übrigens symptomatisch, dass der amerikanische Präsident Donald Trump 2018/19, als die ANC-Regierung die Möglichkeit einer Landreform ins Spiel brachte, eilends heftigste Unterstützung für die weißen Farmer und ihren Landbesitz bekundete und seine Administration anwies, die Entwicklung peinlich genau zu verfolgten. In seinen Augen rechtfertigte die Tatsache, dass Generationen von Schwarzen bis in die 1990er Jahre gewaltsam diskriminiert und in Homelands gezwungen worden waren, keinerlei Entschädigung: Diese uralte Geschichte musste rasch unter den Teppich gekehrt werden. Kein Stück Land durfte von Weißen enteignet und Schwarzen überantwortet werden, weil niemand wusste, wo ein solcher Prozess enden sollte. Tatsächlich kann man gleichwohl der Ansicht sein, dass sich niemand ernsthaft gegen eine südafrikanische Regierung wenden kann, die, mit einem starken Mandat aus Wahlen hervorgegangen, eine solche Umverteilung in Angriff nimmt, so friedlich wie möglich mithilfe einer Landreform und einem progressiven Steuersystem, wie dies im Verlauf des 20. Jahrhunderts in zahlreichen Ländern durchgeführt werden konnte.

Südafrika zeigt auf seine Weise die Macht der proprietaristischen inegalitären Mechanismen: Die Konzentration des Eigentums wurde auf der äußersten Ungleichbehandlung zwischen den Rassen errichtet, blieb aber zu einem großen Teil auch noch nach Einführung der formellen Rechtsgleichheit bestehen, die allem Anschein nach nicht ausreichte, um eine Veränderung herbeizuführen. In den meisten anderen Kolonialgesellschaften wurden Land und Vermögen dadurch umverteilt, dass weiße Gemeinschaften abwanderten und mehr oder weniger cha-

1 Teilweise unter dem Druck der schwarzen Partei EFF (Economic Freedom Fighters, die für eine Umverteilung von Wohlstand kämpft) sowie deshalb, weil sich ein Teil des schwarzen Bürgertums auf die Seite der ehemals weißen Partei der Afrikaaner geschlagen hat (National Party, seit 2000 dann Democratic Alliance). Siehe A. Gethin, «Cleavage Structures and Distributive Politics», Paris: PSE, 2018, und Technischer Anhang.

otische Nationalisierungen stattfanden. Aber sobald man versucht, zwischen den Klassen der ehemals Herrschenden und Beherrschten in einer von Gewalt geprägten Kolonialgesellschaft dauerhaft ein friedliches Zusammenleben zu organisieren, müssen andere rechtliche und fiskalische Mechanismen ins Auge gefasst werden, um eine Umverteilung von Wohlstand zu ermöglichen.

Das Ende des Kolonialismus und die Frage des demokratischen Föderalismus

Die sklavenhaltenden und kolonialen Gesellschaften hinterließen in der Struktur der gegenwärtigen Ungleichheit beträchtliche Spuren, sowohl in den einzelnen Ländern als auch zwischen diesen. Aber in dieser langewährenden Geschichte gibt es noch ein anderes, recht unbekanntes Erbe, das ich an dieser Stelle hervorheben möchte: Der Untergang des Kolonialismus löste Debatten über Formen des – regionalen und transkontinentalen – demokratischen Föderalismus aus, die zwar nicht unmittelbar ans Ziel führten, aber lehrreich für die Zukunft sind.

Das Ende des französischen Kolonialreichs ist besonders interessant und bildete den Gegenstand einer neueren Studie Frederick Coopers.[1] 1945, nachdem die Kolonien dem Mutterland dabei geholfen hatten, sich nach über vier Jahren von der deutschen Besatzung zu befreien, war für jedermann klar ersichtlich, dass das Kolonialreich der Vorkriegszeit endgültig der Vergangenheit angehörte, was immer manche Kolonisten auch denken mochten. Die französischen Obrigkeiten wollten das Reich aufrechterhalten, wussten aber durchaus, dass dazu seine Funktionsweise umgestaltet werden musste, zum einen und vor allem durch den Versuch, die politischen Strukturen radikal zu verändern, und zum anderen durch eine entschlossenere Politik der Investitionen und des Steuertransfers vom Mutterland in die Kolonien. (Wie wir sahen, bedeutete Letzteres einen echten Bruch mit den vormaligen Gepflogenheiten, auch wenn die starken Ungleichgewichte in der Haushaltsstruktur zugunsten der Kolonialherren erhalten blieben.)

1 Siehe das spannende Buch von F. Cooper, *Citizenship between Empire and Nation. Remaking France and French Africa 1945–1960*, Princeton [u. a.]: Princeton University Press, 2014. Siehe ebenso F. Cooper, *Africa in the World. Capitalism, Empire, Nation-State*, Cambridge [u. a.]: Harvard University Press, 2014.

Frankeichs Beispiel ist insofern ein besonderes, als zwischen 1945 und 1960 Bestrebungen sichtbar wurden, die politischen Institutionen ausgehend von einer Nationalversammlung umzugestalten, in die Vertreter des Mutterlands und der Kolonien gewählt werden sollten. Tatsächlich kam diese Vertretung niemals auf paritätischer Grundlage zustande, weil das die Vormachtstellung des Mutterlandes bedroht hätte: Weil es an Einfallsreichtum fehlte, um die richtigen Institutionen aufzubauen, wurden sämtliche Reformversuche unterminiert. Es wäre wohl das Beste gewesen, zunächst für West- oder Nordafrika föderale Strukturen zu errichten und zu konsolidieren, und sich erst anschließend daran zu machen, eine die Kontinente überspannende parlamentarische Souveränität zu entwickeln. Nichtsdestoweniger war dieser Versuch, ein autoritäres Reich in eine demokratische Föderation zu überführen, relativ originell (die britischen Kolonien waren im Parlament von Westminster niemals vertreten, weder im Ober- noch im Unterhaus) und verdient eine nähere Betrachtung.[1]

Die Verfassunggebende Nationalversammlung, die im Oktober 1945 gewählt wurde, um für Frankreich eine neue Verfassung auszuarbeiten, zählte 522 Abgeordnete aus dem Mutterland und 64 aus den verschiedenen Gebieten des Kolonialreichs. Von einer zahlenmäßig gleichwertigen Vertretung war die Versammlung also weit entfernt, da die Bevölkerung im Mutterland damals rund 40 Millionen Einwohner umfasste, während in den Kolonien zusammen rund 60 Millionen Menschen lebten (ohne Indochina, das bereits in den Unabhängigkeitskrieg eingetreten war). Zudem waren die 64 Abgeordneten aus den Kolonien von Wahlmännergremien, getrennt nach Kolonisten und Indigenen, auf deutlich ungleicher Grundlage gewählt worden. So entsandte Französisch-Westafrika zum Beispiel 10 Abgeordnete, darunter 4 von den 21 000 Kolonisten und 6 von den rund 15 Millionen Indigenen gewählte. Immerhin hatten zahlreiche afrikanische Führer einen Sitz und spielten von 1945 bis 1960 in der französischen Nationalversammlung eine bedeutende Rolle, angefangen mit Léopold Senghor und Félix Houphouët-Boigny, die in dieser Zeit mehrmals Minister französischer Regierungen waren, ehe Senghor von 1960 bis 1980 als Präsident des Senegal und Houphouët-Boigny von 1960 bis 1993 als Präsident der

1 1809–1812 versuchte Spanien mit seinen lateinamerikanischen Kolonien ein föderales Parlament zu organisieren, allerdings vor einem völlig anderen Hintergrund und ohne dass noch Zeit gewesen wäre, das System umzusetzen.

Elfenbeinküste regierte. Auf Initiative Houphouët-Boignys verabschiedete die Verfassunggebende Versammlung 1946 ein Gesetz, dass jedwede Form der Zwangsarbeit in den Überseegebieten aufhob und insbesondere die Verordnung von 1912 zum Arbeitsdienst *(prestations)* der Indigenen – wohl die Mindestforderung an eine Kolonialmacht mit dem Anspruch, die Beziehungen auf einer Basis von Gleichheit neu zu begründen. Und auf Anstoß Amadou Lamine-Gueyes (von 1960 bis 1968 dann Präsident der Nationalversammlung des Senegal) verabschiedete sie das Gesetz, mit der die Union française gegründet wurde und sämtliche Angehörige des Kolonialreichs die französische Staatsbürgerschaft erhielten.

Der erste Entwurf, den die Verfassunggebende Versammlung ausgearbeitet hatte, verfehlte beim Referendum von Mai 1946 knapp die Mehrheit (53 % Nein-Stimmen). Im Juni wurde eine weitere Verfassunggebende Nationalversammlung gewählt. Der neue Entwurf, den sie ausgearbeitet hatte, ging beim Referendum im Oktober 1946 knapp (53 % Ja-Stimmen) durch und war 1946 bis 1958 als Verfassung der Vierten Republik in Kraft. Der Hauptvorwurf der Gaullisten und der Parteien des Zentrums und der Rechten gegen den ersten Entwurf hatte gelautet, dass er einer einzigen Parlamentskammer übertriebenes Gewicht gab: Dass er alle Macht der Nationalversammlung zubilligte, weckte Befürchtungen, dass sozialistische und kommunistische Abgeordnete über eine absolute Mehrheit verfügen könnten. Deswegen wurde im zweiten Entwurf versucht, zur Nationalversammlung ein Gegengewicht in Form einer zweiten Kammer, des Conseil de la République, zu schaffen, der wie später der Senat während der Fünften Republik indirekt gewählt wurde und strukturell konservativer war, aber kein Vetorecht mehr besaß. In diesen Debatten spielte ein zweiter, weniger bekannter Faktor eine aber ebenso wesentliche Rolle: Der erste Entwurf hatte vorgesehen, dass in der alleinigen Nationalversammlung Abgeordnete der gesamten Union française (Mutterland und ehemalige Kolonien) vertreten sein sollten, und die genaue Zusammensetzung einem noch zu beschließenden Gesetz überlassen. Deswegen befürchteten besonders konservative (und auch einige sozialistische und kommunistische) Vertreter des Mutterlands, dass die Nationalversammlung stark mit «Negerhäuptlingen» besetzt werden könnte, und hoben hervor, dass keine brauchbaren Wählerlisten vorlägen und die Afrikaner Analphabeten seien. Entgegengehalten wurden ihnen, dass für den

Steuereinzug schon perfekt ausgearbeitete Listen erstellt worden seien und dass die französischen Bauern zu Beginn der Dritten Republik auch nicht hätten schreiben und lesen können. Jedenfalls spielte die Angst, dass sich eine einzige Parlamentskammer am Ende nach einem Prinzip der Quasi-Proportionalität nach den jeweiligen Bevölkerungszahlen des Mutterlands und der Überseegebiete zusammensetzen und so die Vorherrschaft des französischen Kerngebiets allmählich brechen würde, eine wesentliche Rolle, dass das Referendum vom Mai 1946 knapp gescheitert war.

Die zweite Verfassung hatte ebenfalls etwas Vieldeutiges, da sich die Nationalversammlung aus Abgeordneten des Mutterlandes und der Überseegebiete in Anteilen zusammensetzen sollte, die ins Ermessen des Gesetzgebers gestellt wurden. Der Unterschied bestand darin, dass die Macht der Nationalversammlung mit einem konservativen Conseil de la République und einer «Versammlung der Union française» ausbalancierte wurde, die zur Hälfte aus Vertretern des Mutterlands (gewählt von Nationalversammlung und Conseil) und zur Hälfte aus Vertretern der Überseegebiete bestand. Auch legte die Verfassung genau fest, dass die Gesamtheit der militärischen Befugnisse der Union française von der Regierung der Französischen Republik unter Kontrolle der Nationalversammlung und des Conseil de la République ausgeübt werde, ohne irgendeine über das Konsultative hinausgehende Funktion für die parlamentarischen Versammlung der Union française. Auch wenn die Sitzverteilung offen blieb, ließ die Gesamtkonstruktion keinen Zweifel daran, dass die Bürger im Mutterland in der Nationalversammlung eine breite Mehrheit behalten sollten, mit entscheidenden Hoheitsbefugnissen für die Union française, die so trotz allem ein Reich unter französischer Führung blieb. Mit dieser Verfassung erhielten die Verfechter eines egalitären demokratischen Föderalismus eine klare Abfuhr.[1]

---

1 Der erste Verfassungsentwurf sah ebenso einen französischen Wirtschaftsrat und einen Rat der Union française vor, die aber rein konsultative Funktion haben und vollständig der Nationalversammlung unterstehen sollten.

Von der franko-afrikanischen Union zur Mali-Föderation

Zahlreiche afrikanische Führer waren allerdings weiterhin von der Möglichkeit einer Föderation überzeugt. Die schwarzen Wähler hatten beim Referendum im Mai 1946[1] den ersten Verfassungsentwurf mit großer Mehrheit unterstützt, insbesondere im Senegal und auf den Antillen, während die Weißen dort dagegen gestimmt hatten.[2] Vor allem Senghor war überzeugt, dass die sich herausbildenden winzigen und künstlich erzeugten Nationalstaaten wie der Senegal und die Elfenbeinkünste nicht in der Lage sein würden, auf wirtschaftlicher Ebene volle Souveränität auszuüben. Nur eine Einbindung in eine großangelegte föderale Konstruktion, beruhend auf dem freien Personen- und Warenverkehr und einer steuerlichen Solidarität sowie auf der Allianz der europäischen sozialistischen Strömungen und der afrikanischen solidarischen und kollektivistischen Traditionen, konnte es demnach ermöglichen, im weltweiten Kapitalismus eine harmonische Wirtschafts- und Gesellschaftsentwicklung zu organisieren. In der Rückschau ist freilich schwer vorstellbar, wie eine Mehrheit der französischen Wähler einen franko-afrikanischen Föderalismus auf der Basis politischer Gleichrangigkeit hätte akzeptieren können. Zu Beginn der 1950er Jahre gaben die führenden französischen Politiker weiterhin die Warnung aus: «Wenn wir in der Nationalversammlung die Vertretung aus den Kolonien weiter erhöhen, finden wir uns mit 200 polygamen Männern wieder, die Gesetze über die französischen Familien erlassen.»[3] Pierre-Henri Teitgen, Präsident der MRP (der wichtigsten Mitte-Rechts-Partei), hatte sogar schon eine Rechnung aufgemacht: Eine gleichgewichtige politische Vertretung

---

1 Zu diesen Debatten siehe F. Cooper, *Citizenship*, a. a. O., S. 42–61, 92–93, 148–151, 187–189, 214–258.

2 Interessant ist anzumerken, dass während der Eingliederung Réunions, Guadeloupes und Martiniques als Übersee-Départements 1945, ein Prozess, der von den Kommunisten unterstützt wurde, ein Teil der weißen Plantagenbesitzer versuchte, die Unabhängigkeit mit einer Rassentrennung nach südafrikanischem Modell voranzutreiben. Erinnert sei auch daran, dass Gaston Monnerville, Enkel eines Sklaven und gewählter Abgeordneter für Französisch-Guayana, von 1947 bis 1968 Präsident zunächst des Conseil de la République und dann des Senats wurde. Nach de Gaulles Rücktritt wäre er als erster Mischling (Interims-)Präsident der Französischen Republik geworden, wenn er nicht rund ein halbes Jahr zuvor aus seinem Amt ausgeschieden wäre.

3 Siehe F. Cooper, *Citizenship between Empire and Nation*, a. a. O.

werde dazu führen, dass «das Mutterland an Lebensstandard mindestens 25–30 % einbüßt».

Eine realistischere Lösung (realistischer als ein egalitärer franko-afrikanischer Föderalismus) hätte darin bestehen können, zunächst in Westafrika eine politische und wirtschaftliche Union aufzubauen und zu konsolidieren (letztere entstand denn auch als Währungsunion mit dem noch heute existierenden Franc CFA, wenn auch ohne parlamentarische und fiskalische Souveränität) und anschließend eine Art französisch-afrikanisches Parlament anzuvisieren, das es ermöglicht hätte, einen freien Personen- und Warenverkehr sowie kontrollierte Formen der fiskalischen Solidarität auf den Weg zu bringen. Ebendies schlug Senghor ab 1955/56 angesichts der Sackgasse, in der die Union française steckte, Houphouët-Boigny und den anderen westafrikanischen Führern vor. Aber es war zu spät. Jeder war bereits damit beschäftigt, die Parlamente auf eigenem Gebiet zu konsolidieren. Die Elfenbeinküste lehnte es 1957/58 ab, echte föderale westafrikanische Institutionen aufzubauen, und ebnete damit den Unabhängigkeitsbestrebungen, dem Rückzug auf kleine Territorien und mehrere Jahrzehnte später in manchen Fällen auch der Entstehung übertriebener nationaler Identitäten (wie der sogenannten *Ivorität*) den Weg, und dies, obwohl die ursprünglichen Grenzen der Kolonien weitgehend willkürlich gezogen worden waren. Was Nordafrika angeht, konnten die «algerischen Départements» 1958 insgesamt 74 Abgeordnete in die Nationalversammlung senden (fast anteilig zur Bevölkerungsgröße). Die verbliebenen Überseegebiete verfügten zusammen über 106 von insgesamt 579 Sitzen in der Nationalversammlung zu einer Zeit, da die Communauté française (die die Union française inzwischen abgelöst hatte) bereits in ihrer Schlussphase angelangt und Algerien durch den Krieg auf dem Weg in die Unabhängigkeit war.[1] Als Überbleibsel dieses Systems stellen in der 2017 gewählten Nationalversammlung die überseeischen Départements 27 (und die Auslandsfranzosen 11) der insgesamt 577 Abgeordneten. Die

1 Bei den Verhandlungen 1946 hatte die erste Verfassunggebende Versammlung Algerien 35 Sitze zugebilligt (14 für die Siedler, 21 für die Muslime). Der algerische Führer Ferhat Abbas (der 1962 erster Staatschef des unabhängigen Algeriens werden sollte) verlangte 55 Sitze (20 für die Siedler und 35 für die Muslime, während dem Bevölkerungsanteil 106 Sitze entsprochen hätten). Die zweite Verfassunggebende Versammlung billigte Algerien 30 (15 für die Siedler und 15 für die Muslime zu). Für viele wurde der Marsch in den Krieg damit unvermeidlich. Siehe F. Cooper, *Citizenship between Empire and Nation*, a. a. O., S. 135.

Vertretung entspricht inzwischen vollständig den Bevölkerungsanteilen, aber mit einem verminderten Risiko für die Einwohner Festlandfrankreichs angesichts der geringen Größe der überseeischen Départements.

In den Jahren 1958/59 fanden sich mehrere afrikanische Führer (darunter Senghor) nicht damit ab, dass 20 Millionen Westafrikaner nicht zu einer Einigung gelangten, während die deutlich dichter besiedelten europäischen Staaten dabei waren, eine wirtschaftliche und politische Union zu schaffen. 1959 nahmen sie die Gründung der Mali-Föderation in Angriff, die den Senegal, Französisch-Sudan (das heutige Mali), Obervolta (heute Burkina Faso) und Dahomey (heute Benin) umfasste, als Union aber schon Ende 1960 wieder auseinanderbrach, einmal, weil die Elfenbeinküste und Niger (die abseits geblieben waren) sowie Frankreich (das weiterhin an seine Union française glaubte) nicht kooperierten, aber auch wegen unvorhergesehener steuerpolitischer Spannungen, die zwischen dem Senegal und dem Sudan (der weniger reich, aber stärker bevölkert war: 4 Millionen Einwohner gegenüber 2,5 im Senegal) auftraten. Am Ende blieb Französisch-Sudan als einziges Land in der Föderation und behielt den Namen Mali. Die Hauptschwierigkeit war, dass diese verschiedenen Territorien schon seit 1945 eigene Regierungen gebildet hatten, sodass sich ihre Führer zwischen 1945 und 1960 hauptsächlich in der französischen Nationalversammlung begegneten und in einer gemeinschaftlichen Führung kaum geübt waren.[1] Es hätte anders kommen können, wenn die afrikanischen und französischen Politiker ab 1945 auf den Aufbau eines stark regional ausgerichteten Föderalismus gesetzt hätten – und damit auf eine stärker ausbalancierte und realistischere Union mit dem ehemaligen Mutterland. 1974 beschloss Frankreich schließlich, die Freizügigkeit für Personen abzuschaffen, die vor 1960 in den ehemaligen Kolonien geborenen worden waren. Gestorben war die Idee, das einstige autoritäre Kolonialreich in eine demokratische Föderation zu überführen. Ein anderes Kapitel wurde aufgeschlagen.

Liest man die Aufzeichnungen dieser Debatten Jahrzehnte später, fallen besonders die zahlreichen Weggabelungen auf und die Verschiedenheit der Entwicklungen. Niemand wusste genau, wie eine großangelegte föderale politische Gemeinschaft am besten organisiert werden sollte, so wie übrigens auch heute nicht, aber zahlreiche Akteure ahn-

1 Siehe ebenda, S. 328–421.

ten, dass der Rückzug auf kleine Territorien und Bevölkerungen nicht unbedingt die beste Lösung war. Verfolgt man diese Debatten aus heutiger Sicht, kann man erkennen, welche vielfältigen föderalen Formen denkbar sind, und stellt die gegenwärtig existierenden ganz selbstverständlich infrage. Sie werden sich entgegen den Ansichten mancher auch in Zukunft weiterentwickeln. Eher unwahrscheinlich ist zum Beispiel, dass die heutigen Institutionen der Europäischen Union ewig in ihrem jetzigen Zustand verharren, und nur ganz wenige amerikanische Nationalisten gehen davon aus, dass die Vereinigten Staaten nicht mehr verbessert werden können. Die Schaffung eines Raums für politische Verhandlungen und Entscheidungen auf regionaler und kontinentaler Ebene ist eine Herausforderung, der sich auch Afrika, Lateinamerika, Asien und der gesamte Planet im 21. Jahrhundert werden stellen müssen. Neue Kooperationen zwischen Europa und Afrika sind, insbesondere in Migrationsfragen, notwendiger denn je. Die Wahldemokratie ist so, wie sie gegenwärtig auf nationalstaatlicher Ebene existiert, noch nicht das Ende der Geschichte. Die politischen Institutionen sind – und werden es immer sein – in einem steten Wandel begriffen, insbesondere im postnationalen Maßstab. Und die eingehende Betrachtung der Scheidewege der Vergangenheit ist die beste Art, sich auf die der Zukunft vorzubereiten. Darauf kommen wir im weiteren Verlauf noch zurück, vor allem, wenn wir die Bedingungen für gerechte Grenzen und eine demokratische Organisation der internationalen Wirtschaftsbeziehungen und der Migrationsbewegungen untersuchen.[1]

1 Siehe Kapitel 17, S. 1255–1271.

8.

DREIGLIEDRIGE GESELLSCHAFTEN UND KOLONIALISMUS: DER FALL INDIEN

Indien ist für unsere Untersuchung besonders bedeutsam. Diese Republik ist seit Mitte des 20. Jahrhunderts nicht nur die «größte Demokratie der Welt» und schickt sich an, im Verlauf des 21. Jahrhunderts zum bevölkerungsreichsten Staat der Erde aufzusteigen. Das Land spielte in der Geschichte der Ungleichheitsregime auch eine zentrale Rolle, unter anderem deshalb, weil es eng mit seinem Kastensystem assoziiert wird, das allgemein als ein besonders rigides Ungleichheitsregime gilt. Und dessen Ursprünge und Besonderheiten müssen wir als einen wesentlichen Bestandteil unserer Untersuchung analysieren.

Über seine historische Bedeutung hinaus hat das Kastensystem in der gegenwärtigen indischen Gesellschaft Spuren hinterlassen, die deutlich stärker ausgeprägt sind als die der statusbedingten Ungleichheiten der europäischen Ständegesellschaften. Diese Ungleichheiten sind fast vollständig verschwunden, wenn man von weitgehend symbolischen wie bei denen der britischen erblichen Lords absieht. Wir müssen also nachzuvollziehen versuchen, inwieweit sich diese besonderen Entwicklungen aus althergebrachten strukturellen Unterschieden zwischen der europäischen Ständeordnung und den indischen Kasten erklären oder vielmehr durch die besonderen gesellschaftlich-politischen Entwicklungswege und deren Weichenstellungen.

Wie wir sehen werden, lässt sich die Entwicklung der Ungleichheiten in Indien nur dann richtig analysieren, wenn sie in den übergeordneten Rahmen des Wandels der alten trifunktionalen Gesellschaften eingebettet wird. Verglichen mit den europäischen Entwicklungsverläufen liegt die Besonderheit Indiens vor allem darin, dass der Staat auf diesem gewaltigen Territorium auf ganz eigene Weise entstanden ist. So wurde insbesondere der Prozess des gesellschaftlichen Wandels, des Staatsaufbaus und der Vereinheitlichung der sozialen Stellungen und Rechte, die in Indien besonders disparat waren, durch die britische Kolonialmacht unterbrochen, als sie gegen Ende des 19. Jahrhunderts die Kastengesellschaft zu erfassen und unter ihre Kontrolle zu bringen begann, insbesondere mithilfe der Volkszählungen von 1871 bis 1941. Damit trug sie dazu bei, dass sich das bestehende System verfestigte und eine unvorhergesehene und dauerhafte administrative Existenz erhielt.

Seit 1947 war das unabhängige Indien bestrebt, das Erbe der althergebrachten Diskriminierungen mit den Mitteln des Rechtsstaats abzuschütteln, insbesondere beim Zugang zu Bildung, zu Stellen im öffentlichen Dienst und zu Wahlämtern. Diese politischen Maßnahmen sind keineswegs vollkommen, aber schon deshalb reich an Lehren, weil von derlei diskriminierenden Verhältnissen sämtliche Länder und insbesondere die europäischen betroffen sind, die gerade jetzt gewisse Formen identitärer und multikonfessioneller Gegensätze zu entdecken beginnen, die Indien seit Jahrhunderten kennt. Der indische Entwicklungsweg der Ungleichheiten stand unter dem tiefgreifenden Einfluss der Außenwelt und insbesondere des fernen Auslands. Und Indien kann der übrigen Welt mit seinen Erfahrungen in vielerlei Hinsicht als lehrreiches Beispiel dienen.

Die Erfindung Indiens: erste Orientierungspunkte

Soweit die demografischen Quellen zurückreichen, ist festzustellen, dass die Territorien, die gegenwärtig zum Staatsgebiet der Republik Indien und zu dem der Volksrepublik China gehören, von jeher Bevölkerungen umfassten, die größer waren als die in Europa oder anderswo auf dem Globus. Im Jahr 1700 zählte Indien rund 170 Millionen Einwohner, gegenüber 140 Millionen in China und 100 Millionen in Europa – worauf China im Verlauf des 19. und 20. Jahrhunderts auf den Spitzenplatz vorrückte. Wegen des dort inzwischen in Gang gekommenen Bevölkerungsrückgangs, eine Folge vor allem der 1980 eingeführten Ein-Kind-Politik, müsste Indien mit seiner kontinentalen Ausdehnung gegen Ende der 2020er Jahre erneut zum bevölkerungsreichsten Land der Erde aufsteigen und dies im Verlauf des 21. Jahrhunderts (mit fast 1,7 Milliarden

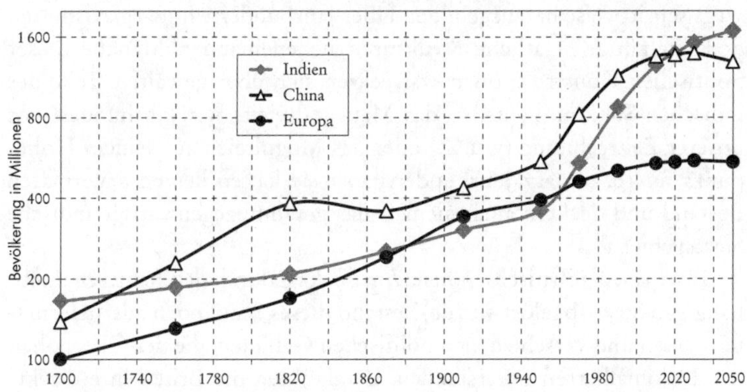

Grafik 8.1.: Um 1700 umfasste die Bevölkerung Indiens ungefähr 170 Millionen, Chinas 140 Millionen und Europas 100 Millionen (etwa 125 Millionen einschließlich der Territorien des heutigen Russlands, Weißrusslands und der Ukraine). Nach den Prognosen der Vereinten Nationen steigt die Bevölkerung bis zum Jahr 2050 auf rund 1,7 Milliarden in Indien, auf 1,3 Milliarden in China und auf 550 Millionen in Europa (EU) (auf 720 Millionen mit Russland, Weißrussland und der Ukraine) an. Quellen und Reihen: siehe piketty.pse.ens.fr/ideologie.

Einwohnern um 2050) auch bleiben, wenn man den jüngsten Vorhersagen der Vereinten Nationen glaubt (Siehe Grafik 8.1). Zur Erklärung der außergewöhnlichen Bevölkerungsdichte Chinas und Indiens verwiesen zahlreiche Arbeiten nach dem Vorbild von Fernand Braudels *Sozialgeschichte des 15.–18. Jahrhunderts* auf die Verschiedenheit der Ernährungsgewohnheiten. Insbesondere die übertriebene europäische Vorliebe für Fleisch soll die größere Siedlungsdichte in Asien erklären, weil für die Erzeugung fleischlicher Kalorien größere Agrarflächen benötigt werden als für vegetarische.

In dieser Untersuchung lege ich den Schwerpunkt auf die Geschichte der Ungleichheitsregime. Wir haben gesehen, welch entscheidende Bedeutung die Errichtung des Zentralstaats für die Struktur der Ungleichheit und ihre Entwicklung hat. Dabei stellt sich als Erstes die Frage, wie es einer so beachtlichen Bevölkerung wie der indischen (schon über 200 Millionen Menschen am Ende des 18. Jahrhunderts, als Frankreich, das bevölkerungsreichste Land Europas, gerade einmal knapp 30 Millionen zählte) gelungen ist, sich so zu organisieren, dass eine friedliche Koexistenz in einem staatlichen Gebilde möglich wurde. Eine erste Antwort lautet, dass die indische Einheit in Wahrheit etwas ganz Neues darstellt. Indien hat sich als politische und menschliche Gemeinschaft im Verlauf eines komplexen soziopolitischen Entwicklungswegs schrittweise herausgebildet. Über Jahrhunderte hinweg existierten dort vielfältige staatliche Strukturen nebeneinander. Manche dieser politischen Konstruktionen erstreckten sich über gewaltige Teile des indischen Subkontinents, so das Maurya-Reich im 3. Jahrhundert vor unserer Zeitrechnung (v. u. Z.) oder das Mogulreich auf seinem Höhepunkt im 16. und 17. Jahrhundert, aber sie hatten keinen dauerhaften Bestand und deckten auch niemals das gesamte gegenwärtige indische Staatsgebiet ab.

Bis 1947, als Britisch-Indien (*British Raj*) durch den heutigen unabhängigen Staat abgelöst wurde, bestand dieses Land noch aus 562 Fürstenstaaten und verschiedenen politischen Gebilden, die der Oberhoheit der Kolonialherren unterstanden. Zwar übten die Briten ihre direkte administrative Herrschaft über mehr als 75 % der Bevölkerung des Landes aus und hatten ihre Volkszählungen von 1871 bis 1941 auf dem gesamten Territorium (auch in den Fürstenstaaten und autonomen Gebieten) durchgeführt, aber diese Verwaltung stützte sich weitgehend auf die lokalen Eliten und bestand häufig schlicht in der Aufrechterhaltung der öffentlichen Ordnung. Infrastruktur und öffentlicher Dienst waren ebenso dürftig ausgestattet oder gar inexistent wie in den französischen Kolonien.[1] Es sollte dem unabhängigen Indien nach 1947 zufallen, im Rahmen einer pluralistischen und lebendigen parlamentarischen Demokratie die administrative und politische Einheit des Landes zu vollziehen. Man darf davon ausgehen, dass diese politische Praxis vom direkten Kontakt mit den Briten und dem parlamentarischen Modell beeinflusst wurde. Dabei ist hervorzuheben, dass Indien den Parlamentarismus in einer in der Geschichte nie dagewesenen demografischen und territorialen Größenordnung aufgebaut und damit das erreicht hat, was Europa über die Europäische Union und das Europäische Parlament anstrebt (aber mit nicht einmal der halben Bevölkerungsgröße und in einem deutlich geringeren Grad an politischer und fiskalischer Integration). Und selbst das Vereinigte Königreich tut sich ziemlich schwer damit, eine solche Einheit mit Blick auf die britischen Inseln aufrechtzuerhalten. (So musste es sich zu Beginn des 20. Jahrhunderts von Irland trennen, und zu Beginn des 21. Jahrhunderts steht vielleicht auch noch die Scheidung von Schottland an.)

---

1 Siehe Kapitel 7.

Im 18. Jahrhundert, als sich die Briten daranmachten, tiefer ins Land vorzudringen, war Indien in eine Vielzahl von Staaten zersplittert, angeführt von hinduistischen oder muslimischen Fürsten. Der Islam hatte sich vom 8. bis zum 10. Jahrhundert mit der Bildung erster Königreiche allmählich im Nordwesten Indiens ausgebreitet, dem folgte die Eroberung Delhis durch die turko-afghanischen Dynastien am Ende des 12. Jahrhunderts. Das Sultanat Delhi erlebte im 13. und 14. Jahrhundert zahlreiche Erweiterungen und Umgestaltungen, worauf turko-mongolische Einwanderungswellen das Mogulreich entstehen ließen, das seine größte territoriale Ausdehnung auf dem indischen Subkontinent zwischen 1526 und 1707 erreichte. Von muslimischen Herrschern geführt, zunächst von Agra und danach von Delhi aus, war der Mogulstaat multikonfessionell und vielsprachig. Neben den indischen Sprachen der großen Bevölkerungsmehrheit und der hinduistischen Eliten wurde am Mogul-Hof auch Persisch, Urdu und Arabisch gesprochen. Ab 1707 verlor diese komplexe und instabile Staatskonstruktion an Expansionskraft. Auch stand sie unter ständigem Konkurrenzdruck durch die hinduistischen Königreiche, so durch das Marathen-Reich, das ursprünglich im heutigen Maharashtra (um Mumbai) entstanden war und sich zwischen 1674 und 1818 weiter in den Norden und Westen Indiens ausbreitete. In diesem Umfeld der Konkurrenz zwischen muslimischen, hinduistischen und multikonfessionellen Staaten und dem fortschreitenden Zerfall des Mogulreiches gelang es den Briten, schrittweise ganz Indien unter ihre Kontrolle zu bringen, 1757 bis 1858 zunächst unter Führung der Aktionäre der *East India Company* (EIC) und von 1858 bis 1947 dann unter der Herrschaft Britisch-Indiens, als das Land direkt der britischen Krone und dem Parlament unterstand – nach dem Sepoyaufstand von 1857, der es in den Augen Londons notwendig gemacht hatte, die Herrschaft unmittelbar auszuüben. Die Briten nahmen diese Erhebung zum Anlass, 1858 den letzten Mogulkaiser abzusetzen, der zwar nur noch nominell über ein kleines Territorium um Delhi herrschte, aber für die hinduistischen und muslimischen Aufständischen noch immer eine moralische Autorität und eine Symbolfigur für eine mögliche eigene Souveränität darstellte. Sie hatten sich erfolglos seinem Schutz zu unterstellen versucht, um sich an die Spitze des Kampf gegen die europäischen Kolonialherren zu setzen.

Die besonders lange gemeinsame Geschichte von Hindus und Muslimen in Indien, vom Sultanat Delhi am Ende des 12. bis zum endgültigen Untergang des Mogulreichs im 19. Jahrhundert, machte den indischen Subkontinent zu einem einzigartigen kulturellen und politischen Schmelztiegel des Hinduistischen und Muslimischen. Ein minderheitlicher, aber bedeutender Anteil der militärischen, geistigen und wirtschaftlichen Eliten war schrittweise zum Islam konvertiert und hatte Bündnisse mit den turko-afghanischen und turko-mongolischen Eroberern geknüpft, die demografisch nur schwach vertreten waren. In dem Maß, in dem die Sultanate im 16. Jahrhundert auf Kosten der hinduistischen Königreiche und insbesondere des Königreichs Vijayanagar (im gegenwärtigen Karnataka) ins Zentrum und in den Süden Indiens vorrückten, knüpften sie nachbarschaftliche Beziehungen zu den hinduistischen Eliten und den Gebildeten an den verschiedenen Höfen, den gelehrten Brahmanen, von denen manche im Dienst von Sultanen standen, sowie zu den persischen Chronisten, die in den verschiedenen Palästen verkehrten. Sie pflegten zu ihnen intensivere Kontakte als zu den europäischen Kolonialherren, insbesondere den Portugiesen, die sich ab 1510 an der indischen Küste, vor allem in Goa und Calicut, niedergelassen hatten, die muslimischen Reiche bedrängten und für die Hindus und das Vijayanagar-Reich Partei ergriffen, sich aber nicht auf Vorschläge einlassen wollten, Bündnisse durch wechselseitige Eheschließungen zu besiegeln.[1] Zeitweilig traten zwischen Hindus und Muslimen durchaus auch Gegensätze zutage, schon deshalb, weil Glaubensübertritte zum Islam vor allem in den am stärksten benachteiligten Schichten der hinduistischen Gesellschaft erfolgten – als eine Möglichkeit, dem besonders hierarchischen und inegalitären Kastensystem zu entrinnen. Noch heute sind Muslime in den ärmsten Gruppen der indischen Gesellschaft überrepräsentiert, und wie wir im vierten Teil dieses Buches sehen werden, bildete die Haltung der Hindu-Nationalisten ihnen gegenüber seit Ende des 20. und zu Beginn des 21. Jahrhunderts eines der am stärksten prägenden Elemente der politischen Lager und Wahlkämpfe – entlang von Bruchlinien, die mit denen in Europa in mancherlei Hinsicht vergleichbar sind (allerdings mit dem bedeutenden Unter-

---

1 Portugal wollte durchaus eine hinduistische Prinzessin empfangen, lehnte aber die Entsendung einer portugiesischen ab. Zu diesen Beziehungen zwischen den Höfen siehe das spannende Buch von S. Subrahmanyam, *L'éléphant, le canon et le pinceau. Histoires connectées des cours d'Europe et d'Asie 1500–1750*, Paris: Alma, 2016.

schied, dass es in Indien muslimische Bevölkerungsgruppen schon seit Jahrhunderten und in Europa erst seit einigen Jahrzehnten gibt).[1]

Halten wir fürs Erste nur fest, dass die Ergebnisse der im Zehn-Jahres-Rhythmus erfolgten Volkszählungen von 1871 bis 1941 in Britisch-Indien und erneut der von 1951 bis 2011 im unabhängigen Staat einen ersten Eindruck von der konfessionellen Vielfalt des Landes und deren Entwicklung vermitteln können (siehe Grafik 8.2). Wie festzustellen ist, machten die Muslime rund 20 % der rund 250 Millionen Einwohner aus, die bei den ersten kolonialen Erhebungen von 1871 und 1881 erfasst wurden, und steigerten ihren Anteil wegen ihrer leicht höheren Geburtenrate bis zu den Zählungen von 1931 und 1941 auf 24 %. Bis zum ersten Zensus des unabhängigen Indiens 1951 war der Anteil der Muslime auf 10 % abgestürzt, erklärlich sowohl aus der Teilung Indiens (Pakistan und das spätere Bangladesch, bis 1971 Ostpakistan, wo die Muslime die Mehrheit stellten, gehörten nicht mehr dazu und fielen folglich aus der Erfassung heraus) als auch durch den nachfolgenden wechselseitigen Austausch von hinduistischen und muslimischen Be-

Die Religionsstruktur Indiens, 1871–2011

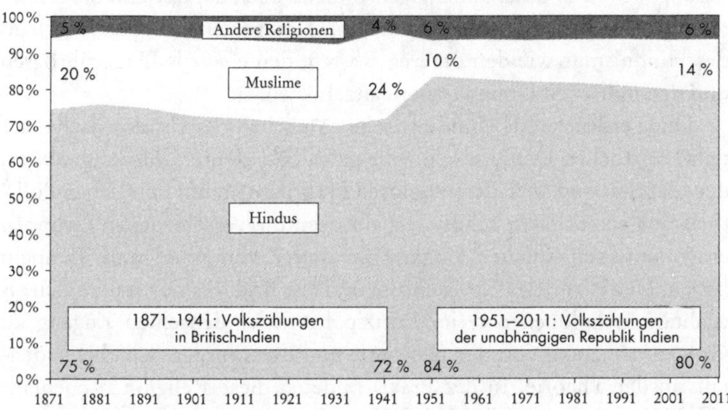

Grafik 8.2.: Die Volkszählung von 2011 in Indien ermittelte Bevölkerungsanteile von 80 % für die Hindus, 14 % für die Muslime und 6 % für andere (Sikhs, Christen, Buddhisten, Konfessionslose etc.). Bei der Erhebung durch die Kolonialbehörden 1871 hatten diese Werte bei 75 %, 20 % und 5 % gelegen. 1941 waren es 72 %, 24 % und 4 % und bei der ersten Volkszählung der unabhängigen Republik Indien 1951 84 %, 10 % und 6 % gewesen (wegen der Teilung Indiens, bei der (Ost- und West-)Pakistan mit v. a. muslimischer Bevölkerung ein eigener Staat wurde).
Quellen und Reihen: siehe piketty.pse.ens.fr/ideologie.

1 Siehe Kapitel 14–16.

völkerungsteilen. Der Anteil der Muslime ist seither (wegen der überdurchschnittlichen Geburtenrate) leicht angestiegen und erreichte bei der Volkszählung von 2011 14 % an einer Gesamtbevölkerung von damals über 1,2 Milliarden Menschen.

Die Religionen neben dem Hinduismus und dem Islam stellten bei den Volkszählungen zwischen 1871 und 2011 stets einen Bevölkerungsanteil von etwa 5 %. In der Praxis handelt es sich hauptsächlich um Sikhs, Christen und Buddhisten (alle mit vergleichbaren Anteilen) sowie um einen sehr kleinen Kreis von Personen, die sich als konfessionslos bezeichnen (stets unter 1 %). Dabei ist allerdings darauf hinzuweisen, dass die Volkszählungen der Kolonialzeit und in geringerem Umfang auch die des unabhängigen Indiens auf einem kompliziert gemischten Verfahren beruhten, bei dem sich die Betreffenden selbst bestimmten Gruppen zuordneten, andererseits aber auch von den zählenden Beamten und zuständigen Behörden in bestimmte Kategorien einsortiert wurden. Sofern die Befragten nicht klar einer anderen erfassten Religion (Muslime, Sikhs, Buddhisten) angehörten, galten sie in der standardisierten Klassifikation als «Hindus» (72–75 % der damaligen Kolonialbevölkerung, 80–84 % im unabhängigen Indien), auch dann, wenn die erfassten Personen den ausgegrenzten und diskriminierten Gruppen innerhalb des Hinduismus wie den unteren Kasten, den ehemals Unberührbaren und den indischen Ureinwohnern angehörten.

Diese erdrückende «hinduistische» Mehrheit besteht also nach einer teils künstlichen Definition, die die gewaltigen Unterschiede im Status, der Identität und auch den religiösen Praktiken im hinduistischen Polytheismus verschleiert, schon deshalb, weil die verschiedenen Gruppen einen unterschiedlichen Zugang zu den Zeremonien und Tempeln haben. Der Islam, das Christentum und der Buddhismus stellen sich als egalitäre Religionen dar (im Prinzip hat jeder denselben Zugang zu Gott, unabhängig von der Herkunft und der sozialen Schicht), jedenfalls in der Theorie. In der Praxis bildeten diese Religionen ebenfalls trifunktionale und patriarchale Ideologien aus, die es ermöglichten, die soziale und politische Ordnung zu strukturieren und soziale Ungleichheiten sowie geschlechtsspezifische Arbeitsteilungen und Rollen zu rechtfertigen. Der Hinduismus verknüpft die religiösen Fragen expliziter mit denen der gesellschaftlichen Organisation und der Ungleichheiten zwischen den Schichten. Später kommen wir darauf zurück, wie die hinduistischen Kasten in den Volkszählungen der Kolonialverwal-

Tabelle 8.1

Die Bevölkerungsstruktur nach den Volkszählungen in Indien, 1871–2011

	1871	1881	1891	1901	1911	1921	1931	1941	1951	1961	1971	1981	1991	2001	2011
Hindus	75%	76%	76%	74%	73%	72%	71%	72%	84%	83%	83%	82%	81%	81%	80%
Muslime	20%	20%	20%	21%	21%	22%	22%	24%	10%	11%	11%	12%	13%	13%	14%
Andere Religionen (Sikhs, Christen, Buddhisten etc.)	5%	4%	4%	5%	6%	6%	7%	4%	6%	6%	6%	6%	6%	6%	6%
Gesamt	100%	100%	100%	100%	100%	100%	100%	100%	100%	100%	100%	100%	100%	100%	100%
Erfasste Kasten									15%	15%	15%	16%	17%	16%	17%
Erfasste Stämme									6%	7%	7%	8%	8%	8%	9%
Gesamtbevölkerung Indiens (in Millionen)	239	254	287	294	314	316	351	387	361	439	548	683	846	1029	1211

Tabelle 8.1.: Die Ergebnisse stammen aus Volkszählungen, die in Britisch-Indien von 1871 bis 1941 und in der unabhängigen Republik Indien von 1951 bis 2011 durchgeführt wurden. Der Anteil der Muslime sank von 24% im Jahr 1941 auf 10% 1951, bedingt durch die Teilung Indiens, bei der Pakistan als unabhängiger Staat entstand. Ab 1951 erfassten die Volkszählungen die scheduled castes (SC) und scheduled tribes (ST) (einstmals diskriminierte Unberührbare und Ureinwohner), die verschiedenen Religionen (aber insbesondere dem Hinduismus) angehören.

Quellen und Reihen: siehe piketty.pse.ens.fr/ideologie.

tung definiert und erfasst wurden, und dass das unabhängige Indien die Kategorien der *scheduled* («gelisteten») *castes* (SC) und der *scheduled tribes* (ST, Adivasi) einführte, die bei der letzten Volkszählung rund 25 % der Bevölkerung stellten (siehe Tabelle 8.1), und dies mit dem Ziel, frühere Diskriminierungen zu korrigieren – allerdings mit dem Risiko, dass sich diese Kategorien gerade dadurch verstetigen. Zunächst müssen wir allerdings erst die Ursprünge der Kasten besser verstehen.

Indien und das viergliedrige Kastensystem aus Brahmanen, Kshatriya, Vaishya und Shudra

Bei der Betrachtung der europäischen Ständegesellschaften haben wir gesehen, dass die ersten Texte, die die trifunktionale Ordnung der Gesellschaft mit einer religiösen *(oratores)*, einer kriegerischen *(bellatores)* und einer arbeitenden *(laboratores)* Klasse beschrieben, aus der Feder von Bischöfen in England und Frankreich um das 10. und 11. Jahrhundert herum stammten.[1] Dagegen sind die trifunktionalen Ursprünge Indiens deutlich älter. Die Varnas, die im Hindu-System große funktionale gesellschaftliche Klassen bezeichneten, tauchten schon als die vier Aspekte des Urindividuums Purusha in den religiösen Texten in Sanskrit in der vedischen Epoche auf, von denen die ältesten auf das zweite Jahrtausend v. u. Z. zurückgehen. Aber die grundlegende schriftliche Quelle zu ihnen bildet vor allem das *Manusmriti*, das «Gesetzbuch des Manu», das zwischen dem 2. Jahrhundert v. u. Z. und dem 2. Jahrhundert u. Z. verfasst und seither unablässig überarbeitet und kommentiert wurde. Weisen wir sogleich darauf hin, dass es sich um einen Text mit normativem und politisch-ideologischem Anspruch handelt. Seine Verfasser beschreiben, wie die Gesellschaft ihrer Ansicht nach zu organisieren sei, und konkret: dass die beherrschten und arbeitenden Schichten den Regeln zu folgen haben, die von den religiösen und kriegerischen Eliten festgelegt wurden. Es handelt sich keineswegs um eine faktentreue oder historische Beschreibung der damaligen oder späteren indischen Gesellschaft, die Tausende soziale Mikroklassen und Berufsgruppen umfasste. Tatsächlich wurde die politische und gesellschaftliche Ordnung immer wieder dadurch infrage gestellt, dass die unterworfe-

1 Siehe Kapitel 2, S. 100–103.

nen Schichten den Aufstand probten und regelmäßig neue kriegerische Klassen als Träger neuer Verheißungen von Harmonie, Gerechtigkeit und Stabilität hervortraten, die mehr oder weniger gut erfüllt wurden – wie übrigens auch im christlichen Europa und den übrigen Regionen der Welt.

Das Herzstück des *Manusmriti* besteht in einer Beschreibung der Rechte und Pflichten der verschiedenen Varnas oder Gesellschaftsschichten, deren Rolle schon in den ersten Kapiteln festgelegt wird. Es handelt sich um die Brahmanen, die die Funktion der Priester, Gelehrten und Schriftkundigen erfüllen; die Kshatriya, Krieger mit der Aufgabe, für Ordnung und Sicherheit in der Gemeinschaft zu sorgen; die Vaishya, Bauern, Viehzüchter, Handwerker und Händler; sowie die Shudra, die Klasse der niedersten Arbeiter, deren Aufgabe allein darin besteht, den anderen gesellschaftlichen Klassen zu dienen.[1] Dieses System folgt also ausdrücklich einem vier- und nicht dreigliedrigen Aufbau, im Gegensatz zur theoretisch trifunktionalen Ordnung des mittelalterlichen Christentums. In der Praxis schloss das christliche System bis in relativ neue Zeit, zumindest bis ins 14. Jahrhundert in Westeuropa und fast bis zum Ende des 19. Jahrhunderts im Osten des Kontinents, auch die Leibeigenen ein, sodass die arbeitende Schicht in der Realität – wie in Indien – aus zwei (Unter-)Gruppen bestand (Freie und Leibeigene). Stellen wir auch fest, dass das *Manusmriti* ein theoretisches Schema beschreibt, während die Grenzen zwischen Vaishya und Shudra, zwei Gruppen von Arbeitenden mit unterschiedlichem Status und ungleicher Würde, in der gesellschaftlichen Realität mitunter fließend waren. Je nach Fall und Verhältnissen könnte man den Unterschied zwischen beiden ungefähr mit dem zwischen grundbesitzenden und landlosen Bauern oder zwischen europäischen freien und leibeigenen Bauern gleichsetzen.

Im Anschluss an seine Definition der vier großen Klassen beschreibt das *Manusmriti* ausführlich die Rituale und Regeln, die die Brahmanen befolgen müssen, sowie die Bedingungen zur Ausübung der Königsmacht. Der König entstammt im Prinzip der Schicht der Kshatriya, muss sich aber mit einem Beraterkreis aus sieben oder acht Brahmanen umgeben, die unter den Weisesten und Gelehrtesten erwählt werden. Er muss sie täglich in Fragen der Staatsgeschäfte und -finanzen konsultieren. Die folgenschwersten militärischen Entscheidungen bedürfen

1 Siehe *The Law Code of Manu. A new translation by P. Olivelle*, Oxford [u.s.]: Oxford University Press, 2004, S. 19

grundsätzlich der Zustimmung des erlauchtesten Brahmanen.[1] Kürzer handelt das *Manusmriti* die Vaishya und die Shudra ab. Zudem enthält es detaillierte Beschreibungen der Art, wie die Gerichte und juristischen Verfahren innerhalb eines gut organisierten Hindu-Königreichs zu funktionieren haben, sowie eine große Anzahl an zivil-, straf-, steuer- und erbrechtlichen Regeln, zum Beispiel zu den Erbteilen, die Kindern aus «gemischten» Verbindungen aus zwei der vier Varnas zustehen (von denen abgeraten wird, die aber nicht verboten sind). Die Schrift richtet sich offenbar an einen Souverän, der sein Königreich auf einem neuen Territorium errichtet, betrifft aber auch die bereits bestehenden Hindu-Königreiche. Erwähnt werden auch die Barbaren aus der Ferne, insbesondere Perser, Griechen und Chinesen, mit der Festlegung, dass sie als Shudra zu gelten haben und zu behandeln sind, selbst dann, wenn sie von Geburt aus Kshatriya sind, weil sie sich dem Gesetz der Brahmanen nicht gebeugt haben. Mit anderen Worten: Ein adliger Ausländer ist einem Shudra gleichzusetzen, solange er nicht von einem Brahmanen zivilisiert wurde.[2]

Zahlreiche Forschungen versuchten die Umstände zu ermitteln, unter denen die Schrift abgefasst, verbreitet und genutzt wurde. Das *Manusmriti* soll das kollektive Werk von Brahmanen sein (der Name «Manu» verweist nicht auf einen historischen Verfasser, sondern auf einen sagenumwobenen Gesetzgeber aus den Jahrhunderten vor der Niederschrift des Gesetzbuchs), die diesen theoretischen Text ab dem 2. Jahrhundert v. u. Z. etappenweise aus- und umgearbeitet haben – mit dem klaren Ziel, die Herrschaft der Brahmanen, in den Augen der Verfasser die Grundlage der gesellschaftlichen und politischen Harmonie der Hindu-Gesellschaft, in den stürmischen Zeiten nach dem Untergang des Maurya-Reichs (322–185 v. u. Z.) wiederzustellen. Am stärksten angefochten wurde die Macht der Brahmanen im 3. Jahrhundert v. u. Z. durch den Glaubensübertritt Kaiser Ashokas (268–232 v. u. Z.) zum Buddhismus. Der erste Buddha, Siddhartha Gautama, der Ende des 6. und Anfang des 5. Jahrhunderts v. u. Z. gelebt haben soll, entstammte der Überlieferung nach einer Kshatriya-Familie. Sein Modell des asketischen und meditativen Mönchslebens forderte die traditionelle brahmanische geistliche Schicht heraus. Auch wenn sich Kaiser

1 Ebenda, S. 106–110.

2 Ebenda, S. 183, 284.

Ashoka in der Praxis offenbar nicht nur auf die buddhistischen Asketen, sondern auch auf die traditionellen brahmanischen Priester stützte, stellte seine Bekehrung insbesondere einen Teil ihrer Riten und Tieropfer infrage. Dass die Brahmanen zu strengen Vegetariern wurden, geschah im Übrigen teilweise als Reaktion auf die Konkurrenz durch die buddhistischen Asketen, um wieder ihr Ansehen unter den anderen Schichten aufzurichten.

Jedenfalls bringt das *Manusmriti* klar den Willen zum Ausdruck, die brahmanischen Schriftkundigen (wieder) ins Zentrum des politischen Lebens zu rücken. Für die Urheber des Textes war es offenkundig an der Zeit, eine umfangreiche juristische und politisch-ideologische Abhandlung zu verfassen und zu verbreiten, um ihrem Gesellschaftsmodell dauerhaften Bestand zu sichern. Das andere ernsthafte Anliegen, das in diesem Text mitschwingt, ist die Beschwerde darüber, dass die Maurya-Kaiser von herausragenden Militärführern abstammten, die aus den unteren Schichten der Shudra hervorgegangen waren. Diesen Vorwurf richteten die Brahmanen an zahlreiche Dynastien, die sich in Nordindien vor und nach der Zeit ablösten, als Alexander der Große mit seiner Expedition 320 v. u. Z. den Nordwesten des indischen Subkontinents erreicht hatte.

Das *Manusmriti* vertritt eine Organisation und Regeln mit dem Ziel, das ständige Chaos zu überwinden und im hinduistischen politischen und gesellschaftlichen System die Ordnung wiederherzustellen: Die Shudra müssen an ihrem Platz bleiben und die Könige den Kshatriya entstammen, unter strenger Kontrolle der brahmanischen Gelehrten.[1] In der Realität sollte die Forderung der Brahmanen, wonach die Könige den Reihen echter Kshatriya entstammen müssen – prosaischer könnte man die Forderung auch als die einer Unterwerfung der Könige und Krieger unter die geistlichen Gelehrten und ihre Weisheit deuten, um die politische und militärische Macht stabil zu halten –, niemals vollständig erfüllt werden. Wie in Europa und in allen menschlichen Gesellschaften waren die kriegerischen Eliten der verschiedenen Regionen Indiens ständig damit beschäftigt, ihre Dynastien zu erneuern und sich wechselseitig zu stürzen, während es den Intellektuellen in Indien wie

1 Ebenda, die Einleitung von P. Olivelle, S. xli–xlv. Siehe ebenso P. Olivelle, *Between the Empires: Society in India 300 BCE to 400 CE*, Oxford: Oxford University Press, 2006; P. Olivelle, D. Davies, *Hindu Law: A New History of Dharmasastra*, Oxford: Oxford University Press, 2018.

anderswo zukommen sollte, ihnen Disziplin beizubringen oder – bescheidener – sie dazu zu bewegen, ihnen für ihr gewaltiges Wissen etwas mehr Respekt zu zollen.

Der im *Manusmriti* niedergelegte Diskurs muss natürlich als das Herzstück eines Projekts analysiert werden, mit dem die Brahmanen Gesellschaft und Politik unter ihre Kontrolle zu bringen versuchten. Wie das trifunktionale Schema, dem die Bischöfe im mittelalterlichen Europa förmliche Gestalt gaben, zielt er vornehmlich darauf ab, die unteren Schichten dazu zu bewegen, ihr Schicksal als Arbeiter unter der Herrschaft der Priester und Krieger anzunehmen, in diesem Fall mit der Reinkarnationslehre als ergänzender Verfeinerung: Die Angehörigen der untersten Varna, die Shudra, haben theoretisch die Möglichkeit, als Angehörige höherer Varnas wiedergeboren zu werden. Dagegen sind Mitglieder der drei oberen Varnas – Brahmanen, Kshatriya und Vaishya – «Zweimalgeborene«: Ihr Initiationsritus gilt als zweite Geburt, die dazu berechtigt, um die Brust ein geweihtes Band (die Yajnopavita, «heilige Schnur») zu tragen – das Gegenteil einer meritokratischen Logik und eines übertriebenen Glaubens an die Bedeutung der Talente und Verdienste des Einzelnen. Um der gesellschaftlichen Harmonie willen muss jeder wie die einzelnen Glieder eines Körpers den ihm bestimmten Platz einnehmen, aber er könnte in der nächsten Existenz durchaus auch einen anderen besetzen. So soll die Harmonie auf Erden gesichert und Chaos verhütet werden, wenn auch gestützt auf Lehren und die Weitergabe von Wissen und Fähigkeiten innerhalb der Familie. Dieser Prozess erfordert persönliche Anstrengung und Disziplin und ermöglicht zuweilen ein individuelles Fortkommen, darf aber nicht in einen erbitterten gesellschaftlichen Konkurrenzkampf münden, der die Stabilität des Ganzen gefährden könnte. Die Vorstellung, wonach fest zugewiesene gesellschaftliche Stellungen und öffentliche Ämter verhindern könnten, dass übersteigerte Egos und menschliche Hybris die Oberhand gewinnen, diente übrigens in allen Kulturen dazu, verschiedene Formen der hereditären Logik und insbesondere die monarchische und dynastische zu rechtfertigen.[1]

1 So fasste Georges Dumézil, der den monarchistischen Strömungen der 1920er Jahre nahestand, die Argumentation in Gesprächen zusammen, die er 1986 geführt hat: «Das nicht nur monarchische, sondern dynastische Prinzip, das die höchste Position im Staat vor Launen und Ambitionen schützt, erschien und erscheint mir noch immer so, dass es gegenüber der allgemeinen Auswahl, in der wir seit Danton und Bonaparte leben, vorzuziehen sei». Siehe

Brahmanenstand, vegetarische Ernährung und Patriarchat

Wie der Klerus im christlichen trifunktionalen Schema verkörpert der Stand der Brahmanen auf seine Weise ein Ideal des Gleichgewichts zwischen verschiedenen Formen der Herrschaftslegitimation. Hier wie dort geht es im Grunde darum, die rohe Macht der Könige und Krieger durch die weisen Ratschläge der Geistlichen und Gebildeten zu bändigen und dafür zu sorgen, dass sich die politische Macht auf Kenntnisse und Geisteskraft stützt. Interessant, daran zu erinnern, dass Gandhi, der den Briten vorwarf, dass sie die einst fließenden Grenzen zwischen den Kasten verfestigt hätten, um Indien besser teilen und beherrschen zu können, dem brahmanischen Ideal dennoch mit relativ viel Respekt und einer konservativen Haltung begegnete. Er kämpfte zwar für eine egalitärere hinduistische Gesellschaft, in die die untersten Schichten besser einbezogen würden, insbesondere die Shudra und die «Unberührbaren», die in der Ordnung noch unter diesen und ganz am Rand der Gesellschaft standen, zuweilen weil ihre Tätigkeiten als unrein galten, vor allem die im Schlachter- und Gerbergewerbe.

Aber zugleich hob Gandhi die wesentliche Rolle der Brahmanen oder zumindest derjenigen hervor, die sich in seinen Augen als solche verhielten, die also weder Arroganz noch Verbissenheit, sondern im Gegenteil Wohlwollen und Seelengröße zeigten, indem sie ihre Weisheit und Belesenheit in den Dienst der Gesamtgesellschaft stellten. Als Angehöriger der Zweimalgeborenen der Vaishya verfocht er in zahlreichen öffentlichen Reden, insbesondere 1927 in Tanjore (heute Thanjavur), die Logik der sich ergänzenden Funktionen, die ihm zufolge die Grundlage der traditionellen hinduistischen Gesellschaft bildete. Mit der Anerkennung des Erblichkeitsprinzips bei der Weitergabe von Fertigkeiten und der Rekrutierung für die Berufe, nicht als absolute und starre Regel, aber als Grundprinzip mit zulässigen Ausnahmen, biete die Kastenordnung jedem einen Platz und verhüte, dass zwischen gesellschaftlichen Gruppen ein allgemeiner Konkurrenzkampf entbrenne, der Krieg eines jeden gegen jeden und insbesondere der erbitterte Klassenkampf nach westlicher Art.[1] Mit besonderem Misstrauen wandte

D. Eribon, *Faut-il brûler Dumézil? Mythologie, science et politique*, Paris: Flammarion, 1992, S. 67.

1 Zu Gandhis Ideologie siehe zum Beispiel N. Dirks, *Castes of Mind: Colonialism and the*

sich Gandhi gegen die antiintellektuelle Dimension des brahmanenfeindlichen Diskurses. Für ihn waren Sachlichkeit und Weisheit der Gebildeten Tugenden, die er sich (obwohl selbst kein Brahmane) in seiner persönlichen Praxis zu eigen machte, soziale Qualitäten, die er für die allgemeine Harmonie als unverzichtbar ansah. Argwohn flößte ihm auch der westliche Materialismus mit seiner maßlosen Vorliebe für die Akkumulation von Reichtümern und Macht ein.

Allgemein versuchten die Brahmanen ihre Herrschaft stets auf eine geistige und zivilisatorische Mission zu stützen, insbesondere was die Sitten und die Ernährungsweisen betraf. Die Ablehnung des Schlachtens von Tieren und die streng vegetarische Ernährung ermöglichten es (und ermöglichen es noch) zum Beispiel, nicht nur ein Ideal der Reinheit und Askese hochzuhalten, sondern auch eine verantwortungsbewusstere Haltung gegenüber der Natur und der Zukunft zu fördern. Ein getötetes Rind lässt sich zwar heute bei einem Festgelage verspeisen, fehlt aber morgen beim Pflügen und Ernten, Arbeiten mit dem Vorzug, dass sie dauerhaft eine größere Gemeinschaft ernähren können, als es bei einer Ernährung mit Fleisch möglich ist. Auch versagten sich die Brahmanen jeden Genuss von Alkohol und schrieben sich strenge Sitten und Regeln für die Familie auf die Fahnen, insbesondere mit Blick auf die Frauen (Verbot der Wiederverheiratung von Witwen und Ehen mit Mädchen vor der Pubertät), während den unteren Kasten immer wieder ein zügelloser Lebensstil vorgeworfen wurde.

Wichtig ist einmal mehr hervorzuheben, dass das *Manusmriti* wie die mittelalterlichen Texte der christlichen Mönche und Bischöfe, die das trifunktionale Schema beschreiben, theoretische Grundmuster und politisch-ideologische Idealtypen postuliert, die nicht der realen gesellschaftlichen Organisation entsprechen. Den Verfassern dieser Schriften zufolge kann und muss versucht werden, dieses Ideal anzustreben, auch wenn sich die Realität der lokalen Machtverhältnisse unweigerlich komplizierter zeigt. Was das europäische Frühmittelalter angeht, so erscheint das Drei-Stände-Schema eher als das normative Gedankenkonstrukt einiger Geistlicher denn als eine Beschreibung der gesellschaftlichen Realität, die sich offenbar durch vielfältige Formen der Elitenbildung auszeichnete, unter denen sich eine einheitliche Form von Adel

---

Making of Modern India, Princeton [u. a.]: Princeton University Press, 2001, S. 232–235, 298 f.

nur schwer abgrenzen lässt.[1] Erst auf der allerletzten Etappe des Wandels der trifunktionalen Gesellschaften gewannen die drei Kategorien allmählich starre Konturen, zum Beispiel mit den nach Ständen getrennten Volkszählungen Mitte des 18. Jahrhunderts in Schweden oder allgemeiner mit der Neudefinition des Drei-Stände-Schemas, die in den verschiedenen europäischen Ländern im 18. und 19. Jahrhundert erfolgte, insbesondere in Großbritannien und Frankreich, unter absolutistischen und dann proprietaristischen Vorzeichen mit einem Zensuswahlrecht. Und diese Erstarrung der Stände erfolgte gerade zu einer Zeit, in der sich nach einer langen Entwicklung, die zum Aufbau des modernen Zentralstaats und zur Vereinheitlichung der rechtlichen Stellung der Individuen führte, bereits ihr Untergang abzeichnete.[2]

In gleicher Weise bestand die indische Gesellschaft in der Praxis aus Tausenden sich überschneidender gesellschaftlicher Kategorien und Identitäten, die sich mit organisierten Berufsgruppen und militärischen und religiösen Rollen deckten, aber Besonderheiten in der religiösen Praxis und Ernährung aufwiesen, von denen manche den Zugang zu verschiedenen Tempeln und Örtlichkeiten bedeuteten. Diese Tausende verschiedener Kleingruppen, die die Portugiesen, als sie zu Beginn des 16. Jahrhunderts Indien entdeckten, «Kasten» *(castas)* nannten, standen zu den vier Varnas des *Manusmriti* in einer nur lockeren Beziehung. Die Briten, die die hinduistische Gesellschaft fast nur aus Büchern und anderen Texten, vor allem aus dem *Manusmriti* kannten, das als eine der ersten Sanskrit-Schriften am Ende des 18. Jahrhunderts ins Englische übertragen worden war, hatten größte Schwierigkeiten, diese komplexen beruflichen und kulturellen Identitäten in den starren Rahmen der vier Varnas einzusortieren, zwängten sie aber dennoch hinein, insbesondere was die höchsten und die niedersten Gruppen anging. Dies erschien ihnen als die beste Art, die indische Gesellschaft administrativ zu erfassen und unter ihre Kontrolle zu bringen. Aus dieser Begegnung und diesem Projekt, eine Gesellschaft zu ergründen und sie zugleich zu beherrschen, gingen mehrere Wesenszüge des gegenwärtigen Indiens hervor.

---

1 Siehe zum Beispiel F. Bougard, G. Bührer-Thierry, R. Le Jan, «Les élites du haut Moyen Âge: identités, stratégies, mobilités», *Annales. Histoire, Sciences sociales* 68 (2013), 4, S. 1079–1112.

2 Siehe Kapitel 2 und 5, S. 244–246.

Die multikulturelle Vielfalt der Jatis, die viergliedrige Ordnung der Varnas

Der Begriff «Kaste» stiftete im Übrigen von Anfang an größere Verwirrung und muss hier deswegen zunächst einmal erläutert werden. «Kaste» wird meistens zur Bezeichnung einer beruflichen oder kulturellen Untergruppe (die Jatis in Indien) gebraucht, steht zuweilen aber auch für die theoretisch erörterten vier großen Klassen aus dem *Manusmriti* (die Varnas). Tatsächlich handelt es sich um zwei ganz verschiedene Dinge. Die Jatis bilden die grundlegenden sozialen Bezugseinheiten, denen sich die Menschen auf lokaler Ebene zugehörig fühlten. Auf dem gewaltigen indischen Subkontinent gibt es Tausende von Jatis, die ebenso organisierten Berufsgruppen wie bestimmten Gebieten und Regionen entsprechen und in die häufig kulturelle, sprachliche oder religiöse Identitäten einfließen, die sich mitunter auch in einer bestimmten Ernährungsweise niederschlagen. Übertragen auf französische oder europäische Verhältnisse wäre das ungefähr so, als bildeten die Maurer im Département Creuse, die Schreiner in der Picardie, die Hebammen in der Bretagne, die Schornsteinfeger in Wales, die Weinleser in Katalonien oder die Hilfsarbeiter in Polen jeweils eine solche Unterkaste. Eine Besonderheit der indischen Jatis – und zweifellos die wichtigste des indischen Gesellschaftssystems überhaupt – ist deren bis heute währender sehr hoher Grad an Endogamie, auch wenn wir noch sehen, dass der Anteil der Heiraten, die außerhalb der Jati stattfinden, im städtischen Milieu stark angestiegen ist. Als wichtigster Punkt ist hier hervorzuheben, dass die Jatis nicht grundsätzlich hierarchisch geordnet sind. Es handelt sich um berufliche, regionale und kulturelle Identitäten, die man im europäischen oder mediterranen Kontext teilweise als nationale, regionale oder ethnische charakterisieren würde. Sie dienen als Grundlagen für horizontal angelegte Solidaritäten und Beziehungsnetzwerke und nicht, wie bei den Varnas, zur Errichtung einer vertikal ausgerichteten politischen Ordnung.

Dass Jatis und Varnas miteinander verwechselt werden, rührt zum Teil von der indischen Geschichte her: Ein Teil der Eliten des Subkontinents versuchte über Jahrhunderte hinweg, die Gesellschaft hierarchisch um die vier Varnas herum zu untergliedern, zeitweilig mit einigem Erfolg, aber ohne dass dies je vollständig und dauerhaft gelang. Es erklärt sich ebenso aus dem Versuch der britischen Kolonialmacht, die Jatis den Varnas einzugliedern und dem entstehenden System im Kolonialstaat eine dauerhafte administrative Existenz zu verleihen. Wie wir noch sehen, hatte dieser Versuch zur Folge, dass sich einige Kategorien erheblich verfestigten, angefangen mit der der Brahmanen, die sich ihrerseits in Hunderte von Jatis von Priestern und Gebildeten mit oft unklarer brahmanischer Identität untergliederten. Dennoch versuchten die Briten, sie in ganz Indien als einen einheitlichen Block auszumachen, teils um ihre Macht auf lokaler Ebene zu festigen und allgemeiner, um eine Gesellschaft, die ihnen unendlich komplex und unergründlich erschien, dadurch zu beherrschen, dass sie ihre Geheimnisse lüftete.

Hinduistischer Feudalismus, Aufbau des Staates und Wandel der Kasten

Vor einer Erörterung der Volkszählungen in Britisch-Indien ist es durchaus hilfreich zusammenzufassen, was über die gesellschaftlichen Strukturen des Subkontinents vor Ankunft der Briten am Ende des 18. und im Verlauf des 19. Jahrhunderts bekannt ist – also für die Zeit vor Erfindung der Kasten in ihrer kolonialen Form. Unser Wissen darüber ist begrenzt, wurde im Verlauf der letzten Jahrzehnte aber erweitert. Allgemein konnten neuere Forschungsarbeiten zeigen, dass die gesellschaftlichen und politischen Beziehungen in Indien zwischen dem 15. und dem 17. Jahrhundert sich stetig veränderten und umdefiniert wurden, entlang von Entwicklungslinien und nach Logiken nicht sehr viel anders als jene, die zur selben Zeit in Europa zu beobachten waren, als das feudale trifunktionale System und der Aufbau neuer, zentralstaatlicher Strukturen in Konflikt gerieten. Dass die politisch-ideologische und inegalitäre Ordnung im Zusammenhang mit den indischen Kasten Besonderheiten aufweist, soll hier keineswegs geleugnet werden. Bei diesen kommen besondere Vorstellungen von ritueller Reinheit und Ernährung, eine starke Endogamie innerhalb der einzelnen Jatis und besondere Formen von Trennung und Ausschluss zwischen den oberen und den untersten Schichten (den Unberührbaren) ins Spiel. Aber um die Vielfalt der möglichen Entwicklungsverläufe und Weichenstellungen nachzuvollziehen, ist vor allem auch auf die Berührungspunkte zwischen der europäischen und der indischen Geschichte hinzuweisen, insbesondere mit Blick auf die trifunktionale politische Organisation der Gesellschaft und die sozialen Konflikte und Veränderungen, die alle diese Gesellschaften erschütterten.

Während der Kolonialherrschaft hoben die Europäer immer wieder die absolute Fremdartigkeit des indischen Kastenwesens hervor, das als historisch erstarrt galt, und nutzten dies als Möglichkeit, ihre zivilisatorische Mission zu rechtfertigen und ihre Kontrolle über die Gesellschaft zu festigen. Als die leibhaftige Verkörperung der orientalischen Despotie, die den europäischen Verhältnissen und Werten in jeder Weise entgegenstand, bildete das indische Kastenwesen das Paradebeispiel eines Aufhängers für ein geistiges Konstrukt mit dem Ziel, das koloniale Werk zu rechtfertigen. Der Abbé Dubois, der 1816 eines der ersten Werke über die «Sitten, Einrichtungen und Zeremonien der Völker Indiens» veröffentlichte, zog aus den spärlichen Zeugnissen christlicher Missionare vom Ende des 18. Jahrhunderts, auf die er sich stützte, seine unerschütterlichen Schlüsse. Einerseits sei eine Bekehrung der Hindus unmöglich, da sie unter dem Einfluss einer «abscheulichen» Religion stünden, andererseits bildeten die Kasten die einzige Art, ein solches Volk zu disziplinieren. Damit war alles gesagt: Die Kasten waren unterdrückerisch, bildeten aber einen notwendigen Halt, damit Ordnung herrschte. Zahlreiche britische, deutsche und französische Gelehrte des 19. Jahrhunderts äußerten sich immer und immer wieder in diesem Sinne und in einer Geisteshaltung, die bis Mitte des 20. Jahrhunderts und zuweilen noch länger Bestand hatte. Die Arbeiten Max Webers über den Hinduismus von 1916 wie auch das Werk Louis Dumonts von 1966 beschreiben ein Kastensystem, von dem stillschweigend angenommen wird, dass es sich in den Grundzügen seit dem *Manusmriti* nicht verändert habe. An der Spitze stehen die ewigen Brahmanen, deren Reinheit und Autorität die anderen sozialen Gruppen niemals ernsthaft angefochten hatten.[1] Dabei stützen sich diese Autoren hauptsächlich auf die klassischen Schriften des Hinduismus und die normativ und religiös ausgerichteten rechtlichen Abhandlungen, angefangen beim

1 Siehe M. Weber, *Die Wirtschaftsethik der Weltreligionen. Hinduismus und Buddhismus*, Tübingen: Mohr, 1916; L. Dumont, *Gesellschaft in Indien. Die Soziologie des Kastenwesens.* Übersetzt von Margarete Venjakob. Wien: Europaverlag, 1976. Für Dumont wird die indische Gesellschaft dadurch strukturiert, dass die jeweiligen Plätze in ihr unter Rückgriff auf das Sakrale und Religiöse zugewiesen würden, ein Prinzip, dessen Ablehnung teilweise erkläre, warum die vom Rausch des Rationalismus und vom Kriegstaumel erfassten europäischen Gesellschaften im 20. Jahrhunderts in ihre Verirrungen geraten seien.

regelmäßig zitierten *Manusmriti.* Auch diejenigen, die den Hinduismus maßvoller als der Abbé Dubois beurteilen, folgen einem relativ texttreuen und ahistorischen Ansatz. Sie unterlassen jedweden Versuch, die indischen Gesellschaften als konfliktreiche und sich weiterentwickelnde soziopolitische Gebilde zu untersuchen oder Quellen zusammenzutragen, die eine Analyse ihrer Wandlungen ermöglichen, sondern beschwören vielmehr eine angebliche Seinsgleichheit, die als ewig und erstarrt angenommen wird.

Seit den 1980er Jahren ermöglichten es zahlreiche Forschungen anhand neuer Quellen, die Lücken zu füllen. Wenig überraschend, waren die indischen Gesellschaften historisch komplexe und sich verändernde Strukturen, die mit den in der Kolonialzeit beschworenen starren Kasten oder mit den theoretisch erörterten Varnas des *Manusmriti* wenig zu tun hatten. So untersuchte zum Beispiel Sanjay Subrahmanyam anhand von Gegenüberstellungen zwischen den Chroniken und den hinduistischen sowie muslimischen Quellen, wie sich die Machtverhältnisse und die höfischen Beziehungen zwischen den hinduistischen Königreichen und den Sultanaten und muslimischen Reichen zwischen 1500 und 1750 veränderten. Während sich die multikonfessionelle Dimension hier als zentrale Voraussetzung zeigt, um die jeweiligen Entwicklungen nachvollziehen zu können, neigten die in der Kolonialzeit durchgeführten Forschungen dazu, die jeweiligen sozialen und politischen Identitäten und Denkweisen, die die hinduistischen und muslimischen Gesellschaften des Subkontinents durchwirkten, streng voneinander getrennt zu betrachten (oder das Soziale und Politische gleich ganz außen vor zu lassen).[1] Auch sind unter den muslimischen Staaten schiitische Sultanate wie Bijapur und sunnitische Staaten wie das Mogulreich voneinander zu unterscheiden, zwischen denen die Eliten verkehrten und unter denen gemeinsame Praktiken und Überlegungen im Umlauf waren, wie pluralistische Gemeinschaften zu regieren seien. Ihre Herrschaftsmethoden unterschieden sich allerdings deutlich von

1 Siehe S. Subrahmanyam, *L'Éléphant, le canon et le pinceau*, a. a. O. Wie andere hob dieser Autor darauf ab, dass die Eroberung Indiens durch die Briten das Ergebnis eines ungewissen Ablaufs mit zahlreichen Zufälligkeiten gewesen sei, die auch andere Wendungen hätten nehmen können, je nach den wechselnden Strategien der verschiedenen beteiligten staatlichen Gebilde (so mit Blick auf den überstürzten Rückzug des persischen Schahs Nader Shah 1739 aus Delhi, der sich anders als frühere Eroberer verhielt und so den Europäern freie Bahn gab). Siehe Q. Deluermoz, P. Singaravélou, *Pour une histoire des possibles. Analyses contrefactuelles et futurs non advenus*, Paris: Seuil, 2016, S. 231–238.

denen der britischen Kolonialherren. Volkszählungen, die mit denen der Briten vergleichbar gewesen wären, hat keiner dieser Staaten organisiert.[1]

Zudem ermöglichten es die Arbeiten Susan Baylys und Nicholas Dirks', die ständigen Erneuerungsprozesse in den verschiedenen militärischen, politischen und wirtschaftlichen Eliten der hinduistischen Königreiche sowie die Tatsache zu beleuchten, dass die Brahmanen häufig von den kriegerischen Schichten dominiert wurden. Generell herrschten in den Gesellschaftsstrukturen der hinduistischen Staaten und der Sultanate Eigentums- und Machtverhältnisse, die durchaus an die in Frankreich und Europa zu jener Zeit erinnern. Festzustellen sind insbesondere Systeme von Pachten, die freie Bauern für denselben Boden auf lokaler Ebene sowohl an Brahmanen als auch an Kshatriya für deren religiöse bzw. hoheitliche Aufgaben abführen mussten, während bestimmte, den Shudra angehörige Gruppen von Landarbeitern vom Grundbesitz ausgeschlossen blieben und eine Stellung ähnlich der Leibeigenschaft hatten. Die Beziehungen waren ebenso soziopolitischer und ökonomischer wie religiöser Art und entwickelten sich je nach den politisch-ideologischen Kräfteverhältnissen zwischen den sozialen Gruppen weiter.

Aufschlussreich ist hier der Fall des hinduistischen Königreichs Pudukkottai in Südindien (im heutigen Tamil Nadu). Der dort ansässige energische kleine Stamm der Kallar galt überall sonst als niedrige Kaste und wurde von den Briten später als «verbrecherische Kaste» klassifiziert, um sie leichter auf Kurs bringen zu können. Diesen Kallar gelang es, die Macht zu ergreifen und sich im Verlauf des 17. und 18. Jahrhunderts als neue kriegerische und königliche Adelsschicht zu etablieren. Am Ende billigten sie den Priestern, Tempeln und brahmanischen Stiftungen steuerfreien Grund und Boden zu und zwangen sie so, ihnen den Treueeid zu leisten. Diese Machtverhältnisse ähneln so ziemlich denen, die im europäischen Feudalismus zwischen Kirchen und Klöstern auf der einen und den neuen Adelsschichten und Königsdynastien auf der anderen Seite herrschten, unabhängig davon, ob diese durch Eroberung oder durch Aufstieg entstanden waren, was in Europa wie in

1 Eine neuere Analyse der sozioökonomischen und politisch-ideologischen Wandlungen der hinduistischen und muslimischen Königreiche von Mysore und Gujarat im Kontakt zur *East India Company* siehe K. Yazdani, *India, Modernity and the Great Divergence: Mysore and Gujarat (17th to 19th C.)*, Leiden und Boston: Brill, 2017.

Indien regelmäßig vorkam. Interessant ist die Feststellung, dass die Brahmanen an Einfluss erst im Verlauf der zweiten Hälfte des 19. Jahrhunderts gewannen, als die britischen Kolonialherren ihre Herrschaft über das Reich Pudukkottai auf Kosten der hinduistischen kriegerischen Schicht und der anderen Eliten vor Ort festigte. Sie wurden in ihrer herausragenden Stellung von den neuen Herren anerkannt und konnten so vor allem ihre religiösen, familiären und patriarchalischen Normen durchsetzen.[1]

Im großen Maßstab trug der Zusammenbruch des Mogulstaates um 1700 dazu bei, dass zahlreiche hinduistische Reiche entstanden, die sich auf der Grundlage neuer militärischer und administrativer Eliten entfalteten. Um ihre Herrschaft zu festigen, griffen diese Gruppen und ihre brahmanischen Verbündeten auf die alte Ideologie der Varnas zurück, die am Ende des 17. und im Verlauf des 18. Jahrhunderts eine gewisse Renaissance erlebte, auch deshalb, weil neu entwickelte staatliche Strukturen es ermöglichten, die religiösen, familiären und ernährungsbezogenen Normen der oberen Kasten auf breiterer Basis und systematischer unters Volk zu bringen. Der Begründer des Reichs Maratha, Shivaji Bhonsle, entstammte einer bäuerlichen Marathen-Schicht und war als Steuereinnehmer für Sultanate tätig gewesen, die mit dem Mogulreich verbündet waren. In den 1660er und 1670er Jahren gelang es ihm, im Westen Indiens eine unabhängige hinduistische Staatsmacht zu konsolidieren, und er verlangte von den lokalen brahmanischen Eliten, ihm dem Status als zweimalgeborener Kshatriya zuzuerkennen, stieß bei den Brahmanen aber auf Vorbehalte. Manche sahen es sogar so, dass die echten Kshatriya und Vaishya der alten Zeit nach der Ankunft des Islam untergegangen seien. Shivaji erhielt schließlich den begehrten Segensspruch nach einem hernach klassisch gewordenen Szenario, das im Übrigen in Indien wie in Europa häufig anzutreffen ist: Eine neue militärische Elite und die alten religiösen Eliten schließen einen Kompromiss, um die so sehr erstrebte soziale und politische Stabilität zu erreichen. Mit Blick auf Europa denke man an Napoleon Bonaparte, der sich vom Papst nach dem Vorbild Karls des Großen tausend Jahre vor ihm zum Kaiser krönen ließ und sich dann daran machte, an Generäle, Familienangehörige und Getreue Adelstitel zu verteilen.

In Rajasthan traten im 13. und 14. Jahrhundert neue Gruppen von

1 Siehe N. Dirks, *The Hollow Crown: Ethnohistory of an Indian Kingdom*, Cambridge: Cambridge University Press, 1987; ders., *Castes of Mind*, a. a. O., S. 65–80.

Kshatriya, die Rajputen, aus den Schichten der Grundbesitzer und lokalen Krieger hervor, auf die sich zeitweilig die muslimischen Herrscher und dann das Mogulreich stützten, um die gesellschaftliche Ordnung aufrechtzuerhalten, und denen es mancherorts gelang, ein autonomes Fürstentum auszuhandeln.[1] Auch die britische Kolonialmacht stützte sich auf die Gesamtheit oder einen Teil dieser höheren Schichten, je nach den momentanen Interessen. In dem von Shivaji gegründeten Königreich übten brahmanische Minister, die Peshwa, ab den 1740er Jahren schließlich die politische Macht auf erblicher Basis aus. Die Briten der East India Company störten sich daran und setzten sie 1818 ab mit der Begründung, sie hätten die Funktion der Kshatriya usurpiert, die ihnen nicht zustehe – mit einigem Erfolg bei allen, denen diese Vereinnahmung der politischen Macht durch die Gebildeten ein Dorn im Auge gewesen war.[2]

Die Besonderheit der Errichtung des Staates in Indien

Aus den genannten Forschungsarbeiten geht klar hervor, dass die hinduistischen Varnas im 17. und 18. Jahrhundert kaum fester umrissen waren als die europäischen Schichten und Eliten im Mittelalter, der Renaissance oder unter dem Ancien Régime. Es handelte sich um dehnbare Kategorien, die es Gruppen von Kriegern und Geistlichen ermöglichten, ihre Herrschaft zu rechtfertigen und eine möglichst dauerhafte und harmonische gesellschaftliche Ordnung abzustecken, die aber faktisch nach den jeweiligen Kräfteverhältnissen der sozialen Gruppen in einem stetigen Wandel begriffen war, und all dies vor dem Hintergrund einer beschleunigten wirtschaftlichen, demografischen und territorialen Entwicklung und dem Aufstieg neuer Kaufmanns- und Finanzeliten.

---

1 Zum Ursprung der Rajputen kamen mehrere Theorien in Umlauf. Eine in der Kolonialzeit besonders beliebte brachte sie mit einer ausländischen Invasion zur Zeit der Hunnen und Skythen in Verbindung. Nach Untergang des Gupta-Reichs sollen sie den Kshatriya eingegliedert worden sein. Nach anderen soll es sich um direkte Nachkommen von Kshatriya aus der vedischen Epoche oder um ehemalige Brahmanen handeln, die durch Übernahme der politischen Macht zu Kshatriya geworden seien. Siehe A. Hiltebeitel, *Rethinking India's Oral and Classical Epics: Draupadi among Rajputs, Muslims, and Dalits*, Chicago [u. a.]: University of Chicago Press, 1999, S. 441 f.

2 Siehe S. Bayly, *Caste, Society and Politics in India from the Eighteenth Century to the Modern Age*, Cambridge: Cambridge University Press, 1999, S. 33 f., 56–63.

Die indischen Gesellschaften im 17. und 18. Jahrhundert erscheinen ebenso veränderlich wie die europäischen. Zwar lässt sich nicht sagen, wie sich die verschiedenen Gesellschaften und staatlichen Gebilde ohne die britische Kolonisierung entwickelt hätten, aber denkbar ist, dass die Ungleichheiten im Status, die sich aus der alten trifunktionalen Logik ergaben, mit der Zentralisierung des Staates schrittweise in gleicher Weise eingeebnet worden wären, wie es nicht nur in Europa, sondern auch in China oder Japan geschah (wie wir im nächsten Kapitel sehen).

Dieses allgemeine Schema beinhaltet allerdings eine große Bandbreite an möglichen Entwicklungen. Wie wir mit Blick auf Europa bereits feststellten, gab es dort vielfältige historische Verläufe und zahlreiche Punkte, an denen ein Land die Weichen neu stellte. Die schwedischen Besitzenden und mit ihnen der alte Adel entwarfen zum Beispiel zwischen 1865 und 1911 ein politisches und gesellschaftliches System, in dem bei Wahlen die Anzahl der Stimmrechte streng proportional zur Höhe des Vermögens vergeben wurde.[1] Zweifellos hätten die Brahmanen und Kshatriya, sich selbst überlassen, ebenfalls Einfallsreichtum unter Beweis stellen können (denkbar sind Stimmrechte gewichtet nach Bildungsstand, Lebensweise, Ernährungsgewohnheiten oder, banaler, nach den Besitztümern), bis auch sie von mobilisierten Volksmassen aus ihrer Stellung vertrieben worden wären. Die denkbaren Entwicklungswege sind umso vielfältiger, als zwischen den jeweiligen trifunktionalen Ungleichheitsregimen in Indien und Europa objektive strukturelle Unterschiede bestanden.

Begibt man sich in eine Langzeitperspektive, liegt die hauptsächliche Besonderheit Indiens verglichen mit Europa wohl in der Rolle der muslimischen König- und Kaiserreiche. In weiten Teilen des indischen Subkontinents wurden die hoheitlichen Gewalten über Jahrhunderte, mancherorts schon ab dem 12. und 13. und bis zum 18. und 19. Jahrhundert von muslimischen Herrschern ausgeübt. Unter diesen Umständen leuchtet ein, dass Ansehen und Autorität der hinduistischen kriegerischen Schicht einer harten Probe unterzogen wurden. Für zahlreiche Brahmanen hatten die echten Kshatriya in zahlreichen Regionen und Territorien schlicht zu existieren aufgehört, auch wenn in der Praxis die hinduistischen militärischen Schichten den muslimischen Fürsten dienten oder sich in unabhängige Hindu-Staaten und -Fürsten-

1 Siehe Kapitel 5, S. 244–246.

tümer zurückziehen konnten wie die Rajputen in Rajasthan. Dass die Kshatriya weitgehend verschwunden waren, trug auf den betreffenden Territorien dazu bei, das Ansehen und die herausragende Bedeutung der brahmanischen geistigen Eliten zu erhöhen, die ihre Aufgaben in Religion und Bildung weiterhin erfüllten. Auf sie stützten sich die muslimischen Herrscher (und später die britischen Behörden), um die gesellschaftliche Ordnung abzusichern. Dies ging mitunter so weit, dass sie die Urteile der Brahmanen – zum Beispiel zur Beachtung der Regeln zur Ernährung und zur Familie oder zum Zugang zu Tempeln, Brunnen und Schulen – absegneten und umsetzten, bis hin zum Ausschluss aus der Gemeinschaft. Im Vergleich zu den anderen trifunktionalen Gesellschaften, in Europa, aber auch in anderen Teilen Asiens (insbesondere in China und Japan) und der Welt, führte dies zuweilen zu einem besonderen Ungleichgewicht zwischen den religiösen und den kriegerischen Eliten, bei der die Erstgenannten übermäßige Bedeutung gewannen und in manchen Regionen und gesellschaftlichen Konstellationen sogar dazu, dass die Brahmanen zu einer quasi sakrosankten geistlichen und weltlichen Macht aufstiegen. Allerdings haben wir auch gesehen, wie schnell sich derlei Ungleichgewichte im hinduistischen Raum auch wieder verschieben und neu einpendeln konnten, wenn sich die staatlichen Strukturen auf neue militärische und politische Eliten stützten.

Die zweite wichtige Besonderheit des indischen Entwicklungsweges im Vergleich zu Europa besteht darin, dass die Brahmanen eine echte eigenständige gesellschaftliche Schicht mit Kindern und Familien bildeten, die Güter akkumulierten und weitervererbten, während der katholische Klerus wegen des Zölibats dauerhaft von anderen Schichten alimentiert werden musste. Wie wir gesehen haben, führte diese Besonderheit in den europäischen Ständeordnungen dazu, dass sich kirchliche Institutionen und religiöse Organisationen (Klöster, Bistümer etc.) entwickelten, die für den Klerus beachtliche Vermögenswerte anhäuften und besaßen, was mit dazu beitrug, dass sich ein ausgefeiltes Wirtschafts- und Finanzrecht entwickelte.[1] Das mag mit dazu beigetragen haben, dass der europäische Klerus (der eigentlich keine eigenständige Schicht darstellte) angreifbar wurde. Als im 16. Jahrhundert in Großbritannien die Klöster enteignet oder am Ende des 18. Jahrhunderts in Frankreich die kirchlichen Güter nationalisiert wurden, standen dahin-

1 Siehe Kapitel 2, S. 132–137.

ter durchaus schwierige Entscheidungen, denen aber eben keine erbberechtigte gesellschaftliche Schicht im Weg stand, ganz im Gegenteil: Adel und Bürgertum profitierten reichlich. In Indien hätte die Enteignung der Brahmanen und ihrer Tempel und frommen Stiftungen zwangsläufig in kleineren Schritten erfolgen müssen, wäre aber keineswegs unmöglich gewesen, was sich auch daran zeigt, dass sich im 18. und 19. Jahrhundert in den hinduistischen Königreichen neue dominante nichtreligiöse Schichten entwickelten. Wie wir jedenfalls sehen werden, vereinte die – von den Volkszählungen erfasste – brahmanische Schicht zu der Zeit, da die britische Kolonisierung den Prozess der eigenständigen Staatsbildung unterbrach, einen sehr bedeutenden Teil der Ressourcen an Bildung, Vermögen, Kultur und professionellem Können auf sich.

Die Entdeckung Indiens und die von der Iberischen Halbinsel ausgehende Umzingelung des Islam

Vor einer Analyse, wie die Briten die indischen Kasten in ihren kolonialzeitlichen Volkszählungen erfassten, ist durchaus hilfreich, daran zu erinnern, dass die Entdeckung Indiens durch die Europäer langsam, in einzelnen Etappen erfolgte, anfangs mit einem sehr geringen Wissen und einem ganz besonderen Erkenntnisinteresse als Ausgangspunkt. Zahlreiche Forschungsarbeiten, vor allem die Sanjay Subrahmanyams, gestützt auf eine systematisch angelegte Verknüpfung indischer, arabischer und portugiesischer Quellen, haben deutlich die zahlreichen Missverständnisse gezeigt, die Vasco da Gamas Expedition von 1497/98 geleitet hatten.

In der zweiten Hälfte des 15. Jahrhunderts waren Portugals Mächtige tief gespalten in der Frage, ob eine überseeische Expansion vorangetrieben werden solle. Ein Teil des grundbesitzenden Adels war durch den Erfolg der Reconquista gesättigt und wollte es dabei belassen. Aber die Militärorden, insbesondere der Christus- und der Jakobsorden (aus dem da Gamas Familie stammte), die eine zentrale Rolle dabei gespielt hatten, den niederen Militäradel während der jahrhundertelangen «Rückeroberung» des iberischen Territoriums von den Muslimen zu mobilisieren, wollten das Abenteuer in den marokkanischen Küstenregionen fortsetzten, um die Mauren möglichst weit zurückzudrängen.

Die Kühnsten planten, ihre Erkundung entlang der afrikanischen Küsten weiter voranzutreiben. Dabei sollte der muslimische Raum vom Süden und Osten Afrikas aus umschifft und so ein Anschluss an das sagenumwobene «Reich des Priesterkönigs Johannes» gewonnen werden. Dieses hypothetische christliche Königreich, das in Äthiopien gemutmaßt wurde, spielte eine bedeutende Rolle in den verworrenen Vorstellungen, die sich die Europäer von den Kreuzzügen (11.–13. Jahrhundert) bis zum Zeitalter der Entdeckungen von der Weltgeografie machten, und gab Hoffnung auf einen endgültigen Sieg über den Islam. Diese ehrgeizige Strategie der Umzingelung des muslimischen Feindes stieß freilich nicht auf einhellige Zustimmung, sondern auf ideologische Konflikte zwischen einer bodenständigen und einer antiislamischen imperialen Vision, was denn auch erklärt, warum die portugiesischen Könige zunächst eine abwartende Haltung einnahmen. Unter dem Druck der Orden, die er im Umfeld des Staates halten wollte, entsandte König Manuel I. 1497 schließlich Vasco da Gama auf eine Expedition mit der Mission, das Kap der Guten Hoffnung zu umschiffen, das 1488 erstmals Bartolomeu Dias erreicht hatte.

Die Auswertung der erhaltenen Berichte der Seeleute (von denen manche im 19. Jahrhundert wieder auftauchten) und der Abgleich mit den arabischen und indischen Quellen ermöglichen es, die Etappen dieser Reise ziemlich genau zu rekonstruieren.[1] Im Juli 1497 von Lissabon in See gestochen, erreichten die drei portugiesischen Schiffe im November die südafrikanische Küste und segelten der ostafrikanischen entlang langsam wieder nach Norden, wobei sie muslimische Häfen im heutigen Mosambik, Sansibar und Somalia anliefen, immer und erfolglos auf der Suche nach Christen. Der Handel im Indischen Ozean wurde damals über zahlreiche arabische, persische, gujaratische, keralesische, malaiische und chinesische Netzwerke abgewickelt, in einem riesigen vielsprachigen Raum, der die großen imperialen und agrarischen Staaten (Vijayanagara, Ming, Osmanen, Safawiden, Mongolen) in Kontakt zu kleinen Handels- und Küstenstaaten (Kilwa, Hormus, Aden, Calicut, Malakka) brachte. Enttäuscht über die unerwarteten Begegnungen und beunruhigt vom unfreundlichen Empfang durch die muslimischen Kaufleute, setzte da Gama seine Fahrt fort und erkundete ab Mai 1498

1 Siehe S. Subrahmanyam, *Vasco de Gama. Légende et tribulations du vice-roi des Indes*, Paris: Alma, 2012, S. 159–207 (*The Career and Legend of Vasco de Gama*, Cambridge [u. a.]: Cambridge University Press, 1997).

schließlich die indischen Küsten. Während einer Serie bewegter Begegnungen saß er dabei wiederholt Missverständnissen auf, insbesondere in Calicut (im heutigen Kerala in Südindien). Dort besuchte er hinduistische Tempel in der irrigen Annahme, es handele sich um die Kirchen eines christlichen Königreichs, zum großen Erstaunen der Brahmanen, die sich auch darüber wunderten, dass die mitgebrachten Geschenke des Seemannes, der behauptete, aus dem größten Königreich Europas entsandt zu sein, ziemlich bescheiden ausfielen. Unter schwierigen Bedingungen kehrte da Gama schließlich nach Lissabon zurück.

Im Juli 1499 verkündete der portugiesische König den anderen christlichen Königen stolz, dass der Seeweg nach Indien offen sei und sein Gesandter an den indischen Küsten mehrere christliche Königreiche entdeckt habe, darunter eines in Calicut, «einer Stadt, größer als Lissabon und von Christen bewohnt».[1] Erst Jahre später begriffen die Portugiesen den Irrtum und erkannten, dass die Herrscher von Calicut und Cochin Hindus waren, die mit den Muslimen, Malaien und Chinesen Handel trieben und im Übrigen bald darauf über der Frage, wie mit den europäischen Kaufleuten umzugehen sei, in kriegerische Konflikte miteinander gerieten. 1523 kehrte da Gama schließlich siegreich als Vizekönig Indiens nach Cochin zurück, um die bereits zahlreich gewordenen portugiesischen Handelskontore in Asien zu befestigen. Derweil hatte Cabral im Jahr 1500 auf dem Rückweg von Indien Brasilien entdeckt (das da Gama 1497–1499 gestreift hatte) und Magellan 1521 die Welt umsegelt.

Noch länger dauerte es, bis sich das imperiale portugiesische Projekt grundlegend veränderte. Sein eigentlich messianisches Anliegen, die weltweite Christianisierung gegen den Islam, spielte im Verlauf des 16. Jahrhunderts weiterhin eine zentrale Rolle, insbesondere nach Gründung der Gesellschaft Jesu, des Jesuitenordens, 1540. Dieser zügellose missionarische Eifer erklärt denn auch, wie sich ein Land mit kaum 1,5 Millionen Einwohnern zur Eroberung der Welt und von Staaten aufmachen konnte, die deutlich stärker besiedelt und unter vielerlei Aspekten weiter entwickelt waren. Und er sollte von der merkantilen Dimension auch nie so ganz verdrängt werden. Diese bildete dagegen

---

1 Siehe ebenda, S. 193–196. Der respektlose Ton des Buchs gegenüber dem großen Nationalhelden, noch dazu von einem zu Späßen aufgelegten gebildeten indischen Autor, löste bei dessen Erscheinen in konservativen portugiesischen Historikerkreisen heftige Reaktionen aus.

die Grundlage des holländischen Kolonialprojekts, das 1602 mit der Gründung der Niederländischen Ostindien-Kompanie (VOC, eine der ersten bedeutenden Aktiengesellschaften der Geschichte) gestartet wurde. Daraufhin verloren die Portugiesen im Verlauf des 17. Jahrhunderts einen Teil ihrer Handelsniederlassungen in Asien an die Holländer.[1] Die Portugiesen hatten schon 1511 die strategisch wichtige Hafenstadt Malakka besetzt und dem Sultanat das Ende bereitet, das die gleichnamige Meerenge zwischen dem heutigen Malaysia und der Insel Sumatra (Indonesien) kontrollierte – eine wichtige Etappe auf dem Seeweg zwischen Indien und China. 1641 kam das portugiesische Malakka in holländische Hände und 1810 dann wie Singapur unter britische Hoheit.

Verglichen mit dem portugiesischen erreichte das spanische Reich sehr schnell eine deutlich stärkere territoriale Ausdehnung, 1519 mit der Besetzung Mexikos durch Hernán Cortés und ab 1534 mit der Eroberung Cuscos und Perus durch Francisco Pizarro. Ab den 1560er Jahren gelang es spanischen Seefahrern dank ihrer meisterhaften Kenntnisse der Strömungen, den Pazifik in beiden Richtungen zu durchqueren und dadurch eine Verbindung zwischen Mexiko, den Philippinen und den asiatischen Teilen des Reichs herzustellen. In den 1600er Jahren bildete Mexiko wahrhaftig das multikulturelle Herzstück des spanischen Reichs, wo die von Serge Gruzinski beschworenen «vier Teile der Welt» nahe beieinanderlagen und bisweilen auch aufeinandertrafen, zu einer Zeit, in der die Kontrolle der Staaten über die Grenzen und Identitäten noch weniger deutlich als später ausgeprägt war. Damals veranlassten die sich kreuzenden Wege mexikanischer Indios, von Europäern und brasilianischen Mulatten, Philippinern und Japanern die Chronisten der verschiedenen Sprachen und Kulturen mitunter zu Darstellungen, die sich durch eine erstaunliche Selbstreflexion auszeichneten. Als globaler Rivale der katholischen Monarchie Spaniens, die auf dem Gipfelpunkt ihrer Macht das Königreich Portugal durch Personalunion (1580–1640) erworben hatte, trat erneut der Islam hervor, insbesondere auf den Philippinen und den Molukken (Indonesien), wo die Muslime kurz vor Ankunft der Spanier Fuß gefasst hatten. Dort waren die iberischen Soldaten nicht darauf gefasst, erneut dem ungläubigen einstigen Feind so fern von Granada und Andalusien zu begegnen, wo sie ihn 1492

1 Siehe S. Subrahmayam, *L'Empire portugais d'Asie, 1500–1700*, Paris: Seuil, «Points», 1999 (Longmans, 1993).

endgültig vertrieben hatten – im selben Jahr, in dem Kolumbus auf der Suche nach dem Seeweg nach Indien auf Hispaniola (Saint-Domingue) an Land gegangen war.[1]

Herrschaft durch Waffen, Herrschaft durch Wissen

Als die Europäer nach Indien kamen und entdeckten, dass Sultanate und muslimische Reiche dort eine bedeutende Rolle spielten, stellten sie sich zunächst natürlich auf die Seite der hinduistischen Königreiche. Religiöse Konflikte, Handelsstreitigkeiten und militärische Auseinandersetzungen ließen nicht lange auf sich warten. Auf das messianische folgte das merkantile Zeitalter, das die holländische VOC (Vereenigde Oostindische Compagnie) und die britische EIC (East India Company) in vollkommener Weise verkörperten. Diese um 1600 gegründeten Aktiengesellschaften waren deutlich mehr als Kaufmannsunternehmen, die von Handelsmonopolen profitierten. Tatsächlich waren es echte Privatunternehmen mit dem Auftrag, ganze Territorien auszubeuten und auf ihnen die Ordnung aufrechtzuerhalten, zu einer Zeit, in der die Grenzen zwischen der teilweise privatisierten staatlichen Hoheit (wie bei der Steuerpacht) und reiner Privatwirtschaft (zum Beispiel über Handelslizenzen) ganz fließend waren. Ab Mitte des 18. Jahrhunderts, insbesondere nach den Siegen der Jahre 1740–1750 gegen die bengalischen Heere, übernahm die EIC faktisch die Kontrolle über riesige Gebiete des indischen Subkontinents. Sie führte Privatarmeen, die sich hauptsächlich aus indischen Söldnern zusammensetzten, und konnte ihren Herrschaftsbereich ausweiten, weil die Auflösung des Mogulreichs und der Konkurrenzkampf zwischen den übrigen hinduistischen und muslimischen staatlichen Gebilden ein Machtvakuum hinterließen.

Der vielfältige Machtmissbrauch der EIC auf indischem Boden löste allerdings sehr rasch Skandale mit Nachwirkungen aus. Ab den 1770er Jahren wurden im britischen Parlament Stimmen laut, wonach die Krone

1 Siehe S. Gruzinski, *Les Quatre Parties du monde. Histoire d'une mondialisation*, Paris: La Martinière, 2004. In diesem erhellenden Buch zeigt Gruzinski auch auf, dass sich der rasche Sieg der Spanier in Mexiko nicht nur aus eingeschleppten Krankheiten, sondern auch daraus erklärt, dass die Eroberer auf ein besonderes Ungleichheitsregime gestoßen waren und sich fähig zeigten, in ihm Revolten anzuzetteln (die vom aztekischen Adel praktizierten Formen der Zwangsarbeit und Herrschaft waren von jeher angefochten worden, sodass die Ankunft der Spanier als die Alternative erschien, die einen beschleunigten Zusammenbruch herbeiführte).

die EIC stärker an die Kandare nehmen sollte. Vertreten wurden die Forderungen insbesondere vom konservativen Philosophen Edmund Burke, der für seine besonders kritischen *Reflections on the Revolution in France* von 1790 bekannt ist. Burke hob die Notwendigkeit hervor, der Korruption und Brutalität der Akteure der Kompanie einen Riegel vorzuschieben, und so gelang es ihm, dass das Unterhaus 1787 Warren Hastings (die einstige Führungsfigur der EIC und den Generalgouverneur von Ostindien) verurteilte. Auch wenn das Oberhaus Hastings 1795 schließlich von den erhobenen Vorwürfen freisprach, wuchs unter den britischen Eliten die Überzeugung, dass sich das Parlament verstärkt in die Kolonisierung Indiens einbringen müsse. Wie sich zunehmend deutlich abzeichnete, musste sich die britische zivilisatorische Mission auf eine strenge Verwaltung und solide Kenntnisse stützen. Hoheitliche Aufgaben und die Aufrechterhaltung der Ordnung durften nicht mehr an eine Bande habgieriger Kaufleute und Söldner delegiert werden. Die Administratoren und Gelehrten mussten die Bühne betreten.

Edward Said hat in seinem Buch über die Renaissance des «Orientalismus» die Bedeutung aufgezeigt, die dieser neuen Ära der europäischen kolonialen Präsenz in Asien zukam, als sich die Herrschaft eher auf eine erkenntnisorientierte, geistige und zivilisatorische Überlegenheit und nicht nur auf rohe und militärische Gewalt stützen wollte.[1] Dabei hebt er insbesondere darauf ab, dass dieses erkenntnisorientierte Moment, das die messianische Zeit und das merkantile Moment abgelöst habe, sich in Napoleons Ägyptischer Expedition (1798–1801) verkörpert habe. Obwohl hinter ihr auch politische, militärische und kommerzielle Motive steckten, hoben die Franzosen sorgsam die wissenschaftliche Dimension des Feldzugs hervor. Die Soldaten wurden von 167 Gelehrten, Historikern, Ingenieuren, Botanikern, Zeichnern und Künstlern begleitet, deren Entdeckungen zwischen 1808 und 1828 in den 28 großformatigen Bänden der *Description de l'Égypte* publiziert wurden. Vom uneigennützigen Charakter dieser zivilisatorischen Wohltäter weniger überzeugt zeigten sich allerdings die Einwohner Kairos, als sie Ende 1798 zum Aufstand übergingen, um die Franzosen zu vertreiben – wie auch die ägyptischen und osmanischen Soldaten, denen es mit Unterstützung der britischen Flotte gelang, die Expedition 1801

1 Siehe E. W. Said, *Orientalismus*, übersetzt von Hans Günter Holl, Frankfurt a. M.: Fischer, 2010.

zum Rückzug nach Frankreich zu zwingen. Dennoch markierte diese Episode eine historische Wende: Fortan präsentierte sich die Kolonisierung immer häufiger als eine zivilisatorische Notwendigkeit, als ein Dienst Europas an den erstarrten Kulturen, die unfähig seien, sich weiterzuentwickeln und sich selbst kennenzulernen, ja sogar ihr eigenes uraltes Erbe zu bewahren.

Im Jahr 1802 veröffentlichte François-René de Chateaubriand *Geist des Christentums* und 1811 *Reise von Paris nach Jerusalem*, in denen er in drastischen Worten die zivilisatorische Rolle der Kreuzzüge rechtfertigte und den Islam uneingeschränkt verdammte.[1] 1835 veröffentlichte der Dichter Alphonse de Lamartine seine berühmte *Reise in den Orient*, in der er über das Anrecht der Europäer auf die Oberhoheit über diese Region theoretisierte, zu einer Zeit, da Frankreich in Algerien einen brutalen Eroberungskrieg führte. Diese erbitterten zivilisatorischen Einlassungen können wohl als eine Art Antwort auf ein größeres unbewältigtes europäisches Trauma analysiert werden. Seit einem Jahrtausend, von den ersten Invasionen des Islams in Spanien und Frankreich zu Beginn des 8. Jahrhunderts bis zum Niedergang des Osmanischen Reichs im 18. und 19. Jahrhundert, ging in den christlichen Königreichen die Angst um, mit den muslimischen Staaten, die

1 «Freiheit kennen sie nicht, Eigenthum besitzen sie nicht. Die Gewalt ist ihr Gott. Wenn sie sich lange Zeit ohne jene Eroberer befinden, welche die hohe Gerechtigkeit des Himmels vollziehen, so sehen sie aus wie Soldaten ohne Anführer, wie Bürger ohne Gesetzgeber, und wie eine Familie ohne Vater.» Siehe F.-R. de Chateaubriand, *Reise von Paris nach Jerusalem: durch Griechenland und Kleinasien und Rückreise nach Paris durch Ägypten, Nordafrika und Spanien*, in der Übersetzung von K. L. M. Müller und W. A. Lindau, Leipzig: Hinrichs, 1815, S. 143 f., zitiert in: E. W. Said, *Orientalismus*, übersetzt von Hans Günter Holl, Frankfurt a. Main: Fischer, 2010, S. 201. «Mehrere Male waren die Mauren auf dem Punkte, die Christenheit unter ihr Joch zu bringen. Und obschon dieses Volk feinere Sitten hatte, als die übrigen Barbaren, so lag doch in seiner Religion, welche die Vielweiberei und Sklaverei gestattete, sowie in seinem despotischen und eifersüchtigen Charakter ein unüberwindliches Hindernis der Aufklärung und Beglückung der Menschheit. Die kriegerischen Orden Spaniens haben demnach durch Bekämpfung dieser Gläubigen, so gut wie der Deutschorden und der Johanniterorden von Jerusalem, großes Unheil verhütet.» F.-R. de Chateaubriand, *Geist des Christenthums*, in der Übersetzung von H. Kurtz, Ulm: Heerbrandt und Thämel, 1844, Bd. 3, S. 279. «Man hat die Ritter getadelt, daß sie die Ungläubigen selbst an ihrem eigenen Herde aufgesucht haben. Dabei übersieht man jedoch, daß dies Allem nach nur eine gerechte Wiedervergeltung den Völkern gegenüber war, welche christliche Götter zuerst angegriffen hatten: die Mauren […] rechtfertigen die Kreuzzüge. Sind denn die Anhänger des Korans in den Wüsten Arabiens ruhig geblieben, und haben sie nicht ihr Gesetz und ihre Verheerung bis zu den Mauern von Delhi und den Wällen Wiens ausgebreitet? Man hätte vielleicht warten sollen, bis die Höhle dieser wilden Thiere sich auf's Neue gefüllt hätte.» Ebenda, S. 280.

die Iberische Halbinsel und das Byzantinische Reich unter ihre Kontrolle gebracht hatten und faktisch den Großteil der Mittelmeerküsten besetzten, niemals richtig fertigzuwerden. Diese uralte existenzielle und schließlich bezwungene Furcht kommt bei Chateaubriand klar zum Ausdruck, auch mit gewissen über mehrere Jahrhunderte und Generationen aufgestauten Rachegelüsten, während Lamartine eher auf die Mission des Bewahrens und Zivilisierens abhebt.

Für Said prägte der Orientalismus bis weit über die Kolonialzeit hinaus folgenreich die westlichen Vorstellungen. Die Weigerung, die «orientalischen» Gesellschaften zu historisieren, die Art, sie zu essentialisieren und als erstarrt, ewig hinterhältig und zur Selbstbeherrschung strukturell unfähig darzustellen – eine Sichtweise, die von vornherein jedwede Brutalität rechtfertigt –, durchdringen ihm zufolge noch am Ende des 20. und zu Beginn des 21. Jahrhunderts die euroamerikanischen Wahrnehmungen, wie sich zum Beispiel während des Einmarschs in den Irak 2003 zeigte. Das Besondere am Orientalismus lag darin, dass er Wissen und Gelehrsamkeit mit speziellen Methoden, die Gesellschaften ferner Länder zu erfassen, hervorbrachte, Erkenntnisweisen, die lange Zeit erklärtermaßen als ein politisches Projekt im Dienst der Kolonialherrschaft standen und die von Anfang an Voreingenommenheiten beinhalteten, die in der postkolonialen akademischen Welt und Gesellschaft häufig nach wie vor zum Ausdruck kommen. Die Ungleichheit betrifft nicht nur soziale Unterschiede innerhalb der Länder: Sie äußert sich zuweilen auch in den Gegensätzen verschiedener kollektiver Identitäten und Entwicklungsmodelle, über deren Grenzen und Vorzüge friedlich und konstruktiv diskutiert werden könnte, die aber von manchen Akteuren häufig in erbittert geführte identitäre Streitigkeiten überführt werden. Dies gilt für die gegenwärtige wie für die vergangene Ungleichheit der zurückliegenden Jahrhunderte, entsprechend Konstellationen, die sich stark verändert haben, bei denen es aber wesentlich darauf ankommt, dass ihre historischen Ursprünge beschrieben werden, um die gegenwärtigen Gemengelagen besser analysieren zu können.

Die Volkszählungen der britischen Kolonialregierung in Indien (1871–1941)

Wenden wir uns dem Material zu, das uns die Volkszählungen der britischen Kolonialherren in Indien hinterlassen haben. Der 1857/58 niedergeschlagene Indische Aufstand (Sepoy-Aufstand) hatte die Kolonialmacht aufgeschreckt und von der Notwendigkeit überzeugt, die Territorien einer direkten Verwaltung zu unterstellen. Zur Umsetzung benötigten die Briten ein besseres Verständnis der damals geltenden Systeme von Pacht und Grundeigentum in Indien, insbesondere um Steuern zu erheben. Ebenso wesentlich war, die lokalen Eliten und Sozialstrukturen gründlicher kennenzulernen, und insbesondere die Kasten, von denen wenig bekannt war und befürchtet wurde, dass sie Solidaritäten schaffen und künftige Aufstände in Gang setzen könnten. Die ersten experimentellen Volkszählungen fanden ab 1865 und 1869 statt, in Nordindien in den «Provinzen des Nordwestens» und in Oudh, die im Verwaltungszuschnitt der Anfangszeit Britisch-Indiens grob das Gangestal und das gegenwärtige Uttar Pradesh (mit 204 Millionen Einwohnern laut Zählung von 2011 und damals schon mit über 40 Millionen Einwohnern) abdeckten. 1871 wurde die Erhebung auf die gesamte Bevölkerung des indischen Kolonialreichs ausgeweitet, also auf 239 Millionen Einwohner, darunter 191 Millionen in den Territorien unter direkter Verwaltung und 48 Millionen in den Fürstenstaaten unter britischer Vormundschaft. Nach 1871 führten die Briten alle zehn Jahre bis 1941 weitere Volkszählungen durch. Die Hunderte von dicken Bänden, die sie nach jeder Erhebung veröffentlichten, enthalten für jede Provinz und jeden Bezirk Tausende von Tabellen, in denen neben den Kasten auch die Religionen, Berufe, Bildungsniveaus und zuweilen die Größe des Landbesitzes erfasst sind. Sie sagen viel über den gewaltigen Aufwand aus, der für dieses hochgradig politische Unternehmen der Kolonialzeit getrieben wurde, bei dem Tausende von Volkszählern in riesige Gebiete ausschwärmen mussten. In verschiedenen indischen Sprachen geführt, füllten die Befragungen, deren Ergebnisse ins Englische übersetzt wurden, Zigtausende gedruckter Buchseiten. Diese Dokumente und mehr noch die zahlreichen Berichte und Broschüren, die zuweilen die Unsicherheiten und Zweifel der kolonialen Verwaltungsbeamten und Gelehrten wiedergaben, verraten über die Art, wie der Kolonialisierungsprozess vorangetrieben wurde, mindestens ebenso viel wie über die sozialen Verhältnisse im damaligen Indien.

Die Briten gingen die Übung zunächst unter dem Blickwinkel der vier Varnas des *Manusmriti* an, erkannten aber rasch, dass diese Kategorien nicht handhabbar waren und dass sich die erfassten Personen mit Gruppen identifizierten, die feiner untergliedert und weniger scharf gegeneinander abgegrenzt waren: die Jatis. Das Problem war aber, dass die Beauftragten der Kolonialverwaltung nicht über eine vollständige Liste dieser Kategorien verfügten. Auch hatten ihre Gegenüber ganz unterschiedliche Ansichten dazu, welche Jatis am aussagekräftigsten und in welche sie einzugruppieren seien. Häufig identifizierten sie sich gleich mit mehreren. Viele Inder fragten sich wohl auch, warum diese seltsamen britischen Herren und ihre Beauftragten sich so sehr für ihre Identitäten, Berufe und Ernährungsgewohnheiten interessierten und ihnen so nachdrücklich abverlangen, alles zu klassifizieren und in eine Ordnung zu bringen. Die Volkszählung von 1871 ermittelte 3208 verschiedene «Kasten» (im Sinn von Jatis). 1881 stieg diese Anzahl einschließlich der Unterkasten auf insgesamt 19 044 verschiedene Gruppen an. Die durchschnittliche zahlenmäßige Größe der Kasten lag im ersten Fall bei unter 100 000 und im zweiten bei unter 20 000 Einzelpersonen. Es handelte sich also meistens um kleine örtliche sozioprofessionelle Gruppen, die nur in bestimmten Teilen des indischen Territoriums vertreten waren. Mit einem solchen Analyseraster Ordnung zu schaffen und Erkenntnisse fürs gesamte Kolonialreichs zu gewinnen, erwies sich als besonders schwierig. Um eine Vorstellung von der Aufgabe zu bekommen, versuche man sich auszumalen, wie indische Herrscher vorgegangen wären, wenn sie im 18. und 19. Jahrhundert Europa unter ihre Kontrolle gebracht und versucht hätten, die Bevölkerung von der Bretagne bis nach Russland und von Portugal bis Schottland zu zählen und sie nach gesellschaftlicher Stellung, Beruf, Religion und Ernährungsgewohnheiten zu kategorisieren.[1] Fakt ist allerdings, dass die britischen Kolonialherren dadurch, dass sie solche Raster erstellten und sie in ihrer administrativen Praxis und in ihrem Regierungssystem nutzten, die

1 Noch schwieriger lässt sich sagen, was mit den Maurern aus Creuse, den pikardischen Schreinern und den katalanischen Weinlesern geschehen wäre, wenn ein indischer Kolonialherr sie in Schubladen gesteckt und ihnen über Jahrzehnte nach diesen Zuweisungen Rechte und Pflichten zugewiesen hätte.

Identitäten und die Struktur der indischen Gesellschaft unmittelbar, tiefgreifend und nachhaltig beeinflussten.

Manche Kolonialbeamte erprobten auch den Weg über unterschiedliche Rassen, ausgehend von einem Zweig der hinduistischen Mythologie, der das System der Varnas auf Unterschiede zwischen Rassen zurückführte, die sich im Zusammenhang mit der Eroberung ergeben hätten. Aus dem Iran stammend, sollen hellhäutige Arier aus dem Norden – vielleicht zu Anfang des 2. Jahrtausends v. u. Z. – ins Gangestal und weiter nach Südindien vorgestoßen sein und sich zu Brahmanen, Kshatriya und Vaishya ausdifferenziert haben, während die autochthonen Bevölkerungen mit der dunkleren und sogar tiefschwarzen Haut in den südlicheren Regionen des Subkontinents zu den unterjochten Shudra geworden seien.[1] Folglich machten sich zahlreiche Administratoren und Gelehrte daran, die Größe von Schädeln und Kiefern zu vermessen und Nasenformen und Hautmerkmale zu untersuchen in der Hoffnung, das Geheimnis der indischen Kasten zu lüften. Der Ethnograf Herbert Risley, der Beauftragte der Volkszählung von 1901, betonte die strategische Bedeutung des indischen Territoriums für die Briten, sich an die Spitze der Rassenforschungen zu setzen und die Deutschen und ihre Gelehrten abzuhängen, die in diesen Fragen damals besonders aktiv waren.[2] In der Praxis führte dieser von Rassen ausgehende Ansatz zu keinem greifbaren Ergebnis, weil die verschiedenen ethnorassischen Merkmale in den meisten Kasten vertreten und hochgradig vermischt waren.

John Nesfield, ein Kolonialbeamter mit der Aufgabe, über neue Klassifikationen nachzudenken, um die gesellschaftlichen Verhältnisse in Indien besser beschreiben und berücksichtigen zu können, sah es so, dass die Kasten vor allem als sozioprofessionelle Gruppen gedeutet werden müssten. Schon 1885 hatte er darauf hingewiesen, dass die Rassentheorie zu ihrer Beschreibung kaum taugte. Nach Nesfield musste man sich nur in Benares die 400 jungen brahmanischen Studenten an den renommiertesten Sanskritschulen anschauen, um festzustellen, dass dort die gesamte Palette der Hautfarben des indischen Subkontinents

---

1 In Sanskrit leitet sich der Begriff «Varna» aus dem Wort für Farbe ab. Im Ramayana gelingt es Rama nur deshalb, den Dämon Ravana zu besiegen und seine geliebte Sita zu befreien, weil ihm Hanuman und seine Affenarmee zur Hilfe eilen. Erst die Vereinigung des Volkes von ganz Indien, von den dunkelsten im Süden bis zu den hellsten im Norden, ermöglicht es, die politische Ordnung und die irdische Harmonie wiederherzustellen (und nebenbei Sri Lanka zu unterwerfen).

2 Siehe S. Bayly, *Caste, Society and Politics in India*, a. a. O., S. 132.

vertreten war.[1] Risley hatte zum Thema eine eigene Theorie. Einerseits hätten sich die Brahmanen in der Zeit zwischen den arischen Invasionen zu Beginn des 2. Jahrtausends v. u. Z. und der Epoche, in der ihnen das *Manusmriti* strenge Endogamie nahelegte (um das 2. Jahrhundert v. u. Z.), bereits stark mit den anderen Bevölkerungsgruppen vermischt. Andererseits soll die Konkurrenz des Buddhismus, die vom 5. Jahrhundert v. u. Z. bis zum 5. Jahrhundert u. Z. besonders stark hervortrat, die Brahmanen veranlasst haben, zahlreiche Angehörige niederer Kasten in ihre Reihen aufzunehmen. Und schließlich sollen zahlreiche hinduistische Herrscher und Radschas im Verlauf der Jahrhunderte ihrerseits neue Schichten gebildeter Brahmanen geschaffen haben, um der Unbotmäßigkeit der bestehenden entgegenzutreten.

Das Zeugnis eines Administrators wie Nesfield ist deutlich aufschlussreicher als das von Rassen-Ethnografen wie Risley oder Edgar Thurston, weil es einen interessanten Austausch mit den erfassten Bevölkerungsgruppen widerspiegelt. Seine Analyse ist zwar nicht frei von eigenen Vorurteilen und von denen seiner Gesprächspartner (vor allem aus höheren Kasten), aber ebendiese Voreingenommenheiten sind an sich schon bedeutsam. So erklärt Nesfield beispielsweise, dass die Urbevölkerung (Adivasi) und die Unberührbaren sich mit ihrem Verhalten selbst außerhalb der hinduistischen Gemeinschaft gestellt hätten. Es seien vornehmlich Gruppen von Jägern, die in den Wäldern oder am Rand der Dörfer in unvorstellbarem Schmutz lebten, stets in einer Grauzone zur offenen Auflehnung und zum Diebstahl. Der Zugang zu den Tempeln sei ihnen schon wegen ihrer beklagenswerten Sitten verwehrt: Im Bedarfsfall zögerten sie nicht, die eigenen Töchter in die Prostitution zu verkaufen. Dieser Teil von Nesfields Bericht lässt trotz der topografischen Beschreibungen eher an isolierte Stämme von Ureinwohnern als an Unberührbare im eigentlichen Sinn denken, auch wenn der Unterschied zwischen beiden Gruppen in seinem Zeugnis nicht immer deutlich wird. Beschrieben werden insbesondere Siedlungsgebiete in der Nähe von Dörfern und eher abseits der bewaldeten und bergigen Zonen, die mit den Ureinwohnern allgemein assoziiert werden. Es han-

---

1 Siehe J. Nesfield, *Brief View of the Caste System of the North-Western Provinces and Oudh, Together With an Examination of Names and Figures Shown in the Census Report 1882*, Allahabad, 1885, S. 75.

delt sich vor allem um Gruppen mit einer Lebensweise, die radikal von der Norm abweicht.[1]

Nesfield fügt hinzu, dass zu diesen Gruppen von Parias auch bestimmte kleine ländliche Kasten zählen, die wegen ihrer Bräuche und Ernährungsgewohnheiten den niedersten zuzurechnen seien. Namentlich nennt er jene, die sich noch von Biberratten und anderen kleinen Feldnagern *(field rats)* ernährten, eine bedauerliche Praktik, die doch seit Jahrhunderten durch das *Manusmriti* verpönt sei. Auch handele es sich um besondere Berufe wie *chammar* und *scavengers*, die dafür zuständig seien, Abfälle, Unrat und Kadaver zusammenzulesen, mit familiären Bräuchen, die nach den von Nesfield gesammelten Informationen ebenfalls höchst zwielichtig seien. Auch neigten sie allzu häufig zur Trunksucht und zu einer schändlichen sexuellen Freizügigkeit. Im Übrigen zeigt sich Nesfield überzeugt, dass das gröbste Handwerk, so das Flechten kleiner Körbe, das in den unteren indischen Kasten wie auch bei den europäischen *gypsies* und anderen Sinti und Roma beliebt sei, von Schichten mit dem geringsten gesellschaftlichen Ansehen betrieben werde. Umgekehrt sei der Aufstieg auf der gesellschaftlichen Stufenleiter an verfeinerte berufliche Fertigkeiten wie Töpferei und Textilverarbeitung gekoppelt, wobei die Metall- und Glasverarbeitung sowie das Schmuckhandwerk und der Steinmetzberuf in der handwerklichen Hierarchie ganz oben stünden. Gleiches gelte für andere Tätigkeiten: Jäger seien weniger angesehen als Fischer, die ihrerseits unter den Bauern und Viehzüchtern angesiedelt seien.

Die bedeutendsten Kaufleute *(baniya)* pflegen dagegen Sitten, dank derer sie sich den Brahmanen nähern durften und die insbesondere die Wiederverheiratung von Witwen untersagten. Nesfield vermerkt zudem, dass die einstigen Kshatriya-Krieger, denen man in Gestalt der Rajputen (der Begriff bezeichnete ursprünglich Personen königlichen Geblüts) und der *chattri* (eine Ableitung von Kshatriya und von *kshatra* für «Grundherrn») wiederbegegnet, unter muslimischer und später

---

1 Vergleichbare Darstellungen finden sich in Texten von Chinesen, die im 13. Jahrhundert Kambodscha durchreisten, oder in javanischen Schriften des 15. Jahrhunderts mit Beschreibungen von Volksgruppen, die in die Gesellschaft nicht integriert waren, die Sprache der «Zivilisierten» kaum verstanden, sich in Wäldern oder in der Nähe von Dörfern herumtrieben und von Jagdbeute lebten – auch hier mit stark negativen Vorurteilen der «Zivilisierten», zuweilen mit einer durchschimmernden Hoffnung, sie integrieren zu können. Siehe D. Lombard, *Le Carrefour javanais. Essai d'histoire globale*, Bd. 3: *L'Héritage des royaumes concentriques*, a. a. O., S. 24 f.

britischer Herrschaft viel an Ansehen verloren hätten. Manche seien als Soldaten oder Polizisten in den Dienst der Kolonialherren getreten, viele lebten von Grundrenten, und wieder andere schlügen sich mühselig durchs Leben. Wie Nesfield feststellt, hatten die Brahmanen ihre Tätigkeiten als Priester seit langem diversifiziert und arbeiteten hauptsächlich als Lehrer, Ärzte, Buchhalter oder Verwalter, während sie von den übrigen ländlichen Gemeinschaften ebenfalls komfortable Renten einstrichen.

Nesfield erkennt zwar an, dass ihre administrativen Fähigkeiten für die Kolonialbehörden deutlich nützlicher und ihre Talente für die modernen Zeiten klar tauglicher seien als die der einstigen müßiggängerischen Krieger. Aber im Verhältnis zu ihrem gesellschaftlichen Nutzen seien die Brahmanen entschieden zu zahlreich (bis zu 10 % der Bevölkerung in manchen Regionen Nordindiens). Im Grunde findet Nesfield, dass die indische soziale Hierarchie ganz gut aufgestellt sei, abgesehen von der übermäßigen Anzahl der Brahmanen, die ihre vorherrschende Stellung wahrhaftig missbrauchten. Seine Schlussfolgerung versteht sich von selbst: Es sei Zeit, dass sie durch britische Verwaltungsbeamte an der Spitze des Landes abgelöst würden.

Die Bevölkerungsanteile in den trifunktionalen Gesellschaften Indiens und Europas

Betrachten wir nun die statistischen Ergebnisse, die sich aus diesen Volkszählungen herausziehen lassen. Allgemein wussten die Kolonialbeamten nicht genau, wie sie vorgehen sollten, um diese Tausende von Jatis in einleuchtende Kategorien einzusortieren. Entsprechend änderte sich die Darstellungsweise von einer Erhebung zur nächsten deutlich. Manche Beamte wie Nesfield schlugen vor, die Varnas fast ganz außen vor zu lassen und eine völlig neue, auf Berufen und Fertigkeiten beruhende sozioprofessionelle Klassifikation zu erstellen, die fortan für das gesamte Reich gelten sollte. Die Entscheidung für sämtliche Volkszählungen von 1871 bis 1931 bestand darin, die Brahmanen als eine einheitliche Gruppe zu erfassen und ihnen sämtliche lokalen Gruppen anzugliedern, die ihnen in den Augen der Briten ähnelten. In Benares hatte 1834 eine Untersuchung bereits die Existenz von 107 verschiedenen Gruppen von Brahmanen ermittelt. In den Gemeinschaften, in denen sie durchgeführt worden war, hatte auch Nesfield zahlreiche Untergruppen unterschieden: die *acharja*, die die religiösen Zeremonien überwachten, die *pathak*, die auf die Schulung von Kindern spezialisiert waren, die mit den Initiationsriten der Zweimalgeborenen betrauten *dikshit*, die *gangaputra* als Priestergehilfen, die als Heiler praktizierenden *baidiya*, die mit der Bildung der niedereren Kasten betrauten *pande* und so weiter, nicht zu vergessen die *khatak* und die *bhat*, die als ehemalige Brahmanen Sänger und Künstler geworden waren, oder die *mali*, eine erlauchtere landwirtschaftliche Kaste, die auf Blumenzucht und die Herstellung der Kronen für Prozessionen spezialisiert und der Priesterkaste mancherorts angegliedert war. Nesfield stellt fest, dass nur 4 % der Brahmanen priesterliche Aufgaben in Vollzeit erfüllten, aber 60 % auf die eine oder andere Weise an der Ausübung religiöser Ämter beteiligt waren, ergänzend zu einer Haupttätigkeit als Lehrer, Arzt, Verwalter oder Grundherr. Übertragen auf europäische Verhältnisse stellten sie gleichsam ein gebildetes Besitzbürgertum dar, das sich an der Unterweisung im Katechismus beteiligte.

Auf gesamtindischer Ebene stellten die Brahmanen, die die britischen Volkszählungen als solche erfassten, eine bedeutende Gruppe dar. Bei der Erhebung von 1881 wurden fast 13 Millionen Brahmanen (mit Familien) gezählt, also 5,1 % der erfassten Gesamtbevölkerung (254 Millionen) und 6,6 % der Hindu-Bevölkerung (194 Millionen). Je nach Region und Provinz schwankte ihr Anteil zwischen knapp 2–3 % an der Bevölkerung Südindiens bis rund 10 % im Gangestal und in Nordindien, mit Bengalen (Kalkutta) und Maharashtra (Bombay) im Bereich des Durchschnitts (5–6 %).[1] Zu den Kshatriya geben die Berichte zu den Volkszählungen keine Gesamtzahl an, da der Begriff fast ganz außer Gebrauch gekommen war und die Kolonialherren auf eine Wiederbelebung verzichteten. Zählt man die Personen zusammen, die in den verschiedenen Kasten der *chattri* und vor allem der hauptsächlich vertretenen Rajputen erfasst wurden, so kommt man auf über 7 Millionen Kshatriya 1881, also 2,9 % der indischen Bevölkerung und 3,7 % der Hindu-Bevölkerung, auch hier mit regionalen Unterschieden, aber weniger ausgeprägt als bei den Brahmanen (die nordindischen Regionen liegen etwas über und Südindien sowie die anderen Regionen etwas unter dem Durchschnitt). Insgesamt ist festzustellen, dass die beiden obersten Kasten 1881 rund 10 % der Hindu-

1 Die detaillierten Daten aus den Kolonialberichten, die aus den Volkszählungen hervorgingen, sowie die Verbindungen zu anderen Originaldokumenten siehe Technischer Anhang.

Bevölkerung stellten (6–7 % Brahmanen, 3–4 % Kshatriya). Ein halbes Jahrhundert später, bei der Volkszählung 1931, war der Anteil der Brahmanen leicht gesunken (von 6,6 auf 5,6 %) und der der Kshatriya etwas gestiegen (von 3,7 auf 4,1 %), aber insgesamt hatten sich die Verhältnisse kaum verändert. Nach den Erhebungen stellten Brahmanen und Kshatriya 1881 10 % und 1931 9,7 % der Hindu-Bevölkerung (siehe Grafik 8.3).[1]

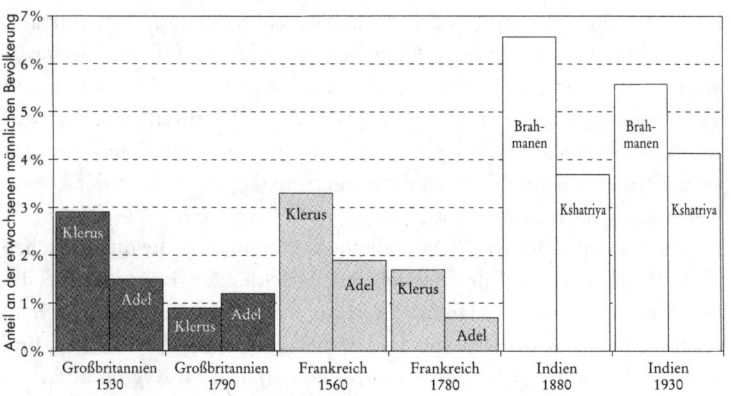

Grafik 8.3.: In Großbritannien und Frankreich verloren die beiden vorherrschenden Schichten der trifunktionalen Gesellschaft (Klerus und Adel) zwischen dem 16. und 18. Jahrhundert numerisch an Bedeutung. In Indien waren die Anteile der Brahmanen und Kshatriya (der ehemaligen Schichten von Priestern und Kriegern) nach den Volkszählungen der britischen Kolonialbehörden zwischen 1880 und 1930 leicht rückläufig, verharrten aber auf einem deutlich höheren Niveau als die entsprechenden Schichten in Europa im 16. und 18. Jahrhundert.
Quellen und Reihen: siehe piketty.pse.ens.fr/ideologie.

Vergleicht man diese Anteile mit denen von Klerus und Adel zwischen dem 16. und 18. Jahrhundert in Großbritannien oder Frankreich, Ländern, in denen die Bildung des Zentralstaats bereits weit vorangeschritten war, so stellt man fest, dass die indischen Brahmanen und Kshatriya am Ende des 19. und zu Beginn des 20. Jahrhunderts relativ

1 Der Anteil der Kshatriya stieg zwischen 1881 und 1891 an, was sich aus der Tatsache erklären lässt, dass die Briten vor allem während der allerersten Volkszählung versucht hatten, die Brahmanen auszumachen. Beide Gruppen schrumpften von 1891 bis 1931 vor dem Hintergrund einer Entwicklung, bei der die Anerkennung als oberer Kasten an Interesse verlor und zu einem Nachteil werden konnte. Siehe Tabelle 8.2.

stark vertreten waren. Nach den verfügbaren Schätzungen stellten im 16. Jahrhundert die Geistlichen rund 3 % und die Adligen knapp 2 % der britischen und französischen männlichen erwachsenen Bevölkerung – also ein Anteil von unter 5 % für beide privilegierten Stände, gegenüber 10 % Brahmanen und Kshatriya in Indien am Ende des 19. Jahrhunderts. Die Unterschiede sind allerdings nicht unverhältnismäßig groß. Auch sei daran erinnert, dass in den anderen europäischen Ländern im 18. Jahrhundert die geistliche und die kriegerische Schicht im Vergleich zu Großbritannien und Frankreich hohe Bevölkerungsanteile stellten. Für Spanien lässt sich schätzen, dass der Klerus 1750 4 % der männlichen erwachsenen Bevölkerung stellte und der Adel (vom niederen bis zum Hochadel) über 7 % ausmachte, beide Gruppen zusammen also insgesamt rund 11 %. Diese Größenordnung liegt ganz nahe bei der in Indien um 1880.[1] In Ländern wie Portugal, Polen oder Ungarn stand um 1800 allein der Adel für rund 6–7 % der Bevölkerung.[2] Bei den jeweiligen Bevölkerungsanteilen liegen die verschiedenen trifunktionalen indischen Gesellschaften (mit vielfältigen regionalen Varianten) und die entsprechenden europäischen offenbar also ziemlich nahe beieinander, mit Schwankungen, die insbesondere die verschiedenen schwierigen soziopolitischen Prozesse bei der Errichtung des Staates in den zahlreichen Unterregionen beider Kontinente widerspiegeln.

Gebildete Eigentümer, Verwalter und soziale Kontrolle

Anhand der detaillierten Berichte, die aus den Volkszählungen hervorgingen, lassen sich für die erfassten Bevölkerungen mehrere wichtige Merkmale präziser fassen. In der Provinz Madras (Madras Presidency) machten die Brahmanen 1871 im Durchschnitt 3,7 % der Bevölkerung aus, je nach Bezirk in einer Bandbreite zwischen 1,5 % und 13,1 %. Wie festzustellen ist, besetzten sie eine herausragende Rolle in der Bildung (70 % der Studenten von Madras waren Brahmanen) und in den gelehrten Berufen (mit einem Anteil in der Provinz von 60–70 % an den Lehrern, Ärzten, Juristen, Buchhaltern und Astrologen), aber auch beim ländlichen Grundbesitz: 40 % der als Landeigentümer erfassten Perso-

1 Siehe Kapitel 1, Grafik 1.1.

2 Siehe Kapitel 5, Grafik 5.2.

nen waren Brahmanen (gegenüber nur 20 % Kshatriya), ein Anteil, der in bestimmten Bezirken sogar bei 60 % lag. Der Kolonialbeamte, der die entsprechenden Tabellen kommentierte, äußerte sich noch deutlicher als Nesfield: Ihm zufolge übten der Brahmanen über die anderen Schichten eine so erdrückende Vorherrschaft aus, dass sofort politisches Chaos und Aufstände ausbrechen würden, wenn die Briten das Land verließen.[1] Dieser Hinweis ist aufschlussreich: Die britischen Kolonialherren stützten sich auf die lokalen brahmanischen Eliten, um das Land zu kontrollieren und zu verwalten, prangerten aber zugleich deren tyrannischen Stempelabdruck auf Indien an, um die eigene zivilisatorische Mission zu rechtfertigen. Und nebenbei vergaßen sie ganz, dass Eigentum und politische Macht in Großbritannien mindestens ebenso krass konzentriert waren, wo die *absentee landlords* vor kurzem erst einen Teil der irischen Bevölkerung dem Hungertod preisgegeben hatten und wo sich große Umwälzungen anbahnten.[2]

Die anderen Volkszählungen bestätigen diese extreme Konzentration der Ressourcen bei Bildung und Vermögen in den Händen derer, die in den Erhebungen in der Kategorie der Brahmanen (oder eher brahmanischer Männer, da sämtliche verfügbaren Angaben auf eine höchst patriarchalische Gesellschaft hindeuten) geführt wurden. Die Volkszählung von 1891 ergab, dass nur 10,4 % der Männer (und ganze 0,5 % der Frauen) Britisch-Indiens alphabetisiert waren. In der Provinz Madras erreichte die Rate unter den Brahmanen bei den Männern 72,2 % (bei den Frauen 3,8 %) und in Bombay 65,8 % (bei den Frauen 3,3 %). Die einzige Provinz, in der die Alphabetisierung ein hohes Niveau erreichte, war Birma, wo über 95 % der Bevölkerung als Buddhisten registriert waren (die einzige Region des Kaiserreichs Indien, in der der Buddhismus den Hinduismus abgelöst hatte) und wo die durchschnittliche Alphabetisierungsrate 44,3 % (aber nur 3,8 % bei den Frauen) erreichte. Diese Glanzleistung führten die Kolonialbeamten auf die buddhistischen Mönche und ihre Schulen zurück. Tatsächlich weiß niemand so genau, inwieweit die Volkszähler die Kompetenzen der jeweiligen Gruppen richtig einzuschätzen vermochten oder ob sie sich damit begnügten, eigene Vorurteile oder die der befragten Familienoberhäupter wiederzugeben. Dennoch sprechen die Zahlen für sich. Bei

1 Siehe *Report on the 1871 Census of the Madras Presidency*, Madras, 1874, S. 363.

2 Siehe Kapitel 5, S. 236–240.

der Volkszählung 1911 war die Alphabetisierungsrate der brahmanischen Frauen in Bengalen auf 11,3 % (gegenüber 64,5 % bei den Männern der Gruppe) gestiegen. Sie war immer noch gering, bedeutete aber einen deutlichen Fortschritt und sorgte dafür, dass die brahmanischen Frauen über 60 % der alphabetisierten Frauen in der Provinz stellten, während die männlichen Brahmanen unter den alphabetisierten Männern auf einen Anteil von nur 30 % kamen, was schon beachtlich ist.

Für die meisten Provinzen ist festzustellen, dass die Brahmanen verglichen mit den Rajputen und *chattri* beim Landbesitz mindestens ebenso gut und im Ganzen besser vertreten waren. Bei der Bildung herrschte eine abgrundtiefe Kluft: Die Brahmanen lagen unvergleichlich weit vor den Kshatriya, deren kulturelle und geistige Ressourcen besonders dürftig erscheinen (Alphabetisierungsraten zwischen 10 % und 15 % bei den männlichen Rajputen in den meisten Provinzen, also kaum höher als im Landesdurchschnitt). Hervorzuheben ist allerdings, dass der Bildungsvorsprung der Brahmanen je nach Region variierte und in Nordindien (wo sie sehr zahlreich waren und ihre Alphabetisierungsrate zuweilen nur bei 20–30 % lag) geringer war als in Südindien, wo sie eine deutlich kleinere Elite (2–3 % der Bevölkerung anstatt 10 %) bildeten und zu 60–70 % schreiben und lesen konnten.

Die einzige Kaste, deren Bildungsstand und geistiges Kapital die der Brahmanen erreichte oder mancherorts sogar übertraf, war die kleine Gruppe der Kayastha, die den Volkszählungen zufolge rund 1 % der indischen (und über 2 % der bengalischen) Bevölkerung stellte. Die Kayastha waren für die Kolonialverwalter besonders interessant. Sie zählten klar zu den obersten Kasten, schienen sich aber unmöglich als Brahmanen oder Kshatriya klassifizieren zu lassen und wurden somit gesondert behandelt. Mehrere, zumeist nicht nachprüfbare Berichte sprechen ihnen verschiedene Ursprünge zu. Laut einer alten Legende soll eine in Bedrängnis geratene *chattri*-Königin gelobt haben, ihre Söhne zu Schreibern oder Buchhaltern anstatt zu Kriegern ausbilden zu lassen, wenn der Feind ihr Leben verschonen würde. Wahrscheinlicher dürften die Kayastha alten Kshatriya- oder *chattri*-Linien entstammen, die Wert darauf legten, dass einige ihrer Söhne Berufe der Gebildeten bzw. Verwaltungsämter ausübten, um sich von der brahmanischen Bevormundung zu befreien und über eigenes qualifiziertes Personal zu verfügen (ein naheliegender Antrieb, der sich in der Geschichte der indischen Dynastien wohl immer wieder regte und höchstwahrscheinlich dazu beitrug, die Reihen der Brahmanen zu erweitern und aufzufrischen).

Wie die Kshatriya, aber anders als die Brahmanen gestatteten sich die Kayastha den Alkoholgenuss, was den britischen Verwaltungsbeamten zufolge bestätigte, dass sie vielfältige Ursprünge hatten. Davon abgesehen, ähnelten sie in jeder Hinsicht den Brahmanen, die sie beim Bildungsstand und beim Zugang zu gehobenen Verwaltungsämtern und gelehrten Berufen sogar übertrumpften. Die Kayastha hatten den Ruf, sich sehr schnell Kenntnisse in Urdu angeeignet zu haben, um in die Dienste der Mogulkaiser und muslimischen Herrscher zu treten, und ebenso in Englisch wegen des Zugangs zur britischen Kolonialverwaltung.

Grundsätzlich ist hervorzuheben, dass die Volkszählungen nach Kasten nicht allein dazu dienten, die Neugierde oder die Begeisterung für Exotik und Orientalismus der britischen und europäischen Gelehrten zu befriedigen. Sie spielten auch und vor allem für die Regierung Britisch-Indiens eine zentrale Rolle. Zunächst ermöglichten sie es den Kolonialherren, Gruppen zu erfassen, die sich für die Erfüllung höherer administrativer oder militärischer Aufgaben eigneten, und eine Grundlage für die Steuererhebung zu schaffen. Kenntnisse über die indische Bevölkerung waren umso wichtiger, als die im Kaiserreich Indien lebenden Briten nur einen verschwindend geringen Anteil an der Gesamtbevölkerung stellten (damals immer noch unter 0,1 %).

Allein eine ausgezeichnete Organisation konnte eine solche Konstruktion aufrechterhalten. Ganz unten auf der gesellschaftlichen Stufenleiter erfüllten die Volkszählungen nach Kasten zudem die Funktion, die Schichten auszumachen, die Probleme bereiten konnten, insbesondere die «kriminellen Kasten», Gruppen, die nach ihrer bekannten Vorliebe für Diebstähle und abweichende Verhaltensweisen einsortiert wurden. Entsprechend wurde der *Criminal Tribes and Castes Act*, nach dem Angehörige dieser Gruppen im Schnellgang verhaftet und eingesperrt werden konnten, von 1871 bis 1911 regelmäßig verschärft.[1] Die Briten griffen in Indien ausgiebig auf Zwangsarbeit zurück, insbesondere für den Straßenbau, ähnlich der im französischen Afrika eingesetzten Fronarbeit und Arbeitspflicht.[2] Dabei ermöglichte die Erfassung

1 Siehe N. Dirks, *Castes of Mind*, a. a. O., S. 181 f.

2 Siehe Kapitel 7, S. 370–374.

der Bevölkerung nach Kasten eine bessere Einschätzung jener Gruppen, die «rekrutiert» werden konnten. Die Gesetze zur Landstreicherei wurden mit einem gewissen Raffinement eingesetzt, um Arbeitskräfte zu mobilisieren. Als gegen Ende des 19. Jahrhunderts die Eigentümer der Tee- oder Baumwollplantagen auf Schwierigkeiten stießen, Arbeiter aufzutreiben, wurden diese Gesetze verschärft, um «Neueinstellungen» zu beschleunigen.[1]

Zwischen die oberen Kasten der Verwaltungsbeamten und die kriminellen oder quasi-leibeigenen Kasten reihte sich eine Serie von Schichten, vor allem bäuerliche Kasten, ein, die für die Regierung des kolonialen Indiens ebenfalls eine zentrale Rolle spielten. Im Punjab sah beispielsweise der *Land Alienation Act* von 1901 vor, den An- und Verkauf von Boden einer Gruppe bäuerlicher Kasten vorzubehalten, die in der Definition neu abgegrenzt wurden. Offiziell ging es darum, bestimmte Gruppen hochverschuldeter Bauern gegen die Gefahr abzusichern, ihren Boden an Gläubiger oder Pfandleiher zu verlieren. Die Gefahr von Aufständen auf dem Land beunruhigte die britischen Behörden umso mehr, als die betreffenden Kasten traditionell ein wichtiges Rekrutierungsreservoir für das Militär bildeten. Jedenfalls zog die Neudefinition der Kasten bei den darauffolgenden Volkszählungen vielfältige Konflikte nach sich, weil zahlreiche ländliche Gruppen verlangten und auch Erfolg damit hatten, die Kaste zu wechseln, um Zugang zu Boden zu erhalten.[2]

Dabei ist der springende Punkt, dass die von den Briten geschaffenen Verwaltungskategorien, die Regeln auferlegten und Rechte und Pflichten verteilten, mit den sozialen Identitäten der Betroffenen häufig nur entfernt zu tun hatten, sodass sie die Gesellschaftsstruktur tiefgreifend veränderten und in zahlreichen Fällen dafür sorgten, dass vormals fließenden Grenzen zwischen Gruppen schärfer hervortraten und dadurch neue Gegensätze und Spannungen heraufbeschworen.

Bei ihrem ursprünglichen ambitionierten Vorstoß, die Bevölkerung nach den Varnas des *Manusmriti* zu unterteilen, hatten die Kolonialbehörden den Rückzug antreten müssen. Die Kshatriya existierten eigentlich nur noch unter der Benennung der Rajputen (und der eher inoffi-

1 Siehe Stanziani, «Slavery in India», *The Cambridge World History of Slavery*, Cambridge: Cambridge University Press, 2017, S. 259.

2 Siehe G. Cassan, «Identity-Based Policies and Identity Manipulation: Evidence from Colonial Punjab», *American Economic Journal* 7 (2014), 4, S. 103–131.

ziellen der *chattri*). Die Vaishya, die Handwerker, Kaufleute und freien Bauern des *Manusmriti*, waren als solche nicht mehr auszumachen. Zwar gab es eine große Vielfalt an kleinen lokalen Berufsgruppen, die sich unter dieser weitgefassten Kategorie hätten subsumieren lassen, aber diese Zusammenstellung bildete auf Landesebene keinerlei Einheit, außer vielleicht mit Blick auf die Baniya (Händler), die die britischen Behörden zahlenmäßig zu erfassen und der Gruppe der Zweimalgeborenen der Vaishya einzugliedern versuchten.

Während der ersten Volkszählungen musste die Kolonialverwaltung in zahlreichen Konflikten um Anerkennungen entscheiden, zu deren Entstehung sie beigetragen hatte und deren Lösung sie überforderte, insbesondere wenn religiöse Fragen berührt waren. So erreichte zum Beispiel in der Provinz Madras die Kaste der Nadar von den Obrigkeiten, dass sie in der Volkszählung von 1891 als Kshatriya anerkannt wurde. Auf dieser Grundlage drang eine Gruppe von Nadar 1897 in den Bereich des Minakshi-Tempels von Kamuthi ein, zur gewaltigen Empörung der oberen Kasten, denen die Stätten unterstanden. Die Kolonialgerichte urteilten schließlich, dass die Nadar für die Kosten der Reinigungsriten aufzukommen hätten, die durch ihr Eindringen notwendig geworden seien. Zahlreiche Konflikte entzündeten sich ähnlich an der Nutzung verschiedener öffentlicher Räume für Prozessionen.

Besonders ratlos reagierten die britischen Behörden angesichts mehrerer Gruppen mit höherem Status in bestimmten Regionen wie den Kayastha in Bengalen, den Marathen in der Region Bombay oder den Vellalar bei Madras, die allem Anschein nach höhere Kasten waren, aber in keine der Varnas hineinpassten. Wie Forschungsarbeiten zeigten, erlegten sich Gruppen wie die Baniya, die anfangs nicht klar als höhere Kaste definiert gewesen waren, ab Ende des 19. Jahrhunderts wieder sehr strenge Reinheitsregeln mit Blick auf Familie und Ernährung auf (so ein Verbot der Wiederverheiratung von Witwen, eine besonders streng vegetarische Ernährung und ein Verbot von Kontakten zu weniger reinen Kasten), damit sie sich zu den Zweimalgeborenen zählen und den Brahmanen nähern durften, denen die Volkszählungen eine einheitliche Existenz verliehen hatten, die offiziell verkündet und abgesegnet war.[1]

---

1 Siehe S. Bayly, *Caste, Society and Politics in India*, a. a. O., S. 217–232; N. Dirks, *Castes of Mind*, a. a. O., S. 236 ff.

Das koloniale Indien und die Verfestigung der Kasten

Auch wenn sich natürlich nicht sagen lässt, wie sich Indien ohne die Kolonisierung entwickelt hätte, so bestand ein Effekt der kolonialen Volkszählungen und der erstaunlichen bürokratischen Erfassung der gesellschaftlichen Kategorien ganz offenbar darin, dass sich die Grenzen zwischen den Kasten erheblich verfestigten. Indem die britische Kolonialmacht Kategorien, die vormals allenfalls unscharf gegeneinander abgegrenzt und hauptsächlich auf lokaler Ebene existiert hatten, eine genau umrissene administrative Existenz auf landesweiter Ebene verlieh, setzte sie damit nicht nur dem eigenständigen Wandel einer alten trifunktionalen Gesellschaft vorerst ein Ende: Sie sorgte anscheinend auch dafür, dass sie in ihren Strukturen erstarrte.

In dieser Hinsicht ist es frappierend festzustellen, dass die Anteile der Bevölkerung, die in die oberen Kasten einsortiert wurden, nicht nur zwischen 1871 und 1931, sondern auch bis 2014 fast unverändert blieben, und dies trotz des beachtlichen Bevölkerungswachstums (siehe Grafik 8.4 und Tabelle 8.2). Es sei darauf hingewiesen, dass nach der Volkszählung von 1931 Zugehörigkeiten zu höheren Kasten nicht mehr erfasst wurden. Die Briten erkannten schließlich, wie sehr sie dazu beigetragen hatten, identitäre Konflikte zu verschärfen und den Fragen der soziale Grenzen Brisanz zu verleihen, sodass sie auf dieses Unterfangen bei der Erhebung von 1941 verzichteten. Und die Regierungen des unabhängigen Indiens setzten es sich zum Ziel, die Diskriminierungen aufgrund von Kasten zu beenden, und stellten seither keine entsprechenden Fragen mehr (außer bei den untersten Kasten, wie wir weiter hinten sehen werden). In mehreren anderen Untersuchungen bekam die indische Bevölkerung allerdings immer noch Fragen nach der Kastenzugehörigkeit gestellt, in Nachwahlbefragungen, die bei den meisten Parlamentswahlen in Indien von 1962 bis 2014 durchgeführt wurden, und deren Ergebnisse wir hier angegeben haben. Die beiden Quellen unterscheiden sich also deutlich: Im ersten Fall wurde unter Führung von Volkszählern die Gesamtbevölkerung erfasst, während die Erhebungen im zweiten Fall im Grundsatz auf Selbstauskünften beruhen, die von einigen Zigtausend Personen stammen.

Nichtsdestoweniger ist die Feststellung interessant, dass die Anteile der verschiedenen Bevölkerungsgruppen fast unverändert blieben. Der

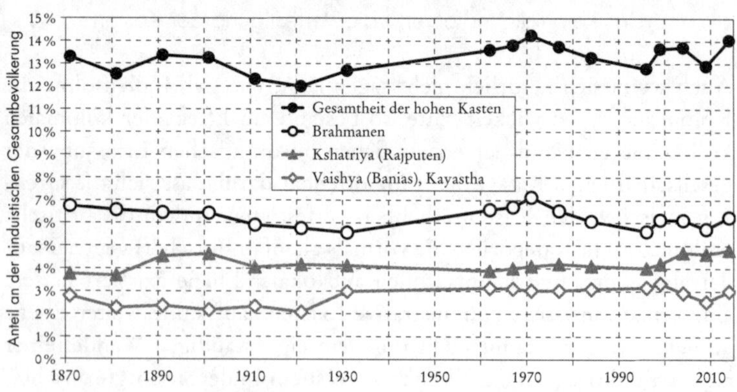

Grafik 8.4.: Die Ergebnisse basieren auf den Volkszählungen der britischen Kolonialherren von 1871 bis 1931 und auf Nachwahlbefragungen (Selbstauskünfte) aus der Zeit zwischen 1962 und 2014. Festzustellen ist, dass die Anteile der als Brahmanen (alte Priester- und Gelehrtenkaste), als Kshatriya (Rajputen; alte Kriegerkaste) und als Angehörige anderer höherer Kasten, Vaishya (Banias; Handwerker, Kaufleute) und Kayastha (Schreiber, Buchhalter), registrierten Personen über die Zeit relativ stabil blieben. Nicht berücksichtigt sind andere regionale höhere Kasten wie die Marathen (ungefähr 2 % der Bevölkerung).
Quellen und Reihen: siehe piketty.pse.ens.fr/ideologie.

Anteil der Brahmanen an der Hindu-Bevölkerung schwankte in den Volkszählungen von 1871 bis 1931 zwischen 6 % und 7 % und blieb von 1962 bis 2014 fast auf gleicher Höhe. Der Anteil der Kshatriya (in der Praxis hauptsächlich die Rajputen) lag den kolonialen Volkszählungen zufolge am Ende des 19. und zu Anfang des 20. Jahrhunderts bei 4–5 %. Gleiche Anteile erbrachten die Nachwahlbefragungen am Ende des 20. und zu Beginn des 21. Jahrhunderts. In Grafik 8.4 und Tabelle 8.2 sind auch die Anteile der Bevölkerungsgruppen festgehalten, die als Vaishya (Baniya) und Kayastha registriert wurden: Festzustellen ist, dass diese beiden Gruppen zusammen im gesamten erfassten Zeitraum zwischen 2 % und 3 % der Hindu-Bevölkerung stellten. Betrachtet man die Gesamtheit der oberen Kasten einschließlich der zuletzt genannten, so umfasste diese in der Zeit von 1871–2014 stets zwischen 12 % und 14 % der hinduistischen Bevölkerung. Fügt man die Marathen (etwa 2 % der Bevölkerung) und weitere höhere Kasten hinzu, die in bestimmten Regionen vertreten waren und deren Zugehörigkeit zu den oberen Kasten zahlreiche Konflikte und Streitigkeiten auslöste, so gelangt man je nach Definition zu einem Gesamtanteil von 15–20 %.

Um richtig zu verstehen, was bei diesen Fragen auf dem Spiel steht,

Tabelle 8.2

Die Struktur der hohen Kasten in Indien, 1871–2014

	1871	1881	1891	1901	1911	1921	1931	1962	1967	1971	1977	1996	1999	2004	2009	2014
Höhere Kasten insgesamt	13,3%	12,6%	13,4%	13,2%	12,3%	12,0%	12,7%	13,6%	13,8%	14,2%	13,7%	12,8%	13,6%	13,7%	12,8%	14,0%
davon Brahmanen (Priester, Gelehrte)	6,7%	6,6%	6,5%	6,4%	5,9%	5,8%	5,6%	6,6%	6,7%	7,1%	6,5%	5,6%	6,1%	6,1%	5,7%	6,2%
davon Kshatriya (Rajputen; Krieger)	3,8%	3,7%	4,5%	4,6%	4,1%	4,2%	4,1%	3,9%	4,0%	4,1%	4,2%	4,0%	4,2%	4,7%	4,6%	4,8%
davon andere höhere Kasten: Vaishya (Banias), Kayastha	2,8%	2,3%	2,4%	2,2%	2,3%	2,1%	3,0%	3,1%	3,1%	3,0%	3,0%	3,2%	3,3%	2,9%	2,5%	3,0%
Hinduistische Gesamtbevölkerung (in Millionen)	179	194	217	216	228	226	247	375	419	453	519	759	800	870	939	1012

Tabelle 8.2.: Die Ergebnisse stammen aus Volkszählungen der britischen Kolonialherren von 1871 bis 1931 sowie aus Nachwahlbefragungen (Selbstauskünfte) von 1962 bis 2014. Festzustellen ist, dass die jeweiligen Anteile der registrierten Brahmanen (alte Priester- und Gelehrtenkaste), Kshatriya (Rajputen; alte Kriegerkaste) und Angehörigen anderer höherer Kasten: Vaishya (Banias; Handwerker, Kaufleute) und Kayastha (Schreiber, Buchhalter) – an der Gesamtbevölkerung über die Zeit relativ stabil bleiben. Unberücksichtigt sind andere regionale höhere Kasten wie die Marathen (ungefähr 2 % der Bevölkerung).

Quellen: siehe piketty.pse.ens.fr/ideologie.

ist darauf hinzuweisen, dass sich die Konsequenzen dieser Klassifikationen im Verlauf des 20. Jahrhunderts radikal verändert haben. Am Ende des 19. Jahrhunderts waren die Anreize stark, sich als Angehörige einer höheren Kaste anerkennen zu lassen – wegen des persönlichen Ansehens, aber auch um Zugang zu bestimmten Tempeln, Schulen, Quellen, Zisternen und anderen öffentlichen Orten zu erhalten. Am Ende der Kolonialzeit, insbesondere zwischen den Weltkriegen, schafften die britischen Behörden unter dem Druck der Unabhängigkeitsbewegungen die diskriminierenden Regeln, die zu Lasten der unteren Kasten und insbesondere der Unberührbaren gegangen waren, nach und nach ab und führten im Gegenteil Fördermaßnahmen ein, um das vergangene Unrecht zu korrigieren. Aber erst mit Gründung der unabhängigen Republik Indien (1947) wurden die einstigen diskriminierenden Reglungen endgültig beseitigt und systematische Maßnahmen der «positiven Diskriminierung» umgesetzt. Wie John Hutton, der Beauftragte der Volkszählung von 1931, anmerkte, hingen 1929 in Madras an zahlreichen Restaurants und Friseurgeschäften immer noch Schilder mit dem Vermerk *untouchables excluded*.[1] E. V. Ramasami, der unter dem Namen Periyar die Unabhängigkeitsbewegung anführte, trat 1925 aus der Kongresspartei aus, weil er ihr eine zu zögerliche Haltung vorwarf, als es darum ging, die konservativsten Zweimalgeborenen zu zwingen, sämtliche Tempel für die unteren Kasten zu öffnen und die Trennung zwischen brahmanischen und nichtbrahmanischen Kindern bei den Schulmahlzeiten abzuschaffen. Er hielt diese Ziele für schon früher erreichbar.[2]

Ambedkar, der erste Unberührbare mit Studienabschlüssen in Rechtswissenschaften und Wirtschaft an der Columbia University (New York) und der London School of Economics – er wurde später Mitautor der indischen Verfassung von 1950 –, hatte im Indien der 1920er Jahre größte Schwierigkeiten, als Anwalt zu praktizieren. Er trug zur Gründung der Bewegung der Dalits (Sanskrit für «Zerbrochene», ein Vorschlag Ambedkars zur Benennung der ehemaligen Unberührbaren) bei und verbrannte 1927 bei einer großen Kundgebung dieser Gruppe am Chavdar-Teich in Mahad (Maharashtra) öffentlich das *Manusmriti*. Später rief er die Dalits dazu auf, sich zum Buddhis-

1 Siehe J. Hutton, *Caste in India: Its Nature, Functions and Origins*, *Cambridge: Cambridge University Press*, 1946, S. 197 ff.

2 Siehe N. Dirks, *Castes of Mind*, a. a. O., S. 257–263.

mus zu bekehren: Er war überzeugt, dass das Kastenwesen nur dann zerstört und die uralten Diskriminierungen beendet werden könnten, wenn dem hinduistischen religiösen System radikal der Kampf angesagt werde. Damit stellte er sich vehement gegen Gandhi, der eine Verbrennung des *Manusmriti* als Sakrileg ansah. Der Mahatma nahm die Brahmanen mitsamt dem Ideal der funktionalen Solidarität der Varnas in Schutz und rief die Haridschans («Kinder Gottes», wie er die Unberührbaren nannte) auf, ihren Platz im Hinduismus einzunehmen. Für zahlreiche Inder höherer Kasten bedeutete dies auch und vor allem, dass sie sich in der Familie und bei der Ernährung und Hygiene Verhaltensweisen und Regeln aneignen sollten, die den Reinheitsansprüchen der höheren Kasten besser genügten (ähnlich den bürgerlichen paternalistischen Bewegungen im viktorianischen England, die den Arbeitern das Trinken abgewöhnen und ihnen anständiges Benehmen beibringen wollten). Manche Zweimalgeborene in Gandhis Umfeld gingen so weit, den Unberührbaren, den Ureinwohnern und sogar den Muslimen nahezulegen, mit einer symbolischen Bekehrung zum Hinduismus ihre vollständige Wiedereingliederung in die hinduistische Gemeinschaft und ihren Eintritt in ein reines Leben zu vollziehen.

In den 1920er und 1930er Jahren ahnte bereits jeder, dass das Kolonialsystem nicht von ewiger Dauer sein würde. Mit den Briten liefen bereits Verhandlungen, um das Wahlrecht und die Befugnisse der gewählten indischen Versammlungen auszuweiten. Vor dem Ersten Weltkrieg hatten die Kolonialbehörden schrittweise für Hindus und Muslime separate Wahllisten auf der Basis eines Zensuswahlrechts eingeführt, insbesondere in Bengalen 1909, eine Entscheidung, die viele als den Auftakt zur Abtrennung West- und Ostpakistans von Indien werteten. Am Ende der 1920er Jahre vertrat auch Ambedkar getrennte Wahllisten, aber diesmal für Dalits und hinduistische Nicht-Dalits: Darin sah er die einzige Möglichkeit für die ehemaligen Unberührbaren, eine Stimme zu bekommen, vertreten zu werden und die eigenen Interessen zu verteidigen. Gandhi widersetzte sich dem vehement und trat in einen Hungerstreik. Beide Führer der Unabhängigkeitsbewegung fanden mit dem Poona-Pakt von 1932 schließlich einen Kompromiss: Die Dalits und die hinduistischen Nicht-Dalits sollten gemeinsam Abgeordnete wählen, wobei aber ein Teil der Wahlkreise (im Verhältnis zu ihrem Bevölkerungsanteil) den Dalits in dem Sinn vorbehalten sein sollte, dass sich nur Dalits als Kandidaten zur Wahl stellen durften. Dieses sogenannte «Reservierungssystem» ging in die Verfassung von 1950 ein und gilt bis heute.

Bei der Volkszählung von 1931 hatten Schätzungen nach die *outcasts, tribes* und anderen *depressed classes*, wie die Unberührbaren und andere diskriminierte Kategorien in der britischen Verwaltungssprache hießen (später umbenannt in *scheduled castes* und *schedules tribes*, «gelistete» Kasten und Stämme), rund 50 Millionen Personen umfasst, also rund 21 % der 239 Millionen Hindus. Am Ende der 1920er Jahre wurde im Zug der Unabhängigkeitsbewegungen in mehreren Provinzen zum Boykott der Volkszählung aufgerufen mit der Empfehlung, den Volkszählern weder Jatis noch Varnas anzugeben. So wich nach und nach ein System von Volkszählungen, das am Ende des 19. und zu Anfang des 20. Jahrhunderts darauf abgezielt hatte, Eliten und obere Kasten auszumachen, um ihnen explizit Rechte und Privilegien zu garantieren, einer Logik, bei der im Gegenteil die unteren Kasten identifiziert werden sollten, um alte Diskriminierungen zu korrigieren. 1935 experimentierte die Kolonialregierung mit Systemen für einen privilegierten Zugang zu bestimmten Stellen im öffentlichen Dienst für die *scheduled castes.* Dabei zeichnete sich ab, dass einzelne Jatis, die in den 1890er Jahre mobil gemacht hatten, um als Kshatriya anerkannt zu werden und bestimmte Tempel und öffentliche Orte aufsuchen zu können, jetzt dafür kämpften, als Angehörige der untersten Kasten durchzugehen.[1] Dies zeigt erneut die Veränderlichkeit der einzelnen Identitäten und ihre Anpassungsfähigkeit je nach den Anreizen, die von der Kolonialmacht gesetzt wurden.

Interessant ist die Feststellung, dass der Marathen-Fürstenstaat Kolhapur bereits 1902 erstmals mit Mechanismen experimentiert hatte, den Zugriff der privilegierten Kasten auf Studienplätze an der Universität und Stellen im öffentlichen Dienst einzuschränken. Der König von Kolhapur hatte es seinem Hofstaat gegenüber als Demütigung empfunden, dass ihm die lokalen Brahmanen eine rituelle Lesung der Veden mit der Begründung untersagt hatten, dass seine Abstammung von Shudra dies nicht zulasse. Wütend setzte er daraufhin eine Quote von 50 % für Nicht-Brahmanen in den gehobenen Posten seiner Verwaltung fest. Ähnliche Bewegungen entwickelten sich in Madras mit Gründung der «Justice Party» 1916 sowie im Fürstenstaat Mysore (Karnataka), wo es

1 Ebenda, S. 236ff.

dem Herrscher und den nicht-brahmanischen Eliten wie in Kolhapur immer übler aufstieß, dass die 3 % Brahmanen 70 % der Studienplätze an der Universität und der wichtigsten öffentlichen Ämter besetzten. Eine ähnliche Bewegung entstand 1921 auf Druck der Gerechtigkeitspartei auch in Tamil Nadu. In der Gemengelage Südindiens, wo die brahmanischen Eliten den anderen Gruppen fast schon als Invasoren aus dem Norden galten (wie die Chinesen in Malaysia), obwohl sie dort seit vielen Jahrhunderten lebten, nahm diese Quotenpolitik bereits vor der Unabhängigkeit rasch eine Wende, die sich relativ radikal gegen die Brahmanen richtete. Im Vergleich dazu vertrat die Kongresspartei, die – angefangen mit Nehru und Gandhi – in ihren Reihen zahlreiche progressive Vertreter aus den oberen Kasten Nordindiens zählte, bei den «Reservierungen» stets deutlich gemäßigtere Positionen: Zwar musste man die unteren Kasten im Vorankommen fördern, aber ohne den höchsten Kasten jede Chance zu nehmen, ihre Fähigkeiten einzubringen und sie in den Dienst der übrigen Gesellschaft zu stellen. Diese Konflikte sollten in den Jahrzehnten danach ihre volle Brisanz erreichen.

Das unabhängige Indien angesichts der ererbten Ungleichheiten im Status

Nach der Unabhängigkeit 1947 führte die Republik Indien eine Politik der «positiven Diskriminierung» ein, die systematischste, mit der jemals experimentiert wurde. Dieser Begriff wird zuweilen mit den Vereinigten Staaten assoziiert, aber tatsächlich waren die dortigen Quotensysteme zugunsten der Schwarzen oder anderer Minderheiten niemals Gegenstand einer festgefügten staatlichen Politik. Die amerikanischen Maßnahmen zugunsten eines vorrangigen Zugangs, zu den Universitäten zum Beispiel, wurden stets am Rand des Systems und der Legalität auf freiwilliger institutioneller Basis und nie landesweit und systematisch umgesetzt. Dagegen setzte die indische Verfassung von 1950 ausdrücklich einen Rechtsrahmen mit dem Ziel, die Diskriminierungen aus der Vergangenheit mit den prinzipiell friedlichen Mitteln des Rechtsstaats zu korrigieren. Die Verfassung von 1950 schaffte zunächst sämtliche Privilegien für Kasten und jede Bezugnahme auf die Religion ab. Die Artikel 15 bis 17 setzten der Unberührbarkeit ein Ende und verboten jedwede Einschränkung beim Zugang zu Tempeln und anderen öffentlichen Räumen.[1] Artikel 48 billigte allerdings den Bundesstaaten große Ermessenspielräume zu, die Bedingungen des Schlachtens von Rindern zu regeln. Die Konflikte um diese Frage lösten später zahlreiche Aufstände und Lynchaktionen gegen Dalits und Muslime aus, denen regelmäßig vorgeworfen wird, illegal geschlachtete Tiere zu verschieben. Artikel 46 sieht im Übrigen Mechanismen mit dem Ziel vor, die Interessen der *scheduled castes* (SC) und *scheduled tribes* (ST), also der einst diskriminierten Unberührbaren und Ureinwohner, in Bildung und Wirtschaft voranzubringen. Die Artikel 338 und 339 legen die Einrichtung von Kommissionen mit der heiklen Mission fest, die Bevölkerung des Landes als SC oder ST zu klassifizieren. Artikel 340 sieht ähnliche Bestimmungen zugunsten der sogenannten *other backward classes* (OBC) vor.

Eingerichtet wurden zunächst nur die Kommissionen, die die SC und ST zu definieren hatten. Dem Grundsatz nach hatten die Gruppen, die unter die beiden Kategorien fielen, zwei Bedingungen zu erfüllen: Sie mussten zum einen objektiv benachteiligt sein, was ihre Bildung, Lebensbedingungen, Wohnverhältnisse und Erwerbsarbeit anging (diese sozioökonomischen Dimensionen wurden bei den Volkszählungen und offiziellen Untersuchungen alle einzeln erfasst), während zum anderen ihr sozioökonomischer Rückstand und ihre materielle Armut *(material deprivation)* zumindest teilweise auf besondere Diskriminierungen in der Vergangenheit zurückzuführen sein mussten. Auch wenn sie so nicht genannt wurden, handelte es sich folglich um Gruppen einstiger Unberührbarer und Ureinwohner, die am Rand der traditionellen hinduistischen Gesellschaft gestanden hatten (wie die zum Beispiel von Nesfield in seinem Bericht von 1885 erwähnten). Nach den Klassifikationen dieser Kommissionen wurde bei den verschiedenen Volkszählungen und Untersuchungen ermittelt, dass die SC und ST von den 1950er bis zu den 1970er Jahren rund 21 % und seit den 2000er Jahren bis heute 25 % der indischen Gesamtbevölkerung stellten.

---

1 Eine Klage Periyars, der die erbliche Priesterschaft in Tamil Nadu abschaffen und einen gleichberechtigten Zugang zu geistlichen Ämtern durchsetzen wollte, wurde vom Obersten Gerichtshof 1970 allerdings abgewiesen. Siehe ebenda, S. 263. Eine Analyse zur sozialen Schichtung mit Blick auf getrennte Wohnviertel und die noch bestehenden Diskriminierungen zwischen Brahmanen und Nicht-Brahmanen im ländlichen Indien in den 1950er Jahren, in Verbindung insbesondere mit der Ernährung, siehe A. Beteille, *Caste, Class and Power: Changing Patterns of Stratification in a Tanjore Village*, Berkeley: University of California Press, 1965.

Grundsätzlich konnte der Status der SC oder ST sozialen Gruppen und ehemaligen Jatis aus allen Religionen zuerkannt werden. Praktisch blieben die Muslime von dieser Kategorisierung (mit kaum 1–2 % an SC und ST) allerdings fast ganz ausgeschlossen. Dagegen wurde fast die Hälfte aller Buddhisten als SC anerkannt (vor allem infolge der von Ambedkar angestoßenen Bewegung zum Glaubensübertritt, um dem Hinduismus zu entfliehen), und fast ein Drittel der Christen als ST (während der Kolonialzeit waren zahlreiche Ureinwohner und Angehörige isoliert lebender Stämme zum Christentum übergetreten, was übrigens mit Verdächtigungen durch die Kolonialmacht einherging, dass unlautere Motive dahintersteckten). Die Einstufung als SC oder ST beinhaltete Ansprüche auf reservierte Plätze an den Universitäten und im öffentlichen Dienst sowie auf Kandidaturen in den reservierten Wahlkreisen für die Parlamentswahlen auf Bundesebene, die entsprechend den Anteilen von SC und ST an der Bevölkerung festgelegt sind.

Ehe Artikel 340 der Verfassung zu den OBC (other backward classes) umgesetzt wurde, dauerte es allerdings deutlich länger. Die ganze Schwierigkeit bestand darin, dass deren Bereich deutlich umfassender war: Aufgenommen werden konnten sämtliche sozialen Kategorien, bei denen eine sozioökonomische Rückständigkeit oder materielle Armut vorlag, ohne dass diese durch zurückliegende Diskriminierungen verursacht sein mussten. Die OBC umfassten potenziell sämtliche Shudra, also die gesamte Bevölkerung mit Ausnahme der SC und ST sowie der obersten Kasten. Abgesehen davon, dass sich die Gruppe der OBC nach oben und unten schwer abgrenzen ließ, konnten sich die Reservierungen für sie auf die Eliten der indischen Gesellschaft deutlich schädlicher auswirken. Solange die Quoten nur 20–25 % der Plätze betrafen, bedeuteten sie für die Brahmanen und anderen höheren Schichten keine Bedrohung. Angesichts der 75–80 % verbleibenden Plätze mussten die besseren schulischen Leistungen genügen, um ihren Kindern einen Platz zu sichern. Anders lief es allerdings, wenn die Quoten verdoppelt oder verdreifacht würden (das war in südindischen Staaten übrigens schon vor der Unabhängigkeit geschehen), und dies umso mehr, weil sich ein armes Land wie Indien nur eine ziemlich begrenzte Anzahl von Studenten und Beamten leisten konnte. Eine erste Kommission, die 1953–1956 zusammentrat, gelangte zum Schluss, dass die OBC mindestens 32 % der Gesamtbevölkerung stellten. Zusammen mit der Quote für SC und ST hätte dies bedeutet, dass 53 % der Plätze von «Reservierungen» betroffen gewesen wären. Dies führte zu explosiven Reaktionen in den oberen Kasten, sodass der föderale Zentralstaat klugerweise beschloss, sich herauszuhalten und es den einzelnen Bundesstaaten zu überlassen, entsprechend zu experimentieren. Und dies taten sie denn auch in großem Maßstab, insbesondere in Südindien. Zu Beginn der 1970er Jahre hatten die meisten Staaten Mechanismen der «positiven Diskriminierung» in Kraft gesetzt, die über die zentralstaatlichen hinausgingen und sich vor allem zugunsten der OBC auswirkten.

Doch dann kam die von 1978 bis 1980 tagende Mandal-Kommission zum Schluss, dass die Einrichtung entsprechender Mechanismen auf Bundesebene, die von der Verfassung vorgegeben war, nicht länger hinausgeschoben werden dufte. Laut ihrer Einschätzung stellten die OBC, die von Quoten profitierten sollten, 54 % der Bevölkerung (und nicht mehr 32 %, was übrigens die gewaltigen Schwierigkeiten aufzeigte, die Grenzen dieser Kategorie, insbesondere am oberen Rand, festzulegen). Am Ende beschloss die Zentralregierung, 1989 mit der Umsetzung der «Reservierungen» für die OBC zu beginnen, und löste Wellen von Selbstverbrennung unter den Studenten höherer Kasten aus, die ihre Zukunft zerstört sahen, obwohl sie bessere Noten als ihre Kameraden aus den OBC hatten. Der indische Oberste Gerichtshof bestätigte die Maßnahmen 1992, allerdings mit der Einschränkung, dass die Quoten für nicht mehr als für 50 % Prozent der Plätze gelten dürften (für die OBC und SC/ST).

Die Kommissionen, die für die Abgrenzung der Kategorie zuständig waren, traten zusammen. Seit 1999 registrieren Erhebungen des National Sample Survey (NSS), der amtlichen indischen Statistik, offiziell die einzelnen Zugehörigkeiten zu den OBC. Deren ermittelter Anteil betrug 1999 36 %, 2004 41 % sowie 2011 und 2014 44 % (also ziemlich andere Werte als die von der Mandal-Kommission ins Auge gefassten, was einmal mehr die Dehnbarkeit der Kategorie aufzeigt). Insgesamt ist für die Mitte der 2010er Jahre festzustellen, dass fast 70 % der indischen Bevölkerung eine positive Diskriminierung zugutekam, als Angehörige der SC/ST oder der OBC (siehe Grafik 8.5). Die nicht profitierten, setzen sich zu über 20 % aus Angehörigen oberer hinduistischer Kasten (und allgemein aus Hindus, die nicht als SC/ST oder OBC einsortiert waren) und zu knapp 10 % aus Muslimen, Christen, Buddhisten und Sikhs zusammen, die aus den genannten benachteiligten Kategorien herausfielen. Diese gehobenen sozialen Gruppen waren historisch gesehen eben jene, die fast sämtliche Plätze an den Universitäten und im öffentlichen Dienst besetzt hatten. Das geforderte Ziel der «Reservierungen» besteht genau darin, den 70 % der unteren Schichten Zugang zu einem erheblichen Teil an Plätzen zu verschaffen.

Positive Diskriminierung in Indien, 1950–2015

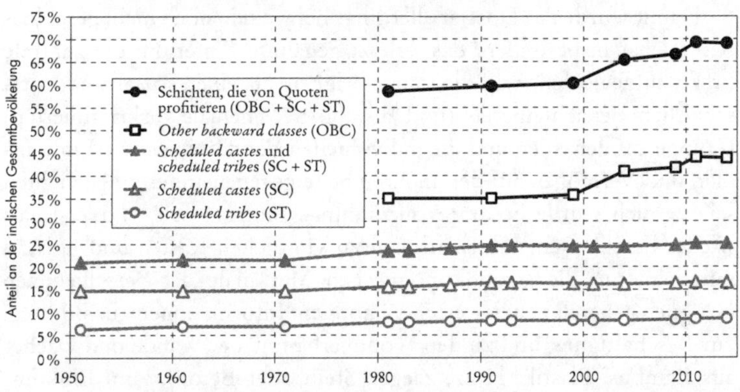

Grafik 8.5.: Die angegebenen Ergebnisse stammen aus den Volkszählungen 1951 bis 2011 im Zehnjahreszeitraum und aus den NSS-Erhebungen 1983 bis 2014. Quoten für Hochschulstudienplätze und Stellen im öffentlichen Dienst wurden in den 1950er Jahren für die scheduled castes und scheduled tribes («Gelistete Kasten bzw. Stämme», ehemalige «Unberührbare» bzw. diskriminierte Ureinwohner) eingeführt. 1980 bis 1990 wurden sie nach der Arbeit der Mandal-Kommission 1979/80 auf other backward classes (OBC, «andere rückständige Schichten», ehemalige Shudra) ausgeweitet. OBC werden in NSS-Erhebungen erst seit 1999 erfasst. Die hier angegebenen Schätzungen für 1981 und 1991 (35 % der Bevölkerung) sind ungefähre Werte.
Quellen und Reihen: siehe piketty.pse.ens.fr/ideologie.

Anzumerken ist, dass die Kategorie der OBC, im Gegensatz zu den SC/ST, weitgehend auch den Muslimen offensteht, was im Übrigen dazu beitrug, der Machtübernahme der Hindunationalisten der BJP (Bharatiya Janata Party) den Weg zu ebnen. Diese Partei, die einen ziemlich ausgeprägten antimuslimischen Diskurs vertritt, zieht eine Wählerschaft an, die immer stärker um die oberen Kasten herum zentriert ist. Dies unterstreicht die entscheidende Wechselwirkung zwischen der sozioökonomischen Struktur der Wählerschaft und der Entwicklung von Umverteilungsmechanismen, auf die sich die Auseinandersetzungen in Politik und Wahlkampf konzentrieren (darauf kommen wir im vierten Teil des Buchs zurück). Auch ist darauf hinzuweisen, dass der Oberste Gerichtshof 1993 das Einkommen als Kriterium herangezogen hat, wer von der Quotenregelung profitieren kann: Angehörige der OBC bleiben ausgeschlossen, wenn sie der *creamy layer* (dem «Sahnehäubchen», also der am stärksten begünstigten Schicht der Gruppe) angehören, weil ihr Jahreseinkommen eine Obergrenze überschreitet. (1993 zunächst auf 100 000 Rupien festgesetzt, liegt diese 2019 bei 800 000 Rupien[1] und schließt damit in der Praxis knapp 10 % der indischen Bevölkerung aus der Förderung aus.)

Damit wurde das Dossier allerdings bei weitem noch nicht geschlossen. So hat insbesondere das zuletzt genannte Kriterium die zentrale Frage aufgeworfen, wie die Zugehörigkeit zu einer sozial und wirtschaftlich benachteiligten (und als SC/ST ehemals diskriminierten) Gruppe auf der einen und die individuellen Verhältnissen wie Einkommen und Vermögen auf der anderen Seite gegeneinander zu gewichten seien. Auch wurde bei der Volkzählung von 2011 seit 1931 erstmals wieder beschlossen, Informationen zu sämtlichen Kasten und Jatis zu sammeln, um die sozioökonomischen Merkmale der verschiedenen Gruppen generell neu bewerten zu können: Informationen zur Bildung, zur Beschäftigung und zu den Wohnverhältnissen (Wände und Dächer aus Bambus, Plastik, Holz, Ziegel, Stein oder Beton), zum Einkommenssegment, zur Art der Vermögenswerte (Kühlschrank, Mobiltelefon, Moped, PKW) und zur Größe von Grundeigentum. Damit hebt sich der *Socio-Economic and Caste Census* (SECC) von 2011 deutlich von den Volkszählungen von 1951 bis 2001 ab, die ebenfalls sozioökonomische Daten erhoben, aber Kasten und Jatis (außer die SC/ST) durch keinerlei Fragen erfassten. Diese Offenlegung betrifft das gesamte System der «Reservierungen» und stellt es infrage. Das Thema birgt jedenfalls so viel Sprengstoff, dass die genauen Ergebnisse der Volkszählung von 2011 Ende der 2010er Jahre immer noch nicht einsehbar sind.

Ende 2018 urteilte der Oberste Gerichtshof, die Regel der *creamy layer* auf die SC/ST zu erweitern, und wies damit implizit darauf hin, dass die Nachwirkung einstiger Diskriminierungen entsprechende Ausgleichsmaßnahmen nicht auf unbegrenzte Zeit rechtfertigen können. Angesichts der gesetzten relativ hohen Einkommensgrenze wird der Einfluss des Spruchs allerdings gering ausfallen. Zu Beginn des Jahres 2019 brachte die indische Regierung (BJP) eine Maßnahme mit dem Ziel durchs Parlament, von den «Reservierungen» auch Angehörige

1 Rund 30 000 Euro an Kaufkraftparität, die ungefähr dem Dreifachen des gegenwärtigen Umtauschkurses entspricht.

höherer Kasten profitieren zu lassen, wenn ihr Einkommen unter der Obergrenze liegt, allerdings ohne die Quoten für andere Gruppen abzusenken. Diese Fragen sorgen im Verlauf der kommenden Jahrzehnte wahrscheinlich weiterhin für Zündstoff.

Erfolge und Grenzen der positiven Diskriminierung indischer Art

Konnten die in Indien eingeführten Maßnahmen der positiven Diskriminierung die sozialen Ungleichheiten verringern, die sich aus den einstigen Kategorien mit unterschiedlichem Status ergeben haben? Oder trugen sie im Gegenteil zu einer Verfestigung bei? Auf diese komplexe Frage kommen wir in den nächsten Teilen zurück, insbesondere wenn wir untersuchen, wie sich in der größten Demokratie der Welt die sozioökonomischen Bruchlinien in Politik und Wählerschaft verändert haben.[1] Mehrere Feststellungen lassen sich jetzt schon treffen: Zunächst zeigt die Untersuchung zu Indien, dass es unumgänglich ist, die Ungleichheitsregime des 21. Jahrhunderts in eine historische und vergleichende Perspektive einzubetten, ehe man sich an ihre Analyse machen kann. Die bestehende Struktur der Ungleichheiten im heutigen Indien ist das Ergebnis einer kompliziert verlaufenen Geschichte, in der eine uralte, im Wandel begriffene trifunktionale Gesellschaft in ihrer Entwicklung erheblich geprägt wurde durch den Kontakt mit den britischen Kolonialherren, die die lokalen sozialen Identitäten in einen strengen administrativen Kodex überführten. Heute dreht sich die Frage eigentlich nicht mehr darum, wie sich das indische Ungleichheitsregime ohne die Kolonisierung weiterentwickelt hätte. Sie ist weitgehend unbeantwortbar, weil die beiden Jahrhunderte der britischen Präsenz, zunächst unter Einfluss der East India Company (1757–1858) und dann unter direkter britischer Verwaltung (1858–1947) die vormals herrschenden Logiken vollständig umgewälzt haben. Die wichtige Frage lautet eher, welche die besten Strategien sind, mit denen dieses schwere inegalitäre Erbe, das die trifunktionale und die koloniale Gesellschaft zurückgelassen haben, zu überwinden ist.

Die verfügbaren Fakten deuten darauf hin, dass es Indiens politische Maßnahmen ermöglichten, die Ungleichheiten zwischen den einst dis-

1 Siehe vierter Teil, Kapitel 16, S. 1140–1163.

kriminierten Kasten und der übrigen Gesellschaft zwischen den 1950er und 2010er Jahren erheblich zu verringern – in deutlich stärkerem Maß, als es beispielsweise bei den Ungleichheiten zwischen Schwarzen und Weißen in den Vereinigten Staaten gelang, und unvergleichlich besser als bei denen zwischen Schwarz und Weiß in Südafrika seit dem Ende der Apartheid (siehe Grafik 8.6). Mit diesen Vergleichen allein ist das Thema sicher nicht erschöpfend behandelt. Dass das durchschnittliche Einkommen der südafrikanischen Schwarzen in den 2010er Jahren weniger als 20 % von dem der Weißen betrug, während das der SC und ST, der einst diskriminierten Unberührbaren und Ureinwohner, bei mehr als 70 % des Einkommens der übrigen Bevölkerung liegt, muss insofern als ein nur relativer Unterschied gesehen werden, als beide Konstellationen grundverschieden sind. Die Schwarzen stellen über 80 % der südafrikanischen Bevölkerung, während die SC/ST 25 % der indischen ausmachen. Der Vergleich mit den Schwarzen der USA (12 % der Bevölkerung) ist unter diesem Gesichtspunkt aussagekräftiger. Er zeigt eine spürbar stärkere Verringerung der Abstände im Fall Indiens, bei gleicher Ausgangslage in den 1950er Jahren (mit einem Verhältnis von gut 50 % des Einkommens der übrigen Bevölkerung, sofern die lückenhafte Datenlage eine Bewertung ermöglicht). Der durchschnittliche Lebensstandard in Indien liegt allerdings immer noch deutlich unter dem in den Vereinigten Staaten, was auch hier die Aussagekraft des Vergleichs begrenzt. Anhand der verfügbaren Erhebungen lässt sich zudem feststellen, dass die einstigen oberen Kasten (insbesondere die Brahmanen) zwar weiterhin von spürbar höheren Einkommen, Vermögen und Bildungsabschlüssen als die übrige Bevölkerung profitieren, diese Lücke aber deutlich geringer als in den anderen Ländern ausfällt, die durch starke Ungleichheiten im Status gekennzeichnet sind wie in Südafrika, auch wenn die Messlatte dieses Ländervergleich ebenfalls ziemlich niedrig liegt.[1]

---

1 Das Durchschnittseinkommen der Nicht-Brahmanen lag in den 2010er Jahren bei ungefähr 65 % von dem der Brahmanen (kaum mehr als 5 % der Bevölkerung, also eine kleinere Elite als die südafrikanischen Weißen). Siehe Technischer Anhang und die gesammelten Daten von N. Bharti, «Wealth Inequality, Class and Caste in India, 1951–2012», WID.world, Working Paper Nr. 2018/14. Zu den Ungleichheiten mit Blick auf Hautfarben in den Vereinigten Staaten siehe R. Manduca, «Income Inequality and the Persistence of Racial Economic Disparities», *Sociological Science* 5 (2018), S. 182–205; P. Beyer, K. Kofi Charles, «Divergent Paths. A New Perspective on Earnings Differences Between Black and White Men since 1940», *Quarterly Journal of Economics* 133 (2018), 3, S. 1459–1501.

Diskriminierung und Ungleichheiten in vergleichender Perspektive

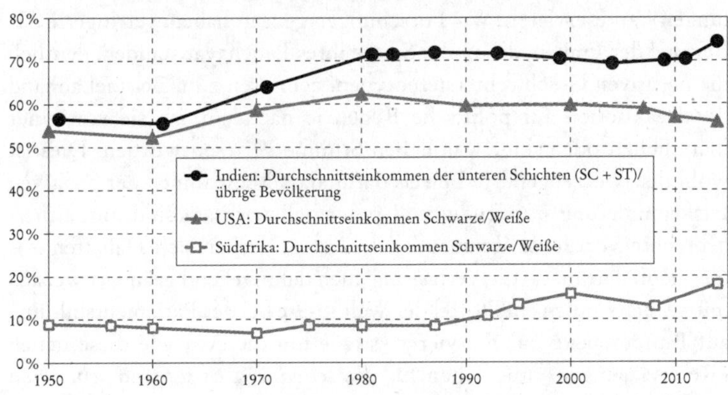

Grafik 8.6.: Beim Durchschnittseinkommen holten die unteren Kasten in Indien (*scheduled castes* und *scheduled tribes*, SC + ST, ehemalige «Unberührbare» bzw. diskriminierte Ureinwohner) gegenüber dem der übrigen Bevölkerung mit einem Anstieg des Verhältnisses von 57 % im Jahr 1950 auf 74 % im Jahr 2014 auf. Im gleichen Zeitraum erhöhte sich auch das Durchschnittseinkommen der Schwarzen gegenüber dem der Weißen in den Vereinigten Staaten mit einem Anstieg von 54 % auf 56 % und in Südafrika von 9 % auf 18 %.
Quellen und Reihen: Siehe piketty.pse.ens.fr/ideologie.

Wohl aussagekräftiger zeigten zahlreiche Forschungsarbeiten, dass die Mechanismen, die von der indischen parlamentarischen Demokratie auf den Weg gebracht wurden, es in großem Stil ermöglichten, die unteren Volksschichten ins politische Geschehen und insbesondere die Wahlen miteinzubeziehen. Die «Reservierungen» von Sitzen für die SC/ST, die seit Anfang der 1950er Jahre bei sämtlichen Parlamentswahlen auf Bundesebene gelten, veranlassten sämtliche politischen Parteien dazu, Kandidaten aus den SC und ST entsprechend ihrem Anteil an der Bevölkerung aufzustellen. Ohne einen derartigen Mechanismus wäre ein solches Ergebnis sehr wahrscheinlich niemals erreicht worden.[1] 1993 zwang ein Verfassungszusatz die Bundesstaaten, sofern noch nicht ge-

1 Siehe F. Jesenius, *Social Justice Through Inclusion: The Consequences of Electoral Quotas in India*, Oxford: Oxford University Press, 2017. Die Anzahl der reservierten Sitze verändert sich je nach Volkszählung und Neuzuschnitt der Wahlkreise. 2014 gehörten in den Wahlkreisen, die für die SC reserviert sind, 25 % der Wähler dieser Gruppe an, die im nationalen Durchschnitt einen Anteil von 17 % hatte. Die Abgeordneten der SC/ST stimmen offenbar nicht anders ab als die übrigen und verfolgen (innerhalb einer bestimmten Partei) anscheinend auch keine andere Sozial- und Wirtschaftspolitik. Dies kann als enttäuschend oder, im Gegenteil, als Zeichen einer gelungenen sozialen Integration innerhalb des Parteien- und Politiksystems gelten.

schehen, Frauen ein Drittel der Sitze in den *panchayat* (Dorfversammlungen) zu reservieren. Wie Forschungen gezeigt haben, verringerte das Beispiel der Frauen, die an der Spitze ihres Panchayat standen, deutlich die negativen Geschlechterstereotypen, gemessen zum Beispiel anhand der Reaktionen auf politische Reden je nachdem, ob sie von einer männlichen oder einer weiblichen Stimme verlesen wurden. Dies ist wohl der überzeugendste Beweis dafür, dass Maßnahmen der positiven Diskriminierung notwendig und potenziell wirksam sind, um althergebrachte Vorurteile abzubauen.[1] In Indien drehen sich Debatten immer noch darum, ob die Verfassung auch dahingehend geändert werden müsse, den Frauen ein Drittel der Wahlkreise bei der Parlamentsbildung auf Bundesebene zu reservieren, sowie um die Art, wie diese neuen «Reservierungen» mit denen für die *scheduled castes* und *scheduled tribes* in Einklang zu bringen seien.

Wenn es um die politische Integration der benachteiligten Schichten in der parlamentarischen Demokratie Indiens geht, und insbesondere um die der OBC (für die im Gegensatz zu den SC und ST auf Bundesebene bei den Sitzen keine Quoten gelten), ist als wesentlich hervorzuheben, dass seit den 1980er Jahren neue Parteien mit dem Ziel entstanden, die untersten Kasten zu mobilisieren. Diese «Demokratie nach Kaste», die insbesondere Christophe Jaffrelot[2] analysiert hat, brachte politische Parteien hervor, die den Eliten Überraschungen bereiteten. Wie anderswo sind diese oft versucht, die Mobilisierung von Volksschichten, aus denen sie sich ausgeschlossen fühlen, als «populistisch» abzutun. Die BSP, eine Partei der unteren Kasten, kam in den 1990er und den 2000er Jahren in Uttar Pradesh an die Macht und stieg 2014 bei den Parlamentswahlen auf Bundesebene (hinter den Hindunationalisten der BJP und der Kongresspartei) zur drittstärksten Kraft auf. 1993 hatte sie mit einem ihrer Slogans den oberen Kasten klar den Kampf angesagt: *Priest, merchant, soldier, boot them out forever.*[3] Wie wir im vierten Teil dieses Buches sehen, ermöglichte es diese Art Mobilisierung, dass eine

1 Siehe L. Beaman, R. Chattopadhyay, E Duflo, R. Pande, P. Topalova, «Powerful Women: Does Exposure Reduce Bias?», *Quarterly Journal of Economics* 124 (2009), 4, S. 1497–1540.

2 Siehe C. Jaffrelot, *Inde: la démocratie par la caste. Histoire d'une mutation sociopolitique 1885–2005*, Paris: Fayard, 2005. Zur zentralen Bedeutung der Kaste und ihrer Überwindung in Überlegungen zu den Ungleichheitsregimen des Status-Typs siehe auch ders., «Partir de la caste pour penser les assignations statutaires», in C. Jaffrelot, J. Naudet, *Justifier l'ordre social*, Paris: PUF, 2013.

3 «Priester, Kaufmann, Soldat, schmeißt sie für immer raus». Siehe A. Teltumbde, *Republic of*

starke demokratische Beteiligung zustande kam und sich im System der indischen Wählerschaften eine Polarisierung zwischen den Schichten entwickelte, die angesichts der vorigen Jahrzehnte keineswegs selbstverständlich war.

Dies vorausgesetzt, wäre es aber völlig unangemessen, die Systeme der «Reservierungen», die als vorrangiges Vehikel dienten, um die Ungleichheiten in Indien zu verringern, und allgemein die Instrumentalisierung von Kastenidentitäten im politischen Geschehen Indiens zu idealisieren. Durch ihre Konstruktion bedingt, betreffen die Plätze an den Universitäten, im öffentlichen Dienst und in den parlamentarischen Vertretungen nur eine kleine Minderheit innerhalb der am stärksten benachteiligten sozialen Schichten. Diese individuellen Fördermaßnahmen sind sehr wichtig und können Quotenregelungen vollauf rechtfertigen, insbesondere in Verhältnissen, in denen Diskriminierungen und Vorurteile so klar auf der Hand liegen wie in denen Indiens. Aber genügen können sie nicht. Um die sozialen Ungleichheiten im Land wirklich zu verringern, hätte zugleich auch massiv in die Basisversorgung mit jenen öffentlichen Dienstleistungen investiert werden müssen, die den am stärksten benachteiligten indischen Schichten (SC/ST und OBC zusammengenommen) zugänglich sind, unabhängig von den althergebrachten Beschränkungen durch Status und Konfession, vor allem in Sachen Bildung, öffentliche Gesundheit, sanitäre Infrastrukturen und Transport.

Nun flossen diese Investitionen in sehr begrenztem Umfang, nicht nur im Vergleich zu den reicheren Ländern, sondern auch und vor allem gegenüber den asiatischen Nachbarn. Mitte der 2010er Jahre lagen die öffentlichen Etats für Gesundheit in Indien kaum über der Marke von 1 % des Nationaleinkommens, gegenüber mehr als 3 % in China (und 8 % in Europa). Für Jean Drèze und Amartya Sen ist die Tatsache, dass die wohlhabendsten indischen Schichten sich weigerten, die erforderlichen Steuerzahlungen zu leisten, um die notwendigen Sozialausgaben zu finanzieren, zum Teil die Konsequenz einer besonders elitären und inegalitären hinduistischen politischen Kultur (die durch das Quotensystem gewissermaßen verschleiert wird). Deswegen ist Indien trotz der unleugbaren Erfolge seines parlamentarischen Demokratiemodells, seines Rechtsstaats und der politischen und juristischen Teilhabe der

Caste: Thinking Equality in a Time of Neoliberal Hindutva, Neu-Delhi: Navayana, 2018, S. 346.

unteren Schichten bei der Wirtschaftsentwicklung und bei den elementaren sozialen Indikatoren ins Hintertreffen geraten, auch gegenüber den Nachbarländern, die in den 1960er oder 1970er Jahren nicht sehr viel weiter vorangekommen waren, bei weitem nicht. Betrachtet man die Entwicklung der Indikatoren in Sachen Gesundheit und Bildung seit den 1970er Jahren, so fällt der Vergleich zusehends zu Ungunsten Indiens aus, nicht nur gegenüber China und anderen kommunistischen (oder neokommunistischen) Ländern wie Vietnam, sondern auch gegenüber weniger elitären Ländern wie Bangladesch.[1] Zu Indien ist besonders frappierend festzustellen, dass das eklatante Defizit bei den sanitären Infrastrukturen wie fließendem Wasser und Toiletten (nach den verfügbaren Schätzungen verrichtete Mitte der 2010er Jahre noch immer die Hälfte der Bevölkerung ihre Notdurft im Freien) mit politischen Diskursen und Maßnahmen einhergeht, die die betroffenen Bevölkerungsgruppen zuweilen explizit stigmatisieren und diskriminieren.[2]

Zu diesen Faktoren kommt sicher der gewichtige Einfluss des internationalen Umfelds hinzu. In einer ideologischen und institutionellen Großwetterlage, die geprägt ist durch den erbitterten fiskalischen Konkurrenzkampf um Privatinvestoren und die reichsten Steuerzahler und die zum Aufbau von Steuerparadiesen in nie dagewesenem Ausmaß geführt hat, erwies es sich seit den 1980er Jahren als zunehmend schwierig für die ärmsten Länder wie Indien, aber auch in anderen Teilen der Welt (insbesondere in Subsahara-Afrika), angemessene steuerrechtliche Standards zu setzen und Steueraufkommen zu erzielen, mit denen sich eine ehrgeizige Strategie zum Aufbau eines Sozialstaats umsetzen ließe. Auf diese Fragen kommen wir im nächsten Teil zurück.[3] Dass in Indien in die Bildung und Gesundheit der besonders benachteiligten Schichten

1 Siehe J. Drèze, A. Sen, *Indien: Ein Land und seine Widersprüche*. München: C.H.Beck, 2014. Zwanzig Jahre zuvor hatten die Autoren noch eine deutlich weniger alarmierende Bilanz gezogen – zu Recht und auch aufschlussreich. Siehe dies., *India. Economic Development and Social Opportunity*, Oxford: Oxford University Press, 1995.

2 Im Jahr 2015 beschränkten die BJP-Regierungen Rajasthans und Haryanas den Zugang zu gewählten Ämtern auf Personen, die über Toiletten und ausreichende Bildung verfügten (mindestens fünf Schuljahre für Frauen und mindestens acht für Männer). Diese Maßnahmen hat der Oberste Gerichtshof bestätigt. 2018 sorgte ein Antragsformular zur Aufnahme in eine Schule mit der Frage, ob die Eltern einer *unclean occupation* nachgingen (klar gegen die Kinder ehemaliger Unberührbarer gerichtet), für heftige Empörung und wurde in Haryana schließlich aus dem Verkehr gezogen. Siehe A. Teltumbde, *Republic of Caste*, a. a. O., S. 57–75.

3 Siehe insbesondere Kapitel 13, S. 868–871.

nur unzulängliche Mittel flossen, hat allerdings auch ältere hausgemachte Gründe. Dieser Rückstand ist zudem im Zusammenhang mit den «Reservierungen» zu sehen, die seit 1950 zugunsten der unteren Kasten eingeführt wurden, eine Politik, die für ihre Unterstützer in den fortschrittlich gesinnten privilegierten Schichten (insbesondere in der Kongresspartei) den großen Vorteil hatte, dass sie den Steuerzahler nichts kostete und letztlich hauptsächlich zu Lasten der OBC umgesetzt wurde. Dagegen hätte der Aufbau eines leistungsfähigeren allgemeinen öffentlichen Bildungs- und Gesundheitswesens, das allen, insbesondere den SC/ST und den OBC zugänglich gewesen wäre, zu erheblichen Belastungen, insbesondere für die privilegiertesten Gruppen geführt.

Ungleichheiten beim Eigentum, Ungleichheiten im Status

Die andere Strukturpolitik, die es über Bildung und Gesundheit hinaus ermöglicht hätte, die sozialen Ungleichheiten in Indien zu verringern, wäre natürlich eine Umverteilung von Eigentum und insbesondere von Agrarflächen gewesen. Leider wurde auf Bundesebene keinerlei Landreform angestoßen oder auch nur unterstützt. Allgemein verfolgten die Verfassung von 1950 und die wichtigsten politischen Akteure des unabhängigen Indiens in Eigentumsfragen eine relativ konservative Linie. Dies galt für die Führer nicht nur der Kongresspartei, sondern auch der Dalits wie Ambedkar, der im Kampf für die «Vernichtung der Kaste» (Titel seiner Rede von 1936, die er wegen scharfer Kritik niemals gehalten hat) radikale Maßnahmen wie getrennte Wahllisten und Glaubensübertritte zum Buddhismus vertrat, aber ohne Strategien, die die Eigentumsordnung infrage gestellt hätten. Seine Haltung erklärt sich teilweise aus seiner misstrauischen Haltung gegenüber den Marxisten, die mit Blick auf Indien sämtliche Probleme tendenziell auf die Eigentumsverhältnisse bei den Produktionsmitteln zurückführten. Laut Ambedkar sahen sie darüber hinweg, dass in Bombays Textilfabriken Dalits auch von den übrigen Arbeitern diskriminiert wurden, und gaben sich überzeugt, dass solche Probleme nach Abschaffung des Privateigentums sich schon von selbst erledigen würden.[1]

1 Zu den Konflikten und Polemiken zwischen Ambedkar und den Führern der Communist Party of India (gegründet 1925) in der Zeit zwischen den Weltkriegen siehe A. Teltumbde, *Republic of Caste*, a. a. O., S. 105 ff.

Unabhängig von Ambedkars Haltung ist interessanterweise festzustellen, dass in Indien von den 1950er bis zu den 1970en Jahren vielfältige Debatten darüber geführt wurden, ob ambitionierte Landreformen zweckmäßig und ob es möglich sei, die Quoten für Reservierungen nach «objektiven» familiären Merkmalen (Einkommen, Vermögen, Bildungsabschlüsse etc.) anstatt nach Kasten festzulegen. Sie stießen hauptsächlich auf zwei Gegenargumente: Einerseits beharrten viele darauf, dass die Kaste eine zuverlässige Kategorie sei, anhand derer sich Ungleichheiten verringern und staatliche Maßnahmen in Indien organisieren ließen (weil positiv diskriminierende Maßnahmen nach Kaste praktikabel seien, während dies bei «objektiven» Merkmalen erhebliche Schwierigkeiten bereite). Und andererseits herrschte die Befürchtung, dass eine Landreform zu endlosen Enteignungen führen könnte, und allgemeiner die Unsicherheit, ob überhaupt ein Konsens darüber möglich sei, wie Einkommen, Vermögen und die anderen aussagekräftigen Parameter am besten kombiniert werden sollten, um das Quotensystem und die Umverteilung zu strukturieren.[1]

Alle diese Debatten in Indien sind für unsere Untersuchung aus mehreren Gründen wesentlich. Zunächst ist uns diese Angst, mit Umverteilungen von Vermögen und Einkommen eine nur schwer wieder zu schließende Büchse der Pandora zu öffnen, schon mehrfach begegnet. Dieses Argument tauchte in allen geografischen Breiten und zu allen Zeiten auf, um bei etablierten Eigentumsrechten aus der Vergangenheit den Status quo aufrechtzuerhalten – so bei der Französischen Revolution, bei den britischen Lords und bei Abschaffung der Sklaverei, als darüber diskutiert wurde, ob die Sklavenhalter entschädigt werden müssten. Dass es in einem Indien, in dem sich Ungleichheiten der Eigentumsverteilung und solche des Status überlagern, erneut auftaucht, kann nicht wundern. Allerdings ist das Argument von der Büchse der Pandora mit dem Problem behaftet, dass es weder dem Gerechtigkeitsempfinden entgegenkommt noch die Gefahr von Gewaltausbrüchen entschärft. So werden seit den 1960er Jahren weite Teile des indischen Staatsgebiets immer wieder von Aufständen maoistischer Naxaliten erschüttert, in denen vor allem landlose Bauern, Nachfahren der ehemaligen Unberührbaren und Ureinwohner, mit Großgrundbesitzern aus

1 Siehe S. Bayly, *Caste, Society and Politics in India*, a. a. O., S. 288–293; N. Dirks, *Castes of Mind.*, a. a. O., S. 283 ff.

höheren Kasten aneinandergeraten.[1] Diese Konflikte vollziehen sich vor dem Hintergrund von Grundbesitz- und Eigentumsverhältnissen, die sich seit dem Hindu-Feudalismus und seiner Konsolidierung durch die britischen Kolonialherren mancherorts kaum verändert haben und die Spirale der Gewalt zwischen Identitäten und Kasten bis heute weiterdrehen.[2]

Eine ehrgeizige Landreform, begleitet von einer stärker umverteilenden Steuerpolitik, um ein besseres Bildungs- und Gesundheitswesen zu finanzieren, hätte es ermöglicht, die benachteiligten Schichten zu fördern und die Schere der Ungleichheiten in Indien etwas zu schließen. Auch haben Forschungen gezeigt, dass die begrenzten Experimente mit Landreformen, die manche Bundesstaaten durchführten, insbesondere Westbengalen nach dem Wahlsieg der Kommunisten 1977, erhebliche Steigerungen der landwirtschaftlichen Produktivität zur Folge hatten. In Kerala ging die Landreform, die ab 1964 unter dem Druck der Kommunisten in Gang kam, mit der Einführung eines Entwicklungsmodells einher, das stärker auf Gleichstellung setzte als im übrigen Indien, insbesondere in Sachen Bildung und Gesundheit. Umgekehrt haben sich diejenigen indischen Regionen, die durch die inegalitärsten Pachtsysteme und die höchste Konzentration an Grundbesitz gekennzeichnet sind, sozial und wirtschaftlich am zähsten entwickelt.[3]

---

1 Die «Naxaliten» sind nach dem Dorf Naxalbari im Norden Westbengalens benannt, in dem landlose Bauern 1967 Reisvorräte eines Grundbesitzers beschlagnahmten und die Bewegung ins Leben riefen. Die Benennung wurde daraufhin zum Synonym für regierungsfeindliche Rebellen schlechthin, so wie bei den «städtischen Naxaliten», die 2018 in Maharashtra verhaftet wurden (tatsächlich handelte es sich um mit Dalits sympathisierende Intellektuelle, wie sie in dem Gerichtsfilm *Court* von C. Tamhane von 2014 auftauchen). Vorangegangen waren umstrittene Gedenkveranstaltungen zur Zweihundertjahrfeier der Schlacht von Koregaon (1818), die Naxaliten als Kampf zwischen Dalits und Marathen, diese aber als einen gegen die dalitfreundlichen Engländer deuten.

2 Siehe S. Bayly, *Caste, Society and Politics in India*, a. a. O., S. 344–364; A. Teltumbde, *Republic of Caste*, a. a. O., S. 179–202.

3 Siehe insbesondere A. Banerdee, P. Gertler, M. Ghatak, «Empowerment and Efficiency: Tenancy Reform in West Bengal», *Journal of Political Economy* 110 (2002), 2, S. 239–280; A. Banerjee, L. Iyer, R. Somanathan, «History, Social Divisions and Public Goods in Rural India», *Journal of the European Economic Association* 3 (2005), 2–3, S. 639–647; A. Banerjee, L. Iyer, «History, Institutions and Economic Performance: The Legacy of Colonial Land Tenure Systems in India», *American Economic Review* 95 (2005), 2–3, S. 1190–1213.

Geschlechter- und soziale Quoten und die Bedingungen ihres Wandels

Die in Indien geführten Debatten sind auch und vor allem deshalb wichtig, weil sie die Notwendigkeit aufzeigen, das Problem der politischen Maßnahmen gegen Diskriminierungen (gegebenenfalls mit Quoten) ernst zu nehmen und diese zudem ständig zu überdenken und anzupassen, um ihrer Erstarrung vorzubeugen. Wenn eine Gruppe Opfer althergebrachter und verfestigter Vorurteile und Stereotypen wird, wie fast überall auf der Welt die Frauen oder wie in verschiedenen Ländern bestimmte gesellschaftliche Gruppen (so die unteren Kasten in Indien), genügt es eindeutig nicht, die Umverteilung einzig nach Einkommen, Vermögen oder Bildungsabschluss zu organisieren. Es kann dann notwendig sein, Angehörige der betreffenden Gruppen durch einen vorrangigen Zugang zu Plätzen zu fördern und für sie Quoten einzuführen (die «Reservierungen» in Indien).

Dem indischen Beispiel folgend, brachten zahlreiche Länder in den letzten Jahrzehnten vergleichbare Systeme auf den Weg, insbesondere für den Zugang zu Wahlämtern. 2016 nutzten in Asien, Europa und den übrigen Kontinenten 77 Länder Quotensysteme, um Frauen in den Parlamenten eine bessere Vertretung zu ermöglichen, und 28 Länder, um verschiedene nationale, sprachliche oder ethnische Minderheiten zu fördern.[1] In den Demokratien der reichen Länder und ihrer Wahlpraxis haben in den letzten Jahrzehnten stark rückläufige Anteile an Abgeordneten aus den unteren Volksschichten (insbesondere von Arbeitern und Angestellten) dazu geführt, neu darüber nachzudenken, wie politische Vertretung gestaltet werden kann, was auch die Frage eines Losverfahrens einschließt oder die einer «Sozialquote»,[2] ähnlich den «Reservierungen» indischer Art, worauf wir noch zurückkommen.

Wie wir ebenfalls noch sehen werden, beginnen Länder wie Frankreich oder die Vereinigten Staaten gerade jetzt, förmliche Mechanismen für einen vorrangigen Zugang zu Bildung und zum Hochschulwesen einzuführen, zum Beispiel mit den Zulassungsalgorithmen, die seit 2007 an den Pariser Gymnasien und seit 2018 im französischen Hochschul-

1 Siehe F. Jensenius, *Social Justice Through Inclusion*, a. a. O., S. 15–20.

2 Siehe J. Cagé, *Le Prix de la démocratie*, Paris: Fayard, 2018.

wesen gelten und bei denen die soziale Herkunft ausdrücklich berücksichtigt wird (in Form eines Bonus bei den Noten für Schüler aus geringverdienenden Elternhäusern oder benachteiligten Wohnvierteln). Mitunter kommen zusätzlich weitere Kriterien wie das Herkunftsgebiet oder die Schule der Betreffenden hinzu. Diese Mechanismen ähneln den Quotenregelungen, die seit 1950 für Studierende der SC/ST auf Bundesebene in Indien gelten, und mehr noch den Zulassungsmechanismen, mit denen seit den 1960er Jahren zahlreiche indische Universitäten (so die Jawaharlal Nehru University in Delhi) experimentieren, um die Quotenregelung auf Bundesebene zu übertreffen. Neben den Noten zählt ein Punktesystem, das die Zugehörigkeit zu den SC/ST, aber auch das Geschlecht, das elterliche Einkommen und die Herkunftsregion einbezieht.

Dass Indien in diesen Fragen die Vorhut bildete, zeugt vom Bestreben des Landes, mit den Mitteln des Rechtsstaates gegen ein besonders schwerwiegendes inegalitäres Erbe bei den Ungleichheiten im Status anzugehen, die von der altüberlieferten trifunktionalen Logik herrühren und die durch ihre Kodifizierung im britischen Kolonialstaat verfestigt wurden. Hier geht es nicht darum, zu idealisieren, wie das unabhängige Indien diesem Erbe entgegengetreten ist, sondern einfach um die Feststellung, dass sich aus diesen Erfahrungen zahlreiche Lehren ziehen lassen. Die anderen Länder, insbesondere in Europa, hielten solche Regelungen zur positiven Diskriminierung lange Zeit für überflüssig, weil die Angehörigen der verschiedenen sozialen Schichten als rechtlich gleichgestellt galten, insbesondere in der Bildung. Inzwischen, zu Beginn des 21. Jahrhunderts, setzt sich allmählich die Erkenntnis durch, dass formelle Gleichstellung allein bei weitem nicht ausreicht und mitunter durch entschlossenere Maßnahmen ergänzt werden muss.

Allerdings zeigen Indiens Erfahrungen auch die Risiken von Quotenregelungen auf, die zur Verfestigung von Identitäten und Kategorien führen können, und unterstreichen die Notwendigkeit, flexiblere und entwicklungsfähigere Systeme zu konzipieren. Möglicherweise trugen die Quoten, die seit 1950 zugunsten der SC/ST und seit 1990 der OBC eingeführt wurden – nach Jahrzehnten der kolonialen Volkszählungen, bei denen Identitäten zugewiesen wurden –, mit dazu bei, dass die Identifikation mit Kasten und Jatis starrer geworden ist. Immerhin sind Eheschließungen außerhalb der eigenen Jati inzwischen häufiger geworden: Laut den verfügbaren Erhebungen waren in den 1950er Jahren in den ländlichen und städtischen Zonen kaum 5 % der Heiraten betroffen, ein Wert, der in den 2010er Jahren auf dem Land auf 8 % und in der Stadt auf 10 % angestiegen ist. Dabei ist auch daran zu erinnern, dass Eheschließungen innerhalb der eigenen Jati das Bestreben ausdrücken, dauerhaft eine menschliche Nähe und gesellschaftliche Solidaritäten in Mikrogruppen aufrechtzuerhalten, die durch gemeinsame sozioprofessionelle, regionale, kulturelle oder zuweilen sogar kulinarische Wurzeln deutlich fester zusammengeschmiedet sind als durch eine vertikal verlaufende hierarchische Logik. Misst man zum Beispiel die Häufigkeit, mit der Personen mit gleich hohem Bildungsabschluss (oder mit Eltern mit gleichem Bildungsabschluss) eine Ehe miteinander eingehen, so stellt sich heraus, dass der Grad an sozialer Homogamie in Indien, obwohl sehr hoch, ungefähr in der gleichen Größenordnung liegt wie in Frankreich oder anderen westlichen Ländern.[1] Im Übrigen sei daran erinnert, dass die Exogamie zwischen Personen verschiedener nationaler, religiöser oder ethnischer Herkunft in Europa und in den Vereinigten Staaten häufig extrem niedrige Raten aufweist (darauf kommen wir zurück) und dass die indischen Jatis teilweise die verschiedenen regionalen und kulturellen Identitäten abbilden. Dennoch darf man der Meinung sein, dass Eheschließungen innerhalb der einzelnen Jatis, die in Indien immer noch sehr häufig sind, auch eine Form der sozialen Abschottung darstellen, und dass der übertriebene Einsatz von Quotenmechanismen und Strategien zur politischen Mobilisierung nach Kasten dazu beitragen, diese Verhältnisse zu verstetigen.

Idealerweise müsste ein Quotensystem Bedingungen für den eigenen Wandel beinhalten. Mit anderen Worten: Bei den «Reservierungen» zugunsten diskriminierter Gruppen müsste vorgesehen sein, dass sie in dem Maß wieder außer Kraft gesetzt werden, in dem es dank des eingesetzten Mechanismus gelungen ist, die betreffenden Vorurteile abzubauen. Bei sozialen Quoten unabhängig vom Geschlecht erscheint es zudem als wesentlich, sich möglichst rasch auf objektive sozioökonomische Kriterien wie das Einkommen, das Vermögen oder den Bildungsabschluss zu stützen. Andernfalls besteht die Gefahr, dass sich die anvisierten Katego-

1 Siehe Technischer Anhang und die Vergleiche in N. Bharti, «Wealth inequality, class and caste in India, 1951–2012», a. a. O. Siehe ebenso A. Banerjee, E. Duflo, M. Ghatak, J. Lafortune, «Marry for What? Caste and Mate Selection in Modern India», *American Economic Journal* 5 (2013), 2, S. 33–72. Die betreffenden Erhebungen erfassen wenige Tausend bis mehrere Zigtausend Jatis, je nach den eingesetzten Fragebögen, in denen vielfältige Antworten und zahlreiche Unter-Jatis berücksichtigt wurden.

rien (wie die SC/ST in Indien) verfestigen und es komplizierter wird, Rechtsnormen zu entwickeln, die für jedermann akzeptabel sind. Möglich ist, dass sich das indische Quotensystem mitten in einem umfangreichen Wandel befindet, mit einem schrittweisen Ersatz der Logik, die auf den althergebrachten Statuskategorien beruht, durch ein System, das nach Benachteiligungen mit Blick auf Einkommen, Vermögen und andere sozioökonomische Kriterien fördert, die sich objektivieren und auf andere Gruppen übertragen lassen. Dieser Übergang verläuft aber offenbar ziemlich schleppend. Außerdem braucht es für eine gerechte Umsetzung ein verbessertes System zur Erfassung von Einkommen und Vermögen, zusammen mit der Umgestaltung des Steuersystems, auf die wir weiter hinten im Buch zurückkommen. Jedenfalls liefert eine umfassende Einschätzung der Erfolge und der Grenzen der indischen Erfahrungen die Möglichkeit, bei der Überwindung der althergebrachten sozialen und statusbedingten Ungleichheiten in Indien wie in der übrigen Welt weiter voranzukommen.

9.
DREIGLIEDRIGE GESELLSCHAFTEN UND KOLONIALISMUS: EURASISCHE ENTWICKLUNGSWEGE

In den vorangegangenen Kapiteln haben wir die Sklavenhalter- und anschließend die Kolonialgesellschaften in der Zeit nach der Sklaverei untersucht und sind insbesondere auf Afrika und auf Indien eingegangen. Ehe wir uns – im nächsten Teil – an die Untersuchung der Krise der proprietaristischen und kolonialen Gesellschaften im 20. Jahrhundert machen, müssen wir zunächst die Analyse des Kolonialismus und seiner Folgen vervollständigen, was den Wandel der Ungleichheitsregime außerhalb Europas angeht. In diesem Kapitel behandeln wir insbesondere China, Japan und den Iran sowie weiter ausgreifend die Art, wie die Begegnung zwischen den europäischen Mächten auf der einen und den bedeutendsten staatlichen Gebilden in Asien auf der anderen Seite dazu beigetragen hat, die Entwicklungen der Ungleichheit in ganz unterschiedliche Bahnen zu lenken, auf politisch-ideologischer wie auch auf institutioneller Ebene.

Wir untersuchen zunächst die zentrale Rolle, welche die Rivalitäten zwischen den europäischen Staaten dabei spielten, dass diese im Verlauf des 17. und 18. Jahrhunderts nie dagewesene fiskalische und militärische Fähigkeiten aufbauten, die denen des chinesischen oder des Osmanischen Reiches der Zeit beispiellos überlegen waren. Diese staatliche Stärke, die durch einen verschärften Konkurrenzkampf zwischen mehreren Staatsgebilden und soziopolitischen Gemeinschaften vergleichbarer Größe in Europa (insbesondere zwischen Frankreich, Großbritannien und Deutschland) befeuert wurde, bildete offenbar den Ursprung der militärischen, kolonialen und wirtschaftlichen Vorherrschaft des

Abendlands, die die neuzeitliche Welt lange Zeit geprägt hat. Im Anschluss analysieren wir die vielfältigen ideologischen und politischen Konstruktionen, die die trifunktionalen Gesellschaften in Asien abgelöst haben, nachdem diese mit dem europäischen Kolonialismus in Berührung gekommen waren. Wie wir sehen werden, zwingt uns die Vielfalt der Entwicklungen mit ihren unterschiedlichen Weichenstellungen einmal mehr dazu, die Bedeutung kultureller oder zivilisatorischer Determinismen infrage zu stellen und darauf abzuheben, welche Wirkung die soziopolitische und die von den jeweiligen Ereignissen gesteuerte Logik beim Wandel der Ungleichheitsregime gehabt haben.

Kolonialismus, Militärherrschaft und westlicher Wohlstand

Wir haben bereits mehrfach auf die zentrale Rolle hingewiesen, die Sklaverei, Kolonialismus und andere brutale Formen von Zwang sowie polizeilicher und militärischer Unterwerfung dabei spielten, dass Europa zwischen 1500 und 1960 in eine beherrschende Stellung aufstieg und diese behauptete. Kaum strittig ist, dass rohe, nackte Gewalt entscheidend dabei war, den atlantischen Dreieckshandel zu betreiben und die Afrikaner zu versklaven, die auf den französischen und britischen Plantageninseln, im Süden der Vereinigten Staaten und in Brasilien ausgebeutet wurden. Ebenso steht fest, dass die Kolonialmächte aus den Rohprodukten dieser Plantagen beachtlichen Nutzen zogen und insbesondere die Baumwolle die Grundlage für den Aufbau ihrer Textilindustrien bildete. Wir haben ebenso analysiert, wie großzügig die Eigentümer bei der Abschaffung der Sklaverei entschädigt wurden (für die Haiti eine bis 1950 währende gewaltige Schuldenlast gegenüber Frankreich abtragen musste, während in den Vereinigten Staaten den Nachkommen der Sklaven bis in die 1960er Jahre und in der südafrikanischen Variante sogar bis in die 1990er Jahre die Bürgerrechte vorenthalten blieben). Schließlich haben wir festgestellt, wie sich der Kolonialismus in der Zeit nach der Sklaverei auch auf verschiedene Formen rechtlicher und statusbedingter Ungleichheiten und auf Formen der Zwangsarbeit stützte, die in den französischen Kolonien zum Beispiel bis 1946 praktiziert wurden.[1]

1 Siehe Kapitel 6 und 7.

Nun untersuchen wir, wie die europäischen Staaten nie dagewesene fiskalische und administrative Fähigkeiten aufbauten, auf deren Grundlage sie im Verlauf des 17. und 18. Jahrhunderts schrittweise ihre Militärherrschaft errichteten, die im 19. und zu Beginn des 20. Säkulums zu einer hegemonialen wurde. Auch wenn für die Zeit vor dem 19. Jahrhundert nur begrenzt Daten verfügbar sind, die eine Einschätzung der Steuerbelastung in den verschiedenen Ländern ermöglichen, sind mehrere Fakten gut dokumentiert. So haben es neue Forschungen ermöglicht, auf tunlichst einheitlicher Grundlage die Steueraufkommen zu ermitteln, über die die wichtigsten europäischen Staaten und das Osmanische Reich ab dem 16. und bis zum 19. Jahrhundert verfügten. Die Hauptschwierigkeit bei einem solchen Unterfangen besteht darin, die jeweiligen Summen aussagekräftig miteinander zu vergleichen: Die Bevölkerungsgrößen dieser Staaten sind, zumindest dem ersten Anschein nach, zwar relativ genau bekannt, nicht aber die Niveaus der jeweiligen Wirtschaftsleistung, zu denen nur ganz lückenhafte Daten vorliegen. Hervorzuheben ist auch, dass zahlreiche Pflichtabgaben (oder Quasi-Pflichtabgaben) damals auch an nichtstaatliche Akteure und kollektive Strukturen flossen, insbesondere an religiöse Organisationen, fromme Stiftungen, lokale Grundherren oder Militärorden in Europa und in der osmanischen, persischen, indischen oder chinesischen Welt, bei denen es im Übrigen interessant wäre, sie unter diesem Gesichtspunkt miteinander zu vergleichen. Die hier getroffenen Aussagen beziehen sich nur auf die direkt vom Zentralstaat im engeren Sinn eingenommenen Steuern.

Eine erste Vorgehensweise besteht darin, für die Steuern, die die Staaten in den verschiedenen Währungen vereinnahmten, den Gegenwert in Silber oder Gold zu ermitteln. In einer Epoche, in der Geld stets mit Metall unterlegt war, vermittelt dies eine gute Vorstellung von der Fähigkeit der Staaten, ihre Politik zu finanzieren, zum Beispiel die Besoldung von Soldaten, den Erwerb von Waren oder den Bau von Straßen und Schiffen. Wie man dabei feststellt, wuchsen die Steuereinnahmen der europäischen Staaten zwischen dem Anfang des 16. und dem Ende des 18. Jahrhunderts auf spektakuläre Weise an. Um 1500–1550 lagen die Steueraufkommen der wichtigsten europäischen Staaten, so der Königreiche Frankreich und Spanien, bei ungefähr 100–150 Tonnen Silber pro Jahr, also ungefähr so hoch wie im Osmanischen Reich. Zur selben Zeit nahm England Steuern im Gegenwert von nur knapp 50 Tonnen pro Jahr ein, was sich zum Teil aus der kleineren Bevölkerung erklärt.[1] In den Jahrhunderten danach veränderten sich diese Größenordnungen radikal, insbesondere im Zug einer wachsenden Rivalität zwischen England und Frankreich: Beide Länder vereinnahmten um 1700 600 bzw. 900 Tonnen Silber, in den 1750er Jahren 800 bzw. 1100 Tonnen und in den 1780er Jahren dann 1600 bzw. 1900 Tonnen, womit sie die übrigen europäischen Staaten weit hinter sich ließen. Das entscheidende Faktum dabei ist, dass das Steueraufkommen des Osmanischen Reichs zwischen 1500 und 1780 dagegen fast unverändert blieb: kaum 150–200 Tonnen. Ab 1750 übertraf die Steuerkraft nicht nur Frankreichs und Englands, sondern auch Österreichs, Preußens, Spaniens und Hollands klar die des Osmanischen Reichs (siehe Grafik 9.1).

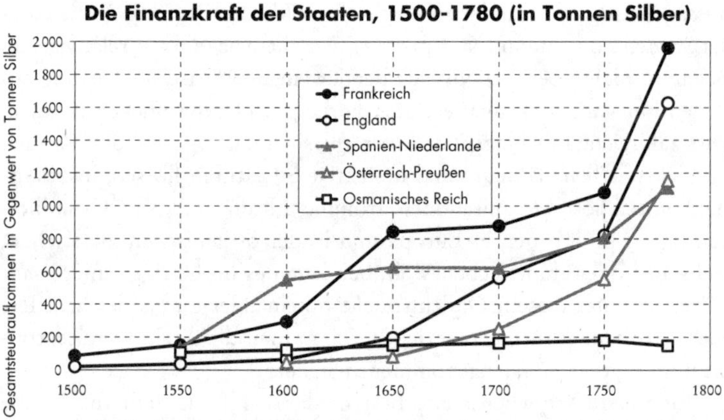

Die Finanzkraft der Staaten, 1500-1780 (in Tonnen Silber)

Gesamtsteueraufkommen im Gegenwert von Tonnen Silber

Frankreich
England
Spanien-Niederlande
Österreich-Preußen
Osmanisches Reich

Grafik 9.1.: Die Steuereinnahmen der wichtigsten europäischen Staaten und des Osmanischen Reichs entsprachen um 1500–1550 100 bis 200 Tonnen Silber pro Jahr. In den 1780er Jahren lagen die Steuereinnahmen in Frankreich und England bei einem Gegenwert von 1600 bis 2000 Tonnen Silber pro Jahr, während die des Osmanischen Reichs weniger als 200 Tonnen entsprachen. Quellen und Reihen: siehe piketty.pse.ens.fr/ideologie.

Diese Entwicklungen erklären sich teilweise aus dem Bevölkerungswachstum (es sei daran erinnert, dass Frankreich im 18. Jahrhundert das bei weitem bevölkerungsreichste europäische Land war) und aus dem erwirtschafteten Wohlstand (zum Beispiel in England, wo eine höhere

1 Im 14. und 15. Jahrhundert lagen die Steueraufkommen der Königreiche Frankreich und England stets unter 100 Tonnen Silber pro Jahr, mit vielfältigen Zyklen und Umschwüngen im Zusammenhang mit den ständigen Militärkonflikten und territorialen Neuordnungen. Siehe zum Beispiel J.-P. Genet, «France, Angleterre, Pays-Bas: l'État moderne», in: P. Boucheron, *Histoire du monde au xve siècle*, Bd. I: *Territoires et écritures du monde* (2009), Paris: Pluriel, 2012, S. 248 f.

Produktivität pro Einwohner die geringe Siedlungsdichte wettmachte). Aber sie erklären sich auch und vor allem daraus, dass die europäischen Länder die Besteuerung erhöhten, während diese im Osmanischen Reich stabil blieb. Ein guter Ansatz, um die Steuerbelastung zu messen, besteht darin, das jeweilige Steueraufkommen pro Einwohner zu errechnen und das Ergebnis mit der Höhe der jeweiligen Tagelöhne im städtischen Bausektor zu vergleichen. Tatsächlich zählen diese zu dem am besten bekannten und vergleichbaren Erwerbseinkommen in den verschiedenen Ländern über lange Zeiträume hinweg, sowohl in Europa als auch im Osmanischen Reich und bis zu einem gewissen Grad auch in China. Auch wenn nur lückenhafte Daten vorliegen, sind die Größenordnungen höchst auffällig. Festzustellen ist beispielsweise, dass die Steueraufkommen pro Einwohner in der Zeit um 1500–1600 den Gegenwert von zwei bis vier Tagelohnsätzen eines unqualifizierten städtischen Arbeiters betrugen, sowohl in den wichtigsten europäischen Ländern als auch im Osmanischen Reich und in China. Ab 1650–1700 stieg die steuerliche Belastung in den europäischen Staaten erheblich an. Um 1750–1780 kletterte sie auf 10–15 und bis 1850 dann auf fast 20 Tagelohnsätze, in Entwicklungen, die in den wichtigsten Staaten, insbesondere in Frankreich, England und Preußen ganz parallel verliefen mit dem Aufbau von Staat und Nation, der bereits früher begonnen hatte, aber im 13. Jahrhundert rasch vorangeschritten war. In Europa verlief dieser Anstieg extrem rasch: Während für die Zeit um 1650 zwischen den europäischen, osmanischen und chinesischen Niveaus noch keine klaren Unterschiede erkennbar sind, zeigen sich ab 1700 allmählich Abweichungen, die für die Zeit ab 1750–1780 beachtliche Ausmaße annehmen (siehe Grafik 9.2).

Warum stiegen in den europäischen Staaten im 17. und 18. Jahrhundert die Steuerlasten so rasch an? Und warum folgten das Osmanische oder das chinesische Reich nicht der gleichen Entwicklung? Zunächst sei darauf hingewiesen, dass Steuerlasten in dieser Höhe (unter 10 % des Nationaleinkommens) verglichen mit denen in moderner Zeit immer noch gering sind. Wie wir in den nächsten Kapiteln sehen, verharrten sämtliche Steuern, Gebühren und Pflichtabgaben in Europa und in den Vereinigten Staaten im 19. Jahrhundert und bis zum Ersten Weltkrieg bei maximal 10 % des Nationaleinkommens. Im Verlauf des 20. Jahrhunderts, zwischen den 1910er und den 1970er Jahren, wuchsen sie sprunghaft und stabilisierten sich seit den 1980er Jahren in den ein-

Die Finanzkraft der Staaten, 1500–1850 (in Tagelohnsätzen)

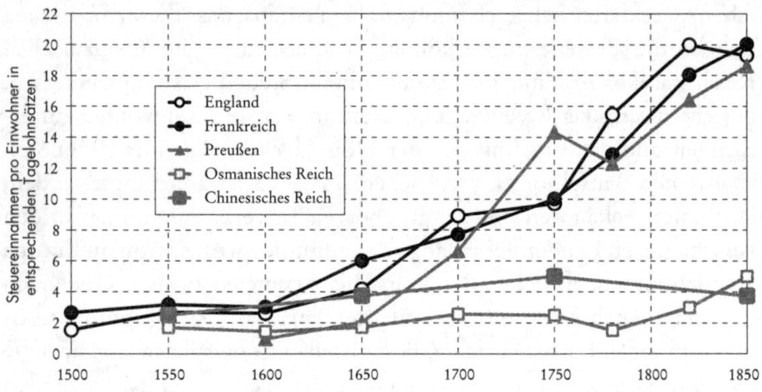

Grafik 9.2.: Um 1500 bis 1600 lagen die Steueraufkommen pro Einwohner in den europäischen Staaten zwischen 2 und 4 Tagelohnsätzen ungelernter städtischer Arbeitskräfte; 1750 bis 1850 betrugen sie zwischen 10 und 20 Tagelohnsätzen. Dagegen verharrten die Steueraufkommen im Osmanischen und im Chinesischen Reich bei rund 2 bis 5 Tagelohnsätzen. Schätzt man das Nationaleinkommen pro Einwohner auf rund 250 städtische Tagelohnsätze für städtische Arbeiter, so stagnierten die Steuereinnahmen im Chinesischen und im Osmanischen Reich bei rund 1 % bis 2 % des Nationaleinkommens, während sie in Europa von 1 % bis 2 % auf 6 % bis 8 % stiegen.
Quellen und Reihen: siehe piketty.pse.ens.fr/ideologie.

zelnen reichen Ländern bei Werten zwischen 30 % und 50 % des Nationaleinkommens.[1]

Interessant ist übrigens der Hinweis, dass die ersten Schätzungen zum Nationaleinkommen, also zum Gesamteinkommen, das die Einwohner eines bestimmten Landes in Form von Geld und Naturalien erwirtschaften, im Vereinigten Königreich und in Frankreich um 1700 von Autoren wie Petty, King, Boisguilbert und Vauban vorgenommen wurden.[2] Diese Arbeiten zielten vor allem darauf ab, eine Steuerschät-

1 Siehe Kapitel 10, Grafik 10.14.

2 Es sei daran erinnert, dass das Nationaleinkommen dem heute sogenannten Bruttoinlandsprodukt (dem Gesamtwert sämtlicher Waren und Dienstleistungen eines Territoriums, abzüglich der für ihre Bereitstellung aufgewendeten Güter und Dienstleistungen) entspricht, abzüglich der Wertminderung des eingebrachten Kapitals (also Abnutzung von Ausrüstungen, Maschinen, Produktionsstätten etc., die praktisch rund 10–15 % des Bruttoinlandsprodukts ausmacht), zuzüglich oder abzüglich des Nettoeinkommens aus dem Ausland (mit Werten, die in den einzelnen Ländern positiv oder negativ ausfallen können, sich aber auf globaler Ebene gegenseitig ausgleichen). Diese ersten Schätzungen des britischen und französischen Nationaleinkommens in der Zeit von 1690 bis 1710 wurden im Anschluss unablässig verfeinert, insbesondere während der Französischen Revolution (zum Beispiel mit den Arbeiten Lavoisiers über den «territorialen Reichtum Frankreichs»). Zur Geschichte der volkswirtschaftlichen Gesamtrechnung siehe T. Piketty, *Das Kapital im 21. Jahrhundert*, a. a. O.,

zung für die Staaten vorzunehmen und mögliche Reformen des Steuersystems zu diskutieren, zu einer Zeit, in der jedermann deutlich spürte, dass der Zentralstaat die Steuerlasten erhöht hatte, und sich das Bedürfnis bemerkbar machte, diese zu quantifizieren und zu rationalisieren. Diese Schätzungen stützten sich auf Berechnungen der landwirtschaftlichen Flächen und Produktionen sowie auf die Daten zum Handel und zu den Erwerbseinkommen wie denen im Bausektor und liefern nützliche ungefähre Ergebnisse. Die Nationaleinkommen und Bruttoinlandsprodukte, die in Serie anhand von Materialien zum 17. und zum 18. Jahrhundert ermittelt wurden, ermöglichen es so, die Höhen und Zuwächse des Ganzen zu ermitteln. Die Schwankungen von einem Jahrzehnt zum nächsten sind allerdings zu ungenau, um hier verwendet zu werden. Dabei drücke ich die Entwicklung des Steueraufkommens in Tonnen Silber oder Tagelohnsätzen einer städtischen Arbeitskraft aus (die für die damals üblichen statistischen Konstruktionen wohl passendere Maßeinheiten darstellen). Um sich eine genauere Vorstellung zu machen, kann man jedenfalls davon ausgehen, dass die Erhöhung der Steueraufkommen pro Einwohner in Frankreich, Großbritannien und Preußen von zwei bis vier Tagelohnsätzen 1500–1550 auf 15–20 Sätze 1780–1820 Verhältnissen entspricht, bei denen die Steueraufkommen von knapp 1–2 % des Nationaleinkommens zu Beginn des 16. auf rund 6–8 % am Ende des 18. Jahrhunderts anstiegen (siehe Grafik 9.2).[1]

Kapitel 1–2. In Kapitel 10, S. 543–546 kommen wir auf die verschiedenen Maße für das «Nationalvermögen» zurück, das seit 1700 ebenfalls ermittelt wird.

1 Siehe Technischer Anhang. Die Berechnungen des Nationaleinkommens beruhen hauptsächlich auf den hier angegebenen Daten zu den städtischen Löhnen, aber kombiniert mit zahlreichen weiteren Quellen, die Auskunft über die Produktion und den Handel geben, sodass man zu einer repräsentativeren Schätzung des tatsächlichen durchschnittlichen Nationaleinkommens des jeweiligen Landes gelangen kann. Aber wenn die verschiedenen grundlegenden Quellen relativ unzuverlässig sind, schafft es in der Erörterung auch nicht mehr Klarheit, wenn man sie zusammenführt, um ein Nationaleinkommen oder Bruttoinlandsprodukt zu ermitteln. Deshalb wurde hier und von zahlreichen Forschern die Entscheidung getroffen, die Reihen der Steueraufkommen in städtischen Tagelohnsätzen auszudrücken.

Der Nachtwächterstaat und die zwei großen Sprünge des modernen Staates nach vorn

So ungenau diese Größen auch sein mögen, so verdienen sie dennoch Beachtung, insofern sie ganz unterschiedlichen staatlichen Fähigkeiten entsprechen. Ein Staat, der nur 1 % des Nationaleinkommens an Steuern einnimmt, hat wenig Macht und Fähigkeiten, um die Gesellschaft zu mobilisieren. Im Großen und Ganzen kann er 1 % der Bevölkerung in seinen Dienst stellen, damit sie Aufgaben erfüllen, die er für nützlich befindet.[1] Dagegen kann ein Staat, der 10 % des Nationaleinkommens als Steuern vereinnahmt, rund 10 % seiner Bevölkerung beschäftigen (oder Transfers oder den Kauf von Ausrüstungsteilen und Gütern im entsprechenden Gegenwert finanzieren) – also schon erheblich mehr. Mit einem Steueraufkommen von 8–10 % des Nationaleinkommens ist es sicher unmöglich, ein ausgefeiltes Bildungs-, Gesundheits- und Sozialsystem (kostenlose Grund-, Haupt- und Mittelschulen sowie Gymnasien, allgemeine Krankenversicherung, Renten, Sozialtransfers etc.) zu finanzieren, staatliche Aufgaben, die es, wie wir sehen werden, im 20. Jahrhundert notwendig machten, die Steuerbelastungen erheblich zu steigern (typischerweise auf 30–50 % des Nationaleinkommens). Dagegen reichen solche Summen dem zentralisierten Staat bei weitem aus, um seine Aufgaben als «Nachtwächter» zu organisieren, also die der Polizei und Gerichte, um auf seinem gesamten Staatsgebiet die Ordnung aufrechtzuerhalten und das Eigentum zu schützen, und um zudem eine bedeutende Militärkapazität zum Schutz nach außen zu finanzieren. Als das Steueraufkommen bei rund 8–10 % des Nationaleinkommens lag, so in Europa im 19. und zu Beginn des 20. Jahrhunderts, oder bei 6–8 % in den europäischen Staaten am Ende des 18. Jahrhunderts, verschlangen allein die Militärausgaben üblicherweise mehr als die Hälfte dieser Einnahmen, und zuweilen sogar über zwei Drittel.[2]

---

1 Davon ausgehend, dass die vom Staat beschäftigten Personen (Polizisten, Militärs, Verwaltungsbeamte etc.) im Durchschnitt gleich gut qualifiziert sind und besoldet werden wie der Durchschnitt der betreffenden Gesellschaft und dass die Arbeitsmittel und Ausstattungen, die sie zur Erfüllung ihrer Aufgaben benötigen, ebenfalls ungefähr so viel kosten wie die im Durchschnitt.

2 Diese Größenordnungen gelten auch noch für die Militäretats der 2010er Jahre. In den militärisch wenig aktiven Ländern (wie denen in Europa) liegen sie bei rund 2 % des Nationaleinkommens, in den Vereinigten Staaten bei über 4 % und in Saudi-Arabien bei über 10 %.

Umgekehrt ist ein Staat, der nur knapp über 1–2 % des Nationaleinkommens an Steuern verfügt, zur Schwäche verdammt und unfähig, die Ordnung aufrechtzuerhalten und die minimalen Aufgaben des Nachtwächters zu erfüllen. Nach dieser Definition waren die meisten Staaten der Erde bis in relativ neue Zeiten, insbesondere die europäischen bis ins 16. Jahrhundert sowie zum Beispiel der osmanische und der chinesische bis ins 19. Jahrhundert, schwache Staaten. Genauer gesagt, handelte es sich um schwach zentralisierte staatliche Gebilde, unfähig, auf dem gesamten Territorium, das sie theoretisch kontrollierten, eigenständig für die Sicherheit von Sachwerten und Personen zu garantieren und dafür zu sorgen, dass die öffentliche Ordnung und das Eigentumsrecht respektiert wurden. Um diese hoheitlichen Aufgaben zu erfüllen, stützten sie sich folglich auf vielfältige lokale herrschaftliche und militärische, klerikale und geistliche Strukturen und Eliten, wie sie für die trifunktionalen Gesellschaften und ihre vielfältigen Varianten charakteristisch sind. Solange sämtliche Staaten auf dem Globus die gleiche Schwäche auszeichnete, herrschte zwischen ihnen ein gewisses Gleichgewicht. Aber sobald mehrere europäische Staaten erheblich bedeutendere fiskalische und administrative Fähigkeiten aufbauten, wurden neue Dynamiken entfesselt.

In den betreffenden Ländern fiel die Errichtung des Zentralstaats zeitlich mit der Umwandlung der Drei-Stände-Gesellschaften in Eigentümergesellschaften zusammen und stützte sich dabei auf den Siegeszug der proprietaristischen Ideologie, die auf einer strikten Trennung zwischen hoheitlichen Gewalten (fortan das Monopol des Staates) und dem Eigentumsrecht (das als allen offenstehend galt) gründete. Nach außen hin führten die expansiven Fähigkeiten der europäischen Staaten dazu, dass sie sklavenhaltende und später koloniale Imperien errichteten und verschiedene politisch-ideologische Konstrukte entwickelten, die es ermöglichten, das Gesamtsystem zu strukturieren. In beiden Fällen ging der Ausbau der fiskalischen und administrativen Fähigkeiten untrennbar mit entsprechenden politisch-ideologischen Entwicklungen einher. Und wenn heute noch je nach den konfliktträchtigen und instabilen soziopolitischen Prozessen staatliche Fähigkeiten in einer bestimmten Form entwickelt werden, so geschieht dies nach wie vor mit dem Ziel,

Weltweit sind die Militärausgaben von über 6 % des Nationaleinkommens zu Beginn der 1960er Jahre (Kolonialkriege, Kalter Krieg) auf gerade 3 % in den 2010er Jahren gesunken. Siehe Technischer Anhang.

den Gesellschaften im In- und Ausland (zum Beispiel angesichts der Rivalität mit dem Islam) eine bestimmte Struktur zu geben.

Kurz gesagt: Bei der Herausbildung des modernen Staates lassen sich zwei große Sprünge nach vorn unterscheiden. Beim ersten, der sich ungefähr zwischen 1500 und 1800 in den wichtigsten europäischen Ländern vollzog, konnte der jeweilige Staat seine Steueraufkommen von knapp 1–2 % des Nationaleinkommens auf rund 6–8 % steigern. Dieser Prozess ging Hand in Hand mit der Entwicklung von Gesellschaften, die sich nach innen proprietaristisch und nach außen kolonialistisch verhielten. Beim zweiten Sprung nach vorn, der sich von den 1910er bis zu den 1970er Jahren vollzog, erhöhten sämtliche reiche Länder ihr Steueraufkommen von rund 8–10 % des Nationaleinkommens vor dem Ersten Weltkrieg auf 30–50 % seit den 1980er Jahren. Dieser Wandel knüpfte sich untrennbar an die allgemeine Wirtschaftsentwicklung und die historisch einzigartige Verbesserung der Lebensverhältnisse und endete damit, dass sich verschiedene Formen von sozialdemokratischen Gesellschaften herausbildeten. Innerhalb dieses allgemeinen Schemas gibt es eine große Vielfalt an möglichen Entwicklungswegen und Weichenstellungen, insbesondere was den zweiten großen Sprung nach vorn und seine schwierige Ausweitung auf die armen Länder am Ende des 20. und zu Beginn des 21. Jahrhunderts angeht. Auf diese Themen kommen wir in den nächsten Teilen zurück.

Kehren wir zur anfänglichen Frage zurück: Warum erfolgte der erste große Sprung nach vorn zwischen 1500 und 1800 in den wichtigsten europäischen Staaten, als sie eine nie dagewesene Steuerkraft aufbauten, und nicht zum Beispiel im Osmanischen Reich oder in anderen asiatischen Staaten? Auch wenn es auf diese Frage nicht nur eine und keine deterministische Antwort geben kann, erscheint ganz klar ein Faktor besonders wichtig: Europa war in zahlreiche Staaten vergleichbarer Größe zersplittert, die in eine verschärfte militärische Rivalität gerieten. Diese Erklärung wirft natürlich die Frage nach den Ursprüngen dieser politischen Zersplitterung auf, insbesondere im Vergleich zur relativen Einheit Chinas oder der weniger deutlichen Indiens. Denkbar ist, dass die typischen geografischen und physischen Grenzbarrieren des Kontinents, besonders im Westen (wo Frankreich von seinen wichtigsten Nachbarn durch Gebirgsriegel, Meere oder Flüsse abgetrennt ist), eine gewisse Rolle gespielt haben. Dennoch erscheint offensichtlich, dass neben den existierenden staatlichen Gebilden und territorialen Zusammenschlüssen je nach den sozioökonomischen und von ihnen nicht zu trennenden politisch-ideologischen Entwicklungen auch ganz andere hätten entstehen können.

Nimmt man die Zuschnitte der Staaten in der Zeit um 1500 als gegeben an und betrachtet den Verlauf der Ereignisse, die ab da bis 1800 fast zu einer Verzehnfachung der Steuerkraft führten (siehe Grafiken 9.1 und 9.2), so stellt man jedenfalls fest, dass jede größere Etappe einer Steuererhöhung faktisch vor einem militärischen Hintergrund zurückgelegt wurde. Europa befand sich damals ständig im Kriegszustand und es herrschte Bedarf, neue Soldaten zu rekrutieren und weitere Armeen aufzustellen. Je nach Form der politischen Ordnung und nach der sozioökonomischen Struktur des betreffenden Landes bildete diese Notwendigkeit den Anlass, weitere fiskalische und administrative Fähigkeiten zu entwickeln.[1] In der Geschichte besonders gut im Gedächtnis geblieben sind der Dreißigjährige Krieg (1618–1648), der Spanische Erbfolgekrieg (1701–1714) oder auch der Siebenjährige Krieg (1756–1763), der insofern der erste europäische Krieg mit wahrhaftig globalen Ausmaßen war, als die Kolonien in Amerika, auf den Antillen und in Indien einbezogen waren und er stark dazu beitrug, den Revolutionen in den Vereinigten Staaten, im iberoamerikanischen Raum und in Frankreich den Boden zu bereiten. Aber neben diesen großen tobten auch vielfältige kürzere und eher lokal begrenzte Kriege. Berücksichtigt man sämtliche militärischen Auseinandersetzungen des Kontinents im genannten Zeitraum, so stellt man fest, dass sich die europäischen Staaten im 16. Jahrhundert in 95 % der Zeit im Kriegszustand befanden. Im 17. Jahrhundert waren es 94 % und im 18. immer noch 78 % (gegenüber 40 % im 19. und 54 % im 20. Jahrhundert).[2] Im Zeitraum von 1500 bis 1800 trugen die europäischen Mächte unablässig militärische Konfrontationen miteinander aus, die maßgeblich dafür sorgten, dass eine nie dagewesene steuergenerierte Finanzkraft aufgebaut und zahlreiche

1 Siehe insbesondere K. Karaman, S. Pamuk, «Different Paths to the Modern State in Europe: The Interaction Between Warfare, Economic Structure, and Political Regime», *American Political Science Review* 107 (2013), 3, S. 603–626. Siehe ebenso M. Dincecco, «The Rise of Effective States in Europe», *Journal of Economic History* 75 (2015), 3, S. 901–918; ders., *State Capacity and Economic Development*, Cambridge: Cambridge University Press, 2017.

2 Siehe C. Tilly, *Coercion, Capital and European States, AD 990–1990*, Cambridge, Mass. [u. a.]: Blackwell, 1990. Siehe ebenso N. Gennaioli, H. J. Voth, «State Capacity and Military Conflict», *Review of Economic Studies* 82 (2017), S. 1409–1448.

technische Neuerungen eingeführt wurden, insbesondere bei Kanonen und Kriegsschiffen.[1]

Umgekehrt sahen sich der osmanische und der chinesische Staat, die um 1500–1550 über eine steuerliche Leistungsfähigkeit nahe der der europäischen Staaten verfügten, nicht mit entsprechenden Herausforderungen konfrontiert. Zwischen 1500 und 1800 herrschten sie relativ dezentral über große Reiche, ohne Notwendigkeit, ihre Militärkapazität und die Zentralisierung des Steuereinzugs auszubauen. Die verschärfte Konkurrenz zwischen den europäischen Nationalstaaten mittlerer Größe, die sich zwischen dem 16. und dem 19. Jahrhundert herausbildete, erscheint durchaus als der entscheidende Faktor, der zur Entwicklung spezieller staatlicher Strukturen führte, die stärker zentralisiert und besser auf die Steuererhebung ausgelegt waren als die in den sich entwickelnden Staaten der Osmanen, Chinesen oder Moguln. Und war diese fiskalische und militärische Kapazität der europäischen Staaten anfangs hauptsächlich dazu aufgebaut worden, um Konflikte auf dem europäischen Kontinent ausfechten zu können, so führte der Konkurrenzkampf am Ende dazu, dass diese Staaten eine militärische Stärke gewannen, die der der Staaten in anderen Weltregionen deutlich überlegen war. Um 1550 umfasste die osmanische Infanterie und Seestreitmacht rund 140 000 Mann, also eine Mannschaftsstärke entsprechend denen von Frankreich und England zusammengenommen (80 000 beziehungsweise 70 000 Mann). Dieses Gleichgewicht geriet in den nachfolgenden beiden Jahrhunderten, die endlose innereuropäische Kriege brachten, schließlich aus der Balance. 1780 hatte sich die Mannschaftsstärke des Osmanischen Reichs kaum verändert (150 000 Mann), während die Land- und Seestreitkräfte Frankreichs und Englands auf 450 000 Mann (für Frankreich 280 000 und für England 170 000 Fußsoldaten und Seeleute) angewachsen waren, und all dies mit einer klar überlegenen Flotte und Feuerkraft. Bis zu dieser Zeit kamen für Österreich noch 250 000 Mann und für Preußen 180 000 hinzu (zwei Staaten, die um 1550 militärisch noch inexistent gewesen waren).[2] Im 19. Jahr-

1 Zur Bedeutung dieser technischen Innovationen siehe P. Hoffman, «Prices, the Military Revolution, and Western Europe's Comparative Advantage in Violence», *Economic History Review* 64 (2011), S. 39–59; ders., «Why Was it Europeans who Conquered the World?», *Journal of Economic History* 72 (2012), 3, S. 601–633.

2 Siehe K. Karaman, S. Pamuk, «Ottoman State Finances in European Perspective», a. a. O., S. 612.

hundert sollten die europäischen Staaten endgültig die militärische Vorherrschaft über das Osmanische und das chinesische Reich gewinnen.[1]

Staatliche Konkurrenz und damit einhergehende Innovationen: die Erfindung Europas

Ist der wirtschaftliche Wohlstand des Westens ausschließlich der militärischen Vorherrschaft und der Kolonialherrschaft zu verdanken, die die europäischen Staaten im Verlauf des 18. und 19. Jahrhunderts über den Rest der Welt ausübten? Eine so komplexe Frage ist natürlich kaum eindeutig zu beantworten, schon deshalb nicht, weil die militärische Vorherrschaft schon selbst mit nützlichen technologischen und finanziellen Innovationen einherging. Insgesamt sind historische und technologische Entwicklungen vorstellbar, die es den europäischen Staaten ermöglicht hätten, auch ohne Kolonialismus denselben Wohlstand zu erreichen und dieselbe industrielle Revolution zu entfachen, zum Beispiel auf einem Planeten Erde, der nur aus einem großen Inselkontinent Europa bestanden hätte, ohne mögliche äußere Eroberungen, ohne ein «Zeitalter der Entdeckungen» anderer Weltregionen und ohne also Ressourcen aus diesen Regionen herauszuziehen. Um sich ein solches Szenario vorzustellen, braucht es indes ein gewisses Maß an Fantasie und die Bereitschaft, eine ganze Reihe gewagter Hypothesen zur technologischen Entwicklung zu erstellen.

Kenneth Pomeranz vor allem hat in seinem Buch über die «große Divergenz» sehr gut aufgezeigt, dass die industrielle Revolution am Ende des 18. und im 19. Jahrhundert in Großbritannien und später im übrigen Europa hauptsächlich auf der großangelegten Extraktion von Rohstoffen (insbesondere Baumwolle) aus der übrigen Welt und der dortigen Erschließung von Energiequellen (insbesondere Holz) beruhte, nach einem Organisationsschema, das auf Zwang und kolonialer Ausbeutung beruhte.[2] Für Pomeranz befanden sich die am weitesten

1 Neben diesen quantitativen Unterschieden sind als Faktor auch die überlegenen militärischen Organisationsformen (insbesondere der Kriegsmarine) hervorzuheben, die ein Erbe aus den innereuropäischen Kriegen der vorangegangenen Jahrhunderte darstellten. Siehe insbesondere C. Bayly, *The Birth of the Modern World, 1780–1914*, Oxford: Oxford University Press, 2004.

2 Siehe das erhellende Buch K. Pomeranz, *The Great Divergence: China, Europe and the Making of the Modern World Economy*, Princeton, NJ [u. a.]: University Press, 2000. Einen

entwickelten Regionen Chinas und Japans um 1750–1800 in einem Stadium, das mit dem der entsprechenden westeuropäischen einigermaßen vergleichbar war. Insbesondere sind für beide Fälle ziemlich ähnliche Formen der Wirtschaftsentwicklung festzustellen, beruhend einerseits auf einem anhaltenden Wachstum der Bevölkerung und der Agrarproduktion (ermöglicht insbesondere durch verbesserte Anbaumethoden und beträchtlich ausgeweitete landwirtschaftliche Flächen dank Urbarmachung und Rodung) und andererseits auf vergleichbaren Entwicklungen einer frühen Industrialisierung, insbesondere im Textilsektor. Für Pomeranz sorgten zwei wesentliche Faktoren ab 1750–1800 dafür, dass sich die Entwicklungswege trennten. Zunächst führten der dramatische Zwang, der sich aus der europäischen Entwaldung ergab, und die Entdeckung ideal gelegener Kohlevorkommen, insbesondere in England, dazu, dass in Europa sehr schnell ein anderer Energieträger als Holz genutzt wurde und dazu besonders früh entsprechende Technologien entwickelt wurden. Zudem und vor allem konnten die europäischen Staaten dank ihrer Steuerkraft und militärischen Stärke, weitgehend hervorgegangen aus ihren zurückliegenden Rivalitäten und verstärkt durch technische und finanzielle Innovationen (wiederum befeuert durch ihre zwischenstaatliche Konkurrenz), im Verlauf des 18. und 19. Jahrhunderts eine internationale Arbeitsteilung und eine besonders profitable Belieferung mit Rohstoffen und anderen Gütern organisieren.

Mit Blick auf die Abholzung hebt Pomeranz die Tatsache hervor, dass Europa am Ende des 18. Jahrhunderts kurz davor stand, an einem großangelegten «ökologischen» Zwang zu scheitern. In Großbritannien, Frankreich, Dänemark, Preußen, Italien oder Spanien waren die Wälder in den vorigen Jahrhunderten in raschem Tempo verschwunden, von einer Bedeckung von rund 30–40 % der Flächen um 1500 waren um 1800 kaum mehr als 10 % übrig geblieben (16 % in Frankreich, 4 % in Dänemark). Anfangs konnte der Holzmangel dank des Handels mit noch bewaldeten Regionen in Ost- und Nordeuropa ein Stück weit ausgeglichen werden, allerdings nicht besonders lange. Eine schrittweise Entwaldung zwischen 1500 und 1800 ist auch für China festzustellen, aber weniger einseitig, insbesondere deshalb, weil die am wei-

globalen Überblick über die ausbeuterische Erschließung der Welt und ihrer natürlichen Ressourcen von 1500 bis 1800 siehe ebenso J. Richards, *The Unending Frontier: An Environmental History of the Early Modern World*, Chicago: University of Chicago Press, 2003.

testen entwickelten und die bewaldeten Zonen im Inneren politisch und durch Handel stärker integriert waren.

In Europa sollten sich mit der «Entdeckung» Amerikas, dem atlantischen Dreieckshandel und dem Warenaustausch mit Asien die Zwänge auflösen. Die Erschließung der Böden Nordamerikas, der Antillen und Südamerikas machte es möglich, Rohstoffe (insbesondere Holz, Baumwolle und Zucker) zu erzeugen, die den Kolonialherren und den ab 1750–1800 aufstrebenden Textilfabriken satte Gewinne bescherten. Auch ermöglichte es die militärische Kontrolle über die entferntesten Schifffahrtsrouten in großem Maßstab, sich ergänzende Strukturen aufzubauen. Die Briten finanzierten die Verpflegung ihrer Sklaven auf den Antillen und im Süden der heutigen Vereinigten Staaten durch Exporte von Textilien und Industriegütern nach Nordamerika, die sie dank des Holzes und der Baumwolle von den Plantagen erzeugten. Fügen wir hinzu, dass ein Drittel der Stoffe zur Einkleidung der Sklaven im 18. Jahrhundert aus Indien stammte und dass die Importe aus Asien (Textilien, Seidenprodukte, Tee, Porzellan etc.) zu einem großen Teil mit dem Silber bezahlt wurden, das ab dem 16. Jahrhundert aus Amerika eingeführt wurde. Um 1830 waren für die englischen Einfuhren an Baumwolle, Holz und Zucker aus den Plantagen Pomeranz' Berechnungen zufolge über 10 Millionen Hektar bewirtschafteter Fläche notwendig, also das 1,5- bis 2-Fache der gesamten Agrarfläche im Vereinigten Königreich.[1] Wäre der ökologische Zwang nicht durch die Kolonien überwunden worden, hätten diese Versorgungsquellen anderswo aufgetan werden müssen. Natürlich sind auch historische Szenarien und Technologien vorstellbar, die es einem autarken Europa ermöglicht hätten, den gleichen industriellen Wohlstand zu erreichen, aber dies eben nur mit Fantasie, zum Beispiel wenn englische Bauern in Lancashire fruchtbare Baumwollplantagen betrieben hätten oder wenn um Manchester die Bäume in den Himmel gewachsen wären. Dann hätten wir es jedenfalls wahrhaftig mit einer anderen Geschichte, einer anderen Welt zu tun, ohne großen Bezug zu der, aus der wir stammen.

Stichhaltiger erscheint es, als gesichert anzunehmen, dass die industrielle Revolution aus dem engen Zusammenspiel zwischen Europa, Amerika, Afrika und Asien hervorgegangen ist, und darüber nachzudenken, wie dieses Zusammenwirken und Ineinandergreifen der einzel-

1 Siehe K. Pomeranz, *The Great Divergence*, a. a. O., S. 211–230, 264–297, 307–312.

nen historischen Abläufe alternativ hätte organisiert werden können. Im vorliegenden Fall erfolgten diese Kontaktaufnahmen von 1500 bis 1900 in Form einer militärischen Unterwerfung und Kolonialherrschaft durch die Europäer, einhergehend mit der Verschleppung versklavter Arbeitskräfte aus Afrika nach Amerika und auf die Antillen, der mit Kanonenbooten erzwungenen Öffnung der Häfen Indiens und Chinas und so weiter. Aber sie hätten auch auf zig andere Arten organisiert werden können, zum Beispiel in Gestalt gleichberechtigter Handelsbeziehungen, freier Wanderbewegungen und bezahlter Arbeit, je nach den herrschenden politisch-ideologischen Kräfteverhältnissen, wie übrigens auch die globalen Wirtschaftsbeziehungen im 21. Jahrhundert durch eine Vielfalt unterschiedlicher Regeln strukturiert werden können.

Unter diesem Gesichtspunkt frappiert die Feststellung, wie wenig die kriegerischen Institutionen und Strategien, die Europa im 18. und 19. Jahrhundert zum Erfolg führten, mit den tugendhaften Institutionen zu tun haben, die Adam Smith 1776 in *Der Wohlstand der Nationen* empfohlen hat. In diesem grundlegenden Buch des Wirtschaftsliberalismus riet Smith den Regierungen insbesondere zu niedrigen Steuern und ausgeglichenen Haushalten (oder geringen Schulden), zur absoluten Achtung des Eigentumsrechts und zur Entwicklung von Arbeits- und Warenmärkten, die möglichst gut integriert und wettbewerbsorientiert sein sollten. Nun entsprachen unter all diesen Gesichtspunkten die Institutionen in China im 18. Jahrhundert laut Pomeranz Smiths Vorstellungen deutlich stärker als die in Großbritannien. So waren insbesondere die chinesischen Märkte stärker vereinheitlicht. Der Getreidemarkt wirtschaftete auf einem größeren geografischen Raum, und die Arbeitsmigration war spürbar stärker ausgeprägt. Dieser Unterschied lag auch an einem stärkeren Einfluss der feudalen Institutionen in Europa, zumindest bis zur Französischen Revolution. Die Leibeigenschaft hielt sich in Osteuropa bis ins 19. Jahrhundert (während sie in China schon zu Beginn des 16. Jahrhunderts fast ganz verschwunden sein soll). Und die Freizügigkeit war im 18. Jahrhundert im Westen des Kontinents noch immer eingeschränkt, namentlich in Großbritannien und in Frankreich durch die *Poor Laws* und die große Autonomie, die die lokalen Eliten und Grundherrschaften dabei genossen, den arbeitenden Schichten Zwangsregeln aufzuerlegen. Auch spielten in Europa die Güter der Kirche, mit denen nicht uneingeschränkt gehandelt werden durfte, eine bedeutendere Rolle als die religiöser Einrichtungen in China.

Schließlich und vor allem waren die steuerlichen Belastungen in China deutlich geringer: kaum 1–2 % des Nationaleinkommens, während sie sich in Europa am Ende des 18. Jahrhunderts 6–8 % annäherten. Im Qing-Reich galt strikte Haushaltsdisziplin: Die Steuereinnahmen deckten streng die Ausgaben, ohne jedes Defizit. Umgekehrt häuften die europäischen Staaten, angefangen mit Frankreich und Großbritannien, trotz ihres hohen Steueraufkommens beachtliche öffentliche Schulden an, insbesondere in Kriegszeiten, weil die Steuereinnahmen die exorbitanten Militärausgaben niemals deckten. Und Zinszahlungen aus vorangegangenen Kreditaufnahmen trieben sie weiter in die Höhe.

Am Vorabend der Französischen Revolution lag die öffentliche Verschuldung in Frankreich wie in Großbritannien bei einem Jahr des Nationaleinkommens. Infolge der Revolutions- und der Napoleonischen Kriege (1792–1815) überstieg die des Vereinigten Königreichs sogar die Marke von 200 % des Nationaleinkommens, sodass fast ein Drittel der eingezogenen Steuern (hauptsächlich von den unteren und mittleren Schichten) für den Schuldendienst aufgewendet wurde (zum größten Nutzen der vermögenden Gläubiger, die diese Kriege finanziert hatten). Auf diese Episoden kommen wir in den nächsten Teilen zurück, wenn wir die Probleme der öffentlichen Schulden und ihrer Rückzahlung im 20. und 21. Jahrhundert erörtern. Halten wir zunächst nur fest, dass diese schwindelerregenden Verschuldungen der europäischen Entwicklung offenbar nicht geschadet haben. Wie die europäischen höheren Steuern ermöglichten es auch die aufgenommenen Kredite, staatliche und militärische Fähigkeiten aufzubauen, die sich für den Aufstieg des Kontinents zur Vorherrschaft als entscheidend erwiesen. Diese Steuern und Schulden hätten anstatt für die Armee gewiss für langfristig nützlichere Dinge eingesetzt werden können (zum Beispiel für Schulen, Hospitäler, Straßen, Abwasserkanäle), und sicher wäre es vorzuziehen gewesen, die britischen Vermögenden zur Kasse zu bitten (anstatt ihnen die Gelegenheit zu geben, sich an der öffentlichen Verschuldung zusätzlich zu bereichern). Aber angesichts der damals geführten zwischenstaatlichen Kriege und mit einer politischen Macht, die in den Händen der Besitzenden lag, fiel die Wahl auf Militärausgaben und eine Finanzierung durch Verschuldung. Und das Ganze trug dazu bei, die europäische Herrschaft über den Rest der Welt zu festigen.

Smithianische Chinesen und mit Opium handelnde Europäer

Insgesamt betrachtet, hätten die friedlichen und tugendhaften smithianischen Institutionen wohl Gutes bewirken können, wären sie denn von allen Ländern im 18. und 19. Jahrhundert übernommen worden (auch wenn Smith in seiner Vision den Nutzen von Steuern und einer starken öffentlichen Hand dabei unterschätzte, produktive Investitionen zu finanzieren, und außer Acht ließ, wie wichtig Chancengleichheit in Bildung und soziale Gleichstellung für die Entwicklung sind). Aber in einer Welt, in der manche Länder überlegene militärische Fähigkeiten aufbauen, behaupten sich die tugendhaftesten nicht immer am besten. Die Geschichte der Beziehungen zwischen Europäern und Chinesen ist unter diesem Gesichtspunkt beispielhaft. Als ab Anfang des 18. Jahrhunderts die Vorräte in den amerikanischen Silberminen zur Neige gingen, mit denen die Europäer ihre Handelsbilanz hatten ausgleichen können, machte sich unter ihnen die Besorgnis breit, ihre Importe an Seide, anderen Textilien, Porzellan, Gewürzen und Tee aus den beiden asiatischen Riesenreichen nicht mehr finanzieren zu können. Daraufhin begannen die Briten den Opiumanbau in Indien zu intensivieren, um das Produkt an Händler und zahlungskräftige abhängige Konsumenten in China zu exportieren. Im Verlauf des 18. Jahrhunderts weitete sich der Opiumhandel aus. 1773 errichtete die Britische Ostindien-Kompanie (EIC) ihr Monopol auf die Produktion und den Export von Opium aus Bengalen.

Schon seit 1729 hatte das Qing-Reich einleuchtenderweise das Verbot des Opiumkonsums zu nichtmedizinischen Zwecken durchzusetzen versucht, um die öffentliche Gesundheit zu schützen. Angesichts der gewaltigen Steigerung der gehandelten Mengen und auf Druck seiner Verwaltung sowie der aufgeklärten öffentlichen Meinung schritt der Kaiser schließlich zur Tat. 1839 wies er seinen Gesandten in Kanton an, den illegalen Handel zu unterbinden und die Lagerbestände an Opium unverzüglich zu verbrennen. Ende 1839 und Anfang 1840 Jahre entbrannte in Großbritannien, finanziert von Opiumhändlern, eine heftige Pressekampagne gegen die Chinesen, um die unerträgliche Verletzung der Eigentumsrechte und die inakzeptable Infragestellung der Grundlagen des Freihandels anzuprangern. Da der Qing-Kaiser die fiskalischen und militärischen Fähigkeiten Großbritanniens offenbar unterschätzt hatte, führte der erste Opiumkrieg (1839–1842) die Chinesen rasch in ein Debakel. Die Briten entsandten eine Flotte, die pausenlos Kanton und Shanghai beschoss, und erreichten 1842 die Unterzeichnung des ersten der «Ungleichen Verträge» (ein Ausdruck, den Sun Yat-sen 1924 verbreitete). Die Chinesen mussten für das vernichtete Opium sowie die Kriegskosten Entschädigungen zahlen, den englischen Kaufleuten rechtliche und steuerliche Privilegien gewähren und ihnen die Insel Hongkong abtreten.

Dagegen weigerte sich der Qing-Staat weiterhin, den Opiumhandel offiziell zu legalisieren. Das englische Handelsbilanzdefizit wuchs weiter. Erst der Zweite Opiumkrieg (1856–1860), in dem 1860 französisch-britische Truppen den Sommerpalast in Peking plünderten, bewog den Kaiser am Ende zum Einlenken. Opium wurde legalisiert. Vor allem musste der chinesische Staat den Europäern 1860–1862 zugestehen, eine Reihe von Handelskontoren zu eröffnen, ihnen territoriale Zugeständnisse machen und eine hohe Kriegsentschädigung zahlen. Auch wurde ihm im Namen der Religionsfreiheit aufgezwungen, christlichen Missionaren im Reich Freizügigkeit zu gewähren (ohne einen Gedanken daran, buddhistischen, muslimischen oder hinduistischen Missionaren dasselbe Recht in Europa zuzugestehen). Ironie der Geschichte: Infolge dieses von den Franzosen und Briten aufgezwungenen Militärtributs musste der chinesische Staat seine smithianische Haushaltsdisziplin über Bord werfen und erstmals mit einer bedeutenden öffentlichen Kreditaufnahme experimentieren. Diese Verschuldung weitete sich aus und zwang die Qing-Kaiser, die Steuern zu erhöhen, um die Europäer zu bedienen, und ihnen später einen wachsenden Anteil an der Steuerhoheit des Landes abzutreten – nach einem klassischen kolonialherrschaftlichen Szenario der Unterwerfung durch Schulden, wie es uns bereits im Zusammenhang mit anderen Ländern (so Marokko) begegnet ist.[1]

Was die öffentliche nationale Verschuldung angeht, mit der die europäischen Staaten ihre innereuropäischen Kriege im Verlauf des 17. und 18. Jahrhunderts finanzierten, ist zudem hervorzuheben, dass diese eine zentrale Rolle bei der Entwicklung der Finanzmärkte spielten. Dies gilt insbesondere für die britische Verschuldung durch die Napoleonischen Kriege, die bis heute eine der höchsten in der Geschichte

1 Siehe Kapitel 7, S. 357–360. Zu den Opiumkriegen siehe zum Beispiel P. Pingaravélou, S. Venayre, *Histoire du monde au xixe siècle*, a. a. O. S. 266–270.

darstellt (über zwei Jahre des britischen Nationaleinkommens und des Bruttoinlandsprodukts, beachtlich angesichts der Bedeutung des Landes in der Weltwirtschaft 1815–1820). Die Anleihen bei den britischen Vermögenden und Sparern machten es notwendig, solide Banken- und Finanzintermediationsnetze aufzubauen. Wir haben bereits erwähnt, welche Rolle die koloniale Expansion für die Gründung der ersten weltweit bedeutenden Aktiengesellschaften spielte, angefangen von der britischen EIC und der niederländischen VOC, Kompanien, die regelrechte Privatarmeen führten und auf ausgedehnten Territorien hoheitliche Aufgaben erfüllten.[1] Zudem trugen die zahlreichen kostspieligen Unwägbarkeiten bei den Seeexpeditionen dazu bei, dass Versicherungsgesellschaften und Frachtunternehmen entstanden, die in der Folge eine entscheidende Rolle spielen sollten.

Auch ist hinzuzufügen, dass die öffentliche Verschuldung aus den europäischen Kriegen ebenso als Triebkräfte bei Verbriefungen und Finanzinnovationen wirkten. Manche dieser Erfahrungen endeten mit spektakulären Firmenzusammenbrüchen, angefangen mit dem berüchtigten Bankrott John Laws 1718–1720, hauptsächlich verursacht durch den Konkurrenzkampf, den sich der französische und der britische Staat dabei lieferten, ihre jeweiligen Schulden loszuwerden, indem sie ihren Gläubigern Aktien von mehr oder weniger irrsinnig agierenden Kolonialkompanien anboten (so die der Mississippi-Kompanie, die das Platzen der Finanzblase beschleunigte). Damals beruhten die meisten Projekte dieser Aktiengesellschaften darauf, Handels- oder Steuermonopole auszunutzen, und ähnelten eher einer ausgeklügelten und militärisch abgesicherten Wegelagerei als produktivem Unternehmertum.[2] Das ändert nichts daran, dass die Europäer Finanzinstrumente und Handelsmethoden im globalen Maßstab entwickelten, die mit dazu

1 Siehe Kapitel 7, S. 415–418.

2 Das grandioseste Projekt, das während der Blase 1718–1720 ersonnen wurde, war das französischer Kaufleute für eine Kompanie, die ein Handelsmonopol für den gesamten amerikanischen Doppelkontinent erwerben sollte, mit einem Kapital von 80 Millionen britischen Pfund (ungefähr das britische Nationaleinkommen eines Jahres). Mehrere Projekte versprachen die Entdeckung des sagenumwobenen Königreichs Ophir, das angeblich die Schätze des Königs Salomon beherbergte und gewöhnlich zwischen dem heutigen Mosambik und Simbabwe vermutet wurde. Ein anderes Projekt sah vor, in Afrika die Textilien fertigen zu lassen, die gegen Sklaven eingetauscht wurden, um sich rascher an den Geschmack der dortigen Händler anzupassen. Siehe S. Condorelli, *From Quincampoix to Ophir: A Global History of the 1720 Financial Boom*, Universität Bern, 2019. Siehe ebenso A. Orain, *La Politique du merveilleux. Une autre histoire du Système de Law*, Paris: Fayard, 2018.

beitrugen, Infrastrukturen aufzubauen und Wettbewerbsvorteile zu erringen, die sich im Zeitalter des globalisierten Industrie- und Finanzkapitalismus im 19. und zu Beginn des 20. Jahrhunderts als entscheidend erweisen sollten.

Protektionismus und Merkantilismus: zu den Ursprüngen der «großen Divergenz»

Die neueren Forschungen haben die Schlussfolgerungen weitgehend bestätigt, die Pomeranz zu den Ursprüngen der «großen Divergenz» und der zentralen Rolle gezogen hatte, welche Militär- und die Kolonialherrschaft sowie die aus ihr hervorgegangenen technischen und finanziellen Innovationen spielten.[1] In ihren Forschungsarbeiten betonen Jean-Laurent Rosenthal und Roy Bin Wong vor allem die Tatsache, dass es die politische Zersplitterung in Europa den betreffenden Staaten faktisch ermöglicht hatte, zwischen 1750 und 1900 über China die Oberhand zu gewinnen, insbesondere dank der Innovationen, zu der sie wegen ihrer militärischen Rivalitäten gelangt waren – auch wenn diese Zersplitterung auf lange Sicht global negative Folgen hatte (wie sich im Extrem an der Selbstzerstörung Europas in den Jahren 1914–1945 zeigte, aber auch an den europäischen Schwierigkeiten, nach dem Zweiten Weltkrieg zur Einheit zu gelangen oder, in neuerer Zeit, mit den Folgen der Finanzkrise von 2008 fertigzuwerden).[2]

Die Arbeiten Sven Beckerts zeigen zudem auf, wie die Ausbeutung von Sklaven auf den Baumwollplantagen entscheidend dazu beitrug,

---

1 Hervorzuheben ist, dass die Schlüsselrolle, die Extraktion durch Sklavenhaltung und Kolonialismus bei der Entwicklung des Industriekapitalismus spielten, bereits von zahlreichen Beobachtern des 19. Jahrhunderts analysiert wurde (angefangen mit Karl Marx); ebenso von Eric Williams (dem Premierminister von Trinidad und Tobago von 1956 bis 1981) in *Capitalism and Slavery* (1944). Im Vergleich dazu hob Max Weber in *Die protestantische Ethik und der Geist des Kapitalismus* (1905) auf kulturelle und religiöse Faktoren ab, während Fernand Braudel in *Sozialgeschichte des 15.–18. Jahrhunderts* (im Original 1979 erschienen) insbesondere die Rolle betonte, welche die Hochfinanz aus dem katholischen wie protestantischen Europa gespielt habe. Die neueren, deutlich weniger eurozentristisch ausgerichteten Arbeiten von Pomeranz, Parthasarathi und Beckert stellen eine Art Rückbesinnung auf Marx und Williams dar, aber mit vielfältigeren Methoden und Quellen, die mit der Geschichte der globalen und vernetzten Welt assoziiert sind.

2 Siehe J.-L. Rosenthal, R. B. Wong, *Before and Beyond Divergence: The Politics of Economic Change in China and Europe*, Cambridge, Mass. [u. a.]: Harvard University Press, 2011.

dass die Briten und Europäer zwischen 1750 und 1850 die Kontrolle über die weltweite Textilproduktion gewannen. Vor allem erinnert Beckert daran, dass die Hälfte aller afrikanischen Sklaven, die zwischen 1492 und 1888 über den Atlantik verschleppt wurden, dieses Schicksal im Zeitraum 1780–1860 erlitten. Diese letzte Phase des beschleunigten Wachstums der Sklaverei und Baumwollplantagenwirtschaft spielte beim Aufstieg der britischen Textilindustrie zur Vorherrschaft eine ausschlaggebende Rolle.[1] Letztendlich wird der smithianische Gedanke, wonach sich der britische und der europäische Vorsprung auf die friedlichen und tugendhaften parlamentarischen und proprietaristischen Institutionen gestützt habe, kaum noch vertreten.[2] Forscher haben sich im Übrigen darangemacht, detaillierte Daten zu Erwerbseinkommen und Produktionen zu erheben, anhand derer sich die Verhältnisse in Europa, China und Japan vor und während der «großen Divergenz» miteinander vergleichen lassen. Trotz der etwas unsicheren Quellenlage bestätigen die vorliegenden Fakten die These, wonach die Auseinanderentwicklung zwischen Europa und Asien erst später, ab dem 18. Jahrhundert – mit Unterschieden beim genauen Zeitpunkt je nach Autor –, so richtig in Gang gekommen ist.[3]

1 Siehe S. Beckert, *King Cotton. Eine Geschichte des globalen Kapitalismus*, München: C.H.Beck, 2014, a.a.O. Siehe ebenso S. Beckert, S. Rockman, *Slavery's Capitalism: A New History of American Economic Development*, Philadelphia: University of Pennsylvania Press, 2016.

2 Es sei darauf hingewiesen, dass Adam Smiths Äußerungen eine normative und prospektive Dimension hatten: Er stritt keineswegs ab, dass militärisches Vorgehen und Sklavenhaltung beim britischen Wohlstand eine Rolle gespielt hatten (was auch schwierig gewesen wäre), sondern behauptete vielmehr, dass die Schlüsselfaktoren des künftigen Wohlstands auf der Achtung der Eigentumsrechte und den Gesetzen von Angebot und Nachfrage beruhten. Ebenso dreht sich das von Douglass North und Barry Weingast vertretene Entwicklungsmodell zwar um den Schutz der Eigentumsrechte und um die tugendhaften britischen Institutionen (siehe insbesondere «Constitutions and Commitment», *Journal of Economic History* 49 (1989), 4, S. 803–832), aber ohne die Bedeutung anderer Faktoren zu leugnen. Der von Daron Acemoglu und James Robinson entwickelte Ansatz, der sich zunächst auf die Rolle der Systeme von Eigentumsrechten konzentrierte, die aus den Revolutionen jenseits des Atlantiks hervorgegangen waren, wurde im Anschluss erweitert und betont fortan die Rolle der «inklusiven Institutionen» im Entwicklungsprozess, ein weitgefasster Begriff, der vielfältige Institutionen im Sozial-, Fiskal- und Bildungsbereich einschließen kann (siehe zum Beispiel D. Acemoglu, J. Robinson, *Warum Nationen scheitern: Die Ursprünge von Macht, Wohlstand und Armut*, Frankfurt a. M.: Fischer, 2014).

3 Siehe zum Beispiel S. Broadberry, H. Guan, D. Daokui Li, «China, Europe and the Great Divergence: a Study in Historical National Accounting 980–1850», *Journal of Economic History* 78 (2018), 4, S. 955–1000. Die Autoren gelangen zum Schluss, dass die Divergenz in der Produktion pro Einwohner und beim Durchschnittseinkommen zwischen China und Groß-

Dagegen ermöglichen es die Arbeiten Prasannan Parthasarathis, die Schlüsselrolle der protektionistischen Maßnahmen gegen Indien beim Aufstieg der britischen Textilindustrie hervorzuheben.[1] Im 17. und 18. Jahrhundert stammten die verarbeiteten Produkte (Textilien jeder Art, besonders Seidenstoffe, Porzellan) hauptsächlich aus China und Indien und wurden weitgehend durch die Silber- und Goldimporte aus Europa und Amerika (sowie aus Japan) finanziert.[2] Die indischen Textilien, insbesondere bedruckte Stoffe und blaue Kalikots, machten in Europa und auf der ganzen Welt Furore. Zu Beginn des 18. Jahrhunderts wurden 80 % der Textilien, die englische Kaufleute gegen Sklaven in Westafrika eintauschten, in Indien erzeugt. Am Ende des Jahrhunderts betrug dieser Anteil noch 60 %. Schifffahrtsregister zeigen, dass solche indische Ware in den 1770er Jahren allein ein Drittel der Ladungen der in Rouen auslaufenden Schiffe stellte, die am Sklavenhandel beteiligt waren. Osmanische Berichte verraten, dass die indischen Textilausfuhren in den Nahen Osten damals sogar die nach Westafrika übertrafen – offenbar ohne der Obrigkeit Kopfzerbrechen zu bereiten, weil sie für die Interessen der lokalen Verbraucher empfänglicher waren.

In Europa entdeckten die Kaufleute sehr rasch ihr Interesse, gegen die indischen Textilien Stimmung zu machen, um sich einen Teil dieser Fertigkeiten anzueignen und ihre eigenen transkontinentalen Projekte zu entwickeln. Schon 1685 führte das britische Parlament Zollgebühren von 20 % und 1690 von 30 % ein und belegte 1700 dann den Import von bedruckten und gefärbten Textilien mit einem vollständigen Verbot. Ab diesem Jahr wurden aus Indien nur noch unveredelte Textilien eingeführt, wodurch die britischen Erzeuger ihre Fabrikation farbiger und bedruckter Ware weiter ausbauen konnten. Ähnliche Maßnahmen

---

britannien deutlich ab 1700 hervortritt, also schon etwas früher als von Pomeranz eingeschätzt (der den Gedanken vertritt, dass sich die Löhne in den am weitesten entwickelten Regionen Europas und Asiens bis 1750–1800 in gleicher Höhe bewegt hätten), aber «später als in den früheren eurozentristischen Thesen». Allerdings ist eher ungewiss, ob die Quellen so genaue Aussagen zulassen, und eher angezeigt, (wie Pomeranz) vorrangig ganz bestimmte chinesische und europäische Regionen in den Blick zu nehmen.

1 Siehe das erhellende Buch P. Parthasarathi, *Why Europe Grew Rich and Asia Did Not: Global Economic Divergence 1600–1850*, Cambridge [u. a.]: Cambridge University Press, 2011.

2 Nach den vorliegenden Schätzungen sollen von ungefähr 142 Kilotonnen an Edelmetallen (im Gegenwert von Silber), die zwischen 1600 und 1800 (132 in Amerika, 10 in Japan) gefördert wurden, rund 28 Kilotonnen (20 %) nach Indien exportiert worden sein. Siehe ebenda, S. 46 f.

ergriff auch Frankreich, während Großbritannien die seinen das gesamte 18. Jahrhunderts über weiter verschärfte, insbesondere 1787 mit der Einführung von Zöllen von 100 % auf sämtliche indischen Textilien. Eine entscheidende Rolle dabei spielte der Druck durch die Sklavenhändler in Liverpool, die einen dringenden Bedarf an Qualitätstextilien hatten, um ihren Handel in den afrikanischen Küstenregionen weiter auszubauen, ohne ihr gesamtes Edelmetall auszugeben, insbesondere in der Zeit zwischen 1765 und 1785, in der die englische Produktion rapide verbessert wurde. Erst Mitte des 19. Jahrhunderts, als das Vereinigte Königreich, insbesondere dank des Einsatzes von Kohle, in der Textilindustrie einen unanfechtbaren Wettbewerbsvorteil erlangt hatte, machte es sich für Freihandel stark (wie bei den Opiumexporten nach China nicht ohne Hintersinn).

Zu protektionistischen Maßnahmen griffen die Briten auch im Schiffbau, der in Indien im 17. und 18. Jahrhundert florierte, indem sie 1815 eine Sondersteuer von 15 % auf sämtliche Güter erließen, die auf Schiffen aus indischer Produktion ins Land gelangten, und dann verordneten, dass nur englische Schiffe Waren von westlich des Kaps der Guten Hoffnung anlanden durften. Auch wenn sich eine globale Schätzung nur schwer vorlegen lässt, erscheint klar, dass dieses Gesamtbündel an protektionistischen und merkantilistischen Maßnahmen, das der übrigen Welt mit der Überzeugungskraft der Kanonen nahegebracht wurde, eine erhebliche Rolle dabei spielte, den Briten und den Europäern die industrielle Vorherrschaft zu sichern. Nach den verfügbaren Schätzungen sank der Anteil Chinas und Indiens an der globalen gewerblichen Produktion von 53 % im Jahr 1800 auf gerade einmal 5 % 1900.[1] Auch hier wäre es wieder absurd, diesen Entwicklungsweg als den einzig möglichen zur industriellen Revolution und zum modernen Wohlstand ansehen zu wollen. So sind zum Beispiel andere historische Verläufe vorstellbar, die es den europäischen und asiatischen Produzenten ermöglicht hätten, zum gleichen (und sogar einem höheren) industriellen Wachstum zu gelangen, ohne den gegen Indien und China gerichteten Protektionismus, ohne Kolonial- und Militärherrschaft und mit egalitäreren und ausgewogeneren Formen des Handels und der Interaktion zwischen den verschiedenen Weltregionen. Dies wäre gewiss eine ganz andere als die Welt gewesen, aus der wir stammen. Aber die Rolle der

1 Siehe ebenda, S. 97–131, 234 f. Siehe ebenso P. Singaravélou, S. Venayre, *Histoire du monde au xixe siècle*, a. a. O., S90 ff.

historischen Forschung besteht eben darin, die Existenz von Alternativen und Scheidewegen aufzuzeigen, die sich insbesondere nach den jeweiligen politisch-ideologischen Kräfteverhältnissen zwischen den beteiligten Gruppen auftun.

Japan und die beschleunigte Modernisierung einer dreigliedrigen Gesellschaft

Wir untersuchen nun, wie die Begegnung mit den europäischen Kolonialmächten die Umwandlung der dreigliedrigen Ungleichheitsregime beeinflusst hat, die in den verschiedenen Teilen Asiens vor Ankunft der Europäer vorherrschten. Wie wir im vorangegangenen Kapitel sahen, waren die Ungleichheiten im präkolonialen Indien vor allem durch die trifunktionale Ideologie strukturiert, wobei sich zwischen der kriegerisch-militärischen (den Kshatriya) und der religiös-geistigen Elite (den Brahmanen) eine Art Gleichgewicht einpendelte, je nach den instabilen und wandelbaren Konstellationen, insbesondere dann, wenn neue kriegerische Eliten auftauchten, hinduistische und muslimische Königreiche in Konkurrenz zueinander gerieten und sich die Solidaritäten und Identitäten von Jatis veränderten. Wie wir vor allem sahen, hat die britische Verwaltung, indem sie durch Volkszählungen und kolonialpolitische Maßnahmen das Kastendenken verfestigte, die Weiterentwicklung der indischen trifunktionalen Gesellschaften unterbrochen und so dazu beigetragen, dass ein ganz eigenes Ungleichheitsregime entstand, in dem sich althergebrachte statusbedingte und moderne Ungleichheiten bei Eigentum und Bildung auf nie dagewesene Weise vermischten.

Bei einem Blick auf Japan zeigen sich vielfältige Unterschiede zu Indien, aber auch mehrere Ähnlichkeiten. Zur Edo-Zeit (1600–1868) herrschte im Land eine stark hierarchisierte Gesellschaft mit vielfältigen sozialen Unterschieden und einer starren Einteilung nach gesellschaftlichen Stellungen trifunktionaler Art, entsprechend einer Logik, die in mancherlei Hinsicht mit der im Europa des Ancien Régime oder im präkolonialen Indien vergleichbar ist. Vorherrschend in der Gesellschaft war zum einen der Militäradel der Daimyō (der feudalen Großgrundbesitzer) unter Herrschaft des Shōguns (Militärchefs) und zum anderen eine Schicht aus Shintō-Priestern und buddhistischen Mönchen (die je nach Periode mehr oder weniger eine Symbiose bildeten oder konkurrierten). Die Besonderheit des japanischen Regimes zur Edo-Zeit bestand darin, dass die kriegerische Schicht über die anderen eine Vorherrschaft gewonnen hatte. Die erblichen Shōguns der Tokugawa-Dynastie hatten nach zahlreichen Feudalkriegen in den vorangegangenen Jahrzehnten in den Jahren 1600–1604 die Ordnung wiederhergestellt, ihre Rolle als reine Militärchefs schrittweise überwunden und sich zu den eigentlichen politischen Führern des Landes aufgeschwungen. Von ihrer Hauptstadt Edo (Tokio) aus führten sie das gesamte Verwaltungs- und Rechtssystem an, während der Kaiser in Kyoto residierte und als geistlicher Führer nur symbolische Funktionen erfüllte.

Allerdings wurde die Legitimität des Shōguns und der kriegerischen Schicht einer harten Probe unterzogen, als 1853 die mit Kanonen bestückten Kriegsschiffe des US-Kommodore Matthew Perry in der Bucht von Tokio aufkreuzten. Als er 1854 mit einem doppelt so großen Geschwader, verstärkt durch die Schiffe mehrerer europäischer (britischer, französischer, niederländischer und russischer) Verbündeter zurückkehrte, blieb dem Shōgunat (dem Verwaltungsapparat des Shōguns) nichts anderes übrig, als den Koalitionsmächten die verlangten Privilegien im Handel, bei den Steuern und der Gerichtsbarkeit zu gewähren. Diese offene Demütigung stürzte Japan in eine Phase, in der die herrschende Politik und Ideologie heftig angefochten wurden und die 1868 mit dem Beginn der Meiji-Zeit endete: Unter dem Druck eines Teils des Adels und der japanischen Eliten, die das Land modernisieren und mit den Westmächten konkurrieren wollten, wurde der letzte Tokugawa-Shōgun abgesetzt und die kaiserliche Autorität wiederhergestellt. Japan bietet so das unerhörte Beispiel einer beschleunigten soziopolitischen Modernisierung, die durch eine (wenn auch großteils symbolische) kaiserliche Restauration eingeleitet wurde.[1]

1 Für den Anthropologen Claude Lévi-Strauss bestand Japans Glück eben darin, dass sich seine Modernisierung in Form einer Restauration vollzog: Die Tatsache, dass der Kaiser und ein Teil der alten Eliten die Macht ergriffen, soll seinen industriellen Erfolg unter Achtung der Traditionen ermöglicht haben, während das revolutionäre französische Bürgertum gerade einmal dazu getaugt habe, die Bürokratenposten zu besetzten, nachdem es den alten Adel ausgeplündert hatte (der dabei doch bereit war, sich auf den Kapitalismus einzulassen). Auch wenn die These nicht ganz überzeugt, illustriert sie immerhin das zuweilen nicht zu unterdrückende Bedürfnis, nationalen sozioökonomischen und politisch-ideologischen Entwicklungen einen Sinn zu geben. Siehe C. Lévi-Strauss, *Die andere Seite des Mondes. Schriften über Japan*, Berlin: Suhrkamp Verlag, 2017, S. 67f., S. 137f.

Die Reformen, die ab 1868 umgesetzt wurden, ruhten auf mehreren Säulen. Insbesondere wurden die alten statusbedingten Unterschiede abgeschafft. Der Militäradel verlor seine rechtlichen und steuerlichen Privilegien. Dies galt nicht nur für den Hochadel der Daimyō (eine kleine Schicht, vergleichbar mit den britischen Lords), sondern auch für sämtliche Krieger, die mit Lehen (Abgaben, die auf die Ernten der Dörfer erhoben wurden) bedacht waren – und die teilweise finanziell entschädigt wurden. Die Verfassung von 1889, inspiriert vor allem von der britischen und der preußischen Staatsordnung, stützte sich auf ein Oberhaus (das Kizokuin, das es einem handverlesenen Teil des Adels ermöglichte, weiterhin eine politische Rolle zu spielen) und vor allem auf eine Abgeordnetenkammer, die anfänglich per Zensuswahlrecht von kaum 5 % der Männer gewählt wurde. 1910 und 1919 wurde dieses Wahlrecht ausgeweitet, worauf 1925 sämtliche männlichen Erwachsenen einbezogen wurden. 1947 wurde es schließlich auf die Frauen ausgeweitet und das Oberhaus in dieser Form endgültig abgeschafft.[1]

Den Volkszählungen nach Schichten zufolge, die ab 1720 unter den Tokugawa durchgeführt wurden, stellten die Daimyō und die mit einem Lehen versehenen Krieger 5–6 % der Gesamtbevölkerung, mit starken Unterschieden je nach Region und Fürstentum (von 2–3 % bis 10–12 %). Die zahlenmäßige Stärke dieser Gruppe verringerte sich anscheinend im Verlauf der Edo-Zeit: Bei der Volkszählung von 1868, zu Beginn der Meiji-Zeit und unmittelbar bevor Lehen und Krieger als Schicht mit gesetzlichem Status (abgesehen von den im Kizokuin vertretenen Adligen) abgeschafft wurden, stellten diese nur noch 3–4 % der Gesamtbevölkerung. Die Shintō-Priester und buddhistischen Mönche hatten einen Anteil von 1–1,5 %. Stellt man einen Vergleich mit dem Europa des 16.–18. Jahrhunderts an, so zeigt sich, dass der Kriegerstand in Japan stärker vertreten war als in Frankreich oder Großbritannien, während die religiöse Schicht eine etwas geringere Bedeutung hatte (siehe Grafik 9.3).[2] Wie wir gesehen haben, gab es in anderen europäischen Ländern und in mehreren indischen Unterregionen Schichten aus Kriegern und Adligen, die ähnlich groß oder größer waren als die in

1 Siehe zum Beispiel E. Reischauer, *Histoire du Japon et des Japonais*, Paris: Seuil, 1997, Bd. 1, S. 164–196.

2 Eine detaillierte Darstellung der Daten aus den japanischen Volkszählungen der Edo- und der Meiji-Zeit, zusammengetragen mithilfe G. Carrés, siehe Technischer Anhang.

Japan.[1] Letztendlich unterschieden sich diese Größenordnungen kaum voneinander und zeugen von einer gewissen Ähnlichkeit zwischen den verschiedenen trifunktionalen Gesellschaften, zumindest unter dem Gesichtspunkt der formalen Gesamtstruktur.

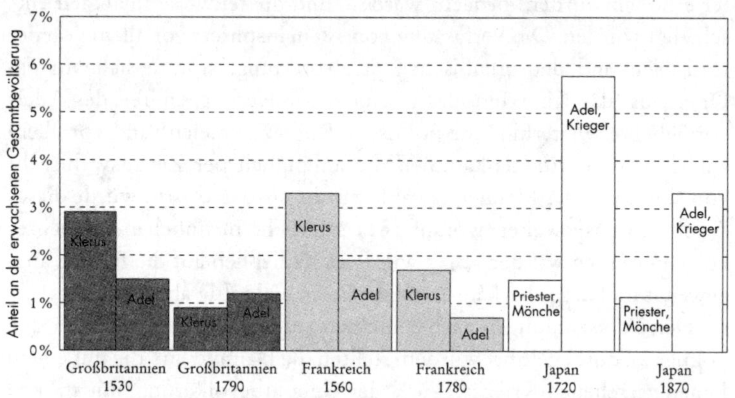

Grafik 9.3.: In Großbritannien und Frankreich schrumpfte zwischen dem 16. und 18. Jahrhundert der Anteil der beiden dominierenden Schichten der trifunktionalen Gesellschaft (Klerus und Adel) an der Gesamtbevölkerung. In Japan lag der Anteil des kriegerischen Hochadels (Daimyō) und der Lehenskrieger deutlich höher als der der Shintō-Priester und -Mönche, nahm aber laut den japanischen Volkszählungen aus der Edo-Zeit und zu Beginn der Meiji-Zeit zwischen 1720 und 1870 stark ab.
Quellen und Reihen: siehe piketty.pse.ens.fr/ideologie.

Neben den Steuerprivilegien und Frondiensten schafften die Reformen der Meiji-Zeit auch die vielfältigen Unterschiede ab, die unter dem vorigen Regime beim Status der verschiedenen Kategorien städtischer und ländlicher Arbeiter geherrscht hatten. Insbesondere beendeten die neuen Machthaber die Diskriminierungen, denen die Burakumin («Bewohner der Sondergemeinden») unterworfen waren, die die unterste Kategorie der Arbeiter unter den Tokugawa bildeten. Deren Paria-Status ähnelte in gewisser Hinsicht dem der Unberührbaren und Ureinwohner Indiens. Allgemein wird davon ausgegangen, dass die Burakumin in der Edo-Zeit weniger als 5 % der Bevölkerung gestellt hatten, auch wenn sie in den Volkszählungen generell nicht erfasst wurden. In

1 Siehe Kapitel 5, Grafik 5.2, und Kapitel 8, Grafik 8.3.

der Meiji-Zeit wurde die Existenz dieser Kategorie nun offiziell beendet.[1]

Im Übrigen führte das Meiji-Regime eine Reihe politischer Maßnahmen mit dem Ziel durch, die Industrialisierung des Landes beschleunigt voranzutreiben und den Rückstand gegenüber den Westmächten aufzuholen. Die fiskalische und administrative Zentralisierung des Landes wurde rasch forciert (Präfekten und Regionen ersetzten Daimyō und Lehen). Die Steuerlast wurde erhöht, um Investitionen für die wirtschaftliche und soziale Entwicklung des Landes zu finanzieren, insbesondere für die Transportinfrastruktur (Straße, Schiene, Schifffahrt) und den Bildungs- und Gesundheitsbereich.[2]

Besonders spektakulär waren die Bildungsanstrengungen, sowohl bei der Ausbildung einer neuen Elite, die mit den westlichen Ingenieuren und Gelehrten konkurrieren konnte, als auch bei der Alphabetisierung und Bildung der breiten Masse. Was die Eliten in ihren Bestrebungen motivierte, liegt auf der Hand: Ihr Land sollte nicht unter westliche Herrschaft fallen. Die japanischen Studenten, die 1872 von der Hafenstadt Kagoshima aus zum Studium an westliche Universitäten aufbrachen, erzählten ohne Umschweife ihre Geschichte: Als ihr Schiff nach Europa an der indischen Küste Zwischenstation machte, sahen sie kleine indische Kinder, die darauf angewiesen waren, zur Belustigung britischer Siedler im Ozean nach kleinen Münzen zu tauchen. Daraus schlossen sie, dass sie im Studium härteste Arbeit würden leisten müssen, damit Japan diesem Schicksal entging.[3] Und auch die Massenalphabetisierung und fachliche Bildung galten als unverzichtbare Voraussetzung dafür, das Land erfolgreich zu industrialisieren.

1 Siehe G. Carré, «Les marges statutaires dans le Japon prémoderne: enjeux et débats», *Annales Histoire, Sciences sociales* 66 (2011), 4, S. 955–976; T. Morishita, «Le Japon prémoderne: une société de statuts. Réflexions sur quatre décennies de débats», *Histoire, économie et société* 36 (2017), 2, S. 30–45.

2 Laut mancher Schätzungen generierte der japanische Staat Mitte des 19. Jahrhunderts, also schon vor Beginn der Meiji-Zeit, bereits ein relativ hohes Steueraufkommen (fast 10 % des Nationaleinkommens, also eines näher an dem der europäischen Staaten als an dem des chinesischen oder osmanischen Reichs) und hob es später noch über diese Marke an. Siehe T.-H. Sng, C. Moriguchi, «Asia's Little Divergence: State Capacity in China and Japan Before 1850», *Journal of Economic Growth* 19 (2014), 4, S. 439–470.

3 Siehe das Denkmal für die Studenten von Kagoshima im Museum der Stadt.

Von der sozialen Integration der Burakumin, der Unberührbaren und der Sinti und Roma

Es geht hier nicht darum, diese Politik einer Integration in Gesellschaft und Bildungswesen zu idealisieren. Japan blieb eine hierarchische und inegalitäre Gesellschaft. Gruppen wie die Burakumin kämpften weiterhin gegen die realen (wenn auch nicht legalen) Diskriminierungen, die sie nach dem Zweiten Weltkrieg immer noch erlitten, und Spuren dieses schweren Erbes sind zu Beginn des 21. Jahrhunderts noch sichtbar (wenn auch nicht vergleichbar mit denen, die das indische Kastenwesen hinterlassen hat). Auch ging das japanische Projekt der sozialen Integration mit dem erstarkenden Nationalismus und dem Militarismus einher, der zu den Angriffen auf Pearl Harbour und am Ende zu Hiroshima geführt hat.

Für einen Teil der japanischen Nationalisten, deren Anschauungen sich zum Beispiel im Militärmuseum des Yasukuni-Schreins in Tokio widerspiegeln, gilt der lange Konflikt von 1854–1945 als der «Große Ostasiatische Krieg», in dessen Verlauf es Japan trotz schmachvoller Rückschläge gelungen sei, den Weg zur Entkolonialisierung Asiens und der Welt zu ebnen. Diese Sichtweise betont die Unterstützung, die die Japaner im Zweiten Weltkrieg den Unabhängigkeitsbewegungen in Indien, Indochina und Indonesien leisteten, und weiter die Tatsache, dass die Europäer und Amerikaner im Grunde nie den Gedanken akzeptierten, dass es eine unabhängige asiatischen Macht geben könne, und es keinesfalls anders als durch Waffengewalt hingenommen hätten, dass ihre Kolonialherrschaft beendet würde. Trotz der glanzvollen Siege 1895 über China, 1905 über Russland und 1910 über Korea, unstrittige Belege für den Erfolg der Reformen der Meiji-Zeit, entstand in Japan der Eindruck, dass das Land im Klub der Industrie- und Kolonialmächte nie ganz den Respekt der westlichen Staaten erringen werde.[1] Die japanischen Nationalisten betrachteten es als die größte Demütigung, dass sich diese Mächte entgegen den wiederholten Forderungen

1 In seinem letzten Film *Wie der Wind sich hebt* (2013) beschwört Hayao Miyazaki, Schöpfer großartiger pazifistischer und feministischer Anime-Filme, anrührend das Leben von Jirō Horikoshi (Konstrukteur der Jagdflugzeuge Mitsubishi A6M, die im Krieg besonders verheerend wirkten) und allgemein die Schwierigkeiten und Zweifel der japanischen Ingenieure beim Versuch, bei den deutschen und europäischen Ingenieuren in der Zeit zwischen den Weltkriegen Wertschätzung und Achtung zu gewinnen.

geweigert hatten, im Versailler Vertrag von 1919 das Prinzip der Gleichheit der Rassen aufzunehmen,[1] und vor allem, dass sie im Washingtoner Viermächteabkommen von 1921 durchgesetzt hatten, die Tonnagen der Kriegsflotten der Vereinigten Staaten, Großbritanniens und Japans auf ein Verhältnis von 5 : 5 : 3 festzuschreiben. Diese Regel verurteilte Japan auf ewig zur militärischen Unterlegenheit auf den asiatischen Meeren, unabhängig von seiner industriellen und demografischen Entwicklung. Das Kaiserreich Nippon prangerte sie 1934 an und beschritt den Weg in den Krieg.

In den Jahren 1940/41 standen sich zwei zunehmend widerstreitende Sichtweisen gegenüber: Japan verlangte den kompletten Rückzug der Westmächte aus Ostasien, während die Vereinigten Staaten den generellen Rückzug der Kolonialmächte aus China (also vor allem Japans) forderten und die allgemeinere Frage der Dekolonisation auf später vertagten. Als Roosevelt ein Erdölembargo gegen Japan verhängte und damit Japans Marine kurzfristig in den Häfen festsetzte, sahen Japans Generäle keinen anderen Ausweg, als Pearl Harbour anzugreifen. Diese nationalistische Vision Japans ist interessant und in mancherlei Hinsicht nachvollziehbar, blendet allerdings einen wesentlichen Punkt aus: In den Bevölkerungen Koreas, Chinas und der anderen eroberten Länder ist der japanische Besatzer keineswegs als Befreier in Erinnerung geblieben, sondern vielmehr als eine Kolonialmacht, die ihre Herrschaft mit der gleichen Brutalität durchgesetzt hatte wie die Europäer (ja zuweilen noch barbarischer; auch dies müsste von Fall zu Fall erörtert werden, umso mehr, als die Europäer die Messlatte sehr hoch gelegt haben). Die kolonialistische Ideologie mit dem Ziel, Völker gegen ihren Willen zu befreien und zu zivilisieren, mündet regelmäßig, unabhängig von der Hautfarbe des Kolonialherrn, im Desaster.[2]

---

1 Ihrer Herrschaft gewiss, sorgten die Westmächte zur damaligen Zeit immer wieder für derartige Verstimmungen. 1926 trat Brasilien aus dem Völkerbund aus, weil ihm ein Sitz als ständiges Mitglied im Völkerbundsrat verweigert worden war. Siehe B. Badie, *Nous ne sommes plus seuls au monde. Un autre regard sur l'«ordre international»*, Paris: La Découverte, 2016, S. 142.

2 Zu den weiteren wichtigen Beispielen einer innerasiatischen Kolonisierung in der Neuzeit zählt auch die Ausweitung des Königreichs Vietnam nach Kambodscha 1806–1848. Dieses Projekt stützte sich auf eine ehrgeizige Vietnamisierung dieses «barbarischen» Westens, bis der Khmer-König 1863 um Schutz bei Frankreich nachsuchte. Das Land stellte eher geringe Gegenforderungen und nutzte die Gelegenheit, eine Herrschaft über die gesamte Indochinesische Halbinsel in Angriff zu nehmen. Siehe P. Singaravélou, S. Venayre, *Histoire du monde au xixe siècle*, a. a. O., S 171 f.

Sieht man von diesen stets heftigen Konflikten zwischen den verschiedenen Kolonalmächten und -ideologien und von den kollektiven Erinnerungen der kolonisierten Bevölkerungen ab, so kann man sagen, dass die integrative Sozial- und Bildungspolitik, die Japan in der Meiji-Zeit (1868–1912) und ab 1945 als entmilitarisiertes Land betrieb, ein uraltes Ungleichheitsregime in besonders raschem Tempo umgewandelt hat. Japans Erfolg beim Übergang zur proprietaristischen und industrialisierten Gesellschaft belegt, dass die dabei im Spiel befindlichen Mechanismen eben keineswegs von der angeblich einzigartigen Kultur der Christenheit oder vom zivilisierenden Wesenskern Europas gesteuert wurden.

Schließlich und vor allem zeigen die historischen Erfahrungen Japans, dass entschlossene politische Maßnahmen, insbesondere zum Ausbau der öffentlichen Infrastruktur und bei den Bildungsinvestitionen, althergebrachte gewaltige Ungleichheiten im Status überwinden können, die in manch anderem Umfeld als festgefügt und unabänderlich gelten. Auch wenn die vergangenen Diskriminierungen gegenüber den Paria-Schichten ihre Spuren hinterließen, so hat sich Japan im Verlauf des 20. Jahrhunderts zu einem Land weiterentwickelt, dessen Lebensstandard zu den weltweit höchsten zählt. Und die Ungleichverteilung bei den Einkommen liegt dort zwischen der Europas und der in den Vereinigten Staaten.[1] Die Politik, die Japan von 1870 bis 1940 umsetzte, um die sozioökonomische Entwicklung, die Erhöhung des Bildungsstands und eine gewisse Zusammenführung der Gesellschaft voranzutreiben, war zwar keineswegs vollkommen, hatte aber beispielsweise eine um Klassen stärker einigende Wirkung als die Indienpolitik des britischen Kolonialstaats, der sich kaum darum scherte, die sozialen Ungleichheiten zu verringern oder in die Alphabetisierung und Bildung der unteren Kasten zu investieren. Wie wir im nächsten Teil sehen, verstärkte Japan den Abbau der sozialen Ungleichheiten auch durch eine ehrgeizige Landreform 1945–1950 und die Einführung eines progressiven Steuersystems, das hohe Einkommen und große Erbschaften deutlich stärker belastet (eine Steuerpolitik, die schon in der Meiji-Zeit und zwischen den Weltkriegen angestoßen worden war und nach der Niederlage verstärkt wurde).

Im europäischen Kontext bilden wohl die Sinti und Roma das Beispiel für eine diskriminierte gesellschaftliche Gruppe, die mit den japa-

---

1 Siehe Einführung, Grafik 0.6.

nischen Burakumin oder den indischen unteren Kasten vergleichbar ist. Es sei daran erinnert, dass der Europarat unter dem Begriff «Roma und/oder Fahrende» eine Gesamtheit an nomadisierenden oder sesshaft gewordenen Bevölkerungsgruppen bezeichnet, die auch unter anderen Benennungen bekannt sind (Sinti, Zigeuner, Jenische, Traveller, Landfahrer). Die meisten sind in Europa seit mindestens einem Jahrtausend präsent und stammen aus verschiedenen indischen oder mittelöstlichen Regionen, die sich ihnen angesichts vielfältiger Vermischungen nur mehr oder weniger genau zuordnen lassen.[1] Nach dieser Definition zählten die Sinti und Roma zwischen 10 und 12 Millionen Menschen in den 2010er Jahren, also rund 2 % der europäischen Gesamtbevölkerung. Dieser Anteil ist geringer als der der Burakumin in Japan (2–5 %) oder der unteren Kasten in Indien (10–20 %), aber gleichwohl erheblich. Sinti und Roma sind in fast sämtlichen europäischen Ländern vertreten, besonders stark in Ungarn und Rumänien, wo 1856, im damaligen Fürstentum Walachei, die Sklaverei bzw. Leibeigenschaft abgeschafft wurde. Damals flohen die befreiten Sinti und Roma vor ihren ehemaligen Herren und breiteten sich über weitere Teile des Kontinents aus.[2]

Die im Vergleich zu den Burakumin Japans und den ehemals Unberührbaren und Ureinwohnern Indiens schleppende Integration der Sinti und Roma erklärt sich weitgehend daraus, dass angemessene politische Maßnahmen ausgeblieben sind, vor allem weil sich die verschiedenen europäischen Länder gegenseitig die Verantwortung für diese Bevölkerungsgruppen zuschieben. Sinti und Roma stoßen immer noch auf negative Vorurteile wegen ihrer fremdartigen Bräuche und weil ihnen angeblich der Wille zur Integration fehlt, während sie erheblichen

1 Siehe zum Beispiel I. Mendizabal u. a., «Reconstructing the Population History of European Romani from Genome-wide Data», *Current Biology* 22 (2018), 24, S. 2342–2349.

2 Vor 1856 wurden die Sinti und Roma sowohl von Adelshäusern als auch von Klöstern ausgebeutet. Die Gedenkfeierlichkeiten zum 160. Jubiläum der Abschaffung der Sklaverei der Sinti und Roma fanden 2016 in Rumänien und anderswo in Europa statt. Wir haben bereits mehrfach auf die vielschichtigen und fließenden Übergänge zwischen Sklaverei, Leibeigenschaft und den verschiedenen Formen von Zwangsarbeit hingewiesen (siehe insbesondere Kapitel 6 und 7). Die Frage, ob der Status der Sinti und Roma vor 1856 eher unter Leibeigenschaft oder unter Sklaverei fällt, erfordert eine eingehende Untersuchung, die den Rahmen dieses Buch sprengen würde. Das Gleiche gilt für die Versklavung bzw. Leibeigenschaft der Nobi in Korea, deren Aufstand und Emanzipation mit der Annullierung der «Schulden» 1894 den Zusammenbruch des koreanischen Kaiserreichs und die nachfolgende japanische Invasion beschleunigte. Siehe zum Beispiel B. R. Kim, «*Nobi*: a Korean system of slavery», *Slavery and Abolition* 24 (2003), 2, S. 155–168.

Diskriminierungen ausgesetzt sind und nur von spärlichen Integrationsmaßnahmen profitieren können.[1] Der Fall der Sinti und Roma ist umso interessanter, als er der Öffentlichkeit in einem Europa, das der übrigen Welt gerne Lehren erteilt, die Schwierigkeiten vor Augen führt, mit denen sich Länder wie Japan oder Indien bei den Burakumin bzw. den unteren Kasten konfrontiert sahen. Diese Gruppen waren im Verlauf der Geschichte mit ähnlichen Vorurteilen konfrontiert, aber Japan und Indien konnten diese dadurch abbauen, dass sie über längere Zeiträume hinweg sozial- und bildungspolitische Maßnahmen zur Integration durchführten.

Die trifunktionale Gesellschaft und die Errichtung des chinesischen Staates

Sehen wir nun, wie der Kolonialismus auf den Wandel des chinesischen Ungleichheitsregimes eingewirkt hat. China war im Verlauf seiner gesamten Geschichte bis zur Revolution von 1911 und der Einführung der Republik nach einer ideologischen Konfiguration organisiert, die als trifunktional gelten kann, so wie in Europa oder Indien bis ins 18. oder 19. Jahrhundert. Ein erster wichtiger Unterschied ergibt sich allerdings aus dem Wesen des Konfuzianismus, der eher eine staatsbürgerliche Weisheitslehre als eine Religion darstellt, wie sie im christlichen, jüdischen oder muslimischen Monotheismus oder im Hinduismus verkörpert ist. Aus einer Fürstenfamilie stammend, die von unablässigen Konflikten zwischen chinesischen Königreichen gezeichnet war, lebte Kǒng Fūzǐ (latinisiert zu Konfuzius) im 6. und zu Beginn des 5. Jahrhunderts vor unserer Zeitrechnung (v. u. Z.). Als herausragender Gelehrter und Lehrmeister soll er laut Überlieferung China durchreist haben, um seine Gedanken zu verbreiten und aufzuzeigen, dass sich der öffentliche Friede und die gesellschaftliche Harmonie auf Bildung, Besonnenheit und die Suche nach vernünftigen und pragmatischen Lösungen gründen müsse. (In der Praxis fielen diese allerdings zumeist ziemlich konservativ aus, bei den gesellschaftlichen Sitten und beim Respekt, der den Alten, aber auch dem Eigentum und den Eigentümern geschul-

1 Zu den Unzulänglichkeiten einschlägiger politischer Maßnahmen in Europa siehe zum Beispiel «Working with Roma. Participation and empowerment of local communities», EU Agency for Fundamental Rights (2018).

det ist). Wie in allen trifunktionalen Gesellschaften ging es darum, die Besonnenheit der Gelehrten und Gebildeten ins Zentrum der politischen Ordnung zu rücken, um so den über die Stränge schlagenden Kriegern ein Gegengewicht entgegenzusetzen.

Der Konfuzianismus, *ruxue* auf Chinesisch («Lehre der Gebildeten»), wurde so im 2. Jahrhundert v. u. Z. zur Staatsdoktrin erhoben und blieb als solche während seiner Wandlungen sowie seines Austauschs und seiner Symbiosen mit dem Buddhismus und Daoismus bis 1911 in Kraft. Seit Urzeiten galten die konfuzianisch Gebildeten als Gelehrte und Verwaltungsbeamte, die ihr gewaltiges Wissen, ihre Fähigkeiten und ihre Kenntnisse in der chinesischen Schrift und Geschichte sowie ihre besonders strenge familiäre und staatsbürgerliche Ethik in den Dienst der Gemeinschaft, der öffentlichen Ordnung und des Staates stellten, allerdings ohne den Staat auf eine bestimmte Weise religiös organisieren zu wollen. Dieser wesentliche Unterschied zwischen der trifunktionalen Logik der Konfuzianer und der der Christen liefert übrigens eine der einleuchtendsten Erklärungen dafür, warum es China zur staatlichen Einheit brachte, während Europa politisch zersplittert blieb, welche Versuche die Kirche auch unternommen haben mochte, die christlichen Reiche einander anzunähern.[1]

Die Versuchung liegt nahe, diese «Religion der Einheit des Staates», als die der Konfuzianismus in der Geschichte des chinesischen Kaiserreichs gewissermaßen wirkte, mit dem modernen chinesischen Kommunismus in Verbindung zu bringen, der auf seine Weise eine Art Staatsreligion darstellt. Mit anderen Worten: Die konfuzianischen Verwaltungsbeamten und Gelehrten im Dienst der Han-, Song-, Ming- oder Qing-Kaiser könnten sich schlicht in die Funktionäre und Hohepriester der Kommunistischen Partei (KPCh) verwandelt haben, die im Dienst des Präsidenten der Volksrepublik steht. Diese Parallele

1 Das römische Christentum versuchte, auch auf eine politische europäische Einheit hinzuwirken: Insbesondere stand der geistlichen Macht des Papsttums offiziell die weltliche des Heiligen Römischen Reichs (deutscher Nation) (962–1806) gegenüber. In der Praxis betraf diese instabile und zerbrechliche Konstruktion allerdings nur einen Teil der Christenheit (hauptsächlich das deutschsprachige Mitteleuropa). Als entscheidender Unterschied zu den konfuzianischen Gelehrten im Dienst des chinesischen Kaiserreichs dienten die christlichen Geistlichen und Bischöfe hauptsächlich dem Papsttum (und nicht dem Kaiser). Beide Mächte gerieten im Übrigen häufig in Konflikt zueinander, was zur Brüchigkeit des gesamten Gebildes beitrug. Es versteht sich von selbst, dass sich sehr viele weitere politisch-ideologische, sozioökonomische und geografische Faktoren anführen lassen, um die Zersplitterung Europas im Vergleich zur chinesischen Einheit zu erklären.

wird zuweilen bemüht, um das Handeln des kommunistischen Regimes zugunsten der Einheit des Landes und der gesellschaftlichen Harmonie zu betonen, eine Erklärung auf gerader Linie mit der Geschichte Chinas und des Konfuzianismus. In diesem Geist verhalfen die Führer der KPCh Konfuzius seit Beginn der 2010er Jahre zu neuen Ehren, allerdings nicht ohne eine spektakuläre Kehrtwende (während der Kulturrevolution, zur Zeit des Kampfes gegen die «Vier Alten», die Grundherren und die Mandarine war der wirtschaftliche und gesellschaftliche Konservativismus des Konfuzianismus verpönt gewesen). Umkehrt dient diese Parallele häufig im Ausland und mitunter auch in China selbst auf negative Weise dazu, eine ewig autoritäre chinesische Macht zu beschreiben, eine jahrtausendealte Despotie, die der chinesischen Kultur und Volksseele zu eigen sei und in der die Massen unter der Fuchtel von Kaisern und ihren Mandarinen und später unter der der kommunistischen Führer und ihrer Apparatschiks gelebt hätten. In allen Fällen werfen solche Parallelen vielfältige Probleme auf. Sie setzen eine nicht zu rechtfertigende Kontinuität und Determiniertheit voraus, die es verunmöglichen, die Komplexität und Vielfalt der realen möglichen Alternativen mitzudenken, die den chinesischen Entwicklungsweg wie übrigens alle historischen soziopolitischen Werdegänge kennzeichneten.

Das erste Problem dieser Vergleiche besteht darin, dass der chinesische imperiale Staat gar nicht die Möglichkeit hatte, sich zur Despotie aufzuschwingen. Er war strukturell schwach und verfügte im Vergleich zum gegenwärtigen China nur über ein äußerst dürftiges Steueraufkommen mit sehr geringen (ja bedeutungslosen) Fähigkeiten, wirtschaftlich und sozial zu intervenieren und die Gesellschaft einer festen Führung zu unterstellen. Die verfügbaren Forschungen deuten darauf hin, dass die Steueraufkommen unter den Ming (1368–1644) wie unter den Qing (1644–1911) 2–3 % des Nationaleinkommens nicht überstiegen.[1] Drückt man die Steueraufkommen pro Kopf in Tagelohnsätzen

1 Die verfügbaren Forschungen deuten auf eine höhere steuerliche Belastung unter den Song (960–1279) hin, weil China zur damaligen Zeit politisch stärker zersplittert war (und das Kaiserreich eine stehende Kriegsflotte sowie das Schwarzpulver für Kanonen und Banknoten einführte), worauf sie sich in den vereinigten und neokonfuzianischen Reichen der Ming und der Qing wieder auf niedrigeren Niveaus stabilisierten (2–3 % des Nationaleinkommens, anstatt der vormaligen 5–10 %). Siehe R. von Glahn, *The Economic History of China: From Antiquity to the Nineteenth Century*, Cambridge: Cambridge University Press, 2016, S. 358–382.

aus, so betrugen die vom Qing-Staat kontrollierten Ressourcen nur ein Drittel bis ein Viertel dessen, was den europäischen Staaten am Ende des 18. und zu Beginn des 19. Jahrhunderts zur Verfügung stand (siehe Grafik 9.2).

Die Rekrutierung der Beamten des Kaiserreichs und der Provinzen (der «Mandarine», wie die Europäer sie nannten) folgte zwar strengen Verfahren mit den immer wieder beschworenen Prüfungen, die im ganzen Kaiserreich über 13 Jahrhunderte hinweg, von 605 bis 1905, organisiert wurden und westliche Beobachter (insbesondere in Frankreich und Preußen) später tief beeindruckten und beeinflussten. Aber die personelle Stärke des Beamtenapparats insgesamt blieb immer eher gering: zur Mitte des 19. Jahrhunderts kaum 40 000 Beamte des Kaiserreichs und der Provinzen, also 0,01 % der Gesamtbevölkerung (von rund 400 Millionen Einwohnern) und zu verschiedenen Zeiten allgemein rund 0,01–0,02 %.[1] In der Praxis wurden die Mittel des Qing-Staats im Wesentlichen für die Kriegerschicht und die Armee verwendet (wie immer bei Staaten mit so knappen Ressourcen), während in die Zivilverwaltung oder das Gesundheits- und Bildungswesen kaum nennenswerte Beträge flossen. Wie wir weiter oben sahen, verfügte der Qing-Staat im 18. und zu Beginn des 19. Jahrhunderts zum Beispiel über keine ausreichenden Mittel, um das Verbot des Opiumkonsums auf dem chinesischen Territorium durchzusetzen. Faktisch funktionierte Chinas Verwaltung auf äußerst dezentralisierter Basis, weil den Beamten von Reich und Provinz nichts anderes übrigblieb, als sich auf die Macht der verschiedenen lokalen Eliten der Krieger, Gebildeten und Vermögenden zu stützen, die sie nur begrenzt kontrollierten, wie es übrigens auch in Europa und den anderen Teilen der Welt der Fall war, ehe der moderne Zentralstaat entstand.[2]

Hervorzuheben ist auch, dass das chinesische Ungleichheitsregime wie die anderen trifunktionalen Gesellschaften darauf beruhte, dass die

1 Nach den offiziellen Zählungen verfügte das Kaiserreich zum Beispiel zu Beginn der Ming-Dynastie (Ende des 14. Jahrhunderts, als es rund 100 Millionen Einwohner hatte) über 24 653 Beamte (darunter 1944 in den zentralen Diensten in der Hauptstadt und 22 709 in der Provinz), die so 0,02 % der Bevölkerung stellten. Siehe J. Gernet, «Le pouvoir d'État en Chine», *Actes de la recherche en sciences sociales* 118 (1997), S. 19.

2 Ähnliche Mythen umranken den spanischen Absolutismus, der angeblich die Ursache der Rückständigkeit des Landes sein sollte, während sich der spanische Staat vor allem im 18.–19. Jahrhundert dadurch auszeichnete, dass er seinen Beschlüssen kaum Geltung verschaffen konnte und von den lokalen geistlichen und adligen Eliten abhing.

gebildeten und die kriegerischen Eliten vielerlei und veränderliche Kompromisse miteinander schlossen und gegeneinander konkurrierten, ohne dass eine Übermacht der Erstgenannten den Ausschlag gegeben hätte. Besonders deutlich zeigt sich dies für die Zeit der Qing-Dynastie, die aus Mandschu-Kriegern hervorgegangen war, die 1644 China erobert und Peking und das übrige Land unter ihre Kontrolle gebracht hatten. Die Mandschu-Kriegerschicht war seit Anfang des 17. Jahrhunderts in der Mandschurei nach dem Militärsystem der «Acht Banner» organisiert gewesen, deren Angehörige gegenüber der übrigen Bevölkerung Bodenrechte und administrative, steuerliche sowie rechtliche Privilegien genossen. Die Mandschu führten diese militärische Organisationweise in Peking ein und nahmen in diesen Kriegsadel aus Mandschu-Kriegern schrittweise auch neue *(han-)*chinesische Elemente mit auf.

Nach Schätzungen neuerer Forschungen umfasste der Kriegsadel der Acht Banner um 1720, als das Reich 130 Millionen Einwohner hatte, insgesamt fast 5 Millionen Personen, also fast 4 % der Bevölkerung. Möglich ist, dass die personelle Stärke der Banner in der Zeit zwischen der Mandschu-Eroberung Mitte des 17. Jahrhunderts (rund 1–2 % der Bevölkerung) und dem 18. Jahrhundert (3–4 % der Bevölkerung) während der Konsolidierung der neuen Macht gewachsen ist und im Verlauf des 19. Jahrhunderts wieder abgenommen hat. Die unsichere Quellenlage und die vielfältigen Schwierigkeiten solcher Schätzungen ähneln denen, auf die wir bereits bei der Einschätzung der personellen Stärke des Adels in Frankreich und Europa im 17. und 18. Jahrhundert gestoßen sind. Sie machen jedenfalls genaue Angaben unmöglich, weil für die Zeit vor dem 20. Jahrhundert keine systematischen Volkszählungen vorliegen. (Auch dies zeigt übrigens, wie schwach der kaiserliche Zentralstaat war.)[1] Dieser Anteil des Kriegsadels an der Gesamtbevölkerung (rund 3–4 % im 18. Jahrhundert) ist verglichen mit dem des französischen und des britischen Adels zur selben Zeit (siehe Grafik 9.3) relativ hoch, entspricht aber der damaligen Größenordnung Japans oder Indiens[2] und ist geringer als der Anteil des Adels in europäischen Ländern

1 Eine detaillierte Darstellung zu den verwendeten Quellen und Methoden siehe M. Elliott, C. Campbell, J. Lee, «A Demographic Estimate of the Population of the Qing Eight Banners», *Études chinoises* 35 (2016), 1, S. 9–39.

2 Siehe Kapitel 8, Grafik 8.3.

wie Spanien, Ungarn oder Polen, die von starken Militärorden und territorialer Expansion geprägt wurden.[1]

Zu Beginn der Qing-Zeit waren die Krieger der Banner hauptsächlich in Garnisonen in der Nähe der großen Städte stationiert. Sie lebten von Bodenrechten und Einkünften, die aus Anteilen an lokalen Ernten und durch den kaiserlichen Staat gedeckt wurden. Ab Mitte des 18. Jahrhunderts setzte sich in der Staatsmacht der Qing allerdings die Ansicht durch, dass dieser Kriegsadel zu viele Angehörige zählte und ein Übermaß an wichtigen Ressourcen verschlang. Wie in allen trifunktionalen Gesellschaften waren Einschnitte heikel, weil allzu radikale Maßnahmen den Kriegsadel gefährlich gegen das Regime hätten aufbringen können. Schon 1742 war der Qing-Kaiser dazu übergangen, einen Teil dieses Adels in die Mandschurei umzusiedeln. Ab 1824 wurde diese Politik in einer neuen Größenordnung betrieben: Aus Sparsamkeit sowie im Bestreben, den Norden des chinesischen Territoriums zu erschließen und zu besiedeln, machte sich der kaiserliche Staat daran, in der Nordmandschurei an einen Teil des Kriegsadels Boden zu verteilen, und förderte gleichzeitig die Zuwanderung nichtadliger Bevölkerungsgruppen, die für die neuen Grundherren arbeiten sollten. Dieses Vorgehen erwies sich als eher schwierig und blieb in den Ausmaßen überschaubar, weil einerseits die meisten Angehörigen der Banner und ihre Familien gar nicht daran dachten, sich einfach so weit weg verfrachten zu lassen, und weil andererseits die nichtadligen Zuwanderer häufig besser als die ehemaligen Krieger dazu taugten, die Erschließung von Boden zu organisieren. Dies löste vielfältige Spannungen aus. Dennoch stellt man fest, dass im Norden der Mandschurei bis zu Beginn des 20. Jahrhunderts erstaunliche proprietaristische Mikrogesellschaften entstanden waren, die sich dadurch auszeichneten, dass der Bodenbesitz stark in den Händen des ehemaligen Kriegsadels konzentriert war.[2]

1 Siehe Kapitel 5, Grafik 5.2.

2 Siehe S. Chen, *State-Sponsored Inequality: The Banner System and Social Stratification in North East China*, Stanford, Calif.: Stanford University Press, 2017.

Die Beamtenprüfungen im kaiserlichen China: Gebildete, Vermögende und Krieger

Grundsätzlich musste der Qing-Staat darauf achten, dass zwischen der Kriegerschicht und den übrigen gesellschaftlichen Gruppen Chinas ein gewisses Gleichgewicht gewahrt blieb. In der Praxis wachte er allerdings besonders aufmerksam über eine Balance zwischen den Eliten. Dies galt vor allem mit Blick auf das System der chinesischen Beamtenprüfungen, das im Verlauf seiner langen Geschichte je nach den Kräfteverhältnissen zwischen den beteiligten Gruppen immer wieder Reformen durchlief. Die dabei geschlossenen Kompromisse sind insofern interessant, als sie das Bestreben widerspiegeln, zwischen der Legitimierung durch Wissen auf der einen und der durch Besitz und Adelszugehörigkeit auf der anderen Seite eine Art Gleichgewicht auszutarieren. Die Rekrutierung der Beamten vollzog sich in mehreren Etappen. Zunächst mussten Prüfungen bestanden werden, die zweimal in drei Jahren in den verschiedenen Präfekturen des Reichs abgehalten wurden und es erlaubten, das Lizentiat *(shengyuan)* zu erwerben. Dieser Titel war nicht direkt mit dem Anspruch auf eine öffentliche Anstellung, aber mit der Möglichkeit verbunden, sich einem Auswahlwettbewerb für Beamte auf den Ebenen von Provinz und Reich zu stellen.

Der Status des Shengyuan war verknüpft mit juristischen Privilegien (zum Beispiel der Möglichkeit, in Gerichtsverfahren als Zeuge auszusagen oder in kommunalen Behörden mitzuarbeiten) und einem hohen gesellschaftlichen Ansehen, selbst für all jene, die nie in den Staatsdienst traten. Nach dem Forschungsstand und anhand der Archivmaterialien zu diesen Prüfungen und der Personenlisten lässt sich schätzen, dass im 19. Jahrhundert rund 4 % der Männer über eine klassische Ausbildung verfügten (in dem Sinn, dass sie über weiterreichende Kenntnisse in der chinesischen Schrift und im traditionellen Wissen verfügten und sich mindestens einmal der Prüfung zum Shengyuan gestellt hatten). Insgesamt legten 0,5 % der Männer die Prüfung erfolgreich ab und erwarben den begehrten Titel. Allerdings durfte sich eine zweite Personengruppe dem Auswahlverfahren für die Beamtenschaft direkt stellen: Sie kauften sich den Titel des Lizentiaten *(jiansheng)*. Diese Gruppe ist im Verlauf des 19. Jahrhunderts größer geworden: Sie stellte 0,3 % der Männer in den 1820er Jahren und fast 0,5 % in den 1870er Jahren, ein fast so hoher Anteil wie derer, die ihr Lizentiat durch Prüfung erworben hatten.[1]

Anhand einer neueren Auswertung der Archive der Provinz Jiangnan ließ sich zeigen, dass dieser Mechanismus die soziale Reproduktion bei der Auswahl der Beamten erheblich verstärkt hat: Er verschaffte den Söhnen begüterter Schichten eine Chance auf Rekrutierung, ohne die schwierigen Prüfungen für das Lizentiat bestehen zu müssen, und brachte dem Staat nützliche Einnahmen (das war die Rechtfertigung dieser Praktik). Die Archive verraten, dass die soziale Reproduktion schon innerhalb des klassischen Verfahrens besonders stark ausgeprägt war: Die Kandidaten, die die Prüfung zum Lizentiat bestanden und am Ende einen Posten als Beamte des Kaiserreichs oder der Provinz erhielten, hatten in der erdrückenden Mehrheit einen Vater, Großvater oder Ahnen, der ein ähnliches Amt ausgeübt hatte, wenn auch mit Ausnahmen (unter 20 % der Fälle).[2]

Die Möglichkeit, ein Lizentiat zu kaufen, hing teilweise mit den Haushaltsproblemen des chinesischen Staates im 18. und 19. Jahrhundert zusammen und ist vergleichbar mit dem Verkauf von Ämtern und zahlreichen öffentlichen Funktionen im Frankreich des Ancien Régime sowie mit ähnlichen Praktiken in vielen europäischen Staaten. Der Unterschied besteht allerdings darin, dass sich in China die Inhaber eines gekauften Titels demselben Auswahlverfahren wie die anderen stellen und tatsächlich Beamte werden konnten, auch wenn immer wieder Verdächtigungen laut wurden, wonach auf dieser letzten Etappe Gefälligkeiten eine Rolle spielten (inwieweit diese Verdächtigungen übertrieben waren, lässt sich nicht nachprüfen). Dieses chinesische System ähnelt wohl der Praxis der angesehensten amerikanischen Universitäten, die sich noch heute, zu Beginn des 21. Jahrhunderts, dazu bekennen, dass sie bestimmte Studenten (*legacy students*) mit unzulänglichen Noten aufnehmen, wenn deren Eltern eine ausreichend hohe Summe gespen-

1 Siehe H. Yifei, *Social Mobility and Meritocracy: Lessons from Chinese Imperial Civil Service Examination*, Pasadena: CalTech, Dissertation, 2016, S. 5–11, Tafel 1.1. Siehe ebenso C.-L. Chang, *The Chinese Gentry: Studies on their Role in Nineteenth-Century Chinese Society*, Seattle, Wash.: University of Washington Press, 1955. Siehe ebenso J. Osterhammel, *Die Verwandlung der Welt: eine Geschichte des 19. Jahrhunderts*, München: C.H.Beck, 2. Auflage, 2009, S. 1075–1078.

2 Siehe H. Yifei, *Social Mobility and Meritocracy*, a. a. O., siehe ebenso B. Elman, *Civil Examinations and Meritocracy in Late Imperial China*, Cambridge, Mass.: Harvard University Press, 2013.

det haben. In den nächsten Kapiteln kommen wir auf diese Frage zurück, die erhebliche Probleme birgt, für die Bildungs- und soziale Gerechtigkeit im 21. Jahrhundert eine allgemein akzeptierte Norm aufzustellen. Sie illustriert einmal mehr die Notwendigkeit, die Untersuchung der Ungleichheitsregime in eine historische und komparative Perspektive einzubetten – und dabei auch Vergleiche zwischen Ländern und Institutionen zu verschiedenen Zeiten anzustellen, die lieber nicht miteinander verglichen würden.[1]

Mit Blick auf die Prüfungen im chinesischen Kaiserreich ist ein weiterer wesentlicher und kaum bekannter Aspekt von deren Regeln zur Qing-Zeit hinzuzufügen: Ungefähr die Hälfte der 40 000 Beamtenstellen (deren Inhaber im 19. Jahrhundert rund 0,01 % der chinesischen Gesamtbevölkerung und rund 0,03 % der männlichen Erwachsenen stellten) waren für Angehörige des Kriegsadels der Banner reserviert.[2] Dabei unterzogen sich die Mitglieder der Kriegerschicht je nach Fall besonderen Auswahlverfahren, manchmal in Mandschurisch, weil die Kenntnisse im klassischen Chinesisch nicht hinreichten, oder (für bestimmte Posten) Wettbewerben, ähnlich denen für Inhaber erworbener oder gekaufter Titel, aber mit speziell für sie reservierten Plätzen. Dieses chinesische System der «Reservierungen», das ganz anders war als die indischen Quoten, die im 20. Jahrhundert zugunsten der unteren Kasten eingeführt wurden, ging im Übrigen weit über die Zulassungswettbewerbe für den öffentlichen Dienst hinaus. In jeder Verwaltung und zu jeder Kategorie von Stellen waren Plätze per Quote für Angehörige des Kriegsadels (Mandschu und Han) sowie für Gebildete und Vermögende reserviert, die auf anderen Wegen rekrutiert wurden.[3] Auch wenn diese Regeln Gegenstand zahlreicher Konflikte und ständiger Neuverhandlungen waren, gelang es dem Kriegsadel im Wesentlichen, seine Vorteile bis zum Untergang des Kaiserreiches 1911 zu be-

1 Siehe insbesondere Kapitel 11, S. 676–678.

2 Die Gesamtzahl der Posten, die Titelinhabern der Shengyuan offenstanden, entsprach so kaum 0,01 % der erwachsenen männlichen Bevölkerung: Die potenzielle Erfolgsquote bei einer Bewerbung lag also bei rund 1 auf 50 Lizentiaten (die 0,5 % der männlichen erwachsenen Bevölkerung stellten) und bei 1 auf 400 Gebildeten (4 % der Männer). Dieses Auswahlsieb war umso engmaschiger, als die Zentralverwaltung in Peking unter 10 % der Beamtenposten in Anspruch nahm (gegenüber mehr als 90 % für die Posten auf dem gesamten Territorium).

3 Siehe M. Elliott, C. Campbell, J. Lee, «A Demographic Estimate of the Population of the Qing Eight Banners», a. a. O.; S. Chen, *State-Sponsored Inequality*, a. a. O.

haupten. Die Privilegien proprietaristischer Art, die insbesondere mit dem Kauf von Lizentiaten verknüpft waren, verstärkten sich dabei im Verlauf des 19. und zu Beginn des 20. Jahrhunderts, zum Teil wegen des Finanzbedarfs des Qing-Staats (der eine immer beachtlichere Schuldenlast bei den europäischen Mächten abzutragen hatte).

Chinesische Aufstände und neue Weichenstellungen, die nicht ans Ziel gelangten

Kurz gesagt: Die imperiale chinesische Gesellschaft war eine stark inegalitäre und hierarchische, geprägt von Konflikten zwischen den gebildeten, vermögenden und kriegerischen Eliten. Alle verfügbaren Elemente deuten darauf hin, dass sich diese Gruppen teilweise überlappten: Die gebildeten und verwaltenden Eliten waren zugleich Grundbesitzer, die ebenso wie die kriegerischen Eliten von der übrigen Bevölkerung Grundrenten empfingen. Und diese verschiedenen Gruppen knüpften zahlreiche Allianzen. Dennoch war das Regime bei weitem nicht erstarrt: Abgesehen von den Konflikten zwischen den Eliten kennzeichneten es zahlreiche Aufstände und Revolutionen der Volksmassen, die China auf andere Entwicklungswege hätten bringen können als die Bahn, die es schließlich einschlug.

Die spektakulärste und blutigste Erhebung war der Taiping-Aufstand (1850–1864), der zunächst als eine Rebellion armer Bauern begann, die – wie in so vielen anderen Fällen – Grundherren Pachtzahlungen verweigerten und Land besetzten. Aufstände wie dieser waren von jeher immer wieder ausgebrochen, hatten sich aber gehäuft und bedrohten nach der schmachvollen Niederlage gegen die Europäer während des ersten Opiumkrieges (1839–1842) zunehmend das Regime. Tatsächlich wäre es dem Taiping-Aufstand 1852–1854, in den ersten Jahren der Bewegung, beinahe gelungen, die Qing-Dynastie zu stürzen. Die Aufständischen schlugen ihr Hauptquartier in Nanjing (bei Shanghai) auf. 1853 sah ein Erlass ihres neuen Regimes vor, Boden bedarfsgerecht an Familien umzuverteilen, und wurde in den von ihnen kontrollierten Gebieten umgesetzt. Am 14. Juni 1853 verkündete Karl Marx in einem Artikel in der *New York Daily Tribune*, dass die Revolution kurz vor dem Sieg stehe. Die chinesischen Ereignisse würden die weltweite industrialisierte Welt erheblich erschüttern, mit der Aussicht auf eine

Kettenreaktion von Revolutionen in Europa. Der Konflikt eskalierte rasch zu einem gewaltigen Bürgerkrieg im Zentrum Chinas, in dem die im Norden stationierten kaiserlichen Truppen (eines relativ schwachen Staats) den Taiping-Rebellen im Süden gegenüberstanden, die sich zunehmend besser organisierten – all dies in einem Land, das im Verlauf des zurückliegenden Jahrhunderts ein riesiges Bevölkerungswachstum erlebt hatte (von rund 130 Millionen Einwohnern 1720 auf fast 400 Millionen in den 1840er Jahren), in dem die Opiumsucht grassierte und Hungersnöte drohten. Nach den verfügbaren Schätzungen soll der Taiping-Aufstand zwischen 1850 und 1860 zwischen 20 und 30 Millionen militärische und zivile Opfer gefordert haben, mehr als die Gesamtzahl der Toten des Ersten Weltkriegs (zwischen 15 und 20 Millionen). Wie Forschungen gezeigt haben, konnten die am stärksten betroffenen Regionen ihren Rückstand beim demografischen Wachstum in der Folgezeit niemals vollständig aufholen. Sie traten in einen Dauerzustand ländlicher Aufstände und bewaffneter Konflikte ein, der sich bis zum Untergang des Kaiserreichs fortsetzte.[1]

In einer ersten Phase nahmen die Westmächte gegenüber dem Konflikt eine neutrale Haltung ein. Zurückzuführen war dies insbesondere darauf, dass sich der Führer des Taiping-Aufstands auf eine christliche und messianische Botschaft bezog, was ihm Sympathien in den christlichen Ländern und insbesondere in den Vereinigten Staaten eintrug, wo eine Unterstützung des Qing-Kaisers (der den Missionaren gegenüber als zu unaufgeschlossen galt) in der öffentlichen Meinung kaum auf Verständnis gestoßen wäre. In Europa sahen manche Sozialisten und radikale Republikaner in diesem Aufstand eine Art chinesische Französische Revolution, aber mit eher geringer Resonanz. Doch in dem Moment, da die Taiping das Eigentumsrecht radikal infrage stellten und den Handel und den Schuldendienst gegenüber den Westmächten (den die Franzosen und Briten China nach der Plünderung Pekings 1860 aufgezwungen hatten) dauerhaft gefährdeten, beschlossen die europäischen Mächte, sich hinter den Qing-Staat zu stellen. Ihre Unterstützung gab zweifellos den Ausschlag beim endgültigen Sieg der kaiserlichen Kräfte über die Aufständischen 1862–1864 – all dies mitten im Amerikanischen Bürgerkrieg (der im Übrigen die europäische Inter-

1 Siehe insbesondere L. Colin Xu, L. Yang, «Stationary Bandits, State Capacity, and Malthusian Transition: The Lasting Impact of the Taiping Rebellion», *VOX CEPR's Policy Portal*, 2018.

vention in China erleichterte, weil die inneren Ereignisse die Aufmerksamkeit der christlichen Kreise der Vereinigten Staaten auf sich zogen).[1] Wie sich die politische Struktur Chinas anschließend weiterentwickelt hätte und die Landesgrenzen verlaufen wären, wenn der Aufstand gesiegt hätte, ist freilich schwer zu sagen.

Am Ende des 19. Jahrhunderts war die moralische Legitimität des Qing-Staats, seines Kaisers und seiner verschiedenen Eliten (Kriegsadel, gebildete Mandarine) in der öffentlichen Meinung des Landes auf einem Tiefpunkt angelangt. China hatte eine ganze Serie an «ungleichen Verträgen» mit den Europäern akzeptieren müssen, die es zu einer drastischen Erhöhung der Steuerlasten zwang, um seine Schulden bei den Westmächten und ihren Bankiers bedienen zu können. Dies lief auf nichts weniger als auf einen Militärtribut hinaus, der durch anfallende Zinszahlungen noch schwerer wog.[2] Vor diesem Hintergrund schienen die chinesische Niederlage 1895 gegenüber Japan (das über Jahrtausende hinweg militärisch und kulturell von China dominiert worden war) sowie die japanische Eroberung Koreas und Taiwans den Qing gleichsam den Todesstoß zu versetzen.

In den Jahren 1899–1901 scheiterte auch der Boxeraufstand daran, das Regime zu Fall zu bringen. Angezettelt wurde er von den «Fäusten der Gerechtigkeit und Harmonie», einem Geheimbund, der mit einer geballten Faust als Symbol für die Zerschlagung der feudalen und imperialen Mandschu-Macht und für die Ausweisung der Ausländer in den Kampf zog. Angesichts ihrer bedrohten territorialen Interessen unterstützten die Westmächte den Qing-Staat dabei, die Revolte niederzuschlagen, und experimentierten 1900–1902 in Tianjin (an einer strategisch wichtigen Flussmündung im Einzugsgebiet von Peking) mit einer nie dagewesenen Form der internationalen Regierung. Nicht weniger als zehn Kolonialmächte, die in China bereits niedergelassen waren oder sich angesichts der günstigen Gelegenheit hinzugesellten, teilten sich die Macht innerhalb einer Verwaltung, die hauptsächlich damit befasst war, die letzten aufständischen Boxer zu liquidieren. Das Archivmaterial zu dieser erstaunlichen Regierung offenbart eine Beteiligung besonders brutaler und undisziplinierter französischer und deutscher

1 Siehe P. Singaravélou, S. Venayre, *Histoire du monde au xixe siècle*, a. a. O., S. 286 ff.

2 Zwischen 1880 und 1910 musste China so einen wachsenden Handelsüberschuss erzielen, um seine Schulden zurückzahlen zu können. Siehe R. von Glahn, *The Economic History of China*, a. a. O., S. 394, Abbildung 9.11.

Truppen, denen die örtliche Bevölkerung immer wieder Vergewaltigungen und Diebstähle vorwarf und die den Chinesen ebenso gewalttätig und herablassend begegneten wie den indischen Soldaten, die die Briten aus ihrem Kolonialreich entsandt hatten. (Über deren Auftauchen waren die Chinesen keineswegs erfreut.) Die Komitees, in denen Vertreter der verschiedenen Mächte saßen, mussten in allen möglichen komplizierten wirtschaftlichen und rechtlichen Fragen entscheiden, was die Versorgung der Stadt oder die Organisation von Militärtribunalen und -bordellen anging. Nach vielen Diskussionen, insbesondere zwischen Franzosen und Japanern, wurde zum Beispiel das Mindestalter für junge chinesische Prostituierte auf 13 Jahre festgelegt, während es in Großbritannien 1885 von 13 auf 16 Jahren heraufgesetzt worden war. Als die Franzosen 1902 abzogen und die Macht wieder in die Hände des Qing-Staats zurücklegten, tauchten in den Zeitungen und in Briefen französischer Soldaten, die sich durch besondere Barbarei ausgezeichnet hatten, Zeugnisse auf, in denen sie sich tief betrübt darüber äußerten, ins Mutterland zurückkehren zu müssen, um wieder die Rolle von Proletariern zu spielen, hatten sie doch während der Besatzung Chinas viele berauschende und vergnügliche Monate verbracht.[1]

Die Revolution von 1911 führte schließlich zum Sturz des Kaiserreichs und zur Einführung der Republik in China, bei der eine Versammlung von Provinzrepräsentanten in Nanjing Sun Yat-sen zum ersten (provisorischen) Präsidenten wählte. Es folgten fast vier Jahrzehnte eines Quasi-Bürgerkriegs zwischen Nationalisten (die 1949 schließlich nach Taiwan flohen) und Kommunisten sowie der Kämpfe gegen die japanischen und europäischen Besatzer. Sucht man nach einer Erklärung dafür, warum am Ende die Kommunisten siegten und die bürgerliche Republik von 1911 in die Volksrepublik von 1949 überging, so bietet sich der Hinweis an, dass sich das 1911/12 eingeführte Regime durch extrem konservative Haltungen auszeichnete und den Bestrebungen der chinesischen Bauern kaum entgegenkam, die nach den Jahrhunderten des Ungleichheitsregimes der Qing nach einer Umverteilung von Land und nach Gleichstellung verlangten. Sun Yat-sen war zwar

1 Siehe insbesondere das interessante Tagebuch eines gewissen Jacques Grandin, zitiert in P. Singaravélou, *Tianjin Metropolis. Une autre histoire de la mondialisation*, Paris: Seuil, 2017, S. 224 f., 281–299, 331–335. Zu den Besatzerländern zählten Großbritannien, Frankreich, Deutschland, die Vereinigten Staaten, Russland, Japan, Österreich-Ungarn, Italien, Belgien und Dänemark.

anglikanischer Arzt, Republikaner und Gegner der Mandschu, aber in wirtschaftlichen und gesellschaftlichen Fragen relativ konservativ. Und die meisten bürgerlichen Revolutionäre von 1911 teilten seine Achtung vor der festgefügten Ordnung und vor dem Eigentumsrecht, sobald der alten Kriegerschicht die unverdienten Privilegien entzogen worden waren. Die chinesische Verfassung von 1911 war in dieser Hinsicht kaum innovativ: Sie erklärte die in der Vergangenheit erworbenen Eigentumsrechte für unantastbar und machte jede Umverteilung in einem friedlichen Rechtsrahmen quasi unmöglich – im Gegensatz beispielsweise zur mexikanischen Verfassung von 1910 oder zur deutschen von 1919, die Eigentum als gesellschaftliche Institution im Dienst des Gemeinwohls fassten und den gesetzgebenden Versammlungen die Möglichkeit gaben, die Bedingungen zur Ausübung dieses Rechts neu festzulegen. Sie ermöglichten gegebenenfalls Landreformen in großem Stil oder eine Beschneidung der Rechte von Eigentümern.[1] Präsident Sun Yat-sen wurde entmachtet und schon 1912 durch den kaiserlichen General Yuan Shikai ersetzt, auf Druck der Westmächte, die davon ausgingen, dass eine starke Militärherrschaft eher geeignet sei, die Ordnung in China aufrechtzuerhalten, seine Staatseinnahmen zu sichern und damit die Leistung von Zinsen und Tilgung an die Kolonialmächte.

Angesichts des komplexen Verlaufs der Ereignisse und der politisch-ideologischen und militärischen Mobilisierung der Volkmassen in China in den Jahren 1911–1949 wäre es allerdings kaum glaubwürdig, die Errichtung der Volksrepublik deterministisch als eine unausweichliche Konsequenz der Unzulänglichkeiten der bürgerlichen Republik von 1911/12 sowie der tiefsitzenden Gefühle der Ungerechtigkeit darzustellen, die sich in den bäuerlichen Massen Chinas in Jahrhunderten gegen das Kaisertum, die Besitzenden und die Mandarine aufgestaut hätten. Sehr viele andere Entwicklungen hätten sich einstellen können, angefangen mit solchen, die zu Formen einer sozialen und demokratischen Republik geführt hätten.[2] Wie wir im nächsten Teil ebenfalls sehen wer-

1 Siehe P. Singaravélou, S. Venayre, *Histoire du monde au xixe siècle*, a. a. O., S. 393–399. Auf diese Fragen um Verfassungen und Eigentumsordnungen kommen wir in den nächsten Teilen zurück (siehe insbesondere Kapitel 11, S. 625 f. über die deutschen Verfassungen von 1919 und 1949).

2 Im Verlauf der 1930er und zu Beginn der 1940er Jahre setzten zahlreiche amerikanische Diplomaten und Geopolitiker ihre Hoffnungen in ein soziales und demokratisches China, um den Einfluss der Sowjetunion und der europäischen Kolonialmächte beim Aufbau der neuen Weltordnung nach dem Ersten Weltkrieg auszubalancieren. Siehe O. Rosenboim, *The*

den, ließ (und lässt noch heute) die Errichtung einer kommunistischen Republik in China durchaus Möglichkeiten für eine große Vielfalt an politisch-ideologischen und institutionellen Entwicklungen offen.[1] Bei der Untersuchung muss man den Wandel des chinesischen trifunktionalen Ungleichheitsregimes zu einer proprietaristischen und später kommunistischen Ordnung ebenso wie den Wandel der anderen Ungleichheitsregime zunächst als eine Gesamtheit an soziopolitischen Erfahrungen sehen, die zahlreiche, nicht bis zu Ende verfolgte Möglichkeiten sowie reichhaltige Lehren für die Zukunft bergen.

Ein Beispiel für eine geistliche konstitutionelle Republik: der Iran

Die Geschichte des Iran schließlich liefert das einzigartige Beispiel für die verfassungsmäßige Erhebung der geistlichen Macht zu einer politischen, die in sehr später Zeit, mit der Gründung der Islamischen Republik 1979, erfolgte, eines fragilen Regimes, dass aber am Ende der 2010er Jahre immer noch an der Macht ist. Die Iranische Revolution war wie alle Ereignisse dieses Typs einer Gesamtheit von mehr oder weniger zufälligen Faktoren und Geschehnissen geschuldet, die sich durchaus auch zu anderen Entwicklungen hätten zusammenfügen können. Bei dieser Revolution spielte der Hass auf den letzten Schah des Iran, Kaiser Mohammad Reza Pahlavi, und auf sein heimliches Einvernehmen mit den westlichen Mächten und Ölgesellschaften eine ebenso große Rolle wie das taktische Geschick des Imams Chomeini. Aber abgesehen von dieser besonderen Logik besteht der wesentliche Punkt darin, dass die Errichtung einer geistlichen Republik im Iran erst dadurch möglich geworden war, dass die trifunktionale Struktur in der Geschichte des schiitischen und des sunnitischen Islam jeweils eine besondere Ausprägung hatte, und, genauer, durch die Rolle, die die schiitische Geistlichkeit dabei spielte, Widerstand gegen den Kolonialismus zu leisten.[2]

Allgemein unterscheiden sich die muslimischen Gesellschaften seit jeher durch die jeweilige Bedeutung, die sie den kriegerischen Eliten auf

Emergence of Globalism: Visions of World Order in Britain and the United States 1939–1950, Princeton, NJ: Princeton University Press, 2017, S. 59–99.

1 Siehe insbesondere Kapitel 12, S. 760–797.

2 Siehe das aufschlussreiche Buch J.-P. Luizard, *Histoire politique du clergé chiite, xviii*[e]*–xxi*[e] *siècle*, Paris: Fayard, 2014.

der einen und den geistlichen und geistigen Eliten auf der anderen Seite beimaßen. Die Sunniten erkannten von Anfang an die Autorität des Kalifen an, der als weltliches und militärisches Oberhaupt gewählt wurde, um die Umma, die Gemeinschaft der Gläubigen, anzuführen, während die Schiiten dem Imam folgen, dem spirituellen und religiösen Oberhaupt, der als der Gelehrteste unter den Gelehrten Anerkennung genießt. Die Sunniten begegnen Ali, dem Schwiegersohn des Propheten, dem ersten Imam und vierten Kalifen sowie seinen Nachfolgern als Imame mit dem Vorwurf, sie hätten die Autorität der Kalifen missachtet und somit die Gemeinschaft gespalten. Umgekehrt halten die Schiiten die Autorität der ersten 12 Imame hoch und verzeihen es den Sunniten nicht, dass sie ihr Einigungswerk hintertrieben und sich auf die Seite von Kalifen geschlagen hätten, von denen sich manche durch Brutalität und keine echte Kenntnis der Religion ausgezeichnet hätten. Nach der Entrückung des zwölften Imams in die Verborgenheit 874 verzichteten die großen schiitischen Ulemas vorübergehend auf die weltliche Macht und veröffentlichten vom 11. bis zum 13. Jahrhundert in den heiligen schiitischen Städten des Irak Sammlungen mit den Überlieferungen und Urteilen der zwölf Imame. Seit dieser Zeit gelten alle Gläubigen als gleichberechtigt in ihren Bemühungen, dem idealen Beispiel der Imame nachzueifern.

Das politisch-ideologische Kräftegleichgewicht sollte im 16. Jahrhundert neu ausbalanciert werden. Hatte sich die Schia bislang noch auf einige Heimstätten im Westen des Iran, im Irak und im Libanon beschränkt (häufig auf arme Bevölkerungsgruppen, die für den gegen die Mächtigen und Fürsten gerichteten Diskurs empfänglich waren wie übrigens die bis heute sozial benachteiligten Minderheiten der libanesischen und irakischen Schiiten), so setzte der safawidische Staat aus politisch-religiösen Gründen auf die schiitischen Ulemas, um sämtliche Perser zum Schiitentum zu bekehren. (Damit wurde der Iran zum einzigen fast vollständig schiitischen Land.)[1] Nach und nach weiteten die

1 Die obere schiitische Geistlichkeit ist noch heute hauptsächlich im Iran, im Irak und im Libanon verankert und «herrscht» über rund 170 Millionen Schiiten weltweit (die 11 % der Muslime ausmachen), davon über 85 % der Bevölkerung Irans, 75 % der Bahreins, 55 % der des Irak, 35 % der des Libanon (dort aber über die Hälfte der Muslime), über rund 15–20 % der in Pakistan und Afghanistan (und der Muslime in Indien) sowie allgemein über knapp 10 % der Bevölkerung in den anderen muslimischen Ländern. Siehe ebenda, S. 40 f. Manche Autoren heben hervor, dass die Ordnung der Pishtra, die ständischen Gesellschaftsschichten im ehemals trifunktionalen Iran der zoroastrischen Epoche (vom 1. Jahrtausend v. u. Z. bis zu

Ulemas ihre Deutungshoheit aus und vertraten auch den Einsatz des Verstandes, um die alten Glaubengrundsätze anzupassen und zu erweitern. Am Ende des 18. und zu Anfang des 19. Jahrhunderts, am Ende der Safawiden- und zu Beginn der Kadscharen-Dynastie (1794–1925), wuchs ihre politische Bedeutung weiter an, zum Beispiel als die neuen Herrscher von ihnen verlangten, den Dschihad gegen die Russen auszurufen, und sie die Bestätigung erhielten, Urteile fällen und Steuern erheben zu können.

Von ihren Hochburgen in Nadschaf (südlich von Bagdad mit dem Mausoleum Alis), Kerbela (wo sich der Imam Husain, Alis Sohn, in der Schlacht opferte) und Samarra (wo der zwölfte Imam in die Verborgenheit eintrat)[1] aus forderten die Ulemas damals immer wieder die persischen und osmanischen Herrscher heraus. Sie missbilligten ihre Aktionen und erhoben sich zu einer regelrechten Gegenmacht. Im 19. Jahrhundert gewann ihre Glaubenslehre schärfere Konturen: Jeder Schiit muss einem Mudschtahid, einem islamischen Rechtsgelehrten, folgen. Der gelehrteste Mudschtahid trägt den Titel des Mardscha, zuweilen mit einer Spezialisierung auf bestimmte Gebiete der Weisheit und Kompetenz. Die Ansichten des Mardschas verbreiten sich direkt aus seinem Mund oder durch Mittelsmänner weiter, die seinen Äußerungen gelauscht haben.

In der gesamten schiitischen Welt gibt es höchstens noch sechs oder sieben Mardschas. Der Übergang vom Status des Mudschtahids zu dem des Mardschas ist das Werk eines ganzen Lebens und entscheidet sich aufgrund der Weisheit und religiösen Gelehrsamkeit, im Unterschied zu den sunnitischen Ulemas, die sich auf eine offizielle Anerkennung der weltlichen Gewalten stützen. Faktisch gewannen die heiligen Stätten im Irak und im Iran während der Perser- und der Osmanenherr-

---

Beginn des 1. Jahrtausends u. Z.), den Priestern eine Vorrangstellung gegenüber den Kriegern einräumte (siehe zum Beispiel E. Sénart, *Les Castes dans l'Inde. Les faits et le système*, Paris: Leroux, 1896, S. 140 f.). Allerdings wäre es gewagt, die Macht der iranischen geistlichen Schicht allzu eng in diese Tradition einzureihen, insofern von der Bekehrung zur Schia auch andere Religionen betroffen waren. Zu den Debatten um den Bekehrungsprozess des Iran zum Schiitentum siehe I. Poutrin, «Quand l'Iran devint chiite. Religion et pouvoir chez les Safavides (xvi^e^–xvii^e^ s.)», Conversion/Pouvoir et religion, 2017.

1 Diese drei heiligen Stätten liegen im Irak. Im Iran beherbergt nur Maschhad den Schrein eines Imams. Die Tochter des Propheten, Fatima, und die anderen Imame liegen in Medina (Saudi-Arabien) begraben, was bei Pilgerfahrten zu starken Spannungen mit den saudischen (sunnitischen) Obrigkeiten führt.

schaft vom 18. bis zum 20. Jahrhunderts einen Status der Extraterritorialität und einer moralischen, fiskalischen und militärischen Macht, bei der die schiitische Geistlichkeit gleichsam an der Spitze von Quasi-Staaten stand. Ihre Stellung ist durchaus vergleichbar mit der des Kirchenstaats im mittelalterlichen und neuzeitlichen Europa, mit dem bedeutenden Unterschied, dass die schiitischen Geistlichen eine echte eigene gesellschaftliche Schicht darstellen, in der die Familien bedeutender Rechts- und Religionsgelehrter Heiratsbündnisse untereinander schließen (so ist ein Enkel Chomeinis mit einer Enkelin des in Nadschaf residierenden Großajatollahs as-Sistani verheiratet), Nachkommen haben und über Besitzungen verfügen, auch wenn diese Vermögenswerte hauptsächlich über Moscheen, Schulen, soziale Dienste und vielfältige fromme Stiftungen organisiert sind.

Die antikolonialistische Legitimität des schiitischen Klerus

Während die imperiale Macht der Osmanen oder Perser immer häufiger mit dem Vorwurf konfrontiert war, sich den Befehlen der christlichen Kolonialmächte zu unterwerfen – und dazu in Korruption versackte –, präsentierte sich der schiitische Klerus als der Weg des Widerstands, insbesondere während der Tabakbewegung 1890–1892. Damals trat der oberste Mardscha Schirazi, berühmt wegen seines sozialen Engagements während der Hungersnot in Mesopotamien 1870, den Monopolen auf Tabak, Bodenschätze und die Eisenbahn entgegen, die sich die Engländern 1890/91 gesichert hatten, zu einer Zeit, als die Kaiserliche Bank von Persien unter die Kontrolle britischer Gläubiger geraten war (die Ottomanische Bank, Privatnotenbank des Osmanischen Reiches, wurde bereits seit 1863 von einem französisch-britischen Konsortium kontrolliert). Angesichts der gewaltigen Tumulte und der Mobilmachung der Tabakbauern und Händler musste der Schah von seinem Projekt der Monopolvergabe 1892 vorübergehend ablassen.[1] Später gewannen die westlichen Mächte wieder die Oberhand, insbesondere nach der Entdeckung von Erdöl 1908, der Besetzung iranischer Städte durch die anglorussischen Truppen 1911 und der französisch-britischen Teilung des osmanischen Mittleren Ostens 1919/20. Bis dahin hatte sich

---

1 Siehe J.-P. Luizard, *Histoire politique du clergé chiite*, a. a. O., S. 77–88.

der schiitische Klerus allerdings als die bedeutendste antikolonialistische Macht durchgesetzt und sollte später die Früchte seines Engagements einfahren.

Allgemein hatte der Westen (im Glauben an die Überlegenheit des eigenen kulturellen und religiösen Modells) gegen Ende des 19. Jahrhunderts eine intensive Missionstätigkeit entfaltet, die dazu beitrug, dass ab Anfang des 20. Jahrhunderts zahlreiche Formen hinduistischer und muslimischer Erneuerungsbewegungen entstanden.[1] So wurde zum Beispiel 1928 in Ägypten die (sunnitische) Muslimbruderschaft gegründet, die in der Folgezeit soziale Dienste aufbaute und die Solidarität zwischen den Gläubigen organisierte, nicht unähnlich den schiitischen Quasi-Staaten, allerdings mit dem Unterschied, dass sich diese auf eine religiöse Hierarchie und eine deutlich strukturiertere geistliche Schicht stützen konnten.

Als im Iran Premierminister Mossadegh 1951 die Erdölvorkommen zu verstaatlichen versuchte, zettelten die Briten und Amerikaner 1953 einen Staatsstreich an, um die Macht des ins Exil geflohenen Schah (der, aus einer herausragenden Militärfamilie stammend, 1925 an die Macht gelangt war, kaum zur Religiosität neigte und regelmäßig wegen Vetternwirtschaft am Pranger stand) und vor allem die Privilegien der westlichen Unternehmen wiederherzustellen. 1962 versuchte das Regime, der schiitischen Geistlichkeit den Todesstoß zu versetzen, indem sie ihr die finanzielle Unabhängigkeit entzog: mit einer Landreform, die die frommen Stiftungen *(waqf)* zum Verkauf ihrer Böden zwang. Es folgten Massenproteste, Chomeinis Exil in Nadschaf von 1965 bis 1978 und eine Repression, die immer gewalttätiger wütete.

Im Februar 1979 musste der verhasste Schah schließlich außer Landes fliehen und Chomeini die Macht überlassen. Dieser führte mit den schiitischen Ulemas daraufhin eine erstaunliche Verfassung ein, die in der Geschichte weitgehend einzigartig ist. Die persische Verfassung von 1906 hatte bestimmt, dass die vom Parlament verabschiedeten Gesetze von mindestens fünf Mudschtahid, die von einem oder mehreren Mardschas gewählt worden waren, bestätigt werden mussten. Da diese Regel schon ab 1908/09 umgangen worden war, achteten die Verfassungsväter von 1979 darauf, die Macht der Geistlichkeit innerhalb der Islamischen Republik Iran auf doppelte Weise abzusichern: Zwar werden das Mad-

1 Siehe P. Singaravélou, S. Venayre, *Histoire du monde au xixe siècle*, a. a. O., S. 147 f.

schles (Parlament), der Expertenrat und der Präsident Irans in allgemeinen Wahlen direkt gewählt (auch von den seit 1963 wahlberechtigten Frauen), aber für den Expertenrat mit seinen 86 Mitgliedern dürfen nur Geistliche kandidieren, die grundsätzlich über einen Abschluss in Theologie oder eine angemessene religiöse Ausbildung verfügen. Und dieses Gremium wählt den Obersten Religionsführer und kann ihn im Prinzip auch abberufen. Bislang herrschten nur zwei Oberste Führer: der Imam Chomeini von 1979 bis zu seinem Tod 1989 und Ajatollah Chamenei seit 1989. Der oberste Führer übt eine klare Vorherrschaft über die zivilen Kräfte und die anderen politischen Instanzen aus, insbesondere in Zeiten schwerer Krise: Er ist Oberbefehlshaber der Armee, besetzt die hohen militärischen und richterlichen Posten und ist Schiedsstelle für Konflikte zwischen Exekutive, Legislative und Jurisdiktion. Im Übrigen ernennt er direkt sechs der zwölf Mitglieder des «Rats der Wächter der Verfassung» (die anderen sechs werden von den Justizbehörden, die vom Religionsführer kontrolliert werden, vorgeschlagen und müssen vom Madschles gebilligt werden). Dieser Wächterrat ist die oberste Verfassungsinstanz, die das gesamte Wahlsystem insofern unter Kontrolle hat, als sie sämtliche Kandidaten für den Madschles, den Expertenrat und das Präsidentenamt billigen muss.

Während zahlreiche moderne politische Regime den Militärs Allmacht gewähren (gewöhnlich Militärdiktaturen, die kaum förmlich juristisch verfasst sind) und manche Verfassungen den Militärs sogar in einem parlamentarischen System besondere Prärogativen zubilligen, vor allem bei der Verabschiedung des Haushalts (so gegenwärtig in Ägypten und Thailand),[1] stellt die iranische Verfassung einen wahrhaftigen Sonderfall dar. Sie beruht auf einer raffinierten Organisationsweise und Kodifizierung, mit der sich die geistliche Schicht die politische Macht sichert, und zwar im Rahmen einer Ordnung, die im Übrigen großen Raum für Wahlen lässt, die relativ streitbar und pluralistisch ausgetragen werden, zumindest in deutlich stärkerem Maß, als es in den meisten politischen Regimen des Nahen und Mittleren Ostens der Fall ist.

Gleichwohl ist darauf hinzuweisen, dass die offizielle staatliche Macht, die die iranische Verfassung den schiitischen Geistlichen zubil-

1 So sieht die ägyptische Verfassung von 2014 vor, den Staatshaushalt geheim zu halten (nur die Gesamthöhe wird veröffentlicht) und ihn mit den Armeechefs auszuhandeln. Die thailändische Verfassung von 2016 ermächtigt das Militär, die Senatoren zu ernennen, die ihrerseits die Regierung stürzen können.

ligt, bei einem bedeutenden Teil der klerikalen Schicht stets auf äußerstes Misstrauen stieß. Sie hat es allgemein vorgezogen, sich aus der Politik herauszuhalten aus Angst, in ihre Irrungen hineingezogen zu werden – so die höchsten Mardschas und Würdenträger in den heiligen irakischen Städten sowie die niederen Geistlichen und Imame der iranischen Moscheen, von denen die Mehrheit dem herrschenden Regime ablehnend gegenübersteht. Die Geistlichen und Theologen (oder diejenigen, die als solche Anerkennung gewannen), die Karriere im Expertenrat, in der Politik oder im Staatsapparat machen, bilden folglich eine besondere Gruppe, die vom allgemeinen Klerus zu unterscheiden ist.[1] Interessant ist festzustellen, dass die Verfassung von 1979 anfänglich vorgesehen hatte, dass nur ein echter Mardscha zum Obersten Religionsführer der Islamischen Republik gewählt werden durfte. Allerdings gab es 1989 beim Tod Chomeinis (der diese Auszeichnung im Exil in Nadschaf erhalten hatte) keinen lebenden Mardscha, der die Bedingungen erfüllte und bereit gewesen wäre, Führer zu werden. Mangels eines Besseren fiel die Wahl auf den gegenwärtigen Obersten Führer Chamenei (der allerdings nur Ajatollah war), ein eklatanter Verstoß gegen die Verfassung. Eine Verfassungsänderung Ende 1989 sollte Abhilfe schaffen, um zur Legalität zurückzukehren. Im Verlauf der Jahre danach versuchte das Regime, die lebenden Mardschas zu bewegen, dem Obersten Führer diesen Status zuzuerkennen, vergebens.[2] Diese ziemlich demütigende Episode markierte eine klare Trennung zwischen den eigentlich geistlichen und transnationalen Instanzen der Schia und den staatlichen und nationalen der Islamischen Republik Iran.[3]

---

1 Der einzige nichtgeistliche Präsident des Iran war bis heute Mahmud Ahmadinedschad (2005–2013), der als radikaler und konservativer als zahlreiche Präsidenten aus der Schicht der Geistlichen und Religionsgelehrten gilt.

2 Siehe J.-P. Luizard, *Histoire politique du clergé chiite*, a. a. O., S. 217–230.

3 Dennoch verfügt das Regime in der Geistlichkeit immer noch über ein gewisses Ansehen: wegen seiner regionalen Ausstrahlung, seiner Schutzfunktion für die Schiiten und der Erinnerung an den Krieg gegen den Irak (1980–1988) zu einer Zeit, als sämtliche westlichen Länder Saddam Hussein unterstützten und aufrüsteten. Saddam entstammte der irakischen sunnitischen Minderheit (war allerdings eher unreligiös) und schreckte nicht davor zurück, 1980 den Großajatollah Muhammad Baqir as-Sadr in Nadschaf hinrichten zu lassen.

Egalitäre schiitische Republik, sunnitische Ölmonarchien: Reden und Realitäten

Zu Beginn des 21. Jahrhunderts versucht das iranische Regime nach wie vor, sich als moralischer und egalitärer als die anderen muslimischen Staaten zu präsentieren, insbesondere als der saudische Staat und die übrigen Ölmonarchien am Golf, denen regelmäßig vorgeworfen wird, dass sie die Religion instrumentalisieren, um darüber hinwegzutäuschen, dass sie die natürlichen Ressourcen zugunsten der herrschenden Familien, Dynastien und Klans vereinnahmen. Im Gegensatz zu diesen Regimen, die von Prinzen, Milliardären und Emporkömmlingen regiert werden, versteht sich das iranische als eines, das ohne jedwedes dynastisches Privileg auf der republikanischen Gleichheit der Bürger und auf der Weisheit der Gelehrten und Doktoren der Theologie beruht, unabhängig von der sozialen Herkunft.

Tatsächlich lassen die verfügbaren Daten den Nahen Osten heute als die inegalitärste Region der Welt erscheinen.[1] Dies erklärt sich hauptsächlich dadurch, dass seine Ressourcen von Ölstaaten mit kleinen Bevölkerungen und innerhalb dieser Staaten von hauchdünnen sozialen Schichten vereinnahmt werden – hauptsächlich durch die saudische, die emiratische und die katarische Herrscherfamilie, die sich seit Jahrzehnten auf einen Diskurs stützen, der in mehrerlei Hinsicht (insbesondere mit Blick auf die Frauen) fundamentalistisch ist, dies in der Hoffnung, von ihrem schändlichen Finanzgebaren abzulenken. Auf diesen wichtigen Aspekt der gegenwärtig weltweiten Herrschaft der Ungleichheit und allgemeiner auf die Frage, wie diese regional und international verringert werden könnte, kommen wir im nächsten Teil dieses Buchs zurück.[2]

Halten wir zunächst einfach fest, dass so extrem hohe Niveaus der Ungleichheit zwangsläufig gewaltige soziale und politische Spannungen heraufbeschwören. Dass sich solche Regime halten können, beruht auf ausgeklügelten Unterdrückungsapparaten und der militärischen Unterstützung durch den Westen, insbesondere die Vereinigten Staaten. Hätten die Streitkräfte der westlichen Koalition die irakische Armee 1991

---

1 Siehe Einführung, Grafik 0.4.

2 Siehe insbesondere Kapitel 13, S. 819–822.

nicht zum Rückzug aus Kuweit gezwungen, um die Souveränität des Emirs über dieses Territorium und seine Ölreserven wiederherzustellen (und damit die Interessen der amerikanischen und europäischen Konzerne zu wahren), wäre die Entwicklung, bei der regionale Grenzen neu festgelegt wurden, dort wahrscheinlich nicht stehengeblieben. Innerhalb des Islams prangert nicht nur das schiitische iranische Regime die Korruption der Ölmonarchien und ihr als gottlos geltendes Einvernehmen mit den westlichen Mächten an. Diesen Diskurs teilen auch zahlreiche sunnitische Bürger und politische Gruppen, von denen sich die meisten friedlich verhalten und allgemein kaum Gehör verschaffen können (sofern sie sich überhaupt äußern dürfen), während andere in den letzten Jahrzehnten auf Terrorakte setzten und einen Großteil der weltweiten Aktualität bestimmten (vor allem al-Qaida und der sogenannte Islamische Staat).[1]

Hervorzuheben ist aber auch, dass sich das iranische Regime entgegen all seiner Reden ebenfalls durch besondere Undurchsichtigkeit auszeichnet, was die Verteilung der Ressourcen des Landes angeht. Dieser Mangel an Transparenz sowie der Verdacht massiver Korruption, den er bei der Bevölkerung weckt, erklärt heute die besondere Zerbrechlichkeit des Regimes. Die Pasdaran, die Iranischen Revolutionsgardisten, die dem Obersten Religionsführer direkt unterstehen, bilden einen wahrhaftigen Staat im Staate und kontrollieren nach manchen Schätzungen 30–40 % der iranischen Wirtschaft. Die zahlreichen Stiftungen, die der Verfügungsgewalt des Obersten Religionsführers und seiner Verbündeten unterstellt sind, stehen ebenfalls im Ruf, über bedeutende Beteiligungen und Vermögenswerte zu verfügen, die offiziell zur Erfüllung ihrer sozialen Rolle und der Entwicklung des Landes dienen. Das fast vollständige Fehlen genauer Informationen über sie macht allerdings jedwede Rechenschaft unmöglich und weckt naturgemäß Misstrauen.[2] Bisweilen vermittelt das iranische Kino einige eher beunruhigende Einblicke: In *A Man of Integrity* (2017) schwebt über dem

1 Es sei daran erinnert, dass al-Qaida als eine sunnitische Terrororganisation insbesondere mit den Anschlägen vom 11. September 2001 von sich reden gemacht hat. Sie stand den Schiiten stets relativ offen gegenüber, während der IS sich hauptsächlich auf ein territoriales Projekt mit dem Ziel stützt, einen mächtigen islamischen Staat «im Irak und in der Levante» zu etablieren (im Verbund mit einer radikalen Neufestlegung der Grenzen zwischen dem Irak und Syrien, die zwischen 2014 und 2018 gescheitert ist). Damit steht er in erbittertem Gegensatz zu den Schiiten im Irak und der gesamten Region.

2 Zu den neuesten Entwicklungen des Regimes siehe insbesondere A. Chelly, *Iran, autopsie*

Protagonisten Reza das Damoklesschwert der Enteignung seines Haues und Grundstücks durch eine ominöse Firma, die dem Regime und den lokalen Behörden nahesteht. Am Ende steht er in seinem Teich inmitten toter Goldfische. Der Regisseur Mohammad Rasoulof wurde ohne Angabe von Gründen verhört, musste hinnehmen, dass sein Pass eingezogen wurde, und lebt seither in Angst vor der Verhaftung.

Gleichheit, Ungleichheit und Zakat in den muslimischen Ländern

Allgemein ist festzustellen, dass die Versprechen der sozialen, politischen und ökonomischen Gleichheit, als deren Träger der Islam im Verlauf seiner Geschichte – wie auch das Christentum, der Hinduismus und die anderen Religionen – regelmäßig auftrat, immer wieder enttäuscht wurden. Zwar trugen alle Religionen auf allen Kontinenten seit Jahrtausenden dazu bei, dass sich Solidargemeinschaften und wichtige soziale Dienste auf lokaler Ebene entwickelten. Auch ermöglichten es die geistlichen und geistigen Schichten, die aus den verschiedenen religiösen Konstruktionen und Doktrinen hervorgingen (auch aus dem Konfuzianismus und Buddhismus), den kriegerischen und militärischen Schichten in den trifunktionalen Gesellschaften aller Weltregionen über Jahrhunderte hinweg ein Gegengewicht entgegenzusetzen. Die Botschaft der Gleichheit und des Universalismus, die von den Religionen getragen wird, eröffnete diskriminierten Minderheiten immer wieder Wege zur möglichen Emanzipation, wie die Glaubensübertritte in der Hindu-Gesellschaft zum Islam zeigen (die manche Hindu-Nationalisten dem Islam und den Bekehrten bis heute vorwerfen).

Aber sobald es darum geht, die Gesellschaften zu strukturieren und die Ungleichheiten in größerem Stil zu verringern, treten die Erstarrung, die konservativen Haltungen und die Inkonsequenz der religiösen Ideologien deutlich hervor, insbesondere auf familiärer, rechtlicher und steuerlicher Ebene. Zwar wird im Islam wie in allen Religionen auf theoretischer Ebene eine gewisse Verpflichtung gegenüber dem Gedanken der sozialen Gleichheit sichtbar, aber die sich daraus ableitenden praktischen und institutionellen Empfehlungen bleiben ziemlich vage. Sie zeichnen sich häufig durch eine so große Dehnbarkeit aus, dass sie sich

du chiisme politique, Paris: Cerf, 2017; C. Arminjon-Hachem, *Chiisme et État. Les clercs à l'épreuve de la modernité*, Paris: CNRS Éditions, 2013.

von jedweder konservativen Ideologie vereinnahmen lassen. Wie wir zum Beispiel bei der Sklaverei sahen, hatte sich das Christentum mit ihr über Jahrhunderte hinweg bestens arrangiert, wie die Haltung der Päpste und der christlichen Königreiche seit dem Zeitalter der Entdeckungen und die sozialen Rechtfertigungen Jeffersons oder Calhouns zu Beginn des 19. Jahrhunderts zeigen. Und den gleichen grundlegenden Zwiespalt offenbart auch der Islam in Verlauf seiner gesamten Geschichte. In der Theorie verdammt er die Sklaverei, vor allem die von Glaubensbrüdern oder muslimischen Konvertiten, aber in der Praxis waren in zahlreichen muslimischen Staaten seit der Hidschra gewaltige Massen an schwarzen Sklaven konzentriert, angefangen mit denen, die im 8. und 9. Jahrhundert, dem «goldenen Zeitalter» der Abbasidenkalifen, auf den mesopotamischen Plantagen arbeiten mussten.[1] Wie einst die Senatoren Virginias und South Carolinas im 19. Jahrhundert erklären noch zu Beginn des 21. Jahrhunderts muslimische Theologen in gelehrten Ausführungen, dass die Sklaverei historisch gesehen zwar unbefriedigend, aber ihre Abschaffung ein Prozess sei, der je nach den zeitgenössischen Hintergründen sorgfältig vorbereitet werden müsse. Er brauche Zeit, damit die betroffenen Bevölkerungsgruppen genügend Fähigkeiten und Reife erwerben könnten, um unabhängig von der Vormundschaft ihrer Herren zu leben.[2]

In Sachen Steuern und Solidarität zwischen den sozialen Schichten erlegt der Islam den Gläubigen die Zakat als Pflichtabgabe auf: Wer über die Mittel verfügt, muss mit Almosen seinen Betrag leisten, um den Bedürfnissen der Gemeinschaft Genüge zu tun und die Ärmsten unterstützen, grundsätzlich proportional zur Höhe des jeweiligen Vermögens (Barmittel, Edelmetalle, Geschäftsvermögen, Boden, Ernten, Vieh etc.). Die Zakat taucht in mehreren Koransuren auf, aber durchweg mit ungenauen Angaben. Zahlreiche islamische Rechtstraditionen legten nachfolgend verschiedene Formulierungen vor, die sich häufig widersprachen. Im 19. Jahrhundert mussten die Gläubigen in den schi-

1 Siehe insbesondere A. Popovic, *La Révolte des esclaves en Iraq au IIIe/IXe siècle*, Paris: Geuthner, 1976; C. Coquery-Vidrovitch, *Les Routes de l'esclavage. Histoire des traites africaines*, Paris: Albin Michel, 2018, S. 67 f.

2 Siehe zum Beispiel T. Ramadan, *Le Génie de l'Islam. Initiation à ses fondements, sa spiritualité et son histoire*, Paris: Presses du Châtelet, 2016, S. 47. Im gleichen Geist erläutert der Autor, dass die rechtliche Benachteiligung der Frauen (zum Beispiel der halbe Erbteil) zwar unbefriedigend, aber dann zu rechtfertigen sei, wenn die Männer ihre Rolle erfüllten und sich fürsorglich um die Frauen kümmerten (S. 150).

itischen Regionen des Irak und des Iran grundsätzlich bis zu einem Fünftel ihres Einkommen und einem Drittel ihrer Erbschaften an einen Mudschtahid ihrer Wahl abführen.[1] Allerdings ist zu betonen, dass die tatsächlich abgeführten Beiträge häufig vertraulich behandelt werden: In den meisten muslimischen Gesellschaften gilt die Höhe der Zakat als das Ergebnis eines direkten Gesprächs zwischen dem Gläubigen, seinem Gewissen und Gott, woraus sich eine gewisse Flexibilität ergibt. Dies erklärt wohl auch, warum wir zu keiner muslimischen Gesellschaft (ob schiitisch oder sunnitisch) der Geschichte über Archivmaterial zur Zakat verfügen, das es ermöglichen würde, die Höhe der tatsächlich geleisteten Beiträge zu untersuchen oder die Entwicklung der Verteilung von Vermögen und Einkommen zu analysieren. Dabei könnten in den Ölmonarchien Zahlungen, bemessen an den Vermögen der Prinzen und Milliardäre des Landes, erhebliche Steueraufkommen für die Gemeinschaft erbringen und zugleich wertvolle Auskünfte über die Vermögensverteilung und ihre Entwicklung geben. Auch ist hervorzuheben, dass die Zakat generell als eine streng proportionale Abgabe (mit den gleichen Sätzen für die Ärmsten und die Reichsten) oder zuweilen ab einer Obergrenze (mit einem Freibetrag, oberhalb dessen ein Einheitstarif galt) und eben nicht als progressive Steuer mit mehreren Stufen konzipiert war. Nur so würde sie die Beitragenden ihrer finanziellen Leistungsfähigkeit entsprechend belasten und reale Aussichten auf eine Umverteilung von Wohlstand eröffnen.[2]

Mangelnde Transparenz, eine fehlende progressive Belastung und ein fehlender Ehrgeiz beim Umverteilen kennzeichnen neben der Zakat übrigens auch die Abgaben in allen anderen Religionen. Der kirchliche Zehnt, der in Frankreich unter dem Ancien Régime erhoben wurde und dem der monarchische Staat und die herrschaftlichen Eliten Gesetzes-

1 Siehe J.-P. Luizard, *Histoire politique du clergé chiite*, a. a. O., S. 38 f.

2 Zur Zakat liegen je nach Autor unterschiedliche Angaben vor, zum Beispiel in Größenordnungen von «2,5 % auf Geldbeträge und 5–10 % auf Ernten» (siehe T. Ramadan *Le Génie de l'Islam*, a. a. O., S. 127; siehe ebenso A. D. Arif, *L'Islam et le Capitalisme: pour une justice économique*, Paris: L'Harmattan, 2016, S. 70). Dass sich der erstgenannte Prozentsatz auf eine Steuer auf einen Kapitalstock und der zweite auf ein Jahreseinkommen (oder eine nicht sofort verbrauchte oder reinvestierte Produktion, je nach Deutung) zu beziehen scheint, trägt allerdings zur Verwirrung bei, umso mehr, als nicht einmal ansatzweise Vergleiche zu Steuern auf reale Einkommen, Erbschaften oder Vermögen gezogen werden. In der Realität haben die Sätze der Zakat offenbar je nach Umständen, Gesellschaften und Regeln vor Ort vor allem erheblich geschwankt.

kraft verliehen hatten, war zum Beispiel ebenfalls eine streng proportionale Abgabe.[1] Erst mit der Französischen Revolution und vor allem im 20. Jahrhundert kamen Debatten über eine ausdrücklich progressive Besteuerung auf, die es im Rahmen säkularer Gesellschaften ermöglichten, ehrgeizigere Ziele bei der sozialen Gerechtigkeit und der Verminderung von Ungleichheiten ins Auge zu fassen. Dieser konservative Umgang mit der Besteuerung findet sich auch in neueren Konfessionen wie der Kirche Jesu Christi der Heiligen der Letzten Tage (HLT) (Mormonen), die 1830 von Joseph Smith gegründet wurde, ausgehend von einer Offenbarung, die es ermöglicht, die vergessenen Gebiete der Vereinigten Staaten in die abrahamitische und christliche Erzählung einzubinden. Die Finanzierung der HLT beruht derzeit auf einem einheitlichen «Zehnt» *(tythe)*, der tatsächlich grundsätzlich auf ein Zehntel vom Einkommen der Gläubigen festgelegt ist.[2] Dank der dadurch fließenden Mittel konnten in einer Gemeinschaft von weltweit 16 Millionen Gläubigen (darunter fast 7 Millionen in den Vereinigten Staaten, hauptsächlich in Utah) neue Formen des Teilens und der Solidarität entwickelt werden. Dennoch handelt es sich um eine streng proportional bemessene Abgabe. Zudem sind die Finanzen der Bewegung besonders undurchsichtig, und die Organisation untersteht der ausschließlichen Kontrolle eines Kollegiums von zwölf Aposteln, die (wie der Papst oder die Richter des Obersten Gerichtshofs der USA) auf Lebenszeit ernannt werden. Ihren Hauptsitz haben die Mormonen im wirtschaftlich erfolgreichen Salt Lake City. Der älteste Apostel übernimmt automatisch die Führung der Kirche und wird damit ganz offiziell zu ihrem

1 Siehe Kapitel 2, S. 105–107.

2 Nach dem *Buch Mormon*, das den Evangelien folgt, soll ein Stamm Israels aus Mesopotamien geflohen sein und sich an der arabischen Küste eingeschifft und im 6. Jahrhundert v. u. Z. in Amerika niedergelassen haben. Dort sollen seinen Nachfahren die Ereignisse im Heiligen Land direkt von Jesus geoffenbart worden sein, der sich kurz nach der Auferstehung nach Amerika begeben habe. Die Goldplatten, die als Quelle für das *Buch Mormon* dienten, wollte Joseph Smith 1828 im Westen des Bundesstaats New Yorks wiedergefunden haben. Diese Art Einbindung einer Region und einer Gemeinschaft, die sich als am Rand der großen monotheistischen Erzählung stehend verstand, ähnelt in gewisser Weise der Art, wie der Koran die Landschaft Hedschas in die jüdischen und christlichen Erzählungen einbezieht (die Araber seien Nachkommen Ismaels, der mit seinem Vater Abraham die Fundamente der Kaaba in Mekka gelegt habe). Diese egalitäre Dimension der messianischen Erzählungen und die Ablehnung der Hierarchisierung von Gebieten und Abstammungen bilden wesentliche Aspekte dieser Texte. Zum sozialen Hintergrund der Entstehung des Islam siehe das klassische Werk M. Rodinson, *Mohammed*, aus d. Franz. v. Guido Meister, Luzern: Bucher, 1975.

Propheten. Stirbt ein Apostel, treten die übrigen zur Wahl eines Nachfolgers zusammen. Der gegenwärtige Prophet Russell Nelson übernahm sein Amt 2018 im Alter von 94 Jahren von seinem mit 91 Jahren verstorbenen Vorgänger. Beiläufig sei bemerkt, dass seit einer päpstlichen Bulle von 1970 zum Konklave zur Papstwahl nur noch Kardinäle zugelassen sind, die ihr 80. Lebensjahr noch nicht vollendet haben – der klare Beweis, dass alle Institutionen, auch die altehrwürdigsten, eine Chance auf Weiterentwicklung haben.

Proprietarismus und Kolonialismus: die Globalisierung der Ungleichheit

Fassen wir zusammen: Wir haben in den ersten beiden Teilen dieses Buches untersucht, wie sich die trifunktionalen Gesellschaften in solche der Eigentümer verwandelten und die Begegnung der kolonialen und proprietaristischen Mächte Europas auf die Entwicklung der dreigliedrigen Gesellschaften in den anderen Teilen der Welt einwirkte. Wie wir sahen, waren die meisten alteingesessenen Gesellschaften, in Europa wie in Asien, Afrika und Amerika, nach einer trifunktionalen Logik organisiert. Die Macht war auf lokaler Ebene zentriert um klerikale und religiöse Eliten mit der Aufgabe, die Gesellschaft spirituell einzubinden, sowie um kriegerische und militärische Eliten mit der Verantwortung, die Ordnung aufrechtzuerhalten – je nach den wechselnden und sich weiterentwickelnden politisch-ideologischen Konstellationen. Zwischen 1500 und 1900 ging der Aufbau des zentralisierten Staates mit einem radikalen Wandel der politisch-ideologischen Konstrukte einher, die darauf abzielten, die Struktur der sozialen Ungleichheiten zu rechtfertigen und zu organisieren. Insbesondere die trifunktionale Ideologie wich schrittweise einer proprietaristischen, basierend auf einer strengen Trennung zwischen dem Recht auf Eigentum (das als für alle offenstehend galt) und den hoheitlichen Gewalten (die fortan zu Monopolen des Staates wurden).

Während dieser Bewegung hin zum Proprietarismus, die Hand in Hand mit dem Aufbau des modernen Staates und der Entwicklung neuer Transport- und Kommunikationsmittel erfolgte, kamen weit auseinanderliegende Weltregionen und Kulturen in Kontakt zueinander, die vormals fast oder überhaupt nichts voneinander wussten. Diese Begegnungen erfolgten unter klar hierarchischen und inegalitären Vorzeichen, vor allem wegen der überlegenen fiskalischen und militärischen Fähigkeiten, die die europäischen Staaten in der Schule ihrer internen Rivalitäten erworben hatten. Die Kontakte der europäischen Kolonialmächte mit den Gesellschaften der anderen Kontinente leiteten unterschiedliche politisch-ideologische Entwicklungen ein, die je nachdem, wie die Legitimität der alten geistigen und kriegerischen Eliten von ihnen beeinflusst wurden, verschiedenste Bahnen einschlugen. Unmittelbar aus diesem Prozess ging die moderne Welt hervor.

Unter den vielfältigen Lehren, die sich aus diesen historischen Erfahrungen und Entwicklungen ziehen lassen, ist vor allem hervorzuheben, dass die sozialen Ungleichheiten in den jeweiligen Gesellschaften, auf internationaler wie auf kleinster lokaler Ebene, durch eine große Vielfalt an politischen Ideologien und Institutionen strukturiert wurden, in Verhältnissen, die sich durch rasche und vielfältige Veränderungen auszeichneten. Man denke zum Beispiel an die europäischen Strategien, den Islam von den Küsten Afrikas her einzukreisen und die Entdeckung Indiens (gefolgt von der Kodifizierung seiner Kasten), an die fiskalische und militärische Stärke der europäischen Staaten (die im 20. Jahrhundert zu einer fiskalischen und sozialen wurde), an die proprietaristischen Ideologien oder die wagemutigen, als Aktiengesellschaften verfassten Kolonialgesellschaften, die Europa ersonnen hat. Man denke an die rituelle Reinheit bei den Speisen, an den vielsprachigen und multikonfessionellen Schmelztiegel, die sozialen Quoten oder den Parlamentarismus auf Bundesebene, die Indien hervorbrachte; an die gebildeten Administratoren im Dienst von Staat und Gemeinwohl, an die Wettbewerbe für Beamtenanwärter im chinesischen Kaiserreich und deren neue Formen im Kommunismus; an das Shōgunat, die Restauration und die Strategien zur sozialen Integration, die Japan umsetzte; oder an die soziale Rolle der schiitischen Quasi-Staaten, an den in der Verfassung verankerten Wächterrat und die nie dagewesenen republikanischen Formen, die im Iran ersonnen wurden. Ein erheblicher Teil dieser politisch-ideologischen Konstruktionen und Institutionen sind auf ihrem Weg durch die Geschichte gescheitert, während sich andere, deren Schwachstellen wir nicht zu verhehlen versucht haben, immer noch im Experimentierstadium befinden. Als ihre Gemeinsamkeit zeigen alle diese historischen Erfahrungen deutlich auf, dass die soziale Ungleichheit stets rein gar nichts «Natürliches» hat: Sie ist immer zutiefst ideologisch und politisch bedingt. Jeder Gesellschaft bleibt nichts anderes übrig, als ihren Ungleichheiten einen Sinn zu geben, mit Diskursen im Dienst des Gemeinwohls, die aber nur dann verfangen, wenn sie ein Mindestmaß an Plausibilität besitzen und sich in dauerhaften Institutionen verkörpern.

Das Anliegen der ersten beiden Teile dieses Buchs, in denen wir die Geschichte der trifunktionalen, proprietaristischen, sklavenhaltenden und kolonialistischen Ungleichheitsregime bis zu Beginn des 20. Jahrhunderts erörtert haben – zuweilen mit Exkursen in die neuere Zeit –, bestand nicht nur darin, Beispiele für den politisch-ideologischen Einfallsreichtum der menschlichen Gesellschaften zu geben. In dieser Darstellung habe ich auch aufzuzeigen versucht, dass sich aus diesen historischen Erfahrungen Lehren für die Zukunft ziehen lassen, insbesondere was die Fähigkeit der verschiedenen Ideologien und Institutionen angeht, ihre Ziele der politischen Harmonie und sozialen Gerechtigkeit zu erreichen. Wie wir zum Beispiel gesehen haben, stieß das proprietaristische Versprechen, Wohlstand auf breiterer Basis zu schaffen, das während der Französischen Revolution kraftvoll zum Ausdruck kam, auf eine ganz andere Realität: Am Vorabend des Ersten Weltkriegs war das Eigentum in Frankreich und Europa noch stärker konzentriert als über ein Jahrhundert zuvor unter dem Ancien Régime (siehe Kapitel 1–5). Wir haben auf die Heuchelei des zivilisatorischen Diskurses und auf die Sakralisierung des Eigentums sowie auf die rassistische und kulturelle Unterdrückung verwiesen, die die Entwicklung der Gesellschaften unter der Kolonialherrschaft leiteten, sowie auf die dauerhaften Folgen, die die staatliche Kodifizierung uralter statusbedingter Ungleichheiten bis in moderne Zeit heraufbeschworen hat (siehe Kapitel 6–9). Vor allem hat es uns die Untersuchung der verschiedenen Entwicklungswege ermöglicht, besser die ineinandergreifenden sozioökonomischen und politisch-ideologischen Prozesse zu verstehen, durch welche die verschiedenen Teile der Welt in Kontakt zueinander kamen und aus denen die moderne Welt hervorging. Im Fortgang müssen wir jetzt analysieren, wie die Ereignisse und die Ideologien des 20. Jahrhunderts dafür sorgten, dass sich die Struktur der Ungleichheit radikal verändert hat, innerhalb der einzelnen Länder wie auf internationaler Ebene.

DRITTER TEIL

DIE GROSSE TRANSFORMATION IM 20. JAHRHUNDERT

10.
DIE KRISE DER EIGENTÜMERGESELLSCHAFTEN

In den ersten beiden Teilen dieses Buchs haben wir die Transformation der trifunktionalen Gesellschaften (die auf der Dreiteilung in Klerus, Adel und Dritten Stand und einem Gewirr von Eigentums- und Hoheitsrechten auf lokaler Ebene aufbauen) in Eigentümergesellschaften betrachtet (organisiert um eine strikte Trennung zwischen dem Eigentumsrecht, das, wie es heißt, allen offensteht, und den hoheitlichen Rechten, die Monopol des Staates sind). Außerdem haben wir untersucht, wie das Zusammentreffen mit proprietaristischen europäischen Kolonialmächten die Entwicklung dreigliedriger Gesellschaften in anderen Teilen der Welt beeinflusst hat. In diesem dritten Teil werden wir nun analysieren, wie das 20. Jahrhundert diese Struktur der Ungleichheiten tiefgreifend verändert hat. Prägend für das Jahrhundert, verstanden als die Zeitspanne vom Attentat in Sarajewo am 28. Juni 1914 bis zu den Anschlägen in New York am 11. September 2001, ist in erster Linie die Hoffnung auf eine gerechtere Welt und stärker egalitäre Gesellschaften, weiterhin sind es auch radikale Projekte für die Transformation der aus der Vergangenheit hervorgegangen Ungleichheitsregime. Dieser Hoffnung steht die düstere Bilanz des Sowjetkommunismus (1917–1991) gegenüber, die zum Teil die gegenwärtige Ernüchterung und einen gewissen Fatalismus angesichts von Ungleichheiten erklärt. Der Fatalismus lässt sich jedoch überwinden, wenn der Faden dieser Geschichte wiederaufgenommen wird und konsequent die Lehren daraus gezogen werden. Zu den wichtigen Entwicklungen im 20. Jahrhundert gehören außerdem (und vielleicht vor allem) das Ende der Kolonialherrschaft und die Tatsache, dass Gesellschaften und Kulturen miteinander in Kontakt gekommen sind, die zuvor nicht das Geringste voneinander wussten und deren Austausch hauptsächlich in zwischenstaatlichen Beziehungen und militärischen Herrschaftsverhältnissen stattfand.

In diesem Kapitel beginnen wir mit der Untersuchung der Krise der Eigentümergesellschaften in den Jahren von 1914 bis 1945. Im nächsten Kapitel behandeln wir die Versprechen und die Grenzen der sozialdemokratischen Gesellschaften, die nach dem Zweiten Weltkrieg geschaffen wurden. Danach analysieren wir die kommunistischen und postkommunistischen Gesellschaften und schließlich die hyperkapitalistischen, postkolonialen Gesellschaften am Ende des 20. und zu Beginn des 21. Jahrhunderts.

Die «große Transformation» der ersten Hälfte des 20. Jahrhunderts neu denken

Zwischen 1914 und 1945 änderte sich die Struktur der weltweiten Ungleichheiten sowohl innerhalb der Staaten wie auf internationaler Ebene so schnell und tiefgreifend wie nie zuvor in der Geschichte der Ungleichheitsregime. 1914, am Vorabend des Ersten Weltkriegs, schien das private Eigentumssystem genauso absolut und unveränderlich zu sein wie das Kolonialsystem. Die europäischen Mächte, untrennbar proprietaristisch und kolonialistisch, standen auf dem Höhepunkt ihrer Macht. Die britischen und französischen Eigentümer hielten im Rest der Welt so gewaltige Finanzportfolios, wie sie bis heute nicht mehr erreicht wurden. 1945, kaum dreißig Jahre später, war das Privateigentum aus dem kommunistischen System verschwunden, das zuerst in der Sowjetunion und bald danach in China und Osteuropa errichtet wurde. In den Ländern, die weiterhin nominell kapitalistisch blieben, sich aber in Wahrheit im Übergang zu sozialdemokratischen Gesellschaften befanden, hatte es viel von seiner Macht eingebüßt; es gab unterschiedliche Mischungen von Staatsbesitz, staatlichen Bildungs- und Gesundheitssystemen, Steuersystemen mit starker Progression bei den höchsten Einkommen und Vermögen. Bald brachen die Kolonialreiche zusammen. Die alten europäischen Nationalstaaten zerstörten sich selbst, und an die Stelle ihrer Herrschaft trat eine weltweite ideologische Konkurrenz zwischen Kommunismus und Kapitalismus, verkörpert durch die beiden Staaten mit den Dimensionen von Kontinenten: die Sowjetunion und die Vereinigten Staaten von Amerika.

Wir schauen uns zunächst an, wie die Ungleichheit der Einkommen und Vermögen in Europa und den Vereinigten Staaten in der ersten Hälfte des 20. Jahrhunderts abnahm und wie vor allem die Bedeutung des Privatbesitzes in diesen Ländern in der Zeit von 1914 bis 1945 zusammenschmolz. Wir werden sehen, dass die materiellen Zerstörungen durch die beiden Kriege nur einen kleinen, für die am stärksten betroffenen Länder aber durchaus spürbaren Teil dieser Entwicklung verursachten. Dass das Privateigentum an Gewicht verlor, hing auch und vor allem mit einer Reihe politischer Entscheidungen zusammen, die oft in aller Eile getroffen wurden und denen gemeinsam ist, dass sie darauf abzielten, die gesellschaftliche Bedeutung des Privateigentums zu verringern: Enteignungen von ausländischem Besitz, Verstaatlichungen, Kontrolle der Mieten und Immobilienpreise, Verringerung der Staatsschulden durch Inflation, durch erhöhte Besteuerung von privaten Vermögen oder schlicht und einfach durch deren Annullierung. Außerdem werden wir die zentrale Rolle untersuchen, die die Einführung der progressiven Besteuerung auf breiter Front im Verlauf des 20. Jahrhunderts spielte mit Steuersätzen über 70 % oder sogar über 80 % auf die höchsten Einkommen und Vermögen, die bis in die 1980er und 1990er Jahre galten. Aus dem zeitlichen Abstand, den wir heute haben, spricht alles dafür, dass diese historische Innovation entscheidenden Anteil an der Verringerung der Ungleichheiten im 20. Jahrhundert hatte.

Schließlich sehen wir uns die politisch-ideologischen Bedingungen an, die diese historische Wende möglich gemacht haben, vor allem die «große Transformation» der Einstellungen zu Privateigentum und Märkten, die Karl Polanyi bereits 1944 in seinem gleichnamigen Buch analysiert hat (ein Meisterwerk, das unter dem unmittelbaren Eindruck der Ereignisse geschrieben wurde und auf das wir noch zurückkommen werden).[1] Die verschiedenen finanziellen, rechtlichen, sozialen und fiskalischen Entscheidungen, die zwischen 1914 und 1950 getroffen

1 Siehe K. Polanyi, *The Great Transformation. Politische und ökonomische Ursprünge von Gesellschaften und Wirtschaftssystemen*, übersetzt von H. Jelinek, Wien: Europaverlag 1977 (Frankfurt/Main: Suhrkamp 1978). Der ungarische Ökonom und Historiker Polanyi floh 1933 von Wien nach London und emigrierte 1940 in die Vereinigten Staaten, wo er von 1940 bis 1944 seine klassische Analyse des Flächenbrands verfasste, der damals in Europa wütete. Für Polanyi führte die im 19. Jahrhundert alles beherrschende Ideologie des sich selbst regulierenden Marktes zur Selbstzerstörung der europäischen Gesellschaften zwischen 1914 und 1945 und zur dauerhaften Diskreditierung des wirtschaftlichen Liberalismus.

wurden, waren natürlich den jeweiligen Umständen geschuldet. Sie tragen die Zeichen der einigermaßen chaotischen politischen Entwicklungen dieser Zeit und zeugen davon, wie die Gruppen, die damals die Macht in Händen hielten, versuchten, mit vollkommen neuartigen Gegebenheiten, auf die sie kaum vorbereitet waren, fertigzuwerden. Aber diese Entscheidungen verweisen auch und vor allem auf tiefgreifende und dauerhafte Veränderungen in der gesellschaftlichen Wahrnehmung des Privateigentums, seiner Legitimität und der Einschätzung, inwieweit es Wohlstand bringen und vor Krisen und Kriegen schützen konnte. Diese Infragestellung des Privatkapitalismus bahnte sich seit Mitte des 19. Jahrhunderts an und wurde nach den weltweiten Konflikten, der bolschewikischen Revolution und der Wirtschaftskrise der 1930er Jahre zur Mehrheitsmeinung. Nach diesen Schocks war es nicht mehr möglich, sich weiter auf die bis 1914 vorherrschende Ideologie zu stützen, der die Heiligsprechung des Privateigentums und der absolute Glaube an die Wohltaten des Wettbewerbs in allen Bereichen, zwischen Individuen wie zwischen Staaten, zugrunde gelegen hatte. In dieser Situation sahen sich die maßgeblichen politischen Kräfte veranlasst, neue Wege vorzuschlagen. Das waren vor allem unterschiedliche Formen der Sozialdemokratie und des Sozialismus in Europa und der «New Deal» in den Vereinigten Staaten. Diese Lehren sind ganz offensichtlich von Belang für die Analyse der Entwicklungen zu Beginn des 21. Jahrhunderts, zumal Ende des 20. Jahrhunderts eine neoproprietaristische Ideologie hervorgetreten ist. Zum Teil lässt sich das auf das katastrophale Scheitern des Sowjetkommunismus zurückführen. Aber es hat auch mit Geschichtsvergessenheit und mit der Trennung von ökonomischem und historischem Wissen zu tun sowie mit den Unzulänglichkeiten der sozialdemokratischen Lösungen, die Mitte des 20. Jahrhundert umgesetzt wurden und die heute dringend bilanziert werden müssen.[1]

1 Siehe Kapitel 11.

Die Auflösung der Ungleichheiten und des Privateigentums (1914–1945)

Der Zusammenbruch der Eigentümergesellschaften zwischen 1914 und 1945 lässt sich als Folge einer dreifachen Herausforderung lesen: eine interne Herausforderung der europäischen Eigentümergesellschaften, die dazu führte, dass Ende des 19. Jahrhunderts und in der ersten Hälfte des 20. Jahrhunderts widersprechende kommunistische und sozialdemokratischen Diskurse und dann auch Regime sich herausbildeten; eine externe Herausforderung, die mit der Infragestellung der kolonialen Ordnung und den Unabhängigkeitsbewegungen zusammenhing, die in dieser Zeit immer stärker wurden; und schließlich eine nationalistische und identitäre Herausforderung, die die europäischen Mächte in eine immer erbittertere Konkurrenz trieb und zuletzt in die Selbstzerstörung durch Krieg und Völkermord. Das Zusammentreffen dieser drei tiefgreifenden geistigen Krisen (Entstehung des Kommunismus, Niedergang des Kolonialismus, Verschärfung des Nationalismus und des Rassenwahns) mit jeweils spezifischen Entwicklungswegen erklärt, wie massiv Bisheriges infrage gestellt wurde und wie radikal die Wende ausfiel.[1]

Bevor wir die Mechanismen untersuchen und die langfristigen politisch-ideologischen Transformationen betrachten, die diese Entwicklungen ermöglicht haben, müssen wir uns zunächst anschauen, wie sehr die sozio-ökonomischen Ungleichheiten und die Bedeutung des Privateigentums in dieser Phase abgenommen haben (siehe Grafik 10.1). Der Anteil des obersten Dezils (der 10 % mit den höchsten Einkommen) lag in Europa im 19. Jahrhundert und zu Beginn des 20. Jahrhunderts bis zum Ausbruch des Ersten Weltkriegs bei etwa 50 % des Gesamteinkommens. Danach sank er von 1914 bis 1945 in chaotischer Weise und stabilisierte sich ab 1945–1950 bis 1980 bei 30 %. Die Ungleichheit in Europa, die bis 1914 deutlich stärker ausgeprägt war als in den Vereinigten Staaten, fiel damit während der dreißig glorreichen Jahre von 1950 bis 1980, die durch außerordentlich hohe Wachstumsraten (vor allem in Europa und Japan) und historisch geringe Ungleichheit gekennzeichnet waren, unter das Niveau in den Vereinigten Staaten. Dass

1 Zu den drei Herausforderungen siehe auch Kapitel 5, S. 257–259.

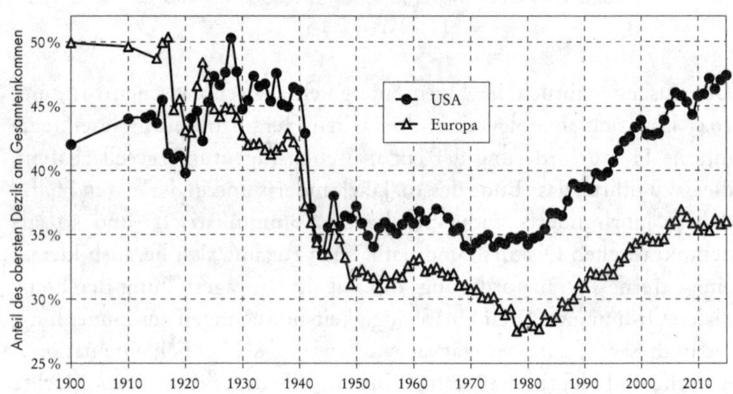

Grafik 10.1.: Der Anteil des obersten Dezils (die einkommensstärksten 10%) am gesamten Nationaleinkommen lag zwischen 1900 und 1910 im Durchschnitt bei ungefähr 50% in Westeuropa, sank dann zwischen 1950 und 1980 auf rund 30% und stieg zwischen 2010 bis 2015 auf über 35%. In den Vereinigten Staaten fiel der Wiederanstieg der Ungleichheiten noch stärker aus: Der Anteil des obersten Dezils bewegte sich bei 45% bis 50% in den Jahren 2010 bis 2015 und überschritt damit das Niveau von 1900 bis 1910.
Quellen und Reihen: siehe piketty.pse.ens.fr/ideologie.

die Ungleichheit seit 1980 jenseits des Atlantiks wieder deutlich stärker zugenommen hat, hat dazu beigetragen, dass die Vereinigten Staaten Ende des 20. Jahrhunderts und Anfang des 21. Jahrhunderts bei der Ungleichheit vor Europa lagen, während es sich zu Beginn des 20. Jahrhunderts noch umgekehrt verhalten hatte.

Ein Blick auf die Situation in Europa zeigt zum einen, dass in allen Ländern, für die Daten zur Verfügung stehen, die Ungleichheit zwischen 1914 und 1945–1950 abgenommen hat, und zum anderen, dass das Maß der Ungleichheit seit 1980 in den einzelnen Ländern wieder sehr unterschiedlich ausgeprägt ist (siehe Grafiken 10.2 und 10.3). Großbritannien nähert sich beispielsweise am deutlichsten dem Weg der Vereinigten Staaten an, während in Schweden die Ungleichheit weiterhin sehr niedrig ist; Deutschland und Frankreich liegen zwischen diesen beiden Ländern.[1] Zu den gleichen Ergebnissen gelangt man, wenn man die Ent-

1 Die Angaben zur Einkommensungleichheit in Europa, die in den Grafiken 10.1–10.3 dargestellt sind, wurden als Durchschnitt von Großbritannien, Deutschland, Frankreich und Schweden errechnet (die Länder, in denen die Quellen für einen langen Zeitraum am vollständigsten sind). Die anderen Länder, für die wir über Zahlen verfügen, die bis zum Beginn des

Die Einkommensungleichheit 1900–2015: Unterschiede in Europa

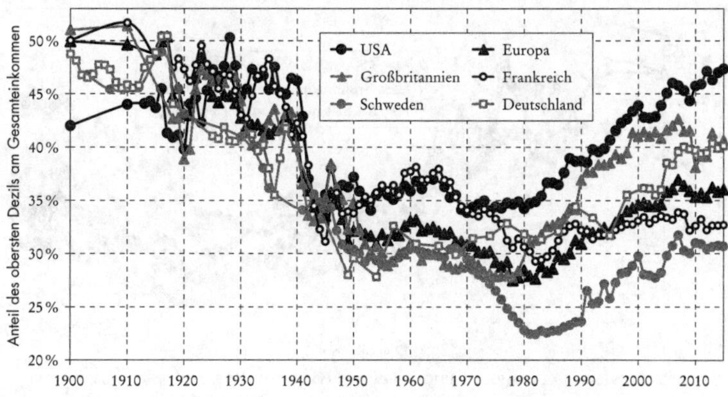

Grafik 10.2.: Der Anteil des obersten Dezils (die einkommensstärksten 10 %) am gesamten Nationaleinkommen lag zwischen 1900 und 1910 im Durchschnitt bei ungefähr 50 % in Westeuropa, sank dann zwischen 1950 und 1980 auf rund 30 % (oder sogar unter 25 % in Schweden) und stieg dann zwischen 2010 und 2015 auf über 35 % (sogar auf mehr als 40 % in Großbritannien). Im Jahr 2015 lagen Großbritannien und Deutschland über dem europäischen Durchschnitt und Frankreich und Schweden darunter.
Quellen und Reihen: siehe piketty.pse.ens.fr/ideologie.

wicklung des obersten Perzentils betrachtet anstatt des obersten Dezils: Die Zunahme der Ungleichheit in den Vereinigten Staaten im Lauf der letzten Jahrzehnte ist noch ausgeprägter. In den nächsten Kapiteln kommen wir auf den seit 1980 zu beobachtenden allgemeinen Anstieg der Ungleichheiten und die Gründe für die unterschiedlichen Wege und Entwicklungen in Europa und den Vereinigten Staaten zurück.

Vom europäischen Proprietarismus zum Neoproprietarismus in den Vereinigten Staaten

In den Jahren seit 2000 hat die Einkommensungleichheit vor allem in den Vereinigten Staaten mit 45–50 % des Gesamteinkommens, das auf das oberste Dezil entfällt, und 20 % für das oberste Perzentil (Hun-

20. Jahrhunderts zurückreichen (insbesondere die Niederlande, Dänemark und Norwegen), zeigen ähnliche Entwicklungen. Japan weist langfristig ebenfalls eine ähnliche Entwicklung auf und nimmt in jüngster Zeit eine Zwischenstellung zwischen den Vereinigten Staaten und Europa ein. Siehe Technischer Anhang und insbesondere die Zusatzgrafiken S0.6 und S10.1–S10.5. Siehe auch Einleitung, Grafik 0.6.

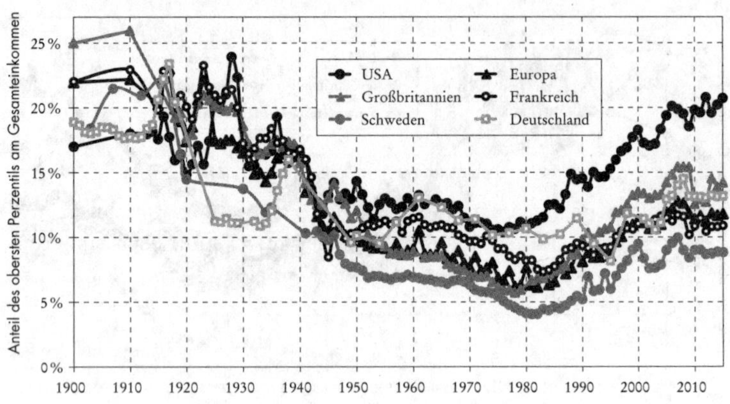

Grafik 10.3.: Der Anteil des obersten Perzentils (das einkommensstärkste 1 %) am gesamten Nationaleinkommen lag zwischen 1900 und 1910 im Durchschnitt bei ungefähr 20 % bis 25 % in Westeuropa, sank zwischen 1950 und 1980 auf etwa 5 % bis 10 % (in Schweden sogar unter 5 %) und stieg zwischen 2010 bis 2015 auf etwa 10 % bis 15 %. In den Vereinigten Staaten fiel der Wiederanstieg der Ungleichheiten noch stärker aus: Der Anteil des obersten Perzentils erreichte innerhalb der Jahre 2010 bis 2015 20 % und überschritt damit das Niveau von 1900 bis 1910.
Quellen und Reihen: siehe piketty.pse.ens.fr/ideologie.

dertstel) wieder sehr hohe Werte erreicht und ist damit fast zu dem Zustand zurückgekehrt, der in Europa 1900–1910 herrschte (mit ungefähr 50 % für das oberste Dezil und 20–25 % für das oberste Perzentil, in Großbritannien sogar noch etwas mehr). Halten wir zunächst einfach fest, dass dies nicht bedeutet, dass die beiden Formen von Ungleichheit genau die gleiche Struktur haben. Im Europa der Belle Époque (1880–1914) war die Einkommensungleichheit das Kennzeichen einer Gesellschaft der Eigentümer. Die höchsten Einkommen waren fast ausschließlich Einkommen aus Besitz (Mieten, Gewinne, Dividenden, Zinsen etc.), und die Auflösung der Eigentumskonzentration bewirkte, dass der Anteil der hohen Einkommen am Gesamteinkommen zurückging und die Eigentümergesellschaften in ihrer klassischen Form verschwunden sind.

Die Ungleichheiten in den Vereinigten Staaten seit 2000 haben eine etwas andere Ursache. Hohe Kapiteleinkünfte spielen an der Spitze der gesellschaftlichen Hierarchie im Land immer noch eine große Rolle, zumal die Vermögenskonzentration seit 1980 stark zugenommen hat. Aber sie liegt immer noch auf einem nicht ganz so extremen Niveau wie im Europa der Jahre 1880–1914. Die starke Einkommensungleichheit in den Vereinigten Staaten zu Beginn des 21. Jahrhunderts rührt teilweise von einem anderen Faktor her, nämlich von der Explosion der Vergütungen für hohe Manager und Unternehmensführer im Verhältnis zu den niedrigsten Gehältern seit den 1980er Jahren. Entgegen der Überzeugung, dass es die Engagiertesten sind, die immer weiter aufsteigen wollen, bedeutet das keineswegs, dass diese Form der Ungleichheit «gerechter» oder «verdienter» wäre als die erstgenannte. Von den gewaltigen Ungleichheiten beim Zugang zu höheren Bildungseinrichtungen in den Vereinigten Staaten, die den offiziellen meritokratischen Äußerungen komplett widersprechen[1], war bereits die Rede, und im nächsten Kapitel werden wir sehen, dass die Explosion der höchsten Vergütungen ebenfalls und vor allem widerspiegelt, dass in den betroffenen Unternehmen ein adäquates Gegengewicht fehlt und die progressive Besteuerung, die dämpfend wirken könnte, immer mehr an Bedeutung verliert. Die Mechanismen und Prozesse sind in der neoproprietaristischen Gesellschaft der Vereinigten Staaten seit 2000 nicht genau die gleichen wie in den Eigentümergesellschaften vor 1914.

Was die Entwicklung der Vermögenskonzentration angeht, ist zunächst festzuhalten, dass sie immer sehr viel stärker war als die Einkommensungleichheit. In Europa besaßen zu Beginn des 20. Jahrhunderts bis 1914 die reichsten 10 % ungefähr 90 % des gesamten privaten Vermögens. In der Zwischenkriegszeit und nach dem Zweiten Weltkrieg schrumpfte dieser Anteil bis auf 50–55 % in den 1980er und 1990er Jahren, seither steigt er wieder (siehe Grafik 10.4).[2] Mit anderen Worten: Wenn die Konzentration der Vermögen ihr historisch niedrigstes Niveau erreicht, entspricht das immer noch ungefähr dem höchsten bisher beobachteten Niveau bei der Einkommensungleichheit. Das Gleiche gilt für das oberste Perzentil (siehe Grafik 10.5).[3] Im Übrigen könnte es sein, dass die verfügbaren Quellen paradoxerweise zu Beginn des 21. Jahrhunderts (das doch als die Ära von Big Data gilt) weniger prä-

1 Siehe Einleitung, Grafik 0.8.

2 Die Zahlen zur Vermögensungleichheit in Europa, die in den Grafiken 10.4 und 10.5 wiedergegeben sind, wurden als Durchschnitt von Großbritannien, Frankreich und Schweden errechnet. Die anderen Länder, für die wir über Zahlen verfügen, die bis Anfang des 20. Jahrhunderts zurückreichen (leider nicht so viele wie bei den Einkommen), weisen ähnliche Entwicklungen auf. Siehe Technischer Anhang.

3 Es muss auch hervorgehoben werden, dass sich diese sehr starke Vermögenskonzentration, die sehr viel stärker ist als die Einkommenskonzentration, bei jeder Altersgruppe findet. Siehe Technischer Anhang.

Die Vermögensungleichheit: Europa und Vereinigte Staaten, 1900–2015

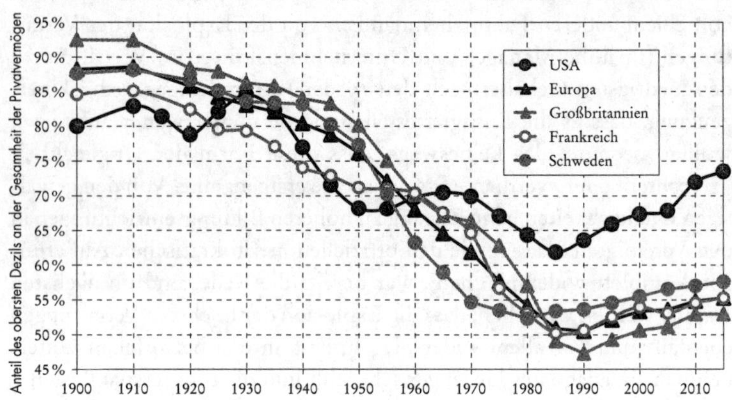

Grafik 10.4.: Der Anteil des obersten Dezils (die reichsten 10 %) am gesamten Privatvermögen (Immobilien, Betriebsvermögen und Finanzanlagen, nach Schuldenabzug) lag 1900 bis 1910 in Westeuropa bei etwa 90 %, bevor er bis in die 1980er Jahre auf etwa 50 % bis 55 % sank; seither steigt er wieder an. Viel stärker war der Wiederanstieg in den Vereinigten Staaten, wo der Anteil des obersten Dezils sich in den Jahren 2010 bis 2015 fast 75 % und damit dem Niveau von 1900 bis 1910 annäherte.
Quellen und Reihen: siehe piketty.pse.ens.fr/ideologie.

Die Vermögensungleichheit: das oberste Perzentil, 1900–2015

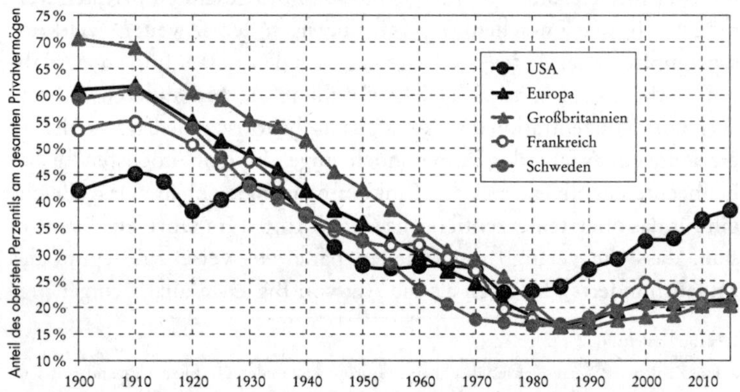

Grafik 10.5.: Der Anteil des obersten Perzentils (das reichste 1 %) am gesamten Privatvermögen betrug 1900 bis 1910 in Westeuropa etwa 60 % (55 % in Frankreich, 70 % in Großbritannien), sank von 1980 bis 1990 auf weniger als 20 % und steigt seitdem wieder an. Deutlich stärker war der Wiederanstieg in den Vereinigten Staaten, wo der Anteil des obersten Perzentils in den Jahren 2010 bis 2015 bei 40 % lag und damit wieder das Niveau der Jahre 1900 bis 1910 erreichte.
Quellen und Reihen: siehe piketty.pse.ens.fr/ideologie.

zise sind als ein Jahrhundert zuvor. Infolge der Internationalisierung der Vermögen, der Konjunktur der Steuerparadiese und vor allem weil der politische Willen der Länder fehlt, für die notwendige Transparenz zu sorgen, könnte es sein, dass wir unterschätzen, wie groß der Anteil der hohen Vermögen in den letzten Jahrzehnten geworden ist.[1]

Zwei Tatsachen scheinen indes unbestreitbar. Zum einen war die Eigentumskonzentration in den letzten Jahrzehnten in den Vereinigten Staaten eindeutig sehr viel stärker als in Europa. Zum Zweiten erscheint trotz aller Unsicherheiten das Niveau der Konzentration in den Jahren seit 2000 in Europa nicht ganz so extrem zu sein wie in der Belle Époque. In den Vereinigten Staaten lag der Anteil des obersten Dezils nach den letzten verfügbaren Zahlen nach 2010 bei 70–75 % des gesamten privaten Eigentums; das ist viel, aber weniger als die Größenordnung von 85–95 %, die in Frankreich, Schweden oder Großbritannien um 1900–1910 zu beobachten war (siehe Grafik 10.4). Der Anteil des obersten Perzentils der Vereinigten Staaten näherte sich nach 2010 40 % an gegenüber 55–70 % in Frankreich, Schweden und den Vereinigten Staaten zu Beginn des 20. Jahrhunderts (siehe Grafik 10.5). Angesichts des Tempos der Entwicklungen ist jedoch nicht ausgeschlossen, dass der Anteil der 90 % mit dem wenigsten Besitz (der praktisch dem Anteil der «besitzenden Mittelschicht» entspricht, das heißt den Menschen, die zum 50. bis 90. Perzentil gehören, da der Anteil der ärmsten 50 % am privaten Vermögen praktisch null ist) in den kommenden Jahrzehnten weiter sinkt. Die Vereinigten Staaten könnten dann das gleiche Niveau der Hyperkonzentration von Besitz erreichen, das in Europa im 19. und zu Beginn des 20. Jahrhunderts bestand, wozu heute noch eine einmalige Ungleichheit bei den Arbeitseinkommen hinzukäme. In dem Fall wäre der Neoproprietarismus noch ungleicher als die Verhältnisse während der Belle Époque in Europa. Aber das ist nur ein möglicher Entwicklungsweg, denn wie wir später noch sehen werden, ist auch nicht auszuschließen, dass sich zu Beginn des 21. Jahrhunderts in den Vereinigten Staaten neue Plattformen für eine Umverteilung durchsetzen.

1 Zu der fehlenden Transparenz und den damit verbundenen politischen Problemen siehe Kapitel 13, S. 822–856.

Das Ende der Eigentümergesellschaften, die Stabilität der Ungleichheit bei Löhnen und Gehältern

Mit Blick auf Europa ist zu betonen, wie umfassend und historisch einmalig die Dekonzentration von Eigentum in der Zeit von 1914 bis in die 1970er und 1980er Jahre war (siehe Grafiken 10.4 und 10.5). Insbesondere das oberste Perzentil, dem 1900–1910 allein 55 % des gesamten privaten Eigentums in Frankreich gehörte, 60 % in Schweden und 70 % in Großbritannien, besaß in den 1980er Jahren in diesen drei Ländern nur noch 15–20 % und besitzt seit 2000 wieder 20–25 % (und vielleicht tatsächlich etwas mehr). Dieser Zerfall der großen Vermögen ist umso spektakulärer, als vor Ausbruch des Ersten Weltkriegs nichts auf eine solche Entwicklung hindeutete. In allen europäischen Ländern, für die verlässliche Zahlen vorliegen, war die Konzentration im gesamten 19. Jahrhundert und bis 1914 sehr hoch mit einer Tendenz zu noch weiterer und beschleunigter Konzentration in den Jahrzehnten vor 1914.[1] Das Gleiche gilt für die Länder, deren Einkommensdaten es erlauben, die letzten Jahrzehnte des 19. Jahrhunderts zu untersuchen, wie etwa Deutschland. Dort sehen wir für die Zeit von 1870 bis 1914 eine zunehmende Konzentration bei den Einkommen, die sich vor allem auf den Anteil der höchsten Kapitaleinkommen zurückführen lässt.[2] Die Arbeitseinkommen begannen gegen Ende des 19. und zu Beginn des 20. Jahrhunderts vorsichtig zu steigen, was sich positiv von der praktisch vollständigen Stagnation (oder sogar rückläufigen Entwicklung) unterscheidet, die in der ersten Hälfte des 19. Jahrhunderts bis in die 1860er Jahre zu beobachten war. Diese dunkle Phase der Industrialisierung trug im Übrigen sehr zur Entstehung der sozialis-

1 Das gilt insbesondere für Frankreich, Großbritannien und Schweden. Siehe Kapitel 4, Grafiken 4.1 und 4.2, und Kapitel 5, Grafiken 5.4 und 5.5. Die verfügbaren Zahlen für die Vereinigten Staaten im 19. Jahrhundert sind unvollständig, aber soweit sie vorliegen, sprechen sie ebenfalls für eine Tendenz nach oben, jedoch mit der Besonderheit, dass die Definition von Reichtum sich nach dem Bürgerkrieg und nach der Aufhebung der durch Sklaverei im Süden angehäuften Vermögen stark veränderte. Siehe Technischer Anhang.

2 Siehe C. Bartels, «Top Incomes in Germany, 1871–2014», WID.world, Working Papers Series Nr. 2017/18, *Journal of Economic History*, 79 (2019); F. Dell, *L'Allemagne inégale. Inégalités de revenus et de patrimoine en Allemagne, dynamique d'accumulation du capital et taxation de Bismarck à Schröder 1870–2005*, Dissertation EHESS 2008.

tischen Bewegungen bei.[1] Alles in allem blieben die Ungleichheiten im gesamten Zeitraum von 1870 bis 1914 sehr groß, und die Konzentration von Vermögen und Kapitaleinkommen setzte sich bis zum Ersten Weltkrieg fort.[2]

Allgemeiner betrachtet, sprechen alle verfügbaren Informationen dafür, dass die Eigentumskonzentration auch im 18. Jahrhundert und in den Jahrhunderten davor in den trifunktionalen Gesellschaften sehr stark war. Damals verbanden sich Eigentumsrechte häufig mit den Herrschaftsrechten der adligen und kirchlichen Eliten. Manche Arbeiten untermauern den Gedanken, dass es vom 15. bis ins 18. Jahrhundert eine Tendenz zur Zunahme der Eigentumskonzentration in den europäischen Gesellschaften gab, die sich im 19. Jahrhundert mit der Verschärfung der Eigentumsrechte fortsetzte (wie es Erbschaftsdaten für das 19. Jahrhundert aus Frankreich sowie aus Großbritannien und Schweden nahelegen). Solche Vergleiche mit Zeiten vor dem 19. Jahrhundert sind jedoch mit großen Schwierigkeiten behaftet, zum einen weil die verfügbaren Daten sich im Allgemeinen auf Städte oder bestimmte Gebiete beziehen und nicht immer die gesamte arme Bevölke-

---

1 Zur Stagnation der Arbeitslöhne bis in die 1850er Jahre und zum starken Anstieg der Profite, der sich daraus ergab, siehe R. Allen, «Engels' Pause: Technical Change, Capital Accumulation, and Inequality in the British Industrial Revolution», *Explorations in Economic History* 46 (2009), 4, S. 418–434. Siehe auch T. Piketty, *Das Kapital im 21. Jahrhundert*, a. a. O., S. 20–25, und Kapitel 6, Grafiken 6.1 und 6.2. Zahlreiche Untersuchungen bestätigen im Übrigen die Verdichtung der Arbeit und die Verschlechterung der Lebensbedingungen (wie sie zum Beispiel anhand der Körpergröße der Wehrpflichtigen ablesbar ist) in den Anfängen der industriellen Revolution. Siehe S. Nicholas, R. Steckel, «Heights and Living Standards of English Workers during the Early Years of Industrialization», *Journal of Economic History* 51 (1991), 44, 1991, S. 937–957. Siehe auch J. De Vries, «The Industrial Revolution and the Industrious Revolution», *Journal of Economic History* 54 (1994), 2, 1994, S. 249–270; H. J. Voth, «Time and Work in Eighteenth-Century London», *Journal of Economic History* 58 (1998), 1, S. 29–58.

2 Vor dem Hintergrund der komplexen Realität der Jahre von 1870–1914 (Anstieg der Reallöhne, aber wachsende Ungleichheit bei Einkommen und Vermögen) werden die heftigen Auseinandersetzungen besser verständlich, die die europäischen Sozialisten in den Jahren 1890–1910 führten, vor allem die deutsche SPD, wo die revisionistischen Thesen von Eduard Bernstein (der die marxistische Hypothese der Stagnation der Löhne und der Unausweichlichkeit der Revolution infrage stellte) mit der orthodoxen Linie von Karl Kautsky und Rosa Luxemburg zusammenprallten (die Bernsteins Reformismus kritisierte, der bereit war, mit dem bestehenden Regime zusammenzuarbeiten und sogar Vizepräsident des Reichstags zu werden). Mit dem nötigen zeitlichen Abstand können wir heute sagen, dass der Anstieg der Löhne real war (wenn auch nicht sehr stark), aber dass Bernstein hinsichtlich der Verteilung von Eigentum und der Reduzierung der Ungleichheiten viel zu optimistisch war.

rung abdecken, und dann auch, weil Eigentum damals mit rechtlichen und richterlichen Privilegien verknüpft war, die sich schlecht quantifizieren lassen. Die lückenhaften Quellen sprechen auf jeden Fall dafür, dass die Vermögenskonzentration vom 15. bis zum 18. Jahrhundert sehr viel stärker war als im 20. Jahrhundert.[1]

Die Abnahme der Konzentration im Lauf des 20. Jahrhunderts ist eine wichtige historische Neuerung, deren Bedeutung nicht hoch genug eingeschätzt werden kann. Besitz war weiterhin sehr ungleich verteilt. Aber zum ersten Mal in der Geschichte der modernen Gesellschaften befand sich ein erheblicher Teil aller Güter (einige zehn Prozent oder sogar fast die Hälfte) in den Händen sozialer Gruppen, die zu den 90 % der weniger Reichen gehörten.[2] Für diese neuen Eigentümerschichten, die oft ein Eigenheim besaßen oder vielleicht ein kleines Unternehmen, reichte der Besitz nicht aus, um davon leben zu können; er war eine Ergänzung zum Arbeitseinkommen und brachte gewissermaßen Leistung und Anerkennung eines hart erworbenen Status zum Ausdruck. Im Gegensatz dazu bedeutet der rückläufige Anteil der sehr hohen Vermögen am Gesamtvermögen, vor allem beim obersten Perzentil (das grob gesagt im Verlauf des 20. Jahrhunderts um zwei Drittel schrumpfte), dass es sehr viel weniger Menschen gibt, die so reich sind, dass sie von ihrem Immobilienbesitz und ihren Finanzanlagen leben können. Somit wandelten sich die Natur des Besitzes und seine gesellschaftliche Bedeutung vollkommen. Dieser Vorgang ist besonders bemerkenswert, weil sich parallel zur breiteren Streuung des Eigentums und der Erneuerung der Eliten das Wirtschaftswachstum beschleunigte, in einem Ausmaß, wie es das bis in die zweite Hälfte des 20. Jahrhunderts in der

---

1 Siehe insbesondere die Untersuchungen von Guido Alfani über die Entwicklung der Eigentumskonzentration in Italien und Holland von 1500 bis 1800 (die Anteile des obersten Dezils lagen bei 60–80 % des gesamten Eigentums mit anscheinend steigender Tendenz, teils wegen der Regressivität des bestehenden Steuer- und Staatssystems). Siehe G. Alfani, M. Di Tullio, *The Lion's Share. Inequality and the Rise of the Fiscal State in Preindustrial Europe*, Cambridge: Cambridge University Press 2019.

2 Archäologische Forschungen (wie etwa von Monique Borgerhoff Mulder) sprechen dafür, dass es bei den Gesellschaften der Jäger und Sammler nur eine geringe Eigentumskonzentration gab, weil im Vergleich zu den Ackerbaugesellschaften (in denen sich Eigentum konzentrierte und die Konzentration sehr schnell Niveaus ähnlich wie in den europäischen Gesellschaften des 15.–18. Jahrhunderts erreichte) wenig Waren vorhanden waren, die man hätte akkumulieren und weitergeben können. Die Funde sind fragil und betreffen immer nur kleine Gesellschaften, aber bestätigen auf ihre Weise, dass die Dekonzentration von Eigentum im 20. Jahrhundert ein besonderer historischer Vorgang war. Siehe Technischer Anhang.

Geschichte noch nicht gegeben hatte. Diesen Aspekt müssen wir näher untersuchen.

Außerdem müssen wir noch anfügen, dass die breitere Streuung des Vermögens (und der daraus fließenden Einkünfte) der Hauptgrund für den Rückgang der Einkommensungleichheit in Europa im Verlauf des 20. Jahrhunderts ist. In Frankreich ist beispielsweise zu beobachten, dass die Ungleichheit der Erwerbseinkommen (Löhne und Gehälter und Einkommen aus selbstständiger Tätigkeit) im Lauf des 20. Jahrhunderts nicht signifikant abgenommen hat. Jenseits der mittel- und langfristigen Veränderungen lag der Anteil der 10 % höchsten Einkommen aus Erwerbstätigkeit bei 25–30 % der gesamten Erwerbseinkommen, und der Rückgang der Ungleichheit bei den gesamten Einkommen erklärt sich nur durch die Auflösung der Ungleichheit bei Kapitaleinkommen (siehe Grafik 10.6).[1] Genauso sieht es aus, wenn man das oberste Perzentil betrachtet, auf das in Frankreich im 20. Jahrhundert immer zwischen 5 und 8 % der Erwerbseinkommen entfielen, ohne eine klare Tendenz, während der entsprechende Anteil der Kapitaleinkommen sank, weshalb sich der Anteil des obersten Perzentils an den Gesamteinkommen verringerte (siehe Grafik 10.7).

Die Feststellung, dass die Ungleichheit der Erwerbseinkommen über das gesamte 20. Jahrhundert hinweg stabil blieb, darf nicht überbewertet werden. Wenn man über die rein monetären Dimensionen hinausgeht und auch die Entwicklung des Arbeitnehmerstatus, die Stabilität der Beschäftigung, die sozialen und gewerkschaftlichen Rechte mit berücksichtigt, und insbesondere den Zugang zu grundlegenden Gütern wie Gesundheit, Bildung und Versorgung im Ruhestand, gelangt man zu der Schlussfolgerung, dass die Ungleichheiten bei den Erwerbseinkommen, vor allem zwischen unterschiedlichen Klassen von abhängig Beschäftigten, im Lauf des 20. Jahrhunderts stark abgenommen haben (wir werden darauf noch zurückkommen). Wenn man allein die Unterschiede zwischen den Einkommen betrachtet – ein Aspekt, der für die Lebensbedingungen wie für die Machtverhältnisse zwischen den Menschen wichtig ist –, hat sich relativ wenig verändert, und allein die De-

1 Außerdem ist zu berücksichtigen, dass der Anteil der Kapitaleinkommen am Nationaleinkommen, der Ende des 19. Jahrhunderts und zu Beginn des 20. Jahrhunderts 35–40 % ausmachte, abnahm: auf 20–25 % in den Jahren 1950–1970 und auf 25–30 % in den Jahren ab 2000. Diese Entwicklung hängt zu einem großen Teil mit den Kräfteverhältnissen zwischen Kapital und Arbeit und der Verhandlungsmacht beider Seiten zusammen. Siehe T. Piketty, *Das Kapital im 21. Jahrhundert*, a. a. O., Kapitel 6, und Technischer Anhang.

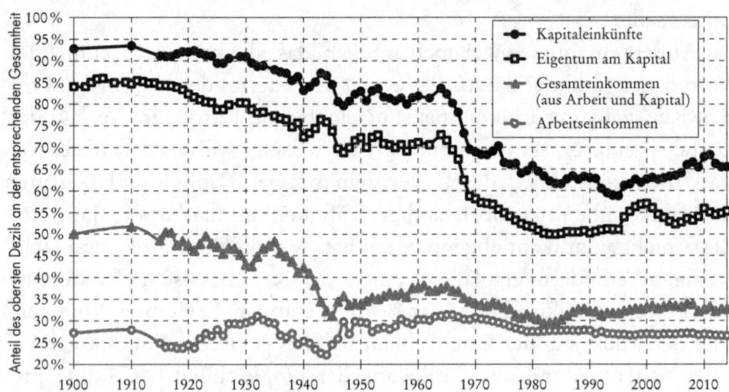

Grafik 10.6.: In den Jahren 1900 bis 1910 erhielten die 10 % mit den höchsten Kapitalerträgen (Mieten, Gewinne, Dividenden, Zinsen usw.) etwa 90 bis 95 % der gesamten Kapitalerträge; die 10 % mit den höchsten Arbeitseinkommen (Löhne, Einkommen aus selbstständiger Tätigkeit, Renten), erhielten etwa 25 % bis 30 % des gesamten Arbeitseinkommens. Der Abbau der Ungleichheiten im 20. Jahrhundert ist ausschließlich auf die Dekonzentration der Vermögen zurückzuführen, während sich die Ungleichheit der Arbeitseinkommen nur wenig verändert hat.
Quellen und Reihen: siehe piketty.pse.ens.fr/ideologie.

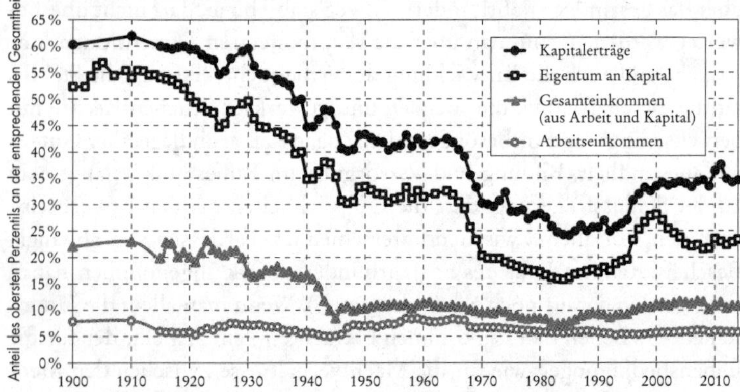

Grafik 10.7.: In den Jahren 1900 bis 1910 erhielt das 1 % mit den höchsten Kapitalerträgen (Mieten, Gewinne, Dividenden, Zinsen usw.) etwa 60 % des Gesamtkapitalertrags; das 1 % mit den höchsten Vermögen (Immobilien, Betriebsvermögen und Finanzanlagen, nach Schuldenabzug), besaß etwa 55 % der gesamten Vermögen; das 1 % mit den höchsten Gesamteinkommen (aus Arbeit und Kapital) erhielt etwa 20 % bis 25 % des Gesamteinkommens; das 1 % mit den höchsten Arbeitseinkommen (Löhne, Einkommen aus selbstständiger Tätigkeit, Renten) erhielt etwa 5 % bis 10 % des Gesamteinkommens. Der Abbau von Ungleichheiten lässt sich langfristig vollständig durch die Dekonzentration von Vermögen erklären.
Quellen und Reihen: siehe piketty.pse.ens.fr/ideologie.

konzentration von Vermögen und der daraus fließenden Einkommen hat zur Verringerung der Unterschiede bei den Gesamteinkommen beigetragen. Alle für andere europäische Länder verfügbaren Daten deuten in eine ähnliche Richtung.[1]

Analyse des Einbruchs beim Privateigentum (1914–1950)

Versuchen wir nun, die Mechanismen besser zu verstehen, die die verschiedenen Entwicklungen erklären, allen voran das Verschwinden der europäischen Eigentümergesellschaften. Abgesehen von der Dekonzentration der Vermögen, die sich über einen großen Teil des 20. Jahrhunderts erstreckte (von 1914 bis in die 1970er und 1980er Jahre), ist in erster Linie hervorzuheben, dass das plötzlichste und erstaunlichste Phänomen der massive Wertverlust des privaten Eigentums war, der äußerst rasch in den Jahren von 1914 bis 1945–1950 erfolgte.

Ende des 19. und zu Beginn des 20. Jahrhunderts florierte das private Kapital. Der Marktwert aller Immobilienanlagen, der Ausrüstungs- und Kapitalausstattung (nach Abzug von Schulden) in Privatbesitz schwankte in Frankreich und in Großbritannien zwischen dem Sieben- und dem Achtfachen des jährlichen Nationaleinkommens und um das Sechsfache in Deutschland (siehe Grafik 10.8). Wesentlicher Bestandteil dieses Besitzes waren Vermögensanlagen im Ausland, in den Kolonialreichen wie weltweit. Die Belle Époque war die Hochzeit der internationalen Anlagen, die, wie wir gesehen haben, unmittelbar vor dem Ersten Weltkrieg in Frankreich höher waren als das Nationaleinkommen eines Jahres und in Großbritannien höher als fast zwei Jahre Nationaleinkommen gegenüber weniger als einem halben Jahr in Deutschland. Aus historischer und vergleichender Sicht ist der Wert für Deutschland bereits beträchtlich, aber nach den europäischen Maßstäben der Zeit dürftig.[2]

Im Übrigen ist festzuhalten, dass die Unterschiede zwischen den enormen internationalen Anlagen der beiden großen Kolonialmächte Großbritannien und Frankreich und dem geringeren ausländischen Besitz Deutschlands ungefähr dem Unterschied beim gesamten Besitz entsprechen. Das verdeutlicht, wie wichtig der Zusammenhang zwischen

---

1 Siehe Technischer Anhang.

2 Siehe Kapitel 7, Grafik 7.9.

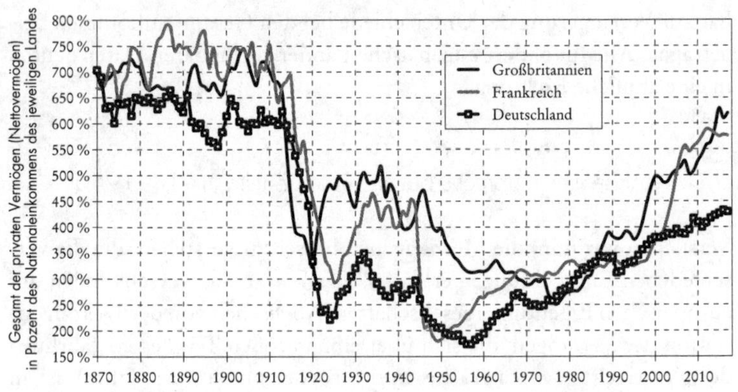

Grafik 10.8.: Der Marktwert des Privateigentums (Immobilien, Betriebsvermögen und Finanzanlagen, nach Abzug von Schulden) entsprach in Westeuropa von 1870 bis 1914 etwa dem Nationaleinkommen von 6 bis 8 Jahren, ging von 1914 bis 1950 zurück und sank dann in den 1950er bis 1970er Jahren auf rund 2 bis 3 Jahre desselben. In den Jahren 2000 bis 2010 stieg er wieder auf rund 5 bis 6 Jahre an (das niedrigere deutsche Niveau ist hauptsächlich auf niedrigere Immobilien- und Börsenbewertungen zurückzuführen).
Quellen und Reihen: siehe piketty.pse.ens.fr/ideologie.

Proprietarismus, Kolonialismus und allgemeiner dem Prozess der Internationalisierung der Wirtschafts- und Eigentumsbeziehungen ist. Abgesehen von den Auslandsanlagen zerfiel der Privatbesitz in zwei ungefähr gleich große Teile: auf der einen Seite Immobilienbesitz und landwirtschaftlich nutzbares Land (dessen Anteil sank im Lauf der Zeit stark), und auf der anderen Seite Betriebsvermögen (Fabriken, Lagerhallen und so weiter), die direkt oder durch Finanzanlagen (Aktien, staatliche und privatwirtschaftliche Anleihen, Geldanlagen aller Art) gehalten wurden.

Allerdings sagt dieser Indikator – das Verhältnis von Marktwert des Privateigentums zu Nationaleinkommen – definitionsgemäß nichts über die Ungleichverteilung des Besitzes aus. Er hat jedoch den Vorteil, dass wir damit für unterschiedliche Zeiten und unterschiedliche Regionen weltweit vergleichen können, wie wichtig das Privateigentum war und wie die Eigentumsbeziehungen in unterschiedlichen Gesellschaften aussahen. Ein hoher Wert dieses Indikators kann anzeigen, dass in der Vergangenheit erhebliche Investitionen getätigt wurden, um Produktivkapital zu akkumulieren: Rodung von Land; Bau von Wohnhäusern, sonstigen Gebäuden und Fabriken; Erwerb von Maschinen und Ausrüstung aller Art. In der Praxis kann ein hoher Wert auch darauf hindeuten, dass das jeweilige Regime und die jeweilige Politik reichlich Gelegenheiten zur Anhäufung von Privateigentum boten, zum Beispiel zum Erwerb kolonialer Reichtümer, natürlicher Ressourcen, von staatlichen Schuldverschreibungen oder auch von Wissen und Patenten. Vor allem drückt der Marktwert von Besitz die Erwartungen hinsichtlich künftiger Gewinne und Profite aller Art aus. Wie viel ein bestimmtes Produktivkapital wert ist, hängt davon ab, wie verlässlich die Eigentumsgarantien des jeweiligen politischen Systems sind und wie der Fortbestand dieser Garantien eingeschätzt wird. Auf jeden Fall misst dieser Indikator auf eine Weise das Gewicht des Privateigentums in einer gegebenen Gesellschaft: Ein geringer Wert bedeutet, dass es im Prinzip ausreicht, einige Jahrzehnte zu sparen, um die Besitzenden einzuholen (oder zumindest ein mittleres Vermögensniveau zu erreichen); ein hoher Wert hingegen spricht dafür, dass die Kluft zwischen den Besitzenden und den Besitzlosen nicht leicht zu überwinden ist.[1]

Im vorliegenden Fall ist es verblüffend festzustellen, dass die hohen Bewertungsniveaus von Vermögen in den Eigentümergesellschaften der Belle Époque sich bei einer ersten Annäherung im gesamten Zeitraum von 1700 bis 1914 wiederfinden lassen. In Großbritannien und Frankreich wurden im Zeitraum von Anfang des 17. Jahrhunderts bis Anfang des 18. Jahrhunderts zahlreiche Schätzungen für den Gesamtwert des Eigentums durchgeführt, von Petty, King, Vauban und Boisguilbert, und diese Untersuchungen wurden während der Französischen Revolution (insbesondere von Lavoisier) und von zahlreichen weiteren Autoren das gesamte 19. Jahrhundert hindurch (vor allem von Colquhoun, Giffen, Foville und Colson) weiter verfeinert. Wenn man diese Daten nimmt und das gesamte Material betrachtet, stellt man fest, dass der Gesamtwert des privaten Eigentums das ganze 18. und 19. Jahrhundert hindurch im Allgemeinen zwischen dem Sechs- und Achtfachen

1 Wenn das Verhältnis zwischen Privatkapital (veranschlagt mit seinem Marktwert) und Nationaleinkommen gleich 2 ist, kann man mit einer Sparquote von jährlich 10 % bei einem Durchschnittseinkommen innerhalb von zwanzig Jahren zu einem mittleren Vermögen kommen; wenn das Verhältnis gleich 8 ist, erfordert das achtzig Jahre. Um einen Eindruck von den Größenordnungen zu geben: Das Nationaleinkommen in Großbritannien und Frankreich betrug 2010 ungefähr 35 000 Euro jährlich für jeden Erwachsenen, ein Verhältnis von 5–6, wie in Grafik 10.8 angegeben, entspricht demnach einem mittleren Vermögen für jeden Erwachsenen von rund 200 000 Euro. Wir kommen in den weiteren Kapiteln auf die aktuelle Struktur der Vermögen zurück (siehe insbesondere Kapitel 11, Grafik 11.17).

des jährlichen Nationaleinkommens lag – sehr hoch im Vergleich zu früheren Zeiträumen.[1] Die Art des Eigentums hat sich in diesem Zeitraum natürlich vollkommen verändert (vor allem nahm die Bedeutung von Ackerland ab, während die Bedeutung von Immobilien, Industrieanlagen und Kapital im Ausland zunahm), aber der Reichtum der Eigentümer ging nie zurück. Die Romane von Austen und Balzac, deren Handlung in den Jahren zwischen 1790 und 1830 spielt, illustrieren diese Plastizität des Eigentums sehr genau. Es spielt keine Rolle, ob die erwähnten Vermögen aus Landbesitz, aus Investitionen in fernen Ländern oder Schuldtiteln bestehen, solange das Vermögen nur solide ist, das erwartete Einkommen abwirft und die damit verbundene gesellschaftliche Stellung sichert.[2] Fast ein Jahrhundert später, 1913, als Marcel Prousts Roman *In Swanns Welt* erschien, hatte das Eigentum erneut seine Gestalt verändert, aber es erschien genauso unzerstörbar, ob es sich um Finanzportfolios handelte oder um das Grandhotel Cabourg, in dem der Schriftsteller so gern die Sommermonate verbrachte.

Doch all das sollte sich bald und schnell ändern. Der Gesamtwert des Privateigentums brach im Ersten Weltkrieg und zu Beginn der 1920er Jahre buchstäblich ein, erholte sich dann in den 1920er Jahren leicht und stürzte im Lauf der Krise der 1930er Jahre, im Zweiten Weltkrieg und der unmittelbaren Nachkriegszeit erneut ab, bis das Privateigentum in Frankreich und Deutschland im Jahr 1950 nur noch das Äquivalent von zwei jährlichen Nationaleinkommen ausmachte. In Großbritannien war der Absturz nicht ganz so krass, aber dennoch deutlich: Die britischen Privatvermögen hatten in den 1950er Jahren nur noch den Wert von drei jährlichen Nationaleinkommen, während es in den 1910er Jahren noch sieben gewesen waren. In allen Fällen sank der Wert des Privateigentums innerhalb von wenigen Jahrzehnten um die Hälfte bis zwei Drittel (siehe Grafik 10.8).

Um diesen Einbruch zu erklären, müssen wir mehrere Faktoren einbeziehen. Eine detaillierte quantitative Analyse habe ich bereits in meinen früheren Arbeiten vorgelegt, deshalb werde ich mich hier darauf beschränken, die wichtigsten Folgerungen wiederzugeben, und vor allem werde ich den politisch-ideologischen Kontext skizzieren, in dem

1 Siehe Technischer Anhang sowie T. Piketty, *Das Kapital im 21. Jahrhundert*, a. a. O., Kapitel 3, Grafiken 3.1 und 3.2.

2 Siehe Kapitel 5, S. 221–226.

diese Entwicklungen stattfanden.[1] Generell muss man hervorheben, dass es die vielen verfügbaren Quellen, um die Entwicklung des Eigentums in verschiedenen Epochen einzuschätzen (Unterlagen zu Immobilienpreisen und Börsenkursen, Inventarisierungen von Gebäuden, Land und Unternehmen etc.), trotz aller Unzulänglichkeiten ermöglichen, die wichtigsten Größenordnungen zu rekonstruieren. Die materiellen Zerstörungen von Wohnhäusern, sonstigen Gebäuden, Fabriken und Gütern aller Art im Lauf der beiden Kriege waren zwar erheblich (vor allem infolge des Bombenkriegs 1944–1945, der zwar kürzer dauerte als die Kämpfe 1914–1918, aber einen viel größeren geografischen Raum betraf und mit einer viel zerstörerischen Technologie geführt wurde), erklären aber nur einen kleinen Teil der Verluste an Eigentum: in Frankreich und Deutschland zwischen einem Viertel und einem Drittel (was bereits beträchtlich ist) und in Großbritannien einige Prozente.

Der Rest des Einbruchs hängt mit zwei Gruppen ähnlich bedeutender Faktoren zusammen, die wir nacheinander untersuchen werden; jede Gruppe erklärt etwas mehr als ein Drittel des Gesamtrückgangs beim Verhältnis von Privateigentum und Nationaleinkommen in Frankreich und Deutschland (und jeweils fast die Hälfte in Großbritannien). Zum einen sind dies eine Reihe von Enteignungen und Verstaatlichungen und generell politische Entscheidungen, die explizit darauf abzielten, den Wert des Privateigentums für die Eigentümer und die Machtposition der Eigentümer in der Gesellschaft zu reduzieren (beispielsweise Regelungen zu Mieten oder zur Mitbestimmung der Beschäftigten in Betrieben). Zum anderen handelt es sich um die Schwäche der privaten Investitionen und der Erträge aus solchen Investitionen in der Zeit von 1914 bis 1950 und vor allem um die Tatsache, dass ein Großteil der privaten Ersparnisse den Staaten zur Finanzierung der Kriege geliehen wurde, bevor es infolge der Inflation und durch andere Ereignisse zu Staub zerfiel.

---

1 Siehe T. Piketty, *Das Kapital im 21. Jahrhundert*, a. a. O., Kapitel 3–5 (insbesondere S. 195–199). Zu weiteren Aufschlüsselungen und vollständigeren Zeitreihen siehe T. Piketty, G. Zucman, «Capital is Back: Wealth-Income Ratios in Rich Countries, 1700–2010», *Quarterly Journal of Economics* 129 (2014), 3, S. 1255–1310, und die entsprechenden Anhänge. Diese Arbeit stützt sich auf die systematische Auswertung unterschiedlicher Quellen und Schätzungen seit Beginn des 18. Jahrhunderts zu Umfang und Struktur des gesamten privaten und staatlichen Besitzes. Festzuhalten ist noch, dass der in Grafik 10.8 dargestellte Einbruch nicht nur die europäischen Länder betrifft, sondern auch Japan und zu einem geringeren Grad die Vereinigten Staaten (die von einem nicht so hohen Niveau ausgingen).

Enteignungen, Verstaatlichungen als Sanktionen und «gemischte Wirtschaft»

Beginnen wir mit den Enteignungen. Ein besonders typisches Beispiel waren die Auslandsinvestitionen (vor allem französische) in Russland. Vor dem Ersten Weltkrieg hatte das Bündnis zwischen der Französischen Republik und dem Zarenreich seinen Niederschlag auch in der Emission großer Anleihen durch den russischen Staat und zahlreiche Privatunternehmen (zum Beispiel Eisenbahnunternehmen) gefunden. Umfangreiche Pressekampagnen, manchmal unterstützt durch Schmiergeldzahlungen der zaristischen Regierung, hatten französische Sparer und Anleger von der Verlässlichkeit des russischen Verbündeten und der Solidität dieser Papiere überzeugt. Nach der bolschewistischen Revolution 1917 entschied der neue Sowjetstaat, all diese Titel und Guthaben, die in seinen Augen nur das Überleben des zaristischen Systems verlängert hatten (eine nicht vollkommen falsche Einschätzung), zu annullieren. 1918–1920 unternahmen Großbritannien, Frankreich und die Vereinigten Staaten eine Militärexpedition in den Norden Russlands in der Hoffnung, die Revolution zu ersticken, ohne Erfolg.

Die Verstaatlichung des Suezkanals durch Nasser am anderen Ende dieses Zeitabschnitts, im Jahr 1956, bedeutete die Enteignung britischer und französischer Aktionäre, in deren Besitz sich der Kanal befand und die seit seiner Eröffnung 1869 die Nutzungsgebühren bzw. Dividenden einstrichen. Entsprechend ihren alten Gepflogenheiten zogen Großbritannien und Frankreich in Erwägung, sich ihr Eigentum mit einer Militärexpedition zurückzuholen. Aber die Vereinigten Staaten, die auf keinen Fall wollten, dass die Länder des Südens (vor allem die gerade erst unabhängig gewordenen ehemaligen Kolonien, die vielfach geradezu begierig nach Enteignungen und Verstaatlichungen waren, besonders wenn sie den Besitz ihrer ehemaligen Kolonialherren betrafen) der Sowjetunion in die Hände fielen, beschlossen, ihre europäischen Verbündeten nicht zu unterstützen. Angesichts des Drucks, den die Sowjetunion und die Vereinigten Staaten ausübten, mussten die beiden ehemaligen Kolonialmächte ihre Truppen abziehen und anerkennen, was mittlerweile für jedermann unübersehbar war: Die alte Welt der Besitzenden und Kolonialmächte existierte nicht mehr.

Die Enteignung ausländischer Aktiva illustriert perfekt die politisch-ideologische Erschütterung der Welt in der ersten Hälfte des 20. Jahrhunderts. Von 1914 bis in die 1950er Jahre veränderte sich unter dem Eindruck der gesellschaftlichen und politischen Auseinandersetzungen und der militärischen Vorkommnisse die Vorstellung vom Eigentum komplett. Die Verlässlichkeit der Eigentumsrechte, die 1914 noch unerschütterlich gewirkt hatte, wich in den 1950er Jahren einer sozialeren und stärker instrumentellen Sicht auf das Eigentum, nach der das Produktiv- und Investitionskapital der nationalen Entwicklung, der Gerechtigkeit und der nationalen Unabhängigkeit zu dienen hatte. Die Enteignungen spielten eine beträchtliche Rolle bei der Reduzierung der Ungleichheit zwischen den jeweiligen Ländern (denn die ehemaligen Kolonien oder Schuldnerländer waren nun auf einmal selbst Besitzende), aber auch bei der Reduzierung der Ungleichheit innerhalb der europäischen Gesellschaften, weil die besonders Reichen ihr Geld gern im Ausland anlegten, wie Unterlagen aus Pariser Nachlassarchiven zeigen.[1] Die im Vergleich beispielsweise zu Deutschland besonders starke Einkommensungleichheit in Großbritannien und Frankreich vor dem Ersten Weltkrieg erklärt sich zu einem großen Teil dadurch, dass die Besitzenden in diesen beiden Ländern hohe Einkommen aus dem Rest der Welt bezogen. Insofern war die Ungleichheit innerhalb der europäischen Gesellschaften eng mit der Ungleichheit auf internationaler und kolonialer Ebene verknüpft.

Fügen wir noch hinzu, dass es Verstaatlichungen, die manchmal regelrechte Enteignungen waren, auch in Europa gab in von Land zu Land unterschiedlichem Ausmaß. Ganz allgemein wurde der Glaube an den Kapitalismus durch die Wirtschaftskrise der 1930er Jahre und die nachfolgenden Katastrophen massiv erschüttert. Die Weltwirtschaftskrise, die im Oktober 1929 mit dem Börsenkrach an der Wall Street begann, traf die reichen Länder mit einer bis dahin ungekannten Brutalität. 1932 war in den Vereinigten Staaten wie auch in Deutschland, Großbritannien und Frankreich ein Viertel der Erwerbsbevölkerung arbeitslos. Die traditionelle Doktrin des «Laissez faire» und der Nichteinmischung des Staates in das Wirtschaftsleben, die in allen Ländern im 19. Jahrhundert und weithin bis zu Beginn der 1930er Jahre vorgeherrscht hatte, war dauerhaft beschädigt. Praktisch überall lief die Entwicklung auf mehr staatlichen Interventionismus hinaus. Ganz selbst-

1 Siehe Kapitel 4, Tabelle 4.1.

verständlich forderten Regierungen und Öffentlichkeit Rechenschaft von den Finanz- und Wirtschaftseliten, die sich bereichert hatten, während sie die Welt an den Rand des Abgrunds führten. Man begann über Formen der «gemischten» Wirtschaft nachzudenken und brachte unterschiedliche Abstufungen von Staatseigentum an Unternehmen neben traditionellen Formen von Privateigentum ins Spiel oder zumindest eine sehr starke Regulierung und Kontrolle des Finanzsystems und des Kapitalismus insgesamt durch die öffentliche Hand.

In Frankreich und in anderen Ländern wurde das allgemeine Misstrauen gegen den Kapitalismus 1945 noch dadurch verstärkt, dass ein Großteil der Wirtschaftseliten im Verdacht stand, in den Jahren von 1940 bis 1944 mit den deutschen Besatzern kollaboriert und sich auf schändliche Weise bereichert zu haben. In dieser aufgeladenen Atmosphäre fanden die großen Verstaatlichungen nach der Befreiung statt, die hauptsächlich den Bankensektor, die Kohlebergwerke und die Automobilindustrie mit dem besonders spektakulären Beispiel von Renault betrafen. Der Eigentümer Louis Renault wurde im September 1944 als Kollaborateur verhaftet, die provisorische Regierung beschlagnahmte seine Fabriken und verstaatlichte sie im Januar 1945 als Strafmaßnahme.[1] In diesen Zusammenhang gehört auch, dass im gleichen Sinn der Vergeltung per Dekret vom 15. August 1945 die nationale Solidaritätssteuer eingeführt wurde. Diese progressive Sondersteuer auf Kapital wie auf Gewinne während der Zeit der deutschen Besatzung wurde nur ein einziges Mal erhoben, aber die extrem hohen Sätze waren für die betroffenen Personen ein schwerer zusätzlicher Schock. Die Steuer bestand aus einer außerordentlichen Abgabe auf den Wert aller Vermögen zum Stichtag 4. Juni 1945 mit Sätzen bis zu 20 % für die höchsten Vermögen und einer außerordentlichen Abgabe auf alle nominellen Vermögenszuwächse von 1940 bis 1945 mit Sätzen bis zu 100 % für die allerhöchsten Zuwächse.[2]

1 Siehe C. Andrieu, L. Le Van, A. Prost, *Les Nationalisations de la Libération: De l'utopie au compromis*, Paris: Presses de Sciences Po 1987, sowie T. Piketty, *Les Hauts Revenus en France au XXe siècle*, a. a. O, S. 137–138.

2 Wegen der Inflation lief diese Abgabe in der Praxis darauf hinaus, dass alle, die nicht weitgehend verarmt waren, praktisch mit 100 % besteuert wurden. Für André Philip, der als SFIO-Mitglied der provisorischen Regierung von General de Gaulle angehörte, war es im Übrigen unvermeidlich, dass diese Sondersteuer jene belastete, «die sich nicht bereichert haben und vielleicht sogar solche, die in finanzieller Hinsicht insofern ärmer geworden sind, als ihr Vermögen nicht mit der allgemeinen Preissteigerung Schritt gehalten hat, die aber ihr

Verstaatlichungen spielten in zahlreichen europäischen Ländern eine große Rolle und hatten zur Folge, dass von 1950 bis in die 1970er Jahre ein umfangreicher öffentlicher Sektor entstand. Im nächsten Kapitel kommen wir darauf zurück, wie manche Länder, insbesondere Deutschland, Schweden und die meisten Länder in Nordeuropa, neue Formen der Organisation und Führung von Unternehmen schufen. Sie bedeuteten vor allem, dass die Stimmrechte der Aktionäre in den Aufsichtsräten an Gewicht verloren und parallel dazu die Stimmrechte, die neuerdings die gewählten Vertreter der Arbeitnehmer (und manchmal gesamtstaatliche oder regionale öffentliche Körperschaften) hatten, mehr Gewicht erlangten. Dieser Vorgang ist vor allem deshalb interessant, weil er die Trennung zwischen dem Marktwert des Kapitals und seinem gesellschaftlichen Wert illustriert. Alles spricht dafür, dass diese politischen Entscheidungen in den betreffenden Ländern zu geringeren Börsenbewertungen der Unternehmen geführt haben (die bis heute fortbestehen), ohne dass dies der Wirtschaftsaktivität und dem Wachstum geschadet hätte, ganz im Gegenteil: Die besonders starke Einbindung der Arbeitnehmer in die langfristigen Strategien der deutschen oder schwedischen Unternehmen scheint eher zu einer höheren Gesamtproduktivität beigetragen zu haben.[1]

Schließlich haben abgesehen von Verstaatlichungen und neuen Formen der Machtverteilung in den Unternehmen die meisten europäischen Länder zwischen 1914 und 1950 verschiedene politische Maßnahmen zur Regulierung der Immobilien- und Finanzmärkte beschlossen, die *de facto* die Rechte der Eigentümer einschränkten und den Marktwert ihres Besitzes verringerten. Das eindrücklichste Beispiel sind die Maßnahmen zur Begrenzung der Mieten während des Ersten Weltkriegs. Am Ende des Zweiten Weltkriegs erlangten sie neue Bedeutung, so sehr, dass der

---

Vermögen insgesamt behalten konnten, während so viele Franzosen alles verloren haben». Siehe *L'Année politique 1945*, S. 159.

1 In Kapitel 11, S. 623–645 kommen wir auf diese Fragen zurück. Festzuhalten ist, wenn man von vergleichbaren Werten ausgeht (und nicht von Marktwerten), um die Vermögenswerte der deutschen Unternehmen zu beziffern, würde das deutsche Niveau an die in Grafik 10.8 für Frankreich und Großbritannien für die Jahre 1970–2020 angegebenen Niveaus heranreichen (oder sie sogar leicht übertreffen). Umgekehrt ist die sehr starke Steigerung der angelsächsischen Börsenwerte seit den 1980er Jahren zu einem großen Teil die Folge einer gestiegenen Verhandlungsmacht der Aktionäre (und nicht realer Investitionen). Siehe Technischer Anhang. Siehe auch T. Piketty, *Das Kapital im 21. Jahrhundert*, a. a. O., Kapitel 5, S. 247–252, insbesondere Grafik 5.6.

reale Wert der Mieten in Frankreich bis 1950 unter ein Fünftel des Werts von 1914 fiel, was einen vergleichbaren Absturz der Immobilienpreise zur Folge hatte.[1] Ähnliche politische Maßnahmen sind in den meisten europäischen Ländern zu dieser Zeit zu beobachten. Diese Politik führte außerdem zu einem tiefgreifenden Einstellungswandel, was die Legitimität des Privateigentums und der durch die Eigentumsverhältnisse produzierten Ungleichheiten anbetraf. Vor dem Hintergrund einer sehr hohen Inflation, wie es sie vor 1914 nie gegeben hatte, während zugleich die Reallöhne und -gehälter ihr Vorkriegsniveau noch nicht wieder erreicht hatten, erschien es unerträglich, dass Grundbesitzer sich weiterhin auf Kosten der Arbeiter und der aus dem Krieg heimgekehrten Angehörigen der unteren und mittleren sozialen Schichten bereichern konnten. In diesem Kontext entstanden in verschiedenen Ländern neue Regelungen zur Kontrolle der Mieten, zur Stärkung der Mieterrechte und zum Schutz der Mieter vor dem Verlust ihrer Wohnungen, hauptsächlich durch die Verlängerung des Mietrechts, durch die Festschreibung der Miethöhe für lange Zeiträume und durch ein Vorkaufsrecht für Mieter beim Verkauf ihrer Wohnungen, manchmal mit einem deutlichen Preisabschlag. In der ehrgeizigsten Form kamen solche Regelungen den Bodenreformen nahe (wie den bereits erwähnten in Irland und Spanien), die darauf abzielten, große Parzellen aufzuteilen und die Eigentumsübertragung zugunsten derjenigen zu erleichtern, die den Boden bearbeiteten.[2] Allgemein lässt sich sagen, dass die Schwäche der Immobilienpreise in den Jahren 1950 bis 1980 unabhängig von jeglicher zusätzlichen Regelung automatisch den Zugang neuer sozialer Gruppen zu Eigentum erleichterte und damit die stärkere Streuung des Kapitals.[3]

---

1 In Frankreich fällt das Verhältnis zwischen dem Mietenindex und dem allgemeinen Preisindex, ausgehend von dem Wert 100 für das Jahr 1914, auf 30–40 in den Jahren 1919–1921 und 10–20 in den Jahren 1948–1950, bevor es danach schrittweise wieder ansteigt (auf ungefähr 70 in den 1970er Jahren und in den 2000er Jahren das alte Niveau von 100 wieder erreicht). Siehe T. Piketty, *Les Hauts Revenus en France au XXe siècle*, a. a. O., S. 89, Grafik 1.8.

2 Siehe Kapitel 5, S. 209 f. und 236–240.

3 Halten wir fest, dass die geringeren Immobilienbewertungen in Deutschland (die zum Teil mit verschiedenen Bestimmungen des Mietrechts zusammenhängen) auch die in Grafik 10.8 ausgewiesenen Unterschiede für den Zeitraum 2000–2020 mit erklären helfen. Allgemeiner könnte man sagen: Wenn man den gesellschaftlichen Wert des Kapitalstocks (und nicht seinen Marktwert) über die Zeit hinweg auf vollkommen vergleichbare Weise messen und dabei insbesondere die Auswirkungen der Mitbestimmung auf den Börsenwert und die Auswirkungen der Mietobergrenzen auf die Immobilienwerte berücksichtigen könnte, würden die in

Private Ersparnisse, staatliche Verschuldung und Inflation

Kommen wir nun zu der Rolle, die die Schwäche der privaten Investitionen, die Inflation und die Staatsverschuldung beim Zusammenschmelzen der Privatvermögen zwischen 1914 und 1950 spielten. Zunächst sei hervorgehoben, dass in der Kriegszeit wie auch in den 1930er Jahren die Investitionen in nicht prioritäre zivile Bereiche so gering waren, dass sie teilweise nicht einmal ausreichten, um notwendigen Ersatz vorzunehmen.[1] Später, das muss betont werden, wurden die privaten Ersparnisse zu einem großen Teil dafür eingesetzt, die infolge der Kriegskosten gestiegenen Staatsschulden zu finanzieren.

1914, am Vorabend des Ersten Weltkriegs, lagen die Staatsschulden in Großbritannien, Frankreich und Deutschland bei 60–70 % des Nationaleinkommens und in den Vereinigten Staaten unter 30 %. Unmittelbar nach Ende des Zweiten Weltkriegs, 1945–1950, beliefen sich die Staatsschulden in den Vereinigten Staaten auf 150 % des Nationaleinkommens, in Deutschland auf 180 %, in Frankreich auf 270 % und in Großbritannien auf 310 % (siehe Grafik 10.9). Dabei ist festzuhalten, dass diese Raten noch höher gewesen wären, hätte nicht die Inflation der 1920er Jahren einen Teil der im Ersten Weltkrieg aufgenommenen Schulden verzehrt; das galt besonders für Deutschland und in geringerem Ausmaß auch für Frankreich. Weil zwischen 1914 und 1945–1950 eine derartige Erhöhung der Staatsverschuldung zu finanzieren war, konnten die Sparer der verschiedenen Länder einen großen Teil ihrer Ersparnisse nicht dafür aufwenden, ihre gewöhnlichen Investitionen (in Immobilien, Industriebetriebe oder im Ausland) zu steigern, sondern mussten fast ausschließlich Staatspapiere erwerben. Die britischen, französischen und deutschen Eigentümer verkauften schrittweise einen erheblichen Teil

---

Grafik 10.8 für die Jahre 2000–2020 angegebenen Akkumulationsniveaus wahrscheinlich über denen des Zeitraums 1880–1914 liegen. Siehe Technischer Anhang.

1 Anders ausgedrückt: Die um die Kapitalentwertung bereinigten Investitionen (die Differenz zwischen Bruttoinvestitionen und Kapitalverzehr) war oft negativ. Unterstreichen wir, dass angesichts des Wachstums des Nationaleinkommens (das zwischen 1913 und 1950 gering war, aber nicht null) regelmäßige und relativ erhebliche Nettoinvestitionen nötig waren, damit das Verhältnis zwischen Privatkapital und Nationaleinkommen weiterhin einen hohen Wert hatte. So ist beispielsweise bei einem Wachstum von 1 % jährlich ein Zufluss von 8 % jährlich nötig, um ein Verhältnis von Kapital zu Einkommen von 8 zu erhalten. Siehe T. Piketty, *Das Kapital im 21. Jahrhundert*, a. a. O., Kapitel 3.

ihrer ausländischen Anlagen, um ihrer Regierung die notwendigen Summen leihen zu können, manchmal vielleicht aus Patriotismus, aber sicher auch, weil sie hofften, damit gute Geschäfte zu machen. Die Zusicherung ihres Landes garantierte ihnen die Rückzahlung des Kapitals mit ordentlichen Zinsen, genau so hatte es im 19. Jahrhundert stets reibungslos funktioniert. In manchen Fällen handelte es sich quasi um Zwangskredite, vor allem in den Kriegsjahren, als die Staaten von den Banken verlangten, in erheblichem Umfang staatliche Wertpapiere zu halten, und gleichzeitig Maßnahmen ergriffen, um die Zinsen nach oben zu begrenzen.

Das Auf und Ab der Staatsverschuldung, 1850–2020

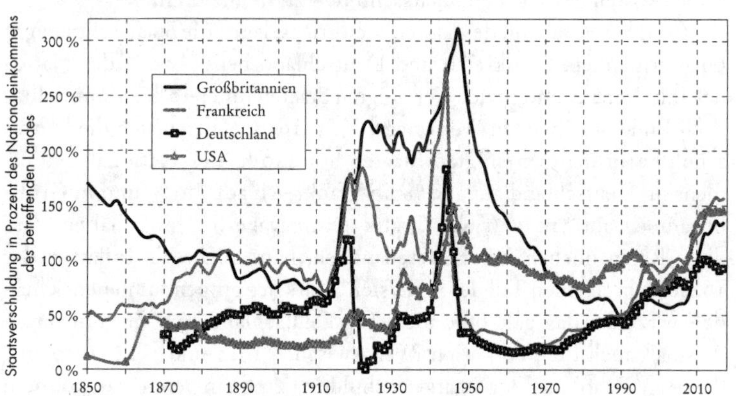

Grafik 10.9.: Die Staatsverschuldung stieg nach den beiden Weltkriegen stark an und erreichte 1945 bis 1950 zwischen 150% und 300% des Nationaleinkommens, ging dann in Deutschland und Frankreich massiv zurück (Schuldenerlass, hohe Inflation) und langsamer in Großbritannien und den Vereinigten Staaten (moderate Inflation, Wachstum). Das öffentliche Vermögen (insbesondere Immobilien und Finanzanlagen) schwankte im Laufe der Zeit weniger stark und betrug in der Regel rund 100% des Nationaleinkommens.
Quellen und Reihen: siehe piketty.pse.ens.fr/ideologie.

Tatsache ist jedoch, dass diese Ersparnisse und die Vermögenswerte, die in Staatspapiere investiert worden waren, bald wie Schnee an der Sonne dahinschmolzen und das «heilige Versprechen», das der Staat den Eigentümern gegeben hatte, durch andere Prioritäten abgelöst wurde. Die wichtigsten Instrumente in der Praxis waren die Notenpresse und der Anstieg der Preise. Im Lauf des 18. und des 19. Jahrhunderts hatte die Inflation praktisch bei null gelegen (siehe Grafik 10.10). Der Geldwert war an den Gold- und Silbergehalt der Münzen geknüpft gewesen, und die Kaufkraft hatte sich so gut wie nicht verändert. Das galt insbesondere für das britische Pfund und den französischen Goldfranc, der während der Französischen Revolution die Livre des Ancien Régime abgelöst hatte und dessen Edelmetallwert von 1726 bis 1914 genau gleich wie bei der Livre blieb – der denkbar beste Beweis für die Kontinuität der Eigentumsverhältnisse. Zu Beginn des 19. Jahrhunderts verwendeten die französischen Romanautoren unterschiedslos Franc und Livre, wenn sie Beträge oder soziale Grenzen herausarbeiten wollten, und oft wechselten sie vom einen zur anderen, ohne es überhaupt zu merken.[1]

Die Inflation in Europa und den Vereinigten Staaten, 1700–2020

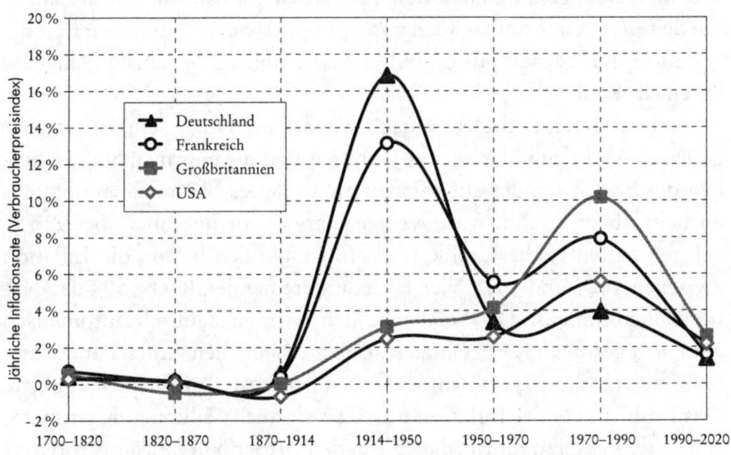

Grafik 10.10.: Die Inflation lag im 18. und 19. Jahrhundert praktisch bei null, bevor sie im 20. Jahrhundert anstieg. Seit 1990 beträgt sie rund 2 % pro Jahr. Besonders hoch war die Inflation in Deutschland und Frankreich von 1914 bis 1950, in den 1970er Jahren in geringerem Maße in Großbritannien, Frankreich und den Vereinigten Staaten. Hinweis: Die durchschnittliche deutsche Inflation von etwa 17 % zwischen 1914 und 1950 berücksichtigt nicht die Hyperinflation von 1923.
Quellen und Reihen: siehe piketty.pse.ens.fr/ideologie.

Der Krieg beendete diese lange Phase der Geldwertstabilität abrupt. Im August 1914 setzten die wichtigsten kriegführenden Parteien die Konvertibilität ihrer Währungen in Gold aus. Die verschiedenen Versuche, in den 1920er Jahren den Goldstandard wieder einzuführen,

1 Siehe ebenda, S. 141–150.

überstanden die Krise der 1930er Jahre nicht.[1] Zwischen 1914 und 1950 lag die jährliche Inflation in Frankreich über 13 % (das bedeutete eine Erhöhung der Preise um das Hundertfache) und bei 17 % in Deutschland (eine Erhöhung der Preise auf mehr als das Dreihundertfache).[2] In Großbritannien und in den Vereinigten Staaten, die durch die Kriege nicht so stark betroffen waren und weniger politische Turbulenzen erlebten, war die Inflationsrate deutlich geringer: Zwischen 1914 und 1950 betrug sie kaum 3 % pro Jahr. Dennoch stiegen die Preise dadurch um das Dreifache, nachdem sie zwei Jahrhunderte lang absolut stabil geblieben waren. In Großbritannien reichte diese Steigerung dennoch nicht aus, um die enormen Staatsschulden zu beseitigen, die sich in zwei Weltkriegen angesammelt hatten. Das erklärt, warum sie auf der anderen Seite des Ärmelkanals auch von 1950 bis 1970 hoch blieben. Erst die Inflation der 1970er Jahre (zwischen 10 und 20 % jährlich) machte ihnen ein Ende.

In Frankreich und Deutschland wurden die Dinge sehr viel rascher geregelt. Ab Beginn der 1950er Jahre wurden die enormen Staatsschulden der beiden Länder auf weniger als 30 % des Nationaleinkommens zurückgeführt, nachdem sie wenige Jahre zuvor noch bei über 200 % gelegen hatten (siehe Grafik 10.9). In Frankreich betrug die Inflation zwischen 1945 und 1948, vier Jahre hintereinander, über 50 % des Nationaleinkommens. Die Staatsschulden wurden dadurch automatisch auf einen geringen Rest reduziert. Einen erheblichen Anteil daran hatte nicht zuletzt die 1945 beschlossene Sonderabgabe auf Privatvermögen. Das Problem bei der Inflation war, dass sie auch Millionen Kleinsparer ruinierte, was dazu führte, dass die in den 1950er Jahren weit verbreitete Altersarmut sich noch verschärfte.[3]

In Deutschland, wo die Hyperinflation der 1920er Jahre die gesellschaftlichen Verhältnisse und das Land insgesamt massiv destabilisiert hatte, hatte man besonders Angst vor den schädlichen sozialen Auswir-

1 Der Goldstandard der Nachkriegszeit war auch nicht beständiger: Er wurde 1946 eingeführt und endete 1971 mit der Aufhebung der Konvertibilität des Dollars in Gold.

2 Diese Rechnung schließt für Deutschland das Jahr 1923 aus (in dessen Verlauf multiplizierten sich die Preise mit 100 Millionen) und misst demnach die durchschnittliche Inflation für die Jahre 1914–1922 und 1924–1950.

3 Die Ersparnisse der Jahre 1920–1930 waren durch den Börsenkrach weitgehend vernichtet worden. Dennoch bedeutete die Inflation der Jahre 1945–1948 einen zusätzlichen Schock. Eine Reaktion war die Einführung einer Grundrente für mittellose alte Menschen und des Umlagesystems in der Rente (1945, das aber nur schrittweise in Kraft trat).

kungen der Preissteigerungen und griff in den Jahren 1949 bis 1952 zu denkbar ausgeklügelten Methoden, um die rasch wachsenden Schulden einzudämmen. Die junge Bundesrepublik Deutschland führte vor allem verschiedene Formen progressiver Steuern und Abgaben sowie Sonderabgaben auf Privatvermögen ein, die die betroffenen Eigentümer mehrere Jahrzehnte lang zu zahlen hatten, einige galten bis Ende der 1980er Jahre.[1] Schließlich profitierte Westdeutschland davon, dass bei der Konferenz von London 1953 ein Teil seiner Auslandsschulden zunächst ausgesetzt und später, bei der Wiedervereinigung Deutschlands 1991, endgültig gestrichen wurde. Zusammen mit den anderen Maßnahmen und besonders den 1952 beschlossenen Sonderabgaben erlaubte die Streichung der Schulden dem westdeutschen Staat, sich in den 1950er und 1960er Jahren voll und ganz dem Wiederaufbau zu widmen und die Spielräume für Sozialausgaben und Investitionen in die Infrastruktur spürbar zu erhöhen.[2]

Ein Schlussstrich unter die Vergangenheit und die Sorge für Gerechtigkeit: Sondersteuern auf privaten Kapitalbesitz

Wir müssen festhalten, dass es bereits unmittelbar nach dem Ersten Weltkrieg, in den Jahren 1919 bis 1923, in zahlreichen europäischen Ländern, vor allem in Italien, in der Tschechoslowakei, in Österreich und Ungarns Experimente mit Sonderabgaben auf Privatvermögen gegeben hatte, um die Staatsschulden zu reduzieren. Die Sätze betrugen bis zu 50 % auf die höchsten Vermögen. Eine besonders hohe und (im Hinblick auf die erzielten Einnahmen) besonders wirkungsvolle Abschöpfung scheint die 1946–1947 in Japan erhobene Sonderabgabe gewesen zu sein, die sich für die größten Portfolios auf 90 % belief. Die nationale Solidaritätssteuer, die 1945 in Frankreich beschlossen wurde, fällt eben-

1 Diese umfangreichen progressiven Abgaben auf Privatvermögen wurden im Rahmen des sogenannten Lastenausgleichs bis in die 1980er Jahre erhoben und zielten darauf ab, die deutschen Flüchtlinge aus dem Osten für die Verluste zu entschädigen, die sie durch die Veränderung der Grenzen erlitten hatten. Siehe M. L. Hughes, *Shouldering the Burdens of Defeat: West Germany and the Reconstruction of Social Justice*, Chapel Hill: University of North Carolina Press 1999.

2 Siehe G. Galofré-Vila, C. Meissner, M. McKee, D. Stuckler, «The Economic Consequences of the 1953 London Debt Agreement», *European Review of Economic History* 23 (2018), 1, S. 1–29.

falls in diese Kategorie, obwohl die Einnahmen in den allgemeinen Staatshaushalt flossen und nicht speziell dazu dienten, die Schulden zu reduzieren.[1]

Im Vergleich zur Inflation, die die Liquidität proportional reduziert, bei den ärmsten Leuten wie bei den reichsten, haben Sonderabgaben auf Privatvermögen den Vorteil, dass sie viel mehr Spielraum bieten, die Last zu verteilen, einmal weil die Sätze je nach Größe des Vermögens variieren (oft sind die kleinsten Vermögen ganz ausgenommen, die Sätze für mittlere Vermögen belaufen sich auf 5–10 % und die für große Vermögen auf 30–50 % oder noch mehr), und dann auch, weil sie sämtliche privaten Vermögenswerte betreffen, Immobilien genauso wie Grundbesitz, Betriebsvermögen und Finanzanlagen. In der Praxis wirkt die Inflation wie eine regressive Vermögensabgabe. Die Personen, die außer Bargeld und Bankguthaben nichts besitzen, werden mit voller Wucht getroffen, während die größten Vermögen, die überwiegend aus Immobilien und Betriebsvermögen oder Finanzportfolios (dabei wiederum die höchsten) bestehen, zu einem erheblichen Teil den Wirkungen der Preissteigerungen entgehen, es sei denn, dass gleichzeitig auch die Mieten und die Preise für Finanzanlagen eingefroren werden. Bei den Finanzanlagen sind Schuldverschreibungen und andere Wertpapiere mit festen Zinssätzen von der Inflation betroffen, angefangen mit den Schuldverschreibungen des jeweiligen Staates. Aktien, Unternehmensbeteiligungen und andere Anlagen mit variablen Kursen, die bei Besitzern großer Vermögen besonders beliebt sind, entgehen häufig den Wirkungen der Inflation, denn ihre Preise folgen in der Regel der allgemeinen Preissteigerung. Allgemeiner ausgedrückt, besteht das Problem der Inflation darin, dass sie Gewinne und Verluste relativ willkürlich verteilt, je nachdem, ob es den Betroffenen gelungen ist, ihr Vermögen rechtzeitig in geeignete Anlagen umzuschichten. Inflation ist ein Merkmal von Gesellschaften, die vor schweren Verteilungskonflikten stehen, zum Beispiel weil sie sich von bestimmten Forderungen aus der Vergangenheit befreien wollen, die aber nicht in der Lage sind, eine offene Dis-

1 Auch in Frankreich und Großbritannien wurden derartige Maßnahmen zwischen 1919 und 1923 diskutiert, aber ohne Ergebnis. Einen Überblick über Versuche, Privatkapital zur Reduzierung von Staatsschulden anzuzapfen, gibt B. Eichengreen, «The Capital Levy in Theory and Practice», in: R. Dornbusch, M. Draghi (Hg.), *Public Debt Management. Theory and History*, Cambridge: Cambridge University Press 1990. Zu den Diskussionen siehe auch J. Hicks, U. Hicks, L. Rostas, *The Taxation of War Wealth*, Oxford: Oxford University Press 1941.

kussion darüber zu führen, wie sich die von den einen und den anderen geforderten Anstrengungen am besten verteilen lassen, und es deshalb vorziehen, sich den Launen der Preisschwankungen und der Spekulation auszuliefern. Dabei laufen sie Gefahr, ein gewaltiges Gefühl von Ungerechtigkeit zu erzeugen.

Aus dieser Sicht ist es nicht überraschend, dass so viele Länder Sonderabgaben auf Privatvermögen erhoben haben, um die Last der Staatsschulden nach den Konflikten 1914–1918 und 1939–1945 zu reduzieren. Es geht hier nicht darum, diese Maßnahmen zu verklären, die auf den Schultern unzureichend dafür gerüsteter Verwaltungen lasteten und zu Zeiten stattfanden, als es noch keine der Informationstechnologien gab, die uns heute zur Verfügung stehen. Aber sie funktionierten, sie trugen dazu bei, in kurzer Zeit erhebliche Staatsschulden zu beseitigen und außerordentlich erfolgreiche Wege zu gesellschaftlichem Wiederaufbau und Wirtschaftswachstum zu eröffnen wie etwa in Japan und in Deutschland. Im Fall von Deutschland scheint klar zu sein, dass die Sonderabgaben auf Privatvermögen, die 1949–1952 beschlossen wurden und bis in die 1980er Jahre galten, sehr viel besser geeignet waren, die Staatsschulden zu reduzieren, als die Hyperinflation der 1920er Jahre, und dies sowohl ökonomisch wie mit Blick auf Gesellschaft und Demokratie.

Jenseits der technischen und administrativen Aspekte ist der Umfang der politisch-ideologischen Veränderungen hervorzuheben, die in diesen Maßnahmen zum Ausdruck kommen. In der Geschichte lassen sich seit unvordenklichen Zeiten unschwer zahlreiche Beispiele für die Annullierung staatlicher und privater Schulden finden. Aber erst im 20. Jahrhundert wurden Systeme für die progressive Abschöpfung von privatem Kapital in einem so großen Umfang und so ausgeklügelt praktiziert. Im Mittelalter und auch in der europäischen Neuzeit begnügten sich die Herrscher damit, von Zeit zu Zeit den Metallgehalt der Münzen zu mindern, um ihre Schulden zu erleichtern.[1] Ende des 18. Jahrhunderts, zur Zeit der Französischen Revolution, begann man, gezielt über progressive Abgaben auf Einkommen und Vermögen zu diskutieren,

1 Schätzungsweise wurde der Gold- und Silbergehalt der europäischen Münzen zwischen 1400 und 1800 durch einen Faktor in der Größenordnung von 2,5–3 geteilt, was einer durchschnittlichen Inflation von 0,2 % jährlich über vierhundert Jahre entspricht. In der Praxis gab es eher eine Abfolge von Phasen mit stabilen Preisen, unterbrochen durch plötzliche Abwertungen um mehrere Dutzend Prozent. Siehe C. Reinhart, K. Rogoff, *Dieses Mal ist alles anders. Acht Jahrhunderte Finanzkrisen*, München: Finanzbuch-Verlag 2010, Kapitel 11.

und 1793–1794 wurde kurzzeitig sogar ein System von Zwangsabgaben in Höhe von bis zu 70 % für die höchsten Einkommen eingeführt. Rückblickend betrachtet scheint dieses System bereits auf das vorauszudeuten, was in vielen Ländern im 20. Jahrhundert nach den Weltkriegen praktiziert wurde.[1] Trotz allem war es unzureichend. Weil das Ancien Régime es versäumte, früh genug die privilegierten Klassen heranzuziehen, häufte es beträchtliche Staatsschulden auf, in der Größenordnung von einem jährlichen Nationaleinkommen zur damaligen Zeit, sogar eineinhalb Jahren, wenn man den Wert von Ämtern mit einbezieht, die für den Staat eine Möglichkeit waren, sofort an Liquidität zu kommen im Austausch gegen Einnahmen, die künftig von der Bevölkerung erhoben werden sollten, und die insofern eine Form von Schulden darstellten. Letztlich entstand in der Französischen Revolution ein Steuersystem, das den Privilegien des Adels und des Klerus ein Ende machte, das aber strikt proportional war und von Progression nichts wissen wollte. Die Staatsschulden reduzierten sich massiv durch den «Bankrott der zwei Drittel», der 1797 verfügt wurde[2], und durch die starke Inflation der Assignaten, des Papiergelds während der Revolution, deutlich mehr als durch Sondersteuern. Als Ergebnis stand der französische Staat 1815 mit unbedeutenden Schulden da (weniger als 20 % des Nationaleinkommens).[3]

In der langen Phase von 1815 bis 1914 hielten die europäischen Gesellschaften das Privateigentum und die Geldwertstabilität als etwas Heiliges hoch. Allein der Gedanke, eine Schuld nicht zurückzuzahlen, war unvorstellbar, ein Tabu. Die verschiedenen europäischen Mächte hatten gewiss die strengsten Sitten, vor allem wenn sie wechselseitig

---

1 Zu den Diskussionen über die progressive Besteuerung während der Französischen Revolution siehe Kapitel 3, Tabelle 3.1.

2 1797 bemühte sich das Direktorium um die Tilgung der Staatsschulden. Renteninhaber (Renten verstanden als Zinszahlungen auf Staatsschulden) erlebten, dass zwei Drittel des Kapitals in Schuldverschreibungen umgetauscht wurden, die für den Ankauf von Nationalgütern gültig sein sollten. Doch diese Schuldverschreibungen verloren schon bald rapide ihren Wert. Ein Drittel des Kapitals wurde in das «Große Buch» eingetragen, damit konsolidiert und zunächst weiter verzinst. Doch auch das sog. «konsolidierte Drittel» behielt seinen Wert nicht. (Anm. der Übersetzerin)

3 Dementsprechend war der Anstieg der Staatsschulden zwischen 1814 und 1914 hauptsächlich die Folge außerordentlicher Vorgänge wie der Reparationen nach dem Krieg und der «milliard aux émigrés» (einem Gesetz aus dem Jahr 1825 über die Entschädigung von Flüchtlingen, die während der Revolution ihr Hab und Gut verloren hatten). Siehe auch T. Piketty, *Das Kapital im 21. Jahrhundert*, a. a. O., S. 175–178.

Kriegstribute forderten, und ganz sicher gegenüber dem Rest der Welt. Sobald Schulden festgelegt waren, seien es Frankreichs Schulden gegenüber der Koalition der Monarchien 1815 oder Preußens Schulden 1871 oder die Schulden des chinesischen Reichs, des Osmanenreichs oder Marokkos gegenüber Großbritannien oder Frankreich, war es für das Funktionieren des Systems unerlässlich, dass sie restlos zurückgezahlt wurden, berechnet in Goldwährung. Ansonsten fuhren die Kanonenboote auf. Die europäischen Länder konnten sich sehr wohl gegenseitig mit Krieg drohen und beträchtliche Mittel einsetzen, um sich zu bewaffnen. Aber sobald eine Forderung zurückgezahlt werden musste, hörten die Auseinandersetzungen auf, und die proprietaristischen Mächte verständigten sich darauf, dass die Schuldner das Eigentumsrecht der Gläubiger zu respektieren hatten. Auf diese Weise führte beispielsweise der Versuch der Türkei 1875, den Staatsbankrott zu erklären, umgehend dazu, dass sich eine Koalition der europäischen Hochfinanz und der europäischen Staaten bildete, um die Zahlungsflüsse wiederherzustellen und den Osmanen 1878 den Vertrag von Berlin aufzuzwingen. Noch im 18. Jahrhundert waren Zahlungsausfälle relativ häufig (zum Beispiel als sich Preußen 1752 weigerte, den Briten die schlesische Anleihe zurückzuzahlen), wurden dann aber immer seltener.[1] Sie endeten mit der Nichtanerkennung der Französischen Revolution, was nach allerlei Verzögerungen dazu führte, dass *de facto* die Stabilität des Eigentums und des Geldes in Europa triumphierte.

Ein besonders illustratives Beispiel ist Großbritannien. Dort lagen die Staatsschulden 1815, nach dem Ende der Napoleonischen Kriege, bei über 200 % des Nationaleinkommens. Das Land, das damals von einer sehr kleinen Gruppe von Besitzenden regiert wurde, die direkt von dieser Politik profitierten, entschied sich, ein Jahrhundert lang fast ein Drittel der Steuereinnahmen (weil damals die indirekte Besteuerung vorherrschte, waren es hauptsächlich einfache und mittlere Haushalte, die die Steuerzahlungen aufzubringen hatten) für die Rückzahlung dieser Schulden und vor allem der Zinsen aufzuwenden. Davon profitierten all jene sehr, die zur Finanzierung der Kriege Geld geliehen hatten, und ganz besonders das oberste Perzentil der Vermögenden. Dieses Beispiel zeigt, dass es technisch sehr wohl möglich ist, Staatsschulden dieser Größenordnung aus dem primären Haushaltsüberschuss zu be-

1 Siehe Karl Polanyi, a. a. O., S. 30–33.

gleichen. Dieser betrug zwischen 1815 und 1914 im Mittel zwischen 2 und 3 % des britischen Nationaleinkommens, während in dieser Zeit die gesamten Steuereinnahmen nicht mehr als 10 % des Nationaleinkommens ausmachten und sämtliche Ausgaben für Bildung weniger als 1 % des Nationaleinkommens. Allerdings ist nicht sicher, dass eine solche Verwendung der öffentlichen Mittel wirklich das Beste für die Zukunft des Landes war. Auf jeden Fall hat diese Methode den Nachteil, dass sie extrem langsam wirkt. 1850 überstiegen die britischen Staatsschulden 150 % des Nationaleinkommens, und 1914 lagen sie immer noch bei 70 %. Der Primärüberschuss war zwar beträchtlich, reichte aber dennoch nur für die Zinsen aus. Um auch die Schulden selbst zu tilgen, mussten erst die Wirkungen des wachsenden Nationaleinkommens spürbar werden (und es wuchs offensichtlich ziemlich rasch: ein Jahrhundert lang mit mehr als 2 % jährlich). Aktuelle Recherchen haben gezeigt, dass diese Zahlungen sehr zur Verschärfung der Ungleichheiten und zur Eigentumskonzentration in Großbritannien im Zeitraum von 1815 bis 1914 beitrugen.[1]

Die Erfahrungen mit den Staatsschulden infolge der Kriege des 20. Jahrhunderts zeigen, dass man auch anders vorgehen kann. Frankreich und Deutschland bauten Schulden, die sich 1945–1950 auf zwischen 200 und 300 % des Nationaleinkommens summierten, innerhalb weniger Jahre weitgehend ab, Großbritannien in wenig mehr als zwei Jahrzehnten, was langsam war im Vergleich zu seinen beiden Nachbarn, aber sehr viel schneller als 1815–1914 (siehe Grafik 10.9). Im Rückblick ist klar, dass die schnelle Zurückführung der Schulden der bessere Weg war: Wären die europäischen Länder der britischen Strategie im 19. Jahrhundert gefolgt, hätten sie von 1950 bis 2050 (und darüber hinaus) hohe Zinszahlungen an die alten Eigentümerschichten leisten müssen. Damit hätten sie die gesellschaftliche Ungleichheit nicht vermindern und die Investitionen in Bildung und Infrastruktur nicht tätigen können, die das außerordentliche Wachstum in der Nachkriegszeit ermöglichten. Aber im Eifer des Gefechts sind solche Fragen nie leicht zu beantworten, weil Gesellschaften mit hohen Staatsschulden zwischen verschiedenen legitimen Ansprüchen wählen müssen, die *a priori* akzeptabel sind: einmal den in der Vergangenheit erworbenen Besitzrechten und dann denen

1 Siehe Technischer Anhang und V. Amoureux, «Public Debt and its Unequalizing Effects. Explorations from the British Experience in the Nineteenth Century», Masterarbeit, Paris: Paris School of Economics 2014.

der gesellschaftlichen Gruppen, die nichts besitzen und andere Bedürfnisse und Prioritäten haben (oft zukunftsorientierte Investitionen in den sozialen Bereich und in die Bildung). Wir kommen später darauf zurück, welche Lehren man aus diesen Erfahrungen ziehen kann, um die Probleme mit der Staatsverschuldung im 21. Jahrhundert zu lösen.[1]

Vom Absturz des Eigentums zu seiner dauerhaften Dekonzentration: die Rolle der progressiven Besteuerung

Bisher haben wir die verschiedenen Mechanismen analysiert, die erklären, warum der Gesamtwert der Privatvermögen in Europa von 1914 bis 1945–1950 zusammengeschmolzen ist. Diese Entwicklung resultierte aus einer Reihe von Faktoren (insbesondere Zerstörungen, Enteignungen und Inflation), deren kumulierte Wirkungen dazu führten, dass der Wert des privaten Kapitals im Verhältnis zum Nationaleinkommen außergewöhnlich stark einbrach. Seinen Tiefpunkt erreichte er um 1945–1950, in den folgenden Jahrzehnten bis in die Jahre 2010–2020 erholte er sich langsam wieder (siehe Grafik 10.8). Nun versuchen wir besser zu verstehen, warum dieser Einbruch bei den Vermögen insgesamt von einem gleichfalls starken Rückgang der Vermögenskonzentration begleitet wurde, einem Phänomen, das in der Zeit von 1914–1945 begann und sich bis in die 1970er Jahre fortsetzte. Trotz einer neuen Tendenz zur Erhöhung in den 1980er Jahren ist die Dekonzentration der Vermögen und besonders der Einbruch beim obersten Perzentil langfristig die markanteste Veränderung (siehe Grafiken 10.4 und 10.5).

Warum also ging der Absturz des allgemeinen Vermögensniveaus in den Jahren 1914–1950 mit einer dauerhaften Dekonzentration der Vermögen einher? Im großen Ganzen könnte man sich vorstellen, dass der anfängliche Einbruch alles Eigentum in vergleichbarem Maß traf, ohne wirklich spürbare Auswirkungen für das oberste Dezil oder das oberste Perzentil. Wir haben bereits mehrere Faktoren genannt, die erklären, warum die höchsten Vermögen schneller abnahmen als die übrigen. Insbesondere die Enteignungen von Auslandsanlagen trafen die größten Portfolios am stärksten (die im Verhältnis mehr von solchen Anlagen hielten). Und die Sonderabgaben und progressiven Steuern auf das Pri-

1 Zu Europa siehe insbesondere Kapitel 16, S. 1093–1127.

vatkapital, die im Zusammenhang mit der Rückführung der Staatsschulden erhoben wurden (oder im Rahmen von Sanktionen), waren so angelegt, dass sie sich auf die höchsten Vermögen konzentrierten.

Zu diesen speziellen Faktoren kommt noch ein allgemeinerer Mechanismus hinzu. Am Ende des Ersten Weltkriegs und während der gesamten Zwischenkriegszeit erlebten die Bezieher hoher Einkommen und die Inhaber großer Vermögen, wie sich ein auf Dauer angelegtes System der progressiven Besteuerung durchsetzte, das heißt ein Steuersystem, das auf Personen, die mehr Vermögen und Einkünfte hatten als der Rest der Bevölkerung, strukturell höhere Steuersätze anwandte. Über das Thema der progressiven Besteuerung war bereits seit Jahrhunderten diskutiert worden, vor allem im 18. Jahrhundert und während der Französischen Revolution, aber noch nie wurde ein solches System im großen Maßstab und dauerhaft angewendet. In den meisten europäischen Ländern, ebenso in den Vereinigten Staaten und in Japan entwickelte sich die progressive Besteuerung in zwei Formen: zum einen als progressive Steuer auf das Gesamteinkommen (das heißt die Summe der Einkünfte aus verschiedenen Einkommensarten: Gehälter und Vergütungen, Einnahmen aus selbstständiger Tätigkeit, Renten und Pensionen, Mieteinnahmen, Dividenden, Zinsen, Tantiemen, Gewinne und Erträge aller Art etc.), und zum anderen als progressive Steuer auf Erbschaften (das heißt auf die Weitergabe von Vermögen aller Art, Immobilien, Betriebsvermögen oder Geldanlagen, beim Tod oder durch Schenkung, entsprechend den jeweiligen Modalitäten).[1] Zum ersten Mal in der Geschichte und praktisch gleichzeitig in allen Ländern erreichten die Sätze für die höchsten Einkommen und die höchsten Erbschaften dauerhaft sehr hohe Niveaus, in der Größenordnung von höheren zweistelligen Prozentsätzen.

Die Grafiken 10.11 und 10.12 zeigen die Entwicklung der Sätze, die von 1900 bis 2018 in den Vereinigten Staaten, Großbritannien, Japan, Deutschland und Frankreich an der Spitze der Einkommens- und der Erbschaftspyramide galten. Sie vermitteln einen Eindruck, wie groß die Umwälzungen waren[2]. Im Jahr 1900 lagen die Sätze auch für die höchs-

1 In einigen Ländern, vor allem in Deutschland und Schweden und generell in Nordeuropa, gab es seit Beginn des 20. Jahrhunderts noch eine dritte Form der progressiven Steuer, nämlich die progressive Vermögensteuer. Wir kommen in Kapitel 11 darauf zurück.

2 Die hier angegebenen höheren Grenzsteuersätze gelten im Allgemeinen für einen kleinen Teil der höchsten Einkommen und Erbschaften, in der Regel im obersten Perzentil oder Tausendstel, aber der entscheidende Punkt ist, dass es sich um das Niveau handelt, bei dem die

ten Einkommen und Erbschaften immer noch unter 10 %; 1920 staffelten sie sich für die höchsten Einkommen zwischen 30 und 70 % und zwischen 10 und 40 % für die höchsten Erbschaften. In einer kurzen Phase der Beruhigung in den 1920er Jahren gingen die Sätze leicht zurück, und in den 1930er Jahren stiegen sie wieder an, vor allem in den Vereinigten Staaten nach der Wahl Roosevelts 1932 und der Einführung des New Deal. In einer Situation, in der die Arbeitslosigkeit ein Viertel der erwerbsfähigen Bevölkerung betraf und mehr Ressourcen zur Finanzierung großer Projekte und neuer sozialpolitischer Maßnahmen aufgewendet werden mussten, lag es auf der Hand, die Gruppen, die besonders gut dastanden, heranzuziehen, zumal sie in den zurückliegenden Jahrzehnten (und vor allem in den *Roaring Twenties)* wirtschaftlich sehr profitiert hatten, während sie gleichzeitig das Land in die Krise geführt hatten. Von 1932 bis 1980 lag der Spitzensteuersatz für die Einkommen in den Vereinigten Staaten im Durchschnitt bei 81 % und für die Erbschaften bei 75 %.[1] In Großbritannien, wo die Wirtschaftskrise ebenfalls viel Kritik an den Wirtschafts- und Finanzeliten geweckt hatte, betrug der Spitzensteuersatz für die Einkommen zwischen 1932 und 1980 im Durchschnitt 89 % und für die Erbschaften 72 % (siehe Grafiken 10.11 und 10.12).

Als sich die Abgeordneten in Frankreich schließlich entschlossen, eine progressive Einkommensteuer einzuführen und am 15. Juli 1914 ein entsprechendes Gesetz verabschiedeten, betrug der höchste Steuersatz gerade einmal 2 %. Die politischen und wirtschaftlichen Eliten der Dritten Republik hatten eine solche Reform lange abgelehnt, weil sie der Ansicht waren, für ein so egalitäres Land wie Frankreich sei sie schädlich und ungeeignet. Dabei war durchaus eine ordentliche Portion Unehrlichkeit und Heuchelei im Spiel.[2] Im Ersten Weltkrieg wurde der Spitzensteuersatz angehoben, und 1920 lag er bei 50 %, 1924 bei 60 % und 1925 sogar bei 72 %. Besonders verblüffend ist, dass das maßgebliche Gesetz vom 25. Juni 1920, das den Satz auf 50 % anhob, von der «Chambre bleu horizon» (einem der am weitesten rechts stehenden

---

Dekonzentration von Vermögen und Einkommen am stärksten ist. Wir kommen später auf die Entwicklung der effektiven Sätze auf den verschiedenen Stufen der Verteilung zurück.

1 Präzisieren wir, dass hier nur die Bundessteuer auf Einkommen und Erbschaften berücksichtigt ist, wozu noch die Steuern der Bundesstaaten hinzukommen, deren Sätze je nach Zeitraum bei 5–10 % liegen können.

2 Siehe Kapitel 4, S. 198–202.

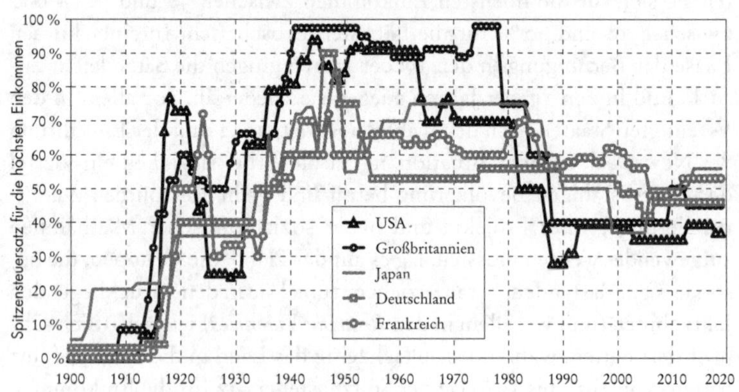

Grafik 10.11.: Der Spitzensteuersatz lag in den Vereinigten Staaten von 1900 bis 1932 bei durchschnittlich 23 %, zwischen 1932 und 1980 bei 81 % und zwischen 1980 und 2018 bei 39 %. In den gleichen Zeiträumen betrugen die Spitzensteuersätze in Großbritannien 30 %, 89 % und 46 %, in Japan 26 %, 68 % und 53 %, in Deutschland 18 %, 58 % und 50 % und in Frankreich 23 %, 60 % und 57 %. Die Steuerprogression erreichte ihren Höhepunkt in der Mitte des Jahrhunderts, insbesondere in den Vereinigten Staaten und Großbritannien.
Quellen und Reihen: siehe piketty.pse.ens.fr/ideologie.

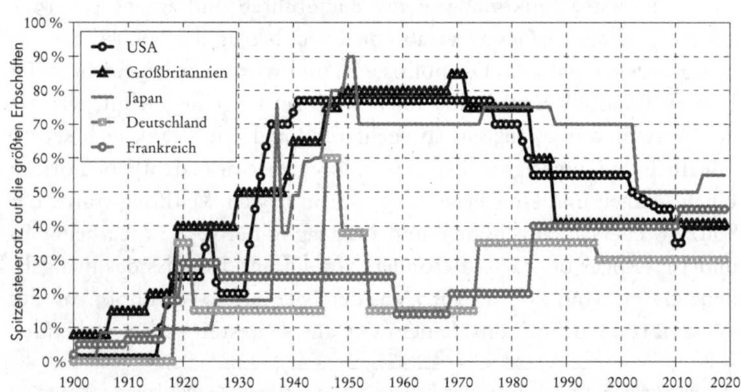

Grafik 10.12.: Der Spitzensteuersatz auf Erbschaften lag in den Vereinigten Staaten von 1900 bis 1932 durchschnittlich bei 12 %, zwischen 1932 und 1980 bei 75 % und zwischen 1980 und 2018 bei 50 %. In den gleichen Zeiträumen betrugen die höchsten Steuersätze 25 %, 72 % und 46 % in Großbritannien, 9 %, 64 % und 63 % in Japan, 8 %, 23 % und 32 % in Deutschland und 15 %, 22 % und 39 % in Frankreich. Die Steuerprogression erreichte ihren Höhepunkt in der Mitte des Jahrhunderts, insbesondere in den Vereinigten Staaten und Großbritannien.
Quellen und Reihen: siehe piketty.pse.ens.fr/ideologie.

Parlamente in der gesamten Geschichte der Republik, benannt nach der Farbe der Soldatenmäntel) und der Mehrheit des sogenannten «Bloc national» verabschiedet wurde, das heißt hauptsächlich von den Abgeordneten, die vor dem Krieg am erbittertsten gegen die Einführung einer Einkommensteuer von mehr als 2 % gekämpft hatten. Diese Kehrtwende auf dem rechten Flügel des politischen Spektrums erklärt sich in erster Linie durch die desaströse Finanzsituation infolge des Kriegs. Jenseits der dauernd wiederholten Floskel «Deutschland wird bezahlen» wussten alle, dass es unerlässlich war, neue Einnahmequellen zu erschließen. In einer Lage, in der Mangel und Rückgriff auf die Notenpresse die Inflation in unbekannte Höhen getrieben hatten, in der die Einkommen der Arbeiter immer noch nicht wieder die Kaufkraft von 1914 erreicht hatten und in der mehrere Streikwellen im Mai und Juni 1919 und dann erneut im Frühjahr 1920 das Land zu lähmen drohten, spielte die politische Ausrichtung letztlich keine große Rolle. Man musste Finanzquellen finden, und niemand dachte daran, die höchsten Einkommen zu verschonen. In diesem politisch und sozial explosiven Kontext, der auch durch die bolschewistische Revolution 1917 geprägt war, die ein großer Teil der französischen Arbeiterbewegung und Sozialisten begrüßte, stellte sich die progressive Besteuerung grundlegend anders dar.[1]

Die massiven steuerlichen Schläge vergrößerten die Wirkungen der anderen Schläge, die die hohen Vermögen im Zeitraum 1914–1945 getroffen hatten und stellten sie auf Dauer. Nach allem, was wir heute wissen, zählte diese radikale steuerliche Innovation zu den wichtigsten Faktoren, die erklären, warum der Einbruch des weltweiten Vermö-

1 Die in Grafik 10.11 angegebenen Sätze berücksichtigen nicht die durch das Gesetz von 1920 eingeführten Steuererhöhungen um 25 % für unverheiratete Steuerzahler ohne Kinder und verheiratete Steuerzahler, «die nach zwei Jahren Ehe immer noch kein Kind haben» (unter Einbeziehung dieser Zuschläge läge der Spitzensteuersatz 1920 bei 62 % und 1925 bei 90 %). Aus dieser interessanten Regelung, die davon zeugt, wie traumatisch der Geburtenrückgang für Frankreich war, und auch davon, wie grenzenlos die Fantasie des Gesetzgebers in Steuerbelangen ist, um die Ängste und Hoffnungen eines Landes zum Ausdruck zu bringen, wurde von 1939 bis 1944 die «Steuer zur Entschädigung von Familienlasten», und von 1945 bis 1951 fand sie ihren Niederschlag im System des Familienquotienten (verheiratete Paare, deren zu versteuerndes Einkommen vor Berechnung der Einkommensteuer normalerweise durch 2 geteilt wurde, fielen auf 1,5 zurück, wenn sie «nach drei Jahren Ehe» immer noch kein Kind hatten; die Verfassunggebende Versammlung von 1945 verlängerte die Gnadenfrist, die der Bloc national 1920 festgelegt hatte, um ein Jahr). Eine detaillierte Analyse dieser Vorgänge und Debatten enthält T. Piketty, *Les Hauts Revenus en France au XXe siècle*, a. a. O., S. 233–334.

gensniveaus mit einer dauerhaften Dekonzentration der Vermögensverteilung einherging. Die Erklärung macht auch besser verständlich, warum die Vermögensungleichheit schrittweise geringer wurde, im selben Tempo, wie die Einkommen und damit die Möglichkeiten, zu sparen und wieder große Vermögen aufzubauen, durch die Einkommensteuer eingeschränkt wurden und die sehr hohen Vermögen bei der wiederholten Weitergabe über Generationen hinweg durch die Erbschaftsteuer schmolzen.

Kürzlich durchgeführte Recherchen in Pariser Nachlassarchiven zu der Zeit zwischen den Kriegen und nach dem Zweiten Weltkrieg haben erlaubt, diesen Prozess auf individueller Ebene nachzuvollziehen.[1] Ende des 19. Jahrhunderts und bis zum Ersten Weltkrieg hatten die Pariser, die zum vermögendsten ersten Prozent gehörten, dank der Einkünfte aus ihrem Besitz (Dividenden, Zinsen, Mieten etc.) das Dreißig- bis Vierzigfache der Durchschnittslöhne der damaligen Zeit zum Leben. Die Steuern auf Erbschaften wie auch auf Einkommen lagen nicht über 5 %, und wer reich war, musste nur einen kleinen Teil der Einkünfte aus seinem Besitz sparen (zwischen einem Viertel und einem Drittel), um ein so weit vergrößertes Vermögen an die nächste Generation weiterzugeben, dass diese in den Genuss des gleichen Lebensstandards kam (im Verhältnis zum Durchschnittslohn, der ebenfalls wuchs). Zu Beginn des Ersten Weltkriegs veränderte sich alles schlagartig. Infolge der Schläge während des Krieges (Enteignungen von Anlagen im Ausland, Inflation, Deckelung der Mieten) und neuer Einkommensteuern (deren effektiver Satz in den 1920er Jahren für die reichsten 1 % der Pariser Bevölkerung bei 30 bis 40 % lag und für die allerreichsten 0,1 % bei über 50 %) ging der Lebensstandard dieser Gruppe auf das Fünf- bis Zehnfache der Durchschnittslöhne zurück. Unter diesen Umständen wurde es materiell unmöglich, ein ähnliches Vermögen wie vor 1914 anzuhäufen, selbst wenn man seine Ausgaben drastisch reduzierte und einen Großteil der Hausangestellten entließ (deren Zahl ging in der Zwischenkriegszeit erheblich zurück, während sie vor dem Krieg stabil gewesen war), zumal die effektiven Erbschaftsteuersätze für diese Gruppe in den 1920er Jahren schrittweise auf 10–20 % und in den 1930er Jahren auf fast 30 % stiegen.

---

1 Siehe Technischer Anhang und T. Piketty, G. Postel-Vinay, J. L. Rosenthal, «The End of Rentiers: Paris 1842–1957», WID.world, Working Paper Series Nr. 2018/1. Dort werden alle Zahlen und Ergebnisse präsentiert, die ich hier zusammenfasse.

Das bedeutet natürlich nicht, dass alle betroffenen Familien ruiniert waren. Genau wie zur Zeit von Balzac, von Père Goriot und César Birotteau hing es ganz davon ab, welche Investitionen getätigt worden waren und ob die Renditen, die sie erbrachten, mehr oder wenig üppig ausfielen. Vor allem waren die Erträge in dieser von Inflation, Wiederaufbau und wiederholten Krisen geprägten Zeit besonders unbeständig. Manche Bürger konnten sich bereichern und ihren Lebensstil fortführen. Andere hingegen wollten ihn zu lange aufrechterhalten und mussten schließlich ihre Rücklagen immer schneller auflösen, weil sie nicht rechtzeitig eingesehen hatten, dass ihre Einkommen ihnen nicht länger erlaubten, auf genauso großem Fuß zu leben wie vor dem Krieg. Gewiss ist, dass es wegen der neuen progressiven Steuern auf die höchsten Einkommen (in der Praxis überwiegend Einkommen aus Vermögen) und die höchsten Erbschaften unvermeidlich war, dass diese gesellschaftliche Gruppe im Durchschnitt zwischen 1914 und 1950 einen sozialen Abstieg erlebte, der sich danach noch fortsetzte, ohne die materiellen Möglichkeiten einer Rückkehr auf das frühere Niveau, egal, wie viel gespart und wie rasch der Lebensstil angepasst wurde.

Die angelsächsischen Ursprünge der modernen progressiven Besteuerung

Etwas Ähnliches ist in Großbritannien zu beobachten. Erinnern wir uns an die Krise, die durch die Abstimmung über das *People's Budget* (Volksbudget) 1909–1911 ausgelöst wurde: Die Lords lehnten anfangs die Erhebung progressiver Steuern auf die höchsten Einkommen und Erbschaften ab, was ihren Sturz und das Ende ihrer politischen Rolle beschleunigte. (Die Erträge der neuen Steuern hatten dazu dienen sollen, soziale Maßnahmen zugunsten der Arbeiterklasse zu finanzieren.)[1] Die Sätze für die höchsten Einkommen und Erbschaften wurden nach dem Ersten Weltkrieg erneut angehoben, so stark, dass es für die britischen Eigentümer materiell unmöglich wurde, den Lebensstil der Vorkriegszeit weiterzuführen. Von dem schwierigen Anpassungsprozess handelt die Fernsehserie *Downton Abbey*, die auch illustriert, was für einen großen Anteil die Irlandfrage daran hatte, dass das proprietaris-

1 Siehe Kapitel 5, S. 231–234.

tische Regime infrage gestellt wurde. Konfrontiert mit Steuersätzen, die für die höchsten Einkommen in Großbritannien (die im Wesentlichen Einkommen aus Kapital waren, insbesondere Mieten, Zinsen und Dividenden) in den 1920er und 1930er Jahren rasch 50–60 % erreichten und 40–50 % für Erbschaften, reichte es nicht aus, die Zahl der Dienstboten ein wenig zu reduzieren. Es blieb nichts anderes übrig, als einen Teil des Besitzes zu verkaufen, und genau das passierte in der Zwischenkriegszeit in Großbritannien immer schneller.

Das betraf vor allem die großen Ländereien, deren Besitz historisch stark konzentriert war. Ausmaß und Tempo der Übertragungen von Land erreichten im Lauf der 1920er und 1930er Jahre nie gekannte Größenordnungen; seit der normannischen Eroberung 1066 und der Auflösung der Klöster 1530 hatte es nichts Vergleichbares gegeben.[1] Ebenfalls betroffen waren die riesigen Finanzportfolios mit einheimischen und ausländischen Anlagen, die britische Eigentümer im Laufe des 19. und zu Beginn des 20. Jahrhunderts zusammengetragen hatten. Sie lösten sich rasch auf, wie der spektakuläre Einbruch des obersten Perzentils aller britischen Vermögen zeigt (siehe Grafik 10.5).[2] Nach dem Zweiten Weltkrieg nahm diese Entwicklung ein neues Ausmaß an, als in Großbritannien und in den Vereinigten Staaten die Steuersätze für die höchsten Einkommen 90 % überschritten und die Steuern auf die höchsten Erbschaften innerhalb mehrerer Jahrzehnte bis auf 80 % stiegen (siehe Grafiken 10.11 und 10.12). Ganz offenkundig diente die Einführung derartige Steuersätze dem Ziel, solche Vermögen rundweg zu beseitigen oder zumindest drastische Hürden für ihre Erhaltung zu errichten (wie etwa außerordentlich hohe Abgaben auf ererbten Besitz).

Es ist hervorzuheben, dass die Vereinigten Staaten und Großbritannien die zentrale Rolle bei der großflächigen Einführung der progressiven Besteuerung von Einkommen wie Erbschaften spielten. Untersuchungen aus jüngster Zeit haben gezeigt, dass 1932–1980 die Steuersätze für die Einkommens- und Vermögensspitze nicht nur *de lege* auf Niveaus angehoben wurden, die es in den beiden Ländern nie zuvor gegeben hatte: Auch die effektiven Steuersätze, die also die reichsten Gruppen tatsächlich bezahlten, kletterten auf Rekordhöhen. Von den 1930er bis in die 1960er Jahre schwankte die Gesamtsumme der Steuern (über alle

---

1 Siehe D. Cannadine, *The Decline and Fall of the British Aristocracy*, a. a. O., S. 89.

2 Siehe auch Kapitel 7, Grafik 7.9.

Steuerarten hinweg, direkte wie indirekte), die von den obersten 0,1 und 0,01 % der Einkommensbezieher entrichtet wurden, zwischen 50 und 80 % ihrer Einkommen vor Steuern, während sie für den Durchschnitt der Bevölkerung zwischen 15 und 30 % lag und für die ärmsten 50 % zwischen 10 und 20 % (siehe Grafik 10.13). Im Übrigen deutet alles darauf hin, dass sich Spitzensteuersätze *(de lege)* in der Größenordnung von 70–80 % vor allem auf die Verteilung der Einkommen vor Steuern auswirkten (was definitionsgemäß bei den effektiven Sätzen nicht passieren kann). Solche Spitzensteuersätze machten es praktisch unmöglich, die Kapitaleinkünfte auf dem gleichen Niveau zu halten (oder man musste den Lebensstil drastisch einschränken oder nach und nach Vermögenswerte verkaufen). Außerdem schreckten sie davon ab, astronomische Vergütungen für Unternehmenschefs festzusetzen.[1]

Was die Erbschaftsteuern anbetrifft, ist verblüffend festzustellen, dass die Sätze in Deutschland und Frankreich für die größten Vermögen im Zeitraum 1950–1980 bei kaum 20–30 % lagen, während die beiden angelsächsischen Länder Sätze von 70–80 % hatten (siehe Grafik 10.12). Teilweise lässt sich das durch die Zerstörungen und die Inflation in Deutschland und Frankreich erklären. In der Folge war es in beiden Ländern weniger nötig als in Großbritannien und den Vereinigten Staaten, die Steuersätze als Instrumente zu verwenden, um die Ungleichheitsregime der Vergangenheit zu verändern.[2]

Verblüffend ist auch, dass Deutschland nur in den Jahren 1946–1948 auf die höchsten Einkommen einen Steuersatz von 90 % anwandte, als die deutsche Steuerpolitik vom Alliierten Kontrollrat festgelegt wurde,

---

1 Zu diesem Mechanismus siehe Kapitel 11 und T. Piketty, E. Saez, S. Stantcheva, «Optimal Taxation of Top Labor Incomes: A Tale of Three Elasticities», *American Economic Journal: Economic Policy* 6 (2014), 1, S. 230–271. Das schrittweise Verschwinden der Steuerzahler in den höchsten Einkommensstufen erklärt im Übrigen teilweise, warum die effektiven Steuersätze für die höchsten Perzentile und Tausendstel in den Jahren 1930–1950 und 1960–1970 zurückgingen. Dass die effektiven Sätze nie wieder die festgesetzten Höchstsätze erreichten, hängt auch damit zusammen, dass die amtierenden Regierungen für bestimmte Einkommenskategorien (zum Beispiel Wertsteigerungen) Ausnahmen gewährten, besonders ab den 1960er und 1970er Jahren. Detaillierte Zeitreihen zu den effektiven Steuersätzen nach den einzelnen Perzentilen und nach Steuerarten finden sich im technischen Anhang und bei T. Piketty, E. Saez, G. Zucman Saez, G. Zucman, «Distributional National Accounts: Methods and Estimates for the United States», *Quarterly Journal of Economics* 133 (2018), 2, S. 553–609.

2 Anzumerken ist jedoch, dass Japan, das ebenfalls stark zerstört wurde, in der Zeit von 1950–1980 sehr hohe Sätze für die größten Erbschaften hatte und bis heute eine Tendenz zu hohen Steuern auf große Erbschaften zeigt.

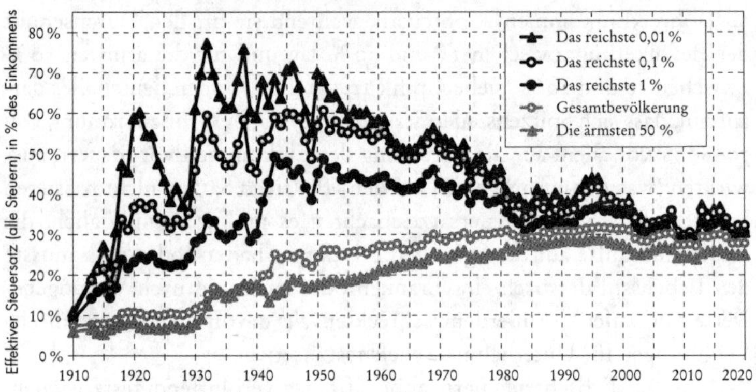

Grafik 10.13.: Von 1915 bis 1980 war das Steuersystem in den Vereinigten Staaten stark progressiv, was heißt, dass die effektiven Steuersätze, die von den höchsten Einkommensbeziehern gezahlt wurden (alle Steuerarten zusammengenommen und in Prozent des gesamten Vorsteuereinkommens), deutlich über dem durchschnittlichen effektiven Satz lagen, der von der gesamten Bevölkerung (und insbesondere von den einkommensschwächsten 50 %) gezahlt wurde. Seit 1980 ist das Steuersystem leicht progressiv mit begrenzten Unterschieden bei den effektiven Steuersätzen. Quellen und Reihen: siehe piketty.pse.ens.fr/ideologie.

in dem praktisch die Vereinigten Staaten dominierten. Sobald Deutschland 1949 seine Souveränität in Steuerfragen zurückerlangte, senkten aufeinanderfolgende Regierungen die Steuersätze und froren sie schnell bei 50–55 % ein (siehe Grafik 10.11). Aus Sicht der Vereinigten Staaten von 1946–1948 war ein Steuersatz von 90 % keinesfalls eine Strafe für die deutschen Eliten, denn für die angelsächsischen Eliten galt der gleiche Satz. Nach der damals in den Vereinigten Staaten und Großbritannien vorherrschenden Auffassung waren stark progressive Steuersätze ein integraler Bestandteil der neuen Weltordnung: Neben allgemeinen und gleichen Wahlen brauchte man solide steuerliche Grundlagen, um zu verhindern, dass Finanzinteressen und oligarchische Interessen sich erneut der Demokratie bemächtigten. Diese Vorstellungen mögen uns heute fremd und überraschend erscheinen, zumal gerade die angelsächsischen Länder seit den 1980er Jahren den Abbau der progressiven Besteuerung betreiben, aber sie gehören zu unserem gemeinsamen Erbe. Die Veränderungen illustrieren ein weiteres Mal, wie wichtig politisch-ideologische Prozesse für die Dynamik von Ungleichheitsregimen sind, wie schnell Veränderungen vonstattengehen und welch unterschiedliche Richtungen sie nehmen können, und dass es keine *per se* egalitäre oder inegalitäre Kultur gibt, sondern einfach kontroverse soziopolitische Wege. Die verschiedenen Gesellschaften und die vielfältigen Gruppen und Einstellungen innerhalb der Gesellschaften versuchen jeweils ihre kohärente Vision von Gerechtigkeit zu formulieren und reagieren dabei immer auf die Erfahrungen und Ereignisse, mit denen sie konfrontiert sind, sowie auf die jeweiligen Machtverhältnisse.

Wir haben gesehen, dass in Großbritannien das Aufkommen der progressiven Besteuerung und die Umverteilung von Einkommen und Vermögen durch die gesellschaftlichen und politischen Kämpfe vorbereitet wurden, die Anfang des 19. Jahrhunderts mit der Ausweitung des allgemeinen Wahlrechts begannen und mit den Debatten über die Irlandfrage und den Diskussionen um die *absentee landlords* (die abwesenden Grundbesitzer) Ende des 19. Jahrhunderts, der Entwicklung der Gewerkschaftsbewegung und dann mit dem *People's Budget* und der endgültigen Entmachtung der Kammer der Lords 1909–1911 die entscheidende Wende nahmen.[1]

Was die Vereinigten Staaten angeht, so haben wir bereits darauf hingewiesen, dass die Demokratische Partei, die im Süden vehement für die Rassentrennung eintrat, in den 1870er Jahren versuchte, die Wünsche der Weißen aus einfachen Schichten, der kleinen Siedler und der neuen Einwanderer aus Italien und Irland zu verbinden, während sie gleichzeitig den Egoismus der Finanz- und Industrieeliten aus dem Nordosten anprangerte und für eine gerechtere Verteilung des Reichtums eintrat.[2] In den 1890er Jahren zog die Populistische Partei (die offiziell People's Party hieß, aber auch die Bezeichnung Populist Party für sich reklamierte) mit einem Programm in die Wahlkämpfe, das Landverteilung und Kredite für Kleinbauern forderte und den Einfluss der Aktionäre, der Eigentümer und der Großunternehmen auf die Regierung des Landes kritisierte. Die Populisten schafften es nicht an die Schalthebel der Macht, spielten aber eine wichtige Rolle in der Auseinandersetzung um die Reform des Steuersystems. Sie endete 1913 mit der Annahme des 16. Zusatzartikels zur amerikanischen Verfassung und der Einführung einer Bundeseinkommensteuer im selben Jahr, 1916 folgte die Bundeserbschaftsteuer. Derartige Bundessteuern waren bisher nach der Verfassung nicht erlaubt gewesen, daran hatte der Oberste Ge-

---

1 Siehe Kapitel 5, S. 231–240.

2 Siehe Kapitel 6, S. 309–314.

richtshof erinnert, als er 1894 ein von der demokratischen Mehrheit beschlossenes Projekt zu Fall brachte. Da eine Verfassungsänderung in den Vereinigten Staaten ein sehr schwieriger Prozess ist (erst müssen beide Kammern des Kongresses jeweils mit Zweidrittelmehrheit zustimmen, danach muss die Änderung von drei Vierteln der Bundesstaaten ratifiziert werden), erforderte sie eine starke Mobilisierung des Volkes; das lässt deutlich werden, wie nachdrücklich die Forderung nach steuerlicher und wirtschaftlicher Gerechtigkeit damals erhoben wurde. Es war das sogenannte *Gilded Age*, das Vergoldete Zeitalter, in dem in Amerika Vermögen im Industrie- und Finanzsektor angehäuft wurden, wie es sie bis dahin noch nicht gegeben hatte. Die Menschen blickten besorgt auf die Macht der Rockefellers, Carnegies und J. P. Morgans und forderten immer nachdrücklicher mehr Gleichheit. Dass in einem Land, in dem die Bundesregierung bislang nur eine begrenzte Rolle gespielt hatte und das sich hauptsächlich durch Zölle finanziert hatte, ein neues System von Bundessteuern entstand, dessen Grundlage direkte, progressive Steuern auf Einkommen und Erbschaften waren, hatte viel mit der Rolle der politischen Parteien, insbesondere der Demokratischen Partei, als mobilisierende und vermittelnde Instanzen zu tun.[1]

Im Übrigen ist die Beobachtung interessant, dass die Vereinigten Staaten Ende des 19. und zu Beginn des 20. Jahrhunderts einer der wichtigsten Träger der internationalen Kampagne für die Einkommensteuer waren. Vor allem die zahlreichen zwischen 1890 und 1910 veröffentlichten Bücher und Abhandlungen des amerikanischen Ökonomen Edwin Seligman, in denen er die Vorzüge einer progressiven Steuer auf das Gesamteinkommen pries, wurden in viele Sprachen übersetzt und lösten leidenschaftliche Diskussionen aus.[2] In einer Untersuchung aus dem Jahr 1915 über die Verteilung des Reichtums in den Vereinigten Staaten (die erste Überblicksarbeit zu diesem Thema) äußerte der Sta-

1 Siehe dazu E. Brownlee, *Federal Taxation in America. A Short History*, Cambridge: Cambridge University Press 2016. Der Autor betont im Übrigen, dass der Bund (wie auch die einzelnen Bundesstaaten) im 19. Jahrhundert lange von steuerunabhängigen Einnahmen durch Verkäufe von staatlichem Land in den Grenzgebieten profitierte, was manchen zusätzlichen Widerstand gegen die Steuer erklären könnte.

2 Über diese Zeit und diese Debatten siehe zum Beispiel P. Rosanvallon, *Die Gesellschaft der Gleichen*, Hamburg: Hamburger Edition 2013, S. 197–202. Siehe außerdem N. Delalande, *Les Batailles de l'impôt. Consentement et résistances de 1789 à nos jours*, Paris: Seuil 2011.

tistiker Willford King die Sorge, dass das Land immer ungleicher werde und sich immer mehr vom Pionierideal seiner Ursprünge entferne.[1]

Irving Fisher, der Präsident der American Economic Association, ging 1919 noch einen Schritt weiter. Er sprach das Thema Ungleichheit in seiner *Presidential Address* an und erklärte seinen Kollegen kurz und bündig, dass die zunehmende Vermögenskonzentration dabei sei, zum größten ökonomischen Problem Amerikas zu werden. Wenn man nicht aufpasse, bestehe die Gefahr, dass Amerika genauso ungleich werde wie das alte Europa (das damals als oligarchisch und als Gegensatz zum Geist der Vereinigten Staaten wahrgenommen wurde). Kings Zahlen hatten Fisher sehr erschreckt. Feststellungen wie «2 % der Bevölkerung besitzen mehr als 50 % des Reichtums» und «zwei Drittel der Bevölkerung besitzen fast nichts» bedeuteten in seinen Augen «eine undemokratische Verteilung des Reichtums» *(an undemocratic distribution of wealth)*, die das Fundament der amerikanischen Gesellschaft bedrohte. Statt willkürlich die Gewinne oder Kapitalerträge einzuschränken – Lösungen, die Fisher ansprach, aber gleich wieder verwarf –, schien ihm der beste Weg, große Erbschaften stark zu besteuern. Er schlug insbesondere eine Steuer in Höhe von einem Drittel des übertragenen Werts bei der ersten Generation vor, zwei Dritteln bei der zweiten Generation und in Höhe des Gesamtwerts der Erbschaft, wenn das Erbe über drei Generationen Bestand hatte.[2] Diesem Vorschlag folgte man nicht, aber ab 1918–1920 (in der Amtszeit des Demokraten Woodrow Wilson) wendeten die Vereinigten Staaten früher als alle anderen Staaten Steuersätze von über 70 % für die Spitze der Einkommenspyramide an (siehe Grafik 10.11). Als Roosevelt 1932 gewählt wurde, war in den Vereinigten Staaten der geistige Nährboden für die Einführung einer umfassenden progressiven Besteuerung schon seit langem vorbereitet.

---

1 Siehe W. I. King, *The Wealth and Income of the People of the United States*, New York: MacMillan 1915. Der Autor war Professor für Statistik und Ökonomie an der Universität von Wisconsin. Er hat unvollständige, aber aussagekräftige Daten über mehrere amerikanische Bundesstaaten zusammengetragen, vergleicht sie mit europäischen Zahlen und stellt fest, dass die Unterschiede geringer sind, als er ursprünglich dachte.

2 Siehe I. Fisher, «Economists in Public Service», *American Economic Review* 9 (1919), 1, S. 5–21. Fisher orientiert sich vor allem an den Vorschlägen des italienischen Ökonomen Rignano. Siehe G. Erreygers, G. Di Bartolomeo, «The Debates on Eugenio Rignano's Inheritance Tax Proposals», *History of Political Economy* 39 (2007), 4, S. 605–638.

Der Aufstieg des Steuer- und Sozialstaats

Das von Ungleichheit geprägte Regime, das vom 19. Jahrhundert bis 1914 bestand, beruhte auf der Ablehnung der progressiven Besteuerung sowie auf überhaupt relativ begrenzten Steuereinnahmen. Die europäischen Staaten des 18. und 19. Jahrhunderts waren fiskalisch reich im Vergleich zu den staatlichen Gebilden der vorangegangenen Jahrhunderte oder dem zeitgenössischen osmanischen oder chinesischen Staat.[1] Aber sie waren fiskalisch arm im Vergleich zu den Niveaus des 20. Jahrhunderts, einer Zeit, in der der Steuerstaat einen entscheidenden Sprung nach vorn machte. Abgesehen von der Frage der progressiven Besteuerung spielte der Aufstieg des Steuer- und Sozialstaats eine zentrale Rolle in der Verwandlung der Eigentümergesellschaften in sozialdemokratische Gesellschaften.

Die wichtigsten Größenordnungen sind folgende: Die gesamten öffentlichen Einnahmen, bestehend aus Steuern, Abgaben, Beitragszahlungen und anderen Pflichtabgaben aller Art (aller öffentlichen Körperschaften zusammengenommen: Zentralstaat, Gebietskörperschaften, Sozialversicherung etc.) machten Ende des 19. Jahrhunderts und zu Beginn des 20. Jahrhunderts in Europa und den Vereinigten Staaten weniger als 10 % des Nationaleinkommens aus. In den 1920er Jahren stiegen sie auf etwa 20 %, in den 1950er Jahren auf 30 %, und in den 1970er Jahren stabilisierten sie sich in den einzelnen Ländern auf sehr unterschiedlichen Niveaus: um 30 % in den Vereinigten Staaten, um 40 % in Großbritannien, um 45 % in Deutschland und um 50 % in Frankreich und in Schweden (siehe Grafik 10.14).[2] Festzuhalten ist allerdings, dass kein reiches Land sich mit Steuereinnahmen entwickeln konnte, die auf 10–20 % begrenzt waren, und niemand schlägt heute in diesen Ländern vor, zum Niveau der Steuereinnahmen im 19. Jahrhundert zurückzukehren. Die Diskussionen drehen sich eher um die Frage, wie es möglich sein könnte, die Abgabenniveaus zu stabilisieren oder

1 Siehe Kapitel 9, S. 464–466.

2 In den Vereinigten Staaten stammt der größte Teil des langfristigen Anstiegs von den Steuereinnahmen des Bundes. Das ganze 19. Jahrhundert hindurch bis zum Ersten Weltkrieg machten sie lediglich 2 % des Nationaleinkommens aus, 1930 stiegen sie auf 5 %, 1950 auf 15 %, und ab den 1960er Jahren stabilisierten sie sich bei etwa 20 %. Die Einnahmen der Bundesstaaten und der sonstigen lokalen Körperschaften blieben ab Ende des 19. Jahrhunderts stabil bei 8–10 % des Nationaleinkommens. Siehe Technischer Anhang.

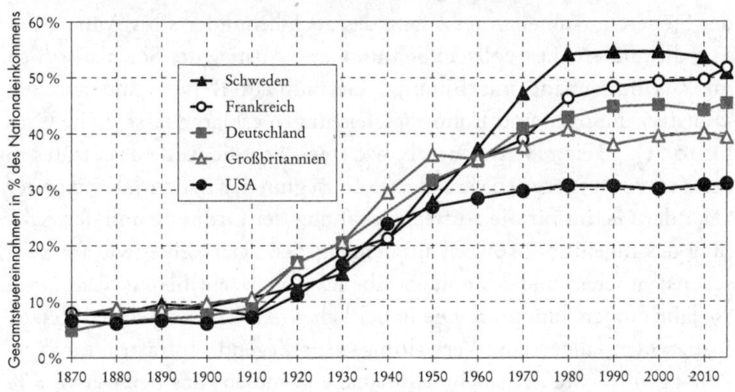

Grafik 10.14.: Die Gesamtsteuereinnahmen (alle Steuern, Zölle, Sozialbeiträge und sonstige Pflichtbeiträge zusammen) machten im 19. Jahrhundert und bis zum Ersten Weltkrieg weniger als 10% des Nationaleinkommens in den reichen Ländern aus, bevor sie von den 1910er und 1920er Jahren bis in die 1970er und 1980er Jahre stark anstiegen und sich dann in den einzelnen Ländern auf unterschiedlichem Niveau stabilisierten: bei rund 30% des Nationaleinkommens in den USA, bei 40 % in Großbritannien und 45% bis 55% in Deutschland, Frankreich und Schweden.
Quellen und Reihen: siehe piketty.pse.ens.fr/ideologie.

leicht zu senken, manchmal auch um mehr oder weniger substanzielle Erhöhungen, aber nie darum, den Steuerstaat um drei Viertel oder vier Fünftel zu reduzieren.

Viele verschiedene Arbeiten haben gezeigt, dass der Aufstieg des Steuerstaats nicht nur das Wirtschaftswachstum nicht behindert hat, sondern dass er im Gegenteil einen wesentlichen Beitrag zur Modernisierung und zur Entwicklungsstrategie geleistet hat, die Europa und die Vereinigten Staaten im 20. Jahrhundert verfolgten.[1] Die neuen Steuereinnahmen machten es möglich, die für die Entwicklung unerlässlichen Ausgaben zu finanzieren, insbesondere hohe Investitionen und relativ gleichmäßig verteilte Ausgaben für Bildung und Gesundheit (oder zumindest sehr viel höhere und egalitärere als alles, was es zuvor gegeben hatte), sowie die angesichts alternder Gesellschaften unverzichtbaren Sozialausgaben (wie Renten und Pensionen) und Ausgaben zur Stabilisierung von Wirtschaft und Gesellschaft im Fall einer Rezession (wie die Arbeitslosenversicherung).

Wenn man den Durchschnitt der für die verschiedenen europäischen

1 Siehe insbesondere P. Lindert, *Growing Public. Social Spending and Economic Growth since the Eighteenth Century*, Cambridge: Cambridge University Press 2004.

Länder verfügbaren Zahlen nimmt, stellt man fest, dass sich der Anstieg der Steuereinnahmen von Anfang des 20. Jahrhunderts bis Anfang des 21. Jahrhunderts fast vollständig durch den Anstieg der Sozialausgaben im Zusammenhang mit Bildung, Gesundheit, Renten und anderen Transferzahlungen und Lohnersatzleistungen erklären lässt (siehe Grafik 10.15).[1] Weiter wird deutlich, wie stark sich die Rolle des Staates in der Zeit von 1910–1950 veränderte. Zu Beginn der 1910er Jahre war der Staat der Garant für die Aufrechterhaltung der Ordnung und der Achtung des Eigentums, sowohl auf dem eigenen Staatsgebiet wie auf zwischenstaatlicher und kolonialer Ebene, genau wie bereits das ganze 19. Jahrhundert hindurch. Die hoheitlichen Ausgaben (Armee, Polizei, Justizwesen, allgemeine Verwaltung, grundlegende Infrastruktur) verschlangen die Steuereinnahmen beinahe komplett, das heißt etwa 8 % des Nationaleinkommens von insgesamt knapp 10 %, für sämtliche anderen Ausgaben standen weniger als 2 % zur Verfügung (dabei weniger als 1 % für Bildung). Zu Beginn der 1950er Jahre waren in Europa die wesentlichen Elemente des Sozialstaats vorhanden. Die Gesamteinnahmen lagen bei über 30 % des Nationaleinkommens, vielfältige Ausgaben für Bildung und Soziales absorbierten zwei Drittel davon und lösten die früher dominierenden hoheitlichen Ausgaben ab. Diese spektakuläre Entwicklung war erst nach einer radikalen Transformation der politisch-ideologischen Kräfteverhältnisse 1910–1950 möglich, in einem Kontext, in dem Kriege, Krisen und Revolutionen die Grenzen des sich selbst regulierenden Marktes und die Notwendigkeit einer sozialen Einbettung der Wirtschaft in aller Deutlichkeit aufzeigten.

Anzumerken ist weiterhin, dass der tendenzielle Anstieg der Ausgaben für Renten und Gesundheit vor dem Hintergrund einer alternden Bevölkerung und global nicht weiter steigender Steuereinnahmen in der Zeit von 1990–2020 automatisch zu einer gewissen Flucht nach vorn in die Verschuldung sowie zu einer Stagnation (oder sogar zu einem Rück-

1 Die in Grafik 10.15 dargestellten Reihen basieren darauf, dass für die größten europäischen Länder, für die adäquate langfristige Daten zur Verfügung stehen (Großbritannien, Frankreich, Deutschland, Schweden) der Durchschnitt errechnet wurde. Die Größenordnungen können als insgesamt repräsentativ für West- und Nordeuropa betrachtet werden. Festzuhalten ist, dass die Gesamtsumme der staatlichen Ausgaben in der Praxis leicht über den hier aufgeteilten Steuereinnahmen liegen kann wegen nicht steuerlicher Einnahmen (zum Beispiel anteiliger Zahlungen von Nutzern öffentlicher Dienstleistungen) und wegen des Defizits (obwohl das Primärdefizit langfristig wegen der Schuldzinsen im Allgemeinen praktisch bei null liegt). Siehe Technischer Anhang.

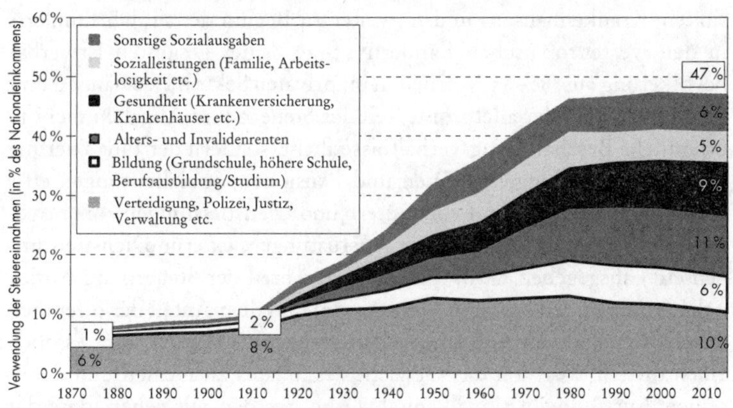

Grafik 10.15.: Im Jahr 2015 machten die Steuereinnahmen in Westeuropa durchschnittlich 47 % des Nationaleinkommens aus und wurden wie folgt ausgegeben: 10 % für hoheitliche Aufgaben (Verteidigung, Polizei, Justiz, allgemeine Verwaltung, Basisinfrastruktur: Straßen usw.); 6 % für Bildung; 11 % für Renten; 9 % für Gesundheit; 5 % für Sozialtransfers (ohne Renten); 6 % für sonstige Sozialausgaben (Wohnen usw.). Vor 1914 absorbierten die hoheitlichen Ausgaben fast alle Steuereinnahmen.
Hinweis: Die hier dargestellte Tendenz bezeichnet den Durchschnitt für Deutschland, Frankreich, Großbritannien und Schweden (siehe Grafik 10.14).
Quellen und Reihen: siehe piketty.pse.ens.fr/ideologie.

gang) der staatlichen Bildungsausgaben führte (siehe Grafik 10.15). Das ist paradox, da doch so viel über Wissensökonomie und Innovationen gesprochen wird und ein immer größerer Teil eines Jahrgangs eine akademische Bildung erhält (für sich genommen eine wunderbare Sache, aber es kann auch eine enorme Verschwendung an menschlicher Lebenszeit und große gesellschaftliche Frustrationen zur Folge haben, wenn das Ganze nicht richtig finanziert ist). In den nächsten Kapiteln werden wir auf diese fundamentalen Herausforderungen zurückkommen und erörtern, warum die Antworten, die die Sozialdemokratie im 20. und zu Beginn des 21. Jahrhunderts gegeben hat, unzureichend sind.

In der Theorie bedeutet die Tatsache, dass die Pflichtabgaben sich 50 % des Nationaleinkommens nähern, dass die öffentliche Hand (in ihren verschiedenen Verkörperungen) die Hälfte der aktiven Bevölkerung zum selben Durchschnittslohn wie in der Privatwirtschaft beschäftigen könnte mit durchschnittlich den gleichen Ausstattungen, Einrichtungen und so weiter und auf diese Weise die Hälfte des Bruttoinlandsprodukts produzieren könnte. In der Praxis machen die Beschäftigten des öffentlichen Diensts in den verschiedenen landesweiten und lokalen Verwaltungen, in Grundschulen und Gymnasien, Universitäten, Krankenhäusern und so weiter zu Beginn des 21. Jahrhunderts in den westeuropäischen Ländern 15–20 % der gesamten Erwerbsbevölkerung aus, 80–85 % arbeiten im privaten Sektor. Das hängt damit zusammen, dass der allergrößte Teil der Steuern und Abgaben nicht in öffentliche Beschäftigungsverhältnisse fließt, sondern der Finanzierung von Transferzahlungen (Renten und Pensionen, Sozialleistungen etc.) dient und für den Einkauf von Gütern und Dienstleistungen vom privaten Sektor (Hoch- und Tiefbau, Ausrüstungen, externe Dienstleistungen etc.) ausgegeben wird.[1] Neben dem Anteil der Steuern am Nationaleinkommen (40–50 % in Westeuropa) und dem Anteil der öffentlich Beschäftigten an der Gesamtbeschäftigtenzahl (15–20 %) gibt es noch einen dritten Weg, um das Gewicht des Staates zu messen und damit seinen Anteil am Nationalkapital. Dabei werden wir sehen, dass der Anteil des Staates in den letzten Jahrzehnten stark zurückgegangen und in etlichen Ländern sogar negativ geworden ist.[2]

Die Vielfalt der Abgaben und der Rolle der progressiven Besteuerung

Festzuhalten ist auch, dass der Aufstieg des Steuer- und Sozialstaats in der Praxis durch den Rückgriff auf viele unterschiedliche Abgaben ermöglicht wurde. Um Einnahmen in Höhe von 45 % des Nationaleinkommens zu erzielen, was ungefähr der Durchschnitt in den westeuropäischen Ländern seit Beginn des 21. Jahrhunderts ist, würde es definitionsgemäß genügen, eine einzige Steuer mit einem einheitlichen proportionalen Satz von 45 % auf alle Einkommen zu erheben, oder aber eine einzige progressive Steuer auf Einkommen mit Sätzen unter 45 % bei niedrigen Einkommen und Sätzen über 45 % bei hohen, sodass sich ein Durchschnittssatz von 45 % ergibt.[3] In der Praxis werden diese Einnahmen nicht durch eine einzige Steuer erzielt, sondern durch

1 2017 waren in Frankreich 21 % aller Erwerbstätigen im öffentlichen Dienst beschäftigt (Staat, Gebietskörperschaften und Krankenhäuser) und 79 % in der Privatwirtschaft (12 % als Selbstständige und 67 % als Arbeitnehmer).

2 Siehe Kapitel 12, Grafik 12.6.

3 Zum Beispiel könnte der mittlere effektive Abgabensatz bei den unteren 50 % der Einkommen (das entspricht im großen Ganzen den 80 % mit den niedrigsten Einkommen in Europa zu Beginn des 21. Jahrhunderts) 30 % betragen und 60 % bei den oberen 50 % (das entspricht ungefähr den 20 % mit den höchsten Einkommen). Wir werden sehen, dass die

eine Vielzahl von Steuern, Abgaben und Beiträgen, die ein komplexes, widersprüchliches und für die Bürger schwer zu durchschauendes Ganzes bilden.[1] Das kann die Akzeptanz des Steuer- und Abgabensystems gefährden, vor allem wenn ein erbitterter Steuerwettbewerb dazu führt, dass die Abgaben für besonders mobile und besonders privilegierte gesellschaftliche Gruppen tendenziell sinken und für die anderen tendenziell steigen. Dennoch ist eine einzige Steuer nicht die Lösung, und die Frage, wie eine gerechte und ideale Steuer aussieht, muss eingehend und in ihrer ganzen Komplexität untersucht werden. Es gibt vor allem gute Gründe, ein Gleichgewicht zwischen der Besteuerung der Einkommensflüsse und der Besteuerung von Vermögen zu finden, gleichermaßen aus Gründen der Gerechtigkeit wie aus Gründen der Effizienz, auf die wir noch zurückkommen werden.[2]

An diesem Punkt möchte ich vor allem die historische Parallele zwischen der Entwicklung der progressiven Besteuerung auf breiter Front und dem Aufstieg des Sozialstaats im 20. Jahrhundert hervorheben. Die Steuersätze von 70–80 %, die in den 1920er und 1960er Jahren für die höchsten Einkommen und Erbschaften galten, betrafen sicher nur einen kleinen Teil der Bevölkerung (im Allgemeinen um 1 oder 2 %, in manchen Fällen nicht einmal 0,5 %). Alles deutet jedoch darauf hin, dass diese Steuersätze eine wesentliche Rolle dabei spielten, die extreme Konzentration von Eigentum und Wirtschaftskraft, die für das Europa der Belle Époque typisch war, zu verringern. Diese Steuersätze allein hätten niemals ausgereicht, um die nötigen Einnahmen für die Finanzie-

globale Struktur der Pflichtabgaben, wie sie gegenwärtig in einem Land wie Frankreich erhoben werden, weniger progressiv ist. Siehe Kapitel 11, Grafik 11.19.

1 Die durchschnittliche Aufteilung in Europa sieht heute ungefähr so aus: Etwa ein Drittel entfallen auf Einkommensteuern (einschließlich der Steuern auf Unternehmensgewinne), ein Drittel auf Sozialbeiträge und verschiedene Sozialabgaben auf Löhne und Gehälter und andere Einkommen, ein Drittel auf indirekte Steuern (Mehrwertsteuer und andere Konsumsteuern) sowie Steuern auf Vermögen und Erbschaften (weniger als ein Zehntel). Die Grenzen zwischen den Kategorien sind manchmal willkürlich (insbesondere bei den beiden ersten Kategorien: die Sozialabgaben auf Gehälter und Einkommen unterscheiden sich bisweilen wenig von der Einkommensteuer im strengen Sinn), und die tatsächliche Herausforderung besteht oft eher in der Progressivität der gesamten Abgaben sowie ihrer Verwendung und Verwaltung und nicht in ihrer förmlichen Bezeichnung. Anzumerken ist weiterhin, dass die Belastung durch Abgaben in den ärmsten Ländern der Europäischen Union deutlich geringer ist (knapp 25–30 % des Nationaleinkommens in Rumänien und Bulgarien) und generell in den ärmeren Ländern geringer als in den reichen. Siehe Technischer Anhang und Kapitel 13, Grafik 13.12.

2 Siehe insbesondere die Kapitel 11, S. 700–723 und 17, S. 1205–1213.

rung des Sozialstaats zu generieren, und es war entscheidend wichtig, gleichzeitig andere Abgaben zu entwickeln, die alle Arbeits- und sonstigen Einkommen betrafen. Das Zusammentreffen dieser beiden sich ergänzenden Ideen über die Rolle von Steuern (Reduzierung von Ungleichheiten, Finanzierung von Ausgaben) ermöglichte die Transformation der Eigentümergesellschaften in sozialdemokratische Gesellschaften.

Auffallend ist insbesondere, dass von den 1920er Jahren bis in die 1960er Jahre in Europa wie auch in den Vereinigten Staaten eine beträchtliche Kluft zwischen dem durchschnittlichen Steuersatz (20–40 % des Nationaleinkommens, mit steigender Tendenz) und den Steuersätzen für die höchsten Einkommen und Vermögen bestand (die oft bei 70–80 % oder noch darüber lagen). Das System war eindeutig progressiv, und alle in der Mitte und am unteren Ende der gesellschaftlichen Leiter verstanden, dass denen auf den obersten Stufen die größten Anstrengungen abverlangt wurden. Das reduzierte die Ungleichheit und förderte zugleich den Konsens über das Steuersystem.

Die Doppelnatur des Steuerstaats Ende des 20. Jahrhunderts (Progression auf breiter Front, Finanzierung des Sozialstaats) erlaubt auch, besser zu verstehen, warum der langfristige Rückgang der Vermögenskonzentration nicht verhinderte, dass der Prozess von Investitionen und Akkumulation weiterging. Die Akkumulation von Produktivkapital und Bildungskapital schritt nach dem Zweiten Weltkrieg schneller voran als vor 1914, teils weil sie über öffentliche Kanäle erfolgte und teils weil untere soziale Schichten (die von den progressiven Steuern wenig betroffen waren) die geringere Akkumulation der Reichsten ausglichen. Die Situation in den Jahren 1990–2020 war genau umgekehrt (der durchschnittliche Steuersatz für die mittleren und unteren Schichten lag genauso hoch oder höher als die Steuersätze an der Spitze), was natürlich zu entgegengesetzten Effekten führte: tendenzielle Erhöhung der Ungleichheit, Aushöhlung des Konsenses über das Steuersystem, insgesamt geringe Akkumulation. Im nächsten Kapitel werden wir darauf zurückkommen.

Die Eigentümergesellschaften, die progressive Besteuerung und der Erste Weltkrieg

Wenden wir uns nun einer besonders komplexen und schwierigen Frage zu. Hätte es die extrem rasche Verbreitung der progressiven Besteuerung mit Sätzen von 70–80 % bei den höchsten Einkommen und Erbschaften in den 1920er Jahren ohne den Ersten Weltkrieg gegeben? Allgemeiner gefragt: Hätten sich die Eigentümergesellschaften, die 1914 so solide und unerschütterlich wirkten, ohne die Entfesselung der ungeheuren zerstörerischen Gewalt zwischen 1914 und 1918 mit der gleichen Geschwindigkeit verändert? Können wir uns einen historischen Entwicklungsweg vorstellen, bei dem die Eigentümergesellschaften ohne diesen Krieg Europa und die Vereinigten Staaten weiter fest im Griff gehalten hätten und durch die Kolonialherrschaft sogar die ganze Welt, und wenn ja bis wann?

Es versteht sich von selbst, dass man solche Fragen der «kontrafaktischen» Geschichtsschreibung nicht schlüssig beantworten kann.[1] Der Ausbruch des Ersten Weltkriegs hat die gesellschaftliche, ökonomische und politische Dynamik so durcheinandergebracht, dass es heute schwer ist, sich vorzustellen, wie die Geschichte ohne den Krieg verlaufen wäre. Solche Überlegungen haben dennoch Folgen dafür, wie wir die Frage der Umverteilung und der Ungleichheit im 21. Jahrhundert angehen, und wir können durchaus einige Aspekte einer Antwort formulieren; vor allem dürfen wir uns nicht in deterministische Lesarten verstricken. Vom Standpunkt der in dieser Untersuchung vorgelegten Analyse, in der ich den Anteil der politisch-ideologischen Faktoren an

1 Die kontrafaktische Geschichtsschreibung hat eine lange Tradition. Im 1. Jahrhundert unserer Zeitrechnung malte sich Titus Livius aus, was passiert wäre, wenn Alexander der Große nach Westen aufgebrochen wäre und Rom erobert hätte. 1776 skizzierte Edward Gibbon ein muslimisches (und sehr entwickeltes) Europa nach der Niederlage von Karl Martell in Poitiers 732. 1836 stellte sich Louis Geoffroy Napoleon als Kaiser der Welt vor, nachdem er 1812–1814 Russland und England besiegt, 1821–1827 Indien, China und Australien erobert hatte und sich 1832 der Kongress der Vereinigten Staaten ihm unterworfen hatte. 2003 entwarf Niall Ferguson das Bild einer (seiner Meinung nach) besseren Welt, in der die englischen Diplomaten zugelassen hätten, dass Deutschland 1914 Frankreich und Russland besiegte und der Planet im 20. Jahrhundert durch das britische Empire und das Deutsche Reich beherrscht worden wäre und nicht durch das amerikanische und das russische Reich. Siehe Q. Deluermoz, P. Singaravélou, *Pour une histoire des possibles. Analyses contrefactuelles et futurs non advenus*, a. a. O., S. 22–37.

der Dynamik von Ungleichheitsregimen hervorhebe sowie das Zusammenspiel von langfristigen geistigen Entwicklungen und kurzfristigen situationsbezogenen Reaktionen, stellt der Erste Weltkrieg ein bedeutendes Ereignis dar, das eine Vielzahl von Wegen hätte eröffnen können. Man muss sich nur den spektakulären Anstieg des Spitzensteuersatzes anschauen (siehe Grafik 10.11) oder das Abschmelzen der Privatvermögen (siehe Grafik 10.8) und des Auslandskapitals,[1] um zu erkennen, was für tiefgreifende und vielfältige Auswirkungen der Krieg auf die inegalitären Eigentums- und Kolonialgesellschaften hatte. Die Reduzierung der Ungleichheiten und das Ende der Eigentümergesellschaften im 20. Jahrhundert waren keine friedlichen Prozesse. Wie die meisten großen historischen Veränderungen waren sie das Produkt von Krisen und ihrem Zusammentreffen mit neuen Ideen und mit gesellschaftlichen und politischen Auseinandersetzungen. Kann man dennoch ausschließen, dass vergleichbare Entwicklungen auf jeden Fall eingetreten wären, womöglich infolge anderer Krisen und auch ohne den Ersten Weltkrieg?

Forschungen in jüngster Zeit haben die Bedeutung des Krieges an sich für das Erleben der Menschen hervorgehoben und besonders die Rolle der Massenmobilisierung für die Legitimierung der progressiven Besteuerung und die Einführung quasi konfiskatorischer Steuersätze für die höchsten Einkommen und Vermögen nach dem Ende des Krieges. Nach dem Aderlass der unteren Schichten war es unumgänglich, auch von den privilegierten Schichten eine einzigartige Anstrengung zu verlangen, einmal um die Kriegsschulden zu tilgen, dann aber auch um den Wiederaufbau der schwer geprüften Länder zu ermöglichen und mehr Gerechtigkeit zu schaffen. Einige Studien gehen sogar so weit zu sagen, dass es ohne so etwas wie den Ersten Weltkrieg und eine vergleichbare (mittlerweile sehr unwahrscheinliche) Erfahrung wie die Massenmobilisierung eine so stark progressive Besteuerung nicht mehr geben wird.[2]

So interessant diese Hypothesen sein mögen, für mich klingen sie zu

---

1 Siehe Kapitel 7, Grafik 7.9.

2 Siehe insbesondere K. Scheve und D. Stasavage, *Taxing the Rich. A History of Fiscal Fairness in Europe and the United States*, Princeton: Princeton University Press 2016. Über die entscheidende Rolle der Kriege in der Geschichte der Ungleichheiten siehe auch W. Scheidel, *Nach dem Krieg sind alle gleich. Eine Geschichte der Ungleichheit*, übersetzt von S. Gebauer, Darmstadt: Konrad Theiss Verlag 2018.

rigide und deterministisch. Anstatt zu behaupten, man könne die kausale Wirkung dieses oder jenes Ereignisses identifizieren, scheint es in meinen Augen sinnvoller, in diesen vielfältigen Krisenmomenten endogene Weichenstellungen zu sehen, die tieferliegende Ursachen widerspiegeln und eine Vielzahl von Wegen und Entwicklungsmöglichkeiten eröffnen, je nachdem wie sich die Akteure mobilisieren und auf welche gemeinsamen Erfahrungen und neuen Ideen sie sich beziehen, um den Lauf der Dinge neu zu definieren. Offensichtlich war der Erste Weltkrieg kein von außen kommendes Ereignis, das der Planet Mars auf die Welt geschleudert hatte. Man kann durchaus der Ansicht sein, dass er zumindest zum Teil von den sehr starken Ungleichheiten und sozialen Spannungen verursacht wurde, die die europäischen Gesellschaften vor 1914 ins Wanken brachten. Die wirtschaftlichen Herausforderungen waren ebenfalls sehr groß. Wir haben beispielsweise gesehen, dass Kapitalanlagen im Ausland Frankreich und Großbritannien unmittelbar vor dem Krieg zwischen 5 und 10 % des Nationaleinkommens zusätzlich einbrachten, ein erheblicher Zufluss, der unvermeidlich Begehrlichkeiten weckte. Die französischen und britischen Kapitalanlagen im Ausland waren zwischen 1880 und 1914 so rasch angestiegen, dass man sich schwer vorstellen kann, wie es in diesem Tempo hätte weitergehen können, ohne dass es enorme politische Spannungen sowohl innerhalb der beherrschten Länder wie bei den europäischen Rivalen der Kolonialmächte gegeben hätte.[1] Derartige Beträge hatten außerdem Folgen nicht nur für die französischen und britischen Eigentümer, sondern wirkten sich auch darauf aus, inwieweit die verschiedenen Länder in der Lage waren, eine Steuer- und Finanzpolitik zu betreiben, die den sozialen Frieden garantieren konnte. Abgesehen davon, dass die betroffenen ökonomischen Interessen alles andere als symbolisch waren, ging die Entwicklung der europäischen Nationalstaaten auch mit einer Verhärtung der nationalen Identitäten und nationalen Gegensätze einher. Die kolonialen Rivalitäten wiederum nährten ebenfalls Identitätskonflikte, zum Beispiel zwischen französischen und italienischen Arbeitern in Südfrankreich, die die Kluft zwischen Einheimischen und Ausländern

1 Lenin führte in seinem klassischen Buch aus dem Jahr 1917 *Der Imperialismus als höchstes Stadium des Kapitalismus* ebenfalls damals verfügbare Statistiken über Finanzanlagen an, um zu zeigen, wie bedeutend der Wettlauf der rivalisierenden Kolonialmächte um die Ressourcen war.

vertieften und nationale, sprachliche und kulturelle Identitäten verfestigten und letztlich den Krieg möglich machten.[1]

Im Übrigen darf die zentrale Bedeutung des Konflikts 1914–1918 für die Auflösung der Eigentümergesellschaften nicht dazu verleiten, die Wichtigkeit der anderen großen Ereignisse der damaligen Zeit zu übersehen, angefangen mit der Krise der 1930er Jahre und der bolschewikischen Revolution. Die verschiedenen Krisen hätten einen anderen Verlauf nehmen und anders zusammentreffen können, und die Analyse der einzelnen Länder und Verläufe zeigt, dass es schwierig ist, den Effekt des Krieges von den Wirkungen der anderen Ereignisse zu isolieren. In bestimmten Fällen spielte der Konflikt 1914–1918 die entscheidende Rolle, wie in Frankreich bei der Abstimmung über die Einkommensteuer im Rahmen des Gesetzes vom 15. Juli 1914.[2] Aber die Dinge waren generell viel komplexer und relativieren die spezifische Rolle des Krieges und der Massenaushebungen eher.

Zum Beispiel wurde in Großbritannien die Progression bei der Besteuerung von Erbschaften und bei der Einkommensteuer schon im Anschluss an die politische Krise von 1909–1911 auf den Weg gebracht, noch vor Kriegsausbruch (siehe Grafiken 10.11–10.12). Die Entmachtung der Lords hatte nichts mit dem Ersten Weltkrieg und der Mobilisierung zu tun, genauso wenig wie die Auflösung der Klöster 1530, die Französische Revolution von 1789, die Landreform in Irland 1890–1900 oder die Abschaffung des Zensuswahlrechts in Schweden 1911.[3] Das Streben nach Gerechtigkeit und Gleichheit nahm im Lauf der Geschichte unterschiedliche Formen an und brauchte nicht die Erfahrung der Schützengräben, um Erfolg zu haben. Für Japan gilt wie für Großbritannien: Die Entwicklung der progressiven Besteuerung war vor 1914 bereits weit fortgeschritten, insbesondere im Hinblick auf die hohen Einkommen

1 Zum Beispiel kam es 1881 in Marseille zu blutigen Aufständen gegen Italiener (einige Jahre vor den Massakern von Aigues-Mortes 1893). Man warf italienischen Arbeitern vor, sie hätten vorbeiziehende französische Truppen ausgepfiffen, nachdem sie die Kontrolle über Tunesien erlangt und Italien von dort vertrieben hatten. Siehe G. Noiriel, *Une histoire populaire de la France*, a. a. O., S. 401–405. Für Noriel ist das ein entscheidendes Datum, an dem die Politisierung der Immigrationsfrage in Frankreich begann.

2 Anzumerken ist jedoch, dass 1910 die Progression bei der Erbschaftsteuer erheblich verstärkt wurde, als man einen Weg suchte, um das Gesetz über die Renten für Arbeiter und Bauern zu finanzieren. Das spricht dafür, dass Frankreich letztlich auch ohne Krieg doch die Einkommensteuer eingeführt hätte. Siehe Kapitel 4, S. 190–192.

3 Siehe Kapitel 5, S. 244–246.

(siehe Grafiken 10.11 und 10.12). Diese Entwicklung folgte teils ihrer eigenen Logik, die sich aus den Besonderheiten der japanischen Geschichte ergab, und dabei wogen viele Elemente deutlich schwerer als der Konflikt von 1914–1918.[1]

Die Rolle der gesellschaftlichen und ideologischen Auseinandersetzungen beim Sturz des Proprietarismus

In den Vereinigten Staaten wurde, wie wir gesehen haben, die gesellschaftliche Forderung nach Steuergerechtigkeit in den 1880er Jahren immer lauter erhoben, und die Menschen kämpften dafür. Der lange Prozess, der 1913 zur Annahme des 16. Zusatzartikels führte, hatte mit dem Konflikt von 1914–1918 wenig zu tun. In den Reden von Fisher 1919 und von Roosevelt 1932 über die Intensivierung der progressiven Besteuerung und die Notwendigkeit, die Eigentumskonzentration und die Macht der großen Vermögen zu reduzieren, spielte er keine Rolle. Allgemein darf man den politischen Schock, den der Erste Weltkrieg in den Vereinigten Staaten bewirkte, nicht überbewerten, er war in erster Linie ein europäisches Trauma. Für den Großteil der Menschen jenseits des Atlantiks war die Weltwirtschaftskrise der größere Schock. Wie John Steinbeck in seinem Roman *Früchte des Zorns* die Leiden der Landarbeiter und der enteigneten Halbpächter in Oklahoma und die von Gewalt geprägten Arbeitsverhältnisse auf den Feldern und in den Betrieben in Kalifornien schildert, sagt uns mehr über die Umstände, die dem New Deal und der Einführung der progressiven Besteuerung unter Roosevelt vorausgingen, als die Berichte aus den Schützengräben in Nordfrankreich. Man kann mit Fug und Recht der Meinung sein, dass die Krise von 1929 (oder eine ähnliche Finanzkrise) ausgereicht hätte, um eine dem New Deal vergleichbare Wende herbeizuführen, auch ohne den Konflikt von 1914–1918. Genauso spielte der Krieg 1939–1945 ohne jeden Zweifel eine wichtige Rolle bei der Rechtfertigung neuer Steuererhöhungen für die Reichen, insbesondere im Rahmen des *Victory Tax Act* von 1942 (wodurch der höchste Steuersatz auf 91 % stieg).[2] Tatsächlich hatte diese Entwicklung bereits sehr viel früher

1 Siehe Kapitel 9, S. 485–489.

2 Um die neuerlichen Steuererhöhungen durch den *Victory Tax Act* zu rechtfertigen, wurde

während der Amtszeit von Roosevelt begonnen, während der Krisen der 1930er Jahre.

Hervorzuheben ist weiterhin der große Einfluss der bolschewikischen Revolution 1917, die die kapitalistischen Eliten veranlasste, ihre Positionen zu Fragen der Umverteilung von Reichtum und Steuergerechtigkeit radikal zu korrigieren, vor allem in Europa. In den französischen Diskussionen 1920, als die politischen Gruppen, die 1914 eine Einkommensteuer von 2 % abgelehnt hatten, auf einmal für Steuersätze von 60 % auf die höchsten Einkommen stimmten, tritt ein Aspekt klar zutage: die Angst vor der Revolution in einer Situation, als ein Generalstreik nach dem anderen das Land in Brand zu setzen drohte und als die Mehrheit der sozialistischen Aktivisten sich hinter die Sowjetunion und die neue, von Moskau gesteuerte kommunistische Internationale stellte.[1] Angesichts der Gefahr einer flächendeckenden Enteignung verlor die progressive Besteuerung auf einmal ihren Schrecken. Genauso war es bei den Streiks in Frankreich 1945–1948 (vor allem im Jahr 1947), die beinahe schon Aufständen gleichkamen. Die Verschärfung der Steuerprogression und die Einführung einer Sozialversicherung erschienen vielen, die den Ausbruch einer kommunistischen Revolution fürchteten, als die kleineren Übel. Natürlich ist festzuhalten, dass die russische Revolution selbst eine Folge des Ersten Weltkriegs war. Trotzdem ist es wenig wahrscheinlich, dass das Zarenregime noch lange bestanden hätte, wenn es nicht zum Krieg gekommen wäre. Der Krieg spielte auch eine wichtige Rolle bei der Ausweitung des Wahlrechts in Europa. Das allgemeine Männerwahlrecht wurde beispielsweise 1918 in Großbritannien, in Dänemark und den Niederlanden eingeführt und 1919 in Schweden, Italien und Belgien.[2] Dennoch ist es auch in dem Fall ziemlich wahrscheinlich, dass es eine ähnliche Entwicklung

---

sogar Donald Duck bemüht, der Held des berühmten Comics aus dem Jahr 1943 «Taxes will Bury the Axis».

1 Beim Kongress von Tours 1920 beschloss die Mehrheit der Delegierten, die SFIO (Section française de l'Internationale ouvrière) zu verlassen. Sie bildeten die Kommunistische Partei Frankreichs (PCF) und behielten die Tageszeitung der Partei *L'Humanité*. Die Mehrheit der Abgeordneten hingegen entschied sich für den Verbleib in der SFIO, die die Kommunisten als «bürgerlich» und zentristisch kritisierten.

2 Der Norddeutsche Bund als Vorläufer des Deutschen Reiches hatte unmittelbar vor dem Deutschen Krieg 1866 das allgemeine und gleiche Männerwahlrecht eingeführt. Das Wahlgeheimnis, auch wenn es die Reichsverfassung in Artikel 20 garantierte, wurde allerdings nicht immer respektiert.

ohne den Krieg gegeben hätte, als Folge anderer Krisen und vor allem infolge der Mobilisierung des Volkes und bestimmter Gruppen.

Wir haben bereits darauf hingewiesen, wie wichtig die sozialen Auseinandersetzungen in Schweden waren. Die sozialdemokratische schwedische Arbeiterbewegung erreichte mit einer außerordentlichen Mobilisierung des Volkes zwischen 1890 und 1930 die Transformation eines hemmungslos proprietaristischen Regimes (in dem ein einzelner vermögender Wähler bisweilen bei Gemeindewahlen mehr Stimmen hatte als alle anderen Bewohner der Gemeinde zusammen) in ein sozialdemokratisches System mit einem ehrgeizigen Sozialstaat und einer starken Steuerprogression. Der Erste Weltkrieg, an dem Schweden nicht beteiligt war, scheint bei dieser Entwicklung eine geringe Rolle gespielt zu haben. Im Übrigen ist festzuhalten, dass die progressiven Steuersätze in Schweden während des Ersten Weltkriegs und in den 1920er Jahren noch relativ maßvoll waren (um 20–30 %). Erst nachdem die Sozialdemokraten die Zügel der Macht fest in den Händen hielten, in den 1930er und 1940er Jahren, erreichten die Sätze für die höchsten Einkommen und Erbschaften 70–80 %, und auf diesem Niveau hielten sie sich bis in die 1980er Jahre.[1]

Ein weiteres Beispiel für eine eigene politische Entwicklung bietet Italien. Das faschistische Regime, das 1921–1922 die Macht übernahm, hatte mit der progressiven Besteuerung nichts im Sinn. Die Steuersätze für die höchsten Einkommen blieben in der gesamten Zeit zwischen den Weltkriegen auf relativ niedrigem Niveau (um 20–30 %). Erst 1945–1946, nach dem Sturz des Faschismus und der Gründung der Italienischen Republik, schnellten sie auf über 80 % in die Höhe; Hintergrund war die große Popularität kommunistischer und sozialistischer Parteien. Das Mussolini-Regime entschied 1924 sogar, die Erbschaftsteuern komplett abzuschaffen, in vollkommener Abkehr von dem, was anderswo passierte. 1931 wurden sie wieder eingeführt, allerdings mit einem sehr geringen Satz von 10 %. Die Steuern auf die größten Erbschaften wurden nach dem Zweiten Weltkrieg schlagartig auf 40–50 % heraufgesetzt.[2] Dies bestätigt, dass in erster Linie die politische Mobili-

1 Siehe Kapitel 5 und Technischer Anhang, Zusatzgrafiken S10.11a und S10.12a.

2 Siehe Technischer Anhang, Zusatzgrafiken S10.11b und S10.12b. Anzumerken ist, dass die Sätze der progressiven deutschen Steuern, die in den 1920er Jahre stark angehoben worden waren, während der Herrschaft der Nationalsozialisten auf einem hohen Niveau blieben. Hingegen unterstützten die Nationalsozialisten die Wiederherstellung der Unternehmens-

sierung (oder deren Fehlen) die Entwicklung der Besteuerung und der Ungleichheiten erklärt.

Fassen wir zusammen: Das Ende der Eigentümergesellschaften war in erster Linie die Folge einer politisch-ideologischen Transformation. Die Überlegungen und Debatten zum Thema soziale Gerechtigkeit, zur progressiven Besteuerung und Umverteilung von Einkommen und Besitz, die bereits im 18. Jahrhundert und während der Französischen Revolution eine große Rolle gespielt hatten, wurden in den meisten Ländern ab Ende des 19. Jahrhunderts mit neuer Intensität aufgenommen. Das hing zusammen mit der damals sehr starken Konzentration des Reichtums, den der Industriekapitalismus hervorgebracht hatte, den Fortschritten in der Bildung und der Verbreitung von Ideen und Informationen. Das Zusammentreffen dieser geistigen Entwicklung und einer Reihe von militärischen, finanziellen und politischen Krisen, teilweise verursacht durch die Spannungen infolge der Ungleichheit, führten zur Transformation des Ungleichheitsregimes. Die Mobilisierung der Bevölkerung und die gesellschaftlichen Auseinandersetzungen waren von entscheidender Bedeutung, ebenso die politisch-ideologischen Entwicklungen mit ihren jeweiligen nationalgeschichtlichen Besonderheiten. Gleichzeitig wuchs die Welt immer stärker zusammen, und die Menschen machten ähnliche Erfahrungen, was zur Folge hatte, dass sich bestimmte Praktiken und Brüche rasch verbreiteten. Und so wird es wahrscheinlich auch in Zukunft sein.

Warum eine soziale Einbettung der Märkte nötig ist

Mit *The Great Transformation* legte Karl Polanyi eine meisterliche Analyse vor, wie die Ideologie des sich selbst regulierenden Markts im 19. Jahrhundert zur Zerstörung der europäischen Gesellschaften in den Jahren nach 1914 und schließlich zum Tod des Wirtschaftsliberalismus geführt hat. Wir wissen mittlerweile, dass auf diesen Tod die Wieder-

gewinne (vor allem in strategisch wichtigen Sektoren) und der Gehaltshierarchien, was zwischen 1933 und 1939 zu einer erheblichen Steigerung der Einkommen führte, vor allem beim obersten Perzentil, gegen die Tendenz der anderen Länder (siehe Technischer Anhang und Grafik 10.3). In einem internationalen Umfeld, das durch einen starken Rückgang der sozialen Ungleichheiten gekennzeichnet war, kümmerten sich der Faschismus und der Nationalsozialismus mehr um den Kampf gegen den äußeren Feind und um Ordnung und Hierarchie als darum, die Unterschiede in ihrer Volksgemeinschaft zu verringern.

auferstehung folgte. 1938 versammelten sich liberale Ökonomen und Denker in Paris, um den nächsten Akt vorzubereiten. Sie wussten, dass die liberale Lehre aus der Zeit vor 1914 das Spiel verloren hatte, die Erfolge von planwirtschaftlichen Gedanken und Kollektivismus beunruhigten sie, und der angekündigte Schock des Totalitarismus (obwohl dieses Wort noch wenig gebraucht wurde) lähmte sie. Sie wollten darüber nachdenken, unter welchen Bedingungen eine Wiederbelebung des Gedankenguts möglich sein könnte, das sie schließlich «Neoliberalismus» nannten. Die Teilnehmer des Walter Lippman Colloque (benannt nach dem amerikanischen Essayisten, der den Anstoß zu dem Treffen gegeben hatte) vertraten sehr unterschiedliche Ansichten, manche standen der Sozialdemokratie nahe, andere sprachen sich für die Rückkehr zu einem reinen Wirtschaftsliberalismus aus, so insbesondere Friedrich August Hayek, der in den 1970er und 1980er Jahren eine Inspirationsquelle für Augusto Pinochet und Margaret Thatcher war; wir werden auf ihn noch zurückkommen.[1] Bleiben wir zunächst ein wenig bei Polanyi, dessen Analyse des Zusammenbruchs der Eigentümergesellschaften nichts von ihrer Relevanz verloren hat.[2]

Als Polanyi zwischen 1940 und 1944 in den Vereinigten Staaten *The Great Transformation* schrieb, steckte Europa mitten in Selbstzerstörung und Völkermord, und der Glaube an die Selbstregulierung befand sich auf einem Tiefpunkt. Für den ungarischen Ökonomen und Historiker ruhte die Zivilisation des 19. Jahrhunderts auf vier Säulen: dem Gleichgewicht der Mächte, dem Goldstandard, dem liberalen Staat und dem sich selbst regulierenden Markt. Polanyi legte vor allem dar, wie das absolute Vertrauen in die regulatorischen Fähigkeiten von Angebot und Nachfrage zu ernsten Problemen führt, wenn man es uneingeschränkt auf den Arbeitsmarkt überträgt, einen Markt, auf dem der Gleichgewichtspreis (der Lohn) über die Lebensbedingungen und das Überleben der Menschen entscheidet. Damit das Angebot sinkt und der

1 Über Hayeks autoritären Proprietarismus siehe Kapitel 13, S. 883–887. Eine kritische Analyse der Texte des Lippman Colloque von 1938 und ihrer Nachwirkungen enthält S. Audier, *Le Colloque Lippmann. Aux origines du «néo-libéralisme»*, Latresne: Le Bord de l'eau 2012; ders., *Néo-libéralisme(s): une archéologie intellectuelle*, Paris: Grasset 2012.

2 Polanyi verwendet nicht explizit den Begriff «Eigentümergesellschaft», aber das ist gemeint. Vor allem legt er den Akzent auf die Quasi-Sakralisierung des Privateigentums, die seiner Meinung nach für die Zeit von 1815–1914 charakteristisch war. Allgemein scheint mir der Begriff «Proprietarismus» besser zu erfassen, um was es hier geht, als der Begriff «Liberalismus», der zwischen wirtschaftlichem und politischem Liberalismus oszilliert.

Preis steigt, muss ein Teil ihrer Spezies verschwinden – das war ungefähr die Lösung, die britische Eigentümer bei den Hungersnöten in Irland oder Bengalen ins Auge fassten. Für Polanyi, der 1944 an die Möglichkeit eines demokratischen (nicht kommunistischen) Sozialismus glaubte, brauchte die Marktwirtschaft eine Form der sozialen Einbettung. Für den Arbeitsmarkt bedeutete dies, dass die Bildung der Löhne, der Zugang zu Qualifikationen, die möglichen Beschränkungen für die Mobilität der Arbeit und die Existenz von kollektiv finanzierten Gehaltszulagen gesellschaftlich und politisch ausgehandelt werden mussten und nicht dem Markt überlassen werden durften.[1]

Das gleiche Problem der Einbettung stellt sich beim Markt für Grund und Boden und natürliche Ressourcen, die in endlicher und vergänglicher Menge vorhanden sind. Hier wäre es illusorisch zu glauben, eine Regulierung durch Angebot und Nachfrage der vorhandenen Marktkräfte könnte ausreichen, um für eine gesellschaftlich vernünftige Nutzung zu sorgen. Vor allem ist es nicht sinnvoll, den «ersten» Besitzern von Land und natürlichem Kapital alle Macht zu überlassen, und noch weniger sinnvoll ist es, ihnen diese Macht bis ans Ende aller Tage zu garantieren.[2] Für den Währungsmarkt, der eng mit den Staatsfinanzen verknüpft ist, zeigt Polanyi schließlich, wie der Glaube an die Selbstregulierung in Verbindung mit der Ausweitung des Feldes, auf dem die Spielregeln des Marktes gelten, und der allgemeinen Monetarisierung der Wirtschaftsbeziehungen die modernen Gesellschaften in einen sehr fragilen Zustand gebracht haben. In der Zeit zwischen den Weltkriegen trat diese Fragilität schonungslos zutage. In der ganz von Marktkräften bestimmten, durch und durch monetarisierten Wirtschaft hatten das Ende des Goldstandards und die monetäre Desintegration tatsächlich unkalkulierbare Konsequenzen, die sich in den 1920er Jah-

1 Ohne sie idealisieren zu wollen, betont Polanyi, dass die britischen *Poor Laws* vor den Reformen von 1795 und 1834 Grenzen für die Mobilität enthielten und Gehaltszuschläge, die sich nach dem Getreidepreis richteten und lokal finanziert wurden, bevor die industriellen Eliten die Idee eines auf dem ganzen Territorium einheitlichen, sich selbst regulierenden Marktes durchsetzten. Man kann Polanyi allerdings vorwerfen, nicht präzisiert zu haben, welche territoriale Ebene er meint (Nationalstaat, Europa, Europa-Afrika, die Welt) und wie er die Arbeitsmobilität und die Bildung der Einkommen nach den Zweiten Weltkrieg regeln will. Siehe Polanyi, *The Great Transformation*, a. a. O., Kapitel 6–10.

2 Anzumerken ist, dass Polanyi sich nicht darüber äußert, wie Abhilfe geschaffen werden könnte: Von öffentlichem Eigentum, Landreform, der Umverteilung von Besitz und progressiver Besteuerung ist nicht explizit die Rede. Sein Buch handelt mehr vom Verfall als vom Wiederaufbau.

ren mit einem großen Knall entluden. Ganze Gruppen der Gesellschaft verarmten, während die Spekulanten riesige Vermögen anhäuften. Das gab Forderungen nach einer starken, autoritären Führung Nahrung, insbesondere in Deutschland. Die Kapitalflucht brachte unter Bedingungen und mit einem Tempo, wie es das im 19. Jahrhundert nicht gegeben hatte, Regierungen zu Fall, so auch in Frankreich.

Die Konkurrenz der Imperien und die Auflösung des europäischen Gleichgewichts

Schließlich erinnert Polanyi, dass die Ideologie der Selbstregulierung auch auf das Gleichgewicht der europäischen Mächte angewendet wurde. Von 1815 bis 1914 dachte man, die Existenz bedeutender europäischer Nationalstaaten von vergleichbarer Größe und Macht, geeint in der Verteidigung des Privateigentums, des Goldstandards und der kolonialen Beherrschung der übrigen Welt, sollte Garantie genug sein für die unbegrenzte Fortdauer der Kapitalakkumulation und des Wohlstands auf dem Kontinent und in der Welt. Diese Hoffnung auf eine ausgeglichene Konkurrenz galt vor allem für die drei «imperialen Gesellschaften» (Deutschland, Frankreich, Großbritannien), die ihre territoriale und finanzielle Basis und ihr kulturelles und zivilisatorisches Modell weltweit ausdehnen wollten, ohne zu erkennen, dass ihr Wille zur Macht sie blind für die sozialen Ungleichheiten machte, die sie im Inneren aushöhlten.[1] Wie Polanyi anmerkt, war diese neue Anwendung des Grundgedankens einer sich selbst regulierenden Konkurrenz denkbar fragil. Nachdem Großbritannien 1904 ein Abkommen mit Frankreich über die Aufteilung von Ägypten und Marokko geschlossen hatte und 1906 ein weiteres mit Russland über die Aufteilung Persiens, während gleichzeitig Deutschland sein Bündnis mit Österreich-Ungarn stärkte, standen sich zwei feindliche Gruppen von Mächten gegenüber in Erwartung der totalen Konfrontation.

Gleichzeitig muss hier unterstrichen werden, wie bedeutsam die demografischen Veränderungen waren. Die wichtigsten westeuropäischen Nationalstaaten hatten seit mehreren Jahrhunderten ungefähr die gleiche Bevölkerungsstärke. Das trug im Übrigen zu der militä-

1 Siehe die anregende Analyse von C. Charle, *La Crise des sociétés impériales. Allemagne, France, Grande-Bretagne, 1900–1940. Essai d'histoire sociale comparée*, Paris: Seuil 2001.

rischen Konkurrenz bei, zur frühen staatlichen Zentralisierung und den finanziellen und technologischen Innovationen in der Zeit vom 15. bis zum 18. Jahrhundert.[1] Im Rahmen dieser allgemeinen Entwicklung gab es gleichwohl mehrere große Trendwenden (siehe Grafik 10.16). Im 18. Jahrhundert war Frankreich das mit Abstand bevölkerungsreichste Land in Europa, was zum Teil sein militärisches und kulturelles Gewicht erklärt. Um 1800 hatte Frankreich mit rund 30 Millionen Einwohnern eine um die Hälfte größere Bevölkerung als Deutschland mit gerade einmal 20 Millionen, allerdings war Deutschland da noch nicht geeint.[2] In dieser Situation machte sich Napoleon daran, ein europäisches Reich in den Farben Frankreichs zu errichten. Danach stagnierte die französische Bevölkerungsentwicklung fast eineinhalb Jahrhunderte lang (1950 hatte Frankreich kaum über 40 Millionen Einwohner). Die Gründe dafür sind bis heute nicht ganz klar, sie scheinen mit einer frühzeitigen Abwendung vom Christentum und einem ebenfalls frühen Beginn der Geburtenkontrolle zu tun zu haben.[3] Deutschland hingegen erlebte im 19. Jahrhundert ein beschleunigtes Bevölkerungswachstum und verwirklichte vor allem seine politische Einigung im Rahmen eines imperialen Projekts. 1910 lebten in Deutschland bereits um die Hälfte mehr Menschen als in Frankreich: 60 Millionen Deutschen standen rund 40 Millionen Franzosen gegenüber.[4] Solche Entwicklungen waren freilich nicht der einzige Grund der wiederholten militärischen Auseinandersetzungen, aber sie geben doch Anlass, bestimmte Überlegungen anzustellen.

---

1 Siehe Kapitel 9.

2 Die Zahlen in Grafik 10.16 decken das heutige Gebiet der jeweiligen Länder ab und vermitteln eher allgemeine Größenordnungen als die genauen Verhältnisse. Siehe Technischer Anhang.

3 Der Geburtenrückgang wie die Abwendung vom Christentum (wie sie die Geburtenregister und Taufbücher widerspiegeln) begannen offenbar in den Jahren 1750–1780 und scheinen in den Departements besonders ausgeprägt gewesen zu sein, wo die Priester der Revolution nahestanden. Kein anderes Land erlebte eine so frühe demografische Wende. Siehe T. Guinnane, «Historical Fertility Transition», *Journal of Economic Literature* 49 (2011), 3, S. 589–614; T. Murphy, «Old Habits die Hard (Sometimes): What Can Department Heterogeneity tell us about the French Fertility Decline?», *Journal of Economic Growth* 20 (2015), 2, S. 177–222.

4 In den Grenzen von 1913 war der Bevölkerungsunterschied zwischen Deutschland (67 Millionen) und Frankreich (39 Millionen) noch viel größer als hier angegeben (63 Millionen gegenüber 41 Millionen). Die deutsche Bevölkerung wuchs damals um fast 1 Million Einwohner pro Jahr. Siehe Technischer Anhang.

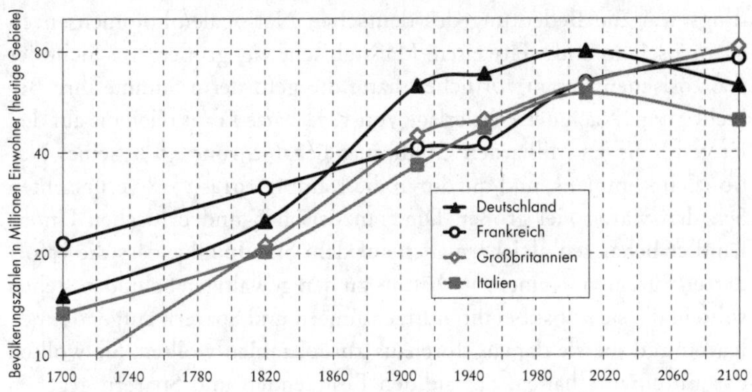

Grafik 10.16.: Deutschland, Großbritannien, Italien und Frankreich haben seit mehreren Jahrhunderten ähnliche Bevölkerungsstärken: Die vier Länder zählten im Jahr 1820 jeweils rund 20 bis 30 Millionen Einwohner und 2020 rund 60 bis 80 Millionen. Die relativen Positionen änderten sich jedoch häufig und massiv: 1800 hatte Frankreich um die Hälfte mehr Einwohner als Deutschland (31 Millionen gegenüber 22 Millionen), und 1910 hatte Deutschland um die Hälfte mehr Einwohner als Frankreich (63 Millionen gegenüber 41 Millionen). Nach UN-Prognosen dürften Großbritannien und Frankreich bis 2100 die bevölkerungsreichsten Länder sein.
Quellen und Reihen: siehe piketty.pse.ens.fr/ideologie.

Am Ende des Ersten Weltkriegs wollte Frankreich Rache für den Krieg 1870–1871 nehmen und forderte enorme Reparationszahlungen von Deutschland. Die Tatsache ist bestens bekannt, nur vergisst man im Allgemeinen, genau zu sagen, um welche Summen es ging und was sie bedeuteten. Die von Deutschland geforderten Summen waren schlichtweg unvorstellbar. Nach den Entscheidungen des Versailler Vertrags von 1919 und der Reparationskommission, die die Bedingungen 1921 präzisierte, sollte Deutschland 132 Milliarden Goldmark bezahlen, das waren mehr als 250 % des deutschen Nationaleinkommens von 1913 und rund 350 % des deutschen Nationaleinkommens der Jahre 1919–1921 (weil es seit 1913 gesunken war).[1] Dabei handelte es sich ungefähr um die gleiche Größenordnung wie die Schulden, die Haiti 1825 aufgezwungen wurden (um 300 % des Nationaleinkommens) und die Haiti

1 Siehe Technischer Anhang. Wir haben die Schulden aufgrund des Versailler Vertrags nicht in die Reihen der deutschen Staatsschulden in Grafik 10.9 aufgenommen (ebenso nicht bei den ausländischen Finanzanlagen in Grafik 7.9), zum einen weil das eine Veränderung des Maßstabs erfordert hätte, zum anderen weil man dann auch die französischen und britischen Anlagen hätte mitrechnen müssen, was sehr künstlich gewesen wäre, weil mit ihrer Rückzahlung nie wirklich begonnen wurde.

wie eine Eisenkugel am Bein bis 1950 mit sich herumschleppte.[1] Allerdings war die Bedeutung des deutschen Nationaleinkommens nach europäischem und weltweitem Maßstab sehr viel größer. Aus Sicht der französischen Verantwortlichen hatte die geforderte Summe ihre Berechtigung. Nach der Niederlage von 1871 hatte Frankreich bis auf den letzten Sous 7,5 Milliarden Goldfrancs bezahlt, rund 30 % seines Nationaleinkommens, und die durch die Kämpfe 1914–1918 verursachten Schäden waren viel größer. Die französischen und britischen Unterhändler beharrten gleichermaßen auf dem Standpunkt, dass die geforderten Summen in einem Verhältnis zu den gewaltigen Schulden stehen sollten, die sie selbst bei ihren Eigentümern und Sparern aufgenommen hatten und die sie damals durchaus zurückzahlen wollten. Sie wollten das Ehrenwort halten, das sie den Besitzenden und Sparern gegeben hatten, um die Finanzierung des Krieges zu sichern.

Die geforderten Summen bedeuteten, dass Deutschland in eine ewige Abhängigkeit von den Siegern und insbesondere von Frankreich geraten würde. Es bedarf keiner besonderen Statistikkenntnisse, um das zu verstehen (und auch nicht, um die wachsende demografische Kluft zwischen beiden Ländern zu erkennen), und die deutschen politischen Akteure der Zwischenkriegszeit gaben sich größte Mühe, ihren Wählern die Bedeutung der Vereinbarungen zu erklären. Bei einem Zinssatz von 4 % hätten allein die Zinsen auf Schulden in Höhe von 350 % des Nationaleinkommens dazu geführt, dass Deutschland in den 1920er und 1930er Jahren jährlich rund 15 % seiner Produktion hätte transferieren müssen, ohne auch nur zu beginnen, die geschuldete Summe abzutragen. Die französische Regierung, unzufrieden mit dem Zahlungstempo und frustriert vom geringen Wert der deutschen Auslandsaktiva (die Franzosen und Briten 1919–1920 beschlagnahmt und sofort aufzuteilen begonnen hatten, so wie sie auch mit den deutschen Kolonien verfuhren), entsandte Truppen, die 1923–1925 das Ruhrgebiet besetzten; dahinter stand der Plan, direkt die Kohleminen auszubeuten und die Industrieanlagen zu nutzen. Hatten nicht preußische Truppen Frankreich bis 1873 besetzt, um sicherzustellen, dass der Tribut für 1871 vollständig bezahlt wurde? Der Vergleich war nicht eben zutreffend, einmal weil das zerstörte Deutschland der 1920er Jahre wenig mit dem relativ blühenden Frankreich der 1870er Jahre gemein hatte, dann aber auch, weil die Sum-

1 Siehe Kapitel 6, S. 281–284.

men, die Deutschland bezahlen sollte, mehr als zehnmal so hoch waren. Aber dennoch überzeugte er einen großen Teil der französischen Bevölkerung, die sehr unter dem Konflikt gelitten hatte. Die Besetzung des Ruhrgebiets bewirkte wenig, außer dass sie in Deutschland das Gefühl der Verbitterung nährte zu einer Zeit, als das Land in einer Hyperinflation versank und das Produktionsniveau um 30 % unter dem von 1913 lag. Die deutschen Schulden wurden schließlich 1931 annulliert, als die Wirtschaftskrise die ganze Welt erfasste und jede Aussicht auf Rückzahlung endgültig dahin war. Heute wissen wir, dass all dies nur den Weg zum Nationalsozialismus und zum Zweiten Weltkrieg bereitete.

Hellsichtige angelsächsische Beobachter kritisierten damals immer wieder einen besonders absurden Aspekt der französischen Verbissenheit: Die politischen und wirtschaftlichen Eliten Frankreichs erkannten im Lauf der 1920er Jahre schließlich, dass die Bezahlung derartiger Summen unerwünschte Folgen für die französische Wirtschaft haben könnte.[1] Um jährlich Zahlungen in Höhe von 15 % seiner Wirtschaftsleistung zu entrichten, hätte Deutschland Jahr für Jahr einen Handelsbilanzüberschuss von 15 % erwirtschaften müssen – ökonomisch läuft das auf das Gleiche hinaus. Aber ein derartiger deutscher Überschuss hätte die Wiederankurbelung der französischen Industrieproduktion gefährdet, damit die Schaffung von Arbeitsplätzen gebremst und die Arbeitslosigkeit unter den Arbeitern in die Höhe getrieben. Im 19. Jahrhundert verhängten die Staaten gegenseitig militärische Tributzahlungen, ohne über solche Zusammenhänge nachzudenken. Die Operationen waren als rein finanzieller Transfer zwischen staatlichen Mächten gedacht, und jede Macht musste dann selbst sehen, wie sie das mit ihrer besitzenden Klasse, den Sparern und Steuerzahlern regelte.

Anders verhielt es sich in einer Welt, in der die nationalen Volkswirtschaften und ihre vielen Sektoren eng miteinander verflochten waren und um dieselben Käufer weltweit konkurrierten. Man wurde sich langsam bewusst, dass derartige Finanztransfers durch ihr Gegenstück im Handel in bestimmten Bereichen negative Folgen für die Wirtschaftstätigkeit, die Beschäftigung und letztlich für die Arbeiter und alle Erwerbstätigen

1 Zu der sehr allmählichen Erkenntnis, welche negativen Effekte die deutschen Zahlungen hatten, siehe zum Beispiel A. Sauvy, *Histoire économique de la France entre les deux guerres*, Paris: Fayard 1965–1975. Dieses schon relativ alte Buch ist trotzdem ein interessantes Zeugnis eines Mannes, der 1938 Berater des Finanzministers Paul Reynaud war (der die Volksfront und die 40-Stunden-Woche entschieden ablehnte). Nach dem Krieg leitete er viele Jahre das Nationale Institut für demografische Studien.

haben konnten. Nun wurden die Förderung der industriellen Entwicklung, der Vollbeschäftigung und anspruchsvoller Arbeitsplätze, dazu auch das Niveau der nationalen Produktion an sich, immer mehr zu einem Hauptanliegen der Regierungen. Eine Gesellschaft, die sich nur darum kümmerte, das Produktions- und Beschäftigungsniveau auf nationaler Ebene zu steigern, und bereit war, dafür unendliche Überschüsse gegenüber dem Rest der Welt anzuhäufen, ohne sie jemals zu verwenden, konnte schlichtweg kein Interesse haben, von ihrem Nachbarn einen finanziellen Tribut zu fordern, denn dann würde er seine Käufe reduzieren. Eine Welt, in der man die Produktion und die Arbeit überbewertet, unterscheidet sich ideologisch und politisch stark von einer Welt, in der Eigentum und Einkommen aus Eigentum die Basis abgeben. Die Welt, die 1914–1945 unterging, war eine Welt der kolonialen und proprietaristischen Maßlosigkeit, eine Welt, in der die Eliten über immer noch gewaltigere koloniale Tributzahlungen nachdachten, während sie die Bedingungen und Voraussetzungen für eine soziale Aussöhnung nicht begriffen.[1]

Von maßlosen Tributzahlungen zu einer neuen kriegerischen Ordnung

Die von Deutschland geforderte Tributzahlung in Höhe von 300 % des Nationaleinkommens ist wichtig, zum einen, weil sie die direkte Fortsetzung früherer Praktiken darstellte und insofern in den Augen der britischen und vor allem der französischen Gläubiger absolut gerechtfertigt war, und zum anderen, weil sie zum Bruch des Systems führte. Der Vorgang brachte einen großen Teil der deutschen Öffentlichkeit zu der Überzeugung, dass das Überleben der Völker im Industrie- und Kolonialzeitalter in erster Linie von der militärischen Stärke ihres jeweiligen Staates abhing und dass nur ein starker Staat ihnen erlaubte, das Haupt wieder zu erheben. Wenn man heute *Mein Kampf* liest, sind das Erschreckendste nicht die krankhaften antisemitischen Ausfälle, die bekannt sind und erwartet werden, sondern die quasi-rationale Analyse der zwischenstaatlichen Beziehungen und das Tempo, mit dem der-

1 Halten wir nebenbei fest, dass die maßlos produktivistische und merkantilistische Welt (in der der Handelsüberschuss zu einem Selbstzweck wird, teils um sich vor den internationalen Finanzmärkten und ihren Schwankungen zu schützen) auf ihre Weise genauso absurd ist wie die proprietaristische und kolonialistische Maßlosigkeit.

artige Analysen und Frustration durch Wahlen an die Macht getragen werden können. Bereits in den ersten Zeilen ist alles gesagt: «Das deutsche Volk besitzt so lange kein moralisches Recht zu kolonialpolitischer Tätigkeit, solange es nicht einmal seine eigenen Söhne in einem gemeinsamen Staat zu fassen vermag.»[1]

Weiter hinten in seinem Buch unterscheidet der Verfasser klar zwischen dem Handels- und Finanzkolonialismus, der einem Volk erlaubt, sich durch Profite zu bereichern, die in fernen Weltgegenden erwirtschaftet werden, und einem kontinentalen und territorialen Kolonialismus, bei dem ein Volk sich wirklich einbringen und landwirtschaftliche und industrielle Aktivitäten verfolgen kann. Das erste Modell, das des britischen und des französischen Imperiums, lehnt er ab, sie glichen «auf die Spitze gestellten Pyramiden», mit lächerlich kleinen Grundflächen im Heimatland (und im Falle Frankreichs mit einer abnehmenden Bevölkerung, woran er beständig erinnert), die versuchten, die Profite der riesigen, entfernten Kolonialländer an sich zu reißen, und auf diese Weise ein disparates Ganzes bildeten, das ihm fragil erschien. Die Macht der Vereinigten Staaten beruhe im Gegensatz dazu auf einer starken territorialen und kontinentalen Grundlage, die sich in einer Hand befinde. Das amerikanische Volk sei zweifellos nicht so homogen wie das deutsche Volk, aber es habe mit ihm die soliden germanischen und sächsischen Ursprünge gemeinsam. Viel gesünder als der Handels- und Finanzkolonialismus sei es, nach Boden zu streben, vor allem für das deutsche Volk mit seinem starken Bevölkerungswachstum. Um den Zusammenhalt des Ganzen zu sichern, müsse die territoriale Expansion in Europa stattfinden und nicht nur in Kamerun, denn es kann «sicher nicht Absicht des Himmels sein […], dem einen Volke das fünfzigfache an Grund und Boden auf dieser Welt zu geben, als dem anderen» (das zielt auf Russland).[2]

In «Mein Kampf», das 1924 in der Festungshaft geschrieben wurde, während der Besatzung des Ruhrgebiets, und 1925–1926 in zwei Bänden erschien, einige Jahre vor der Machtergreifung der NSDAP 1933, drückte Hitler auch und vor allem seinen Hass auf die Sozialdemokraten, auf die gebildeten Eliten, die verängstigten Bürger und alle Pazifis-

1 A. Hitler, *Mein Kampf. Eine kritische Edition*, 2 Bände, hrsg. von C. Hartmann, T. Vordermayer, O. Plöckinger, R. Töppel, München-Berlin: Institut für Zeitgeschichte 2016, Bd. 1, S. 93.

2 Ebenda, S. 399.

ten aus, die zu behaupten wagten, Zerknirschung und Internationalismus würden dem Land das Heil bringen, während allein Stärke und Wiederbewaffnung einem einigen Volk und seinem Staat ermöglichten, in der modernen industrialisierten Welt zu überleben.[1] Dazu müssen wir festhalten, dass er die Lehren der Geschichte und des Aufstiegs Europas durchaus verinnerlicht hatte, denn Europa setzte von 1500 bis 1914 entscheidend auf Herrschaft als Militär- und Kolonialmacht und auf Kanonenbootpolitik.[2] Hitlers Verachtung für Frankreich, ein bevölkerungsmäßig im Abstieg begriffenes Land, das den Niedergang Deutschlands betrieb, indem es ihm schändliche Tributzahlungen auferlegte (deren Höhe immer wieder erwähnt werden), wurde noch dadurch verstärkt, dass die französischen Besatzer Deutschland «zum Tummelplatz afrikanischer Negerhorden» gemacht hatten, die bis an die Ufer des Rheins wüteten (er meinte wohl die Kolonialtruppen, von denen er gehört hatte oder denen er begegnet war). Die «Verpestung durch Negerblut [...] im Herzen Europas» wird immer wieder beschworen.[3] Neben solchen Ausfällen gegen Schwarze und Juden ging es ihm darum, seine Leser zu überzeugen, dass die Internationalisten und Pazifisten nichts als Träumer und Feiglinge seien und dass das deutsche Volk nur dann sein Haupt wieder erheben könne, wenn es sich in absoluter Einigkeit um einen starken Staat scharte. Er kritisierte ein letztes Mal die feigen deutschen

---

1 Seine Verachtung für die Intellektuellen scheint sowohl mit ihrem Pazifismus wie mit der Wirkungslosigkeit zusammenzuhängen, die er ihnen zuschreibt («Ein Volk von Gelehrten wird, wenn diese dabei körperlich degenerierte, willensschwache und feige Pazifisten sind, den Himmel nicht erobern, ja nicht einmal auf dieser Erde sich das Dasein zu sichern vermögen», Bd. 2, S. 1043), außerdem mit ihrer angeblichen Neigung, sich selbst zu reproduzieren, und ihrem gesellschaftlichen Dünkel («Man wird sofort einwerfen, daß man dem Söhnchen, zum Beispiel eines höheren Staatsbeamten, doch nicht zumuten dürfe, sagen wir, Handwerker zu werden, weil irgendein anderer, dessen Eltern Handwerker waren, befähigter erscheint. Das mag bei der heutigen Einschätzung der Handarbeit zutreffen. Daher wird auch der völkische Staat zu einer prinzipiell anderen Einstellung dem Begriff Arbeit gegenüber gelangen müssen. Er wird, wenn notwendig selbst durch jahrhundertelange Erziehung, mit dem Unfug, körperliche Tätigkeit zu mißachten, brechen müssen.» Bd. 2, S. 1099).

2 Siehe Kapitel 9.

3 Er verdächtigt sogar die Franzosen, einen großen Bevölkerungsaustausch und eine große Vermischung vorzubereiten: Wenn ihre Kolonialpolitik unverändert weitergehe, würden «die letzten fränkischen Blutsreste» untergehen «in dem sich bildenden europa-afrikanischen Mulattenstaat [...] vom Rhein bis zum Kongo» (Bd. 2, S. 1635). Siehe S. 1662–1664, dort finden sich erstaunliche Bezüge auf Treffen und Zusammenkünfte mit Gruppen, die für die nationale Befreiung Indiens und Ägyptens hinarbeiten, mit denen Hitler sich nicht eben identifiziert.

Politiker, die es 1923–1924 nicht geschafft hätten, den Kampf wieder aufzunehmen und militärisch gegen die französischen Besatzer aufzubegehren, und schloss sein Werk mit der Ankündigung an die Leser, dass die NSDAP nun bereit sei, ihre historische Aufgabe zu erfüllen. Das Erschreckendste ist zweifellos, dass diese Strategie von Erfolg gekrönt war, bis sie schließlich auf eine militärisch und technisch überlegene Macht traf.[1]

1927 warf der Essayist Julien Benda in seiner Schrift *La trahison des clercs* (Der Verrat der Kleriker) dem Klerus, zu dem er die Priester, die Gelehrten und die Intellektuellen zählte, vor, den nationalistischen, rassistischen und klassenbezogenen Leidenschaften erlegen zu sein. Nachdem zweitausend Jahre lang versucht worden sei, die politischen Leidenschaften und die Leidenschaften der Krieger und der Regierenden zu mäßigen («seit Sokrates und Jesus Christus», wie er präzisierte), hätten die Kleriker es versäumt, sich den Todessehnsüchten und dem einzigartigen Vormarsch identitärer Antagonismen in Europa seit Beginn des 20. Jahrhunderts entgegenzustellen, oder hätten sie sogar noch angestachelt. Besonders scharf attackierte er den deutschen Klerus und die deutschen Professoren, weil sie 1914–1918 als Erste den Sirenenrufen des Krieges und des Nationalismus erlegen seien, aber seine Kritik galt dem gesamten Klerus in Europa.

1939 veröffentlichte der Anthropologe und Sprachwissenschaftler Georges Dumézil *Mythes et dieux des Germains* (Mythen und Götter der Germanen), den «Versuch einer vergleichenden Interpretation». Darin untersuchte er die Verbindungen zwischen der Mythologie der alten Germanen und religiösen Anschauungen und Vorstellungen der Indo-Europäer. Um Dumézils Thesen entspann sich eine Kontroverse, die besonders heftig in den 1980er Jahren tobte. Kritiker warfen ihm geistige Nähe zum Nationalsozialismus vor, zumindest aber die Mitwirkung an dem Versuch, eine anthropologische Rechtfertigung zu liefern, warum der Osten so erbittert Krieg führte. Tatsächlich war Dumézil ein französischer Konservativer mit monarchistischen Neigungen und der Sympathien für Hitler oder der Germanophilie gänzlich unver-

1 Nach den verfügbaren Daten ist es den deutschen Besatzern gelungen, 30–40 % des von 1940 bis 1944 in Frankreich produzierten Wohlstands abzuschöpfen. In Anbetracht der Unmenschlichkeit und der völkermörderischen Tendenzen kann man jedoch bezweifeln, inwieweit die Aufrechnung der materiellen Plünderungen einen Sinn ergibt. Siehe F. Occhino, K. Oosterlinck, E. White, «How Much can a Victor Force the Vanquished to Pay? France under the Nazi Boot», *Journal of Economic History* 68 (2008), 1, S. 1–45.

dächtig. In seinem Buch wollte er zeigen, dass die trifunktionale Ideologie der alten germanischen Mythen strukturell und von jeher unausgeglichen war, weil die Kriegerklasse zu groß war und eine echte Klasse von Priestern und Intellektuellen fehlte (im Gegensatz zur Situation in Indien, wo die Brahmanen im Allgemeinen über den Kshatriya, der Kriegerkaste, standen).[1]

Diese Rückgriffe auf die trifunktionale Logik mitten in der Zwischenkriegszeit wirken überraschend. Sie illustrieren ein weiteres Mal den Wunsch, inegalitären Strukturen und ihrer Entwicklung einen Sinn zu verleihen, in diesem Fall dem Aufkommen eines neuen Kriegerstands in Europa. Sie erinnern auch daran, dass die proprietaristische Ideologie tatsächlich nie aufgehört hatte, die trifunktionale Logik zu bemühen, um die Ungleichheit zu rechtfertigen. Der Wirtschaftsaufschwung in Europa hatte wenig mit seinen tugendhaften und friedlichen proprietaristischen Institutionen zu tun,[2] sondern sehr viel mehr damit, dass es den europäischen Ländern gelang, zu ihrem Vorteil die internationale Ordnung aufrechtzuerhalten, durch militärische und kriegerische Beherrschung ebenso wie durch ihre vermeintliche kulturelle und intellektuelle Überlegenheit.

Der Niedergang der Eigentümergesellschaften, die Überwindung des Nationalstaats

Fassen wir zusammen: Die proprietaristischen Gesellschaften im Europa des 19. Jahrhunderts entstanden aus einem Versprechen der individuellen Emanzipation und der sozialen Harmonie, das an den Zugang aller zu Eigentum und an dessen Schutz durch den Staat geknüpft war und damit die Standesungleichheit der älteren trifunktionalen Gesellschaften ab-

1 Die allgemeine These (die sich auf die Analyse alter Mythologien stützt, eine Methode, über die wir im Zusammenhang mit Indien angemerkt haben, dass sie nicht immer zur Analyse sozialer und geschichtlicher Veränderungen geeignet ist und die Tendenz hat, vermeintliche zivilisatorische Unterschiede festzuschreiben) lautet, dass die germanisch-skandinavischen Mythen und Religionen sich exzessiv auf den Kriegerkult konzentrieren und Formen eines trifunktionalen Gleichgewichts ignorieren, wie man sie in der italienisch-keltischen und der indo-iranischen Welt findet. Siehe D. Eribon, *Faut-il brûler Dumézil? Mythologie, science et politique*, a. a. O., S. 185–206.

2 Denken wir nur an die europäischen Drogenhändler und die an Adam Smith orientierten Chinesen, von denen in Kapitel 9, S. 478–480 die Rede war.

löste. Sie eroberten die Welt großenteils durch die militärische, technologische und finanzielle Macht, die der innereuropäische Konkurrenzkampf den Staaten gebracht hatte. Ihr Niedergang rührte von einem zweifachen Scheitern her: Zum einen hatten sie 1880–1914 ein Niveau von Ungleichheit und Vermögenskonzentration erreicht, das noch über das des Ancien Régime hinausging, das sie angeblich überwinden wollten. Zum anderen zerstörten sich die europäischen Nationalstaaten in den Weltkriegen selbst und wurden durch andere staatliche Mächte von kontinentaler Dimension abgelöst, die rund um neue politische und ideologische Projekte organisiert waren.

Hannah Arendt versucht in ihrem Werk *Elemente und Ursprünge totaler Herrschaft*, das 1945 bis 1949 in den Vereinigten Staaten entstand und 1951 veröffentlicht wurde, die Gründe für die Selbstzerstörung der europäischen Gesellschaften nachzuvollziehen. Wie Polanyi ist sie der Auffassung, der Zusammenbruch der Jahre 1914–1945 könne als Konsequenz der Widersprüche des ungezügelten europäischen Kapitalismus in den Jahren von 1815 bis 1914 verstanden werden. Besonders betont sie die Tatsache, dass die europäischen Nationalstaaten in gewisser Weise von der Internationalisierung des weltweiten Industrie- und Finanzkapitalismus überrollt wurden, an dessen Entstehung sie mitgewirkt hatten. Als der weltweite Handel, die Kapitalakkumulation und das industrielle Wachstum den ganzen Planeten umfassten und ein bis dahin ungekanntes weltweites Volumen erreicht hatten, waren sie nicht mehr in der Lage, die beteiligten wirtschaftlichen Kräfte und ihre gesellschaftlichen Konsequenzen zu kontrollieren und zu regulieren. Für Hannah Arendt war es die Hauptschwäche der europäischen Sozialdemokraten in der Zwischenkriegszeit, die Notwendigkeit, den Nationalstaat zu überwinden, nicht wirklich aufgenommen zu haben. In gewisser Weise waren sie damit die Einzigen. Die kolonialen Ideologien, auf die sich das britische und das französische Kolonialreich seit langem stützten, die sich beide in der Zeit von 1880 bis 1914 in einer Phase der beschleunigten Expansion befanden, waren auf ihre Weise auch Überwindungen des Nationalstaats. Sie schlugen vor, den Handel und den weltweiten Kapitalismus innerhalb großer imperialer Gemeinschaften zu organisieren, die streng hierarchisch mit einem Zentrum und Kolonien strukturiert waren, und das entsprechend einer zivilisatorischen Logik. Dennoch standen sie kurz davor, durch zentrifugale, nach Unabhängigkeit strebende Kräfte zerrissen zu werden.

Für Arendt rührte der Erfolg der Bolschewiken und Nationalsozialisten daher, dass beide sich auf neue, postnationale Formen der Staatlichkeit stützten, die den Dimensionen der Weltwirtschaft angepasst waren: Der Sowjetstaat kontrollierte ein riesiges eurasisches Territorium und vermischte auf weltweiter Ebene panslawistische Gedanken und den kommunistischen Messianismus. Der NS-Staat besaß ein Reich, das Europa umspannte und auf einer pangermanischen Ideologie und Vorstellungen über eine hierarchische Organisation der Welt nach Rassengesichtspunkten basierte, in der künftig die Stärksten herrschen sollten. Beide Projekte versprachen den jeweiligen Bevölkerungen eine klassenlose Gesellschaft, aus der alle Feinde ausgemerzt sein sollten, mit dem Unterschied, dass die nationalsozialistische Volksgemeinschaft jedem Deutschen erlaubte, sich als Fabrikbesitzer zu sehen (in globalem Maßstab), während der Bolschewismus propagierte, jeder solle Arbeiter werden (ein Mitglied des internationalen Proletariats).[1] Das Scheitern der Sozialdemokraten hingegen hatte Arendt zufolge damit zu tun, dass sie nicht in der Lage waren, sich neue föderale Formen vorzustellen, und dass sie sich mit einem Internationalismus zufrieden gegeben hatten, der nur Fassade war, während die Realität ihres politischen Projekts und des Sozial- und Steuerstaats, den sie aufbauen wollten, in den engen Grenzen des Nationalstaats blieb.[2]

Diese Analyse, die Arendt insbesondere im Widerspruch zu den sozialistischen und sozialdemokratischen Bewegungen in Frankreich, Deutschland und Großbritannien bis in die erste Hälfte des 20. Jahrhunderts formulierte, ist vor allem deshalb interessant, weil sie immer noch hilft, die Grenzen der sozialdemokratischen Gesellschaften der Nachkriegszeit und dieser politischen Bewegungen Ende des 20. Jahrhunderts und zu Beginn des 21. Jahrhunderts zu verstehen. Sie verweist auch auf die Diskussionen der Zeit von 1945–1960, einmal über die Frage, wie die Europäische Wirtschaftsgemeinschaft (EWG) aufgebaut sein sollte, und dann auch, wie die Transformation des französischen Kolonialreichs in eine demokratische Föderation vonstattengehen könnte. Damals sahen eine Reihe westafrikanischer Politiker ganz klar voraus,

1 Siehe H. Arendt, *Elemente und Ursprünge totaler Herrschaft*, Bd. III: *Totalitäre Bewegung und totale Herrschaft*, Frankfurt/Main: Europäische Verlagsanstalt 1955, S. 660–661.

2 Arendt erwähnt beiläufig den zaghaften französischen Versuch, anders als in Großbritannien eine Vertretung seiner Kolonien im Parlament zu etablieren. Siehe H. Arendt, *Elemente und Ursprünge totaler Herrschaft*, Bd. II: *Imperialismus*, a. a. O., S. 215.

dass sehr kleine «Nationalstaaten» wie Senegal und die Elfenbeinküste Schwierigkeiten haben würden, im Rahmen des weltweiten Kapitalismus ein funktionsfähiges Gesellschaftsmodell zu entwickeln.[1] Und Arendts Analyse verweist auch und in erster Linie auf die eklatanten Unzulänglichkeiten der Europäischen Union in ihrer heutigen Form. Ihre halbherzigen Versuche, die Regulierung des Kapitalismus in die Hand zu nehmen und neue Normen für soziale, steuerliche und ökologische Gerechtigkeit zu etablieren, waren bis heute nicht von Erfolg gekrönt, und regelmäßig wird ihr vorgeworfen, sie betreibe das Spiel der reichsten und mächtigsten wirtschaftlichen Akteure.

Hannah Arendts Positionen ließen allerdings die Frage unbeantwortet, welche Form und welchen Inhalt die fragliche föderale Struktur haben sollte. Das macht im Übrigen einige weitere Probleme verständlich. Soll der Föderalismus die Ungleichheit verringern und den Kapitalismus überwinden oder soll er im Gegenteil seinen Sturz verhindern und den Wirtschaftsliberalismus festschreiben? Später sprach sich Hannah Arendt immer nachdrücklicher für das Modell der Vereinigten Staaten aus, das einzige politische Projekt, das wirklich auf dem Respekt vor den Rechten des Individuums gegründet sei, während die politischen Prozesse in Europa wirkten, als seien sie in einer von Rousseau und Robespierre inspirierten Suche nach dem Allgemeinwillen und nach sozialer Gerechtigkeit gefangen, was beinahe unvermeidlich zu totalitären Strukturen führe. Diese Auffassung kam besonders deutlich in ihrer 1963, mitten im Kalten Krieg, erschienenen Schrift *Über die Revolution* zum Ausdruck. Darin wollte sie die wahre Natur der Französischen Revolution entlarven und die amerikanische Revolution rehabilitieren, die die europäischen Intellektuellen zu Unrecht vernachlässigt hätten, weil es ihnen fanatisch um Gleichheit gegangen sei und zu wenig um Freiheit.[2] Die tiefe Skepsis hinsichtlich Europas hat sicher

1 Siehe Kapitel 7, S. 378–385.

2 Es ist interessant festzustellen, dass sie den Erfolg des amerikanischen Verfassungsmodells auf die anfängliche relative Gleichheit der Siedlergesellschaft zurückführt (wenn man das Problem der Sklaven ausnimmt, das sie rasch beiseiteschiebt). Das habe ermöglicht, den politischen Fragen der Ungleichheit der Klassen und der sozialen Gerechtigkeit auszuweichen (die Arendt zufolge nie durch die Politik in vollem Umfang friedlich geregelt werden können), während der inegalitäre Humus des Ancien Régime in Europa zu einer obsessiven Fixierung auf die soziale Frage und den Klassenkampf geführt habe. Siehe H. Arendt, *Über die Revolution*, München: Piper 1963, S. 73–139. Zuvor hatte sie die Entfesselung des modernen Antisemitismus – ihrer Ansicht nach eine Folge des Umstands, dass die Nationalstaaten und

viel mit ihrem persönlichen Lebensweg und der Situation in der damaligen Zeit zu tun. Es ist schwer, sich vorzustellen, wie Hannah Arendt, die 1975 starb, über die Vereinigten Staaten von Amerika und die Europäische Union im Jahr 2019 urteilen würde. Festzuhalten bleibt, dass dieses sehr negative Urteil über sozialdemokratische Gerechtigkeit letztlich der Position recht nahe kommt, die 1944 ein anderer berühmter europäischer Exilant einnahm, Friedrich August Hayek, in seiner Schrift *Der Weg zur Knechtschaft.* Darin erklärt er im Wesentlichen, dass jedes politische Projekt, dessen Fundament die soziale Gerechtigkeit ist, geradewegs in Kollektivismus und Totalitarismus führt. Hayek schrieb das Buch in London und dachte dabei vor allem an die britische Labour Party, die bei den Wahlen 1945 an die Macht kam. Rückblickend erscheint sein Urteil streng und beinahe inkonsequent, vor allem für einen Mann, der einige Jahrzehnte später die Militärdiktatur von General Pinochet unterstützte.

Die föderale Union – zwischen demokratischem Sozialismus und Ordoliberalismus

Die Debatten und Kontroversen über den Föderalismus und die Überwindung des Nationalstaats sind höchst aufschlussreich für unsere Untersuchung. Darüber hinaus erlauben sie ein besseres Verständnis, warum die zahlreichen Diskussionen über den Föderalismus, die in den 1930er und 1940er Jahren geführt wurden, nur selten zu konkreten Ergebnissen führten. 1938 sah die Bewegung *Federal Union* in Großbritannien, die rasch Hunderte Sektionen im ganzen Land bildete, in föderalen Strukturen die Lösung, um Krieg zu vermeiden.[1] Die Projekte beinhalteten zugleich eine demokratische föderale Union zwischen dem Mutterland und den britischen Kolonien, eine Union zwischen Großbritannien und den Vereinigten Staaten und eine Union der europäischen Demokra-

ihre Bankensysteme Ende des 19. Jahrhunderts nicht mehr auf die transnationalen jüdischen Finanznetze angewiesen waren, um Käufer für ihre Schuldtitel zu finden – mit der Gewalt der Französischen Revolution gegen den Adel verglichen, die Klasse, die seit langem überflüssig war und an der man sich endlich rächen konnte. Siehe dies., *Elemente und Ursprünge totaler Herrschaft*, Bd. I: *Antisemitismus*, a. a. O., S. 24–25. Für Arendt blieb offenbar nur die Neue Welt von diesen ewigen, von der Geschichte überlieferten Ressentiments unberührt.

1 Zu diesen Debatten siehe das erhellende Buch von O. Rosenboim, *The Emergence of Globalism*, a. a. O., S. 100–178.

tien gegen den Nationalsozialismus. 1939 schlug der New Yorker Journalist und Essayist Clarence Streit in seinem Projekt *Union, now* eine transatlantische Föderation von 15 Ländern vor, gelenkt von einer Kammer, deren Abgeordnete proportional zur Bevölkerungsstärke ihrer Länder gewählt werden sollten, und einem Senat mit 40 Mitgliedern (8 Senatoren aus den Vereinigten Staaten, 4 aus Großbritannien, 4 aus Frankreich und je 2 aus den anderen 12 Ländern). Er ging sogar so weit, 1945 ein Projekt für eine weltweite Föderation zu präsentieren, die aus einem nach allgemeinem Wahlrecht gewählten Konvent bestehen sollte (jede der 9 großen Regionen des Planeten würde in 50 Wahlbezirke aufgeteilt, wobei die westlichen Mächte überrepräsentiert sein sollten), der wiederum einen Präsidenten und einen 40 Mitglieder umfassenden Rat wählen sollte, die vor allem die Aufgabe haben würden, die nukleare Abrüstung voranzutreiben und für eine gewisse Umverteilung der natürlichen Ressourcen zu sorgen.[1] Die Charta der Vereinten Nationen, die 1945 verabschiedet wurde, mit Generalversammlung und Sicherheitsrat[2] ist ein direktes Ergebnis dieser Debatten.

In einer Situation, in der man spürte, dass die alte Welt mit ihren kolonialen Strukturen nicht mehr lange bestehen würde, und die Weltwirtschaftskrise von 1929 soeben demonstriert hatte, wie stark die wechselseitige Abhängigkeit der Volkswirtschaften war und wie dringend neue kollektive Regulierungen benötigt wurden, als zudem die neuen Flugverbindungen die Entfernungen spektakulär verringert hatten,[3] fühlten sich viele Stimmen berufen, vollkommen neuartige Formen der politischen Organisation für die Welt der Zukunft vorzuschlagen.

In dieser Hinsicht sind die britische Bewegung *Federal Union* und die Diskussionen, die sie auslöste, besonders aufschlussreich. Auf den Weg gebracht wurde die Bewegung durch junge Aktivisten, die im Fö-

1 Das zweistufige Verfahren sollte nationale Verzerrungen verhindern. Das ursprüngliche Projekt sah außerdem reservierte Sitze für Experten und Intellektuelle vor, aber die Idee wurde später aufgegeben.

2 Seit der 1963 von der Generalversammlung verabschiedeten Resolution 1991 gehören zu den 10 nichtständigen Mitgliedern des Sicherheitsrats 5 Vertreter Afrikas und Asiens, 2 Vertreter Lateinamerikas, 2 Vertreter Westeuropas und ein Vertreter Osteuropas.

3 1943 veröffentlichte Wendell Willkie (der republikanische Kandidat, der Roosevelt 1940 unterlag) seine Schrift «One World», einen optimistischen Bericht und eine farbige Schilderung seiner Weltumrundung mit dem Flugzeug 1942, bei der er politisch Verantwortliche und Bewohner des gesamten Planeten getroffen hatte. Siehe O. Rosenboim, *The Emergence of Globalism*, a. a. O., S. 4–5.

deralismus auch einen Weg sahen, die Unabhängigkeitsbestrebungen zu fördern und in friedliche Bahnen zu lenken. Bald schlossen sich ihr Hochschullehrer wie William Henry Beveridge an (Verfasser des berühmten Berichts über die sozialen Sicherungssysteme 1942, der den Anstoß zur Gründung des National Health Service durch die Labour Party 1949 gab). Sie inspirierte auch Churchills Vorschlag vom Juni 1940 für eine französisch-britische föderale Union, den die zu der Zeit nach Bordeaux geflüchtete französische Regierung ablehnte; sie zog es vor, Marschall Pétain unbeschränkte Vollmachten zu geben. Abgesehen davon, dass mehrere Mitglieder der Regierung offen erklärten, sie würden «lieber eine nationalsozialistische Provinz werden als unter britische Herrschaft zu geraten», muss man zugeben, dass der Plan hinsichtlich der Institutionen der vorgeschlagenen föderalen Union ziemlich vage blieb – abgesehen von einer unverbrüchlichen militärischen Allianz und der vollständigen Vergemeinschaftung des Heeres, der Marine und der noch verbliebenen Kolonialtruppen.

Interessant ist, dass sich eine Gruppe britischer und französischer Hochschullehrer im April 1940 in Paris traf, um die Funktionsweise einer möglichen föderalen Union zu erörtern, die zunächst aus Frankreich und Großbritannien bestehen und dann auf ganz Europa ausgeweitet werden sollte. Doch eine Einigung gelang der Gruppe nicht. Die am stärksten von wirtschaftsliberalen Gedanken durchdrungene Vision vertrat Friedrich August Hayek, der Wien verlassen hatte und seit 1931 an der London School of Economics lehrte (Lionel Robbins, der Leiter der ökonomischen Abteilung, hatte ihn dorthin geholt). Er sprach sich für eine reine Handelsunion aus, die auf den Grundsätzen von Konkurrenz, Freihandel und Geldwertstabilität ruhen sollte. Robbins lag weitgehend auf der gleichen Linie, erwog aber auch die Möglichkeit eines gemeinsamen Haushalts und insbesondere einer föderalen Erbschaftsteuer, falls der Freihandel und der freie Personenverkehr nicht ausreichen sollten, um den Wohlstand zu verteilen und die Ungleichheiten zu reduzieren.

Andere Mitglieder der Gruppe standen mit ihren Ideen dem demokratischen Sozialismus viel näher, allen voran Beveridge, der Befürworter der sozialen Sicherungssysteme, ebenso die Soziologin Barbara Wootton, die eine gemeinschaftliche Steuer auf Einkommen und Erbschaften vorschlug mit einem Spitzensteuersatz von 60 % in Verbindung mit einer Obergrenze für Einkommen und Erbschaften. Nicht einigen konnten sich die Mitglieder darüber, wie die geplante föderale Union wirtschaftlich und sozial aussehen sollte, gleichzeitig hofften sie, die militärische Union möglichst bald zu erreichen. Wootton präzisierte ihre Vorschläge 1941 in ihrer Schrift *Socialism and Federation* und 1945 in *Freedom under Planning*. Hayeks 1944 erschienenes Werk *Der Weg zur Knechtschaft* war übrigens teilweise eine Reaktion auf Woottons Schriften, zugleich war ihm bewusst, dass er durch dieses Buch womöglich einige Freunde in seiner neuen Heimat verlieren würde. Aber es schien ihm unerlässlich, die Öffentlichkeit vor den Risiken zu warnen, die seiner Meinung nach die britische Labour Party und Kollektivisten jeglicher Couleur darstellten. Auch von den schwedischen Sozialdemokraten hielt er nicht viel, den neuen Lieblingen der Progressiven. Er erinnerte daran, dass der wirtschaftliche Voluntarismus der Nationalsozialisten seinerzeit ebenfalls positiv aufgenommen worden sei, bis man erkannt habe, dass er die Freiheiten bedrohte (eine Aussage, die rückblickend doch sehr gewagt erscheint).[1] All diese Debatten um die Bewegung *Federal Union* fanden in ganz Europa ein Echo. Altiero Spinelli, der italienische Kommunist, der damals in Mussolinis Kerkern saß, ließ sich beispielsweise 1941 davon zu seinem *Manifest für ein freies und geeintes Europa* oder *Manifest von Ventotene* (nach der Gefängnisinsel, auf der er festgehalten wurde) inspirieren.[2]

Die damaligen Debatten und Kontroversen über den Föderalismus sind wichtig, weil wir sie heute immer noch führen. Der Niedergang der Eigentümergesellschaften wirft im Kern die Frage auf, welche politische Ebene die richtige ist, um den Kapitalismus und die Eigentumsbeziehungen zu regeln und zu überwinden. Wenn die Entscheidung fällt, dass die Wirtschafts- und Handelsbeziehungen und die Eigentumsverhältnisse auf transnationaler Ebene neu geregelt werden sollen, liegt es auf der Hand, dass eine dauerhafte Überwindung der Eigentümergesell-

---

1 Siehe F. A. von Hayek, *Der Weg zur Knechtschaft*, hrsg. und eingeleitet von V. W. Röpke, übersetzt von E. Röpke, Zürich 1945, S. 20–27, S. 119–120, worin er vor allem die britischen Leser vor der *Platform for a planned society* warnte, die Labour 1942 verabschiedet hatte, und vor den Äußerungen der Arbeiterpartei 1930. Eine vollständige Realisierung ihres Programms könnte bedeuten, dass große Teile der Macht des Parlaments auf die Verwaltung übertragen würden und dass ihre Reformen gegen Veränderungen nach künftigen Wahlen geschützt werden könnten, indem man sie in Verfassungsrang erhebe.

2 Spinelli war 1984 Autor eines Vorschlags zur Reform der europäischen Institutionen, der vom Europäischen Parlament (dem er angehörte) angenommen wurde und auf den wir noch zurückkommen. Siehe Kapitel 16, S. 1099.

schaften und des Kapitalismus einer entwickelten Form für die Überwindung des Nationalstaats bedarf. Alles gruppiert sich um die Frage, wie ein solches Projekt aussehen und welchen Inhalt es haben soll. In den nächsten Kapiteln werden wir die erheblichen Einschränkungen kennenlernen, die die Antworten der politischen Bewegungen in der Nachkriegszeit hatten, insbesondere auf europäischer Ebene, aber allgemeiner auch bei den Wirtschafts- und Handelsverträgen, die geschlossen wurden, um während des Kalten Kriegs (1950–1990) und in der postkommunistischen Zeit (1990–2020) die Globalisierung zu organisieren.

11.
SOZIALDEMOKRATISCHE GESELLSCHAFTEN: DIE UNVOLLENDETE GLEICHHEIT

Bisher haben wir untersucht, wie die Eigentümergesellschaften, die vor dem Ersten Weltkrieg so erfolgreich und unerschütterlich wirkten, zwischen 1914 und 1945 zerfielen, bis die nominell kapitalistischen Gesellschaften zwischen 1950 und 1980 *de facto* zu sozialdemokratischen Gesellschaften wurden, mit unterschiedlichen Mischungen von Verstaatlichungen, staatlichen Bildungs-, Gesundheits- und Rentensystemen und mit einer progressiven Besteuerung der höchsten Einkommen und Vermögen. Doch trotz ihres unbestreitbaren Erfolgs gerieten die sozialdemokratischen Gesellschaften ab den 1980er Jahren in die Krise. Vor allem fanden sie keine Antwort auf die zunehmenden Ungleichheiten, die sich überall entwickelten.

In diesem Kapitel werden wir uns die Gründe näher anschauen, warum ihnen das nicht gelang. Zunächst einmal beschränkten sich alle Versuche, neue Formen für die Aufteilung der Macht und für gesellschaftliches Eigentum an Unternehmen zu finden, lange auf eine kleine Gruppe von Ländern (insbesondere Deutschland und Schweden) und wurden nie wirklich in vollem Umfang ausprobiert, obwohl sie eine der vielversprechendsten Lösungen für die Überwindung des Privateigentums und des Kapitalismus darstellten. Des Weiteren hat es die Sozialdemokratie nicht geschafft, wirkungsvoll auf den tiefen Wunsch nach gleichberechtigtem Zugang zu Bildung und Wissen zu reagieren, vor allem nicht, als nach der Revolution in der primären und sekundären Bildung die Revolution der Hochschulbildung erfolgte. Und schließlich analysieren wir die Grenzen der sozialdemokratischen Überlegungen zur Besteuerung, insbesondere zur progressiven Besteuerung von Eigentum. Hier hat es die Sozialdemokratie vor allem versäumt, neue Formen geteilter transnationaler, föderaler Souveränität und sozialer und steuerlicher Gerechtigkeit aufzubauen. Die erbitterte Konkurrenz zwischen Ländern im Rahmen einer Globalisierung, bei der sich die Regulierung in Verträgen über freien Handel und freien Kapitalverkehr erschöpft (denen die Sozialdemokraten keine Alternative entgegensetzen konnten oder an denen sie sogar mitgewirkt haben), gefährdet im 21. Jahrhundert massiv den Konsens über die Besteuerung und den Gesellschaftsvertrag, auf dem im Lauf des 20. Jahrhunderts der sozialdemokratische Staat errichtet wurde.

Die Verschiedenheit der europäischen sozialdemokratischen Gesellschaften

In den Jahren von 1950 bis 1980, dem goldenen Zeitalter der Sozialdemokratie, war die Einkommensungleichheit sowohl in den Vereinigten Staaten wie auch in Großbritannien, Frankreich, Deutschland, Schweden, Japan und in praktisch allen europäischen und außereuropäischen Ländern, für die verlässliche Daten vorliegen, deutlich geringer als in früheren Zeitabschnitten.[1] Diese geringere Ungleichheit hing teilweise mit den Zerstörungen durch die beiden Kriege zusammen, durch die vor allem die Menschen getroffen wurden, die viel besaßen, und weniger jene, die nichts besaßen. Aber den wichtigsten Anteil hatten steuer- und sozialpolitische Entscheidungen, die zu Gesellschaften führten, die egalitärer und wohlhabender zugleich waren als alle früheren Gesellschaften und die man allgemein als «sozialdemokratische Gesellschaften» bezeichnen kann.

Stellen wir zunächst einmal klar, dass die Begriffe «sozialdemokratische Gesellschaften» und «Sozialdemokratie», so wie wir sie hier verwenden, in einem relativ weiten Sinn verstanden werden müssen: als Bezeichnung für eine Reihe von politischen Praktiken und Institutionen, die auf eine gesellschaftliche Einbettung des Privateigentums und des Kapitalismus abzielen, so wie sie viele nichtkommunistische Gesellschaften in Europa und darüber hinaus im Lauf des 20. Jahrhunderts

1 Siehe Kapitel 10, Grafiken 10.1 und 10.2.

eingeführt haben, unabhängig davon, ob sie selbst diese Bezeichnung für sich gewählt haben oder nicht. Im strengen Sinn war nur in Schweden eine offiziell sozialdemokratische Partei, die SAP (Sozialdemokratische Arbeiterpartei Schwedens), seit Beginn der 1930er Jahre bis in die Jahre 2000–2020 fast ununterbrochen an der Macht (bis auf einige Intermezzi mit sogenannten «bürgerlichen» Parteien nach der schwedischen Bankenkrise 1991–1992, auf die wir noch zurückkommen werden). Schweden ist das sozialdemokratische Land *par excellence*, das Land, das diese historische Form am gründlichsten ausprobiert hat. Das Beispiel Schweden ist auch deshalb so interessant, weil seine Gesellschaft bis zu den politischen Reformen der Jahre 1910–1911 eine besonders ungleiche war, in der alles von Besitz und Vermögen abhing und nur eine sehr kleine Schicht von Besitzenden wählen durfte.[1] In den Jahren 1950 bis 2000 war Schweden das Land mit den höchsten Steuern und Sozialabgaben, bis es nach 2000 von Frankreich eingeholt wurde. Allgemein ist der Aufstieg des Steuer- und Sozialstaats der maßgebliche Indikator, wenn wir hier von einer sozialdemokratischen Gesellschaft sprechen.[2]

In Deutschland war die SPD, seit Ende des 19. Jahrhunderts nach der Zahl der Parteimitglieder die größte sozialdemokratische Partei in der Geschichte, nach dem Zweiten Weltkrieg nur mit Unterbrechungen an der Macht. Ihr Einfluss auf den deutschen Sozialstaat war dennoch beträchtlich und ging so weit, dass die Christdemokraten (CDU), die ohne Unterbrechung von 1949 bis 1966 regierten, offiziell die «soziale Marktwirtschaft» auf ihre Fahnen schrieben, was *de facto* die Anerkennung der zentralen Rolle der sozialen Sicherungssysteme und eine gewisse Machtteilung zwischen Aktionären und Gewerkschaften bedeutete. Wenn man dann noch bedenkt, dass die SPD in ihrem Godesberger Programm von 1959 keinerlei Bezug mehr auf Verstaatlichungen und auf den Marxismus nahm, ergibt sich daraus eine gewisse programmatische Konvergenz der beiden wichtigsten deutschen Parteien der Nachkriegszeit, die beide nach einem neuen Entwicklungsmodell für den Wiederaufbau des Landes nach der Katastrophe des Nationalsozialismus suchten; dieses Entwicklungsmodell könnte man als «sozialdemokratisch» bezeichnen. Ungeachtet dessen bestanden erhebliche

1 Siehe Kapitel 5, S. 244–246.

2 Siehe Kapitel 10, Grafiken 10.14 und 10.15.

Unterschiede zwischen den beiden Parteien, zum Beispiel in der Frage, wie das Sozialsystem organisiert und wie großzügig es sein sollte, aber gemeinsam war ihnen, dass sie sich zu einem neuen Rahmen bekannten, zu dem insbesondere höhere Pflichtabgaben und Sozialausgaben gehörten, als es sie im Steuer- und Sozialsystem vor dem Ersten Weltkrieg gegeben hatte; dahin wollte keine politische Bewegung zurückkehren (weder in Deutschland noch in den anderen europäischen Ländern). Eine vergleichbare Konstellation sehen wir in Schweden (die «bürgerlichen» Parteien haben in den wenigen Phasen, als sie seit 1991 an der Macht waren, den von der SAP etablierten Sozialstaat nicht radikal infrage gestellt) und in den anderen Staaten Mittel- und Nordeuropas, die seit der Nachkriegszeit starke sozialdemokratische Parteien haben (wie Österreich, Dänemark und Norwegen).

Als «sozialdemokratisch» (im weiten Sinn) bezeichnen wir auch die verschiedenen Sozialstaatsmodelle, die seit dem Zweiten Weltkrieg in Großbritannien, in Frankreich und in anderen europäischen Ländern von verschiedenen Arbeiterparteien, sozialistischen und kommunistischen Parteien umgesetzt wurden, die nicht explizit das Etikett «sozialdemokratisch» beanspruchten. In Großbritannien hat die Labour Party ihre eigene Geschichte, die hauptsächlich durch die Gewerkschaften, den Fabianismus und den britischen Parlamentarismus geprägt ist.[1] Das Modell der Labour Party resultiert auch und vor allem aus einer spezifischen Praxis und politischen Geschichte, zu der gehört, dass sie 1945 über eine große Mehrheit an Parlamentssitzen verfügte; die Regierung des Labour-Premierministers Clement Attlee führte den *National Health Service* ein und legte die Grundlagen des britischen Sozialstaats. Obwohl der britische Steuer- und Sozialstaat später infrage gestellt wurde, vor allem von den Tories unter Margaret Thatcher in den 1980er Jahren, behielt er in den Jahren 2000–2020 im Wesentlichen seinen erheblichen Umfang (mit Steuereinnahmen in Höhe von rund 40 % des Nationaleinkommens,

1 Die Fabian Society wurde 1884 gegründet, um den Übergang zum demokratischen Sozialismus durch schrittweise Reformen, ohne revolutionären Umbruch, zu fördern (deshalb die Bezugnahme auf den römischen Politiker und Feldherrn Quintus Fabius Maximus, der im 2. Punischen Krieg gegen Hannibal auf eine betont vorsichtige Strategie setzte, damit Erfolg hatte und sich so den Beinamen «cunctator», Zauderer, verdiente). Bis heute ist sie eine der mit der Labour Party verbundenen *socialist societies.* Die Fabier Beatrice und Sidney Webb gründeten 1895 die London School of Economics, die von 1919 bis 1937 von William Henry Beveridge geleitet wurde. Über die Geistesgeschichte der Labour Party siehe M. Bevir, *The Making of British Socialism*, Princeton: University Press 2011.

weniger als in Deutschland, Frankreich und Schweden mit jeweils 45–50 %, aber deutlich mehr als in den Vereinigten Staaten mit unter 30 %).

In Frankreich war die sozialistische Bewegung seit dem Parteitag von Tours (1920) dauerhaft gespalten in eine kommunistische Partei (PCF), die die Sowjetunion unterstützte, und eine sozialistische Partei (PS), die den demokratischen Sozialismus in einer anderen Form als der sowjetischen befürwortete. Die beiden Parteien teilten sich 1936 die Macht in der Koalition der Volksfront, die sie zusammen mit der Radikalen Partei bildeten.[1] Später, nach der Befreiung Frankreichs im August 1944, hatten sie wesentlichen Anteil an der Etablierung des Sozialsystems 1945, das sich teilweise an dem 1944 verabschiedeten Programm des Nationalen Widerstandsrats (CNR) orientierte, ebenso wie bei den Verstaatlichungen und der Formulierung der neuen Rolle der Gewerkschaften in den Tarifverhandlungen, bei der Festlegung der Lohntabellen und der Arbeitsorganisation. Sozialisten und Kommunisten regierten erneut gemeinsam nach dem Sieg der Linksunion 1981. Das Etikett «sozialdemokratisch» wurde im französischen Kontext oft als zu «zentristisch» abgelehnt, teils wegen der (manchmal verbal übertriebenen) Konkurrenz zwischen Sozialisten und Kommunisten, teils weil die deutsche SPD schon lange Verstaatlichungen abgeschworen hatte, die das Kernstück des Programms der französischen Linksunion von 1981 bildeten; der Begriff Sozialdemokratie wurde oft geradezu mit dem Verzicht auf echte Bemühungen zur Überwindung des Kapitalismus gleichgesetzt. Faktum ist jedoch, dass das Sozial- und Steuersystem, das in Frankreich seit dem Zweiten Weltkrieg existiert, zur großen Familie der sozialdemokratischen Systeme in Europa gehört.[2]

---

1 Die Radikale Partei (mit vollem Namen Republikanische, radikale und radikalsozialistische Partei) versammelte in den ersten Jahrzehnten der III. Republik die radikalsten Republikaner. Sie setzte sich für «Sozialreformen mit Respekt vor dem Privateigentum» ein und lehnte Verstaatlichungen ab. In sozio-ökonomischen Fragen war sie konservativer als die Sozialisten und Kommunisten. Nach dem Zweiten Weltkrieg verlor sie ihre zentrale Stellung in der französischen Politik. Die Sozialistische Partei (PS) hieß bis 1971 allgemein SFIO *(Section française de l'Internationale ouvrière*, Französische Sektion der Internationalen Arbeiterbewegung).

2 Eine klassische Untersuchung der sozialdemokratischen Modelle und des französischen Beispiels ist A. Bergounioux, B. Manin, *La Social-Démocratie ou le compromis*, Paris: Presses Universitaires de France 1979. Über die Vielfalt der europäischen Sozialdemokratie siehe H. Kitschelt, *The Transformation of European Social Democracy*, Cambridge: Cambridge University Press 1994. Siehe auch G. Esping-Andersen, *The Three Worlds of Welfare Capitalism*, Princeton: University Press 1990.

Der New Deal in den Vereinigten Staaten: eine sozialdemokratische Gesellschaft mit Abschlag

Als «sozialdemokratisch» (in einem sehr weit gefassten Sinn) könnte man auch das soziale System bezeichnen, das in den Vereinigten Staaten mit Roosevelts New Deal ab 1932 entstand und das Präsident Johnson in den 1960er Jahren im Rahmen des *War on poverty* weiter ausbaute. Verglichen mit den europäischen Gegenstücken war die sozialdemokratische Gesellschaft, die sich Mitte des 20. Jahrhunderts in den Vereinigten Staaten unter der Ägide der Demokratischen Partei etablierte, jedoch so etwas wie eine Sozialdemokratie mit Abschlag, aus Gründen, die wir näher untersuchen müssen. Die europäischen Länder ließen im Zeitraum 1950–1980 das Niveau der Abgaben und Sozialstaatsausgaben der Vereinigten Staaten bald hinter sich, ein deutlicher Unterschied zum 19. Jahrhundert und zum Beginn des 20. Jahrhunderts.[1] Vor allem schufen die Vereinigten Staaten kein System der allgemeinen Krankenversicherung, wie es in der Nachkriegszeit in Europa zur Regel wurde. Die 1965 eingeführten Programme Medicare und Medicaid gelten nur für Menschen über 65 Jahre und für arme Haushalte; Beschäftigte, die nicht arm genug sind für Medicaid und nicht reich genug, um sich eine private Absicherung leisten zu können, stehen ohne Versicherung da. Seit Mitte der 2010er Jahre wird wieder über eine Universalisierung von Medicare diskutiert, das heißt die Ausweitung auf die gesamte Bevölkerung, und es ist nicht ausgeschlossen, dass es in Zukunft eine solche Reform geben wird.[2] Zum System der Sozialversicherung auf Bundesebene in den Vereinigten Staaten gehören seit 1935 auch ein Programm für Renten und eine Arbeitslosenversicherung, beide weniger großzügig, aber älter als die meisten europäischen Systeme. Wie wir im vorangegangenen Kapitel gesehen haben, war die Progression bei der Einkommen- und Erbschaftsteuer im Übrigen im Zeitraum 1932–1980 in

1 Siehe Kapitel 10, Grafik 10.14.

2 Das Programm Obamacare (2010) sah vor, dass alle Personen ohne Versicherungsschutz verpflichtend eine subventionierte private Versicherung abschließen sollten. Es stieß auf große Schwierigkeiten bei der Umsetzung, vor allem weil zahlreiche republikanische Bundesstaaten es ablehnten und weil die Rechtsprechung des Obersten Gerichtshofs die Möglichkeiten des Bundesstaats einschränkt, den Einzelstaaten Sozialprogramme vorzuschreiben. Ehrgeizigere Vorschläge von der Art *Medicare for All*, die darauf abzielen, Medicare für alle zu öffnen, kommen inzwischen wieder von zahlreichen einflussreichen Demokraten.

den Vereinigten Staaten stärker als in den meisten europäischen Ländern. Dass die Vereinigten Staaten bei der Steuerprogression egalitärer als Europa waren und bei der Ausgestaltung des Sozialstaats weniger ambitioniert, wirkt paradox und wird näher zu untersuchen sein.

Auch verschiedene außereuropäische Länder haben in der Zeit von 1950 bis 1980 Sozialsysteme entwickelt, die man der europäischen Sozialdemokratie zurechnen könnte. Das gilt beispielsweise für Lateinamerika, insbesondere Argentinien, allerdings mit beträchtlichen Varianten je nach Land und Zeitraum.[1] Man könnte auch versucht sein, eine große Zahl der frisch unabhängig gewordenen ehemaligen Kolonien in den Dunstkreis des demokratischen Sozialismus einzubeziehen wie zum Beispiel Indien von 1950 bis 1980. Allerdings muss betont werden, dass Indien wie die meisten Länder in Südasien und Afrika immer niedrige Steueraufkommen hatte (zwischen 10 % und 20 % des Nationaleinkommens, zeitweilig sogar unter 10 %), dazu kam in den 1980er und 1990er Jahren noch eine allgemeine Tendenz nach unten (auf die wir noch eingehen werden). Deshalb ist es sehr schwierig, solche Beispiele mit den europäischen sozialdemokratischen Gesellschaften zu vergleichen. In den nächsten Kapiteln werden wir auch speziell den Fall der kommunistischen und postkommunistischen Gesellschaften und ihren Einfluss auf die Wahrnehmung des sozialdemokratischen Staats untersuchen. Im vierten Teil des Buchs gehen wir ausführlich auf die Entwicklung der Wählerstruktur und der «sozialdemokratischen» Wählerkoalitionen in Europa, den Vereinigten Staaten und anderen Regionen der Welt ein. Das wird uns erlauben, die verschiedenen Entwicklungswege und politischen Lösungen besser zu verstehen.

Die Grenzen der sozialdemokratischen Gesellschaften

Halten wir an diesem Punkt einfach fest, dass in den meisten Großregionen der Welt, im sozialdemokratischen Europa, den Vereinigten Staaten, Indien oder China, nach 1980 die Ungleichheiten zurück-

1 In Argentinien und zu einem geringeren Grad in Brasilien (wo im Übrigen die Ungleichheiten sehr viel größer sind) erreichten die Steuereinnahmen im Zeitraum 1950–1980 ein mittleres Niveau zwischen den Niveaus der Vereinigten Staaten und Europas (zwischen 30 % und 40 % des Nationaleinkommens). Mexiko und Chile hingegen haben weiterhin sehr viel geringere Einnahmen (weniger als 20 % des Nationaleinkommens). Siehe Technischer Anhang und die Untersuchungen von M. Morgan.

gekehrt sind, mit einem starken Anstieg der 10 % höchsten Einkommen und einem deutlichen Rückgang der 50 % niedrigsten (siehe Grafik 11.1).[1] In diesem weltweiten Szenario sind die europäischen sozialdemokratischen Gesellschaften ganz sicher die mit dem geringsten Anstieg der Ungleichheiten von 1980 bis 2018. Insofern scheint das europäische sozialdemokratische Modell besser als alle anderen Modelle (und ganz besonders besser als der magere Sozialstaat der Vereinigten Staaten) vor den inegalitären Tendenzen der Globalisierung zu schützen, die seit den 1980er Jahren zu beobachten sind. Dennoch ist der Bruch mit früheren Zeitabschnitten, vor allem verglichen mit dem historischen Rückgang der Ungleichheiten in der Zeit von 1914 bis 1950 und der Stabilisierung in den Jahren 1950–1980, ganz offensichtlich.[2] Vor dem Hintergrund der wachsenden Konkurrenz bei Steuern und Sozialleistungen, zu der die europäischen sozialdemokratischen Regierungen im Übrigen stark beigetragen haben und die auch die afrikanischen, asiatischen und lateinamerikanischen Länder vor große Probleme stellt, die nach funktionsfähigen Sozialstaatsmodellen suchen, ist es zudem nicht ausgeschlossen, dass sich die inegalitäre Tendenz seit 1980 in Zukunft noch verschärft. Wenn man dann noch bedenkt, dass die meisten Länder des Alten Kontinents im Lauf der Jahre 2000 bis 2020 eine neue Welle nationalistischer und immigrationsfeindlicher Bewegungen erleben, wird deutlich, dass die europäische Sozialdemokratie sich nicht auf ihren Erfolgen in der Vergangenheit ausruhen kann.

Im Übrigen darf der egalitäre Charakter der Zeit 1950 bis 1980 nicht übertrieben werden. Wenn wir uns das Beispiel Frankreich ansehen (das ziemlich repräsentativ für die Entwicklungen in Westeuropa ist) sowie die Vereinigten Staaten, stellen wir fest, dass der Anteil des Nationaleinkommens, der an die ärmsten 50 % der Bevölkerung ging, immer weit unter dem lag, was an die reichsten 10 % floss (siehe Grafik 11.2). Zu Beginn des 20. Jahrhunderts kamen in Frankreich die reichsten 10 % in den Genuss von rund 50–55 % des Gesamteinkommens, und für die ärmsten 50 % blieb davon ungefähr ein Viertel (um 13 % des Gesamteinkommens). Erstere machen definitionsgemäß nur ein Fünftel der

1 Zu Europa in dem Sinn, wie es in Grafik 11.1 dargestellt ist, gehört der Westen und der Osten des Kontinents (insgesamt über 540 Millionen Menschen). Wenn man nur Westeuropa betrachtet, ist der Abstand zu den Vereinigten Staaten noch viel größer. Siehe Kapitel 12, Grafik 12.9.

2 Siehe auch Kapitel 10, Grafik 10.1 und 10.2.

Die Kluft zwischen hohen und niedrigen Einkommen, 1980–2018

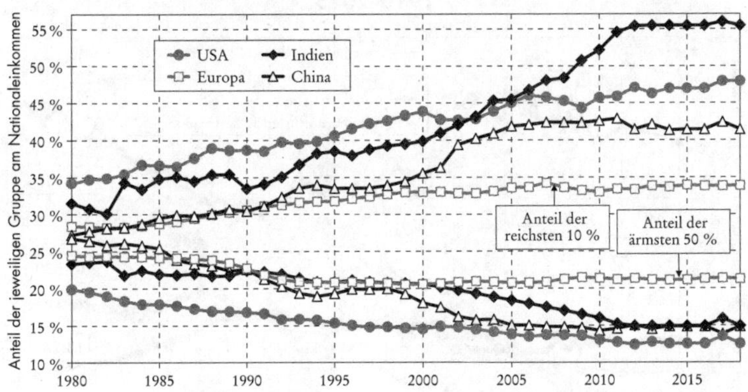

Grafik 11.1.: Der Anteil des obersten Dezils (die obersten 10 % am Nationaleinkommen) ist in allen Regionen der Welt gestiegen: Er lag zwischen 27 % und 34 % im Jahr 1980 und zwischen 34 % und 56 % im Jahr 2018. Der Anteil der ärmsten 50 % ist gesunken: Er lag bei 20 % bis 27 % und liegt nun bei 12 % bis 21 %. Die Kluft zwischen hohen und niedrigen Einkommen ist ein allgemeines Phänomen, aber ihr Ausmaß variiert von Land zu Land: Sie ist in Indien und den Vereinigten Staaten größer als in China und Europa (EU).
Quellen und Reihen: siehe piketty.pse.ens.fr/ideologie.

Letzteren aus, das heißt, das Durchschnittseinkommen der reichsten 10 % war ungefähr zwanzigmal so hoch wie das der ärmsten 50 %. In den 2010er Jahren lag dieses Verhältnis bei etwa 8: Das Durchschnittseinkommen der reichsten 10 % betrug 2015 rund 113 000 Euro pro Erwachsenem gegenüber 15 000 Euro bei den ärmsten 50 %. Wir sehen also, dass die sozialdemokratische Gesellschaft zwar weniger ungleich ist als die proprietaristische Gesellschaft der Belle Époque oder die anderen Gesellschaftsmodelle auf der Welt, aber dennoch in wirtschaftlicher Hinsicht sehr hierarchisch. In den Vereinigten Staaten liegt das Verhältnis nahe bei 20: fast 250 000 Euro im Durchschnitt für das oberste Dezil gegenüber rund 13 000 Euro für die untere Hälfte. Später werden wir sehen, dass Steuern und Transferleistungen die Lage der unteren Hälfte der Bevölkerung in den Vereinigten Staaten seit 2010 nur wenig verbessert haben (und dass die Kluft zwischen den Vereinigten Staaten und Europa im Übrigen durch die Unterschiede vor Steuern und Transferleistungen verursacht wird).

Niedrige und hohe Einkommen: Frankreich und Vereinigte Staaten, 1910–2015

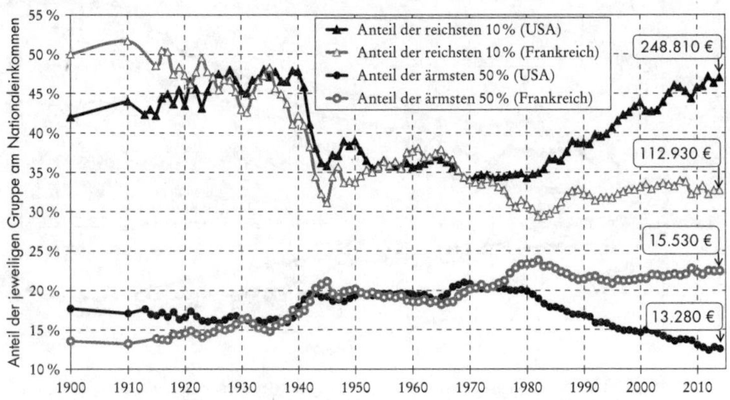

Grafik 11.2.: Die Einkommensungleichheiten in den Vereinigten Staaten übertrafen 2010 bis 2015 das Niveau der Jahre 1900 bis 1910, während sie in Frankreich (und Europa) abnahmen. In beiden Fällen bleiben die Ungleichheiten jedoch sehr hoch: Obwohl die reichsten 10 % per definitionem nur ein Fünftel der ärmsten 50 % ausmachen, verfügen sie immer noch über einen viel höheren Anteil am Gesamteinkommen als die ärmsten 50 %. Das ausgewiesene Einkommen ist das durchschnittliche Jahreseinkommen jeder Gruppe in Euro für das Jahr 2015 (gemessen in Kaufkraftparität).
Quellen und Reihen: siehe piketty.pse.ens.fr/ideologie.

Öffentliches Eigentum, soziales Eigentum, Eigentum auf Zeit

Aus all diesen Gründen ist es wichtig, nach den Errungenschaften und den Grenzen der sozialdemokratischen Gesellschaften zu fragen. Die sozialdemokratischen Institutionen, ob es sich um das Rechtssystem handelt (hier besonders das Unternehmens- und Arbeitsrecht), das System der Sozialversicherungen, das Bildungs- oder das Steuersystem, wurden oft unter Zeitdruck nach dem Krieg (oder teilweise nach der Krise der 1930er Jahre) errichtet und nie wirklich als ein kohärentes Ganzes durchdacht. Jedes Land stützte sich in erster Linie auf seine eigenen Erfahrungen und berücksichtigte die der anderen kaum. Verbreitung von Erfahrungen und wechselseitiges Lernen spielten manchmal durchaus eine Rolle, zum Beispiel was die Entwicklung der Höchstsätze bei der progressiven Steuer auf Einkommen und Erbschaften betraf, aber bei der Sozialpolitik und den Rechtssystemen kamen sie viel weniger zum Tragen.

Wir werden uns zunächst mit der Eigentumsfrage beschäftigen. Vereinfacht ausgedrückt, gibt es drei Formen, wie das auf dem Privateigentum an Unternehmen und der Allmacht der Aktionäre basierende System überwunden werden kann. Eine Möglichkeit ist öffentliches Eigentum: Der Zentralstaat, eine Gebietskörperschaft (in Frankreich beispielsweise Region, Departement oder Kommune etc.) oder eine Behörde, die vom Staat kontrolliert wird, werden anstelle der privaten Aktionäre Eigentümer eines Unternehmens. Eine andere Möglichkeit ist gesellschaftliches Eigentum: Die Beschäftigten beteiligen sich direkt an der Leitung der Unternehmen und teilen sich die Macht mit den privaten (und staatlichen) Aktionären, möglicherweise lösen sie diese auch ganz ab. Und für die dritte Möglichkeit schlage ich die Bezeichnung Eigentum auf Zeit vor: Die reichsten Privateigentümer übertragen jedes Jahr einen Teil ihres Besitzes der Allgemeinheit, damit das Vermögen zirkuliert und die Konzentration des Privateigentums und der wirtschaftlichen Macht abnimmt. Das kann zum Beispiel in Form einer progressiven Steuer auf Eigentum passieren, die es erlaubt, jedem jungen Erwachsenen eine bestimmte Summe Geld zu schenken; das werden wir später noch analysieren.[1]

Fassen wir zusammen: Das öffentliche Eigentum gleicht die Macht der privaten Eigentümer durch die Macht des Staates aus; das gesellschaftliche Eigentum zielt darauf ab, die Macht über und die Kontrolle der Produktionsmittel auf Unternehmensebene zu teilen; das Eigentum auf Zeit lässt das Privateigentum zirkulieren und verhindert eine zu starke Konzentration von Vermögen über zu lange Zeit.

Alle historischen Beispiele, die wir heute überblicken, sprechen dafür, dass diese drei Formen für die Überwindung des Privateigentums sich gegenseitig ergänzen. Das heißt, durch eine Mischung von öffentlichem Eigentum, gesellschaftlichem Eigentum und Eigentum auf Zeit ist es möglich, den Kapitalismus wirklich und dauerhaft zu überwinden. Die kommunistischen Gesellschaften des sowjetischen Typs haben versucht, fast ausschließlich auf öffentliches Eigentum zu setzen, im konkreten Fall auf hyperzentralisiertes Staatseigentum an praktisch allen Unternehmen und dem Immobilienkapital, und sind damit krachend gescheitert. Die sozialdemokratischen Gesellschaften sind ausgeglichener vorgegangen und haben in gewisser Weise alle drei Möglichkeiten angewandt, aber jedes Mal mit zu wenig Ehrgeiz und zu wenig systematisch, vor allem beim gesellschaftlichen und beim Eigentum auf Zeit. Zu oft wurde der Akzent

1 Siehe Kapitel 17, S. 1197–1228.

auf Verstaatlichungen und staatliches Eigentum gelegt, bis diese Option nach dem Zusammenbruch des Kommunismus endgültig aufgegeben wurde, ohne dass ein alternatives Programm an ihre Stelle trat, das diesen Namen verdient hätte. Nicht selten haben die sozialdemokratischen Gesellschaften das Thema Überwindung des Privateigentums ganz fallengelassen.

Generell muss betont werden, dass jeder der drei Wege zur Überwindung des Privateigentums vielfältige Formen annehmen kann, die jeweils unbegrenzte Felder für historische, gesellschaftliche und politische Experimente eröffnen. In dieser Untersuchung geht es nicht darum, diese Debatte zu einem endgültigen Ende zu bringen, ganz im Gegenteil: Sie soll in ihrer ganzen Komplexität überhaupt erst eröffnet werden. Zum Beispiel gibt es viele verschiedene, mehr oder weniger demokratische und partizipative Formen von öffentlichem Eigentum, je nachdem wie die Führung der öffentlichen Unternehmen organisiert ist, zum Beispiel ob die Kunden, die Bürger und die verschiedenen Beteiligten in den Leitungs- und Aufsichtsgremien vertreten sind oder wie die Verwaltungsräte von den entsprechenden staatlichen Einrichtungen und öffentlichen Körperschaften ernannt und kontrolliert werden. Öffentliches Eigentum lässt sich perfekt rechtfertigen und hat in vielen Bereichen immer wieder seine Überlegenheit gegenüber Privateigentum bewiesen, zum Beispiel im Verkehrs-, Bildungs- und Gesundheitswesen, sofern die Führung der jeweiligen Unternehmen und der öffentlichen Verwaltung transparent erfolgt und die Bedürfnisse von Bürgern und Nutzern oder Kunden berücksichtigt. Das Eigentum auf Zeit und die allgemeine Kapitalausstattung können vor allem implizieren, dass es verschiedene Formen der progressiven Besteuerung von Vermögen gibt, die bisher nur unzureichend ausprobiert wurden; darauf werde ich später noch eingehender zurückkommen. Schließlich können das gesellschaftliche Eigentum und die Aufteilung der Macht zwischen Beschäftigten und Aktionären auch in unterschiedlicher Weise organisiert werden; verschiedene Arten wurden seit den 1950er Jahren in mehreren europäischen Ländern eingeführt. Mit diesem Punkt beginnen wir.

Die Macht aufteilen, gesellschaftliches Eigentum einführen: eine unvollendete Geschichte

Deutschland und Schweden und allgemeiner die sozialdemokratischen Gesellschaften des deutschsprachigen und nördlichen Europas (vor allem Österreich, Dänemark und Norwegen) sind bei der Einführung der Mitbestimmung am weitesten gegangen. Mitbestimmung ist eine besondere Form des gesellschaftlichen Eigentums an Unternehmen und der Aufteilung der institutionalisierten Macht zwischen Beschäftigten und Aktionären. Halten wir zunächst einmal fest, dass die Mitbestimmung kein Ziel an sich ist und übertroffen werden kann; allerdings muss man bei dieser wichtigen historischen Erfahrung beginnen, um die möglichen Folgen besser zu verstehen.

Das deutsche Beispiel ist besonders interessant, weil das deutsche Gesellschafts- und Industriemodell im sozialdemokratischen Europa eine herausgehobene Rolle spielt.[1] Das Mitbestimmungsgesetz für die Montanindustrie von 1951 regelte erstmals die Verpflichtung der großen Unternehmen des Bergbaus und der Stahlindustrie, die Hälfte der Sitze in den Aufsichtsräten mit Vertretern der Beschäftigten zu besetzen (im Allgemeinen gewählt auf Gewerkschaftslisten). Konkret bedeutet dies, dass die Vertreter der Beschäftigten im Aufsichtsrat bei allen strategischen Entscheidungen des Unternehmens mitbestimmen können (von der Ernennung und Abberufung des Vorstands bis zur Genehmigung des Jahresabschlusses), sie haben Zugang zu denselben Dokumenten wie die gewählten Vertreter der Aktionäre. Ein weiteres Gesetz aus dem Jahr 1952 verpflichtete alle Großunternehmen (aus allen Branchen außer Kohle und Stahl), ein Drittel der Sitze im Aufsichtsrat mit Vertretern der Arbeitnehmer zu besetzen. Die beiden Gesetze, die während der Kanzlerschaft des CDU-Politikers Konrad Adenauer (1949–1963) verabschiedet wurden, enthielten auch weitergehende Bestimmungen über die Rolle von Betriebsräten und Gewerkschaftsvertretern in Tarif-

1 Eine aktuelle Analyse, wie die deutsche Mitbestimmung in der Praxis funktioniert, liefert E. McGaughey, «The Codetermination Bargains: The History of German Corporate and Labour Law», *Columbia Journal of European Law*, 23, 1 (2017), S. 1–43. Siehe auch S. Silvia, *Holding the Shop Together. German Industrial Relations in the Postwar Era*, Ithaca: Cornell University Press 2013.

verhandlungen, insbesondere bei Gehaltsfragen, bei der Arbeitsorganisation und der beruflichen Ausbildung.

Die Wirkung beider Gesetze wurde vertieft, als die Sozialdemokraten von 1969 bis 1982 in Bonn regierten (mit Bundeskanzler Willy Brandt und seinem Nachfolger Helmut Schmidt). Die Diskussionen mündeten in die Verabschiedung des großen Mitbestimmungsgesetzes von 1976, das in seinen wesentlichen Linien unverändert bis heute gilt. Es regelt, dass alle Kapitalgesellschaften mit mehr als 2000 Beschäftigten die Hälfte der Sitze und Stimmrechte für die Arbeitnehmer reservieren (ein Drittel in Unternehmen, die zwischen 500 und 2000 Beschäftigten haben). Die Sitze und die Stimmrechte werden den Arbeitnehmervertretern als solchen übertragen, unabhängig von ihrer Beteiligung am Kapital. Da auch Beschäftigte Aktionäre sein können (direkt als Einzelpersonen oder indirekt über einen Pensionsfonds oder eine andere kollektive Einrichtung), kann das unter Umständen zu zusätzlichen Sitzen im Aufsichtsrat führen und die Mehrheitsverhältnisse verschieben. Das Gleiche gilt für öffentliche Minderheitsaktionäre.[1]

Es ist wichtig festzuhalten, dass sich dieses System, das seit den Gesetzen von 1951–1952 und 1976 Rechtskraft hat und verbindlich ist, vor allem der sehr starken Mobilisierung der deutschen Gewerkschaften seit Ende des 19. Jahrhunderts und zu Beginn des 20. Jahrhunderts sowie einer speziellen geschichtlichen Entwicklung verdankt. Die Regeln sind heute in Deutschland weitgehend akzeptiert, auch von den Arbeitgebern, aber man darf nicht vergessen, dass die deutschen Aktionäre und Eigentümer sie seinerzeit erbittert bekämpften und dass sie nach heftigen gesellschaftlichen und politischen Auseinandersetzungen zustande kamen, die unter historischen Umständen geführt wurden, als die Kräfteverhältnisse zwischen Beschäftigten und Aktionären etwas weniger ungleich waren als üblich. Das gilt hauptsächlich für den sehr besonderen (und zeitweise geradezu aufständischen) Kontext der Jahre 1918 bis 1922, nach dem Ende des Ersten Weltkriegs, als die deutsche Gewerkschaftsbewegung erstmals mit Arbeitgebern über neue Rechte für Betriebsräte und Gewerkschaftsvertreter sowie über die Festsetzung von Löhnen und Gehältern verhandeln konnte. Die Ergebnisse flossen 1922 in das Gesetz über Tarifverhandlungen und die Arbeitnehmervertreter ein.

1 Zum Beispiel hält das Land Niedersachsen 2019 13 % des Kapitals von Volkswagen, aber die Satzung von VW sichert ihm 20 % der Stimmrechte zu.

Ebenfalls unter dem Druck der Gewerkschaftsbewegung und der Sozialdemokraten wurde in die Weimarer Reichsverfassung von 1919 eine sehr viel sozialere und stärker instrumentelle Definition von Eigentum aufgenommen als in alle früheren Verfassungstexte. Insbesondere präzisierte sie, dass das Gesetz die Bedingungen für die Ausübung des Eigentumsrechts und dessen Grenzen festlegt, es galt nicht länger als ein natürliches, unantastbares Recht. Explizit wird die Möglichkeit von Enteignungen und Verstaatlichungen angesprochen, wenn es das «Wohl der Allgemeinheit» erfordert, zu Bedingungen, die vom Gesetz festgelegt werden. Die Verfassung regelt auch die Nutzung des Bodens und den Umgang mit Grundbesitz im Sinne ausdrücklicher gesellschaftlicher Ziele.[1] Das deutsche Grundgesetz von 1949 enthält ähnliche Bestimmungen; es stellt klar, dass das Recht auf Eigentum nur legitim ist, wenn es dem Wohl der Allgemeinheit dient. Explizit erwähnt das Grundgesetz die Option, die Produktionsmittel zu vergesellschaften unter Bedingungen, die eine Form der Gemeinwirtschaft wie etwa die Mitbestimmung ermöglichen.[2] Obwohl manche Formulierungen sicher diskutiert und verbessert werden können, handelt es sich hier um eine radikale juristische und verfassungsmäßige Innovation.[3] In vielen Ländern prallten (und prallen bis heute) die Debatten über die Verteilung der Macht in den Unternehmen und grundsätzlicher über eine Neudefinition der Eigentumsordnung und eine Umverteilung von Besitz auf Positionen, die behaupten, solche Ideen würden gegen die

1 «Die Verteilung und Nutzung des Bodens wird von Staats wegen in einer Weise überwacht, die Mißbrauch verhütet und dem Ziele zustrebt, jedem Deutschen eine gesunde Wohnung und allen deutschen Familien, besonders den kinderreichen, eine ihren Bedürfnissen entsprechende Wohn- und Wirtschaftsheimstätte zu sichern. [...] Grundbesitz, dessen Erwerb zur Befriedung des Wohnungsbedürfnisses [...] und zur Hebung der Landwirtschaft nötig ist, kann enteignet werden» (Artikel 155 der Weimarer Reichsverfassung).

2 «Grund und Boden, Naturschätze und Produktionsmittel können zum Zwecke der Vergesellschaftung durch ein Gesetz, das Art und Ausmaß der Entschädigung regelt, in Gemeineigentum oder in andere Formen der Gemeinwirtschaft überführt werden» (Artikel 15 des Grundgesetzes).

3 Praktisch gleichzeitig mit der Weimarer Verfassung von 1919 eröffneten die mexikanischen Verfassungen von 1910 und 1917 den Weg zu Umverteilungen von Eigentum, insbesondere für eine große Landreform, allerdings mit weniger Erfolg als die deutsche Mitbestimmung. Nebenbei zeigt das, dass eine Verfassung, die für soziales Eigentum offen ist, nicht ausreicht. Es muss auch und vor allem soziale und politische Kräfte geben, die in der Lage sind, die neuen Chancen zu ergreifen.

Verfassung verstoßen und das vermeintlich absolut und unbegrenzt geltende Recht auf Eigentum verletzen.

Von 1933 bis 1945 waren die gewerkschaftlichen Rechte, wie sie im deutschen Gesetz von 1922 niedergelegt waren, ausgesetzt, nach dem Sturz des Nationalsozialismus und während der alliierten Besatzung wurden sie reaktiviert. Vor dem Hintergrund des Wiederaufbaus handelten die Gewerkschaften, die sich wieder in einer Position der Stärke befanden, zwischen 1945 und 1951 neue Rechte mit Arbeitgebern im Stahl- und Energiesektor aus, vor allem die erwähnte paritätische Vertretung in den Leitungsgremien der Unternehmen. Diese neuen Rechte, erreicht durch Verhandlungen und Kämpfe, wurden einfach in das Gesetz von 1951 mit aufgenommen. Doch den deutschen Gewerkschaften (insbesondere dem Deutschen Gewerkschaftsbund DGB) erschien das Betriebsverfassungsgesetz von 1952 als Enttäuschung oder sogar Rückschritt.[1] Die Vertretung der Arbeitnehmer in den Aufsichtsräten (außerhalb der Montanindustrie) wurde auf ein Drittel begrenzt (in der Praxis bedeutete das höchstens zwei oder drei Sitze, je nach Größe des Aufsichtsrats), während die Gewerkschaften für eine allgemeine Anwendung des Prinzips der paritätischen Mitbestimmung von Beschäftigten und Aktionären gekämpft hatten. Das Gesetz sah im Übrigen getrennte Wahlen für die Vertreter manuell tätiger und nicht manuell tätiger Arbeitsnehmer (Arbeiter und Angestellte) vor, was in den Augen der Gewerkschaften darauf hinauslief, die Beschäftigten zu spalten und ihre Stimme zu schwächen.

Erfolge und Grenzen der deutschen Mitbestimmung

Generell muss man sagen, dass eine wichtige Einschränkung der deutschen Mitbestimmung darin besteht, dass die Parität ohne Aktionäre aus dem Kreis der Beschäftigten oder zusätzliche öffentliche Aktionäre teilweise Augenwischerei ist. Bei Stimmengleichheit, zum Beispiel wenn es um die Wahl des Vorstands oder dessen Investitions- oder Einstellungsstrategie geht, entscheidet der Aufsichtsratsvorsitzende, der immer ein Vertreter der Aktionäre ist. Ein weiterer wichtiger Punkt ist, dass die

1 Zu diesen Debatten siehe E. McGaughey, «The Codetermination Bargains», a. a. O. Siehe außerdem C. Kerr, «The Trade Union Movement and the Redistribution of Power in Postwar Germany», *Quarterly Journal of Economics* 68, 41 (1954), S. 556–557.

meisten deutschen Unternehmen nicht vom Aufsichtsrat allein gelenkt werden (wie es in anderen Ländern mit dem Board of Directors die Regel ist), sondern von einer doppelköpfigen Führung aus Aufsichtsrat und Vorstand. Die Arbeitnehmervertreter verfügen über die Hälfte der Sitze im Aufsichtsrat, aber weil gegebenenfalls die Aktionäre die entscheidende Stimme haben, können sie alle Mitglieder des Vorstands – des Gremiums, das die Geschäfte des Unternehmens führt – allein auswählen, wenn sie das wollen. Eine wiederkehrende und bis heute unerfüllte Forderung der deutschen Gewerkschaften lautet, dass die paritätische Mitbestimmung sich auch auf den Vorstand erstrecken müsse, das heißt, die Arbeitnehmervertreter sollen über die Hälfte des Vorstands bestimmen können und nicht nur über den für Personal- und Sozialangelegenheiten zuständigen Arbeitsdirektor (dessen Posten in den großen deutschen Unternehmen oft mit einem Gewerkschaftsvertreter besetzt wird, was bereits einen wichtigen Unterschied zu den Gepflogenheiten in den meisten anderen Ländern darstellt). Diese Diskussionen zeigen, dass soziales Eigentum und Mitbestimmung, so wie sie bis heute ausprobiert wurden, nicht als endgültige Lösungen angesehen werden dürfen. Vielmehr handelt es sich um einen Prozess, der im Fluss und noch weitgehend unvollendet ist, weil es ihm noch an Breite und Tiefe mangelt.

In Schweden ist nach dem Gesetz von 1974, das 1980 und 1987 erweitert wurde, ein Drittel der Sitze in den Verwaltungsräten aller Unternehmen mit mehr als 25 Beschäftigten den Arbeitnehmern vorbehalten.[1] Weil die schwedischen Unternehmen allein vom Verwaltungsrat geleitet werden, kann diese Vertretung, auch wenn die Arbeitnehmer dabei in der Minderheit sind, manchmal eine weitergehende Kontrolle der Geschäftsführung ermöglichen als die deutsche Parität in den Aufsichtsräten (denn die Aufsichtsräte haben mit dem operativen Geschäft weniger zu tun als die schwedischen Verwaltungsräte). Diese Regeln gelten im Übrigen in Schweden für viel kleinere Unternehmen als in Deutschland (hier nur für Unternehmen mit mehr als 500 Beschäftigten, was extrem restriktiv ist). In Dänemark und Norwegen steht den Arbeitnehmern bei Unternehmen mit mehr als 35 beziehungsweise

1 Genau gesagt, sieht das derzeit geltende Gesetz zwei Sitze für Unternehmen mit 25 bis 1000 Beschäftigten vor und drei Sitze bei mehr als 1000 Beschäftigten, was in Anbetracht der Größe der Verwaltungsräte in beiden Fällen in der Regel einem Drittel der Sitze entspricht.

mehr als 50 Beschäftigten ebenfalls ein Drittel der Sitze zu.[1] In Österreich ist es auch ein Drittel, aber erst bei Unternehmen mit mehr als 300 Beschäftigten, was das Anwendungsfeld stark einschränkt (fast so sehr wie in Deutschland).

Was immer die Grenzen sein mögen, die die seit dem Zweiten Weltkrieg in Deutschland und den nordeuropäischen Ländern praktizierte Mitbestimmung hat, sprechen doch alle verfügbaren Daten dafür, dass die neuen Regeln in einem gewissen Umfang in den betroffenen Unternehmen ein neues Machtgleichgewicht zwischen Beschäftigten und Aktionären und eine harmonischere und letztlich auch effizientere wirtschaftliche und soziale Entwicklung ermöglicht haben (zumindest verglichen mit einer Situation, in der Arbeitnehmer in den Verwaltungsräten überhaupt nicht vertreten sind). Vor allem die Mitwirkung der Gewerkschaften an der Definition der langfristigen Unternehmensstrategie, wobei sie Zugang zu allen erforderlichen Informationen und Dokumenten erhalten, scheint ein Weg zu sein, die Beschäftigen insgesamt stärker einzubinden und die Gesamtproduktivität zu steigern. Durch die Präsenz von Arbeitnehmern in den Verwaltungsräten war es auch möglich, die Ungleichheit bei den Gehältern zu bremsen und vor allem den bisweilen schwindelerregenden Anstieg der Managervergütungen, der in anderen Ländern zu beobachten war. Konkret mussten sich die leitenden Angestellten in deutschen, schwedischen und dänischen Unternehmen seit den 1980er Jahren mit Steigerungen ihrer Vergütungen zufrieden geben, die deutlich weniger fantastisch ausfielen als bei ihren angelsächsischen Kollegen, offenbar ohne dass Produktivität und Wettbewerbsfähigkeit der Unternehmen darunter gelitten haben, ganz im Gegenteil.[2]

Die Kritik, die Arbeitnehmer würden einseitige Entscheidungen der Aktionäre mittragen, weil sie in den Verwaltungsräten nur eine Minderheit darstellten, wodurch die Kampfkraft der Gewerkschaften geschwächt werde, ist nicht überzeugend. Die Mitbestimmung muss

1 In den beiden Fällen entspricht die Zahl der Sitze für die Arbeitnehmer der Hälfte der Verwaltungsräte, die von den Aktionären bestimmt werden, also genau einem Drittel der Gesamtzahl der Sitze. In Unternehmen mit 30 bis 50 Beschäftigten steht auch in Norwegen ein Sitz im Verwaltungsrat den Arbeitnehmern zu. Siehe Technischer Anhang.

2 Siehe E. McGaughey, «Do Corporations Increase Inequality?», Transnational Law Institute, King's College, London 2016. Wir kommen später auf andere Faktoren zu sprechen, die für die Höhe der Managervergütungen ausschlaggebend sind, und insbesondere auf die Höhe der Steuerprogression.

gewiss verbessert und weiterentwickelt werden. Aber es bleibt das Faktum, dass alle Länder, in denen die Arbeitnehmer in den Verwaltungs- oder Aufsichtsräten vertreten sind, auch Regelungen für Tarifverhandlungen haben. So sind die Arbeitnehmer in Betriebsräten vertreten, in gewerkschaftlichen Gremien und anderen Ausschüssen, die allein von Arbeitnehmern besetzt sind und den Auftrag haben, direkt mit den Unternehmensführungen oder deren Verbänden über Arbeitsbedingungen und Gehälter zu verhandeln (unabhängig davon, ob die Unternehmensführungen mit Zustimmung von Arbeitnehmervertretern berufen wurden oder nicht und ohne dass das eine dem anderen im Weg steht). In Schweden wurden vor allem diese Organe für Verhandlungen zwischen Kapital und Arbeit von Gewerkschaftsvertretern besetzt, nachdem die Sozialdemokraten in den 1930er und 1940er Jahren die Macht übernommen hatten. Ähnliche Institutionen haben im Übrigen erlaubt, in praktisch allen entwickelten Ländern ein regelrechtes Arbeitnehmerstatut zu schaffen mit dem ganz wesentlichen Element eines garantierten Einkommens (im Allgemeinen in Form eines bestimmten Monatseinkommens anstelle eines Akkordlohns oder Tagelohns, wie sie im 19. Jahrhundert vorherrschten). Außerdem sind die Arbeitnehmer vor willkürlichen Entlassungen geschützt (was ihre noch bessere langfristige Einbindung in die Unternehmen erlaubt). Das gilt auch für Länder, in denen die Arbeitnehmer nicht in den Verwaltungsräten vertreten sind.[1] Aber wenn die Arbeitnehmer Sitze im Verwaltungsrat bekommen, eröffnet ihnen das einen weiteren Kanal der Einflussnahme. Das gilt ganz besonders in einer Zeit des abnehmenden Einflusses von Industrie und Gewerkschaften und ist Teil der Erklärung, warum das Wirtschafts- und Gesellschaftsmodell der deutschsprachigen und nordeuropäischen Länder sich seit den 1980er und 1990er Jahren als besonders widerstandsfähig erwiesen hat.[2] Zusammenfassend können wir sagen, dass die Mitbestimmung zu den ausgereiftesten und dauerhaftesten Formen gehört, in denen sich ab Mitte des 20. Jahrhundert das neue Kräfteverhältnis von Kapitel und Arbeit organisierte, das sich in einem

---

1 Zur langsamen Entstehung eines Arbeitnehmerstatuts und einer echten «Arbeitnehmergesellschaft» siehe R. Castel, *Die Metamorphosen der sozialen Frage*, a. a. O., S. 283–285. Zum Beispiel wurde in Frankreich erst 1969–1977 die flächendeckende monatliche Lohnzahlung üblich. Siehe auch ders., C. Haroche, *Propriété privée, propriété sociale, propriété de soi*, Paris: Fayard 2001.

2 Siehe E. McGaughey, «Do Corporations Increase Inequality?», a. a. O.

sehr langen Prozess in den Kämpfen von Gewerkschaften und Arbeitern sowie in politischen Auseinandersetzungen seit Mitte des 19. Jahrhunderts herausgebildet hatte.[1]

Die langsame Ausbreitung der Mitbestimmung in den deutschsprachigen und nordeuropäischen Ländern

Fassen wir zusammen: In den deutschsprachigen und nordeuropäischen Ländern (insbesondere Deutschland, Österreich, Schweden, Dänemark und Norwegen) haben die Arbeitnehmervertreter zwischen einem Drittel und der Hälfte der Sitze und Stimmrechte in den Verwaltungs- oder Aufsichtsräten (zumindest der größten Unternehmen), unabhängig davon, ob sie am Unternehmenskapital beteiligt sind oder nicht. In Deutschland, dem Land, das in diesen Fragen eine Vorreiterrolle spielte, gilt das seit Beginn der 1950er Jahre. Doch bis heute sind die anderen Länder auf diesem Weg nicht gefolgt, obwohl die Erfolge des deutschen und nordeuropäischen Gesellschafts- und Unternehmensmodells – ein hoher Lebensstandard, hohe Produktivität und maßvolle Ungleichheit – weithin anerkannt sind. In Großbritannien wie in den Vereinigten Staaten, in Frankreich wie in Italien und Spanien, in Japan wie in Kanada und Australien werden die privaten Unternehmen weiter nach den unverrückbaren Regeln für Aktiengesellschaften geführt. Anders gesagt: In all diesen Ländern bestimmt die Hauptversammlung der Aktionäre nach dem Grundsatz «eine Aktie, eine Stimme» sämtliche Mitglieder im Verwaltungsrat, ohne dass die Beschäftigten vertreten sind (oder allenfalls mit einer rein konsultativen Vertretung ohne Stimmrecht).

In Frankreich kamen die Dinge 2013 langsam in Bewegung mit der Verabschiedung eines Gesetzes, das Unternehmen mit mehr als 5000 Beschäftigten verpflichtet, jeden zwölften Sitz im Verwaltungsrat mit einem Arbeitnehmervertreter zu besetzen. Die neuen französischen Regeln sind extrem restriktiv im Vergleich zu den Systemen in den

1 Zu den zahlreichen Arbeiten, die sich mit der Geschichte dieser Kämpfe befassen, gehört S. Bartolini, *The Political Mobilization of the European Left 1860–1980. The Class Cleavage*, Cambridge: Cambridge University Press 2000. Eine neuartige Analyse der europäischen Netzwerke und der ersten Formen von wechselseitiger Hilfe der Arbeiter und Streikkassen seit den 1860er Jahren, insbesondere im Rahmen der ersten Internationale (1864–1876), bietet N. Delalande, *La Lutte et l'Entraide. L'âge des solidarités ouvrières*, Paris: Seuil 2019.

deutschsprachigen und nordeuropäischen Ländern (sowohl hinsichtlich der Zahl der Arbeitnehmervertreter wie hinsichtlich der Zahl der Unternehmen, für die sie gelten).[1] Es ist natürlich nicht ausgeschlossen, dass diese Regelungen im Lauf der 2020er Jahre ausgeweitet werden, nicht nur in Frankreich, sondern auch in Großbritannien und in den Vereinigten Staaten, wo in jüngster Zeit relativ ambitionierte und innovative Vorschläge diskutiert und von der Labour Party bzw. der Demokratischen Partei aufgenommen wurden. Wenn diese französischen und angelsächsischen Vorschläge umgesetzt werden, kann es sein, dass die Bedingungen für eine weltweite Verbreitung endlich gegeben sind. Allerdings sind 2019 Vorgaben für die Aufteilung der Macht und Mitbestimmung – wenn man einmal von dem kleinen Schritt absieht, den Frankreich 2013 getan hat – noch eng begrenzt auf deutschsprachige und nordeuropäische Länder. Es handelt sich hier um ein Wesensmerkmal des rheinischen und skandinavischen Kapitalismus und nicht des angelsächsischen (im Übrigen auch nicht des französischen, romanischen oder japanischen Kapitalismus). Wie ist zu erklären, dass solche Regeln sich nur so eingeschränkt und langsam verbreiteten, während die progressive Besteuerung nach dem Ersten Weltkrieg und in der Zwischenkriegszeit so rasch und auf breiter Front Fuß fasste?

Die erste Erklärung besagt, dass die Übertragung substanzieller Stimmrechte an die Arbeitnehmer ohne jegliche Beteiligung am Kapital eine ziemlich radikale Infragestellung des Privateigentums bedeutet, der sich Aktionäre und Eigentümer immer besonders vehement widersetzt haben. Es ist leicht, sich für die theoretische Idee einer gewissen Verteilung des Eigentums auszusprechen, auch für Parteien, die in wirtschaftlicher Hinsicht eher konservative Positionen vertreten. So hat die gaullistische Bewegung in Frankreich die Idee der Partizipation vertreten (ein Begriff, der die Beteiligung der Beschäftigten am Aktienkapital umfasst wie die Möglichkeit, die Arbeitnehmer durch Gehaltsprämien an den Unternehmensgewinnen zu beteiligen, aber kein Stimmrecht). Die britischen Konservativen wie auch die Republikaner in den Vereinigten Staaten sind regelmäßig dafür eingetreten, Bürger zu Aktionären zu

1 Genauer gesagt sieht das Gesetz einen Sitz für einen Arbeitnehmervertreter vor, wenn der Verwaltungsrat mindestens zwölf Mitglieder hat, und zwei Sitze, wenn es mehr als zwölf Sitze sind. Das Gesetz von 2013 gilt für Unternehmen mit mehr als 5000 Beschäftigten in Frankreich (oder mehr als 10 000 weltweit), und diese Schwellen wurden 2015 abgesenkt auf mehr als 1000 Beschäftigte in Frankreich (oder mehr als 5000 weltweit).

machen, zum Beispiel Margaret Thatcher mit ihren Privatisierungen in den 1980er Jahren. Aber die Regeln über das Eigentum an Kapital und die damit verbundene freie Entscheidungsgewalt zu verändern (in den klassischen Eigentumsdefinitionen gilt diese Macht absolut) und sogar Menschen, die keinen Eigentumsanteil haben, Stimmrechte zu geben, das sind von einem grundsätzlichen Standpunkt aus höchst destabilisierende Schritte, noch mehr, als es die progressive Besteuerung manchen Auffassungen zufolge ist. In Deutschland wie in den nordeuropäischen Ländern haben nur spezifische historische Bedingungen und eine besonders starke Mobilisierung der Gewerkschaften und der sozialdemokratischen Parteien diese Veränderungen und die Neufassung des Eigentums- und Unternehmensrechts möglich gemacht.

Die zweite Erklärung, die die erste ergänzt, lautet gerade, dass die politischen und gesellschaftlichen Kräfte in den übrigen Ländern nicht die gleiche Entschlossenheit besaßen, diese Regeln durchzusetzen, aus Gründen, die mit den jeweiligen politisch-ideologischen Entwicklungswegen der einzelnen Länder zu tun hatten. Im französischen Kontext wird oft die Ansicht vertreten, die traditionelle Vorliebe der sozialistischen Bewegung für Verstaatlichungen (die zum Beispiel das Fundament des Programms der Linksunion in den 1970er Jahre darstellten) und ihre geringe Neigung zur Mitbestimmung hingen mit der bekannten etatistischen Ideologie des französischen Sozialismus und seiner schwachen Verbindung mit der Gewerkschaftsbewegung zusammen. Tatsächlich gab es von 1981 bis 1986 keinen Vorstoß, Arbeitnehmervertreter in die Verwaltungsräte von Privatunternehmen zu bringen, obwohl die Sozialisten in dieser Zeit in der Nationalversammlung die absolute Mehrheit hatten. Die Rolle der Gewerkschaftsdelegierten in Verhandlungen über Gehälter und Arbeitsbedingungen wurde ausgeweitet, und in anderen Sektoren wurden Maßnahmen ergriffen, die für mehr Dezentralisierung und Partizipation sorgten (etwa mehr Freiheit für Gebietskörperschaften), aber an der Verknüpfung von Aktienbesitz und Entscheidungsbefugnis in den Unternehmen rüttelten die Sozialisten nicht. Das große Gesetz über die Verstaatlichungen aus dem Jahr 1982 sollte die Verstaatlichungen nach der Befreiung vollenden und praktisch den gesamten Bankensektor und die größten Industriekonzerne in öffentliches Eigentum überführen, indem vom Staat ausgewählte Manager an die Stelle der von den Aktionären ausgewählten traten. Anders ausgedrückt: Die französischen Sozialisten gingen davon aus, dass der Staat und seine hohen Beamten in der Lage waren, in allen Verwaltungsräten des Landes aktiv zu werden, dass aber für die Arbeitnehmervertreter dort kein Platz war.

Nach der Rückkehr der gaullistischen und liberalen Parteien an die Macht 1986–1988, während in Großbritannien unter Thatcher und in den Vereinigten Staaten unter Reagan neue Privatisierungen und Deregulierungen erfolgten und der kommunistische Block zerfiel, wurden die meisten Unternehmen, die von 1945 bis 1982 verstaatlicht worden waren, verkauft. Die Privatisierungswelle ging teilweise in den Legislaturperioden 1988–1993, 1997–2002 und 2012–2017 weiter, als die Sozialisten regierten, ohne dass über das zaghafte und verspätete Gesetz von 2013 hinaus eine Mitbestimmung nach deutschem und skandinavischem Vorbild eingeführt wurde.[1] Die französischen Sozialisten und Kommunisten hätten sich auch 1945–1946 für die Einführung der Mitbestimmung entscheiden können, zogen es aber vor, sich auf andere Kämpfe zu konzentrieren wie die um die Verstaatlichungen und die Sozialversicherung.

Gleichwohl ist nicht sicher, dass die Erklärung für diese geringe Neigung zur Mitbestimmung auf die Schwäche der französischen Gewerkschaftsbewegung zurückzuführen ist. Einerseits stimmt es, dass die Arbeiterbewegung in Frankreich historisch weniger stark und strukturiert ist als in Deutschland oder Großbritannien und weniger eng mit politischen Parteien verbunden.[2] Es stimmt aber auch, dass die Gewerkschaften und die gesellschaftliche Mobilisierung in der politischen Geschichte des Landes eine wesentliche Rolle gespielt haben (insbesondere 1936, 1945, 1968, 1981, 1995 und 2006). Andererseits und

---

1 François Mitterrand versprach 1988 in seinem «Brief an die Franzosen», dass es «weder noch» geben werde (weder neue Verstaatlichungen noch neue Privatisierungen). Für seine Wiederwahl war dieses Versprechen der Beruhigung ebenso wichtig wie die Kritik an der Polizeigewalt gegen die demonstrierenden Studierenden (die gegen die Erhöhung der Studiengebühren protestierten) und die Aufhebung der Steuer auf große Vermögen, die die Rechte 1986 unvorsichtigerweise beschlossen hatte.

2 Die nicht so enge Verbindung wurde oft darauf zurückgeführt, dass die politische Demokratie mit Wahlen und das allgemeine Wahlrecht in Frankreich älter sind als die gesellschaftliche Demokratie und die Gewerkschaftsbewegung (während es in Deutschland und Großbritannien weitgehend anders war), was ein besondere Misstrauen der Gewerkschaften (die lange darunter zu leiden hatten, dass berufliche Vereinigungen und Korporationen durch das Gesetz von 1791 verboten waren und erst 1883 legalisiert wurden) gegenüber den Parlamentariern und der politischen Macht erklären sollte. Siehe M. Duverger, *Les Partis politiques*, Paris: Armand Colin 1951, S. 33–34.

vor allem hat die deutsch-skandinavische Mitbestimmung auch in Großbritannien nicht Fuß gefasst, obwohl die Labour Party seit ihren Anfängen strukturell mit der mächtigen britischen Gewerkschaftsbewegung verbunden ist. Die wahrscheinlichste Erklärung für das in beiden Ländern fehlende Interesse an der Mitbestimmung ist, dass die französischen Sozialisten wie die britische Labour Party lange davon ausgingen, nur Verstaatlichungen und Staatseigentum an den großen Unternehmen könnten wirklich erlauben, die Kräfteverhältnisse zu verändern und den Kapitalismus zu überwinden. Für Frankreich liegt das auf der Hand (wie es das Wahlprogramm von 1981 zeigt), aber es gilt genauso für Großbritannien. In der berühmten Clause IV der Satzung der Labour Party von 1918 ist die Kollektivierung der Produktionsmittel als oberstes Ziel festgeschrieben (oder zumindest kann man sie so interpretieren). Die Programme der Arbeiterpartei versprachen noch in den 1980er Jahren neue Verstaatlichungen und eine unbegrenzte Ausweitung des öffentlichen Sektors, bis New Labour unter Tony Blair 1995 aus Clause IV jeden Bezug auf die Eigentumsordnung strich.[1]

Sozialisten, Labour Party und Sozialdemokraten: Wege, die sich kreuzen

Aus dieser Perspektive stellt eher die SPD eine Ausnahme dar. Während die französischen und britischen Parteien erst nach dem Zusammenbruch der Sowjetunion 1989–1991 die Verstaatlichungen als ein zentrales Element ihres Programms aufgaben, sprachen sich die deutschen Sozialdemokraten bereits seit 1950 für die Mitbestimmung und die Ab-

1 Tatsächlich ließ Clause IV aus dem Jahr 1918 mehrere Eigentumsformen zu, denn als Ziel der Partei wurde definiert: «Dafür zu sorgen, dass die Hand- und Kopfarbeiter in den vollen Genuss der Früchte ihres Fleißes kommen, und die möglichst gleichmäßige Verteilung derselben sicherzustellen auf der Grundlage des gemeinsamen Besitzes an den Produktions-, Verteilungs- und Austauschmitteln sowie das bestmögliche System der Verwaltung und Kontrolle des Volkes über jede Industrie und jeden Dienstleistungsbereich.»
Die 1995 angenommene Fassung lautet: «Die Labour Party ist eine demokratisch-sozialistische Partei. Sie ist der festen Überzeugung, dass wir durch unser gemeinsames Bemühen mehr erreichen, als wir allein erreichen können, damit für uns alle die Bedingungen geschaffen werden, dass wir unser wahres Potenzial verwirklichen, und eine Gemeinschaft entsteht, in der Macht, Wohlstand und Chancen in den Händen der vielen liegen und nicht der wenigen und in der die Rechte, in deren Genuss wir kommen, die Pflichten widerspiegeln, die wir haben, und in der wir frei zusammenleben im Geist von Solidarität, Toleranz und Respekt.»

kehr von Verstaatlichungen aus und nahmen beides in ihr Godesberger Programm von 1959 auf. In der Zwischenkriegszeit sah es ganz anders aus: In den 1920er und 1930er Jahren stellte die SPD genau wie ihre französischen und britischen Genossen die Verstaatlichungen ins Zentrums ihres Programms und kümmerte sich nicht um Mitbestimmung.[1] Dass sich die Dinge 1945–1950 änderten, hängt folglich mit Besonderheiten der politisch-ideologischen Entwicklung in Deutschland zusammen. Abgesehen davon, dass die sehr harten Auseinandersetzungen zwischen SPD und KPD in der Zwischenkriegszeit Spuren hinterließen,[2] hatten die westdeutschen Sozialdemokraten 1950 gute Gründe, sich von den ostdeutschen Kommunisten und dem Staatseigentum abzusetzen. Die traumatisierende Erfahrung einer hypertrophierten Staatsmacht während der NS-Zeit hat sicher auch noch dazu beigetragen, in den Augen der SPD und der deutschen Öffentlichkeit Verstaatlichungen und Staatseigentum zu diskreditieren, oder hat zumindest die Attraktivität von selbstverwaltenden Lösungen gesteigert.[3]

In jedem Fall ist es interessant festzuhalten, dass das Abrücken von Verstaatlichungen zu Beginn der 1990er Jahre die französischen Sozialisten und die britische Labour Party dennoch nicht dazu brachte, sich die Selbstverwaltung auf die Fahnen zu schreiben. In der Zeit von 1990 bis 2010 schienen weder die einen noch die anderen nur im Mindesten den Wunsch zu hegen, die Eigentumsordnung zu verändern. Der Privatkapitalismus und das Prinzip «eine Aktie, eine Stimme» waren für sie offenbar zumindest bis auf Weiteres unüberschreitbare Leitlinien. Sie trugen noch das Ihre dazu bei, indem sie bestimmte Privatisierungen betrieben und die Liberalisierung der Kapitalströme sowie das Wettrennen um Steuersenkungen für Konzerne unterstützten.[4] Dass in Frank-

1 Genauso war es vor dem Ersten Weltkrieg, insbesondere als Bernstein beim Parteitag von Hannover 1899 vorgeworfen wurde, er habe sich mit seinem «revisionistischen» Reformismus vom Marxismus abgewendet. Siehe Kapitel 10, S. 538 f.

2 Bei den entscheidenden Wahlen von 1930 und 1932 erhielten SPD und KPD zusammen mehr Stimmen und Mandate als die NSDAP (zum Beispiel 37 % der Stimmen und 221 Sitze bei den Wahlen im November 1932 gegenüber 31 % der Stimmen und 196 Sitzen für die NSDAP). Weil sie es nicht schafften, sich zu einigen, konnten die Nationalsozialisten die Macht übernehmen.

3 Zu dem intellektuellen Hintergrund siehe E. McGaughey, «The Codetermination Bargains», a. a. O.

4 Die französischen Sozialisten leiteten während ihrer Regierungszeit 1997–2002 wie die britische Labour Party während ihrer Regierungszeit 1997–2010 natürlich auch andere Veränderungen ein, vor allem eine Reduzierung der Arbeitszeit (Erstere) und Bildungsreformen

reich die Mitbestimmung mit dem zaghaften Gesetz von 2013 schließlich doch wieder auf die Tagesordnung kam, hatte mit entsprechenden Forderungen bestimmter Gewerkschaften (insbesondere der CFDT) zu tun und vor allem mit dem Erfolg der deutschen Industrie, der immer deutlicher zutage trat. Ende der 2000er Jahre und zu Beginn der 2010er Jahre war der Verweis auf Deutschland und sein Wirtschaftsmodell omnipräsent, teils aus guten Gründen. Vor diesem Hintergrund wurde es für französische Aktionäre und Arbeitgeber immer schwieriger, die Mitbestimmung zu verweigern und zu erklären, Mitbestimmung werde unweigerlich zu Chaos in den Verwaltungsräten führen.[1] Der im Vergleich zu den Regelungen, die in den deutschsprachigen und skandinavischen Ländern seit Jahrzehnten galten, zaghafte Schritt von 2013 sagt viel darüber aus, welche politisch-ideologischen Widerstände im Spiel waren, und auch darüber, wie stark national eingeengt die Sicht bei diesen Lernprozessen und Experimenten war.

In Großbritannien trugen der Wunsch, neue Wege im Kampf gegen die Ungleichheiten zu finden, und der Umstand, dass die Führung der Labour Party 2015 gewechselt hatte – teils wegen der Unzufriedenheit mit der Linie von Tony Blair und der zunehmenden Ungleichheit im Land –, dazu bei, dass sich in den letzten Jahren bei diesen Themen eine neue politische Agenda entwickelte. Festzustellen ist zum einen, dass offener über Verstaatlichungen gesprochen wird (staatliche Unternehmen gelten in manchen Bereichen wieder als wünschenswert wie etwa im Verkehrswesen oder bei der Wasserversorgung, was für einen gewissen Pragmatismus im Vergleich zur vorangehenden Phase spricht) und neue Regeln im Arbeitsrecht sowie für die Unternehmensführung gefordert werden. Die wachsende Popularität der Idee, dass die Arbeitnehmer in den Verwaltungsräten angelsächsischer Unternehmen vertreten sein sollen, für die sich in den letzten Jahren auch die Demokraten in den Vereinigten Staaten und sogar einige britische Konservative stark gemacht haben, erklärt sich sicher teilweise dadurch, dass es sich um eine soziale Maßnahme handelt, die den Staatshaushalt nicht belastet – in Zeiten wachsender Ungleichheiten und steigender Defizite ein sehr

(Letztere). Aber in den Schlüsselfragen der Eigentumsordnung und des internationalen Finanzsystems verhielten sie sich wie die britische Labour Party ziemlich konservativ.

1 Umgekehrt haben die wirtschaftlichen Probleme Deutschlands, die vor allem mit den Folgen der Wiedervereinigung zusammenhingen und von 1990 bis zu Beginn der 2000er Jahre spürbar waren, wahrscheinlich die weitere Verbreitung der Mitbestimmung gebremst.

wichtiger Aspekt. Aus all diesen guten wie schlechten Gründen ist zu erwarten, dass diese Fragen auch in den kommenden Jahren viel diskutiert werden, ohne dass man heute schon sagen kann, wann eine Veränderung kommen und wie sie aussehen wird.

Von der europäischen Mitbestimmung zum Vorschlag «2x + y»

Bevor wir zu diesen neuen Perspektiven kommen, müssen wir noch einmal betonen, dass wir bisher nur die verschiedenen politisch-ideologischen Entwicklungswege behandelt haben, die tatsächlich einen konkreten Niederschlag fanden. Es gibt noch viele andere, die nicht umgesetzt wurden, weil die Geschichte der Eigentumsordnungen genau wie die Geschichte der Ungleichheitsregime viele Weggabelungen kennt und nicht sinnvoll aus einer linearen und deterministischen Perspektive betrachtet werden kann.

Ein besonders interessanter Fall ist der sogenannte Vorschlag «2x + y», der in Großbritannien 1977–1978 diskutiert wurde. Arbeitsminister Harold Wilson hatte 1975 eine aus Juristen, Gewerkschaftsvertretern und Arbeitgebern bestehende Kommission unter dem Vorsitz des Historikers Alan Bullock damit beauftragt, einen Bericht zu der Frage der Mitbestimmung zu erarbeiten. Der Bericht, der 1977 übergeben wurde, folgte auf einen Vorstoß der Europäischen Kommission, die damals hauptsächlich auf deutschen Druck hin versuchte, eine europäische Richtlinie zum Gesellschaftsrecht zu verabschieden. Der 1972 von den Brüsseler Behörden veröffentlichte Vorschlag sah vor, dass bei allen Unternehmen mit mehr als 500 Beschäftigten mindestens ein Drittel der Mitglieder des Verwaltungsrats aus den Reihen der Arbeitnehmer stammen müsse. Neue Vorschläge für eine entsprechende Richtlinie tauchten noch einmal 1983 und 1988 auf, aber letztlich wurde das Projekt aufgegeben, weil sich keine ausreichende Mehrheit der EU-Mitgliedstaaten dafür fand.[1] Wir kommen noch darauf zurück, dass die Regeln der europäischen Entscheidungsfindung die Verabschiedung

1 Das Projekt einer fünften europäischen Richtlinie zum Gesellschaftsrecht hatte auch das Problem, dass die Version von 1972 das deutsche Modell der dualen Führung favorisierte. In den Versionen von 1983 und 1988 wurde dieser Aspekt fallengelassen, aber eine starke Arbeitnehmervertretung blieb erhalten (zwischen einem Drittel und der Hälfte der Sitze im Verwaltungsrat), jedoch ohne Erfolg. Siehe Technischer Anhang.

einer derartigen gemeinsamen Politik (das gilt auch für Reformen des Rechtssystems und des Steuer- und Sozialsystems) nahezu unmöglich machen und dass nur eine tiefgreifende Demokratisierung der Institutionen daran etwas ändern könnte. Gleichwohl ist es interessant, dass es in den 1970er und 1980er Jahren in Europa einen so relativ weitgehenden Vorstoß gab, ein europäisches Modell der Aufteilung der Macht zwischen Beschäftigten und Aktionären auf den Weg zu bringen.

Jedenfalls empfahl die Bullock-Kommission 1977 der britischen Labour-Regierung das sogenannte System «2x + y».[1] Es sah vor, dass in allen Unternehmen mit mehr als 2000 Beschäftigten die Aktionäre und die Arbeitnehmer jeweils eine Anzahl x von Mitgliedern des Verwaltungsrats wählen sollten. Der Staat komplettierte das Bild, indem er eine Anzahl y von unabhängigen Verwaltungsratsmitgliedern ernannte, bei Stimmengleichheit zwischen den Aktionärsvertretern und den Arbeitnehmervertretern gaben die Stimmen der vom Staat ausgewählten Vertreter den Ausschlag. So konnten beispielsweise in einem Verwaltungsrat 5 Vertreter der Aktionäre, 5 Vertreter der Arbeitnehmer und 2 staatliche Vertreter sitzen. Die Betriebsverfassungen konnten bei x und y variieren, aber nichts daran ändern, dass allein das *Board of Directors* (wie der Verwaltungsrat in angelsächsischen Unternehmen heißt) die wichtigsten Entscheidungen trifft (Ernennung und Abberufung der Unternehmensführung, Genehmigung des Jahresabschlusses, Verteilung von Dividenden etc.). Nicht überraschend liefen die Aktionäre und die Londoner City gegen diesen Vorschlag Sturm, weil er die vertrauten Vorstellungen des Privatkapitalismus auf den Kopf stellte und potenziell noch über die deutsche und schwedische Mitbestimmung hinausging. Die Gewerkschafter und die Mehrheit der Labour Party sprachen sich nachdrücklich dafür aus, ein anderer Kompromiss zeichnete sich nicht ab.[2] Im Herbst 1978 erwog der neue Labour-Premierminister James Callaghan, der 1976 auf Harold Wilson gefolgt war, ernsthaft Neuwahlen, alle Umfragen deuteten auf einen Wahlsieg von Labour hin. Schließlich entschied er, noch ein Jahr zu warten. Im *Win-*

1 Zu diesem Vorschlag und zur Geschichte dieser Debatten siehe E. McGaughey, «Votes at Work in Britain: Shareholder Monopolisation and the Single Channel», *Industrial Law Journal* 47, 1 (2018), S. 76–106.

2 Gewerkschafter und Arbeitgeber vertraten in der Bullock-Kommission gegensätzliche Positionen, und letzten Endes gaben die Stimmen der Juristen und Hochschullehrer den Ausschlag zugunsten der endgültigen Lösung.

ter of Discontent 1978–1979 lähmten zahlreiche soziale Konflikte das Land, während gleichzeitig die Inflation explodierte. Bei den Wahlen 1979 siegten schließlich die Tories unter Margaret Thatcher, und das Vorhaben, die Mitbestimmung der Arbeitnehmer zu regeln, wurde endgültig begraben.

Jenseits der Mitbestimmung: soziales Eigentum und die Aufteilung der Macht neu denken

Im vierten Teil des Buchs kommen wir auf die Frage zurück, wie eine neue Form des partizipativen Sozialismus für das 21. Jahrhundert aussehen könnte, die die Lehren aus der Geschichte berücksichtigt und vor allem Elemente von sozialem Eigentum und Eigentum auf Zeit verbindet.[1] An dieser Stelle möchte ich nur darauf hinweisen, dass das soziale Eigentum, das heißt die Aufteilung der Macht innerhalb der Unternehmen, viele andere Formen annehmen kann als die Mitbestimmung in den deutschsprachigen und nordeuropäischen Ländern und dass diese Geschichte noch längst nicht abgeschlossen ist, wie etliche aktuelle Vorschläge und Debatten zeigen.

Generell lautet eine der wichtigsten Fragen, inwieweit es möglich ist, die automatische Mehrheit der Aktionäre, wie sie die deutsche Mitbestimmungsregelung vorsieht, zu überwinden. Eine Lösung ist der Vorschlag «2x + y» der Bullock-Kommission, aber dabei erhält der Staat erhebliches Gewicht, was möglicherweise bei sehr großen Unternehmen funktionieren kann (es läuft darauf hinaus, dass lokale und nationale öffentliche Körperschaften die Rolle von Minderheitsaktionären übernehmen), aber Probleme aufwerfen dürfte, wenn man ein solches System auf Hunderttausende kleiner und mittlerer Unternehmen anwenden wollte.[2] Generell ist eine wichtige Einschränkung des deutschen Systems, dass es nur für große Unternehmen mit mehr als 500 Beschäftigten gilt, während die Mitbestimmung der nordeuropäischen Länder den Vorzug hat, dass sie in viel mehr Unternehmen zur Anwen-

1 Siehe Kapitel 17, S. 1192–1204.

2 Außer wenn man die Mechanismen und Verfahren präzisierte, wie dort staatliche Verwaltungsräte ernannt werden sollten, und man sich versicherte, dass das System befriedigend funktionierte (was nicht prinzipiell unmöglich war, aber eine konkrete historische Erfahrung verlangt hätte).

dung kommt (je nach Land mit über 30, 35 oder 50 Beschäftigten). In Anbetracht der Tatsache, dass die Mehrheit der Arbeitnehmer in kleinen Unternehmen arbeitet, ist es wichtig, Regelungen zu haben, die in der einen oder anderen Form für alle gelten.[1]

Abgesehen von dem Vorschlag «2x + y» könnte eine komplementäre Lösung darin bestehen, den Aktienbesitz von Arbeitnehmern zu fördern. Wenn deren Vertreter (also die Vertreter des Kapitals in Arbeitnehmerhand) zu den von den Arbeitnehmern unabhängig von jeglicher Beteiligung am Unternehmenskapital gewählten Verwaltungsratsmitgliedern hinzukämen, könnte das neue Mehrheiten an der Spitze der Unternehmen ermöglichen. In den Vereinigten Staaten legten beispielsweise demokratische Senatoren 2018 mehrere Gesetzesvorschläge vor, nach denen die Unternehmen 30–40 % der Sitze im Verwaltungsrat an gewählte Vertreter der Arbeitnehmer vergeben sollten.[2] Die Annahme solcher Gesetze in den Vereinigten Staaten wäre revolutionär, denn dort hat es noch nie eine derartige Bestimmung gegeben. Hingegen hat Aktienbesitz der Arbeitnehmer eine gewisse Tradition, obwohl durch die zunehmende Eigentumskonzentration in den letzten Jahrzehnten das Gewicht der mittleren Vermögensschicht sehr abgenommen hat. Arbeitnehmer könnten gestärkt werden durch eine Steuerpolitik, die Anreize schafft, Aktien zu erwerben, statt die hohen Einkommen und

---

1 2017 arbeiteten 21 % der Beschäftigten des privaten Sektors in Frankreich in Unternehmen mit weniger als 10 Mitarbeitern, 40 % in Unternehmen mit 10 bis 250 Mitarbeitern, 26 % in Unternehmen mit 250 bis 5000 Mitarbeitern und 13 % in Unternehmen mit mehr als 5000 Mitarbeitern. 12 % waren selbstständig, 21 % arbeiteten im öffentlichen Dienst (Staat, Gebietskörperschaften und Krankenhäuser), und 67 % waren im privaten Sektor angestellt (alle Unternehmensformen und -strukturen zusammengenommen). Die Verteilung entspricht der in anderen europäischen Ländern. Siehe Technischer Anhang.

2 Diese Vorhaben betreffen zwar nur große Unternehmen, aber dennoch sind sie in den Vereinigten Staaten einmalig. Das Projekt *Reward Work Act* (März 2018) sieht vor, dass bei börsennotierten Unternehmen mindestens ein Drittel der Verwaltungsräte von den Arbeitnehmern nach dem Grundsatz «ein Arbeitnehmer, eine Stimme» gewählt wird. Nach dem Projekt *Accountable Capitalism Act* (August 2018) sollen bei den größten Unternehmen (über 1 Milliarde Dollar Umsatz) 40 % der Verwaltungsräte aus den Reihen der Arbeitnehmer kommen *(employee directors)*, unabhängig davon, ob sie börsennotiert sind oder nicht. Im Übrigen müssen Spenden an politische Organisationen mit einer Mehrheit von 75 % im *Board of Directors* beschlossen werden (ansonsten können sie nach der Rechtsprechung des Obersten Gerichtshofs verboten werden). Bisher wurde weder das eine noch das andere Projekt verabschiedet, aber es ist eine Neuerung, dass sie im amerikanischen Kongress eingebracht und diskutiert wurden.

Vermögen so stark wie derzeit zu begünstigen.[1] Vorschläge zur progressiven Besteuerung von Eigentum und für eine allgemeine Kapitalausstattung wie die, von denen später noch die Rede sein wird, können ebenfalls dazu beitragen, Mehrheiten und Kräfteverhältnisse zu verändern und die Chancen für Teilnahme am und Einflussnahme auf das Wirtschaftsleben stärker auszugleichen. Dass in den Vereinigten Staaten zusätzliche Sitze für Verwaltungsratsmitglieder aus den Reihen der Arbeitnehmer geschaffen werden könnten, ist eine reichlich hypothetische Perspektive in einem politisch-ideologischen Kontext, in dem man sich nur sehr eingeschränkt am Erfolg der deutschen und nordeuropäischen Mitbestimmung orientiert und generell an allem, was außerhalb des Landes passiert. Dennoch sollte man daran erinnern, dass es eine alte (und weitgehend vergessene) angelsächsische Tradition gibt, die Macht der größten Aktionäre zu begrenzen: Zu Beginn des 19. Jahrhunderts setzten britische und amerikanische Unternehmen ab einer bestimmten Zahl von Anteilen oft eine Obergrenze für Stimmrechte fest.[2]

Die jüngst in Großbritannien geführten Debatten lassen neue Wege erkennen, die bestehenden Mitbestimmungsmodelle zu übertreffen. Eine Gruppe von Juristen veröffentlichte 2016 ein *Labour Law Manifesto*, das teilweise in das Wahlprogramm der Labour Party eingeflossen ist. Ihr Ziel ist, große Bereiche des Arbeits- und Unternehmensrechts völlig neu zu konzipieren, um für mehr Partizipation der Arbeitnehmer, bessere Arbeitsbedingungen und eine höhere Entlohnung zu sorgen und gleichzeitig insgesamt mehr gesellschaftliche und ökonomische Effizienz zu erreichen. Das Manifest schlägt insbesondere vor, dass die Arbeitnehmervertreter ab sofort mindestens zwei Sitze (ungefähr 20 %) in allen Verwaltungsräten bekommen. Der originellste Vorschlag lautet, die Verwaltungsräte gemeinsam von Aktionären und Arbeitnehmern wählen zu lassen.[3] Anders gesagt: Alle Arbeitnehmer würden als gleich-

1 Siehe dazu J. Blasi, R. Freeman, D. Kruse, *The Citizen's Share. Putting ownership back into democracy*, New Haven: Yale University Press 2013. Siehe auch J. Ott, *When Wall Street Met Main Street. The Quest for an Investors' Democracy*, Cambridge: Harvard University Press 2011.

2 Siehe Kapitel 5, S. 246–252.

3 E. McGaughey, «A Twelve Point Plan for Labour, and a Manifesto for Labour Law», *Industrial Law Journal* 46, 1 (2017), S. 169–184. Siehe auch K. Ewing, G. Hendy, C. Jones (Hg.), *A Manifesto for Labour Law*, Liverpool: Institute of Employment Rights 2016; dies. (Hg.), *Rolling out the Manifesto for Labour Law*, Liverpool: Institute of Employment Rights 2018, S. 32–33.

berechtigte Angehörige des Unternehmens neben den Aktionären betrachtet, weil sie an der langfristigen Entwicklung des Unternehmens beteiligt sind. Als solche hätten sie Stimmrechte in der gemischten Versammlung, die die Verwaltungsräte wählt. In einem ersten Schritt bekämen die Arbeitnehmer 20 % der Stimmrechte in dieser Versammlung, schrittweise stiege dieser Anteil (bis auf 50 % oder sogar noch darüber hinaus). Außerdem wird vorgeschlagen, dass diese Regeln für alle Unternehmen gelten sollen unabhängig von ihrer Größe, auch für die kleinsten. Das wäre ein wesentlicher Unterschied zur Situation in allen anderen Ländern und würde die Partizipation auf alle Arbeitnehmer ausdehnen.

Je nach Autor besteht der Vorzug eines solchen Systems darin, dass es die potenziellen Mitglieder des Verwaltungsrats zwingt, sich zugleich an die Arbeitnehmer und die Aktionäre zu wenden. Statt nur die Interessen der einen oder anderen Gruppe im Blick zu haben, müssen die von der ganzen gemischten Versammlung gewählten Verwaltungsräte langfristige Strategien präsentieren, die die Vorstellungen und Informationen beider betroffenen Gruppen von Akteuren berücksichtigen. Wenn die Arbeitnehmer auch einen Teil der Aktien besitzen, entweder als Einzelpersonen oder durch eine kollektive Struktur, könnten neue Dynamiken entstehen.[1]

Kooperativen und Selbstverwaltung: Kapital, Macht und Stimmrechte

Betrachten wir nun noch die laufenden Überlegungen zur Leitung von Genossenschaften und allgemeiner von nicht gewinnorientierten Organisationen wie Vereinen und Stiftungen, die in vielen Bereichen eine zentrale Rolle spielen, besonders in der Bildung, im Gesundheitswesen, der Kultur, den Universitäten und den Medien. Bei Genossenschaften war ein wichtiger Faktor, der ihre Entwicklung hemmte, ihre zu große Rigidität. Die klassische Form sieht so aus, dass alle Mitglieder der Ko-

1 Siehe auch die Vorschläge von I. Ferreras, *Firms as Political Entities. Saving Democracy through Economic Bicameralism*, Cambridge: Cambridge University Press 2017. Demnach sollten Unternehmen durch eine Arbeitnehmerversammlung und eine Aktionärsversammlung geführt werden, ohne dass die eine mehr Gewicht hätte als die andere, so wie es in einer Reihe von Demokratien mit Zweikammersystem der Fall ist. Der Vorteil ist, dass die Beteiligten gedrängt werden, Kompromisse zu schließen, die ihnen beiden zugutekommen; allerdings besteht die Gefahr, dass Entscheidungen blockiert werden.

operative oder Genossenschaft über das gleiche Stimmrecht verfügen. Bei bestimmten Projekten, bei denen es gerade um eine egalitäre Kooperation und ähnliche Beiträge aller Mitglieder geht, kann das perfekt passend sein. Vielfältige Organisationsformen von Kooperativen in der Geschichte haben bewiesen, dass sie sich dafür eignen, gemeinschaftliche natürliche Ressourcen auf egalitärer Basis zu verwalten.[1]

Aber in vielen anderen Situationen kann das zu Komplikationen führen, insbesondere wenn bei der Finanzierung einer neuen Investition individuelle Besonderheiten zutage treten. Schwierigkeiten kann es genauso bei großen Projekten wie bei ganz kleinen Unternehmen geben. Nehmen wir das Beispiel einer Person, die ein Café-Restaurant oder einen Bioladen eröffnet und 50 000 Euro in das Geschäft investiert. Sagen wir, es gibt drei Beschäftigte: den Gründer und zwei Mitarbeiter, die für ihn arbeiten, aber kein Kapital eingebracht haben. Bei einer vollkommen egalitären genossenschaftlichen Struktur hätten die drei Beschäftigten jeweils eine Stimme. Aber die beiden, die der Gründer eingestellt hat und die vielleicht erst vor einer Woche dazugekommen oder bereits auf dem Sprung sind, ihre eigenen Projekte zu verwirklichen, können den Gründer bei allen Entscheidungen überstimmen – dabei hat der Gründer nicht nur seine Ersparnisse in das Geschäft investiert, sondern auch über Jahre gehegte Träume und Vorstellungen, die ihm etwas bedeuten. Eine solche Regelung mag für manche Situationen angemessen sein, aber sie in allen Fällen vorzuschreiben, wäre weder gerecht noch effizient. Es gibt eine große Bandbreite an individuellen Wünschen und Entwicklungswegen; die verschiedenen möglichen Formen, die Macht aufzuteilen, müssen sich dieser Vielfalt anpassen und dürfen sie nicht ersticken. Im nächsten Kapitel komme ich beim Thema der kommunistischen und postkommunistischen Gesellschaften auf diese wichtige Frage zurück.[2]

Generell ist es bei Projekten mit mehr Angestellten und einer vielfältigeren Kapitalstruktur nicht unüblich, dass die Personen, die mehr Kapital beigetragen haben, über mehr Stimmrechte verfügen, sofern die Angestellten ebenfalls in den Entscheidungsgremien vertreten sind (entweder werden die Vertreter nach den Regeln der deutschen Mit-

---

1 Siehe D. Cole, E. Ostrom, *Property in Land and Other Ressources*, Cambridge: Lincoln Institute of Land Policy 2012. Siehe auch F. Graber, F. Locher, *Posséder la nature. Environnement et propriété dans l'histoire*, Paris: Éditions Amsterdam 2018.

2 Siehe Kapitel 12, S. 742–747.

bestimmung gewählt, oder es gibt eine aus Angestellten und Anteilseignern gemischte Versammlung) und im Übrigen alles getan wird, um die Ungleichheiten beim Vermögen zu reduzieren und die Bedingungen für die Teilnahme am wirtschaftlichen und sozialen Leben auszugleichen. Man kann auch eine Obergrenze für die Stimmrechte festsetzen oder unterschiedliche Klassen von Stimmrechten einführen.[1]

Zum Beispiel wurde kürzlich vorgeschlagen, die Rechtsform einer «nicht gewinnorientierten Mediengesellschaft» zu schaffen, bei der die Stimmrechte der größten Geldgeber gedeckelt sein sollten, während die Stimmrechte der weniger großen Geldgeber (Journalisten, Leser, Crowdfunder etc.) entsprechend aufgewertet würden. In einem solchen Fall könnte man beispielsweise festlegen, dass bei hohen individuellen Einlagen für den Teil, der mehr als 10 % des Kapitals ausmacht, nur ein Drittel der Stimmrechte gewährt wird.[2] Die Idee dabei ist, dass es sinnvoll sein kann, einem Journalisten oder einem Leser, der 10 000 Euro beiträgt und nicht nur 100 Euro, mehr Stimmen zu geben, aber gleichzeitig zu vermeiden, dass ein Geldgeber mit unbegrenzten Mitteln, der die gesamten 10 Millionen Euro aufbringt, die womöglich nötig sind, um eine Zeitung zu «retten», die ganze Macht bekommt. In gewisser Weise würde es sich dabei um eine Zwischenform zwischen herkömmlichen Aktiengesellschaften, bei denen der Grundsatz gilt «eine Aktie, eine Stimme», und anderen, nicht gewinnorientierten Strukturen handeln, bei denen eine finanzielle Beteiligung gar kein Mitspracherecht bringt (zumindest nicht direkt).

Ein solches Modell, das ursprünglich für den Mediensektor gedacht war und einen Rahmen vorsah, in dem finanzielle Beiträge in Form von (nicht rückzahlbaren) Spenden geleistet werden, kann auch bei Genossenschaften in anderen Bereichen angewendet werden und ebenso in Fällen, bei denen die Kapitalbeiträge zurückgezahlt werden. Generell gibt es keinen Grund, nur ein rein genossenschaftliches Modell einerseits (eine Person, eine Stimme) und ein reines Aktienmodell (eine Aktie, eine Stimme) einander gegenüberzustellen. Der entscheidende Punkt ist, dass die neuen

1 Das war manchmal im 18. und 19. Jahrhundert bei Parlamenten wie bei Aktionärsversammlungen üblich: Man konnte entweder streng das proportionale Prinzip «eine Aktie/ein Kopf – eine Stimme» anwenden oder die Wähler oder Aktionäre nach ihrem Vermögen oder Kapital einordnen und mehrere Wahlrechtsklassen definieren. Siehe Kapitel 5, S. 246–252.

2 Siehe J. Cagé, *Rettet die Medien. Wie wir die vierte Gewalt gegen den Kapitalismus verteidigen*, München: C.H.Beck 2016.

Mischformen konkret und in großem Maßstab ausprobiert werden. Diskussionen über Selbstverwaltung haben oft große Hoffnungen geweckt, zum Beispiel in Frankreich in den 1970er Jahren. Aber im Allgemeinen ist es bei Schlagworten geblieben, die keine praktischen Folgen hatten.[1] Die Förderung neuer Rechtsformen muss auch mit einer Reform der Besteuerung von nicht gewinnorientierten Unternehmen einhergehen. In den meisten Ländern begünstigen die Steuerabzugsmöglichkeiten für Spenden überproportional die Wohlhabenden. Deren karitative, kulturelle und künstlerische Vorlieben, manchmal auch ihre Vorstellungen von Bildung und Politik werden *de facto* durch die kleinen und mittleren Steuerzahler subventioniert. Im vierten Teil dieses Buchs werden wir darauf zurückkommen, wie es möglich ist, diese Mittel in einer sehr viel stärker demokratischen und partizipativen Weise einzusetzen, sodass jeder Bürger aus einer Fülle gemeinnütziger Projekte auszuwählen imstande ist, die auch andere Sektoren als die hier erwähnten abdecken könnten (zum Beispiel die Medien oder die nachhaltige Entwicklung).[2]

Fassen wir zusammen: Im 19. Jahrhundert und bis zum Ersten Weltkrieg bestand die dominierende Ideologie in einer Sakralisierung des Privateigentums und der Eigentumsrechte. Von 1917 bis 1991 waren die Debatten über die Eigentumsformen auf den Gegensatz zwischen Sowjetkommunismus einerseits und amerikanischem Kapitalismus andererseits fixiert, was zu einer gewissen Erstarrung der Diskurse und Reflexionen führte. Entweder galt die unbegrenzte Ausweitung des Staatseigentums an Unternehmen als Lösung aller Probleme oder die private Aktiengesellschaft. Das erklärt jedenfalls teilweise, warum alternative Modelle wie die Mitbestimmung oder die Selbstverwaltung nicht so erforscht und vertieft wurden, wie es möglich gewesen wäre. Der Zerfall der Sowjetunion eröffnete eine neue Phase des unbegrenzten Glaubens an das Privateigentum, den wir noch nicht ganz hinter uns gelassen haben, der aber deutliche Zeichen der Erschöpfung zeigt. Weil das Sowjetsystem eine Katastrophe war, heißt das nicht, dass man nicht mehr über das Eigentum und seine Überwindung nachdenken darf. Die konkreten Formen von Eigentum und Macht müssen immer wieder neu erfunden werden. Es ist an der Zeit, den Faden dieser Geschichte wiederaufzunehmen und vor allem die Erfahrungen der deutschspra-

1 Zu den Debatten über die Selbstverwaltung siehe beispielsweise P. Rosanvallon, *Notre histoire intellectuelle et politique, 1968–2018*, Paris: Seuil 2018, S. 56–77.

2 Siehe Kapitel 17, S. 1192–1204.

chigen und nordeuropäischen Länder mit der Mitbestimmung zu verbreiten, zu generalisieren und zu funktionsfähigen partizipativen und innovativen Modellen für Selbstverwaltung auszuweiten.

Die Sozialdemokratie, die Bildung und der verlorene Vorsprung der Vereinigten Staaten

Wenden wir uns nun einer der größten Herausforderungen zu, vor denen die sozialdemokratischen Gesellschaften zu Beginn des 21. Jahrhunderts stehen, nämlich der Frage, wie der Zugang zu Bildung und Qualifikationen und insbesondere der Zugang zu höherer Bildung geregelt ist. Generell muss jenseits der Eigentumsordnung die zentrale Rolle der Bildung in der Geschichte der Ungleichheitsregime und bei der Entwicklung der sozio-ökonomischen Ungleichheiten unterstrichen werden, sowohl auf nationaler wie auf internationaler Ebene. Zwei Punkte verdienen in diesem Zusammenhang besondere Beachtung. Zunächst einmal hatten die Vereinigten Staaten den größten Teil des 20. Jahrhunderts hindurch in der Bildung einen erheblichen Vorsprung vor Westeuropa und der übrigen Welt. Dieser Vorsprung reichte bis zum Beginn des 19. Jahrhunderts und in die Anfänge des Landes zurück und erklärt zu einem großen Teil die enormen Unterschiede bei Produktivität und Lebensstandard im 20. Jahrhundert. Ende des 20. Jahrhunderts war dieser ungewöhnliche Vorsprung verschwunden, und in den Vereinigten Staaten herrscht mittlerweile eine ähnlich ungewöhnliche Stratifikation in der Bildung mit großen Unterschieden zwischen den Bildungsinvestitionen für die unteren und mittleren Schichten und für die Personen, die sich den Zugang zu den am besten ausgestatteten Universitäten leisten können. Unabhängig vom amerikanischen Beispiel ist mir das Faktum sehr wichtig, dass der Übergang von der Revolution der primären und sekundären Bildung zur Revolution der Hochschulbildung eine Herausforderung darstellt, auf die kein Land vollkommen zufriedenstellend reagiert hat. Das erklärt teilweise, warum die Ungleichheiten seit 1980 wieder größer geworden sind und sich das sozialdemokratische Modell sowie die Wählerkoalition, die es an die Macht gebracht hat, erschöpft haben.

Beginnen wir mit dem Vorsprung der Vereinigten Staaten. Zu Beginn der 1950er Jahre lag die Arbeitsproduktivität in Deutschland und

Frankreich knapp halb so hoch wie in den Vereinigten Staaten, in Großbritannien lag sie unter 60 % des amerikanischen Niveaus. In den 1960er und 1970er Jahren überholten Deutschland und Frankreich Großbritannien, und Ende der 1980er Jahren hatten sie die Vereinigten Staaten eingeholt. Ab den 1990er Jahren stabilisierte sich die Produktivität in Deutschland und Frankreich ungefähr auf dem gleichen Niveau wie in den Vereinigten Staaten, während die Produktivität in Großbritannien etwa 20 % darunter blieb (siehe Grafiken 11.3 und 11.4).

Zu diesem Thema und seinen Entwicklungen sind mehrere Anmerkungen nötig. Zunächst einmal muss hervorgehoben werden, dass die in den Grafiken 11.3 und 11.4 dargestellten Messungen der Arbeitsproduktivität (das heißt Bruttoinlandsprodukt geteilt durch die Gesamtzahl der von der erwerbstätigen Bevölkerung jedes Landes im Lauf eines Jahres geleisteten Arbeitsstunden) ganz und gar nicht befriedigend ist. Zum einen ist der Begriff «Produktivität» problematisch und bedarf der Präzisierung. Manchmal scheint er so etwas wie einen Befehl auszudrücken, immer noch mehr zu produzieren, was sinnlos ist, wenn er zur Folge hat, dass der Planet unbewohnbar wird. Deshalb ist es unbedingt vorzuziehen, nicht das Bruttosozialprodukt zu betrachten,

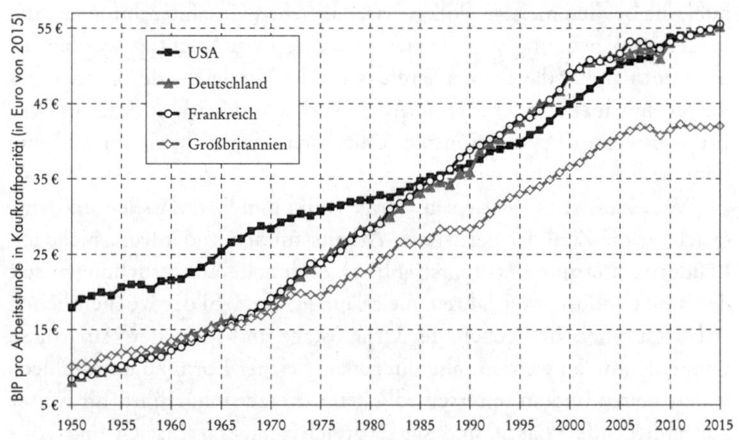

Grafik 11.3: Die Arbeitsproduktivität, gemessen am BIP pro Arbeitsstunde (in konstanten Euro von 2015 und nach Kaufkraftparität), stieg von 8 Euro in Deutschland und Frankreich im Jahr 1950 auf 55 Euro im Jahr 2015. Deutschland und Frankreich holten innerhalb des Zeitraums 1985 bis 1990 das Niveau der Vereinigten Staaten ein (oder übertrafen es leicht), während Großbritannien 20 % darunter blieb. Quellen und Reihen: siehe piketty.pse.ens.fr/ideologie.

Die Arbeitsproduktivität: Europa und Vereinigte Staaten

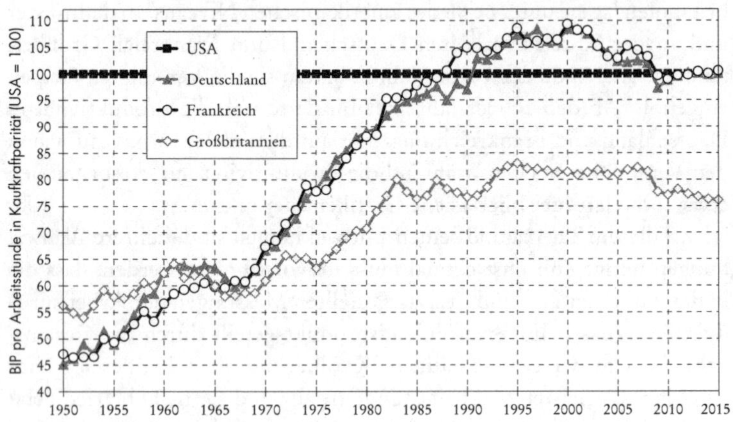

Grafik 11.4.: Die Arbeitsproduktivität, gemessen am BIP pro Arbeitsstunde (in konstanten Euro von 2015 und nach Kaufkraftparität), war in Westeuropa im Jahr 1950 halb so hoch wie in den Vereinigten Staaten. Deutschland und Frankreich holten in den Jahren 1985 bis 1990 das Niveau der USA ein (oder übertrafen es leicht), während Großbritannien etwa 20% darunter blieb.
Quellen und Reihen: siehe piketty.pse.ens.fr/ideologie.

sondern das Nettosozialprodukt, das heißt den Wert nach Abzug aller Abschreibungen und Verluste beim Kapital, auch beim natürlichen Kapital, die bei den meisten Volkswirtschaftlichen Gesamtrechnungen, die heute zur Verfügung stehen, viel zu wenig berücksichtigt werden. In unserem Fall hat das keinen Einfluss auf die Vergleiche der Länder, auf die wir uns hier konzentrieren. Aber es ist sehr wichtig für die Analyse der weltweiten Produktionsweise und der Ungleichheit im 21. Jahrhundert.[1]

Weiterhin ist es relativ schwierig, vollkommen verlässlich und vergleichbar die Zahl der geleisteten Arbeitsstunden in den verschiedenen Ländern zu ermitteln. Freilich gibt es zahlreiche Untersuchungen seit den 1960er und 1970er Jahren, die erlauben, die Zahl der wöchentlichen Arbeitsstunden anzugeben, der Urlaubstage und so weiter. Aber diese Untersuchungen werden selten in genau gleicher Form zu unterschiedlichen Zeiten und an unterschiedlichen Orten durchgeführt, für weiter zurückliegende Phasen sind sie sehr viel weniger zahlreich und vollständig. Ich verwende hier die Zahlen über die Arbeitsstunden, die von

1 Siehe Kapitel 13, S. 830–840.

den internationalen Statistikbehörden gesammelt wurden. Es sind die besten Angaben, die uns zur Verfügung stehen, aber ihre Genauigkeit darf nicht überschätzt werden. Wichtig ist vor allem, im Kopf zu behalten (das ist auch hinreichend dokumentiert), dass die Zahl der Arbeitsstunden in den westeuropäischen Ländern und in den Vereinigten Staaten bis zum Beginn der 1970er Jahre ungefähr gleich war (zwischen 1900 und 2000 Stunden pro Jahr und Arbeitsplatz) und sich in den 1980er und 1990er Jahren eine deutliche Schere auftat. Mitte der 2010er Jahre liegt die Zahl der Arbeitsstunden in Deutschland und Frankreich zwischen 1400 und 1500 pro Jahr und Arbeitsplatz gegenüber fast 1700 Stunden in Großbritannien und 1800 Stunden in den Vereinigten Staaten. Diese Zahlen spiegeln wider, dass die Arbeitswoche in Deutschland und Frankreich kürzer ist und der Urlaub länger.[1]

Weiterhin ist als allgemeine langfristige Tendenz festzuhalten, dass die Arbeitszeit zurückgeht (auch in Großbritannien, weniger stark in den Vereinigten Staaten), was logisch erscheint. Wenn die Produktivität steigt, ist es natürlich, dass die Menschen weniger arbeiten und vom höheren Lebensstandard profitieren, um sich der Familie, den Kindern und Freunden zu widmen, um die Welt und andere Menschen zu entdecken, um Unterhaltung und Kultur zu genießen. Man kann es durchaus so sehen, dass dies das Ziel des technischen und ökonomischen Fortschritts ist und dass das allgemeine Ziel, die Lebensqualität zu verbessern, durch die Entwicklungen in Deutschland und in Frankreich ein bisschen besser erfüllt wird als in den angelsächsischen Ländern. Die Frage, welches der ideale Rhythmus für die Reduzierung der Arbeitszeit ist und wie das am besten organisiert wird, ist jedoch extrem komplex und lässt sich hier nicht entscheiden. Die tendenzielle Ab-

1 Die hier verwendeten Reihen stammen von der OECD und dem BLS (US Bureau of Labor Statistics). Zur Vereinfachung nehmen wir an, dass 2000 Arbeitsstunden jährlich 50 Wochen zu 40 Stunden entsprechen (bei zwei Wochen Urlaub) und 1500 Arbeitsstunden jährlich ungefähr 43 Wochen mit 35 Stunden (acht Wochen Urlaub). Die durchschnittliche Zahl der Arbeitsstunden lag in Deutschland 2015 bei 1370 pro Arbeitsplatz (gegenüber 1470 in Frankreich, 1680 in Großbritannien und 1790 in den Vereinigten Staaten), worin sich auch ein hoher Anteil von Teilzeitarbeitsverhältnissen widerspiegelt. Siehe Technischer Anhang. Die verfügbaren historischen Untersuchungen deuten darauf hin, dass die Arbeitszeit jenseits des Atlantiks von 1870 bis 1913 deutlich kürzer war, in der Zwischenkriegszeit eine Angleichung mit Europa stattfand und sich die Verhältnisse seit den 1970er Jahren umgekehrt haben. Siehe M. Huberman, C. Minns, «The Times they Are not Changin': Days and Hours of Work in Old and New Worlds, 1870–2000», *Explorations in Economic History* 44, 4 (2007), S. 538–567.

nahme der Arbeitszeit ist ein eminent politisches Thema, dabei kommen immer für jedes Land spezifische gesellschaftliche Konflikte und ideologische Entwicklungen ins Spiel.[1] Wir merken an dieser Stelle einfach an, dass ohne nationale Gesetze und kollektive Verhandlungen, die alle Arbeitnehmer eines Landes oder zumindest einer Branche einbeziehen, im Lauf der Geschichte bedeutsame Reduzierungen der Arbeitszeit sehr selten vorgekommen sind.[2]

Unabhängig davon, wie man über die Wochenarbeitszeit oder die Länge des bezahlten Urlaubs in den einzelnen Ländern denkt, bleibt als wichtiges Faktum, das ich hier unbedingt hervorheben will, dass die durchschnittliche Arbeitsproduktivität, so wie sie mit dem Wert für das BIP pro Arbeitsstunde gemessen wird, zu Beginn der 1950er Jahre in Deutschland und Frankreich nur halb so hoch war wie in den Vereinigten Staaten und dass sie seit 1985–1990 praktisch identisch ist, während sie in Großbritannien um 20 % darunter liegt. Auch wenn die Unzulänglichkeiten der verfügbaren Daten die Vergleiche leicht in die eine oder andere Richtung verzerren können, halten wir einmal die Größenordnungen fest.[3]

---

1 Zum Beispiel ging die gesetzliche Reduzierung der wöchentlichen Arbeitszeit auf 35 Stunden in Frankreich von 1997 bis 2002 mit einer verstärkten Flexibilisierung der Arbeitszeit bei den unteren Gehältern einher, außerdem einem verlängerten Einfrieren der Kaufkraft, und erwies sich als besonders vorteilhaft für leitende Angestellte (die vor allem von zusätzlichen Urlaubstagen profitierten). In Großbritannien und den Vereinigten Staaten wurde die geringe Reduzierung der Arbeitszeit in den letzten Jahrzehnten von einem deutlichen Niedergang der Gewerkschaften begleitet (ohne dass Politik und Gesetzgebung die Lücke füllten) und einem besonders starken Zuwachs der Gehaltsungleichheiten. Eine Analyse der verschiedenen nationalen Wege bei der Organisation und Reduzierung der Arbeitszeit würde den Rahmen dieser Untersuchung sprengen.

2 Das erklärt sich durch die praktischen Schwierigkeiten, die ein Arbeitnehmer hat, selbst über seine Arbeitszeit zu verhandeln, und auch durch die Tendenz, an einem bestimmten Lebensniveau festzuhalten: Man möchte nicht als Erster einen Teil seiner Kaufkraft opfern, selbst wenn kollektiv mehr Freizeit bevorzugt wird. Die Verringerung der Arbeitszeit von Selbstständigen im Anschluss an Gesetze, die nur Arbeitnehmer betrafen, lässt vermuten, dass dieser zweite Faktor eine gewisse Rolle spielte. Die verfügbaren Daten, um diese Fragen zu entscheiden, sind jedoch lückenhaft.

3 Theoretisch und in dem Umfang, in dem die Personen mit der geringsten Bildung vom Arbeitsmarkt ausgeschlossen sind, könnte sich die hohe französische Produktivität in den 2010er Jahren teilweise durch die relative Schwäche des Beschäftigungsniveaus erklären. Doch wenn man die Reihen zur Produktivität dadurch korrigiert, dass man annimmt, die Arbeitsstunden hätten die gleiche Entwicklung genommen wie in Deutschland ab 2005 (dem Jahr, als die Beschäftigungsquoten beider Länder sehr ähnlich waren), stellt man fest, dass die französische Produktivität leicht unter dem deutschen Niveau und dem Niveau der Vereinig-

Der Produktivitätsbegriff, den wir hier verwenden, mag zwar sehr unvollkommen und unbefriedigend sein, aber er ist subtiler als ein rein kommerzieller Begriff. Vor allem wird die Produktion des öffentlichen Sektors und des nicht gewinnorientierten Sektors beim Bruttoinlandsprodukt auf der Basis der Produktionskosten mit einbezogen, was darauf hinausläuft, dass Steuern, Subventionen und sonstige Ausgaben, die dazu dienen, Lehrer und Ärzte zu bezahlen, die derartige Dienstleistungen erbringen, dem «Wert» entsprechen, den die Gesellschaft ihnen zumisst. Das hat wahrscheinlich zur Folge, dass das Bruttoinlandsprodukt der Länder mit einem relativ großen öffentlichen Dienst leicht unterschätzt wird (im Verhältnis zu Ländern, wo diese Dienste von privaten Unternehmen erbracht werden und oft teurer sind), aber die Verzerrung ist sehr viel weniger stark, als wenn der nichtkommerzielle Sektor einfach ignoriert wird.

Die Vereinigten Staaten, das Land der frühen primären und sekundären Schulbildung

Kehren wir zu der Frage nach dem Vorsprung der Vereinigten Staaten und seinem Zusammenschmelzen ab den 1950er Jahren zurück (siehe Grafiken 11.3. und 11.4). Zunächst einmal ist hervorzuheben, dass die geringere Produktivität in Europa im Vergleich zu den Vereinigten Staaten, die Mitte des 20. Jahrhunderts zu beobachten war, viel weiter in die Vergangenheit zurückreicht. Der Abstand hat sich zweifellos durch die Zerstörung des Produktionsapparats in den beiden Weltkriegen noch einmal vergrößert, aber der wesentliche Punkt ist, dass er bereits Ende des 19. und zu Beginn des 20. Jahrhunderts sehr groß war. In Frankreich und Deutschland betrug das Bruttoinlandsprodukt oder das Nationaleinkommen pro Einwohner oder pro Arbeitsplatz in den 1900er Jahren zwischen 60 % und 70 % des Werts in den Vereinigten Staaten. Der Abstand Großbritanniens war mit 80–90 % geringer. Die britische Produktivität war den größten Teil des 19. Jahrhunderts vor

ten Staaten von 2010–2015 lag, was allerdings nur wenig Einfluss auf den Gesamtvergleich hat. Siehe Technischer Anhang und Zusatzgrafik S11.4. Der entscheidende Punkt ist, dass die Unterschiede bei der Arbeitszeit zwischen verschiedenen Ländern mehr mit kollektiven Entscheidungen zu tun haben (Wochenarbeitszeit, bezahlte Urlaubstage etc.) als mit unfreiwilliger Unterbeschäftigung.

allem dank des Vorsprungs, den das Land in der ersten industriellen Revolution errungen hatte, weltweit am höchsten gewesen, aber die Vereinigten Staaten hatten Großbritannien bereits in den 1900er Jahren deutlich überholt, nachdem die britische Produktivität in den Jahrzehnten vor dem Ersten Weltkrieg immer mehr zurückgefallen war.

Alle verfügbaren Erkenntnisse sprechen dafür, dass diese alte, fortdauernde und wachsende Kluft bei der Produktivität (zumindest bis in die 1950er Jahre) zu einem großen Teil durch den historischen Vorsprung der Vereinigten Staaten bei der Ausbildung der Arbeitskräfte zu erklären ist. Zu Beginn des 19. Jahrhunderts war die Bevölkerungszahl in Amerika klein im Verhältnis zur europäischen, aber viel mehr Menschen besuchten eine Schule. Nach den Daten, die wir besitzen und die hauptsächlich aus Volkszählungen stammen, lag die Schulbesuchsquote bei der primären Bildung (hier definiert als Prozentsatz der Kinder, Mädchen wie Jungen, zwischen 5 und 11 Jahren, die eine Grundschule besuchten) in den 1820er Jahren bei fast 50 %, in den 1840er Jahren bei fast 70 % und in den 1850er Jahren über 80 %. Wenn man nur die weiße Bevölkerungsgruppe betrachtet und die schwarze unberücksichtigt lässt, stellt man fest, dass ab den 1840er Jahren fast alle Kinder die Grundschule besuchten (über 90 % der entsprechenden Altersklasse). Zur gleichen Zeit gingen in Großbritannien, Frankreich und Deutschland nur zwischen 20 % und 30 % der Kinder in eine Grundschule. Diese drei Länder erreichten erst in den Jahren 1890–1910 Schulbesuchsquoten im Primarbereich, die in den Vereinigten Staaten bereits ein halbes Jahrhundert früher flächendeckend zu beobachten waren.[1] Der Vorsprung der Vereinigten Staaten in der Bildung erklärt sich teilweise durch die religiösen, genauer: protestantischen Ursprünge (Schweden und Dänemark lagen in der ersten Hälfte des 19. Jahrhunderts nicht weit hinter den Vereinigten Staaten), aber auch durch besondere Faktoren. Deutschland rangierte bei der Schulbildung Mitte des 19. Jahrhunderts leicht vor Frankreich und Großbritannien, aber weit hinter den Vereinigten Staaten. Der Vorsprung der Vereinigten Staaten hatte auch mit einem klassischen Phänomen der Migration zu tun, das bis heute zu beobachten ist. Die Menschen, die im 18. und 19. Jahrhun-

---

1 Zu den verschiedenen verfügbaren Quellen siehe Technischer Anhang. Die hier genannten Schulbesuchsquoten stammen vor allem aus den Daten von J. Lee, H. Lee, «Human Capital in the Long-Run», *Journal of Development Economics* 122 (2016), S. 147–169, die sich auf zahlreiche frühere Arbeiten stützen.

dert nach Amerika einwanderten, waren im Durchschnitt besser gebildet und zeigten eine höhere Bereitschaft, in die Bildung ihrer Kinder zu investieren, als die damalige Bevölkerung in Europa, auch innerhalb einer Gruppe mit gleicher Herkunft und Religionszugehörigkeit.

Parallel zu dem ganz klaren Vorsprung der Vereinigten Staaten gegenüber Europa bei der primären Bildung in der Zeit von 1820–1850 erfolgte auch die rasche Ausweitung des allgemeinen Männerwahlrechts. Diesen Zusammenhang bemerkte bereits Tocqueville 1835, der in der Verbreitung von Bildung und Grundbesitz die beiden fundamentalen Triebkräfte für die die Entfaltung des «demokratischen Geists» in den Vereinigten Staaten sah.[1] Tatsächlich zeigen die verfügbaren Daten einen Anstieg der Beteiligung erwachsener weißer Männer an den amerikanischen Präsidentschaftswahlen von 26 % im Jahr 1824 auf 55 % im Jahr 1832 und auf 75 % im Jahr 1844.[2] Frauen und Schwarze blieben jedoch lange vom Wahlrecht ausgeschlossen (Letztere bis in die 1960er Jahre). In Europa kam es erst gegen Ende des 19., Anfang des 20. Jahrhunderts zu einer ähnlichen Ausweitung des Wahlrechts.[3] Die Entwicklung beim Wahlrecht auf lokaler Ebene erfolgte im gleichen Rhythmus

---

1 «Die Vorschriften über öffentliche Erziehung jedoch sind es, in denen von Anfang an das ursprüngliche Wesen der amerikanischen Kultur aufs deutlichste erkennbar war. [...] Die Gemeindebehörden müssen darüber wachen, daß die Eltern ihre Kinder in die Schule schicken; sie haben das Recht, denjenigen Bußen aufzuerlegen, die diesem Gebot zuwiderhandeln; und setzen sie ihren Widerstand fort, so tritt die Gesellschaft an die Stelle der Familie, bemächtigt sich des Kindes und nimmt den Eltern die Rechte weg, die die Natur ihnen verlieh, die sie aber so unzulänglich ausübten» (A. de Tocqueville, *Über die Demokratie in Amerika. Beide Teile in einem Band*, München: dtv klassik 2. Aufl. 1984, S. 48).

2 Siehe die nach den Staaten aufgeschlüsselten Daten bei S. Engerman, K. Sokoloff, «The Evolution of Suffrage Institutions in the New World», *Journal of Economic History* 65 (2005), S. 906, Tabelle 2.

3 Siehe Kapitel 5, Grafik 5.3. Besonders groß ist der Kontrast zu den lateinamerikanischen Staaten (vor allem Brasilien, Mexiko, Argentinien und Chile), wo die Wahlbeteiligung erwachsener weißer Männer bis 1890–1910 unter 10–20 % lag. Siehe ebenda, S. 910–911, Tabelle 3. Über den langsamen Übergang von einer merkantilistisch-absolutistischen Ideologie zu einer proprietaristischen, am Zensussystem orientierten bei den argentinischen Eliten im 19. Jahrhundert in Verbindung mit der Veränderung der Formen des Reichtums (vom Export von Silber bis zu einem hohen Überschuss bei Agrarprodukten) siehe J. Adelman, *Republic of Capital. Buenos Aires and the Legal Transformation of the Atlantic World*, Stanford: Stanford University Press 1999. Dazu, dass es in Lateinamerika im 20. Jahrhundert keinen Rückgang der Ungleichheiten gab, siehe J. Williamson, «Latin American Inequality: Colonial Origins, Commodity Booms or a Missed Twentieth Century Leveling», *Journal of Human Development and Capabilities* 16, 3 (2015), S. 324–341.

und hatte zur Folge, dass es mehr politische Unterstützung für die Finanzierung der Schulen durch lokale Steuern gab.

Der wichtige Punkt dabei ist, dass die Fortschritte in der Bildung in Europa einen großen Teil des 20. Jahrhunderts hindurch weitergingen. In den 1900er Jahren hatten die europäischen Länder gerade einmal erreicht, dass alle Kinder in den Genuss einer Grundschulbildung kamen, als die Vereinigten Staaten da schon sehr weit mit der Verbreitung der sekundären Bildung waren. Die sekundäre Bildung, definiert als Prozentsatz der Kinder im Alter von 12 bis 17 Jahren (Mädchen wie Jungen), die eine Bildungseinrichtung des Sekundarbereichs besuchen, lag in den 1920er Jahren schon bei 30 %, in den 1940er Jahren bei 40–50 % und Ende der 1950er sowie zu Beginn der 1960er Jahre bei fast 80 %. Anders ausgedrückt: Nach dem Ende des Zweiten Weltkriegs war in den Vereinigten Staaten die Sekundarbildung für alle fast erreicht.[1] Zur gleichen Zeit besuchten in Großbritannien und Frankreich zwischen 20 % und 30 % eine Bildungseinrichtung des Sekundarbereichs und in Deutschland 40 %. In diesen drei Ländern besuchten erst in den 1980er Jahren 80 % eines Jahrgangs eine Bildungseinrichtung des Sekundarbereichs, wie es in den Vereinigten Staaten bereits in den 1960er Jahren der Fall war. Japan hingegen holte schneller auf: Die Schulbesuchsquote im Sekundarbereich lag dort in den 1950er Jahren bei 60 % und Ende der 1960er und zu Beginn der 1970er Jahre bei über 80 %.[2]

Es ist interessant festzustellen, dass Ende des 19. Jahrhunderts insbesondere in Großbritannien und in Frankreich Stimmen laut wurden, die die zu geringen Investitionen in die Bildung kritisierten. Zahlreiche Beobachter registrierten damals, dass die weltweite Dominanz der beiden Kolonialmächte auf tönernen Füßen stand. Bildung war offensichtlich ein ethisches und zivilisatorisches Thema, aber darüber hinaus setzte sich damals auch der relativ neue Gedanke durch, dass in Zukunft Qualifikationen für den wirtschaftlichen Wohlstand immer wichtiger werden würden.

Rückblickend betrachtet ist eindeutig, dass die zweite industrielle

---

1 Siehe insbesondere C. Goldin, «America's Graduation from High School: The Evolution and Spread of Secondary Schooling in the Twentieth Century», *Journal of Economic History* 58, 2 (1998), S. 345–374; dies., «The Human Capital Century and American Leadership: Virtues of the Past», *Journal of Economic History* 61, 2 (2001), S. 263–292.

2 Siehe Technischer Anhang. Die verfügbaren Quellen sind lückenhaft, aber die Größenordnungen und vor allem die Abstände zwischen den Ländern sind gut belegt.

Revolution, die sich schrittweise zwischen 1880 und 1940 in den Bereichen Chemie, Stahl, Elektrotechnik, Automobilbau, Haushaltsgeräte etc. entfaltete, sehr viel höhere Ansprüche an die Bildung stellte. Während der ersten industriellen Revolution, die hauptsächlich die Kohle- und Textilproduktion betroffen hatte, brauchte man hauptsächlich Arbeitskräfte, die, angeleitet von Vorarbeitern, mechanische Handgriffe ausführten, und dazu eine kleine Zahl von Unternehmern und Ingenieuren, die mit den neuen Maschinen umgehen konnten und die Produktionsverfahren beherrschten. Alles hing entscheidend von kapitalintensiven und kolonialistischen staatlichen Strukturen ab, die dafür sorgten, dass genügend Rohstoffe zur Verfügung standen und die internationale Aufteilung der Aufgaben und Rollen funktionierte.[1] Mit der zweiten industriellen Revolution hingegen musste ein zunehmend größerer Teil der Arbeitskräfte lesen und schreiben können und Produktionsprozesse beherrschen, die technische und rechnerische Fähigkeiten verlangten, musste Handbücher für Maschinen konsultieren können und dergleichen mehr. Dabei hängten die Vereinigten Staaten, gefolgt von Deutschland und Japan, die erst seit kurzem auf der internationalen Bühne präsent waren, in den Jahren 1880 bis 1960 schrittweise Großbritannien und Frankreich in den neuen Industriesektoren ab.

Ende des 19. und zu Beginn des 20. Jahrhunderts waren sich Großbritannien und Frankreich ihres Vorsprungs und ihrer Stärke zu sicher gewesen, um das wahre Ausmaß der neuen Bildungsherausforderung zu erkennen. In Frankreich beschleunigte das Trauma der militärischen Niederlage gegen Preußen 1870–1871 die neue Erkenntnis des Rückstands ganz entscheidend. Die Gesetze über die allgemeine Schulpflicht und die zentralisierte Finanzierung der Grundschulen, die die III. Republik in den 1880er Jahren verabschiedete, hatten einen gewissen positiven Einfluss auf die Schulbesuchsquoten. Aber sie wurden zu langsam umgesetzt, nachdem Alphabetisierung und Grundschulbesuch sich schon ab dem 18. Jahrhundert nur schleppend entwickelt und erst im Lauf des 19. Jahrhunderts allmählich beschleunigt hatten.[2]

1 Siehe Kapitel 9.

2 Nach der Vertreibung der Protestanten 1685 schrieb ein erstes königliches Edikt von 1698 eine Schule pro Pfarrgemeinde vor, wo der Katechismus gelehrt und eine schriftliche religiöse Kultur gepflegt werden sollte. Der Grundsatz, die verpflichtende Bildung durch Steuern zu finanzieren, wurde 1792–1793 angenommen, aber nie angewendet. Ab 1833 waren die Kommunen gehalten, die Lehrer zu bezahlen, ab den 1850er Jahren leistete der Staat Zuschüsse, bis er 1889 die Gehälter komplett übernahm. (Gleichzeitig hatte es ein Ende mit den Leu-

In Großbritannien wurden Sorgen über zu geringe Bildungsinvestitionen ab Mitte des 19. Jahrhunderts geäußert. Aber die politischen und wirtschaftlichen Eliten des Landes kümmerten sich nicht darum, denn sie waren überzeugt, dass der britische Wohlstand vor allem von der Akkumulation von Industrie- und Finanzkapital und von der Solidität der proprietaristischen Institutionen abhing. Untersuchungen aus jüngster Zeit haben gezeigt, dass die Ergebnisse der britischen Volkszählung von 1851 so manipuliert wurden, dass die Bildungskluft, die sich immer weiter gegenüber anderen Ländern auftat, insbesondere gegenüber den Vereinigten Staaten und Deutschland, möglichst klein erschien. 1861 verkündete ein offizieller Bericht des Parlaments stolz, dass praktisch alle Kinder unter elf Jahren eine Schule besuchten. Einige Jahre später kam nach einer Feldstudie das Dementi: Nur für knapp die Hälfte der Kinder traf das zu.[1]

Das Bewusstsein für Bildung begann sich zu entwickeln nach dem Sieg der Nordstaaten über die Südstaaten 1865 im amerikanischen Bürgerkrieg, der von den britischen und französischen Eliten wie auch der Sieg Preußens über Frankreich 1871 zu einem großen Teil als Triumph der Überlegenheit in der Bildung interpretiert wurde. Die Haushaltsstatistiken zeigen indes einen weiterhin deutlichen Rückstand der Bildungsinvestitionen Großbritanniens bis zum Ersten Weltkrieg. 1870 machten die staatlichen Ausgaben für Bildung (alle Ebenen und alle öffentlichen Körperschaften zusammengenommen) in den Vereinigten Staaten 0,7 % des Nationaleinkommens aus gegenüber weniger als 0,4 % in Frankreich und weniger als 0,2 % in Großbritannien. 1910 lagen sie in den Vereinigten Staaten bei 1,4 % gegenüber 1 % in Frankreich und 0,7 % in Großbritannien.[2] Erinnern wir uns daran, um die Zahlen zu vergleichen, dass Großbritannien von 1815 bis 1914 jedes Jahr zwischen 2 % und 3 % seines Nationaleinkommens dafür aufwendete, Zinszahlungen an die Inhaber staatlicher Schuldverschreibungen zu leisten. Das illustriert das unterschiedliche Gewicht der proprietaris-

---

mundszeugnissen der Pfarrer für die Grund- oder Volksschullehrer.) Siehe F. Furet, J. Ozouf, *Lire et écrire. L'alphabétisation des Français de Calvin à Jules Ferry*, Paris: Éditions de Minuit 1977. Siehe auch A. Prost, *Histoire de l'enseignement en France, 1800–1967*, Paris: Armand Colin 1968.

1 Siehe D. Cannadine, *Victorious Century*, a. a. O., S. 257, S. 347.

2 Siehe P. Lindert, *Growing Public. Social Spending and Economic Growth since the Eighteenth Century*, a. a. O., Bd. 2, S. 154–155.

tischen Ideologie einerseits und der Bildung andererseits.[1] Erinnern wir uns weiter daran, dass die staatlichen Ausgaben für Bildung in den wichtigsten europäischen Ländern im Zeitraum 1980–2010 nahe 6 % des Nationaleinkommens lagen.[2] Das zeigt, welcher Weg im 20. Jahrhundert zurückgelegt wurde, und auch, was für eine wichtige Rolle die Unterschiede zwischen den Ländern und die Ungleichheiten zwischen gesellschaftlichen Gruppen beim allgemeinen Vormarsch der Bildung spielten. Das britische System ist bis heute durch eine sehr starke Stratifikation der Gesellschaft und der Bildungseinrichtungen gekennzeichnet: Bestens ausgestatteten privaten Bildungseinrichtungen steht die Masse der staatlichen Schulen gegenüber. Das erklärt teilweise den Rückstand des Landes bei der Produktivität, trotz der finanziellen Anstrengungen seit Ende der 1990er und zu Beginn der 2000er Jahre.[3]

Der Absturz der unteren Schichten in den Vereinigten Staaten seit 1980

Wie ist es gekommen, dass die Vereinigten Staaten, die beim allgemeinen Zugang zu primärer und sekundärer Bildung die Pioniere und bis zum Beginn des 20. Jahrhunderts hinsichtlich der Verteilung von Einkommen und Vermögen sehr viel egalitärer waren als Europa, seit den 1980er Jahren das ungleichste Land der entwickelten Welt sind, bis dahin, dass die Ungleichheit mittlerweile die Fundamente ihres früheren Erfolgs bedroht? Wir werden sehen, dass der Weg, den das Land im Bildungswesen genommen hat, eine entscheidende Rolle spielt und insbesondere die Tatsache, dass das Eintreten ins Zeitalter der Hochschulbildung mit einer extremen Stratifikation in der Bildung einherging.

Man darf die Bedeutung der egalitären Wurzeln des Landes gewiss nicht überschätzen. Die Vereinigten Staaten hatten immer ein ambivalentes Verhältnis zur Gleichheit: In gewisser Hinsicht waren sie egalitärer als Europa, und in anderer Hinsicht viel inegalitärer, vor allem durch ihre Vergangenheit als Sklavenhalter. Im Übrigen haben wir gesehen,

---

1 Siehe Kapitel 10, S. 561 f.

2 Siehe Kapitel 10, Grafik 10.15.

3 In Großbritannien liegen heute die Bildungsausgaben ähnlich hoch wie in anderen europäischen Ländern (Deutschland, Frankreich oder Schweden), bei rund 6 % des Nationaleinkommens. Siehe Technischer Anhang.

dass die «Sozialdemokratie» in den Vereinigten Staaten ihre ideologischen Ursprünge in einer Art von Sozialnativismus hatte: Die Demokratische Partei war lange Zeit segregationistisch gegenüber den Schwarzen und egalitär gegenüber den Weißen eingestellt.[1] Im vierten Teil kommen wir auf die Entwicklung der in den Vereinigten Staaten und in Europa im 20. und zu Beginn des 21. Jahrhunderts konkurrierenden Wählerkoalitionen zurück. Wir werden vor allem analysieren, inwieweit diese Unterschiede dazu beitragen können zu erklären, warum die Vereinigten Staaten bei der Entwicklung des Sozial- und Steuerstaats hinter Europa zurückblieben und ob ähnliche Faktoren im Zusammenhang mit Hautfarbe, ethnischer Zugehörigkeit und Religion in Zukunft auch in Europa eine ähnliche Bedeutung erlangen können.

Auf jeden Fall lag die Ungleichheit in den Vereinigten Staaten noch in den 1950er Jahren auf einem ähnlichen oder geringeren Niveau als beispielsweise in Frankreich, während gleichzeitig die Produktivität (und damit der Lebensstandard) doppelt so hoch war. In den 2010er Jahren sind die Vereinigten Staaten hingegen sehr viel inegalitärer, und ihr Vorsprung bei der Produktivität hat sich komplett aufgelöst (siehe Grafiken 11.1 bis 11.4) Dass die europäischen Länder, insbesondere Deutschland und Frankreich, ihren Produktivitätsrückstand aufgeholt haben, ist nicht gänzlich überraschend. Von dem Augenblick an, als diese Länder in der Zwischenkriegszeit eine deutliche fiskalische Stärke entwickelten und entsprechende Ressourcen in die Bildung und allgemeiner in Sozialausgaben und die öffentliche Infrastruktur investierten, ist es nicht ungewöhnlich, dass der Rückstand bei der Bildung und in der Wirtschaft aufgeholt wurde. In den 1950er Jahren war der Lebensstandard der ärmsten 50 % in den Vereinigten Staaten höher als der der entsprechenden Bevölkerungsgruppe in Europa, aber in den 2010er Jahren hat sich die Situation komplett umgekehrt.

Halten wir zunächst fest, dass es vielfältige Ursachen hat, warum die unteren Schichten in den Vereinigten Staaten so zurückgefallen sind, und nicht allein das Bildungssystem den Ausschlag gab. Das gesamte Sozialsystem und die Mechanismen für das Zustandekommen der Gehälter und den Zugang zu Arbeitsplätzen hatten daran Anteil. Auf jeden Fall haben wir es mit einem regelrechten Einbruch zu tun. Auf die ärmsten 50 % entfielen in den 1960er Jahren und sogar noch bis 1980

1 Siehe Kapitel 6, S. 309–314.

rund 20 % des Nationaleinkommens. Inzwischen hat sich ihr Anteil praktisch halbiert und ist bis in die Jahre 2010–2015 auf knapp unter 12 % gesunken. Der Anteil des reichsten 1 % nahm genau die entgegengesetzte Richtung: Er stieg von knapp 11 % auf über 20 % (siehe Grafik 11.5). Zum Vergleich: Auch in Europa hat die Ungleichheit seit 1980 zugenommen, der Anteil des obersten Perzentils ist signifikant größer geworden und der Anteil der unteren Hälfte signifikant kleiner. Im Kontext eines allgemein rückläufigen Wirtschaftswachstums ist das nicht unbemerkt geblieben, aber die Größenordnungen sind dennoch ganz andere. Vor allem ist der Anteil des Nationaleinkommens, der an die ärmsten 50 % fließt, in Europa immer noch deutlich über dem geblieben, was an das reichste 1 % geht (siehe Grafik 11.6).

Hier muss betont werden, dass ein solcher Unterschied zwischen den beiden von der Größe her vergleichbaren Teilen der Welt – den Vereinigten Staaten mit ungefähr 320 Millionen Einwohnern im Jahr 2015 und Westeuropa mit ungefähr 420 Millionen – mit ähnlichen Niveaus bei Entwicklung und Produktivität alles andere als einleuchtend ist. Vor allem die Arbeitsmobilität in den Vereinigten Staaten ist viel größer, eine Folge insbesondere der stärkeren sprachlichen und kulturellen Homogenität, und Arbeitsmobilität gilt als ein Faktor, der zur Angleichung

Der Rückgang des Anteils der niedrigen Einkommen: Vereinigte Staaten, 1960–2015

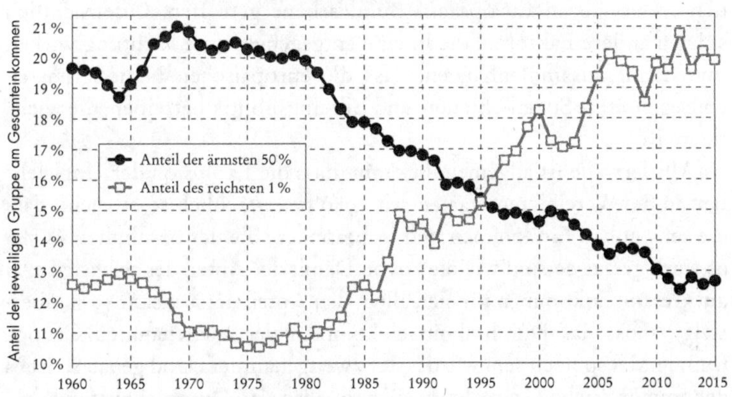

Grafik 11.5.: Der Anteil der 50 % mit den niedrigsten Einkommen ist von etwa 20 % des Gesamteinkommens in den Vereinigten Staaten in den 1970er Jahren auf 12 % bis 13 % im Jahr 2010 zurückgegangen. Im gleichen Zeitraum stieg der Anteil des obersten 1 % am Gesamteinkommen von 11 % auf 20 % bis 21 %.
Quellen und Reihen: siehe piketty.pse.ens.ens.ens.fr/ideologie.

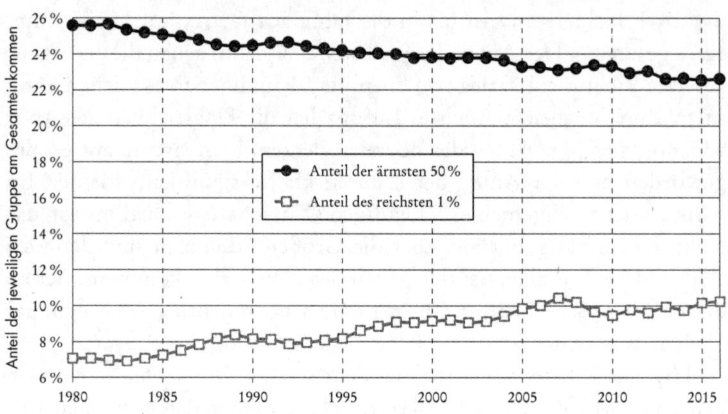

Grafik 11.6.: Der Anteil der 50 % mit den niedrigsten Einkommen ist von etwa 26 % des Gesamteinkommens in Westeuropa Anfang der 1980er Jahre auf 23 % in den 2010er Jahren gesunken. Im gleichen Zeitraum stieg der Anteil des obersten 1 % am Gesamteinkommen von 7 % auf 10 %. Quellen und Reihen: siehe piketty.pse.ens.fr/ideologie.

der Einkommensniveaus beiträgt. Die Vereinigten Staaten haben außerdem ein System von Bundessteuern (insbesondere eine Bundessteuer auf Einkommen und Erbschaften), und auch wichtige sozialpolitische Entscheidungen (vor allem hinsichtlich Renten und Gesundheit) werden anders als in Europa auf Bundesebene getroffen. Offensichtlich spielen andere Faktoren, die in eine entgegengesetzte Richtung wirken und damit zusammenhängen, dass die europäischen Nationalstaaten eine egalitärere Sozial-, Steuer- und Bildungspolitik betreiben, die wichtigere Rolle.[1]

Mittlerweile ist allgemein bekannt, dass die Explosion der Ungleichheit in den Vereinigten Staaten seit 1980 hauptsächlich so aussieht, dass die sehr hohen Einkommen und insbesondere die des berühmten «1 %» so stark gestiegen sind wie nie zuvor. Damit der Anteil des reichsten 1 % am Gesamteinkommen für sich allein den Anteil der ärmsten 50 % übersteigt, muss das Durchschnittseinkommen der erstgenannten Gruppe fünfzig Mal so hoch sein wie das der zweitgenannten. Und genau so ist es gekommen (siehe Grafik 11.7). Bis 1980 lag das Durchschnittseinkommen des reichsten 1 % etwa beim Fünfundzwanzigfachen des Einkom-

1 Wir werden sehen, dass die Ungleichheiten in Europa auch dann deutlich geringer sind, wenn man Osteuropa in die Betrachtung mit einbezieht. Siehe Kapitel 12, Grafik 12.9.

mens der ärmsten 50 % (ungefähr 400 000 Dollar pro Jahr für jeden Erwachsenen beim reichsten 1 % gegenüber 15 000 Dollar pro Jahr für jeden Erwachsenen bei den ärmsten 50 %). 2015 betrug das Durchschnittseinkommen des reichsten 1 % mehr als das Achtzigfache des Einkommens der ärmsten 50 %: ungefähr 1,3 Millionen Dollar bei Ersteren gegenüber nach wie vor 15 000 Dollar bei Letzteren (alle Summen in konstanten Dollar von 2015).

Niedrige und hohe Einkommen in den Vereinigten Staaten, 1960–2015

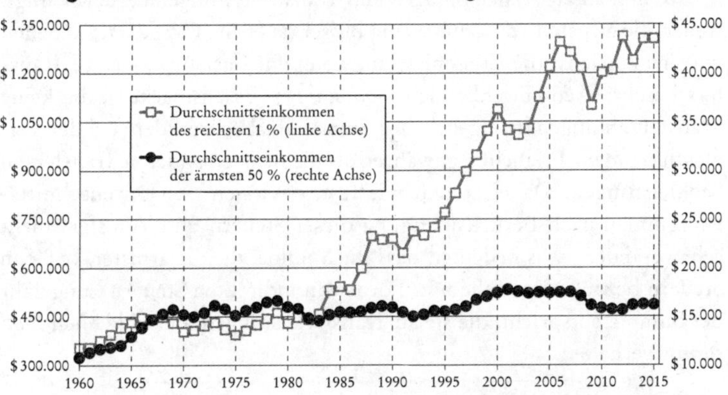

Grafik 11.7.: 1970 lag das Durchschnittseinkommen der ärmsten 50 % bei 15.200 Dollar pro Jahr und Erwachsenem, und das des reichsten 1 % bei 403.000 Dollar, das ist ein Verhältnis von 1 zu 26. Im Jahr 2015 betrug das Durchschnittseinkommen der ärmsten 50 % 16.200 Dollar und das des reichsten 1 % 1.305.000 Dollar; das ist ein Verhältnis von 1 zu 81. Alle Beträge sind in Dollar von 2015 angegeben.
Quellen und Reihen: siehe piketty.pse.ens.fr/ideologie.

Aber noch eindrücklicher als der enorme Zuwachs bei dem obersten 1 % in den Vereinigten Staaten ist zweifellos der Absturz der unteren 50 %. Auf den ersten Blick ist das gar nicht selbstverständlich: Der Zuwachs beim obersten 1 % hätte auch, zumindest teilweise, auf Kosten der reichsten 10 % oder der folgenden 40 % gehen können, doch tatsächlich ging er fast vollständig zu Lasten der ärmsten 50 %. Besonders frappierend ist die Feststellung, dass deren Kaufkraft seit Ende der 1960er Jahre fast vollständig stagnierte. Vor Steuern und Transferleistungen lag das Durchschnittseinkommen der ärmsten 50 % bereits Ende der 1960er Jahre in der Größenordnung von 15 000 Dollar pro Jahr und pro Erwachsenem, und Ende der 2010er Jahre, ein halbes Jahrhundert später, liegt es immer noch auf diesem Niveau (in Dollar von

2015). In Anbetracht der enormen Veränderungen in Wirtschaft und Gesellschaft der Vereinigten Staaten (vor allem in Anbetracht des starken Anstiegs der durchschnittlichen Produktivität) in diesem Zeitraum ist das keine banale Feststellung. In einer Situation, die zudem durch die zunehmende Deregulierung des Finanzsystems gekennzeichnet ist, hat diese Entwicklung unweigerlich zu einer wachsenden Verschuldung der ärmsten Haushalte und zu einer Destabilisierung des Bankensystems geführt, die letztlich in die Krise des Jahres 2008 mündete.[1]

Wenn man zusätzlich Steuern und Transferleistungen berücksichtigt, stehen die ärmsten 50 % nur wenig besser da (siehe Grafik 11.8).[2] Sehen wir uns zunächst die Ergebnisse an, wenn wir uns auf monetäre Transfers beschränken einschließlich *food stamps* (Essensmarken), die keine Transferzahlungen im eigentlichen Sinn sind, aber trotzdem bei der Verwendung mehr Freiheiten gewähren als die meisten anderen Transfers in Sachleistungen. Dabei stellen wir fest, dass sich das Durchschnittseinkommen nach Berücksichtigung dieser Steuern und Transfers nicht sehr verändert, was bedeutet, dass die Summe, die die ärmsten 50 % an Steuern bezahlen (vor allem in Form von indirekten Steuern), ungefähr der Summe entspricht, die sie an Transferleistungen (einschließlich *food stamps*) erhalten.[3]

---

1 Siehe M. Bertrand, A. Morse, «Trickle-Down Consumption», *Review of Economics and Statistics* 98, 5 (2016), S. 863–879; M. Kumhof, R. Rancière, P. Winant, «Inequality, Leverage and Crises», *American Economic Review* 105, 3 (2015), S. 1217–1245. Zur Geschichte der Regulierung des Kredits in den Vereinigten Staaten siehe L. Hyman, *Debtor Nation. The History of America in Red Ink*, Princeton: Princeton University Press 2011; ders., *Borrow. The American Way of Debt. How Personal Credit Created the American Middle Class and Almost Bankrupted the Nation*, New York: Vintage Books 2012.

2 Die hier zusammengefassten Ergebnisse wurden durch die systematische Kombination der verschiedenen verfügbaren Quellen erhalten: Steuerdaten, Haushaltsbefragungen, Volkswirtschaftliche Gesamtrechnungen. Siehe T. Piketty, E. Saez, G. Zucman, «Distributional National Accounts: Methods and Estimates for the United States», a. a. O. Zu den detaillierten Reihen siehe Technischer Anhang.

3 Der wichtigste monetäre Transfer an die Ärmsten (neben *food stamps*) ist der EITC *(Earned Income Tax Credit)*, ein ähnliches System der negativen Steuer wie die französische Beschäftigungsprämie *(prime d'activité*, ehemals *prime pour l'emploi*, PPE), die das verfügbare Einkommen von Niedriglohnempfängern erhöhen soll. Die Ausweitung des EITC und die Steuersenkungen nach der Krise 2008 erklären, warum das Einkommen nach Steuern und monetären Transferleistungen leicht über dem Einkommen vor Steuern und Transfers liegt. Wie in den anderen Ländern werden beim Einkommen vor Steuern und Transfers hier auch staatliche Rentenzahlungen einbezogen (und die entsprechenden Beiträge abgezogen), weil sonst die Einkommen der Rentner künstlich niedrig wären. Wenn man sich auf den Anteil der Bevölkerung im erwerbsfähigen Alter beschränkt, stellt man die gleiche Stagnation des

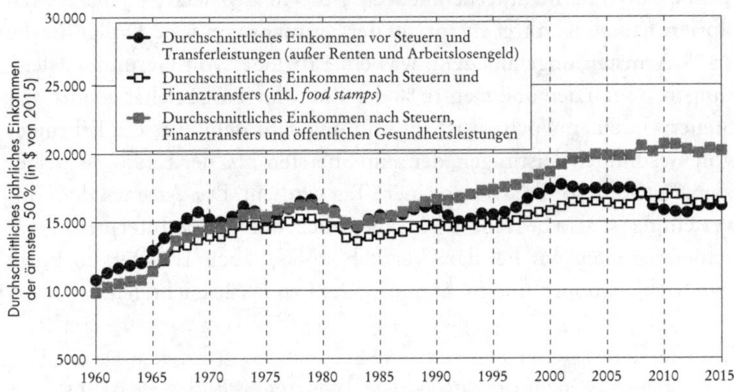

Grafik 11.8.: In konstanten Dollar (von 2015) ausgedrückt, stagnierte das durchschnittliche Jahreseinkommen vor Steuern und Transfers der ärmsten 50 % zwischen 1970 und 2015 bei rund 15.000 Dollar pro Erwachsenem. Dasselbe gilt nach Steuern (einschließlich indirekter Steuern) und Finanztransfers (einschließlich *food stamps*), die beide in etwa ausgeglichen sind. Es stieg innerhalb des Zeitraums von 2010 bis 2015 auf 20.000 Dollar, wenn wir Sachtransfers in Form von öffentlichen Gesundheitsausgaben einbeziehen.
Quellen und Reihen: siehe piketty.pse.ens.fr/ideologie.

Wenn man dann noch die Rückerstattungen aus der staatlichen Krankenversicherung (Medicare und Medicaid) einbezieht und die korrespondierenden Kosten für Krankenhausbehandlungen, ergibt sich, dass das Einkommen der ärmsten 50 % nach Steuern und Transferleistungen von 1970 bis 2015 leicht von 15 000 Dollar auf 20 000 angestiegen ist (siehe Grafik 11.8). Es handelt sich jedoch um eine sehr begrenzte Steigerung über einen sehr langen Zeitraum hinweg, die zudem noch ziemlich schwierig zu interpretieren ist. Die 5000 Dollar «zusätzliches» Einkommen im Zusammenhang mit Krankheitskosten bedeuten vor dem Hintergrund einer allgemein längeren Lebenserwartung (die gleichwohl in den Vereinigten Staaten geringer ist als in Europa, vor allem bei den unteren Schichten) sicher teilweise eine Verbesserung der Lebensbedingungen. Aber dieser zusätzliche Transfer spiegelt zum anderen Teil auch einen Anstieg der Gesundheitskosten in den Vereinig-

Durchschnittseinkommen der ärmsten 50 % in den letzten fünfzig Jahren fest. Siehe ebenda, Abb. 4, S. 585. Im Übrigen bedeutet der Rückgang der Steuerprogression auch, dass sich der Abstand zwischen den effektiven Steuersätzen, die die ärmsten 50 % und das reichste 1 % bezahlen, im Vergleich zu den Jahren 1930–1970 sehr verringert hat. Siehe ebenda, Abbildung 9a, S. 599, und Kapitel 10, Grafik 10.13.

ten Staaten wider, das heißt höhere Honorare für Ärzte, höhere Gewinne von Pharmaunternehmen etc., die in den letzten Jahrzehnten floriert haben. Konkret entspricht der Zuwachs von 5000 Dollar für die 50 % Ärmsten ungefähr dem, was ein Erbringer von Gesundheitsleistungen, der zu den obersten 10 % der Einkommensbezieher gehört, vor Steuern in einer Woche verdient und ungefähr dem, was ein Erbringer von Gesundheitsleistungen, der zum obersten 1 % der Einkommensbezieher gehört, vor Steuern an einem Tag verdient. Das Ausmaß der Umverteilung ist also begrenzt. Wir sehen auch, auf welche Interpretationsschwierigkeiten wir bei dem Versuch stoßen, auch Transfers in Form von Sachleistungen und nicht nur in Geld zu berücksichtigen.[1]

Die Auswirkungen des Rechts-, Steuer- und Bildungssystems auf die primäre Ungleichheit

Auf jeden Fall ist offensichtlich, dass eine Politik der Transferleistungen (ob in Form von Geld oder Sachleistungen) allein eine so massive Ungleichverteilung der Primäreinkommen (das heißt vor Steuern und Transfers) nicht befriedigend ausgleichen kann. Wenn sich der Anteil der Primäreinkommen, der an die ärmsten 50 % der Bevölkerung fließt, in vierzig Jahren praktisch halbiert und der Anteil des reichsten 1 % sich entsprechend verdoppelt (siehe Grafik 11.5), ist es illusorisch, daran allein durch eine nachträgliche Umverteilung etwas ändern zu wollen. Umverteilung ist natürlich unverzichtbar, aber auch und in erster Linie ist zu fragen, welche politischen Maßnahmen die primäre Verteilung der Einkommen verändern, das heißt, welche tiefen Eingriffe in das Rechts-, Steuer- und Bildungssystem es den ärmsten 50 % ermöglichen, zu besser bezahlten Arbeitsplätzen und zu Eigentum zu kommen.

Allgemein ist es wichtig hervorzuheben, dass die verschiedenen Ungleichheitsregime im Lauf der Geschichte hauptsächlich durch die primäre Verteilung der Ressourcen charakterisiert sind. Das gilt für die trifunktionalen Gesellschaften ebenso wie für die Sklavenhaltergesellschaften, für die Kolonialgesellschaften ebenso wie für die Eigentümergesellschaf-

1 Man kann auch noch andere Transfers in Sachleistungen einbeziehen (wie Ausgaben für Bildung oder die Aufrechterhaltung der Ordnung), aber es ist noch schwieriger, sie befriedigend zuzuordnen und zu interpretieren. Zu den entsprechenden detaillierten Ergebnissen siehe Technischer Anhang.

ten, und es trifft auch für die verschiedenen Formen sozialdemokratischer, kommunistischer, postkommunistischer und neoproprietaristischer Gesellschaften zu, die im 20. und zu Beginn des 21. Jahrhunderts aufeinander folgten. Dass beispielsweise die Vereinigten Staaten ungleicher geworden sind als Europa, hängt allein mit der größeren Ungleichheit der Primäreinkommen zusammen. Wenn wir die Niveaus der Ungleichheit vor und nach Steuern und Transfers in den Vereinigten Staaten und Frankreich betrachten, wie sie durch das Verhältnis zwischen dem Durchschnittseinkommen der reichsten 10 % und der ärmsten 50 % gemessen werden, stellen wir fest, dass Steuern und Transfers die Ungleichheit in beiden Ländern ungefähr im gleichen Maß verringern (in den Vereinigten Staaten sogar ein wenig mehr) und dass die weltweit zu beobachtende Kluft sich ganz durch die Unterschiede vor Steuern und Transfers erklärt (siehe Grafik 11.9).[1] Anders gesagt: Wir müssen uns mehr für politische Maßnahmen zur «Prädistribution» interessieren (das heißt solche, die bei der primären Ungleichheit ansetzen) als für solche zur «Redistribution» (die bei bestehender Ungleichheit der Primäreinkommen die Ungleichheit der verfügbaren Einkommen reduzieren).[2]

In Anbetracht der Komplexität der Sozialsysteme und der Unzulänglichkeiten der verfügbaren Daten ist es schwierig, genau zu quantifizieren, wie sich die verschiedenen institutionellen Regelungen auf

1 Genau wie bei den Vereinigten Staaten basieren die Zahlen für Frankreich auf einer systematischen Kombination der verfügbaren Quellen: Steuerdaten, Haushaltsbefragungen und Volkswirtschaftliche Gesamtrechnungen. Siehe A. Bozio, B. Garbinti, J. Goupille-Lebret, M. Guillot, T. Piketty, «Inequality and Redistribution in France 1990–2018: Evidence from Post-tax Distributive National Accounts (DINA)», WID.world, Working Paper Series Nr. 2018/10. Die Ergebnisse decken sich mit den anderen Indikatoren für Ungleichheit (wie dem Gini-Koeffizienten) oder auch mit der getrennten Betrachtung unterschiedlicher Altersgruppen (wenn etwa die Rentner ausgeschlossen bleiben). Zu den detaillierten Reihen siehe Technischer Anhang.

2 In dieser Hinsicht zeigen die hier vorgestellten Ergebnisse, wie interessant der Begriff «Prädistribution» ist (M. O'Neill, T. Williamson, «The Promise of Predistribution», Policy Network, 2012; A. Thomas, *Republic of Equals. Predistribution and Property-Owning Democracy*, Oxford: Oxford University Press 2017). Es muss jedoch festgehalten werden, dass dieser Begriff manchmal dazu instrumentalisiert wurde, um für eine minimale Umverteilung zu werben, und insbesondere, um die Rolle der progressiven Besteuerung herunterzuspielen (das hatten seine ursprünglichen Verfechter nicht im Sinn). Ich betone demgegenüber, dass die progressive Besteuerung (vor allem mit Sätzen von 70–90 % auf astronomische Einkommen) zu den wichtigsten Institutionen gehört, die eine «Prädistribution» ermöglichen. Dazu weiter unten mehr.

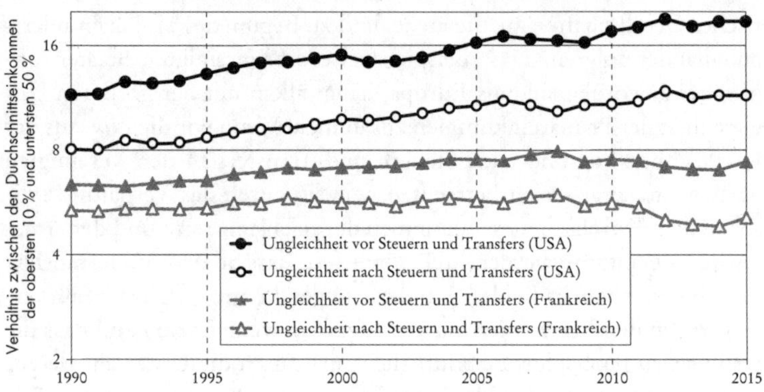

Grafik 11.9.: In Frankreich stieg das Verhältnis zwischen dem durchschnittlichen Einkommen vor Steuern und Transfers des obersten Dezils (die höchsten 10 %) und der unteren Hälfte (die niedrigsten 50 %) von 6,4 im Jahr 1990 auf 7,4 im Jahr 2015. In den Vereinigten Staaten stieg das Verhältnis von 11,5 auf 18,7 an. In beiden Ländern verringert die Einbeziehung von Steuern und Finanztransfers (einschließlich *food stamps* und Wohnungszulagen) die Ungleichheiten um rund 20 % bis 30 %.
Hinweis: Die Verteilung ist die des Jahreseinkommens pro Erwachsenem.
Quellen und Reihen: Siehe piketty.pse.ens.fr/ideologie.

die je nach Zeit und Raum unterschiedlichen Niveaus der primären Ungleichheit auswirken. Dennoch ist es hilfreich, die wichtigsten Mechanismen zu beschreiben. Das Rechtssystem, insbesondere das Arbeits- und Unternehmensrecht, spielt eine große Rolle. Wir haben bereits auf die Bedeutung von Tarifverhandlungen, Gewerkschaften und generell Regeln und Institutionen für die Festsetzung von Löhnen und Gehältern hingewiesen. Die Tatsache, dass beim deutschen und skandinavischen Modell der Mitbestimmung Vertreter der Arbeitnehmer im Aufsichts- oder Verwaltungsrat sitzen, verhindert beispielsweise einen ungebremsten Anstieg der Managervergütungen und trägt dazu bei, dass die Gehaltsstruktur nicht so große Unterschiede aufweist und nicht so willkürlich wirkt.[1] Der Mindestlohn und seine Entwicklung sind auch wichtig, wenn es darum geht, die Unterschiede bei der Ungleichheit der Gehälter zu verschiedenen Zeiten und an verschiedenen

1 Zur Bedeutung der Lohntabellen (besonders der Mindest- und Höchstlöhne), um die Arbeitnehmer abzusichern und ihre Investitionen in das Unternehmen zu steigern, vor allem angesichts der großen Verhandlungsmacht der Arbeitgeber, siehe T. Piketty, *Das Kapital im 21. Jahrhundert*, a. a. O., Kapitel 9, S. 402–415. Siehe auch H. Farber, D. Herbst, I. Kuziemko, S. Naidu, «Unions and Inequality Over the Twentieth Century: New Evidence from Survey Data», NBER Working Paper Nr. 24587, 2018.

Orten zu erklären. In den 1950er und 1960er Jahren hatten die Vereinigten Staaten den höchsten Mindestlohn weltweit. 1968–1970 lag er auf nationaler Ebene bei über 10 Dollar (nach heutiger Kaufkraft) pro Arbeitsstunde. Seit 1980 ist der reale Mindestlohn auf nationaler Ebene infolge unregelmäßiger Anpassungen schrittweise gesunken und liegt 2019 bei 7,20 Dollar, die Kaufkraft ist also um 30 % geringer als ein halbes Jahrhundert zuvor – ein erheblicher Einbruch für ein Land, in dem Frieden herrscht und die Wirtschaft wächst. Dieser Rückgang zeigt auch, wie groß die politischen und ideologischen Erschütterungen seit den 1970er Jahren in den Vereinigten Staaten waren. In der gleichen Zeit ist der französische Mindestlohn von knapp 3 Euro in den 1960er Jahren auf 10 Euro in 2019 gestiegen (siehe Grafik 11.10), was ungefähr dem Anstieg der durchschnittlichen Arbeitsproduktivität entspricht (siehe Grafik 11.3).

Der Mindestlohn: Vereinigte Staaten und Frankreich, 1950–2019

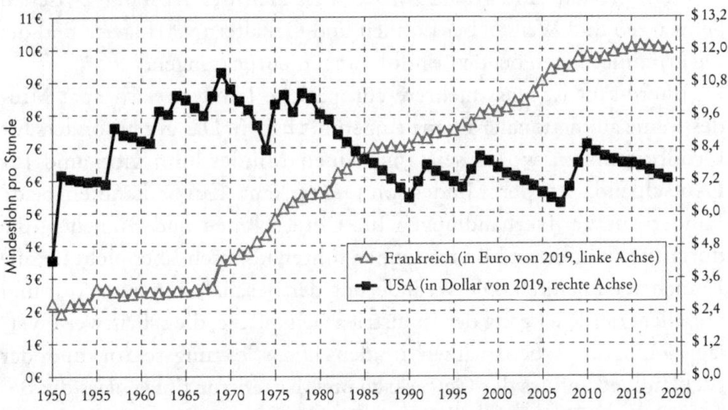

Grafik 11.10.: In den Vereinigten Staaten ist der gesetzliche Mindestlohn von 4,25 Dollar im Jahr 1950 auf 7,25 Dollar pro Stunde im Jahr 2019 gestiegen und der Mindestlohn in Frankreich («Smig» 1950 und «Smic» seit 1970) von 2,23 Euro im Jahr 1950 auf 10,03 Euro pro Stunde im Jahr 2019. Beide Skalen berücksichtigen die Kaufkraftparitäten (1,2 Dollar für 1 Euro im Jahr 2019).
Quellen und Reihen: siehe piketty.pse.ens.fr/ideologie.

Zahlreiche Arbeiten haben gezeigt, dass der Einbruch beim Mindestlohn in den Vereinigten Staaten sehr dazu beigetragen hat, dass die Menschen mit geringen Löhnen und Gehältern seit den 1980er Jahren immer mehr abgehängt wurden – in einer Phase, in der die Arbeitnehmer generell an Verhandlungsmacht verloren. Der Mindestlohn auf nationaler Ebene ist im Übrigen im Verhältnis zur allgemeinen Produktivität im Land so tief gesunken, dass mehrere Bundesstaaten ihre Mindestlöhne deutlich angehoben haben, ohne dass es der Beschäftigungsquote geschadet hat. So liegt in Kalifornien der Mindestlohn im Jahr 2019 bei 11 Dollar pro Stunde, und bis 2023 wird er schrittweise auf 15 Dollar steigen. Der hohe Mindestlohn auf Bundesebene, der von den 1930er Jahren bis in die 1960er Jahre galt, in einer Zeit mit hoher Produktivität in den Vereinigten Staaten und einem hohen Qualifikationsniveau, hat dazu beigetragen, die Ungleichheiten bei Löhnen und Gehältern zu reduzieren bei gleichzeitig hoher Beschäftigung. Aktuelle Untersuchungen haben weiterhin gezeigt, dass die Ausweitung des auf Bundesebene geltenden Mindestlohns in den 1960er Jahren auf Sektoren mit besonders vielen afroamerikanischen Beschäftigten (in erster Linie die Landwirtschaft, die 1938 vom Mindestlohnsystem ausgeschlossen wurde, zum Teil, weil die Demokraten der Südstaaten es ablehnten) großen Anteil daran hatte, dass sich der Abstand zwischen Schwarzen und Weißen bei Löhnen und Gehältern verringerte und die Diskriminierungen bei den Entlohnungen zurückgingen.[1]

Interessant ist, dass mehrere europäische Länder relativ spät Mindestlöhne auf nationaler Ebene eingeführt haben. Das gilt besonders für Großbritannien, wo es seit 1999 einen Mindestlohn gibt, und für Deutschland, wo der Mindestlohn 2015 kam. Zuvor kannten beide Länder nur Tarifverhandlungen für Unternehmen und Branchen, die durchaus zu höheren Mindestlöhnen führen konnten, aber nicht für alle Branchen einheitlich. Die Veränderung der Beschäftigungsstruktur und vor allem der Rückgang der Industriearbeitsplätze, die schrittweise Verlagerung von Arbeitsplätzen in den Dienstleistungssektor und der rückläufige Einfluss der Gewerkschaften hatten zur Folge, dass die Bedeutung von Tarifverhandlungen seit den 1980er Jahren abnahm. Das erklärt zumindest teilweise, warum schließlich ein landesweiter Mindestlohn eingeführt wurde.[2] Dieses unverzichtbare Instrument kann jedoch Gehaltsverhandlungen und die Aufteilung der Macht zwischen

1 Siehe E. Derenoncourt, C. Montialoux, «Minimum Wages and Racial Inequality», Working Paper, Harvard, 2018.

2 Ende der 1960er Jahre hatten die Vereinigten Staaten weltweit den höchsten Mindestlohn. Ende der 2010er Jahre liegen Deutschland, Großbritannien, Frankreich, Holland, Belgien, Australien und Kanada deutlich vor ihnen. Siehe L. Kenworthy, *Social-Democratic Capitalism*, Oxford: Oxford University Press 2019, S. 206, Abbildung 7.12. Die nordeuropäischen Länder setzen weiter auf Gehaltsverhandlungen.

Arbeitgebern und Arbeitnehmern auf Branchen- und Unternehmensebene nicht ersetzen; beide könnten in Zukunft neue Formen annehmen.

Neben der Rechtsordnung allgemein sowie Arbeits- und Unternehmensrecht kann sich auch das Steuersystem ganz entscheidend auf die primäre Ungleichheit auswirken. Offensichtlich ist das bei der Erbschaftsteuer oder bei der progressiven Eigentumsteuer und der allgemeinen Kapitalausstattung, die dadurch finanziert werden könnte. Solche Steuern auf Vermögen reduzieren strukturell die Eigentumsungleichheit bei nachrückenden Generationen, wodurch sich auch die Investitionschancen gleichmäßiger verteilen und damit die künftige Verteilung der Arbeitseinkommen. Es mag vielleicht überraschend klingen, aber die progressive Einkommensteuer wirkt sich auch sehr stark auf die primäre Ungleichheit (vor Steuern und Transfers aus) und nicht nur auf die Ungleichheit nach Steuern. In erster Linie reduziert die progressive Besteuerung der höchsten Einkommen die Gefahr, dass sich die Gelegenheiten zu sparen und dadurch Eigentum zu bilden an der Spitze der Verteilung konzentrieren, und erhöht die Chancen der unteren und mittleren Schichten, zu sparen und Eigentum zu bilden.

Im Übrigen scheint historisch eine Hauptwirkung der Spitzensteuersätze in einer Größenordnung von 70–90 % auf sehr hohe Einkommen, wie sie zwischen 1930 und 1980 vor allem in den Vereinigten Staaten und in Großbritannien galten,[1] gewesen zu sein, dafür zu sorgen, dass die Managervergütungen nicht immer maßloser stiegen. Umgekehrt hat die starke Senkung dieser Steuersätze wohl ganz wesentlich dazu beigetragen, dass diese Vergütungen in den 1980er Jahren förmlich explodierten. Wenn man die Entwicklung der Managervergütungen bei börsennotierten Unternehmen in allen entwickelten Ländern ab 1980 betrachtet, stellt man fest, dass die unterschiedlichen Steuersätze der wichtigste Erklärungsfaktor für die beobachteten Unterschiede sind, sehr viel wichtiger als Branche, Größe oder Erfolg des Unternehmens.[2] Das scheint damit zusammenzuhängen, dass sich die Art und Weise, wie Gehälter für Führungskräfte zustande kommen, verändert hat und ebenso deren Verhandlungsmacht. Für eine Führungsperson ist es nie selbstverständlich, die verschiedenen Betroffenen (direkte Untergebene,

1 Siehe Kapitel 10, Grafik 10.11.

2 Siehe T. Piketty, E. Saez, S. Stantcheva, «Optimal Taxation of Top Labor Incomes: A Tale of Three Elasticities», a. a. O.

andere Beschäftigte, Aktionäre, Angehörige des Vergütungsausschusses) davon zu überzeugen, dass eine bestimmte Erhöhung ihrer Vergütung (zum Beispiel 1 Million Dollar mehr) unumgänglich ist. In den 1950er und 1960er Jahren hatten die Führungskräfte der großen angelsächsischen Unternehmen wenig Interesse, für solche Erhöhungen zu kämpfen, und die verschiedenen Beteiligten waren weniger bereit, diese zu akzeptieren, denn 80–90 % davon flossen direkt an den Fiskus. Seit den 1980er Jahren hat sich das Spiel komplett verändert, und es sieht ganz danach aus, dass die Führungskräfte beträchtliche Anstrengungen unternehmen, um die einen wie die anderen davon zu überzeugen, dass sie ihnen grenzenlose Erhöhungen gewähren. Das ist manchmal gar nicht sehr schwierig, weil es ein großes Problem darstellt, den individuellen Beitrag zu messen, den ein leitender Angestellter für sein Unternehmen leistet, und die Besetzung der Vergütungsausschüsse oft ziemlich inzestuös erfolgt. Diese Erklärung hat im Übrigen auch den Vorzug, zu erhellen, warum es so schwierig ist, in den verfügbaren Daten einen statistisch signifikanten Zusammenhang zwischen der Vergütung des Führungspersonals und der Performance der jeweiligen Unternehmen (oder der Produktivität der jeweiligen Volkswirtschaft) nachzuweisen.[1]

Die zunehmende Konzentration des amerikanischen Produktionssystems in den Händen der größten Unternehmen, die seit den 1980er Jahren in allen Sektoren zu beobachten ist (und nicht nur in der Informationstechnologie), hat in den Unternehmen, die in den verschiedenen Branchen führend sind, ebenfalls die Verhandlungsmacht der Führungskräfte vergrößert, ebenso ihre Spielräume, niedrige und mittlere Gehälter zu drücken und den Anteil der Gewinne am Mehrwert des privaten Sektors zu steigern.[2] Diese Entwicklung spiegelt die Schwäche der Kartellpolitik wider, ihre Unfähigkeit, sich zu erneuern, und vor allem den fehlenden politischen Willen aufeinanderfolgender Regierungen, sie weiterzuentwickeln. Das erklärt sich aus einer ideologischen

1 Siehe ebenda, insbesondere die Abbildungen 3, 5, A1 und die Tabellen 2–5.

2 Siehe zum Beispiel M. Pursey, «CEO Pay and Factor Shares: Bargaining Effects in US Corporations 1970–2011», Masterarbeit, Paris: Paris School of Economics 2013. Siehe auch M. Kehrig, N. Vincent, «The Micro-Level Anatomy of the Labor Share Decline», NBER Working Paper Nr. 25275, 2018; E. Liu, M. Mian, A. Sufi, «Low Interest Rates, Market Power, and Productivity Growth», NBER Working Paper Nr. 25505, 2019. Möglicherweise setzt sich in den Vereinigten Staaten beschleunigt die Erkenntnis durch, dass die privaten Monopole zu großes Gewicht erlangt haben. Das zeigen zum Beispiel die zunehmend heftigeren Debatten über eine öffentliche Kontrolle der großen digitalen Plattformen.

Haltung, die generell das Laissez-faire begünstigt, einer verschärften internationalen Konkurrenz und vielleicht auch aus einem System der Finanzierung von Politik, das eine immer stärkere Verzerrung zugunsten von Großunternehmen und ihren Führungen aufweist.[1]

Die zunehmende Bedeutung der Hochschulbildung und die neue Stratifikation von Bildung und Gesellschaft in der Welt

Schließlich und vielleicht vor allem spielt neben dem Rechts- und dem Steuersystem das Bildungssystem eine entscheidende Rolle bei der Entstehung primärer Ungleichheiten. Langfristig ermöglichen in erster Linie der Zugang zu Qualifikationen und die Verbreitung von Kennnissen eine Reduzierung der Ungleichheiten sowohl innerhalb der einzelnen Länder wie weltweit. Angesichts des technischen Fortschritts und der Veränderung der Arbeitswelt verlangt das Produktionssystem immer mehr Fähigkeiten. Wenn das Angebot, solche Fähigkeiten zu erwerben, damit nicht Schritt hält, zum Beispiel weil die Bildungsinvestitionen bei bestimmten Gruppen stagnieren oder zurückgehen, während sich ein wachsender Teil der Bildungsressourcen bei anderen Gruppen konzentriert, werden die Ungleichheiten zwischen den beiden Gruppen größer werden, unabhängig davon, wie das Rechts- und das Steuersystem aussehen.

Tatsächlich spricht alles dafür, dass die wachsende Ungleichheit der Bildungsinvestitionen der ausschlaggebende Faktor für den besonders starken Anstieg der Einkommensungleichheit in den Vereinigten Staaten seit den 1980er Jahren ist. In den 1950er und 1960er Jahren waren die Vereinigten Staaten das erste Land mit einer praktisch flächendeckenden sekundären Bildung. In den Jahren 1980 bis 1990 schlossen die meisten westeuropäischen Länder und Japan zu den Vereinigten Staaten auf. In allen Ländern setzte dann auf breiter Front die Tertiarisierung der Bildung ein, das heißt, ein immer größerer Teil der neuen Generationen besuchte akademische Bildungseinrichtungen. Mitte der 2010er Jahre lag der Anteil der tertiären Bildung (hier definiert als der Anteil der jungen Erwachsenen im Alter von 18 bis 21 Jahren, die eine Hochschule besuchten) in den Vereinigten Staaten und allen westeuro-

1 Siehe Kapitel 12, S. 787 f.

päischen Ländern bei 50 % oder darüber, in Japan und Südkorea näherte er sich 60–70 %.[1] Das war ein radikaler, auch symbolischer Wandel in der Bildung: Zu allen Zeiten war immer nur ein privilegierter Teil der Bevölkerung in den Genuss von Hochschulbildung gekommen (bis zu Beginn des 20. Jahrhunderts stets weniger als 1 % und bis in die 1960er Jahre weniger als 10 %); nun besuchte eine Mehrheit der jungen Generationen in den reichen Ländern eine Hochschule, und bald werden die Hochschulabsolventen die Mehrheit der gesamten Bevölkerung darstellen. Dieser Prozess ist noch im Gang: Gegenwärtig liegt der Anteil der Hochschulabsolventen in der erwachsenen Bevölkerung bei 30–40 % in den Vereinigten Staaten sowie in den am weitesten entwickelten Ländern Europas und Asiens; wenn man das Tempo berücksichtigt, mit dem sich die Generationen erneuern, wird er in einigen Jahrzehnten bei 50–60 % liegen.

Diese Umwälzung bringt neue Ungleichheiten mit sich, sowohl zwischen unterschiedlichen Ländern wie innerhalb der Länder. Die Vereinigten Staaten haben in den 1980er Jahren ihren Vorsprung in der Bildung eingebüßt. Zahlreiche Untersuchungen haben gezeigt, wie die Reduzierung der Bildungsausgaben dazu geführt hat, dass der Einkommensvorsprung der Hochschulabsolventen im selben Zeitraum größer geworden ist.[2] Es muss auch unterstrichen werden, dass die Finanzierung der primären und sekundären Bildung, die zwar überwiegend durch die öffentliche Hand erfolgt (wie im Übrigen in allen entwickelten Ländern), in den Vereinigten Staaten extrem dezentralisiert ist. Sie hängt hauptsächlich von den Einnahmen der *property tax* auf lokaler Ebene ab, und je nach Finanzkraft der Kommunen ergeben sich große Unterschiede. Verglichen mit den europäischen und asiatischen Ländern, wo die Finanzierung der primären und sekundären Bildung im Allgemeinen auf nationaler Ebene zentralisiert ist, ist die sekundäre Bildung in den Vereinigten Staaten nicht ganz so universell. Letzten Endes gehen fast alle auf die Highschool, aber das Niveau und die finanzielle Ausstattung der Einrichtungen sind sehr unterschiedlich.

Im Übrigen haben Untersuchungen in jüngerer Zeit gezeigt, dass

---

1 Siehe Technischer Anhang.

2 Siehe insbesondere C. Goldin, L. Katz, *The Race Between Education and Technology: The Evolution of US Educational Wage Differentials 1890–2005*, Cambridge: Harvard University Press und NBER 2007. Siehe T. Piketty, *Das Kapital im 21. Jahrhundert*, a. a. O., Kapitel 9, S. 404–405.

der Zugang zur Hochschulbildung in den Vereinigten Staaten durch das Einkommen der Eltern überdeterminiert ist. Die Wahrscheinlichkeit, dass ein Jugendlicher die Universität besucht, liegt Mitte der 2010er Jahre bei 20–30 % bei Angehörigen der ärmsten Schichten und steigt praktisch linear bis auf über 90 % bei Kindern aus den reichsten Elternhäusern.[1] Ähnliche Daten aus anderen Ländern sind zwar sehr unvollständig, was ein Problem darstellt, deuten aber darauf hin, dass der Anstieg nicht ganz so steil ausfällt. Untersuchungen zur Einkommenssituation von Kindern und Eltern haben bestätigt, dass der Anstieg in den Vereinigten Staaten verglichen mit anderen europäischen und vor allem nordeuropäischen Ländern besonders steil ist (und dementsprechend die intergenerationelle Mobilität besonders gering).[2] Wir stellen auch fest, dass die intergenerationelle Korrelation zwischen der Position von Eltern und Kindern in der Einkommenshierarchie in den letzten Jahrzehnten in den Vereinigten Staaten sich immer stärker ausgeprägt hat.[3] Die erheblich rückläufige soziale Mobilität, die in eklatantem Widerspruch zu den theoretischen Äußerungen über «Meritokratie» und Chancengleichheit steht, ist ein Zeugnis der extremen Stratifikation des Bildungs- und Sozialsystems der Vereinigten Staaten. Daran wird auch deutlich, wie wichtig es ist, derartige politisch-ideologische Diskurse systematisch empirisch zu überprüfen. Allerdings erlauben die verfügbaren Quellen solche Evaluierungen nicht immer auf einer befriedigenden komparativen und historischen Basis.

Für die Tatsache, dass der Zugang zur Hochschulbildung in den Vereinigten Staaten durch das elterliche Einkommen überdeterminiert ist, gibt es verschiedene Erklärungen. Zum Teil wird eine frühere Stratifikation weitergegeben: Sobald die primäre und die sekundäre Bildung sehr inegalitär sind, haben Kinder aus einfachen Verhältnissen weniger Chancen, die Noten zu erreichen, die für den Zugang zu den Universi-

---

1 Siehe Einleitung, Grafik 0.8.

2 Bei der intergenerationellen Mobilität scheinen Frankreich und Deutschland eine Zwischenposition einzunehmen zwischen den Vereinigten Staaten und Großbritannien einerseits (wo die Mobilität am geringsten ist) und den skandinavischen Ländern andererseits (wo die Mobilität am größten ist). Siehe Technischer Anhang.

3 Siehe J. Harris, B. Mazumbder, «The Decline of Intergenerational Mobility since 1980», Harris School 2018. Siehe auch R. Chetty, D. Grusky, M. Hell, N. Hendren, R. Manduca, J. Narand, «The Fading American Dream: Trends in Absolute Income Mobility Since 1940», *Science* 356, 6336 (2017), S. 398–406; F. Pfeffer, «Growing Wealth Gaps in Education», *Demography* 55, 3 (2018), S. 1033–1068.

täten nötig sind, die am stärksten selektieren. Das schlägt sich auch in den privaten Bildungsausgaben nieder, die in den Vereinigten Staaten seit den 1980er Jahren in astronomischer Höhe liegen. Generell finanzieren alle entwickelten Länder ihre primäre und sekundäre Bildung fast ausschließlich mit öffentlichen Geldern, aber bei der Finanzierung der Hochschulbildung gibt es große Unterschiede. In den Vereinigten Staaten liegt der Anteil der privaten Finanzierung zwischen 60 % und 70 %, in Großbritannien, in Kanada und Australien bei 60 % gegenüber durchschnittlich rund 30 % in Frankreich, Italien und Spanien, wo die Studiengebühren generell viel niedriger sind als in den angelsächsischen Ländern, und in Deutschland, Österreich, Schweden, Dänemark und Norwegen unter 10 %. In den letztgenannten Ländern ist die Hochschulbildung genau wie die primäre und sekundäre Bildung praktisch kostenlos (siehe Grafik 11.11).[1]

In den Vereinigten Staaten hat die große Bedeutung der privaten Finanzierung dazu geführt, dass die besten amerikanischen Universitäten über sehr viel Geld verfügen (was ihnen erlaubt, die besten ausländischen Forscher und Studierenden zu gewinnen) und dass die Hochschullandschaft sehr hierarchisch ist. Wenn man sich anschaut, wie viel Geld (staatliche und private Mittel) für die Hochschulbildung insgesamt zur Verfügung stehen, haben die Vereinigten Staaten immer noch einen Vorsprung gegenüber dem Rest der Welt.[2] Das Problem ist, dass die Kluft zwischen dem Reichtum der besten Universitäten und der schlechten Ausstattung der staatlichen Hochschulen und *community colleges* in den letzten Jahrzehnten zu einem regelrechten Abgrund geworden ist. Diese Ungleichheit wurde durch die Tendenz des weltweiten Kapitalismus zur Konzentration von Vermögen und Kapital noch

---

1 Diese Unterschiede sind auch in anderen Teilen der Welt feststellbar. Der Anteil der privaten Finanzierung im Hochschulbereich ist in Japan und Südkorea oder auch in Chile und Kolumbien relativ hoch, während er in China, Indonesien und der Türkei sowie in Argentinien und Mexiko gering ist. Im Primär- und Sekundarbereich ist der Anteil der privaten Finanzierung generell eher gering (maximal 10–20 %). Siehe Technischer Anhang, Grafik S11.11.

2 Die gesamten Mittel, die in die Hochschulbildung fließen, machen in den Vereinigten Staaten ungefähr 3 % des Nationaleinkommens aus gegenüber 1–1,5 % in Europa (in Italien ist der Anteil am geringsten, gefolgt von Spanien, Frankreich und Deutschland; Schweden, Dänemark und Norwegen stehen an der Spitze). Zu diesen Mitteln zählen auch jene, die in wissenschaftliche und universitäre Forschung und an Forschungsinstitute fließen (die Mittel, die an die Universitäten im engen Sinn gehen, machen nur knapp 0,5 % des Nationaleinkommens aus). Siehe Technischer Anhang.

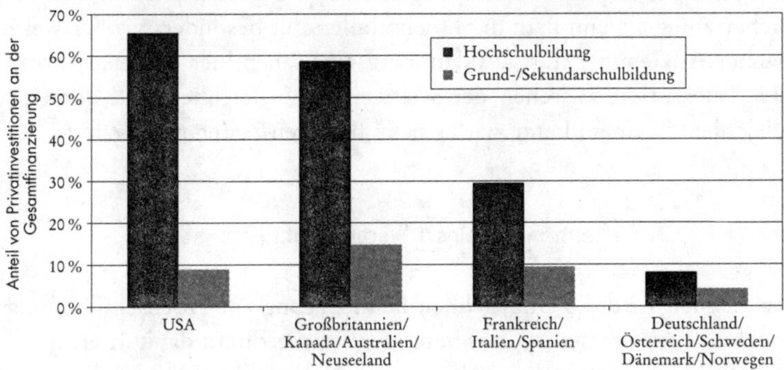

Grafik 11.11.: In den Vereinigten Staaten machen private Gelder 65 % der gesamten (privaten und öffentlichen) Mittel für die Hochschulbildung und 9 % der gesamten Mittel für die Grund- und Sekundarschulbildung aus. Der Anteil der privaten Finanzierung der Hochschulbildung fällt von Land zu Land sehr unterschiedlich aus; es gibt ein angelsächsisches Modell, ein südeuropäisches Modell und ein nordeuropäisches Modell. In der Grund- und Sekundarschulbildung hingegen ist der Anteil privater Gelder überall relativ niedrig (Zahlen für den Zeitraum 2014 bis 2016). Quellen und Reihen: siehe piketty.pse.ens.fr/ideologie.

verschärft, weil Spenden bei der Finanzierung der Universitäten eine immer größere Rolle spielen. Die höchsten Kapitalzuwendungen haben auch sehr viel höhere Renditen abgeworfen als bescheidenere Zuwendungen, was den Abstand zwischen den Universitäten noch weiter vergrößert hat.[1] In internationalen Rankings – so unvollkommen sie auch sind – dominieren amerikanische Universitäten auf den ersten 20 Plätzen ganz klar. Aber wenn man die Betrachtung auf die Top 100 oder Top 500 ausweitet, fallen sie deutlich hinter europäische und asiatische Universitäten zurück.[2] Möglicherweise trägt die internationale Strahl-

1 Die 850 Universitäten in den Vereinigten Staaten, die über Stiftungskapital verfügen, haben in der Zeit von 1980–1990 eine durchschnittliche Realrendite von 8,2 % pro Jahr erzielt (nach Abzug von Verwaltungskosten und inflationsbereinigt). Bei den 498 Universitäten mit dem geringsten Stiftungskapital (weniger als 100 Millionen Dollar) lag die Rendite bei 6,2 %, bei den 60 am besten ausgestatteten (über 1 Milliarde Dollar) bei 8,8 % und für Harvard-Yale-Princeton bei 10,1 %. Der Anteil der 60 am besten ausgestatteten Universitäten ist von ungefähr 50 % des gesamten Stiftungskapitals im Jahr 1980 auf über 70 % im Jahr 2010 gestiegen. Diese Unterschiede scheinen mit Größeneffekten zusammenzuhängen: Der Zugang zu den lukrativsten Anlagen (nicht börsennotierte ausländische Aktien, Rohstoffderivate etc.) setzt ein sehr umfangreiches Portfolio voraus. Siehe T. Piketty, *Das Kapital im 21. Jahrhundert*, a. a. O., Kapitel 12, Tabelle 12.1, S. 596–604.

2 Nach dem Shanghai-Ranking von 2018 setzten sich die Top 20 aus 16 amerikanischen und vier europäischen Universitäten zusammen, die Top 200 aus 69 amerikanischen, 80 europäi-

kraft der reichsten amerikanischen Universitäten dazu bei, das innere Ungleichgewicht des Systems insgesamt zu verschleiern. Das tritt deutlicher zutage, wenn man die Hochschulen mit besonders großer weltweiter Anziehungskraft ausklammert. Wir sehen hier eine neue Form der Interaktion zwischen der weltweiten Ungleichheit und der Ungleichheit in einem Land, wie es sie in früheren Zeiten nicht gab.

Kann man seinen Studienplatz kaufen?

Schließlich wird die Ungleichheit beim Zugang zur Hochschulbildung noch dadurch verstärkt, dass besonders reiche Eltern dank ihrer finanziellen Mittel in manchen Fällen ihrem Nachwuchs einen Studienplatz an den besten Universitäten erkaufen können, wenn die Noten der Kinder nicht ausreichen. Es handelt sich dabei um wenig transparente Mechanismen, die in den Zulassungsbestimmungen und den Regelungen zu *legacy students* (das heißt Bewerbern aus Familien, aus denen bereits andere Mitglieder an der betreffenden Hochschule studiert haben) versteckt sind. Die betreffenden Hochschulen versichern natürlich, dass es sich um lächerlich geringe Zahlen handele, die im Übrigen so winzig seien, dass es sich gar nicht lohne, sie zu veröffentlichen und die Algorithmen und Verfahren für die Auswahl der Bewerber aufzudecken. Es mag stimmen, dass die Zahlen gering sind und dass solche undurchschaubaren Praktiken eine weniger wichtige Rolle spielen als die anderen Mechanismen (vor allem die Dezentralisierung der staatlichen Finanzierung des primären und sekundären Bildungswesens sowie das große Gewicht von Studiengebühren und Spenden bei der Finanzierung der Hochschulbildung), wenn es darum geht, die Ungleichheit des Systems insgesamt zu erklären.

Die Frage verdient gleichwohl besondere Aufmerksamkeit, und zwar aus mehreren Gründen. Vor allem haben Forschungen gezeigt, dass solche Praktiken doch nicht so selten sind, wie die Universitäten behaupten. Tatsächlich ist festzustellen, dass die Spenden reicher Alumni an ihre ehemaligen Universitäten sich auffällig in den Jahren häufen, in denen ihre Kinder das Alter erreichen, um sich bei einer Universität zu

---

schen und 41 Universitäten aus Asien-Ozeanien sowie 10 aus dem Rest der Welt und die Top 500 aus 139 amerikanischen, 195 europäischen, 133 Universitäten aus Asien-Ozeanien und 33 aus dem Rest der Welt.

bewerben.[1] Im Übrigen ist natürlich die mangelnde Transparenz für sich allein ein Problem, zumal die neuen Erben (ein Ergebnis der in den letzten Jahrzehnten gewachsenen Ungleichheit in den Vereinigten Staaten) in der Gesellschaft immer deutlicher in Erscheinung treten und womöglich Ressentiments gegen die Eliten nähren.[2] Die mangelnde Transparenz zeigt, dass die Universitäten nicht bereit sind, öffentlich zu sagen, was sie tun, und fördert unweigerlich ernsthafte Zweifel an der Gleichheit des Systems.

Erstaunlicherweise sind auch die Hochschullehrer an amerikanischen Universitäten zunehmend geneigt, solche Praktiken und deren Geheimhaltung zu rechtfertigen. Sie begründen das damit, dass sie nur unter diesen Bedingungen erfolgreich die Spenden bei großzügigen Milliardären einwerben können, die ihre Forschungs- und Ausbildungsprogramme finanzieren. Diese ideologische Entwicklung ist interessant, denn sie wirft eine grundsätzlichere Frage auf: Bis wohin genau darf die Macht des Geldes gehen, und welche Institutionen und Verfahren erlauben es, ihr Grenzen zu setzen? Einer ähnlichen Fragestellung sind wir bereits begegnet, zum Beispiel im Zusammenhang mit dem Zensuswahlrecht in Schweden in den Jahren 1865–1911.[3] Noch treffender wäre in dem Fall der Vergleich mit der Beamtenauswahl im kaiserlichen China zur Zeit der Qing-Dynastie, die viele Möglichkeiten eröffnete, Plätze für Kinder reicher Besitzender zu kaufen (bei der es überdies Quotenregelungen für die Kinder der alten Kriegerkaste gab). Das hat zweifellos zur Schwächung des Regimes beigetragen und seiner moralischen und politischen Legitimität geschadet.[4]

Schließlich und vor allem ist der eklatante Mangel an Transparenz bei den Zulassungsverfahren an den großen Universitäten der Vereinig-

---

1 Siehe J. Meer, H. Rosen, «Altruism and the Child Cycle of Alumni Donations», *American Economic Journal: Economic Policy* 1, 1 (2009), S. 258–286.

2 In den Vereinigten Staaten gibt es seit kurzem einen Begriff für diese neue Kategorie von Erben, die alle Privilegien besitzen: die *trust fund babies*, eine Anspielung auf die juristische Konstruktion *(trust fund)*, die häufig verwendet wird, um solche großen Erbschaften weiterzugeben. 2018 schrieb die Boy Band Why Don't We sogar einen Song mit dem Titel «Trust Fund Baby». Die jungen Männer aus Minnesota und Virginia erklärten, sie wollten unabhängige Frauen, die in der Lage seien, ihr Auto zu reparieren und selbst für sich zu sorgen – das Gegenteil zu *trust fund babies*, den Erbinnen, die alles bekommen haben und nur an Geld denken.

3 Siehe Kapitel 5, S. 244–251.

4 Siehe Kapitel 9, S. 500–503.

ten Staaten besorgniserregend, weil er ein Thema berührt, das für alle Länder eine große Herausforderung darstellt: Was bedeutet Bildungsgerechtigkeit im 21. Jahrhundert? Nehmen wir beispielsweise an, man möchte ein Quotensystem oder ein System mit zusätzlichen Punkten einführen, damit sozial benachteiligte Schichten besser an den Hochschulen vertreten sind, wie es etwa in Indien der Fall ist.[1] Wenn jede Universität eifersüchtig ihren Zulassungsalgorithmus hütet, bei dem vielleicht Kinder aus besonders begüterten Familien zusätzliche Punkte bekommen (und gerade nicht die Kinder aus einfachen Verhältnissen), während sie gleichzeitig behauptet, diese Praxis sei sehr selten und solle deshalb nicht öffentlich gemacht werden, gefährdet das ernsthaft die Reflexion und demokratische Entscheidungsfindung, vor allem bei einer so heiklen und komplexen Frage, bei der es um die Positionen von Kindern aus einfachen, mittleren und höheren Schichten geht und bei der es naturgemäß extrem schwierig ist, eine Norm zu formulieren, die von der Mehrheit als gerecht akzeptiert wird. Festzuhalten ist gleichwohl, dass es der amerikanischen Öffentlichkeit in der Vergangenheit gelungen ist, den Universitäten Normen und Regeln zu geben, die sehr viel strenger waren als heute.[2] Wie immer zeigt die Geschichte, dass nichts von vornherein entschieden ist.

Ungleicher Zugang zu Bildung in Europa und in den Vereinigten Staaten

Wir haben gesehen, dass die Ungleichheiten beim Zugang zu Bildung in den Vereinigten Staaten besonders groß sind. Aber auch in Europa sind sie erheblich. Allgemein gilt, dass sich in allen Ländern der Welt die offizielle Rhetorik über Chancengleichheit, das «meritokratische» Ideal etc. sehr von den realen Ungleichheiten unterscheidet, die die verschiedenen sozialen Gruppen beim Zugang zu Bildung erleben. Kein Land ist in der Position, den anderen bei diesem Thema Lehren erteilen zu können. Vor allem ist hervorzuheben, dass der Übergang zur Hochschulbildung eine große Herausforderung für die Idee der Bildungsgerechtigkeit darstellt.

---

1 Siehe Kapitel 8, S. 441–459.

2 Über die wechselvollen Beziehungen zwischen Harvard und dem Bundesstaat Massachusetts siehe N. Maggor, *Brahmin Capitalism*, a. a. O., S. 26–28, S. 96–104.

Im Zeitalter der primären und sekundären Bildung bestand eine einigermaßen ausgeglichene Situation: Man musste einen ganzen Jahrgang bis zum Ende der Grundschulzeit führen und dann bis zum Ende der Sekundarstufe mit dem Ziel, dass alle Kinder ungefähr die gleichen Grundkenntnisse erwarben. Als die Hochschulbildung an Bedeutung gewann, wurde das Bild deutlich komplizierter. Abgesehen davon, dass es nicht sehr realistisch erscheint, dass ein ganzer Jahrgang bis zur Promotion gelangt, zumindest nicht in der nächsten Zukunft, gibt es natürlich viele verschiedene Wege der akademischen Bildung. Diese Vielfalt spiegelt zum Teil die legitimen Unterschiede der Wissensbereiche und der individuellen Ziele wider, aber es gibt auch die Tendenz zu einer hierarchischen Ordnung und einen großen Einfluss auf die künftige gesellschaftliche und berufliche Hierarchie. Anders gesagt: Der Eintritt ins Zeitalter des massenhaften Hochschulbesuchs stellt eine ganz neue politische und ideologische Herausforderung dar. Es wird unvermeidlich, auf Dauer eine Form von Bildungsungleichheit zu akzeptieren, insbesondere zwischen Personen, die mehr oder weniger lange studiert haben. Das muss uns nicht hindern, über neue Formen von Gerechtigkeit bei der Verteilung von Ressourcen und neue Regeln für den Zugang zu unterschiedlichen Bildungswegen nachzudenken. Aber die Aufgabe ist komplexer, als im Primär- und Sekundarbereich für absolute Gleichheit zu sorgen.[1]

Im vierten Teil des Buchs werden wir sehen, dass diese neue Herausforderung in der Bildung ganz wesentlich dazu beigetragen hat, dass die «sozialdemokratische» Wählerkoalition der Nachkriegszeit zerbrochen ist. In den Jahren 1950–1970 erreichten die verschiedenen sozialdemokratischen und sozialistischen Parteien in Europa ebenso wie die Demokratische Partei in den Vereinigten Staaten ihre besten Ergebnisse bei Wählern mit niedrigeren Bildungsabschlüssen. In den Jahren 1980–2010 hat sich das vollkommen umgekehrt, und diese Parteien schneiden inzwischen bei den Wählern mit den höchsten Bildungsabschlüssen am besten ab. Ein Teil der Erklärung, auf den wir noch detaillierter zurückkommen werden, sind natürlich die politischen Entscheidungen, die diese Parteien umgesetzt haben. Die Wähler haben immer stärker den

1 Über die Herausforderung, die die Tertiarisierung des Bildungswesens in ideologischer Hinsicht und im Hinblick auf die Ungleichheit darstellt, siehe auch E. Todd, *Traurige Moderne. Eine Geschichte der Menschheit von der Steinzeit bis zum Homo americanus*, übers. von W. Damson und E. Heinemann, München: C.H.Beck 2018.

Eindruck, dass sie vor allem die Gewinner des Wettbewerbs in Gesellschaft und Bildung begünstigen.[1]

Halten wir an diesem Punkt einfach fest, dass die Bildungssysteme der europäischen Länder zwar insgesamt egalitärer sind als das Bildungssystem der Vereinigten Staaten, dass aber auch diese Länder Probleme haben, mit der Herausforderung durch die Bildungsexpansion in den letzten Jahrzehnten fertigzuwerden. Vor allem der Blick auf die staatlichen Ausgaben für Bildung ist frappierend. Nachdem sie im 20. Jahrhundert beträchtlich gestiegen sind, von knapp 1–2 % des Nationaleinkommens in der Zeit von 1870 bis 1910 auf 5–6 % in den 1980er Jahren, stagnieren sie seither.[2] In allen westeuropäischen Ländern, in Deutschland wie in Frankreich, in Schweden wie in Großbritannien, lagen die Investitionen in die Bildung zwischen 1990 und 2015 konstant bei 5,5–6 % des Nationaleinkommens.[3]

Die Stagnation erklärt sich teilweise dadurch, dass in diesem Zeitraum die staatlichen Ausgaben insgesamt nicht gewachsen sind. Vor dem Hintergrund eines strukturellen Anstiegs der praktisch unvermeidlichen Aufwendungen für Gesundheit und Renten in diesem Zeitraum ist es für manche Beobachter unausweichlich, den Anteil des Nationaleinkommens, der in Bildung fließt, unverändert zu halten oder sogar leicht zu senken und stärker auf private Finanzierung und Studiengebühren zu setzen. Umgekehrt kann man sich vorstellen, dass es möglich gewesen wäre (und in Zukunft möglich sein könnte), Abgaben zu erhöhen, um mehr in die Bildung investieren zu können, immer unter der Voraussetzung, dass die unterschiedlichen Einkommen und Vermögen gerecht herangezogen werden. Anders formuliert: Der Steuerwettbewerb zwischen den Ländern und die zumindest so wahrgenommene Unmöglichkeit, für Steuergerechtigkeit zu sorgen, sind ein Teil der Erklärung für die Stagnation bei den Bildungsausgaben, genauso wie übrigens für die Flucht nach vorn in die Verschuldung.

Auf jeden Fall ist diese Stagnation einigermaßen paradox. In einer Phase, in der die entwickelten Länder in das Zeitalter der massenhaften Hochschulbildung eingetreten sind und der Anteil eines Altersjahr-

---

1 Siehe Kapitel 14 und 15.

2 Siehe Kapitel 10, Grafik 10.15.

3 Siehe Technischer Anhang. Die Zahlen für den Vergleich der Bildungshaushalte verschiedener Länder sind ganz und gar nicht perfekt, aber der Bruch mit früheren Zeiten wird perfekt klar.

gangs, der eine Hochschule besucht, von knapp 10–20 % auf über 50 % gestiegen ist, stagnieren die staatlichen Ausgaben für die Bildung (ausgedrückt als Prozentsatz des Nationaleinkommens). Die Folge ist, dass diejenigen, oder doch ein Teil von ihnen, die an das Versprechen geglaubt haben, dass immer mehr Menschen Zugang zu Hochschulbildung bekommen werden, gerade auch aus einfachen und mittleren Schichten, nun auf einmal erleben, dass das Geld fehlt und manchmal auch die Arbeitsplätze fehlen. In diesem Zusammenhang ist wichtig, dass ein kostenloses oder fast kostenloses Studium und der Vorrang staatlicher Finanzierung nicht ausreichen, um wirklich gleichen Zugang zu Hochschulbildung zu garantieren. Den Studierenden aus den privilegierten Milieus stehen oft mehr Möglichkeiten offen, einmal wegen ihres familiären Hintergrunds und dann auch, weil sie bereits bessere weiterführende Schulen und Grundschulen besuchen konnten.

Ein besonders frappierendes Beispiel für Ungleichheit in einem angenommen öffentlichen Bildungssystem, das kostenlose und gleiche Bildung verspricht, ist Frankreich. In der Praxis sind die staatlichen Ressourcen, die in die elitären Bildungseinrichtungen der *classes préparatoires* und der *Grandes Écoles* fließen, die in der überwiegenden Mehrheit von sozial privilegierten Studierenden besucht werden, pro Studierendem zwei- bis dreimal so hoch wie die Ressourcen, die weniger elitären akademischen Bildungseinrichtungen zugutekommen. Diese alte Stratifikation des französischen Systems ist mit der Expansion der akademischen Bildung eklatant zutage getreten, zumal alle Versprechungen, mehr in benachteiligte Grundschulen, Collèges und Lycées zu investieren, nie in die Praxis umgesetzt wurden, was zu schweren gesellschaftlichen und politischen Spannungen führte. Über den französischen Fall hinaus sind die Fragen der Bildungsgerechtigkeit, der transparenten Mittelzuweisung und der Zulassungsverfahren ein eminent wichtiges Thema, mit dem alle Länder in Zukunft immer stärker konfrontiert sein werden. Im weiteren Verlauf unserer Untersuchung werden wir darauf noch zurückkommen.[1]

1 Siehe insbesondere Kapitel 13, S. 888–892, Kapitel 14, S. 937–946, und Kapitel 17, S. 1237–1247. Über die Ungleichheiten bei den Bildungsinvestitionen in Frankreich siehe Kapitel 7, Grafik 7.8. Siehe auch S. Zuber, «L'Inégalité de la dépense publique d'éducation en France, 1900–2000», Masterarbeit EHESS, 2003, und Technischer Anhang.

Gleicher Zugang zu Bildung, der Ursprung des Wachstums in der modernen Zeit

Präzisieren wir abschließend noch, dass die Stagnation der Bildungsinvestitionen in den reichen Ländern seit den 1980er Jahren nicht nur Teil der Erklärung für die Zunahme der Ungleichheiten ist, sondern auch für das sich abflachende Wirtschaftswachstum. In den Vereinigten Staaten wuchs das Nationaleinkommen pro Kopf in der Zeit von 1950–1990 um 2,2 % jährlich und von 1990–2020 nur noch um 1,1 % jährlich. Im selben Zeitraum nahmen die Ungleichheiten zu, und der Spitzensteuersatz auf Einkommen ging von durchschnittlich 72 % im Zeitraum 1950–1990 auf 35 % im Zeitraum 1990–2020 zurück (siehe Grafiken 11.12 und 11.13).

In Europa stellen wir ebenfalls fest, dass die Jahre mit dem stärksten Wirtschaftswachstum in die Zeit von 1950–1990 fielen, als die Ungleichheiten besonders gering waren und die Steuerprogression besonders hoch (siehe Grafiken 11.14 und 11.15). Das außergewöhnlich starke Wachstum in Europa im Zeitraum 1950–1990 lässt sich teilweise mit dem Nachholbedarf nach den beiden Weltkriegen erklären. Für die Vereinigten Staaten trifft diese Erklärung nicht zu: Das Wachstum in der Zeit von 1910–1950 war stärker als in den Jahren 1870–1910, und das Wachstum von 1950–

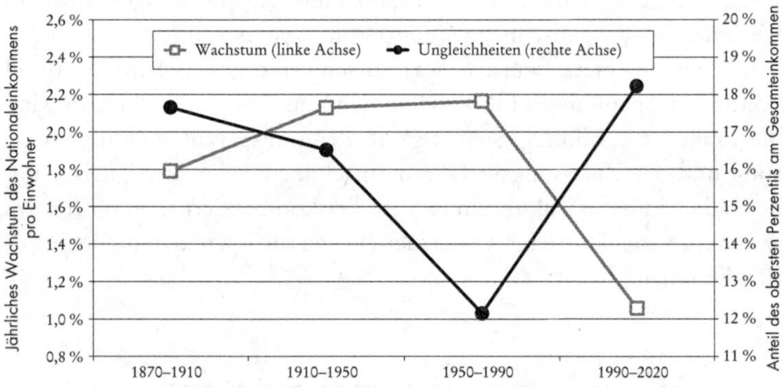

Grafik 11.12.: In den Vereinigten Staaten ging das Wachstum des Nationaleinkommens pro Kopf von 2,2 % pro Jahr im Zeitraum 1950 bis 1990 auf 1,1 % pro Jahr im Zeitraum 1990 bis 2020 zurück, während der Anteil des obersten Perzentils (das einkommensstärkste 1 %) am Nationaleinkommen gleichzeitig von 12 % auf 18 % stieg.
Quellen und Reihen: siehe piketty.pse.ens.fr/ideologie.

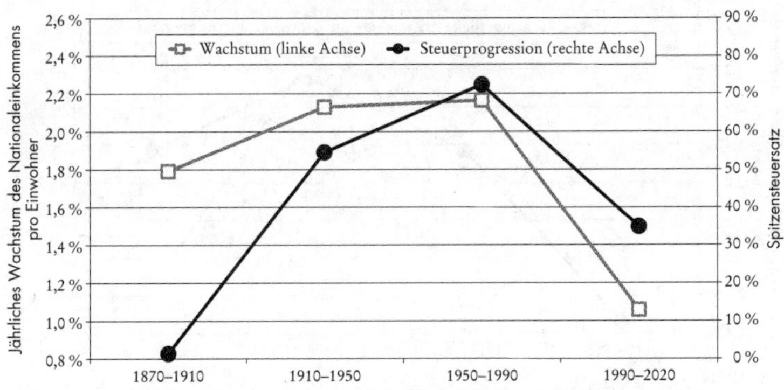

Grafik 11.13.: In den Vereinigten Staaten ging das Wachstum des Nationaleinkommens pro Kopf von 2,2 % im Zeitraum 1950 bis 1990 auf 1,1 % pro Jahr im Zeitraum 1990 bis 2020 zurück. Im gleichen Zeitraum sank der Spitzensteuersatz von 72 % auf 35 %.
Quellen und Reihen: siehe piketty.pse.ens.fr/ideologie.

1990 war noch einmal stärker als das von 1910–1950, bevor sich die Wachstumsrate im Zeitraum von 1990–2020 halbierte.

Diese unbestreitbare historische Realität hält viele Lehren für die Zukunft bereit. Insbesondere hilft sie uns, falsche Fährten zu vermeiden. Eine starke Steuerprogression ist eindeutig kein Hindernis für ein

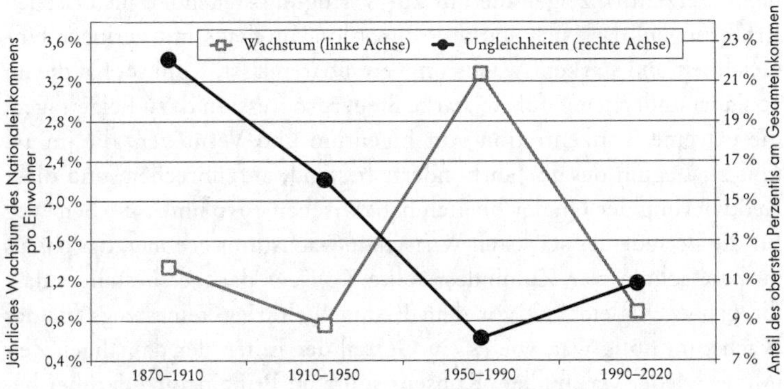

Grafik 11.14.: In Westeuropa ging das Wachstum des Nationaleinkommens pro Kopf von 3,3 % pro Jahr im Zeitraum 1950 bis 1990 auf 0,9 % pro Jahr im Zeitraum 1990 bis 2020 zurück, während der Anteil des obersten Perzentils (das einkommensstärkste 1 %) am Nationaleinkommen von 8 % auf 11 % (Durchschnitt Deutschland – Großbritannien – Frankreich) anstieg.
Quellen und Reihen: siehe piketty.pse.ens.fr/ideologie.

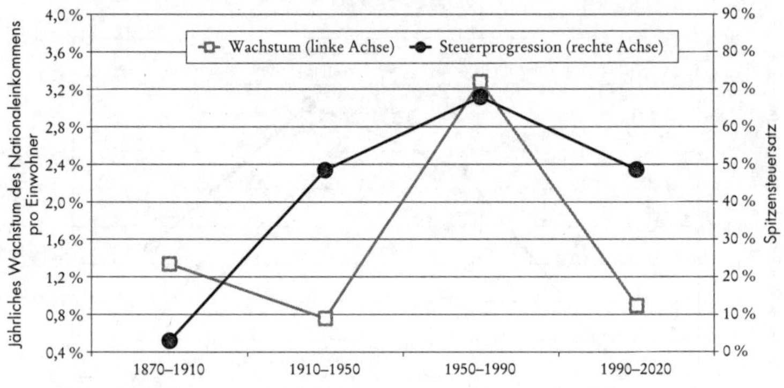

Grafik 11.15.: In Westeuropa ging das Wachstum des Nationaleinkommens pro Kopf von 3,3 % pro Jahr innerhalb des Zeitraums 1950 bis 1990 auf 0,9 % pro Jahr von 1990 bis 2020 zurück, während der auf die obersten Einkommen anwendbare Steuersatz im gleichen Zeitraum von 68 % auf 49 % (Durchschnitt Deutschland – Großbritannien – Frankreich) sank.
Quellen und Reihen: siehe piketty.pse.ens.fr/ideologie.

hohes Produktivitätswachstum, vorausgesetzt die Spitzensteuersätze gelten für hinreichend hohe Einkommen und Vermögen. Würden Steuersätze in der Größenordnung von 80–90 % bereits für alle gelten, die nur knapp über dem Durchschnitt liegen, könnten die Wirkungen durchaus ganz anders aussehen. Aber wenn sie nur sehr hohe Einkommen und Vermögen betreffen (üblicherweise das oberste ganze oder halbe Perzentil), zeigen die uns zur Verfügung stehenden historischen Erfahrungen, dass sich starke Progression durchaus mit geringer Ungleichheit und starkem Wachstum vereinbaren lässt. Konkret hat die im 20. Jahrhundert eingeführte starke Steuerprogression dazu beigetragen, die extreme Konzentration von Eigentum und Vermögen, die im 19. und zu Beginn des 20. Jahrhunderts bestand, aufzubrechen, und diese Reduzierung der Ungleichheiten hat zwischen 1950 und 1980 den Weg für die Periode des stärksten Wirtschaftswachstums geebnet, das jemals zu beobachten war. Zumindest sollte Konsens darüber bestehen, dass die große Ungleichheit vor dem Ersten Weltkrieg keineswegs für das Wachstum nötig war, wie es ein Gutteil der Eliten der damaligen Zeit immer wieder verkündete. Konsens sollte im Prinzip auch darüber bestehen, dass die «konservative Revolution» unter Präsident Reagan in den Jahren 1980–1990 gescheitert ist: Das Wachstum in den Vereinigten Staaten halbierte sich, und die Behauptung, dass der Einbruch ohne

Reagans Politik noch stärker gewesen wäre, klingt ganz und gar nicht plausibel.[1]

Schließlich zeigen der Vorsprung der Vereinigten Staaten bei der Bildung im 19. Jahrhundert und den größten Teil des 20. Jahrhunderts hindurch wie auch Vergleiche zwischen den Entwicklungen verschiedener Länder bei Bildung und Wirtschaft, wie entscheidend wichtig gleichgewichtige Investitionen in Bildung und Ausbildung sind. Dass die Produktivität in den Vereinigten Staaten höher war und diese sich schneller entwickelten als Europa im 19. und zu Beginn des 20. Jahrhunderts, hing nicht damit zusammen, dass die Eigentumsrechte dort besser geschützt und die Steuern niedriger waren: Die Steuern waren überall sehr niedrig, und die Eigentumsrechte waren nirgends besser geschützt als in Frankreich, Großbritannien und Europa generell. Der entscheidende Punkt ist, dass die Vereinigten Staaten im 19. und 20. Jahrhundert gegenüber Europa mehr als ein halbes Jahrhundert Vorsprung bei der allgemeinen Bildung im primären und sekundären Bereich hatten. Dieser Vorsprung war Ende des 20. Jahrhunderts verschwunden, und damit schwand auch der Vorsprung bei der Produktivität. Generell investierten in der Zeit von 1950–1990 alle reichen Länder außerordentlich viel in die Bildung, sehr viel mehr als in früheren Zeiten, was Teil der Erklärung für die ungewöhnlich hohen Wachstumsraten ist. Umgekehrt passt die Stagnation der Bildungsinvestitionen in der Zeit von 1990–2020, während doch immer mehr junge Leute an die Hochschulen strömten, zur Stagnation beim Produktivitätswachstum.

Fassen wir zusammen: Beim Blick auf die Geschichte der letzten beiden Jahrhunderte sieht es danach aus, dass Gleichheit und Bildung bei der Entwicklung sehr viel wichtigere Einflussfaktoren waren als die Verklärung von Ungleichheit, Eigentum und Stabilität. Allgemein wird bei der historischen Betrachtung der Entwicklung immer wieder deutlich, dass zahlreiche Gesellschaften in eine «Inegalitätsfalle» zu tappen drohten. Im Diskurs der Eliten wird Stabilität in der Regel überbewertet und ganz besonders der Fortbestand von Eigentumsrechten, die in

1 Der Gedanke, dass die Politik von Ronald Reagan erfolgreich war, entwickelte sich auf der Grundlage einer komplexen politisch-ideologischen Konstruktion, wonach vor allem der Sieg im politischen und militärischen Wettstreit mit der Sowjetunion zählte (jedoch ohne besonderen Zusammenhang mit der Wirtschafts- und Haushaltspolitik in den Vereinigten Staaten) und in zweiter Linie die Verringerung des Abstands zu den europäischen Wachstumsraten (die ganz sicher auch sonst eingetreten wäre, als in Europa die Aufholjagd nach dem Krieg zu Ende ging).

der Vergangenheit erworben wurden, während Entwicklung oft verlangt, dass die Eigentumsbeziehungen und die Chancen zugunsten neuer gesellschaftlicher Gruppen neu definiert werden. Die Weigerung der britischen und französischen Eliten, den Reichtum umzuverteilen und in die Bildung und den Sozialstaat zu investieren, setzte sich bis zum Ersten Weltkrieg fort. Sie beruhte auf ausgeklügelten ideologischen Konstruktionen, genau wie in den Vereinigten Staaten heute, zu Beginn des 21. Jahrhunderts.[1] Die Geschichte zeigt, dass Veränderungen nur möglich sind, wenn gesellschaftliche und politische Kämpfe mit grundsätzlichen ideologischen Neuorientierungen zusammentreffen.

Die Sozialdemokratie und die gerechte Besteuerung: eine unvollständige Begegnung

Kommen wir nun zu der Frage nach der gerechten Besteuerung, die uns weiter zu der Frage nach der Überwindung des Nationalstaats führen wird. Wir haben gesehen, vor welchen Problemen die sozialdemokratischen Gesellschaften standen, als sie die Normen für gerechtes Eigentum und gerechte Bildung neu definieren wollten, insbesondere in den 1980er Jahren, als Verstaatlichungen an Attraktivität verloren und die Ära der Hochschulbildung begann. Diese politisch-ideologischen Grenzen gelten auch für die unzulänglichen Reflexionen zum Thema Steuern. Die Parteien der Sozialdemokraten, Sozialisten, der Arbeiter und der Demokraten unterschiedlicher Couleur neigen dazu, das Steuerrecht und die Frage nach der gerechten Steuer zu vernachlässigen. Die spektakuläre Entwicklung bei der progressiven Besteuerung von Einkommen und Erbschaften in der Zeit von 1914–1945 fand im Allgemeinen unter dem Druck der Verhältnisse statt, ohne wirkliche intellektuelle und politische Durchdringung, was zum Teil erklärt, warum die institutionellen Konstruktionen so fragil waren und ab den 1980er Jahren infrage gestellt wurden.

Generell gilt, dass die sozialistische Bewegung rund um die Frage

1 Zu anderen Beispielen für die «Inegalitätsfalle», wie die Niederlande im 17. und 18. Jahrhundert (wo die Handel treibende Elite in einem erheblichen Ausmaß die Macht zu ihrem Profit gekapert hatte, insbesondere die öffentlichen Finanzen durch die Anhäufung von Schulden in ihrem Namen, und damit die Entwicklungsmöglichkeiten der Gesellschaft insgesamt blockierte), siehe B. Van Bavel, *The Invisible Hand? How Market Economies Have Emerged and Declined since AD 500*, Oxford: Oxford University Press 2016.

der Eigentumsordnung entstanden ist, mit dem Ziel, Verstaatlichungen durchzusetzen. Doch diese Konzentration auf das Staatseigentum an Unternehmen, die, wie wir gesehen haben, bei den französischen Sozialisten und in der britischen Labour Party bis in die 1980er Jahre sehr ausgeprägt war, bremste tendenziell die Überlegungen hinsichtlich Steuern genau wie die Überlegungen zur Mitbestimmung oder Selbstverwaltung. Zusammenfassend gesagt: Der Glaube daran, dass Zentralisierung in den Händen des Staates der einzige Weg zur Überwindung des Kapitalismus sei, führte manchmal dazu, dass Fragen der Besteuerung – nach der Höhe der Steuersätze und den Bemessungsgrundlagen – nicht ernst genug genommen wurden, ebenso wenig die Frage, wie die Macht und das Stimmrecht in den Unternehmen verteilt werden sollten.

Zwei Punkte bei den unzulänglichen sozialdemokratischen Überlegungen zu Steuerfragen verdienen besondere Aufmerksamkeit. Zunächst einmal haben es die sozialdemokratischen und sozialistischen Bewegungen und die Arbeiterparteien nicht geschafft, die notwendigen internationalen Kooperationen aufzubauen, um die progressive Besteuerung zu bewahren und zu vertiefen, oder sie haben sogar selbst den Boden für einen Steuerwettbewerb bereitet, der für die Idee der Steuergerechtigkeit verheerend ist. Dann wurde das Nachdenken über die gerechte Steuer nicht hinreichend mit der Frage nach der progressiven Besteuerung von Vermögen verbunden, die jedoch zentral für jeden ambitionierten Versuch ist, den Privatkapitalismus zu überwinden, insbesondere durch die Finanzierung einer allgemeinen Kapitalausstattung und durch eine stärkere Zirkulation des Vermögens. Wie wir später noch sehen werden, bilden drei legitime und komplementäre Formen der progressiven Steuer das Fundament für die gerechte Steuer: die progressive Steuer auf Einkommen, die progressive Steuer auf Erbschaften und die progressive jährliche Steuer auf Eigentum.

Die Sozialdemokratie und die Überwindung des Kapitalismus und des Nationalstaats

Die Sozialdemokratie des 20. Jahrhunderts war in ihren Prinzipien immer internationalistisch, aber sehr viel weniger in ihrer politischen Praxis. Im Grunde könnte die Kritik, die Hannah Arendt 1951 an die

Sozialdemokraten der ersten Hälfte des 20. Jahrhunderts richtete,[1] auf deren Nachfolger in der Zeit von 1950–2020 ausgeweitet werden. Die sozialdemokratischen Bewegungen haben seit 1950 den Aufbau des Steuer- und Sozialstaats im engen Rahmen des Nationalstaats betrieben, mit unbestreitbaren Erfolgen, aber ohne wirklich zu versuchen, neue Formen föderaler oder transnationaler Politik zu entwickeln (so wie die von Hannah Arendt analysierten kolonialen, bolschewikischen oder nationalsozialistischen Konstruktionen, aber in einer sozialen, demokratischen und egalitären Version). Weil es der Sozialdemokratie nicht gelang, Solidarität und Steuern auf postnationaler Ebene zu verankern – was das Fehlen einer gemeinsamen Steuer- und Sozialpolitik in Europa eindrücklich zeigt –, hat sie dazu beigetragen, die Konstruktionen auf nationaler Ebene zu destabilisieren und ihre eigene gesellschaftliche und politische Basis zu gefährden.

Auf europäischer Ebene haben die verschiedenen sozialdemokratischen und sozialistischen Bewegungen durchaus kontinuierlich die Bemühungen zur Weiterentwicklung der europäischen Institutionen unterstützt: die Europäische Gemeinschaft für Kohle und Stahl (EGKS) 1952, die 1957 mit den Römischen Verträgen geschaffene Europäische Wirtschaftsgemeinschaft (EWG) und schließlich die Europäischen Union (EU), die 1992 die EWG ablöste. Diese Reihe von politischen, Wirtschafts- und Handelsabkommen, die mit jedem Vertrag weiter gefestigt wurden, leitete eine Ära von Frieden und Wohlstand in Europa ein, wie es sie zuvor noch nie gegeben hatte, vor allem mit den anfänglichen gemeinsamen Bemühungen, den Wettbewerb bei den wichtigsten Industrie- und Agrarprodukten zu regulieren. Es besteht ein frappierender Kontrast zwischen den 1920er Jahren, als französische Truppen das Ruhrgebiet besetzten, um die Zahlung einer Tributschuld in Höhe von 300 % des deutschen Bruttoinlandsprodukts zu erzwingen, und den 1950er Jahren, als Frankreich, Deutschland, Italien und die drei Benelux-Länder (Belgien, die Niederlande und Luxemburg) ihre Kohle- und Stahlproduktion zusammenlegten, um die Preise zu stabilisieren und einen möglichst harmonischen Wiederaufbau zu ermöglichen. Seit 1986 die Einheitliche Europäische Akte beschlossen wurde, die die Prinzipien des Binnenmarkts festschrieb – freier Verkehr von Waren und Dienstleistungen, freier Kapitalverkehr und Personenfreizügigkeit

1 Siehe Kapitel 10, S. 602–606.

in Europa (die «vier Freiheiten»)[1] –, und seit der Annahme des Vertrags von Maastricht 1992, der nicht nur die Europäische Union begründete, sondern auch die gemeinsame Währung für die Länder brachte, die es wollten (der Euro wurde 1999 als Buchgeld im Verkehr der Banken eingeführt und 2002 als Bargeld), wandten sich die Mitgliedstaaten zunehmend öfter an die europäischen Institutionen mit der Bitte, Handelsabkommen zwischen Europa und dem Rest der Welt auszuhandeln, denn weltweit war eine beschleunigte wirtschaftliche Öffnung zu beobachten. Historiker haben zu Recht davon gesprochen, dass die europäische Konstruktion von 1950–2000 der «Rettung der Nationalstaaten» diente, einer politischen Ordnung, die in der Zeit von 1945–1950 vielen diskreditiert schien. Tatsächlich haben EWG und EU den alten europäischen Nationalstaaten erlaubt, ihre Produktion und ihren Handel sowohl untereinander wie mit dem Rest der Welt zu koordinieren und weiterhin das Herzstück der Politik zu bleiben.[2]

Trotz aller Erfolge leidet die europäische Konstruktion unter vielfältigen Einschränkungen, und zu Beginn des 21. Jahrhunderts droht die Gefahr, dass sie in der Bevölkerung auf Ablehnung stößt, wie das Referendum über den Brexit 2016 gezeigt hat. In den letzten Jahrzehnten hat sich nach und nach ein diffuses Gefühl verbreitet, dass «Europa» (der Begriff steht inzwischen für die Brüsseler Institutionen) zum Schaden der unteren und mittleren Schichten wirkt und hauptsächlich den Privilegierten und den Großunternehmen nützt. Diese «Euroskepsis» wird auch durch die Ablehnung der neuen Situation bei der Zuwanderung genährt und durch den Eindruck, Europa habe eine gewisse (postkoloniale oder postkommunistische, je nach Standpunkt) Deklassierung erlitten. Die europäischen Regierungen haben es jedenfalls nicht geschafft, auf die Mischung aus wachsender Ungleichheit einerseits und Abschwächung des Wachstums andererseits zu reagieren, die sich seit den 1980er Jahren bemerkbar macht. Dieses eklatante Versagen erklärt sich hauptsächlich dadurch, dass Europa fast ausschließlich einem Entwicklungsmodell folgte, das auf dem Wettbewerb von Regionen und Per-

1 Nebenbei sei angemerkt, dass die «vier Freiheiten», die in der Einheitlichen Europäischen Akte von 1986 niedergelegt wurden, sich stark von den «vier Freiheiten» unterscheiden, die Roosevelt in seiner berühmten Rede von 1941 zur Lage der Nation formulierte *(freedom of expression, freedom of worship, freedom from want, freedom from fear).*

2 Siehe insbesondere A. Milward, *The European Rescue of the Nation-State*, London: Routledge 2000.

sonen basierte und von dem die Gruppen profitierten, die besonders mobil waren. Dazu gehört auch, dass die Mitgliedstaaten nicht in der Lage waren, wenigstens ansatzweise eine gemeinsame Steuer- und Sozialpolitik auf den Weg zu bringen. Dieses Versagen wiederum ist eine Folge der Regel, dass über Besteuerungsfragen nur einstimmig entschieden werden kann; diese Regel wurde seit den 1950er Jahren bis heute von Vertrag zu Vertrag immer weitergegeben.[1]

So wie sich die europäische Konstruktion bis heute entwickelt hat, ruht sie zu einem Großteil auf der Hypothese, dass freier Wettbewerb und freier Waren- und Kapitalverkehr ausreichen, um allgemeinen Wohlstand und gesellschaftliche Harmonie zu bringen, sowie auf der Überzeugung, dass die Vorteile der Steuerkonkurrenz zwischen den Staaten (insbesondere dass sie diese daran hindert, ihre Verwaltungen zu sehr zu vergrößern oder grenzenlose Umverteilungsideen zu hegen) größer sind als die Kosten. Von einem theoretischen Standpunkt kann man durchaus Argumente für diese Hypothesen vorbringen. Vor allem ist die Errichtung einer legitimen staatlichen Instanz, die in einer großen Gemeinschaft Steuern erhebt, keine harmlose oder selbstverständliche Sache, schon gar nicht auf europäischer Ebene. Aber diese Hypothesen haben auch Schwächen, vor allem vor dem Hintergrund der inegalitären Entwicklungen der letzten Jahrzehnte und der damit verbundenen Gefahren. Seit Jahrzehnten ist es vergleichbar großen oder noch größeren Gemeinschaften nicht gelungen, gemeinsame Steuern für die gesamte Föderation zu beschließen, und das in einem demokratischen Rahmen (zum Beispiel in den Vereinigten Staaten oder in Indien).

Dass die europäische Einigung seit den 1950er Jahren hauptsächlich durch den Aufbau eines gemeinsamen Markts vorangetrieben wird, lässt sich auch durch die Ereignisse der vorangehenden Jahrzehnte erklären. In der Zwischenkriegszeit hatten der Vormarsch des Protektionismus und merkantilistische, nicht auf Kooperation ausgelegte Strategien zur Verschärfung der Krise beigetragen. Die Wettbewerbsideologie ist auf ihre Weise eine Antwort auf die Krisen der Vergangenheit. Dabei geriet bei der europäischen Konstruktion eine andere Lehre der Geschichte in Vergessenheit: Die grenzenlose Verschärfung der Ungleich-

---

1 Wenn nur ein Land dagegen ist, zum Beispiel Luxemburg oder Irland, kann es jedes gemeinsame Steuerprojekt blockieren. In Kapitel 16, S. 1093–1131, komme ich ausführlicher auf diesen Punkt zurück.

heiten in den Jahren 1815–1914 zeigte, dass der Markt eine soziale und steuerliche Einbettung braucht.

Besonders auffallend ist die Beobachtung, dass die europäische Sozialdemokratie und vor allem die französischen Sozialisten und die deutschen Sozialdemokraten nie wirklich vorgeschlagen haben, die Einstimmigkeitsregel in Steuerfragen aufzuheben, obwohl sie regelmäßig regierten (manchmal sogar gleichzeitig) und durchaus in der Lage gewesen wären, die bestehenden Verträge zu ändern. Wahrscheinlich waren sie selbst nicht vollständig davon überzeugt, dass die (durchaus ernsten) Komplikationen einer gemeinsamen Steuer die Mühe lohnten. Die Antwort auf die Frage, wie eine adäquate und passende föderale Form für Europa und seine alten Nationalstaaten aussehen könnte, liegt ganz sicher nicht auf der Hand. Aber unzweifelhaft hätten verschiedene institutionelle Lösungen erlaubt, in einer demokratischen europäischen Föderation gemeinsame Steuern festzusetzen. Das wurde bereits 1938–1940 in den Diskussionen rund um die Bewegung *Federal Union* erörtert,[1] und in den nachfolgenden Jahren und Jahrzehnten hätte daraus rasch Realität werden können.[2]

Jedenfalls haben die Einstimmigkeitsregel und die Steuerkonkurrenz zwischen den europäischen Staaten den Kontinent in eine steuerliche Dumpingspirale geführt, die sich in den Jahren 1990–2020 beschleunigte, vor allem bei der Steuer auf Unternehmensgewinne, die in den 1980er Jahren in den meisten Ländern bei 45–50 % lag. In der Europäischen Union sank sie bis 2018 nach und nach auf gerade einmal 22 % im Durchschnitt, und dies vor dem Hintergrund im Wesentlichen gleichbleibender Pflichtabgaben weltweit und ohne Garantie, dass die Abwärtsspirale bei den Steuersätzen auf Unternehmensgewinne damit zum Ende gekommen wäre. Die Steuersätze könnten bis auf 0 % sinken oder sich sogar in Subventionen verwandeln, um Investitionen anzuziehen, wie das bereits häufig der Fall ist.[3] Dass gerade die europäischen Länder, die doch besonders viel Geld brauchen, um ihren Sozialstaat zu

1 Siehe Kapitel 10, S. 606–610.

2 Siehe Kapitel 16, S. 1093–1131.

3 Siehe *Taxation Trends in the European Union*, Ausgabe 2018, Eurostat, S. 35, Grafik 17. Einige Länder wie Frankreich haben offizielle Steuersätze von 30 % oder mehr, während Irland und Luxemburg nur 10 % oder noch weniger verlangen. In einem perfekt koordinierten internationalen Steuersystem könnte die Steuer auf Unternehmensgewinne nur ein einfacher Abschlag auf die progressive individuelle Einkommensteuer sein. Weil es kaum Koordination und Informationsaustausch gibt, wer letztlich die Aktionäre sind, und weil vielfältige Möglichkei-

finanzieren, weltweit eine Vorreiterrolle im Wettbewerb um immer noch niedrigere Unternehmenssteuern übernommen haben und nicht etwa die Vereinigten Staaten von Amerika (wo diese Steuer auf Bundesebene erhoben wird, genau wie die Einkommen- und Erbschaftsteuer), zeugt davon, wie groß die Wirkungen des Steuerwettbewerbs sind und wie bedeutend die Rolle der politischen Institutionen und der Wahlen ist.[1] Europa hat sich bisher vor allem dadurch hervorgetan, dass es die Prinzipien des «freien und unverfälschten» Wettbewerbs verteidigt, und allgemein wird es als eine Kraft wahrgenommen, die der Entwicklung des Sozialstaats feindselig oder zumindest gleichgültig gegenübersteht. Das erklärt auch, warum die britischen Labour-Anhänger beim Europareferendum 1972 gespalten waren, genau wie beim Referendum über den Brexit 2016. Allerdings formulierten sie in den vierundvierzig Jahren dazwischen auch keinen Vorschlag, der Europa wirklich einen anderen Inhalt gegeben hätte.[2]

Die Globalisierung und die Liberalisierung der Kapitalströme neu denken

Untersuchungen haben gezeigt, dass die europäischen Sozialdemokraten und ganz besonders die französischen Sozialisten bei der Bewegung für eine Liberalisierung der Kapitalströme, die Ende der 1980er Jahre erst in Europa und dann in der ganzen Welt einsetzte, eine zentrale Rolle spielten.[3] Ernüchtert durch die Schwierigkeiten, auf die sie mit den Verstaat-

---

ten bestehen, sich der Steuer zu entziehen und sie zu umgehen, ist die Körperschaftsteuer in der Praxis oft die einzige Steuer, deren Zahlung sichergestellt ist. Siehe Kapitel 17, S. 1269f.

1 Der Steuersatz auf Unternehmensgewinne lag in den Vereinigten Staaten zu Beginn der 1980er Jahre bei 45–50 % und sank unter Reagan auf 30–35 %. Anschließend stabilisierte er sich von 1992–2017 bei 35 % (dazu kommen noch die Steuern der Einzelstaaten, in der Regel um 5–10 %), bis Trump ihn 2018 auf 21 % herabsetzte. Das könnte eine neue Runde im Wettbewerb um die niedrigsten Steuern mit Europa und weltweit einläuten.

2 Zu den britischen Enttäuschungen über das soziale Europa siehe die interessante Aussage von A. Atkinson, *Ungleichheit. Was wir dagegen tun können*, übersetzt von H. Kober, Stuttgart: Klett-Cotta 2018, S. 368–370.

3 Siehe R. Abdelal, *Capital Rules. The Construction of Global Finance*, Cambridge: Harvard University Press 2007. Die Untersuchung stützt sich hauptsächlich auf Aussagen der damals Verantwortlichen (insbesondere Jacques Delors und Pascal Lamy). Siehe auch N. Jabko, *L'Europe par le marché. Histoire d'une stratégie improbable*, Paris: Presses de SciencesPo 2009.

lichungen 1981 stießen, das zur Unzeit präsentierte Konjunkturprogramm von 1981–1982 und die Devisenverkehrsbeschränkungen 1983, die die Mittelschichten getroffen hätten, ohne die Kapitalflucht der Reichen zu bremsen, beschlossen die französischen Sozialisten 1984–1985 einen radikalen ökonomischen und politischen Kurswechsel. Gleich nach Verabschiedung der Einheitlichen Europäischen Akte 1986 gaben sie den Forderungen der deutschen Christdemokraten nach einer vollständigen Liberalisierung der Kapitalströme nach. Ergebnis war eine europäische Richtlinie aus dem Jahr 1988, deren Inhalt 1992 in den Vertrag von Maastricht übernommen wurde und die anschließend auch die OECD und der IWF aufgriffen und zu einem neuen internationalen Standard erhoben.[1] Aus Äußerungen von Zeitzeugen geht hervor, dass die Zustimmung zu den deutschen Forderungen (die auf eine vollständige «Entpolitisierung» der Währungs- und Finanzfragen abzielten) als akzeptable Bedingung erschien, um die gemeinsame Währung und eine gemeinsame föderale Entscheidungsgewalt in der künftigen Europäischen Zentralbank (EZB) zu erreichen.[2] Tatsächlich ist die EZB mittlerweile die einzige wirklich gemeinschaftliche europäische Institution (der deutsche Vertreter kann sich genauso wenig der Mehrheit im EZB-Rat widersetzen wie der französische). Wir werden sehen, dass sie deswegen im Gefolge der Krise von 2008 eine nicht zu vernachlässigende Rolle spielen konnte.

Dennoch ist nicht sicher, dass die damaligen Akteure die langfristigen Folgen einer vollständigen Liberalisierung der Kapitalströme wirklich ganz überblickten. Das Problem betrifft nicht nur die kurzfristigen Ströme, das *hot money*, das Roosevelt 1936 kritisierte und dessen destabilisierende Wirkung man in den 1930er Jahren erlebt hatte (besonders bei der österreichischen Bankenkrise 1931). Diese Ströme wurden mit gutem Grund von 1945 bis 1985 eingehegt, bevor ihre übermäßige Liberalisierung zur Asienkrise von 1997 beitrug.[3] Generell wirft die

1 Das Beharren der deutschen Christdemokraten auf dem freien Kapitalverkehr wird oft mit dem Ordoliberalismus in Verbindung gebracht und prägt viele bilaterale Verträge, die die Bundesrepublik in den 1950er und 1960er Jahren geschlossen hat. Siehe zum Beispiel L. Panitch, S. Gindin, *The Making of Global Capitalism. The Political Economy of American Empire*, London: Verso 2012, S. 116–117.

2 Ein Ziel war auch, die Kosten für die staatliche Kreditaufnahme zu senken, indem man sich an die internationalen Kapitalmärkte wandte. Aber es fehlte die Zeit, um diese verschiedenen Punkte wirklich darzulegen und zu diskutieren.

3 Die Krise von 1997 veranlasste den IWF, die europäischen Regeln für die vollständige Frei-

Liberalisierung der Kapitalströme Probleme auf, wenn sie nicht mit internationalen Abkommen einhergeht, die den automatischen Austausch von Informationen über die Identität der Kapitalbesitzer ermöglichen und politische Maßnahmen erlauben, um eine koordinierte, ausgeglichene Regulierung und adäquate Besteuerung der jeweiligen Gewinne, Einkünfte und Anlagen zu erreichen. Das Problem besteht genau darin, dass der freie Waren- und Kapitalverkehr, der sich unter dem Einfluss der Vereinigten Staaten und Europas ab den 1980er Jahren weltweit durchsetzte, unabhängig von jeglichen steuerlichen und sozialen Zielen gedacht worden war, als könnte die Globalisierung auf Steuereinnahmen, Bildungsinvestitionen oder Regeln für Gesellschaft und Umwelt verzichten. Die implizite Hypothese scheint gewesen zu sein, dass jeder Nationalstaat diese geringfügigen Probleme allein lösen solle und dass die internationalen Verträge nur die eine Funktion hätten, den freien Verkehr zu ermöglichen und die Staaten daran zu hindern, ihn zu erschweren. Wie oft an derartigen historischen Scheidewegen erstaunt vor allem der Eindruck der Improvisation und mangelnden Vorbereitung. Nebenbei sei noch angemerkt, dass die seit den 1980er Jahren zu beobachtende Liberalisierung von Wirtschafts- und Finanzwesen nicht ausschließlich eine Folge der «konservativen Revolution» in den angelsächsischen Ländern ist: Französische und deutsche Einflüsse hatten an dieser vielschichtigen Entwicklung ebenfalls erheblichen Anteil.[1] Betont werden muss auch die Rolle der vielfältigen Lobbyinteressen aus den verschiedenen europäischen Ländern (wie Luxemburg), gegen die

---

gabe der kurzfristigen Kapitalflüsse zu überprüfen und sich an weichere Prinzipien zu halten, die im Geist der Vereinbarungen von Bretton Woods 1944 bestimmte Kapitalkontrollen erlaubten. Siehe R. Abdelal, *Capital Rules*, a. a. O., S. 131–160.

1 Aber man darf die Rolle des deutschen Ordoliberalismus nicht übertreiben. Es gibt auch eine starke französische liberale Tradition, die im 19. Jahrhundert, zu Beginn des 20. Jahrhunderts und in der Zwischenkriegszeit sehr präsent war und beispielsweise in den 1960er und 1970er durch Valéry Giscard d'Estaing, von 1959 bis 1974 praktisch ununterbrochen erst Staatssekretär und dann Finanzminister und von 1974 bis 1981 Präsident der Republik, vertreten wurde. Von 2001–2004 war Giscard Präsident des Konvents über die Zukunft Europas, der einen Entwurf für einen europäischen Verfassungsvertrag erarbeitete. Darin wurden *de facto* das Prinzip des freien Kapitalverkehrs und die Einstimmigkeitsregel in Steuerfragen festgelegt. Frankreich lehnte der Verfassungsvertrag 2005 in einem Referendum ab. Nach kleineren Änderungen wurde er 2007 vom Parlament im Rahmen des Vertrags von Lissabon angenommen. Ich komme später auf diese europäischen Regelungen und Verträge zurück. Siehe insbesondere Kapitel 12, S. 803–808, und Kapitel 16, S. 1093–1132.

sich die politischen Parteien und kollektiven Organisationen nicht wirkungsvoll wehren konnten.[1]

Dass die Sozialdemokratie in der Nachkriegszeit nicht in der Lage war, auf postnationaler Ebene einen Sozial- und Steuerstaat zu errichten, ist keine Besonderheit Europas, sondern auf allen Kontinenten zu beobachten. Auch die Versuche in Lateinamerika, in Afrika und im Nahen Osten, zu einer regionalen Union zu kommen, stießen auf erhebliche Schwierigkeiten. Den Politikern in Westafrika war 1945–1960 bewusst, wie schwer es für die sehr kleinen Nationalstaaten werden würde, ihren Platz zu finden und ein Gesellschaftsmodell zu entwickeln, das sich im weltweiten Kapitalismus würde behaupten können. Vergebens versuchten sie, neue föderale Formen zu entwickeln, vor allem mit der Mali-Föderation, der Senegal, Dahomey, Obervolta und das heutige Mali angehörten.[2] Die kurzlebige Vereinigte Arabische Republik, die von 1958 bis 1961 existierte und aus Ägypten und Syrien (kurzzeitig auch dem Jemen) bestand, zeugt ebenfalls von dem wachsenden Bewusstsein, dass eine große Gemeinschaft nötig ist, um die kapitalistischen Wirtschaftskräfte zu regulieren. Unter diesen Beispielen spielt die Europäische Union naturgemäß eine besondere Rolle, weil ihre Protagonisten reiche Staaten waren, die europäische Konstruktion sehr ausgeklügelt war und weil ihr Weg ein Vorbild für andere sein konnte.

Im Übrigen impliziert der Umfang des Steuer- und Sozialstaats in Europa mit Pflichtabgaben von je nach Land 40–50 % des Nationaleinkommens in den Jahren 1990–2020[3], dass der Frage der Steuergerechtigkeit und der Akzeptanz des Steuersystems sehr große Bedeutung zukommt. Aber diese Akzeptanz wird auf eine harte Prüfung gestellt, einmal weil die Steuersysteme so komplex und intransparent sind (oft eine Folge der Anhäufung immer neuer Regelungen, während die Systeme insgesamt nie so reformiert und rationalisiert wurden, wie es hätte sein können), und dann auch, weil zwischen den Staaten ein erbitterter Steuerwettbewerb herrscht und es gleichzeitig an Koordinierung fehlt. Beides kommt tendenziell den gesellschaftlichen Gruppen zugute, die bereits am stärksten von der wirtschaftlichen Globalisierung profitieren.

---

1 Siehe S. Weeks, «Collective Effort, Private Accumulation: Constructing the Luxembourg Investment Fund (1956–1988)», Jefferson University 2019.

2 Siehe Kapitel 7, S. 378–385.

3 Siehe Kapitel 10, Grafiken 10.14 und 10.15.

In diesem Zusammenhang muss daran erinnert werden, dass die Konzentration von Eigentum und Kapitaleinkünften auf die Reichsten und Einkommensstärksten am Ende des 20. Jahrhunderts und zu Beginn des 21. Jahrhunderts immer noch sehr stark ist, wenn auch nicht mehr so stark wie in der Belle Époque (1880–1914), und vor allem sehr viel stärker als die Konzentration der Arbeitseinkommen.[1] Das bedeutet, dass ein großer Teil der höchsten Einkommen aus Vermögen stammt, vor allem Dividenden und Zinsen aus Kapitalanlagen (siehe Grafiken 11.16 und 11.17).

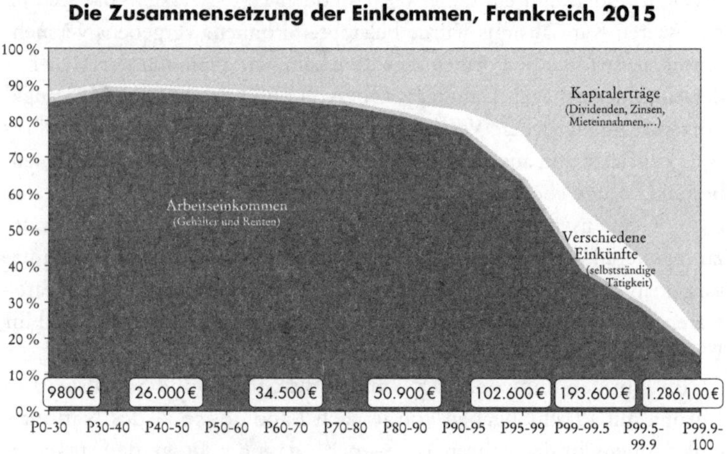

Die Zusammensetzung der Einkommen, Frankreich 2015

Grafik 11.16.: In Frankreich bestanden im Jahr 2015 (wie in allen Ländern, für die Daten vorliegen) niedrige und durchschnittliche Einkommen hauptsächlich aus Arbeitseinkommen und die höchsten Einkommen aus Kapitalerträgen (insbesondere Dividenden).
Hinweis: Die hier dargestellte Verteilung ist die des Jahreseinkommens pro Erwachsenem, vor Steuern, aber unter Berücksichtigung von Altersrenten und Arbeitslosengeld. (P = Perzentil)
Quellen und Reihen: siehe piketty.pse.ens.fr/ideologie.

Die Ungleichheiten bei Kapital und Arbeit sind in beiden Fällen zwar erheblich, aber es geht doch um ganz unterschiedliche Größenordnungen. Die 50 % niedrigsten Kapitaleinkommen machten 2015 in Frankreich zusammen knapp 5 % sämtlicher Kapitaleinkommen aus, die 10 % höchsten demgegenüber 66 % (siehe Grafik 11.18). Bei den Arbeitseinkommen sah das Bild anders aus: Die niedrigsten 50 % entsprachen 24 % der gesamten Arbeitseinkommen, fast genauso viel wie

1 Siehe Kapitel 10, Grafiken 10.6 und 10.7.

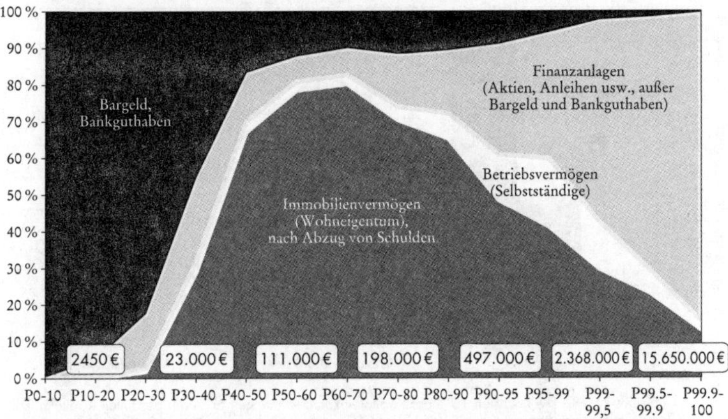

Grafik 11.17.: In Frankreich bestanden die niedrigsten Vermögen im Jahr 2015 (wie in allen Ländern, für die Daten vorliegen) hauptsächlich aus Bargeld und Bankguthaben, durchschnittliche Vermögen aus Immobilien und die hohen Vermögen aus Finanzanlagen (hauptsächlich Aktien).
Hinweis: Die hier gezeigte Verteilung ist die des Vermögens pro Erwachsenem (Vermögen der Paare geteilt durch zwei). (P = Perzentil)
Quellen und Reihen: siehe piketty.pse.ens.fr/ideologie

die 27 %, die an die obersten 10 % flossen (die aber nach Personenzahl eben nur ein Fünftel ausmachten). Außerdem muss unterstrichen werden, dass die sehr starke Konzentration von Vermögen und der daraus resultierenden Einkommen nichts mit dem Alter zu tun hat: Sie findet sich bei allen Altersgruppen, bei den ganz Jungen ebenso wie bei den sehr Alten. Anders ausgedrückt: Die Vermögensverteilung hängt nur sehr lose mit dem Alter zusammen.[1]

In Anbetracht der sehr starken Konzentration von Besitz (vor allem von Finanzanlagen) wird klar, wie massiv die Liberalisierung der Kapitalströme ohne Informationsaustausch und ohne steuerliche Koordinierung die Progressivität des gesamten Steuersystems aushöhlen kann.

1 Die Konzentration ist besonders hoch in der Altersgruppe von 20–39 Jahren, 2015 besaßen die 10 % Reichsten dieser Altersgruppe 62 % der Vermögen ihrer französischen Altersgenossen (Erbschaften spielten in dem Alter eine wichtige Rolle, nur wenige hatten bereits eigenes Eigentum). In der Altersgruppe 40–59 Jahre waren es 53 %, in der Altersgruppe über 60 Jahren 50 % und in der Gesamtgesellschaft durchschnittlich 55 %. Innerhalb jeder Altersgruppe besaßen die ärmsten 50 % fast nichts (höchstens 5–10 % des Gesamtvermögens). Siehe Technischer Anhang, Zusatzgrafik S11.18. Detaillierte Zahlen zu den Profilen und der Vermögensstruktur nach Alter enthält B. Garbinti, J. Goupille-Lebret, T. Piketty, «Accounting for Wealth Inequality Dynamics», a. a. O.

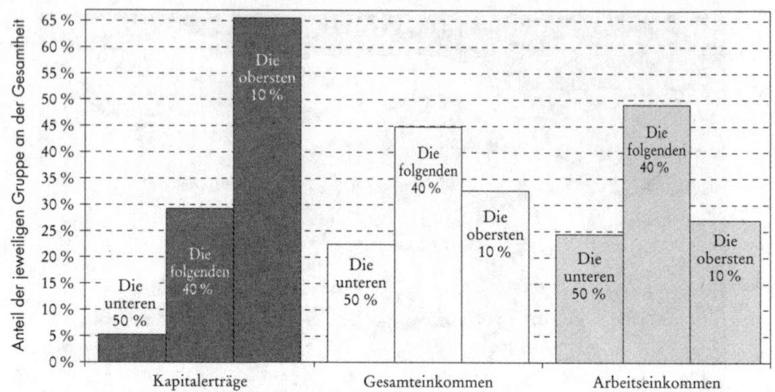

Grafik 11.18.: Die höchsten 10 % der Kapitaleinkommen machen 66 % der gesamten Kapitaleinkommen aus, verglichen mit 5 % bei den unteren 50 % und 29 % bei den folgenden 40 %. Beim Arbeitseinkommen betragen diese Anteile 27 %, 24 % und 49 %.
Hinweis: Die hier dargestellten Verteilungen sind die des Einkommens pro Erwachsenem (das Einkommen der Paare wird durch zwei geteilt).
Quellen und Reihen: siehe piketty.pse.ens.fr/ideologie.

Neben dem Wettlauf um die niedrigsten Steuern auf Unternehmensgewinne haben in den Jahren 1990–2020 verschiedene europäische Länder Regelungen geschaffen, die es möglich machen, dass Zinsen und Dividenden von der progressiven Einkommensteuer verschont bleiben und dementsprechend mit einem deutlich niedrigeren Steuersatz versteuert werden als ein vergleichbares Arbeitseinkommen. Das ist ein radikaler Kurswechsel gegenüber früheren Zeiten.[1]

Wenn man das globale Profil der Pflichtabgaben überschlägt, stellt man fest, dass die Progression seit den 1980er Jahren stark zurückgegangen ist. Das ist die automatische Folge der Tatsache, dass der durchschnittliche Abgabensatz gleich geblieben ist, während die Sätze für die höchsten Einkommen gesunken sind,[2] was durch immer mehr Verschonungsregeln noch verschärft wurde. In Frankreich liegt der Satz

1 Bei der Einführung der progressiven Einkommensteuer Anfang des 20. Jahrhunderts war es das wichtigste Ziel, die höchsten Kapitaleinkünfte zu besteuern, und die meisten Länder hatten Regelungen, die Arbeitseinkommen bevorzugten, in Frankreich beispielsweise das System der sogenannten Schedulensteuer (die für Löhne und Gehälter günstiger war als für Kapitaleinkünfte). Noch in den 1960er und 1970er Jahren galten in den Vereinigten Staaten und in Großbritannien höhere Sätze für Kapitaleinkünfte *(unearned income)* als für Arbeitseinkommen *(earned income)*.

2 Siehe Kapitel 10, Grafiken 10.11–10.13.

bei den Pflichtabgaben derzeit bei etwa 45–50 % für die unteren 50 %, steigt dann bei den folgenden 40 % auf 50–55 %, und für die reichsten 1 % fällt er auf ungefähr 45 % (siehe Grafik 11.19). Anders ausgedrückt: Die Steuer ist leicht progressiv von unten bis zur Mitte der Verteilung, aber an der Spitze ist sie regressiv. Das hat damit zu tun, dass die Ärmsten das Gewicht der indirekten Steuern (Mehrwertsteuer, Energiesteuern etc.) und der Sozialabgaben besonders spüren, bei der Mittelschicht und der oberen Mittelschicht kommt dann noch die Steuerprogression hinzu. Bei den Reichsten gleicht die Steuerprogression die geringere Belastung durch indirekte Steuern und Abgaben nicht aus, was hauptsächlich damit zusammenhängt, dass für Kapitaleinkünfte zahlreiche Ausnahmen gelten. Die Regressivität an der Spitze würde viel deutlicher zutage treten, wenn man die Entwicklung der gezahlten Steuern in Abhängigkeit von der Position bei der Vermögensverteilung (und nicht der Einkommensverteilung) untersuchen oder wenn man die Verteilung von Einkommen und Vermögen gemeinsam betrachten würde, was wohl die angemessenste Lösung wäre. Überdies bleibt in allen Schätzungen unberücksichtigt, dass die reichsten Personen Modelle der «Steueroptimierung» und Steuerparadiese nutzen; auch dadurch wird das Ausmaß der Regressivität an der Spitze unterschätzt.[1]

Die Tatsache, dass die unteren und mittleren Schichten Steuern in beträchtlicher Höhe entrichten, ist für sich genommen kein Problem. Sobald ein Staat hohe Sozialausgaben und Bildungsinvestitionen tätigt, ist es unvermeidlich, dass alle zur Beitragszahlung herangezogen werden. Aber damit die Zustimmung zum Steuersystem erhalten bleibt, muss es transparent und gerecht sein. Wenn die unteren und mittleren Schichten den Eindruck haben, dass sie stärker zur Kasse gebeten werden als die Reichsten, besteht die große Gefahr, dass sich die Zustimmung zum Steuersystem und zum Gesellschaftsvertrag, der den sozialdemokratischen Gesellschaften zugrunde liegt, nach und nach auflöst. In dieser Hinsicht ist deren Unfähigkeit, den Nationalstaat zu überwinden und transnationale Formen der Steuergerechtigkeit zu fördern, ihre größte Schwäche, die sie von innen her zerstört.

---

1 Detaillierte Angaben finden sich bei A. Bozio, B. Garbinti, J. Goupille-Lebret, M. Guillot, T. Piketty, «Inequality and Redistribution in France 1990–2018: Evidence from Post-tax Distributive National Accounts (DINA)», a. a. O. Zur Erläuterung der Methoden siehe Technischer Anhang.

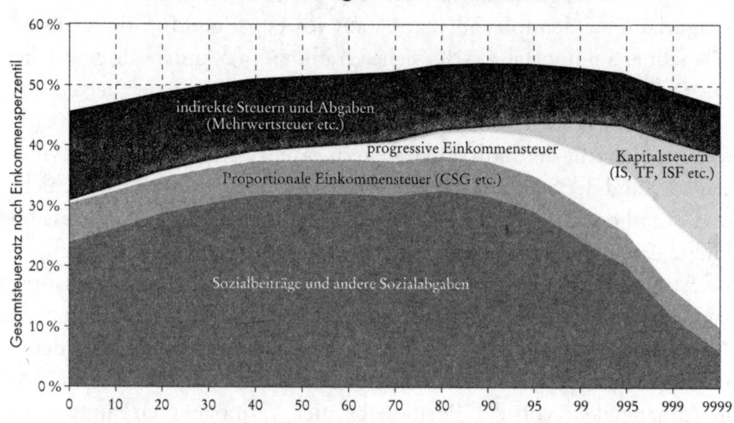

Grafik 11.19.: In Frankreich lag der Gesamtsteuersatz 2018 bei etwa 45 % für niedrige Einkommen, bei 50 % für mittlere und obere mittlere Einkommen und bei 45 % für die höchsten Einkommen.
Hinweis: Hier dargestellt ist die Verteilung des Faktoreinkommens von Erwachsenen im Alter von 25 bis 60 Jahren, die mindestens in Teilzeit arbeiten.
Quellen und Reihen: siehe piketty.pse.ens.fr/ideologie.

Die Vereinigten Staaten, Europa und die Steuer auf Eigentum: eine unvollendete Debatte

Abgesehen von der Frage, wie sich der Nationalstaat überwinden lässt und wie gemeinsame Steuern und neue steuerliche Kooperationen vereinbart werden können, sollte auch das Thema der gerechten Besteuerung für sich allein vertieft werden. Allgemein kreisen die Überlegungen seit dem 18. Jahrhundert um die progressive Besteuerung, das heißt eine Steuer, die für die Armen niedrig ist und sich für die Reichen schrittweise immer mehr erhöht. Zur Zeit der Französischen Revolution wurden viele Projekte für eine progressive Besteuerung debattiert,[1] und im 20. Jahrhundert wurde sie in großem Stil und auf allen Kontinenten eingeführt.[2] Dieser Hintergrund ist wichtig, aber damit erschöpft sich das Thema noch nicht, denn hinter dem allgemeinen Begriff der progressiven Besteuerung verbergen sich unterschiedliche Realitäten.

1 Siehe Kapitel 3, Tabelle 3.1.

2 Siehe Kapitel 10, Grafiken 10.11 und 10.12.

Generell lassen sich drei große Kategorien progressiver Steuern unterscheiden: die progressive Einkommensteuer, die progressive Erbschaftsteuer und die progressive jährliche Steuer auf Eigentum. Diese drei Steuerarten haben jeweils ihre Berechtigung und ergänzen sich gegenseitig. Die progressive Einkommensteuer belastet alle Einkünfte, die im Lauf eines Jahres anfallen, unabhängig von ihrer Quelle, Erwerbseinkommen (Löhne und Gehälter, Renten, Einkommen aus selbstständiger Tätigkeit etc.) ebenso wie Einkommen aus Kapitalanlagen (Zinsen, Dividenden, Mieten, Gewinne etc.). Das erlaubt, jede Person entsprechend den Ressourcen heranzuziehen, die ihr zum gegebenen Zeitpunkt zur Verfügung stehen, das heißt, inwieweit sie aktuell in der Lage ist, die öffentlichen Lasten mitzutragen. Die Erbschaftsteuer, die im Allgemeinen auch für Schenkungen gilt, wird zum Zeitpunkt der Vermögensübertragung fällig und erlaubt damit, die unverminderte Weitergabe von Vermögen über Generationen hinweg zu unterbrechen und die Vermögenskonzentration zu reduzieren.[1] Die jährliche Steuer auf Eigentum, auch als Vermögensteuer, Kapitalsteuer oder Substanzsteuer bezeichnet, wird jedes Jahr in Abhängigkeit vom gesamten Besitz erhoben, man kann sie als einen aufschlussreicheren und dauerhafteren (und in gewissem Sinn weniger leicht zu manipulierenden) Indikator für die Leistungsfähigkeit ansehen als das jährliche Einkommen. Im Übrigen ermöglicht allein diese Steuer eine dauerhafte Umverteilung von Eigentum und eine echte Zirkulation von Vermögen. Die historische Erfahrung lehrt, dass das ideale Steuersystem versuchen muss, ein Gleichgewicht zwischen den drei *a priori* legitimen Formen der progressiven Besteuerung herzustellen, auf Grundlage der historischen Erfahrungen. Dieses Ziel ist nicht leicht zu erreichen, denn es erfordert, dass Politik und Gesellschaft sich intensiv mit Fragen beschäftigen, die alle angehen, aber so technisch daherkommen, dass noch die Gutwilligsten dazu neigen, sich auf andere zu verlassen (die leider nicht immer gänzlich uneigennützige Gedanken haben).

In der Praxis stellen wir fest, dass nahezu alle entwickelten Länder

1 Die englische Sprache unterscheidet zwischen Erbschaftsteuer (*inheritance tax*, deren Höhe sich nach dem Anteil an der Erbschaft bemisst, den ein Erbe bekommt) und Nachlasssteuer (*estate tax*, die auf das gesamte Vermögen des Erblassers erhoben wird, unabhängig von der Aufteilung zwischen den Erben; das Vermögen, *estate*, besteht aus Immobilien, *real estate*, und beweglichen Gütern, *personal estate*, wie Möbeln und Finanzanlagen). Die europäischen Länder haben im Allgemeinen eine *inheritance tax*, die Vereinigten Staaten eine *estate tax*.

Ende des 19. oder zu Beginn des 20. Jahrhundert eine progressive Einkommensteuer und eine progressive Erbschaftsteuer eingeführt haben mit geringen Sätzen für niedrige Einkommen und Vermögen und Spitzensteuersätzen, die in der Zeit von 1950–1980 sehr hohe Werte erreichten, üblicherweise 60–90 %.[1] Verglichen damit waren die Entwicklungen bei der Steuer auf Eigentum unterschiedlicher und zögerlicher. Außerordentliche und progressive Steuern auf privates Vermögen haben in zahlreichen Ländern eine große Rolle gespielt. Mit einer jährlichen progressiven, dauerhaften Steuer auf Eigentum gibt es nicht so umfangreiche Erfahrungen, aber wir werden sehen, dass sehr viele und sehr aufschlussreiche Diskussionen geführt wurden (manchmal gab es auch Umsetzungsversuche), in den Vereinigten Staaten genauso wie in Europa. Alles deutet darauf hin, dass die Frage der progressiven Besteuerung von Eigentum im 21. Jahrhundert eine entscheidende Rolle spielen wird, vor allem weil die privaten Vermögen seit den 1980er Jahren stark angewachsen sind und die Vermögenskonzentration stark zugenommen hat.[2] Allgemeiner gesagt: Eine der Thesen dieses Buchs, die ich am Ende der Untersuchung näher ausführen werde, besagt, dass eine echte progressive Eigentumsteuer, die es erlauben würde, eine Kapitalausstattung für alle zu finanzieren, den derzeitigen inegalitären und nationalistischen Tendenzen des globalisierten Kapitalismus entgegenwirken könnte.[3]

Die progressive Eigentumsteuer oder die permanente Landreform

Beginn wir mit der Analyse von außerordentlichen Abgaben auf Privateigentum. Nach den beiden Weltkriegen wurden erfolgreich zahlreiche Sondersteuern auf Immobilienbesitz, Betriebs- und Kapitalvermögen erhoben, um die Staatsschulden zu begleichen, vor allem in Japan, Deutschland, Italien, in Frankreich und auch in zahlreichen weiteren europäischen Ländern. Diese Steuern waren nur einmal fällig, die Sätze auf geringe und mittlere Vermögen waren niedrig oder gleich null, während sie für die höchsten Vermögen bei 40–50 % oder noch höher

1 Siehe Kapitel 10, Grafiken 10.11 und 10.12.

2 Siehe Kapitel 10, Grafiken 10.4 und 10.5 sowie 10.8.

3 Siehe Kapitel 17, S. 1197–1228.

lagen.[1] Trotz aller Unzulänglichkeiten, insbesondere der geringen weltweiten Koordinierung, waren diese Abgaben alles in allem ein großer Erfolg, denn sie ermöglichten es, hohe Schulden rasch zu reduzieren (und gerechter und geordneter als durch das Chaos der Inflation) und die vorhandenen Ressourcen in den Wiederaufbau und in Zukunftsinvestitionen zu lenken, wie wir bereits erwähnt haben.

In gewisser Weise waren auch die Landreformen eine Art Sondersteuer auf privates Eigentum, denn dabei wurde ein Teil des größten Landbesitzes beschlagnahmt (an die 40–50 % oder manchmal praktisch alles, wenn sich der Grundbesitz über ganze Regionen erstreckte) und dann, in kleine Parzellen aufgeteilt, an einzelne Bauern übertragen. Es ist nicht überraschend, dass die Landreformen Gegenstand erbitterter sozialer und politischer Auseinandersetzungen waren. Wir haben bereits über die Umverteilung von Land während der Französischen Revolution gesprochen, auch über die Landreformen in Spanien und die *absentee landlords* in Irland sowie über die Neudefinition des Eigentumsrechts an Land in Irland durch die britischen Regierungen Ende des 19. Jahrhunderts und zu Beginn des 20. Jahrhunderts.[2] Die weitreichenden Landreformen in Japan und Korea 1947–1950 gelten allgemein als große Erfolge. Sie haben eine relativ egalitäre Verteilung der landwirtschaftlichen Flächen erlaubt und gingen mit Strategien für Investitionen in die Gesellschaft und das Bildungswesen einher, die eine große wirtschaftliche Dynamik in Gang setzten und breite Zustimmung für die Entwicklungsstrategie hervorriefen.[3] Wir haben ebenfalls auf die sehr positiven Folgen für die Produktivität hingewiesen, die Landreformen in Indien, insbesondere in Westbengalen in den 1970er und 1980er Jahren hatten, obwohl sie leider sehr viel vorsichtiger ausfielen.[4] Umge-

1 Siehe Kapitel 10, S. 557–559.

2 Siehe Kapitel 3, S. 151–153, und Kapitel 5, S. 210–212 und 236–240.

3 Siehe zum Beispiel S. You, «Land Reform, Inequality, and Corruption: A Comparative Historical Study of Korea, Taiwan, and the Philippines», *Korean Journal of International Studies* 12, 1 (2014), S. 91–224. Siehe auch T. Kawagoe, *Agricultural Land Reform in Postwar Japan: Experience and Issues*, World Bank 1999. Siehe ebenfalls E. Reischauer, *Histoire du Japon et des Japonais*, a. a. O., Bd. 2, S. 22–30. Reischauer war US-Botschafter in Japan und blickt ein wenig gönnerhaft auf die Japaner. Jedweder Sympathie für den Sozialismus unverdächtig, begrüßt er die Erfolge der Landreform und der Verteilung von Grundbesitz vor dem Hintergrund der Konkurrenz mit dem Kommunismus.

4 Siehe Kapitel 8, S. 455, und die Bezüge auf die Untersuchungen von A. Banerjee. Die Umverteilung von Land erfolgte hauptsächlich nach dem Wahlsieg der *Left Front* (angeführt von der kommunistischen Partei Indiens, CI) in Westbengalen 1977, die bis 2011 an der Macht blieb.

kehrt stießen die Landreformen in Lateinamerika, insbesondere in Mexiko nach der Revolution von 1910, auf starke Widerstände bei den Landbesitzern und gingen mit langwierigen und oft chaotischen politischen Prozessen einher.[1]

Generell ist eine wichtige Begrenzung bei Landreformen und insgesamt bei Sonderabgaben auf Privateigentum, dass sich die Frage der Konzentration von Eigentum und wirtschaftlicher und politischer Macht nur vorübergehend regeln lässt. Die historische Erfahrung zeigt, dass mit neuen Eigentumsformen immer auch neue Ungleichheiten entstehen. Deshalb ist es nötig, eine progressive Steuer auf Eigentum jährlich und dauerhaft zu erheben, mit Steuersätzen auf großen Besitz, die naturgemäß geringer sind als bei einer einmalige Sonderabgabe, aber trotzdem noch hoch genug, um echte Mobilität des Vermögens zu ermöglichen und eine übermäßige Vermögenskonzentration zu verhindern. Würde eine solche Steuer dafür eingesetzt, eine allgemeine Kapitalausstattung für jeden jungen Erwachsenen zu finanzieren, wäre es tatsächlich eine dauerhafte, kontinuierliche Landreform, die aber für das gesamte private Kapital gelten würde und nicht nur für Ackerland.

Man kann mit gutem Grund der Ansicht sein, dass bei Land und generell bei den natürlichen Ressourcen eine besondere Form der Umverteilung angebracht ist, insofern sie nicht von einer Person akkumuliert wurden und in gewisser Weise zum gemeinsamen Besitz der Menschheit gehören. So haben beispielsweise die meisten Länder Gesetze, die regeln, wem das gehört, was sich unter der Erde befindet, und unterschiedliche Formen der Aufteilung und kollektiven Aneignung erlauben. Wenn jemand in seinem Garten eine neue natürliche Ressource von außerordentlichem Wert entdeckt, die erlaubt, das Leben auf dem gesamten Planeten zu retten, und wenn den Erdbewohnern das Aussterben droht, wenn diese Ressource nicht geteilt wird, ist zu erwarten, dass die Rechtsordnung und das politische System sehr schnell so verändert werden, dass eine solche Umverteilung möglich wird, ob es dem glücklichen Besitzer des Gartens gefällt oder nicht. Es wäre jedoch ein Irrtum anzunehmen, dass sich solche Fragen nur bei natür-

1 In Mexiko, wo nach Schätzungen am Vorabend der Revolution von 1910 1 % der Bevölkerung 95 % des Bodens besaß, dauerte die Landreform von den 1910er bis in die 1970er Jahre. Siehe S. Sanderson, *Land Reform in Mexico, 1910–1980*, Orlando: Academic Press 1984; P. Dorner, *Latin American Land Reforms in Theory and Practice: A Retrospective Analysis*, Madison: University of Wisconsin Press 1992.

lichen Ressourcen stellen. Im zitierten Beispiel wäre die Umverteilung genauso legitim, wenn der Besitzer des Gartens nach seinem Mittagsschlaf die geniale Idee für ein Medikament hätte, mit dem man den Planeten retten könnte. Die Frage ist nicht so sehr, ob ein Gut eine natürliche Ressource ist, die allen gehört, oder ein privater Besitz, über den eine einzelne Person die Verfügungsgewalt hat, denn im Grunde gehören alle Güter in erster Linie der Gesellschaft. Jegliche Schaffung von Reichtum hängt von der Verteilung der Arbeit in der Gesellschaft und des Kapitals an Kenntnissen ab, die seit den Anfängen der Menschheit angesammelt wurden; kein einzelner lebender Mensch kann als der Verantwortliche oder Eigentümer gelten.[1] Die wichtige Frage lautet daher, in welchem Umfang das allgemeine Interesse und insbesondere das Interesse der am meisten benachteiligten Gruppen einen bestimmten Grad an Eigentumsungleichheit rechtfertigen, unabhängig davon, um welche Art von Eigentum es sich handelt.[2] Auf jeden Fall wäre es illusorisch zu glauben, um zu einer gerechten Gesellschaft zu gelangen, könnte es genügen, einmal eine große Landreform durchzuführen, die sämtliches Land und sämtliche natürlichen Ressourcen beträfe, und dann alle Menschen nach Belieben bis ans Ende aller Tage Handel und Akkumulation betreiben zu lassen.

Ende des 19. Jahrhunderts, mitten im *Gilded Age*, zu einer Zeit, als die Vereinigten Staaten mit Sorge auf die wachsende Konzentration von Reichtum in den Händen weniger und die immer größere Macht der Unternehmen und ihrer Aktionäre blickten, hatte der Autodidakt und Schriftsteller Henry George großen Erfolg mit seiner Kritik am Privatbesitz von Land. In seinem Buch *Progress and Poverty*, das 1879 erschien und in den folgenden Jahrzehnten in immer neuen Auflagen millionenfach Verbreitung fand, machte er sich ein Vergnügen daraus, über die extravaganten Rechte zu spotten, welche die Besitzer von amerikanischem Grund und Boden für sich beanspruchten, während die Ursprünge der Landverteilung häufig auf die Zeit der spanischen, englischen und französischen Könige oder sogar der Päpste zurückgingen.

1 Diese «solidaristische» Konzeption, die Eigentum als gesellschaftliches Eigentum betrachtet, wurde in ähnlicher Weise in den 1890er Jahren von Léon Bourgeois und Émile Durkheim vertreten, um die progressive Besteuerung von Einkommen und Erbschaften zu rechtfertigen. Siehe dazu R. Castel, *Die Metamorphosen der sozialen Frage*, a. a. O., S. 243–246.

2 Ich komme im vierten Teil auf diese (unvollkommene) Definition von Gerechtigkeit zurück. Siehe Kapitel 17, S. 1187–1194.

Mit antimonarchistischer, antieuropäischer und eigentumsfeindlicher Stoßrichtung prangerte er die Forderungen der Landbesitzer nach Entschädigung an und ging sogar so weit, sie mit den Sklavenhaltern zu vergleichen, die es geschafft hatten, sich nach der Abschaffung der Sklaverei durch Großbritannien 1833–1843 großzügig entschädigen zu lassen.[1] Doch als es darum ging, seine Lösung für die Missstände des Landes zu präsentieren, zeigte sich George letztlich ziemlich konservativ. Er behauptete, alle Probleme seien mit einer proportionalen Steuer auf Grundeigentum zu regeln, die dem Pachtwert des unbebauten, nicht erschlossenen, in keiner Weise verbesserten Grundstücks zu entsprechen habe, sodass jeder in den vollständigen Genuss der Früchte seiner Arbeit kommen könne.[2] Abgesehen davon, dass er sich über die Besteuerung von Erbschaften keine Gedanken machte und damit die Möglichkeit einer sehr starken Konzentration von Besitz offenließ, der nichts mit Boden zu tun hatte, ist sein Vorschlag deshalb nicht umsetzbar, weil es praktisch unmöglich ist, den reinen Wert des Bodens von den vielfältigen Verbesserungen und Aufwertungen im Lauf der Zeit zu trennen (oder man gelangt zu einer Steuer, die schrumpft wie Balzacs «Chagrinleder»). Deshalb wurde eine konkrete Anwendung seines Vorschlags nie ernsthaft erwogen. Das Aufbegehren gegen Ungleichheiten, das Henry George mit angestoßen hatte, brachte schließlich 1913 die Einführung der progressiven Einkommensteuer und 1916 der progressiven Erbschaftsteuer.

Ein halbes Jahrhundert später tauchte die Frage der Eigentumsteuer radikaler in den Debatten über die Vorschläge des demokratischen Senators von Louisiana, Huey Long, wieder auf. Auch er empörte sich sehr über die Macht der Aktionäre und der Großunternehmen, und zu Beginn der 1930er Jahre versuchte er, bei der progressiven Besteuerung Roosevelt links zu überholen, indem er erklärte, eine progressive Steuer auf Einkommen und Erbschaften reiche nicht aus, um die Probleme des

---

1 Siehe H. George, *Fortschritt und Armuth. Eine Untersuchung über die Ursache der industriellen Krisen und der Zunahme der Armuth bei zunehmendem Reichthum*, deutsche Übersetzung von C. D. F. Gütschow, Berlin: Staude 1881, S. 318–340. Zu den Entschädigungen siehe Kapitel 6.

2 Konkret hätte der Vorschlag von Henry George durch eine Einkommensteuer umgesetzt werden können, bei der 100 % des Pachtwerts des Landbesitzes besteuert worden wäre (unabhängig davon, ob das Land tatsächlich verpachtet war oder nicht), oder aber durch eine Kapitalsteuer in Höhe von beispielsweise 4 % auf den Wert des Landes (unter der Annahme, dass die Verpachtung eine Rendite von 4 % einbringen würde).

Landes zu lösen. 1934 brachte er eine Denkschrift heraus, in der er seinen Aktionsplan mit dem Titel «Share our Wealth – Every man a King» darlegte. Im Kern sah sein Programm eine stark progressive Steuer auf alle Vermögen von mehr als 1 Million Dollar vor (ungefähr das Siebzigfache des damaligen Durchschnittsvermögens), um jeder Familie «einen Anteil am Reichtum der Vereinigten Staaten» garantieren zu können; dieser Anteil sollte in einem Vermögen bestehen, das mindestens ein Drittel des Durchschnittswerts im Land ausmachte. Dazu kamen noch eine stärkere Progression bei der Steuer auf Einkommen und Erbschaften, um höhere Renten für alle alten Menschen finanzieren zu können, die nur ein geringes Vermögen besaßen, außerdem eine Verringerung der Arbeitszeit und ein Investitionsplan, um für Vollbeschäftigung zu sorgen.[1] Huey Long, der aus einer armen weißen Familie in Louisiana stammte, war eine schillernde Persönlichkeit, autoritär und umstritten. Er kündigte an, bei den Vorwahlen der Demokratischen Partei 1936 gegen Roosevelt anzutreten. Teils als Reaktion darauf nahm Roosevelt 1935 in den *Revenue act* eine *wealth tax* mit auf, tatsächlich ein Aufschlag auf die Einkommensteuer mit einem Steuersatz von 75 % auf die höchsten Einkommen. Huey Longs Popularität hatte im September 1935 ihren Höhepunkt erreicht (die lokalen Komitees seiner Kampagne Share our Wealth hatten über 8 Millionen Mitglieder, seine Radio-

---

1 Long erwog eine progressive Steuer auf Nettovermögen ab einer Höhe von 1 Million Dollar (das Siebzigfache des Durchschnitts) mit Grenzsteuersätzen bis zu 100 % bei einem Vermögen von 50 Millionen Dollar (das Dreitausendfünfhundertfache des Durchschnitts). Zugleich betonte er, die Steuertabelle könne gegebenenfalls angepasst werden und der Höchststeuersatz bereits für 10 Millionen Dollar gelten (das Siebenhundertfache des Durchschnitts). Sein Hauptziel war es, jeder amerikanischen Familie ein Drittel des Durchschnittsvermögens zu garantieren (5000 Dollar bei einem Durchschnitt von 15 000 Dollar), und er betonte, dass er nichts gegen private Vermögen habe, solange sie in einem vernünftigen Rahmen blieben und nicht obszöne Ausmaße erreichten. Seine Ausführungen waren mit religiösen Bezügen durchsetzt, in denen es darum ging, wie sich eine kleine Minderheit den größten Teil der Reichtümer des Landes angeeignet hatte: «Gott hat uns alle eingeladen, zu kommen und zu essen und zu trinken, so viel wir wollen. Er lächelte auf unser Land, und wir bauten Früchte an, genug, um zu essen und uns zu kleiden. Er zeigte uns das Eisen in der Erde und andere Dinge, damit wir daraus alles machen konnten, was wir wollten. Er enthüllte uns die Geheimnisse der Wissenschaft, damit unsere Arbeit leicht würde. Gott rief: ‹Kommt an meinen reich gedeckten Tisch.› Und was geschah? Rockefeller, Morgan und Ihresgleichen erschienen und nahmen sich genug für 120 Millionen Menschen und ließen für die anderen 125 Millionen nur so viel zu essen übrig, wie für 5 Millionen reicht. Und deshalb müssen so viele Millionen hungern und auf diese guten Dinge verzichten, die Gott uns geschenkt hat, wenn wir nicht von ihnen verlangen, dass sie einiges davon zurückgeben.» Siehe Technischer Anhang.

sendungen erreichten mehr als 25 Millionen Zuhörer), als er im *State House* von Baton Rouge von einem politischen Gegner mit einem Gewehr erschossen wurde.

Das Beharrungsvermögen der Steuern auf Eigentum, die im 18. Jahrhundert entstanden

Kommen wir nun zu den jährlichen Steuern auf Eigentum, wie sie in der Geschichte erprobt wurden. Es lassen sich zwei Gruppen von Ländern unterscheiden. In der ersten Gruppe, zu der insbesondere die Vereinigten Staaten, Frankreich und Großbritannien zählen, weckte der Gedanke einer jährlichen, progressiven Steuer auf Eigentum lange massiven Widerstand der Besitzenden, sodass die proportionale Besteuerung von ererbtem Vermögen im 18. und 19. Jahrhundert nie wirklich reformiert wurde. Hingegen führten die deutschsprachigen und nordeuropäischen Länder (insbesondere Deutschland, Österreich, die Schweiz, Schweden, Norwegen und Dänemark, das heißt dieselben Länder, die auch die Macht zwischen Aktionären und Arbeitnehmern aufgeteilt haben) in den Jahren 1890–1910 eine progressive jährliche Steuer auf Vermögen ein, häufig zur selben Zeit wie auch eine progressive Steuer auf Einkommen und Erbschaften.

Beginnen wir mit der ersten Gruppe und da mit den Vereinigten Staaten. Zwar wurden die Vorschläge von Henry George und Huey Long nie umgesetzt, aber die Steuer auf Eigentum spielte dennoch eine zentrale Rolle in der Steuergeschichte des Landes, und zwar in Form der *property tax*, die bis heute eine der wichtigsten Einnahmequellen der Bundesstaaten und Kommunen ist. Allgemein kann die Eigentumsteuer sehr unterschiedliche Bedeutungen haben, je nachdem, wie sie konzipiert ist. Wenn sie mit einem niedrigen, proportionalen Steuersatz auf alle Formen von Eigentum erhoben wird, egal wie groß, ist sie für die Besitzer großer Vermögen nicht sehr bedrohlich, und in dem Fall ziehen sie sie sogar oft der Einkommensteuer vor. Das gilt beispielsweise für die amerikanische *property tax* genau wie für die Grundsteuer («*contribution foncière*»), die in Frankreich während der Französischen Revolution eingeführt wurde und das gesamte 19. Jahrhundert hindurch aus Sicht der französischen Eigentümer die ideale Steuer darstellte (gering, wenig inquisitorisch und vorteilhaft für die Akkumulation und die

Konzentration von Vermögen) und für den Staat neben der Erbschaftsteuer bis zum Ersten Weltkrieg die Haupteinnahmequelle.[1] In Frankreich endete mit der Einführung der Einkommensteuer 1914 die Ära, in der sich der Zentralstaat durch die Grundsteuer (umgetauft in «*taxe foncière*») finanzierte.

Präzisieren wir, dass die Grundsteuer wie die *property tax*, die es zu Beginn des 21. Jahrhunderts überall als lokale Steuer gibt und die in Frankreich wie in den Vereinigten Staaten ein durchaus erhebliches Steueraufkommen erbringt (in den Jahren 2010–2020 in beiden Ländern zwischen 2 und 2,5 % des Nationaleinkommens), nicht nur für Wohngebäude fällig wird, sondern auch für Geschäftsimmobilien, die als Produktivkapital von Unternehmen genutzt werden wie Büros, Grund und Boden, Warenlager etc.[2] Der entscheidende Unterschied zu einer progressiven Vermögensteuer besteht darin, dass die Grundsteuer wie die *property tax* immer strikt proportional war. Das heißt, der Steuersatz bleibt gleich, egal, ob jemand ein Haus besitzt oder hunderte von Gebäuden.[3] Dass die Steuer auf Geschäftsimmobilien beim Unternehmen erhoben wird, das sie besitzt und nutzt (oder an andere Nutzer vermietet, zum Beispiel Wohnungen), und nicht bei dem Aktionär, dem ein Anteil an dem Unternehmen gehört, impliziert auch, dass es nicht nötig ist, für die Erhebung einer solchen Steuer das gesamte Eigentum einer Person in einer Steuererklärung zusammenzufassen (was beruhigend für alle ist, die viel besitzen, andernfalls müssten sie sich Sorgen machen, dass die Steuer schnell nicht mehr proportional wäre, sondern progressiv würde). Die lokale Besteuerung ist ein zusätzlicher Schutz vor allen Anwandlungen, die auf Umverteilung abzielen.[4] Festzuhalten ist jedoch, dass die Grundsteuer wie die *property tax* ihrem Wesen nach

1 Siehe Kapitel 4, S. 190–194.

2 Die Einnahmen aus der Grundsteuer beliefen sich 2018 in Frankreich auf 40 Milliarden Euro (2 % des Nationaleinkommens) und in den Vereinigten Staaten auf 500 Milliarden Dollar (über 2,5 % des Nationaleinkommens).

3 Gegenwärtig beträgt der Steuersatz in Frankreich und in den Vereinigten Staaten 0,5–1 % (mit Unterschieden je nach Einzelstaat und Körperschaft). Da der Gesamtwert des privaten Grundeigentums in den 2010er Jahren in beiden Ländern bei 5–6 jährlichen Nationaleinkommen liegt (siehe Kapitel 10 und Technischer Anhang, Grafiken 10.8 und S10.8), ist leicht nachzuvollziehen, dass die Einnahmen trotz Steuerbefreiungen ohne Weiteres mehrere Prozent des Nationaleinkommens ausmachen können.

4 Weil Gebietskörperschaften um reiche Steuerpflichtige konkurrieren, kann nur eine auf Bundesebene festgesetzte Steuer wirklich stark progressiv sein.

auf dem Ansatz beruht, Vermögen als solches zu besteuern, unabhängig von jeglichen Einkünften daraus. Zum Beispiel hat niemand je direkt vorgeschlagen, eine Person, die Dutzende Wohnblöcke, Häuser, Grundstücke und Lagerhäuser besitzt, von der Steuer auszunehmen, weil sie keinerlei Einkommen daraus bezieht (wenn sie sie nicht vermietet oder anderweitig nutzt). Obwohl es sich um einen relativ konfusen Konsens handelt, zumal die Kenntnisse über das Steuersystem sowie über Einkünfte und Vermögen der einen und anderen oft sehr unvollständig sind, besteht doch Einigkeit darüber, dass diese Person die Grundsteuer oder *property tax* zu entrichten hat oder sich andernfalls von einem Teil ihres Besitzes trennen und ihn anderen Personen übertragen muss, die ihn besser zu nutzen wissen.[1] Anders gesagt: Das Prinzip ist die Besteuerung des Eigentums, weil dabei die Steuerkraft des Steuerpflichtigen ermittelt wird, und das auf eine Weise, die dauerhafter und weniger leicht zu manipulieren ist, als wenn man das Einkommen heranziehen würde.

Der zweite wesentliche Unterschied zu einer allgemeinen, progressiven Steuer auf Eigentum (die idealerweise alle Formen von Eigentum einbeziehen würde) ist, dass die Grundsteuer und die *property tax* trotz allem eine große Zahl von Anlagen nicht einbeziehen, vor allem Finanzanlagen, die bei sehr großen Vermögen typischerweise den Löwenanteil ausmachen (siehe Grafik 11.17). Es wäre sicher übertrieben zu sagen, dass die Grundsteuer und die *property tax* nur Wohnimmobilien betreffen: Büros, Grund und Boden, Lager und andere Immobilien im Besitz von Unternehmen werden ebenfalls besteuert, und die Aktionäre dieser Unternehmen sind durch ihre Anteile indirekt ebenfalls dieser Steuer unterworfen. Die daraus resultierende Besteuerung der Finanzaktiva ist jedoch sehr viel geringer als die Besteuerung der Immobilien, zum einen weil Finanzanlagen im Ausland oder in staatlichen Rentenpapieren vollständig von der Besteuerung ausgenommen sind,[2] zum anderen weil zahlreiche Investitionen in heimische Unternehmen ganz oder teilweise der Besteuerung entgehen (insbesondere Maschinen und Ausrüstungen,

---

1 Bei dem Versuch in Frankreich 2007–2011 mit einer Höchstgrenze für die Steuern von Privatpersonen *(bouclier fiscal)*, das heißt der Begrenzung der Steuern, die ein Steuerpflichtiger zu zahlen hat, auf einen bestimmten Prozentsatz aller Einkünfte (nicht des Vermögens), wurde nur die Grundsteuer für den Hauptwohnsitz mit berücksichtigt.

2 Erstere können im Prinzip einem Äquivalent zur Grundsteuer oder *property tax* in den Ländern unterworfen werden, in denen sie angelegt sind.

aber auch immaterielle Güter wie Patente).[1] Diese heterogene Ansammlung von Normen war nicht von Anfang an so beabsichtigt: Sie ist die Frucht jeweils spezifischer historischer Prozesse und politisch-ideologischer Bewegungen (oder deren Fehlen) im Zusammenhang mit der Frage der Besteuerung von Eigentum.

Im Übrigen muss präzisiert werden, dass die *property tax* in den Vereinigten Staaten, wie ihr Name schon sagt, anspruchsvoller ist als die französische Grundsteuer. Generell gibt es eine große Variationsbreite bei den verschiedenen Formen der *property tax*, die in den Vereinigten Staaten angewendet werden. Je nach Bundesstaat und Kommune betrifft die *property tax* nicht nur *real property* (das heißt Grundeigentum: Grundstücke, Wohnhäuser, andere Gebäude, Büros, Lager etc.), sondern manchmal auch *personal property* (das heißt mobile Güter, Möbel, liquide Mittel und Finanzanlagen aller Art). Heute ist meistens nur *real property* betroffen, aber so war es nicht immer.

Aus dieser Sicht sind die sehr lebhaften Debatten, die Ende des 19. Jahrhunderts in Boston geführt wurden und die kürzlich Noam Maggor untersucht hat, besonders interessant.[2] Zur damaligen Zeit betraf die *property tax*, die in der Hauptstadt des Bundesstaats Massachusetts erhoben wurde, wo ein erheblicher Teil der Finanz- und Industriearistokratie des Landes lebte, *real property* und *personal property*, vor allem die Finanzportfolios, die die Bostoner Elite im Rest des Landes und im Ausland hielt. Die reichen Eigentümer von Boston liefen Sturm gegen diese Steuer. Sie betonten vor allem, dass sie bereits hohe Steuern auf das Land bezahlten, wo sie ihr Kapital investiert hatten, und forderten, dass die *property tax* auf Immobilien beschränkt bleiben solle, so wie es in Europa und vor allem in Frankreich der Fall war, denn Immobilien erschienen ihnen als ein wenig aufdringlicher Hinweis auf ihre Steuerkraft.[3] Unterstützung für ihre Forderungen holten sie sich bei Ökonomen und Steuerexperten der benachbarten Universitäten, insbe-

1 Maschinen und Ausrüstungen werden manchmal in die Bemessungsgrundlage für die *property tax* einbezogen oder teilweise durch andere lokale Steuern wie die ehemalige Gewerbesteuer *(taxe professionnelle)* in Frankreich mit besteuert. In der Praxis werden sie deutlich niedriger besteuert als Grundeigentum.

2 Siehe N. Maggor, *Brahmin Capitalism*, a. a. O., insbesondere S. 76–95 und S. 178–203.

3 Aber nicht unbedingt überall in Europa: Wenn man glaubt, was Victor Hugo in *Die Arbeiter des Meeres* schreibt, betraf die Grundsteuer auf Guernsey das gesamte Vermögen der Menschen im 19. Jahrhundert, was den Autor sehr überraschte, der mit dem französischen System vertraut war, aber wie immer neugierig auf alles war. Siehe V. Hugo, *Die Arbeiter des*

sondere Harvard, die die Weisheit der europäischen Steuersysteme priesen. Thomas Hills, *chief tax assessor* der Stadt Boston in Jahren 1870–1900, sah das anders. Er veröffentlichte 1875 ein erstes Memorandum, in dem er nachwies, dass Immobilien bei den reichsten Einwohnern Bostons nur einen verschwindend kleinen Teil des Vermögens ausmachten und dass die Freistellung von Finanzportfolios zu einem enormen Verlust an Steuereinnahmen führen würde. Dieser Verlust würde eine in voller Expansion befindliche Stadt mit neuen Zuwanderungswellen von Italienern und Iren, die die Vororte bevölkerten, besonders schwer treffen, weil zahlreiche öffentliche Investitionen erforderlich seien.[1] Diese Argumente und die damaligen politischen Kräfteverhältnisse bewirkten, dass die allgemeine Steuer auf Eigentum beibehalten wurde. Aber die Debatte ging in den 1880er und 1890er Jahren weiter, und die Eigentümer setzten sich in den Jahren 1900–1910 schließlich durch. Einzelne Elemente des *personal property* wurden schrittweise von der *property tax* in Boston ausgenommen (insbesondere gab es zahlreiche Ausnahmen für Finanzanlagen), und seit 1915 wird sie nur noch auf *real property* erhoben.[2]

Diese Debatten sind interessant, weil sie zeigen, wie viele Weggabelungen und mögliche Entwicklungswege es gibt. Ein zentraler Punkt dabei war, dass die Bundesstaaten und die lokalen Körperschaften nicht kooperierten und gegenseitig Informationen weitergaben, wer was besaß. Eine gute Lösung hätte sein können (und könnte in Zukunft sein), die Steuer auf Eigentum auf Bundesebene zu koordinieren und in eine echte progressive Steuer auf das individuelle Nettovermögen zu verwandeln. Die Vereinigten Staaten verfolgten 1913–1916 einen anderen Weg: Der Bund konzentrierte sich auf die Einführung einer bundesein-

Meeres, übersetzt von Rainer G. Schmidt, Hamburg: Mare Verlag 2017 [1866], Anhang: Der Archipel der Kanalinseln.

1 Eine andere politische Auseinandersetzung, die zur selben Zeit tobte, betraf genau die Frage, ob die Stadtgrenzen zur Einbeziehung neuer Vororte erweitert oder neue urbane Gebiete zu unabhängigen Kommunen zusammengefasst werden sollten: Hills plädierte für die erste Lösung, die Eigentümer aus der Innenstadt hingegen für die zweite, um die Steuereinnahmen nicht teilen zu müssen. Siehe Maggor, *Brahmin Capitalism*, a. a. O. Diese Episode illustriert ein weiteres Mal den strukturellen Zusammenhang von Steuersystem, politischem System und Grenzsystem.

2 Über den politisch-administrativen Prozess, der dazu führte, dass *personal property* 1915 ganz von der Steuer ausgenommen wurde, siehe ebenda. Siehe außerdem C. Bullock, «The Taxation of Property and Income in Massachusetts», *Quarterly Journal of Economics* 31, 1 (1916), S. 1–61.

heitlichen Steuer auf Einkommen und Erbschaften, während die jährliche Steuer auf Eigentum (meistens beschränkt auf Immobilienbesitz und strikt proportional) eine Sache der Einzelstaaten und Kommunen blieb.

Schließlich sind die *property tax* in den Vereinigten Staaten wie auch die französische Grundsteuer, die seit Ende des 18. Jahrhunderts, das heißt seit der Ära des Proprietarismus und des Zensuswahlrechts, keiner umfassenden Reform mehr unterzogen wurden, zu Beginn des 21. Jahrhunderts zwei besonders regressive Steuern, weil finanzielle Aktiva und Passiva schlichtweg ignoriert werden. Nehmen wir zum Beispiel an, die *property tax* oder Grundsteuer für eine Immobilie im Wert von 300 000 Euro (oder Dollar) beliefe sich auf 3000 Euro oder 1 % des Immobilienwerts. Nehmen wir weiter an, eine Person sei mit 270 000 Euro verschuldet (sodass ihr Nettovermögen nur 30 000 Euro betrüge). Sie würde dann 10 % Steuern auf ihr Nettovermögen entrichten (3000 Euro Steuern auf 30 000 Euro Nettovermögen). Stellen wir uns im Gegensatz dazu eine Person vor, die neben einer Immobilie im Wert von 300 000 Euro noch ein Finanzportfolio im Wert von 2,7 Millionen Euro besäße (ihr gesamtes Nettovermögen summierte sich damit auf 3 Millionen Euro). Mit der *property tax* oder der Grundsteuer, wie sie derzeit in den Vereinigten Staaten und in Frankreich angewendet wird, würde diese Person genau wie die erste 3000 Euro Steuern bezahlen, das wäre in ihrem Fall ein Steuersatz von 0,1 % auf das Vermögen (3000 Euro Steuern auf 3 Millionen Euro Vermögen). Diese Realität ist sehr schwer zu rechtfertigen und einer der Faktoren, die die Zustimmung zum Steuersystem aushöhlen und eine gewisse Desillusionierung über die Möglichkeit gerechter wirtschaftlicher Verhältnisse nähren können. Im Übrigen ist frappierend, dass sich in Umfragen zu diesem Thema die Befragten immer für ein gemischtes Steuersystem aussprechen, das das jährliche Einkommen und das Vermögen berücksichtigt (unabhängig davon, ob es aus Immobilien oder Finanzanlagen besteht; diese Frage spielt logischerweise in den Überlegungen keine Rolle).[1]

---

1 Siehe R. Fisman, K. Gladstone, I. Kuziemko, S. Naidu, «Do Americans Want to Tax Capital? Evidence from Online Surveys», NBER, Working Paper Nr. 23907, 2017. Konkret wurden den Personen immer zwei Zahlen vorgelegt (für Einkommen und Vermögen), und sie wurden gefragt, welches ihrer Meinung nach die gerechte Steuer wäre. Bei einem bestimmten Einkommen (zum Beispiel 100 000 Dollar pro Jahr) gaben die Befragten an, dass jemand, der 1 Million Dollar besitzt, insgesamt mehr Steuern bezahlen sollte als jemand, der keinerlei Vermögen besitzt, aber weniger als jemand, der 10 Millionen Dollar besitzt. Entsprechend

Die einzige denkbare Rechtfertigung (die relativ nihilistisch und faktisch falsch ist), um Aktiva und Passiva der Finanzanlagen von der Besteuerung auszunehmen, lautet, dass sie sich der Besteuerung entziehen können und wir deshalb gar keine Wahl haben, als sie unberücksichtigt zu lassen. Tatsächlich funktioniert die Besteuerung von Zinsen und Dividenden schon lange durch die automatische Weitergabe der Daten zwischen Finanzinstituten und der Steuerverwaltung auf nationaler Ebene, und nichts spricht dagegen, dieses Verfahren auch auf die Finanzanlagen selbst auszudehnen (und nicht nur auf die Einkünfte daraus) und durch eine Überarbeitung der geltenden Abkommen über den Kapitalverkehr auf die internationale Ebene auszuweiten.[1] In dem Zusammenhang sei auch daran erinnert, dass die Sonderabgaben auf Privatvermögen, die Deutschland, Japan und zahlreiche weitere Länder nach dem Zweiten Weltkrieg erhoben haben, ebenfalls für Finanzanlagen galten. Anders wäre es auch gar nicht denkbar gewesen, denn das Ziel war gerade, die besonders Wohlhabenden heranzuziehen.

Kollektive Lernprozesse und künftige Perspektiven für die Besteuerung von Eigentum

Alles spricht dafür, dass diese lange Geschichte noch längst nicht abgeschlossen ist. Das derzeit gültige System ist das Ergebnis soziopolitischer Prozesse, die vor allem von den politisch-ideologischen Kräfteverhältnissen der einen und der anderen Seite und von ihrer jeweiligen Kampagnenfähigkeit abhingen. So wird es auch weiterhin sein. Vor allem der sehr starke Anstieg der Vermögensungleichheit in den Vereinigten Staaten seit 1980 in Verbindung mit dem schleppenden Wirtschaftswachstum hat Bedingungen geschaffen, die ideologische Wende der 1980er Jahre infrage zu stellen. Seit Mitte der 2010er Jahre erleben wir immer häufiger, dass führende Vertreter der Demokratischen Partei eine Rückkehr zu Steuersätzen von 70–80 % für die höchsten Einkommen und ererbten Vermögen fordern. Zu nennen ist insbesondere Bernie Sanders, der am Ende die Vorwahlen der Demokratischen Partei 2016 gegen

sah es aus, wenn man bei einem bestimmten Vermögen die Angaben für das Einkommen variierte.

1 Diese Fragen werden später noch eingehender untersucht. Siehe insbesondere Kapitel 13 und 17.

Hillary Clinton verlor. Er hat einen Steuersatz von 77 % auf sehr hohe Erbschaften (über 1 Milliarde Dollar) vorgeschlagen.

Mit Blick auf die Präsidentschaftswahlen 2020 haben einige Kandidaten der Demokratischen Partei die erstmalige Einführung einer Bundessteuer auf Vermögen ins Gespräch gebracht; zum Beispiel nannte Elizabeth Warren Anfang 2019 einen Steuersatz von 2 % auf Vermögen zwischen 50 Millionen und 1 Milliarde Dollar und von 3 % auf Vermögen über 1 Milliarde Dollar.[1] Gleichzeitig wird die Einführung einer *exit tax* in Höhe von 40 % des Vermögens gefordert, die all jene bezahlen sollen, die das Land verlassen und die Staatsbürgerschaft der Vereinigten Staaten aufgeben wollen. Diese Steuer würde auf alle Vermögenswerte erhoben, ohne jede Ausnahme, mit abschreckenden Sanktionen für Personen und Staaten, die keine vollständigen Angaben über Anlagen im Ausland machen.

Zum jetzigen Zeitpunkt kann man nicht sagen, ob, wann und wie diese Debatte enden wird. Der Steuersatz von 3 % auf Vermögen über 1 Milliarde Dollar spricht für den klaren Wunsch, Vermögen zirkulieren zu lassen. Dieser Steuersatz bedeutet zum Beispiel, dass ein Vermögen, das zu einem bestimmten Stichtag in einer Höhe von 100 Milliarden besteht, nach einigen Jahrzehnten an die Gemeinschaft zurückfällt. Anders ausgedrückt: Sehr hohe Vermögen werden zu Besitz auf Zeit. In Anbetracht des durchschnittlichen Zuwachses der höchsten Geldvermögen kann man jedoch annehmen, dass bei den Besitzern der höchsten Vermögen höhere Steuersätze angewendet werden müssten: mindestens 5–10 % pro Jahr oder generell zweistellige Prozentsätze für Multimilliardäre, um eine rasche Erneuerung der Vermögen und der Machtpositionen zu ermöglichen.[2] Wir können auch vermuten, dass es gut wäre, die Festlegung des Steuersatzes auf sehr hohe Vermögen damit zu verbinden, die Besteuerungsgrundlagen für die *property tax* neu zu regeln (der Kern dabei wäre die Möglichkeit, diese Steuer für verschuldete Personen, die Eigentum zu bilden versuchen, zu reduzieren).[3]

---

1 Die Regelung würde Personen mit einem Vermögen betreffen, das hundertmal so groß ist wie das Durchschnittsvermögen (ungefähr 500 000 Dollar bei Paaren und 250 000 Dollar bei Einzelpersonen), das heißt weniger als 0,1 % der Bevölkerung, aber 20 % des gesamten Vermögens, weshalb mit erheblichen Einnahmen zu rechnen wäre, geschätzt mehr als 1 % des Nationaleinkommens. Siehe E. Saez, G. Zucman, «How Would a Progressive Wealth Tax Work?», Paper, Berkeley 2019; dies., *The Triumph of Injustice*, New York: Norton 2019.

2 Siehe Kapitel 17, Tabelle 17.1.

3 Forscher haben kürzlich eine hohe (7 %) proportionale Steuer auf alle Vermögensanlagen

Auf jeden Fall sind die Diskussionen darüber noch längst nicht abgeschlossen, und ihr Ausgang wird wesentlich davon abhängen, ob die Beteiligten in der Lage sind, aktuelle Entwicklungen mit Lehren aus früheren Erfahrungen zu verknüpfen.

Auch in anderen Ländern sehen wir, dass aktuelle Debatten in eine historische Perspektive eingeordnet werden müssen. In Frankreich wurde wie in den Vereinigten Staaten Ende des 19. Jahrhunderts und im Lauf des 20. Jahrhunderts viel über eine echte progressive Steuer auf Eigentum gesprochen. Erste Diskussionen darüber gab es bereits vor dem Ersten Weltkrieg und vor allem zu Beginn des Jahres 1914, aber unter dem Druck der Ereignisse im Sommer 1914 und angesichts von Befürchtungen und ideologischen Widerständen gegen eine jährliche progressive Vermögensteuer beschloss der Senat nur die Einführung einer allgemeinen Einkommensteuer. Die Diskussionen des Linkskartells in den 1920er Jahren führten zu nichts, zum einen weil die Radikalen die kleinen Eigentümer nicht beunruhigen wollten, zum anderen weil die Sozialisten sich mehr für Verstaatlichungen interessierten als für Steuerprojekte. Das ist im Übrigen ein Hindernis, das alle Fortschritte sozialdemokratischer und sozialistischer Bewegungen bei der progressiven Besteuerung von Eigentum gebremst hat: Den Parteien der Mitte schienen derartige Pläne zu angsteinflößend und den linken Kräfte zu wenig interessant, um sich dafür stark zu machen; ihnen ging es vor allem um das Staatseigentum an den Produktionsmitteln. 1936, während der Volksfront, nahmen die Kommunisten die Beteiligung an der Regierungskoalition ernst und setzten sich für eine progressive Vermögensteuer mit Sätzen von 5 % ab 1 Million Francs bis zu 25 % bei Vermögen von mehr als 50 Millionen Francs ein (das entsprach dem Zehn- und dem Fünfhundertfachen des damaligen Durchschnittsvermögens). Aber die parlamentarische Mehrheit hing von den Radikalen ab, und die weigerten sich, für diesen Vorschlag zu stimmen, den sie als trojanisches Pferd der sozialistischen Revolution ansahen. Danach wurden noch viele andere Vorschläge ins Spiel gebracht, insbesondere 1947 von der Gewerk-

---

vorgeschlagen, um eine häufige Umschichtung zu erzwingen. Siehe E. Posner, G. Weyl, *Radical Markets. Uprooting Capitalism and Democracy for a Just Society*, Princeton: Princeton University Press 2018. Weil jegliche Progression fehlt, könnte ein solcher Vorschlag jedoch zu einer verstärkten Konzentration von Eigentum und nicht zu seiner Verteilung führen (das Hauptziel der Autoren ist im Übrigen, die rasche Neuordnung von Land und Gütern zu ermöglichen).

schaft CGT und 1972 von den sozialistischen und kommunistischen Abgeordneten.

Erst nach den Wahlen von 1981 verabschiedete die Mehrheit aus Sozialisten und Kommunisten eine Steuer auf große Vermögen *(Impôt sur les grandes fortunes,* IGF), die von der Mehrheit aus Gaullisten und Liberalen 1986 wieder abgeschafft und nach den Wahlen 1988 als solidarische Vermögensteuer *(Impôt de solidarité sur la fortune,* ISF) erneut eingeführt wurde.[1] Im Lauf dieser Untersuchung kommen wir noch darauf zurück, wie die aus den Wahlen von 2017 hervorgegangene Regierung sich 2018 daran gemacht hat, die ISF durch eine reine Immobiliensteuer *(Impôt sur la fortune immobilière,* IFI) zu ersetzen, mit dem entscheidenden Punkt, dass Finanzanlagen komplett ausgenommen wären – und damit praktisch alle sehr großen Vermögen.[2] Nach den überaus heftigen Reaktionen auf diese Reform können wir vermuten, dass die lange Geschichte noch nicht zu Ende ist. Im Übrigen sollten wir daran denken, dass die IGF und anschließend die ISF, die von 1982–1986 und von 1989–2017 galten, immer nur eine kleine Zahl von Steuerpflichtigen betrafen (weniger als 1 % der Bevölkerung), mit geringen Steuersätzen (im Allgemeinen zwischen 0,2 % und 1,5–2 %) und vor allem mit zahlreichen Ausnahmen. Damit war die Grundsteuer, die in den großen Zügen seit den 1790er Jahren nicht mehr reformiert wurde, über den gesamten Zeitraum die wichtigste Vermögensteuer.[3]

1 Eine detaillierte Analyse der sozialistischen und kommunistischen Programme und der Debatten über die progressive Vermögensteuer von der Zwischenkriegszeit bis in die 1980er Jahre enthält T. Piketty, *Les Hauts Revenus en France au 20e siècle*, a. a. O., S. 373–389. Über den Vorschlag von Joseph Caillaux 1914 und die Vorschläge von 1947 und 1972 siehe auch J. Grosclaude, *L'Impôt sur la fortune*, Paris: Berger-Levrault 1976, S. 145–217.

2 Siehe insbesondere Kapitel 14, S. 982–985.

3 Unmittelbar vor der Reform von 2018 brachte die Vermögensteuer (ISF) rund 5 Milliarden Euro ein (weniger als 0,3 % des Nationaleinkommens), die Grundsteuer hingegen 40 Milliarden (mehr als 2 % des Nationaleinkommens).

Gemeinsamkeiten und Wiederentdeckungen bei der Steuer auf Eigentum

In Großbritannien hätten die Labour-Regierungen von Harold Wilson und danach James Callaghan 1974–1976 beinahe eine progressive Vermögensteuer eingeführt. Hauptsächlich unter dem Einfluss des Ökonomen Nicholas Kaldor war die Labour Party in den 1950er und 1960er Jahren zu der Erkenntnis gelangt, dass das Steuersystem mit der progressiven Besteuerung von Einkommen und Erbschaften durch eine jährliche, progressive Steuer auf Eigentum komplettiert werden sollte, sowohl aus Gründen der Gerechtigkeit wie aus Gründen der Effizienz. Vor allem erschien das als die einzige Möglichkeit, etwas über die Größe der Vermögen und ihre Entwicklung in Echtzeit zu erfahren und damit gegen die Vermeidung der Erbschaftsteuer durch Trusts und andere Konstruktionen vorzugehen. Das Wahlprogramm von Labour sah vor dem Wahlsieg von 1974 eine progressive Steuer von bis zu 5 % auf sehr hohe Vermögen vor. Widerstand kam aber nicht nur vom Finanzminister, das Projekt geriet auch in die Turbulenzen nach dem Ölpreisschock und der Inflations- und Währungskrise der Jahre 1974–1976 (mit der Intervention des IWF 1976) und wurde schließlich aufgegeben.[1]

Großbritannien steht damit neben den Vereinigten Staaten als das Land da, das bei Einkommen und Erbschaften die höchste Steuerprogression kennt, aber noch nie eine progressive jährliche Vermögensteuer ausprobiert hat. Halten wir allerdings fest, dass es in jüngster Zeit einen Versuch mit einer *mansion tax* (Villensteuer) gegeben hat. Zwar ist das britische System der lokalen Steuern auf Wohneigentum besonders regressiv, aber in Großbritannien gibt es die Besonderheit, dass die Steuern auf Immobiliengeschäfte eine sehr starke Progression aufweisen. Keine Grunderwerbsteuer wird fällig, wenn die Immobilie weniger als 125 000 Pfund wert ist, 1 % ist zu zahlen, wenn der Wert zwischen 125 000 und 250 000 Pfund liegt, und dann steigt der Steuersatz mit dem Immobilienwert schrittweise bis auf 4 % bei einem Wert über 500 000 Pfund. 2011 wurde eine neue Steuer von 5 % für Verkäufe mit einem Preis über 1 Million Pfund eingeführt (die *mansions).*[2] Inte-

1 Siehe H. Glennerster, «A Wealth Tax Abandoned: The Role of UK Treasury 1974–1976», Paper, London School of Economics 2011.

2 Genauer gesagt liegt der bei einer Transaktion bezahlte Satz bei 0 %, wenn der Besitz

ressant ist, dass der Steuersatz von 5 %, der von einer Labour-Regierung kam, von den Konservativen erst heftig kritisiert und dann, nachdem sie die Macht übernommen hatten, auf 7 % für Besitz im Wert von mehr als 2 Millionen Pfund angehoben wurde. Vor dem Hintergrund wachsender Ungleichheiten, insbesondere einer immer stärkeren Vermögenskonzentration, während die Mehrheit kaum Chancen hat, Vermögen zu bilden, taucht der Wunsch, Vermögen stärker progressiv zu besteuern, quer durch die Parteienlandschaft auf. Offenbar ist es nötig, das gesamte System der Vermögensbesteuerung grundsätzlich neu zu durchdenken: Statt hohe Steuern bei Transaktionen zu erheben, wäre es gerechter und wirkungsvoller, jährlich Steuern nach einer progressiven Steuertabelle mit geringeren Sätzen zu verlangen, je nach Höhe des Vermögens und unterschiedslos für alle Vermögensarten.

Erwähnen wir abschließend noch die deutschsprachigen und nordeuropäischen Länder, die bei der progressiven Besteuerung von Einkommen und Erbschaften überwiegend Großbritannien und den Vereinigten Staaten hinterherhinkten, aber schon früh neben diesen beiden Steuerarten eine jährliche progressive Steuer auf Vermögen einführten. Eine jährliche progressive Steuer auf das gesamte Vermögen (Immobilien, Betriebs- und Finanzvermögen, jeweils netto nach Abzug von Schulden) wurde in Preußen bereits 1893 beschlossen, kurz nach der progressiven Einkommensteuer 1891, in Sachsen 1901, danach verbreitete sie sich in allen deutschen Ländern und wurde 1919–1920 zu einer Steuer des Gesamtstaats.[1] In Schweden kam die progressive Vermögensteuer 1911, zur gleichen Zeit wie die Reform der progressiven Ein-

weniger als 125 000 Pfund wert ist, bei 1 %, wenn der Wert zwischen 125 000 und 250 000 Pfund liegt, und steigt auf 3 % bei einem Wert zwischen 250 000 und 500 000 Pfund, auf 4 % zwischen 500 000 und 1 Million Pfund, auf 5 % zwischen 1 und 2 Millionen Pfund (neu eingeführt 2011) und auf 7 % bei einem Wert über 2 Millionen Pfund (eingeführt 2012). Dieses progressive System ist relativ überraschend, wenn man bedenkt, dass die Grunderwerbsteuer in den meisten Ländern proportional ist (zum Beispiel in Frankreich) und dass das System der lokalen Steuern *(council tax),* das 1993 als Ersatz für die *poll tax* eingeführt wurde (die Margaret Thatcher das Amt gekostet hatte), tatsächlich beinahe genauso regressiv ist wie Letztere (die Höhe der *council tax* steigt viel weniger als proportional zum Mietwert des Hauptwohnsitzes). Siehe dazu A. Atkinson, *Ungleichheit. Was wir dagegen tun können*, a. a. O., S. 256–257, Abbildung 7.3.

1 Über die Entwicklung des deutschen Steuersystems seit 1870 siehe F. Dell, *L'Allemagne inégale. Inégalités de revenus et de patrimoine en Allemagne, dynamique d'accumulation du capital et taxation de Bismarck à Schröder 1870–2005*, Dissertation EHESS, 2008.

kommensteuer.[1] In den anderen deutschsprachigen und skandinavischen Ländern (insbesondere Österreich, der Schweiz, Norwegen und Dänemark) wurden ähnliche Systeme, die progressive Steuern auf Einkommen, Vermögen und Erbschaften kombinierten, in der Regel zwischen 1900 und 1920 geschaffen. Wir müssen allerdings hervorheben, dass diese Steuern auf Vermögen, die im Allgemeinen höchstens 1–2 % der Bevölkerung betrafen, mit Sätzen, die sich von 0,1 % bis auf 1,5–2 % steigerten (und bis auf 3–4 % in Schweden in den 1980er Jahren) jeweils eine sehr viel geringere Rolle spielten als die Einkommensteuer.

In den meisten Ländern wurden all diese Steuern im Lauf der 1990er Jahre und zu Beginn der 2000er Jahre wieder abgeschafft (allerdings mit Ausnahme der Schweiz und Norwegens, dort gelten sie noch), teils aus Gründen, die mit dem Steuerwettbewerb zwischen den Ländern zu tun haben (in einer Phase, die durch die Liberalisierung der Kapitalströme in Europa Ende der 1980er Jahre gekennzeichnet ist) und mit der ideologischen Situation nach der angelsächsischen «konservativen Revolution» und dem Zerfall der Sowjetunion. Abgesehen von diesen bekannten Faktoren müssen wir auch noch die entscheidende (und aufschlussreiche) Bedeutung betonen, die die Fehler der ursprünglichen Konzeption hatten. Die Vermögensteuern in den deutschsprachigen und nordeuropäischen Ländern wurden vor dem Ersten Weltkrieg konzipiert, in einer Situation, als der Goldstandard galt und Inflation unbekannt war. Bemessungsgrundlage waren meistens nicht die Marktwerte der verschiedenen Immobilien- und Finanzanlagen (gegebenenfalls mit einer Indexierung der Tabelle, um zu starke Anstiege oder Rückgänge der geforderten Steuer zu vermeiden), sondern die Katasterwerte, das heißt Werte, die regelmäßig (zum Beispiel alle zehn Jahre) bei allgemeinen Vermögenserhebungen festgesetzt wurden. Das Problem bei einem solchen System ist, dass es zwar funktioniert, wenn die Inflation gleich null oder niedrig ist, aber bei einer sehr starken Inflation wie in der Folge der beiden Weltkriege und in den Nachkriegsjahrzehnten schnell obsolet wird. Bei einer proportionalen Steuer auf Vermögen (wie der Grundsteuer in Frankreich) entstehen schwerwiegende Gerechtigkeits-

---

1 Das schwedische System hatte die Besonderheit, dass von 1911 bis 1947 eine gemeinsame Besteuerung von Einkommen und Vermögen existierte, bis sich beide Systeme ab 1948 auseinander entwickelten. Für eine detaillierte Analyse siehe G. Du Rietz, M. Henrekson, «Swedish Wealth Taxation (1911–2007)», in: M. Henrekson, M. Stenkula (Hg.), *Swedish Taxation: Developments since 1862*, New York: Palgrave 2015

probleme. Bei einer progressiven Steuer, bei der es vor allem wichtig ist, wer über der Schwelle liegt, bei der die Besteuerung einsetzt, und wer nicht, ist es nicht zu vertreten, von Werten auszugehen, die je nach Kommune oder Stadtviertel mehr oder weniger weit in der Vergangenheit erhoben wurden. Vor diesem Hintergrund hat das deutsche Bundesverfassungsgericht die Erhebung der Vermögensteuer 1997 ausgesetzt mit der Begründung, sie sei nicht mit dem Gleichheitsgrundsatz zu vereinbaren. Die seit damals in Berlin regierenden Koalitionen waren der Auffassung, dass es andere Prioritäten gebe, als auf diese Substanzsteuer wieder zurückzukommen. Über ihre Gründe werden wir später noch sprechen.

Schließlich müssen wir noch die Rolle erwähnen, die die schwedische Bankenkrise von 1991–1992 für die politisch-ideologische Entwicklung des Landes gespielt hat und die auch für die anderen Länder erhebliche Konsequenzen hatte angesichts der symbolischen Bedeutung der schwedischen Sozialdemokratie. Die außerordentlich schwerwiegende Krise – die wichtigsten schwedischen Banken standen kurz vor dem Zusammenbruch – warf vor allem Fragen zur Regulierung des Bank- und Finanzwesens und zur Wirkung der Kapitalflüsse auf. Am Ende führte sie jedoch dazu, dass die angeblichen Exzesse des schwedischen Sozial- und Steuermodells grundsätzlich infrage gestellt wurden und dass sich überhaupt ein Gefühl ausbreitete, das Land sei innerhalb des globalisierten Finanzkapitalismus in einer sehr gefährdeten Position. Die Sozialdemokraten verloren erstmals seit 1932 die Macht und wurden von den Liberalen abgelöst, die 1991 ein System mit vielen Verschonungsregeln für die Besteuerung von Zinsen und Dividenden schufen und die Progression bei der Vermögensteuer stark drosselten. 2007 schafften die Liberalen die Vermögensteuer schließlich ganz ab, zwei Jahre nach der Abschaffung der Erbschaftsteuer durch die Sozialdemokraten, was überraschend erscheinen mag, aber zeigt, wie intensiv der Steuerwettbewerb in einem Land von der Größe Schwedens zu Beginn des 21. Jahrhunderts wahrgenommen wird. Und vielleicht gilt das egalitäre schwedische Modell inzwischen auch als so fest etabliert, dass es solcher Institutionen nicht mehr bedarf. Allerdings kann man sich vorstellen, dass eine derart radikale Neuorientierung der Steuerpolitik langfristig massiv inegalitäre Wirkungen haben kann. Und es ist auch Teil der Erklärung, warum die schwedischen Sozialdemokraten zunehmend bei den privilegierten gesellschaftlichen Gruppen Anklang finden und ihre traditionellen Wähler aus den unteren Schichten sich immer mehr abwenden.[1]

Im vierten Teil des Buches kommen wir auf diese Fragen zurück, wenn wir untersuchen, wie sich die Struktur der Wählerschaft und der politischen Auseinandersetzungen in den wichtigsten parlamentarischen Demokratien verändert hat. An dieser Stelle können wir mehrere Lehren festhalten. Allgemein steht die Sozialdemokratie trotz ihrer Erfolge seit einigen Jahrzehnten vor zahlreichen intellektuellen wie institutionellen Schranken, die vor allem mit der Frage des gesellschaftlichen Eigentums zusammenhängen, des gerechten Zugangs zu Bildung, der Überwindung des Nationalstaats und der progressiven Besteuerung von Eigentum. Beim letzten Punkt haben wir festgestellt, dass es viele verschiedene Entwicklungswege und Weichenstellungen gibt, auch viele Widersprüche und manchmal begrenzte gemeinsame Erfahrungen, was zumindest zum Teil darauf hindeutet, dass die politischen Bewegungen und die Bürger sich zu wenig mit diesen Fragen befassen. Die Entwicklungen in jüngster Zeit spiegeln ohne Zweifel große Unsicherheit wider: Auf der einen Seite verlangt die Zunahme der Vermögensungleichheit natürlich neue Formen der progressiven Besteuerung; auf der anderen Seite bewirkt der Eindruck eines unerbittlichen Steuerwettbewerbs, dass es gerechtfertigt scheint, weniger Progression zu wollen – auf die Gefahr hin, dass die inegalitären Tendenzen noch mehr verstärkt werden.

Tatsächlich kann man sich der vernünftigen Diskussion über eine progressive Eigentumsteuer nicht verweigern. Sehr gefährlich ist vor allem der Diskurs, der zu erklären versucht, warum es unmöglich ist, besonders große Vermögen zu Beiträgen heranzuziehen, und stattdessen die unteren und mittleren Schichten bezahlen sollen. Die gesamte Geschichte der menschlichen Gesellschaften zeigt, dass zu allen Zeiten und in allen Kulturen nach einer gerechten Regel für die Verteilung von Reichtum und Besitz gesucht wurde, die die Mehrheit akzeptiert. Diese Suche nach Gerechtigkeit kommt offenbar mit steigendem Bildungs- und Informationsniveau immer stärker zum Ausdruck. Es wäre sehr erstaunlich, wenn es im 21. Jahrhundert anders wäre und diese Debatten nicht ebenfalls eine zentrale Rolle spielen würden, vor allem vor dem Hintergrund einer tendenziell zunehmenden Vermögenskonzentration.

1 Siehe Kapitel 16, S. 1058–1064 und 1133–1136.

Um sich darauf vorzubereiten, sollte man sich mit den Erfahrungen und Debatten der Vergangenheit befassen, um sie überwinden zu können. Andernfalls schürt man nur die Enttäuschung über ein ambitioniertes Programm der steuerlichen und sozialen Solidarität und befördert gesellschaftliche und identitäre Abkapselungen.

12.
KOMMUNISTISCHE UND POSTKOMMUNISTISCHE GESELLSCHAFTEN

Wir haben den Niedergang der proprietaristischen Gesellschaften in der Zeit von 1914 bis 1945 analysiert und uns dann angesehen, wie die sozialdemokratischen Gesellschaften, die zwischen 1950 und 1980 entstanden, seit den 1980er Jahren in die Krise gerieten. Vor allem ist es der Sozialdemokratie trotz all ihrer Erfolge nicht gelungen, die Zunahme der Ungleichheiten aufzuhalten, weil sie ihre Überlegungen und Programme für Eigentum, Bildung, Steuern und vor allem für die Überwindung des Nationalstaats und die Regulierung der Weltwirtschaft nicht erneuern und vertiefen konnte.

Nun befassen wir uns mit den kommunistischen und postkommunistischen Gesellschaften, insbesondere in Russland, China und Osteuropa, und ihrem Platz in der Geschichte und der Entwicklung der Ungleichheitsregime. Der Kommunismus, speziell in seiner sowjetischen Form, war zu Beginn des 20. Jahrhunderts die radikalste Herausforderung für die proprietaristische Ideologie, die es jemals gegeben hatte. Tatsächlich ist der Kommunismus die dem Proprietarismus diametral entgegengesetzte Ideologie. Während der Proprietarismus darauf setzt, dass der möglichst absolute Schutz des Privateigentums zu Wohlstand und gesellschaftlicher Harmonie führen wird, ist Grundlage des Sowjetkommunismus die vollständige Beseitigung des Privateigentums und seine Ablösung durch Staatseigentum. In der Praxis hat die Herausforderung durch den Kommunismus die Ideologie des Privateigentums nur stärker gemacht. Das dramatische Scheitern des kommunistischen Experiments in der Sowjetunion (1917–1991) hat sehr dazu beigetragen, dass der wirtschaftliche Liberalismus seit den 1980er Jahren wieder erstarkte und sich neue Formen der Sakralisierung des Privateigentums entwickelten. Vor allem Russland ist zum Symbol dafür geworden. Nachdem es lange das Land war, das das Privateigentum abgeschafft hatte, ragt es nun weltweit mit seinen neuen Oligarchen und dem Offshore-Reichtum heraus, das heißt mit Vermögen, die in undurchsichtigen Konstruktionen in Steuerparadiesen versteckt sind. Allgemein ist der Postkommunismus in seinen russischen, chinesischen und osteuropäischen Spielarten zu Beginn des 21. Jahrhunderts der beste Verbündete des Hyperkapitalismus. Dazu gehört auch eine Form der Desillusionierung gegenüber jeder Möglichkeit einer gerechten Wirtschaft überhaupt, was wiederum identitäre Abschottungstendenzen nährt.

Wir beginnen mit der Analyse des russischen und sowjetischen Beispiels, insbesondere der Gründe für dessen Scheitern und die Unfähigkeit, andere Formen der wirtschaftlichen und gesellschaftlichen Organisation als das hyperzentralisierte Staatseigentum zu ersinnen. Dann untersuchen wir das Ausmaß der Kleptokratie des russischen Systems seit dem Ende des Kommunismus und welche Rolle sie generell beim Aufstieg der internationalen Steuerparadiese gespielt hat. Danach wenden wir uns China zu, das von den sowjetischen und westlichen Misserfolgen profitiert und in einer Aufholjagd nach dem Ende der Ära Mao eine erfolgreiche Form der gemischten Wirtschaft etabliert hat. Das chinesische Regime wirft darüber hinaus grundsätzliche Fragen für die parlamentarischen Wahldemokratien im Westen auf. Die chinesischen Antworten beruhen jedoch auf einer Intransparenz und einem Zentralismus, die wenig geeignet erscheinen, die durch das Privateigentum erzeugten Ungleichheiten wirksam zu regulieren. Abschließend betrachten wir die postkommunistischen Gesellschaften in Osteuropa und ihre Rolle bei der Transformation des europäischen und weltweiten Ungleichheitsregimes und sehen uns an, wie sie Ambivalenzen und Grenzen des ökonomischen und politischen Systems erhellen, das derzeit in der Europäischen Union besteht.

Kann man ohne eine Eigentumstheorie Macht ausüben?

Sich heute mit der kommunistischen Erfahrung in der Sowjetunion (1917–1991) zu befassen bedeutet, dass man zunächst einmal die Gründe eines dramatischen Scheiterns zu verstehen versucht, das immer noch jedes Bemühen hemmt, erneut über die Überwindung des Kapitalismus nachzudenken, und das eine wesentliche politisch-ideologische Erklärung ist für die weltweite Zunahme der Ungleichheiten seit den 1980er Jahren.

Die Gründe dieses Scheiterns sind vielfältig, aber der Hauptgrund liegt auf der Hand. Als die Bolschewiken 1917 die Macht übernahmen, waren ihre Handlungspläne längst nicht so «wissenschaftlich», wie sie behaupteten. Es war klar, dass das Privateigentum abgeschafft werden sollte, zumindest das Privateigentum an den großen industriellen Produktionsmitteln, von denen es im Übrigen in Russland nur wenig gab. Aber wie sollten die neuen Produktions- und Eigentumsverhältnisse organisiert werden? Was genau sollte mit kleinen Einrichtungen in Produktion und Handel, Verkehrswesen und Landwirtschaft passieren? Durch welche Entscheidungsmechanismen sollte Eigentum beschlagnahmt und in dem gigantischen Staats- und Planungsapparat neu verteilt werden? Weil es auf diese Fragen keine klaren Antworten gab, verlegte man sich rasch auf die extreme Personalisierung der Macht. Und weil die Ergebnisse die Hoffnungen nicht erfüllten, musste man Gründe und Sündenböcke finden, das heißt ideologische Konstruktionen über Verrat und kapitalistische Verschwörungen. Auf diese Weise geriet das Regime in den Strudel immer neuer Verhaftungswellen und Säuberungen, aus dem es sich bis zu seinem Sturz nie ganz befreite. Es ist leicht, die Abschaffung des Privateigentums und die Aufhebung des bürgerlichen Wahlrechts zu verkünden. Schwieriger ist es (aber auch interessanter), genau zu beschreiben, wie eine alternative Organisation aussehen soll. Die Aufgabe ist nicht unlösbar, aber sie verlangt Nachdenken, Dezentralisierung, Kompromisse und Experimente.

Es geht hier nicht darum, Marx und Lenin anzuprangern, sondern einfach um die Feststellung, dass weder sie noch jemand anderer vor der Machtübernahme 1917 präzise Lösungen für diese wesentlichen Fragen vorgeschlagen hatte. Marx hatte zwar bereits 1850 in seiner Schrift *Die Klassenkämpfe in Frankreich* gewarnt, der Übergang zu Kommunismus und klassenloser Gesellschaft erfordere eine Phase der «Diktatur des Proletariats», in deren Verlauf alle Produktionsmittel in die Hände des Staates übertragen werden müssten. Der Begriff «Diktatur» klang ganz und gar nicht beruhigend. Aber in der Realität war damit die Frage nach der Organisation des Staates nicht einmal ansatzweise geklärt, und wir wissen nicht, was Marx empfohlen hätte, wenn er die Revolution von 1917 und ihre Folgen noch miterlebt hätte. Von Lenin wissen wir, dass er sich vor seinem Tod 1924 für eine lange Phase aussprach, in der die Neue Ökonomische Politik (NEP) sich auf regulierte (und noch wenig definierte) Marktmechanismen und Privateigentum stützen sollte. Die neue Richtung, die Stalin einschlug, scheute vor diesen komplexen Zusammenhängen zurück und riskierte, dass die Industrialisierung des Landes ins Stocken geriet. 1928 wurde beschlossen, die NEP zu beenden und die Kollektivierung der Landwirtschaft sowie die vollständige Verstaatlichung aller Produktions- und Eigentumsformen voranzutreiben.

Die Absurdität des Regimes zeigte sich seit Ende der 1920er Jahre sehr deutlich in der Art und Weise, wie die Machthaber eine ganze Bevölkerungsgruppe kriminalisierten: die kleinen Selbstständigen, die nicht in das neue System passten, ohne die aber das Leben in den Städten und die Sowjetwirtschaft insgesamt nicht funktionierten. Nicht nur den Angehörigen der alten militärischen und klerikalen Klasse des Zarenregimes wurden die bürgerlichen Rechte aberkannt (mit der Folge, dass unerwünschte Bevölkerungsgruppen von den Wahllisten verschwanden und vor allem von den Zuteilungen rationierter Güter ausgeschlossen waren, was ihre Familien vor gravierende Überlebensprobleme stellte), sondern auch und in erster Linie allen Personen, «die ihr Einkommen aus privatem Handel oder einer Vermittlungsfunktion beziehen», sowie jenen, die «einen Angestellten beschäftigen, um Profit zu machen». 1928–1929 waren das etwa 7 % der städtischen Bevölkerung und 4 % der Landbevölkerung, sie wurden auf Listen von sogenannten *Lišency* (Personen ohne Wahlrecht) zusammengefasst. In der Praxis war eine ganze Bevölkerungsgruppe betroffen: Menschen, die mit Karren Transporte durchführten, fliegende Händler, die auf der Straße Essen verkauften, Handwerker und Reparateure aller Art.

In den Akten ihrer Anträge auf Rehabilitation in endlosen bürokratischen Verfahren schildern sie ihr Leben als «kleine Leute», die gerade einmal ein Pferd und einen Verkaufsstand besitzen, sprechen davon, dass sie das Regime nicht verstehen, dem sie sich doch verbunden fühlten, und flehen um Vergebung.[1] Die Situation war auch deshalb so absurd, weil man eine Stadt und eine Gesellschaft nicht ausschließlich mit ausgewiesenen Proletariern – Arbeitern in der Großindustrie – organisieren kann. Die Menschen müssen essen, sich kleiden, sich fortbewegen, wohnen, und all das erfordert Heerscharen von Arbeitskräften in Produktionseinheiten unterschiedlicher Größe, manchmal auch sehr kleinen, die nicht organisiert werden können ohne ein Minimum an Dezentralisierung und Berücksichtigung ihrer Wünsche und ihres Wissens. Und manchmal brauchen sie auch ein bisschen Privatkapital und ein paar Angestellte.

Die Sowjetverfassung von 1936, die zu einem Zeitpunkt erlassen wurde, als man glaubte, diese abweichenden Verhaltensweisen endgültig ausgemerzt zu haben, kennt neben dem «sozialistischen Eigentum», das heißt Staatseigentum (das auch die kollektivierten landwirtschaftlichen Großbetriebe umfasste, die eng vom Staat kontrolliert wurden) auch «persönliches Eigentum». Aber Letzteres bestand nur aus Waren und Gegenständen des persönlichen Bedarfs, die mit dem Arbeitseinkommen erworben worden waren, im Gegensatz zum «Privateigentum» an Produktionsmitteln, das auf der Ausbeutung der Arbeit anderer beruhte; Letzteres war vollkommen verboten, noch bei den kleinsten Produktionsbetrieben. Die Handlungsspielräume wurden zwar permanent neu austariert, um beispielsweise Arbeitern in den kollektivierten landwirtschaftlichen Betrieben zu ermöglichen, einen kleinen Teil ihrer Produktion auf Kolchosmärkten selbst zu verkaufen, oder Fischerbrigaden auf dem Kaspischen Meer, auf eigene Rechnung einen Teil ihres Fangs zu verkaufen. Das Problem dabei war jedoch, dass das Regime seine Zeit damit ausfüllte, Regeln infrage zu stellen und Bedingungen neu zu verhandeln, zum einen aus ideologischem Dogmatismus heraus und weil es Subversion fürchtete, dann aber auch, weil es Sündenböcke und «Saboteure» brauchte, um seine Misserfolge zu rechtfertigen und die Enttäuschung der Bevölkerung zu kanalisieren.

Als Stalin 1953 starb, saßen mehr als 5 % der erwachsenen Bevölkerung der Sowjetunion im Gefängnis, mehr als die Hälfte davon wegen «Diebstahls von sozialistischem Eigentum» und anderen kleinen Gau-

---

1 Siehe N. Moine, «Peut-on être pauvre sans être un prolétaire? La privation des droits civiques dans un quartier de Moscou au tournant des années 1920–1930», Le Mouvement social, Nr. 196 (Juli–September 2001).

nereien, um sich das Leben ein bisschen zu erleichtern. Juliette Cadiot spricht von einer «Gesellschaft von Dieben» und schildert das dramatische Scheitern eines Regimes, das sich als emanzipatorisch verstand.[1] Eine ähnliche Quote von Inhaftierungen gibt es nur bei der schwarzen männlichen Bevölkerung in den Vereinigten Staaten (rund 5 % der erwachsenen Männer sitzen in Gefängnissen). Von der gesamten Bevölkerung der Vereinigten Staaten befand sich 2018 ungefähr 1 % hinter Gittern, damit nimmt das Land bei den Gefängnisinsassen zu Beginn des 21. Jahrhunderts weltweit einen Spitzenplatz ein.[2] Dass die Sowjetunion in den 1950er Jahren fünfmal so viele Häftlinge hatte, sagt viel darüber aus, wie groß die menschliche und politische Katastrophe war. Besonders schockiert, dass es sich nicht nur um Dissidenten und politische Gefangene handelte, sondern ebenso und sogar mehrheitlich um Menschen, die aus wirtschaftlichen Gründen einsaßen: weil man ihnen Diebstahl von Staatseigentum vorwarf, während doch gerade das Staatseigentum angeblich für die Verwirklichung der sozialen Gerechtigkeit auf Erden sorgen sollte. In den Gefängnissen saßen massenweise ausgehungerte Strauchdiebe, die in Fabriken oder auf Feldern etwas entwendet hatten, die Hühner gestohlen hatten oder im Süden des Landes Fische, Leiter von Unternehmen, die man der Korruption und Unterschlagung beschuldigte, oft zu Unrecht. Sie wurden zu Zielscheiben der Sowjetführung und ihres Wunsches, aus dem «Dieb» von sozialistischem Eigentum einen Volksfeind zu machen, der für fünf bis fünfundzwanzig Jahre in ein Lager gesteckt wurde, wenn es sich um einen kleinen Diebstahl handelte, und den bei einem schweren Diebstahl die Todesstrafe erwartete. Die Verhör- und Prozessakten enthalten die Aussagen und die Rechtfertigungen der «Diebe», die nicht zögern, die politische Legitimität eines Regimes anzuzweifeln, das sein Versprechen, die Lebensbedingungen zu verbessern, nicht gehalten hat.

Interessant ist die Beobachtung, dass der Zweite Weltkrieg das Sowjetregime paradoxerweise veranlasste, zumindest dem Anschein nach eine etwas offenere Haltung gegenüber dem Privateigentum einzuneh-

1 Siehe J. Cadiot, *La Société des voleurs. La protection de la propriété socialiste sous Staline*, Paris: EHESS 2019. Siehe auch dies., «L'affaire Hain. Kyiv, hiver 1952», *Cahiers du monde russe* 59, 2–3 (2018).

2 Zum Vergleich: In Russland sind derzeit 0,7 % der erwachsenen Bevölkerung inhaftiert, in China 0,3 % und in den westeuropäischen Ländern weniger als 0,1 %. Siehe Technischer Anhang.

men. Das hängt damit zusammen, dass russische Entschädigungs- und Reparationsforderungen nach dem Krieg, nach den Übergriffen und Plünderungen der Nationalsozialisten in den von ihnen 1941 bis 1944 besetzten Gebieten, unter das Völkerrecht der damaligen Zeit fielen, und das sah für private Verluste großzügigere Entschädigungen vor als für staatliche. Die sowjetischen Kommissionen sammelten daraufhin systematisch Zeugenaussagen über Verluste von Privateigentum, darunter auch Verluste an kleinen privaten Produktionsmitteln, die es eigentlich seit der Verfassung von 1936 nicht mehr hätte geben sollen. In der Praxis handelte es sich jedoch vorwiegend um eine Argumentationsstrategie, die das Regime im außenpolitischen und juristischen Verkehr einsetzte. Meistens blieb sie folgenlos, was die Rückgabe an Betroffene anging.[1]

Vom Überleben des «Marxismus-Leninismus» an der Macht

In Anbetracht dieser traurigen Bilanz stellt sich natürlich die Frage, wie das Sowjetregime so lange überleben konnte. Neben seinen Repressionsmöglichkeiten muss man auch, wie bei allen Ungleichheitsregimen, seine Überzeugungskraft berücksichtigen. Tatsächlich verfügte die «marxistisch-leninistische» Ideologie, so wie die an der Macht befindliche Klasse sie nutzte, um an der Macht zu bleiben, trotz ihrer zahlreichen Schwächen auch über etliche Trümpfe. Der offensichtlichste Trumpf war der Vergleich mit dem Vorgängerregime. Die Bilanz des zutiefst inegalitären Zarenreichs fiel bei der wirtschaftlichen und gesellschaftlichen Entwicklung, im Gesundheits- und Bildungswesen durchweg miserabel aus. Die zaristischen Machthaber hatten sich auf die Klassen der Adligen und Kleriker gestützt, die direkt aus dem alten trifunktionalen Regime hervorgegangen waren. Erst 1861, wenige Jahrzehnte vor der Revolution von 1917, wurde die Leibeigenschaft abgeschafft. Zu Beginn der 1860er Jahre machten die Leibeigenen noch 40 % der russischen Bevölkerung aus. 1861 entschieden die zaristischen Machthaber, dass die ehemaligen Leib-

1 Siehe N. Moine, «La perte, le don, le butin. Civilisation stalinienne, aide étrangère et biens trophées dans l'Union soviétique des années 1940», *Annales. Histoire, Sciences sociales* 2 (2013), S. 317–355; dies., «Evaluer les pertes matérielles de la population pendant la Deuxième Guerre mondiale en URSS: vers la légitimation de la propriété privée?», *Histoire & mesure* 18, 1 (2013), S. 187–216.

eigenen bis 1910 Zahlungen an ihre einstigen Besitzer zu leisten hatten. Der Mechanismus entsprach ziemlich genau dem Geist der finanziellen Kompensationen für Sklavenhalter, die bei der Abschaffung der Sklaverei in Großbritannien 1833 und in Frankreich 1848 festgelegt worden waren, mit dem Unterschied, dass die Leibeigenen im Herzen des russischen Territoriums lebten und nicht auf Sklaveninseln.[1] Die meisten Zahlungen endeten in den 1880er Jahren, aber diese Regelung erlaubt, eine Beziehung zwischen dem Zarenregime und dem Bruch von 1917 herzustellen und allgemein daran zu erinnern, dass extreme Formen der Sakralisierung von Privateigentum und der Rechte von Eigentümern (unabhängig davon, welcher Natur ihr Eigentum ist und woher es stammt) die Welt vor dem Ersten Weltkrieg prägten.

Im Vergleich mit dem Zarenreich erscheint das Sowjetregime durchaus als Träger eines hoffnungsvolleren Projekts für das Land, das Gleichheit und Modernisierung versprach. Trotz der Repressionen und der hyperetatistischen und ultrazentralistischen Konzeption der Eigentumsordnung und der sozialen und wirtschaftlichen Organisation ist klar, dass die staatlichen Investitionen im Lauf der Jahre 1920–1950 eine tiefgreifende Modernisierung des Landes ermöglichten, sodass es zu den westeuropäischen Ländern aufschließen konnte. Das gilt besonders für die Infrastruktur und da für den Verkehr sowie für die Alphabetisierung und allgemein für Investitionen in Bildung, Forschung und Gesundheit. Die verfügbaren Quellen erlauben die Feststellung, dass die Konzentration der Einkommen und ökonomischen Ressourcen in den ersten Jahrzehnten der Sowjetherrschaft im Vergleich zum Zarenreich stark reduziert wurde, alles vor dem Hintergrund relativ verbesserter Lebensbedingungen und höherer Einkommen im Vergleich zur Entwicklung in Westeuropa, zumindest bis in die 1950er Jahre.

Was die Einkommensungleichheit angeht, haben aktuelle Untersuchungen beispielsweise gezeigt, dass der Anteil des obersten Dezils während der gesamten Sowjetherrschaft, von den 1920er Jahren bis in die 1980er Jahre, relativ niedrig blieb, um 25 % des Nationaleinkommens gegenüber 45–50 % im Zarenreich (siehe Grafik 12.1).

Der Anteil des obersten Perzentils ging auf rund 5 % des Nationaleinkommens in der Sowjetzeit zurück, vor 1917 hatte er noch bei 15–20 % gelegen (siehe Grafik 12.2). Solche Angaben haben natürlich ihre

1 Siehe dazu Kapitel 6, S. 320–322.

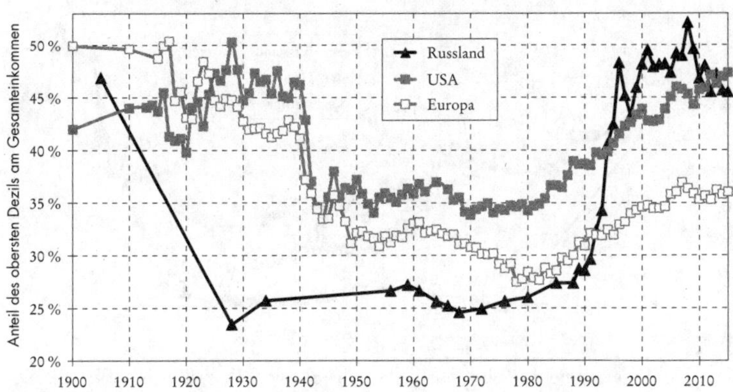

Grafik 12.1.: Der Anteil des obersten Dezils (die 10 % mit den höchsten Einkommen) am gesamten Nationaleinkommen betrug im Durchschnitt ungefähr 25 % in Sowjetrussland, das ist weniger als in Westeuropa und den Vereinigten Staaten, stieg dann auf 45 % bis 50 % an und lag nach dem Ende des Kommunismus über dem europäischen und amerikanischen Niveau.
Quellen und Reihen: siehe piketty.pse.ens.fr/ideologie.

Grenzen. Die rein monetären Daten müssen korrigiert werden, um materielle Vorteile zu berücksichtigen (Zugang zu Geschäften, zu Ferieneinrichtungen etc.), die den privilegierten Klassen des Sowjetregimes zugutekamen, aber derartige Korrekturen können definitionsgemäß immer nur vorsichtige Annäherungen sein.[1]

Letztlich zeigen Daten über die Einkommensungleichheit in der Sowjetzeit vor allem, dass die Ungleichheit im kommunistischen Regime nicht primär mit Geld zusammenhing. Abgesehen davon, dass die Einkünfte aus Besitz, die in anderen Gesellschaften einen erheblichen Teil der ganz hohen Einkommen ausmachen, keine Rolle mehr spielten, waren die Gehaltsunterschiede, die den Arbeiter vom Ingenieur und einem sowjetischen Minister trennten, nicht sehr groß (wenn auch nicht vollkommen eingeebnet[2]). Das war das wesentliche Merkmal des neuen Regimes; hätte es an seine Führungsfiguren auf einmal Gehälter oder

1 Würde man strikt nur das Geldeinkommen betrachten, würde der Anteil des obersten Dezils nicht einmal 20 % des Gesamteinkommens ausmachen (statt 25 %), und der Anteil des obersten Perzentils läge unter 4 % (statt 5 %). Siehe Technischer Anhang sowie F. Novokmet, T. Piketty, G. Zucman, «From Soviets to Oligarchs: Inequality and Property in Russia, 1905–2016», WID.world, Working Paper Series Nr. 2018/2, *Journal of Economic Inequality* (2018).

2 Konkret bedeutet ein Anteil von 4–5 % des obersten Perzentils, dass das Einkommen der 1 % am besten Verdienenden im Durchschnitt vier- bis fünfmal so hoch ist wie das allgemeine

Das oberste Perzentil in Russland, 1900–2015

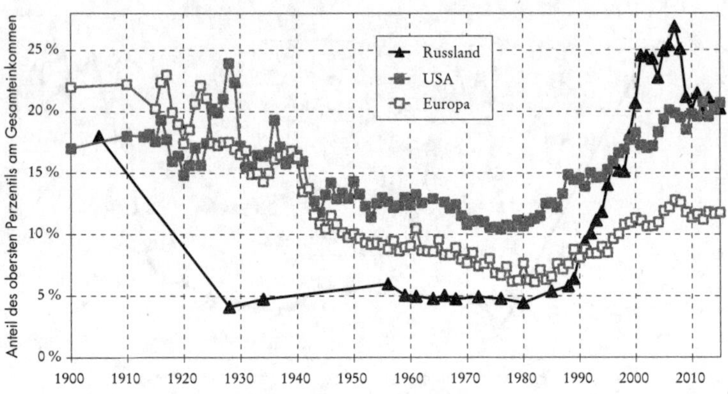

Grafik 12.2.: Der Anteil des obersten Perzentils (das einkommensstärkste 1 %) am gesamten Nationaleinkommen betrug im Durchschnitt ungefähr 5 % in Sowjetrussland, weniger als in Westeuropa und den Vereinigten Staaten, stieg dann auf 20 % an und lag nach dem Ende des Kommunismus über dem europäischen und amerikanischen Niveau.
Quellen und Reihen: Siehe piketty.pse.ens.fr/ideologie.

Bonuszahlungen ausgeschüttet, die hundert Mal höher gewesen wären als die Arbeiterlöhne, hätte es auf der Stelle seine innere ideologische Kohärenz und jegliche Legitimität verloren.

Aber das darf nicht darüber hinwegtäuschen, dass das Regime seine Ungleichheiten anders kanalisierte, etwa durch Vorteile in Naturalien und den privilegierten Zugang zu bestimmten Gütern, was schwer vollständig zu erfassen ist, außerdem durch massive rechtliche Ungleichbehandlung, wobei die massenweise Inhaftierung die äußerste Form war, zu der aber auch ein ausgeklügeltes System von Inlandspässen gehörte. Dieses System zielte zum einen darauf ab, die Abwanderung vom Land (wo das Leben während der Kollektivierung der Landwirtschaft und der forcierten Industrialisierung besonders mühevoll war) in die Städte zu bremsen, bestimmte verdächtige oder verteufelte Bevölkerungsgruppen auf Abstand zu halten und die Mobilität zwischen städtischen Zentren und Regionen mit einem besonders großen Angebot an Arbeitskräften zu regeln, jeweils nach dem Bedarf, den die Wirtschaftspläne feststellten, und den Fortschritten beim Wohnungsbau.[1] Es wäre

Durchschnittseinkommen und acht- bis zehnmal so hoch wie die niedrigsten Löhne (die in der Regel nahe bei der Mitte des Durchschnittseinkommens liegen).

1 Siehe N. Moine, «Le système des passeports à l'époque stalinienne. De la purge stalinienne

illusorisch zu versuchen, all diese Aspekte in einem einzigen quantitativen Indikator zusammenzufassen, der die Ungleichheit monetär beziffern würde. Mir erscheint es sinnvoller, darauf hinzuweisen, dass man die monetären Ungleichheiten kennt, und dabei zu betonen, dass sie nur eine Dimension (und nicht unbedingt die wichtigste) darstellen, um das inegalitäre Sowjetregime zu charakterisieren – was im Übrigen für alle Ungleichheitsregime der Geschichte gilt.

Auch hinsichtlich der Entwicklung des Lebensstandards in der Sowjetzeit müssen wir betonen, dass die Material- und Quellenlage große Schwächen aufweist. Nach den besten verfügbaren Zahlen stagnierte der durchschnittliche Lebensstandard, wie er durch das Nationaleinkommen pro Kopf gemessen wird, von den 1870er bis in die 1910er Jahre in Russland bei etwa 35–40 % des westeuropäischen Niveaus (definiert als der Durchschnitt Großbritanniens, Frankreichs und Deutschlands), stieg dann in der Zeit von 1920–1950 langsam an und lag in den 1950er Jahren bei rund 60 % des westeuropäischen Niveaus (siehe Grafik 12.3). Über die Zuverlässigkeit solcher Vergleiche darf man sich keine Illusionen machen, aber die Größenordnungen sind aussagekräftig. Zweifellos war Russland nach der Revolution von 1917, von Ende der 1910er Jahre bis in die 1950er Jahre, auf dem Weg, wirtschaftlich zu Westeuropa aufzuschließen. Dass Russland aufholte, hing sicher zum Teil damit zusammen, dass es von einem besonders tiefen Punkt aus startete. Auf der anderen Seite fielen die kapitalistischen Länder zurück, insbesondere in den 1930er Jahren, als in Westeuropa und in den Vereinigten Staaten die Produktion einbrach, während die sowjetische Planwirtschaft auf vollen Touren lief. Insgesamt erscheint die wirtschaftliche Bilanz des Sowjetregimes aus unterschiedlichen Gründen, strukturellen wie auch konjunkturellen, in den 1950er Jahren als sehr positiv.

In den darauffolgenden vier Jahrzehnten, von 1950 bis 1990, stagnierte das russische Durchschnittseinkommen jedoch bei etwa 60 % des westeuropäischen Niveaus (siehe Grafik 12.3). Es handelte sich eindeutig um eine Leistungsschwäche, vor allem wenn man bedenkt, dass in dieser Zeit das Bildungsniveau in Russland wie übrigens in ganz Osteuropa stark anstieg. Normalerweise hätte das die Aufholjagd gegenüber Westeuropa beschleunigen und zu einer schrittweisen Angleichung führen

au morcellement du territoire (1932–1953)», *Revue d'histoire moderne & contemporaine* 50,1 (2003), S. 145–169.

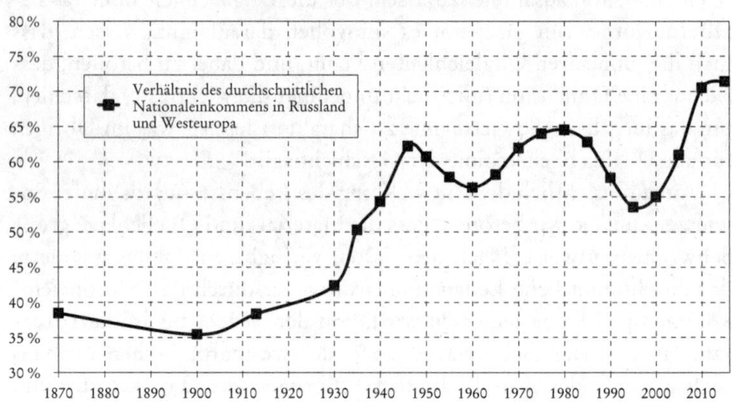

Grafik 12.3.: Gemessen in Kaufkraftparität betrug das durchschnittliche Nationaleinkommen pro Erwachsenem in Russland zwischen 1870 und 1910 etwa 35 % bis 40 % des Durchschnitts in Westeuropa (Deutschland, Frankreich und Großbritannien). Zwischen 1920 und 1950 stieg es an und stabilisierte sich zwischen 1950 und 1990 bei etwa 60 % des westeuropäischen Niveaus.
Quellen und Reihen: siehe piketty.pse.ens.fr/ideologie.

müssen. Wenn das nicht passierte, war der Grund doch wohl die Organisation des Produktionssystems. Die Enttäuschung darüber war besonders groß, weil die Leistungen der kommunistischen Regime in Wissenschaft, Technik und Industrie in den 1950er und 1960er Jahren sehr geschätzt und gerühmt wurden, daheim wie im Ausland, und regelmäßig vom Triumph des Kommunismus in der Produktion die Rede war. 1970 sagte Paul Samuelson in der 8. Auflage seines berühmten Lehrbuchs, das Generationen nordamerikanischer Studenten benutzten, immer noch voraus, nach der Tendenz von den 1920er bis in die 1960er Jahre könne das sowjetische BIP zwischen 1990 und 2000 das BIP der Vereinigten Staaten überholen.[1] Doch im Lauf der 1970er Jahre wurde immer klarer, dass die Aufholjagd stockte und der russische Lebensstandard im Verhältnis zu den Löhnen in den kapitalistischen Ländern stagnierte.

Außerdem kann es sein, dass solche Vergleiche das reale Gefälle beim Lebensstandard zwischen Ost und West noch unterschätzen, vor allem gegen Ende dieses Zeitraums. Die niedrige Qualität der in den kommunistischen Ländern verfügbaren Konsumgüter (Haushaltsgeräte,

1 Siehe P. Samuelson, *Economics*, New York: McGraw Hill, 8. Auflage 1970, S. 831.

Autos etc.) wird zwar im Prinzip in den Preisindizes berücksichtigt, die bei solchen Vergleichen herangezogen werden, aber es könnte gut sein, dass dieser Faktor im Lauf der Zeit an Bedeutung gewann und ab den 1960er und 1970er Jahren besonders stark unterschätzt wurde. Das Gewicht des aufgeblähten Militärapparats der Sowjetunion, auf den im Kalten Krieg bis zu 20 % ihres Bruttoinlandsprodukts entfielen gegenüber 5–7 % in den Vereinigten Staaten,[1] macht solche Vergleiche zusätzlich kompliziert. Die Konzentration der materiellen Investitionen und der intellektuellen Ressourcen auf strategische Sektoren hat sicherlich spektakuläre Erfolge ermöglicht, angefangen mit dem Start des Satelliten Sputnik 1 im Oktober 1957, der ein regelrechter Schock für die Vereinigten Staaten war. Aber das konnte die Mittelmäßigkeit der allgemeinen Lebensbedingungen und den Rückstand der Sowjetunion auf die kapitalistischen Länder nicht verbergen, der in den 1970er und 1980er Jahren immer deutlicher wurde.

Glück und Unglück der kommunistischen und antikolonialistischen Emanzipation

Angesichts der großen Unterschiede zwischen den Systemen zur Erfassung und Berechnung von Produktion und Einkommen und weil die Kluft zwischen Ost und West viele Facetten hatte, eignen sich, um die schlechten Lebensbedingungen in Russland zu illustrieren, demografische Daten am besten. Sie deuten auf eine beunruhigende Stagnation der Lebenserwartung ab den 1950er Jahren hin. Ende der 1960er und in den 1970er Jahren zeigte sich sogar eine leichte Tendenz zur Abnahme der Lebenserwartung bei Männern, was in Friedenszeiten höchst ungewöhnlich ist, und auch die Zahlen bei der Kindersterblichkeit sanken nicht weiter.[2] All das lässt große Schwierigkeiten im Gesundheitssystem vermuten, das offenbar an seine Grenzen stieß. Die Versuche von Michail Gorbatschow in den 1980er Jahren, gegen den übermäßigen Alkoholkonsum vorzugehen, trugen wesentlich dazu bei, dass er, der

1 Siehe zum Beispiel M. Mann, *The Sources of Social Power*, Bd. 4: *Globalization (1945–2011)*, Cambridge: Cambridge University Press 2013, S. 182 (gekürzte deutsche Ausgabe: *Geschichte der Macht*, 3 Bände, Frankfurt am Main: Campus Verlag 1990).

2 Siehe E. Todd, *Vor dem Sturz. Das Ende der Sowjetherrschaft*, übersetzt von E. Brückner-Pfaffenberger, Frankfurt am Main: Ullstein 1977.

letzte sowjetische Staatspräsident, an Popularität verlor und das Regime schließlich zusammenbrach. Der Sowjetkommunismus, der das russische Volk von der Zarenherrschaft und der Not befreit hatte, wurde zum Synonym für geringen Wohlstand und niedrige Lebenserwartung.

Die endgültige politisch-ideologische Schwächung des Sowjetregimes in den 1970er Jahren hatte ebenfalls damit zu tun, dass die am stärksten prägenden Elemente der Nachkriegszeit nach und nach verschwunden waren. In den 1950er Jahren genoss die Sowjetunion international erhebliches moralisches Ansehen, nicht nur weil sie entscheidenden Anteil am Sieg über den Nationalsozialismus hatte, sondern auch weil sie damals zusammen mit der internationalen kommunistischen Bewegung, die sie zusammenhielt und kontrollierte, die einzige politische und ideologische Kraft war, die sich klar gegen Kolonialismus und Rassismus positionierte. In den 1950er Jahren herrschte im Süden der Vereinigten Staaten strikte Rassentrennung. Erst in den Jahren 1963–1965, nach massiven Protesten der schwarzen Bevölkerung, gelang es der Bürgerrechtsbewegung, den demokratischen Regierungen unter Kennedy und Johnson (die anfangs keine Lust verspürten, die Nationalgarde in die Südstaaten zu schicken, damit sie die Rechte der Schwarzen schützte) die Bürgerrechtsgesetze und das unbeschränkte Wahlrecht für alle schwarzen Bürger abzuringen. In Südafrika wurde die Apartheid Ende der 1940er Jahre und zu Beginn der 1950er Jahren eingeführt und dann verschärft durch eine Fülle von Gesetzen, die darauf abzielten, die Schwarzen in Reservate abzudrängen und ihnen den Zutritt zum Rest des Landes zu verwehren.[1] Das südafrikanische Regime, das mit seinem Rassismus den Nationalsozialisten nahe stand, wurde von den Vereinigten Staaten im Namen des Antikommunismus unterstützt. Erst in den 1980er Jahren entwickelte sich eine internationale Bewegung, die Sanktionen gegen Südafrika verhängte; die Reagan-Administration widersetzte sich dieser Politik offen bis 1986.[2]

In den 1950er Jahren stand die Entkolonialisierungsbewegung erst am Anfang, vor allem im französischen Kolonialreich, und Frankreich bereitete sich auf einen erbitterten Krieg in Algerien vor. Während die Sozialisten in der Regierung saßen und immer gewaltsamere Operatio-

---

1 Siehe Kapitel 7, S. 374–378.

2 Nach einer langwierigen Auseinandersetzung im Parlament legte Reagan 1986 sein Veto gegen die Sanktionen ein, die der Kongress der Vereinigten Staaten im Rahmen des *Comprehensive Anti-Apartheid Act* beschlossen hatte. Aber der Kongress setzte sich über das Veto hinweg und bestätigte seine Entscheidung, sodass das Gesetz in Kraft trat.

nen zur «Aufrechterhaltung der Ordnung» billigten, kämpfte allein die kommunistische Partei klar und eindeutig für die sofortige Unabhängigkeit und den Rückzug der französischen Truppen. In diesem wichtigen historischen Augenblick erschien die kommunistische und internationalistische Bewegung vielen Intellektuellen und dem internationalen Proletariat als die einzige politisch-ideologische Kraft, die eine egalitäre gesellschaftliche und wirtschaftliche Organisation für die Welt vorschlug, während die kolonialistische Ideologie die Welt weiterhin inegalitär, proprietaristisch, hierarchisch und nach Rassenkriterien organisieren wollte.

1966 veranstaltete der kurz zuvor unabhängig gewordene Senegal in Dakar das erste Weltfestival afrikanischer Kunst *(Festival mondial des arts nègres).* Es war ein Schlüsselereignis für die panafrikanische Bewegung und die «Négritude», die literarische und politische Richtung, die vor allem der Intellektuelle und Schriftsteller Léopold Sédar Senghor in den 1930er und 1940er Jahren vorangetrieben hatte. Senghor wurde 1960 der erste Staatspräsident des Senegal, nachdem er zuvor vergebens versucht hatte, eine große demokratische Föderation westafrikanischer Länder zu bilden.[1] Alle kapitalistischen und kommunistischen Machthaber folgten der Einladung zu dem Festival und bemühten sich, einen guten Eindruck zu machen. Am Stand der Sowjetunion tat die Delegation aus Moskau in Broschüren eindeutig ihre Überzeugungen und historischen Analysen kund: Anders als die Vereinigten Staaten oder Frankreich habe Russland die Sklaverei nicht für seine Industrialisierung gebraucht. Deshalb sei Russland in einer besseren Position, um mit Afrika Entwicklungspartnerschaften auf Augenhöhe einzugehen.[2] Diese Aussage schien niemanden zu überraschen, so selbstverständlich klang sie zur damaligen Zeit.

In den 1970er und 1980er Jahren verschwand dieses moralische Prestige vollkommen. Die Entkolonialisierung war abgeschlossen, die Afroamerikaner hatten die Bürgerrechte, die Ablehnung des Rassismus und die Gleichbehandlung aller Hautfarben und Völker galten inzwischen als die gemeinsame moralische Basis der kapitalistischen Länder, die sozialdemokratische und postkoloniale Gesellschaften geworden waren. Ethnische Zugehörigkeit und Migration wurden zwar schon

---

1 Siehe Kapitel 7, S. 378–385.

2 Siehe die Ausstellung *Dakar 1966. Chroniques d'un festival panafricain*, Musée du quai Branly, Paris, Februar–Mai 2016.

bald, ab den 1980er und 1990er Jahren, wichtige Themen für die Wähler in Europa und den Vereinigten Staaten; im nächsten Teil kommen wir ausführlich darauf zurück. Aber offensichtlich verlor das kommunistische Lager in den 1970er und 1980er Jahren jeglichen moralischen Vorsprung bei diesen Fragen, und die Kritiker konnten sich von da an ganz darauf konzentrieren, seine repressive Politik und die Verhaftungen, seinen Umgang mit Dissidenten und seine mangelhafte wirtschaftliche und sozialpolitische Leistungsfähigkeit anzuprangern. In der Fernsehserie *The Americans* sind Elizabeth und Philip zwei KGB-Agenten in den Vereinigten Staaten zu Beginn der 1980er Jahre. Elizabeth hat eine Affäre mit einem schwarzen Aktivisten, was im Übrigen beweist, dass sie insgesamt dem kommunistischen Ideal stärker anhängt als ihr angeblicher Ehemann Philip, der sich immer öfter fragt, was er eigentlich macht, so kurz vor dem Ende des Sowjetregimes. Die Serie, die von 2013 bis 2018 ausgestrahlt wurde, erlaubt auch zu ermessen, wie viel Zeit seit damals vergangen war, und dass der Sowjetkommunismus schon lange nicht mehr auf Anhieb mit der Ablehnung von Rassismus und Kolonialismus assoziiert wurde.[1]

Die gleiche Bewegung, aber weniger ausgeprägt, sehen wir beim Feminismus. In der Zeit von 1950–1980, als die patriarchalische Ideologie, der Platz der Frau sei zu Hause, in den kapitalistischen Ländern in voller Blüte stand, stellten sich die kommunistischen Regime an die Spitze des Kampfs für die Gleichheit von Männern und Frauen, vor allem am Arbeitsplatz. Unterstützt wurde das durch Krippen und öffentliche Einrichtungen für die Kinderbetreuung, außerdem durch Zugang zu Verhütungsmitteln und Familienplanung. Das Engagement für die Gleichstellung hatte durchaus auch heuchlerische Seiten, zum Beispiel wenn man daran denkt, dass die politische Führungsschicht in der kommunistischen Welt genau wie in anderen Ländern überwiegend

1 Im Januar 1988, als die Apartheid noch bestand, kam die kubanische Luftwaffe Angola gegen südafrikanische Panzer zu Hilfe. «Wir haben beschlossen, das Problem auf unser eigenes Risiko zu lösen, Seite an Seite mit den Angolanern», erklärte Fidel Castro am 26. Juli 1991 in Gegenwart von Nelson Mandela. Mandela drückte sein «Gefühl einer großen Schuld gegenüber dem kubanischen Volk» aus und betonte die historischen Folgen einer Niederlage, die «den Mythos der Unbesiegbarkeit der weißen Unterdrücker» zerstört habe und «ein Schlüsselaugenblick im Kampf» gegen die Apartheid sei. Siehe Sammelband mit Reden von F. Castro und N. Mandela, *Cuba et l'Afrique. La victoire de l'égalité*, L'esprit du temps, Reihe «Quoi de neuf?», Bègles 2018.

männlich war.[1] In den Sowjets und den verschiedenen parlamentarischen Versammlungen der Sowjetunion und Osteuropas saßen in den 1960er und 1970er Jahren 30–40 % Frauen, zu einer Zeit, als es in Westeuropa und den Vereinigten Staaten weniger als 5 % Prozent weibliche Abgeordnete gab. Man kann einwenden, dass die Parlamente in den kommunistischen Ländern nur begrenzte politische Autonomie hatten und oft durch Wahlen zustande gekommen waren, bei denen nur ein einziger Bewerber oder eine einzige Bewerberin kandidiert hatte, und dass Marionettenparteien Statistenrollen neben der Einheitspartei spielten, in deren Händen praktisch alle echte Macht lag. Dass auf den Wahllisten auch Namen von Frauen standen, hatte deshalb nur eingeschränkte Konsequenzen für die Realität der Macht und ihre Aufteilung.

In den 1980er und 1990er Jahren fiel der Frauenanteil unter den Abgeordneten dramatisch von 30–40 % auf gerade einmal 10 % in Russland und Osteuropa und damit ungefähr auf das gleiche Niveau wie im Westen oder sogar noch leicht darunter.[2] Festzuhalten ist auch, dass China und mehrere süd- und südostasiatische Länder in den 1960er und 1970er Jahren bei der Zahl der weiblichen Parlamentsabgeordneten weit vor den westlichen Ländern lagen. In dem Roman *Die Hälfte der Sonne* der nigerianischen Autorin Chimamanda Ngozi Adichie, dessen Handlung am Vorabend des Biafra-Kriegs spielt, interessiert sich der Intellektuelle Odenigbo vom Volk der Igbo im gerade erst unabhängig gewordenen Nigeria leidenschaftlich für Politik. Als Weltbürger verfolgt er die Nachrichten, von den Kämpfen für die Gleichheit der Rassen in Mississippi bis zur kubanischen Revolution, nicht zu vergessen die weltweit erste Ministerpräsidentin, die soeben in Ceylon an die Macht gekommen ist. Seit den 1990er Jahren nehmen sich die westlichen Länder der Gleichstellung an, wie schon so vieler anderer Probleme davor, mit mehr oder weniger Ehrlichkeit und Effizienz, was ihren wahren Willen zur Gleichheit anbetrifft.[3]

---

1 Die Geschichte des Umgangs der kommunistischen Regime mit Verhütung verlief im Übrigen keineswegs geradlinig. Die UdSSR legalisierte als erstes Land auf der Welt 1920 Abtreibungen, verbot sie 1936 (im Zuge der Verschärfung der natalistischen Politik unter Stalin) und erlaubte sie 1955 wieder.

2 Vgl. die interessanten Zahlen, die S. Carmichael, S. Dilli und A. Rijpma zusammengetragen haben «Gender inequality since 1820», in: *How was life? Global well-being since 1820*, Paris: OECD Publishing 2014, Abbildung 12.9, S. 238.

3 Wir kommen in Kapitel 13, S. 861–867, auf diesen Punkt zurück.

Der Kommunismus und die Frage der legitimen Unterschiede

Kehren wir zur Haltung des Sowjetkommunismus in der Eigentumsfrage zurück. Es ist wichtig zu verstehen, warum die Sowjetmacht eine so radikale Position gegen jede Form von Privateigentum an den Produktionsmitteln eingenommen hat, und sei es noch so geringfügig. Dass die Besitzer von Transportkarren und Verkaufsständen kriminalisiert und teilweise ins Gefängnis geworfen wurden, mag absurd erscheinen. Doch diese Politik folgte einer bestimmten Logik. Zuerst und vor allem spielte die Angst eine Rolle, nicht zu wissen, wo man aufhören sollte. Wenn man kleine Formen von Privateigentum bei kleinen Unternehmen duldet, riskiert man dann nicht, nicht mehr zu wissen, wo die Grenzen verlaufen und nach und nach doch wieder zum Kapitalismus zurückzukehren? Genau wie die proprietaristische Ideologie des 19. Jahrhunderts es ablehnte, in der Vergangenheit erworbene Rechte auf Privateigentum infrage zu stellen, aus Angst, damit die Büchse der Pandora zu öffnen, die das allgemeine Chaos bringen werde, lehnte die sowjetische Ideologie im 20. Jahrhundert alles andere als Staatseigentum kategorisch ab, aus Angst, das Privateigentum, wenn man ihm auch nur einen kleinen Spalt öffne, werde das ganze System vergiften.[1] Im Grunde ist jede Ideologie Opfer einer gewissen Sakralisierung, einer Sakralisierung des Privateigentums im einen Fall und einer Sakralisierung des Staatseigentums im anderen, und der Angst vor der Leere.

Mit unserem heutigen historischen Wissen und vor allem vor dem Hintergrund der Erfolge und Misserfolge im 20. Jahrhundert können wir die Umrisse eines partizipativen Sozialismus und von temporärem und geteiltem Eigentum skizzieren, das die Überwindung des Kapitalismus und des Sowjetsystems zugleich erlaubt. Konkret können wir uns auf die Dezentralisierungsinitiativen mit Privateigentum in vernünftigem Umfang beziehen, während zugleich die übermäßige Konzentration großer Vermögen vermieden wird, vor allem dank einer progressiven Eigentumsteuer, durch eine allgemeine Kapitalausstattung

---

1 In dem Film *Land and Freedom* (1995) zeigt Regisseur Ken Loach in einer Szene eine Dorfversammlung in Spanien 1936, bei der sich die Teilnehmer über die Frage von Gemeinde-, Staats- und Privateigentum streiten. Das facht die Konflikte zwischen Anarchisten, Stalinisten und Trotzkisten weiter an und nützt letztlich dem Feind, den klerikalen und proprietaristischen Franquisten.

und durch die Aufteilung der Entscheidungsgewalt in Unternehmen zwischen Aktionären und Beschäftigten. Die geschichtliche Erfahrung erlaubt, einen Rahmen festzulegen und Obergrenzen zu setzen, die natürlich keine mathematischen Gewissheiten sind und zu einer perfekten Politik führen, wenn man sie nur überall und jederzeit anwendet; vielmehr müssen ihre Implikationen einer ständigen Überprüfung und Erprobung unterzogen werden, während es trotzdem möglich ist, mit ihrer Hilfe voranzukommen. Zum Beispiel wissen wir heute, dass der Anteil des obersten Perzentils am Gesamtvermögen von 70 % auf 20 % fallen kann, ohne dass es dem Wirtschaftswachstum schadet (ganz im Gegenteil, wie die Erfahrungen der westeuropäischen Länder im 20. Jahrhundert zeigen), und dass die Aufteilung der Macht in den Unternehmen die Wirtschaftsleistung insgesamt verbessert, etwa wenn Vertreter der Beschäftigten die Hälfte der Stimmrechte bekommen (wie bei der Mitbestimmung in den deutschsprachigen und nordeuropäischen Ländern).[1] Der Weg, der von diesen konkreten Erfahrungen zu einer vollständig befriedigenden Form des partizipativen Sozialismus führt, ist komplex, zumal sich nicht zwischen kleinen Produktionseinheiten und großen trennen lässt. Es ist im Gegenteil unumgänglich, das Ganze als Funktion eines Kontinuums rechtlicher und steuerlicher Regeln zu denken, die schrittweise auf die verschiedenen Fälle angewendet werden, von den kleinsten Unternehmen bis zu den größten.[2] Aber die historischen Erfahrungen sind so reichhaltig, dass sie erkennen lassen, wie künftige Experimente aussehen könnten.[3]

Die Bolschewiken lehnten in den 1920er Jahren einen dezentralisierten und partizipativen Sozialismus womöglich nicht nur deshalb ab, weil sie nicht über das experimentelle Wissen verfügten, das die Geschichte der menschlichen Gesellschaften im 20. und 21. Jahrhundert gebracht hat (und insbesondere die Erfolge und Grenzen der sozialdemokratischen Gesellschaften) oder weil sie vor der Komplexität zurückscheuten. Damit die Vorzüge der Dezentralisierung wirklich deutlich werden können, ist es auch nötig, eine Vision von der Gleichheit der Menschen mit der gelassenen Akzeptanz legitimer und vielfältiger

1 Siehe die Kapitel 10 und 11.

2 In der Praxis verteilen sich Beschäftigung und Leistungsvolumen ziemlich gleichmäßig auf die Unternehmen unterschiedlicher Größe, weshalb dauerhafte Lösungen für die Verteilung von Macht und Besitz in den verschiedenen Strukturen nötig sind.

3 Siehe Kapitel 17, S. 1192–1228.

Unterschiede zwischen den Individuen zu verbinden, vor allem was ihre Wünsche und Informationen angeht und deren Bedeutung für die sozioökonomische Organisation eines Landes. Aber der Kommunismus in seiner sowjetischen Form neigte dazu, die Wichtigkeit und vor allem die Legitimität solcher Unterschiede zu vernachlässigen, teilweise sicher, weil man gewisse industrialistische und produktivistische Illusionen hegte.

Konkret bedeutet das: Wenn die menschlichen Bedürfnisse nicht sehr zahlreich und relativ homogen sind (Nahrung, Kleidung, Wohnen, Bildung, Gesundheitsversorgung) und man überzeugt ist, dass die zur Verfügung stehenden Waren und Dienstleistungen für jeden praktisch identisch sein können (teilweise mit sehr guten Gründen, die mit der grundsätzlichen Einheit der menschlichen Spezies zusammenhängen), wird die Dezentralisierung uninteressant. Eine Organisation, die auf zentralistischer Planung beruht, erfüllt dann ihren Zweck und kann jede menschliche und materielle Ressource der jeweiligen Aufgabe zuweisen.

Tatsächlich ist das Problem der wirtschaftlichen und sozialen Organisation, das menschliche Gesellschaften lösen müssen, aber viel komplexer. Mit einheitlichen Grundbedürfnissen ist es nicht getan. In allen Gesellschaften, in Moskau 1920 genauso wie in Paris oder Abuja 2020, gibt es außerdem eine unendliche Vielfalt von Waren und Dienstleistungen, die die Menschen «brauchen», um ihr Leben zu führen, ihre Vorhaben zu verfolgen und ihre Wünsche zu erfüllen. Etliche sind sicher nur scheinbare «Bedürfnisse», die manchmal auf der Ausbeutung anderer Menschen beruhen oder schädlich oder belastend sind, weil sie die Grundbedürfnisse anderer bedrohen; in solchen Fällen ist es wichtig, dass kollektive Entscheidungsfindung und die vorhandenen Gesetze und Institutionen das Ausleben dieser Bedürfnisse einschränken oder verbieten. Aber ein wichtiger Teil der vielfältigen Bedürfnissen ist legitim und kann nicht von der Spitze des Staates herab reglementiert werden, weil das eine gewaltsame Unterdrückung der Individualitäten und Individuen bedeuten würde. Zum Beispiel hatten in Moskau in den 1920er Jahren manche Menschen aus geschichtlichen Gründen, oder weil sie sich in Gesellschaft bestimmter anderer Menschen wohlfühlten, eine Vorliebe für manche Wohnviertel, manche Speisen und Kleidungsstücke. Andere Menschen besaßen infolge ihres Lebenswegs einen Karren, einen Verkaufsstand oder spezielle Fähigkeiten. Nur eine dezentralisierte Organisation erlaubt, dass alle möglichen legitimen Unterschiede zwischen Individuen zum Ausdruck kommen und sich begegnen können. Eine zentralisierte staatliche Ordnung schafft das nicht, nicht nur, weil keine staatliche Struktur jemals zuverlässig alle Informationen über das Wissen und die Merkmale eines jeden zusammentragen kann, sondern auch, weil allein die Tatsache, all das systematisch zusammentragen zu wollen, die sozialen Prozesse negativ beeinflussen würde, durch die Individuen lernen, sich selbst zu erkennen.

Die Rolle des Privateigentums in einer dezentralisierten gesellschaftlichen Organisation

Eine Organisation in Form von Arbeiterkooperativen – wovon in Russland in den 1920er Jahren bei den Diskussionen um die NEP viel die Rede war und die in den 1980er Jahren auch im Zusammenhang mit Gorbatschows Politik der wirtschaftlichen Öffnung erwogen und befürwortet wurde – ist den Herausforderungen, die die Vielfalt der menschlichen Bedürfnisse und Wünsche mit sich bringt, ebenfalls nicht vollständig gewachsen. Wie wir an dem Beispiel der Eröffnung eines Restaurants und Cafés oder eines Bioladens gesehen haben,[1] hat es nicht viel Sinn, jemandem, der all seine Ersparnisse und seine ganze Energie in ein solches Projekt gesteckt hat, genauso viel Entscheidungsmacht zu geben wie einem Angestellten, der erst frisch dazugekommen ist und plant, ein eigenes Geschäft zu eröffnen; es wäre genauso unsinnig, ihn in seinem eigenen Geschäft ein besonderes Recht auf Kontrolle abzusprechen. Derartige Unterschiede zwischen Individuen im Hinblick auf Projekte und Wünsche sind legitim, und es gäbe sie auch in einer vollkommen egalitären Gesellschaft, in der alle am Anfang strikt über das gleiche ökonomische und Bildungskapital verfügen würden. Die Unterschiede bringen lediglich die Vielfalt des menschlichen Strebens zum Ausdruck, der subjektiven Einstellungen und Persönlichkeiten und der möglichen persönlichen Entwicklungswege. Das Privateigentum an den Produktionsmitteln gehört, wenn der Umfang fair geregelt und limitiert ist, zu den Elementen der Dezentralisierung und der institutionellen Organisation, die erlauben, dass die verschiedenen individuellen Merk-

1 Siehe Kapitel 11, S. 643.

male und Wünsche dauerhaft ausgedrückt werden und sich entwickeln können.

Das Ausmaß der Konzentration des Privateigentums und der daraus resultierenden Macht muss sicher gründlich diskutiert und kontrolliert werden und darf das unbedingt Erforderliche nicht übersteigen – Mittel, um das zu erreichen, sind insbesondere die stark progressive Eigentumsteuer, eine allgemeine Kapitalausstattung und die gleichmäßige Aufteilung von Mitspracherechten zwischen Beschäftigten und Aktionären. Aus dieser rein instrumentellen Perspektive betrachtet, ohne jede Form der sakralen Überhöhung, ist das Privateigentum aber unverzichtbar, sobald man annimmt, dass die ideale sozio-ökonomische Organisation ganz wesentlich auf dem Reichtum aufbauen muss, den die Vielfalt der Wünsche und Informationen, der Talente und Qualifikationen der Einzelnen darstellt. Wenn man umgekehrt jede Form von Privateigentum, vom Transportkarren bis zum Verkaufsstand, kriminalisiert, wie es die sowjetischen Machthaber in den 1920er Jahren getan haben, läuft es darauf hinaus, der Vielfalt der Wünsche und subjektiven Einstellungen nur begrenzte Bedeutung für die Organisation der Produktion und die Industrialisierung des Landes beizumessen.

Und schließlich sei noch eine wichtige zusätzliche Widersprüchlichkeit erwähnt. Praktisch wurde der Verweis auf die legitimen Unterschiede zwischen den Wünschen von Menschen im Lauf der Geschichte regelmäßig als Argumentationsstrategie verwendet, um Ungleichheiten zu rechtfertigen, die höchst anfechtbar waren. Zum Beispiel wird oft auf die Präferenzen von Eltern für unterschiedliche Schulformen und Ausbildungsgänge verwiesen, um Ungleichheiten im Bildungswesen und den Wettbewerb von Schulen zu rechtfertigen, was es *de facto* den Privilegierten erlaubt, ihre Kinder von den Kindern jener Eltern fernzuhalten, die die Spielregeln nicht klar durchschauen und weniger gut darin sind, die vielversprechendsten Schulen und Ausbildungswege auszuwählen. In dem Fall kann man argumentieren, dass die gute Lösung darin bestünde, die Bildung nicht dem Spiel der Marktkräfte zu überlassen, sondern das Bildungssystem gleichmäßig und ausreichend mit staatlichen Mitteln zu finanzieren; in gewissem Maß machen das auch die meisten Länder so, zumindest im Primär- und Sekundarbereich.[1] Allgemein müssen in kollektiven, demokratischen Prozes-

1 Siehe Kapitel 11, Grafik 11.11.

sen die Lösungen und Regeln festgelegt werden, die für jeden Sektor am besten geeignet sind. Wenn das betreffende Gut oder die Dienstleistung hinreichend homogen ist, zum Beispiel wenn man sich in einer Gemeinschaft einigen kann, über welche Kenntnisse und Fertigkeiten alle Kinder in einem bestimmten Alter verfügen müssen, hat es wenig Sinn, die Einrichtungen, die diese Dienstleistungen erbringen (und schon gar nicht das lukrative Privateigentum an ihren Produktionsmitteln), miteinander konkurrieren zu lassen, das hat eher negative Folgen. Umgekehrt sind in den Bereichen, in denen eine legitime Vielfalt der individuellen Vorstellungen und Präferenzen besteht wie beispielsweise bei Kleidung und Ernährung, die Dezentralisierung, Konkurrenz und ein kontrollierter Einsatz von Privateigentum an den Produktionsmitteln gerechtfertigt.

Eine solche Reflexion über das Ausmaß legitimer Unterschiede ist sicher komplexer, als einfach zu dekretieren, dass das Privateigentum die Lösung aller Probleme ist, oder umgekehrt, Privateigentum unter allen Umständen zu kriminalisieren. Auf jeden Fall ist sie unverzichtbar, wenn man soziales und temporäres Eigentum als Elemente einer globalen Emanzipationsstrategie ansieht und wenn man die fatalen Fehler des Sowjetkommunismus vermeiden will.

Das postkommunistische Russland: der Aufstieg von Oligarchen und Kleptokraten

Man kann sagen, dass im Vergleich mit der «Gesellschaft der Kleinkriminellen» während der Sowjetzeit das postkommunistische System den Aufstieg der Oligarchen und der großen Plünderer staatlicher Vermögenswerte gebracht hat. Sehen wir uns die Chronik der Ereignisse an. Der Zerfall der Sowjetunion und ihres Produktionsapparats 1990–1991 führte von 1992 bis 1995 zunächst zu einem Rückgang des Lebensstandards. Gegen Ende der 1990er Jahre stieg der Lebensstandard wieder an, zu Beginn der 2010er Jahre lag er nach Kaufkraftparität bei ungefähr 70 % des westeuropäischen Niveaus (siehe Grafik 12.3), aber nach dem aktuellen Umrechnungskurs war er wegen der Schwäche des Rubels nur halb so hoch. Insgesamt kann man sagen, dass sich die Lage seit dem Ende des Kommunismus im Durchschnitt zwar verbessert hat, die Bilanz aber höchst gemischt ausfällt, weil die Ungleichheit in den

1990er Jahren geradezu spektakulär zugenommen hat (siehe Grafiken 12.1–12.2).

Zunächst einmal muss betont werden, dass alle Messungen und Analysen von Einkommen und Vermögen im postkommunistischen Russland höchst undurchsichtig sind. Das hat hauptsächlich mit den Entscheidungen der Jelzin-Regierung und danach der Putin-Regierung zu tun, zuzulassen, dass die nationale Rechtsordnung in großem Stil durch Offshore-Konstruktionen und Anlagen in Steuerparadiesen umgangen wurde. Hinzu kam, dass das postkommunistische Regime nicht nur jedes Bestreben nach Umverteilung aufgab, sondern auch gar nicht versuchte, Einkommen und Vermögen zu erfassen. Zum Beispiel gibt es im postkommunistischen Russland keine Erbschaftsteuer und keinerlei öffentliche Statistik über Nachlässe. Es gibt eine Einkommensteuer, aber die ist strikt proportional, und der Steuersatz liegt seit 2001 bei lediglich 13 %, ob jemand 1000 Rubel verdient oder 100 Milliarden Rubel.

Nebenbei sei angemerkt, dass kein Land bei der Zerstörung der Idee der progressiven Besteuerung so weit gegangen ist wie das postkommunistische Russland. In den Vereinigten Staaten waren Steuersenkungen für die höchsten Einkommen zwar zentrale Anliegen der Reagan- und der Trump-Administration, in der Hoffnung, auf diese Weise die Wirtschaft anzukurbeln und den Unternehmergeist zu fördern. Aber beide tasteten das Prinzip der progressiven Besteuerung nicht an: Die Steuersätze für niedrige Einkommen blieben niedriger als die Sätze für die höchsten Einkommen. Die republikanischen Regierungen haben Letztere auf ungefähr 30–35 % gesenkt, als sie die Gelegenheit dazu hatten, aber nicht auf 13 %.[1] Eine *flat tax* (proportionale Steuer) von 13 % würde in den Vereinigten Staaten auf heftigen Widerstand treffen; es ist schwer vorstellbar, dass eine solche Politik eine Mehrheit von Befürwortern und Wählern finden könnte (zumindest in absehbarer Zeit). Dass in Russland eine solche Steuerpolitik beschlossen wurde, zeigt, was für einen ultraliberalen und inegalitären Bruch der Postkommunismus der 1980er und 1990er Jahre bedeutete.

Halten wir weiter fest, dass es in den kommunistischen Ländern keine progressive Steuer auf Einkommen und Erbschaften gab (oder sie spielte nur eine ganz untergeordnete Rolle), weil die zentralisierte Pla-

1 Siehe Kapitel 10, Grafik 10.11.

nung und die direkte staatliche Kontrolle über die Unternehmen den unmittelbaren Zugriff auf die Gehaltsstruktur erlaubten. Als die Planwirtschaft abgeschafft und die Unternehmen privatisiert waren, hätte die progressive Besteuerung jedoch ihre Rolle spielen können und müssen, so wie sie es in den kapitalistischen Ländern im Lauf des 20. Jahrhunderts getan hat. Dass das nicht der Fall war, zeigt auch, dass Erfahrungen viel zu wenig zwischen Ländern ausgetauscht und weitergegeben werden.

Wie oft in solchen Fällen war das mangelnde politische Interesse für die progressive Besteuerung mit besonderer Intransparenz der russischen Steuerverwaltung verbunden; die verfügbaren Zahlen zu den Steuern sind extrem unzulänglich und lückenhaft. Immerhin haben uns die Quellen, die Filip Novokmet, Gabriel Zucman und ich einsehen konnten, erlaubt zu zeigen, dass die offiziellen Angaben, die sich nur auf die Selbstauskünfte der Steuerzahler stützen und bei denen hohe Einkommen fast vollständig außen vor bleiben, den Anstieg der Einkommensungleichheit seit dem Ende des Kommunismus massiv unterschätzen. Konkret geht aus diesen Zahlen hervor, dass der Anteil des obersten Dezils an den gesamten Einkommen, der 1990 bei knapp 25 % lag, bis zum Jahr 2000 auf 45–50 % anstieg und sich dann auf sehr hohem Niveau stabilisierte (siehe Grafik 12.1). Noch spektakulärer kletterte der Anteil des obersten Perzentils von knapp 5 % im Jahr 1990 auf ungefähr 25 % im Jahr 2000 und damit auf ein deutlich höheres Niveau als in den Vereinigten Staaten (siehe Grafik 12.2). Der Höhepunkt der Ungleichheit war demnach um 2007–2008 erreicht, und nach der Krise von 2008 und den Wirtschaftssanktionen gegen Russland im Anschluss an die Ukraine-Krise 2013–2014 schrumpften die sehr hohen Einkommen, blieben aber immer noch auf einem extrem hohen Niveau (das in Anbetracht der unvollständigen Datenlage wahrscheinlich unterschätzt wird). Fassen wir zusammen: In weniger als zehn Jahren, von 1990 bis 2000, ist das postkommunistische Russland von einem Land, das die monetäre Ungleichheit auf eines der niedrigsten Niveaus gesenkt hatte, die es in der Geschichte jemals gegeben hat, zu einem der Länder mit der größten Ungleichheit weltweit geworden.

Das Tempo, mit dem das postkommunistische Russland in den 1990er Jahren in die Ungleichheit marschierte, ist einmalig auf der Welt. Die historischen Zahlen, die in der Datenbank WID.world zur weltweiten Ungleichheit zusammengetragen wurden, belegen die Besonderheit der ökonomischen Strategie, die Russland beim Übergang vom Kommunismus zum Kapitalismus verfolgt hat. Während andere kommunistische Länder wie China etappenweise privatisiert und wichtige Elemente von Staatseigentum und gemischter Wirtschaft erhalten haben – ein Vorgehen, das man mit vielen Varianten auch in Osteuropa findet –, hat Russland sich für die berühmte «Schocktherapie» entschieden: die Privatisierung praktisch aller staatlichen Vermögenswerte in kurzer Zeit mittels sogenannter «Coupons» *(voucher)* in den Jahren von 1991 bis 1995. Das Prinzip: Jeder russische Bürger erhielt einen «Privatisierungscoupon» (man spricht auch von «Coupon-Privatisierung»), der ihm erlaubte, Aktionär eines Unternehmens seiner Wahl zu werden. Praktisch kam es, wie es kommen musste – in einer Situation, die von Hyperinflation geprägt war (über 2500 % Preissteigerung im Jahr 1992), in der viele Gehälter und Renten auf extrem tiefe reale Niveaus gefallen waren, in der Tausende alte Menschen und Arbeitslose auf den Gehsteigen in Moskau ihre persönliche Habe zum Verkauf anboten, während umgekehrt die russische Regierung Interessenten umwarb, die gewaltige Aktienpakete kaufen wollten: Viele russische Unternehmen insbesondere im Energiesektor fielen innerhalb weniger Jahre kleinen Gruppen cleverer Aktionäre in die Hände, die es schafften, billig die Coupons von Millionen Russen zu übernehmen. Sie wurden die neuen «Oligarchen» im Land.

Nach der Rangliste des Magazins *Forbes* ist Russland in kurzer Zeit das Land mit den meisten Milliardären weltweit geworden. Anfang der 1990er Jahre hatte es in Russland nicht einen einzigen Milliardär gegeben, weil alles Eigentum dem Staat gehörte. In den 2000er Jahren belief sich das kumulierte Vermögen der russischen Milliardäre laut *Forbes* auf ungefähr 30–40 % des russischen Nationaleinkommens, das Drei- bis Vierfache des entsprechenden Werts für die Vereinigten Staaten, Deutschland, Frankreich oder China.[1] Ebenfalls laut *Forbes* hat die große Mehrheit der Milliardäre ihren Lebensmittelpunkt in Russland, und ihr Reichtum hat sich besonders seit dem Jahr 2000 und dem Machtantritt von Wladimir Putin vermehrt. Allerdings muss präzisiert werden, dass diese Daten nicht alle Personen berücksichtigen, die einige Dutzend oder mehrere hundert Millionen Dollar angehäuft haben; sie

1 Siehe Technischer Anhang sowie F. Novokmet, T. Piketty, G. Zucman, «From Soviets to Oligarchs: Inequality and Property in Russia, 1905–2016», a. a. O., Abbildung 2.

sind viel zahlreicher und aus makroökonomischer Sicht auch bedeutender.

Tatsächlich ist es die Besonderheit Russlands in den Jahren seit 2000, dass das Land und seine Reichtümer in den Händen einer kleinen Gruppe ungeheuer reicher Eigentümer liegen, die in Russland wohnen oder manchmal teils in Russland und teils in London oder Monaco, in Paris oder in der Schweiz, und dass diese Vermögen in juristischen Konstruktionen untergebracht sind (Scheinfirmen, Trusts etc.), die ihren Sitz in Steuerparadiesen haben, sodass sie etwaigen Umbrüchen im russischen Rechts- oder Steuersystem weitgehend entzogen sind (das allerdings nicht sehr genau hinschaut). Unternehmerische und juristische Konstruktionen, die erlauben, Geldanlagen dem Zugriff des Staates zu entziehen und die den Besitzern solide Garantien bieten, während die realwirtschaftlichen Aktivitäten nach wie vor auf dem betreffenden Staatsgebiet stattfinden, sind im Übrigen ein generelles Merkmal der wirtschaftlichen, finanziellen und juristischen Globalisierung und erfreuen sich seit den 1980er Jahren großer Beliebtheit.[1] Das hat vor allem damit zu tun, dass die internationalen Verträge und Abkommen, die Europa und die Vereinigten Staaten geschlossen haben, um die Kapitalströme zu liberalisieren, von da an keinerlei Mechanismen für Regulierung und Informationsaustausch vorsehen, die es Staaten erlauben, weiterhin eine adäquate Steuer-, Sozial- und Rechtspolitik zu betreiben und in diesen Bereichen zusammenzuarbeiten.[2] Für diesen Zustand tragen somit viele Verantwortung. Aber wie juristische Untersuchungen aus jüngster Zeit gezeigt haben, ist es doch einmalig, in welchem Ausmaß das russische Rechtssystem umgangen wird.[3]

---

1 Siehe K. Pistor, *The Code of Capital. How the Law Creates Wealth and Inequality*, a. a. O.

2 Siehe Kapitel 11, S. 692–700.

3 Siehe insbesondere D. Nougayrède, «Outsourcing Law in Post-Soviet Russia», *Journal of Eurasian Law* (2013); dies., «Yukos, Investment Round-Tripping and the Evolving Public-Private Paradigm», *American Review of International Arbitration* (2015); dies., «The Use of Offshore Companies in Emerging Market Economies: a Case Study», *Columbia Journal of European Law* 23, 2 (2017). Siehe auch T. Gustafson, *Wheel of Fortune. The Battle for Oil and Power in Russia*, Cambridge: Harvard University Press 2012.

Wenn Offshore-Geldanlagen den Gesamtwert der legalen Geldanlagen übersteigen

Wir müssen auch noch betonen, dass das makroökonomische Ausmaß der Kapitalflucht Russland buchstäblich in eine Sonderstellung bringt. Es liegt in der Natur der Sache, dass der Wert solcher Verschleierungen schwer zu erfassen ist. In Russland wird eine Schätzung allerdings durch das schiere Ausmaß der dubiosen Geldflüsse erleichtert und dadurch, dass das Land im Zeitraum 1993–2018 enorme Handelsüberschüsse erzielt hat: fast 10 % des durchschnittlichen Bruttoinlandsprodukts in diesen fünfundzwanzig Jahren, insgesamt fast 250 % des BIP (oder den Wert der Produktion von zweieinhalb Jahren). Anders ausgedrückt: Seit Beginn der 1990er Jahre übersteigen die russischen Exporte vor allem von Öl und Gas den Import von Waren und Dienstleistungen massiv. Dadurch hätte das Land enorme Devisenreserven anhäufen müssen, ungefähr in derselben Größenordnung. Bei den anderen ölexportierenden Ländern ist das auch der Fall, so etwa in Norwegen: Der Wert seines Staatsfonds liegt seit Mitte der 2010er Jahre bei über 250 % des BIP. Doch die offiziellen Reserven Russlands beliefen sich 2018 auf weniger als 30 % des russischen BIP. Es fehlen also ungefähr 200 % des russischen BIP, und das ohne Berücksichtigung der Einkünfte aus diesen Geldanlagen.

Die offiziellen Zahlen aus der Zahlungsbilanz des Landes zeigen noch andere erstaunliche Befunde: Die staatlichen und privaten Vermögensanlagen im Ausland scheinen besonders bescheidene Renditen abzuwerfen und in manchen Jahren sogar erhebliche Verluste gebracht zu haben, während die ausländischen Anlagen in Russland durchweg überdurchschnittliche Erträge aufwiesen, besonders in Verbindung mit den Schwankungen des Rubels. Das könnte teilweise erklären, warum sich beim Nettovermögen die Position des Landes gegenüber dem Rest der Welt nicht deutlicher verbessert hat. Es kann aber auch sehr gut sein, dass diese Rechnung Operationen im Zusammenhang mit Kapitalflucht verschleiert. Selbst wenn wir die Unterschiede zwischen den Renditen als real und legal betrachten, ist unbestreitbar, dass die offiziellen Reserven, die in der Zahlungsbilanz auftauchen, viel zu gering sind. Nach sehr konservativen Schätzungen können wir annehmen, dass die kumulierte Kapitalflucht seit Beginn der 1990er Jahre um die Mitte der 2010er

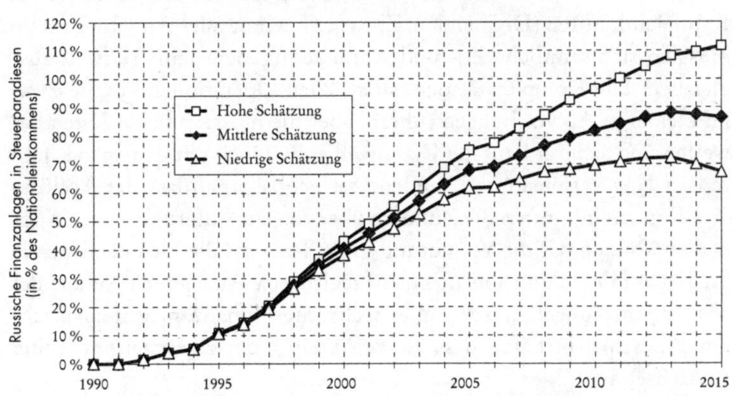

Grafik 12.4.: Angesichts der zunehmenden Diskrepanz zwischen der Anhäufung von russischen Handelsüberschüssen (durchschnittlich fast 10 % des Nationaleinkommens pro Jahr von 1993 bis 2015) und den offiziellen Devisenreserven (kaum 30 % des Nationaleinkommens im Jahr 2015) und aufgrund unterschiedlicher Annahmen über die erzielten Renditen kann geschätzt werden, dass die russischen Finanzanlagen in Steuerparadiesen im Jahr 2015 zwischen 70 % und 110 % des russischen Nationaleinkommens ausmachten mit einem Durchschnittswert von rund 90 %. Quellen und Reihen: siehe piketty.pse.ens.fr/ideologie.

Jahre ungefähr ein jährliches russisches Nationaleinkommen ausmacht (siehe Grafik 12.4). Zur Präzisierung: Das ist nur eine Minimalschätzung, tatsächlich könnte es auch das Doppelte sein oder noch mehr.[1] Wie auch immer, schon die Minimalschätzung bedeutet, dass die Finanzanlagen in Steuerparadiesen ungefähr genauso groß sind wie alle legalen Anlagen russischer Haushalte in Russland zusammengenommen (ungefähr ein jährliches Nationaleinkommen). Anders ausgedrückt: Aus makroökonomischer Sicht hat das Offshore-Vermögen mittlerweile ein genauso großes Gewicht wie das legale Vermögen und womöglich bereits ein größeres. In gewisser Weise ist die Illegalität zur Norm geworden.

Andere Quellen erlauben, das Ausmaß der dubiosen russischen Geldflüsse zu erfassen (und zu bestätigen) und generell die historisch einmalige Entwicklung der Steuerparadiese weltweit seit den 1980er Jahren. Diese Erkenntnisse ergeben sich hauptsächlich aus Widersprüchen in den internationalen Finanzstatistiken. Die Zahlungsbilanzen der Länder erlauben es theoretisch, Geldströme in ein Land hinein und

1 Eine detaillierte Darstellung dieser Schätzung findet sich bei F. Novokmet, T. Piketty, G. Zucman, «From Soviets to Oligarchs: Inequality and Property in Russia, 1905–2016», a. a. O., S. 19–23.

aus dem Land heraus zu erfassen, vor allem die Zu- und Abflüsse bei Kapitaleinkünften (Dividenden, Zinsen, Gewinne aller Art). Im Prinzip müssten sich sämtliche Zu- und Abflüsse in jedem Jahr weltweit ausgleichen. Die Komplexität der statistischen Operationen könnte zwar zu kleineren Abweichungen führen, aber die müssten beide Seiten betreffen und sich im Lauf der Zeit nivellieren. Doch seit den 1980er Jahren ist eine systematische Tendenz zu beobachten, dass die Abflüsse von Kapitaleinkünften die Zuflüsse übersteigen. Aufgrund dieser Anomalien können wir die Vermutung aufstellen, dass die Finanzanlagen in Steuerparadiesen und sonstige nicht registrierte Anlagen zu Anfang der 2010er Jahre ungefähr 10 % aller weltweiten Finanzanlagen ausmachten. Alles spricht dafür, dass dieser Anteil in der Zwischenzeit weiter gewachsen ist.[1]

Die Auswertung von Zahlen, die die Bank für Internationalen Zahlungsausgleich (BIZ) und die Schweizerische Nationalbank (SNB) über die betroffenen Länder veröffentlicht haben, erlaubt ungefähre Schätzungen, welchen Anteil die Offshore-Anlagen in Steuerparadiesen an der Gesamtsumme der (legalen und illegalen) Aktiva haben, die die Einwohner des jeweiligen Landes halten. In den Vereinigten Staaten sind es «nur» 4 %, in Europa 10 %, in Lateinamerika 22 %, in Afrika 30 %, in Russland 50 % und in den Ölmonarchien 57 % (siehe Grafik 12.5). Solche Schätzungen, das muss betont werden, geben immer nur Minimalwerte an. Vor allem Immobilienanlagen und Anteile an nicht börsennotierten Gesellschaften werden in den Berechnungen nicht (oder zu wenig) berücksichtigt.[2] Nebenbei sei noch angemerkt, dass Intransparenz in Finanzdingen in allen Ländern ein Problem ist und besonders in den am wenigsten entwickelten. Für sie werden dadurch der Aufbau des Staates und die Etablierung von Normen für Steuergerechtigkeit, die die Mehrheit der Bevölkerung akzeptiert, besonders schwierig.

---

1 Siehe G. Zucman, «The Missing Wealth of Nations. Are Europe and the US Net Debtors or Net Creditors?», *Quarterly Journal of Economics* 128, 3 (2013), S. 1321–1364; ders., *The Hidden Wealth of Nations*, Chicago: University of Chicago Press 2017; ders., «Global Wealth Inequality», *Annual Review of Economics* 11, 1 (2019), S. 1–48.

2 Siehe G. Zucman, «Taxing Across Borders: Tracking Personal Wealth and Corportate Profits», *Journal of Economic Perspectives* 28, 4 (2014), S. 121–148; A. Alstadsćter, N. Johannesen, G. Zucman, «Who Owns the Wealth in Tax Havens? Macro Evidence and Implications for Global Inequality», *Journal of Public Economics* 162 (2018), S. 89–100.

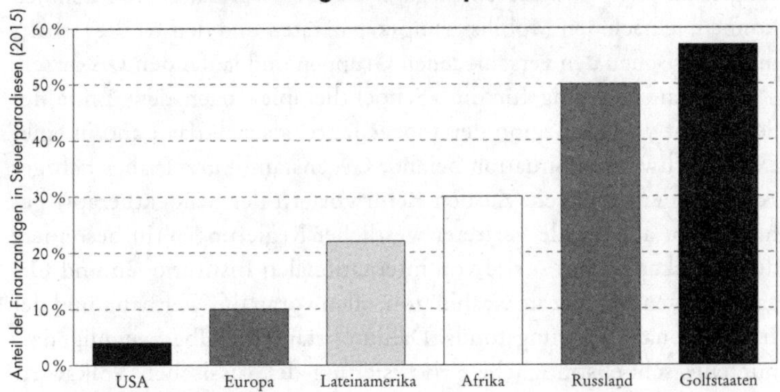

Grafik 12.5.: Unter Ausnutzung von Anomalien in der internationalen Finanzstatistik und der von der Bank für Internationalen Zahlungsausgleich sowie der Schweizerischen Nationalbank veröffentlichten Aufteilungen nach Wohnsitzländern kann geschätzt werden, dass der Anteil der Finanzanlagen in Steuerparadiesen für die Vereinigten Staaten 4 %, für Europa 10 % und Russland 50 % ausmacht. Nicht einbezogen sind Nicht-Finanzanlagen (Immobilien etc.). Die Zahlen sind als Mindestschätzungen zu betrachten.
Quellen und Reihen: siehe piketty.pse.ens.fr/ideologie.

An den Ursprüngen der «Schocktherapie» und der russischen Kleptokratie

Kommen wir nun auf die Gründe zurück, warum Russland nach dem Ende des Kommunismus zu einem Land der Oligarchen und der Kleptokratie geworden ist, nachdem es zuvor das Land der Sowjets und der finanziellen Gleichheit war. Es ist verlockend, eine «natürliche» Pendelbewegung in die Gegenrichtung zu vermuten: Das Land war traumatisiert durch das Scheitern des Sowjetsystems, und natürlicherweise schlug es energisch die entgegengesetzte Richtung ein, den Weg in den ungeregelten Kapitalismus. Die Erklärung dürfte nicht ganz falsch sein, greift aber zu kurz und ist zu deterministisch. An der postkommunistischen Transformation ist nichts «natürlich», genauso wenig wie an den anderen Wegen, die Ungleichheitsregime bei ihrer Transformation gewählt haben. 1990 standen viele Entscheidungsmöglichkeiten offen, und für die Zukunft stehen sie immer noch offen. Aufschlussreicher als deterministische Deutungen ist es, in den Entwicklungen das Ergebnis widersprüchlicher und konflikthafter sozioökonomischer und politisch-ideologischer Prozesse zu sehen, bei denen sich immer wieder Weggabelungen auftaten und die einen ganz anderen Verlauf hätten nehmen können, je nach den Mobilisierungskapazitäten und den Kräfteverhältnissen zwischen den verschiedenen Gruppen und laufenden Diskursen.

Die Entscheidung für die «Schocktherapie» nach dem Ende der Sowjetzeit war zu Beginn der 1990er Jahre, als sich das Land in einer extrem schwachen Situation befand, Gegenstand kurzer, aber heftiger Auseinandersetzungen. Zu den Befürwortern der Schocktherapie gehörten vor allem viele Vertreter westlicher Regierungen (insbesondere der amerikanischen) sowie von internationalen Institutionen und Organisationen mit Sitz in Washington, allen voran die Weltbank und der Internationale Währungsfonds. Dahinter stand die Überzeugung, dass nur eine schnellstmögliche Privatisierung der russischen Volkswirtschaft garantieren werde, dass die Veränderungen irreversibel seien und eine Rückkehr zum Kommunismus ausgeschlossen. Allgemein kann man ohne Übertreibung sagen, dass die Ökonomen, die in diesen Institutionen den Ton angaben und sich in die Debatten einschalteten, mit ihrer Ideologie dem angelsächsischen Kapitalismus nach Reagans und Thatchers Vorstellungen sehr viel näher standen als der europäischen Sozialdemokratie oder der deutschen und nordeuropäischen Idee der Mitbestimmung. Besonders verbreitet bei den westlichen Beratern, die in Moskau tätig wurden, war die Auffassung, die Sowjetunion habe es mit der Gleichheit übertrieben und deshalb solle das Problem eines neuen Anstiegs der Ungleichheiten nach den Privatisierungen und der «Schocktherapie» als zweitrangig betrachtet werden.[1]

Mit dem zeitlichen Abstand von heute können wir jedoch festhalten, dass das Niveau der (finanziellen) Ungleichheit in Russland während der Sowjetzeit in den 1980er Jahren nicht viel anders war als die Niveaus zur gleichen Zeit in Nordeuropa und insbesondere in Schweden. Jeweils ungefähr 25 % des gesamten Nationaleinkommens entfielen auf das oberste Dezil und 5 % auf das oberste Perzentil, dennoch gehörte Schweden immer zu den Ländern mit dem höchsten Lebensstandard und der höchsten Produktivität weltweit.[2] Das Problem in der Sowjetunion war nicht übermäßige Gleichheit *per se*, sondern die Organisation der Wirtschaft und Produktion mit zentralisierter Planung und vollständiger Abschaffung des Privateigentums an den Produktions-

1 Ein für diese Einstellung typisches Buch ist M. Boycko, A. Shleifer, R. Vishny, *Privatizing Russia*, Cambridge: MIT Press 1995.

2 Siehe Kapitel 10, Grafiken 10.2 und 10.3.

mitteln. Man kann durchaus annehmen, dass es Russland mit sozialdemokratischen Institutionen wie in den nordeuropäischen Ländern, mit einer stark progressiven Besteuerung, einem entwickelten System der sozialen Sicherung und Mitbestimmung der Gewerkschaften (neben den Aktionären) geschafft hätte, ein gewisses Maß an Gleichheit zu bewahren und zugleich ein höheres Produktivitätsniveau und einen höheren Lebensstandard zu erreichen. Das postkommunistische Russland der 1990er Jahre entschied sich jedoch für ein vollkommen anderes Gesellschaftsmodell. Eine kleine Personengruppe (die Oligarchen) bekam das Angebot, den Löwenanteil der Reichtümer des Landes dauerhaft in ihren Besitz zu bringen, kombiniert mit einer *flat tax* von 13 % auf Einkommen (und von 0 % auf Erbschaften), was diesen Zustand unbegrenzt in die Zukunft fortschrieb, während alle westlichen Länder im Lauf des 20. Jahrhunderts die progressive Einkommen- und Erbschaftsteuer eingeführt hatten. Die Geschichtsvergessenheit und die Unfähigkeit, aus den Erfahrungen anderer zu lernen, nehmen manchmal erstaunliche Ausmaße an, vor allem bei Personen und Institutionen, deren Daseinszweck es ist, Erkenntnisse zu sammeln und im Dienst der internationalen Zusammenarbeit Schlüsse daraus zu ziehen.

Es wäre jedoch übertrieben, diese politisch-ideologischen Entscheidungen allein auf äußere Einflüsse zurückzuführen. Sie sind ebenso oder sogar vor allem das Ergebnis von Auseinandersetzungen innerhalb der russischen Gesellschaft. In den 1980er Jahren hatte Gorbatschow vergeblich versucht, ein Wirtschaftsmodell zu propagieren, das die Werte des Sozialismus bewahrt hätte und zugleich in gewissem Umfang offen für Kooperativen und regulierte (allerdings oft nicht genau definierte) Formen von Privateigentum gewesen wäre. Andere Gruppen in der russischen Führung, vor allem solche, die aus dem Sicherheitsapparat kamen, hatten erkennbar eine andere Meinung. Die Analysen, die Wladimir Putin in den Interviews des Regisseurs Oliver Stone formulierte und die Stone (übrigens ein großer Putin-Fan) 2017 zu einem Dokumentarfilm verarbeitete, sind höchst aufschlussreich. Putin spottet über Gorbatschows egalitäre Anwandlungen und seine Obsession in den 1980er Jahren, unbedingt den Sozialismus retten zu wollen, und ganz besonders über seine Vorliebe für die «französischen Sozialisten». (Ein vager, aber vielsagender Bezug: Die französischen Sozialisten entsprachen damals in der westlichen politischen Landschaft am ehesten dem Bild, das man sich von Sozialisten machte.) Im Kern vertrat Putin die Auffassung, dass nur der bedingungslose Verzicht auf jede Form von Egalitarismus und Sozialismus Russland erlauben würde, wieder zu alter Größe zurückzukehren; dafür brauche es vor allem hierarchische, vertikale Strukturen, sowohl in der Politik wie in der Wirtschaft und beim Aktienbesitz.

Wir müssen noch einmal unterstreichen, dass dieser Weg keineswegs vorgezeichnet war. Der wirtschaftliche Übergang nach dem Ende der Sowjetunion erfolgte in einer höchst chaotischen Lage und ohne wirkliche Legitimierung durch Wahlen und demokratische Institutionen. Als Boris Jelzin im Juni 1991 in allgemeiner Wahl zum Präsidenten der Russischen Föderation gewählt wurde, wusste niemand, welche Machtbefugnisse er genau besaß. Die Ereignisse überschlugen sich mit dem gescheiterten kommunistischen Putsch im August 1991, der das Ende der Sowjetunion im Dezember beschleunigte. Im Eiltempo wurden daraufhin Wirtschaftsreformen auf den Weg gebracht: im Januar 1992 die Liberalisierung der Preise und Anfang 1993 die «Coupon-Privatisierung». Alles passierte, ohne dass es zuvor Neuwahlen gegeben hatte; die Exekutive diktierte die Entscheidungen praktisch einem feindseligen Parlament, das im März 1990, noch in der Sowjetzeit, gewählt worden war (damals wurden nichtkommunistische Kandidaten nur sehr spärlich akzeptiert). Es folgte ein heftiger Konflikt zwischen der präsidialen Spitze und der Legislative, der im Herbst 1993 mit dem Beschuss des Parlamentsgebäudes und der Auflösung des Parlaments gewaltsam beendet wurde. Von der Präsidentschaftswahl 1996 abgesehen, die Jelzin im zweiten Wahlgang knapp mit 53,82 % der Stimmen gegen den kommunistischen Kandidaten gewann, hat in Russland seit dem Ende der Sowjetunion keine wirklich kontroverse Wahl stattgefunden. Seit dem Machtantritt Putins 1999 haben die Verhaftungen von Oppositionellen und die Einschränkungen bei den Medien *de facto* zu einer autoritären und plebiszitären Machtausübung geführt. Die fundamental oligarchischen und inegalitären Einstellungen, die beim Sturz des Kommunismus vorherrschten, wurden nie wirklich diskutiert und infrage gestellt.

Fassen wir zusammen. Die Vorgänge im kommunistischen und postkommunistischen Russland sind ein extremes Beispiel, welche Macht politisch-ideologische Dynamiken bei der Entwicklung von Ungleichheitsregimen entfalten können. Die bolschewikische Ideologie, die seit der Revolution von 1917 herrschte, war relativ grobschlächtig, insofern ihr der unbedingte Glaube an staatliche Hyperzentralisierung zugrunde lag. Ihre Misserfolge führten zu einer immer repressiveren Flucht nach vorn und zu Häftlingszahlen, die einmalig in der Geschichte waren. Auf den Sturz des Sowjetsystems 1991 folgten eine extreme Form des Hyperkapitalismus und kleptokratische Auswüchse, wie es sie ebenfalls noch nicht gegeben hatte. Diese Vorgänge zeigen auch, wie wichtig krisenhafte Momente in der Geschichte von Ungleichheitsregimen sind. Die Ideen, die an Wendepunkten gerade im Schwange sind, können den Lauf der Geschichte für eine lange Zeit bestimmen, vor allem in Abhängigkeit von der Mobilisierungskraft der verschiedenen Gruppen und Diskurse. Der Weg des postkommunistischen Russland illustriert zu einem Teil auch, dass es dem sozialdemokratischen und sozialistisch-partizipativen Modell Ende der 1980er und zu Beginn der 1990er Jahre im Vergleich zur hyperkapitalistischen und autoritär-nationalistischen Agenda an Innovation und internationaler Ausrichtung fehlte.

Wenn wir nun einen Blick in die Zukunft werfen, müssen wir uns fragen, warum die westeuropäischen Länder sich nicht mehr dafür interessieren, woher die russischen Vermögen stammen, und warum sie massive Veruntreuungen einfach hinnehmen. Eine mögliche Erklärung könnte sein, dass die westlichen Länder zum Teil mitverantwortlich für die «Schocktherapie» in Russland sind und von der Kapitalflucht reicher Russen profitieren (durch Investitionen in Immobilien, Finanzprodukte, Sport und manchmal in die Medien). Das gilt offensichtlich für Großbritannien, aber ebenso für Frankreich und Deutschland. Auch die Angst vor einer gewaltsamen Reaktion des russischen Staates könnte eine Rolle spielen.[1] Doch anstatt Wirtschaftssanktionen zu verhängen, die das gesamte Land treffen, wäre es besser, Kapital- und Immobilienanlagen zweifelhafter Herkunft einzufrieren oder mit hohen Strafen zu belegen.[2] Das wäre eine Botschaft an die Öffentlichkeit und an die Menschen in Russland, die am meisten unter der Kleptokratie zu leiden haben. Dass die europäischen Länder nicht mehr Engagement zeigen, hat sicher auch damit zu tun, dass sie fürchten, nicht mehr zu wissen, wo sie aufhören sollen, wenn sie einmal begonnen haben, be-

1 In gewisser Weise hat Russland (oder zumindest ein erheblicher Teil der russischen Eliten) durch den Kampf gegen Steuerparadiese und die Intransparenz in Finanzangelegenheiten genauso viel zu verlieren, wie die Vereinigten Staaten durch den Kampf gegen die Klimaerwärmung zu verlieren hätten (siehe Kapitel 13, S. 835–840).

2 Die Wirtschaftssanktionen wurden nach der Annexion der Krim und der Intervention des russischen Militärs in der Ukraine 2014 verhängt. Die Krise folgte auf den Versuch der Ukraine, von Russland abzurücken und sich wirtschaftlich und politisch Europa anzunähern.

stimmte Formen der privaten Aneignung in der Vergangenheit infrage zu stellen (die berühmte Büchse der Pandora, die immer wieder auftaucht).[1] Wenn es Europa schaffen würde, Intransparenz beim Umgang mit Geld zu bekämpfen und ein echtes Register für Finanztransaktionen einzurichten, könnte es auch noch zahlreiche andere Probleme lösen, vor denen es steht.

China als autoritäre gemischte Wirtschaft

Kommen wir nun zum Kommunismus und Postkommunismus in China. Es ist allgemein bekannt, dass China von den Misserfolgen der UdSSR profitiert und aus seinen eigenen Fehlern in der maoistischen Zeit (1949–1976) gelernt hat, als die Bemühungen, das Privateigentum komplett abzuschaffen und die Industrialisierung und Kollektivierung durchzupeitschen, in einer Katastrophe endeten. Seit 1978 experimentiert China mit einer ganz neuartigen politischen und wirtschaftlichen Ordnung. Ihre beiden Fundamente sind einerseits das Festhalten an der führenden Rolle der Kommunistischen Partei Chinas (oder sogar der Ausbau ihrer Rolle) und andererseits der Aufbau einer gemischten Wirtschaft mit einem dauerhaften, noch nicht dagewesenen Gleichgewicht zwischen Staatseigentum und Privateigentum.

Beginnen wir mit dem zweiten Punkt, denn er ist entscheidend für das Verständnis der chinesischen Besonderheiten und erlaubt zudem, im Vergleich die westlichen Entwicklungswege aus einem neuen Blickwinkel zu sehen. Das beste Vorgehen besteht darin, alle verfügbaren Quellen zu bündeln, die Aufschluss geben, wem Unternehmen, landwirtschaftliche Flächen, Wohngebäude, andere Immobilien und Aktiva und Passiva aller Art gehören, um einen Eindruck zu bekommen, wie

1 Es kommt manchmal vor, dass die europäischen Rechtssysteme sich mit «widerrechtlich erworbenen» Vermögen befassen, zum Beispiel war es so bei den Finanzanlagen der Familien afrikanischer Staatschefs wie beispielsweise Teodorin Obiang. Das zeigt nebenbei, dass es technisch ohne Weiteres möglich ist, Gelder einzufrieren und zu beschlagnahmen (siehe T. Piketty, *Das Kapital im 21. Jahrhundert*, a. a. O., S. 595–596). Das russische Schwarzgeld hat jedoch ein solches Volumen erreicht, dass fiskalische Instrumente und nicht nur juristische Mittel nötig wären, um darauf zu reagieren. Entschiedene juristische Reaktionen sind auch möglich, wenn Diebstähle von natürlichen Ressourcen (wie Holz aus Äquatorialguinea, dem die Familie Obiang ihren Reichtum verdankt) zu Lasten eines sehr armen Lands vorgefallen sind (und das Vermögen ist besonders suspekt, wenn sein Besitzer dunkelhäutig ist).

hoch der Anteil des Staates (aller staatlichen Ebenen und aller Körperschaften zusammengenommen) am gesamten Eigentum ist. Die Ergebnisse eines solchen Vorgehens sind in Grafik 12.6 dargestellt. Darin vergleichen wir die Entwicklung in China mit der Entwicklung der wichtigsten kapitalistischen Länder (Vereinigte Staaten, Japan, Deutschland, Großbritannien und Frankreich).[1]

Der sinkende Anteil des Staatseigentums, 1978–2018

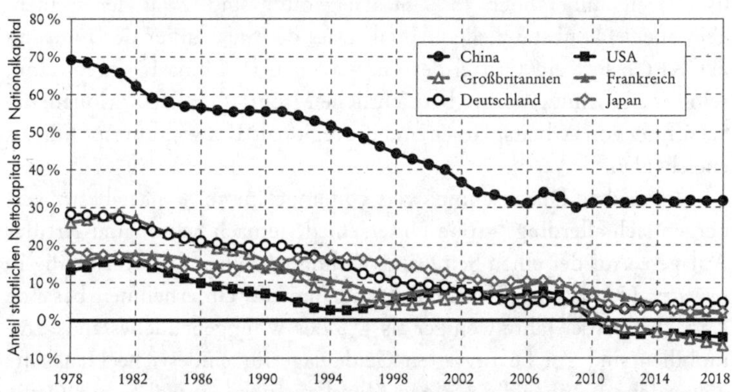

Grafik 12.6.: Der Anteil des staatlichen Kapitals (staatliches Nettovermögen, alle öffentlichen Einrichtungen und alle Vermögenswerte zusammengenommen: Unternehmen, Gebäude, Grundstücke, Beteiligungen und finanzielle Vermögenswerte etc.) am nationalen Vermögen (d.h. der Summe aus öffentlichem und privatem Vermögen) betrug 1978 in China etwa 70 % und hat sich seit Mitte der 2000er Jahre bei etwa 30 % stabilisiert. In den kapitalistischen Ländern lag er Ende der 1970er Jahre bei etwa 15 %; Ende der 2010er Jahre ging er fast gegen null oder war negativ.
Quellen und Reihen: siehe piketty.pse.ens.fr/ideologie.

Das wichtigste Ergebnis ist, dass der Anteil des staatlichen Kapitals in China 1978, am Beginn der Wirtschaftsreformen, bei knapp 70 % des nationalen Kapitals lag, in den 1980er und 1990er Jahren bis Anfang der 2000er Jahre stark zurückging und sich dann Mitte der 2000er Jahre bei rund 30 % stabilisierte. Anders ausgedrückt: Der Prozess der schrittweisen Privatisierung des Eigentums in China ist seit 2005–2006 unterbrochen, das Verhältnis zwischen Staatseigentum und Privateigentum hat sich seither nicht mehr verändert. Angesichts der sehr hohen Wachstumsraten der chinesischen Wirtschaft wächst auch das Privatkapital

1 Die detaillierten Ergebnisse und die für diese Schätzungen verwendeten Quellen und Methoden werden präsentiert in T. Piketty, G. Zucman, L. Yang, «Capital Accumulation, Private Property and Rising Inequality in China, 1978–2015», WID.world, Working Paper Series Nr. 2017/7, *American Economic Review* (2019). Siehe Technischer Anhang.

immer weiter: Neues Land wird bebaut, neue Fabriken und Bürotürme werden errichtet, alles in fieberhaftem Tempo. Das Kapital in staatlicher Hand wächst ungefähr im gleichen Tempo wie das Kapital von Privatpersonen. Insofern scheint sich in China eine Eigentumsstruktur zu stabilisieren, die man als gemischte Wirtschaft bezeichnen kann: Das Land ist nicht mehr kommunistisch, weil 70 % des gesamten Eigentums mittlerweile in Privathand sind; aber es ist auch nicht vollkommen kapitalistisch, weil immer noch 30 % Staatseigentum sind, zwar der kleinere Teil, aber ein substanzieller Anteil. Dass der Staat unter der Führung der KPCh fast ein Drittel dessen, was man in China besitzen kann, sein Eigen nennt, gibt ihm beträchtliche Macht, über Investitionen, die Schaffung von Arbeitsplätzen und die regionale Entwicklungspolitik zu entscheiden.

Hinter dem Durchschnittswert von ungefähr 30 % Staatsbesitz verbergen sich allerdings große Unterschiede je nach Sektor und Art der Anlagen. Auf der einen Seite sind Wohnimmobilien fast vollständig in privater Hand. Die öffentliche Hand und die Unternehmen besaßen Ende der 2010er Jahre weniger als 5 % des Wohngebäudebestands. Immobilien sind zur bevorzugten Geldanlage für chinesische Haushalte geworden, die über die nötigen Mittel verfügen, zumal es nur wenig Möglichkeiten zum Sparen gibt und das staatliche Rentensystem unterfinanziert ist, was die Menschen sehr beunruhigt. Der Run auf die Immobilien hatte zur Folge, dass die Preise in die Höhe geschossen sind. Umgekehrt hält die öffentliche Hand in den 2010er Jahre rund 55–60 % des gesamten Kapitals der Unternehmen (alle börsennotierten und nicht börsennotierten Gesellschaften jeglicher Größe und aus allen Branchen zusammengenommen). Dieser Anteil hat sich seit 2005–2006 praktisch nicht verändert und zeugt davon, dass Staat und KPCh nicht nur immer noch festen Zugriff auf das Produktionssystem haben, sondern dass ihre Kontrolle der großen Unternehmen sogar noch stärker geworden ist.[1] Seit Mitte der 2000er Jahre ist außerdem zu beobachten, dass der

---

1 Siehe J. Ruet, *Des capitalismes non alignés. Les pays émergents, ou la nouvelle relation industrielle du monde*, Reihe «Cours et travaux», Paris: Raisons d'agir 2016. Der Autor betont, dass Staatsbesitz in der Industrie auch eine wichtige Rolle in Indien, Brasilien und Indonesien spielt (nicht so wichtig wie in China, aber bedeutender als beim Block Europa-Vereinigte Staaten-Japan). In Russland ist der Anteil des staatlichen Kapitals am Nationalkapital sehr viel schneller und stärker gefallen als in China, aber er ist immer noch deutlich positiv (rund 15–20 % Ende der 2010er Jahre), trotz der Kapitalflucht. Das hängt mit den enormen natürlichen Ressourcen des Landes zusammen und damit, dass einige große Energieunternehmen

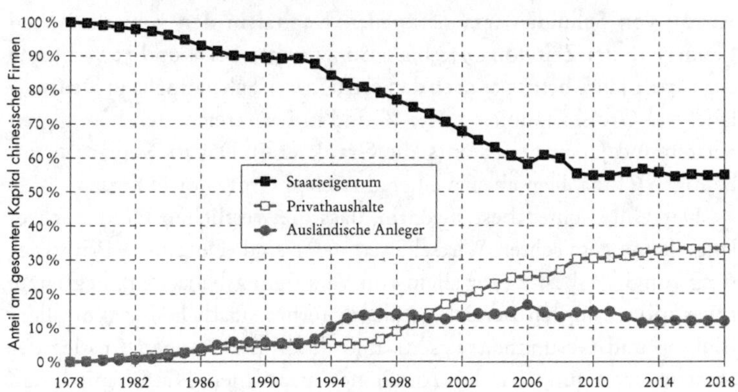

Grafik 12.7.: Im Jahr 2017 hielt der chinesische Staat (alle Ebenen des Staates und der Gebietskörperschaften zusammengenommen) etwa 55 % des Gesamtkapitals der Unternehmen des Landes (börsennotierte und nicht börsennotierte Unternehmen, alle Größen und Sektoren zusammengenommen), 33 % entfielen auf die chinesischen Haushalte und 12 % auf ausländische Investoren. Der Anteil der Investoren ist seit 2006 zurückgegangen und der Anteil der chinesischen Haushalte gestiegen, während sich der Anteil des chinesischen Staates bei rund 55 % stabilisiert hat.
Quellen und Reihen: siehe piketty.pse.ens.fr/ideologie.

Anteil des Unternehmenskapitals im Besitz ausländischer Investoren deutlich zurückgeht, was dadurch kompensiert wird, dass der Anteil im Besitz chinesischer Haushalte steigt (siehe Grafik 12.7).[1]

Von den 1950er bis in die 1970er Jahren waren auch die kapitalistischen Länder gemischte Volkswirtschaften, mit Unterschieden von Fall zu Fall. Der Staat verfügte über beträchtlichen Besitz in Form von öffentlicher Infrastruktur und Gebäuden, Schulen, Krankenhäusern, oft auch eigenen Unternehmen und Finanzbeteiligungen in unterschiedlichen Bereichen. Die Staatsschulden waren historisch niedrig wegen der Inflation nach dem Krieg und dank diverser Maßnahmen zum schnellen Schuldenabbau vor allem in Form von Sonderabgaben auf privates Kapital und schlicht und einfach Schuldenstreichungen.[2]

immer noch in Staatsbesitz sind. Siehe Voir F. Novokmet, T. Piketty, L. Yang, G. Zucman, «From Communism to Capitalism: Private vs. Public Property and Inequality in China and Russia», *American Economic Association (Papers & Proceedings)* 108 (2018), S. 109–113, und WID.world, Working Paper Series Nr. 2018/2.

1 Die detaillierten Reihen zu den Aktiva nach Kategorien enthält T. Piketty, G. Zucman, L. Yang, «Capital Accumulation, Private Property and Rising Inequality in China, 1978–2015», a. a. O., Abbildung 5 und 6, und Technischer Anhang.

2 Siehe Kapitel 10, S. 553–562.

Generell bewegte sich der Anteil des staatlichen Kapitals (netto, nach Abzug von Schulden) am nationalen Kapital in den kapitalistischen Ländern in der Zeit von 1950 bis 1980 zwischen 20 % und 30 %.[1] Ende der 1970er Jahre betrug er nach den verfügbaren Schätzungen in Deutschland und Großbritannien 25–30 % und in Frankreich, den Vereinigten Staaten und Japan 15–20 % (siehe Grafik 12.6). Das ist weniger als im heutigen China, liegt aber in einer ähnlichen Größenordnung.

Der Unterschied besteht darin, dass die westlichen Länder schon lange keine gemischten Wirtschaften mehr sind. Durch die Privatisierung von Staatsbesitz (vor allem von Versorgungsbetrieben), begrenzte Investitionen in den Bereichen, die weiterhin staatlich sind (vor allem Bildung und Gesundheitswesen), und durch den stetigen Anstieg der Staatsverschuldung ist der Anteil des staatlichen Nettokapitals am nationalen Kapital in allen großen kapitalistischen Ländern praktisch null (weniger als 5 %) und in den Vereinigten Staaten sowie in Großbritannien sogar negativ. Anders ausgedrückt: In diesen beiden Ländern muss man verblüfft konstatieren, dass die Staatsschulden höher sind als der Wert sämtlicher staatlichen Aktiva. Ich komme später darauf zurück, was das bedeutet. An dieser Stelle sei einfach betont, wie rasch die Entwicklung vonstattenging. Als 2013 *Das Kapital im 21. Jahrhundert* erschien, stammten die jüngsten vollständigen Zahlen aus den Jahren 2010–2011, und damals hatte von den Industrieländern nur Italien Staatsschulden, die höher waren als das staatliche Kapital.[2] Sechs Jahre später, 2019, geht aus den Zahlen für die Jahre 2016–2017 hervor, dass die Vereinigten Staaten und Großbritannien ebenfalls den Zustand des negativen Staatsvermögens erreicht haben.

Umgekehrt scheint sich in China eine gemischte Wirtschaftsstruktur dauerhaft zu etablieren. Natürlich ist es unmöglich vorherzusagen, wie es langfristig weitergehen wird, China ist in vieler Hinsicht ein einmaliger Fall in der Geschichte.[3] Die Diskussionen um neue Privatisie-

---

1 Um einen Eindruck von der Größenordnung zu vermitteln: Das öffentliche Nettokapital lag oft bei etwa einem jährlichen Nationaleinkommen (bei rund 150 % bei den Aktiva und bei knapp 50 % bei den Staatsschulden), zu einer Zeit, als sich der gesamte private Besitz (ebenfalls netto nach Abzug von Schulden) drei jährlichen Nationaleinkommen annäherte. Siehe Kapitel 10, Grafik 10.8. Siehe auch Technischer Anhang und T. Piketty, G. Zucman, «Capital is Back: Wealth-Income Ratios in Rich Countries, 1700–2010», *Quarterly Journal of Economics*, 129, 3 (2014), S. 1255–1310, mit detaillierten Zahlen für die einzelnen Länder.

2 Siehe T. Piketty, *Das Kapital im 21. Jahrhundert*, a. a. O., Kapitel 5, S. 242–247, Grafik 5.5.

3 Erinnern wir uns, dass in einem deutlich anderen politisch-ideologischen und sozioökono-

rungen schlagen hohe Wellen im Land. Für die absehbare Zukunft ist am wahrscheinlichsten, dass das derzeitige Gleichgewicht weiterbestehen wird, zumal Forderungen nach Veränderungen oft aus gegensätzlichen ideologischen Lagern kommen und einander widersprechen sind. «Sozialdemokratische» Intellektuelle verlangen neue Formen der Machtverteilung und der Dezentralisierung, vor allem sollen Arbeitnehmervertreter und unabhängige Gewerkschaften (die es bisher nicht gibt) wichtige Rollen spielen, und der Einfluss der Partei und der lokalen staatlichen Verwaltungen soll reduziert werden.[1] Umgekehrt wollen Wirtschaftskreise neue Privatisierungen, mehr Rechte für private Aktionäre und mehr Markt – China soll sich nach dem angelsächsischen Modell des Kapitalismus entwickeln. In beiden Fällen geht die Führung der KPCh davon aus, dass sie gute Gründe hat, sich den Forderungen zu widersetzen, weil sie in ihren Augen langfristig die harmonische und einheitliche Entwicklung des Landes gefährden (und ihren eigenen Einfluss schmälern) würden.

Bevor wir fortfahren, sollen mehrere Punkte im Zusammenhang mit diesen Ergebnissen präzisiert werden. Zunächst muss daran erinnert werden, dass die Begriffe staatliches Eigentum und Privateigentum keineswegs in Stein gemeißelt und unantastbar sind. Ihre Bedeutung hängt von den Besonderheiten des jeweiligen Rechts-, Wirtschafts- und politischen Systems ab. Die in Grafik 12.6 dargestellten zeitlichen Entwicklungen und internationalen Vergleiche vermitteln einen Eindruck, um welche Größenordnungen es sich handelt, aber die Genauigkeit darf nicht überbewertet werden.

Zum Beispiel war in China ein Teil der Ackerflächen bereits vor den Reformen von 1978 privat in dem Sinn, dass sie von den Eltern an die Kinder übertragen werden konnten (die gegebenenfalls von Meliorationen, Bodenkulturmaßnahmen, profitierten), allerdings unter der Bedin-

---

mischen Kontext vom 16. bis zum 18. Jahrhundert die kirchlichen Organisationen in Europa rund 25–30 % des gesamten Vermögens hielten (zum Beispiel in Frankreich und Spanien und in Großbritannien vor der Auflösung der Klöster), was ihnen die Möglichkeit gab, auf die Gesellschaft einzuwirken und ihre moralische und materielle Entwicklung zu steuern. Siehe Kapitel 2, Grafik 2.3. Der Vergleich ist interessant, kann allerdings kaum herangezogen werden, um das weitere Schicksal des chinesischen Modells vorherzusagen.

1 Siehe zum Beispiel die Arbeiten des Ökonomen und Historikers Qin Hui, die übersetzt und in *The Chinese Economy*, Juli–Oktober 2005, veröffentlicht wurden. Über seinen Werdegang und seinen Weg seit der Kulturrevolution siehe «Dividing the Big Family Assets», *New Left Review* 20 (März/April 2003), S. 83–110.

gung, dass der Besitzer offiziell ein Landbewohner im Sinn des *hukou* (Inlandspasses) blieb. Im System der Wohnsitzkontrolle und Überwachung von Mobilität hat jeder Chinese eine offizielle Aufenthaltserlaubnis in Form eines *hukou* für das Land oder eines *hukou* für die Stadt. Ein Landbewohner kann in der Stadt arbeiten und seinen landwirtschaftlichen Besitz behalten, aber nur, wenn er nicht auf Dauer abwandert. Wenn er dauerhaft in der Stadt bleiben will und wenn er bestimmte Bedingungen erfüllt (hauptsächlich eine bestimmte Zahl von Jahren ansässig ist), kann er die Umwandlung seines ländlichen *hukou* in einen städtischen *hukou* beantragen. Das ist oft unumgänglich, damit seine Familie Zugang zu bestimmten Schulen und öffentlichen Dienstleistungen bekommt (Gesundheit etc.). Aber mit der Umwandlung verliert er sein Eigentum an den landwirtschaftlichen Flächen im Dorf, auch an ihrem Mehrwert, der angesichts der Preissteigerungen bei Grund und Boden beträchtlich sein kann (das erklärt, warum manche Wanderarbeiter lieber ihren ländlichen *hukou* behalten). Die betroffenen Flächen können auf die Lokalregierung übertragen werden, die sie dann an andere Dorfbewohner mit einem ländlichen *hukou* verteilen wird. Es handelt sich also um eine Zwischenform von Staatseigentum und Privateigentum, die dafür geltenden Regeln haben sich im Lauf der Zeit entwickelt und abgeschwächt. Wir haben das in unseren Schätzungen zu berücksichtigen versucht, aber naturgemäß war das immer nur annäherungsweise möglich.[1]

Negative staatliche Vermögen, Allmacht des Privateigentums

Generell muss betont werden, dass der Begriff staatliches Kapital, wie er bei diesen Schätzungen verwendet wird, extrem restriktiv ist in dem Sinn, dass er sich weitgehend an den Konzepten und Bewertungsmethoden orientiert, die für das Privateigentum verwendet werden. Die einzigen staatlichen Vermögenswerte, die dabei berücksichtigt werden,

---

1 In Anbetracht der Gesetzesänderungen schätzen wir, dass der Staatsanteil an landwirtschaftlichen Flächen von 1978 bis 2015 schrittweise von 70 % auf 40 % gesunken ist. Alternative Hypothesen hätten nur einen begrenzten Einfluss auf die Gesamtentwicklung bei der Vermögensstruktur in China gehabt, da landwirtschaftliche Flächen nur ein eingeschränktes Gewicht gegenüber Unternehmen und städtischen Immobilien haben. Siehe T. Piketty, G. Zucman, L. Yang, «Capital Accumulation, Private Property and Rising Inequality in China, 1978–2015», a. a. O.

sind tatsächlich solche, die ökonomisch genutzt oder veräußert werden können, und ihr Wert wird entsprechend dem Marktpreis angesetzt, zu dem eine Veräußerung erfolgen könnte. Zum Beispiel werden öffentliche Gebäude wie Schulen und Krankenhäuser von dem Augenblick an einbezogen, wo es Beispiele für Veräußerungen derartiger Vermögenswerte gibt und bei solchen Gelegenheiten Marktwerte ermittelt werden (oder Quadratmeterpreise für ähnliche Gebäude).[1] Wir folgen hier den offiziellen Regeln, die die Vereinten Nationen für die Volkswirtschaftliche Gesamtrechnung festgelegt haben.[2] Im nächsten Kapitel kommen wir auf diese Regeln zurück, die vielfältige Probleme aufwerfen, insbesondere wenn es um natürliche Ressourcen geht, die in den offiziellen Rechnungen erst dann auftauchen, wenn sie kommerziell genutzt werden. Das führt automatisch dazu, dass der Wertverlust des natürlichen Kapitals unterschätzt und das reale Wachstum überschätzt wird, weil Letzteres teilweise durch Ausbeutung von Reserven erzielt wird, die schon immer da waren. Und diese Ausbeutung trägt wiederum zur Luftverschmutzung und Klimaerwärmung bei, was ebenfalls in die offiziellen Gesamtrechnungen nicht hinreichend einfließt.

An dieser Stelle seien nur zwei Punkte erwähnt. Wollte man der Gesamtheit der staatlichen Vermögenswerte im weiteren Sinn unbedingt einen Wert zuschreiben und insbesondere allen Bestandteilen des natürlichen und intellektuellen Besitzes der Menschheit, der glücklicherweise größtenteils noch nicht Gegenstand der privaten Aneignung ist (zumindest bis zum jetzigen Zeitpunkt), einschließlich der Wiesen und Wälder, der Berge und Ozeane, der Luft, der wissenschaftlichen Kenntnisse, der Schöpfungen von bildender Kunst und Literatur etc., würde offenbar, dass der Wert des öffentlichen Kapitals weit über dem des gesamten Privatbesitzes läge, ganz unabhängig von der Definition des Begriffs

---

1 Hingegen werden einzigartige und bisher noch nie verkaufte Vermögensgegenstände (wie der Louvre oder der Eiffel-Turm) nicht berücksichtigt oder nur auf der Grundlage höchst hypothetischer Werte (nach Fläche oder Wiederbeschaffungskosten), die in der Praxis den potenziellen Marktwert massiv unterschätzen

2 Gemeint sind die Regeln des sogenannten System of National Accounts (SNA) 2013. Die SNA-Regeln werden ungefähr alle zehn Jahre von einem Konsortium internationaler Organisationen und statistischer Institute überarbeitet und gelten im Prinzip für alle Länder. Die Angaben in Grafik 12.8 übernehmen, soweit sie westliche Länder betreffen, einfach die offiziellen Volkswirtschaftlichen Gesamtrechnungen. Für China gibt es keine offizielle Vermögensrechnung, wir haben die gleichen Definitionen aus den verschiedenen verfügbaren Primärquellen angewendet. Siehe Technischer Anhang.

«Wert».[1] Es ist jedoch ganz und gar nicht sicher, dass eine derartige Gesamtrechnung den geringsten Sinn oder Nutzen für die öffentliche Diskussion hätte. Wichtig ist vielmehr, sich an eine wesentliche Realität zu erinnern: Der Wert des privaten und des öffentlichen Kapitals, so wie er auf der Grundlage der Marktpreise durch die Volkwirtschaftlichen Gesamtrechnungen festgestellt wird, das heißt die Aktiva, bei denen die Gemeinschaft (zu Recht oder Unrecht) beschlossen hat, sie wirtschaftlich und kommerziell auszubeuten, erfasst nur zu einem sehr kleinen Teil das, was für die Menschheit Wert hat. Im nächsten Kapitel kommen wir darauf eingehender zurück, insbesondere im Zusammenhang mit der Klimaerwärmung und der Frage, wem Wissen gehört.

Andererseits impliziert die Tendenz zur Vernichtung des Naturkapitals, dass die Abnahme des öffentlichen Kapitals (in dem eingeschränkten Sinn, dass alles gemeint ist, was veräußert und vermarktet werden kann), die durch die offiziellen Volkswirtschaftlichen Gesamtrechnungen erfasst wird, unterschätzt, wie schwerwiegend die Entwicklungen tatsächlich sind. Höchst besorgniserregend ist, dass das öffentliche Kapital (im eingeschränkten Sinn) in den meisten kapitalistischen Ländern nahe null liegt oder negativ geworden ist (siehe Grafik 12.6). Das reduziert den Handlungsspielraum der Regierungen massiv, vor allem bei großen Herausforderungen wie Klimawandel, Verringerung der Ungleichheiten und Bildung. Sehen wir uns noch einmal an, was ein negatives öffentliches Kapital bedeutet, so wie es derzeit die offiziellen Rechnungen für die Vereinigten Staaten, Großbritannien und Italien ausweisen: Würden alle veräußerbaren öffentlichen Vermögenswerte verkauft, insbesondere alle öffentlichen Gebäude (Schulen, Krankenhäuser etc.), staatlichen Unternehmen und Finanzanlagen (soweit sie existieren), würden die Erlöse nicht ausreichen, um alle Staatsschulden an jene, die (direkt oder indirekt) Gläubiger sind, zurückzuzahlen. Konkret entspricht ein negatives

1 Selbst wenn man den Beitrag des immateriellen Kapitals, der wissenschaftlichen und technischen Kenntnisse sowie der individuellen Qualifikationen zum Bruttoinlandsprodukt, wie es aktuell definiert wird, mit berücksichtigt, gelangt man zu einem kapitalisierten Wert, der etwa doppelt so hoch ist wie der für allen privaten Besitz (weil der Anteil der Arbeit, wie er in der Volkswirtschaftlichen Gesamtrechnung gemessen wird, im Allgemeinen mehr als doppelt so hoch ist wie der Anteil des Kapitals). Eine solche kurzsichtige Rechnung blendet im Übrigen aus, dass all die Erfahrungen, die praktisch einmütig als die schönsten im Leben gelten (klare Luft in den Bergen atmen, die Werke genießen, die uns aus früheren Jahrhunderten überliefert wurden etc.), glücklicherweise nicht in das Bruttoinlandsprodukt und das Nationaleinkommen einfließen.

öffentliches Vermögen einer Situation, in der private Eigentümer durch ihre Finanzanlagen nicht nur alle staatlichen Vermögenswerte und Gebäude besitzen und daraus Zinsen beziehen, sondern in der sie auch einen Anspruch auf die künftigen Steuereinnahmen haben: Der Gesamtwert allen Privateigentums ist höher als 100 % des nationalen Kapitals, weil die Privateigentümer in gewisser Weise auch noch die Steuerpflichtigen (oder einen Teil davon) besitzen. Wenn die Entwicklung beim Staatsvermögen so weitergeht und es immer stärker negativ wird, könnten die Zinsen auf die Schulden einen immer größeren und irgendwann sehr erheblichen Teil der Pflichtabgaben aufzehren.[1]

Woher diese Situation kommt und wie sie sich weiterentwickeln könnte, lässt sich auf unterschiedliche Arten analysieren. Dass in so gut wie allen reichen Ländern seit den 1980er Jahren das öffentliche Kapital praktisch bei null liegt oder sogar negativ geworden ist, ist vor allem Ausdruck einer tiefgreifenden politisch-ideologischen Veränderung gegenüber den Verhältnissen der Jahre 1950–1980, als die öffentliche Hand rund 20–30 % des nationalen Kapitals besaß. Das spiegelte den Wunsch wider, die Kontrolle über den Privatkapitalismus zurückzuerlangen. Im Kontext der Krise der 1930er Jahre, der beiden Weltkriege und der kommunistischen Herausforderung entschieden die Regierungen, sich schnell von den Staatsschulden der Vergangenheit zu befreien, um neue Spielräume für Investitionen in die öffentliche Infrastruktur, in Bildung und Gesundheitswesen zu bekommen, und gleichzeitig verstaatlichten sie ehemals private Unternehmen. Umgekehrt hängt der Einbruch des öffentlichen Vermögens seit den 1980er Jahren zum Teil mit einem ideologischen Perspektivenwechsel zusammen: Die Idee setzte sich durch, öffentliche Vermögenswerte sollten besser nicht vom Staat verwaltet und deshalb privatisiert werden.

Im Übrigen ist festzuhalten, dass die Wertsteigerung des gesamten privaten Eigentums in den reichen Ländern seit den 1980er Jahren bis in die 2010er Jahre von knapp drei jährlichen Nationaleinkommen auf

1 Aus strikt theoretischer Sicht gibt es keine Grenze für negativen öffentlichen Reichtum: Im Extrem könnte man sich ein Regime vorstellen, in dem die Privatbesitzer durch ihre Wertpapiere alle künftigen Pflichtabgaben besitzen, das heißt sämtliche Einkommen der übrigen Bevölkerung, die sich die Besitzenden praktisch unterworfen hätten. In der antiken Geschichte ist das häufig vorgekommen (dort war die Versklavung häufig Folge schwerer Verschuldung oder militärischer Tributleistungen, siehe Kapitel 6). Auch wenn es nicht so weit kommt, ist klar, dass die Situation des negativen öffentlichen Kapitals sich in Zukunft sehr zuspitzen könnte.

fünf bis sechs jährliche Nationaleinkommen sehr viel größer war als der Rückgang des öffentlichen Vermögens.[1] Anders gesagt: Die reichen Länder sind reich; ihre Regierungen haben beschlossen, arm zu werden, das ist etwas ganz anders. Erinnern wir uns außerdem, dass in der Regel die Besitzenden in den reichen Ländern Inhaber der Staatsschulden ihrer Länder sind in dem Sinn, dass die Nettovermögenssituation der reichen Länder (USA, Europa, Japan) positiv ist: Der Wert der Finanzaktiva, die diese Länder im Rest der Welt halten, übersteigt bei weitem den Wert der Aktiva, die der Rest der Welt in diesen Ländern hält.[2]

Flucht nach vorn in die Verschuldung und die unterstellte Unmöglichkeit einer gerechten Besteuerung

Die Analyse der Entwicklung, die zu einer immer höheren öffentlichen Verschuldung führte, ist komplex. Es kann alle möglichen Gründe geben, öffentliche Schulden anzuhäufen, zum Beispiel wenn ein Überhang an privaten Ersparnissen besteht, die schlecht investiert sind (kurzfristig oder langfristig), oder wenn die öffentliche Hand meint, über materielle Investitionsmöglichkeiten (Infrastruktur, Verkehr, Energie etc.) oder immaterielle (Bildung, Gesundheit, Forschung) zu verfügen, deren soziale Rendite höher erscheint als die Rendite privater Investitionen oder der Zinssatz, zu dem sie Kredite aufnimmt. In erster Linie ist es eine Frage der Proportionen und des Zinssatzes: Wenn die

---

1 Siehe Kapitel 10, Grafik 10.8, und Technischer Anhang, Zusatzgrafik S10.8. Die Privatisierungen und der Einbruch des öffentlichen Vermögens erklären nur zu einem Teil den Zuwachs bei den privaten Vermögen (je nach Land zwischen einem Fünftel und einem Drittel), der Rest erklärt sich durch die Akkumulation von Ersparnissen im Kontext des verlangsamten Wachstums und vor allem durch den Anstieg der Immobilienpreise und Börsenkurse, die wiederum teilweise mit rechtlichen und politischen Veränderungen zusammenhängen, von denen Eigentümer profitierten. Siehe Kapitel 10 und Technischer Anhang für die detaillierte Aufschlüsselung.

2 In Japan und Deutschland ist das Vermögen positiv, in den Vereinigten Staaten und Großbritannien negativ, in den anderen europäischen Ländern ungefähr ausgeglichen. In diesen Ländern zusammengenommen ist es offiziell leicht negativ, aber angesichts der Aktiva, die die Privateigentümer in Steuerparadiesen halten, spricht alles dafür, dass es insgesamt klar positiv ist. Siehe G. Zucman, «The Missing Wealth of Nations. Are Europe and the US Net Debtors or Net Creditors?», a. a. O.

Schulden zu umfangreich werden und die Zinsen zu hoch, schränkt das die Möglichkeit zu staatlichem Handeln massiv ein.[1]

In der Praxis war der Anstieg der Staatsschulden seit den 1980er Jahren zum Teil Ergebnis einer gezielten Strategie, um den Staat zurückzudrängen. Das typische Beispiel ist die Haushaltspolitik der Reagan-Regierung in den 1980er Jahren: Man entschied sich, die Steuern für sehr hohe Einkommen stark zu senken, wodurch das Defizit wuchs, und das wiederum erzeugte Druck, die Sozialausgaben zu verringern. In zahlreichen Fällen wurden die Steuersenkungen für die Reichen durch die Privatisierung von öffentlichen Vermögenswerten finanziert, was letztlich auf eine kostenlose Übertragung von Besitz hinauslief (man senkt die Steuern für die Reichsten um 10 Milliarden, und mit diesen 10 Milliarden kaufen sie anschließend öffentliche Vermögenswerte). Diese Strategie wird in den Vereinigten Staaten und in Europa bis heute verfolgt und hängt direkt mit der Zunahme der Ungleichheiten und der wachsenden Konzentration von Privateigentum zusammen.[2]

In einem allgemeineren Sinn kann man diese Entwicklung auch als Folge der unterstellten Unmöglichkeit ansehen, gerechte Steuern festzusetzen. Wenn es wegen der Steuerkonkurrenz zwischen den Ländern nicht gelingt, die Gruppen mit den höchsten Einkommen und Vermögen heranzuziehen, oder wenn die Akzeptanz der Besteuerung bei den mittleren und unteren Schichten erodiert, erscheint die Flucht nach vorn in die Verschuldung womöglich als eine verlockende Option. Aber man muss sich im Klaren sein, wohin diese Entwicklung führt. Es gibt einen wichtigen historischen Präzedenzfall: Großbritannien im 19. Jahrhundert, das nach den Napoleonischen Kriegen mit einer Verschuldung in Höhe von mehr als zwei jährlichen Nationaleinkommen (fast ein Drittel des privaten Besitzes im Land) mit einem massiv negativen

1 Im Durchschnitt entsprachen die Zinsen auf die Staatsschulden im Zeitraum 1970–2015 in den reichen Ländern dem Sekundärdefizit (mit Ausnahme von Italien, wo die Zinsen dominierten), was bedeutet, dass das Primärdefizit praktisch null beträgt (bei gleichwohl stark steigender Verschuldung in dem Zeitraum angesichts des schwachen Wachstums). Siehe Technischer Anhang. In Kapitel 16, S. 1110–1116, werde ich auf die europäischen Haushaltsregeln und die Begriffe Primär- und Sekundärdefizit zurückkommen.

2 Ein aktuelles (und heftig umstrittenes) Beispiel ist das Vorhaben, den Flughafenbetreiber ADP (Aéroports de Paris) zu privatisieren, was die französische Regierung im Frühjahr 2019 beschlossen hat. Der Verkauf soll 8 Milliarden Euro einbringen, nachdem die Regierung mit der Abschaffung der Vermögensteuer und der progressiven Steuer auf Kapitaleinkünfte auf Einnahmen in Höhe von 5 Milliarden Euro pro Jahr verzichtet hat.

öffentlichen Vermögen dastand. Wie wir bereits angemerkt haben, wurde die Situation dadurch geregelt, dass die kleinen und mittleren britischen Steuerzahler regelmäßig für hohe Haushaltsüberschüsse sorgten (indem sie ungefähr ein Viertel der Steuereinnahmen aufbrachten), was den Besitzenden zugutekam, und das ein ganzes Jahrhundert lang, von 1815 bis 1914.[1] In dieser Zeit hatten im Übrigen nur die Besitzenden das Wahlrecht und politische Macht (zumindest zu Anfang des Zeitraums), und die proprietaristische Ideologie hatte größere Überzeugungskraft als heute. Im 21. Jahrhundert sieht es hingegen nicht danach aus, dass die Steuerzahler der mittleren und einfachen Schichten das noch mitmachen würden, nachdem im 20. Jahrhundert sich sehr viele Länder mit hohem Tempo von den Schulden befreit haben, die aus den Weltkriegen resultierten. Die Frage ist derzeit jedoch nicht so drängend, wie sie sein sollte, weil die Zinsen für die Staatsschulden in den meisten Fällen ungewöhnlich niedrig sind. Es ist aber nicht sicher, dass dieser Zustand unbegrenzt anhält, und dann wird diese Frage sehr schnell wieder in den Mittelpunkt der soziopolitischen Auseinandersetzungen rücken und die Wahlkämpfe bestimmen, vor allem in Europa. Wir kommen auf diesen Punkt noch zurück.[2]

Schließlich ist noch hervorzuheben, wie verblüffend unterschiedlich sich China und die westlichen Länder seit Mitte der 2000er Jahre entwickelt haben. Während China seit 2006 den Anteil des öffentlichen Kapitals am nationalen Kapital bei rund 30 % stabilisiert hat, führte die Finanzkrise von 2007–2008 (die ihren Ursprung in übermäßiger Deregulierung des privaten Finanzsektors hatte und dazu beitrug, dass die Privaten sich erneut massiv bereichern konnten) in den westlichen Ländern zu einem neuerlichen Rückgang des öffentlichen Vermögens.

Die Situation beim öffentlichen Eigentum in China soll hier ganz bestimmt nicht verklärt werden, und vor allem wollen wir nicht behaupten zu wissen, wie hoch das «ideale» Niveau für den Anteil des öffentlichen Kapitals in einer gerechten Gesellschaft sein sollte. Wenn ein Staat die Produktion einer bestimmten Menge von Gütern und Dienstleistungen sicherstellt (vor allem in Bildung und Gesundheitswesen), liegt es nahe, dass er einen Teil des Produktivkapitals in Besitz hat, das in etwa seinem Anteil an der gesamten Beschäftigung entspricht (sagen wir 20 %). Dieses

1 Siehe Kapitel 10, S. 561 f.

2 Siehe Kapitel 16, S. 1110–1116.

Kriterium ist jedoch sehr unzulänglich, zum Beispiel weil es nicht berücksichtigt, welche Rolle der Staat und die Staatsverschuldung dabei spielen können, das Sparverhalten auf den Schutz des natürlichen Kapitals und die Akkumulation von immateriellem Kapital hin zu lenken. Entscheidend ist die Frage, wie die Macht ausgeübt wird und wie sie verteilt ist; das ist die Grundlage für die verschiedenen Arten von öffentlichem und privatem Eigentum und muss immer wieder hinterfragt, neu bewertet und neu erfunden werden. In China wird die Macht des Staatseigentums vertikal und autoritär ausgeübt, was kaum ein universelles Modell sein kann.

Es bleibt die Feststellung, dass die Abnahme des öffentlichen Reichtums in den westlichen Ländern nach der Finanzkrise paradox ist. Die Deregulierung der Märkte hat dazu geführt, dass viele sich bereichern konnten; während die öffentliche Hand sich verschuldet hat, um die Rezession aufzuhalten und Banken und Privatunternehmen zu retten, sind die Privatvermögen weiter gewachsen. Die Rechnung dafür müssen die kleinen und mittleren Steuerzahler in den nächsten Jahrzehnten begleichen. Wir werden sehen, dass diese Vorgänge tiefgreifende Auswirkungen hatten auf die Vorstellung davon, was möglich und was nicht möglich ist, vor allem in der Wirtschaftspolitik und bei der Geldschöpfung. In diesen Bereichen sind wir sicher noch nicht am Ende angelangt.

Grenzen der chinesischen Ungleichheitstoleranz

Kommen wir auf die Frage der Ungleichheiten in China zurück und untersuchen wir, wie sich die Einkommensverteilung seit Beginn der wirtschaftlichen Liberalisierung und der Privatisierungen 1978 entwickelt hat. Die verfügbaren Quellen zeigen einen sehr starken Anstieg der Einkommensungleichheiten seit Beginn der Reformen und allem Anschein nach eine Stabilisierung seit Mitte der 2000er Jahre. Wenn wir heute, Ende der 2010er Jahre, den Teil des Nationaleinkommens, der an die 10 % mit den höchsten Einkommen geht, mit dem Teil vergleichen, der an die 50 % mit den niedrigsten Einkommen geht, ist China kaum weniger inegalitär als die Vereinigten Staaten und deutlich inegalitärer als Europa, während es zu Beginn der 1980er Jahre noch die egalitärste der drei Regionen war (siehe Grafik 12.8).

Die Ungleichheit in China, Europa und den Vereinigten Staaten, 1980–2018

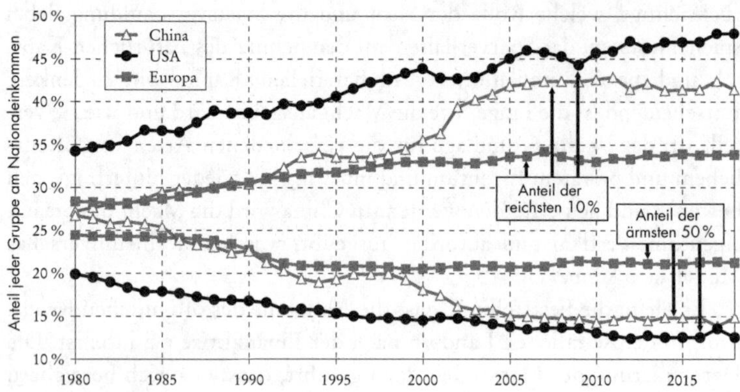

Grafik 12.8.: Die Einkommensungleichheit hat in China zwischen 1980 und 2018 stark zugenommen, ist aber nach den verfügbaren Quellen geringer als in den Vereinigten Staaten (jedoch höher als in Europa).
Quellen und Reihen: siehe piketty.pse.ens.fr/ideologie.

Wenn wir China mit Indien vergleichen, dem anderen Giganten in Asien, wird deutlich, dass China seit Beginn der 1980er Jahre mehr Wachstum generierte und auch viel egalitärer bei dessen Verteilung war (oder vielmehr weniger inegalitär in dem Sinn, dass die Konzentration der Einkommen weniger stark zugenommen hat als in Indien).[1] So haben wir im Zusammenhang mit Indien bereits den wichtigsten Erklärungsfaktor genannt.[2] China hat es geschafft, mehr Ressourcen für Investitionen in die öffentliche Infrastruktur, in Bildung und Gesundheitswesen zu mobilisieren. Vor allem ist es China gelungen, sehr viel mehr Steuereinnahmen zu erlangen als Indien (wo die Grundversorgung im Gesundheits- und Bildungswesen notorisch unterfinanziert ist) und sich in den 2010er Jahres sogar westlichen Niveaus anzunähern: Die Steuereinnahmen machen fast 30 % des Nationaleinkommens aus, und zusammen mit den Gewinnen staatlicher Unternehmen und den Verkaufserlösen öffentlicher Grundstücke sind es ungefähr 40 %.[3]

1 Siehe Kapitel 11, Grafik 11.1.

2 Siehe Kapitel 8.

3 Siehe B. Naughton, «Is China Socialist?», *Journal of Economic Perspectives* 31 (2017), S. 3–24, Abbildung 1. Siehe auch T. Piketty, G. Zucman, L. Yang, «Capital Accumulation, Private Property and Rising Inequality in China, 1978–2015», a. a. O., Tabelle A313.

Die chinesischen Erfolge sind wohlbekannt, und regelmäßig wird gesagt, das Regime sitze fest im Sattel, solange es sich auf ökonomische Fortschritte (und die Angst vor Separatismus) stützen könne. Man muss jedoch betonen, dass die chinesische Toleranz für Ungleichheit nicht grenzenlos ist. Zunächst einmal ist es keineswegs selbstverständlich, dass China so schnell sehr viel inegalitärer als Europa geworden ist, für das Regime bedeutet das auf jeden Fall einen Misserfolg. In den 1980er Jahren lag das Niveau der Einkommensungleichheit nahe dem deutlich egalitärerer europäischer Länder wie beispielsweise Schweden; in den 2010er Jahren liegt China eher auf dem Niveau der Vereinigten Staaten. Den gleichen Befund sehen wir bei der Vermögenskonzentration, und das zeigt nebenbei auch, wie inegalitär die Privatisierungen waren. Der Anteil des obersten Dezils an den gesamten Privatvermögen bewegte sich zu Beginn der 1990er Jahre bei 40–50 %, das heißt, er war niedriger als in Schweden und den europäischen Ländern. In den 2010er Jahren ist er auf 70 % gestiegen, ein Wert ähnlich wie in den Vereinigten Staaten und nur wenig niedriger als in Russland.[1]

Bei der Ungleichheit vom Niveau Schwedens innerhalb weniger Jahrzehnte auf das der Vereinigten Staaten zu kommen ist keine unbedeutende Entwicklung für ein Land wie China, das offiziell immer noch einen «Sozialismus chinesischer Prägung» propagiert. Für den Teil der Wirtschaft, der seit langem der Ansicht ist, dieses Schlagwort sei im Hinblick auf die sozio-ökonomische Gleichheit bedeutungslos, stellt das kein Problem dar, weil das Modell des angelsächsischen Kapitalismus in deren Augen andere offensichtliche Vorzüge hat. Aber für die «sozialdemokratischen» Intellektuellen und für einen Großteil der Bevölkerung ist der extrem rasche Zuwachs an Ungleichheit sehr wohl ein Problem, zumal niemand weiß, wohin die Entwicklung noch gehen wird. Während Europa demonstriert, dass es möglich ist, Wohlstand zu erreichen und gleichzeitig die Ungleichheiten zu begrenzen, ist nicht leicht nachzuvollziehen, warum der chinesische Sozialismus ein Niveau von Ungleichheit tolerieren sollte, das eher zum amerikanischen Kapitalismus passen würde.[2] Das wirft Fragen auf, wie die Privatisierungen durchgeführt wurden, Fragen zur Umverteilungspolitik im Land und

---

1 Siehe Kapitel 13, Grafik 13.8.

2 Zu den Befürchtungen angesichts der wachsenden Ungleichheiten in China siehe beispielsweise L. Shi, H. Sato, T. Sicular, *Rising Inequality in China. Challenges to a Harmonious Society*, New York: Cambridge University Press 2013.

allgemeiner, ob nicht eine Neuausrichtung des Reformprozesses nötig ist.

Der Inlandspass und die Einschränkungen der Freizügigkeit in China, vor allem zwischen Land und Stadt, während in Europa die Arbeitnehmerfreizügigkeit die Regel ist, ist ein Teil der Erklärung für die höhere Ungleichheit dort. Die Wirtschaftsreformen kamen vor allem den städtischen Zentren zugute, die ländlichen Regionen konnten nicht so wie gehofft davon profitieren. Die Lockerungen dieses Systems im Lauf der Zeit scheinen nicht ausgereicht zu haben, um das hohe Niveau der Ungleichheit zu reduzieren, das offenbar mit weiteren Faktoren zusammenhängt, die man auch im urbanen China findet (und weniger ausgeprägt im ländlichen China).[1] Wir fügen noch hinzu, dass die Lockerungen beim *hukou*-System, das nach wie vor ein sehr autoritärer Mechanismus ist, in den letzten Jahren mit der Entwicklung eines Systems der gesellschaftlichen Kontrolle einhergingen, das potenziell sehr viel intrusiver ist mit seiner «gegenseitigen Überwachung» und den «Sozialpunkten», wozu gehört, dass in großem Stil Informationen in den sozialen Netzen gesammelt werden. Recherchen in jüngster Zeit zeigen, dass die weniger privilegierten sozialen Gruppen für eine solche Überwachung anscheinend weniger Toleranz zeigen als die bessergestellten. Die repressive Dimension dieser Bestimmungen und die Verbindung mit anderen politischen Maßnahmen zur Kontrolle der Bevölkerung müssen ebenfalls unterstrichen werden.[2]

---

1 Siehe T. Piketty, G. Zucman, L. Yang, «Capital Accumulation, Private Property and Rising Inequality in China, 1978–2015», a. a. O.

2 G. Kostka, «China's Social Credit Systems and Public Opinion: Explaining High Levels of Approval», Freie Universität Berlin 2018. Siehe auch Y. Xiaojun, «Engineering Stability: Authoritarian Political Control over University Students in Post-Deng China», *The China Quarterly* 21, 1 (Juni 2014), S. 493–513; A. Nathan, «The Puzzle of the Chinese Middle Class», *Journal of Democracy* 27, 2 (April 2016), S. 5–19. Dazu, wie die umfangreiche Sammlung von persönlichen Daten und individuellen Bewertungen sich langsam als eine moralisch akzeptable Form der kapitalistischen Akkumulation und der Extraktion von wirtschaftlichen Werten darstellt, siehe M. Fourcade, «The Fly and the Cookie: Alignment and Unhingement in 21st-century Capitalism», *Socio-Economic Review* 15, 3 (2017), S. 661–678; M. Fourcade, K. Healy, «Seeing like a Market», *Socio-Economic Review* 15,1 (2017), S. 9–29.

Von der Undurchsichtigkeit der Ungleichheit in China

Die Stabilisierung der Ungleichheiten seit Mitte der 2000er Jahre könnte vermuten lassen, dass der Höhepunkt des Anstiegs überschritten ist. Doch Erfassung und Messung von Einkommen und Vermögen in China sind höchst undurchsichtig. Die Zahlen in Grafik 12.8 sind die verlässlichsten, die wir mit den derzeit in China verfügbaren Quellen ermitteln konnten. Aber in Anbetracht der erheblichen Unsicherheiten und Lücken in diesen Quellen kann es sehr gut sein, dass wir Umfang wie Entwicklung der Ungleichheiten unterschätzen. Im Prinzip gibt es in China eine progressive Einkommensteuer. Sie wurde 1980 eingeführt, kurz nach Beginn der Wirtschaftsreformen, und enthält Besteuerungsstufen und Grenzsteuersätze von 5 % für die niedrigsten bis zu 45 % für die höchsten Einkommen (seit 1980 haben sich die Sätze nicht verändert).[1] Im Vergleich zur *flat tax* im postsowjetischen Russland mit einem Steuersatz von nur 13 % seit 2001 ist das chinesische System zumindest in der Theorie viel progressiver.

Das Problem ist, dass über die Einkommensteuer in China nie detaillierte Daten veröffentlicht wurden. Die einzigen Informationen, die regelmäßig bekannt gemacht werden, sind die Gesamtsteuereinnahmen. Es ist unmöglich zu erfahren, wie viele Steuerpflichtige jedes Jahr Einkommensteuer zahlen, wie sie sich auf die einzelnen Stufen verteilen, wie hoch die Steuerprogression für eine bestimmte Anzahl von Beziehern hoher Einkommen in einer bestimmten Stadt oder Provinz war und so weiter. Solche Informationen könnten helfen, besser zu verstehen, wie sich Jahr für Jahr die Gewinne aus dem chinesischen Wirtschaftswachstum verteilen, und sie könnten vielleicht auch zu der Erkenntnis führen, dass die Steuergesetze nicht immer so angewendet werden, wie es der Fall sein sollte.[2] 2006 veröffentlichte die chinesische Steuerverwaltung ein Merkblatt, in dem sie verfügte, dass alle Steuerpflichtigen mit Einkommen von mehr als 120 000 Yuan (in der Praxis

1 Über die Einführung und die (extrem undurchsichtige) Funktionsweise der Einkommensteuer in China seit den 1980er Jahre siehe T. Piketty, N. Qian, «Income Inequality and Progressive Income Taxation in China and India», *American Economic Journal: Applied Economics* 1, 2 (2009), S. 53–63.

2 Wir wissen beispielsweise, dass bestimmte Provinzen und Städte Ausnahmeregelungen für die Einkommensteuer haben, aber diese Praktiken sind extrem intransparent, und es ist wenig darüber bekannt.

weniger als 1 % der erwachsenen Bevölkerung zum damaligen Zeitpunkt) eine besondere Steuererklärung abzugeben hätten, damit die entsprechenden Angaben zur Bekämpfung der Korruption verwendet werden könnten. Die Ergebnisse auf landesweiter Ebene wurden von 2006 bis 2011 veröffentlicht, allerdings in rudimentärer Form: Mitgeteilt wurde nur, wie viele Steuerpflichtige insgesamt über dieser Grenze lagen, manchmal auch noch, wie hoch ihre Einkommen insgesamt waren, ohne weitere Aufschlüsselung. Die Veröffentlichung wurde 2011 unterbrochen. Es war aber möglich, ähnliche Daten in den Veröffentlichungen regionaler Steuerverwaltungen zu finden, die sich manchmal auf Steuerpflichtige mit Einkommen über 500 000 Yuan oder 1 Million Yuan bezogen, für einzelne Provinzen und Städte, unregelmäßig und unsystematisch für Jahre zwischen 2011 und 2017.

Diese extrem bruchstückhaften Daten haben wir ausgewertet. So unvollständig sie sind, haben sie uns doch erlaubt, die offiziellen Zahlen zur Ungleichheit in China nach oben zu korrigieren; diese Zahlen beruhten allein auf den Angaben der Haushalte, und unter den betroffenen Haushalten befanden sich praktisch keine mit so hohen Einkommen.[1] Die Schätzungen, zu denen wir gelangten, können dann mit denen verglichen werden, die für Europa und die Vereinigten Staaten zur Verfügung stehen (sie beruhen auf sehr viel genaueren Zahlen, vorwiegend von der Steuerverwaltung), und zwar auf eine plausiblere und befriedigendere Weise, als es vorher möglich war (siehe Grafik 12.8). Aber natürlich handelt es sich um extrem unsichere Zahlen, die womöglich das Ausmaß der Ungleichheiten und ihre Entwicklung unterschätzen. Besonders beunruhigend ist die Tatsache, dass landesweite Daten zu den Steuerpflichtigen mit hohen Einkommen seit 2011 nicht mehr veröffentlicht werden. In gewisser Weise sind die Informationen, die China über die Funktionsweise der Einkommensteuer publik macht, noch viel spärlicher als die Informationen aus Russland, das die Latte schon ziemlich tief gelegt hat.[2] Mangelnde Transparenz bei Un-

1 Zu detaillierten Vergleichen zwischen den offiziellen und den korrigierten Reihen siehe T. Piketty, N. Qian, «Income Inequality and Progressive Income Taxation in China and India», a. a. O. Siehe auch Technischer Anhang.

2 Die Steuerdaten, die in Russland von 2008 bis 2017 bekannt gemacht wurden, decken immerhin eine große Zahl von Steuerstufen ab (auch eine Stufe für Einkommen über 10 Milliarden Rubel). Allerdings ist der Einkommensbegriff nicht besonders klar, und es gibt zahlreiche Widersprüche. Siehe F. Novokmet, T. Piketty, G. Zucman, «From Soviets to Oligarchs: Inequality and Property in Russia, 1905–2016», a. a. O.

gleichheiten ist zwar ein weltweites Problem (wir kommen im nächsten Kapitel darauf zurück), aber wir müssen feststellen, dass China und Russland sich durch besondere Intransparenz auszeichnen.

Bei der Erfassung und Bewertung der Vermögen ist die Situation in China noch schlimmer als bei den Einkommen. Vor allem gibt es in China keinerlei Erbschaftsteuer und folglich keine Daten über die Weitergabe von Vermögen, was die Erforschung der Vermögenskonzentration in einzigartiger Weise erschwert. Es ist paradox, dass ein Land, das von einer kommunistischen Partei regiert wird und immer wieder den «Sozialismus chinesischer Prägung» propagiert, so verfährt. Solange Privateigentum nur in begrenztem Umfang existierte, konnte es nicht überraschen, dass es keine Erbschaftsteuer gab. Aber seit sich mehr als zwei Drittel des chinesischen Kapitals in privaten Händen befinden (siehe Grafik 12.6), ist es erstaunlich, dass die Staatsführung zulässt, dass die Personen, die am meisten von den Privatisierungen und der wirtschaftlichen Liberalisierung profitiert haben, ihren gesamten Besitz ohne jegliche Steuer, und sei sie noch so gering, an ihre Kinder weitergeben. Erinnern wir uns, dass nach einem Auf und Ab im 20. Jahrhundert seit 2000 die höchsten Sätze bei der Erbschaftsteuer in den wichtigsten kapitalistischen Ländern zwischen 30 % und 55 % liegen; das gilt für die Vereinigten Staaten wie für Großbritannien, für Japan, Deutschland und Frankreich.[1] In Japan wurde der Spitzensteuersatz auf Erbschaften 2015 sogar von 50 % auf 55 % angehoben. Die anderen kapitalistischen Länder in Ostasien haben ebenfalls hohe Erbschaftsteuern, Südkorea beispielsweise hat einen Steuersatz von über 50 % auf besonders hohe Vermögensübertragungen.

So haben wir zu Beginn des 21. Jahrhunderts eine höchst paradoxe Situation: Ein asiatischer Milliardär, der sein Vermögen steuerfrei weitergeben möchte, wird ein Interesse daran haben, sich im kommunistischen China niederzulassen. Ein besonders aufschlussreicher Fall ist Hongkong. Solange Hongkong britische Kronkolonie war, hatte es eine Erbschaftsteuer; 2005, wenige Jahre nach der Rückgabe und Integration in die Volksrepublik China, wurde sie abgeschafft. In Taiwan kämpfen heute sehr viele Unternehmer für den Anschluss an die Volksrepublik und fordern unterdessen die Abschaffung der Erbschaftsteuer. Dieser Steuerwettbewerb in Ostasien, teilweise angeführt von China, verstärkt

1 Siehe Kapitel 10, Grafik 10.12.

eine im Übrigen weltweite Bewegung und verschärft die Tendenz zu wachsenden Ungleichheiten in der Region.[1]

Allgemein illustriert der Fall Hongkong einen besonders interessanten Entwicklungsweg. Hongkong ist der einzigartige Fall eines kapitalistischen Landes, das nach dem Anschluss an ein kommunistisches Land noch viel inegalitärer geworden ist.[2] Der Finanzplatz Hongkong spielt eine wesentliche Rolle für die Entwicklung Chinas. Offenbar erlaubt er reichen Chinesen, Kapitalabflüsse zu organisieren, was im chinesischen Bankensystem viel schwieriger wäre. Zudem können große Unternehmen und das chinesische Regime bestimmte Investitionen und Transaktionen mit dem Ausland reibungsloser über Hongkong abwickeln. Zum heutigen Zeitpunkt weist nichts darauf hin, dass die chinesische Kapitalflucht den gleichen Umfang erreicht hat wie die russische. Aber in Anbetracht der enormen Korruption im Land, der Fragilität zahlreicher Eigentumsrechte, die im Zuge der Privatisierungen erworben wurden, und des Wirtschaftswachstums in den letzten Jahrzehnten könnte es sein, dass die Kapitalflucht in Zukunft zunimmt und zur inneren Destabilisierung des Systems beiträgt.[3]

China zwischen Kommunismus und Plutokratie

Das politische System in Hongkong veranschaulicht auch die Ambivalenzen des chinesischen Systems, das sich theoretisch am Kommunismus orientiert und praktisch manchmal eher einer Form der Plutokratie nahekommt. Bis 1997 wurde der Gouverneur von Hongkong von der englischen Königin ernannt. Die Kronkolonie wurde durch ein komplexes System von Versammlungen verwaltet, die in indirekter Wahl gewählt wurden, praktisch hatten von den wirtschaftlichen Eliten dominierte Komitees die Zügel in der Hand. Es war kein explizites Zensussystem wie im 19. Jahrhundert in Großbritannien und in Frank-

1 Siehe dazu N. Kim, «Top Incomes in Korea, 1933–2016», WID.world, Working Paper Series Nr. 2018/13; C. T. Hung, «Income Inequality in Hong Kong and Singapore, 1980–2016», WID.world August 2018; C. Chu, T. Chou, S. Hu, «Top Incomes in Taiwan, 1977–2013», WID.world, Working Paper Series, Nr. 2015/6.

2 Siehe C. T. Hung, «Income Inequality in Hong Kong and Singapore, 1980–2016», a. a. O.

3 Siehe dazu M. Pei, *China's Crony Capitalism. The Dynamics of Regime Decay*, Cambridge: Harvard University Press 2016.

reich (oder bis 1911 in Schweden mit einem Wahlrecht entsprechend der Höhe des Vermögens),[1] aber der Effekt war ähnlich: Die Wirtschaft kontrollierte größtenteils die Schalthebel der Macht. Dieses kolonialistisch-proprietaristische System wurde nach der Rückgabe an das kommunistische China nur geringfügig verändert. Zu Beginn des 21. Jahrhunderts gibt es offiziell freie Wahlen in Hongkong, aber es stehen nur sehr wenige Kandidaten zur Auswahl, die zuvor mit Mehrheit von einem Nominierungskomitee zugelassen werden müssen. Über die Zusammensetzung dieses Komitees bestimmt Peking, praktisch dominieren Geschäftsleute aus Hongkong und andere Oligarchen, die der Volksrepublik nahestehen.

Grundsätzlich könnte man sich eine Welt vorstellen, in der China zusammen mit Europa, den Vereinigten Staaten und anderen Regionen der Welt daran arbeiten würde, für mehr finanzielle Transparenz zu sorgen, und in der ihre Zusammenarbeit erlauben würde, die Steuerparadiese auf den verschiedenen Kontinenten zu beseitigen, in Hongkong genauso wie in der Schweiz und auf den Kaimaninseln. Es ist nicht auszuschließen, dass das eines Tages tatsächlich passiert. Große Teile der chinesischen Bevölkerung empören sich darüber, dass das Land immer mehr zu einer Plutokratie verkommt. Ein Teil der Intellektuellen setzt sich für sozialdemokratische Lösungen ein, die in direktem Widerspruch zur Politik des Regimes stehen. Andere haben seit der Niederschlagung des Aufstands auf dem Tiananmen-Platz (1989) neue Formen des Engagements entwickelt, um die Ungleichheiten zu bekämpfen.[2] Zum heutigen Zeitpunkt ist allerdings klar, dass das noch ein weiter Weg sein wird.

Wenn man chinesischen Politikern und Intellektuellen, die dem Regime nahestehen, solche Fragen stellt, sagen sie oft, die Verantwortlichen seien sich der Gefahr bewusst, die von einer Kapitalflucht wie in Russland ausgehe, und in sehr naher Zukunft werde es in China neue Formen der progressiven Besteuerung von Einkommen, Erbschaften und Vermögen geben. Bis heute folgten diesen Ankündigungen jedoch keine Taten. Eine zweite und wohl noch aufschlussreichere Antwort lautet, China brauche keine steuerlichen Lösungen nach westlichem Vorbild, die komplex und oft unwirksam seien. Das Land müsse seine

---

1 Siehe Kapitel 5, S. 244–246.

2 Siehe S. Veg, *Minjian. The Rise of China's Grassroots Intellectuals*, New York: Columbia University Press 2019.

eigenen Wege finden und vor allem den erbarmungslosen Kampf der kommunistischen Partei (KPCh) und des Staatsapparats gegen die Korruption weiterführen.

In den zahlreichen theoretischen Schriften, die der chinesische Staatspräsident Xi Jinping (dessen Name seit 2018 wie der von Mao Zedong und Deng Xiaoping in der Präambel der chinesischen Verfassung steht) dem «Sozialismus chinesischer Prägung» gewidmet hat, findet man keinen Hinweis auf progressive Steuern, genauso wenig wie auf Mitbestimmung, Selbstverwaltung oder eine Aufteilung der Macht in den Unternehmen. Hingegen ist viel von der «unsichtbaren Hand» des Marktes die Rede, die unbedingt durch die «sichtbare Macht» des Staates ausbalanciert werden müsse; nur so sei es möglich, alle Missstände zu kontrollieren und zu korrigieren. Xi Jinping kommt regelmäßig auf die «potenzielle Degeneration der Partei» zu sprechen, «wegen der langen Dauer ihrer Machtausübung», wogegen nur «ein unerbittlicher Kampf gegen Korruption» helfen könne.[1] Ausführlich erwähnt er auch die «neuen Seidenstraßen», eine Gelegenheit, diskret, aber entschieden die Idee zu lancieren, dass die Menschheit zu einer Globalisierung unter chinesischer Ägide zurückkehren könnte, die auf Handel setze und wohlwollend sei, Räume verbinde ohne den Wunsch nach politischer Einmischung und die den kolonialistischen Gelüsten der Europäer und den unseligen ungleichen Verträgen, die sie China und der Welt aufgezwungen hätten, ein für alle Mal ein Ende machen würde. Gleichzeitig entfaltet er eine geopolitische Vision mit einem zentralen euroasiatischen Block (mit China als Angelpunkt), in der Amerika endlich auf den ihm gebührenden Platz an der Peripherie verwiesen wäre.

In der Frage, welche konkreten Institutionen nötig seien, um die Ungleichheiten in den Griff zu bekommen und Ungerechtigkeit und Korruption auszumerzen, ist die Rede vom «Sozialismus chinesischer Prägung» nicht sehr präzise. Es heißt, die «sichtbare Hand» von Regierung und Partei werde «unerbittlich» sein, aber es ist schwer, mehr darüber zu erfahren. Zudem ist ganz und gar nicht sicher, dass es die richtige Methode für den Umgang mit dem Problem wäre, Oligarchen oder Funktionäre des Staatsapparats, die sich zu offensichtlich und skandalös bereichert haben, ins Gefängnis zu werfen. Im Herbst 2018 wurde die Starschauspielerin Fan Bingbing festgenommen, nachdem ein promi-

1 Siehe Xi Jinping, *Die Regierung Chinas (Textsammlung)*, Peking 2014, S. 137–141, S. 470–475.

nenter Moderator des Staatsfernsehens enthüllt hatte, dass ein inoffizieller Vertrag ihr 50 Millionen Yuan zusicherte, während ihr offizielles Honorar nur 10 Millionen betrug. Die Angelegenheit wirbelte sehr viel Staub auf, und die Machthaber sahen darin die ersehnte Gelegenheit, zu demonstrieren, dass sie zum Kampf gegen übermäßige Ungleichheit und den Kult des Geldes entschlossen waren. Der Fall ist gewiss interessant. Aber man kann ernsthaft bezweifeln, dass es tatsächlich möglich ist, die Ungleichheiten in einem Land mit 1,3 Milliarden Einwohnern mit Denunziationen und Verhaftungen in den Griff zu bekommen, ganz ohne systematische Erfassung und Besteuerung von Vermögen und Erbschaften, und indem man Journalisten, Bürger und Gewerkschaften daran hindert, sich selbst ein Bild zu machen und sich einzubringen. All jene, die sich zu sehr dafür interessieren, welche Vermögen Menschen aus dem Dunstkreis der Macht angehäuft haben, riskieren, selbst ins Gefängnis zu kommen. Es gibt keine Garantie, dass das chinesische Regime die Entwicklung in Richtung einer Kleptokratie wie in Russland verhindern kann.

Die Auswirkung der Kulturrevolution auf die Wahrnehmung der Ungleichheiten

Die chinesischen Machthaber scheinen nicht zu bedenken, dass eine Gesellschaft, die auf Privateigentum aufbaut, ohne ausreichende steuerliche und soziale Absicherung Gefahr läuft, in ein Maß an Ungleichheit abzugleiten, das langfristig verhängnisvoll wirken kann. Das zeigt nicht zuletzt die Entwicklung in Europa im 19. Jahrhundert und in der ersten Hälfte des 20. Jahrhunderts. Wahrscheinlich ist es eine Neuauflage des Gefühls, etwas Besonderes zu sein, das für so viele Gesellschaften im Lauf der Geschichte typisch war, und also der Weigerung, aus den Erfahrungen anderer zu lernen.[1] Zu erwähnen ist außerdem ein historischer und politisch-ideologischer Faktor, der spezifisch für China ist: die ungeheuerliche Gewalt der maoistischen Ära und der Kulturrevolution, die die Wahrnehmung von Ungleichheit zutiefst geprägt hat, und

---

1 Ein Beispiel ist Frankreich vor 1914, wo die politischen und wirtschaftlichen Eliten der III. Republik erklärten, das Land sei (dank der Revolution) so egalitär, dass es Steuerreformen, wie sie Deutschland und Großbritannien verabschiedet hatten, nicht brauche. Siehe Kapitel 4, S. 198–201.

vor allem die Weitergabe in den Familien. China hat gerade eine überaus traumatische Erfahrung hinter sich gelassen, bei der das Bestreben, die Reproduktion der Ungleichheit über die Generationen hinweg zu beenden, eine besonders radikale Form angenommen hat: Alle, deren familiäre Wurzeln sie eng oder auch nicht so eng mit den besitzenden und intellektuellen Klassen des kaiserlichen China in Verbindung brachten, wurden verhaftet oder aus der Gesellschaft verbannt. Große Teile der heutigen chinesischen Gesellschaft, vor allem in der Führungsschicht, hatten Eltern, Großeltern oder sonstige Verwandte, die während der Kulturrevolution getötet oder schwer misshandelt wurden. Nachdem der Transmissionsprozess so radikal unterbrochen wurde und die Familien einen so hohen Preis zahlen mussten, scheint der Gedanke, dass die Logik der Akkumulation wieder ihre Berechtigung haben soll, zumindest eine Zeit lang in China ganz besonders überzeugend zu wirken.

In dem Roman *Brüder* (2006) schildert der chinesische Autor Yu Hua anhand des Schicksals zweier Halbbrüder den radikalen Wertewandel im Land seit der Kulturrevolution, wo man bis in die 2000er-Jahre die Nachkommen von Grundbesitzern verfolgt und Keuschheit predigt, während gleichzeitig alles käuflich ist. Das gilt für Fabriken und Ländereien, die lustvoll von den lokalen Parteiverantwortlichen zu Geld gemacht werden, genau wie man mit falschen Brüsten und falschen Jungfernhäutchen Geld verdient, die bei Wettbewerben angeblicher Jungfrauen zum Einsatz kommen, zur großen Freude der Geschäftemacher und des neuen chinesischen Mannes, die allzeit bereit sind, von der Welt in ihren sämtlichen Erscheinungsformen zu profitieren. Mit der wirtschaftlichen Öffnung und den Privatisierungen ist alles erlaubt, solange nur die Kurve des regionalen BIP weiter steil nach oben zeigt. Von den beiden Halbbrüdern Li Guangtou und Song Gang, beide 1960 geboren, ist Li zweifellos der weniger ehrliche, und er wird Milliardär. Er beginnt in den 1980er Jahren mit dem Altkleiderhandel, dem Schrottgeschäft und der Kartonproduktion, macht in den 1990er Jahren ein Vermögen, indem er ganze Wagenladungen gebrauchter japanischer Anzüge verkauft (anstelle der Mao-Jacken, die aus der Mode gekommen sind), und wird in den 2000er Jahren Multimillionär, trägt Armani und steht kurz davor, sich einen privaten Flug zum Mond zu gönnen. Aber alles in allem wirkt er fast ein bisschen sympathischer als Song Gang, der sich vom System brechen lässt, egal in welcher Epoche, ohne mit der Wimper zu zucken.

Die Kulturrevolution (1966–1976), die beide Halbbrüder mit voller Wucht trifft, erscheint als Versuch, das Bewusstsein zu verändern und Schuldige zu finden, nachdem die Kollektivierungen in Landwirtschaft und Industrie in den 1950er und 1960er Jahren nicht den angekündigten Großen Sprung nach vorn gebracht haben. Songs Vater, auf den die beiden Jungen sehr stolz sind mit seiner roten Armbinde und seinem Auftreten als guter kommunistischer Bürger, wird bald verhaftet und seine Wohnung durchsucht. Als Sohn eines Grundbesitzers und Lehrers an einer höheren Schule verkörpert er die alten herrschenden Klassen, die, ohne es zu wissen, die Revolution sabotieren, weil sie im Grunde das Volk nicht kennen und es verachten. Die Roten Garden rufen ihm ins Gedächtnis, dass China durch die kulturelle und ideologische Transformation für die schwere Ungleichheit in der Vergangenheit büßen muss. Sie legen auch einen gewissen Sinn für Praktisches an den Tag: Als sie sein Haus durchsuchen, leeren sie alle Schränke aus in der Hoffnung, Grundbriefe darin zu finden, um sie bei einem «Dynastiewechsel [...] irgendwann einmal geltend machen zu können». Sie finden nichts, aber Song Fanping, der Vater, wird schließlich gelyncht. Die beiden Söhne ziehen mit der Hilfe von Tao Qing seinen Leichnam auf einem Karren durch «die kleine Stadt Liuzhen». Von der Dramatik des Geschehens abgesehen, vermittelt der Roman eine Vorstellung, wie verwirrend die politisch-ideologische Transformation war, die in wenigen Jahrzehnten von der Kulturrevolution zum chinesischen Hyperkapitalismus führte, von den Karamellbonbons der Marke «Großer weißer Hase» aus sozialistischer Produktion, für die sich die Kinder Ende der 1960er Jahre und zu Beginn der 1970er Jahre begeisterten (zu einer Zeit, als nur der Chef der Abteilung für Volksbewaffnung in der Kreisregierung Anspruch auf ein glänzendes Fahrrad hatte), über die Phase in den 1990er Jahren, «da plötzlich jedermann glaubte, sich kaufmännisch betätigen zu müssen», und alle erdenklichen lukrativen Geschäfte gemacht wurden, bis zu den Raumfahrtplänen der neureichen Milliardäre der 2000er Jahre.[1]

1 In dem Roman *Brüder* (aus dem Chinesischen von U. Kautz, Frankfurt am Main: S. Fischer 2009) spielt das Thema der öffentlichen Toiletten und der schäbigen sanitären Einrichtungen eine große Rolle als Illustration der kommunistischen Misere in den 1960er und 1970er Jahren (und der junge Filou Li Guangtou hat so die Chance, seine Kenntnisse der weiblichen Anatomie gegen Schüsseln mit Nudeln der drei Köstlichkeiten einzutauschen). Das Thema ist auch sehr präsent in dem Film *Rjaba, mein Hühnchen*, einer wunderbaren postsowjetischen Komödie des Regisseurs A. Kontschalowski aus dem Jahr 1994.

Das chinesische Modell und die Überwindung der parlamentarischen Demokratie

Halten wir abschließend fest, dass das chinesische Regime seinen Fortbestand auch dadurch zu sichern versucht, dass es die Schwächen der anderen Modelle ausnutzt. Nachdem es seine Lehren aus dem Scheitern des Sowjetsystems und des Maoismus gezogen hat, versucht es, die Irrtümer der westlichen parlamentarischen Demokratien, in denen Wahlen so wichtig sind, nicht zu wiederholen. Die Lektüre der *Global Times* (der offiziellen chinesischen Tageszeitung) ist in dieser Hinsicht sehr aufschlussreich, vor allem seit dem Brexit-Referendum und der Wahl von Donald Trump. Über viele Spalten hinweg werden die nationalistischen, fremdenfeindlichen und separatistischen Tendenzen angeprangert, die in den westlichen Ländern zu beobachten seien, außerdem die explosive Mischung von Vulgarität, vorgegaukelter Wirklichkeit im Fernsehen und Vergötzung des Geldes, zu der die angeblich freien Wahlen und die wunderbaren politischen Institutionen, die der Westen der ganzen Welt aufzwingen wolle, angeblich führen. Betont wird, welchen Respekt die chinesischen Verantwortlichen der Welt bekundeten, insbesondere den Politikern der afrikanischen Länder, die der Präsident der Vereinigten Staaten, der vermeintliche Führer der «freien Welt», regelmäßig als *shithole countries* bezeichne.

Die Lektüre dieser Texte ist interessant und weckt tatsächlich Zweifel an der behaupteten zivilisatorischen und institutionellen Überlegenheit der westlichen Wahldemokratien. Die Vorstellung, dass die «westlichen» demokratischen Werte und Institutionen gewissermaßen eine einzigartige und nicht zu übertreffende Perfektion erreicht haben sollen, klingt wirklich absurd. Das parlamentarische System mit allgemeinen Wahlen alle vier oder fünf Jahre, bei denen die Repräsentanten ausgewählt werden, die anschließend die Gesetze machen dürfen, ist eine spezielle, historisch bedingte Form der politischen Organisation. Sie hat ihre Vorzüge und ihre Grenzen, die immer wieder hinterfragt und überwunden werden müssen.[1] Von den Vorwürfen, die postkommunis-

1 Siehe dazu J. Goody, *The Theft of History*, Cambridge: Cambridge University Press 2006 (Nachdruck 2012), Kapitel 9. Der Autor merkt an, dass die Übernahme dieser Institutionen zu mehr oder weniger zufälligen und zögerlichen Entwicklungswegen führte, und in keiner Weise zu grundsätzlich anderen Kulturen. Zum Beispiel hätten die Vereinigten Staaten den

tische Regime, vor allem das russische und das chinesische, traditionell gegen die westlichen parlamentarischen Institutionen erheben, verdienen zwei besondere Beachtung.[1] Der erste Vorwurf lautet, dass die Gleichheit der politischen Rechte eine Illusion sei, wenn die Informationsmedien von denen gekapert würden, die das Geld haben, weil sie dann die ideologische Kontrolle über die Köpfe ausüben und für den Fortbestand der Ungleichheiten sorgen könnten. Der zweite Vorwurf hängt eng mit dem ersten zusammen: Die politische Gleichheit bleibe theoretisch, wenn die besonders Reichen durch die Finanzierung der politischen Parteien Einfluss auf deren Programme und politischen Kurs nehmen könnten. Die Furcht, dass politische Prozesse zur Beute der Reichsten werden, ist besonders oft in den Vereinigten Staaten seit den 1990er Jahren zu hören, nachdem der Oberste Gerichtshof praktisch alle Grenzen aufgehoben hat, die bis dahin dem Einfluss des privaten Geldes in der Politik gesetzt waren.[2] Aber tatsächlich ist die Tragweite dieses Problems noch sehr viel größer.

Halten wir fest, dass die Frage der Finanzierung der Medien und der politischen Parteien nie wirklich mit allen Implikationen durchdacht wurde. Die meisten Länder haben gesetzliche Regelungen, um die Konzentration im Medienbereich zu begrenzen und die Finanzierung der Politik zu kontrollieren. Aber diese Regelungen sind im Allgemeinen unzureichend und bleiben weit unter dem, was das Prinzip gleicher Rechte auf politische Partizipation verlangen würde, ganz zu schweigen

Schwarzen wahrscheinlich nicht in den 1960er Jahren das Wahlrecht zugestanden, wenn sie die Bevölkerungsmehrheit (oder zumindest eine zu starke Minderheit) gewesen wären, und dann würde in dem Land vielleicht heute noch ein der Apartheid in Südafrika ähnliches Regime bestehen (siehe ebenda, S. 252).

1 Zu ergänzen ist noch eine allgemeine Kritik, die bereits erwähnt wurde und auf die wir noch zurückkommen werden: Demnach entstünden Gesetze in den westlichen parlamentarischen Regimen unter der Kontrolle der Verfassung und von mehr oder weniger strengen Verfassungsrichtern, was in der Vergangenheit oft dazu geführt habe, dass private Eigentumsrechte als unantastbar behandelt worden seien.

2 Zahlreiche Autoren haben sich mit dieser Kaperung der Politik in den Vereinigten Staaten beschäftigt. Siehe unter anderem J. Hacker, P. Pierson, *Winner-Take-All Politics. How Washington Made the Rich Richer – And Turned its Back on the Middle Class*, New York: Simon & Schuster 2010; K. Schlozman, S. Verba, H. Brady, *The Unheavenly Chorus: Unequal Political Voice and the Broken Promise of American Democracy*, Princeton: Princeton University Press 2012; T. Kuhner, *Capitalism vs Democracy. Money in Politics and the Free Market Constitution*, Redwood City: Stanford University Press 2014; L. Bartels, *Unequal Democracy. The Political Economy of the New Gilded Age*, Princeton: Princeton University Press 2016.

davon, dass es zahlreiche Rückschläge gab, vor allem in den letzten Jahrzehnten (und besonders in den Vereinigten Staaten und in Italien). Wenn man Lehren aus der Geschichte zieht, ist es dennoch möglich, neue Lösungen zu entwickeln; dazu gehören zum einen nicht gewinnorientierte, partizipative Medien, und zum anderen muss sichergestellt sein, dass alle Bürger bei der Finanzierung politischer Bewegungen gleich behandelt werden.[1] Wir kommen darauf zurück.[2]

Auf jeden Fall erscheint es schwierig, das Argument, die Mächte des Geldes hätten die Medien und die politischen Parteien gekapert, als Rechtfertigung zu verwenden, um Wahlen schlicht und einfach zu verbieten oder um die Kandidatenaufstellung durch ein Komitee daraufhin kontrollieren zu lassen, inwieweit sie der regierenden Partei genehm sind. So haben die russischen und osteuropäischen Politiker immer argumentiert, um an der Macht zu bleiben, ohne sich echtem Wettbewerb in Wahlen stellen zu müssen. Die Erfahrungen aus dieser Zeit sprechen nicht dafür, dass man das wiederholen sollte.

Im Lauf der Geschichte haben zahlreiche Regime mit dem Argument, der demokratische Prozess werde vom Geld dominiert, ebendiesen Prozess mit Füßen getreten, zum Beispiel indem sie staatliche Medien zu Propagandainstrumenten umfunktionierten, mit der offiziellen Begründung, ein Gegengewicht zur Propaganda der privaten Medien zu schaffen. Manchmal haben sie auch die Ergebnisse von Wahlen nicht anerkannt. Ein Beispiel ist das «bolivarische» Regime in Venezuela während der Amtszeit von Hugo Chávez von 1998 bis 2013 und seit 2013 von Nicolás Maduro. Dieses Regime präsentiert sich als neue, plebiszitäre Form des «Sozialismus» und nimmt für sich in Anspruch, das Geld aus dem Ölgeschäft sozialer und egalitärer zu verwenden als frühere Regierungen (was in Anbetracht der früheren oligarchischen Praktiken nicht besonders schwer, aber dennoch wichtig ist). Gleichzeitig basiert es auf einer hyperzentralistischen, autoritären persönlichen und staatlichen Machtausübung, die es regelmäßig durch Konsultationen der Bevölkerung und einen direkten Dialog mit «dem Volk» bestätigen lässt. Man denke nur an die berühmte Sendung *Alo presidente* im Staatsfernsehen, in der sich Chávez jeden Sonntag stundenlang an die Bevölkerung des Landes wandte (die längste Sendung dauerte mehr als

1 Siehe insbesondere J. Cagé, *Rettet die Medien. Wie wir die vierte Gewalt gegen den Kapitalismus verteidigen*, a. a. O.; dies., *Le prix de la démocratie*, Paris: Fayard 2018.

2 Siehe Kapitel 17, S. 1248–1254.

acht Stunden). Das bolivarische Regime siegte in zahlreichen Wahlen, überstand 2002 einen Putschversuch (bei dem die Putschisten Unterstützung aus den Vereinigten Staaten bekamen) und viele weitere Wechselfälle, deren Schilderung den Rahmen des vorliegenden Buches sprengen würde, und wurde schließlich bei den Parlamentswahlen 2015 klar abgewählt. Das Regime weigerte sich jedoch, abzutreten. Die Folge war eine schwere Krise, in der es vor dem Hintergrund einer Hyperinflation und wirtschaftlicher Auflösungserscheinungen auch zu Gewalt kam, und die bis heute andauert.[1]

Das Verhältnis von Chávez und den Medien ist interessant, weil sich kaum bestreiten lässt, dass die in Venezuela dominierenden privaten Medien, genau wie übrigens in anderen Ländern Lateinamerikas und auch in anderen Teilen der Welt, oft einseitig der Weltsicht ihrer Besitzer zuneigten (und die spiegelte deren finanzielle Interessen wider, die im Allgemeinen mit der maximal inegalitären Ausbeutung der Ölressourcen in Zusammenarbeit mit großen westlichen Gesellschaften verknüpft waren). Dennoch ist es keine befriedigende Lösung, dass ein Regime mit Verweis auf diese Realität die Kontrolle über die staatlichen Medien übernimmt und anschließend Wahlergebnisse nicht anerkennt, wenn sie ihm nicht passen. Abgesehen davon, dass eine solche Brutalisierung der demokratischen Institutionen und Hyperzentralisierung der Macht letztlich nur die proprietaristische Ideologie stärkt, die angeblich bekämpft werden soll, wie es gegenwärtig in Venezuela zu beobachten ist, löst sie auch die Probleme nicht. Aussichtsreicher ist es, die Finanzierung der Medien und politischen Parteien radikal zu reformieren, damit alle Meinungen die gleiche Chance haben, artikuliert zu

---

1 Am 1. Mai 2017 kündigte Präsident Maduro die Einberufung einer Verfassunggebenden Versammlung an, aber die Opposition widersetzte sich Neuwahlen. Daraufhin erklärte sich 2018 der Präsident des 2015 gewählten Parlaments zum Staatspräsidenten, er erhielt Unterstützung aus den Vereinigten Staaten und anderen westlichen Ländern (während Maduro von China und Russland unterstützt wurde). Neuwahlen könnten 2019 oder 2020 stattfinden. Die Nachfolge von Chávez analysiert K. Roberts, *Changing course in Latin America: Party systems in the Neoliberal Era*, Cambridge: Cambridge University Press 2014. Dem Autor zufolge können der Zerfall und die Brutalisierung des Parteiensystems in Venezuela (das zuvor relativ stabil war) auf eine spektakuläre Kehrtwende nach den Wahlen 1988 zurückgeführt werden: Die Mitte-Links-Partei AD hatte die Wahl mit einer Kampagne gegen den IWF gewonnen, und wenige Monate nach der Wahl setzte sie einen harten Sparkurs um. Daraufhin kam es 1989 in Caracas zu blutigen Unruhen, 1993 wurde der Staatspräsident, der aus der AD kam, wegen Korruption seines Amtes enthoben, und nach der Wahl 1998 gelangte Hugo Chávez ins Präsidentenamt (der selbst 1992 einen Staatsstreich versucht hatte).

werden («ein Mensch, eine Stimme» und nicht «ein Dollar, eine Stimme»), mit Respekt vor der Vielfalt der Standpunkte und dem Wunsch, dass die Macht nicht immer in denselben Händen liegen möge. Wir werden darauf noch zurückkommen.

Die Wahldemokratie, die Grenzen und das Eigentum

Die Frage, welchen Einfluss die Reichen auf die Finanzierung von Medien und Parteien nehmen, ist zwar wichtig, aber bei weitem nicht der einzige Kritikpunkt, den man gegen die westlichen parlamentarischen Systeme und ihre Wahlen vorbringen kann. Nehmen wir einmal an, das Problem des gleichen Zugangs zu den Medien und zu finanziellen Ressourcen für politische Zwecke wäre vollständig gelöst. Dann stünde die westliche Demokratietheorie immer noch vor drei großen konzeptuellen Hürden: Ihr würde eine Theorie der Grenzen fehlen, eine Theorie des Eigentums und eine Theorie der Entscheidungsfindung.

Die Frage nach den Grenzen liegt auf der Hand: Auf welchem Gebiet und in welcher Gemeinschaft soll das Gesetz der Mehrheit gelten? Reicht es, dass eine Stadt, ein Wohnviertel, eine Familie mit Mehrheit entscheidet, auszutreten, damit das Gesetz der Mehrheit für sie nicht mehr gilt und sie zu einem souveränen und legitimen Staat wird, in dem das Gesetz der Mehrheit des Stammes gilt? Die Angst vor einer unendlichen und schrankenlosen separatistischen Eskalation war immer das entscheidende Argument, das viele autoritäre Regime gegen Wahlen ins Feld geführt haben. Das trifft ganz besonders für das chinesische Regime zu, dessen Selbstverständnis zu einem großen Teil darauf beruht, dass es in der Lage ist, das friedliche Zusammenleben von 1,3 Milliarden Menschen zu organisieren, anders als in Europa, wo sich von jeher unterschiedliche Stämme gegenseitig mit Hass überzogen haben. In den Augen des Pekinger Regimes rechtfertigt die europäische Situation die Ablehnung sogenannter «freier» Wahlen, die in Wahrheit nur die identitären und nationalistischen Leidenschaften schürten. Die chinesische Antwort ist interessant, aber sie beantwortet eine wichtige Frage nur ansatzweise. Eine befriedigendere Antwort bestünde darin, eine transnationale Theorie der Demokratie zu entwickeln, basierend auf einem demokratischen Sozialföderalismus und Normen für sozioökonomische Gerechtigkeit auf regionaler und dann auch auf weltweiter Ebene. Die Aufgabe ist alles andere als einfach, aber es gibt nicht viele andere Optionen.[1]

Die Eigentumsfrage wirft genauso beängstigende Probleme auf wie die westliche Demokratietheorie. Kann das Gesetz der Mehrheit zu einer vollständigen, sofortigen Neudefinition und Neuverteilung der Eigentumsrechte führen? Grundsätzlich ist es sicher kein absurder Gedanke, Regeln und Verfahren festzulegen (zum Beispiel mit qualifizierter Mehrheit), die bestimmte Aspekte der Rechts- und Sozialordnung, des Steuer- und Bildungssystems auf Dauer festschreiben, und allzu abrupte Veränderungen zu vermeiden, ohne jedoch den sozio-ökonomischen Wandel zu blockieren, wenn er allgemein für nötig befunden wird. Das Problem besteht darin, dass dieses Argument von den proprietaristischen Ideologien intensiv genutzt wurde, um in die Verfassungen Regelungen aufzunehmen, die *de facto* jede Neudefinition von Eigentumsrechten auf legale und friedliche Weise verhindern, auch bei Hyperkonzentration von Eigentum und im Übrigen auch, wenn die ursprüngliche Aneignung auf besonders dubiose oder gänzlich inakzeptable Weise erfolgt ist.[2]

Das Stabilitätsargument haben verschiedene Einparteiensysteme auch als Rechtfertigung dafür benutzt, um bestimmte Entscheidungen (insbesondere über das Staatseigentum an den Produktionsmitteln) der Diskussion durch die Wähler zu entziehen oder sogar Wahlen ganz zu verbieten (oder die Kandidatenauswahl einem Ad-hoc-Komitee zu übertragen). Das betrifft im Übrigen nicht nur kommunistische Systeme im engen Sinn. Viele afrikanische Staaten haben bei der Unabhängigkeit Einparteiensysteme installiert, zumindest vorübergehend, manchmal um Separatismus und Bürgerkrieg zu verhindern, manchmal auch mit dem Vorwand, es sei unmöglich, die Wirkungen bestimmter sozial- und wirtschaftspolitischer Entscheidungen innerhalb von nur vier bis fünf Jahren zu ermessen.[3] Die Renten- und Krankenversicherungssysteme in

---

1 Siehe Kapitel 16, S. 1093–1127, und Kapitel 17, S. 1255–1270.

2 Man denke an die Appropriationen von Adligen, die während der Französischen Revolution diskutiert wurden oder im 19. Jahrhundert in Großbritannien im Zusammenhang mit der Irlandfrage (siehe Kapitel 3–5), an die Appropriationen der Sklavenhalter- und Kolonialstaaten (siehe Kapitel 6–9) oder an die Appropriationen natürlicher Ressourcen und staatlicher Unternehmen durch russische und chinesische Oligarchen, von denen in diesem Kapitel die Rede war.

3 Siehe J. Goody, *The Theft of History*, a. a. O., S. 251.

den meisten europäischen Sozialdemokratien sind zwar nur bedingt als Vergleich geeignet, aber sie geben den Gewerkschaften große Mitsprache. Das immunisiert diese Sozialsysteme in gewissem Umfang gegen dramatische Kurswechsel infolge von Wahlen: Eine hinreichend große und dauerhafte parlamentarische Mehrheit kann die Kontrolle über diese Einrichtungen übernehmen, aber das erfordert eine besonders starke demokratische Legitimierung durch Wahlen. Allgemein muss es erlaubt sein darüber nachzudenken, ob und wie soziale Rechte, Bildungsgerechtigkeit und Steuerprogression in der Verfassung verankert werden sollten.

Auf all diese komplexen und legitimen Fragen hat das chinesische Regime eine Antwort. Dank solider intermediärer Körperschaften wie der KPCh (mit rund 90 Millionen Mitgliedern im Jahr 2015, etwa 10 % der erwachsenen Bevölkerung) ist es möglich, die Erörterung und Entscheidung solcher Fragen zu organisieren und ein Modell für eine stabile, harmonische und reflektierte Entwicklung zu erarbeiten, ohne dass die gleichen identitären Dynamiken und zentrifugalen Kräfte wie in den westlichen Wahlsupermärkten ins Spiel kommen. Diese Auffassung wurde beispielsweise nachdrücklich 2016 bei einer von chinesischen Funktionären organisierten Konferenz über «die Rolle der politischen Parteien bei der weltweiten Steuerung der Wirtschaft» vertreten, und man findet sie auch regelmäßig auf der Website der *Global Times.*[1] Die sehr große Mitgliederzahl der KPCh entspricht im Übrigen in etwa der Zahl der Wähler, die sich an den Vorwahlen in den Vereinigten Staaten und in Frankreich beteiligen, bei denen die Kandidaten für die Präsidentschaftswahl bestimmt werden (in beiden Fällen jeweils rund 10 % der erwachsenen Bevölkerung bei den letzten beiden Wahlen). Die Zahl der aktiven Parteimitglieder liegt in den westlichen Ländern deutlich niedriger, im Allgemeinen sind es nur wenige Prozent der Bevölkerung.[2] Die Beteiligung an allgemeinen Wahlen, Parlaments- wie Präsidentschaftswahlen, ist dort hingegen deutlich höher (in der Regel über

1 Zu den bei der Konferenz 2016 vorgelegten Dokumenten siehe Technischer Anhang. Die Lektüre der *Global Times* ist der direkteste Weg, um sich mit chinesischen Argumenten zu diesen Fragen vertraut zu machen.

2 Der Betriff «Aktivist» erfährt gegenwärtig eine Neudefinition, genau wie andere Formen der Partizipation (rückläufige Beteiligung an Sektionssitzungen, steigende Online-Aktivitäten).

50 %, obwohl die Wahlbeteiligung in den letzten Jahrzehnten massiv abgenommen hat, vor allem in den unteren Volksschichten).[1]

Nach der chinesischen Argumentation sind Beratung und Entscheidungsfindung innerhalb einer Organisation wie der KPCh tiefgründiger und reflektierter als auf den Marktplätzen in den westlichen Demokratien. Statt sich darauf zu stützen, dass die Wähler entsprechenden Fragen alle vier oder fünf Jahre ein paar Minuten oberflächliche Aufmerksamkeit schenken, wie es in den westlichen Wahldemokratien der Fall sei, ruhe die gelenkte und von einer Partei geprägte chinesische Demokratie auf einer erheblichen Minderheit der Bevölkerung, die der Partei angehöre; diese Parteimitglieder seien in vollem Umfang eingebunden und informiert und würden gemeinsam ausführlich zum Wohl des Landes beraten. Ein solches System sei besser geeignet, vernünftige Kompromisse im Interesse des Landes und der gesamten Gemeinschaft zu finden, besonders bei Grenz- und Eigentumsfragen.

Eine interessante Illustration der chinesischen Überzeugung, dass die gelenkte Demokratie besser in der Lage ist, Grenzfragen zu lösen, als die Wahldemokratie, bietet der Werdegang von Hu Xijin, derzeit Chefredakteur der *Global Times*, wie er ihn selbst geschildert hat. Als junger Student erlebte er die Ereignisse auf dem Tienanmen-Platz 1989 intensiv mit. Er erzählt, der plötzliche Zerfall der Sowjetunion und noch mehr die separatistischen Kriege zwischen den Bevölkerungsgruppen in Jugoslawien hätten ihn traumatisiert; sie hätten in seinen Augen gezeigt, dass die beruhigende Rolle einer Partei nötig sei und man derartige Entscheidungen nicht den Launen der Wähler überlassen dürfe.[2]

Ein klassischer Vorwurf (und der schärfste) des Regimes in Peking gegen die Demonstranten in Hongkong, die für Demokratie auf die Straße gehen, lautet, dass sie aus Egoismus handelten, vor allem wenn sie ihren Widerstand (oder zumindest ihre Vorbehalte) gegen Zuwanderer aus der Volksrepublik bekundeten. Anders gesagt: Bei ihrer angeblichen Liebe zur Demokratie und zu «freien» Wahlen gehe es in Wahrheit darum, ihre Privilegien in ihrem Stadtstaat zu erhalten. Tatsächlich sind die Stimmen, die die Unabhängigkeit Hongkongs wollen, innerhalb der Protestbewegung in der Minderheit, in erster Linie wird

1 Siehe Kapitel 14, Grafiken 14.7 und 14.8.

2 Siehe Interview mit Hu Xijin, *Le Monde*, 15. Oktober 2017.

Demokratie gefordert im Rahmen eines föderalen, demokratischen chinesischen Gesamtstaats mit Personenfreizügigkeit und einem Mehrparteiensystem – Forderungen, die die KPCh entschieden zurückweist.[1]

Die Einheitspartei und die Reformierbarkeit der gelenkten Demokratie

Als weiteres wichtiges Argument hebt China immer hervor, dass in der KPCh alle Bevölkerungsschichten vertreten seien. Damit erlaube das System, Koordination und Partizipation innerhalb einer Personengruppe zu organisieren, die zwar eine Minderheit der chinesischen Gesellschaft darstelle, aber motivierter und entschlossener sei als der Durchschnitt der Bürger (dank des Kooptationssystems und der Eintrittsregeln) und gleichzeitig die Bevölkerung besser repräsentiere als die westlichen Parteien und die parlamentarische Demokratie mit ihren Wahlen. Nach allen verfügbaren Zahlen waren von den rund 90 Millionen Mitgliedern der KPCh im Jahr 2015 rund 50 % Arbeiter, Angestellte und Bauern, 20 % Rentner und 30 % leitende technische und Verwaltungsangestellte in staatlichen Unternehmen.[2] Der Anteil der leitenden Angestellten an den Parteimitgliedern liegt zwar über ihrem Anteil an der Gesamtbevölkerung (zwischen 20 % und 30 %), aber der Abstand ist nicht sehr groß, auf jeden Fall nicht so groß wie in den meisten westlichen Parteien.[3]

Die Argumentation, in der gelenkten Parteidemokratie chinesischer Prägung seien die Diskussionsprozesse tiefgründiger und repräsentativer, ist interessant und von einem rein theoretischen Standpunkt aus durchaus überzeugend. Dennoch gibt es dabei erhebliche Probleme.

---

1 Zur Komplexität der politisch-ideologischen Entwicklungen in der Demokratiebewegung von Hongkong siehe S. Veg, «The Rise of ‹Localism› and Civic Identity in Post-handover Hong Kong: Questioning the Chinese Nation-state», *The China Quarterly* 230 (Juni 2017), S. 323–347.

2 Siehe C. Li, «China's Communist Party-State: The Structure and Dynamics of Power», in: *Politics in China: An Introduction*, hrsg. von W. Joseph, Oxford: Oxford University Press 2014, S. 203–205, Abbildung 6.4. Siehe außerdem ders., *Chinese Politics in the Xi Jinping Era. Reassessing Collective Leadership*, Washington: Brookings Institution 2016, S. 42–44.

3 Die westlichen sozialistischen, kommunistischen und sozialdemokratischen Parteien konnten sich bis in die 1970er und 1980er Jahre auf erkleckliche Heerscharen aktiver Mitglieder aus der Arbeiterschicht verlassen. Aber inzwischen dominieren Angestellte und Intellektuelle, genau wie bei ihren Wählern. Siehe Kapitel 14–16.

Zunächst einmal ist es schwierig, genau zu sagen, welche Rolle die Arbeiter, Angestellten und Bauern für das Funktionieren der Partei auf lokaler Ebene tatsächlich spielen. Auf der höchsten Ebene, das heißt im Nationalen Volkskongress (NVK), der zentralen legislativen Körperschaft nach der chinesischen Verfassung, und noch mehr in seinem Ständigen Ausschuss, der zwischen den jährlichen Sitzungen des NVK die Macht ausübt, sind Wirtschaftsvertreter und chinesische Milliardäre massiv überrepräsentiert.[1] Westliche Presseorgane heben das immer wieder hervor als Beleg für die Heuchelei des chinesischen Regimes, das eher einer Plutokratie (in der das Geld die Macht hat) gleiche als einem kommunistischen System, bei dem in Zellen, die die Gesellschaft repräsentieren, beraten wird. Die Kritik ist durchaus gerechtfertigt. Allerdings sind die verfügbaren Zahlen sehr vage. Nach dem, was wir zusammengetragen haben, ist die Überrepräsentation sehr reicher Personen im Nationalen Volkskongress Chinas zwar unbestreitbar hoch, aber nicht höher als im Kongress der Vereinigten Staaten von Amerika (eine nicht eben beruhigende Feststellung). Sie scheint aber sehr viel stärker zu sein als in Europa. In den europäischen Parlamenten sind die unteren Schichten massiv unterrepräsentiert und eher die intellektuellen und freien Berufe überrepräsentiert als die Wirtschaft und die sehr Vermögenden.[2] Auf jeden Fall scheint die Behauptung, in der gelenkten Demokratie chinesischer Prägung würden alle Schichten der Gesellschaft repräsentativer einbezogen als in den westlichen Wahldemokratien, nicht haltbar.

Die chinesische Vorstellung der vertieften Debatte einer aufgeklärten Minderheit von Parteimitgliedern wirft zum gegenwärtigen Zeitpunkt ganz grundsätzlich ein großes Problem auf. Eine solche Debatte hinterlässt keine Spuren, sodass niemand im Rest des Landes (und noch weniger im Rest der Welt) sich selbst ein Bild davon machen kann, wie

---

1 Der NVK hat ungefähr 3000 Mitglieder und tritt jährlich nur für zehn Tage zusammen. Dem Ständigen Ausschuss gehören 175 Mitglieder an (die aus den Reihen des NVK gewählt werden), er tagt den Rest des Jahres im Rahmen des Mandats, das ihm bei den jährlichen Sitzungen des NVK übertragen wird. Nach der chinesischen Verfassung hat der NVK große Macht (er verabschiedet Gesetze, wählt den Präsidenten der Volksrepublik etc.) und wird von allen chinesischen Bürgern gewählt. In der Praxis erfolgt die Wahl indirekt über mehrere Stufen, und alle Kandidaten der verschiedenen Stufen müssen von Komitees bestätigt werden, die von der KPCh kontrolliert werden.

2 Siehe Technischer Anhang und T. Piketty, *Das Kapital im 21. Jahrhundert*, a. a. O., S. 728–732.

die Erörterungs- und Entscheidungsprozesse konkret aussehen, und dementsprechend kann sich auch niemand eine Meinung bilden, wie legitim dieses Modell einer deliberativen Parteidemokratie ist. Es könnte anders sein: Die Diskussionen der Parteimitglieder könnten vollständig öffentlich geführt werden, und vor allem könnten dic Entscheidungen und die Auswahl dcr Kandidaten offen und mit konkurrierenden Voten stattfinden. Aber derzeit deutet nichts darauf hin, dass das Regime in absehbarer Zeit einen solchen Weg einschlagen könnte.

Es gibt interessante historische Beispiele, wie Einparteiensysteme sich langsam für Kandidaturen aus anderen Parteien und für andere Meinungen geöffnet haben. Man könnte dabei etwa an den Senegal denken, in dem seit der Unabhängigkeit ein Einparteiensystem bestand, bis durch die Verfassungsreform von 1976 schrittweise die Möglichkeit für andere (sorgfältig erfasste) ideologische Strömungen eingeführt wurde, ihre Kandidaten zu präsentieren. Die ersten angeblich freien Wahlen in den 1980er Jahren gewann mit großem Vorsprung die Sozialistische Partei (die ehemalige Einheitspartei von Präsident Senghor). Aber in den 1990er Jahren gab es bei den Wahlen immer mehr Konkurrenz, und der Wahlsieg der Senegalesischen Demokratischen Partei (PDS) von Abdoulaye Wade bei den Wahlen im Jahr 2000 führte sogar zu einem Machtwechsel. Ohne diesen Vorgang idealisieren zu wollen, zeigt er doch, dass politischer Wandel in sehr vielfältiger Form stattfinden kann.[1]

Fassen wir zusammen: Die gelenkte Parteidemokratie chinesischer Prägung hat keineswegs bewiesen, dass sie der westlichen parlamentarischen Demokratie mit freien Wahlen überlegen ist, vor allem weil es ihr eklatant an Transparenz fehlt. Die massive Zunahme der Ungleichheiten in China, über denen ein dichter Schleier liegt, weckt zugleich

---

1 Zu dem Thema siehe R. B. Riedl, *Authoritarian Origins of Democratic Party Systems in Africa*, Cambridge: Cambridge University Press 2014. Nach Sicht der Autorin sind Machtwechsel, die von der ehemaligen Einheitspartei organisiert werden (wie beispielsweise im Senegal oder in Ghana), im Allgemeinen erfolgreicher als solche, die mit der Auflösung der Einheitspartei einhergehen (wie in Benin oder Sambia). Das senegalesische Verfassungsgesetz von 1976 über die politischen Parteien sieht in Artikel 2 die Bildung von drei großen Strömungen vor: «Die von der Verfassung zugelassenen drei politischen Parteien sollen jeweils die folgenden Denkrichtungen repräsentieren: liberal und demokratisch; sozialistisch und demokratisch; kommunistisch oder marxistisch-leninistisch.» Die sozialistische und demokratische Richtung war bereits durch die Sozialistische Partei von Senghor besetzt, und für die liberale Richtung stand die Demokratische Partei von Wade. Die kommunistischen und marxistischen Strömungen widersetzten sich der Vereinnahmung in diesem wenig revolutionären demokratischen Übergang und blieben im Untergrund.

ernsthafte Zweifel, inwieweit die unteren chinesischen Volksschichten tatsächlich so adäquat vertreten und in die Beratungsprozesse einbezogen sind, wie es die KPCh behauptet. Gleichwohl müssen viele Kritikpunkte Chinas an die Adresse der westlichen politischen Systeme ernst genommen werden. Neben dem Einfluss des Geldes auf Medien und Parteien und den strukturellen Schwierigkeiten beim Umgang mit der Frage der Grenzen und des Eigentums ist unbestreitbar, dass die parlamentarischen Institutionen immer stärker von abgeschlossenen Zirkeln und Hinterzimmern dominiert werden, in der Europäischen Union ebenso wie in den Vereinigten Staaten. Auf jeden Fall muss die Idee der Repräsentation durch Regelungen für Diskussion und Partizipation ergänzt werden, die über die Stimmabgabe alle vier oder fünf Jahre hinausgehen. Konkrete Formen von Demokratie müssen immer wieder neu erfunden werden, und die ehrliche Gegenüberstellung historischer Modelle und Erfahrungen kann dazu natürlich einen Beitrag leisten mit dem Ziel, identitäre Verhärtungen und nationalistische Arroganz zu überwinden.

Osteuropa: ein Labor enttäuschter Hoffnungen nach dem Ende des Kommunismus

Wenden wir uns nun den kommunistischen und postkommunistischen Gesellschaften in Osteuropa zu. Die Prägung durch den Kommunismus ist dort sicher weniger stark als in Russland, einerseits weil die kommunistische Herrschaft nicht so lange währte, andererseits weil das Entwicklungsniveau zu Beginn der kommunistischen Ära in den meisten Fällen deutlich höher war als in Russland zum entsprechenden Zeitpunkt. Im Übrigen sind die Länder Osteuropas, die von 1950 bis 1990 kommunistisch waren, in den 2000er Jahren mehrheitlich der Europäischen Union beigetreten. Die Integration in einen prosperierenden wirtschaftlichen und politischen Raum hat für einen Aufholeffekt beim Lebensstandard und für politische Stabilisierung mit parlamentarischen Systemen und freien Wahlen gesorgt. Allerdings hat der Transformationsprozess auch zu wachsender Frustration und Verständnislosigkeit innerhalb der EU geführt, sodass Osteuropa zu einem regelrechten Labor enttäuschter Hoffnungen nach dem Ende des Kommunismus geworden ist.

Fangen wir mit den eher positiven Aspekten an. Zunächst gibt es eine verblüffende Feststellung: Wenn man die Einkommensungleichheit in Gesamteuropa (West- und Osteuropa zusammengenommen) betrachtet, ist das Niveau zwar höher, als wenn man sich nur Westeuropa anschaut, aber im Vergleich zum Niveau in den Vereinigten Staaten immer noch viel geringer (siehe Grafik 12.9). Die Kluft bei den Durchschnittseinkommen zwischen den ärmsten und den reichsten EU-Staaten, zum Beispiel zwischen Rumänien oder Bulgarien und Schweden oder Deutschland, ist erheblich und größer als etwa zwischen unterschiedlichen amerikanischen Bundesstaaten. Aber sie ist geschrumpft, und vor allem ist die Ungleichheit in den einzelnen europäischen Ländern (im Westen wie im Osten) deutlich geringer als innerhalb der amerikanischen Bundesstaaten, denn nur so kann die Ungleichheit insgesamt in Europa geringer sein. In Europa entfallen auf die ärmsten 50 % ungefähr 20 % des Gesamteinkommens, in den Vereinigten Staaten hingegen nur knapp 12 %. Dieser Unterschied wäre noch viel größer, wenn man die Zahlen für Mexiko und Kanada denen der Vereinigten Staaten zuschlagen würde. Ein solcher Vergleich wäre durchaus gerechtfertigt, einmal weil die Gesamtbevölkerungszahlen der beiden geografischen Räume dann näher beieinander lägen, aber auch, weil die Länder Nordamerikas ebenfalls in einer Wirtschaftsunion verbunden sind, wenn auch mit weniger sozioökonomischer und politischer Integration als in der Europäischen Union, die Strukturinvestitionen in benachteiligten Regionen finanziert und die Arbeitnehmerfreizügigkeit hat – beides wäre derzeit für den gesamten nordamerikanischen Raum undenkbar.

Die Feststellung, dass die Einkommensungleichheit in den ehemals kommunistischen Ländern Osteuropas geringer ist als in den Vereinigten Staaten oder im postsowjetischen Russland, lässt sich durch mehrere Faktoren erklären, vor allem dadurch, dass es in Osteuropa relativ entwickelte und egalitäre Systeme der Bildung und sozialen Sicherung gibt, die aus der kommunistischen Zeit stammen. Zudem verliefen die Transformationsprozesse nach dem Ende des Kommunismus weniger inegalitär und weniger abrupt als in Russland. In Polen beispielsweise, das neben der Tschechischen Republik zu den mittel- und osteuropäischen Ländern gehört, die sich zu Beginn der 1990er Jahre für die «Schocktherapie» entschieden haben, war der Übergang deutlich gemächlicher und ruhiger als in Russland. In den Jahren 1990–1992 fand zwar auch in Polen eine «Coupon-Privatisierung» kleiner Unterneh-

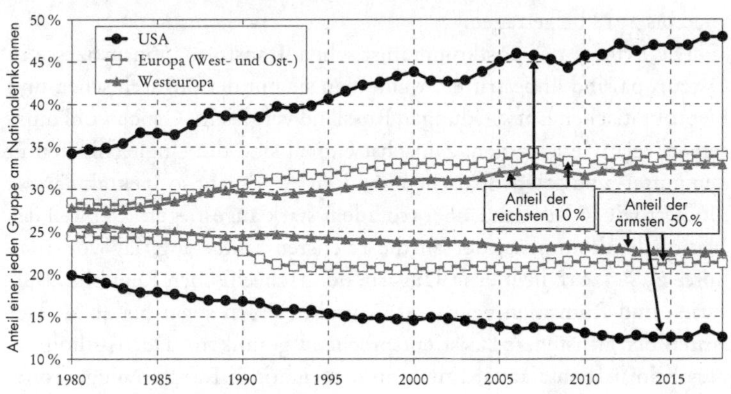

Grafik 12.9.: Die Einkommensungleichheit ist größer, wenn man die west- und die osteuropäischen Länder gemeinsam betrachtet (540 Mio. Einwohner), als wenn man sich allein auf Westeuropa konzentriert (420 Mio.) und Osteuropa ausklammert (120 Mio.). Das hängt mit den weiterhin bestehenden Unterschieden bei den Durchschnittseinkommen im Westen und Osten des Kontinents zusammen. Dennoch ist die Ungleichheit immer noch deutlich niedriger als in den Vereinigten Staaten (320 Millionen Einwohner).
Quellen und Reihen: siehe piketty.pse.ens.fr/ideologie.

men besonders in den Bereichen Handel und Handwerk statt, aber erst 1996 begann die Privatisierung der Großunternehmen richtig, und sie ging langsam vonstatten, während gleichzeitig das neue Rechts- und Steuersystem in Funktion trat, das es ermöglichte, die Konzentration von Aktien in den Händen einer kleinen Gruppe von Oligarchen, wie es in Russland der Fall war, einigermaßen zu begrenzen. Die Privatisierung der Großunternehmen, die ursprünglich entsprechend dem Gesetz von 1990 rasch hätte erfolgen sollen, wurde hauptsächlich aufgrund des massiven Widerstands der Gewerkschaft Solidarność verschoben; weniger Widerstand leistete die ehemalige kommunistische Partei, die zum Bündnis der Demokratischen Linken (SLD) wurde und im Zuge der Transformation an die Macht zurückkehrte.[1] Nach aktuellen Untersuchungen hat das schrittweise Vorgehen zum Erfolg des Transforma-

1 Die Sozialdemokraten der SLD, die von 1993 bis 1997 und von 2001 bis 2005 regierten, spielten eine wichtige Rolle bei der postkommunistischen Transformation Polens, bis sie bei den Parlamentswahlen 2005 abstürzten. Seitdem stehen sich die Liberalkonservativen der Bürgerplattform (PO) und die Nationalkonservativen der Partei Recht und Gerechtigkeit (PiS) gegenüber. Siehe Kapitel 16, S. 1068–1074.

tionsprozesses in Polen und zu dem starken Wirtschaftswachstum von 1990 bis 2018 beigetragen.[1]

Die Erfolge der postkommunistischen Transformationsprozesse in Osteuropa sind unbestritten, wenn man sie mit der oligarchischen und kleptokratischen Entwicklung in Russland vergleicht. Gleichwohl müssen sie relativiert werden. Zunächst einmal sind die Ungleichheiten in den mittel- und osteuropäischen Ländern zwar nicht so spektakulär explodiert wie in Russland, aber trotzdem stark angestiegen. Der Teil des Nationaleinkommens, der an die reichsten 10 % ging, lag vor 1990 unter 25 %. 2018 liegt er in Ungarn, der Tschechischen Republik, Bulgarien und Rumänien bei 30–35 % und in Polen sogar bei 40 %. Der Anteil der ärmsten 50 % ist entsprechend gesunken.[2] Der Aufholprozess beim Lebensstandard muss in den richtigen Rahmen eingeordnet werden. Das Durchschnittseinkommen in den osteuropäischen Ländern ist kaufkraftbereinigt zwar von knapp 45 % des europäischen Durchschnitts im Jahr 1993 auf rund 65–70 % im Jahr 2018 gestiegen. Aber weil die Produktion und die Einkommen beim Zusammenbruch des kommunistischen Systems 1989–1993 massive Rückgänge verzeichneten, ist das Ende der 2010er Jahre festgestellte Niveau letztlich immer noch weit vom westeuropäischen entfernt.[3]

Angesichts dieser gemischten sozioökonomischen Bilanz werden die Gefühle von Frustration und Unverständnis besser nachvollziehbar, die sich seit Beginn des neuen Jahrtausends in der Europäischen Union entwickelt haben. Die Euphorie nach der Integration Osteuropas ist rasch Enttäuschung und Vorwürfen gewichen. Aus Sicht der Westeuropäer in der EU haben die Osteuropäer keinen Grund, sich zu beklagen: Sie haben von ihrem Anschluss an die EU profitiert, der sie von ihrem

---

1 Siehe M. Piatkowski, *Europe's Growth Champion. Insights from the Economic Rise of Poland*, Oxford: Oxford University Press 2018, S. 193–195. Der Autor betont außerdem die positive Rolle des egalitären Bildungswesens aus der kommunistischen Zeit, das erlaubt habe, die extrem inegalitären Strukturen zu überwinden, die noch zwischen den beiden Weltkriegen bestanden.

2 Siehe Technischer Anhang und T. Blanchet, L. Chancel, A. Gethin, «How Unequal is Europe? Evidence from Distributional National Accounts, 1980–2017», WID.world 2019, Abbildung 9. Siehe außerdem F. Alvaredo, L. Chancel, T. Piketty, E. Saez, G. Zucman, *Die weltweite Ungleichheit 2018 (Der World Inequality Report)*, a. a. O., und die weiter unten zitierten Arbeiten von F. Novokmet.

3 Siehe Technischer Anhang und T. Blanchet, L. Chancel, A. Gethin, «How Unequal is Europe? Evidence from Distributional National Accounts», a. a. O., Abbildung 4.

schlechten Entwicklungsweg weggebracht hat, auf dem sie sich nach den kommunistischen Verirrungen befanden, ganz zu schweigen davon, dass sie von der Union großzügige Transferzahlungen erhalten haben und noch erhalten. Wenn man die Differenz zwischen erhaltenen Zahlungen (insbesondere von den Europäischen Struktur- und Investitionsfonds) und geleisteten Zahlungen vergleicht, wie sie vom Statistischen Amt der Europäischen Union (Eurostat) höchst offiziell registriert werden, stellt man tatsächlich fest, dass Länder wie Polen, Ungarn, die Tschechische Republik und die Slowakei von 2010 bis 2016 Nettotransferzahlungen in Höhe von 2 % bis 4 % ihres BIP bekommen haben (siehe Grafik 12.10). Umgekehrt haben die größten westeuropäischen Länder, allen voran Deutschland, Frankreich und Großbritannien, im selben Zeitraum Nettozahlungen von 0,2–0,3 % ihres BIP geleistet. Diese Zahlungen haben im Übrigen bei den Brexit-Befürwortern jenseits des Ärmelkanals im Vorfeld des Referendums 2016 eine erhebliche Rolle gespielt.[1] Angesichts der eigenen Großzügigkeit versteht man in Westeuropa die Frustration und den Unmut im Osten nur schwer, der bisweilen dazu führt, dass nationalistische Regierungen gewählt werden, die offen auf Konfrontationskurs zu Brüssel, Berlin und Paris gehen, insbesondere in Polen und Ungarn.

Im östlichen Teil des Kontinents ist die Wahrnehmung vollkommen anders. Oft wird behauptet, die Stagnation der Einkommen hänge damit zusammen, dass die Länder an der östlichen Peripherie Europas von den dominierenden Mächten der EU in einem Zustand der dauerhaften ökonomischen Unterwerfung gehalten und ihre Einwohner als Bürger zweiter Klasse behandelt würden. In Warschau, Prag und Budapest ist die Sichtweise sehr verbreitet, aus dem Westen seien Investoren gekommen (hauptsächlich Deutsche und Franzosen), hätten die Länder im Osten als Reservoir für billige Arbeitskräfte genutzt und enorme Profite dort gemacht. Tatsächlich sind nach dem Zerfall des Kommunismus erhebliche Anteile des Kapitals der ehemaligen Ostblockländer schrittweise in die Hände westlicher Investoren gelangt: ungefähr ein Viertel des gesamten Kapitalstocks (einschließlich Immobilien) und

---

1 Der Gesamthaushalt der Europäischen Union beläuft sich auf ungefähr 1 % des BIP der EU. Er besteht hauptsächlich aus Zahlungen der Mitgliedstaaten entsprechend ihrem Bruttonationaleinkommen (BNE). Der Haushalt wird gemeinsam vom Europäischen Parlament und vom Rat der Staats- und Regierungschefs (mit Einstimmigkeit) verabschiedet. Zu den Haushaltszahlen siehe Technischer Anhang.

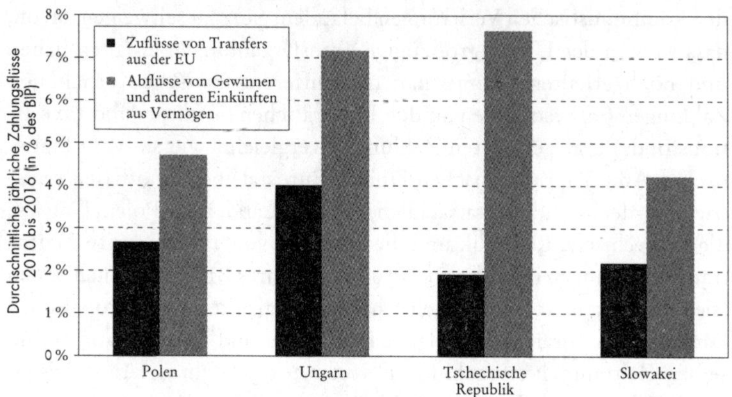

Grafik 12.10.: Von 2010 bis 2016 belief sich der jährliche Zufluss von Transferzahlungen der EU (die Differenz zwischen allen erhaltenen Zahlungen und den Beiträgen zum EU-Haushalt) in Polen im Durchschnitt auf 2,7 % des BIP. Im selben Zeitraum flossen Gewinne und andere Einkünfte aus Vermögen (nach Abzug der entsprechenden Abflüsse) in Höhe von 4,7 % des BIP ab. Für Ungarn lagen die entsprechenden Zahlen bei 4,0 % und 7,2 %
Quellen und Reihen: siehe piketty.se.ens.fr/ideologie.

mehr als die Hälfte des Unternehmensbesitzes (bei großen Unternehmen noch mehr).

Die erhellenden Untersuchungen von Filip Novokmet haben gezeigt, dass die Ungleichheiten in Osteuropa weniger stark zugenommen haben als in Russland und den Vereinigten Staaten, weil ein großer Teil der hohen Einkommen aus osteuropäischem Kapital ins Ausland fließt (ganz ähnlich wie auch schon vor der kommunistischen Ära, als die Kapitalbesitzer ebenfalls Deutsche, Franzosen und Österreicher waren).[1] Im Grunde war es nur in der kommunistischen Zeit so, dass in Osteuropa nicht Eigentümer aus dem Westen dominierten. Dafür standen die Länder damals unter dem militärischen und politisch-ideologischen Einfluss des großen Nachbarn Russland, eine noch viel unangenehmere Situation, die sich niemand zurückwünscht. Dieses Dilemma führt sicher zu einer gewissen Ratlosigkeit.

Die Folgen des grenzüberschreitenden Besitzes sind, was die Einkommensströme anbetrifft, nicht zu vernachlässigen. Aus den Volks-

1 Siehe F. Novokmet, *Between Communism and Capitalism. Essays on the Evolution of Income and Wealth Inequality in Eastern Europe 1890–2015 (Czech Republic, Poland, Bulgaria, Croatia, Slovenia, Russia)*, Paris: EHESS 2017. Die Untersuchungen für die einzelnen Länder sind verfügbar unter WID.world. Siehe Technischer Anhang.

wirtschaftlichen Gesamtrechnungen geht hervor, dass sich die Abflüsse von Gewinnen und anderen Einkünften aus Vermögen (Zinsen, Dividenden etc.) abzüglich der entsprechenden Zuflüsse zwischen 2010 und 2016 in den verschiedenen osteuropäischen Ländern im Durchschnitt auf 4–7 % des BIP summierten, das heißt deutlich mehr als die Transferzahlungen der Europäischen Union, sowohl für Polen und Ungarn wie für die Tschechische Republik und die Slowakei (siehe Grafik 12.10).

Die «Naturalisierung» der Marktkräfte in der Europäischen Union

Der Vergleich der beiden Kapitalströme zeigt sicher nicht, dass die Hinwendung zur Europäischen Union für Osteuropa schlecht war (anders als manche nationalistischen Politiker zuweilen behaupten). Die Abflüsse von Gewinnen sind die Kehrseite der Investitionen in den betreffenden Ländern (und manchmal auch vorteilhafter Privatisierungen), die aller Logik nach zur Steigerung der Gesamtproduktivität in Osteuropa und damit auch zu höheren Löhnen und Gehältern beitragen. Allerdings waren die Zuwächse bei Löhnen und Gehältern längst nicht so groß wie erwartet, zum Teil aufgrund der Verhandlungsmacht der westlichen Eigentümer, die immer damit drohen können, ihr Kapital abzuziehen, wenn die Renditeerwartungen sich nicht erfüllen; damit konnten sie die versprochenen Erhöhungen reduzieren.

In Anbetracht des Umfangs der Kapitalflüsse stellt sich hier eine auf jeden Fall sinnvolle Frage. Generell kommen Löhne und Gewinne nicht zufällig zustande. Ihre Höhe hängt vor allem von den Institutionen und sozialen Regeln (insbesondere denen, die die Gewerkschaften betreffen) in jedem einzelnen Land ab, außerdem von den geltenden rechtlichen und steuerlichen Bestimmungen, die auf europäischer Ebene eingeführt wurden oder nicht (sie sind deshalb so wichtig, weil es für ein kleines Land schwer ist, allein die Mechanismen der Lohnfestsetzung zu beeinflussen). Besonders relevant ist die Frage in einer Situation, in der der Anteil der Löhne an dem von den Unternehmen erzeugten Mehrwert in Europa wie weltweit seit den 1980er Jahren tendenziell abnimmt und die Kurve bei den Gewinnen gleichzeitig nach oben zeigt, ein Phänomen, das zum Teil damit zusammenhängt, wie sich die Verhandlungsmacht von Aktionären und Gewerkschaften entwickelt hat.[1] Andere kollektive Institutionen und Gehaltsregeln hätten in Europa zu deutlich höheren Löhnen und Gehältern in Osteuropa führen können (und in Zukunft könnte es tatsächlich so kommen) und damit zu einer deutlichen Verringerung der abfließenden Gewinne. Das hätte wiederum einen erheblichen makroökonomischen Effekt haben können, etwa in der gleichen Größenordnung wie die Zuflüsse, die von der Europäischen Union kommen.[2] Es ist unbestritten, dass die westeuropäischen Länder beträchtliche wirtschaftliche und finanzielle Vorteile von der Integration der osteuropäischen Länder in die Europäische Union hatten (das gilt ganz besonders für Deutschland, einmal wegen seiner geografischen Lage, dann auch wegen der Spezialisierung der deutschen Industrie). Folglich ist die Frage, wie die daraus resultierenden Gewinne aufgeteilt werden, legitim und wichtig, nicht zuletzt, weil sie dazu beigetragen haben, dass Deutschland einen einmalig hohen Handelsbilanzüberschuss aufhäufen konnte.[3]

Bei den dominierenden Mächten auf dem europäischen Kontinent und insbesondere in Deutschland und Frankreich besteht gleichwohl die Tendenz, das Problem der Abflüsse von Gewinnen aus Osteuropa gänzlich zu ignorieren. Implizit geht man von dem Grundsatz aus, dass «der Markt» und «die ungehinderte Konkurrenz» zu einer gerechten Aufteilung der Reichtümer führen werden, und Transferzahlungen auf der Grundlage dieses «natürlichen» Gleichgewichts erscheinen als Akte der Großzügigkeit seitens der Gewinner des Systems (deshalb ist der Blick ganz auf staatliche Transferzahlungen fokussiert). Tatsächlich sind

---

1 Zu den unterschiedlichen Faktoren, die den Rückgang der Löhne und Gehälter erklären, siehe Technischer Anhang. Siehe außerdem T. Piketty, *Das Kapital im 21. Jahrhundert*, a. a. O., Kapitel 6, sowie L. Karabarbounis und B. Neiman, «The Global Decline of the Labor Share», *Quarterly Journal of Economics* 129, 1 (2014), S. 61–103.

2 Würde beispielsweise der Abfluss von Gewinnen aus Ungarn oder der Tschechischen Republik um 30 % reduziert, würde das für diese Länder einen Zuwachs von 2–3 % des jährlichen BIP bedeuten. Siehe Grafik 12.10.

3 Exporte und Importe lagen in Deutschland und Frankreich in den 1990er Jahren auf ähnlichen Niveaus (um 20–25 % des BIP). In der Zeit von 1995 bis 2015 verdoppelten sie sich in Deutschland (auf 40–45 % im Jahr 2015), in Frankreich stiegen sie langsamer an (auf 30 % im Jahr 2015), was sich mit der allgemeinen weltweiten Entwicklung deckte. Die Entwicklung in Deutschland hängt mit einer sehr starken Verflechtung mit den Produktionskreisläufen in Osteuropa zusammen und geht mit einem beträchtlichen Handelsbilanzüberschuss sowie der Akkumulation erheblicher Vermögenswerte im Ausland einher. Siehe Technischer Anhang und Zusatzgrafik S12.10. Siehe außerdem Kapitel 7, Grafik 7.9.

die Eigentumsbeziehungen und Produktionsverhältnisse immer komplex, vor allem in einem so großen Gebilde wie der EU, und lassen sich allein durch «den Markt» nicht regeln. Das Marktgleichgewicht ist ganz und gar nicht «natürlich». Es kommt immer auf die konkreten Institutionen und Regeln an, die aus spezifischen soziohistorischen Kompromissen hervorgegangen sind und vor allem vom Rechts-, Steuer- und Sozialsystem abhängen, vom Arbeits- und Unternehmensrecht und von der Verhandlungsmacht der Arbeitnehmer. Die Tatsache, dass die EU im Wesentlichen auf dem freien Waren- und Kapitalverkehr und der Konkurrenz unterschiedlicher Gebiete gründet und praktisch keine gemeinsame Steuer- und Sozialpolitik besitzt, hat unweigerlich Auswirkungen auf das Niveau von Gehältern und Gewinnen und dessen Zustandekommen. Dabei zeigt sich eine Tendenz zur Bevorzugung besonders mobiler Akteure (der Investoren und Eigentümer gegenüber den Arbeitnehmern).

Die Tendenz der dominierenden Wirtschaftsakteure, die Kräfte des Marktes und die daraus resultierenden Ungleichheiten zu «naturalisieren», ist übrigens häufig zu beobachten, sowohl innerhalb der einzelnen Länder wie im Verkehr zwischen ihnen. Besonders auffallend ist das in der Europäischen Union, und im Verlauf der Jahre 1990–2020 führte es zu schweren Missverständnissen und Fehlinterpretationen, nicht nur zwischen Osteuropa und Westeuropa, sondern auch zwischen Nordeuropa und Südeuropa, die erhebliche Bedrohungen für das europäische Projekt darstellten. In deren Gefolge konnten sich die Schuldenkrise der Eurozone und die Zinsspekulationen entwickeln. Der Vertrag von Maastricht, in dem 1992 die Regeln für das Funktionieren der gemeinsamen Währung festgelegt wurden, hielt eine Vergemeinschaftung von Staatsschulden und Steuersystemen nicht für sinnvoll. Der Kompromiss zwischen den verschiedenen Ländern bestand darin, die schwierigen politischen Fragen zu vertagen und sich auf einfache Defizitregeln zu einigen, gegen die nicht verstoßen werden darf, und vor allem auf die Befugnisse der Europäischen Zentralbank (EZB) und die Zusammensetzung ihrer Gremien, der mächtigen Gemeinschaftsinstitution, die ihre Beschlüsse mit einfacher Mehrheit trifft.[1] In den ersten Jahren nach

---

1 Dem Gouverneursrat der EZB gehören die Zentralbankchefs der Mitgliedstaaten der Eurozone an (ein Sitz pro Land) sowie die sechs Mitglieder des Direktoriums (Präsident, Vizepräsident und vier weitere Mitglieder), die vom Europäischen Rat mit qualifizierter Mehrheit (55 % der Staaten, die zusammen mindestens 65 % der Bevölkerung ausmachen)

der Euro-Einführung 1999 ging man natürlich davon aus, dass die gemeinsame Währung auf Dauer angelegt war. Logischerweise waren die Zinssätze in allen Ländern der Eurozone praktisch identisch. Von 2002 bis 2008 lagen die Zinsen für Staatsanleihen mit zehnjähriger Laufzeit bei ungefähr 4 % jährlich, in Deutschland genauso wie in Frankreich, Italien, Spanien, Portugal und Griechenland. Diese Situation hielt nicht lange an, was bei ruhigem Nachdenken eigentlich nicht verwunderlich ist.

Als sich die 2007–2008 nach dem Ausfall der *Subprime*-Hypotheken in Amerika und der Pleite von Lehman Brothers ausgebrochene Finanzkrise verschärfte und nachdem die EZB selbst Panik im Zusammenhang mit den griechischen Schulden geschürt hatte, traten allmählich erhebliche Differenzen über die Zinssätze zutage.[1] Die Zinssätze, die die als sicher und besonders solide geltenden Länder (vor allem Deutschland und Frankreich) zu zahlen hatten, sanken auf unter 2 % pro Jahr, während die Zinsen für Italien und Spanien auf 6 % stiegen (und sogar auf 12 % für Portugal und 16 % für Griechenland 2012). Wie immer auf den Finanzmärkten entwickelten diese spekulativen Bewegungen eine extreme sich selbst verstärkende Dynamik. Sobald die Märkte antizipierten, dass ein Land in Zukunft derart hohe Zinsen für seine Schulden würde zahlen müssen, galt es als potenziell insolvent, und das bestärkte die Akteure darin, noch höhere Zinssätze zu verlangen. Wegen der extremen Finanzialisierung der Wirtschaft und der spekulativen Kapitalflüsse – die man im Übrigen unbedingt strenger regulieren sollte –, konnte nur entschlossenes Handeln der Zentralbanken

---

gewählt werden. Durch dieses Verfahren sind im Allgemeinen die größeren Länder stärker im Gouverneursrat vertreten. Anfang 2019 bestand das Direktorium aus einem Italiener, einem Spanier, einem Franzosen, einer Deutschen, einem Belgier und einem Luxemburger. Der Euro, der am 1. Januar 1999 als Buchgeld für Banken und Unternehmen und am 1. Januar 2002 als Bargeld für die Bürger eingeführt wurde, galt Anfang 1999 in elf der 15 Mitgliedstaaten der EU und gilt mittlerweile in 19 von 28 EU-Mitgliedstaaten.

1 Siehe Technischer Anhang, Zusatzgrafik S12.11. Subprime-Hypotheken sind extrem riskante Immobilienkredite, deren Vergabe durch eine exzessive Deregulierung des Finanzsektors in den Vereinigten Staaten begünstigt wurde. Lehman Brothers war eine der größten Banken in Amerika, und ihre Pleite im September 2008 löste eine Panik an den Finanzmärkten aus, wie es sie seit 1929 nicht mehr gegeben hatte. Schließlich intervenierte die Federal Reserve massiv, um einen Dominoeffekt mit weiteren Pleiten zu verhindern. Ende 2009 erklärte die EZB, sie werde griechische Staatsanleihen nicht mehr als Garantien für Kredite akzeptieren, sollten die Ratingagenturen Griechenlands Bonität herabsetzen. Damit legte sie die Zukunft der Gemeinschaftswährung in die Hände von Akteuren, die sich in den vorangegangen Jahren nicht eben durch Redlichkeit ausgezeichnet hatten. Das befeuerte die Zinsspekulationen.

und der Politik derartige panische Ausschläge stoppen. Das passierte dann auch ab 2011–2012, als die EZB und die Politiker aus Deutschland und Frankreich erkannten, dass ihnen kein anderer Weg zur Rettung des Euros blieb. Die verspätete Reaktion konnte jedoch die schwere Rezession in Griechenland und den südeuropäischen Ländern nicht mehr verhindern und generell den Einbruch der Wirtschaftsleistung in der Eurozone.[1]

Ich komme später auf die jüngsten Entwicklungen bei den Zentralbanken und ihren Platz in der extrem vom Finanzkapitalismus geprägten Welt der Gegenwart zurück, ein Thema, das weit über die Eurozone hinausreicht.[2] An dieser Stelle möchte ich nur noch anfügen, dass parallel zu der verspäteten Intervention ein neuer Vertrag vereinbart wurde, der die Defizitregeln verschärfte,[3] und ein europäischer Fonds eingerichtet wurde, in den die Mitgliedstaaten proportional zu ihrem BIP einzahlen und bei dem sich Länder, die von den Finanzmärkten attackiert werden, Geld leihen können.[4] Konkret ermöglichte der Fonds, dass die reichsten europäischen Länder, allen voran Deutschland und Frankreich, Griechenland Geld leihen konnten zu einem Zinssatz, der unter dem lag, was die Finanzmärkte forderten (und der damals schwindelerregend war), aber doch deutlich über dem Zinssatz (damals praktisch null), zu dem die beiden großzügigen Geldgeber sich selbst Geld auf den Märkten leihen konnten. Genau wie bei den Abflüssen von Gewinnen aus Osteuropa zogen diese Vorgänge zwei diametral entgegengesetzte Lesarten nach sich. In Deutschland und Frankreich dachte man oft, man helfe den Griechen: Man nahm die Marktpreise als Anhaltspunkt (hier also die Zinssätze) und betrachtete jede Abweichung davon

1 Siehe Technischer Anhang, Zusatzgrafiken S12.12a–S12.12c. Nach dem Einbruch 2011–2012 dauerte es bis 2015, bis die Wirtschaftsleistung (BIP) der Eurozone wieder ihr Niveau von 2007 erreicht hatte (die Vereinigten Staaten, in denen die Krise ihren Ausgang genommen hatte, lagen da bereits wieder um 10 % über dem Niveau vor der Krise), und erst 2018–2019 war das BIP pro Kopf wieder so hoch wie vor der Krise.

2 Siehe insbesondere Kapitel 13, Grafiken 13.13 und 13.14.

3 Der neue europäische Haushaltsvertrag, der 2012 geschlossen wurde (Vertrag über Stabilität, Koordinierung und Steuerung in der Wirtschafts- und Währungsunion, SKS-Vertrag), legt für das Defizit eine Obergrenze von 0,5 % fest gegenüber 3 % im Vertrag von Maastricht (1992). Außerdem gelten automatische Sanktionen, wenn die Regeln nicht eingehalten werden (was in der Praxis bisher nicht gut funktioniert hat). Siehe Technischer Anhang und Kapitel 16.

4 Gemeint ist der Europäische Stabilitätsmechanismus (ESM), der ebenfalls 2012 durch einen neuen Vertrag eingerichtet wurde.

als einen Akt der Großzügigkeit. In Griechenland interpretierte man das ganz anders: Dort sah man in erster Linie die üppige Marge der Franzosen und Deutschen, und das, nachdem sie dem Land einen harten Sparkurs verordnet hatten, wodurch die Arbeitslosigkeit vor allem bei den jungen Menschen in die Höhe geschossen war und ein großer Ausverkauf von öffentlichen Vermögenswerten zu billigen Preisen stattgefunden hatte.

Die Sichtweise, Marktpreise und daraus resultierende Ungleichheiten für unantastbar zu halten, hat den Vorteil, einfach zu sein und die Büchse der Pandora voller Ungewissheiten, von der schon mehrfach die Rede war, verschlossen zu halten. Sie hat auch und vor allem einen großen Vorteil für die mächtigsten Akteure. Doch sie zeugt von Egoismus und Kurzsichtigkeit. Wie schon Polanyi in *The Great Transformation*[1] geschrieben hat, müssen die Märkte sozial und politisch eingehegt werden, und ihre Sakralisierung führt nur dazu, dass nationalistische und identitäre Spannungen angefacht werden. Das gilt ganz besonders für den Arbeitsmarkt, der Preise für Arbeitnehmer, und den Finanzmarkt, der Preise für ganze Länder festsetzt. Die jungen Griechen oder jungen Ungarn sind für die Schulden ihrer Länder und für die Zinssätze, die sie auf dem Markt bezahlen müssen, genauso wenig verantwortlich, wie die jungen Bayern oder Bretonen für die Zinsen verantwortlich sind, die ihre Länder bekommen. Wenn Europa nichts anderes anzubieten hat als Marktbeziehungen, ist nicht sicher, dass es auf Dauer Bestand haben wird. Würden hingegen die Griechen und Ungarn, die Bayern und Bretonen als Mitglieder ein und derselben politischen Gemeinschaft angesehen, mit den gleichen Rechten, über gemeinsame soziale, juristische und steuerliche Regeln zu beraten und sie einzuführen, zum Beispiel Regeln zur Festsetzung von Löhnen und Gehältern, zur progressiven Einkommen- und Eigentumsteuer etc., dann könnte es gelingen, die identitären Spaltungen zu überwinden und das Zusammenleben auf einer postnationalen sozioökonomischen Basis neu zu definieren. Ich komme später auf die europäischen Verträge und die Möglichkeit zurück, sie auf einer wirklich demokratischen und sozialen Basis neu zu begründen, sodass neue Normen für Gerechtigkeit entwickelt werden können, die für die große Mehrheit akzeptabel sind.[2]

1 Karl Polanyi, *The Great Transformation*, a. a. O. Siehe Kapitel 10, S. 529 und 590 f.

2 Siehe insbesondere Kapitel 16, S. 1093–1127.

Der Postkommunismus und die sozialnativistische Falle

Kehren wir abschließend zu der speziellen politisch-ideologischen Situation im postkommunistischen Osteuropa zurück und insbesondere zum Vormarsch des Sozialnativismus. Ohne Zweifel herrscht in allen postkommunistischen Ländern Desillusionierung angesichts der sozioökonomischen Ungleichheiten und der Umverteilungsprobleme und generell hinsichtlich der Regulierung und Überwindung des Kapitalismus. In Osteuropa wie auch in Russland und China glauben die Menschen, sie müssten den Preis für die unbedachten Versprechungen der verschiedenen kommunistischen und sozialistischen Revolutionäre der Vergangenheit bezahlen, und sind generell skeptisch gegenüber allen, die den Eindruck erwecken, sie könnten erneut solchen Trugbildern anhängen. Man kann natürlich beklagen, dass es derartigen Reaktionen bisweilen an Differenziertheit und Präzision fehlt und dass sie dazu neigen, ganz unterschiedliche historische Erfahrungen zu vermischen. Wie wir bereits angemerkt haben, ändert das dramatische Scheitern des russischen Sowjetsystems nichts daran, dass die schwedische Sozialdemokratie ein großer Erfolg war, und es ist bedauerlich, dass das postkommunistische Russland (oder Osteuropa) nicht versucht hat, sozialdemokratische Institutionen zu etablieren, statt oligarchischen und inegalitären Verirrungen ihren Lauf zu lassen. Jedenfalls ist das Gefühl der Enttäuschung in allen postkommunistischen Gesellschaften sehr tief verwurzelt und unterstützt zu Beginn des 21. Jahrhunderts massiv die neoproprietaristische Ideologie und generell eine gewisse Form des ökonomischen Konservativismus.

Im speziellen Fall Osteuropas wird dieser Faktor noch dadurch verstärkt, dass die fraglichen Länder klein sind, sowohl nach der Bevölkerungszahl wie nach den natürlichen Ressourcen, was ihre Möglichkeiten einschränkt, autonome Entwicklungsstrategien zu verfolgen. Russland und China haben dagegen kontinentale Dimensionen und können deshalb ihre eigenen politischen Projekte verfolgen (auf Gedeih und Verderb). Die osteuropäischen Länder sind Teil der Europäischen Union, eines Wirtschaftsraums, der weder eine gemeinsame Steuerpolitik noch eine gemeinsame Politik zur Reduzierung der Ungleichheiten betreibt; stattdessen setzt der Steuerwettbewerb zwischen den Mitgliedstaaten allen Umverteilungsideen rasch Grenzen, und die kleinen Länder haben einen Anreiz, praktisch zu Steuerparadiesen zu werden.

Diese verschiedenen Faktoren zusammengenommen erklären, warum sozialistische oder sozialdemokratische Parteien in Osteuropa weitgehend von der politischen Bühne verschwunden sind, so wie in Polen, wo sich mittlerweile die Liberal-Konservativen von der Bürgerplattform (PO) und die Nationalkonservativen der Partei für Recht und Gerechtigkeit (PiS) gegenüberstehen. Beide Parteien sind in wirtschaftlicher Hinsicht eher konservativ, ganz besonders in der Frage der progressiven Besteuerung, aber die PO gibt sich proeuropäisch, während die PiS nationalistische Töne anschlägt. So empört sie sich beispielsweise, Polen werde ständig als ein zweitrangiges Land behandelt. Vor allem unterstützt die PiS die ihrer Meinung nach zutiefst polnischen und traditionell katholischen Werte, zum Beispiel das Verbot der Abtreibung und der gleichgeschlechtlichen Ehe sowie die Weigerung, auch nur die geringste polnische Beteiligung am Holocaust und die geringsten antisemitischen Einstellungen einzuräumen (das geht so weit, dass Forscher, die das Gegenteil belegen wollen, kriminalisiert werden); sie tritt für die Kontrolle der Medien und des Justizapparats ein (die laut PiS durch die liberalen Werte bedroht sind) und für den unerbittlichen Widerstand gegen jede Form der Einwanderung aus nichteuropäischen Ländern. In dieser Hinsicht ist die Flüchtlingskrise von 2015, als Deutschland vorübergehend eine relativ offene Haltung gegenüber Flüchtlingen aus Syrien einnahm, ein wichtiger und aufschlussreicher Moment dieser politischen Neuordnung. Sie erlaubte einer politischen Strömung wie der PiS, sich vehement Quoten für die Aufnahmen von Flüchtlingen zu widersetzen, die die europäischen Politiker vorübergehend diskutierten, und gleichzeitig der PO vorzuwerfen (deren ehemaliger Vorsitzender Donald Tusk europäischer Ratspräsident geworden war), sie beuge sich den Diktaten aus Brüssel, Berlin und Paris.[1] Die PiS versucht mittlerweile durchaus erfolgreich, sich als die bessere Anwältin der unteren und mittleren Schichten zu präsentieren, indem sie sozialpolitische Umverteilungsmaßnahmen fördert wie beispielsweise Kindergeld, während sie zugleich gegen die strengen Haushaltskriterien der EU wettert. Alles in allem entsprechen die ideologischen Positionen der PiS in manchen Punkten einem gewissen «Sozialnativismus» in dem

---

1 Zur Verbindung zwischen dem Rat und den anderen europäischen Institutionen siehe Kapitel 16, S. 1093–1096.

Sinn, wie wir ihn bereits bei der Demokratischen Partei in den USA Ende des 19. Jahrhunderts und zu Beginn des 20. Jahrhunderts gesehen haben,[1] obwohl es natürlich viele Unterschiede gibt, angefangen mit der postkommunistischen Enttäuschung. Auf jeden Fall hat eine solche Konfrontation zwischen Nationalkonservativen und Liberalkonservativen, die zu einem großen Teil auch in Ungarn und in den anderen osteuropäischen Ländern zu beobachten ist, nicht viel mit dem «traditionellen» Rechts-Links-Konflikt zwischen Sozialdemokraten und Konservativen zu tun, wie er in Westeuropa und den Vereinigten Staaten einen Großteil des 20. Jahrhunderts hindurch bestand.

Im vierten Teil des Buches kommen wir ausführlich auf die politisch-ideologischen Veränderungen zurück, die mir wesentlich erscheinen, um die Entwicklung der Ungleichheiten zu verstehen und die künftigen Chancen für eine egalitäre, auf Umverteilung bedachte Koalition zu beurteilen. Halten wir an diesem Punkt fest, dass die Spaltung in Liberalkonservative und Nationalkonservative nicht einfach nur eine Besonderheit im postkommunistischen Osteuropa ist. Vielmehr könnten so die politischen Konflikte und Auseinandersetzungen in der Wählerschaft künftig in vielen westlichen Wahldemokratien aussehen; das lassen aktuelle Entwicklungen beispielsweise in Frankreich und den Vereinigten Staaten wie auch in Italien vermuten. Generell ist es eine mögliche Form, die der ideologische Konflikt in den Gesellschaften annehmen könnte, in denen man sich nicht mit der Reduzierung der Ungleichheiten befasst und Raum für identitäre Konflikte öffnet. Nur mit einer neuen internationalistischen Vision von universeller Gleichheit wird es möglich sein, diese Widersprüche zu überwinden.

1 Siehe Kapitel 6, S. 309–314.

13.

DER HYPERKAPITALISMUS: ZWISCHEN MODERNE UND RÜCKWÄRTSGEWANDTHEIT

Im letzten Kapitel haben wir analysiert, welche Rolle die kommunistischen und postkommunistischen Gesellschaften in der Geschichte der Ungleichheitsregime gespielt haben und vor allem bei der Rückkehr der Ungleichheiten seit den 1980er Jahren. Die heutige Welt ist direkt aus den großen politisch-ideologischen Transformationen hervorgegangen, die die Entwicklung der Ungleichheitsregime im Lauf des 20. Jahrhunderts geprägt haben. Das Ende des Kommunismus hat zu einer gewissen Desillusionierung geführt, ob eine gerechte Wirtschaftsordnung überhaupt möglich ist, ein Gefühl, das zu Beginn des 21. Jahrhunderts identitäre Reaktionen nährt und überwunden werden muss. Nach dem Ende der Kolonialherrschaft entstanden Wirtschafts- und Wanderungsbeziehungen zwischen unterschiedlichen Teilen der Welt auf einer vermeintlich weniger inegalitären Grundlage als in der Vergangenheit. Doch die Weltordnung ist weiterhin sehr hierarchisch und zu wenig sozial und demokratisch, und diese Beziehungen haben neue Spannungen entstehen lassen, im Inneren der Länder wie zwischen ihnen. Offenkundig erleben wir eine Rückkehr zu einer Form des Neoproprietarismus, auch wenn die Unterschiede zu dem im 19. Jahrhundert dominierenden ideologischen Regime groß sind und das gegenwärtige Regime tatsächlich vielschichtiger und fragiler ist, als es den Anschein hat.

In diesem Kapitel untersuchen wir mehrere große inegalitäre und ideologische Herausforderungen, die zu Beginn des 21. Jahrhunderts die verschiedenen Gesellschaften gemeinsam betreffen, und dabei betonen wir die Veränderungs- und Entwicklungsmöglichkeiten. Zunächst werden wir die verschiedenen Formen der extremen Ungleichheit in der Welt des 21. Jahrhunderts untersuchen, an einem Punkt, wo alte und neue Denkweisen zusammentreffen. Danach wende ich mich der zunehmenden wirtschaftlichen und finanziellen Intransparenz zu, die für die heutige Welt typisch ist, vor allem was die Erfassung von Einkünften und Kapitalvermögen anbetrifft. Es mag überraschen, dass in einer Kultur, die regelmäßig den Anbruch des Informationszeitalters und von Big Data feiert, die Verantwortlichen des Staates und die staatlichen Statistikämter in gewisser Weise kapituliert haben. Vor allem behindert diese Kapitulation die Entwicklung einer weltweiten informierten Diskussion über die Ungleichheiten und über Lösungen für die anstehenden Probleme, angefangen bei der Klimaerwärmung, die Ausgangspunkt einer Veränderung sein könnte. Dann lassen wir weitere grundlegende weltweite inegalitäre Herausforderungen Revue passieren: die fortbestehende große Ungleichheit zwischen Männern und Frauen wie in früheren patriarchalischen Systemen, die nur durch sehr entschlossenes Handeln überwunden werden kann; die paradoxe Verarmung des Staates in den Entwicklungsländern, Folge einer erzwungenen Liberalisierung des Handels, die schlecht vorbereitet und politisch schlecht koordiniert wurde; und schließlich die neue Bedeutung der Geldschöpfung seit 2008, die die Wahrnehmung, welche Rolle der Staat und die Zentralbanken, Steuern und Geld jeweils haben, tiefgreifend verändert hat und generell die Vorstellung, wie eine gerechte Wirtschaftsordnung aussehen müsste. Das alles wird uns erlauben, die Konturen des heutigen Neoproprietarismus zu zeichnen und besser zu verstehen, welche Fragen sich im Zusammenhang mit seiner Überwindung stellen.

Formen der Ungleichheit in der Welt des 21. Jahrhunderts

Das auffälligste Merkmal des weltweiten Ungleichheitsregimes zu Beginn des 21. Jahrhunderts ist, dass die verschiedenen Gesellschaften unseres Planeten so eng miteinander verknüpft sind wie nie zuvor. Die Globalisierung ist unbestritten ein langfristiger Prozess. Die Beziehungen zwischen den verschiedenen Teilen der Welt sind seit 1500 immer vielfältiger geworden, teils in den gewaltsamen Formen von Kolonialismus und Sklaverei, aber manchmal auch durch kulturellen Austausch und friedliche Vermischung. Bereits in der Belle Époque (1880–1914) wuchs der Planet durch Handel, Migration und Kapitalverkehr eindrucksvoll zusammen. Die Kontakte und Informationsflüsse haben jedoch im Zuge der digitalen, hyperkapitalistischen Globalisierung seit den 1990er Jahren eine ganz neue Dimension erreicht. Der um ein Vielfaches gesteigerte Einsatz von Verkehrsmitteln und vor allem die Verbreitung von Texten, Bildern und Tönen in Echtzeit mit den Mitteln der Informationstechnologie in alle Winkel der Erde haben neue kulturelle, sozioökonomische und politisch-ideologische Austauschformen und Interdependenzen entstehen lassen, die es zuvor nicht gegeben hat. Diese Entwicklungen fanden im Übrigen im Kontext eines starken Bevölkerungswachstums statt, das das Gesicht der Erde verändert hat. Die Vereinten Nationen sagen voraus, dass bis 2050 die Weltbevölkerung auf 9 Milliarden Menschen angewachsen sein wird, davon werden 5 Milliarden in Asien leben, mehr als 2 Milliarden in Afrika, eine Milliarde in Nord- und Südamerika und weniger als 1 Milliarde in Europa (siehe Grafik 13.1).

Die Verflechtung der Welt schließt jedoch eine große Vielfalt der soziopolitischen Systeme nicht aus. Nach den verfügbaren Quellen beträgt der Anteil des obersten Dezils an der Summe aller Einkommen in Europa weniger als 35 % und fast 70 % im Nahen Osten, in Südafrika und in Katar (siehe Grafik 13.2).

Wenn man sich anschaut, welche Anteile jeweils an die ärmsten 50 %, die folgenden 40 % und die obersten 10 % (oder auch an das reichste 1 %) gehen, stellt man enorme Unterschiede zwischen den Ländern fest. In weniger inegalitären Ländern ist der Anteil der reichsten 10 % «nur» um das 1,5-Fache größer als der Anteil der ärmsten 50 %, in besonders inegalitären Ländern beträgt der Unterschied jedoch das Siebenfache (siehe Grafik 13.3).

Der Anteil, der an das reichste 1 % fließt, ist in den egalitärsten Ländern nur halb so groß wie der Anteil der ärmsten 50 % (was immer noch beträchtlich ist, weil die erste Gruppe zahlenmäßig nur ein Fünfzigstel der zweiten ausmacht). In den besonders inegalitären Ländern ist dieser Anteil dreimal so hoch (siehe Grafik 13.4).

All das zeigt, wie falsch es ist, sich bei Ländervergleichen mit makroökonomischen Durchschnittswerten zufrieden zu geben (wie BIP pro Einwohner). Hinter gleichen Durchschnittswerten können sich vollkommen unterschiedliche Realitäten bei den Anteilen der verschiedenen Gruppen in den jeweiligen Ländern verbergen.

Die Weltbevölkerung nach Kontinenten, 1700–2050

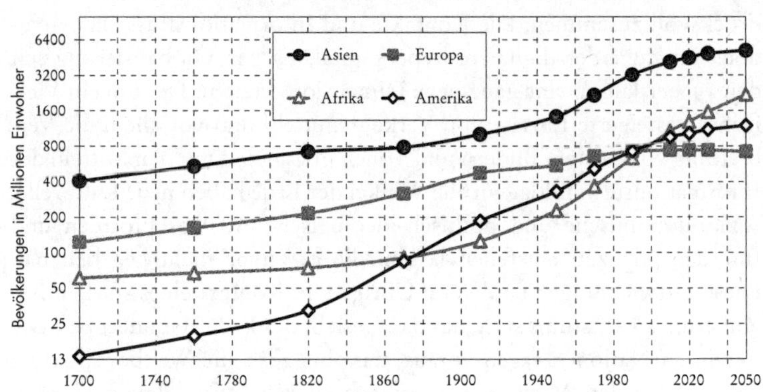

Grafik 13.1.: Um 1700 herum lebten ungefähr 600 Millionen Menschen auf der Erde, davon 400 Millionen im asiatisch-pazifischen Raum, 120 Millionen in Europa und Russland, 60 Millionen in Afrika und 15 Millionen in Amerika. 2050 werden nach den Prognosen der Vereinten Nationen 9,3 Milliarden Menschen auf der Erde leben, 5,2 Milliarden im asiatisch-pazifischen Raum, 2,2 Milliarden in Afrika, 1,2 Milliarden in Amerika und 0,7 in Europa und Russland.
Quellen und Reihen: siehe piketty.pse.ens.fr/ideologie.

Ungleichheitsregime auf der Welt, 2018

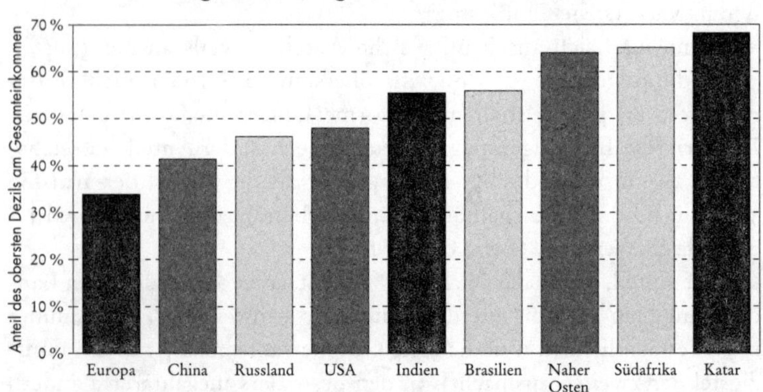

Grafik 13.2.: Im Jahr 2018 lag der Anteil des obersten Dezils (die einkommensstärksten 10 %) am Nationaleinkommen bei 34 % in Europa, 41 % in China, 46 % in Russland, 48 % in den Vereinigten Staaten, 55 % in Indien, 56 % in Brasilien, 64 % im Nahen Osten, 65 % in Südafrika und 68 % in Katar.
Quellen und Reihen: siehe piketty.pse.ens.fr/ideologie.

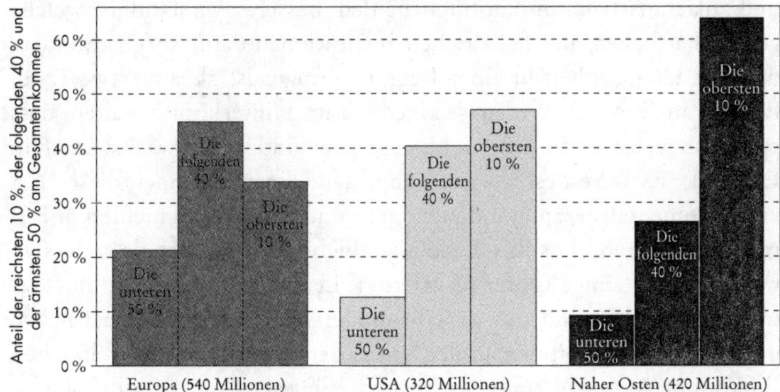

Grafik 13.3.: Der Anteil der 10 % mit den höchsten Einkommen erreicht 64 % des Gesamteinkommens im Nahen Osten (420 Millionen Einwohner) gegenüber 9 %, die auf die ärmsten 50 % entfallen. In Europa (erweiterte EU, das heißt insgesamt 540 Millionen Einwohner) liegen diese beiden Anteile bei 34 % und 21 % und in den Vereinigten Staaten (320 Millionen) bei 47 % und 13 %. Quellen und Reihen: siehe piketty.pse.ens.fr/ideologie.

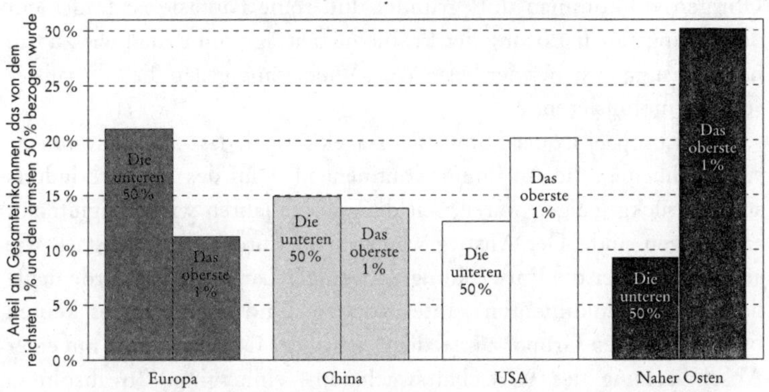

Grafik 13.4.: Der Anteil des obersten 1 % am Gesamteinkommen erreicht 30 % im Nahen Osten gegenüber 9 %, die auf die ärmsten 50 % entfallen. In Europa liegen diese beiden Anteile bei 21 % und 11 %, in China bei 15 % und 14 %, und in den Vereinigten Staaten bei 20 % und 13 %. Quellen und Reihen: siehe piketty.pse.ens.fr/ideologie.

Die Unterschiede zwischen den Weltregionen sind generell wichtig und aufschlussreich und ermöglichen ein besseres Verständnis, welche gesellschaftlichen und fiskalischen Institutionen dafür sorgen können, dass die Ungleichheit in einer Region geringer ist als anderswo (zum Beispiel in Europa). Wir müssen jedoch im Hinterkopf behalten, dass praktisch weltweit die Ungleichheit groß ist und weiter wächst (auch in Europa).[1] Es wäre deshalb ganz unpassend, Informationen dieser Art zu instrumentalisieren, um den unteren und mittleren Schichten in Europa zu erklären, dass ihre Lage unendlich viel besser ist als anderswo und durchaus einige Opfer rechtfertigt. Leider wird diese Argumentationsweise zu Beginn des 21. Jahrhunderts oft von gesellschaftlichen und politischen Gruppen an der Spitze der westlichen und weltweiten Einkommens- und Vermögenspyramide eingesetzt, um damit Opfer zu verteidigen, die ihnen zugutekommen. Der Diskurs mag für diejenigen wirksam sein, die ein Interesse daran haben, aber er birgt auch Gefahren. Die meisten Europäer wissen sehr genau, dass die Ungleichheiten in Europa geringer sind als in Südafrika, im Nahen Osten, in Brasilien oder den Vereinigten Staaten. Ihnen zu erklären, dass die unantastbaren Gesetze der Globalisierung und der Wirtschaft zwingend eine Angleichung an diese Länder verlangen (eine Behauptung, die im Übrigen vollkommen unbegründet und reine Fantasie ist und nicht das Geringste zur Lösung der Probleme beiträgt, mit denen wir zu tun haben), ist ganz sicher der beste Weg, Widerstand gegen die Globalisierung zu mobilisieren.

Für Europäer ist der Hinweis aussagekräftiger, dass die Einkommensungleichheiten, die auf ihrem Kontinent im Lauf des 20. Jahrhunderts stark zurückgegangen waren, seit den 1980er Jahren wieder signifikant angestiegen sind.[2] Der Anstieg war zwar in Europa nicht so stark wie andernorts, aber die Entwicklung zu weniger Ungleichheit wurde deutlich und gut dokumentiert unterbrochen. Und dafür gibt es keinen offensichtlichen Grund, zumal der Anstieg der Ungleichheiten mit einer Abschwächung des Wirtschaftswachstums einherging.[3] In absoluten Zahlen blieben die Ungleichheiten überdies immer noch sehr groß. Besonders die Vermögenskonzentration lag in den verschiedenen europäi-

1 Siehe Einleitung, Grafik 0.3.

2 Siehe Kapitel 10, Grafiken 10.1–10.5.

3 Siehe Kapitel 11, Grafik 11.14.

schen Ländern stets auf sehr hohen Niveaus. Seit den 1980er Jahren steigt sie weiter an, und heute besitzen die ärmsten 50 % nicht einmal 5 % des gesamten Privatvermögens, die reichsten 10 % hingegen 50–60 %.[1]

Wenn wir uns die Regionen der Welt anschauen, in denen die Ungleichheiten besonders groß sind, fällt zunächst die Unterschiedlichkeit der politisch-ideologischen Systeme auf (siehe Grafik 13.2).[2] Die größten Ungleichheiten weisen zu Beginn des 21. Jahrhunderts die Länder auf, in denen es früher Diskriminierung von Gesetz wegen oder wegen der Hautfarbe gab oder weil sie in der Vergangenheit Kolonien oder Sklavenhaltergesellschaften waren. Das trifft für Südafrika zu, wo zu Beginn der 1990er Jahre die Apartheid aufgehoben wurde, oder für Brasilien, das als letztes Land der Erde Ende des 19. Jahrhunderts die Sklaverei abgeschafft hat.[3] Rassendiskriminierung und ihre Vergangenheit als Sklavenhaltergesellschaft sind auch Teile der Erklärung, warum die Vereinigten Staaten inegalitärer sind als Europa und mehr Schwierigkeiten haben, sozialdemokratische Institutionen zu errichten.[4]

Der Nahe Osten, der Gipfel der Ungleichheiten

An der Spitze der weltweiten Ungleichheit stehen Regionen wie der Nahe Osten, wo ihre Ursprünge «moderner» sind in dem Sinn, dass sie nicht mit früherer Rassendiskriminierung und Sklaverei zusammenhängen, sondern mit der Konzentration von Ölvorkommen in kleinen Gebieten mit einer im Vergleich zur gesamten Region geringen Bevölkerungszahl.[5] Das Öl, das weltweit exportiert wird, verändert den

1 Siehe Kapitel 4, Grafiken 4.1 und 4.2; Kapitel 5, Grafiken 5.4 und 5.5; Kapitel 10, Grafiken 10.4. und 10.5.

2 Siehe auch L. Assouad, L. Chancel, M. Morgan, «*Extreme Inequality: Evidence from Brazil, India, the Middle East and South Africa*», WID.world 2018, AEA Papers and Proceedings 108 (Mai 2018), S. 119–123.

3 Siehe Kapitel 6 und 7. Zu den langfristigen Auswirkungen der Sklaverei in Brasilien siehe T. Fujiwara, H. Laudares, F. Valencia, «Tordesillas, Slavery and the Origins of Brazilian Inequality», Princeton University Press 2019.

4 Siehe Kapitel 10 und 11. Wir kommen zu einem späteren Zeitpunkt darauf zurück (insbesondere in Kapitel 15).

5 Der Nahe Osten ist hier definiert als die Region, die von Ägypten bis zum Iran reicht und von der Türkei bis zur Arabischen Halbinsel, das heißt ein Gebiet mit rund 420 Millionen Bewohnern. Detaillierte Zahlen werden präsentiert bei F. Alvaredo, L. Assouad, T. Piketty,

Reichtum der Finanzmittel auf Dauer; die Finanzmärkte und das internationale Rechtssystem spielen dabei eine vermittelnde Rolle. Diese ausgeklügelten Mechanismen machen das außerordentlich hohe Niveau der Ungleichheit in der Region verständlich. So belaufen sich beispielsweise die Ressourcen, die dem Bildungssystem eines Landes wic Ägypten mit einer Bevölkerung von fast 100 Millionen Menschen zur Verfügung stehen, auf ein Hundertstel der Öleinnahmen von Saudi-Arabien, den Emiraten und Katar, die sehr viel weniger Einwohner haben.[1]

Die Ungleichheiten im Nahen Osten hängen eng damit zusammen, wie Franzosen und Briten nach dem Ersten Weltkrieg die Grenzen in der Region gezogen haben und welchen militärischen Schutz die Westmächte, die Interessen dort hatten, den Ölmonarchien gewährten. Ohne deren Schutz hätte es sicher erhebliche Veränderungen der politischen Landkarte der Region gegeben, vor allem nach der Invasion des Irak in Kuwait 1990.[2] Die militärische Intervention der Koalition unter Führung der Vereinten Nationen ab 1991, die darauf abzielte, den kuwaitischen Emiren die Kontrolle über die Ölvorräte zurückzugeben und westliche Interessen zu fördern, fand zur selben Zeit statt wie der Zusammenbruch der Sowjetunion, was im Übrigen die Intervention der westlichen Mächte erleichterte (sie hatten nun keinen Rivalen mehr). Diese Ereignisse markieren den symbolischen Eintritt in eine neue, hyperkapitalistische politisch-ideologische Epoche. Einige Jahrzehnte später erscheint das Ungleichheitsregime im Nahen Osten als Kondensat der explosiven Mischung aus archaischen Strukturen, extrem von der Finanzialisierung getriebener Moderne und kollektiver Irrationalität, die bisweilen für unsere Epoche typisch ist. Man findet dort deutliche Spuren der kolonialen und militärischen Machtausübung, reiche Ölvorkommen, die besser im Boden bleiben sollten, damit sich das Klima nicht noch weiter aufheizt, und höchst ausgeklügelte internationale Rechts- und Finanzsysteme, die darauf ausgelegt sind, Eigentumsrechte auf Dauer festzuschreiben und vor Begehrlichkeiten zu schützen. Wir sehen außerdem, dass die Ölmonarchien im Persischen Golf

---

«Measuring Inequality in the Middle-East 1990–2016: The World's Most Unequal Region?», WID.world, Working Paper Series Nr. 2017/5, Review of Income and Wealth (2019).

1 Siehe T. Piketty, *Das Kapital im 21. Jahrhundert*, a. a. O., S. 732–734.

2 Siehe Kapitel 9, S. 515–517.

neben dem postkommunistischen Russland weltweit die Länder sind, die am intensivsten Steuerparadiese nutzen.[1]

Fügen wir an dieser Stelle noch hinzu, dass die Angaben in Grafik 13.2 zu den Ungleichheiten im Nahen Osten und in Katar als untere Grenze betrachtet werden müssen, weil die verfügbaren Quellen nur bedingt aussagekräftig sind und dementsprechend auch die Hypothesen, die wir aufgestellt haben. Die Messung der Ungleichheiten innerhalb der Länder des Nahen Ostens wird dadurch so kompliziert, dass es überaus schwierig ist, Zahlen zu Einkommen und Vermögen zu bekommen, vor allem für die Ölmonarchien. Alles spricht jedoch für eine sehr starke Vermögenskonzentration vor allem bei Letzteren, sowohl innerhalb der einheimischen Bevölkerung wie im Vergleich zu den ausländischen Arbeitskräften, die 90 % der Gesamtbevölkerung in Katar, den Emiraten und Kuwait ausmachen und mehr als 40 % in Saudi-Arabien, Oman und Bahrain. In Ermangelung aussagekräftiger Zahlen basieren die hier wiedergegebenen Schätzungen auf Minimalhypothesen zu den Ungleichheiten innerhalb der Länder im Nahen Osten. Nach anderen (und vermutlich sehr viel realistischeren) Hypothesen liegt in den Ölmonarchien, insbesondere in Katar und den Emiraten, der Anteil des obersten Dezils am gesamten Einkommen in der Größenordnung von 80–90 % (und nicht bei 65–70 % wie in den vorsichtigen Schätzungen), das heißt, die Ungleichheit wäre in etwa so hoch wie in den Sklavenhaltergesellschaften und damit eine der höchsten in der Geschichte.[2]

Es besteht keinerlei Zweifel, dass diese extreme Ungleichheit die Spannungen verschärft und die anhaltende Instabilität in der Region vergrößert. Vor allem die tiefe Kluft zwischen den religiösen Werten, zu denen sich die Regime offiziell bekennen und die gesellschaftliche Harmonie innerhalb der Gemeinschaft der Gläubigen und Teilen des Wohl-

---

1 Siehe Kapitel 12, Grafik 12.5. Das zeigt im Übrigen, dass die Eigentümer, die sich in autoritären Ungleichheitsregimen ohne progressive Besteuerung niederlassen, dennoch befürchten, dass sich die öffentliche Meinung und die soziopolitischen Kräfteverhältnisse gegen sie wenden könnten. Die Neudefinition der Eigentumsrechte bei der Festsetzung/Ausraubung der wichtigsten saudischen Milliardärsfamilien (einschließlich der königlichen Familie und des libanesischen Premierministers) durch Kronprinz Mohammed bin Salman im Ritz-Carlton-Hotel von Riad 2017 erinnert daran, dass es in diesen proprietaristischen Systemen durchaus auch Auseinandersetzungen zwischen rivalisierenden Gruppierungen gibt.

2 F. Alvaredo, L. Assouad, T. Piketty, «Measuring Inequality in the Middle-East 1990–2016: The World's Most Unequal Region?», WID.world, Working Paper Series Nr. 2017/5, Abbildungen 9a und 9b, und Technischer Anhang. Über die Ungleichheit in den Sklavenhalter- und Kolonialgesellschaften siehe Kapitel 7, Grafiken 7.2 und 7.3.

stands fordern, und der realen Situation gibt Anlass zu Vorwürfen, die Herrschaftsausübung sei illegitim und gewaltsam. Eine föderale, demokratische regionale Organisation wie die Arabische Liga oder eine andere politische Einrichtung könnten dafür sorgen, dass der Reichtum geteilt wird und große Investitionsprojekte zugunsten der Jugend in der Region in Angriff genommen werden. Doch derzeit wird dieser Weg nicht verfolgt.[1] Das hängt mit den Strategien der politischen Akteure in der Region zusammen, aber auch damit, dass die politisch-ideologische Fantasie weltweit viel zu wenig auf solche Lösungen ausgerichtet ist. Vor allem die westlichen Staaten und die privaten europäischen und amerikanischen Akteure sehen häufig Vorteile im Status quo, insbesondere wenn die Ölmonarchien Waffen bei ihnen kaufen und ihre Fußballklubs oder Universitäten finanzieren. Dennoch kann man hier wie andernorts mit dem absoluten Respekt vor den Herrschaftsverhältnissen und den hergebrachten Eigentumsrechten kein funktionsfähiges Entwicklungsmodell definieren. Tatsächlich läge es im ureigenen Interesse der westlichen Akteure, über ihre kurzfristigen finanziellen Interessen hinauszublicken und eine föderalistische, soziale und demokratische Agenda zu propagieren, die es ermöglichte, die Widersprüche zu überwinden. Letzten Endes fördert die Weigerung, über neue postnationale und egalitäre Lösungen nachzudenken, autoritäre und reaktionäre politische Projekte. So war es in Europa in der ersten Hälfte des 20. Jahrhunderts und so war und ist es im Nahen Osten Ende des 20. und zu Beginn des 21. Jahrhunderts.[2]

Die Messung von Ungleichheiten und die Frage nach der demokratischen Transparenz

Die Zunahme der Ungleichheiten ist zu Beginn des 21. Jahrhunderts neben der Klimaerwärmung weltweit eine der größten Herausforderungen. Während im 20. Jahrhundert ein historischer Rückgang der

---

1 Es gab durchaus Versuche, Grenzen neu zu definieren und neue staatliche Strukturen zu schaffen, aber bisher nur in Form eines autoritären diktatorischen und expansionistischen Projekts unter Saddam Hussein 1990–1991 oder eines Projekts zur Wiederherstellung des Kalifats und alter, brutaler kriegerischer und frauenfeindlicher Strukturen im «Islamischen Staat» (Daesch) 2014–2019.

2 Siehe Kapitel 10, S. 602–605, über die Analysen von Hannah Arendt zum Thema Europa.

Ungleichheiten zu beobachten war, führt der Anstieg seit den 1980er Jahren dazu, dass der Fortschritt prinzipiell infrage gestellt wird. Die Probleme Ungleichheit und Klimaerwärmung hängen im Übrigen eng zusammen und können nur gemeinsam gelöst werden. Es ist klar, dass eine Lösung des Klimaproblems oder zumindest eine Abschwächung der Erderwärmung deutliche Veränderungen unserer Lebensweise verlangt. Damit die Mehrheit die geforderten Veränderungen und Anstrengungen akzeptiert, müssen sie so gerecht wie möglich verteilt sein. Eine gerechte Verteilung ist auch deshalb unbedingt nötig, weil die Reichsten – sowohl in den Ländern wie im Vergleich der Länder – für einen überproportional hohen Anteil der Treibhausgasemissionen verantwortlich sind und die Folgen, wenn nichts passiert, unverhältnismäßig hart die Ärmsten treffen.

Aus diesen verschiedenen Gründen ist die Frage der demokratischen Transparenz bei Ungleichheiten und der Verteilung des Reichtums so wichtig. Ohne nachvollziehbare Angaben, die sich auf systematische, verlässliche Quellen stützen, ist es nicht möglich, auf nationaler und regionaler Ebene eine ehrliche Debatte zu führen und schon gar nicht weltweit. Die in diesem Buch präsentierten Daten entstammen großenteils der World Inequality Database (WID.world), die von einem unabhängigen Konsortium gepflegt wird, das sich auf eine große Zahl von Forschungszentren und Organisationen stützt; das wichtigste Anliegen ist, dafür zu sorgen, dass die öffentliche Debatte über die Ungleichheiten sich auf möglichst vollständige und gut zugängliche Zahlen stützen kann.[1] Dabei werden die verschiedenen verfügbaren Quellen systematisch verglichen (Volkswirtschaftliche Gesamtrechnungen, Haushaltsumfragen, Daten über Steuern und Erbschaften etc.). So ist es möglich, erstmals einen Überblick über die weltweite Verteilung der Ungleichheitsregime und deren Entwicklung zu geben. Wir müssen jedoch betonen, dass die derzeit verfügbaren Quellen trotz aller Bemühungen der Forscher bruchstückhaft und unzureichend sind. Das hängt vor allem damit zusammen, dass die von Regierungen und Verwaltungen freige-

1 Siehe die Diskussion in der Einleitung. Erste Forschungen begannen Anfang der 2000er Jahre, inzwischen gehören dem Netzwerk WID.world mehr als 100 Forscher aus 70 Ländern auf allen Kontinenten an. Das Netzwerk arbeitet eng mit zahlreichen anderen Zentren und Organisationen zusammen, die sich auf das Studium der Ungleichheiten spezialisiert haben, etwa mit dem Center for Equitable Growth (CEG), dem CEQ Institute, dem LIS Data Center oder dem Entwicklungsprogramm der Vereinten Nationen. Siehe Website WID.world und *Die weltweite Ungleichheit. Der World Inequality Report 2018* (wir2018.wid.world).

gebenen Daten nur bedingt aussagekräftig sind. Für die heutige Welt ist eine enorme Intransparenz in wirtschaftlichen und finanziellen Belangen typisch, vor allem wenn es um die Erfassung und Messung von Einkommen und Kapitalvermögen geht. Das mag paradox erscheinen in einer Zeit, in der die Informationstechnologien im Prinzip sehr viel mehr Transparenz bei solchen Fragen ermöglichen sollten. Die Situation ist aber Ausdruck der Tatsache, dass die staatlichen Verwaltungen, die Steuerverwaltungen und die zuständigen Statistikbehörden regelrecht kapituliert haben und dass vor allem der politisch-ideologische Wille fehlt, die Ungleichheit, vor allem die Ungleichheit der Eigentumsverhältnisse, wirklich ernst zu nehmen.

Beginnen wir mit der Frage, welche Indikatoren verwendet werden, um die Verteilung des Reichtums zu beschreiben und zu analysieren. Sie müssen so intuitiv wie möglich sein, damit möglichst viele Menschen sie auf Anhieb verstehen. Deshalb ist es sinnvoll, Indikatoren wie den Anteil an den gesamten Einkommen (oder am gesamten Vermögen) zu verwenden und sich anzusehen, wie viel an die ärmsten 50 %, die folgenden 40 % und die reichsten 10 % geht. Auf diese Weise bekommt jeder eine recht konkrete Vorstellung, was die verschiedenen Einteilungen bedeuten (siehe Grafiken 13.2–13.4).

Um die unterschiedlichen Niveaus bei der Ungleichheit in verschiedenen Ländern zu vergleichen, errechnet ein besonders einfacher und aussagekräftiger Indikator aufbauend auf diesen Zahlen das Verhältnis zwischen dem Durchschnittseinkommen der reichsten 10 % und dem der ärmsten 50 % oder zwischen dem Durchschnittseinkommen des reichsten 1 % und dem der ärmsten 50 %. Damit werden sehr interessante Unterschiede zwischen den Ländern erkennbar. Zum Beispiel hat das Verhältnis zwischen dem Durchschnittseinkommen der reichsten 10 % und dem der ärmsten 50 % in Europa den Wert 8, in den Vereinigten Staaten den Wert 19 und in Südafrika und im Nahen Osten den Wert 35 (siehe Grafik 13.5).

Das Verhältnis der Durchschnittseinkommen des reichsten 1 % und der ärmsten 50 % hat gegenwärtig in Europa ungefähr den Wert 25, in den Vereinigten Staaten den Wert 80 und im Nahen Osten den Wert 160 (siehe Grafik 13.6).

Ein solcher Indikator hat zwei Vorteile: Er ist sehr leicht zu verstehen, und er kann direkt mit steuer- und sozialpolitischen Fragen verbunden werden. Vor allem kann sich jeder eine eigene Meinung bilden,

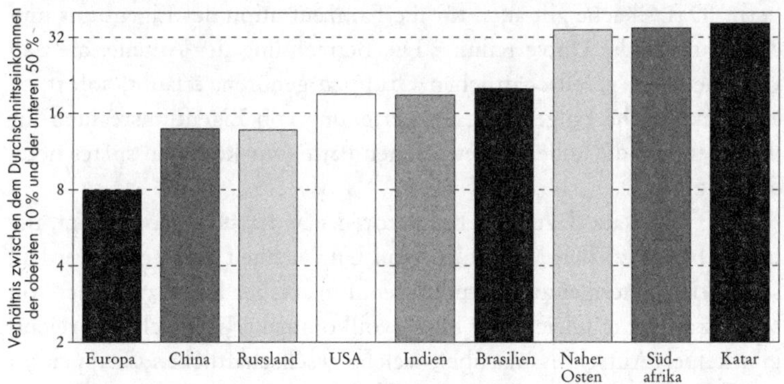

Grafik 13.5.: Im Jahr 2018 betrug das Verhältnis zwischen dem Durchschnittseinkommen des obersten Dezils (die einkommensstärksten 10 %) und der unteren Hälfte (den einkommensschwächsten 50 %) in Europa 8, in China und Russland 14, in den Vereinigten Staaten und Indien 19, in Brasilien 20, im Nahen Osten 34, in Südafrika 35 und in Katar 36.
Quellen und Reihen: siehe piketty.pse.ens.fr/ideologie.

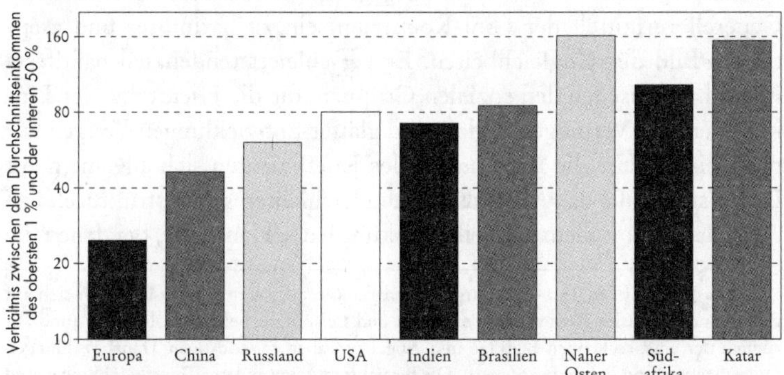

Grafik 13.6.: Im Jahr 2018 betrug das Verhältnis zwischen dem Durchschnittseinkommen des obersten Perzentils (das einkommensstärkste 1 %) und der unteren Hälfte (den einkommensschwächsten 50 %) in Europa 25, in China 46, in Russland 61, in den Vereinigten Staaten 80, in Indien 72, in Brasilien 85, im Nahen Osten 161, in Südafrika 103 und in Katar 154.
Quellen und Reihen: siehe piketty.pse.ens.fr/ideologie.

wie verschiedene Steuersätze die Verteilung der Einkommen verändern.[1] Das Gleiche gilt auch für die Konzentration des Eigentums und dessen mögliche Umverteilung: Die Betrachtung der Anteile, die den verschiedenen gesellschaftlichen Gruppen gehören, erlaubt, sofort zu erfassen, welche Folgen eine Umverteilung von Eigentumsrechten für die einen wie die anderen Betroffenen hätte (wir kommen später noch darauf zurück).

Im Gegensatz dazu sind Indikatoren wie der Gini-Koeffizient, die häufig bei offiziellen Messungen von Ungleichheit verwendet werden, sehr viel schwieriger zu interpretieren. Ein solcher Koeffizient, der von 0 (vollkommene Gleichheit) bis 1 (vollkommene Ungleichheit) reicht, gibt keinen Aufschluss darüber, welche gesellschaftlichen Gruppen im Lauf der Zeit oder in welchem Land welche Veränderung des Indikators bewirkt haben. Zum Beispiel haben die Ungleichheiten zwischen dem mittleren und dem oberen Teil der weltweiten Einkommensverteilung stark zugenommen, während sie zwischen dem unteren und dem mittleren Teil abgenommen haben. Ein synthetischer Indikator wie der Gini-Koeffizient könnte deshalb fälschlicherweise den Eindruck vollkommener Stabilität und eines ausgeglichenen Wachstums erwecken.[2] Generell vermittelt der Gini-Koeffizient ein zu harmloses und aseptisches Bild der Ungleichheiten. Er verschleiert tendenziell handfeste Konflikte zwischen den sozialen Gruppen, die die Hierarchie der Einkommen und Vermögen bilden, und glättet Entwicklungen.[3] Fügen wir noch hinzu, dass die Berechnung des Koeffizienten sich allgemein auf Daten stützt, die das Ausmaß der Ungleichheiten selbst strukturell unterschätzen, vor allem auf Selbstauskünfte der Haushalte, bei denen die

1 Die in den Grafiken 13.2–13.6 dargestellten Einkommensverteilungen beziehen sich auf Einkommen inklusive Renten und Pensionen und Leistungen bei Arbeitslosigkeit (und abzüglich der entsprechenden Beiträge und Abgaben), aber vor sonstigen Transferzahlungen sowie direkten und indirekten Steuern. Die Berücksichtigung anderer Transferzahlungen und Steuern reduziert die Ungleichheiten (so wie sie beispielsweise durch das Verhältnis zwischen dem Durchschnittseinkommen der reichsten 10 % und dem der ärmsten 50 % gemessen werden) in Europa und den Vereinigten Staaten um 20–30 %. Siehe Kapitel 11, Grafik 11.9. Die Umverteilung durch Steuern ist in Südafrika und dem Nahen Osten am geringsten (dort reduziert sich die Ungleichheit nur um knapp 10 % oder überhaupt nicht, wenn man bedenkt, dass eine progressive Besteuerung kaum oder gar nicht existiert und indirekte Steuern vorherrschen) mit der Folge, dass der Abstand zwischen den in den Grafiken 13.5 und 13.6 dargestellten Ländern noch größer wird. Siehe Technischer Anhang.

2 Siehe in der Einleitung die Diskussion über die «Elefantenkurve» (Grafik 0.5).

3 Siehe T. Piketty, *Das Kapital im 21. Jahrhundert*, a. a. O., S. 322–329.

Angaben zu hohen Einkommen und Vermögen oft lächerlich gering ausfallen. Unter diesen Umständen läuft die Verwendung von Indikatoren wie dem Gini-Koeffizienten oft darauf hinaus, die Schwächen (oder den komplett irreführenden Charakter) der zugrundeliegenden Daten zu verbergen oder zumindest einen gnädigen Schleier über derartige Schwierigkeiten zu breiten.[1]

Bei einem weiteren oft verwendeten Indikator werden ganz einfach die Anteile über einer bestimmten Schwelle ignoriert, zum Beispiel oberhalb des 90. Perzentils (darüber liegen die reichsten 10 %), und diese Schwelle wird dann durch den Median geteilt (den Wert für das 50. Perzentil, der die Bevölkerung in zwei gleich große Hälften teilt) oder durch den Wert für das 10. Perzentil (darunter liegen die ärmsten 10 %).[2] Das Problem dabei ist, dass ein erheblicher Teil des gesamten Reichtums herausfällt: Der Anteil des obersten Dezils an den gesamten Einkommen liegt im Allgemeinen zwischen 30 % und 70 % und sein Anteil am gesamten Vermögen zwischen 50 % und 90 %. Wenn man so erheblichen Reichtum unter den Tisch kehrt, trägt das offenkundig wenig zur Transparenz der demokratischen Debatte bei und stärkt auch nicht die Glaubwürdigkeit der Statistiker und der staatlichen Institutionen.

Mangelnde Transparenz der Staaten in Steuerangelegenheiten

Neben der Auswahl der Indikatoren ist bei der Messung von Ungleichheiten wichtig, welche Quellen zur Verfügung stehen. Die einzige Möglichkeit, um zu einem Gesamtbild der Ungleichheiten zu kommen, besteht darin, alle verfügbaren Quellen (Volkswirtschaftliche Gesamtrechnungen, Umfragen, Steuerdaten), die Licht auf unterschiedliche Be-

---

1 Definitionsgemäß können die hier nach Dezilen und Perzentilen aufgeschlüsselten Daten auch dazu verwendet werden, um die Gini-Koeffizienten zu errechnen; sie sind in der Datenbank WID.world ebenfalls verfügbar (aber weniger aussagekräftig als die Anteile der Dezile und Perzentile). Umgekehrt ist es allein mit den Gini-Koeffizienten nicht möglich, die Anteile der Dezile und Perzentile erkennbar zu machen (die oft in Analysen, in denen es primär um diese Koeffizienten und vergleichbare Indikatoren wie den Theil-Index geht, nicht publiziert werden).

2 Dieses Verhältnis, manchmal auch als P90/P50 oder P90/P10 bezeichnet, wäre demnach gleich eins (vollständige Gleichheit) in einer Gesellschaft, in der die obersten 5 % sämtliche Einkommen und Vermögen besäßen und die restlichen 95 % alle ungefähr auf dem gleichen Niveau lägen.

reiche der Verteilung werfen und sich darin ergänzen, gemeinsam zu betrachten. Die Erfahrung lehrt, dass die Steuerdaten, so unvollständig sie auch sein mögen, im Allgemeinen die Qualität der Messung sehr verbessern und vor allem Umfragedaten über das Ausmaß der Verteilungsungleichheit (das in Umfragen immer massiv unterschätzt wird) deutlich korrigieren können, und dies auch für die Länder, in denen die Steuerverwaltung nicht die Mittel hat, um Kontrollen durchzuführen und gegen Steuerbetrug vorzugehen und für die deshalb nur rudimentäre Daten über die Einkommensteuer vorliegen. Zum Beispiel haben wir im letzten Kapitel gesehen, dass die Steuerdaten für Russland und China, obwohl sie besonders unvollständig und unbefriedigend sind, uns doch erlauben, die offiziellen Angaben zu Ungleichheiten (die ausschließlich auf Befragungen basieren) deutlich nach oben zu korrigieren und zu plausibleren Ergebnissen zu gelangen (die aber wahrscheinlich die Ungleichheiten immer noch unterschätzen). Mit Unterstützung zahlreicher Forscher, Bürger und Journalisten haben wir erreicht, dass in Indien und Brasilien Staat und Verwaltung in den letzten Jahren bereit waren, uns bislang verschlossene Steuerdaten zugänglich zu machen, was unsere Kenntnisse über die Einkommensungleichheiten in diesen Ländern sehr verbessert hat.[1] Ebenso haben Untersuchungen in jüngster Zeit über den Libanon, die Elfenbeinküste und Tunesien gezeigt, dass die Steuerdaten eine erhebliche Verbesserung gegenüber den früher vorliegenden Angaben bringen.[2] In all diesen Ländern haben die Daten

---

1 Zu Indien siehe L. Chancel, T. Piketty, «Indian Income Inequality 1922–2015: From British Raj to Billionaire Raj?», WID.world, Working Paper Series Nr. 2017/11. Indien weist die Besonderheit auf, dass es von 2002 bis 2016, mitten im «Informationszeitalter», die Veröffentlichung von Steuerstatistiken komplett ausgesetzt hat. Zu Brasilien siehe M. Morgan, «Falling Inequality Beneath Extreme and Persistent Concentration: New Evidence on Brazil Combining National Accounts, Surveys and Fiscal Data, 2001–2015», WID.world, Working Paper Series Nr. 2017/12. Diese Arbeiten haben für beide Länder ein starkes Wachstum des Anteils der hohen Einkommen in jüngster Zeit nachgewiesen. In den Vereinigten Staaten hat ebenfalls die Auswertung von Steuer- und Verwaltungsdaten ermöglicht zu zeigen, dass die Ungleichheiten in den letzten Jahrzehnten historische Höchststände erreicht haben. Siehe T. Piketty, E. Saez, «Income Inequality in the U. S., 1913–1998», *Quarterly Journal of Economics* 118, 1 (Februar 2003), S. 1–39; T. Piketty, E. Saez, G. Zucman, «Distributional National Accounts: Methods and Estimates for the United States», *Quarterly Journal of Economics* 133 (Mai 2018), S. 553–609.

2 Siehe L. Assouad, «Rethinking the Lebanese Economic Miracle: The Concentration of Income and Wealth in Lebanon 2005–2014», WID.world, Working Paper Series Nr. 2017/13; L. Czajka, «Income Inequality in Cote d'Ivoire 1985–2014»,WID.world; Working Paper Series Nr. 2017/8; R. Zighed, «Income Inequality in Tunisia: an Application of Pareto Inter-

aus den unterschiedlichen derzeit gültigen Systemen der Einkommensteuer trotz ihrer Unzulänglichkeiten und obwohl vermutlich viele Einkommen nicht von der Steuer erfasst werden, doch dazu geführt, dass die offiziellen Zahlen zur Ungleichheit deutlich nach oben korrigiert werden mussten.[1]

Die Nutzung von Steuerdaten mit all ihren Mängeln erlaubt auch, festzustellen, wo das Steuerrecht gegebenenfalls schlecht angewendet wird und die Steuerverwaltung versagt. Das wiederum gibt der Gesellschaft Instrumente an die Hand, um sich für eine Verbesserung einzusetzen und die Fortschritte im Lauf der Zeit zu kontrollieren. Seit in China Jahr für Jahr und Stadt für Stadt veröffentlicht wird, wie viele Steuerzahler in die höchsten Einkommensklassen fallen und wie sich ihre Einkommen genau zusammensetzen, ist es beispielsweise sehr viel besser möglich, die Korruption zu bekämpfen; bislang bestand die Korruptionsbekämpfung im Wesentlichen aus Trommelwirbeln des Regimes. Das gilt für alle Länder. Transparenz von Steuerdaten erlaubt, die Frage der Ungleichheiten mit der Transformation des Staates und mit politischer Mobilisierung zu verknüpfen.

Leider reicht Druck auf die nationalen Regierungen und ihre Verwaltungen, Steuerdaten offenzulegen, nicht aus, um alle Probleme zu lösen. Eine zusätzliche Schwierigkeit rührt daher, dass die Entwicklung des internationalen Rechts- und Steuersystems ebenfalls dahin tendiert, die Qualität der verfügbaren Daten zu verschlechtern. Der freie Kapitalverkehr in Verbindung mit der fehlenden internationalen Koordination in Steuerfragen, vor allem ohne automatische Weitergabe von Informationen über Eigentum im Ausland, hat eine Reihe von Staaten insbesondere in Europa veranlasst, Verschonungsregelungen für Kapitaleinkünfte zu beschließen. In der Praxis führte das auch zu einer Verschlechterung der Quellen, die erlauben, Arbeitseinkommen und Kapitaleinkünfte ein und derselben Person zuzuordnen. Man kann sich vorstellen, dass die Feststellung, die Quellenlage in den europäischen Ländern habe sich verschlechtert, kein gutes Omen für die Verhältnisse

---

polations to Labor Income in Tunisia over the Period 2003–2016», Paris School of Economics 2018.

1 Als «offizielle» Messungen bezeichne ich solche, die von staatlichen Statistikämtern veröffentlicht werden. Zur Präzisierung muss festgehalten werden, dass die politisch Zuständigen für die mangelnde Transparenz und die Unzulänglichkeiten der Steuerdaten verantwortlich sind und nicht die Personen, die bei diesen Behörden arbeiten. Sie fordern oft als Erste einen besseren Zugang zu den Quellen.

in den weniger reichen Ländern ist. Dabei werden die Schwierigkeiten, die schon bei der Messung von Einkommensungleichheit auftreten, noch viel größer, wenn es um die Verteilung von Vermögen geht. Darüber ist noch weit weniger bekannt als über die Einkommen, wie wir noch sehen werden.

Soziale Gerechtigkeit und Klimagerechtigkeit

Schauen wir uns zunächst genauer an, was mit Einkommen gemeint ist, dessen Ungleichheit wir messen wollen, und betrachten wir vor allem die Schwierigkeit, Umwelt- und Klimaschäden vollständig zu berücksichtigen. Im Grundsatz ist es sehr viel sinnvoller, für die Messung des wirtschaftlichen Wohlstands eines Landes und seiner Einwohner den Begriff des Nationaleinkommens zu verwenden als den des Bruttoinlandsprodukts (BIP). Rekapitulieren wir noch einmal die beiden wichtigsten Unterschiede: Das Nationaleinkommen entspricht dem BIP vermindert um die Entwertung des Kapitals (auch als Abschreibungen bezeichnet, das heißt der Wertverlust von Ausrüstungen, Maschinen, Gebäuden etc.), zuzüglich der aus dem Ausland bezogenen Nettoeinkommen (oder je nachdem abzüglich der an das Ausland gezahlten Nettoeinkommen). Zum Beispiel hätte ein Land, in dem die gesamte Bevölkerung damit beschäftigt wäre, das durch einen Orkan zerstörte Kapital wiederherzustellen, ein hohes BIP, aber das Nationaleinkommen wäre gleich null. Genauso sähe es in einem Land aus, dessen gesamte Produktion ins Ausland fließen würde an die dort lebenden Eigentümer seines Kapitals. Der Begriff BIP entspricht einer auf die Produktion ausgerichteten Sichtweise, bei der die Entwertung des Kapitals (insbesondere die Entwertung des natürlichen Kapitals) keine Rolle spielt, weder für die Verteilung der Einkommen noch für die Verteilung des Eigentums. Aus diesen Gründen ist der Begriff Nationaleinkommen viel besser geeignet. Außerdem ist er intuitiver: Das Nationaleinkommen pro Kopf entspricht dem Durchschnittseinkommen, das die Einwohner eines bestimmten Landes tatsächlich zur Verfügung haben.[1]

---

1 Das Nationaleinkommen wird auch als «Nettosozialprodukt» oder «Nettonationaleinkommen» bezeichnet (im Unterschied zu «Bruttosozialprodukt» und «Bruttonationaleinkommen»). Ein Überblick über die Bezeichnungen und die Volkswirtschaftliche Gesamt-

Das Problem dabei ist, dass die Entwertung des natürlichen Kapitals in den verfügbaren Rechnungen nicht korrekt gemessen wird.[1] In der Praxis verzeichnen die offiziellen Volkswirtschaftlichen Gesamtrechnungen eine tendenzielle Zunahme der Kapitalentwertung. Weltweit beliefen sich die Abschreibungen in den 1970er Jahren auf knapp 10 % des BIP, heute liegen sie bei fast 15 %.[2] Anders ausgedrückt: Das Nationaleinkommen entsprach in den 1970er Jahren im Durchschnitt rund 90 % des BIP und entspricht derzeit 85 % des BIP.[3] Die stärkere Entwertung hängt damit zusammen, dass bestimmte Ausrüstungsgegenstände, Maschinen und Computer schneller veralten und heute öfter ersetzt werden müssen als in der Vergangenheit.[4]

---

rechnung findet sich in T. Piketty, *Das Kapital im 21. Jahrhundert*, a. a. O., Kapitel 1. Das Nationaleinkommen pro Einwohner entspricht dem Durchschnittseinkommen in einem Land vor Steuern und Transferleistungen. Es ist auch gleich dem Durchschnittseinkommen nach Steuern und Transferleistungen, wenn alle öffentlichen Ausgaben und Transfers in Form von Sachleistungen berücksichtigt werden: Bildung, Gesundheitswesen, Sicherheit etc. Siehe Technischer Anhang.

1 Dies ist das größte Problem, aber es gibt noch andere, auf die ich hier nicht eingehen kann. Insbesondere sollte die Grenze zwischen dem privaten Konsum der Haushalte und dem sogenannten «intermediären» Konsum sehr viel genauer betrachtet werden, der bei den Unternehmen stattfindet (und praktisch einen zusätzlichen privaten Konsum der Leiter und Eigentümer der Unternehmen darstellen kann, der bei der Berechnung des Nationaleinkommens und der Ungleichheit nicht berücksichtigt wird, obwohl dieses Phänomen an der Spitze der Verteilung einen beträchtlichen Umfang annehmen kann). Es ist gut möglich, dass diese Verzerrung bewirkt, dass wir die Ungleichheiten erheblich unterschätzen.

2 Diese Tendenz ist überall zu beobachten, insbesondere in den reichen Ländern, siehe T. Blanchet, L. Chancel, «National Accounts Series Methodology», WID.world, Working Paper Series Nr. 2016/1, Abbildung 2.

3 Definitionsgemäß gleichen sich Nettoeinkünfte aus dem Ausland und Geldflüsse ins Ausland aus, wenn man die ganze Welt betrachtet (allerdings unter der Bedingung, dass auch die Geldflüsse in Steuerparadiese und aus Steuerparadiesen einbezogen werden). In der Praxis sind die Nettoflüsse von Auslandseinkünften (hauptsächlich handelt es sich um Kapitaleinkommen und in zweiter Linie um Einkommen aus zeitweiliger Tätigkeit im Ausland) weniger wichtig als die Kapitelentwertung: Erstere liegen im Allgemeinen zwischen −2 % und +2 % des BIP, am häufigsten zwischen −1 % und +1 %. Es gibt jedoch Länder, in denen ausländische Investoren viel Geld angelegt haben, dort können die Abflüsse zwischen 5 % und 10 % des BIP oder noch mehr ausmachen (meistens sind dies arme Länder zum Beispiel im subsaharischen Afrika; es können aber auch Länder sein, die gezielt ausländische Investoren anlocken wie Irland, wo der Abfluss von Einkommen bei über 20 % des BIP liegt), und umgekehrt Länder, in denen die Zuflüsse 5–10 % des BIP erreichen können, wie es etwa in Frankreich und Großbritannien in der Belle Époque der Fall war und heute in Ölländern wie Norwegen der Fall ist. Siehe Technischer Anhang.

4 Bei einem Kapitalstock in der Größenordnung von 500 % des BIP bedeutet ein Verbrauch von jährlich 10 % des konstanten Kapitals eine durchschnittliche Entwertung von 2 % pro

Im Prinzip müssten solche Rechnungen auch Abschreibungen auf das natürliche Kapital enthalten. In der Praxis wirft das aber eine Reihe von Problemen auf. Wenn man sich zunächst einmal die verfügbaren Schätzungen über den Umfang des jährlichen Ressourcenverbrauchs von den 1970er bis in die 2010er Jahre anschaut, vor allem den Verbrauch von fossilen Brennstoffen (Erdöl, Gas, Kohle), von mineralischen Ressourcen (Eisen, Kupfer, Zink, Nickel, Gold, Silber etc.) und von Holz, stellt man zum einen fest, dass die Verbräuche teilweise erheblich ins Gewicht fallen (generell zwischen 2 % und 5 % des weltweiten BIP, je nach Jahr), und zum anderen, dass sie im Lauf der Zeit (hauptsächlich in Abhängigkeit von der Entwicklung der Preise) und von Land zu Land sehr schwanken. Um das noch einmal klar zu sagen: Die Rechnungen beziehen sich auf den jährlichen Wert des tatsächlichen Verbrauchs, bereinigt um die Wiederherstellung der verschiedenen Ressourcen (die bei fossilen Brennstoffen und mineralischen Ressourcen extrem langsam verläuft und weniger langsam bei Wäldern), und enthalten zahlreiche Unsicherheiten.[1]

Das erste Problem besteht darin, dass die Marktpreise, die angesetzt werden, um diese Ströme zu berechnen, nicht sehr aussagekräftig sind. Aller Logik nach müsste man auch die gesellschaftlichen Kosten des Verbrauchs berücksichtigen und insbesondere die Auswirkungen der damit verbundenen Emissionen von Kohlendioxid (und anderen Treibhausgasen) auf das Klima. Derartige Rechnungen sind naturgemäß sehr unsicher. Der *Stern-Report* aus dem Jahr 2007 schätzte, dass sich die Kosten der Klimaerwärmung jährlich auf 5 % bis 20 % des weltweiten BIP belaufen könnten.[2] Die in den letzten zehn Jahren diagnostizierte Beschleunigung der Erderwärmung könnte dazu führen, dass bestimmte Effekte sich hochschaukeln und gravierende Kettenreaktionen

---

Jahr und ein Verbrauch von 15 % jährlich eine Entwertung von 3 %. In der Praxis variiert die Entwertung enorm, je nachdem um was für Vermögenswerte es sich handelt: Sie kann bei Immobilien und Warenlagern unter 1 % jährlich liegen und bei bestimmen Ausrüstungsgegenständen über 20–30 %.

1 Der jährliche Nettoabbau kann bei Ölländern und vielen armen Ländern (vor allem in Afrika) 10–20 % des BIP ausmachen. Siehe Technischer Anhang zu den verfügbaren Reihen und den Unsicherheiten, mit denen sie behaftet sind. Siehe auch E. B. Barbier, «Natural Capital and Wealth in the 21st Century», *Eastern Economic Journal* (2016); ders., *Nature and Wealth: Overcoming Environmental Scarcity and Inequality*, London: Palgrave Macmillan 2015. Siehe auch G. M. Lange, Q. Wodon, K. Carey, *The Changing Wealth of Nations 2018. Building a Sustainable Future*, Washington: World Bank 2018, S. 66, Abbildung 2B3.

2 Siehe N. Stern, *The Economics of Climate Change: The Stern Review*, Cambridge: Cambridge University Press 2007.

ausgelöst werden.[1] Wir haben bereits angemerkt, dass es womöglich nicht sinnvoll ist, immer alles monetär quantifizieren zu wollen.[2] Im Fall des Klimas kann es sinnvoller sein, Obergrenzen für die Erwärmung festzulegen, die nicht überschritten werden dürfen, daraus zu errechnen, welche Emissionen maximal möglich sind, und zuletzt festzulegen, welche politischen Maßnahmen getroffen werden müssen, vor allem (aber nicht nur) bei der «CO_2-Bepreisung» und einer Steuer auf die größten CO_2-Emissionen. Auf jeden Fall ist es unverzichtbar, in Zukunft auf das Wachstum des Nationaleinkommens zu schauen und nicht auf das Wachstum des Bruttoinlandsprodukts und bei der Berechnung der Abschreibungen plausibel abzuschätzen, welche gesellschaftlichen Kosten der Verbrauch von natürlichen Ressourcen tatsächlich verursacht (dabei ist es sinnvoll, verschiedene Varianten vorzulegen).[3]

Die zweite Schwierigkeit besteht darin, dass die Volkswirtschaftlichen Gesamtrechnungen, so wie sie bisher durchgeführt wurden, die natürlichen Ressourcen erst in dem Augenblick berücksichtigen, in dem sie wirtschaftlich genutzt werden. Anders formuliert: Wenn eine Firma oder ein Land im Jahr 2000 oder 2010 mit der Ausbeutung eines Vorkommens beginnt, taucht im Allgemeinen dessen Wert in den Angaben zum privaten oder staatlichen Eigentum erst in den Volkswirtschaftlichen Gesamtrechnungen des Jahres 2000 oder 2010 auf.[4] In den Rechnungen für 1970 oder 1980 steht nichts davon, obwohl dieses Vorkommen ganz offensichtlich damals bereits auf dem Planeten existierte. Das kann die Darstellung von Entwicklungen wie der vermeintlichen Zunahme des gesamten Privatbesitzes (als Prozentsatz des Nationalein-

---

1 Siehe zum Beispiel «Global Warming of 1.5°C», IPCC (Intergovernmental Panel on Climate Change) 2018, und alle Berichte des IPCC/Weltklimarats auf www.ipcc.ch.

2 Siehe Kapitel 12, S. 766–768.

3 Eine Empfehlung des Stiglitz-Berichts lautete, in öffentlichen Diskussionen eher den Begriff Nationaleinkommen zu verwenden als BIP, aber die Empfehlung blieb bislang folgenlos. Siehe J. Stiglitz, A. Sen und J.-P. Fitoussi, *Report by the Commission on the Measurement of Economic Performance and Social Progress*, Paris 2009.

4 Halten wir fest, dass der Begriff der Volkswirtschaftlichen Vermögensrechnung (die erlaubt, Aktiva und Passiva für unterschiedliche Kategorien wirtschaftlicher Akteure darzustellen im Gegensatz zu den herkömmlichen Rechnungen, die Produktions- und Einkommensflüsse betrachten) noch relativ neu ist und sich rasch entwickelt. Die neuen Regeln des *System of National Accounts* (SNA) aus den Jahren 1993 und 2008 sehen die Vermögensrechnung weltweit noch nicht vor. In etlichen Ländern wird sie gerade durchgeführt, und in Zukunft wird sie weitere Verbreitung finden, vor allem weil sich unterschiedliche gesellschaftliche, wirtschaftliche und politische Akteure dafür stark machen. Siehe Technischer Anhang.

kommens oder des Bruttoinlandsprodukts) seit den 1970er Jahren sehr verzerren.[1] Laufende Forschungen zu Ländern mit reichen Vorkommen an natürlichen Ressourcen (wie etwa Kanada) zeigen, dass so etwas langfristige Tendenzen vollkommen umkehren kann; deshalb sollten die verschiedenen Zahlenreihen rückblickend noch einmal überprüft werden.[2] Das ist eine weitere Illustration für die Erkenntnis, auf die wir bereits mehrfach hingewiesen haben: Der Zuwachs des Gesamtwerte von privatem Eigentum spiegelt oft wider, dass dem Privateigentum als gesellschaftlicher Institution mehr Macht zugesprochen wird und nicht, dass sich das «Kapital der Menschheit» generell erhöht hat.

Dem gleichen Problem begegnen wir bei der privaten Aneignung von Kenntnissen. Wenn eine Firma eines Tages das Eigentumsrecht am Satz des Pythagoras bekäme und jedem Schüler eine Rechnung ausstellen könnte, der den Satz des Pythagoras benutzt, dann dürfte der Börsenwert dieser Firma beträchtlich sein, und der Gesamtwert des Privateigentums auf dem Planeten würde dementsprechend erheblich wachsen, vor allem wenn man dieses Modell auch auf andere Wissensbereiche übertragen würde. Doch das Kapital der Menschheit wäre dadurch nicht im Geringsten gewachsen, weil der fragliche Satz seit mehreren Jahrtausenden bekannt ist. Das mag als extremes Beispiel erscheinen, aber es ist nicht allzu weit weg von der Situation privater Unternehmen wie Google, die die Digitalisierung und damit Aneignung ganzer Bibliotheken und öffentlicher Sammlungen begonnen haben und sich damit die Möglichkeit eröffnen, später Geld für den Zugang zu diesen Ressourcen zu verlangen, die früher öffentlich und kostenlos waren, und auf diese Weise beträchtliche Gewinne einzustreichen (die womöglich in keinerlei Verhältnis zu ihren Investitionen stehen). Generell zählen zum Börsenwert von Technologieunternehmen auch Patente und Knowhow, die es nicht gegeben hätte ohne das Wissen und die Grundlagenforschung, die mit öffentlichen Geldern finanziert und von der Menschheit über viele Jahre hinweg angesammelt wurden. Die private Aneignung von gemeinschaftlichem Wissen könnte im 21. Jahrhundert um ein Vielfaches wachsen. Alles hängt von der Entwicklung

1 Siehe Kapitel 10, Grafik 10.8, und Technischer Anhang.

2 Siehe Technischer Anhang. Siehe außerdem E. B. Barbier, «Natural Capital and Wealth in the 21st Century», a. a. O.

der Rechts- und Steuersysteme und von der gesellschaftlichen und politischen Mobilisierung rund um dieses Thema ab.[1]

Die Ungleichheit der CO_2-Emissionen verschiedener Länder und verschiedener Personen

Eine dritte Schwierigkeit – und wohl die größte – besteht darin, dass man unbedingt ökologische Ungleichheiten berücksichtigen muss, und zwar sowohl hinsichtlich der verursachten wie der erlittenen Schäden. Insbesondere die CO_2-Emissionen fallen nicht einfach in die Verantwortung der Länder, die fossile Brennstoffe produzieren, oder der Länder, in denen Fabriken mit hohen Emissionen ihren Sitz haben. Auch die Konsumenten in den Importländern tragen Verantwortung, vor allem die reichsten. Anhand der verfügbaren Daten über die Einkommensverteilung in den verschiedenen Ländern sowie durch Untersuchungen, die erlauben, Einkommenshöhen und Konsumprofile zu verknüpfen, ist es möglich, abzuschätzen, wie die Bewohner des Planeten bei den CO_2-Emissionen dastehen. Die wichtigsten Ergebnisse sind in Grafik 13.7 dargestellt. Die Zahlen berücksichtigen sowohl die direkten Emissionen (zum Beispiel durch Individualverkehr und Heizung) wie auch die indirekten, das heißt die Emissionen, die durch den Konsum der Güter entstehen und durch Produktion und Transport zum Ort des Konsums.[2] Wenn man alle CO_2-Emissionen in der Zeit von 2010 bis 2018 betrachtet, stellt man fest, dass Nordamerika und China jeweils für 22 % der weltweiten Emissionen verantwortlich sind, Europa für 16 % und der Rest der Welt für ungefähr 40 %. Aber wenn man sich auf die größten individuellen Emissionen konzentriert, ergibt sich ein vollkommen an-

1 Siehe A. Kapczynski, «Four Hypotheses on Intellectual Property and Inequality», Yale Law School 2015; G. Krikorian, A. Kapczynski, *Access to Knowledge in the Age of Intellectual Property*, Cambridge: MIT Press 2010. Siehe auch J. Boyle, «The Second Enclosure Movement and the Construction of the Public Domain», *Law and Contemporary Problems 66* (Winter 2003), S. 33–74; D. Koh, R. Santaeulàlia-Llopis, Y. Zheng, «Labor Share Decline and the Capitalization of Intellectual Property Products», School of Economics and Finance, Working Paper Nr. 873, 2018.

2 Eine detaillierte Darstellung der Methoden und der Ergebnisse findet sich bei L. Chancel, T. Piketty, «Carbon and Inequality: From Kyoto to Paris. Trends in the Global Inequality of Carbon Emissions (1998–2013) and Prospects for an Equitable Adaptation Fund», WID.world, Working Paper Series Nr. 2015/7. Siehe auch L. Chancel, *Insoutenables inégalités. Pour une justice sociale et environnementale*, Paris: Les petits matins 2017.

deres Bild. Von den Emissionen, die mehr als das 2,3-Fache des weltweiten Durchschnitts betragen – das sind ungefähr die 10 % höchsten Emissionen (die zusammen etwa 45 % aller Emissionen weltweit ausmachen) – entfallen 46 % auf Nordamerika, 16 % auf Europa und 12 % auf China. Wenn man sich die Emissionen anschaut, die über dem 9,1-Fachen des weltweiten Durchschnitts liegen, das heißt das 1 % der höchsten Emissionen (die 14 % der gesamten Emissionen ausmachen, das ist mehr, als auf die 50 % der Bewohner des Planeten entfällt, die die wenigsten Emissionen verursachen), ist Nordamerika (praktisch hauptsächlich die Vereinigten Staaten) für 57 % der Gesamtemissionen verantwortlich, Europa für 15 %, China für 6 % und der Rest der Welt für 22 % (darunter der Nahe Osten und Russland für knapp 13 % und Indien, Südostasien und das subsaharische Afrika für knapp 4 %).[1]

Die globale Verteilung der CO_2-Emissionen, 2010–2018

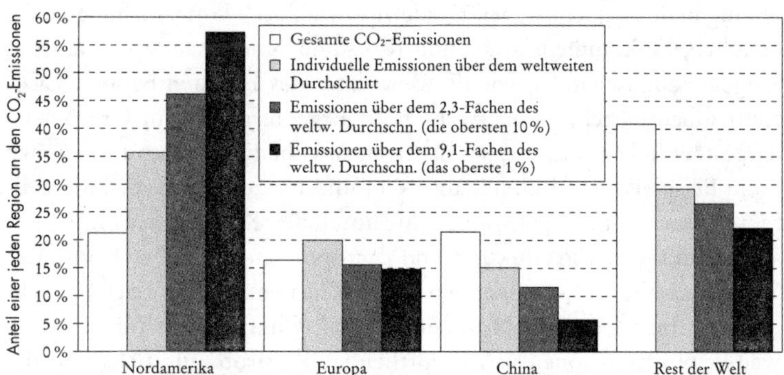

Grafik 13.7.: Der Anteil Nordamerikas (Vereinigte Staaten, Kanada) am gesamten CO_2-Ausstoß (direkt und indirekt) betrug im Zeitraum 2010 bis 2018 durchschnittlich 21 %. Das waren 36 % der individuellen Emissionen, die über dem weltweiten Durchschnitt von 6,2 t CO_2 pro Jahr lagen; 46 % der individuellen Emissionen über dem 2,3-Fachen des weltweiten Durchschnitts (hier handelt es sich um die oberen 10 % der Weltbevölkerung, die 45 % der Gesamtemissionen verursachen, gegenüber 13 %, die auf die 50 % der Weltbevölkerung mit dem niedrigsten CO_2-Ausstoß zurückgehen) und 57 % der Emissionen über dem 9,1-Fachen des weltweiten Durchschnitts (verursacht von dem obersten 1 % der Weltbevölkerung, das für 14 % der globalen Emissionen verantwortlich ist).
Quellen und Reihen: siehe piketty.pse.ens.fr/ideologie

1 Die Ergebnisse werden nach den einzelnen Ländern aufgeschlüsselt bei L. Chancel, T. Piketty, «Carbon and Inequality: From Kyoto to Paris. Trends in the Global Inequality of Carbon Emissions (1998–2013) and Prospects for an Equitable Adaptation Fund», a. a. O., Tabelle E4.

Diese extreme Konzentration der höchsten Emissionen bei den Vereinigten Staaten hängt mit der stärkeren Ungleichheit der Einkommen und mit besonders energiefressenden Lebensweisen zusammen (viel Wohnraum, Fahrzeuge, die die Umwelt sehr belasten, etc.). Doch diese Erkenntnisse reichen gewiss nicht aus, damit der Planet sich auf eine neue Verteilung der Anstrengungen einigt. Da die Verantwortlichkeiten klar sind, wäre es prinzipiell durchaus logisch, dass die Vereinigten Staaten Ausgleichszahlungen an den Rest des Planeten leisten für die Schäden, die sie dem weltweiten Wohlergehen zufügen, und diese Zahlungen könnten potenziell beträchtlich sein, wenn man sich vor Augen hält, dass die Schäden durch die Klimaerwärmung eine Größenordnung von 5–20 % des BIP erreichen können oder sogar noch mehr. In der Praxis ist wenig wahrscheinlich, dass die Vereinigten Staaten von sich aus so etwas anbieten. Eher könnte man sich vorstellen, dass der Rest der Welt eines Tages eine Rechnung präsentiert und die Länder, die überdurchschnittliche Umweltschäden verursacht haben, mit Sanktionen belegt, die eine Kompensation der entstandenen Schäden darstellen. Der Umfang der Schäden durch die Klimaerwärmung ist derartig groß, dass es zu massiven politischen Spannungen zwischen den Vereinigten Staaten und dem Rest der Welt kommen könnte.[1] Auf jeden Fall wird man sich bei der Suche nach Kompromissen und Gerechtigkeitsnormen, die die Mehrheit akzeptiert, auf das gemeinsame Wissen über die weltweite Verteilung der Emissionen stützen müssen.

Die große Ungleichheit der individuellen Emissionen hat auch Folgen für die nationalen Klimapolitiken. Oft wird der Standpunkt vertreten, im Kampf gegen die Erderwärmung sei neben einer ganzen Reihe von Maßnahmen bei Bauvorschriften, Umweltregeln und Investitionen in erneuerbare Energien eine Kohlendioxidsteuer sinnvoll, die proportional auf die Emissionen festgesetzt werden sollte. Anders ausgedrückt: Man legt einen Steuerbetrag pro Tonne Kohlendioxid fest, zum Beispiel 100 Dollar pro Tonne bis zum Jahr 2030, wie es ein kürzlich erschiene-

1 Insbesondere wäre es naiv zu glauben, Machtverhältnisse (auch in ihrer militärischen Dimension) würden keine Rolle spielen. US-Präsident Donald Trump erklärt regelmäßig, die Klimaerwärmung sei eine Erfindung, um sein Land zu erpressen, und verlangt im Übrigen, seine «Verbündeten» sollten mehr für den militärischen Schutz bezahlen, den ihnen die Vereinigten Staaten großzügig gewährten. Das Gewicht der Vereinigten Staaten (auf die gegenwärtig 4 % der Weltbevölkerung entfallen und 15 % des weltweiten BIP) wird jedoch in den nächsten Jahrzehnten immer weiter abnehmen, weshalb die Regeln, die der Rest der Welt für Wirtschaft und Handel aufstellt, immer wichtiger werden.

ner Bericht vorgeschlagen hat, um die 2015 in Paris vereinbarten Klimaziele einzuhalten.[1] Dann führt jedes Land ein System von Steuern ein, die dafür sorgen, dass auf alle Emissionen unabhängig von ihrem Ursprung Zahlungen in Höhe von 100 Dollar pro Tonne entrichtet werden.[2] Das Problem bei einem solchen System der proportionalen Besteuerung von Kohlendioxid ist, dass es sozial sehr ungerecht sein kann, sowohl innerhalb der einzelnen Länder wie zwischen den Ländern. In der Praxis bedeutet es voraussichtlich, dass viele Haushalte mit kleinen und mittleren Einkommen einen viel größeren Teil davon für Mobilität und Heizung ausgeben müssen als reichere Haushalte, vor allem wenn adäquate öffentliche Verkehrsmittel fehlen und die Wohnungen schlecht gedämmt sind. Eine bessere Lösung wäre es, die höchsten Emissionen mit höheren Steuern zu belegen. Man könnte zum Beispiel Emissionen unterhalb des weltweiten Durchschnitts von der Steuer freistellen und für Emissionen über dem Durchschnitt eine Steuer von 100 Dollar erheben, für Emissionen über dem 2,3-Fachen des Durchschnitts 500 Dollar und für Emissionen über dem 9,1-Fachen 1000 Dollar (oder noch mehr).

Auf die progressive Besteuerung von Kohlendioxid kommen wir zurück, wenn wir uns mit der Frage befassen, wie eine gerechte Steuer aussehen könnte (siehe Kapitel 17). Halten wir an dieser Stelle einfach fest, dass keine politische Strategie im Kampf gegen die Klimaerwärmung Erfolg haben wird, die nicht die soziale und steuerliche Gerechtigkeit in den Mittelpunkt der Überlegungen stellt. Es gibt mehrere Wege, um zu einer progressiven, dauerhaften und konsensfähigen CO_2-Steuer zu gelangen. Auf jeden Fall müssen die Einnahmen aus einer solchen Steuer voll und ganz in den ökologischen Umbau der Gesellschaft fließen, vor allem auch in die Entschädigung von besonders betroffenen Haushalten mit geringen Einkommen. Man kann auch einen Bereich mit geringem Verbrauch bei den Berechnungen für Strom und

1 Siehe N. Stern, J. Stiglitz, *Report of the High-Level Commission on Carbon Prices*, Washington: World Bank 2017.

2 In der Praxis herrscht erhebliche Konfusion, weil oft der Eindruck entsteht, als komme die CO_2-Steuer noch zu bereits bestehenden Energiesteuern (insbesondere auf Benzin) hinzu, von denen es manchmal heißt, sie sollten andere negative Effekte des Energieverbrauchs (wie Luftverschmutzung und Verpackungsmüll) korrigieren. Das Problem dabei ist, dass all dies reichlich undurchsichtig bleibt und den Verdacht nährt, der Staat nehme den Umweltschutz als Ausrede, um Steuern zu erheben, mit denen letztlich ganz andere Dinge finanziert würden (was leider häufig stimmt).

Gas ganz ausnehmen und die stärkeren Verbraucher höher belasten. Oder man kann die besonders hohen Kohlendioxidemissionen bei bestimmten Waren und Dienstleistungen hoch besteuern, beispielsweise Flugtickets.[1] Wenn man die Frage der Ungleichheiten nicht wirklich ernst nimmt, besteht die Gefahr, dass die Bevölkerung der Klimapolitik mit Verständnislosigkeit begegnet und sie komplett blockiert.

Von diesem Standpunkt aus sind die Proteste der «Gelbwesten» in Frankreich Ende 2018 sehr aufschlussreich. Die Regierung hatte 2018/2019 starke Erhöhungen der CO_2-Steuer angekündigt und verzichtete schließlich nach der massiven Protestbewegung darauf. Man muss sagen, dass die Sache besonders schlecht angepackt wurde, geradezu dilettantisch. Nur ein kleiner Teil (weniger als 20 %) der neuen Einnahmen aus der CO_2-Steuer sollten in den ökologischen Umbau und in Kompensationsmaßnahmen fließen, mit dem Rest sollten andere Projekte finanziert werden, insbesondere erhebliche Steuersenkungen für gesellschaftliche Gruppen mit den höchsten Einkommen und Vermögen.[2]

Weiter ist anzumerken, dass die verschiedenen Formen einer CO_2-Steuer, die derzeit in Frankreich und anderen europäischen Ländern angewendet werden, zahlreiche Ausnahmen beinhalten. Das betrifft vor allem Kerosin, das im Rahmen der europäischen Regeln und der Konkurrenz zwischen den Ländern komplett von der CO_2-Steuer befreit ist. Um es zu veranschaulichen: Haushalte mit bescheidenem Einkommen und Vermögen, deren Angehörige jeden Tag mit dem Auto zur Arbeit fahren, bezahlen also die volle CO2-Steuer auf Benzin, aber die wohlhabendsten Haushalte, die für den Wochenendtrip das Flugzeug nehmen, bezahlen nichts. Anders ausgedrückt: Die CO_2-Steuer, um die es hier geht, ist nicht einmal proportional, sondern massiv und eindeutig regressiv, denn für die höchsten Emissionen gelten die niedrigsten Sätze. Dieses Beispiel, das bei den Protesten im Winter 2018/2019 in

1 In Anbetracht der Tatsache, dass das Flugzeug in den verschiedenen Ländern und von den verschiedenen Einkommensgruppen unterschiedlich genutzt wird, würde eine proportionale Steuer auf Flugtickets zu einer ähnlichen Verteilung der Länder führen, wie man sie mit einer CO_2-Steuer bekäme, die nur auf Emissionen über dem weltweiten Durchschnitt erhoben würde. Um mehr Progression zu erreichen, müsste man vor allem die Vielflieger besteuern. Siehe L. Chancel, T. Piketty, «Carbon and Inequality: From Kyoto to Paris. Trends in the Global Inequality of Carbon Emissions (1998–2013) and Prospects for an Equitable Adaptation Fund», a. a. O., Tabelle E4 und Technischer Anhang.

2 Vor allem durch die Abschaffung der Vermögensteuer (ISF), die durch eine Immobiliensteuer (IFI) ersetzt wurde. In Kapitel 14, S. 982–985, komme ich auf diesen Vorgang zurück.

Frankreich immer wieder zitiert wurde, hat wesentlich dazu beigetragen, die Demonstranten davon zu überzeugen, diese Politik sei lediglich ein Vorwand, um sie zur Kasse zu bitten, und die Verantwortlichen in Frankreich und Europa würden in erster Linie an die privilegierten gesellschaftlichen Gruppen denken.[1] Natürlich wird es immer Personen geben, die protestieren, egal, welche Klimapolitik ein Staat verfolgt. Aber offensichtlich schürt es den Widerstand, wenn man nicht einmal versucht, eine gerechte CO_2-Steuer einzuführen. Das Beispiel zeigt, wie wichtig neue Formen der transnationalen Besteuerung und in diesem Fall gemeinsame europäische Steuerregeln sind. Wenn die europäischen Staaten so weitermachen wie bisher, das heißt weiter davon ausgehen, dass die Vorzüge des Steuerwettbewerbs den Komplikationen und Kosten einer gemeinsamen Steuerpolitik vorzuziehen sind (die es unbestreitbar gibt, die man aber überwinden kann), dann werden sie in Zukunft mit weiteren Steuerprotesten rechnen müssen und zugleich dauerhaft ihre Klimastrategie beschädigen. Umgekehrt könnten die Klimaproteste, denen sich immer mehr junge Leute anschließen, dazu beitragen, dass sich die Haltung in Fragen der demokratischen Transparenz und der transnationalen Steuergerechtigkeit grundlegend verändert.

Die Messung der Ungleichheit und der Rückzug der Staaten

Wir haben schon festgestellt, dass ausgerechnet unsere Epoche, die oft als das Zeitalter von Informationstechnologie und Big Data bezeichnet wird, so gleichgültig mit staatlichen Statistiken zu Ungleichheiten verfährt. Doch so ist die Realität; das zeigen drastisch die Probleme im Zusammenhang mit der Erfassung und Messung des Eigentums und seiner Verteilung. Von den Unzulänglichkeiten der Datenlage zu den Einkommen war bereits die Rede. Aber bei den Vermögen ist die Situation noch viel schlimmer, vor allem bei den Finanzanlagen. Kurz gesagt: Die Statistikbehörden, Finanzverwaltungen und vor allem die politisch Verantwortlichen haben noch immer keine Vorstellung von der internationalen Verteilung der Finanzportfolios und haben sich auch nicht die Mittel verschafft, um die Entwicklung des Finanzvermögens und

1 Das andere häufig zitierte Beispiel ist die Steuerbefreiung für Treibstoffe in der gewerblichen Schifffahrt.

deren Verteilung wirksam zu erfassen. Um es noch einmal zu betonen: Es mangelt ganz und gar nicht an den technischen Möglichkeiten, sondern es ist eine politische und ideologische Entscheidung, die wir im Folgenden näher untersuchen.

Es ist ohne Weiteres möglich, durch systematische Auswertung und Vergleiche der derzeit verfügbaren Quellen (Volkswirtschaftliche Gesamtrechnungen, Befragungen, Steuerdaten) die großen Linien nachzuzeichnen, wie sich die Vermögenskonzentration in den großen Regionen der Welt entwickelt hat. Die wichtigsten Ergebnisse sind in den Grafiken 13.8 und 13.9 festgehalten, die zeigen, was aus dem Anteil des obersten Perzentils (der 1 % Reichsten) an den gesamten Privatvermögen in Frankreich, Großbritannien, den Vereinigten Staaten, Indien, China und Russland geworden ist. Die ältesten Reihendaten liegen zu Frankreich vor, wo die sehr umfangreichen Angaben zu Erbschaften es erlauben, bis in die Zeit der Französischen Revolution zurückzugehen.[1] Die für Großbritannien und andere europäische Länder (etwa Schweden) verfügbaren Daten sind nicht so präzise, reichen aber auch bis zum Beginn des 19. Jahrhunderts zurück.[2] Die Daten für die Vereinigten Staaten beginnen Ende des 19., Anfang des 20. Jahrhunderts, insbesondere nach der Einführung einer Bundessteuer auf Erbschaften 1916. Für Indien stehen Daten (insbesondere Untersuchungen zu Vermögen) ab den 1960er Jahren zur Verfügung. Die Entwicklung bei der Verteilung des Privatvermögens in China und Russland kann erst ab den Privatisierungswellen der 1990er Jahre untersucht werden.

Die großen Entwicklungslinien sind ziemlich eindeutig. In allen westlichen Ländern hat die Eigentumskonzentration nach dem Ersten Weltkrieg bis in die 1970er Jahre stark abgenommen, und seit den 1980er Jahren ist sie wieder deutlich angestiegen.[3] In den Vereinigten Staaten und Indien war der Wiederanstieg bei der Vermögensungleichheit stärker als in Frankreich oder Großbritannien, ebenso bei der Einkommensungleichheit. Besonders massiv hat die Konzentration des Privateigentums in China und Russland zugenommen, in beiden Fällen als Folge der Privatisierungen. Das Bild der Entwicklung ist in den

---

1 Siehe Kapitel 4, S. 172–175.

2 Siehe Kapitel 5, S. 252–254.

3 Erinnern wir uns, dass die Vermögenskonzentration in Europa das gesamte 19. Jahrhundert sehr stark war mit einer Tendenz zu weiterer Zunahme in den Jahrzehnten vor dem Ersten Weltkrieg. Siehe Kapitel 4, Grafiken 4.1 und 4.4 und Kapitel 5, Grafiken 5.4 und 5.5.

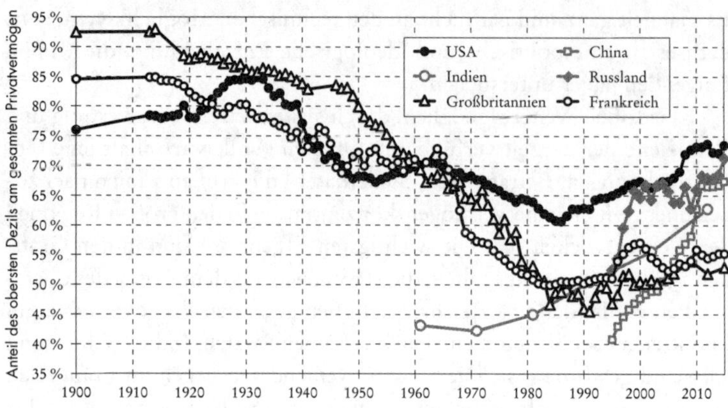

Grafik 13.8.: Der Anteil des obersten Dezils (die reichsten 10 %) am gesamten Privatvermögen (Immobilien, Betriebsvermögen, nach Schuldenabzug) hat in China, in Russland, in Indien und in den Vereinigten Staaten in den 1980er und 1990er Jahren stark zugenommen und in geringerem Ausmaß in Großbritannien und Frankreich.
Quellen und Reihen: siehe piketty.pse.ens.fr/ideologie.

Grundzügen zwar deutlich, aber man muss doch darauf hinweisen, dass die Zahlen für die letzten Jahrzehnte mit einigen Unsicherheiten behaftet sind. Paradoxerweise sind gerade die Zahlen für die Jahre 1990–2020 in den Grafiken 13.8 und 13.9 ohne jeden Zweifel unsicherer und ungenauer als die für den gesamten Zeitraum von 1900 bis 2020. Das hat einerseits damit zu tun, dass die Quellen, die früher zur Verfügung standen, heute nicht mehr so aufschlussreich sind, und andererseits haben die öffentlichen Institutionen keine neuen Instrumente entwickelt, die der Internationalisierung der Vermögen Rechnung tragen.

Genau wie bei den Einkommen gibt es auch für die Erfassung der Vermögen verschiedene Arten von Quellen. Zunächst einmal sind da die Volkswirtschaftlichen Gesamtrechnungen: Durch die Kombination von Unternehmensbilanzen, verschiedenen Umfragen und Erhebungen zu Produktion, Gehältern, Wohnungen etc. gelangen die statistischen Ämter zu Werten für das Bruttoinlandsprodukt, das Nationaleinkommen und die Aktiva und Passiva der Haushalte, des Staates und der Unternehmen. Abgesehen von den Problemen, den Wertverlust des natürlichen Kapitals zu beziffern, ist die wichtigste Einschränkung bei der Volkswirtschaftlichen Gesamtrechnung, dass sie definitionsgemäß nur aggregierte Daten und Durchschnittswerte enthält und nichts über

Das oberste Perzentil und das Vermögen: Industrie- und Schwellenländer

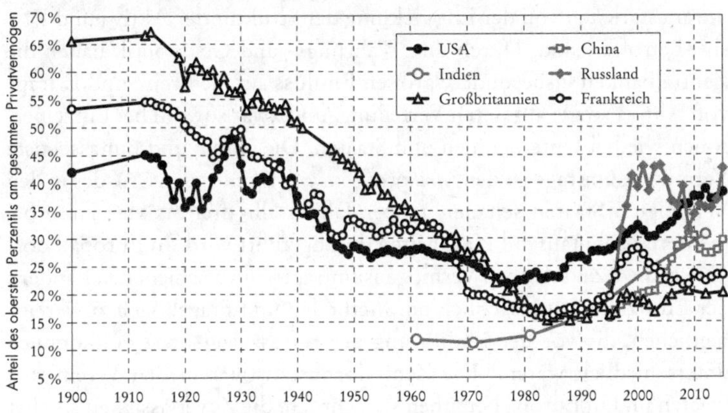

Grafik 13.9.: Der Anteil des obersten Perzentils (das reichste 1 %) an der Gesamtheit der Privatvermögen (Immobilien, Betriebsvermögen und Finanzanlagen, nach Schuldenabzug) hat in China, Russland, Indien und den Vereinigten Staaten seit den 1980er und 1990er Jahren stark zugenommen und in geringerem Ausmaß in Großbritannien und Frankreich.
Quellen und Reihen: siehe piketty.pse.ens.fr/ideologie.

die Verteilung aussagt. Dennoch liefert sie die vollständigsten und für unterschiedliche Länder am besten zu vergleichenden Schätzungen zu allen Einkommen und zum gesamten privaten und öffentlichen Vermögen, und natürlich geht man von diesen Gesamtzahlen aus, bevor man sich die Verteilung anschaut. Eine wichtige Quelle dafür sind Umfragen bei Haushalten. Umfragen haben den Vorteil, dass Dutzende Fragen zu den verschiedenen Einkommensbestandteilen und Aktiva gestellt werden können, aber auch zu individuellen Merkmalen, die im Allgemeinen in den Steuerdaten nicht vorkommen (wie Bildungsabschlüsse oder berufliche und familiäre Entwicklungswege). Der Nachteil ist, dass mangels Kontrolle und Sanktionen die in Umfragen genannten Summen oft nicht stimmen, vor allem in den oberen Bereichen der Verteilung; da wird in Umfragen im großen Maßstab zu wenig angegeben. Das ist bereits bei der Messung von Einkommensungleichheiten sehr problematisch. Aber um die Verteilung der Vermögen zu messen, die noch viel stärker konzentriert sind (in der Regel liegen zwischen 50 % und 90 % aller Vermögen in den Händen des obersten Dezils), ist dieser Weg schlichtweg nicht gangbar.

Die wichtigsten Erhebungen zu Vermögen werden gemeinsam von den statistischen Ämtern und den Zentralbanken durchgeführt. Das ist naheliegend, weil die Zentralbanken die staatlichen Institutionen sind, die am stärksten von der Entwicklung der Struktur der Aktiva und Passiva betroffen sind. Durch ihre Währungs- und Geldpolitik haben die Zentralbanken insbesondere großen Einfluss auf die Preise und Erträge von Aktiva sowie auf deren Verteilung, und zwar sowohl bei Einzelpersonen wie bei Unternehmen und Staaten. Die älteste und umfassendste Vermögensumfrage ist der *Survey of consumer finances* (SCF), der in den Vereinigten Staaten seit den 1960er Jahren alle drei bis vier Jahre bei mehreren zehntausend Haushalten durchgeführt wird. In Europa koordiniert die EZB seit 2006 Vermögensumfragen in verschiedenen Ländern der Eurozone, hauptsächlich um Methoden und Fragebögen zu vereinheitlichen, die vor der Einführung des Euros 1999–2002 vollkommen unterschiedlich waren.[1] Die Zentralbankstatistiker in den Vereinigten Staaten und in Europa bemühen sich ehrlich, die Zuverlässigkeit solcher Umfragen zu verbessern, aber die Aufgabe ist übermenschlich. Leider lässt sich allein anhand von Selbstauskünften die Vermögensverteilung nicht korrekt erfassen, vor allem nicht die der Finanzportfolios. Trotz aller Anstrengungen beläuft sich der Wert aller Vermögen, wie sie in den von der EZB koordinierten Umfragen zu Haushaltsfinanzierung und -verbrauch *(Household Finance and Consumption Survey*, HFCS) angegeben werden, nur auf 50–60 % dessen, was in den Volkswirtschaftlichen Gesamtrechnungen angesetzt wird. Das hängt vor allem damit zusammen, dass für die Vermögen an der Spitze der Pyramide zu geringe Zahlen genannt werden und da besonders bei Finanzanlagen. Kurz gesagt: Die EZB druckt hunderte Milliarden Euro (oder sogar tausende Milliarden, wie wir noch sehen werden), um die europäische Wirtschaft und die Vermögenspreise zu beeinflussen, aber die Verteilung der Vermögen kann sie nicht korrekt messen.

Die Intransparenz durchbrechen: ein staatliches Finanzkataster

Diese Situation ist besonders ärgerlich, weil die Aufgabe mit besseren Instrumenten durchaus lösbar wäre. Es würde schon ausreichen, die Umfragedaten systematisch mit den Zahlen abzugleichen, die Finanz-

1 Die erste Welle sogenannter HFCS-Umfragen (Umfragen zu Haushaltsfinanzierung und -konsum), die von der EZB koordiniert wurden, fand 2010 statt und die zweite Welle 2014 (befragt wurden mehr als 80 000 Haushalte in den verschiedenen Ländern).

institute und Steuerverwaltungen über Vermögen und Portfolios haben. Immobilienbesitz wird schon sehr lange registriert, nicht nur bei privaten Intermediären (wie Notaren), sondern auch bei den Steuerverwaltungen, insbesondere im Zusammenhang mit Steuern wie der *property tax* in den Vereinigten Staaten und der Grundsteuer in Frankreich und Deutschland. Die Einrichtung eines staatlichen Katasters zur Erfassung von Grundbesitz und Immobilien aller Art (landwirtschaftliche und andere Flächen, Häuser, Wohnblöcke, Lagerhallen, Fabriken, Geschäfte, Büros etc.), egal, ob zu Wohnzwecken oder für unterschiedliche berufliche Aktivitäten genutzt, war eine der wichtigsten institutionellen Innovationen der Französischen Revolution. Ähnliche Reformen gab es in den meisten Ländern, sie waren wesentliche Elemente bei der Geburt der Eigentümergesellschaften. Der Zentralstaat übernahm die Aufgabe, Eigentumsrechte zu registrieren und zu schützen, anstelle von Adel und Klerus in den alten trifunktionalen Gesellschaften, die auf lokaler Ebene die Macht- und Eigentumsverhältnisse geregelt hatten.[1] Parallel dazu wurde die juristische Infrastruktur geschaffen, um vielfältigere Handels- und Produktionsbeziehungen als bisher zu organisieren.

Finanzeigentum wird bereits in verschiedenen Formen registriert, die seine Identifizierung ermöglichen. Das Problem ist, dass die Staaten diese Aufgabe weitgehend an private Finanzintermediäre übertragen haben. In jedem Land oder manchmal sogar für einen ganzen Kontinent gibt es private Institutionen, die sogenannten Zentralverwahrer *(custodian banks)*, deren Aufgabe es ist, den Weg übertragbarer Wertpapiere, die von verschiedenen Unternehmen emittiert werden (Aktien, Anleihen, andere Anteile und Titel aller Art), zu verfolgen. Das soll vor allem verhindern, dass mehrere Personen Anspruch auf dieselben Anlagen erheben, was aus offensichtlichen Gründen die Organisation des Wirtschaftslebens erheblich erschweren würde. Die bekanntesten zentralen Verwahrgesellschaften sind die *Depository Trust Company* in den Vereinigten Staaten sowie *Clearstream* und *Eurostream* in Europa.[2] Dass diese Funktionen von privaten Einrichtungen erfüllt werden, die im Übrigen in jüngster Zeit wegen ihrer Intransparenz in die Kritik geraten sind, wirft jedoch zahlreiche Probleme auf. Die Behörden in den

1 Siehe Kapitel 3 und 4.

2 Die Rolle, Verwahrstelle zu sein, wird oft gleichzeitig mit der Clearinghaus-Funktion erfüllt, bei der es darum geht, den Zahlungsverkehr und Wertpapiertransaktionen abzusichern (durch den Ausgleich gegenseitiger Forderungen und Verbindlichkeiten).

Vereinigten Staaten und in Europa könnten ohne Weiteres entscheiden, sie zu verstaatlichen oder zumindest sehr viel stärker zu regulieren, damit sie richtige öffentliche Kataster für Wertpapiere würden. Das würde den Staaten vor allem erlauben, diesen Institutionen strenge Auflagen zu machen, sodass man die Inhaber der Papiere identifizieren könnte (das heißt die physischen Personen, die die effektive Kontrolle darüber haben, jenseits aller Finanzkonstruktionen und verschachtelten Strukturen), was so, wie die Zentralverwahrer gegenwärtig funktionieren, nicht möglich ist.[1]

So wünschenswert die Einrichtung eines staatlichen Finanzkatasters auf höchstmöglicher Ebene, zum Beispiel auf europäischer, europäisch-amerikanischer, europäisch-afrikanischer Ebene und letztlich auf weltweiter Ebene ist, soll doch betont werden, dass jeder Staat in dieser Richtung vorangehen kann und nicht auf die anderen warten muss. Vor allem gibt es in jedem Staat jetzt schon viele Vorschriften für Unternehmen, die auf seinem Territorium wirtschaftlich aktiv sind. In diesem Rahmen könnte jeder Staat entscheiden, von jedem Unternehmen detaillierte Informationen über seine Anteilseigner zu verlangen. Derartige Regelungen existieren übrigens bereits, sowohl für börsennotierte wie für nicht börsennotierte Unternehmen, aber mit den neuen Möglichkeiten der Informationstechnologie könnten sie beträchtlich verschärft und systematisiert werden.

Im Übrigen haben die Steuerverwaltungen den Banken, Versicherungsunternehmen und sonstigen Finanzinstituten schon immer Auflagen gemacht, vor allem, dem Fiskus korrekte Informationen über Zinsen, Dividenden und andere Einkünfte der Steuerpflichtigen aus Finanzanlagen zu übermitteln. In vielen Ländern erscheinen diese Informationen mittlerweile automatisch in vorausgefüllten Steuererklärungen, die die Steuerverwaltung den Steuerpflichtigen zur Überprüfung zuschickt, genau wie auch Informationen über andere Einkünfte, die von Dritten gezahlt wurden (vor allem Gehälter sowie Renten und Pensionen). Die

---

1 Über die technischen Probleme (die erheblich, aber lösbar sind) der Einrichtung eines solchen öffentlichen Finanzkatasters (oder Global Financial Register, GFR) siehe *Die weltweite Ungleichheit. Der World Inequality Report 2018*, a. a. O., S. 398–405. Siehe auch D. Nougayrède, «Towards a Global Financial Register? Account Segregation in Central Securities Depositories and the Challenge of Transparent Securities Ownership in Advanced Economies», Columbia Law School 2017. Siehe außerdem T. Piketty, *Das Kapital im 21. Jahrhundert*, a. a. O., S. 701–710; G. Zucman, *The Hidden Wealth of Nations*, a. a. O.; T. Pogge, K. Mehta, *Global Tax Fairness*, Oxford: Oxford University Press 2016.

neuen Möglichkeiten, die die Technik eröffnet hat, haben eine beträchtliche Systematisierung der früher eher stichprobenartigen Kontrollen erlaubt. Solche Innovationen sollten sehr viel genauere Kenntnisse über Finanzeinkünfte vermitteln sowie über die Anlagen und Portfolios, die diese Erträge abgeworfen haben. Diese Informationen könnten zum einen für eine effizientere Besteuerung herangezogen werden und zum anderen dazu, statistisch relevante Informationen über die Vermögensverteilung und ihre Entwicklung zu sammeln.

Die bisher getroffenen politischen Entscheidungen haben diese potenziell positiven Effekte jedoch sehr verwässert. Zum einen bleiben bei den Anforderungen an die Banken oft viele Arten von Finanzeinkünften ausgespart, für die Verschonungsregelungen gelten.[1] Die Zahl der Ausnahmen hat sich in den letzten Jahrzehnten immer weiter vermehrt, besonders in Europa; manchmal ging das so weit, dass für Finanzeinkünfte eine eigene Besteuerung mit proportionalen Steuersätzen beschlossen wurde neben der progressiven Steuertabelle, die für die anderen Einkünfte (insbesondere von abhängig Beschäftigten) gilt.[2] Theoretisch wäre es durchaus möglich, die Frage der Besteuerung von der Weitergabe der Informationen zu trennen. Wenn eine Art von Finanzeinkommen von einer Verschonungsregelung profitiert und vor allem von einer proportionalen Besteuerung, verschwinden im Allgemeinen die entsprechenden Informationen aus den Steuererklärungen und den Statistiken, das hat die Praxis gezeigt. *De facto* führt das zu einer Entwertung der staatlichen Statistik und einer Beschädigung der demokratischen Transparenz über Kapiteleinkünfte, obwohl die neuen Informationstechnologien ganz an-

---

1 Zum Beispiel werden in den vorausgefüllten Steuererklärungen, die es in Frankreich seit Beginn der 2010er Jahre gibt, viele Arten von Zinsen und Dividenden nicht berücksichtigt, die im Zusammenhang mit Kapitallebensversicherungen anfallen (eine Form der langfristigen Geldanlage, die in Frankreich seit Jahrzehnten eben wegen dieser Steuerbefreiung sehr beliebt ist und nicht viel mit einer eigentlichen Lebensversicherung zu tun hat), wenn bestimmte Bedingungen vor allem hinsichtlich der Laufzeit erfüllt sind. Diese Bedingungen haben sich im Lauf der Zeit sehr stark geändert, sodass diese potenziell wertvolle Informationsquelle viel von ihrem Wert verloren hat.

2 Die «duale Besteuerung» von Erwerbseinkommen und Kapitaleinkommen (bei der Kapitaleinkünfte separat mit proportionalen Steuersätzen besteuert werden) wurde zuerst in Schweden 1991 nach einer Bankenkrise eingeführt (siehe Kapitel 11, S. 721 f.), danach 2009 in Deutschland und 2018 in Frankreich. In der Praxis blieben oft alte Steuerbefreiungen für bestimmte Kapitaleinkommen erhalten, die der neuen proportionalen Steuer mit dem gesetzlichen Steuersatz nicht unterworfen sind (wie die Kapitallebensversicherungen).

dere Möglichkeiten eröffnet hätten.[1] Wenn man dann noch bedenkt, dass auch die Daten zu Erbschaften sehr viel schlechter geworden sind (oder zuweilen gar nicht mehr zur Verfügung stehen), ist es nicht übertrieben, von einer regelrechten Verarmung der staatlichen Vermögensstatistik zu sprechen.

Außerdem beschränkt sich die Weitergabe von automatischen Informationen der Banken an die Steuerverwaltungen im Allgemeinen auf Einkünfte aus Kapitalvermögen, während sie ohne Weiteres auch auf die Kapitalanlagen selbst ausgeweitet werden könnte. Anders formuliert: Auf der Grundlage der Informationen, die die Finanzinstitute und die Immobilienkataster übermitteln, könnten die staatlichen Verwaltungen problemlos vorausgefüllte Vermögenserklärungen erstellen, genau wie es bei den Einkommen bereits geschieht. Stattdessen organisieren die EZB und die europäischen Statistikbehörden Umfragen zu Vermögen, die rein auf Selbstauskünften basieren, und dann stehen sie vor der Situation, dass es vollkommen unmöglich ist, zuverlässig die Entwicklung der Vermögensstruktur (vor allem bei den Kapitalvermögen) in der Eurozone zu verfolgen und folglich auch unmöglich, die Auswirkungen der eigenen Entscheidungen zu untersuchen. Den gleichen archaischen Zustand der Statistik sehen wir auch in den Vereinigten Staaten. Die Vermögenserhebungen der Federal Reserve sind zwar insgesamt homogener und von besserer Qualität, basieren aber ausschließlich auf Selbstauskünften, ohne dass Bank- und Verwaltungsdaten herangezogen werden. Das wirft ernsthafte Fragen nach ihrer Zuverlässigkeit auf, vor allem was die Erfassung der größten Finanzportfolios anbetrifft.

Die Verarmung der staatlichen Statistik im Informationszeitalter

Diese Situation ist umso verwunderlicher, als die Verwendung von Steuer- und Verwaltungsdaten für die Erfassung der Vermögensverteilung mittlerweile gängige Praxis ist. In den Vereinigten Staaten besteht ein sehr breiter Konsens, dass Einkommensdaten allein auf der Grund-

1 Die Reform in Deutschland 2009 hatte zur Folge, dass Steuerdaten über Kapitaleinkünfte verloren gingen und die Forscher seither große Schwierigkeiten haben, die Entwicklung der Ungleichheit bei Erwerbseinkünften und Kapitaleinkünften insgesamt zu messen. Siehe dazu C. Bartels, K. Jenderny, «The Role of Capital Income for Top Income Shares in Germany», WID.world, Working Paper Series Nr. 2015/2, sowie C. Bartels, «Top Incomes in Germany, 1871–2014», WID.world 2017, *Journal of Economic History* (2018).

lage von Selbstauskünften zu ungenau sind und unbedingt durch steuerliche Daten aus den Einkommensteuererklärungen ergänzt werden müssen. Die Steuerdaten zeigen vor allem einen sehr starken Anstieg der Ungleichheiten seit den 1980er Jahren (der nach den Daten aus Befragungen systematisch unterschätzt wird). Angesichts der geringen Aussagekraft von Daten, die auf Selbstauskünften basieren, haben sich in Europa zahlreiche statistische Institute schon vor Jahrzehnten für ein gemischtes Modell entschieden: Man geht von Umfragedaten aus, die es erlauben, soziodemografische und berufliche Informationen sowie Informationen zu Bildungswegen zu sammeln, die die Steuerdaten nicht liefern, und ergänzt sie um die von der Steuerverwaltung übermittelten Daten aus den Einkommensteuererklärungen der befragten Haushalte. Weil in die Steuererklärungen die von den Unternehmen, Verwaltungen und Finanzinstituten, die die verschiedenen Einkommensarten auszahlen, automatisch weitergegebenen Informationen einfließen, ist dieses gemischte Modell anerkanntermaßen viel zuverlässiger und aussagekräftiger als ein Modell, das nur die Selbstauskünfte berücksichtigt.[1] Doch wenn es um Vermögen geht, tun die europäischen Länder so, als würden Befragungen allein ausreichen, während alles darauf hinweist, dass Selbstauskünfte bei Vermögen noch viel problematischer sind als bei Einkommen.

Wie lässt sich dieser Zustand erklären, und wie lässt sich überhaupt erklären, dass im Zeitalter von Big Data und Informationstechnologie bestimmte Bereiche der staatlichen Statistik verarmen, vor allem jene, die mit der Erfassung von Eigentum und seiner Verteilung zusammenhängen?

Halten wir zunächst einmal fest, dass es sich um eine komplexe Entwicklung handelt, deren Gründe vielfältig sind. Zum Beispiel hat die Digitalisierung der Steuerverwaltungen seit den 1980er Jahren paradoxerweise in manchen Fällen zu einem regelrechten Verlust statistischen Gedächtnisses geführt.[2] Mir scheint jedoch, dass ein Teil der Erklärung

1 Ein solches gemischtes Modell verwendet beispielsweise das Statistische Amt in Frankreich (INSEE) seit 1996 bei den sogenannten ERFS-Erhebungen *(Enquêtes revenus fiscaux et sociaux*, Erhebungen zur Beschäftigung, kombiniert mit Steuer- und Sozialdaten). In den nordischen Ländern gibt es ebenfalls eine lange Tradition, Verwaltungs- und Steuerregister zu Einkommen bei Erhebungen zu nutzen.

2 In Frankreich und in zahlreichen anderen Ländern veröffentlichen die Verwaltungen die umfangreichen Statistikbulletins nicht mehr, die sie seit dem 19. Jahrhundert gewissenhaft herausgegeben hatten, die sie aber für ihre eigenen Zwecke nicht mehr als nötig erachteten, seit

eine gewisse Angst der Politik vor Transparenz ist und vor dem Ruf nach Umverteilung, der sich daran anschließen könnte. Damit das System eines staatlichen Finanzkatasters und der vorausgefüllten Vermögensteuererklärungen, das ich soeben beschrieben habe, ernsthaft wirkt, sollte möglichst gleichzeitig die Besteuerung der Vermögen eingeführt werden. Generell könnte es in der ersten Zeit einfach darum gehen, alle Eigentumsrechte zu erfassen und mit einem sehr geringen Steuersatz zu belegen (zum Beispiel 0,1 % im Jahr oder weniger), die jeder Eigentümer bezahlen müsste, um sein Eigentumsrecht zu behalten und weiter vom Schutz der nationalen und internationalen Rechtsordnung zu profitieren. Die öffentliche Hand könnte so für echte Transparenz über die Eigentumsverteilung sorgen, und die entsprechenden Informationen würden in die öffentliche Debatte und demokratische Entscheidungsfindung einfließen, was zur Entscheidung für Steuertabellen mit sehr viel stärkerer Progression und unterschiedlichen Formen von Umverteilung des Eigentums führen könnte (oder auch nicht).[1] Die Angst der Politik vor einer solchen Entwicklung scheint mir ein Grund zu sein, warum man bei Vermögen keine Transparenz herstellen will.

Diese Weigerung ist in meinen Augen extrem gefährlich, in Europa genauso wie in den Vereinigten Staaten und im Rest der Welt. Vor allem beraubt man sich damit eines wichtigen Instruments, um sich ein Bild von der Realität der Ungleichheiten zu machen und politische Maßnahmen zu beschließen, die die Konzentration von Eigentum und Vermögen verringern könnten. Diese antidemokratische Entscheidung verhindert, dass sich ambitionierte egalitäre politische Plattformen auf internationaler Ebene bilden, und verschärft letztlich den Rückzug auf den Nationalstaat, den Vormarsch nationalistischer Bestrebungen und die Verbreitung von Konflikten im Zusammenhang mit Migration. Fassen wir zusammen: Wenn man sich der Instrumente beraubt, um die sozioökonomischen Ungleichheiten zu verringern und vor allem die Ungleichheiten bei Eigentum, dann konzentriert sich die politische

---

neuerdings elektronische Karteien zur Verfügung stehen. Leider kümmert sich niemand darum, wie die elektronische Daten aufbewahrt werden sollen, sodass die Steuerdaten für Zeiträume vor den 1980er Jahren oft umfangreicher sind als für die Zeit danach. Siehe Anhang.

1 Es wäre auch unbedingt erforderlich, die Höhe der Steuern zu veröffentlichen, die auf den verschiedenen Stufen der Vermögensverteilung tatsächlich gezahlt werden (auf Vermögen wie auf Einkünfte aus den Vermögen). Wenn der automatische Bankdatenaustausch korrekt abliefe, müsste es möglich sein, derartige Informationen weltweit zusammenzustellen.

Auseinandersetzung beinahe unweigerlich auf Fragen im Zusammenhang mit Identitäten und Grenzen zwischen Gemeinschaften. Im vierten Teil des Buches kommen wir ausführlich darauf zurück.

Um die Verweigerung von Transparenz zu überwinden, ist es wichtig, die politisch-ideologischen Wurzeln dieser Haltung zu verstehen. Generell steht die zugrundeliegende Ideologie dem Proprietarismus nahe, wie er im 19. Jahrhundert bis zum Beginn des 20. Jahrhunderts vorherrschte und für den vor allem die absolute Weigerung typisch war, die «Büchse der Pandora» zu öffnen, die Relativierung der Eigentumsrechte und ihrer Verteilung, aus Angst, nicht zu wissen, wie man sie wieder verschließen könnte. Zu den wichtigen neuen Aspekten des Neoproprietarismus, der seit Ende des 20. Jahrhunderts und zu Beginn des 21. Jahrhunderts herrscht, gehört, dass die großen Umverteilungsexperimente des 20. Jahrhunderts der Vergangenheit angehören. Besonders das Scheitern des Kommunismus wird in den postkommunistischen wie in den kapitalistischen Ländern immer wieder beschworen, um von vornherein jedes ambitionierte Umverteilungsprojekt zu diskreditieren. Dabei vergisst man oft, dass sich die wirtschaftlichen und gesellschaftlichen Erfolge der kapitalistischen Länder im 20. Jahrhundert ehrgeizigen und überwiegend erfolgreichen politischen Maßnahmen zur Reduzierung der Ungleichheiten verdanken, in erster Linie einer sehr stark progressiven Besteuerung (siehe Kapitel 10 und 11). Wahrscheinlich hängt es mit der lückenhaften historischen Erinnerung und der Aufteilung des Wissens auf unterschiedliche Disziplinen zusammen, dass das in Vergessenheit geraten ist, aber es wird sicher nicht für immer so bleiben. Im 20. Jahrhundert haben die Sonderabgaben auf besonders hohe Immobilien- und vor allem auch Finanzvermögen eine wichtige Rolle dabei gespielt, die Schulden aus der Vergangenheit zu tilgen und sich der Zukunft zuwenden zu können, gerade in Deutschland und Japan. Nach einer solchen elementaren Erfahrung könnte es verlockend sein, sich einzureden, es seien besondere Umstände gewesen und diese Schritte dürften nie wiederholt werden. Aber tatsächlich entstehen übermäßige Ungleichheiten immer wieder, und die Gesellschaften brauchen Institutionen, die es erlauben, die Eigentumsrechte und die Eigentumsverteilung immer wieder neu zu definieren. Die Weigerung, das auf möglichst transparente und friedliche Weise zu tun, verschärft nur die Neigung, zu gewaltsamen und weniger effizienten Lösungen zu greifen.

Der Neoproprietarismus, die Intransparenz von Vermögen und der Steuerwettbewerb

Die neoproprietaristische Weigerung, bei Vermögen für Transparenz zu sorgen, ist mit einer bestimmten institutionellen und rechtlichen Gegebenheit verknüpft: dem freien Kapitalverkehr, verbunden mit dem Fehlen eines gemeinsamen Systems für die Erfassung und Besteuerung von Eigentum. Im 19. Jahrhundert basierte der Proprietarismus lange Zeit auf dem Zensuswahlrecht. Nur die reichsten Besitzenden besaßen das Wahlrecht, und deshalb war das Risiko, die Politik könnte eine Umverteilung anstreben, sehr gering. Zu Beginn des 21. Jahrhunderts plädiert niemand mehr ausdrücklich für das Zensuswahlrecht. In gewisser Weise aber vervollständigt die neoproprietaristische Rechtsordnung auf internationaler Ebene die verfassungsmäßigen Eigentumsgarantien und hat insofern das Zensuswahlrecht ersetzt. Transparenz des Eigentums wird manchmal mit der Begründung abgelehnt, diktatorische Regime könnten die entsprechenden Informationen missbrauchen. Im Zusammenhang mit den europäischen Staaten erscheint dieses Argument jedoch wenig überzeugend. Sie praktizieren seit langem die automatische Weitergabe von Bankdaten an die Steuerverwaltungen, die als neutral gelten, und das im Rahmen rechtsstaatlicher Systeme, deren Unabhängigkeit von niemandem bestritten wird. Das Argument erinnert an die Haltung von Montesquieu, Inhaber des höchst lukrativen Amts des Parlamentspräsidenten von Bordeaux, der für die Erhaltung der Privilegien des Adels in der Rechtsprechung kämpfte mit der Begründung, eine zu starke Zentralisierung der Justiz werde unweigerlich zur Despotie führen.[1]

Überzeugender könnte ein anderes Argument sein, das im Übrigen eine zentrale Rolle dabei spielt, warum ein gemeinsames Steuersystem in Europa abgelehnt wird. Es besagt, die Steuern in den europäischen Staaten seien bereits zu drückend und nur der scharfe steuerliche Wettbewerb zwischen den Staaten könne einen unbegrenzten Anstieg der Belastungen verhindern. Von der antidemokratischen Stoßrichtung abgesehen, wirft dieses Argument mehrere Probleme auf. Zunächst einmal ist ganz und gar nicht gewiss, dass die Europäer unbegrenzt immer

---

1 Siehe Kapitel 3, S. 157–159.

höhere Steuern festsetzen würden, wenn sie mit einer gemeinsamen demokratischen Versammlung Gemeinschaftssteuern beschließen könnten. Mindestens genauso wahrscheinlich ist die Hypothese, dass sie andere Steuern beschließen würden, zum Beispiel höhere Steuern für hohe Einkommen und Vermögen, um die Belastung der unteren und mittleren Schichten (beispielsweise durch indirekte Steuern und Abgaben auf Löhne, Gehälter und Renten) zu verringern. Erinnern wir uns in diesem Zusammenhang, dass die europäischen Staaten immerhin so viel gegenseitiges Vertrauen hatten, dass sie eine gemeinsame Währung einführten und eine mächtige Europäische Zentralbank errichteten, die mit einfacher Mehrheit entscheiden kann, tausende Milliarden Euro zu schöpfen, ohne jegliche demokratische Kontrolle. Vor diesem Hintergrund erscheint die Weigerung, für Transparenz bei den Vermögen zu sorgen und demokratisch beschlossene Gemeinschaftssteuern einzuführen, besonders gefährlich, impliziert sie doch, dass die EZB ihre Geldpolitik im Blindflug steuern muss, weil ihr aussagekräftige Informationen über die Vermögen in Europa, ihre Verteilung und ihre Entwicklung fehlen.[1]

Festzuhalten ist weiterhin, dass die zahlreichen Ankündigungen bei diversen internationalen Gipfeltreffen (vor allem im Rahmen der G8 und der G20) nach der Finanzkrise 2008, was man gegen Steuerparadiese und die Intransparenz des Finanzsektors tun wolle, im Prinzip zu Fortschritten in dieser Richtung hätten führen müssen. Einige Maßnahmen wurden auf den Weg gebracht wie beispielsweise das sogenannte Fatca-Gesetz *(Foreign Account Tax Compliance Act)*, das die Vereinigten Staaten 2010 verabschiedet haben; grundsätzlich verpflichtet es die Finanzinstitute weltweit, den US-Steuerbehörden alle steuererheblichen Informationen über Bankkonten und Finanzportfolios amerikanischer Staatsbürger zu übermitteln, die sie besitzen. In der Praxis bleiben all diese Maßnahmen sehr bruchstückhaft, und bisher wurde kein ernsthafter Versuch unternommen, ein staatliches Finanzkataster anstelle der privaten Verwahrstellen einzurichten. Einzelne Vorstöße haben aber immerhin gezeigt, dass angemessene Sanktionen wie die Drohung, den Schweizer Banken die Lizenz für Bankgeschäfte in den Vereinigten Staaten zu entziehen,

1 Wir kommen später auf das Handeln der Zentralbanken (und insbesondere der EZB) zurück, deren wichtigste Aufgabe es ist, für die Zahlungsfähigkeit und Stabilität des Bankensystems zu sorgen, und nicht, auf die Verteilung des Vermögens der Haushalte Einfluss zu nehmen. Dennoch wirkt sich ihr Handeln stark auf die Preise von Vermögenswerten und ihre Verteilung aus, und es ist unbefriedigend, entsprechende Entscheidungen zu treffen ohne adäquate Instrumente, um etwas über die Vermögen zu erfahren.

eine Bedingung für mögliche Fortschritte sind (und eine Möglichkeit, wenigstens die schlimmsten Missstände abzustellen). Leider glänzt Europa bei diesen Fragen eher mit Absichtserklärungen als mit konkreten Taten. Das hängt vor allem damit zusammen, dass alle Entscheidungen in Steuerfragen einstimmig getroffen werden müssen.

In den letzten Jahren häuften sich die Finanz- und Steuerskandale in Europa. Zu nennen ist in dem Zusammenhang in erster Linie der Skandal um die sogenannten LuxLeaks (Luxembourg Leaks), der durch einen internationalen Rechercheverbund von Journalisten im November 2014 aufgedeckt wurde, zu dem Zeitpunkt, als Jean-Claude Juncker sein Amt als Präsident der Europäischen Kommission antrat. Die Dokumente, die hauptsächlich den Zeitraum 2000 bis 2012 betrafen, enthüllten, wie die luxemburgische Regierung in großem Stil mit internationalen Konzernen vertrauliche Vereinbarungen geschlossen hatte (sogenannte «Steuervorbescheide»), die ihnen erlaubten, ihre Steuern weit unter die offiziellen Sätze zu senken (die in Luxemburg sowieso sehr niedrig sind). Zufällig war der Premierminister von Luxemburg von 1995 bis 2013 kein anderer als ebenjener Jean-Claude Juncker; bis 2009 war er außerdem luxemburgischer Finanzminister und von 2005 bis 2013 Vorsitzender der Euro-Gruppe (des Rats der Finanzminister der Eurozone).

Niemand war wirklich überrascht, dass Luxemburg Steuervermeidung ermöglichte (die Europäische Volkspartei, das Bündnis christdemokratischer und Mitte-Rechts-Parteien, hinderte es auch nicht, Juncker als Kandidaten für den Kommissionsvorsitz zu nominieren), aber das Ausmaß verwunderte dann doch. Im vorangehenden Kapitel habe ich von den erstaunlichen Praktiken der chinesischen Steuerverwaltung gesprochen, die eine genaue Steuertabelle für die Einkommensteuer hat, mit Steuersätzen und Stufen, aber keinerlei schriftliche Spuren hinterlässt, anhand derer sich überprüfen ließe, ob die Regeln auch eingehalten werden. Im Grunde war die luxemburgische Praxis nicht viel anders. In die Enge getrieben, räumte Juncker die Tatsachen ein. Er sagte im Wesentlichen, diese Praxis sei moralisch sicher wenig befriedigend, aber nach den steuerrechtlichen Vorschriften seines Landes absolut legal. In mehreren Interviews mit der europäischen Presse rechtfertigte er sich damit, Luxemburg sei durch die Deindustrialisierung in den 1980er Jahren schwer getroffen worden (was für viele Länder in Europa gilt) und er habe eine neue Entwicklungsstrategie für sein Land finden müssen; deshalb habe er sich letztlich auf den Bankensektor, Steuerdumping, undurchsichtige Finanzgeschäfte und das Absaugen von Steuereinnahmen aus Nachbarländern verlegt.[1] Er versprach, all das werde sich nicht wiederholen. Daraufhin entschieden die wichtigsten politischen Kräfte im Europäischen Parlament (nicht nur seine eigene Mitte-Rechts-Partei, sondern auch die Liberalen und die Progressive Allianz der Sozialdemokraten, die Fraktion der sozialdemokratischen und Mitte-Links-Parteien), ihm wieder ihr Vertrauen auszusprechen.

In den folgenden Jahren enthüllte der Rechercheverbund weitere Skandale, so 2015 die SwissLeaks und 2016–2017 den Skandal um die Panama Papers; sie zeigten, in welchem Ausmaß Steuerparadiese und zweifelhafte Praktiken genutzt wurden. All diese Enthüllungen haben zumindest einen Vorteil: Sie machen das Ausmaß der Hinterziehungen deutlich, auch in Ländern, die für die Effizienz ihrer Steuerverwaltung berühmt sind wie etwa Norwegen. Forscher haben sich die Daten aus den SwissLeaks und den Panama Papers angeschaut, mit norwegischen Steuererklärungen verglichen (die für den Zweck dieser Untersuchung ausnahmsweise zur Verfügung gestellt wurden) und außerdem die Ergebnisse von Steuerstichproben herangezogen. Sie konnten zeigen, dass Steuerbetrug bei kleinen und mittleren Vermögen praktisch keine Rolle spielte, aber bei den 0,01 % höchsten Einkommen fast 30 % der in einem Jahr geschuldeten Steuern ausmachte.[2]

Letztlich ist es schwer, herauszufinden, welche Wirkung die verschiedenen Skandale auf die europäische Öffentlichkeit hatten, vor allem die Affäre Juncker, immerhin von 2014 bis 2019 Präsident der höchsten politischen Instanz der Europäischen Union. Sicher ist, dass von 2014 bis 2019 keine Entscheidung getroffen wurde, ein staatliches Finanzkataster einzurichten, gemeinsame europäische Steuern für besonders mobile Steuerpflichtige einzuführen und generell dafür zu sorgen, dass solche Skandale sich nicht wiederholen können. Man kann mit gutem Grund vermuten, dass diese Ereignisse vor allem den Eindruck

1 Siehe Interview mit J.-C. Juncker, «Le Luxembourg n'avait pas le choix, il fallait diversifier notre économie», *Le Monde*, 28. November 2014.

2 Siehe A. Alstadsaeter, N. Johannesen, G. Zucman, «Who Owns the Wealth in Tax Havens? Macro Evidence and Implications for Global Inequality», a. a. O.; dies., «Tax Evasion and Inequality», *American Economic Review* 2019; «Tax Evasion and Tax Avoidance», Berkeley und National Bureau of Economic Research 2019. Siehe außerdem *Die weltweite Ungleichheit. Der World Inequality Report 2018*, a. a. O., Abbildung 5.3.1, und G. Zucman, «Global Wealth Inequality», *Annual Review of Economics* 2019, Abbildungen 8 und 9.

vermittelt haben, der Kampf für Steuergerechtigkeit und die stärkere Besteuerung großer wirtschaftlicher Akteure habe für die Europäische Union keine wirkliche Priorität. Das erscheint mir gefährlich, denn es kann ein tiefes antieuropäisches Ressentiment bei den unteren und mittleren Schichten schüren und sie in Richtung Nationalismus und Identitätspolitik treiben – und dieser Weg führt zu keinem guten Ende.

Die Hyperkonzentration der Vermögen und ihre Hartnäckigkeit

Kommen wir nun darauf zurück, wie die Eigentumskonzentration gemessen werden kann und wie sie sich entwickelt hat. Da es bisher weder ein staatliches Finanzkataster gibt noch von den Finanzinstituten vorausgefüllte Vermögenserklärungen, müssen wir uns mit höchst unvollständigen Quellen zufrieden geben. Die beste Lösung besteht darin, Umfragen bei Haushalten mit Angaben aus Einkommen- und Erbschaftsteuererklärungen zu kombinieren. Die in den Grafiken 13.8 und 13.9 für die Vereinigten Staaten, Frankreich und Großbritannien dargestellten Ergebnisse sind mit solchen gemischten Methoden zustande gekommen. Um ihre Kohärenz zu testen, haben wir auch geschaut, was am oberen Ende der Verteilung nach Auskunft der Vermögensrankings von Zeitschriften passiert ist, vor allem auf den Listen der weltweiten Milliardäre, die das Magazin *Forbes* seit 1987 jährlich veröffentlicht.

Für die Vereinigten Staaten zeigt die Betrachtung der Einkommensteuererklärungen einen sehr ähnlichen Anstieg wie *Forbes*, während sich aus den Erbschaftsteuerdaten ein geringerer Anstieg ergibt (aber auch sie zeigen einen starken Anstieg der Vermögenskonzentration, wie übrigens auch die Untersuchungen, die sich allein auf Selbstauskünfte stützen, ohne jegliche Korrektur).[1] Das scheint teilweise damit zusammenzuhängen, dass die Erbschaftsteuer in den Vereinigten Staaten seit den 1980er nicht so gut kontrolliert wird wie die Einkommensteuer,[2] und allgemeiner damit, dass die Nachlassmethode (der sogenannte

1 Eine detaillierte Analyse enthält E. Saez, G. Zucman, «Wealth Inequality in the United States since 1913: Evidence from Capitalized Income Tax Data», *Quarterly Journal of Economics* 131, 2 (2016), S. 519–578.

2 Vor allem scheint eine große Toleranz für unterschiedliche Formen der Umgehung der Erbschaftsteuer zu bestehen, insbesondere durch *family trusts* und sonstige Strukturen, die erlauben, den Wert von Erbschaften zu minimieren oder sie in pseudo-philanthropischen Konstruktionen zu verstecken. Dass die Steuerverwaltung Einkommensteuererklärungen ge-

Sterblichkeitsmultiplikator) im Lauf der Zeit und mit der Alterung der Bevölkerung ihre Präzision und Aussagekraft verliert.[1] Die Methode, die sich auf die Einkommen stützt (die sogenannte Kapitalisierungsmethode), hat jedoch auch Grenzen, und die Ergebnisse sind ebenfalls nicht vollkommen befriedigend.[2] Generell sind beide Methoden (der Sterblichkeitsmultiplikator und die Kapitalisierungsmethode) nur ein Notbehelf: Es wäre sehr viel besser, wenn wir direkt über Bank- und Steuerdaten zu den Vermögen der Lebenden verfügten, anstatt Schätzungen anhand der Vermögen von Verstorbenen oder der Einkünfte aus diesen Vermögen anstellen zu müssen. Für Großbritannien sind die Steuerdaten zu den Kapitaleinkünften seit den 1980er Jahre dermaßen dürftig und unvollständig, dass wir uns mit der Nachlassmethode begnügen müssen, während es bis in die 1970er Jahre möglich war, beide Methoden anzuwenden und damit schlüssige Resultate zu erzielen.[3] Für Frankreich lassen beide Methoden ähnliche Entwicklungen erkennen, die im Großen und Ganzen mit den Rankings von *Forbes* übereinstimmen.[4] Hervorzuheben ist jedoch eine spektakuläre Verschlechterung der nachlassbezogenen Daten, die die französische Verwaltung im

---

nauer kontrolliert, könnte auch damit zusammenhängen, dass die Einkommensteuer einen erheblichen Teil der Einnahmen auf gesamtstaatlicher Ebene einbringt.

1 Die Methode des Sterblichkeitsmultiplikators besteht darin, die Erbschaftsdaten mit dem Kehrwert der Sterblichkeitsrate innerhalb der jeweiligen Altersgruppe zu gewichten unter Berücksichtigung der Sterblichkeitsdifferentiale je nach Vermögensklasse. Diese Methode funktioniert zunehmend schlechter, je mehr sich die Sterblichkeit auf die höheren Altersklassen konzentriert. Siehe Technischer Anhang.

2 Die Kapitalisierungsmethode besteht darin, die Angaben über die Kapitalerträge (Zinsen, Dividenden etc.) durch den durchschnittlichen Ertrag der jeweiligen Anlageklasse zu teilen. Diese Methode hat den Vorteil, dass die verfügbaren Steuerdaten über sehr hohe Kapitaleinkünfte einbezogen werden (die bei reinen Selbstauskünften sehr schlecht erfasst werden), aber sie berücksichtigt nur sehr unvollständig die Unterschiede zwischen den Erträgen ein und derselben Anlageklasse. Siehe Technischer Anhang.

3 Eine detaillierte Analyse enthält F. Alvaredo, A. Atkinson, S. Morelli, «Top Wealth Shares in the UK over more than a Century (1895–2014)», WID.world, Working Paper Series Nr. 2017/2, 19. Dezember 2016. Gründlich verglichen werden die mit beiden Methoden erzielten Ergebnisse für den Zeitraum von 1920–1975 bei A. Atkinson, A. Harrison, *The Distribution of Personal Wealth in Britain*, Cambridge: Cambridge University Press 1978.

4 Eine detaillierte Analyse enthält B. Garbinti, J. Goupille-Lebret, T. Piketty, «Accounting for Wealth Inequality Dynamics: Methods and Estimates for France (1800–2014)», a. a. O. Die Zahlen zur französischen Vermögensteuer (ISF) weisen in die gleiche Richtung. Siehe Kapitel 14.

Lauf der letzten Jahrzehnte vorgelegt hat.[1] Die Situation hat sich in allen Ländern verschlechtert, die die Erbschaftsteuer abgeschafft haben und in denen die darauf bezogenen Daten vollkommen fehlen.[2]

Trotz all dieser Schwierigkeiten können die Tendenzen, die die Grafiken 13.8 und 13.9 für die Vereinigten Staaten, Großbritannien und Frankreich in den letzten Jahrzehnten zeigen, als relativ kohärent und verlässlich angesehen werden, zumindest in der ersten Annäherung. Für die anderen dargestellten Länder (China, Russland, Indien) liegen weder Daten über Erbschaften noch hinreichend detaillierte Steuerdaten über Kapitaleinkünfte vor, deshalb müssen wir uns für sie mit den *Forbes*-Rankings begnügen, um die Befragungsdaten zur Spitze der Verteilung zu korrigieren.

Die Ergebnisse stehen sicher in einem gewissen Zusammenhang mit der Realität, aber wir müssen betonten, dass es höchst unbefriedigend ist, eine derart nebulöse «Quelle» heranzuziehen. Die Vermögens-Rankings zeigen in allen Ländern spektakuläre Zuwächse in den letzten Jahrzehnten, und diese Zuwächse decken sich weltweit mit den Ergebnissen, die wir mit anderen verfügbaren Quellen messen. Laut *Forbes* sind die höchsten Vermögen von 1987 bis 2017 weltweit in einer Größenordnung von 6–7 % jährlich gewachsen (zuzüglich der Inflation), das heißt drei- bis viermal schneller als die mittleren Vermögen weltweit und ungefähr fünfmal so schnell wie das mittlere Einkommen (siehe Tabelle 13.1).

---

1 Diese Quelle war lange Zeit eine der reichhaltigsten der Welt und ermöglichte uns, anhand von individuellen Daten aus den Nachlassarchiven die Entwicklung der Eigentumskonzentration seit der Französischen Revolution zu untersuchen (siehe Kapitel 4). Nach der Umwandlung der Erbschaftsteuer in eine progressive Steuer 1901 veröffentlichte die Verwaltung von 1902 bis 1964 keine detaillierten Zahlen mehr zum Umfang von Nachlässen, zur Art der Vermögenswerte, Alter, Verwandtschaftsverhältnis etc. Seit den 1970er Jahren gibt es gar keine jährlichen Daten mehr, und die Verwaltung lässt es damit bewenden, alle vier bis fünf Jahre Datensammlungen von unzureichendem Umfang und geringer Qualität herauszugeben, mit der Folge, dass wir heute weniger über Erbschaften und ihre Verteilung in Frankreich wissen als vor hundert Jahren. Siehe Technischer Anhang.

2 Das ist in Schweden seit 2007 der Fall und in Norwegen seit 2014. Generell wurde das nordeuropäische System zur Erfassung von Vermögen, das einst besonders fortschrittlich war, im Zuge dieser steuerpolitischen Entwicklungen teilweise abgeschafft. Es könnte sein, dass die jüngsten Finanzskandale einen Anstoß in die entgegengesetzte Richtung geben, aber noch ist es nicht so weit. Ich komme in Kapitel 16, S. 1133–1137, auf die paradoxe Situation in den nordeuropäischen Ländern zurück.

Tabelle 13.1

Das Wachstum der größten Vermögen weltweit, 1987–2017

Reale, durchschnittliche, jährliche Wachstumsrate 1987 bis 2017	Weltweit	USA-Europa-China
Das reichste Hundertmillionstel (Forbes)	6,4 %	7,8 %
Das reichste Zwanzigmillionstel (Forbes)	5,3 %	7,0 %
Die reichsten 0,01 % (WID.world)	4,7 %	5,7 %
Die reichsten 0,1 % (WID.world)	3,5 %	4,5 %
Die reichsten 1 % (WID.world)	2,6 %	3,5 %
Durchschnittliches Vermögen pro Erwachsenem	1,9 %	2,8 %
Durchschnittliches Einkommen pro Erwachsenem	1,3 %	1,4 %
Erwachsene Gesamtbevölkerung	1,9 %	1,4 %
BIP oder Gesamteinkommen	3,2 %	2,8 %

Tabelle 13.1.: Von 1987 bis 2017 ist das durchschnittliche Vermögen des reichsten Hundertmillionstels der Welt (das sind ungefähr 30 Personen von 3 Milliarden Erwachsenen im Jahr 1987 und 50 von 5 Milliarden im Jahr 2017) weltweit um 6,4 % pro Jahr gestiegen, das Vermögen der reichsten 0,01 % (ungefähr 300 000 Personen im Jahre 1987 und 500 000 im Jahre 2017) um 4,7 % pro Jahr und das durchschnittliche weltweite Vermögen um 1,9 % pro Jahr. Der hohe Zuwachs der höchsten Vermögen fällt noch stärker aus, wenn man die Vereinigten Staaten, Europa und China zusammen betrachtet.

Quellen: siehe piketty.pse.ens.fr/ideologie.

Definitionsgemäß kann eine solche Schere nicht immer weiter auseinandergehen, außer man nimmt an, dass die Milliardäre irgendwann 100 % des weltweiten Vermögens besitzen, was weder wünschenswert noch realistisch ist. Es ist zu vermuten, dass es vorher eine politische Reaktion geben wird. Der spektakuläre Zuwachs wurde durch die Privatisierungen zahlreicher staatlicher Vermögenswerte zwischen 1987 und 2017 beschleunigt, nicht nur in Russland und China, sondern auch in den westlichen Ländern und weltweit, weshalb sich diese Entwicklung in Zukunft abschwächen könnte, weil immer weniger Vermögenswerte vorhanden sind, die privatisiert werden könnten. Da die rechtliche Fantasie jedoch grenzenlos ist, können wir uns nicht unbedingt auf diese Hoffnung verlassen. Die verfügbaren Daten deuten im Übrigen an, dass der Zuwachs in den beiden Teilzeiträumen 1987–2002 und 2002–2017 trotz der Finanzkrise gleich groß war, was dafür spricht, dass sehr mächtige strukturelle Kräfte am Werk sind. Es könnte auch sein, dass die Funktionsweise der Finanzmärkte automatisch die größten Portfolios bevorzugt, die sehr viel höhere reale Erträge abwerfen als die anderen – im Bereich von 8–10 % jährlich bei den Portfolios der größten Universitätsstiftungen in den Vereinigten Staaten im Lauf der letzten Jahrzehnte.[1] Alle verfügbaren Daten lassen vermuten, dass die größten Vermögen weltweit außerdem von Strategien zur Steuervermeidung profitiert haben, wodurch der Abstand zu weniger hohen Vermögen weiter gewachsen ist.

Die Konzepte und Methoden, die die Magazine bei ihren Vermögens-Rankings verwenden, sind jedoch so diffus und unpräzise, dass es vollkommen unmöglich ist, mithilfe einer solchen «Quelle» diese Fragen gründlicher zu beantworten.[2] Dass die weltweite Debatte sich zum Teil auf solche Zahlen stützt und dass manchmal sogar die staatlichen Verwaltungen darauf zurückgreifen, ist symptomatisch. Die Staaten haben vor der Aufgabe, Vermögen zu erfassen und Vermögensungleichheiten zu messen, kapituliert.[3] Allerdings gibt es erste Anzeichen für ein neues Bewusstsein, dass es wichtig ist, wieder öffentliche Gelder in solche zentralen demokratischen Fragen zu investieren, auch in den Vereinigten Staaten. Wie wir bereits angemerkt haben,[4] hat dort der Zuwachs der Ungleichheiten eine Bewegung entstehen lassen, die sich für eine stärker progressive Besteuerung einsetzt, und in dem Zusammenhang werden auch Forderungen nach mehr statistischer Transparenz laut.[5]

Fassen wir zusammen. Die Rückkehr einer sehr starken Eigentumskonzentration und dazu die hohe Intransparenz in Finanzangelegenheiten sind wesentliche Merkmale der neoproprietaristischen inegalitären Weltordnung zu Beginn des 21. Jahrhunderts. Die abnehmende Konzentration im 20. Jahrhundert hat zwar eine Mittelschicht

---

1 Siehe Kapitel 11, S. 675 f.

2 Siehe T. Piketty, *Das Kapital im 21. Jahrhundert*, a. a. O., S. 586–591. Bei den Milliardären, deren Vermögen im Wesentlichen aus der Beteiligung an einem großen Unternehmen besteht, dürften die von den Magazinen veröffentlichten Schätzungen relativ nah an der Realität sein. Bei stärker diversifizierten Portfolios sind die Verhältnisse sehr viel komplexer und ungewisser, sodass ihr Umfang wohl unterschätzt wird.

3 In bestimmten Arbeiten der EZB wird versucht, die Angaben in den HFCS-Umfragen mithilfe der Milliardärs-Rankings von Magazinen zu korrigieren. Siehe beispielsweise P. Vermeulen, «How Fat is the Top Tail of the Wealth Distribution?», Europäische Zentralbank 2014. Der Versuch ist interessant, aber wenig befriedigend. Es wäre besser, wenn die europäischen Staaten und ihre Steuerverwaltungen und Statistikbehörden ihren Dienststellen verlässlichere und systematischere Zahlen liefern würden als die Presse mit ihren Recherchen.

4 Siehe Kapitel 11, S. 714 f.

5 Hier ist zum Beispiel der Gesetzesvorschlag der Senatoren Schumer und Heinrich zu nennen, den sie 2018 im Kongress vorlegten. Er zielt darauf ab, den Bundesstaat zu zwingen, eine «nationale Verteilungsrechnung» vorzulegen.

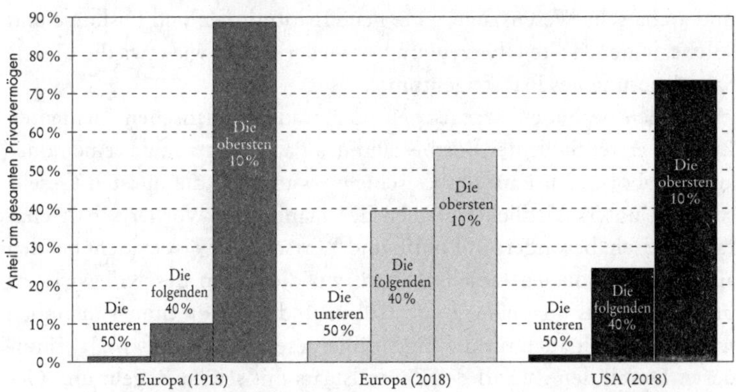

Grafik 13.10.: Der Anteil der reichsten 10 % am gesamten Privatvermögen erreichte 89 % in Europa (Durchschnitt aus Großbritannien, Frankreich, Schweden) im Jahr 1913 (gegenüber 1 %, das auf die ärmsten 50 % entfiel), 55 % in Europa im Jahr 2018 (gegenüber 5 % für die ärmsten 50 %) und 74 % in den Vereinigten Staaten im Jahr 2018 (gegenüber 2 % für die ärmsten 50 %).
Quellen und Reihen: siehe piketty.pse.ens.fr/ideologie.

von Vermögensbesitzern entstehen lassen, aber Eigentum war immer ungleich verteilt, und die ärmere Hälfte der Bevölkerung besaß immer nur einen unbedeutenden Anteil (siehe Grafik 13.10). Der Anteil, der in den Händen der reichsten 10 % liegt, ist immer größer geworden, besonders in den Vereinigten Staaten, und das bedeutet, dass der Anteil der übrigen Bevölkerung in beunruhigender Weise abbröckelt. Dass es keine breite Streuung von Eigentum gibt, ist ein zentrales Problem des 21. Jahrhunderts und könnte dazu beitragen, das Vertrauen der unteren und mittleren Schichten in das Wirtschaftssystem auszuhöhlen – in den reichen Ländern genauso wie in den armen und den Schwellenländern.

Die Beharrungskraft des Patriarchats im 21. Jahrhundert

Die hyperkapitalistischen Gesellschaften zu Beginn des 21. Jahrhunderts unterscheiden sich stark. Sie sind zwar durch das globalisierte, digitale kapitalistische System miteinander verbunden, aber sie tragen auch die Folgen der vielfältigen politisch-ideologischen Entwicklungswege, die sie genommen haben, mit sozialdemokratischen und postkommunistischen Elementen oder den Merkmalen von Ölmonarchien.

Generell kombinieren die verschiedenen Ungleichheitsregime moderne und archaische Wesenszüge, ganz neue Institutionen und Diskurse und solche, in denen alte Überzeugungen wiederkehren wie etwa die Quasi-Sakralisierung des Privateigentums.

Zu den besonders archaischen oder traditionalistischen Elementen zählt an erster Stelle der Fortbestand des Patriarchats in der einen oder anderen Form. Im Lauf der Geschichte waren für die meisten Gesellschaften unterschiedliche Formen der männlichen Vorherrschaft charakteristisch, besonders in Politik und Wirtschaft. Es ist evident bei den alten trifunktionalen Gesellschaften, wo die Eliten des Kriegswesens und des Klerus unabhängig von Kultur und Religion immer männlich waren. Das galt auch für die Eigentümergesellschaften des 19. Jahrhunderts. Durch den Zugriff des Zentralstaats mit seinen Regeln und Gesetzen auf diese Gesellschaften nahm die männliche Vorherrschaft in gewisser Weise eine neue Dimension an, zumindest erfasste sie die Gesellschaft in einer so systematischen Weise, wie es das bisher nicht gegeben hatte. Die feministischen Forderungen, die im Verlauf der Französischen Revolution aufgetaucht waren, wurden schnell erstickt und wieder vergessen; der Code Napoléon von 1804 bestätigte die Allmacht des Familienvorstands und des männlichen Eigentümers, im ganzen Land und in allen Familien, in den reichsten wie in den einfachsten.[1] In zahlreichen westlichen Ländern, auch in Frankreich, konnten verheiratete Frauen beispielsweise erst ab den 1960er oder 1970er Jahren ohne Zustimmung ihres Ehemannes einen Arbeitsvertrag unterschreiben oder ein Bankkonto eröffnen, und erst um diese Zeit endete auch die ungleiche Behandlung von männlichem und weiblichem Ehebruch im Scheidungsrecht. Der Kampf um das Frauenwahlrecht war lang und konfliktreich und ist bis heute nicht abgeschlossen. In Neuseeland können Frauen seit 1893 wählen, in Großbritannien seit 1928, in der Türkei seit 1930, in Brasilien seit 1932, in Frankreich seit 1944, in der Schweiz seit 1971 und in Saudi-Arabien seit 2015.[2]

Inmitten dieser langen Geschichte stellt man sich zu Beginn des

1 Das britische Wahlgesetz von 1832 (siehe Kapitel 5) legte fest, dass das Wahlrecht ausschließlich den Männern zustand, während es in früheren Jahrhunderten Fälle geben konnte (die in der Praxis allerdings sehr selten waren), in denen besitzende Frauen (vor allem Witwen oder unverheiratete Frauen) aufgrund von Gebräuchen und lokalen Machtverhältnissen in die Wählerlisten aufgenommen wurden.

2 Das Frauenwahlrecht setzte sich manchmal in Etappen durch, so auch in Großbritannien: Ab 1918 galt es für Frauen über dreißig, die in bestimmtem Umfang Besitz hatten, ab 1928

21. Jahrhunderts besonders in den westlichen Ländern manchmal vor, es gebe nunmehr einen Konsens, dass Männer und Frauen gleichgestellt sind und das Patriarchat und die männliche Vorherrschaft hinter uns liegen. Doch die Realität ist vielschichtiger. Wenn man den Anteil von Frauen an den höchsten Arbeitseinkommen (Löhne und Gehälter und Einkommen aus selbstständiger Tätigkeit) betrachtet, stellt man zwar einen Zuwachs im Lauf der Zeit fest. In Frankreich ist der Anteil von Frauen am höchsten 1 % der Arbeitseinkommen von 10 % im Jahr 1995 auf 16 % im Jahr 2015 angestiegen. Das Problem ist, dass diese Entwicklung extrem langsam verläuft. Konkret bedeutet das: Wenn der Anstieg in den kommenden Jahrzehnten im gleichen Tempo weitergeht wie im Zeitraum 1995–2015, machen die Frauen im Jahr 2102 die Hälfte des obersten Perzentils aus. Wenn man die gleiche Rechnung für das oberste Tausendstel anstellt (die 0,1 % höchsten Einkommen), erreichen die Frauen die Parität im Jahr 2144 (siehe Grafik 13.11).

Verblüffend ist, dass die Zahlen für die Vereinigten Staaten fast identisch sind, sowohl beim aktuellen Niveau wie bei der Entwicklung. Konkret gingen rund 90 % des höchsten Perzentils der Gehälter in den 1990er Jahren an Männer, heute sind es rund 85 %.[1] Anders gesagt: Von dem sehr starken Zuwachs des Anteils am Nationaleinkommen, der an das oberste Perzentil fließt, profitieren vor allem Männer. In dieser Hinsicht hat ihre Vorherrschaft noch goldene Zeiten vor sich. In allen Ländern, für die uns vergleichbare Zahlen vorliegen, zeigen sich eine sehr deutliche Dominanz der Männer bei den höchsten Einkommen und relativ langsame Fortschritte in Richtung Parität.[2]

Das langsame Tempo lässt sich durch mehrere Faktoren erklären. Zunächst einmal sind die überkommenen Vorurteile gegenüber Frauen

---

dann für Frauen und Männer nach den gleichen Bedingungen (Mindestalter 21 Jahre und keine Bedingung hinsichtlich des Besitzes).

1 Siehe T. Piketty, E. Saez, G. Zucman, «Distributional National Accounts: Methods and Estimates for the United States», a. a. O., Abbildung 7.

2 Leider bedeutet der eingeschränkte Zugang zu den Quellen, dass wir nicht für alle Länder über perfekt vergleichbare Daten verfügen. Es könnte sein, dass präzisere Daten wichtige und aufschlussreiche Unterschiede zutage fördern. Zum Beispiel zeigen kürzlich für Brasilien durchgeführte Schätzungen, dass der Anteil der Frauen am höchsten 1 % der Einkommen in den Jahren 2000–2015 eine Größenordnung von 25–30 % erreicht haben könnte und damit signifikant höher wäre als in Frankreich und den Vereinigten Staaten. Siehe M. Morgan, *Essays on Income Distribution Methodological, Historical and Institutional Perspectives with Applications to the Case of Brazil (1926–2016)*, Paris School of Economics und EHESS 2018, S. 314, Abbildung 3.8.

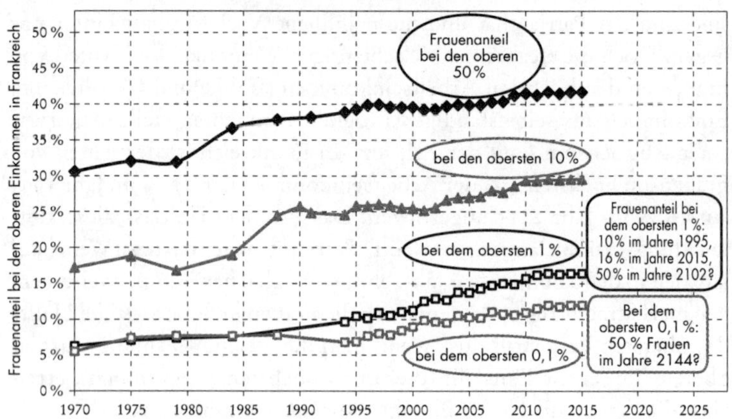

Grafik 13.11.: Der Anteil der Frauen beim obersten 1 % der Arbeitseinkommen (Löhne und Einkommen aus selbstständiger Tätigkeit) ist von 10 % im Jahr 1995 auf 16 % gestiegen und dürfte bis 2102 50 % erreichen, wenn sich der Trend im gleichen Tempo wie zwischen 1994 und 2015 fortsetzt. Beim obersten 0,1 % könnte die Parität 2144 erreicht werden.
Quellen und Reihen. siehe piketty.pse.ens.fr/ideologie.

beträchtlich, insbesondere bei Positionen mit Verantwortung und Macht. Wir haben bereits die Versuche in Indien erwähnt, politische Reden von Männerstimmen und von Frauenstimmen verlesen zu lassen: Bei Frauenstimmen wurden die Reden immer als weniger glaubwürdig eingestuft, aber diese Verzerrung war geringer in den Städten, die bereits Erfahrungen mit einer Frau an der Spitze gemacht hatten, weil es eine Regelung gab, dass Kandidaten ausgelost oder dieses Wahlamt für eine Frau «reserviert» werden musste.[1]

Hervorzuheben ist auch, dass die Zeit von 1950 bis 1980 in der westlichen Kultur so etwas wie das Goldene Zeitalter des Patriarchats war. Das Ideal der Hausfrau, die auf eine lukrative berufliche Karriere verzichtete, um sich ganz den Kindern und dem Haushalt zu widmen, war damals erstrebtes Ziel nicht nur der bürgerlichen, sondern auch der unteren und mittleren Schichten. Diese Zeit lassen wir gerade erst hinter uns. In Frankreich lagen beispielsweise 1970 die Geldeinkommen aus Berufstätigkeit bei Männern fast viermal höher als bei Frauen zwischen

1 Siehe die in Kapitel 8 zitierten Arbeiten von Esther Duflo und ihren Kolleginnen.

30 und 55 Jahren. Anders gesagt: Fast 80 % aller Erwerbseinkommen flossen an Männer. Das hatte zum einen mit der geringeren Arbeitsbeteiligung von Frauen zu tun, zum anderen mit ihren sehr geringen Einkommen.[1] In dieser Welt waren die Frauen für die Hausarbeit zuständig und dafür, Zärtlichkeit und Wärme ins Industriezeitalter zu bringen, aber von allen Fragen, die mit Geld zu tun hatten, waren sie ausgeschlossen. Die Frauen hatten natürlich viele Aufgaben (in erster Linie mussten sie sich um die Kinder kümmern), aber die Finanzen der Familie gehörten eindeutig nicht dazu. Seit damals hat sich die Lage sehr verändert, doch die Gehaltslücke zwischen Männern und Frauen ist immer noch groß: 2015 betrug sie zwar «nur» 25 % beim Eintritt ins Berufsleben (im Alter von ungefähr 25 Jahren), aber angesichts der unterschiedlichen Karrierewege und Aufstiegschancen erreichte sie im Alter von 40 Jahren bereits mehr als 40 % und im Alter von 65 Jahren 65 %, was natürlich auch enorme Ungleichheiten bei der Altersversorgung bedeutet.[2]

Um den Angleichungsprozess zu beschleunigen, erscheint es nötig, gezielte Maßnahmen zu ergreifen. Zum Beispiel kann man darüber nachdenken, Quotenregelungen und «Reservierungen» nach indischem Vorbild nicht nur bei Wahlämtern einzuführen, wie das bereits in sehr vielen Ländern der Fall ist, sondern auch bei Führungspositionen in Unternehmen, in der Verwaltung und an den Universitäten. Auch eine neue Aufteilung der Zeit zwischen Arbeit einerseits und Familien- und Privatleben andererseits scheint geboten. Ein erheblicher Teil der Männer mit den höchsten Bezügen bekommt von ihren Kindern, ihrer Familie, ihren Freunden und der Welt außerhalb der Arbeit wenig mit (auch wenn sie im Gegensatz zu weniger gut bezahlten Arbeitskräften die Mittel hätten, es anders zu machen). Das Gleichstellungsproblem zu

---

1 Bei den Selbstständigen (Bauern, Handwerker, Kaufleute) war es lange üblich, die Beschäftigung der Ehefrau nicht anzumelden, auch wenn sie genauso viele Stunden arbeitete wie der Mann (wozu noch die Hausarbeit dazukam), mit der Folge, dass die Frauen keine Rente bekamen und ihnen bestimmte soziale Rechte vorenthalten blieben.

2 Oft ist zu hören, der Lohnabstand zwischen den Männern und Frauen bei der gleichen Tätigkeit liege im Durchschnitt in der Größenordnung von 15–20 %. Diese Zahlen unterschätzen jedoch tendenziell das Ausmaß der Ungleichheiten, weil sie definitionsgemäß die Tatsache nicht berücksichtigen, dass Männer und Frauen nicht in die gleichen Positionen gelangen. Zum Profil der Ungleichheiten zwischen Männern und Frauen nach Altersgruppen für den Zeitraum 1970–2015 siehe Technischer Anhang, Zusatzgrafik S13.11. Weitere detaillierte Ergebnisse finden sich außerdem bei B. Garbinti, J. Goupille-Lebret, T. Piketty, «Income Inequality in France: Evidence from Distributional National Accounts», WID.world, Working Paper Series Nr. 2017/4, *Journal of Public Economics* (2018).

lösen, indem man Anreize für Frauen schafft, sich genauso zu verhalten wie Männer, ist nicht unbedingt die beste Lösung. Untersuchungen haben gezeigt, dass die größten Fortschritte bei der Gleichstellung in den Berufen zu verzeichnen sind, in denen die Organisation der Arbeit eine bessere Vereinbarkeit mit dem Familien- und Privatleben erlaubt.[1]

Erwähnen wir schließlich noch, dass die verstärkte Eigentumskonzentration ebenfalls Folgen für die Ungleichheit zwischen Männern und Frauen hat. Zunächst einmal bedeutet sie, dass die Fragen der Aufteilung der Vermögenswerte, sei es unter Geschwistern oder auch unter Ehepaaren, besonders wichtig werden. Regeln, die theoretisch eine gleiche Aufteilung zwischen Geschwistern oder zwischen Eheleuten vorsehen, können auf vielfältige Weise umgangen werden, zum Beispiel durch die Bewertung von Betriebsvermögen.[2] Die Tendenz, dass sich Paare mit ähnlichen Vermögensverhältnissen finden (und nicht nur mit ähnlichen Einkommen oder Bildungsabschlüssen), hat in einem Land wie Frankreich in den letzten Jahrzehnten ebenfalls stark zugenommen.[3] Das ist in gewisser Weise eine Rückkehr in die Welt von Honoré de Balzac und Jane Austen, auch wenn die Niveaus der Homogamie nach Vermögen zu Beginn des 21. Jahrhunderts niedriger sind als auf ihrem Höhepunkt im 19. Jahrhundert.[4] In Anbetracht des sehr raschen Anstiegs der Homogamie nach Berufen im Lauf der letzten Jahrzehnte – ein Phänomen, das bereits bei der zunehmenden Einkommensungleichheit bei Paaren in den USA wie in Europa eine wichtige Rolle gespielt hat – könnte es durchaus sein, dass auch die Homogamie bei Vermögen im 21. Jahrhundert weiter zunimmt.[5]

Parallel dazu ist in den letzten Jahrzehnten eine sehr klare Tendenz

1 Siehe beispielsweise C. Goldin, L. Katz, «The Most Egalitarian of all Professions: Pharmacy and Evolution of a Family-Friendly Occupation», NBER (National Bureau of Economic Research) 2012. Dazu, wie sich Familienphasen auf die Entwicklung des Verdiensts auswirken, siehe H. Kleven, C. Landais, «Gender Inequality and Economic Development: Fertility, Education and Norms», *Economica* 84, 334 (2017), S. 180–209.

2 C. Bessière und S. Gollac, «Un entre-soi de possédant(e)s. Le genre des arrangements patrimoniaux dans les études notariales et cabinets d'avocat(e)s», *Sociétés contemporaines* 108 (2017), S. 69–95; C. Bessière, «Reversed Accounting. Legal Professionals, Families and the Gender Wealth Gap in France», *Socio-Economic Review* (2019).

3 Siehe N. Frémeaux, «The role of inheritance and labor income in marital choices», *Population* 69, 4 (2014), S. 495–530.

4 Siehe P. Mary, «Inheritance and Marriage in Paris: an Estimation of Homogamy (1872–1912)», Paris School of Economics und EHESS 2018.

5 Siehe D. Yonzan, «Assortative Mating over Labor Income and its implication on Income

zur Gütertrennung bei Paaren zu beobachten, sowohl bei Ehepaaren wie bei den neuen eingetragenen Partnerschaften außerhalb der Ehe. Theoretisch könnte diese Entwicklung die logische Ergänzung einer Bewegung in Richtung von mehr beruflicher Gleichheit zwischen Männern und Frauen in Verbindung mit einer immer stärkeren Individualisierung der Lebenswege sein.[1] In der Praxis kam die Tendenz zur Gütertrennung hauptsächlich den Männern zugute, weil die Kluft bei den Einkommen immer noch sehr groß ist, vor allem weil die Karrierewege von Frauen durch die Geburt von Kindern häufig unterbrochen werden. Dieses Phänomen hat zu einer paradoxen Zunahme der Vermögensungleichheit zwischen Männern und Frauen (besonders als Folge von Trennungen und Scheidungen) seit den 1990er Jahren beigetragen, im Gegensatz zur tendenziell abnehmenden Einkommensungleichheit.[2] Diese Entwicklungen sind noch wenig untersucht, aber sie verdeutlichen ein weiteres Mal, welche zentrale Rolle das Rechts- und das Steuersystem für die Struktur von Ungleichheitsregimen spielen. Sie zeigen auch, wie falsch die Vorstellung wäre, die Entwicklung hin zur Gleichstellung von Männern und Frauen seit «natürlich» und irreversibel. Im nächsten Teil kommen wir darauf zurück, was die Ungleichheiten zwischen den Geschlechtern für den Verlauf der politischen Konfliktlinien bedeuten.

Inequality: A U.S. perspective 1970–2017», CUNY 2018; B. Milanovic, *Capitalism alone*, Cambridge: Harvard University Press 2019, S. 40, Abbildung 2.4.

1 In Frankreich ist die Standardregelung bei verheirateten Paaren (die bei allen Paaren an Bedeutung verliert) die Zugewinngemeinschaft: Die während der Ehe erworbenen Güter gehören beiden zu gleichen Teilen (wie auch die Einkünfte), während Erbschaften und der Besitz vor der Ehe getrennt bleiben. Diese Asymmetrie lässt sich vor allem durch eine klare Aufgabentrennung und niedrige Arbeitseinkommen der Partnerinnen rechtfertigen.

2 Zu den langfristigen Entwicklungen siehe N. Frémeaux, M. Leturq, «Prenuptial Agreements and Matrimonial Property Regimes in France (1855–2010)», *Explorations in Economic History* 68 (2018), S. 132–142; dies., «The Individualization of Wealth in France», Paris 2 Panthéon Assas und Ined 2018.

Die Verelendung der armen Staaten und die Liberalisierung des Handels

Kommen wir nun zu einem für die Entwicklung der weltweiten Ungleichheit zu Beginn des 21. Jahrhunderts besonders bedeutsamen Punkt: der relativen und paradoxen Verelendung der ärmsten Staaten der Erde im Lauf der letzten Jahrzehnte, besonders im subsaharischen Afrika und in Süd- und Südostasien. Generell schwankt das Tempo, mit dem die armen Länder wirtschaftlich zu den reichen Ländern aufschließen, seit den 1970er Jahren stark. Wir haben bereits ausführlich China und Indien verglichen. Dass es China seit den 1980er Jahren geschafft hat, ein zugleich stärkeres und weniger inegalitäres Wachstum zu erreichen, verdankt es zweifellos zu einem großen Teil der Tatsache, dass es dem Land besser als Indien gelungen ist, wichtige staatliche Ressourcen für Bildung, Gesundheitswesen und die zur Entwicklung unverzichtbare Infrastruktur zu mobilisieren.[1] Wir haben gesehen, dass Entwicklung grundsätzlich aufs Engste mit Staatswerdung zusammenhing. Die Etablierung einer legitimen staatlichen Macht, die in der Lage ist, erhebliche Ressourcen aufzubieten und in einer Weise zu verteilen, die die Mehrheit überzeugt, ist zweifellos die größte und komplexeste Herausforderung für eine gelungene Entwicklung.

Aus dieser Sicht ist es verblüffend festzustellen, dass die ärmsten Staaten der Welt von den 1970er Jahren bis zur Jahrtausendwende noch ärmer geworden sind; ab 2000 haben sie sich leicht erholt, ohne jedoch ihren (ziemlich tiefen) Ausgangspunkt wieder zu erreichen. Präziser ausgedrückt: Wenn man die Länder der Welt in drei Gruppen aufteilt und den Durchschnitt der Steuereinnahmen beim Drittel der ärmsten Länder betrachtet, dem im Wesentlichen die Länder im subsaharischen Afrika und in Südasien angehören, stellt man fest, dass die Steuereinnahmen von fast 16 % des BIP in der Zeit von 1970 bis 1979 auf unter 14 % in den Jahren 1990 bis 1999 gefallen und von 2010 bis 2018 leicht auf 14,5 % gestiegen sind (siehe Grafik 13.12).

Dabei handelt es sich um extrem niedrige Einnahmen, die im Übrigen bei den einzelnen Ländern höchst unterschiedlich ausfallen. In zahlreichen afrikanischen Ländern wie in Nigeria, dem Tschad oder der

1 Siehe insbesondere Kapitel 8, S. 451 f.

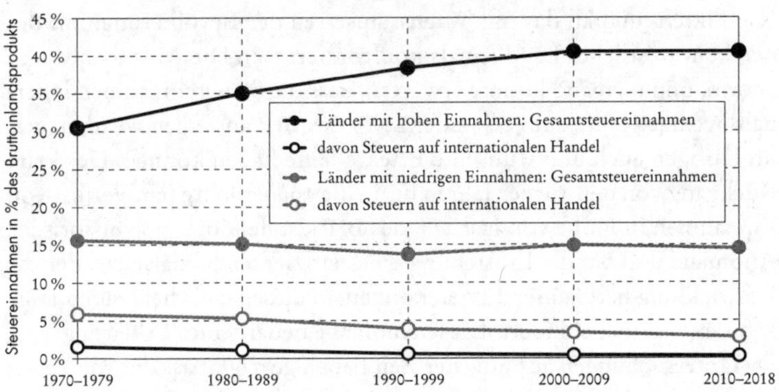

Grafik 13.12.: In Ländern mit niedrigen Einnahmen (ein Drittel der ärmsten Länder: Afrika, Südasien etc.) sanken die Steuereinnahmen von 15,6 % des Bruttoinlandsprodukts in den Jahren 1970 bis 1979 auf 13,7 % in den Jahren 1990 bis 1999 und stiegen wieder auf 14,5 % in den Jahren 2010 bis 2018, was zum Teil auf den nicht ausgeglichenen Rückgang der Zölle und sonstigen Steuern im internationalen Handel zurückzuführen ist (die 5,9 % des BIP in den Jahren 1970 bis 1979 einbrachten, 3,9 % in den Jahren 1990 bis 1999 und 2,8 % in den Jahren 2010 bis 2018). In einkommensstarken Ländern (reichstes Drittel: Europa, Nordamerika etc.) waren die Zölle bereits zu Beginn des Zeitraums sehr niedrig, und die Steuereinnahmen stiegen weiter an, bevor sie sich stabilisierten.
Quellen und Reihen: siehe piketty.pse.ens.fr/ideologie.

Zentralafrikanischen Republik betragen die Steuereinnahmen 6–8 % des BIP. Aber wie wir gesehen haben, als wir die Bildung der Zentralstaaten in den heutigen entwickelten Ländern untersucht haben, reichen Einnahmen in dieser Höhe gerade aus, um die Ordnung und die grundlegende Infrastruktur aufrechtzuerhalten, und erlauben keine nennenswerte Finanzierung von und Investitionen in Bildung und Gesundheit.[1] Gleichzeitig sehen wir, dass die Steuereinnahmen in dem Drittel der reichsten Länder (im Wesentlichen Europa, Nordamerika und Japan) immer weiter gestiegen sind, von durchschnittlich 30 % des BIP in den 1970er Jahren auf 40 % in den 2010er Jahren.

Um den besonderen Entwicklungsweg der ärmsten Länder zu erklären, müssen wir natürlich berücksichtigen, dass der Prozess der Staatswerdung langwierig und komplex ist. Ende der 1960er Jahre und zu Beginn der 1970er Jahre befreiten sich die meisten afrikanischen Kolonien gerade erst von der Kolonialherrschaft. Die frisch unabhängig gewordenen Länder standen bei der inneren wie der äußeren Konsoli-

1 Siehe Kapitel 10, Grafiken 10.14 und 10.15.

dierung vor großen Herausforderungen, manchmal mit separatistischen Konflikten, und all das mit Wachstumsraten der Bevölkerung, mit denen kein westliches Land jemals konfrontiert war. Die Aufgaben waren enorm, und niemand konnte erwarten, dass die Steuereinnahmen innerhalb weniger Jahre auf 30 % oder 40 % des BIP ansteigen würden, was im Übrigen auch unerwünschte Effekte hätte haben können. Der klare Rückgang von den 1970er Jahren bis in die 1990er Jahre (ein Verlust von Einnahmen in Höhe von fast 2 % des BIP) ist dennoch eine historische Anomalie und hat die Entstehung eines effizienten Sozialstaats, der die Entwicklung hätte unterstützen können, in diesen entscheidenden Jahrzehnten massiv behindert. Diese Anomalie bedarf einer Erklärung.

Untersuchungen aus jüngster Zeit haben gezeigt, dass der Rückgang eng mit einer ungewöhnlichen raschen Liberalisierung des Handels zusammenhing, die teilweise die reichen Länder und internationale Organisationen verfügt hatten, ohne dass die armen Länder die Zeit hatten und die nötige Hilfe bekamen, um die Einnahmen, die ihnen früher in Form von Zöllen zugeflossen waren, durch neue Steuereinnahmen (zum Beispiel aus Einkommen- und Vermögensteuern) ersetzen zu können.[1] In den 1970er Jahren machten Zölle und andere Abgaben auf den internationalen Warenverkehr einen sehr hohen Anteil der Gesamteinnahmen der armen Länder aus: fast 6 % des BIP. Eine derartige Situation ist nicht ungewöhnlich und findet sich im 19. Jahrhundert auch in den europäischen Ländern: Zölle sind die am leichtesten zu erhebenden Steuern, deshalb ist es natürlich, dass sie in den ersten Phasen der Entwicklung übermäßig stark genutzt werden. Der Unterschied besteht darin, dass die westlichen Länder die Zölle nach und nach reduzieren konnten, in ihrem eigenen Rhythmus, im selben Maß, wie sie andere Formen der Besteuerung entwickelten, die die alten Einnahmen ersetzten und ihre Gesamteinnahmen steigerten. In den ärmsten Ländern der Erde, vor allem in Afrika, war die Situation eine ganz andere: Die Zölle brachen abrupt ein, auf weniger als 4 % in den 1990er Jahren und weniger als 3 % seit 2010, ohne dass die Staaten diese Verluste zunächst ausgleichen konnten.

Es geht nicht darum, die Gesamtverantwortung für alles, was in Afrika passiert, auf die ehemaligen Kolonialmächte zu schieben. Die Entwicklung eines Steuersystems hängt auch und vor allem von sozio-poli-

1 Siehe J. Cagé, L. Gadenne, «Tax Revenues and the Fiscal Cost of Trade Liberalization, 1792–2006», *Explorations in Economic History* 70 (Oktober 2018), S. 1–24.

tischen Konflikten in den Ländern und von deren Struktur ab. Dennoch ist es für die ärmsten Länder sehr schwierig, dem Druck der reichen Länder Widerstand zu leisten, die eine beschleunigte Liberalisierung des Handels wollen, noch dazu in einer ideologischen Atmosphäre, die seit den 1980er Jahren durch eine gewisse Verunglimpfung des Staates und der progressiven Besteuerung gekennzeichnet ist, vor allem in den Vereinigten Staaten und bei den internationalen Organisationen mit Sitz in Washington (Internationaler Währungsfonds und Weltbank).

Generell muss betont werden, dass all die bisher diskutierten Probleme der fehlenden wirtschaftlichen und finanziellen Transparenz in den armen Ländern noch viel gravierendere Folgen haben als in den reichen Ländern. Vor allem der verschärfte Steuerwettbewerb und die Liberalisierung der Kapitalströme ohne politische Koordinierung und ohne automatischen Bankdatenaustausch, die auf Initiative Europas und der Vereinigten Staaten seit den 1980er Jahren eingeführt wurden, hatten extrem negative und schädliche Folgen für die armen Länder insbesondere in Afrika. Nach den vorliegenden Schätzungen machen die in Steuerparadiesen gehaltenen Vermögenswerte mindestens 30 % aller Kapitalanlagen in Afrika aus, das heißt dreimal so viel wie in Europa.[1] Es ist nicht einfach, Konsens über die Besteuerung herzustellen und neue Normen für eine gerechte Besteuerung in einer Gemeinschaft zu etablieren, wenn ein erheblicher Teil der reichsten Steuerzahler sich der Steuerpflicht entziehen kann, indem sie ihr Kapital ins Ausland schaffen und zu diesem Zweck nach Paris oder London ausweichen. Umgekehrt kann eine ambitionierte Zusammenarbeit mit den reichen Ländern in Rechts- und Steuerfragen und mehr internationale Transparenz bei den Kapitalanlagen und Gewinnen multinationaler Konzerne den ärmsten Ländern erlauben, ihre staatlichen und steuerlichen Handlungsmöglichkeiten unter sehr viel besseren Bedingungen weiterzuentwickeln.

Wird die Geldschöpfung uns retten?

Zu den besonders spektakulären Entwicklungen seit der Finanzkrise von 2008 gehört die neue Rolle der Geldschöpfung und der Zentralbanken. Diese Veränderung hat unsere Wahrnehmung fundamental verän-

1 Siehe Kapitel 12, Grafik 12.5.

dert, was die Aufgabe des Staates und der Zentralbanken ist, der Steuern und des Geldes, und generell unsere Vorstellungen von einer gerechten Wirtschaft. Vor der Krise von 2008 hielt man es allgemein für unmöglich oder zumindest für wenig empfehlenswert, von den Zentralbanken zu verlangen, so schnell so viel Geld zu schöpfen. Auf ebendieser Grundlage hatten die Europäer in den 1990er Jahren der Einführung des Euros zugestimmt. Nach der «Stagflation» (einer Mischung aus Stagnation oder zumindest verlangsamtem Wirtschaftswachstum und Inflation) in den 1970er Jahren war es nicht sehr schwierig gewesen, sie im Rahmen des 1992 verabschiedeten Vertrags von Maastricht davon zu überzeugen, dass der Euro eine möglichst unabhängige Zentralbank brauche, die das vorrangige Ziel verfolge, eine leicht positive Inflationsrate (2 %) zu erreichen, und sich so wenig wie möglich in das Wirtschaftsleben einmische. Die neue Rolle, die die Zentralbanken seit 2008 übernahmen, erzeugte ein Gefühl großer Verwirrung, in Europa wie andernorts, das wir uns genauer anschauen müssen.

Um zu verstehen, worum es in der Diskussion geht, sehen wir uns zunächst die Entwicklung der Bilanzsummen der wichtigsten Zentralbanken von 1900 bis 2018 an (siehe Grafik 13.13). Die Bilanz einer Zentralbank umfasst alle Ausleihungen, die sie an die Wirtschaft vergeben hat, im Allgemeinen über das Bankensystem, und die Wertpapiere (vorwiegend Anleihen), die sie auf den Märkten gekauft hat. Die meisten Ausleihungen und Käufe kommen durch rein elektronische Geldschöpfung der Zentralbanken zustande, ohne dass Geldscheine gedruckt und Münzen geprägt werden. Um die Diskussion und das Verständnis der Vorgänge zu vereinfachen, ist es im Übrigen besser, sich von vornherein eine vollkommen digitalisierte Geldwirtschaft vorstellen, das heißt eine solche, in der Geld nur als virtuelle Zeichen in den Computern der Banken existiert und in der alle Ausgaben von Unternehmen wie von Privatleuten elektronisch und per Kreditkarte abgewickelt werden (was noch längst nicht der Fall ist und nichts an den hier beschriebenen Vorgängen ändern würde).

Mitte der 2000er Jahre, kurz vor der Finanzkrise von 2007/2008, entsprach die Bilanzsummer der amerikanischen Notenbank etwas mehr als 5 % des BIP der Vereinigten Staaten und die Bilanzsumme der EZB ungefähr 10 % des BIP der Eurozone. Es handelte sich hauptsächlich um sehr kurzfristige Ausleihungen an die Banken, oft nur für wenige Tage, höchstens für einige Wochen. Das ist die traditionelle

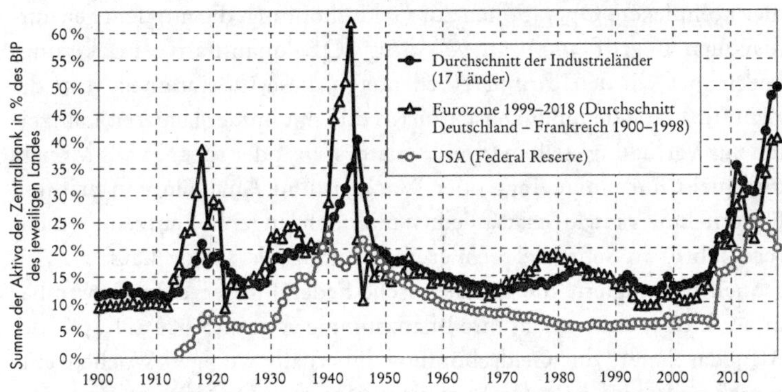

Grafik 13.13.: Die Summe der Aktiva der Europäischen Zentralbank (EZB) stieg von 11 % des BIP der Eurozone am 31.12.2004 auf 41 % am 31.12.2018. Die Kurve 1900 bis 1998 zeigt den Durchschnitt der Bilanzsummen der deutschen und französischen Zentralbanken (mit Spitzenwerten von 39 % im Jahr 1918 und 62 % im Jahr 1944). Die Bilanzsumme der Federal Reserve (gegründet 1913) stieg von 6 % des BIP der Vereinigten Staaten im Jahr 2007 auf 26 % Ende 2014. Hinweis: Der Durchschnitt der reichen Länder ist das arithmetische Mittel der folgenden 17 Länder: Australien, Belgien, Dänemark, Deutschland, Finnland, Frankreich, Großbritannien, Holland, Italien, Japan, Kanada, Norwegen, Portugal, Schweden, Schweiz, Spanien, Vereinigte Staaten. Quellen und Reihen: siehe piketty.pse.ens.fr/ideologie.

Aufgabe einer Zentralbank in ruhigen Zeiten. Die Zu- und Abflüsse in den Bilanzen der einzelnen Geschäftsbanken hängen von den Entscheidungen von Millionen Privatpersonen und Unternehmen ab und gehen tagtäglich nie auf einen Dollar oder einen Euro genau auf. Deshalb leihen sich die Banken untereinander sehr kurzfristig Geld, um das Zahlungssystem auszugleichen, die Zentralbank sorgt für die Stabilität des gesamten Systems und stellt die notwendige Liquidität zur Verfügung. Die Ausleihungen zwischen Banken und zwischen Zentralbank und Geschäftsbanken gleichen sich meistens innerhalb weniger Tage oder Wochen aus und hinterlassen keine dauerhaften Spuren. Im Grunde ist es ein rein technischer finanzieller Vorgang, der die Stabilität des Ganzen sichert, aber außenstehende Beobachter im Allgemeinen wenig interessiert.[1]

Nach der Panik an den Finanzmärkten im September 2008, ausgelöst durch die Pleite von Lehman Brothers, änderte sich die Situation

1 Besonders die Tatsache, dass die Bilanzsumme der EZB doppelt so groß ist wie die der Fed am Vorabend der Krise (ein Abstand, der im Wesentlichen bis heute besteht) zeigt die sehr viel größere Bedeutung von Banken und Bankkrediten für die Finanzierung der europäischen Wirtschaft (während Unternehmen in den USA stärker auf die Finanzmärkte setzen).

grundlegend. Die weltweit wichtigsten Zentralbanken entwickelten immer komplexere Operationen zur Geldschöpfung, die mit dem geheimnisvollen Begriff *quantitative easing* (QE, quantitative Lockerung) bezeichnet wurden. Konkret bedeuteten diese Operationen, dass die Zentralbanken dem Bankensektor Kredite mit immer längeren Laufzeiten zur Verfügung stellten (drei Monate, sechs oder sogar zwölf Monate und nicht nur einige Tage oder Wochen) und Anleihen von privaten Unternehmen sowie Staatsanleihen mit noch längeren Laufzeiten (mehrere Jahre) in sehr viel größerem Umfang als zuvor kauften. Am schnellsten reagierte die amerikanische Federal Reserve. Im September und Oktober 2008 wuchs ihre Bilanzsumme von rund 5 % auf 15 % des BIP, das heißt, die Geldschöpfung innerhalb weniger Wochen entsprach 10 % des BIP der Vereinigten Staaten. Das ging im Lauf der nächsten Jahre weiter, und Ende 2014 erreichte ihre Bilanzsumme 25 % des BIP. Seither ist sie leicht zurückgegangen, liegt aber immer noch deutlich höher als vor der Krise (20 % des BIP Ende 2018 gegenüber 5 % des BIP Mitte September 2008). In Europa erfolgte die Reaktion langsamer. Die EZB und die europäischen Behörden brauchten länger, um zu begreifen, dass nur eine massive Intervention der Zentralbank die Finanzmärkte stabilisieren und die Abstände zwischen den Zinssätzen auf die Staatsschulden der verschiedenen Länder verringern konnte.[1] Aber die Programme für den Ankauf von Unternehmens- und Staatsanleihen nahmen bald Fahrt auf, und Ende 2018 lag die Bilanzsumme der EZB bei 40 % des BIP der Eurozone (siehe Grafik 13.13).[2]

Es besteht ein ziemlich breiter Konsens, dass die massive Intervention der Zentralbanken verhindert hat, dass aus der «großen Rezession» 2008/2009 – mit einem durchschnittlichen Rückgang der Wirtschaftsleistung in den Vereinigten Staaten und in Europa von ungefähr 5 % die schlimmste Rezession der Nachkriegszeit in den reichen Ländern – eine «große Depression» ähnlich der Weltwirtschaftskrise der 1930er Jahre wurde mit wirtschaftlichen Einbrüchen von 20–30 % in den größten

---

1 Die Langsamkeit erklärt im Übrigen zu einem großen Teil die Schuldenkrise in der Eurozone nach 2009/2010 und den Einbruch der Wirtschaftstätigkeit in Europa 2011/2012, während die Vereinigten Staaten sich da schon wieder aus der Krise herausarbeiteten. Siehe Kapitel 12, S. 803–808, und technischer Anhang, Zusatzgrafiken S12.11–S12.12.

2 Ende 2019 betrug die Bilanzsumme der EZB rund 4700 Milliarden Euro (40 % des BIP der Eurozone von rund 11 600 Milliarden Euro). Zum Vergleich: Anfang 2008 betrug die Bilanzsumme der EZB 1500 Milliarden Euro, das bedeutet eine Geldschöpfung von 3200 Milliarden Euro in weniger als zehn Jahren. Siehe Technischer Anhang mit detaillierten Zeitreihen.

Volkswirtschaften zwischen 1929 und 1932. Weil die Fed und die EZB dafür sorgten, dass es nicht reihenweise zu Bankenzusammenbrüchen kam, und weil sie ihre Rolle als «Kreditgeber der letzten Instanz» wahrnahmen, vermieden sie die Fehler der Zentralbanken in der Zwischenkriegszeit, die mit ihrer orthodoxen und «liquidatorischen» Haltung (schlechte Banken sollen Bankrott gehen, und die Wirtschaft wird neu durchstarten) dazu beigetragen hatten, dass die Welt in den Abgrund stürzte.

Diesmal haben die Zentralbanken das Schlimmste verhindert, doch es besteht die Gefahr, dass sie mit ihrer Geldpolitik den Eindruck vermitteln, eine grundlegende strukturelle Veränderung der Sozial-, Steuer- und Wirtschaftspolitik sei nicht nötig. Tatsächlich sind die Zentralbanken nicht dafür gerüstet, alle Probleme der Welt zu lösen und eine Regulierung des Kapitalismus (von seiner Überwindung ganz zu schweigen) insgesamt vorzuschlagen.[1] Um die Exzesse bei der Deregulierung des Finanzsektors, die Zunahme der Ungleichheiten und den Klimawandel zu bekämpfen, brauchen wir andere staatliche Initiativen und Einrichtungen: Gesetze, Steuern, internationale Verträge, alles auf den Weg gebracht von Parlamenten, die auf kollektive Beratung setzen und demokratische Verfahren anwenden. Die Stärke der Zentralbanken ist ihre Fähigkeit, extrem schnell zu handeln. Im Herbst 2008 hätte keine andere Institution so schnell so enorme Ressourcen mobilisieren können. Im Falle einer Finanzpanik oder eines Kriegs oder einer außergewöhnlich schwerwiegenden Naturkatastrophe kann nur die Geldschöpfung der öffentlichen Hand die Mittel zur Verfügung stellen, die

---

1 Es ist interessant festzustellen, dass der antiliquidatorische Konsens von 2008 teilweise aus der «monetaristischen Neubewertung» der Krise von 1929 hervorgegangen war. Friedman kritisierte die restriktive Politik der Fed zu Beginn der 1930er, die zu einer Deflation geführt hatte, und gelangte zu der Schlussfolgerung, eine angepasste Geldpolitik (die für eine maßvolle, aber stetige Inflation sorge) hätte ausgereicht, um die Weltwirtschaftskrise zu vermeiden und die Wirtschaft wieder in Gang zu bringen. Anders ausgedrückt: Man braucht weder den New Deal noch die Sozialversicherung, noch die progressive Besteuerung, um den Kapitalismus zu regulieren, eine gute Zentralbank reicht aus. Diese politische Botschaft hatte in den 1960er Jahren in der Vereinigten Staaten enorme Wirkung, als ein Teil der Demokraten davon träumte, den New Deal zu vollenden, während die Öffentlichkeit sich Sorgen machte, dass die Vereinigten Staaten gegenüber einem Europa mit starkem Wachstum zurückfielen. Die Arbeiten von Friedman und der Chicagoer Schule der Wirtschaftswissenschaften nährten das Misstrauen gegenüber einer wachsenden Rolle des Staates und bereiteten geistig den Boden für die «konservative Revolution» von 1980. Siehe M. Friedman, A. Jacobson Schwartz, *A Monetary History of the United States, 1857–1960*, Princeton: Princeton University Press 1963 (Nachdruck 1992); sowie T. Piketty, *Das Kapital im 21. Jahrhundert*, a. a. O., S. 748–756.

sie braucht, um sofort eingreifen zu können. Zum Vergleich: Über Steuern, Haushaltspläne, Gesetze und Verträge wird manchmal monatelang im Parlament beraten, ganz zu schweigen davon, dass die Suche nach politischen Mehrheiten unter Umständen Neuwahlen erforderlich machen kann, deren Ausgang ungewiss ist.

Die Stärke der Zentralbanken ist zugleich ihre größte Schwäche: Sie verfügen über keine ausreichende demokratische Legitimität, um sich allzu weit über ihr enges Fachgebiet – Banken und Finanzwesen – hinauswagen zu können. Prinzipiell könnte nichts die Zentralbanken hindern, ihre Bilanzsumme um das Zehnfache oder noch mehr zu vergrößern. Erinnern wir uns beispielsweise, dass der gesamte private Besitz (Immobilien, Betriebs- und Finanzvermögen, jeweils nach Abzug von Schulden) der Haushalte sich in den 2010er Jahren in den meisten reichen Ländern auf ungefähr 500–600 % des Nationaleinkommens summierte (gegenüber knapp 300 % in den 1970er Jahren).[1] Rein technisch betrachtet wäre es möglich, dass die Fed oder die EZB Dollar oder Euro in Höhe von 600 % des BIP oder Nationaleinkommens schöpfen würde, um das gesamte private Kapital der Vereinigten Staaten oder Westeuropas aufzukaufen.[2] Das würde jedoch ernsthafte Managementprobleme schaffen: Die Zentralbanken und ihre Verwaltungsräte sind genauso wenig dafür ausgestattet, den gesamten Besitz eines Landes zu verwalten, wie es die zentralisierte Planwirtschaft der Sowjetunion war.

Der Neoproprietarismus und die neue Geldordnung

Es muss nicht so weit kommen, aber es ist durchaus möglich, dass die Bilanzen der Zentralbanken in Zukunft weiter wachsen, vor allem im Fall einer neuen Finanzkrise. Wichtig ist zu betonen, dass der Finanzmarktkapitalismus in den letzten Jahrzehnten ungeheuerliche Dimensionen erreicht hat. Vor allem ist der Umfang der finanziellen Verflechtungen zwischen Unternehmen und zwischen Ländern sehr viel stärker gewachsen als die Realwirtschaft und das Nettokapital. In der Eurozone lag das Gesamtvolumen der von den verschiedenen institutionel-

1 Siehe Kapitel 10, Grafik 10.8, und Technischer Anhang, Zusatzgrafik S10.8.

2 In der Praxis würde ein Teil der Privateigentümer seinen Besitz behalten wollen, obwohl diese Politik zu einer enormen Steigerung der Vermögenspreise führen würde, mit der Folge, dass noch viel mehr Geldschöpfung nötig wäre, um das gesamte private Kapital aufzukaufen.

len Akteuren (Unternehmen aus dem Finanzsektor und andere Unternehmen, Haushalte und Staat) gehaltenen finanziellen Aktiva und Passiva im Jahr 2018 bei über 1100 % des BIP, in den 1970er Jahren hatte es noch knapp 300 % betragen. Anders ausgedrückt: Obwohl die Bilanzsumme der EZB sich mittlerweile auf 40 % des BIP der Eurozone beläuft, sind das weniger als 4 % aller in Umlauf befindlichen finanziellen Aktiva. In gewisser Weise haben die Zentralbanken nichts anderes gemacht, als sich an die grassierende Finanzialisierung anzupassen, und das Wachstum ihrer Bilanzsummen hat ihnen einfach einen gewissen Handlungsspielraum gesichert, um auf die Preise von finanziellen Aktiva Einfluss zu nehmen, die alle Bereiche durchdrungen haben. Wenn die Umstände es erfordern, könnten EZB und Fed noch sehr viel weiter gehen. Halten wir in dem Zusammenhang fest, dass die Bilanzsummen der Bank of Japan und der Schweizerischen Nationalbank Ende 2018 den Wert von 100 % des BIP ihrer Länder überschritten haben (siehe Grafik 13.14). In beiden Fällen hängt das mit Besonderheiten der finanziellen Situation zusammen.[1] Wir können jedoch nicht ausschließen, dass es eines Tages ähnliche Entwicklungen in der Eurozone oder den Vereinigten Staaten gibt. Die finanzielle Globalisierung hat derartige Ausmaße angenommen, dass es nach und nach darauf hinauslaufen kann, Formen der Geldpolitik zu betreiben, die früher undenkbar gewesen wären.

Diese Entwicklungen werfen indes vielfältige Probleme auf. Zunächst einmal wäre es zweifellos die richtige Priorität, die privaten Bilanzen zu verkleinern, statt sich einen Wettlauf mit ihnen zu liefern. Eine Situation, in der alle Akteure gegenseitig immer stärker verschuldet sind und das Gesamtvolumen des Finanzsektors (finanzielle Aktiva und Passiva zusammengenommen) strukturell schneller wächst als die Realwirtschaft, ist auf Dauer nicht haltbar und gefährdet die gesamte Wirtschaft und Gesellschaft.[2]

---

1 In Japan summieren sich die Staatsschulden auf mehr als 200 % des BIP, aber sie werden gemeinsam von verschiedenen öffentlichen Körperschaften (insbesondere von Pensionskassen) und der Zentralbank gehalten. In der Schweiz hat sich die Zentralbank entschlossen, auf die enorme internationale Nachfrage nach Schweizer Franken als Reserveanlage (ohne Bezug zur realen Größe der schweizerischen Volkswirtschaft) durch Geldschöpfung in erheblichem Umfang zu reagieren, um einen zu starken Anstieg des Wechselkurses zu verhindern.

2 Siehe A. Turner, *Between Debt and the Devil. Money, Credit, and Fixing Global Finance*, Princeton: Princeton University Press 2016. Siehe außerdem C. Durand, *Le Capital fictif. Comment la finance s'approprie notre avenir*, Paris: Les Prairies Ordinaires 2014; A. Tooze,

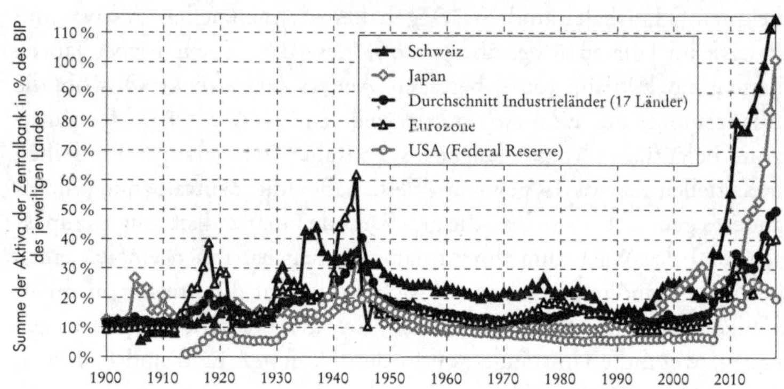

Grafik 13.14.: Die Summen der Aktiva der Zentralbanken der reichen Länder sind von durchschnittlich 13 % des BIP zum 31.12.2004 auf 51 % zum 31.12.2018 gestiegen. Die Bilanzsummen der Zentralbanken von Japan und der Schweiz haben in den Jahren 2017 bis 2018 100 % des BIP überschritten. Hinweis: Der Durchschnitt der reichen Länder ist das arithmetische Mittel der folgenden 17 Länder: Australien, Belgien, Dänemark, Deutschland, Finnland, Frankreich, Großbritannien, Holland, Italien, Japan, Kanada, Norwegen, Portugal, Schweden, Schweiz, Spanien, Vereinigte Staaten.
Quellen und Reihen: siehe piketty.pse.ens.fr/ideologie.

Außerdem wissen wir wenig über die langfristigen Effekte dieser «unkonventionellen» Geldpolitik; es könnte durchaus sein, dass sie zu mehr Ungleichheit bei den Renditen und der Konzentration von Vermögen führt. Als die Bilanzsummen der Zentralbanken nach dem Zweiten Weltkrieg ähnliche Höchststände erreicht hatten (je nach Land zwischen 40 % und 90 % des BIP), ging die starke Geldschöpfung mit einer massiven Inflation einher. Die Volkswirtschaften gerieten in Lohn-Preis-Spiralen, zu denen die Staaten noch beitrugen, indem sie die Gehälter im öffentlichen Dienst anhoben. Diese inflationäre Entwicklung ließ den Wert der Staatsschulden zusammenschmelzen, was zumindest den Vorteil hatte, Investitionen und den Wiederaufbau in den Jahrzehnten nach dem Krieg zu erleichtern.[1] Heute sehen wir nichts

Crashed. Wie zehn Jahre Finanzkrise die Welt verändert haben, übersetzt von N. Juraschitz, K. Petersen, T. Schmidt, München: Siedler 2018.

1 Der in Grafik 13.13 gezeigte Verlauf der Kurve für die Eurozone vor 1999 entspricht dem deutsch-französischen Durchschnitt. In Zusatzgrafik S13.13 ist dieser Teil aufgeschlüsselt (siehe Technischer Anhang). 1945/1946 lag die Bilanzsumme der Banque de France bei 80–90 % des BIP und die der Bundesbank bei 40–50 % des BIP. In beiden Weltkriegen spielten Direktkredite der Regierungen zur Finanzierung der Kriegsanstrengungen eine entscheidende Rolle bei der Entwicklung der Zentralbankbilanzen. Siehe beispielsweise E. Monnet,

dergleichen. Die Gehälter sind praktisch eingefroren, im öffentlichen Sektor genau wie im privaten, und die Inflation der Verbraucherpreise ist seit der Krise von 2008 extrem niedrig, vor allem in der Eurozone (knapp 1 % pro Jahr); ohne die monetären Interventionen wäre sie dort wohl inzwischen negativ.

Offensichtlich führt die Geldschöpfung nicht zu einer Erhöhung der Verbraucherpreise, aber die Preise bestimmter Kapitalanlagen steigen, und dadurch ergeben sich große Unterschiede bei den Renditen. Die nominalen Renditen deutscher und französischer Staatsanleihen liegen nahe null, und die realen Renditen sind negativ. Das hängt einmal damit zusammen, dass die EZB in großem Umfang Staatsschulden aufkauft, um die Zinsabstände zwischen den Ländern zu verringern, und zum anderen damit, dass die neuen, vorsichtigen Vorschriften die Banken zwingen, einen erheblichen Teil ihrer Portfolios in den sichersten Papieren anzulegen. Für zahlreiche Akteure des weltweiten Finanzsystems sind die Staatsschulden der westlichen Länder die sicheren Geldanlagen, die sie ihrer Ansicht nach brauchen – in einem Klima, in dem jedes Land fürchtet, Zielscheibe einer Panik auf den Finanzmärkten zu werden (weshalb überreichlich Reserven gehalten werden).

In gewisser Weise entsprechen diese Zinssätze nahe null einer Situation, in der es unmöglich ist, «im Schlaf reich» zu werden (zumindest mit sehr sicheren Geldanlagen). Das ist ein deutlicher Unterschied zu früheren Zeiten und zum klassischen Proprietarismus des 19. Jahrhunderts, der Ära des Goldstandards, wo die realen Renditen der Staatsschulden im Allgemeinen mindestens 3–4 % betrugen (wenn auch mit einem Rückgang in den letzten Jahrzehnten vor 1914, in dem eine gewisse Überakkumulation von Kapital zum Ausdruck kam, weshalb ein Ansturm auf Papiere aus dem Ausland und aus Kolonien einsetzte). In der gegenwärtigen Situation sind zwar die Zinssätze der Staatsschulden nahe null, aber das bedeutet nicht, dass die Renditen für jedermann nahe null liegen. In der Praxis bekommen die Inhaber kleiner und mittlerer Vermögen von den Banken Renditen nahe null (oder sogar negative Renditen), während die größeren Portfolios von Inhabern, die sich gut mit den Preisbewegungen bestimmter Anlagen auskennen, immer noch durchaus interessante Renditen erzielen können (teils durch das

---

Controlling Credit. Central Banking and the Planned Economy in Postwar France 1948–1973, Cambridge: Cambridge University Press 2018, S. 67, Abbildung 1. Der entscheidende Unterschied zur Gegenwart ist, dass diese Kredite unmittelbar zu neuen Ausgaben führten.

Handeln der Zentralbanken, vor allem aber durch die Hypertrophie der privaten Bilanzen). Zum Beispiel scheinen die Renditen großer Stiftungen (wie etwa der Universitäten) oder die Zuwächse der größten Vermögen wenig von Nullrenditen betroffen zu sein: In beiden Fällen sehen wir weiter Wachstumsraten von 6–8 % pro Jahr, teils dank Erträgen höchst komplizierter Finanzprodukte, die für kleinere Portfolios nicht zugänglich sind.[1]

Schließlich und vor allem ist dieser geldpolitische Aktivismus ein Indiz für die vielfältigen Blockaden in anderen Politikfeldern, sowohl bei der Regulierung der Finanzmärkte wie in den Bereichen Steuern und Haushalt. Das trifft ganz offenkundig für die USA zu, wo die Art und Weise der Auseinandersetzung zwischen den Parteien und das unzulängliche Funktionieren des Kongresses die Annahme von Gesetzen und allein schon die Verabschiedung eines Haushalts immer schwieriger machen (weshalb es immer wieder zu *government shutdowns* kommt und die Bundesverwaltung ihre Tätigkeit einstellen muss). In der Europäischen Union ist das noch offensichtlicher, weil die Gemeinschaftsinstitutionen noch dysfunktionaler sind als in den Vereinigten Staaten. In einer Situation, in der es nicht möglich ist, auch nur die kleinste gemeinsame Steuer zu beschließen (weil die einzelnen Mitgliedstaaten ein Vetorecht haben), ist der Handlungsspielraum der EU beim Haushalt naturgemäß sehr eingeschränkt. Der EU-Haushalt wird durch einstimmiges Votum der Mitgliedstaaten für einen Zeitraum von sieben Jahren verabschiedet, und das Europaparlament bestätigt den Haushalt mit Mehrheit. Die Einnahmen setzen sich hauptsächlich aus Beiträgen zusammen, die jeder Mitgliedstaat entsprechend der Höhe seines Bruttonationaleinkommens (BNE) leistet. Der jährliche Haushalt für die Zeit 2014–2020 beläuft sich auf gerade einmal 1 % des jährlichen BIP der EU.[2] Zum Vergleich: Die Staatshaushalte der einzelnen Mitgliedstaaten summieren sich je nach Land auf 30–40 % des jeweiligen jährlichen BIP. Der Bundeshaushalt der Vereinigten Staaten entspricht

---

1 Zu den Renditen der Universitätsstiftungen siehe Kapitel 11, S. 675 f.

2 Das ist ungefähr das gleiche Niveau wie bei den früheren Haushalten und entspricht auch dem, was in den laufenden Haushaltsverhandlungen für den Zeitraum 2021–2027 anvisiert wird. Der EU-Haushalt wird außerdem nachrangig auch durch einen Anteil an der in jedem Land erhobenen Mehrwertsteuer und an den geringen Zolleinnahmen finanziert, die beim Import von Gütern und Dienstleistungen in die EU anfallen. Siehe Technischer Anhang.

knapp 20 % des BIP, während die Haushalte der einzelnen Bundesstaaten und der lokalen Körperschaften unter 10 % liegen.[1]

Fassen wir zusammen: Die Europäische Union ist ein finanzieller Zwerg, weil die Einstimmigkeitsregel in Steuer- und Haushaltsbelangen sie lähmt. Vor diesem Hintergrund erscheint die EZB als die einzige starke gemeinsame Institution. Sie trifft ihre Entscheidungen mit einfacher Mehrheit, und auf dieser Grundlage hat sie ihre Bilanzsumme von 2008 bis 2018 auf einen Wert gesteigert, der fast 30 % des BIP der Europäischen Union (und fast 40 % des Euro-Raums) entspricht. Anders ausgedrückt: Die Geldschöpfung durch die EZB belief sich in jedem Jahr durchschnittlich auf fast 3 % des BIP der EU, das heißt auf das Dreifache des gesamten EU-Haushalts Diese Zahlen lassen sehr deutlich erkennen, wie wichtig die politische und institutionelle Ordnung für die wirtschaftliche und finanzielle Dynamik ist. Vor allem zeigen sie, wie die hemmungslose Geldproduktion durch die Angst vor der Demokratie und einer gerechten Besteuerung genährt wird. Weil die Staaten es nicht schaffen, sich auf gemeinsame Steuern, gemeinsame Haushalte, gemeinschaftliche Schulden und einen gemeinsamen Zinssatz zu einigen – was eine sehr viel engere parlamentarische Union erfordern würde als einfach nur die Vereinbarungen zwischen Staatschefs, mit denen gegenwärtig Europa regiert wird –, hat man die Flucht nach vorn angetreten und sich für den Einsatz der Geldschöpfung als Waffe entschieden. So verlangt man von der EZB und ihrem Gouverneursrat, Probleme zu lösen, für die sie nicht ausgerüstet sind.

Diese Entwicklung ist beunruhigend und kann nicht sehr lange weitergehen. Denn obwohl es sich um finanzielle Fragen handelt, die als höchst technisch und für die Bürger schwer verständlich gelten, sind die Summen mittlerweile derart groß, dass sie beeinflussen, wie die Wirtschaft und das Finanzwesen wahrgenommen werden. Insofern ist es nur natürlich, dass viele Bürger sich fragen, warum derartige Summen geschöpft wurden, um Finanzinstituten zu Hilfe zu kommen – mit wenig überzeugenden Ergebnissen, was die Ankurbelung der europäischen Wirtschaft anbetrifft –, während es angeblich unmöglich ist, Ressourcen in einer ähnlichen Größenordnung zur Verfügung zu stellen,

1 Siehe Kapitel 10. Im 19. Jahrhundert und zu Beginn des 20. Jahrhunderts entsprach der Haushalt des Bundes ungefähr 2 % des BIP in den Vereinigten Staaten (und lag damit näher an den heutigen Verhältnissen in der EU als an den heutigen Verhältnissen in den Vereinigten Staaten).

um den unteren Schichten zu helfen, die öffentliche Infrastruktur auszubauen oder umfangreiche Investitionen für die Energiewende zu finanzieren. Tatsächlich wäre es ganz und gar nicht abwegig, wenn die öffentliche Hand in Europa die gegenwärtig niedrigen Zinsen nutzen würde, um Kredite für nützliche Investitionen aufzunehmen. Allerdings unter zwei Bedingungen: Zum einen muss das in einem demokratischen, parlamentarischen Rahmen mit kontroversen Diskussionen passieren und darf nicht von einem Gouverneursrat entschieden werden, der hinter verschlossenen Türen tagt. Zum anderen wäre es gefährlich, der Idee zu folgen, alles lasse sich mit Geldschöpfung und Schulden regeln. Das wichtigste Instrument, das einer Gemeinschaft ermöglicht, Ressourcen für ein gemeinschaftliches politisches Projekt zu mobilisieren, ist und bleibt die Steuer, die gemeinsam debattiert und beschlossen und in Abhängigkeit vom Vermögen und der Leistungsfähigkeit eines jeden in völliger Transparenz erhoben wird.

Im Juli 2013 gab die britische Rockband Muse ein Konzert im Olympiastadion Rom. In dem Song *Animals* ist explizit davon die Rede, dass die «quantitative Lockerung» zur Rettung der Banker erfunden wurde. All diese Herren der Welt spekulierten mit dem Leben ganz gewöhnlicher Menschen. Der Sänger widmete das Stück «allen Fred Goodwins der Erde» (Fred Goodwin war der Banker, der als verantwortlich dafür galt, dass die Royal Bank of Scotland 2008 an den Rand der Pleite geraten war – sie musste vom Staat gerettet werden –, was jedoch nicht verhinderte, dass er mit einem goldenen Handschlag verabschiedet wurde). Auf der Bühne erschien ein schrecklicher Banker mit grässlichem Aussehen, der Geldscheine an die Menge verteilte. Der Sänger sagte dazu in einem Interview: «We don't take stance, we express the confusion of our time» («wir beziehen nicht Stellung, wir bringen nur die Verwirrung unserer Zeit zum Ausdruck»).[1] Und die Verwirrung ist tatsächlich enorm. Die Flucht nach vorn in die Geldschöpfung und die Hypertrophie des Finanzsektors verstärken das Gefühl, dass es unmöglich ist, eine gerechte Wirtschaft zu schaffen. Das ist einer der Hauptwidersprüche des gegenwärtigen neoproprietaristischen Systems, und er muss dringend überwunden werden.

---

1 Siehe *Evening Standard*, 24. Mai 2013, «This is going to be our Zoo TV» (Interview mit Muse). Der Sänger Matt Bellamy erklärte 2017, für den Brexit gestimmt zu haben.

Neoproprietarismus und Ordoliberalismus: Von Hayek zur EU

Rekapitulieren wir: Die neoproprietaristische Ideologie stützt sich zu Beginn des 21. Jahrhunderts auf große Erzählungen und solide Institutionen, darunter den Sturz des Kommunismus, die Verweigerung von Umverteilung, um nicht die «Büchse der Pandora» zu öffnen, und auf ein System des freien Kapitalverkehrs ohne Regulierung, ohne Informationsaustausch und ohne gemeinsame Steuern. Aber wir müssen auch und vor allem auf die zahlreichen Schwachstellen dieses politisch-ideologischen Systems hinweisen, die zugleich Kräfte sind, die auf Veränderung und die Überwindung der bestehenden Ordnung hinwirken. Die Intransparenz des Finanzsektors und die wachsenden Ungleichheiten erschweren die Lösung des Klimaproblems erheblich und führen generell zu gesellschaftlicher Unzufriedenheit. Deren Überwindung verlangt mehr Transparenz und mehr Umverteilung, ansonsten werden sich die identitären Spannungen immer weiter verschärfen. Wie alle Ungleichheitsregime ist auch dieses instabil und entwickelt sich ständig weiter.

Die EU wird oft mit dem Ordoliberalismus verbunden, der Lehre, wonach die zentrale Aufgabe des Staates darin besteht, die Bedingungen für eine «freie und unverfälschte» Konkurrenz zu garantieren, oder mit dem Verfassungsliberalismus und den autoritären Neigungen von Friedrich von Hayek. Tatsächlich kommt in der Umgehung der parlamentarischen Demokratie, dem Regieren mit automatischen Regeln und der Festlegung, dass die Staaten in Steuerfragen einstimmig entscheiden müssen (was *de facto* jegliche Gemeinschaftssteuer verhindert) eine offensichtliche Verwandtschaft mit Hayeks ordoliberalem Gedankengut zum Ausdruck. Nach meiner Auffassung ist es dennoch wichtig, die Bedeutung solcher Einflüsse zu relativieren und die intellektuelle und politische Kohärenz der europäischen Konstruktion nicht zu übertreiben, die am Schnittpunkt vielfältiger Einflüsse entstanden ist und keinem vorab gefassten festen Plan folgt. Die institutionelle und politisch-ideologische Struktur der EU ist noch weitgehend unvollendet. In Zukunft kann sie sich in alle möglichen Richtungen entwickeln und wird sich vielleicht in konzentrischen Kreisen oder um mehrere Kerne herum neu ordnen, die in politischer, sozialer und steuerlicher Hinsicht mehr oder weniger stark integriert sind, je nach den Kräfteverhältnissen und je nachdem, welche soziopolitischen und finanziellen Krisen vorausgegangen sind und welche Debatten geführt wurden.

Um zu erkennen, was die heutige EU (und allgemeiner die heutige Welt) von einem systematischen, kohärenten Neoproprietarismus unterscheidet, ist es durchaus hilfreich, sich die Abhandlung anzuschauen, die Hayek zwischen 1973 und 1982 unter dem Titel *Recht, Gesetzgebung und Freiheit* veröffentlicht hat und die zweifellos der deutlichste Ausdruck eines triumphierenden, etablierten Proprietarismus ist.[1] Wir sind Hayek bereits begegnet im Zusammenhang der Diskussionen der Jahre 1938–1940 über das Projekt einer französisch-britischen Union und der Bewegung Federal Union sowie seinem Buch *Der Weg zur Knechtschaft* aus dem Jahr 1944. Darin warnte er vor der Gefahr einer totalitären Entwicklung, die seiner Ansicht nach jedes Projekt in sich barg, das auf der Illusion sozialer Gerechtigkeit gründete und sich von den reinen Prinzipien des Liberalismus entfernte.[2] Er dachte dabei vor allem an die britische Labour Party und die schwedischen Sozialdemokraten der damaligen Zeit, die er im Verdacht hatte, die persönlichen Freiheiten infrage stellen zu wollen. Rückblickend mag das verwunderlich erscheinen, besonders aus dem Mund eines Mannes, der später, in den 1970er und 1980er Jahren (in derselben Zeit, als er auch die Thatcher-Regierung in Großbritannien beriet) aktiv die Diktatur von General Pinochet in Chile unterstützte, die einen extrem wirtschaftsliberalen Kurs verfolgte. Die Lektüre von *Recht, Gesetzgebung und Freiheit* ist aufschlussreich, weil dadurch der Gesamtzusammenhang besser zu verstehen ist. 1931 ging Hayek zunächst nach London, 1950 an die Universität von Chicago (geistige Heimat der Chicago Boys, der jungen Ökonomen, die später Pinochet berieten), 1962 kehrte er nach Europa zurück, wo er an den Universitäten Freiburg im Breisgau (dem historischen Zentrum des Ordoliberalismus) und Salzburg lehrte. 1992 starb er im Alter von 93 Jahren in Freiburg. Seit den 1950er Jahren beschäftigte er sich mit politischer Philosophie und Rechtphilosophie; sie

1 Die drei Bände erschienen erstmals 1973 *(Regeln und Ordnung)*, 1976 *(Die Illusion der sozialen Gerechtigkeit)* und 1979 *(Die Verfassung einer Gesellschaft freier Menschen)*, 1980/1981 wurden sie überarbeitet und neu herausgegeben *(Recht, Gesetzgebung und Freiheit. Eine neue Darstellung der liberalen Prinzipien der Gerechtigkeit und der politischen Ökonomie*, Landsberg am Lech: Verlag Moderne Industrie). Ich zitiere nach dieser neuen Ausgabe.

2 Siehe Kapitel 10, S. 591 und 606–609.

waren die Ansatzpunkte, von denen aus er die bedrohten Werte des wirtschaftlichen Liberalismus verteidigte.

In seiner wuchtigen Abhandlung, die 1973–1982 entstand, bringt Hayek klar die proprietaristische Angst vor jeglicher Form von Umverteilung zum Ausdruck: Wenn man erst einmal die aus der Vergangenheit stammenden Eigentumsrechte infrage stellt und am Rad der progressiven Steuer dreht, wird es kein Ende mehr geben. Als Erster habe der Florentiner Francesco Guicciardini angesichts ähnlicher steuerlicher Vorschläge im Jahr 1538 die Furcht vor der «Büchse der Pandora» und die kategorische Ablehnung der progressiven Besteuerung formuliert. Spitzensteuersätze von über 90 % in den Vereinigten Staaten und in Großbritannien empörten Hayek, und die Aussicht, dass der Kollektivismus den endgültigen Sieg davontragen könnte, erfüllte ihn mit Angst und Schrecken. Bereits in einem früheren Werk aus dem Jahr 1960 hatte er vorgeschlagen, in alle Verfassungen das unantastbare Verbot der progressiven Besteuerung aufzunehmen. Nach seinem Vorschlag durfte der Steuersatz für die höchsten Einkommen keinesfalls den durchschnittlichen Satz bei den Steuereinnahmen des jeweiligen Landes übersteigen, was bedeutete, dass die Steuer regressiv werden konnte (mit einem niedrigeren Satz an der Spitze als für den Rest der Bevölkerung), aber auf keinen Fall progressiv.[1] Hayek war grundsätzlich überzeugt, dass der Liberalismus einen Irrweg beschritten hatte, als er im 18. und 19. Jahrhundert akzeptierte, gewählten parlamentarischen Versammlungen so viel Macht zu übertragen zu Lasten von Rechten (insbesondere Eigentumsrechten), die in der Vergangenheit geduldig aufgebaut worden waren. Er lehnte die konstruktivistische Haltung ab, Rechte und soziale Beziehungen aus dem Nichts neu definieren zu wollen, und verteidigte eine evolutionistische Sicht, die auf der Achtung von Rechten und Beziehungen basierte, die älter waren als die Versammlungen. Vor allem betonte er, das Recht gehe der Gesetzgebung voraus *(law precedes legislation).* Wenn dieses weise Prinzip in Vergessenheit gerate, führe das unweigerlich zur Entstehung eines obersten Gesetzgebers und zu totalitären Verirrungen.[2]

---

1 Siehe F. von Hayek, *Die Verfassung der Freiheit*, Tübingen: Mohr Siebeck 1971, S. 387–408. Hayek präzisiert, dass die Einkommensteuer leicht progressiv sein kann, um eine eventuelle Regressivität der indirekten Steuern zu kompensieren, aber mehr nicht, weil es dann keine Grenzen mehr gäbe.

2 Siehe F. von Hayek, *Recht, Gesetzgebung und Freiheit*, a. a. O., Band 1, S. 117–192.

Im letzten Band von *Recht, Gesetz und Freiheit* treibt er den Gedankengang weiter und schlägt vor, die Prinzipien der parlamentarischen Demokratie auf eine völlig neue Grundlage zu stellen, indem die Macht künftiger politischer Mehrheiten drastisch beschnitten wird. Er entwirft ein großes föderales Gebilde, das auf dem absoluten Respekt des Eigentumsrechts ruht. «Regierende Versammlungen» würden auf lokaler Ebene nach dem allgemeinen Wahlrecht gewählt; von der Wahl ausgeschlossen blieben die Staatsangestellten, die Ruheständler und generell alle Bezieher von öffentlichen Unterstützungsleistungen. Diese Versammlungen hätten nur das Recht, die staatlichen Dienstleistungen auf lokaler Ebene zu verwalten und könnten das Rechtssystem in keiner Weise verändern, das heißt das Eigentumsrecht, das Zivil- und Handelsrecht und das Steuerrecht. Die grundlegende und quasi geheiligte Rechtsordnung müsste durch eine «gesetzgebende Versammlung» beschlossen werden, die auf Bundesebene zuständig wäre und deren Zusammensetzung garantieren würde, nicht zum Spielball der Launen des allgemeinen Wahlrechts zu werden. Hayek zufolge sollten die Mitglieder dieser obersten Versammlung mindestens fünfundvierzig Jahre alt sein und für eine Dauer von fünfzehn Jahren gewählt werden, nachdem sie bereits Fähigkeiten und beruflichen Erfolg bewiesen hätten. Anscheinend zögerte er, ob er explizit für die Wiedereinführung des Zensuswahlrechts plädieren sollte, und entschied sich schließlich für eine seltsame Formulierung, wonach die Wahl durch Klubs berufstätiger Personen «ähnlich den Rotary-Klubs» erfolgen sollte. Im Rahmen solcher Klubs würden sich kluge Männer regelmäßig treffen und könnten dann die Klügsten wählen, sobald sie das 45. Lebensjahr erreicht hätten. Der oberste Gerichtshof sollte aus ehemaligen Angehörigen dieser Versammlung bestehen und die nötigen Befugnisse haben, um in Zuständigkeitskonflikten mit den lokalen regierenden Versammlungen zu entscheiden und um im Fall sozialer Unruhen den Notstand auszurufen.[1] Das Ziel ist ganz klar, die Macht des allgemeinen Wahlrechts und seiner Launen möglichst weitgehend zu reduzieren und vor allem die Jugend mit ihren sozialistischen Flausen zum Schweigen zu bringen, die vor dem Hintergrund der

1 Siehe Hayek, *Recht, Gesetzgebung und Freiheit*, a. a. O., Band 3, S. 151–173. Anzumerken ist, dass die lokalen regierenden Versammlungen die generelle Höhe der Steuern verändern könnten, aber nur durch die Anwendung eines Koeffizienten, der sich proportional zu den Regeln und Steuertabellen verhält, die die gesetzgebende Versammlung verabschiedet hat, das heißt ohne Veränderungen bei den jeweiligen gesellschaftlichen Gruppen.

Ereignisse der 1970er Jahre – in Chile genauso wie in Europa und den Vereinigten Staaten – Hayek ein besonderer Dorn im Auge war.[1]

Der Vorschlag ist interessant, weil er die extreme Zuspitzung des Neoproprietarismus und seiner Widersprüche illustriert. Im Grunde ist ein Zensussystem (das heißt ein System, in dem die politische Macht explizit bei den Eigentümern liegt, die allein die Weisheit und die Fähigkeit haben, vorauszuschauen und verantwortungsbewusst Gesetze zu erlassen) die einzige Ordnung, die mit dem Proprietarismus voll und ganz im Einklang steht. Hayek legt einen gewissen Einfallsreichtum an den Tag, um ohne einen expliziten Bezug auf das Zensuswahlrecht zum gleichen Ergebnis zu kommen, aber im Grunde handelt es sich genau darum. Es wird auch deutlich, was die institutionelle und politisch-ideologische Konstruktion Europas von einem etablierten Neoproprietarismus unterscheidet. Die Institutionen der EU können und müssen grundlegend verändert werden, vor allem damit in Steuerfragen nicht mehr die Einstimmigkeitsregel gilt. Um dahin zu gelangen, muss man jedoch die Vorstellung einer kohärenten und unbesiegbaren ordoliberalen oder neoproprietaristischen Verschwörung überwinden und bereit sein, die gegenwärtige Organisation Europas als einen instabilen, prekären und in der Entwicklung begriffenen Kompromiss zu betrachten. Die Europäische Union ist ständig auf der Suche nach einer parlamentarischen Form, die zu ihrer Geschichte passt. Die Einstimmigkeitsregel in Steuerfragen ist unbefriedigend: Die Staatschefs oder Finanzminister, die in den verschiedenen europäischen Räten zusammenkommen, sind zwar in allgemeiner Wahl gewählt worden, aber dass jeder ein Vetorecht hat, führt zur permanenten Blockade. Doch auch der Übergang zur Entscheidung mit qualifizierter Mehrheit und die Stärkung des Europäischen Parlaments (die traditionell erwogene föderalistische Lösung) beseitigen nicht alle Probleme, ganz und gar nicht. Wir kommen darauf noch zurück.[2]

---

1 In zahlreichen Interviews, die Hayek damals gab, erklärte er, dass er ein autoritäres Regime wie das von Pinochet, das die Regeln des Wirtschaftsliberalismus und das Eigentumsrecht respektiere, einem sogenannten sozialdemokratischen System vorziehe, das diese Regeln missachte. Siehe zum Beispiel das Interview mit *El Mercurio* im April 1981: «Ich persönlich würde einen liberalen Diktator gegenüber einer demokratischen Regierung, der es an Liberalismus mangelt, vorziehen.» Siehe G. Chamayou, *La Société ingouvernable. Une généalogie du libéralisme autoritaire*, Paris: La Fabrique Éditions 2018, S. 219–220. Hayek-Zitat aus der ZEIT: https://www.zeit.de/2014/38/neoliberalismus-august-von-hayek-kapitalismus/seite-3.

2 Siehe Kapitel 16, S. 1102–1105.

Die Erfindung der Meritokratie und des Neoproprietarismus

Die neoproprietaristische Ideologie, die sich Ende des 20. Jahrhunderts entwickelt hat, ist komplexer als eine einfache Rückkehr zum Proprietarismus, wie er Ende des 19. und zu Beginn des 20. Jahrhunderts existierte. Vor allem ist sie mit einer verschärften meritokratischen Ideologie verbunden. Der meritokratische Diskurs zielt im Grundsatz darauf ab, die Gewinner in den Himmel zu heben und die Verlierer des ökonomischen Systems zu stigmatisieren, weil es ihnen angeblich an Verdienst, Fleiß und sonstigen Tugenden fehlt. Es handelt sich natürlich um eine alte Ideologie, die alle Eliten, überall auf der Welt, in der einen oder anderen Form benutzt haben, um ihre Position zu rechtfertigen. Im Lauf der Geschichte hat die Stigmatisierung der Ärmsten jedoch immer mehr um sich gegriffen, und heute ist sie ein wesentlicher Zug des bestehenden Ungleichheitsregimes.

Für Giacomo Todeschini lässt sich das Bild des «Armen, der wenig Verdienste hat» bis ins Mittelalter zurückverfolgen, vielleicht allgemeiner bis in die Spätphase von Sklaverei, Zwangsarbeit und Verhältnissen, bei denen die reichen Klassen die armen schlicht und einfach besitzen. Sobald der Arme zum Subjekt wird und nicht nur Objekt ist, muss man ihn mit anderen Mitteln in Besitz nehmen, vor allem durch die Kontrolle des Diskurses und die Aufrechnung von Verdiensten.[1] Die neue Sicht der Ungleichheit, die sich damals verbreitete, war Todeschini zufolge mit der Erfindung neuer Formen von Eigentum und Stellung verbunden, die durch die christliche Lehre abgesegnet wurden.[2] Anders ausgedrückt: Diese beiden Aspekte der «Moderne» ergänzten sich. Sobald für Wirtschaft und Eigentum Gerechtigkeitsprinzipien gelten, sind die Armen in gewisser Weise selbst für ihr Schicksal verantwortlich, und das muss man ihnen begreiflich machen.

Solange die proprietaristische Ordnung erst auf dem trifunktionalen System und dann auf dem Zensussystem ruhte, spielte der meritokratische Diskurs nur eine eingeschränkte Rolle. Mit dem Eintritt ins In-

1 Siehe G. Todeschini «Servitude et travail à la fin du Moyen Âge: la dévalorisation des ‹salariés› et les pauvres peu méritants», *Annales. Histoire Science sociales* 2015. Siehe außerdem ders., *Au pays des sans-noms. Gens de mauvaise vie, personnes suspectes ou ordinaires du Moyen Âge à l'époque moderne*, Lagrasse: Éditions Verdier 2015.

2 Siehe Kapitel 2, S. 132–137.

dustriezeitalter und den neuen Bedrohungen, die der Klassenkampf und das allgemeine Wahlrecht für die Eliten bedeuteten, wurde die Notwendigkeit drängender, gesellschaftliche Unterschiede mit dem Verweis auf individuelle Fähigkeiten zu rechtfertigen. Charles Dunoyer, liberaler Ökonom und Präfekt während der Julimonarchie, schrieb 1845 in seinem Buch *Von der Freiheit der Arbeit* (in dem er sich vehement gegen jegliche Sozialgesetzgebung aussprach, die er als lästigen Zwang empfand): «Der Effekt des industriellen Regimes besteht darin, die künstlichen Ungleichheiten zu zerstören, jedoch nur, um die natürlichen Ungleichheiten desto stärker hervortreten zu lassen.» Für Dunoyer umfassten die natürlichen Ungleichheiten unterschiedliche körperliche, intellektuelle und moralische Fähigkeiten, und sie bildeten den Mittelpunkt der neuen Ökonomie der Innovationen, die er überall um sich herum erblickte und deretwegen er jede Form der staatlichen Intervention ablehnte: «Überlegenheit ist die Quelle alles Großen und Nützlichen. Wenn man alles gleich macht, gibt es am Ende nur Tatenlosigkeit.»[1]

Aber entscheidende Bedeutung erlangt die meritokratische Ideologie mit dem Eintritt ins Zeitalter der akademischen Bildung. 1872 gründete Émile Boutmy die École libre des sciences politiques (Science Po), die Hochschule für Politische Wissenschaften, mit dem klaren Auftrag: «Gezwungen, sich dem Recht der Mehrheit zu beugen, können die Klassen, die sich selbst als die gehobenen bezeichnen, ihre politische Vorrangstellung weiterhin nur behaupten, wenn sie sich auf das Recht des Fähigeren berufen. Hinter der einstürzenden Schutzmauer ihrer Vorrechte und der Tradition muss die Demokratie auf einen zweiten Verteidigungswall stoßen, bestehend aus augenfälligen und nützlichen Verdiensten, aus Überlegenheit, die Respekt gebietet, aus Fähigkeiten, deren man sich vernünftigerweise nicht berauben kann.»[2] Diese unfassbare Aussage verdient es ernst genommen zu werden: Sie bedeutet, dass die gehobenen Klassen aus Überlebenstrieb den Müßiggang aufgeben und die Meritokratie erfinden, weil andernfalls die Gefahr besteht, dass das allgemeine Wahlrecht sie entrechtet. Zweifellos muss man sie im

---

1 Siehe C. Dunoyer, *De la liberté du travail, ou simple exposé des conditions dans lesquelles les forces humaines s'expriment avec le plus de puissance*, Paris: Guillaumin 1845, S. 382–383.

2 Siehe É. Boutmy, *Quelques idées sur la création d'une faculté libre d'enseignement supérieur*, 1871. Siehe außerdem P. Favre, «Les sciences d'Etat entre déterminisme et libéralisme. Émile Boutmy (1835–1906) et la création de l'Ecole libre des sciences politiques», *Revue française de sociologie* 2, 3 (1981) S. 429–465.

geschichtlichen Kontext verstehen: Nicht lange zuvor war die Pariser Kommune niedergeschlagen worden, und seit kurzem galt wieder das allgemeine Wahlrecht für Männer. Doch eine zentrale Wahrheit bringt sie zum Ausdruck: Den Ungleichheiten Sinn zu verleihen und die Position der Gewinner zu rechtfertigen ist eine überlebenswichtige Frage. Die Ungleichheit ist in erster Linie ideologischer Natur. Der heutige Neoproprietarismus versteht sich gerade deshalb als meritokratisch, weil er nicht mehr explizit ein Zensussystem vertreten kann, anders als der klassische Proprietarismus zu Beginn des 19. Jahrhunderts.

In ihrem Buch *Die Erben* analysierten Pierre Bourdieu und Jean-Claude Passeron 1964 die Mechanismen zur Legitimierung der gesellschaftlichen Ordnung im damaligen akademischen Bildungswesen. Hinter der Fassade von «Verdienst» und «Begabungen» wirkten die gesellschaftlichen Privilegien fort, denn die sozial benachteiligten Gruppen kannten die Codes nicht und besaßen die Schlüssel nicht, mit denen sich Anerkennung erwerben ließ. Die Studierendenzahlen waren explodiert, und das Diplom als Ausweis spielte eine immer größere Rolle bei der Strukturierung der sozialen Ungleichheiten. Aber die unteren Schichten blieben davon fast vollkommen ausgeschlossen: Weniger als 1 % der Söhne von Landarbeitern studierte, hingegen 70 % der Söhne von Unternehmern und 80 % der Söhne von Freiberuflern. Ein System, das Bevölkerungsgruppen explizit trennte wie das, was im selben Jahr 1964 in den USA unterging, konnte bei der Konservierung der Privilegien nicht erfolgreicher sein, nur war die kulturelle und symbolische Vorherrschaft heimtückischer, insofern sie sich als Ergebnis eines freien Prozesses darstellte, bei dem jeder theoretisch die gleichen Chancen hatte. Deshalb ziehen Bourdieu und Passeron den Vergleich zu den Mechanismen, mit denen sich die Kaste der Zauberer bei den Omaha-Indianern reproduzierte, die die Anthropologin Margaret Mead erforscht hatte: Bei ihnen konnten im Prinzip junge Männer unterschiedlichster Herkunft ihr Glück versuchen. Sie «konnten in die Wildnis gehen, fasten, zurückkehren und den alten Männern von ihren Visionen erzählen, nur um davon in Kenntnis gesetzt zu werden, dass – falls sie nicht Mitglieder der Elitefamilien waren – ihre Vision nicht authentisch sei».[1]

Die Ungleichheit des Bildungswesens und die meritokratische Heuchelei haben seit den 1960er Jahren an Bedeutung gewonnen. Hoch-

1 M. Mead, *Continuities in Cultural Evolution*, zitiert in: P. Bourdieu, J.-C. Passeron, *Die Erben. Studenten, Bildung und Kultur*, Konstanz: UVK 2007, S. 10.

schulen haben viel mehr Zulauf, aber sie sind immer noch sehr hierarchisch und inegalitär, und niemand hat je ernsthaft gefragt, welche Ressourcen wirklich den einen und den anderen zukommen, genauso wenig, wie eine Reform der pädagogischen Methoden aussehen müsste, damit ein wirklich gleicher Zugang zu Bildung möglich würde. In den Vereinigten Staaten, in Frankreich und in den meisten anderen Ländern stützen sich die lobenden Worte für das jeweilige Leistungsmodell selten auf eine gründliche Untersuchung der Fakten. Meistens geht es darum, bestehende Ungleichheiten zu rechtfertigen, ohne die bisweilen eklatanten Misserfolge des jeweiligen Systems zur Kenntnis zu nehmen und die traurige Realität, dass die unteren und mittleren Schichten keinen Zugang zu den Ressourcen und den Karrierewegen der oberen Schichten haben.[1] Im nächsten Teil des Buches werden wir sehen, dass die Ungleichheit des Bildungssystems wesentlichen Anteil daran hat, dass in den letzten Jahrzehnten die «sozialdemokratische» Wählerkoalition zerbrochen ist. Die verschiedenen sozialistischen, sozialdemokratischen und Arbeiterparteien verbreiteten immer mehr den Eindruck, die Gewinner des sozialen und Bildungswettbewerbs zu begünstigen, und haben den Rückhalt verloren, den sie nach dem Krieg bei den Schichten mit den niedrigen Bildungsabschlüssen besaßen.[2]

Interessanterweise hat der britische Soziologe Michael Young bereits 1958 vor einer entsprechenden Entwicklung gewarnt. 1945 wirkte er maßgeblich an der Formulierung des Programms der Labour Party für die Parlamentswahl mit. In den 1950er Jahren entfernte er sich von Labour, weil er der Meinung war, die Partei erneuere ihr Programm zu wenig, insbesondere bei Bildungsfragen. Young machte sich vor allem Sorgen wegen der extremen Stratifikation der sekundären Bildung in Großbritannien. Er veröffentlichte eine erstaunlich hellsichtige Schrift mit dem Titel *The Rise of the Meritocracy 1870–2033. An essay on education and equality.*[3] Darin schilderte er eine britische und weltweite Gesellschaft, die immer stärker nach den kognitiven Fähigkeiten stratifiziert ist, die in der Praxis sehr eng mit der sozialen Herkunft zusammenhängen (wenn auch nicht systematisch). Die Tories sind die Partei derjenigen mit den höchsten Bildungsabschlüssen und haben es ge-

1 Siehe Einleitung, Grafik 0.8, und Kapitel 11. Siehe auch Kapitel 17, Grafik 17.1.

2 Siehe Kapitel 14–16.

3 Nach allgemeiner Einschätzung wurde in dieser zugleich amüsanten und tiefgründigen Fabel der Begriff «Meritokratie» erstmals verwendet.

schafft, auf der Grundlage der neuen Herrschaft der Intellektuellen dem Oberhaus die politische Macht zurückzugeben. Die Labour Party ist zur Partei der «Techniker» geworden, ihr stehen die «Populisten» gegenüber. Letztere umfassen die einfachen Schichten, die wütend über ihre sozio-ökonomische Ausgrenzung sind in einer Welt, in der die Wissenschaft behauptet, nur ein Drittel der Bevölkerung sei überhaupt für eine Beschäftigung geeignet. Die Populisten fordern vergebens Gleichheit in der Bildung und ein einheitliches Bildungssystem mit *comprehensive schools*, das endlich allen jungen Briten die gleiche Bildung und die gleichen Ressourcen zur Verfügung stellen würde. Aber sie stoßen auf den vereinten Widerstand der Tories und der Techniker, die seit langem jegliche egalitären Ambitionen aufgegeben haben. 2033 kommt es in Großbritannien schließlich zu einer populistischen Revolution. An dieser Stelle bricht die Erzählung ab, denn der Soziologe und Reporter, der uns diesen Bericht übermittelt hat, verliert bei den gewaltsamen Auseinandersetzungen sein Leben. Young selbst starb 2002 und hat nicht mehr erlebt, dass seine Erzählung zumindest in einem Punkt von der Realität überholt wurde: In den 2000er und 2010er Jahren wurde Labour zur Partei der Hochschulabsolventen, noch vor den Tories.[1]

Von der philanthropischen Illusion zur Vergötterung der Milliardäre

Schließen wir mit der Feststellung, dass die meritokratische Ideologie, so wie sie heute existiert, mit einer Glorifizierung von Unternehmern und Milliardären einhergeht. Diese Ideologie wirkt bisweilen grenzenlos. Manche Menschen scheinen zu glauben, Bill Gates, Jeff Bezos und Mark Zuckerberg hätten allein die Computer, die Bücher und die Freunde erfunden. Man hat den Eindruck, als könnten sie gar nicht reich genug sein und als könnten die einfachen Menschen auf dem Planeten ihnen nie genug für ihre Wohltaten danken. Zu ihrer Verteidigung versucht man sogar, Mauern zwischen den bösen russischen Oligarchen und den freundlichen kalifornischen Unternehmern zu errichten, indem man vorgibt, alles zu vergessen, was sie verbindet: quasi monopolis-

1 Siehe Kapitel 15. Ironischerweise wurde Young 1978 von der Labour-Regierung ins Oberhaus berufen und saß dort bis 2002 (in dieser Zeit machte er keinen Hehl daraus, dass er den Kurs von Tony Blair ablehnte).

tische Konstellationen, von denen sie profitieren; Rechts- und Steuersysteme, die die größten Akteure begünstigen; die private Aneignung öffentlicher Ressourcen und so weiter.

Die Milliardäre sind in der zeitgenössischen Vorstellungswelt so präsent, dass sie auch in Romane und Fiktion Einzug gehalten haben, glücklicherweise mit mehr Ironie und Distanz als in den Magazinen. Carlos Fuentes zeichnet in dem 2008 erschienen Roman *La voluntad y la fortuna* (Der Wille und das Glück) ein eindringliches Bild des mexikanischen Kapitalismus und der Gewalt in seinem Land. Wir begegnen darin vielen farbigen Persönlichkeiten, darunter einem Präsidenten, der von Coca-Cola-Werbung durchdrungen und letztlich nur der klägliche Pächter der politischen Macht ist. Ihr gegenüber steht die ewige Macht des Kapitals, verkörpert von einem allmächtigen Milliardär, der stark an den Telekommunikationsgiganten Carlos Slim erinnert, reichster Mann Mexikos und von 2010 bis 2013 reichster Mann der Erde (vor Bill Gates). Junge Leute schwanken zwischen Resignation, Sex und Revolution. Sie werden schließlich von einer ehrgeizigen Schönen ermordet, die an ihr Erbe gelangen will und nicht die Hilfe eines Vautrin braucht, um ihre Tat zu begehen – der klare Beweis, dass die Gewalt seit 1820 zugenommen hat. Die Weitergabe des Vermögens, das Objekt der Begierde all jener Personen außerhalb des privilegierten Familienkreises ist und zugleich die Persönlichkeiten derjenigen zerstört, die dazugehören, steht im Mittelpunkt der Meditation des Schriftstellers. Wir sehen außerdem den verheerenden Einfluss der Gringos, jener Amerikaner, die «30 Prozent des Staatsgebiets von Mexiko» und seines Kapitals besitzen und die Ungleichheit noch ein bisschen unerträglicher machen.

In dem 2016 erschienenen Roman *L'empire du ciel* (Das Himmelreich) von Tancrède Voituriez hat ein chinesischer Milliardär eine geniale Ideen, um das Klima zu verändern. Es genügt, einige tausend Meter vom Himalaya abzutragen, damit der indische Monsun China erreicht und die üble Smogglocke über Peking auflöst. Ob Kommunisten oder nicht, die Milliardäre glauben, sie könnten sich alles erlauben, begeistern sich für technische Eingriffe in das Klima und verachten nichts so sehr wie einfache und lästige Lösungen (Steuern zahlen, vernünftig leben).[1] In *Alles Geld der Welt* bringt der Regisseur Ridley Scott

---

1 Es sei noch angemerkt, dass sich zur Zeit von *Transperceneige*, dem wunderbaren Comic von J. Lob und J. M. Rochette aus dem Jahr 1984, der 2013 von Bong Joon-ho für das Kino adaptiert wurde *(Snowpiercer)*, die Klimakatastrophen gewissermaßen durch den Klassen-

J. Paul Getty auf die Leinwand, 1973 der reichste Privatmann der Welt, der aus Geiz in Kauf nimmt, dass die italienische Mafia seinem Enkel ein Ohr abschneidet, weil er hofft, um eine Lösegeldzahlung herumzukommen, die ihm zu hoch erscheint (Steuerabzugsfähigkeit inbegriffen). In dem Film ist der Milliardär zutiefst schäbig und unsympathisch, so sehr, dass es den Zuschauern in den 2010er Jahren, die eher daran gewöhnt waren, in Magazinen und politischen Reden das Loblied auf das verdiente Vermögen zu hören und liebenswürdige, anständige Unternehmer zu sehen, fast ein wenig unangenehm war.

Mehrere Faktoren erklären die Kraft der gegenwärtigen Ideologie. Wie immer ist da zunächst einmal die Angst vor der Leere. Wenn man den Gedanken zulässt, Bill, Jeff und Mark könnten damit zufrieden sein, jeweils nur 1 Milliarde Dollar zu besitzen (statt zusammen 300 Milliarden), und hätten trotzdem ihr Leben genauso geführt, wenn sie das im Voraus gewusst hätten (wofür sehr viel spricht), dann taucht die Befürchtung auf, dass es auf einmal keine Grenzen mehr geben könnte. Vor dem Hintergrund unserer historischen Erfahrungen können wir die Vorgänge jedoch einordnen und methodisch experimentieren. Trotzdem: Manche werden immer überzeugt sein, dass es zu gefährlich ist, die Büchse der Pandora zu öffnen. Außerdem wirkt das Ende des Kommunismus nach. Die russischen oder tschechischen Oligarchen, die in Sportclubs und Medienunternehmen investieren, sind freilich nicht immer Lichtgestalten, aber irgendwie musste man nun einmal das Sowjetsystem überwinden. Doch langsam setzt sich der Eindruck durch, dass der Zugriff der Milliardäre ein Ausmaß angenommen hat, das für die demokratischen Institutionen gefährlich ist, die im Übrigen durch den Zuwachs der Ungleichheit und den Vormarsch des «Populismus» gefährdet sind (ohne dass man auf Unruhen warten muss, wie sie Young für 2033 in Aussicht gestellt hat).

Den zweiten wichtigen Faktor bei der Legitimierung der Milliardäre könnte man als philanthropische Illusion bezeichnen. Anders ausge-

---

kampf regelten: Das Proletariat im hinteren Teil des Zuges muss die Privilegierten im vorderen Teil loswerden, um die Menschheit zu retten. In Margaret Atwoods Roman *Der Report der Magd*, der 1985 erschien (dt: Düsseldorf: Claassen 1987, Taschenbuchausgabe: München und Berlin: Piper 2017) und 2017 als Fernsehserie umgesetzt wurde, wollen die Vereinigten Staaten die Gesellschaft als theokratische Diktatur neu organisieren, nachdem Umweltverschmutzung und Müll dazu geführt haben, dass viele Menschen unfruchtbar geworden sind. Die Mexikaner und Kanadier, die schon lange wussten, dass ihre Nachbarn frömmlerisch und manchmal unterdrückerisch sein konnten, rechneten nicht damit, dass sie so weit gehen würden.

drückt: Seit den 1980er Jahren ist der Staat in einem Maß gewachsen und haben die Pflichtabgaben eine Höhe erreicht wie nie zuvor. Da ist der Gedanke, dass Philanthropie (das heißt die private, uneigennützige Finanzierung des Gemeinwohls) eine zunehmend wichtige Rolle spielen sollte, naheliegend. Tatsächlich ist es legitim, von einer derart weitreichenden öffentlichen Hand größtmögliche Transparenz des Systems der Abgaben und Ausgaben zu fordern (was nicht immer gewährleistet ist). Auf zahlreichen Gebieten wie Kultur, Medien und Forschung kann es überdies sinnvoll sein, vielfältige Finanzierungsquellen in Anspruch zu nehmen, öffentliche wie private, im Rahmen von dezentralisierten und partizipativen Vereinsstrukturen. Das Problem ist, dass der philanthropische Diskurs manchmal einer besonders gefährlichen staatsfeindlichen Ideologie dient. Das betrifft vor allem die armen Länder, wo die Umgehung des Staates durch Philanthropie (und manchmal auch durch die Entwicklungshilfe der reichen Länder) zu seiner Verelendung beiträgt. Die Staaten der armen Länder sind alles andere als allmächtig: Die meisten verfügen nur über sehr begrenzte Steuereinnahmen, auf jeden Fall viel geringere, als den reichen Ländern im Lauf ihrer Entwicklung zur Verfügung standen.[1] Aus der Sicht eines Milliardärs und manchmal auch aus der eines nicht so reichen Spenders ist es sicher angenehm, die Prioritäten im Gesundheits- oder Bildungswesen eines Landes bestimmen zu können. Doch die Geschichte der reichen Länder spricht nicht dafür, dass das der beste Weg ist.

Der zweite Aspekt der philanthropischen Illusion ist, dass Partizipation und Demokratie dabei zu kurz kommen. In der Praxis spenden sehr wenige sehr Reiche, die oft noch von erheblichen Steuervorteilen profitieren. *De facto* führt das dazu, dass die unteren und mittleren Schichten mit ihren Steuern die Vorlieben der Reichsten subventionieren, was einer neuen Form der Konfiszierung des Gemeinwohls gleichkommt und auf ein neues Zensussystem hinausläuft.[2] Ein Modell, das auf der gleichberechtigten Beteiligung der Bürger und der gesellschaftlichen, kollektiven Definition des Gemeinwohls basiert, ähnlich dem egalitären Modell für die Finanzierung politischer Parteien, von dem bereits die Rede war, könnte höchst nützlich sein und zur Überwin-

1 Siehe Grafik 13.12 und Kapitel 10, Grafik 10.14.

2 Siehe R. Reich, *Just Giving. Why Philanthropy Is Failing Democracy and How It Can Do Better*, Princeton: Princeton University Press 2018.

dung der parlamentarischen Demokratie beitragen.[1] Ein solches Modell gehört neben Bildungsgerechtigkeit und einer breiten Streuung des Eigentums zu den Elementen eines partizipativen Sozialismus, den ich im letzten Kapitel des Buchs vorstellen werde.

1 Siehe J. Cagé, *Le Prix de la démocratie*, a. a. O., und Kapitel 12, S. 786–789.

VIERTER TEIL

EIN NEUER BLICK AUF DEN POLITISCHEN KONFLIKT

14.
GRENZE UND EIGENTUM: DIE KONSTRUKTION DER GLEICHHEIT

In den ersten drei Teilen dieses Buches haben wir die Transformation der Ungleichheitsregime von trifunktionalen und sklavenhalterischen zu hyperkapitalistischen und postkommunistischen Gesellschaften untersucht. Dabei haben wir auch proprietaristische, koloniale, sozialdemokratische und kommunistische Gesellschaften berücksichtigt. Ich habe die politisch-ideologischen Dimensionen dieser Entwicklungen betont. Jedes Ungleichheitsregime beruht auf einer Theorie von Gerechtigkeit. Ungleichheiten müssen begründet werden, sie müssen sich auf die Vision einer kohärenten, plausiblen Gesellschaftsordnung und einer idealen Politik stützen. Alle Gesellschaften müssen Konzepte und Praktiken für den Umgang mit den Grenzen der Gemeinschaft, den Eigentumsverhältnissen, dem Zugang zu Bildung und der Verteilung von Steuern entwickeln. In der Vergangenheit hatten die meisten dieser Konzepte und Praktiken ihre Schwächen und wurden durch andere ersetzt. Es wäre falsch, wenn wir die gegenwärtigen Ideologien, die sich auf die Sakralisierung eines undurchschaubaren Finanzwesens und eines verdienstvoll erworbenen Vermögens gründen, für weniger verrückt oder für dauerhafter hielten.

Auch im Zeitalter der Wahldemokratie und des allgemeinen Wahlrechts kommen politisch-ideologische Auseinandersetzungen über soziale Gerechtigkeit in Demonstrationen und Revolutionen, in Schriften und Büchern zum Ausdruck. Sie äußern sich aber auch an der Wahlurne, wo politische Parteien und Bündnisse Stimmen erhalten, die der individuellen Weltanschauung und sozioökonomischen Stellung der

Wählerschaft entsprechen. Die Entscheidung, nicht zu wählen, ist für sich genommen auch aussagekräftig. In jedem Fall hinterlassen Wahlen Spuren von politischen Haltungen und deren Entwicklung. Wenngleich diese Spuren unvollkommen und schwer zu deuten sind, bieten sie doch eine reichere und systematischere Grundlage, als man sie in Gesellschaften ohne Wahlen antrifft.

Diese Spuren werden wir im vierten Teil untersuchen. Insbesondere werden wir analysieren, wie radikal sich die «Klassenstruktur» der politischen Konfliktlinien vom sozialdemokratischen Zeitalter der Jahre 1950–1980 bis zur Epoche der hyperkapitalistischen und postkolonialen Globalisierung der Jahre 1990–2020 gewandelt hat. Im ersteren Zeitraum erkannte sich die Unterschicht in den verschiedenen sozialistischen, kommunistischen, demokratischen, sozialdemokratischen und Arbeiterparteien wieder, aus denen die Linke damals bestand. Im zweiteren ist dies nicht mehr der Fall. Die entsprechenden Parteien und politischen Bewegungen vertreten nunmehr die Interessen der Akademiker und scheinen sich geradewegs zu Parteien der Einkommensstärksten und Vermögendsten zu entwickeln.[1] Diese Entwicklung verdeutlicht das Scheitern der Sozialdemokratie, ihre aus der Nachkriegszeit stammende programmatische Ausrichtung in Fragen der Steuer-, Bildungs- und internationalen Politik zu aktualisieren. Sie zeigt darüber hinaus, dass ein egalitäres Bündnis aus einem komplexen politisch-ideologischen Gebilde hervorgehen muss. Angefangen bei Auseinandersetzungen über Grenze und Eigentum ist die Wählerschaft immer von mehreren sozialen und ideologischen Bruchlinien durchzogen. Nur spezifische soziohistorische und politisch-ideologische Prozesse können dazu führen, dass solche Gräben überbrückt werden und die ganze Unterschicht ein gemeinsames Bündnis von Personen mit verschiedenen Hintergründen bildet (an dem etwa Städter und Dörfler, Angestellte und Nichtangestellte, Inländer und Ausländer beteiligt sind).

Dieses Kapitel befasst sich zunächst mit Frankreich. In den folgenden Kapiteln wird die Analyse auf die Vereinigten Staaten und Großbritannien erweitert, um schließlich auf die anderen westlichen und osteuropäischen Wahldemokratien sowie auf mehrere nicht-westliche Wahldemokratien wie Indien und Brasilien zurückzukommen. Der länderübergreifende Vergleich der verschiedenen Entwicklungen wird

1 Wie schon in der Einleitung dargestellt, Grafik 0.9.

die Gründe für diese Veränderungen und ihre in der Zukunft möglichen Dynamiken verständlich machen. Wir wollen herausfinden, unter welchen Bedingungen man den gefürchteten Fallstricken des Sozialnativismus entgehen kann, die zu Beginn des 21. Jahrhunderts infolge der postkommunistischen Desillusionierung, einer unzulänglichen Reflexion der Globalisierung und der Probleme im Erfassen postkolonialer Diversität drohen. Uns interessiert insbesondere, inwiefern sich ein Sozialföderalismus und ein partizipativer Sozialismus abzeichnen, welche dieser neuen Bedrohung durch nationale Identitätsfestschreibungen entgegenwirken könnten.

Dekonstruktion der Linken und der Rechten: die Dimensionen des soziopolitischen Konflikts

Aus vielen Gründen lassen sich politische Lager nie auf allein eine Dimension reduzieren, etwa auf den Gegensatz zwischen «Arm» und «Reich». Die politische Auseinandersetzung ist vor allem eine ideologische, sie beruht nicht auf Klassengegensätzen. In ihr stehen sich unterschiedliche Weltanschauungen, Vorstellungen von der gerechten Gesellschaft und Prozesse kollektiver Mobilisierung gegenüber, die sich nicht auf individuelle sozioökonomische Eigenschaften oder auf die soziale Klasse reduzieren lassen. Für gegebene individuelle Eigenschaften wird es abhängig von den jeweils subjektiven familiären und persönlichen Lebenswegen, Begegnungen, Gesprächen, Lektüren, Überlegungen und Entwicklungen immer eine Vielzahl an möglichen Meinungen geben. Die Frage nach der idealen Gesellschaftsordnung ist zu ungenau, als dass ein deterministischer Zusammenhang zwischen der «Klassenzugehörigkeit» und den politischen Überzeugungen bestehen könnte. Natürlich sollen damit nicht alle Standpunkte relativiert werden. Ganz im Gegenteil bin ich überzeugt davon, dass wir im Vergleich historischer Erfahrungen Lehren aus der Geschichte ziehen können, sodass sich die ideale Eigentumsordnung beziehungsweise das ideale Steuer- oder Bildungswesen abzeichnet. Bloß sind diese Fragen so komplex, dass wirkliche, dauerhafte Fortschritte nur durch eine große gemeinsame Diskussion zu erhoffen wären. Dabei müsste man sich auf die vielfältigen individuellen Erfahrungen und Vorstellungen von sozialer Gerechtigkeit stützen, die sich nie nur auf die Klassenzugehörigkeit reduzieren lassen. Wie kollektive Organisationen (Parteien, politische Bewegungen, Gewerkschaften, Vereine) diese Vorstellungen von und Bestrebungen nach Gleichheit und Emanzipation in Programmatiken umsetzen, ist für die Bestimmung der verschiedenen Formen individueller Zugehörigkeit und politischen Engagements entscheidend.

Weiter muss die «soziale Klasse» selbst als multidimensional verstanden werden. Hier überlagern sich Beruf, Branche, Erwerbsstatus, Gehalt oder andere Formen von Arbeitseinkommen, Qualifikationen, professionelle Identität, Leitungs- oder Führungsposition sowie Möglichkeiten der Mitbestimmung bei der Organisation der Produktion. Darunter fallen auch Bildungsniveau und Bildungsabschluss. Zum Teil bedingen diese den Zugang zu Berufen sowie die Formen politischer Beteiligung und sozialer Interaktion. Im Zusammenhang mit dem familiären und persönlichen Netzwerk tragen sie zur Bestimmung des kulturellen und symbolischen Kapitals eines Individuums bei. Darüber hinaus wird die soziale Klasse stark vom Eigentum bestimmt. Immobilien-, Gewerbe- oder Finanzvermögen sind heute wie früher zwangsläufig nicht folgenlos. Manch einer muss etwa sein Leben lang einen bedeutenden Teil seines Gehalts in Form von Miete entrichten, während ein anderer Mietzahlungen erhält. Abgesehen vom Einfluss auf die Kaufkraft, welche es ermöglicht, von anderen hergestellte Güter und Dienstleistungen zu erwerben, also über die Zeit anderer Menschen zu verfügen – ein nicht zu vernachlässigender Punkt –, ist das Eigentum auch allgemein ein bestimmender Faktor sozialer Macht. Ob man ein Unternehmen gründen und andere Personen in sehr hierarchischen und asymmetrischen Beziehungen in den Dienst des eigenen Vorhabens stellen kann, hängt vom Eigentum ab. Mit Vermögen kann man auch die Projekte anderer unterstützen und zuweilen einen besonderen Einfluss auf das politische Leben ausüben, insbesondere über die Finanzierung von Parteien oder Nachrichtenmedien.

Abgesehen von Beruf, Bildung und Eigentum kann die soziale Klasse, mit der man sich identifiziert, auch durch Alter, Geschlecht, nationale oder ethnische (bzw. als solche wahrgenommene) Herkunft sowie religiöse oder philosophische Ausrichtung, Ernährungsgewohnheiten und sexuelle Orientierung bestimmt werden. Die Klassenzugehörigkeit ist auch durch das Einkommensniveau gekennzeichnet, ein besonders komplexes Merkmal, weil es von allen anderen Dimensionen abhängt. Einkommen umfasst Arbeitseinkommen (Gehälter und andere Einkünfte aus Berufstätigkeiten) und Kapitalerträge (Mieten, Zinsen, Dividenden, Wertzuwachs, Profite etc.). Es hängt also von Beruf, Bildungsniveau und Vermögen ab, zumal dieses mitbestimmt, zu welchen beruflichen Tätigkeiten und entsprechenden Arbeitseinkommen man entweder durch die Finanzierung einer Ausbildung oder die Investition in ein Gewerbe Zugang erhält.

Diese Multidimensionalität der sozialen Zugehörigkeiten ist, wie wir sehen werden, für das Verständnis der politischen Lager in den Wählerstrukturen und deren Entwicklung entscheidend (siehe Grafiken 14.1–14.2). Wenn wir zunächst die Stimmenverteilung im sozialdemokratischen Zeitalter betrachten, also ungefähr in der Zeit zwischen 1950 und 1980, stellen wir fest, dass die verschiedenen sozialen Gruppen in allen westlichen Ländern jeweils auch politisch vertreten wurden. Anders gesagt wählten Personen mit niedrigerer Stellung im sozialen Gefüge eher sozialistische, kommunistische, demokratische und (im weitesten Sinne) sozialdemokratische Parteien und Bewegungen. Dabei spielte es keine Rolle, welche Dimension (Bildungsabschluss, Einkommen und Vermögen) betrachtet wird. Ein schlechterer Stand in mehreren Dimensionen hatte dabei kumulative Auswirkungen auf das Wahlverhalten. Dies traf nicht nur für ausdrücklich sozialdemokratische Parteien wie die deutsche SPD oder die schwedische SAP zu, sondern auch für die Labour Party in Großbritannien, die Demokratische Partei in den Vereinigten Staaten oder die verschiedensten linken Parteien (Sozialisten, Kommunisten, Grüne) in Ländern wie Frankreich, wo sich diese Bewegungen aus historischen Gründen auf mehrere Parteienstrukturen verteilten.[1] Umgekehrt waren die Stimmanteile für die Republikaner in den Vereinigten Staaten, die Conservative Party in Großbritannien oder die verschiedenen rechten und gemäßigt rechten Parteien in anderen Ländern bei Menschen mit höherem Bildungsniveau sowie bei höheren Einkünften und Vermögen größer. Es kam zu kumulierenden Effekten bei Wählern mit einer höheren Stellung in mehreren Dimensionen.

Zwischen 1950 und 1980 war die politische Auseinandersetzung nach Klassen strukturiert. Die untersten sozialen Schichten standen den obersten Klassen gegenüber, unabhängig von der für die Festlegung der

---

1 Der Begriff «links» bezieht sich hier auf Parteien, die diesen Begriff auf sich selbst verwenden, nicht als eine ewige und unveränderliche Wesensbeschreibung. Darauf werde ich später noch zurückkommen.

Klasse betrachteten Dimension. Im Gegensatz dazu gleicht die politische Auseinandersetzung im Zeitraum 1990 bis 2020 einem System von mehreren Eliten, insofern sich eines der politischen Bündnisse auf das höchste Bildungsniveau stützt und das andere auf die höchsten Einkommen und Vermögen (dies wird jedoch immer weniger deutlich, weil letztere Eliten zum ersteren Bündnis übergehen). Im Zeitalter der Klassengegensätze können wir zudem länderübergreifend feststellen, dass manche Dimensionen sozialer Stratifikation die politischen Spaltungen deutlich stärker beeinflussen als andere. Die Dimension des Eigentums spaltet am meisten. Wer nichts besitzt, stimmt massiv für sozialdemokratische (oder äquivalente) Parteien, und umgekehrt wählt, wer viel besitzt, diese Parteien sehr selten. Der Effekt des Bildungsniveaus gleicht zwischen 1950 und 1980 in der Tendenz dem des Eigentums. Wer einen niedrigeren Bildungsabschluss hat, wählt verstärkt sozialdemokratische (oder äquivalente) Parteien. Der Unterschied zu den höheren Schichten ist allerdings nicht so groß wie beim Eigentum. Das Einkommen liegt in der Mitte. Es spaltet weniger als Eigentum und stärker als Bildung.

Diese Abstufung beim Politisierungsgrad der verschiedenen sozialen Bruchlinien wird am Beispiel Frankreichs sehr deutlich (siehe Grafik 14.1) und findet sich in allen anderen untersuchten Ländern wieder.

Im Zeitraum 1950–1980 wählen die vermögendsten 10 % verglichen mit der restlichen Wählerschaft in deutlich geringerem Ausmaß linke Parteien; die Differenz liegt im Bereich von 25 Prozentpunkten. Beispielhaft ist dafür die Präsidentschaftswahl von 1974. Nach einem sehr knappen Wahlkampf in einem stürmischen sozialen Klima unterlag der von Parti Socialiste und Parti Communiste unterstützte Kandidat der vereinigten Linken (Mitterrand) im zweiten Wahlgang mit 49 % seinem rechten Kontrahenten (Giscard d'Estaing). Während er bei den 90 % der Wähler mit geringeren Vermögen einen Stimmenanteil von nahezu 52 % erreichte, kam Mitterrand bei den vermögendsten 10 % nicht einmal auf 27 %. So ergibt sich die erwähnte Diskrepanz von 25 Prozentpunkten.

Betrachtet man für denselben Zeitraum nun die Stimmanteile für linke Parteien nach den einkommensstärksten 10 % und dem Rest, liegt die Diskrepanz bei etwa 10 bis 15 Prozentpunkten. Auch hier ist der Effekt noch sehr groß, aber schon deutlich schwächer als beim Vermögen.[1]

1 Für detaillierte Ergebnisse nach Einkommens- und Vermögensdezilen siehe unten, Grafiken 14.12 bis 14.13.

Soziale Spaltungen und politische Konflikte in Frankreich, 1955–2020

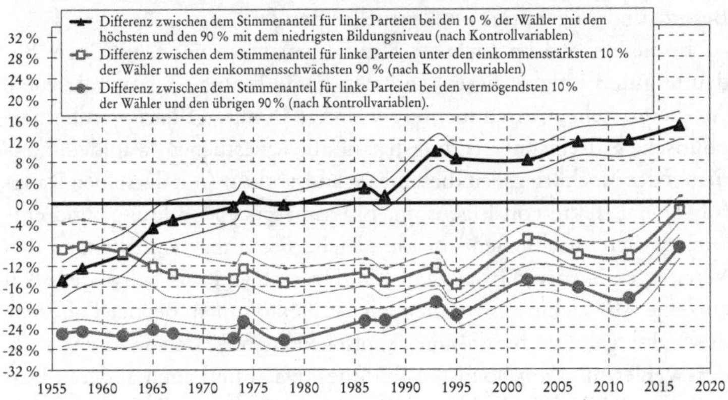

Grafik 14.1: Zwischen 1950 und 1980 hängt die Wahl linker Parteien (Sozialisten, Kommunisten, Radikale, Grüne) mit den niedrigsten Bildungs-, Einkommens- und Vermögensniveaus zusammen, zwischen 1990 und 2020 wird sie mit dem höchsten Bildungsniveau in Verbindung gebracht.
Hinweis: Die feinen Linien zeigen die Konfidenzintervalle von 90 % an.
Quellen und Reihen: siehe piketty.pse.ens.fr/ideologie.

Die Linke seit 1945: von der Arbeiterpartei zur Akademikerpartei

Bemerkenswerterweise hat sich der Effekt des Bildungsniveaus mit der Zeit völlig umgekehrt. In den 1950er und 1960er Jahren wählten die 10 % mit den höchsten Bildungsabschlüssen deutlich weniger häufig linke Parteien als alle anderen; der Unterschied war ungefähr so groß wie beim Einkommen. Schon Ende der 1960er Jahre sowie in den 1970er und 1980er Jahren verringerte sich dieser Abstand immer mehr; schließlich kam es sogar zu einer Umkehrung.[1] In den 1990er und 2000er Jahren stimmte aus der Wählergruppe mit hohem Bildungsniveau ein deutlich größerer Anteil für linke Parteien als von den 90 % mit niedrigerem Bildungsgrad. Auch hier lag wieder ein Unterschied von ungefähr 10 bis 15 Prozentpunkten vor, diesmal jedoch andersherum (siehe Grafik 14.1).

Anfangs waren linke Parteien also Vereinigungen für Arbeiter und Angestellte mit niedrigem Bildungsniveau; im Verlauf des letzten hal-

1 Für detaillierte Ergebnisse nach Bildungsniveau siehe unten, Grafiken 14.9 bis 14.11.

ben Jahrhunderts wurden sie schrittweise zu Akademikerparteien für Beamte und Angehörige intellektueller Berufe.

In diesem und im nächsten Kapitel versuchen wir Ursprünge, Bedeutung und Folgen dieser radikalen Veränderung nachzuvollziehen. An dieser Stelle müssen mehrere wichtige Punkte geklärt werden. Die politische Auseinandersetzung hat in allen westlichen Wahldemokratien in der Nachkriegszeit dieselbe Grundstruktur (mit derselben Rangfolge der Effekte von Eigentum, Einkommen und Bildung) und entwickelt sich anschließend in die gleiche Richtung, vor allem in den Vereinigten Staaten, Großbritannien, Deutschland und Schweden. Auf einzelne Abweichungen werden wir zurückkommen. Bei der Differenz der Wahlergebnisse für die amerikanischen Demokraten unter den 10 % der Wähler mit dem höchsten Bildungsniveau und allen anderen lässt sich dieselbe Entwicklung feststellen wie in Bezug auf linke Parteien in Frankreich (siehe Grafik 14.2). Ebenso verhält es sich mit den Stimmen für Labour in Großbritannien. Dort scheint sich die Entwicklung etwas später zu vollziehen als in Frankreich und den Vereinigten Staaten (wir werden darauf zurückkommen), aber insgesamt ist die Veränderung die gleiche. Nachdem sich Labour lange als die Partei der Arbeit und der Arbeiter definiert hat, ist sie nun de facto zur Partei der Akademiker geworden, welche mehrheitlich nun sie und nicht mehr die Tories wählen. Selbst Michael Young war mit seinen hellsichtigen Voraussagen in *The Rise of the Meritocracy* von 1958 nicht so weit gegangen.[1]

Wie sehr sich die Entwicklungen in den Vereinigten Staaten und in Europa ähneln, ist erstaunlich, da doch die Parteiensysteme völlig andere politisch-ideologische Ursprünge haben. Die Demokratische Partei der Vereinigten Staaten war die Partei der Sklaverei und der Rassentrennung, bis sie schrittweise, ohne größere Umbrüche ab Ende des Bürgerkrieges zur Partei des New Deal, der Reduzierung der sozioökonomischen Ungleichheiten und der Bürgerrechte wurde.[2] In Europa hingegen entstammen die hier betrachteten Parteien verschiedenen sozialistischen, kommunistischen und sozialdemokratischen Traditionen und Ideologien. Ihr Ziel bestand, unterschiedlich stark ausgeprägt, in der Kollektivierung der Produktionsmittel. In ihren sozioökonomischen Kontexten gab es beinahe keine ethnischen Konfliktlinien, zumindest

---

1 Siehe Kapitel 13, S. 891 f.

2 Siehe Kapitel 6, S. 309–315.

Wahlergebnisse linker Parteien in Europa und den Vereinigten Staaten, 1945–2020: Von der Arbeiter- zur Akademikerpartei

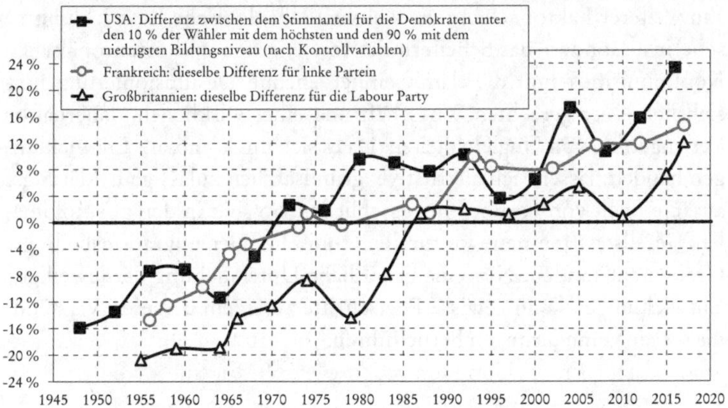

Grafik 14.2.: Zwischen 1950 und 1980 lassen sich die Wahlergebnisse für die Demokraten in den Vereinigten Staaten, für die linken Parteien (Sozialisten, Kommunisten, Radikale, Grüne) in Frankreich und für die Labour Party in Großbritannien mit Wählern mit dem niedrigsten Bildungs-, Einkommens- und Vermögensniveau in Verbindung bringen; in den 1990er bis 2010er Jahren hat sich eine Verbindung zu den am höchsten qualifizierten Wählern entwickelt.
Quellen und Reihen: siehe piketty.pse.ens.fr/ideologie.

nicht auf europäischem Territorium. Auf der europäischen Bühne ist das Parteiensystem außerdem diversifiziert. In einigen Ländern bestand eine starke Trennung zwischen antisowjetischen sozialistischen und prosowjetischen kommunistischen Parteien (z. B. in Frankreich). Anderswo herrschte eine vereinigte und lange auf Verstaatlichung bedachte Arbeiterpartei vor (in Großbritannien). In wieder anderen Ländern regierten sozialdemokratische Parteien schon früh mit (in Deutschland und Schweden).[1] Dass die Entwicklungen trotzdem im Großen und Ganzen die gleichen sind, bedarf übergreifender Erklärungen.

Aufgrund dieser Ähnlichkeiten ist Skepsis gegenüber ausschließlich nationalen Erklärungsversuchen angebracht. Zunächst erscheinen allgemeine Erklärungen wie jene plausibel, dass sich ein immer größerer Anteil benachteiligter sozialer Gruppen durch linke Parteien schlecht vertreten (und manchmal sogar verlassen) fühlt. Man denke nur an die Unfähigkeit der Sozialdemokratie (im weitesten Sinne), ihr aus der Nachkriegszeit stammendes Programm zu aktualisieren und überzeu-

1 Siehe Kapitel 11, S. 612–646, und Kapitel 16, S. 1058–1064.

gende Gerechtigkeitsnormen für das Zeitalter der Globalisierung und die stärkere Konzentration auf die Hochschulbildung zu entwickeln. Ein weiterer Faktor scheint die weltweite ideologische Entwicklung zu sein, insbesondere das Scheitern des sowjetischen und osteuropäischen Kommunismus und die damit einhergehende Desillusionierung hinsichtlich einer gerechten Wirtschaft und einer wirklichen, dauerhaften Verringerung von Ungleichheiten. Da es sich um komplexe Entwicklungen handelt, lassen sich alternative, grundsätzlich zulässige Erklärungsansätze nicht von vornherein ausschließen. So sind in den postkolonialen Gesellschaften neue kulturelle, ethnische oder migrationsbedingte Gräben entstanden. Nur eine gründliche Untersuchung der jeweiligen Entwicklungen kann gewisse Fortschritte zu einem besseren Verständnis dieser Veränderungen herbeiführen.

Zu einer globalen Untersuchung der politisch-ideologischen Lager

Bevor wir fortfahren, müssen wir näher auf die Vor- und Nachteile der dieser Analyse zugrundeliegenden Daten eingehen. Die in den Grafiken in diesem und den folgenden Kapiteln dargestellten Ergebnisse sind einem gemeinsamen Forschungsprojekt entnommen, das die Nachwahlerhebungen der vergangenen Jahrzehnte in verschiedenen Ländern systematisch ausgewertet hat. Solche Erhebungen werden üblicherweise von Konsortien aus Universitäten und Forschungszentren durchgeführt, manchmal in Zusammenarbeit mit Nachrichtenmedien; sie dienen zur Erforschung des Wahlverhaltens. In den Tagen nach der Wahl führen Forscher in repräsentativen Stichproben Umfragen zum Wahlverhalten durch. Unter anderem fragen sie individuelle soziodemografische und ökonomische Eigenschaften ab: Alter, Geschlecht, Wohnort, Beruf, Tätigkeitssektor, Bildungsabschluss, Einkommen, Vermögensbestandteile und Vermögenswerte, Religionsausübung, Herkunft etc. Anhand solcher Studien lassen sich Veränderungen in der sozioökonomischen Struktur der Wählerschaft direkt untersuchen.

Die Daten sind jedoch in mancherlei Hinsicht unzulänglich. So sind Nachwahlerhebungen eher jüngeren Datums. Sie werden erst seit dem Zweiten Weltkrieg durchgeführt. Wir werden die Vereinigten Staaten, Frankreich und Großbritannien untersuchen, wo seit Ende der 1940er und Anfang der 1950er Jahre durchgängig relativ gut durchdachte Erhebungen vorgenommen werden. Mit diesen aufbereiteten Daten lässt sich der Wandel in der Wählerstruktur seit den US-Präsidentschaftswahlen von 1948 und den britischen bzw. französischen Parlamentswahlen von 1955 und 1956 für fast alle Wahlen nachvollziehen.[1] Vergleichbare Studien werden in Deutschland und Schweden seit den 1950er Jahren durchgeführt, seit den 1960er oder 1970er Jahren in den meisten anderen europäischen und nicht-europäischen Wahldemokratien (vor allem in Indien, Japan, Kanada und Australien). In den neuen Wahldemokratien Osteuropas lässt sich die Entwicklung der Wählerstrukturen seit den 1990er und 2000er Jahren beobachten. In Brasilien ist dies seit dem Fall der Militärdiktatur und der Abhaltung von Wahlen ab Ende der 1980er Jahre möglich, in Südafrika seit Abschaffung der Apartheid Mitte der 1990er Jahre. Die Daten erstrecken sich also auf einen großen Teil der Welt.[2] Allerdings umfassen sie nicht die Wahlen

1 In den Vereinigten Staaten führt das Konsortium ANES (American National Elections Studies) seit 1948 Nachwahlerhebungen durch. In Großbritannien stammen die umfangreichsten Nachwahlerhebungen von der British Election Study (BES). In Frankreich werden sie seit 1958 meist in Zusammenarbeit mit der Fondation nationale des Sciences Politiques (FNSP) und ihren verschiedenen Forschungszentren (insbesondere CEVIPOF, dem Centre de recherches politiques de Sciences Po) durchgeführt. Die Erhebungen werden archiviert und auf verschiedenen Portale zugänglich gemacht, insbesondere vom Inter-university Consortium for Political and Social Research (ICPSR), den National Election Studies (NES), den Archives de Données Issues de la Statistique Publique-Centre de Données Socio-Politiques (ADISP-CDSP) und der Comparative Study of Electoral Systems (CSES). Diese Nachwahlerhebungen sind nicht zu verwechseln mit den Befragungen am Ausgang der Wahllokale, die im Allgemeinen auf kürzeren und rudimentären Fragebögen beruhen, aber manchmal auch auf größeren Stichproben, wie z. B. bei der seit 1972 in den Vereinigten Staaten durchgeführten NEP-Studie (National Exit Polls), auf die ich mich gleichermaßen bezogen habe, um mich der Verlässlichkeit der mit den ANES-Umfragen erzielten Ergebnisse zu versichern. Siehe Technischer Anhang.

2 Alle detaillierten Ergebnisse der Auswertung dieser Erhebungen sowie das Datenmaterial für den Übergang von Rohdaten zu den hier vorgestellten Statistiken sind im Technischen Anhang online verfügbar. Siehe auch T. Piketty, «Brahmin Left vs Merchant Right. Rising Inequality and the Changing Structure of Political Conflict (Evidence from France, Britain and the U.S., 1948–2017)», WID.world Working Paper Series, Nr. 2018/7; A. Gethin, C. Martinez-Toledano, T. Piketty, «Political Cleavages and Inequality. Evidence from Electoral Democracies, 1950–2018», EHESS, März 2019; A. Banerjee, A. Gethin, T. Piketty, «Growing Cleavages in India? Evidence from the Changing Structure of the Electorates 1962–2014», WID.world Working Paper Series, Nr. 2019/05; F. Kosse, T. Piketty, «Changing Socioeconomic and Electoral Cleavages in Germany and Sweden 1949–2017», WID.world 2019; A. Lindner, F. Novokmet, T. Piketty, T. Zawisza, «Political Conflict and Electoral Cleavages in Central-Eastern Europe, 1992–2018», WID.world 2019.

des 19. und frühen 20. Jahrhunderts. Hier müssen andere Methoden und Materialien zum Tragen kommen.[1]

Eine weitere wesentliche methodische Einschränkung von Nachwahlerhebungen besteht im geringen Umfang der Stichproben (üblicherweise etwa 4000–5000 befragte Personen). Dieser technische Aspekt ist wichtig, weil sich schwache Veränderungen von einer Wahl zur nächsten nicht verzeichnen lassen. Die Schwankungen wären dafür meist zu gering und ohne statistische Signifikanz. Wir werden uns auf langfristige Entwicklungen konzentrieren, die, wie die Konfidenzintervalle in Grafik 14.1 beweisen, sehr signifikant sind.[2] Vor allem die Umkehrung des Bildungsgefälles in der Wählerstruktur linker Parteien zwischen 1950–1980 und 1990–2020 (von einem hauptsächlich niedrigen zu einem größtenteils hohen Bildungsniveau) lässt sich in Frankreich und allen anderen Ländern ohne Weiteres nachweisen. Die Stichproben sind auch ausreichend groß, um bei sonst unveränderten Bedingungen weitergehende Überlegungen anzustellen. So lassen sich etwa die Effekte des Bildungsniveaus isolieren, indem man die Auswirkungen der anderen individuellen Eigenschaften kontrolliert, die oft (aber nicht immer) mit dem Abschluss einhergehen.[3] Wie alle Befragungen können Nachwahlerhebungen außerdem verzerrte Daten hervorbringen. So lässt sich oft eine leicht höhere Zustimmung zu Parteien beobachten, die bei Wahlen siegreich hervorgegangen sind, während minderheitliche und stigmatisierte (oder als solche

1 In der Praxis können für die Zeit vor dem Zweiten Weltkrieg die Wahlergebnisse auf kommunaler Ebene (in Gemeinden, Kantonen usw.) mit Daten aus Volkszählungen oder Quellen aus der Verwaltung oder zu Steuereinnahmen verglichen werden, die ebenfalls auf lokaler Ebene verfügbar sind. Diese Methode, das Wahlverhalten geografisch darzustellen, hat ihre Grenzen (insbesondere weil ihre Erhebung nicht die individuelle Abstimmung in Betracht zieht), aber sie allein ermöglicht es, in der Zeit zurückzugehen. Ich werde später auf Beispiele für diese Methode eingehen, die André Siegfried 1913 meisterhaft einführte.

2 Die Konfidenzintervalle fallen zu Beginn der Periode aufgrund der kleineren Stichprobengröße (2000 bis 3000 statt 4000 bis 5000 Beobachtungen) etwas größer aus. Sie werden in den folgenden Grafiken weggelassen, um sie nicht auszureizen, aber man sollte bedenken, dass kleine Abweichungen (2 bis 3 Punkte oder weniger) im Allgemeinen unbedeutend sind.

3 So sind beispielsweise die Auswirkungen der in den Grafiken 14.1 bis 14.2 dargestellten Bildungsniveaus als die Effekte zu lesen, die unter Berücksichtigung von Kontrollvariablen (insbesondere Geschlecht, Alter, Familienstand, Einkommen und Vermögen) gemessen werden. Ebenso werden die in Grafik 14.1 dargestellten Einkommenseffekte nach Berücksichtigung von Geschlecht, Alter, Familienstand, Bildung und Vermögen (und ebenso die Vermögenseffekte) gemessen. Die Veränderungen würden ohne Kontrollgrößen ähnlich ausfallen, werden aber durch die Einbeziehung von Kontrollvariablen verstärkt. Siehe Technischer Anhang, die zusätzlichen Diagramme S14.1a und S14.2a und die nachfolgende Diskussion.

wahrgenommene) politische Bewegungen schlechter abschneiden.[1] Es gibt allerdings keine Anhaltspunkte dafür, dass sich diese Verzerrungen auf Unterschiede im Wahlverhalten ganzer sozialer Gruppen auswirken, insbesondere unter Berücksichtigung der zeitlichen Entwicklung dieser Unterschiede. Die Ergebnisse lassen sich in jeder Studie über verschiedene Länder reproduzieren und gelten darum als etabliert.[2]

Zudem beziehen sich die Grafiken 14.1–14.2 auf einen speziellen Indikator: auf den Unterschied im Wahlverhalten der oberen 10 % und der restlichen 90 %. Aber auch andere Indikatoren brächten ähnliche Kurven hervor, etwa Diskrepanzen zwischen den 50 % der Wähler mit höherer formaler Bildung und den 50 % mit niedrigeren Abschlüssen (analog für Einkommen und Vermögen) oder zwischen Hochschulabsolventen und Nicht-Hochschulabsolventen, zwischen Sekundarschulabsolventen und Nicht-Sekundarschulabsolventen etc.[3] Anders gesagt lassen sich anhand von Nachwahlerhebungen trotz aller Beschränkungen handfeste Ergebnisse erzielen, z. B. in den Grafiken 14.1–14.2. Wir werden darauf in der Analyse zu Frankreich, den USA, Großbritannien und anderen Ländern näher eingehen.

Anhand der Daten aus Nachwahlerhebungen lässt sich auch eine Korrelation der verschiedenen Dimensionen sozialer Stratifikation feststellen, wenngleich diese Korrelation nicht zwangsläufig ist. Es gibt etwa auch Hochgebildete mit geringem Vermögen und Vermögende mit geringer formaler Bildung. Die sozialen Schichten überlagern sich multidimensional. Sicherlich gibt es eine bedeutsame Diagonale, die jeweils sozial benachteiligte und begünstigte Gruppen aller Dimensionen umfasst, vorausgesetzt, die entsprechenden individuellen Eigenschaften lassen sich vertikal anordnen. Dies ist aber bei weitem nicht immer der

1 So wurden beispielsweise in den 1950er und 1960er Jahren bei französischen Umfragen weniger Angaben für die Kommunisten gemacht, in erster Linie zugunsten der Sozialisten, wobei die Gesamtzahl für die linken Parteien mit dem festgestellten Abstimmungsergebnis fast identisch war. In den 1990er und 2000er Jahren gaben auch nicht alle Wähler des Front National ihre Wahlentscheidung bei Nachwahlerhebungen und Umfragen an, in den 2010er Jahren taten dies hingegen fast alle.

2 Die aus der Umfrage gewonnenen Daten werden in der Regel neu gewichtet, um die genauen Abstimmungsergebnisse zu reproduzieren (unter Beibehaltung der nationalen Repräsentativität der soziodemografischen Struktur der Stichprobe), und diese Daten haben wir zur Bewertung der hier vorgestellten Ergebnisse verwendet. Die beobachteten Tendenzen bei den Unterschieden nach Abschluss, Einkommen, Vermögen etc. fallen identisch aus, wenn man die Rohdaten verwendet (ohne Neugewichtung). Siehe Technischer Anhang.

3 Siehe Technischer Anhang, die zusätzlichen Diagramme S14.1b–S14.1c und S14.2b–S14.2c.

Fall. Die Multidimensionalität bietet auch weit komplexere, aus vielfältigen Entwicklungen resultierende Situationen auf. Individuen können also verschiedene Positionen auf den betrachteten Achsen belegen (oft leicht unterschiedliche, manchmal stark abweichende). Diese unterschiedlichen Positionen, zu denen die verschiedenen Entwicklungen, Überzeugungen und Vorstellungen von gegebenen sozialen Positionen hinzukommen, bilden länderübergreifend einen komplexen soziopolitischen, multidimensionalen Raum. Wenn die hier betrachteten Dimensionen (Bildung, Einkommen, Vermögen) ganz eindeutig korrelierten, hätten die Ergebnisse von Grafik 14.1 nicht erzielt werden können. Die drei Kurven wären zu einer verschmolzen. Den Nachwahlerhebungen zufolge scheint die Korrelation zwischen diesen drei Dimensionen von 1950 bis 2020 etwa gleich geblieben zu sein (möglicherweise stieg die Kurve gegen Ende leicht an, falls man das im Hinblick auf die Unzulänglichkeit der Daten sagen kann).[1] Anders gesagt lässt sich das geänderte Wahlverhalten nicht dadurch erklären, dass Bildung, Einkommen und Vermögen plötzlich weniger korrelierten als in der Vergangenheit. Die große Veränderung ist also vor allem politisch-ideologischer, nicht sozioökonomischer Natur. Das Wahlverhalten ändert sich in erster Linie, weil politische Organisationen und Bündnisse die verschiedenen Dimensionen der sozialen Ungleichheit entweder vereinen oder einander gegenüberstellen können.

1 In der Praxis erscheinen die Korrelationskoeffizienten zwischen Bildungsniveau, Einkommen und Vermögen in französischen, amerikanischen und britischen Nachwahlerhebungen zwischen 1948 und 2017 relativ stabil (mit Koeffizienten um 0,3–0,4 für Bildungsniveau und Einkommen, 0,2–0,3 für Einkommen und Vermögen und 0,1–0,2 für Bildungsniveau und Vermögen; ein Koeffizient gleich 0 bedeutet keine Korrelation, und ein Koeffizient gleich 1 bedeutet eine perfekte Korrelation). Siehe Technischer Anhang. Die begrenzte Anzahl von Beobachtungen und die Unvollkommenheit der für die verschiedenen Dimensionen verfügbaren Variablen implizieren jedoch, dass diese Quelle diese Zusammenhänge tendenziell leicht unterschätzt und vor allem nicht gestattet, mögliche Beeinträchtigungen innerhalb dieser Gesamtstabilität ausfindig zu machen. Detailliertere Quellen (ohne Berücksichtigung von Wahlvariablen) deuten auf eine mögliche Zunahme dieser Korrelationen seit den 1980er und 1990er Jahren hin. Ich werde später darauf zurückkommen.

Für eine länderübergreifende Untersuchung der ethnischen Bruchlinien und des Sozialnativismus

Im Übrigen fügen sich die vorliegenden Ergebnisse in zahlreiche politikwissenschaftliche Erkenntnisse ein. Schon in den 1960er Jahren analysierten die Politologen Lipset und Rokkan die Entwicklung von Parteiensystemen. Sie verfolgten dabei einen multidimensionalen Ansatz unter Berücksichtigung der bei Wahlen aufkommenden Konfliktlinien. Ihrer Annahme zufolge prägen zwei große Revolutionen die modernen Gesellschaften: die nationale Revolution (Aufbau einer zentralen Staatsmacht und des Nationalstaats) und die Industrielle Revolution. Dies habe zu vier großen, länderabhängig unterschiedlich bedeutsamen politischen Brüchen geführt: zwischen Zentrum und Peripherie (zentrale, hauptstadtnahe Regionen stehen Gegenden, die sich als randständig wahrnehmen, gegenüber); zwischen Zentralstaat und Kirchen; zwischen Landwirtschaft und Industrie; und schließlich zur Bruchlinie entlang des Eigentums an Produktionsmitteln (Arbeiter stehen Arbeitgebern und Eigentümern gegenüber).[1]

In diesen Begriffen beschrieben Lipset und Rokkan das erste britische Parteiensystem von Tories (Konservativen) und Whigs (Liberalen), welches um 1750 durch einen Gegensatz zwischen ländlichen Grundbesitzereliten und städtischen Handelseliten gekennzeichnet war, durch den Konflikt zwischen örtlicher Macht und Zentralstaat. Damals besaßen nur kleine Anteile der Bevölkerung Wahlrecht, die politische Auseinandersetzung war also notwendig eine Auseinandersetzung von Eliten. Infolge der Einführung des allgemeinen Wahlrechts und der durch die Industrie bedingten gesellschaftlichen Verwerfungen trat die Labour Party zwischen 1900 und 1950 an die Stelle der Whigs, die 1868 zur Liberal Party geworden war.[2] Laut Lipset und Rokkan waren Fragen von Religion und Bildung bei der Herausbildung der europäischen Parteiensysteme im 19. und frühen 20. Jahrhundert bedeutsam. Oft kam

1 Siehe S. Lipset, S. Rokkan, «Cleavage Structures, Party Systems and Voter Alignments: An introduction», in: *Party Systems and Voter Alignments: Cross-national Perspectives*, New York: The Free Press 1967.

2 Zur Rolle der Liberalen Partei, der progressiven Besteuerung und der irischen Frage bei der Transformation des politischen Systems Großbritanniens im späten 19. und frühen 20. Jahrhundert siehe Kapitel 5, S. 231–240.

es zu heftigen Auseinandersetzungen zwischen Anhängern eines laizistischen Staats und Verfechtern der Kirche, vor allem in Frankreich, Italien und Spanien. Dies wirkte sich in den meisten Ländern dauerhaft auf die Parteienstrukturen aus. So entstanden mitunter dezidiert protestantische und katholische Parteien, etwa in den Niederlanden oder in Deutschland. Die von Lipset und Rokkan untersuchten Bruchlinien wirken auch heute noch fort.

Verglichen mit diesem Modell weist der hier verwendete Ansatz zwei wesentliche Besonderheiten auf. Aufgrund des zeitlichen Abstands und der heute verfügbaren Daten können wir die tiefgreifenden Veränderungen in den soziopolitischen Strukturen seit den 1950er Jahren erkennen. Die Wähler werden dafür im Folgenden anhand ihrer Position im hierarchischen Gefüge von Bildung, Einkommen und Vermögen kategorisiert. Auf dieser Grundlage werden die ab 1945 verfügbaren Nachwahlerhebungen systematisch untersucht. Sicherlich lassen sich Identitäten und soziale Klassen in ihrer konkreten politischen und historischen Ausprägung nie direkt und explizit in Dezile von Bildungsstand, Einkommen oder Eigentum einteilen, jedenfalls nicht ohne Weiteres. Wie bereits beim Bemessen der Ungleichheiten besteht der Vorteil einer solchen Einteilung aber darin, die Wählerstruktur über einen langen Zeitraum und in geografisch entfernten Gesellschaften zu vergleichen. Anders gesagt lassen sich in Dezilen von Bildungsniveau, Einkommen und Vermögen genaue historische Vergleiche anstellen. Berufe hingegen sind ein schlechter Maßstab, da sich deren Stellenwert in der Gesellschaft mit der Zeit verändert.[1]

Das Modell von Lipset und Rokkan ignoriert außerdem die Frage der ethnischen Gräben. Da ihre Studien zur Zeit der Bürgerrechtsbewegung in den Vereinigten Staaten der 1960er Jahre erschienen sind, mag dies paradox erscheinen. Entgegen jeder Erwartung ist diese Dimension

1 Insbesondere die Vorstellungen von der «Arbeiterklasse», die oft aufgegriffen werden, um die Entwicklung politischer Spaltungen anhand von Nachwahlerhebungen zu untersuchen, haben in Gesellschaften, in denen der Anteil der industriellen Beschäftigung 40 % übersteigt, offenkundig nicht die gleiche Bedeutung wie in Gesellschaften, in denen dieser Anteil weniger als 10 % beträgt. Die Dezile des Bildungsniveaus, des Einkommens und Vermögens haben im Hier und Jetzt weniger gesellschaftliche und politische Bedeutung als die berufliche Einordnung in einer betreffenden Gesellschaft; sie ermöglichen aber den Vergleich von Gesellschaften, die ansonsten unvergleichbar wären. Im Idealfall sollten beide Ausdrucksweisen gleichermaßen gelten.

der politischen Auseinandersetzung aber nicht verschwunden.[1] Sie ist sogar heftiger geworden. Auf der anderen Seite des Atlantiks identifizieren sich Teile der weißen Unterschicht allmählich eher mit den Republikanern als mit den Demokraten, nachdem die Parteien in den 1960er Jahren einen bis heute anhaltenden Kurswechsel eingeleitet haben. Ab den 1980er Jahren sind mit dem Erstarken migrationsfeindlicher Parteien auch in Europa die Auseinandersetzungen um Identität und Einwanderung bedeutsamer geworden. Allzu oft werden diese Fragen für beide Kontinente getrennt betrachtet. Studien zum Parteiensystem der Vereinigten Staaten neigen dazu, ausschließlich amerikanische Entwicklungen zu betrachten. Diese Haltung hat sich dort leider verallgemeinert.[2] Untersuchungen der europäischen Parteiensysteme sind auf ähnliche Weise auf Europa beschränkt. Gerechtfertigt erscheint dies zum Teil durch die angebliche Unterschiedlichkeit und Unergründlichkeit des amerikanischen Parteiensystems.[3] Europäische Beobachter wundern sich vor allem, dass sich die Demokraten von der Sklavereipartei des 19. Jahrhunderts allmählich zur Partei Roosevelts und des New Deal entwickeln konnten, im 21. Jahrhundert dann sogar zur Partei Obamas. Vielleicht finden sie die mögliche Tragweite eines länderübergreifenden Vergleichs problematisch.

Eine vergleichende Analyse der Bedeutung ethnischer Gräben in Europa und den Vereinigten Staaten (sowie in mehreren nicht-westlichen Wahldemokratien) führt, wie wir sehen werden, zu einem besse-

1 Der von Lipset und Rokkan in den 1960er Jahren eingeführte Ansatz konzentriert sich weitgehend auf die europäische Parteienlandschaft, wie sie sich im 19. und in der ersten Hälfte des 20. Jahrhunderts entwickelt hat, oder noch mehr auf die nordeuropäischen Länder. Dies lässt sich teilweise mit der norwegischen Herkunft Rokkans erklären und wohl auch damit, dass Lipset als Amerikaner auf eine allmähliche Verringerung der Rassentrennung hoffte.

2 Beispielsweise ist die Durchnummerierung der verschiedenen Parteiensysteme seit der Unabhängigkeit in der amerikanischen Politikwissenschaft typisch amerikanisch, und dies mit gutem Grund, so offensichtlich die Besonderheiten dieser Entwicklung sind. Siehe Kapitel 6, S. 310 f., für einen kurzen Überblick über diese verschiedenen Systeme.

3 Vor allem die sehr interessanten Arbeiten über den Aufstieg von migrantenfeindlichen Parteien und die Vergrößerung der Identitäts- und Migrationsspaltung in Europa (die manches Mal sogar nahelegt, diese neue Dimension der systemischen Spaltung in den Rahmen der Cleavage-Theorie zu implementieren), beziehen sich im Allgemeinen nicht auf die Rolle, die rassistische Spaltungen bei der Entwicklung des Parteiensystems in den Vereinigten Staaten spielen. Siehe beispielsweise S. Bornshier, *Cleavage Politics and the Populist Right*, Temple University Press 2010. Siehe auch H. Kitschelt, *The Transformation of European Social Democracy*, a. a. O.; The Radical Right in Western Europe, Michigan University Press 1995.

ren Verständnis aktueller Entwicklungen von Wählerstrukturen und der vielfältigen Entwicklungsmöglichkeiten in der Zukunft. Vor allem lässt sich so untersuchen, wie hoch das Risiko einer Verschiebung zum Sozialnativismus in den einzelnen Ländern ist und unter welchen Bedingungen sozioökonomische Bruchlinien wieder Einfluss auf ethnische Konflikte erlangen können.

Erneuerung der politischen Parteien, Rückgang der Wahlbeteiligung

Kommen wir zunächst zum Wandel der Wählerstrukturen in Frankreich seit dem Zweiten Weltkrieg zurück. Uns interessieren hier sowohl die Parlaments- als auch die Präsidentschaftswahlen. Parlamentswahlen wurden in Frankreich seit 1871 etwa alle fünf Jahre durchgeführt, zunächst mit Männerwahlrecht, ab 1944 mit allgemeinem Wahlrecht. Im Gegensatz zu den Vereinigten Staaten und Großbritannien bestehen in Frankreich seit dem 19. Jahrhundert sehr viele politische Parteien; die Parteistrukturen erneuern sich fast durchgängig. In den Vereinigten Staaten gibt es seit Mitte des 19. Jahrhunderts ein Zweiparteiensystem aus Demokraten und Republikanern. Dabei sind die Ausrichtungen in den jeweiligen Parteien vielfältig, und die Wähler entscheiden sich in Vorwahlen für einen von mehreren Präsidentschaftskandidaten. Häufig ändert sich die ideologische Ausrichtung der beiden Blöcke gründlich. Im britischen Zweiparteiensystem trat ab 1945 die Labour Party an die Stelle der Liberalen, die im langen 19. Jahrhundert den Konservativen gegenüberstanden. Auch dort gab es Komplikationen und tiefgreifende ideologische, programmatische Erneuerungen; wir werden darauf zurückkommen. Der Gegensatz zwischen dem französischen Mehrparteiensystem und dem angelsächsischen Zweiparteiensystem geht also vor allem auf einen institutionellen Unterschied zurück, nicht so sehr auf eine größere ideologische Diversität in Frankreich. Dieser institutionelle Unterschied lässt sich durch die traditionell etablierten Wahlsysteme erklären, die durchaus verschiedene Vorstellungen vom politischen Pluralismus und seiner parteilichen Strukturierung widerspiegeln.[1]

---

1 Das angloamerikanische System (Mehrheitswahl in einem Wahlgang) führt zu einer Konzentration der Stimmen auf die beiden führenden Parteien, während das französische System (Mehrheitswahl in zwei Wahlgängen) eine größere Anzahl von Parteien entstehen und bestehen lässt. Zu den einschlägigen Studien über den Zusammenhang zwischen dem Wahlsystem

Die vorliegende Studie verfolgt primär das Ziel, die Entwicklung der politisch-ideologischen Bruchlinien in einer vergleichenden, langfristigen, historischen Perspektive anhand von Wahlstudien zu beschreiben. Dabei werde ich mich für den Zeitraum 1945–2017 auf zwei große Gruppen von Parteien konzentrieren, die sich an französischen Parlamentswahlen beteiligten. Aus Gründen der Vereinfachung nenne ich sie «linke Parteien» und «rechte Parteien» (siehe Grafik 14.3).

Parlamentswahlen in Frankreich, 1945–2017

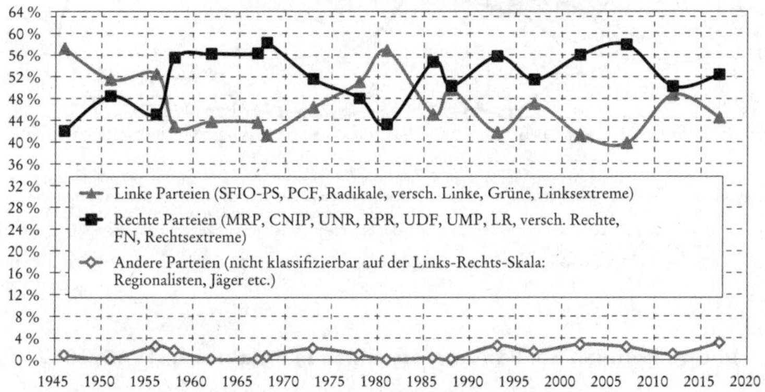

Grafik 14.3.: Die linken (Sozialisten, Kommunisten, Radikale, Grüne und andere gemäßigt linke, linke und linksextreme Parteien) und rechten Parteien (gemäßigt rechte, rechte und rechtsextreme Parteien zusammengenommen) schwankten im ersten Wahlgang der französischen Parlamentswahlen im Zeitraum 1945 bis 2017 jeweils zwischen 40 % und 58 % der Stimmen.
Hinweis: Das von der Koalition LREM-Modem im Jahr 2017 erzielte Ergebnis (32 % der Stimmen) entfiel 50 zu 50 auf die Lager Mitte-Links und Mitte-Rechts (siehe Grafiken 14.4 bis 14.5).
Quellen und Reihen: siehe piketty.pse.ens.fr/ideologie.

In diesem Zeitraum sind linke Parteien in Frankreich hauptsächlich sozialistische, kommunistische, radikale, grüne und andere kleine gemäßigt linke, linke oder linksextreme Parteien (siehe Grafik 14.4).

Zu den rechten Parteien gehören die Gaullisten und alle gemäßigt rechten, rechten und rechtsextremen Parteien (siehe Grafik 14.5).

Diese Einteilung dient hauptsächlich dem Vergleich der französischen mit britischen und amerikanischen Wahlstrukturen. In diesen Zweiparteiensystemen stehen Demokraten den Republikanern bzw. Labour den Conservatives gegenüber. Für die Einordnung der Parteien

---

und dem Parteiensystem siehe M. Duverger, *Die politischen Parteien.* Hrsg. u. übersetzt von Siegfried Landshut, Tübingen: Mohr 1959; A. Lijphard, *Electoral Systems and Party Systems. A Study of 27 Democracies*, 1945–1990, Oxford University Press 1994.

Linke Parteien bei Parlamentswahlen in Frankreich, 1945–2017

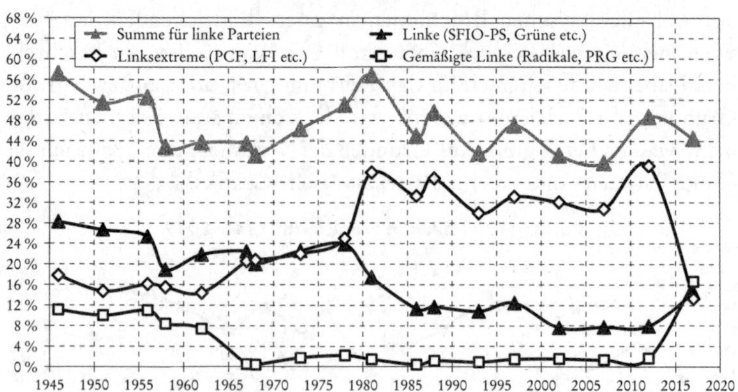

Grafik 14.4.: Linke Parteien (Sozialisten, Kommunisten, Radikale, Grüne und andere gemäßigt linke, linke und linksextreme Parteien) erzielten im ersten Wahlgang der französischen Parlamentswahlen im Zeitraum 1945 bis 2017 zwischen 40 % und 57 % der Stimmen. Hinweis: Die von der Koalition LREM-Modem im Jahr 2017 erzielte Punktzahl (32 % der Stimmen) entfiel je zur Hälfte auf das gemäßigt linke und gemäßigt rechte Lager.
Quellen und Reihen: siehe piketty.pse.ens.fr/ideologie.

Rechte Parteien bei Parlamentswahlen in Frankreich, 1945–2017

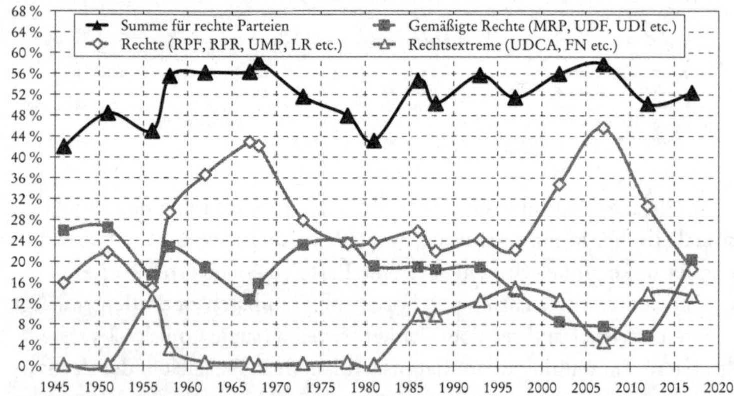

Grafik 14.5.: Rechte Parteien (alle gemäßigt rechten, rechten und rechtsextremen Parteien zusammengenommen) erzielten im ersten Wahlgang der französischen Parlamentswahlen im Zeitraum 1945 bis 2017 zwischen 40 % und 58 % der Stimmen. Hinweis: Die von der Koalition LREM-Modem im Jahr 2017 erzielte Punktzahl (32 % der Stimmen) entfiel je zur Hälfte auf das gemäßigt linke und gemäßigt rechte Lager.
Quellen und Reihen: siehe piketty.pse.ens.fr/ideologie.

habe ich einfach die Einschätzung der Wähler auf einer Links-Rechts-Skala im Rahmen von Nachwahlerhebungen übernommen. So lässt sich die Wählerschaft mit nicht allzu großer Willkür in zwei etwa gleich große Hälften aufteilen.[1] Die Parteien bezeichnen sich übrigens selbst so, wie sie hier kategorisiert wurden. Ausgenommen sind nur Parteien, die von ihren Wählern nicht auf einer Links-Rechts-Skala verortet und auch sonst nicht einheitlich zugeordnet werden. Dabei handelt es sich um kleine regionalistische oder zentristische Parteien, die sich bestimmten Einzelzielen verschreiben (etwa der Jagd) und stets weniger als 4 % der Stimmen bei Parlamentswahlen erhalten. Die beiden Blöcke Links und Rechts erhalten hingegen jeweils zwischen 40 und 58 % der Stimmen (siehe Grafik 14.3).[2]

Dennoch sei darauf hingewiesen, dass diese Kategorien weitgehend willkürlich sind. Die jeweils vertretenen politischen Positionen haben in den beiden Lagern schon immer eine große Spannbreite gehabt (wie es übrigens auch bei den angelsächsischen Parteien der Fall ist). Allgemein sind politisch-ideologische Auseinandersetzungen multidimensional strukturiert. Die Meinungen gehen insbesondere bei Fragen von Eigentum (Steuerpolitik und Reduzierung von Ungleichheiten) und Grenze (z. B. Migrationspolitik) auseinander. Sicherlich kommt es vor, dass eine Dimension bei einer Wahlentscheidung ausschlaggebend dafür ist, wie Wähler die Positionen der konkurrierenden Kräfte wahrnehmen. Ein solches Gefüge ist aber im Allgemeinen unsicher, instabil und provisorisch, denn die Wirklichkeit, die der politisch-ideologischen Auseinandersetzung zugrundeliegt, enthält immer mehrere, nicht vollständig korrelierende Dimensionen.

Ende der 2010er Jahre ist ein solches Gefüge in Frankreich ins Wan-

---

1 Alle seit den 1950er Jahren in Frankreich durchgeführten Nachwahlerhebungen beinhalten Fragen zur Links-rechts-Position der verschiedenen politischen Parteien (in der Regel auf einer Skala von 1 bis 7 oder 1 bis 10). Durchschnittlich verorten die Wähler die Kommunistische Partei eindeutig links von der Sozialistischen Partei, gefolgt von der Mitte, den gemäßigt rechten und rechten Parteien und dann den rechtsextremen Parteien. Die Selbsteinschätzung der Wähler folgt ebenfalls diesem Muster: Kommunistische Wähler positionieren sich weiter links als sozialistische Wähler, die sich weiter links positionieren als diejenigen, die für Mitte-Parteien stimmen etc. Siehe Technischer Anhang.

2 Das Wahlbündnis LREM-Modem (La République En Marche! – Mouvement démocrate) wurde von den Wählern (im Verhältnis zu den anderen Parteien) in der Mitte angesiedelt. Die bei den Parlamentswahlen 2017 erzielten Stimmen (32 % im ersten Wahlgang) wurden in den Grafiken 14.3 bis 14.5 hälftig auf die gemäßigte Linke und die gemäßigte Rechte verteilt. Ich werde später darauf zurückkommen.

ken geraten. Wie wir später sehen werden, wird die Hauptachse der politischen Auseinandersetzung momentan neu definiert. Davon zeugt übrigens die heftige Ablehnung der alten Konfliktlinien, vor allem der Begriffe «rechts» und «links». Diese werden noch stärker zurückgewiesen als gewöhnlich – ein Indiz für ihren Bedeutungswandel. Die Entwicklung lässt sich begreifen, wenn man den Wandel der Konfliktlinien zwischen linken und rechten Parteien ab den 1950er Jahren untersucht und mit den Auseinandersetzungen zwischen Demokraten und Republikanern bzw. Labour und Conservatives in den angelsächsischen Ländern vergleicht.

Immer schon waren die Bezeichnungen «links» und «rechts» sprachpolitischen Auseinandersetzungen, wie sie zu jeder Zeit und Gesellschaft dazugehören, ausgesetzt. Bisweilen sind sie positive Selbstbeschreibungen, mitunter negative Abwertungen der politischen Gegner. Gelegentlich lehnt man sie auch rundweg ab und sagt ihr Verschwinden voraus. Und doch richtet sich die politische Auseinandersetzung auf die eine oder andere Art immer wieder an neuen zentralen Fragen aus. Ich werde an dieser Stelle keine terminologischen Debatten entscheiden, Sprachpolizei spielen oder die «echte Linke» und die «eigentliche Rechte» definieren. Da die Begriffe offenkundig keine ewige oder absolute Bedeutung haben, ist dies auch nicht sinnvoll. Sie sind soziohistorische Konstruktionen, mit denen politisch-ideologische Konflikte und der Kampf um Wählerstimmen in einem bestimmten historischen Kontext strukturiert werden können. Zum ersten Mal wurden sie während der Französischen Revolution verwendet, um die Gruppierungen der links und rechts im Halbkreis des Parlaments angeordneten Parteien zu bezeichnen. Damals ging es um die Frage der Monarchie. Seitdem sind die Begriffe «links» und «rechts» in allen Ländern dauernd umkämpft und werden ständig neu definiert, insbesondere wenn politische Strategien vergangene Auseinandersetzungen überwinden und neue Konfliktlinien einführen wollen. Meine Untersuchung zielt lediglich auf die Entwicklung linker und rechter Parteien bei Wahlen ab 1945 und auf den historischen, länderübergreifenden Vergleich von Wählerstrukturen ab.

Zudem analysiere ich das Wahlverhalten angesichts von linken und rechten Kandidaten bei zweiten Wahlgängen französischer Präsidentschaftswahlen zwischen 1965 und 2012 (siehe Grafik 14.6). Gegenüberstellungen zweier Kandidaten zwingen beide Seiten zu einer Positionierung. Dies ist gleichzeitig reduzierend und aussagekräftig. Im

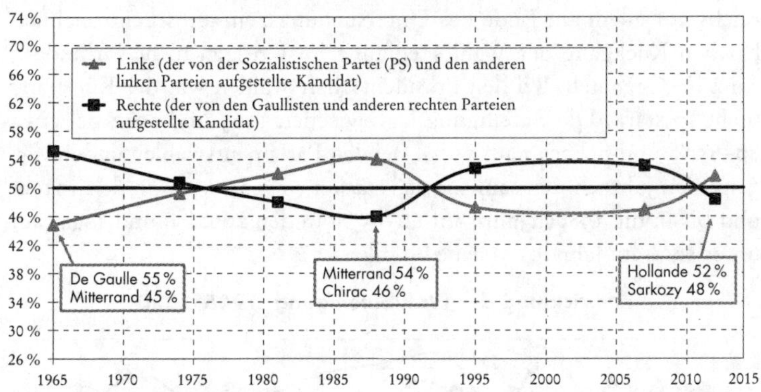

Grafik 14.6.: Die Ergebnisse des zweiten Wahlgangs zwischen dem linken und dem konservativen Lager der französischen Präsidentschaftswahlen lauten folgendermaßen: 1965: De Gaulle 55 %, Mitterrand 45 %; 1974: Giscard 51 %, Mitterrand 49 %; 1981: Mitterrand 52 %, Giscard 48%; 1988: Mitterrand 54 %, Chirac 46 %; 1995: Chirac 53 %, Jospin 47 %; 2007: Sarkozy 53 %, Royal 47 %; 2012: Hollande 52 %, Sarkozy 48 %. Nicht vertreten sind hier die Ergebnisse der zweiten Wahlgänge, bei denen Vertreter der Rechten, der Mitte und der extremen Rechten gegeneinander antraten, die Linke also nicht beteiligt war: 1969: Pompidou 58 %, Poher 42 %; 2002: Chirac 82 %, Le Pen 18 %; 2017: Macron 66 %, Le Pen 34 %.
Quellen und Reihen: siehe piketty.pse.ens.fr/ideologie.

vorliegenden Fall stimmt die Entwicklung der Wählerstrukturen mit der bei Parlamentswahlen überein.[1] Diese haben den Vorteil, dass sie längere Zeiträume betreffen, dass sie die politische Pluralität und das für die französische Politik charakteristische Mehrparteiensystem besser abbilden.[2]

1 Ich habe hauptsächlich die Ergebnisse des ersten Wahlgangs der Parlamentswahlen (unter Berücksichtigung der Tatsache, dass einige Wahlkreise schon mit der ersten Runde besetzt sind und dass die entsprechenden Wähler im zweiten Wahlgang nicht abstimmen) und des zweiten Wahlgangs der Präsidentschaftswahlen (bei der die Beteiligung im Allgemeinen höher ausfällt) verwendet. Wenn im selben Jahr Parlaments- und Präsidentschaftswahlen abgehalten werden und die Präsidentschaftswahlen mit einem Links-rechts-Duell enden, beziehen sich die in den Grafiken 14.1 bis 14.2 und im Folgenden gezeigten Ergebnisse auf den zweiten Wahlgang der Präsidentschaftswahlen (z. B. 2012, mit nahezu identischen Ergebnissen für die Parlamentswahlen). Für 2017, eine entscheidende Wahl, auf die ich später zurückkommen werde, habe ich die im ersten Wahlgang der Präsidentschaftswahlen erfassten Stimmen verwendet.

2 Eine erste allgemeine (auf Männer beschränkte) Präsidentschaftswahl fand in Frankreich 1848 statt, aber ihr Sieger ließ sich zum Kaiser krönen und bereitete den Wahlen ein Ende. Zwischen 1871 und 1962 wurde der Präsident vom Parlament gewählt und hatte begrenzte Befugnisse. Die direkte Wahl des Präsidenten wurde 1962 von Charles de Gaulle durch ein Referendum wiedereingeführt und fand seit 1965 Anwendung, was zu einer Stärkung seiner Befugnisse führte. Im Gegensatz zu Parlamentswahlen (bei denen alle Kandidaten, die mehr als 12,5 % der Stimmen im ersten Wahlgang erhalten, weiter im Rennen sind) können nur die

Der große Wandel der Parteien, der die politische Landschaft Frankreichs vor allem am Ende des Untersuchungszeitraums kennzeichnet, hat den Rückgang der Wahlbeteiligung im Übrigen nicht verhindert, ganz im Gegenteil. Bei den Präsidentschaftswahlen war der Rückgang nicht so stark. Die Beteiligung lag zwischen 1965 und 2012 bei etwa 80–85 % und fiel 2017 auf 75 %. Bei den Parlamentswahlen in den vergangenen Jahrzehnten sank sie viel stärker, von 75–80 % in den 1950er und bis in die 1980er Jahre auf 60–65 % in den 2000ern und sogar auf unter 50 % im Jahr 2017 (siehe Grafik 14.7).[1]

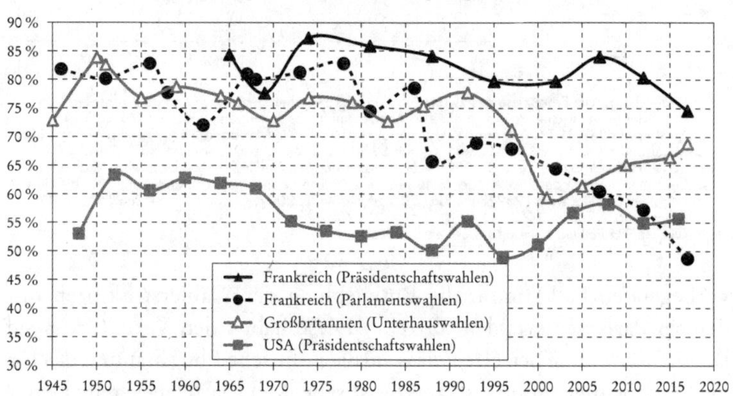

Grafik 14.7.: Die Wahlbeteiligung blieb bei den Präsidentschaftswahlen seit 1965 relativ stabil bei 80% bis 85 % (mit leichten Einbußen 2017 bei 75 %). Der Rückgang fiel bei den Parlamentswahlen deutlich stärker aus. Die Wahlbeteiligung lag bis in die 1970er Jahre bei 80 % und im Jahr 2017 bei 50 %. Die Wahlbeteiligung in Großbritannien ist gesunken und seit 2010 wieder gestiegen. In den Vereinigten Staaten schwankt sie generell um die 50 % bis 60 %.
Quellen und Reihen: siehe piketty.pse.ens.fr/ideologie.

Auch in Großbritannien lag die Wahlbeteiligung bei Parlamentswahlen von den 1950er bis zu den 1980er Jahren bei 75–80 % und ging in den 1990er Jahren rasch zurück (etwa 60 % zu Beginn der 2000er Jahre), um dann in den 2010er Jahren wieder anzusteigen (etwa 70 % im Jahr 2017). In den Vereinigten Staaten war die Wahlbeteiligung immer

---

beiden die Führung innehaltenden Kandidaten in die zweite Runde der Präsidentschaftswahlen gehen.

1 Es werden die Wahlbeteiligungen angegeben, die im ersten Wahlgang der Parlamentswahlen und im zweiten Wahlgang der Präsidentschaftswahlen (die aus den oben genannten Gründen im Allgemeinen höher ausfallen) beobachtet wurden.

schon recht gering, sodass der Rückgang weniger deutlich ausfiel. In den 1950er und 1960er Jahren lag sie um 60–65 % und schwankte 1970–2020 zwischen 50 und 55 %.[1]

Der Rückzug der Unterschichten von den Wahlen

Die höchsten Wahlbeteiligungen korrelieren bezeichnenderweise mit einer gewissen sozialen Gleichheit zum Zeitpunkt der Wahl. Im Gegenzug gehen die geringsten Beteiligungen mit ausgeprägter sozialer Ungleichheit einher. Dabei war die Wahlbeteiligung bei den sozial begünstigten Wählern weiterhin relativ hoch und ging bei den Unterschichten zurück (siehe Grafik 14.8). Man kann die Abhängigkeit der Wahlbeteiligung von den individuellen sozioökonomischen Eigenschaften konkret messen. In den Vereinigten Staaten ist sie insgesamt niedrig, bei den einkommensstärksten 50 % der Wähler lag sie aber immer über der Quote der einkommensschwächsten 50 %. Der Abstand schwankte in den letzten sechzig Jahren üblicherweise zwischen 12 und 20 Prozentpunkten. Eine ähnlich gelagerte Tendenz lässt sich auch bei der Abhängigkeit von Bildungsniveau, Beruf und Vermögen erkennen. Unabhängig vom untersuchten Kriterium findet man bei den unteren Schichten deutlich mehr Nichtwähler.

In Großbritannien und Frankreich war die Wahlbeteiligung zwischen 1950 und 1980 in den Unterschichten fast genauso hoch wie in der Mittel- und der Oberschicht. Die einkommensstärksten 50 % wichen von den einkommensschwächsten 50 % um gerade einmal 2–3 Prozentpunkte ab. Anders gesagt nahmen Vertreter aller sozialen Kategorien in praktisch gleichen Anteilen an der Wahl teil (bei Wahlbeteiligungen um die 80 %). Seit den 1990er Jahren verschiebt sich die Wahlbeteiligung der einzelnen sozialen Gruppen mit dem allgemeinen Rückgang der Wahlbeteiligung immer weiter. In den 2010er Jahren liegt die Differenz zwischen den einkommensstärksten und den einkommensschwächsten 50 % in Frankreich und Großbritannien bei ungefähr 10–12 Prozent-

---

1 Es bleibt festzustellen, dass mit 58 % bei der ersten Wahl Obamas im Jahr 2008 ein Höchststand erreicht wurde. Die in Grafik 14.7 für die Vereinigten Staaten dargestellten Wahlbeteiligungen sind diejenigen, die während der Präsidentschaftswahlen beobachtet wurden. Die Beteiligung an Parlamentswahlen (Repräsentantenhaus und Senat) fällt im Allgemeinen deutlich geringer aus (insbesondere bei den Midterm Elections).

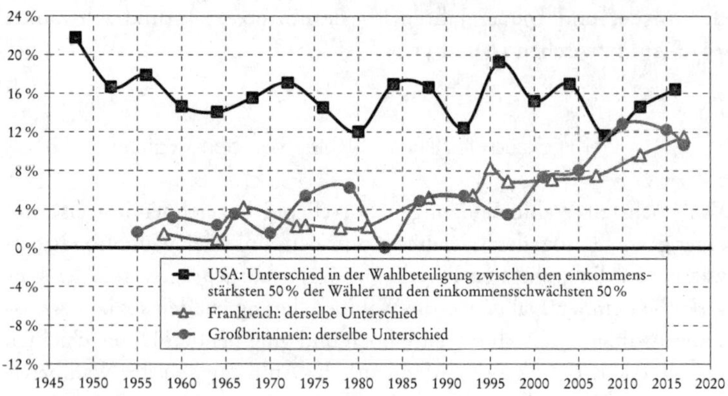

Grafik 14.8.: Zwischen 1950 und 1980 lag die Wahlbeteiligung in Frankreich und Großbritannien bei den 50 % der Wähler mit dem höchsten Einkommen nur um 2 % bis 3 % höher als bei den 50 % mit dem niedrigsten. Dieser Abstand vergrößerte sich danach und erreichte 2010 10 % bis 12 % und näherte sich damit dem in den Vereinigten Staaten beobachteten Niveau an.
Quellen und Reihen: siehe piketty.pse.ens.fr/ideologie.

punkten. Damit nähert sie sich den Vereinigten Staaten an (siehe Grafik 14.8). Auch hier gibt es ähnliche Differenzen, wenn man nach den Kategorien Bildung, Beruf und Vermögen sortiert.[1]

Auf das für diese Untersuchung zentrale Phänomen der niedrigeren Wahlbeteiligung der Unterschichten werden wir näher eingehen. In den Vereinigten Staaten ging die Wahlbeteiligung im vergangenen halben Jahrhundert nahezu durchgängig zurück. In Frankreich und Großbritannien kam das Phänomen erstmals zwischen 1990 und 2020 auf, während die Beteiligung in den Jahren 1950–1980 relativ egalitär war. Dies kann natürlich damit erklärt werden, dass die Unterschichten im späteren Zeitraum sich von den politischen Bewegungen und Wahlpro-

1 Genau genommen lassen der Stichprobenumfang und die Grenzen des verfügbaren Datenmaterials die Unterschiede bei der Wahlbeteiligung in Bezug auf Einkommen, Bildungsniveau und Vermögen ähnlich erscheinen. Vollständigere Datensätze können in einigen Dimensionen ausgeprägtere Verzerrungen aufzeigen. Es sei auch darauf hingewiesen, dass sich die für Frankreich angegebenen Abstände bei der Wahlbeteiligung auf die Präsidentschaftswahlen beziehen und bei den Parlamentswahlen noch höher liegen (mit einem Abstand von 12 bis 15 % innerhalb des Zeitraums 2012 bis 2017 zwischen den einkommensstärksten 50 % und den einkommensschwächsten 50 %, das heißt auf einem Niveau, das fast identisch mit dem in den Vereinigten Staaten und höher ist als das in Großbritannien). Siehe Technischer Anhang.

grammen nicht mehr so gut vertreten fühlen. In der Zeit der stark zurückgehenden Wahlbeteiligung der Unterschichten regierten auffälligerweise Tony Blairs «New Labour» 1997–2007 und die französischen Sozialisten von 1988–1993 und 1997–2002.

Außerdem werden die genannten Wahlbeteiligungen auf die Zahl der in den Wählerverzeichnissen eingetragenen Personen bezogen. Wer nicht eingetragen war, wurde in Nachwahlerhebungen nicht berücksichtigt. Dabei standen bisweilen über 10 % der Wahlberechtigten, besonders aus den Unterschichten, nicht in den Wählerverzeichnissen. Dies betraf insbesondere Schwarze in den Vereinigten Staaten, denn in einigen Staaten bestehen Einschränkungen des Wahlrechts, wenn man keinen bestimmten Ausweis besitzt oder im Gefängnis war.[1] In den Nachwahlerhebungen von 2012 und 2017 kann man die Zahl der nicht Eingetragenen in Frankreich erkennen. Die soziale Kluft ist hier sehr groß.[2]

Der Rückgang der Wahlbeteiligung in den Unterschichten im Zeitraum 1990–2020 verdeutlicht den tiefgreifenden Umbruch nach dem Ende der politischen Spaltungen entlang von «Klassengrenzen» im Zeitraum 1950–1980. Dass die politische Auseinandersetzung zwischen Klassen ausgetragen wird – eine Partei oder politische Ausrichtung erhält die Stimmen der unteren Schichten (nach den Dimensionen Bildung, Einkommen, Eigentum) und die andere die Stimmen der oberen Schichten (ebenfalls nach allen Dimensionen) –, ist absolut betrachtet weder gut noch schlecht. Eine allzu ausgeprägte Spaltung beim Kampf um Wählerstimmen auf der Grundlage von Klassendifferenzen steht sogar gewissermaßen für ein Versagen der Demokratie. Die Wahl be-

1 Bis Mitte der 1960er Jahre war es für Afroamerikaner in den Südstaaten fast unmöglich, das Stimmrecht zu erhalten (insbesondere aufgrund sogenannter Bildungskriterien, die von den mit Weißen besetzten Verwaltungen in der Praxis völlig voreingenommen angewandt wurden). Die Bundesgesetze von 1964/65 beendeten die gröbsten Ungleichbehandlungen, ermöglichten es den Staaten allerdings weiterhin, über die Listen zu verfügen und ihre soziale und rassische Zusammensetzung indirekter zu beeinflussen.

2 In der Tat geht aus diesen beiden Nachwahlerhebungen hervor, dass die Nichteintragung in die Wählerverzeichnisse durchschnittlich 6 % der in Frankreich wohnhaften Franzosen betrifft, und dieser Prozentsatz reicht von 4 % bei den Führungskräften und den am besten Qualifizierten bis zu 10 % bei den Arbeitern und den am wenigsten Qualifizierten (und von 11 % bei den 18- bis 25-Jährigen bis zu 2 % bei den über 65-Jährigen). Siehe Technischer Anhang. Dieser zusätzliche Effekt wurde in Grafik 14.8 (die sich nur auf Personen konzentriert, die in den Wählerverzeichnissen erfasst sind) nicht berücksichtigt, da diese Informationen für die anderen Jahre nicht verfügbar sind.

schränkte sich dann auf einen Interessengegensatz und brächte keinen Austausch von Sichtweisen und Erfahrungen ein. Dies ist jedoch unabdingbar, wenn das Wahlsystem insgesamt sinnvoll sein soll.[1] In diesem Fall, im Zeitraum 1950–1980, ließen die Gräben zwischen den Klassen viel Raum für abweichende, subjektive Entwicklungen. Die niedrigsten Bildungs-, Gehalts- und Vermögensniveaus hingen durchschnittlich mit etwas mehr Stimmen für linke Parteien zusammen, das war aber längst nicht durchweg der Fall.

Mindestens einen Vorteil hatte der klassenbezogene Wahlkampf: Mit ihm ging eine starke gleichmäßige Beteiligung aller sozialen Schichten einher.[2] In der politischen Auseinandersetzung gab es also ausreichend Platz für Fragen der Umverteilung, etwa die Einführung von Sozialversicherungssystemen und das Erstarken des Steuer- und Sozialstaats. Jede Gruppierung brachte in diese Debatten gegensätzliche Erfahrungen und Bestrebungen ein, und aus diesen Gegensätzen entstanden Entscheidungen. Diese kann man nur naiv als völlig demokratisch bezeichnen, denn es gab viele Asymmetrien bei der Verteilung von Macht und politischem Einfluss. Nichtsdestoweniger stützten sie sich auf eine gleichmäßige Beteiligung aller sozialen Schichten. Das multi-elitäre Wahlsystem von 1990–2020 spiegelt durchaus noch die sozialen Bruchlinien. Ein politischer Block vereint die Stimmen der Personen mit dem höchsten Bildungsniveau auf sich, während der andere die Wähler mit den größten Vermögen und Einkommen gewinnt. Doch die Umverteilungsdebatte rückt weitgehend in den Hintergrund. Dies geht mit dem Rückzug der unteren Schichten aus dem politischen Spiel einher – und das kann man wohl kaum als positiv bewerten.

---

1 In seinem *Essai sur l'application de l'analyse à la probabilité des décisions rendues à la pluralité des voix* (1785) hatte Condorcet diese Widersprüchlichkeit des Wahlsystems gut zusammengefasst: Wenn jeder Teilnehmer Informationen oder Erfahrungen von öffentlichem Interesse in die Debatte einzubringen hat, kann ein Mehrheitsbeschluss diese sinnvoll aufnehmen, und niemand hat ein Interesse daran, die als Geschworenengericht betrachtete Wahl durch eine Diktatur zu ersetzen; wenn die Wahl hingegen auf die Konfrontation gegensätzlicher Interessen reduziert wird, dann kann sie in das ungeordnete Abwechseln von Mehrheiten münden (jede mögliche Entscheidung kann bei der nächsten Abstimmung von einer anderen Mehrheit bevorzugt werden). Siehe Technischer Anhang.

2 Zumindest in Europa. Dass das US-Wahlsystem noch nie eine so starke soziale Mobilisierung zugelassen hat, kann mit dem geringeren sozialen Anspruch des New Deal im Vergleich zu den Erfahrungen der europäischen Sozialdemokratie in Verbindung gebracht werden (siehe Kapitel 11).

Umkehrung des Bildungsgefälles: die neue Akademikerpartei

Die sicherlich bemerkenswerteste Entwicklung ist der allmähliche Wandel der Arbeiterparteien zu Akademikerparteien. Die Umkehrung des Bildungsgefälles ist allgegenwärtig. Dies müssen wir vorausschicken, bevor wir uns an Erklärungen versuchen. Die Umkehrung ist vollständig, sie tritt auf allen Ebenen der Bildungshierarchie auf. Bei den Parlamentswahlen von 1956 waren linke Parteien (Sozialisten, Kommunisten und Parti Radical) mit insgesamt fast 54 % besonders erfolgreich. Bei Wählern ohne Schulabschluss oder mit Grundschulabgangszeugnis, damals 72 % der Wählerschaft, erhielten sie sogar 57 % (siehe Grafik 14.9). Bei Absolventen einer Sekundarschule, 23 % der Wählerschaft, lag ihr Anteil bei 49 %. Bei Hochschulabsolventen, nicht einmal 5 % aller Wähler, erhielten sie nur 37 %.

Dieses Ergebnis könnte ein statistischer Zufall sein, etwa an der kleinen Stichprobe der Nachwahlerhebung oder den besonderen Umständen dieser einen Wahl liegen. Doch das ist nicht der Fall. Auch wenn die Stichprobe nicht so groß ist, wie man es sich wünschte, ist die Differenz

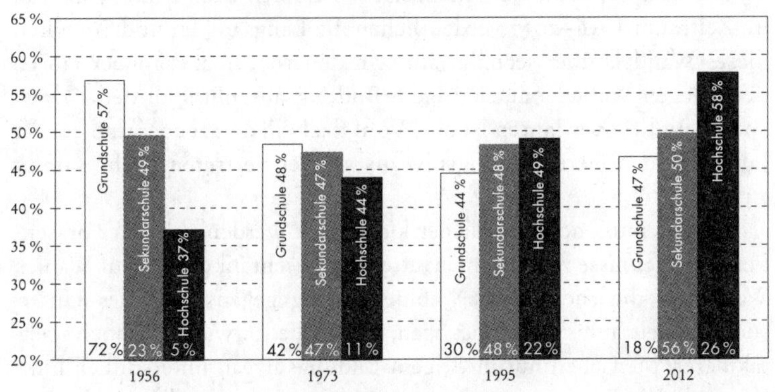

Grafik 14.9.: Bei den Parlamentswahlen 1956 stimmten Wähler ohne Abschluss bzw. mit Grundschulabgangszeugnis als höchstem Abschluss (72 % der Wähler) zu 57 % für linke Parteien (Sozialisten, Kommunisten, Radikale), verglichen mit 50 % der Sekundarschulabsolventen (23 % der Wähler) und 37 % der Hochschulabsolventen (5 % der Wähler). Bei den Präsidentschaftswahlen 2012 war das Bildungsgefälle völlig umgekehrt: Der linke Kandidat holte im zweiten Wahlgang 58 % der Stimmen bei den Hochschulabsolventen gegenüber 47 % bei Wählern ohne Abschluss bzw. mit Grundschulabgangszeugnis (18 % der Wählerschaft).
Quellen und Reihen: siehe piketty.pse.ens.fr/ideologie.

doch sehr groß. Die Kurve von nachlassender Zustimmung bei höherem Bildungsniveau liegt hier wie in allen damaligen Wahlen vor. Sie lässt sich ausnahmslos in jeder Erhebung unabhängig von den politischen Ereignissen nachweisen. Das Bild von 1956 wiederholt sich auch 1958, 1962, 1965 und 1967. Erst in den 1970er und 1980er Jahren flacht dieses Gefälle ab und kehrt sich allmählich um. Ab den 1990er Jahren wählen deutlich mehr Menschen mit höherem Bildungsniveau linke Parteien. Diese neue Regel tritt mit den 2000er und 2010er Jahren immer stärker hervor.

Bei den Präsidentschaftswahlen von 2012 schlug der sozialistische Kandidat François Hollande mit 52 % der Stimmen den rechten Kandidaten Nicolas Sarkozy. Die Linke verdankte ihren Sieg den Wählern mit höherem Bildungsniveau. Von den 18 % der Wähler, die keinen oder lediglich einen Grundschulabschluss hatten, wählten nur 47 % den sozialistischen Kandidaten (siehe Grafik 14.9). Bei Absolventen einer Sekundarschule (56 %) lag sein Ergebnis bei 50 %, bei Hochschulabsolventen (26 %) bei 58 %. Es könnte sich auch hier um einen Zufall handeln, das Ergebnis könnte sich etwa durch die Persönlichkeit des Kandidaten erklären. Doch das trifft nicht zu. Dasselbe Stimmengefälle war bei allen Wahlen in diesem Zeitraum zu beobachten, insbesondere in den Jahren 2002, 2007, 2012 und 2017.[1]

Die Wählerprofile der französischen Linken nach Bildungsniveau im Zeitraum 1956–2017 verdeutlichen die Langsamkeit und Stetigkeit dieses Wandels über sechzig Jahre. In den 1950er und 1960er Jahren überwiegen Wähler mit niedrigem Bildungsabschluss; in den 1970er, 1980er und 1990er Jahren ist das Profil flach; in den 2000er und 2010er Jahren sind höhere Bildungsniveaus stärker vertreten (siehe Grafik 14.10).

Einiges muss noch deutlicher klargestellt werden. Alle hier präsentierten Ergebnisse zur Stimmenaufteilung beschränken sich auf Wähler. Wenn wir die rückläufige Wahlbeteiligung gegen Ende des Untersuchungszeitraums mit einbezögen, würde die Entwicklung noch spektakulärer. Menschen mit niedrigem Bildungsniveau unterstützen linke Parteien also noch weniger als auf Grafik 14.10 dargestellt.

Übrigens besteht die Umkehrung des Bildungsgefälles nicht nur

1 Ich werde später noch auf die Besonderheiten der Wahlen im Jahr 2017 eingehen, die sich in Hinblick auf die Spaltungen im Bereich des Bildungsniveaus in direkter Fortsetzung der vorangegangenen Wahlen darstellen.

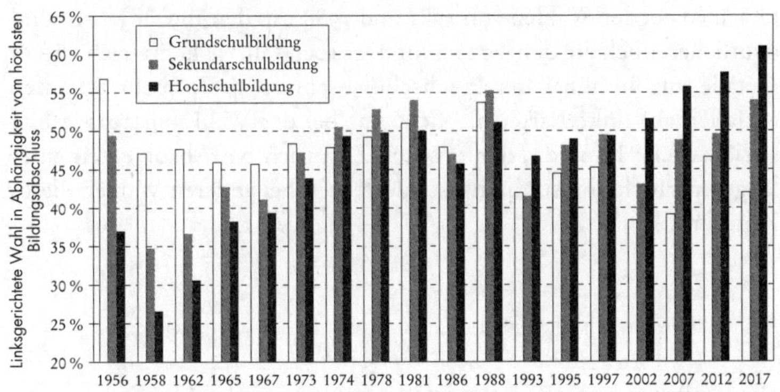

Grafik 14.10.: In den Jahren 1950 bis 1970 fiel die Stimmvergabe für die linken Parteien (Sozialisten, Kommunisten, Radikale) am höchsten unter den Wählern ohne Abschluss (oder mit dem Grundschulabschluss als höchstem Abschluss) aus und niedriger unter den Abiturienten und Hochschulabsolventen. In den Jahren 2000 bis 2020 verhielt es sich genau umgekehrt.
Quellen und Reihen: siehe piketty.pse.ens.fr/ideologie.

hinsichtlich der Grund-, Sekundar- und Hochschulniveaus, sondern auch innerhalb jeder Abschlusskategorie. Von den Absolventen einer Sekundarschule haben die Absolventen des *lycée* (Sekundarstufe II) zu Beginn des Untersuchungszeitraums nicht so ausgeprägt links gewählt wie die Absolventen des *collège* (Sekundarstufe I).[1] Am Ende ist es umgekehrt: Abiturienten wählen häufiger links als Absolventen des *collège*. Genauso verhält es sich bei Hochschulabsolventen, die in den Nachwahlerhebungen ab den 1970er Jahren feiner erfasst werden, weil die universitäre Bildung breiter und vielfältiger wird. Die Ergebnisse sind nun nach Abschlüssen mit kürzerer (zwei- oder dreijähriger) und längerer Studienzeit aufgeschlüsselt (darunter fallen die dem Magister ähnliche *maîtrise*, Aufbaustudiengänge des sogenannten *diplôme d'études approfondies*, Abschlüsse von Elitehochschulen für Wirtschaft und Naturwissenschaften etc.). Bei den Wahlen von 1973, 1974 und 1978, als Hochschulabsolventen generell eher für rechte Parteien und Kandidaten stimmten, drückte sich dies besonders stark bei Absolventen eines

1 Das *brevet de collège* oder Äquivalent wie ein *brevet d'études du premier cycle* (dem Mittleren Schulabschluss, Realschulabschluss bzw. der Mittleren Reife in Deutschland vergleichbar, Anm. d. Übersetzers) wird nach dem *collège* (grundsätzlich im Alter von 15 Jahren) erworben, während das *baccalauréat* (Abitur) den Abschluss des *lycée* (grundsätzlich im Alter von 18 Jahren) bescheinigt und den Hochschulzugang ermöglicht.

längeren Studiengangs aus. Ähnlich verhielt es sich mit geringerem Unterschied bei den Wahlen von 1981 und 1988. Ab den 1990er Jahren und deutlicher noch in den 2000er und 2010er Jahren kehrt sich dieses Gefälle um. Je höher der Hochschulabschluss, desto mehr Stimmen entfallen auf linke Parteien. Nicht nur bei der Wahl von 2012 erhält sozialistische Kandidat den größten Zuspruch bei Absolventen eines längeren Hochschulstudiums, sondern auch bei anderen Wahlen dieses Zeitraums.[1]

Die Beständigkeit der Umkehrung des Bildungsgefälles

Die Umkehrung des Bildungsgefälles kommt in jeder Altersgruppe vor, allgemeiner in Gruppen mit ähnlichen soziodemografischen und wirtschaftlichen Charakteristika. Beginnen wir beim Effekt des Alters. Man könnte meinen, dass die besonders hohe Zustimmung von Hochschulabsolventen zum sozialistischen Kandidaten im Jahr 2012 sich nicht hauptsächlich als Effekt des Bildungsniveaus erklären lasse, sondern auf das Alter der Akademiker zurückzuführen sei, und jüngere Menschen eher links wählten. Dies trifft zum Teil zu und erklärt die geringere Differenz des Stimmenanteils für linke Parteien zwischen Hochschulabsolventen und allen anderen Wählern in höheren Alterssegmenten. Diese Differenz ist aber relativ schwach. Es gibt viele junge Leute ohne und viele ältere Menschen mit Hochschulabschluss, sodass sich die beiden Faktoren klar trennen lassen. Die Daten jeder Nachwahlerhebung zeigen unzweideutig, dass sich das Bildungsniveau innerhalb einer Altersgruppe fast immer genauso stark auswirkt wie bei der Bevölkerung insgesamt. Außerdem hat es diese leichte Verschiebung immer schon gegeben. Junge Leute haben schon immer eher links gewählt und hatten schon immer ein höheres Bildungsniveau als der Bevölkerungsdurchschnitt, und zwar in den 1950er und 1960er Jahren ebenso wie in den 2000er und 2010er Jahren. Freilich ist die Kurve nach Einbeziehung der Variable Alter etwas flacher als ohne Kontrollvariable (in geringem

1 Siehe Technischer Anhang, Grafik S14.10. Wenn es möglich wäre, die einzelnen Universitätsstudiengänge und -fächer oder die verschiedenen Elitehochschulen zu unterscheiden, wäre es wohl möglich, interessante Variationen und Entwicklungen aufzuzeigen. Leider verhindern die verfügbaren Stichprobengrößen sowie die in den Nachwahlerhebungen verwendeten Fragebögen (die alle höherwertigen Hochschulabschlüsse zu einer Kategorie zusammenfassen) diese Art der Analyse.

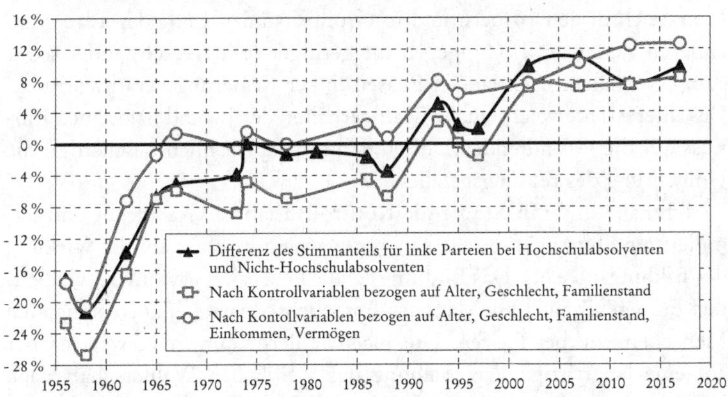

Grafik 14.11.: 1946 erzielten linke Parteien (Sozialisten, Kommunisten, Radikale) bei Hochschulabsolventen ein um 17 Prozentpunkte niedrigeres Ergebnis als bei Nicht-Hochschulabsolventen; 2012 lag das Ergebnis bei Hochschulabsolventen 8 Prozentpunkte darüber. Die Kontrollvariablen wirken sich auf die Höhe aus, nicht aber auf die Tendenz.
Quellen und Reihen: siehe piketty.pse.ens.fr/ideologie.

Maße hängt der Bildungseffekt mit dem Alter zusammen), aber diese Wirkung ist nach ersten Schätzungen über die Zeit hinweg konstant. Das Alter beeinflusst die recht beständige Tendenz der letzten fünfzig Jahre also nur sehr gering (siehe Grafik 14.11).[1]

Auch in anderen Wahldemokratien lässt sich der Effekt des Alters auf das Wahlverhalten nachweisen. Er wirkt sich auch dort nicht auf die Umkehrung des Bildungsgefälles aus. Über den gesamten Untersuchungszeitraum haben Wähler im Alter zwischen 18 und 34 Jahren tendenziell eher links gewählt als Wähler über 65 Jahren; das Wahlverhalten in den Vereinigten Staaten zugunsten der Demokraten und in Großbritannien zugunsten Labours entspricht dem. Die ideologische Ausrichtung dieser Parteien war nämlich im Allgemeinen für die Interessen der Jugend günstiger (vor allem hinsichtlich Moral und Religion). Rechte Parteien vertraten eher Haltungen älterer Wählerschichten. Überall aber ist die Stimmendifferenz zwischen jüngeren und älteren Wählern sehr wechselhaft.

---

1 Alle technischen Details zu den durchgeführten statistischen Regressionen sowie das Datenmaterial, mit denen diese Ergebnisse aus den Rohdaten gewonnen werden, sind im Technischen Anhang online verfügbar. Siehe auch T. Piketty, «Brahmin Left vs Merchant Right. Rising Inequality and the Changing Structure of Political Conflict (Evidence from France, Britain and the U.S., 1948–2017)», a. a. O.

Sehr groß ist sie in den Vereinigten Staaten in den 1960er Jahren, in Frankreich in den 1970ern und in Großbritannien Ende der 2010er; zu anderen Zeiten ist sie hingegen oft geringer (und verschwindet sogar ganz), vor allem nach langen Phasen linker Regierungsverantwortung.[1] Das interessante wechselhafte Wahlverhalten der Jugend hat keinen Einfluss auf die Grundtendenz, die uns hier hauptsächlich beschäftigt: die Umkehrung des Bildungsgefälles.

Ich habe in Grafik 14.11 die Kontrollvariablen Geschlecht und Familienstand hinzugefügt. Sie haben nur wenig Einfluss auf die Wirkung des Bildungsniveaus. Das Bildungsgefälle kehrt sich sowohl bei wählenden Frauen als auch bei Männern um, ebenso stark bei alleinstehenden Menschen wie bei Paaren. Die Nachwahlerhebungen verweisen aber auf eine langfristige Verschiebung der weiblichen Wählerschaft nach links. In den 1950er und 1960er Jahren wählten Frauen viel eher rechts als Männer, vor allem in Frankreich und Großbritannien, etwas weniger in den Vereinigten Staaten. Diese Geschlechterdifferenz im Wahlverhalten hat sich in den 1970er und 1980er Jahren verringert und kehrte sich dann in Frankreich und Großbritannien leicht (Frauen wählten in den 1990er, 2000er und 2010er Jahren eher links als Männer) und in den Vereinigten Staaten deutlicher um.[2] Zur Erklärung dieser Entwicklung ziehen verschiedene Untersuchungen gestiegene Scheidungsraten, häufigere Trennungen und die schwächere wirtschaftliche Lage von Frauen,

1 Siehe Technischer Anhang, Grafik S14.11a. In den Jahren 1980 und 1984 wird die Abweichung in den Vereinigten Staaten sogar leicht negativ: Die Wähler im Alter von 18 bis 34 Jahren stimmten etwas häufiger für Reagan als die über 65-Jährigen, was das einzige Beispiel für eine solche Umkehrung bei allen Wahlen in den USA, Frankreich und Großbritannien im Zeitraum 1948 bis 2017 darstellt. Andererseits erreicht der Stimmabstand der 18- bis 34-Jährigen (gegenüber den über 65-Jährigen) zugunsten der Labour Party in den Jahren 2015 bis 2017 fast 40 Punkte, gegenüber 25 bis 30 Punkten für die französische Linke in den 1970er Jahren und 15 bis 20 Punkten für die Demokraten in den 1960er Jahren (sowie 2008 bis 2012). Diese Abweichungen fallen nach Berücksichtigung sozioökonomischer Kontrollvariablen (Geschlecht, Bildungsniveau, Einkommen, Vermögen, Beruf der Eltern usw.) etwa gleich groß aus, nehmen aber sehr stark ab, wenn man Konfession und Religionsausübung berücksichtigt, oder ändern in einigen Fällen sogar die Vorzeichen, wie z. B. in Frankreich in den letzten Jahrzehnten: Unter den selbstbezeichneten Katholiken wählen die (sehr wenigen) Jüngsten eher rechte Parteien als die Ältesten. Siehe zu diesem Punkt auch T. Piketty, «Brahmin Left vs Merchant Right. Rising Inequality and the Changing Structure of Political Conflict, Rising Inequality and the Changing Structure of Political Conflict (Evidence from France, Britain and the U. S., 1948–2017)», a. a. O., Abbildung 2.2g.

2 Siehe Technischer Anhang, Grafik S14.11b.

insbesondere von alleinerziehenden Müttern, heran.[1] Hintergrund sind tiefgreifende sozioökonomische und politisch-ideologische Veränderungen der Familienstrukturen sowie die gestiegene Bedeutung des Themas der Gleichstellung von Mann und Frau. Berufliche Gleichstellung ist allmählich an die Stelle des patriarchalischen Modells und der in den 1950er und 1960er Jahren vorherrschenden, von vielen Frauen verinnerlichten Ideologie der Mutter am Herd getreten, und feministische Forderungen wurden hauptsächlich durch linke Parteien vertreten.[2] Wie wir schon ausgeführt haben, bleiben die Geschlechterungleichheiten bei Einkommen und Vermögen trotzdem sehr markant.[3]

Schließlich habe ich noch die Kontrollvariablen Einkommen und Vermögen hinzugefügt. Die Effekte von Einkommen und Vermögen verändern die Kurve nur leicht (wie das Alter) und wirken sich nicht auf die allgemeine Tendenz aus (siehe Grafik 14.11). Anders gesagt besteht die Umkehrung des Bildungsgefälles, dass also in den Jahren 1990–2020 immer mehr Stimmen für linke Parteien aus gebildeten Schichten stammen, auch in den jeweiligen Segmenten von Einkommen und Vermögen.[4] Viele weitere Kontrollvariablen habe ich mit einbezogen, etwa den Beruf der Eltern, den Wohnort und dessen Größe. Keine beeinflusst die

1 Siehe L. Edlund, R. Pande, «Why Have Women Become Left-Wing? The Political Gender Gap and the Decline in Marriage», *Quarterly Journal of Economics*, Bd. 117, Nr. 3, Harvard: MIT Press, August 2002, S. 917–961. Siehe auch R. Inglehart, P. Norris, «The Developmental Theory of the Gender Gap: Women's and Men's Voting Behaviour in Global Perspective», *International Political Science Review*, Bd. 21, Nr. 4, Thousand Oaks 2000, S. 441–463.

2 Es sei angemerkt, dass die Berücksichtigung sozioökonomischer Kontrollvariablen (Bildungsniveau, Einkommen, Vermögen, Beruf der Eltern usw.) nur sehr geringe Auswirkungen auf die klare rechte Tendenz des Frauenwahlrechts in den 1950er und 1960er Jahren hat, die sich dann in allen Kategorien zeigte. Andererseits geht dieser Effekt unter Berücksichtigung der konfessionellen Zugehörigkeit und der Religionsausübung völlig verloren: Unter den erklärten Gläubigen wählten Frauen nicht häufiger rechte Parteien als Männer. Es kann jedoch davon ausgegangen werden, dass die größere Religiosität einiger Frauen in den 1950er und 1960er Jahren durch ein Glaubenssystem über die mütterliche Rolle in Familien und die Kindererziehung bedingt war. Siehe T. Piketty, «Brahmin Left vs. Merchant Right, Rising Inequality and the Changing Structure of Political Conflict (Evidence from France, Britain and the U. S., 1948–2017)», Grafik 2.2c.

3 Siehe Kapitel 13, S. 861–867.

4 Es sei darauf hingewiesen, dass die Berücksichtigung von Einkommen und Vermögen diesmal zu einem Anstieg der Kurve führt, was nur logisch ist, da die höchsten Abschlüsse im Durchschnitt mit höheren Einkommen und Vermögen verbunden sind und die höchsten Einkommen und Vermögen im Allgemeinen die Tendenz zur Wahl rechter Parteien verstärken. Dies ist der gleiche Effekt wie beim Alter, jedoch bewegt er sich in eine andere Richtung (siehe Grafik 14.11).

Umkehrung des Bildungsgefälles. Zu diesem Ergebnis gelangt man auch, wenn man die Einteilung nicht nur zwischen Hochschulabsolventen und dem Rest, sondern zwischen Sekundarschulabsolventen und allen anderen vornimmt, oder aber zwischen den oberen 10 % der Wähler in Bezug auf formale Bildung und den 90 % darunter bzw. den oberen 50 % und den unteren 50 %.[1] Das Bildungs- und Politikgefälle hat insgesamt einen Richtungswechsel vollzogen. Früher nahmen die Stimmen für linke Parteien von den niedrigeren zu den höheren Abschlüssen ab, jetzt nehmen sie zu. Es ist gleich, wie das Bildungsniveau aufgeschlüsselt wird: Die Umkehrung ist immer dieselbe.

Umkehrung des Bildungsgefälles, Neudefinition der beruflichen Gruppierungen

Für bestimmte Berufsgruppen und Tätigkeitssektoren war die Umkehrung des Bildungsgefälles besonders spürbar. Zu den Gruppen mit niedrigerem Bildungsniveau, die in den 1950er und 1960er Jahren links wählten und 1990–2020 weitgehend nicht mehr, gehören vor allem Industriearbeiter. Der Einbruch der Arbeiterstimmen für sozialistische, kommunistische, sozialdemokratische und Arbeiterparteien in den Jahrzehnten nach dem Krieg ist wohlbekannt und lässt sich in allen westlichen Ländern beobachten.[2] Die nächstliegende Erklärung ist die immer stärkere Wahrnehmung, dass die Linke weniger Erfolg beim

1 Siehe Technischer Anhang, Grafiken S14.11c–S14.11d.

2 Der Alford-Index misst üblicherweise den Unterschied zwischen der Wahl sozialdemokratischer Parteien (beziehungsweise von Labour, den amerikanischen Demokraten oder sozialistischen Parteien, je nach Land) durch das Arbeitermilieu und die übrige Bevölkerung. Dieser Index fiel in den 1950er und 1960er Jahren in allen westlichen Ländern sehr hoch aus (mit bis zu 40 bis 50 Punkten in nordischen Ländern wie Schweden und Norwegen, wo die Stimmabgabe für die Sozialdemokraten unter den Arbeitern manchmal 70 % bis 80 % erreichte). In den 1980er und 1990er Jahren nahm der Wert allmählich ab und ging in den 2000er Jahren nahezu gegen null (in einigen Fällen sogar in den Negativbereich). Siehe R. Alford, «A Suggested Index of the Association of Social Class and Voting», *Public Opinion Quarterly*, Bd. 26, Nr. 3, Oxford University Press August 1962; S. Bartolini, *The Political Mobilization of the European Left, 1860–1890. The Class Cleavage*, Cambridge University Press 2000; G. Evans, *The End of Class Politics? Class Voting in Comparative Context*, Oxford University Press 2000; R. Inglehart, P. Norris, «Trump, Brexit and the Rise of Populism. Economic Have-Nots and Cultural Backlash», Harvard's Kennedy School of Government, 2016, Figure 7. Die Einschränkung eines solchen Messinstruments besteht darin, dass der Begriff des Arbeiters von Land zu Land und von Zeit zu Zeit sehr unterschiedlich verwendet

Verfechten von Arbeiterrechten hat, vor allem nach dem enormen Rückgang von Industriearbeitsplätzen und einer unzureichend kollektiv regulierten Globalisierung.

Umgekehrt zählen zu den wachsenden, weiterhin (oder stärker) links wählenden Berufsgruppen mit hohem Bildungsniveau Lehrer, mittlere und leitende Angestellte im öffentlichen Dienst sowie Vertreter von Gesundheits- und Kulturberufen. Das Bildungsgefälle kehrte sich nicht im luftleeren Raum, in einer unveränderlichen Welt um. Die Gesellschaften veränderten sich schnell, das Bildungsniveau stieg beispiellos, immer mehr Menschen erhielten Zugang zur Sekundar- und Hochschule, und der Dienstleistungssektor wurde stärker.

Es wäre jedoch falsch, die Umkehrung des Bildungsgefälles direkt auf bestimmte Berufe zu beziehen (Arbeiter, Lehrer etc.). Der Studienabschluss wirkt sich auch innerhalb der Berufe und Tätigkeitssektoren aus. Angestellte im Privatsektor (oder nichtindustrielle Angestellte im Privatsektor oder Angestellte im öffentlichen Sektor) mit niedrigerem Bildungsniveau wählten zwischen 1950 und 1970 eher links, und in den Jahren 1990–2020 nicht mehr. Nicht nur Industriearbeiter haben aufgehört, linke Parteien zu wählen, die weniger gut ausgebildeten Angestellten im Dienstleistungssektor wenden sich genauso stark ab. Die verfügbaren Daten lassen eine weitere Aufschlüsselung der miteinander verknüpften Auswirkungen von Beruf und Bildungsabschluss leider nicht in wünschenswertem Maße zu.[1] Die Umkehrung des Bildungsgefälles lässt sich mit ihnen aber als ein allgemeines, nicht auf einen bestimmten Sektor oder eine bestimmte politische Partei beschränktes Phänomen erkennen.[2]

---

wird und dass sich der Anteil der betroffenen erwerbstätigen Bevölkerung im Laufe der Zeit erheblich verändert.

1 In der Praxis werden die in den Grafiken 14.11 und S14.11c–S14.11d dargestellten Tendenzen nicht durch die Einbeziehung von Kontrollvariablen für das Beschäftigungsverhältnis (Angestellte des öffentlichen Sektors, Arbeitnehmer des privaten Sektors, Selbstständige) und die Berufsgruppe (Arbeiter, Angestellte, Manager, sonstige Erwerbstätige) beeinflusst. Es ist jedoch zu beachten, dass sich die in den Umfragen verfügbaren Berufsgruppen häufig innerhalb des Zeitraums von den 1950er bis zu den 1970er Jahren ändern und dass der Umfang der Stichproben die Möglichkeiten zur Untersuchung der verschiedenen Wechselwirkungen stark einschränkt. Siehe Technischer Anhang.

2 Innerhalb der französischen Linken erhielten die Kommunisten immer schon mehr Stimmen bei den unteren Schichten der Bevölkerung und bei weniger gut ausgebildeten Wählern im Vergleich zu den Sozialisten. Aber beide Wählerschaften bewegten sich in vergleichbarem Ausmaß in Richtung der am höchsten Qualifizierten (zumindest als erste Annäherung und

Die Linke und die Unterschicht: Anatomie eines Bruchs

Wie lässt es sich erklären, dass die linken Parteien in den 1950er und 1960er Jahren Parteien der Arbeiter und benachteiligten Angestellten waren und in den 1990er und 2000er Jahren zu Akademikerparteien geworden sind? Bevor wir diese Frage beantworten können, müssen wir die Entwicklungen und die zugrundeliegenden Vorgänge in den Vereinigten Staaten, Großbritannien und den anderen Ländern untersuchen. Vereinfacht ausgedrückt gibt es zwei große Erklärungsansätze: eine soziale und eine nativistische Hypothese. Beide schließen sich nicht gegenseitig aus. Die soziale Hypothese erscheint mir aber als deutlich wichtiger und überzeugender. Ihr zufolge fühlen sich die Unterschichten von der Linken allmählich immer stärker verlassen, weil diese sich anderen sozialen Gruppen (mit höherem Bildungsniveau) zugewandt haben. Gemäß der nativistischen Hypothese haben rassistische und migrationsfeindliche Verlockungen die Unterschicht von der Linken entfremdet. In den Vereinigten Staaten ist letztere Erklärung besonders verbreitet. Oft wird (nicht ohne Grund) behauptet, dass die weißen Unterschichten der Südstaaten zu den Republikanern übergegangen seien, seit sich die Demokraten in den 1960er Jahren für ethnische Gleichberechtigung und die Aufhebung der Rassentrennung einsetzten. Mehrere Studien betonen das Aufkommen neuer Konflikte in Fragen der Migration und der multikulturellen Gesellschaft ab den 1980er und 1990er Jahren in Europa und den Vereinigten Staaten. Auch diese Fragen hätten der zweiten Hypothese zufolge zur Entfremdung der Unterschichten von linken Parteien beigetragen.[1] Diesen ernst zu nehmenden

---

erneut unter Berücksichtigung der begrenzten Stichprobengrößen, die die Aussagefähigkeit einschränken), und die Gesamtentwicklung wurde durch den Rückgang des Stimmenanteils für die Kommunisten insgesamt noch beschleunigt. Auf jeden Fall ist die wesentliche Tatsache die, dass dieselbe Umkehrung des Bildungsgefälles in denjenigen Ländern zu beobachten ist, in denen die zur Wahl stehenden Linken nicht auf jene Weise untergliedert wurden (insbesondere in angelsächsischen Ländern). Es handelt sich hierbei daher um eine Entwicklung, deren politische und intellektuelle Wurzeln ein allgemeines Phänomen darstellen.

1 Siehe H. Kitschelt, *The Radical Right in Western Europe*, Michigan University Press 1995; S. Bornshier, *Cleavage Politics and the Populist Right*, Temple University Press, 2010. Siehe auch R. Inglehart, *Modernisierung und Postmodernisierung: kultureller, wirtschaftlicher und politischer Wandel in 43 Gesellschaften*, Frankfurt a. M.: Campus 1998; R. Inglehart, P. Norris, «Trump, Brexit and the Rise of Populism: Economic Have-Nots and Cultural Backlash», a. a. O.

Ansatz werden wir uns genauer anschauen. Unbestritten haben traditionell rechte Parteien wie die amerikanischen Republikaner oder die britischen Konservativen sowie neue rechtsextreme Bewegungen nach dem Modell des französischen Front National (FN) in den letzten Jahrzehnten ausgiebig nativistische, rassistische und migrationsfeindliche Themen bedient.

Die nativistische Hypothese ist jedoch in vielerlei Hinsicht problematisch. Sie scheint die zu beobachtenden Entwicklungen nicht richtig abbilden zu können. Die Umkehrung des Bildungsgefälles ist nämlich ein langfristiges Phänomen, das bereits in den 1960er und 1970er Jahren in den Vereinigten Staaten, Frankreich und Großbritannien eingesetzt hat, das heißt, noch bevor in Europa die Spaltung in der Migrationsfrage virulent wurde. Es ist auch recht bequem, alles mit dem mutmaßlichen Rassismus der Unterschichten erklären zu wollen. Rassismus kommt dort nicht stärker vor als bei den Eliten. Wenn die unteren Schichten von migrationsfeindlichen Bewegungen völlig überzeugt wären, müsste ihre Wahlbeteiligung zudem sehr hoch sein. Da diese gering ist, sind die Wähler mit den gegebenen Wahlmöglichkeiten wohl eher unzufrieden. Das Bildungsgefälle kehrte sich in allen Ländern um, für die vergleichbare Daten vorliegen. In diesem Zusammenhang spielten Spaltungen in Migrationsfragen fast keine Rolle. Dies spricht für die soziale Hypothese: Die Unterschichten fühlen sich von der Linken verlassen, und der nativistische Diskurs nutzt diesen Umstand aus, um einen Teil der verlassenen Wählerschaft aufzufangen.

Die «brahmanische Linke»: soziale Gerechtigkeit und Bildungsgerechtigkeit

Versuchen wir nun, die soziale Hypothese und ihre Bedeutung für Frankreich besser zu verstehen. Dafür betrachten wir die Entwicklung des Wahlverhaltens von 1956 bis 2012 (siehe Grafik 14.9). Zum Zeitpunkt der Parlamentswahlen von 1956 hatten 72 % der Wähler keinen Bildungsabschluss (oder nur einen Grundschulabschluss), 2012 waren es nur noch 18 %. Anders gesagt konnten die meisten Kinder und Enkel der Wähler, die 1956 keinen Abschluss hatten, die höheren Bildungsstufen der Sekundar- oder Hochschule absolvieren. Diejenigen Kinder und Enkel, die einen Hochschulabschluss erreichten (vor allem einen höheren), wählten dabei 2012 zu gleichen Anteilen links wie Wähler ohne Schulabschluss 1956. Absolventen der Sekundarschule (vor allem der Sekundarstufe I ohne Abitur) ließen sich deutlich weniger von der Vorstellung begeistern, linke Parteien zu wählen. Wer aber nur einen Grundschulabschluss oder gar keinen Abschluss erzielte, wandte sich von diesen Parteien in großem Umfang ab.

Dies lässt sich natürlich durch die Wahrnehmung erklären, dass die Linke ihr Wesen und ihre Programmatik völlig geändert habe. Gemäß der sozialen Hypothese hatten die untersten Schichten den Eindruck, dass sich linke Parteien nunmehr eher für gebildetere Bevölkerungsschichten, für Akademiker und deren Kinder, einsetzten als für unterprivilegierte Milieus. Dafür spricht einiges; es scheint sich nicht nur um einen Eindruck zu handeln. Dieser große politisch-ideologische und programmatische Wandel verlief allmählich, fortlaufend und weitgehend unvorhergesehen, indem der Bildungssektor wuchs. Anders gesagt haben sich die linken Parteien ganz unwillkürlich und ohne konkrete Beschlüsse von Arbeiterparteien zu Akademikerparteien entwickelt (zur «brahmanischen Linken», wie ich sie nennen werde).[1] Wem der Aufstieg im öffentlichen Bildungswesen gelungen ist, ist den linken Parteien verständlicherweise dankbar, weil diese sich für Mündigkeit und sozialen Fortschritt durch Bildung einsetzten.[2] Problematisch ist, dass die die Bildungsgewinner zuweilen eine gewisse Selbstgefälligkeit und Herablassung gegenüber dem Rest der Bevölkerung an den Tag legen. Zumindest achten sie nicht besonders darauf, ob die offiziellen meritokratischen Verlautbarungen auch wirklich in der Realität umgesetzt werden. So ist die ehemalige Arbeiterpartei zur Partei der im Bildungssystem Erfolgreichen geworden und hat sich immer weiter von den unteren Schichten getrennt, wie sich schon die Techniker in Youngs hellsichtiger Erzählung von 1958 von den unteren Klassen trennten.[3]

1 Es versteht sich von selbst, dass einzelne politische Akteure mehr Möglichkeiten hatten, diese Entwicklung zu beeinflussen, als die meisten Wähler und Bürger. Ich möchte an dieser Stelle nur betonen, dass diese langfristige Entwicklung auf eine Vielzahl von Akteuren zurückzuführen ist und nicht einem im Voraus festgelegten Plan folgt.

2 Die Nachwahlerhebungen geben weder Aufschluss darüber, ob die Ausbildung staatlich oder privat erfolgte, noch über die Einzelheiten der Lehrgänge und Abschlüsse. Die gleiche Umkehrung des Bildungsgefälles ist jedoch in Ländern zu beobachten, in denen das private Hochschulwesen eine größere Rolle spielt, etwa in den Vereinigten Staaten, was die Anpassungsfähigkeit des neuen meritokratischen Gedankenguts demonstriert.

3 Siehe Kapitel 13, S. 891 f.

Die sich immer stärker von linken Parteien entfremdenden Unterschichten und die neue Akademikerklasse der «brahmanischen Linken» trugen in den letzten Jahrzehnten oft öffentlich politische Konflikte aus – auch heute noch. Dabei geht es um staatliche Dienstleistungen, Raumordnung, kulturelle Versorgung oder Verkehrsinfrastruktur. Diese Auseinandersetzung spiegelt sich auch im Stadt-Land-Gegensatz: Viele Akademiker «steigen» zum Leben und Arbeiten nach Paris «auf», während mittelgroße Städte und ländliche Gebiete schlechter an die Globalisierung angebunden sind.[1] Der Schnellzug TGV, der aufgrund seiner Fahrpreise nur für begüterte, großstädtische Klassen erschwinglich ist, wurde durch die Stilllegung kleiner lokaler Strecken zwischen weniger wichtigen Städten finanziert. Dies illustriert die Spaltung besonders deutlich. Ein weiteres empfindliches Thema sind Steuern und deren Verteilung. Die regierende Linke trug in den 1980er und 1990er Jahren die Liberalisierung der Kapitalflüsse mit, ohne diese Entscheidung abzustimmen oder für sozialen, steuerlichen Ausgleich zu sorgen. Das führte zu einer Begünstigung der wohlhabenden und mobilen Bevölkerungsgruppen, während die Steuerlast für die als immobil geltenden Schichten in Form von indirekten Steuern und höheren Abgaben auf niedrige und mittlere Gehälter drückender wurde.[2]

Die Konflikte zwischen Unterschicht und «brahmanischer Linke» treten auch im Bildungswesen auf. Das französische Schul- und Universitätssystem ist nach wie vor sehr stratifiziert und ungleich. Seit der allmählichen Vereinheitlichung der Lehrpläne für Grundschulen und Sekundarschulen in den 1970er Jahren genießen alle Kinder bis zum Alter von 15 Jahren im Prinzip denselben Unterricht. Zumindest in der Theorie sind Inhalt und Finanzierung für alle Grund- und Sekundarschulen (*collèges*) gleich.[3] Die französischen Gymnasien (*lycées*) glie-

---

1 Dass sich Paris in den Jahren 1990 bis 2000 bei Wahlen «nach links» verschoben hat (insbesondere mit einer sozialistischen Mehrheit bei den Bürgermeisterwahlen 2001, die seitdem immer wieder bestätigt wurde), während Paris bis in die 1970er/80er Jahre stark rechts wählte, stellt an sich schon ein so wichtiges wie deutliches Zeichen dar. Ähnliche Entwicklungen sind bei vielen wohlhabenderen Städten wie London und New York zu beobachten.

2 Siehe Kapitel 11, S. 692–700.

3 Das Schulpflichtalter wurde 1967 von 14 auf 16 Jahre angehoben (ab den Babyboomern), aber erst 1973 wurde eine einheitliche Schulform eingeführt (alle Kinder im Alter von 11 bis 15 Jahren haben damit grundsätzlich die Möglichkeit, an einer allgemeinbildenden Schule nach dem gleichen Lehrplan zu lernen). Früher warteten die Kinder aus den unteren Schichten, nachdem sie ihren Grundschulabschluss im Alter von 11 oder 12 Jahren erworben hat-

dern sich jedoch immer noch in drei Schultypen (allgemeinbildend, technisch und berufsbildend). So werden die sozialen Gräben praktisch reproduziert. Besonders hierarchisch ist in Frankreich das Hochschulsystem aufgebaut. Die wissenschaftlichen, wirtschaftlichen und verwaltungstechnischen Elitehochschulen (*grandes écoles*) mit eigenen Vorbereitungsklassen und Zugangsprüfungen sind äußerst selektiv und elitär. Sie führen zu den wichtigsten Leitungsposten im öffentlichen und privaten Sektor sowie zu hohen Positionen als Manager, Ingenieure und Geschäftsführer.[1] Daneben gibt es Universitäten, die aus historischen Gründen keine Auswahl durchführen dürfen (alle Abiturienten werden im Prinzip automatisch zugelassen), und technische Institute mit einer Studiendauer von zwei oder drei Jahren.

Kinder aus höheren Schichten sind in den Vorbereitungsklassen und Elitehochschulen überrepräsentiert. Diese erhalten, verglichen mit der Ausstattung der Universitätsstudiengänge, die doppelte oder dreifache staatliche Finanzierung pro Studierendem. In Universitäten sind tendenziell Angehörige unterer Schichten eingeschrieben. Der Ausdruck des «republikanischen Elitismus», durchaus positiv gemeint, dient zur Begründung dieses Systems. Das Bildungswesen ist also elitär, aber republikanisch. In Frankreich rechtfertigt letzteres Adjektiv einen Elitismus, der dem Allgemeinwohl dient und den Kriterien von Verdienst und Chancengleichheit genügt, indem er keine Erbprivilegien wie zu Zeiten des Ancien Régime berücksichtigt. Wie alle ideologischen Systeme ist auch dieses teilweise plausibel. Gesellschaften müssen entscheiden, wer verantwortungsvolle Positionen übernehmen soll. Anonyme Aufnahmeprüfungen und ein großer Einsatz staatlicher Mittel kann

---

ten, oft auf das Ende der Schulpflicht in eigens dafür eingerichteten Sonderstufen in den Grundschulen. Siehe hierzu die aufschlussreiche Arbeit von J. Grenet, *Démocratisation scolaire, politiques éducatives et inégalités*, EHESS 2008; ders.: «Is Extending Compulsory Schooling Alone Enough to Raise Earnings? Evidence from French and British Compulsory Schooling Laws», *Scandinavian Journal of Economics*, Bd. 115, Nr. 1, Hoboken, NJ: Wiley-Blackwell 2013, S. 176–210.

1 Seit dem 19. Jahrhundert sind die Vorbereitungsklassen für die Elitehochschulen (*grandes écoles scientifiques et commerciales*) in die besten allgemeinbildenden Gymnasien integriert, sodass dieser Prozess außerhalb des Universitätssystems stattfindet. Die Kurse der Sciences Po (auf die ich mich in Kapitel 13 mit der hemmungslos hypermeritokratischen Äußerung ihres Gründers Boutmy im Jahr 1872 bezogen habe) spielen in der Praxis in etwa die Rolle einer Vorbereitungsklasse für die Aufnahme in die ENA (*École nationale d'administration*), deren Gründung 1945 das System der Grandes écoles ergänzte (und aus deren Absolventen vier von insgesamt sechs Staatspräsidenten seit 1974 hervorgingen).

durchaus den Eindruck einer größeren Gerechtigkeit erwecken als eine Selektion durch hohe Studiengebühren und elterliche Spenden an Privatschulen.[1] Das französische Bildungssystem ist aber besonders inegalitär und auch heuchlerisch. Das übermäßige Vertrauen in Aufnahmeprüfungen als Kriterium für gerechte Ungleichheit kann dazu führen, dass die Entwicklungsmöglichkeiten des Einzelnen nach seinen schulischen Leistungen im Alter von 18 bis 20 Jahren festgelegt werden. Es lässt sich auch schwer begründen, warum für sozial bessergestellte Studierende strukturell höhere staatliche Mittel verausgabt werden als für schlechtergestellte. Letztendlich trägt die öffentliche Hand auf diese Weise zur Steigerung der familiär bedingten Ungleichheiten bei.

Als Akademikerparteien sprechen sich linke Parteien deutlicher für einen republikanischen Elitismus aus, als es ihre einstigen Gegenspieler, die bürgerlichen Parteien, je taten. Unter der Führung der Parti Socialiste übernahmen linke Parteien seit Anfang der 1980er Jahre wiederholt Regierungsverantwortung (etwas mehr als die Hälfte der Zeit). Mit ihren parlamentarischen Mehrheiten hätten sie das französische Hochschulsystem jederzeit verändern können.[2] Sie hätten die Finanzierung umstellen und stärker in Universitätsstudiengänge investieren können als in Elitehochschulen und Vorbereitungsklassen. Sie haben das nicht getan, zweifellos, weil sie die elitistische Finanzierungsstruktur der Hochschulbildung für gerechtfertigt hielten oder weil die Steuermittel prioritär in andere Bereiche (in Form von Steuersenkungen auch an die Reichsten) fließen sollten.[3]

Die staatlichen Bildungsausgaben für Grund-, Sekundar- und Hochschulen sind für die 10 % einer jeden Generation pro Kopf am stärksten begünstigt worden, gleich dreimal so hoch wie für die 50 % mit der geringsten Förderung.[4] Diese großen Ungleichheiten stimmen größtenteils mit den Ungleichheiten der sozialen Herkunft überein; sie ergeben sich aus den unterschiedlichen Zugangsmöglichkeiten zu Sekundar-

1 So wie dies in den Vereinigten Staaten geschieht. Siehe Kapitel 11, S. 676–678.

2 Die Sozialistische Partei führte die Regierung und verfügte in den Jahren 1981–1986, 1988–1993, 1997–2002 und 2012–2017 über eine absolute Mehrheit der Abgeordneten in der Nationalversammlung (manchmal alleine, manchmal mit ihren kommunistischen, radikalen und grünen Koalitionspartnern).

3 Dazu gehören die Senkung der Körperschaftsteuer in den Jahren 1988–1993, die Senkung der Einkommensteuer in den Jahren 2000–2002 und verschiedene Arbeitgeberabgaben in den Jahren 2012–2017.

4 Siehe Kapitel 7, Grafik 7.8. Siehe auch Kapitel 17, Grafik 17.1.

und Hochschulabschlüssen und aus der ungleichen Finanzierung im Hochschulwesen. Dabei werden sie aufgrund fehlender Daten unterschätzt. Sie beruhen auf der Annahme, dass alle Kinder in der Grund- oder Sekundarschule gleichermaßen von durchschnittlichen Jahresaufwendungen profitieren. Die verfügbaren Daten legen jedoch nahe, dass die ärmsten sozialen Gruppen bisweilen weniger abbekommen.

Viele Arbeiten haben nachgewiesen, dass in benachteiligten Schulen weniger erfahrene Lehrer und mehr Aushilfskräfte arbeiten. Dort kommt es am häufigsten zu nicht nachgeholtem Unterrichtsausfall, obwohl dessen negative Auswirkungen auf den schulischen Erfolg bekannt sind und sich für benachteiligte Schüler stärker auswirken.[1] In Paris und reicheren Departements der Umgebung (etwa Haut-de-Seine) liegt der Anteil der angestellten, nicht verbeamteten Lehrer oder Berufseinsteiger in staatlichen *collèges* beispielsweise bei nicht einmal 10 %. In ärmeren Departements wie Val-de-Marne oder Seine-Saint-Denis beträgt er hingegen 50 %.[2] In den meisten Ländern der OECD haben Schüler aus reicheren Milieus (das ist nicht sehr beruhigend) konstant bessere Chancen, auf verbeamtete und erfahrene Lehrer zu treffen, als jene aus ärmeren Milieus, bei denen oft Ersatzlehrer oder Angestellte zum Einsatz kommen. Aber aus manchen Studien geht hervor, dass die Unterschiede in Frankreich besonders ausgeprägt sind.[3]

Bedarf an neuen Normen für Bildungsgerechtigkeit

Im Bildungsbereich ist die Heuchelei besonders stark ausgeprägt. Einerseits gibt es schon seit Anfang der 1980er Jahre Maßnahmen für Schwerpunktschulen. Die öffentliche Hand fördert also besonders benachteiligte Schulen. Andererseits erhalten die reichsten Gebiete weiterhin die meiste öffentliche Förderung. Zwar wurden Bonussysteme für bestimmte prioritäre Fördergebiete eingeführt, aber diese (im Übri-

---

1 Siehe beispielsweise A. Benhenda, J. Grenet, «Teacher Turnover, Seniority and Quality in French Disadvantaged Schools», Paris School of Economics 2016; A. Benhenda, «Absence, Substitutability and Productivity: Evidence from Teachers», Paris School of Economics 2017.

2 Siehe H. Botton, V. Miletto, *Quartiers, égalité, scolarité. Des disparités territoriales aux inégalités scolaires en Ile-de-France*, Cnesco 2018. Siehe auch P. Caro, *Inégalités scolaires d'origine territoriale en France métropolitaine*, Paris: Cnesco 2018.

3 Siehe *Effective Teacher Policies. Insights from* PISA, OECD 2018.

gen intransparenten) Maßnahmen gleichen nur zum kleinen Teil die enormen Finanzierungsunterschiede aus. Die Schulen haben nämlich unverhältnismäßig viel höhere Anteile an angestellten und unerfahrenen Lehrern. Wenn man sich alle zur Verfügung gestellten Mittel für Schüler in Abhängigkeit von der sozialen Stellung der Eltern anschaut, gehen sehr wahrscheinlich in vielen Fällen die größten Summen an sozial begünstigte Schulen und Schüler, vor allem an die Prestigegymnasien in den Innenstädten der Großstädte, wo die meisten verbeamteten und erfahrenen Lehrer arbeiten.

Eine jüngere Studie hat diese Befürchtungen zum Teil bestätigt. Wenn man das Durchschnittsgehalt der Lehrer in den einzelnen Schulen unter Einbeziehung der Boni für Prioritätszonen, aber auch anderer Gehaltsfaktoren (Dienstalter, Studienabschluss, Angestellten- oder Beamtenstatus) berechnet, stellt man fest, dass die Durchschnittsvergütung umso höher ausfällt, je größer der Anteil der Schüler aus höheren sozialen Schichten in der jeweiligen Schule ist. So ist es im *collège* (Sekundarstufe I) wie im *lycée* (Sekundarstufe II). Da die durchschnittliche Klassenstärke in den privilegierten Einrichtungen tendenziell höher ist, gleichen sich die beiden Effekte aus; die Durchschnittskosten pro Schüler bleiben fast genau konstant. Dennoch könnte man meinen, der Staat behandle die Schüler an den bessergestellten *collèges* und *lycées* am besten. Zwar ist die Klassenstärke etwas größer, aber das durchschnittliche Leistungsniveau der Schüler ist höher. Und vor allem profitieren diese von den erfahrensten, qualifiziertesten und bestbezahlten Lehrern.[1] Es ist doch bereits ein ernsthaftes Problem, dass solche Informationen nicht systematisch jährlich veröffentlicht werden und als Grundlage für die Bildungspolitik dienen. Umso bedauerlicher ist dies, als eine bewusste, transparente Politik des Mitteleinsatzes für benach-

1 Im *collège* beträgt das durchschnittliche Lehrergehalt (inklusive aller Zuschläge) weniger als 2400 Euro pro Monat an den 10 % der Schulen mit dem niedrigsten Prozentsatz an sozial privilegierten Schülern, steigt dann kontinuierlich an und erreicht bei einer Anstellung an den 10 % der am höchsten platzierten Schulen fast 2800 Euro. An den *lycées* reicht das vergleichbare Durchschnittsgehalt von weniger als 2700 Euro pro Monat an den 10 % der am stärksten benachteiligten *lycées* (nach den gleichen Kriterien) bis zu fast 3200 Euro pro Monat an den 10 % der bestplatzierten. Im *collège* überwiegt der Effekt der Klassenstärke bei den 10 % der am stärksten benachteiligten Schulen, für die folgenden 90 % sind die Ausgaben pro Schüler fast genau gleich. Siehe A. Benhenda, «Teaching Staff Characteristics and Spendings per Student in French Disadvantaged Schools», Paris School of Economics, 2019.

teiligte Schulen (vor allem Grundschulen) die sozialen Ungleichheiten beim schulischen Erfolg deutlich verringern könnte.[1]

Abgesehen von der ungleichen Ausstattung mit Mitteln ist auch die soziale Trennung im französischen Bildungswesen extrem stark angestiegen. Von den 85 000 Schülern in den 175 Pariser *collèges* gehören 16 % zu den untersten sozialen Schichten. In bestimmten Gegenden werden *collèges* von weniger als 1 % benachteiligter Schüler besucht, in anderen von über 60 %. Die oberen sozialen Gruppen schicken ihre Kinder mehrheitlich auf private *collèges*, zu denen Unterschichten beinahe keinen Zugang haben. Mehr als ein Drittel der Pariser *collège*-Schüler besucht private Einrichtungen. In Frankreich werden diese übrigens fast ausschließlich aus öffentlichen Geldern finanziert, wählen aber ihre Schüler ganz unreguliert nach eigenen Kriterien aus.[2] Auch viele öffentliche *collèges* haben nur geringe Anteile von benachteiligten Schülern, und nur ein oder zwei Métrostationen entfernt befinden sich Schulen mit Kindern, die zu mehr als der Hälfte ärmeren Schichten entstammen.[3] Dies lässt sich dadurch erklären, dass sich die Wohngegenden stark voneinander abgrenzen und die Zuordnung zu Schulbezirken

1 Siehe T. Piketty, M. Valdenaire, *L'impact de la taille des classes sur la réussite scolaire dans les écoles, collèges et lycées français. Estimations à partir du panel primaire 1997 et du panel secondaire 1995*, Ministère de l'Education nationale, *Les dossiers évaluations et statistiques*, Nr. 173, März 2006. Unter diesem Gesichtspunkt ist die Verdoppelung der zu Beginn des Schuljahres 2017 in Schwerpunktbereichen eingerichteten Vorbereitungskurse im ersten Grundschuljahr eindeutig ein Schritt in die richtige Richtung. Es sei jedoch darauf hingewiesen, dass diese Maßnahme so kalibriert wurde, dass sie so wenig wie möglich kostet (ca. 200 Mio. € oder 0,4 % des gesamten Bildungsbudgets; siehe Anhang) und die derzeit bestehenden Finanzierungslücken zum Nachteil der am stärksten benachteiligten Schüler im gesamten Bildungssystem nicht ausgleichen kann (siehe Kapitel 17, Grafik 17.1).

2 Ein weiteres überraschendes Merkmal des in Frankreich geltenden Gleichgewichts von öffentlichen und privaten Schulen besteht darin, dass der Unterricht an öffentlichen Grundschulen an einem Tag in der Woche (Donnerstag von 1882 bis 1972 und Mittwoch seit 1972) unterbrochen wird, um dem Religionsunterricht Platz zu machen – und zwar in einem Land, das die übrige Welt ansonsten gerne in Sachen Säkularisierung belehrt. Abgesehen davon, dass der mittwöchliche Unterrichtsausfall an öffentlichen Schulen besonders den am stärksten benachteiligten Kindern zum Nachteil gereicht, hat dieses System sehr negative Auswirkungen auf die Geschlechtergleichstellung am Arbeitsplatz. Siehe C. Van Effenterre, *Essais sur les normes et les inégalités de genre*, EHESS und PSE, 2017. Ein zögerlicher Versuch, den Unterricht an öffentlichen Schulen von Montag bis Freitag (wie anderswo) durchgängig einzurichten, fand von 2012 bis 2017 statt, doch wurde der schulfreie Mittwoch im Jahr 2017 wieder eingeführt.

3 Siehe J. Grenet, «Renforcer la mixité sociale dans les collèges parisiens», Paris School of Economics 2016.

mittels Privatschulen unterlaufen wird. Außerdem gibt es kein politisches Vorgehen gegen diese Umstände. Jüngere Erfahrungen haben gezeigt, dass transparentere und besser durchdachte Methoden zur Schulzuweisung eine wirkliche soziale Mischung herbeiführen könnten.[1]

Für sich genommen können diese Beobachtungen die Umkehrung des Bildungsgefälles in den vergangenen Jahrzehnten natürlich nicht erklären. Genauso wenig stehen sie allein für den Eindruck einer immer schlechteren Interessenvertretung der benachteiligten Gesellschaftsschichten durch linke Parteien ein. Derart ungeheuerliche Bildungsungleichheiten scheinen aber dennoch zu einem gewissen Misstrauen gegenüber sozialistischer Regierungsverantwortung beigetragen zu haben. Die Linke scheint sich eher um Akademiker und deren Kinder zu kümmern als um ärmere Bevölkerungsschichten.

Seit der Finanzkrise 2008 ist das Bildungsbudget eingefroren. Insbesondere bei Jugendlichen aus den Unterschichten sorgt dies für große Frustration, weil man ihnen gesagt hatte, schulische Leistungen und das Abitur öffneten die Pforte zu besseren Bildungsabschlüssen und Arbeitsplätzen. In den 1980er Jahren machten gerade einmal 30 % einer Generation das Abitur, im Jahr 2000 waren es 60 % und 2018 fast 80 %. Dies liegt vor allem am Ausbau des Fachabiturs. Die Studierendenzahl stieg zwischen 2008 und 2018 um 20 % (von 2,2 auf fast 2,7 Millionen). Die Bildungsausgaben erhöhten sich derweil real und inflationsbereinigt um gerade einmal 10 %, das Budget pro Studierendem verringerte sich also um ungefähr 10 %.[2] Die Mittel für die häufig aus reichen Schichten stammenden Studierenden elitärer, selektiver Studiengänge sind dabei konstant geblieben. Im Gegenzug waren die Studienbedingungen in Universitätsstudiengängen nicht gerade befriedigend. Trotz der rasant gestiegenen Abschlusszahlen der technischen und berufsbezogenen Hochschulreife stieg die Zahl der Plätze an den für Frankreich typischen technischen Universitätsinstituten (IUT) wegen Knappheit der Mittel kaum an. Weil die Plätze an diesen Einrichtungen auch von Absolventen der allgemeinen Hochschulreife nachgefragt werden, wird die Situation noch angespannter. Diese Studienbewerber entstammen eher begüterten Milieus, aber nicht alle werden für die gut ausgestatte-

---

1 Siehe G. Fack, J. Grenet, A. Benhenda, *L'Impact des procédures de sectorisation et d'affectation sur la mixité sociale et scolaire dans les lycées d'Île-de-France*, Bericht Nr. 3 des IPP (Institut des politiques publiques), Paris Juni 2014.

2 Siehe Technischer Anhang, Grafik S14.11e.

ten Vorbereitungsklassen angenommen. Sie schreiben sich dann lieber in einem IUT ein als in eine reguläre Universität. Denn die Betreuungsverhältnisse sind dort besonders schlecht, die beruflichen Aussichten mitunter ungewiss.

Die Sprengkraft einer solchen Situation und die damit zusammenhängende politische Konfliktlage wurden bereits im Fernsehen verarbeitet. In der Serie *Baron Noir* von 2016 tritt ein glanzloser sozialistischer Präsident auf, unterstützt von dem etwas korrupten Philippe Rickwaert, einem Abgeordneten aus dem Departement Nord, der das soziale Image der linken Regierung mit einer symbolträchtigen Bildungsreform wieder aufbessern möchte. Er unterstützt dafür die Forderung einer Gruppe von Fachabiturienten aus der Pariser Banlieue, die für Quoten in den IUT kämpfen, weil sie sich dort von den Kandidaten mit allgemeiner Hochschulreife verdrängt fühlen. Rickwaert verteidigt die Maßnahme im Blaumann vor der Nationalversammlung. Er beteuert, dass es der Linken eine Ehre sei, den Sinn für Soziales und die Unterschichten zurückzuerlangen. Das gefällt der reichen Parteijugend, allen voran dem *Mouvement des jeunes socialistes* (MJS), überhaupt nicht, schließlich haben deren Mitglieder allesamt die feinsten Gymnasien der Pariser Innenstadt besucht. Sie infiltrieren sogar die Versammlungen der Fachabiturienten aus der Banlieue, um die Bewegung zum Scheitern zu bringen. Etwas später wird der Anführer der Fachabiturienten endgültig kompromittiert, weil auf Fotos zu sehen ist, wie er beinahe einen Listenplatz einer rechten Partei für die kommenden Europawahlen akzeptiert hätte. Das beweise doch wohl, dass nur richtige Abiturienten in der Lage seien, die Werte der brahmanischen Linken zu verteidigen, weil sie sich nicht wie dahergelaufene Berufsschüler kompromittieren ließen.

In der Serie kommt auch ein weiteres Thema auf, das bei den Debatten um Bildungsgerechtigkeit sicher wichtiger werden wird: der Zuweisungsalgorithmus für Schüler und Studierende zu Schulen und Studiengängen. Verglichen mit der gar nicht so alten (und in vielen Ländern noch bestehenden) Situation, dass man seine persönlichen Beziehungen nutzte, um seine Kinder auf das Gymnasium oder die Universität seiner Wahl zu schicken, stellen anonyme Algorithmen sicherlich einen sozialen, demokratischen Fortschritt dar. Dafür müssen die Bürger sie aber infolge von offenen Debatten akzeptieren; und aktuell trifft das definitiv nicht zu. Die Reform des staatlichen Zuteilungsalgorithmus für Abiturienten in der Hochschulbildung – das Portal *Admission Post-Bac*

(APB) wurde 2018 durch *Parcoursup* ersetzt – führte zu sozialen Quoten in den Vorbereitungsklassen. Potenziell könnte dies die soziale Gerechtigkeit befördern. Doch die Parameter dieser Quoten sind völlig intransparent und beziehen sich auch nur auf Abiturienten mit Stipendium, also auf weniger als 20 % der Schüler. Wenn Eltern ein nur geringfügig höheres Einkommen haben, können keine Quoten in Anspruch genommen werden. Ähnlich verhält es sich bei den *Affelnet*-Plattformen für die Zuordnung von Schülern zu *lycées*. Wenn man allgemein akzeptierte Gerechtigkeitsnormen einführen möchte, sollte man wohl eher ein System in Betracht ziehen, das die soziale Herkunft in kontinuierlichen Abstufungen abbildet und vor allem transparenter ist. In Indien werden ähnliche Quoten bereits seit Jahrzehnten im großen Maßstab angewandt; das Land ist in diesen Fragen gewissermaßen fortschrittlicher als die westlichen Länder.[1] Richtig eingesetzt könnten diese demokratischen Maßnahmen aus der Sackgasse der Bildungsdebatte der letzten Jahrzehnte herausführen.

Das Eigentum, die Linken und die Rechten

Kommen wir nun zur Entwicklung der politischen Lager in Bezug auf Einkommens- und Vermögensungleichheiten. Wir untersuchen zunächst die Entwicklung des Wählerprofils für linke Parteien in Abhängigkeit vom Einkommen von den 1950er bis zu den 2010er Jahren (siehe Grafik 14.12).

Dieses Profil variierte durchschnittlich nur gering. Es war bei den einkommensschwächsten 90 % immer relativ flach, fiel bei den oberen 10 % aber stark ab, vor allem von den 1950er bis zu den 1970er Jahren. Bei den Parlamentswahlen von 1978 erreichten linke Parteien in den meisten Einkommensdezilen deutlich mehr als 50 % der Stimmen, im obersten Dezil aber deutlich weniger. Sie fallen sogar auf weniger als 20 % der Stimmen beim obersten 1 %.[2] Ab den 1990er und 2000er Jah-

1 Siehe Kapitel 8, S. 441–459.

2 Die Fragebögen, die in den Nachwahlerhebungen verwendet werden, umfassen in der Regel mindestens 10 bis 15 Einkommensgruppen mit detaillierten Auffächerungen für einkommensstarke Gruppen, was einen sehr signifikanten Gradienten an der Spitze der Verteilung zeigt. Die angewandte Methode, die darin besteht, Dezile und Perzentile abzuschätzen, indem man feste Wahlstrukturen innerhalb der Einkommensklassen (sowie innerhalb der Vermögens- und Bildungsniveaugruppen) annimmt und damit den Gradienten innerhalb der

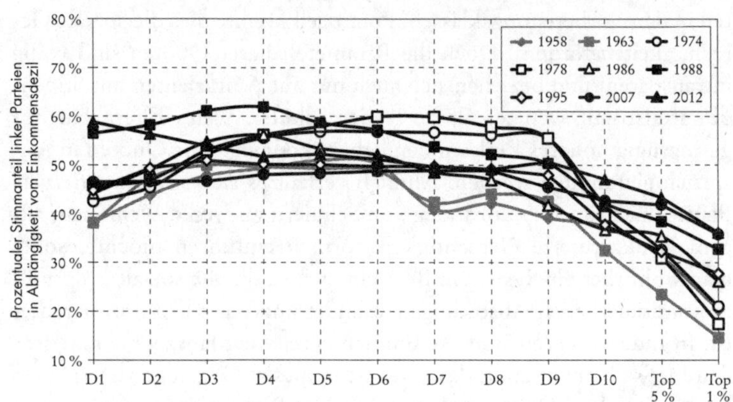

Grafik 14.12.: Im Jahr 1978 erzielten linke Parteien (Sozialisten, Kommunisten, Radikale, Grüne) 46 % der Stimmen bei den einkommensschwächsten 10 % der Wähler, 38 % bei den einkommensstärksten 10 % und 17 % beim einkommensstärksten 1 %. Im Allgemeinen fällt das Profil der Stimmen für linke Parteien bei den einkommensschwächsten 90 % relativ flach aus und ist bei den einkommensstärksten 10 % stark rückläufig, insbesondere zu Beginn des Zeitraums.
Hinweis: D1 bezeichnet die einkommensschwächsten 10 %, D2 die nächsten 10 %, ... und D10 die obersten 10 %.
Quellen und Reihen: siehe piketty.pse.ens.fr/ideologie.

ren wird das Gefälle immer flacher. Bei den Präsidentschaftswahlen 2012 erhält der sozialistische Kandidat fast 50 % der Stimmen bei den oberen 10 % und etwa 40 % beim obersten Perzentil.

Die Verflachung der Kurve ergibt sich logisch aus der Dominanz der oberen Bildungsniveaus bei der Wahl linker Parteien. Personen mit hohem Einkommen wählten bis in die 2010er Jahre hinein eher rechte Parteien. Anders gesagt bildeten die Wählerstrukturen ab den 1990er und 2000er Jahren ein System aus vielfältigen Eliten ab. Wer ein hohes Bildungsniveau hatte, wählte links; wer ein hohes Einkommen hatte, wählte rechts (siehe Grafik 14.1).[1] Die entscheidende Frage lautet, wie lange eine solche Situation anhalten wird. Man könnte davon ausgehen, dass die oberen Schichten des Bildungsniveaus irgendwann auch die höchsten Einkommen beziehen und die größten Vermögen besitzen.

Gruppen ignoriert, führt jedoch dazu, Steigungen und deren Umkehrungen zu minimieren. Siehe Technischer Anhang.

1 Dies gilt, wenn wir uns die Rohprofile (vor Kontrollvariablen) ansehen, und noch mehr unter Berücksichtigung der Kontrollvariablen. Siehe Technischer Anhang und Grafiken S14.1a–S14.1c.

Vielleicht verbünden sie sich mit den oberen Schichten von Einkommen und Vermögen ohne entsprechende Bildungsabschlüsse, sodass sich die verschiedenen Eliten in einer gemeinsamen Partei wiederfinden. Eine solche Entwicklung ist nicht ausgeschlossen. In Frankreich und den USA liegt sie, wie wir sehen werden, in gar nicht so weiter Ferne. Die Lage ist aber komplexer. Aus zwei zentralen Gründen wählen Personen mit hohem Bildungsniveau und jene mit hohen Einkommen nicht zwangsläufig dieselben Parteien, wie man bei der Präsidentschaftswahl und den Parlamentswahlen von 2012 beobachten konnte. Sie werden womöglich auch in der Zukunft verschiedene Bereiche besetzen, wenngleich sie sich in zahlreichen Punkten einig werden können, vor allem hinsichtlich der geringeren Priorität für die Minderung von Ungleichheiten.

Wer ein bestimmtes Bildungsniveau und ein daraus resultierendes hohes Einkommen hat – entweder weil er besser bezahlte Karrieren (im Privatsektor statt im öffentlichen Dienst oder in jeweils besser bezahlten Berufen) gewählt hat oder weil er öfter befördert wurde (die Daten lassen die Unterscheidung der beiden Varianten nicht zu) –, wählt deutlich wahrscheinlicher rechts. Dies mag an einem ganz bewussten Eigeninteresse liegen: Rechte Parteien wollen hohe Einkommen tendenziell geringer besteuern und haben eine Weltsicht, die individuelle Anstrengungen beim wirtschaftlichen Erfolg hoch bewertet. Anders gesagt vermitteln die «brahmanische Linke» und die «kaufmännische Rechte» nicht genau dieselben Erfahrungen und Bestrebungen. Erstere misst dem schulischen Erfolg, der intellektuellen Arbeit und dem Erwerb von Abschlüssen und Kenntnissen Wert bei; Letztere schätzt berufliche Motivation, Geschäftssinn und zügige Verhandlungen. Beide hängen einer Ideologie des Verdienstes und der gerechten Ungleichheit an, aber die konkreten Formen der Anstrengungen und der entsprechenden Belohnung unterscheiden sich jeweils.[1]

Manche haben ein bestimmtes Bildungsniveau und höhere Einkom-

1 Zu einem theoretischen Modell, das analysiert, wie der Glaube an Leistung die individuellen Laufbahnen prägt, und insofern den Einfluss der sozialen Mobilität auf die politische Einstellung berücksichtigt, siehe T. Piketty, «Social Mobility and Redistributive Politics», *Quarterly Journal of Economics*, Bd. 110, Nr. 3, 1995, S. 551–584. Innerhalb dieses Rahmens können zwei Mechanismen der sozialen Förderung aufgenommen werden (berufliche Anstrengung, Anstrengung in der Ausbildung), die zu zwei meritokratischen Glaubenssystemen führen und ein politisches System mit mehreren Eliten widerspiegeln können. Siehe T. Piketty, «Brahmin Left vs. Merchant Right: Rising Inequality and the Changing Structure of

men aufgrund eines Vermögens, das Kapitalerträge einbringt (Mieten, Zinsen, Dividenden etc.), Investitionen in eine gut bezahlte Selbstständigkeit ermöglicht oder aus einem (möglicherweise der Familie gehörenden) Unternehmen besteht, dessen Leitung übernommen werden kann. Vermögen scheint für alle Zeiträume und alle Länder, für die entsprechende Daten vorliegen, entscheidender für das Wahlverhalten zu sein als Einkommen oder Bildungsniveau. Das Wählerprofil für linke Parteien nach Vermögensdezilen weist ein stärkeres Gefälle auf als das nach Einkommensdezilen (siehe Grafik 14.13). Bei den Parlamentswahlen von 1978 wählten etwa nur wenig mehr als 10 % des vermögendsten Perzentils linke Parteien (also fast 90 % rechte Parteien); bei den 10 % mit den geringsten Vermögen waren es fast 70 %. Die Vermögendsten wählen so gut wie gar nicht links, die Ärmsten nur sehr selten rechts. Dieser Zusammenhang ist ab den 1970er Jahren schwächer geworden, er ist aber immer noch deutlicher als beim Einkommen.[1]

Die entscheidende Rolle des Eigentums für die Herausbildung politischer Haltungen überrascht kaum. Die Frage der Eigentumsverhältnisse stand im Zentrum der politisch-ideologischen Auseinandersetzungen des 19. und 20. Jahrhunderts, und erst ab Ende des 20. Jahrhunderts gewann die Frage von Bildungsabschluss und -wesen eine vergleichbare Bedeutung. Historisch gesehen entstand im Zusammenhang mit der Verfechtung des Privateigentums (in eingeschränkter Form auch mit der Umverteilung) im 19. Jahrhundert die politische Ordnung in der Folge der Französischen Revolution, die wir bereits ausführlich behandelt

---

Political Conflict (Evidence from France, Britain and the U.S., 1948–2017)», a.a.O., Abschnitt 5.

1 Die in Grafik 14.13 dargestellten Kurven beginnen in den 1970er Jahren, wie auch bei der Nachwahlerhebung aus dem Jahr 1978, deren Ergebnisse wir mit detaillierten Fragebögen über den Besitz verschiedener Arten von Vermögenswerten erhalten haben. Zu dieser sehr innovativen Studie siehe J. Capdevielle, E. Dupoirier, «L'effet patrimoine», Paris: Presses de la FNSP, 1981. Zu den Untersuchungen, die die Rolle des Erbes als Determinante der Wahlentscheidung hervorheben, siehe auch M. Persson, J. Martinsson, «Patrimonial Economic Voting and Asset Value: New Evidence from Taxation Register Data», British Journal of Political Science, Bd. 48, Nr. 3, Cambridge University Press 2016, S. 825–842; M. Foucault, R. Nadeau, M. Lewis-Beck, «Patrimonial Voting: Refining the Measures», Electoral Studies, Bd. 32, Nr. 3, 2013, S. 557–562; M. Foucault, «La France politique des possédants et des non-possédants», in P. Perrineau, L. Rouban, La démocratie de l'entre soi, Paris: Presses de la FNSP, 2017. Die vorgestellten Ergebnisse stehen im Einklang mit dieser Arbeit, mit dem Unterschied, dass ich versuche, das Ausmaß des Vermögenseffekts mit dem des Einkommenseffekts und des Bildungseffekts zu vergleichen und diese Fragen vor allem in eine historische und vergleichende Perspektive zu rücken.

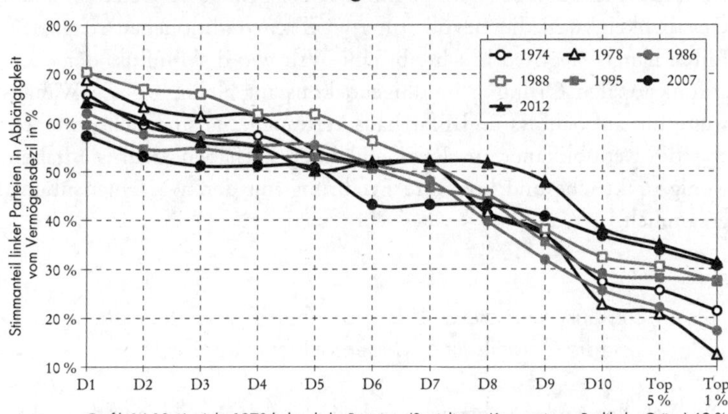

Grafik 14.13.: Im Jahr 1978 holten linke Parteien (Sozialisten, Kommunisten, Radikale, Grüne) 69 % der Stimmen bei den einkommensschwächsten 10 % der Wähler, 23 % bei den einkommensstärksten 10 % und 13 % beim obersten 1 %. Das Profil der Wahl linker Parteien in Bezug auf das Vermögen ist stark fallend (viel mehr als beim Einkommen), vor allem zu Beginn des Zeitraums.
Hinweis: D1 bezeichnet die 10 % mit den geringsten Vermögen, D2 die nächsten 10 %, ... und D10 die obersten 10 %.
Quellen und Reihen: siehe piketty.pse.ens.fr/ideologie.

haben.[1] In seinem 1913 erschienenen Werk *Tableau politique de la France de l'ouest sous la Troisième République* untersucht der Politikwissenschaftler und Geograf André Siegfried das Wahlverhalten bei den Parlamentswahlen von 1871 bis 1910 minutiös und systematisch in allen Kantonen in Abhängigkeit von den Daten der Grundsteuer bezogen auf die Verteilung der landwirtschaftlichen Flächen und die Ergebnisse einer großen ministeriellen Erhebung zur Schulbildung junger Frauen in staatlichen und privaten Schulen. Seine Schlüsse sind eindeutig. Wo Bauern zur Zeit der Revolution ein kleines Landeigentum erhielten, wählte man die damals zum linken Spektrum gehörigen republikanischen Parteien. Die Parti radical war hier die radikalste republikanische Kraft.

Wo Landeigentum in den Händen von oft adligen Großgrundbesitzern verblieben war und die Kirche ihren Einfluss durch ihre beherrschende Rolle in den Schulen bewahrt hatte, wählte man hingegen eher monarchistische und konservative Kandidaten. In den konservativsten Kantonen, etwa im Léon im Nordwesten der Bretagne, konkurrieren sogar Pfarrer und Aristokraten um einen Parlamentssitz, so 1897 der

1 Siehe insbesondere Kapitel 3 und 4.

Abbé Gayrault und der Graf de Blois. Oft siegen die Vertreter der alten Geistlichkeit, weil die Bevölkerung an ihren traditionellen religiösen Eliten hängt. Siegfried beschreibt eine Welt, wo der Einfluss der alten trifunktionalen Ordnung beruhigend konstant bleibt, wo die Wähler weiterhin auf Schloss und Pfarrhaus vertrauen. Sie sind sich unsicher, was die Republikaner aus Paris mit ihnen vorhaben, denn sie haben wenig praktische und konkrete Erfahrung mit deren Machtausübung gesammelt.[1]

Die Linke und die Selbstständigen im 20. Jahrhundert: die Chronik eines gegenseitigen Misstrauens

Die Welt des André Siegfried verschwindet jedoch gerade in dem Moment, in dem er sie beschreibt. Als guter gemäßigt linker Republikaner beunruhigen ihn die zaghaften Vorstöße der sogenannten Kollektivisten in den westlichen Regionen, vor allem bei den Arbeitern im Marinearsenal von Brest und den Sardinenfischern von Concarneau. Anderswo aber machen sozialistische Kandidaten noch viel bedeutendere Fortschritte. In der Zwischenkriegszeit übernehmen die sozialistischen und kommunistischen Abgeordneten, welche sich erst kürzlich beim Kongress von Tours 1920 gespalten haben, das Ruder, während die Radikalen zur Mitte treiben. Endgültig abgelöst werden diese nach dem Zweiten Weltkrieg. Die Ideologie der Sozialisten und Kommunisten bezüglich des Privateigentums ist deutlich umstürzlerischer als die der Radikalen oder der gemäßigt linken Republikaner. Während die Radikalen die kleinen Eigentümer, Bauern, Händler und Selbstständigen aller Art repräsentieren und eine Sozialreform vertreten, die auch das Privateigentum respektiert – im Sinne von Caillaux' Einkommensteuer –,

---

1 Siegfried erwähnt auch die Druckmittel, die den Eigentümern gegenüber Bauern und Halbpächtern und den Priestern gegenüber den Eltern zur Verfügung stehen: Die trifunktionale Ordnung hat unterdrückerisches Potenzial. Wie Arnoux (siehe Kapitel 2, S. 100–107) verschweigt Siegfried nicht, dass die Priester, ihre Schulen und ihre sozialen Einrichtungen bei ihm mehr Sympathien wecken als die Adligen. Er stellt fest, dass eine größere Zahl von ihnen die Einkommensteuer in der Abgeordnetenkammer unterstützt haben (und zahlreicher auch als viele Mitte-Rechts-Republikaner, die voll und ganz hinter der Laissez-faire-Lehre stehen). Siehe A. Siegfried, *Tableau politique de la France de l'Ouest sous la Troisième République*, Paris: Armand Colin 1913, S. 89–92, und S. 240–251, Wiederabdruck der Imprimerie nationale éditions, 1995.

sprechen sich die Sozialisten und Kommunisten insbesondere im industriellen Sektor für die Kollektivierung der Produktionsmittel aus. Bis in die 1980er Jahre hinein werden sie Programme zur Verstaatlichung verfolgen. Sie versuchen die kleinen Selbstständigen zwar das ganze 20. Jahrhundert hinweg davon zu überzeugen, dass sie ihnen nichts Böses wollten, dass ein angemessenes Privateigentum nicht enteignet werde. Da sie aber keine Pläne für die Grenzen der Verstaatlichung hatten, misstrauen Selbstständige bis heute der sozialistischen und kommunistischen Linken.

Von den 1950er bis zu den 1970er und 1980er Jahren bestehen die niedrigen Einkommensdezile zu großen Teilen aus selbstständigen Arbeitern. Diese erzielen zwar kein hohes Einkommen, besitzen aber ein wenig Vermögen (ein Feld, einen Bauernhof, einen Laden) und wehrten sich mehr als alle anderen gegen Kollektivierungsvorhaben. Der Einfluss der Selbständigen, vor allem der Bauern, erklärt übrigens auch das besonders flache Stimmenprofil für linke Parteien bei den Einkommen in der Zeit von 1950 bis 1980 (siehe Grafik 14.12), während es in den Vereinigten Staaten und Großbritannien bei den 90 % der geringeren Einkommen schon immer deutlich fallend war.[1]

Eine solche Furcht vor linken Parteien kann man amüsant finden. Die französischen Sozialisten und Kommunisten hatten nie die Macht oder den Willen, Landwirtschaft und Handel in Kolchosen, Sowchosen und Gastronom-Geschäfte (staatliche sowjetische Lebensmittelgeschäfte, nicht sonderlich gastronomisch, aber mit Monopolstellung) umzuwandeln. Sie nutzten aber auch nie die Gelegenheit, deutlich zu erklären, welche Absichten sie langfristig für das kleine Privateigentum hegten und wie sie dessen Rolle in der angestrebten Idealgesellschaft verstanden. Diese Ungewissheit in der Eigentumsfrage ist alles andere als zweitrangig. Sie steht am Anfang der großen Schismen zwischen Sozialisten und Kommunisten, und zwischen Sozialisten/Kommunisten und dem Rest der Gesellschaft, angefangen bei den Selbstständigen. Sie erklärt weitgehend die Unfähigkeit von SPD und KPD, sich in den 1930er Jahren gemeinsam gegen den Nationalsozialismus zu verbünden, sowie die Unmöglichkeit für französische Sozialisten und Kommunisten, in der Zwischenkriegszeit dauerhafte Bündnisse einzugehen, abgesehen von der wichtigen, aber kurzlebigen Phase der Front Populaire von 1936–1938. Diese harte Auseinandersetzung in der Eigen-

---

1 Siehe Kapitel 15, Grafiken 15.5 und 15.14.

tumsfrage und der Haltung zum sowjetischen Modell (sowie zum Kolonialismus) erklärt auch größtenteils, warum die Sozialisten zwischen 1947 und 1958 oft mit den Radikalen und gemäßigt rechten Parteien regierten, in sogenannten Koalitionen der *troisième force*, der dritten Macht, unter Ausschluss von Kommunisten und Gaullisten.[1]

Es gab eine existenzielle Angst der kleinen Privateigentümer vor einer möglichen Enteignung, aber linke Parteien haben auch stark dazu beigetragen, Misstrauen und Konflikte anzuheizen; bei Einkommensteuerdebatten vertraten sie Positionen, die Angestellte gegenüber Selbstständigen eindeutig begünstigten. Das Einkommensteuersystem von 1914–1917 umfasste eine allgemeine Einkommensteuer auf das Gesamteinkommen (die Summe aller Einkünfte des Steuerpflichtigen), aber auch die sogenannten *impôts cédulaires* (Schedulensteuern) auf unterschiedliche Einkommensarten wie Gehälter, Einkünfte der Selbstständigen, Gewinne, Zinsen etc.[2] Dabei war der Steuersatz auf Gehälter deutlich niedriger als der auf Gewinne von Selbstständigen. Während Arbeitnehmer erhebliche Freibeträge erhielten, sodass nur 10–15 % von ihnen diese Steuer überhaupt entrichten mussten, hatten Selbstständige diese Abgabe ab dem ersten Franc Einkommen zu zahlen und alles sorgfältig auszuweisen. Angesichts einer so offensichtlichen Ungerechtigkeit taten sich die kleinen Selbstständigen (Bauern, Handwerker, Händler) zusammen und erwirkten in den 1920er und 1930er Jahren eine gewisse Zahl von Anpassungen und Ausgleichsmaßnahmen. Die von Sozialisten und Kommunisten vertretenen Angestellten lehnten eine einfache Gleichstellung auf dem Niveau der Selbstständigen ab. Dies hätte inakzeptable Steuererhöhungen für kleine und mittlere Gehälter bedeutet. Sie sicherten sich somit eine deutlich privilegierte Behandlung.[3]

1 Es sei jedoch darauf hingewiesen, dass die kurze gemeinsame Zeit der Sozialisten und Kommunisten an der Regierung und in der Nationalversammlung in den Jahren 1945/46 entscheidende Auswirkungen auf die Entstehung der Sozialsysteme und die Abschaffung des Senatsvetos in der Verfassung der Vierten Republik hatte (ein Veto, das viele Steuer- und Sozialreformen in der Dritten Republik blockiert hatte). Kommunistische Abgeordnete spielten auch eine zentrale Rolle bei der Durchsetzung der tatsächlichen Progressivität der Einkommensteuer und der Abschaffung des vorjährlichen Steuerabzugs. Betreffend diese Debatten aus dem Jahre 1945 siehe T. Piketty, *Les Hauts Revenus en France au XXe siècle*, a. a. O., S. 302–305.

2 Siehe Kapitel 4, S. 198–202.

3 Diese Frage war Teil der immer wiederkehrenden Konflikte zwischen Sozialisten und Kommunisten einerseits und Radikalen andererseits, die üblicherweise für kleine Privateigentümer und Selbstständige eintraten. Während der Parlamentsdebatten 1907/08 hatte

Dies setzte sich nach dem Zweiten Weltkrieg fort. Die Steuerreformen von 1948 und 1959 sollten gemeinsame Regeln für alle Einkommen etablieren, tatsächlich gab es aber spezielle Ermäßigungen für Angestellte. Außerdem waren diese von der «Proportionalsteuer» befreit.[1] Die darauf folgenden großen Protestbewegungen gegen Steuern und zum Schutz kleiner Selbstständiger führten den Durchbruch des Poujadismus bei den Parlamentswahlen von 1956 herbei.[2] Vom sozialistischen und kommunistischen Standpunkt aus war die Begünstigung der Angestellten gerechtfertigt, weil Selbstständige tendenziell weniger Einkommen erklärten, als sie erzielt hatten. Gehaltsempfänger hatten diese Möglichkeit nicht. Das Argument ist verständlich, aber kann zu nichts führen. Eine Sondervergünstigung zum Ausgleich des vermeintlichen Betrugs durch Selbstständige wird diesen wohl kaum beseitigen. Allgemein akzeptierte Normen von Steuergerechtigkeit entstehen so ebenfalls nicht. Im 20. Jahrhundert strukturierten diese vordergründigen

---

Caillaux lange Zeit die Idee einer neutralen Besteuerung des Gesamteinkommens verteidigt, sodass die «Direktoren großer Aktiengesellschaften» keine Bevorzugung gegenüber dem Einkommen von «Kleinunternehmern» und «Kleinhändlern» genießen würden, und ging so weit festzustellen, dass «der Lehrer, der Finanzbeamte und der Eisenbahner oftmals reich ist gemessen an dem kleinen Bauern oder dem kleinen Gewerbetreibenden». Siehe T. Piketty, *Les Hauts Revenus en France au XXe siècle*, a. a. O., S. 218–219.

1 Für eine detaillierte Analyse dieser legislativen Entwicklungen und den entsprechenden politischen Konflikten siehe T. Piketty, *Les Hauts Revenus en France au XXe siècle*, a. a. O., S. 305–319. Siehe auch N. Mayer, *La Boutique contre la gauche*, Presses de Science Po 1986. Zur Abhandlung der politischen Konflikte betreffend das Eigentum (insbesondere das Bodeneigentum) siehe auch H. Michel, *La Cause des propriétaires. État et propriété en France, fin XIXe siècle–XXe siècle*, Paris: Belin 2006.

2 Im Juli 1953 mobilisierte Pierre Poujade, ein Schreibwarenhändler aus Saint-Céré im Departement Lot, zunächst die Handwerker und Kaufleute seiner Kleinstadt gegen Steuerbeamte, bevor er wenige Monate später die «Union de défense des commerçants et artisans» (UDCA) gründete. Der Höhepunkt der Unruhen der «Poujadisten» wurde 1954/55 erreicht, mit mehreren «Kommandooperationen», die kleinen Händlern oder Handwerkern helfen sollten, die durch die Gier der Steuerbehörden in den Konkurs getrieben wurden. Die UDCA erklärte im Januar 1955 einen «Steuerstreik», doch erst bei den Wahlen im Januar 1956 gelang der Bewegung der große Durchbruch (mit der Wahl einer poujadistischen Fraktion einschließlich Jean-Marie Le Pens). Die Poujadisten prangerten die Maßnahmen im Interesse der Arbeitnehmer und insbesondere der «Pariser Eliten» an, die in ihren Augen bewiesen, wie wenig sich die zentralistischen «modernisierenden» Machthaber und ihre «herzlosen Technokraten», unabhängig von ihrer politischen Etikettierung, darum kümmerten, was aus den kleinen, auf sich gestellten Produzenten wurde. Dies ändert nichts am offensichtlichen Antisemitismus von Poujade, der namentlich im «Poujadolf»-Cover von *L'Express* zum Ausdruck kam, dem damaligen Hausblatt der Pariser Elite.

Steuerdebatten den Konflikt zwischen Angestellten und Selbstständigen.[1] Im 19. Jahrhundert bildeten auch die gegensätzlichen Positionen in der Steuerfrage zwischen Stadt und Land die politischen Identitäten heraus.[2] Diese Konflikte zeigen deutlich, dass Fragen der Steuergerechtigkeit und der sozialen Gerechtigkeit nicht abstrakt, das heißt unabhängig von der institutionellen Umsetzung, behandelt werden können. Um eine gerechte Steuer historisch und politisch zu entwerfen, muss man anhand der verfügbaren Vergleichsinstrumente die Möglichkeiten der Einzelnen zur Beteiligung an gemeinsamen Lasten eruieren. Man muss das Einkommen und das Eigentum sehr unterschiedlicher (wenn nicht gar unvergleichbarer) sozialer Gruppen in Bezug auf ihren Status und ihre Wirtschaftsaktivität messen und registrieren.

Stärken und Schwächen der «brahmanischen Linken» und der «kaufmännischen Rechten»

Mit dem Ende des Kommunismus sowjetischer Prägung und der bipolaren Auseinandersetzung um das Privateigentum, mit der Ausweitung des Bildungssektors und der Durchsetzung der «brahmanischen Linken» wandelte sich die politisch-ideologische Landschaft völlig. Innerhalb weniger Jahre verschwanden (vor allem in Frankreich und Großbritannien) linke Parteiprogramme mit dem Ziel der Verstaatlichung, weil sie die Selbstständigen hätten abschrecken können. An ihre Stelle traten jedoch keine klaren Alternativen.[3] Mehrere Eliten bildeten sich heraus: die «brahmanische Linke» mit den höchsten Bildungsabschlüssen in der Wählerschaft und die «kaufmännische Rechte» mit den höchsten Einkommen und größten Vermögen (siehe Grafik 14.1). Diese Struktur besteht auch in den Vereinigten Staaten, Großbritannien

1 Die 20 %ige Steuerermäßigung zugunsten der Arbeitnehmer, die zwischenzeitlich auf Selbstständige ausgedehnt worden war (zusätzlich zu den 10 % für «Berufskosten»), wurde 2005 endgültig abgeschafft und in die Steuertabelle integriert.

2 So hatten beispielsweise die Kleinbauern 1848 wenig Verständnis für die zu Beginn des Jahres von der neuen republikanischen Regierung beschlossenen Erhöhungen der Grundsteuer, was erklärt, warum die ländliche Bevölkerung Louis-Napoléon Bonaparte unterstützte, der sich diesen Erhöhungen widersetzte und beabsichtigte, indirekte Steuern für Stadtbewohner einzuführen. Siehe zu diesem Thema G. Noiriel, *Une histoire populaire de la France*, a. a. O., S. 353–354.

3 Siehe Kapitel 11, S. 634–637.

und anderen westlichen Ländern. Das Gleichgewicht hat seine Stärken, ist aber auch von einigen Schwächen und Instabilitäten geprägt.

Zu den Stärken gehören einander ergänzende Werte und Erfahrungen der «brahmanischen Linken» und «kaufmännischen Rechten». Beide Gruppen haben einiges gemeinsam, nicht zuletzt vertreten sie einen gewissen Konservatismus in Bezug auf das herrschende Ungerechtigkeitsregime. Die «brahmanische Linke» glaubt an persönlichen Einsatz und schulische Leistungen; die «kaufmännische Rechte» an persönlichen Einsatz und geschäftliche Leistungen. Die «brahmanische Linke» fördert das Anhäufen von Bildungsabschlüssen; die «kaufmännische Rechte» das Anhäufen von Finanzkapital. In gewissen Punkten sind sie bisweilen anderer Ansicht. Die «brahmanische Linke» mag etwas mehr Steuern fordern als die «kaufmännische Rechte», um Gymnasien, Elitehochschulen, Kunst- und Kulturinstitutionen zu finanzieren.[1] Beide Lager vereint aber ihre große Nähe zum aktuellen Wirtschaftssystem und zum gegenwärtigen Stand der Globalisierung. Der Status quo verschafft den intellektuellen und wirtschaftlichen Eliten ausreichend Vorteile.

Die «brahmanische Linke» und die «kaufmännische Rechte» verkörpern zwei Formen legitimen Regierens. Dieses multi-elitäre System bedeutet übrigens auch eine Art Rückkehr zur Grundlogik der alten trifunktionalen Gesellschaften, der Rollenverteilung zwischen intellektuellen und kriegerischen Eliten. Die Sicherheit von Gütern und Personen wird nunmehr jedoch vom Zentralstaat gewährleistet. «Brahmanische Linke» und «kaufmännische Rechte» können abwechselnd an der Macht sein oder gemeinsam im Rahmen eines multi-elitären Bündnisses regieren. So entstehen Bündnisse aus gemäßigt linken und gemäßigt rechten Parteien wie bei den französischen Wahlen von 2017, auf die wir noch zurückkommen werden. Je reicher Menschen mit hohem Bildungsniveau werden, umso folgerichtiger mag auch die sozioökonomische Verschmelzung der Eliten zu einer gemeinsamen Interessenvertretung sein. Ende des 19. Jahrhunderts hatten die Brahmanen, wie wir gesehen haben, sowohl die höchste Bildung als auch das größte Eigentum.[2] Die verschiedenen Laufbahnen (z. B. im öffentlichen Sektor oder

---

1 Dass die renommierten Privat-*lycées* und ihre Vorbereitungsklassen mit den gleichen öffentlichen Mitteln ausgestattet werden wie ihre staatlichen Mitstreiter, stiftet schließlich ein Zusammengehörigkeitsgefühl zwischen denen, deren Kinder an die Schulen Sainte-Geneviève und Louis-Le-Grand gehen, und sich dann oft in denselben Elitehochschulen wiederfinden.

2 Siehe Kapitel 8, S. 426–434. Wir werden in Kapitel 16, S. 1140–1169, darauf zurückkom-

in kulturellen, intellektuellen Berufen für die einen, im Privatsektor oder in finanziellen, kaufmännischen Berufen für die anderen) lassen aber die Möglichkeit offen, dass sich beide Eliten nie völlig vereinigen.

Trotz seiner offenkundigen Stärken ist dieses politische Gefüge recht zerbrechlich. Das erste, bereits erwähnte Symptom ist der Rückgang der Wählerstimmen aus den Unterschichten (siehe Grafik 14.7–14.8). Eine zynische Lesart sähe darin eine Lebensversicherung für die Eliten: Je weniger sich die Unterschichten an Wahlen beteiligen, umso besser können sich die gehobenen Schichten an der Macht halten. Dabei gefährdet man allerdings die Legitimation des Wahlsystems und macht den Weg für gewaltsame Revolutionen und autoritäre Kräfte frei. Das gesamte System der politischen Lager und Wahlbündnisse der Nachkriegszeit wird aufs Spiel gesetzt. Die Überreste der linken Parteien spalten sich immer deutlicher in eine marktwirtschaftsfreundliche und eine Umverteilung fordernde Linke, welche neue Antworten auf die wachsenden Ungleichheiten sucht. Wir kommen an späterer Stelle auf momentan entwickelte Formen des partizipativen Sozialismus und Sozialföderalismus zurück, welche diesen Erwartungen und Herausforderungen begegnen könnten. Die rechten Parteien sind ebenfalls in ein gemäßigtes, marktbefürwortendes und ein nativistisch-nationalistisches Lager gespalten, das in der Abschottung einer nationalen Identität und im migrationsfeindlichen Sozialnativismus die Lösung für die Verwerfungen der globalen Wirtschaft sieht. Diese neuen Gräben in Bezug auf die nationale Identität werden wir im Folgenden untersuchen. Dies wird uns zur Vierteilung der Wählerschaft bei den Wahlen von 2017 führen.

Die Wiederkehr von Spaltungen nach nationaler Identität und Religion

Größere Bruchlinien hinsichtlich nationaler Identität und Religion gibt es in Frankreich nicht erst seit kurzem. Der Konflikt zwischen Katholiken und Konfessionslosen spielte im 19. und weitgehend auch im 20. Jahrhundert eine große Rolle. Er wurde teilweise von Auseinandersetzungen um das Eigentum und vom Gegensatz zwischen ländlicher,

men, wenn wir uns die Diskrepanz der Wahlergebnisse in Abhängigkeit von Kaste und Gesellschaftsklasse im heutigen Indien näher ansehen.

bäuerlicher Welt und städtischen Arbeitern überlagert.[1] Diese auch in den Unterschichten bestehende innere Grenze zwischen Gläubigen und Nichtgläubigen machte einheitliche politische Bündnisse gemäß sozioökonomischen Kriterien für lange Zeit nur schwer möglich. Die klassenbezogenen politischen Lager konnten nach dem Krieg teilweise auch deshalb entstehen, weil die Spaltungen nach Religion und nationaler Identität verblasst waren, weil die Kriege, die Krise der 1930er Jahre und der Kommunismus die Notwendigkeit eines stärkeren Eingreifens ins Ökonomische und Soziale verdeutlicht hatten, weil sie den Sozialisten und Kommunisten eine Legitimität verliehen hatten, die ihnen in der Zwischenkriegszeit noch von den Radikalen streitig gemacht worden war. Auf diese Weise konnten sozioökonomische Auseinandersetzungen über das Eigentum die Themen der Grenze und der nationalen Identität in den Hintergrund drängen.

In den vergangenen Jahrzehnten haben sich in Frankreich und vielen anderen Ländern neuartige Konfliktlinien nach nationaler Identität und Religion ergeben. Diese sind mit der Herausbildung migrationsfeindlicher Bewegungen gegen arabisch-muslimische Immigration von außerhalb Europas entstanden. In Nachwahlerhebungen seit 1967[2] stieg der Anteil der Befragten ohne Religionszugehörigkeit mit der Zeit immer weiter an. Er ist von 6 % 1967 auf 36 % 2017 angewachsen (siehe Grafik 14.14).

Die meisten Wähler bezeichnen sich weiterhin als katholisch, es sind aber deutlich weniger geworden: Waren es 1967 noch 91 %, sind es 2017 nurmehr 55 %. Anders gesagt stellten Katholiken einst die überwältigende, jetzt nur noch eine mäßige Mehrheit. Bei Wählern unter 50 Jahren ist die Zahl der Menschen ohne Religionszugehörigkeit im Jahr 2012 sogar höher als die der Katholiken (44 gegenüber 42 %).[3] Prakti-

1 Siegfrieds Arbeit ruft uns in Erinnerung, dass die Haltung der Katholiken seit jeher mit der Verteidigung der alten trifunktionalen Ordnung verbunden ist (oder zumindest mit einer stärkeren Bindung an die Funktion der örtlichen Eliten, die durch die Burg und das Pfarrhaus symbolisiert werden), die vor der Bildung des Zentralstaates weitgehend in der lokalen proprietaristischen Ordnung bestand. Wichtig ist, dass es sich um eine politisch-ideologische Bindung handelt, das heißt um eine Bindung, die auf plausiblen Überzeugungen von einer idealen Sozial-, Eigentums- und Bildungsordnung beruht, die teilweise mit sozioökonomischen Interessen verknüpft ist, sich aber nicht darauf reduzieren lässt.

2 Die in den Jahren 1958 und 1962 durchgeführten Nachwahlerhebungen enthielten keine Fragen zur Religionsausübung.

3 Die Ergebnisse liegen bei 55 % gegenüber 24 %, wenn wir uns in derselben Umfrage auf

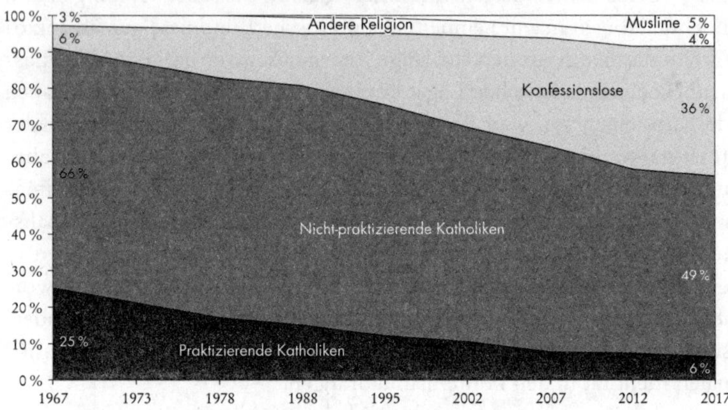

Grafik 14.14.: Von 1967 bis 2017 fiel der Anteil der Wähler, die angaben, praktizierende Katholiken zu sein (also mindestens einmal im Monat in die Kirche zu gehen), von 25 % auf 6 %. Der Anteil der nichtpraktizierenden Katholiken fiel von 66 % auf 49 %. Der Anteil der Personen, die sich als konfessionslos auswiesen, stieg von 6 % auf 36 %, Angehörige anderer Religionen (Protestantismus, Judentum, Buddhismus etc. mit Ausnahme des Islam) von 3 % auf 4 % und Personen, die sich als Muslime bekannten, von weniger als 1 % auf 5 % der Wählerschaft.
Quellen und Reihen: siehe piketty.pse.ens.fr/ideologie.

zierende Katholiken (die nach eigener Aussage mindestens einmal monatlich in die Kirche gehen) sind beinahe völlig verschwunden. 2017 lag ihr Anteil unter 6 %. Die übrigen 49 % identifizieren sich als katholisch, üben ihre Religion aber nicht oder nur selten aus.[1]

Neben dem starken Anstieg der konfessionslosen Bevölkerung kann man zwischen 1967 und 2017 auch eine weniger große, aber dennoch bedeutsame Entwicklung nicht-katholischer Religionen beobachten. 1967 erklärten weniger als 3 % der Befragten, einer anderen Religion anzugehören, hauptsächlich dem Protestantismus (etwa 2 %), dem Judentum (etwa 0,5 %) und weniger als 0,5 % für alle anderen Religionen zusammen (Islam, Buddhismus, Hinduismus etc.). Muslimische Wähler

Wähler unter 35 Jahren beschränken. Diese Ergebnisse stimmen mit denen überein, die bei größeren Umfragen zur Religionsausübung erzielt wurden. Siehe z. B. die später zitierte TeO-Studie (Trajectoire et Origines) über verschiedene Herkünfte.

1 Die Fragebögen ermöglichen es manchmal, diejenigen zu benennen, die ihre Religion überhaupt nicht praktizieren, und diejenigen, die an Zeremonien im Zusammenhang mit großen religiösen Feiertagen (Ostern, Weihnachten etc.) oder Familienfeiern (Hochzeiten, Taufen, Trauerfeiern etc.) teilnehmen, jedoch relativ unregelmäßig und unbestimmt, weshalb hier nur ein gemeinsames Kriterium beibehalten wird.

machten, als sie 1988 erstmals als eigene Kategorie erfasst wurden, noch nicht einmal 1 % aus. Ihr Anteil lag 1997 noch unter 2 %, erreichte 2002 und 2007 3 % sowie 5 % in den Jahren 2012 und 2017.[1] Bei den sich als muslimisch bezeichnenden Wählern scheint die große Mehrheit ebenso wie bei den Katholiken ihre Religion nicht sehr stark auszuüben.[2]

Diese Daten beziehen sich allerdings auf die Wählerverzeichnisse. Die untersuchten Personen besitzen also erstens die französische Staatsangehörigkeit, welche üblicherweise in der zweiten Einwanderergeneration erworben wird, und haben sich zweitens in die Verzeichnisse eintragen lassen.[3] Daten aus anderen Umfragen suggerieren, dass sich von allen in Frankreich lebenden Personen Ende der 2010er Jahre etwa 6–8 % als muslimisch bezeichnen.[4] Vergleichbare Anteile findet man in anderen westeuropäischen Ländern, vor allem in Großbritannien und Deutschland. Der Anteil an Muslimen ist niedriger, aber nicht unver-

---

1 Unter den anderen Religionen blieb der Anteil von Protestantismus (etwa 1,5 bis 2 % der Wählerschaft) und Judentum (kaum 0,5 %) relativ stabil, während der von Buddhismus, Hinduismus etc. leicht von weniger als 0,5 auf 1–1,5 % zunahm, wobei die Abweichungen den Umfragen zufolge angesichts der begrenzten Anzahl nicht immer signifikant sind. Der Anstieg des Anteils der muslimischen Wähler, von nur 0,5 % in der Studie von 1988 auf rund 5 % in den Nachwahlerhebungen 2012 und 2017, ist signifikant.

2 Bei Anwendung des gleichen Kriteriums (Teilnahme an einer religiösen Zeremonie mindestens einmal im Monat) zeigt sich, dass der Anteil der praktizierenden Muslime zwischen 1995 und 2017 bei etwa 15 bis 25 % der Muslime liegt (mit leichten Schwankungen je nach Erhebung), was höher ist als der der praktizierenden Katholiken (etwa 10 bis 15 % der Gesamtzahl der Katholiken im gleichen Zeitraum), aber dennoch 75 bis 85 % nicht praktizierende Muslime bedeutet (gegenüber etwa 85 bis 90 % nicht praktizierende Katholiken).

3 Die jüngsten Nachwahlerhebungen (z. B. von 2012) erstrecken sich auf alle Einwohner (was zeigt, dass die Eintragung der Wähler ins Wählerverzeichnis je nach Alter und Beruf stark variiert), aber die detailliertesten Fragen (insbesondere nach Religion und Herkunft) werden nur an die Teilmenge gestellt, die im Wählerverzeichnis steht.

4 Die 2008 bis 2009 durchgeführte Umfrage «Trajectoires et Origines» (TeO) zählte bei den Einwohnern im Alter von 18 bis 50 Jahren 8 % muslimische Gläubige. Siehe C. Beauchemin, C. Hamel, P. Simon, *Trajectoires et origines. Enquête sur la diversité des populations en France*, Paris: INED éditions 2015, Tabelle 1, S. 562. Laut einer im Jahr 2016 durchgeführten Studie geben rund 6 % der Einwohner ab 15 Jahren an, dem muslimischen Glauben anzugehören. Diese Zahl würde sich auf 7 % erhöhen, wenn wir Menschen aus der «muslimischen Kultur» einbeziehen, oder sogar auf 8,5 %, wenn wir deren Kinder einbeziehen (angesichts der größeren Durchschnittsgröße muslimischer Familien). Siehe H. El Karoui, *L'islam, une religion française*, Paris: Gallimard 2018, S. 20–26. Diese verschiedenen Begriffe sind jedoch schemenhaft und ungenau, und die erzielten Ergebnisse hängen vom verwendeten Fragebogen ab und davon, wie individuelle Identitäten, die vielfältig und komplex sind, in den gestellten Fragen und den verwendeten Begriffen abgebildet werden (und ob sie sich an Personen richten, die mit einer jüdischen oder katholischen Identität in Verbindung stehen).

gleichlich geringer als in Indien (10 % bei der Volkszählung 1951, 14 % 2011), mit dem großen Unterschied, dass die hinduistisch-muslimische Religionsvielfalt in Indien schon seit dem 13. Jahrhundert besteht; in Westeuropa gibt es sie erst seit den letzten Jahrzehnten.[1] Verglichen mit diesen Zahlen ist der Anteil an Muslimen in Polen, Ungarn und den Vereinigten Staaten winzig (unter 1 % der Bevölkerung).

Bei Wahlen wirken sich die religiösen Trennlinien auf zweierlei Weise aus. Die Spaltung zwischen katholischen und konfessionslosen Wählern spielte ungeachtet anderer Religionen schon immer eine äußerst wichtige Rolle bei politischen Wahlen in Frankreich. Offenkundig war dies in der Dritten Republik bei den von André Siegfried untersuchten Wahlen zwischen 1871 und 1910. Auf kantonaler Ebene gab es etwa einen Zusammenhang zwischen dem Besuch von Privatschulen, der Aufteilung des Grundbesitzes und der Wahl katholischer Kandidaten.[2] Von 1960 bis 1990 wirkte sich Religion massiv auf das Wahlverhalten aus. Nur 10–20 % der praktizierenden Katholiken wählten damals links (Sozialisten, Kommunisten, Radikale, Grüne), bei den Konfessionslosen waren es 70–80 % (siehe Grafik 14.15). Die nicht praktizierenden Katholiken standen politisch zwischen diesen beiden Gruppen. Um in diesem Zeitraum bei den sozioökonomischen Faktoren ähnlich enorme Auswirkungen zu beobachten, müsste man schon die ärmsten 10 % und die vermögendsten 1 % der Wähler gegenüberstellen (siehe Grafik 14.14). Aber nicht alle konfessionslosen Wähler sind arm und nicht alle praktizierenden Katholiken vermögend – weit gefehlt.

Der Anteil der Wähler rechter Parteien bei allen (praktizierenden und nicht praktizierenden) Katholiken zusammen liegt in den 1960er bis 1980er Jahren etwa 40 Prozentpunkte über dem der konfessionslosen Wähler. Das sind gewichtige, große Effekte. Bei sonst gleichbleibenden Faktoren fällt diese Differenz unter Einbeziehung sozioökonomischer Charakteristika auf etwa 30 Punkte. Katholiken sind nämlich durchschnittlich älter und verfügen über deutlich höhere Einkünfte und vor allem Vermögen als konfessionslose Wähler.[3] Der größte Teil des Abstands (ungefähr drei Viertel) scheint sich politisch-ideologisch,

---

1 Zur Entwicklung der religiösen Struktur in Indien siehe Kapitel 8, Grafik 8.2.

2 Siehe A. Siegfried, *Tableau politique de la France de l'ouest*, a. a. O., 1913.

3 Siehe für die vollständigen Ergebnisse den Technischen Anhang, Grafiken S14.15a bis S14.15b.

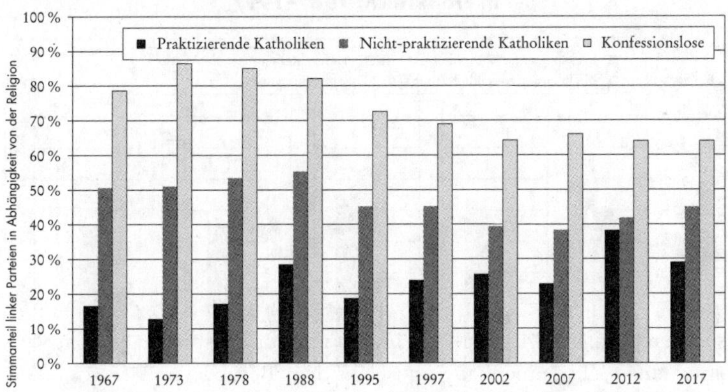

Grafik 14.15.: Wähler, die sich als praktizierende oder nicht-praktizierende Katholiken auswiesen, haben weniger links gewählt als konfessionslose Wähler, aber das Gefälle hat sich im Laufe der Zeit verringert.
Quellen und Reihen: siehe piketty.pse.ens.fr/ideologie.

nicht nur sozioökonomisch erklären zu lassen.[1] Der Abstand von etwa 30–40 Prozentpunkten (vor oder nach Kontrollvariablen) im Zeitraum 1960–1990 sank in den 1990er bis 2010er Jahren auf 20–25 Punkte. Er ist immer noch beträchtlich, wenn man bedenkt, dass Differenzen von 10–20 Prozentpunkten normalerweise bei sozioökonomischen und bildungsbezogenen Variablen vorkommen (siehe Grafiken 14.1–14.2).

Der Aufstieg des Nativismus und die große politisch-religiöse Zerrüttung

Kommen wir nun zur großen politisch-ideologischen Zerrüttung nach der Entdeckung der religiösen Vielfalt in Frankreich (und, wie wir sehen werden, generell in Westeuropa). Historisch wählen Angehörige von Minderheitenreligionen verstärkt linke Parteien. In den 1960er und 1970er Jahren wählten z. B. Protestanten und Juden eher links. Ihr Stimmenanteil für die Linke lag zwischen dem der nicht praktizieren-

1 Dies entspricht zum Beispiel in Siegfrieds Analyse den weniger vermögenden Bauern, die in den konservativen Kantonen für katholische Kandidaten stimmen.

Politischer Konflikt und religiöse Vielfalt in Frankreich, 1967–1997

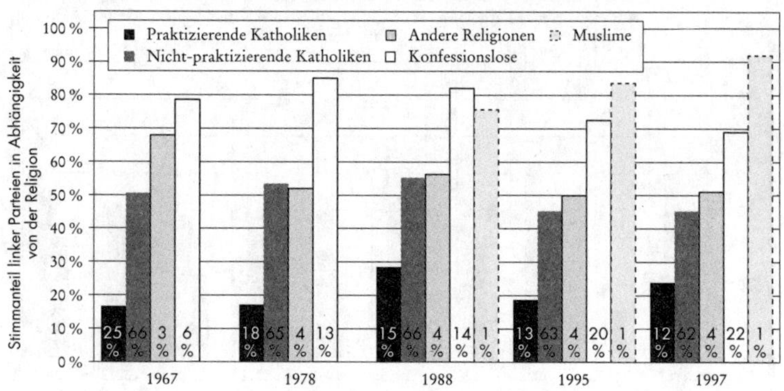

Grafik 14.16.: Die sich zum Islam bekennenden Wähler haben seit 1997 deutlicher links gewählt als die konfessionslosen Wähler. Vor 1988 sind die Muslime unter der Kategorie Andere Religionen zusammengefasst worden (Protestantismus, Judentum, Buddhismus, Hinduismus etc.) und machten weniger als 1 % der Wählerschaft aus.
Quellen und Reihen: siehe piketty.pse.ens.fr/ideologie.

den Katholiken und der Konfessionslosen (siehe Grafik 14.16). In den 1960er und in den 2010er Jahren verhält es sich genauso.[1]

Muslimische Wähler, die seit 1988 separat erfasst werden, positionieren sich viel deutlicher links. Zwischen 1988 und 1995 wählten etwa 70–80 % linke Parteien. Dieser Anteil war etwa genauso groß wie bei konfessionslosen Wählern, auch wenn beide Gruppen statistisch signifikant nicht zu vergleichen sind, aufgrund der begrenzten Stärke der ersteren Gruppe. Seit den Wahlen von 1997, also bei den Wahlen von 2002, 2007, 2012 und 2017, wählten Muslime massiv linke Parteien: zwischen 80 und 90 % in allen Nachwahlerhebungen (siehe Grafiken 14.16–14.17). Die Stichproben sind zwar nur klein, aber die Auswirkungen sind äußerst bedeutsam und lassen sich bei jeder Wahl erneut beobachten. Die Differenz der Stimmen für linke Parteien zwischen muslimischen und nicht-muslimischen Wählern liegt im Zeitraum

1 Die verfügbaren Daten deuten auch darauf hin, dass protestantische Wähler im Allgemeinen ähnlich wie nicht praktizierende Katholiken wählen, während jüdische Wähler historisch bedingt ähnlich wie die Konfessionslosen wählen (obwohl dies gegen Ende des Zeitraums weniger zutrifft). Die begrenzte Anzahl von Beobachtungen verbietet es, über diese allgemeine Feststellung hinauszugehen (gültig als erste Annäherung aus den 1960er bis 2010er Jahren) und die feinen Unterschiede zwischen den beiden Gruppen im Laufe der Zeit zu untersuchen.

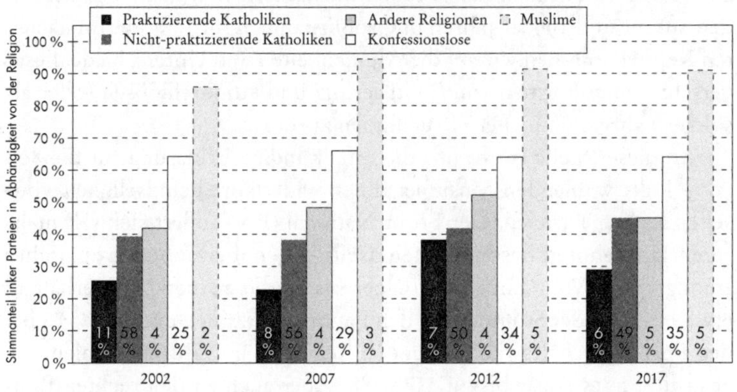

Grafik 14.17.: Die sich zum Islam bekennenden Wähler haben seit den 1990er Jahren zu 80 % bis 90 % in allen Wahlen in Frankreich links gewählt. Vor 1988 sind die Muslime unter der Kategorie Andere Religionen zusammengefasst worden (Protestantismus, Judentum, Buddhismus, Hinduismus etc.) und machen weniger als 1 % der Wählerschaft aus.
Quellen und Reihen: siehe piketty.pse.ens.fr/ideologie.

1995–2017 bei 40–50 Prozentpunkten. Das Konfidenzintervall liegt gegen Ende des Zeitraums bei etwa 5 Punkten. Dieser massive Abstand lässt sich nur in geringem Maße (zu insgesamt kaum einem Zehntel) durch andere Charakteristika, vor allem niedrige Einkommen und Vermögen, erklären, welche zusätzlich die Wahl linker Parteien begünstigen.[1]

Daraus lassen sich mehrere Schlussfolgerungen ziehen. Kein sozioökonomisches Kriterium erzeugt ein so stark gespaltenes Wahlverhalten wie das der 80–90 % der Muslime, die linke Parteien wählen (mit Ausnahme der 80–90 % der vermögendsten Wähler, die in den 1970er Jahren rechte Parteien wählten; siehe Grafik 14.13). Auch die schwar-

1 Für die vollständigen Ergebnisse siehe Technischer Anhang, Grafiken S14.17 bis S14.18. Im Jahr 2017 entfielen von den 91 % der Stimmen für die linken und mittigen Kandidaten unter den muslimischen Wählern 66 % auf den Mélenchon/Hamon-Block und 25 % auf den Macron-Block, was mit der Einstellung der beiden Blöcke zu Einwanderung und Umverteilung übereinzustimmen scheint (siehe unten). Dieses stark linke Votum, insbesondere für Mélenchons La France Insoumise, geht auch aus der hervorragenden ethnographischen Umfrage von S. Beaud aus dem Jahr 2017 hervor (*La France des Belhoumi. Portraits de famille (1977–2017)*, Paris: La Découverte 2018), insbesondere bei jungen Frauen mit nordafrikanischem Migrationshintergrund, während Männer unpolitischer und desillusionierter wirken.

zen Wähler in den Vereinigten Staaten wählen seit den 1960er Jahren zu 80–90 % Demokraten; 80–90 % der muslimischen Wähler votieren seit den 1980er und 1990er Jahren in Großbritannien für Labour. Im nächsten Kapitel kommen wir auf die Ähnlichkeiten und Unterschiede dieser verschiedenen Formen von Politisierung und ethnoreligiösen (oder als solche wahrgenommenen) Bruchlinien zurück.

An dieser Stelle reicht uns die offenkundige Erklärung für die 80–90 % links wählenden Muslime: Ihnen widerfährt Feindseligkeit vonseiten rechter Parteien. Der Front National (FN) äußert sich seit mehreren Jahrzehnten besonders feindselig gegenüber außereuropäischer Immigration. Vom Ende der 1980er bis in die 2010er Jahre erhält er etwa 10–15 % der Stimmen bei den Parlamentswahlen und 15–20 % bei den Präsidentschaftswahlen, bei den Regional- und Europawahlen von 2014 und 2015 sogar bis zu 25–30 %. Aber auch an den rechten Rändern der gemäßigt rechten und der rechten Parteien herrschen migrationsfeindliche Stimmungen. In den 1980er Jahren verdankte der FN seine ersten Wahlerfolge einem erstmals auf einem Flugblatt zu den Parlamentswahlen 1978 abgedruckten unverblümt nativistischen Slogan: «Eine Million Arbeitslose sind eine Million Einwanderer zu viel! Frankreich und Franzosen zuerst! Wählt Front National!» Obwohl es nicht explizit dasteht, sind zweifellos nur außereuropäische Einwanderer gemeint, keine weißen Immigranten aus Europa.

Das Wahlprogramm des Front National forderte in den letzten Jahrzehnten im Kern stets einen Einwanderungsstopp, geschlossene Grenzen und eine Reform des Staatsbürgerschaftsgesetzes. Kinder aus nichteuropäischen Einwandererfamilien sollten keine französischen Staatsbürger mehr werden können.[1] Außerdem machte der FN deutlich, dass er die unerwünschten Einwanderer und ihre Nachkommen «nach Hause schicken» wolle, wenn er an die Macht komme. Dafür werde er gegebenenfalls Staatsbürgerschaften entziehen, wenn das Ver-

1 Seit dem Gesetz von 1889 gilt in Frankreich die allgemeine Regel, dass eine Person, die in Frankreich als Kind ausländischer Eltern geboren wurde, im Alter von 18 Jahren die französische Staatsangehörigkeit erwirbt, sofern sie eine Reihe von Bedingungen erfüllt (insbesondere in Bezug auf die Dauer des Aufenthalts, die Schulbildung und manchmal auch den ausdrücklichen Wunsch, Franzose zu werden). Diese Bedingungen waren Gegenstand zahlreicher Debatten und Reformen. Die andere Säule ist das 1851 eingeführte «doppelte Bodenrecht» (wer in Frankreich von in Frankreich geborenen Eltern abstammt, ist von Geburt an automatisch Franzose). Siehe P. Weil, *Qu'est-ce qu'un Français? Histoire de la nationalité française depuis la Révolution*, Paris: Grasset 2002.

halten nicht angemessen sei (für angemessenes Verhalten müssten die neuen Regierenden dann Kriterien festlegen). Ein solches Vorgehen ist unerhört gewaltsam: Im Nachhinein werden Grenzen gezogen, um Menschen aus einer Gemeinschaft auszuschließen, die ihr ganzes bisheriges Leben in dieser Gemeinschaft gelebt haben. Eine harsche Politik der Aberkennung von Staatsbürgerschaften und der Abschiebung gab es im Zweiten Weltkrieg schon einmal, nicht nur in Frankreich und Europa,[1] sondern auch in den Vereinigten Staaten der 1930er Jahre.[2] Es ist also historisch erwiesen, dass in einer angeheizten Stimmung Regierungen an die Macht kommen können, die sich einer solchen Politik verschreiben, und zwar auch mittels «demokratischer» Wahlen. Außerdem sind die Eskalationsrisiken nach einer solchen Machtübernahme umso größer, als die versprochenen Vorteile durch migrationsfeindliche Angriffe für den Rest der Bevölkerung auf keiner soliden Faktenbasis beruhen.[3] Da die sozialen und wirtschaftlichen Resultate wahrscheinlich ausbleiben werden, folgte auf ein solches politisches Experiment folgerichtig ein Überbieten an der Front der nationalen Identität. Hinzu kämen unvorstellbare bürgerkriegsartige Zustände.

Angesichts solcher Diskurse und Bedrohungen verwundert es kaum, dass Muslime als direkt betroffene Personen linke Parteien wählen, die sich der extremen Rechten klar entgegenstellen. Die durch die postkoloniale Immigration der 1960er und 1970er Jahre entstandene ethnoreligiöse Vielfalt rief in Frankreich, wie man sieht, eine nativistische Ideologie auf den Plan, die seit den 1980er und 1990er Jahren

---

1 Mit dem Gesetz vom 22. Juli 1940 verpflichtete sich der französische Staat, die Anerkennung aller seit 1927 eingebürgerten Franzosen, d. h. insgesamt fast eine Million Menschen, insbesondere Franzosen jüdischen Glaubens, rückgängig zu machen. Siehe C. Zalc, *Dénaturalisés. Les retraits de nationalité sous Vichy*, Paris: Seuil 2016.

2 Die Zahl der Mexiko-Amerikaner, die zwischen 1929 und 1936 bei Abschiebeabfertigungen aus den Vereinigten Staaten (oft mit Unterstützung der Behörden) gewaltsam vertrieben wurden, wird auf 1 bis 1,5 Millionen geschätzt (etwa 60 % davon hatten die amerikanische Staatsbürgerschaft). Siehe Kapitel 6, S. 294.

3 Insbesondere die Idee, dass «Einwanderung» Frankreich ein Vermögen koste (eine Behauptung, die über mehrere Generationen betrachtet keinen Sinn ergibt, wenn man bedenkt, wie groß der Anteil der Bevölkerung mit ausländischen Wurzeln ist), entbehrt jeglicher Grundlage: Die Steuern, die von den zuletzt Eingewanderten gezahlt werden, gleichen die erhaltenen Auslagen aus oder überschreiten diese leicht. Siehe zum Beispiel E. M. Mouhoud, *L'Immigration en France. Mythes et réalités*, Paris: Fayard 2017, S. 72–76. Zu einer ganzen Reihe von internationalen Studien siehe auch A. Banerjee, E. Duflo, *Good Economics for Hard Times*, New York: Public Affairs 2019, S. 18–50.

heftig gegen diese Vielfalt auftritt. Dies führte zu einer Erschütterung der bisherigen politischen Auseinandersetzungen. Traditionell wählten gläubigere Katholiken eher rechts, gefolgt von den nicht praktizierenden Katholiken, Angehörigen von Minderheitenreligionen (Protestanten und Juden) und konfessionslosen Menschen, die seit der Französischen Revolution links wählen. Dass muslimische Gläubige, die teilweise im Hinblick auf familiäre Normen sehr konservativ sind, deutlicher links wählen als Konfessionslose, sagt viel über diese Erschütterung aus.

Die sozialistische Regierung hat in der Legislaturperiode 2012–2017 die Ehe für homosexuelle Paare eingeführt, obwohl alle Umfragen darauf hindeuten, dass die Gläubigen aller Religionen, ob Katholiken oder Muslime, sie ablehnen. Dennoch haben muslimische Wähler 2017 zu über 90 % für linke und gemäßigte Kandidaten gestimmt, wie schon 2012 und bei früheren Wahlen.[1] Offenbar ist die durchaus wichtige Frage der Ehe für alle nicht so bedeutsam wie die existenzielle Bedrohung durch den FN und seine nativistische Ideologie.[2]

Religiöse Spaltungen, Spaltungen aufgrund der Herkunft: die Fallstricke der Diskriminierung

Seit 2007 wird in Nachwahlerhebungen auch die Herkunft abgefragt. So können die Spaltungen bei der religiösen Identität getrennt von denen der Familien- und Migrationsgeschichte betrachtet werden. Die Realitäten können hier nämlich ganz verschieden ausfallen; in früheren Nachwahlerhebungen wurden sie aber nicht unterschieden. Schauen wir uns die Nachwahlerhebungen von 2012 genauer an. Die Befragten sollten angeben, ob sie ausländische Eltern oder Großeltern hätten.[3]

---

1 Ich werde an späterer Stelle noch auf die Analyse der Wahl von 2017 zu sprechen kommen.

2 In den Nachwahlerhebungen nach den Präsidentschaftswahlen 2002 und 2017 stimmten die muslimischen Wähler zu 100 % für Kandidaten, die in der zweiten Runde gegen den Kandidaten des Front National waren. Die Stichproben sind sicherlich von begrenzter Größe (je nach Umfrage und Stichprobenumfang zwischen 100 und 300 muslimische Wähler). Dennoch sagt es viel über das Ausmaß des Konflikts aus, wenn man bei diesen beiden Wahlen auf keinen einzigen Wähler dieser Religionszugehörigkeit trifft, der für Jean-Marie Le Pen und Marine Le Pen gestimmt hat. Die vollständigen Ergebnisse finden sich im Technischen Anhang.

3 Ohne weitere Angaben zur genauen Bedeutung dieser Begriffe und der spezifischen Attribute der Eltern und Großeltern (Nationalität bei Geburt oder im Laufe des Lebens, Geburts-

Auf diese Frage antworteten 72 % der in den Wählerverzeichnissen eingetragenen Personen, dass dies nicht der Fall sei, bei 28 % war mindestens ein Großelternteil betroffen. Von diesen 28 % gaben 19 % europäische Vorfahren an (in fast zwei Dritteln aller Fälle aus Spanien, Italien und Portugal) und 9 % außereuropäische. Dabei handelte es sich in fast 65 % der Fälle um die Länder des Maghreb (Algerien, Tunesien, Marokko) und bei 15 % um die Länder des subsaharischen Afrika, also stammten insgesamt fast 80 % der Personen mit nichteuropäischem Migrationshintergrund ursprünglich aus Afrika.[1]

Wähler mit europäischem Migrationshintergrund wählen im Durchschnitt wie Wähler ohne Migrationshintergrund: 49 % stimmten beim zweiten Wahlgang der Präsidentschaftswahl 2012 für den sozialistischen Kandidaten; Wähler mit außereuropäischem Hintergrund wählten diesen zu 77 % (siehe Grafik 14.18).

Dieser Effekt besteht auch unabhängig von der Religion. Das ist umso bedeutsamer, als der Zusammenhang von außereuropäischer Herkunft und religiöser Identität komplexer ist, als man bisweilen denken mag. 60 % der aus dem Maghreb Stammenden bezeichnen sich als Muslime.[2] Wer also familiengeschichtliche Ursprünge in Nordafrika oder dem subsaharischen Afrika hat, wählt massiv linke Parteien. Das gilt auch für Christen und Konfessionslose. Noch stärker ist der Effekt allerdings, wenn die verschiedenen Dimensionen zusammenkommen. Anders gesagt stimmt ein konfessionsloser Wähler mit maghrebinischer Herkunft bei gleichem sozioökonomischen Hintergrund eher für linke Parteien als ein Wähler ohne ausländischen (oder mit europäischem)

---

oder Wohnort usw.) ist es Aufgabe jedes Einzelnen, die Frage nach eigenem Ermessen auszulegen.

1 Die Befragten haben die Möglichkeit, zwei verschiedene ausländische Herkunftsländer, die von fast 10 % der betroffenen Personen genannt werden, in sämtlichen Kombinationsmöglichkeiten anzugeben. Die hier beschriebenen Ergebnisse beziehen sich auf die erste Antwort und fielen ähnlich aus, wenn alle Antworten berücksichtigt würden. Diese Ergebnisse stimmen mit denen der TeO-Umfrage überein, sind aber aufgrund der Unterschiede in den Rubriken und Fragebögen nicht exakt vergleichbar. Siehe C. Beauchemin, C. Hamel, P. Simon, *Trajectoires et origines, Enquête sur la diversité des populations en France*, a. a. O., Tabellen 1 bis 3, S. 37–41.

2 Genauer gesagt, unter denjenigen Personen mit ausländischer Herkunft aus Nordafrika geben 58 % an, Muslime zu sein, 6 % Juden, 10 % Katholiken, 2 % Protestanten oder einer anderen Religion zugehörig und 24 % konfessionslos. Unter denjenigen aus dem subsaharischen Afrika bezeichnen sich 40 % als Muslime, 30 % als Katholiken, 10 % als Protestanten oder einer anderen Religion zugehörig und 20 % als konfessionslos.

Politische Einstellungen und Herkunft in Frankreich, 2007–2012

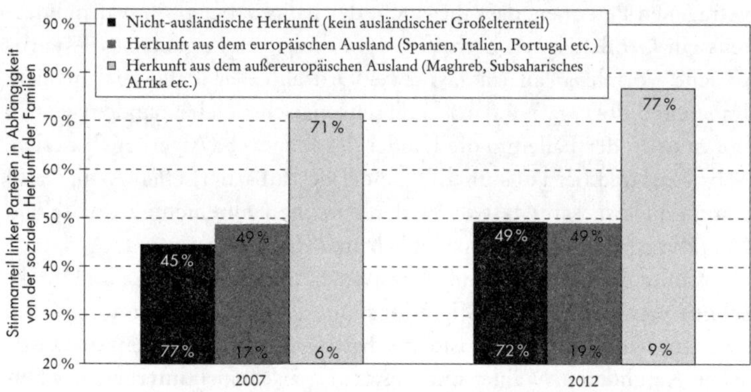

Grafik 14.18.: Im Jahr 2012 holte der sozialistische Kandidat 49 % der Stimmen bei Wählern ohne einen ausländischen Großelternteil, 49 % der Stimmen bei Wählern europäischer Herkunft (de facto hauptsächlich aus Spanien, Italien, Portugal) und 77 % bei Wählern außereuropäischer Herkunft (de facto hauptsächlich Maghreb und subsaharisches Afrika).
Quellen und Reihen: siehe piketty.pse.ens.fr/ideologie.

Hintergrund. Noch wahrscheinlicher wird die Wahl linker Parteien, wenn dieser Wähler zusätzlich noch Muslim ist.[1]

Der kumulative Effekt wäre allein auf der Grundlage der politischen Präferenzen der betroffenen Wähler nicht so offenkundig (z. B. im Hinblick auf familiäre Normen und die Ehe für alle). Er lässt sich nur dadurch rational erklären, dass diese Wählerschicht eine besonders ausgeprägte Feindseligkeit rechter und rechtsextremer Parteien gegenüber dem Islam wahrnimmt. Zweifellos ist diese Wahrnehmung begründet. Antimuslimische Diskurse spielten in der europäischen und insbesondere französischen Kolonialideologie schon Anfang des 19. Jahrhunderts eine große Rolle.[2] Auch an die alten Wurzeln gegenwärtiger nati-

1 Genau gesagt erzielte der sozialistische Kandidat 2012 bei den muslimischen Wählern 42 Punkte mehr als bei den anderen Wählern. Diese Abweichung fällt auf 38 Punkte, wenn wir Alter, Geschlecht, Familienstand, Bildungsniveau, Einkommen, Vermögen und Beruf der Eltern einbeziehen, und auf 26 Punkte, wenn wir auch nach ausländischer Herkunft gehen (aufgeteilt nach detaillierten geografischen Gebieten: Italien, Spanien, Portugal, andere europäische Länder, Maghreb, subsaharisches Afrika, andere Länder außerhalb Europas). Siehe Technischer Anhang, Grafik S14.18. Es ist jedoch zu beachten, dass der begrenzte Stichprobenumfang eine weitere Analyse dieser Art nicht ermöglicht.

2 Die Gegnerschaft zwischen Christentum und Islam hat viel ältere Ursprünge und geht namentlich auf die Kreuzzüge und die großen Entdeckungen zurück, die teilweise durch eine

vistischer Ideologien muss erinnert werden. In der Zwischenkriegszeit kam die Angst vor dem Großen Austausch deutlich in Hitlers Ideologie zum Ausdruck.[1] Schon vor dem Ersten Weltkrieg hatten Ideologen des Kolonialismus (in Frankreich Paul Leroy-Beaulieu) propagiert, dass die Vormachtstellung der «weißen Rasse» und der «christlichen Zivilisation» einen starken europäischen Bevölkerungsüberschuss erfordere, der sich auf den Rest der Welt ergießen solle, ansonsten riskiere Europa, überschwemmt zu werden und zu degenerieren.[2] Die extreme Rechte entstand in Frankreich zwischen 1950 und 1980 in neuer Form aus der Ablehnung der Entkolonisierung. Zu ihren Gründern gehören viele bedingungslose Unterstützer der französischen Kolonialherrschaft in Algerien, allen voran Jean-Marie Le Pen. Der Front National erzielte von Anfang an besonders hohe Zustimmung bei den zurückgekehrten Algeriensiedlern, vor allem im Süden Frankreichs.[3] Die Muslime hatten 1962 die algerische Unabhängigkeit erreicht und beinahe anderthalb Jahrhunderten französischer Präsenz (1830–1962) ein Ende bereitet. Aus offensichtlichen Gründen standen die Rückkehrer ihnen besonders feindselig gegenüber.

Untersuchungen zufolge sind Muslime gegenwärtig in Frankreich und Europa besonders starker Diskriminierung ausgesetzt, vor allem auf dem Arbeitsmarkt.[4] Mit maghrebinischem und afrikanischem Hintergrund bestehen bei gleichem Bildungsabschluss besondere Schwierigkeiten bei der Arbeitssuche; die Arbeitslosenrate ist höher und die

---

Strategie der Umgehung und Umzingelung des muslimischen Feindes motiviert waren. Siehe Kapitel 8, S. 413–417.

1 Hitler war vor allem von dem Bild der Truppen schwarzer Soldaten, die am Rhein stationiert waren und eines Tages bis ins Herz Europas vordringen könnten, beeindruckt. Siehe Kapitel 10, S. 598–601.

2 Siehe H. Le Bras, *L'invention de l'immigré. Le sol et le sang*, La Tour d'Aigues: Édition de l'Aube 2014. Es sei auch daran erinnert, dass die Sklavenhaltereliten der Vereinigten Staaten zu Beginn des 19. Jahrhunderts (beginnend mit Jefferson) das Ende der Sklaverei nur unter der Bedingung in Betracht zogen, dass die Sklaven nach Afrika zurückgeschickt würden, da die Vorstellung eines friedlichen und egalitären Zusammenlebens auf dem gleichen Boden nicht in Betracht kam. Siehe Kapitel 6, S. 308 f.

3 So erlangte der Front National laut einer Umfrage unter zurückgeführten Siedlern bereits in den 1980er und 1990er Jahren 55 % der Stimmen der Algerienfranzosen im Departement Alpes-Maritimes. Siehe E. Comtat, «‹Traumatisme historique› et vote Front national: l'impact de la mémoire de la Guerre d'Algérie sur les opinions politiques des rapatriés», *Cahiers Mémoire et Politique*, Heft Nr. 5 Varia, 2018, Tabelle 2.

4 Wie auch auf dem Wohnungsmarkt.

Gehälter sind niedriger.[1] Laut anderen Studien sinkt die Wahrscheinlichkeit, zum Einstellungsgespräch eingeladen zu werden, wenn der Vorname auf dem Lebenslauf muslimisch klingt – bei gleichem Bildungsabschluss, gleicher Berufserfahrung und sogar gleichem ausländischen Hintergrund.[2] Zur Bekämpfung dieser Vorurteile, die mit denen gegenüber Frauen oder gegenüber verschiedenen sozialen Gruppen in anderen Ländern vergleichbar sind, stehen unterschiedliche Lösungen bereit, z. B. Quotensysteme und freigehaltene Plätze. So wird es in Indien mit historisch diskriminierten Bevölkerungsgruppen gehalten.[3] Gerade in Indien hat man jedoch die Erfahrung gemacht, dass solche Regeln die Abgrenzung bestimmter Gruppen verfestigen können, wenn nicht von vornherein eine Weiterentwicklung mitbedacht wird. In Frankreich und Europa besteht die Gefahr, dass solche Maßnahmen nur zu verschärften Spannungen im Bereich der nationalen Identität und zu Islamfeindlichkeit beitragen.[4] Eine konsequentere Sanktionierung diskriminierenden Verhaltens aufgrund von Religion und Herkunft könnte zielführender sein; im geeigneten gesetzlichen Rahmen ließen sich entsprechende Fälle identifizieren. Jedenfalls hat die Bekanntschaft mit postkolonialer Diversität und die Entwicklung neuartiger nativistischer

1 Siehe zum Beispiel Y. Brinbaum, D. Meurs, J. L. Primon, «Situation sur le marché du travail: statuts d'activité, accès à l'emploi et discrimination», *Trajectoires et origines, Enquête sur la diversité des populations en France*, a. a. O., 2015.

2 So hat beispielsweise bei gleicher libanesischer Herkunft der Vorname «Mohammed» im Vergleich zu dem Vornamen «Michel» eine disqualifizierende Wirkung – und zwar gewaltigen Ausmaßes: Bei ähnlichem Lebenslauf werden weniger als 5 % der jungen Bewerber mit muslimischen Vornamen zum Vorstellungsgespräch eingeladen, gegenüber 20 % der anderen. Nennt der Bewerber seine Betätigung bei einem muslimischen Pfadfinderverband, so senkt dies die Rückmeldequote, während Erfahrungen bei den katholischen oder protestantischen Pfadfindern sie erhöht. Auch jüdische Namen werden diskriminiert, aber deutlich weniger massiv als muslimische. Die Studie basiert auf mehr als 6000 Stellenangeboten, die repräsentativ für kleine und mittlere Unternehmen sind. Siehe M. A. Valfort, *Discriminations religieuses à l'embauche: une réalité*, Paris: Institut Montaigne 2015.

3 Siehe Kapitel 8, S. 441–453.

4 In Indien wurden die Quoten zunächst auch nur zugunsten von Kategorien eingeführt, die innerhalb des hinduistischen Glaubenssystems diskriminiert wurden (*scheduled castes* und *scheduled tribes*), Muslime waren ausgeschlossen (obwohl sie in vielen Regionen genauso arm und diskriminiert waren, aber ihr Einbezug wohl zu heftigem Widerstand geführt hätte). Erst in einer zweiten Phase wurden diese auf die *other backward classes*, einschließlich der Muslime, ausgedehnt. Siehe Kapitel 8. Diese Entwicklung hat die Transformation der politischen Spaltungen und des Parteiensystems in Indien entscheidend beeinflusst. Siehe Kapitel 16, S. 1155–1163.

Ideologien ungleichheitliche Konflikte und Konstellationen hervorgebracht, die in Europa einige Jahrzehnte zuvor unbekannt waren.

Die Grenze und das Eigentum: die viergeteilte Wählerschaft

Fassen wir zusammen. In den letzten Jahrzehnten sind die linken Parteien zur «brahmanischen Linken» geworden und haben sich immer stärker in eine gemäßigt linke, marktbefürwortende Strömung und eine radikalere (oder, je nach Standpunkt, bloß weniger rechte) Linke mit dem Ziel der Umverteilung gespalten. Die rechten Parteien haben sich in eine gemäßigt rechte, marktbefürwortende Strömung und eine nativistische, nationalistische Rechte aufgeteilt. Letztendlich verschwindet das ganze System der Klassengegensätze und des politischen Links-Rechts-Schemas der Jahre 1950–1980 allmählich und ordnet sich neu. In verschiedenen Ländern werden wir unterschiedliche Formen der Neugestaltung der politischen Auseinandersetzung antreffen. Es wäre falsch, diese Entwicklungen als deterministisch aufzufassen. Spezifische Strategien, das politisch-ideologische Mobilisierungspotenzial von Diskursen, sozialen Gruppen und politischen Organisationen könnten die Bruchlinien und die für sie charakteristischen Hauptachsen völlig anders gestalten.

Ende der 2010er Jahre illustriert die politisch-ideologische Auseinandersetzung diese Unbestimmtheit und tiefe Instabilität des Systems. Zusammenfassend lässt sich die Wählerschaft in Frankreich in vier etwa gleich große Teile untergliedern: einen internationalistisch-egalitären, einen internationalistisch-inegalitären, einen nativistisch-inegalitären und einen nativistisch-egalitären Block. Diese Aufteilung ist grob, weil die wirkliche politische Auseinandersetzung viel mehr als nur zwei Dimensionen umfasst und alle verschiedenen Achsen der Meinungsverschiedenheit feine Positionen und Unterpositionen beinhalten, die sich nicht als ein Punkt auf einer geraden Linie abbilden lassen. Die Einteilung nach den zwei Hauptachsen der Grenze und des Eigentums erzeugt nichtsdestoweniger ein klareres Bild.

Die Wählerschaft kann mittels Zustimmung oder Ablehnung zu den folgenden zwei Thesen kategorisiert werden. Erstens: «Es gibt in Frankreich zu viele Immigranten.» 2017 stimmten 56 % der Wähler dieser

Aussage zu.[1] Im Zeitraum 2000–2020 lag dieser Anteil in Abhängigkeit vom Konjunkturzyklus zwischen 50 und 60 %. Der Anteil migrationsfeindlicher Wähler lag 2002 bei 61 % und sank 2007 auf 49 %, als die Arbeitslosenquote und die Wählerstimmen für den Front National am niedrigsten waren. 2012 lag der Anteil bei 51 % und 2017 bei 56 %.[2]

Die zweite Aussage bezieht sich auf die Reduzierung der Ungleichheit zwischen Arm und Reich. Die These ist bewusst aggressiv formuliert: «Um soziale Gerechtigkeit herzustellen, muss man den Reichen nehmen und den Armen geben.» Einer sanfteren Formulierung hätte wohl eine große Mehrheit der Wähler zugestimmt. So ergeben sich allerdings zwei etwa gleich große Gruppen. 2017 sagten 52 % der Wähler, man müsse den Reichen nehmen und den Armen geben (48 % waren dagegen). Dieser Anteil lag 2007 bei 56 % und 2012 bei 60 %. Der Rückgang zwischen 2012 und 2017 kann als Zeichen des erstarkenden Diskurses vom Steuerwettbewerb verstanden werden, demzufolge Umverteilung unmöglich sei. Er ließe sich auch auf die Enttäuschung angesichts der Bilanz des sozialistischen Präsidenten verstehen.[3]

Um es zusammenzufassen: Ende der 2010er Jahre spalten die Fragen der Immigration und der Reichtumsverteilung die Wählerschaft jeweils in etwa gleich große Teile. Wenn beide Dimensionen des politischen

---

1 Zur Vereinfachung habe ich die Antworten «volle Zustimmung» und «teilweise Zustimmung» einerseits und «eher Ablehnung» und «volle Ablehnung» andererseits zusammengefasst, wobei Wähler ohne Rückmeldung (weniger als 5 % der Fälle) ausgeschlossen sind.

2 Diese Frage taucht seit 1988 in den Nachwahlerhebungen auf. In den späten 1980er und 1990er Jahren (als die Arbeitslosigkeit ihren Höhepunkt erreichte) erlangte der Anteil der migrationsfeindlichen Wähler (im Sinne dieser Frage) 70 bis 75 %. Siehe Technischer Anhang, Grafik S14.19a. Der beobachtete Rückgang der Stimmung gegen Immigranten im Zeitraum 1985–2000 (ca. 70 bis 75 %) und 2000–2020 (ca. 50 bis 60 %) entspricht teilweise dem Generationenwechsel und dem Anstieg antirassistischer Bewegungen. Es wäre falsch zu glauben, dass dies einer geringeren Bedeutung der Migrationsfrage entspricht. Im Gegenteil kann diese als ein zunehmender Konflikt betrachtet werden, bei dem zwei Lager von vergleichbarer Größe gegensätzliche Positionen beziehen.

3 Siehe Technischer Anhang, Grafik S14.19b. Im Jahr 2002 war der Wortlaut ein anderer, da er sich auf die Bedeutung der «Verringerung der Kluft zwischen Arm und Reich» konzentrierte (63 % hielten dies für «äußerst wichtig» oder «sehr wichtig» und 37 % für «eher wichtig» oder «nicht sehr wichtig»). Generell muss betont werden, dass keine politische Frage aus dem Zeitraum 1950–1970 im Zeitraum 2000–2020 hindurch gleich formuliert geblieben ist, was der Analyse offensichtliche Grenzen setzt (daher auch die besondere Aufmerksamkeit für den Wandel von Spaltungen in den Bereichen des Bildungsniveaus, Einkommens und Vermögens, die zumindest den Vorteil haben, zeitlich und räumlich vergleichbar zu sein). Im Idealfall wäre es natürlich besser, präzise und fortlaufende Fragen zu Ungleichheiten, Eigentum, Steuern, dem Bildungssystem etc. zu formulieren.

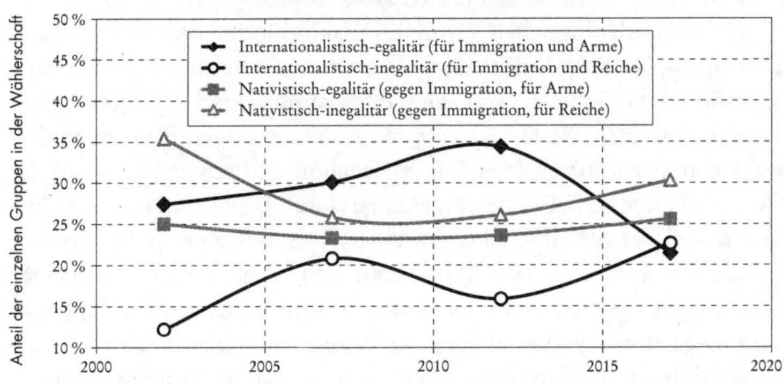

Grafik 14.19.: Im Jahr 2017 können 21 % der Wähler als «internationalistisch-egalitär» eingestuft werden (sie sind der Meinung, dass es nicht zu viele Einwanderer gibt und dass die Ungleichheiten zwischen Arm und Reich verringert werden müssen); 26 % sind «nativistisch-inegalitär» (sie sind der Meinung, dass es zu viele Einwanderer gibt und dass die Ungleichheiten zwischen Arm und Reich nicht verringert werden müssen); 23 % sind «internationalistisch-inegalitär» (für Immigration und Reiche) und 30 % sind «nativistisch-egalitär» (gegen Immigration, für Arme).
Quellen und Reihen: siehe piketty.pse.ens.fr/ideologie.

Konflikts in einer Reihe stünden, wenn also die Positionen zu diesen Thesen völlig korrelierten, teilte sich auch die Wählerschaft in zwei etwa gleich große Hälften. Dementsprechend sähe der Wahlkampf in diesem Fall aus.[1] Dem ist aber nicht so. Die Positionen zu den beiden Thesen korrelieren so gut wie gar nicht; deshalb teilt sich die Wählerschaft grob in vier Teile auf (siehe Grafik 14.19). 2017 können 21 % der Wähler als internationalistisch-egalitär (für Immigration, für Arme), 26 % als nativistisch-inegalitär (gegen Immigration, für Reiche), 23 % als internationalistisch-inegalitär (für Immigration, für Reiche) und 30 % als nativistisch-egalitär (gegen Immigration, für Arme) bezeichnet werden. Die relative Größe der einzelnen vier Teile kann sich in wenigen Jahren schnell verändern, vor allem in Abhängigkeit von politischen Debatten, prägenden Ereignissen und ihrer medialen Darstellung. Die Ungenauigkeit der Fragen lässt außerdem nur eine Einordnung zu großen ideologischen Familien mit vagen Konturen zu, nicht zu präzisen, durchstrukturierten Positionen. Schließlich machen die kleinen Stich-

1 Dies könnte grundsätzlich zwei Formen annehmen: ein internationalistisch-egalitäres Lager gegen ein nativistisch-inegalitäres Lager oder ein internationalistisch-inegalitäres Lager gegen ein nativistisch-egalitäres Lager.

proben geringfügige Abweichungen der vier Gruppen statistisch insignifikant, vor allem in den Jahren 2007 und 2017.[1]

Die vier ideologischen Gruppen manifestierten sich beim ersten Durchgang der Präsidentschaftswahl 2017 in vier beinahe gleich großen Vierteln (siehe Tabelle 14.1). Der internationalistisch-egalitäre Block umfasste im ersten Wahlgang 28 % der Stimmen, angeführt vom «linksradikalen» Kandidaten Jean-Luc Mélenchon und seiner Bewegung La France Insoumise (LFI) (20 %), ergänzt durch Benoît Hamon vom linken Flügel der Sozialistischen Partei (6 %) sowie zwei linksextremen Kandidaten (2 %).[2] Dieser Block kann als internationalistisch-egalitär beschrieben werden. Diese 28 % der Wähler umfassende Gruppe ist verglichen mit den drei anderen Gruppen am stärksten davon überzeugt, dass Frankreich offener für Einwanderer sein sollte (nur 32 % denken, es gebe zu viele, insgesamt sind es in Frankreich 56 %). Sie setzen sich auch am deutlichsten für eine Umverteilung von Reich zu Arm ein (67 % im Gegensatz zu 51 % insgesamt). Angehörige dieser Gruppe sind relativ gut ausgebildet (nur Macrons Wähler liegen bei den Bildungsabschlüssen knapp vor ihnen), verfügen aber über wenig Einkommen (nur Le Pens Wähler liegen darunter) und noch geringeres Vermögen (sogar noch weniger als bei Le Pen).

Der internationalistisch-inegalitäre Block umfasste 24 % der Stimmen für den Kandidaten Emmanuel Macron, der aus dem marktbefürwortenden Flügel der sozialistischen Regierung von François Hollande hervorgegangen ist, deren wichtigster Wirtschaftsberater und später -minister er zwischen 2012 und 2016 war. Seine Kandidatur ging aus der Bewegung La République en Marche (LREM) hervor, die von einer gemäßigt linken Bewegung (Mouvement démocrate, Modem) und dem zentristischen, wohlhabendsten Teil der ehemaligen sozialistischen Wähler unterstützt wurde. Dieser Block ist internationalistisch-inegalitär, insofern er sich der Immigration weniger verschließt als der Durchschnitt und absolut gegen die Vorstellung antritt, den Reichen zu nehmen, um den Armen zu geben. Diese Gruppe hat ein sehr hohes

1 Siehe Technischer Anhang, Grafik S14.19c.

2 Die Kandidaturen von Arthaud (Lutte ouvrière, LO) und Poutou (Nouveau parti anticapitaliste, NPA) bedeuteten 2017 einen radikaleren Kurs in der Frage der Umverteilung und der sozialen Gerechtigkeit sowie im Bereich der Internationalen Beziehungen und der Verteidigung von Einwanderern. Bei den Europawahlen 2019 sprach sich das von diesen beiden Parteien vorgelegte Programm für die Gründung der Sozialistischen Vereinigten Staaten von Europa als ersten Schritt zu einer universellen Sozialistischen Republik aus.

Tabelle 14.1

Der politisch-ideologische Konflikt in Frankreich 2017: die vier Lager der Wählerschaft

Präsidentschaftswahl 2017 (erster Wahlgang)	Gesamtheit der Wähler	Mélenchon/Hamon (internationalistisch-egalitär)	Macron (internationalistisch-inegalitär)	Fillon (nativistisch-inegalitär)	Le Pen/Dupont-Aignan (nativistisch-egalitär)
	100 %	28 %	24 %	22 %	26 %
«Es gibt zu viele Immigranten in Frankreich» (Zustimmung in %)	56 %	32 %	39 %	62 %	91 %
«Um soziale Gerechtigkeit herzustellen, muss man den Reichen nehmen und den Armen geben» (Zustimmung in %)	51 %	67 %	46 %	27 %	61 %
Hochschulabschlüsse (in %)	33 %	39 %	41 %	36 %	16 %
Monatliches Einkommen über 4000 Euro (in %)	15 %	9 %	20 %	26 %	8 %
Wohneigentümer (in %)	60 %	48 %	69 %	78 %	51 %

Tabelle 14.1: Im Jahr 2017 stimmten 28 % der Wähler im ersten Wahlgang für Mélenchon/Hamon; 32 % von ihnen waren der Meinung, dass es in Frankreich zu viele Einwanderer gibt (im Vergleich zu einem Durchschnitt von 56 % aller Wähler), und 67 %, dass eine Umverteilung zwischen Arm und Reich stattfinden müsse (verglichen mit durchschnittlich 51 %). Demnach ist diese Wählerschaft ideologisch als «internationalistisch-egalitär» (für Immigranten und für Arme) einzustufen, während die Macronsche Wählerschaft als «internationalistisch-inegalitär» (für Immigranten und für Reiche) einzustufen ist; Fillon ist entsprechend «nativistisch-inegalitär» (gegen Immigranten und für Reiche), Le Pen/Dupont Aignan sind «nativistisch-egalitär» (gegen Immigranten und für Arme). Hinweis: Die Stimmen für Arthaud/Poutou (2 %) und Asselineau/Cheminade/Lassalle (2 %) wurden zu den Stimmen von Mélenchon/Hamon und Fillon hinzugezählt.

Quellen und Reihen: siehe piketty.pse.ens.fr/ideologie.

Bildungsniveau und verfügt auch über überdurchschnittliche Einkommen und Vermögen. Wirtschaftlich und steuerlich verfolgte die Politik 2017–2018 hauptsächlich die Abschaffung der Vermögensteuer ISF und der Progressivsteuer auf Kapitalerträge. Dies sollte durch eine Erhöhung der indirekten Steuern auf Kraftstoff finanziert werden. Infolge der Gelbwestenbewegung musste darauf jedoch Ende 2018 verzichtet werden (siehe Kapitel 13).[1]

Der nativistisch-inegalitäre Block vereinigte 22 % der Stimmen auf sich. Er wurde durch François Fillon (20 %) und drei weitere rechte Kandidaten (2 %) vertreten.[2] Hierbei handelt es sich um die traditionell bürgerliche und katholische Rechte, die sich gegen Immigration (62 %) und vor allem gegen jegliche Umverteilung von Reich zu Arm richtet (73 %). Ihre Wähler haben etwas niedrigere Bildungsabschlüsse als der Block von LREM und Modem, aber sie haben noch höhere Einkommen und Vermögen. Bevor seine Korruptionsaffäre bekannt wurde, war Fillon der Sieg schon fast gewiss, doch dann überholte ihn Macron. Ein großer Teil von Fillons Wählerschaft unterstützt seit 2017 Macrons Regierung, zumal die Steuererleichterungen schon lange auf der Agenda der Rechten standen, aber nie durchgesetzt werden konnten.[3]

Der nativistisch-egalitäre Block erlangte 26 % der Stimmen. Zu ihm gehören Marine Le Pen und der Front National (21 %) sowie der natio-

1 Wir werden auf die französische Migrationspolitik zurückkommen, die seit 2017 angeblich «weniger verschlossen» sein soll, eigentlich aber extrem restriktiv und konservativ geworden ist. Siehe Kapitel 16, S. 1079–1082.

2 Die Kandidaturen von Asselineau, Cheminade und Lassalle sind schwer einzuordnen und haben nur begrenzte Auswirkungen auf die Gesamtstruktur.

3 1986 hob die rechte Regierung die Steuer auf große Vermögen (IGF, *impôt sur les grandes fortunes*) auf, die 1981 von der Linken eingeführt worden war. Nach der Niederlage bei den Wahlen 1988 wagten die rechten Parteien es jedoch nicht, die allgemein Zuspruch erfahrende Vermögensteuer ISF (*impôt sur la fortune*) anzugreifen, die 1990 aufs Neue von der Linken eingeführt wurde. Im Jahr 2007 führte Nicolas Sarkozy jedoch einen Spitzensteuersatz (eine Höchstgrenze der Gesamtsteuer nach Einkommen) ein, der für die Reichsten einen großen Teil der Vermögensteuer effektiv abschaffte. Doch musste die Regierung dieses unbeliebte System einige Monate vor den Wahlen 2012 abschaffen, während sie gleichzeitig beschloss, die Vermögenssteuer massiv zu senken (der höchste Satz, der für Vermögen über 17 Millionen Euro gilt, wurde von 1,8 auf 0,5 % reduziert). Diese Maßnahme konnte gar nicht erst in Kraft treten: Die sozialistische Regierung, die aus den Wahlen von 2012 hervorging, hob den Steuersatz teilweise wieder auf das frühere Niveau an. Der höhere Satz wurde jedoch auf 1,5 % auf Vermögen über 10 Millionen Euro gesenkt, mit der Begründung, dass die Zinsen gesunken seien. Eine zweifelhafte Strategie, da die höchsten Geldvermögen nicht in Staatsanleihen investiert sind und ihre Wachstumsrate deutlich höhere Durchschnittsrenditen signalisiert (siehe Kapitel 13, Tabelle 13.1).

nalistische, souveränistische Dupont-Aignan (5 %), der sich im zweiten Wahlgang Le Pen anschloss. Die Wähler dieser Parteien befürworten überdurchschnittlich eine Umverteilung von Reich zu Arm (61 % gegen insgesamt 51 %), zeichnen sich aber vor allem durch seine sehr scharfe Haltung gegen Einwanderer aus (91 % halten deren Zahl in Frankreich für zu hoch). Sie sind deutlich weniger gut ausgebildet als die Wähler der anderen drei Gruppen (der Anteil an Hochschulabsolventen ist weniger als halb so hoch) und die Einkünfte sind auch die geringsten aller vier Gruppen. Dafür verfügen sie über etwas mehr Vermögen als die Wähler von Mélenchon/Hamon, aber deutlich weniger als die von Macron und Fillon.

Außerdem gibt es noch ein «fünftes Viertel», das in Tabelle 14.1 nicht auftaucht: die Nichtwähler (im ersten Wahlgang 22 % der in den Wählerverzeichnissen Eingetragenen). In dieser Gruppe herrschen das geringste Bildungs- und Einkommensniveau vor, vor allem aber das deutlich geringste Vermögen – verglichen mit den vier Gruppen der Wählenden.[1] Aus ideologischer Sicht ist sie am wenigsten politisiert und positioniert sich nur wenig zu Fragen von Umverteilung und Immigration.[2]

Die Instabilität der viergeteilten Wählerschaft

Die Vierteilung der Wählerschaft bedarf eines Kommentars. Die Präsidentschaftswahl von 2017 ist ganz klar das Ergebnis eines langen Auflösungsprozesses der Ordnung von Klassenkonflikten und des Links-Rechts-Schemas aus der Zeit von 1950 bis 1980. Die beiden traditionellen Bündnisse der Linken und der Rechten sind jetzt sozial und ideologisch tief gespalten. Diese Komplexität scheint durch eine Einteilung der

1 Der Anteil der Personen, die ihre eigene Immobilie besitzen, liegt unter den Nichtwählern bei nur 41 % verglichen mit 48 % der Wählerschaft für Mélenchon/Hamon, 51 % der Wählerschaft für Le Pen/Dupont-Aignan, 69 % der Wählerschaft für Macron und 78 % der Wählerschaft für Fillon. Außerdem haben 19 % der Nichtwähler einen Hochschulabschluss und 8 % ein Einkommen von über 3000 Euro pro Monat, was in etwa der Wählerschaft von Le Pen/Dupont-Aignan entspricht. Siehe Technischer Anhang.

2 Auf diese beiden Fragen antworten etwa 50 % der Nichtwähler nicht verglichen mit weniger als 10 % der Wähler. Diejenigen, die geantwortet haben, sprechen sich überdurchschnittlich für Arme aus (54 %) und gegen Immigranten (64 %), aber weniger eindeutig als die vier Wählergruppen.

Wählerschaft in vier Teile angemessener abgebildet zu sein als durch eine binäre oder eindimensionale Darstellung.

Außerdem ist es äußerst ungewöhnlich, dass vier Kandidaten jeweils im ersten Wahlgang zwischen 20 und 24 % der Stimmen erhalten, wo doch nur die beiden Erstplatzierten in die zweite Runde gehen. Üblicherweise gehen Wähler wahltaktisch vor und konzentrieren ihre Stimmen auf die beiden in den Umfragen vorne liegenden Kandidaten. Bisweilen mögen drei aussichtsreiche Kandidaten antreten, aber vier so knapp voneinander entfernte Präsidentschaftsanwärter sind sehr selten.[1] Es liegt nahe, dass die sozialen und ideologischen Positionen der Wählerschaft so stark sind, dass keines der Viertel bereit war, Kompromisse zugunsten einer größeren Wirkung der eigenen Stimme einzugehen. Am Ende gingen Macron und Le Pen knapp als Gewinner aus dem ersten Durchgang hervor, und im zweiten standen sich also der internationalistisch-inegalitäre und der nativistisch-egalitäre Block gegenüber.[2] Da die Ergebnisse des ersten Wahlgangs aber so knapp waren, hätte jeder der vier Kandidaten es im zweiten Durchgang schaffen können.

Das viergeteilte System könnte sich zu einer dreigeteilten Struktur wandeln. Dies wäre der Fall, wenn die wirtschaftsliberale Fraktion der Fillon-Anhänger zu Macron überliefe und ihr migrationsfeindlicher Anteil zu Le Pen, was sich bereits bei den Europawahlen 2019 abgezeichnet hat.[3] Ein solches System aus drei Gruppen entspräche dann vereinfachend den drei großen Ideologiefamilien: Liberalismus, Nationalismus und Sozialismus.[4] Bei der Wahl 2017 waren aber die ideolo-

1 Die Wahlabsichten bei den beiden Spitzenkandidaten des internationalistisch-egalitären Blocks waren zwei Monate vor der Wahl ausgewogen, bevor sie sich auf Mélenchon konzentrierten, was radikalere und kämpferischere Debatten zur Folge hatte. Das Prinzip der effektiven Stimmabgabe trug somit dazu bei, die Zahl der Kandidaten, die sich für die zweite Runde qualifizieren konnten, von fünf auf vier zu reduzieren, aber nicht mehr.

2 Mit einem klaren Sieg für die Ersteren (66 % gegenüber 34 %), so sehr erscheinen die migrationsfeindlichen Positionen des Front National einer großen Mehrheit der französischen Wählerschaft als extremistisch.

3 Und wenn die Fraktion der Macron-Verbündeten, die aus der Linken stammt, zu dieser zurückkehren würde, was in gewisser Weise auch schon geschieht.

4 Für eine anregende Analyse der Dreiteilung des politisch-ideologischen Raums in Liberalismus, Nationalismus und Sozialismus siehe B. Karsenti, C. Lemieux, *Socialisme et sociologie*, EHESS Publishing 2017. Kurz gesagt: Der Liberalismus sakralisiert den Markt und die Autonomie der Wirtschaft, der Nationalismus reagiert darauf mit der Reifikation der Nation und des ethnisch-nationalen Zusammenhalts, während der Sozialismus die Emanzipation durch Bildung und Wissen fördert.

gischen Grenzverläufe zwischen den vier Gruppen ausreichend deutlich, um jeweils eigene politische Aussichten geltend zu machen.

Das System der politischen Lager ist gegenwärtig also sehr instabil. Die Hauptachse des politisch-ideologischen Konflikts wird neu definiert, mehrere mögliche Entwicklungen und Weichenstellungen sind zunächst einmal denkbar, abhängig von der Mobilisierungsfähigkeit und Überzeugungskraft der jeweiligen Gruppen und Diskurse. Im nächsten Kapitel werden wir in den Vereinigten Staaten eine vergleichbare Situation vorfinden. Die Präsidentschaftswahl 2016 wäre wohl ganz anders verlaufen, wenn die Demokraten in den Vorwahlen für Sanders (einen Verfechter der Umverteilung) votiert hätten statt für Clinton (eine von Geschäftsinteressen geleitete Zentristin). Wie 2017 in Frankreich lässt sich schwer sagen, welchen Ausgang die nicht geführten Auseinandersetzungen und Überlegungen gehabt hätten. In jedem Fall hätten sie die weitere politisch-ideologische Entwicklung stark beeinflusst.

Wichtig ist, dass die Wahl 2017 einen Bruch mit den alten Konfliktlinien darstellt und sich dieser Bruch in die allgemeineren Entwicklungen einfügt, vor allem in den Aufstieg der «brahmanischen Linken» und des multi-elitären Systems. In den Grafiken dieses Kapitels über die langfristige Entwicklung der sozioökonomischen Wählerstruktur habe ich für das Jahr 2017 Mélenchon/Hamon und Macron, die 52 % der Stimmen erhalten haben, als links bezeichnet. Im Gegenzug werden Fillon und Le Pen/Dupont-Aignan mit ihren 48 % als rechts betitelt. Diese Einteilung ist völlig willkürlich: Die Auseinandersetzung im Jahr 2017 lässt sich deutlich besser als ein vierteiliges Konstrukt beschreiben (siehe Tabelle 14.1). Aus dieser Darstellung geht aber hervor, dass die 52 % der Wähler von Mélenchon/Hamon/Macron 2017 letztlich nur geringfügig von den Wählern linker Parteien 2012 und davor abweichen (siehe Grafiken 14.1 und 14.10–14.11).[1] Die Tendenz der letzten Jahrzehnte schreitet also voran. Der letzte Entwicklungsschritt hat die Instabilität des neuen multi-elitären Gefüges aufgezeigt. Der wohlhabendste Anteil der «brahmanischen Linken» hat Macron gewählt und

1 Genau genommen liegen diese 52 %, die 2017 Mélenchon/Hamon/Macron gewählt haben, sehr nahe an den 53 %, die im ersten Wahlgang der Präsidentschaftswahl 2012 für linke Kandidaten (44 %) oder für den Mitte-rechts-Kandidaten Bayrou (9 %) gestimmt haben, und unterscheiden sich nicht sonderlich von den 52 %, die im zweiten Wahlgang 2012 Hollande wählten.

somit den Bruch mit der am wenigsten wohlhabenden Fraktion der alten linken, Mélenchon/Hamon zugewandten Wählerschaft vollzogen. Die alte rechte Wählerschaft hat seit dem Aufstieg des Front National und der nativistischen Ideologie noch kein wählbares Bündnis zustande gebracht und scheint in ein marktfreundliches und migrationsfeindliches Lager gespalten zu sein.

Gelbwesten, Kohlendioxid und Vermögensteuer: die sozialnativistischen Fallstricke in Frankreich

Natürlich bestehen mehrere widersprüchliche Erzählungen von den gegenwärtigen Umstrukturierungen und den zukünftigen Entwicklungen nebeneinander. Der neue Wählerblock um Macron, die Parteien LREM (La République en Marche) und Modem (Mouvement démocrate), kann als der Versuch verstanden werden, einen «bürgerlichen Block» aus der brahmanischen Linken und der kaufmännischen Rechten zu bilden.[1] Soziologisch unbestreitbar vereint dieses Bündnis die höchsten Bildungsniveaus, Einkommen und Vermögen des Spektrums von der gemäßigten Linken bis zur gemäßigten Rechten. Beteiligte Akteure und Wähler stellen dieses neue Bündnis selbst gern als das der «Progressiven» dar. Es stelle sich den «Nationalisten», allen Gestrigen, Globalisierungs- und Europafeinden entgegen, die sich in ihrem Zorn und ihren negativen Emotionen gegen Einwanderer und Unternehmer wendeten. Letztere würden von den törichten Gestrigen als «Reiche» karikiert, von denen man Rechenschaft fordern müsse, während sie doch angestrengt für das Gemeinwohl arbeiteten.

Dieses neue Analyseschema für den politischen Konflikt zwischen Progressiven und Nationalisten wird interessanterweise auch vom nativistischen Lager benutzt, welches einfach die Begriffe umkehrt.[2] Für Marine Le Pen und den Front National stehen sich demnach Globalisten und Patrioten gegenüber. Erstere seien haltlose, nomadische Eliten, die Angestellte unter Druck setzten und immer neue Wellen billiger

1 Ich übernehme hier den Ausdruck von B. Amable und S. Palombarini aus *L'Illusion du bloc bourgeois. Alliances sociales et avenir du modèle français*, Paris: Raisons d'agir, 2017.

2 Dieser Gegensatz ähnelt auch dem zwischen offener und geschlossener Gesellschaft, der von Tony Blairs New Labour Party in den späten 1990er und frühen 2000er Jahren befördert wurde.

Einwanderer in ihre Dienste nähmen; die Patrioten hingegen verteidigten die Interessen der Unterschichten gegen die Bedrohungen der hyperkapitalistischen, grenzen- und vaterlandslosen Mischlingsglobalisierung. Ein solches binäres Verständnis der politischen Auseinandersetzung ist so falsch wie gefährlich und nutzt denen, die sich in den Mittelpunkt stellen.

Falsch ist dieses Verständnis, weil die reale politisch-ideologische Auseinandersetzung heute in Frankreich und den meisten Ländern multidimensional verläuft. Unter den Wählern gibt es auch einen internationalistisch-egalitären Block mit je nach Kontext wechselnder Größe und Gestalt; er zeichnet sich aber durch die Befürwortung von Internationalismus und Gleichheit aus, vor allem durch den Schutz eingewanderter Arbeiter jeglicher Herkunft und die Umverteilung des Reichtums. Ob dieses Lager eine Mehrheit bilden kann, bleibt Anfang des 21. Jahrhunderts wie zu jeder Zeit offen. Dies hängt davon ab, ob es eine sozialföderalistische Plattform bilden kann, gegründet auf die Idee, dass Umverteilung und Internationalismus sich gegenseitig verstärken können. Wenn man aber diese Möglichkeit außer Acht lässt und die politische Auseinandersetzung zwischen Progressiven und Nationalisten (oder Globalisten und Patrioten) verortet, ignoriert man damit die vier (oder manchmal drei) Hauptströmungen unter den Wählern, wie sie in Frankreich 2017–2019 zutage traten. Eine solche Struktur kann vielfältige zukünftige Entwicklungen bringen. Die Grenzen zwischen den einzelnen Lagern sind durchlässig und wandelbar.

Gefährlich ist die binäre Vereinfachung zum Gegensatz progressiv-nationalistisch oder globalistisch-patriotisch, weil die nativistische Ideologie und ihre potenzielle Gewalt als einzige Alternative zum Status quo verstanden wird. Diese rhetorische Strategie mag dazu dienen, die «Progressiven» alternativlos an der Macht zu halten. Doch in Wirklichkeit riskiert sie Wahlerfolge der «Nationalisten», vor allem wenn Letztere eine Form von Sozialnativismus entwickeln, der soziale, egalitäre Ziele für die «Einheimischen» mit dem gewaltsamen Ausschluss der «Fremden» verbindet (wie die Demokratische Partei in den USA Ende des 19. und Anfang des 20. Jahrhunderts).[1] Die Ideologie des Front National

1 Die «Nicht-Einheimischen» können in Frankreich und Europa nichteuropäische Einwanderer (insbesondere Muslime) oder in den Vereinigten Staaten Schwarze sein, wo es der (ehemals sklavenhalterischen) Demokratischen Partei am Ende des 19. Jahrhunderts und in der ersten Hälfte des 20. Jahrhunderts gelang, sich als sozial-nativistische Partei neu zu definie-

entwickelt sich bereits seit mehreren Jahrzehnten in diese Richtung, und es bleibt zu befürchten, dass die Ereignisse von 2017–2019 (vor allem die Krise der Gelbwesten) dies beschleunigen. In den 1980er und 1990er Jahren vertrat der FN bereits sehr migrationsfeindliche Diskurse, aber seine sonstige Ideologie war in sozialen und wirtschaftlichen Belangen relativ elitär, damit war er nicht so gefährlich. Er hatte sich noch einen letzten Rest poujadistischer Steuerfeindlichkeit bewahrt und Ende der 1980er Jahre etwa die völlige Abschaffung der Einkommensteuer gefordert. In den 1990er und 2000er Jahren vollzog der FN langsam einen Wandel zum Sozialen und stand immer stärker für die Interessen der Geringverdiener und die sozialen Sicherungssysteme ein (solange diese Einheimischen vorbehalten waren). Er wandelte sich, als die «brahmanische Linke» die Unterschichten langsam zu vernachlässigen schien, und trug zur Erweiterung und Diversifizierung der Wählerbasis bei.[1] 2017–2019 konnte die Partei somit die Bewahrung und später die Wiedereinführung der Vermögensteuer fordern, obwohl sie ein paar Jahrzehnte zuvor für die Abschaffung aller Progressivsteuern eingetreten war.

Sicherlich darf man die Aufrichtigkeit und Ernsthaftigkeit dieses sozialen und steuerlichen Sinneswandels nicht überschätzen, er beruht auch auf Opportunismus. Im Grunde basiert die FN-Programmatik in erster Linie auf dem Ausschluss von Einwanderern und den sich daraus ergebenden Vorzügen. Wahrscheinlich würde eine nationale Abschottung das Steuerdumping zugunsten der Reichsten nur weiter begünstigen, wie man es in den Vereinigten Staaten unter Trump beobachten konnte. Wir werden darauf zurückkommen. Dennoch kann sich dieser Diskurs auszahlen, und die sehr reale Gefahr sozialnativistischer Fallstricke infolge der unbefangen reichenfreundlichen Politik der Regierung Macron ist in Frankreich nicht zu ignorieren. Dass die Erhöhung der Steuer auf Kohlendioxid 2017–2018 (aufgehoben 2019) die Ab-

---

ren: Sie vertrat sozialere und egalitärere Vorstellungen als die Republikaner zugunsten der weißen Bevölkerung (insbesondere zugunsten der neuen europäischen weißen Migranten, z. B. Iren oder Italienern), sprach sich aber heftig für die Segregation der Schwarzen aus. Siehe Kapitel 6, S. 309–315. Ich werde in den nächsten Kapiteln auf die Gefahren einer solchen Entwicklung in Europa zu Beginn des 21. Jahrhunderts zurückkommen. Siehe Kapitel 16, S. 1084–1086.

1 Von den vielen Arbeiten, die sich mit den Veränderungen im Diskurs und der sozialen und geografischen Struktur der Front-National-Wähler befassen, siehe insbesondere G. Mauger, W. Pelletier, *Les Classes populaires et le FN. Explications de vote*, Vulaines sur Seine: Éditions du Croquant 2016. Siehe auch H. Le Bras, *Le Pari du FN*, Paris: Autrement 2015.

schaffung der Vermögensteuer und anderer, die Reichen begünstigender Steuern finanzieren sollte – und nicht den ökologischen Wandel –, bietet traditionellen nativistischen Akteuren eine Angriffsfläche gegen angeblich heuchlerische «Globalisten».

Europa und die Unterschichten: ein Bruch

2017 zeichneten sich diese politischen Ausrichtungen ab, und das Thema Europa wurde als Argument für Steuersenkungen instrumentalisiert. Daraus erwächst die Gefahr, dass sich in den französischen Mittel- und Unterschichten in den nächsten Jahren eine immer stärkere antieuropäische Front herausbilden könnte. Die Instrumentalisierung Europas zugunsten der Wohlhabenden ist nicht neu. Wir haben uns schon ausführlich dazu geäußert, wie die völlige Liberalisierung der Kapitalflüsse ohne gemeinsame steuerliche Regulierung und ohne automatischen Informationsaustausch zu den jeweiligen finanziellen Vermögenswerten bereits in den 1980er und 1990er Jahren zur Eskalation des Steuerwettbewerbs zugunsten mobilerer Vermögen geführt hat.[1] Die Europäische Union steht in der allgemeinen Wahrnehmung für den Wettbewerb aller gegen alle und bevorteilt die begüterten Klassen; so lässt sich auch die verbreitete Unbeliebtheit des europäischen Hauses erklären, die sich in Frankreich bei den Referenden zum Maastricht-Vertrag 1992 und zum Vertrag über eine Verfassung für Europa (VVE) 2005 niederschlug.

Beide Volksbefragungen verdeutlichen den Bruch mit Europa eindrücklich. Beim Referendum von 1992 ging es im Wesentlichen um die Einführung des Euros. Das «Ja» lag mit 51 % nur knapp vorne, weil der sozialistische Präsident in letzter Minute noch einmal dafür geworben hatte; in Umfragen war das «Nein» stärker gewesen. Der Sieg war aber einzig höheren sozialen Schichten zu verdanken. Den vorliegenden Daten zufolge stimmten die nach Bildung, Einkommen und Vermögen oberen 30 % der Wähler eindeutig mit «Ja», die unteren 60 % klar mit «Nein» (siehe Grafik 14.20).

2005 sollten nach dem Referendum verschiedene europäische Verträge zu einem Vertrag mit Verfassungsrang zusammengefasst werden. Der VVE enthielt wenige substanzielle Neuerungen und keinen sozia-

1 Siehe insbesondere Kapitel 11, S. 692–700 und 13, S. 852–856.

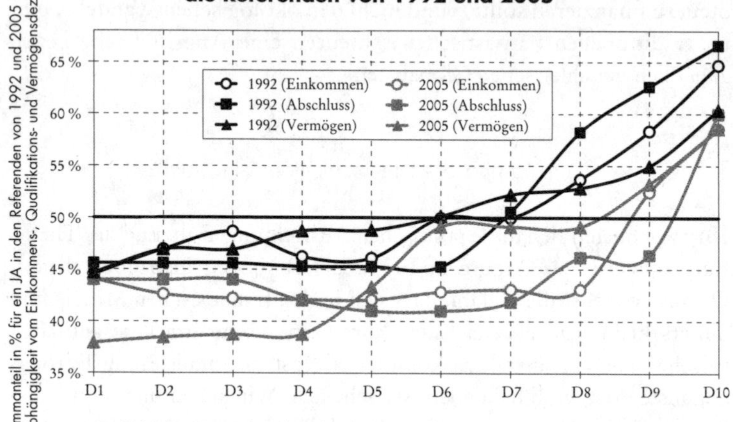

Grafik 14.20.: Beim Referendum über den Vertrag von Maastricht im Jahr 1992 (JA-Votum zu 51 %) und beim Referendum über den Europäischen Verfassungsvertrag im Jahr 2005 (Zustimmung nur bei 45 %) hing die Abstimmung stark vom sozialen Hintergrund ab: Die obersten Einkommens-, Qualifikations- und Vermögensdezile gaben ein deutliches Ja-Votum ab, während die unteren Dezile mit NEIN stimmten.
Hinweis: D1 bezeichnet die unteren 10 % (hinsichtlich Einkommen, Qualifikation oder Vermögen), D2 die nächsten 10 %, ... und D10 die obersten 10 %.
Quellen und Reihen: siehe piketty.pse.ens.fr/ideologie.

len Fortschritt. Er sollte folgende Prinzipien der Europäischen Union in Stein meißeln: den freien und unverzerrten Wettbewerb, den freien Verkehr von Kapital, Gütern und Personen sowie die Einstimmigkeitsregel in Steuerangelegenheiten. In Frankreich lehnten die Wähler den Vertrag klar ab: 55 % stimmten mit «Nein», 45 % mit «Ja». Den vorliegenden Daten zufolge haben 2005 nur die oberen 20 % (vor allem die obersten 10 %) nach Bildung, Einkommen und Vermögen mit «Ja» gestimmt, während die unteren 80 % deutlich mit «Nein» votierten.

Die beiden Volksbefragungen von 1992 und 2005 zeigen, dass die «Klassenstruktur» entlang der sozialen Stratifikation in den Dimensionen Bildung, Einkommen und Vermögen vom damals noch bestehenden Links-Rechts-Schema abwich. Die wohlhabenden Klassen der gemäßigten brahmanischen Linken und der gemäßigten kaufmännischen Rechten haben sich faktisch zusammengetan, um Europa voranzubringen, noch bevor ein solches Bündnis auf politischer Ebene die Form des bürgerlichen Blocks von 2017 angenommen hätte.

Wie lässt sich dieser Bruch der Unterschichten mit Europa erklären? Die plausibelste Erklärung dafür scheint mir der (größtenteils gerechtfertigte) Eindruck, dass der große vereinigte Markt Europas vor allem den mächtigsten Wirtschaftsakteuren und den reichsten sozialen Gruppen zugutekommt. Unbestreitbar hat der Steuerwettbewerb innerhalb Europas mobilere Akteure steuerlich begünstigt und ärmere belastet.[1] Die «progressiven» Eliten sehen sich in ihrer bequemen zivilisatorischen Mission bestärkt, wenn sie benachteiligte soziale Gruppen für spontane, irrationale Nationalisten (oder Rassisten) halten. Diese Annahme hält einer Analyse aber nicht stand: Die Nachwahlerhebung von 1958 enthielt Fragen zur Aufrechterhaltung der französischen Kolonialherrschaft in Algerien und Westafrika. Arbeiter sprachen sich oft für die sofortige Unabhängigkeit aus, ganz im Sinne des egalitären Internationalismus der damaligen kommunistischen und sozialistischen Bewegungen. Die Gruppen mit dem höchsten Bildungsniveau verhielten sich zögerlich; die Selbstständigen befürworteten am deutlichsten den Verbleib Algeriens im französischen Staat und die koloniale Bevormundung in Afrika. Vielleicht identifizierten sie sich stärker mit dem Schicksal der zurückkehrenden Siedler und deren Besitz.[2] Nationalismus tritt bei Armen nicht spontaner auf als bei Reichen. Er wird historisch, sozial und politisch konstruiert und dekonstruiert.

Derart große soziale Spaltungen, insbesondere beim Referendum von 2005, hätten in Frankreich und Europa zu einem Umdenken bezüglich der politischen Ausrichtung führen können. Denn solange die Europäische Union keine eindeutige Politik für soziale und steuerliche Gerechtigkeit verfolgt (etwa durch eine europäische Steuer auf die höchsten Einkommen und Vermögen), ist eine Überwindung des hefti-

---

1 Jüngste Untersuchungen haben gezeigt, dass der Steuerwettbewerb allein zu einem sehr erheblichen Rückgang des Einkommens- und Wohlstandsniveaus (schätzungsweise um 10 % bis 20 %) für die ärmsten 50 % in Europa führt. Siehe M. Munoz, «How Much Are the Poor Losing from Tax Competition? Estimating the Welfare Effects of Fiscal Dumping in Europe», WID.world 2019. Es ist sehr schwierig (wenn nicht gar unmöglich) zu beurteilen, inwieweit dieser Rückgang größer oder kleiner ausfällt als die Gewinne, die durch die Handelsintegration erzielt werden, zumal letztere je nach Sektor und Position jedes Einzelnen als Arbeitnehmer und Verbraucher sehr unterschiedlich ausfallen. Was die möglichen Vorteile der finanziellen Integration betrifft, so deuten die verfügbaren Studien auf wesentlich geringere Vorteile hin (weniger als 1 % des Nationaleinkommens). Siehe P. O. Gourinchas, O. Jeanne, «The Elusive Gains from International Financial Integration», Review of Economic Studies, Bd. 73, Nr. 3, Oxford University Press 2006, S. 715–743.

2 Es sei jedoch darauf hingewiesen, dass die Antworten auf diese Fragen zu jeweiligen Unabhängigkeiten wenig Aufschluss nach sozioökonomischen Spaltungen geben. Siehe Technischer Anhang.

gen Bruchs zwischen den Unterschichten und der europäischen Idee nicht absehbar.[1]

Die neoproprietaristische Instrumentalisierung Europas

Leider findet eine solche Neuausrichtung nicht statt. Die zentralen Maßnahmen des europäischen Verfassungsvertrags von 2005 wurden 2007 in den Vertrag von Lissabon aufgenommen, der parlamentarisch ratifiziert wurde, ohne Volksbefragung. Gewiss schlug die «Nein»-Seite keine konkrete Alternative für einen neuen Text vor. Dennoch ist es gefährlich, die bei der Abstimmung zum Ausdruck gebrachte Unzufriedenheit auf diese Weise zu übergehen und konstruktive politische Lösungen, etwa ein gerechtes Steuersystem, abzulehnen. Im Wahlkampf 2012 hatte der sozialistische Kandidat erwähnt, dass man den wenige Monate zuvor verabschiedeten Europäischen Fiskalpakt (Vertrag über Stabilität, Koordinierung und Steuerung in der Wirtschafts- und Währungsunion) neu verhandeln und die deutliche Verschärfung der Haushaltsdefizitregeln rückgängig machen könne.[2] Da es aber keinen konkreten Vorschlag gab, führte dies nicht weiter.

Die Entwicklungen der letzten Jahre haben den Graben zwischen der EU und den Unterschichten nur weiter vertieft. Die politischen Machthaber Frankreichs, die aus den Wahlen von 2017 hervorgegangen sind, bezeichnen sich als proeuropäisch. Gleichzeitig stellen sie Europa abermals in den Dienst der Reichen, und zwar ganz besonders plump. Die beiden zentralen Steuermaßnahmen von Herbst 2017, die Umwandlung der Vermögensteuer ISF zur Immobilienvermögensteuer IFI und die Einführung eines proportionalen Steuersatzes auf Kapitalerträge (statt einer Progressivsteuer, wie sie für Gehälter und andere Einkommen gilt), wurden größtenteils im Hinblick auf die europäische Konkurrenz beschlossen. Dabei spielte die Ideologie der «Leistungsträger» eine Rolle, der zufolge die ganze Bevölkerung von Steuererleich-

1 Ich möchte darauf hinweisen, dass ich 1992 (meine erste Stimmabgabe) und 2005 (mit meiner Bildungsniveauklasse) mit «Ja» gestimmt habe, in der Hoffnung, dass die Idee von Europa als sozialer Gemeinschaft und Fiskalunion irgendwann Realität werden würde. Es scheint jedoch immer riskanter und schwieriger, diese selbstgefällige Haltung des Abwartens zu bewahren.

2 Siehe Kapitel 12, S. 806 f. Ich werde auf die Reform der Verträge in Kapitel 16, S. 1097–1127, zurückkommen.

terungen für die Reichsten (Verdienstvollsten, Nützlichsten) profitieren soll. Sie weist eine geistige Nähe zu Ronald Reagans Trickle-Down-Ideologie in den 1980er Jahren und Donald Trumps Glauben an die *job creators* heute auf. Dennoch ist zweifelhaft, ob die Ideologie der «Leistungsträger» im Frankreich des Jahres 2017 (das in diesen Fragen ganz anders ausgerichtet ist als die Vereinigten Staaten) von selbst, ohne das Argument des europäischen Steuerwettbewerbs, zu diesen Maßnahmen geführt hätte.[1]

Trotz der Diskurse der herrschenden Macht sind diese beiden Änderungen in Frankreich sehr unbeliebt. Alle Meinungsumfragen 2018/2019 ergeben eine Mehrheit für die Wiedereinführung der Vermögensteuer. Die Regierung geht auf die Forderung nach Steuergerechtigkeit aber nicht ein, bleibt bei ihrem Kurs und riskiert damit ausdrücklich, durch die Instrumentalisierung Europas die negative Stimmung gegenüber der europäischen Integration zu verschärfen.

Ein Argument für die Umwandlung der Vermögensteuer war die Behauptung, dass finanzielle Vermögenswerte naturgemäß eher zur Schaffung von Arbeitsplätzen führten als Immobilienvermögen. Dies entbehrt jedoch jeglicher Grundlage. Ein überall in der Welt investiertes Finanzportfolio schafft keine Arbeitsplätze in Frankreich. Der Bau von Immobilien wirkt sich hier sogar unmittelbar aus. Die Argumentation würde auch nicht sinnvoller, wenn die Finanzinvestitionen in Frankreich stattfänden. Es gibt keinen notwendigen Zusammenhang zwischen der juristischen Form einer (Finanz- oder Immobilien-)Investition und den sozialen oder ökonomischen Effekten.[2] Dagegen gibt es einen deutlichen Zusammenhang mit der Vermögenshöhe. Beinahe alle großen Vermögen bestehen in Form von Finanzwerten; deren Steuerbefreiung bedeutet also eine nahezu völlige Abschaffung der Vermögensteuer für die Reichen. Dieser Sachverhalt wird aber verschleiert, und zugleich gibt man zu glauben vor, mit dieser Entscheidung Investitionen zu begünstigen und Arbeitsplätze zu schaffen.[3]

1 Wir werden auf die auffallenden Ähnlichkeiten zwischen trumpistischer und macronistischer Ideologie und Steuerpolitik zurückkommen. Siehe insbesondere Kapitel 16, S. 1091–1093.

2 Der Kauf einer Wohnung von einem anderen Eigentümer führt zwar zu keiner neuen Investition; aber der Kauf eines Finanzportfolios von einem anderen Eigentümer auch nicht. Ein Zusammenhang zwischen der Natur einer Investition – in eine Immobilie oder in finanzielle Vermögenswerte – und der Frage, ob sie eine neue Investition hervorbringt, besteht logisch und empirisch nicht.

3 Siehe Kapitel 11, Grafik 11.17. Es sei auch daran erinnert, dass die wichtigste Vermögen-

In Wirklichkeit gibt es nur eine Begründung für die Steuerbefreiung von Finanzportfolios. Sie ist ganz anderer Natur und wird meist erst an zweiter Stelle geäußert. Finanzielle Vermögenswerte seien nämlich, heißt es, überhaupt nicht zu besteuern, weil sie wie von Zauberhand verschwinden und sich der Steuer entziehen könnten. Eine regressive Steuer auf das Eigentum sei alternativlos, nur die Angehörigen der Mittelschicht mit ihren Immobilienvermögen müssten steuerpflichtig, die Inhaber der großen Finanzwerte befreit sein, weil man Letztere schließlich ohnehin nicht besteuern könne. Eine solche nihilistische, pessimistische Behauptung, der zufolge es unmöglich ist, gerechte Regeln und Institutionen einzuführen, ist hochproblematisch. Dass Finanzwerte massiv aus Frankreich flöhen, um der Vermögensteuer zu entkommen, lässt sich nicht auf seriöser Grundlage behaupten. Trotz der schwachen Durchsetzung der Vermögensteuer stiegen die Einnahmen und die Beträge der erklärten (!) Vermögen seit Anfang der 1990er Jahre stark an. Finanzvermögen der obersten Kategorien wuchsen dabei noch stärker als Immobilienvermögen, die sich ihrerseits im Verlauf der letzten Jahrzehnte deutlich schneller entwickelt haben als das Bruttoinlandsprodukt und die Einkommen.[1] Insgesamt betrug das Aufkommen aus der Vermögensteuer 2018 mehr als das Vierfache von 1990, während sich im gleichen Zeitraum das BIP lediglich verdoppelte.[2] Dieser Anstieg spiegelt sicherlich ein allgemeines, bereits in den 1980er Jahren zu beobachtendes Phänomen der steigenden Höhe und Konzentration von Vermögen wider (vor allem bei den großen Finanzportfolios).[3] Die Hypothese

steuer in Frankreich wie in den meisten Ländern die proportionale Besteuerung von Immobilienvermögen in Form der Grundsteuer oder verschiedener Varianten einer *property tax* ist.

1 Für eine detaillierte Analyse der verschiedenen Quellen zur Messung von Veränderungen in der Verteilung der Vermögenswerte in Frankreich siehe B. Garbinti, J. Goupille-Lebret, T. Piketty, «Accounting for Wealth Inequality Dynamics: Methods and Estimates for France», a. a. O. Die Daten aus den Vermögensteuererklärungen zeigen ähnliche Tendenzen wie die Daten aus den Steuer- und Erbschaftserklärungen. Es sei jedoch darauf hingewiesen, dass die Daten zur Vermögensteuer ISF seit ihrer Einführung äußerst dürftig sind, was auf den politischen und administrativen Willen zur Aufrechterhaltung eines Monopols über als sensibel erachtete Informationen zurückzuführen ist – und darüber hinaus auf eine gewisse grundsätzliche Ablehnung der leitenden Finanzverwaltung gegenüber dieser Steuer.

2 Siehe Technischer Anhang, Abbildung S14.20. Die Umwandlung der Vermögensteuer ISF in die Immobilienvermögensteuer IFI führte zu einer Viertelung der Einnahmen in den Jahren 2018/19, was in etwa einer Rückkehr auf das Niveau von 1990 entspricht.

3 Siehe Kapitel 13, Grafiken 13.8 bis 13.9 und Tabelle 13.1.

einer massiven Vermögensflucht aufgrund der Vermögensteuer hält der Analyse nicht stand.

Selbst wenn sich die mutmaßliche Flucht der Finanzwerte aus Frankreich bewahrheiten sollte (was definitiv nicht der Fall ist), müsste die französische Regierung folgerichtig solchen Praktiken ein Ende bereiten und nicht einfach davon ausgehen, dass man nichts machen könne. Es lässt sich nicht begründen, warum die Kontrolle und Registrierung von Finanzwerten nicht verstärkt werden sollte. Kapitalvermittler sind per Gesetz verpflichtet, dem Fiskus automatisch Informationen zu Zinsen und Dividenden zu übermitteln. Das System der vorausgefüllten Einkommensteuererklärung wurde nie auf Vermögenserklärungen angewandt (erst recht nicht auf Finanzwerte in französischen Banken); dabei handelt es sich aber um eine politische Entscheidung und nicht um eine technische Unmöglichkeit.[1] Der Staat könnte, wenn er wollte, dieses System in Frankreich sofort anwenden (damit wäre schon allein die Vermögensteuer besser durchgesetzt und die Erträge aus ihr würden steigen) und sich gleichzeitig energisch für dessen Ausweitung auf internationaler Ebene einsetzen. Dafür müsste man die bestehenden Verträge zum freien Kapitalverkehr auflösen und neu fassen, indem man die automatische Informationsübermittlung an die Steuerbehörden verpflichtend macht, wie es 2010 die Vereinigten Staaten der Schweiz und anderen Ländern auferlegt haben.[2] Eigentümer von Wohnungen und Gewerbebetrieben in Frankreich wie generell von Unternehmen mit wirtschaftlichen Aktivitäten oder Interessen in Frank-

---

1 Es sei darauf hingewiesen, dass die Regierung von François Hollande, die aus den Wahlen von 2012 hervorgegangen ist, die ISF-Sätze (teilweise) wieder erhöhte, aber weder die Erhöhung der Steuerfreigrenze der vorherigen Regierung von einem Vermögen von 0,8 auf 1,3 Millionen Euro rückgängig machte, noch die ausführliche Erklärung für Vermögen unter drei Millionen Euro wieder einführte: Seitdem sind Vermögenswerte zwischen 1,3 und 3 Millionen Euro (das heißt drei Viertel der Erklärungen) auf die Angabe einer Gesamtzahl beschränkt, ohne dass die Verwaltung die Möglichkeit hätte, systematische Kontrollen durchzuführen. Der Unterschied zur vorausgefüllten Einkommensteuererklärung (insbesondere für Gehälter) ist frappierend. Die Weigerung, für die Vermögensteuer eine vorausgefüllte Erklärung zwischen 2012 und 2017 einzuführen, ist umso erstaunlicher, als die Regierung beinahe unmittelbar mit der Cahuzac-Affäre konfrontiert wurde, benannt nach dem sozialistischen Beigeordneten Minister für das Budget, der glaubte, er könne die Entrichtung seiner Steuern umgehen, indem er seine Konten in der Schweiz nicht anmeldete (aufgedeckt wurde der Fall durch unermüdliche Journalisten und nicht durch die Behörden). Man hätte meinen können, dass daraufhin ein Versuch unternommen würde, die Transparenz und Automatisierung der Vermögenserklärungen zu erhöhen.

2 Siehe Kapitel 13, S. 853 f.

reich müssten lediglich systematisch durch die Regierung verpflichtet werden, sich unmittelbar bei den Steuerbehörden zu registrieren, damit die Vermögensdaten auf den vorausgefüllten Steuererklärungen automatisch auftauchen und die Steuer besser durchgesetzt wird.[1] Die französische Regierung ist keine solche Reformen angegangen und zeigt damit, dass sie andere Ziele verfolgt, und zwar hauptsächlich aus politischen und ideologischen Gründen, so sehr sie sich auch hinter technischen Überlegungen zu verstecken versucht (wodurch ihr Tun nur noch verdächtiger wird).

Schließlich wollen wir daran erinnern, dass nach dem Zweiten Weltkrieg etwa in Deutschland, Japan und anderen Ländern mehrere besonders progressive Steuern auf die größten Finanzvermögen eingeführt wurden, um die Staatsschulden zu mindern und Handlungsspielraum für Investitionen in die Zukunft zu gewinnen.[2] Das alles geschah zu einer Zeit, als die Regierungen noch nicht über die heute vorhandenen Informationstechnologien verfügten. Es ist leichtsinnig und zeugt von historischer Unkenntnis, wenn man heute erklärt, dass man die größten Finanzvermögen zwangsläufig von der Steuer befreien müsse, weil sie sich gegen Steuerzahlungen wehrten und Steuereintreibungen zu schwierig seien, während wachsende Ungleichheiten und der Klimawandel extreme globale Herausforderungen darstellen. Eine Instrumentalisierung Europas, der europäischen Konkurrenz und der internationalen Verträge für eine reichenfreundliche Politik ist jedenfalls äußerst gefährlich, denn sie kann nur antieuropäische und globalisierungsfeindliche Gefühle und eine noch größere Desillusionierung gegenüber Modellen einer gerechten Wirtschaft hervorrufen. Dieser Nihilismus befeuert den Rückzug auf die nationale Identität und führt in die sozialnativistische Falle. Doch bevor wir die Bedingungen für dessen Überwindung in Augenschein nehmen können, müssen wir erst Frankreich verlassen und herausfinden, inwieweit sich die Zusammensetzung der politischen Lager auch in anderen Ländern gewandelt hat.

---

1 Ich werde in Kapitel 17, S. 1216–1221, auf diesen Punkt zurückkommen.

2 Siehe Kapitel 10, S. 557–563.

15.

BRAHMANISCHE LINKE: DIE NEUEN EURO-AMERIKANISCHEN BRUCHLINIEN

Wir haben uns mit dem Strukturwandel der politischen Lager und Wählerblöcke in Frankreich seit der Nachkriegszeit befasst und insbesondere analysiert, wie die «Klassen»-Struktur der Zeit von 1951 bis 1980 zwischen 1990 und 2020 allmählich einem Multi-Eliten-System weicht, in dem die Partei der Wähler mit den höchsten Bildungsabschlüssen («brahmanische Linke») und die Partei der Wähler mit den höchsten Einkommen und Vermögen («kaufmännische Rechte») sich an der Macht abwechseln. Den Endpunkt dieser Periode markiert in Frankreich der Versuch, einen neuen Wählerblock zu schaffen, der diese verschiedenen Eliten eint. Ob dieser Versuch dauerhaften Erfolg verspricht, lässt sich heute noch nicht abschließend beurteilen.

Um diese Dynamiken und die Vielfalt möglicher Abzweigungen besser zu verstehen, werden wir uns in diesem Kapitel mit dem Fall der Vereinigen Staaten und Großbritanniens befassen. Es ist verblüffend, wie sehr trotz allem, was sie vom französischen Fall trennt, die Entwicklungen in beiden Ländern im Wesentlichen denen gleichen, die sich in Frankreich seit 1945 beobachten lassen, so wichtig und aufschlussreich die Unterschiede auch sind. Wir werden diesen Vergleich im nächsten Kapitel fortführen, indem wir uns dem Fall anderer westlicher und osteuropäischer, aber auch nicht-westlicher Wahldemokratien wie Indien und Brasilien zuwenden. Der Vergleich der verschiedenen Entwicklungslinien wird uns die Gründe jenes Strukturwandels besser verstehen lassen. Und wir werden vor allem im letzten Kapitel versuchen zu klären, unter welchen Bedingungen es möglich ist, nicht in die sozialnativistische Falle zu tappen, und die Umrisse eines Sozialföderalismus und partizipativen Sozialismus zu skizzieren, die geeignet sind, der neuen identitären Drohung zu begegnen.

Die Wandlungen des Parteiensystems in den Vereinigten Staaten

Beginnen wir mit dem Fall der Vereinigten Staaten. Wir werden ebenso vorgehen wie im französischen Fall und uns fragen, wie sich die sozioökonomische Struktur der Wählerschaft der demokratischen und der republikanischen Partei seit 1945 gewandelt hat. Für die Vereinigten Staaten liegen seit den Wahlen von 1948 Nachwahlerhebungen vor. Diese Erhebungen lassen eine relativ detaillierte Analyse zu, deren Hauptbefunde wir hier vorlegen werden.[1] Dabei werden wir uns auf die Struktur der Wählerstimmen der Präsidentschaftswahlen von 1948 bis 2016 konzentrieren. Tatsächlich sind das die Wahlen, in denen sich der politische Konflikt in seiner nationalen Dimension am deutlichsten ausspricht.[2] Halten wir fest, dass die demokratischen und republikanischen Kandidaten bei den Präsidentschaftswahlen im Allgemeinen Ergebnisse zwischen 40 % und 60 % der Stimmen auf nationaler Ebene erzielt haben, meist mit einem relativ knappen Vorsprung einer der beiden Parteien (siehe Grafik 15.1).

Die von anderen Kandidaten erzielten Ergebnisse fielen in der Regel sehr schwach aus (weniger als 10 % der Stimmen). Ausnahmen waren der Südstaatendemokrat und ehemalige Gouverneur von Alabama George Wallace, der für Rassentrennung eintrat und 1968 auf nationaler Ebene 14 % der Stimmen auf sich vereinte, sowie der Geschäftsmann Ross Perot, der es 1992 auf 20 % und 1996 auf 10 % der Stimmen brachte. Im Folgenden werden wir uns darauf konzentrieren, wie sich die Bruchlinien zwischen der demokratischen und republikanischen Wählerschaft verändert haben. Die Wähler anderer Kandidaten klammern wir aus.

1 Wie für den Fall Frankreichs sind die vollständigen Resultate der Auswertung dieser Erhebungen wie die Programmcodes, die den Übergang von den Fragebögen zu den hier vorgestellten Datenreihen ermöglichen, online im Technischen Anhang verfügbar. Siehe auch T. Piketty, «Brahmin Left vs Merchant Right», a. a. O.

2 Die Wahlen zum Repräsentantenhaus und zum Senat haben oft eine sehr viel stärkere lokalpolitische Dimension. Zudem ist die Wahlbeteiligung bei diesen Wahlen (insbesondere bei den Midterms) im Allgemeinen schwächer als bei Präsidentschaftswahlen.

Die Präsidentschaftswahlen in den Vereinigten Staaten, 1948–2016

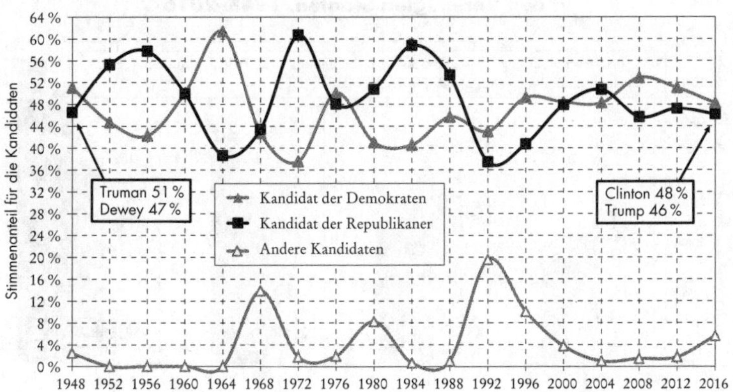

Grafik 15.1.: Die Wahlergebnisse der demokratischen und republikanischen Präsidentschaftskandidaten schwankten 1948 bis 2016 zwischen 40 % und 60 % der abgegebenen Stimmen (Gesamtergebnis aller Bundesstaaten). Die von anderen Kandidaten erzielten Ergebnisse fielen oft sehr schlecht aus (weniger als 10 % der Stimmen), mit Ausnahme der Ergebnisse von Wallace 1968 (14 %) und Perot 1992 und 1996 (20 % und 10 %).
Quellen und Reihen: siehe piketty.pse.ens.fr/ideologie.

Der erste Befund ist die völlige Umkehrung des Bildungsgefälles. Bei den Präsidentschaftswahlen von 1948 war das Ergebnis unzweideutig: Je höher der formale Bildungsgrad der Wähler, umso eher wählten sie die Republikaner. Namentlich Wähler, die nur Primarschulbildung oder eine unabgeschlossene Sekundarschulbildung hatten, also insgesamt 63 % der amerikanischen Wahlberechtigten, wählten zu 62 % den demokratischen Kandidaten Truman, unter den Wählern mit Sekundarschulabschluss (31 % der Wählerschaft) waren es 50 %. Von den Hochschulabsolventen (6 % der Wählerschaft) stimmten kaum mehr als 30 % für Truman, und noch weniger waren es unter Wählern mit Mastertitel oder noch höherem Abschluss (die zu mehr als 70 % für den republikanischen Kandidaten Dewey stimmten) (siehe Grafik 15.2). Die gleiche Situation findet man in den 1960er Jahren: Je höher der Abschluss, umso schwächer die Demokraten in der Wählergunst. In den 1970er und 1980er Jahren beginnt das Bildungsgefälle zwischen den Wählern beider Parteien flacher zu werden, bis dann in den 1990er und 2000er Jahren mit steigendem Bildungsgrad der Zuspruch für die Demokraten immer deutlicher wächst, insbesondere auf der Ebene der höheren Hochschulabschlüsse.

Wählervotum für die Demokraten nach Bildungsabschluss in den Vereinigten Staaten, 1948–2016

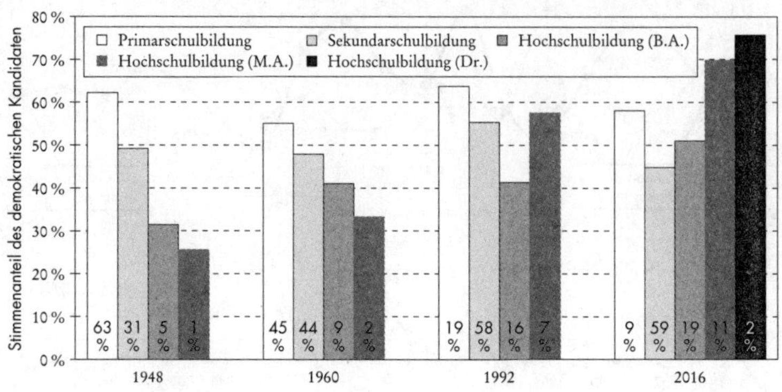

Grafik 15.2.: 1948 erhielt der demokratische Kandidat (Truman) 62 % der Stimmen der Wähler mit Primarschulbildung (63 % der damaligen Wählerschaft) und 26 % der Stimmen der Wähler mit Hochschulabschluss (1 % der Wähler). 2016 erhielt die demokratische Kandidatin (Clinton) 45 % der Stimmen der Wähler mit Sekundarschulbildung (59 % der Wähler) und 75 % der Stimmen der promovierten Wähler (2 % der Wähler). Wie in Frankreich hat sich das Bildungsgefälle zwischen 1948 und 2016 völlig umgekehrt.
Quellen und Reihen: siehe piketty.pse.ens.fr/ideologie.

So stimmten etwa bei der Präsidentschaftswahl von 2016 Träger eines Doktortitels (die 2 % der Wählerschaft ausmachten) zu mehr als 75 % für die Demokratin Hillary Clinton und zu weniger als 25 % für den Republikaner Donald Trump. Der entscheidende Punkt ist aber, dass es sich dabei nicht um eine Laune von Intellektuellen handelt, die sich jäh von einer republikanischen Partei abgewandt hätten, die keinen vertretbaren Kandidaten ins Rennen zu schicken wusste. Es handelt sich im Gegenteil um das Ergebnis eines Strukturwandels, der ein halbes Jahrhundert zuvor eingesetzt hatte. Schaut man sich den Unterschied zwischen dem Ergebnis der Demokraten bei Hochschulabsolventen einerseits und Nicht-Hochschulabsolventen andererseits an, so fällt auf, dass er sich seit den 1950er und 1960er Jahren stetig verändert hat. Er war deutlich negativ von 1950–1970, bevor er von 1970–1990 gegen Null ging, um von 1990–2020 entschieden positiv zu werden (siehe Grafik 15.3).

Noch spektakulärer nimmt sich die Entwicklung aus, vergleicht man die Kluft zwischen der Akzeptanz der Demokraten bei den 10 % mit dem höchsten und den 90 % mit dem niedrigsten Bildungsgrad (siehe Grafik 15.4).

Die Demokraten und die Hochschulabsolventen: Vereinigte Staaten, 1948–2016

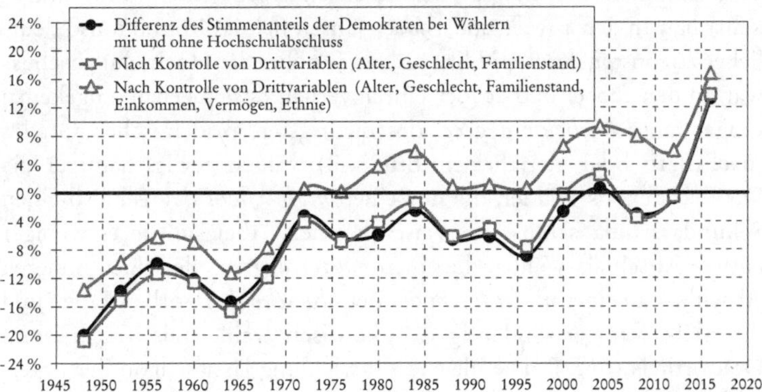

Grafik 15.3.: 1948 erzielte der demokratische Kandidat 20 Prozentpunkte weniger bei Wählern mit Hochschulabschluss als bei Wählern ohne Hochschulabschluss; 2016 lag sein Ergebnis bei den Wählern mit Hochschulabschluss 14 Prozentpunkte höher. Die Berücksichtigung der Kontrollvariablen (also die Einschätzung „unter ansonsten gleichen Bedingungen") wirkt sich auf die Höhe des Ergebnisses aus, ändert aber nichts an der Tendenz.
Quellen und Reihen: siehe piketty.pse.ens.fr/ideologie.

Wählervotum für die Demokraten in den Vereinigten Staaten 1948–2016: von der Arbeiterpartei zur Partei der Hochschulabsolventen

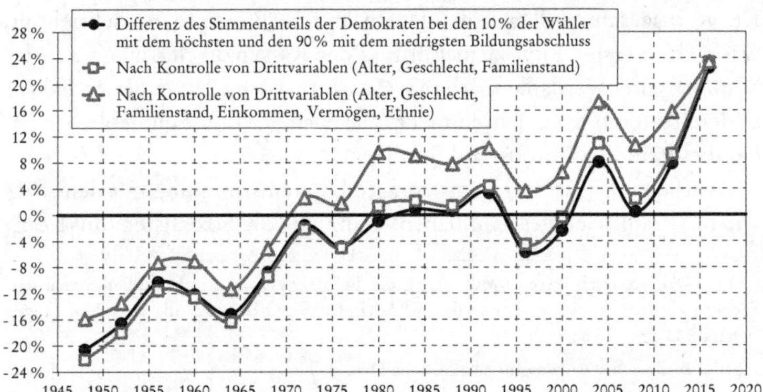

Grafik 15.4.: 1948 erzielte der Kandidat der Demokraten 21 Prozentpunkte weniger bei den 10 % der Wähler mit den höchsten Bildungsabschlüssen als bei den 90 % mit den niedrigsten Bildungsabschlüssen; 2016 erzielte er bei den 10 % mit den höchsten Abschlüssen 23 Prozent mehr als bei 90% gering Qualifizierten. Die Berücksichtigung der Kontrollvariablen wirkt sich auf die Höhe des Ergebnisses aus, ändert aber nichts an der Tendenz.
Quellen und Reihen: siehe piketty.pse.ens.fr/ideologie.

Verantwortlich dafür ist, dass sich das politische Bildungsgefälle auch innerhalb der Gruppe der Hochschulabsolventen völlig umgekehrt hat. In den 1950er und 1960er Jahren fiel das Votum umso deutlicher zugunsten der Republikaner aus, je höher der Hochschulabschuss war. In den 2000er und 2010er Jahren verhält es sich genau umgekehrt: Träger eines *bachelor degree*, des niedrigsten akademischen Grades (nach drei- oder vierjährigem Studium) wählen gewiss häufiger die Demokraten als Wähler, die nur einen *high school degree*, also einen Sekundarschulabschluss vorweisen können. Aber sie tun es weniger enthusiastisch als Wähler, die einen *master degree* oder einen höheren Abschluss an einer *medical school* oder *law school* erworben haben und ihrerseits weniger eindeutig demokratisch wählen als Träger eines Doktortitels (*PhD*).[1] Die gleiche Entwicklung lässt sich an der unterschiedlichen Zustimmung für die Demokraten unter den 50 % mit den höchsten und den 50 % mit den niedrigsten Bildungsabschlüssen ablesen.[2]

Wie für den französischen Fall gilt auch hier, dass sich an diesem Trend, und das erweist ihn als äußerst robust, nichts ändert, wenn man ihn unter Herstellung von «ansonsten gleichen Bedingungen» prüft, das heißt den Einfluss anderer persönlicher sozio-ökonomischer Merkmale in Rechnung stellt. Im Fall der Vereinigten Staaten ist das Niveau der Kurve insgesamt höher, sobald man andere Faktoren berücksichtigt, was sich in erster Linie dem Einfluss der Rassenzugehörigkeit auf das Wahlverhalten verdankt (siehe Grafiken 15.3–15.4).[3] Da dieser Faktor in den letzten fünfzig Jahren mehr oder weniger konstant geblieben ist, hat dies keinerlei Einfluss auf den Trend.[4]

Auffallend ist die sehr ausgeprägte Übereinstimmung mit dem, was wir für Frankreich gesehen haben. Ganz wie die Sozialisten, die Kom-

1 Wie für Frankreich wäre es interessant, die Befunde genauer nach Studiengängen und Fächern zu unterscheiden, aber weder die Stichprobengrößen noch die gestellten Fragen lassen dies zu.

2 Siehe Technischer Anhang für ausführliche Datenreihen.

3 Siehe Kapitel 14, Grafik 14.11 für den Fall Frankreichs.

4 Die schwarzen Wähler neigen während des gesamten untersuchten Zeitraums stärker dazu, demokratisch zu wählen (wir kommen darauf zurück). Da sie (im Durchschnitt) niedrigere Bildungsabschlüsse haben, mindert das den gemessenen Einfluss des formalen Bildungsgrads auf die Neigung, demokratisch zu wählen. Sobald man ihn unter ansonsten gleichen Bedingungen untersucht, erweist sich der Einfluss des Abschlusses auf das Votum für die Demokraten als noch deutlicher positiv.

munisten, die radikale Linke in Frankreich sind die Demokraten in den Vereinigten Staaten innerhalb eines halben Jahrhunderts von der Partei der einfachen Arbeiter zur Partei der Hochschulabsolventen geworden. Für die britische Labour Party und die verschiedenen sozialdemokratischen Parteien Europas (insbesondere in Deutschland und Schweden) werden wir ähnliche Befunde feststellen. In all diesen Ländern ging die Bildungsexpansion mit einer Umkehrung des Bildungsgefälles zwischen den Wählerblöcken einher. In den Vereinigten Staaten war das Bildungsniveau in den 1950er Jahren fraglos höher als in Europa. Gleichwohl war der formale Bildungsgrad der überwältigenden Mehrheit der Wähler nicht besonders hoch. 1948 hatten 63 % der Wähler keinen Sekundar- und 94 % keinen Hochschulabschluss. Diese Wähler waren es, die sich überwiegend mit der demokratischen Partei identifizieren konnten. Ein großer Teil der Kinder und Enkel dieser Wähler sind in der Hierarchie der Bildungsabschlüsse aufgestiegen. Auffallend ist aber, dass den Demokraten nur die verbunden blieben, die einen sehr steilen Aufstieg erlebt haben. Wer keine so großen Erfolge im Bildungssystem verbuchen konnte, identifizierte sich tendenziell eher mit den Republikanern (siehe Grafik 15.2).[1]

Werden die Demokraten zur Partei der Globalisierungsgewinner?

Weshalb sind die Demokraten zur Akademikerpartei geworden? Bevor wir uns an einer Antwort auf diese Frage versuchen, ist es aufschlussreich, sich die Entwicklung der demokratischen Wählerschaft auch in Abhängigkeit vom Einkommensniveau anzuschauen. Angesichts der entscheidenden Rolle, die der Bildungsabschluss bei der Einkommensbildung spielt, wird man wie selbstverständlich annehmen, die Partei der Wähler mit den höchsten Bildungsabschlüssen sei zugleich die Partei der Wähler mit den höchsten Einkommen. Tatsächlich lässt sich eine dahingehende Entwicklung zum Teil auch erkennen. Während der Phase von 1950–1980 nahm die Wählergunst für die Demokraten mit

1 Siehe Kapitel 14, Grafiken 14.9–14.10 für Frankreich. Im Fall der Vereinigten Staaten fällt auf, dass die *high school dropouts*, die ihre Sekundarschulbildung nicht abgeschlossen haben, 2016 häufiger demokratisch wählen als Wähler mit Sekundarschulabschluss. Aber sie machen nur eine sehr kleine Gruppe aus (9 % der Wählerschaft) und dieser Effekt verdankt sich hauptsächlich der Tatsache, dass es sich um Wähler handelt, die Minderheiten angehören.

Politischer Konflikt und Einkommen in den Vereinigten Staaten, 1948–2016

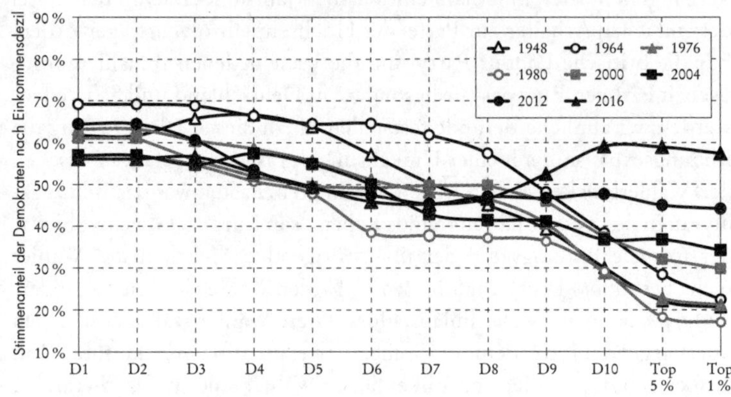

Grafik 15.5.: 1964 erzielte der demokratische Kandidat 69 % der Stimmen bei den einkommensschwächsten 10 % der Wähler, 37 % der Stimmen bei den einkommensstärksten 10 % und 22 % bei dem einkommensstärksten 1 %. Im Allgemeinen nimmt die Zustimmung für die Demokraten mit dem Einkommen ab, besonders zu Beginn des Zeitraums. 2016 kehrt sich das Profil zum ersten Mal um: Die einkommensstärksten 10 % wählen zu 59 % die Demokraten.
Quellen und Reihen: siehe piketty.pse.ens.fr/ideologie.

steigendem Einkommen leicht ab. In den 1990er und 2000er Jahren ging die Kurve zusehends weniger steil nach unten. 2016 schließlich erzielten die Demokraten erstmals in ihrer Geschichte unter den einkommensstärksten 10 % der Wähler ein besseres Ergebnis als die Republikaner (siehe Grafik 15.5)

Soll man daraus schließen, die Demokraten seien unwiderruflich im Begriff, zur Partei der Globalisierungsgewinner zu werden, ganz wie die neue internationalistisch-inegalitäre Koalition, die in Frankreich an der Macht ist? Zweifellos ist dies eine mögliche Entwicklung. Dennoch liegen die Dinge so einfach nicht, und es scheint mir wichtig zu betonen, wie vielfältig die künftigen Wege und möglichen Abzweigungen sind. Welche politisch-ideologischen Veränderungen uns bevorstehen, hängt vor allem von den Kräfteverhältnissen und der Fähigkeit ab, die unterschiedlichen gesellschaftlichen Gruppierungen zu mobilisieren. Es gibt keinen Grund, diese Veränderungen als im Voraus feststehend zu behandeln. Für den Fall Frankreichs haben wir gesehen, dass die Schichten mit dem höchsten Bildungsgrad und die mit dem höchsten Einkommen nicht vollständig zusammenfallen. Zum einen, weil ein und dasselbe Bildungsniveau mehr oder weniger lukrative Karriereentschei-

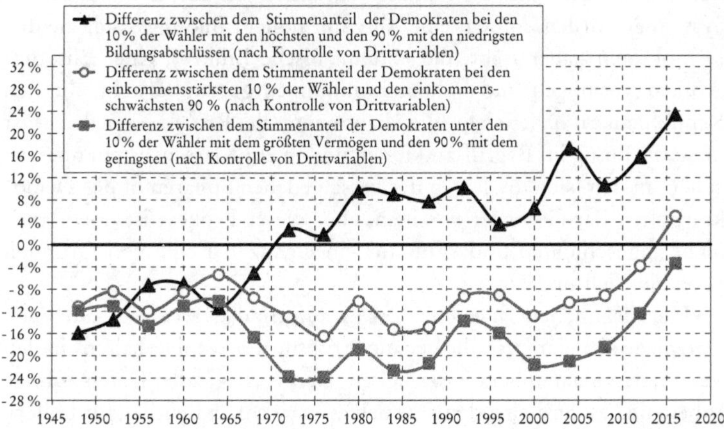

Grafik 15.6.: Von 1950 bis 1970 korrelierte die Zustimmung für die Demokraten mit einem niedrigen Bildungs-, Einkommens- und Vermögensniveau; in den 1990er bis 2010er Jahre korrelierte sie zunehmend auch mit dem höchsten formalen Bildungsgrad. In den Jahren 2010 bis 2030 schickt sie sich vielleicht an, auch mit dem höchsten Einkommens- und Vermögensniveau zu korrelieren.
Quellen und Reihen: siehe piketty.pse.ens.fr/ideologie.

dungen zulässt (oder mehr oder weniger große Erfolge in beruflicher und monetärer Hinsicht), und zum anderen, weil das Erzielen eines hohen Einkommens auch davon abhängt, ob man über Vermögen verfügt, und diese Dimension mit dem Bildungsabschluss nicht vollkommen korreliert.

Tatsächlich belegen die verfügbaren Daten, dass Besitzer großer Vermögen seit jeher stark dazu neigen, republikanisch zu wählen. Dabei ist es auch 2016, als Trump kandidierte, geblieben, obwohl die Korrelation schwächer geworden ist (siehe Grafik 15.6).[1]

1 Bei den in Grafik 15.6 dargestellten Auswirkungen von Diplom, Einkommen und Vermögen handelt es sich um Werte nach Berücksichtigung von Kontrollvariablen («unter ansonsten gleichen Bedingungen»). Auch ohne diese Berücksichtigung gehen die Entwicklungen in dieselbe Richtung, aber man muss die 2000er Jahre abwarten, bis der positive Einfluss des Bildungsabschlusses sich zeigt (aus Gründen, die wir für Frankreich schon erläutert haben, führt die Berücksichtigung der Kontrollvariablen dazu, dass der Einfluss des Bildungsabschlusses sich deutlicher vom Einkommens- und Vermögenseinfluss trennt). Erinnern wir außerdem daran, dass aufgrund der Stichprobengrößen die Schwankungen zwischen einzelnen Jahren nicht wirklich bedeutsam sind. Höchst bedeutsam sind aber die langfristigen Entwicklungen. Siehe Technischer Anhang, Grafiken S. 15.6a–S15.6d für die unterschiedlichen Varianten mit Konfidenzintervallen.

Das Parteiensystem der Vereinigten Staaten ist, anders gesagt, in der Zeitspanne von 1990–2010 immer deutlicher zu einem Multi-Eliten-System geworden, in dem eine Elite mit hohem Bildungsgrad, die den Demokraten näher steht (die «brahmanische Linke»), einer Elite mit großem Vermögen und hohem Einkommen gegenübersteht, die den Republikanern näher steht (die «kaufmännische Rechte»). Vielleicht ist diese Ordnung im Begriff zu kippen und in ein Klassensystem überzugehen, in dem sich die Eliten der verschiedenen Sphären in der Demokratischen Partei wieder vereinen, aber dieser Prozess ist noch lange nicht abgeschlossen und kann aus einer ganzen Reihe von Gründen noch die Richtung ändern.

Hervorzuheben ist auch, dass es aufgrund der extrem dürftigen Datenlage schwierig ist, die genaue Struktur des Wahlverhaltens in den Vereinigten Staaten herauszuarbeiten. Den vorliegenden Daten zufolge haben die bestverdienenden 1 % sich etwas weniger deutlich für Hillary Clinton ausgesprochen als die bestverdienenden 10 % insgesamt (siehe Grafik 15.5). Aber aufgrund der Stichprobengrößen und der verwendeten Fragebögen lässt sich dies nicht mit letzter Gewissheit entscheiden. Auch die Informationen über den Vermögensbesitz, die sich den Nachwahlerhebungen entnehmen lassen, sind für die Vereinigten Staaten so rudimentär (und viel dürftiger als für Frankreich), dass diesbezügliche Schätzungen mit Vorsicht behandelt werden wollen. Es mag den Anschein haben, dass die Vermögendsten auch 2016 eine leichte Präferenz für den republikanischen Kandidaten an den Tag gelegt haben, aber das bleibt in Anbetracht der sehr knappen Abstände relativ ungewiss (siehe Grafik 15.6[1]).

Zu den Faktoren, die dazu führen können, dass diese politisch-ideologische Entwicklung sich fortsetzt und die Eliten allmählich zur Deckung kommen, zählt die Entwicklung der sozio-ökonomischen Struktur der Ungleichheit in den Vereinigten Staaten. Zum einen bringt der starke Anstieg der sehr hohen Vergütungen seit den 1980er Jahren es

1 Die französischen Erhebungen schließen seit 1978 detaillierte Fragebögen zum Besitz unterschiedlicher Vermögenswerte ein (Immobilien, Aktien, Betriebsvermögen, Finanzportfolios etc.). In den USA beschränken sich die vorliegenden Fragebögen in den meisten Nachwahlerhebungen auf Fragen zum Immobilienbesitz, was die Genauigkeit der in Grafik 15.6 vorgelegten Schätzungen einschränkt – abgesehen von einigen besonderen Untersuchungen und Jahren, in denen genauere Daten über die Vermögen gesammelt wurden (und aus denen nebenbei auch hervorgeht, dass das Vermögen die Entscheidung für die Republikaner ebenso deutlich beeinflusst wie die für die Rechtsparteien in Frankreich).

mit sich, dass die Spitzenverdiener, die sich häufig durch hohe Bildungsabschlüsse und passende Karriereentscheidungen auszeichnen, in kurzer Zeit auch bedeutende Vermögen bilden konnten. Das hat seit den 1980er Jahren in den Vereinigten Staaten zu einer Annäherung der Eliten mit hoher Vergütung und der Eliten mit großen Vermögen geführt.[1] Zum anderen ist die Tatsache, dass das Hochschulsystem für die Studierenden extrem kostspielig geworden ist (elterliche Spenden, die mitunter die Aufnahme forcieren, nicht eingerechnet), ein Strukturmoment, das zur Integration der brahmanischen und kaufmännischen Eliten beiträgt. Wie stark die Chancen des Hochschulzugangs in den Vereinigten Staaten überhaupt vom Elterneinkommen abhängen, haben wir bereits festgehalten.[2] Neuere Arbeiten zur Aufnahme an den besten Universitäten haben gezeigt, dass aus den 1 % der Familien mit den höchsten Einkommen ein größerer Teil ihrer Studierenden stammt als aus den 60 % der Familien mit den niedrigsten Einkommen (was bedeutet, dass Kinder aus der ersten Gruppe mehr als 60-mal bessere Chancen haben, diese Universitäten zu besuchen, als Kinder aus der zweiten Gruppe).[3] Natürlich wird es auf individueller Ebene nie zur völligen Verschmelzung der Bildungs- und Vermögenseliten kommen, und sei es auch nur aufgrund unterschiedlicher Ziele und Karriereentscheidungen. Bleibt aber, dass im Vergleich mit Ländern, in denen die Unterwerfung des Hochschulwesens unter die Gesetze des Marktes nicht ganz so fortgeschritten ist, in den Vereinigten Staaten die Chance größer ist, dass das Multi-Elitensystem in die politische Einswerdung der Eliten umschlägt.[4]

Vergessen wir auch nicht, welche Rolle in den Vereinigten Staaten

1 So gehören 2017 den neuesten Schätzungen zufolge 30 % der Personen aus dem obersten Dezil der Arbeitseinkommen zugleich dem obersten Dezil der Kapitaleinkünfte an. 1980 waren es noch 15 %. Siehe B. Milanovic, *Capitalism alone, Cambridge Massachusetts:* Harvard University Press 2019, S. 37, Abbildung 2.3. Halten wir aber fest, dass die beiden Dimensionen nur teilweise korrelieren.

2 Siehe Einleitung, Grafik 0.9.

3 Das gilt insbesondere in 38 der wählerischsten Universitäten der Vereinigten Staaten. Siehe R. Chetty, J. Friedman, E. Saez, N. Turner, D. Yagan, «Mobility Report Cards: The Role of Colleges in Intergenerational Mobility», Working Papers 2017/59, Human Capital and Economic Opportunity Working Group 2017.

4 In Frankreich scheint die Korrelation zwischen Gehalt und Vermögen im Lauf der Zeit nicht stärker geworden zu sein. Sie bleibt insgesamt stabil, und wird an der Spitze der Verteilungspyramide sogar schwächer, stellt man die wachsende Rolle der Erbschaften in Rechnung. Siehe Technischer Anhang.

die Finanzierung des politischen Lebens spielt. In einem Kontext, in dem privates Geld Parteien und Wahlkampagnen finanziert und der Oberste Gerichtshof die Regeln und Obergrenzen außer Kraft gesetzt hat, die es für Spenden einmal gab, ist die Befürchtung, dass Kandidaten die Interessen von Finanzeliten vertreten, kaum von der Hand zu weisen.[1] Das betrifft übrigens Republikaner wie Demokraten. Fest steht immerhin, dass es die Demokraten waren, die 2008 (bei der Kandidatur von Obama) erstmals beschlossen haben, auf die gedeckelten öffentlichen Gelder zu verzichten, um unbegrenzt Mittel aus Privatspenden ausgeben zu können.[2]

Andere Faktoren wecken freilich Zweifel an der langfristigen Nachhaltigkeit einer Entwicklung, die auf lange Sicht die Demokraten zur Partei der Globalisierungsgewinner in beiden Hinsichten, also der Bildung wie dem Vermögen nach, machen könnte. Die Fernsehdebatten der Präsidentschaftskandidaten von 2016 haben gezeigt, wie hartnäckig die kulturellen und ideologischen Barrieren zwischen den brahmanischen und kaufmännischen Eliten sich halten. Wo die intellektuellen Eliten auf den Werten der Besonnenheit und Aufgeschlossenheit wie auf der Rolle von Abwägung und Kultur beharren, wie Barack Obama und Hillary Clinton sie zu verkörpern wussten, da setzen die Eliten der Geschäftswelt auf reibungslos abgewickelte Deals, auf Schlauheit, Verhandlungsgeschick und männliche Durchschlagskraft (als deren Inkarnation Donald Trump sich versteht).[3] Das Multi-Elitensystem

---

1 Siehe die zahlreichen Arbeiten, die wir in Kapitel 12, S. 787, zitiert haben. Untersuchungen haben gezeigt, dass die politischen Verantwortlichen in den Vereinigten Staaten im Allgemeinen eher den Anliegen der Eliten entsprechen – zum Nachteil der am wenigsten Begünstigten. Siehe M. Gilens, *Affluence and Influence*, Princeton: Princeton University Press 2012; B. Page, M. Page, *Democracy in America? What Has Gone Wrong and What Can Be Done About It, Chicago:* The University of Chicago Press 2017. T. Franck wiederum spricht davon, dass die Demokraten den Klassenkampf verloren gegeben haben. Siehe T. Franck: *What's the Matter with Kansas? How Conservatives Won the Heart of America*, New York: Holt Paperbacks 2005. Es ist diese Kapitulation, die bei den schlechter gestellten Wählern hervorruft, was K. Cramer «Politik des Ressentiments» nennt. Siehe K. Cramer, *The Politics of Resentment. Rural Consciousness in Wisconsin and the Rise of Scott Walker*, Chicago: University of Chicago Press 2016.

2 Im System der staatlichen Finanzierung von Präsidentschaftswahlkämpfen, das in den Vereinigten Staaten 1976 eingeführt wurde, verpflichten sich Kandidaten, die öffentliche Mittel in Anspruch nehmen, eine bestimmte Obergrenze nicht zu überschreiten. Sie können sich auch dafür entscheiden, auf staatliche Finanzierung zu verzichten (wie erstmals Obama 2008), womit die fragliche Obergrenze entfällt. Siehe J. Cagé, *Le prix de la démocratie*, a. a. O.

3 Es gehört eigentlich nicht zu den Gepflogenheiten der Republikaner in den Vereinigten

hat, anders gesagt, sein letztes Wort keineswegs schon gesprochen, da es letztlich auf zwei unterschiedlichen und komplementären meritokratischen Ideologien beruht. Andererseits hat die amerikanische Präsidentschaftswahl von 2016 gezeigt, wie riskant es ist, wenn man sich allzu unverhohlen als Partei der Globalisierungsgewinner zu erkennen gibt. Das Risiko besteht darin, sich anti-elitären Ideologien aller Art auszuliefern, in diesem Fall der von Donald Trump aufgebotenen wirtschaftsnativistischen Ideologie, auf die wir zurückkommen werden.

Schließlich und vor allem scheinen mir die langfristigen Erfolgsaussichten einer solchen Entwicklung der demokratischen Partei gering, weil sie den egalitären Werten eines bedeutenden Teils der demokratischen Wählerschaft und der Vereinigten Staaten insgesamt zuwiderläuft. Deutlich genug hat sich dieses Unbehagen während der demokratischen Vorwahlen Ausdruck verschafft, als der «sozialistische» Senator von Vermont, Bernie Sanders, fast mit Hillary Clinton gleichzog, obwohl letztere auf ungleich größere mediale Unterstützung zählen konnte. Die jüngsten Debatten, in denen sich die Kandidaten für die Präsidentschaftswahl 2020 warmlaufen, machen mit den schon erwähnten Vorschlägen zur Einführung einer stark progressiven Steuer auf die größten Vermögen (und insbesondere Finanzvermögen) vor allem eines deutlich: Nichts steht im Voraus geschrieben.[1] Die ganze Geschichte der Ungleichheitsregime, mit der dieses Buch sich befasst, beweist es: Die Systeme, die zur Rechtfertigung von Ungleichheit aufgeboten werden, bedürfen eines Minimums an Plausibilität, um fortbestehen zu können. In Anbetracht der stark zunehmenden Ungleichheiten in den Vereinigten Staaten und der Stagnation, von der die Mehrheit der Bevölkerung betroffen ist, scheint es kaum wahrscheinlich, dass ein politisch-ideologisches Programm, in dessen Zentrum die Verteidigung des neo-proprietaristischen Status quo und die Feier der Globalisierungsgewinner steht, auf Dauer siegreich sein wird. Ganz wie in Frankreich und anderen Teilen der Welt ist die anstehende Frage auch in den Vereinigten Staaten die nach dem Wettstreit zwischen mehreren möglichen Alternativen zum Status quo –

Staaten, sich anti-intellektualistische oder anti-brahmanische Anführer zu suchen. Dazu neigt eher die europäische Rechte, etwa mit Kandidaten wie Silvio Berlusconi in Italien oder Nicolas Sarkozy in Frankreich.

1 Siehe Kapitel 11, S. 714–716.

namentlich zwischen Ideologien nativistischen Typs und solchen, die einem demokratischen, egalitären und internationalistischen Sozialismus verpflichtet sind.

Über das politische Ausschlachten der Rassenspaltung in den Vereinigten Staaten

Aus Gründen, die auf der Hand liegen, hat die politische Ausnutzung der Rassenspaltung in den Vereinigten Staaten eine lange Tradition. Die Republik der Vereinigten Staaten ist weitgehend aus der Sklaverei geboren worden. Vergessen wir nicht, dass elf der ersten fünfzehn Präsidenten des Landes Sklavenbesitzer waren. Historisch gesehen waren die Demokraten die Partei der Sklaverei und die Verteidiger des Rechts der Einzelstaaten, das System der Sklavenhaltung zu erhalten und auszuweiten. Jefferson zog die Abschaffung der Sklaverei nur unter der Bedingung in Betracht, die Schwarzen nach Afrika zurückschicken zu können. Ein friedliches Zusammenleben auf dem Boden der Vereinigten Staaten schien ihm undenkbar. Unermüdlich prangerten die Haupttheoretiker der Sklaverei vom Schlage des demokratischen Senators von South Carolina, John Calhoun, die Industriellen und Finanzmänner aus dem Norden an, die so taten, als liege ihnen das Schicksal der Schwarzen am Herzen, während sie Calhoun zufolge nur darauf sannen, sie zu Proletariern zu machen und auszubeuten wie alle andern auch. Der Wahlsieg des Republikaners Lincoln, der bei den Präsidentschaftswahlen von 1860 mit einem Programm zur Abschaffung der Sklaverei angetreten war, führte zu den Sezessionsbestrebungen der Südstaaten, zum Bürgerkrieg und schließlich zur Besetzung des Südens durch die Unionstruppen. Aber die segregationistischen Demokraten brachten 1870 die Südstaaten wieder unter ihre Kontrolle und verfügten (da sie die Schwarzen nicht nach Afrika zurückschicken konnten) eine strikte Rassentrennung. Der demokratischen Partei gelang es, sich auch im Norden durchzusetzen, indem sie sich gegen die republikanische Elite für die einfachen Leute und die neuen weißen Immigranten einsetzte. So gelang es ihr 1884, die Präsidentschaft der Vereinigten Staaten zurückzuerobern und sich in den nächsten Jahrzehnten regelmäßig mit den Republikanern an der Macht abzuwechseln, auf der Grundlage eines Wahlprogramms sozial-nativistischen Typs (segregationistische und differenzialistische Gewalt gegen die Schwarzen, aber für die Weißen eine Politik, die sozialer und egalitärer war als die der Republikaner).[1]

Viel hatte sich an den Dingen nicht geändert, als 1932 der Demokrat Roosevelt zum Präsidenten gewählt wurde. Gewiss kam auf Bundesebene die neue Wirtschafts- und Sozialpolitik im Rahmen des New Deal den Schwarzen ebenso zugute wie den weißen Unterschichten. Aber Roosevelt stützte sich weiterhin auf die segregationistischen Demokraten in den Südstaaten, wo die Schwarzen kein Wahlrecht hatten. Die ersten Nachwahlerhebungen im Zuge der Präsidentschaftswahlen von 1948, 1952, 1956 und 1960 zeigen, dass bei den schwarzen Wählern im Norden die Demokraten damals etwas besser abschnitten als die Republikaner.[2] Aber erst als 1963–1964 die Regierung unter Kennedy und Johnson sich unter dem Druck schwarzer Aktivisten, also eher widerwillig, der Bürgerrechte annahm, wandte sich die schwarze Wählerschaft massiv den Demokraten zu. Bei allen Präsidentschaftswahlen von 1964–2016 haben etwa 90 % der Schwarzen demokratisch gewählt (siehe Grafik 15.7).

1964 und 1968, als die Schlacht um die Bürgerrechte in vollem Gange war, aber auch 2008, bei der ersten Wahl von Barack Obama, verzeichneten die Demokraten bei der schwarzen Bevölkerung sogar Spitzenwerte von über 95 %. So sind die Demokraten, bis 1860 die Partei der Sklaverei und bis in die 1960er Jahre die Partei der Rassentrennung, zur

---

1 Für eine eingehendere Analyse siehe Kapitel 6, S. 306–314.

2 Wir haben keine Nachwahlerhebungen für die Jahre 1870–1940, aber im Lichte der Wahlresultate, die wir auf lokaler Ebene erkennen können, gibt es keinen Zweifel, dass die schwarze Wählerschaft (so sie denn wahlberechtigt war) in diesem Zeitraum zuweilen mehrheitlich republikanisch gewählt hat. So regierte Anfang der 1870er Jahre in Louisiana für kurze Zeit ein mit schwarzen Stimmen gewählter Gouverneur, bis die segregationistischen Demokraten die Situation schnell wieder unter ihre Kontrolle brachten (siehe Kapitel 6, S. 314). Man muss freilich unterstreichen, dass die Demokraten aus den Nordstaaten rasch Programme verabschiedeten und eine Identität annahmen, die sich von der ihrer Parteifreunde in den Südstaaten erheblich unterschied. Das erlaubte es ihnen, mit den Republikanern bei der schwarzen Wählerschaft gleich- oder gar an ihnen vorbeizuziehen (zumal die Republikaner sich um diesen Teil der Wählerschaft nicht besonders bemühten). Die Akten der Gallup-Umfragen, die für die Präsidentschaftswahlen 1932, 1936, 1940 und 1944 aufbewahrt wurden, und leider sehr viel dürftiger sind als die seit 1948 durchgeführten Nachwahlerhebungen, lassen eine demokratische und republikanische Wählerstruktur erkennen, die der von 1948–1960 beobachteten sehr nahekommt, mit einer Zustimmung für Roosevelt, die sich in den untersten bis mittleren Gesellschaftsschichten konzentriert und bei den wohlhabenderen Schichten deutlich geringer ausfällt. Siehe Technischer Anhang.

Politischer Konflikt und ethnische Zugehörigkeit: Vereinigte Staaten, 1948–2016

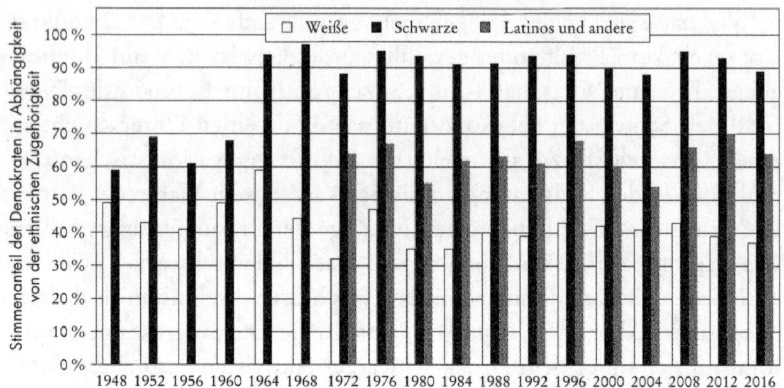

Grafik 15.7.: 2016 hat der demokratische Kandidat bei den weißen Wählern (70 % der Wähler) 37 % der Stimmen erzielt, 89 % der Stimmen bei den schwarzen Wählern (11 % der Wähler) und 64 % der Stimmen bei den Latinos und denjenigen, die eine andere ethnische Zugehörigkeit angaben (19 % der Wähler, davon 16 % Latinos). 1972 hatte der Kandidat der Demokraten noch 32 % der Stimmen bei den Weißen (89 % der Wähler), 82 % bei den Schwarzen (10 % der Wähler) und 64 % bei den Latinos und anderen Ethnien erzielt (1 % der Wähler).
Quellen und Reihen: siehe piketty.pse.ens.fr/ideologie.

bevorzugten Partei der schwarzen Minderheit geworden (mit Enthaltung).

Umgekehrt sind die Republikaner, einst Partei der Abschaffung der Sklaverei, seit den 1960er Jahren zur Zufluchtsstätte all derer geworden, die sich mit dem Ende der Segregation und der wachsenden ethnischen und rassischen Vielfalt in den Vereinigten Staaten nicht abfinden mochten. Nach der erfolglosen Kandidatur von George Wallace 1968 begannen unter den Demokraten aus den Südstaaten diejenigen, die segregationistischen Positionen besonders nahestanden, langsam zu den Republikanern zu wechseln. Es besteht kein Zweifel, dass diese «rassistischen» (oder «nativistischen», um einen neutraleren Ausdruck zu verwenden) Stimmen bei den meisten republikanischen Wahlsiegen seither eine wichtige Rolle gespielt haben, insbesondere 1968 und 1972, als Nixon, 1980, als Reagan, und 2016, als Trump Präsident wurde.

Bedeutsam ist auch, dass die ethnisch-rassische Struktur der Vereinigten Staaten, die in den Volkszählungen und Nachwahlerhebungen anhand von Angaben der Befragten ermittelt wird, sich innerhalb des letzten halben Jahrhunderts deutlich verändert hat. Bei den Präsidentschaftswahlen von 1948 bis 2016 haben die Schwarzen stets etwa 10 %

der Wählerschaft ausgemacht. Andere «ethnische Minderheiten» stellten 1968 kaum mehr als 1 %, bevor sie seit den 1970er Jahren ein starkes Wachstum erlebt haben, um es 1980 auf 5 %, 2000 auf 14 % und 2016 auf 19 % zu bringen. In der Hauptsache handelt sich um Personen, die in den Zählungen und Erhebungen angeben, «Hispanics oder Latinos» zu sein.[1] 2016 bei der Wahl Trumps machten die «Minderheiten» insgesamt 30 % der Wählerschaft aus (11 % Schwarze, 19 % Latinos und andere Minderheiten), gegenüber 70 % Weißen, deren Anteil sich in den kommenden Jahrzehnten wohl weiter verringert. Auch Latinos und andere Minderheiten haben immer schon überwiegend für demokratische Kandidaten votiert (je nach Wahl 55–70 % der Stimmen), aber weniger ausschließlich als die Schwarzen (90 %). Bei den Weißen schließlich konnten die Republikaner seit 1968 stets eine deutliche Mehrheit für sich gewinnen. Wäre es allein auf ihre Stimmen angekommen, es hätte im letzten Jahrhundert keinen einzigen demokratischen Präsidenten gegeben (siehe Grafik 15.7).

Dass die Minderheiten sich seit den 1960er Jahren so deutlich für die Demokraten ausgesprochen haben, lag im Übrigen stets nur zu einem eher geringen Teil an den sozio-ökonomischen Merkmalen dieser Wählergruppe. Der Abstand von etwa 40 Prozentpunkten zwischen dem Votum für die Demokraten bei den Minderheiten einerseits, den weißen Wählern andererseits nimmt im Laufe der Zeit ganz leicht ab, was auf den gestiegenen Anteil der Latinos zurückgeht, aber er bleibt extrem hoch (siehe Grafik 15.8). Die Erklärung für dieses sehr ausgeprägte Wahlverhalten ist der bei den Minderheiten und insbesondere der schwarzen Minderheit vorherrschende Eindruck einer massiven Feindseligkeit, die ihnen aus den republikanischen Reihen entgegenschlägt.

1 Die Latinos machen 2016 etwa 16 % der Wählerschaft aus, gegenüber etwa 3 %, die von anderen (insbesondere asiatischen) Minderheiten gestellt werden. Die Volkszählungen in den Vereinigten Staaten beruhten lange auf Identitätszuschreibungen durch die Beamten (vor allem während der Epoche der Sklavenhaltung) und haben allmählich auf die Selbstzuschreibung der Identität umgestellt, mit der Möglichkeit, zwischen mehreren angebotenen Kategorien zu wählen. Siehe P. Schor, *Compter et classer. Histoire des recensements américains*, Paris: Éditions de l'École des hautes études en sciences sociales 2009.

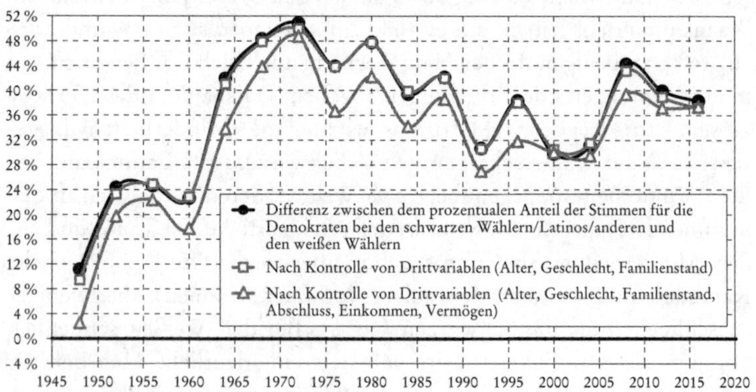

Grafik 15.8.: 1948 fiel das Wahlergebnis der Demokraten unter schwarzen Wählern und anderen Minderheiten (9 % der Wähler) 11 Prozentpunkte höher aus als unter weißen Wählern (91 % der Wähler). 2016 lag das Ergebnis der Demokraten 39 Prozentpunkte höher unter schwarzen Wählern und anderen Minderheiten (30 % der Wähler) als unter weißen Wählern (70 % der Wähler). Die Berücksichtigung der sozio-ökonomischen Kontrollvariablen hat einen begrenzten Einfluss auf diese Kluft.
Quellen und Reihen: siehe piketty.pse.ens.fr/ideologie.

«Welfare queens» und «Rassenquoten»: die republikanische Südstaatenstrategie

Natürlich hat von Nixon über Reagan bis Trump kein republikanischer Kandidat sich je für die Wiedereinführung der Rassentrennung ausgesprochen. Aber alle haben sie die alten Verfechter segregationistischer Thesen mit offenen Armen in ihren Reihen willkommen geheißen. Und sie haben bis auf den heutigen Tag eine auffällige Toleranz gegenüber weißen suprematistischen Bewegungen an den Tag gelegt, ja zuweilen nicht gezögert, ihren Verantwortlichen in aller Öffentlichkeit zur Seite zu stehen. Noch 2017 hat Trump dies unter Beweis gestellt, als er es nach den Ereignissen von Charlottesville (Virginia) für angebracht hielt, diejenigen, die sich dieser Machtdemonstration von Neonazis und Resten des Ku Klux Klans entgegengestellt hatten, mit den Rechtsradikalen auf eine Stufe zu stellen.[1]

1 Dass Trump die weißen südafrikanischen Bauern 2018, als Gerüchte über eine Landreform aufkamen (siehe Kapitel 7, S. 377), unverzüglich seiner Unterstützung versichert hat, ist ebenfalls eine ganz unzweideutige Grußbotschaft an die Adresse weißer Suprematisten.

Seit den 1960er Jahren sind zahlreiche segregationistische Demokraten mit ihren Anhängern zu den Republikanern übergelaufen. So zum Beispiel Strom Thurmond, der 1954–1964 von den Demokraten und 1964–2003 von den Republikanern als Vertreter South Carolinas in den Senat entsandt wurde. Als großer Verteidiger der *states rights*, das heißt des Rechts der Südstaaten, die Rassentrennung weiterhin zu praktizieren und sozialpolitische Beschlüsse der Bunderegierung nicht umzusetzen, wenn sie Schwarze und Minderheiten zu sehr begünstigten, symbolisiert Thurmond den Wechsel dieser Programmatik von den Demokraten (die von Anfang des 19. bis Mitte des 20. Jahrhunderts deren Bannerträger waren) zu den Republikanern. Beunruhigt darüber, dass Demokraten aus den Nordstaaten, die für die *civil rights* eintraten, in der demokratischen Partei an Einfluss gewinnen, tritt Thurmond 1948 als dissidentischer, segregationistischer demokratischer Kandidat unter der Flagge der kurzlebigen «States Rights Democratic Party» (gemeinhin «Dixiecrats» genannt) gegen Truman an.[1]

1964–1965 spannt sich die Lage immer mehr an, da die Regierung unter Johnson versucht, in den Südstaaten und namentlich in den dortigen Schulen die Aufhebung der Rassentrennung durchzusetzen. Der republikanische Präsidentschaftskandidat Goldwater engagiert sich gegen den *Civil Rights Act* von 1964. Er verliert die Wahl gegen Johnson, aber er stellt sich an die Seite der Südstaatler in ihrer Opposition gegen die Bundesregierung. Angesichts der feindseligen Haltung der Südstaaten und der *county school boards* sieht sich die Regierung Johnson genötigt, Bundesprogramme (wie *Headstart*) ins Leben zu rufen, um die Bundesmittel auf dem Umweg über nichtstaatliche Organisationen und Verbände an die Not leidenden Kindergärten und Gesundheitseinrichtungen der schwarzen Viertel zu verteilen.[2] Nixon gewinnt die Wahl

1 Trent Lott, republikanischer Senator von Mississippi und Fraktionsgeschäftsführer der Republikaner im Senat, zögerte 2002 aus Anlass des hundertsten Geburtstags von Thurmond nicht, öffentlich zu erklären: «I want to say this about my state. When Strom Thurmond ran for president, we voted for him. We're proud of it. And if the rest of our country had followed our lead, we wouldn't have had all these problems over all these years». Angesichts des Skandals, den die Bezugnahme auf die Wahlen von 1948 und diese unverhohlen pro-segregationistischen Äußerungen auslösten, musste Lott schließlich von seinen Funktionen als Fraktionsgeschäftsführer zurücktreten, blieb aber republikanischer Senator. Siehe S. Engel, «History of Racial Politics in the United States», in: J. Roemer, K. van der Straeten, *Racism, Xenophobia and Distribution*. Multi-Issue Politics in Advanced Democracies, Cambridge, Massachussets: Harvard University Press 2007, S. 41–43.

2 Siehe M. Baley, S. Danziger, *Legacies of the War on Poverty*, New York: Russel Sage Foun-

von 1968, indem er solchen Einmischungen des Bundes entgegentritt. Er beschwört insbesondere die Risiken einer Ausweitung der zögerlichen Versuche des *busing* herauf, mit dem Kinder aus schwarzen und weißen Vierteln in die gleichen Schulen geschickt werden sollen, und malt das Schreckbild sogenannter «racial quotas» an die Wand, mit denen Schwarze den Weißen ihren Platz an den Universitäten und in öffentlichen Ämtern streitig machen würden.[1] Diese «southern strategy» zahlt sich insbesondere bei der Präsidentschaftswahl von 1972 aus, wo es Nixon gelingt, die Stimmen für sich zu gewinnen, die 1968 noch Wallace auf sich vereint hatte. Durch einen triumphalen Sieg über den demokratischen Kandidaten McGovern, einen scharfen Gegner des Vietnamkriegs und Verfechter neuer sozialpolitischer Maßnahmen, die Roosevelts *New Deal* und Johnsons *War on Poverty* fortführen sollen, wird Nixon, der sich erfolgreich gegen diese Pläne wendet, im Amt bestätigt.

Auf subtilere, für die Wähler aber völlig unmissverständliche Weise bedienen sich republikanische Kandidaten nach Nixon einer Vielzahl verschlüsselter Nachrichten, um auf einen Missbrauch von Sozialleistungen durch die schwarze Bevölkerung anzuspielen, ohne ihn ausdrücklich beim Namen zu nennen. Eine besonders verbreitete Strategie besteht zum Beispiel darin, die *«welfare queens»* (Sozialleistungsköniginnen) zu verunglimpfen – ein Pejorativ, der auf alleinerziehende schwarze Mütter gemünzt ist. Er wurde namentlich von Ronald Reagan während der republikanischen Vorwahlen von 1976 und erneut während des Wahlkampfs 1980 gebraucht. Reagan, im Wahlkampf 1964 glühender Anhänger Goldwaters, der ihm die Möglichkeit zu seinen ersten großen Reden gegeben und den Weg in die Politik geebnet hatte, wandte

---

dation (RSF) 2013. Siehe auch E. Cascio, N. Gordon, S. Reber, «Paying for Progress: Conditional Grants and the Desegregation of Southern Schools», Quarterly Journal of Economics (2010); «Local Responses to Federal Grants: Evidence from the Introduction of Title I in the South», American Economic Journal: Economic Policy (2013); M. Bailey, S. Sun, B. Timpe, «PrepSchool for Poor Kids: The Long-Run Impact of HeadStart on Human Capital and Economic Self-Sufficiency», Michigan: University of Michigan 2018.

1 Tatsächlich wurden solche Maßnahmen in den Vereinigten Staaten nie ergriffen. Die Feindseligkeit, mit der ein bedeutender Teil der weißen Südstaatler ihnen gegenüberstand, und das Fehlen einer angemessenen Mobilisierung durch die Gegenseite, erklären auch das Ausbleiben jeder Entschädigung oder Zuweisung von Land im Ausgleich für die erlittenen Diskriminierungen und Jahrhunderte unbezahlter Arbeit in der Sklaverei, trotz des Esels und der vierzig Morgen Land, die man den Sklaven am Ende des Bürgerkriegs versprochen hatte (siehe Kapitel 6).

sich auch gegen den *Civil Rights Act* von 1964 und attackierte den *Voting Rights Act* von 1965, den er als überflüssige Demütigung der Südstaatler und unzulässige Einmischung betrachtete.[1] Das Ausschlachten der Rassenthematik wird überhaupt eine wichtige Rolle in der Bewegung spielen, die zum Triumph der «konservativen Revolution» in den 1980er Jahren führt.[2] Die neue konservative Ideologie, die sich 1964 mit Goldwater, 1972 mit Nixon und 1980 mit Reagan Bahn bricht, beruht auf einem erbitterten Antikommunismus und einem Diskurs, der sich zugleich scharf gegen den New Deal und den erstarkenden Föderalstaat (d. h. die Union) mit seiner Sozialpolitik richtet. Letztere wird beschuldigt, den Arbeitsscheuen entgegenzukommen und die Neigung der farbigen Bevölkerung zur Faulheit zu befördern (ein klassischer Topos seit der Abschaffung der Sklaverei). Die Sozialausgaben, die durch den bescheidenen Sozialstaat anfallen, der von den 1930er bis zu den 1960er Jahren in den Vereinigten Staaten aufgebaut worden war, werden als interventionistisch und zugleich als zu kostspielig gegeißelt. Außerdem komme ihnen keine Haushaltspriorität zu, verglichen mit den Herausforderungen des Kalten Krieges und der nationalen Sicherheit, deren sträfliche Vernachlässigung den Demokraten zur Last gelegt wird, während die Republikaner versprechen, das Land zu alter Größe zurückzuführen.

Bedeutsam sind diese Episoden, weil sie uns vor Augen führen, dass Donald Trumps Haltung zu Rassenfragen (etwa 2017 während der bereits erwähnten Kundgebungen weißer Suprematisten in Charlottesville oder beim Streit um die Statuen konföderierter Generäle) einer langen, bis in die 1960er Jahre zurückreichenden republikanischen Tradition angehört. Neu ist vor allem, dass andere Minoritäten in den Jahren 1990–2020 an Bedeutung gewonnen haben. Also greift Trump die Latinos an,

1 Siehe S. Engel, «History of Racial Politics in the United States», a. a. O., S. 57–62.

2 Im Falle Ronald Reagans kommt hinzu, dass seine Schauspielervergangenheit ihm Gelegenheit zur Verkörperung von Rollen gegeben hatte, die ganz der Südstaatenvision der Geschichte entsprachen. In *Santa Fe Trail*, einem 1940 gemeinsam mit Errol Flynn und Olivia de Havilland gedrehten Film, spielt die Handlung 1854 in Kansas, wo ein fanatischer und gnadenloser Befürworter der Abschaffung der Sklaverei Schrecken verbreitet, bereit, die eigenen Kinder zu opfern, um seinen politischen Eifer zu befriedigen. Die Moral der Geschichte liegt auf der Hand: In einem Land, in dem die Südstaatler ihre Sklaven doch so schlecht gar nicht behandeln, braucht es einen schrittweisen Kompromiss, um das System zu verändern. Glücklicherweise sind da ein paar junge, pragmatische Offiziere und West-Point-Absolventen (unter ihnen Reagan), die das begriffen haben und den Sirenengesängen des gefährlichen John Brown nicht erliegen.

für die er kein freundliches Wort übrig hat und die ihn zu seinem Kampf für den Bau einer riesigen Mauer anstacheln – ein Symbol der Bedeutung, die er der Frage der Grenze zumisst. So hat er sich überhaupt während des Wahlkampfs 2016 und seit seinem Amtsantritt auf praktisch alle Bevölkerungsgruppen in den Vereinigten Staaten eingeschossen, die keine Weißen sind, insbesondere auf Muslime (die es in seinem Land praktisch nicht gibt).

Wählerlager und Identitätskonflikte: Blicke über den Atlantik

Die europäischen Länder und namentlich Frankreich haben lange mit Neugier und Befremdung auf die Rassenspaltungen in den Vereinigten Staaten geblickt und darauf, welche Rolle sie in der exotisch anmutenden politischen Dynamik und Parteienlandschaft jenseits des Atlantiks spielen. Besonders schwer zu verstehen war für europäische Beobachter, wie die Demokraten, einst Partei der Sklavenhalter und Segregationisten, zur Partei der Minoritäten werden konnten, während sich die Republikaner, einst Verfechter der Abschaffung der Sklaverei, in eine Partei mit einer stark an Rassenbegriffen orientierten und nativistischen Ideologie verwandelten und darum von den Minderheiten vehement abgelehnt wurden. Aus diesen unverhofften Wandlungen und Vergleichsfällen lässt sich eine Fülle von Lehren ziehen, die uns helfen können, die derzeitigen Veränderungen und die Vielfalt möglicher politisch-ideologischer Wege zu verstehen, vor denen wir in diesem beginnenden einundzwanzigsten Jahrhundert stehen, in Europa ebenso wie in den Vereinigten Staaten und anderen Teilen der Welt.

Bestürzend ist insbesondere die Einsicht, dass die von Konflikten zwischen den Identitäten gezeitigten Bruchlinien, die die Wählerschaft durchziehen, inzwischen auf beiden Seiten des Atlantiks ein vergleichbares Ausmaß angenommen haben. In den Vereinigten Staaten hält sich der Abstand zwischen der Akzeptanz der Demokraten bei der schwarzen und lateinamerikanischen Minderheit einerseits und der weißen Mehrheit andererseits seit einem halben Jahrhundert bei vierzig Prozentpunkten, ohne von anderen individuellen Merkmalen wesentlich beeinflusst zu werden (siehe Grafik 15.7–15.8). Für Frankreich haben wir gesehen, dass bei der Zustimmung für die Linksparteien (die sich gerade neu definieren) die Kluft zwischen den Wählern muslimischen Glaubens und den anderen sich ihrerseits seit mehreren Jahrzehnten bei 40 % hält. Und auch sie wird durch Berücksichtigung anderer individueller sozio-ökonomischer Merkmale nur unwesentlich beeinflusst.[1] In beiden Fällen handelt es sich um eine Auswirkung erheblichen Umfangs, ist diese Kluft doch sehr viel größer als zum Beispiel die Kluft zwischen dem Wahlverhalten der 10 % mit den höchsten Bildungsabschlüssen oder höchsten Einkommen und der 90 % mit den niedrigsten, die in beiden Ländern gemeinhin um die 10–20 Prozentpunkte liegt. In den Vereinigten Staaten wählen die schwarzen Wähler seit den 1960er Jahren Wahl für Wahl zu 90 % die Demokraten (und zu kaum 10 % die Republikaner). In Frankreich wählen die muslimischen Wähler seit Anfang der 1990er Jahre Wahl für Wahl zu 90 % die Linksparteien (und zu kaum 10 % die rechten und rechtsextremen Parteien).

Jenseits der formalen Übereinstimmungen, die einen französischen Beobachter erstaunt hätten, wären sie ihm vor ein paar Jahrzehnten angekündigt worden, muss man freilich eine Reihe von Unterschieden zwischen beiden Situationen hervorheben. In den Vereinigten Staaten geht die schwarze Minderheit auf die Sklaverei und die der Latinos auf die Immigration insbesondere aus Mexiko und Lateinamerika zurück. In Frankreich geht die muslimische Minderheit auf die post-koloniale Immigration, insbesondere aus Nordafrika und zu einem geringeren Teil dem Subsaharischen Afrika zurück. Gewiss gibt es eine wichtige Gemeinsamkeit. In beiden Fällen geht es um eine Situation, in der eine weiße Mehrheit europäischer Herkunft, die lange Zeit eine ungeteilte Herrschaft über Bevölkerungsgruppen ausgeübt hat, die aus anderen Teilen der Welt stammen (durch Sklaverei, Segregation oder Kolonialherrschaft), mit ebendiesen Bevölkerungsgruppen in ein und derselben Gesellschaft und politischen Gemeinschaft zusammenleben muss und in der beide gezwungen sind, ihre Konflikte auf dem Wege des Wahlkampfs auszutragen, und zwar prinzipiell, zumindest in formaler Hinsicht, auf der Grundlage gleicher Rechte. Es ist dies zweifellos eine Innovation im menschheitsgeschichtlichen Maßstab. Der Kontakt zwischen Bevölkerungsgruppen, die aus verschiedenen Regionen der Erde stammen, hat sich über Jahrhunderte in Beziehungen erschöpft, die im Wesentlichen auf militärischer Herrschaft und roher Gewalt beruhten,

1 Siehe Kapitel 14, Grafiken 14.16–14.17 und Technischer Anhang, Grafiken S14.17a–S14.17b.

oder aber auf Geschäftsbeziehungen, die ihrerseits stark durch Machtverhältnisse geprägt waren. Dass heute im Herzen unserer Gesellschaften Beziehungen ganz anderer Art geknüpft werden, die sich auf den Ebenen des Dialogs, des kulturellen Austauschs, der Mischehen, der Neubestimmung von Identitäten bewegen, die wir in der Vergangenheit nicht kannten, stellt einen schwer bestreitbaren zivilisatorischen Fortschritt dar. Das politische und wahltaktische Ausschlachten der Konflikte zwischen den Identitäten, die sich daraus ergeben, stellt uns vor große Herausforderungen, die genau untersucht werden wollen. Und doch genügt schon ein kursorischer Vergleich mit den Beziehungen, die im Laufe der vergangenen Jahrhunderte vorherrschten, um das Ausmaß dieser Schwierigkeiten zu relativieren und uns vor allem davor zu bewahren, die Vergangenheit zu idealisieren.

Aber jenseits dieser allgemeinen Übereinstimmung zwischen den Situationen in den Vereinigten Staaten und in Frankreich, nehmen die Gruppenidentitäten und die Konflikte zwischen ihnen in jedem der beiden Länder natürlich besondere Formen an. Im Hinblick auf die Wählerstruktur insgesamt und die Bruchlinien, die sie durchziehen, besteht der auffälligste Unterschied darin, dass in den Vereinigten Staaten Latinos und andere Minderheiten, die insgesamt ungefähr 20 % der Wählerschaft ausmachen, politisch eine Zwischenstellung zwischen Weißen und Schwarzen einnehmen. So haben sie 2016 zum Beispiel zu 64 % für den demokratischen Kandidaten gestimmt, gegenüber 37 % der Weißen und 89 % der Schwarzen. An dieser Zwischenstellung hat sich seit 1970 kaum etwas geändert (siehe Grafik 15.7). Ihre künftige Entwicklung wird von entscheidender Bedeutung für die Strukturentwicklung der Wählerlager in den Vereinigten Staaten sein, bedenkt man das wachsende Gewicht der Minderheiten überhaupt (die 2016 etwa 30 % der Wählerschaft stellten, wenn man Schwarze, Latinos und andere Minoritäten zusammenfasst) und das abnehmende Gewicht der weißen Mehrheit (die 2016 etwa 70 % stellte).[1]

Umgekehrt zeigt zum Beispiel in Frankreich die Gruppe der Wähler, die ausländischer, aber europäischer Herkunft sind, im Durchschnitt

1 Die zunehmende Bedeutung der Latinos und anderer Minderheiten ging einher mit einer wachsenden Spaltung von demokratischen und republikanischen Wählern in der Frage der Migration, in der beide Wählerblöcke bis zum Beginn der 2000er Jahre noch verwandte Positionen vertreten hatten. Siehe R. Eatwell, M. Goodwin, *National Populism. The Revolt Against Liberal Democracy*, London: Penguin 2018, Abbildung 4.2, S. 150.

Wahlverhalten und Herkunft: Frankreich und Vereinigte Staaten

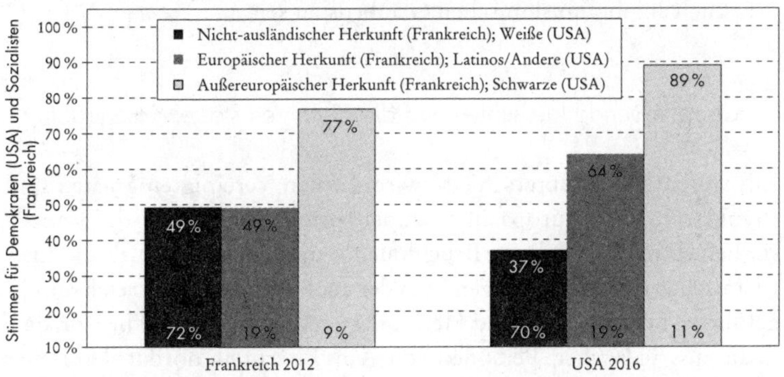

Grafik 15.9.: 2012 erhielt der Kandidat der Sozialisten im zweiten Durchgang der französischen Präsidentschaftswahlen je 49 % der Stimmen bei Wählern nicht-ausländischer Herkunft (kein ausländischer Großelternteil) und bei Wählern aus dem europäischen Ausland (hauptsächlich aus Spanien, Italien, Portugal) und 77 % der Stimmen bei Wählern mit außereuropäischer Herkunft (hauptsächlich Nordafrika und Schwarzafrika). 2016 erhielt der Kandidat der Demokraten bei den amerikanischen Präsidentschaftswahlen 37 % der Stimmen bei weißen Wählern, 64 % bei Latinos und anderen sowie 89 % bei schwarzen Wählern.
Quellen und Reihen: siehe piketty.pse.ens.fr/ideologie.

das gleiche Wahlverhalten wie die Bevölkerung ohne angegebene ausländische Herkunft. So haben während der Präsidentschaftswahl 2012 im 2. Wahlgang beide Gruppen zu 49 % den sozialistischen Kandidaten gewählt, gegenüber 77 % der Wähler außereuropäischer Herkunft (siehe Grafik 15.9).

Festzuhalten ist auch, dass die Bevölkerungsgruppe, die angibt, ausländischer Herkunft zu sein (mindestens ein Großelternteil stammt aus dem Ausland) in den 2010er Jahren in Frankreich um die 30 % der Wählerschaft stellte, also etwa so viel wie die «Minderheiten» in den Vereinigten Staaten. Aber das bleibt eine bloß formale Analogie. Insbesondere Wähler, die eine ausländische europäische Herkunft angeben (hauptsächlich Spanien, Portugal und Italien), also etwa 20 % der Bevölkerung, betrachten sich nicht als «Minderheit» oder gar als «Latino»-Minderheit, und werden auch von anderen nicht als solche betrachtet. Und es bilden auch die Wähler, die eine außereuropäische Herkunft angeben (hauptsächlich den Maghreb und das Subsaharische Afrika), also etwa 10 % der Bevölkerung, keineswegs eine homogene Gruppe oder gar eine bestimmte Ethnie oder Religionsgemeinschaft. Die meisten unter ihnen geben im Übrigen gar keine Religion an, sodass diese Gruppe auch nur sehr partiell mit dem Personenkreis zusammenfällt, der ausdrücklich angibt, muslimischen Glaubens zu sein.[1]

Über fließende Identitäten und die Gefahren starrer Kategorien

Ein wesentlicher Unterschied zwischen den Vereinigten Staaten und Frankreich (und Europa überhaupt) besteht darin, dass die französischen ethnisch-religiösen Bruchlinien weniger scharf sind als die amerikanischen Rassenspaltungen. Aus der 2008–2009 in Frankreich durchgeführten Studie «Wege und Herkünfte» geht zum Beispiel hervor, dass mehr als 30 % der Personen, die ein Elternteil nordafrikanischer Herkunft haben, von einem gemischten Paar abstammen (das andere Elternteil also nicht ausländischer Herkunft ist).[2] Sobald Mischehen in einem solchen Umfang geschlossen werden, wird «ethnische Identität» selbst zu einem Begriff, der etwas ausgesprochen Bewegliches, Unbeständiges meint. Die Herkünfte und Identitäten, das belegt auch der sehr rasche Wechsel der Vornamen von Generation zu Generation[3], vermischen sich ständig. Es hätte wenig Sinn, von den fraglichen Personen zu verlangen, sie möchten doch angeben, welcher «ethnischen» Gruppe sie sich voll und ganz zugehörig fühlen. Die Nötigung zu einer

1 Die Wähler, die nach eigenen Angaben muslimischen Glaubens sind, machen in den 2010er Jahren etwa 5 % der Wählerschaft aus. Siehe Kapitel 14, Grafik 14.17.

2 Dieser Anteil gemischter Paare erreicht 30 % bei Personen mit einem marokkanischen oder tunesischen und 35 % bei Personen mit einem algerischen Elternteil, also etwas dasselbe Niveau wie bei Personen mit portugiesischem Elternteil. Der entsprechende Anteil liegt bei über 60 % bei Personen mit einem spanischen oder italienischen, und bei nur 10 % bei Personen mit einem türkischen Elternteil. Siehe C. Beauchemin, B. Lhommeau, P. Simon, «Histoires migratoires et profils socioéconomiques», in: *Trajectoires et origines. Enquête sur la diversité de la population française*, Institut national d'études démographiques (INED) 2015, S. 54, Abbildung 6. Zur wachsenden Zahl von Mischehen mit einem Ehepartner mit maghrebinischen Vorfahren siehe E. Todd, *Le Destin des immigrés. Assimilation et ségrégation dans les démocraties occidentales*, Paris: Seuil 1994, S. 302–304.

3 Aus der Untersuchung *Trajectoires et origines* (TeO) geht zum Beispiel hervor, dass nur 23 % der Personen maghrebinischer Herkunft in der dritten Generation noch einen traditionellen arabisch-muslimischen Namen tragen. Auffällig ist auch, dass die Übereinstimmung zwischen der Mehrheit der Bevölkerung und den Nachfahren von Einwanderern nicht durch traditionelle französische, sondern durch internationale Vornamen hergestellt wird, mit denen Gruppen verschiedener Herkunft sich identifizieren können (Mila, Louna, Sarah, Inès, Yanis, Nael, Liam, Ethan, Adam, Rayan etc). Siehe B. Coulmont, P. Simon, «Quels prénoms les immigrés donnent-ils à leurs enfants en France?», *Populations et sociétes* 565 (April 2019).

solchen Identitätszuschreibung wäre tatsächlich ein Akt großer Gewalt gegenüber all jenen, die ihre eigenen Herkünfte und ihre Identität als gemischt und vielfältig erfahren, und bloß ihr Leben leben möchten, ohne sich ständig auszuweisen und über ihre «ethnische» Identität Rechenschaft ablegen zu müssen. Das verbietet es im Übrigen nicht, in allen erdenklichen Erhebungen auf freiwilliger Basis Fragen zur Herkunft, zum Geburtsort der Eltern und Großeltern oder auch zu religiösen, philosophischen, politischen Überzeugungen der Befragten zu stellen. Aber dabei handelt es sich offenbar um etwas völlig anderes als die Zumutung, sich im Zuge einer Volkszählung oder eines obligatorischen Verwaltungsvorgangs einer (oder mehr als einer) ethnisch-rassischen Gruppe zuzuordnen.

In den Vereinigten Staaten hat der Prozess der Identitätszuschreibung ganz andere historische Wurzeln. Zu Zeiten der Sklaverei und bis ins 20. Jahrhundert hinein wiesen die Volkszählungsbeamten den Sklaven und ihren Nachkommen eine «schwarze» Identität unter Anwendung der «one-drop rule» zu: Sobald ein sei es auch noch so entfernter Vorfahre schwarz ist, gilt die Person als «schwarz». Gemischtrassige Ehen waren bis in die 1960er Jahre in vielen Südstaaten verboten. Erst seit 1967 konnten nach einem Urteil des Obersten Gerichtshofs die Staaten gemischtrassige Ehen nicht länger verbieten. Die Zahl der Mischehen hat auch bei den Schwarzen stark zugenommen, mit mehr als 15 % Mischehen unter den Personen, die selber in den 2010er Jahren angaben, schwarz zu sein (1967 waren es nur 2 %).[1] Bleibt aber festzuhalten, dass der Zwang, in Volkszählungen wie Erhebungen die ethnisch-rassische Identität anzugeben, in den Vereinigten Staaten wohl zu einer Verhärtung der Grenzen zwischen einzelnen Gruppen beiträgt, während die wirklichen Identitäten sich meist so bündig gar nicht voneinander abgrenzen lassen.

Ungeachtet bedeutsamer Unterschiede zwischen den nationalen Kontexten – Identitätsfragen werden heute in den Vereinigten Staaten wie in Frankreich (und in ganz Europa, wie wir noch sehen werden) politisch instrumentalisiert und tragen diesseits und jenseits des Atlantiks in vergleichbarem Umfang dazu bei, die Wählerschaft zu spalten.

1 Der Anteil der Mischehen unter den Neuvermählten 2015 erreicht bei Latinos und Minderheiten asiatischen Ursprungs 25–30 % und liegt bei etwa 10 % unter den Weißen. Siehe G. Livingston, A. Brown, «Intermarriage in the U.S. 50 Years after Loving v. Virginia», Washington: Pew Research Center 2017.

Die in beiden Fällen mobilisierten Vorurteile und kulturellen Stereotype sind nicht ganz dieselben, aber es gibt offenbar Gemeinsamkeiten. In den Vereinigten Staaten zielen Anspielungen auf die «welfare queens» darauf, die vermeintliche Faulheit alleinstehender schwarzer Mütter ebenso zu stigmatisieren wie das Fehlen der Väter. In Frankreich unterstellen rassistische Diskurse Personen maghrebinischer oder afrikanischer Herkunft gern eine unwiderstehliche, in ihrer Natur liegende Neigung, in die Kriminalität abzurutschen und im Gefängnis zu enden. Die Behauptung, sie wollten missbräuchlich Sozialleistungen beanspruchen, und noch abfälligere Attribute wie der «Lärm und Geruch», den sie verbreiten, sind gleichfalls gängige Münze, und das auch bei Politikern, die offiziell der rechten Mitte und nicht der extremen Rechten zugerechnet werden.[1]

Solche Diskurse verlangen nach Entgegnungen unterschiedlicher Art. Zunächst geht aus zahlreichen Arbeiten hervor, dass die Unterstellung, Einwanderer oder Minderheiten würden durch Sozialleistungsmissbrauch die öffentlichen Finanzen belasten, jeder Grundlage entbehrt. Umgekehrt gibt es zahlreiche Arbeiten, die gezeigt haben, welchen Diskriminierungen Minderheiten und Menschen mit außereuropäischem Migrationshintergrund im Berufsleben ausgesetzt sind, und wie sehr diese Diskriminierungen es ihnen auch bei gleichem Bildungsabschluss erschweren, Arbeit zu finden.[2] Diese Arbeiten müssen in der öffentlichen

1 In seiner Rede vom 19. Juni 1991, die es zu trauriger Berühmtheit gebracht hat, drückte Jacques Chirac sich aus wie folgt: «Unser Problem sind nicht die Ausländer. Die Überdosis ist das Problem. Es mag ja sein, dass es heute nicht mehr Ausländer gibt als vor dem Krieg, aber es sind nicht mehr dieselben und das macht einen Unterschied. Es ist doch ganz klar, dass es weniger Probleme macht, wenn wir Spanier, Polen und Portugiesen haben, die bei uns arbeiten, als wenn es Muslime und Schwarze sind […] Wollen Sie wirklich, dass der französische Arbeiter, der in der Goutte d'Or wohnt, wo ich vor drei oder vier Tagen noch mit Alain Juppé spazieren gegangen bin, dass dieser französische Arbeiter also, der zusammen mit seiner Frau, die auch arbeitet, 15 000 Francs verdient, in seiner Sozialwohnung sitzt und nebenan hat man eine ganze Familie zusammengepfercht, mit zwei Dutzend Bälgern und einem Familienvater mit seinen drei oder vier Ehefrauen, und der kassiert 50 000 Francs Stütze, natürlich ohne zu arbeiten! [lebhafter Beifall]. Und dann noch der Lärm und der Geruch [schallendes Gelächter], ja, da dreht der französische Arbeiter natürlich durch. Er dreht durch. So ist das. Und eines muss Ihnen ganz klar sein, wenn Sie da wären, Sie würden genauso reagieren. Und es ist auch kein Rassismus. wenn man das ausspricht.» (Auszüge nachzuhören auf der Seite des Institut national de l'audiovisuel). Dieser Rede verdanken wir den Song *Le Bruit et l'Odeur* der Toulouser Band Zebda von 1995.

2 Siehe insbesondere die in Kapitel 14, S. 972, zitierten Arbeiten.

Debatte stärker zur Geltung gebracht werden, so wenig es ihnen auch gelingen mag, alle zu überzeugen.[1]

Ebenso wichtig scheint es mir, zu betonen, dass die identitäre Verhärtung von Identitätskonflikten auch von einem Gefühl der Enttäuschung und einem Fatalismus zehrt, dem jeder Glaube an die Möglichkeit einer gerechten Wirtschaft und wirklichen sozialen Gerechtigkeit abhandengekommen ist. So hat sich zum Beispiel im vorigen Kapitel gezeigt, dass die französische Wählerschaft im Hinblick auf die zwei Fragen der Einwanderung und der Umverteilungen zwischen Reich und Arm in vier fast genau gleich große Teile gespalten war.[2] Wenn alle Perspektiven und Möglichkeiten des Handelns (ja manchmal schon der Debatte) dadurch verbaut werden, dass man zum Beispiel erklärt, die Gesetzmäßigkeiten der Globalisierung und der Wirtschaft würden jede wirkliche Umverteilung für alle Zukunft ausschließen, dann ist es fast unvermeidlich, dass die politische Auseinandersetzung sich auf den letzten Handlungsspielraum konzentriert, den man dem Staat noch lässt, nämlich die Sicherung seiner Außengrenzen – und mitunter auch die Erfindung innerer Grenzen. Es darf, anders gesagt, nicht so getan werden, als seien die wachsenden identitären Spaltungen eine gewiss bedauerliche, aber letztlich unvermeidliche Konsequenz des Eintritts in eine postkoloniale Welt. Mir scheint, dass diese Entwicklung sich auch und vor allem als Konsequenz des Zusammenbruchs des Kommunismus und des Verlusts jeder Hoffnung auf eine grundlegende sozio-ökonomische Veränderung begreifen lässt. Nur wenn die Debatte über Gerechtigkeit und das richtige Wirtschaftsmodell wieder eröffnet wird, besteht Aussicht darauf, dass die Frage des Eigentums und der Un-

1 So scheint es zum Beispiel sinnvoll, eine Verbindung zwischen der Diskriminierung bestimmter Minderheitengruppierungen auf dem legalen Arbeitsmarkt und ihrer stärkeren Verwicklungen in lukrative illegale Aktivitäten (in manchen Fällen Drogenhandel) herzustellen. Zumindest ist das plausibler als ihnen eine ewige und angeborene Neigung zur Kriminalität zu unterstellen. Aber solche Argumente werden wohl nie ausreichen, um die zu überzeugen, die sich nicht überzeugen lassen wollen (und vollends all jene, die moralischen oder materiellen Profit aus ihren kulturalistischen, essentialistischen oder unverhohlen rassistischen Überzeugungen schlagen). Zur Überrepräsentation der Bevölkerung maghrebinischer und afrikanischer Herkunft in den französischen Gefängnissen siehe F. Héran, *Avec l'immigration. Mesurer, débattre, agir.* Paris: La Découverte 2017, S. 221–231. Tatsächlich sind sie dort massiv überrepräsentiert, wenn auch nicht ganz so extrem wie die schwarze Bevölkerung in den Gefängnissen der Vereinigten Staaten (und zwar in einem Kontext, in dem die Inhaftierungsrate insgesamt zehnmal höher ist als in Europa; siehe Kapitel 12, S. 730).

2 Siehe Kapitel 14, Tabelle 14.1.

gleichheit wieder die Oberhand über die Frage der Grenze und der Identität gewinnt. Wir kommen darauf zurück.

Die Demokraten, die «brahmanische Linke» und die Rassenfrage

Kommen wir nun zu einer besonders wichtigen und komplexen Frage. Im Kontext der Vereinigten Staaten könnte man versucht sein, die «Brahmanisierung» der demokratischen Partei darauf zurückzuführen, dass die Gräben zwischen den Rassen und Identitäten seit den 1960er Jahren tiefer geworden sind. Demnach hätten die weißen Unterschichten sich zunehmend von der demokratischen Partei abgewandt, weil es für sie unannehmbar war, dass die Demokraten sich für die Sache der Schwarzen einsetzen. Folgt man dieser Theorie, so wäre eine politische Koalition, die auf Dauer die weißen und schwarzen Unterschichten hinter sich brächte, nahezu undenkbar. Solange die demokratische Partei offen rassistisch und segregationistisch war, oder zumindest der zwischen Nordstaatlern und Südstaatlern darüber entbrannte Streit abgewürgt wurde, grob gesprochen also bis in die 1950er und 1960er Jahre, solange war es ihr auch möglich, die weißen Unterschichten für sich zu gewinnen. Nachdem sie aber aufgehört hatte, schwarzenfeindlich zu sein, musste sie fast unweigerlich die weißen Unterschichten an die republikanische Partei verlieren, die wiederum gar nicht anders konnte, als die vakant gewordene Nische des Rassismus zu besetzen. Die eine und einzige Ausnahme von diesem ehernen Gesetz amerikanischer Politik wäre dann letztlich das kurze Zwischenspiel von 1930–1960 gewesen, als es der Rooseveltschen Koalition mit Müh und Not gelang, weiße und schwarze Unterschichten unter dem Dach ein und derselben Partei zu vereinen – um den Preis fragwürdiger Verrenkungen und im Rahmen außergewöhnlicher Umstände (die Krise der 1930er Jahre, der Zweite Weltkrieg).

Diese Theorie scheint mir übertrieben deterministisch und letztlich wenig überzeugend. Problematisch ist nicht allein, dass eine solche Hypothese auf der essentialistischen Vorstellung vom unheilbaren Rassismus der unteren Schichten beruht, der tatsächlich, wie wir für den Fall Frankreichs festgestellt haben, so wenig naturwüchsig und für die Ewigkeit gemacht ist wie derjenige der Mittelschicht, der Selbstständigen oder der Eliten. Wenig überzeugend ist an dieser Theorie auch und vor allem, dass sie nicht in der Lage ist, allen vorliegenden Tatsachen Rechnung zu tragen. So unbestreitbar es sein mag, dass Rassenfragen eine maßgebliche Rolle dabei gespielt haben, dass ein Teil der weißen Wähler aus den Südstaaten der demokratischen Partei nach 1963 den Rücken gekehrt hat[1], der entscheidende Punkt ist, dass die Umkehrung des Bildungsgefälles ein Phänomen ist, dass in den ganzen Vereinigten Staaten zu beobachten ist, vom Norden bis in den Süden, und ganz unabhängig von der jeweiligen Haltung in Rassenfragen. Auch handelt es sich um eine Entwicklung, die von den 1950er bis zu den 2010er Jahren allmählich und stetig fortschreitet (siehe Grafiken 15.2–15.4). Es scheint mir nicht sehr aussichtsreich, einen so langfristigen Strukturwandel unter Hinweis auf einen Positionswechsel der Demokraten zu erklären, der sich sehr rasch, im Laufe der 1960er Jahre, vollzog und dessen Einfluss auf das Wahlverhalten der Schwarzen und das unterschiedliche Wahlverhalten der Minderheiten und der Weißen sich auch sofort bemerkbar gemacht hat (siehe Grafiken 15.7–15.8).

Der entscheidende Einwand aber ist schließlich und vor allem, dass diese Umkehrung des Bildungsgefälles sich nicht nur in den Vereinigten Staaten, sondern dem Umfang wie Verlauf nach nahezu identisch auch in Frankreich findet.[2] Und auch in Großbritannien, Deutschland, Schweden und nahezu allen westlichen Wahldemokratien werden wir derselben Grundtendenz begegnen. All diese Länder haben aber eine Bürgerrechtsbewegung so wenig gekannt wie jene in den 1960er Jahren vollzogene Kehrtwende der demokratischen Partei in der Rassenfrage. Gewiss kann man zu bedenken geben, dass die Verschärfung der durch Migration und identitäre Tendenzen gezeitigten Konfliktlinien in Frankreich, Großbritannien und den anderen europäischen Ländern eine zentrale Rolle spielt. Aber diese Konfliktlinien haben erst sehr viel später begonnen, diese zentrale Rolle zu spielen, nämlich seit den 1980er Jahren. Sie können nicht als Erklärung für eine Umkehrung des Bildungsgefälles herhalten, die sehr viel früher, in den 1960er Jahren, eingesetzt hat. Und schließlich wird uns diese Umkehrung auch in Län-

1 Siehe I. Kuziemko, E. Washington, «Why Did the Democrats Lose the South? Bringing New Data to an Old Debate», *American Economic Review* (Oktober 2019). Die Autoren zeigen, dass die wechselnde Akzeptanz der Demokraten in den Südstaaten in erster Linie von den Haltungen zu Rassenfragen herrühren, übrigens unabhängig vom Einkommens- oder Bildungsniveau.

2 Siehe Kapitel 14, Grafiken 14.2 und 14.9–14.11.

dern begegnen, in denen die von der Migration gezeitigten Verwerfungen in der Wählerschaft nie eine zentrale Rolle gespielt haben.

Es scheint mir daher aussichtsreicher, nach direkteren Erklärungen zu suchen. Wenn die Demokraten zur Gebildetenpartei geworden sind und die Wähler mit den niedrigsten Bildungsabschlüssen ihnen den Rücken gekehrt haben, dann müssen letztere wohl den Eindruck gewonnen haben, dass die von dieser Partei betriebene Politik ihren Anliegen immer weniger entspricht. Und wenn ein solcher Eindruck sich über ein halbes Jahrhundert verfestigt und in so vielen Ländern aufkommt, dann wird es sich auch nicht um ein bloßes Missverständnis handeln. Die wahrscheinlichste Erklärung scheint mir die zu sein, die ich für den Fall Frankreichs schon auszuführen begonnen habe: Die demokratische Partei hat sich, wie die Parteien der parlamentarischen Linken in Frankreich, nicht länger in erster Linie um die am meisten benachteiligten sozialen Gruppierungen, sondern mehr und mehr um die Gewinner des Bildungs- und Hochschulwettbewerbs gekümmert. Zu Beginn des 20. Jahrhunderts und bis in die 1950er Jahre hatten die Demokraten großen Ehrgeiz, für mehr Gleichheit in den Vereinigten Staaten zu sorgen, und zwar auf der Ebene des Steuer- wie des Bildungssystems. Dort lautete das Ziel, dass die Gesamtheit einer Altersklasse in den Genuss nicht bloß der Primar-, sondern auch der Sekundarschulbildung kommen sollte. Auf diesem Gebiet erschienen die Demokraten wie in allen sozialen und wirtschaftlichen Fragen ungleich weniger elitär und mehr um die Belange der unteren Schichten (und letzten Endes um das Gedeihen des Landes) bemüht als die Republikaner.

Es ist dieser Eindruck, der sich zwischen 1950–1970 und 1990–2010 völlig verändert hat. Die demokratische Partei ist zur Akademikerpartei geworden, und dies im Rahmen eines hochgradig stratifizierten und inegalitären Universitätssystems, in dem die unteren Schichten praktisch keine Chance haben, es in die besten Studiengänge zu schaffen. In einer solchen Lage und mangels einer Strukturreform dieses Systems verwundert es nicht, dass Wähler am unteren Ende der sozialen Hierarchie sich von den Demokraten im Stich gelassen fühlen. Das Geschick, mit dem die Republikaner Rassenfragen zu ihrem Vorteil zu nutzen und vor allem die Angst vor dem Abstieg des Landes zu schüren wussten, hat sicher zu ihren Wahlerfolgen beigetragen. Als McGovern 1972 einen Mindestlohn auf Bundesebene in Aussicht stellt, der durch eine noch einmal progressivere Erbschaftsteuer finanziert werden soll, sind es rassistische Vorbehalte, die ihm zum Verhängnis werden, weil Nixons Republikaner es verstehen, diese Reform unterschwellig als neuerlichen Sozialtransfer zugunsten der Afro-Amerikaner anzuprangern. Für Minderheiten nicht zahlen zu wollen, das zählt zweifellos auch zu den Gründen der Feindseligkeit, die Obamacare, der 2010 verabschiedeten Gesundheitsreform, entgegenschlug. Die Bedeutung dieses sogenannten Rassenfaktors wurde häufig (und zu Recht) als Grund dafür genannt, dass in den Vereinigten Staaten die soziale Solidarität und insbesondere die Steuersolidarität schwächer ist und es keinen *welfare state* gibt, der dem Umfang nach mit seinem europäischen Pendant vergleichbar wäre.[1] Aber es wäre irreführend, alles auf diesen Faktor zu reduzieren. Vor allem ließe sich dann nicht mehr erklären, weshalb sich die Umkehrung des Bildungsgefälles diesseits und jenseits des Atlantiks auf praktisch die gleiche Weise abgespielt hat. Wenn heute die Demokraten als eine Partei gelten, die den Hochschulabsolventen eher als den unteren Schichten beisteht, dann auch und vor allem, weil sie ihre Programme und Praktiken seit der konservativen Revolution der 1980er Jahre nicht ausreichend reformiert haben.

Ungenutzte Chancen und verpasste Abzweigungen: Von Reagan zu Sanders

Im Wahlkampf von 1980 gelang es Reagan, seinen Landsleuten ein neues historisches Narrativ zu verkaufen. Einem nach dem Vietnamkrieg, nach Watergate, nach der Revolution im Iran von Zweifeln geplagten Land versprach er, es zu alter Größe zurückzuführen, und legte dafür ein schlichtes Programm vor: Verschlankung des Bundesstaats und Abbau der Progressivsteuer. Es war, anders gesagt, der New Deal, der mit seinen Sozialmaßnahmen und einem Großaufgebot räuberischer Steuern die angelsächsischen Unternehmer verweichlicht und dafür gesorgt haben sollte, dass die Besiegten des Zweiten Weltkriegs

1 Siehe J. Roemer, W. Lee, K. Van der Straeten, *Racism, Xenophobia and Distribution. Multi-Issue Politics in Advanced Democracies*, a. a. O. Siehe auch A. Alesina, E. Glaeser, B. Sacredote, «Why Doesn't the United States Have a European-Style Welfare State», Brookings Papers on Economic Activity (2001), 2; A. Alesina, E. Glaeser, *Fighting Poverty in the U. S. and Europe: a Word of Difference*, Oxford: Oxford University Press 2004.

gegenüber den Vereinigten Staaten aufholen konnten. Reagan hatte diesen Diskurs schon 1964, für den Wahlkampf Goldwaters, und 1966, während der Gouverneurswahlen in Kalifornien, einstudiert, wo er in aller Ausführlichkeit dargelegt hatte, weshalb der «Golden State» aufhören müsse, der «Weltsozialstaat» zu sein, und weshalb kein Land dieser Welt je überlebt hätte, das ein Drittel seines Bruttoinlandsprodukts für Zwangsabgaben aufwendete. 1980 und 1984, die Amerikaner waren wie benommen von Abstiegsängsten, vom Kalten Krieg, vom starken Wachstum Japans, Deutschlands und des übrigen Europa, gelang es Reagan, diesen Diskurs auf Bundesebene zum Sieg zu führen. Der Spitzensatz der Bundeseinkommensteuer, der von 1932–1980 bei durchschnittlich 81 % lag, fiel im Gefolge der Steuerreform von 1986, der emblematischen Gründungsreform des Reaganismus, auf 28 %.[1]

Aus dem Abstand, den wir heute, 2019, gewonnen haben, lassen sich die ziemlich fragwürdigen Erfolge dieser Politik deutlicher erkennen. Das Wachstum des Nationaleinkommens pro Kopf hat sich in den drei Jahrzehnten seit diesen Reformen halbiert (verglichen mit den drei bis vier Jahrzehnten vor ihnen). Für eine Politik, die Produktivität und Wachstum ankurbeln wollte, ist dies kein sonderlich befriedigendes Resultat. Zudem ist die Ungleichheit so explosionsartig gewachsen, dass die niedrigsten 50 % der Einkommen seit Beginn der 1980er Jahre keinerlei Wachstum verzeichnen konnten, was es in der gesamten Geschichte der Vereinigten Staaten nie zuvor gegeben hatte und was recht ungewöhnlich für ein Land in Friedenszeiten ist.[2]

Dennoch haben die demokratischen Regierungen, die auf das Reagansche Jahrzehnt folgten, also die Regierungen Clinton (1992–2000) und Obama (2008–2016), nie wirklich versucht, Narrativ und Politik der 1980er Jahre umzukehren. Insbesondere der Abbau der progressiven Einkommensteuer (deren Spitzensatz zwischen 1980 und 2018 auf durchschnittlich 38 % gefallen ist, also auf die Hälfte des Stands zwischen 1932 und 1980) und die Abschaffung der Indexierung des Mindestlohns (mit der entscheidenden Folge der Nettokaufkraftverluste seit 1980[3]), also die grundlegenden Weichenstellungen unter Reagan, sind von den Regierungen Clinton und Obama nur abgesegnet und auf

1 Siehe Kapitel 10, Grafik 10.11.

2 Siehe Kapitel 11, Grafik 11.5 und 11.12–11.13.

3 Siehe Kapitel 11, Grafik 11.10.

Dauer gestellt worden. Das mag daher rühren, dass die Regierungen Clinton und Obama, vielleicht mangels des Abstands, den wir heute gewonnen haben, von Reagans Narrativ selbst überzeugt waren. Man darf indessen vermuten, dass diese Übernahme des fiskal- und sozialpolitischen Kurses der 1980er Jahre teilweise auf den Wandel der demokratischen Wählerschaft zurückgeht, in eins mit der politischen und strategischen Entscheidung, sich mehr und mehr auf diese Wähler mit Hochschulabschluss zu stützen, denen die neue, kaum auf Umverteilung angelegte Politik zum Vorteil gereichte. Im Grunde hatten, anders gesagt, die «brahmanische Linke», zu der die demokratische Partei in den 1990er und 2000er Jahren geworden war, und die «kaufmännische Rechte», die unter Reagan und Bush am Ruder war, gemeinsame Interessen.[1]

Ein anderer politisch-ideologischer Faktor, der eine wesentliche Rolle in den Vereinigten Staaten wie Europa gespielt hat, ist offenbar der Zusammenbruch der Sowjetunion 1990–1991. Er diente gewissermaßen als Beglaubigung der Reaganschen Strategie, die das kapitalistische Modell wiederherstellen und die Vereinigten Staaten zu alter Stärke zurückführen wollte. Der Ausfall des Gegenmodells hat fraglos erheblich dazu beigetragen, dass seit dem Beginn der 1990er eine neue Phase des zuweilen grenzenlosen Vertrauens in die Selbstregulierung des Marktes und eines auf Privateigentum beruhenden Systems anbrach. Zum Teil wird daraus auch verständlich, weshalb amerikanische Demokraten wie europäische Sozialisten, Sozialdemokraten und Arbeiterparteien in dieser Phase weitgehend aufgehört haben, über die Einhegung und Überwindung des Kapitalismus nachzudenken.

Hier wie stets wäre indes eine deterministische Lesart dieser Entwicklungslinien irreführend. Die langfristig wirksamen intellektuellen

1 Man muss sich in diesem Zusammenhang vergegenwärtigen, dass zahlreiche demokratische Abgeordnete und Senatoren 1986 für den *Tax Reform Act* gestimmt haben. Das zeugt von einem gewissen Opportunismus, aber auch davon, dass die Begeisterung für die Idee der Progressivsteuer selber sich in Grenzen hielt. Unter diesen Bedingungen verwundert es kaum, dass die Steuerprogression unter der Regierung Clinton (1992–2000) nur in sehr begrenztem Ausmaß wiederhergestellt wurde. Die Serie *West Wing* kostet es genüsslich aus: Der Präsident, der unverkennbar Clintonsche Züge trägt, ist progressiv, wenn es ihm gerade passt, er hat einen Wirtschaftsnobelpreis, aber an Steuererhöhungen für die Reichsten findet er wenig Gefallen. Dennoch ist er bereit, sein Veto einzulegen, als die Republikaner versuchen, die Erbschaftsteuer abzuschaffen (die als *death tax* verunglimpft wird, wie es Bushs Republikaner in jenem Herbst 2001, in dem die Episode ausgestrahlt wurde, tatsächlich getan haben.)

und ideologischen Logiken sind wichtig, aber es gibt auch zahlreiche Abzweigungen, an denen es möglich gewesen wäre und ist, andere Wege einzuschlagen. So entsprang etwa die 1978 in Kalifornien ausgebrochene Steuerrevolte, die in gewisser Weise ein Vorbote des wenige Jahre später von Reagan auf Bundesebene erzielten Erfolgs ist[1], einer sehr starken Inflation kalifornischer Immobilienpreise in den 1970er Jahren, mit der Folge erheblicher und weitgehend unvorhergesehener Mehrbelastungen durch die *property tax.* Diese geradezu schmerzhaften Höchststände warfen eine ganze Reihe von Problemen auf, da sie weder angekündigt noch geplant waren und ein Anstieg der Immobilienpreise nicht zwangsläufig auch eine Steigerung der Einkommen einschließt, aus denen die Steuern ja beglichen werden mussten. Als ungerecht wurden diese Erhöhungen zumal deshalb empfunden, weil die *property tax* eine Proportionalsteuer ist, die alle Immobilien mit dem gleichen Steuersatz belastet, ohne finanzielle Aktiva auf der einen und Schulden auf der anderen Seite zu berücksichtigen. Folglich konnten die Erhöhungen verschuldete Personen mit sehr geringen Einkünften treffen.[2] Von den konservativen Anti-Steuer-Aktivisten geschickt ausgenutzt, führte die resultierende Unzufriedenheit 1978 zu einem Referendum, nach dem für die *property tax* eine Obergrenze von maximal 1 % des jeweiligen Eigentums in die Verfassung aufgenommen wurde (die berühmte *Proposition 13*). Diese Regelung, die noch heute in Kraft ist, führte in der Folge dazu, dass weniger Mittel für Schulen zur Verfügung standen und es in Kalifornien immer wieder zu Haushaltskrisen kam.

Abgesehen von ihrer Bedeutung für das Aufkommen des Reaganismus ist diese Episode interessant, weil sie veranschaulicht, wie sich kurzfristige Ereignislogiken (steigende Immobilienpreise in den 1970er Jahren, eine erfolgreiche Mobilisierung der Bürger für ein Anti-Steuer-Referendum) mit langfristigen intellektuellen und ideologischen Unzulänglichkeiten treffen können, in diesem Fall also mit dem Fehlen einer wohlüberlegten und grundlegenden Reform der *property tax*, nämlich ihrer Umwandlung in eine wirklich progressive Besteuerung schuldenbereinigter Immobilien- und Finanzvermögen. Ganz wie im Fall der progressiven Einkommensteuer ist es wichtig, sich nicht der Möglich-

1 Reagan feierte im Übrigen 1980 und 1984 bedeutende Wahlsiege in Kalifornien.

2 Erinnern wir daran, dass die *property tax* in den Vereinigten Staaten (wie ihr Äquivalent, die Grundsteuer in Frankreich) seit Anfang des 19. Jahrhunderts praktisch nicht reformiert und modernisiert worden ist. Siehe Kapitel 4, S. 191–194 und 11, S. 708–711.

keit zu berauben, Personen mit einem Nettovermögen von 10 000 Dollar, 100 000 Dollar, 1 Million oder 10 Millionen Dollar mit jeweils unterschiedlichen Steuersätzen zu belasten.[1] Alle Untersuchungen zeigen, dass eine solche Progression bei den Bürgern auf Zustimmung stößt.[2] Entscheidend ist auch, die Bemessungsgrundlagen der Vermögensteuer zu indexieren, also an die Preisentwicklung der Aktiva zu koppeln, um zu vermeiden, dass mit dem Steigen letzterer die Steuer sich automatisch erhöht, ohne dass dies zuvor diskutiert, gerechtfertigt und ausgehandelt wurde. Im Falle der Steuerrevolte von 1978 ist der Schaden umso größer, als das Referendum de facto auch die Mechanismen der Aufteilung der Steuereinnahmen zwischen reichen und armen Schulbezirken außer Kraft setzte, die der Kalifornische Supreme Court 1971 und 1976 bestätigt hatte (die sogenannten Serrano-Entscheidungen) und die in der Öffentlichkeit durchaus populär waren.[3]

Eine Reihe jüngerer Ereignisse und Entwicklungen deutet darauf

---

1 Noch schlimmer ist allerdings, wie die *property tax* (oder die französische Grundsteuer) heute funktioniert. Eine Person mit einem Nettovermögen von 10 000 $ (einem Haus im Wert von 500 000 $ und einer Hypothek von 490 000 $) und eine Person mit einem Nettovermögen von 10 Millionen Dollar (einem Haus im Wert von 500 000 $ und einem Finanzportfolio von 9,5 Millionen Dollar) unterliegen nicht nur ein und demselben Steuersatz, sie zahlen auch exakt die gleiche *property tax* (da finanzielle Vermögenswerte und Schulden außer Acht gelassen werden).

2 Siehe R. Fisman, K. Gladstone, I. Kuziemko, S. Naidu, «Do Americans Want to Tax Capital? Evidence from Online Surveys», Washington Center for Equitable Growth 2017. Die Meinungsumfragen belegen auch eine sehr starke Akzeptanz unterschiedlicher Formen der progressiven Vermögensteuer.

3 Siehe dazu I. Martin, «Does School Finance Litigation Cause Taxpayer Revolt? Serrano and Proposition 13», *Law & Socïecty Review* 40 (2006), 3; ders., *The Permanent tax Revolt: How the Property Tax Transformed American Politics*, Stanford, California: Stanford University Press 2008. Siehe auch J. Citrin, I. Martin, *After the Tax Revolt: California's Proposition 13 Turns 30*, Berkeley: IGS Press, 2009. Die Wirkung der seit den 1970er Jahren in den Vereinigten Staaten in Angriff genommenen Reformen, die der Ungleichheit bei der Zuweisung von Finanzmitteln an Primar- und Sekundarschulen innerhalb der Bundesstaaten vorbeugen sollten, wurde ausgeglichen durch die wachsende Einkommens- und Eigentumsungleichheit zwischen Bezirken und Staaten. Insgesamt hat so die Konzentration der finanziellen Ressourcen für Schulen innerhalb einer Generation in den letzten Jahrzehnten zugenommen (leicht, wenn man sich nur die Primar- und Sekundarschulen anschaut, und sehr stark, wenn man die Hochschulen einbezieht). Siehe C. Bonneau, «The Concentration of Educational Investment in the US (1970–2018), with a Comparison to France», Ecole des Hautes Études en Sciences Sociales 2019. Zu den Reformen, die in den Bundesstaaten durchgeführt wurden, siehe C. Jackson, R. Johnson, C. Persico, «The effects of school spending on educational and economic outcomes: evidence from school finance reforms», *Quarterly Journal of Economics* 131 (Oktober 2015), 1, S. 157–218.

hin, dass die 1980 mit der Wahl Reagans angebrochene Phase im Begriff ist zu Ende zu gehen. Zum einen hat die Finanzkrise von 2008 gezeigt, wohin übermäßige Deregulierung führt. Zum anderen hat das seit Ende der 2000er Jahre wachsende Bewusstsein davon, welches Ausmaß zunehmende Ungleichheit und Stagnation niedriger Einkommen angenommen haben, eine allmähliche Neubewertung der Reaganschen Wende eingeleitet. Diese Faktoren haben dazu beigetragen, den politischen und ökonomischen Debatten in den Vereinigten Staaten eine neue Richtung zu geben, wie es 2016 während der demokratischen Vorwahlen zum Beispiel das äußerst knappe Rennen zwischen Hillary Clinton und Bernie Sanders gezeigt hat. Die verschiedenen Vorschläge zur Wiederherstellung der Einkommen- und Erbschaftsteuerprogression sowie zur Einführung einer Bundesvermögensteuer, die während der Debatten zur Präsidentschaftswahl 2020 vor allem von Sanders und Warren gemacht wurden, haben wir bereits erwähnt.[1] Die Einnahmen daraus könnten für Investitionen ins Bildungssystem aufgewendet werden, insbesondere in staatliche Universitäten, die einen erheblichen finanziellen Rückstand gegenüber den besten privaten Universitäten zu beklagen haben. Vorschläge gibt es auch dazu, wie Macht und Stimmrechte in den Aufsichtsräten privater Unternehmen zwischen Beschäftigten und Aktionären aufgeteilt werden könnten, oder zur Einführung einer allgemeinen staatlichen Krankenversicherung (*Medicare for all*), wie sie in Europa die Norm ist (bei deutlich günstigeren Gesamtkosten und überzeugenderen Resultaten für die öffentliche Gesundheit).[2]

Es ist viel zu früh, um sagen zu können, was aus diesen Entwicklungen wird. Wichtig scheint mir zu betonen, dass die völlige Umkehrung des Bildungsgefälles sich nicht über Nacht aus der Welt schaffen lässt, und wie dringend die Reform des Bildungssystems ist. Tatsache ist, dass die Demokraten zur Partei der Hochschulabsolventen geworden sind, und das innerhalb eines hochgradig stratifizierten und inegalitären Systems. Die demokratischen Regierungen haben nie wirklich den Versuch unternommen, an dieser Lage der Dinge etwas zu ändern (oder auch

---

1 Siehe Kapitel 11, S. 714–716.

2 Es sei daran erinnert, dass Hillary Clinton ein allgemeines System dieser Art während der demokratischen Vorwahlen befürwortete, während Barack Obama sich dagegen aussprach mit der Begründung, eine solche Reform sei zu interventionistisch. Am Ende war das 2010 verabschiedete Programm Obamacare komplizierter und weniger ambitioniert zugleich (ohne sich darum schon größerer Zustimmung zu erfreuen).

nur zu sagen, wie sie dies zu tun gedächten, falls sich eine Mehrheit dafür fände). Eine solche Situation kann nur dazu beitragen, ein Klima tiefen Misstrauens zwischen den Unterschichten und den formal hochgebildeten demokratischen Eliten zu erzeugen, in dem erstere oft den Eindruck haben, nicht mehr in der gleichen Welt wie letztere zu leben). Es ist die Welle dieses Gefühls sozialer Ächtung durch die «Brahmanen», die Trump zu reiten wusste, um seine Popularität zu festigen (ohne selbst andere greifbare Lösungen anzubieten als den Mauerbau an der mexikanischen Grenze und die Senkung seiner eigenen Steuern, was ein bisschen kurz gegriffen ist).[1] Die Antwort liegt nicht einfach darin, etwas gegen den Investitionsrückstand bei den staatlichen Universitäten zu tun. Es braucht auch einen fundamentalen Wandel der Aufnahmeverfahren privater und staatlicher Universitäten und die Aufstellung gemeinsamer Regeln, um die Zugangschancen benachteiligter Gruppen auch wirklich erhöhen zu können. Solange starke und greifbare Maßnahmen fehlen, ist auch nicht zu sehen, wie sich die in den Vereinigten Staaten ohnehin traditionell schwache Wahlbeteiligung steigern ließe.[2]

Die Wandlungen des Parteiensystems in Großbritannien

Kommen wir zu Großbritannien. Wie für Frankreich lässt sich anhand der vorliegenden Nachwahlerhebungen die Struktur der Wählergruppen für fast alle britischen Wahlen seit Mitte der 1950er Jahre untersuchen. Verglichen mit den Vereinigten Staaten ist das Zweiparteiensystem Großbritanniens komplexer und unbeständiger. Sieht man sich die Stimmverteilung unter den wichtigsten Parteien bei den von 1945 bis 2017 abgehaltenen Parlamentswahlen an, fällt gewiss eine von Labour Party und Konservativen unter sich ausgemachte Vorherrschaft auf, aber es gibt doch zahlreiche Komplikationen (siehe Grafik 15.10)

Bei den Wahlen von 1945 stimmten 48 % für Labour und 36 % für die Tories, sodass insgesamt 84 % der Stimmen auf die beiden Hauptparteien entfielen. Trotz des Prestiges, das sie sich als Sieger des Zweiten Weltkriegs erworben hatten, mussten die von Winston Churchill

1 Ich werde im nächsten Kapitel auf die marktnativistische Ideologie Trumpschen Typs, ihre europäischen Spielarten und die Möglichkeit einer sozialnativistischen Entwicklung zurückkommen.

2 Siehe Kapitel 14, Grafiken 14.7–14.8.

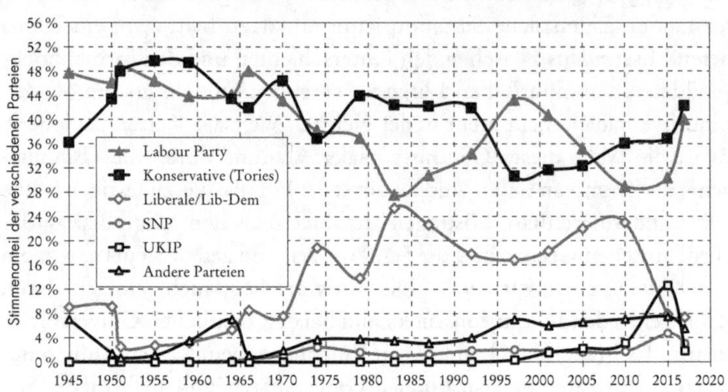

Grafik 15.10.: Bei den Parlamentswahlen 1945 erzielten Labour 48 % der Stimmen, die Konservativen 36 % (damit entfielen 84 % aller Stimmen auf die beiden großen Volksparteien). 2017 erhielten die Konservativen 42 % der Stimmen und Labour 40 % (insgesamt 82 %).
Hinweis: Liberale/Lib-Dem: Liberale, Liberale Demokraten, SDP Allianz. SNP: Schottische Nationalpartei. UKIP: Britische Unabhängigkeitspartei. Unter Andere Parteien fallen die Grünen und regionalistische Parteien.
Quellen und Reihen: siehe piketty.pse.ens.fr/ideologie.

angeführten Konservativen eine empfindliche Niederlage hinnehmen. Premierminister wurde der Labour-Kandidat Clement Attlee. Die Wahl von 1945 spielt eine fundamentale Rolle in der britischen und europäischen Wahlgeschichte. Es ist tatsächlich das erste Mal, dass die Labour Party die Mehrheit der Sitze im Unterhaus erringt, die es ihr erlaubt, alleine zu regieren und ihr Programm umzusetzen, zu dem namentlich der Aufbau des *National Health Service* (NHS) und eines ehrgeizigen Systems von Sozialversicherungen zählt, aber auch eine deutlich progressivere Besteuerung der höchsten Einkommen und größten Erbschaften. Was diese Wahl markiert, ist daneben der komplette Umsturz des britischen Zweiparteiensystems, in dem während des gesamten 18. und 19. Jahrhunderts die Whigs (nach 1868 offiziell *Liberal Party* genannt) und die Tories (Konservative) einander gegenüberstanden. Kaum dreißig Jahre nach dem People's Budget, mit dem die Liberalen sich 1910 gegen den Widerstand des House of Lords durchsetzen konnten, kommt 1945 die Labour Party an die Macht und ersetzt nach Jahren erbitterten Wettstreits endgültig die Liberalen als Hauptgegner der im Wechsel mit ihr regierenden Konservativen. Das bis zum Beginn des 20. Jahrhunderts aristokratischste Land, dasselbe, in dem das alte trifunktionale Schema mit der proprietaristischen Logik eine Symbiose eingegangen war, ist jetzt das Land, in dem eine Partei an die Macht gelangt, die sich als echte Volkspartei begreift.[1]

Die Liberalen sollten daraufhin nie wieder dieselbe Rolle spielen. Sie versuchten sich zunächst als Liberaldemokraten und dann, nach einer Spaltung der Labour Party in den 1980er Jahren, als SDP-Liberal Alliance neu aufzustellen.[2] Nachdem sie in der Zeit von 1980 bis 2010 Wahlergebnisse zwischen 10 % und 25 % erzielt hatten, fielen sie bei den Wahlen 2015 und 2017 deutlich unter 10 %. Bei den Parlamentswahlen 2017 konnten die Konservativen unter der Führung von Theresa May 42 %, Labour unter Jeremy Corbyn 40 %, die beiden großen Parteien also insgesamt 82 % der Stimmen auf sich vereinen. Den Rest teilten die LibDems, die UKIP (UK Independence Party), die SNP (Scottish National Party) und ein paar grüne Parteien und Regionalparteien unter sich auf. Wie im Fall der Vereinigten Staaten werden wir uns auch hier unter Vernachlässigung anderer Parteien auf die Struktur der Wählerstimmen für die beiden großen Parteien, die Labour Party und die Konservativen, von 1955 bis 2017 konzentrieren.[3]

Der erste Befund lautet, dass die Labour Party ihrerseits im Laufe des letzten halben Jahrhunderts zur Gebildetenpartei geworden ist. In den 1950er Jahren war das Votum für Labour unter den Hochschulabsolventen 30 Prozentpunkte schwächer als in der übrigen Bevölkerung. In den 2010er Jahren verhält es sich umgekehrt: Jetzt liegt es bei den Hochschulabsolventen um fast 10 % höher. Wie in Frankreich, wie in den Vereinigten Staaten lässt sich diese Umkehrung des Bildungsgefälles auf allen Bildungsniveaus wiederfinden (zwischen primärer, sekundärer und tertiärer, aber jeweils auch innerhalb der sekundären und der tertiären Bildung). Erneut fällt auch auf, dass sich das Phänomen über die letzten sechs Jahrzehnte hinweg allmählich und stetig herausbildet, und dass die Grundtendenz unverändert bleibt, wenn man den

---

1 Zum «People's Budget» und zum House of Lords siehe Kapitel 5, S. 231–234.

2 Die SDP (Social Democratic Party) wird 1981 von zentristischen Dissidenten der Labour Party ins Leben gerufen und schließt sich 1988 den Liberal Democrats an.

3 Die erste umfassende Nachwahlerhebung, deren Daten auch korrekt archiviert wurden, datiert in Großbritannien auf das Jahr 1963 (gegenüber 1948 in den Vereinigten Staaten und 1958 in Frankreich), aber diese Erhebung von 1963 enthält auch retrospektive Fragen zu den Wahlen von 1955 und 1959 (ganz wie die französische Erhebung von 1958 Fragen zu den Wahlen von 1956 enthält), die wir hier vorlegen. Alle Details über diese Erhebungen und die Programmcodes, mit denen man von den Rohdaten zu den Endresultaten kommt, sind online verfügbar.

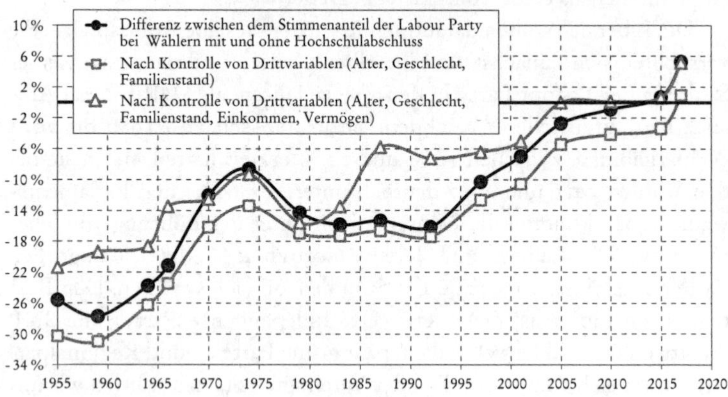

Grafik 15.11.: 1955 erzielte die Labour Party 26 Prozentpunkte weniger bei Wählern mit Hochschulabschluss als bei Wählern ohne Hochschulabschluss. 2017 fiel das Wahlergebnis für die Labour Party bei den Hochschulabsolventen 6 Prozentpunkte höher als bei den anderen Wählern aus. Die Berücksichtigung der Kontrollvariablen beeinflusst die Höhe des Ergebnisses, ändert aber nichts an der Tendenz. Quellen und Reihen: siehe piketty.pse.ens.fr/ideologie.

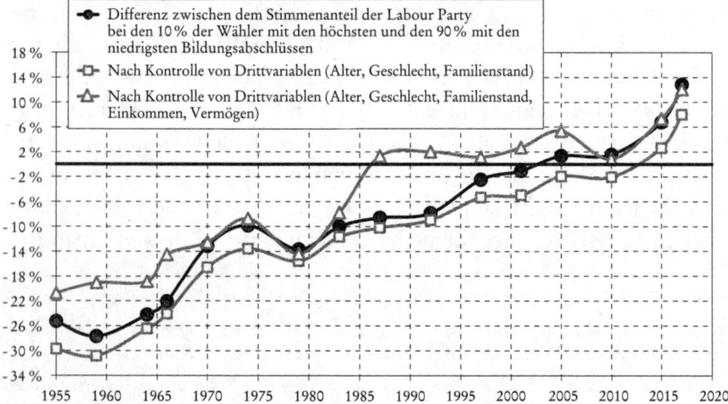

Grafik 15.12.: 1955 erzielte die Labour Party 25 Prozentpunkte weniger bei den 10 % der Wähler mit den höchsten als bei den 90 % mit den geringsten Bildungsabschlüssen. 2017 fiel das Ergebnis der Labour Party bei den 10 % mit den höchsten Bildungsabschlüssen 13 Prozentpunkte höher aus als bei den anderen 90%. Die Berücksichtigung der Kontrollvariablen beeinflusst die Höhe des Ergebnisses, ändert aber nichts an der Tendenz.
Quellen und Reihen: siehe piketty.pse.ens.fr/ideologie

Einfluss von Alter, Geschlecht und anderen sozio-ökonomischen Merkmalen in Rechnung stellt (siehe Grafiken 15.11–15.12).

Im Vergleich mit Frankreich und den Vereinigten Staaten findet allerdings die fragliche Entwicklung in Großbritannien leicht zeitversetzt statt. Die Akzeptanz der Labour Party ist, anders gesagt, besonders stark bei Wählern ohne Hochschulabschluss zu Beginn des fraglichen Zeitraums und man muss dessen Ende abwarten, bis die Hochschulabsolventen sich deutlich auf die Seite der Labour-Party schlagen (siehe Grafik 15.13).[1]

Die linke Wählerschaft in Europa und den Vereinigten Staaten, 1945–2020: von der Arbeiter- zur Akademikerpartei

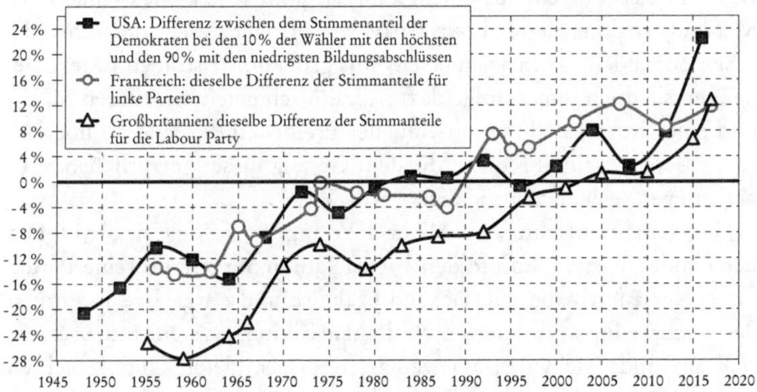

Grafik 15.13.: Von 1950 bis 1970 war die Wählerzustimmung für die Demokraten in den Vereinigten Staaten, die Linksparteien in Frankreich (Sozialisten, Kommunisten, radikale Linke, Grüne) und die Labour Party in Großbritannien besonders hoch unter Wählern mit niedrigem Bildungsabschluss; in den 1990er bis 2010er Jahren war sie besonders hoch bei Wählern mit hohem Bildungsabschluss. Die Entwicklung in Großbritannien verläuft leicht zeitversetzt gegenüber den Entwicklungen in Frankreich und den Vereinigten Staaten, weist aber in dieselbe Richtung.
Quellen und Reihen: siehe piketty.pse.ens.fr/ideologie.

In dieser Verschiebung spricht sich eine bedeutsame Tatsache aus. Verglichen mit den amerikanischen Demokraten, aber auch den französischen Sozialisten und Kommunisten stammt die Wählerschaft der Labour Party ursprünglich noch stärker aus den Unterschichten und der Gruppe der am geringsten qualifizierten Arbeiter.

Es ist im Übrigen interessant, dass diese echte Volkspartei einem Teil

1 Siehe Kapitel 14, Grafik 14.2 für die gleiche Grafik nach Berücksichtigung von Kontrollvariablen, und Technischer Anhang, Grafiken S14.2a–S14.2c für verschiedene Varianten. Die leicht zeitversetzte Charakter findet sich in allen Fällen wieder.

der intellektuellen Eliten lange Zeit Angst eingejagt hat. Das berühmteste Beispiel ist John Maynard Keynes, der in einem 1925 veröffentlichten Artikel darlegt, aus welchen Gründen er nie Labour wählen könne und, komme was wolle, weiterhin für die Liberalen stimmen werde. Was ihn beunruhigt, ist, kurz gesagt, dass es an Intellektuellen, die dieses Namens würdig wären, und natürlich insbesondere an Ökonomen fehle, um die Massen einzuhegen: «I do not believe that the intellectual elements in the Labour Party will ever exercise adequate control; too much will always be decided by those who do not know at all what they are talking about. [...] I incline to believe that the Liberal Party is still the best instrument of future progress.»[1] Bemerkenswert ist auch, dass Hayek, aus einem anderen politischen Blickwinkel, der Machtübernahme der Labour Party wie übrigens auch der schwedischen Sozialdemokraten seinerseits mit großem Misstrauen begegnete, neigten sie doch ihm zufolge dazu, allzu rasch einer autoritären Macht und einer Infragestellung individueller Freiheiten das Feld zu überlassen, wovor er seine Freunde, die dem Gesang dieser gefährlichen Sirenen erlegen seien, nachdrücklich warnt.[2]

Umgekehrt machte sich Michael Young, Soziologie und Mitglied der Labour Party, schon in den 1950er Jahren Sorgen, ob seine Partei, die es versäumt habe, hinreichend egalitäre und ehrgeizige Reformen des hochgradig stratifizierten britischen Bildungssystem umzusetzen, sich am Ende nicht den am wenigsten ausgebildeten Unterschichten entfremden werde, um zur Partei der «Techniker» zu werden (die es dann mit den «Populisten» zu tun bekommen würden). Young ging freilich nicht so weit sich auszumalen, dass Labour dereinst die Konservativen bei den Wählern mit den höchsten Hochschulabschlüssen überflügeln könnte.[3]

---

1 Siehe «Am I a Liberal?», *The Nation and Athenaeum* (8. und 15. August 1925). Es handelt sich um den Wortlaut einer Rede, die Keynes in Cambridge im Rahmen der Liberal Summer School 1925 gehalten hatte (auch veröffentlicht in seinen *Essays in Persuasion*, San Diego: Harcourt Brace 1931). Keynes starb 1946 und etwa zur selben Zeit verschwand auch die Liberal Party. Ob und wann er sich für Labour entschieden hätte, lässt sich also schwer ausmachen.

2 Siehe Kapitel 10, S. 606–610. Im Unterschied zu Keynes traute Hayek auch den Liberalen nicht über den Weg, weil er fand, sie seien namentlich unter dem Einfluss von Ökonomen und Intellektuellen wie Keynes zu interventionistisch geworden und gefährlich nach links gerückt.

3 Siehe Kapitel 13, S. 891 f.

«Brahmanische Linke» und «kaufmännische Rechte» in Großbritannien

Die Labour Party ist also, wenn auch verspätet gegenüber den Entwicklungen in Frankreich und den Vereinigten Staaten, auf ihre Weise ebenfalls zur «brahmanischen Linken» geworden, die ihre größten Wahlerfolge unter den formal Hochgebildeten erzielt. Wenden wir uns nun der Entwicklung des Wahlverhaltens nach Einkommensniveau zu. Von 1950–1980 lässt sich in Großbritannien eine sehr ausgeprägte Bruchlinie in Abhängigkeit vom Einkommen beobachten: Die untersten Dezile der Einkommenshierarchie neigen sehr deutlich dazu, Labour zu wählen. Diese Neigung, für Labour zu stimmen, nimmt mit jedem höheren Dezil ab, und die obersten Dezile schließlich stimmen massiv für die Konservativen. Besonders deutlich zeigt sich dies bei den Parlamentswahlen 1979, aus denen Margaret Thatcher siegreich hervorgeht. Ihr Wahlprogramm setzt auf gewerkschaftsfeindliche Maßnahmen, Privatisierungen und Steuersenkungen für die höchsten Einkommen – im Kontext einer Wirtschaftskrise und hoher Inflation. Den vorliegenden Daten nach stimmten 1979 weniger als 20 % des obersten Dezils für Labour, 1955 und 1970 waren es um die 25 %. Die reichsten Wähler haben demnach bei all diesen Wahlen stets zu 75 %–80 % für die Konservativen gestimmt (siehe Grafik 15.14).

Im Vergleich mit Frankreich ist die einkommensabhängige Kluft in Großbritannien historisch ausgeprägter. In Frankreich verläuft die Kurve der Wählergunst für die Linksparteien (Sozialisten-Kommunisten-Radikale-Grüne) bei den unteren 90 % der Einkommenshierarchie relativ flach und fällt erst auf der Ebene des obersten Dezils deutlich ab.[1] Sieht man sich detaillierte Studien zum Wahlverhalten nach Berufszweigen an, so lässt sich der britisch-französische Unterschied im Wesentlichen darauf zurückführen, dass es in Frankreich mehr Selbstständige und insbesondere mehr Bauern gibt, die oft kein besonders hohes Einkommen, aber Betriebsvermögen haben und den Linksparteien nicht über den Weg trauen. Dass die Entwicklung in Großbritannien viel früher als in Frankreich vom Agrarsektor kaum etwas übrig gelassen hat und es immer mehr Lohnempfänger und immer weniger Selbstständige gibt, hat zu einer ausgeprägteren Klassenspaltung insbe-

1 Siehe Kapitel 14, Grafik 14.12.

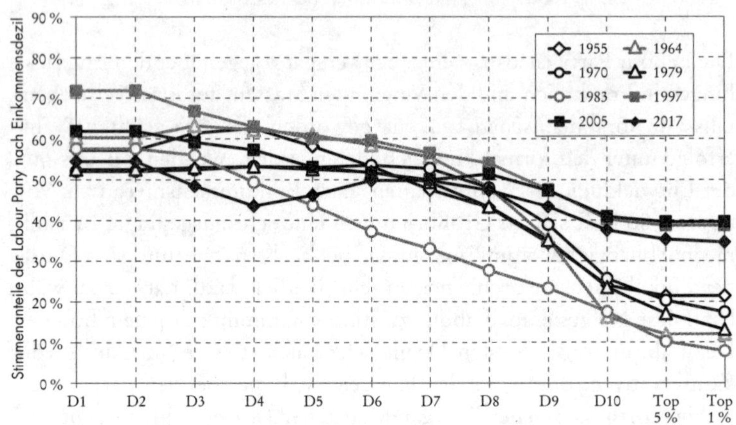

Grafik 15.14.: Die Kurve der Zustimmung für die Labour Party nach Einkommensdezil fällt stark ab, insbesondere bei den höchsten 10 % der Einkommen, und vor allem von 1950 bis 1990.
Quellen und Reihen: siehe piketty.pse.ens.fr/ideologie.

sondere in Abhängigkeit vom Einkommen geführt. Auch das ist ein Grund dafür, weshalb in Frankreich das Bildungsgefälle historisch weniger ausgeprägt ist und sich rascher umgekehrt hat als in Großbritannien: Die Selbstständigen (insbesondere die selbstständigen Landwirte) stellen eine bedeutende Gruppe mit relativ niedrigem formalen Bildungsgrad dar, bei der die Linke nie großen Rückhalt hatte.

Was den Einfluss des Einkommens auf das Wahlverhalten anbelangt, ist die Entwicklung seit den 1980er Jahren auch in Großbritannien eindeutig, ganz wie in Frankreich und den Vereinigten Staaten. Insbesondere unter den Einkommensstärksten ist die Zustimmung für Tony Blairs New Labour zwischen 1997 und 2005 sehr viel stärker als sie es für Labour je war. Das scheint insofern logisch, als New Labour auch immer mehr Hochschulabsolventen an sich binden kann und eine für hohe Einkommen recht vorteilhafte Fiskalpolitik betreibt. Wie die unter Reagan in den 1980er Jahren durchgesetzten Reformen von den Regierungen Clinton (1992–2000) und Obama (2008–2016) weitgehend bestätigt und fortgesetzt wurden, so auch die Fiskalreformen der Thatcher-Ära von den New-Labour-Regierungen.[1] Zwar haben die Labour-Regierungen

1 So sinkt zum Beispiel der Spitzensatz der Einkommen- wie der Erbschaftsteuer, der 1979 noch bei 75 % lag, in den 1980er Jahren auf 40 %, um sich im Fall der Erbschaftsteuer bis

unter Blair und Brown mehr öffentliche Mittel ins Bildungssystem investiert. Aber auch sie haben sich, als sie an die Macht kamen, für eine starke Erhöhung der Studiengebühren entschieden, die Studierenden bescheidener Herkunft schwerlich zugutekommt.[1] Alles in allem besiegelt diese Politik eine Annäherung zwischen «brahmanischen Linken» und «kaufmännischen Rechten» in Großbritannien.

Der Wechsel an der Führungsspitze der Labour Party sollte freilich dazu beitragen, dass die Karten neu gemischt wurden. Bei den Parlamentswahlen von 2015 und 2017 hat sich gezeigt, dass die Wähler mit den höchsten Einkommen sich verstärkt den Konservativen zuwenden, sodass die Kluft zwischen dem Einfluss des Bildungsgrads und dem des Einkommens auf das Wahlverhalten tendenziell größer wird (siehe Grafik 15.15[2]).

Dafür gibt es verschiedene Erklärungen, zwischen denen die vorliegenden Daten keine bündige Entscheidung zulassen. Zunächst einmal hat die von Labour vertretene Politik sich merklich weiterentwickelt, seit Corbyn 2015 an die Spitze der Partei gewählt wurde. Verglichen mit der New-Labour-Phase steht die Partei für fiskalpolitische Maßnahmen, die auf mehr Umverteilung zielen, und ist überhaupt mehr nach links gerückt. Das mag wohlhabendere Wähler verschreckt haben. Umgekehrt finden sich im neuen Labour-Programm Elemente, durch die sich

---

heute und im Fall der Einkommensteuer bis 2009 (2010 stieg er dann wieder auf 50 % und seit 2013 liegt er bei 45 %) auf diesem Stand zu halten. Siehe Kapitel 10, Grafik 10.11–10.12.

1 Die Obergrenze für Studiengebühren, die britische Universitäten erheben dürfen, stieg derart 1998 auf 1000 Pfund und 2004 auf 3000 Pfund, setzte danach ihren Anstieg fort und lag 2012 schließlich bei 9000 Pfund. Der Anteil der Studiengebühren an den Finanzmitteln britischer Universitäten scheint im Begriff, den Stand der 1920er Jahre wieder zu erreichen und mit dem amerikanischen Niveau gleichzuziehen. Siehe die interessanten Datenreihen in V. Carpentier, «Public-Private Substitution in Higher Education: Has Cost-Sharing Gone Too Far?», *Higher Education Quarterly* 66 (20. September 2012), 4, S. 363–390.

2 Siehe Technischer Anhang, Grafiken S15.15a–S. 15.15d für die verschiedenen Varianten (insbesondere vor und nach Kontrolle von Drittvariablen) und Konfidenzintervalle. In Großbritannien liegen genauere Daten zu den Vermögensverhältnissen vor als in den Vereinigten Staaten. So kann man insbesondere sehen, ob Haushalte, die Eigentümer ihrer Unterkunft sind, noch einen Kredit haben oder nicht. Manche Erhebungen (namentlich die im Gefolge der Privatisierungen der 1980er Jahre durchgeführten) geben auch darüber Auskunft, ob die Betreffenden über Aktienbesitz verfügen. Dabei wird erkennbar, dass ganz wie in Frankreich wachsendes Vermögen (stärker als Einkommen und sehr viel stärker als der Bildungsgrad) systematisch zu einem konservativeren Wahlverhalten führt. Die Vermögensdaten sind gleichwohl nicht sehr belastbar (auch ungenauer als die französischen Daten), und die Schwankungen sollten mit Vorsicht interpretiert werden.

Soziales Gefälle und politischer Konflikt in Großbritannien, 1955–2017

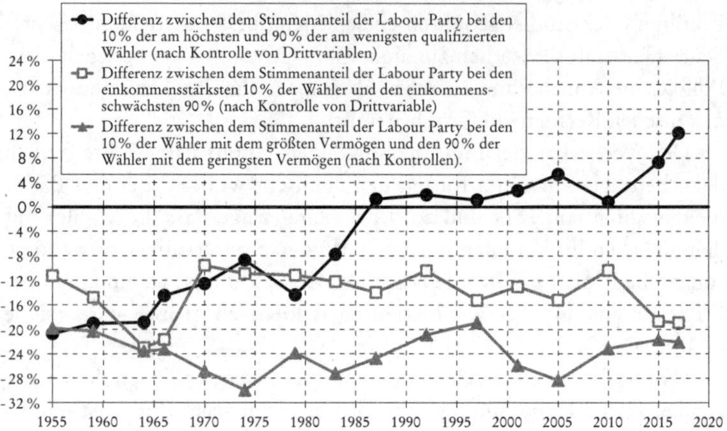

Grafik 15.15.: Die Wählerzustimmung für die Labour Party korrelierte in den Jahren 1950 bis 1980 mit einem geringen Bildungs-, Einkommens- und Vermögensniveau; seit den 1990er Jahren korreliert sie mit einem hohen Bildungsniveau.
Quellen und Reihen: siehe piketty.pse.ens.fr/ideologie.

Wähler mit geringerem Einkommen zurückgewinnen ließen. Es sind dies namentlich gewerkschaftsfreundliche Positionen, die Arbeitnehmervertretern größere Macht einräumen und eine Neuverteilung der Stimmrechte zwischen Beschäftigten und Aktionären in den Aufsichtsräten vorsehen, die deutschen und skandinavischen Mitbestimmungsmodellen, wie es sie in Großbritannien nie gab, vergleichbar ist.[1] Und schließlich tritt Labour inzwischen für eine völlig kostenlose Hochschulbildung ein (wie es sie wiederum in Deutschland und Schweden gibt), was eine glatte Kehrtwende gegenüber der wiederholten Erhöhung der Studiengebühren unter New Labour zwischen 1997 und 2010 darstellt. Aus Gründen, die auf der Hand liegen, hat ihnen das bei den Wahlen von 2017 besondere Erfolge unter den jungen Erwachsenen aus den Unterschichten beschert.[2]

1 Siehe Kapitel 11, S. 636–642 für eine Erörterung dieser Fragen.

2 Die Differenz zwischen der Zustimmung für Labour unter den Wählern, die jünger als 35 Jahre, und denen, die 65 Jahre oder älter sind, hat bei den britischen Parlamentswahlen von 2017 ganze 40 Prozentpunkte erreicht. Das ist der höchste jemals beobachtete Abstand, nicht nur in Großbritannien, sondern im Vergleich mit den entsprechenden Abständen beim Votum für die Linksparteien in Frankreich und die Demokraten in den Vereinigten Staaten seit dem Zweiten Weltkrieg. Siehe Technischer Anhang, Grafik S14.11b.

Zu berücksichtigen sind auch die Auswirkungen des 2016 durchgeführten Referendums über den Brexit (bei dem sich 52 % der Wähler für den Austritt aus der Europäischen Union ausgesprochen haben). Corbyns persönliche Haltung mag zwiespältig oder halbherzig gewesen sein, aber die offiziell von Labour vertretene Position lautete, mit «Remain» zu stimmen. Dieser Standpunkt wurde von 90 % der Labour-Abgeordneten geteilt, gegenüber etwa 50 % bei den konservativen Abgeordneten. Labour steht jedenfalls für eine insgesamt europafreundlichere Position als die Tories, die sich für das Referendum von 2016 eingesetzt hatten. Das mag 2017 zu der besonders hohen Zustimmung für Labour unter den Hochschulabsolventen geführt haben, die in der überwältigenden Mehrheit gegen den Brexit sind. Bemerkenswert ist, dass die Bestverdienenden, denen der Brexit ebenfalls Sorgen bereitet, 2017 Labour den Rücken gekehrt haben. Das liegt offenbar daran, dass sie den von Corbyn vollzogenen Linksschwenk noch mehr fürchten als den Brexit. Bei Hochschulabsolventen mittleren Einkommens schließlich war die Zustimmung für Labour denkbar hoch. Ich werde später auf die Struktur der beim Brexit-Referendum abgegebenen Stimmen ebenso zurückkommen wie, allgemeiner, auf die Frage nach der Zukunft der Europäischen Union, die im Begriff ist, die zentrale politisch-ideologische Frage in Großbritannien wie auf dem Kontinent zu werden.

Vergleicht man abschließend die allgemeine Entwicklung der bildungs-, einkommens- und vermögensabhängigen Bruchlinien in der Wählerschaft der verschiedenen Länder, so stößt man auf frappierende Übereinstimmungen, aber auch auf bedeutsame Unterschiede, vor allem gegen Ende des fraglichen Zeitraums. In Großbritannien scheint sich die Kluft zwischen dem Einfluss des Bildungsgrads und dem des Einkommens und Vermögens von 2015–2017 zu vertiefen (siehe Grafik 15.15). Umgekehrt nähern sich in den Vereinigten Staaten bei den Wahlen von 2016 der Einfluss des Einkommens und Vermögens und der des Bildungsgrads einander an. Die Bestverdienenden und Vermögendsten scheinen sich dort, anders gesagt, dem Votum der Gebildetsten für die Demokraten anzuschließen (siehe Grafik 15.6). Offenbar spielt der erwähnte Kontrast zwischen den in beiden Ländern verfolgten Strategien eine maßgebliche Rolle. Mit ihrem für mehr Umverteilung eintretenden Kurs unter Corbyn hat die Labour Party die größten Vermögen in die Flucht geschlagen, aber Stimmen in den weniger wohlhabenden Gruppen gewonnen, während der Kurs der Mitte, den die Demokraten mit der Kandidatur von Hillary Clinton eingeschlagen haben, den umgekehrten Effekt gezeitigt hat. Hätten die demokratischen Wähler sich in den Vorwahlen für einen Kandidaten wie Bernie Sanders entschieden, so hätte das Abstimmungsverhalten wohl eher dem entsprochen, das wir in Großbritannien beobachtet haben. Frankreich wiederum stellt ein drittes Fallbeispiel dar. In Anbetracht seines Wahlsystems und der historischen Fragmentierung seines Parteiensystems haben wir 2017 eine Koalition an die Macht kommen sehen, die sowohl die Gebildetsten als auch die Bestverdienenden und Vermögendsten und damit die wohlhabendsten Teile der alten linken und rechten Wählerschaft hinter sich vereinen konnte.[1]

Diese höchst unterschiedlichen Situationen sind bemerkenswert, weil sie einmal mehr deutlich machen, dass nichts im Voraus geschrieben steht. Alles hängt insbesondere von den Mobilisierungsstrategien und den jeweiligen politisch-ideologischen Kräfteverhältnissen ab. Gewiss gibt es in den drei Ländern geteilte Grundtendenzen, die damit zusammenhängen, dass die Klassenstruktur des alten Links-Rechts-Parteiensystem der Nachkriegszeit mehr und mehr durch ein Multi-Eliten-System abgelöst wurde, in dem eine Partei der «brahmanischen Linken», die die Gebildetsten anspricht, einer Partei der «kaufmännischen Rechten» gegenübersteht, die die Einkommensstärksten und Vermögendsten anspricht. Innerhalb dieses allgemeinen Schemas aber sind die vielfältigsten Entwicklungen und Wegverläufe möglich, zumal dieses neue System höchst anfällig und unbeständig ist. Die «brahmanische Linke» ist hin- und hergerissen zwischen einem Flügel, der für mehr Umverteilung plädiert, und einem Flügel, der sich marktorientiert gibt. Und die «kaufmännische Rechte» ist ihrerseits hin- und hergerissen zwischen einer Fraktion, die mit einem nationalistischen oder nativistischen Kurs liebäugelt, und einer anderen, die eher geschäfts- und marktorientiert ist.

Je nachdem, welche Tendenz innerhalb des jeweiligen Lagers den Sieg davonträgt oder welche neuen Synthesen sich abzeichnen, können sich unterschiedliche Wegverläufe und Abzweigungen mit potenziell nachhaltigen Folgen ergeben. Wir werden darauf im nächsten Kapitel zurückkommen, nachdem wir die Untersuchung der verschiedenen Länder und Wählerkonfigurationen abgeschlossen haben.

---

1 Siehe Kapitel 14, Grafik 14.1 und Tabelle 14.1.

Wachsende religiöse und ethnische Spaltungen im postkolonialen Großbritannien

Kommen wir nun zur Frage der Bruchlinien zwischen religiösen und ethnischen Identitäten in der Wählerschaft Großbritanniens. Die vorliegenden Daten und die Realitäten, die sie uns vor Augen führen, sind auf den ersten Blick vom französischen Fall nicht weit entfernt. Werfen wir zunächst einen Blick auf die Angaben zur Religionszugehörigkeit, die von den Wählern gemacht wurden. Anhand dieser Daten, die in den Nachwahlerhebungen zu allen Wahlen seit den 1950er Jahren vorliegen, lassen sich die Bruchlinien in der Wählerschaft in Abhängigkeit von der Religionszugehörigkeit von den Parlamentswahlen 1955 bis 2017 nachverfolgen.

Zunächst fällt auf, dass Großbritannien nicht anders als Frankreich bis in die 1960er und 1970er Jahre eine weitgehend mono-religiöse und mono-ethnische Gesellschaft war. Bei den Parlamentswahlen 1964 gaben 96 % der Wähler an, einer der christlichen Konfessionen anzugehören, 3 % bezeichneten sich als konfessionslos und zu allen anderen Religionen bekannten sich insgesamt nur 1 % (die meisten zum Judentum, sehr wenige zum Islam, zum Hinduismus und zum Buddhismus).[1] Der Anteil derer, die angaben konfessionslos zu sein, nahm seit Ende der 1960er Jahre spektakulär zu. Waren es 1964 noch 3 %, so waren es 1979 schon 31 % und 2017 ganze 48 %. Der Anteil konfessionsloser Wähler steigt in Großbritannien noch schneller als in Frankreich, wo sie 1967 erst 6 % und 2017 ganze 36 % ausmachen.[2] Vor allem ist der Anstieg sehr viel größer als in den Vereinigten Staaten, wo die Religiosität überhaupt deutlich stärker geblieben ist als in Europa.[3]

---

1 Von den 96 % der Wähler, die 1964 angaben, Christen zu sein, waren 65 % Anglikaner, 22 % Protestanten und 9 % Katholiken. Unter diesen Wählern neigten die Anglikaner stets am deutlichsten dazu, die Konservativen zu wählen, gefolgt zunächst von den Protestanten und dann von den Katholiken (die in vergleichbarem Umfang für Labour stimmten wie die konfessionslosen Wähler). Diese Bruchlinien finden sich bei den Wahlen von 1955 bis 2017 wieder, und der Abstand zwischen Protestanten und Katholiken findet sich entsprechend auch bei den Wählern der Republikaner und Demokraten in den Vereinigten Staaten. Siehe Technischer Anhang für ausführliche Ergebnisse.

2 Siehe Kapitel 14, Grafik 14.14.

3 Die Nachwahlerhebungen in den Vereinigten Staaten verzeichnen einen Anteil konfessionsloser Wähler, der bis in die 1960er Jahre unter 5 % liegt und in den 2010er Jahren auf etwa

Was die anderen Religionen anbelangt, so liegt der Anteil der britischen Wähler, die sich zum muslimischen Glauben bekennen, 1979 unter 1 %, bevor er 1997 auf 2 %, 2010 auf 3 % und 2017 auf 5 % steigt. Der Anstieg ist ähnlich dem, der in Frankreich zu verzeichnen ist, wo der Anteil der Muslime 1988 noch bei 1 % liegt, um 2002 auf 2 %, 2007 auf 3 % und 2017 auf 5 % der Wählerschaft zu steigen. Die Bevölkerungsgruppen muslimischen Glaubens in Großbritannien (wo sie hauptsächlich aus Südasien und namentlich aus Pakistan, Indien und Bangladesch kommen) und in Frankreich (wo sie hauptsächlich aus Nordafrika, aus Algerien, Tunesien und Marokko stammen), sind gewiss sehr unterschiedlicher geographischer Herkunft. Darin spricht sich eine jeweils andere koloniale und postkoloniale Geschichte aus. Entscheidend ist aber die Tatsache, dass in beiden Ländern, die im 19. Jahrhundert und bis in die 1950er Jahre an der Spitze der beiden größten Kolonialreiche der Welt standen und ein Zusammenleben von Menschen christlichen und muslimischen Glauben auf ihrem eigenen Boden nie wirklich gekannt haben[1], der Anteil der Wähler muslimischen Glaubens allmählich auf ein Niveau von etwa 5 % gestiegen ist (was in absoluten Zahlen nicht sehr viel ist, aber doch substanziell mehr als die quasi nicht vorhandenen Interaktions- und Mischungsniveaus, die man früher kannte).

---

20 % steigt. Die restlichen 80 % verteilen sich auf die verschiedenen christlichen Konfessionen, nimmt man die ungefähr 1,5 %, die die jüdische, und die weniger als 1 % aus, die eine andere Religionszugehörigkeit angeben. Auch andere Indikatoren belegen die größere (christliche) Religiosität in den Vereinigten Staaten. So geben etwa 80 % der erwachsenen Bevölkerung 2015 an, an Gott zu glauben, gegenüber durchschnittlich 51 % in der Europäischen Union (mit sehr starken Schwankungen: 18 % in Schweden, 27 % in Frankreich, 37 % in Großbritannien, 44 % in Deutschland, 74 % in Italien, 79 % in Polen), 88 % in Brasilien und 94 % in der Türkei. Siehe M. Jouet, *Exceptional America. What Divides America From the World and From Each Other*, Berkeley: University of California Press 2017, Tabelle 3, S. 90.

1 Muslimische und afrikanische Minderheiten gibt es in Europa schon in sehr viel weiter zurückliegenden Epochen, aber ihre Zahl blieb lange verschwindend gering (weniger als 0,1 % der Gesamtbevölkerung). In Berlin zählte man zwischen den Weltkriegen etwa 2000–3000 Muslime. Siehe D. Motadel, «Worlds of a Muslim Bourgeoisie: The Socio-Cultural Milieu of the Islamic Minority in Interwar Germany», in: C. Dejung, D. Motadel, J. Osterhammel, *The Global Bourgeoisie. The Rise of the Middle Classes in the Age of Empire*, Princeton: Princeton University Press 2019. Siehe auch D. Motadel, *Islam in the European Empires*, Oxford: Oxford University Press 2014. Eine 1777 in Frankreich durchgeführte Zählung der farbigen Bevölkerung kam auf insgesamt 5000 Personen. Die Beunruhigung war jedenfalls groß, wie eine Reihe von Verordnungen belegt: 1763 wurden alle Mischehen verboten, 1777 wurde es allen farbigen Personen (freie eingeschlossen) untersagt, sich in der Hauptstadt aufzuhalten. Siehe G. Noiriel, *Une histoire populaire de la France*, a. a. O., S. 182–185.

Wie für Frankreich handelt es sich auch hier um Daten, die sich auf Wähler beziehen. Betrachtet man die auf britischem Boden ansässige Bevölkerung insgesamt, unabhängig von ihrer Nationalität und Eintragung in den Wählerlisten, steigt der Anteil derer, die sich als Muslime bezeichnen, je nach Quelle auf 7 %–8 % gegen Ende der 2010er Jahre, also auf ungefähr das gleiche Niveau wie in Frankreich. Im Fall Großbritanniens gilt auch, dass der Anteil der Wähler, die sich zu einer anderen Religion als dem Christentum und dem Islam bekennen, ebenfalls gestiegen ist und sich in den 2010er Jahren auf 3 %–4 % beläuft (von denen 2 % hinduistischen, weniger als 1 % jüdischen und ebenfalls weniger als 1 % anderen Glaubens sind).

Wirft man nun einen Blick darauf, wie das Wählerverhalten in Großbritannien abhängig von der angegebenen Religionszugehörigkeit variiert (siehe Grafik 15.16), so unterscheiden sich die Befunde kaum von denen, die wir für den Fall Frankreichs festgehalten haben.[1] Historisch betrachtet stimmen konfessionslose Wähler stärker für Labour als Wähler christlichen Glaubens, obwohl der Unterschied weniger ausgeprägt ist als in Frankreich. Wähler muslimischen Glaubens wiederum haben seit den 1980er Jahren systematisch zu 80 %–90 % Labour gewählt, ganz wie in Frankreich die Linksparteien.[2] Der Abstand zum Votum anderer Wähler beträgt etwa 40 Prozentpunkte. Und wie in Frankreich erklärt sich dieser Abstand nur zu einem sehr kleinen Teil aus anderen sozio-ökonomischen Merkmalen der Wähler.[3]

Eine Besonderheit der britischen Daten liegt darin, dass die in Großbritannien seit 1983 durchgeführten Nachwahlerhebungen auch Fragen zur ethnischen Selbstbeschreibung einschließen. Andererseits enthalten die britischen Erhebungen nirgends Fragen zum Herkunftsland der Großeltern, sodass es nicht möglich ist, einen Vergleich mit den für die letzten Jahrzehnte in Frankreich gewonnenen Befunden anzustellen.

---

1 Siehe Kapitel 14, Grafiken 14.15–14.17.

2 Bei Wählern mit anderer Religionszugehörigkeit fällt auf, dass das Wahlverhalten derer, die sich als Hindus bezeichnen, in etwa dem der Muslime entspricht (zu etwa 70–90 % Labour wählend), während Wähler, die eine andere Religionszugehörigkeit angeben (jüdisch, buddhistisch etc., über die jeweiligen Anteile liegen keine Angaben vor), eher dem Bevölkerungsdurchschnitt entsprechend wählen. Für weitere Aussagen sind die vorliegenden Zahlen zu dürftig. Islam und Hinduismus werden erst in den Fragebögen der Nachwahlerhebungen von 1983 (die auch retrospektive Angaben zur Wahl von 1979 enthalten) gesondert von anderen Religionen aufgeführt. Siehe Technischer Anhang für die vollständigen Befunde.

3 Siehe Technischer Anhang.

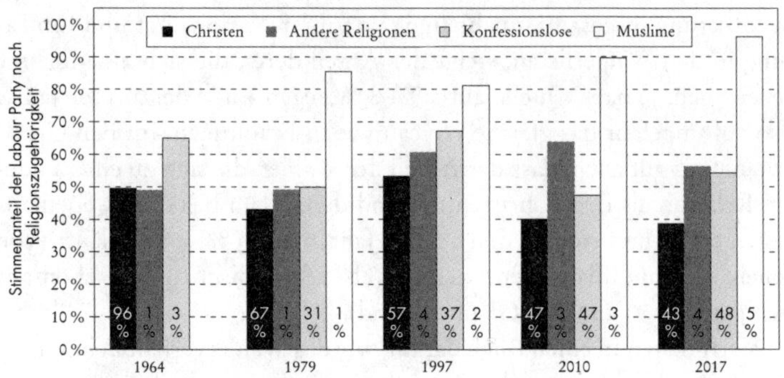

Grafik 15.16.: 2017 errang die Labour Party 39 % der Stimmen bei den Wählern, die angaben, Christen zu sein (Anglikaner, andere Protestanten, Katholiken), 56 % bei den Wählern mit anderer Religionszugehörigkeit (Judentum, Hinduismus etc., ausgenommen den Islam), 54 % bei den konfessionslosen Wählern und 96 % bei den muslimischen Wählern.
Quellen und Reihen: siehe piketty.pse.ens.fr/ideologie.

Konkret lauten die Kategorien, mit denen die Befragten sich in den britischen Nachwahlerhebungen selbst beschreiben können «Weiße», «Afrikaner/Karibianer», «Inder/Pakistani» und «Andere» (in diese Gruppe fallen alle, die sich ethnisch als «Chinesen», «Araber», «andere Asiaten» beschreiben).[1] Bei der Nachwahlerhebung von 2017 zum Beispiel haben sich von den Wählern, die bereit waren, auf diese Frage zu antworten, 89 % als Weiße, 3 % als Afrikaner/Karibianer, 6 % als Inder/Pakistani und 2 % als Andere bezeichnet. Die Weißen haben zu 41 %, die Afrikaner/Karibianer zu 81 %, die Inder/Pakistaner zu 82 % und die anderen ethnischen Gruppen zu 68 % für Labour gestimmt (siehe Grafik 15.17).

Das zeigt erneut, wie extrem das Wahlverhalten auseinanderdriftet, und wie sehr die Proportionen mit denen übereinstimmen, die wir in Frankreich bei den Personen beobachten konnten, die angaben, mindestens einen Großelternteil maghrebinischer oder afrikanischer Her-

1 Der genaue Wortlaut der Frage ist: «Please choose one option that best describes your ethnic group or background». Die Liste der möglichen Antworten wandelt sich mit der Zeit ein wenig. Die hier verwendete Kategorie «Weiße» umfasst die Antworten «English/British/White». Die befragten Personen können sich auch als «Mixed/Multiple ethnic groups» bezeichnen und nähere Angaben wie «White and Black Caribbean» oder «White and Black African» machen (Kategorien, die hier mit «African-Caribbean» bezeichnet werden, was angesichts der geringen Zahlen keinen Einfluss auf die vorliegenden Ergebnisse hat), oder auch «White and Asian» (hier mit «Andere» bezeichnet). Siehe Technischer Anhang.

Politischer Konflikt und ethnische Zugehörigkeit in Großbritannien, 1979–2017

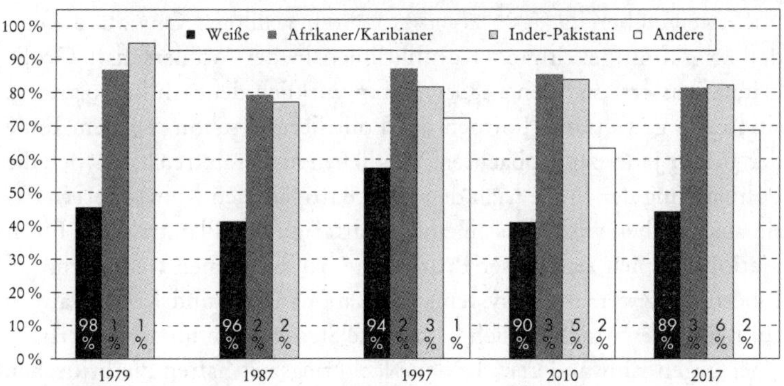

Grafik 15.17.: 2017 errang die Labour Party 44 % der Stimmen bei den Wählern, die angaben, «Weiße» zu sein, 81 % bei den «Afrikanern/Karibianern», 82 % bei den «Indern/Pakistani/Bengali» und 69 % bei den «Anderen» (darunter, Chinesen, Araber etc.). 2017 haben 5 % der Wählerschaft es abgelehnt, die Frage nach ihrer ethnischen Zugehörigkeit zu beantworten, von denen wiederum 77 % die Labour Party gewählt haben.
Quellen und Reihen: siehe piketty.pse.ens.fr/ideologie

kunft zu haben.[1] Ein nicht unbedeutender Teil der britischen Wähler lehnte es freilich ab, auf die Frage zu antworten. Dabei mag es sich um Personen mit ausländischen Wurzeln handeln, ob gemischter Herkunft oder nicht, die sich in den vorgeschlagenen Kategorien nicht wiedererkannten, oder, allgemeiner, um Wähler, die sich nicht mit einer besonderen ethnischen Gruppe identifizierten oder aber die Frage deplatziert fanden. Wie immer es sich damit verhält – die fragliche Gruppe wählt zu 77 % Labour, ohne dass sich dies durch ihre sozio-ökonomischen Merkmale erklären ließe. Das scheint mir ein Licht auf die Probleme zu werfen, die von solchen ethnischen Kategorisierungen aufgeworfen werden, die die einen und die anderen nötigen, sich selbst in Kisten zu stecken, mit denen sie sich nicht identifizieren, und zu einer Verhärtung der Grenzen zwischen den jeweiligen Gruppen beitragen können.[2]

---

1 Siehe Kapitel 14, Grafik 14.18.

2 Es geht hier selbstverständlich nicht darum, den französischen Umgang mit der Vielfalt zu loben. Die Arbeiten zur Diskriminierung müssten im Gegenteil zahlreicher sein (insbesondere mit regelmäßigen Untersuchung in der Art von *Trajectoires et Origines*, die Informationen über die Geburtsorte der Eltern und Großeltern zusammentragen). Und es müssten vor allem Diskriminierungen sehr viel härter sanktioniert werden (mithilfe von Einrichtungen, die in Verbindung mit solchen Untersuchungen Diskriminierungen namhaft machen können). Das ändert aber nichts daran, dass es zu einer Verhärtung der Grenzen zwischen Bevöl-

Halten wir für den britischen Fall noch fest, dass zu Beginn der 1980er Jahre 98 % der Wähler sich als weiß bezeichneten, und die 2 % Nichtweißen bereits zu 80 %–90 % Labour wählten.[1] Obwohl die von der Migration gezeitigten Konfliktlinien in der Wählerschaft Großbritanniens erst seit den 1980er Jahren wirklich deutlich hervortreten, sind erste gewaltsame Formen der Politisierung schon seit dem Ende der 1960er Jahre zu beobachten. Verglichen mit Frankreich, wo sich die Politisierung der Frage nach den außereuropäischen Einwanderern darin aussprechen wird, dass eine neue Partei auf den Plan tritt (der Front National), spielt sich dieser Prozess in Großbritannien weitgehend im Innern des Zweiparteiensystems aus Labour Party und Konservativen ab. Bei letzteren richten sich bestimmte Strömungen immer unverhohlener gegen Einwanderer.[2] In der Nachkriegszeit hatten die britischen Regierungen versucht, die Verbindungen innerhalb des Commonwealth aufrechtzuerhalten, indem sie die Personenfreizügigkeit im Herzen des alten Kolonialreichs förderten. Es war insbesondere das Gesetz zur Nationalität von 1948, das im Prinzip allen Staatsangehörigen der einzelnen Länder des Commonwealth die Möglichkeit einräumte, sich in Großbritannien niederzulassen und die britische Staatsangehörigkeit anzunehmen. Der freie Personenverkehr zählte auch zu den Gründungsprinzipien der verschiedenen Formen zunächst der Communauté française, dann der Union française, mit denen Frankreich zwischen 1946 und 1962 versuchte, das alte Kolonialreich in eine angeblich demokratische und auf Gleichheit beruhende Föderation umzuwandeln.[3] In der Praxis fällt freilich in beiden Fällen auf, dass seit Beginn der 1960er Jahre Beschränkungen eingeführt werden, um die Migrationsströme aus den ehemaligen Kolonien zu regulieren. Im Fall Großbritanniens gehen diese Ströme insbesondere von der Karibik, von Indien und von Pakis-

---

kerungsgruppen führt, wenn jeder in Erhebungen und Volkszählungen seine «ethnische» Identität angeben muss. Zu einer Lösung des fraglichen Problems trägt dies nicht bei, ganz im Gegenteil.

1 Die Befunde für 1979 in Grafik 15.17 gehen aus den 1983 gemachten Angaben zur damaligen Wahlentscheidung hervor. Für 1983 sehen die Zahlen ähnlich aus.

2 Um immigrantenfeindliche Stimmen zu gewinnen, haben sich eine Reihe von Parteien gebildet (die British National Front in den 1960er und 1970er Jahren, die British National Party in den 1990er und 2000er Jahren und schließlich, mit einer Neuausrichtung auf die europäische Frage, die UK Independence Party). Aufgrund des britischen Mehrheitswahlrechts konnte aber keine dieser Parteien greifbare Erfolge bei den Unterhauswahlen verzeichnen.

3 Siehe Kapitel 7, S. 378–384.

tan aus (und in geringerem Umfang von Ostafrika). Tatsächlich handelt es sich um Ströme bescheidenen Umfangs, die aber gleichwohl ein bedeutsames Novum gegenüber der Zwischenkriegszeit und früheren Zeiten darstellen. 1961 kommt es zu den ersten Beschränkungen, die 1965 und 1968 verschärft werden.

Die Politisierung der Einwanderung in Großbritannien, von Powell zur UKIP

Eine neue Wendung nimmt die Politisierung der Frage der außereuropäischen Einwanderer 1986 mit den Tiraden des konservativen Abgeordneten Enoch Powell. «Ströme von Blut», so prophezeite es Powell es seinen Landsleuten in einer Reihe von Reden, die großen Anklang und weite Verbreitung fanden, würden Großbritannien überfluten, wenn es der Zuwanderung nicht Einhalt gebiete. Er beschwört die Rassenunruhen in den Vereinigten Staaten herauf und fürchtet, sein Land werde dasselbe Schicksal ereilen, wenn es seinen Kurs nicht ändere.[1] Auch im Wahlkampf von 1979 spielt das Thema der Einwanderung eine gewichtige Rolle. Wie in den Vereinigten Staaten die Instrumentalisierung der Kluft zwischen den Rassen und Identitäten eines der Elemente der republikanischen Strategie war, die zu den Wahlerfolgen Nixons 1968/1972 und Reagans 1980 führte, so machten sich auch die britischen Konservativen im Rahmen jener Mobilisierungsstrategie, die zum Sieg Thatchers führen sollte, die Bruchlinien der Migration und der Identitäten zunutze.

Die Fragen, die bei der Nachwahlerhebung von 1979 zum «Verhältnis der Rassen» gestellt wurden, bringen in aller Deutlichkeit an den Tag, wie die Wähler über die Politisierung der Frage dachten. Die konservativen Wähler vertreten zu 70 % die Auffassung, nur das Ende der Einwanderung könne «das Verhältnis der Rassen verbessern». Nur 30 % von ihnen halten es für die Lösung, neue Arbeitsplätze und Wohnraum zu schaffen. Umgekehrt favorisieren fast 60 % der Labour-Wähler diese Lösung.[2] Auf die Frage, welche Partei am ehesten in der Lage sei,

1 Siehe R. Dancigyer, «History of Racism and Xenophobia in the United Kingdom», in: J. Roemer, W. Lee, K. van der Straeten, *Racism, Xenophobia and Distribution*, a. a. O., S. 130–165.

2 Der genaue Wortlaut der Frage war: «In order to improve race relations in this country, should we stop immigration, or have more jobs/housing in large cities?» Da die Frage in

die Migrationsströme einzudämmen, geben 35 % der Wähler keine Antwort. Aber für die 65 %, die antworten, ist die Sache völlig klar: nur 2 % nennen Labour, 64 % die Tories.

In den 1980er und 1990er Jahren werden die Hoffnungen der Labour-Wähler (wie eines Teils der konservativen Wähler) auf eine Sozial- und Wirtschaftspolitik, die den sozialen Frieden und die Öffnung des Landes für Zuwanderer in Einklang bringen würde, bitter enttäuscht. Margaret Thatcher, die 1979 im Wahlkampf den Ton in Zuwanderungsfragen verschärft hatte, verbindet entschlossene Sozialkürzungen damit, die Grenzen ein bisschen dichter zu machen.

Nach den Anschlägen vom 11. September 2001 – Tony Blair ist gerade im Begriff, an der Seite der Vereinigten Staaten in den Irak einzumarschieren – verabschiedet die Labour-Mehrheit Ausnahmegesetze, die der Bekämpfung des Terrors dienen sollen. Tatsächlich bieten sie zugleich die Handhabe für die beschleunigte Verhaftung und Abschiebung Tausender illegaler Einwanderer. In Chimamanda Ngozi Adichies Roman *Americanah* ist dies der Augenblick, da Obinze, ohne Nachricht von Ifemelu, die in die Vereinigten Staaten gegangen ist, sein Glück in Großbritannien zu versuchen beschließt. Aber der nigerianische Hochschulabsolvent strandet als Toilettenputzer in London. Um eine Arbeitsgenehmigung zu erhalten, muss er die Sozialversicherungsnummer benutzen, die ihm sein aus bescheidenen Verhältnissen kommender Landsmann Vincent Obi unter der Bedingung überlässt, dass Obinze ihm 35 % seines Verdienstes abtritt. Die Umkehrung der nigerianischen Hierarchie könnte vollständiger nicht sein. Angesichts der neuen Hetzjagd auf Einwanderer unter dem Labour-Innenminister David Blunkett sucht er sein Heil darin, mithilfe geldgieriger Angolaner eine Scheinehe mit einer Weißen einzugehen. Aber er widersetzt sich den Befehlen

---

dieser Form später nicht mehr gestellt wurde, lässt sich nicht sagen, wie die Antworten sich entwickelt haben. Es muss überhaupt betont werden, wie sehr das in den Nachwahlerhebungen vorliegende Material seiner Natur nach der Analyse politisch-ideologischer Transformationen Grenzen setzt. Um die Entwicklung von Ideologien zu erforschen, ist es auch möglich, Manifeste und Parteiprogramme zu Rate zu ziehen, wie sie zum Beispiel im Rahmen des *Comparative Manifesto Project* zusammengetragen wurden. Was sie erkennen lassen, ist ein in den 1980er und 1990er Jahren einsetzender deutlicher «Rechtsruck» der Programme, der Wirtschafts- und Migrationsfragen gleichermaßen betrifft und auch in sozialdemokratischen und sozialistischen Parteien oder der Labour Party konstatiert werden muss. Siehe zu diesem Thema A. Gethin, «Cleavage Structures and Distributive Politics», a. a. O., S. 12, Abbildung 1.2. Allerdings sind diese Materialien ihrerseits relativ ungenau und für räumliche und zeitliche Vergleiche nur bedingt geeignet.

Vincents, der jetzt 45 % seines Lohns von ihm fordert. Aus Wut denunziert dieser ihn bei seinem Arbeitgeber. Obinze wird schließlich am Tag seiner Hochzeit verhaftet und nach Nigeria abgeschoben, von den abfälligen Blicken, mit denen die Europäer Afrikaner bedenken, die selbst über ihr Leben bestimmen wollen, ebenso gedemütigt wie von dem Elend, in das ihre Gesetze die Einwanderer stürzen.

Vergessen wir nicht, dass diese 1990er und 2000er Jahre und insbesondere die Amtszeit der New-Labour-Regierung auch die Zeit sind, in der namentlich in den unteren Schichten die Wahlbeteiligung in Großbritannien einbricht.[1] Ein großer Teil der Wähler ist offenbar unzufrieden mit der beschränkten Alternative zwischen Labour und den Tories. Letztere übertreffen sich erwartungsgemäß darin, mehr Sicherheit und weniger Einwanderung zu versprechen und Labours angebliche Laxheit zu kritisieren.

Mit dem Beginn der 2010er Jahre nimmt die Politisierung der Einwanderung eine neue Wende und verlagert sich zum Teil auf die europäische Frage. Die Finanzkrise von 2008 verstärkt in ganz Europa die Ressentiments und Frustrationen. In Frankreich schnellen die Wahlergebnisse des Front National, die 2007 noch im Keller waren, bei den Wahlen von 2012 und 2017 in die Höhe. Und in Großbritannien eifert die UKIP mit neuer Inbrunst wahlweise gegen die Europäische Union und die Einwanderer, zumal die osteuropäischen Länder 2004 (Polen, Ungarn, Tschechien und die Slowakei) und 2007 (Rumänien, Bulgarien) der EU beitreten, was einen Strom von Migranten aus dem Osten auslöst, die jetzt von der Personenfreizügigkeit profitieren wie in der Nachkriegszeit die Arbeiter aus dem Commonwealth.[2]

---

1 Siehe Kapitel 14, Grafik 14.7–14.8.

2 Die Beitrittsverträge von 2004 und 2007 (die die Europäische Union von 15 Mitgliedstaaten, die sie 2003 zählte, zunächst auf 25 und dann auf 27 erweiterten) sahen vor, dass die alten Mitgliedstaaten die Freizügigkeit für Arbeitnehmer aus den neuen Mitgliedstaaten vorübergehend einschränken durften. Alle Einschränkungen dieser Art sollten aber 2011 wieder aufgehoben werden. In der Praxis wurden sie von den verschiedenen Ländern zwischen 2004 und 2011 schrittweise aufgehoben.

Die europäische Entzweiung und die unteren Volksschichten

Die Konservativen halten es schließlich für opportun, das Land Kräften zu überantworten, die auf den Austritt aus der Europäischen Union drängen. Sie geben damit zweifellos dem Druck von Teilen der Tories und der Wählerschaft nach. Die UKIP kam bei den Parlamentswahlen 2005 auf 2 %, 2015 sind es schon 13 %. Zuvor hatte sie bei den Europawahlen von 2014 ein spektakuläres Ergebnis von 27 % erzielt und war in Scharen ins Europäische Parlament eingezogen. Das Mehrheitswahlrecht, das bei der Wahl zum Unterhaus gilt, sorgt freilich dafür, dass der Druck nicht allzu groß ist: Bei den Wahlen von 2015 erringt die UKIP nur einen einzigen Sitz in Westminster. Dennoch beschließt David Cameron, um seine Wiederwahl zu sichern, den Wählern ein Referendum über den Austritt aus der Europäischen Union zu versprechen. Nach seinem Wahlsieg führt er also 2016 das besagte Referendum durch. Er verkündet, bei den anderen Mitgliedstaaten die von ihm geforderten Zugeständnisse erstritten zu haben. Aber die fraglichen Forderungen legt er nie wirklich offen, weder vor noch nach den Wahlen von 2015. Offenbar hält er es für strategisch klug, mit ihnen hinterm Berg zu halten, um das bestmögliche Ergebnis zu erzielen. Zufrieden mit den Verhandlungsergebnissen, ruft er also seine Landsleute auf, für «Remain» zu stimmen. Die Wähler, wenig überzeugt, stimmen zu 52 % für «Leave».

So führen zwischen 2016 und 2019 Großbritannien und die Europäische Union endlose Verhandlungen über neue Verträge mit den britischen Inseln (oder vielmehr mit einem Teil von ihnen, da die Republik Irland in der EU bleibt, während Schottland ein neues Referendum über den Austritt aus dem Vereinigten Königreich und den Beitritt zur EU plant), um die künftigen Beziehungen zu regeln. Zwar scheint es ausgemacht, dass die unbeschränkte Arbeitnehmerfreizügigkeit nicht Teil des Vertrags sein wird, aber damit ist die Frage nach den Regeln für künftige Ortswechsel so wenig geklärt wie die nach dem Status der in der EU wohnenden Briten (und der Kontinentaleuropäer, die in Großbritannien leben und arbeiten). Was den freien Güter-, Dienstleistungs- und Kapitalverkehr anbelangt, wird alles darauf ankommen, in welchem Umfang Großbritannien sich den europäischen Regeln fügen muss und Abkommen mit der übrigen Welt schließen kann. Die Probleme rühren auch daher, dass während der Referendumsdebatten weitgehend ausgeblendet wurde, wie kompliziert solche Absprachen sein würden. Wie das für den Austrittsfall zu schließende Abkommen genau aussehen solle, wurde so wenig präzisiert wie jene Einigung, die nach Cameron für den Verbleib gesprochen hätte.

Wie die Beziehungen zwischen Großbritannien und der Europäischen Union sich entwickeln werden, ist zum gegenwärtigen Zeitpunkt ebenso unmöglich abzusehen wie im Übrigen auch die künftigen Veränderungen der Verträge, die das interne Funktionieren der Europäischen Union selber regeln. Einmal mehr ist es wichtig, auf die Vielfalt möglicher Wege hinzuweisen und darauf zu beharren, dass die derzeitige Organisation der Europäischen Union tiefgreifende Veränderungen erfahren könnte. Man würde es sich überhaupt zu leicht machen, beließe man es dabei, die opportunistischen und törichten politischen Strategien, die zum Brexit geführt haben, oder den mutmaßlichen Nationalismus britischer Wähler zu brandmarken. Die Ereignisse hätten auch anders verlaufen können, und sie könnten sich in Zukunft umkehren. Dass sie aber möglich wurden, liegt auch und vor allem an den tiefen Unzulänglichkeiten der europäischen Konstruktion, wie sie in der Vergangenheit von den politisch Verantwortlichen der einzelnen Länder errichtet wurde (darunter auch britische Konservative und Labour-Abgeordnete – aber die Verantwortung liegt keineswegs allein bei ihnen, sondern auch bei Frankreich, Deutschland und allen anderen Ländern Europas).

Untersucht man die Struktur des 2016 abgegebenen Votums für den Brexit nach Bildungsgrad, Einkommen und Vermögen, sind die Resultate vollkommen klar. In all diesen Hinsichten wurde auf den unteren Rängen mit überwältigender Mehrheit für «Leave» gestimmt. Nur die obersten 30 % sprachen sich für «Remain» aus (siehe Grafik 15.18).

Es scheint allerdings bei den Wählern mit dem höchsten Bildungsgrad das Bekenntnis zur Europäischen Union noch deutlicher gewesen zu sein als bei den Wählern mit dem größten Vermögen. Das liegt wohl daran, dass unter letzteren manche gedacht haben mögen, sie könnten von der potenziellen Verwandlung Großbritanniens in eine Steueroase profitieren (die ein Teil der Brexiteers unter den Tories sich auf die Fahne geschrieben hatten).[1] Das Verblüffendste ist aber, dass die euro-

1 Die Nachwahlerhebungen bieten zu wenig Informationen über Vermögensverhältnisse, um diesen Punkt mit hinreichender Genauigkeit zu klären.

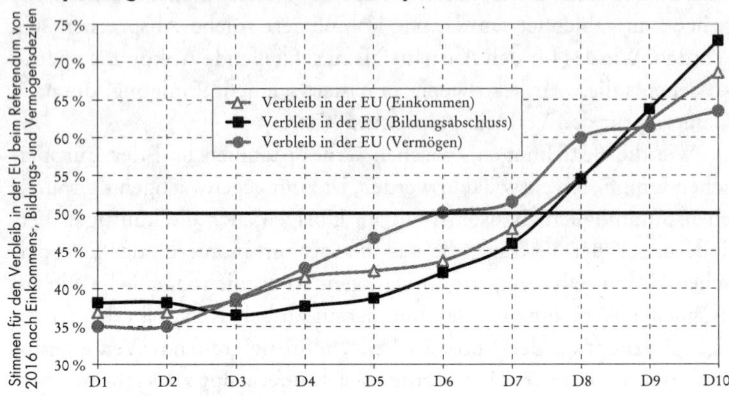

Grafik 15.18.: Das Votum beim Brexit-Referendum von 2016 (für den Austritt aus der EU stimmten 52 %) ist sozial stark diversifiziert: die oberen Einkommens-, Bildungs- und Vermögensdezile haben stark für den Verbleib, die unteren Dezile dagegen für den Austritt gestimmt.
Hinweis: D1 bezieht sich auf die unteren 10 % (der Einkommens-, Bildungs- oder Vermögensverteilung), D2 auf die nächsten 10 %, ... und D10 auf die oberen 10 %.
Quellen und Reihen: siehe piketty.pse.ens.fr/ideologie.

päische Frage eine Spaltung zwischen den unteren, mittleren und oberen Bevölkerungsschichten gezeitigt hat, und zwar ganz unabhängig davon, welche Dimension sozialer Schichtung (Bildungsgrad, Einkommen, Vermögen) man in Betracht zieht. Besonders spektakulär ist dieses Resultat, weil diese Klassenstruktur des Abstimmungsverhaltens längst nicht mehr kennzeichnend für das Parteiensystem ist, das von 1990–2020 zu einem Multi-Eliten-System geworden ist (in dem sich die formal Gebildetsten der Labour Party, die Bestverdienenden und Vermögendsten den Tories verbunden fühlen).

Dieses sozial extrem gespaltene Ergebnis ist umso bemerkenswerter, als wir exakt dasselbe Wahlverhalten auch bei den französischen Referenden über Europa von 1992 und 2005 beobachten konnten.[1] Es ist, anders gesagt, eine völlige Entzweiung zwischen den unteren Volksschichten und der europäischen Konstruktion, was sich mit einem Abstand von mehreren Jahrzehnten in allen drei Fällen zeigt. Zwischen 1990 und 2020 ist die europäische Herausforderung zu dem Thema geworden, das auf der einen Seite die Bildungs- und Finanzeliten der «brahmanischen Linken» und «kaufmännischen Rechten» zusammen-

1 Siehe Kapitel 14, Grafik 14.20.

schweißt (mit dem gemeinsamen Willen zur Erhaltung der derzeitigen Organisation Europas), und auf der anderen Seite die unteren und mittleren Schichten (die sich in der Ablehnung des derzeitigen Europa einig sind, ohne dass dies den Willen zu einem genau umrissenen Alternativprojekt einschlösse). Die Lage der Dinge einfach damit zu erklären, dass die unteren Schichten eben von einem unbezähmbaren Nationalismus und Rassismus beseelt seien, scheint mir, wie schon am französischen Beispiel erläutert, besonders kurzschlüssig und wenig überzeugend. Es gibt einen naturwüchsigen Rassismus der unteren Schichten so wenig wie der Eliten: Alles hängt davon ab, welchen Inhalts das sozialpolitische Projekt ist, auf das der Internationalismus sich stützt.

Tatsächlich gründet sich aber das europäische Projekt derzeit ganz grundsätzlich auf den Wettbewerb zwischen Territorien und Personen und den freien Verkehr von Gütern, Kapital und Arbeitern ohne den Versuch, gemeinsame Instrumente einzuführen, die größere soziale Gerechtigkeit und Steuergerechtigkeit sicherstellen könnten. In diesem Sinne funktioniert die Europäische Union anders als die anderen großen regionalen und föderalen Zusammenschlüsse der Erde, ob es sich nun um die Vereinigten Staaten handelt oder um die Indische Union. In beiden Fällen lassen sich Formen des Haushalts oder der progressiven Besteuerung auf Föderationsebene erkennen, die gewiss verbesserungsfähig, aber doch sehr viel ambitionierter sind als das, was sich auf der Ebene der Europäischen Union ausmachen lässt.[1] Der föderale Haushalt ist im Falle der EU minimal: Er beläuft sich auf 1 % des europäischen BIP, gegenüber 15–20 % in Indien und den Vereinigten Staaten. Es gibt keinerlei föderale Steuer, während in Indien wie in den Vereinigten Staaten die Steuern, denen die gewichtigsten Wirtschaftsakteure unterliegen und insbesondere die progressive Einkommen- und Erbschaftsteuer, aber auch die Körperschaftsteuer systematisch zentralisiert sind, also auf Bundesebene erhoben werden. Die Europäische Union bietet dagegen ein anschauliches Beispiel für einen regionalen politischen Verbund von Staaten, zwischen denen das Prinzip des vollkommenen Wettbewerbs praktisch der einzige verbindende Zement bleibt.

Das Problem liegt darin, dass der Sozial- und Steuerwettbewerb zwischen Mitgliedstaaten in erster Linie den stärksten Akteuren zu-

1 Man könnte den Fall der Volksrepublik China heranziehen, der in dieselbe Richtung weist, dessen politisches Regime aber nicht auf Wahlen beruht, sodass der Vergleich mit den Vereinigten Staaten und Indien (oder auch Brasilien) naheliegender ist.

gutekommt. Der Brexit wirft ein Licht auf die Grenzen eines Modells, das auf dem freien Verkehr von Arbeitskräften ohne wirklich verbindliche gemeinsame Sozial- und Steuervorschriften beruht. Die begrenzten Erfahrungen, die Großbritannien und Frankreich mit ihren ehemaligen Kolonien in den 1950er und 1960er Jahren gemacht haben, veranschaulichen auf ihre Weise ebenfalls, wie unerlässlich es ist, dass die Freizügigkeit von einer gemeinsamen sozialen und politischen Regulierung begleitet wird. Solange es der Europäischen Union nicht gelingt, sich zugunsten eines anderen Projekts umzugestalten, das um einfache und durchsichtige Maßnahmen für mehr soziale und steuerliche Gerechtigkeit herum aufgebaut ist, solange besteht wenig Aussicht, dass die unteren und mittleren Volksschichten ihre Einstellung zu ihr noch einmal überdenken. Und solange ihr das nicht gelingt, bleibt auch das Risiko weiterer Austritte so beträchtlich wie die Gefahr, dass nativistische und identitäre Ideologien die Kontrolle über das europäische Projekt an sich reißen. Bevor wir den möglichen Wegen, die aus diesen Sackgassen herausführen könnten, weiter nachgehen, müssen wir uns zunächst den Strukturwandel der Wählerlager jenseits der Fälle Großbritanniens, Frankreichs und der Vereinigten Staaten vor Augen führen, indem wir uns nun anderen westlichen und nichtwestlichen Wahldemokratien zuwenden, namentlich in Europa und Indien.

16.
SOZIALNATIVISMUS: DIE POSTKOLONIALE IDENTITÄTSFALLE

Wir haben den Wandel der politischen Konfliktlinien und Wählerlager in Großbritannien, den Vereinigten Staaten und Frankreich seit der Nachkriegszeit untersucht. Dabei hat sich insbesondere gezeigt, wie in diesen drei Ländern die «Klassenstruktur» der Zeit von 1950–1980 seit 1990 allmählich einem Multi-Elitensystem weicht, in dem sich die Parteien der Wähler mit den höchsten Bildungsabschlüssen («brahmanische Linke») und der Wähler mit den höchsten Einkommen und Vermögen («kaufmännische Rechte») an der Macht abwechseln. Das Ende dieser Phase von 1990–2020 wird von wachsenden Konflikten geprägt, die sich an den Fragen nach der Gestaltung der Globalisierung und dem Aufbau Europas entzünden. In diesen Konflikten stehen die begünstigten Klassen, die überwiegend eine Fortschreibung der bestehenden Organisationsformen befürworten, den benachteiligten Klassen gegenüber, die eine solche Fortschreibung zusehends ablehnen und deren berechtigtes Gefühl des Abgehängtseins verschiedene nationalistische und migrantenfeindliche Ideologien zu nutzen wissen.

In diesem Kapitel werden wir zunächst sehen, dass sich die Entwicklungen, die wir in den drei bislang untersuchten Ländern beobachten konnten, auch in Deutschland, in Schweden, ja in nahezu allen europäischen und westlichen Wahldemokratien wiederfinden. Wir werden uns weiterhin die einzigartige Struktur der politischen Bruchlinien in Osteuropa vor Augen führen (insbesondere in Polen), die belegt, welche entscheidende Rolle die postkommunistische Ernüchterung für den Wandel des Parteiensystems und das Auftauchen eines Sozialnativismus spielt, der das Produkt einer zugleich postkommunistischen und postkolonialen Welt zu sein scheint. Und wir werden analysieren, inwiefern es möglich ist, die sozialnativistische Falle zu umgehen und die Umrisse eines Sozialföderalismus hervortreten zu lassen, der auf die besondere europäische Konfiguration zugeschnitten ist. Schließlich werden wir den Strukturwandel der politischen Konflikte in den nichtwestlichen Wahldemokratien, namentlich in Indien und Brasilien untersuchen. In beiden Fällen haben wir es mit Beispielen einer Entwicklung von Klassenspaltungen zu tun, die letztlich nicht vollständig ausgetragen werden. Diese Beispiele werden uns nicht nur die westlichen Entwicklungslinien und die Dynamik globaler Ungleichheiten besser verstehen lassen. Die unterschiedlichen Lehren, die aus ihnen zu ziehen sind, werden uns auch helfen, im nächsten und letzten Kapitel die Grundzüge eines Programms freizulegen, das geeignet ist, in transnationaler Perspektive neue Formen eines partizipativen Sozialismus im beginnenden 21. Jahrhundert auf den Weg zu bringen.

Von der Arbeiterpartei zur Akademikerpartei: Ähnlichkeiten und Varianten

Schicken wir voraus, dass wir nicht auf jedes Land so detailliert eingehen können, wie wir dies im Fall Frankreichs, der Vereinigten Staaten und Großbritanniens getan haben. Zum einen würde das den Rahmen dieses Buchs sprengen, und zum anderen sind die erforderlichen Quellen noch nicht für alle Länder systematisch zusammengetragen. Wir werden in diesem Kapitel zunächst relativ knapp die wichtigsten Befunde vorstellen, die für andere europäische und westliche Demokratien vorliegen. Ausführlicher gehen wir auf die Befunde für Indien und, nicht ganz so ausführlich, für Brasilien ein. Ganz abgesehen davon, dass die indische Demokratie mehr Wähler zählt als alle westlichen Wahldemokratien zusammen, wird die Analyse der Wählerstruktur und des Wandels der sozio-politischen Spaltungen in Indien zeigen, wie unabdingbar es ist, über den westlichen Rahmen hinauszugehen, will man die politisch-ideologischen Determinanten von Ungleichheit und mit ihnen die Bedingungen der Bildung von Umverteilungskoalitionen besser verstehen.

Die zentrale Schlussfolgerung aus der Analyse westlicher Wahldemokratien lautet, dass die für Großbritannien, die Vereinigten Staaten und

Frankreich gewonnenen Befunde repräsentativ für eine viel allgemeinere Entwicklung sind. Das Bildungsgefälle zwischen den Wählerblöcken hat sich nicht nur in den drei Ländern, mit denen wir uns bereits beschäftigt haben, umgekehrt, sondern auch in jenen deutschsprachigen und nordeuropäischen Ländern, in denen die historische Keimzelle der Sozialdemokratie liegt, namentlich in Deutschland, Schweden und Norwegen (siehe Grafik 16.1). In jedem dieser drei Länder ist die Partei oder politische Koalition, die in den Nachkriegsjahrzehnten einer Arbeiterpartei gleichkam (mit besonders hohen Wahlergebnissen in den sozial schwächeren Gruppen) im ausgehenden 20. und beginnenden 21. Jahrhundert zur Akademikerpartei geworden, die ihre besten Wahlergebnisse in den am besten ausgebildeten Gruppen erzielt.

Die Umkehrung des Bildungsgefälles, 1950–2020: Vereinigte Staaten, Frankreich, Großbritannien, Deutschland, Schweden, Norwegen

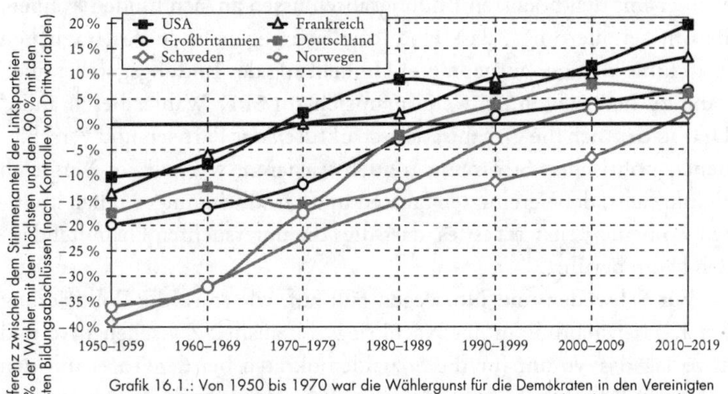

Grafik 16.1.: Von 1950 bis 1970 war die Wählergunst für die Demokraten in den Vereinigten Staaten und die verschiedenen Linksparteien in Europa (Labour, Sozialdemokraten, Sozialisten, Kommunisten, radikale Linke, Grüne) besonders hoch bei Wählern mit niedrigen Bildungsabschlüssen; von 2000 bis 2020 korrelierte sie mit den höchsten Bildungsabschlüssen. Die Tendenz macht sich in Nordeuropa später bemerkbar, geht aber in dieselbe Richtung.
Hinweis: «1950–59» umfasst die Wahlen zwischen 1950 und 1959, «1960–69» diejenigen von 1960 bis 1969 etc.
Quellen und Reihen: siehe piketty.pse.ens.fr/ideologie.

So fällt in Deutschland auf, dass Sozialdemokraten (SPD) und andere linke und ökologische Parteien (besonders Grüne und Die Linke) 1990–2020 bei Wählern mit höheren Bildungsabschlüssen einen um 5 bis 10 Prozentpunkte stärkeren Rückhalt haben als bei Wählern mit niedrigeren Bildungsabschlüssen, während er 1950–1980 für die SPD bei den Gebildeten um 15 Punkte schwächer ausfiel. Um größtmögliche Vergleichbarkeit zwischen Zeitspannen und Ländern herzustellen, beschränke ich mich auf das Wahlverhalten der 10 % mit dem höchsten und der 90 % mit dem niedrigsten Bildungsabschluss (nach Berücksichtigung der Kontrollvariablen, also unter Herstellung von ansonsten gleichen Bedingungen). Dabei gilt freilich, dass sich wie für Frankreich, die Vereinigten Staaten und Großbritannien an den beobachteten Tendenzen wenig ändert, wenn man Wähler mit und ohne Hochschulabschluss oder die 50 % mit den höchsten und den niedrigsten Bildungsabschlüssen miteinander vergleicht, vor oder nach Berücksichtigung von Kontrollvariablen.[1] Im Fall Deutschlands wird das Ausmaß der Umkehrung des Bildungsgefälles dem entsprechen, das bei Labour-Wählern in Großbritannien zu verzeichnen war (siehe Grafik 16.1). Welche Rolle das Auftauchen der Grünen im deutschen Entwicklungsverlauf spielt, werden wir gleichfalls berücksichtigen müssen. Seit den 1980er Jahren hat die ökologische Partei einen bedeutenden Teil der Wähler mit den höchsten Bildungsabschlüssen an sich binden können. Betont sei allerdings, dass eine (obgleich gegen Ende des fraglichen Zeitraums weniger ausgeprägte) Umkehrung des Bildungsgefälles auch dann zu beobachten ist, wenn man sich auf SPD-Wähler beschränkt.[2] Und so deutlich die Organisationsstrukturen der Parteien und verschiedenen politischen Strömungen auch variieren, wie wir im Vergleich Frankreichs, der Vereinigten Staaten und Großbritanniens sehen konnten, so bemerkenswert ist es, dass dies die untersuchten Grundtendenzen kaum berührt.

Für Schweden und Norwegen fällt auf, wie stark die Politisierung der Klassenspaltung in der Nachkriegszeit ausfiel. Zwischen 1950 und 1970 lag das Votum für die Sozialdemokraten bei den 10 % mit den höchsten Bildungsabschlüssen 30–40 Prozentpunkte tiefer als bei den 90 % mit den niedrigsten. Zum Vergleich: In Deutschland und Großbritannien belief sich der gleiche Abstand auf 15–20, in Frankreich und den Vereinigten Staaten auf 10–15 Punkte (siehe Grafik 16.1). Das belegt, dass die nordischen sozialdemokratischen Parteien aus einer außerordentlich starken Mobilisierung der Arbeiterklasse hervorgegangen sind.[3] So war es denn auch möglich, eine bis ins beginnende 20. Jahr-

1 Für eine detaillierte Analyse der Befunde im Fall Deutschlands und Schwedens siehe Technischer Anhang und F. Kosse, T. Piketty, «Changing Socioeconomic and Electoral Cleavages in Germany and Sweden 1949–2017», WID.world 2019.

2 Siehe Technischer Anhang, Grafik S16.1.

3 Wie für Deutschland und Frankreich haben wir in Grafik 16.1 für Schweden und Norwe-

hundert besonders scharfe proprietaristische Ungleichheit (namentlich in Schweden, wo es ein Zensuswahlrecht gegeben hatte) zu überwinden und in der Nachkriegszeit ungewöhnlich egalitäre Gesellschaften aufzubauen.[1] Dennoch ist in beiden Ländern ein allmähliches Wegbrechen dieser Wählerbasis zu beobachten, das seit den 1970er und 1980er Jahren spürbar wird und sich von 1990–2020 fortsetzt. Die Wählerschichten mit dem geringsten formalen Bildungsgrad haben nach und nach aufgehört, den Sozialdemokraten ihr Vertrauen zu schenken, die am Ende dieses Zeitraumes die besten Ergebnisse bei Akademikern erzielen. Verglichen mit dem, was in Frankreich, den Vereinigten Staaten und in geringerem Umfang auch in Großbritannien zu beobachten ist, hat sich der Rückhalt der Sozialdemokraten in den unteren Volksschichten gewiss auf einem höheren Niveau gehalten. Die Grundtendenz aber, die in all diesen Ländern seit mehr als einem halben Jahrhundert anhält, geht eindeutig in die gleiche Richtung.

Nicht immer ermöglichen es die Nachwahlerhebungen, die für die einzelnen Länder vorliegen, bis in die 1950er Jahre zurückzugehen. Aufgrund der Art der Befragung und des Zustands der aufbewahrten Akten lässt sich eine Analyse der Wählerstruktur auf systematischer, Vergleichbarkeit schaffender Grundlage häufig erst ab den 1960er, ja den 1970er oder 1980er Jahren durchführen. Gleichwohl wird anhand der zusammengetragenen Materialien deutlich, dass die Umkehrung des Bildungsgefälles in den westlichen Wahldemokratien ein außerordentlich verbreitetes Phänomen ist. In nahezu allen untersuchten Ländern gilt, dass sich das Wählerprofil der Linksparteien (Labour, Sozialdemokraten, Sozialisten, Kommunisten, radikale Linke etc.) im Laufe des letzten halben Jahrhunderts umgekehrt hat. Während der 1950er bis 1980er Jahre fiel die Zustimmungskurve mit steigendem formalem Bildungsgrad ab: Je höher die Abschlüsse der Wähler, umso weniger stimmten sie für diese Parteien. Am Ende einer allmählichen Entwicklung aber trifft immer deutlicher das Gegenteil zu: Je höher der Bildungsgrad, umso höher die Zustimmung für ebendiese Parteien (deren

---

gen sowohl die größte sozialdemokratische Partei oder Arbeiterpartei (die SAP in Schweden, die Arbeiderpartiet in Norwegen) als auch andere Linksparteien (Sozialisten, Kommunisten, Ähnliche) und grüne Parteien berücksichtigt. Die extrem deutliche Umkehrung des Bildungsgefälles ist aber auch dann zu erkennen, wenn man sich auf die Wählerschaft der SAP beschränkt. Siehe Technischer Anhang, Grafik S16.1.

1 Zum Fall Schwedens siehe Kapitel 5, S. 244–246.

Politischer Konflikt und Bildungsabschluss, 1960–2020: Italien, Niederlande, Schweiz, Kanada, Australien, Neuseeland

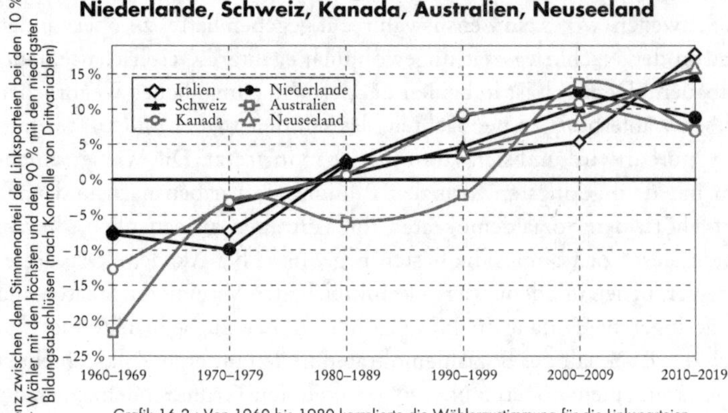

Grafik 16.2.: Von 1960 bis 1980 korrelierte die Wählerzustimmung für die Linksparteien (Labour, Sozialdemokraten, Sozialisten, Kommunisten, radikale Linke, Grüne) mit niedrigen Bildungsabschlüssen; in den Jahren 2000 bis 2020 korreliert sie zusehends mit hohen Bildungsabschlüssen. Dieser Befund gilt für die Vereinigten Staaten und Europa wie für Kanada, Australien und Neuseeland.
Hinweis: «1960–69» umfasst die Wahlen zwischen 1960 und 1969, «1970–79» diejenigen von 1970 bis 1979 etc.
Quellen und Reihen: siehe piketty.pse.ens.fr/ideologie.

Natur sich offenbar gewandelt hat). In so unterschiedlichen Ländern, wie es zum Beispiel Italien, die Niederlande oder die Schweiz sind, stößt man ebenso auf diese Entwicklung wie in Australien, Kanada und Neuseeland (siehe Grafik 16.2).[1]

Wo die Fragebögen der Erhebungen es zulassen, finden sich in den einzelnen Ländern auch Befunde zur Entwicklung des Wählerprofils nach Einkommen und Vermögen, die den in Frankreich, den Vereinigten Staaten oder Großbritannien gewonnenen Ergebnissen vergleichbar sind.[2]

Innerhalb dieses allgemeinen Schemas zeichnet sich jedes einzelne Land kraft einer je eigenen sozio-ökonomischen und politisch-ideologischen Konfiguration durch eine Reihe von Besonderheiten aus. Diese verschiedenen Entwicklungslinien hätten eingehendere Analysen ver-

1 Für eine vergleichende Analyse der in 21 Ländern gewonnenen Ergebnisse siehe Technischer Anhang und A. Gethin, C. Martinez-Toledano, T. Piketty, «Political Cleavages and Inequality. Evidence from Electoral Democracies, 1950–2018», WID.world 2019.

2 Anders als die Zustimmungskurve nach Bildungsabschluss, die sich in nahezu allen Ländern umgekehrt hat, ist die Zustimmungskurve nach Einkommen im Allgemeinen fallend geblieben (wenn auch immer schwächer fallend). Das hat zu jenem Multi-Eliten-System geführt, in dem «brahmanische Linke» und «kaufmännische Rechte» einander gegenüberstehen.

dient, die weit über den Rahmen dieses Buchs hinausgehen.[1] Ich werde freilich später auf Italien zurückkommen, das den emblematischen Fall einer fortschreitenden Zersetzung des Parteiensystems der Nachkriegszeit darstellt, deren Fluchtpunkt das Aufkommen einer sozialnativistischen Ideologie ist.

Die einzige wirkliche Ausnahme von diesem allgemeinen Strukturwandel der Wählerlager in den Demokratien der Industrieländer scheint der Fall Japans zu sein, das eine Klassenstruktur des Parteiensystems, wie sie uns in den europäischen und westlichen Ländern der Nachkriegszeit begegnet, offenbar nie gekannt hat. In Japan war die Liberaldemokratische Partei (LDP) seit 1945 quasi ununterbrochen an der Macht. Historisch betrachtet konnte diese fast schon hegemoniale konservative Partei ihre besten Ergebnisse in den ländlichen, bäuerlichen Gegenden und im städtischen Bürgertum verbuchen. Der LDP, die sich dem Wiederaufbau des Landes in einem Kontext verschrieben hatte, der von der 1951 endenden amerikanischen Besatzung ebenso geprägt war wie von einem durch die Nähe zu Russland und China verschärften Antikommunismus, ist es gelungen, die Industrie- und Wirtschaftseliten mit dem traditionellen Japan zu einen. Umgekehrt verdankt die demokratische Partei (die mit Abstand stärkste Oppositionspartei) den einfachen und mittleren städtischen Angestellten und den gebildeten Wählern, die der amerikanischen Präsenz ebenso kritisch gegenüberstehen wie der von der LDP verkörperten neuen moralischen und sozialen Ordnung, ihre besten Wahlergebnisse, ohne je eine dauerhafte alternative Mehrheit gewinnen zu können.[2] Die spezifische Struktur des politischen Konflikts in Japan muss, allgemeiner gesprochen, ausge-

1 Die große Übereinstimmung des Strukturwandels der Wählerlager in den verschiedenen Ländern zeigt, dass bestimmte geteilte Faktoren letztlich stärker ins Gewicht fallen als die oft beschworenen nationalen Besonderheiten. Aber so wichtig es ist, so wenig sollte dieses allgemeine Schema die vielfältigen nationalen politisch-ideologischen Varianten im Rahmen dieser allgemeinen Tendenz vergessen lassen. So kann man zum Beispiel viele lokale Unterschiede des Wählerverhaltens aus unterschiedlichen Familienstrukturen erklären, ohne darum die prinzipiellen Übereinstimmungen infrage zu stellen. Zum Verhältnis von Familienstruktur und politischen Ideologien siehe die klassischen Studien von H. Le Bras, E. Todd, *L'invention de la France*, Paris: Hachette 1981; E. Todd, *L'invention de l'Europe*, Paris: Seuil 1990; ders., *L'origine des systèmes familiaux*, Paris: Gallimard 2011.

2 Siehe A. Gethin, «Cleavage Structures and Distributive Politic», a. a. O., S. 89–100. Siehe auch K. Mori McElwain, «Party System Institutionalization in Japan», in: A. Hicken, E. Martinez Kuhonta, *Party System Institutionalization in Asia*, Cambridge, Massachusetts: Cambridge University Press 2015, S. 74–107.

hend von der besonderen Form begriffen werden, den die Bruchlinien im Zusammenhang mit dem japanischen Nationalismus und den traditionellen Werten angenommen haben.[1]

Den Zerfall des Links-Rechts-Parteiensystems der Nachkriegszeit neu denken

Fassen wir zusammen. Verglichen mit der sehr starken Einkommens- und Vermögenskonzentration, die im 19. Jahrhundert, ja bis 1914 herrschte, sank die Ungleichheit in der Zeit von 1950–1980 auf historische Tiefstände. Dieser Abbau von Ungleichheit ist zum Teil den Erschütterungen und Zerstörungen der Zeit von 1914–1945 geschuldet. Aber er geht auch auf eine gründliche Infragestellung der im 19. und noch im beginnenden 20. Jahrhundert herrschenden proprietaristischen Ideologie und auf die Schaffung neuer sozial- und steuerpolitischer Einrichtungen zurück, die ausdrücklich in der Absicht ins Leben gerufen wurden, Ungleichheiten abzubauen (Mischeigentum, Sozialversicherungen, Progressivsteuer).[2] In sämtlichen westlichen Wahldemokratien verdankte sich von 1950–1980 die Struktur des politischen Systems einem Links-Rechts-Schema, hinter dem ein Klassenkonflikt stand, dem jene Debatte über Umverteilung entsprang. Die sozialdemokratischen Parteien im weiteren Sinne (die Demokraten in den Vereinigten Staaten, Labour in Großbritannien und unterschiedliche Koalitionen sozialdemokratischer, sozialistischer, kommunistischer Parteien in Kontinentaleuropa) konnten auf sozial benachteiligte Wähler zählen, während sich Rechts- und Mitte-Rechts-Parteien (die Republikaner in den Vereinigten Staaten und unterschiedliche Koalitionen christdemokratischer, konservativer und liberalkonservativer Parteien in Europa) eher der Gunst sozial besser gestellter Wähler erfreuten. Und dies galt ganz unabhängig davon, welche Dimension sozialer

1 In *Der stumme Schrei* (1967) führt uns Kenzaburô Ôe auf großartige Weise die komplexen, von Gewalt geprägten Beziehungen zwischen intellektuellen Eliten und Unterschichten in Japan vor Augen, die Konflikte im Verhältnis zwischen Stadt und Land wie zwischen den traditionellen Werten Japans und der Modernisierung des Landes seit Beginn der Meiji-Ära (1868), ohne die Bedeutung der geopolitischen Lage des Japanischen Archipels, der Beziehung zu den Vereinigten Staaten und der Widersprüche zu vergessen, die durch die Anwesenheit der koreanischen Arbeitskräfte im Land entstehen.

2 Siehe Kapitel 10–11.

Schichtung man in Betracht zog (Einkommen, Bildungsabschluss, Vermögen). Die Klassenstruktur des politischen Konflikts war in den Nachkriegsjahrzehnten so allgemein verbreitet, dass man auf den Gedanken verfallen mochte, sie sei die einzig mögliche und jede Abweichung von ihr nur eine vorübergehende Anomalie. In Wahrheit entsprach diese klassenförmige Links-Rechts-Struktur einem bestimmten historischen Augenblick und war das Produkt spezifischer sozio-ökonomischer und politisch-ideologischer Bedingungen.

In allen untersuchten Ländern hat sich dieses Links-Rechts-System im Laufe des letzten halben Jahrhunderts allmählich aufgelöst. Manchmal sind die Parteinamen unverwüstlich dieselben geblieben und haben allen Metamorphosen getrotzt, wie bei Demokraten und Republikanern in den Vereinigten Staaten. Manchmal haben aber die Parteien auch, wie in den letzten Jahrzehnten zum Beispiel in Frankreich und Italien, den Prozess einer immer rascheren Neubenennung vorangetrieben. Aber ganz gleich, ob es bei den Parteinamen blieb oder nicht, in allen Fällen hat die Struktur des politischen Konflikts in den westlichen Wahldemokratien von 1990–2020 mit der von 1950–1980 nicht mehr viel gemein. Die demokratische Linke war nach dem Krieg in sämtlichen Ländern die Partei der Arbeiter. Im Laufe der letzten Jahrzehnte ist sie allenthalben zur Partei der Akademiker (der «brahmanischen Linken») geworden, die umso größeren Zuspruch verzeichnet, je höher der formale Bildungsgrad der Wähler ist. In allen von uns untersuchten Ländern haben die Wähler mit den niedrigsten Bildungsabschlüssen den fraglichen Parteien mehr oder weniger den Rücken gekehrt und damit eine völlige Umkehrung des Bildungsgefälles hervorgerufen, während gleichzeitig ihre Wahlbeteiligung sank. Und wenn es in so vielen Ländern in einem so langfristigen, über sechs Jahrzehnte anhaltenden Prozess zu einer Entzweiung so großen Umfangs kommt, dann wird es sich kaum um ein bloßes Missverständnis handeln.[1]

Die Auflösung des Links-Rechts-Systems der Nachkriegszeit und namentlich die Tatsache, dass die unteren Schichten den Parteien, die sie von 1950–1980 gewählt hatten, ihr Vertrauen entzogen haben, geht darauf zurück, dass diese politischen Parteien und Bewegungen es nicht verstanden haben, ihr ideologisches und programmatisches Profil zu verändern und den neuen sozio-ökonomischen Herausforderungen an-

1 Siehe Grafiken 16.1–16.2 und Kapitel 14, Grafiken 14.8–14.9.

zupassen, mit denen sie im Lauf des letzten halben Jahrhunderts konfrontiert waren. Zu diesen Herausforderungen zählen insbesondere die Bildungsexpansion und die Globalisierung der Wirtschaft. Mit der Bildungsexpansion und einer nie gekannten Ausweitung der Hochschulbildung ist die demokratische Linke ein wenig zur Partei der Hochschulabsolventen und Gewinner des Bildungssystems (der «brahmanischen Linken») geworden, während die demokratische Rechte die Partei der höchsten Einkommen und größten Vermögen (der «kaufmännischen Rechten») geblieben ist – wenn auch immer weniger eindeutig. Das hat dazu geführt, dass die beiden Parteien, die sich an der Macht abgewechselt haben, in der Sozial- und Steuerpolitik einander immer ähnlicher geworden sind. Zudem hat die Entfaltung eines kommerziellen, finanziellen und kulturellen Austauschs globalen Zuschnitts dazu geführt, dass die Länder unter den Druck eines immer stärkeren Sozial- und Steuerwettbewerbs gerieten, der jenen Gruppen zugutekommt, die über das größte Bildungs- und Finanzkapital verfügen. Die Sozialdemokraten haben indessen nie den Versuch unternommen, ihr Umverteilungsprogramm im internationalen Maßstab, jenseits der Grenzen des Nationalstaats umzusetzen. Sie sind gleichsam eine Antwort auf die Kritik schuldig geblieben, die Hannah Arendt 1951 an ihnen geübt hat, als sie zu bedenken gab, dass die Regulierung der entfesselten Kräfte der Weltwirtschaft nur im Zuge der Entfaltung neuer transnationaler politischer Formen gelingen könne.[1] Im Gegenteil: Seit den 1980er Jahren haben sie sich mehr und mehr dem Prozess einer generalisierten, ohne Informationsaustausch oder gar gemeinsame Regulierung und Fiskalpolitik (und sei es auch nur auf innereuropäischer Ebene)[2] betriebenen Liberalisierung der Kapitalströme überlassen.

Das Ende der Kolonialreiche, vermehrter Handel und Wettbewerb zwischen alten Industriemächten und Entwicklungs- und Schwellenländern mit billigen Arbeitskräften, neue und wachsende Migrationsströme – all das hat auch dazu beigetragen, dass in den letzten Jahren namentlich in Europa bislang unbekannte Konfliktlinien zwischen Identitäten und ethnisch-religiösen Zugehörigkeiten aufgebrochen sind. Diese Spaltungen haben nicht nur neue immigrationsfeindliche Parteien am äußersten rechten Rand auf den Plan gerufen. Sie haben dazu ge-

1 Siehe Kapitel 10, S. 602–609.

2 Siehe Kapitel 11, S. 692–700.

führt, dass diesbezüglich auch die von der demokratischen Rechten (den Republikanern in den Vereinigten Staaten, den britischen Konservativen, anderen Rechtsparteien in Kontinentaleuropa) vertretenen Positionen sich verschärft haben. Zwei Dinge dürfen dabei freilich nicht vergessen werden. Zum einen hat die Erosion der Links-Rechts-Struktur der Nachkriegszeit sich allmählich vollzogen, in einem Prozess, der schon in den 1960er und 1970er Jahren eingesetzt hat, während die mit der Migration einhergehenden Bruchlinien in den meisten westlichen Ländern erst sehr viel später hervorgetreten sind (im Allgemeinen seit den 1980er Jahren, in bestimmten Fällen aber erst in jüngster Vergangenheit). Und zum anderen liegt, wenn man sich die einzelnen westlichen Länder ansieht, das Verblüffende gerade darin, dass die Umkehrung des Bildungsgefälles im letzten Jahrhundert sich fast überall im selben Rhythmus vollzogen hat, ohne ersichtliche Beziehung zum Umfang rassen- oder migrationsbezogener Spaltungen (siehe Grafik 16.2–16.2).

So unbestreitbar es also ist, dass Konflikte zwischen den Identitäten von den migrantenfeindlichen Parteien immer schonungsloser ausgeschlachtet wurden, so offenbar ist auch, dass nicht sie der Faktor sind, der jene Umkehrung einmal in Gang gesetzt hat. Eine ergiebigere Deutung lautet, dass das Gefühl der unteren Schichten, sie seien von den sozialdemokratischen Parteien (im weiteren Sinne) im Stich gelassen worden, den immigrationsfeindlichen Diskursen und nativistischen Ideologien erst den Boden bereitet hat. Solange es bei dem mangelnden Umverteilungsehrgeiz bleibt, der jenes Gefühl des Abgehängtseins erst erzeugt hat, solange ist auch nicht zu sehen, was solche Ideologien daran hindern sollte, auf diesem Nährboden weiter zu gedeihen.

Der letzte Faktor schließlich, der den Zerfall des Links-Rechts-Systems der Nachkriegszeit erklärt, liegt zweifellos im Zusammenbruch des Sowjetkommunismus und der tiefgreifenden Veränderung der politisch-ideologischen Kräfteverhältnisse, die dieses einschneidende Ereignis gezeitigt hat. Die schiere Existenz des kommunistischen Gegenmodells war lange eine Kraft, die dazu beigetragen hat, den Druck auf die Eliten der kapitalistischen Länder und die politischen Kräfte, die der Umverteilung von Haus aus feindlich gegenüberstanden, zu erhöhen. Aber sie hat auch dazu beigetragen, die Umverteilungsambitionen jener sozialdemokratischen Parteien einzuschränken, die tatsächlich dem antikommunistischen Lager angehörten und denen der Anreiz fehlte, sich an die Ausarbeitung des Alternativmodells eines internationalistischen

Sozialismus und einer Überwindung des Kapitalismus und des Privateigentums zu wagen. Als es 1990–1991 zum Ausfall des kommunistischen Gegenbilds kam, waren insbesondere im Dunstkreis der Sozialdemokraten viele politische Akteure vollends zu der Überzeugung gelangt, solche Umverteilungsbemühungen seien im Grunde nicht nötig, da die Selbstregulierung der Märkte und ihre maximale Erweiterung im europäischen und globalen Maßstab ausreichen würden, einen neuen politischen Horizont zu erschließen. Es war dieser Schlüsselmoment der 1980er und 1990er Jahre, in dem eine Reihe von weichenstellenden Maßnahmen ergriffen wurde, angefangen mit einer rückhaltlosen (unregulierten) Liberalisierung der Kapitalströme. Und beschlossen wurden sie auch und gerade von Sozialdemokraten, die jetzt nicht mehr recht wissen, wie sie die Sache noch richten sollen.

Die Entstehung des Sozialnativismus im postkommunistischen Osteuropa

Der Fall der osteuropäischen Länder veranschaulicht, welchen Beitrag postkommunistische Ernüchterung und europäische Wettbewerbsideologie zum Zerfall des Links-Rechts-Schemas in der politischen Konfliktlage der Nachkriegszeit geleistet haben. Beim Übergang zur Wahldemokratie, der auf den Sturz der osteuropäischen kommunistischen Systeme folgte, haben die zuvor herrschenden Einheitsparteien sich häufig in Parteien sozialdemokratischen Typs verwandelt, mitunter auch, indem sie sich mit neu entstehenden politischen Bewegungen zusammentaten oder aus ihnen hervorgingen. Obwohl diesen Parteien ein großer Teil der öffentlichen Meinung, die verständlicherweise nicht aufhörte, ihnen die alten Irrtümer zur Last zu legen, feindlich gesonnen war, übernahmen sie, in denen sich zahlreiche Führungskräfte der Staatsverwaltungen und großer Industriebetriebe zusammenfanden, oft genug große Verantwortung in der ersten Phase des Übergangs.

Das gilt zum Beispiel für den SLD (Bund der demokratischen Linken), der in Polen zunächst von 1993–1997 und dann wieder von 2001–2005 die Regierung stellte. Diese politischen Bewegungen, die es kaum erwarten konnten, mit der kommunistischen Vergangenheit abzuschließen und sich der Europäischen Union anzuschließen, verabschiedeten Programme, die oft bloß dem Namen nach sozialdemokratisch waren.

Absolute Priorität hatte für sie, die Unternehmen zu privatisieren und die Märkte für den Wettbewerb und Investitionen aus Westeuropa zu öffnen, um die für den sehnlich erwarteten Beitritt zur EU geforderten Voraussetzungen im Eiltempo zu erfüllen. Um Kapital anzulocken, führten mehrere osteuropäische Länder, darunter auch Polen, in den 1990er und beginnenden 2000er Jahren extrem niedrige Steuersätze für Unternehmensgewinne und hohe Einkommen ein.

Das Problem ist, dass die im Gefolge des postkommunistischen Übergangs und des EU-Beitritts erzielten Resultate die in sie gesetzten Hoffnungen oft nicht zu erfüllen vermochten. Angesichts steil ansteigender Einkommensungleichheit hatten weite Teile der Bevölkerung das Gefühl, leer ausgegangen zu sein. Oft bescherten die deutschen und französischen Investitionen den Aktionären satte Gewinne, ohne dass die versprochenen Lohnerhöhungen sich einstellen wollten. Das hat dazu beigetragen, große Ressentiments gegenüber den führenden Mächten der EU zu schüren, die rasch bei der Hand waren, sich ihrer Großzügigkeit ob des Transfers staatlicher Mittel zu rühmen, aber ganz nebenbei vergaßen, dass die aus Polen abfließenden Ströme der privaten Gewinne, die sie dort erzielten, deutlich über den ins Land fließenden staatlichen Transfers lagen.[1] Vergessen wir auch nicht, dass das politische Leben in Osteuropa seit den 1990er Jahren insbesondere im Dunstkreis der Privatisierungen von zahlreichen Finanzskandalen gebeutelt wird, in die häufig Freunde und Verwandte der jeweiligen Regierungsparteien verwickelt sind. Und schließlich brachten zahlreiche Korruptionsaffären auch die mutmaßlichen Verstrickungen zwischen Medien und politischen wie wirtschaftlichen Eliten an den Tag (in Polen namentlich die Rywin-Affäre von 2002–2004).[2]

In dieser sehr belasteten Situation brach die SLD mit kaum 10 % der Stimmen bei den Wahlen von 2005 schließlich ein, und die «Linke» verschwand fast völlig aus Polens politischer Landschaft. Seit 2005 verlaufen die politischen Konfliktlinien des Landes zwischen den Liberalkonservativen der Bürgerplattform (PO) und der nationalkonservativen Partei Recht und Gerechtigkeit (PiS). Bemerkenswert ist, wie sich die

---

1 Siehe Kapitel 12, Grafik 12.10.

2 Lew Rywin, ein bekannter polnischer Filmproduzent, wurde verurteilt, weil er dem größten polnischen Pressekonzern (Agora) angeboten hatte, gegen eine Zahlung von mehreren Millionen seine guten Beziehungen zum amtierenden Ministerpräsidenten spielen zu lassen, um eine für Agora profitable Änderung des Mediengesetzes zu erwirken.

Wählerschaft von PO und PiS entlang der Klassenlinien seit Beginn der 2000er und während der 2010er Jahre entwickelt hat. Bei den Wahlen von 2007, 2011 und 2015 haben die Liberalkonservativen der PO ihre besten Ergebnisse bei den Wählern mit den höchsten Einkommen und Bildungsabschlüssen erzielt, während die Nationalkonservativen der PiS vor allem auf den unteren Rängen der Einkommens- wie Bildungshierarchie Zuspruch verzeichnen konnten. Die Wählerschaft der SLD, die allerdings im Gleichgewicht der Kräfte kaum noch eine Rolle spielt, nimmt eine Zwischenstellung ein.[1] Die Wähler, die sie anzieht, liegen dem Einkommen nach etwas unter und dem Bildungsabschluss nach etwas über dem Durchschnitt, aber sind jedenfalls von den beiden Wählerblöcken der PO und der PiS so weit nicht entfernt (siehe Grafik 16.3–16.4).[2]

In Brüssel, Paris und Berlin ist man regelmäßig darüber beunruhigt, dass die PiS sich der EU gegenüber oft feindlich verhält und sie beschuldigt, Polen als Partner zweiter Klasse zu behandeln, während die PO der europäische Klassenbeste ist, der eifrig die Beschlüsse und Regeln der EU hinzunehmen und die Prinzipien des «freien und unverzerrten Wettbewerbs» hochzuhalten gewillt ist. Auch moniert man zu Recht, die PiS verteidige autoritäre und traditionalistische Werte, zum Beispiel in ihrer erbitterten Ablehnung der Abtreibung und gleichgeschlechtlicher Paare.[3] Man sollte gleichwohl ergänzen, dass die PiS seit ihrem Machtantritt Steuer- und Sozialmaßnahmen beschlossen hat, die Bürgern mit sehr geringen Einkommen zugutekommen, so insbesondere eine starke Erhöhung des Familiengeldes und eine Anhebung der niedrigsten Renten. Umgekehrt zeichnete die PO, die von 2005 bis 2015 die Regierung stellte, für eine Politik verantwortlich, von der gemeinhin die ohnehin am stärksten begünstigten sozialen Gruppen profitiert haben. Die PiS kümmert sich im Allgemeinen weniger als die PO um Einhaltung der EU-Haushaltsregeln und zeigt sich bei den Sozialausgaben großzügiger.

1 Bei den Wahlen 2007, 2011 und 2015 vereinte der SLD weniger als 10 % der Stimmen auf sich, gegenüber jeweils 30–40 % für die Blöcke der PO und PiS.

2 Siehe für eine detaillierte Darstellung dieser Resultate A. Lindner, F. Novokmet, T. Piketty, T. Zawisza, «Political Conflict and Electoral Cleavages in Central-Eastern Europe, 1992–2018», PSE 2019.

3 Erinnert sei auch daran, dass der seit 2015 amtierende Präsident des Europäischen Rats, Donald Tusk, von 2007–2014 Premierminister und Parteichef der PO war. Siehe Kapitel 12, S. 810f.

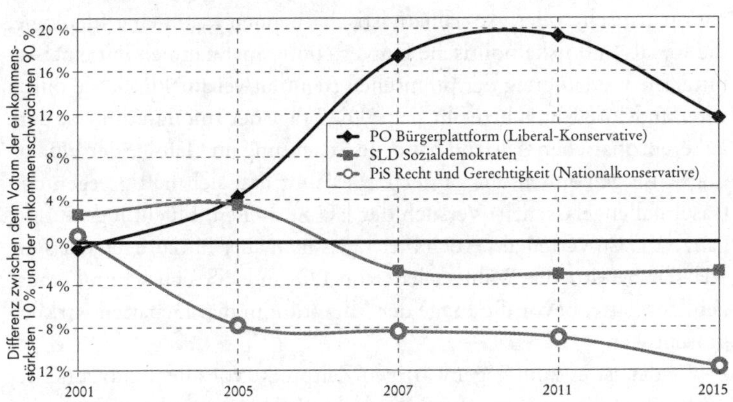

Grafik 16.3.: Zwischen den Wahlen von 2001 und 2015 hat die PO (Bürgerplattform, Liberal-Konservative) bei den einkommensstärksten Wählern Stimmen gewonnen, während PiS (Recht und Gerechtigkeit, Nationalkonservative) bei den einkommensschwächsten zugelegt hat.
Quellen und Reihen: siehe piketty.pse.ens.fr/ideologie.

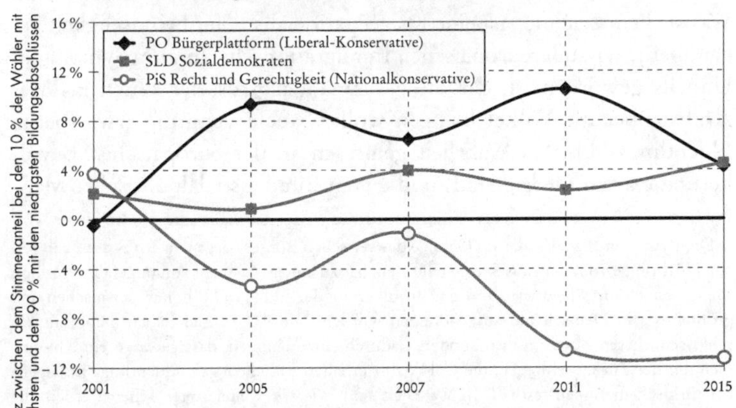

Grafik 16.4.: Zwischen den Wahlen von 2001 und 2015 hat die PO Bürgerplattform (Liberal-Konservative) bei den Wählern mit den höchsten Bildungsabschlüssen zugelegt, die nationalkonservative PiS (Recht und Gerechtigkeit) bei den Wählern mit den niedrigsten Bildungsabschlüssen.
Quellen und Reihen: siehe piketty.pse.ens.fr/ideologie.

In diesem Sinne entwickelt die PiS eine Ideologie, die man «sozialnationalistisch» oder «sozialnativistisch» nennen kann, eine Ideologie, die sozial- und fiskalpolitische Umverteilungsmaßnahmen mit einer erbitterten Verteidigung der polnischen Identität verquickt, die sie durch vaterlandslose Eliten bedroht sieht. Die Frage der Immigration aus dem außereuropäischen Ausland hat neue Bedeutung im Gefolge der Flüchtlingskrise gewonnen, die es der PiS erlaubt hat, sich heftig gegen den (rasch fallengelassenen) Versuch der EU zu stellen, Flüchtlinge auf die ganze EU zu verteilen.[1] Auch hier muss man aber hinzufügen, dass die Klassenstruktur der Wählerschaft von PO und PiS sich schon herausgebildet hatte, bevor die Frage der Migration in den Debatten wirklich präsent war.

Leider ist es zum gegenwärtigen Zeitpunkt vor allem aufgrund der Dürftigkeit der vorliegenden Nachwahlerhebungen nicht möglich, den Strukturwandel der Wählerlager in verschiedenen osteuropäischen Ländern nach dem postkommunistischen Übergang der 1990er Jahre systematisch zu vergleichen.[2] Die Situationen in den einzelnen Ländern, in denen politische Bewegungen und Ideologien einander rasch ablösen, unterscheiden sich erheblich. Dennoch wird man festhalten müssen, dass jene Form des Sozialnativismus auf dem Vormarsch zu sein scheint. Was sie kennzeichnet, ist eine Kombination aus tiefer Feindseligkeit gegenüber jeder außereuropäischen Immigration (die ihr zum Symbol des Unheils geworden ist, das die geschmähten Brüsseler Eliten in ihrer Arglist über die Völker bringen wollen, auch wenn die erwartbaren Flüchtlingszahlen in Wahrheit gemessen an der europäischen Bevölkerung extrem niedrig sind) und einem Bündel sozialpolitischer Maß-

1 Die Krise von 2015, bei der im Gefolge des syrischen Bürgerkriegs von 2012–2014 zahlreiche Flüchtlinge vor allem aus Syrien eintrafen, hat zu einem Zustrom von ungefähr 1 Million Menschen geführt, die etwa 0,2 % der Bevölkerung der EU (510 Millionen) ausmachen und größtenteils in Deutschland aufgenommen wurden. Die EU-Länder haben daraufhin beschlossen, diesen Zustrom insbesondere dadurch einzudämmen, dass sie 2016 ein Abkommen mit der Türkei schlossen, die Geld dafür erhalten sollte, dass sie Flüchtlinge in Lagern auf türkischem Boden festhält. In Wahrheit sind, wie wir weiter unten sehen werden, die Flüchtlingsströme in die EU seit der Wirtschaftskrise von 2008 schwächer geworden. Aber die Vorstellungen wurden massiv durch die starke Medienpräsenz der «Flüchtlingskolonnen» von 2015 (die den Balkan durchquerten, um nach Deutschland und Nordeuropa zu gelangen) und vor allem durch die intensive politische Ausbeutung des Themas geprägt.

2 Für eine Analyse der verfügbaren Materialien siehe A. Lindner, F. Novokmet, T. Piketty, T. Zawisza, «Political Conflict and Electoral Cleavages in Central-Eastern Europe, 1992–2018», a. a. O.

nahmen, die unter Beweis stellen sollen, dass die Sozialnativisten sich mehr um die unteren Volksschichten kümmern als die proeuropäischen Parteien es tun.

Eine dem polnischen Fall ähnliche Gemengelage lässt sich namentlich in Ungarn ausmachen. Seit 2010 wird das Land von der nationalkonservativen Fidesz und ihrem Chef Victor Orbán geführt, der sich fraglos als einer der Hauptführer der nativistischen Ideologie auf europäischer Ebene profiliert hat. Obwohl offiziell Mitglied der gleichen parlamentarischen Gruppe im Europaparlament wie die deutsche CDU und die «Mitte-Rechts-Parteien» verschiedener Länder, ist er seit der Krise von 2015 nicht davor zurückgeschreckt, sein Land mit hemmungslos flüchtlingsfeindlichen Plakaten zu pflastern, ergänzt um riesige Poster, die den unheilvollen Einfluss George Soros' anprangern, Milliardär ungarischer Herkunft, der das Komplott versinnbildlichen soll, das jüdische und globale Eliten gegen die Völker Europas geschmiedet haben. Was die «soziale» Komponente ihres Tuns anbelangt, rühmt sich die Fidesz, ganz wie die PiS, einer Anhebung des Familiengeldes, die aus naheliegenden Gründen die emblematische politische Großtat der Sozialnativisten ist.[1] Sie hat weiterhin subventionierte Arbeitsplätze geschaffen, die Arbeitslose, unter Aufsicht von regierungstreuen Verwaltungen und Bürgermeistern, in Arbeit bringen sollen. Die Fidesz versteht es auch, die Entwicklung nationaler Unternehmer und ungarischer Gesellschaften zu fördern, indem sie ihnen zum Beispiel staatliche Märkte vorbehält, um sich damit zugleich ihrer politischen Gefolgschaft zu versichern. Solche Maßnahmen wollen auch unter Beweis stellen, dass die Fidesz den Haushaltsgrundsätzen und Wettbewerbsregeln, wie die EU-Verträge sie festlegen, die Stirn bietet, anders als ihre politischen Rivalen und namentlich die Sozialdemokraten, die regelmäßig beschuldigt werden, Brüssel hörig zu sein.[2]

---

1 Familiengeld wie soziale und steuerliche Maßnahmen zur Geburtenförderung überhaupt tragen zum Abbau von Ungleichheiten bei (eine Zuwendung gleicher Höhe für alle Kinder hat für geringe Einkommen eine proportional größere Bedeutung als für hohe) und verleihen zugleich dem Wunsch Ausdruck, das Land ohne Rückgriff auf Einwanderung wiederzubevölkern. Die von PiS und Fidesz seit 2015 ergriffenen familienfreundlichen Maßnahmen sind auch der Prämie von 10 000 Dollar pro Geburt (ab dem zweiten Kind) verwandt, die 2007 von der russischen Regierung eingeführt wurde und offenbar einen merklichen Anstieg der Geburtenrate gezeitigt hat. Siehe E. Iakovlev, I. Sorvachev, «Short-Run and Long-Run Effects of Sizable Conditional Child Subsidy», New Economic School Moskau, 2018.

2 Das hält die Fidesz in der Praxis nicht davon ab, in Wirtschaftsfragen eine alte autoritär-

Unter diesem Aspekt sollte man sich die Umstände vergegenwärtigen, unter denen die Fidesz an die Macht kam. 2006 hatten wie 2002 die ungarischen Sozialdemokraten der MSZP (eine 1990 neugegründete Partei, die unmittelbar aus der von 1956 bis 1989 regierenden MSZMP hervorgegangen ist) über die von der damals in steilem Aufstieg begriffenen Fidesz angeführte Koalition einen knappen Wahlsieg errungen. Der Vorsitzende der Sozialdemokraten, Ferenc Gyurcsany, von 2004–2009 ungarischer Ministerpräsident und nebenbei ein Unternehmer, der es durch vorteilhafte Privatisierungen in den 1990er Jahren zu einem der größten Vermögen des Landes gebracht hat, hielt kurz nach seiner Wiederwahl 2006 eine Rede vor Führungskräften seiner Partei, die vertraulich bleiben sollte, aber an die wichtigsten Medien des Landes durchgestochen wurde. In dieser Ansprache räumte Gyurcsany unumwunden ein, um des Wahlsiegs willen monatelang gelogen und den Wählern namentlich die anstehenden Haushaltskürzungen verheimlicht zu haben, die er in Wahrheit für unerlässlich halte und vor allem durch Senkung der Sozialausgaben und eine Reform des Gesundheitssystems in die Tat umzusetzen gedenke. Die Rede schlug nach ihrem Bekanntwerden wie eine Bombe ein und entfesselte eine Welle von Demonstrationen, wie sie das Land noch nie gesehen hatte. Orbán und die Fidesz ließen es sich nicht entgehen, den Skandal, der ihnen als längst überfälliger Beweis der grenzenlosen Heuchelei der Sozialdemokraten galt, nach allen Regeln der Kunst auszuschlachten. Tatsächlich war er für eine Bewegung wie die Fidesz, ihrer Herkunft nach eine nationalkonservative Partei, die ideale Gelegenheit, zu betonen, dass sie eine echte soziale Ader habe, im Unterschied zu den sogenannten Sozialdemokraten, die doch längst markt- und elitenfreundliche Liberale seien. 2009 musste Ministerpräsident Gyurcsany zurücktreten, unter Umständen, die durch die Finanzkrise von 2008 und die in den europäischen Ländern durchgesetzte Politik der Sparhaushalte noch schwieriger geworden waren. Die ganze Entwicklung mündete schließlich in den nicht nur vorübergehenden Einbruch der Sozialdemokraten bei den Wahlen von 2010 und den Triumph der Fidesz, die auch 2014 und 2018 einen ungefährdeten Sieg davontragen sollte.[1]

---

liberale Tradition zu pflegen, wie mit einem Ende 2018 verabschiedeten Gesetz zur Stärkung von Arbeitgeberrechten, etwa bei der Anordnung von Überstunden.

1 Die von der Fidesz geschlossene Koalition (der auch die Christdemokraten der KNDP angehören) hat bei den Wahlen 2010, 2014 und 2018 jeweils 53 %, 45 % und 49 % der Stim-

Die Entstehung des Sozialnativismus: der italienische Fall

Man würde sich irren, wollte man annehmen, das Aufkommen des Sozialnativismus sei eine osteuropäische Spezialität, folgenlos für Westeuropa und den Rest der Welt. Osteuropa stellt im Gegenteil eine exemplarische Versuchsanordnung dar, bringt es doch zwei Ingredienzien von besonderer Sprengkraft mit, die sich in fast ebenso ausgeprägter Gestalt auch in anderen Ländern finden und zum Aufkommen des Sozialnativismus beitragen. Da ist zum einen ein starkes Gefühl postkommunistischer Ernüchterung und mit ihm eine anti-universalistische Stimmung, die gewaltsame identitäre Abschottungen begünstigt; und zum anderen eine globale und namentlich europäische Gestaltung der Wirtschaft, die der Umsetzung einer koordinierten, wirksamen und friedfertigen Politik der sozialen Umverteilung und des Abbaus von Ungleichheiten im Wege steht. Unter diesem Aspekt ist es besonders aufschlussreich, einen Blick auf Italien zu werfen, wo sich nach den Parlamentswahlen 2018 eine Koalition sozialnativistischen Typs gebildet hat.

Eine erste Besonderheit Italiens im Vergleich mit anderen westlichen Wahldemokratien liegt darin, dass dort das Parteiensystem der Nachkriegszeit seinen gewaltsamen Zusammenbruch erlebte, nachdem 1992 italienische Richter im Zuge von Ermittlungen gegen die Mafia, die unter dem Titel Mani pulite (Saubere Hände) bekannt wurden, eine ganze Reihe von Finanz- und Korruptionsskandalen aufgedeckt hatten. Diese Geschehnisse führten zum Zusammenbruch der beiden Parteien, die seit 1945 die politische Landschaft Italiens beherrscht hatten, nämlich der christdemokratischen und der sozialistischen Partei. Auf der rechten Seite des politischen Spektrums wurden die Christdemokraten in den 1990er Jahren durch ein weitläufiges und schillerndes Geflecht von Parteien ersetzt, unter ihnen Silvio Berlusconis liberal-konservative Bewegung Forza Italia und die Lega Nord. Die Lega war anfangs eine regionalistische Steuerprotestpartei, die Fiskalautonomie für «Padanien»

men erzielt, die MSZP nur 24 %, 19 % und 12 % (während die beiden Blöcke 2002 und 2006 mit 41–43 % noch gleichauf gelegen hatten). Flankiert wird das Ganze auf der Rechten von der Jobbik (etwa 20 % der Stimmen bei den letzten Wahlen), die eine Linie vertritt, die sich noch stärker als die der Fidesz gegen schwarze und muslimische Migranten richtet (die es in Ungarn praktisch nicht gibt).

(also Norditalien) forderte und die Transfers anprangerte, die dem als träge und korrupt geschmähten Süden des Landes zugutekamen. Seit der Flüchtlingskrise von 2015 hat sich die Lega zu einer nationalistischen und migrantenfeindlichen Partei entwickelt, die sich darauf spezialisiert hat, Jagd auf Ausländer zu machen und das Schreckbild einer die italienische Halbinsel bedrohenden Invasion von Schwarzen und Muslimen anzuprangern. Die Lega bindet migrantenfeindliche Wählerstimmen aus den unteren Schichten, vor allem im Norden, wo sie zudem auf eine Wählerbasis aus steuerfeindlich gesinnten Führungskräften und Selbstständigen zählen kann.

Auf der linken Seite des politischen Spektrums ist die Lage kaum übersichtlicher. Nachdem die Sozialistische Partei 1992 eingebrochen war und sich 1994 aufgelöst hatte, setzte ein Kreislauf der Um- und Neubildungen ein. Die Kommunistische Partei Italiens, mit ihrem französischen Pendant lange Zeit die mächtigste Westeuropas, wurde vom Zusammenbruch der Sowjetunion hart getroffen und beschloss daraufhin, sich 1991 eine neue Gestalt zu geben, die des PDS (Demokratische Partei der Linken). Der PDS und andere Bewegungen schlossen sich 2007 in der Absicht, die «Linke» nach dem Vorbild der amerikanischen Demokraten zu einen, zum PD (Demokratische Partei) zusammen. Nachdem er 2013 bei einer vom PD unter ihren Anhängern organisierten Wahl zum neuen Vorsitzenden gewählt worden war, übernahm Matteo Renzi an der Spitze einer vom PD geführten Koalition 2014–2016 den Regierungsvorsitz.

Geändert haben sich nicht bloß die Namen der Linksparteien (PS, PC, PDS, PD). Auch ihre Wählerstruktur ist in den letzten Jahrzehnten eine völlig andere geworden. Während die fraglichen Parteien in den 1960er und 1970er Jahren ihre besten Ergebnisse bei den unteren Schichten erzielten, hat sich die Lage in der Folge völlig umgekehrt. Seit den 1980er und 1990er Jahren verzeichnen der PS und PC (und später der PDS) den größten Zuspruch bei Wählern mit hohen Bildungsabschlüssen. Diese Tendenz hat sich in den 2000er und 2010er Jahren verstärkt. Bei den Wahlen von 2013 und 2018 lag die Zustimmung für die PD unter den Wählern mit den höchsten Abschlüssen um 20 Prozentpunkte höher als in der übrigen Bevölkerung.[1] Die Politik des PD trug zu seiner wachsenden Unbeliebtheit bei den unteren Schichten und

1 Siehe Grafik 14.2. Für detaillierte Resultate über das Bildungsgefälle in der Wählerschaft nach Parteien siehe Technischer Anhang und A. Gethin, C. Martinez-Toledano, T. Piketty,

kleinen Angestellten bei. Das galt insbesondere für die Lockerung des Kündigungsschutzes, den sogenannten *Jobs Act*. Von der Regierung Renzi kurz nach ihrem Machtantritt beschlossen, rief er den erbitterten Widerstand der Gewerkschaften und gewaltige Demonstrationen auf den Plan (im Oktober 2014 zog eine Million Demonstranten durch Rom). Die starke öffentliche Unterstützung der Reform durch die deutsche christdemokratische Kanzlerin und die Tatsache, dass sie im Parlament de facto mit den vereinten Stimmen von PD und Forza Italia beschlossen wurde, haben den Eindruck verfestigt, dass der PD mit ihren sozialistisch-kommunistischen Ursprüngen in der Nachkriegszeit nicht mehr viel zu tun hatte.

Der letzte Neuankömmling in der politischen Landschaft Italiens ist die «Fünf-Sterne-Bewegung» (Movimento 5 Stelle, M5S). 2009 von dem Komiker Beppe Grillo gegründet, tritt sie als Anti-System- und Anti-Eliten-Partei auf, die in den geläufigen Links-Rechts-Typologien nicht unterzubringen ist, zu deren Leitmotiven aber die Schaffung eines Grundeinkommens zählt. Anders als der PD erzielt der M5S seine besten Ergebnisse bei Wählern mit den niedrigsten Bildungsabschlüssen, bei den unteren Schichten im Süden des Landes und bei denen, die von allen Parteien enttäuscht und empfänglich für das Versprechen des M5S sind, sich um soziale Belange zu kümmern und die Entwicklung der abgehängten Regionen zu fördern. Binnen weniger Jahre ist es dem M5S gelungen, Kapital aus einer Parteiverdrossenheit zu schlagen, die allen Parteien gilt, die bereits an der Macht waren, angefangen mit der Forza Italia und dem PD. Je nach Wahl vereint der M5S zwischen einem Viertel und einem Drittel der Stimmen auf sich.

Bei den Parlamentswahlen 2018 zerfiel die Wählerschaft in drei große Blöcke. Der M5S erhielt 33 %, der PD 23 %, die Koalition der Rechtsparteien 37 % der Stimmen.[1] Letztere war selber alles andere als homogen, schloss sie doch mit der Lega (17 %) einen migrantenfeindlichen und mit der Forza Italia (14 %) einen liberal-konservativen Pol ein, sowie eine Reihe kleinerer nationalkonservativer Parteien (6 %), die zwischen beiden Polen schwankten. Da keiner dieser beiden Pole aus

---

«Political Cleavages and Inequality. Evidence from Electoral Democracies, 1950–2018», a. a. O.

1 Die übrigen Stimmen (7 %) gingen an kleine Parteien, die sich diesen drei Polen nicht zuordnen lassen. Bei den Wahlen von 2016 hatte der M5S 26 % der Stimmen, die PD 30 % und die Koalition der Rechtsparteien 29 % auf sich vereint.

eigener Kraft eine Mehrheit der Sitze erringen konnte, war ohne Koalition eine Regierungsbildung unmöglich. Einen Augenblick lang fassten M5S und PD ein Bündnis ins Auge, aber die gegenseitige Abneigung war zu stark. Der M5S und die Lega, die schon bei der Opposition gegen den *Jobs Act* und den großen Demonstrationen von 2014 gemeinsame Sache gemacht hatten, einigten sich schließlich, um das Land auf der Grundlage eines Programms zu regieren, das mit der Umsetzung des vom M5S geforderten garantierten Mindesteinkommens auf der einen und der von der Lega vertretenen unnachgiebigen Anti-Flüchtlingspolitik auf der anderen Seite beiden Parteien gerecht zu werden suchte.[1] Diese zwei Säulen fanden sich in der Tatsache wieder, dass der junge Spitzenkandidat des M5S (Luigi Di Maio) das Ministerium für Wirtschaftliche Entwicklung, Arbeit und Sozialpolitik übernahm, das namentlich für die Einführung des Mindesteinkommens, die Maßnahmen zur Entwicklung des ländlichen Raums und die Investition öffentlicher Gelder im Süden des Landes zuständig ist, während der Chef der Lega, Matteo Salvini, den strategischen Posten des Innenministers besetzte. Das erlaubte es ihm, seit dem Sommer 2018 spektakuläre Maßnahmen gegen Migranten zu ergreifen und namentlich den Rettungsschiffen, die Flüchtlingen im Mittelmeer zu Hilfe eilen, den Zugang zur italienischen Küste zu verwehren.

Die Koalition aus M5S und Lega, die seit 2018 in Italien regiert, ist fraglos ein politisch-ideologisches Bündnis sozialnativistischen Typs, das an die PiS-Regierung in Polen und die Fidesz-Regierung in Ungarn gemahnt. Gewiss gibt es keine Garantie für die Haltbarkeit des italienischen Gespanns, das derzeit auf zwei Säulen ruht, ohne dass etwas darauf hindeutet, dass beide eins werden könnten. Die Spannungen zwischen den beiden Partnern sind im Übrigen nur zu deutlich, und alles scheint dafür zu sprechen, dass der nativistische Strang im Begriff ist, die Oberhand zu gewinnen. Salvinis Anti-Flüchtlings-Aktionen verhelfen ihm zu wachsender Beliebtheit und könnten die Lega in Stand setzen, bei der nächsten Wahl am M5S vorbeizuziehen, ja ganz ohne ihn auszukommen. Die bloße Tatsache aber, dass in einer alten westeuropäischen Demokratie wie Italien (im Übrigen die drittgrößte Volkswirtschaft der Eurozone) ein sozial-nativistisches Bündnis auf den Plan tre-

1 Diese Synthese verquickt, um das Mindeste zu sagen, höchst unvereinbare Dinge, will doch die Lega gleichzeitig die Steuern abschaffen, die es braucht, um das Grundeinkommen zu finanzieren. Ich komme auf diesen Punkt zurück.

ten konnte, ist ein Beleg dafür, dass dieses Phänomen sich nicht auf das postkommunistische Osteuropa beschränkt. Die sozialnativistischen Verantwortlichen verschiedener Länder, insbesondere Orbán und Salvini, lassen im Übrigen keine Gelegenheit aus, ihre verschworene Gemeinschaft im Kampf gegen die Eliten öffentlich zur Schau zu stellen und die gemeinsamen Perspektiven hervorzukehren, die sie Europa auf dem Gebiet der Immigrationsabwehr wie auf sozialer Ebene zu eröffnen gedenken.[1]

Die Falle des Sozialnativismus und die europäische Ernüchterung

Natürlich fragt man sich, ob eine politisch-ideologische Koalition dieser Art auch auf andere Länder übergreifen könnte, namentlich auf Frankreich, was erhebliche Auswirkungen auf das politische Gesamtgleichgewicht der Europäischen Union hätte. Schaut man sich die Stimmverteilung bei den italienischen Wahlen von 2018 an, so wird eine Aufteilung in drei Blöcke erkennbar (oder vielmehr in vier Blöcke, wenn man im Bündnis der Rechtsparteien Lega und Forza Italia unterscheidet, die sich im Übrigen über der Frage einer Koalition mit dem M5S entzweit haben). Und vergleicht man diese Strukturierung des politischen Raums mit der Aufteilung der Wählerschaft in vier Viertel bei der französischen Präsidentschaftswahl von 2017, so fällt eine Reihe gewichtiger Übereinstimmungen, aber auch bedeutsamer Unterschiede auf.[2] Im französischen Kontext wäre die Konstellation, die dem Bündnis M5S-Lega am nächsten käme, eine Annäherung der radikalen Linken der LFI (La France insoumise) und des Front National (2018 in Rassemblement National umgetauft). In der gegenwärtigen Situation scheint ein LFI-RN-Bündnis allerdings undenkbar. Zur Wählerschaft

1 So hat der ungarische Premier während einer gemeinsamen Pressekonferenz in Mailand im August 2018 erklärt: «Wir haben gezeigt, dass die Einwanderung über Land gestoppt werden kann, er [Salvini] zeigt, dass die übers Meer gestoppt werden kann». Und der italienische Innenminister: «Heute beginnt ein gemeinsamer Weg, auf dem wir in den nächsten Monaten weitere Etappen bewältigen werden, um dem Recht auf Arbeit, Gesundheit, Sicherheit Geltung zu verschaffen. Dem Recht auf all das, was die europäischen Eliten uns verweigern». Siehe *Le Monde* (29. August 2018). Die Europawahlen 2019 haben gleichfalls bestätigt, dass der nativistische Zweig der italienischen Koalition im Begriff ist, die Oberhand über den vom M5S repräsentierten Pol zu gewinnen.

2 Siehe Kapitel 14, Tabelle 14.1 und Grafik 14.19.

des RN zählen die erbittertsten Einwandererfeinde, während die Wählerschaft der LFI der Einwanderung positiver gegenübersteht als jede andere.[1] Die Formen der Sozialpolitik und der Umverteilung von den Reichen zu den Armen, die von Wählern wie Führungskräften der LFI favorisiert werden, stehen in der Tradition der sozialistischen und kommunistischen Linken, zum Beispiel mit ihrem Rekurs auf die Progressivsteuer. La France Insoumise stützt sich auf einen ganz anderen ideologischen Hintergrund, was es schwer vorstellbar macht, dass sie mit dem RN eine gemeinsame Handlungsplattform aushandeln könnte, zumindest in näherer Zukunft. Trotz seiner zahlreichen Versuche, sich als ehrbare Partei zu verkaufen und seine historische Herkunft (vichyistisch, kolonialistisch, poujadistisch) zum Beispiel durch Namensänderung vergessen zu machen, bleibt der RN Erbe einer Bewegung, mit der die überwältigende Mehrheit der potenziellen LFI-Wähler nichts zu schaffen haben möchte.[2]

Angesichts der Geschwindigkeit, mit der die in Italien beobachteten Entwicklungen sich vollzogen haben, ist freilich Vorsicht geboten, was die Vielfalt der mittelfristig in Frankreich denkbaren Wege angeht. Es waren eine Reihe von Umwälzungen, die den sozialnativistischen Bund, wie er 2018 in Italien geschlossen wurde, möglich gemacht haben. Da waren zunächst die schädlichen Folgen der allmählichen politischen Erosion des Parteiensystems, die nach dem Zusammenbruch von 1992 eingesetzt hatte. In einer politischen Landschaft, die von einer allgemeinen Infragestellung der Parteiorganisationen und der Ernüchterung ob der alten Strukturen und Versprechungen geprägt ist, wanken die politisch-ideologischen Grenzsteine, die man fest verankert glaubte, und werden Bündnisse, die man für unmöglich hielt, ein paar Jahrzehnte später akzeptabel.[3]

---

1 Ich spreche hier vom «internationalistisch-egalitären» Viertel der Wählerschaft bei den Präsidentschaftswahlen 2017, zu dem die Wähler nicht allein von LFI, sondern auch anderer Linksparteien zählen (auch wenn der LFI-Kandidat aus wahltaktischen Gründen, die mit der Möglichkeit zusammenhingen, den zweiten Wahlgang zu erreichen, den größten Teil der Stimmen auf sich vereinen konnte). Siehe Kapitel 14, Tabelle 14.1.

2 Und auch die überwältigende Mehrheit des Führungspersonals der Partei. La France insoumise hat sich stets für die Aufnahme von Einwanderern ausgesprochen.

3 2015 ausgestrahlt, bietet die Serie *1993* eine erhellende und lehrreiche Schilderung dieses Schlüsseljahrs der politischen Geschichte Italiens und führt uns vor Augen, dass der Zerfallsprozess des Parteiensystems schon sehr viel früher eingesetzt hatte. Die Serie macht uns mit Leonardo Notte bekannt, einem windigen, aber sympathischen Werber, der den Aufstieg

Dass in Italien das sozialnativistische Gebräu absehbar sein mochte, liegt auch an der besonderen Konfiguration, die dort der Migrationskonflikt angenommen hat. Aufgrund seiner geographischen Lage sah sich das Land damit konfrontiert, dass an seinen Küsten ein großer Teil der Flüchtlinge anlandete, die aus Syrien wie dem Nahen Osten und Afrika via Libyen über das Mittelmeer kamen.[1] Und so schnell sie damit bei der Hand sind, dem Rest der Welt und namentlich Italien Lehrstunden in Großherzigkeit zu erteilen, so sehr haben die meisten europäischen Länder sich gegen eine humane und rationelle Aufteilung der Flüchtlingsströme gesperrt. Besonders heuchlerisch war in der Tat die französische Haltung. Mit großem Eifer schickte Frankreich seine Polizisten an die italienische Grenze, um Migranten abzuweisen, und am Ende hat das Land seit 2015 nur ein Zehntel der Flüchtlinge aufgenommen, die Deutschland akzeptierte.[2] Im Herbst 2018 beschloss die französische Regierung überdies, ihre Häfen zu schließen und die Rettungsschiffe nach Italien zurückzuschicken. Frankreich ist sogar so weit gegangen, dem Schiff der Seenotretter «SOS Méditerranée» die Flagge zu verweigern. Die Aquarius konnte nicht wieder auslaufen, während im Meer die Zahl der Ertrunkenen in die Höhe ging. Salvini hatte leichtes Spiel, die französische Haltung anzuprangern, insbesondere die des 2017 gewählten jungen Präsidenten Macron, der ihm als vollendete Inkarnation der Heuchelei europäischer Eliten in der Flüchtlingsfrage gilt. Auch das hat ihm am Ende geholfen, die Härte seiner Anti-Migrations-Politik vor der öffentlichen Meinung in Italien zu rechtfertigen.

Der Vorwurf der Heuchelei zählt denn auch zu den klassischen rhetorischen Kunstgriffen migrationsfeindlicher Bewegungen. Der FN hat

---

Berlusconis mitbetreibt. Vor allem lernen wir Pietro Bosco kennen, einen abgehalfterten Golfkriegsveteranen, der inmitten alter römischer Politiker und ihrer Machenschaften unversehens Abgeordneter der Lega Nord wird und bei dem man sich vorstellen kann, dass es ihn genausogut in den M5S hätte verschlagen können, würde die Geschichte ein Vierteljahrhundert später spielen.

1 Libyen war im Chaos versunken nach dem französisch-englischen Ausflug von 2011, der politisch so unvorbereitet war und so verheerende Wirkungen hatte wie nur die amerikanisch-englische Invasion im Irak (auch wenn die Zahl der Opfer des Krieges von 2004 deutlich höher liegt).

2 Siehe Technischer Anhang. Die offizielle, unter Hollande wie Macron vertretene Position der französischen Regierung lautet, das Dubliner Übereinkommen müsse gewiss reformiert werden, die Weigerung Ungarns und Polens mache aber eine solche Reform leider unmöglich. Also müsse Frankreich die Flüchtlinge weiterhin nach Italien zurückschicken. Mit dieser Einstellung hätte Deutschland 2015 nicht eine Million Flüchtlinge aufgenommen.

wie alle Parteien diesen Typs in der Frage der Immigration stets die Wohlgesinntheit der Eliten angeprangert, die mit dem Bekenntnis zu offenen Grenzen rasch bei der Hand seien, aber selbstverständlich nur, wenn sie die Konsequenzen nicht selber tragen müssten.[1] Natürlich wird, wer sich solcher Argumentationsstrategien bedient (wie in Frankreich seit den 1980er Jahren namentlich Jean-Marie und Marine Le Pen), zumeist niemanden überzeugen, der nicht schon überzeugt ist, weil er es zu offensichtlich darauf anlegt, von dem Hass, den er schürt, nach oben getragen zu werden. Im Falle Salvinis und des europäischen (und namentlich französisch-italienischen) Migrationskonflikts hat allerdings dieser Vorwurf der Heuchelei im internationalen Maßstab eine besondere Plausibilität gewonnen. Es ist diese Konstellation, die einen Teil der wachsenden Popularität der Lega erklärt. Daraus wird auch verständlich, weshalb sich der in Migrationsfragen eher moderate M5S bereit fand, in eine Regierungskoalition mit der Lega einzutreten. Noch deren extrem flüchtlingsfeindliches Programm ließ sich unter solchen Bedingungen als Teil einer Bewegung verkaufen, die der Heuchelei der Eliten die Stirn bietet.

Zuletzt und vielleicht vor allem hat sich Italiens sozialnativistisches Bündnis darauf gestützt, die europäischen Regeln und vor allem jene Haushaltsregeln anzuprangern, denen man vorwarf, Italien daran gehindert zu haben, zu investieren, um sich von der Krise von 2008 und dem auf sie folgenden Purgatorium zu erholen. Tatsächlich ist kaum zu bestreiten, dass die europäische, 2011/2012 von Deutschland und Frankreich durchgesetzte Entscheidung für einen forcierten Abbau der Defizite in den Ländern der Eurozone einen desaströsen Rückgang der Wirtschaftstätigkeit, eine neuerliche Rezession und einen steilen Anstieg der Arbeitslosigkeit zumal in Südeuropa gezeitigt hat.[2] Der deutsch-französische Konservativismus hat sich auch in der Frage einer gemeinschaftlichen Staatsschuld und eines einheitlichen Zinssatzes auf europäischer Ebene durchgesetzt, obwohl beide doch in der Konsequenz der Einführung einer Einheitswährung stünden und es den südlichen Ländern der Eurozone erlauben würden, sich vor der Spekula-

1 Der Vorwurf der Heuchelei war es auch, den der Demokrat John Calhoun an die Adresse der Industrie- und Finanzeliten des Nordens gerichtet hatte, die für die Abschaffung der Sklaverei bloß einträten, um an billige Arbeitskräfte zu kommen, die sie ausbeuten und nach Belieben wieder loswerden könnten. Siehe Kapitel 6, S. 306 f.

2 Siehe Kapitel 12, S. 805–808.

tion an den Finanzmärkten zu schützen. Und außer Frage steht auch, dass dieser Konservativismus sich zu einem Gutteil daraus erklärt, dass Deutschland und Frankreich es in Kauf nehmen, das Schicksal des europäischen Projekts den Märkten und künftigen Finanzkrisen zu überantworten, wenn sie nur weiterhin alleine in den Genuss gegen Null gehender Zinssätze kommen.

Natürlich sind die von der Lega und vom M5S vorgeschlagenen Antworten alles andere als wohldurchdacht und schlüssig. Teile der Lega ziehen offenbar den Austritt aus dem Euro und die Rückkehr zur Lira in Betracht, was zu einem schnelleren Abbau der Staatsschulden durch Herbeiführung einer moderaten Inflation beitragen könnte. Die größtenteils unwägbaren Folgen eines solchen Vorhabens scheinen aber die Mehrheit der Italiener eher zu schrecken. So rufen denn die meisten Vertreter der Lega und des M5S eher dazu auf, die Regeln im Innern der Eurozone zu ändern und die Macht der Europäischen Zentralbank anders einzusetzen. Warum sollte auch eine EZB, die Tausende Milliarden Euro gedruckt hat, um Banken zu retten, Italien nicht zu Hilfe eilen, indem sie ihm seine Schulden stundet, bis bessere Zeiten kommen? Diese schwierigen und neuartigen Diskussionen, auf die ich zurückkommen werde, bleiben einstweilen noch relativ vage und unausgearbeitet. Sicher scheint aber, dass solche Fragen sich nicht auf unbestimmte Zeit vertagen lassen. Das soziale Ungenügen an Europa und das tiefe Unverständnis angesichts seiner Unfähigkeit, zum Wohl der großen Mehrheit die gleiche Energie und die gleichen Mittel aufzubringen, die ihm zur Rettung des Finanzsektors zu Gebote standen, werden sich nicht wie von Zauberhand in Luft auflösen.

Der Fall Italiens zeigt auch, dass die Ernüchterung über Europa, die den M5S und die Lega eint, ein starker Zement bei der Bildung sozialnativistischer Koalitionen sein kann. Was die Lega und ihren Chef Salvini so gefährlich macht, ist tatsächlich die Fähigkeit, den nativistischen und den sozialen Diskurs, den Diskurs über die Migration und den über die Staatschulden und das Finanzwesen in ein und derselben Brandrede wider die Heuchelei der Eliten zu verbinden. Das ist der Kitt, der in Zukunft auch andere sozialnativistische Koalitionen in anderen Ländern zusammenhalten könnte, etwa in Frankreich, wo die Europa-Ernüchterung unter den Wählern von LFI und RN groß ist. Dass Europa so häufig in den Dienst einer unsozialen Politik gestellt wurde, wie man es zuletzt bei den Ereignissen von 2017–2019 sehen konnte (Abschaffung der Vermögensteuer im Namen des europäischen Wettbewerbs, finanziert durch eine Erhöhung der Benzinsteuer, von der die breite Bevölkerung belastet wird), die zur Gelbwesten-Krise geführt haben, ist ein Faktum, das eine solche Entwicklung leider nicht unwahrscheinlicher macht. Wenn etwa der nativistische Pol die Gewalttätigkeit seiner migrantenfeindlichen Rhetorik aus Opportunismus mäßigen würde, um sich auf soziale Fragen und das Kräftemessen mit den europäischen Institutionen zu konzentrieren, dann wäre es durchaus denkbar, dass eine sozialnativistische Koalition des Typs Lega-M5S eines Tages auch in Frankreich an die Macht kommt.

Die Demokratische Partei – ein erfolgreicher Sozialnativismus?

Manche Leser, auch solche, die für migrantenfeindliche Reden im Allgemeinen wenig übrig haben, mögen versucht sein, dem Erstarken sozialnativistischer Bewegungen in Europa etwas Positives abzugewinnen. War nicht die demokratische Partei, die in den Vereinigten Staaten der 1930er Jahre den New Deal durchgesetzt, in den 1960er Jahren die Bürgerrechte gestärkt und 2008 schließlich die Wahl eines schwarzen Präsidenten ermöglicht hat, in ihren Anfängen eine echte sozialnativistische Partei? Tatsächlich haben sich dieselben Demokraten, die einst die Sklaverei befürwortet und eine Zeit lang noch erwogen hatten, Sklaven nach Afrika zurückzuschicken, nach dem Bürgerkrieg auf der Grundlage einer sozial-differentialistischen Ideologie neu formiert. Sie haben eine strikte Segregationspolitik gegenüber den Schwarzen im Süden verbunden mit einer relativ sozialen und egalitären Politik gegenüber den Weißen (weißen italienischen und irischen Einwanderern wie weißen Unterschichten überhaupt) – oder zumindest mit einer Politik, die sozialer und egalitärer war als die der Republikaner.[1] Erst seit den 1940er und 1950er Jahren hat die demokratische Partei ernsthaft erwogen, sich vom segregationistischen Teil ihrer ideologischen Plattform zu lösen, wie sie es dann unter dem Druck der Bürgerrechtsaktivisten der 1960er Jahren auch wirklich getan hat.

Diesem Beispiel folgend könnte man also auf den Gedanken kommen, dass PiS, Fidesz, Lega und Rassemblement National im Europa der

1 Siehe Kapitel 6, S. 309–315.

kommenden Jahrzehnte den gleichen Weg einschlagen könnten, um relativ soziale Maßnahmen zugunsten «einheimischer Europäer» mit einer sehr harten Politik gegenüber Migranten und Einwanderern außereuropäischer Herkunft und ihren Kindern zu verbinden. Und in einem zweiten Schritt, vielleicht in einem halben Jahrhundert, vielleicht später, könnte die nativistische Komponente langsam verblassen, ja schließlich ganz verschwinden oder gar in eine Offenheit für die Vielfalt der Herkünfte übergehen – dann freilich in einem beherrschbaren Rahmen. Eine solche Vision wirft indessen eine ganze Reihe von Problemen auf. Zunächst einmal hat die Demokratische Partei, bevor sie zur Partei des New Deal und der Bürgerrechte wurde, enorme Schäden angerichtet. Von den 1870er bis zu den 1960er Jahren haben ihre Vertreter mit ihrem Rechts- und Polizeiapparat in den Südstaaten den Schwarzen die Rassentrennung auferlegt, haben deren Kinder daran gehindert, die gleichen Schulen wie die Weißen zu besuchen, und die Lynchjustiz des Ku-Klux-Klans und anderer Organisation desselben Typs unterstützt oder zumindest gedeckt. Die Vorstellung, dieser Entwicklungsverlauf sei der Weg gewesen, auf dem allein man schließlich zum New Deal und den Bürgerrechten kommen konnte, entbehrt jedes Sinnes. Es gibt stets Alternativen, es gibt abhängig von der Mobilisierungskraft der Akteure stets mögliche Abzweigungen und andere Wege, die man hätte einschlagen können.[1]

Kämen im gegenwärtigen europäischen Kontext die Sozialnativisten in immer mehr Staaten an die Macht, würden sie keine geringeren Schäden anrichten. Im Übrigen haben sie damit bereits begonnen. Zum einen haben sie dort, wo sie an der Macht sind, die Jagd auf Flüchtlinge eröffnet. Und zum anderen ist es ihnen gelungen, die zusehends verängstigten Regierungen anderer europäischer Staaten zu einer restriktiveren Einwanderungspolitik zu nötigen, auf deren Konto Tausende von Toten im Mittelmeer und Hunderttausende von Menschen gehen, die in Lagern in Libyen und der Türkei festgehalten werden. Hätten die sozialnativistischen Parteien freie Hand, sie könnten durchaus zu Maßnahmen massiver Gewalt gegen die in Europa lebenden Migranten und ihre Nach-

---

1 So hätten zum Beispiel die Bundestruppen, die am Ende des Bürgerkriegs den Süden besetzten, der Rassentrennung durchaus ein Ende setzen können. Der Weg wurde im Übrigen versuchsweise beschritten, und man kann sich unschwer eine Ereignisfolge und eine Reihe individueller Handlungen vorstellen, die zum Erfolg geführt hätten. Und auch die Republikaner, die seit den 1960er Jahren im Weißen Haus saßen, hätten auf die von Nixon, Reagan und Trump aufgebotenen Rassenstigmatisierungen verzichten und auf ambitioniertere politische und ideologische Vorhaben bauen können.

kommen greifen. Die Geschichte belegt, dass zu solchen Maßnahmen auch nachträgliche Aberkennungen der Staatsangehörigkeit und Vertreibungen zählen, wie sie in der Geschichte von Regimen praktiziert wurden, die als demokratisch galten, in Europa wie in den USA.[1]

Im Übrigen muss ernsthaft bezweifelt werden, dass die gegenwärtigen sozialnativistischen Bewegungen zu einer Politik der sozialen Umverteilung wirklich in der Lage wären. Im ausgehenden 19. und beginnenden 20. Jahrhundert hat die Demokratische Partei in den Vereinigten Staaten dazu beigetragen, Instrumente sozialer Umverteilung zu schaffen, insbesondere mit der Einführung einer Bundessteuer auf Einkommen und Erbschaften zwischen 1913 und 1916 sowie, gleichfalls auf Bundesebene, eines Sozialversicherungssystems (Renten, Arbeitslosengeld) und eines Mindestlohns in den 1930er Jahren. Und sie hat, nicht zu vergessen, zwischen 1930 und 1980 die Steuerprogression auf einen nie zuvor in der Geschichte erreichten Höchststand getrieben.[2] Wirft man dagegen einen Blick auf die Diskurse und Praktiken der PiS in Polen, der Fidesz in Ungarn oder der Koalition von M5S und Lega in Italien, so fällt auf, dass sie nirgends eine ausdrückliche Erhöhung der Steuern für die Reichsten vorsehen, obwohl dies der Finanzierung ihrer Sozialpolitik sehr zugutekäme. Von der PiS wurden zwar ein paar Steuererleichterungen für die höchsten Einkommen abgebaut, was de facto zu einer stärkeren Belastung der reichsten Haushalte geführt hat, aber die Spitzensteuersätze, denen diese Haushalte unterliegen, hat auch die polnische Regierung nicht zu erhöhen gewagt.[3]

Der zwischenstaatliche Wettbewerb und die nativistische Marktideologie

Besonders aufschlussreich für die Koalition von M5S und Lega ist, dass der M5S sich nicht geweigert hat, den von der Lega im Wahlkampf 2018 ventilierten Vorschlag einer «flat tax» (die ganz in der Tradition der die Lega seit ihren Anfängen kennzeichnenden Steuerfeindlichkeit steht) in den Koalitionsvertrag aufzunehmen. Vollständig in die Tat umgesetzt,

1 Siehe Kapitel 14, S. 967 f.

2 Siehe Kapitel 10, Grafik 10.11–10.12.

3 Siehe Technischer Anhang.

würde dieser Vorschlag auf die Einführung einer Proportionalsteuer, die alle Einkommensniveaus mit dem gleichen Steuersatz belastet, und damit auf die restlose Abschaffung des Systems der Progressivsteuer hinauslaufen (die für hohe Einkommen höhere, für niedrige Einkommen niedrigere Steuersätze vorsieht). Die Folge wäre ein so massiver Einbruch der Steuereinnahmen zugunsten der mittleren und hohen Einkommen, dass es ganz undenkbar ist, er könnte durch eine entsprechend höhere Belastung niedriger Einkommen ausgeglichen werden. Finanzieren ließe er sich nur, ganz nach dem Vorbild der von Reagan in den 1980er Jahren durchgeführten Steuerreformen, durch Flucht in die Verschuldung. Diese schwerwiegende Komplikation erklärt auch, weshalb die Umsetzung dieses Programmpunkts auf unbestimmte Zeit vertagt wurde und weshalb er auch nie anders als in einer Minimalversion umgesetzt werden wird, also durch Senkung, nicht durch vollkommene Abschaffung der Progression. Aber die bloße Tatsache, dass der M5S einem solchen Vorschlag zugestimmt hat, spricht Bände über das völlige Fehlen eines ideologischen Rückgrats, das diese Bewegung kennzeichnet. Es bleibt rätselhaft, wie es möglich sein soll, ein ehrgeiziges Grundeinkommen und umfassende Investitionen der öffentlichen Hand zu finanzieren, wenn man zugleich jede Form einer progressiven Besteuerung höherer Einkommen abschafft.

Es gibt mehr als nur eine mögliche Erklärung dafür, dass die Sozialnativisten des 21. Jahrhunderts an der Progressivsteuer so wenig Gefallen finden. Man kann darin den Willen erkennen, um keinen Preis einer Tradition verhaftet zu bleiben, die mit einer sozialdemokratischen, sozialistischen, labouristischen, rooseveltschen Linken assoziiert ist. Der M5S findet das Grundeinkommen verlockend, das er für innovativ und modern hält, aber die progressiven Steuern, die es finanzieren könnten, scheinen ihm kompliziert und schwerfällig. Einmal mehr muss auch betont werden, wie sehr die massive Geldschöpfung durch die Zentralbanken seit 2008 dazu beigetragen hat, dass die Vorstellungswelt sich gewandelt hat. Seit die EZB Tausende von Milliarden Euro erzeugt hat, um die Banken zu retten, tun sich die Sozialnativisten schwer mit dem Gedanken, dass es den Umweg über komplizierte und potenziell ungerechte Steuern braucht, um das Grundeinkommen oder Investitionen in die Realwirtschaft zu finanzieren. Der Aufruf zu einer endlich gerechten Geldschöpfung findet sich allenthalben in den Reden des M5S, der Lega und anderer sozialnativistischer Bewegungen. Solange es den europäischen Regierungen nicht gelingen will, andere und überzeugendere Weisen der Mobilisierung von Ressourcen anzubieten, zum Beispiel europäische Steuern zu Lasten der Wohlhabendsten, solange wird der Gedanke einer Flucht in die Verschuldung als Königsweg der Finanzierung von Sozialausgaben stets auf großen Beifall in der sozialnativistischen Wählerschaft hoffen können.

Dass Sozialnativisten mit progressiven Steuern wenig anfangen können, ist auch Folge der seit Jahrzehnten anhaltenden Flut von Anti-Steuer-Ideologien und Heiligsprechungen des Prinzips der absoluten Konkurrenz aller gegen alle. Kennzeichnend für den Hyperkapitalismus dieses beginnenden 21. Jahrhunderts ist aber insbesondere der erbitterte Wettbewerb zwischen Staaten. Natürlich gab es diese Konkurrenz, in der Staaten die größten Einkommen und Kapitaleigner anlocken wollen, schon im ausgehenden 19. und beginnenden 20. Jahrhundert. Aber sie hatte nicht die gleiche Tragweite. Zum einen, weil es nicht die gleichen Transportmittel und Informationstechnologien gab, und zum anderen und vor allem, weil die internationalen Verträge und Abkommen, die seit den 1980er und 1990er Jahren ausgearbeitet wurden, um die Globalisierung in geordnete Bahnen zu lenken, diese Technologien de facto in den Dienst nicht der breiten Bevölkerung, sondern der Wahrung der Rechts- und Steuervorteile der Reichsten gestellt haben. Es hätte auch anders laufen können. So wäre es zum Beispiel möglich und erstrebenswert, die Verträge, die den freien Kapitalverkehr organisieren, aufzukündigen und durch ein reguliertes System auf der Grundlage eines öffentlichen Finanzkatasters zu ersetzen, das es den Ländern, die dazu willens sind, erlauben würde, zum Zweck der Umverteilung Steuern auf transnationale Vermögen und Vermögenseinkünfte zu erheben.[1] Dazu müssten freilich weitreichende internationale Kooperationen angebahnt und ehrgeizigere Formen der Überwindung des Nationalstaats entwickelt werden, und zwar insbesondere im Interesse von Staaten, die wie die europäischen im Weltmaßstab eher klein sind. Aber Tatsache ist, dass nativistische und nationalistische Parteien denkbar schlecht dafür gerüstet sind, eine solche internationalistische Überwindung des bestehenden Systems auf den Weg zu bringen.

Es scheint daher alles andere als wahrscheinlich, dass die sozialnativistischen Bewegungen des beginnenden 21. Jahrhunderts sich je an-

1 Siehe Kapitel 11, S. 692–721; 13, S. 844–848 und 17, S. 1216–1228.

schicken, ehrgeizige Formen der progressiven Besteuerung und sozialen Umverteilung zu entwickeln. Am wahrscheinlichsten ist, dass sie, einmal an der Macht, im Räderwerk des Fiskalwettbewerbs gefangen bleiben und genötigt sind, ihr Wirtschaftsgebiet bestmöglich zu verkaufen, ob sie es wollen oder nicht. Dass der Rassemblement National sich in Frankreich während der Gelbwesten-Krise gegen die Abschaffung der Vermögensteuer ausgesprochen hat, war blanker Opportunismus. Sollte er an die Macht kommen, wird er aller Wahrscheinlichkeit nach den Weg eines verschärften Steuerdumpings einschlagen, um Investitionen anzulocken. Zum einen, weil das besser zu seiner alten Anti-Steuer-Gesinnung und seiner Ideologie des Wettbewerbs unter den Völkern passt, und zum anderen, weil er aufgrund seiner Ablehnung der internationalen Kooperation und des Föderalismus unentrinnbar in der Logik des Steuerdumpings gefangen bleibt. Der Prozess eines Auseinanderfallens der Europäischen Union (oder zumindest einer Verstärkung der Machtbefugnisse der Staaten), den ein Machtantritt dieser nationalistischen Parteien in Gang setzen könnte, würde die Kräfte des Sozial- und Fiskalwettbewerbs jedenfalls ebenso verschärfen wie die Tendenz zu wachsender Ungleichheit und identitären Abschottungen.[1]

Die nativistische Marktideologie und ihre Verbreitung

Es sieht also so aus, dass der Sozialnativismus in der Praxis darauf hinauslaufen wird, einer nativistischen Marktideologie Vorschub zu leisten. Im Falle des Trumpismus ist dies erklärte Absicht. Gewiss hat Trump während des Präsidentschaftswahlkampfes 2016 versucht, sich sozial zu geben, indem er als der einzige wahre Anwalt jener amerikanischen Arbeiter auftrat, die der ungezügelten Konkurrenz Mexikos und Chinas zum Opfer gefallen und von den demokratischen Eliten im

1 Optimistischer ist die Vorstellung, ein Zerbrechen der EU und die Aufkündigung ihrer Haushalts-, Finanz- und Wettbewerbsregeln könnte einen Links-Rechts-Gegensatz wiederaufleben lassen, in dem ein linkes Lager, das zu größeren Handlungsspielräumen für eine soziale und ökologische Politik zurückfände, einem wirtschaftsfreundlichen und migrantenfeindlichen rechten Lager gegenüberstünde. Das ist zum Beispiel die implizite Hypothese von B. Amable und S. Palombarini in *L'Illusion du bloc bourgeois. Alliances sociales et avenir du modèle français*, a. a. O. Man kann sich allerdings auch vorstellen, dass die Rückkehr zum Nationalstaat vor allem zu einer Verschärfung der Konkurrenz aller Länder führen und nativistischen und nationalistischen Kräften in die Hände spielen könnte.

Stich gelassen worden seien. Aber neben mehr oder weniger klassischen nativistischen Maßnahmen (Eindämmung der Migrationsströme, Mauerbau, Unterstützung des Brexit und europäischer Regierungen nativistischen Typs), erschöpften sich die von der Regierung Trump angebotenen Lösungen im Wesentlichen in einem entfesselten Fiskaldumping zugunsten der Reichsten und Mobilsten. Reagans Tax Reform von 1986 hatte allen Nachdruck auf den Abbau der Einkommensteuerprogression gelegt (mit einem auf 28 % gesenkten Spitzensteuersatz, der unter Bush und Clinton zwar auf 35–40 %, aber nie wieder auf die früher erreichten Niveaus angehoben werden sollte). Die von Trump 2017 mit dem Kongress ausgehandelte Fiskalreform steht in dieser Traditionslinie und treibt deren Logik entschlossen voran, indem sie sich auf Senkung der Unternehmenssteuern konzentriert, von denen das «Unternehmertum» über Gebühr belastet werde. Der Satz der Bundeskörperschaftsteuer, der seit 1993 bei 35 % gelegen hatte, wurde 2018 über Nacht auf 21 % gesenkt, ergänzt um die in Aussicht gestellte Steueramnestie für Gewinne, die in die Vereinigten Staaten zurückgeführt werden. Das führt zu einem Einbruch der fraglichen Steuereinnahmen um praktisch die Hälfte und wird aller Wahrscheinlichkeit nach den globalen Wettbewerb um eine Senkung der Unternehmenssteuern anheizen, die doch für die öffentlichen Finanzen von erheblicher Bedeutung sind.[1] Zudem ist es Trump gelungen, eine Einkommensteuersenkung durchzusetzen, die passgenau auf selbstständige Unternehmer (wie ihn selbst) zugeschnitten ist, deren Unternehmenseinkünfte (*business income*) mit einem Spitzensatz von nur noch 29,6 % belastet werden, gegenüber 37 % bei den höchsten Gehältern. Die Gesamtwirkung dieser beiden Maßnahmen besteht darin, dass der Steuersatz der Wohlhabendsten (und namentlich der 400 reichsten Steuerzahler) nicht nur erstmals unter den der Steuerzahler gesunken ist, die innerhalb des obersten Hundertstels und Tausendstels einen niedrigeren Rang einnehmen, sondern sich auch stark dem effektiven Steuersatz der ärmsten 50 % angenähert hat.[2] Darüber hinaus wollte Trump die völlige Abschaffung der pro-

1 Die Bundeskörperschaftsteuer belief sich in den Vereinigten Staaten von den 1940er bis zu den 1980er Jahren auf 45–50 %, bevor sie auf 34 % von 1988–1992 bzw. 35 % von 1993–2017 sank (zu denen noch die Steuersätze der Bundesstaaten kamen, die im Allgemeinen bei 5–10 % lagen). Bis 2018 haben die Vereinigten Staaten den europäischen Abwärtswettbewerb in Sachen Körperschaftsteuer nicht mitgemacht. Siehe Kapitel 11, S. 691 f. Die plötzliche Senkung auf 21 % droht diesen Wettbewerb noch anzuheizen.

2 Siehe E. Saez, G. Zucman, *The Triumph of Injustice*, a. a. O. Diese Schlussfolgerung gilt,

gressiven Erbschaftsteuer durchsetzen, aber in diesem Punkt verweigerte ihm der Kongress die Gefolgschaft.

Besonders bemerkenswert ist, wie sehr sich die Fiskalreformen gleichen, die zwei neugewählte Präsidenten, Trump und Macron, Ende 2017 verabschiedet haben. In Frankreich hat die neue Regierung neben der bereits erwähnten Abschaffung der Vermögensteuer eine gestufte Senkung der Körperschaftsteuer von 33 % auf 25 % und die Senkung des Steuersatzes für Einkünfte aus Zinsen und Dividenden auf 30 % beschlossen (gegenüber 55 % für die höchsten Gehälter). Dass die Steuerpolitik der als nativistisch geltenden Regierung Trumps am Ende so sehr der einer Regierung wie der Macrons gleicht, der man eine internationalistischere Gesinnung unterstellt, belegt eine weitreichende Konvergenz der politischen Ideologien und Praktiken. Die Terminologie mag variieren: Trump beschwört gerne die *job creators*, Macron zieht es vor, von den *premiers de cordée*, den Seilführern zu sprechen. Aber im Grunde pflegen beide eine Ideologie, die nicht nur der Überzeugung ist, die Konkurrenz aller gegen alle erfordere es, den mobilsten Steuerzahlern immer größere Steuersenkungen einzuräumen, sondern auch glaubt, die breite Bevölkerung schätze diese neuen Wohltäter, denen sie so viele Neuerungen und Segnungen verdankt (und darüber vergisst, dass es ohne staatliche Ausbildungssysteme und Grundlagenforschung von all dem so wenig gäbe wie ohne private Aneignung öffentlichen Wissens).

Mit dieser Politik gehen beide Regierungen das Risiko ein, die Tendenz wachsender Ungleichheit und das Gefühl der unteren und mittleren Volksschichten zu verstärken, mit den Folgen der Globalisierung alleingelassen zu werden. Der amerikanische Präsident glaubt damit durchzukommen, indem er sich rühmt, die Migrantenströme besser zu kontrollieren und ein wachsameres Auge als seine demokratischen Gegner auf unlautere Wettbewerber aus aller Welt zu haben.[1] Und er versteht es auch, die *job creators* als Helden darzustellen, die den Ver-

---

wenn man die geltenden Steuergesetze zugrunde legt. Die Mechanismen der Steueroptimierung, die insbesondere den reichsten Steuerzahlern zu Gebote stehen, sind dabei also noch gar nicht berücksichtigt.

1 Das 2018 ausgehandelte Handelsabkommen mit Mexiko und Kanada ist die getreue Kopie des alten NAFTA, ergänzt um genauso viele kleine symbolische Unterschiede, wie es braucht, um sich einzureden, da hätte sich etwas geändert. Zu diesen Unterschieden zählt eine Klausel, die eine geringfügige Erhöhung des Anteils der Arbeitskräfte, die über 16 Dollar pro Stunde verdienen, an der Produktion von Autoteilen vorsieht. Die einzige Sanktion, die bei Nichteinhaltung dieser Klausel droht, ist eine Erhöhung der Zölle von 2 % auf 4 %.

einigten Staaten in dem Wirtschaftskrieg, den sie gegen alle anderen Länder dieser Erde führen, sehr viel bessere Dienste leisten als die demokratischen intellektuellen Eliten.[1] Letztere werden unermüdlich als kulturbeflissene und herablassende Schulmeister angeprangert, die stets auf neue Verstiegenheiten sinnen, von denen eine mehr oder weniger große Gefahr für die amerikanische Gesellschaft ausgeht. Trump lässt insbesondere keine Gelegenheit aus, die Angst vor einem Klimawandel zu verhöhnen, der in Wahrheit eine Erfindung von Wissenschaftlern, Demokraten und all den missgünstigen Völkern sei, die nur darauf lauern, Amerika zu schaden, weil sie ihm seine Größe neiden.[2] Dieser Anti-Intellektualismus wird auch von anderen nativistischen Regierungen in Europa und Indien gepflegt, was nebenbei veranschaulicht, dass mehr Bildung und eine stärkere Aneignung wissenschaftlicher Erkenntnisse durch die Bürger von entscheidender Bedeutung sind.[3]

Der französische Präsident setzt auf die umgekehrte Lösung. Er hofft sich an der Macht zu halten, indem er seine Gegner als Nativisten

---

Unter finanziellen Gesichtspunkten ist die Maßnahme, verglichen mit der 2017 verabschiedeten Senkung der Körperschaftsteuer, völlig bedeutungslos.

1 Wie die Wahl Reagans 1980 gleichsam dem Geist von Milton Friedmans 1963 veröffentlichtem Buch über die monetäre Geschichte der Vereinigten Staaten entsprang (*A monetary History of the United States, 1867–1960*, ein Buch, das die monetaristische Lehre begründete; siehe Kapitel 13, S. 875), so muss man die Wahl Trumps mit dem urtrumpistischen Buch in Verbindung bringen, das 1996 von Samuel Huntington veröffentlicht wurde, *The Clash of Civilizations and the Remaking of the World Order*, New York: Simon & Schuster 1996 (dt. *Der Kampf der Kulturen*, aus dem Amerikanischen von Holger Fließbach, München: Goldmann 2002). Das Buch stellt die Hypothese auf, der ideologische Konflikt von Kapitalismus und Kommunismus werde durch den Krieg der Kulturen und Identitäten abgelöst, die Huntington als unverrückbare und zeitlose Wesenheiten behandelt (Abendland gegen Islam, Hinduismus etc.).

2 Trumps Opposition gegen das Brahmanentum spricht sich auch in den eigens von ihm ergriffenen Steuermaßnahmen aus, die eine stärkere Besteuerung von Universitätspräsidenten vorsehen (die in seinen Augen überbezahlt sind, im Gegensatz zu den *job creators*). Auch wollte er Studiengebühren, die Doktoranden erlassen werden, als zu versteuerndes Einkommen behandeln. Die Maßnahme wurde schließlich nicht verabschiedet. Umgekehrt weist die Art, in der Trump die Länder, die militärischen Schutz der Vereinigten Staaten genießen, zur Kasse bitten möchte, eindeutig auf die Vorstellungswelt der kriegerischen Klasse und die ihr entrichteten Tribute in der alten trifunktionalen Ordnung zurück.

3 In diesem Zusammenhang ist auch daran zu erinnern, dass Lega und M5S sich darauf verständigt haben, eine Impfpflicht aufzuweichen, die in ihren Augen von den Ich-weiß-ja-alles-Eliten und räuberischen Pharmafirmen in die Welt gesetzt wurde. Die PiS in Polen und der BJP in Indien wenden sich regelmäßig gegen die Forscher, die im Verdacht stehen, mit ihren Spitzfindigkeiten und ihrer Infragestellung unverbrüchlicher Gewissheiten die immerwährende polnische oder hinduistische Identität zu zerrütten. Bolsonaros Angriffe gegen brasilianische Forscher fügen sich nahtlos in diesen Trend.

und Globalisierungsgegner darstellt und darauf setzt, dass die Mehrheit der französischen Wähler zu sehr der Toleranz und Offenheit verpflichtet ist, um im entscheidenden Moment den sozialnativistischen Weg einzuschlagen (der de facto jederzeit in eine nativistische Marktideologie Trumpschen Typs umschlagen kann). Letztlich wetten beide Ideologien darauf, dass es zu einem Steuerdumping, das den Reichsten zugutekommt, keine Alternative gibt und der Spielraum, der politisch bleibt, sich in der Alternative von Fortschrittlichkeit und Nativismus erschöpft.[1] Beide Ideologien beruhen aber auf einer ungerechtfertigten Vereinfachung der Realitäten und einer guten Portion Heuchelei. Zum einen ist auch auf nationaler Ebene, und selbst in so kleinen Nationalstaaten, wie die europäischen Länder es sind, eine ambitionierte Umverteilungspolitik noch möglich[2]; und in den Vereinigten Staaten hat die Bundesregierung, so sie den nötigen politischen Willen aufbringt, vollends alle Mittel an der Hand, ihren fiskalpolitischen Beschlüssen Geltung zu verschaffen.[3] Zum anderen verbietet es den Ländern niemand, im Interesse eines nachhaltigeren und gerechteren Entwicklungsmodells insbesondere in Steuerbelangen zusammenzuarbeiten.

Die Möglichkeit eines europäischen Sozialföderalismus

Der nächstliegende Ausweg aus der sozialnativistischen Falle wäre eine Form des Sozialföderalismus, die durch internationale Zusammenarbeit und demokratischen Föderalismus die Umverteilung des Wohlstands und die soziale Gerechtigkeit vorantreibt. Ich bestreite nicht, dass dies ein schmaler Pfad ist. Die Hypothese einer friedlichen und einträchtigen Neugründung Europas ist leider nicht die wahrscheinlichste. Es ist zweifellos realistischer, sich auf einigermaßen chaotische Entwicklun-

1 Eine Alternative, die sich bei genauerer Betrachtung der Flüchtlings- und Klimapolitik, die von der französischen Regierung tatsächlich betrieben wird, als eher fiktiv entpuppt.

2 Wie es zum Beispiel die Tatsache belegt, dass Aufkommen und Bemessungsrundlagen des *Impôt sur la fortune*, der französischen Vermögensteuer, zwischen 1990 und 2018 stark gestiegen sind, dem Steuerwettbewerb und zahlreichen Schlupflöchern zum Trotz. Siehe Kapitel 14, S. 988–992 und Technischer Anhang, Grafik S14.20.

3 Das belegen Maßnahmen wie der Fatca angesichts der Praktiken Schweizer Banken ebenso wie Vorschläge zu einer Bundesvermögensteuer, wie sie etwa Elizabeth Warren ins Spiel gebracht hat (mit einer *exit tax* von 40 % auf Vermögenswerte von Personen, die beschließen, die amerikanische Staatsbürgerschaft abzulegen). Siehe Kapitel 11, S. 714–716.

gen einzustellen, mit politischen, sozialen und finanziellen Krisen unterschiedlichster Art, die mit dem Risiko einer Auflösung der Europäischen Union oder der Eurozone einhergehen können. Aber wie immer künftige Krisen aussehen mögen, der Wiederaufbau ist unvermeidlich. Niemand denkt daran, zur Autarkie zurückzukehren, und es wird daher neue Verträge brauchen, um die Beziehungen zwischen den Ländern wenn irgend möglich auf befriedigendere Weise zu regeln, als es die derzeitigen Verträge tun. Ich werde mich an dieser Stelle auf die Möglichkeit eines Sozialföderalismus im europäischen Rahmen konzentrieren. Wir werden indessen sehen, dass die diesbezüglichen Schlüsse von allgemeinerer Tragweite sind, zum einen, weil die in Europa beschlossenen sozial- und fiskalpolitischen Maßnahmen Auswirkungen auf andere Teile der Welt haben können, und zum anderen, weil sich die hier vorgeschlagenen Formen transnationaler Kooperation auch für andere regionale Verbände (zum Beispiel in Afrika, in Lateinamerika oder im Nahen Osten), aber auch dafür empfehlen mögen, die Beziehungen zwischen solchen regionalen Verbänden zu regeln.

Die Europäische Union (EU) stellt einen anspruchsvollen und beispiellosen Versuch dar, «eine immer engere Union zwischen den europäischen Völkern» zu schaffen. In der Praxis waren freilich die europäischen Institutionen, wie sie Schritt für Schritt geschaffen wurden, vom Vertrag von Rom (1957), der die EWG, über den Vertrag von Maastricht (1992), der die EU ins Leben gerufen hat, und schließlich zum Vertrag von Lissabon, in dem die gegenwärtigen Regeln festgelegt wurden, in erster Linie darauf angelegt, einen großen Markt zu organisieren, der ohne eine gemeinsame Fiskal- und Sozialpolitik den freien Verkehr von Gütern, Kapital und Arbeitskräften garantiert. Rufen wir die wesentlichen Funktionsprinzipien jener Institutionen in Erinnerung.[1]

1 Siehe auch Kapitel 11, S. 688–695 und 12, S. 800–808. Die Referenz auf den «immer engeren Zusammenschluss der europäischen Völker» entstammt dem ersten Satz der Präambel des AEUV (Vertrag über die Arbeitsweise der Europäischen Union), der in Lissabon gleichzeitig mit dem EUV (Vertrag über die Europäische Union) verabschiedet wurde. Diese beiden Verträge, die zwischen 2009 und 2014 Schritt für Schritt in Kraft getreten sind, bilden die derzeitige Rechtsgrundlage der EU. Sie sind 2012–2013 durch den SKS-Vertrag (Vertrag über Stabilität, Koordinierung und Steuerung in der Wirtschafts- und Währungsunion), der neue Regeln zum Staatsdefizit aufstellt, und durch den Europäischen Stabilitätspakt ergänzt worden. Die 2007 in Lissabon verabschiedeten Verträge sind im Wesentlichen dieselben, die im Rahmen des Vertrags über die Verfassung für Europa durch das französische Referendum von 2005 zurückgewiesen wurden. Sie wurden bloß frisiert: Der Begriff «Verfassung» wurde gestrichen, das Prinzip des «freien und unverfälschten Wettbewerbs» wurde durch das des

Ob es sich um Verordnungen, Richtlinien oder andere gesetzgebende Akte handelt: Die von der Europäischen Union gefassten Beschlüsse müssen, um in Kraft treten zu können, prinzipiell von den beiden Instanzen verabschiedet werden, die in Europa die gesetzgebende Gewalt unter sich aufteilen. Da ist einerseits der Europäische Rat, in dem die Staats- und Regierungschefs zusammenkommen, der aber abhängig von der Art der jeweils verhandelten Fragen auch auf Ministerebene tagt (Rat der Finanzminister, der Landwirtschaftsminister etc.). Und da ist andererseits das Europäische Parlament, das seit 1979 in allgemeinen Wahlen gewählt wird und die Mitgliedstaaten in Abhängigkeit von ihrer Einwohnerzahl repräsentiert (obgleich die kleinen Staaten im Verhältnis überrepräsentiert sind).[1] Vorbereitet und umgesetzt werden die Entscheidungen von der Europäischen Kommission (die als eine Art europäische Exekutiv- oder Regierungsgewalt fungiert, mit einem Kommissionspräsidenten an der Spitze und Kommissaren, die für einzelne Ressorts zuständig sind und vom Europäischen Rat ernannt werden, dessen Personalvorschläge vom Europäischen Parlament abgesegnet werden müssen.

Formal gleicht das Ganze einer föderalen parlamentarischen Struktur klassischen Typs, mit einer Exekutivgewalt und zwei gesetzgebenden Kammern. Durch zwei Besonderheiten unterscheidet sich das System aber deutlich von den üblichen Strukturen. Zunächst durch die in ihm geltende Regel der Einstimmigkeit, und weiterhin dadurch, dass zumindest der Ministerrat seiner Struktur nach ein denkbar ungeeignetes Forum für eine pluralistische und demokratische parlamentarische Beratung ist.

Zuallererst muss man sich vor Augen führen, dass die meisten wichtigen Beschlüsse die Einstimmigkeit des Ministerrats voraussetzen. Das

«lauteren Wettbewerbs» ersetzt, und vor allem wurde das Ganze auf parlamentarischem Wege und nicht qua Referendum verabschiedet. Zu den Zusammenhängen zwischen den verschiedenen Vertragstexten, die man sich genau ansehen sollte, siehe Technischer Anhang. Siehe auch D. Chalmers, G. Davies, G. Monti, *European Union Law. Text and Materials*, Cambridge: Cambridge University Press 2014.

1 Technisch gesprochen, liegen die gesetzgebenden Befugnisse bei den verschiedenen Ministerräten (gemeinsam mit dem Europäischen Parlament), während sich der Europäische Rat (dem die Staats- und Regierungschefs unter Leitung eines von ihnen ernannten Ratspräsidenten angehören) auf große politische Richtungsentscheidungen und Vertragsreformen konzentriert. In Anbetracht der Tatsache, dass die Minister ihrerseits der Autorität ihrer Regierungschefs unterstehen, macht dies einen eher juristischen und praktischen als wirklich politischen Unterschied.

betrifft insbesondere das Steuerwesen, den Haushalt der Europäischen Union und die Sozialsysteme.[1] Alle Beschlüsse zum Binnenmarkt, zum freien Kapital-, Güter- und Personenverkehr und zu Handelsabkommen mit dem Rest der Welt, also die einzigen gemeinsamen Beschlüsse, auf denen die europäische Konstruktion beruht, unterliegen der Regel der qualifizierten Mehrheit.[2] Aber sobald es um eine gemeinsame Fiskal-, Haushalts- und Sozialpolitik geht, und vor allem dann, wenn die Staatsfinanzen der Mitgliedstaaten berührt sind, gilt die Regel der Einstimmigkeit. Das heißt konkret, dass jeder Staat ein Vetorecht besitzt. Wenn zum Beispiel Luxemburg mit seinen ungefähr 500 000 Einwohnern, also kaum 0,1 % der Bevölkerung der EU (510 Millionen), Unternehmensgewinne mit einem Satz von 0 % besteuern und derart den Nachbarn ihr Steueraufkommen abgraben will, kann niemand es daran hindern. Und ganz gleich, welche steuerpolitische Maßnahme zur Vorlage kommt, ihre Verabschiedung kann von jedem noch so kleinen Land, ob Luxemburg, Irland, Malta oder Zypern, nach Belieben blockiert werden. Da die Verträge aber den absolut freien Investitions- und Kapitalverkehr ohne jede Verpflichtung zur Fiskalkooperation garantieren, sind alle Bedingungen für einen Überbietungswettbewerb erfüllt, der zu immer mehr Steuerdumping zugunsten der mobilsten Wirtschaftsakteure führt.

Es ist denn auch dieses Fehlen jeder gemeinsamen Besteuerung und eines wirklich gemeinsamen Haushalts, das dafür sorgt, dass die Europäische Union eher einer Handelsunion oder internationalen Organisation als einer wirklichen Bundesregierung gleicht. In den Vereinigten Staaten oder in Indien stützt sich die Zentralregierung auf ein Zweikammersystem, das es ihr erlaubt, Mittel für gemeinsame Projekte aufzubringen. In beiden Fällen beläuft sich der aus Bundessteuern auf Einkommen, Erbschaften und Unternehmensgewinne finanzierte Bun-

1 Die Einstimmigkeitsregel gilt auch für gemeinsame Außen- und Sicherheitspolitik, polizeiliche Zusammenarbeit, den Beitritt neuer Mitgliedstaaten, die Unionsbürgerschaft etc.

2 Die Regel der qualifizierten Mehrheit wird so definiert: Ein Beschluss gilt als verabschiedet, wenn er von 55 % der Länder, die mindestens 65 % der Bevölkerung der EU repräsentieren müssen, unterstützt wird. Diese Regel, die nach langen Debatten verabschiedet wurde, stellt die prinzipielle Neuerung des 2007 in Kraft getretenen Vertrags von Lissabon dar (und schon des fallengelassenen Europäischen Verfassungsvertrags). Angewendet wird sie seit 2014. Zuvor hatte man sich auf Systeme gestützt, die auf der Anzahl der jedem Land zugesprochenen Stimmen beruhten, regelmäßig überarbeitet wurden und Gegenstand endloser Debatten waren.

deshaushalt auf 15–20 % des Bruttoinlandsprodukts – gegenüber kaum 1 % im Falle des Haushalts der Europäischen Union, der mangels gemeinsamer Steuereinnahmen von Zahlungen der Mitgliedstaaten lebt, für die es einen einstimmigen Beschluss der Länder braucht.

Die Konstruktion eines transnationalen demokratischen Raums

Die Frage lautet, wie man sich aus dieser Lage befreien kann. Eine erste Möglichkeit läge darin, das Prinzip der qualifizierten Mehrheit auf Steuer- und Haushaltsfragen auszudehnen. Lassen wir die Tatsache, dass es zweifellos nicht einfach wäre, die kleinen Länder zum Verzicht auf ihr Steuerveto zu bewegen, zunächst beiseite. Um das zu erreichen, müsste zweifellos eine Koalition von Ländern extrem hohen Druck auf die anderen ausüben und ihnen empfindliche Sanktionen androhen. Aber ob es nun gelänge, den 28 Mitgliedstaaten (oder demnächst 27, für den noch ungewissen Fall, dass Großbritannien mit seinem Brexit ernst macht) die Mehrheitsregel aufzuerlegen, oder ob man es dabei bewenden ließe, sie in einer kleineren Gruppe von Staaten anzuwenden, die mit gutem Beispiel vorangehen möchte – das Problem besteht darin, dass der Rat der Finanzminister (oder Regierungschefs) eine völlig ungeeignete Instanz ist, um eine europäische parlamentarische Demokratie auf den Weg zu bringen.

Der Grund ist einfach: Ein Verfahren, in dem jedes Land durch einen einzigen Repräsentanten vertreten wird, ist eine Maschine, die Nationalinteressen (oder das, was man dafür hält oder ausgibt) aufeinanderprallen lässt. Sie eignet sich in keiner Weise für eine pluralistische Beratung oder dafür, Mehrheiten für Ideen zu gewinnen. Der deutsche Finanzminister repräsentiert, konkret gesprochen, allein 83 Millionen Bürger, der französische 67 Millionen, der griechische 11 Millionen, und so fort. Unter so eingerichteten Bedingungen ist eine friedliche und besonnene Beratung schlicht undenkbar. Gerade die Repräsentanten der größten Länder können sich bei Steuer- oder Haushaltsbeschlüssen, von denen sie annehmen, dass sie ihr Land stark in die Pflicht nehmen, nicht öffentlich überstimmen lassen. Die Folge ist, dass Beschlüsse in der Eurogruppe[1] (oder, weiter gefasst, in allen aus Ministern oder Staats- und Regierungschefs

1 Obwohl er in den Verträgen gar nicht auftaucht, bezeichnet dieser Begriff, Eurogruppe, fortan den Finanzministerrat der Mitgliedstaaten der Eurozone (derzeit 19 Staaten, gegen-

gebildeten europäischen Instanzen) nicht bloß unter dem Deckmantel des Konsensus fast immer einstimmig, sondern auch grundsätzlich hinter verschlossenen Türen getroffen werden. Fügen wir hinzu, dass diese Instanzen keiner der Regeln gehorchen, auf denen parlamentarische Demokratien beruhen. Es gibt keinerlei Verfahren, das Anträge und Debatten, Redezeiten und Abstimmungen regelt. Dass einer solchen Instanz eines Tages die Diskussion und Verabschiedung von Steuergesetzen übertragen werden könnte, die für Hunderte von Millionen Menschen gelten, ist eine unsinnige Vorstellung. Es ist seit langem, zumindest seit dem 18. Jahrhundert und den atlantischen Revolutionen bekannt, dass Entscheidungen über Steuern wie nichts sonst in die Zuständigkeit der Parlamente fallen. Kaum etwas ist so sehr wie die sorgfältige Festsetzung von Steuervorschriften, Bemessungsgrundlagen und Steuersätzen auf eine öffentliche, unter den Augen von Staatsbürgern und Journalisten geführte Debatte angewiesen. Dazu ist es unabdingbar, dass die Vielfalt der Meinungen innerhalb der einzelnen Länder unverkürzt und umfassend repräsentiert ist. Diese Bedingungen wird ein Finanzministerrat per definitionem nie erfüllen können.[1] Kurzum: Die derzeitigen europäischen Instanzen, die um die Ministerräte mit ihrer zentralen, beherrschenden Stellung herum aufgebaut wurden und dem Parlament eine sekundäre Rolle zuweisen, sind entworfen worden, um einen großen Markt zu regulieren und Vereinbarungen zwischen Regierungen zu treffen. Aber sie sind ganz und gar nicht darauf zugeschnitten, fiskal- und sozialpolitische Beschlüsse zu fassen.

Eine zweite Möglichkeit, die unter den politischen Verantwortlichen in Europa im Allgemeinen von den entschlossensten Befürwortern einer föderalistischen Perspektive ins Spiel gebracht wird, bestünde darin, die Befugnis, über Steuern abzustimmen, ganz dem Europäischen Parlament zu übertragen. Das Parlament wird in direkten allgemeinen Wahlen gewählt, es unterliegt den Bekanntmachungsvorschriften und den Regeln der Durchführung von Debatten, wie sie in parlamenta-

über 28 Mitgliedstaaten der EU), eine Instanz, die seit der Finanzkrise von 2008–2009 eine wachsende Rolle spielt.

1 Erinnern wir auch daran, dass die hinter verschlossenen Türen und zur Unzeit von 2011–2012 getroffenen Entscheidungen der Eurogruppe für den absurden neuerlichen Einbruch der Wirtschaftstätigkeit von 2011–2012 verantwortlich zeichnen, von dem Europa sich kaum erholt. Siehe Kapitel 12, S. 806–808 und Technischer Anhang, Grafiken S12.12a–S12.12c. Diese jämmerliche Leistung der Eurogruppe zeigt, wie ungeeignet und wie unfähig zur Beratung und Beschlussfassung diese Instanz ist.

rischen Gremien üblich sind. Und es fasst seine Beschlüsse nach dem Mehrheitsprinzip. Das macht es zu einem Gremium, das ganz offenbar sehr viel geeigneter ist, um Steuern und Haushaltsbudgets zu verabschieden. Dennoch bringt auch diese Lösung, so überlegen sie der derzeitigen Regelung ist, eine Reihe von Problemen mit sich. Man tut gut daran, genau abzuwägen, was sie voraussetzt, und weshalb sie sich zweifellos kaum durchsetzen lassen wird. Halten wir zunächst fest, dass eine lebensfähige europäische Demokratie in jedem Fall eine völlige Neufassung der Transparenz- und Verfahrensregeln erfordern würde, denen die Lobbys unterliegen, die derzeit das politische Leben in Brüssel prägen und ernste Fragen aufwerfen.[1] Auch ist zu bedenken, dass eine Übertragung der Steuerhoheit auf das Europäische Parlament bedeuten würde, dass die politischen Institutionen der Mitgliedstaaten bei der Verabschiedung der europäischen Steuern nicht direkt repräsentiert wären.[2] Eine solche Perspektive ist nicht als solche schon problematisch, zumal es sie in anderen Kontexten schon gibt, aber sie muss gleichwohl sorgfältig geprüft werden.

In den USA müssen Bundessteuern und der Bundeshaushalt ebenso wie sämtliche Bundesgesetze vom Kongress des Bundes beschlossen werden, dessen Mitglieder dafür gewählt werden und nicht unmittelbar die politischen Institutionen der Bundesstaaten repräsentieren. Das amerikanische System sieht vor, dass Gesetzesvorlagen von beiden Kammern des Kongresses im gleichen Wortlaut verabschiedet werden. Während das Repräsentantenhaus in Abhängigkeit von der Bevölkerungszahl der Bundesstaaten gebildet wird, werden in den Senat von jedem Bundesstaat (unabhängig von seiner Größe) zwei zu diesem Zweck ge-

1 Siehe dazu S. Laurens, *Les Courtiers du capitalisme. Milieux d'affaires et bureaucrates à Bruxelles*, Marseille: Agone 2015.

2 Bemerkenswert ist, dass dies selbst in den föderalistischsten Projekten, die bis heute diskutiert wurden, nicht vorgesehen war. Insbesondere der Vertragsentwurf zur Gründung der Europäischen Union (der sogenannte «Spinelli-Entwurf»), der 1984 vom Europäischen Parlament verabschiedet wurde, räumte dem Parlament zweifellos eine bedeutende Rolle ein, namentlich mit der Befugnis, die Kommission ein- oder abzusetzen und die von der Kommission vorgeschlagenen Gesetzes- und Richtlinienentwürfe zu prüfen. Aber er tat dies, ohne daran zu rütteln, dass Gesetze und Richtlinien im gleichen Wortlaut auch vom Ministerrat der Mitgliedstaaten verabschiedet werden müssen (mit einer möglichen Erweiterung der Geltung der qualifizierten Mehrheitsregel innerhalb des Rats). Die optimistische (bis heute aufrechterhaltene) föderalistische Hypothese lautet, der Rat werde sich am Ende den Mehrheitsentscheidungen des Europäischen Parlaments schon beugen, selbst wenn er formal sein Vetorecht im Hinblick auf sämtliche Erlasse behält.

wählte Repräsentanten entsandt. Dieses System, in dem keine der beiden Kammern Vorrang vor der anderen hat, ist sicher kein Musterbeispiel und führt häufig zu Blockaden. Aber es funktioniert leidlich, vor allem dank eines gewissen Gleichgewichts zwischen der Größe der verschiedenen Bundesstaaten.[1] In Indien gibt es ebenfalls zwei Kammern: Die Lok Sabha (Volkskammer) wird direkt von den Bürgern in den Wahlkreisen gewählt, die sorgfältig bestimmt werden, um sicherzustellen, dass die Bevölkerung des gesamten Territoriums proportional repräsentiert ist, während die Mitglieder der Rajya Sabha (Staatenkammer) indirekt von den Parlamenten der Bundesstaaten und Unionsterritorien gewählt werden.[2] Gesetze müssen auch in Indien prinzipiell von beiden Kammern mit dem gleichen Wortlaut verabschiedet werden, aber im Streitfall besteht die Möglichkeit, beide Kammern in einer gemeinsamen Sitzung einzuberufen, was der Lok Sabha in Anbetracht ihrer zahlenmäßigen Überlegenheit einen gewissen Vorrang einräumt.[3] Vor allem aber hat bei der Steuer- und Haushaltsgesetzgebung (*money bills*) die Lok Sabha automatisch das letzte Wort.

Nichts verbietet es, sich für Europa eine ähnliche Lösung vorzustellen: Das europäische Parlament hätte das letzte Wort bei der Verabschiedung europäischer Steuern und eines durch sie finanzierten Haushalts. Es gibt allerdings zwei entscheidende Unterschiede, die eine solche Lösung wenig befriedigend erscheinen lassen. Zunächst ist es

1 Irreführend ist insbesondere der zuweilen angestellte Vergleich zwischen dem amerikanischen Senat und dem Rat der europäischen Staats- und Regierungschefs oder Minister. Die Entsprechung zum Rat wäre ein Senat, der aus Gouverneuren der Bundesstaaten besteht (der Gouverneur von Kalifornien, von New York etc.), in einer Situation, in der zwei Staaten (zum Beispiel Kalifornien oder New York) allein die Hälfte des BIP des Landes in die Waagschale werfen (wie Deutschland und Frankreich es in der Eurozone annähernd tun). Man könnte darauf wetten, dass ein solches System sehr schlecht funktionieren würde. Die beiden fraglichen Gouverneure würden häufig auseinandergehen, ohne irgendeinen Beschluss gefasst zu haben. Ebensowenig trägt der mitunter ebenfalls angestellte Vergleich zwischen dem Rat und dem Bundesrat (der die deutschen Bundesländer repräsentiert). Fügen wir noch hinzu, dass erst der 1913 verabschiedete 17. Zusatzartikel zur Verfassung der Vereinigten Staaten dafür gesorgt hat, dass die Senatoren der Vereinigten Staaten in allgemeinen Wahlen bestimmt werden müssen. Zuvor wurden sie mitunter von der Legislative ihres Staates ernannt.

2 Die Mitglieder der Rajya Sabha werden auf der Grundlage von Listen gewählt, die von den Parteien vorgelegt werden, und gehören nicht selber der Legislative der Staaten an.

3 Die Lok Sabha zählt genau 545 Mitglieder, die Rajya Sabha 245. In der Praxis ist es zur gemeinsamen Einberufung beider Kammern seit Inkrafttreten der Verfassung von 1950 nur dreimal gekommen, zum Beispiel 1963 beim Gesetz über das Verbot der Mitgift.

zumindest bis auf weiteres höchst unwahrscheinlich, dass die 28 Mitgliedstaaten der EU sich derart bereit finden, ihre Steuerhoheit abzutreten. Daher müssten die Länder, die mit gutem Beispiel vorangehen möchten, eine Unterkammer im Herzen des Europäischen Parlaments bilden. Auch das ist nicht unmöglich, es würde aber einen recht deutlichen Bruch mit den anderen Ländern einschließen. Und selbst vorausgesetzt, die 28 Länder wären sich einig und eine Untergruppe willens, auf diesem Weg voranzugehen, der Kardinalunterschied gegenüber den Vereinigten Staaten oder Indien liegt zuletzt und vor allem darin, dass es die europäischen Nationalstaaten vor der Union schon gab. Und das heißt auch, dass es ihnen auf dem Weg über ihre nationalen Parlamente freisteht, internationale Verträge zu ratifizieren oder aufzukündigen. Zudem beschließen diese Parlamente (Deutscher Bundestag, Assemblée nationale etc.) seit Jahrzehnten, in manchen Fällen sogar seit dem 19. Jahrhundert Steuern und Staatshaushalte, die mit der Zeit auf einen beträchtlichen Umfang angewachsen sind, der sich auf etwa 30–40 % des Bruttoinlandprodukts beläuft.

Von nationalen Instanzen debattiert und beschlossen, haben diese Abgaben Sozial- und Bildungspolitiken finanziert und ein Entwicklungsmodell geschaffen, die alles in allem einen ungeheuren, historisch beispiellosen Erfolg darstellen. Sie haben es den europäischen Ländern erlaubt, Lebensstandards zu erreichen, wie die Geschichte sie nie gekannt hat, ohne das Ausmaß der Ungleichheiten überhandnehmen zu lassen, zumindest verglichen mit den Vereinigten Staaten und anderen Weltregionen. Und sie haben eine relative Gleichheit des Zugangs zu Bildung und Gesundheit geschaffen. Diese nationalen Parlamente und mit ihnen die Haushalte und Steuern, die sie derzeit verabschieden, werden fortbestehen, zumindest zum größten Teil. Niemand kann ernsthaft auf den Gedanken verfallen, es sei zum Wohle aller, wenn alles in Brüssel beschlossen wird, oder es müsse der Haushalt der Europäischen Union mit einem Mal von 1 % auf 40 % anwachsen, um die Staatshaushalte zu ersetzen oder den Regionen, Kommunen und Sozialversicherungskassen die Mittel abzugraben. Wie für das Eigentumsregime, das dezentralisiert sein und sich auf Teilhabe und Mitbestimmung gründen sollte, so gilt auch für die Einrichtung der politischen Ordnung und des Systems der Grenzen, dass sie im Idealfall so weit wie möglich auf Dezentralisierung und einer Mobilisierung der Akteure auf allen Ebenen beruhen sollte.

Eine europäische parlamentarische Souveränität auf der Grundlage souveräner nationaler Parlamente schaffen

Um einen wirklich transnationalen demokratischen Raum zu schaffen, wäre es daher in Anbetracht der europäischen Realitäten eine geeignetere Lösung, sich zumindest teilweise auch auf nationale Parlamente zu stützen. Eine Möglichkeit könnte sein, dass die dazu entschlossenen Länder eine europäische Versammlung ins Leben rufen, die zum Teil aus Abgeordneten der nationalen Parlamente besteht (proportional zur Einwohnerzahl und den verschiedenen politischen Gruppierungen des jeweiligen Landes) und zum Teil aus Abgeordneten des Europaparlaments (erneut proportional zu den verschiedenen politischen Gruppierungen, denen die Repräsentanten der Länder angehören, die auf diesem Weg vorangehen wollen). Die Frage nach den Proportionen, die es zu wahren gilt, erfordert eine Reihe komplexer Überlegungen, die hier nicht angestellt werden können. Ein letzthin in der europäischen Debatte zum Thema gemachter Vorschlag hält als Arbeitshypothese fest, dass eine solche Versammlung zu 80 % aus Abgeordneten der nationalen Parlamente und zu 20 % aus Abgeordneten des derzeitigen Europaparlaments bestehen könnte.[1]

Dieser Vorschlag, der sich auf ein Projekt für einen Vertrag zur Demokratisierung Europas stützt,[2] hat den Vorzug, dass ein solcher Vertrag von den dazu entschlossenen Ländern ohne Änderung der bestehenden europäischen Verträge beschlossen werden könnte. So sehr es vorzuziehen wäre, wenn er auf Anhieb von möglichst vielen Ländern verabschiedet würde, insbesondere von Deutschland, Frankreich, Italien und Spanien (die allein über 70 % der Bevölkerung und des BIP der Eurozone ausmachen) – nichts hindert eine kleinere Zahl von Ländern daran, voranzugehen und zum Beispiel eine französisch-deutsche oder auch eine französisch-italienisch-belgische Versammlung zu bilden.[3]

1 Siehe das im Dezember 2018 veröffentlichte und online unter www.tdem.eu verfügbare «Manifest für die Demokratisierung Europas». Siehe auch M. Bouju, L. Chancel, A. L. Delatte, S. Henette, T. Piketty, G. Sacriste, A. Vauchez, *Changer L'Europe, c'est possible!*, Paris: Seuil 2019.

2 Das Projekt des Demokratisierungsvertrags (*Projet pour un traité de démocratisation du gouvernement social de l'union européenne*, TDEM) ist ebenfalls online unter www.tdem.eu verfügbar.

3 Ganz allgemein gilt, das nichts die dazu entschlossenen Länder hindert, bi- oder multi-

Wie immer dies im Einzelnen aussehen könnte, der Vorschlag lautet, dieser Europäischen Versammlung das Recht zu erteilen, vier große Gemeinschaftsteuern zu erheben: eine Körperschaftsteuer, eine Steuer auf hohe Einkommen, eine Steuer auf große Vermögen und eine gemeinsame CO_2-Steuer. In dem Haushaltsprojekt, das diesen Vorschlag begleitet, könnten diese Steuern zum Beispiel ungefähr 4 % des BIP einbringen, die zur einen Hälfte an die Staatshaushalte zurückfließen (etwa um die Abgabenlast für die mittleren und unteren Volksschichten zu senken, die bislang die Leidtragenden des europäischen Steuerwettbewerbs sind) und zur anderen Hälfte ein Budget finanzieren könnten, das für Investitionen in die Energiewende, in Forschung und Bildung und schließlich in einen Fond bereitstünde, mit dem sich Aufnahme und Verteilung von Migranten erleichtern ließen.[1] Dieser Vorschlag dient nur der Veranschaulichung und es läge selbstverständlich im Ermessen der Europäischen Versammlung, Art und Höhe der Steuern festzulegen und ihre Prioritäten zu setzen.[2]

laterale Verträge zu schließen, solange diese ihre sonstigen Verpflichtungen nicht beeinträchtigen. Da die hier zur Diskussion gestellten fiskalpolitischen Befugnisse nicht zu den Befugnissen der Europäischen Union zählen, kann der Demokratisierungsvertrag verabschiedet werden, ohne geltende Regeln zu verletzen. Siehe für eine rechtliche Erörterung dieser Fragen S. Hennette, T. Piketty, G. Sacriste, A. Vauchez, *Für ein anderes Europa. Vertrag zur Demokratisierung der Eurozone*, aus dem Französischen von Michael Bischoff, München: C.H.Beck 2017.

1 Vorgeschlagen werden eine gemeinsame Körperschaftsteuer von 15 % (ergänzt um einen Mindestsatz von 22 % auf nationaler Ebene, was insgesamt 37 % macht), eine gemeinsame Steuer von 10 % auf Einkommen über 200 000 Euro und 20 % bei über 400 000 Euro jährlich (die zu den derzeit auf nationaler Ebene greifenden Spitzensätzen von 40–50 % hinzukäme, was insgesamt 60–70 % für die höchsten Einkommen ausmachen würde), eine gemeinsame Steuer auf große Vermögen von 1 % bei über 1 Million und 2 % bei über 5 Millionen Euro (die zu Steuern auf Eigentum, Grundsteuern und anderen nationalen Vermögensteuern hinzukäme und durch eine gemeinsame Erbschaftsteuer von 10 % bei über 1 Million und 20 % bei über 2 Millionen ergänzt werden könnte) und eine gemeinsame Steuer auf CO_2-Ausstoß (mit einem Ausgangstarif von 30 Euro pro Tonne, der jährlich neu tariert werden sollte). Alle Details sind online unter www.tdem.eu verfügbar. Diese Vorschläge wollen nur eine Vorstellung davon vermitteln, wie ein erster von der Europäischen Versammlung beschlossener Haushalt aussehen könnte. Sie treffen keinerlei Aussage über das Idealniveau der bei hohen Einkommen und großen Vermögen greifenden Steuerprogression (eine Frage, auf die ich im folgenden Kapitel zurückkomme).

2 Die Versammlung könnte zum Beispiel auch beschließen, die Gesamtheit der Steuereinnahmen den Mitgliedstaaten zurückzuerstatten. In diesem Fall würde die gesamte Einrichtung nur dazu dienen, dass die Mitgliedstaaten auf Bundesebene die bedeutendsten Wirtschaftsakteure besser besteuern und derart die Steuerbelastung der unteren und mittleren Schichten innerhalb der Staaten reduzieren können. Das allein wäre ein großer Fortschritt.

Entscheidend ist, einen Raum der demokratischen Beratung und Beschlussfassung zu schaffen, um auf europäischer Ebene mit durchgreifenden Maßnahmen für Steuer-, Sozial- und Klimagerechtigkeit zu sorgen. Unsere Analyse des Abstimmungsverhaltens bei den französischen und britischen Referenden von 1992, 2005 und 2016 hat gezeigt, welches erhebliche Ausmaß die Entzweiung zwischen Europa und den unteren Schichten angenommen hat.[1] Wenn es nicht gelingt, durch konkrete und sichtbare Maßnahmen den Beweis anzutreten, dass die europäische Konstruktion in den Dienst steuerlicher und sozialer Gerechtigkeit gestellt werden kann, ist kaum zu sehen, wie sich an dieser Tatsache etwas ändern sollte.

Der Vorschlag könnte sehr gut auch mit einem anderen Prozentsatz von Abgeordneten nationaler Parlamente funktionieren, zum Beispiel 50 % statt 80 %. Diese Frage erfordert umfassende Debatten und gründliche Abwägung. Technisch betrachtet ließe sich das vorgeschlagene System auch mit einem Anteil nationaler Abgeordneter von 0 % umsetzen. Die Europäische Versammlung würde dann mit dem heutigen Europäischen Parlament zusammenfallen, allerdings beschränkt auf die Abgeordneten jener Länder, die diesen Weg einschlagen wollen. Wenn eine ausreichende Zahl von Ländern entschlossen wäre, sich in diese Richtung zu bewegen und diesem Untergremium des Europäischen Parlaments eine solche Steuerhoheit einzuräumen, wäre dies eine erhebliche Verbesserung gegenüber dem derzeitigen Status quo. Dennoch scheint mir, dass eine zu starke Reduktion des Anteils nationaler Abgeordneter (zum Beispiel unter 50 %) mit großen Risiken einherginge. Das offensichtlichste läge darin, dass die nationalen Parlamente im Falle einer zu tiefen Uneinigkeit mit der von der Europäischen Versammlung beschlossenen Steuer- und Sozialpolitik jederzeit beschließen könnten, diese Konstruktion zu verlassen und den die Versammlung konstituierenden Vertrag aufzukündigen. Solange die nationalen Parlamente souverän darüber entscheiden können, welche Abkommen ihre Länder schließen oder aufkündigen (und diese Souveränität, die niemand in Abrede stellt, ist die wichtigste aller Befugnisse), wäre es merkwürdig, ihnen die Möglichkeit zu verwehren, an Abstimmungen über die europäische Steuer teilzunehmen.[2]

1 Siehe Kapitel 14, Grafik 14.20, und Kapitel 15, Grafik 15.18.

2 Die Annahme, die Verfassungen der europäischen Länder ließen sich dahingehend ändern, dass sie aus der Europäischen Union oder den sie betreffenden europäischen und internatio-

Eine starke Einbeziehung nationaler Parlamente in die Bildung der Europäischen Versammlung würde zudem und vor allem die nationalen Parlamentswahlen de facto in europäische Wahlen verwandeln. Sobald nationale Abgeordnete maßgeblich in der Europäischen Versammlung vertreten wären, könnten Parteien und Kandidaten, die bei nationalen Parlamentswahlen antreten, nicht weiterhin die Verantwortung für alles und jedes auf die Brüsseler Institutionen abwälzen und so tun, als hätten sie mit den europäischen Entscheidungen nichts zu schaffen (wie es mit der Zeit leider eine Art Lieblingssport nationaler politischer Verantwortlicher in Europa geworden ist). Sobald ein Teil der nationalen Abgeordneten ihre politische Gruppierung in der Europäischen Versammlung verträte und in der Lage wäre, in ihr Mehrheiten zu gewinnen, müssten sie während der nationalen Parlamentswahlkämpfe ihren Landsleuten erläutern, für welche europäische Politik (welche europäischen Steuern, welchen europäischen Haushalt, welche Rückzahlung an die Nationalhaushalte) sie einzutreten gedenken.[1] Das nationale politische Leben würde dadurch zutiefst europäisiert. Eine europäische parlamentarische Souveränität zu schaffen, indem man sich auf die nationalen parlamentarischen Souveränitäten stützt, scheint mir darum eine ehrgeizigere Form des europäischen Föderalismus zu sein, als eine, die darin bestünde, die nationalen Parlamente zu umgehen und sich ausschließlich auf ein unabhängiges Europäisches Parlament zu stützen.[2]

---

nalen Abkommen nicht mehr austreten könnten, scheint auf absehbare Zeit kaum realistisch. Eine solche Änderung würde erbitterten und wahrscheinlich unüberwindlichen Widerstand hervorrufen, in Deutschland wie in Frankreich und allen anderen betroffenen Ländern. In den Vereinigten Staaten räumte die Verfassung den Südstaaten keine Austrittsmöglichkeit ein, was sie nicht daran gehindert hat, ihre Abspaltung zu betreiben. Im europäischen Kontext scheinen auf derzeitigem Stand allein Verträge denkbar, die auf dem freiwilligen und reversiblen Beitritt der Mitgliedstaaten beruhen (was natürlich nicht heißt, dass es dabei in alle Ewigkeit bleibt).

1 Denkbar ist, dass jede politische Gruppierung in die Europäische Versammlung die Mitglieder entsendet, die in den einschlägigen Fragen besonders bewandert sind. Die Versammlung würde weniger häufig tagen als die nationalen Parlamente (zum Beispiel im Umfang einer Woche pro Monat) und könnte so weit wie möglich außerhalb der Sitzungszeiten der nationalen Parlamente zusammenkommen.

2 Das Europäische Parlament (mit ausschließlich beratender Funktion) bestand aus Vertretern nationaler Parlamente, bevor es seit 1979 in direkten allgemeinen Wahlen gewählt wird. Das erklärt zweifellos die Vorbehalte einer Reihe von politischen Verantwortlichen Europas, die sich als besonders föderalistisch verstehen (vor allem unter den Mitgliedern des Europäischen Parlaments), die Einbeziehung nationaler Parlamente in eine föderalistische Perspektive in Betracht zu ziehen. Wir befürworten eindeutig diese Option, da die teilweise aus Mit-

Vor allem entspricht diese neuartige Weise der Konstitution einer transnationalen parlamentarischen Souveränität eher den politischen und historischen Realitäten Europas, die sich stark von den Bedingungen unterscheiden, unter denen andere föderale Strukturen (Vereinigte Staaten, Indien, Brasilien, Kanada, Deutschland etc.) entstanden sind, und darum nach einem neuen Ansatz verlangen.[1]

Vertrauen wiederherstellen, gemeinsame Gerechtigkeitsnormen schaffen

Um die Aussicht auf Zustimmung der verschiedenen Länder zu erhöhen und deutlich zu machen, dass sein Hauptanliegen der Abbau von Ungleichheit innerhalb der einzelnen Länder ist, sieht das vorgeschlagene Projekt eine drastische Begrenzung von Transfers zwischen den Vertragsstaaten vor. Das mag wie ein technisches Detail, ja unerfreulich anmuten, aber tatsächlich ist es angesichts des Misstrauens, das derzeit zwischen den europäischen Ländern herrscht, der einzige Weg, auf dem man sich Fortschritte erhoffen darf.

Im Rahmen des aktuellen Haushalts der Europäischen Union (etwa 1 % des BIP) veröffentlicht die Europäische Kommission die «Haushaltssalden» der Länder, das heißt die Differenz zwischen den Beitragszahlungen der Staaten und den Ausgaben, die ihnen jeweils zugutekamen. Von 1998 bis 2018 sind die größten Nettozahler Deutschland, Frankreich und Großbritannien, mit Nettobeiträgen, die je nach Jahr zwischen 0,2 % und 0,3 % des BIP liegen.[2] Das Thema der Transferzah-

gliedern europäischer Parlamente gebildete Europäische Versammlung das letzte Wort in Haushaltsfragen und bei der Erhebung der europäischen Steuer hätte (was die stärkste föderalistische Hoheitsbefugnis darstellt und eine Situation schafft, die mit der vor 1979 nichts gemein hat). Verfahrenstechnisch ist eine Abstimmung mit dem Europäischen Rat vorgesehen, aber im Falle der Uneinigkeit liegt die Entscheidung bei der Europäischen Versammlung. Siehe Demokratisierungsvertrag, www.tdem.eu, Artikel 8.

1 Der hier vertretene Ansatz sieht letztlich eine europäische Souveränität vor, die sich auf nationale politische Institutionen stützt, aber nicht, wie es bislang der Fall war, auf nationale Regierungen, sondern auf nationale Parlamente (das macht eine Repräsentation der Meinungsvielfalt und eine Beratung und Beschlussfassung im Rahmen friedlicher Mehrheitsfindung möglich). Die von Joschka Fischer 2000 an der Humboldt Universität gehaltene Rede beruht auf ähnlichen Prämissen (und hat bei der damaligen französischen Regierung wenig Anklang gefunden).

2 Siehe Technischer Anhang.

lungen zugunsten Europas hat beim Wahlkampf zum Brexit-Referendum eine unleugbare Rolle gespielt.[1] Das neue Budget, das der Entwurf eines Vertrags zur Demokratisierung Europas und zur Europäischen Versammlung vorsieht (4 % des BIP dem vorgeschlagenen Projekt zufolge) würde für die Vertragsstaaten zum derzeitigen EU-Haushalt hinzukommen. Um einer drohenden Ablehnung vorzubeugen, sieht das Projekt vor, dass die Differenz zwischen den Beträgen, die im Rahmen dieses zusätzlichen Budgets von den jeweiligen unterzeichnenden Ländern gezahlt werden, und den Ausgaben oder Rückzahlungen zu ihren Gunsten nicht mehr als 0,1 % des BIP betragen darf.[2] Natürlich kann, wenn darüber Einigkeit herrscht, die fragliche Schwelle angehoben oder gesenkt werden, ohne die Substanz des Projekts zu berühren.

Dieser Punkt ist entscheidend, da das Phantasma der «Transferunion» zu einem Hemmschuh geworden ist, der alles Nachdenken über Europa blockiert. Namentlich unter den Verantwortlichen in Deutschland (vor allem in Angela Merkels CDU, aber auch in der SPD) und den Niederlanden, ja letztlich in Nordeuropa überhaupt, ist es seit der Krise von 2008 eine extrem verbreitete Strategie, die Gefahren der Transferunion an die Wand zu malen. Dieser Diskurs läuft letztlich darauf hinaus, in jedem Vorschlag einer gemeinsamen Steuer oder eines europäischen Haushalts den Versuch der (vermeintlich schlecht geführten) südeuropäischen Länder und Frankreichs zu wittern, ein Stück des Wohlstands zu ergattern, den durch Fleiß und andere Tugenden glänzende Nordeuropäer in harter Arbeit erwirtschaftet haben. Es ist nicht an mir zu entscheiden, wie es zu einem solchen Argwohn kommen konnte, der mitunter bis zum identitären Konflikt geht. Zweifellos sorgt die Tatsache, dass französische Regierungen sich regelmäßig über die von ihnen selbst doch mitbeschlossenen Haushaltsregeln beschweren (ohne darum neue vorzuschlagen), nicht bloß jenseits des Rheins schon länger für Unmut. Auch darf man nicht vergessen, dass der Ursprung der griechischen Schuldenkrise darin lag, dass die Verantwortlichen des Landes Angaben zum Staatsdefizit massiv manipuliert und

1 So hat der Führer der UKIP seinen Brexit-Werbefeldzug damit bestritten, den Landsleuten vorzurechnen, welche Mittel dem NHS (National Health Service) Woche für Woche durch Transferzahlungen an Europa verloren gehen, und nicht gezögert, die Zahlen mächtig aufzublasen.

2 Vertrag zur Demokratisierung Europas, Artikel 9.

dadurch anhaltendes Misstrauen geweckt haben.[1] Umgekehrt ergibt die deutsche Vorstellung, alle europäischen Probleme hätten sich erledigt, wenn alle Länder ihr Wirtschaftssystem nach deutschem Vorbild modeln würden, offenbar keinen Sinn. Einen auf europäischen Umfang anschwellenden deutschen Handelsüberschuss könnte niemand auf dieser Erde ausgleichen. Im Übrigen reicht es nicht aus, sich auf öffentliche Transfers zu konzentrieren. Die privaten Geldflüsse bringen allen und namentlich den Ländern Vorteile, die (wie Deutschland) bei ihren Nachbarn sehr profitable Investitionen getätigt haben. Erinnern wir nur daran, dass private Gewinnströme aus osteuropäischen Ländern weit über den öffentlichen Geldern liegen, die in den Osten gehen.[2] In Zukunft wird viel darauf ankommen, dass ein Nachdenken einsetzt, das die von der europäischen Integration gezeitigten privaten Kapital- und Gewinnströme berücksichtigt (und die Weise, in der sie von der herrschenden Politik und geltenden rechtlichen wie steuerlichen Rahmenbedingungen beeinflusst werden), um von der ausschließlichen Konzentration auf die Staatshaushalte wegzukommen.[3]

Das ändert freilich nichts daran, dass nach zehn Jahren Finanzkrise, in denen jeder sich von anderen schlecht behandelt wähnt, zwischen den europäischen Ländern ein Klima des Misstrauens herrscht, das es wenig wahrscheinlich macht, dass eine deutsche Regierung (wie übrigens auch eine in Frankreich und anderen Ländern) die öffentliche Meinung im Land dazu bewegen könnte, Steuer- und Haushaltsbefugnisse an eine Europäische Versammlung zu übertragen, ohne die Transfers, die sich daraus ergeben könnten, von vornherein zu deckeln. Sollte es sich dann als möglich erweisen, die Schwelle von 0,1 % zu erhöhen, wäre das vorzüglich.[4] Aber die Furcht vor Transfers darf nicht als Entschuldigung dafür herhalten, das ganze Projekt zurückzuweisen, das

---

1 Ende 2009 hat die griechische Regierung eingeräumt, ihr Defizit belaufe sich auf 12,5 % des BIP und nicht, wie zuvor behauptet, auf 3,7 %. Siehe für einen Bericht über die damaligen Ereignisse und die europäischen Reaktionen D. Chalmers et al., *European Union Law. Text and Materials, a.a.* O, S. 704–735.

2 Siehe Kapitel 12, Grafik 12.10, und Technischer Anhang, Grafik S12.10.

3 Zum Teil werden private Geldströme insofern berücksichtigt, als Beiträge zum europäischen Haushalt (wie übrigens auch die Haushaltssaldi) im Verhältnis zum Bruttonationaleinkommen berechnet werden, das sich aus dem um die Nettoeinkommensströme zwischen den Ländern korrigierten BIP ergibt.

4 Zum Beispiel, indem sie auf 0,5 % oder 1 %, ja bei diesbezüglicher Einigung noch stärker hinaufgesetzt würde.

auch ohne jeden Transfer nützlich bliebe. Der Grund dafür liegt insbesondere darin, dass die Durchschnittseinkommen in den Hauptländern der Eurozone sich nicht allzu sehr unterscheiden, sodass der Abbau von Ungleichheiten im Innern der Länder (und nicht zwischen ihnen) die eigentliche Herausforderung ist.[1] Es hätten, anders gesagt, die mittleren und unteren Schichten aller Länder (Deutschland natürlich eingeschlossen) durch mehr Steuergerechtigkeit viel gewonnen. Sie würden zum Beispiel deutlich von einem progressiven Steuersystem profitieren, das endlich große Unternehmen stärker als mittlere und kleine, bedeutende Einkommen und Vermögen stärker als geringe und höhere CO_2-Emissionen stärker als weniger hohe besteuern würde. Die bloße Tatsache, dass man im Innern jedes einzelnen Landes gerechtere Steuern einführen und sich vor der Gefahr des Steuerwettbewerbs schützen könnte (weil die neuen Steuern gleichzeitig in mehreren Ländern eingeführt würden), wäre als solche schon ein entscheidender Fortschritt – auch ohne jeden Transfer.

Natürlich dürfen Ausgaben, von denen alle Länder gleichermaßen profitieren, weil sie in einem Land für ein Ziel von gemeinsamem Interesse aufgewendet werden, wie für den Kampf gegen Klimaerwärmung, aber auch für einen Fond, der die Aufnahme von Flüchtlingen oder Studierenden aus anderen Vertragsländern fördert, nicht in die Berechnung öffentlicher Transfers einfließen. Sofern der gemeinsame Haushalt der Finanzierung von europäischen öffentlichen Gütern dient, die allen unterzeichnenden Ländern zugutekommen, muss das langfristige Ziel sein, dass Staatsangehörige der verschiedenen Länder ihn vor allem als Mitglieder ein und derselben politischen Gemeinschaft und nicht durch die Brille der Nationalhaushalte betrachten, von denen zu hoffen steht, dass sie immer mehr an Bedeutung verlieren. Aber um dahin zu gelangen, wird man notgedrungen von dem Grundsatz ausgehen müssen, dass Vertrauen allmählich aufgebaut werden muss, denn die nationalistischen Klippen, die es zu umschiffen gilt, sind zahlreich.

---

1 Das trifft offenbar weniger zu, wenn man die Eurozone verlässt und die osteuropäischen Länder berücksichtigt, die bedeutende Transferleistungen und Investitionen erforderlich machen.

Die permanente Staatsschuldenkrise in Europa überwinden

Das hier vorgestellte sozial-föderalistische Projekt zielt vor allem auf Sozial-, Steuer- und Klimagerechtigkeit. Es geht ihm um eine Staatengemeinschaft (Europa, aber die Einsichten ließen sich auch auf andere Kontexte anwenden), die den Beweis antritt, dass der Internationalismus in den Dienst einer Politik gestellt werden kann, die gerechter ist als der endlose Wettbewerb, der den Mobilsten zugutekommt und gemeinhin mit der europäischen Integration, ja der Globalisierung und internationalen Wirtschaftsintegration überhaupt assoziiert wird. Im spezifischen Kontext der Krise jener Eurozone, in der eine Reihe von Ländern beschlossen hat, eine Einheitswährung ins Leben zu rufen, aber zugleich an neunundzwanzig verschiedenen Staatsschulden und Zinssätzen festzuhalten, sieht das Projekt auch die Möglichkeit vor (so die Europäische Versammlung sie beschließt), die Refinanzierungssätze der Staaten für Teile oder die Gesamtheit ihrer Schulden zu vereinheitlichen.[1]

In Anbetracht des oben beschriebenen Misstrauensklimas hängt die Chance, auf diesem Weg voranzukommen, einmal mehr davon ab, mögliche Missverständnisse auszuräumen. Es geht nicht um eine Vergemeinschaftung der Schulden. Es sollen also nicht etwa deutsche (64 % des BIP) und italienische Schulden (135 % des BIP) in ein und dasselbe Paket gesteckt werden, um dann zu vergessen, wer genau was in das Paket getan hat, und von deutschen und italienischen Steuerzahlern zu verlangen, das Ganze zu bezahlen. Nicht, dass die Idee völlig abwegig wäre. Junge Italiener sind für die Schulden, die man ihnen hinterlassen hat, so wenig verantwortlich wie junge Deutsche. Es ist bloß kaum zu sehen, welche politische Bewegung mit der Vorstellung eines solchen Programms Wahlen gewinnen sollte. Die Normen transnationaler Gerechtigkeit müssen ebenso wie die Prozesse einer Neubestimmung der Grenzen in einem politischen und historisch geschulten Vorgehen geschaffen werden, ob es nun um Schulden oder um andere Fragen geht. Inspiriert ist dieser Vorschlag zu den europäischen Schulden durch den 2012 in Deutschland diskutierten «Tilgungsfonds», mit dem bedeutenden Unterschied, dass nicht ein automatischer Prozess, sondern eine

1 Vertrag zur Demokratisierung Europas, a. a. O., Artikel 10.

demokratische Instanz (die Europäische Versammlung) über die Tilgungsraten entscheiden würde.[1] Die Europäische Versammlung könnte, anders gesagt, den Beschluss fassen, die Schulden ganz oder teilweise in einem einzigen Refinanzierungsfonds zu vergemeinschaften und jedes Jahr bei Fälligkeit der Schulden zu entscheiden, welcher Anteil durch Ausgabe gemeinsamer Schuldtitel refinanziert werden soll. Entscheidend ist dabei, getrennte Bücher zu führen, sodass jedes Land weiterhin seine eigenen Schulden tilgt, dies aber zu einem für alle identischen Zinssatz.

Dieser Punkt mag technisch anmuten, aber er ist in Wahrheit fundamental. Denn tatsächlich steht am Ursprung der europäischen Schuldenkrise die chaotische Entwicklung, die der Abstand zwischen den Zinssätzen der einzelnen Länder der Eurozone an den Finanzmärkten genommen hat. Am Vorabend der Krise waren die Schulden in der Eurozone nicht größer als in den USA, in Japan oder in Großbritannien. Was die schlechte makroökonomische Performance der Länder der Eurozone seit der Krise von 2008 verursacht hat, ist in erster Linie die mangelnde kollektive Organisation und die Unfähigkeit der europäischen Länder, gemeinsame Schuldtitel einzuführen. Kurzum: Die Eurozone hat aus eigenem Verschulden dafür gesorgt, dass aus einer ursprünglich vom privaten Finanzsektor der Vereinigten Staaten ausgehenden Finanzkrise eine anhaltende europäische Staatsschuldenkrise wurde. Die Konsequenzen für die europäischen Staaten waren darum nicht weniger dramatisch. Sie sprachen sich insbesondere in der steigenden Arbeitslosigkeit und dem Aufkommen migrantenfeindlicher Bewegungen aus. Dabei hatte die Europäische Union sich doch vor der Krise von 2008 durch eine beträchtliche Integrationsfähigkeit ausgezeichnet. Die Arbeitslosigkeit war so niedrig wie der Zulauf der extremen Rechten, und die Migrationsströme waren in Europa stärker als in den Vereinigten Staaten.[2]

1 Der «Tilgungsfonds», ein 2012 von den «Wirtschaftsweisen», dem die deutsche Regierung beratenden Sachverständigenrat ins Spiel gebrachter Vorschlag, sah vor, das Gesamtvolumen der Schulden binnen zwanzig oder dreißig Jahren auf 60 % des BIP zurückzufahren, wobei die Tilgungsraten (und also der Primärüberschuss) im Voraus festgelegt werden sollten. Es ist freilich weder realistisch noch wünschenswert, Entscheidungen dieser Art unabhängig von der Konjunktur in Stein zu meißeln.

2 Glaubt man den von den Vereinten Nationen zusammengetragenen demographischen Daten und Flüchtlingszahlen, so belief sich der Migrantenstrom in die Europäische Union (abzüglich der Rückströme) von 2000–2010 auf 1,4 Millionen pro Jahr. Von 2010–2018 fiel er auf

Man muss sich auch vor Augen führen, wie wenig die von den Ländern der Eurozone in aller Eile beschlossenen Verträge eine Antwort auf die langfristigen Probleme bereithielten, und wie sehr sie auf die eine oder andere Weise überarbeitet werden müssen (es sei denn, man fände sich damit ab, dass sie nie eingehalten werden, was nur zu wachsender Verdrossenheit und weiteren Spannungen führen würde). Die neuen Regeln, die durch den Europäischen Fiskalpakt aufgestellt wurden, sahen theoretisch ein Defizit vor, dass 0,5 % des BIP nicht überschreiten sollte.[1] Solange keine «außergewöhnlichen Umstände» vorliegen, zieht die Nichteinhaltung der Regeln prinzipiell automatische Strafen nach sich. Aber absurd, wie sie sind, lassen die Regeln sich in der Praxis gar nicht befolgen. Fügen wir hinzu, dass das Defizit, das die europäischen Verträge im Blick haben, stets das Sekundärdefizit ist, das heißt die Schuld nach Zahlung der Zinsen meint. Wenn ein Land also Schulden in Höhe von 100 % des BIP hat und der Schuldzins sich auf 4 % beläuft, dann machen die Zinsen 4 % des BIP aus. Um ein auf 0,5 % begrenztes Sekundärdefizit zu erreichen, braucht es daher einen Primärüberschuss von 3,5 % des BIP. Anders gesagt, die Steuerpflichtigen müssten Steuern zahlen, die mit einem Abstand von 3,5 % des BIP über den Staatsausgaben liegen, die ihnen zugutekommen, und das womöglich über Jahrzehnte.

Theoretisch entbehrt der Ansatz des Europäischen Fiskalpakts nicht einer gewissen Logik: Wenn man nicht allein außergewöhnliche Maßnahmen wie langfristige Umschuldungen und Schuldenerlasse ablehnt, sondern zudem die Inflation fast gegen Null geht und das Wachstum

0,7 Millionen, trotz der Flüchtlingsströme und Spitzenwerte von 2015. In den Vereinigten Staaten, die sich rascher als Europa von der Rezession 2008 erholt haben, ist der Zustrom gleich geblieben (1 Million pro Jahr von 2000–2010, 0,9 Millionen von 2010–2010). Siehe Technischer Anhang, Grafik S16.4. Im Durchschnitt machen Migrationsströme in die reichen Länder von 2000–2020 einen jährlichen Zustrom von kaum 0,2–0,3 % der Bevölkerung aus. Neu ist, dass dieser Zustrom im Kontext einer Bevölkerungsstagnation stattfindet. In vielen reichen Ländern liegt die Geburtenrate inzwischen unter 1 % der Gesamtbevölkerung. Das heißt, dass ein jährlicher Zustrom von 0,2–0,3 % am Ende zu einer deutlichen Veränderung der Bevölkerungszusammensetzung führen kann. Und die jüngeren Erfahrungen zeigen, dass dies erfolgreiche Instrumentalisierungsversuche durch identitäre politische Bestrebungen auf den Plan rufen kann, vor allem dann, wenn es an angemessenen politischen Maßnahmen fehlt, die für Beschäftigung, Unterbringung und notwendige Infrastrukturen sorgen.

1 Ausgenommen freilich Länder, deren Schulden «deutlich unter 60 % des BIP» liegen, in welchem Fall das Defizit 1 % erreichen kann. Siehe den *Vertrag über Stabilität, Koordinierung und Steuerung in der Wirtschafts- und Währungsunion* (SKS-Vertrag), Artikel 3.

beschränkt ist, dann können nur enorme Primärüberschüsse über ein paar Jahrzehnte Schulden abtragen, die um die 100 % des BIP liegen. Aber man muss auch die sozialen und politischen Konsequenzen einer solchen Entscheidung abwägen, die darauf hinausläuft, über Jahrzehnte ungeheure Mittel darauf zu verwenden, bei Besitzern von Finanzvermögen Schulden und Zinsen zu begleichen, während man zugleich keine Mittel hat, um in medizinische Forschung, in Bildung, in die Energiewende zu investieren.

In der Praxis werden diese Regeln aber gar nicht angewandt, und dabei wird es zweifellos auch bleiben. So entbrannte zum Beispiel im Herbst 2018 zwischen der Europäischen Kommission und der sozialnativistischen italienischen Regierung neuer Streit über das Staatsdefizit. Die italienische Regierung wollte das Defizit auf 2,5 % des BIP anheben, während die vorige Regierung 1,5 % versprochen hatte. Angesichts des Einspruchs der Kommission einigte man sich schließlich offiziell auf ein Defizit von 2 % und in Wahrheit wohl auf irgendetwas zwischen 2 % und 2,5 % (in jedem Fall aber auf deutlich mehr, als es die offizielle Regel von 0,5 % will, die offenbar kein Mensch wirklich ernst nimmt). Bedenkt man, dass die Schuldzinsen sich derzeit in Italien auf etwa 3 % des BIP belaufen, dann bedeutet das immerhin, dass das Land derzeit einen Primärüberschuss zwischen 0,5 % und 1 % des BIP hat, was nicht unerheblich ist: Mit einer solchen Summe ließe sich zum Beispiel das Gesamtbudget der Hochschulbildung in Italien (kaum mehr als 0,5 % des BIP) verdoppeln, ja verdreifachen.

Man mag sich dabei beruhigen, dass der erforderliche Primärüberschuss viel höher hätte ausfallen müssen, hätten die Kommission und die Eurogruppe beschlossen, die Regeln strenger anzuwenden. Und man mag solche Flexibilität begrüßen. Aber in Wahrheit hat es gar keinen Sinn, übermäßig strenge Regeln zu formulieren, um sie dann, da sie offenbar unsinnig sind, außer Acht zu lassen und unter unklaren Bedingungen, hinter verschlossenen Türen und ohne jede kontroverse parlamentarische Debatte einen zwielichtigen Kompromiss aushandeln zu müssen.[1] Man kann sich damit abfinden und darauf setzen, dass der

1 Wie wenig ernst die Haushaltsregeln genommen werden, beweist schlagend die Tatsache, dass zahlreiche politische Verantwortliche in Europa sich weiterhin auf die «3 %-Regel» beziehen. Offenbar ist ihnen nicht zu Ohren gekommen, dass unterdessen das angestrebte Defizit bei 0,5 % liegt. Das veranschaulicht auch, wie dringend es ist, dass die Demokratie sich die Deutungshoheit über diese Fragen zurückerobert.

künftige Finanzausgleich einen positiven, aber schwächeren (weniger als 1 % des BIP) Primärüberschuss fordern wird. Man verlangt, anders gesagt, von den verschuldeten Ländern, ihre Ausgaben, ja sogar etwas mehr, ganz aus ihren Steuereinnahmen zu begleichen, aber nicht um jeden Preis die Schulden der Vergangenheit abzubezahlen. Das läuft letztlich darauf hinaus, letztere auf unbestimmte Zeit zu prolongieren, was durchaus ein vernünftiger Kompromiss sein kann – aber das Problem liegt darin, dass all das nicht klar beschlossen wird und damit auch die Forderungen, mit denen die verschiedenen Länder konfrontiert sind, oft widersprüchlich und verschwommen sind.

2015 hatte man aus politischen Gründen beschlossen, Griechenland zu demütigen. Die europäischen Autoritäten, allen voran die deutschen und französischen, hatten das Land für schuldig befunden, mit der Anti-Spar-Koalition Syriza eine «linksradikale» Regierung gewählt zu haben, die aus der Fusion verschiedener kommunistischer, sozialistischer und ökologischer Parteien links von der Sozialistischen Partei (der in Misskredit geratenen, weil während der Finanzkrise von 2009–2012 an die Macht gekommenen Pasok) hervorgegangen war. Syriza hatte die Wahl gewonnen und sich bemüht, bessere Bedingungen für die dem Land von den europäischen Staats- und Regierungschefs aufgezwungene Haushaltspolitik auszuhandeln. Letztere hatten diese Bedingungen auch eingeräumt. Aber um Syriza nicht einen symbolischen Triumph zu verschaffen, von dem man fürchtete, er könne ansteckend wirken (insbesondere auf Spanien, wo die Linkspartei Podemos seinerzeit Aufwind hatte), beschloss man, Griechenland im Fegefeuer weiterer Sparauflagen schmoren zu lassen, mit einem angestrebten Primärüberschuss von 3 % des BIP, während die Wirtschaftstätigkeit weiterhin 25 % unter dem Niveau von 2007 lag.[1] Was darüber in Vergessenheit geriet, war auch, dass Syriza allen Mängeln zum Trotz eine internationalistische Bewegung war, offen für Europa und solidarisch mit den Migranten, die an der griechischen Küste landeten. Man wäre besser beraten gewesen, sich auf solche Bewegungen zu stützen, um eine gerechtere Fiskalpolitik in Europa durchzusetzen, zu der auch gehört hätte, die reichen Griechen, wie übrigens auch die reichen Deutschen und

---

1 Siehe Kapitel 12, S. 806–808 und Technischer Anhang, Grafik S12.12c. Um das Maß voll zu machen, teilte man Griechenland im Juli 2015 mit, es müsse die Union verlassen (ohne jedes rechtliche Verfahren), falls es diese Bedingungen ablehne.

Franzosen, stärker in die Pflicht zu nehmen.[1] Mag sein, dass die ergriffenen Maßnahmen ein paar Wähler der radikalen Linken entmutigt haben. Heute dagegen, 2018, hat man es mit einer sozialnativistischen Regierung zu tun, mit einer Koalition, zu deren Grundpfeilern die Jagd auf Ausländer zählt, aber angesichts der Größe des Landes sieht man sich mit einem Mal genötigt, pfleglich mit ihm umgehen.[2]

Obschon leicht gemildert durch ungewöhnlich niedrige Zinssätze, bei denen es nicht ewig bleiben muss, machen die Zinsen derzeit 2 % des BIP der Eurozone aus (das Haushaltsdefizit liegt im Durchschnitt bei 1 %, der Primärüberschuss bei 1 %). Das sind 200 Milliarden Euro im Jahr, gegenüber jämmerlichen 2 Milliarden Euro, die zum Beispiel jährlich in das Erasmus-Programm zur Förderung der Mobilität von

---

1 Die von Syriza hervorgerufene Feindseligkeit erklärt sich zum Teil aus dem Ungeschick ihres Führungspersonals, das während der Krise von 2015 mitunter den Eindruck erweckte, es fordere Ausnahmeregelungen zum alleinigen Vorteil Griechenlands, während ein Ausweg aus der Staatsschuldenkrise der Eurozone tatsächlich globale Lösungen, die auch Italien, Portugal etc. einschließen, und die Schaffung gemeinsamer parlamentarischer Instanzen erfordert, in denen jedes teilnehmende Land (und namentlich Griechenland) nur beschränktes Gewicht hat. Alles weist freilich darauf hin, dass die Verantwortlichen von Syriza die Letzten gewesen wären, an denen globale, auf soziale Gerechtigkeit angelegte Lösungen gescheitert wären, hätten die europäischen und vor allem französisch-deutschen Führungskräfte sie vorgeschlagen. Letztlich illustriert die Feindseligkeit, die Syriza entgegenschlug, vor allem ein allgemeines, durch den Postkommunismus und einen massiven Wirtschafts- und Finanzkonservativismus geprägtes ideologisches Klima. Besonders feindlich standen häufig die osteuropäischen Regierungen dem Diskurs Syrizas gegenüber. Es waren nicht allein die falschen Versprechungen der Sozialisten-Kommunisten, die sie (in einem freilich völlig anderen Kontext) aufgefrischt bei Syriza wiederzuerkennen glaubten, es war auch die arrogante Haltung, mit der ein altes Mitglied des europäischen Clubs Neuzugängen begegnet (Konflikte zwischen Identitäten sind nie fern in Europa). Unter diesem Aspekt mag der Konservativismus Angela Merkels, wie übrigens die Offenheit, die sie gegenüber den syrischen Flüchtlingen bewiesen hat, doch etwas mit ihrer ostdeutschen Herkunft zu tun haben (aber auch mit einem bemerkenswerten historischen Gedächtnisverlust, der namentlich den Schuldenerlass betrifft, von dem Deutschland in den 1950er Jahren profitiert hat).

2 Kleine Länder wie Griechenland oder Portugal mögen nicht umhin kommen, Zielvorgaben zuzustimmen, die einen hohen Primärüberschuss vorsehen (derzeit bis zu 3–4 % des BIP), aus Angst, sich in einer noch schlimmeren Lage wiederzufinden, sollten sie die Eurozone verlassen (da aufgrund kleiner einheimischer Märkte ihre Entwicklungsfähigkeit von der Integration in den europäischen Markt abhängt). Im Fall eines Landes wie Italien ist es dagegen wahrscheinlich, dass der Versuch, ihm einen zu hohen Primärüberschuss zu verordnen, interne Kräfte heraufbeschwören würde, die unwiderstehlich auf den Austritt aus dem Euro drängten. Und solche Autarkiebestrebungen werden zusätzlich dadurch verstärkt, dass ein ausgeglichener Primärhaushalt ohnehin per definitionem bedeutet, dass ein Land seine Ausgaben durch sein Steueraufkommen deckt und nicht auf die Finanzmärkte angewiesen ist.

Studierenden investiert werden. Man mag sich so entscheiden, aber ob man damit die beste Entscheidung getroffen hat, um sich für die Zukunft zu rüsten, ist fraglich. Würde man solche Summen für Bildung und Forschung aufwenden, könnte Europa vor den Vereinigten Staaten den globalen Spitzenplatz bei Innovationen einnehmen. Aber wie immer solche Entscheidungen ausfallen, sie müssten in einem demokratischen Gremium verhandelt werden. Käme es zu einer neuen Finanzkrise oder auch nur zu steigenden Zinssätzen, würde schnell klar, welche Sprengkraft die 2012 beschlossenen Regeln haben. Ihre Unanwendbarkeit geht auch mit dem erheblichen Risiko einher, dass Groll und Spannungen zwischen den Ländern wieder aufbrechen, weil man sich nicht die Zeit genommen hat, solche komplexen Fragen in einem demokratisch legitimierten Raum zu erörtern und den besten Kompromiss zu finden.[1]

Aus der Geschichte der Schulden lernen und neue Lösungen finden

Die hier vorgeschlagene Lösung besteht darin, auf die parlamentarische Demokratie zu vertrauen. Nur öffentliche, kontrovers ausgetragene und pluralistische Beratungen verbürgen die erforderliche Legitimität solcher Beschlüsse und können sich in Echtzeit auf den Wandel der wirtschaftlichen, sozialen und politischen Lage einstellen.

Es ist an der Zeit, den Irrglauben zu überdenken, der 1992 mit dem Vertrag von Maastricht aufgekommen ist (und sich mit dem SKS-Vertrag von 2012, dem «Vertrag über Stabilität, Koordinierung und Steuerung in der Wirtschafts- und Währungsunion», verschärft hat), man könne ohne parlamentarische Demokratie und ohne gemeinsame Schulden und Steuern eine gemeinsame Währung ins Leben rufen und es bei der bloßen Anwendung automatischer Haushaltsregeln belassen. In dem hier vorgeschlagenen Rahmen wäre die Europäische Versamm-

1 Der Gipfel der Umgehung aller demokratischen Verfahren wurde zweifellos mit dem den ESM (Europäischer Stabilitätsmechanismus) einführenden Vertrag von 2012 erklommen. Die Vergabe von Krediten durch den ESM ist an Memoranden geknüpft, die von Vertretern der EZB, der Kommission und des IWF unterzeichnet werden und Reformen festschreiben, die das fragliche Land durchführen muss – Reformen, die sich potenziell auf alle Bereiche (Gesundheit, Bildung, Renten, Steuern …) des gesellschaftlichen Lebens beziehen, und das alles ohne jede parlamentarische Kontrolle und öffentliche Debatte. Siehe D. Chalmers et al., *European Union Law. Text and Materials*, a. a. O., S. 741–753.

lung ermächtigt, eine Vereinheitlichung der Refinanzierungssätze der Staaten, sei es für die Gesamtheit, sei es für einen Teil ihrer Schulden, ebenso zu beschließen wie die Raten der künftigen Tilgung und Umschuldung dieser Schulden. Das heißt auch, dass sich alle, die von gemeinsamen Schuldtiteln und ein und demselben Zinssatz profitieren möchten, den Mehrheitsbeschlüssen der Europäischen Versammlung fügen müssen (in der jedes Land per definitionem nur beschränktes Gewicht haben wird). Wer die ungeteilte Souveränität der Entscheidung über seine Schulden und Defizite behaupten möchte, kann nicht vom gemeinsamen Zinssatz profitieren. Was den vergemeinschafteten Teil der Schulden anbelangt, wird die Europäische Versammlung frei über Tilgungsraten und Umschuldungen entscheiden können.[1] Eine Lösung könnte sein, dauerhaft mit einem ausgeglichenen Primärsaldo zu leben: Die Steuern decken die Ausgaben, nicht mehr und nicht weniger. Das käme einer langfristigen Prolongation der Schulden gleich. Solange die Zinsen für die Gemeinschaftsschulden niedrig sind (und die Geldpolitik der EZB, die natürlich einen bedeutenden Teil dieser gemeinsamen Schuldtitel halten müsste, ihren Beitrag dazu leistet, die Zinsen diesseits der Turbulenzen der Finanzmärkte niedrig zu halten)[2] und das künftige nominale Wachstum merklich höher ist (was nicht zwangsläufig der Fall ist), werden die Altschulden im Lauf der nächsten Jahrzehnte einen immer kleineren Anteil des Bruttosozialprodukts ausmachen.[3]

Manche würden die Regel eines ausgeglichenen Primärsaldos viel-

1 Formal ist es nicht notwendig, den SKS-Vertrag zu ändern. Die dort festgeschriebenen Regeln betreffen nicht die Vorkehrungen, die gegebenenfalls von den Unterzeichnerstaaten des Vertrags zur Demokratisierung Europas im Hinblick auf gemeinsame Schulden getroffen würden.

2 Das Vertragsprojekt zur Demokratisierung Europas sieht im Übrigen für die Europäische Versammlung weitreichendere Befugnisse vor, als es sie heute hinsichtlich Beaufsichtigung, öffentlicher Anhörung und Ernennung von Mitgliedern der EZB und des ESM gibt. Siehe Demokratisierungsvertrag, Artikel 12–17.

3 Bei ausgeglichenem Primärhaushalt steigt der Schuldenstand dem Zinssatz entsprechend (man zahlt weder das Kapital noch die Zinsen zurück, macht aber keine zusätzlichen Schulden außer denen, die je nach Abzahlungsmodus und Stundung der Zinsen anfallen), während das BIP entsprechend dem Nominalwachstum wächst (das sich aus Realwachstum und Inflationsrate ergibt), sodass sich das Verhältnis zwischen Schuldenstand und Wachstum in dem Maße verringert, in dem die nominale Wachstumsrate über dem Zinssatz liegt. Sind beide identisch (und liegen zum Beispiel bei 2 % pro Jahr), nimmt der Schuldenstand, in Prozent des BIP ausgedrückt, nicht ab.

leicht gern in Stein gemeißelt sehen.[1] Und letztlich ist es eine ausgezeichnete Idee, Deckung der Ausgaben durch Steuern zur allgemeinen Regel zu machen, sobald es mit einer Europäischen Versammlung die demokratische Möglichkeit gibt, gerechte Steuern einzuführen und auf hohe Einkommen und große Vermögen Steuern zu erheben, die für alle Vertragsstaaten in gleicher Weise gelten. Das Problem ist nur, dass in bestimmten Situationen, etwa dann, wenn durch eine Wirtschaftskrise das Steueraufkommen zeitweise massiv einbricht, diese Regel offenbar zu starr ist. Dasselbe gilt für eine Situation, in der die langfristigen Zinssätze ungewöhnlich niedrig sind (wie derzeit, was vermuten lässt, dass es privaten Investoren an Investitionsprojekten fehlt)[2] und die öffentliche Hand strategische Investitionen für die Zukunft anstoßen könnte. Das kann in erster Linie die Energiewende und die Klimaerwärmung, aber auch Forschung und Bildung betreffen.[3] In welchem Maße die öffentliche Hand notwendige Investitionen zu erkennen und zu steuern vermag, ist sicher eine hochkomplexe Frage. Außer Frage steht dagegen, dass man legitimierte Instanzen finden muss, um darüber zu entscheiden, ob wir uns in einer solchen Lage befinden oder nicht. Mangels Erprobung des Gegenteils gibt es keinen Grund zu der Annahme, es gäbe

---

1 Festzuhalten ist, dass eine solche Regel in jedem Fall sehr viel weniger verbindlich wäre als die 0,5 % Regel für das Sekundärdefizit nach dem SKS-Vertrag.

2 Darin spricht sich auch die Wirkung neuer Aufsichtsregeln (die aus sehr gutem Grunde Finanzinstitute verpflichten, ein bedeutendes Kontingent der sichersten Staatsanleihen zu halten, ohne dass es gelungen wäre, den beispiellosen Umfang privater Vermögensbilanzen zu reduzieren) und vor allem die Tatsache aus, dass es im internationalen Maßstab wenige Finanzanlagen gibt, die so sicher scheinen wie amerikanische und europäische Staatsschulden (was diesen Ländern einen nachhaltigen Vorteil im Rahmen eines globalen Wachstums verschaffen kann, in dem der Anteil der von Investoren als weniger sicher beurteilten Ökonomien steigt, womit immer mehr Ersparnisse auf der Suche nach sicheren Anlagen sind).

3 Siehe das 2019 im Rahmen des «Finanz-Klima-Pakts» veröffentlichte interessante Projekt einer Union und weiterhin einer von den EU-Staaten geschaffenen Bank für Klima und Biodiversität (in Zusammenarbeit mit der Europäischen Investitionsbank und der Europäischen Zentralbank). Ganz allgemein muss betont werden, dass der Vertrag zur Demokratisierung Europas prinzipiell vom Problem der Steuergerechtigkeit ausgeht und namentlich um die Idee einer Europäischen Versammlung kreist, die gemeinsame Steuern erhebt, um einen ausgeglichenen Haushalt zu finanzieren. Zahlreiche Fragen (die gerade das Finanz- und Bankenwesen betreffen) bleiben damit unausgearbeitet. Beabsichtigt ist es nicht, die Diskussion abzuschließen, sondern sie auf einer genau abgesteckten Grundlage zu eröffnen, auf dass jeder sich einmischen, sie in andere Bahnen lenken und bereichern kann, zum Beispiel durch Elemente, wie sie im «Finanz-Klima-Pakt» vorgeschlagen werden (der wiederum den Akzent vielleicht zu sehr auf Bank- und Kreditfragen und zu wenig auf Steuergerechtigkeit und Demokratisierung legt).

dafür eine bessere Lösung als eine öffentliche und pluralistische Debatte in einem parlamentarischen Gremium, gefolgt von einer Abstimmung gewählter Repräsentanten unter Bedingungen, die größtmögliche Gleichheit verbürgen. Die Vorstellung, all das lasse sich doch besser durch starre, automatisch greifende Regeln erledigen (eine durch keine historische Erfahrung beglaubigte Hypothese), entspringt einer Art demokratischem Nihilismus.[1]

In der Praxis könnte die Europäische Versammlung auch den Beschluss fassen, die Schuldentilgung zu beschleunigen, indem sie spezifische Maßnahmen ergreift, zum Beispiel progressive Sonderabgaben auf Privatvermögen. Solche Maßnahmen haben in den 1950er Jahren im Gefolge des Zweiten Weltkriegs eine positive und gewichtige Rolle dabei gespielt, Staatsschulden rasch abzubauen und finanzielle Spielräume zu schaffen. Dadurch konnte die öffentlichen Hand in Wachstum und Wiederaufbau investieren, insbesondere in Deutschland und Japan.[2]

Die problematischste aus dem ganzen Arsenal von Methoden, die damals zur Anwendung kamen, ist, aus der historischen Distanz betrachtet, zweifellos die Inflation. Natürlich hat sie dazu beigetragen, die Staatsschulden im Eiltempo abzubauen. Aber der Preis dafür war, dass die unteren Volksschichten auf brutale Weise eines Teils ihrer Ersparnisse beraubt wurden. Im Lichte dieser Erfahrungen scheint es gerechtfertigt, der EZB weiterhin das Mandat zu erteilen, für schwache Inflation zu sorgen, und sich auf Maßnahmen zu konzentrieren, die sich bewährt haben, namentlich auf eine progressive Besteuerung, diesmal aber mit einer Koordination auf europäischer Ebene, die nicht allein die langfristige Stundung der Schulden (wobei der EZB die Rolle zukommt, die Zinsen auf einem sehr niedrigen Niveau zu halten), sondern auch (eventuell von der Europäischen Versammlung verabschiedete) Maßnahmen der Sonderbesteuerung betreffen müsste. Die Europäische Versammlung könnte beschließen, Schulden langfristig zu prolongieren, zum Beispiel so lange, bis die Länder der Eurozone zu einem Beschäftigungsniveau und auf einen Wachstumspfad zurückgefunden haben, die

1 Das heißt nicht, dass eine transnationale Demokratie uns nicht vor sehr reale und ganz neuartige Herausforderungen stellt. Wenn die Regel des ausgeglichenen Primärsaldos Bedingung dafür ist, auf dem Weg zur Vergemeinschaftung der Zinssätze für europäische Staatsschulden unter Aufsicht einer Europäischen Versammlung voranzukommen, dann handelt es sich zweifellos um eine deutliche Verbesserung gegenüber der derzeitigen Situation.

2 Siehe Kapitel 10, S. 557–559.

der Zeit vor der Krise entsprechen (in der gesamten Zone und insbesondere in Südeuropa). Sie könnte gleichfalls beschließen, und dafür sprechen gewichtige Gründe, die Stundung so lange aufrechtzuerhalten, bis im Hinblick auf andere, vorrangige Ziele wie die Bekämpfung des Klimawandels Fortschritte erzielt worden sind.[1]

Schließen wir mit dem Hinweis darauf, dass wir hier nicht im Voraus über den einzuschlagenden Weg befinden, sondern nur deutlich machen wollen, wie sehr wir, um die schwierigen Entscheidungen zu treffen, die uns bevorstehen, eine demokratische, unzweifelhaft legitimierte Instanz wie die Europäische Versammlung brauchen, die sich aus Abgeordneten der nationalen Parlamente wie des Europäischen Parlaments zusammensetzt. Dass sich die erheblichen Probleme, die von den Staatsschulden in Europa aufgeworfen werden, durch mechanische Anwendung der im Europäischen Fiskalpakt von 2012 vorgesehenen Regeln bewältigen ließen, die, grob gesprochen, vorsehen, dass die kleinen und mittleren Steuerzahler es klaglos hinnehmen sollen, für die kommenden Jahrzehnte enorme Primärüberschüsse zu erwirtschaften, das ist eine Vorstellung, die jeden Realismus vermissen lässt. Die Schuldenkrise hat seit 2008 alte Spannungen zwischen europäischen Ländern verschärft und sie hat zuletzt Verständnislosigkeit und immer nagenderes Misstrauen zwischen den größten Ländern erzeugt, die am Ursprung der europäischen Konstruktion stehen, namentlich zwischen Deutschland, Frankreich und Italien. Da ist durchaus Potenzial für schwere politische Zerwürfnisse, ja ein Auseinanderbrechen der Eurozone. Falls man weiterhin meint, solche Probleme auf der Grundlage schierer Machtverhältnisse in Hinterzimmertreffen der Regierungschefs und Finanzminister unter sich ausmachen zu können, steuert man aller Wahrscheinlichkeit nach auf neue Spannungen zu. Nur die Konstitution einer wirklich transnationalen parlamentarischen Demokratie eröffnet die Möglichkeit, auf der Grundlage der histo-

1 Wenn die Zinsen bei Null (oder fast Null) liegen und es keine Indexbindung an die Inflation oder das Realwachstum gibt, führt eine langfristige Stundung *de facto* dazu, dass der Wert der Schulden binnen einiger Jahrzehnte im Verhältnis zum BIP stark sinkt. Das läuft am Ende auf eine Entdramatisierung der Herausforderungen hinaus, die ein teilweiser oder kompletter Schuldenerlass mit sich bringt. Historisch war dies etwa bei den deutschen Auslandsverbindlichkeiten der Fall, die 1953 beim Londoner Abkommen eingefroren und 1991 schließlich erlassen wurden. Siehe Kapitel 10. Gläubiger war in diesem Fall ein Konsortium westlicher Länder und Banken. In dem hier vorgeschlagenen Rahmen wären dies namentlich die EZB und andere zu diesem Behuf gebildete Strukturen (wie der ESM).

rischen Erfahrungen, über die wir verfügen, die denkbaren Meinungen in all ihrer Unterschiedlichkeit von Grund auf und in aller Öffentlichkeit zu prüfen, um eine nachhaltige Lösung für die Probleme zu finden, vor denen wir stehen.

Die politischen Voraussetzungen der sozial-föderalistischen Umgestaltung Europas

Der Vorzug des hier vorgestellten sozialföderalistischen Ansatzes liegt darin, dass er einem Kern dazu entschlossener europäischer Länder prinzipiell die Möglichkeit eröffnet, den Weg zu einer gestärkten politischen und fiskalischen Union einzuschlagen, nennen wir sie Parlamentarische Europäische Union, PEU, um sie von der EU zu unterscheiden, ohne diese, die EU der 27 oder 28, infrage zu stellen. Um die Lebensfähigkeit einer solchen Union zu sichern, sollte der Gründungskern der PEU idealiter die vier größten Länder der Eurozone (Deutschland, Frankreich, Italien, Spanien), mindestens aber zwei oder drei von ihnen einschließen. Am besten wäre es, alle Länder der Eurozone träten von Anfang an der PEU bei. Andererseits mag es durchaus Länder außerhalb der Eurozone geben, die sich dieser verstärkten Union rascher anschließen möchten als die Mitgliedstaaten der Eurozone.[1] Ob der Gründungskern der PEU nun 5, 10 oder 20 Länder umfasst, theoretisch spricht nichts dagegen, dass dieses System friedlich und nachhaltig mit der EU für die Zeit koexistiert, die es braucht, um alle Länder von einem Beitritt zur PEU zu überzeugen und damit beide Strukturen zu vereinen. Während der Übergangsphase würden die Mitglieder der PEU gleichzeitig an den von ihr geschaffenen Instanzen und Strukturen und an den Institutionen und Politiken der EU teilhaben. Sollten die Mitglieder der PEU unter Beweis gestellt haben, dass ihre gestärkte Union ordentlich funktioniert und in der Lage ist, das europäische Defizit an Steuer-, Sozial- und Klimagerechtigkeit abzubauen, dann

1 So ist es durchaus möglich, dass sich bestimmte Länder Osteuropas (in denen sich weite Teile der Öffentlichkeit, das belegt die niedrige Wahlbeteiligung gerade in Polen, in der national-konservativen Entwicklung nicht wiedererkennen) oder Nordeuropas einem solchen Projekt rascher anschließen als Länder wie Luxemburg und Irland, deren Regierungen ihr ganzes politisches Kapital seit den 1990er Jahren darauf verwendet haben, der öffentlichen Meinung einzureden, die Zukunft ihres Landes beruhe auf dem Steuerdumping.

steht zu hoffen, dass fast die Gesamtheit der EU-Mitgliedstaaten sich nach einigen Jahren, vielleicht auch sofort, der PEU anschließen.

So wünschenswert es ist, dieses friedvolle Szenario ist leider nicht das einzig denkbare. In der Praxis ist es wahrscheinlicher, dass Staaten wie Luxemburg und Irland, die stark auf Steuerdumping gesetzt haben, erbittert gegen dieses Projekt kämpfen werden. Sie werden sich ihm nicht allein mit großer Sicherheit nicht anschließen wollen, sondern auch versuchen, das Projekt mit dem Argument zum Scheitern zu bringen, die Bildung einer solchen gestärkten Union sei eine Verletzung der bestehenden Verträge, ja sogar versuchen, es vor dem Europäischen Gerichtshof mit der Begründung anzufechten, allein eine (einstimmig beschlossene) Generalrevision der europäischen Verträge könne die in Steuerfragen geltende Einstimmigkeitsregel außer Kraft setzen und eine Europäische Versammlung ins Leben rufen, die zu Mehrheitsbeschlüssen in Steuerfragen ermächtigt sei. Dass es Einstimmigkeit braucht, um mit der Einstimmigkeitsregel Schluss zu machen, ist gewiss ein Argument, das besonders spitzfindig und verstockt anmutet, aber es stehen so gewichtige nationale Interessen (oder das, was man dafür hält) auf dem Spiel, dass man nicht glauben sollte, ein solches Argument würde nicht ins Feld geführt werden. Nachdem der EuGH 2012 mit der Begründung, es gebe keinen anderen rechtlich belastbaren Ausweg aus der Krise, die zwischenstaatlichen Verträge, die dem finanziellen Notstand begegnen sollten, für rechtens erklärt hat, wäre es denkbar, dass er unter Berufung auf einen demokratischen und sozialen Notstand mit dem Vertrag zur Demokratisierung Europas (oder einem ähnlichen Vertragstext) entsprechend verführe.[1] Es wäre denkbar, aber das Recht ist keine exakte Wissenschaft und es gibt keine Garantie für eine Zustimmung des EuGH. Daher könnten die Trägerstaaten des Projekts einer gestärkten parlamentarischen Union sich gezwungen sehen, die Verantwortung für einen Austritt aus den bestehenden Verträgen zu übernehmen, das heißt die bestehenden europäischen Verträge aufzukündigen, um die Unterzeichnerstaaten zu zwingen, neue Verträge auszuhandeln.

---

1 Für eine rechtliche Analyse dieses Punkts siehe S. Hennette, T. Piketty, G. Sacriste, A. Vauchez, *Für ein anderes Europa. Vertrag zur Demokratisierung der Eurozone*, a. a. O., S. 15–28. Verträge wie der SKS-Vertrag oder der ESM haben sich als einfache Abkommen zwischen Regierungen außerhalb jenes allgemeinen Rahmens dargestellt, der für die Revision der europäischen Verträge vorgesehen ist. Dass bestimmte Staaten (namentlich Großbritannien und die Tschechische Republik) nicht mitmachen wollten, hat den Europäischen Gerichtshof nicht daran gehindert, das Vorgehen abzusegnen.

Ganz unabhängig von den Modalitäten der möglichen Verabschiedung eines Demokratisierungsvertrages (oder ähnlichen Vertragstextes) wird die Einführung gemeinsamer Steuern innerhalb eines harten Kerns von Ländern fast unvermeidlich zu Spannungen mit den Ländern führen, die sich dem nicht anschließen wollen. So wären die Mitgliedsländer der PEU, die gemeinsame Steuern auf Unternehmensgewinne, hohe Einkommen und Vermögen sowie CO_2-Emissionen erhöben, zumal während der Übergangsphase genötigt, den Nichtmitgliedstaaten eine vorbildliche Kooperation abzuverlangen, die namentlich die Übermittlung von Informationen über grenzüberschreitende Gewinnströme, Einkommen, Finanzportfolios sowie den durch Handel anfallenden CO_2-Ausstoß beträfe. Die Erfahrungen der Vergangenheit lassen es nicht wahrscheinlich erscheinen, dass diese Kooperation vorbildlich aus freien Stücken wäre. Wahrscheinlicher ist, dass nur die effektive Verhängung abschreckender Handelssanktionen die gewünschten Resultate brächte. Im Falle der Körperschaftsteuer könnte zum Beispiel eine sinnvolle Lösung für das Fehlen internationaler Kooperation darin bestehen, die weltweiten Gewinne multinationaler Unternehmen in Abhängigkeit vom jeweiligen Verkaufsvolumen der Güter und Dienstleistungen in den verschiedenen Ländern aufzuteilen, unabhängig davon, wo die Gewinne offiziell und häufig fiktiv verbucht werden.[1] Alles weist darauf hin, dass entschlossene Sanktionen, die von den größten Ländern der Eurozone über Luxemburg und Irland verhängt würden, zu raschen Erfolgen führen würden. Die Entschlossenheit dazu muss allerdings auch wirklich da sein, und das umso mehr, als die sanktionierten Länder nicht zögern werden, solche Sanktionen als eindeutige Verletzung der bestehenden Verträge anzuprangern.[2]

1 Dieses System kommt seit jeher in den Vereinigten Staaten zum Einsatz, um besteuerbare Gewinne zwischen Bundesstaaten aufzuteilen, aber es könnte auch im Verhältnis der Vereinigten Staaten oder europäischen Länder zu anderen Ländern genutzt werden. Siehe dazu E. Saez, G. Zucman, *The Triumph of Injustice*, a. a. O. sowie Kapitel 17, S. 1268. Je größer der Kern von Ländern, die dieses System nutzen, desto größer auch die Chance, eine anspruchsvollere internationale Kooperation auf den Weg zu bringen. Der entscheidende Punkt ist aber, dass es auch ein einzelnes Land in die Lage versetzt, voranzugehen und in unkooperativeren Ländern fiktiv verbuchte Gewinne zu besteuern.

2 Die verkaufsabhängige Aufteilung besteuerbarer Gewinne läuft darauf hinaus, Zölle auf den Export von Gütern und Dienstleistungen in die fraglichen Ländern zu erheben, allerdings mit der Besonderheit, dass die Höhe dieser Zölle von den weltweit erzielten Gewinnen des Unternehmens abhängt (ein Unternehmen, das keinerlei Gewinn macht, würde nicht besteuert).

Nehmen wir zum Beispiel die von den Vereinigten Staaten ausgesprochene Drohung, Schweizer Banken ihre Banklizenz zu entziehen, die wirklich etwas bewegt hat, weil der Schweizer Staat gezwungen war, seine Bankengesetze (zum Teil) zu überdenken und dem amerikanischen Fiskus die erforderlichen Informationen über amerikanische Steuerpflichtige zu liefern, die Konten bei Schweizer Banken eröffnet hatten. Im europäischen Kontext ist es wahrscheinlich, dass Luxemburg oder die Schweiz, wären ihnen von Deutschland, Frankreich und Italien solche Sanktionen angedroht worden, von einem Verstoß gegen existierende europäische Verträge gesprochen hätten (und sprechen würden, falls es in Zukunft dazu käme). Leider sind solche Sanktionen unverzichtbar, um den Lauf der Dinge zu ändern, und es ist sogar wahrscheinlich, dass sie wirklich eine gewisse Zeit aufrechterhalten werden müssten, um Wirkung zu zeigen.

Letztlich ist aber die wahre Herausforderung nicht rechtlicher oder institutioneller, sondern vor allem politischer und ideologischer Art. Die zentrale Frage lautet, ob die Länder, die am meisten unter dem Steuerwettbewerb leiden, und das sind vor allem die größten Länder (Frankreich, Deutschland, Italien, Spanien), zu dem Schluss kommen, es stehe so viel auf dem Spiel, dass ein entschlossenes Vorgehen gerechtfertigt sei, d. h. so weit gehen, den unkooperativen Ländern Sanktionen anzudrohen (was die einseitige Aufkündigung bestehender Verträge erfordern könnte). Bislang hat das Vorgehen der meisten Regierungen oder politischen Bewegungen (und namentlich der in diesen Ländern regierenden sozialistischen und sozialdemokratischen Parteien unterschiedlicher Couleur) sich in der Auskunft erschöpft, der Steuerwettbewerb sei natürlich ein Problem, das sich aber leider unmöglich aus der Welt schaffen lasse, solange nicht Luxemburg, Irland und alle anderen betroffenen Länder freiwillig auf ihr Vetorecht verzichteten. Nun ist längst klar, dass ein solches Vorgehen zu nichts führt. Das Problem ist, dass die Regierungen, die in den großen Ländern Verantwortung tragen, bislang der Auffassung waren, die Not sei nicht groß genug, um ein Auseinanderbrechen der europäischen Union zu riskieren, indem man politisch eigenständige Institutionen (wie die hier vorgeschlagene Europäische Versammlung) für eine Untergruppe von Ländern schafft, die bereit sind, mit gutem Beispiel voranzugehen. Das Zögern ist angesichts des Risikos verständlich. Aber das Risiko, das der Status quo mit sich bringt, nämlich die endgültige und potenziell tödliche Entzweiung zwischen den Unterschichten und der europäischen Konstruktion, scheint mir letztlich größer zu sein. Man kann auch die Auffassung vertreten, die Konstruktion einer transnationalen parlamentarischen Souveränität und Steuerhoheit sei ein so heikler Prozess, dass er fast zwangsläufig mit einer kleinen Zahl von Ländern beginnen müsse, bevor er sich auf andere ausweiten lasse (nachdem seine Nachhaltigkeit konkret erwiesen ist). Anders gesagt: Wenn man darauf warten will, dass alle 27 oder 28 Länder willens sind, sich auf den Weg zu machen, bevor man diesen Prozess in Gang setzt (dem es gut bekommen wäre, hätte man sich früher dazu entschlossen), dann kann man sich darauf gefasst machen, auf unbestimmte Zeit warten zu müssen.[1]

Dass dieser Prozess nicht schon stattgefunden hat, liegt zweifellos daran, dass zahlreiche politische Verantwortliche und Bewegungen in der rechten, aber auch der linken Mitte und namentlich in Deutschland und Frankreich weiterhin denken, dass die Vorzüge des Steuerwettbewerbs (der in einem Kontext, in dem die Pflichtabgaben bereits historische Höchststände erreicht hätten, die Staaten zwinge, nicht zu verschwenderisch zu werden) die Nachteile dieses endlosen Abwärtswettbewerbs zugunsten der Mobilsten überwiegen. Oder sie sind zumindest der Überzeugung, dass diese Nachteile nicht die beträchtlichen politischen Komplikationen rechtfertigen, die jeder Versuch mit sich brächte, dem Steuerwettbewerb Einhalt zu gebieten.[2] Ein anderer, ebenso wirkungsmächtiger ideologischer Faktor ist, dass die europäische Konstruktion lange schon auf dem sakrosankten Recht der Staaten beruht, sich zweimal zu bereichern, einmal durch freien Waren-, Kapital- und Personenverkehr und ein zweites Mal dadurch, dass sie den Nachbarn die Steuergrundlagen abgraben. Dabei handelt es sich um eine historisch und politisch ganz eigentümliche ideologische Konst-

1 Der Prozess hätte beginnen können, als die EWG noch sechs Länder zählte (Frankreich, Deutschland, Italien, Belgien, Niederlande, Luxemburg), wie es von 1957–1972 der Fall war. Ohne Zweifel waren diese Länder zu sehr von anderen Herausforderungen eingenommen, wie der Dekolonialisierung und der Rekonstruktion ihres politischen Systems auf der Grundlage tragfähiger Links-Rechts-Alternativen im nationalen Rahmen.

2 Wie weiter oben angedeutet, kann man dieser Sorge über das allgemeine Niveau der Zwangsabgaben dadurch begegnen, dass man die Gesamtheit oder einen Teil der gemeinsamen Steuereinnahmen an die Mitgliedstaaten zurückzahlt, um insbesondere die Reduktion der Steuerbelastung der Mittel- und Unterschichten zu finanzieren. Wenn nötig, könnte dies im Vertrag festgehalten werden – nicht die erstrebenswerteste Option, aber eine erhebliche Verbesserung gegenüber dem Stand der Dinge.

ruktion, die dem Wohlstand der oberen Schichten aller Länder (deutsche und französische übrigens eingeschlossen) sehr viel mehr zugutekommt als den unteren Schichten Irlands oder Luxemburgs. Aber sie wird nun schon so lange proklamiert, dass man schließlich begonnen hat, sie für legitim zu halten.[1]

Schließen wir mit dem Hinweis, dass die Bereitschaft, die bestehenden Verträge aufzukündigen, eine gewiss notwendige, aber darum nicht schon hinreichende Bedingung ist, neue Verträge schließen zu können. Seit der Krise von 2008 sind zahlreiche politische Bewegungen, darunter Podemos in Spanien und La France insoumise (LFI) in Frankreich, auf die Idee verfallen, eine Austrittsdrohung könne der Durchsetzung neuer politischer Konzepte in Europa und namentlich dem fiskalischen und sozialen Ausgleich dienen.[2] Das Problem ist, dass diese Bewegungen bis auf den heutigen Tag eine präzise Auskunft auf die Frage schuldig geblieben sind, welches neue politische System sie denn in Europa auf den Weg bringen möchten. Kurzum: Man weiß zwar, aus welchen Verträgen man austreten muss, aber nicht, in welche Verträge man eintreten soll. Diese Strategie hat den Nachteil, dass es den politischen Bewegungen, die den europäischen Status quo verteidigen, ein Leichtes ist, sie als anti-europäisch zu verunglimpfen, wie es namentlich die Regierungen tun, die in Deutschland und Frankreich seit der Krise von 2008 an der Macht sind (und de facto die europäische Idee in den Dienst ihrer inegalitären Ideologie und der Weigerung stellen, gemeinsame Steuern auf europäischer Ebene einzuführen). Das liefert ihnen ein gewichtiges Argument, solche Bewegungen in den Augen einer Öffentlichkeit zu diskreditieren, der die Aussicht auf eine Zerschlagung Europas Sorge bereitet, und sie so daran zu hindern, an die Macht zu kommen. Falls ihnen das gleichwohl gelänge, zum Beispiel in Frankreich, gäbe es übri-

1 Ein anderer Faktor, der erklärt, weshalb es auf dem Weg zu einer parlamentarischen europäischen Fiskalunion so langsam voran geht, ist eine Art wachsender Vorbehalt unter den Eliten mit besonders hohen Bildungsabschlüssen (und namentlich den Ökonomen) gegenüber gewählten Versammlungen, der ihnen zugleich eine Steuerung durch nichtgewählte Gremien und die von ihnen verfügten Regeln verlockend erscheinen lässt.

2 Diese sogenannte Plan A/Plan B-Strategie (Plan A sieht eine gemeinsame Änderung der Verträge mit den verschiedenen Mitgliedstaaten vor, Plan B einen Austritt aus den bestehenden Verträgen oder deren Verletzung in der Absicht, neue Verträge mit einer kleineren Zahl von Ländern zu schließen) ist insbesondere im Anschluss an die Griechenland-Krise von 2015 und die Drohungen der deutschen Regierung (namentlich ihres Finanzministers) entwickelt worden, Griechenland aus der Euro-Zone auszuschließen, um der griechischen Regierung die eigenen Ansichten aufzuzwingen.

gens durchaus das Risiko einer Entwicklung, in der Groll und Unverständnis die Oberhand über die gemeinsame Verpflichtung auf das europäische Ideal gewinnen mögen. Dann könnte das Misstrauen, das sich zwischen den Mitgliedstaaten aufgestaut hat (insbesondere zwischen Frankreich und Deutschland), tatsächlich in den Prozess eines chaotischen und unkontrollierten Austritts aus den europäischen Verträgen münden. Mindestens ebenso groß ist in meinen Augen aber das Risiko, dass sich kraft jener gemeinsamen Verpflichtung zwar die Zerschlagung vermeiden lässt, dass es aber an einem Engagement mangelt, das sich mit einer genauen Vorstellung von den neuen europäischen Institutionen und den Umrissen des fiskalischen und sozialen Ausgleichs verbindet. So würde das Fehlen einer vorausgehenden öffentlichen Debatte, in der die Bürger ein ausreichendes Verständnis dieser komplexen, aber eminent politischen Fragen gewinnen könnten, am Ende zu einem wenig ehrgeizigen und ernüchternden Kompromiss führen.[1]

Die separatistische Falle und das katalanische Syndrom

In der sozialföderalistischen Umgestaltung Europas stehen Einsätze auf dem Spiel, die weit über den europäischen Rahmen hinausreichen. Es geht in der Tat um die Frage, ob es möglich ist, die Globalisierung anders als bislang zu organisieren und die Verträge, die den Freihandel und die Handelsunionen regeln, in einen weiteren Horizont zu stellen, der von internationalen Abkommen abgesteckt wird, die dem Modell einer nachhaltigen und gerechten Entwicklung verpflichtet sind und sich konkrete und erreichbare Ziele im Hinblick auf mehr Steuer-, Sozial- und Klimagerechtigkeit gesetzt haben. Solange solche Abkommen fehlen, steht zu befürchten, dass es mit dem sich überbietenden Steuerdumping und dem Anstieg der Ungleichheiten weitergeht, die ihrerseits mit der Gefahr verbunden sind, dass identitäre und xenophobe

1 Es geht natürlich nicht darum, die Vorstellung zu verteidigen, es reiche aus, dass eine französische Regierung aufgrund eines präzisen Vorschlags zur Neugründung Europas gewählt wird, um auch andere Länder von diesem Vorschlag zu überzeugen. Als gesichert kann dagegen gelten, dass eine französische Regierung, die eine Neuverhandlung der europäischen Verträge ankündigt, wie es etwa der sozialistische Kandidat bei der Präsidentschaftswahl von 2012 getan hat, ohne den leisesten Hinweis zu geben, was genau ihm da vorschwebt, nicht die besten Voraussetzungen dafür schafft, nach ihrer Wahl irgendetwas zu erreichen.

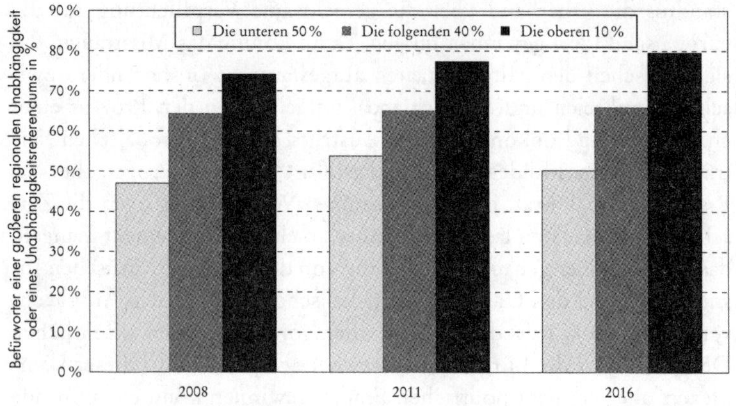

Grafik 16.5.: 2008 haben unter den 50 % einkommensschwächsten katalanischen Wählern 47 % eine größere regionale Unabhängigkeit oder ein Unabhängigkeitsreferendum befürwortet (beide Antworten werden addiert), gegenüber 64 % der folgenden 40 % und 74 % der einkommensstärksten 10 %.
Quellen und Reihen: siehe piketty.pse.ens.fr/ideologie.

Abschottungstendenzen weiter an Boden gewinnen und von machthungrigen einwandererfeindlichen Bewegungen ausgenutzt werden.

Ein weiteres Risiko besteht in dem, was man die separatistische Falle nennen kann. Besonders deutlich hat sich dieses Risiko 2017 in dem Versuch gezeigt, in Katalonien ein Selbstbestimmungsreferendum zu organisieren. Verblüffend ist, wie verschieden die Katalanen je nach Einkommens- und Bildungsniveau den regionalistischen Bestrebungen gegenüberstehen. Fragt man die katalanischen Wähler, ob sie die Forderung einer größeren (potenziell bis zur Selbstbestimmung vorangetriebenen) regionalen Unabhängigkeit unterstützen, so stellt man eine immer stärker ausgeprägte Unterstützung fest, je mehr man sich in der Hierarchie der Einkommen und Bildungsabschlüsse nach oben bewegt. Unter den 10 % mit den höchsten Einkommen und Bildungsabschlüssen unterstützen 80 % der befragten Personen die regionalistische Idee, gegenüber nur 40–50 % unter den untersten 50 % (siehe Grafiken 16.5–16.6).

Beschränkt man sich auf die Unterstützer des Referendums (und sieht von den Personen ab, die eine stärkere Autonomie innerhalb Spaniens befürworten), so lässt sich eine noch stärkere Spaltung ausmachen. Die

Katalanischer Regionalismus und Bildungsabschluss, 2008–2016

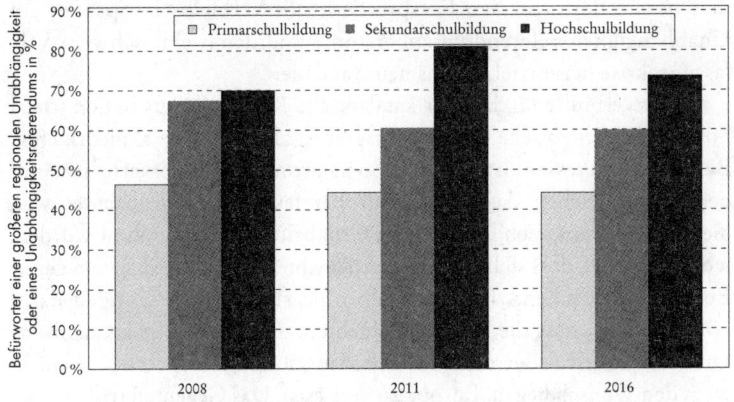

Grafik 16.6.: 2016 haben 44 % der katalanischen Wähler ohne höheren Bildungsabschluss (Sekundar- oder Hochschulbildung) eine größere regionale Unabhängigkeit oder ein Unabhängigkeitsreferendum befürwortet (beide Antworten werden addiert), gegenüber 60 % unter den Abiturienten und 74 % unter den Hochschulabsolventen.
Quellen und Reihen: siehe piketty.pse.ens.fr/ideologie.

Unabhängigkeit wird auf spektakuläre Weise von den am besten gestellten Schichten befürwortet und insbesondere von den Wählern mit den höchsten Einkommen.[1]

Bemerkenswert ist auch, wie stark die Befürwortung der Selbstbestimmung nach der Wirtschaftskrise zugenommen hat, von der Spanien hart getroffen wurde, zumal es 2009–2010 zu einem schweren Rückfall im Gefolge der auf europäischer Ebene erzwungenen Austeritätspolitik kam. 2008 hielten 20 % der katalanischen Wähler die Idee des Rechts auf Selbstbestimmung hoch, 2011 waren es schon 32 % und 2016 schließlich 35 %.[2] Diese rasch wachsende Unterstützung war die Grundlage, auf der

1 Siehe Technischer Anhang, Grafiken S16.5–S16.6. Siehe auch A. Gethin, C. Martinez-Toledano, M. Morgan, «Rising Inequalities and Political Cleavages in Spain», WID.world 2019.

2 2008 sprachen sich 57 % der katalanischen Wähler für die Idee einer größeren (bis zur Selbstbestimmung gehenden) Autonomie der Regionen aus. 2011 waren es 61 %, 2016 noch 59 %. Zwischen 2008 und 2016 sinkt der Anteil derer, die für größere regionale Autonomie innerhalb Spaniens plädieren (ohne Selbstbestimmung), zugunsten der Befürworter der Selbstbestimmung, obwohl doch die Autonomie Kataloniens 2010, wie wir noch sehen werden, bereits gestärkt worden war. Die in der fraglichen Untersuchung gestellten Fragen bezogen sich allerdings auf eine Regelung für sämtliche spanischen Regionen. Sieht man sich die Antwort auf Fragen an, die eine spezifische Regelung für Katalonien betreffen, steigt die Be-

die katalanische Regierung im September 2017 gegen den Rat Madrids und boykottiert von den Fürsprechern des Verbleibs in Spanien ein Unabhängigkeitsreferendum anberaumte und damit eine schwere Verfassungskrise hervorrief, die bis heute andauert.[1]

Es ist verblüffend, dass der katalanische Regionalismus in den sozial höheren Schichten sehr viel ausgeprägter ist als in den sozial niedrigeren. Besonders interessant ist es, dieses Sozialprofil des Wählerverhaltens mit dem zu vergleichen, das bei den Europareferenden zu beobachten war, die 1992 in Frankreich und 2005 in Großbritannien anberaumt wurden, wo stets auffiel, dass sich die höheren Schichten für, die niedrigeren gegen Europa aussprachen.[2] Beide Sozialprofile stimmen im Übrigen darin völlig überein, dass die höheren Schichten, die sich für die katalanische Unabhängigkeit (oder eine stärkere Autonomie) aussprechen, keineswegs den Wunsch hegen, Europa zu verlassen. Das Gegenteil trifft zu. Sie möchten, dass Katalonien in der Europäischen Union bleibt, aber als unabhängiger Staat, um weiterhin von der Integration in den europäischen Handels- und Finanzraum zu profitieren, aber zugleich keine Steuereinnahmen mehr an Spanien abführen zu müssen.

Es geht natürlich nicht darum, den katalanischen Regionalismus auf dieses Fiskalmotiv zu reduzieren. Die im eigentlichen Sinne kulturellen und sprachlichen Faktoren spielen ebenfalls eine gewichtige Rolle, ganz wie die historische Erinnerung an die Franco-Diktatur und die Brutalität der madrilenischen Zentralgewalt. Das ändert freilich nichts daran, dass die Frage der Steuerautonomie im Falle Kataloniens eine zentrale Rolle spielt, zumal es sich um eine Region handelt, die deutlich reicher ist als der spanische Durchschnitt. Da liegt es nahe, dass wohlhabende Steuerzahler erbost darüber sind, dass ihre Steuern zum Teil in andere Regionen fließen. Umgekehrt mögen die unteren und mittleren Schichten für die Tugenden fiskalischer und sozialer Solidarität etwas empfänglicher sein. Unter diesem Aspekt ist aber der Hinweis entscheidend, dass die spanischen Regeln der fiskalischen Dezentralisierung Spanien heute schon zu einem der dezentralisiertesten Länder der Erde machen,

---

fürwortung der Selbstbestimmung unter katalanischen Wählern um etwa zehn Prozentpunkte (bis auf 45–50 % von 2017–2018).

1 Das im September 2017 abgehaltene Referendum über die Unabhängigkeit endete mit einem Sieg des «Ja» (90 % antworteten mit «Ja», 8 % mit «Nein», 2 % mit «Unentschieden»). Die Wahlbeteiligung lag freilich bei nur 42 %.

2 Siehe Kapitel 14, Grafik 14.20, und Kapitel 15, Grafik 15.18.

und zwar auch im Vergleich mit Staatenbünden sehr viel größeren Umfangs. So wird insbesondere das Einkommensteueraufkommen seit 2011 hälftig zwischen der spanischen Bundesregierung und den Regionen aufgeteilt.[1] Ein solches System bringt eine ganze Reihe von Problemen dadurch mit sich, dass es die Idee der Solidarität innerhalb des Landes untergräbt und darauf hinausläuft, die Regionen gegeneinander aufzubringen, was besonders problematisch ist, wenn es um ein Instrument wie die Einkommensteuer geht, die doch die Möglichkeit schaffen soll, Ungleichheiten zwischen den Ärmeren und den Reicheren abzubauen, jenseits regionaler und beruflicher Identitäten.[2]

In den USA wurde dagegen die Einkommensteuer immer schon fast ausschließlich auf Bundesebene erhoben, obwohl das Land siebenmal mehr Einwohner zählt als Spanien und dafür bekannt ist, die Dezentralisierung und das Recht der Bundesstaaten hochzuhalten. Es ist namentlich die Bundeseinkommensteuer, die seit ihrer Einführung 1913 die Funktion der Steuerprogression sicherstellt und die höchsten Einkommen mit den höchsten Steuersätzen belastet.[3] Zweifellos hätten die

---

1 2018 waren die Sätze der Einkommensteuer, die den Bundeshaushalt finanziert, gestaffelt von 9,5 % (für jährliche steuerpflichtige Einkommen unter 12 450) bis zu 22,5 % (über 60 000 Euro). Beschließt eine Region für den sie betreffenden Teil die gleichen Steuersätze, so zahlen Steuerpflichtige dieser Region insgesamt Einkommensteuer von 19 % bis 45 %, wobei in diesem Fall das Steueraufkommen hälftig zwischen der Region und Madrid aufgeteilt wird. Jede Region kann auch eigene Steuerklassen und Zusatzsteuersätze verabschieden, die über oder unter den Bundessteuersätzen liegen. In jedem Fall behält sie das entsprechende Aufkommen ein und muss es nicht mit den anderen Regionen teilen. Diese neuen Regeln für eine stärkere Steuerdezentralisierung wurden 2010 für Katalonien wie alle anderen spanischen Regionen verabschiedet. Auf der anderen Seite hatte das Spanische Verfassungsgericht andere Aspekte (insbesondere die im Übrigen umstrittene Regionalisierung der Justiz) des neuen Autonomiestatus außer Kraft gesetzt, die Katalonien im Anschluss an Verhandlungen mit dem (damals noch mehrheitlich sozialistischen) spanischen Parlament 2006 per Referendum beschlossen hatte. Diese Episode hat das Unabhängigkeitsstreben verstärkt.

2 Dieses System des inneren Steuerwettbewerbs hat seit 2011 auch Strategien des Steuerdumpings und der fiktiven Verlagerung des Steuerdomizils wohlhabender Haushalte und Unternehmen auf den Plan gerufen und damit letztlich der Progressivität selber geschadet. Siehe D. Agrawal, D. Foremny, «Relocation of the Rich: Migration in Response to Top Tax Rate Changes from Spanish Reforms», Institut d'Economia de Barcelona (IEB), April 2018, https://ssrn. com/abstract=3281544 or http://dx.doi.org/10.2139/ssrn. 3281544.

3 Die Spitzensätze der Bundeseinkommensteuer haben gewiss im Lauf der Zeit stark geschwankt (mehr als 80 % im Durchschnitt zwischen 1930 und 1980, um die 40 % seit den 1980er Jahren). Tatsächlich haben sie aber stets eine ungleich größere Rolle bei der Umverteilung gespielt als die von den Bundesstaaten erhobenen Zusatzsteuern (im Allgemeinen zwischen 5 % und 10 %).

wohlhabenden Steuerzahler Kaliforniens (eines Bundesstaats, der allein fast so viele Einwohner wie Spanien und sechsmal so viele wie Katalonien zählt) es begrüßt, die Hälfte der Einnahmen der Bundessteuer auf hohe Einkommen für sich und ihre Kinder behalten zu dürfen. Aber dahin haben sie es nie gebracht (und in Wahrheit haben sie es auch nie wirklich versucht, da man ihnen die bloße Idee als sezessionistische Kriegserklärung ausgelegt hätte). In der Bundesrepublik Deutschland, um ein Spanien näher gelegenes Beispiel zu nehmen, wird die Einkommensteuer ausschließlich auf Bundesebene erhoben. Die Länder haben keinerlei Möglichkeit, Zusatzsteuern zu beschließen oder auch nur den geringsten Teil des Steueraufkommens für sich zu behalten, was immer Bayern darüber denken mögen. Fügen wir hinzu, dass die Logik regionaler oder lokaler Zusatzsteuern an sich so verhängnisvoll nicht ist, allerdings nur unter der Bedingung, dass sie in Maßen erhoben werden. Mit der Entscheidung, die Einkommensteuer zur Hälfte mit den Regionen zu teilen, ist Spanien zweifellos viel zu weit gegangen, um sich jetzt in einer Situation wiederzufinden, in der ein Teil der Katalanen 100 % der Steuereinnahmen für sich behalten und unabhängig werden möchte.

Europa trägt seinerseits eine schwerwiegende Verantwortung für diese Krise. Ganz abgesehen vom unseligen Umgang mit der Krise der Eurozone, der besonders zu Lasten Spaniens ging, pflegt die Europäische Union nun schon seit Jahrzehnten ein Modell, das auf der Idee beruht, man könne alles auf einmal haben und von der Integration in einen großen europäischen und globalen Markt profitieren, ohne sich zur Solidarität und zur Finanzierung des Gemeinwohls verpflichtet zu fühlen. Warum sollte man unter solchen Bedingungen nicht sein Glück versuchen und Katalonien zur Steueroase nach luxemburgischem Vorbild machen? Tatsächlich ist dies das Projekt, das vielen katalanischen Unabhängigkeitskämpfern vorschwebt. Die Gründung eines unabhängigen Staates würde es möglich machen, nicht bloß die gesamten Steuereinnahmen zu behalten und in die Entwicklung Kataloniens zu investieren, sondern wenn nötig die Steuern für die mobilsten Wirtschaftsakteure zu reduzieren, um Investoren in die Staats-Region zu locken, was besser ginge, hätte man sich von der Last der Solidarität mit dem übrigen Spanien einmal befreit. Es steht außer Frage, dass die Politisierung der katalanischen Frage ganz anders ausgefallen wäre, hätte die Europäische Union einen Bundeshaushalt, der dem der Vereinigten Staaten vergleichbar wäre, finanziert durch auf Bundesebene erhobene progressive Einkommen- und Erbschaftsteuern. Würde der Hauptteil der auf hohe katalanische Einkommen erhobenen Steuern den europäischen Bundeshaushalt finanzieren, wie dies in den Vereinigten Staaten der Fall ist, dann wäre die Unabhängigkeit von Spanien unter finanziellen Gesichtspunkten von sehr geringem Interesse. Um sich der Fiskalsolidarität zu entledigen, müsste man dann nicht Spanien, sondern Europa verlassen und das Risiko eingehen, sich aus dem großen europäischen Markt auszuschließen. Die dadurch anfallenden Kosten würden auch manchem nach Unabhängigkeit strebendem Katalanen zu hoch vorkommen. Ich behaupte nicht, in einem solchen System würde sich das regionalistische Unabhängigkeitsstreben sofort in Luft auflösen, wie ich im Übrigen auch nicht behaupte, dass es das tun sollte. Aber es würde ihm doch sehr der Wind aus den Segeln genommen, und vor allem könnte es sich dann auf die kulturellen, sprachlichen und die Schulbildung betreffenden Fragen konzentrieren, die wichtig und komplex sind, statt sich auf Steuerfragen und kleinliche Feilschereien zwischen Regionen zu kaprizieren. In der Gestalt, die sie angenommen hat, nimmt sich die katalanische Krise durchaus wie das Symptom eines Europa aus, das auf der verallgemeinerten Konkurrenz zwischen den Territorien und dem völligen Fehlen jeder Fiskalsolidarität beruht, auf einer Logik also, die dazu beiträgt, dass alle sich immer weiter in ihrem Jeder-für-sich überbieten. Dieser Fall veranschaulicht einmal mehr, wie eng die Frage des politischen Systems mit der Frage der Ungleichheiten, und wie eng auch Grenzregime und Eigentumsordnung miteinander verknüpft sind.

Ideologische Unstimmigkeit, Steuerdumping und das Kleine-Länder-Syndrom

Betont werden muss auch, wie stark die Lockungen des Steuerwettbewerbs sind und wie leicht ihnen auch Gemeinschaften erliegen können, deren Ideologie ursprünglich gar nicht so sehr in diese Richtung ging. Luxemburg hatte, bevor es zur Steueroase wurde, keinerlei ideologische Veranlagung zu einem solchen Verhalten. Aber von dem Augenblick an, da die Organisation der Globalisierung und vor allem die Abkommen zum freien Kapitalverkehr die Möglichkeit eröffnen, sich auf diese Strategie zu verlegen, wird die Versuchung des Steuerdumpings zu groß, wie immer die Ausgangsideologie ausgesehen haben mag. Ganz besonders gilt dies von kleinen Ländern, die darauf hoffen können, gemessen an ihrer Größe bedeutende Investitionen und vor allem (reale oder fiktive) Steueraufkommen aus der sie umgebenden Welt anzulocken, die den Verlust an öffentlichen Einnahmen, der durch die Senkung des Steuersatzes für wohlhabende Steuerzahler anfällt, mehr als ausgleichen können.[1]

Ein Fall besonders wilder ideologischer Unstimmigkeit ist Schweden.[2] Während der schwedischen Bankenkrise 1991–1992 musste das Land erfahren, wie anfällig und verletzlich ein kleines Land inmitten von Finanzströmen und Kapitalbewegungen großen Umfangs ist. Die Krise hätte der Anlass sein können, jene Deregulierung der Finanzmärkte in den 1980er Jahren zu überdenken, deren Gefahren sie an den Tag brachte. Tatsächlich wurde sie vor allem von all denen instrumentalisiert, die schon Jahrzehnte überzeugt waren, das schwedische Sozialmodell gehe zu weit, die Sozialdemokraten seien zu lange an der Macht gewesen und es sei an der Zeit, dass sich das Land dem neoliberalen angelsächsischen Modell annähere, das aus der konservativen Revolution der 1980er Jahre hervorgegangen war. Ein erster Regierungswechsel dauerte nur von 1991–1994, aber er gab den liberalkonservativen Parteien genug Zeit, die Einkommen- und Vermögensteuerprogression massiv abzubauen und 1991 einen auf 30 % gesenkten Proportionalsteuersatz für Finanzeinkommen (Zinsen und Dividenden) einzuführen, die damit erstmals von jeder progressiven Besteuerung befreit waren. Dieser ideologische Trend setzte sich in den 1990er und 2000er Jahren fort und führte 2005 und 2007 zur Abschaffung der progressiven Steuer zunächst auf Erbschaften, dann auf Vermögen.[3]

1 Fügen wir hinzu, dass es innerhalb des gegenwärtigen europäischen Rechtsrahmens durchaus möglich ist, die Steuersätze nur für neue Steuerzahler zu senken, die man ins Land gelockt hat, zum Beispiel durch besondere Steuerregeln für «Eingebürgerte», wie es sie vor allem in Dänemark gibt. Siehe H. Kleven, C. Landais, E. Saez, «Migration and Wage Effects of Taxing Top Earners: Evidence from the Foreigner's Tax Scheme in Denmark», *Quarterly Journal of Economics* 129 (2014), 1, S. 333–378.

2 Einen etwas anders gelagerten Fall von Unstimmigkeit finden wir in Norwegen. Das Land gibt sich gern sozial und umweltbewusst, hat aber nicht gezögert, Kohlenwasserstoffe zu fördern, die besser im Boden geblieben wären (solange einem Konsequenzen für die Klimaerwärmung nicht gleichgültig sind). In der Serie *Occupied* (2015) stellt das Land wegen schlechten Gewissens die Produktion ein, was eine russische Invasion auf den Plan ruft, um die Förderung wieder anlaufen zu lassen, alles mit Unterstützung der Europäischen Union, die sich mehr Sorgen um ihre Energieversorgung als ums Klima macht. Die EU wird als besonders prinzipienlos dargestellt, namentlich in Gestalt eines halbseidenen französischen EU-Kommissars.

3 Siehe Kapitel 11, S. 721 f. und G. du Rietz, M. Henrekson, D. Waldenström, «Swedish In-

Die Streichung der Erbschaftsteuer, die in Schweden 2005, praktisch zur selben Zeit wie in Hongkong (2006), beschlossen wurde, wirft ein Licht darauf, wie stark das «Kleine-Länder-Syndrom» ist. Größere Länder wie Deutschland, Frankreich, Japan oder die Vereinigten Staaten haben sämtlich an einer progressiven Erbschaftsteuer festgehalten, mit einem Steuersatz, der in diesen fünf Ländern am Ende der 2010er Jahre für die bedeutendsten Erbschaften zwischen 30 % und 50 % lag.[1] Es waren, anders gesagt, schwedische Sozialdemokraten, die es für ratsam hielten, jede Form der Besteuerung der intergenerationellen Vermögensübertragung abzuschaffen, während es deutschen Christdemokraten, britischen Konservativen, französischen gaullistischen Liberalen, ja amerikanischen Republikanern sinnvoller schien, an ihr festzuhalten, mit Steuersätzen, die in den letzten Jahrzehnten gesunken, aber für die größten Vermögen gleichwohl beträchtlich geblieben sind.[2] Bei den schwedischen Debatten über diese Fragen spielte die Angst vor der Kapitalflucht in andere Länder der Region eine wesentliche Rolle. Ob berechtigt oder übertrieben, diese Sorge hat die schwedische Regierung nicht etwa bewogen, die Richtlinien zum freien Kapitalverkehr zu reformieren oder auf neue Fiskalkooperationen in Europa zu drängen. Dabei wäre, wie im Falle Kataloniens, die Lösung denkbar einfach. Die progressive Erbschaftsteuer müsste bloß auf der Ebene der Europäischen Union erhoben werden. Dass die schwedischen Sozialdemokraten es nie für geboten hielten, dahingehende Vorschläge zu machen, gibt einen Hinweis darauf, wie sehr die Sozialdemokratie des ausgehenden 20. und beginnenden

heritance and Gift Taxation (1885–2004)», in: M. Henrekson, M. Stenkula (Hg.): *Swedish Taxation: Developments since 1862*, Basingstoke: Palgrave Macmillan 2015. Der Regierungswechsel hatte auch Konsequenzen für das Bildungssystem, in dem die Liberalkonservativen den Wettbewerb förderten. Zum Einfluss eines Teils der schwedischen Ökonomen auf die liberale Wende zu Beginn der 1990er Jahre siehe A. Lindbeck, P. Molander, T. Persson, O. Peterson, A. Sandmo, B. Swedenborg, N. Thygesen, *Turning Sweden around*, Cambridge, Massachusetts: MIT Press, 1994.

1 Siehe Kapitel 10, Grafik 10.12, und Technischer Anhang, Grafiken S10.12a–S10.12b. Ein Versuch zur Abschaffung der Erbschaftsteuer wurde in den Vereinigten Staaten 2001–2002 unter Bush und 2017–2018 unter Trump unternommen. Bis heute war diesen Versuchen aber kein Erfolg beschieden, da einem Teil der Republikaner diese Abschaffung überzogen schien. Allerdings hat man den Schwellenwert für die Besteuerung stark angehoben und die Erbschaftsteuer damit zum Teil ihrer Substanz beraubt.

2 In Schweden wurde die Erbschaftsteuer schon 2005 durch die Sozialdemokraten, die Vermögensteuer erst 2007 von den Liberalkonservativen abgeschafft (die 2006–2014 an der Regierung waren).

21. Jahrhunderts mit ihrer programmatischen und ideologischen Agenda in den Grenzen des Nationalstaats gefangen bleibt. Gewiss, das hat Schweden nicht daran gehindert, dank eines weit entwickelten Sozialversicherungssystems, das von erheblichen Steuern und Abgaben finanziert wird, für die Schwedens Gesamtbevölkerung aufkommt, und dank der Qualität und Unentgeltlichkeit seines Schul- und Hochschulsystems ein egalitäreres Land als andere zu bleiben. Aber das ändert nichts daran, dass die Steuerstreichungen von 2005–2007 wachsende Ungleichheiten zugunsten der Spitze der Einkommens- und Vermögensverteilung gezeitigt haben, die auf lange Sicht das schwedische Modell untergraben könnten.[1] Zudem trägt die unkooperative Haltung auf internationaler Ebene dazu bei, das Festhalten an einer progressiven Besteuerung in anderen Ländern zu erschweren, in den reichen Ländern ebenso wie in armen Ländern und Schwellenländern.[2]

Fügen wir hinzu, dass dieses «Kleine-Länder-Syndrom» sich anschickt, auch auf größere Staaten überzugreifen. Mit dem Erstarken der Schwellenländer und einer Entwicklung der Weltwirtschaft nie gekannten Ausmaßes sind fast alle Länder im Begriff, im Weltmaßstab kleine Länder zu werden, angefangen mit Frankreich, Deutschland und Großbritannien, aber in gewissem Umfang auch die USA. Für viele konservative Verantwortliche in Großbritannien dient die Entscheidung für den Brexit denn auch dazu, das Land in eine Steueroase und einen Finanzplatz zu verwandeln, an dem wenig reguliert und viel weggeschaut wird (ein postindustrieller Umbildungsprozess, der dort in gewisser Weise seit den 1980er Jahren im Gange ist). Ohne Transformation sozialföderalistischen Typs ist die Gefahr groß, dass die fortschreitende Globalisierung immer mehr Richtungsentscheidungen dieser Art auf den Plan ruft.

---

1 In den Abschaffungen von 2005–2007 spricht sich auch der Eindruck mancher Sozialdemokraten aus, das Land sei so egalitär geworden, dass eine Besteuerung hoher Vermögen sich erübrige. Dabei haben sie vielleicht vergessen, wie inegalitär das Land bis ins beginnende 20. Jahrhundert war und wie sehr es geeignete Einrichtungen braucht, um starke soziale Gleichheit aufrechterhalten zu können. Zur hyper-inegalitären Vergangenheit Schwedens siehe Kapitel 5, S. 244–246.

2 Ausgiebig wurde der schwedische Fall während der französischen Debatte über die Abschaffung der Vermögensteuer von 2017–2018 instrumentalisiert. Es ist nicht auszuschließen, dass man sich eines Tages auch auf ihn berufen wird, um die Erbschaftsteuer abzuschaffen. Noch stärker ist die Signalwirkung in weniger entwickelten Ländern, die nicht über die Mittel verfügen, auf das globale System der Registrierung und Besteuerung von Vermögen Einfluss zu nehmen.

Die sozial-lokalistische Falle und die Konstruktion des transnationalen Staates

In Anbetracht der beträchtlichen Schwierigkeiten, die dem sozialföderalistischen Weg und der Konstruktion einer transnationalen Staatsgewalt entgegenstehen, mag es gewissen politischen Bewegungen verlockend erscheinen, sich auf eine Strategie sozial-lokalistischen Typs zu verlegen, die sich der Förderung der Gleichheit und neuer alternativer Wirtschaftsformen auf lokaler Ebene verschreibt. So gibt es zum Beispiel in der katalanischen Unabhängigkeitsbewegung einen wenn auch kleinen Teil linksgerichteter politischer Gruppierungen, die der Ansicht sind, Katalonien könnte ein besseres Sprungbrett als die madrilenische Staatsmacht sein, um neuartige soziale Vorhaben auf den Weg zu bringen (und nebenbei aus dem monarchischen System Spaniens aus- und in einen republikanischen Horizont einzutreten). In diesem Fall ist es freilich mehr als nur möglich, dass diese Kräfte innerhalb eines etwaigen katalanischen Staates überrannt und von liberalkonservativen Bestrebungen aus dem Rennen geworfen würden, die ein ganz anderes Entwicklungsmodell (Typ Steueroase) im Sinn haben.

Natürlich könnte nichts legitimer sein, als eine sozial-lokalistische Agenda zu verfolgen, zumal das Handeln auf lokaler und kommunaler Ebene die Möglichkeit zu einer Neubestimmung von sozialen Beziehungen und Eigentumsverhältnissen eröffnet, die sich komplementär zu dem verhält, was sich auf zentralstaatlicher Ebene verwirklichen lässt. Dennoch ist es entscheidend, diese Agenda in einen umfassenderen sozialföderalistischen Rahmen einzufügen. Um die Zweideutigkeit auszuräumen, mit der die unterschiedlichen Formen des katalanischen Regionalismus einhergehen, und sich von denen abzusetzen, die einfach Steuereinnahmen für sich selbst und ihre Kinder einbehalten möchten, wäre es zum Beispiel hilfreich, wenn die (für Unabhängigkeit eintretende) republikanische katalanische Linke betonte, eine auf europäischer Ebene erhobene gemeinsame Progressivsteuer auf hohe Einkommen und große Vermögen zu befürworten. Dass der Weg zum Sozialföderalismus komplex ist, dispensiert niemanden davon, sich unzweideutig für diese Strategie auszusprechen, ganz im Gegenteil.

Unverzichtbar ist dies umso mehr, als sozial-lokalistische Initiativen oft nur allzu deutlich an Grenzen stoßen, solange sie nicht durch Regulierungen und politische Strategien auf höherer Ebene fortgeführt werden. Nehmen wir das Beispiel der Mobilisierung gegen Google, zu der es jüngst in Berlin kam. Im Gefolge dieser Mobilisierung hat Google am Ende von der Einrichtung eines «Campus» in Kreuzberg Abstand genommen. Das Projekt, wie es bereits in London, Madrid, Seoul, São Paulo, Tel Aviv und Warschau existiert, sollte in einem in den zwanziger Jahren errichteten Backsteinbau, einem alten Umspannwerk unterkommen, um Begegnungen, Veranstaltungen und Lehrgänge anzubieten. Die im Netzwerk *Fuck Off Google* versammelten Vereinigungen prangerten Immobilienspekulation, Mieterhöhungen und die damit einhergehende Vertreibung von Familien mit bescheidenem Auskommen aus einem bereits der Gentrifizierung anheimgefallenen Viertel an, die dieser «Campus» eines Unternehmens mit sich gebracht hätte, das Steuervermeidung im großen Stil betreibt und praktisch keinerlei Steuern in den Ländern zahlt, in denen es, wie besonders in Deutschland, seine Gewinne erzielt. Die Affäre sorgte für großes Aufsehen in der Hauptstadt, wo die Christdemokraten ein «unternehmerfeindliches Klima» beklagten, das von der SPD, den Grünen und der Linken verbreitet werde, also von der in Berlin regierenden Koalition, die sich gegen den Vorwurf verwahrte.[1]

Diese Art der Mobilisierung wirft komplexe Fragen auf. Es ist gewiss unerträglich genug, die CDU im Hinblick auf Unternehmen, die praktisch keine Steuern zahlen, das Loblied der «Unternehmer» singen zu hören, zumal diese Partei seit 2005 an der Spitze der Bundesregierung (also der größten europäischen Wirtschaftsmacht) steht und bisher nichts unternommen hat, um etwas an dieser Lage der Dinge zu ändern. Zugleich liegt es auf der Hand, dass Mobilisierungen dieser Art nicht ausreichen. Zum einen gibt es zweifellos andere Städte und Gemeinden, die einen «Google Campus» willkommen heißen, und zum anderen liegt die eigentliche Herausforderung darin, Unternehmen solcher Größe auf europäischer Ebene zu besteuern und zu regulieren. Bis auf den heutigen Tag haben aber auch SPD, Grüne und Die Linke kein gemeinsames Aktionsbündnis auf den Weg gebracht, um zum Beispiel eine gemeinsame Steuer auf Gewinne der größten Unternehmen auf europäischer oder zumindest deutsch-französischer Ebene oder in einer möglichst großen Zahl von Ländern zu erheben. Wer sich auf den

1 Siehe «À Berlin, le mouvement Fuck Off Google plus fort que Google», Le Monde (26. Oktober 2018)

Sozial-Lokalismus beschränkt, ohne bereit zu sein, sich auf einer anspruchsvolleren sozialföderalistischen Grundlage zu engagieren, macht sich zudem in besonderer Weise angreifbar.

In anderen Kontexten und insbesondere in den Vereinigten Staaten ist es mitunter leichter, sozial-lokalistisches und sozial-föderalistisches Engagement miteinander zu verbinden. So hat sich Alexandria Ocasio-Cortez (genannt «AOC»), seit 2018 demokratische Repräsentantin des Staates New York im Kongress der USA und Mitglied der Democratic Socialists of America, im Kampf gegen den neuen Hauptsitz von Amazon in Brooklyn hervorgetan. Wie in Berlin nahm die Bewegung insbesondere daran Anstoß, dass die Firma nicht bloß praktisch keine Steuern zahlt, sondern sich überdies auf sehr üppige öffentliche Zuschüsse freuen durfte, nachdem zahlreiche interessierte Städte darum gewetteifert hatten, ihre Niederlassung bei sich willkommen zu heißen. Amazons Weigerung, die gewerkschaftliche Organisation seiner Mitarbeiter zuzulassen, tat ein Übriges, den Konflikt anzuheizen, der damit endete, dass das Unternehmen seine Pläne fallen ließ. Es verwundert nicht, dass die republikanische und trumpistische Lobby sich gegen AOC ereiferte.[1] Anders als die Berliner Aktivisten haben gewählte Volksvertreter wie AOC in den Vereinigten Staaten allerdings die Möglichkeit, für eine Politik einzutreten, die eine stärkere Regulierung und progressive Besteuerung von Unternehmen zulässt, und scheuen sich auch nicht, dies zu tun (AOC tritt etwa dafür ein, für die höchsten Einkommen einen Spitzensteuersatz von 70 % einzuführen).[2] Im europäischen Kontext dagegen erfordert es schon die Möglichkeit einer sozialföderalistischen Plattform, sich zugleich für

---

1 Das gilt insbesondere für das Job Creators Network, einen Interessenverband, der sich für Trumps Senkung der Körperschaftsteuer stark gemacht und im «Kampf gegen den Sozialismus» hervorgetan hat («JCN's Next Mission: Fighting Socialism», steht auf einer seiner Internetseiten zu lesen). Anfang 2009 hat das JCN eine rabiate Plakataktion gegen AOC auf den Mauern New Yorks finanziert («Amazon Pullout: 25 000 Lost NYC Jobs. $ 4 Billion in Lost Wages. $ 12 Billion in Lost Economic Activity for NY. Thanks for Nothing, AOC!»). Ganz weit oben steht der Kampf wider den Sozialismus auch auf der Prioritätenliste des Council of Economic Advisers (CEA) des Weißen Hauses (wie der im Oktober 2018 vom CEA veröffentlichte Bericht *The Opportunity Costs of Socialism* es belegt). Das beweist, wie ernst die Gefahr genommen wird und wie erheblich die Mittel sind, die für den ideologischen Kampf aufgewendet werden.

2 Ob solche Diskurse beim nächsten Regierungswechsel in den Vereinigten Staaten auch tatsächlich zur Umsetzung einer progressiven Fiskalpolitik führen werden, bleibt fraglich. Angesichts der Bilanz demokratischer Regierungen sollte man nicht darauf wetten.

eine Transformation der europäischen Institutionen einzusetzen und dafür transnationale Koalitionen zu schmieden.

Die Entstehung des Parteiensystems und der Wählerlager in Indien

Wir haben uns relativ eingehend mit den Voraussetzungen der Entwicklung eines Sozialföderalismus in Europa befasst, der insbesondere einen Ausweg aus der sozialnativistischen Falle eröffnet. So sehr aber bestimmte Lehren, die sich aus dem europäischen Fall ziehen lassen, von allgemeinerer Bedeutung sein mögen, er bleibt doch in manchem ein Sonderfall. Will man die Wandlungen der Wählerlager, die Struktur politisch-ideologischer Konflikte in größeren föderalen Gemeinschaften oder auch die Risiken identitärer Abschottung in Wahldemokratien besser verstehen, so ist es unverzichtbar, sich nicht auf die Untersuchung Europas und der USA zu beschränken. Daher werden wir nun die westliche Sphäre verlassen und uns mit der Frage nach den politischen Konfliktlinien zunächst in Indien, dann in Brasilien befassen.

Der Strukturwandel der Parteien und Wählerlager in der Indischen Union ist ein besonders interessanter Fall. Zum einen handelt es sich um die größte parlamentarische Bundesrepublik der Welt (1,3 Milliarden Einwohner, gegenüber 520 Millionen in der Europäischen Union und 320 Millionen in den Vereinigten Staaten). Und zum anderen ist das indische Parteiensystem, wie wir sehen werden, seit den 1960er Jahren immer mehr zu einem Klassensystem geworden, während die westlichen Wahldemokratien im Laufe des letzten halben Jahrhunderts die umgekehrte Entwicklung erlebt haben. Aus diesen Erfahrungen lässt sich eine Fülle von Lehren ziehen, weil sie zeigen, dass die Bildung egalitärer Koalitionen und die Entstehung der Konfliktlinien zwischen Klassen auf mehr als einem Weg möglich sind und nicht von einem einzigen Verlauf und einzigartigen Ereignissen (wie den beiden Weltkriegen und der Krise der 1930er Jahre im Westen) abhängig sind.

Den Blick nicht nur auf den Westen zu richten, ist auch entscheidend, um die Frage des Föderalismus neu zu stellen und Bruchlinien identitärer und ethno-religiöser Art im Europa der letzten Jahrzehnte besser zu verstehen. Vergleichbare Bruch- und Konfliktlinien gibt es auch in Indien, das zudem über eine sehr viel ältere Erfahrung mit dem Multikonfessionalismus verfügt. Daher ist es lehrreich, die Formen, die in den verschiedenen Fällen die Politisierung dieser Fragen annimmt, miteinander zu vergleichen. Bei den ersten Wahlen nach der 1947 erlangten Unabhängigkeit Indiens und seiner Trennung von Pakistan spielte die Kongresspartei (INC, Indian National Congress) eine ausgesprochen beherrschende Rolle im politischen System Indiens. 1885 gegründet, war der INC die politische Organisation, die das Land auf friedlichem und parlamentarischem Wege zur Unabhängigkeit geführt hatte. Seine Legitimität stand daher außer Frage. Die Kongresspartei hatte sich stets auf eine «säkulare» und multikonfessionale Vision Indiens gestützt und darauf beharrt, dass Bürger aller Glaubensrichtungen, ob Hindus, Muslime, Christen, Sikhs, Buddhisten, Juden oder Konfessionslose, den gleichen Respekt verdienen. Unter ihrer Führung wurde auch im Rahmen der Verfassung von 1950 ein System von Quoten und «Reservierungen» eingeführt, das den einstigen Unberührbaren und diskriminierten indigenen Völkern (*scheduled castes/scheduled tribes*, SC/ST) Zugang zu Studienplätzen, zum öffentlichen Dienst und zu politischen Ämtern eröffnete. Diese Politik zielte darauf, das Land vom schwer lastenden Erbe einer Ungleichheit zu befreien, die ihm das vom britischen Kolonialismus noch verfestigte Kastensystem hinterlassen hatte. In der Praxis war der Kongress auch eine Partei, die sich auf traditionelle lokale Eliten stützte, die häufig aus den obersten Kasten und insbesondere aus jener der brahmanischen Gelehrten stammten (wie exemplarisch die Nehru-Gandhi-Familie). Der INC verband eine gewisse Fortschrittlichkeit mit vielfältigen Formen des sozialen und politischen Konservativismus, in der Frage des Eigentums wie der Bildung – das Ausbleiben einer wirklichen Landreform belegt dies ebenso wie die unzureichenden Investitionen in öffentliche Dienste, medizinische Versorgung und Bildungseinrichtungen für die ärmsten sozialen Gruppen.[1]

Bei den 1951, 1957 und 1962 durchgeführten Parlamentswahlen vereinte der INC jeweils zwischen 45 % und 50 % der Stimmen auf sich. Die Zersplitterung der anderen politischen Kräfte und das Wahlsystem[2] erlaubten es ihm, damit allein eine große Mehrheit der Sitze in der Lok Sabha, der direkt gewählten Volkskammer, zu erringen. Die übrigen Stimmen entfielen auf eine Vielfalt ideologisch sehr unterschiedlicher Parteien, auf Regionalisten, Kommunisten, Nationalisten, Sozialisten

1 Siehe Kapitel 8, S. 441–453.

2 Nämlich eine Persönlichkeitswahl in einem Wahlgang, wie in Großbritannien und den Vereinigten Staaten.

etc., von denen keine die Kongresspartei ernsthaft gefährden konnte. Bei den Wahlen von 1957 und 1962 war die zweitplatzierte Partei die CPI (Communist Party of India), die etwa 10 % der Stimmen auf Bundesebene für sich gewinnen konnte.[1] Die hindu-nationalistische Bharatiya Jana Sangh (BJS, Indische Volksvereinigung) belegte den dritten Platz, mit weniger als 7 % der Stimmen. Diese ungeteilte Vorherrschaft des INC begann in den 1960er und 1970er Jahren zu bröckeln. Der Kongress fiel in der Wählergunst auf unter 40 % der Stimmen. Zu einem ersten Regierungswechsel kam es 1977 mit dem Sieg der Janata Party (Volkspartei). Letztere war allerdings eine gegen den INC gerichtete Zweckgemeinschaft, in der sich ohne wirklich gemeinsames Programm sowohl linke als auch rechte Gegner der Kongresspartei Indira Gandhis versammelt hatten.[2] Das Experiment war nicht wirklich überzeugend. Der INC eroberte, geeinter und einheitlicher, bei den Wahlen 1980 die Macht zurück. Am Ende sollte das Land auf eine fast ununterbrochene, vier Jahrzehnte, vom Ende der 1940er bis zum Ende der 1980er Jahre anhaltende Vorherrschaft des INC mit Premierministern aus dem Geschlecht der Nehru-Gandhi zurückblicken.[3]

Nach dieser ersten, von der Herrschaft der Kongresspartei geprägten Phase (1950–1990) trat die indische Wahldemokratie von 1990–2020 in eine zweite Phase ein, in der es zur allmählichen Entwicklung eines echten Mehrparteiensystems kam, das Wechsel auf Bundesebene zuließ. Untersucht man die Entwicklung der bei den Wahlen zur Lok Sabha auf die Parteien entfallenden Stimmen, so lässt sich seit 1990 eine konti-

---

1 Die CPI hat sich nach 1964 in mehrere Organisationen aufgespalten, darunter die CPI und die CPI(M) («M» für Marxist), die sich namentlich über das Verhältnis zu Russland und China und die Strategie der Machtergreifung uneins waren (Allianz mit dem INC oder selbstständige Strategie). Die CPI(M) war in mehreren indischen Staaten seit den 1970er Jahren an der Macht, namentlich in Westbengalen und Kerala, im Allgemeinen aber an der Spitze von Koalitionen aus mehreren Linksparteien wie der Left Front oder der Left Democratic Front.

2 Angesichts wachsender Sozialproteste unterschiedlicher Art hatte Indira Gandhi zwischen 1975 und 1977 den Ausnahmezustand im Land ausgerufen und dadurch die Unzufriedenen bei den Wahlen von 1977 zeitweilig geeint.

3 Von 1947–1964 bekleidete Jawaharlal Nehru das Amt des Premierministers, von 1966–1977 und 1980–1984 Indira Gandhi, bevor Rajiv Gandhi die Nachfolge seiner Mutter antrat, die 1984 einem Attentat zweier Anhänger der Sikh-Religion und Mitglieder ihrer Leibgarde zum Opfer gefallen war. Am Rande sei daran erinnert, dass die Familie Nehru-Gandhi in keiner verwandtschaftlichen Beziehung zu Mahatma Gandhi steht, der selbst in der Zwischenkriegszeit und bis zu seiner Ermordung durch einen Hindu-Nationalisten 1948 dem INC angehörte.

nuierliche Aushöhlung der Position des INC feststellen, der von fast 40 % der Stimmen 1989 auf weniger als 20 % bei den Wahlen 2014 fällt. Nimmt man die verschiedenen zentristischen Parteien hinzu, die der Kongresspartei verbunden sind, so kommt man 2014 auf insgesamt 35 % der Stimmen. Das ist ein Wählerblock, der gegenüber den ersten Nachkriegsjahrzehnten stark geschrumpft, aber immer noch umfangreich ist (siehe Grafik 16.7).[1]

Parlamentswahlen in Indien (Lok Sabha), 1962–2014

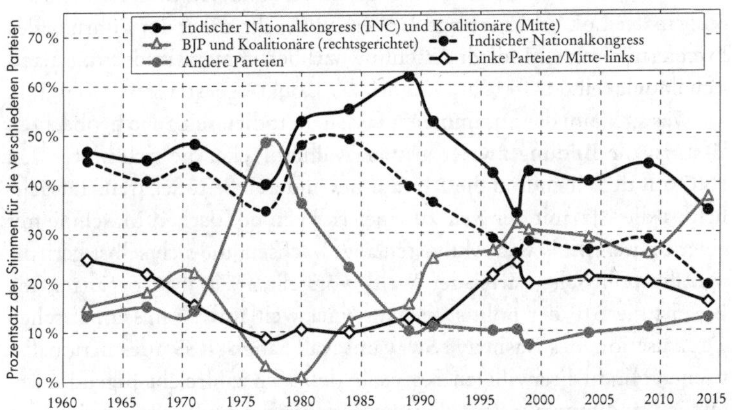

Grafik 16.7.: Bei den Parlamentswahlen von 2014 erzielten die Kongress-Partei (INC, Indischer Nationalkongress) und ihre Koalitionsparteien (Mitte) 34 % der Stimmen (davon alleine 19 % für den INC), die BJP (Partei der Hindu-Nationalisten) und ihre Koalitionsparteien (rechtsgerichtet) bekamen 37 %, die Links- und Mitte-Links-Parteien (SP, BSP, CPI etc.) 16 % und die anderen Parteien 13 %.
Hinweis: Nach den Parlamentswahlen von 1977 (nach dem Ausnahmezustand) brachte die Partei Janata Dal linke und rechte Gegner der INC zusammen und wird hier den «anderen Parteien» zugeordnet.
Quellen und Reihen: siehe piketty.pse.ens.fr/ideologie.

Seit 1990 erlebt das Land schließlich den Aufstieg der Bharatiya Janata Party (BJP – Partei des indischen Volkes).[2] Während die BJP und

1 Zu diesem Block gehörten Parteien, die im Allgemeinen Bündnisse mit dem INC eingegangen sind, insbesondere im Rahmen der UPA (United Progressive Alliance). Es handelt sich namentlich um die Parteien NCP, DMK, TRS und BJD. Siehe A. Banerjee, A. Gethin, T. Piketty, «Growing Cleavages in India? Evidence from the Changing Structure of the Electorates 1962–2014», WID.world Working Paper (2019), 5.

2 Der Name der BJP kann mit «Partei des hinduistischen Volkes» oder «Partei des indischen Volkes» übersetzt werden. Da *Bharata* der überlieferte Name Indiens im Sanskrit ist und der BJP eine Ideologie vertritt, die mit allem Nachdruck auf der hinduistischen Identität Indiens beharrt, scheint die erstgenannte Übersetzung angemessener.

ihre Verbündeten 1989 noch kaum 15 % der Stimmen auf sich vereinen konnten, waren es bei den Wahlen von 2014 schon fast 40 %.[1] 1980, nach dem Scheitern der Koalition der gegen den Kongress gerichteten Janata Party gegründet, hatte die BJP die Nachfolge der BJS angetreten, einer Partei, die von 1951–1977 das Spektrum der hinduistischen Nationalisten vertreten hatte. Die BJP stand schon zwischen 1996 und 2004 mehrfach im Rahmen von Koalitionen mit anderen kongressfeindlichen Parteien an der Spitze der Regierung. Neu an den Wahlen von 2014 ist, dass die BJP erstmals mit ihren engsten Verbündeten die Mehrheit der Sitze in der Lok Sabha erringt. Das erlaubt es ihr, unter der Führung des Premierministers Modi die Richtung zu bestimmen, in der das Land sich entwickelt.

Was sich, um das zusammenzufassen, in Indien seit 1990 beobachten lässt, ist die Bildung zweier großer Wählerblöcke, die sich hinter den INC auf der einen und die BJP auf der anderen Seite scharen. Tatsächlich ist die BJP mit der Zeit zu einer riesigen politischen Maschine mit einer breiten Basis von Aktivisten angewachsen, die sich selbst gern als «größte politische Partei der Welt» vorstellt.[2] Wie ihr Vorgänger, die BJS, ist die BJP der politische Arm einer weitläufigen missionarischen Organisation, des Rashtriya Swayamsevak Sangh (RSS), des nationalistischen Hindu-Freiwilligen-Korps, in dem sich zahlreiche Jugendbewegungen zusammenfinden, die von hinduistischen Pfadfindern bis zu wahren paramilitärischen Verbänden reichen. 1925 gegründet, stützt sich der RSS auf eine Ideologie, die in weiten Teilen das genaue Gegenteil der Ideologie des 1885 gegründeten INC ist. Während der INC Indien auf der Grundlage von Säkularismus und religiöser Vielfalt einen wollte, hat der RSS sich stets zu einem strikt hinduistischen und erbittert anti-muslimischen Nationalismus bekannt. So beschwört etwa Golwalkar, einer der Gründer des RSS, in einem der wichtigsten Gründungstexte der Bewegung den «achthundertjährigen Krieg» zwischen Hindus und Muslimen. Der Islam habe die Entwicklung des Hinduis-

1 Inklusive der Parteien also, die im Allgemeinen Bündnisse mit der BJP eingegangen sind, insbesondere im Rahmen der NDA (National Democratic Alliance). Es handelt sich namentlich um die Parteien Shiv Sena, SAD und TDP. Siehe A. Banerjee, A. Gethin, T. Piketty, «Growing Cleavages in India? Evidence from the Changing Structure of the Electorats 1962–2014», a. a. O.

2 Ein Titel, den die BJP offiziell für sich reklamiert, unter Verweis darauf, dass sie 2015 die Zahl von 110 Millionen 2015 überschritten hat (siehe www.bjp.org), gegenüber 90 Millionen PCC-Mitgliedern (siehe Kapitel 12, S. 792–797).

mus und der indischen Zivilisation insgesamt behindert, einer Zivilisation, von der Golwalkar ohne Umschweife behauptet, sie habe seit Jahrtausenden eine Kultiviertheit und Bildungshöhe erreicht, wie Christentum und Islam es nie vermocht hätten.[1] Auch das Gefühl der Demütigung und das postkoloniale Racheverlangen spielen nach zwei Jahrhunderten britischer Herrschaft eine wesentliche Rolle.

Um die Renaissance der hinduistischen Zivilisation voranzutreiben, bieten RSS und BJP eine anspruchsvolle Vision der idealen gesellschaftlichen Ordnung auf, die sich im Aufruf zu konfessioneller Gewalt natürlich nicht erschöpft. Namentlich die Prinzipien der Harmonie und Ausgeglichenheit, wie sie etwa der Vegetarismus verkörpert, spielen eine wesentliche Rolle in den Lehren, die diese Organisationen verbreiten, ganz wie traditionelle familiäre Werte, die hinduistische Religion und Sanskritkultur. Das ändert freilich nichts daran, dass die Islamfeindschaft nie fern ist. Eine zentrale Rolle für den Aufstieg der BJP spielten die immer blutiger werdenden Ausschreitungen, die seit 1984 vom RSS und verschiedenen hinduistischen Organisationen im Zuge einer Kampagne für die Errichtung eines hinduistischen Tempels in Ayodhya (Uttar Pradesh) entfesselt wurden, dem sagenumwobenen, von der Ramayana erwähnten Geburtsort des Gottes Rama. Eine entscheidende Etappe markiert nach Jahren der Gewaltausübung mit organisatorischer Unterstützung durch den RSS und die regierende BJP die Zerstörung der alten, im 16. Jahrhundert errichteten Babri-Moschee durch militante Hindus.[2] Dieses Gründungsereignis steht am Ursprung

---

1 Siehe M. S. Golwalkar, *We or Our Nationhood Defined*, Nagpur: Bharat Publications 1939, S. 49–50. Das Ausmaß der gewalttätigen Islamfeindlichkeit und der zivilisatorische Nationalismus, die aus diesem Buch sprechen, gemahnen natürlich an die Ausführungen Chateaubriands in seinem *Génie du christianisme* von 1802 (siehe Kapitel 7, S. 419 f.). Mitunter wenden sich RSS und die BJP in Wort und Tat auch gegen Christen (insbesondere gegen christliche Missionare und die wachsende Zahl von Konversionen in bestimmten indigenen Völkern). Aber selbstredend hat die Rivalität mit dem Islam, der im Lauf der Jahrhunderte zahlreiche Konvertiten aus niedrigen Kasten angezogen hat, im indischen Kontext stets die Hauptrolle gespielt (siehe Kapitel 8). Ein klassisches Thema des RSS ist auch, dass der Hinduismus die einzig tragfähige Alternative zu den westlichen und vor allem den kapitalistischen und kommunistischen Ideologien sei.

2 Der RSS, nach der Ermordung Mahatma Gandhis durch einen Attentäter aus seinen Reihen 1948 schon kurzzeitig verboten, wurde 1992 erneut verboten, nachdem seine Aktivisten sich an der Zerstörung der Babri-Moschee beteiligt hatten. 1993 wurde er wieder zugelassen, weil die Gerichte zu dem Schluss kamen, für eine direkte Beteiligung von Führungskräften des RSS an der Organisation der Ausschreitungen gebe es keinen Beweis. Glaubt man den hinduistischen Aktivisten, so war die Babri Masjid im 16. Jahrhundert an der Stätte eines alten, dem

zahlloser Ausschreitungen desselben Typs und hört nicht auf, das Land heimzusuchen.[1] Noch in ihrem Wahlmanifest von 2019 behauptet unter den Hauptforderungen der BJP das Versprechen der Errichtung eines Rama-Tempels an der Stätte der Moschee von Ayodhya einen Stammplatz.[2]

Neben diesen beiden Hauptwählerblöcken, die dem INC und der BJP verbunden sind, verdient die anhaltende Präsenz eines dritten Blocks Erwähnung, der sich aus Links- und Mitte-Links-Parteien zusammensetzt (siehe Grafik 16.7). Diesem Block lassen sich nicht nur verschiedene kommunistische Organisationen (CPI, CPI(M) etc.), sondern auch eine große Zahl von Parteien zuordnen, die sich dem sozialistischen oder sozialdemokratischen Umfeld zurechnen, wie die Samajwadi Party (SP – die Sozialistische Partei, hervorgegangen aus dem säkularen Zweig der 1977–1980 unter Führung der Janata Party regierenden Koalition und ihrer kurzzeitigen Rückkehr mit der Janata Dal von 1989–1991) und schließlich die Parteien der unteren Kasten wie die Bahujan Samaj Party (BSP – Partei der Mehrheitsbevölkerung, auf die wir weiter unten zurückkommen werden).[3] Diese Parteien spielen eine zentrale politische Rolle in bestimmten Staaten und vereinen auf Bundesebene etwa 20 % der Stimmen auf sich. Sie stehen im Allgemeinen dem INC näher als der BJP, ohne offiziell einem der beiden Pole angeschlossen zu sein. Die SP und die BSP sind bei den Wahlen von 2019 ausdrücklich ein Bündnis eingegangen. Ob sie sich der Kongresspartei annähern, zählt zu den zentralen Fragen der kommenden Jahre.[4]

Gott Rama geweihten Tempels errichtet worden. Archäologische Funde zeigen zwar Reste mehrerer Bauwerke im Umkreis der Stätte, aber eine Entscheidung zwischen den unterschiedlichen Thesen, die im Umlauf sind, lassen sie nicht zu.

1 Neben der Zerstörung der Moschee kam es auch und vor allem zu Ausschreitungen gegen Muslime, die heilige Tiere geschlachtet und bestimmte Festtage nicht respektiert haben sollten. Siehe Kapitel 8, S. 441 f.

2 Siehe *Sankalp Patra*, BJP, Lok Sabha 2019, Abteilung «Cultural Heritage». Die Sache ist vor den Gerichten noch immer strittig, wobei es vor allem um neue Ausgrabungen geht, die die Konturen einer möglichen Aufteilung der Stätte zwischen Hindus und Muslimen festlegen sollen.

3 Zu dieser Gruppe gehören namentlich die folgenden Parteien: CPI, CPI(M), SP, BSP, JD(U), JD(S), RJD, AITC. Siehe A. Banerjee, A. Gethin, T. Piketty, «Growing Cleavages in India? Evidence from the Changing Structure of the Electorats 1962–2014», a. a. O.

4 In der Praxis treten die beiden Blöcke SP/BSP und INC/Verbündete in bestimmten Staaten, in denen es ihnen unverzichtbar scheint, sich gegen die BJP mit ihren Alliierten zu ver-

Politische Konfliktlinien in Indien: Zwischen Klasse, Kaste und Religion

Untersuchen wir nun, wie sich die Struktur der unterschiedlichen Wählerlager in Abhängigkeit von ihren jeweiligen Ideologien in Indien entwickelt hat. Beginnen wir mit dem Votum für die BJP und ihre Bündnispartner und die Bedeutung von Kaste und Religion (siehe Grafik 16.8).[1]

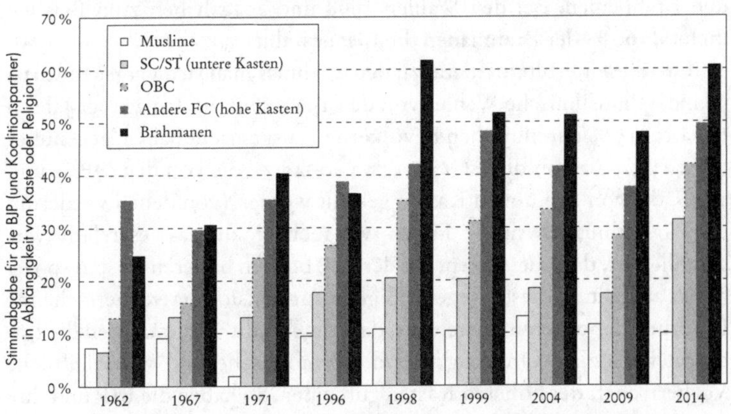

Grafik 16.8.: 2014 haben 10 % der muslimischen Wähler die BJP (Partei nationalistischer Hindus) und die verbündeten Parteien gewählt, gegenüber 31 % der SC/ST (*scheduled castes / scheduled tribes*, untere Kasten), 42 % der OBC (*other backward classes*, mittlere Kasten), 49 % der anderen FC (*forward castes*, hohe Kasten außer Brahmanen) und 61 % der Brahmanen.
Quellen und Reihen: siehe piketty.pse.ens.fr/ideologie.

Schaut man sich das Votum für die BJP an, so fällt ganz allgemein auf, dass die indische Wählerschaft tief gespalten ist. Wie nicht anders zu erwarten, waren Wähler muslimischen Glaubens nie versucht, diese Partei zu wählen (kaum 10 % der Stimmen). 90 % der nach eigenen An-

bünden, nicht mehr gegeneinander an, ohne darum ein ausdrückliches nationales Bündnis zu schließen.

1 Für eine detaillierte Darstellung dieser Befunde und der verwendeten Nachwahlerhebungen siehe A. Banerjee, A. Gethin, T. Piketty, «Growing Cleavages in India? Evidence from the Changing Structure of the Electorats 1962–2014», a. a. O. Die Akten der von 1962–2014 durchgeführten Nachwahlerhebungen sind im Allgemeinen gut erhalten, abgesehen von ein paar fehlenden Akten und fehlerhaften Erhebungen in den 1980er und beginnenden 1990er Jahren.

gaben muslimischen Wähler haben also stets für andere Parteien als die BJP gestimmt. Angesichts der aggressiv anti-muslimischen Programmatik der BJP wird dieses Ergebnis niemanden verwundern. In der hinduistischen Wählerschaft fällt auf, dass die Zustimmung für die BJP mit der Kaste steigt. Die Neigung, die BJP zu wählen ist, anders gesagt, bei den unteren Kasten und insbesondere bei den einstigen Unberührbaren und den indigenen Völkern (*scheduled castes/scheduled tribes*) systematisch geringer, um bei den OBC (*other backward castes*) etwas zu steigen. Am stärksten ist sie in den hohen Kasten, und namentlich unter den Brahmanen. Bei den Wahlen 1998 und 2014 haben zum Beispiel mehr als 60 % der Brahmanen die BJP gewählt.

Um diese Resultate richtig zu deuten, muss man sich vergegenwärtigen, dass muslimische Wähler von den 1960er bis zu den 2010er Jahren etwa 10–15 % der indischen Bevölkerung ausgemacht haben, gegenüber etwa 25 %, die von den SC/ST, etwa 40–45 %, die von den OBC, und 15 %, die von den hohen Kasten gestellt werden (von denen wiederum 6–7 % Brahmanen sind).[1] Fügen wir auch hinzu, dass es relativ verständlich ist, dass die Akzeptanz der BJP bei den höheren Kasten so viel höher ausfällt. In dieser Regelmäßigkeit spricht sich der vorherrschende Eindruck der unteren Kasten aus, dass die Hindu-Nationalisten die traditionelle soziale Ordnung und die symbolische und wirtschaftliche Vorherrschaft der höheren Kasten gutheißen. So haben die BJP und ihre Bündnispartner oft deutlich gemacht, dass sie gegen die Quotensysteme zugunsten der unteren Kasten sind, die ihnen als überflüssige Quelle der Zwietracht innerhalb einer vorgeblich harmonischen hinduistischen Gesellschaft gelten, und nebenbei auch als Ursache dafür, dass für ihre eigenen Kinder weniger Studienplätze, Stellen im öffentlichen Dienst und politische Ämter bleiben. In Anbetracht solcher Einstellungen verwundert es nicht, dass die BJP auf Kasten, die von den «Reservierungen» profitieren (SC/ST), weniger anziehend wirkt als auf die hohen Kasten.

Schaut man sich nun die Wählerschaft der Kongresspartei und ihrer

1 Siehe Kapitel 8, Grafiken 8.2–8.5 und Tabellen 8.1–8.2. Wähler mit anderer Religionszugehörigkeit (Christen, Buddhisten, Sikhs etc., die etwa 5 % der Bevölkerung ausmachen) wählen im Durchschnitt ähnlich wie Muslime und niedrige Kasten. Die in den Nachwahlerhebungen verfügbaren Zahlen sind indessen zu dürftig, um ihr jeweiliges Wahlverhalten gesondert zu analysieren, und wurden in der hier vorgelegten Analyse nicht berücksichtigt. Siehe A. Banerjee, A. Gethin, T. Piketty, «Growing Cleavages in India? Evidence from the Changing Structure of the Electorats 1962–2014», a. a. O.

Bündnispartner sowie der Links- und Mitte-Links-Parteien an, so zeigt sich, dass deren Profil dem der Wählerschaft der BJP genau entgegengesetzt ist (siehe Grafiken 16.9–16.10). Die Neigung, den INC zu wählen, ist, anders gesagt, am höchsten unter muslimischen Wählern, nimmt in den unteren Kasten (SC/ST und OBC) leicht ab und erreicht ihren Tiefpunkt bei den hohen Kasten, insbesondere den Brahmanen. Darin spricht sich zunächst einmal die Tatsache aus, dass der INC stets eine säkulare Vorstellung von Indien vertreten hat, namentlich in seiner Verteidigung muslimischer Wähler gegen die BJP, und sich auch für den Abbau der Ungleichheit zwischen den einst diskriminierten unteren Kasten und den hohen Kasten eingesetzt hat, insbesondere durch das Quotensystem.

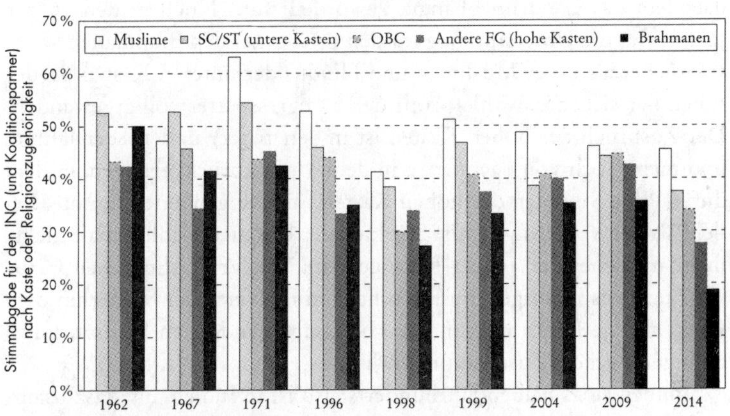

Grafik 16.9.: 2014 haben 45 % der muslimischen Wähler für den INC (Indischer Nationalkongress) und die Koalitionspartner gestimmt, gegenüber 38 % der SC/ST (*scheduled castes/scheduled tribes*, untere Kasten), 34 % der OBC (*other backward classes*, mittlere Kasten), 27 % der anderen FC (*forward castes*: hohe Kasten, außer Brahmanen) und 18 % der Brahmanen.
Quellen und Reihen: siehe piketty.pse.ens.fr/ideologie.

Ein paar Dinge müssen freilich präzisiert werden. Zunächst ist zu betonen, wie tief die Gräben in der Wählerschaft sind. Die muslimischen Wähler stimmen regelmäßig zu 50–60 % für den INC und seine Bündnispartner, zu 20–30 % für Links- und Mitte-Links-Parteien (das sind insgesamt 80–90 % der Stimmen). Die Zustimmung für diese Parteien unter Wählern aus den unteren Kasten (besonders den SC/ST) ist kaum höher. Bei den oberen Kasten sinken sie dagegen auf ein sehr niedriges Niveau, insbesondere gegen Ende des betrachteten Zeitraums.

Besonders interessant ist, dass die Kongresspartei in den 1960er Jahren (und höchstwahrscheinlich schon in den 1950er Jahren, obgleich das wegen des Fehlens von Nachwahlerhebungen vor 1962 nicht genau zu ermitteln ist) großen Zuspruch der Wähler aus hohen Kasten verzeichnen kann, besonders der Brahmanen, die 1962 und 1967 stärker als andere hohe Kasten (*kshatriya, rajputs, baniya* etc.) für den Kongress stimmten. Das beweist, dass der INC in den ersten Jahrzehnten der Indischen Union praktisch eine Hegemonialpartei war, mit sehr großen Stimmenanteilen, etwa 40–50 %, in allen Wählergruppen, einschließlich der lokalen Eliten und namentlich der Brahmanen, zu denen auch die Familie Nehru-Gandhi gehörte und die eine wesentliche Rolle beim Aufbau der Parteistruktur auf lokaler Ebene gespielt hatte, bevor und nachdem das Land unabhängig geworden war.[1] Noch in den 1960er Jahren war die Unterstützung für den INC unter den Brahmanen kaum schwächer als unter Muslimen und Hindus der unteren Kasten. In der Folge hat sich das Wählerprofil der Kongresspartei völlig gewandelt. Der Zuspruch der hohen Kasten ist in den 1970er und 1980er Jahren, und mehr noch von 1990–2010 in dem Maße zurückgegangen, in dem die BJP die Stimmen der hohen Kasten für sich gewinnen konnte. Bei den Wahlen von 2014 hat die Struktur der Kongresswählerschaft nichts mehr mit jener der 1960er Jahre gemein: Wähler muslimischen Glaubens und aus niedrigen Kasten schenken ihr Vertrauen weiterhin dem INC, aber je höher man in der Hierarchie der Kasten kommt, umso geringer wird die Zustimmung für ihn.

Binnen eines halben Jahrhunderts also ist in Indien, um das zusammenzufassen, ein quasi-hegemoniales Parteiensystem, das mit der Erlangung der Unabhängigkeit zusammenhing (und in dem der Kongress in allen sozialen Schichten, von den niedersten bis zu den höchsten, massiv unterstützt wurde) durch ein Parteiensystem mit «Klassenstruktur» ersetzt worden. Die Hindu-Nationalisten der BJN konnten einen

1 Bei den letzten Provinzwahlen, die 1946 von den Briten organisiert wurden und bei denen ein Zensuswahlrecht galt (etwa 20 % der erwachsenen Bevölkerung waren wahlberechtigt), erlangte der Kongress 80 % der Sitze, von denen fast 50 % an Brahmanen gingen, was den Zorn Ambedkars erregen wird. Siehe A. Teltumbe, *Republic of Caste. Thinking Equality in a Time of Neoliberal Hindutva*, a. a. O., S. 143. Zu Ambedkar, dem politischen Führer der niedrigen Kasten, der in der Zwischenkriegszeit und den 1940er Jahren mit dem Kongress im Streit lag, siehe Kapitel 8, S. 438–440.

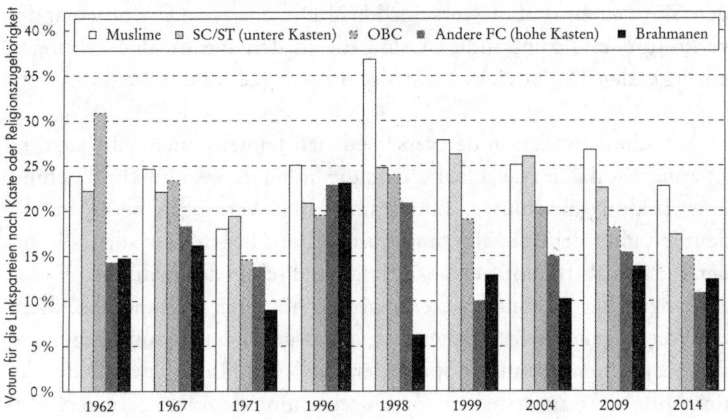

Grafik 16.10.: 2014 haben 23 % der muslimischen Wähler für Links- oder Mitte-Links-Parteien gestimmt (SP, BSP, CPI, etc.), gegenüber 17 % der SC/ST (*scheduled castes/scheduled tribes*, untere Kasten), 15 % der OBC (*other backward classes*, mittlere Kasten), 11 % der anderen FC (*forward castes*, hohe Kasten ausgenommen Brahmanen) und 12 % der Brahmanen.
Quellen und Reihen: siehe piketty.pse.ens.fr/ideologie.

unverhältnismäßig großen Teil der höchsten Kasten für sich gewinnen, Kongress und Linksparteien wurden vor allem von den niedrigsten Kasten gewählt. Während also das Klassensystem in den westlichen Wahldemokratien tendenziell verschwunden ist, um mehr und mehr einem Multi-Eliten-System zu weichen (mit einer «brahmanischen Linken», die auf die Stimmen der Wähler mit den höchsten Bildungsabschlüssen zählen darf, und einer «kaufmännischen Rechten», die auf die höchsten Einkommen und Vermögen setzt), trat in Indien ein Klassensystem auf den Plan, in dem sich sämtliche hohen Kasten (brahmanische, kriegerische, kaufmännische) vom Kongress abgewandt und der BJP angeschlossen haben.

Das allmähliche Hervortreten der Klassenspaltungen in Indien

Ein wesentlicher Punkt muss noch geklärt werden: Verlaufen die Bruchlinien in der indischen Wählerschaft zwischen «Klassen» oder nicht vielmehr zwischen «Kasten»? Sind die Wähler eher an Kastenidentität und Religionszugehörigkeit gebunden als an sozio-ökonomische Merkmale? Es ist nicht einfach, eine präzise Antwort auf diese Frage zu geben. Zum einen sind die verschiedenen Dimensionen eng miteinander verknüpft, und zum anderen sind die in den Nachwahlerhebungen vorliegenden Daten viel zu dürftig, um scharfe Unterscheidungen zu treffen.

Was die Korrelation der verschiedenen Dimensionen anbelangt, so ist zunächst daran zu erinnern, dass die hohen Kasten im Durchschnitt über Bildungsabschlüsse, Einkommen und Vermögen verfügen, die deutlich über dem Bevölkerungsdurchschnitt liegen. Vor allem die Inder, die sich als Brahmanen bezeichnen und schon den britischen Volkszählungen der Kolonialzeit zufolge die höchsten Bildungsabschlüsse und Vermögen besaßen, halten sich im ausgehenden 19. und beginnenden 20. Jahrhundert an der Spitze der fraglichen Hierarchien. Die anderen höheren Kasten haben im Durchschnitt deutlich geringere Bildungsabschlüsse als Brahmanen, liegen aber nach Einkommen und Vermögen fast gleichauf. Dagegen stehen Muslime weiterhin in den verschiedenen Hierarchien relativ weit unten, kaum über den SC/ST, während die OBC eine Position zwischen diesen Gruppen und den hohen Kasten einnehmen.[1] Die Hierarchie der Kasten, die wir in den Grafiken 16.6–16.8 zur Darstellung der Bruchlinien in der Wählerschaft genutzt haben, deckt sich also annähernd mit der sozio-ökonomischen Bildungs-, Einkommens- und Vermögenshierarchie.[2]

So sehr beide Hierarchien im Durchschnitt übereinkommen, so wenig tun sie dies durchgehend auch im Einzelfall. Es gibt, anders gesagt, viele Wähler aus hohen Kasten (Brahmanen eingeschlossen), deren Bildungsgrad, Einkommen und Vermögen geringer als die zahlreicher Wähler der OBC, der Muslime oder der SC/ST sind. Zudem muss man berücksichtigen, dass die Korrelation der verschiedenen Ungleichheitsdimensionen je nach Bundesstaat sehr unterschiedlich ausfällt (so machen die hohen Kasten im Allgemeinen in Nordindien einen sehr viel höheren Anteil der Bevölkerung aus als in Südindien). Auch die jeweilige Politisierung von Kasten und Klassen nimmt in den verschiedenen Regionen des Landes unterschiedliche Formen an. Um hier klarer zu sehen, würde man üblicherweise Kontrollvariablen einführen, das heißt

1 Siehe Kapitel 8, S. 421–434 und N. Bharti, «Wealth Inequality, Class and Caste in India 1951–2012», a. a. O.

2 Mit dem wichtigen Unterschied, dass muslimische Wähler stärker links wählen als die SC/ST, während sie in der sozio-ökonomischen Hierarchie etwas höher stehen.

«unter ansonsten gleichen Bedingungen» verfahren. Leider enthalten indische Nachwahlerhebungen keine Variablen, die eine korrekte Messung von Einkommen und Vermögen zuließen (zumindest nicht auf einer über längere Zeiträume vergleichbaren Grundlage). Führt man Kontrollen für Staat, Alter, Geschlecht, Bildungsgrad und die Größe der städtischen Einheit durch, so erhält man die folgenden Resultate:

Bei der Wählerschaft der BJP in den hohen Kasten (im Verhältnis zum Rest der Wähler), fällt zunächst auf, dass sich unter Berücksichtigung der Kontrollvariablen der «hohe Kasten»-Einfluss etwas reduziert. Gleichwohl bleibt er sehr stark und nimmt sogar im Lauf der Zeit zu (siehe Grafik 16.11).

BJP-Wähler in den hohen Kasten, 1962–2014

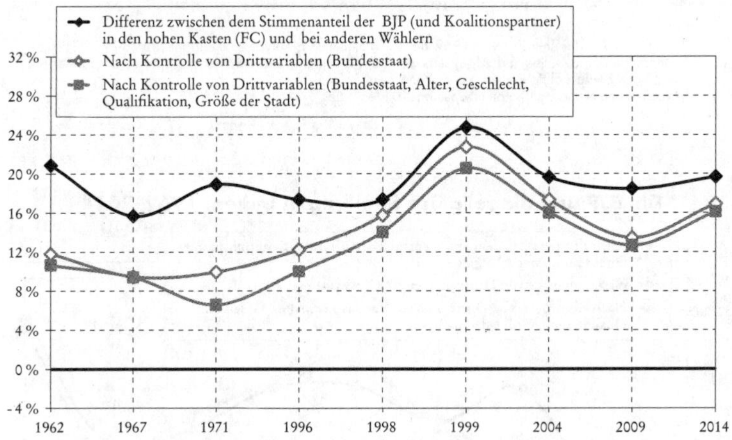

Grafik 16.11.: Von 1962 bis 2014 stimmten die Wähler hoher Kasten (FC, *forward castes*) stets häufiger als andere für die BJP (und die Koalitionspartner), vor und nach Berücksichtigung von Kontrollvariablen. Der Kasteneffekt (nach Berücksichtigung von Kontrollvariablen) scheint sich im Lauf der Zeit verstärkt zu haben.
Quellen und Reihen: siehe piketty.pse.ens.fr/ideologie.

Ein vergleichbares Resultat erhält man, wenn man die Wählerschaft der BJP in den niederen Kasten (SC/ST) im Verhältnis zum Rest der Wähler untersucht (siehe Grafik 16.12).

Besonders deutlich zeigt sich schließlich, dass die Kluft zwischen hinduistischen Wählern (aller Kasten) und Muslimen im Hinblick auf die BJP bei Berücksichtigung von Kontrollvariablen nicht schwächer wird und sich vor allem mit der Zeit deutlich vertieft hat (siehe Grafik 16.13).

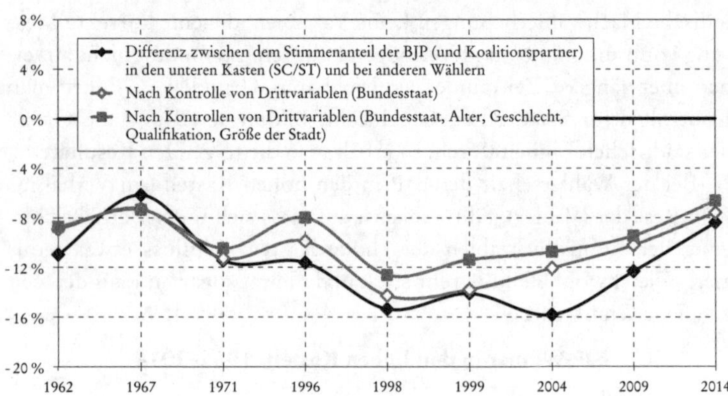

Grafik 16.12.: Im Zeitraum von 1962 bis 2014 stimmten die Wähler niedriger Kasten (SC/ST, *scheduled castes/scheduled tribes*) stets weniger als andere für die BJP (und die Koalitionspartner), vor und nach Berücksichtigung von Kontrollvariablen.
Quellen und Reihen: siehe piketty.pse.ens.fr/ideologie.

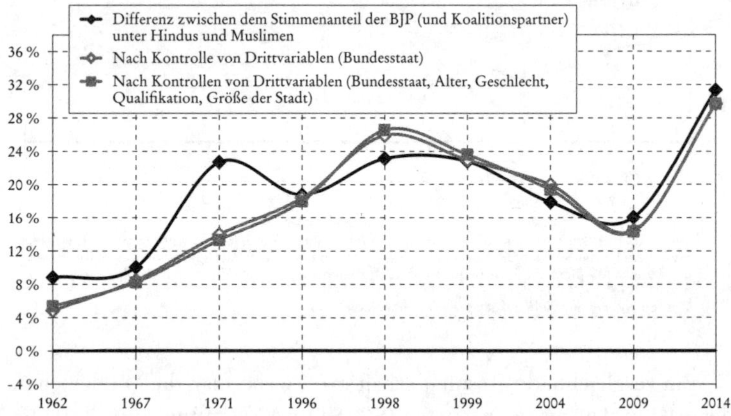

Grafik 16.13.: Von 1962 bis 2014 wählten hinduistische Wähler (Kasten insgesamt: SC/ST, OBC und FC) stets häufiger als muslimische Wähler die BJP (und ihre Koalitionspartner), vor und nach Berücksichtigung von Kontrollvariablen. Das Ausmaß dieser religiösen Spaltung hat im Lauf der Zeit deutlich zugenommen.
Quellen und Reihen: siehe piketty.pse.ens.fr/ideologie.

Was sich an diesen Ergebnissen ändern würde, hätten wir bessere sozio-ökonomische Kontrollvariablen (insbesondere zu Einkommen und Vermögen), lässt sich nur schwer sagen. Klar scheint, dass die religionsabhängige Spaltung davon unberührt bliebe, was in Anbetracht der anti-muslimischen Stoßrichtung der BJP nicht verwundert. Bedenkt man den schwachen Einfluss der Kontrollvariablen (abgesehen vom Bundesstaat), so ist es wahrscheinlich, dass auch der Kasteneffekt weiterhin sehr ausgeprägt wäre. Dass die Kaste unabhängig von anderen sozio-ökonomischen Merkmalen das Wahlverhalten beeinflusst, ist im Übrigen ebenfalls kein Wunder angesichts der zentralen Rolle, die in indischen Debatten die unmittelbar kastenbezogenen Quotenpolitiken spielen. Hinge die Umverteilung in Indien prinzipiell mit dem Einkommen und Vermögen zusammen, etwa in Form entsprechender Steuern und Geldtransfers, oder mit Einrichtungen, die für bevorzugten Zugang zu Universitäten oder öffentlichen Ämtern in Abhängigkeit vom Elternvermögen (und nicht von der Kaste als solcher) sorgen würden, so wäre es überraschender, dass die Kaste weiterhin den größten Einfluss auf die politischen Bruchlinien hat. Aber solange solche einkommens- und vermögensabhängigen Umverteilungsversuche in Indien von begrenzter Tragweite sind und den Quoten eine zentrale Rolle bei der Strukturierung des politischen Konflikts zukommt, ist es nicht verwunderlich, dass diese Politisierung mindestens ebenso über die Kaste wie über die Klasse verläuft.

Die Schicksalsgemeinschaft der unteren Schichten erkennen

Diese Befunde sind besonders lehrreich aus der Perspektive westlicher Erfahrungen, da sie belegen, wie sehr die Konfliktlinien in der Wählerschaft historisch und politisch konstruiert sind und davon abhängen, welche Mobilisierungsstrategien und, vor allem, welche Mittel sozialer Umverteilung man ins Feld führt. Letztere sind nicht für alle Ewigkeit festgeschrieben, sie sind entwicklungsfähig und hängen ab von komplexen und veränderlichen ideologischen Konstruktionen. Lehrreich ist der Fall Indiens auch, weil die niedrigen hinduistischen Kasten und die muslimische Minderheit für die gleichen Parteien stimmen (den Kongress oder die Linksparteien), während wir in den Wahldemokratien Europas und der Vereinigten Staaten beobachten können, dass die weißen Unterschichten dazu neigen, andere Parteien zu wählen als die muslimischen oder schwarzen Minderheiten. Auch das ist eine wertvolle Lehre, weil es uns zeigt, dass Rassismus oder Islamophobie bei den Unterschichten so wenig zur natürlichen Ausstattung gehören wie bei den Eliten. Solche Einstellungen sind historisch und sozial konstruiert, sie hängen von den Instrumenten der Solidarität, die eine Gemeinschaft sich zu geben weiß (oder nicht), ebenso ab wie von den jeweiligen Mobilisierungsstrategien.

Wenn niedrige hinduistische Kasten und Muslime in Indien die gleichen Parteien wählen, dann nicht allein, weil beide Gruppen sich als Zielscheibe der höheren Kasten und der Hindu-Nationalisten der BJP empfinden, sondern auch, weil das Quotensystem tatsächlich aus einer Solidarität zwischen niedrigen Kasten und Muslimen entstanden ist. Hervorzuheben sind dabei vor allem die strukturbildenden Effekte der 1990 beschlossenen Einführung neuer Quoten zugunsten der OBC. Vergessen wir nicht, dass ursprünglich nur den einstigen Unberührbaren und den indigenen Völkern das in der Nachkriegszeit geschaffene System der «Reservierungen» zugutekam. Zwar hatte die Verfassung von 1950 ihre Ausdehnung auf andere benachteiligte Gruppen (*other backward classes*) durchaus vorgesehen. Aber die Sprengkraft der Frage war so groß, dass es bis 1990 dauern sollte, bis Arbeit und Vorschläge der Mandal-Kommission von 1978–1980 Früchte trugen und die Quoten für die OBC tatsächlich eingeführt wurden.[1] Entscheidend ist, dass anders als die Quoten zugunsten der SC/ST, die Muslime ausgeschlossen hatten, das 1990 umgesetzte System der «Reservierungen» zugunsten der OBC die benachteiligten hinduistischen und muslimischen Gruppen gleichermaßen betraf. Man hatte ein System von Kommissionen, Verfahren und Kriterien ins Leben gerufen, das die Lebensbedingungen und die materielle Not verschiedener sozialer Gruppen

1 Der entscheidende Beitrag der Regierungen der Janaty Party von 1977–1980 und der Janata Dal von 1989–1991 war im Übrigen die Einsetzung dieser Kommission und die Quotierung für die OBC. Siehe Kapitel 8, S. 450 f. und insbesondere die Analysen von Christophe Jammelot zur Demokratisierung durch die Kaste in Indien. Der Bruch der Koalition der Janata Party 1980 wurde in erster Linie durch die Auseinandersetzung zwischen Mandal und Mandir hervorgerufen: Die säkularen und sozialistischen Parteien beschlossen, den von der Mandal-Kommission eingeleiteten Prozess zu unterstützen, während die Hindu-Nationalisten die Koalition verließen, um die BJP zu gründen, deren emblematisches Vorhaben der Bau eines hinduistischen Tempels (Mandir) in Ayodhiah sein sollte. Siehe S. Bayly, *Caste, Society and Politics in India from the 18th Century to the Modern Age*, a. a. O., S. 297–300.

untersuchen sollte (namentlich in Abhängigkeit von der Art der Beschäftigung, der Wohnsituation sowie von Vermögen und Grundbesitz), unabhängig von der Religion. Auch wurde eine für alle Gruppen identische Einkommensgrenze festgesetzt, oberhalb derer man nicht mehr in den Genuss der Quoten kommen konnte.[1]

Diese neuen Quoten zogen den erbitterten Widerstand der höheren Kasten auf sich, die nicht ohne Grund fürchteten, die Quoten könnten ihre Kinder Studienplätze und sonstige Positionen kosten. Besonders feindlich stand die BJP dem System gegenüber, das nicht allein zu Lasten der Kinder ihrer Wähler ging, sondern zu allem Übel teilweise der verhassten muslimischen Minderheit zugutekam. Umgekehrt hat dieses System eine zentrale Rolle dabei gespielt, dass sich in den sozial schwächsten Gruppen eine Interessen- und Schicksalsgemeinschaft zwischen Hindus und Muslimen bildete, die der Wille zur Verteidigung dieses Systems einte. Es war der Kontext dieser Debatten, in dem eine Reihe politischer Parteien gegründet wurden, die sich der Verteidigung der Rechte niedriger Kasten (SC/ST und hinduistische wie muslimische OBC) gegen die überkommene Vereinnahmung privilegierter Positionen durch die hohen Kasten verschrieben hatten. Dabei ist vor allem die Partei der niedrigen Kasten zu nennen (Bahujan Samaj Party, meist mit «Partei der Mehrheitsbevölkerung» übersetzt). 1984 gegründet, um für die Rechte der schwächsten Gruppen einzutreten und die Privilegien der Oberschichten anzuprangern, ging die BSP unter der Führung der charismatischen Kumari Mayawati, der ersten von den Unberührbaren (SC) abstammenden Frau an der Spitze einer indischen Regionalregierung, ein Bündnis mit der SP (Samajwadi Party, Sozialistische Partei) bei den Regionalwahlen von 1993 ein, um in Uttar Pradesh die BJP an der Macht abzulösen. Diese Wahlschlachten setzten sich von den 1990er Jahren bis in die 2010er Jahre fort und fanden großen Widerhall im ganzen Land.[2]

---

1 Die Schwelle, oberhalb derer man zum *creamy layer* gehört, liegt derzeit bei 800 000 Rupien pro Jahr (was etwa 10 % der Bevölkerungsgruppe ausschließt). Siehe Kapitel 8, S. 445–447.

2 Erinnern wir daran, dass Uttar Pradesh (in Nordindien) der bevölkerungsreichste Staat Indiens ist (210 Millionen Einwohner 2018) und die dortigen Wahlen stets mit starker Medienpräsenz rechnen können.

Bruchlinien zwischen Klassen und zwischen Identitäten: die sozialnativistische Falle in Indien

In welchem Maße werden sozio-ökonomische Klassenspaltungen und Umverteilungsfragen die indische Wahldemokratie in den nächsten Jahrzehnten prägen? So unmöglich es ist, diese Fragen im Voraus zu beantworten, so sehr kann man doch eine Reihe von Hypothesen vorbringen und die Existenz gegenläufiger Kräfte herausstellen. Zunächst einmal gibt es eine Reihe von Faktoren, die auf eine Verschärfung der Bruchlinien zwischen den Identitäten drängen. Problematisch ist, allgemein gesprochen, die Tatsache, dass in den indischen Debatten das Quotensystem eine so zentrale Rolle spielt. Politische Maßnahmen dieser Art können gewiss innerhalb eines umfassenderen sozial- und fiskalpolitischen Zusammenhangs angebracht sein, aber sie sind für sich genommen unzulänglich. Auch führen die «Reservierungen» mitunter zu endlosen Konflikten über die Grenzen zwischen Unterkasten und *jatis*, die zu einer Verfestigung der Konflikte zwischen den Identitäten beitragen können.

Zudem erlebt Indien in den letzten Jahren einen gezielten Versuch der BJP, Religionskonflikte und antimuslimische Ressentiments noch zu verschärfen. Nachdem es ihr nicht gelungen war, die Quoten zugunsten der OBC zu verhindern, hat die BJP im Lauf der 2000er und 2010er Jahre ihre politische Strategie schrittweise geändert. Wohl wissend, dass sie keine Mehrheit gewinnen kann, wenn sie sich allein um die höheren Kasten kümmert, hat sie den Versuch unternommen, die hinduistischen Unterschichten zu verführen. Zu dieser Strategie gehört namentlich der Schachzug, mit Modi erstmals einen Parteivorsitzenden zu ernennen, der aus den OBC und nicht aus den hohen Kasten stammt. Und sie wurde 2014 durch den Wahlsieg der BJP gekrönt. Sieht man sich die Entwicklung der Wählerstruktur an, so ist es verblüffend, welche Erfolge die BJP und ihre Verbündeten bei den Parlamentswahlen 2014 innerhalb der SC/ST und der OBC verbuchen konnten (siehe Grafik 16.8). Tatsächlich ist es ihr gelungen, die hinduistischen Unterschichten zu einem Wahlverhalten zu bewegen, das sich von dem der Muslime absetzt. In Staaten wie Uttar Pradesh, wo die Parteien der unteren Kasten diese erfolgreich zu einem geschlossenen Votum zu bewegen vermochten, ist dieses Phänomen weniger ausgeprägt, aber es

BJP-Wähler nach Kaste, Religion und Bundesstaat in Indien, 1996–2016

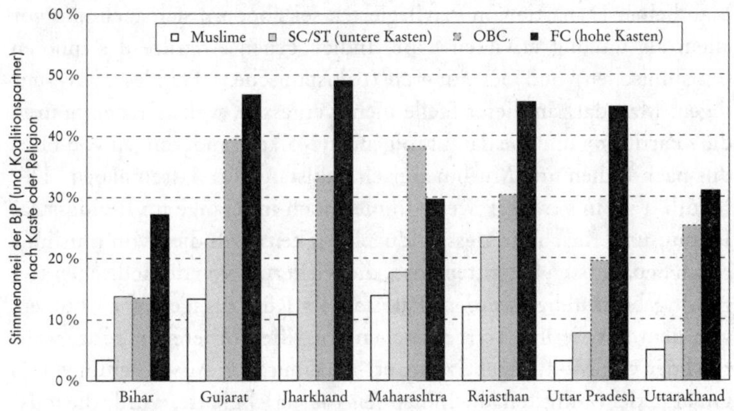

Grafik 16.14.: In allen indischen Bundesstaaten lässt sich beobachten, dass die BJP (und die Koalitionspartner) unter den Wählern der FC ein besseres Ergebnis erzielen (*forward castes*: hohe Kasten) als unter denen der OBC (*other backward classes*, mittlere Kasten), der SC/ST (untere Kasten) und bei Muslimen.
Hinweis: Die hier angegebenen Ergebnisse beziehen sich auf das durchschnittliche Ergebnis der Regionalwahlen im Zeitraum 1996 bis 2016.
Quellen und Reihen: siehe piketty.pse.ens.fr/ideologie.

zeigt sich in zahlreichen anderen Nordstaaten Indiens, zum Beispiel im Gujarat, woher Modi stammt (siehe Grafik 16.14).[1]

Die Verführungsstrategie, mit der die BJP unter Modi die hinduistischen Unterschichten für sich gewinnen wollte, ruhte auf mehreren Säulen.[2] Neben der Verherrlichung seiner Vergangenheit als kleiner, schon mit acht Jahren als Aktivist in den RSS eingetretener Teehändler aus dem Gujarat (das an Pakistan grenzt), hat Modi es stets verstanden,

1 Auf der Ebene der Bundesstaaten sind, allgemein gesprochen, die vielfältigsten Parteidynamiken zu beobachten, mit wechselnden Konfigurationen der Klassen- und Kastenspaltungen. In Delhi haben sich Wahlsiege, die der INC 1998, 2003 und 2008 mit Unterstützung der BSP erringen konnte, auf Wähler aus den unteren Volksschichten und Migranten gestützt, während die BJP (die 1993 die Wahlen für sich entscheiden konnte) ihre besten Ergebnisse bei wohlhabenderen und migrantenfeindlichen Wählern erzielen konnte. Siehe das erhellende Buch von S. Kumar, *Changing Electoral Politics in Delhi. From Caste to Class*, Thousand Oaks: Sage Publications 2013. Die bürgerliche Anti-Korruptions-Partei AAP hat weitgehend das Erbe von INC und BSP angetreten und ihre Wählerschaft übernommen, um 2013 und 2015 einen Sieg über die BJP davonzutragen, was ihr die erbitterte Gegnerschaft der Bundesregierung gesichert hat.

2 Eine erhellende Analyse der Strategie, die zu den Wahlsiegen seit 2014 geführt hat, bietet C. Jaffrelot, *L'Inde de Modi. National-populisme et démocratie éthnique*, Paris: Fayard 2019.

die Tatsache anzuprangern, dass die Kongresspartei nicht allein in der Hand einer Dynastie von Privilegierten sei, sondern sich auch und vor allem als unfähig erwiesen habe, Indien gegen Angriffe des inneren (muslimischen) und des äußeren (pakistanischen) Feindes zu verteidigen. Man darf an dieser Stelle nicht vergessen, welche tiefen Spuren die «Partition» und die darauf folgenden Völkerwanderungen von Hindus nach Indien und Muslimen nach Pakistan hinterlassen haben.[1] Der Konflikt ist in gewisser Weise immer noch im Gange im Bundesstaat Jammu und Kaschmir, dessen Zugehörigkeit zu Indien von muslimischen Separatisten bestritten wird, die wiederum von der indischen Regierung beschuldigt werden, Pakistan als Rückzugsgebiet zu nutzen, von dem aus sie ihre terroristischen Angriffe vorbereiten. 2002, während der von Modi angeheizten anti-muslimischen Ausschreitungen im Gujarat, der blutigsten, die Indien seit 1947 erlebt hatte, wurde die muslimische Bevölkerung in Flugblättern beschuldigt, sich für den Fall einer Invasion Pakistans auf den Aufstand vorzubereiten, eine ganz besonders unplausible Perspektive.[2] Hervorzuheben ist auch die bis heute andauernde Traumatisierung Indiens durch Anschläge muslimischer Terroristen 2000–2001 in Delhi und 2008–2009 in Mumbai (in die Kommandos pakistanischer und indischer Herkunft verwickelt waren).[3]

1 Siehe dazu M. J. Akbar, *India: The Siege Within. Challenges to a Nations's Unity*, New Delhi: UBS Publishers Distributors, 1996; Neuausgabe, New Delhi: Roli Books 2017.

2 Die Ausschreitungen von 2002 hatten begonnen, nachdem Hindus auf dem Rückweg von Ayodiah (wo sie für den Bau eines Rama geweihten Tempels mobilisiert wurden) einem Brand und Schüssen zum Opfer gefallen waren, die auf ihren Zug abgegeben wurden, als er durch ein muslimisches Viertel fuhr. Modi, seinerzeit *chief minister* des Gujarat, machte öffentlich die muslimische Gemeinschaft insgesamt dafür verantwortlich und rief unausdrücklich zu den Ausschreitungen auf. Die Verschärfung des religiösen Konflikts trug dazu bei, dass Modi von 2001 bis 2014 wiederholt als *chief minister* des Gujarat bestätigt wurde, und diente ihm als Sprungbrett für die Bundeswahlen von 2014. Siehe C. Jaffrelot, *L'Inde de Modi. National-populisme et démocratie ethnique*, a.a. O, S. 69–75. Siehe auch C. Thomas, *Pogroms et ghetto. Les musulmans dans l'Inde contemporaine*, Paris: Karthala 2018.

3 Noch 2018, zehn Jahre nach den Attentaten von Mumbai, gaben 80 % der Befragten zu Protokoll, der islamistische Terror sei die größte Bedrohung des Landes. Anders als sein Vorgänger bei der BJP, Vaipayjee, hat Modi sich stets geweigert, an öffentlichen Feierlichkeiten zum Ende des Ramadan teilzunehmen, was ihm als eine der Haltung Chamberlains gegenüber den Nazis vergleichbare *appeasement strategy* gilt. Bei den Wahlen von 2014 verglich Modi die Waffe des Wahlzettels mit «den Bögen und Pfeilen unter den Moguln» und sprach Rahul Gandhi mehrfach als *shehzada* an (als Erbprinz der muslimischen Dynastien unter den Moguln). An Gelegenheiten, den religiösen Antagonismus zu schüren und die vergangene muslimische Herrschaft heraufzubeschwören, mangelt es nicht. Siehe C. Jaffrelot, *L'Inde de Modi. National-populisme et démocratie éthnique*, a. a. O.

Die Vorstellung, die muslimische Bevölkerung Indiens, teilweise islamisiert seit dem 11. Jahrhundert, sei persönlich verantwortlich für diese Anschläge (oder aktiv an der Vorbereitung einer pakistanischen Invasion beteiligt), entbehrt gewiss ebenso jeder Grundlage wie der regelmäßig gegen Kongresspartei und Linksparteien erhobene Vorwurf des klammheimlichen Einverständnisses mit dem islamistischen Dschihad. Aber in einem Kontext, in dem jeder nach Erklärungen für objektiv traumatisierende Ereignisse sucht, ist es leider weit verbreitet, auf Komplizen und Sündenböcke zu zeigen.[1] Unter diesen Bedingungen verwundert es nicht, dass der Anschlag auf Polizeikräfte in Pulwama (Jammu und Kaschmir), der 2019, einige Monate vor den Wahlen verübt wurde, einen bestimmenden Einfluss auf den Wahlkampf und die Entwicklung der Debatten hatte, was der BJP zugutekam.[2]

Festzuhalten ist auch, dass es in dieser Verhärtung der Kluft zwischen den Religionen politisch nicht nur um die Gefahr von Gewalt und Ausschreitungen geht. In mehreren Staaten, die von der BJP regiert werden, insbesondere im Gujarat und in Maharashtra, sind Gesetze erlassen worden, die den Druck auf Muslime (und in geringerem Ausmaß auch auf Christen und Buddhisten) erhöhen sollen. Zum einen wurden die Gesetze zur Schlachtung von Tieren verschärft (die jetzt alle Rinder und nicht nur die Kühe betreffen, deren sei es auch nur mutmaßliche Schlachtung ein häufiges Motiv von Lynchmorden ist). Und zum anderen wurden Konversionen strengeren Verfahren unterworfen. (In den Augen der Hindu-Nationalisten, die junge Muslime gern des *love djihad*, der Verführung leichtgläubiger hinduistischer Mädchen bezichtigen, waren die bestehenden Verfahren zu lax und luden zum Missbrauch ein.) Was in diesen Debatten auf dem Spiel steht, ist im Grunde die Frage, wer zur nationalen Gemeinschaft gehört, und wer nicht. Zahlreiche Verlautbarungen der Verantwortlichen der BJP und des RSS

1 In Frankreich kennt man den gegen Journalisten von Mediapart erhobenen Vorwurf des klammheimlichen Einverständnisses mit dem islamistischen Extremismus, ja den Urhebern des Anschlags von 2015 auf *Charlie Hebdo*, und, allgemeiner, den Vorwurf des «islamogauchisme», der jede Person oder politische Bewegung ereilt, die es wagt, die Bevölkerung muslimischen Glaubens und außereuropäischer Herkunft gegen die xenophobe, migrantenfeindliche, flüchtlingsfeindliche Rechte zu verteidigen. Diese Vorwürfe werden gewiss in einem Kontext erhoben, in dem keine vergleichbare Gewalt droht, obwohl er immer weniger friedlich ist, aber sie sind doch des gleichen Geistes Kind wie die Strategien der BJP.

2 Die Zustimmung für die BJP in den Meinungsumfragen ist nach diesen Ereignissen deutlich gestiegen.

belegen, dass es ihr Ziel ist, den Säkularismus, aber auch den Multikonfessionalismus infrage zu stellen, wie er in der Verfassung von 1950 verbürgt ist (die die BJP bis auf den heutigen Tag nicht nach ihren Vorstellungen reformieren konnte, weil ihr die dazu erforderliche Zweidrittelmehrheit fehlt).[1] So haben sie schon begonnen, die Lehrpläne der Schulen und Hochschulen umzuschreiben, um die ganze Geschichte Indiens unter einem ausschließlich hinduistischen und anti-islamischen Blickwinkel darzustellen. Es geht also durchaus um einen Streit über die Grenzen der Gemeinschaft, und zwar auch über die innere Grenze, die manche gern neu ziehen würden: zwischen denen, die von Rechts wegen zur Gemeinschaft gehören, und denen, die sich unterwerfen oder gehen sollen.

Solche Konflikte über die (äußere oder innere) Grenze haben in anderen Kontexten andere Formen angenommen. In den Vereinigten Staaten kam im 19. Jahrhundert die Frage auf, ob man nicht die Schwarzen nach Afrika zurückschicken könne,[2] und die Lösung, auf die man zwischen 1865 und 1965 verfiel, bestand darin, sie aus dem den Weißen vorbehaltenen Raum zu verbannen. In den 1930er Jahren wurden Latinos mit amerikanischer Staatsbürgerschaft in wahren Pogromen vertrieben, und heute sind es die Kinder von Immigranten ohne Papiere, die bedroht werden. In Europa gab und gibt es Debatten über die Voraussetzungen des Erwerbs der Staatsbürgerschaft, über die Rechtmäßigkeit früherer Einbürgerungen, ja über mögliche Aberkennungen der Nationalität und die Abschiebung unerwünschter Einwanderer wie ihrer Nachfahren. Die Kontexte und die Einsätze, die auf dem Spiel stehen, sind jedes Mal andere, aber sie alle werfen ein Licht darauf, wie solche Grenzkonflikte die fälligen Auseinandersetzungen über Eigen-

1 2017 hat der Führer des RSS, Mohan Bhagwat, die auf den Namen Ghar Wapsi («Heimkehr») getaufte Bewegung der Rekonversion zum Hinduismus mit den Worten verteidigt: «Auch die Muslime Indiens sind Hindus […]. Wir heißen unsere verirrten Brüder zuhause willkommen. Sie haben uns nicht aus eigenem Willen verlassen. Sie wurden uns geraubt, sie wurden verführt, uns zu verlassen […]. Der Dieb wurde gefasst und jeder weiß, dass er in seinen Besitz gebracht hat, was mir gehört. Ich werde mir mein Gut zurückholen, es lohnt sich nicht, daraus eine große Sache zu machen […] Wir müssen keine Angst haben. Weshalb sollten wir Angst haben. Wir sind keine Fremden. Dies ist unser Heimat. Dies ist unser Vaterland. Dies ist Hindu Rashtra». Siehe C. Jaffrelot, *L'Inde de Modi. National-populisme et démocratie éthnique*, a. a. O., S. 172–173.

2 Diese Pläne gingen bis zur Gründung eines Landes, Liberia, auch wenn die erzwungene Migrationsbewegung nie in dem Umfang stattgefunden hat, der ihren Verfechtern vorschwebte. (Siehe Kapitel 6, S. 308)

tum und sozio-ökonomische Umverteilung in den Hintergrund drängen können, die voraussetzen, dass man sich bereits über die Zugehörigkeit zu ein und derselben Gemeinschaft verständigt hat.

Die Zukunft der Klassenspaltung und die Umverteilung in Indien: Wechselwirkungen

Trotz dieser Elemente, die auf eine Vertiefung der Gräben zwischen den Identitäten und Religionen hinwirken, muss man andere, mindestens ebenso bedeutende Kräfte hervorheben, die in die Gegenrichtung drängen. Zunächst einmal führt die marktorientierte und wirtschaftsfreundliche Politik der BJP, mit der sie die internationale Stärke des Landes zu sichern glaubt, tatsächlich zu einer extremen Ungleichverteilung der Früchte des Wachstums. Die BJP sieht sich daher mit demselben Dilemma konfrontiert wie in den Vereinigten Staaten die Republikaner unter Trump. Angesichts der Tatsache, dass ein großer Teil der Wählerschaft von der Globalisierung und der wirtschaftsfreundlichen Politik kaum profitiert, können sie natürlich beschließen, ihre identitären, sei's gegen Muslime, sei's gegen Latinos gerichteten Diskurse zu verschärfen, und das tun sie ja auch. Aber indem sie das tun, gehen sie das Risiko ein, es anderen politischen Bewegungen zu überlassen, überzeugendere Lösungen vorzuschlagen. Im indischen Kontext fällt auf, dass 2019 der Wahlkampf maßgeblich vom Vorschlag der Kongresspartei bestimmt wurde, ein Grundeinkommen, den NYAY einzuführen.[1] Der vorgeschlagene Betrag betrug 6000 Rupien monatlich pro Haushalt, was kaufkraftbereinigt etwa 250 Euro entspricht. Das ist in Indien, wo das Medianeinkommen bei 400 Euro pro Haushalt liegt, eine bedeutende Summe. Dieses System beträfe die ärmsten 20 % der Inder. Die Kosten von etwas mehr als 1 % des BIP wären erheblich, aber zu bewältigen.

Dieser Vorschlag hat zumindest den Vorzug, den Akzent konkret und deutlich erkennbar auf Fragen der sozio-ökonomischen Umverteilung zu legen und dabei über die Mechanismen der Quoten und «Reservierungen» hinauszugehen, die gewiss einem Teil der unteren Kasten die Möglichkeit eröffnet haben, die Universität zu besuchen, im öffent-

1 Nyuntam aay yojana («System des garantierten Mindesteinkommens»).

lichen Dienst tätig zu sein und politische Ämter auszuüben, aber nicht ausreichend sind. Zudem sind Maßnahmen wie das Grundeinkommen geeignet, den unteren Schichten unterschiedlicher Herkunft und Glaubensrichtungen in aller Deutlichkeit ihre Schicksalsgemeinschaft ins Bewusstsein zu rufen. Gleichwohl gehen Vorschläge dieser Art hier wie stets mit dem Risiko einher, das Grundeinkommen für ein Allheilmittel oder eine alle Ansprüche befriedigende Ausgleichszahlung zu halten. Die öffentlichen Gesundheitsausgaben stagnieren in Indien seit einiger Zeit und die Bildungsausgaben sind (in Prozent des produzierten Reichtums) sogar zurückgegangen.[1] Es ist aber eben dieses Gebiet, auf dem sich der Abstand zu China (das bedeutendere Mittel aufzubringen wusste, um das Bildungs- und Gesundheitsniveau seiner Gesamtbevölkerung anzuheben) vergrößert hat und die zukünftige Entwicklung des Landes sich entscheiden wird.[2] Es muss also, was nicht leicht ist, ein Gleichgewicht zwischen der Bekämpfung der individuellen Armut und den nötigen Sozialinvestitionen gefunden werden.

Tatsächlich liegt das größte Manko des Vorschlags darin, dass die Kongresspartei beschlossen hat, sich über die Finanzierung auszuschweigen. Bedauerlich ist das umso mehr, als es eine Gelegenheit für den INC gewesen wäre, die Bedeutung der progressiven Steuer herauszustellen und endgültig seiner neoliberalen Phase der 1980er und 1990er Jahre den Rücken zu kehren. Damals waren die vom Kongress angeführten Regierungen den reaganistisch-thatcherianischen Einflüsterungen erlegen und hatten mit dem Beschluss, die Einkommensteuerprogression deutlich zu reduzieren, zum steilen Anstieg der Einkommensungleichheit in der Folgezeit beigetragen.[3] Es war wohl die Furcht vor den zweifellos heftigen Angriffen der BJP und der Geschäftswelt (von der die Hindu-Nationalisten finanziell massiv unterstützt werden), mit denen der Vorschlag, die

---

1 Die Gesundheitsausgaben stagnierten von 2009–2013 bei durchschnittlich 1,3 % des BIP, die Bildungsausgaben sanken von 3,1 % auf 2,6 %. Siehe N. Bharti, L. Chancel, «Tackling Inequality in India. Is the 2019 Election Campaign Up to the Challenge?», a. a. O.

2 Siehe Kapitel 8, S. 451 f.

3 Siehe A. Banerjee, T. Piketty, «Top Indian Incomes, 1922–2000», Oxford: Oxford University Press for the *World Bank Economic Review* (2005); L. Chancel, T. Piketty, «Indian Income Inequality 1922–2015: From British Raj to Billionaire Raj?», WID.world Working Paper Series (2017), 11. Die Steuersenkungen für die höchsten Einkommen wurden sowohl unter Rajiv Gandhi von 1984–1989 als auch unter Rao von 1991–1996 vorgenommen. Siehe auch J. Crabtree, *The Billionaire Raj. A Journey Through India's New Gilded Age*, New York: Tim Duggan Books 2018.

höchsten Einkommen oder größten Unternehmen in die Pflicht zu nehmen, ohne Zweifel hätte rechnen müssen, was den INC zu der Auskunft bewog, die Maßnahme sei wachstumsfinanziert und erfordere keine zusätzlichen Abgaben. Die Strategie mag verständlich sein, aber sie droht nicht allein der Glaubwürdigkeit des Wahlversprechens zu schaden, sondern auch den sozial- wie bildungspolitischen Handlungs- und Investitionsspielraum des INC einzuschränken, wie es im Übrigen schon mehrfach geschehen ist, wenn er an die Regierung kam.

Zudem erscheint es schwierig, ohne starke Maßnahmen für mehr steuerliche und soziale Gerechtigkeit, die in Indien dringend erforderlich sind, ein deutlicheres Bündnis zwischen dem INC und den Linksparteien (namentlich CPI, SP und BSP) zu schmieden. Der Strukturwandel des Wahlverhaltens und der Wählerblöcke im Laufe der letzten Jahrzehnte legt aber ein solches Bündnis nahe, will man der BJP mit ihren Verbündeten entgegentreten. Die Wählerschaften von Linksparteien und Kongress haben sich im Vergleich mit den BJP-Wählern ihrer Zusammensetzung nach einander angenähert (siehe Grafiken 16.8–16.10). Interessant ist auch, dass das neue Bündnis (Gathbandan), das die Sozialistische Partei (SP) und die Partei der unteren Kasten (BSP) während des Wahlkampfs eingegangen sind, in seinem Wahlmanifest vorgeschlagen hat, zum ersten Mal in Indien eine Vermögensteuer auf Bundesebene einzuführen, die ungefähr das einbrächte, was zur Finanzierung des von der Kongresspartei vorgeschlagenen NYAY (Grundeinkommens) erforderlich ist.[1]

Nach einem Wahlkampf, der in einem von Sicherheitsbedürfnissen geprägten Klima ausgetragen wurde, das der BJP nützte, haben bei den Wahlen von 2019, auch aufgrund der Schwächen der anderen Parteien, erneut die Hindunationalisten den Sieg davongetragen.[2] Die Auseinan-

1 Das Programm von SP-BP von 2019 schlug vor, eine Bundesvermögensteuer mit einem Spitzensatz von 2 % für Vermögen über 25 Millionen Rupien einzuführen (die kaufkraftbereinigt 1 Million Euro entsprechen). Ungefähr 1 % der indischen Bevölkerung wären davon betroffen (also mehr als 10 Millionen Personen), bei einem Steueraufkommen von ungefähr 1 % des BIP. Siehe Technischer Anhang. Es ist bemerkenswert, dass auch das Grundeinkommen in Frankreich (RMI, *revenu minimum d'insertion*, Mindesteinkommen zur Eingliederung), gleichzeitig mit einer neuen Vermögensteuer (ISF, *Impôt sur la fortune*) eingeführt wurde, deren Aufkommen in etwa das RMI finanzierte.

2 Die BJP und ihre Verbündeten von der NDA (National democratic alliance) hatten 336 von 545 Sitzen in der Lok Sabha inne (davon 281 für die BJP); sie kamen auf 352 (davon 303 für die BJP) nach den Wahlen von 2019.

dersetzungen werden sich in den kommenden Jahren fortsetzen. Und sie werden immer größere Bedeutung für den Rest unseres Planeten gewinnen – zum einen wegen der im globalen Maßstab wachsenden Rolle Indiens und zum anderen, weil diese Auseinandersetzungen um Fragen der Identität und der Ungleichheit kreisen, die letztlich von denen, die in westlichen Wahldemokratien diskutiert werden, so weit nicht entfernt sind. Wir sind allerdings auf einen wesentlichen Unterschied aufmerksam geworden, der besonders lehrreich für die übrige Welt ist. Auf der einen Seite hat die indische Demokratie sich von 1990–2020 in Richtung einer besonderen Form von Klassenspaltung bewegt,[1] während die westlichen Demokratien auf der anderen Seite sich von der Klassenstruktur des politischen Konflikts, wie sie für die Zeitspanne von 1950–1980 kennzeichnend war, zusehends entfernt haben. In Indien wurden von den unteren hinduistischen Klassen und der muslimischen Minderheit dieselben Parteien gewählt, während in den westlichen Demokratien die weißen Unterschichten und die schwarzen und muslimischen Minderheiten in ihrem Wahlverhalten auseinandergedriftet sind. Für die Zukunft zeichnen sich mehrere mögliche Wege ab, die von der Verschärfung der identitären und religiösen Konflikte und wachsender Ungleichheit bis zum Sieg einer säkularen Koalition reichen, die für mehr Umverteilung eintritt. In jedem dieser Fälle werden die wechselnden und unbeständigen Kräfteverhältnisse und die Entscheidungen, zu denen es in Indien kommt, ein Echo haben, das weit über das Land hinausreicht.

Weisen wir schließlich noch darauf hin, dass jenes in der Verfassung von 1950 eingeführte System der positiven Diskriminierung und der «Reservierungen» im Wandel begriffen ist. Es war ins Leben gerufen worden, um den einst diskriminierten unteren Kasten (Unberührbare und indigene Völker) Aufstiegsmöglichkeiten zu eröffnen. Sein Ziel war es, allgemeiner gesprochen, durch die Quoten das fortdauernde Erbe

---

1 Bemerkenswert ist auch, dass die Mobilisierung von Wählern aus sozial schwachen Gruppen in Indien sehr stark geblieben ist (zuweilen stärker als in den wohlhabenden Gruppen), ganz anders als in den westlichen Wahldemokratien der letzten Jahrzehnte zu beobachten. Manche Forscher haben vorgeschlagen, dies als Konsequenz eines Staates zu betrachten, der so schwach ist, dass die Reichsten keinen Grund dafür haben, sich für seinen Schutz einzusetzen. Siehe K. Kasara, P. Suryanarayan, «When Do the Rich Vote Less than the Poor and Why? Explaining Turnout Inequality around the World», *American Journal of Political Science* 59 (2015), 3, S. 613–627. Man kann davon ausgehen, dass auch die Fähigkeit der neuen Parteien (wie der BSP) zur Mobilisierung der unteren Schichten eine Rolle gespielt hat.

einer höchst inegalitären Tradition, das der Kastengesellschaft und ihrer Verfestigung unter der britischen Kolonialherrschaft, zu mildern. 1990 war das System auf die «anderen benachteiligten Klassen» (OBC) ausgeweitet und zugleich dahingehend ergänzt worden, dass man oberhalb eines bestimmten Elterneinkommens keinen Anspruch mehr auf die Quotierungen hatte, ganz gleich, aus welcher Klasse oder Kaste man kam. Diese Schwelle galt auch für die einstigen Unberührbaren und Ureinwohner. Da sie die für die unteren Klassen geltenden Quoten nicht so einschränken konnte, wie sie es gern getan hätte, beschloss die BJP Anfang 2019 eine Maßnahme, mit der sie neue Quoten für diejenigen Mitglieder der höheren Kasten (unter Einschluss der Brahmanen) einführte, deren Elterneinkommen ihrerseits unter jener Obergrenze liegt, zum Nachteil derjenigen Mitglieder hoher Kasten, die ein höheres Einkommen haben.[1] Es ist interessant zu sehen, dass diese Maßnahme von der BJP deshalb ergriffen wurde, weil ein großer Teil ihrer Wählerschaft aus verarmten Angehörigen hoher Kasten besteht, deren sozio-ökonomische Stellung und formaler Bildungsgrad zu gering sind, um sie vom Wachstum des Landes wirklich profitieren zu lassen. Die Maßnahme wurde von der Lok Sabha nahezu einstimmig verabschiedet. Diese Entwicklung lässt vermuten, dass die Transformation des einst auf Kasten und *jati* gegründeten Quotensystems in eines, das sich mehr und mehr nach Elterneinkommen, Eigentum und anderen individuellen sozio-ökonomischen Merkmalen richtet, sich in Zukunft wohl fortsetzen wird.

In einem Augenblick, da westliche Gesellschaften sich darüber Sorgen machen müssen, dass Kinder aus den Unterschichten in den wählerischsten Bildungseinrichtungen, aber auch in Parlamenten und höheren Ämtern in Politik und Verwaltung zu schwach vertreten sind, lohnt es sich, die indischen Erfahrungen und die Modalitäten ihres

1 Siehe Kapitel 8, S. 445–447. Der im Januar 2019 verabschiedete Verfassungszusatz sieht eine zusätzliche Quote von 10 % (über die 50 % der für die SC/ST reservierten Plätze hinaus) für diejenigen innerhalb der bis dahin von den Quoten nicht abgedeckten Bevölkerungsgruppen (praktisch die alten hohen Kasten), deren Jahreseinkommen unter der Schwelle von 800 000 Rupien liegt. In der Praxis wird diese Einkommensschwelle (die zum Ausschluss von etwa 10 % der fraglichen Bevölkerungsgruppe führt) durch andere Kriterien ergänzt, etwa Wohnungsgröße oder Grundbesitz, sodass insgesamt etwa 20–30 % der betroffenen Bevölkerungsgruppe vom Genuss der Quoten ausgeschlossen sind. Die Anwendung solcher Regeln müsste freilich zwingend mit einem System von Einkommens- und Vermögensverzeichnissen einhergehen, das sehr viel verlässlicher ist als das derzeit verfügbare.

Wandels eingehender zu betrachten, ohne sie zu idealisieren oder aber allzu schwarz darzustellen.[1] Gewiss, nichts wird eine angemessene Finanzierung von Bildungs- und Gesundheitseinrichtungen ersetzen können, die der breiten Bevölkerung offenstehen, und nichts eine ehrgeizige Politik des Abbaus von Ungleichheiten und der Eigentumsverteilung. Aber das ändert nichts daran, dass Systeme, die in schulischen Aufnahme- oder Wahlverfahren die soziale Herkunft berücksichtigen, jene anderen Maßnahmen der Politik ergänzen können.[2]

Umgekehrt werden künftige politisch-ideologische Entwicklungen in Europa und den Vereinigten Staaten die Wege, die sich in Indien abzeichnen, maßgeblich bestimmen. Welchen Einfluss die angelsächsische «konservative Revolution» der 1980er Jahre auf die in der übrigen Welt und namentlich in Indien betriebene Fiskalpolitik hatte, haben wir bereits erwähnt. Dieser Einfluss wird in Zukunft nicht geringer werden. Wenn heute SP und BSP eine progressive Vermögensteuer zur Finanzierung des vom Kongress vorgesehenen Grundeinkommens vorschlagen, wird die BJP leichtes Spiel haben, die öffentliche Meinung in Indien zu überzeugen, dass solche sozialromantischen Flausen nirgends auf der Welt umgesetzt würden und das Gedeihen des Landes vor allem daran hänge, die Stabilität der sozialen Ordnung und der Eigentumsverhältnisse zu sichern.

Könnte dagegen Europa sich zu einem wirklichen Sozialföderalismus entschließen oder würden die Vereinigten Staaten an die Tradition der starken Steuerprogression anknüpfen, die dort schon einmal erfolgreich zum Einsatz kam und heute von Demokraten immer stärker ins Spiel gebracht wird, so könnte man darauf wetten, dass die Debatten in Indien und anderen Teilen der Welt eine andere Wendung nähmen. Solange es freilich mit dem Steuerwettbewerb in den reichen Ländern fröhlich weitergeht, werden Vorschläge wie die der SP-BSP-Koalition es schwer haben, die indische Öffentlichkeit zu überzeugen, zumal ihnen die Geschäftswelt, die eine maßgebliche Rolle bei der Finanzierung des politischen Lebens und der Medien des Landes spielt, extrem feindselig gegenübersteht. Die identitäre Verschärfung des anti-muslimischen Kurses der BJP könnte dann das wahrscheinlichste Szenario

1 Siehe Kapitel 8 für eine eingehendere Erörterung dieser indischen Erfahrungen.

2 Ich komme im nächsten Kapitel darauf zurück.

sein. Mehr denn je sind die verschiedenen inegalitären Regime der Welt und ihre Wandlungen unauflöslich miteinander verknüpft.

Die unvollendete Politisierung der Ungleichheit in Brasilien

Wir haben uns mit Indien das Beispiel einer Wahldemokratie angesehen, in der sich gegenläufig zu den Entwicklungen, die in den westlichen Ländern zu beobachten sind, ein mit der Unabhängigkeit entstandenes Parteiensystem in den letzten Jahrzehnten mehr und mehr in ein Klassensystem verwandelt hat. Es kann hier selbstredend nicht darum gehen, eine Analyse des Strukturwandels politischer Konfliktlinien in sämtlichen postkolonialen Gesellschaften außerhalb des Westens vorzulegen. Eine solche Aufgabe würde weit über den Gegenstandsbereich dieses Buchs hinausgehen. Gleichwohl ist es interessant, auf den Fall Brasiliens einzugehen, wo wir gleichfalls in der Zeit von 1989–2018 die Bildung eines besonderen Parteiensystems mit Klassenstruktur erleben. Und auch dort geht es um schwerwiegende Verteilungsfragen und die Frage der Wechselwirkung mit anderen Teilen der Welt.

Brasilien ist nicht nur, erinnern wir uns, 1888 das letzte Land des euro-atlantischen Raums, das die Sklaverei abgeschafft hat. Es ist überhaupt eines der inegalitärsten Länder der Erde geblieben. Erinnern wir uns auch, dass man das Ende der Militärdiktatur (1964–1985) abwarten musste, bis das allgemeine Wahlrecht ohne Rücksicht auf den Bildungsgrad eingeführt wurde.[1] Die erste Präsidentschaftswahl, bei der das allgemeine Wahlrecht galt, fand 1989 statt. Lula da Silva, einstiger Arbeiter und Gewerkschaftler, schaffte es in den zweiten Wahlgang, wo es ihm gelang, mit Unterstützung der Arbeiterpartei (PT, Partido dos Trabalhadores) 47 % der Stimmen auf sich zu vereinen. Auf seinen triumphalen Wahlsieg 2002, mit 61 % der Stimmen im zweiten Wahlgang, folgt 2006 seine Wiederwahl, bei der er, der von den traditionellen brasilianischen Eliten des Landes wegen seines Mangels an Bildung als jemand verhöhnt wurde, der das Land nicht würdevoll im Ausland repräsentieren könne, dasselbe glänzende Ergebnis erzielt. Diese Wahlsiege sym-

1 Die 1891 nach Abschaffung der Sklaverei verabschiedete Verfassung sah vor, Analphabeten das Wahlrecht vorzuenthalten, eine in die Verfassung von 1934 und 1946 wiederaufgenommene Regel. Noch 1950 durfte die Hälfte der erwachsenen Bevölkerung nicht wählen. Siehe Kapitel 6, S. 318 f.

bolisieren in gewisser Weise den Eintritt Brasiliens in das Zeitalter des allgemeinen Wahlrechts. Dem PT gelang es, zwei weitere Präsidentschaftswahlen zu gewinnen, nachdem Lula seinen Platz für Dilma Rousseff freigemacht hatte, wenn auch mit zusehends schlechteren Ergebnissen (2010 waren es 56 %, 2014 nur noch 52 %). Und schließlich markierte 2018 der Sieg des nationalkonservativen Kandidaten Jair Bolsonaro, der mit 55 % der Stimmen gegenüber 45 % für Fernando Haddad, den Kandidaten der PT, gewann, einen neuen Wendepunkt in der politischen Geschichte des Landes.[1]

Bemerkenswert ist, dass sich der Strukturwandel der Wählerschaft des PT und des brasilianischen Parteiensystems überhaupt in den drei Jahrzehnten nach dem Ende der Diktatur erst allmählich vollzogen hat. In der Zeit seiner Anfänge, den 1980er Jahren, war der PT eine Partei, die ihre besten Ergebnisse unter Arbeitern des Industriesektors, einfachen und mittleren städtischen Angestellten und schließlich bei intellektuellen Gruppen erzielte, die gegen die Diktatur aufgestanden waren.[2] Da die untersten Ausbildungs- und Einkommensniveaus in den ländlichen Zonen und ärmsten Regionen zu finden waren, lag der formale Bildungsgrad der Wählerschaft des PT in Brasilien insgesamt noch Anfang der 1990er Jahre leicht über dem Durchschnitt des Landes (bei Einkommen, die etwas unter dem Landesdurchschnitt lagen). Beim Ausgang aus der Diktatur haben wir es, anders gesagt, in Brasilien noch nicht unmittelbar mit einer Klassenstruktur des Wählervotums zu tun, sowenig wie in Indien nach Erlangung der Unabhängigkeit. Erst nach dem Machtantritt von Lula wird sich die Wählerstruktur des PT deutlich verändern. Bei den Wahlen von 2006, 2010, 2014 und 2018 ist dann erkennbar, dass der PT systematisch bessere Ergebnisse unter den Wählern mit geringeren als unter denen mit höheren Bildungsabschlüssen erzielt (siehe Grafik 16.15).[3]

Ebenso spektakulär verläuft diese Entwicklung auf regionaler Ebene.

1 Man muss sich das ganz besondere Klima vor Augen führen, in dem die Wahlen von 2018 stattfanden. Lula, der ursprünglich von seiner Partei als Kandidat aufgestellt worden war, saß im Gefängnis und wurde von den Justizbehörden daran gehindert anzutreten.

2 Lula war einstiger Arbeiter und Gewerkschaftler aus der Industrieregion von São Paulo, Rousseff saß unter der Militärdiktatur drei Jahre im Gefängnis, bevor sie ihr Studium abschloss.

3 Ganz wie in Indien lassen auch in Brasilien die Nachwahlerhebungen keine systematische Aufschlüsselung des Wahlverhaltens nach Vermögensniveau zu. Für eine detaillierte Darstellung der Befunde für Brasilien siehe A. Gethin, «Cleavage Structures and Distributive Poli-

Die Politisierung der Ungleichheit in Brasilien, 1989–2018

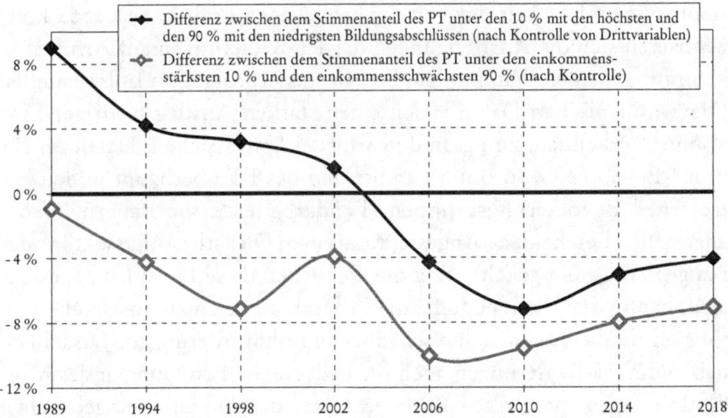

Grafik 16.15.: Von 1989 bis 2018 wurde der PT (Partido dos Trabalhadores, Partei der Arbeiter) in Brasilien zunehmend von den Wählern mit den niedrigsten Einkommens- und Bildungsniveaus gewählt, was bei den ersten Wahlen nach dem Ende der Militärdiktatur nicht der Fall war.
Quellen und Reihen: siehe piketty.pse.ens.fr/ideologie.

Die ärmsten Regionen, zumal im Nordosten Brasiliens, stimmen immer stärker für den PT, während die reichsten Regionen sich zusehends von ihr abwenden. Bei den Wahlen von 2014 und 2018 erzielen Rousseff und Haddad im Nordosten Brasiliens weiterhin große Mehrheiten, aber die südlichen Regionen und Städte (wie São Paulo) lehnen den PT deutlich ab. Die soziale und geographische Struktur der Wählerschaft geht mit ihrer sehr ausgeprägten rassenspezifischen Spaltung einher. Seit 2006 ist zu beobachten, dass Wähler, die sich als schwarz oder dunkelhäutig bezeichnen (etwas mehr als die Hälfte der Bevölkerung) sehr viel eher für den PT stimmen als Wähler, die angeben, weiß zu sein. Das gilt auch nach Berücksichtigung des Einflusses anderer individueller sozioökonomischer Merkmale.[1]

---

tics», a. a. O., S. 29–41; A. Gethin, M. Morgan, «Brazil Divided: Hindsights on the Growing Politicization of Inequality», WID.world 2018.

1 Siehe A. Gethin, «Cleavage Structures and Distributive Politics», a. a. O., S. 38, Abbildung 3.5. Fügen wir hinzu, dass es sich bei den in Grafik 16.15 dargestellten Einflüssen von Bildungsabschluss und Einkommen um Schätzungen nach Berücksichtigung von Kontrollvariablen handelt (zu denen auch Herkunftsregion und Rassenzugehörigkeit zählen). Ohne Kontrollen hätte die Tatsache, zu den obersten 10 % der Bildungs- oder Einkommenshierarchie zu gehören, einen etwa doppelt so hohen Einfluss (etwa 15–20 statt 6–10 Prozentpunkte). Siehe Technischer Anhang Grafik S16.15.

Dass die Wählerstruktur des PT sich in diese Richtung entwickelt, steht im Einklang mit der von ihr betriebenen Politik. Seit 2002 konzentrieren sich die Anstrengungen der PT-Regierungen auf Armutsbekämpfung, namentlich mit dem Sozialtransferprogramm Bolsa Familia. Die brasilianischen Daten lassen einen starken Anstieg niedriger Einkommen erkennen, zumal in den ärmsten Landstrichen. Das sorgt für große Beliebtheit von Bolsa Familia und des PT überhaupt in den betroffenen Bevölkerungsgruppen (Landarbeiter, arme Bauern, Hausangestellte, bescheidene Angestellte aus dem Dienstleistungssektor oder Baugewerbe). Umgekehrt sind die, bei denen diese Personen angestellt sind, häufig der Überzeugung, die Programme seien zu kostspielig und führten zu überzogenen und schädlichen Lohnforderungen. Tatsächlich haben die PT-Regierungen auch für bedeutende Erhöhungen des Mindestlohns gesorgt, dessen Realwert unter der Diktatur eingebrochen war und der Anfang der 2010er Jahre wieder auf das Niveau steigt, dass er in den 1950er und 1960er Jahren erreicht hatte.[1] Der PT hat darüber hinaus Verfahren eingeführt, die schwarze und dunkelhäutige Bewerber, bis dahin auf den Campus kaum anzutreffen, beim Hochschulzugang bevorzugt behandeln.

Es ist kaum zu bestreiten, dass diese Umverteilungspolitik und die wiedererstarkte Klassenspaltung dazu beigetragen haben, bei den traditionellen brasilianischen Eliten den Wunsch zu wecken, die Situation wieder unter ihre Kontrolle zu bringen. Diese Entwicklung, hat sich zunächst bei der Abwahl Rousseffs 2016 und dann beim Wahlsieg Bolsonaros 2018 Bahn gebrochen. Letzterer will sich als der Präsident verstanden wissen, der einen Schlussstrich unter die sozialromantischen Eskapaden des Landes zieht. Bolsonaro macht keinen Hehl aus seinen Sympathien für die Militärdiktatur, seinem Respekt vor dem Eigentum und einer extrem sicherheitsorientierten Politik. Wie Trump verlegt sich

1 Siehe M. Morgan, *Essays on Income Distribution. Methodological, Historical and Institutional Perspectives with Applications to the Case of Brazil (1926–2016)*, Paris School of Economics (PSE) und École des hautes études en sciences sociales (EHESS), 2018, S. 106, Abbildung 3.5, S. 135–316, Abbildung 3.24–3.25. Im Rückblick gibt es wenig Zweifel daran, dass es der von den Vereinigten Staaten unterstützte Staatsstreich von 1964 gegen den der Arbeiterpartei angehörenden Präsidenten Joao Goulart war, der einer von 1945 bis 1964 anhaltenden Phase des Abbaus von Einkommensungleichheiten in Brasilien ein Ende setzte. Goulart war gegen Ende der Vargas-Ära 1953 schon Arbeitsminister, in einer Phase starker Lohnsteigerungen. Die Machtergreifung der Militärs zielte in erster Linie darauf, dieser sozialistischen und subversiven, als Bedrohung der sozialen und proprietaristischen Ordnung Brasiliens geltenden Tendenz ein Ende zu setzen.

Bolsonaro darauf, Rassenspaltungen auszuschlachten und sich in einem Land, in dem die «Weißen» offiziell aufgehört haben, in der Mehrheit zu sein,[1] das nostalgische Verlangen nach Herrschaft des weißen Mannes zunutze zu machen. Aber offensichtlich ist auch, dass bei dieser politischen Kehrtwende der normale Machtverschleiß in einer Wahldemokratie ebenso eine Rolle gespielt hat wie erkennbare Schwächen der Politik des PT zwischen 2002 und 2016. Das erste, woran man denkt, ist natürlich die Unfähigkeit des PT, das Problem der Korruption anzugehen, immer vorausgesetzt, dass sie nicht selber in diesem Land, in dem die Frage der Wahlkampf- und Medienfinanzierung nie wirklich geregelt wurde, von versteckten Zahlungen profitiert und damit zum Erhalt des Systems beigetragen hat. Zum Teil hängen die Verfehlungen sicher damit zusammen, dass es im Wahlsystem und Institutionengeflecht Brasiliens sehr schwer ist, parlamentarische Mehrheiten zu bilden. Trotz wiederholter und massiver Wahlsiege, mit Ergebnissen von mehr als 50 % der Stimmen, hatte der PT nie eine Mehrheit der Abgeordneten, um seine Politik umzusetzen. Er war gezwungen, mit zahlreichen Parteien zu paktieren, um Gesetze und Haushalte durchs Parlament zu bringen.[2] Aber der PT hat es versäumt, die Notwendigkeit einer größeren Transparenz des öffentlichen Lebens und einer Reform der Parteienfinanzierung dem Land wirklich verständlich zu machen und damit den Eindruck erweckt, sich mit dem bestehenden System und seinen Grauzonen abzufinden.

Bedeutsam ist auch die eher durchwachsene Bilanz des PT im Kampf gegen Ungleichheit. Sosehr es zutrifft, dass einkommensschwache Haushalte von seinen politischen Maßnahmen profitiert haben, mit einer Erhöhung des Anteils der ärmsten 50 % am Gesamteinkommen zwischen 2002 und 2015 – das Problem ist, dass diese Verbesserung ganz zu Lasten der Mittelschichten oder, genauer, der sozialen Gruppen zwischen den

1 Nur noch 48 % der Bevölkerung bezeichnen sich bei der Volkszählung 2010 als weiß (2000 waren es noch 54 %). In den Staaten des Südens stellt dieser Bevölkerungsteil allerdings noch die große Mehrheit. Er erreicht 70–80 % im Staat São Paulo und den Staaten, die Uruguay und Argentinien am nächsten liegen, gegenüber 20–30 % im Staat Bahia und im Nordosten.

2 Das liegt daran, dass es das Verfahren der Wahl zum Nationalkongress Brasiliens einer einzelnen Partei sehr schwer macht, die Mehrheit zu erringen (auch dann, wenn sie für ihren Kandidat im zweiten Wahlgang der Präsidentschaftswahl mehr als 60 % der Stimmen auf Bundesebene erhält, wie der PT 2002 und 2006). So wird insbesondere der Bundessenat durch Verhältniswahl auf der Ebene der einzelnen Staaten gebildet, was zu einer Vervielfältigung der Regionalparteien führt.

ärmsten 50 % und jenen reichsten 10 % ging, denen es gelungen ist, ihre Position (mit dem ungewöhnlich großen Abstand, den das in Brasilien bedeutet) zu behaupten.

Was das reichste 1 % anbelangt, so ist zwischen 2002 sogar eine Vergrößerung seines Anteils am Gesamteinkommen zu verzeichnen, der zweimal höher bleibt als der Anteil, der an die ärmsten 50 % geht.[1] Die Erklärung für diese enttäuschenden und paradoxen Ergebnisse ist einfach: Der PT hat sich nie an eine wirkliche Steuerreform gewagt. Sozialpolitische Maßnahmen wurden von den Mittelschichten und nicht von den Reichsten finanziert, aus dem einen und einfachen Grund, dass es dem PT nie gelungen ist, etwas an der strukturellen Regressivität des brasilianischen Steuersystems zu ändern, das sehr hohe indirekte Steuern und Verbrauchsteuern vorsieht (zum Beispiel an die 30 % auf Stromrechnungen), während Progressivsteuern auf Spitzeneinkommen und Großvermögen historisch schwach entwickelt sind. (So werden zum Beispiel die bedeutendsten Erbschaften mit maximal 4 % belastet.)

Auch diese Defizite gehen auf programmatische und ideologische Einschränkungen, aber zugleich auf das Fehlen einer angemessenen parlamentarischen Mehrheit zurück. Ungleichheiten in wünschenswertem Umfang abzubauen ist ohne Änderung des politischen und institutionellen Systems, aber auch des Wahlsystems in Brasilien so unmöglich wie in Europa und den Vereinigten Staaten. Und wie im Fall Indiens gibt es auch äußere Einflüsse. Ganz offenbar wäre es in einem internationalen politischen und ideologischen Kontext, in dem, wie es in Zukunft geschehen könnte, solche politischen Maßnahmen Rückenwind gehabt hätten, für Lula und den PT einfacher gewesen, der progressiven Einkommen- und Vermögensteuer größeres Gewicht zu verleihen.[2] Stattdessen hat, ganz im Gegenteil, die Verschärfung des Steuerdumpings objektiv der inegalitären und identitären Stoßrichtung Bolsonaros und

1 Den verfügbaren Schätzungen nach ist der Anteil der ärmsten 50 % am Gesamteinkommen zwischen 2002 und 2015 von 12 % auf 14 % gestiegen, während der Anteil der folgenden 40 % von 34 % auf 32 % gesunken ist und der Anteil der reichsten 10 % sich bei 56 % gehalten hat. Siehe M. Morgan, «Falling Inequality beneath Extreme and Persistent Concentration: New Evidence on Brazil Combining National Accounts, Surveys and Fiscal Data, 2001–2005», WID.world Working Paper Series, 2017/12, Abbildung 3–4.

2 Der Abbau von Ungleichheiten in Brasilien von 1945–1964 fand denn auch in einem internationalen ideologischen Kontext statt, in dem Steuerprogression und Umverteilung höher im Kurs standen.

seines national-konservativen Dunstkreises in die Hände gespielt, ganz wie im Fall Modis und der BJP in Indien.

Bruchlinien zwischen Identitäten, Bruchlinien zwischen Klassen: die Grenze und das Eigentum

Ganz wie der Fall Indiens zeigt der Brasiliens, wie entscheidend es ist, über den westlichen Rahmen hinauszugehen, um besser zu verstehen, welche politischen Dynamiken im Spiel sind, wenn es um Umverteilung und Ungleichheit geht. Im Lauf der Jahre 1990–2020, in denen in Europa und den USA das alte Links-Rechts-Schema der Klassenspaltung der Jahre 1950–1980 zerfiel, haben in Indien und Brasilien im Zuge besonderer sozio-politischer Weichenstellungen und besonderer Möglichkeiten, aber auch prekärer Verhältnisse, neue Formen der Klassenspaltung an Bedeutung gewonnen. Diese verschiedenen Entwicklungslinien werfen auch ein Licht auf den fundamental mehrdimensionalen Charakter politischer und ideologischer Konflikte.

So kann man insbesondere in jedem der untersuchten Fälle Bruchlinien zwischen Identitäten und zwischen Klassen voneinander unterscheiden. Die Bruchlinien zwischen Identitäten werfen die Frage der Grenze auf, das heißt der Grenze der politischen Gemeinschaft, mit der man sich identifiziert, wie auch die Frage der unterschiedlichen Herkunft und ethno-religiösen Identität ihrer Mitglieder. Die Bruchlinien zwischen Klassen werfen die Frage der sozio-ökonomischen Ungleichheit und Umverteilung auf, und insbesondere die Frage des Eigentums. Diese Bruchlinien nehmen in Europa und den Vereinigten Staaten, in Indien und China, in Brasilien und Südafrika, in Russland oder im Nahen Osten je andere Formen an. Aber in den meisten Gesellschaften stößt man auf diese beiden Dimensionen mit ihren vielfachen Verzweigungen und Unterdimensionen.

Bruchlinien zwischen Klassen können, allgemein gesprochen, nur dann in den Vordergrund treten, wenn man sich über die zwischen den Identitäten bereits verständigt hat. Damit die politische Auseinandersetzung sich auf Ungleichheiten des Eigentums, des Einkommens und der Bildung konzentrieren kann, muss man sich zuvor über die Grenzen der Gemeinschaft geeinigt haben. Bruchlinien zwischen Identitäten aber sind nicht einfach eine Erfindung politischer Akteure, die sie instrumentalisieren wollen, um an die Macht zu kommen (auch wenn solche Akteure in allen Gesellschaften unschwer zu erkennen sind). Die Frage der Grenze wirft eine Reihe komplexer und grundlegender Fragen auf. In einer Weltwirtschaft, in der die verschiedenen Gesellschaften durch vielfältige Formen des kulturellen Austauschs, durch Handels-, Finanz- und Migrationsströme miteinander verbunden sind, aber zugleich fortfahren, zumindest teilweise wie voneinander getrennte politische Gemeinschaften zu handeln, ist es entscheidend, in einer dynamischen Perspektive die Form zu beschreiben, die diese Beziehungen annehmen sollen. Die postkoloniale Welt hat es mit sich gebracht, dass Menschengruppen, die vorher praktisch keinen Kontakt hatten (es sei denn vermittelt durch Waffengewalt oder Herrschaftsverhältnisse kolonialen Typs), auf ein und demselben Boden interagieren und sich durchmischen. Es geht um einen erheblichen zivilisatorischen Fortschritt, aber er hat zugleich zum Aufbrechen neuer Konfliktlinien zwischen den Identitäten geführt.

Gleichzeitig hat der Zusammenbruch des Kommunismus zumindest eine Zeit lang die Hoffnung geschwächt, dass es überhaupt möglich ist, durch soziale und steuerliche Gerechtigkeit für eine gerechte Wirtschaft zu sorgen und den Kapitalismus zu überwinden. Es sind, anders gesagt, in eben dem Augenblick, da die Konfliktlinien zwischen den Identitäten sich verschärft haben, die Klassenkonflikte aus dem Blickfeld geraten. Darin liegt zweifellos der Hauptgrund für den Anstieg der Ungleichheiten von 1980–1990. Erklärungen dieses Anstiegs, die sich auf technologische und wirtschaftliche Notwendigkeiten berufen, gehen an der Sache vorbei, weil sie das entscheidende Faktum außer Acht lassen, dass es stets mehrere Weisen gibt, Wirtschaftsbeziehungen und Eigentumsverhältnisse zu organisieren, wie es die außerordentliche politisch-ideologische Vielfalt von Ungleichheitsregimen belegt, die wir in dieser Studie untersucht haben.

Verschärfung der Konflikte zwischen Identitäten und der Auseinandersetzungen über die Grenze, Zurücktreten der Konflikte und Debatten, die sich an den Eigentumsverhältnissen entzünden – dieses Schema lässt sich in praktisch allen Regionen der Welt wiederfinden. Aber jenseits dieses Schemas sind die Unterschiede zwischen den Gesellschaften fundamental. Anders als von Determinismen aller Art behauptet, zeigt sich mit der Vielfalt der Wege auch, welche Bedeutung den Strategien gesellschaftlicher und politischer Mobilisierung zukommt. Um das zu erkennen, ist die langfristige und vergleichende Perspektive entscheidend. Lange vor den beiden Weltkriegen des 20. Jahrhunderts hat die Geschichte tiefgreifende Wandlungen von Ungleichheitsregimen erlebt. Es wäre ein höchst konservativer und unangemessener Blickwinkel, wollte man auf solche Erschütterungen setzen, um einen neuen Abbau von Ungleichheiten ins Auge zu fassen. Der Blick auf Indien und Brasilien hat auch gezeigt, dass es keineswegs unvermeidlich ist, dass die Konfliktlinien zwischen Identitäten die zwischen Klassen zurücktreten lassen. In beiden Ländern haben sich Unterschichten verschiedener Herkunft und Identität in ein und denselben politischen Bündnissen für mehr Umverteilung zusammengefunden. Alles hängt von den institutionellen Hebeln und den Sozial- und Fiskalpolitiken ab, die man aufbietet, um Gruppen unterschiedlicher Provenienz davon zu überzeugen, dass das, was sie miteinander verbindet, wichtiger ist als das, was sie voneinander trennt.

Die Untersuchung anderer nationaler Wählerkonfigurationen würde diesen allgemeinen Sachverhalt weiter belegen.[1] Der Fall Israels bietet sicher das Extrembeispiel für einen Konflikt der Identitäten, der alles andere in den Hintergrund gedrängt hat. Das Verhältnis zur palästinensischen Bevölkerung und den israelischen Arabern ist gleichsam zur einzigen politisch belangvollen Frage geworden. Von 1950–1980 nahm die israelische Arbeiterpartei einen zentralen Platz im Parteiensystem ein und setzte auf den Abbau sozio-ökonomischer Ungleichheiten und die Entwicklung neuartiger Genossenschaftsformen. Da sie es versäumt hat, beizeiten über eine politisch tragfähige Lösung nachzudenken, mit der alle betroffenen Gruppen sich hätten abfinden können, etwa die Schaffung eines palästinensischen Staates oder eines neuartigen binationalen Föderalstaats, ist die Arbeiterpartei praktisch von der Bildfläche der israelischen Wählerschaft verschwunden, um einem endlosen Sichüberbieten der Sicherheitsfundamentalisten das Feld zu überlassen.[2] In

1 Tatsächlich ist von dieser Mehrdimensionalität politischer Konflikte auch in Ländern auszugehen, die keine pluralistischen Wahldemokratien sind, wie China, Russland, Ägypten oder Saudi-Arabien. Sie ist dort bloß schwerer oder nur bruchstückhaft zu erkennen, was auch kollektive Lernprozesse behindert.

2 Die Neigung, für die Arbeiterpartei zu stimmen, in den 1960er und 1970er Jahren in den Unterschichten sehr hoch, hatte bereits in den 1980er und 1990er Jahren begonnen, sich in den Gruppen mit höheren Bildungsabschlüssen zu konzentrieren. Darin scheint sich sowohl der Wandel des ideologischen Kontextes (Abflauen des Sozialismus) als auch die Entwicklung der Kluft zwischen Israelis europäischer und nordamerikanischer (Aschkenasim) und

muslimischen Ländern fällt auf, dass religiöse und soziale Dimensionen des Wahlkonflikts im Lauf der Zeit und je nach Land ganz verschiedene Verbindungen eingegangen sind. In der Türkei war die kemalistische Partei CHP (Republikanische Volkspartei) von 1950–1970 eine denkbar laizistische Partei, die sich der größten Zustimmung bei den unteren Volksschichten erfreute. In Konflikt mit religiösen Gefühlen in der Bevölkerung geriet sie namentlich durch Umverteilung von Ländereien zugunsten der armen Bauern, mit der sich nicht nur die Eigentümer unzufrieden zeigten, sondern auch all jene, die das im Besitz religiöser Verbände befindliche Land und deren gesellschaftliche Rolle geschützt wissen wollten. Von den 1990er bis zu den 2010er Jahren gelang es der AKP (Partei für Gerechtigkeit und Aufschwung) mit einer Programmatik, die die muslimische und nationale Erneuerung predigte, einen bedeutenden Teil der Wählerschaft aus den unteren Schichten hinter sich zu bringen, während die Wählerschaft der CHP sich zum Teil in die Städte verlagerte.[1] In Indonesien lässt sich beobachten, dass die Landreformen eine vergleichbare, aber nachhaltigere Rolle gespielt haben.[2] Wir haben denn auch das Fehlen von Landreformen in Südafrika erwähnt, wo die Hegemonie einer Post-Apartheid-Partei es ungewiss erscheinen lässt, wie die Klassenspaltungen sich entwickeln.[3] Diese Materialien zusammenzutragen und die verschiedenen Erfahrungen eingehend zu untersuchen macht es möglich, das komplexe Zusammenspiel zwischen sozio-ökonomischen und proprietaristischen Konflikten auf der einen und Bruchlinien ethno-religiöser und identitärer Art

nahöstlicher und afrikanischer Herkunft (Mizrachim, Sephardim) zu spiegeln. Siehe Y. Berman, «The Long-Run Evolution of Political Cleavages in Israël 1969–2015», WID.world 2018. Bemerkenswert ist übrigens, dass trotz der parlamentarischen und von der Arbeiterpartei geprägten Tradition des Landes in Israel Steuerdaten zu Einkommen und Vermögen fast völlig fehlen.

1 Siehe F. M. Wuthrich, *National Elections in Turkey. People, Politics and the Party System*, Syracuse: Syracuse University Press 2015.

2 Zu Beginn der 1960er Jahre hatte ein Teil der traditionellen Eliten religiösen Stiftungen (Waqf) Land übertragen, um die Landreform zu umgehen. Diese Strategien wirken sich noch in den 2000er und 2010er Jahren auf die Geographie der Wählerzustimmung für islamische Parteien aus. Siehe S. Bazzi, G. Koehler, B. Mark, «The Institutional Foundations of Religious Politics: Evidence from Indonesia», Sciences Po, Oktober 2018. Siehe auch P. J. Tan, «Explaining Party System Institutionalization in Indonesia», in: A. Hicken, E. Martinez Kuhonta, *Party System Institutionalization in Asia*, Cambridge, Massachusetts: Cambridge University Press 2015, S. 236–259.

3 Siehe Kapitel 7, S. 376–378.

auf der anderen Seite besser zu verstehen und sich durch einen Blick über den westlichen Rahmen hinaus von der Vielfalt der erkennbaren Wege zu überzeugen.

Aber so groß die Autonomiespielräume der Kulturkreise und nationalen oder regionalen Wege auch sind, so wenig darf man die Rolle des auf planetarischer Ebene dominierenden ideologischen Kontextes unterschätzen. Wie wir im Fall Indiens und Brasiliens gesehen haben, hängt die Fähigkeit der jeweiligen politischen Kräfte, glaubhafte Umverteilungsstrategien auf den Weg zu bringen und der Klassenspaltung politisch Gehör zu verschaffen, ganz entscheidend von den Entwicklungen in den westlichen Ländern ab.[1] In Anbetracht der Wirtschafts-, Handels- und Finanzkraft der Vereinigten Staaten und der Europäischen Union, aber auch ihres erheblichen Einflusses auf den rechtlichen Rahmen, in dem Handelsbeziehungen stattfinden, werden die politisch-ideologischen Transformationen innerhalb dieser beiden Staatenbünde auch in Zukunft großes Gewicht haben. Aber künftige Veränderungen in China und Indien und mittelfristig auch in Brasilien, Indonesien oder Nigeria werden ihrerseits eine maßgebliche Rolle in einer immer stärker vernetzten globalen ideologischen Landschaft spielen. Sicher ist, dass das Gewicht der Ideologien nicht im Schwinden begriffen ist, ganz im Gegenteil. Nie war die Komplexität der Fragen, die von der Eigentumsordnung und dem System der Grenzen aufgeworfen werden, so groß, und nie war die Ungewissheit über die Antworten, nach denen sie rufen, so extrem wie in diesem Zeitalter, das sich für postideologisch hält, aber in Wahrheit zutiefst von den Ideologien geprägt wird. Und doch bin ich am Ende dieser historischen Reise überzeugt, dass es möglich ist, sich auf die in diesem Buch zusammengetragenen historischen Erfahrungen zu stützen, um die Umrisse eines partizipativen und internationalistischen Sozialismus zu zeichnen, das heißt in den Erfahrungen der Vergangenheit die neuen Organisationsformen einer Eigentums-

1 Auch die oben erwähnten Fälle belegen, wie stark Parteidynamiken von außen beeinflusst werden. In Indonesien, aber auch in Malaysia, Thailand und der Türkei haben der Kalte Krieg und der Zusammenbruch der kommunistischen und sozialistischen Bewegungen das Austragen von Klassenkonflikten verhindert und den Aufstieg religiöser Parteien begünstigt. In Südafrika macht die Verteidigung weißer Grundbesitzer durch westliche Regierungen (so jüngst durch Donald Trump) die Umsetzung einer anspruchsvollen Landreform nicht leichter. Und in Israel liegt es auf der Hand, dass der politische Konflikt sich von Grund auf verändern würde, könnten die USA oder die Europäische Union sich entschließen, auf eine politische Lösung des israelisch-palästinensischen Konflikts zu drängen.

und Grenzordnung zu entziffern, die dazu beitragen können, eine gerechtere Gesellschaft aufzubauen und den identitären Drohungen den Wind aus den Segeln zu nehmen. Dem wird sich das letzte Kapitel dieses Buchs widmen.

Sackgassen und Fallstricke der Debatte über den Populismus

Bevor wir dazu kommen, müssen wir eine terminologische Frage klären. Ich habe in dieser Untersuchung den Begriff des «Populismus» so weit wie möglich vermieden. Der Grund dafür ist einfach. Die derzeitigen Veränderungen lassen sich mit diesem Begriff nicht angemessen begreifen. Die politisch-ideologischen Konflikte, die wir in verschiedenen Regionen der Erde beobachten konnten, sind in hohem Maße mehrdimensional. Sie zeigen insbesondere, wie gespalten unsere Gesellschaften in der Frage nach dem System der Grenzen und der Eigentumsordnung sind. Der in der öffentlichen Diskussion mitunter bis zum Überdruss bemühte Begriff des Populismus läuft dagegen darauf hinaus, alles in einen Topf zu werfen.

Allzu oft wird der Begriff von den politischen Akteuren dazu missbraucht, unterschiedslos alles zu bezeichnen, was ihnen nicht in den Kram passt und wovon sie sich absetzen möchten. Dass eine immigrantenfeindliche Partei oder eine, die sich darin gefällt, Fremde zu stigmatisieren, als «populistisch» gilt, versteht sich. Aber die Forderung, Reichen höhere Steuern abzuverlangen, wird ihrerseits «populistisch» genannt. Und zieht eine Partei auch nur die Möglichkeit in Betracht, dass ein Staat unter Umständen seine Schulden nicht restlos begleichen muss, so wird auch sie sofort als «populistisch» angeprangert. Der Begriff ist tatsächlich zur unschlagbaren Waffe geworden, die es hochbegünstigten sozialen Gruppen erlaubt, jede Kritik ihrer politischen und programmatischen Entscheidungen im Voraus zu disqualifizieren. Wozu noch über Inhalte sprechen, zum Beispiel darüber, dass es mehr als eine denkbare Sozial- oder Fiskalpolitik gibt und mehr als eine Form, die Globalisierung zu regeln? Es reicht, den Gegner als «Populisten» zu bezeichnen, und schon kann man mit dem besten Gewissen der Welt die Diskussion abbrechen und zu denken aufhören. So ist es in Frankreich seit der Präsidentschaftswahl von 2017 üblich geworden, die Wähler, die im ersten Wahlgang für Jean-Luc Mélenchon bzw. für

Marine le Pen gestimmt haben, in ein und derselben Rubrik des «Populismus» unterzubringen. Dass die einen die Wähler sind, die der Immigration im Durchschnitt am aufgeschlossensten gegenüberstehen, und die anderen ihre erbittertsten Feinde, wird ganz nebenbei vergessen.[1] In den Vereinigten Staaten wurde 2016 nicht selten der internationalistische Sozialist Bernie Sanders mit dem nativistischen Geschäftsmann Donald Trump in ein und dieselbe «Populisten»-Schublade gesteckt. Ebenso könnte man in Indien darauf verfallen, nicht nur die antimuslimische BJP, sondern auch die sozialistischen und kommunistischen Parteien oder die Bewegungen der unteren Kasten, die doch für die entgegengesetzten Programme und Beschlüsse stehen, «populistisch» zu nennen. Und auch in Brasilien wird das Label «Populist» oft gebraucht, um wahlweise die von Bolsonaro verkörperte autoritär-konservative Bewegung oder die Arbeiterpartei von Ex-Präsident Lula zu bezeichnen.

Mir scheint, der Begriff des «Populismus» sollte strikt vermieden werden, da er der Komplexität der Welt nicht gerecht wird. Er unterschlägt den mehrdimensionalen Charakter des politischen Konflikts und geht auch darüber hinweg, dass die Positionen in der Frage der Grenze und in der Frage des Eigentums durchaus verschieden sein können. Dagegen kommt es darauf an, die verschiedenen Fragedimensionen sorgfältig zu unterscheiden und vor allem so genau und streng wie möglich zu analysieren, welche unterschiedlichen politischen und institutionellen Antworten wirklich auf dem Tisch liegen. Das erste Problem der Debatte über den Populismus ist die Leere des Begriffs, der gleichsam die Lizenz erteilt, von nichts Bestimmtem zu sprechen. Die Debatte über die Staatsschulden, namentlich in der Eurozone, markiert zweifellos den nicht zu unterbietenden Tiefpunkt seiner Verwendung. Sobald ein politischer Akteur, Demonstrant oder Bürger die bloße Möglichkeit erwähnt, dass die fraglichen Schulden auch nicht komplett und sofort beglichen werden könnten, wird er vom Bannstrahl der erleuchteten Kommentatoren getroffen, die sich über die Dreistigkeit ereifern: Das sei doch wohl die «populistischste» Idee, auf die man kommen könne.

Damit blenden aber jene Kommentatoren, so erleuchtet sie sind, nahezu die gesamte Geschichte der Staatsschulden und die Tatsache aus,

---

1 Siehe Kapitel 14, Tabelle 14.1.

dass Schuldenschnitte immer wieder im Lauf der Jahrhunderte, besonders erfolgreich aber im 20. Jahrhundert durchgeführt worden sind. Die Staatsschulden, die sich zwischen 1945 und 1950 auf mehr als 200 % des Bruttoinlandprodukts beliefen, namentlich in Deutschland, Frankreich, Japan und den meisten europäischen Ländern, wurden binnen weniger Jahre abgebaut, durch eine Kombination von Sondersteuern auf Privatkapital, schlichten Schuldenerlassen, langfristigen Stundungen und Inflation.[1] Es war das Vergessen der Schulden der Vergangenheit, auf das sich in den 1950er Jahren die europäische Konstruktion gründete. Und dieses Vergessen hat es auch möglich gemacht, sich den jungen Generationen zuzuwenden und in die Zukunft zu investieren. Gewiss, es sind nicht alle Situationen gleich, und um so gut wie möglich mit den Problemen fertigzuwerden, vor die uns die heutigen Staatsschulden stellen, müssen neuartige Lösungen gefunden werden, indem man aus den Erfahrungen der Vergangenheit, aus den Erfolgen und den Unzulänglichkeiten lernt, wie ich weiter oben zu zeigen versucht habe. Aber jeden, der eine notwendige Diskussion eröffnet, als «Populisten» zu behandeln, während man selbst in einer historischen Unkenntnis verharrt, die an Bewusstlosigkeit grenzt, das ist es, was wirklich unerträglich ist. Natürlich haben sich, konkret gesprochen, die Verantwortlichen der Lega oder des M5S in Italien oder die Gelbwesten-Aktivisten in Frankreich, die eine Volksabstimmung über die Annullierung der Schulden vorschlagen, nicht die ganze Komplexität der Lage und die Tatsache vor Augen geführt, dass sich das Problem nicht einfach mit einem «Ja» oder «Nein» aus der Welt schaffen lässt. Es braucht dringend eine Diskussion über die genauen institutionellen, steuerlichen und finanziellen Modalitäten, unter denen eine Stundung der Schulden möglich ist, denn es sind diese Details, an denen sich zum Beispiel entscheidet, ob ein Schuldenerlass zu Lasten der Reichsten (zum Beispiel durch eine progressive Vermögensteuer) oder im Gegenteil zu Lasten der Ärmsten geht (zum Beispiel durch Inflation). Die Antwort auf solche zuweilen undurchdachten, aber legitimen gesellschaftlichen Forderungen kann nur darin bestehen, die Diskussion nicht zu beenden, sondern in ihrer ganzen Komplexität zu eröffnen.

Halten wir abschließend fest, dass die schlimmste Konsequenz der Debatte über den Populismus vielleicht darin liegt, dass sie darauf hin-

---

1 Siehe Kapitel 10, S. 557–560.

ausläuft, neue Konflikte zwischen den Identitäten aufbrechen zu lassen und jede konstruktive Beschlussfassung zu verhindern. Denn der Begriff wird zwar im Allgemeinen im pejorativen Sinne, von manchen der Inkriminierten aber auch als Auszeichnung verwendet, um die eigene Identität zu definieren. Im Allgemeinen ist diese positive Verwendung des Begriffs nicht weniger nebulös als jene pejorative, was die Verwirrung natürlich noch steigert. So machen sich migrantenfeindliche Bewegungen mitunter den Begriff «Populist» zu eigen, um zu betonen, dass sie es sind, die sich um das «Volk» (*populus*) kümmern (dem sie unterstellen, einhellig gegen Einwanderung zu sein), und nicht um die «Eliten», die den ganzen Erdball mit nicht abreißenden Flüchtlingsströmen überziehen wollen. Auch bestimmte linke Bewegungen, die man gern «radikal» nennt (wie Podemos in Spanien oder LFI in Frankreich), haben in den letzten Jahren, und nicht immer mit der gebotenen Vorsicht, den Begriff des «Populismus» für sich reklamiert, um sich zum Beispiel von den alten «Linksparteien» (Sozialisten und Sozialdemokraten) abzusetzen, die sie beschuldigen, die unteren Volksschichten verraten zu haben. Die Anklage ist verständlich, aber es braucht mehr als ein belastetes und bedenklich schillerndes Zauberwort, um sich davon abzusetzen. In der Praxis legt der Begriff es darauf an, uns unermüdlich einzuhämmern, es gelte das «Volk» gegen die Eliten zu einen (oder auch gegen die «herrschende Kaste», die je nach Bedarf aus Vertretern der Finanzwelt, der Politik, der Medien oder aus allen auf einmal besteht), wobei die Betreffenden es meist vermeiden, sich genauer darüber auszusprechen, welche Einrichtungen sie beispielsweise auf europäischer Ebene ins Leben rufen möchten, um die Lebensbedingungen der unteren Schichten wirklich zu verbessern. Der Ausdruck «Populismus» läuft zuweilen auch darauf hinaus, die Bedeutung der Ideologie zu leugnen. Man unterstellt stillschweigend, es komme allein auf die schieren Machtverhältnisse an, und institutionelle Details würden sich schon von alleine regeln, wenn diese Machtverhältnisse erst einmal zurechtgerückt seien und das «Volk» triumphiere.[1]

---

1 Verblüffend ist unter diesem Gesichtspunkt, dass eine Reihe mit dem «Linkspopulismus» assoziierter Arbeiten nicht oder kaum von institutionellen Formen handeln, die einer Überwindung des Kapitalismus dienen könnten. Die einschlägigen Bücher sind gewiss von großem Interesse, aber die oben erwähnten sozial-föderalistischen Fragen werden von ihnen ebensowenig berührt wie Fragen der Eigentumsordnung, der Neuverteilung der Stimmrechte in Unternehmen oder einer progressiven Eigentumsteuer. Siehe zum Beispiel E. Laclau, *La Raison populiste*, Paris: Seuil 2008; J.-L. Mélenchon, *L'Ère du peuple*, Paris: Fayard 2014;

Die ganze Geschichte der in diesem Buch untersuchten Ungleichheitsregime beweist freilich das Gegenteil. Historische Veränderungen von großer Tragweite ergeben sich aus dem Zusammentreffen von Ereignislogiken und kurzfristigen Mobilisierungen mit längerfristigen politisch-ideologischen Entwicklungen und institutionellen Einsätzen. Im ausgehenden 19. und beginnenden 20. Jahrhundert hat die Bewegung, die sich um die People's Party in den Vereinigten Staaten geschart hat, nicht deshalb eine nützliche Rolle gespielt, weil sie den Terminus «populistisch» (der als solcher weder notwendig noch hinreichend ist) für sich reklamiert hat, sondern weil sie sich in eine grundlegende politische und ideologische Bewegung eingereiht hat, aus der 1913 der 16. Zusatzartikel zur Verfassung der Vereinigten Staaten und mit ihm eine Bundeseinkommensteuer hervorging, die den New Deal und den Abbau von Ungleichheiten finanzieren konnte, weil sie eine der progressivsten der Geschichte sein sollte.

Aus all diesen Gründen scheint es mir wichtig, sich vor den Sackgassen und Fallstricken der Debatte über den «Populismus» zu hüten, um sich auf inhaltliche Fragen zu konzentrieren und vor allem über das Steuer-, Sozial-, Bildungs- und Grenzregime nachzudenken – über jene sozialen, fiskalischen und politischen Einrichtungen also, die einen Beitrag dazu leisten können, eine gerechte Gesellschaft zu schaffen und die Bruchlinien zwischen den Klassen gegenüber den Bruchlinien zwischen den Identitäten wieder in den Vordergrund treten zu lassen.

C. Mouffe, *Pour une populisme de gauche*, Paris: Albin Michel 2018. Offenbar gehen diese Arbeiten von dem Prinzip aus, es gehe vor allem anderen darum, den Antagonismus zwischen Volk und Eliten auszutragen, um Wähler zu mobilisieren, die der Lügen der linken oder rechten Regierungen, die sich an der Macht abwechseln, überdrüssig sind (und sich zuweilen von xenophoben Diskursen verführen lassen). Unausgesprochene Hypothese ist, dass programmatische und institutionelle Fragen (etwa über Europa oder das Eigentum) erst verhandelt werden können, wenn die Machtverhältnisse neu geordnet sind.

17.
ELEMENTE EINES PARTIZIPATIVEN SOZIALISMUS FÜR DAS 21. JAHRHUNDERT

Ich habe in diesem Buch versucht, eine reflektierte Geschichte der Ungleichheitsregime vorzulegen, die von den trifunktionalen Gesellschaften und Sklavenhaltergesellschaften bis zu den modernen hyperkapitalistischen und postkolonialen Gesellschaften reicht. Alle menschlichen Gesellschaften sind darauf angewiesen, ihre Ungleichheiten zu rechtfertigen. Ihre Geschichte ist ihrer Struktur nach eine Geschichte der Ideologien, die sie entwickeln, um ihre sozialen Gruppenbeziehungen, Eigentumsordnungen und Grenzregime durch ein komplexes und wandelbares Gefüge von Einrichtungen zu organisieren. Diese Suche nach einer gerechten oder angemessenen Ungleichheit ist gewiss nicht frei von Heuchelei seitens der herrschenden Gruppen, aber sie enthält stets plausible und glaubwürdige Elemente, aus denen sich nützliche Lehren für die Zukunft ziehen lassen.

Ich habe in den letzten Kapiteln auch versucht zu zeigen, welche erheblichen Gefahren der seit den 1980er Jahren unverkennbare Wiederanstieg sozio-ökonomischer Ungleichheiten birgt. Die sozialdemokratischen Koalitionen und das Links-Rechts-System, die Mitte des 20. Jahrhunderts den Abbau von Ungleichheiten möglich gemacht hatten, wussten sich nicht so gründlich zu erneuern, wie es in einem von der Internationalisierung des Handels und der Tertiarisierung der Bildung geprägten Kontext nötig gewesen wäre, und haben sich allmählich aufgelöst. Es waren die konservative Revolution der 1980er Jahre, der Zusammenbruch des Sowjetkommunismus und das Aufkommen einer neuen Ideologie neoproprietaristischen Typs, die der Welt in diesem beginnenden 21. Jahrhundert beeindruckende Niveaus einer Einkommens- und Vermögenskonzentration beschert haben, die offenbar außer Kontrolle geraten ist. Diese Ungleichheiten führen allenthalben zu wachsenden sozialen Spannungen. Mangels einer konstruktiven, universalistisch angelegten politischen Perspektive, die Aussicht auf größere Gleichheit für möglichst viele eröffnet, leisten diese Enttäuschungen jener Zunahme identitär und nationalistisch verschärfter Spaltungen Vorschub, die wir derzeit praktisch auf der ganzen Welt, in den Vereinigten Staaten und Europa, in Indien und Brasilien, in China und im Nahen Osten beobachten können. Wenn man die Menschen glauben macht, zu den bestehenden sozio-ökonomischen Verhältnissen und Klassenungleichheiten gebe es keine glaubwürdige Alternative, dann ist es kein Wunder, dass alle Hoffnung auf Veränderung sich auf die Feier der Grenze und der Identität verlagert.

Was die neue ultra-inegalitäre Erzählung, die seit den 1980er Jahren den Ton angibt, uns erzählt, ist freilich nicht das unabwendbare Schicksal, als das sie es uns verkaufen will. So sehr diese Erzählung von der Unheilsgeschichte des Kommunismus zehrt, sie entspringt auch mangelnder Wissensverbreitung, verhärteten Fachgrenzen und der Tatsache, dass die Bürger wirtschaftliche und finanzielle Fragen zu wenig zu ihrer eigenen Sache machen und also zu oft anderen überlassen. Auf der Grundlage der historischen Erfahrungen, über die wir verfügen, bin ich davon überzeugt, dass es möglich ist, über das derzeitige kapitalistische System hinauszugehen und die Umrisse eines partizipativen Sozialismus für das 21. Jahrhundert zu skizzieren, um eine neue universalistische Perspektive zu eröffnen, die auf Sozialeigentum, Bildung, Wissensverbreitung und Machtaufteilung setzt. Im Ausgang von den Lehren, die wir in den vorherigen Kapiteln aus der Geschichte ziehen konnten, werde ich in diesem letzten Kapitel versuchen, ein paar der Elemente zusammenzutragen, die uns Wege in diese Richtung weisen können. Ich werde damit beginnen, die Bedingungen gerechten Eigentums freizulegen. Dafür wird es nötig sein, neue Formen des Sozialeigentums, aber auch der Stimmverteilung, der Mitbestimmung und Beteiligung in Unternehmen zu entwickeln. Und dafür werden wir auch den Begriff des permanenten Privateigentums durch den eines Eigentums auf Zeit ersetzen müssen, das eine stark progressive Besteuerung großer Vermögen erfordert, um eine allgemeine Kapitalausstattung zu finanzieren und derart eine beständige Zirkulation der Güter und Reichtümer zu verbürgen. Ich werde weiterhin auf die Rolle der progressiven Einkommensteuer, des Grundeinkommens und der Bildungsgerechtigkeit zu sprechen kommen. Und schließlich wird uns die Frage der Demokratie und der Grenze beschäftigen, damit aber auch die Frage, wie es möglich ist, die gegenwärtige Organisation der Weltwirtschaft zugunsten eines transnationalen demokratischen Systems zu überdenken, das auf Sozial-, Steuer- und Klimagerechtigkeit setzt.

Es wäre absurd, sich anzumaßen, auf so komplexe Fragen erschöpfende und restlos überzeugende Antworten bereitzuhalten, fertige Lösungen, die bloß noch mechanisch umgesetzt werden wollen. Dergleichen liegt ganz sicher nicht in der Absicht der folgenden Zeilen. Die ganze Geschichte der Ungleichheitsregime beweist, dass es vor allem soziale oder politische Mobilisierungen und konkret unternommene Versuche sind, die historische Veränderungen möglich machen. Geschichte ist Resultat von Krisen, sie ist nichts, was im Voraus in den Büchern geschrieben steht. Dennoch scheint es mir nützlich, in diesem letzten Kapitel die Lehren auf den Punkt zu bringen, die sich aus den verfügbaren Materialien ziehen lassen und für die ich mich einsetzen würde, hätte ich für Debatten und Beratungen unendlich viel Zeit. Welcher Gestalt die künftigen Krisen sein werden und inwiefern ihre Bewältigung aus dem vorhandenen Repertoire von Ideen wird schöpfen können, um auf neue Wege zu sinnen – ich weiß es nicht. Sicher ist nur, dass die Ideologien auch in Zukunft eine zentrale Rolle spielen werden, im Guten wie im Schlechten.

Gerechtigkeit als Partizipation: Teilhabe, Beratung, Mitbestimmung

Was ist eine gerechte Gesellschaft? Im Rahmen dieses Buchs schlage ich folgende vorläufige Definition vor: Gerecht ist eine Gesellschaft, die allen, die ihr angehören, möglichst umfänglichen Zugang zu grundlegenden Gütern gewährt. Zu solchen Grundgütern zählen namentlich Bildung, Gesundheit, aber auch das Wahlrecht und, allgemeiner gesprochen, Partizipation, also Mitbestimmung und möglichst umfassende Teilhabe aller an den verschiedenen Formen gesellschaftlichen, kulturellen, wirtschaftlichen, staatsbürgerlichen, politischen Lebens. Die gerechte Gesellschaft organisiert soziale und wirtschaftliche Beziehungen, Eigentumsverhältnisse, Einkommens- und Vermögensverteilung derart, dass sie ihren am wenigsten begünstigten Mitgliedern die bestmöglichen Existenzbedingungen bietet. Damit schließt sie Gleichförmigkeit so wenig ein wie absolute Gleichheit. Einkommens- und Vermögensungleichheiten können, so sie unterschiedlichen Zielsetzungen und Lebensentscheidungen entspringen, und wenn sie die Lebensbedingungen und Chancen der am wenigsten Begünstigten verbessern, durchaus gerecht sein. Das aber muss jeweils erwiesen werden, nicht bloß unterstellt, und dieses Argument darf nicht, wie es nur zu oft geschieht, der Rechtfertigung jedes erdenklichen Ungleichheitsniveaus dienen.

Diese sehr allgemein gehaltene Definition der gerechten Gesellschaft ist weit davon entfernt, alle Probleme zu regeln. Nur die öffentliche Debatte selber kann auf der Grundlage der verfügbaren historischen und individuellen Erfahrungen und unter Beteiligung aller Mitglieder der Gesellschaft über diese Allgemeinheit hinausgehen. Daher sind gemeinsame Beratungen und Debatten auch Zweck und Mittel zugleich. Gleichwohl erlaubt es unsere Definition, bestimmte Prinzipien festzuhalten. So muss insbesondere die Gleichheit des Zugangs zu Grundgütern eine absolute sein. Man kann nicht manchen Gruppen mehr politische Partizipation, bessere Bildung oder höhere Einkommen zubilligen, während man anderen Gruppen Schulbildung, Gesundheitsversorgung oder das Wahlrecht vorenthält. Wo die Grundgüter (Bildung, Gesundheit, Unterkunft, Kultur etc.) anfangen und wo sie aufhören, ist offenbar eine Frage, die selber Teil der Debatte ist und sich unabhängig von der jeweiligen Gesellschaft und vom Kontext nicht entscheiden lässt.

Die wirklich interessanten Fragen, so scheint mir, stellen sich überhaupt erst dort, wo man die Idee der Gerechtigkeit innerhalb bestimmter historischer Gesellschaften zu untersuchen beginnt und analysiert, wie sich Auseinandersetzungen um Gerechtigkeit in spezifischen Diskursen und Institutionen, in Sozial-, Steuer- und Bildungseinrichtungen niederschlagen. So werden manche den Eindruck gewonnen haben, die soeben festgehaltenen Gerechtigkeitsprinzipien seien nicht weit entfernt von denen, die John Rawls 1971 formuliert hat.[1] Das trifft zum

1 So insbesondere mit seinem «Unterschiedsprinzip»: «Social and economic inequalities are to be to the greatest benefit of the least advantaged members of society». Die Formulierung aus seiner *Theory of Justice* von 1971 wurde in *Political Liberalism*, 1993 veröffentlicht, wieder aufgenommen und präzisiert. Diese Theorie ist häufig in Gestalt des Maximin-Prinzips wiedergegeben worden (das höchste gesellschaftliche Ziel ist die Maximierung des Minimalwohls), während Rawls seinerseits auf der absoluten Gleichheit der Grundrechte beharrt. Vgl. J. Rawls: *A Theory of Justice*, Cambridge, Massachusetts: Belknap Press 1971, S. 15.

Teil auch zu. Aber vergleichbare Prinzipien sind schon sehr viel früher und in ganz unterschiedlichen Zivilisationen niedergeschrieben worden, etwa im Artikel 1 der Erklärung der Menschen- und Bürgerrechte von 1789.[1] Die großen Deklarationen solcher Prinzipien, ob während der Französischen Revolution oder in der Unabhängigkeitserklärung der Vereinigten Staaten, haben keineswegs etwas am Fortbestand, ja der Verschärfung sehr starker Ungleichheiten in diesen Staaten während des gesamten 19. und bis ins beginnende 20. Jahrhundert geändert, ganz zu schweigen von den gewalttätigsten Systemen kolonialer, sklavenhalterischer und ständischer Herrschaft, die sie bis in die 1960er Jahre aufrechterhalten haben. Es ist daher ratsam, nicht zu sehr auf abstrakte und allgemeine Prinzipien sozialer Gerechtigkeit zu vertrauen, sondern sich auf die Weise zu konzentrieren, wie sie sich innerhalb besonderer Gesellschaften niederschlagen und von konkreten Politiken und Institutionen verkörpert werden.[2]

Die Elemente eines partizipativen Sozialismus, die ich im Folgenden vorstellen werde, gründen sich vor allem auf die Lehren, die wir in diesem Buch aus den historischen Entwicklungen und namentlich aus den erheblichen Veränderungen von Ungleichheitsregimen ziehen konnten, die seit dem Beginn des 20. Jahrhundert zu beobachten sind. Und diese Elemente sind bestimmt für besondere historische Gesellschaften, nämlich die des beginnenden 21. Jahrhunderts. Die Umsetzung mancher dieser Elemente erfordert einen relativ fortgeschrittenen Staats-, Verwaltungs- und Fiskalapparat. Sie sind daher fürs Erste eher auf hochentwickelte westliche und nichtwestliche Gesellschaften zugeschnitten. Dennoch sind sie in universalistischer Absicht konzipiert und können

---

(Deutsche Übersetzung: J. Rawls, *Eine Theorie der Gerechtigkeit*, aus dem Amerikanischen von Hermann Vetter, Frankfurt am Main 1975).

1 «Die Menschen werden frei und gleich an Rechten geboren und bleiben es. Gesellschaftliche Unterschiede müssen sich auf den Gemeinnutzen gründen». Der zweite Teil wurde oft als Hinweis auf die Möglichkeit einer gerechten Ungleichheit gedeutet, die gerecht ist, wenn sie auf Gleichheit des Zugangs zu den Berufen beruht und im Interesse der am wenigsten Begünstigten ist. Siehe dazu T. Piketty, *Das Kapital im 21. Jahrhundert*, a. a. O., S. 641.

2 Die prinzipielle Begrenztheit des Rawlsschen Ansatzes liegt darin, dass er relativ abstrakt bleibt und sich nicht darüber erklärt, welche Niveaus der Ungleichheit und der Steuerprogression er einschließt. Das ist es auch, was es zum Beispiel Hayek erlaubt, im Vorwort zu *Law, Legislation and Liberty* von 1982 zu schreiben, er fühle sich Rawls und seinem «Unterschiedsprinzip» nahe. Häufig hat man sich auf dieses Prinzip berufen, um jedes erdenkliche Ungleichheitsniveau unter Hinweis auf eine Reihe ganz ungesicherter Anreiztheoreme zu rechtfertigen.

schrittweise auch in armen Ländern und Schwellenländern zur Anwendung kommen. Die Vorschläge gehören in die Tradition des demokratischen Sozialismus, zumal durch den Nachdruck, mit dem sie auf der Überwindung des Privateigentums und der Einbeziehung von Arbeitnehmern und ihren Vertretern in die Führung von Unternehmen beharren (die zum Beispiel in der deutschen und nordeuropäischen Sozialdemokratie eine zentrale Rolle gespielt hat). Ich ziehe es vor, von einem «partizipativen Sozialismus» zu sprechen, um das Ziel der Mitbestimmung und Teilhabe, aber auch der Dezentralisierung zu betonen, und um dieses Projekt deutlich von einem hyperzentralisierten Staatssozialismus zu unterscheiden, wie er im 20. Jahrhundert in den Ländern aus dem Dunstkreis des Sowjetkommunismus erprobt wurde (und wie es ihn im Staatssektor Chinas in weitem Umfang noch gibt). Eine wesentliche Rolle räumt die hier eröffnete Perspektive auch dem Bildungssystem, dem Thema des Eigentums auf Zeit und der progressiven Steuer ein, die im angelsächsischen Progressivismus eine große Rolle gespielt hat, ganz wie (allerdings fruchtlos) in den Debatten der Französischen Revolution.

In Anbetracht der weitgehend positiven Bilanz, die der demokratische Sozialismus und die Sozialdemokratie im 20. Jahrhundert und namentlich in Westeuropa vorweisen können, scheint mir, dass es das Wort «Sozialismus» verdient hat, auch im 21. Jahrhundert noch gebraucht zu werden. Der hier zur Diskussion gestellte Vorschlag gehört in diese Traditionslinie, aber er versucht zugleich, über sie hinauszugehen und den eklatantesten sozialdemokratischen Defiziten der letzten Jahrzehnte entgegenzuwirken. Entscheidender als das Etikett, das man ihnen anheftet, ist aber der Gehalt der hier unterbreiteten Vorschläge. Ich kann es durchaus nachvollziehen, wenn manche Leser der Auffassung sein werden, das Wort «Sozialismus» sei durch die sowjetischen Erfahrungen (oder aber durch neuere Erfahrungen mit Regierungen, an denen nichts als der Name «sozialistisch» ist) irreparabel beschädigt und es gelte neue Begriffe zu prägen (auch wenn ich diese Schlussfolgerung nicht teile). Ich hoffe, das wird sie nicht davon abhalten, meinen Überlegungen zu folgen und die Vorschläge zu prüfen, die sich aus ihnen ergeben und tatsächlich auf ganz verschiedene Erfahrungen und Traditionslinien zurückgreifen.[1]

---

1 Manche unter den hier vorgestellten Überlegungen, namentlich zur Eigentumszirkulation und Besteuerung von Erbschaften und Vermögen, sind denen von Autoren verwandt, die wie

Fügen wir noch hinzu, dass die hier vertretenen Optionen auf folgende Denkerfahrung zurückgehen. Nehmen wir an, wir hätten unendlich viel Zeit, um auf einer unermesslichen globalen Agora zu debattieren und die Bürger dieser Welt davon zu überzeugen, wie sie ihre Eigentumsordnung, das Steuer- und Bildungssystem, das Grenzregime und die demokratische Ordnung selber am besten einrichten sollten. Die oben skizzierten Optionen sind keine anderen als die, für die ich in diesem Rahmen eintreten würde, auf der Grundlage der historischen Erfahrungen, die ich zusammengetragen habe, um dieses Buch zu schreiben, und in der Hoffnung, möglichst viele davon zu überzeugen, diese Optionen in die Tat umzusetzen. Aber so hilfreich mir diese Denkerfahrung scheint, so sehr liegt es auf der Hand, dass sie aus einer ganzen Reihe von Gründen mehr oder weniger künstlich bleibt. Zunächst einmal hat niemand unendlich viel Zeit. Und insbesondere politischen Bewegungen und Parteien bleibt in Anbetracht der begrenzten Aufmerksamkeit, die ihnen die Bürger schenken (oft aus gutem Grund, da es im Leben Wichtigeres geben mag, als Politikern zuzuhören), häufig sehr wenig Zeit für den Versuch, ihre Vorstellungen und Vorschläge zu vermitteln.

Vor allem aber würde mich diese Erfahrung der unendlichen Beratung, fände sie wirklich statt, ohne Zweifel nötigen, die von mir vertretenen Positionen gründlich zu überdenken, sind sie doch nur der Widerschein der sehr begrenzten Argumente, Informationen und historischen Quellen, mit denen ich bislang konfrontiert war und zu denen bei jeder weiteren Debatte neue hinzukommen. Meine Lektüren und die Debatten, an denen ich teilnehmen durfte, haben schon mehr als einmal zur Revision meiner Positionen geführt, und daran wird sich auch in Zukunft nichts ändern. Gerechtigkeit muss, anders gesagt, vor allem als Resultat einer unausgesetzten und unabschließbaren gemeinsamen Beratung begriffen werden. Kein Buch und kein menschliches

---

Leon Bourgeois und Émile Durkheim vom französischen solidaristischen Sozialismus herkommen (siehe Kapitel 11, S. 704 f.). Erwähnt sei auch die Nähe zu dem namentlich von James Meade entfalteten Begriff der *property-owning democracy*. Das Problem ist aber, dass dieser Begriff (ganz wie die Rawlsschen Begriffe) zuweilen in deutlich konservativer Lesart verwendet wurde. Siehe zum Beispiel B. Jackson, «Property-Owning Democracy: A Short History», in: M. O'Neill, T. Williamson, *Property-Owning Democracy. Rawls and Beyond*, Hoboken, New Jersey: Wiley-Blackwell 2012. Die hier vorgeschlagenen Optionen stützen sich ihrer Anlage nach auf historische Erfahrungen verschiedener Länder seit dem 19. Jahrhundert und greifen daher auch verschiedene intellektuelle Traditionen auf.

Wesen wird jemals allein die ideale Eigentumsordnung, das vollkommene Wahlsystem, den Wundersteuersatz definieren können. Allein jenes großangelegte Kollektivexperiment, das mit der Geschichte der menschlichen Gesellschaften selbst voranschreitet, kann uns Fortschritte in diese Richtung machen lassen, indem wir uns auf die Erfahrung jedes Einzelnen und (da wir nicht unendlich sind) auf möglichst ausgedehnte Beratungen stützen. Die im Anschluss vorgestellten Elemente wollen auf der Grundlage der Entwicklungslinien, denen die vorherigen Kapitel nachgegangen sind, nur ein paar Hinweise auf die Wege geben, mit denen man es versuchen könnte.

Die Überwindung des Kapitalismus und des Privateigentums

Was ist gerechtes Eigentum? So lautet die vielschichtigste und zugleich zentrale Frage, die einer Antwort harrt, will man einen partizipativen Sozialismus und eine Überwindung des Kapitalismus ins Auge fassen. Ich habe im Rahmen dieses Buchs den Proprietarismus als die politische Ideologie definiert, die sich der Verteidigung des Privateigentums um jeden Preis verschrieben hat, und den Kapitalismus als die Erweiterung des Proprietarismus im Zeitalter der Großindustrie, der internationalen Finanzmärkte und heute der Digitalwirtschaft. Grundlage des Kapitalismus ist die Konzentration wirtschaftlicher Macht in den Händen der Kapitaleigentümer. Eigentümer von Immobilienkapital können sich prinzipiell aussuchen, an wen sie zu welchem Preis vermieten wollen, und Eigentümer von Finanz- und Gewerbekapital haben nach dem Prinzip «eine Aktie, eine Stimme» die alleinige Kontrolle über die Führung von Unternehmen, was ihnen vor allem die souveräne Entscheidung darüber erlaubt, wen sie für welchen Lohn einstellen.

In der Praxis hat dieses Modell des reinrassigen Kapitalismus zahlreiche Abwandlungen und Ergänzungen erlebt, insbesondere durch das Rechts-, Sozial- und Steuersystem, die dazu beigetragen haben, dass der Begriff des Privateigentums sich seit dem 19. Jahrhundert weiterentwickelt hat. Zum einen konnte die Macht der Eigentümer durch ein Rechts- und Sozialsystem beschnitten werden, das beispielsweise Mietern langfristig Schutz gegen Kündigungen und Mieterhöhungen, ja zuweilen die Möglichkeit bot, Unterkünfte oder Grundstücke nach ausreichend langer Nutzungsdauer günstig zu erwerben, was auf eine wirkliche Umverteilung von Eigentum hinausläuft. Auch die Macht der Aktionäre in Unternehmen erfuhr durch das Arbeits- und Sozialrecht starke Einschränkungen, die in manchen Ländern so weit gingen, dass die Stimmrechte in Verwaltungsräten unter Aktionären und Arbeitnehmervertretern aufgeteilt wurden. Auch das ließe sich bis zu einer wirklichen Neubestimmung des Eigentumsrechts vorantreiben. Zum anderen war es das Steuersystem, das Eigentumsrechte eingeschränkt hat. Die progressive Erbschaftsteuer, deren Sätze für die bedeutendsten Erbschaften im 20. Jahrhundert in den meisten Industrieländern 30–40 % erreicht haben (in den Vereinigten Staaten und Großbritannien sogar 70–80 %, und das über Jahrzehnte), läuft de facto darauf hinaus, dauerhaftes Eigentum in eine Art Eigentum auf Zeit zu verwandeln. Es kann, anders gesagt, jede Generation beträchtliche Werte anhäufen, aber nur unter der Bedingung, dass sie bei der Übergabe an die nächste Generation oder andere potenzielle Erben, die damit nicht neu, aber doch auf bescheidenerem Niveau wieder anfangen müssen, einen substanziellen Teil dieser Werte der Allgemeinheit zurückgibt. Auch durch die progressive Einkommensteuer, die im 20. Jahrhundert vergleichbare Niveaus wie die Erbschaftsteuer erreicht hat (in den angelsächsischen Ländern noch höhere) und historisch betrachtet vor allem die höchsten Kapitaleinkommen im Visier hatte, ist es deutlich schwerer geworden, den Fortbestand großer Vermögen über die Zeit zu sichern (es sei denn, man schränkt seine Lebensführung drastisch ein).

Es sind diese zwei Grundpfeiler einer Überwindung des Kapitalismus und des Privateigentums zugunsten eines partizipativen Sozialismus, auf die ich mich stützen möchte, um zugleich beide zu stärken. Durch eine Fortentwicklung des Rechts- und Steuersystems kann man sehr viel weiter gehen, als dies bislang geschehen ist. Man kann zum einen durch bessere Machtverteilung in Unternehmen wirkliches gesellschaftliches Kapitaleigentum schaffen. Und man kann zum anderen das Prinzip eines Kapitaleigentums auf Zeit einführen, indem man durch stark progressive Besteuerung bedeutender Vermögen eine allgemeine Kapitalausstattung finanziert und eine permanente Zirkulation der Güter ermöglicht.

Die Macht in Unternehmen aufteilen. Eine Teststrategie

Beginnen wir mit dem Sozialeigentum. In Deutschland und Nordeuropa gibt es seit den ausgehenden 1940er und beginnenden 1950er Jahren Systeme, die eine Aufteilung von Stimmrechten vorsehen. So verfügen Arbeitnehmervertreter in Deutschland über die Hälfte, in Schweden über ein Drittel der Stimmen in Verwaltungsräten (im schwedischen Fall auch in kleinen Unternehmen), und das ganz unabhängig von jeder Kapitalbeteiligung.[1] Diese neuen «Mitbestimmungsregeln» wurden von den Gewerkschaften und ihren politischen Vertretern in harten Auseinandersetzungen erstritten, die Ende des 19. Jahrhunderts einsetzten und dank denen es nach dem ersten und vollends nach dem zweiten Weltkrieg gelang, ein günstigeres Kräfteverhältnis herzustellen. Die substanziellen rechtlichen Veränderungen gingen auch mit bedeutenden Verfassungsänderungen einher. In die deutschen Verfassungen von 1919 und 1949 wurde eine soziale Definition des Eigentumsrechts aufgenommen, dessen Grundsätze fernab seiner Heiligsprechung im Namen des Allgemeininteresses und des Gemeinwohls festgesetzt wurden. Ursprünglich von den Aktionären erbittert bekämpft, werden diese Regeln mittlerweile seit mehr als einem halben Jahrhundert angewendet und sind in den fraglichen Ländern Gegenstand eines sehr weitreichenden Konsensus.

Nach allem, was man sehen kann, waren diese Regeln ein großer Erfolg. Sie haben eine stärkere Einbeziehung der Beschäftigten in langfristige Richtungsentscheidungen der Unternehmen ermöglicht und ein Gegengewicht zur oft verhängnisvollen Allmacht der Aktionäre und zu kurzfristigen Finanzinteressen geschaffen. Diese Regeln haben dazu beigetragen, dass in Deutschland und Nordeuropa ein Sozial- und Wirtschaftsmodell entstanden ist, das zugleich produktiver und weniger inegalitär ist als alle Modelle, die bislang erprobt wurden. Daher scheint es mir ratsam, es auch in anderen Ländern möglichst rasch in seiner Maximalversion umzusetzen, die für die Beschäftigten die Hälfte der Stimmrechte in den Verwaltungsräten oder Vorständen aller privaten Unternehmen vorsieht, kleine Unternehmen eingeschlossen.[2]

---

1 Siehe für eine eingehendere Analyse Kapitel 11, S. 623–645.

2 Abhängig vom jeweiligen Land, den Rechtsformen und der Unternehmensgröße kann das mit Richtungsentscheidungen des Unternehmens betraute Organ die Form eines Aufsichts-

So vielversprechend die deutsche und skandinavische Mitbestimmung ist, so sehr krankt sie an zahlreichen Einschränkungen, angefangen mit der Tatsache, dass bei Stimmengleichheit stets die Stimmen der Aktionäre den Ausschlag geben. Um darüber hinauszugehen, scheinen zwei Wege besonders aussichtsreich. Zum einen kann die Dekonzentration des Eigentums durch progressive Besteuerung, allgemeine Kapitalausstattung und Güterzirkulation, wie wir sie weiter unten analysieren werden, die Beschäftigten in die Lage versetzen, Aktien ihres Unternehmens zu erwerben, um damit der Hälfte der Stimmen, über die sie als Beschäftigte verfügen, Aktionärsstimmen hinzuzufügen und die Mehrheit kippen zu lassen. Zum anderen müssen die Regeln, nach denen Stimmrechte an Kapitaleinlagen gekoppelt sind, als solche überdacht werden. Wie ich bereits festgehalten habe, läge es nicht im Allgemeininteresse, jedes Band zwischen Kapitaleinlage und wirtschaftlicher Macht zu kappen, zumindest in kleinen Unternehmen. Wenn jemand seine ganzen Mittel in ein Projekt investiert hat, das ihm am Herzen liegt, dann ist es nur angemessen, wenn seine Stimme mehr Gewicht hat als die eines Beschäftigten, den er gestern erst eingestellt hat und der vielleicht gerade für ein eigenes Gründungsprojekt spart.[1]

Die Frage ist aber, ob es nicht abgesehen davon, dass die Hälfte der Stimmen in jedem Fall an Arbeitnehmervertreter geht, legitim wäre, für die gewichtigsten Aktionäre größerer Unternehmen ein Höchststimmrecht einzuführen. Ein Vorschlag dieser Art ist jüngst für «nicht gewinnorientierte Mediengesellschaften» gemacht worden: Bei Einlagen von mehr als 10 % des Kapitals wäre nur ein Drittel der Einlagen oberhalb dieser Schwelle mit Stimmrechten versehen, während Stimmrechte kleinerer Einleger (Journalisten, Leser, Crowdfunder etc.) entsprechend aufgestockt würden. Ursprünglich für Medien und innerhalb eines Non-Profit-Rahmens konzipiert,[2] könnte dieser Vorschlag auch auf andere Sektoren und gewinnorientierte Unternehmen ausgedehnt wer-

---

rats oder aber eines schlichten Vorstands, nicht eines Verwaltungsrats im strengen Sinne annehmen.

1 Siehe Kapitel 11, S. 642–645 und Kapitel 12, S. 745–747.

2 Siehe J. Cagé, *Rettet die Medien. Wie wir die vierte Gewalt gegen den Kapitalismus verteidigen*, a. a. O. Als Gegengewicht zu dem Verbot, Gewinne zu erzielen (und eventuell auch, seine Anteile zu veräußern, zumindest oberhalb einer bestimmten Schwelle) stünde diesen Medien die Möglichkeit offen, von Steuerabzügen für Spenden zu profitieren, die es für Non-Profit-Organisationen im Bildungs- oder Kunstsektor schon lange gibt. Ich werde weiter unten auf diese Frage der Spenden und ihre steuerliche Behandlung zurückkommen.

den. Eine gute Formel wäre ganz allgemein, dass für alle Kapitaleinlagen über 10 % in hinreichend großen Unternehmen ein entsprechendes Höchststimmrecht eingeführt würde.[1] Die Rechtfertigung dafür lautet, dass es keinen Grund gibt, innerhalb größerer Unternehmensstrukturen die Macht dauerhaft in die Hände eines Einzelnen zu legen und sich der Vorteile kollektiver Beratung zu berauben.

Am Rande sei daran erinnert, dass es in einer ganzen Reihe von Sektoren vielfältige öffentliche oder private Strukturen gibt, die sehr gut ohne Aktionärsbeteiligung verwaltet werden. So haben zum Beispiel die meisten Universitäten, so sie nicht staatlich oder halbstaatlich sind, die Rechtsform der Stiftung. Die großzügigen Stifter, die ihnen einen Teil ihrer Mittel überlassen, mögen daraus mitunter Vorteil schlagen (Vorzugsbehandlung ihrer Kinder bei der Studienplatzvergabe oder gar ein Platz im Aufsichtsrat). Das ruft nach sehr viel strengerer Regulierung, und dieses Organisationsmodell wirft gewiss noch andere Probleme auf, die ausgeräumt werden müssten.[2] Aber das ändert nichts daran, dass Stifter und Spender sich in einer sehr viel schwächeren Position befinden als Aktionäre. Ihre Einlagen werden unwiderruflich der Kapitalausstattung der Universität einverleibt, und dem Aufsichtsrat steht es frei, sich neu zu bilden und sie nach Gutdünken außen vor zu lassen, was bei Aktionären und ihren Nachfahren nicht gut möglich ist. Das hält indessen die Spender nicht davon ab, zu spenden, und die Organisationen nicht davon, zu funktionieren. Ganz im Gegenteil, wie etwa die Versuche belegen, Universitäten oder Schulen als Aktiengesellschaften zu betreiben. Die Resultate waren (siehe nur die *Trump University*) so katastrophal, dass Vorstöße dieser Art fast völlig verschwunden sind.[3] Daraus wird hinreichend deutlich, dass es nicht nur möglich, son-

1 So könnte die Schwelle, oberhalb derer die Deckelung der Stimmrechte greift, für kleine Unternehmen (unter 10 Mitarbeitern) bei 90 % liegen, um sich schrittweise auf 10 % für die größten (über 100 Mitarbeiter) zu steigern. Es versteht sich, dass die Festsetzung solcher Schwellen eingehende Diskussionen und Prüfungen erfordert, denen wir hier nicht vorgreifen wollen.

2 Dieses Modell führt insbesondere zu wachsenden Ungleichheiten im Universitätssystem, die korrigiert werden sollten. Wir kommen weiter unten darauf zurück.

3 Das Scheitern solcher Versuche scheint sich vor allem daraus zu erklären, dass die Logik des Gewinnstrebens die Werte der Uneigennützigkeit und intrinsischen Motivation untergräbt, die solchen Organisationen und Berufen wesentlich sind. Aus verwandten Gründen hat man sehr schlechte Erfahrungen mit Geldprämien für Prüfungsleistungen von Schülern und Studierenden gemacht (häufig gestellte Fragen wurden gepaukt, alle andere Kenntnisse und Fähigkeiten umso rascher vergessen).

dern häufig die bessere, dem Funktionieren der Organisation förderlichere Lösung ist, die Macht der Kapitaleinleger zu beschneiden. Ähnliche Beobachtungen ließen sich an Organisationen im Gesundheits-, Kultur-, Transport- oder Umweltsektor erhärten, und alles deutet darauf hin, dass solche Organisationen in Zukunft eine zentrale Rolle spielen werden. Die Vorstellung aber, das Modell der Aktiengesellschaft mit der Regel «eine Aktie, eine Stimme» sei die unabänderliche Form aller wirtschaftlichen Organisation, hält der Analyse keinen Augenblick lang stand.

Dekonzentration des Eigentums und Höchststimmrecht für Großaktionäre sind die beiden nächstliegenden Formen, einen Schritt über das deutsche und nordeuropäische Mitbestimmungsmodell hinauszugehen. Es gibt andere Formen, wie die im Kontext britischer Debatten jüngst vorgeschlagene, einen Teil der Geschäftsführer von gemischten, aus Arbeitnehmern und Aktionären gebildeten Versammlungen wählen zu lassen.[1] Das könnte die Möglichkeit von Beratungen und Koalitionen neuen Typs eröffnen, jenseits des stereotypen Gegeneinanders, zu dem die Mitbestimmung gelegentlich führt. Die Debatte darüber hier und jetzt abschließen zu wollen, ergäbe wenig Sinn. Es sind die konkreten Versuche, die gesellschaftlich und historisch wirklich eingeschlagenen Wege, in denen neue Organisationsformen und soziale Beziehungen sich herausbilden. Was keinen Zweifel duldet, ist, dass es mehr als einen Weg gibt, über die Mitbestimmung hinauszugehen und den Kapitalismus durch Sozialeigentum und Machtaufteilung zu überwinden.

Progressive Eigentumsteuer und Kapitalzirkulation

So wichtig es sein mag – das Hinausgehen über den Kapitalismus durch Sozialeigentum und Aufteilung von Macht und Stimmrechten in Unternehmen genügt nicht. Hat man sich einmal mit der Idee angefreundet, dass in einer gerechten Gesellschaft das Privateigentum insbesondere in kleinen und mittelgroßen Unternehmen weiterhin eine Rolle spielen wird, ist es entscheidend, institutionelle Vorkehrungen gegen eine unbegrenzte Eigentumskonzentration zu treffen, die nicht im Allgemeininteresse liegen kann, was immer ihre Gründe sein mögen. Die histo-

1 Siehe Kapitel 11, S. 641 f.

rischen Erfahrungen, über die wir in dieser Hinsicht verfügen, könnten eindeutiger nicht sein. Die extreme Eigentumskonzentration, die in nahezu allen Gesellschaften (insbesondere den europäischen) bis ins beginnende 20. Jahrhundert dazu führte, dass gemeinhin 80–90 % der Vermögenswerte von den reichsten 10 % (und bis zu 60–70 % vom reichsten 1 %) gehalten wurden, hatte nicht den mindesten Gemeinnutzen. Der schlagendste Beweis dafür ist, dass der sehr starke Abbau von Ungleichheiten im Gefolge der Erschütterungen und des politisch-ideologischen Wandels von 1914–1945 die Wirtschaftsentwicklung keineswegs gebremst hat. Die Eigentumskonzentration fiel nach dem zweiten Weltkrieg deutlich geringer aus als vor 1914; das oberste Dezil hielt nun etwa 50–60 % der Vermögenswerte, das oberste Perzentil 20–30 %. Das Wachstum aber beschleunigte sich.[1] Was immer Eigentümer in der Belle Époque (1880–1914) darüber gedacht haben mochten, die extreme Ungleichheit war nicht der Preis, den es für Prosperität und industrielle Entwicklung zu zahlen galt. Alles weist im Gegenteil darauf hin, dass die Ungleichheit zur Verschärfung sozialer und nationalistischer Spannungen beigetragen und zugleich jene Sozial- und Bildungsinvestitionen behindert hat, die dann für das ausgewogene Entwicklungsmodell der Nachkriegszeit sorgen sollten. Im Übrigen zeigt der starke Anstieg der Eigentumskonzentration, der seit den 1980er Jahren in den Vereinigten Staaten wie in Russland, Indien, China, aber in geringerem Ausmaß auch in Europa zu beobachten ist, dass die extreme Vermögenskonzentration aus allen erdenklichen Gründen wieder anziehen kann, etwa durch vorteilhafte Privatisierungen oder strukturell höhere Renditen für die größten Portfolios. All das ist kein der Mehrheit zugutekommender Wachstumsmotor, im Gegenteil.[2]

Um zu vermeiden, dass es erneut zu einer maßlosen Eigentumskonzentration kommt, wird die progressive Besteuerung von Erbschaften und Einkommen auch in Zukunft die Rolle spielen müssen, die sie im Lauf des 20. Jahrhunderts übernommen hatte, mit Steuersätzen, die sich (namentlich in den USA und Großbritannien) über Jahrzehnte bei 70–90 % an der Spitze der Vermögens- und Einkommenspyramide hielten. Aus der Distanz, die wir gewonnen haben, erweisen sich diese Jahr-

1 Siehe Kapitel 10, Grafiken 10.4 und 10.5, Kapitel 11, Grafiken 11.12–11.15.

2 Siehe Kapitel 13, Grafiken 13.8 und 13.9 und Tabelle 13.1.

zehnte als die Phase des größten Wachstums, das je beobachtet wurde.[1] Dennoch zeigt die historische Erfahrung, dass diese beiden Steuern nicht ausreichen und um eine jährliche progressive Eigentumsteuer ergänzt werden sollten, die als zentrales Werkzeug zur Sicherstellung wirklicher Kapitalzirkulation gelten muss.

Dafür gibt es mehrere Gründe. Zunächst einmal lässt sich die Eigentumsteuer, verglichen mit der Einkommensteuer, weniger leicht manipulieren. Das gilt insbesondere für die größten Vermögen. Deren steuerrelevantes Einkommen macht nur einen unbedeutenden Teil des Vermögens aus, während sich der Großteil des ökonomischen Einkommens in Familienholdings oder Zweckgesellschaften anhäuft. Die Beschränkung auf die Anwendung der progressiven Einkommensteuer führt daher fast automatisch dazu, dass die größten Vermögenseigentümer lächerlich geringe Steuern zahlen, die in keinem Verhältnis zu ihrem Reichtum stehen.[2]

Im Übrigen ist das Vermögen als solches für den Beitrag, den sein Besitzer zu den Kosten des Gemeinwesens leisten kann, ein Indikator, der mindestens so aussagekräftig und belastbar ist wie das Jahreseinkommen, das aus allen erdenklichen Gründen schwankt, die für die Höhe der angemessenen Steuer nicht zwingend von Belang sind (oder zumindest nicht allein berücksichtigt werden sollten). Hält etwa ein Eigentümer bedeutende Vermögenswerte wie Häuser, Grundstücke, Lagerbestände, Fabriken, mit denen er aber tatsächlich (also ohne Steuertricks) kein nennenswertes Einkommen erzielt, weil er sie zum Beispiel nur privat nutzt oder wenig tut, um sie auf dem neuesten Stand zu halten, dann ist das gewiss kein Grund, ihn von jeder Steuer zu entbinden, ganz im Gegenteil. In Ländern, in denen es Steuern auf unbewegliches Vermögen gibt (ganz gleich, ob Wohnungen, Büros oder

---

1 Siehe Kapitel 10, Grafiken 10.11–10.12.

2 Warren Buffett zum Beispiel hat 2015 ganze 1,8 Millionen Dollar an Bundeseinkommensteuer gezahlt, bei einem auf 65 Milliarden Dollar geschätzten Vermögen. Das entspricht einem Steuersatz von 0,003 % seines Vermögens. Siehe E. Saez, G. Zucman, *The Triumph of Injustice*, a. a. O., S. 155–156. Die Beträge, die für Milliardäre anderer Länder veröffentlicht wurden, zum Beispiel für Liliane Bettencourt in Frankreich zu Beginn der 2010er Jahre, sehen ähnlich aus: Einem steuerrelevanten Einkommen, und folglich einer Einkommensteuer von ein paar Millionen Euro, steht ein Vermögen von mehreren Milliarden gegenüber. Eine Möglichkeit wäre es, den Einkommensteuertarif auf ein ökonomisches Einkommen anzuwenden, das anhand des Vermögens geschätzt wird (zum Beispiel ausgehend von einer realistisch veranschlagten Rendite). Aber das würde zunächst einmal voraussetzen, dass Vermögen (und nicht bloß Einkommen) ordnungsgemäß deklariert und erfasst werden.

Betriebsmittel aller Art), wie die *property tax* in den Vereinigten Staaten oder die Grundsteuer in Frankreich, käme tatsächlich kein Mensch auf die Idee, mit der Begründung, sie erzielten doch gar kein Einkommen, bedeutende Eigentümer (ob Privatpersonen oder Unternehmen) von der Steuer zu befreien.[1] In der Praxis liegt das Problem darin, dass diese auf das 18. und 19. Jahrhundert zurückgehenden Steuern zahlreiche Vermögenswerte (vor allem immaterielle und Finanzwerte) ausnehmen und im Allgemeinen Proportionalsteuern auf den Wert der Güter sind (also sämtliche Vermögenswerte mit ein und demselben Steuersatz belasten, ganz gleich, wie viel der Betreffende besitzt). Ihre Umverteilungsfunktion war daher stets sehr viel begrenzter, als es damals denkbar war und heute denkbar wäre, käme ein progressiver Steuersatz zum Einsatz, der von der Gesamtsumme des persönlichen Eigentums abhängt, also vom Gesamtwert gleich welcher Aktiva (unbewegliche, gewerbliche, finanzielle etc.), die eine Person nach Abzug von Schulden besitzt.[2]

Dem ist hinzuzufügen, dass gegenüber der progressiven Erbschaftsteuer, die ihrerseits eine Art der Eigentumsteuer ist (sie hängt allein von den Vermögenswerten ab, unabhängig von jedem Einkommen), der Vorzug der jährlichen Eigentumsteuer darin liegt, dass sie sehr viel schneller der Vermögensentwicklung und Beitragskapazität der Betreffenden angepasst werden kann. Man muss zum Beispiel nicht warten, bis Mark Zuckerberg oder Jeff Bezos 90 geworden sind und ihr Vermögen vererben, um sie Steuern zahlen zu lassen. Erbschaftsteuern sind konstruktionsbedingt kein sonderlich geeignetes Werkzeug, um neu

1 Ausgenommen Personen, die nur über bescheidene Vermögenswerte verfügen. Aber niemandem würde es einfallen, einen Mehrfachbesitzer von Wohn- und Gewerbeimmobilien oder Lagerhäusern von der Steuer zu befreien, weil er mit ihnen kein nennenswertes Einkommen erwirtschaftet, müsste er doch, um die fragliche Steuer zu begleichen, nur einen Teil seiner Liegenschaften veräußern, was den zusätzlichen Vorteil hätte, dass sie durch diese Vermögenszirkulation in die Hände potenziell dynamischerer Eigentümer kämen. Dieses klassische Argument zugunsten der Vermögensteuer, unabhängig von jedem Einkommen, ist zum Teil durchaus schlüssig, aber nur bis zu einem gewissen Punkt. Hinge das Steuersystem vollständig vom gehaltenen Kapital ab, müsste ein Unternehmen, das zeitweise Verluste macht, die gleiche Steuerlast tragen wie eines, das enorme Gewinne einfährt (bei gleichem Kapital). Das könnte ersteres aus alles andere als gutem Grund in den Ruin treiben. Daher muss das ideale Steuersystem stets ein Gleichgewicht zwischen Eigentums- und Einkommensteuer finden. Siehe Technischer Anhang.

2 Siehe zur Geschichte dieser Eigentumsteuern, die aus dem 18. und 19. Jahrhundert stammen, und zu den einschlägigen Debatten Kapitel 4, S. 190–194 und Kapitel 11, S. 708–714.

geschaffene Vermögen in die Pflicht zu nehmen. Um das zu tun, muss man auf jährliche Vermögensteuern zurückgreifen, zumal in einer Welt, in der die Lebenserwartung erheblich steigt. Die derzeit erhobenen jährlichen Eigentumsteuern wie die amerikanische *property tax* oder die französische *taxe foncière* haben denn auch all ihren Unzulänglichkeiten zum Trotz stets für ein ungleich höheres Steueraufkommen gesorgt als die Erbschaftsteuer und sind dabei längst nicht so unbeliebt wie letztere. Es ist überhaupt verblüffend, dass sich die Erbschaftsteuer in allen einschlägigen Erhebungen als eine der unbeliebtesten Steuern erweist, während die jährlichen Eigentumsteuern und die progressive Vermögensteuer (der *Impôt sur la fortune* in Frankreich oder die *millionaire tax* in den Vereinigten Staaten) von der Bevölkerung gutgeheißen werden.[1] Die Steuerzahler zahlen, anders gesagt, lieber jahrzehntelang eine jährliche Steuer in Höhe von 1–2 % auf ihr Eigentum als 20 % oder 30 % im Erbfall zahlen zu müssen.

Dass ein Teil der unteren und mittleren Schichten der Erbschaftsteuer so feindlich gegenübersteht, lässt sich natürlich aus einer Täuschung über das tatsächliche Gewicht dieser Steuer erklären (und politische Bewegungen, die gegen die Steuerprogression sind, tun selbstverständlich alles dafür, diese Täuschung aufrechtzuerhalten). Aber in dieser Feindschaft spricht sich seitens frischgebackener Besitzer von Immobilien oder anderen unbeweglichen Gütern, die oft nur über begrenzte Liquidität und Finanzaktiva verfügen, zugleich die verständliche Sorge aus, dass ihre Kinder auf einen Schlag eine Steuer zahlen müssen, die so hoch ist, dass sie den fraglichen Vermögenswert (eine Wohnung, ein Landhaus, einen kleinen Betrieb) womöglich veräußern müssen, um die Summe zusammenzubringen.[2] Bedenkt man diese verschiedenen Elemente, so scheint

---

1 Siehe dazu A. Spire, *Résistance à l'impôt, attachement à l'État*, Paris: Seuil 2018. Diese Untersuchung zeigt auch, dass kleine und mittlere Steuerzahler ein recht deutliches Bewusstsein von der schwachen Progressivität des Steuersystems insgesamt, ja davon haben, dass es an der Spitze deutlich regressiv ist – erstens in Anbetracht der indirekten Steuern (Mehrwertsteuer, Benzinsteuern etc.) und der proportionalen Beiträge und Abgaben (CSG: *Contribution sociale généralisée*, «allgemeine Sozialabgabe»), die niedrige und mittlere Löhne belasten, zweitens in Anbetracht der Möglichkeiten der Steuerumgehung und Einkommensmanipulation an der Spitze der Hierarchie. Und sie haben auch ein deutliches Bewusstsein davon, wie ungleich der Zugang unterschiedlicher sozialer Schichten zu bestimmten öffentlichen Ausgaben ausfällt (insbesondere im Bildungs- und Gesundheitssystem). Siehe zur Struktur der fraglichen Abgaben und zur Progressivität Kapitel 11, Grafik 11.19.

2 Siehe zur Zusammensetzung kleiner, mittlerer und großer Vermögen Kapitel 11, Grafik 11.7.

es unter der Bedingung, dass sie progressiv gestaltet wird, gerechtfertigt, die jährliche Eigentumsteuer eine (bezüglich der Steuereinnahmen) gewichtigere Rolle als die Erbschaftsteuer spielen zu lassen.[1]

Eigentumsstreuung und allgemeine Kapitalausstattung

Schließlich und vor allem ist die progressive Eigentumsteuer ein unverzichtbares Werkzeug, um eine stärkere Zirkulation und größere Streuung von Eigentum zu verbürgen, als sie bislang verwirklicht wurden. Natürlich haben progressive Erbschaft- und Einkommensteuern, wie sie seit Anfang des 20. Jahrhunderts eingesetzt werden, zu einem bedeutenden Abbau der Einkommens- und Vermögensungleichheiten in den kapitalistischen Ländern des vergangenen Jahrhunderts beigetragen, in Europa wie in den Vereinigten Staaten oder Japan. Aber so wichtig diese historische Bewegung ist, so wenig sollte man aus dem Blick verlieren, dass in Wahrheit das Eigentum nie aufgehört hat, extrem konzentriert zu sein. Gewiss, der Anteil der reichsten 10 % am Privateigentum insgesamt ist von 80–90 % zwischen 1900 und 1910 auf etwa 50–60 % zwischen 2010 und 2020 gefallen. Aber das bleibt nicht bloß ein sehr großer Anteil für nur 10 % der Bevölkerung, es kam vielmehr diese Dekonzentration auch fast ausschließlich den folgenden 40 % der Eigentumshierarchie zugute (deren Anteil von kaum 10 % auf 30–40 % gestiegen ist). Bei den ärmsten 50 % ist die Eigentumsstreuung nie wirklich angekommen. In allen Ländern und Epochen, für die Daten vorliegen, lag ihr Anteil stets bei etwa 5–10 % (ja zuweilen unter 5 %).[2] Seit den 1980er Jahren ist überdies der Anteil der unteren (die ärmsten 50 %) und mittleren Schichten (wie man die folgenden 40 % nennen mag) in nahezu allen Ländern geschrumpft. Das trifft besonders für die USA zu, wo der Anteil der wohlhabendsten Schichten (die reichsten 10 %) im Laufe der 2010er Jahre auf deutlich über 70 % gestiegen ist. Und es trifft auch für

---

1 Bedenkt man Kreditrestriktionen oder auch künftige Wertschwankungen der Vermögenswerte und der Erträge, die sie abwerfen (die sich bei der Vererbung nicht absehen lassen), so ist es unter einem theoretischen Gesichtspunkt vorzuziehen, einen bedeutenden Teil der Erbschaftsteuer in Form jährlicher Eigentumsteuern zu erheben. Siehe E. Saez, T. Piketty, «A Theory of Optimal Inheritance Taxation», *Econometrica* 81 (2013), 5.

2 Siehe Kapitel 4, Grafiken 4.1. und 4.2., und Kapitel 5, Grafiken 5.4–5.5. Dieser extrem schwache Anteil (etwa 5–10 %) der ärmsten 50 % ist in allen Altersgruppen zu finden. Siehe Technischer Anhang, Grafik S11.18.

Europa (in geringerem Ausmaß), für Indien, für China und für Russland zu, wo das Niveau der Vermögenskonzentration rasch gegenüber dem der USA aufholt, ja im Fall Russlands im Begriff ist, darüber hinauszugehen.[1]

Diese begrenzte Eigentumsstreuung schließt die Tatsache ein, dass die ärmsten 50 % stets nur über eingeschränkte Möglichkeiten der Teilnahme am Wirtschaftsleben und zumal an der Gründung und Lenkung von Unternehmen hatten. Das entspricht nicht dem Ideal der Partizipation, der Teilhabe und Mitbestimmung, nach dem eine gerechte Gesellschaft streben muss. Es gab zahlreiche Versuche einer weitreichenderen Eigentumsstreuung, insbesondere im Rahmen von Landreformen, die darauf zielten, die Hunderte oder Tausende Hektar großen Ländereien zu zerschlagen, um es den armen ländlichen Klassen zu ermöglichen, ihr eigenes Land zu bestellen und die Früchte ihrer Arbeit zu ernten (statt den Landeigentümern Pacht zu zahlen). In Frankreich kam es im ausgehenden 18. und beginnenden 19. Jahrhundert im Zuge der Französischen Revolution zu Umverteilungen von Ländereien, die je nach Region mehr oder weniger umfangreich ausfielen, auch wenn ihre Nutznießer nicht immer die ärmsten Bauern waren.[2] Landreformen, die manchmal auch ehrgeiziger waren, gab es in den letzten beiden Jahrhunderten in zahlreichen Ländern, so zum Beispiel in Irland oder Spanien gegen Ende des 19. und in den ersten Jahrzehnten des 20. Jahrhunderts, in Mexiko im Gefolge der Revolution von 1910, in Japan oder Korea nach dem Zweiten Weltkrieg, aber auch in bestimmten Staaten Indiens (wie Westbengalen oder Kerala) in den 1970er und 1980er Jahren.[3]

Diese Maßnahmen haben in den verschiedenen Zusammenhängen eine bedeutsame Rolle dabei gespielt, Eigentum zu verbreiten. Sie sind gleichwohl mit einer Reihe von strukturellen Schwierigkeiten behaftet. Zunächst einmal gibt es keinen einleuchtenden Grund, sich auf Umver-

1 Siehe Kapitel 10, Grafiken 10.4. und 10.5., und Kapitel 13, Grafiken 13.8–13.10.

2 Siehe Kapitel 3 und 4.

3 Siehe Kapitel 5, S. 209–211 und 236–240 und 11, S. 703 f. Dagegen gab es in den Vereinigten Staaten oder in Südafrika keinerlei Umverteilung des Landes zugunsten der früheren Sklaven (die doch über Jahrhunderte unentlohnt gearbeitet hatten, und denen die Nordstaatler «einen Esel und vierzig Morgen Land», also etwa 16 Hektar, versprochen hatten, um sie am Ende des Bürgerkriegs gegen die Südstaatler zu mobilisieren) oder der schwarzen Bevölkerung, die der Apartheid zum Opfer gefallen war (eine übrigens immer noch anhängige Debatte). Siehe Kapitel 6, S. 302 f. und 7, S. 377 f.

teilung von Landeigentum zu beschränken (bis auf die einfachere Umsetzung, zumal in überwiegend ländlichen Gesellschaften). Tatsächlich verhalten sich die verschiedenen Formen von Kapital komplementär zueinander, und die Hyperkonzentration anderer Typen von Vermögenswerten (Produktionsanlagen, Werkzeug, Lagerbestände, Büros, Immobilien, Barmittel, Finanzaktiva aller Art etc.) wirft dieselbe Art von Problemen auf wie die des Landeigentums. Vor allem geht sie mit der Hyperkonzentration wirtschaftlicher Macht in den Händen einiger weniger einher. Zudem neigen Landreformer zu der Hypothese, man müsse nur das Eigentum ein für alle Mal umverteilen, und schon kehre in den fraglichen Gesellschaften immerwährende Eintracht ein. Die historische Erfahrung zeigt aber, dass nicht nur beim Übergang von den alten Agrargesellschaften zu Gesellschaften, die auf Industrie-, Immobilien- und Finanzeigentum beruhen, extreme Vermögensungleichheit dazu tendiert, sich zu behaupten, indem sie andere Formen annimmt. Das kann zum Beispiel an wirtschaftlichen Veränderungen liegen, von denen eine Minderheit profitiert (wie bei vorteilhaften Privatisierungen oder technologischen Revolutionen), oder an verschiedenen kumulativen Mechanismen, durch die sich die größten Ausgangsvermögen im Durchschnitt schneller vermehren als andere (höhere Renditen, Marktmacht, legale und illegale Steueroptimierung).

Um wirkliche Eigentumsstreuung zu erreichen, die es den ärmsten 50 % erlaubt, einen bedeutenden Anteil der Vermögenswerte zu halten und in vollem Umfang am wirtschaftlichen und gesellschaftlichen Leben teilzunehmen, scheint man also den Gedanken der Landreform generalisieren und in einen permanenten Prozess überführen zu müssen, der die Gesamtheit privaten Kapitals betrifft. Das sinnvollste Vorgehen wäre die Umsetzung eines Systems, in dem jeder junge Erwachsene (zum Beispiel im Alter von 25 Jahren) eine Kapitalausstattung erhält, die durch eine progressive Steuer auf Privateigentum finanziert wird. Ein solches System ist auf eine Verbreitung angelegt, die am Sockel der Verteilungshierarchie mehr Eigentum schafft und seine Konzentration an der Spitze begrenzt.

Das Triptychon der progressiven Steuer: Eigentum, Erbschaft, Einkommen

Um eine Vorstellung davon zu vermitteln, wie eine Finanzierung dieser Kapitalausstattung aussehen könnte, gebe ich in Tabelle 17.1 das Beispiel eines entsprechenden Steuersystems. In seiner Gesamtheit betrachtet, würde das Steuersystem der gerechten Gesellschaft auf drei großen Progressivsteuern beruhen: jährliche progressive Eigentumsteuer, progressive Erbschaftsteuer und progressive Einkommensteuer.[1] In dem skizzierten System brächten jährliche Eigentum- und Erbschaftsteuer insgesamt etwa 5 % des Nationaleinkommens ein,[2] eine hier vollständig zur Finanzierung der Kapitalausstattung der jungen Erwachsenen aufgewendete Summe. Die progressive Einkommensteuer, in die wir Sozialabgaben und progressive CO_2-Steuer eingerechnet haben, brächte etwa 45 % des Nationaleinkommens ein, um alle anderen öffentlichen Ausgaben zu finanzieren, vor allem das Grundeinkommen und den Sozialstaat (einschließlich des Gesundheits-, Bildungs-, Rentensystems etc.).[3]

Ich werde mich zunächst auf den Vermögensblock konzentrieren, das heißt auf das von progressiver Eigentum- und Erbschaftsteuer sowie allgemeiner Kapitalausstattung gebildete Gefüge, und später auf den Block zu sprechen kommen, den Einkommensteuer und Sozialstaat bilden.

Betont sei zunächst, dass die Zahlen nur der Veranschaulichung dienen. Die genaue Festlegung der Parameter würde eingehende Diskussionen und umfassende demokratische Beratung erfordern, der vorzu-

---

1 Im Lauf der Geschichte hörten jährliche Steuern auf Eigentum auch auf andere Namen wie Vermögensteuer, Kapitalsteuer, Grundsteuer, Mobiliarsteuer etc. Siehe Kapitel 11, S. 700–720. Ich ziehe es vor, von Eigentumsteuer zu sprechen, da mir dies den Akzent deutlicher auf das Eigentum als soziale Beziehung zu legen scheint. Im Übrigen werde ich weiter unten auf die Rolle der Körperschaftsteuer zu sprechen kommen, die hier in der progressiven Einkommensteuer enthalten ist.

2 Von denen 4 % auf die jährliche Eigentumsteuer entfallen und 1 % auf die Erbschaftsteuer.

3 In dem hier vorgestellten Steuersystem sind keine indirekten Steuern vorgesehen (es sei denn, um externe Effekte zu korrigieren, wie im Fall der CO_2-Steuer, auf die ich später zu sprechen komme). Die indirekten Steuern sind prinzipiell extrem regressiv, und es scheint mir besser, sie schließlich durch progressive Eigentum-, Erbschaft- und Einkommensteuern zu ersetzen.

Tabelle 17.1

Eigentumsstreuung und progressive Steuer

Progressive Eigentumsteuer (Finanzierung der Kapitalausstattung jedes jungen Erwachsenen)			Progressive Einkommensteuer (Finanzierung des Grundeinkommens und des Sozial- und Ökosystems)	
Vielfaches des durchschnittlichen Vermögens	Jährliche Eigentumsteuer (effektiver Steuersatz)	Erbschaftsteuer (effektiver Steuersatz)	Vielfaches des Durchschnittseinkommens	Effektiver Steuersatz (einschließlich Sozialabgaben und CO_2-Emissionssteuer)
0,5	0,1 %	5 %	0,5	10 %
2	1 %	20 %	2	40 %
5	2 %	50 %	5	50 %
10	5 %	60 %	10	60 %
100	10 %	70 %	100	70 %
1000	60 %	80 %	1000	80 %
10 000	90 %	90 %	10 000	90 %

Das vorgeschlagene Steuersystem besteht aus einer progressiven Steuer auf Eigentum (eine jährliche Eigentum- und eine Erbschaftsteuer), die eine Kapitalausstattung für jeden jungen Erwachsenen finanziert, und aus einer progressiven Einkommensteuer (eingeschlossen Sozialabgaben und progressive CO_2-Emissionssteuer), die das Grundeinkommen und den sozialen und ökologischen Staatshaushalt (Gesundheit, Bildung, Renten, Arbeitslosengeld, Energieversorgung usw.) finanziert. Dieses System der Eigentumszirkulation ist gemeinsam mit der 50/50-Aufteilung des Stimmrechts zwischen Arbeitnehmervertretern und Aktionären in den Unternehmen konstitutiver Bestandteil des partizipativen Sozialismus.

Hinweis: In dem hier angeführten Beispiel erbringt die progressive Eigentumsteuer ein Aufkommen von etwa 5 % des Nationaleinkommens und finanziert eine Kapitalausstattung in Höhe von 60 % des Durchschnittsvermögens, die an junge Erwachsene im Alter von 25 Jahren ausgezahlt wird. Die progressive Einkommensteuer erbringt ein Aufkommen von etwa 45 % des Nationaleinkommens und finanziert ein jährliches Grundeinkommen, das 60 % des durchschnittlichen Einkommens nach Steuern entspricht (macht 5 % des Nationaleinkommens aus) sowie den sozialen und ökologischen Staatshaushalt (macht 40 % des Nationaleinkommens aus).

greifen diesem Buch denkbar fern liegt.[1] Heben wir auch hervor, dass der Vermögensblock eine relativ ehrgeizige Vorstellung davon formu-

---

1 Grenzwerte, Sätze und Aufkommen in Tabelle 17.1 sind auf Grundlage der durchschnittlichen Vermögens- und Einkommensverteilung in den Vereinigten Staaten und Europa Ende der 2010er Jahre berechnet worden. Die Schwellenwerte sind als Vielfache des Durchschnittseinkommens und -vermögens ausgedrückt. Da die Vermögens- und Einkommensverteilung in Indien, China und Russland (in erster Näherung) der europäischen und amerikanischen recht nahe kommt, sind auch die Tarife, mit denen sich in diesen Ländern entsprechende Aufkommen erzielen ließen, von den hier genannten nicht weit entfernt. Hier sollen indessen nur Größenordnungen angegeben, nicht endgültige Berechnungen vorgelegt werden. In Ländern mit stärkerer Vermögens- und Einkommenskonzentration (wie den Vereinigten Staaten), könnten die Spitzensätze, um entsprechende Aufkommen zu erzielen, auch etwas gesenkt werden. Dagegen sollten sie leicht angehoben werden in Ländern mit weniger starker Konzentration (wie den europäischen). Siehe Technischer Anhang.

liert, wie eine allgemeine Kapitalausstattung aussehen könnte. Mit Einnahmen aus Eigentum- und Erbschaftsteuer in Höhe von 5 % des Nationaleinkommens lässt sich, konkret gesprochen, eine Kapitalausstattung jedes jungen Erwachsenen von 25 Jahren finanzieren, die 60 % des Durchschnittsvermögens pro Erwachsenem entspricht.[1]

Nehmen wir ein Beispiel. In den reichen Ländern (Westeuropa, Vereinigte Staaten, Japan) lag das private Durchschnittsvermögen Ende der 2010er Jahre bei etwa 200 000 Euro pro Erwachsenem.[2] In diesem Fall ginge es um eine Kapitalausstattung von etwa 120 000 Euro. *De facto* liefe dieses System auf eine Erbschaft für alle hinaus. Heute dagegen erhalten aufgrund der extremen Eigentumskonzentration die ärmsten 50 % so gut wie nichts (kaum 5–10 % des Durchschnittsvermögens), während unter den reichsten 10 % manche junge Erwachsene mehrere Hunderttausend, manche mehrere Millionen und manche hohe zweistellige Millionenbeträge erben. Das hier vorgeschlagene System ermöglicht es jedem jungen Erwachsenen, sein persönliches und berufliches Leben mit einem Vermögen zu beginnen, das 60 % des Durchschnittsvermögens entspricht. Das eröffnet neue Chancen, eine Wohnung zu finden oder ein Gründungsprojekt zu finanzieren. Denn in diesem öffentlichen System der Erbschaft für alle erhält ja tatsächlich jeder junge Erwachsene sein Startkapital mit 25 Jahren. Die private Erbschaft dagegen geht nicht nur mit erheblichen Ungewissheiten bezüglich des Erbantrittsalters einher (die von starken Unterschieden des Sterbealters wie des Alters bei Geburt der Kinder herrühren), sie wird auch immer später angetreten. Daher würde, auch das sei betont, das

1 Die Größe einer Generation (das heißt die Zahl der Personen, die jedes Jahr 25 werden) beläuft sich derzeit in Europa und den Vereinigten Staaten auf etwa 1,5 % der erwachsenen Bevölkerung, in Indien (wo die Lebenserwartung geringer ist) auf etwas mehr. In Frankreich zum Beispiel zählt jede Generation etwa 750 000–800 000 Personen, bei einer erwachsenen Bevölkerung von etwa 50 Millionen und einer Gesamtbevölkerung, die 2018 bei 67 Millionen lag. Die Gesamtsumme der Privatvermögen beläuft sich im ganzen Land auf das 5 bis 6-Fache des jährlichen Nationaleinkommens. Eine Kapitalausstattung von 60 % des Durchschnittsvermögens pro Erwachsenem entspricht also pro Erwachsenem dem 3–3,5-Fachen des Nationaleinkommens pro Erwachsenem, mit Gesamtkosten in Höhe von etwa 5 % des Nationaleinkommens, wenn eine solche Summe jedes Jahr an 1,5 % der erwachsenen Bevölkerung verteilt wird. Siehe Technischer Anhang.

2 Bei einem durchschnittlichen Nationaleinkommen in Höhe von 35 000–40 000 Euro pro Jahr und Erwachsenem (daher ein Vermögen-Einkommens-Verhältnis von 5–6). Zur Verteilung und Zusammensetzung von Vermögen und Einkommen nach Arten der Vermögenswerte und Mittel siehe Kapitel 11, Grafiken 11.16. und 11.17.

vorgeschlagene System zu einer starken Vermögensverjüngung führen. Und es spricht alles dafür, dass dies der sozialen und ökonomischen Dynamik nur zugutekommen kann.[1]

Das vorgeschlagene System stützt sich auf eine lange Tradition. Schon 1795 trat Thomas Paine in seinem Buch *Agrarische Gerechtigkeit* dafür ein, Erbschaftsteuer zu erheben, um ein Grundeinkommen zu finanzieren.[2] Und jüngst hat Anthony Atkinson vorgeschlagen, die Einnahmen der progressiven Erbschaftsteuer an die Finanzierung einer Kapitalausstattung jedes jungen Erwachsenen zu wenden.[3] Prinzipiell neu an dem hier formulierten Vorschlag ist der Gedanke, zur Finanzierung der Kapitalausstattung das Aufkommen sowohl der Erbschaftsteuer als auch der jährlichen progressiven Eigentumsteuer zu nutzen. Das würde für sehr viel größere Summen und eine substanzielle und dauerhafte Eigentumszirkulation sorgen.[4] Substanziell sind auch die Beträge, die ich zur Finanzierung der Kapitalausstattung vorschlage. Und diesen Beträgen entspricht durchaus eine beträchtliche Erhöhung der Eigentum- und Erbschaftsteuer für die Wohlhabendsten.[5] Den-

1 Gegenwärtig beläuft sich das Durchschnittsvermögen mit 25 Jahren auf kaum 30 % des Durchschnittsvermögens pro Erwachsenem (und ist sehr ungleich verteilt). Siehe Technischer Anhang. Das hier vorgeschlagene öffentliche Erbsystem bliebe im Übrigen auch in einer Gesellschaft nützlich, in der das Eigentum innerhalb einer Generation völlig gleich verteilt wäre. Auch dann würde es zur Angleichung des Erbantrittsalters und zu einer Verjüngung des Vermögens und damit der wirtschaftlichen Macht führen.

2 Siehe Kapitel 3, S. 162 f. Siehe auch das mitreißende Buch von P. Van Parijs, Y. Vanderborght, *Le Revenu de base inconditionnel. Une proposition radicale*, Paris: La Découverte 2019.

3 Siehe A. B. Atkinson, *Inégalités*, Paris: Seuil 2016. Die Originalität von Atkinsons Vorschlag, den ich hier aufgreife und weiterführe, liegt darin, dass er die Kapitalausstattung in Verbindung mit einem ehrgeizigen Grundeinkommens- und Sozialsystem ins Auge fasst, nicht als Ersatz für letzteres. Für interessante Vorschläge, die sich auf das Grundeinkommen einerseits, auf die Kapitalausstattung andererseits konzentrieren, siehe P. Van Parijs, Y. Vanderborght, *Le Revenu de base inconditionnel. Une proposition radicale*, a. a. O. und B. Ackerman, A. Alstot, *The Stakeholder Society*, Yale: Yale University Press 1999.

4 Im Rahmen von Atkinsons Vorschlag beläuft sich die Kapitalausstattung auch bei starker Erhöhung der sie finanzierenden Erbschaftsteuer auf kaum 5–10 % des Durchschnittsvermögens (derzeit 10 000–20 000 Euro in Großbritannien oder in Frankreich). Dieser Betrag entspricht in etwa der von den ärmsten 50 % derzeit angetretenen Durchschnittserbschaft und stellt bereits einen bedeutenden Zuwachs dar. Von der Erbschaftsteuer und der jährlichen Einkommensteuer zugleich finanziert, steigt die Kapitalausstattung hier dagegen auf 60 % des Durchschnittseinkommens (derzeit etwa 120 000 Euro in Großbritannien oder Frankreich).

5 Derzeit belaufen sich die jährlichen Eigentumsteuern (vom Typ der *property tax* oder der Grundsteuer in Frankreich) auf etwa 2–3 % des Nationaleinkommens, die Erbschaftsteuer

noch geht es um Summen, die sich gemessen an der Gesamtheit der Pflichtabgaben (hier auf 50 % des Nationaleinkommens festgesetzt) in Grenzen halten. Theoretisch spricht nichts dagegen, ein System der Kapitalausstattung in Betracht zu ziehen, das anspruchsvoller ist als das hier erwogene, zum Beispiel mit einem Transfer, der dem Durchschnittsvermögen der jeweiligen Gesellschaft entspricht.[1]

Erinnert sei auch daran, dass dieses System darauf angelegt ist, gemeinsam mit den neuen Regeln zur Mitbestimmung und zur Deckelung der Stimmrechte in Unternehmen zur Anwendung zu kommen, die wir oben erläutert haben. Daher hätten diese Streuung und Verjüngung noch weitreichendere Auswirkungen auf die wirkliche Verteilung der wirtschaftlichen Macht und ihre Erneuerung.

Die Rückkehr der Steuerprogression und die permanente Landreform

Kommen wir nun zu den Progressivsteuern, die das Ganze finanzieren. Was die Steuersätze anbelangt, denen die größten Erbschaften und höchsten Einkommen unterliegen, schlage ich eine Größenordnung von 60–70 % für mehr als das 10-Fache des durchschnittlichen Erbes bzw. Einkommens vor und 80–90 % für das mehr als 100-Fache (siehe Tabelle 17.1).[2] Diese Sätze entsprechen dem, was im 20. Jahrhundert in zahlreichen Ländern über Jahrzehnte praktiziert wurde (insbesondere

---

auf weniger als 0,5 %. Im Durchschnitt der Europäischen Union bringen die verschiedenen Eigentumsteuern (ob jährlich oder bei allen Erbschaften oder Transaktionen erhoben) fast 3 % des Nationaleinkommens ein. Siehe *Taxation Trends in the EU. 2018 Edition*, European Commission, Grafik 22, S. 41. Im hier vorgeschlagenen System bringt die jährliche Eigentumsteuer etwa 4 % des Nationaleinkommens, die Erbschaftsteuer 1 %, beide zusammen also 5 % ein, aber mit einer sehr viel stärkeren Progression als in den bestehenden Systemen, was Steuersenkungen für kleine und mittlere Vermögen möglich macht.

1 Obwohl die Erbschaftsteuer nie das gleiche Gewicht wie die jährliche Eigentumsteuer haben wird und nicht nur besondere Transparenz, sondern auch hohen Überzeugungsaufwand erfordert, ist es in Anbetracht des wachsenden Anteils der Erbschaft am Gesamtvermögen naheliegend, für die Zukunft eine Anhebung ins Auge zu fassen. Siehe F. Alvaredo, B. Garbinti, T. Piketty, «On the share of inheritance in aggregate wealth: Europe and the USA, 1900–2010», *Economica* 84 (2017), S. 239–260.

2 Man könnte auf den Gedanken kommen, die Tarife als Vielfache des Median- und nicht des Durchschnittsvermögens ausdrücken zu sollen. Das hätte freilich nicht viel Sinn, da das Medianvermögen häufig gegen Null geht. Im Übrigen treten der Umfang der Steuereinnahmen und der Umverteilungen, um die es geht, deutlicher hervor, wenn man sich auf Durchschnittsvermögen und -einkommen bezieht.

in den USA und Großbritannien von 1930–1980), und zwar in Phasen, von denen man heute sagen darf, dass sie dem Wirtschaftswachstum nach zu den dynamischsten gehörten, die es jemals gab.[1] Unter diesen Voraussetzungen erscheint es sinnvoll, sie erneut anzuwenden.[2] Der entschlossene Wille zum Abbau von Ungleichheiten und zum Bruch mit dem Reaganismus, der sich darin ausspräche, könnte im Übrigen einen tiefgreifenden Strukturwandel des Wählerverhaltens und des politischen Konflikts zeitigen.

Die größte Neuerung der hier vorgeschlagenen Tarife, die weitere Diskussionen erfordern, betrifft die jährliche progressive Eigentumsteuer. In der Praxis waren die historischen Steuertarife für Vermögen relativ inkohärent. Bei Steuern auf Grund- und Immobilienbesitz (Wohn- und Gewerbeimmobilien), die wie die amerikanische *property tax* und die französische *taxe fonciere* aus dem 19. Jahrhundert stammen, liegt der effektive Steuersatz derzeit bei etwa 1 %. Da diese Sätze weder Finanzaktiva (die bei großen Vermögen besonders ins Gewicht fallen) noch Schulden berücksichtigen (die *per definitionem* die Ärmeren stärker belasten), handelt es sich in Wahrheit um höchst regressive Steuern mit realen Steuersätzen, die geringe Vermögen sehr viel stärker als große belasten.[3] Bei den progressiven Vermögensteuern, die im Laufe des 20. Jahrhunderts in verschiedenen Ländern erprobt wurden, namentlich in Deutschland, den nordeuropäischen Ländern und in den letzten Jahrzehnten mit der Vermögensteuer auch in Frankreich, schwanken die Sätze im Allgemeinen zwischen 0 % für die geringsten bis zu 2–3 % für die größten Vermögen.[4]

1 Siehe Kapitel 11, Grafiken 11.12–11.15.

2 Versucht man, mit aller bei solchen Übungen gebotenen Vorsicht die verschiedenen Effekte zu modellieren, die hier im Spiel sind (insbesondere die Auswirkungen auf Ungleichheiten, Mobilität und die Anreize, zu arbeiten und zu sparen), so zeigt sich, dass die ideale Erbschaftsteuer im Sinne einer Zielvorgabe Rawlsschen Typs extrem hohe Steuersätze (70–80 % oder mehr) für die größten Erbschaften einschließt. Siehe E. Saez, T. Piketty, «A Theory of Optimal Inheritance Taxation», a. a. O. In diesem Sinne scheint auch der optimale Einkommensteuerspitzensatz bei über 80 % zu liegen. Siehe T. Piketty, E. Saez, S. Stantcheva, «Optimal Taxation of Top Labour Incomes: A Tale of Three Elasticities», *American Economic Journal: Economic Policy* 6 (Februar 2014), 1, S. 230–271.

3 Siehe Kapitel 11, S. 713 f. Bedenkt man, dass eine Steuer auf alle Privatvermögen (Finanzaktiva eingeschlossen, also insgesamt 500–600 % des Nationaleinkommens) mit einem Proportionalsteuersatz von 1 % per definitionem 5–6 % des Nationaleinkommens in die öffentlichen Kassen brächte, so wird auch deutlich, dass die hier vorgesehenen Einnahmen aus der progressiven Eigentums- und Einkommensteuer keineswegs vermessen sind.

4 Siehe Kapitel 11, S. 716–720.

Die Steuersätze, mit denen bei Landreformen die größten Ländereien implizit belastet wurden, bewegten sich in ganz anderen Dimensionen. Beschließt man zum Beispiel, alle Ländereien von mehr als 500 Hektar an Bauern ohne Grundbesitz umzuverteilen, so entspricht dies bei einer Fläche von 2000 Hektar einem effektiven Steuersatz von 75 %.[1] Für den theoretischen Fall, dass ein Mensch ganz Irland besäße oder sich im Besitz einer Substanz oder Formel von unendlichem Wert für die ganze Menschheit befände, wäre es wider allen Sinn und Verstand, ginge die Umverteilungsquote nicht gegen 100 %.[2] Im Rahmen der verschiedenen Sonderabgaben auf Immobilien- und Finanzkapital nach dem Zweiten Weltkrieg wurden die größten Vermögen mit Sätzen von 40–50 % (und manchmal noch höheren) belastet.[3]

Der in Tabelle 17.1 angegebene progressive Eigentumsteuertarif versucht diese verschiedenen Erfahrungen auf schlüssige Weise zu verbinden. Der Steuersatz liegt bei 0,1 % für Vermögen unterhalb des Durchschnittsvermögens, bevor er sich schrittweise auf 1 % beim 2-Fachen des Durchschnittsvermögens, 10 % beim 100-Fachen, 60 % beim 1000-Fachen (200 Millionen Euro, wenn das Durchschnittsvermögen pro Erwachsenem 200 000 Euro beträgt) und 90 % beim 10 000-Fachen des Durchschnittsvermögens (2 Milliarden Euro) steigert. Verglichen mit dem System einer Proportionalsteuer auf unbewegliches Vermögen, das derzeit in zahlreichen Ländern praktiziert wird, würde dieser Tarif zu einer erheblichen Steuersenkung für Bevölkerungsgruppen mit geringen Vermögen führen und es ihnen erleichtern, Vermögen zu bilden. Umgekehrt wäre die Belastung der größten Vermögen erheblich. Milliardären bliebe bei einem Steuersatz von 90 %

1 Die in Tabelle 17.1 angegebenen Steuersätze sind als effektive Steuersätze ausgedrückt, die unmittelbar auf der Ebene des fraglichen Vermögens oder Einkommens angewandt werden können (mit einer linearen Progression zwischen den angegebenen Niveaus). Für die impliziten Grenzsteuersätze, die den verschiedenen Steuerstufen entsprechen, siehe Technischer Anhang.

2 Siehe Kapitel 11, S. 704 f. Die Metapher des unendlich wertvollen Schatzes hat sich jüngst der Film *Black Panther (2018)* zunutze gemacht. Bemerkenswert ist, dass der Wakanda am Ende beschließt, den Rest der Erde an seinen Reichtümern teilhaben zu lassen (in Gestalt des Vibraniums, das zu fördern dem kleinen afrikanischen Land dank seiner Forschungen und seiner klugen Organisation gelungen ist), anders als Norwegen mit seinen umweltverschmutzenden Kohlenwasserstoffen.

3 Siehe Kapitel 10, S. 557–560.

nur ein Zehntel ihres Vermögens und der Anteil der Milliardäre am Gesamtvermögen fiele unter den von 1950–1980 erreichten Stand.[1]

Ich weise noch einmal darauf hin, dass die hier vorgeschlagenen Zahlen nur der Veranschaulichung dienen. Die Festsetzung solcher Tarife erfordert genauere Prüfung und kollektive Beschlussfassung. Einer der Vorzüge der progressiven Eigentumsteuer ist es, dass sie größere Vermögenstransparenz schafft. Durch die Einführung einer solchen Steuer, eventuell mit geringeren Sätzen als hier vorgeschlagen, ließen sich mehr Informationen über die Wachstumsrate von Vermögen unterschiedlicher Niveaus sammeln, um dann die Steuersätze besser an den gesellschaftlich jeweils angestrebten Abbau der Eigentumskonzentration anzupassen. Die heute verfügbaren Informationen belegen, dass die größten Vermögen seit den 1980er und 1990er Jahren mit Durchschnittsraten von 6–8 % jährlich gewachsen sind.[2] Um die Eigentumskonzentration an der Spitze der Verteilungspyramide abzubauen oder zumindest zu bremsen, wären daher Steuersätze von mindesten 5–10 % nötig.[3] Festzuhalten ist auch, dass es (wenn keine besondere Dringlichkeit vorliegt) nicht zwingend geboten ist, auf einen Schlag Sätze von 60 % oder 90 % für die größten Vermögen einzuführen. Auch Sätze von 10 % oder 20 % können binnen einiger Jahre den gewünschten Effekt erzielen. Die in Tabelle 17.1 festgehaltenen Sätze wollen vor allem die Spielräume ausloten und zur Diskussion anregen.

Zu welchem Schluss die Diskussion auch kommen mag, entscheidend ist, dass die hier ins Auge gefasste progressive Eigentums- und

---

1 Siehe Technischer Anhang. In den USA hat der Anteil des reichsten 0,0001 % (etwa 2300 Personen bei einer erwachsenen Gesamtbevölkerung von 230 Millionen) Ende der 2010er Jahre ungefähr 6 % des Gesamtvermögen erreicht (etwa das Sechstausendfache des Durchschnittsvermögens für jedes Mitglied dieser Gruppe). Der Anteil des reichsten 1 % (ungefähr 2,3 Millionen der Bevölkerung) hat Ende der 2010er Jahre 40 % des Gesamtvermögens erreicht (etwa das Vierzigfache des Durchschnittsvermögens für jedes Mitglied dieser Gruppe), gegenüber 20–25 % von 1950–1980 (das Zwanzig- bis Fünfundzwanzigfache des Durchschnittsvermögens für jedes Mitglied dieser Gruppe). Mit dem vorgeschlagenen Steuertarif ließe sich der Anteil des reichsten 0,001 % auf einen Schlag auf sein früheres Niveau zurückfahren. Für den Anteil des reichsten 1 % sähe es nach zehn bis fünfzehn Jahren der Anwendung dieses Tarifs genauso aus.

2 Siehe Kapitel 13, Tabelle 13.1.

3 Siehe E. Saez, G. Zucman, *The Triumph of Injustice*, a.a. O, S. 204–208 für Simulationen, die darüber Aufschluss geben, inwieweit sich mit Sätzen von 5 % bei über 1 Milliarde und 8 % bei über 100 Milliarden die Eigentumskonzentration in den Vereinigten Staaten abbauen ließe.

Erbschaftsteuer auf das gesamte Vermögen angewendet wird, das heißt auf den Wert ausnahmslos aller Immobilien-, Gewerbe- und Finanzvermögen (abzüglich Schulden), über die eine Person verfügt.[1] Ebenso muss die progressive Einkommensteuer sich auf das Gesamteinkommen erstrecken, das heißt auf sämtliche Arbeitseinkommen (Löhne, Gehälter, Altersbezüge, Einkünfte aus selbstständiger Arbeit) und sämtliche Kapitaleinkünfte (Dividenden, Zinsen, Gewinne, Mieten etc.).[2] Sobald man bei Erhebung progressiver Steuern unterschiedliche Vermögens- und Einkommensformen nicht gleich behandelt, drohen Steueroptimierungsstrategien und das Gefühl horizontaler Ungerechtigkeit, wie die historische Erfahrung zeigt, nicht nur das technische Funktionieren des Systems, sondern auch seine demokratische Akzeptanz zu beeinträchtigen.[3] Es wäre also wenig sinnvoll und würde bloß zur Steuerumgehung führen, wollte man diese oder jene Kategorie von Vermögenswerten von der Eigentum- oder Erbschaftsteuer ausnehmen.[4]

---

1 Die Progressivität der Erbschaftsteuer kann, allgemein gesprochen, auf der Ebene der von jedem Erben erhaltenen Erbschaft oder der Ebene der Gesamterbschaft des Verstorbenen ansetzen. Die erstgenannte Lösung scheint mir sinnvoller und sie ist es, die wir hier ins Auge gefasst haben. Die Progressivität betrifft so die gesamte im Laufe eines Lebens in Gestalt von Schenkungen und Nachlässen erhaltene Erbschaft. Wer im Laufe seines Lebens eine der Hälfte des Durchschnittsvermögens entsprechende Summe erhalten hat (100 000 Euro), müsste Erbschaftsteuern von 5 % (5000 Euro) entrichten und würde einschließlich der Kapitalausstattung von 120 000 Euro ein Erbe von 215 000 Euro erhalten. Eine Person, die das Doppelte des Durchschnittsvermögens erbt (400 000 Euro) müsste eine Steuer von 20 % (80 000 Euro) entrichten, und käme also zuzüglich Kapitalausstattung auf ein Gesamterbe von 440 000. Eine Person, die das Fünffache des Durchschnittsvermögens erbt (1 Million Euro) müsste eine Steuer von 50 % entrichten (500 000 Euro), erhielte also einschließlich Kapitalausstattung ein Erbe von 620 000 Euro. Die in Tabelle 17.1 verzeichneten Sätze dienen der Veranschaulichung und müssten ausführlich diskutiert werden.

2 Gemeinsame Einkommen und Vermögen von Paaren können für die Anwendung der Sätze, die hier für Individualeinkommen und -vermögen formuliert sind, durch zwei geteilt werden. Auf die Frage nach dem Unterhalt für Kinder hält meines Erachtens das System des Grundeinkommens und des Familien- oder Kindergeldes (im Rahmen des Sozialstaats) die passenderen Antworten bereit.

3 Die Versuche, für Kapitaleinkommen geringere Steuersätze einzuführen als für Arbeitseinkommen (wie in Schweden 1991), haben zum Beispiel zu vollkommen fiktiven und wirtschaftlich schädlichen Transfers zwischen verschiedenen Einkommenskategorien geführt. Siehe dazu E. Saez, G. Zucman, *The Triumph of Injustice*, a. a. O. Die Autoren machen den Vorschlag, sämtliche Kapitaleinkünfte (einschließlich nicht ausgeschütteter Gewinne bei nicht börsennotierten Gesellschaften und Kapitalgewinne bei börsennotierten) mit dem gleichen Satz zu belasten wie Arbeitskommen.

4 So steht insbesondere der Vorstellung, man müsste das «Produktivkapital» ausnehmen, die Tatsache entgegen, dass Kapital stets auf die eine oder andere Weise produktiv ist (das gilt

Für ein soziales und temporäres Eigentum

Fassen wir zusammen. Das hier vorgeschlagene Modell des partizipativen Sozialismus setzt auf zwei entscheidende Elemente, um das gegenwärtige System des Privateigentums zu überwinden. Es setzt zum einen auf Sozialeigentum und Aufteilung von Stimmrechten in Unternehmen, zum anderen auf Kapitalzirkulation und Eigentum auf Zeit. Verknüpft man beide Elemente, so kommt man zu einem Eigentumssystem, das mit dem Privatkapitalismus, wie wir ihn heute kennen, nicht mehr viel gemein hat und eine ganz reale Überwindung des Kapitalismus darstellt.

Diese Vorschläge mögen radikal anmuten. Ich möchte aber betonen, dass sie tatsächlich in einer Tradition stehen, die im ausgehenden 19. und beginnenden 20. Jahrhundert begonnen hat und in der Aufteilung der Macht in Unternehmen ebenso zum Ausdruck kam wie in der wachsenden Bedeutung der Progressivsteuer. Diese Bewegung ist in den letzten Jahrzehnten abgerissen. Zum einen hat die Sozialdemokratie es versäumt, ihr Projekt hinreichend zu erneuern und zu internationalisieren. Und zum anderen hat das dramatische Scheitern des Kommunismus sowjetischen Typs die Welt einer in den 1980er Jahren einsetzenden Phase der schrankenlosen Deregulierung und der Preisgabe jeden egalitären Anspruchs überantwortet (ein Umschlag, der besonders extrem an Russland mit seinen Oligarchen zutage tritt).[1] Das Geschick, mit dem nicht nur die Betreiber der konservativen Revolution der 1980er Jahre, sondern auch nationalistische und migrantenfeindliche Strömungen dieses politisch-ideologische Vakuum zu besetzen wussten, hat ein Übriges getan. Seit der Krise von 2008 zeichnen sich indessen in der Vervielfältigung der Debatten, in den Vorschlägen zu neuen Formen einer Aufteilung der Macht und zur progressiven Steuer auch Ansätze einer neuen Bewegung ab.[2] Gewiss, die neo-pro-

natürlich auch für Wohnimmobilien, die eine Beherbergungsleistung erbringen, das heißt die Möglichkeit schaffen, ein Dach über dem Kopf zu haben, was mindestens ebenso nützlich ist wie die Tatsache, ein Büro oder Lagerräume zu besitzen, um andere Dienstleistungen oder Güter zu produzieren), wie im Übrigen die Arbeit auch. Wenn man damit anfängt, Kapital oder Arbeit mit der Begründung von der Steuer zu befreien, sie seien produktiv, steht man rasch ohne irgendeine Steuer da.

1 Siehe Kapitel 12, S. 752–760.

2 Siehe Kapitel 11, S. 639–644 und 714 f.

prietaristische Ideologie ist nach wie vor höchst lebendig, ebenso die Versuchung der nativistischen Abschottung, aber es ist doch unübersehbar, dass sich etwas ändert. Die hier vorgetragenen Überlegungen sind Teil dieser Entwicklung und versuchen zugleich, sie in einen umfassenderen historischen Horizont einzurücken.

So ist insbesondere die Vorstellung eines Eigentums auf Zeit, das in der oben vorgestellten progressiven Eigentumsteuer Gestalt annimmt, letztlich nur eine Fortführung dessen, was die im 20. Jahrhundert bereits erprobten progressiven Erbschaft- und Einkommensteuern schon erreicht hatten. All diesen Maßnahmen liegt die Vorstellung zugrunde, dass Eigentum eine soziale Beziehung ist, als die sie auch reguliert werden will. Die Idee, es gebe strikt privates Eigentum und weiterhin Formen eines naturwüchsigen und unverbrüchlichen Anrechts bestimmter Personen auf bestimmte Güter, hält keiner Analyse stand. Akkumulation von Gütern ist stets Frucht eines sozialen Prozesses. Sie zehrt insbesondere von öffentlichen Infrastrukturen (vor allem dem Rechts-, Steuer- und Bildungssystem), von sozialer Arbeitsteilung und von Erkenntnissen, die von der Menschheit in Jahrhunderten gesammelt wurden. Unter diesen Bedingungen ist es nur folgerichtig, wenn Personen, die große Vermögen akkumuliert haben, einen Teil derselben jährlich der Gemeinschaft zurückgeben und Eigentum derart zu einem nicht mehr dauerhaften, sondern temporären Eigentum wird. Das einzige Argument, das sich wirklich gegen diese Logik ins Feld führen lässt, ist im Grunde das der Büchse der Pandora. Private Eigentumsrechte infrage zu stellen, so lautet das Argument, führe unweigerlich ins allgemeine Chaos, und daher tue man gut daran, diese Büchse niemals zu öffnen. Aber von diesem konservativen Argument ist wenig übriggeblieben, nachdem die Erfahrungen des 20. Jahrhunderts gezeigt haben, dass sehr starke Steuerprogression nicht allein konstitutives Moment einer Entwicklungsstrategie ist, die auf relative sozio-edukative Gleichheit setzt, sondern auch mit raschem Wachstum einhergehen kann.

Die verfügbaren historischen Erfahrungen können uns einen Hinweis auf gangbare Wege und mögliche Versuchsanordnungen, aber keine fertigen Lösungen liefern. Das ist eine Einsicht, auf der ich noch einmal insistieren möchte, und das ist es auch, was die Geschichte der Ungleichheitsregime immer wieder bestätigt hat. Ob in der Frage der Verknüpfung von Kapital, Macht und Stimmrechten in Unternehmen oder in der Frage der Steuerprogression und permanenten Eigentumszirkulation – nur erfolgreiche konkrete Versuche werden die Vorstellungen und die Realitäten voranbringen können.[1]

Vermögenstransparenz innerhalb eines einzelnen Landes

Idealiter sollten die Rückkehr der Steuerprogression und die Entwicklung der progressiven Eigentumsteuer im Rahmen der größtmöglichen internationalen Kooperation stattfinden. Die beste Lösung wäre die Einrichtung eines öffentlichen Finanzkatasters, das Staaten und Steuerbehörden in die Lage versetzen würde, alle notwendigen Informationen über die Letzteigentümer der in den verschiedenen Ländern ausgegebenen Finanzaktiva auszutauschen. Solche Verzeichnisse gibt es schon, aber sie befinden sich zu einem großen Teil in den Händen privater Vermittler. Dennoch würde es ausreichen, dass die Staaten, die dazu willens sind, in Europa ebenso wie in den Vereinigten Staaten und anderen Teilen der Welt, die Bedingungen der von ihnen geschlossenen Abkommen ändern, um ein öffentliches Verzeichnis einrichten zu können, das keinerlei technische Probleme aufwirft.[2]

Ich werde weiter unten darauf zurückkommen, wie man eine Veränderung des rechtlichen Rahmens, der die Globalisierung organisiert, und eine Neufassung der Verträge ins Auge fassen kann, die den Finanz- und Handelsverkehr regeln, um einen globalen Sozialföderalismus auf den Weg zu bringen. Für den Augenblick möchte ich nur unterstreichen, dass Staaten über bedeutende Handlungsspielräume verfügen, die es ihnen ermöglichen, auf dem Weg zu einem Abbau von Ungleichheiten und einem gerechten Eigentum voranzukommen, ohne die Umsetzung solcher internationaler Kooperationen abzuwarten. Bei großen Staatsgebilden wie den Vereinigten Staaten oder China und demnächst auch Indien liegt dies auf der Hand. Im Fall der Vereinigten Staaten steht es ganz außer Frage, dass die Bundesregierung, sofern nur der politische Wille da ist, über die Mittel verfügt, ihren steuerpolitischen Beschlüssen

1 Ich spreche hier von Erprobungen im großen Maßstab, im Gefolge von politischen Übergängen und der Machtübernahme durch neue Regierungen. Ich leugne nicht die Bedeutung, die lokalen Versuchen bei der Erzeugung von Wissen zukommt, aber mir scheint, dass allein in realen und großangelegten Erprobungen die Einstellungen zu diesen Fragen sich voranbringen lassen.

2 Siehe Kapitel 13, S. 844–848.

Geltung zu verschaffen. Die Sanktionsdrohungen an die Adresse Schweizer Banken, die 2010 unmittelbar zu einer Änderungen der Schweizer Gesetzgebung führen sollten, haben wir bereits erwähnt, und solche Maßnahmen sollten sehr viel systematischer ergriffen werden.[1]

Vergessen wir auch nicht, dass sich weite Teile der Steuergesetzgebung der Vereinigten Staaten auf sämtliche Personen mit amerikanischer Staatsbürgerschaft erstrecken, ganz gleich, wo in der Welt sie wohnen. Wer sich als Amerikaner, anders gesagt, dieser Steuergesetzgebung entziehen will, muss auf seine Staatsbürgerschaft, ja in bestimmten Fällen auf jede Wirtschaftstätigkeit in den Vereinigten Staaten verzichten (oder sogar darauf, direkt oder indirekt den Dollar zu nutzen, wo immer es sei). Das kann für die fraglichen Privatpersonen oder Unternehmen sehr teuer werden.[2] Interessant ist, dass in den Debatten, die derzeit in den USA über die Einführung einer Bundesvermögensteuer geführt werden, Vorschläge gemacht wurden, die radikale Maßnahmen zur Durchsetzung solcher Regeln vorsehen, zum Beispiel eine *exit tax* von 40 % der Vermögenswerte jener Personen, die beschließen, die amerikanische Staatsbürgerschaft abzulegen, um ihr Vermögen in anderen Teilen der Welt zu relokalisieren.[3] Kurzum: Ob die Vereinigten Staaten eine progressivere Steuergesetzgebung verabschieden (die bis zu dem oben beschriebenen System der progressiven Eigentumsteuer und der Kapitalzirkulation gehen könnte), ist eine durch und durch politische und ideologische Frage, sie wirft keinerlei technische Probleme auf.

So sehr es auf der Hand liegt, dass Staaten geringerer Größe, zum Beispiel Frankreich, durch internationale Kooperationen mehr zu gewinnen haben, so wichtig ist es, darauf hinzuweisen, dass sie ihrerseits

---

1 Siehe Kapitel 13, S. 853 f.

2 Diese Fähigkeit der amerikanischen Bundesregierung, ihren Beschlüssen Geltung zu verschaffen, wird im Übrigen häufig in den Dienst handels- oder geopolitischer Interessen des Landes gestellt (oder dessen, was man dafür hält, unter Bedingungen, die gelegentlich an die alten, den kriegerischen Klassen geschuldeten Tribute gemahnen), zum Beispiel gegenüber großen europäischen Unternehmen, denen man die Umgehung bestimmter Bundeserlasse zur Last legt, die etwa Embargos gegenüber dem Iran oder anderen Ländern betreffen.

3 So insbesondere der Vorschlag von Elizabeth Warren, eine Vermögensteuer von 2 % für Vermögen von über 50 Millionen Dollar und von 3 % bei mehr als einer Milliarde einzuführen. Siehe Kapitel 11, S. 714 f. Siehe auch E. Saez, G. Zucman, «How Would a Progressive Wealth Tax Work», Arbeitspapier, Berkeley 2019. Die Autoren schätzen das Aufkommen dieser Steuer auf mehr als 1 % des BIP der Vereinigten Staaten.

über weitreichende Handlungsspielräume verfügen, um auf nationaler Ebene ihre eigene Politik durchzusetzen. Das gilt nicht allein für die Aufstellung neuer Regeln zur Aufteilung von Macht und Stimmrechten in Unternehmen (wie es die Tatsache belegt, dass Länder wie Deutschland oder Schweden solche Regeln seit Jahrzehnten anwenden, ohne deren allmähliche internationale Verbreitung abzuwarten). Es gilt auch für die progressive Eigentumsteuer und den Abbau von Einkommens- und Vermögensungleichheiten. Entscheidend ist diese Einsicht, weil sie dem fatalistischen Diskurs zahlreicher Akteure widerspricht, die uns seit Jahrzehnten einreden wollen, die Globalisierung lasse nur eine einzige Politik zu, die nämlich, die sie befürworten. Dieser Diskurs hat wesentlich dazu beigetragen, dass jeder Wille zu einer ehrgeizigen Reform des Wirtschaftssystems erlahmt ist, und er hat damit auch die Tendenz zur nativistischen und nationalistischen Abschottung bestärkt. Dagegen ist in der Praxis zu beobachten, dass etwa das Steueraufkommen der französischen Vermögensteuer sich zwischen 1990 und 2018 vervierfacht hat, also zweimal schneller gewachsen ist als das BIP, was eindeutig belegt, dass eine solche Steuer auch dann zu wachsenden Steuereinnahmen führen kann, wenn sie in nur einem Land eingeführt wird.[1] Dabei ist diese Steuer stets denkbar nachlässig verwaltet worden. Die Steuerprüfung war notorisch lückenhaft und die wechselnden Regierungen hielten es für ratsam, Steuerpflichtige ihre Vermögenswerte ohne jede systematische Prüfung selbst angeben zu lassen. Dabei wäre es ein Leichtes gewesen, auf der Grundlage der von Banken und Finanzinstituten übermittelten Informationen über Finanzaktiva sowie der Daten bereits existierender Liegenschaftskataster zu Immobilien ein System vorausgefüllter Vermögensteuererklärungen einzuführen, wie es bei den Einkommensteuererklärungen längst Routine ist. Damit wären die Einnahmen aus dem *Impôt sur la fortune* noch rascher gestiegen.

Nichts verbietet es denn auch einem mittelgroßen Staat wie Frankreich, auch ohne jede internationale Kooperation für sehr viel größere Vermögenstransparenz zu sorgen. Das versteht sich von selbst für sämtliche Immobilienwerte, die auf einem Staatsgebiet angesiedelt sind, ganz gleich, ob es sich um Wohnungseigentum handelt oder um gewerbliche Vermögenswerte (Büros, Fabriken, Lager, Ladengeschäfte, Restaurants

1 Siehe Kapitel 14, S. 988–992, und Technischer Anhang, Grafik S14.20. Erinnern wir auch daran, dass die größten Finanzvermögen noch stärker als die ihrerseits schneller als das BIP gewachsenen Immobilienvermögen gewachsen sind.

etc.). Und es gilt, allgemeiner, für sämtliche Unternehmen, die auf dem fraglichen Staatsgebiet tätig sind oder wirtschaftliche Interessen haben. Nehmen wir den Fall der Grundsteuer in Frankreich. Ähnlich der *property tax* in den Vereinigten Staaten oder entsprechenden Steuern in anderen Ländern trifft diese Steuer jeden, der Immobilien (Wohn- oder Gewerbegebäude) auf französischem Boden besitzt.

Es ist wichtig, darauf hinzuweisen, dass diese Steuer von allen Besitzern solcher Werte, seien es Privatpersonen oder Unternehmen, zu entrichten ist, ganz gleich, ob sie in Frankreich oder im Ausland ansässig sind. Derzeit hängt der Grundsteuerbetrag nicht von der Identität des Eigentümers und dem Umfang seiner Vermögenswerte ab (da es sich um eine strikte Proportionalsteuer handelt). Die Steuerbehörde braucht also keinerlei Zusatzinformationen, um die Steuer zu erheben (außer dem Namen der Person oder Körperschaft, der die Steuer in Rechnung gestellt wird). Aber sie könnte durchaus von den Besitzern dieser Vermögenswerte, so es sich um Unternehmen oder andere juristische Personen unterschiedlicher Art handelt (Holdings, Stiftungen etc.), unter Androhung von Sanktionen verlangen, ihr die Identität der Aktionäre und den Umfang ihrer Anteile mitzuteilen.[1] Würde sie zugleich die von Banken und Finanzinstitutionen übermittelten Informationen über Finanzportfolios nutzen, könnte also die französische Steuerbehörde (wie die anderer Länder) die Grundsteuer sehr gut in eine progressive Steuer auf finanzielle Nettovermögen verwandeln. In ihr wären automatisch die in Frankreich gehaltenen Wohn- oder Gewerbeimmobilen berücksichtigt, sei es direkt oder auf dem Umweg über Aktien oder Finanzaktiva aller Art. Die öffentliche Hand könnte, allgemeiner gesprochen, von allen Unternehmen, die in Frankreich tätig sind oder Geschäftsinteressen haben, die Übermittelung von Informationen über ihre Anteilseigner verlangen, soweit diese Informationen für die Umsetzung der von ihr beschlossenen Steuergesetzgebung von Interesse sind.[2]

---

1 Die einleuchtendste Sanktion wäre es, das Unternehmen oder die Körperschaft mit dem Satz für Privateigentum zu besteuern, also (mangels zusätzlicher Information) von der Hypothese auszugehen, sie gehörten einer einzigen Person.

2 Inhaber von Aktien börsennotierter Gesellschaften werden bei Zentralverwahrern und den jeweiligen Banken registriert. Gesellschaften, die sich weigern, die nötigen Vorkehrungen dafür zu treffen, dass adäquate Informationen über ihre Aktionäre dem französischen Fiskus (oder dem eines anderen betroffenen Landes) übermittelt werden, könnten in einem Umfang sanktioniert werden, der dem erlittenen Schaden entspricht (der seinerseits auf der Grundlage

Diese Vermögenstransparenz würde es ermöglichen, eine progressive, aus der alten Grundsteuer und der alten Vermögensteuer hervorgegangene einheitliche Eigentumsteuer einzuführen. Deren Schlüsselfunktion wäre eine starke Steuersenkung für alle, die geringe oder mittlere Vermögen halten oder auf dem Weg der Vermögensbildung sind, und eine Steuererhöhung für alle, die bereits bedeutende Vermögen besitzen.[1] So würde zum Beispiel eine Person, die ein Haus oder einen betrieblichen Vermögenswert im Wert von 300 000 Euro besitzt, aber 250 000 Euro Schulden hat, auf der Bemessungsgrundlage eines Nettovermögens von 50 000 besteuert. Bei einem progressiven Tarif, wie in Tabelle 17.1 vorgesehen, würde dies auf eine gegen Null gehende Eigentumsteuer, also auf eine starke Steuersenkung gegenüber der heutigen Grundsteuer hinauslaufen. Umgekehrt müsste eine Person, die ebenfalls ein Haus im Wert von 300 000 Euro, aber zusätzlich ein Finanzportfolio von 2 Millionen Euro besitzt, mit einer Erhöhung der Eigentumsteuer rechnen, während sie derzeit noch die gleiche Grundsteuer wie die erstgenannte Person zahlt (was Bände spricht über die Absurdität und Ungerechtigkeit unseres heutigen Steuersystems, das in Wahrheit völlig veraltet ist und auf die Anfänge des 19. Jahrhunderts zurückgeht).[2]

---

verfügbarer Schätzungen zur internationalen Vermögensstruktur berechnet werden könnte). Die Sanktionen könnten auf der Grundlage der in Frankreich getätigten Verkäufe von Gütern und Dienstleistungen erhoben werden, ganz wie im Fall der Körperschaftsteuer (siehe Kapitel 16, S. 1123). Aktionäre nicht-börsennotierter Gesellschaften sind im Allgemeinen den Gesellschaften selber bekannt, sie können aber andere Probleme aufwerfen, die die Bewertung der Anteile betreffen (deren Wert auf der Grundlage ihrer Konten und der Bewertung vergleichbarer börsennotierter Gesellschaften geschätzt werden kann.)

1 Grundprinzip könnte sein, die Steuer auf das globale Vermögen französischer Staatsangehöriger und aller Personen anzuwenden, die einen Vermögensanteil auf französischem Boden besitzen (Wohnimmobilien oder Unternehmen). Der Erklärungspflicht würden (bei Strafe abschreckender Sanktionen) alle unterliegen. Es müssten Abkommen geschlossen werden, um Doppelbesteuerungen zu vermeiden, sofern belegt ist, dass der fragliche Eigentümer in einem anderen Land Steuern in mindestens gleicher Höhe auf das Eigentum zahlt (vor dem Hintergrund, dass die derzeitige Herausforderung darin besteht zu verhindern, dass grenzüberschreitende Vermögen überhaupt nicht besteuert werden).

2 Eine solche Reform könnte in Gestalt einer Dauerabgabe umgesetzt werden, bedenkt man, dass die Grundsteuer derzeit in Frankreich ungefähr 40 Milliarden Euro einbringt (fast 2 % des BIP), während die Vermögensteuer, der ISF (Impôt de solidarité sur la fortune) vor seiner Umwandlung in den IFI (Impôt sur la fortune immobilière) etwa 5 Milliarden Euro einbrachte (weniger als 0,3 % des BIP). In Anbetracht der Vermögenskonzentration würde der vom obersten Dezil (dessen Anteil am Gesamtvermögen sich auf 20–25 % beläuft) bezahlte Betrag bei mindestens 10–15 Milliarden Euro liegen. Diese Reform könnte aber auch durch

Die einzige Strategie der Steuervermeidung, die eine solches System den Eigentümern von Wohn- oder Gewerbeeigentum in Frankreich offen ließe, bestünde darin, das Land zu verlassen und die fraglichen Vermögenswerte zu veräußern. In diesem Fall könnten Maßnahmen wie eine *exit tax* greifen.[1] Wie immer sie aussähen, in jedem Fall würde diese Vermeidungsstrategie mit der Veräußerung der entsprechenden Vermögenswerte (Wohnungseigentum und Unternehmen) einhergehen. Deren Preis würde folglich sinken und sie könnten von all denen erworben werden, die im Land blieben (also den meisten, und unter ihnen Millionen sehr fähiger Menschen). Theoretisch wäre diese mögliche Preissenkung sehr zu begrüßen, zumindest bis zu einem bestimmten Punkt. In Frankreich wie in anderen Ländern wird die Preisexplosion (insbesondere in den Metropolen) zum Teil von französischen und ausländischen Eigentümern befeuert, die Güter anhäufen, mit denen sie gar nichts anzufangen wissen und die sehr gut an weniger reiche Besitzer übergeben werden könnten. Der entscheidende Punkt aber ist, dass ein Land wie Frankreich durchaus in der Lage wäre, den Unternehmen und anderen Körperschaften oder Rechtssubjekten auf seinem Boden solche Transparenzpflichten aufzuerlegen, ohne dass es dafür das Einverständnis anderer Länder bräuchte.[2]

---

steigende Steuereinnahmen finanziert werden, verbunden mit einer stärkeren Progression der Erbschaftsteuer, um eine allgemeine Kapitalausstattung der oben beschriebenen Art zu finanzieren (siehe Tabelle 17.1).

1 Eine *exit tax* ist gerechtfertigt, weil es keinerlei naturgegebenes Recht darauf gibt, sich zu bereichern, indem man vom Gemeinschafts-, Rechts-, Bildungssystem etc. eines Landes profitiert, um ihm dann diesen Reichtum zu entziehen, ohne den geringsten Teil davon zurückzugeben. Das 2008 in Frankreich eingerichtete System der *exit tax*, das gewiss sehr viel weniger streng als das derzeit in den Vereinigten Staaten diskutierte war (vor allem, weil es sich nur auf die latenten Kapitalgewinne und nicht auf das Gesamtvermögen erstreckte und eine ganze Reihe von Möglichkeiten der Steuerbefreiung eröffnete), wurde 2018–2019 fast völlig abgeschafft, nachdem sich die Einnahmen aus der Vermögensteuer auf ein Fünftel reduziert hatten.

2 Auch wenn es offenkundig vorzuziehen ist, diese Maßnahmen in einem internationalen und sozialföderalistischen Rahmen durchzuführen, wie wir weiter unten sehen werden.

Zur Verankerung des Prinzips der Steuergerechtigkeit in der Verfassung

Fügen wir schließlich hinzu, dass die Entwicklung neuer Formen der Steuerprogression und die Überwindung des Privateigentums durch soziales und temporäres Eigentum auch Verfassungsänderungen erfordern könnten. Entsprechende Änderungen sind übrigens nichts Neues. 1913 brauchte es einen Zusatz zur Verfassung der Vereinigten Staaten, um die Einführung zunächst der Bundeseinkommensteuer, dann der Bundeserbschaftsteuer zu ermöglichen. Und in Deutschland ging der Ausbau der Mitbestimmung und der Rolle der Gewerkschaften in der Unternehmensführung mit der Aufnahme einer sozialen Definition des Eigentums in die Verfassungen von 1919 und 1949 einher.[1] Entsprechend könnten Änderungen der Verfassungen notwendig sein, die heute in den verschiedenen Ländern in Kraft sind, um die oben vorgestellten Systeme der Aufteilung von Stimmrechten sowie der progressiven Eigentum- und Erbschaftsteuer umzusetzen.

Zunächst muss man sich vergegenwärtigen, dass die gegen Ende des 18. und im 19. Jahrhundert formulierten Verfassungen und Erklärungen der Rechte zutiefst von der proprietaristischen Ideologie der Epoche durchdrungen waren. Das sprach sich namentlich im verfassungsmäßigen Schutz der in der Vergangenheit etablierten Privateigentumsrechte aus, die unter keinen Umständen infrage gestellt werden sollten, wie immer die politischen Mehrheitsverhältnisse aussehen mochten. Das war der Kontext, in dem Großbritannien und Frankreich finanzielle Entschädigungen für Sklavenhalter beschlossen, nachdem 1833 bzw. 1848 die Parlamente für ein Verbot der Sklaverei gestimmt hatten. Dass man Eigentümern ihre Rechte nehmen könnte, ohne sie angemessen zu entschädigen, war für die damals herrschende Klasse das Undenkbare selbst. Niemand hielt es dagegen für nötig, die Sklaven für das erlittene Unrecht zu entschädigen.[2] Auch zu Beginn dieses 21. Jahrhunderts sind von diesem den Eigentümern geschuldeten Respekt zahlreiche Verfassungen noch so tief durchdrungen, dass insbesondere die Umsetzung eines wirksamen Systems der Eigentumszirkulation und Kapitalaus-

1 Siehe Kapitel 11, S. 625 für den Wortlaut.

2 Siehe Kapitel 6, S. 269–276.

stattung eine Ergänzung dieser Verfassungen erfordern würde. Bei dieser Gelegenheit wäre es auch geboten, in der Verfassung das Prinzip einer Steuergerechtigkeit zu verankern, die sich ausdrücklich auf den Begriff der Progression stützt und besagt, dass die Steuern für die reichsten Bürger keinen geringeren Teil ihres Einkommens und Eigentums ausmachen dürfen als für die ärmsten (sondern verständlicherweise und nach dem Buchstaben des Gesetzes einen größeren Teil, dessen Umfang kein Verfassungsrichter Grenzen setzen darf).[1]

In diesem Geiste sollten auch Verfassung oder Grundgesetz den Staat verpflichten, jedes Jahr verlässliche Schätzungen der Steuern zu veröffentlichen, die von den unterschiedlichen Einkommens- und Vermögensklassen tatsächlich gezahlt werden, auf dass die Bürger eine informierte Debatte über solche Fragen führen können und ihre Repräsentanten in Stand gesetzt werden, die Parameter des Steuersystems auf der Grundlage gesicherter Informationen auszutarieren. Diese Fragen sind umso wichtiger, als der Mangel an hinreichend detaillierten Informationen häufig einer der Hauptgründe dafür ist, dass die Bürger sich nur schwer dazu bewegen lassen, sich dieser Fragen anzunehmen. Dies gilt übrigens von den Wahldemokratien der kapitalistischen Länder (in denen ein eklatanter Mangel an Fiskaltransparenz herrscht, in Europa ebenso wie in den USA oder in Indien) nicht weniger als von anderen politischen Systemen, namentlich vom kommunistischen China und von Russland, wo der öffentlich zur Schau getragene Wille zur Korruptionsbekämpfung in einem einzigartigen Kontrast zur Dürftigkeit der veröffentlichten Steuerdaten steht.[2]

Im Übrigen ist daran zu erinnern, dass sich die verschiedenen Obersten Gerichtshöfe und andere Verfassungsgerichte, die in den verschiedenen westlichen Ländern damit betraut sind, über die Einhaltung der Verfassung zu wachen und Streitfälle in letzter Instanz zu entscheiden, in sozialen und wirtschaftlichen Fragen regelmäßig extrem konservativ gezeigt haben. Wo immer die Verfassung eine Lücke lässt, wird sie

1 Eine mögliche Formulierung könnte lauten: «Das Gesetz legt die Bedingungen des Eigentumsgebrauchs fest und achtet auf die Streuung des Eigentums, gegebenenfalls durch ein System der progressiven Eigentumsteuer und der Kapitalausstattung. Die Steuer wird von allen Bürgern nach Maßgabe ihrer Fähigkeit dazu getragen. Drückt man die tatsächlich gezahlten Steuern anteilig zum jeweiligen Eigentum und Einkommen der Bürger aus, so darf dieser Anteil für die reichsten Bürger nicht geringer ausfallen als für die ärmsten Bürger. Er kann aber innerhalb der vom Gesetz festgelegten Grenzen höher ausfallen».

2 Siehe Kapitel 12 und 13.

von Richtern genutzt, um ihren parteiischen Ansichten Geltung zu verschaffen und diese als Rechtsgrundsätze zu verkaufen. An Episoden aus der Geschichte der Obersten Gerichtshöfe vom 19. bis ins 21. Jahrhundert, die belegen, wie sehr Vorsicht und Misstrauen gegenüber der Entscheidungsgewalt von Verfassungsrichtern in sozialen und ökonomischen Belangen geboten sind, herrscht wahrlich kein Mangel. 1895 beschloss der Oberste Gerichtshof der Vereinigten Staaten, die mehrdeutigen Formulierungen der Verfassung in einem entschieden konservativen Sinn auszulegen, indem er verfügte, die Erhebung einer Bundeseinkommensteuer sei verfassungswidrig (was am Ende eines langwierigen Prozesses den Verfassungszusatz von 1913 auf den Plan rief). Ein Jahr später, 1896, kamen dieselben Richter in der Entscheidung *Plessy vs Ferguson* zu dem Schluss, die Südstaaten könnten nach eigenem Gutdünken die Rassentrennung praktizieren, gegen die Verfassung der Vereinigten Staaten verstoße dies nicht.[1]

In den 1930er Jahren tat sich der Supreme Court erneut hervor, indem er wiederholt die im Rahmen des New Deal vom Kongress verabschiedete Sozial- und Finanzgesetzgebung mit der Begründung aushebelte, von manchen ihrer Vorschriften würden auf nicht hinnehmbare Weise die unternehmerische Freiheit und private Vertragsfreiheit verletzt.[2] Erzürnt darüber, dass er die Umsetzung seiner Politik vertagen musste, erklärte der im November 1936 mit 61 % der Stimmen wiedergewählte Roosevelt Anfang 1937, ein Gesetz erlassen zu wollen, das es ihm erlaube, neue Richter zu ernennen und die Blockade endlich aufzulösen.[3] Unter dem Druck der politischen Organe beschloss der Sup-

---

1 In diesem Urteil von 1896 entschied der Supreme Court mit sieben zu eins Stimmen im Sinne des Richters Ferguson aus Louisiana und gegen den Kläger Plessy, einen Mischling aus Louisiana (einen *octoroon*, das heißt eine Person, die zu sieben Achtel europäischer und zu einem Achtel afrikanischer Herkunft ist), der versucht hatte, sich über ein 1890 in diesem Staat eingeführtes Gesetz hinwegzusetzen, das es allen Personen von teilweise afrikanischer Herkunft verwehrte, in den gleichen Zugwaggon zu steigen wie die Weißen. Dieses Urteil hatte die Kraft eines Gesetzes und bildete die Rechtsgrundlage für die segregationistische Ordnung in den Vereinigten Staaten bis zum Urteil *Brown v. Board of Education* von 1954 und den neuen Bundesgesetzen von 1964–1965.

2 Gegen die starke Steuerprogression, die von Roosevelt eingeführt wurde (und namentlich gegen seine *wealth tax*, die einen Spitzensatz von 75 % für die höchsten Einkommen festsetzte) konnte sich der Supreme Court freilich nicht durchsetzen. Seit dem Verfassungszusatz von 1913 und dem starken Anstieg der Progression gegen Ende der 1910er Jahre stand fest, dass es der politischen Macht gänzlich freistand, die Steuersätze festzulegen.

3 Da die Verfassung der Vereinigten Staaten sich darüber ausschwieg, war es nur dem Gesetz

reme Court einige Monate später, seine Rechtsprechung zu ändern, indem er ein entscheidendes Gesetz über den Mindestlohn absegnete, das er zuvor kassiert hatte.[1]

Seit den 1970er Jahren hat der Supreme Court nach einer Reihe von Ernennungen von Verfassungsrichtern durch republikanische Präsidenten wieder einen zusehends konservativeren Kurs eingeschlagen. Das belegt namentlich die Entscheidung, im Namen der *free speech* und der originellen Auslegung dieses Begriffs durch die Richter ein für alle Mal alle Gesetze abzuschaffen, die der Verwendung privater Gelder im politischen Leben und bei der Wahlkampffinanzierung Grenzen setzen wollten.[2] Daher müssten die Demokraten, falls sie diese Gesetze in Zukunft wieder in Kraft zu setzen gedächten, zunächst einmal die Verfassung ändern (was alles andere als einfach, aber schon wiederholt geschehen und, wenn es unerlässlich scheint, nicht im Voraus auszuschließen ist). Oder sie müssten das Gesetz ändern, das die Besetzung des Supreme Court regelt, was einfacher wäre, aber im Allgemeinen mit Argwohn betrachtet wird.[3]

und der Tradition geschuldet, dass die Zahl der Mitglieder des Obersten Gerichtshofs auf neun Richter festgesetzt wurde, die auf Lebenszeit, also ohne Altersgrenze ernannt wurden (wie der Papst oder der Oberste Führer im Iran). Die *Judicial Procedures Reform Bill* von 1937 (gemeinhin *Court-Packing Plan* genannt) sollte es Roosevelt erlauben, bis zu sechs neue Richter zu ernennen (einen für jeden Richter, der 70 geworden war) und damit die Mehrheit zu seinen Gunsten zu verändern.

1 Dieses entscheidende Urteil von 1937 gilt im Allgemeinen als Beginn eines neuen Zeitalters in der Geschichte des Obersten Gerichtshofs, das Eingriffen der Regierung ins Wirtschaftsleben offener gegenüberstand. Halten wir aber fest, dass die demokratische Mehrheit im Kongress sich weigerte, den *Court-Packing Plan* Roosevelts abzusegnen (der daher die neuen Ernennungen nicht vornehmen konnte), zum einen aus Verfassungskonservativismus, zum anderen weil der Oberste Gerichtshof seine Einstellung angesichts der Drohungen geändert hatte.

2 Das Urteil im Fall *Buckley* hatte 1976 den Grundsatz einer allgemeinen Begrenzung der Wahlkampfausgaben außer Kraft gesetzt, die Grundsatzentscheidung zugunsten von *Citizens United* verbot 2010 jede Begrenzung der Politikfinanzierung durch Unternehmen und das McCutcheon-Urteil schließlich jede Begrenzung von Privatspenden. Siehe J. Cagé, *Le Prix de la démocratie*, a. a. O. Siehe auch T. Kuhner, *Capitalism v. Democracy. Money in Politics and the Free Market Constitution*, Stanford: Stanford University Press 2014; J. Attanasio, *Politics and Capital. Auctioning the American dream*, Oxford: Oxford University Press 2018.

3 Die den Demokraten nahestehenden amerikanischen Intellektuellen sind in diesen Verfassungsfragen recht konservativ geworden. Im Hinblick auf den Obersten Gerichtshof vertreten sie oft die Überzeugung, das Beste, was man tun könne, sei, zum alten Gleichgewicht zurückzukehren, das darin bestanden hatte, jeden Präsidenten seine Ernennungen durchbringen zu lassen (ein Gleichgewicht, das 2016 aus dem Lot geraten war, als der mehrheitlich republikanische Kongress sich weigerte, einen Ernennungsvorschlag Obamas, obwohl dieser

Beispiele für den Machtmissbrauch von Verfassungsrichtern beschränken sich leider nicht auf den Supreme Court der Vereinigten Staaten. Ein besonders extremer Fall ist in Deutschland mit der Affäre um Paul Kirchhof verbunden. Kirchhof, ein Steuerrechtler, der sich offenbar über die Steuer ärgerte, wurde während des Wahlkampfs von 2005 als künftiger Finanzminister Angela Merkels präsentiert, der sich in erster Linie mit dem Skandalvorschlag einer *flat tax* hervortat, die den Spitzensatz für die höchsten Einkommen auf 25 % beschränken sollte. Natürlich steht es in der politischen Landschaft jedem frei, seine Meinung zu äußern, für die sich die Deutschen in diesem Fall freilich nicht recht begeistern konnten. Alles deutet darauf hin, dass Kirchhofs Vorschlag stark dazu beigetragen hat, dass die CDU ihr Wahlziel verfehlte. Merkel war gezwungen, eine Koalition mit der SPD einzugehen und sich von ihrem Berater zu trennen. Die Pointe des Vorgangs liegt aber darin, dass es eben jener Paul Kirchhof war, der 1995, damals noch Bundesverfassungsrichter, als Berichterstatter starken Einfluss auf ein Urteil nahm, das jede Einkommensteuer von über 50 % kurzerhand für verfassungswidrig erklärte. Das Urteil löste einen Skandal aus und wurde von den Verfassungsrichtern 1999 wieder kassiert. 2006 bekräftigten sie noch einmal, dass es nicht in ihre Zuständigkeit falle, dem Steuersatz quantitative Grenzen zu setzen.

In Frankreich hat jüngst ein ehemaliger Präsident des Verfassungsrats, übrigens mehrfach Minister in konservativen Regierungen, seinerseits verlauten lassen, die Entscheidung, auf die er mit besonderem Stolz zurückblicke, sei ein 2012 gefälltes Urteil, das den damals mit parlamentarischer Mehrheit beschlossenen Spitzensteuersatz von 75 % für Jahreseinkommen ab einer Million Euro verbot. Dieses Verbot sei dringlich gewesen, gehe doch aus den französischen Verfassungsgrundsätzen hervor, dass die Steuer ein «Beitrag» bleiben müsse und nicht zum «Raub» werden dürfe.[1] Das Problem ist, dass die französische Verfas-

---

sehr gemäßigt war, in Betracht zu ziehen, um Trump die Möglichkeit zu einer zusätzlichen Ernennung zu geben). Siehe zum Beispiel S. Levitsky, D. Ziblatt, *How Democracies Die*, New York: Penguin 2018, S. 118–119. Die Autoren gehen mit Roosevelts *Court-Packing Plan* sehr scharf ins Gericht. Dabei war das vor 2016 herrschende Gleichgewicht nicht sonderlich rational, da die Unwägbarkeit des Gesundheitszustands einiger sehr alter Richter und der Amtszeiten republikanischer und demokratischer Präsidenten dazu führen konnte, dass die Zusammensetzung des Obersten Gerichtshofs sich völlig änderte und den politischen Prozess über Jahrzehnte blockierte.

1 Siehe das Gespräch mit J.-L. Debré auf France Inter vom 16. Februar 2019.

sung nirgends eine solche bezifferbare Grenze vorsieht, die in Wahrheit ganz seinem persönlichen Deutungswillen entsprungen war.[1] Wie jedem Bürger, so steht es auch einem einstigen Präsidenten des Verfassungsrats frei, die Auffassung zu vertreten, Steuersätze von 75–90 %, wie sie im 20. Jahrhundert mehrere Jahrzehnte in zahlreichen Ländern auf die höchsten Einkommen und Erbschaften angewandt wurden, brächten nicht den gewünschten Erfolg oder seien jedenfalls keine gute Politik.[2] Er mag seinen Argumenten in der Presse, in Reden, im Freundeskreis, ja sogar dadurch Gehör verschaffen, dass er ein Buch schreibt. Aber sein Amt als Verfassungsrichter dazu zu nutzen, seinen Ansichten Geltung zu verschaffen, ohne auch nur ein seriöses Argument vorbringen zu müssen, ist grober Machtmissbrauch.

Beschließen wir diese Ausführungen mit dem Hinweis, dass Verfassungsgerichte und höchstrichterliche Instanzen außerordentlich kostbare und zerbrechliche Institutionen sind. Darum ist es entscheidend, die Befugnis gewählter Regierungen, sie nach Gutdünken zu instrumentalisieren, zu begrenzen. Weil es sich um kostbare und zerbrechliche Institutionen handelt, ist es aber auch wichtig, die mit dem hohen Amt betrauten Richter daran zu hindern, es zu beschädigen, indem sie es ihrerseits nach Gutdünken instrumentalisieren. Umso wichtiger ist es, möglichst genau zu klären, was in die Zuständigkeit des Rechts fällt und was in die der Politik. Das Klügste scheint mir, in die Verfassung den Grundsatz der Nicht-Regressivität aufzunehmen (demzufolge Steuern für die reichsten Bürger keinen kleineren Anteil ihres Einkommens und Vermögens ausmachen dürfen als für die ärmsten) und Regierungen zu verpflichten, die nötigen Informationen über die Verteilung der Abgabenlast zu veröffentlichen, damit sich prüfen lässt, ob diesem Verfassungsgrundsatz Genüge getan wird. Vor allem aber ist es unerlässlich, es den Gesetzen und gewählten Versammlungen zu überlassen, über das angemessene Niveau der Steuerprogression zu befinden, indem sie sich auf die öffentliche Debatte und die verfügbaren historischen

1 Ein zusätzliches Problem ergab sich in diesem Fall daraus, dass die Regierung Hollande dieses Wahlkampfversprechen in letzter Minute doch nicht wirklich umsetzen wollte und sich vor allem weigerte, es auf alle Einkommen im Rahmen einer neuen ständigen Steuerstufe anzuwenden. Am Ende wurde die Maßnahme 2013–2014 in Gestalt einer Sonderabgabe auf Unternehmen durchgeführt, die Vergütungen von über 1 Million Euro betraf.

2 Siehe Kapitel 10, Grafik 10.11. und 10.12.

und persönlichen Erfahrungen stützen, ohne dass Richter in diesen Prozess eingreifen dürften.

Grundeinkommen und gerechter Lohn: die Rolle der progressiven Einkommensteuer

Ich habe mich bislang auf die Frage der Eigentumsstreuung konzentriert. So entscheidend sie ist, diese Herausforderung bleibt nicht die einzige, die beim Abbau von Ungleichheiten bewältigt werden will. Im Rahmen des in Tabelle 17.1 vorgeschlagenen Steuersystems sorgt die progressive Eigentumsteuer (jährliche Steuer und Erbschaftsteuer) für ein Aufkommen, das 5 % des Nationaleinkommens entspricht, gegenüber den 45 % des Einkommensteueraufkommens. Natürlich heißt das nicht, letzteres spiele eine neunmal wichtigere Rolle. Der Vermögensblock, in dem die allgemeine Kapitalausstattung von der progressiven Eigentumsteuer finanziert wird, zeitigt einen langfristigen Struktureffekt, der weit über sein strikt fiskalisches Gewicht hinausgeht. Das ändert allerdings nichts daran, dass es die progressive Einkommensteuer ist, die in meinen Augen den Hauptmodus der Finanzierung des Sozialstaats und der öffentlichen Ausgaben überhaupt (Bildung, Gesundheit, Renten etc.) darstellt. Fügen wir gleich hinzu, dass ich der Einfachheit halber unter der progressiven Einkommensteuer nicht allein die Einkommensteuer im strengen Sinne, sondern auch die Sozialbeiträge und andere Sozialabgaben auf Löhne, selbstständige Arbeit und mitunter auch auf Kapitaleinkünfte subsumiert habe.

Diese Sozialabgaben sind tatsächlich so etwas wie eine Einkommensteuer, da die Höhe der Abgabe vom Einkommen abhängt, mitunter auch mit Sätzen, die nach Lohn- oder Einkommensniveau variieren. Der entscheidende Unterschied liegt darin, dass Einnahmen aus Sozialabgaben nicht in den öffentlichen Gesamthaushalt, sondern in Sozialkassen einfließen, die zum Beispiel der Finanzierung der Krankenversicherung, des Rentensystems, der Arbeitslosenversicherung etc. dienen. Es scheint mir wichtig, dass diese besonderen Zwecken dienenden Abgaben und die entsprechenden gesonderten Kassen erhalten bleiben. In Anbetracht des insgesamt erheblichen Niveaus der Pflichtabgaben (die hier auf 50 % des Nationaleinkommens festgesetzt sind, aber auch höher ausfallen könnten, wenn der Bedarf es rechtfertigt), ist es ausschlaggebend, alles dafür zu tun, dass die Bürger sich über Steuern und ihre gesellschaftliche Verwendung ins Bild setzen können. Das kann durch ausgewiesene Kassen für unterschiedliche Arten von Ausgaben geschehen und, allgemeiner, durch größtmögliche Transparenz über Herkunft und Verwendungszweck der Abgaben.

Tatsächlich sind in den einzelnen Ländern ganz unterschiedliche Zusammensetzungen der Steuerlast zu beobachten. In den westeuropäischen Ländern, wo die Pflichtabgaben sich in den Jahren 1990–2020 bei 40–50 % des Nationaleinkommens halten, belaufen sich Einkommensteuern (einschließlich der Körperschaftsteuern) auf 10–15 % des Nationaleinkommens,[1] Sozialbeiträge (und andere Sozialabgaben) auf 15–20 % und indirekte Steuern (Mehrwertsteuer und andere Konsumsteuern) auf 10–15 %.[2] Bis zum 19. Jahrhundert spielten in all diesen Ländern indirekte Steuern (namentlich in Form von Zöllen) die Hauptrolle, bevor sie allmählich durch Einkommensteuern und Sozialbeiträge als Hauptmodus der Besteuerung ersetzt wurden. Aus meiner Sicht haben indirekte Steuern keine wirkliche Berechtigung (mit Ausnahme derjenigen, die wie die CO_2-Steuer, auf die ich noch zu sprechen komme, externe Effekte korrigieren)[3] und sollten prinzipiell durch Steuern ersetzt werden, die Einkommen oder Eigentum belasten. Indirekte Steuern (wie die Mehrwertsteuer) erlauben es vor allem nicht, die Steuerlast abhängig vom Einkommens- oder Eigentumsniveau zu verteilen, was unter wirtschaftlichen Aspekten wie unter dem der demokratischen Transparenz eine erhebliche Einschränkung darstellt.[4]

1 Die Körperschaftsteuer habe ich in das System der progressiven Einkommensteuer aufgenommen, da beide Steuern gewinnen, wenn sie gemeinsam behandelt werden. Idealiter könnte die Körperschaftsteuer eine Art Vorauszahlung auf die Einkommensteuer sein, die der Aktionär aus seinen Dividenden zahlt. Tatsächlich entziehen sich mangels internationaler Kooperation und Transparenz über die eigentlichen Eigentümer bestimmte Steuerpflichtige der Besteuerung ihrer Kapitaleinkünfte. Daher ist es entscheidend, eine direkte Besteuerung auf Gesellschaftsebene zu haben. Ich werde weiter unten auf diese Fragen zurückkommen.

2 Siehe Kapitel 10–11 (und vor allem Grafiken 10.14, 10.15 und 11.19) für eine detailliertere Analyse verschiedener Arten öffentlicher Abgaben und Ausgaben. In bestimmten Ländern wie Dänemark sind die Sozialabgaben formal in die Einkommensteuer integriert, sodass diese allein 35 % des Nationaleinkommens ausmacht. Siehe *Taxation Trends in the EU. 2018 Edition*, European Commission, Tabelle DK. 1, S. 76–77.

3 Eine Externalität liegt vor, wenn der Konsum bestimmter Güter oder Dienstleistungen bestimmte externe Effekte zeitigt, typischerweise Umweltverschmutzung oder Emission von Treibhausgasen.

4 Natürlich ist es möglich, bei der Mehrwertsteuer und den indirekten Steuern bestimmte

Wie die unterschiedlichen Arten von öffentlichen Ausgaben und die verschiedenen Säulen des Sozialstaats (allgemeine Krankenversicherung, einheitliches Rentensystem) zu organisieren sind, erfordert eine eingehende Analyse, die den Rahmen dieses Buches entschieden sprengt. Ich werde weiter unten auf die Verteilung von Bildungsausgaben zurückkommen, die eine zentrale Rolle für Entstehung und Fortbestand von Ungleichheiten spielt. Fürs Erste möchte ich nur die Funktion des Grundeinkommens für den Sozialstaat und die gerechte Gesellschaft erläutern. Die Tatsache, dass es in zahlreichen Ländern, insbesondere in den meisten westeuropäischen, ein Grundeinkommen, also ein System des garantierten Mindesteinkommens gibt, ist eine große Errungenschaft. Diese Systeme können und müssen verbessert werden. Sie sollten vor allem stärker automatisiert und verallgemeinert werden. Namentlich obdachlose Bezugsberechtigte haben oft die größten Schwierigkeiten, ihr Grundeinkommen zu beziehen oder eine Wohnung zu finden und werden von geeigneten Maßnahmen zur sozialen und beruflichen Wiedereingliederung häufig nicht erreicht. Entscheidend ist auch, das Grundeinkommen auf sämtliche Personen mit geringfügigen Löhnen oder selbstständigen Einkünften auszudehnen und im Verbund mit der progressiven Einkommensteuer (die ebenfalls eine Quellensteuer ist) möglichst systematisch dafür zu sorgen, dass auf den Lohnabrechnungen der Betroffenen ihr Grundeinkommen auftaucht, ohne dass sie eigens einen Antrag stellen müssen.

Eine relativ ehrgeizige Version des Grundeinkommens, wie in Tabelle 17.1 dargestellt, könnte derart zum Beispiel ein Mindesteinkommen einführen, das für Personen ohne andere Mittel 60 % des Durchschnitts-

---

Güter und Dienstleistungen mit einem geringeren Satz zu besteuern als andere, aber die soziale Zielgenauigkeit ist sehr viel geringer als bei der direkten Besteuerung von Einkommen oder Vermögen. Das andere Argument zugunsten der Mehrwertsteuer lautet, dass man Importe besteuern und Exporte von der Besteuerung ausnehmen kann, aber das ist nicht wirklich sinnvoll und zeugt eher von mangelnder internationaler Fiskalkoordination (namentlich im Rahmen des innereuropäischen Wettbewerbs). Ich werde weiter unten auf die Möglichkeit zu sprechen kommen, die Besteuerung von Importen zur Kompensation mangelnder internationaler Koordination zu nutzen. Halten wir aber fest, dass in der Praxis zahlreiche Güter und Dienstleistungen (wie Finanzdienstleistungen oder Investitionsgüter) von der Mehrwertsteuer befreit sind, die Umverteilungsabsicht dieser Befreiung aber eher undurchsichtig ist. Eine Mehrwertsteuer, die wirklich die Gesamtheit der Wertschöpfung eines Landes besteuern würde, käme einer Proportionalsteuer auf sämtliche Einkommen (Gewinne und Lohnsumme) gleich und könnte als erste Stufe des Einkommensteuersystems betrachtet werden. Siehe E. Saez, G. Zucman, *The Triumph of Injustice*, a. a. O.

einkommens nach Steuern betrüge, dessen Höhe mit steigendem Einkommen abnähme und das etwa 30 % der Bevölkerung beträfe, mit Gesamtkosten von etwa 5 % des Nationaleinkommens.[1] Auch diese Bemessung dient bloß der Veranschaulichung. Wie sie am Ende aussehen soll, muss ausführlich debattiert werden und steht hier nicht zur Entscheidung an.[2]

Ausschlaggebend ist aber, um es noch einmal zu betonen, dass mit dem Grundeinkommen der sozialen Gerechtigkeit nicht schon Genüge getan ist. Das in Tabelle 17.1 gegebene Beispiel sieht vor, dass die für den Sozialstaat (vor allem für das Gesundheits-, Bildungs- und Rentensystem, für Arbeitslosen- und Familiengeld) aufgewendeten öffentlichen Ausgaben etwa 40 % des Nationaleinkommens ausmachen, gegenüber 5 % für das Grundeinkommen und 5 % für die Kapitalausstattung. Die Größenordnungen sind wichtig. Sie verleihen der Tatsache Ausdruck, dass die gerechte Gesellschaft sich auf eine Logik des allgemeinen Zugangs zu Grundgütern stützen muss, zu denen zuallererst Gesundheit, Bildung, Beschäftigung und Entlohnung und aufgeschobener Lohn für Ältere und Arbeitslose zählen. Ziel muss es sein,

---

1 Der ausgezahlte Durchschnittsbetrag läge bei etwa 30 % des Durchschnittseinkommens nach Steuern, das heißt 16,5 % des durchschnittlichen Nationaleinkommens pro Erwachsenem (unter Berücksichtigung des Durchschnittssatzes der Einkommensteuer von 45 %, Sozialabgaben und CO_2-Steuer einbegriffen). Daher entstünden bei Zahlung einer solchen Summe an 30 % der Bevölkerung Kosten in Höhe von 5 % des Nationaleinkommens. Siehe Technischer Anhang.

2 Eine eingehende Beschreibung eines solchen Systems für den französischen Fall mit automatischer, auf der Lohnabrechnung ausgewiesener Zahlung des Grundeinkommens bietet zum Beispiel P. A. Muet, *Un impôt juste, c'est possible!*, Paris: Seuil 2018. In den Vereinigten Staaten gab es jüngst einen ehrgeizigen Vorschlag zur Erhöhung des EITC (*Earned income tax credit*, eine Art Einkommenszuschlag für niedrige Löhne) von L. Kenworthy, *Social-Democratic Capitalism*, Oxford: Oxford University Press 2019, S. 219, Abbildung 7.15. Ein wichtiger Unterschied ist, dass auch diesem Vorschlag zufolge der EITC als Steuerkredit für Geringverdiener weiterhin gesondert ausgezahlt würde. Der Vorzug der automatischen Zahlung auf der Lohnabrechnung ist, dass sich damit der Begriff des Grundeinkommens der Vision einer gerechten Gesellschaft einfügt, die auf dem Lohnverhältnis und dem Recht auf Arbeit und gewerkschaftliche Organisation beruht. Dagegen geht ein System, das auf gesonderter Zahlung des Grundeinkommens beruht (wie es zum Beispiel vorgeschlagen wird von P. Van Parijs, Y. Vanderborght, *Le Revenu de base inconditionnel. Une proposition radicale*, a. a. O., wo eine vom Einkommen ganz unabhängige Zahlung an jeden Erwachsenen vorgesehen ist), mit dem Risiko einher, dieses Band zu lockern und dafür instrumentalisiert zu werden, die Hyperflexibilisierung und Zerschlagung der Arbeit voranzutreiben. Das würde im Übrigen auf eine starke und artifizielle Aufblähung der Steuern hinauslaufen, mit dem Schlüsselrisiko einer Verringerung der Mittel, die für den Sozialstaat zur Verfügung stehen.

die Einkommens- und Eigentumsverteilung insgesamt, mit ihr aber auch die Macht- und Chancenverteilung zu verändern und nicht bloß die Höhe des Mindesteinkommens zu ändern. Es geht um eine Gesellschaft, die auf gerechter Vergütung von Arbeit, anders gesagt: auf gerechtem Lohn beruht. Das Grundeinkommen kann dazu einen Beitrag leisten, indem es das Einkommen von Personen verbessert, die zu gering entlohnt werden. Aber es ist auch und vor allem erforderlich, ein ganzes Gefüge miteinander verzahnter institutioneller Einrichtungen zu überdenken.

Vor allem das Bildungssystem. Wenn jeder die Chance haben soll, eine angemessen vergütete Beschäftigung zu finden, muss man Schluss mit der Heuchelei machen, die darin besteht, mehr Geld in elitäre Studiengänge zu investieren als in die, die von sozial benachteiligten Studierenden absolviert werden. Und es geht auch um das System des Arbeitsrechts und das Rechtssystem überhaupt. Lohnverhandlungen, Mindestlohn, Gehaltstabellen, Aufteilung von Stimmrechten zwischen Arbeitnehmervertretern und Aktionären, all das kann zur Durchsetzung gerechter Entlohnung, zu einer besseren Verteilung wirtschaftlicher Macht und zu einer größeren Einbeziehung der Arbeitnehmer in Unternehmensstrategien beitragen.

Schließlich und endlich geht es um das Steuersystem. Neben der progressiven Eigentumsteuer und der allgemeinen Kapitalausstattung, die der Partizipation und Mitbestimmung der Arbeitnehmer zugutekommt, muss die Rolle der progressiven Einkommensteuer unterstrichen werden, die zu gerechter Entlohnung beiträgt, indem sie Lohnungleichheiten auf ein Niveau senkt, das mit einer gerechten Gesellschaft vereinbar ist. Die historischen Erfahrungen zeigen, dass Grenzsteuersätze von 70–90 % für Spitzeneinkommen den astronomischen und unsinnigen Vergütungen ein Ende bereiten, zum Besten der weniger hohen Löhne und des wirtschaftlichen und sozialen Gedeihens insgesamt.[1] Tatsächlich deutet alles darauf hin, dass ein Steuertarif der in Tabelle 17.1 vorgeschlagenen Art es erlauben würde, zu einem flacheren Lohngefälle und besseren Löhnen am Sockel und in der Mitte der Verteilungspyramide zurückzukehren.[2] Auch steigt der vorgeschlagene

---

1 Siehe Kapitel 11, S. 669 f.

2 Das bedeutet ganz offenbar nicht, dass der in Tabelle 17.1 festgehaltene Tarif, der nur der Veranschaulichung dient, die Frage der gerechten Ungleichheit allein zu regeln vermöchte. Wie weit das Lohn- und Einkommensgefälle im Interesse der am wenigsten Begünstigten

Tarif relativ rasch auf recht hohe Besteuerungsniveaus, die zum Beispiel für Einkommen, die etwa doppelt so hoch wie das Durchschnittseinkommen sind, einen effektiven Steuersatz vorsehen, der einschließlich Sozialabgaben bei 40 % liegt. Dies ist unabdingbar, um einen insbesondere im Hinblick auf das Gesundheits- und Rentensystem anspruchsvollen und umfassenden Sozialstaat zu finanzieren. Und vergessen wir nicht, dass ohne öffentliche Systeme die fraglichen Arbeitnehmer hohe Einzahlungen in private Rentenfonds und Krankenversicherungen tätigen müssten, die sich in der Praxis als deutlich teurer erweisen können.[1]

Man sollte sich also davor hüten, das Grundeinkommen zu einer Art Wundermittel zu erklären, durch das alle anderen institutionellen Einrichtungen sich erübrigen. In der Vergangenheit wurde die Idee des Grundeinkommens mitunter dadurch instrumentalisiert, dass man es als eine Art «Ausgleichszahlung» begriff, um starke Einschnitte in andere Sozialprogramme zu rechtfertigen.[2] Es kommt also entscheidend darauf an, das Grundeinkommen als Element innerhalb eines anspruchsvolleren Ganzen zu begreifen, zu dem insbesondere die progressive Eigentums- und Einkommensteuer, die allgemeine Kapitalausstattung und der Sozialstaat gehören.

Zur Frage der progressiven Besteuerung von CO_2-Emissionen

Kommen wir nun zur Frage der CO_2-Steuer. Wie bereits ausgeführt, ist die Erderwärmung gemeinsam mit der wachsenden Ungleichheit die größte Herausforderung, vor der die Welt in diesem 21. Jahrhundert steht. Eine Reihe von Faktoren führt dazu, dass beide Herausforderungen unauflöslich miteinander verschränkt sind und sich tatsächlich nur gemeinsam bewältigen lassen. Das rührt zunächst von der starken Konzentration der CO_2-Emissionen innerhalb einer kleinen Gruppe von Verursachern her, der hauptsächlich Personen aus den reichsten Län-

abgebaut werden kann, ist eine Frage, die sich stets stellt und deren Beantwortung nur durch tatsächlich unternommene Versuche vorangetrieben werden kann.

1 Rechnet man in den Vereinigten Staaten die Kosten der privaten Krankenversicherungen in die Abgaben mit ein, so stellt man fest, dass sich das Niveau der Abgaben nicht nur stark erhöht, sondern auch zum Nachteil der unteren und mittleren Schichten stark regressiv wird. Siehe E. Saez, G. Zucman, *The Triumph of Injustice*, a. a. O., S. 213.

2 Das war vor allem der Geist der Vorschläge zu einem Grundeinkommen und einer negativen Steuer in Milton Friedmans Buch *Free to Choose* von 1980.

dern der Welt (insbesondere den Vereinigten Staaten) mit hohen Einkommen und großen Vermögen angehören.[1] Zudem sind, um dem Klimawandel zu begegnen, Änderungen unserer Lebensweise von so großer Tragweite erforderlich, dass ihre soziale und politische Akzeptanz die überprüfbare Einhaltung anspruchsvoller Gerechtigkeitsnormen voraussetzt. Es ist, konkreter gesprochen, schwer vorstellbar, dass die unteren und mittleren Schichten sich bereitfinden werden, bedeutende Anstrengungen auf sich zu nehmen, solange sie das Gefühl haben, dass die oberen Schichten auf sie herabschauen, indem sie an ihrem hohen Lebensstandard und den hohen Emissionen, die er mit sich bringt, in aller Seelenruhe festhalten.

Die oben erwähnten Maßnahmen zum Abbau von Ungleichheiten und namentlich die starke Erhöhung der progressiven Steuer auf hohe Einkommen und Vermögen erweisen sich daher als notwendige Bedingung dafür, den Kampf gegen die Klimaerwärmung aufnehmen zu können. Dabei handelt es sich freilich um eine notwendige, aber nicht schon zureichende Bedingung. Zu den am häufigsten genannten Werkzeugen, die es darüber hinaus braucht, gehört die Besteuerung von CO_2-Emissionen. Tragfähig kann eine solche Lösung aber nur sein, wenn eine Reihe von Vorkehrungen getroffen werden. Zunächst einmal darf die CO_2-Steuer nicht als Patentlösung betrachtet werden. Oft sind es Normen, d. h. strenge Auflagen für Transportmittel, Heizungen, Wärmedämmung etc., die den CO_2-Ausstoß sehr viel wirkungsvoller eindämmen als eine höhere Bepreisung von Emissionen.

Eine weitere unerlässliche Bedingung für Akzeptanz und Wirksamkeit einer CO_2-Steuer liegt darin, dass sämtliche Einnahmen aus dieser Steuer in die Entlastung der Haushalte mit geringen und mittleren Einkommen fließen, die von den Steuererhöhungen und der Finanzierung der Energiewende am härtesten getroffen werden. Die nächstliegende Weise, dafür zu sorgen, wäre die Integration der CO_2-Steuer in das progressive Einkommensteuersystem, wie dies in Tabelle 17.1 geschehen ist. Damit würde man bei jeder Erhöhung der CO_2-Steuer berechnen, wie sie sich auf die unterschiedlichen Einkommensniveaus aufgrund der Zusammensetzung ihrer Durchschnittsausgaben auswirkt, um danach den Tarif der progressiven Einkommensteuer wie des Systems der Transfers und des Grundeinkommens automatisch zu korrigieren und

1 Siehe Kapitel 13, Grafik 13.7.

derart die Auswirkung auszugleichen. So bliebe das Preissignal erhalten (CO_2-intensiver Konsum wird verteuert, um Anreize für eine Änderung des Konsumverhaltens zu schaffen), aber ohne die Gesamtkaufkraft ärmerer Haushalte zu beeinträchtigen.[1] Unbedingt zu vermeiden ist dagegen das in Frankreich 2017–2018 gewählte Vorgehen, mit der Erhöhung der CO_2-Steuer, von der die ärmeren Haushalte belastet wurden, die Senkung der Steuern auf Vermögen und Einkommen der Reichsten zu finanzieren. Dieses Vorgehen hat nicht nur zur «Gelbwesten-Krise» geführt, sondern auch das ganze französische CO_2-Steuersystem lahmgelegt.[2]

Schließlich wird man sich legitimerweise fragen dürfen, ob man nicht die Einführung einer progressiven Besteuerung von Emissionen erwägen sollte. Bislang sind CO_2-Steuern wesentlich Proportionalsteuern. Das heißt, dass man alle Emissionen mit dem gleichen Steuersatz belastet, ganz gleich, ob ihre Verursacher Personen sind, die jährlich 5 bis 10 Tonnen CO_2 ausstoßen, was ungefähr dem weltweiten Durchschnitt entspricht, oder aber Personen, die jährlich 100 bis 150 Tonnen emittieren, wie es das 1 % mit dem höchsten CO_2-Ausstoß tut. Das Problem eines solchen Systems ist, dass die größten Verursacher, sofern sie über die nötigen Mittel verfügen, an ihrem sehr CO_2-intensiven Lebensstil nicht das Mindeste ändern müssen, was nicht unbedingt die beste Methode ist, eine für die breite Mehrheit akzeptable Gerechtigkeitsnorm durchzusetzen. Ein Abbau sozio-ökonomischer Ungleichheiten insgesamt durch progressive Eigentums- und Einkommensteuern würde diese Verwerfungen zwar entschärfen und dazu beitragen, sie akzeptabler zu machen, aber es ist fraglich, ob das ausreichend wäre. Eine gelegentlich erwähnte Lösung ist die des «CO_2-Kontos» oder der «CO_2-Karte». Man schreibt jedem das gleiche jährliche Emissionskontingent gut (zum Beispiel 5 oder 10 Tonnen), und lässt zugleich zu, dass jeder sein Kontingent ganz oder teilweise verkauft. Auf diese Weise würde es sich für die Ärmsten oder diejenigen, die den geringsten CO_2-Ausstoß verursachen, finanziell lohnen, den Reichen oder größten Verursachern zu erlauben, mehr CO_2 auszustoßen. Das liefe freilich abermals darauf hinaus, jedem, der über die nötigen Mittel verfügt, ein unbegrenztes

1 In bestimmten Fällen müssten die Ausgleichszahlungen nicht allein die Einkommen berücksichtigen, sondern auch die Art der Wohnung und des Wohngebiets, das Vorhandensein öffentlicher Verkehrsmittel etc.

2 Siehe Kapitel 13, S. 839 f., und Kapitel 14, S. 982–984

Recht auf Verschmutzung einzuräumen. Im Übrigen deuten die Erfahrungen, die man mit Emissionsrechtemärkten für Unternehmen schon gesammelt hat, darauf hin, dass ein solcher Markt, auf Privatpersonen ausgedehnt, extrem volatil und manipulierbar wäre, mit dem Schlüsseleffekt von Spekulationswellen und Akteuren, die enorme Gewinne auf Kosten anderer einfahren, und dies ohne ein besonders deutliches Preissignal.

Eine bessere Lösung könnte eine wirklich progressive Besteuerung von CO_2-Emissionen individueller Konsumenten sein. So wären die ersten 5–10 Tonnen CO_2 gar nicht oder schwach besteuert, die 10 folgenden stärker, und so fort, eventuell bis zu einer Maximalemission, jenseits derer jede weitere Emission unter Androhung von Sanktionen (zum Beispiel einer konfiskatorischen Einkommen- oder Vermögensteuer) untersagt wäre.[1] Wie das «CO_2-Konto» setzt diese Lösung aber voraus, dass man den individuellen CO_2-Ausstoß messen kann. Das wäre mit komplexen Herausforderungen verbunden, die sich gleichwohl (zum Beispiel mittels Informationen, die auf den persönlichen Zahlungskarten gespeichert werden) bewältigen lassen, wenn man sich zu der Einsicht durchringt, dass die Zukunft des Planeten davon abhängt.[2] Im Übrigen lässt sich eine solche Messung für bestimmte Arten des Konsums bereits durchführen, zum Beispiel für den Stromverbrauch. Möglich wäre es in einer Anfangsphase auch, einer progressiven CO_2-Steuer dadurch nahezukommen, dass Güter und Dienstleistungen, die im Allgemeinen mit hohen CO_2-Emissionen einhergehen, zum Beispiel das im Flugverkehr genutzte Kerosin oder besser noch Busi-

---

1 Dieser Tarif dient nur der Veranschaulichung und könnte einen Beginn darstellen, da der Durchschnitt der Emissionen weltweit derzeit bei 5–6 Tonnen liegt. Er müsste freilich rasch erhöht werden, wenn man das Ziel der Begrenzung des Temperaturanstiegs auf 1,5–2 Grad Celsius erreichen möchte (für das den verfügbaren Schätzungen nach die Emissionen ab heute bis zum Ende des Jahrhunderts auf etwa 1–2 Tonnen pro Bewohner begrenzt werden müssen).

2 Allen neuen Steuern wurde zu ihrer Zeit vorgehalten, sie seien undurchführbar, übermäßig komplex und inquisitorisch. Das galt insbesondere von der Einkommensteuer zu Beginn des 19. und noch bis ins 21. Jahrhundert hinein. Das ändert freilich nichts daran, dass die Frage der Nutzung von Bankauszügen komplexe Fragen aufwirft, die mit der Achtung der Privatsphäre zusammenhängen. Es scheint mir trotzdem merkwürdig, die Augen vor der Möglichkeit zu verschließen, öffentliche Verfahren entwickeln zu können, die einen kontrollierten Gebrauch dieser Informationen erlauben würden, nachdem man auch gelernt hat, darauf zu vertrauen, dass private Bankinstitute mit eben diesen Informationen keinen Missbrauch treiben.

ness-Class-Tickets, mit höheren Sätzen besteuert werden. Sicher ist, dass die Umsetzung einer nachhaltigen Klimapolitik neuartige Normen der Umwelt- und Steuergerechtigkeit voraussetzt, die, wie es derzeit noch keineswegs der Fall ist, für die Mehrheit akzeptabel sind.[1]

Für die Einführung von Normen der Bildungsgerechtigkeit

Kommen wir zur Frage der Bildungsgerechtigkeit. Aus einer ganzen Reihe von Gründen ist dies eine zentrale Herausforderung. Emanzipation durch Bildung und Wissensverbreitung müssen im Zentrum jedes Projekts einer gerechten Gesellschaft und zumal des partizipativen Sozialismus stehen. Historisch betrachtet waren es Bildungsfortschritte, die menschlichen Fortschritt und Wirtschaftsentwicklung möglich gemacht haben, nicht die Heiligsprechung von Ungleichheit und Eigentum.[2] Wir haben in den letzten Kapiteln auch sehen können, wie Bildungsexpansion und Entwicklung der Hochschulbildung mit einer völligen Umkehrung des Bildungsgefälles zwischen den politischen Lagern einhergingen. Von 1950–1980 hatten demokratische, sozialistische, sozialdemokratische Parteien und Arbeiterparteien ihre besten Ergebnisse bei Wählern mit niedrigen Bildungsabschlüssen erzielt. Diese Situation hat sich nach und nach in ihr Gegenteil verkehrt, und in den Jahren von 1990–2020 konnten dieselben politischen Kräfte ihre besten Ergebnisse bei Wählern mit hohen Bildungsabschlüssen erzielen. Kurzum: Aus den Arbeiterparteien der Nachkriegszeit sind Akademikerparteien geworden. Die einleuchtendste Erklärung ist, dass die Wähler mit dem geringsten formalen Bildungsgrad den Eindruck gewonnen haben, von diesen Parteien im Stich gelassen worden zu sein. Mehr und

1 Man kann sich auch fragen, ob man die progressive Besteuerung nur auf der Ebene individuellen Konsums (was am sinnvollsten scheinen mag, um Konsumenten zumal in den reichen Ländern zur Verantwortung zu ziehen) oder nicht auch auf der Ebene individueller Produktion erwägen sollte (auf Grundlage der Individualeinkommen, also der Löhne und Gewinne aus der Produktion von Gütern und Dienstleistungen, die CO_2-Emissionen verursachen). Das könnte in manchen Fällen wirkungsvoller sein. Beide Besteuerungsformen (Konsumenten- oder Produzentenseite) sind prinzipiell gleichwertig im Falle einer proportionalen Besteuerung. Das gilt nicht mehr, wenn man eine progressive Besteuerung ins Auge fasst.

2 Siehe Kapitel 11–12. Zur zentralen Rolle einer durch Bildung und Wissen geschaffenen Gleichheit in einer sozialistischen Perspektive, die eher in der Tradition Durkheims als in der von Marx steht, siehe B. Karsenti, C. Lemieux, *Socialisme et sociologie*, Paris: Éditions de l'EHESS 2017, S. 43–48.

mehr hat deren Aufmerksamkeit sich auf die Gewinner des Bildungssystems, in gewisser Weise auch die Globalisierungsgewinner verlagert, und dementsprechend haben sich ihre Prioritäten gewandelt. Diesem politisch-ideologischen Strukturwandel kommt eine Schlüsselbedeutung für unsere Untersuchung zu. Er lässt uns insbesondere besser verstehen, wie es zum Zusammenbruch des Links-Rechts-Systems der Nachkriegszeit und zum Anstieg der Ungleichheiten seit den 1980er Jahren kommen konnte.[1]

Wir sind bereits ausführlich auf die sehr starke Ungleichheit der Chancen des Hochschulzugangs in den USA eingegangen, wo diese Chancen eng an die Höhe des Elterneinkommens geknüpft sind und eine extreme Stratifikation des Bildungssystems vorliegt, in dem eine tiefe Kluft die besten Universitäten von allen anderen trennt.[2] Wenn die Demokraten die unteren Wählerschichten zurückgewinnen wollen, werden sie einen handfesten Beweis dafür liefern müssen, dass sie sich mehr für die Kinder aus den unteren und mittleren Bevölkerungsschichten interessieren, und etwas weniger für die Kinder derer, die selbst aus den elitärsten Schulen und Universitäten kommen. Wir haben ebenfalls festgehalten, dass Bildungsungleichheit und die Heuchelei meritokratischer Diskurse auf unterschiedliche Weise auch für Länder kennzeichnend sind, in denen es, wie in Frankreich, ein prinzipiell staatliches und vorgeblich egalitäres Bildungssystem gibt.[3]

Um diesen Punkt zu verdeutlichen, habe ich in Grafik 17.1. dargestellt, wie die derzeit in Frankreich getätigten staatlichen Bildungsinvestitionen aufgeteilt werden.

Schaut man sich die Gesamtheit der jungen Erwachsenen an, die 2018 zwanzig Jahre alt geworden sind, kann man auf der Grundlage der neuesten Untersuchungen und der erkennbaren Tendenzen schätzen, dass sich die öffentlichen Bildungsausgaben, von denen sie in ihrer Schullaufbahn profitiert haben, im Durchschnitt auf 120 000 Euro pro Kopf belaufen, was etwa 15 Schuljahren mit Durchschnittskosten von 8000 Euro jährlich entspricht. Es ist dies ein Durchschnittsverlauf, hinter dem sich in der Praxis enorme Unterschiede auftun, die vor allem das Alter beim Schulabschluss und die Art der Sekundar-, vor allem

1 Siehe Kapitel 14–16.

2 Siehe Einleitung, Grafik 0.8, und Kapitel 15, S. 999–1005.

3 Siehe Kapitel 14, S. 937–946.

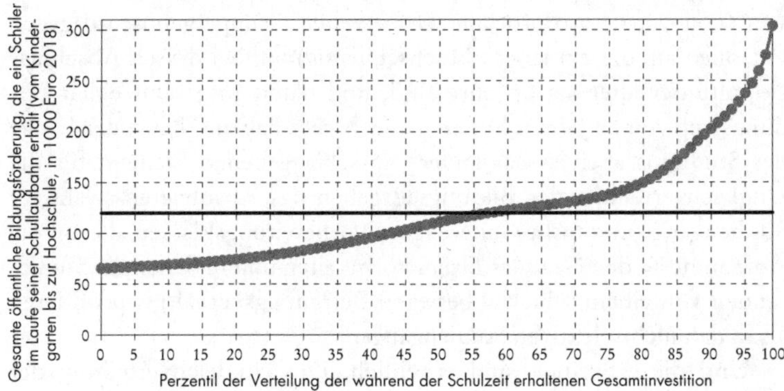

Grafik 17.1.: Die gesamte öffentliche Bildungsförderung, von der Schülerinnen und Schüler derjenigen Generation, die im Jahr 2018 20 Jahre alt geworden ist, während der gesamten Schulzeit (vom Kindergarten bis zum Gymnasium) profitiert haben, beläuft sich im Durchschnitt auf rund 120 000 Euro (das sind 15 Schuljahre bei durchschnittlichen Kosten von 8000 Euro pro Jahr). In dieser Generation erhielten die 10 % der Schüler, die von der öffentlichen Bildungsförderung am wenigsten profitierten, etwa 65 000 Euro bis 70 000 Euro, während die 10 %, die von der öffentlichen Bildungsförderung am meisten profitierten, zwischen 200 000 Euro und 300 000 Euro erhielten.
Hinweis: Die durchschnittlichen Kosten pro Bildungsgang und Schuljahr im französischen System lagen von 2015–2018 bei zwischen 5000 Euro und 6000 Euro in Kindergarten und Grundschule, bei 8000 Euro bis 10 000 Euro in der Sekundarstufe, bei 9000 Euro bis 10 000 Euro an der Hochschule und bei 15 000 Euro bis 16 000 Euro in den Vorbereitungsklassen für die Grandes Écoles.
Quellen und Reihen: siehe piketty.pse.ens.fr/ideologie.

aber der Hochschulbildung betreffen.[1] Innerhalb dieser Generation haben die 10 % der Schüler, die in den Genuss der geringsten staatlichen Bildungsinvestitionen gekommen sind, ungefähr 65 000 bis 70 000 Euro pro Kopf erhalten, während die 10 %, die in den Genuss der höchsten staatlichen Bildungsinvestitionen gekommen sind, zwischen 200 000 und 3 000 000 Euro pro Kopf erhalten haben. Der ersten Gruppe gehören diejenigen an, die das Schulsystem mit 16 Jahren (also in dem Alter, in dem die Schulpflicht endet) verlassen und eine kaum zehn

1 Die mit dem Besuch des Kindergartens (der prinzipiell Kinder von 3 bis 6 Jahren betrifft, aber nicht obligatorisch ist und mitunter, je nach Ort und Jahrgang, schon mit 2 Jahren beginnen kann) verbundenen Schwankungen spielen auch eine Rolle, aber fallen doch sehr viel weniger ins Gewicht. Die hier vorgelegten Schätzungen gründen sich auf Befragungen von Haushalten, die Aufschluss über die Verteilung der Studien geben, die innerhalb einer gegebenen Generation absolviert werden, und belassen es dabei, die gleichen Kosten pro Jahr in einer bestimmten Bildungseinrichtung (Grundschule, Sekundarschule, Gymnasium etc.) zu veranschlagen. Alle Details zur Erstellung dieser Daten sind online verfügbar. Siehe auch S. Zuber, «L'inégalité de la dépense publique d'éducation en France, 1900–2000», EHESS, 2003, und C. Bonneau, «The Concentration of Educational Investment in the US (1970–2018), with a Comparison to France», EHESS, 2019.

Jahre dauernde Schulbildung genossen haben, mit Durchschnittskosten von 6000–7000 Euro pro Jahr. Der zweiten Gruppe gehören dagegen Personen an, die ein langes Hochschulstudium, bei dessen Abschluss sie mitunter älter als 25 Jahre sind, und damit insgesamt einen Bildungsweg von 20 Jahren hinter sich gebracht haben. Neben der Länge des Studiums aber ist das andere ausschlaggebende Element für die Ungleichverteilung der Bildungsausgaben das Absolvieren selektiver Studiengänge und insbesondere jener Vorbereitungsklassen, die auf die Aufnahme an den *Grandes Écoles* vorbereiten und in denen die Studierenden von einem sehr viel besseren Betreuungsverhältnis profitieren als in den nichtselektiven Studiengängen.[1]

Und die Abstände sind erheblich. Die Ungleichverteilung der öffentlichen Ausgaben zwischen verschiedenen Schüler- und Studierendengruppen spricht sich in Unterschieden aus, die bis zu 150 000 Euro betragen, wenn man das oberste und das unterste Dezil miteinander vergleicht, ja mehr als 200 000 Euro, wenn man das oberste Perzentil mit dem untersten vergleicht, eine Differenz, die dem derzeitigen Durchschnittsvermögen pro Erwachsenem in Frankreich entspricht. Das ist ein wenig so, als kämen manche Kinder im Unterschied zu anderen in den Genuss einer zusätzlichen Erbschaft, und das unter der Voraussetzung, dass das Erbe selber ohnehin höchst ungleich verteilt ist.[2] Zwar stammen die mit der kürzesten Bildungslaufbahn nicht zwingend aus den am stärksten benachteiligten Familien. Und umgekehrt kommen diejenigen, die am längsten studieren, nicht zwangsläufig aus besonders begünstigten Milieus. Aber natürlich gibt es eine positive und signifikante Korrelation zwischen beiden Dimensionen, sodass in vielen Fällen der Effekt der öffentlichen Bildungsinvestition und der privaten Erbschaft einander verstärken.[3] Unterstreichen wir schließlich, dass die Hypothesen, die diesen Schätzungen zugrunde liegen, aller

---

1 Den amtlichen Daten zufolge belaufen sich die jährlichen Kosten pro Schüler in den Vorbereitungsklassen auf 15 000–16 000 Euro, gegenüber 9000–10 000 Euro an der Universität. Im Übrigen ist die Realinvestion pro Studierendem zwischen 2008–2018 um 10 % gesunken, weil die öffentlichen Haushalte die Entwicklung der Studierendenzahlen nicht nachvollzogen haben. Siehe *Repères et références statistiques 2018*, ministère de l'Éducation nationale, 2019, Abschnitt 10.5, S. 325. Siehe auch Technischer Anhang, Grafik S14e.

2 Vergessen wir nicht, dass die 50 %, die am wenigsten erben, tatsächlich fast nichts erben (10 000–20 000 Euro im Durchschnitt), während die 10 %, die am meisten erben, mehrere Zehntausende, manchmal auch mehrere Millionen oder Hunderte von Millionen erhalten.

3 Die verfügbaren Daten belegen, dass der Zusammenhang zwischen Elterneinkommen und

Wahrscheinlichkeit nach dazu führen, dass wir die tatsächliche Tragweite dieser Abstände noch unterschätzen. So werden insbesondere von den offiziellen Schätzungen der Kosten für selektive und nichtselektive Studiengänge, auf die wir hier zurückgegriffen haben, die realen Abstände stark unterschätzt.[1]

Fragen wir uns nun, wie Prinzipien einer gerechten Verteilung von Bildungsinvestitionen aussehen könnten. Und schicken wir einmal mehr voraus, dass es hier so wenig wie im Fall des gerechten Eigentums und der gerechten Steuer darum gehen kann, eine fertige Lösung bereitzuhalten, was auch jenseits meiner Möglichkeiten liegt. Es geht nur darum, ein paar Wege aufzuzeigen, die eine kollektive Diskussion einschlagen könnte. Klar scheint zunächst, dass die Ungleichverteilung der Bildungsausgaben noch stärker ausfiele, würde man private Bildungsinvestitionen berücksichtigen. Das hätte begrenzte Auswirkungen in einem Land wie Frankreich, wo wir ein in der Hauptsache staatliches Bildungssystem haben. Aber es hätte massive Auswirkungen in den Vereinigten Staaten, wo die Investition pro Studierendem an den teuersten und reichsten privaten Universitäten extrem hohe Niveaus erreichen kann, die in keinem Verhältnis zu dem stehen, worüber Studierende staatlicher Universitäten und anderer *community colleges* verfügen.[2]

Was die Verteilung der Bildungsausgaben in einem Land wie Frankreich anbelangt, so könnte eine einleuchtende Gerechtigkeitsnorm lauten, dass alle Kinder Anrecht auf die gleichen Bildungsausgaben haben

---

Hochschulzugang in Frankreich weniger massiv als in den Vereinigten Staaten, aber immer noch sehr stark ist. Siehe Technischer Anhang.

1 Bei den amtlichen Zahlen (15 000–16 000 Euro in den Vorbereitungsklassen, 9000 Euro an der Universität) enthalten die Universitätskosten tatsächlich auch sämtliche Ausgaben für Forschungslabore, die nicht zwingend Studierenden in der Ausbildung zugutekommen, zumindest nicht während der ersten Studienjahre. In den Vorbereitungsklassen haben die Lehrenden keinen Forschungsauftrag und konzentrieren sich ganz auf die Ausbildung der Schüler, was den Vergleich stark verzerrt. Würde man die Forschungsausgaben abziehen und sich auf Studierende in den Bachelorstudiengängen konzentrieren, lägen die jährlichen Studienkosten bei unter 5000 Euro. Siehe Technischer Anhang.

2 Tatsächlich fällt die Konzentration der Bildungsausgaben insgesamt (also der öffentlichen und privaten) in den Vereinigten Staaten höher aus als in Frankreich und hat während der letzten Jahrzehnte unaufhörlich zugenommen, was einer der Gründe für die wachsende Einkommensungleichheit ist. Man muss jedoch hinzufügen, dass die verfügbaren Daten es nicht zulassen, allen Ungleichheiten zwischen Universitäten, aber auch auf der Ebene der Primar- und Sekundarschulbildung Rechnung zu tragen, die in den Vereinigten Staaten zu einem großen Teil von lokalen Steuern finanziert wird. Siehe C. Bonneau, «The Concentration of Educational Investment in the US (1970–2018), with a Comparison to France», a. a. O.

sollten, die im Rahmen der Erst- oder Weiterbildung genutzt werden können. Wer also mit 16 oder 18 Jahren von der Schule abgeht und damit nur eine Bildungsaufwendung von 70 000 oder 100 000 Euro während seiner Erstausbildung in Anspruch genommen hat, wie es bei den 40 % einer Generation der Fall ist, die in den Genuss der geringsten Mittel kommen, könnte daraufhin im Laufe seines Lebens ein Bildungskapital in Höhe von 100 000 oder 150 000 Euro nutzen, um mit den 10 % gleichzuziehen, die in den Genuss der größten Investition in ihre Erstbildung gekommen sind (siehe Grafik 17.1).[1] Dieses Kapital könnte ihm mit 25 oder 35 Jahren oder zeitlebens eine Fortbildung ermöglichen.[2] Theoretisch könnte man sich auch vorstellen, dass den fraglichen Personen unter bestimmten Bedingungen ein Teil dieser Summe als Geldkapital ausgezahlt würde, das dann zur allgemeinen Kapitalausstattung hinzukäme. Priorität muss aber bleiben, diese Mittel auf die Verbesserung der Bildungschancen zu verwenden, die allen und insbesondere Jugendlichen aus sozial benachteiligten Klassen offenstehen.[3] Abgesehen von der Möglichkeit, seine Studien wiederaufzunehmen (die in den meisten Fällen zweifellos theoretisch bliebe), müssen auch und vor allem Investitionen in die Primar- und Sekundarschulbildung getätigt werden, die eine wirkliche Emanzipation durch Bildung während der Phase der Erstbildung erlauben.

Tatsächlich hat man es auf diesem Gebiet mit einer unfassbaren

---

1 Eine andere Lösung könnte darin bestehen, denen höhere Studiengebühren abzuverlangen, die die Chance haben, ihre Erstbildung durch ein Studium fortzusetzen (und durchschnittlich sozial begünstigter sind), wie es New Labour in Großbritannien getan hat (siehe Kapitel 15, S. 1038 f.). Das Problem ist, dass diese Lösung auf Kosten der aus ärmeren Verhältnissen stammenden Studierenden geht, die derart entweder entmutigt und vom Studium abgehalten werden oder sich über lange Jahre verschulden könnten, während begünstigte Studierende von der finanziellen Unterstützung ihrer Eltern profitieren. Besser scheint es, letzteren einen höheren Beitrag abzuverlangen, der allen Kindern und nicht bloß ihren eigenen zugutekommt.

2 Man kann sich auch vorstellen, das Bildungskapital zum Teil für eine Beihilfe während des Studiums zu nutzen, bis zum 25. Lebensjahr (ab dem man in Frankreich Anspruch auf das Grundeinkommen hat), und nicht nur für das Recht, unentgeltlich zu studieren.

3 Wollte man die Bildungsinvestition, die derzeit für die 90 % der Kinder aufgewendet werden, die am wenigsten erhalten, auf das Niveau des 90. Perzentils anheben, entstünden Zusatzkosten in Höhe von 2,5–3 % des Nationaleinkommens (bei einem derzeitigen Bildungshaushalt von insgesamt 5,5–6 % des Nationaleinkommens). Das wären erhebliche Kosten, aber sie wären zu bewältigen, bedenkt man nicht allein die Einsätze, die auf dem Spiel stehen, sondern auch die bedenkliche Stagnation der Bildungsinvestitionen in den reichen Ländern seit den 1980er Jahren. Siehe Kapitel 10, Grafik 10.15.

Heuchelei zu tun. In Frankreich wie in zahlreichen anderen Ländern werden Programme aufgelegt, die Bildungsmittel bevorzugt in sogenannte Bildungsprioritätszonen (*zones d'éducation prioritaire*), also in sozial benachteiligte Viertel, Schulen, Realschulen, Gymnasien zu lenken behaupten. In Wahrheit sind es, wie wir schon festgehalten haben, sozial denkbar begünstigte Lehrstätten, die von den erfahrensten, am besten ausgebildeten und am höchsten vergüteten Lehrkräften profitieren dürfen. Und dieser Effekt ist sehr viel durchschlagender als der jener dürftigen Prämien, die Lehranfänger oder Vertragslehrer erhalten, die in Problembezirken tätig sind.[1] Gäbe es sie wirklich, die Aufstockung der Mittel für besonders benachteiligte Primar- und Sekundarschulen, so würde sich das zuallererst im Anstieg der niedrigsten Bildungsinvestitionen, wie sie in Grafik 17.1 dargestellt sind, und damit in einer egalitäreren und gerechteren Verteilung der Bildungsausgaben aussprechen.

Die Bildungsheuchelei beenden, für Transparenz sorgen

Ganz allgemein gilt, dass akzeptable Normen der Bildungsgerechtigkeit sich nicht einführen lassen, ohne für sehr viel größere Transparenz bei der Mittelzuteilung zu sorgen. Gegenwärtig sind in den meisten Ländern die Verfahren relativ undurchsichtig und lassen es nicht zu, dass die Bürger die demokratische Kontrolle über sie zurückerobern. Allenthalben sieht es so aus, dass die durchschnittliche Vergütung der Lehrenden umso höher ist, je stärker die Lehrstätten sozial begünstigt sind, oder dass öffentliche Bildungsausgaben innerhalb ein und derselben Generation für bestimmte Gruppen viermal so hoch wie für andere ausfallen. All das geht einher mit dem besten Gewissen der Welt, ohne dass irgendjemand sich bemüßigt fühlt, solche Entscheidungen bewusst zu treffen, sie zu prüfen, sich der Debatte über sie zu stellen oder sie gar zu verbessern. Ich behaupte keineswegs, Bildungsgerechtigkeit lasse sich leicht definieren, und es ist ganz gewiss nicht Sache dieses Buchs, die Debatte darüber zum Abschluss zu bringen. Aber damit eine Debatte überhaupt stattfinden kann, ist es entscheidend, zunächst einmal dafür

1 Siehe Kapitel 14, S. 942–945 und die von Asma Benhenda vorgelegten Arbeiten. Die benachteiligten Schulen profitieren von geringeren Schülerzahlen pro Klasse, aber das reicht gerade, um den Effekt der Vergütung der Lehrer auszugleichen, der in die Gegenrichtung geht.

zu sorgen, dass es gesetzliche, ja in der Verfassung verankerte Pflicht wird, die einschlägigen Daten über die Realität der Bildungsinvestitionen zu veröffentlichen. Dann erst wäre es möglich, sich Ziele zu setzen und Jahr für Jahr zu prüfen, inwieweit sie erreicht wurden.

Ein sinnvolles Ziel scheint mir in diesem Zusammenhang, einerseits dafür zu sorgen, dass die Durchschnittsvergütung in weiterführenden Schulen und Gymnasien nicht weiterhin mit dem Prozentsatz begünstigter Schüler steigt, und ganz allgemein drastisch und nachweislich die Mittel zu erhöhen, die in besonders benachteiligte Primar- und Sekundarschulen fließen, um eine egalitärere Gesamtverteilung der Bildungsinvestitionen innerhalb einer Generation zu erreichen (wie in Grafik 17.1 dargestellt). Solche Veränderungen aber, die erheblich wären, müssen von der Öffentlichkeit überprüft werden können. Sie würden auch die Chancen des Hochschulzugangs von Schülern aus sozial benachteiligten Schichten deutlich verbessern. Alle Studien zeigen, dass es frühzeitige Investitionen sind, insbesondere in der Primarstufe und Sekundarstufe I, die am ehesten Ungleichheiten des schulischen Erfolgs von Kindern unterschiedlicher sozialer Herkunft zu korrigieren vermögen.

So wichtig sie ist, diese Politik der bevorzugten Mittelzuweisung muss ergänzt werden durch die Berücksichtigung der sozialen Herkunft bei den Verfahren der Zuweisung an Gymnasien und der Aufnahme an Hochschulen. Das kann auf unterschiedliche Weise geschehen, sei es, dass man die individuelle Herkunft direkt berücksichtigt (etwa durch ein System von Punkten, die vom Elterneinkommen abhängen und zu den Schulnoten hinzukommen, oder auch, was sicher vorzuziehen wäre, durch Quotenregelungen in den jeweiligen Studiengängen), sei es, dass man das Viertel oder die zuvor besuchten Schulen berücksichtigt (und zum Beispiel beschließt, dass die besten Schüler jeder weiterführenden Schule oder jedes Gymnasiums zu diesem oder jenem Studiengang zugelassen werden müssen). Einmal mehr scheint es mir nicht ratsam, diese heiklen Fragen hier entscheiden zu wollen. Sich auf solche Verfahren zu einigen, erfordert soziale Kompromisse und komplexe politische Maßnahmen, die erst im Anschluss an anspruchsvolle Erprobungen und umfassende Beratung unter Einbeziehung der Bürger beschlossen werden können. Und natürlich müssen die gefassten Beschlüsse stets wieder infrage gestellt, verbessert und Veränderungen laufend angepasst werden. Es scheint mir jedenfalls wichtig, darauf zu beharren, dass die Durchsetzung einer für alle akzeptablen

Gerechtigkeitsnorm oder, bescheidener formuliert, die Herstellung eines Minimums an kollektivem Vertrauen in das verwendete System ein extrem heikler und anfälliger Prozess ist. Möglich ist er nur unter Voraussetzung hoher Transparenz, die häufig den Gepflogenheiten der politisch Verantwortlichen und mitunter auch denen der Schulämter zuwiderläuft.

Bestimmte Länder, angefangen mit Indien, haben länger zurückreichende Erfahrungen mit dem Einsatz von Quotenregelungen und der «Reservierung» von Studienplätzen für ganz bestimmte gesellschaftliche Gruppierungen. Im Fall Indiens galt diese seit 1950 betriebene Politik zunächst den in der Vergangenheit diskriminierten Bevölkerungsgruppen, bevor sie seit 1990 auf die Gesamtheit benachteiligter Klassen ausgedehnt wurde, was eine große Rolle für die Struktur des poltisch-ideologischen Konflikts im Land gespielt hat.[1] So lehrreich diese Erfahrungen sind, sie lassen sich offensichtlich nicht einfach so, wie sie sind, in andere Kontexte übertragen. Viele europäische Länder haben neuerdings begonnen, bei Aufnahmeverfahren die familiäre Herkunft zu berücksichtigen, unglücklicherweise mit einem himmelschreienden Mangel an Transparenz. In Frankreich bleiben die Algorithmen, die bei der Aufnahme an Gymnasien (Affelnet) und Hochschulen (zunächst APB, seit 2018 Parcoursup) genutzt werden, im Großen und Ganzen ein Staatsgeheimnis.[2] Zudem zeichnen sich die Mechanismen, die der familiären Herkunft und dem Elterneinkommen Rechnung tragen, durch sehr willkürliche Sprünge aus, was nicht dabei hilft, einen sozialen Konsensus im Hinblick auf diese Mechanismen herzustellen.[3] In den Vereinigten Staaten ist die Berücksichtigung nicht allein der Rasse oder ethnischen Herkunft, sondern auch (was viel fragwürdiger ist) des Elterneinkommens bei Aufnahmeentscheidungen verboten, so-

1 Siehe Kapitel 8, S. 441–447 und 16, S. 1155–1157.

2 Vor allem die Quote der Stipendiaten, die in den verschiedenen Bildungsgängen (insbesondere in den Vorbereitungsklassen) aufgenommen werden müssen, wird nicht veröffentlicht.

3 Nur die Stipendiaten (also etwa 15–20 % der Schüler mit dem geringsten Elterneinkommen) verfügen über Zusatzpunkte in Affelnet (oder Sozialquoten in Parcoursup), was in manchen Fällen eine starke Zunahme der Mischung zugunsten dieser Gruppen gezeitigt hat, aber relativ ungerecht gegenüber den Gruppen ist, die leicht darunter liegen. Besser wäre ein System, das dem Elterneinkommen und der sozialen Herkunft weniger sprunghaft Rechnung trüge. Siehe G. Fack, J. Grenet, A. Benhenda, *L'impact des procédures de sectorisation et d'affectation sur la mixité sociale et scolaire dans les lycées d'Île-de-France*, Bericht Nr. 3 des IPP (Institut des politiques publiques), Juni 2014.

dass die angewandten Verfahren sich häufig darauf stützen, aus welchem Viertel die Bewerber stammen. Unglücklicherweise trägt das nicht so deutlich zur Durchmischung bei, wie es wünschenswert wäre, denn es sind oft genug die am stärksten Begünstigten aus den am stärksten benachteiligten Gegenden, die von diesem Verfahren profitieren.[1] Das legt es als allgemeine Regel nahe, eher individuelle Merkmale wie das Elterneinkommen zu nutzen. In Großbritannien gab es Vorschläge zugunsten des Losentscheids (innerhalb von Schülergruppen, die bei schulischen Prüfungen eine bestimmte Punktzahl erreicht haben), um den Zugang zu den elitärsten Bildungseinrichtungen zu demokratisieren, was auf eine Quotenregelung innerhalb der fraglichen Gruppe hinausläuft. Damit würden sich auch die finanziellen und emotionalen Hyper-Investitionen von Eltern eindämmen lassen, die zu immer früheren Zusatzkursen greifen, um die *test scores* ihrer Kinder immer weiter in die Höhe zu treiben, was zur wachsenden Exklusion von Eltern führt, die weder über die dazu erforderlichen Mittel noch über den entsprechenden Kodex verfügen.[2] Es gibt kaum Zweifel, dass all diese Debatten, die größtenteils gerade erst anlaufen, in den kommenden Jahrzehnten eine zentrale Rolle spielen werden. Ihre Politisierung, die ihrerseits erst beginnt, könnte am Ende einen neuerlichen Strukturwandel des Bildungsgefälles zwischen den politischen Lagern befördern.[3]

Schließen wir mit dem besonderen Problem, das auf der Ebene der Primar- und Sekundar- wie der Hochschulbildung die Koexistenz privater und staatlicher Lehranstalten aufwirft. In der Praxis profitieren private Einrichtungen direkt oder aber indirekt, aufgrund eines besonderen Rechts- und Steuerstatus, von staatlicher Finanzierung. Und vor allem profitieren sie von der Umsetzung einer wesentlichen öffentlichen Leistung, nämlich dem Recht eines jeden einzelnen Kindes auf Bildung und Wissen. Unter diesen Bedingungen ist es unerlässlich, dass sie ebenso wie staatliche Einrichtungen der Regulierung unterliegen, im Hinblick auf die verfügbaren Mittel ebenso wie auf die Aufnahmeverfahren. Andernfalls wären alle Anstrengungen zur Durchsetzung

1 Siehe zum Beispiel den Fall der öffentlichen Gymnasien in Chicago und dazu G. Ellison, P. Pathak, «The Efficiency of Race-Neutral Alternatives to Race-Based Affirmative Action: Evidence from Chicago's Exam Schools», NBER, 2016.

2 Siehe L. E. Major, S. Machin, *Social Mobility and its Ennemies*, London: Pelican Book 2018.

3 Hoffentlich unter friedlicheren Bedingungen als sie Michael Young 1958 in seinem Buch *The Rise of Meritocracy* vorausgesagt hat. Siehe Kapitel 13, S. 891 f.

akzeptabler Gerechtigkeitsnormen im öffentlichen Sektor beim Übergang in den privaten Sektor unmittelbar hinfällig. In Frankreich verfügen private Schulen und Gymnasien über bedeutende öffentliche Mittel. Dazu kommen nicht nur die Mittel, die von zahlungskräftigen Eltern bereitgestellt werden. Dazu kommt vielmehr auch das Recht, nach Gutdünken zu entscheiden, welcher sozialen Herkunft die ausgewählten Schüler sind.[1] Das ergibt eine Mischung, die den Kriterien der Bildungsgerechtigkeit schwerlich genügt. In den Vereinigten Staaten weigern sich private Universitäten, die Regeln und Algorithmen offenzulegen, die über die Zulassung entscheiden, und verlangen, dass man ihnen aufs Wort glaubt, wenn sie beteuern, nur in Maßen von der Vorzugsbehandlung Gebrauch zu machen, die sie Kindern von Alumni und vermögenden Personen angedeihen lassen.[2] Auch das macht es nicht leichter, eine für alle akzeptable Gerechtigkeitsnorm zu schaffen.

Das schwindelerregende Wachstum, das vor allem aufgrund der sehr hohen Renditen, die sie an den internationalen Finanzmärkten erzielen, das Stiftungskapital der reichsten Universitäten in den letzten Jahrzehnten insbesondere in den USA erfahren hat, wirft ebenfalls besondere Probleme auf.[3] Um das grenzenlose Wachstum dieses Stiftungskapitals zu begrenzen, wird in der öffentlichen Debatte zuweilen diskutiert, ob man nicht den Pflichtteil, den die Universitäten von diesem Kapital jährlich ausgeben müssen, von derzeit 4–5 % (je nach Universität) auf 10–15 % anheben sollte. Das Problem ist, dass die reichsten Universitäten schon jetzt nicht recht wissen, wie sie ihr Geld ausgeben sollen. Umgekehrt leiden die staatlichen Universitäten und *colleges*, die den sozial benachteiligten Schichten offenstehen, unter chronischer Mittelknappheit.[4] Unter diesen Voraussetzungen wäre es eine relativ folgerichtige Politik, das Stiftungskapital der Universitäten mit einem progressiven Satz zu besteuern, um einen Fonds zur Ausstattung ärmerer Universitäten zu finanzieren. Natürlich gibt es keinen Grund dafür, dass dieser Steuersatz derselbe sein sollte, dem die Vermögen von Pri-

1 Siehe Kapitel 14, S. 944.

2 Siehe Kapitel 11, S. 676–678 und 15, S. 999–1005.

3 Siehe zu diesem Punkt Kapitel 11, S. 674 f. und T. Piketty, Das Kapital im 21. Jahrhundert, Kapitel 12, Tabelle 12.2.

4 Um den Kontext abzustecken, sei noch einmal daran erinnert, dass die elitärsten amerikanischen Universitäten mehr Studierende aus dem reichsten 1 % aufnehmen als aus den ärmsten 60 % der Einkommensverteilung. Siehe Kapitel 15, S. 1002 f.

vatpersonen unterliegen, da es sich um einen anderen Kontext und eine eigentümliche sozio-ökonomische Realität handelt, und es steht mir auch nicht zu, ihn hier festzulegen. Gleichwohl scheint mir, dass man über eine solche Frage nachdenken sollte. Es ist in der Tat schwer, sich ein Szenario vorzustellen, das zu gerechter Bildung in den Vereinigten Staaten führt, wenn man den Abgrund, der zwischen Eliteuniversitäten und armen Universitäten gähnt, unbegrenzt weiter wachsen lässt. Diese Frage ließe sich auch angesichts von nicht gewinnorientierten Stiftungen und Körperschaften in anderen Sektoren wie der Kultur, der Gesundheit oder den Medien stellen, und sie erfordert nach Maßgabe des Allgemeininteresses und der Weise, wie man es in den verschiedenen Fällen definiert, spezifische Antworten.[1]

Gerechte Demokratie: Gutscheine für demokratische Gleichheit

Alle historischen Entwicklungslinien, die wir in diesem Buch nachgezeichnet haben, belegen, wie eng die Struktur von Ungleichheiten mit der Form des jeweils herrschenden politischen Regimes verknüpft ist. Ob in den alten trifunktionalen Gesellschaften oder den Eigentümergesellschaften, die ihre Blüte im 19. Jahrhundert erleben, ob in Sklavenhalter- oder in Kolonialgesellschaften, stets ist es der Organisationsmodus politischer Macht, der eine bestimmte Art von Ungleichheitsregime fortbestehen lässt. Seit Mitte des 20. Jahrhunderts lebt man zuweilen in der Vorstellung, die politischen Einrichtungen westlicher Gesellschaften hätten in Gestalt der parlamentarischen Wahldemokratie eine Art unüberbietbarer Vollendung erreicht. In Wahrheit ist dieses Modell in hohem Maße verbesserungsfähig, und im Übrigen wird es mehr und mehr infrage gestellt.

Zu seinen offensichtlichsten Grenzen zählt die Unfähigkeit, den wachsenden Ungleichheiten zu begegnen. Ich habe in diesem Buch den Nachweis zu führen versucht, dass diese Schwierigkeiten aus einer langen und komplexen politischen und ideologischen Geschichte, aus der

1 Wenn es sich um Stiftungen handelt, von denen Familien oder Privatpersonen profitieren, dann liegt es auf der Hand, dass sie besteuert werden müssen wie anderes Privateigentum auch. Die Grenze lässt nicht immer bündig ziehen, und darum ist es wichtig, um nicht unter die normale Eigentumsteuer zu fallen, genaue Regeln zu definieren, die insbesondere über die Führungsstruktur der fraglichen Stiftungen Aufschluss geben (und über die Tatsache, dass sie sich nicht in den Händen ihrer großzügigen Stifter befinden).

Geschichte der Ungleichheitsregime verstanden werden müssen. Ihre Überwindung erfordert auch einschneidende Änderungen geltender politischer Regeln. So haben wir weiter oben festgehalten, dass die Schaffung sozialen und temporären Eigentums durch Aufteilung der Stimmrechte in Unternehmen und progressive Eigentumsteuern eine Modifikation rechtlicher Rahmenbedingungen und Verfassungsänderungen erfordern könnte. Solche Änderungen hat es übrigens anlässlich ebendieser Fragen in der Vergangenheit bereits gegeben. So im deutschen Grundgesetz von 1949, das Mitbestimmung und Sozialeigentum an Unternehmen ermöglicht hat. Oder im 16. Zusatzartikel zur Verfassung der Vereinigten Staaten von 1913, der zur Einführung einer Bundessteuer auf Einkommen und Erbschaften ermächtigte, die zu den progressivsten der Geschichte zählen sollte. In anderen Ländern haben andere Modifikationen der politischen Regeln eine ebenso bedeutsame Rolle beim Abbau von Ungleichheiten gespielt. Wäre nicht in Großbritannien das Vetorecht des House of Lords bei der Verfassungskrise von 1910–1911 beschnitten worden, wäre es auch nicht möglich gewesen, die progressive Eigentumsteuer einzuführen. Die französischen Sozial- und Steuerreformen von 1945 und 1981 hätten nur sehr schwer verabschiedet werden können, wäre es bei dem 1945–1946 von Sozialisten und Kommunisten erbittert bekämpften Vetorecht geblieben, das der Senat in der Dritten Republik besessen hatte. Dass es sich künftig anders verhalten könnte, ist eine irrige Vorstellung. Einen Strukturwandel der Ungleichheiten wird es auch in Zukunft nicht ohne Veränderungen des politischen Regimes geben können. Solche Regeländerungen auszuschließen, weil sie zu kompliziert seien, hieße die Lehren aus der Vergangenheit in den Wind zu schlagen und jede wirkliche Veränderung zu blockieren. Auf die Einstimmigkeitsregel in Steuerfragen und die Notwendigkeit einer Erneuerung der europäischen Konstruktion sind wir in Kapitel 16 bereits eingegangen. Wie sehr überhaupt die Art der Regeln und Verträge, von denen zwischenstaatliche Wirtschafts- und Sozialbeziehungen organisiert werden, der Änderung bedarf, wird uns weiter unten noch beschäftigen.

Besondere Aufmerksamkeit verdient heute ein anderer Aspekt des politischen Regimes, nämlich die Finanzierung des politischen Lebens und der Wahldemokratie. Theoretisch beruht das allgemeine Wahlrecht auf einem schlichten Prinzip: eine Frau (oder ein Mann), eine Stimme. In der Praxis aber können Finanz- und Wirtschaftsinteressen einen den politischen Prozess verzerrenden Multiplikationseffekt zeitigen, sei es direkt, durch Parteien- und Wahlkampffinanzierung, sei es indirekt, durch die Medien. Den Fall der nicht gewinnorientierten Mediengesellschaften haben wir oben schon angeführt. Er könnte zu einer Norm für die Organisation der Informationserzeugung werden, da er Presse- und Informationsorganen eine sehr viel größere Unabhängigkeit gegenüber ihren Geldgebern einräumt (und dank der Deckelung der Stimmrechte vor allem gegenüber den Großaktionären).[1] Aber dringlich ist auch die Frage der direkten Politikfinanzierung. Aus naheliegenden Gründen kann sie die Prioritäten von Parteien und politischen Bewegungen in andere Richtungen lenken. Und sie kann auch die Verabschiedung von geeigneten Maßnahmen im Kampf gegen Ungleichheit erheblich erschweren – man denke nur an die oft erbitterte Feindschaft, mit der die Wohlhabendsten der Einführung einer progressiveren Besteuerung begegnen.

Dieses Problem der Politikfinanzierung ist nie wirklich durchdacht worden. Gewiss haben viele Länder Ansätze zu einer Gesetzgebung entwickelt, die der Macht privaten Geldes in der Politik Grenzen setzen sollte. Und sie haben auch schüchterne Versuche unternommen, öffentliche Systeme der Parteienfinanzierung ins Leben zu rufen, wie Deutschland in den 1950er, die Vereinigten Staaten und Italien in den 1970er und 1980er, Frankreich schließlich in den 1990er Jahren. Aber es ist bestürzend, wie lückenhaft und unvollständig diese Systeme geblieben sind, und wie wenig sie vor allem aufeinander aufgebaut haben. Anders als auf anderen Gebieten der Gesetzgebung der Staaten, die vielleicht mehr ins Auge fallen und auf denen es rascher zu Synergie- und Lerneffekten unter ihnen kam (wie in gewisser Weise, im Guten wie im Schlechten, bei der progressiven Steuer), haben die Länder die Gesetze, die sich mit der Rolle des Geldes in der Politik befassen, fast völlig unabhängig voneinander beschlossen. Die jüngst von Julia Cagé vorgelegten Arbeiten belegen, wie lehrreich eine sorgfältige Unter-

1 Siehe J. Cagé, *Rettet die Medien. Wie wir die vierte Gewalt gegen den Kapitalismus verteidigen*, a. a. O. Die Unterstützung neuer partizipativer, unter Beteiligung und Mitbestimmung der Bürger entwickelter Medien müsste auch mit einer öffentlichen Kontrolle (oder zumindest sehr starken Regulierung) von Internetplattformen mit Quasi-Monopolstellung einhergehen, und mit der Aufstellung extrem strenger Regeln, die den gesponserten Inhalten und der schrankenlosen Ausbreitung der Werbung (die unterdessen schon die Fassaden historischer Denkmäler vermüllt) entgegentreten, sowie schließlich mit der Förderung einer demokratischen und egalitären Gesprächskultur.

suchung dieser bewegten Geschichte ist. Die Analyse der bislang erprobten Maßnahmen zeigt, dass ein besonders aussichtsreiches System das der «Gutscheine für demokratische Gleichheit» ist.[1]

Die Idee ist, dass jeder Bürger einen Gutschein mit demselben Betrag erhält, zum Beispiel 5 Euro jährlich, die er einer Partei oder politischen Bewegung seiner Wahl spenden kann. Die Wahl könnte online erfolgen, zum Beispiel bei Abgabe der Einkommen- und Vermögensteuererklärung. Wählbar wären nur Bewegungen, die von einem bestimmten Minimalprozentsatz der Bevölkerung, zum Beispiel von 1 %, unterstützt würden. Bei Personen, die sich für keine politische Bewegung entscheiden möchten (oder für eine, die eine zu schwache Unterstützung erfährt) würde der Betrag anteilig auf die von anderen Bürgern unterstützten Bewegungen oder Parteien umgelegt.[2] Dieser Punkt ist wichtig, da das Fehlen einer entsprechenden Regelung in Anbetracht der zu großen Zahl derer, die keine Lust haben, zur Parteienfinanzierung beizutragen, zum Scheitern von Systemen öffentlicher Finanzierung führt, wie sie namentlich in den Vereinigten Staaten erprobt wurden. Demokratie ist keine vermeidbare Option, und wenn manche sich nicht engagieren möchten, dann sollte das die (nicht sehr umfangreiche) öffentliche Finanzierung nicht schmälern. Begleitet würde dieses System der Gutscheine für demokratische Gleichheit von einem Totalverbot aller Parteispenden von Unternehmen oder anderen Körperschaften (das in vielen europäischen Ländern, zum Beispiel in Frankreich, ohnehin schon gilt) und einer radikalen Deckelung der Spenden und Beiträge von Privatpersonen (die Julia Cagé vorschlägt, auf 200 Euro jährlich zu begrenzen). Dieses neue System zur Finanzierung des politischen Lebens ginge auch mit extrem strengen Auflagen einher, die Parteien erfüllen müssten, wenn sie Kandidaten aufstellen wollen, und die sowohl die Veröffentlichung ihrer Bücher als auch die Transparenz ihrer mitunter extrem undurchsichtigen Statuten und internen Führungsregeln beträfe.

---

1 Siehe J. Cagé, *Le Prix de la démocratie. a. a. O.* Ich möchte dem Leser nicht vorenthalten, dass Julia Cagé meine Lebensgefährtin ist, was sie nicht daran hindert, vorzügliche Bücher zu schreiben, und mich nicht daran, diese Bücher mit einem kritischen Auge zu lesen.

2 Um die Entstehung neuer Bewegungen zu fördern, könnte man sich auch vorstellen, dass die Bürger zwei Präferenzen angeben, deren erste gilt, wenn die fragliche Bewegung die 1 %-Hürde nimmt, und deren zweite gilt, wenn dem nicht so ist.

Für eine partizipative und egalitäre Demokratie

Zentrales Anliegen der Gutscheine für demokratische Gleichheit ist die Förderung einer partizipativen und egalitären Demokratie. Gegenwärtig sorgt das Gewicht privater Parteienfinanzierung für eine erhebliche Verzerrung politischer Prozesse. Das gilt vor allem für die Vereinigten Staaten, wo die staatlichen Regeln (die immer schon unzulänglich waren) im Lauf der letzten Jahrzehnte von der Rechtsprechung des Supreme Court kassiert worden sind. Aber es gilt auch für die Wahldemokratien der Schwellenländer wie Indien und Brasilien. Und es gilt für Europa, wo die geltenden Regeln ebenfalls nicht ausreichen, ja manchmal haarsträubend sind. Besonders deutlich zeigt sich das in Frankreich, wo Parteispenden von Privatpersonen bis zu einer Obergrenze von 7500 Euro pro Jahr zulässig sind und überdies eine Steuerminderung in Höhe von zwei Dritteln des gespendeten Betrags nach sich ziehen (macht 5000 Euro bei einer Spende von 7500 Euro). Es verwundert nicht, dass es in der Hauptsache sehr wohlhabende Steuerzahler sind, insbesondere aus dem obersten Perzentil der Einkommensverteilung, die sich dieser Obergrenze nähern. Man lässt, anders gesagt, die politischen Präferenzen der Reichsten geradewegs und unverhohlen vom Rest der Bevölkerung bezuschussen. Und die Summen, um die es dabei geht, sind alles andere als unerheblich. Die Gesamtsumme der Steuernachlässe für Spenden an Parteien und politische Organisation beläuft sich auf 60–70 Millionen Euro jährlich. Das entspricht annähernd der Gesamtsumme, die den politischen Parteien (proportional zur Anzahl der bei den letzten Parlamentswahlen errungenen Stimmen und Sitze)[1] von der öffentlichen Parteienfinanzierung in Frankreich gewährt wird. Das derzeit in Frankreich geltende System läuft also,

1 Siehe J. Cagé, *Le Prix de la démocratie*, a. a. O. Angesichts der Ungereimtheiten der Regelwerke zu diesen Fragen ist man verblüfft, was sich die einzelnen Länder zusammengebastelt haben, ohne von den Anstrengungen der anderen zu lernen. Frankreich zum Beispiel hat einerseits Spenden juristischer Personen untersagt und andererseits das unglaubliche System der Direktsubvention der politischen Präferenzen der Reichsten ersonnen (das es auch in anderen Ländern in Form der Abzüge vom steuerpflichtigen Einkommen gibt, aber gemeinhin in weniger extremer Form). Deutschland wiederum hat nach dem Krieg ein neuartiges System der öffentlichen Finanzierung von Parteien und parteinahen Stiftungen ins Leben gerufen, die politische Ideen und Programme entwickeln sollen. Aber zugleich hat Deutschland es versäumt, Spenden juristischer Personen zu verbieten. Das führt dazu, dass alle Parteien von sämtlichen großen deutschen Unternehmen subventioniert werden, und vielleicht haben

konkret gesprochen, darauf hinaus, 2–3 Euro pro Jahr und Bürger an die staatliche Parteienfinanzierung zu wenden, ergänzt durch Steuererleichterungen von bis zu 5000 Euro, um die Vorlieben der Reichen zu subventionieren. Mit den Gutscheinen für demokratische Gleichheit ließen sich die an Parteispenden geknüpften Steuererleichterungen vollständig abschaffen und die dadurch gewonnenen Summen auf egalitäre Weise nutzen. Verglichen mit dem derzeitigen System, das sich auf die Ergebnisse der letzten Wahlen stützt, würde der Vorschlag darüber hinaus eine reaktionsschnellere Beteiligung der Bürger und eine stärkere Erneuerung von Parteien und politischen Bewegungen zulassen.

Die Logik der Gutscheine für demokratische Gleichheit könnte, wie Julia Cagé zu bedenken gibt, nicht nur für die Finanzierung des politischen Lebens, sondern auch für andere Fragen fruchtbar gemacht werden. Vor allem könnte ein solches System die bestehenden Systeme der Steuererleichterungen und Steuerabzüge für Spenden ersetzen, die ihrerseits darauf hinauslaufen, die kulturellen oder philanthropischen Vorlieben der Reichen vom Rest der Steuerzahler subventionieren zu lassen. Man könnte die Beträge, die derzeit für diese verschiedenen Steuererleichterungen und Steuerabzüge anfallen, einer Reallokation in Form von Gutscheinen in gleicher Höhe für alle Steuerzahler zuführen. Die Frage, welche Vereine oder Stiftungen und welche Tätigkeitsfelder (Gesundheit, Kultur, Armutsbekämpfung, Bildung, Medien etc.) als Empfänger dieser Spenden in Betracht kämen, ließe sich nur in ausgedehnten Debatten klären. Dieser Mechanismus könnte auch hilfreich sein, um die heikle Frage der Finanzierung der Glaubensgemeinschaften zu überdenken.[1]

---

die Positionen, die im Land zu Themen wie Exporten und dem enormen deutschen Handelsüberschuss vertreten werden, auch damit etwas zu tun.

1 Derzeit haben die Steuerzahler in bestimmten Ländern wie Italien die Möglichkeit, dem Staat anzugeben, welcher Religion sie einen Teil ihrer Steuern (derzeit in der Höhe von 8 %) zugutekommen lassen möchten, während in anderen Ländern wie Deutschland die Steuerbehörde insofern dabei behilflich ist, die Kirchensteuer einzutreiben, als die Steuerpflichtigen eine Zusatzsteuer zahlen, wenn sie ihre Steuererklärung abgeben (die also anders als im italienischen System zu ihrer Steuer hinzukommt). Bemerkenswert ist, dass in beiden Fällen der Islam aus dem System ausgeschlossen ist (und im italienischen System Muslime *de facto* andere Religionen subventionieren). Der offizielle Grund lautet, dass die öffentlichen Stellen keine passende Organisation ausmachen können. Siehe F. Messner, *Public Funding of Religions in Europe*, Farnham: Ashgate 2015. Siehe auch J. Cagé, *Le Prix de la démocratie*, a. a. O., S. 77–78. In Frankreich ist das System besonders heuchlerisch: Die Religionen kommen offiziell gar nicht in den Genuss öffentlicher Finanzierung, ausgenommen Kultstätten, die vor

Die Frage nach dem Umfang der Mittel, die einem solchen System von Rechts wegen bewilligt werden sollten, ist ebenso wichtig, und es steht mir nicht zu, hier eine Antwort zu geben. Entsprächen die fraglichen Summen einem bedeutenden Anteil der Pflichtabgaben, so hätten wir es mit einer hochentwickelten Form von direkter Demokratie zu tun, die es den Bürgern erlauben würde, über einen substanziellen Teil des öffentlichen Haushalts selbst zu entscheiden. Dabei handelt es sich um einen der aussichtsreichsten Wege, die Bürger die Hoheit über einen demokratischen Prozess zurückerobern zu lassen, der oft nicht ausreichend (oder nicht ausreichend rasch) auf den Bürgerwillen zu reagieren scheint.[1] In der Praxis bietet freilich das System der parlamentarischen Beschlussfassung einen unverzichtbaren Rahmen, um über den größten Teil der Allokation öffentlicher Mittel zu befinden. Das Feld der direkten Demokratie muss ausgedehnt werden, in Gestalt partizipativer, von den Bürgern mitbestimmter Haushalte und egalitärer Gutscheine ebenso wie durch Referenden.[2] Dass aber der mit der parlamentarischen Demokratie verknüpfte Rahmen der Beratung und Beschlussfassung schlicht und einfach ersetzt werden könnte, scheint unwahrscheinlich. Der Geist, den die Gutscheine für demokratische Gleichheit atmen, legt es eher

---

1905 erbaut wurden (bei denen es sich eben weitgehend um katholische Kirchen handelt) sowie die privaten Schulen und Gymnasien, die es schon gibt (die eben weitgehend katholisch sind). Fügen wir noch hinzu, dass die besonderen Systeme der Finanzierung der Glaubensgemeinschaften durch Steuerzahler, die es im Elsass und im Département Moselle gibt, den Islam ebenso ausschließen wie das landesweite System.

1 Festzuhalten ist auch, dass der steuerliche Anreiz für politische und philanthropische Spenden *de facto* darauf hinausläuft, den Reichen größeres Gewicht in der Definition des Gemeinguts einzuräumen und einer Art Zensussystem gleichkommt. Der Übergang zu einem auf egalitären Gutscheinen beruhenden System wäre eine deutliche Verbesserung. Steuerzahlern, die sich nicht zu einer philanthropischen Spende entschließen mögen, könnte man auch die Möglichkeit eröffnen, dass ihre Gutscheine im Sinne derer, die eine Wahl getroffen haben, oder im Sinne der durchschnittlichen Mittelzuteilung verwendet werden, die von der Nationalversammlung beschlossen wird.

2 Wir haben allerdings am Fall des Brexit ebenso wie an den Debatten über so komplexe und schwerwiegende Problem wie den Schuldenerlass gesehen, dass Referenden nicht hilfreich sind, wenn nicht im Voraus die Alternativen und die im einen wie im anderen Fall anstehenden Maßnahmen deutlich beim Namen genannt werden, was nur im Rahmen einer gründlichen Debatte geschehen kann. In der Praxis kann die Illusion der direkten Demokratie ohne Versammlung und Vermittler zu Formen der Machtanmaßung führen, die noch extremer sind als die, denen man abhelfen wollte. Vor allem muss man die Modi der Finanzierung von Referendumskampagnen genau festlegen, die andernfalls von den Lobbys und Finanzinteressen gekapert werden können. Das alles sind Fragen, die sich bewältigen lassen, aber sie wollen sorgfältig durchdacht werden.

darauf an, die parlamentarische Demokratie dynamischer und partizipativer zu gestalten, indem allen Bürgern, ganz gleich, welcher sozialen Herkunft sie sind und über welche Geldmittel sie verfügen, die Möglichkeit eingeräumt wird, dauerhaft an der Erneuerung politischer Bewegungen und kollektiver Organisationen zu partizipieren. Daraus mögen Plattformen und Programme entstehen, die dann Gegenstand der Beratung und Beschlussfassung in gewählten Versammlungen sind.[1]

Gerechte Grenzen. Über den globalen Sozialföderalismus nachdenken

Kommen wir nun zur zweifellos heikelsten Frage, die eine Definition der gerechten Gesellschaft aufwirft, zur Frage der gerechten Grenze. Die heutige Weltordnung beruht auf Grundannahmen, an die wir uns so sehr gewöhnt haben, dass sie uns zuweilen unhintergehbar scheinen, obwohl sie in Wahrheit einem sehr spezifischen politisch-ideologischen Regime entsprechen. Auf der einen Seite glaubt man, Beziehungen zwischen Ländern müssten auf dem denkbar freiesten Güter-, Dienstleistungs- und Kapitalverkehr beruhen, und Länder, die diese Regeln ablehnten, hätten sich damit aus der zivilisierten Welt gleichsam ausgeschlossen. Auf der anderen Seite aber glaubt man genauso, politische Entscheidungen innerhalb der Länder und namentlich alle Beschlüsse zu ihrem Steuer-, Sozial- oder Rechtssystem gingen nur diese Länder selbst etwas an und seien Sache einer strikt nationalen Souveränität. Das Problem ist, dass diese Grundannahmen sich unmittelbar in immer größere Widersprüche verstricken und die fortschreitende Globalisierung, so wie sie heute beschaffen ist, ein für alle Mal aus der Bahn zu werfen drohen. Die Lösung ist, die Globalisierung anders zu organisieren, das heißt die bestehenden Handelsabkommen durch sehr viel ehrgeizigere zu ersetzen, die ein gerechtes und nachhaltiges Entwicklungsmodell auf

1 Der Vorschlag sieht zugleich die Einführung von Sozialquoten vor, wie man sie etwa in Indien findet, um eine bessere Vertretung der verschiedenen sozialen Herkünfte in den parlamentarischen Versammlungen zu verbürgen. Siehe J. Cagé, *Le Prix de la démocratie*, a. a. O. Der Losentscheid kann ebenfalls für eine sozial diversifizierte Partizipation an beratenden Versammlungen sorgen, ohne die mit den Quoten potenziell einhergehende Stigmatisierung, aber um den Preis einer Absage an unser kollektives Vermögen, die Personen zu wählen (auch innerhalb von Gruppen gleicher sozialer Herkunft), denen wir zutrauen, uns am besten zu vertreten. In größerem Umfang praktiziert, wäre dies eine eher nihilistische Lösung.

den Weg bringen wollen und überprüfbare gemeinsame Ziele einschließen (namentlich hinsichtlich gerechter Besteuerung und CO_2-Reduktion) – Ziele, die nötigenfalls in Verfahren demokratischer Beratung und Beschlussfassung (im Rahmen transnationaler Versammlungen) an neue Bedingungen angepasst werden können. Diese Verträge über eine gemeinsame Entwicklung neuen Typs könnten, wo dies notwendig ist, Maßnahmen einschließen, die Handelsbeziehungen erleichtern. Aber die Frage der Waren- und Finanzströme darf nicht länger in ihrem Zentrum stehen. Handel und Finanzwesen müssen werden, was sie immer schon hätten sein sollen: ein Mittel im Dienst höherer Zwecke.

Zu den offenkundigsten Widersprüchen des heutigen Systems zählt, dass der freie Güter- und Warenverkehr auf eine Weise geordnet ist, die es den Staaten ganz erheblich erschwert, ihre Steuerpolitik und Sozialpolitik selbst zu bestimmen. Weit davon entfernt, den neutralen Rahmen zu bieten, den sie abzustecken behaupten, üben die derzeit geltenden internationalen Regeln vielmehr Zwang auf die nationalen Souveräne aus und nötigen sie, eine bestimmte Politik zu betreiben. So haben wir insbesondere gesehen, dass die seit den 1980er und 1990er Jahren geschlossenen Abkommen über die Liberalisierung der Kapitalströme keinerlei Mechanismen zur Fiskalkooperation und zur automatischen Übermittlung von Informationen vorsehen, mittels derer sich die Spur grenzüberschreitender Finanzströme und ihrer Eigentümer verfolgen ließe.[1] Dies ist zumal in Europa der Fall, das sich auf sehr weitreichende Weise an die Spitze dieser globalen Bewegung gesetzt und Regeln aufgestellt hat, die de facto Staaten daran hindern, Maßnahmen gegen Strategien der Steuervermeidung und Regelverletzungen durch Offshore-Konstruktionen zu ergreifen (oder sie zumindest zwingen, die bestehenden Verträge aufzukündigen, wenn sie angemessene Sanktionen verhängen wollen).[2] In der Wahl dieser spezifischen

1 Siehe Kapitel 11, S. 692–700 und 13, S. 852–856.

2 Zum Beispiel könnten die oben beschriebenen Erklärungspflichten für Eigentümer von Wohnimmobilien und Unternehmen auf französischem Boden unter Berufung darauf zurückgewiesen werden, sie würden durch zu strenge Auflagen den freien Kapitalverkehr behindern. Es ist jedoch dringlich, dass sämtliche Körperschaften, die Vermögenswerte halten (wie immer ihre Rechtsform aussieht), sehr strengen Transparenzregeln unterworfen werden. Auch darf es nicht länger die Möglichkeit geben, Gesellschaften in Ländern und Rechtsräumen zu registrieren, in denen in Wahrheit gar keine Wirtschaftstätigkeit stattfindet. Derzeit spielen die Kollisionsnormen (das heißt die Rechtsvorschriften, die greifen, wenn Körperschaften in die Zuständigkeit mehrerer Rechtssysteme fallen) massiv Gesellschaften in die

Rechtsordnung spricht sich nicht nur der bewusste Wille bestimmter Akteure aus, den Steuerwettbewerb zwischen den europäischen Staaten (die ihnen als zu überhöht gelten) zu verschärfen. Sie ist auch die Folge einer gewissen Improvisiertheit von Beschlüssen, bei denen man in den 1980er und 1990er Jahren noch nicht abzusehen vermochte, welche weitreichenden Konsequenzen sie in den kommenden Jahrzehnte insbesondere für die Entstehung von Steueroasen und Offshore-Finanzen haben sollten. Kurzum: Diese Abkommen wurden in einem anderen Zeitalter geschlossen, in einem Augenblick, da man sich anders als heute über die Exzesse des Finanzkapitalismus und die Risiken identitärer und nationalistischer Abschottung noch keine Sorgen machte.

Die Fiktion einer strikt nationalen Souveränität sozial- und fiskalpolitischer Entscheidungen wird aber auch dadurch untergraben, dass Gerechtigkeit immer häufiger als transnationale gedacht werden muss. Wenn aus reichen Ländern Entwicklungshilfemittel (die übrigens nicht ausreichen und häufig nicht bedarfsgerecht sind) in arme Länder fließen, dann stecken dahinter nicht bloß handfeste Interessen, wie zum Beispiel das Ziel, Migrationsströme einzudämmen. Diese Hilfen gibt es vielmehr auch, weil die Bewohner der reichen Länder (oder doch ein Teil von ihnen) denken, dass es ungerecht ist, wenn Menschen, die in armen Ländern geboren wurden, sehr viel geringere Chancen haben als sie selbst, und dass diese ungerechte Ungleichheit zumindest bis zu einem bestimmten Punkt und solange die Kosten nicht zu hoch sind, zurechtgerückt werden muss. Diese Überzeugungen sind vielschichtig und schwankend, auch in Anbetracht der Tatsache, dass die meisten nur begrenzte Informationen darüber haben, in welchem Umfang sich Entwicklungshilfe auch tatsächlich in erfolgreichen Entwicklungsstrategien niederschlägt. In dieser Hinsicht ist es verblüffend, dass die Zahl, die derzeit als Zielvorgabe in Sachen Entwicklungshilfe gilt, nämlich 1 % des eigenen Bruttonationaleinkommens für sie aufzuwenden, zwar

Hände, die über die Mittel verfügen, diese Art der Umgehung vor dem Hintergrund der Tatsache zu organisieren, dass die Länder sie häufig ihre Geschäftstätigkeit von Rechtsträgern aus organisieren lassen, die sie in der Folge keinen Regeln unterwerfen können. Fügen wir hinzu, dass der Europäische Gerichtshof die Regeln der Kapitalmobilität (die zum Teil im Maastrichter Vertrag nicht hinreichend deutlich formuliert wurden) wiederholt sehr streng ausgelegt und zum Beispiel verfügt hat, Deutschland müsse aufhören, die sogenannte «Sitztheorie» anzuwenden, nach der es zum Beispiel die juristische Person eines in den Niederlanden gegründeten Unternehmens nicht anerkennt. Siehe K. Pistor, *The Code of Capital. How the Law Creates Wealth and Inequality*, a. a. O.

keine außergewöhnlich großzügige Norm darstellt, aber doch Summen einschließt, die verglichen mit Transfers desselben Typs alles andere als unerheblich sind.[1]

Der Sinn für transnationale und globale Gerechtigkeit spielt eine wachsende Rolle in Debatten über die Umwelt, das Anthropozän, die Biodiversität und den Klimawandel. Die zur Begrenzung der Erderwärmung unternommenen Anstrengungen sind zweifellos unzulänglich. Dass aber bestimmte Länder oder Weltregionen ihre Emissionen reduzieren könnten, ohne darauf zu warten, dass der Rest der Welt es ihnen gleichtut, das wäre in einer Welt, in der jeder sich nur um sich selbst oder sein Land sorgt, schwer verständlich zu machen. Die einschlägigen Debatten sind indessen alles andere als frei von Heuchelei und Ungereimtheiten. Im Dezember 2015 haben 196 in Paris versammelte Länder sich auf das theoretische Ziel geeinigt, die Erderwärmung auf weniger als 1,5 Grad gegenüber dem vorindustriellen Stand zu begrenzen. Das würde insbesondere erfordern, dass man zahlreiche Kohlenwasserstoffe im Boden lässt. Zum Beispiel jene, die aus Teersanden in Alberta gewonnen werden, deren Abbau Kanada jüngst hat wieder anlaufen lassen. Die Europäische Union hat sich davon nicht davon abhalten lassen, 2016 ein Handelsabkommen mit Kanada abzuschließen, CETA, das alle erdenklichen verbindlichen Maßnahmen zur Liberalisierung des Handels und der Investitionen festhält, aber nicht eine einzige, die an Umwelt- oder Steuerfragen rühren würde. Dabei wäre es durchaus möglich gewesen, Emissionsziele oder gemeinsame Mindeststeuersätze für Unternehmensgewinne festzusetzen und dafür zu sorgen, dass die Vorgaben eingehalten werden, indem man Prüf- und Sanktionsmechanismen einführt, wie man es doch in Handels- oder Finanzangelegenheiten ohne Zögern tut.[2]

---

1 Die Entwicklungshilfe erreicht 1 % des Bruttonationaleinkommens in Schweden, 0,7 % in Großbritannien und 0,4 % in Deutschland und Frankreich. Offiziell gilt das von der OECD festgesetzte 0,7 %-Ziel, aber implizit dient der von Schweden erreichte Wert häufig als neue Vorgabe. Diese Beträge liegen über jenen Nettotransfers dieser Länder an die EU (etwa 0,2–0,3 % des Bruttonationaleinkommens), die anzuprangern in den Debatten über den Brexit eine nicht unerhebliche Rolle gespielt hat. Siehe Kapitel 12, S. 800 f. und 15, S. 1054. Das deutet darauf hin, dass die Ströme je nach Entwicklungsstand des Empfängerlandes unterschiedlich wahrgenommen werden und vielleicht auf größere Zustimmung stoßen, wenn es darum geht, einem Land zu helfen, das als besonders arm gilt.

2 CETA ist die Abkürzung für *Comprehensive Economic and Trade Agreement* («Umfassendes Wirtschafts- und Handelsabkommen»). Der Name will zu verstehen geben, dass es sich nicht bloß um ein klassisches Handelsabkommen handelt, sondern um eines, das auch

Der schärfste Widerspruch zwischen den herrschenden Organisationsformen der Globalisierung und Vorstellungen von transnationaler Gerechtigkeit tut sich selbstverständlich in der Frage des freien Personenverkehrs auf. Im Rahmen des herrschenden Paradigmas sind die zivilisierten Staaten aufgefordert, sich dem absolut freien Güter-, Dienstleistungs- und Kapitalverkehr anzubequemen, aber es steht ihnen völlig frei, sich dem freien Personenverkehr nach Gutdünken zu verweigern, sodass diese Frage fast schon zum letzten statthaften Gegenstand politischer Auseinandersetzung geworden ist. Es ist kennzeichnend für die Europäische Union, dass sie Personenfreizügigkeit in ihrem Innern eingeführt hat, während sie zugleich sehr viel restriktiver gegenüber Personen geblieben ist, die aus Afrika oder dem Nahen Osten kommen, und zwar auch dann, wenn letztere vor Krieg und Elend fliehen. Seit der Flüchtlingskrise von 2015 haben die meisten europäischen Regierungschefs die Vorstellung unterstützt, die Ströme müssten eingedämmt werden, ganz gleich um welchen Preis, und sei es auch der, Zehntausende von Menschen im Mittelmeer ertrinken zu lassen, um ein starkes Signal der Entmutigung an all die auszusenden, die da noch kommen mögen.[1] Ein Teil der europäischen Meinung erkennt sich in dieser Politik nicht wieder. Andere Teile der Öffentlichkeit legen dagegen eine große Feindseligkeit gegenüber außereuropäischen Migranten an den Tag und leisten so den nativistischen und identitären politischen Bewegungen Gefolgschaft, die seit den 1980er und 1990er Jahren in Europa auf den Plan getreten sind, um Spannungen zwischen Identitäten auszuschlachten, und damit zu einem deutlichen Strukturwandel der politischen Konfliktlinien beigetragen haben. Wir wir sehen konnten, hat dieser Strukturwandel aber lange vor den politischen Konflikten eingesetzt, die sich an der Frage der Migration entzünden sollten, und verdankt sich mehr noch als den migrationsfeindlichen Einstellungen der Preisgabe jeder ehrgeizigen Politik der Umverteilung und des Abbaus von Ungleichheiten.[2]

Maßnahmen enthält, die es in ein «umfassendes» Wirtschaftsabkommen verwandeln. In der Praxis sind damit im Wesentlichen zusätzliche Maßnahmen zum «Investitionsschutz» gemeint (wie die Möglichkeit, staatliche Gerichtsbarkeiten zu umgehen und bei Rechtsstreitigkeiten mit den Staaten private Schiedsgerichtsbarkeiten anzurufen). Ganz offenbar gibt es widersprüchliche Auffassungen davon, wie die Verträge gestaltet werden sollten.

1 Die IOM (Internationale Organisation für Migration) zählt offiziell 19 000 Migranten, die zwischen 2014 und 2018 im Mittelmeer ertrunken sind. Siehe www.iom.int.

2 Siehe Kapitel 14–15.

Gerechtigkeitsvorstellungen sprechen sich also durchaus auf transnationaler Ebene aus, ob in der Entwicklungshilfe, im Klimaschutz oder der Verteidigung der Personenfreizügigkeit. Diese Vorstellungen bleiben oft vage und widersprüchlich, aber entscheidend ist, dass sie nicht für alle Ewigkeit in Stein gemeißelt, sondern historisch und politisch konstruiert sind.

Für eine transnationale Gerechtigkeit

Wie lässt sich, geht man von diesen Bausteinen aus, Gerechtigkeit auf transnationaler Ebene definieren? Eine Antwort auf diese Frage fällt leichter, beginnt man mit Ländern, die wie die europäischen annähernd das gleiche Entwicklungsniveau haben. Das vorherige Kapitel hat gezeigt, wie ein Sozialföderalismus auf der Ebene der Europäischen Union funktionieren könnte.[1] Dessen Grundprinzip lautet, dass eine transnationale Versammlung (in diesem Fall die Europäische Versammlung) damit betraut wird, gemeinsame Entscheidungen über globale Gemeingüter wie Klima, Forschung oder globale Steuergerechtigkeit zu treffen, und die Möglichkeit hat, gemeinsame Steuern auf die höchsten Einkommen und Vermögen, die größten Unternehmen und CO_2-Emissionen zu erheben (siehe Tabelle 17.2). Diese transnationale Versammlung könnte aus Mitgliedern nationaler Parlamente der Mitgliedstaaten oder aus eigens gewählten transnationalen Abgeordneten oder aus einer Mischung beider bestehen. Für den europäischen Fall habe ich darauf hingewiesen, dass es ratsam sein mag, eine europäische parlamentarische Souveränität zu schaffen, die sich in der Hauptsache auf die nationalen parlamentarischen Souveränitäten stützt. Durch Einbeziehung nationaler Abgeordneter in den politischen Prozess ließe sich auch vermeiden, dass diese sich in einer Protesthaltung verschanzen, die am Ende das ganze Projekt scheitern lassen könnte. Aber es versteht sich, dass es mehr als eine Weise gibt, eine transnationale Versammlung aufzubauen, und dass es auch vom Kontext abhängt, welche Lösungen beschlossen und erprobt werden können.

Wir haben ebenfalls für den europäischen Fall gesehen, wie extrem heikel die Frage der Transfers selbst unter der Voraussetzung ist, dass es sich um Länder mit nahezu identischen Durchschnittseinkommen han-

---

1 Siehe Kapitel 16, S. 1093–1126.

Tabelle 17.2.
Eine neue Weltorganisation: die transnationale Demokratie

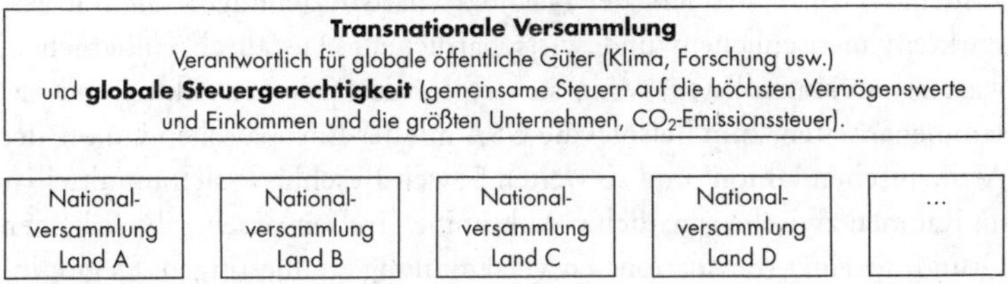

Transnationale Versammlung Verantwortlich für globale öffentliche Güter (Klima, Forschung usw.) und **globale Steuergerechtigkeit** (gemeinsame Steuern auf die höchsten Vermögenswerte und Einkommen und die größten Unternehmen, CO_2-Emissionssteuer).				
Nationalversammlung Land A	Nationalversammlung Land B	Nationalversammlung Land C	Nationalversammlung Land D	...

Im vorgeschlagenen Organisationsschema sehen die zwischen den beteiligten Staaten und Regionen geschlossenen Verträge, die die Globalisierung regeln (Waren-, Kapital- und Personenverkehr), künftig die Einrichtung einer transnationalen Versammlung vor, zuständig für globale öffentliche Güter (Klima, Forschung usw.) und globale Steuergerechtigkeit (gemeinsame Steuern auf die höchsten Vermögenswerte und Einkommen und die größten Unternehmen, CO_2-Emissionssteuer).

Anmerkung: Bei den Ländern A, B, C, D kann es sich um Staaten wie Frankreich, Deutschland, Italien, Spanien usw. handeln, in diesem Fall wäre die transnationale Versammlung die Europäische Versammlung; oder die Länder A, B usw. können regionale Vereinigungen wie die Europäische Union, die Afrikanische Union usw. darstellen, in diesem Fall wäre die transnationale Versammlung die einer Vereinigten Europäisch-Afrikanischen Union. Die transnationale Versammlung kann sich aus Stellvertretern der nationalen Versammlungen und/oder speziell für diesen Zweck gewählten transnationalen Stellvertretern zusammensetzen.

delt, wie Deutschland und Frankreich es im Weltmaßstab sind. Das könnte es rechtfertigen, um der allmählichen Herstellung eines Vertrauensverhältnisses willen den Umfang der Transfers, so lange es nötig ist, strikt zu begrenzen. Es steht zu hoffen, dass die Tragweite gemeinsamer Projekte und geteilter Ziele, die namentlich Umwelt und Klima, Forschung und Erzeugung neuen Wissens, Gerechtigkeit und Ungleichheitsbekämpfung betreffen, am Ende die Bilanzierung grenzüberschreitender Transfers in den Hintergrund treten lassen wird. Es gibt, allgemein gesprochen, keinen in der Natur der Dinge liegenden Grund, weshalb zwischen Bayern und Niedersachsen oder zwischen Bretonen und Bewohnern der Île-de-France die Solidarität größer sein sollte als die Solidarität zwischen letzteren und Piemontesen oder Katalanen. Keine dieser Solidaritäten ist naturwüchsig. Sie wurden historisch und politisch konstruiert und haben durch gemeinsame Erfahrungen und Errungenschaften den Beweis angetreten, dass die Vorzüge der Inklusion in ein und dieselbe Gemeinschaft die Logiken der Grenze zurücktreten lassen.[1]

1 Siehe zur Konstruktion imaginärer Gemeinsamkeiten am Ursprung der Nationalstaaten im Zuge der Verbreitung des Buchdrucks das klassische Buch von B. Anderson, *Imagined Communities. Reflection on the Origins and Spread of Modern Nationalism*, London: Verso 1983.

Dieses Modell einer transnationalen Demokratie, das wir im europäischen Maßstab beschrieben haben, ließe sich auch auf größere Strukturen ausdehnen. In Anbetracht der Nachbarschaftsbeziehungen, die mit verstärktem menschlichem und wirtschaftlichem Austausch einhergehen, wäre es am sinnvollsten, wenn sich regionale Einheiten bilden und zusammenarbeiten, zum Beispiel die USA mit der Europäischen Union, der Afrikanischen Union[1] und so weiter. Soweit Beschlüsse sich unmittelbar im Rahmen zwischenstaatlicher Abkommen treffen lassen, gibt es keinen Grund, sie einer transnationalen Versammlung zu übertragen. Es gibt indessen eine ganze Reihe von Beschlüssen, die fortlaufend präzisiert und revidiert, vor allem aber Gegenstand öffentlicher und kontrovers ausgetragener Debatten in einem parlamentarischen Gremium werden müssen. Das erlaubt es zumindest, die Meinungsvielfalt innerhalb der Länder zu berücksichtigen und das Aufeinanderprallen nationaler Interessen (oder dessen, was man dafür hält und ausgibt), wie es sich bei Hinterzimmertreffen unter Staatsoberhäuptern automatisch ergibt, hinter sich zu lassen. So könnte zum Beispiel eine euro-afrikanische Versammlung darüber befinden, wie Gewinne europäischer Unternehmen, die in Afrika investieren (oder eines Tages afrikanischer Unternehmen, die in Europa tätig sind), besteuert werden sollen, aber auch über die Regulierung von Migrationsströmen oder darüber, mit welchen Ausgleichsmaßnahmen man dem Klimawandel begegnen kann.

Was Transfers anbelangt, ist es wichtig, ihren Umfang von Anfang an zu begrenzen, ohne künftige Änderungen auszuschließen. Allgemeines Prinzip könnte sein, dass sie anders als die heutige Entwicklungshilfe, die faktisch zu einem großen Teil der Vergütung westlicher Berater

---

Der Erfolg der Ideologie des Nationalstaats sollte nicht darüber hinwegtäuschen, dass verschiedene mehr oder weniger dezentralisierte Formen imperialer oder föderaler Politik tatsächlich nie aufgehört haben, eine zentrale Rolle zu spielen. Siehe J. Burbank, F. Cooper, *Empires in World History*, Princeton: Princeton University Press 2010; ders.: «Un monde d'empires», in P. Boucheron, N. Delalande, *Pour une histoire-monde*, Paris: PUF 2013, S. 37–48. Siehe auch Kapitel 7, S. 378–385 über die Arbeiten von F. Cooper zu den föderalistischen Debatten im Französischen Kolonialreich und in Afrika von 1945–1960, und Kapitel 10, S. 603–610 zu den Analysen von H. Arendt über imperiale und föderale Ideologien. Siehe auch U. Beck, E. Grande, *Das kosmopolitische Europa: Gesellschaft und Politik in der Zweiten Moderne*, Frankfurt: Suhrkamp 2004.

1 Die Afrikanische Union hat 2002 die Organisation für Afrikanische Einheit abgelöst. Während des Gipfels der AU in Addis-Abeba 2018 wurden die Grundsätze der Handelsunion und möglicher gemeinsamer Steuern verabschiedet, sowie ein Protokoll über die Personenfreizügigkeit innerhalb der AU.

dient, direkt in die Haushalte der betroffenen Staaten einfließen, sobald Prinzipien wie der Achtung der Persönlichkeitsrechte und der Einhaltung von Wahlverfahren (die sorgfältig definiert werden müssten) Genüge getan ist. Dass die staatlichen Einrichtungen Afrikas (oder der armen Länder überhaupt) von den internationalen Organisationen, ob Regierungsorganisationen oder Nichtregierungsorganisationen, übergangen worden sind, ist ein Faktor, der nicht eben zum Aufbau des Staates im Afrika der letzten Jahrzehnte beigetragen hat. Dasselbe gilt vom Verlust von Steuereinnahmen, der Afrika daraus entstanden ist, dass es von den westlichen Staaten zu einem sehr raschen Abbau der Handelssteuern genötigt wurde, ohne dass man wirklich versucht hätte (tatsächlich war das Gegenteil der Fall), bei der Einführung gerechterer Steuern, insbesondere auf Unternehmensgewinne, Einkommen und Vermögen behilflich zu sein.[1] Würde sie direkt und zur Gänze an die Staaten überwiesen, könnte staatliche Entwicklungshilfe die Mittel der afrikanischen Staaten, Schulen und eine bessere Gesundheitsversorgung zu finanzieren, beträchtlich erhöhen. Niemand kann sich im Voraus ein Urteil darüber anmaßen, wohin solche transnationalen demokratischen Beratungen und Verfahren führen würden, aber es ist nicht ausgeschlossen, dass sich allmählich eine Norm für Bildungsgerechtigkeit und am Ende auch eine gleiche Kapitalausstattung für alle durchsetzen könnte.[2]

Theoretisch könnte es Aufgabe dieser transnationalen Versammlungen sein, Regeln zu vereinbaren, die auf freien Personenverkehr zielen. In diesem Zusammenhang ist es vielleicht nicht ganz überflüssig, daran zu erinnern, dass es auch im Innern der Europäischen Union durchaus Einschränkungen der Personenfreizügigkeit gibt. Im Prinzip haben Bürger von EU-Mitgliedstaaten das Recht, sich ohne besondere Erlaubnis frei zu bewegen und in anderen Mitgliedstaaten zu arbeiten. Das ist kein geringer Vorteil, verglichen mit den Regeln, an die sich Staatsange-

---

1 Siehe Kapitel 13, Grafik 13.12.

2 Diese transnationale Gerechtigkeitsnorm müsste unter Berücksichtigung der Preisunterschiede geltend gemacht werden (indem man also die Kapitalausstattung in Kaufkraftparität ausdrückt). Dennoch würde die Umsetzung einer solchen Norm auf euro-afrikanischer Ebene natürlich zu einer deutlichen Senkung der Höhe der Kapitalausstattung junger Erwachsener reicher Länder führen (die etwa halbiert würde). Eine solche Norm wäre sehr viel befriedigender als die Logik der internationalen und intergenerationellen Reparationen, die im Rahmen der Beziehungen von Frankreich und Haiti zur Sprache kamen (siehe Kapitel 6, S. 281–284). Solange aber eine solche Norm nicht umgesetzt ist und die Reparationen ihr nahezukommen erlauben, wird man sich letzteren nur schwer verweigern können.

hörige anderer Länder halten müssen, die ein Arbeitsvisum brauchen, das zu erhalten besondere Verfahren erfordert, die für den Beschäftigten wie den Arbeitgeber häufig sehr belastend sind. Gleichwohl gilt auch für EU-Bürger, dass ihr Aufenthaltsrecht in einem anderen Mitgliedstaat, wenn sie keine Arbeit finden, im Allgemeinen auf drei Monate beschränkt ist. Zudem können sie keine Sozialhilfen in Anspruch nehmen und einen ständigen Wohnsitz erst nach einer Aufenthalts- oder Beschäftigungsdauer erhalten, die bis zu fünf Jahre gehen kann.[1] Theoretisch würde nichts es verbieten, die europäischen Verträge dahingehend zu ändern, dass der Anspruch auf Sozialhilfe sofort einträte. Aber in diesem Fall müsste man Formen der gegenseitigen Übernahme der Kosten vorsehen, die durch entsprechende Sozialausgaben anfallen. Dieses Beispiel veranschaulicht, wie sehr Fragen des Zugangs zu Grundrechten (angefangen mit der Personenfreizügigkeit) nur gemeinsam mit Steuer- und Haushaltsfragen erörtert werden können. Es müssen Fortschritte an beiden Fronten erzielt werden, wenn anders nicht das ganze Gefüge aus dem Gleichgewicht geraten und brüchig werden soll.[2]

Ein anderes Beispiel, dass diesen Punkt veranschaulicht, sind die Studiengebühren. 2019 hat die französische Regierung beschlossen, dass die derzeit geltenden Sätze, die relativ bescheiden sind (170 Euro jährlich für Bachelor-, 240 für Masterstudiengänge), nur für Studierende aus der Europäischen Union weiterhin gelten sollen, während Studierende außereuropäischer Herkunft fortan deutlich höhere Beträge aufbringen müssen (2800 Euro für Bachelor-, 3800 Euro für Masterstudiengänge). Gewiss sieht der Regierungserlass Ausnahmen vor, aber nur unter der ausdrücklichen Bedingung, dass sie für nicht mehr als 10 % der Studierenden gelten dürfen. In der überwältigenden Mehrheit der Fälle werden also Studierende aus Mali oder dem Sudan zehn- bis zwanzigmal mehr bezahlen müssen als Studierende aus Luxemburg oder Norwegen, obwohl die Eltern der Letzteren doch über ein zehn- oder zwanzigmal

---

1 D. Chalmers et al., *European Union Law. Text and Materials, a.a.O*, S. 475–491.

2 Die Entwicklung der Freizügigkeit im britischen Maßstab, wie sie namentlich Karl Polanyi analysiert hat, bezeugt dieses Risiko. Für Polanyi hatte die eingeschränkte Mobilität der ärmsten englischen Arbeiter vor dem Ende des 18. Jahrhunderts ein Gegengewicht in den Mindestlöhnen, die im Rahmen der *Poor laws* auf lokaler Ebene finanziert wurden. Ohne dieses System idealisieren zu wollen zeigt Polanyi, inwiefern die Entstehung eines britischen Einheitsmarktes im 19. Jahrhundert mit einer Auflösung der sozialen Einbettung der Wirtschaftskräfte und einer Verstärkung von Ungleichheiten einherging.

höheres Einkommen verfügen.[1] Es ist daher nur folgerichtig, dass zahlreiche Studierende und französische Universitäten von dieser Gerechtigkeitsnorm, die sich die amtierende Regierung hat einfallen lassen, wenig überzeugt sind.

Interessant ist der Fall, weil er einmal mehr veranschaulicht, wie unerlässlich es ist, die Frage des freien Personenverkehrs an die einer gegenseitigen Finanzierung staatlicher Leistungen und folglich an die Einführung gemeinsamer Steuern zu knüpfen. Im vorliegenden Fall ist das Prinzip, dass alle europäischen Studierenden im Land ihrer Wahl studieren und dieselben Gebühren wie einheimische Studierende zahlen können, eine sehr gute Sache. Aber dieses Prinzip würde noch besser funktionieren, hätte man eine gemeinsame Finanzierung vorgesehen, die zum Beispiel durch eine auf europäischer Bundesebene erhobene progressive Einkommensteuer gewährleistet werden könnte, deren Tarif die Europäische Versammlung beschließen müsste. Rechte einzuführen, ohne sich um ihre Finanzierung zu kümmern, ist ganz gewiss dann nicht der beste Weg, diese Rechte auf Dauer zu stellen, wenn man die Möglichkeit der Einführung gemeinsamer Steuern untersagt und Bedingungen für einen erbitterten Steuerwettbewerb schafft, der es erheblich erschwert, durch gerechte Besteuerung die Hochschulbildung und die öffentlichen Dienste überhaupt zu finanzieren. Gäbe es ein solches gemeinsames Finanzierungssystem, zumindest zwischen den europäischen Staaten, die dazu willens sind, dann würde sich auch eine Lösung für außereuropäische Studierende abzeichnen. Wenn etwa, konkreter gesprochen, Deutschland und Frankreich ihre Universitäten durch gemeinsame progressive Besteuerung der Elterneinkommen finanzieren würden, dann wäre es nur konsequent, ein Abkommen desselben Typs auch zugunsten von Studierenden aus Mali zu treffen. Ein Vertrag zur gemeinsamen Entwicklung zwischen Deutschland, Frankreich und Mali könnte dann vorsehen, dass für malische Studierende die gleichen Studiengebühren gelten, unter der Bedingung, dass jene progressive Steuer auch auf die Einkommen der reichsten malischen Eltern erhoben und einen gemeinsamen Fond zur Universitätsfinanzierung alimentieren würde.[2] Es ist dies jedenfalls eine mögliche Gerechtigkeitsnorm,

1 Die europäischen Gebühren gelten auch für Studierende aus den mit der Europäischen Union assoziierten Staaten, einschließlich Norwegen und der Schweiz.

2 Angesichts der geringen Einkommen in Mali (auch nach Anpassung der Steuerstufen, um das Prinzip der Kaufkraftparität anzuwenden) ist es wahrscheinlich, dass der malische Bei-

und mir scheint, dass eine öffentliche und kontrovers ausgetragene demokratische Debatte dazu führen könnte, dass man sich dafür entscheidet.

Zwischen Kooperation und Abschottung: die Entwicklung des transnationalen Ungleichheitsregimes

Ich habe ein ideales (ja idyllisches) Kooperationsszenario beschrieben, das gleichsam in konzentrischen Kreisen zu einer umfassenden transnationalen Demokratie führen könnte und damit zur Einführung gemeinsamer und gerechter Steuern, zum universalen Recht auf Bildung, zu einer allgemeinen Kapitalausstattung, zur Verallgemeinerung des freien Personenverkehrs und de facto zur Quasi-Abschaffung der Grenzen.[1] Dabei ist mir klar, dass andere Szenarien möglich sind. Wie wir im letzten Kapitel gesehen haben, ist es nicht ausgemacht, dass die Europäische Union oder auch nur zwei oder drei ihrer Mitglieder sich in absehbarer Zeit auf ein demokratisches Verfahren verständigen können, das es ihnen erlaubt, gemeinsame Steuern zu erheben. Unterdessen gelingt es der Indischen Union mit ihren 1,3 Milliarden Einwohnern durchaus, eine progressive Einkommensteuer einzuführen, der all ihre Mitgliedstaaten ebenso unterliegen wie den gemeinsamen Regeln, die es benachteiligten Klassen erlauben, die Universität zu besuchen. Das indische Modell wirft gewiss andere Probleme auf. Gleichwohl zeigt es, dass der demokratische Föderalismus zuweilen Formen annimmt, von denen sich Franzosen, Schweizer und Luxemburger nichts hätten träumen lassen. Gegenseitiges Vertrauen aufzubauen und Normen transnationaler Gerechtigkeit zu schaffen, ist ein hochanfälliges und heikles Unterfangen, und niemand kann voraussagen, wie die fraglichen Kooperationen sich entwickeln werden.

---

trag zu einem solchen Fonds sehr gering bliebe und zweifellos deutlich unter den Beträgen der nach Mali fließenden Entwicklungshilfe bliebe.

1 Halten wir aber ausdrücklich fest, dass in dem hier skizzierten Szenario die meisten Beschlüsse und Finanzierungen weiterhin in die Zuständigkeit nationaler, regionaler und lokaler Versammlungen fallen. Dass sie häufig die geeignetste Ebene für Beratungen bleiben (zum Beispiel über Lehrpläne in den verschiedenen Sprachen, lokale Infrastruktur, Verkehrswesen, Gesundheitssysteme etc.), liegt auch ganz in der Logik des partizipativen und dezentralisierten Sozialismus, den ich vertrete. Einzig globale Gemeingüter und die Besteuerung transnationaler ökonomischer Akteure sollten auf transnationaler Ebene reguliert werden.

Zwischen der idealen Kooperation, die zum globalen Sozialföderalismus führt, und der allgemein gewordenen nationalistischen und identitären Abschottung gibt es selbstverständlich zahlreiche mögliche Verläufe und Abzweigungen. Um auf dem Weg zu einer gerechteren Globalisierung voranzukommen, sind zwei Prinzipien ausschlaggebend. Wenn es, erstens, klar ist, dass eine ganze Reihe von Regeln und Abkommen, die heute die Handels- und Finanzbeziehungen organisieren, von Grund auf verändert werden müssen, dann muss man zwingend einen neuen Rechtsrahmen vorlegen, bevor man den alten über Bord wirft. Wie wir im letzten Kapitel im Hinblick auf die Reform der europäischen Institutionen gesehen haben, mag es für die politischen Verantwortlichen verlockend sein, einen Austritt aus den bestehenden Verträgen in Aussicht zu stellen, ohne zu präzisieren, wie denn die neuen aussehen sollen, in die man eintreten möchte. Das ist in etwa das, was beim Brexit passiert ist. Die britischen Konservativen haben sich entschlossen, die Wähler per Referendum entscheiden zu lassen, ob sie aus der EU austreten wollen, ohne erkennen zu lassen, wie im Austrittsfall die Beziehungen zur EU zu organisieren wären. Sofern man nicht die Autarkie zurückhaben möchte (was kein Mensch wirklich will), lassen sich diese Beziehungen aber auf ganz verschiedene Weisen regeln, und wie die Debatten zeigen, die dem Referendum von 2016 folgen sollten, ist es gar nicht so einfach, sich auf eine von ihnen zu einigen.[1]

Sosehr man aber einen neuen Kooperationsrahmen vorlegen muss, bevor man die bestehenden aufkündigt, so unmöglich ist es, zweitens, zu warten, bis alle sich einig sind, bevor man sich auf den Weg macht. Es ist daher entscheidend, auf Lösungen zu sinnen, die es einigen Ländern erlauben, eine sozialföderalistische Richtung einzuschlagen, um untereinander Verträge für eine gemeinsame Entwicklung abzuschließen, ohne sich gegenüber denen zu verschließen, die sich dem Projekt anschließen möchten. Das gilt auf europäischer Ebene, wie überhaupt auf internationaler Ebene. Ganz gleich, ob von einem einzelnen Land

---

1 Zu den ins Auge gefassten Lösungen zählt die, dass Großbritannien praktisch denselben Handelsregeln unterliegt wie vor dem Brexit, aber die Möglichkeit verloren hat, bei der Aufstellung dieser Regeln mitzusprechen. Wie immer die Lösung am Ende aussieht, wahrscheinlich ist, dass sich an der Form der Beziehungen zwischen den britischen Inseln und dem Kontinent auch in den kommenden Jahrzehnten Debatten entzünden werden, die neue Formen einer Fiskal-, Sozial- und Klimaunion, die von den Ländern auf den Weg gebracht werden (oder nicht), betreffen – und ihre Fähigkeit, neue Regeln gemeinsamer Entwicklung aufzustellen, die mit dem freien Güter und Kapitalverkehr Hand in Hand gehen.

oder einer Gruppe von Ländern vollzogen, die Aufkündigung der Abkommen, die derzeit den freien Kapitalverkehr regeln, muss zum Beispiel all denen, die sich anschließen möchten, einen Rahmen bieten, in dem internationale Investitionen und grenzüberschreitendes Eigentum möglich bleiben. Dies aber unter der Bedingung, dass man die nötigen Offenlegungspflichten und Kooperationen auf den Weg bringt, um für eine gerechte Verteilung der Steuerlast zu sorgen, das heißt eine, die sich an der Leistungsfähigkeit des Steuerpflichtigen, also am Umfang seines Eigentums und Einkommens bemisst.

Darum ist es auch entscheidend, dass Sanktionen gegenüber Staaten, die sich nicht kooperativ verhalten, reversibel bleiben und eine Form annehmen, die deutlich macht, dass nicht Verhärtung zwischenstaatlicher Beziehungen, sondern die Umsetzung eines kooperativen, egalitären und inklusiven Systems das Anliegen ist. Das Beispiel der Körperschaftsteuer haben wir bereits erwähnt. Die Ideallösung wäre, dass alle Staaten, in Europa wie im Rest der Welt, von einem verhängnisvollen Abwärtswettbewerb ablassen, um stattdessen neuartige Kooperationen einzugehen. Derart könnte es gelingen, dass die von großen multinationalen Gesellschaften erzielten Gewinne auf transparente Weise zwischen den Staaten aufgeteilt werden, und zwar nach Maßgabe der tatsächlichen Wirtschaftstätigkeit dieser Unternehmen in den verschiedenen Ländern und mit Mindeststeuersätzen, die mit dem Allgemeinniveau der Pflichtabgaben und der Finanzierung des Sozialstaats vereinbar sind. In der Praxis könnte aber, wenn dieses Szenario nicht eintritt, jede beliebige Gruppe von Ländern (ja eines allein) dies umsetzen, indem sie den Anteil der globalen Körperschaftsteuer eintreibt, der ihr nach Maßgabe der Verkäufe von Gütern und Dienstleistungen auf ihrem Boden zusteht.[1] Manche werden solche Praktiken als eine Form der Rückkehr zum Protektionismus anprangern, aber in Wahrheit handelt es sich um etwas ganz anderes. Im Visier stehen die Unternehmens-

1 Siehe Kapitel 16, S. 1123 und E. Saez, G. Zucman, *The Triumph of Injustice*, a. a. O. Wenn also ein Unternehmen einen Gewinn von 100 Milliarden weltweit erzielt und 10 % seiner Verkäufe in einem bestimmten Land tätigt, und wenn dieses Land seinen Körperschaftsteuersatz auf 30 % festsetzt, dann wird dieses Unternehmen dem fraglichen Land nach Maßgabe der Verkäufe auf seinem Boden 3 Milliarden überweisen müssen. Weltweite Unternehmensgewinne können unter Rückgriff auf verschiedene Quellen geschätzt werden, und jedes Land kann angemessene Sanktionen gegen Unternehmen verhängen, die sich weigern, die nötigen Informationen zu liefern. Erinnern wir auch daran, dass auf eben diese Weise in den Vereinigten Staaten besteuerbare Gewinne unter den Staaten aufgeteilt werden.

gewinne, nicht der Handel, der nur als verlässlicher und mangels Kooperation unerlässlicher Indikator zur Aufschlüsselung der Gewinne dient. Sobald es eine angemessene Kooperation gibt, kann eine solche Übergangsregelung durch ein besseres System ersetzt werden.

Der Fall der Körperschaftsteuer ist von besonderem Interesse, da das Wetteifern der Staaten um Nichtbesteuerung von Unternehmensgewinnen fraglos das größte unter den Risiken ist, die das globale Steuersystem heute birgt. Am Ende ist es, wenn man nicht radikale Maßnahmen des genannten Typs ergreift, um dem Abwärtswettbewerb Einhalt zu gebieten, nichts anderes als die Möglichkeit, überhaupt eine progressive Steuer auf Einkommen zu erheben, was hier auf dem Spiel steht.[1] Die genannte Logik aber ließe sich auch für andere Steuern fruchtbar machen. Ich habe oben den Fall der progressiven Eigentumsteuer erwähnt. Gesellschaften, die sich gegen die Herstellung von Transparenz über ihren Aktienbesitz sperren, könnten sich damit konfrontiert sehen, dass ihnen die Beträge, die sie derart der progressiven Eigentumsteuer entzogen haben, nach Maßgabe ihrer Verkäufe von Gütern und Dienstleistungen in den betreffenden Ländern abverlangt werden. Für die Besteuerung von CO_2-Emissionen gilt dasselbe. Mangels einer kooperativen Politik, die geeignet ist, Emissionen zu verringern, ist es dringend geboten, den Ausstoß auf der Grundlage der in den Ländern getätigten Verkäufe von Waren und Dienstleistungen zu berechnen und zu besteuern. Aber hier wie sonst muss man betonen, dass die wünschenswerte, auf Kooperation beruhende Lösung (etwa in Gestalt einer koordinierten progressiven Besteuerung individueller

---

1 In einem vollendet kooperativen und transparenten System käme der Körperschaftsteuer nur noch eine begrenzte Rolle zu. Es würde sich dann um eine schlichte Vorauszahlung auf die Einkommensteuer handeln, da letztere es erlaubt, die fällige Steuer auf Grundlage sämtlicher Dividenden und anderer Einkünfte einzelner Steuerzahler zu berechnen. In einem wenig kooperativen und transparenten System dagegen spielt die Körperschaftsteuer eine sehr viel größere Rolle, da diese Vorsteuer häufig die einzige und letzte Steuer ist, die man überhaupt eintreiben kann, solange sich nicht ausmachen lässt, wer die endgültigen Nutznießer der Gewinne sind. Es ist denn auch bequem, jedes erdenkliche Einkommen als Körperschaftsgewinn zu tarnen: Es reicht aus, zum Beispiel seine Tätigkeit als Berater oder seine Autorenhonorare mit tätiger Unterstützung von Bankberatern, für die dergleichen eine Selbstverständlichkeit ist, in einer passenden Struktur zu verstecken und seine Steuern aus dem Ausland zu zahlen. Darum ist es so entscheidend, eine Strategie zu finden, um diese Steuer daran zu hindern, ihre vom Wettbewerb unter den Ländern betriebene Talfahrt bis zur vollendeten Nichtbesteuerung all derer fortzusetzen, die über die Mittel verfügen, sich solche Konstruktionen zu basteln.

Emissionen) etwas anderes ist, und den Weg aufzeigen, auf dem man zu ihr gelangen könnte.

Fassen wir zusammen. Die herrschende Ideologie der Globalisierung, wie sie sich in den 1980er und 1990er Jahren herausgebildet hat, steckt in einer Krise und ist in eine Phase der Neubestimmung eingetreten. Mehr und mehr haben die durch wachsende Ungleichheit erzeugten Frustrationen die unteren und mittleren Schichten dazu gebracht, der internationalen Integration und dem entgrenzten Wirtschaftsliberalismus zu misstrauen. Diese Spannungen haben zum Aufkommen nationalistischer und identitärer Bewegungen beigetragen, die zu einer ungeordneten Infragestellung von Handelsbeziehungen beitragen könnten. Die nationalistische Ideologie könnte aber auch (und das ist zweifellos wahrscheinlicher) eine Flucht nach vorn in einen Wettbewerb aller gegen alle befördern, der sich nach außen im Steuerdumping ausspricht und im Innern der Staaten von einer identitären und autoritären Verhärtung gegenüber Minderheiten und Migranten begleitet wird, die den nationalen Gesellschaftskörper im Kampf gegen seine erklärten Feinde einen will. Und all das hat schon begonnen, nicht nur in Europa und den USA, sondern auch in Indien, in Brasilien und in gewisser Weise, gegenüber Dissidenten, auch in China. In Anbetracht der Bankrotterklärung der auf dem Liberalismus und Nationalismus beruhenden Ideologien könnte allein die Entwicklung eines wahrhaft partizipativen und internationalistischen Sozialismus, der sich auf einen Sozialföderalismus und eine neue kooperative Organisation der Weltwirtschaft stützt, die Möglichkeit eröffnen, diese Widersprüche aufzulösen. Angesichts der Größe der Herausforderungen habe ich nichts als den Versuch unternommen, ein paar Wegweiser aufzustellen, die zeigen mögen, dass es Lösungen gibt, die Schritt für Schritt in diese Richtung führen. Aber es ist offenkundig, dass die so zusammengetragenen Elemente nicht dazu angetan sind, fertige Lösungen zu liefern. Sie wollen vor allem einen Hinweis darauf geben, dass die zugleich ideologische und institutionelle Phantasie menschlicher Gesellschaften sich noch nicht erschöpft hat. Die ganze Geschichte der in diesem Buch untersuchten Ungleichheitsregime zeigt, wie umfassend das politisch-ideologische Repertoire ist. Und sie zeigt auch, dass dort, wo sich Abzweigungen und neue Wege auftun, immer beides im Spiel ist, die kurzfristigen Ereignislogiken ebenso wie die längerfristigen intellektuellen Entwicklungen. Alle Ideologien haben ihre Schwachstellen, aber zugleich kommen menschliche Gesellschaften nicht ohne Ideologien aus, die ihren Ungleichheiten einen Sinn zu geben versuchen. Daran wird sich, zumal im transnationalen Maßstab, auch in Zukunft nichts ändern.

SCHLUSSWORT

Ich habe in diesem Buch den Versuch unternommen, eine zugleich wirtschaftliche, soziale, intellektuelle und politische Geschichte der Ungleichheitsregime zu schreiben, das heißt eine Geschichte der Systeme, die soziale Ungleichheit rechtfertigen und organisieren, von den trifunktionalen und Sklavenhaltergesellschaften bis zu den postkolonialen und hyperkapitalistischen modernen Gesellschaften. Es versteht sich, dass ein solches Projekt auf immer unabgeschlossen ist. Kein Buch wird ein so weites Feld jemals erschöpfend bearbeiten können. Darum sind auch alle Schlüsse, die ich ziehe, per definitionem anfechtbar und vorläufig. Sie beruhen auf unabgeschlossenen Forschungen, die in Zukunft vertieft und erweitert werden wollen. Ich hoffe vor allem, dass es dieses Buch dem Leser erlaubt haben wird, seine eigenen Vorstellungen und seine Ideologie sozialer Gleichheit und Ungleichheit genauer zu fassen. Und ich hoffe, dass es neue Überlegungen zu diesen Fragen anregt.

Geschichte als Kampf der Ideologien und Suche nach Gerechtigkeit

«Die Geschichte aller bisherigen Gesellschaft ist die Geschichte von Klassenkämpfen» hielten Karl Marx und Friedrich Engels 1848 in ihrem Kommunistischen Manifest fest. So stichhaltig die Behauptung bleibt, am Ende dieser Untersuchung bin ich doch versucht, sie umzuformulieren: Die Geschichte aller bisherigen Gesellschaft ist die Geschichte des Kampfs der Ideologien und der Suche nach Gerechtigkeit. Es kommt, anders gesagt, in der Geschichte ganz entscheidend auf Ideen und Ideologien an. So wichtig sie ist, der Blick auf die soziale Stellung allein erlaubt es nicht, eine Theorie der gerechten Gesellschaft, eine Theorie des Eigentums, eine Theorie der Grenze, eine Theorie der Steuer, der Bildung, des Lohns, der Demokratie zu schreiben. Ohne präzise Antworten auf diese komplexen Fragen aber, ohne eine klare Strategie politischer Erprobung und sozialer Aufklärung fehlt jenen Kämpfen eine klare Vorstellung davon, worauf sie politisch hinauswollen. Das kann mitunter dazu führen, dass man es nach der Erlangung der Macht mit noch bedrückenderen politisch-ideologischen Konstruktionen zu tun bekommt als zuvor.

Die Geschichte des 20. Jahrhunderts und des kommunistischen Desasters nötigt uns heute zu einem minutiösen Studium der Ungleichheitsregime und ihrer Rechtfertigungen, vor allem aber der institutionellen Einrichtungen und sozio-ökonomischen Organisationsweisen, die menschliche und soziale Emanzipation erst wirklich möglich machen. Die Geschichte der Ungleichheit erschöpft sich nicht im ewigen Kampf zwischen den Unterdrückern des Volkes und seinen stolzen Verteidigern. Sie beruht auf der einen wie der anderen Seite auf hochentwickelten intellektuellen und ideologischen Konstruktionen, die sicher nicht immer frei von Heuchelei und dem Willen zur Bewahrung seitens der herrschenden Gruppen sind, aber es doch verdienen, genauer in Augenschein genommen zu werden. Anders als der Klassenkampf beruht der Kampf der Ideologien auch auf gemeinsamem Wissen und geteilter Erfahrung, auf Respekt vor dem anderen, auf Absprache und Demokratie. Die absolute Wahrheit darüber, wie gerechtes Eigentum, gerechte Grenzen, gerechte Demokratie, gerechte Steuern oder gerechte Bildung aussehen sollten, wird niemand je in Händen halten. Die Geschichte der menschlichen Gesellschaften lässt sich als Suche nach Gerechtigkeit begreifen. Aber nur die sorgfältige Gegenüberstellung historischer und persönlicher Erfahrungen und möglichst umfassende Beratungen stellen Fortschritte in dieser Richtung in Aussicht.

Und doch beruhen der Kampf der Ideologien und die Suche nach Gerechtigkeit auch darauf, klar Stellung zu beziehen und Widersprüche auszutragen. Vor dem Hintergrund der in diesem Buch analysierten Erfahrungen bin ich überzeugt von der Möglichkeit, über den Kapitalismus und das Privateigentum hinauszugehen, um eine gerechte Gesellschaft auf der Grundlage eines partizipativen Sozialismus und Sozialföderalismus zu schaffen. Der Weg dahin führt über ein System sozialen und temporären Eigentums, das einerseits darauf beruht, dass Stimmrechte in Unternehmen begrenzt und mit den Beschäftigten geteilt werden, und andererseits darauf, dass Eigentum stark progressiv besteuert wird, um eine allgemeine Kapitalausstattung und permanente Güterzirkulation zu ermöglichen. Der Weg muss weiterhin über ein System progressiver Einkommenbesteuerung und kollektiver Regulierung von CO_2-Emissionen führen, mit dem sich die Sozialversicherungen und das Grundeinkommen, die Ökologiewende und die Durchsetzung eines wirklich gleichen Rechts auf Bildung finanzieren lassen. Und der Weg dahin führt schließlich über die Entwicklung einer Neuorganisation der Globalisierung durch Abkommen über gemeinsame Entwicklung, in deren Zentrum quantitative Zielvorgaben für Sozial-, Fiskal- und Klimagerechtigkeit gehören, von deren Einhaltung das Fortbestehen der Handelsbeziehungen und Finanzströme abhängig gemacht werden muss. Diese Neuordnung des Rechtsrahmens erfordert es, eine Reihe bestehender Verträge zu kündigen, insbesondere die Verträge über freien Kapitalverkehr, die seit den 1980er Jahren geschlossen wurden und die Erreichung jener Ziele verhindern. Sie müssen durch neue Regeln ersetzt werden, die finanzieller Transparenz, Fiskalkooperation und einer transnationalen Demokratie verpflichtet sind.

Manche dieser Schlüsse mögen radikal anmuten. Und doch stehen sie in der Tradition einer Bewegung, die mit dem Ende des 19. Jahrhunderts eingesetzt hat, um sich durch tiefgreifende Veränderungen des Rechts-, Sozial- und Fiskalsystems auf den Weg zu einem demokratischen Sozialismus zu machen. Der starke Abbau von Ungleichheiten, der Mitte des 20. Jahrhunderts zu verzeichnen ist, wurde durch den Aufbau eines Sozialstaats ermöglicht, der sich auf relative Bildungsgleichheit und eine Reihe radikaler Neuerungen stützte, wie die deutsche und skandinavische Mitbestimmung und die angelsächsische Steuerprogression. Die konservative Revolution der 1980er Jahre und der Zusammenbruch des Kommunismus haben diese Bewegung abreißen lassen und die Welt einer neuen Phase des grenzenlosen Vertrauens in die Selbstregulierung der Märkte und der Quasi-Heiligsprechung des Eigentums überantwortet. Die Unfähigkeit des sozialdemokratischen Bündnisses, über den Rahmen des Nationalstaats hinauszugehen und in einem Kontext, der von der Internationalisierung der Handelsbeziehungen und der Tertiarisierung der Bildung geprägt war, ihr Programm zu erneuern, hat auch zum Zerfall des Links-Rechts-Systems der Nachkriegszeit beigetragen, das die Eindämmung der sozialen Abstände in der Nachkriegszeit möglich gemacht hatte. Aber im Angesicht der Herausforderungen, mit denen uns der historische Wiederanstieg der

Ungleichheiten, die zunehmende Ablehnung der Globalisierung und das Erstarken neuer Formen identitärer Abschottung konfrontieren, wächst seit der Finanzkrise von 2008 auch das Bewusstsein von den Grenzen des deregulierten Globalkapitalismus. Überlegungen, denen es um die Umsetzung eines zugleich gerechteren und nachhaltigeren Wirtschaftsmodells zu tun ist, haben wieder Kurs aufgenommen. Die Elemente, die ich hier unter dem Etikett des partizipativen Sozialismus und des Sozialföderalismus zusammengetragen habe, nehmen in mancher Hinsicht nur Entwicklungen in verschiedenen Teilen der Welt auf, um sie in einen historisch weiter gespannten Rahmen zu stellen.

Die Geschichte der in diesem Buch erforschten Ungleichheitsregime zeigt indessen, wie wenig solche politisch-ideologischen Veränderungen sich deterministisch begreifen lassen. Es gibt stets eine Vielzahl möglicher Wege, die sich je nach den Kräfteverhältnissen auftun, und in denen kurzfristige Ereignislogiken mit jenen langfristigen intellektuellen Entwicklungen zusammentreten, die oft wie ein Repertoire von Ideen wirken, auf die man in den Augenblicken der Krise zurückgreifen kann. Aber die Gefahr einer neuen Runde des Steuer- und Sozialdumpings ist leider nur zu real, mit dem Schlüsselrisiko einer nationalistischen und identitären Verhärtung, die im Übrigen in Europa ebenso schon zu beobachten ist wie in den Vereinigten Staaten und Indien, in Brasilien und China.

Über die Grenzen der Entwestlichung des Blicks

Ich habe in diesem Buch auch versucht, den Blick auf die Geschichte der Ungleichheitsregime zu dezentrieren. Als besonders lehrreich hat sich der Fall Indiens erwiesen. Ganz abgesehen davon, dass die Indische Union das Beispiel eines Sozialföderalismus bietet, der eine menschliche Gemeinschaft sehr großen Umfangs vereint, zeigt das Land, wie man auf Instrumente des Rechtsstaats zurückgreifen kann, um sich vom lastenden Erbe der zutiefst inegalitären Vergangenheit einer Gesellschaft zu befreien, in der die britische Kolonialmacht die alten Kastenunterschiede noch verschärft hatte. Die zu diesem Zweck aufgebotenen institutionellen Werkzeuge waren namentlich jene Quoten und «Reservierungen», die Bürgern aus benachteiligten und in der Vergangenheit diskriminierten Gesellschaftsklassen die Möglichkeit des Zugangs zu

Studienplätzen, zum öffentlichen Dienst und zu politischen Ämtern eröffneten. Diese Werkzeuge haben beileibe nicht alle Probleme aus der Welt geschafft. Aber die Erfahrungen sind lehrreich für die übrige Welt und insbesondere für die westlichen Wahldemokratien, die ihrerseits etwas gegen ihre massiven (und lange unter den Teppich gekehrten) Bildungsungleichheiten werden tun müssen und gerade erst begonnen haben, Erfahrungen mit einem Multikonfessionalismus zu machen, den Indien seit 1000 Jahren kennt. Ich habe, allgemeiner gesprochen, auch zu zeigen versucht, wie notwendig es für ein Verständnis der heutigen Welt ist, auf die lange Geschichte der Ungleichheitsregime und insbesondere auf die Art und Weise zurückzublicken, in der die proprietaristischen und kolonialistischen Mächte Europas auf die Entwicklung der außereuropäischen trifunktionalen Gesellschaften Einfluss genommen haben. Nicht allein sind die Spuren, die diese Geschichte hinterlassen hat, in der Struktur gegenwärtiger Ungleichheiten noch sehr präsent. Das Studium der alten Ungleichheitsideologien, die tatsächlich hochentwickelt waren, ist auch hilfreich, um vor den Ideologien der Gegenwart, die nicht immer weiser als ihre Vorgänger sind und ihrerseits eines Tages weichen müssen, einen Schritt zurückzutreten.

Trotz all meiner Bemühungen um eine Dezentrierung des Blicks: Ich will nicht verschweigen, wie unausgewogen auch dieses Buch bleibt. Nicht ganz so sehr wie sein Vorgänger, aber immer noch viel zu sehr. Ständig tritt die Französische Revolution ins Bild, und den Erfahrungen Europas und der Vereinigten Staaten wird, gemessen an ihrem demographischen Gewicht, viel zu großer Raum eingeräumt. Jack Goody hat in seiner *Geschichte der Familie*[1] die oft unwiderstehliche Versuchung angeprangert, gegen die auch die gutwilligsten Sozialforscher nicht gefeit sind, der euro-amerikanischen Welt wissenschaftliche Errungenschaften zuzurechnen, die gar nicht auf ihr Konto gehen, wenn man ihr nicht gleich die Erfindung der höfischen Liebe gutschreibt, oder die des Freiheitssinns, der Kinderliebe, der Kernfamilie, des Humanismus oder der Demokratie. Ich habe in diesem Buch versucht, dieser Neigung zu widerstehen, aber ich bin mir nicht sicher, ob es mir gelungen ist. Der Grund dafür ist einfach: Mein Blick ist zutiefst von meiner kulturellen Verankerung durchdrungen, aber auch von der Begrenztheit meines Wissens und, vor allem, von meinen extrem schlechten Sprachkenntnis-

1 J. Goody, *Geschichte der Familie*, aus dem Englischen von Holger Fliessbach, München: C.H. Beck Verlag 2002.

sen. Dies ist das Buch eines Autors, der nur das Französische und Englische ordentlich lesen kann und nur eine begrenzte Zahl von Primärquellen wirklich gut kennt. Meine Untersuchung geht sehr, vielleicht allzu sehr in die Breite, und ich entschuldige mich bei den Spezialisten auf den jeweiligen Gebieten für alle Unschärfen und Verkürzungen, die ich ihnen zumute. Ich hoffe, es werden bald zahlreiche Arbeiten diese Untersuchung ergänzen und über sie hinausgehen, indem sie uns ein neues Verständnis besonderer Ungleichheitsregime eröffnen, insbesondere in den geographischen und kulturellen Breitengraden, die von diesem Buch nur schlecht abgedeckt werden.

Zweifellos ist mein Blick auch von meinem persönlichen Werdegang geprägt, und das stärker, als ich denke. Ich könnte die Vielfalt sozialer Milieus und politischer Überzeugungen nennen, mit denen ich durch meine familiäre Herkunft in Berührung kam. Meine beiden Großmütter habe ich noch unter dem patriarchalischen Modell leiden sehen, das Frauen ihrer Generation auferlegt war. Die eine wurde mit ihrem bürgerlichen Leben nicht glücklich und ist 1987 in Paris früh aus dem Leben gegangen. Die andere arbeitete mit dreizehn schon als Magd, während des Zweiten Weltkriegs, und ist im Département Indre-et-Loire gestorben. Eine meiner Urgroßmütter habe ich von der Zeit vor 1914 erzählen hören, als Frankreich an Deutschland seine Revanche nehmen wollte. 1971 geboren, bin ich erwachsen geworden dank der Freiheit, die mir meine Eltern gelassen haben. Im Radio habe ich dann, als ich 1989 studierte, vom Zusammenbruch der kommunistischen Diktaturen erfahren, später vom Golfkrieg 1991. Wenn ich darüber nachdenke, wie meine Vorstellungen von Geschichte und Wirtschaft sich gewandelt haben, seit ich achtzehn war, dann glaube ich, dass vor allem die historischen Quellen, die ich entdeckt und ausgewertet habe, mich dazu bewegt haben, meine ursprünglichen Auffassungen zu überdenken, die liberaler und weniger sozialistisch waren, als sie es dann geworden sind. Die Arbeit an *Les Hauts Revenus en France au 20e siècle* (2001) hat mir die Augen geöffnet, wie sehr der Abbau von Ungleichheiten im letzten Jahrhundert im Zeichen gewaltsamer Erschütterungen stand. Und es war wieder eine Krise, die von 2008, nach der ich begonnen habe, mich verstärkt für die Schwachstellen des globalen Kapitalismus, wie sie durch seinen finanzkapitalistischen, patrimonialen und internationalen Zuschnitt zustande kommen, zu interessieren – und für jene Geschichte des Kapitals und seiner Akkumulation, die im Zentrum von

Das Kapital im 21. Jahrhundert steht. Auf neue Quellen geht auch das vorliegende Buch zurück, Quellen, die in der Geschichte des Kolonialismus ebenso liegen wie in den Nachwahlerhebungen und mich dazu gebracht haben, eine politisch-ideologische Analyse von Ungleichheitsregimen in Angriff zu nehmen. Aber zweifellos ist dies eine zu rationale Rekonstruktion, die den verborgenen Einflüssen, die meine älteren und neueren persönlichen Erfahrungen auf die eine oder andere Überlegung gehabt haben mögen, nicht ausreichend Rechnung trägt. Was ich dem Leser in diesem Buch anvertraut habe, ist also der bewusste Teil meines Werde- und Gedankengangs, das heißt die historischen Quellen, die Arbeiten und Lektüren, die mich, soweit ich das beurteilen kann, zu den von mir vertretenen Positionen geführt haben.

Über die staatsbürgerliche und politische Rolle der Sozialwissenschaften

Sozialwissenschaftler haben großes Glück. Sie werden von der Gesellschaft dafür bezahlt, Bücher zu lesen, neue Quellen zu erschließen, zu vereinen, was sich aus Archiven und vorhandenen Forschungen lernen lässt, und zu versuchen, das Gelernte denen zu übergeben, die ihre Arbeit honorieren (dem Rest der Gesellschaft). Mitunter neigen sie dazu, sich länger als nötig in Fachkontroversen und sterilen Etikettierungen zu verlieren. Aber davon abgesehen: Es gibt Sozialwissenschaften und sie spielen eine unverzichtbare Rolle für die öffentliche Debatte und demokratische Auseinandersetzung. Ich habe in diesem Buch den Nachweis anzutreten versucht, dass es möglich ist, Materialien und Methoden aus verschiedenen Sozialwissenschaften aufzubieten, um die Geschichte der Ungleichheitsregime in ihren zugleich sozialen, ökonomischen, politischen und intellektuellen Dimensionen zu analysieren.

Ich bin davon überzeugt, dass die demokratische Ratlosigkeit unserer Tage auch von einer übermäßigen Autonomisierung ökonomischen Wissens gegenüber den anderen Sozialwissenschaften und der staatsbürgerlichen und politischen Sphäre herrührt. Diese Autonomisierung ist teilweise der technisch immer anspruchsvolleren und komplexeren Verfassung der ökonomischen Sphäre geschuldet. Aber sie verdankt sich auch einer weit verbreiteten Neigung der professionellen Verwalter dieses Wissens, ob sie an der Universität oder in der Wirtschaft arbeiten, sich ein Expertenmonopol und eine Analysekompetenz anzumaßen, die sie gar nicht besitzen. In Wahrheit bietet allein die Verknüpfung ökonomischer, historischer, soziologischer, kultureller und politischer Ansätze die Möglichkeit, unser Verständnis sozio-ökonomischer Phänomene voranzubringen. Das gilt zumal für das Studium von Klassenungleichheiten und ihrer historischen Veränderungen, aber mir scheint, dass dies eine Einsicht von allgemeinerer Tragweite ist. Dieses Buch zehrt von den Arbeiten zahlreicher Forscher aus sämtlichen sozialwissenschaftlichen Disziplinen, ohne die es diese Untersuchung nie gegeben hätte.[1] Dass der Blick der Literatur und des Kinos wiederum eine unerlässliche Ergänzung der sozialwissenschaftlichen Perspektive bietet, habe ich ebenfalls zu zeigen versucht.

Die übermäßige Autonomisierung des ökonomischen Wissens ist auch eine Konsequenz der Tatsache, dass Historiker, Soziologen, Politologen und Philosophen die Erörterung ökonomischer Fragen allzu oft den Ökonomen überlassen haben. Die politische und historische Ökonomie aber, wie ich sie in dieser Untersuchung zu betreiben versucht habe, betrifft alle Sozialwissenschaften. Und alle Sozialwissenschaftler müssen, so scheint mir, auf quantitative und historische Daten zurückgreifen, wo es hilfreich ist, und sich auf andersartige Methoden und Materialien stützen, wo es notwendig ist. Dass ein Großteil sozialwissenschaftlicher Forscher sich von quantitativen und statistischen Quellen abgekehrt hat, ist umso bedauerlicher, als nur ein kritischer Blick auf diese Quellen und die Bedingungen ihrer sozialen, historischen und politischen Konstruktion es erlaubt, einen besonnenen Gebrauch von ihnen zu machen. Tatsächlich hat diese Einstellung zur Autonomisierung wie zur Verarmung des ökonomischen Wissens beigetragen. Ich hoffe, mein Buch trägt dazu bei, dem entgegenzuwirken.

Aber die Autonomisierung des ökonomischen Wissens hat jenseits der Forschungssphäre verheerende Auswirkungen auch auf die bürgerliche und politische Sphäre, da sie den Fatalismus und das Gefühl der Ohnmacht nährt. Vor allem Journalisten und Bürger strecken vor der Expertise des Ökonomen, die sich in Wahrheit stark in Grenzen hält,

1 Unter den neueren und weniger neuen Autoren, die ich im Gang meiner Untersuchung besonders in Anspruch genommen habe, seien insbesondere Mathieu Arnoux, Rafe Blaufarb, Erik Bengtsson, Denis Cogneau, Frederick Cooper, Nicolas Barreyre, Julia Cagé, Noam Maggor, Katharina Pistor, Sanjay Subrahmanyam, Serge Gruzinski, Susan Bayly, Kenneth Pomeranz, Hannah Arendt, Karl Polanyi, Or Rosenboim, Barbara Wootton, Christophe Jaffrelot genannt. Dutzende anderer Autoren werden fortlaufend in den Kapiteln zitiert.

allzu oft die Waffen und verzichten letztlich darauf, sich über Löhne und Gewinne, Steuern und Schulden, Handel und Kapital eine eigene Meinung zu bilden. Nun handelt es sich dabei aber nicht um etwas, auf das man bei der Ausübung seiner demokratischen Souveränität notfalls auch verzichten kann. Zudem eignet diesen Fragen eine Komplexität, die es unter keinen Umständen rechtfertigt, sie einer kleinen Expertenkaste zu überlassen. Das Gegenteil ist der Fall: Ihre Komplexität ist derart beschaffen, dass nur umfassende kollektive Beratungen, die sich auf die Überlegungen, die Lebenswege und Erfahrungen aller stützen, uns auf Lösungsfortschritte hoffen lassen können. Diesem Buch geht es im Grunde nur um eines: Es möchte dazu beitragen, dass die Bürger sich das ökonomische und historische Wissen zurückerobern. Ob der Leser mit manchen meiner Schlussfolgerungen einverstanden ist oder nicht, hat letztlich keine große Bedeutung. Mir ist es darum zu tun, die Debatte zu eröffnen, nicht darum, sie zu beenden. Wenn dieses Buch das Interesse des Lesers an neuen Fragen zu wecken vermocht und es ihm ermöglicht hat, sich Kenntnisse anzueignen, die er nicht schon hatte, dann habe ich mein Ziel bereits erreicht.

INHALTSÜBERSICHT

AUFLISTUNG DER GRAFIKEN UND TABELLEN

Kapitel 8.

Kapitel 9.

Kapitel 10.

Kapitel 11.

Kapitel 13.

Kapitel 14.

Kapitel 15.

Kapitel 16.

Kapitel 17.

PERSONENREGISTER

AUS DEM VERLAGSPROGRAMM

THOMAS PIKETTY

BEI C.H.BECK

Das Kapital im 21. Jahrhundert

Aus dem Französischen von Ilse Utz und Stefan Lorenzer
8. Auflage. 2016. 816 Seiten mit 97 Grafiken und 18 Tabellen.
Gebunden

Eine kurze Geschichte der Gleichheit

Aus dem Französischen von Stefan Lorenzer
2022. 264 Seiten mit 41 Grafiken und 3 Tabellen. Gebunden

Rassismus messen, Diskriminierung bekämpfen

Aus dem Französischen von Stefan Lorenzer
2022. 76 Seiten. Klappenbroschur
Beck Paperback Band 6475

Der Sozialismus der Zukunft

Interventionen

Aus dem Französischen übersetzt von André Hansen
3. Auflage. 2022. 232 Seiten mit 36 Grafiken und 8 Tabellen.
Klappenbroschur
Beck Paperback Band 6042

Ökonomie der Ungleichheit

Eine Einführung

Aus dem Französischen übersetzt von Stefan Lorenzer
4. Auflage. 2021. 144 Seiten mit 9 Tabellen und 2 Grafiken. Broschiert
C.H.Beck Wissen in der Beck'schen Reihe Band 2864

Die Schlacht um den Euro

Interventionen

Aus dem Französischen übersetzt von Stefan Lorenzer
2015. 175 Seiten. Klappenbroschur
Beck Paperback Band 6188